Wein

Wein

André Dominé

Armin Faber
Thomas Pothmann
Fotografie

KÖNEMANN

Vorsatz:
Ausschnitt aus einem römischen Mosaik,
»Rebstock in einem Krater«,
Archäologisches Museum, El Djem, Tunesien
© AKG, Berlin/Foto: Erich Lessing

Frontispiz:
Juan de Espinosa, »Stilleben mit Weintrauben«,
Öl auf Leinwand, 83 x 62 cm,
Musée du Louvre, Paris
© AKG, Berlin/Foto: Gilles Mermet

Hinweise zu den Abkürzungen in den Porträts der ausgewählten Erzeuger

Fl.	= Flaschen
n n	= nicht notiert
ZT	= Zugekaufte Trauben
→	= Besondere Empfehlung
*–****	= Wertung der Weine

Art Direction: Sabine Vonderstein
Projektmanagement: Sabine Baumgartner
Redaktion: Uta Büxel, Kordula Esser, Ulla Wöhrle
Fachliche Beratung: Dr. Christa Hanten
Register: Christoph Eiden
Kartographie: Studio für Landkartentechnik, Detlef Maiwald
Übersetzung: Bernd Weiß, Angela Ritter

*Könemann ist eine eingetragene Marke der Tandem Verlag GmbH

Printed in Spain

ISBN 3-8331-1000-7

10 9 8 7 6 5 4 3 2 1

Inhalt

WEINGESCHICHTE

André Dominé, Eckhard Supp, Dunja Ulbricht

UND GENUSS

Wein: Reiz · Genuss · Wahrheit

Im berühmten Hautvilliers bei Épernay schmücken viele Winzer ihre Häuser mit Schildern, die einen Aspekt ihrer Arbeit widerspiegeln.

Seit immer mehr Menschen in immer mehr Ländern sich für Wein interessieren, hat Wein einen ganz neuen Stellenwert gewonnen. Es ist nicht nur sehr angenehm, sich bei einer Flasche Wein mit Freunden und Kollegen, Bekannten und Verwandten zusammenzusetzen, weil dies einen freundschaftlichen und zwanglosen Rahmen schafft, Wein selbst wird zum Schlüssel zu neuen Bekanntschaften und Erfahrungen.

Die Zeiten, da guter Wein einzig das Privileg einer kleinen Oberschicht war, sind zum Glück endgültig vorbei. Im Prinzip ist heute jeder Wein allgemein zugänglich, denn selbst das exklusivste Hochgewächs kann jeder probieren, dem der Sinn danach steht, sei es bei den immer zahlreicheren Veranstaltungen, sei es in einem der vielen inzwischen gegründeten Verkostungsclubs, sei es einfach dadurch, dass man mit interessierten Freunden zusammenlegt, um eine Flasche zu kaufen und gemeinsam herauszufinden, was es mit Güte und Charakter eines berühmten Weins auf sich hat.

Der Genuss hat sich noch auf andere Weise demokratisiert. Noch nie in der Geschichte dieses Kult- und Kulturgetränks hat es ein so immenses, vielfältiges und gutes Angebot gegeben, das für so viele Menschen erreichbar war. Noch niemals zuvor eröffnete Wein so viele Möglichkeiten des Erlebens und des Genusses. Allein die Fülle der verschiedenen Weine, aus denen sie auswählen können, bietet allen interessierten Verbrauchern Gelegenheit zum Vergleich. Denn das Genuss- und Lebensmittel Wein unterscheidet sich von allen anderen landwirtschaftlichen Erzeugnissen durch einen so unendlichen Reichtum an Variationen, dass es selbst die Vielfalt von Käse weit hinter sich zurücklässt.

Ob man nun einfach der eigenen Nase nachgeht oder sich durch Ratschläge und Informationen leiten lässt, es bleibt nicht aus, dass sich Fragen ergeben und man gern mehr über Wein wissen möchte. Die gelungenste Verwendung oder das Alterungspotential, Rebsorten oder Weinberge, Lese oder Gärung, Produktionsmethoden oder Ausbau, aber auch Herkunft, die einzelnen Länder und ihre Regionen: alle Aspekte des Weins werden hier eingehend behandelt.

Zu wissen, was man trinkt, erhöht den Genuss. Jeder Wein hat seine Geschichte. Bei einfachen Tischweinen hört sie meist mit der Rebsorte und der Region, aus der sie stammen, auf. Bei großen Weinen führt sie bis zu einem speziellen Weinberg und einer oft seit Generationen gepflegten Tradition. Bei handwerklichen Weinen aus Gebieten, die erst in den letzten Jahren und Jahrzehnten ihr Qualitätspotential bewiesen haben, geht sie bis zum Winzer selbst. Ob traditionsreiches Anbaugebiet mit historischen Gütern oder eine gerade erst erwachende Qualitätsregion, Wein wird immer häufiger zum Anlass von Reisen und gezielten Besuchen vor Ort und damit Auslöser von persönlichen Begegnungen und Erfahrungen mit Menschen, Landschaften und Kultur.

Weinverkosten ist zum Hobby, ja zur Leidenschaft vieler geworden.

Das neue Weinzeitalter

Hinter der Euphorie, die die Weinwelt ergriffen hat, stehen die Resultate einer Entwicklung, die in den 1950er Jahren einsetzte. Bis dahin war Wein einerseits das glorifizierte Luxusgewächs, andererseits als schlichtes, meist schlechtes Getränk je nach Kulturkreis Rauschmittel oder einfach Bestandteil der Ernährung.

Besonders drastisch erging es den Winzern vom Ende des 19. bis Mitte des 20. Jahrhunderts. Epidemien, die in der Reblauskatastrophe gipfelten, vernichteten fast ihre gesamten Weinberge. Als die Neupflanzungen erste gute Erträge brachten, sorgten Wirtschaftskrisen und Kriege für gravierende Absatzeinbrüche. Nur zu verständlich erscheint vor diesem Hintergrund der Wunsch nach gesicherten Erträgen und effektiven Schutzmaßnahmen, den Leitmotiven, die ab 1945 die gesamte Landwirtschaft prägten und bis heute wenig von ihrem Einfluss verloren. Mit dem Einsatz

Wie der jeweilige Wein entstanden ist und was seine Qualität ausmacht, danach fragt man am besten seinen Erzeuger.

von Kunstdünger, chemischen Mitteln und produktiven Klonen erreichte man die ersehnten Mengen und konzentrierte sich in erster Linie auf die Keller, wo mit Hygiene und Temperaturkontrolle unleugbare Fortschritte erzielt wurden.

Dennoch blieben als anerkannter Maßstab die Weine berühmter Güter aus großen alten Jahrgängen und jüngere Weine einiger Ausnahmebetriebe, die einer eigenen Tradition und Philosophie folgten. So begann sich in den 1970er Jahren eine neue kritische Denkweise durchzusetzen, die erkannte, dass hohe Qualität nur durch reduzierte Erträge und optimale Traubenreife zu erzielen ist, wobei die modernen technischen Möglichkeiten nur begleitende Maßnahmen bilden konnten. Unterstützt von günstigen ökonomischen Rahmenbedingungen, führte dies zu einer grundsätzlichen Veränderung der gesamten Weinwelt. Während sich in den alten klassischen Anbauregionen der Wandel eher in von Grund auf renovierten oder neukonzipierten Kellerbauten manifestierte, führte er in den Ländern der Neuen Welt zu einem Anstieg von Anpflanzungen und Kellergründungen. Diese Dynamik verstärkte sich noch in den 1980er und 1990er Jahren. Folglich kamen nach und nach überzeugendere Weine auf den Markt, die von den Verbrauchern mit zunehmender Begeisterung begrüßt wurden. Es bildete sich nicht nur eine immer größere Nachfrage nach Spitzenweinen, zugleich stieg auch der Anspruch an die Qualität der einfacheren Weine. Ein neuer Publikationsbereich entstand, der eine ständig steigende Zahl interessierter Verbraucher immer detaillierter informiert.

Parallel dazu hat diese Bewegung auch auf zuvor unbekanntere und unterschätzte Regionen und Länder übergegriffen, wo entweder einheimische Winzer oder Investoren von außerhalb zu beweisen vermochten, welch großartige Weine dort gedeihen können.

Obgleich nach wie vor viele der Weine eher enttäuschen, werden immer mehr Gewächse mit allen zur Verfügung stehenden technischen, önologischen und wirtschaftlichen Mitteln auf den Markt zurechtgeschnitten und industriell produziert. Oft entstehen dabei durchaus ansprechende, mit allen erlaubten – auch unerlaubten – Tricks aufgewertete Massenerzeugnisse. Hier spaltet sich die Welt des Weins, wobei die Grenzen fließend sind: auf der einen Seite Industrieprodukte, auf der anderen handwerkliche Erzeugnisse, die zunehmend auf einem bewussten Umgang mit der Natur basieren. Nur letztere garantieren den vielfältigen Reichtum an Genuss, Erfahrungen und Begegnungen, den der interessierte Umgang mit Wein zu vermitteln vermag. Ihnen, ihren Winzern und den Weinfreunden, die ihnen nachspüren, ist dieses Buch gewidmet.

Wein und Gesundheit

Wie Käse und Brot zählt auch Wein zu den Lebensmitteln. Mehr noch: Wein verfügt über bestimmte Eigenschaften, die sich positiv auf die Gesundheit auswirken, vorausgesetzt er wird in Maßen genossen.

Wein setzt sich aus mehr als 1000 Inhaltsstoffen zusammen, von denen bis heute noch nicht alle genau analysiert wurden. Die Mehrheit dieser Bestandteile wie Vitamine oder Mineralstoffe liefern die Trauben – sie sind der Rohstoff des Weins; andere entstehen während der Weinbereitung, z. B. Äthanol oder Glycerin, wieder andere, wie Zucker oder Vitamin C, werden völlig oder zum Teil abgebaut.

Wein besteht zu 75 bis 90 Prozent aus Wasser, dem wichtigsten Bestandteil. Diese 15 Prozent Unterschied erklären sich durch den je nach Weinsorte mehr oder weniger großen Gehalt an Gerbsäure, organischen Säuren, Mineralsalzen und Pektinen, die zusammen den Trockenextrakt bilden.

Zweitgrößter Bestandteil des Weins ist Äthylalkohol. Auch der Alkoholgehalt variiert je nach Weinsorte. Auf den Etiketten wird er in %vol angegeben. Diese Angabe ist obligatorisch und sagt daher nichts über die Qualität des Weins aus. Ein Wein mit einem Alkoholgehalt von 11 %vol kann leicht und sehr gefällig sein, während ein anderer mit 13 %vol bereits zu Kopf steigt. Ausschlaggebend ist immer die Struktur und die Ausgewogenheit der verschiedenen Bestandteile wie Säuren, Restzucker, Alkohol, Tannine und Farbstoffe. Alle übrigen Komponenten des Weins sind in geringeren Anteilen vorhanden. Der Zuckergehalt liegt bei trockenen Weinen in der Regel unter 2, bei edelsüßen Weinen kann er jedoch fast 500 Gramm pro Liter erreichen.

Im Lauf der Jahrhunderte wurde Wein nicht nur als Genussmittel, sondern auch als Medikament betrachtet. Lange Zeit diente er zudem als Grundnahrungsmittel, man mischte ihn meist mit Wasser, um den Durst zu stillen. In vielen Veröffentlichungen wird Wein übrigens als das »hygienischste Getränk« bezeichnet. Tatsächlich war es weniger gefährlich, verdünnten Wein zu trinken als unreines Wasser.

Der Anfang des 20. Jahrhunderts war vor allem die Zeit der ›Mäßigungsligen‹, die gegen die direkten und indirekten Auswirkungen des Alkohols zu Felde zogen. Als Folge dieser Bewegungen entstand die Prohibition, wie zum Beispiel in den USA. Noch heute ist die Abgabe von Alkohol in Nordamerika und Skandinavien sehr streng regle-

Der Phenol-Anteil der einzelnen Traubenbestandteile

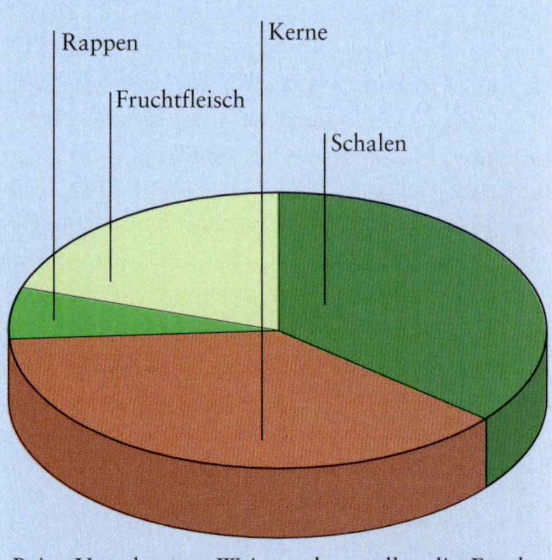

Beim Verzehr von Weintrauben sollte die Frucht samt Schale gegessen werden, um die maximale Polyphenolmenge aufzunehmen. Der Phenolanteil in den einzelnen Traubenbestandteilen macht deutlich, warum in Weißwein weniger Phenole enthalten sind als in Rotwein. Bei der Rotweinherstellung, genauer gesagt während der Maischegärung, sind Schalen und Fruchtfleisch in Kontakt mit der Flüssigkeit (Most). In dieser Phase verbinden sich die Polyphenole mit dem Most. Bei Weißwein erfolgt der Pressvorgang schneller und die Kontaktphase ist kürzer.

Regelmäßiger und gemäßigter Konsum

»Nicht zu viel und nicht zu wenig«, so sollte die Devise lauten, um von den positiven Auswirkungen des Weins auf unsere Gesundheit profitieren zu können. Unter gemäßigtem Konsum versteht man zwei bis vier Gläser Wein pro Tag, je nach Körpergewicht. Hier zeigt sich ein deutlicher Unterschied zwischen Frauen und Männern. Bei dem Konsum der gleichen Menge Alkohol wird man bei einer Frau mit einem Gewicht von 55 kg eine höhere Alkoholkonzentration im Blut feststellen als bei einem Mann von 80 kg. Der Begriff ›gemäßigt‹ hängt also vom Körpergewicht jedes Einzelnen ab. Auch die Regelmäßigkeit des Konsums ist von großer Bedeutung. Wenn hier von zwei bis vier Gläsern pro Tag gesprochen wird, so handelt es sich dabei nicht um einen Durchschnittswert. Das Prinzip, während der Woche keinen Alkohol zu trinken, am Wochenende jedoch große Mengen zu sich zu nehmen, ist daher nicht ratsam, möchte man die gesundheitsfördernde Wirkung des Weins nutzen. Darüber hinaus sollte der Wein zu den Mahlzeiten und nicht auf nüchternen Magen getrunken werden.

mentiert. In den USA müssen die Flaschen mit einer Warnung über die Gesundheitsschädlichkeit versehen sein. In den 1990er Jahren wurden immer mehr Stimmen laut, die auf die positiven Effekte eines gemäßigten Weinkonsums hinwiesen, ohne jedoch die schädlichen Auswirkungen von übermäßigem Alkoholgenuss zu beschönigen. Tatsächlich wird Wein in den Mittelmeerländern traditionell zu den Mahlzeiten getrunken, und das täglich. Ganz anders also als beim ›Rausch‹ am Samstagabend, bei dem vor allem Bier und harte Alkoholika eine Rolle spielen.

Den Anstoß für diese neue Argumentationslinie gab der französische Wissenschaftler Serge Renaud in der Sendung *60 minutes* des amerikanischen Senders CBS. In dieser Sendung unter dem Thema ›Das französische Paradoxon‹ wurde eine weltweit durchgeführte epidemiologische Studie vorgestellt, die zu folgendem Ergebnis gekommen war: Obwohl die Franzosen ähnlich viel Fett zu sich nehmen wie die Amerikaner, ist die Zahl der Todesfälle aufgrund von Herzgefäßerkrankungen 2,5-mal geringer als in den USA. Aufgezeigt wurde, dass die Sterblichkeit durch Herzerkrankungen in einem Land umso niedriger lag, je höher der Weinkonsum war. In Frankreich, Portugal und Italien treten Gefäßerkrankungen sehr selten auf, am häufigsten sind sie hingegen in den skandinavischen Ländern und in Großbritannien. Alkohol macht das Blut flüssiger, und bei regelmäßigem Konsum von Wein verringert sich der Anteil des schädlichen Cholesterins (LDL) im Blut.

Aber nicht nur der Alkohol ist für den gesundheitsfördernden Effekt des Weins verantwortlich. Wissenschaftliche Studien zeigen, dass nicht alle alkoholischen Getränke so positive Auswirkungen auf die Gesundheit des Menschen besitzen. Es müssen auch die anderen Bestandteile des Weins betrachtet werden, wie die Polyphenole. Sie wirken schützend auf die Kapillargefäße und auf das Kollagen der Gefäßwände, verhindern die Plättchenaggregation und damit die Bildung von Blutgerinnseln. Darüber hinaus haben sie stark oxidationshemmende Eigenschaften und verhindern so Veränderungen der Zellwände in den Herzgefäßen wie im Gehirn. Neben seiner vorbeugenden Wirkung bei Herzerkrankungen schreibt man dem Wein daher auch bei der Behandlung von Krebs und Alzheimer eine heilsame Wirkung zu.

Für das Ergebnis der oben genannten Studien ist aber nicht nur der Wein verantwortlich. Ein Vergleich der Nahrungsgewohnheiten im Mittelmeerraum und in den USA zeigt, dass in Südeuropa mehr frisches Obst und Gemüse, weniger rotes Fleisch, mehr Käse und weniger Vollmilch, mehr Olivenöl, dafür aber weniger Butter oder Speck verzehrt wird. Gerade diese mediterrane Küche wird heute gern bevorzugt.

Es zeigt sich also, dass Wein, der regelmäßig und verantwortungsbewusst, mit Genuss und in Maßen getrunken wird, neben anderen Faktoren zu einem langen Leben beitragen kann.

Mineralstoffgehalt (in g/l)

	Most	Wein
Kalium	1 – 2,50	0,7 – 1,50
Kalzium	0,04 – 0,25	0,01 – 0,20
Magnesium	0,05 – 0,20	0,05 – 0,20
Sodium	0,002 – 0,25	0,002 – 0,25
Eisen	0,002 – 0,005	0,002 – 0,02
Phosphor	0,08 – 0,50	0,03 – 0,90
Mangan	0 – 0,05	0 – 0,05

Ein Teil des Kalziums und des Kaliums verflüchtigt sich, da beide Stoffe mit der Weinsäure ausfällen und Kristalle bilden. Diese Kristalle finden sich manchmal auch auf dem Teil des Korkens, der mit dem Wein in Berührung kommt.

Vitamingehalt (in mg/l)

	Most	Wein
Ascorbinsäure (Vitamin C)	38,0 – 95,0	0
Thiamin (Vitamin B1)	0,10 – 0,50	0,04 – 0,05
Riboflavin (Vitamin B2)	0,003 – 0,08	0,008 – 0,30
Pantothensäure (Vitamin B5)	0,5 – 1,00	0,4 – 1,20
Pyridoxin (Vitamin B6)	0,3 – 0,50	0,2 – 0,50

Wein enthält winzige Vitaminmengen. Vitamin C findet man zum Beispiel in Most, aber nicht in Wein. Es sei auch darauf hingewiesen, dass Sulfit im Wein – selbst in geringen Mengen – die Wirkung bestimmter Vitamine aufzuheben scheint.

Polyphenolgehalt in g/l

	Most	Wein
Anthocyane	0,004 – 0,90	0 – 0,50
Flavone	Spuren	0 – 0,05
Tannine	0,1 – 1,50	0,1 – 5,00

Anthocyane sind rote und blaue Farbpigmente, die in den Schalen der Rebsorten mit dunkler Schale enthalten sind. Die Flavone sind gelbe Farbpigmente, die in kleinen Mengen in allen weißen oder dunklen Rebsorten vorkommen. Trauben enthalten verschiedene Formen von Tannin, je nachdem, ob es sich in den Schalen, im Fruchtfleisch oder in den Stielen befindet. Auch während der Lagerung in Fässern kann sich der Wein mit Tannin anreichern.

Wein in der Antike

Ägyptische Wandmalerei aus dem 15. Jahrhundert v. Chr. (aus dem Grab des Nakht in Theben)

Die Entwicklung des Weinbaus ist untrennbar mit der Geburt der europäischen Zivilisation und ihrer Kultur, insbesondere der des Mittelmeerraums verknüpft. Bereits vor mehr als 6 000 oder 7 000 Jahren haben Nomadenvölker vermutlich schon wilde Trauben und Beeren zu Wein vergoren, und bei dem Übergang zur sesshaften Lebensweise waren die Weinreben zusammen mit Oliven und Feigen die ersten Wildfrüchte, die der Mensch domestizierte. Auch wenn der schlüssige Nachweis von Vinifera-Kulturen für Ägypten und das Zweistromland erst für das 4. Jahrtausend, für die Ägäis für etwa 2500 v. Chr. geführt werden kann, gibt es Hinweise, dass im Nahen Osten bereits im 6. Jahrtausend vor unserer Zeitrechnung erste rudimentäre Rebpflanzungen existierten. Die ältesten bekannten Werkzeuge, die dem Weinmachen hätten dienen können, und die ältesten Weinbehälter stammen aus dem 5. und 6. Jahrtausend aus dem Gebiet nördlich des Kaukasus, des heutigen Georgien und Armenien, und aus dem Persien des 4. Jahrtausends.

Auch die Herkunft des Wortes ›Wein‹ lässt sich nicht eindeutig erklären, seine Ableitung vom lateinischen *vinum* kann noch zurückverfolgt werden, ebenso dass dieses wiederum auf das griechische Wort *oinos* oder *woinos* zurückgeht; weitere sprachliche Nachweise sind nicht zu führen. Tatsache ist, dass die Wiege des Weinbaus im östlichen Mittelmeerraum beziehungsweise am Kaukasus gestanden haben muss und der Weinbau eine erste Blüte im Ägypten der Pharaonen erlebte. Unter ihrer Herrschaft wurden Weinbautechnik und Weinbereitung mit wissenschaftlicher Akribie weiterentwickelt, und sie kelterten den wertvollen Rebensaft nach Methoden, die über die Jahrtausende hinweg Bestand haben sollten.

Von Ägypten nach Griechenland

Auch der Weinhandel entwickelte sich im Nil-Delta zu einer ersten Blüte. Lange Karawanen und schnelle Schiffe brachten die flüssige Fracht zu den wichtigsten Handelsplätzen des Mittelmeerraums, und nicht wenige Geschichtswissenschaftler behaupten sogar, dass die Grundlagen unserer modernen Ökonomie, das Geld, die Verträge, Zahlungssysteme und Gerichte, Rechnungswesen und Handelsberufe, ja, selbst das uns vertraute Zahlen- und Zeitmaß, aus dem Weinhandel der Pharaonen entstanden seien.

Das archaische Griechenland war die nächste Etappe in der Eroberung der antiken Welt durch die Rebe. Die Minoer auf Kreta, die in engem kulturellen und wirtschaftlichen Kontakt mit den Ägyptern standen, werden den Brückenschlag zwischen Ägypten und Griechenland hergestellt haben. Auf der anderen Seite kann das Wissen um den Weinbau aber auch über Kleinasien oder Thrakien nach Griechenland gelangt sein. Tatsache ist jedenfalls, dass in der zweiten Hälfte des

Die altägyptischen Darstellungen von Trauben und Weinanbau vermitteln über die Jahrtausende hinweg, welche Bedeutung Wein zur Zeit der Pharaonen besaß.

2. Jahrtausends v. Chr. Wein zu einem wichtigen Bestandteil der griechischen Kultur geworden war. Rebflächen existierten im gesamten antiken Griechenland, und die Inseln der Ägäis waren für ihre Produkte auch über die Grenzen des Landes hinaus bekannt. Chios, das Bordeaux der Antike, exportierte bis nach Ägypten und ins heutige Russland, aber auch die Produkte von Thasos, Lesbos und Rhodos genossen einen guten Ruf. Während die Weine von Lesbos ähnlich dem Sherry unter einer dichten Schicht von Florhefen reiften, war es in anderen Landesteilen üblich, Wein mit Gewürzen, Honig, Harz oder Duftstoffen zu aromatisieren und anzureichern. Schon der griechische Schriftsteller Theophrast wusste im 4. Jahrhundert v. Chr. vom direkten Zusammenhang zwischen Rebsorten, Mikroklima und Bodenbeschaffenheit, und noch den Römern war Jahrhunderte später bewusst, dass griechische Rebsorten Synonyme für niedrige Erträge, aber dafür umso höhere Weinqualitäten waren.

So wichtig war der Wein für die Griechen, dass sie seine Herkunft als Geschenk eines Gottes erklärten: Dionysos, auch Bakchos (bei den Römern später Bacchus), der volkstümliche Gott aus Kleinasien, habe den Weinstock geschaffen und in göttlicher Macht Wein, Milch und Honig aus dem Boden sprudeln lassen. Er befreie durch die üppig sprießende Vegetation, nicht zuletzt auch dank der berauschenden Wirkung des Weins, den Menschen von seinen alltäglichen Sorgen.

Amphore des Amasis-Malers aus Athen um 530 v. Chr. (aus der Antikensammlung des Martin von Wagner-Museums an der Universität Würzburg)

Wein als Wirtschaftsfaktor

Nachdem griechische Siedler in der ersten Hälfte des 1. Jahrtausends v. Chr. neue Lebensräume im gesamten Mittelmeer erobert hatten, führten sie in ihren neuen Kolonien auch die Weinkultur ein: Sizilien, Süditalien und Südfrankreich wurden zu neuen Orten der Entwicklung europäischer Rebkulturen. Süditalien stieg für die Griechen zu ihrem *oinotria*, ihrem Weinland auf, eine Bezeichnung, aus der unter den Römern *enotria* wurde, nachdem sie schon im 3. Jahrhundert v. Chr. in ganz Italien Rebkulturen angelegt hatten. Sie waren es nicht nur, die den Weinbau zu einem vollwertigen und nach ökonomischen Kriterien betriebenen Wirtschaftszweig machten, sie brachten ihn auch nach Mitteleuropa.

Als wichtigstes Weinhandelszentrum Italiens etablierte sich schon vor der Zeitenwende Pompeji. Von hier aus wurden Weine selbst bis ins entlegene Bordeaux exportiert. Nach der Zerstörung der Stadt durch den Vulkanausbruch 79 n. Chr. unternahmen die Römer große Anstrengungen, um in allen Teilen ihres Reiches Rebkulturen zu entwickeln. Dies geschah in so hohem Ausmaß, dass im römischen Kernland, dem heutigen Latium, fast das gesamte landwirtschaftlich nutzbare Land mit Reben bestockt wurde, was Kaiser Domitian veranlasste, die Anlage weiterer Weinbergflächen zu verbieten, ein Edikt, das fast zweihundert Jahre in Kraft bleiben sollte.

Vom Rebimperium der Römer zum Florentiner Finanzadel

Links:
Gelageszene auf einem Fresko aus Herculaneum (Nationalmuseum Neapel)

Rechts:
Das Bild mit Bacchus in Gestalt einer Traube vor dem Vesuv stammt aus Pompeji (Nationalmuseum Neapel).

Erst Marcus Aurelius Probus, der die Versorgung seiner Truppen in den nördlichen und östlichen Provinzen mit Wein sicherstellen musste, hob das Verbot Domitians auf und ließ an Mosel und Donau intensive Rebkulturen anlegen, die Grundlage der heutigen Weinbaugebiete in Deutschland und Österreich. Trier, aber auch Bordeaux, schon zuvor wichtige Exportzentren des Imperiums in die noch nördlicher gelegenen Kolonien, wurden jetzt zu eigenständigen Weinbauzentren, was die teure, logistisch aufwendige Versorgung der imperialen Vorposten mit Wein wesentlich erleichterte.

In Südfrankreich, Spanien und an der Rhône konnten die Römer in ihrer Entwicklungsarbeit dabei auf Grundlagen aufbauen, die bereits griechische Phokäer, die Gründer der Stadt Marseille (Massalia), vor ihnen gelegt hatten. Im Zuge der Konsolidierung ihres Reiches, der Verdrängung oder Unterwerfung von Galliern, Kelten und Germanen, legten sie fast überall großflächige Rebkulturen an, importierten ihre Rebsorten oder verbesserten schon vorhandenes Material und verbreiteten ihr Wissen vom Weinmachen sowie die dazugehörigen Instrumente wie Kelter, Amphore und sogar das Holzfass. Die Weine von Marseille genossen dabei, wie auch die meisten spanischen Gewächse, keinen allzu guten Ruf, und lediglich Rhône-Weine und einige Produkte aus Andalusien und anderen Provinzen der Iberischen Halbinsel wurden in Rom, im Zentrum der Macht, gehandelt.

Die Wachau, das Tal der Mosel, der Rheingau und die Pfalz, die Weinregionen des Burgund und von Bordeaux (wobei hier nicht die heutigen Rebflächen der Gironde, sondern die weiter im Landesinnern liegenden Gebiete wie Bergerac gemeint sind) und das Rhône-Tal sowie das Rioja wurden gegen Ende der Römerzeit zu dem, was sie im Wesentlichen auch heute noch sind: Zentren der europäischen Weinkultur und Weinwirtschaft. Dabei litten die meisten Kolonien unter den unruhigen Jahren der Völkerwanderung, einer Zeit sozialer und militärischer Umbrüche, in der für die leiblichen Gelüste und Genüsse des untergehenden dekadenten Römischen Reiches kein Platz mehr zu sein schien.

Der Zerfall der römischen Herrschaft führte zur Stagnation in fast allen Weinbauländern Europas. Die Rebkulturen überlebten allerdings auch widrige Zeiten: in Spanien sogar die lange arabische Herrschaft, die sich in einem der wichtigen Glaubensinhalte des Islam, dem Alkoholverbot, überraschend tolerant gab; im Bordeaux-Gebiet auch die Verwüstung und Plünderung der Stadt im Jahr 870, dem Höhepunkt einer Reihe von Eroberungen durch Gascogner, Sarazenen, West- und Ostgoten und schließlich sogar Wikinger. Aber es sollte im Norden, in Deutschland und Frankreich vor allem, bis ins 7. und 8. Jahrhundert dauern, bis die Weinwirtschaft des alten Kontinents wieder einen wirklichen Aufschwung erlebte; im Süden, in Italien und auch Spanien, sogar noch etwas länger.

Zerfall und neue Hochfinanz

Die Folgen des Zusammenbruchs des Römischen Reiches stellten sich am dramatischsten in Italien selbst dar. Der Zerfall der zentralen politischen Macht und die nur langsam zum Machtfaktor aufsteigende katholische Kirche ließen im Land ein Vakuum entstehen, in das immer wieder außeritalienische Völker einfallen konnten: Rom wurde sowohl durch die West- wie durch die Ostgoten und 455 durch die Vandalen erobert, weite Teile des Landes wurden ausgeplündert und zerstört. Aber auch die etablierten ökonomischen und sozialen Mechanismen verloren ihren Stellenwert und ihre Funktionalität. Zwar verschwand der Weinbau nicht gänzlich aus dem Leben der Italiener, aber von einem florierenden Zweig der Nationalökonomie wurde er zur reinen Subsistenzwirtschaft der ländlichen Bevölkerung.

Erst mit dem Aufkommen der Küstenstädte Genua und Venedig, die von den Kreuzzügen profitierten, mit der Karriere des mittelitalienischen Florenz in der Rolle einer Finanzhauptstadt Europas im 13. und 14. Jahrhundert sollte auch wieder Bewegung in die Weinwirtschaft kommen. Im Florenz jener Zeit gewannen bereits einige der Namen an Bedeutung, die noch heute zu den renommiertesten des italienischen Weinbaus zählen, unter ihnen die der Antinoris und Frescobaldis. Ihr Vermögen hatten die beiden Familien auf anderen Gebieten oder im Finanzhandel zwischen Vatikan und England gemacht, aber ihre Erfahrungen und Kontakte überzeugten beide, dass im Weinhandel Geld zu verdienen war.

Dieser Weinhandel betraf allerdings nicht vorrangig toskanische Gewächse, sondern – vor allem im Falle der Frescobaldi – die Weine des sich immer dynamischer entwickelnden französischen Bordeaux-Gebiets, die sich am englischen Hof großer Beliebtheit erfreuten.

Ganz unberührt blieb allerdings auch der Weinbau im Land der toskanischen Finanziers nicht. Obwohl der Weinbau Italiens erst Jahrhunderte später seinen alten Glanz nicht nur zurückgewinnen, sondern noch übertreffen sollte, wurde Wein, Alltags- und Handelswein vor allem in der Toskana mit Hilfe der Erträge und Abgaben aus Halbpacht ganz allmählich wieder zu einem der rentableren ländlichen Wirtschaftsgüter.

Dionysos und Ariadne auf einem Bild aus der Villa dei Misteri in Pompeji

Der Aufstieg Frankreichs beginnt

Die Miniatur aus dem Goldenen Evangelienbuch von Echternach aus dem 11. Jh. stellt das Gleichnis von den Arbeitern im Weinberg dar.

Eine ganz andere Entwicklung erlebte Frankreich. Hier hatten nach dem Zusammenbruch des Römischen Reiches Westgoten, Burgunder und Franken das Land in Besitz genommen und letztlich recht dauerhafte Verhältnisse geschaffen. Merowinger, Karolinger und besonders Karl der Große waren Förderer des Weinbaus vor allem im Burgund, und noch heute ist hier eine der berühmtesten Weinberglagen der Welt, der Grand Cru Corton Charlemagne, nach ihm benannt.
Die wichtigste Rolle in der Entwicklung der Rebkulturen kam dabei in Burgund den mittelalterlichen Klöstern zu. Bernhard de Fontaine war 1112 in das kleine Kloster von Cîteaux bei Nuits-Saint-Georges gekommen, in dem er seine gegen den Luxus der Benediktiner-Abtei Cluny gerichtete asketische neue Glaubensordnung predigte. Seine schnell wachsende Gefolgschaft in kirchlichen wie politischen Kreisen erlaubte es Bernhard, inzwischen Abt von Clairvaux, Land zu erwerben und Reben zu pflanzen. Seine Nachfolger entwickelten den Weinbau von Chablis und der Côte d'Or zu einer ersten Blüte. Sie wählten Chardonnay und Pinot Noir als die geeignetsten Rebsorten und schufen die Grundlagen für die noch heute gültige hierarchische Klassifizierung der Weinbergparzellen des Gebiets.
Auch in Bordeaux wurden die Grundlagen für die heutige Weingroßmacht bereits im Mittelalter gelegt. Wein wurde so in dieser Epoche bereits wichtigster Exportartikel Frankreichs, und das zu einem Zeitpunkt, als in den meisten der anderen europäischen Weinbauländer noch Subsistenzwirtschaft und der Handel mit billiger Massenware die Regel waren.

Rote Weinblüte in Deutschland

In Deutschland hatte Karl der Große Entscheidendes zur Förderung des Weinbaus beigetragen. Von seiner Pfalz am Rhein, so wird berichtet, beobachtete er die frühe Schneeschmelze auf den besten Rheingauer Lagen und ließ hier Rebstöcke setzen. Er erließ Regeln zur Weinbereitung, sorgte dafür, dass die besten Sorten selektiert wurden, und schuf die Einrichtung der ›Straußwirtschaft‹, auch ›Buschenschank‹ genannt, die in Süddeutschland und Österreich noch heute lebendige Tradition ist. Seine Vision von der wirtschaftlichen Bedeutung des Weinbaus und die ordnungspolitischen Konsequenzen, die er daraus zog, waren Wegbereiter der Weinbauentwicklung in Deutschland für Jahrhunderte.
So wie Karl der Große Auslöser des Neubeginns war, wurden die Klöster der Benediktiner und Zisterzienser nach dem Vorbild des Burgund zu seinen Trägern und Protagonisten. 1136 gründeten Zisterzienser das Rheingauer Kloster Eberbach, das im 12. und 13. Jahrhundert zu Europas größtem Weinbaubetrieb wurde und in seiner Blütezeit bis zu zweihundert eigene Handelsniederlassungen auf dem gesamten Kontinent besaß. Sie legten nach burgundischem Vorbild ihren ummauerten Steinberg – bis heute einer der berühmtesten Weinberge der Welt – an und pflanzten vor allem die roten Sorten, die sie aus ihrer französischen Heimat mitgebracht hatten. Dass sich Kirche und Klöster im Rheingau so intensiv dem Weinbau widmeten, hatte handfeste wirtschaftliche Gründe. Karl der Große hatte der Kirche, indem er ihr das Recht auf den Zehnten gewährte,

die Möglichkeit gegeben, ihre Waren auf den Märkten Europas zu vertreiben und ihr Vermögen, damit aber auch ihre politische und militärische Macht, durch Handel zu steigern.
Nicht nur der Rheingau, ganz Deutschland wurde unter dem Regime der Klöster zu einem einzigen Rebenmeer. Zwischen dem 12. und dem 17. Jahrhundert umfasste die Rebfläche des Landes mit 300 000 Hektar das Dreifache des heutigen Bestands. Der Weinhandel war in den Städten Köln und Frankfurt konzentriert, wo auch Kloster Eberbach seine bedeutendsten Niederlassungen besaß. Allein Köln schlug im Handel mit England, Skandinavien und dem Baltikum gut 100 000 Hektoliter Wein im Jahr um.

Spanien und Portugal werden Weltmächte

Später als in Frankreich und Deutschland begann die Entwicklung einer eigenständigen, nicht mehr von Rom beherrschten und organisierten Weinwirtschaft auf der Iberischen Halbinsel. Obwohl in den Jahrhunderten der maurischen Herrschaft der Weinkonsum verboten war, galten die Weinproduktion und der Handel mit dem Ausland immer als willkommene Steuerquellen. So muss es nicht wundern, dass mit der christlichen Rückeroberung des Landes und der Zulassung spanischer Lieferanten am Handelsplatz London die Ausfuhren nach England rasch zum bedeutenden Wirtschaftsfaktor für das zu Ende des 15. Jahrhunderts vollständig wiedervereinigte Land wurden. Dass das Land bereits im 13. Jahrhundert außerordentliche Gewächse in den Gebieten des heutigen Toro, Rioja und Navarra hervorgebracht hatte, war kaum bekannt, da deren Produkte im Land selbst getrunken und nicht exportiert wurden.
Die Iberische Halbinsel profitierte gleich mehrfach von der Entwicklung in anderen Teilen Europas. Durch den Einbruch des Süßweinmonopols der Seehandelsmetropole Venedig und das Ende der Herrschaft der Engländer über Bordeaux entstand in verschiedenen Segmenten des Marktes neue Nachfrage. Vor allem Andalusien konnte die Aufmerksamkeit der englischen Händler mittels Steuerbefreiung und allerlei Privilegien auf sich lenken, und dies blieb auch über die Jahre der kriegerischen Auseinandersetzungen im Wesentlichen unverändert. Die Weine aus den Gebieten von Malaga und Jerez galten zwar nicht als die feinsten Europas, waren aber zum Verschnitt mit schwächeren Kreszenzen beliebt.
Die Weltmachtbestrebungen Spaniens im 15. und 16. Jahrhundert, denen die Weltumsegler und Kolumbus mit der Entdeckung Amerikas den Weg bereitet hatten, sorgten dafür, dass die europäische Weinrebe zum ersten Mal den amerikanischen Kontinent erreichte. Der Eroberer Hernán Cortés hatte bereits in den frühen Jahren der Kolonisierung Setzlinge nach Mexiko gebracht, und Mitte des 16. Jahrhunderts entstanden auch im heutigen Chile die ersten Rebgärten. Lange vor Nordamerika oder gar vor dem heutigen Kalifornien besaß Südamerika Vinifera-Kulturen, und die Weine des Halbkontinents wurden zeitweise sogar nach Europa zurückexportiert, bevor Chile und Argentinien, Peru oder Brasilien dann weinbaumäßig in eine Art langen Winterschlaf verfielen, aus dem sie erst in den letzten beiden Jahrzehnten wieder erwachten.

Die Holzschnitte aus dem Buch von der Landwirtschaft, das Petrus des Crescentiis im 16. Jahrhundert verfasste, zeigen Kellerarbeiten, die auch heute noch – auf dieselbe Weise oder mit moderner Technik – ausgeführt werden. In diesem Falle sind es das Zerstampfen der Trauben mit den Füßen oder das Reinigen der Fässer.

Blüte des Weinhandels

Auf dem Douro bei Porto sind historische Barken zu besichtigen, die einst den Jungwein von den Weinterrassen des oberen Tals hinunter zu den Lodges nach Villanova de Gaia beförderten. Dort wurde er zum Portwein ausgebaut und vermarktet.

England wurde in den Jahrhunderten zwischen 1600 und 1800 nicht nur zur politisch-militärischen Weltmacht, sondern auch zum Motor des Weltweinhandels und damit auch der weiteren Entwicklung, insbesondere auf den Hauptschauplätzen der Weinbaugeschichte Europas, das heißt in Frankreich, Spanien und Portugal. Dabei war diese Rolle in der ersten Hälfte des 17. Jahrhunderts zunächst den Holländern zugefallen. Sie hatten als Erste die Bedeutung des weltumspannenden Handels unter Einsatz großer finanzieller Mittel verstanden und überall auf der Welt ihre Kolonien errichtet. Dabei konnten sie teilweise Portugal und das spanische Königreich beerben, mit dem sie über fast 80 Jahre im Krieg gelegen hatten, und sie besaßen eine Handelsflotte, die um ein Vielfaches größer war als die Frankreichs und Englands zusammen.

Es waren Holländer, die zum ersten Mal in Oporto Wein verluden. Sie initiierten das Schnapsbrennen im Gebiet des Armagnac und Cognac und legten schon Anfang des 17. Jahrhunderts die Sümpfe des Médoc trocken, wo sich zu jener Zeit nur kleine Rebflächen in riesigen Waldgebieten verloren. Als Weinkäufer füllten sie in Bordeaux die Lücke, welche die Engländer nach dem Verlust ihrer Herrschaft über die Gascogne gelassen hatten, und unterstützten mit ihren Anstrengungen einheimische Familienclans, wie den der Pontacs und Lestonnacs, die in jener Zeit durch ihre Château-Gründungen bereits die Grundlagen für die gesamte Premier-Cru-Landschaft des 19. und 20. Jahrhunderts schufen.

Erst in der zweiten Hälfte des 17. Jahrhunderts schafften es Engländer und Franzosen mit geballtem militärischen Einsatz, die Vorherrschaft der holländischen Handelsflotten zu brechen, wobei sie sich auch großzügig der Piraten und Freibeuter bedienten, die zu jener Zeit die Weltmeere unsicher machten. Der spanische Erbfolgekrieg sorgte dann für die endgültige Vormachtstellung Englands. London wurde zu einem der weltweit wichtigsten Handelszentren und Weinmärkte, englisch-irische Familien zur neuen Bourgeoisie in Bordeaux, wo sie nicht nur Handelsstrukturen, den sogenannten *négoce*, schufen, die bis heute überdauert haben, sondern dem Land auch durch zahlreiche neue Weinberganlagen ihren Stempel aufdrückten.

Englisches Kapital erobert die Welt

England hatte auch – wiederum nach Pionierarbeit durch die Holländer – aufgrund seiner privilegierten Beziehungen mit Portugal begonnen, die dortige Weinwirtschaft zu entwickeln. Portwein wurde zum Modegetränk der Londoner Gesellschaft schlechthin. Dass sich die Winzer des kleinen Landes das Eintrittsrecht auf den zu jener Zeit wichtigsten Markt der Welt teuer erkaufen mussten – nicht selten erstreckte sich das Zugriffsrecht der Händler auch auf die Winzertöchter, und die stolze Nation riskierte zeitweise sogar, zu einer Kolonie der Krone zu werden –, gehört dabei zu den unschönen Begleiterscheinungen, an denen die Geschichte des Weinhandels über die Jahrhunderte nicht eben arm war.

Die Zeit zwischen dem 16. und 18. Jahrhundert war eine Periode tief greifender sozialer und ökonomischer Veränderungen in Europa, es war die Zeit der Geburt einer von Europa dominierten Weltwirtschaft, die sich nach kapitalistischen Prinzipien organisierte. Die zunehmende Verstädterung sorgte für das Entstehen großer Absatzmärkte. Paris dominierte den französischen Binnenmarkt ebenso deutlich wie London den Weltmarkt. Der sukzessive Wegfall von Binnenzöllen, der Bau neuer Transportwege und die Möglichkeit, Weine aus allen Teilen Europas zu beziehen und zu konsumieren, ließ die Verbraucher anspruchsvoller und wählerischer werden.

Die Entwicklung erfasste nach den südamerikanischen Kolonien auch den Rest der gerade erst entdeckten Neuen Welt. In Nordamerika legten schon im 17. Jahrhundert englische Siedler und toskanische Adlige Rebgärten an, wozu sie sich der zahlreichen einheimischen Rebsorten der Labrusca-Familie bedienten. Im noch immer holländischen Südafrika wurde mit Groot-Constantia ein Weingut gegründet, das bereits im 18. Jahrhundert für seine Süßweine aus Muscat berühmt war, aber dann rasch wieder im Nebel der Geschichte verschwand. Auch in Europa tauchten neue Namen am Weinfirmament auf: Madeira und Tokaji, später auch das sizilianische Marsala, wurden zu berühmten Anbaugebieten, die vor allem die damals so beliebten Süß- und Likörweine zu liefern imstande waren.

Jan Vermeer, Das Mädchen mit dem Weinglas, gemalt um 1659/60 (aus dem Herzog Anton Ulrich-Museum in Braunschweig)

Aufstieg und Fall in kriegerischem Umfeld

Der Weinbau war in eine Entwicklungsspirale geraten, deren Dynamik nicht mehr zu bremsen war. In Frankreich, wo der Aufschwung schon zu Überproduktion und Absatz- beziehungsweise Preisproblemen führte, unternahm die Regierung Anfang des 18. Jahrhunderts den Versuch, die Neuanlage von Weinbergen zu verbieten, doch dieser Versuch scheiterte kläglich. Fast alle Weinbauländer der Welt profitierten von dieser Entwicklung, mit Ausnahme Deutschlands. Auch hier hatte der Ausgang des 15. Jahrhunderts noch eine prosperierende Weinwirtschaft gesehen. Der allgemeine Wohlstand, das Bevölkerungswachstum und das Entstehen der großen Städte hatten auch hier den Weinkonsum beflügelt. Hinzu kam ein fast zweihundert Jahre dauerndes Klima-Hoch mit ungewöhnlich warmen Temperaturen. Die Weinproduktion stieg auf Rekordniveau, und der Konsum hielt mit ihr Schritt: Fast 120 Liter pro Kopf und Jahr betrug der Verbrauch und lag damit so hoch wie in Italien oder Frankreich noch bis in die erste Hälfte des 20. Jahrhunderts.

Die rapide klimatische Abkühlung und die kriegerischen Auseinandersetzungen, die seit Beginn des 17. Jahrhunderts wüteten und besonders Deutschland in regelmäßigen Abständen überzogen, sorgten für einen rapiden Niedergang der Weinwirtschaft. Die Krise, die im Dreißigjährigen Krieg einen ersten Höhepunkt erlebte, hatte allerdings schon früher begonnen und war weitgehend hausgemacht. Zu maßlos war die Expansionspolitik des Weinbaus gewesen, und die Wirtschaftskrise, die als Ausdruck des Zerfalls der mittelalterlichen Feudalordnung gilt, war kein Resultat des Krieges, sondern hatte ihrerseits erst die Bauernkriege von 1524 bis 1526 ausgelöst.

Der Wiederaufbau gestaltete sich in Deutschland zäher als in anderen Ländern. Zu tief waren die Wunden, die der Krieg gerissen hatte, und das Land wurde durch die massive Auswanderung auch von Winzern noch weiter entvölkert. Erst gegen Ende des 17. Jahrhunderts hatte der Aufschwung des Weltweinbaus auch Deutschland wieder ergriffen. So wie sich in diesem Jahrhundert in Bordeaux der Cabernet Sauvignon als nobelste Sorte durchgesetzt hatte, schlug jetzt in Deutschland die Stunde des Rieslings.

Tayher ist heute die letzte unabhängige Portwein-Company der alteingesessenen britischen Handelshäuser.

Der Wein nimmt Gestalt an

Es war der Riesling, der zuerst jene Weinqualitäten lieferte, die auch heute noch das Gerüst des deutschen Weinbaus und seiner Gesetzgebung ausmachen: 1775 gab es im Rheingau die erste offiziell notierte Spätlese, und gegen Anfang des 19. Jahrhunderts hatte sich die Praxis, Trauben bis zur Überreife am Stock zu lassen, um daraus süße oder edelsüße Weine zu keltern, durchgesetzt. Auch die Bezeichnung ›Kabinett‹ entstand im 18. Jahrhundert. Sie wurde von dem Ausdruck ›Cabinett-Keller‹ abgeleitet, damals der Aufbewahrungsort für die besten Weine des Weinguts. Solche Cabinett-Keller gab es auf Kloster Eberbach und Schloss Vollrads; die erste verbürgte Verwendung des Begriffs stammt jedoch aus dem Jahre 1779 von Schloss Johannisberg.

Wie in Deutschland, wo sich die Hinwendung zum Riesling, der in vielen Gebieten die vorherrschenden roten Sorten verdrängen musste, über einen langen Zeitraum vollzog, wandelte sich auch der Weinstil in anderen europäischen Weinbaugebieten. Besonders drastisch war dieser Wandel im Bordeaux-Gebiet, dessen Rotweine mit den heutigen, farb- und tanninbetonten Gewächsen ursprünglich wenig gemein hatten. Nicht umsonst hatten die Engländer ihre geschätzten Bordeaux-Roten ›Claret‹ genannt (von *clair*), und hell, alkoholarm, leicht waren sie auch. Um den gestiegenen Ansprüchen zu genügen, wurden sie mit schweren, meist spanischen Grundweinen verschnitten, aber das war nur eine Lösung auf Zeit. Die Eroberung immer größerer Rebflächen durch Cabernet Sauvignon und die Einführung längerer Maischestandzeiten während der Gärung erlaubten es, dichtere und kräftigere Weine direkt vor Ort zu keltern, ohne systematisch zu Verschnittweinen greifen zu müssen.

Oben:
Mit der Entwicklung der modernen Verkehrsverbindungen wurde Wein zu einer wichtigen Ware, für die man auf verschiedenste Weise zu werben begann.

Die Revolution in Weinberg und Keller fand im 18. Jahrhundert ihren Höhepunkt. Man unternahm erste Versuche einer ampelografischen Einordnung der verschiedenen Rebsorten, der Gebrauch des Schwefels zur Stabilisierung von Mosten und Weinen setzte sich durch, und Napoleons Innenminister Chaptal sorgte dafür, dass die nach ihm benannte Methode des Aufzuckerns von Mosten mit Rübenzucker erlaubt und zur Praxis wurde. Im Gebiet der Champagne gestattete die Erfindung moderner Glasflaschen und des Stopfens aus Naturkork die systematische Flaschengärung, durch die der zuvor als Stillwein verkaufte Schaumwein überhaupt erst zu dem wurde, was wir heute darunter verstehen.

Während der Rheingau, der inzwischen wieder Anschluss an die internationale Entwicklung gefunden hatte, neben seiner Vorreiterrolle beim Riesling und bei den verschiedenen Spät- und Auslesequalitäten der Weine auch mit ersten Weinfiltern und Rohrleitungen zum Pumpen der

Das Luxusprodukt Champagner wurde schon frühzeitig zum Werbeobjekt und setzte dabei gern auf prickelnde Erotik.

Weine in Erscheinung trat, dauerte die Entwicklung der modernen Versionen von Chianti und Barolo in Italien noch bis Mitte des 19. Jahrhunderts. All das Wissen und die neuen Technologien schützten jedoch vor der Katastrophe nicht, die Europa aus den überseeischen Kolonien erreichte, und die seinen Weinbau binnen weniger Jahre nahezu völlig zum Erliegen bringen sollte.

Goldenes Zeitalter

Vor der dramatischen Katastrophe, der ein kleines Insekt namens ›Reblaus‹ seinen Namen gab, hatte Europas Weinbauentwicklung einen einzigartigen Höhepunkt erreicht. Eines der wichtigsten Ereignisse des 19. Jahrhunderts war die offizielle Klassifizierung der Weine von Bordeaux, genauer gesagt von Médoc und Sauternes, die bis heute Bestand hat. Bordeaux-Rote gehörten bereits seit Ende des 18. Jahrhunderts zu den gefragtesten Weinen der Welt, und die Güter des Gebiets standen weinbau- und kellertechnisch auf hohem Niveau, obwohl das Verhältnis zwischen Erzeugern und Handel nicht immer ungetrübt war. Die Händler versuchten mit ihrer Finanzmacht, den Weingutbesitzern ihre Bedingungen aufzuzwingen, aber es gab immer wieder erfolgreiche Versuche, aus den Zwängen ihres Marktdiktats auszubrechen. Zur Weltausstellung 1855 feierte das Médoc dann mit seiner von den *courtiers*, den Maklern entliehenen Klassifizierung der Domänen in erste, zweite, dritte, vierte und fünfte Gewächse Triumphe. Das goldene Zeitalter des Weinbaus hatte begonnen.

In den Weinbaugebieten um Bordeaux entstanden seit Beginn des 19. Jahrhunderts immer prunkvollere Bauten, die nicht selten den Namen ›Château‹ verdienten, der den Weingütern oft jetzt erst verliehen wurde. Während die Produktion dieses Gesamtgebiets in wenig mehr als zwei Jahrzehnten von zwei auf über fünf Millionen Hektoliter stieg, machte auch das Burgund wieder auf sich aufmerksam. Die Französische Revolution hatte diese Region, deren Weinbau sich zumeist in kirchlichem Besitz befunden hatte, zunächst einmal destabilisiert, und die durch Erbfolge immer kleiner gewordenen Domänen besaßen kaum mehr Marktmacht. Hier dauerte der Aufbruch bis zum Bau der Eisenbahnlinie nach Paris im Jahr 1851, und die Fortführung der Linie bis nach Südfrankreich sorgte gleich darauf schon wieder für heftige Konkurrenz durch die alkoholreicheren, kräftigeren Weine des Midi.

Italien war im Vergleich mit den mitteleuropäischen Ländern sehr spät in die Moderne gestartet. Die Weinerzeugung war in eine tiefe Qualitäts- und Absatzkrise geraten, was dazu führte, dass die Produktion fast ausschließlich offen abgesetzt werden konnte. Flasche und Korken fanden in Italien erst spät Verbreitung. Auch die heute bekannten Weintypen sollten hier nicht vor der Mitte des 19. Jahrhunderts entstehen, darunter auch Chianti, Brunello und Barolo. Es waren dieselben Männer und Frauen, denen das Land seine Einheit verdankte, die auch den Weinbau wieder zu Ansehen brachten. Garibaldi überzeugte die Weinbauern von der Nützlichkeit des Schwefels, Cavour und die Marchesa Falletti besorgten dem Nebbiolo mit Hilfe des französischen Önologen Oudart eine moderne Identität, und Baron Ricasoli braute in der Toskana sein Rezept für den Chianti, das bis in unsere Tage Bestand haben sollte. Im Piemont wurden Kellereien wie Gancia, Martini, Coppo und Cinzano gegründet, in Südtirol die ersten Genossenschaften und im Trentino das Weinbauinstitut von San Michele.

In Deutschland wirkte sich vor allem die Preußische Zollunion segensreich für den Weinbau aus, der auch hier immer größere Mengen ausschüttete. Im preußischen wie im bayerischen Teil Deutschlands entstanden die ersten Weinbauschulen, staatliche Domänen und Versuchsanstalten, die auf die qualitative Entwicklung der Weine entscheidenden Einfluss nahmen. Geisenheim stammt aus dem Jahr 1870, während Freiherr August Wilhelm von Babo, der Erfinder der österreichischen Mostwaage, die Weinbauschule in Klosterneuburg bereits zehn Jahre zuvor gegründet hatte. Auch die Selbstorganisation der Winzerschaft kam mit großen Schritten voran. Ab 1855, dem Jahr der Bordeaux-Klassifizierung, wurden die ersten Winzergenossenschaften in Neckarsulm, Fellbach und Mayschoß gegründet. Von der Mitte des Jahrhunderts an gewann auch Sekt zunehmend an Popularität und half, selbst den Ertrag kleinerer, säurebetonter Jahrgänge erfolgreich auf dem Markt zu platzieren.

Linke Seite, unten:
Im frühen 18. Jahrhundert begann die Weinkarriere des Château Figeac in Bordeaux.

Unten:
Bereits im 18. Jahrhundert zielte man im Rheingau beim Einbringen des Rieslings auf Überreife und Edelfäule und entwickelte damit einen Weinstil, der bis heute maßgebend ist.

Niedergang und Neubeginn

Schon in den 1950er Jahren wurde während der Ernte selektioniert.

Die Besessenheit im 19. Jahrhundert, botanische Spezies zu sammeln, zu klassifizieren und schließlich in ungewohnter Umgebung auszupflanzen, verführte dazu, amerikanische Labrusca-Reben nach Europa einzuführen, obwohl deren geringe Tauglichkeit für die Produktion von Spitzenweinen bereits bekannt war. 1847 wurde auf diese Weise der Echte Mehltau *(Oidium)* in Frankreich eingeschleppt, von wo aus er Europa eroberte. 1878 folgte ihm der Falsche Mehltau *(Peronospora)* und 1880 die Schwarzfäule. Das größte Desaster richtete die Reblaus (urspr. *Phylloxera,* heute *Viteus vitifolii)* an, die 1863 erstmals an der südlichen Rhône auftrat. Der kleine gelbe Schädling stammte von der amerikanischen Ostküste, deren wilde Reben der Spezies Labrusca immun gegen seine Fresswut waren. Bei den europäischen Vinifera-Sorten konnte er jedoch in wenigen Jahren so schwere Schäden am Wurzelsystem verursachen, dass die Stöcke unwiederbringlich verloren waren.

Es war den Verantwortlichen der europäischen Weinbauländer schnell klar, dass die Reblaus eine Katastrophe zu werden drohte. Schon in den 1870er Jahren wurde die Idee entwickelt, die wertvollen europäischen Reben auf amerikanische Unterlagen aufzupfropfen, deren Reblaus-Immunität man inzwischen erforscht hatte. Obwohl schon 1880 die ersten Pfropfreben ausgesetzt wurden, war der Schaden immens: allein in Frankreich wurden 2,5 Millionen Hektar Rebfläche vernichtet, und die Produktion sank in knapp 15 Jahren um mehr als zwei Drittel. Zwischen 1873 und 1885 eroberte die Reblaus auch Portugal, Italien, Deutschland, Australien, Südafrika und Kalifornien. Nur wenige Gebiete blieben in den folgenden Jahren reblausfrei: einige Küstenstriche Südfrankreichs, ein Teil der Mosel-Weinberge, Teile Australiens, Chinas und Südamerikas sowie einige Mittelmeerinseln. Etwa 85 Prozent des Rebbestands der Welt dagegen, so schätzt man, sind heute auf amerikanische Unterlagsreben gepfropft.

Triumph der Vinifera

Die Neue Welt und Nordamerika sollten nach der Einführung des systematischen Pfropfens zu einem der interessantesten Verbreitungsgebiete europäischer Vinifera-Reben werden, die hier bis in unsere Tage hinein Schritt für Schritt die Labrusca-Sorten oder interspezifische Hybriden aus den Rebgärten verdrängen. Versuche mit Vinifera-Stöcken hatten hier im Gegensatz zum Südteil des Kontinents erst im 17. Jahrhundert begonnen, als man in Virginia, Pennsylvania oder Florida mit der Hilfe französischer, deutscher und italienischer Winzer entsprechende Kulturen anlegte. Die Versuche stellten sich jedoch als völliger Fehlschlag heraus, da die europäischen Sorten keinerlei Resistenz gegen die geschilderten Rebkrankheiten und Schädlinge besaßen. Durch Zufall entdeckte man die ersten Hybriden, Kreuzungen

Die flachen Körbe sind charakteristisch für die Traubenernte in Frankreich.

In früheren Zeiten war sämtliches für Weinlese und Weinbereitung eingesetztes Material aus Holz und damit schwer zu säubern und schwer zu tragen. Erst in den 1960ern wurde es allmählich durch moderne und leichtere Materialien ersetzt.

zwischen europäischen und amerikanischen Sorten. Vinifera-Reben waren zwar bereits in der ersten Hälfte des 17. Jahrhunderts nach Mexiko gelangt, hielten aber erst nach dem Goldrausch 1880 Einzug in Kalifornien, das sich dann jedoch in kürzester Zeit zum führenden Weinbaustaat der Nation entwickelte und gegen Ende des Jahrhunderts bereits eine Million Hektoliter jährlich produzierte. Die Prohibition von 1920 bis 1933 reduzierte die Weinproduktion zwar noch einmal um ein Beträchtliches, aber die Karriere Kaliforniens wie auch die der anderen Länder der Neuen Welt war nur aufgeschoben.
Mit der Eroberung immer neuer Kontinente durch Europas Kolonialarmeen kam die Weinrebe Ende des 18. und zu Beginn des 19. Jahrhunderts auch nach Australien. Hier wurden nur wenige Jahre nach der Gründung der ersten Siedlungen Weinberge angelegt, und bereits nach kürzester Zeit konnten australische Weine auf den Londoner Weinmessen erste Erfolge feiern. Zunächst konzentrierte sich der Weinbau vor allem im Staat Victoria, mit der Ankunft der Reblaus aber mussten die Winzer auf die sandigen Böden des heißen Landesinneren ausweichen, wobei sich der Schwerpunkt ihrer Produktion zu alkoholstarken Süß- und Likörweinen verschob. Südaustralien und Neusüdwales wurden zu den bedeutendsten Weinbauzentren des Landes – eine Rolle, die sie bis heute behalten haben.
Die Kriege und Wirtschaftskrisen des beginnenden 20. Jahrhunderts erschütterten auch die Weinindustrie. Zwar waren die wichtigsten Appellationen in den 1920er Jahren noch einmal weltweit begehrt, selbst deutsche Rieslinge erzielten Preise, die denen der großen Bordeaux-Gewächse und Champagner nicht nachstanden, aber nach dem Zweiten Weltkrieg war der Weinbau einzig auf Mengenerzeugung ausgerichtet.

Je mehr, desto besser

Der Start in die Moderne war nach dem Zweiten Weltkrieg auch im Weinbau weithin mit Mechanisierung, Industrialisierung und Massenproduktion verbunden. Zwar blieben in den meisten europäischen Ländern die traditionellen Kleinst-Besitzstrukturen in der Winzerschaft erhalten, gleichzeitig aber wurde nach immer effizienteren, sowohl arbeitssparenden wie die Quantität steigernden Methoden der Weinerzeugung gesucht. Vor allem in Deutschland hatte man sich auf die Züchtung immer ertragreicherer Rebsorten spezialisiert, deren Weine allerdings nur in den seltensten Fällen ein Qualitätsniveau erreichten, das es ihnen erlaubte, mit den klassischen Arten zu konkurrieren. Die falsch verstandene Flurbereinigung und der Einsatz von immer mehr Chemie im Weinberg trugen dazu bei, dass die Weine allmählich dünner und schwächer wurden.
Auch Italien hatte in den 1960er Jahren die Neubestockung weiter Rebflächen in Angriff genommen, mit enttäuschendem Resultat, wie man heute unschwer in Vertikal-Verkostungen feststellen kann: Die Jahrgänge etwa von 1940 bis 1960 wirken meist noch wesentlich frischer, lebendiger und konzentrierter als die viel jüngeren der 1960er und 1970er Jahre.
Selbst in Burgund ließen sich die Winzer in den 1970er Jahren auf das Mengendiktat ein: Resultat waren auch hier immer dünnere und ausdruckslosere Weine, die erst Ende der 1980er und Anfang der 1990er wieder von intensiveren Pinot-Noir-Weinen und Chardonnays abgelöst wurden.
Im letzten Viertel des 20. Jahrhunderts kehrte sich diese Entwicklung um. Viele Flächen wurden gerade in Europa stillgelegt, die Welt-Weinbaufläche sank zwischen 1980 und 2000 insgesamt von 9,8 auf 8,2 Millionen Hektar, wobei dieser Verlust fast ausschließlich auf Kosten europäischer Weinberge ging, die allerdings immer noch 65 Prozent der Gesamtrebfläche ausmachen. Man senkte die Produktionsmengen auf 266 Millionen Hektoliter um 1990, gegenüber 330 Anfang der 1980er Jahre, von denen wiederum der Alte Kontinent noch 75 Prozent stellte.

Moderne Zeiten

Messen, Regeln und Steuern sind für die qualitätsorientierte kontrollierte Vinifikation heute ein Muss.

Eine neue Epoche in der Weingeschichte setzte in den 1960er Jahren ein, als im kalifornischen Napa Valley die seit den Zeiten der Prohibition stagnierende Weinindustrie wiederbelebt wurde. Einige Pioniere, zu denen auch die Familie Mondavi gehörte, hatten die Eignung des Tals für französische Spitzenrebsorten, in erster Linie Chardonnay und Cabernet Sauvignon, erkannt, und fanden schnell Nachahmer, die schon zehn, fünfzehn Jahre nach ihrem erfolgreichen Start für die Großen des Bordeaux-Weinbaus zur gefürchteten Konkurrenz wurden. Da die bekannten Herkunftsbezeichnungen, zu denen man zuvor gern gegriffen hatte – in den USA gab es falschen Chablis, in Australien Hermitage, Beaujolais und so genannten Champagner –, in den europäischen Abnehmerländern geschützt waren, blieb den Erzeugern in der Neuen Welt nur die Möglichkeit, ihre Weine nach den verwendeten Rebsorten zu benennen, um beim Verbraucher überhaupt einen Wiedererkennungseffekt auslösen zu können.

Auch in der technologischen Entwicklung in Weinberg und Keller zählten die Länder der Neuen Welt schon bald zur Avantgarde. Australien mit seinem heißen Klima führte Stahltank und Temperaturkontrolle für die Gärung schon in den 1950er und 1960er Jahren ein. Ein Großteil der neu angelegten Weinbergflächen wurde von vornherein in der Ebene und auf maschinelle Bearbeitung angelegt, besaß Bewässerungssysteme und erlaubte rationelles, kostengünstiges Arbeiten. Dennoch wäre es falsch zu glauben, die Konkurrenz zwischen der Alten und der Neuen Welt messe sich am Grad der Industrialisierung der Weinwirtschaft.

Tatsache ist, dass auch in den europäischen Weinbaunationen massiv zu technologischen und chemischen Hilfsmitteln gegriffen wird – Reinzuchthefen, computergesteuerte Temperaturkontrolle, verschiedenste Arten von Gärtanks, modernste Pressen und nicht zuletzt Vakuumverdampfer, Umkehrosmose und Keramikplatten zur Sauerstoffberieselung des vergorenen Weins –, die nicht nur zum Teil auf dem Alten Kontinent erfunden wurden, sondern hier selbst in renommiertesten Spitzenweingütern angewandt werden.

Die Zweiteilung, die gern als Konflikt zwischen Alter und Neuer Welt dargestellt wird, zieht sich in Wahrheit durch alle Weinbaunationen, trennt die kleinen, noch teilweise sehr handwerklich orientierten Winzerbetriebe von den großen, industriell organisierten Kellereien, die Millionen Hektoliter im Jahr ausstoßen und ihre Produkte mit effizientem Marketing weltweit absetzen. Das bedeutet nicht, dass handwerklich gemachte Weine automatisch besser wären als solche aus Großkellereien. Allzu oft ist leider das Gegenteil der Fall, und einige der begehrtesten, renommiertesten und besten Weine der Welt stammen aus solchen Industrieanlagen. Aber die Spitzenprodukte kleiner Winzerbetriebe faszinieren mit ihrer immer sehr individuellen Handschrift und ihrem unnachahmlichen Stil, der von großen Kellereien nicht imitiert werden kann.

Bio-Wein und Qualitätsrevolution

Eine Gegenbewegung zur fortschreitenden Industrialisierung des Weinbaus und zum immer stärker werdenden Einsatz von Chemie und Technik in Weinberg und Keller stellen die seit den 1970er Jahren entstandenen naturnah, ökologisch oder biodynamisch arbeitenden Weingüter dar. Ihre Motivation bezogen sie vor allem aus dem oft unverantwortlichen Umgang der traditionellen Winzerschaft mit Pestiziden, Fungiziden und Herbiziden, wobei manchem Winzer allerdings zu Anfang die naturschonenden Produktionsmethoden mehr am Herzen zu liegen schienen als die Qualität ihrer Produkte. Auf diesem Gebiet hat sich allerdings viel getan. Vor allem in Frankreich und Deutschland stellt der Bio-Weinbau inzwischen einen soliden Anteil am Gesamtprodukt, und in den meisten europäischen Weinbauländern findet

Der Ausbau in neuen Eichenbarriques begann sich erst ab 1970 durchzusetzen und führte in der Folge zur Errichtung spektakulärer Fasskeller, wie hier auf Château Margaux.

man heute Spitzenproduzenten, die nach den Methoden eines ökologisch orientierten Weinbaus arbeiten und dennoch oder gerade deshalb exzellente Weinqualitäten vorzeigen können.

Die allgemeine Verbesserung der Weinqualitäten war die bedeutendste Änderung, die Europa und die restliche Weinwelt in den letzten Jahrzehnten erlebte. In Europa ging diese Bewegung von Italien aus, das, angespornt durch die erstaunlichen Weine, die in den 1970er Jahren aus Kalifornien oder Australien kamen, begonnen hatte, seinen eigenen, auf Massenproduktion ausgerichteten Weinbau komplett umzukrempeln. Der Methanol-Skandal, der Mitte der 1980er Jahre das Land erschütterte, konnte diese Aufwärtsbewegung nicht bremsen. Mit neuen, dem internationalen Geschmack angepassten Weinen sowie mit der Rückbesinnung auf Traditionsweine wie Chianti oder Barolo schaffte es Italien, sich in wenig mehr als zehn Jahren einen Platz in der Elite des Weltweinbaus zu sichern.

Auch Österreich gelangte über einen handfesten Skandal – wegen des Panschens mit Glykol – zu einer erstaunlichen Karriere. Zur gleichen Zeit hatte Deutschland seine von Extremen geprägte Vergangenheit überwunden, erst waren die Weine extrem süß, dann trocken und oft nur sauer, und sich wieder auf seine Tradition hochwertiger Weine mit großer Dichte und Komplexität besonnen. Auch Spanien, das Land mit einer für Europa archaischen Weinindustrie, zeigte, dass es Spitzenqualitäten hervorbringen kann.

So gut wie noch nie

Während so die Durchschnittsqualität dessen, was Europas Verbrauchern eingeschenkt wurde, ein nie gesehen hohes Niveau erreichte, glichen sich Weinstile und -typen immer mehr an. Überall wurden jetzt die Modesorten Chardonnay und Cabernet Sauvignon, Merlot und Sauvignon Blanc ausgepflanzt, selbst in Klimazonen, in denen ihre Chancen von vornherein als äußerst gering einzuschätzen waren. Der Gebrauch von Zuchthefen, von Stahltanks, von Barriques aus französischer Eiche und der weltweite Austausch über Kelter- und Ausbaumethoden, dessen Protagonisten die so genannten *flying winemakers* waren, verstärkte diese Tendenz zu immer uniformeren Weinen noch.

Erst in den letzten Jahren hat diese Entwicklung zu immer gleichförmigeren internationalen Weinen an Dynamik verloren. In den USA ist es sogar Mode geworden, *anything but Chardonnay and Cabernet*, alles außer Chardonnay und Cabernet zu trinken. Vor allem in den europäischen Ländern mit ihren enormen genetischen Ressourcen an Rebsorten entsteht wieder ein Interesse an besonderen, charakteristischen und ausdrucksvollen Weinen regionaler Prägung, die ihre geschmacklich unverwechselbare Note bewahrt haben. Da sich gleichzeitig die *winemakers* der Neuen Welt zunehmend auf Weine mit Terroir-Charakter und Individualität besinnen, ihre Weine immer filigraner, eleganter und weniger extraktbeladen oder gar holzgeprägt geraten, dürfte die Weinwelt mit ihrem reichhaltigen, facettenreichen Angebot in den kommenden Jahren und Jahrzehnten sicher noch um einiges vielfältiger und interessanter werden.

Viele Weingüter errichten heute ihre Weinkeller im Tagebau und fügen sie harmonisch in die Landschaft ein.

Weinauswahl

In diesem modern konzipierten Weinladen werden die verschiedenen Weine in übersichtlichem Display gezeigt, die zum Verkauf angebotenen Flaschen aber liegend aufbewahrt.

Über Geschmack lässt sich nicht streiten – wohl aber über Qualität. Sie ist für Wein, das vielleicht vielfältigste und innovativste Lebensmittel, das der Verbraucher fertig kaufen kann, durchaus zu bestimmen. Doch beim Kauf einer Flasche Wein lässt sich aus dem Etikett nicht ersehen, ob sich der Winzer darum bemüht hat, das Potential seiner Lagen und Reben mit möglichst natürlichen Methoden in Weinberg und Keller auszuschöpfen, also in Weinqualität umzusetzen und damit die Voraussetzung für höchsten Genuss zu schaffen oder nicht. Auch so genannter Bio-Wein bietet dafür keine ausreichende Garantie.

Die technischen und chemischen Entwicklungen im Weinbau sind der Weingesetzgebung in Übersee, aber auch in Europa heutzutage weiter voraus als je zuvor. Bislang reagiert der Gesetzgeber, wenn überhaupt, zu langsam, und so ist weltweit in vielen Kellern derzeit erlaubt, was gefällt. Experimentiert wird mit allem, was nicht ausdrücklich verboten ist – und selbst damit gelegentlich. Auf dem Etikett deklariert werden muss von alledem in den meisten Ländern gar nichts.

Der Verbraucher ist also beim Wein – mehr als bei vielen anderen Lebensmitteln – darauf angewiesen, sich zu informieren, seine Sinne zu schärfen und so bewusst wie möglich zu genießen.

Ein wichtiger Aspekt ist dabei die Bekömmlichkeit. Verursacht selbst maßvoller Weingenuss Magenprobleme und Kopfschmerzen, war das Getränk vermutlich technisch und/oder chemisch manipuliert. Was die Bezeichnung ›Qualitätswein‹ verdient, sollte nicht nur gut schmecken, sondern auch zum körperlichen Wohlbefinden beitragen.

Weinvielfalt

Das noch immer vorherrschende Verständnis von Wein hat seinen Ursprung im 19. Jahrhundert. Damit basiert es auf grundlegend anderen Voraussetzungen, als sie der Konsument des 21. Jahrhunderts heute vorfindet. Zum einen war das Angebot an Weinen damals viel stärker limitiert. Der Weinhandel beschränkte sich zu dieser Zeit im Wesentlichen auf die großen Châteaux und Handelshäuser aus Bordeaux und Burgund, auf einige deutsche Winzer und die eine oder andere Spezialität wie Tokajer und Port. Auch das Angebot aus Küche und Keller war damals noch überwiegend regional ausgerichtet und damit leichter überschaubar als heute.

Die aktuelle Weinwelt hingegen ist erheblich größer und vielfältiger geworden. So wird heutzutage auch in solchen Ländern professioneller Weinbau betrieben, in denen Rebstöcke noch vor wenigen Jahrzehnten vor allem dazu dienten, den Bedarf an Tafeltrauben zu decken. Bessere Transportmöglichkeiten erlauben den Import der exotischsten Spezialitäten. Und nie zuvor waren Konsumenten in so großer Zahl bereit, sich auf das Abenteuer Geschmack einzulassen und einen Weinmarkt zu ermöglichen, der sich in seiner Buntheit, aber auch in seiner Schnelllebigkeit grundlegend vom traditionellen Handel unterscheidet.

In der globalisierten Weinwelt des dritten Jahrtausends ist für die leicht angestaubte Kellerromantik vergangener Jahrhunderte, deren Reiz ohnehin einer sozialen Elite vorbehalten blieb, kein Platz mehr. Der Siegeszug des Weins quer durch alle Bevölkerungsschichten hat dieses Getränk in weiten Bereichen zum Massenartikel und damit zunehmend zum Industrieprodukt werden lassen. Selbst für ausgewiesene Kenner der Branche ist das Angebot kaum mehr überschaubar. Stark verallgemeinernd lässt sich der aktuelle Weinmarkt in vier verschiedene Kategorien einteilen.

Im Weinverkauf hat jedes Land seine Eigenheiten: In den Neue-Welt-Ländern geht man dabei mit amüsanter Nonchalance vor wie hier in Neuseeland.

Weinkategorien

Die mit Abstand größte Gruppe am Markt stellen nach wie vor jene Weine, die bestenfalls ein technisches Mindestniveau aufweisen, aus weitgehend industrialisierter Produktion stammen und zu Niedrigstpreisen in die Läden gebracht werden. Es handelt sich dabei meist um Handelsabfüllungen, deren häufig unklare Herkunft sich hinter Phantasienamen, aber auch hinter der Angabe von Großlagen verbirgt. Diese einfachsten Qualitäten, die nicht selten mit unverhältnismäßig hohem Verpackungs- und Werbeaufwand vermarktet werden, machen derzeit schätzungsweise drei Viertel des Weltweinmarktes aus.

Eine zweite, sehr rasch anwachsende Gruppe von modernen Weinen wird inzwischen ganz gezielt auf einen fiktiven Publikumsgeschmack hin produziert. Sie wendet sich durchaus auch an den anspruchsvolleren, markenbewussten Konsumenten, bewegt sich aber notwendigerweise stets innerhalb standardisierter, internationaler Geschmacksmuster, die schnell wechselnden Moden unterworfen sind. Ihr keineswegs niedriges Preisniveau und anerkannt hohes Prestige rechtfertigen diese Weine durch eine alle technischen, physikalischen und chemischen Mittel nutzende Herstellungsweise.

Eine regelrechte Renaissance erlebt bei einer zunehmend kundigen Verbraucherschicht derzeit eine dritte Gruppe von Weinen, die als traditionell im besten Sinn bezeichnet werden können. Diese Erzeugerabfüllungen wurden in Weinberg und Keller naturnah und mit handwerklicher Sorgfalt verantwortungsbewusst produziert, sie sind Ausdruck ihrer jeweiligen Herkunft aus regionalen Rebsorten und damit die eigentlichen Vertreter der Vielfalt innerhalb der Weinwelt. Ihr Hauptvorteil liegt zum einen in ihrer Bekömmlichkeit, zum anderen in ihrem für den Verbraucher nachvollziehbaren Preis-Genuss-Verhältnis.

Zu einer vierten Gruppe kann man die wahrhaft großen Weine zusammenfassen, die ihre Spitzenqualität nicht nur vorgaukeln. Diese Gruppe ist naturgemäß überschaubar, setzt die Produktion derartiger Weine doch ein Höchstmaß an Kompetenz, Enthusiasmus und Wagemut voraus. Weine dieser Kategorie zeichnen sich durch aromatische und geschmackliche Komplexität und Intensität aus, sie befinden sich in einer inneren Balance ohne Tannin- oder Fruchtüberhang, und sie sind stets nicht nur Ausdruck der Rebsorten, sondern auch des Bodens und des Jahrgangs. Ihr vielschichtiges Aromenspektrum ist anspruchsvoll und macht sie gelegentlich schwer verständlich, das heißt, sie sind nicht einfach zu trinken. Solche Weine können grundsätzlich in allen Weinbaugebieten der Welt entstehen; die traditionsreichen Prestigeregionen und ihre renommierten Produzenten liefern davon im Schnitt nicht mehr als so manche relativ junge Weinbauregion. Ihr Preisniveau reicht von gemäßigt für Weine ohne Sammlerwert bis zu völlig überzogenen Preisen für Flaschen, die der Markt als Spekulationsobjekt entdeckt hat.

Grundsätzlich besitzt jeder organisch gesunde Mensch mit seinen Sinnen alle notwendigen Voraussetzungen, um Wein nicht nur zu trinken, sondern seine Qualität auch zu erfassen. Daher unterscheidet sich der Konsument vom Connaisseur vor allem dadurch, dass Letzterem der Wein mehr als nur Mittel zum Zweck ist. Der Kenner möchte Wein, den er trinkt, dabei zugleich verstehen, um dessen geschmackliche und aromatische Dimensionen in ihrer ganzen Vielschichtigkeit bewusst zu erfahren. In diesem Sinn sollen die folgenden Seiten zu Duft, Geschmack und Farbe des Weins den Genuss um das Erlebnis Wein bereichern.

Bordeaux-Weine von Spitzenqualität begeistern Weinfreunde weltweit, aber im Prinzip können Topweine in allen Weinregionen erzeugt werden.

Degustation

Bei einer professionellen Blindprobe werden die Flaschen sorgfältig verhüllt, damit die Verkoster nicht durch bekannte Etiketten subjektiv beeinflusst werden; Überraschungen sind dabei an der Tagesordnung.

Die Degustation eines Weins ist gewissermaßen das Gegenteil seines Konsums: Steht beim zwanglosen Genuss der aromatische Gesamteindruck im Vordergrund, geht es beim analysierenden Verkosten darum, die organoleptischen Bestandteile eines Weins zu entschlüsseln. Erst nach der Identifizierung möglichst vieler Stimuli, das heißt, durch die intensive Betrachtung von Süße, Säure und Bitterkeit sowie mit der Unterscheidung der prägenden Aromastoffe wird man einen Wein wirklich verstehen. Beim Trinken empfinden wir den Geschmack eines Weins, erst beim Degustieren erleben wir ihn ganz bewusst.

Wein, wie man ihn heute kennt, besitzt von allen landwirtschaftlichen Produkten die wohl größte Vielfalt an Stilen und Qualitäten. Entsprechend zählt die Degustation zu den komplexesten Nahrungsmittelprüfungen. Grundvoraussetzung für jegliche Verkostung, sei es die möglichst objektive des Fachmanns oder die weitgehend subjektive des Laien, ist die Schärfung der beteiligten Sinne. Nur wer selektiv zu sehen, zu riechen und zu schmecken weiß, wird beim Prüfen und Beurteilen der zu verkostenden Weine auch in der Lage sein, so genau wie möglich zu erkennen, was ihm schmeckt oder nicht und warum es so ist.

Zu Anfang riechen,

einen Schluck nehmen,

im Rachen nachschmecken

und die Farbe betrachten.

Ausgangspunkt jeder Degustation ist die richtige Technik des Verkostens. Die umfassende sinnliche Wahrnehmung eines Weins erfordert vier Schritte: das Riechen, das Schmecken auf der Zunge, das Nachschmecken im Rachenraum und schließlich das Betrachten der Farbe.

In der Vergangenheit hat man in den meisten Degustationen zuerst die Farbe beurteilt, doch diese besitzt heutzutage keine verlässliche Aussagekraft mehr. So kann man allein anhand der schwarzdunklen Farbe eines Weins nicht erkennen, ob sie nur modisch-schöner Schein ist oder tatsächlich der Extraktion von Inhaltsstoffen entspricht, genauso wenig wie die violettblauen Reflexe im Glas mit jugendlicher Frische des Weins korrespondieren müssen. Dies alles erweist erst die Kombination mit Duft und Geschmack. Das gängige Schema ›Farbe · Duft · Geschmack‹ ist überholt.

Am aussagekräftigsten in einer sensorischen Prüfung, die die technischen und chemischen Möglichkeiten des modernen Weinbaus berücksichtigt, ist stets der Duft, an zweiter Stelle steht der Geschmack, und erst zuletzt kommt die Farbe.

Vergleichende Verkostung

Der für eine Verkostung geeignete Rahmen sieht einen geruchsfreien Raum, einen mit weißem Papier bedeckten Tisch, geruchsneutrale Gläser, eine gemäßigte Raumtemperatur – Wärme beeinträchtigt die flüchtigen Aromen des Weins – und eine möglichst entspannte Atmosphäre vor.

Die interessantesten Resultate erbringen vergleichende Verkostungen, bei denen die Weinproben verdeckt eingeschenkt werden, um jede beeinflussende Wirkung großer oder kleiner Namen, guten oder schlechten Renommees zu verhindern, der sich selbst Profis kaum völlig entziehen können.

Die beste Schulung für den Gaumen sind thematische Verkostungen, die über ein Definieren der Unterschiede verschiedener Weine einzelne Nuancen deutlich machen: Man konzentriert sich dabei etwa auf eine Rebsorte aus verschiedenen Anbaugebieten oder Lagen, einen Weintyp von diversen Erzeugern, einen Wein über mehrere Jahrgänge hinweg, einen Wein aus verschiedenen Gläsern, bei unterschiedlichen Temperaturen etc. Wer hingegen einen Riesling neben einem Cabernet verkostet, wird über beide Weine kaum etwas lernen, es sei denn, er hat bereits so viele geschmackliche Referenzeindrücke für beide Rebsorten in seinem Gedächtnis gespeichert, dass er mehr im Kopf als auf der Zunge vergleicht.

Um eine Weinprobe effektiv vorbereiten und sinnvoll durchführen zu können, muss man sich zunächst über das gewünschte Ergebnis klar werden. Geht es darum, Weine hinsichtlich ihrer Qualität zu klassifizieren, müssen die ausgewählten Proben auch vergleichbar sein, also über eine gemeinsame geschmackliche Basis verfügen. Für solche Verkostungen eignen sich deshalb entweder Weine einer Rebsorte oder der etwa gleichen Cuvée und desselben Jahrgangs. Geht es darum, Weine zu erkennen, also sie einer Region, Rebsorte, einem Jahrgang oder einem bestimmten Erzeuger zuzuordnen, sollte man Weine wählen, die durch möglichst naturnahen An- und Ausbau ihre Herkunft tatsächlich widerspiegeln. Von Degustationen, die nicht ›blind‹, sondern beispielsweise im Keller eines Erzeugers durchgeführt werden, um dessen Weine technisch zu qualifizieren, sollten sich nur versierte Verkoster halbwegs objektive Ergebnisse versprechen. Alle anderen laufen Gefahr, vom Renommee des Betriebs oder der Beredtheit des Winzers beeinflusst zu werden.

Maßvolle Methodik

Bei der Degustation mehrerer Weine empfiehlt sich ein schriftliches Protokoll der Sinneseindrücke. Die gängigen Verkostungsformulare sind dafür nur bedingt hilfreich, da sie normalerweise die optische Weinprüfung an die erste Stelle setzen und zudem ein für Laien meist nicht nachvollziehbares Punktesystem zur Weinbeurteilung vorgeben. Doch um einen Wein zu verstehen und seine Qualität einzuschätzen, muss man eine sensorische, keine mathematische Leistung erbringen. Im Zeitalter der fast beliebigen technischen Manipulierbarkeit kann ein Wein nicht mehr nach seinen Einzelmerkmalen, sondern nur noch als Einheit abschließend bewertet werden.

Der Duft als aussagekräftigster Teil verrät bereits viel über einen Wein: Fehler, die im Weinberg, im Keller und bei der Lagerung gemacht wurden, werden hier beispielsweise in Form von verbrannt

Sinnvolle Weinproben basieren darauf, Weine ein und derselben Kategorie vergleichend zu bewerten. Besonders reizvoll ist es, hochwertige Gewächse aus einer Region zu verkosten.

wirkenden Substanzen, von Essigstich oder von Mercaptangestank deutlich. Darüber hinaus gibt die Nase Hinweise darauf, ob der Wein reduktiv oder oxidativ ausgebaut wurde, ob er in Holzfässern oder Edelstahltanks lagerte und, was besonders wichtig ist, ob sich seine Aromatik auf die der Rebsorte beschränkt oder auch Lage und Boden aufgenommen hat.

Der Geschmack als zweiter sensorischer Eindruck lässt die Süße-Säure-Balance und bei Rotwein mittels des Reifezustands der Tannine die Qualität eines Weins erkennen. Darüber hinaus ist die Länge des Weins, seine Alkoholgradation und Textur maßgeblich.

Die Farbe schließlich kann, wenn sie unter Berücksichtigung der Rebsorte sehr dicht und dunkel ist, beim Rotwein ein Hinweis auf einen guten Jahrgang mit hohen Extraktwerten sein.

Nur wenn die Einzelelemente Duft, Geschmack und Farbe zusammenpassen, kann es sich um einen guten Wein handeln. Die meisten Fehler der gegenwärtigen Weinkritik resultieren aus der maßlosen Überbewertung einzelner sensorischer Eindrücke: Weißweine werden häufig nur nach ihrem Duft, Rotweine nur nach ihrer Farbe beurteilt. Wirklich große Weine entziehen sich der schnellen standardisierten Prüfung völlig. Ihr komplexes Bukett ist zum einen so vielschichtig, dass es sich nur mit höchster Konzentration und großer Erfahrung erfassen lässt, zum anderen können sie in Farbe, Duft und Geschmack so weit von der Norm abweichen, dass nur ein für Neues offener Fachmann die Qualität solcher Weine erkennen wird.

Auch der versierteste Verkoster wird nicht verhindern können, dass jede Degustation fragwürdig bleibt: Da ihre Ergebnisse auf subjektiven Fähigkeiten beruhen, werden sie nie wirklich objektiv sein. Das sollten Verkoster wie Konsumenten, die sich auf mehr oder weniger seriöse ›Vortrinker‹ verlassen, stets berücksichtigen.

Duft

Die Aromenfülle eines Weins erschließt sich am deutlichsten über den Geruchssinn. Ein aufmerksamer Verkoster empfängt etwa zwei Drittel der Eindrücke eines Weins bereits über seine Nase. Dieses Sinnesorgan vermag die Vielzahl flüchtiger Duftstoffe wahrzunehmen, die das Aroma eines jungen oder das Bukett eines gereiften Weins ausmachen. Die Zahl der olfaktorischen Bestandteile eines durchschnittlich komplexen, flaschengereiften Rotweins geht in die Hunderte. Doch schon den Duft eines einfachen jungen Weißweins zu analysieren, bedeutet sensorische Feinarbeit.

Die menschliche Nase ist zwar von Natur aus dazu befähigt, Tausende verschiedener Gerüche zu unterscheiden. Letztlich ist es jedoch das Gehirn, das die Sinneseindrücke filtern, erkennen und beurteilen muss. Voraussetzung für bewusstes Genießen sind also im Kopf gespeicherte Trinkerfahrungen, das Grundwissen um die Zusammensetzung eines Weins sowie um das Funktionieren des Geruchssinns und nicht zuletzt die Fähigkeit, Sinneseindrücke zu beschreiben, um sie sich merken und darüber kommunizieren zu können.

Diese »Weinnasen« veranschaulichen die Bedeutung, die dem Geruch des Weins heute bei seiner Beurteilung beigemessen wird. Oft wird er selbst als Nase des Weins bezeichnet. Früher galt der Geschmack als wichtigstes Kriterium.

Anatomie des Geruchssinns

Beim Menschen sitzt das Riechzentrum an der Decke der Nasenhöhle in der obersten der drei Nasenmuscheln. Auf der etwa fünf Quadratzentimeter großen Riechschleimhaut drängen sich rund zehn Millionen Nervenzellen mit je 10 bis 20 Fühlern, an denen sich Duftmoleküle, die überwiegend beim Einatmen dorthin gelangen, festsetzen können. Doch auch beim Ausatmen verirren sich zu riechende Stoffe von der Rachenhöhle über den retronasalen Kamin ins Riechzentrum.

Um sich der Blume eines Weins bewusst zu werden, müssen die flüchtigen Duftmoleküle, die den Geruchssinn bereits in der Konzentration eines zehnmillionstel Gramms zu reizen vermögen, die Nasenschleimhaut erreichen. Man nimmt dazu den Weinduft mit einem langsamen, tiefen Atemzug auf, damit er sich in der Nase ausbreiten kann. Wer zu hastig riecht, läuft Gefahr, einen Großteil der Geruchsmoleküle am olfaktorischen Zentrum vorbeizuschleusen.

Die für den Duft eines Weins verantwortlichen flüchtigen chemischen Verbindungen sind in viel geringerer Konzentration vorhanden als die

Lage der Riechschleimhaut

Die geruchliche Beurteilung eines Weins erfolgt nicht nur über die Nasenlöcher, Geruchsstoffe gelangen auch über den Rachenraum bis zur Nasenschleimhaut.

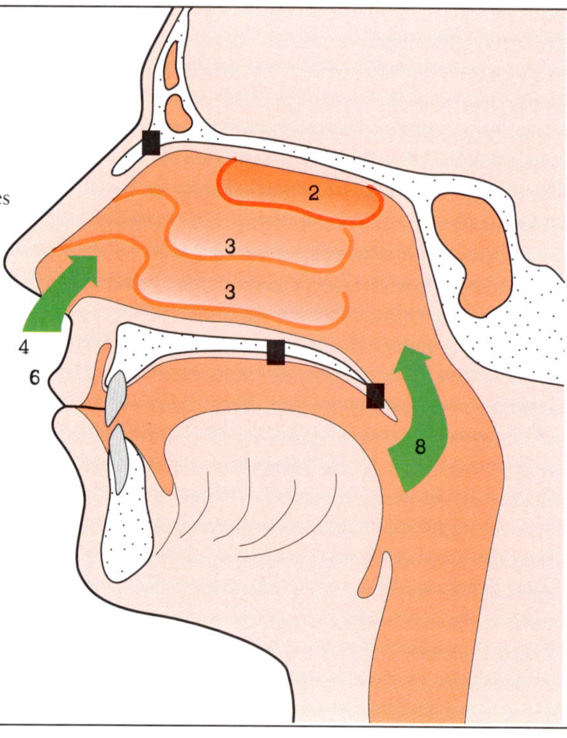

1 Stirnhöhle
2 Riechkolben
3 Nasenmuschel
4 Direkter Weg der Geruchsstoffe durch die Nasenlöcher
5 Gaumen
6 Oberlippe
7 Gaumensegel
8 Weg der Duftstoffe über den Nasen-Rachen-Raum

Riechepithel

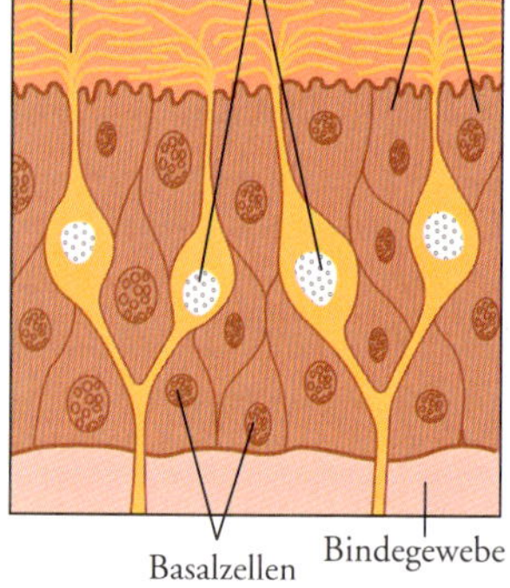

nichtflüchtigen Geschmacksstoffe. Um möglichst viele der Geruchsmoleküle aus der Flüssigkeit zu lösen, sollte man das zu etwa einem Drittel mit Wein gefüllte Glas zunächst kreisförmig schwenken. Anschließend senkt man seine Nase in das mit Aromastoffen gesättigte Luftvolumen oberhalb des Weinspiegels und atmet den ›Duftnebel‹ ein. Da sich hinter jeder Nuance eines Aromas eine chemische Verbindung verbirgt, liefert das breite Geruchsspektrum eines Weins dem geübten Verkoster eine Vielzahl von Informationen, die auf Rebsorten, Lagen, Gärmethoden, Ausbau und Alter von Weinen schließen lassen. Aufgrund ihrer Fülle und Vielschichtigkeit sind die Geruchsbestandteile von Weiß- wie von Rotweinen jedoch nur schwer zu identifizieren und zu dechiffrieren.

Die Blume einfacher Weine

Um mehr als nur ein diffuses Duftgemisch wahrzunehmen, sollte man sich auf einzelne Gruppen von zusammengehörigen Aromen konzentrieren. Die einfachen chemischen Verbindungen erschließen sich zuerst: Fruchtaromen können bei Weißweinen von Banane, Melone und Ananas über Apfel und Pfirsich bis zu Zitrone reichen; bei Rotweinen wirken sie zumeist dunkler und können an rote Beerenfrüchte ebenso erinnern wie an Kirschen oder Pflaumen. Danach kann man sich den pflanzlichen Aromen nach Blüten, Blättern, Gräsern und Vegetabilien zuwenden. Der Duft einfacherer Weine erschöpft sich meist in diesen ersten beiden Kategorien, spiegelt er doch gewöhnlich nicht mehr als das Aroma der jeweiligen Traubensorte. Zu unterscheiden sind dabei die schlichten, aber dennoch ansprechenden Konsumweine von gezielt auf einen bestimmten Duft angelegten Industrieprodukten. Mit modernen Gärtechniken und -enzymen lassen sich Weine gezielt auf Duftnuancen hin (etwa Banane bei Chardonnay) ausbauen, um einem vermeintlichen Publikumsgeschmack entgegenzukommen. Der Geruch dieser Weine ist zunächst betörend, erweist sich jedoch in der Gegenüberstellung mit Geschmack und Abgang oft als vordergründiges Blendwerk.

Das Bukett von Grösse

Von ›Bukett‹ sprechen Fachleute meist erst dann, wenn der Wein außer fruchtigen und pflanzlichen Aromen auch das Terroir, den Jahrgang, die Art des Ausbaus und das Alter geruchlich widerspiegelt. Bei Weißweinen kann dieses erweiterte Aromenspektrum Töne von Honig, Stroh, Butterkeksen, Vanille, Zedernholz und Mineralien aufweisen. Das sehr viel komplexere Aromenspektrum großer Rotweine umfasst darüber hinaus diverse Gewürztöne, Schokolade, Kaffee, Rauch und außerdem verschiedene Holznuancen. Daneben gibt es eine Fülle wenig angenehmer Aromen, die sich oft kaum von den Wohlgerüchen unterscheiden, zumindest hinsichtlich ihrer chemischen Zusammensetzung. Dazu gehören Sauerkraut, Seife, Essigsäure, nasse Wolle oder Benzin. Dominiert ein solcher Geruch das Bukett eines Weins, so ist er fehlerhaft und damit ungenießbar. Eingebettet in die ausladende Aromenvielfalt eines wirklich großen Weins, können jedoch feine Spuren des ein oder anderen so genannten Fehltons durchaus zur Komplexität seines Buketts beitragen.

Ein reifer Rotwein wird oft durch Aromen wie Zedernharz und Zimtstangen charakterisiert.

In jungen Weißweinen kann man die Aromen von Zitrusfrüchten entdecken.

Kleine rote Beeren und Kirschen sind die typischen Duftnoten junger Rotweine.

Geschmack

Der Geschmack eines Weins offenbart sich auf unterschiedliche Weise: Man schmeckt ihn auf der Zunge, aber man nimmt seine Aromen auch im Rachenraum noch wahr. Die Geschmacksknospen der Zunge können lediglich die Geschmacksrichtungen süß, sauer, bitter und salzig unterscheiden. Daneben ist der Mensch in der Lage, im Mundraum Texturen von Lebensmitteln, also beispielsweise Dick- oder Dünnflüssigkeit, Trockenheit oder Cremigkeit zu empfinden. Die Feinheiten des Geschmacks jedoch, seine vielschichtigen Aromen, werden vom Riechzentrum über den Umweg des Rachenraums wahrgenommen.

Nur aus der Flüssigkeit gelöste Aromamoleküle, die gemeinsam mit der eingeatmeten Luft bis ins Riechzentrum gelangen, können also zum Geschmackseindruck beitragen. Daher ist Schlürfen und Schmatzen beim Weingenuss kein schlechtes Benehmen, sondern absolute Notwendigkeit, um Wein den Sinnen optimal zu erschließen.

Weisswein schmecken

Wenn der Wein über die Zunge fließt, wird sie, abhängig von der Temperatur, zuerst seine Süße und gleich darauf seine Säure wahrnehmen, womit die Grundstruktur eines Weißweins charakterisiert ist. Süße Geschmackseindrücke werden dabei nicht nur von unvergorenem Restzucker hervorgerufen, sondern auch vom Alkohol. Damit besitzen süße wie trockene Weißweine eine Süße-Säure-Struktur, deren Balance ein wichtiger Indikator für Machart und Güte eines Weißweins ist. Zu sagen, eine spitze, den Primärgeschmack dominierende Säure kennzeichne einen Wein von einfacher oder minderer Qualität, ist zwar vereinfacht, aber nicht falsch. Allzu häufig sind solche Weißweine das Resultat unreif gelesener Trauben, zu hoher Erträge und technischer wie chemischer Manipulationen. Insbesondere Menschen mit empfindlichem Magen vertragen die Aggressivität dieser Weine oft nicht. Ein hoher Säurewert muss eingebettet sein in eine entsprechend üppige Gesamtstruktur.

Auch für Süße gilt, dass sie ein Gegengewicht in Struktur und Aromenvielfalt erfordert. Süße, die nicht von Fruchtigkeit oder feinen Bittertönen aus Holzfass oder Edelfäule umhüllt wird, lässt einen Wein eindimensional und plump erscheinen. Unangenehme Bitterkeit weist dagegen oft auf fehlerhaftes Arbeiten des Erzeugers, der faulige Trauben vergoren, den Most zu stark abgepresst oder den Wein zu intensiv mit Kalk entsäuert hat.

Die im eigentlichen Mundraum wahrgenommenen Eindrücke eines Weißweins können sehr unterschiedlich sein. Dabei sollten Textur und Geschmack des Weins korrespondieren. So erwartet man von einem viskos über die Zunge laufenden Wein, dass er dort auch entsprechend üppige geschmackliche Reize auslöst. Erst die Vielschichtigkeit seiner Aromen, die sich in dem Augenblick zeigt, wo man den Wein schluckt, gibt Auskunft über die wahre Größe eines Weißweins. Durchschnittliche Konsumweine beschränken sich auf

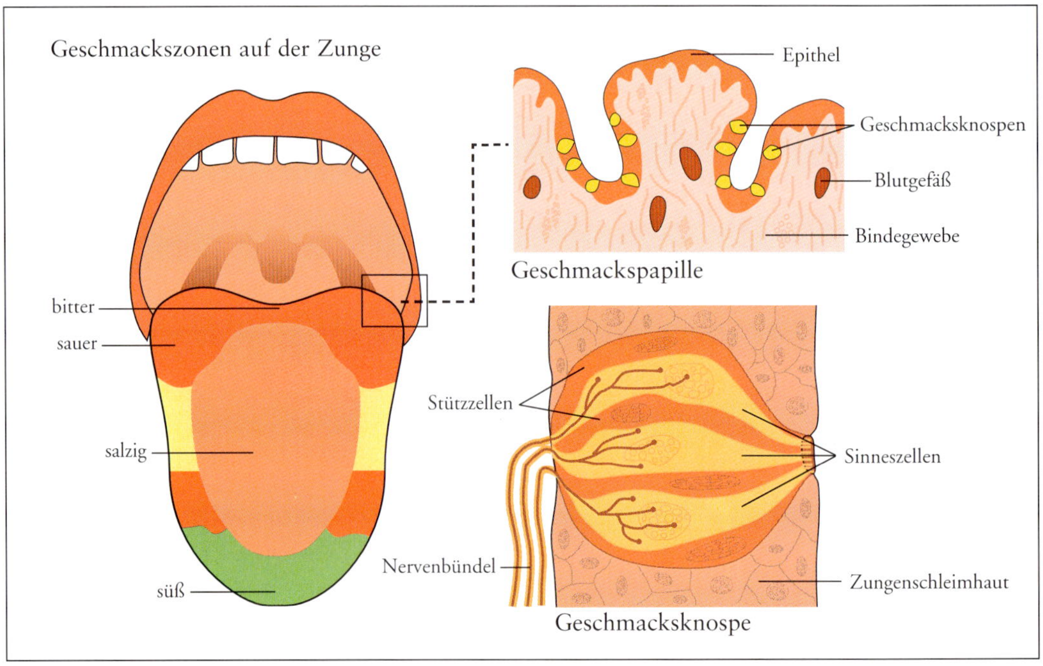

einen kleinen Ausschnitt des möglichen Aromenspektrums, sie sind entweder nur fruchtig oder nur vegetabil oder einfach übermäßig holzig. Ein wirklich großer Weißwein wird stets ein lange nachklingendes, vielschichtiges Aromengefüge erkennen lassen, in dem fruchtige Noten von Gewürztönen und feinen Holzaromen ergänzt und von mineralischen Duftnoten, die aus dem Terroir des Weinbergs stammen, unterlegt sein können.

Was Rotwein ausmacht

Rotwein unterscheidet sich von Weißwein vor allem durch seine Tannine. Diese auch Gerbstoffe genannten Substanzen können aus den Kernen, Stielen und Beerenhäuten der Trauben stammen sowie aus dem eventuellen Ausbau im Holzfass. Daher ist die Qualität der Tannine der wichtigste Indikator dafür, ob die Trauben reif gelesen wurden und damit die Grundvoraussetzung für einen großen Wein erfüllt wurde. Gerbstoffe sind über die Nase nicht wahrzunehmen, sie müssen bei der sensorischen Geschmacksprüfung im Mund besonders aufmerksam begutachtet werden.

Unangenehm bitter schmeckende Tannine, die als stark adstringierend empfunden werden und auf der Zunge eine spürbar körnige Struktur hinterlassen, verweisen auf einen schlechten Jahrgang, zu frühe Lese unreifen Traubenguts, Krankheiten und Fehler im Weinberg (zu hohe oder zu niedrige Erträge) und/oder schlechte Kellerarbeit (zu hohe Extraktion). Reife Tannine wirken dagegen seidig, transparent und feinkörnig, sie vermitteln trotz des Adstringens den Eindruck einer schwachen Süße und tragen die Fruchtigkeit des Weins in den Abgang. Reife Tannine sind das Resultat auf optimale Reife zielender Weinbergarbeit, deren Potential im Weinkeller durch möglichst schonende Verarbeitung ausgeschöpft wird. Dieses Streben nach weichen Tanninen schon in jungen Weinen hat das Geschmacksbild großer Rotweine grundlegend verändert.

Daneben ist auch für den Geschmack von Rotwein die Ausgewogenheit von Süße, Säure und Bitterkeit entscheidend. Da Rotwein meist ohne Restzucker ausgebaut wird, ist sein Alkoholgehalt neben eventuellen Holzaromen der maßgebliche Süßefaktor. Dieser sollte also umso höher sein, je mehr Säure und bittere Tannine der Wein enthält, da sich diese beiden Bestandteile auf der Zunge geschmacklich addieren werden.

Der Abgang

Auch für Rotwein gilt, dass er seine wahre Größe erst im Moment des Schluckens offenbart. Öffnet sich der Wein in diesem Augenblick und füllt mit seiner Opulenz den gesamten Mund- und Rachenraum, entströmen ihm dabei Aromen, die von dunkel-fruchtigen Brombeeren, Cassis oder Pflaumen über würzige Noten von Nelken oder Pfeffer bis hin zu karamellisiert-holzigen Aromen von Tabak, Zeder oder Kaffee reichen und die noch einige Zeit nachklingen, dann handelt es sich um einen möglicherweise großartigen Wein. Nach einigen Jahren Flaschenlager wird ein solcher Wein ein komplexes Gefüge aus Fruchtnoten, Sekundäraromen aus dem Herstellungsprozess und Terroir-Einflüssen aufweisen. Ein geradliniger Abgang hingegen, der den bereits auf der Zunge erlebten Geschmack von simplen Fruchtnoten, Primäraromen aus der Traube und linearen Tanninen lediglich in den Rachenraum hinein fortsetzt, ohne ihn um neue Dimensionen zu erweitern, kennzeichnet einen eher einfachen Wein. Blendwerk schließlich sind Weine, die keinen oder nur wenig Nachhall besitzen und somit im Fachjargon zutreffend als ›kurz‹ bezeichnet werden.

Mit dem Alter verändern sich nicht nur die Aromen, sondern auch die anderen Bestandteile eines Weins wie Alkohol, Säure und Tannine. Sie führen bei großen Weinen zu mehr Komplexität und Raffinesse im Abgang.

Die Farben der Weine

Jeder Wein hat seine ihm eigene Farbe, die Aufschluss über seine Art und sein Alter zu geben vermag.

Von links: frischer junger Weißwein; älterer, eventuell im Barrique vergorener Weißwein; Rubinton eines gereiften, im Charakter leichteren Rotweins; das schwärzliche Rot eines konzentrierten Roten; feine Perlung bei einem jungen Champagner; faszinierender Goldton bei einem alten Süßwein.

Für Konsum und Genuss eines Weins spielt seine Farbe eine eher untergeordnete Rolle, da sie objektiv betrachtet seinen Geschmack nicht beeinflusst. Bei der gezielten Degustation ist die Farbe dagegen ein wesentlicher, oftmals unterschätzter Indikator für Qualität, sind doch Entwicklung, Extraktion und Reifung der Aroma- und Farbstoffe eines Weins eng miteinander verknüpft. So lässt sich aus der Farbe auf die geschmackliche Konzentration, die Güte des Jahrgangs, auf Rebsorte, Machart und Alter schließen. Das setzt jedoch voraus, dass die Farbe auf natürliche Weise zustande gekommen ist, also nicht auf künstliche Farbverstärkung wie beispielsweise Additive oder Enzyme zurückgeht, die heute ohne allzu großen Aufwand auch einem Mittelklasse-Rotwein eine tiefdunkle, wenn nicht fast schwarze Farbe verleihen können.

Solange die Produktion von Wein nur mit Hilfe der chemischen Substanzen ablief, die von Natur aus in Trauben vorhanden sind, war die Farbe ein durchaus zuverlässiger Indikator für Qualität. Je dichter und dunkler die Rotfärbung eines Weins, desto höher war generell auch sein Gehalt an Tanninen und sonstigen Extraktstoffen. Auch Säure und Reife eines Weins ließen sich je nach dem Vorhandensein blauer oder brauner Farbreflexe recht gut abschätzen.

Eine Farbe nicht nur nach ästhetischen Gesichtspunkten zu beurteilen, setzt allerdings umfangreiche Kenntnisse der Weinchemie voraus. Lange Zeit wurde deshalb bei Verkostungen die Farbe zwar weiterhin betrachtet, jedoch nur selten als Qualitätsspiegel benutzt. Erst die Mode tiefdunkler, nahezu schwarzer Rotweine lenkte die Aufmerksamkeit wieder verstärkt auf das Erscheinungsbild eines Weins. Da sich dunkle Rotweine am Markt besser behaupten, halfen manche Winzer nach. Die Überbewertung der Farbe als Qualitätsmerkmal resultierte aus der Unkenntnis der mittlerweile vorhandenen technischen und chemischen Manipulationsmöglichkeiten.

Alle Rotwein- und in begrenztem Umfang auch Weißweintrauben enthalten von Natur aus Farbpigmente. Diese sind je nach Traubensorte und Reifegrad heller oder dunkler, weniger oder mehr in der Beerenhülle konzentriert. Dieses Farbpotential eines Weins entsteht bereits im Weinberg. Ausgangsbasis ist dabei die Rebsorte und ihr jeweiliger genetischer Code. Dabei ist jedoch Pinot Noir nicht gleich Pinot Noir und Cabernet nicht gleich Cabernet, existieren doch gerade die meistangebauten Rebsorten der Welt in verschiedenen Varietäten. Durch die Klonenselektion zugunsten von Klein- oder Großbeerigkeit, Niedrig- oder Hochertragspflanzen werden die Grundlagen zur Verbesserung von Qualität oder Quantität geschaffen. Danach sind es Rebschnitt, Laubwerkarbeit und Düngung, die sich generell auf die Qualität und speziell immer auch auf die Farbe des Weins auswirken. Erst an dritter Stelle kommt dann die Arbeit im Weinkeller, wo das Farb- und damit auch das Aromapotential ausgeschöpft werden müssen. Zu guter Letzt wird die Dauer und Art der Lagerung des Weins Spuren in seinem Erscheinungsbild hinterlassen. Und auch hier geht jede Farbveränderung mit geschmacklichem und geruchlichem Wandel einher.

Die nuancenreiche Palette der Weissweine

Weißwein wird häufig als Wein ohne Farbe bezeichnet, da er meist ohne Maischekontakt vinifiziert wird. Diese Beschreibung ist jedoch nicht völlig zutreffend. Die von blassgrün bis goldgelb reichende Farbe von Weißwein ist für das menschliche Auge nur schwerer zu erkennen, da ihr Farbspektrum großenteils im ultravioletten Bereich liegt. Gewöhnlich kommt es im Weißwein zu einer Mischung aus grünen und gelben Pflanzenfarbstoffen. Diese Phenole befinden sich nicht nur in den Schalen, sondern auch im Fruchtfleisch hellhäutiger Trauben. Deshalb enthalten selbst Weißweine, deren Saft nicht auf den Schalen vergoren wurde, eine gewisse Menge an Farbpigmenten. Das größte Farbpotential besitzen Trauben mit leicht purpurner oder graurosa Färbung. Bei anderen Sorten sorgt eine abweichende chemische Zusammensetzung der Farbstoffe für grünliche Reflexe im Wein oder für die Tendenz zum Braunwerden. Mit dem Beginn der Gärung werden die Farbstoffe physikalischen, chemischen und biologischen Einflüssen ausgesetzt, die mehr oder weniger deutliche Spuren im Wein hinterlassen.

Das geheimnisvolle Dunkel der Rotweine

Rotwein enthält im Durchschnitt die zehnfache Menge an Farbstoffen wie Weißwein. Diese Anthocyane stammen ausschließlich aus der Beerenhülle, wo sie sich erst im Reifestadium der Traube bei direkter Sonneneinstrahlung entwickeln. Das Farbpotential eines Rotweins wird umso größer sein, je dicker und reifer die Schale der Beeren ist und je weniger Saft sie enthalten. Zudem wirken Tannine auf die Farbstoffe stabilisierend, weshalb tanninreiche Weine farbintensiver sind. Dickschalige Rebsorten wie Cabernet Sauvignon und Syrah liefern von Natur aus dunkle Rotweine, wohingegen bei dünnschaligeren Varietäten die Farbdichte geringer sein wird. Eine optimale Arbeit im Weinberg vorausgesetzt, kann jedoch auch eine dünnschalige Sorte farbintensive Weine liefern, sofern ihr Ertrag niedrig gehalten und das Laub der Stöcke angemessen ausgelichtet wird. In der Kellerarbeit hängt die Farbextraktion dann ganz wesentlich davon ab, wie lange und bei welcher Temperatur der Traubensaft in Kontakt mit den eingemaischten Traubenschalen bleibt. Dabei besteht durchaus die Gefahr der Überextraktion, die den Wein jeglicher Eleganz beraubt. Die farbintensivsten Weine müssen also nicht grundsätzlich die besten sein. Hinter einem blass-wässrigen Erscheinungsbild wird sich allerdings nur in seltenen Ausnahmefällen ein großer Wein verbergen.

Obwohl moderne Weintechnik die Farbe in gewissem Maße manipulierbar gemacht hat und sie mit Vorsicht zu bewerten ist, kann dem Fachmann der Blick auf den Farbton seines Weines vieles verraten.

Wein bei Tisch

Das Servieren von Wein ist gemeinhin ein streng reglementiertes Ritual: Weißwein zu Fisch, Rotwein zu Fleisch, trocken vor süß, jung vor alt, kein Wein zu Salat, Champagner zu Kaviar etc., so lautet das Erbe der Connaisseure. In kaum einem anderen Lebensbereich werden Regeln so kritiklos von Generation zu Generation übernommen wie beim *savoir boire et manger*, obwohl Küchen-, Koch- und Servierstile ebenso wie der Weinbau in den vergangenen fünfzig Jahren eine Vielzahl grundlegender Veränderungen erfuhren.

Neue Erkenntnisse der Önologie sowie eine Vielzahl weiterentwickelter Techniken, Geräte und Chemikalien lösten etwa seit Mitte des 20. Jahrhunderts eine Revolution im Weinbau aus. Seitdem der Mensch mit Edelstahltanks und Systemen zur Temperaturkontrolle, mit Gärenzymen, Reinzuchthefen und zugesetzten Aromastoffen immer stärker kontrollierend eingreift, sind es nicht mehr die Launen der Natur, die über Alkohol, Säure, Tannin und Aromen des Weins entscheiden. Der Geschmack von Wein ist in weitem Umfang manipulierbar geworden. Auch Wein ist inzwischen Moden unterworfen, was die seit Generationen gültigen Geschmacksbilder vieler Weine grundlegend verändert hat. So gibt es auf dem Weinmarkt heute eine Fülle schwerer, üppiger, holzbetonter Weißweine, die mit dem säurebetonten klassischen Fischwein außer der Farbe nichts gemein haben – und oft nicht einmal mehr die. Viele große Rotweine der Welt besitzen hingegen heute schon in der Jugend Schmelz und süße Tannine und sind nicht mehr erst nach jahrelanger Lagerzeit trinkreif.

Die einzige Regel, die heute wirklich Bestand hat, ist die, dass es eigentlich keine Regel mehr gibt. Moderner Wein ist aromatisch zu komplex, um allzu simple Merksätze darauf anzuwenden. So gibt es weltweit nicht nur Hunderte verschiedener Traubensorten, die in den unterschiedlichsten Verschnitten auf Flasche gefüllt werden, sondern darüber hinaus tragen handwerklich gut bereitete Weine die Handschrift des jeweiligen Bodens, des Klimas und nicht zuletzt des Winzers.

Sollen Wein und Speise sich nicht nur störungsfrei begleiten, sondern wechselweise geschmacklich ergänzen oder gar hervorheben, muss letztlich für jeden Wein der am besten geeignete Platz innerhalb eines Menüs individuell gewählt werden.

Welchen Wein für welche Gäste?

Bei der Zusammenstellung eines Menüs aus einer Abfolge von Weinen und Speisen gilt es, verschiedene Aspekte zu beachten. Die erste Überlegung sollte dem Anlass der Bewirtung dienen. Ist ein fröhliches Gartenfest bei hochsommerlichen Temperaturen geplant oder ein besinnlicher Abend unter Weinfreunden? Denn mit dem unpassenden Wein zum falschen Zeitpunkt läuft man nicht nur Gefahr, dem edlen Tropfen, sondern auch der je-

Links:
Ein leichter Bistrowein und Scampis

Rechts:
Die ideale Kombination: Wild und Rotwein

weiligen Veranstaltung nicht gerecht zu werden. So ist es kein Zeichen von Geiz, bei einem Grillnachmittag darauf zu verzichten, einen großen Bordeaux auszuschenken; der Wein würde in seiner herb-bitteren Wuchtigkeit zu den gegrillten, im Geschmack salzbetonten Würstchen gar nicht schmecken. An einem fruchtbetonten Rotwein mit frischer Säure hätten sicher alle mehr Vergnügen, zumal die hohe Lufttemperatur die komplexen Bordeaux-Aromen innerhalb kürzester Zeit verdunsten ließe.

Außerdem sollte man seine Gäste kulinarisch weder über- noch unterfordern. Menschen, die nur sehr selten Wein trinken, werden mit einem hochfeinen, eleganten Weißwein oberer Güteklasse schlicht überfordert sein und dürften das edle Gewächs häufig einfach als dünn, einen großen Rotwein dagegen als unangenehm herb und schwer empfinden. Doch an einem gut gemachten, leicht zu trinkenden Wein werden auch sie Gefallen finden. In der Regel bevorzugen Neulinge unter den Weintrinkern helle Weine, also Weiß- oder Rosé-Weine, und haben zu tintenschwarzen, superkonzentrierten Rotweinen kaum Zugang.

Weinkenner kann man beim Gartenfest vermutlich eher mit einem fruchtig-üppigen Zinfandel aus Kalifornien als mit einem Rosé welcher Herkunft auch immer überraschen. Eingeschworene Burgunder-Trinker wird ein mächtiger Shiraz aus Australien eher abschrecken, ein gelungener Pinot Noir aus einem anderen Land dagegen vielleicht sanft zu neuen geschmacklichen Ufern führen. Bordeaux-Freunde kann man heute leicht mit einem exzellenten Cabernet oder Merlot aus der Neuen Welt überraschen und sogar überzeugen. Hat man einen aufgeschlossenen Weinliebhaber zu Gast, wird man ihm kaum etwas bieten noch ihn erfreuen können, wenn man ihm einen schlichten, wenn auch ordentlichen Landwein kredenzt und von dessen günstigem Preis schwärmt, während ihm ein guter und keineswegs kostspieliger Qualitätswein aus einer unbekannten Region immer Vergnügen bereiten dürfte.

Ganz besondere, einzigartige Weine sollten immer auch einem besonderen Anlass vorbehalten bleiben, allein schon aus Respekt vor ihrer hochwertigen Qualität und Herkunft sowie vor dem großen Können der Winzer oder Kellermeister, die sie abfüllten, aber auch um den außergewöhnlichen Genuss, den sie vermitteln können, ganz bewusst zu erleben. Ein derartiger Wein wird sich selbst genügen können, und so ist die gelungene Verbindung mit einem guten Essen nicht grundsätzlich erforderlich.

Beherbergt man solche seltenen und charaktervollen Weine in seinem Keller, sollte man vor allem eine Gelegenheit nicht versäumen: den Besuch von weinverständigen Freunden. Denn nur wenn man seine flüssigen Kostbarkeiten gemeinsam mit Gleichgesinnten genießen kann, wird der Wein seiner wahren Bestimmung gerecht, indem er unvergessliche Augenblicke schenkt.

Nicht nur Speisen verlangen nach der richtigen Weinwahl, auch bei einem geselligen Anlass sollte man den geeigneten Tropfen wählen: So freut sich eine lockere und gemischte Freundesrunde über einen fröhlichen, unkomplizierten Wein, während eine stilvolle Feier nach ebensolchen Gewächsen verlangt.

Dramaturgie des Genusses

Dies ist ein einladender Auftakt: ein Glas frischer, aufmunternder Weißwein und ein originelles Knabberstück. Zugleich schont beides die Geschmackspapillen und lässt damit Raum für folgende komplexere und schwerere Gewächse.

Sind die Rahmenbedingungen des Anlasses geklärt, gilt es, gewissermaßen eine Dramaturgie des Genusses zu entwickeln. Die Regeln dafür werden von den menschlichen Sinnesorganen diktiert, die sich durch eine gekonnte Regie in Küche und Keller zu wahren Höchstleistungen anspornen lassen. Als oberster Grundsatz sollte jegliche kulinarische Langeweile vermieden werden. Geruchs- wie Geschmacksnerven stumpfen rasch ab, können aber durch immer neue geschmackliche Sensationen wach gehalten werden. Die Speisen und die Weine eines Menüs sollten deshalb stets möglichst viele Basis-Geschmacksempfindungen tangieren. Auf einen trockenen Champagner zum *amuse-gueule* sollte deshalb nicht unbedingt ein ebenso trockener leichter Weißwein folgen, nach einem Chianti wird ein Barolo keine geschmackliche Überraschung hervorrufen. Das bedeutet natürlich nicht, dass in einem Menü die verschiedenen Geschmacksrichtungen willkürlich wechseln. Die Geruchs- und Geschmacksorgane des Menschen sind auch dem Gesetz der fortschreitenden Sättigung unterworfen, sodass zum Beispiel ein filigraner Pinot Noir nach einem üppigen Süßwein kaum zur Geltung kommen wird.

Bei der Zusammenstellung eines Menüs sollte deshalb die geschmackliche Intensität der Weine zu- und nicht abnehmen. Daraus lassen sich einige nützliche Regeln ableiten:

- Leichte, frische Weine, gleichgültig ob rot oder weiß, sollten in der Regel vor den alkoholreichen und üppigen Weinen serviert werden.
- Weine mit einem gut zu riechenden und zu schmeckenden Holzeinfluss passen meist besser hinter fruchtbetonte Weine, die im Tank ausgebaut wurden.
- Je süßer ein Wein ist, desto weiter gegen Ende des Menüs sollte er angesiedelt sein. Will man unbedingt Stopfleber mit Sauternes als Entree geben, sollte man anschließend einen Gang einplanen, der Zunge und Gaumen wieder ein wenig erfrischt, bevor man einen filigranen Wein serviert.
- Die Finesse eines großen, flaschengereiften Weins wird besser zur Geltung kommen, wenn man ihn vor einem gleichwertigen jüngeren, mit erheblich mehr Tannin beladenen und damit geschmacklich intensiveren Wein serviert.

Wein zum Essen

Die Merkmale eines Weins, die in Verbindung mit einer Speise von Bedeutung sein können, lassen sich im Wesentlichen in drei Kategorien einteilen:

- Erster und wichtigster Aspekt sind Geschmackseindrücke, die ein Wein hinterlässt, das heißt seine tatsächlich auf der Zunge spürbaren Eigenschaften wie süß, sauer und bitter.
- Danach beurteilt man die Textur des Weins, also Gefühle wie kalt, warm, cremig, seidig, dünn, trocken oder rau, die er im Mund hinterlässt.
- Schließlich werden die im Nasen-Rachen-Raum wahrgenommenen Aromen berücksichtigt.

Nach dem gleichen System müssen auch die vorgesehenen Speisen analysiert werden.

Kontrastwirkungen

Auf der Zunge begegnen sich die Eigenschaften eines Weins und einer Speise am nachhaltigsten und damit möglicherweise am störendsten. Das bedeutet jedoch nicht, dass zwischen Teller und Glas stets geschmackliche Übereinstimmung herrschen muss – das kann besonders bei Bitterstoffen eher unangenehm sein. Vielmehr lassen sich anhand der nachfolgenden Liste ansprechende und reizvolle geschmackliche Kontraste inszenieren.

Wein	Essen	Bemerkung
süß	süß	Intensität der Süße beachten
süß	salzig	hoher Alkoholgehalt führt zu Bitterkeit
sauer	sauer	Vorsicht bei Essig
sauer	salzig	
bitter	süß	Süße von Fett, nicht von Zucker

Textur

Die Texturen, also die spürbaren Eigenschaften, die einen Wein kennzeichnen, werden im gesamten Mundraum wahrgenommen. Sie sind deshalb im Hinblick auf eine mögliche Kombination von Weinen und Speisen fast ebenso wichtig wie die grundlegenden Geschmacksrichtungen süß, sauer, salzig oder bitter. Besonders wenn bei einem mehrgängigen Menü die geschmackliche Ausgewogenheit im Vordergrund stehen soll, empfiehlt sich die Suche nach vergleichbaren Texturen im Glas und auf dem Teller. So passen zu einem üppigen Wein auch eher üppige Speisen, ein leichter Wein wird nur zu einem ebenso leichten Essen das Spiel seiner Aromen vorteilhaft entfalten können. Ein filigraner Wein, der einen möglicherweise zu fett geratenen Braten genießbar machen soll, wird hingegen keine andere Funktion als die eines erfrischenden Getränks haben.

Das Gleiche gilt für cremige Weine und ebensolche Speisen, die nur in gegenseitiger Texturharmonie einen angenehmen Eindruck hinterlassen können, bei dem nicht der eine oder andere Teil zu dünn, fade, säuerlich oder gar bitter erscheint. Lediglich dem rauen Eindruck, den ein Übermaß an jungen, unreifen Tanninen im Mund hervorruft, kann mit einer vergleichbaren Textur im Essen nicht begegnet werden. Die Trockenheit unausgereifter Gerbstoffe lässt sich am besten durch die sirupartige Konsistenz einer aus einem Bratenfond reduzierten Sauce, die ein feines Spiel süßer und bitterer Aromen besitzt, geschmacklich integrieren.

Aromen

Das Spiel mit den Aromen stellt gewissermaßen die Kür dar bei der Suche nach der passenden Zusammenstellung von Speise und Wein, kann man doch, vorausgesetzt Grundgeschmack und Textur sind harmonisch aufeinander abgestimmt, nach Herzenslust ohne großes Risiko experimentieren. Die Aromen eines Weins wie einer Speise werden im Nasen-Rachen-Raum wahrgenommen. Es sind die vielfältigsten und zugleich flüchtigsten Bestandteile von Speisen und Getränken. Anders als Grundgeschmacksrichtungen und Texturen können sich Aromen gegenseitig nicht verfälschen, sie überlagern sich im ungünstigsten Fall. Vergleichbare Aromen in Wein und Speise führen fast immer zu gelungenen Kombinationen. Dennoch ist Vorsicht angebracht, da sich die Fruchtigkeit oder Würzigkeit eines Weins grundlegend von den mit demselben Vokabular beschriebenen Aromen einer Speise unterscheiden kann. Je konkreter man die Duftnoten zu erfassen sucht, desto überzeugender wird das Ergebnis sein.

Häufig wird sich das spannendste Geschmackserlebnis aus der Gegensätzlichkeit der Aromen ergeben, zumal viele Speisendüfte wie etwa die von Fisch und Käse in keinem Wein wiederzufinden sind. In solchen Fällen wird die Zubereitung und speziell die Würze der Speisen zum entscheidenden Faktor. Ob man dann zum Fisch das Aroma von Kräutern (zum Beispiel beim Sancerre) oder von Rauch (zum Beispiel vom Pouilly-Fumé) bevorzugt, ist letztendlich Geschmackssache.

Viele Weinfreunde haben sich auch dem Zigarrengenuss zugewandt und sehen darin den Höhepunkt eines Weinabends. Im Barrique ausgebaute, deshalb selbst rauchig-würzige, gut konzentrierte, doch zugleich harmonische Rotweine passen da ganz ausgezeichnet.

Schaumwein & Champagner

Der klassische Schaumwein existiert in nahezu ebenso vielen Varianten wie Stillwein. Er kann trocken oder süß, schwer oder leicht, reduktiv oder oxidativ ausgebaut sein. Gemeinsam ist ihnen allen lediglich ein gewisser Gehalt an Kohlendioxid, der sie nach dem Öffnen der Flasche im Glas schäumen und im Mund prickeln lässt. Die meisten qualitativ hochwertigen Schaumweine sind – sofern nicht zu süß – hervorragend als Aperitif geeignet, sorgt doch die darin enthaltene Kohlensäure für eine angenehme Erfrischung und Sensibilisierung der Geschmackspapillen.

Der wohl berühmteste Schaumwein der Welt, der Champagner, kommt heutzutage in großer stilistischer Vielfalt auf den Markt. Insbesondere zwei Faktoren bestimmen seine Eignung als Begleiter in einem Menü: Süße und Säure. Die meisten Champagner sind *brut* ausgebaut. Das bedeutet, sie können bis zu 15 Gramm Restzucker pro Liter enthalten – ein süßes Geschmackspotential, das in einer ungeeigneten Verbindung selbst einen großen Champagner plump und klebrig erscheinen lässt. So gelingt beispielsweise die klassische Verbindung von Kaviar und Champagner nur, sofern dieser absolut trocken, also *extra brut* ist. Ansonsten wird das Miteinander von *amuse-bouche* und Champagner immer dann erfolgreich sein, wenn das Süße-Säure-Spiel des Getränks gemildert wird, ohne dabei seine Frische und Eleganz zu übertönen.

Neben allen rein organoleptischen Eigenschaften besitzen Schaumweine, allen voran Champagner, eine psychische Dimension des Genusses. Mehr als jeder Stillwein vermitteln sie einer normalen Gesellschaft den Eindruck von Festlichkeit. Das Festtag-Renommee von Champagner ist historisch gewachsen und zum Bestandteil westlicher Kultur geworden. Damit sie optimal zur Geltung kommen, muss deshalb gerade bei Champagner und anderen hochwertigen Schaumweinen die jeweilige Gesellschaft und Situation berücksichtigt werden, sollen die Gäste nicht irritiert oder der Gastgeber des Snobismus bezichtigt werden. Traditionell wird Champagner innerhalb eines Menüs zum Aperitif serviert, wofür er sich angesichts seiner appetitfördernden Wirkung sehr gut eignet. Will man auf ein begleitendes *amuse-gueule* verzichten, sollte man einen reifen, cremigen, gut ausbalancierten Schaumwein servieren, um die Reizung des nüchternen Magens durch aggressive Säuren zu vermeiden.

Bekömmlicher ist Schaumwein als Aperitif allerdings in Begleitung einer erlesenen Knabberei, die von guten, nicht allzu salzigen grünen Oliven über raffiniert belegte Canapés bis zu exotisch inspirierten Spießchen von Fisch oder Fleisch reichen kann. Wichtig ist allein, das Niveau von Gesellschaft, Getränk, Appetitanreger und nachfolgendem Menü aufeinander abzustimmen.

Perlend durch die gesamte Speisenfolge

Trockene Schaumweine können vollwertige Essensbegleiter sein. Ähnlich wie bei leichten, spritzigen Weißweinen macht sie ihr hoher Säuregehalt, deren frischen Eindruck die Kohlensäure noch verstärkt, zur idealen Wahl zu Fischgerichten. Vor allem rohe Meeresfrüchte, seien es frische Austern oder japanische Sushi, lassen sich perfekt mit einem absolut trockenen Schaumwein verbinden. Auch geräuchertem Fisch vermag ein Schluck Spumante jeden Anflug von tranigem Geschmack zu nehmen. Selbst mäßig scharfe asiatische Gerichte können zu einem Glas Schaumwein passen, wobei salzigeren Speisen gewöhnlich stärker säurebetonte, fruchtig-süßen hingegen vollere Weine mit höherem Zuckergehalt zur Seite gestellt werden.

Ein häufiger Fehler ist die Wahl eines beliebigen Schaumweins als Begleiter zum Dessert, denn fast immer wird der Wein viel zu trocken sein, um neben einer Süßspeise geschmacklich bestehen zu können. Allenfalls ein halbtrockener Schaumwein kann zu einem leichten, fruchtigen, nur dezent gesüßten Dessert gereicht werden. Empfehlen würde sich zum Beispiel auch der liebliche italienische Dessertwein Moscato d'Asti. Mit seinem niedrigen Alkoholgehalt und der zart perlenden Art, verbunden mit Fruchtigkeit, Süße und Aromareichtum der Trauben ist er nicht nur der perfekte Begleiter zu einer leichten Obst-Tarte, er lässt sich auch als Sauternes-Alternative zu einer als Entree servierten Stopfleber einsetzen. Anders als ein üppiger Stillwein, der die Geschmacksnerven rasch ermüdet, reinigt ein guter Moscato Zunge und Gaumen und präpariert sie für weitere Genüsse.

Typische Rebsorten: Chardonnay, Pinot Noir, Pinot Meunier, Chenin Blanc, Mauzac Blanc, Xarel-lo, Parellada, Maccabéo, Riesling, Muskateller.

Typische Weine: Champagner, Crémant, Cava, Franciacorta, Sekt, Spumante, Sparkling Wine.

Rechte Seite:
Zu frischen Austern mit Zitrone, appetitlich auf Eis angerichtet, schmeckt ein junger, nervöser und herber Champagner Extra Brut.

Leichte, säurebetonte Weissweine

Eine markante Säure kennzeichnet die Weine dieser Gruppe. In der Nase wie im Mund wirken sie frisch, fruchtig und relativ leicht. Oft liegt ihr Alkoholgehalt unter 12 Volumenprozent, wobei auch gehaltvollere Gewächse immer sehr animierend wirken. Der vorwiegend reduktive Ausbau in Edelstahltanks verleiht ihnen einen geradezu stahligen Charakter. Je nach Qualitätsklasse leben die Weine von ihrer Fruchtigkeit oder weisen zudem lagenspezifische Mineraltöne auf.

Bei der Kombination mit Speisen gilt es, zunächst auf die Säure zu achten, die keinesfalls zusätzlich betont werden sollte. In diesen Weinen, die in der Regel keine malolaktische Säureumwandlung durchlaufen haben, kann der sehr hohe Anteil an Äpfelsäure bisweilen sogar recht aggressiv wirken. Nach den klassischen Sommelier-Empfehlungen betrachtet man solche Weine als die idealen Begleiter zu Fischgerichten, da ihre Säure neben der oder auch als Ersatz für Zitrone selbst einem von sich aus relativ fetthaltigen oder mit viel Fett zubereiteten Fisch eine geschmackliche Leichtigkeit verleihen kann. Ein junger, extrem trockener Wein dieser Gruppe wird auch ein elegantes Fischgericht nicht übertönen.

Über ihre traditionelle Rolle als Weine zu Fischgerichten hinaus stehen diese geschmacklich klar akzentuierten Weine, von denen die Geschmackspapillen nicht überfordert werden, vor allem als Begleiter zu einer Vielzahl von Entrees zur Verfügung. Dabei sind alle Arten von hellem Geflügel, Zubereitungen von hellem Fleisch, ja, sogar cremige Suppen und Salate geeignet, sofern sie nicht zu süß abgeschmeckt wurden.

Die erfrischende Wirkung dieser säurebetonten Weißweine lässt sich sogar ganz gezielt als ausbalancierendes Gegengewicht zu diversen üppigen Gerichten der Regionalküche wie etwa dem elsässischen Choucroute oder dem österreichischen Tafelspitz einsetzen.

Damit diese Weine eine möglichst eindrucksvolle Wirkung entfalten, ist die Feinabstimmung der Aromen unerlässlich. So ähnlich sich viele Weine dieser Gruppe in ihrem säuredominierten Grundgeschmack und in der meist schlanken Textur auch sind, die Noten, die Duft und Abgang bestimmen, erweisen sich als vielfältig. Frisches Heu, Gras, grüne Paprika, Apfel, Zitrusfrüchte, Pfirsich, Aprikose, Quitte, Stachelbeere, Blüten – je nach Rebsorte findet sich das ganze Spektrum grüner und gelber Noten. Riesling betont eher florale Nuancen, Sauvignon Blanc wirkt oft grasig, Grüner Veltliner pfeffrig, Albariño mineralisch. Ihre Feinheit legt bei der Kombination einen gewissen Gleichklang der Aromen in Wein und Speise nahe. So lässt sich Sauvignon durch frische Gartenkräuter wie Minze, Basilikum, Estragon und sogar Koriandergrün aromatisch untermalen, Riesling kann eher durch fruchtige Beilagen wie etwa gebratene Apfelscheiben unterstützt werden. Ihre lebhafte Frische und der moderate Alkoholgehalt machen diese Weine gut gekühlt zu angenehmen Getränken bei Terrassenpartys oder Picknicks, wo sie als Ergänzung zu gegrilltem Fisch, kleinen Geflügelspießen, Gemüsen vom Rost oder zum Salatbuffet brillieren.

Typische Rebsorten: Albariño, Melon, Chenin, Sauvignon, Riesling, Silvaner, Grüner Veltliner.

Typische Weine: Vinho Verde, Rias Baixas, Muscadet, Anjou, Sancerre, Entre-deux-Mers, Marlborough Sauvignon, Alsace, Mosel.

Linke Seite:
Zu dieser pochierten Lachsforelle ist ein lebendiger Riesling ein Genuss.

Unten:
Zum österreichischen Tafelspitz gehört ein kerniger Grüner Veltliner.

Körperreiche, in Holz ausgebaute Weissweine

In Holz ausgebaute Weißweine erinnern angesichts ihres oft hohen Alkoholgehalts von 13 bis 14 Volumenprozent und ihrer auch ansonsten üppigen Struktur oftmals an große Rotweine, mit denen sie zudem eine merkliche Tanninstruktur verbindet, die allerdings bei den Weißweinen weniger auf die Trauben als auf das Holz der Fässer zurückzuführen ist.

Die Säure dieser Weine ist, da sie gewöhnlich die malolaktische Säureumwandlung durchlaufen haben, eher als gemäßigt zu betrachten und wird obendrein durch die geschmackliche Süße des Alkohols verschleiert. In der Regel wirken solche Weine bereits in jungen Jahren erstaunlich voluminös, denn sie weisen ein gutes Flaschenreifepotential auf. Ihr Duft erinnert entfernt an exotische Früchte wie Papaya, Guave und Mango, Aromen, die speziell bei Weinen aus Chardonnay-Trauben nicht selten von einer ausgeprägten Ananasnote begleitet werden, die es zu berücksichtigen gilt.

Stars mit Allüren

Die Verbindung von ›weißem‹ Geschmack mit ›roter‹ Textur macht diese Weine trotz ihrer großen Beliebtheit zu Sorgenkindern eines gewissenhaften Sommeliers, reagieren sie doch in Verbindung mit einer ungeeigneten Speise außerordentlich empfindlich.

Der erste Blick bei der Suche nach der richtigen Kombination sollte der Schwere des Weins gelten. Meist wird Alkohol im Mund als Textur empfunden: Der Wein wirkt dickflüssiger und hinterlässt ein Gefühl von Wärme. Entgegen den althergebrachten Gepflogenheiten ist ein derartiger Weißwein deshalb als Begleiter zu Fischgerichten meist ungeeignet. Der hohe Alkoholgehalt würde den Fisch tranig und alt schmecken lassen. Die häufig zu pochiertem Fisch gereichte, leicht säuerliche Sauce ließe umgekehrt den Wein süßlich-plump erscheinen. Ebenso verbinden sich die aus dem Holzfassausbau stammenden Tannine mit Fischöl zu einem eher unangenehmen Geschmackseindruck. Einzig Krustentiere mit ihrem von Natur aus leicht süßlichen Geschmack sind in der Lage, der Wucht eines holzausgebauten Weißweins angemessen zu begegnen.

Neben Fisch schließt der Alkoholgehalt dieser Weine auch salzige Speisen als Begleiter deutlich aus, da Salz und Alkohol den Eindruck von Bitterkeit hervorrufen. Besonders mit Käse, allen voran Blauschimmelkäse, ist deshalb Vorsicht geboten. Auf unangenehme Eindrücke müssen sich die Geschmackspapillen auch bei der Verbindung mit scharfen Speisen einstellen: Schärfe und Alkohol potenzieren ihre Wirkung wechselweise und führen zu unangenehmem Brennen im Mund.

Trotz dieser Einschränkungen gibt es jedoch eine Reihe vorzüglicher Kombinationen von Meursault und ähnlichen Weinen mit Speisen.

Sahne macht es leichter

So lässt sich bei Zubereitungen, die ausreichend Sahne und Butter enthalten, fast immer die richtige Wahl treffen, da sie in jedem Fall neben der cremigen Textur, aber auch neben dem dezent süßen ersten Geschmackseindruck des Weins bestehen können. Der Fettgehalt der Speisen wird im Gegenzug die adstringierende Wirkung der Holztannine im Wein reduzieren, während die Gerbstoffe ihrerseits den fetten Eindruck der Speisen mildern. Auf der Basis harmonierenden Grundgeschmacks und vergleichbarer Textur lassen sich dann mit Blick auf die Aromen des Weins raffinierte Kombinationen finden. Ob man nun den üppigen Ananasduft eines holzausgebauten kalifornischen Chardonnay, die wilde Exotik von australischem oder neuseeländischem Sauvignon, die kraftvolle Eleganz eines Grauburgunder aus Deutschland, Italien oder Österreich beziehungsweise die eigenwilligen Noten von geräuchertem Speck und Honig in den besten Bergerac sec aus dem Holzfass harmonisch in die Speisenfolge integrieren möchte – eine gewisse Garantie für ein gelungenes Zusammenspiel gibt die Verwendung möglichst identischer Aromen in der Speise. Der einfachste Trick für alle vom Holzfassausbau geprägten Weine ist ein Hauch gerösteter Nüsse in der Speise, was den Abgang des Weins ins Essen hinein verlängert. Eine ähnliche Funktion kann auch Estragon, Honig oder ein Hauch Vanille haben: Eine damit abgeschmeckte Sauce zu hellem Fleisch oder Geflügel wird die nussigen, cremigen, oft an frischen Toast erinnernden Aromen des Weins perfekt ins rechte Licht rücken.

Typische Rebsorten: Chardonnay, Sauvignon Blanc, Sémillon, Pinot Blanc, Pinot Gris, Grenache Blanc.

Typische Weine: Corton Charlemagne, Meursault, Puligny-Montrachet, Graves, Limoux sowie zahlreiche Weine aus der Neuen Welt.

Rechte Seite:
Ein großer, im Eichenfass vergorener Chardonnay kommt zum feinen Geflügel in Sahnesauce und Walnüssen hervorragend zur Geltung.

Intensiv-aromatische, üppige Weissweine

Weine aus den so genannten Aromasorten überraschen Nase und Gaumen durch ein üppig exotisches, manchmal geradezu parfümiert wirkendes Aromenspektrum. Der Geruch von Aprikose, Pfirsich, Litschi und Mango kann dabei mit ebensolcher Selbstverständlichkeit aus dem Glas aufsteigen wie der Blütenduft von Geißblatt, Jasmin und Rose oder Noten von Honig, Zimt, Nelken und Muskatnuss. Die Geruchsnerven werden von dem eindrücklichen Bukett, das diese Weine den Abkömmlingen spezieller Eiweißstoffe aus den Zellen des Beerenfleisches verdanken, regelrecht überwältigt. Noch auf der Zunge präsentieren sich Gewürztraminer und Co. überaus opulent. Ihr hoher Alkoholgehalt in Verbindung mit dem niedrigen Säurewert lässt solche Weine bisweilen geradezu barock erscheinen.

Dominante Partner

Die aromatische Eindeutigkeit dieser Weine setzt ihren Möglichkeiten zur Kombination mit Speisen ganz klare Grenzen: Alle zarteren Nuancen werden geschmacklich schlichtweg erdrückt. Austern, Weißfisch, helle Innereien wie Bries oder Hirn, feines Fleisch von Zicklein oder Milchkalb und subtil gewürzte Saucen werden gegenüber dem Ansturm von Weinen aus Aromasorten stets vollkommen chancenlos sein.

Der erste Eindruck, den solche Weine auf der Zunge hinterlassen, ist der einer gewissen Süße, die entweder durch einige Gramm unvergorenen Restzucker verursacht wird, hauptsächlich jedoch auf die üppige Frucht und den hohen Alkoholgehalt zurückzuführen ist. Das Empfinden, der Wein kleide den Mundraum regelrecht aus, wird durch die niedrige Säure noch verstärkt.

Grundvoraussetzung für eine gelungene Zusammenstellung ist also in jedem Fall eine gewisse Fülle der Speise, die durch dezente Süße ebenso hervorgerufen werden kann wie durch angemessenen Fettgehalt. Auch milde Schärfe, schmeckbare Salzigkeit und deutliche Räuchernoten können die geschmackliche Standfestigkeit eines Gerichts unterstreichen. Lediglich deutliche Säure sollte eine Speise, zu der Gewürztraminer, Muscat oder Viognier ausgeschenkt werden, nicht kennzeichnen, da sie dem ohnehin schweren Charakter der Weine unbeholfene Züge verleiht.

Auf der Basis einer vergleichbaren mundfüllenden Textur von Wein und Speise kann dann das hier besonders spannende Spiel mit den Aromen beginnen. Je nach Rebsorte bieten sich dabei vor allem fruchtige Komponenten als Erfolg versprechende aromatische Verknüpfung zwischen Wein und Speise an.

Exotisches wie Mango, Papaya oder Guave als Saucenwürze, fein gewürfelt unter Salate gemischt oder über Geschmortes gestreut, harmoniert gewöhnlich mit Gewürztraminer. Viognier kommt mit den Aromen getrockneter Früchte wie Aprikosen oder Rosinen häufig besser zur Geltung. Fein geschnittene Orangenschale oder ölige Auszüge von Zitrusfrüchten passen dagegen zu fast allen Aromasorten. Sind die Weine dieser Gruppe einige Jahre lang gereift, entwickeln sie zudem eine interessante exotische Würze, die weitere ungeahnte Möglichkeiten bietet. Curries und Chutneys, sofern sie nicht zu scharf oder zu süß abgeschmeckt sind, können solchen Weinen nicht das Geringste anhaben. Auch auf der Basis von Kokosmilch zubereitete, nur dezent Chili-geschärfte thailändische Küche kann überzeugend mit exotisch-aromatischen Weinen kombiniert werden. Viognier passt zum Beispiel ausgezeichnet zu gegrillten, mit Orangenöl gewürzten Garnelen. Dem Kenner auf der ständigen Suche nach dem außergewöhnlichen Geschmackserlebnis werden vielleicht die viel diskutierten gewagten Verbindungen von Weinen der fruchtig-würzigen Aromasorten mit der Ethno- oder Fusion-Küche beziehungsweise mit Tex-Mex-Trends als wahre Geheimtipps neue Horizonte erschließen können.

Ihre cremige Textur und ihre nahezu umwerfende Aromenvielfalt prädestinieren diese Weine zu idealen Käsebegleitern. Vor allem zu den cremig-fetten, sehr salzigen und besonders intensiv riechenden Käsesorten können sich Gewürztraminer und ähnlich aromatisch-üppige Weine wahrhaft entfalten, während die meisten Rotweine, einer weit verbreiteten Überzeugung zum Trotz, dabei matt, ausdruckslos, wenn nicht gar geschmacklos wirken. Als einzige Regel bei der Kombination gilt es, den Gleichklang der Texturen zu beachten: Je üppiger der Wein, desto cremiger darf der Käse sein. Hilfreich ist dabei stets ein Hauch Restsüße, der einen Wein sogar zu gereiftem Blauschimmelkäse geschmacklich bestehen lässt.

Typische Rebsorten: Gewürztraminer, Muskateller, Viognier.

Typische Weine: Gewürztraminer aus aller Welt, Muscat d'Alsace, Condrieu.

Linke Seite:
Die cremigen Weichkäse schaffen einem Glas Gewürztraminer einen so unerwarteten, wie hinreißenden Auftritt.

Leichte, fruchtbetonte, junge Rotweine

Rotweine, die nur kurz auf der Maische ausgebaut wurden und damit nur wenig Farb-, Gerb- und Extraktstoffe aus den Traubenschalen aufgenommen haben, sind Essensbegleiter im ursprünglichen Sinn des Wortes: Durch ihre Fruchtigkeit, gepaart mit einer leichten Säure und relativ niedrigem Alkoholgehalt, wirken sie appetitanregend, erfrischen den Gaumen und löschen den Durst. Im Prinzip lässt sich aus jeder roten Rebsorte mit hellem Fruchtfleisch entweder nach dem Beaujolais-Verfahren (Vergärung unter Kohlensäure) oder durch kurze Maischestandzeit bei niedrigen Temperaturen ein solches Getränk gewinnen. Oft zieht man jedoch Rebsorten vor, die durch ihre extravagante Fruchtigkeit besonders geeignet sind.

Immer gefragt und in jedem Weinland von vielen Winzern Jahr für Jahr mit erstaunlicher Geschwindigkeit auf den Markt gbracht, gehört hierher auch die Kategorie der Primeur-Weine. Ob Beaujolais Primeur, Novello oder Vino Joven – zur Landesküche passen sie immer.

Entscheidend für die Kombinationsfähigkeit solcher Weine ist ihre geschmackliche und aromatische Geradlinigkeit und Zugänglichkeit, die sie als Begleiter zu unkomplizierten Gerichten, wie sie besonders aus der mediterranen Küche bekannt und beliebt sind, prädestinieren, zu raffinierten oder aufwändigen Gerichten jedoch eher unpassend erscheinen lassen. Auch der Anlass, einen solchen Wein zu servieren, sollte mit Bedacht gewählt werden, dürfte sich doch zum Beispiel eine ernste Runde von Connaisseuren damit zu wenig herausgefordert fühlen. Angebrachter scheint da schon eine fröhliche Mittagstafel, wo es nicht nur um den hehren Genuss geht, sondern schlichtweg darum, Hunger und Durst zu stillen.

Allrounder ohne hohen Anspruch

Die mangels Tanninen dominant wirkende Säure, die Leichtigkeit der Textur und die betonte Fruchtigkeit solcher Weine, die allesamt durch die relativ kühle Serviertemperatur noch unterstrichen werden, bedarf auf dem Teller eines Gegengewichts. Dafür geeignet sind vor allem Speisen mit relativ hohem Fettanteil: Schmorgerichte, Wurstwaren, Ragouts, Eintöpfe und Gerichte, die von Saucen begleitet werden, die nicht auf einem reduzierten Fond basieren, sondern mit Sahne oder Butter abgebunden wurden. Auch die jeweilige Regionalküche der Herkunftsgebiete und Deftiges wie Pizza oder Spaghetti alla bolognese, wo der Süße und Säure reifer Tomaten die entscheidende Rolle zukommt, passen meist sehr gut zu dieser Gruppe von Weinen, da sie eine ähnliche Balance der Grundgeschmacksrichtung aufweisen.

Daneben lassen sich derartige Rotweine allen traditionellen Regeln zum Trotz häufig sehr gut mit Fisch kombinieren. Vor allem zu gebratenen und gegrillten Meeresfrüchten, deren Geschmack mit feinen Röstaromen abgerundet wird, harmonieren leicht gekühlte Beaujolais oder Lemberger, deren hohe Säure den Fisch besonders frisch erscheinen lässt. Wichtig ist, dass der Wein relativ wenig Alkohol und Tannin besitzt, da diese in Verbindung mit Fischöl einen unangenehm tranigen oder metallenen Geschmackseindruck hervorrufen können.

Als Retter in der Not erweisen sich säurebetonte Rotweine schließlich, wenn Artischocken auf den Tisch kommen. Gegen das Gemüse, das infolge einer chemischen Substanz das Empfinden der Geschmackspapillen verändert und alles gleichzeitig Genossene – sogar Wasser – süßlich schmecken lässt, können lediglich Weine mit einem gewissen Säuregehalt bestehen.

Nicht Fisch noch Fleisch

Rosé, dessen helle Farbe durch einen besonders kurzen Kontakt des gärenden Traubensafts mit den Beerenhäuten entsteht, lässt sich zum Essen ähnlich wie die Rotweine dieser Gruppe kombinieren. Man sollte dabei allerdings die Säurestruktur des Weins beachten. Da Rosés auch aus Rebsorten erzeugt werden, die von Natur aus relativ wenig Säure und wie beispielsweise Grenache auch bei trockenem Ausbau eine dezente Süße aufweisen, sind sie als Essensbegleiter nicht immer gleichwertig einzusetzen. Frische, fruchtbetonte Vertreter dieser Kategorie, vom Weißherbst bis zu Schilcher, genauso wie charmante Rosados aus Spanien oder Portugal sind jedoch oft eine attraktive Alternative bei der Weinwahl, nicht nur eine Alibilösung zwischen Weiß und Rot.

Typische Rebsorten: Gamay, Dolcetto, Corvina, Lemberger (Blaufränkisch), Trollinger (Schiava, Vernatsch).

Typische Weine: Beaujolais, Dolcetto, Bardolino, Valpolicella, Primeurweine.

Rechte Seite:
Der deftige Eintopf braucht einen munteren Kontrapunkt, den ein fruchtstrotzender Dolcetto liefert.

Elegante, würzige, seidige Rotweine

Rotweine aus Rebsorten mit relativ dünner Traubenschale sind von Natur aus hell. Daher ist auch ihr Gehalt an Tanninen geringer als bei dickschaligen Rebsorten wie Cabernet Sauvignon oder Syrah. Dennoch können Rebsorten wie Pinot Noir und Sangiovese in guten Lagen Weine hervorbringen, die zu den größten der Welt gehören. Diese zeichnen sich allerdings nicht durch Wuchtigkeit und Konzentration aus, sondern durch Finesse: Der Transparenz der Farbe entspricht die seidige Textur dieser Weine, deren weiche Tannine nicht aufdringlich wirken sollten; die feine Säure wird durch eine ebenso feine Süße perfekt ausgewogen. Im Duft, der den besonderen Reiz ausmacht, finden sich je nach Sorte und Ausbau die Aromen von Himbeeren, Veilchen, Wildkirschen, Pflaumen, Brombeeren und vielerlei Gewürzen bis zu Rauch, Erde, Eiche und Süßholz.

Die feine Balance von Säure, Süße und Gerbstoffen, die den Charme dieser Weine ausmacht, gilt es bei der Kombination mit Speisen besonders zu berücksichtigen. Allzu leicht gehen Gevrey-Chambertin oder Brunello geschmacklich unter. Dem zarten, in manchen Fällen fast zerbrechlich wirkenden Geschmack des Weins sollte ein nicht allzu üppiges Gericht zur Seite gestellt werden. Entscheidend ist dabei vor allem die Qualität der Sauce: Übermäßig konzentriert, von cremiger Textur und voluminösem Geschmack, lässt sie einen eleganten Wein dünn und ausdruckslos erscheinen. Gefahr droht auch durch Butter, Sahne und Eigelb. Damit abgebundene Saucen überziehen die Geschmackspapillen so nachhaltig, dass diese einen feinen Wein kaum mehr wahrnehmen. Ideal für jüngere Weine dieser Gruppe sind Frühlingsgerichte mit dem feinen, klaren Aroma junger Gemüse und frischer Kräuter, die von einer leichten Sauce untermalt und von eher magerem Fleisch begleitet werden. Reifere, seidige Weine passen eher zu herbstlichen Speisen und zu den erdig-rauchigen Aromen frischer Waldpilze. Besonders offensiv-fruchtige Pinot-Noir-Weine zählen zu den wenigen Rotweinen, die auch asiatisch inspirierte Küche verkraften, vorausgesetzt sie ist nicht zu scharf gewürzt. Insbesondere Ingwer und Pinot Noir können in verblüffender Harmonie über die Zunge gehen.

Einfache Sangiovese-Weine vertragen sich häufig auch mit eher rustikaler Kost, die nicht penibel abgeschmeckt, sondern einfach mit frischen Kräutern gewürzt ist. Konzentriertere, häufig mit einem Schuss Cabernet Sauvignon aufgebesserte und im kleinen Holzfass ausgebaute Chiantis und Brunellos weisen neben einer tiefen Kirschenfrucht häufig einen feinen Duft von Orangenschale auf, der ein ideales Gegengewicht für dezent mit Orange gewürzte Saucen bildet.

Andere Rebsorten wie Grenache und Pinotage können zu dieser Kategorie gezählt werden, selbst wenn sie in ihrer Jugend oft kraftvoll und mächtig erscheinen wie zum Beispiel der Châteauneuf-du-Pape oder andere südliche Rhône-Weine auf der Basis von Grenache. Die auch in trocken ausgebauten Weinen der Sorte stets vorhandene Fruchtsüße macht solche Weine zu idealen Begleitern von Speisen, die mit dunklen Früchten (zum Beispiel getrockneten Pflaumen oder Schwarzen Johannisbeeren) abgeschmeckt wurden.

Typische Rebsorten: Pinot Noir, Sangiovese, Grenache, Pinotage.

Typische Weine: rote Bourgognes, Brunello, Montalcino, Chianti Classico.

Linke Seite:
Waldpilze und Backpflaumen, die den Schmorbraten begleiten, geben den Hinweis: Hierzu gehört ein alter Burgunder, in dem Unterholz und überreife Früchte anklingen.

Unten:
Junges, knackiges Gemüse und ein gutes Steak, dazu könnte man einen südafrikanischen Pinotage kredenzen.

Samtige, üppige Rotweine

Rechte Seite:
Thymian, Minze und Lorbeer geben diesem Lammbraten Würze, die ein Saint-Émilion voll und doch sanft untermalt.

Unten:
Über Holzkohlenglut gegrilltes Fleisch ist ein robustes Mahl, das einen entsprechenden Partner verträgt wie einen voluminösen, rauchigen Zinfandel.

Mundfüllende Weine aus Traubensorten wie Merlot oder Zinfandel sind besonders angenehme Essensbegleiter: Sie sind relativ problemlos mit Speisen zu kombinieren, sind risikolos in eine Abfolge von Weinen zu integrieren und passen zu beinah jeder Gelegenheit und in nahezu jede Jahreszeit. Die Weine dieser Gruppe zeichnen sich in der Jugend durch eine üppige Fruchtigkeit aus, die die gesamte Palette rot-schwarzer Beeren von Brombeeren über Johannisbeeren bis zu Preiselbeeren umfasst. Mit jedem Jahr an Flaschenreife, die normalerweise erheblich rascher verläuft als bei tanninbetonten Rotweinen, weicht die intensive Frucht zum Teil den Aromen von Schokolade, Kakao, Kaffee, Zeder, Toast und Rauch. Auf der Zunge wirken diese Weine samtig-füllig und weich. Da sie aus Trauben mit mitteldicken Beerenhüllen stammen, ist ihr Gerbstoffgehalt gewöhnlich niedriger als beispielsweise der von Cabernet Sauvignon oder Syrah und wirkt zumeist gut in das Geschmacksbild integriert. Auch die Säure ist – außer in schlechten Jahren oder bei allzu hohen Erträgen – eher niedrig. Reif gelesen, weisen diese Weine eine gute Alkoholstruktur auf, die ihnen zusätzlich Schmelz und eine gewisse geschmackliche Süße verleiht. Ihr gefälliger Geschmack macht sie zu einem idealen, leicht konsumierbaren Getränk.

Der süßen Fruchtigkeit der Weine, ihrer weichen, geschmeidigen Textur und ihrer opulenten Aromenvielfalt kann man stets ein ähnlich komponiertes, nicht allzu schweres Essen zur Seite stellen. Dem zwischen dezenter Süße, Bitterkeit und Säure gut ausgewogenen ersten Eindruck sollte die Harmonie der Speise entsprechen. So bieten sich zu Merlot stets Fleischgerichte an, die durch entsprechende Zubereitung wie etwa Schmoren eine füllige, dezent bitter-süße Geschmacksintensität besitzen. Ein Hauch Säure kann solchen Gerichten stets über die Sauce vermittelt werden, etwa mit Früchten, Tomaten oder Balsamessig.

Zinfandel, dessen Beerenfrucht häufig an Marmelade erinnert, verträgt zudem eine gewisse Würze der begleitenden Speise. Sogar deutlich schmeckbare Salzigkeit oder ein Hauch Schärfe – Weinen ansonsten kaum zuträglich – ist angesichts des üppig fruchtigen Charakters des Weins erlaubt. Vorsicht ist allerdings beim Gebrauch von Chillies oder Cayennepfeffer angebracht, wenn der Wein, und sei er noch so fruchtig, sehr viel Alkohol enthält. Zusammen mit Schärfe brennen die Volumenprozente auf der Zunge wie Feuer.

Die weitgehend unkomplizierte Kombinierbarkeit samtig-weicher Rotweine lässt viel Spielraum für die Abstimmung der flüchtigeren Aromen von Speise und Wein. Vor allem mit Kräutern wie Rosmarin, Thymian, Minze und Lorbeer sowie Gewürzen wie Zimt, Nelken, schwarzem Pfeffer, Wacholderbeeren und Fenchelsaat lassen sich geschmackliche Brücken zwischen Teller und Glas schlagen.

Holzfassgeprägte Weine sind gut mit scharf angebratenem oder gegrilltem Fleisch, Geflügel und Gemüse zu kombinieren. Beim Grillen karamellisierte Proteine und Zucker ähneln auf verblüffende Weise den Aromen, die getoastete Barriques dem Wein verleihen.

Typische Rebsorten: Merlot, Zinfandel, Blauer Zweigelt, St. Laurent.

Typische Weine: Pomerol, Saint-Émilion sowie zahlreiche Weine aus der Neuen Welt.

Tanninbetonte, extraktreiche Rotweine

Rotweine, die von besonders dickschaligen Traubensorten stammen, zeichnen sich nicht nur durch dichte, dunkle Farbe, sondern auch durch eine üppige Tannin- und Extraktstruktur aus, die die Weine geradezu fest wirken lässt. Ihre fruchtige Komponente erinnert an Brombeeren, Pflaumen und Schwarzkirschen. Daneben prägen den Duft eine Vielzahl eher dunkler Aromen, die von Kräutern, Schokolade und Kaffee bis Tabak, Leder und Rauch reichen können. Ihr teilweise hoher Alkoholgehalt und der Ausbau in (häufig neuen) Holzfässern verleiht solchen Weinen eine gewisse geschmackliche Süße und Geschmeidigkeit, wobei die Tannine auf der Zunge einen mehr oder weniger bitteren Geschmackseindruck hervorrufen. Die Weine sind durch die drei vorhandenen Basisgeschmacksrichtungen bitter (Gerbstoffe), süß (Alkohol und Glyzerin) und sauer (Weinsäure) ausgesprochen mundfüllend, da sie nahezu alle unterschiedlich empfindlichen Geschmackszonen im Mund tangieren.

Den auf der Zunge einen deutlich herben Geschmack hinterlassenden Gerbstoffen muss bei der Kombination mit Speisen die größte Aufmerksamkeit geschenkt werden. Je jünger ein tanninbetonter Wein ist, desto größer ist die Gefahr, dass er auf der Zunge einen unangenehm bitteren und adstringierenden Eindruck hinterlässt. Den gleichen Effekt können auch ältere Rotweine hervorrufen, die aus mittelmäßigen oder schlechten Jahrgängen stammen, in denen das Klima keine vollständige Reife der Trauben zuließ und deren Tannine noch nach jahrelangem Flaschenlager ›grün‹ schmecken. Auch der übermäßige Ausbau von Weinen im Holzfass kann diese ausgezehrt und harsch wirken lassen. Zusammen mit Proteinen rufen solche unreifen oder überdosierten Tannine ähnlich wie zu starker Tee auf der Zunge und im Inneren der Wangen einen unangenehm lederartigen Eindruck hervor. Durch die Wahl einer passenden Speise können zum einen solche unerwünschten Effekte gemildert werden, auf der anderen Seite kann das richtige Essen auch einem Wein, dessen Tannine reif und harmonisch in Körper und Frucht eingebunden sind, erst ermöglichen, sich dem Geschmacksempfinden in seiner ganzen Fülle zu erschließen.

Die adstringierende, annähernd körnig wirkende Textur ›grüner‹ Tannine braucht im Mundraum Bindung. Letztlich muss die Speise liefern, was dem Wein zur geschmacklichen Rundheit fehlt: feine Süße und ein gewisser Schmelz. Am einfachsten sind überbordende Gerbstoffe deshalb stets in den Aromen eines mit angerösteten milden und leicht zur Süße tendierenden Gemüsen wie Zwiebeln, Knoblauch oder Karotten bereiteten Schmorgerichts zu integrieren. Eine solche Speise passt natürlich auch zu einem Wein mit reifen Gerbstoffen. Allerdings sollte man sich dann mit der Süße des Fonds etwas stärker zurückhalten und dem Wein eher dezent würzige und kräuterduftende Noten zur Seite stellen. Es sind übrigens die zahlreich im Wein vorhandenen Phenole, zu denen auch die Tannine gehören, die üppige Rotweine zu ganz besonders gesunden Getränken in Verbindung mit Fleischgerichten machen.

Geschmacklicher Balanceakt

Der meist hohe Alkoholgehalt solcher Weine erfordert bei der Kombination von Speisen und Getränken ebenfalls viel Aufmerksamkeit. Milchfett, also Butter und Sahne, lassen Alkohol scharf schmecken. Vor der Wahl eines Gerichts, das von einer mit Butter oder Sahne zubereiteten Sauce begleitet wird, sollte man deshalb tunlichst einen Blick auf das Weinetikett werfen, um die Gradation zu überprüfen. Oberhalb von 13 Volumenprozent birgt tierisches Fett die Gefahr, den Wein aus dem Gleichgewicht zu bringen und brandig schmecken zu lassen.

Vorsicht empfiehlt sich auch bei sehr salzigen Gerichten: Alkohol und Salz rufen einen bitteren Geschmackseindruck hervor. In Gerichten, zu denen tanninbetonte Rotweine gereicht werden, sollte Salz deshalb nie geschmacklich hervortreten, sondern allenfalls die aus Kräutern und Gewürzen stammenden Aromen unterstützen. Der süße wie auch der saure Geschmacksanteil dieser Weine ist normalerweise zu dezent, als dass er bei der Wahl der begleitenden Speise berücksichtigt werden müsste. Vielmehr sollte man dem subtilen Aroma dieser ›dunklen‹ Weine, das ihren ganz besonderen Reiz ausmacht, durch überlegtes Abschmecken der Speisen Tribut zollen.

Typische Rebsorten: Cabernet Sauvignon, Syrah, Tannat, Mourvèdre (Monastrell), Tempranillo und Nebbiolo.

Typische Weine: Bordeaux wie Médoc, nördliche Rhône wie Hermitage, Côte-Rôtie, Topweine des Languedoc-Roussillon, Madiran, Bandol, Rioja, australischer Shiraz, Barolo, Barbaresco.

Linke Seite:
Ein großer Barolo mit seiner mächtigen Struktur will besänftigt sein, zum Beispiel von gut durchwachsenem Rind und hausgemachter Pasta.

Gereifte Weine

Die Bezeichnung ›alter Wein‹ ist weder chemisch noch organoleptisch klar definiert. Es gibt keine Mindestdauer, die eine Flasche ›alten‹ Weins im Keller verbracht haben muss. Genauso wenig steht fest, wie ein alter Wein zu riechen und zu schmecken hat. Jeder Wein besitzt ein anderes Alterungspotential, das zunächst wesentlich von der Traubensorte oder Cuvée abhängt, dann vom Jahrgang, von der Machart, von den Faktoren Alkohol, Süße und Säure und schließlich von der Lagerung des auf Flasche gefüllten Weins. Einen ersten Anhaltspunkt über den Zustand gereifter Rotweine liefert unter Berücksichtigung von Rebsorte und Jahrgang der in der Flasche abgesunkene Bodensatz. Die rötlich-braunen Ablagerungen bestehen aus polymerisierten Phenolen, das heißt aus Tanninen und Farbstoffen, die so zahlreiche Bindungen eingegangen sind, dass sie sich nicht mehr in Lösung halten können. Je mehr Bodensatz sich gebildet hat und je heller die Farbe des Weins geworden ist, desto milder wird der Wein also schmecken. Dabei wird ein in der Jugend tanninbetonter, farbstoffreicher Cabernet Sauvignon erheblich mehr Bodensatz bilden als ein seidiger Pinot Noir.

Auch gereifte Weißweine verändern ihre Farbe. Weißwein wird während des Flaschenlagers jedoch nicht heller, sondern durch allmähliche Oxidation der Phenole dunkler, also eher bräunlich. Dabei gilt es zu berücksichtigen, dass edelsüße Weine weitaus länger reifen können als trocken ausgebaute. Unter diesen reifen wiederum Weine, die im Holzfass vergoren und ausgebaut wurden, besser als solche aus Edelstahltanks.

Verallgemeinernd lässt sich also lediglich sagen, dass große, alte Weine, unabhängig davon, ob sie rot oder weiß sind, sich stets durch die Fragilität ihres Aromas auszeichnen. Das macht sie als Essensbegleiter eher ungeeignet. Zu leicht gehen feine Nuancen von Bukett oder Geschmack unter.

Zurückhaltung vor dem Alter

Auch der zum Essen gereichte Wein sollte die Geschmackspapillen nicht allzu sehr beanspruchen, also vor allem nicht übermäßig tanninlastig sein. Wer dennoch einen Jahrzehnte alten Wein zum Essen servieren möchte, sollte einige Grundregeln beachten. Da Grundgeschmack, Textur und Aromen eines Weins mit jedem Jahr Flaschenlager feingliedriger und störanfälliger werden, ist kulinarische Zurückhaltung das oberste Gebot. Fette, scharfe, saure, süße und sehr würzige Speisen verbieten sich von selbst, würden sie doch den Eindruck des Weins auf der Zunge nicht nur verfälschen, sondern vollkommen übertönen. Salz ist auch in relativ geringer Intensität heikel, da es zusammen mit Alkohol rasch einen unangenehmen Bitterton hervorruft, der das feine Geschmacksbild eines gereiften Weins vollkommen aus dem Gleichgewicht brächte.

Große gereifte Rotweine entwickeln meist Aromen von Erde und feuchtem Laub. Es empfiehlt sich, diese in der Speise aufzugreifen und so Duft und Geschmack des Weins zu unterstützen. Vor allem schwarze Trüffeln in einer Sauce, in der Füllung eines Bratens oder frisch über ein Gericht gehobelt, sind hier ideal.

Weißweine aus dem Holzfass, allen voran Chardonnay, zeigen im Alter oft Töne von frischem Brot und gerösteten Nüssen, Aromen, die man direkt bei der Kombination mit Speisen berücksichtigen sollte. Schwieriger ist der Umgang mit alten Rieslingen, die häufig einen deutlichen Petrolton entwickeln können. Hier kann eine dezente Kräuterwürze, zum Beispiel von Liebstöckel, überaus hilfreich sein.

Altersbukett verdient Aufmerksamkeit

Der spannendste Moment beim Entkorken einer sehr alten Flasche ist das Bukett des gereiften Weins. Man sollte die Gäste deshalb den Wein auf jeden Fall vor dem Essen probieren lassen, um all seine feinen Nuancen rein und unverfälscht erfassen zu können. Wichtig ist, den Wein mit etwa 18 °C zu servieren, da nur bei dieser relativ hohen Temperatur sein Altersbukett zur Geltung kommen kann. Um einen gereiften Rotwein von seinem Bodensatz zu trennen, sollte man ihn erst unmittelbar vor dem Genuss vorsichtig in eine Karaffe umfüllen, damit sich die Nuancen seines Buketts nicht vor der Zeit verlieren.

Ein Wein aus gutem Haus und großem Jahr, der einige Jahrzehnte gereift ist, der ein komplexes Gefüge völlig neuer Aromen entwickelt hat, verdient ungeteilte Aufmerksamkeit. Er sollte am besten nach einem leichten, ganz dezent gewürzten Essen, das mit einem Stück mildem Käse, niemals einem süßen Dessert endet, serviert oder im Zweifelsfall auch ohne jegliche kulinarische Begleitung ganz für sich genossen werden. Besonders gereifte edelsüße Kreszenzen tragen ja nicht von ungefähr den Titel ›Meditationsweine‹.

Rechte Seite:
Ein optimal gereifter Wein kommt oft am besten bei einem einfachen Gericht zur Geltung, das mit seinen im Laufe der Zeit entwickelten Aromen korrespondiert. Diese erinnern nicht selten an Trüffel, so bei einem alten Châteauneuf-du-Pape.

Süssweine

Süßweine benötigen nicht selten Jahrzehnte, um ihren Gipfel zu erreichen. Der Sauternes Château d'Yquem 1945 zählt zu den größten jemals gekelterten Weinen.

Weine mit Restzucker fristen als Essensbegleiter zu Unrecht ein Schattendasein, zählen zu dieser Gruppe doch einige der größten Weine der Welt. In vielen Menüs finden süße Weine entweder überhaupt keinen Platz, oder sie werden ohne viel Überlegung einer Stopfleber oder dem Dessert beigestellt. Das simple Motto ›süß zu süß‹ führt jedoch nur in Ausnahmefällen zu einer kulinarisch befriedigenden Verbindung. Meist kommen bei solchen Kombinationen weder der Wein noch die Speise wirklich zur Geltung.

Die Süße als entscheidende geschmackliche Komponente resultiert zum einen aus unvergoren gebliebenem Zucker der Trauben. Dessen Menge schwankt zwischen 20 und mehreren hundert Gramm pro Liter. Zu den süßen Substanzen im Wein gehört außerdem der Alkohol, der zum einen selbst einen süßen Geschmackseindruck auf der Zunge hervorruft und zum anderen den süßen Geschmack des Zuckers verstärkt. Die Säure als zweiter maßgeblicher Geschmackseindruck erfordert zusätzliche Aufmerksamkeit bei der Integration eines süßen Weins in ein Menü. Schon in relativ geringer Konzentration wirkt Süße auf die Geschmacksknospen betäubend und lässt alles weniger Süße fad und ausdruckslos erscheinen. Auch Säure wird von den Geschmackspapillen registriert. Treten beide nebeneinander auf, neutralisieren sie sich bis zu einem gewissen Grad.

Im Unterschied zu fast allen anderen Weinen spielen Duft und Aromen eines Süßweins bei einem Gericht nur eine untergeordnete Rolle. Zunächst gilt es einzig, der auf der Zunge in Erscheinung tretenden Süße des Weins ein geschmackliches Pendant in der Speise gegenüberzustellen. Dabei muss die Süße des Weins keinesfalls immer durch Zucker im Essen aufgewogen werden. Insbesondere Salz eignet sich häufig hervorragend als Gegenspieler von Zucker. Deshalb harmonieren die meisten Käse, sofern sie fett und geruchsintensiv sind, erheblich besser mit süß nuanciertem Weiß- als mit Rotwein, wie das klassische Paar Port und Stilton beweist.

Auch zur asiatisch inspirierten Küche, deren Schärfe säurebetonte Weine verbietet, kann ein halbtrockener, aromatischer Weißwein perfekt passen. Schließlich bleibt die Möglichkeit wie in der Kombination von Stopfleber und Sauternes, der Süße im Wein mit Fett zu begegnen.

Der zweite, der Süße-Balance fast gleichwertige Aspekt bei der Kombination von Süßwein und Speise ist die Textur des Weins. Seine Dick- oder Dünnflüssigkeit, die maßgeblich vom Zucker-, Glycerin- und Alkoholgehalt bestimmt wird, muss zum jeweiligen Gericht passen. Je filigraner, desto luftiger, je öliger ein Wein, desto cremiger sollte die dazu gereichte Speise sein. So begleitet eine Riesling-Trockenbeerenauslese hervorragend einen lauwarmen Apfelkuchen aus Mürbeteig, während ein Sauternes sich exzellent zu einem mit Vanillecreme gefüllten Blätterteig ausmacht.

Zur echten Herausforderung wird die Kombination von Süßweinen, wenn neben den Grundgeschmacksrichtungen und der Textur auch die vielfältigen Aromen dieser Weine berücksichtigt werden sollen. Je nach Traubensorte, Machart und Alter entströmen einem Süßwein Duftnoten von Orangenschale, Mango und Aprikose über Quitte, Feige und Rosinen bis zu Honig und Karamell. Ein Trick bei jungen Süßweinen mit entsprechendem Säuregerüst sind stets fruchtige Saucen als aromatische Brücke zwischen Wein und Essen. Gute Süßweine sollten niemals zu kalt serviert werden, da sie sonst leicht unharmonisch wirken können. Sollte dennoch einmal ein Wein zum vorgesehenen Gericht zu süß wirken, vermag das Herunterkühlen um wenige Grad die geschmackliche Harmonie noch zu retten.

Linke Seite:
Süßweine können Desserts zu einem unvergesslichen Geschmackserlebnis aufwerten. Den Blätterteig mit Vanillecreme adelt ein Sauternes.

Dieser lauwarme Apfelkuchen aus Mürbeteig wird dank der Trockenbeerenauslese zu einer grandiosen Nachspeise.

Trinktemperatur

Die Temperatur eines Weins hat entscheidenden Einfluss auf seine geruchliche wie geschmackliche Wirkung. Zwar verändert sich weder durch Kühlen noch durch Erwärmen der geschlossenen Weinflasche die Zusammensetzung ihres Inhalts. Und doch wird ein großer Wein, zu kühl getrunken, seine Komplexität nur zögerlich zu erkennen geben und ein spritziger Weißwein bei Zimmertemperatur fad schmecken. Wesentliche Ursache für derartige Abweichungen vom idealen Geruchs- und Geschmacksbild ist die Vielschichtigkeit eines Weins, dessen maßgebliche Inhaltsstoffe unterschiedlich auf Wärme und Kälte reagieren.

Temperatur und Geruch

Die so genannten flüchtigen Verbindungen, die wesentlich den Duft eines jungen beziehungsweise das Bukett eines gereiften Weins ausmachen, lösen sich umso schneller, je wärmer der Wein ist. Über die richtige Wahl der Serviertemperatur lässt sich also das Aroma eines Weins in gewissem Umfang beeinflussen. Als generelle Regel gilt dabei: »Die Blume des Weins blüht nicht im Eis.«

Bereits ab acht Grad ist der Geruch der meisten Weine kaum mehr wahrnehmbar. Wer also seiner Nase möglichst viele angenehme – möglicherweise allerdings auch unangenehme – Nuancen des Geruchs eines Rotweins wie auch eines Weißweins zuführen möchte, sollte den Wein niemals zu kalt servieren, allerdings auch nicht zu warm. Bis zu 18 Grad verträgt jeder hochwertige Rotwein, bis zu 16 Grad auch ein komplexer Weißwein. Dabei gibt es keine Standardregel, gilt es doch stets zu berücksichtigen, welchen Temperaturen der Wein nach dem Servieren ausgesetzt sein wird, schließlich soll nicht nur der erste Schluck perfekt munden. Wer also einen gereiften Bordeaux während eines langen Abends am Kamin genießen möchte, sollte die Flasche lieber kühler halten. Im Glas wird sich der Wein sehr schnell an die Außentemperatur anpassen. Zudem beschleunigt trockene Wärme das Verflüchtigen der feinen Aromastoffe.

Eine zu hohe Temperatur birgt zudem die Gefahr, dass der im Wein enthaltene Alkohol in die Nase steigt und einen unangenehm scharfen Eindruck hinterlässt. Auch Weinfehler treten bei höheren Temperaturen deutlicher hervor. Letztlich bestimmt die Qualität des Weins seine ideale Serviertemperatur: je einfacher, desto kühler, je komplexer und hochwertiger, desto wärmer.

Temperatur und Geschmack

Die Geschmackspapillen reagieren auf Wärme und Kälte unterschiedlich und nehmen die Weinbestandteile Zucker, Säure, Tannin, Kohlensäure und Alkohol temperaturabhängig wahr. Einige Grad zu wenig oder zu viel können also auch einen perfekt ausbalancierten Wein vollkommen

Im Weinkühler aus Acryl bleiben Weißweine lange Zeit auf der gewünschten Temperatur. Ein weiterer Vorteil dieser Kühlvariante: Das Etikett bleibt sichtbar.

Weinkühler aus Ton können vor Gebrauch auch im kalten Wasser vorgekühlt werden. Das Tonmaterial speichert die Kühle und hält somit den Wein gleichbleibend kalt.

Vor allem für Schaumweine ist der mit Eiswürfeln bestückte Kühler die klassische und immer wieder durch die kühle Optik überzeugende Variante. Champagner sollte man nicht anders genießen.

aus dem Lot bringen. Die Wahrnehmbarkeit der unterschiedlichen Komponenten eines Weins verläuft – anders als beim Aroma – nicht parallel zur Temperaturkurve. Während Wärme insbesondere die Wirkung von Süße und Säure verstärkt, hebt Kälte Bitterkeit und den adstringierenden Eindruck der Gerbstoffe hervor.
Einfache Weißweine, die von Natur aus kein Tannin besitzen, müssen also umso stärker gekühlt werden, je weniger Zucker und Säure in Körper und Extrakt eingebunden sind. Nur bei relativ niedriger Temperatur kommt ihre Fruchtigkeit ausreichend zur Geltung. Das gilt insbesondere für Weißweine, die von Rebflächen mit hohem Ertrag stammen sowie reduktiv unter Sauerstoffabschluss und ohne biologischen Säureabbau gekeltert wurden. Weine dieser Art, die normalerweise einen Schuss Kohlensäure als Frischegarantie in der Flasche aufweisen, brauchen auch deshalb Kühlung, um nicht schlichtweg abgestanden zu schmecken.
Das in Wasser gelöste Kohlendioxid, das Schaumweine sprudeln lässt, ist also auch der wesentliche Grund dafür, dass perlende Getränke, ob nun Asti Spumante oder Sekt, Prosecco oder Champagner, gekühlt am besten schmecken. Sogar hier gilt jedoch – in begrenztem Umfang – eine klare Qualitäts-Temperatur-Relation: Stark gekühlt sollten nur solche Schaumweine serviert werden, deren Charme wesentlich in ihrer Spritzigkeit liegt; Schaumweine hingegen, wie beispielsweise Jahrgangschampagner, die auf hervorragenden Grundweinen basieren, können tendenziell wie Weißwein behandelt werden.
Vollmundige, anspruchsvolle Weißweine, die zumeist im Holzfass ausgebaut wurden und damit ein gewisses Maß an Gerbstoffen aufgenommen haben, sollten beinahe im Temperaturbereich von Rotweinen auf den Tisch kommen. Bei solchen Weinen, zum Beispiel weißem Burgunder oder kalifornischem Chardonnay, verbieten nicht nur die dann bitter schmeckenden Tannine Kühlschranktemperaturen, sondern auch die Qualität des Weins, der seine Vielschichtigkeit nur dann darbietet, wenn er seine Aromen auch in ihrer ganzen Fülle entfalten kann.
Rotweine sollten stets abhängig von ihrem Tanningehalt temperiert werden. Je mehr Gerbstoffe er hat, desto wärmer muss dieser Wein auf den Tisch. Auch die Finesse eines alten Rotweins entfaltet sich am besten bei etwa 18 °C. Große Rotweine mit geringerem Tanningehalt dagegen sollten zwei bis drei Grad kühler serviert werden, um ihre würzige Frucht angemessen zur Geltung zu bringen.
Gekühlt schmecken Rotweine nur dann, wenn sie kaum Gerbstoffe haben. Rosés sind in solchen Fällen stets die bessere Alternative.

Praktisch und Platz sparend sind Rapid-Ice-Kühlmanschetten, die im Tiefkühlschrank abrufbereit auf ihren Einsatz warten.

Weine temperieren

Anspruchsvolle Weine, die schonend gekeltert wurden, können auf allzu heftige Temperaturwechsel sehr empfindlich reagieren und sich kälte- oder wärmegeschockt unharmonisch oder verschlossen präsentieren. Das beste Verfahren zum Temperieren von Weinflaschen ist deshalb das behutsame Erwärmen oder Kühlen über einen längeren Zeitraum.
Große Rotweine stellt man dafür am besten in ein relativ kühles Zimmer und kurz vor dem Servieren in den Wohnraum. Bei den dort herrschenden Temperaturen von etwa 20 Grad erwärmt sich der Wein im Glas sehr rasch um ein bis zwei Grad, also auf ideale Trinktemperatur.
Weißweine kann man generell im Kühlschrank vortemperieren, sollte sie jedoch je nach Qualität mehr oder weniger lange vor dem Genuss herausnehmen, da sie sonst zu kalt sind. Muss eine Flasche jedoch innerhalb möglichst kurzer Zeit temperiert werden, empfiehlt sich für Weißweine ein viertel- bis halbstündiges Bad in Eiswasser. Im Kühlschrank dauert die Prozedur erheblich länger. Wer über einen Weinkeller mit etwa 14 °C verfügt, kann komplexere Weißweine direkt auf den Tisch bringen, wo sie sich nach etwa zehn Minuten im Glas in ihrer ganzen Aromenfülle präsentieren werden.
Rotweine kann man in einen warm vorgespülten Dekanter gießen. Gleichmäßiger und schonender erwärmen sie sich jedoch bei Zimmertemperatur im Trinkglas. ›Schockerhitzen‹ unmittelbar neben einem Heizkörper empfiehlt sich nicht, da dabei der Flascheninhalt nur lokal erwärmt wird und der Wein dann unharmonisch wirken kann.

Serviertemperaturen

Weintyp	sensorische Temperatur	Grad Celsius
Schaumwein		
Trocken, fruchtig	stark gekühlt	4–6 °C
Champagner		
Cuvée ohne Jahrgang	kellerkühl	12–14 °C
Weißwein		
Leicht, säuerlich	gut gekühlt	6–8 °C
Exotisch-aromatisch	gekühlt	8–10 °C
Körperreich, mit Holzeinfluss	mäßig kühl	14–16 °C
Rosé	gut gekühlt	6–8 °C
Rotwein		
Leicht, fruchtig	kellerkühl	12–14 °C
Transparent-würzig	temperiert	16 °C
Körperreich, tanninbetont	zimmerwarm	18 °C
Gereift	zimmerwarm	18 °C
Süßwein	gekühlt bis temperiert	12–16 °C

Alterung von Wein

Schon für Horaz, den Dichter der römischen Antike, der den Wein in Dezenz und Maß liebte und 16 Weinlieder schrieb, war großer Wein stets alter Wein, vorausgesetzt, der vergorene Traubenmost besaß genügend Substanz, um jahrelanges Lagern in den irdenen Amphoren zu überstehen. Einfacher Wein hingegen sollte von der letzten Ernte stammen. Daran hat sich bis heute nicht viel geändert. Alter Wein übt auch zwei Jahrtausende später auf Kenner eine unwiderstehliche Anziehungskraft aus. Jahr für Jahr werden auf Auktionen für Wein-Antiquitäten immer neue Rekordsummen bezahlt. Ob allerdings der Inhalt dieser teuren Trouvaillen immer sein Geld wert ist, muss freilich bezweifelt werden. Zum einen haben viel weniger Weine als allgemein angenommen überhaupt das Potential für jahrzehntelanges Altern, zum anderen ist der Reifeprozess eines Weins auch ungeheuer anfällig für Störungen der unterschiedlichsten Ursachen.

Nur wenige Weine besitzen das Rüstzeug, um Jahrhunderte zu überdauern, wie diese legendäre Flasche aus dem Jahre 1787, einst im Besitz des amerikanischen Präsidenten Thomas Jefferson.

Alterungspotential

Beim Einlagern eines Weins gilt es grundsätzlich zu unterscheiden zwischen der Zeitspanne, die ein Wein überstehen kann, bevor er ›stirbt‹, und dem Zeitraum, den ein Wein braucht, um seinen Höhepunkt präsentieren zu können. Obwohl Wissenschaftler unterschiedlicher Fachrichtungen sich immer wieder mit Wein befasst und ihn aus ihrem Blickwinkel betrachtet haben, ist das Alterungspotential vergorenen Traubenmostes keine technische Standardgröße, das heißt nur annähernd vorhersagbar.

Letztlich sind vinologische Prophezeiungen bezüglich der Haltbarkeit sogar noch schwieriger geworden, hat doch der Fortschritt im modernen Weinbau zu einer sprunghaften Zunahme physikalischer und chemischer Manipulationsmöglichkeiten geführt. Für die heute häufig in ihrer Grundstruktur schon veränderten Weine fehlen jedoch bezüglich des Reifepotentials jegliche Erfahrungswerte.

Vom Kauf größerer Bestände teurer Flaschen, möglicherweise *en primeur*, also lange bevor der Wein ausgeliefert wird und probiert werden kann, ist deshalb immer dann abzuraten, wenn man nicht über zuverlässige Informationen zum Werdegang des jeweiligen Weins verfügt. Auch berühmte Namen und der Kultstatus mancher Weine sind keine Garantie mehr für die lange Lebensdauer des Flascheninhalts.

Manche Weine haben eine Lebenserwartung von mehreren Jahrzehnten.

Rotwein

Das Rückgrat eines Rotweins, das seine Alterungsfähigkeit maßgeblich bestimmt, ist das Tannin. Es handelt sich dabei um eine chemische Substanz mit konservierenden Eigenschaften. Sie gelangt bei der Weinbereitung aus den Traubenschalen, den Kernen und gelegentlich den Stielen in den Wein sowie eventuell aus dem Holz beim Fassausbau. Rotweine können sich hinsichtlich ihres Tanningehalts quantitativ und qualitativ unterscheiden. Die Menge der im Wein vorhandenen Tannine hängt zum einen von der Rebsorte ab. Dickschaligere Varietäten wie zum Beispiel Cabernet Sauvignon und Syrah enthalten von Natur aus mehr Gerbstoffe und besitzen deshalb an sich ein größeres Reifepotential. Zum anderen spielt jedoch auch der Jahrgang – ein trockener Sommer führt zu dickeren Beerenhäuten und damit zu mehr Tannin – und die Arbeit des Winzers eine Rolle, denn niedriger Ertrag, lange Maischegärung und Fassausbau bringen höhere Tanninausbeute. Mindestens ebenso wichtig für die geschmackliche Entwicklung ist jedoch die Qualität der Tannine. Nur Gerbstoffe, die zum Zeitpunkt der Lese wirklich reif waren, werden sich auch nach Jahren in der Flasche harmonisch in den Gesamtgeschmack integrieren. Was häufig als Reifeprozess der Tannine während des Flaschenlagers beschrieben wird, ist im Wesentlichen

nur eine allmähliche Verringerung der Gerbstoffe, deren Struktur sich durch Polymerisation so verändert, dass sie als größere Molekülkomplexe schließlich in Form von Bodensatz auf den Flaschengrund sinken. Weine, die in der Jugend übermäßig rau, adstringierend und bitter schmecken, werden dies auch im Alter tun; möglicherweise wirken sie dann sogar noch unharmonischer, da derartige Tannine später häufig einen trockenen Eindruck im Mundraum hinterlassen.
Es ist also einer der am weitesten verbreiteten Irrtümer unter Weinsammlern, ein hart und unharmonisch schmeckender Rotwein müsse nur lange genug liegen, um sich zu einem feinen Tropfen zu entwickeln. Gleichermaßen falsch ist die Annahme, ein schon jung angenehm trinkbarer Wein besitze kein Alterungspotential.
Ein großer Rotwein beginnt normalerweise drei bis vier Jahre nach der Füllung seine Inhaltsstoffe zu harmonisieren. Unter dem Einfluss von Sauerstoff entwickelt der Wein, entsprechende Extraktwerte vorausgesetzt, jetzt allmählich ein Bukett, das heißt, sein ursprünglich fruchtbetonter Duft wird um würzige, ledrige und erdige Nuancen bereichert. All diese Reaktionen von Alkoholen, Aldehyden und Säuren führen zunächst zu einem bereichernden aromatischen Wandel, schließlich jedoch zu einer geschmacklichen wie geruchlichen Verarmung des Weins. Als stabilster Teil des Weins, der sich kaum verringert, wird schließlich die Weinsäure aromatisch dominieren.
Optisch lässt sich der Entwicklungsprozess an der Farbe ablesen. Diese sollte in der Jugend je nach Rebsorte möglichst intensiv, dunkel und mit lila Reflexen durchzogen sein. Die zunehmende Oxidation der Farbmoleküle lässt diese gemeinsam mit den Tanninen ausfallen. Die Weinfarbe verliert dabei ihre bläuliche Tönung und wird zunächst leuchtend rot, dann allmählich bräunlich. Der am Ende der Entwicklung eines Weins stehende chemische Zerfall zeigt sich schließlich in einem parallel dazu einsetzenden Farbverlust. Dieser kann, je nach Traubensorte, Herstellungsverfahren und Lagerbedingungen, schon nach wenigen Jahren, im Idealfall erst nach vielen Jahrzehnten den Wein weitgehend ausgebleicht erscheinen lassen, ein sicheres Zeichen für sein Ende, was das Aroma anbelangt.

Weisswein

Das längerfristige Lagern von Weißweinen ist ein noch erheblich riskanteres Unterfangen als das Einlagern von Rotwein. Abgesehen von Süßweinen besitzen Weißweine ein weitaus geringeres Alterungspotential als Rotweine, fehlt ihnen doch weitgehend das Antioxidans Tannin. Welche Rolle die verschiedenen Säuren für die Haltbarkeit spielen, ist wissenschaftlich nicht ausreichend geklärt, um daraus zuverlässige Reifeprognosen zu erstellen. Letztlich beziehen sich solche Vorhersagen auf Erfahrungswerte. Diese zeigen, dass ein Weißwein, unabhängig von der Rebsorte, umso länger in der Flasche altern kann, je höher Weinsäure und Extraktwerte sind. Grundsätzlich haben sich Weine, die vor der Flaschenfüllung in erheblichem Umfang mit Sauerstoff in Berührung kamen, wie beispielsweise durch Ausbau im Holzfass, als erheblich stabiler erwiesen als Weißweine, die unter weitgehendem Luftabschluss hergestellt wurden. Auf die mögliche Bedeutung einer ›gesunden‹ Oxidation des Weins vor der Füllung für seine spätere Haltbarkeit verweist auch die Tatsache, dass Weißweine aus edelfaulen Trauben stets gut in der Flasche reifen.

Die meisten Weine haben nur eine Lebenserwartung von wenigen Jahren. Bei alterungsfähigen Weinen kommt es jedoch auch auf die äußeren Lagerbedingungen an. Generell sind Süßweine haltbarer als trockene Weine.

Süssweine

Für eine jahrelange Lagerung eignen sich Weine mit Restzucker in der Regel besser als trockene. Je später der gewünschte Trinkzeitpunkt liegen soll, desto höher sollte der Restzuckergehalt sein. Bis zu einem Jahrzehnt entwickeln sich schon Weißweine mit nur wenigen Gramm Restzucker, vorausgesetzt, sie verfügen über ausreichend alterungsfähigen Extrakt. Wirklich große Süßweine, wie manche Sauternes oder Tokaji Aszú sowie Dessertweine aus der besonders alterungsfähigen Rebsorte Chenin Blanc, können auch Generationen überdauern. Noch nach Jahrzehnten verströmen sie normalerweise ein wahres Feuerwerk an Düften und Aromen.

Der private Weinkeller

In diesen behaglich eingerichteten und mit Weinkistendeckeln dekorierten Keller lädt der Hausherr gute Freunde zu Probierstunden ein.

Der Traum vieler Weinfreunde bleibt der eigene Weinkeller, ein Lagerraum, in dem in kühl-feuchtem Dunkel die über Jahre gesammelten Weine langsam ihrer geschmacklichen Vollendung entgegenreifen. Seit in den 1990er Jahren die Preise vor allem für berühmte Gewächse aus Bordeaux und in der Folge für so genannte Kultweine auch aus anderen Regionen geradezu inflationär anstiegen, sind viele Weine schon nach wenigen Jahren in der Flasche nahezu unbezahlbar geworden. Der Weinfreund mit Durchschnittseinkommen muss deshalb reifebedürftige Weine jung kaufen und selbst einlagern.

Moderne Wohnungen und Häuser haben dafür in den seltensten Fällen angemessene Räumlichkeiten und wenn, sind sie in der Regel auch zu warm für die längerfristige Lagerung von Wein.

Doch es gibt Alternativen: etwa einen Weinkühlschrank, also einen ›künstlichen‹ Keller in verschieden großen und teuren Varianten. Um einige Dutzend Flaschen Wein zu lagern, die für den baldigen Verbrauch bestimmt sind, tut es freilich auch eine Ecke beispielsweise unter der Treppe. Lediglich neben dem Heizungskessel und dem Küchenherd sollten Weinflaschen nicht einmal für wenige Wochen aufbewahrt werden.

Die Regale für die Lagerung größerer Flaschenbestände über Jahre oder gar Jahrzehnte sollten in einem Raum untergebracht sein, der bezüglich Temperatur, Luftfeuchtigkeit, Lichteinfall und Geruch einigen grundsätzlichen Kriterien zu entsprechen hat. Doch auch der beste Keller macht aus einem schlechten Wein auch bei jahrelanger Lagerung keinen erlesenen Tropfen.

Temperatur

Der Einfluss der Temperatur des Raumes ist insofern wichtig, als biochemische Vorgänge im Wein doppelt so schnell ablaufen, wenn die Temperatur um zehn Grad erhöht wird. Wer Flaschen über Jahrzehnte einlagern möchte, sollte einen Raum wählen, der grundsätzlich nicht wärmer als 15 °C wird. Wem es in erster Linie auf die Entwicklung des Weins ankommt, egal wie schnell diese abläuft, kann in seinem Weinkeller durchaus Temperaturen bis zu 20 °C tolerieren. Länger anhaltende Erwärmung darüber hinaus kann im Wein ›gekocht‹ wirkende, marmeladenartige Aromen hervorrufen.

Ein Weinkeller kann allerdings auch zu kalt sein. Zwar friert Wein, bedingt durch seinen Alkoholgehalt, später als Wasser, doch zwischen minus vier und minus acht Grad sprengt auch ein körperreicher Wein die Flasche. Vorher kommt es, je nach Dauer der Unterkühlung, zur Ausscheidung von Weinstein. Diese Kristalle beeinträchtigen den Geschmack des Weins nicht. Sie sind vielmehr ein Indiz dafür, dass der Wein vor der Füllung nicht stabilisiert wurde.

Temperaturschwankungen

Mehr Einfluss auf die Entwicklung des Weins als die absolute Temperatur hat die Schwankungsbreite zwischen warm und kalt. Steigt oder fällt die Temperatur mit den Jahreszeiten innerhalb kurzer Zeit erheblich, beginnen die Flaschen zu ›atmen‹: Das Luft- und das Flüssigkeitsvolumen dehnen sich bei plötzlicher Erwärmung rasch aus, bei entsprechender Abkühlung verringern sie sich. Der dabei in der Flasche entstehende Über- beziehungsweise Unterdruck wird ausgeglichen, indem entweder Wein zwischen Korken und Flaschenhals aus der liegenden Flasche gedrückt oder Luft in die Flasche gesogen wird. Damit gelangt Sauerstoff an den Wein und kann die Entstehung unerwünschter Aromen provozieren. Eine ›schwitzende‹ Flasche ist deshalb keineswegs nur ein ästhetisches Problem, sondern ein Hinweis auf mögliche Lagerprobleme.

Luftfeuchtigkeit

Häufig unterschätzt wird die Luftfeuchtigkeit, die zwischen 75% und 85% liegen sollte. Bei einer Untersättigung der Raumluft mit Wasserdampf verdunstet Feuchtigkeit aus den Korken. Diese werden von außen zunächst trocken und anschließend porös und können das Eindringen schädlichen Sauerstoffs in die Flasche nicht mehr verhindern. Weine, die zu trocken lagern, reifen deshalb meist schneller und nicht immer gut. Sehr hohe Luftfeuchtigkeit, die die Konservierung des Korkens unterstützt, kann die Bildung von Schimmel an der Korkoberfläche verursachen. Solange kein Wein zwischen Verschluss und Flaschenrand ausgetreten ist, hat der Pilz jedoch keine negativen Folgen für den Wein. Die Flasche sollte lediglich nach dem Entkorken mit einem sauberen Tuch gereinigt werden, damit keine Verunreinigungen in Glas oder Karaffe gelangen. Feuchte Keller waren früher ein Problem für die Etiketten. Diese lösten sich häufig von den Flaschen, zerfielen oder wurden unleserlich. Moderne Etiketten auf Spezialpapier werden durch Feuchtigkeit kaum in Mitleidenschaft gezogen.

Licht

Wie die meisten Lebensmittel wird auch Wein durch Licht beeinflusst. Bereits nach einigen Wochen Lagerung in hell beleuchteten Räumen können sich Farbe, Geruch und Geschmack vor allem durch UV-Strahlung negativ verändern. Die meisten Weine werden zwar in farbigen Flaschen verkauft, die einen Teil des Lichts filtern. Ein gewisser, die Sauerstoffaufnahme des Weins fördernder Rest dringt jedoch auch durch dunkel gefärbte Flaschen. Ein Weinlagerraum sollte deshalb keine Öffnung haben, durch die ständig Tageslicht strömt. Auch sollte die künstliche Beleuchtung möglichst keine Leuchtstoffröhren verwenden und nur bei Bedarf eingeschaltet werden. Die Weine sind auch besser geschützt, wenn sie nicht auf offenen Regalen, sondern in Originalkisten gelagert werden.

Geruch

Der Korken lässt zwar normalerweise keine Flüssigkeit aus der Flasche sickern, wohl aber in geringem Maß Gase diffundieren. Mit der Raumluft können dabei auch Fremdgerüche in den Wein gelangen. Insbesondere Lösungsmittel, die beispielsweise Farbdosen oder Dichtungsmitteln entströmen, Parfümzusätze in Putz- und Waschmitteln oder zur Aromatisierung der Raumluft eingesetzte ätherische Öle können den Duft und Geschmack eines Weins beeinflussen.

Lagerung

Weinflaschen sollten grundsätzlich liegend gelagert werden, damit der Korken stets feucht gehalten wird. Ob die Flaschen in Holzkisten oder auf Regalbrettern, in Ton- oder Zementröhren gestapelt werden, ist für ihre weitere Entwicklung nicht maßgeblich. Die Art der Aufbewahrung hat vielmehr etwas mit dem zur Verfügung stehenden Platz und der Anzahl der einzulagernden Flaschen zu tun. Um lästiges Suchen zu vermeiden, sollte man Einzelflaschen in einem Regalsystem aufbewahren. Originalholzkisten können hingegen einfach gestapelt werden und müssen nicht geöffnet oder gar entleert werden.

Ordnung

Jede Flasche Wein hat ein von vielen Faktoren abhängiges Verfallsdatum. Für kleinere Bestände genügt es, an den Kisten oder Regalbrettern Täfelchen anzubringen, aus denen der Weinname, der Jahrgang und die Flaschenzahl zu ersehen sind. Für Einzelflaschen empfehlen sich Schildchen für den Flaschenhals. Eine größere Zahl von Flaschen unterschiedlichster Herkunft sollte man in einem Kellerbuch verwalten. Hier kann man auch Probeneindrücke notieren und so die Entwicklung von Weinen verfolgen, von denen man einen ausreichenden Bestand aus einem Jahrgang hat. Verschiedene Software-Firmen bieten darüber hinaus mittlerweile spezielle Computer-Programme für die Verwaltung eines Weinkellers an.

Alte Kellergewölbe mit natürlichem Erd- oder Steinboden, hoher Luftfeuchtigkeit und über das Jahr kaum schwankender Temperatur bieten Weinflaschen ideale Lager- und Alterungsbedingungen.

Welches Glas zu welchem Wein

Champagner und Schaumweine

Ein Schaumwein oder Champagner sollte bei der Wahl des Glases als Wein und nicht als kohlensäurehaltiges Getränk verstanden werden. Sein feiner, über Jahre der Flaschenreifung entstandener Duft kann nur wahrgenommen werden, wenn er sich über der Flüssigkeitsoberfläche im Glas konzentrieren kann. Ein gutes Schaumweinglas besitzt deshalb eine schlanke, tulpenförmige Silhouette mit nach oben verengtem Rand.

Leichte, säurebetonte Weissweine

Das Glas braucht keinen großen Durchmesser, da lediglich die fruchtige Seite betont werden soll. Auch ein allzu hoher Kamin ist unpassend, da nur wenig Alkohol als Träger für die Aromastoffe vorhanden ist. Um den säurebetonten Geschmackseindruck zu reduzieren, empfehlen sich Gläser mit einer leichten Außenwölbung am oberen Rand. Der Wein trifft zuerst auf die Geschmackspupillen der Zungenspitze, die auf Süße ansprechen.

Körperreiche, im Holz ausgebaute Weissweine

Für Weißweine, die im Holz ausgebaut wurden, empfehlen sich Gläser mit relativ großem Volumen, um dem Wein ausreichend Luftkontakt zur Entfaltung seiner komplexen Aromatik zu ermöglichen. Der Kamin sollte höher als bei leichten Weißweinen sein, da der hohe Alkoholgehalt ansonsten unangenehm in die Nase steigt. Zudem ergibt sich ein harmonisches Duftbild erst in einer gewissen Höhe über der Weinoberfläche.

Exotisch-aromatische Weissweine

Für exotisch-aromatische Weißweine darf das Glas etwas größer und offener sein als für säurebetontere. Der Kamin sollte allerdings nicht allzu hoch sein, damit sich die komplexen, aber fragilen Aromen nicht vor der Zeit verlieren. Die weite Öffnung lenkt den Wein beim Trinken an den Zungenrand, wodurch die Säure mehr betont wird. So kann der Wein seine verdiente Klasse und große Vielschichtigkeit gewinnen.

Das Reinigen von Weingläsern

Weingläser sind in der Regel für Spülmaschinen geeignet, ansonsten sollte man sie mit warmem Wasser und nur wenig Spülmittel reinigen, mit klarem Wasser nachspülen sowie mit einem fusselfreien Tuch trocknen und nachpolieren. Auch auf der scheinbar glatten Oberfläche von Glas, das eine gewisse molekulare Rauheit besitzt, verfangen sich nicht nur Weinaromen, sondern auch die Gerüche von Spülmitteln, Geschirrtüchern und Schränken. Deshalb sollten Weingläser niemals mit parfümiertem Spülmittel oder mit Geschirrtüchern in Berührung kommen, die mit Weichspülern behandelt wurden. Spuren von Fett und Lippenstift lassen sich mit ein wenig Neutralseife am besten entfernen.

Leichte, junge Rotweine

Leichte, junge Rotweine wie etwa Beaujolais und besonders natürlich die Primeurweine können ähnlich wie exotisch-aromatische Weißweine in diesem etwas weniger voluminösen Glas, das einen nicht allzu hohen Kamin aufweisen soll, sehr gut serviert werden. Das kleine Volumen des Glases konzentriert die feinen Fruchtnoten. Leicht gekühlt kommen hier besonders schlanke Rotweine noch besser zur Geltung.

Elegante, würzige Rotweine

Das vielschichtige, von feiner Frucht bestimmte Aroma beispielsweise von Pinot Noir braucht eine große Oberfläche, um sich entfalten zu können. Die gewürzreichen Duftnoten, die diese Weine besonders auszeichnen, werden durch die ballonförmige Glasform optimal unterstützt. Eine leichte Außenwölbung des Randes betont auf der Zunge die Fruchtigkeit und mildert den Eindruck der häufig akzentuierten Säure.

Samtige, üppige Rotweine

Dunkle, samtige Rotweine besitzen zumeist ein gut strukturiertes, üppiges Aroma. Um es freizusetzen, braucht der Wein genügend Oberfläche. Ein passendes Glas ist deshalb eine in etwa einem Drittel Höhe bauchig ausgeweitete Tulpe. Je nach Konzentration und Alkoholgehalt sollte das Glas größer oder kleiner gewählt werden. So kann beispielsweise ein Merlot aus Pomerol oder Saint-Émilion aus einem sehr großen Glas serviert werden.

Tanninbetonte, extraktreiche Rotweine

Um ihren Duft entfalten zu können, brauchen diese sehr dunkelfarbigen Weine besonders viel Sauerstoffkontakt. Ein großer Glasdurchmesser und viel Volumen sind deshalb wichtig, um die Komplexität solcher Weine entsprechend präsentieren zu können. Gleichzeitig sollte die Höhe des Kamins nicht zu gering, das Glas also deutlich in die Länge gezogen sein, um den Geruch des Alkohols nicht zu prononciert aufzunehmen.

Gereifte Weine

Die Fragilität reifer Weine fordert ein Glas, das das Aroma konzentriert. Da bei solchen Weinen das Verhältnis von Flüssigkeits- zu Luftvolumen besonders wichtig für die Intensität des Duftes ist, empfiehlt sich ein relativ großes, ballonförmiges, nach oben hin deutlich verengtes Glas. Es lässt dem Wein Raum, sich zu entfalten. Einen reifen Wein sollte man nicht zu sehr schwenken, da der Duft bei zu viel Bewegung rasch blechern wirkt.

Süssweine

Der Vielfalt von Süßweinen ist kaum mit einer einzigen Glasform zu entsprechen. Doch für Sauternes oder Weine mit dichter, fast dickflüssiger Textur und ausgeprägter aromatischer Kraft empfiehlt sich ein nach unten hin trichterförmiges Glas, das dem Wein bei der kleinen Menge die größte Oberfläche gewährt, um seine komplexe Aromatik voll entfalten zu können. Nach oben hin sollte es sich verengen, um das Bukett zu bündeln.

Dekantieren

Diese einfache Glaskaraffe, die einen halben Liter aufnimmt, ist in italienischen Osterien üblich. Man bietet darin offenen Wein an.

Links unten:
Diese moderne, großbauchige Karaffe wurde zum Belüften von jungen Weinen konzipiert. Wegen der großen Oberfläche entfalten Rot- und Weißweine schnell Aromen.

Rechts unten:
Die klassische geschliffene Karaffe mit niedrigem Körper und großem Durchmesser dient vorrangig zum Servieren älterer und solider Rotweine, die belüftet werden sollen.

Das Umfüllen eines Weins von der Flasche in eine Karaffe ist weit mehr als nur ein Zeichen feiner Tischsitten. Vielmehr gibt es zwei wesentliche Gründe, einen Wein zu dekantieren:

- Ein alter Wein – in erster Linie Rotwein – soll von dem Bodensatz, den er im Lauf der Jahre in der Flasche gebildet hat, getrennt werden.
- Ein jüngerer Wein soll gezielt mit Luftsauerstoff in Berührung gebracht werden, um seine Tannine reifen zu lassen.

Während das Trennen vom Depot, das eigentliche Dekantieren, eine bei Weinliebhabern seit langer Zeit geübte Gepflogenheit ist, ist das Belüften eines Weins, der noch keine Sedimente gebildet hat, eher umstritten. Während die Befürworter betonen, der Wein öffne sich in der Karaffe, befürchten die Gegner, er könnte bei zu ausgiebiger Berührung mit Luft seine Frische und vor allem seine Fruchtigkeit einbüßen.

Die chemischen Reaktionen des Weins nach dem Ausschenken aus der Flasche sind von der Wissenschaft bislang nicht detailliert erforscht. So lässt sich nur verallgemeinernd erklären, warum manche Weine, die unmittelbar nach dem Entkorken kaum riechen, in der Karaffe nach einiger Zeit ein regelrechtes Feuerwerk an Aromen entwickeln; andere sich für kurze Zeit öffnen, um sich dann wieder zu verschließen; manche einen unangenehmen Geruch entfalten; einige so gut wie gar nicht reagieren und der ein oder andere innerhalb weniger Minuten schlichtweg ›stirbt‹.

Als Basis für die bei jeder Flasche neu zu treffende Entscheidung »dekantieren oder direkt aus der Flasche ausschenken« müssen deshalb grundsätzliche, aus dem Bereich der Kellertechnologie stammende Erkenntnisse zur Stabilität von Weinen, Erfahrungswerte und nicht zuletzt Trinkgewohnheiten sowie der persönliche Geschmack eines jeden Einzelnen genügen.

Während der Monate oder Jahre der Lagerung nach der Füllung zehrt der Wein den in der Flasche befindlichen Sauerstoff allmählich auf. Im Augenblick des Entkorkens ist der Wein deshalb häufig besonders reaktionsfreudig und oxidiert in relativ kurzer Zeit. Dabei führt die Veresterung von Säuren und Alkoholen zu einer aromatischen wie geschmacklichen Veränderung des Weins. Diese Entwicklung verläuft gemeinhin umso schneller, je weniger stabilisierendes Tannin sich im Wein befindet. Sehr alte Rotweine, deren Tannine weitgehend polymerisiert und schließlich als Sediment auf den Flaschenboden gesunken sind, sollten niemals Stunden, sondern allenfalls unmittelbar vor Genuss vorsichtig vom Depot getrennt werden. Dazu nimmt man am besten eine Karaffe, die nicht sehr viel mehr Flüssigkeit aufnimmt, als sich in der Weinflasche befindet. Bei guter Beleuchtung – möglichst von unten – gießt man den Wein langsam in die Karaffe. Sobald die ersten Trübstoffe im Flaschenhals sichtbar werden, beendet man den Vorgang. Der Wein sollte anschließend sofort serviert werden.

Karaffen für junge Weine

Junge Rotweine sollte man immer dann gezielt belüften, wenn sie sehr viel Tannin besitzen. Nach dem Eingießen des Weins sollte die Karaffe nur etwa zur Hälfte gefüllt sein. Bereits nach etwa einer Stunde hat sich der Wein meist riech- und schmeckbar verändert: Fehltöne, die sich in unfiltriert gefüllten Weinen gelegentlich bilden, verschwinden; der Duft wird komplexer; der Geschmack wirkt weicher und weniger bitter.

Fragile Rotweine sollten hingegen stets direkt aus der Flasche ins Glas eingeschenkt werden. Der Umweg über die Karaffe würde solche Weine metallisch und sauer erscheinen lassen.

Auch für Weißweine empfiehlt sich angesichts veränderter Vinifikationsmethoden entgegen herkömmlichem Brauch in vielen Fällen eine gezielte Belüftung. Insbesondere im Holzfass vergorene und ausgebaute Chardonnays sollten unbedingt eine bis mehrere Stunden vor dem Genuss in einer Karaffe ›atmen‹ können. Die häufig unfiltriert gefüllten Weine können dabei nicht nur leichte Hefe-Fehltöne abbauen, sondern ihre zunächst meist vom Geruch des Holzes überlagerten blumigen und fruchtigen Aromen entfalten.

Der Dekantiertrichter erleichtert die Arbeit beim Umfüllen des Weins in eine Karaffe. Er enthält ein feines Sieb, das das eventuelle Depot zurückhält und den Wein zugleich in die Karaffe leitet.

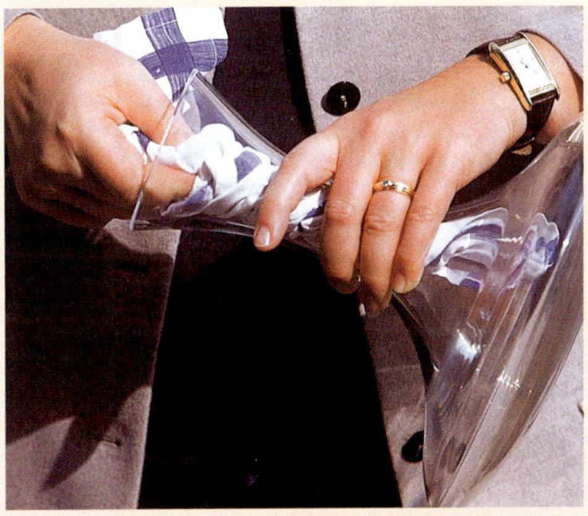

Das Reinigen einer Karaffe

Eine Karaffe sollte man mit warmem Wasser ausspülen, von außen abtrocknen und anschließend zum Abtropfen aufstellen, wofür es besondere Ständer gibt. Spuren von rotem Weinfarbstoff und feine Kalkschlieren, die sich nach und nach in der Karaffe absetzen, entfernt man am besten mit aktivem Sauerstoff. Diesen gibt es in Tablettenform, beispielsweise zum Reinigen von künstlichem Zahnersatz.

Geschichte und Form der Karaffe

Gläserne Karaffen zum Servieren von Wein gab es schon während des 18. Jahrhunderts. Allerdings wurde zu jener Zeit die Form der häufig kunstvoll verzierten Gefäße ausschließlich nach ästhetischen Gesichtspunkten entwickelt. Wichtig ist auf jeden Fall, dass sie aus einem klaren Glas ist, damit die Farbe des Weins gut zur Geltung kommt und begutachtet werden kann. Moderne Karaffen werden gezielt auf ihre Funktion hin gestaltet, wobei heute schlichte, gute Formen vorgezogen werden. Das ideale Gefäß zum Belüften von Wein ist eine besonders bauchige, gedrungene Karaffe mit engem Hals. Sie sollte etwa das doppelte Volumen der zu dekantierenden Weinflasche besitzen, um eine gleichmäßige Aufnahme von Sauerstoff an der Oberfläche der Flüssigkeit zu ermöglichen und die sich bildenden Duftstoffe unmittelbar darüber zu konzentrieren.

Links unten:
Die beliebte Ente mit Silberverschluss mit einem mittelalten Rotwein

Rechts unten:
Bauchige, schlichte Karaffe mit altem Süßwein

Servieren

Beim Dekantieren bedarf es einer ruhigen Hand. Besonders wenn sich viel Bodensatz in der Flasche gebildet hat, kommt es darauf an, die Flasche keinerlei Erschütterungen auszusetzen, die Partikel aufwirbeln könnten. So kann etwa bei einem Vintage Portwein, nicht zuletzt durch den zugesetzten Brandy, eine große Menge von Tanninen entstehen. Da ihm Jahrzehnte gewährt werden sollte, um in der Flasche zu reifen, kann sich ein beträchtlicher Bodensatz gebildet haben, der leicht ein Sechstel oder mehr des Flascheninhalts ausmacht. Um den Wein einwandfrei dekantieren zu können, haben Findige das Dekantiergerät entwickelt. Es besteht aus einem metallenen Korb, in den die Flasche rechtzeitig vorher gebettet wird, damit das Depot sich am Boden absetzt. Behutsam wird die Flasche in Schräglage entkorkt. Mittels eines Hebels kann man sie dann sehr langsam ohne die geringste Erschütterung so neigen, dass der ungetrübte Wein einwandfrei herausfließen kann.

Für alte Weine, bei denen befürchtet werden muss, dass der erhöhte Luftkontakt in einer Karaffe ihnen schaden würde, gibt es als Servierhilfe Körbe, bei denen die konstante Schräglage der Flasche verhindert, dass das Depot immer wieder aufgewirbelt würde, wie es der Fall wäre, wenn man die Flasche beim Absetzen wieder in die senkrechte Lage bringt. Auch hier platziert man die Flasche vor dem Entkorken in den Korb, zieht den Korken vorsichtig heraus und gibt dem Wein erneut eine kleine Ruhepause.

Alles andere als ein Kinderspiel, bei einem mehrgängigen Weindiner die Gläser präzise zu füllen.

Körbe finden insbesondere beim Servieren von älteren Rotweinen Verwendung, die ein Depot besitzen, die man aber nicht zusätzlich belüften will, aus Furcht, sie könnten dadurch verlieren.

Das Dekantieren eines Weins

Wenn die Flasche ohne allzu große Erschütterungen aus dem Keller gebracht wurde, ist Fingerspitzengefühl gefordert. Um zu sehen, wann sich das Depot vom Flaschenboden in Richtung Flaschenhals bewegt, ist gutes punktuelles Licht notwendig. Ob Kerzenflamme, Taschenlampe oder technisch ausgefeilte Konstruktionen als Hilfsmittel herangezogen werden, bleibt dem persönlichen Geschmack überlassen. Eine ruhige Hand ist in jedem Fall unabdingbar.

Schaumwein öffnen und kredenzen

Schaumwein und ganz besonders Champagner ist und bleibt das Getränk für festliche Gelegenheiten. Er ist aber zugleich ein ausgesprochen verfeinerter Wein, der immer einige Jahre in der Flasche gereift ist. Um das feine Duftspiel, das sich bei der Lagerung entwickelt hat, möglichst unversehrt ins Glas zu bringen, sollte die Flasche behutsam geöffnet werden. Nichts ist dem harmonischen, eleganten Gesamteindruck so abträglich wie das Knallenlassen des Korkens. Wer Champagner auf perfekte Weise öffnen und servieren möchte, sollte genau den Schritten folgen, die uns der Sommelier des »Ritz« in Paris, wie auf den folgenden Bildern gezeigt, vorführte.

Champagner wird am besten in einem Kübel mit Eiswasser gekühlt und bei 6–9 °C serviert.

Zur sauberen Entfernung der Metallhülle schneidet man sie rings um den Flaschenhals ein.

Dann zieht man die Hülle ab, der Draht wird freigelegt, aufgedreht und abgenommen.

Während die Hand den Flaschenhals umfasst, sorgt der Daumen dafür, dass der Korken nicht entweicht.

Die rechte hält den Korken fest, denn die linke Hand dreht behutsam die ganze Flasche.

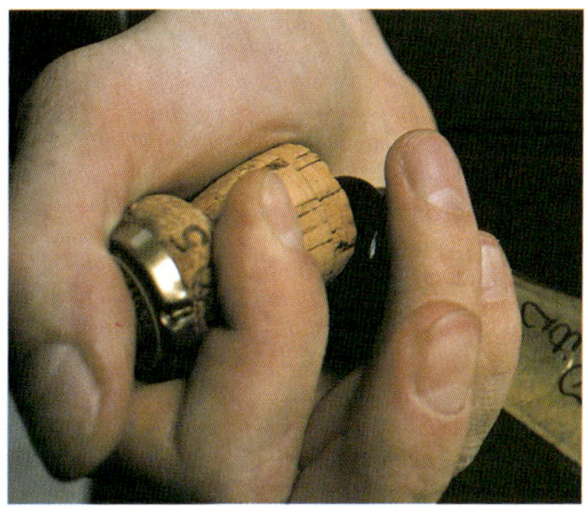

Wer Champagner liebt, lässt nie den Korken knallen, da hierbei zu viel Kohlensäure und Aromen entweichen würden.

Die Flasche liegt auf den ausgestreckten Fingern, während der Daumen in die Höhlung greift.

Eben über den Glasrand gehalten, perlt der Champagner in ruhigem Fluss und ohne viel zu schäumen ins Glas.

Ein tulpenförmiges klares Kristallglas lässt Bukett und Perlung optimal zur Geltung kommen.

Korkenzieher

Seit sich im frühen 17. Jahrhundert der Korken als Verschluss für Weinflaschen allgemein durchgesetzt hat, haben Erfinder und Ingenieure darüber getüftelt, wie man den Pfropfen wieder aus der Flasche herausbekommt. Die Vorläufer des modernen Korkenziehers waren Korkenzangen, mit deren Hilfe man die zunächst noch über den Flaschenhals hinausragenden Korken entfernte. Erst ein knappes Jahrhundert nach der Erfindung des Flaschenkorkens kamen schließlich Gewinde aus Metall in Gebrauch, die man als Urformen des modernen Korkenziehers bezeichnen kann. Pate standen dafür gewendelte Werkzeuge, die in England zum Herausziehen der Schießbaumwolle aus Gewehrläufen dienten. Entsprechend gilt der Korkenzieher gemeinhin als englische Erfindung, und bis in unsere Tage kamen die besten Korkenzieher stets aus Großbritannien.

Die einfachste Form eines Korkenziehers besteht aus einem metallischen Gewinde oder einer Spirale, einem Schaft und einem Griff. Entscheidend für seine Funktionstüchtigkeit ist in erster Linie die Spirale, die sich zum einen möglichst leicht in den Korken drehen lassen, zum anderen beim Herausziehen den Korken nicht zerreißen sollte. Korkenzieher ›mit Seele‹, also mit einer in der Mitte offenen, etwa sechs Zentimeter langen Spirale, erfüllen ihre Aufgabe allgemein am zuverlässigsten. Sogar poröse Korken lange gelagerter Weinflaschen lassen sich damit meist problemlos entfernen. Ein Gewinde mit massivem Kern durchschneidet den Korken hingegen regelrecht oder reißt nur etwas aus ihm heraus. Er taugt deshalb nur bei relativ kurzen und sehr harten Korken. Vermeiden lässt sich das Durchbohren des Korkens mit einem zweizinkigen Modell, dessen beide Klingen zwischen Korken und Flaschenhals geschoben werden. Das ›Butler's friend‹ genannte Gerät, das den Korken mittels Zangenwirkung aus der Flasche holt, erfordert allerdings beim Einsatz besonders viel Feingefühl.

Auch das zweite Problem beim Öffnen einer Weinflasche, das gelegentlich kraftaufwändige Herausziehen des Korkens, spornte Tüftler zu immer neuen Erfindungen an. Durchgesetzt haben sich letztlich zwei Modelle: das so genannte Kellner- oder Sommelierbesteck, bei dem ein umklappbarer Hebel auf dem Flaschenrand aufgesetzt wird und man so den Korken mittels Hebelwirkung herausziehen kann, und ein Gerät, das ganz auf den Flaschenhals aufsetzt und mit einem gegenläufigen Gewinde die in den Korken gedrehte Spirale samt Korken herauszieht.

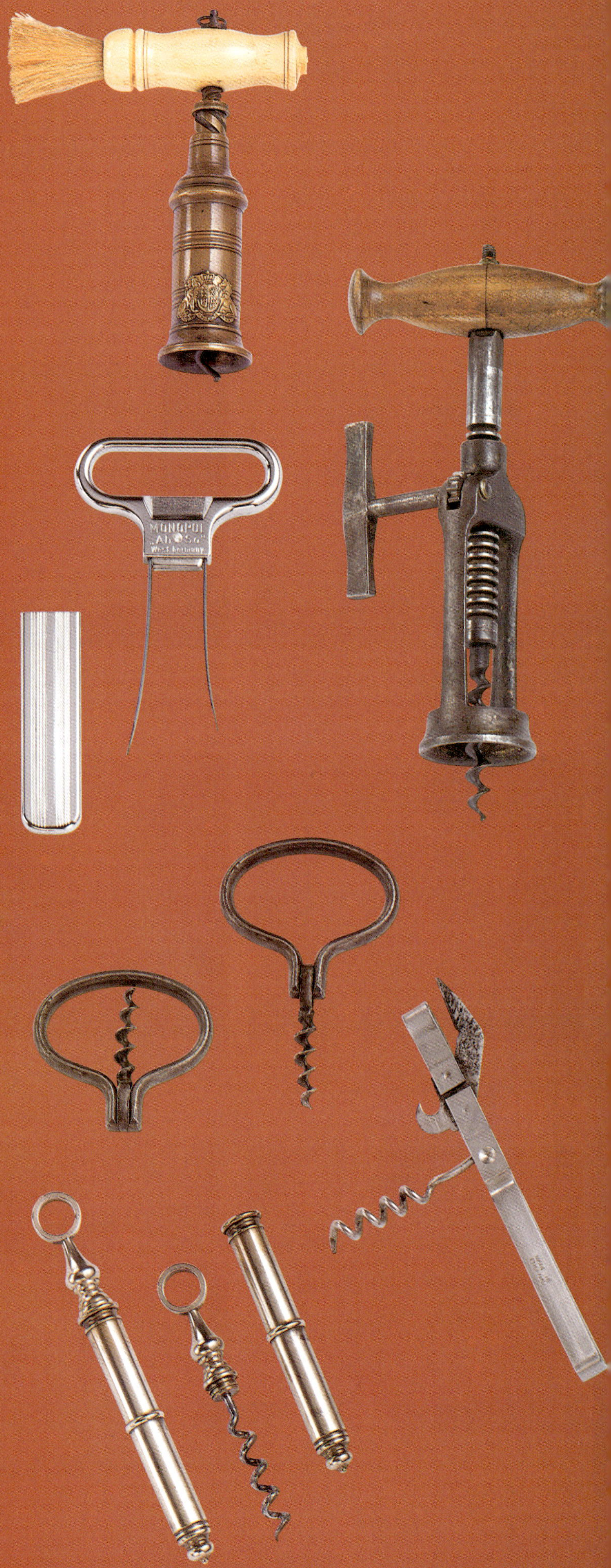

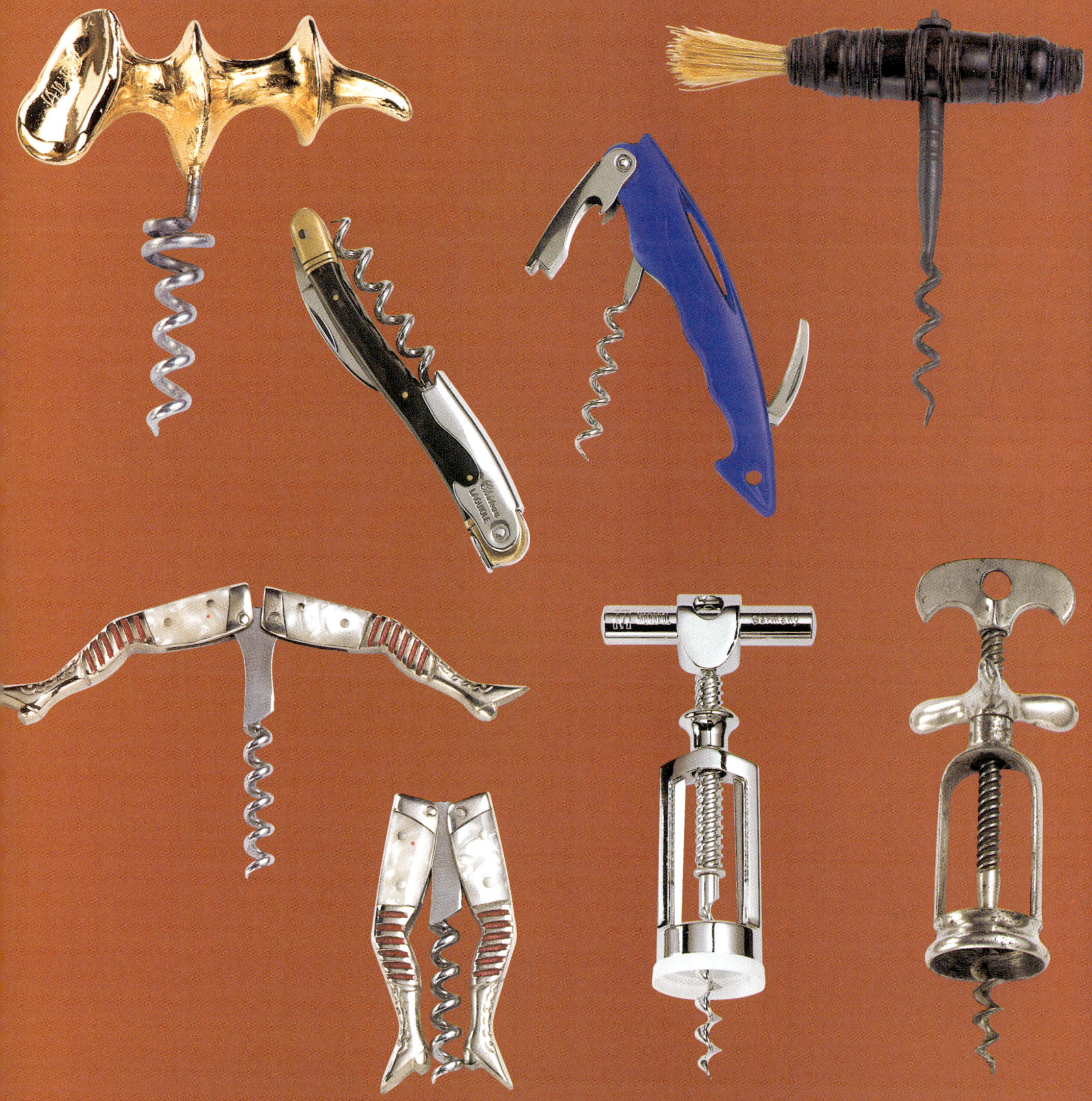

Das richtige Entkorken

Die zu öffnende Flasche steht senkrecht auf dem Tisch. Mit einem Messer wird der Deckel der Kapsel unterhalb der wulstartigen Verdickung des Flaschenhalses abgeschnitten und entfernt. Dann wird der Korkenzieher in der Mitte gerade und möglichst tief in den Korken gebohrt, damit er diesen bis unten durchdringt. Nur so kann beim Herausziehen die Spirale den Korken zusammenhalten, damit er nicht abreißt. Sollte der Flaschenrand verschmutzt sein, reinigt man ihn vor dem Ausschenken des Weins vorsichtig mit einem sauberen und geruchlosen Tuch.

IM WEINBERG

Hélène Jaeger

Die Weinrebe

Die Weinrebe ist eine perennierende Dauerkultur, die im Gegensatz zu einjährigen Pflanzen mehrere Jahre an einem Standort verbleibt, im Durchschnitt etwa 30 Jahre. Der komplette Jahreszyklus, den sie durchläuft, führt bis zur Traubenbildung. Aber die einzelnen Entwicklungsschritte sind nicht unabhängig voneinander, sondern jeder nachfolgende ist ein Resultat der vorherigen. Folgendes Beispiel mag dies verdeutlichen: Knospen, die sich im Jahr N entwickeln, haben sich bereits im Frühjahr und Sommer des vorausgegangenen Jahres (N-1) gebildet. Klimatische Ereignisse wie Hagelschlag oder auch Krankheiten, denen die Pflanzen in jenem Jahr ausgesetzt waren, können nicht nur die Ernte des Jahrgangs N-1, sondern auch die des Jahrgangs N beeinträchtigen.

Im späten Frühjahr treiben die Reben neu aus. Gleich nach den ersten jungen Blättern bilden sich auch bereits die Traubenknospen, die sich steil in die Höhe strecken.

Der Rebstock ist eine holzige Pflanze mit krautartigen Bestandteilen. In den langlebigen Pflanzenteilen, das heißt Unterlage, Edelreis und Wurzeln, werden Stärke, Kohlenhydrate und andere Reservestoffe eingelagert. Um den Winter überstehen und das Wachstum im Frühjahr garantieren zu können, ist dieser Energievorrat für die Pflanze unentbehrlich, bevor die neuen Blätter funktionstüchtig sind.

Aus dem natürlichen Umfeld, in das die Weinrebe gepflanzt wurde, zieht sie alle jene Grundstoffe, die sie zum Pflanzenwachstum und zur Fruchtreife der Trauben benötigt. Das Wurzelgeflecht durchzieht den Boden und entzieht ihm Wasser und Mineralstoffe. Die Wurzeln produzieren daraus verschiedene Wachstumshormone. All diese Stoffe zirkulieren, je nach ihrem Bedarf, in der Pflanze. Zu Beginn des Frühjahrs, sobald die Temperaturen ansteigen, kann man an den Schnittstellen der Reiserenden Saft fließen sehen. Man sagt, dass der Rebstock weint oder blutet; damit kündigt sich der Anfang des Wachstumszyklus an.

Rebstöcke können es – wie dieser Grenache Gris – ohne weiteres auf ein Alter von 60 bis 100 Jahren bringen, wenn man ihnen in der Jugend nicht zu viel abverlangt und die immer niedrigeren Erträge in Kauf nimmt; dafür entschädigt die zunehmende Weinqualität.

Der Teil des Rebstocks, der sich über dem Erdboden befindet, ist holzig. Es handelt sich um den Stamm (Unterlage und Edelreis) und die zweijährigen Triebe, die je nach Zuschnitt lang oder kurz sein können. Aus den Knospen, die dieses zweijährige Holz trägt, treiben die Reiser desselben Jahres, von denen einige Trauben tragen werden. Im Weinlaub findet, wie bei allen chlorophyllhaltigen Pflanzen, die Photosynthese statt. Während dieses Phänomens schöpfen die Blätter mit Hilfe des Sonnenlichts, das vom Chlorophyll aufgefangen wird, Kohlendioxid (CO_2) aus der Atmosphäre und verwandeln es in Zucker. Danach werden aus der gewonnenen Energie Inhaltsstoffe gebildet, die sich im Verlauf der Vegetation wesentlich voneinander unterscheiden. Zu diesen Stoffen gehören mehrere hundert Aromastoffe, die in den Trauben eingelagert werden (siehe Schema auf der gegenüberliegenden Seite).

Sehr viele Faktoren beeinflussen die Qualität der Weinernte und somit auch die des zukünftigen Weins. Um das Pflanzenwachstum und die Fruchtreife der Reben zu garantieren, braucht der Rebstock Nährstoffe, die er aus der Luft und aus der Bodenlösung aufnimmt. Dies setzt voraus, dass sich die ober- und unterirdischen Teile der Pflanze optimal entwickelt haben.

Die der Sonne ausgesetzte Blattoberfläche, durch die die Photosynthese in den Blättern erfolgen

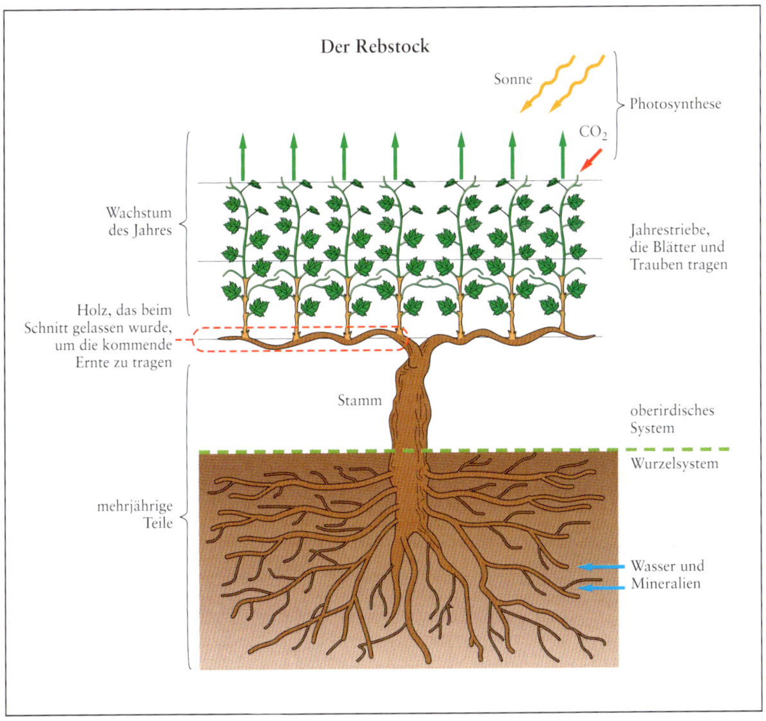

kann, ist von zentraler Bedeutung. Man versucht also, für diese Vorgänge eine optimale Fläche und damit ein ausgewogenes Blatt-Frucht-Verhältnis zu erzielen. Dafür kann der Winzer verschiedene Möglichkeiten nutzen, wie zum Beispiel die Dichte der Pflanzung, die Ausrichtung der Reihen oder die Höhe der Spaliere. Wenn die Anzahl der Weinstöcke pro Hektar gering ist, beispielsweise 3000 bis 4000 Weinstöcke pro Hektar, stehen die Reihen weit auseinander, und ein hoher Anteil der Sonnenbestrahlung trifft den Boden. Um das auszugleichen, kann man die Höhe der Belaubung vergrößern (hohe und breite Rebstöcke) oder die Kronen der Spaliere öffnen, indem man den Rebstock in Form einer Lyra erzieht. Wenn die Pflanzung dichter ist, bei etwa 8000 bis 10 000 Rebstöcken pro Hektar, gibt es nur geringe Verluste, aber die Belaubung ist manchmal stärker zusammengedrängt. Man muss also die Wuchskraft des Rebstocks einschränken, indem man mit Vernunft düngt und eventuell im Lauf der Vegetation Sommertriebe und Geiztriebe entfernt, um den Weinstock zu lüften. Das heißt, je dichter die Pflanzung ist, desto höher ist der Arbeitsaufwand, und die Produktionskosten pro Hektar steigen.

Während der Traubenreife (Véraison) häufen sich vor allem die Zuckerstoffe in den Beeren an, denn mit ihrem Einsetzen wird das vegetative Wachstum der Reben abgeschlossen. Ist das nicht der Fall, werden vorrangig die Reiserspitzen versorgt. Der Abschluss des vegetativen Wachstums ist ein natürlicher Vorgang, der durch Wassermangel beschleunigt wird. Deshalb stören größere Niederschläge in dieser Zeit die Fruchtreife der Trauben beträchtlich. Bei hoher Luftfeuchtigkeit kommen noch die Risiken von kryptogamischen Krankheitsepidemien hinzu.

Ein weiterer Qualitätsfaktor der Ernte hängt von der Ertragsfähigkeit der Rebstöcke ab. Betrachten wir zwei fast gleichartige Rebstöcke (dasselbe Wurzelsystem, dieselbe den Sonnenstrahlen ausgesetzte Blattoberfläche), besitzen sie die gleichen energetischen Vorräte. Wenn diese Nährstoffe nun auf acht anstatt auf vier Trauben verteilt werden, weisen die Beeren weniger Konzentration an Zucker, aber auch an Geschmack und Farbe auf. Der Winzer muss also einen tragfähigen Kompromiss zwischen Ertrag und Qualität finden. Auf diese Weise erhält die Ernte die gewünschte Fruchtreife und sorgt damit für ein ausreichendes Hektareinkommen.

Wenn bei einem neu angelegten Weinberg der Behang und damit der Ertrag zu hoch ist, wird die Qualität der Trauben geringer ausfallen; die Einlagerung von Reservestoffen in die Wurzeln und den Holzteil der Rebe leidet, was auf längere Sicht negative Folgen für den Rebstock hat.

Während des Pflanzenwachstums orientieren sich die Stoffe vor allem zu den Spitzen der Reiser und zu den Blütenständen hin. Zur Zeit der Traubenreife ist das Wachstum im optimalen Fall unterbrochen. Die Kohlenhydrate werden zu den Beeren und zu den grünen Teilen geschickt. Die Speicherung erfolgt in den Trauben als Zucker, und zwar zu gleichen Teilen als Glukose und Fruktose, in den grünen Teilen und im Holzteil der Reben als Stärke.

Rebanlage mit weitem Stockabstand in Hawkes Bay, Neuseeland

Alte Weinstöcke und Erntequalität

Der Begriff *Vieilles Vignes* (alte Weinstöcke) erscheint immer häufiger auf den Etiketten, meist verbunden mit einem erhöhten Preis. Wenn die Rebstöcke alt sind, sind die Erträge gering und die Trauben reich an Zucker und anderen qualitätsbestimmenden Elementen. Aber es gibt keine feste Regel, was unter alten Weinstöcken zu verstehen ist. Je nach Ansicht des Weinbauern kann es sich dabei um über 40 Jahre alte Weinstöcke handeln. Doch alt ist nicht in jedem Fall mit gut gleichzusetzen. Manche alten Weinstöcke sind krank, der Ertrag ist gering, aber die Qualität nicht unbedingt gut. In anderen Fällen kann es sein, dass viele Rebstöcke in der Parzelle fehlen. Die ausgewiesenen niedrigen Erträge beruhen in Wirklichkeit also nur auf einer geringeren Anzahl von Rebstöcken und nicht auf einem niedrigeren Ertrag pro Stock.

Rebsorten

Weltweit gibt es Hunderte von Rebsorten, selbst wenn oft nur wenige Sorten wirtschaftliche Bedeutung haben und oft dieselben das Geschehen beherrschen. Rebsorten sind die Variationen von Weinreben, die der Gattung *Vitis vinifera* angehören. Jede Art besitzt morphologische Eigenheiten, die es ermöglichen, sie zu erkennen, beispielsweise die Form der Blätter und der Trauben, das Vorhandensein von Härchen oder die Farbe von jungen Blättern. Jede Rebsorte ist auch gegenüber Krankheiten oder Frost in bestimmtem Maß anfällig oder empfindlich.

Weinfreunde interessieren sich in erster Linie für die Weine, die von diesen Rebsorten stammen. Diese unterscheiden sich in Aussehen, Geruch, Geschmack und dem Gleichgewicht von Alkohol und Säure. Einige Rebsorten verlieren zum Beispiel viel von ihrem Säuregehalt, je mehr der Reifeprozess voranschreitet und sich der Zuckergehalt erhöht. Wenn man zu lange wartet, erhält man schwere Weine. Andere Sorten, wie etwa der Riesling der Mosel, der Petit Manseng des Jurançon oder der Chenin des Coteaux du Layon, besitzen die Fähigkeit, den Zucker zu konzentrieren und zugleich eine gute Säure beizubehalten.

Einige Rebsorten sind an ihrem speziellen Geruch wiedererkennbar, wie die Muscat-Sorten oder der Gewürztraminer. Andere verraten sich durch ihre Farbe, etwa der sehr dunkle Tannat oder der viel hellere Spätburgunder, der für eine zufriedenstellende Farbintensität in der Reifezeit besonders günstige klimatische Bedingungen verlangt, daher kann man ihn nicht überall anpflanzen. Außerdem gibt es Rebsorten, die ein besseres Anpassungsvermögen an Standortverhältnisse aufweisen, wie es beim Chardonnay der Fall ist, den man auf der ganzen Welt antrifft.

Aber die Rebsorte allein ist nicht maßgebend. Ihr Charakter kann je nach der Beschaffenheit des Bodens, auf dem sie angepflanzt ist, dem Klima der Gegend, der Ertragsmenge und schließlich der Weinbereitung beträchtlich variieren.

Die Weinbeere

Die Weinbeere besteht aus dem Fruchtfleisch, der Schale und den Kernen. Mit Ausnahme der Färberreben *(Teinturiers)*, die in manchen Ländern angepflanzt werden, ist auch das Fruchtfleisch der roten Trauben weiß. Die Phenole befinden sich in der Schale, in den Kernen sowie in Kämmen und Traubenstielen (Rappen). Auch die Aromen sind überwiegend in der Schale lokalisiert.

Manche Rebsorten lassen sich auch im Herbst durch die intensive Verfärbung ihrer Blätter leicht erkennen, wie die Touriga Nacional im Dourotal.

Der Austausch dieser verschiedenen Teile findet je nach Sorte vor oder während der alkoholischen Gärung statt. Bei roten Trauben geschieht dies durch die Vergärung mit den Beerenhäuten (auf der Maische), während bei weißen Trauben nur in seltenen Fällen eine Mazeration erfolgt. Die Größe der Trauben bedingt das Verhältnis von Saft zu festen Bestandteilen. Bei großen Trauben gibt es viel Saft und wenig Schale, doch der Farb- und Geschmacksauszug ist schwieriger zu erreichen. Die Größe der Weinbeeren hängt von der Rebsorte, aber auch von der Wuchskraft des Rebstocks und seiner Wasserversorgung ab.

Auch bei ein- und derselben Rebsorte gibt es qualitative Abweichungen. Sie sind abhängig von Kreuzungen und Mutationen, die auf natürliche Weise innerhalb einer Parzelle erfolgen können. Wenn ein Winzer einen Weinberg erneut bepflanzen möchte, hat er in der Regel zwei Möglichkeiten. Die erste, heute immer weniger angewendete, besteht darin, in den Parzellen über mehrere Jahre hinweg die besten Weinstöcke selbst zu selektionieren. Um Edelreiser zu erhalten, schneidet man von diesen Weinstöcken Holzstücke ab, ein Verfahren, das man als Massenauslese bezeichnet. Die zweite Möglichkeit besteht darin, in Rebschulen Klone zu erwerben. Es können mehrere Klone pro Sorte existieren, die mehr oder weniger produktiv oder mehr oder weniger fähig sind, Zucker zu speichern, je nach den Eigenschaften der Rebstöcke, von denen sie abstammen. Alle Stöcke eines Klons gehen auf denselben Rebstock zurück und sind deshalb identisch. Ihre Gesundheit wird im Prinzip garantiert, denn sie müssen krankheitsfrei sein. Aber einige Winzer wehren sich gegen die klonale Auswahl, weil sie eine Standardisierung ihrer Weine befürchten.

Querschnitt durch die Weinbeere

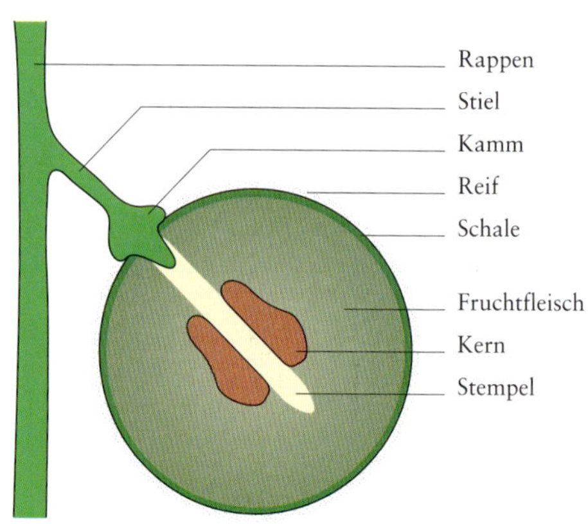

Chardonnay: Vom Burgund aus, wo er so gegensätzliche Weine wie den mineralischen Chablis und den vielschichtigen und voluminösen Montrachet ergibt, hat der Chardonnay die Welt erobert. Dies liegt an seiner erstaunlichen Anpassungsfähigkeit, was Klima und Böden angeht und was die Weinbereitung betrifft. Rund um die Welt ergibt er zumindest angenehme, bei entsprechendem Engagement überzeugende und große Weine. Außerdem eignet er sich wie keine andere weiße Sorte für Vinifikation und Ausbau im Barrique.

Sauvignon Blanc: Er ist mit den Cabernets verwandt und zeigt – mit Sémillon assembliert – seine Klasse in den großen Süßweinen oder den trockenen Graves Bordeaux. Als sortenreiner Wein begann er seine Karriere an der Loire als Sancerre und Pouilly Fumé, wo er nach Schwarzen Johannis- oder Stachelbeeren duftet, frische Säure und einen unnachahmlichen Mineralton zeigt. Mit den grasig-vegetalen Aromen, die er entwickelt, wenn er früh geerntet wird, ist er nach Chardonnay zur zweitwichtigsten weißen Modesorte geworden.

Riesling: Die auch Rheinriesling oder Johannisberger genannte Rebe gilt neben dem Chardonnay als eine der besten weißen Sorten der Welt. Ihre Heimat ist der Rhein, wo die anspruchsvolle, spät reifende Sorte hervorragende, mineralische, fruchtbetonte Weine schenkt, wie auch die Mosel, ihr bedeutendstes Verbreitungsgebiet. Die Eigenschaft, bei zunehmender Reife die Säure zu behalten, macht Riesling zur idealen Rebe für Spät- und Auslesen verschiedenster Art. Wo es zu warm ist, verliert sie allerdings ihre Rasse.

Merlot: Der recht ertragreiche Merlot eignet sich sowohl zum sortenreinen Ausbau als auch zum Verschnitt mit kräftigeren, tanninbetonteren Sorten. Im Bordeaux-Gebiet bringt er die besten Resultate und im Saint-Émilion und Pomerol langlebige Weine von Spitzenniveau. Beliebt ist er im Tessin, aber auch in Norditalien und in Südosteuropa. Der fruchtige, samtige, schneller als Cabernet reifende Merlot zieht erst in den letzten Jahren als sortenreiner Wein internationales Interesse auf sich und wird zur Zeit viel gepflanzt.

Cabernet Sauvignon: Als Basis der berühmten Crus Classés des Médoc ist er international zur beliebtesten Rotweinsorte aufgestiegen. Gute Cabernet-Weine sind dunkelrot, duften nach Zeder und Cassis, zeigen viel Kraft und Struktur und altern hervorragend. Als spät reifende, widerstandsfähige Sorte gedeiht er gut in wärmeren Klimazonen und liefert in Kalifornien, Australien, Südafrika, Chile, aber auch in Italien und Spanien hochwertige Weine.

Pinot Noir: Der Spät- oder Blauburgunder ist die Basis der berühmten Rotweine der Côte d'Or und spielt beim Champagner eine wichtige Rolle. Schon von den Zisterziensern wurde er verbreitet und fand seinen Platz im Elsass, in Deutschland, Österreich, der Schweiz, in Nordostitalien und Osteuropa. Doch ist er eine der heikelsten roten Sorten, da er nur bei niedrigen Erträgen und sorgsamster Vinifikation wirklich überzeugende Qualität erbringt.

Die wichtigsten Weissweinsorten

Albariño

Der Albariño ist die edelste weiße Sorte Galiciens und eine der großen Weißweinsorten Europas. Er wird charakterisiert durch kleine, dicht wachsende Beeren mit harter Schale und vielen Kernen und bringt im feuchtwarmen Klima mittelhohe Erträge. Er ist recht resistent gegen Botrytis, aber anfällig gegen Blattkrankheiten. Die besten Resultate erzielt man mit ihm auf Schiefer oder Granit. Die Weine sind elegant, mit vielschichtigen Aromen von exotischen Früchten, Birne und Apfel, begleitet von dezenten Vegetalnoten sowie Anklängen von Eukalyptus. Besonders in der D. O. Rías Baixas bringt er ausgezeichnete trockene Weißweine hervor.

Malvasia

Die Familie der Malvasia-Sorten, zu denen auch eine frühe rote Variante gehört, stammt wahrscheinlich aus Kleinasien und verbreitete sich bereits im antiken Griechenland, insbesondere auf den Inseln. Von dort kommt sie auch heute noch als öliger, voller Süßwein, ebenso von den Liparischen Inseln bei Sizilien oder als Malmsey aus Madeira. Von Bedeutung ist sie außerdem in Mittelitalien, wo sie allerdings meist trocken ausgebaut wird. Beim weißen Rioja und Navarra verliert sie stark an Gewicht. Leider befindet sich diese sehr aromatische und ergiebige Sorte mit der feinen Säure, die trockenes Klima vorzieht, auf dem Rückzug.

Chenin Blanc

Die große Rebe aus dem Anjou an der Loire hat zwei charakteristische Eigenschaften: Sie entwickelt viel Säure und ist empfindlich für Botrytis. Je nach Jahrgang, Reife und Absicht kann aus Chenin an der Loire eine ganze Palette unterschiedlicher Weine gekeltert werden, die von Schaumwein über extrem trockene bis zu ganz besonders konzentriert-restsüßen, gut alternden Gewächsen reichen. In Kalifornien und Südafrika wird er vielseitig eingesetzt. Mit seiner hohen Säure liefert er selbst in heißem Klima und bei Höchsterträgen noch ausgewogene, aber neutrale Weine, die für Massenweine verwendet und meist verschnitten werden.

Müller-Thurgau

Von Professor Hermann Müller aus dem Thurgau 1882 in Geisenheim gezüchtete Kreuzung aus Riesling und Gutedel, die auch Rivaner oder früher fälschlich Riesling x Silvaner genannt wurde. Die früh reifende Sorte braucht feuchte tiefe Böden, bringt sehr hohe Erträge, ist aber stark anfällig gegen Falschen Mehltau und andere Krankheiten. Mit seiner niedrigen Säure wirkt Müller-Thurgau weich und rund und besitzt einen dezenten Muscat-Ton, der sich bei höherer Reife aber verliert. Die in Deutschland führende Sorte besitzt auch in Österreich, Tschechei, Slawonien, Slowenien, Ungarn und Luxemburg größere Bedeutung.

Gewürztraminer

Mit seiner rotgrauen Beerenfarbe schenkt er Weißweine mit goldenem Schimmer und einem unverkennbaren, an Rosen und Muskat erinnernden Bukett. Der ertragschwache, aber anspruchsvolle Traminer überzeugt nur dann wirklich, wenn seine Trauben mit hoher Reife geerntet werden, weshalb er meist als Spät- oder Auslese erscheint, oft reichlich Alkohol aufweist und nicht selten ölig wirkt. Elsass, Deutschland, Schweiz, Österreich und Norditalien – nicht zuletzt der Ort Tramin – liefern die interessantesten Weine, aber er ist auch in osteuropäischen Weinländern verbreitet, und man findet das reizvolle Gewächs sogar in den USA und in Neuseeland.

Muscat

Muscat, Moscato oder Muskateller – dahinter versteckt sich eine der weitest verzweigten Sortenfamilien überhaupt und zugleich eine der ältesten. Am renommiertesten ist der kleinbeerige weiße Muscat. Die sehr aromatischen Trauben bilden die Basis für einen der populärsten süßen Schaumweine der Welt, den Asti, früher Asti Spumante genannt. Aber er wird darüber hinaus in vielen Ländern der Erde angebaut. Berühmt ist er als Samos und als Muscat de Frontignan; auch in Spanien, Österreich, Osteuropa, in den USA, in Südafrika und in Australien, wo er äußerst ölige, süße, aber auch komplexe Dessertweine liefert, ist er verbreitet.

Pinot Blanc

Diese auch als Pinot Bianco, Weißburgunder und Clevner bekannte Rebsorte ist ein eindeutiger Vertreter der Burgunderfamilie und stammt, vermutlich über den Grauburgunder als Etappe, vom Pinot Noir ab. Die anspruchsvolle, aber wenig anfällige Sorte braucht eine gute Reife, um ihren Charakter entwickeln zu können, der nicht im eher dezenten Aroma, sondern vielmehr in Fülle und Rundheit besteht. Er gewinnt in Mitteleuropa, aber auch in der Neuen Welt zunehmend Freunde. Im nordöstlichen Italien und in der Steiermark spielt er eine wichtige Rolle, aber auch in Slawonien, Slowenien, Ungarn und Rumänien.

Silvaner

Der Silvaner war früher die mengenmäßig bedeutendste Sorte Deutschlands, wurde aber in vielen Gebieten vom Müller-Thurgau verdrängt. Wenn er nicht auf besonders geeigneten Lagen steht, ist er ausgesprochen neutral, kann aber angenehm trockene, am Gaumen kräftige Weine mit moderater Säure ergeben. Sein Hauptanbaugebiet ist Franken. Auch im Elsass liefert er, wenn er sorgfältig behandelt und ausgebaut wird, eine überzeugende Qualität. In Mitteleuropa findet man ihn noch in der Schweiz, wo er oft Johannisberger heißt, und in Südtirol. Auch in Osteuropa wird er noch angebaut, insbesondere in Rumänien und Slowenien.

Pinot Gris

Der auch Pinot Grigio, Grauburgunder oder Ruländer genannte, widerstandsfähige Abkömmling des Pinot Noir mit graurot getönten Beeren verlangt tiefgründigen Boden. Im 14. Jahrhundert gelangte er von Frankreich an den Balaton in Ungarn. Im Elsass, in Deutschland oder in Österreich erreicht er als Spät- und Auslese oft Spitzenqualität und ergibt extraktreiche, außerordentlich dichte Weine mit feiner Würze, aber wenig Säure. Seine populärste Form hat er derzeit als Pinot Grigio. Meist kommt er aus den nordostitalienischen Regionen, wo er mit hohen Erträgen zu einem leichten, neutralen Weißwein verarbeitet wird.

Trebbiano

Das bekannteste Mitglied dieser Familie von Weißweinsorten ist der Trebbiano Toscano, früher ein wesentlicher Bestandteil des Chianti. Unter dem Namen Ugni Blanc wird die geschmacksneutrale Sorte vor allem in Frankreich zum Brennen von Cognac und Armagnac verwendet. Ihr größter Vorzug ist, dass sie extrem hohe Erträge liefert und dabei eine gewisse Säure behält. In den Abruzzen hat sie mit dem Trebbiano d'Abruzzo ihren wichtigsten sortenreinen Ausdruck als DOC-Wein gefunden. In Südfrankreich wird sie zum Verschnitt meist belangloser Weißer verwendet. Ihre weltweite Verbreitung macht sie zu einer wichtigen Sorte.

Sémillon

Die zur Edelfäule neigende Sorte ist Grundlage der großen Süßweine des Bordeaux-Gebiets. Die besten trockenen Gewächse bringt sie in Pessac-Léognan hervor. Sémillon-Weine können sehr alterungsfähig sein und zeigen dann Aromen von Honig, kandierten Früchten und Pralinen, behalten aber oft auch eine frische Zitrusnote. Sémillon ist zwar in vielen Ländern verbreitet, aber nur im Hunter Valley in Australien entwickelt er einen ganz eigenen, großen Charakter. Erst in letzter Zeit gelingen verschiedenen *winemakers* vor allem in Südafrika und Kalifornien reizvolle, cremig-würzige Sémillons, die im Barrique vergoren werden.

Uva Palomino

Nur als Hauptsorte von Manzanilla und Sherry ist der Palomino qualitativ interessant. Er mag die heißen und trockenen Böden Andalusiens, besonders die Albariza-Böden um Jerez, auf denen er leicht Erträge von 70 bis 80 Hektolitern pro Hektar liefert. Heute wird er auch für trockene, neutrale Weißweine verwandt, obwohl ihm dafür Säure und Aromen fehlen, die er erst durch Oxidation und Florhefe gewinnt. Er wird auch in Australien für Sherry-Weine kultiviert und ist in Südafrika nach Chenin mit großem Abstand die zweite Sorte, geht aber überwiegend in die Brandy-Produktion. Er soll mit dem Perrum im Alentejo identisch sein.

Die wichtigsten Rotweinsorten

Barbera

Die einstige Alltagssorte des Piemont, nach Sangiovese die meistkultivierte rote Sorte Italiens, ist in den letzten beiden Jahrzehnten zu einem Spitzenprodukt geworden. Dank Säureabbau und Barrique-Ausbau liefert sie heute fruchtbetonte, gleichzeitig aber auch fest strukturierte und sogar alterungsfähige Rotweine, die in ihrer Vielschichtigkeit durch nichts mehr an die einstigen sauren Erzeugnisse des gleichen Namens erinnern, dies aber praktisch nur im Piemont. Außer in Süditalien wird besonders in Argentinien und in Kalifornien mit Barbera weiterhin möglichst viel roter, charakterloser und saurer Verschnittwein produziert.

Dolcetto

Neben Barbera und Nebbiolo ist Dolcetto, ›der kleine Süße‹, die dritte Rebsorte des Piemont und zwar diejenige, die am frühesten reift. Deshalb erhielt sie oft die schlechtesten Lagen und wurde zu früh trinkbarem Wein vergoren, der am schnellsten die Kassen der Winzer auffüllen konnte. Nachdem die Barbera ihre Ehrenrettung erfuhr, wird nun auch der Dolcetto mit größerer Achtsamkeit behandelt, zumal er mit seinem Tanninreichtum und seiner Neigung zu viel Depot im Keller nicht unproblematisch ist. Gelingt er dagegen, begeistern sein schönes dunkles Rubinrot, die Aromen von süßlichen Beeren und Quitte sowie die feine Mandelnote.

Cabernet Franc

Diese auch Bouchet oder Breton genannte Sorte galt lange als kleiner Bruder des Cabernet Sauvignon. Mit seiner frühen Reife eignet er sich besser für kühlere Gegenden, weshalb er sich im Saint-Émilion behauptet, wo er den Cheval Blanc prägt. An der Loire wird Cabernet Franc sortenrein ausgebaut, zeigt eine schöne Beerenfrucht, dezentere Tannine und oft aber eine höhere Säure als der mächtigere Cabernet Sauvignon. Während er früher oft zu leichten Bistroweinen genutzt wurde, wie überwiegend im Nordosten Italiens, sind in den letzten Jahren daraus erstklassige, samtige und voluminöse Weine an der Loire entstanden.

Gamay

Seinen Ruhm verdankt er dem Beaujolais, dem er seine Frucht und seinen Charme verleiht. Der ertragreiche Gamay Noir à Jus Blanc – der schwarze Gamay mit dem weißen Saft – steht dort in einer Dichte von 9000 bis 10 000 Rebstöcken pro Hektar. Da er in Kohlensäuremaischung in ganzen Beeren vergoren wird, was den Schalen viele Aromen, aber wenig Tannine entzieht, muss er von Hand gelesen werden. Wenn er aber in der Maischegärung vinifiziert wird, erhält man Weine mit einem sehr interessanten Alterungspotential. Nur an der Loire, in der Ardèche und in der Schweiz hat der Gamay sonst noch nachhaltig Fuß fassen können.

Carignan

Als farbintensiver und tanninreicher Wein nimmt er, obgleich als Massenträger missbraucht, immer noch einen wichtigen Platz in Verschnitten ein; in Katalonien auch als Cariñena oder Mazuelo. Die späte, gegen Falschen und Echten Mehltau anfällige Sorte ist nicht leicht zu ziehen und verliert deshalb in Südfrankreich an Boden, wie schon zuvor in der Rioja. Bei geringen Erträgen und von alten Stöcken kann er jedoch äußerst charaktervolle Weine liefern, so im Priorat oder im Languedoc, wo er immer noch mengenmäßig die führende Sorte ist. Auf Sardinien, im Maghreb, aber auch in Kalifornien, Chile, Argentinien und Mexiko ist er verbreitet.

Garnacha Tinta

Die meistangebaute Rotweinrebe Spaniens wird dort sortenrein fast nur als Jungwein oder Rosé ausgebaut, stützt aber andere Sorten wie den Tempranillo. Die genügsame, von Trockenheit und Hitze nicht beeinträchtigte Sorte steuert im Verschnitt Körper und Alkohol bei, neigt aber selbst zu Oxidation. Ihre eigene Klasse zeigt sie in Ausnahmefällen wie im Priorat, beim Châteauneuf-du-Pape oder beim natursüßen Banyuls. Sie ist in allen mediterranen Anbaugebieten Südfrankreichs vertreten sowie auf Korsika, Sardinien und Sizilien. In der Neuen Welt hat sie überall dort Eingang gefunden, wo Trockenheit und Hitze Probleme darstellen.

Malbec

Der Malbec war einst im Bordeaux-Gebiet weit verbreitet, wo er vom Merlot abgelöst wurde, und hat sich in Frankreich vor allem in Cahors behauptet, dem er seinen berühmten ›schwarzen Wein‹ schenkte – dort wird er auch Auxerrois genannt. Die dunkle, tanninreiche Sorte kann bei gemäßigten Erträgen charaktervolle Rotweine mit gutem Alterungspotential ergeben. Das gilt auch für den Malbec aus Argentinien, wo er große Verbreitung gefunden hat und in letzter Zeit zu interessanten Qualitäten genutzt wird. In Chile dagegen dient er bislang nur im Verschnitt, so wie auch in vielen Appellationen Südwestfrankreichs.

Sangiovese

Die meistkultivierte rote Sorte Italiens ist auch eine der besten. Sie bildet die Basis für die Brunellos, Chiantis und Vino Nobiles der Toskana sowie für die Weine der umbrischen Regionen Torgiano und Montefalco, wird aber in der Romagna auch zu eher dünnen Massenweinen verarbeitet. In kühlen Jahren kommt die spät reifende Sorte selten zur Vollreife, in warmen dagegen zeichnen sich ihre Weine durch lebendige Säure und feingliedrige Tanninstruktur aus und behalten immer eine schöne Eleganz. Während er in Argentinien bislang wenig überzeugen konnte, weisen Versuche in Kalifornien auf ein gutes Potential hin.

Monastrell

Die auch Mourvèdre genannte Rebe ist nach der Garnacha die zweitwichtigste Sorte Spaniens und gehört zum typischen Rebsortenspiegel der Levante. Sie ergibt meist weiche, trockene Weine, die trotzdem fleischig wirken. Im Aroma dominieren schwarze Beeren. Während sie in Spanien meist für einen jung zu trinkenden Rotwein dient, zeigt der Mourvèdre in Südfrankreich anderen Charakter. Die extrem spät reifende Sorte mit ihren edlen Tanninen spielt im Mischsatz großer südlicher Rhône-Weine eine Rolle und läuft im Bandol zu Höchstform auf. In Kalifornien und Australien beginnt man sich auf ihre Qualitäten zu besinnen.

Syrah

Die grandiose Rebe der nördlichen Rhône ist auf der ganzen Welt erfolgreich. Ihre komplexen Aromen wie Veilchen, Schwarze Kirsche, Wildkräuter, Lakritz, Humus und verschiedene Gewürze bei gleichzeitiger Fülle, Kraft und feinen Tanninen begeistern Winzer und Weintrinker mehr und mehr. Inzwischen hat die recht frühe Sorte den gesamten französischen Midi und die Provence erobert, aber auch international setzt sie sich immer mehr durch. Dazu tragen nicht zuletzt die großen Shiraz-Weine Australiens bei und inzwischen ausgezeichnete kalifornische Syrahs, auch in Südafrika werden gute Shiraz-Weine ausgebaut.

Nebbiolo

Die wohl größte Rotweinsorte Italiens wird auf wenig mehr als 5000 Hektar im Piemont und im lombardischen Veltlin kultiviert. Barolo und Barbaresco sowie eine Reihe weiterer Herkunftsbezeichnungen verdanken der kleinbeerigen Sorte das vielschichtige Bukett mit Noten von Teeblättern, Rosen, Gewürzen und Teer, die mächtige Tanninstruktur und die enorme Alterungsfähigkeit. Der Nebbiolo verlangt die allerbesten Lagen, da er sonst nicht reifen würde. Sein Name, von *nebbia*, italienisch für Nebel, weist auf die späte Lese hin. Bislang haben Experimente in anderen Ländern zu keinen überzeugenden Resultaten geführt.

Tempranillo

Spaniens hochwertigste Sorte ist auch als Tinta del País, Tinto Fino, Cencibel und Ull de Llebre bekannt. Ihr Vegetationszyklus ist kurz, doch ist sie empfindlich gegen Trockenheit und die meisten Krankheiten. Typisch ist der duftige, fruchtbetonte Charakter der dunklen Weine. Besonders geschätzt wird ihr großes Reifepotential im Holz. Die Tannine zeichnen sich durch Weichheit und Süße aus und entwickeln im Holz eine große Geschmeidigkeit. Als Hauptsorte des Rioja und des Ribera del Duero stellt sie die größten Weine Spaniens. Auch in Portugal trägt sie als Tinta Roriz zu einigen der besten Rotweine bei.

Das Terroir

Ein und dieselbe Rebsorte kann, wenn sie in unterschiedliche Gegenden gepflanzt wird, Weine ergeben, die sich sowohl in ihrer Struktur als auch in ihren Aromen stark voneinander unterscheiden. In diesem Fall spricht man vom Terroir-Effekt. Terroir kann man als einen begrenzten Raum definieren, in dem die physikalischen und chemischen Naturbedingungen, die geografische Situation und das Klima es erlauben, spezifische und identifizierbare Produkte zu erzeugen. Terroir bezeichnet also die Interaktion zwischen mehreren Faktoren wie Boden, Ausrichtung, Klima, Weinreben und Winzer.

Die Beschaffenheit des Bodens hängt von mehreren Faktoren ab. Seine Grundlage ist das geologische Ausgangsmaterial, das nach und nach verwittert. Die Zusammensetzung dieses Materials, wie zum Beispiel Granit, Schiefer, Kalkstein aus dem Sekundär oder Tertiär, beeinflusst selbstverständlich die Bodenbeschaffenheit. Bei der Verwitterung spielen chemische, physikalische und biologische Prozesse eine wichtige Rolle. Die Mikroorganismen sind die fleißigsten Arbeiter bei der Entstehung der Böden, der Bodenbildung. In einem lebendigen Erdboden befinden sich Milliarden von Pilzen, Algen und Bakterien, und je nach Situation variiert diese Mikroflora. Sie nimmt auch auf die Wachstumszyklen und den Austausch zwischen Erdboden und Wurzeln Einfluss. Die durch Würmer, Krustentiere, Milben und Insekten vertretene Makrofauna arbeitet ebenfalls aktiv und trägt entscheidend mit zur Bodenlockerung und -belüftung bei.

Links:
Die Bodenzusammensetzung nimmt deutlich Einfluss auf den Charakter des Weins. Schieferverwitterungsböden gelten als ausgesprochen hochwertig, ob beim Riesling an der Mosel oder dem südfranzösischen Banyuls.

Rechts:
Mehr noch aber kommt es auf einen lebenden Boden an, denn ohne dessen Mikro- und Makroorganismen ist der Weinstock unfähig Mineralstoffe daraus aufzunehmen und seinem Terroir Ausdruck zu verleihen.

Der Ausdruck des Terroirs in einem Weinstock und in der Traube wird über das Medium eines lebendigen Erdbodens vermittelt, der in der Lage ist, der Pflanze die notwendigen Elemente zu geben, die sie zu ihrem Wachstum und zur Reifung ihrer Trauben benötigt. Dabei gelangen die Nährstoffe aus den Mineralien der Gesteine in die Bodenlösung, aus der die Rebe diese Nährstoffe mit dem Wasser aufnehmen kann. Durch eine mineralische oder organische Düngung wird die natürliche Nachlieferung der Nährstoffe ergänzt. Dabei sind neben Stickstoff, Phosphor, Kalium, Calcium und Magnesium auch lebensnotwendige Mikronährstoffe erforderlich. Wird aber mit einem Übermaß an Mineraldüngern eine erhebliche Ertragssteigerung angestrebt, verliert sich der Ausdruck des Terroirs völlig. Bei der Weinrebe darf deshalb die Düngung nicht allein auf die Pflanze abzielen, wie es häufig der Fall ist, sondern auch und vor allem auf den Boden und die Mikroorganismen, die er beherbergt. Das Hinzufügen von kompostierter organischer Materie erfüllt diese vielseitige Funktion, indem diese den Boden mit notwendigen Nährstoffen und Elementen versorgt und die Tätigkeit der lebenden Organismen anregt.

Manche Fachleute gehen davon aus, dass jeder Erdboden – vorausgesetzt, dass es sich um einen lebendigen handelt – eine ihm eigene Hefe- und Bakterienflora einschließt. Diese Hefepilze und Bakterien, die bei der Gärung in Aktion treten, befinden sich auch auf der Schale der Weinbeeren. Aus diesem Blickwinkel betrachtet, setzt der ideale Ausdruck des Terroirs voraus, dass die Mikroorganismen unbeeinflusst agieren können, um den Gärungsprozess durchzuführen, ohne dass es notwendig wird, im Handel erhältliche Hefepilze oder Bakterien hinzuzufügen.

Topografie und Klima

Auch die Topografie spielt für den Ausdruck des Terroirs eine Rolle, und zwar in der Form, dass sie die Aktivität der Rebe durch Wasserzufuhr und Ausrichtung beeinflusst, auf die wiederum das Klima auf vielfältige Weise einwirkt. Die übergeordnete klimatische Gesamtsituation, wie die kontinentale oder mediterrane, bestimmt das regionale Klima und damit unter anderem die Dauer der aktiven Wachstumsphase. Die verwendeten Rebstöcke müssen also der jeweiligen Situation angepasst sein. Unter nördlichen Bedingungen sind zum Beispiel Rebstöcke mit früher Reife

Steillagen in Hessigheim, Württemberg

Terrassen am Douro, Portugal

Meeresnahe Rebhänge in Collioure

Begrenzungsmauern im Burgund

zu bevorzugen. Beim Mittelgebirgsklima kommen Höhe, das Vorhandensein von Wasserläufen oder Wäldern, das Gefälle und die Ausrichtung der Parzelle neben anderen Faktoren zur Geltung. Dort erweisen sich höher an den Hängen situierte Lagen im Gegensatz zu den niedriger und in der Ebene gelegenen Lagen im Frühjahr als frostunempfindlicher. In mediterranen Gebieten wiederum, in denen die Trauben manchmal unter einem Übermaß an Zucker und einem Mangel an Säure leiden, ergeben manche Bereiche in höheren Lagen bezüglich des Gehalts an Zucker und Säure ausgewogenere Trauben. Auf vielfältigste Weise beeinflusst somit das Zusammenspiel von Topografie und Klima den Charakter der Trauben und damit des Weins.

Das Mikroklima schließlich verbindet die auf die Pflanzenorganismen einwirkenden Gegebenheiten der Temperaturen, Sonneneinwirkung und Feuchtigkeit eines bestimmten Ortes, wobei diese Parameter durch Wuchsstärke und Anbauweise der Rebe modifiziert werden können.

Beim Terroir handelt es sich also um einen weitreichenden Begriff, der alle Kriterien umfasst, die die Typizität des Weines beeinflussen können. In den Ländern der Neuen Welt, die Wein erzeugen und exportieren, legt das Marketing den Schwerpunkt vor allem auf die Rebsorten, während die Bekanntheit europäischer Anbauländer vielfach auf Terroirs beruht, die schon sehr lange anerkannt und klassifiziert sind. Heute ist es von besonderer Wichtigkeit, diese Terroirs zu bewahren und ihre Standardisierung zu vermeiden.

In der Praxis wurden die Terroirs im Laufe der Zeit von den Weinbauern begrenzt, die feststellten, dass eine bestimmte Parzelle regelmäßig einen besonderen Wein hervorbrachte. Diese Beobachtungen fanden oft über mehrere Generationen hinweg statt. Die Respektierung eines bestimmten Terroirs wurde Teil einer Kulturgeschichte, die der Winzer mitbestimmte. Die Art und Weise, wie er seine Weinberge bearbeitet, wie er Boden und Sortenwahl berücksichtigt und wie er im Keller mit den Trauben verfährt, wirkt auf den Charakter des Weins ein, unterstreicht oder verwischt das Terroir. Ohne den aufmerksamen und bewussten Winzer findet auch das beste Terroir keinen überzeugenden Ausdruck.

Der Boden

Die Beschaffenheit des Bodens hängt davon ab, wie sich das geologische Ausgangsmaterial unter Einfluss von physischen, chemischen und biologischen Prozessen verändert und gestaltet hat. Für Weinbau geeignete und genutzte Böden sind im Allgemeinen ziemlich karg und nicht sehr tief. Weinreben wurden und werden auf Böden verschiedener geologischer Herkunft – vom Primär bis zum Quartär – gepflanzt. In Frankreich findet man beispielsweise Weinreben im Beaujolais auf Granit, im Chablis-Gebiet auf kalkhaltigem Mergel, in der Champagne auf weißem Kreidefelsen aus dem Sekundär, im Bordelais auf Kalkstein aus dem Tertiär, während der natursüße Banyuls auf Schieferböden gedeiht. In anderen Regionen werden Reben zum Beispiel auf Böden einstmals vulkanischer Gebiete wie in Tokaji in Ungarn gezogen.

Die Tiefe des Bodens bestimmt, wie sich das Wurzelsystem ausbreitet. Ein tiefer Boden, der reichhaltige Wasserreserven birgt, kann für Massenproduktion dienen. Im Gegensatz dazu bietet ein relativ flacher Boden mit einer schwachen Wasserreserve generell bessere Voraussetzungen für höhere Qualitäten. Doch feste Verdichtungen oder ein Übermaß an Wasser können sich störend auf das Wachstum der Wurzeln auswirken.

Im Boden sind mehrere Bestandteile in unterschiedlichen Proportionen enthalten. Kieselerde dominiert in den sandigen Weinfeldern, die sich an den Ufern des Mittelmeers, aber auch in weiten Teilen Australiens finden. In den berühmten Graves des Bordelais ist sie sowohl in der Form von Kieseln und als feinkörnige Erde vorhanden. Lehm besteht aus Kieselerde und Tonerde, nach deren Anteil unterscheiden sich die Lehmsorten. Je reichhaltiger ein Boden an Lehm und Ton ist, desto kompakter ist er und desto weniger eignet er sich für den Weinanbau. Ein sehr tonhaltiger Boden ist wenig wasserdurchlässig und tendiert dazu, das Wasser zurückzuhalten. In Trockenzeiten zieht er sich zusammen, wird hart, brüchig und extrem schwierig zu bearbeiten. Die organischen Stoffe, die sich in der Erde befinden (pflanzliche Überreste, Mist) oder die in Form von Kompost hinzugefügt werden, verbinden sich mit dem Ton. Bei dieser Ton-Humus-Verbindung handelt es sich um ein Schlüsselelement zur Stabilität der Erdböden gegenüber der Gefahr der Erosion und der Bodenverdichtung.

Ein weiterer Bestandteil von Weinanbauböden ist Kalkstein. Die Pfropfunterlagen werden im Hinblick auf ihre Widerstandskraft gegen Kalk ausgewählt. Üblicherweise sind kalkhaltige Erdböden arm und ergeben hochwertige Weine. Je nach der Zusammensetzung dieser verschiedenen Elemente werden die Böden als tonkalkhaltig, kalkhaltig oder auch tonkieselhaltig bezeichnet.

Steinige Böden begünstigen im Allgemeinen Qualitätsprodukte, sie erschweren aber die Bodenbearbeitung und spielen eine Rolle beim Wasserverhalten des Bodens, indem sie die Drainage unterstützen und die direkte Verdunstung verhindern. Tagsüber speichern Steine Wärme, die sie nachts wieder abgeben, was sich positiv auf den Reifeprozess auswirkt.

Muschelkalk und Mergel in Chablis

Fluss- und Gletscherkiesel an der Rhône

Neuanlagen von Pinot Noir im Burgund

Tonhaltiger Boden in Nackenheim

Gerissener Weinberg, der Erosion ausgeliefert

Kies und feine Erde auf Château Latour

Bezüglich der chemischen Zusammensetzung eines Bodens können mehrere Makro- und Spurenelemente, wie Stickstoff, Phosphor, Kalium, Calcium, Magnesium, aber auch Eisen, Mangan, Bor und andere Bestandteile in unterschiedlichen Dosierungen vorhanden sein.

Erosionsgefahr und Gegenmittel

Die Hauptprobleme, die Böden bedrohen, sind die Erosion und die Auswaschung von Nährstoffen. Bei starken Gewittern schwemmt das Wasser, das über die Hänge stürzt, die Erde aus. Mitverursacher sind auch Maßnahmen zur Flurbereinigung. Mit der Verlängerung der Rebzeilen und dem Beseitigen von Steinhaufen und Mäuerchen fließt das Wasser immer schneller über die Hänge, was die Erosion verstärkt. Eine andere Erklärung liegt in der Struktur der Böden. Bei Regen, wenn der Boden gelockert, aber solide ist, kann das Wasser eindringen. Gibt es aber auf der Bodenoberfläche eine Kruste, bildet das Wasser Rinnsale, in denen es, immer schneller fließend, tiefere Rinnen bildet, den Boden so aushöhlt und die Erdkrume wegschwemmt. Mit dem Verlust an Erde gehen auch Nährstoffe verloren. Anschließend muss die Erde mühselig wieder auf die Weinhänge hinaufgebracht werden.

Für die Stabilität des Bodens sorgt unter anderem die Ton-Humus-Verbindung. Damit sie sich bildet, müssen organische Zerfallsprodukte in Form von Kompost oder Mist hinzugefügt werden. Dagegen erfüllen mineralische Dünger, die in den meisten Anbaugebieten noch mehrheitlich eingesetzt werden, diese strukturierende Aufgabe nicht. Das Bodenleben ist ebenfalls sehr wichtig, um eine ausreichende Durchlässigkeit zu sichern. Zwischen den festen Bestandteilen des Bodens befinden sich offene, mit Wasser oder Luft gefüllte Poren, die im Idealfall etwa 50 Prozent des gesamten Bodenvolumens ausmachen. Wenn größere landwirtschaftliche Maschinen oder Geräte vor allem bei feuchtem Erdreich darüberfahren, verdichtet sich der Boden und die Poren verschwinden. Je schwerer die Fahrzeuge, desto stärker wird die Erde zusammengedrückt. Um die strukturelle Bodenstabilität zu erhalten, empfiehlt es sich, das Befahren der Weinberge bei feuchter Witterung zu vermeiden.

Bodenbearbeitung ist ein Mittel gegen Erosion, doch muss sie mit Bedacht durchgeführt werden, da sie an steilen Hängen die Erosion eher beschleunigen statt verhindern kann. Im Prinzip begünstigt Bodenbearbeitung das Eindringen des Wassers und hält die Rinnenbildung in Grenzen. Wenn aber das Wasser oberhalb der Parzelle schneller fließt, ist die Erosion auf einem bearbeiteten Boden noch gravierender als auf einer unbearbeiteten Fläche. Dennoch begünstigt Bodenbearbeitung durch die vollzogene Belüftung das Bodenleben und dient so seiner Stabilität.

Eine andere Maßnahme gegen Erosionsprobleme ist die Begrünung der Reihen, um die Mikroorganismen zu stimulieren. Aber auch hier ist Vorsicht geboten. Je nach Wahl der Gräser kann die Konkurrenz mit dem Rebstock so stark sein, dass sie den Ertrag erheblich verringert oder die Trauben einem Stickstoffmangel aussetzt, was die alkoholische Gärung stören kann. Deshalb ist Begrünung, die zweifellos eine der besten Lösungen für die Bodenpflege darstellt, nicht für alle Situationen geeignet. Es bleibt letztlich der Kunst des Winzers überlassen, den besten Kompromiss zwischen seinen gesetzten Zielen und den sich ergebenden Sachzwängen zu finden.

Mechanisierung im Weinberg

Im Morgengrauen ist er jeden Tag zu Fuß, mit dem schweren Werkzeug auf den Schultern, zum Weinberg gegangen, das Mittagessen wurde mit den Nachbarn in einfachen Stein- oder Holzhütten eingenommen, alle harten Arbeiten wurden mit der Hand, wo es ging mit Pferden oder mit Rindern ausgeführt. Solche Schilderungen könnte man von einem Weinbauern hören, der die Sechzig überschritten hat. Trauert er der alten Zeit nach? Ein wenig vielleicht – die dörflichen Kontakte mögen damals besser gewesen sein. Doch die Arbeit wurde durch die Mechanisierung in den letzten fünfzig Jahren deutlich erleichtert.

Traktoren tauchten in den 1950er Jahren erstmals in den Weinbergen auf. Ihre Funktionen und damit einhergehend ihr Aussehen haben sich mit der Zeit, aber auch den Anbauregionen entsprechend entwickelt und verändert. Wenn es der Abstand der Reihen erlaubt, benutzt man kleine Weinbergtraktoren, die zwischen den Reihen hindurchfahren können, wie es zum Beispiel in Deutschland, im Süden Frankreichs, in Kalifornien oder Chile üblich und möglich ist. Wenn die Weinreben dichter gepflanzt sind, wie im Burgund oder in der Champagne, überspannen die so genannten Überzeilen-Traktoren ein oder zwei Rebzeilen. Der extrem hoch liegende Schwerpunkt macht die Lage dieser Maschinen allerdings instabil. Ihr Schwerpunkt kann aus dem Gleichgewicht geraten, wenn die Hänge steiler werden, die Traktoren können den Halt am Hang verlieren und umkippen. Die Hersteller versuchen diese Schwierigkeit zu beseitigen, indem sie durch Gewichtsverlagerungen oder gegebenenfalls -reduktionen die Stabilität verbessern.

Man musste aber auch nach und nach die Weinberge an die Mechanisierung anpassen, indem man die Anpflanzungen in Reihen anordnete und die Blattwände – so gut es ging – an Drahtrahmen zog, um ein Hindurchfahren zu ermöglichen. Dagegen ist es in den Weinbergen, die in Terrassen angelegt sind, wie im portugiesischen Douro-Tal, an der Mosel, in der Wachau, im Norden der Côtes du Rhône oder generell im Bergweinbau unmöglich, den Anbau zu mechanisieren. Die Arbeiten werden dort nach wie vor manuell ausgeführt,

Eines der größten Probleme im modernen Weinbau ist das Zusammenpressen des Bodens durch zu schwere Maschinen. Für Weinberge ideal ist die Bearbeitung mit Pferden oder Maultieren; auf dem Gut Los Boldos in Chile wird mit ihrer Hilfe gepflügt.

Im Burgund lassen ca. 100 Spitzengüter gemeinsam Kompost herstellen, der mit diesem speziell angefertigten Kompoststreuer in den Weinbergen ausgebracht wird.

Bei hoher Bestockungsdichte ermöglichen Überzeilentraktoren das Hineinfahren in die engen Reihen und Arbeiten wie Spritzen oder Laubschnitt.

Im ökologischen Weinbau wird diese mit stabilen Klauen versehene Egge eingesetzt, da der Boden gelockert und belüftet wird ohne ihn umzuwälzen.

Bei kleinen Raupentraktoren ist das Gewicht wesentlich besser verteilt. Dadurch drücken sie den Boden weniger zusammen als bereifte Traktoren.

mancherorts erfolgen heute Spritzungen aber schon durch Hubschraubereinsatz.
Die Schwierigkeit der Mechanisierung ist in den Industrienationen oft einer der Gründe, erhöhte Verkaufspreise zu rechtfertigen. In diesen Ländern ist gleiche Arbeit, zieht man Löhne und Arbeitgeberabgaben in Betracht, kostengünstiger, wenn sie maschinell anstatt von Hand ausgeführt wird. In anderen Gegenden der Welt, wie beispielsweise in Südamerika, wo menschliche Arbeitskraft noch ein sehr geringer Kostenfaktor ist, greifen Weinerzeuger auch weitgehend darauf zurück. Viele Arbeiten, wie die Pflanzenschutzbehandlung, die Bodenbearbeitung, das Zurückstutzen der Laubwand, teilweise auch die Traubenernte, werden heutzutage mit speziellen Geräten ausgeführt. Eine der letzten Aufgaben, die schwierig zu mechanisieren ist, ist der Rebschnitt.

Die Verdichtung des Bodens

Seit Weinfelder und -berge von immer schwerer werdenden Maschinen befahren werden, die hier ihre Arbeit verrichten, wird der Boden bis zu einer Tiefe von 30 cm zusammengepresst; die offenen Poren im Boden verdichten sich, in der Folge fehlt ihm die Belüftung. Diese Beeinträchtigung kann vermieden oder zumindest vermindert werden. Zum einen sollte das Befahren wirklich auf das Minimum eingeschränkt werden und beispielsweise nur gespritzt werden, wenn wirklich eine absolute Notwendigkeit besteht.

Zum anderen kann man bei der Anschaffung das Augenmerk auf leichtere Geräte und Maschinen richten. Auch kann man die Reifen weicher, das heißt mit weniger Druck, aufpumpen, um so die Auflagefläche der Reifen zu erhöhen und den punktuellen Druck auf den Boden zu verringern. Raupen haben den Vorteil, dass sie Arbeiten an steilen Hängen ermöglichen und den Boden nur wenig zusammenpressen, da auch hier das Gewicht auf eine größere Auflagefläche verteilt ist.

Ein Boden, der durch schwere Maschinen zusammengedrückt wurde, wird schlecht belüftet.

Der Rebschnitt

Die Weinrebe ist ein Lianengewächs, das ursprünglich auf Bäumen wuchs. Bleibt sie sich selbst überlassen, neigt sie dazu, in die Länge zu wachsen, denn es schlagen vor allem die Knospen zuerst aus, die sich am äußersten Ende der Triebspitzen befinden. Das Beschneiden der Reben sollte von jeher die Tendenz zum Wildwuchs bekämpfen, denn dieser schwächt das Strukturgerüst der Pflanze. Sie wird fragil, zugleich schwer zu bearbeiten und wenig geeignet, hochwertige Früchte zu tragen.

Wenn Reben nicht geschnitten werden, ist eine Bearbeitung nur schwer möglich, und die Gefahr von Pilzkrankheiten steigt sehr stark an. Da immer mehr Knospen (Augen) austreiben, nimmt die Zahl der Triebe und Trauben zu. Die Triebe werden immer dünner und die Trauben immer kleiner, worunter die Qualität erheblich leiden kann. Dennoch werden immer mehr Versuche mit Nicht-Schnitt- oder Minimal-Schnitt-Systemen unternommen.

Der Schnitt bedingt sowohl Quantität als auch Qualität des Ertrags. Während dieses Arbeitsvorgangs entscheidet sich, wie viele Knospen (Augen) stehenbleiben. Aus jedem Auge entsteht ein Trieb, der wiederum bis zu drei Trauben tragen wird. Die Fruchtbarkeit hängt dagegen von der Rebsorte sowie von der Platzierung des Auges auf dem Rebstock ab.

Ist der Behang zu groß, kann die Anzahl der Trauben im Verhältnis zur Fähigkeit der Photosynthese für die Pflanze zu hoch sein. Dann hat man es mit einem ungünstigen Blatt-Frucht-Verhältnis zu tun. Entsprechend schwer wird die Fruchtreife zu erreichen sein. Darüber hinaus würde die Pflanze, da die Trauben bei der Versorgung Vorrang haben, wenig Reserven erstellen können und geschwächt werden. Ist dagegen die Anzahl der Knospen zu gering, kann die Pflanze ihre Wachstumsfähigkeit nicht ausdrücken. Man erhält zwar üppigen Pflanzenwuchs (mit dicken Trieben), aber unbedeutenden Fruchtertrag. Dies würde bezüglich der Erntequalität keinen Vorteil bringen, aber Ertrag und Einkommen schmälern. Die Kunst des Rebschnitts besteht darin, den idealen Kompromiss für einen optimalen Behang zu erzielen. Dabei ist auch das allgemeine Gleichgewicht des Rebstocks zu berücksichtigen, um eine zu dichte Laubwand zu vermeiden. Schließlich versucht man die Schnittwunden so weit möglich zu limitieren, denn sie sind die Tore, durch die Holzkrankheiten eindringen können.

Links:
Guyot-Schnitt mit einem langen Trieb

Rechts:
Im Winter werden die Reben geschnitten.

Doppelter Bogenschnitt

Einfacher Bogenschnitt

Die Art des Rebschnitts richtet sich zu einem großen Teil nach der Fruchtbarkeit der Rebsorten. Auf fruchtbaren Sorten entstehen an allen Augen Trauben, auf weniger ertragreichen Sorten entwickeln sich auf den unteren Augen keine. Im ersten Fall ist ein kurzer Schnitt geboten, um eine Überproduktion zu vermeiden. Im zweiten Fall führt ausschließlich ein langer Schnitt zu einem befriedigenden Ertrag. Bei kurzem Schnitt werden die Triebe auf zwei bis drei Augen zurückgeschnitten. Dieses Prinzip wird vor allem bei der Gobelet-Erziehung (in Becherform) und bei der ein- und zweiseitigen Kordon-Erziehung angewendet. Beim langen Zuschnitt werden die Reiser auf mindestens fünf Augen zurückgeschnitten. Um eine Ausdehnung des Rebstocks zu vermeiden und den Schnitt des folgenden Jahres vorzubereiten, wird ein Zapfen von zwei Augen übrig gelassen. Dabei handelt es sich um den Guyot-Schnitt. Er kann einfach (ein Zapfen, ein Trieb) oder doppelt (zwei Zapfen, zwei Triebe) sein. Im letztgenannten Fall wird die Erziehung einseitig (Triebe an einer Seite des Rebstocks) oder zweiseitig in Bogenform ausgeführt (Triebe auf beiden Seiten des Rebstocks).

Der Zeitpunkt des Schnittes beeinflusst den Zeitpunkt des Austriebs oder Ausschlagens. Die erfahrenen Winzer schneiden so spät wie möglich, und ein altes Sprichwort sagt: »Früher oder später Schnitt, keiner übertrifft den März-Schnitt.« In anderen Regionen verlangt es die Sitte, nicht vor dem Tag des Hl. Vinzenz, des Schutzheiligen der Winzer, der auf den 22. Januar fällt, mit dem Schneiden zu beginnen. Eines ist sicher, man muss unbedingt darauf warten, dass alle Blätter abgefallen sind und der Saft zurückgeflossen ist, denn erst dann wird die Bildung der Reserven beendet, die es der Pflanze ermöglichen, den Winter zu überdauern und im Frühjahr neu zu beginnen. In Zonen, die im Frühjahr frostgefährdet sind, ist es ratsam, das Ausschlagen so lange wie möglich hinauszuzögern. Die spätfrostgefährdeten Lagen werden daher zuletzt geschnitten. In diesen Gebieten wird der lange Zuschnitt bevorzugt. Die Augen an den Triebspitzen schlagen zuerst aus, während die anderen sich erst später rühren. Wenn die vordersten erfrieren sollten, stellen die anderen den Ersatz.

Auch die Höhe des Stammes wird durch den Schnitt bestimmt. Für die maschinelle Weinernte versucht man, den Stamm zu erhöhen. Damit er gerade und ohne Wunden wächst, werden die wilden Triebe, die vom Stamm ausgehend wachsen, vorzugsweise erst in der Wachstumsperiode entfernt. Das abgeschnittene Holz der Reiser kann verbrannt oder gesammelt und zerkleinert für den Kompost verwendet werden, der später als Düngung für den Boden dient.

Einfacher Guyot-Schnitt

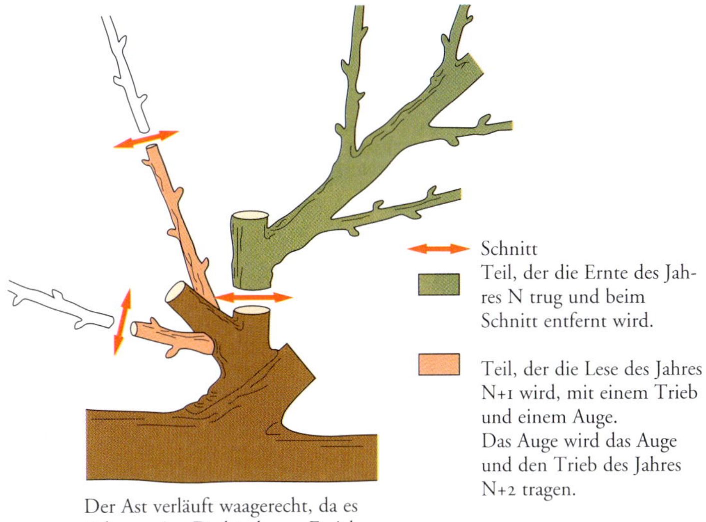

Der Ast verläuft waagerecht, da es sich um eine Drahtrahmen-Erziehung handelt.

Weil es sich beim Schnitt um einen langwierigen und – wenn das Holz dick ist – schwierigen und anstrengenden Arbeitsgang handelt, versucht man diese Aufgabe zu mechanisieren. Den ersten Fortschritt brachten die den Kraftaufwand vermindernden pneumatischen oder elektrischen Rebscheren. Um den Zeitaufwand zu reduzieren, schneiden einige Winzer bereits mit Maschinen vor. Dabei wird ein Teil der Weinruten – wie beim Heckenschnitt – abgeschnitten und zerkleinert. Man gewinnt dadurch beim Rebschnitt zwischen 20 und 30 Prozent an Zeit.

In Ländern, in denen es wenig Arbeitskräfte gibt, so wie in Australien, versucht man, den Schnitt weitestgehend zu mechanisieren. Eines der verbreitetsten Systeme besteht darin, einen Teil des Rebstocks, der die folgende Ernte geben wird, nur sozusagen vorzuschneiden und den anderen Teil mechanisch ganz abzuschneiden, damit sich das Holz nicht zu sehr verlängern kann. Im darauffolgenden Jahr macht man es umgekehrt. Vergleichende Untersuchungen zeigen, dass dieses Prinzip wegen der schlechten Verteilung der Trauben auf den Rebstöcken weniger gute Weinernten als der traditionelle, manuell ausgeführte Schnitt erbringt.

Der Rebschnitt bestimmt also zu einem Teil den künftigen Ertrag der Weinlese. Aber es handelt sich nicht um eine genaue Wissenschaft, denn zahlreiche Parameter beeinflussen die Fruchtbarkeit jedes einzelnen Auges, die Abwicklung der Blüte und aller anderen Wachstumsphasen. Wenn man nach der Blütezeit feststellt, dass der Behang zu groß ist, kann man immer noch Gescheine (Blüte) oder Trauben entfernen.

Methoden der Bewirtschaftung

Das Hauptziel des Winzers ist es, qualitätvolle Weintrauben in ausreichender Menge zu erzeugen und damit die Rentabilität seines Betriebs zu sichern. Das kann durch verschiedene Arten der Bewirtschaftung erreicht werden, ausgehend von klassischen Methoden über eine vernünftige, integrierte oder biologische bis zur biodynamischen Anbauweise. Die wesentlichen Unterschiede betreffen vor allem die Organisation der Krankheits- und Schädlingsbekämpfung im Weinberg, darüber hinaus auch die Bodenbearbeitung, die Unkrautbekämpfung, die Düngung und schließlich die Weinbereitung selbst.

Qualitätsbewusste Winzer verwenden statt Kunstdünger Naturdünger – hier im Beaujolais – und Kompost in ausgewogener Dosierung.

Links:
Gründüngung findet zunehmend Anklang – wie hier im Napa Valley. Man sät Pflanzenmischungen aus, die man vor der Samenbildung unterpflügt.

Rechts:
In diesem Weinberg wurden Kompost und Stroh als Mulchmaterial ausgebracht.

Raubbau an Reben und Boden

In den Jahren von 1960 bis 1980 hat die gesamte Landwirtschaft die ihr zur Verfügung stehenden neuen chemischen Mittel zur Krankheits- und Schädlingsbekämpfung genutzt. Man begann in einem präzise festgelegten Stadium des Rebwachstums mit dem Einsatz dieser Produkte und setzte sie – je nach ihrer Wirkungsdauer – in regelmäßigen Abständen fort. Auch bei der Düngung wurde wenig differenziert, was zu Störungen des Gleichgewichts sowie zur Überversorgung etwa mit Kalium oder Nitraten führen konnte. Einerseits konnte – und wollte – man damals wohl die Auswirkungen einiger dieser Produkte auf die Umwelt und den Verbraucher nicht ermessen, andererseits hatte man noch nicht das notwendige Instrumentarium (Produkte oder Beobachtungsmethoden) für Alternativen. Auch auf der breiten Konsumentenseite setzte man sich mit solchen Fragen erst langsam auseinander, obgleich es schon in den 1970er Jahren ein deutliches Interesse an alternativer und ökologischer Lebensweise gab.

Kontrolliert integrierte Produktion

Seit dem Beginn der 1990er Jahre stellten immer mehr Winzer auf die so genannte integrierte Anbauweise um, bei der die phytosanitären Produkte auf überlegtere Weise angewendet werden. Die Behandlung wird erst ab einem bestimmten Ausmaß der Krankheit oder Verbreitungsgrad des Schädlings vorgenommen. Man wählt außerdem die für Umwelt und Anwender am wenigsten schädlichen Produkte und wartet mit dem Einsatz auf den günstigsten Moment, um das beste Resultat zu erreichen. Dieser Moment kann durch den biologischen Zyklus des Schädlings, das Wachstumsstadium des Rebstocks oder durch das Wetter bestimmt werden.
Grundlage sind gewissenhafte Beobachtungen im Weinberg. Auf diese Art und Weise kann umweltschonende Landwirtschaft Behandlungsprodukte einsparen helfen, aber sie verlangt Zeiteinsatz, um die Informationen zu sammeln, die hierfür erforderlich sind.
Es sind also nicht primär wirtschaftliche Gründe, die Winzer motivieren, mit integriertem Anbau zu arbeiten, sondern das Bedürfnis, die Arbeit am Weinberg zu optimieren. Zur integrierten Pro-

Biodynamische Anbaumethoden

Diese Arbeits- und Denkweise geht von der Vorstellung aus, dass die Krankheit einer Pflanze (oder eines anderen Lebewesens) nur ein Zeichen für die Störung des natürlichen Gleichgewichts sei. Selbstverständlich muss eine Krankheit behandelt werden, doch man versucht vor allem, dieses Gleichgewicht zwischen der Pflanze und ihrer Umwelt wieder herzustellen. Das geschieht natürlich nicht von heute auf morgen, ebenso wenig kann man von einem Tag auf den anderen von der herkömmlichen Wirtschaftsweise auf die biodynamische umstellen.

Die biodynamische Landwirtschaft entstand Anfang des 20. Jahrhunderts in Deutschland unter dem Einfluss des Anthroposophen Rudolf Steiner. Sein Konzept, das auch Basis einer Philosophie und Unterrichtsmethode ist, lässt sich auf sämtliche landwirtschaftlichen Zweige anwenden.

Als Behandlungsmittel kann der biodynamisch arbeitende Winzer Schwefel und Kupfer in kleinen Dosierungen anwenden. Reben können mit Präparaten aus Quarzkristallen, Brennessel, Löwenzahn bestäubt werden. Um den Erdboden zu dynamisieren, kann man außer der Zugabe von Kompost auch Hornpräparate einsetzen.

Hornpräparate für die Bodengesundheit

Je nach Konstellation der neun Planeten des Sonnensystems, der zwölf Sternbilder, der Sonne und des Mondes variiert der kosmische Einfluss auf die Pflanze. Sofern man ihn respektiert, unterstützt er die vorgenommenen unterschiedlichen Eingriffe. Für die Bodenbearbeitung wählt man einen Erdeinfluss, der die Wurzeln stimuliert. Dies geschieht bevorzugt am Nachmittag, da man die Energie der untergehenden Sonne nutzen muss. Um die Fruchtbildung zu stimulieren werden die Rebstöcke unter dem Einfluss von Wärme bearbeitet. Das sollte bevorzugt sehr früh am Morgen erfolgen, um von der Kraft der aufgehenden Sonne zu profitieren. Der Aussaatkalender, der jedes Jahr neu berechnet wird, gibt für jeden Tag genaue Hinweise.

Die biodynamische Auffassung macht den Einsatz von chemischen Mitteln in der Landwirtschaft für eine Folge von Störungen verantwortlich. Herbizide zerstören das Bodenleben und verhindern das gesunde Wachstum der Rebe. Die Pflanze, deren Gleichgewicht gestört ist, zieht Parasiten und Krankheiten an. Die Behandlungsmittel lösen wiederum Störungen im Boden aus. Da auf diese Weise der Einfluss des Terroirs ausgeschaltet ist, verlieren auch die Weine an Typizität.

Biodynamische Methoden weisen keinen einfachen Weg, denn es gibt keine auf jede Situation anwendbaren Rezepte. Jeder biodynamisch arbeitende Winzer muss selbst die für seine Weinberge besten Antworten finden.

duktion gehört auch die Beachtung bestimmter Prinzipien bei der Düngung und Bodenbearbeitung. Die Richtlinien verlangen unter anderem die Stickstoffzufuhr zu begrenzen und die beim Rebschnitt anfallenden Weinreiser nach Zerkleinerung und Kompostierung dem Boden wieder zuzuführen.

Auch für den biologischen Anbau wird die Einhaltung eines Auflagenkatalogs verlangt. Krankheits- und Schädlingsbekämpfung darf nur mit Produkten natürlichen Ursprungs durchgeführt werden, wobei Kupfer und Schwefel wesentlichste Mittel sind. Da Kupfer sich im Boden anlagert und die biologischen Vorgänge stört, versucht man heute die Dosierung zu reduzieren.

Alle Prinzipien der integrierten Produktion werden selbstverständlich beim biologischen Anbau mit berücksichtigt. Zum einen handelt es sich um individuelle, nur in Einzelfällen in Verbänden geregelte Verfahren, zum andern verlangt man die Einhaltung von eindeutig definierten Richtlinien, die regelmäßigen Kontrollen unterliegen. Waren Bio-Weine noch vor wenigen Jahren eher im Visier vieler Weinkritiker, erklärbar auch durch vielfach noch nicht überzeugende Qualität, hat sich das Blatt heute gewendet.

In vielen Ländern der Welt sind immer mehr Winzer bereit, die teilweise sehr lange Umstellungszeit und die strengen Produktionsbedingungen auf sich zu nehmen.

Das Hornmistpräparat wird durch kontrolliertes Aufrühren dynamisiert.

Integrierter Rebschutz

Hartwig Holst

Schmetterlinge fühlen sich im Weinberg wieder wohl.

Ziel des Rebschutzes ist es, für die Erhaltung eines gesunden Rebbestandes und die Produktion gesunder Trauben für die Weinbereitung oder den direkten Verzehr zu sorgen.

Der integrierte Rebschutz befasst sich nicht nur mit direkten Bekämpfungsmethoden, sondern auch mit einer großen Anzahl indirekter Maßnahmen. Im Rahmen eines integrierten Rebschutzkonzeptes, nach dem unter Ausnutzung aller wirtschaftlich, ökologisch und toxikologisch vertretbaren Methoden Krankheiten und Schädlinge der Reben unter der wirtschaftlichen Schadschwelle gehalten werden sollen, stehen dem Winzer verschiedene Verfahren zur Schadensregulierung zur Verfügung.

Verfahren zur Schadensregulierung

• Kulturtechnische Verfahren: Mit diesen Verfahren sollen zum einen die natürliche Widerstandskraft der Rebe gestärkt und zum anderen die kleinklimatischen Verhältnisse in den Weinbergen so gestaltet werden, dass Krankheitserreger und Schädlinge keine optimalen Lebensbedingungen finden. Dazu gehören unter anderem die standortgerechte Sortenwahl, eine bedarfsgerechte Düngung und die Ausführung fristgerechter Laubarbeiten.

• Physikalische und mechanische Verfahren: Dazu zählen neben der mechanischen Unkrautbekämpfung vor allem akustische und optische Verfahren der Vogelabwehr und die Verwendung von Vogelschutznetzen zum Schutz der reifenden Trauben oder Kunststoffgittermanschetten zur Vermeidung von Schäden durch Wildverbiss.

• Biologische Verfahren: Unter biologischer Schädlingsbekämpfung versteht man die Bekämpfungsmaßnahmen von Schadorganismen durch andere Organismen. Im Weinbau können derzeit zwei biologische Verfahren für den integrierten Rebschutz genutzt werden. Es sind dies die Anwendung von *Bacillus-thuringiensis*-Präparaten zur Traubenwicklerbekämpfung und der Einsatz von Präparaten des insektenpathogenen Pilzes *Metarhizium anisopliae* zur Dickmaulrüsslerbekämpfung. Wesentliches kann zur natürlichen biologischen Bekämpfung dadurch beigetragen werden, dass bei der Verwendung chemischer Rebschutzmittel auf die Anwendung nützlingsschonender Präparate geachtet wird. Dies trifft insbesondere auf die Raubmilbe *Typhlodromus pyri* zu, die durch entsprechende Mittelwahl so gut geschont werden kann, dass direkte Maßnahmen zur Bekämpfung der Spinnmilben nur noch selten durchgeführt werden müssen.

• Biotechnische Verfahren: Dabei wird die natürliche Reaktion von Schädlingen auf chemische oder physikalische Reize für Bekämpfungsmaßnahmen genutzt. Dies kann beispielsweise mit Hilfe von gelben, weißen oder roten Farbtafeln erfolgen, wie es im Obst- und Zierpflanzenanbau praktiziert wird. Das Verfahren mit der größten praktischen Bedeutung in diesem Bereich ist zur Zeit die Anwendung von Pheromonen (Sexualduftstoffen). Im Weinbau kommen vor allem die Sexualpheromone der Traubenwickler zur Anwendung. Sie werden zur sicheren Erfassung des Fluges dieser Schädlinge in so genannten Phero-

Duftstoffverteiler im Weinberg dienen der Konfusionsmethode: Sie geben kontinuierlich einen sexuellen Lockstoff ab, der die männlichen Traubenwicklerfalter verwirrt und dadurch eine Befruchtung der Weibchen verhindert.

Links:
Nach dem Schlüpfen der Traubenwicklerraupe aus dem Ei frisst diese an den Knospen und gelangt durch ein Fraßloch an die junge Blütenanlage, die durch weiteren Fraß zerstört wird.

Rechts:
Der Rhombenspanner (*Peribatodes rhomboidaria*) gehört zu den Knospenschädlingen der Rebe. Die braunen Raupen befressen die Rebknospen, die lochartig ausgehöhlt werden, sodass sich kein normaler Trieb entwickeln kann.

monfallen eingesetzt. In diese Fallen werden die männlichen Traubenwickler durch Duftstoffe gelockt, die den von den weiblichen Traubenwicklern abgegebenen Sexuallockstoffen entsprechen. Regelmäßige Kontrollen der auf Leimböden in den Fallen gefangenen Falter ermöglichen eine genaue Feststellung von Flughöhepunkten. Daraus können optimale Bekämpfungstermine abgeleitet werden. Die Nutzung von Pheromonfallen trägt wesentlich zu einer termingerechteren Bekämpfung bei, wodurch unnötige Spritzmittelanwendungen vermieden werden können.

Neben dem Einsatz von Pheromonen für die genannten Prognosezwecke werden diese Duftstoffe auch zur direkten Bekämpfung der Traubenwickler eingesetzt. Dies erfolgt in der so genannten Konfusions- oder Verwirrungsmethode.

Wie bei den Pheromonfallen, die zur Prognose des Falterfluges verwendet werden, wird auch bei der Konfusionsmethode der Sexuallockstoff der weiblichen Traubenwickler, der synthetisch hergestellt wird, eingesetzt. Das Pheromon wird von den männlichen Faltern schon in geringster Konzentration über die Fühler wahrgenommen. Wenn die Männchen einen solchen Reiz aufnehmen, fliegen sie entgegen dem Konzentrationsgefälle der Pheromonquelle zu. Unter natürlichen Bedingungen würden sie also zu dem den Duftstoff abgebenden Weibchen fliegen.

Für das Konfusionsverfahren werden die synthetisch hergestellten Pheronome an Kunststoffträger (Dispenser) angelagert. Auf einem Hektar Weinbergfläche müssen etwa 500 Dispenser gleichmäßig verteilt werden. Von diesen Duftstoffquellen diffundiert kontinuierlich das Pheromon in die Umgebung, sodass die behandelte Fläche mit Pheromon überflutet wird. Die männlichen Falter in einer so behandelten Anlage verlieren die Orientierung, da sie kein Pheromongefälle mehr aufspüren können. Sie sind verwirrt, eine Partnerfindung ist nicht möglich. Die Weibchen werden nicht befruchtet und können nur unbefruchtete Eier ablegen. Dieses Verfahren kann sowohl für die Bekämpfung des Einbindigen Traubenwicklers *(Eupoecilia ambiguella)* als auch für die des Bekreuzten Traubenwicklers *(Lobesia botrana)* eingesetzt werden. Die Pheromondispenser müssen nur einmal vor Beginn des Falterflugs der ersten Generation ausgebracht werden. Die Konfusionsmethode zeichnet sich besonders durch die sehr spezifische Wirkung nur gegenüber den Einbindigen beziehungsweise Bekreuzten Traubenwicklern aus. Dadurch treten in den behandelten Flächen keine weiteren Wirkungen (Nebenwirkungen) gegenüber Nützlingen wie zum Beispiel Raubmilben, Schlupfwespen, Florfliegen, Raubwanzen oder Marienkäfern auf. Diese Bekämpfungsmaßnahme stellt das zur Zeit umweltfreundlichste Verfahren in der Schädlingsbekämpfung dar.

Leimboden einer Schädlingsfalle mit Faltern

• Chemische Verfahren: Der integrierte Rebschutz wird auch in Zukunft nicht ohne chemische Pflanzenschutzmittel durchgeführt werden können. Als oberstes Ziel ist anzustreben, chemische Mittel, wie beispielsweise Insektizide, Akarizide, Fungizide und Herbizide erst dann einzusetzen, wenn die Schädlinge oder Krankheitserreger die Schadschwelle überschreiten. Entsprechende Schadschwellen sind für die wichtigsten Schädlinge erarbeitet. Bei der Bekämpfung pilzlicher Krankheitserreger wird in vielen Fällen eine vorbeugende Maßnahme notwendig. Durch die Verbesserung vorhandener und die Erarbeitung neuer Prognosemöglichkeiten pilzlicher Krankheitserreger kann aber wesentlich dazu beigetragen werden, unnötige prophylaktische Maßnahmen zu vermeiden.

Mit dem Konzept des integrierten Rebschutzes wird den Belangen des Umweltschutzes weitgehend Rechnung getragen. Neben der Anwendung aller verfügbaren Bekämpfungsverfahren sollen vom Winzer bevorzugt Methoden des biologischen und biotechnischen Pflanzenschutzes angewendet werden.

Rebkrankheiten und Schädlinge

Viren, Bakterien, Phytoplasmen, Pilze, Milben, Insekten und Nematoden – der Rebstock hat viele Feinde. Zum Glück trifft man sie jedoch nur selten am selben Ort gleichzeitig an. In den verschiedenen Weinanbaugebieten sind die Krankheiten und Schädlinge unterschiedlich stark vertreten. Unter den inzwischen etwa 40 bekannten Viren tritt der Erregerkomplex der Reisigkrankheit (unter anderem das *Grapevine fanleaf virus*) am häufigsten auf. Eine Infektion der Rebwurzel mit einem der beteiligten Viren kann den Ertrag stark vermindern. Diese Viren werden durch Fadenwürmer (Nematoden) von der einen auf die andere Pflanze übertragen. Diesen Viruskomplex bekämpft man, indem ausschließlich gesunde Pflanzen genutzt werden, ähnlich wie bei den Baumschulen, und indem man den Weinberg zwischen dem Roden und dem Wiederbepflanzen brach liegen lässt. Es ist darauf zu achten, dass möglichst alle Wurzeln beseitigt werden, um den Nematoden die Lebensgrundlage zu entziehen und sie auszuhungern. Weil die Behandlung des Bodens mit nematodenabtötenden Mitteln (Nematiziden) umweltschädlich ist, wird diese Maßnahme in manchen Ländern (zum Beispiel Deutschland, Schweiz) untersagt und in anderen Ländern (zum Beispiel Frankreich) nur unter Kontrolle erlaubt.

Zwei bedeutungsvolle Rebkrankheiten werden durch Phytoplasmen (bakterienähnliche Mikroorganismen) verursacht: In den Vereinigten Staaten ruft die *Pierce's Disease* große Schäden hervor; die Goldgelbe Vergilbung oder *Flavescence Dorée* tritt vor allem im Süden Frankreichs auf.

Einige der Schadpilze greifen den Stamm an, was dazu führen kann, dass die Pflanze abstirbt; andere schädigen die grünen Teile der Rebe (Blätter, Triebe und Trauben). Zur ersten Gruppe gehören die Krankheiten Esca und Eutypa. Um die Ausbreitung dieser Pilze einzuschränken, müssen die Winzer den Rebstock so anschneiden, dass keine großen Wunden entstehen. Diese sind die Tore für die Pilze. Abgestorbene Wurzelstöcke müssen unbedingt verbrannt werden, da sie sonst neue Infektionsquellen darstellen.

Aus der zweiten Gruppe sind drei weit verbreitete Pilze besonders hervorzuheben: der Falsche Mehltau *(Peronospora)*, der Echte Mehltau *(Oidium)* und Grauschimmel *(Botrytis)*. Die erstgenannte Krankheit greift vor allem das Laub an, und zwar so stark, dass das Laub die Blätter vorzeitig abwirft. Das zieht besonders die Photosynthese in Mitleidenschaft, schränkt die Fruchtzuckerkonzentration in der Traube ein und verändert die Zusammensetzung der Reservestoffe des Wurzelstocks. Kupfer ist ein wichtiger Wirkstoff für die Bekämpfung des Falschen Mehltaus. Häufig eingesetzte Präparate sind Kupferoxydchlorid und Kupferkalkspritzbrühe (Kupfer, das mit Kalk neutralisiert wird).

Bei den organischen Substanzen zur Pilzbekämpfung unterscheidet man drei Gruppen: Produkte, die durch Kontakt nur die Organe, auf denen sie sich befinden, schützen (Kontaktfungizide); Produkte, die in die behandelten Organe eindringen und einen Angriff auch im Pflanzeninneren stoppen können (lokosystemische Mittel); und solche, die sich fast in der gesamten Rebe ausbreiten (vollsystemische Mittel).

Der Echte Mehltau kann Blattwerk und Trauben besiedeln, Ernteverluste hervorrufen und eben-

Echter Mehltau, Einzelbeeren mit Samenbruch

Phomopsis, Pyknidien auf Winterholz

falls die Qualität mindern. Nicht alle Rebsorten verhalten sich gegenüber diesem Pilz gleich. Einige, wie Carignan, sind dem Pilz gegenüber sehr anfällig, andere, wie Syrah oder Pinot Noir, sind es weniger. Sind sie einmal befallen, so wird es schwierig, den Pilz zu bekämpfen. Es ist also sehr wichtig, Vorsorgemaßnahmen zu treffen. Des Rätsels Lösung in der Bekämpfung von *Oidium* besteht im Wesentlichen in der Anwendung von schwefelhaltigen Präparaten. Es gibt jedoch auch Produkte auf organischer Basis, die nur ein, oder zweimal jährlich angewendet werden sollten, um das Auftreten von resistenten Pilzstämmen zu verhindern.

Der dritte große Feind des Rebstocks ist *Botrytis* oder Grauschimmel, der sowohl die Quantität als auch die Qualität der Ernte beeinträchtigen kann. Die beste Methode zur Bekämpfung besteht in vorbeugenden Maßnahmen, die die Vitalität des Rebstocks fördern und für eine gute Durchlüftung der Laubwand sorgen. Das erfordert neben der Verringerung der Stickstoffzufuhr über den Boden eine luftige, weiträumige Erziehung und zeitige Laubarbeiten (Entfernen der zweiten Ranken; Auslichten der Blätter).

Unter den Schadtieren sind besonders die beiden Traubenwickler-Arten, der Einbindige Traubenwickler *(Eupoecilia ambiguella)* und der Bekreuzte Traubenwickler *(Lobesia botrana)*, von Bedeutung. Sie bilden zwei oder drei Generationen pro Sommer und schädigen in ihren unterschiedlichen Larvenstadien die Knospen, die Blütenanlagen sowie die heranreifenden Beeren.

Die Mittel zur Bekämpfung müssen dem Entwicklungsstadium entsprechend ausgewählt (Eier oder Larven) und zum richtigen Zeitpunkt eingesetzt werden. Je weniger schädlich die Produkte für die Umwelt, für den Anwender und die Nützlinge sind, umso genauer muss ein optimaler Bekämpfungstermin ermittelt werden; manchmal können ein oder zwei Tage viel ausmachen. Es gibt aber auch alternative Möglichkeiten.

Spritzen der Reben mit einem Schädlingsbekämpfungsmittel

Eutypiose, Querschnitt durch Stamm

Die Behandlungsmethoden

Je nachdem, ob die Erreger auf den Blättern (zum Beispiel Mehltau) oder an den Trauben (Traubenwickler) Schäden verursachen, sollten diese Bereiche gezielt behandelt werden. Eine gute Benetzung der Blätter oder Trauben ist für den Bekämpfungserfolg wesentlich. Der Erfolg der Behandlung wird weiterhin durch die angewendeten Mittel, den Einsatzzeitpunkt, eine richtige Düsenwahl am Spritzgerät sowie die Fahrgeschwindigkeit mitbestimmt. Falsche Einstellungen am Spritzgerät und eine zu schnelle Fahrgeschwindigkeit führen zu unnötigen Belastungen der Umwelt (zum Beispiel höhere Abdrift).

Wichtige Rebkrankheiten

Beate Berkelmann-Löhnertz

Rebenperonospora
(Plasmopara viticola)

Die Rebenperonospora ist neben dem Echten Mehltau die wirtschaftlich bedeutendste Pilzkrankheit der Rebe. Frühjahrsgewitter mit starkem Regen scheinen für die erste Infektion der Rebblätter über Pilzsporen vom Boden eine Voraussetzung zu sein, später fördern feucht-warme Witterungsverhältnisse die Ausbreitung des Pilzes. Erstes Anzeichen ist der so genannte Ölfleck, eine oftmals kreisrunde Aufhellung befallener Blattpartien, die später auf der Blattunterseite den typischen Pilzrasen zeigen. Starker Peronospora-Befall des Rebstocks kann zu hohen Ertragsverlusten führen. Neben der Qualität der Trauben wird die Holzreife der Triebe beeinträchtigt. Alle Europäerreben sind anfällig, wobei Müller-Thurgau, Gutedel sowie Portugieser als hoch anfällig gelten.

Grauschimmel oder Botrytisfäule
(Botrytis cinerea)

Junge Beeren werden leicht infiziert, wenn das Mostgewicht noch unter 62 °Oechsle liegt und feuchte Witterungsbedingungen vorherrschen. Kommt es außerdem zu einer Besiedlung der Beeren- und Traubenstiele, so fallen viele Trauben schon vor der Lese zu Boden. Die Besiedlung mit Botrytis auf lesereifen Trauben als so genannte Edelfäule ist jedoch erwünscht. Aus solchen edelfaulen Trauben können hochedle Qualitäten wie Auslesen und Beerenauslesen produziert werden. Botrytis ist in der Lage, bei roten Rebsorten bestimmte Farbstoffe abzubauen. Besonders bei roten Sorten muß auf gesundes Lesegut geachtet werden. Auch bei der Rebenvermehrung spielt der Grauschimmel eine Rolle, da er die Verwachsung der Pfropfpartner sowie den jungen Austrieb zerstören kann.

Echter Mehltau
(Oidium tuckeri)

Der Echte Mehltau macht sich neben der Rebenperonospora wirtschaftlich am gravierendsten bemerkbar. Alle grünen Teile des Rebstocks können befallen werden, am markantesten sind die so genannten Zeigertriebe zu Beginn der Vegetationsperiode. Der Name der Krankheit lässt sich allerdings am deutlichsten vom Beerenbefall ableiten: Bei starkem Oidium-Befall ist ein Großteil der Beeren mit einem weiß-grauen Pilzbelag überzogen und sieht wie mit Mehl bestäubt aus. Hochdruckwetterlagen mit heißen Tagen und kühlen Nächten sind günstig für die Ausbreitung des Pilzes. Alle Europäerreben sind anfällig, wobei Portugieser, Elbling, Kerner, Trollinger, Silvaner, aber auch Carignan als hoch anfällig gelten. Weine aus stark mit Oidium befallenen Weinbergen weisen meist einen Fehlton auf.

Schwarzfleckenkrankheit
(Phomopsis viticola)

Die Schwarzfleckenkrankheit tritt besonders im Winter zum Zeitpunkt des Rebschnitts durch markante Symptome hervor. Stark befallene Triebe zeigen deutliche Ausbleichungen, lanzettförmige Längsrisse sowie Verschorfungen und eine Vielzahl mikroskopisch kleiner Sporenbehälter. Im Frühjahr zum Zeitpunkt des Austriebs ist die Infektionsgefahr besonders hoch, wenn die Triebe infolge kühler Witterung verzögert wachsen und wenn reichlich Niederschläge fallen. Die Krankheit breitet sich nur langsam aus, da die Sporen in erster Linie über Wassertropfen verbreitet werden. In trockenen, warmen Frühjahren ist die Infektionsgefahr gering, eine vorbeugende Bekämpfung erübrigt sich dann. Als hoch anfällig hat sich die Sorte Müller-Thurgau herausgestellt.

Roter Brenner
(Pseudopezicula tracheiphila)

Der Name dieser Krankheit rührt von den typischen Blattsymptomen an Rotweinsorten her. Rotbraun gefärbte Blattränder, zum Teil bereits abgestorben, verbunden mit gelben bis grünen Bereichen zum Blattinneren hin lassen den befallenen Rebstock wie verbrannt aussehen. Da vorwiegend Weinreben in Steillagen befallen werden, ist diese Pilzkrankheit nur lokal von Bedeutung (zum Beispiel Teile Frankens, Mosel). Als besonders anfällig gilt der Riesling, da er meistens in steinigen, humusarmen, trockenen Hanglagen gepflanzt ist, auf Standorten also, die das Auftreten des Pilzes begünstigen. Die Bekämpfung hat – falls erforderlich – frühzeitig und vorbeugend stattzufinden, das heißt, wenn vier bis fünf Blätter entwickelt sind, sollte gespritzt werden.

Eutypiose
(Eutypa lata)

Die Eutypiose wird durch einen Schadpilz verursacht, der nicht nur Reben befällt, sondern zum Beispiel auch bei Aprikosen und Schwarzen Johannisbeeren sehr gefürchtet ist. Der Pilz führt, ähnlich wie bei der Esca, zum Absterben der Reben. Als markante Symptome sind die Kleinblättrigkeit und der so genannte Besenwuchs zu nennen. Die frühere Lehrmeinung, dass Reben erst nach dem zwölften Standjahr befallen werden, hat nach jüngsten Untersuchungen leider keine Gültigkeit mehr. Da eine direkte Bekämpfung im Holz nicht möglich ist, stehen auch hier vorbeugende Maßnahmen im Vordergrund. Die Eutypiose tritt in den letzten Jahren häufiger in Erscheinung. Aus diesem Grund werden der Erreger und die Ausbreitung der Krankheit in Deutschland zur Zeit intensiv untersucht.

Esca-Krankheit
(Erregerkomplex; u.a. Phaeoacremonium sp.)

In den letzten Jahren ist eine deutliche Zunahme der Esca zu verzeichnen. Die Krankheit ist hauptsächlich in älteren Rebanlagen zu beobachten. Meist tritt in Deutschland ein chronischer Befallsverlauf auf: Einzelne Rebstöcke in einer Anlage zeigen typische Blattsymptome und kümmern, bevor sie endgültig – meistens erst im folgenden Jahr – absterben. Die genaue Ursache der Krankheit ist noch nicht bekannt. Neueste Untersuchungen zeigen, dass der oben genannte Pilz am Erregerkomplex der Esca beteiligt ist. Da keine Bekämpfungsmittel zur Verfügung stehen, muss mit vorbeugenden Maßnahmen versucht werden, das Infektionsrisiko zu senken. Um auf die Esca-Krankheit reagieren zu können, werden die beteiligten Mikroorganismen und Möglichkeiten einer Bekämpfung intensiv untersucht.

Pilze an Rebwurzeln
(Armillaria mellea, Roesleria hypogaea, Rosellinia necatrix)

Die drei am Wurzelschimmel-Erregerkomplex beteiligten Pilze verursachen an Reben Rückgangs- und Absterbeerscheinungen. Die Pilze besiedeln alte und junge Rebwurzeln und zeigen sich als typische fächerartige Myzelplaques, rhizomorphe Bänder oder kleine Fruchtkörper auf der Wurzel oder unter der Wurzelrinde. Die drei Pilze treten einzeln oder in Kombination auf. Für das Absterben der Reben kann selten eine Ursache allein verantwortlich gemacht werden, häufig sind einzelne Rebstöcke bereits geschwächt oder durch Stress-Situationen beeinträchtigt. Ungünstige Standortverhältnisse (zum Beispiel Staunässe) scheinen hier eine vorrangige Rolle zu spielen. Der sichere Nachweis der beteiligten Pilze ist schwierig, da sie besondere Kulturbedingungen erfordern und sehr langsam wachsen.

Wichtige Schädlinge im Weinberg

Hartwig Holst

Traubenwickler (1)

Die Traubenwickler sind die wichtigsten Schädlinge der Reben. Der Einbindige Traubenwickler *(Eupoecilia ambiguella)* ist an einem dunklen Band auf hellgelbem Untergrund erkennbar, während der Bekreuzte Traubenwickler *(Lobesia botrana)* eine braun marmorierte Flügelzeichnung mit angedeutetem Kreuz besitzt. Schäden verursachen die Larven dieser Wickler, die Heuwürmer beziehungsweise die Sauerwürmer.

Traubenwickler (3)

Die Raupen der ersten Traubenwicklergeneration, die Heuwürmer, fressen nicht nur an den Blütenanlagen, sondern verspinnen auch mehrere Blütenteile zu Nestern. Diese so genannten Gespinste sind kleine Klumpen aus Blütenresten und Spinnfäden der Räupchen. In solche Gespinste wandern die Raupen am Ende ihrer Entwicklung zum Teil ein und verpuppen sich hier. In der Puppe entwickelt sich dann der Falter der zweiten Generation.

Traubenwickler (2)

Die Eiablage der ersten Generation erfolgt einzeln an den Blütenanlagen der Gescheine. In den Eiern entwickelt sich das erste Larvenstadium, eine 1–2 mm große Raupe, die meist zur Zeit der Heuernte aus dem Ei schlüpft und deshalb auch Heuwurm genannt wird. Nach dem Schlüpfen der Raupe frisst diese an den Knospen und gelangt durch ein kleines Fraßloch in die junge Blütenanlage, die durch weiteren Fraß zerstört wird.

Traubenwickler (4)

Die Raupen der zweiten Generation, die Sauerwürmer, fressen an und in den jungen heranreifenden Beeren der Trauben. Hohe Populationsdichten können allein durch Fraß einen Großteil der Traube vernichten. Oftmals werden die befressenen Beeren aber auch von Pilzen besiedelt. Besonders *Botrytis cinerea*, der Grauschimmel, breitet sich von angefressenen Beeren nesterartig auf der Traube aus und führt zur gefürchteten Sauerfäule.

Rebzikaden (1)

Rebzikaden überwintern im Stammbereich immergrüner Bäume. Die adulten Tiere fliegen im Frühjahr in die Rebanlagen zurück. Die grünlich gefärbten Rebzikaden *(Empoasca vitis)* halten sich vor allem auf den Unterseiten der Rebblätter auf und legen in die Blattadern ihre Eier. Die daraus schlüpfenden Larven sind zunächst flügellos. Im letzten Larvenstadium sind kleine Flügelansätze erkennbar.

Rebzikaden (2)

Larven und adulte Tiere saugen an den Adern der Blätter. Aufgrund dieser Saugtätigkeit rollen die Blätter nach unten ein und verfärben sich zunächst am Blattrand, bei weißen Sorten gelblich und bei roten Sorten sehr auffallend rötlich. Die Verfärbungen breiten sich auch zwischen den Blattadern im Innern der Blätter aus. Die verfärbten Blattpartien trocknen ein, und bei starkem Befall kommt es zum frühzeitigen Blattfall.

Rhombenspanner

Der Rhombenspanner *(Peribatodes rhomboidaria)* gehört zu den Knospenschädlingen der Rebe. Die graubraunen Rhombenspannerraupen befressen die Rebknospen, die lochartig ausgehölt werden, sodass sich kein normaler Trieb entwickeln kann. Besonders bei verzögertem Austrieb können Larven dieses Schädlings Schaden verursachen. Die Raupen sind wegen ihrer zweigähnlichen Tarnhaltung nur schwer erkennnbar.

Dickmaulrüssler

Der Dickmaulrüssler *(Otiorrhynchus sulcatus)*, ca. 1 cm groß und grauschwarz gefärbt, frisst als Käfer im Frühjahr an den Rebknospen und verursacht später einen typischen Blattrandfraß. Er überwintert als Käfer sowie als Larve im Boden. Von besonderer Bedeutung ist der Fraßschaden, den die Larven dieses Schädlings an den Wurzeln der Reben verursachen. An Jungreben wird die Wurzelstange durch Entrinden stark geschädigt.

Die Reblaus

Die Reblaus kam mit importierten Rebstöcken aus den Vereinigten Staaten um 1860 nach Frankreich. 1863 wurde das kleine gelbe Insekt in England erstmals entdeckt, und im gleichen Jahr stellte man in Frankreich an der südlichen Rhône eine Rebenkrankheit fest, die bis dahin unbekannt war. Der französische Wissenschaftler Jules Planchon nannte den dafür verantwortlichen Schädling ursprünglich *Phylloxera,* heute heißt er *Dactylosphaera vitifolii.* Bis zum Ende des 19. Jahrhunderts verbreitete sich die Reblaus nahezu in jedem der europäischen Weinländer. Mittlerweile ist sie in fast allen Weinbaugebieten der Welt vorhanden.

Die Reblaus schädigt die Rebe besonders durch das Anstechen der Wurzeln, wodurch die Nahrungszufuhr der Pflanzen nachhaltig gestört wird und die Rebstöcke sogar absterben können. Es gibt noch keine wirklich wirksame chemische Behandlung. Eine Maßnahme, die schon früher erfolgreich angewandt wurde und auch heute noch Gültigkeit hat, ist die Veredelung. Dabei werden Edelreiser einer reblausanfälligen Sorte (Vitis-vinifera-Erbgut) auf Unterlagen veredelt, die reblausresistent sind. Hierbei handelt es sich um Kreuzungen aus *Vitis berlandieri, Vitis riparia* und *Vitis rupestris.*

Die Reblaus zeigt sich heute nur noch selten in Weinbergen mit veredelten Reben, das bedeutet aber nicht, dass sie völlig verschwunden ist. Manche Unterlagen, die Vitis-vinifera Erbgut unter den Vorfahren haben, bleiben weiterhin reblausempfindlich. Das ist der Fall bei der Unterlage AxR1 (die Kreuzung heißt dementsprechend: AxR1), die vor allem in den 1960er Jahren in Kalifornien verwendet wurde. Sie passt sich gut an alle Bodenverhältnisse an und zeigt erst sehr spät Reblaus-Symptome. Die kalifornischen Winzer tragen heute die Folgen dieser Nachlässigkeit, denn sie mussten alle Weinberge mit reblausresistenten Unterlagen neu bepflanzen.

Links und Mitte: Rebläuse (*Dactylosphaera vitifolii*) verursachen auf Rebblättern vor allem bei Amerikanerreben Gallen. In diesen Gallen finden sich Blattrebläuse, deren Eier und Jungläuse. Die Gallen weisen auf der Blattoberseite eine reusenartige Öffnung auf, durch die die Jungläuse die Galle verlassen und an anderer Stelle des Blattes oder am Blattstiel durch Nahrungsaufnahme neue Gallenbildungen verursachen.

Rechts: Wurzelrebläuse, die im Boden an den Rebwurzeln leben, verursachen durch das Saugen an den Wurzeln Verdickungen (Nodositäten). Infolge dieser Schädigung kommt es zu Störungen der Wasser- und Nährstoffaufnahme, die zur Schwächung der Wuchsleistung der Rebe oder sogar zum Absterben des Rebstocks führen kann.

Entwicklungskreislauf

Hartwig Holst

Die Reblaus weist keinen Wirtswechsel zwischen verschiedenen Wirtspflanzen auf, dafür erfolgt ein Wirtswechsel zwischen den Blättern und den Wurzeln der Rebe. Aus den von den Geschlechtstieren abgelegten Wintereiern entwickeln sich zu Vegetationsbeginn Maigallenläuse, die auf den Blättern Blattgallen verursachen und in diesen als vollentwickelte Stammmütter Eier ablegen. Die aus diesen Eiern schlüpfenden Jungläuse breiten sich auf den Trieben weiter aus und rufen vor allem an den jungen Blättern neue Blatt- oder Stielgallen hervor. Im Spätsommer wandern die Jungläuse nicht mehr zur Triebspitze, sondern laufen den Rebstock hinunter und suchen die Rebwurzeln im Boden auf, wo der unterirdische Entwicklungszyklus beginnt. Die Jungläuse wandern zunächst in tiefere Bodenschichten, in denen sie überwintern. Im folgenden Frühjahr suchen sie junge Wurzeln auf, an denen sie Nahrung aufnehmen, Nodositäten oder Tuberositäten verursachen und ihre Entwicklung zu eierablegenden Weibchen abschließen. Durch parthenogenetische Vermehrung entstehen im Wurzelbereich viele Generationen der Wurzelläuse. Einige Jungläuse entwickeln sich zu so genannten Nymphen (Jungläuse mit Flügelansätzen), die den Boden verlassen, womit der oberirdische Entwicklungszyklus beginnt. Aus den Nymphen entwickeln sich nun geflügelte Rebläuse, die auch Reblausfliegen genannt werden. Diese suchen Amerikanerreben auf und legen an diesen Pflanzen große und kleine Eier ab. Aus den großen Eiern entwickeln sich weibliche Rebläuse und aus den kleineren Eiern männliche Rebläuse. Nach der Begattung legt das Weibchen nur noch ein Ei – ein so genanntes Winterei – an den Rebstamm ab. In der folgenden Vegetationsperiode können sich wieder Maigallenläuse entwickeln und den gesamten Kreislauf schließen.

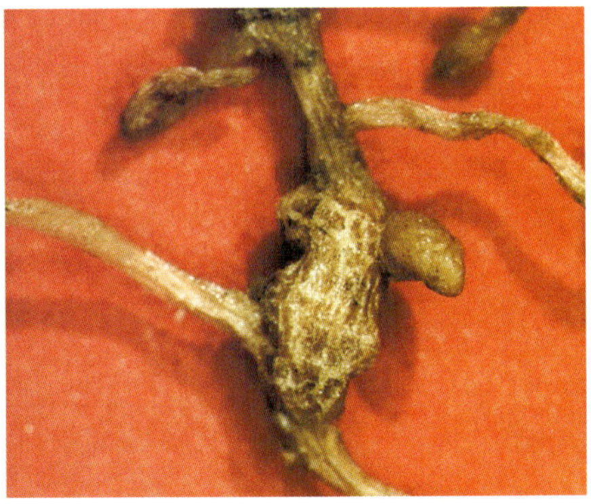

Entstehungskreislauf der Reblaus

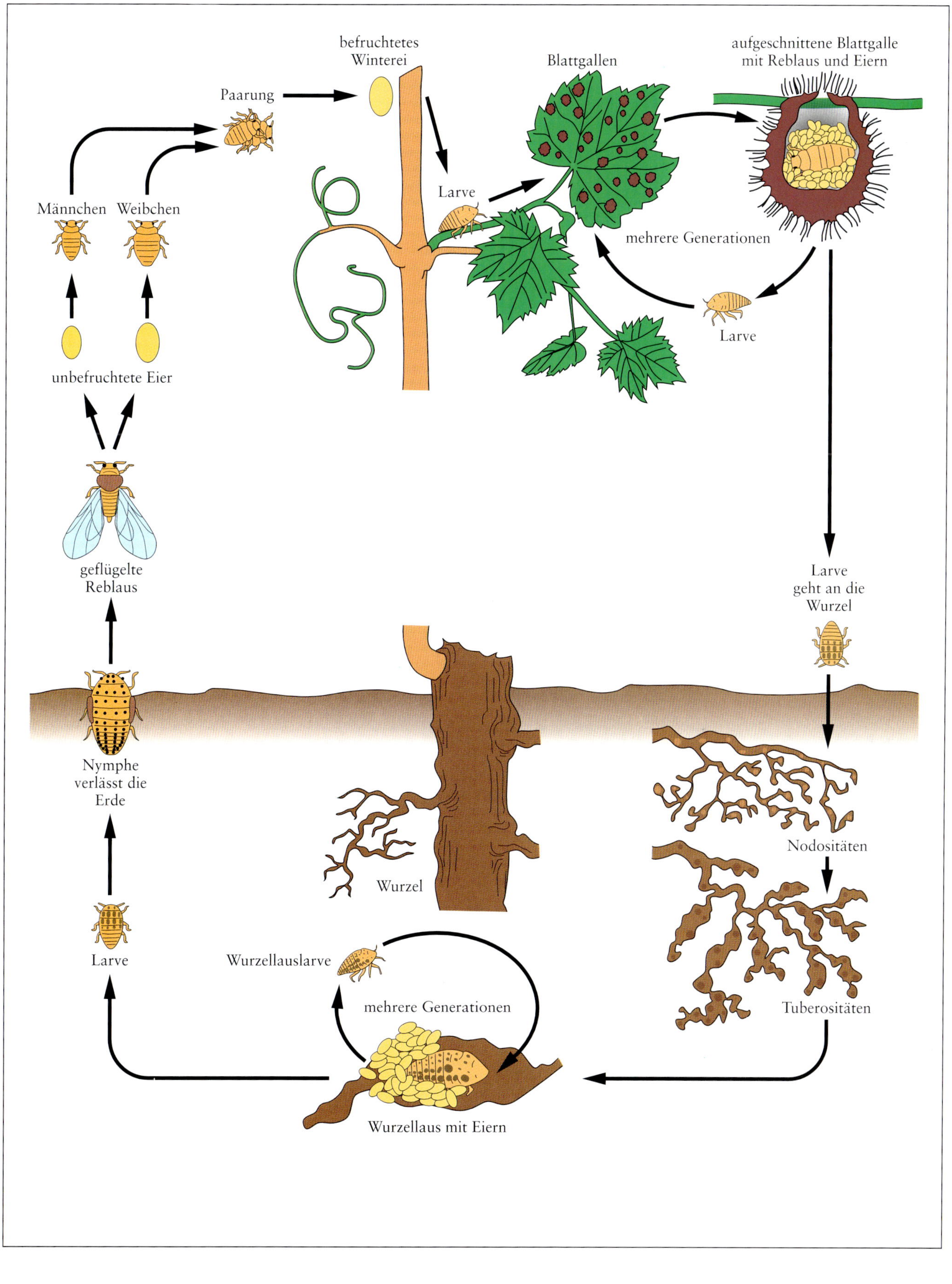

Arbeiten im Weinberg

Rebstöcke verlangen eine stetige und sorgfältige Behandlung. Diese Arbeiten, die sowohl den Boden wie auch die Vegetation betreffen, sind ausschlaggebend für die Qualität der Weinernte desselben Jahres, stellen gleichzeitig aber die Weichen für die Ernte des folgenden Jahres. Bei der Bodenbearbeitung richtet sich die technische Vorgehensweise nach der ausgewählten Methode. Bei der chemischen Unkrautvernichtung werden Herbizide eingesetzt, die es erlauben, die manuellen oder mechanischen Bodenbearbeitungen zu verringern. Meist wird der Boden dennoch ein- bis zweimal im Jahr bearbeitet, um ihn zu belüften und zu lockern. Dies kann im Herbst oder im Frühjahr, aber auch in beiden Jahreszeiten geschehen. Es ist auch möglich, Herbizide gezielt in den Reihen anzuwenden. Dann werden die Zwischenreihen entweder bearbeitet oder begrünt. Die aussichtsreichste Vorgehensweise kombiniert nacheinander verschiedene Bearbeitungsmethoden: um die Stöcke herum Erde anhäufeln, die Zwischenräume aufhacken und einebnen beziehungsweise grubbern (pflügen). Das Aufhäufeln dient dazu, den Rebstock vor den Auswirkungen zu großer Kälteeinbrüche im Winter zu bewahren, da die Veredelungsstelle von einer schützenden Erdschicht bedeckt wird. Im Frühjahr muss diese Erdanhäufelung entfernt werden, damit sich das Veredelungsreis nicht unter der Erde ausbreitet und unerwünschte Wurzeln schlägt.

Rechts:
Auslichten in der Champagne auf bequeme Weise

Bei der grünen Lese, die genau zum richtigen Zeitpunkt – etwa sechs Wochen vor der eigentlichen Lese – stattzufinden hat, werden noch unreife Trauben entfernt. So verringert man den Ertrag, die übrigen Trauben reifen besser und liefern konzentrierteren Most, wodurch die Weinqualität erhöht wird.

Die Häufigkeit des Grubberns hängt vom Ausmaß des Unkrauts ab. Wenn es geregnet hat, ist es manchmal schwierig, mit dem Traktor die Parzellen zu befahren. Bei einer Dauerbegrünung wird man mehrere Male in der Saison mähen müssen. Um die Konkurrenz während der Wachstumsperiode zu begrenzen, kann man auch eine zeitweise Begrünung vorziehen. Die pflanzliche Bodenabdeckung wird dann am Ende des Winters mechanisch durch Bodenbearbeitung oder chemisch durch Herbizide zerstört.

Auch dabei gibt es keine ideale Lösung, die auf alle Situationen angewendet werden könnte. Unter anderem gilt es, den Boden und seine Beschaffenheit, den Zugang zu den Parzellen, die Probleme der Erosion, die Frühjahrsfröste, die Konkurrenz bei der Wasserzufuhr und die Betriebskosten zu berücksichtigen. Die Begrünung, bei der es sich um eine interessante Lösung handelt, die Struktur und Leben des Bodens respektiert, eignet sich nicht für Zonen mit steilen Hängen, weil die Reifen der Traktoren auf den Gräsern rutschen. Auch in spätfrostgefährdeten Lagen wird von einer Begrünung abgeraten. Die Pflanzendecke erhöht die Bodenfeuchtigkeit und damit die Frostempfindlichkeit im Frühjahr.

Auch am Rebstock folgen mehrere Arbeiten aufeinander. Während des Winters, in der Regel nach dem Schneiden, ist die richtige Zeit, Spaliere, Pflöcke und Drähte auszubessern. Ist das Schneiden beendet, wird das Reis (oder das Langholz), wenn es sich um einen langen Schnitt handelt, an einem Spalierdraht befestigt. Sobald das Wachstum begonnen hat, entfernt man überflüssige Triebe, um die Laubwand zu belüften und das Schneiden im darauf folgenden Winter zu erleichtern. Gleichzeitig oder später muss man auch die Wasserschosse entfernen, die am Stamm ausschlagen. Bei Drahtrahmenerziehung müssen die Ranken, sobald die Triebe ausreichend lang ausgetrieben sind, mit Hilfe von Spalierdraht hochgebunden und zwischen den Pflöcken befestigt werden. Gleichzeitig mit dieser manuellen Arbeit muss man das Laub stutzen, indem die Spitzen der Reiser abgemäht werden.

In nördlicheren Gebieten kann man sich Ende Juni, Anfang Juli, das heißt kurz vor der Véraison (Traubenfärbung), entscheiden, eine gewisse Anzahl an Trauben pro Stock zu entfernen, um eine qualitativ hochwertige Ernte sicherzustellen. Dieser Vorgang wird vor allem bei roten Sorten durchgeführt, um die Farbkonzentration zu erhöhen. Man spricht von ›Ausdünnen‹ oder ›grüner Lese‹.

Die Reife der Weinbeere

Vom Aufbrechen der Augen am Ende des Winters bis hin zur Fruchtreife der Trauben zu Beginn des Herbstes durchläuft der Weinstock zahlreiche Stadien, von denen einige besonders wichtig sind. Anfangs werden die Knospen dick, nach und nach erscheinen die ersten Blätter. Sobald die ersten fünf oder sechs gut entfaltet sind, kann man schon Trauben erkennen. Ausgehend von den klimatischen und pflanzengesundheitlichen Bedingungen des vorausgegangenen Jahres ist der Traubenansatz mehr oder weniger stark und gibt einen Hinweis auf den voraussichtlichen Ernteertrag. Diese kleinen, senkrecht stehenden Trauben sowie die Triebe, die sie tragen, entwickeln sich weiter.

Die Blütezeit fällt nördlich des Äquators je nach Region auf die Zeit zwischen Mitte Mai und Mitte Juni. Jeder Blütenknopf blüht, aber nicht jeder gibt eine Weinbeere, da einige vor oder nach der Befruchtung abfallen. Den Prozentsatz der an den Reben verbleibenden Beeren verglichen mit der Anzahl der ursprünglichen Blüten nennt man die Befruchtungsrate. Sie variiert je nach Rebsorte und klimatischen Bedingungen zwischen 10 und 50 Prozent. In den zwei Wochen nach der Blütezeit können auch junge Beeren abfallen. Dieses Verrieseln hängt auch von der Empfindlichkeit der jeweiligen Rebsorte ab. Kälte und Regen sind ausgesprochen ungünstig während der Blütezeit. Im Allgemeinen geht man davon aus, dass 100 Tage nach der Blüte die Ernte beginnt.

Beim Fruchtansatz neigen sich die Trauben in die Horizontale. Wenn die Beeren erbsengroß sind, senken sie sich und hängen bis zur Reifezeit herab. Manche Beeren können sich entwickeln, ohne befruchtet worden zu sein. Die Beeren sind klein, ohne Kerne und bei der Reife sehr zuckerhaltig. Hier handelt es sich um Jungfernfrüchtigkeit. Wenn es stark auftritt, kann dieses Phänomen die Quantität der Ernte betreffen, beeinträchtigt aber nicht die Qualität.

Im Stadium der Färbung (Véraison) werden die Beeren der weißen Rebsorten nach und nach durchsichtig, die roten beginnen sich zu färben. Jetzt hört das Wachstum der Triebe auf, und der ganze Stoffwechsel richtet sich auf die Trauben aus. Die Phase der Reife beginnt. Von diesem Zeitpunkt an erhöht sich die Zuckerkonzentration, denn die Produkte der Photosynthese kommen vorrangig den Trauben zugute. Gleichzeitig reduziert sich der Gehalt der Äpfel- und Weinsäure. Der Gehalt an Weinsäure bleibt relativ konstant, ihr Anteil an der Gesamtsäure nimmt – wegen der starken Abnahme der Äpfelsäure – sogar zu.

Die physiologische Reife ist erlangt, sobald eine ausreichende Zuckerkonzentration erreicht ist, ohne zu viel Säure zu verlieren. In nördlichen Gegenden besteht manchmal die Schwierigkeit darin, den Mindestzuckergehalt zu erreichen, den die Appellationsdekrete vorschreiben. Im Süden entstehen Probleme eher durch einen zu großen Säureverlust. In beiden Fällen sind Ausgleiche im Gärkeller möglich.

Zu dieser physiologischen Reife kommen noch die aromatische und phenolische Reife hinzu. Die aromatische Reife korrespondiert mit dem Zeitpunkt, in dem die Traube am reichsten an Aromen oder Aromen bildenden Stoffen ist. Bei den phenolischen Komponenten verfolgt man die Entwicklung der Anthozyane und Tannine (Gerbstoffe); erstere sind die Ursache für die Farben, letztere garantieren die Struktur des Weins und, langfristig gesehen, die Stabilität der Farbe. Die Konzentration an Anthozyanen erhöht sich während der Reifephase, bis sie ein Höchstniveau erreicht, wonach sie sich wieder verringert. Ideal ist es, zu ernten, wenn das Maximum erreicht ist. Aber entsprechende Analysen sind kostspielig, heikel und kaum verbreitet. Wenn die Rebsorte dem Terroir angepasst ist, werden die aromatischen und phenolischen Höhepunkte meistens erreicht, sobald die Traube physiologisch reif ist.

In kontrollierten Weinanbaugebieten gibt die Aufhebung des Weinlesebanns den Stichtag, an dem mit der Weinlese begonnen werden kann. Wo eine vorgezogene Weinlese geraten erscheint, muss eine Sondergenehmigung eingeholt werden. Der Aufruf wird von den Berufsverbänden festgelegt, je nach den Resultaten der Analysen in den Weinbergen. Eine solche Bestimmung existiert in den Ländern der Neuen Welt nicht. Aber auch in Europa beginnt man in dieser Beziehung flexibler zu werden. So hat man zum Beispiel in Deutschland diese Regelung in den letzten Jahren gelockert, um den Betrieben mehr Gestaltungsmöglichkeiten zu erlauben. Der Sinn des Bannes besteht darin, zu verhindern, dass Weinbauern, etwa aus Angst vor schlechtem Wetter zu früh mit der Lese beginnen. Es steht ihnen jedoch frei, so spät zu lesen, wie es ihnen beliebt. Die Weinlese wird auf jedem Gut nach der Frühreife der einzelnen Rebsorten und je nach Sektor organisiert. In manchen Anbaugebieten können zwischen dem Einbringen früher weißer und später roter Sorten sogar vier bis sechs Wochen vergehen, nicht zu sprechen von der Lese von Trockenbeeren oder Eiswein.

Aus dem Auge wächst die Blattknospe.

Die Knospe öffnet sich.

Die Blütenknospen der späteren Traube

Blüte oder Geschein

100 Tage lang wachsen Beeren.

Erste Verfärbung des Pinot Noir

Die Véraison des Pinot Noir

Reife Rieslingbeeren

Überreife edelfaule Beeren

Die Überreife

Sobald das Reifestadium überschritten ist, tritt das Stadium der Überreife ein. Eines der berühmtesten Beispiele der Überreife auf den Rebstöcken wird mit Hilfe der Edelfäule erreicht, wie in Sauternes, in Tokaji sowie bei Beeren- und Trockenbeerenauslesen. Der verantwortliche Pilz ist derselbe, der den Grauschimmel verursacht *(Botrytis cinerea)*, nur unter anderen Bedingungen. Edelfäule braucht neblige, leicht feuchte Morgenstunden, denen Sonnenschein folgt. Der Pilz entwickelt sich unter der Fruchtschale, was einen Wasserverlust bewirkt und den Zuckergehalt erhöht. Die Weinlese findet so statt, dass man die befallenen Trauben, teilweise Beere für Beere, in mehreren Durchgängen heraussucht. Die Überreife kann auch abseits des Rebstocks erfolgen. Beim Eintritt der Reife werden die Trauben gelesen und gelagert. In Jerez oder Malaga werden die Trauben einige Tage lang ausgebreitet der Sonne ausgesetzt und dann gepresst. Im Jura oder im Burgenland werden die Trauben, die für Strohwein bestimmt sind, auf Stroh oder Schilf trocken und luftig gelagert und nicht vor Jahresende gepresst. In einigen Gebieten Italiens werden Trauben über Monate auf Gestellen aufgehängt gelagert und in der Karwoche im Folgejahr gekeltert, die Basis für den Vin Santo.

Weinlese

Vesperpause bei der Weinlese in Brackenheim, Baden-Württemberg

Manuelle Weinlese

Man kann sich bewusst für die manuelle Traubenlese entscheiden oder durch die örtlichen Gegebenheiten dazu gezwungen werden. Wenn die Hänge steil, die Parzellen klein und zerstückelt oder die Rebstöcke alt und niedrig sind, geht es meist gar nicht anders. Ist das nicht der Fall, wäre es möglich, eine Lesemaschine einzusetzen, aber viele Winzer entscheiden sich aus freien Stücken für die Handlese.

Eines der wichtigsten Ziele der manuellen Lese ist es, die Trauben völlig unbeschädigt vom Weinberg in den Weinkeller zu bringen. Dafür verwendet man am besten Kisten, um das Problem des Oxidierens zu vermeiden. Sollten Trauben beschädigt werden, kann der Saft abfließen, ohne zu oxidieren. Falls sich das Lesegut in gutem gesundheitlichem Zustand befindet und möglichst unversehrt in den Keller gelangt, kann die Schwefelung beträchtlich eingeschränkt oder ganz vermieden werden.

Im Gegensatz dazu sind Trauben, die auf der Ladefläche des Kippers unter dem Eigengewicht zerdrückt werden und mehrere Stunden in der Sonne stehen bleiben, qualitativ deutlich weniger interessant, selbst wenn sie mit der Hand geerntet wurden.

Die manuelle Weinlese ermöglicht es auch, die Trauben bei der Lese und direkt danach – noch im Weinberg – auszusortieren. Und schließlich bewahrt sich der Winzer bei der Methode der Handlese die Möglichkeit, eventuell nur einen Teil der Trauben zu entrappen. Bei einer mechanischen Ernte ist diese Wahlmöglichkeit nicht mehr gegeben, denn die Maschine entfernt nur die Beeren (ohne Rappen) von den Stöcken.

Auf Schloss- und Weingütern von Rang und Namen, in denen der wirtschaftliche Faktor eine weniger entscheidende Rolle spielt, möchte man häufig die Handlese aus Tradition beibehalten, selbst wenn es ein kostenintensives Verfahren ist. Bei Betrieben, die mit kleinen Gruppen von nicht mehr als zehn oder zwanzig Personen ernten, herrscht bei der Weinlese meist eine fröhliche und harmonische Stimmung, denn es sind oft dieselben Weinleser, die jedes Jahr wiederkommen, weil sie gern zusammen arbeiten. Viele Winzer möchten nur ungern auf diese Atmosphäre verzichten, unterstreicht sie doch in ihrer Anschauung den Höhepunkt des Weinjahres.

Gute Erntehelfer entfernen unreifes oder beschädigtes Traubenmaterial.

Die Lese ist ein anstrengendes Geschäft, vor allem das Tragen und Ausleeren der Körbe.

Einsatz von Lesemaschinen ist nur bei größerem Zeilenabstand möglich.

Fahrgeschwindigkeit und Qualität hängen eng zusammen.

Die Beeren werden auf die Ladefläche befördert.

Auch bei maschineller Lese sollte das Erntegut unversehrt sein.

Der Weg in den Keller sollte nicht allzu weit sein.

Der Vollernter übernimmt die mühsame Arbeit des Entrappens.

Mechanische Weinlese

Der Einsatz von Erntemaschinen ist eine wirtschaftliche und technische Entscheidung. Mechanische Ernte, etwa in Frankreich, kostet durchschnittlich zwei- bis dreimal weniger als die manuelle Weinlese, wenn man bei der Kalkulation die Löhne und die Arbeitgeberabgaben berücksichtigt. Das trifft natürlich nicht für Länder zu, in denen die Arbeitslöhne und die Abgaben niedriger sind oder, wie in Chile, ganz entfallen. In anderen Weinbauländern, etwa Australien, ist die Mechanisierung der Weinlese unumgänglich, weil es nicht genügend Erntehelfer gibt.

Die Maschine ermöglicht unter anderem einen sehr gut an die Notwendigkeiten angepassten Einsatz. Man kann nachts arbeiten, wenn es kühl ist, und durchgehend arbeiten, falls die Ernte dringend eingebracht werden muss (aufgrund von hoher Reife oder bei schlechten Wetterbedingungen). Die von der mechanischen Weinernte überzeugten Winzer äußern auch ihre Zufriedenheit darüber, dass sie sich keine Sorgen mehr um die sehr aufwendige Betreuung, Verköstigung und Unterbringung der Weinleser machen müssen.

Diese Vorteile hätten jedoch keinen Nutzen, wenn die Qualität nicht gegeben wäre. In dieser Hinsicht sind nicht alle Rebsorten gleichwertig. Man erhält zum Beispiel sehr gute Ergebnisse beim Chardonnay, weniger gute hingegen beim Pinot Noir, wenn er für die Erzeugung von alterungsfähigen Weinen bestimmt ist.

Die Qualität der Arbeit einer Weinlesemaschine hängt aber auch von der Einstellung der Schüttelfrequenz und von der Fortbewegungsgeschwindigkeit ab. Je schneller sie fährt, desto härter muss sie schlagen, um die Beeren abzuschütteln, was die Ernte beschädigt, die Rebstöcke verletzt und die Pflöcke zerbricht.

Um gute Qualität zu erreichen, müssen bei mechanischer Weinlese auch einige Veränderungen im Weinkeller vorgenommen werden. Bei den weißen Rebsorten, die besonders oxidationsanfällig sind, muss man die Zeit zwischen dem Moment der Lese und dem Pressen so kurz wie möglich halten. In einigen Fällen kann das bedeuten, dass eine zusätzliche Traubenpresse angeschafft werden muss.

Bei Weinen, die auf Ganztraubenpressung basieren, wie in Frankreich zum Beispiel Champagner, Crémant, Beaujolais und Sauternes, kann man keine Lesemaschinen einsetzen, da diese keine ganzen Trauben einbringt. Deshalb ist in den betreffenden Appellationsdekreten der Einsatz von Lesemaschinen ausdrücklich verboten und vorgeschrieben, dass die Trauben manuell gepflückt werden müssen.

IM WEINKELLER

Hélène Jaeger

Edelwein und Massenwein

»Um guten Wein zu machen, braucht man gute Trauben.« So müsste der Grundsatz jedes Winzers oder Kellermeisters lauten. In der Praxis ist es viel leichter, gesunde und reife Trauben zu vinifizieren als geschädigte und nicht ausreichend gereifte. Die Weinherstellung beginnt deshalb im Weinberg. Einer der Schlüssel für eine Qualitätsernte ist die Übereinstimmung zwischen der Rebsorte, der Unterlage und dem Boden. Die vom Winzer bevorzugte Bearbeitungsweise, wie zum Beispiel Dichte der Bestockung, Schnitt, Laubarbeit, Bodenpflege, und das Alter des Rebstocks beeinflussen das Endresultat zusätzlich. Hinzu kommen wechselnde klimatische und phytosanitäre Verhältnisse, die jeden Jahrgang zur neuen Herausforderung machen.

Die Fortschritte der Önologie haben dazu beigetragen, dass man die drei großen Arbeitsbereiche Vinifikation, Ausbau und Abfüllung besser versteht und somit besser meistert. Als Beispiel lassen sich die hygienischen Fortschritte anführen, die einen Essigstich verhindern. Es kommt immer seltener vor, dass Wein zu Essig umschlägt. Eine wesentliche Verbesserung brachte auch die Temperaturregulierung bei der Weinbereitung, die es möglich machte, den Ablauf der Gärprozesse zu kontrollieren.

Man verfügt heute auch über Kenntnisse und Mittel, um eventuelle Mängel oder Mangelerscheinungen der Weintrauben auszugleichen. Damit gelingt es erfahrenen Kellermeistern, sogar in schwierigen Jahren guten Wein zu produzieren. Doch all diese positiven Errungenschaften können ebenso gut in die falsche Richtung führen, wenn Vinifikation als ein industrieller Prozess betrachtet wird, analog zur heutigen Nahrungsmittelherstellung. Auch da verhält sich jedes Land anders, und manche Vorgehensweisen (wie die Aromatisierung mit Eichenspänen) sind in einigen Ländern erlaubt, in anderen verboten.

Ausgeklügelte Technik ist Standard bei moderner Vinifikation.

Zur erhöhten Extraktion wird der Most umgepumpt und erneut über den sich oben bildenden Tresterhut gespritzt.

Man muss sich auch darüber einig sein, was einen Wein, einen guten Wein und einen großen Wein definiert. Nach der Festlegung der Europäischen Union ist Wein »ein Produkt, das ausschließlich aus einer ganzen oder teilweisen alkoholischen Gärung von frischen gemahlenen oder nicht gemahlenen Trauben oder aus deren Most« gewonnen wird. In einigen Regionen der Welt können auch Getränke, die aus anderen Früchten hergestellt werden, ›Wein‹ genannt werden.

Über diese Präzisierung hinaus unterscheidet man zwischen Massenweinen und Edelweinen. Von Ersteren verlangt man nur, dass sie den Bestimmungen entsprechen und handelsüblich, mit einem Wort, ›trinkbar‹ sind. Der Verbraucher erwartet eine zeitgemäße Standardqualität, die aus ertragreichen, auf fruchtbaren Böden angepflanzten Rebstöcken produziert wird. Diese Weine zum täglichen Genuss, vor allem zum Verbrauch im Erzeugerland selbst, werden zugunsten feinerer Weine immer seltener konsumiert. Bis in die 1960er Jahre wurde dieser Wein, besonders in Frankreich, mit Wasser versetzt, zur Erfrischung und täglich zu den Mahlzeiten getrunken.

Heute tendiert das Interesse des Verbrauchers zu qualitativ hochwertigeren Weinen. Im Allgemeinen trinkt man weniger, aber besseren Wein. Der

Wein muss die handelsüblichen Qualitäten aufweisen, sollte aber auch einen dem Anbaugebiet, der Rebsorte sowie dem Jahrgang entsprechenden Charakter erkennen lassen. In manchen Jahren, wenn es die klimatischen Umstände gestatten, kann aus dem guten auch ein außergewöhnlicher Wein werden. Ziel eines jeden guten Winzers oder Kellermeisters ist es, alle Vorteile der Traube zu nutzen und ihr gleichzeitig zu ermöglichen, das eigene Potential auszudrücken. Eine der großen Gefahren moderner Önologie besteht in der Standardisierung der Weine durch zu systematische Eingriffe und Behandlungsmethoden. So kann es geschehen, dass man eher die Technik der Vinifikation, den Önologen oder den Winzer als das Terroir erkennt. Jeder stellt seinen Wein auf seine individuelle Weise her, und nur die Auswahl durch einen aufgeklärten Verbraucher wird über die Akzeptanz dieser Weine entscheiden.

Oben:
Schlauchverbindungen erfordern penible Sauberkeit.

Unten:
Viele Güter vergären hochwertige Weißweine in kleinen neueren Eichenfässern.

Annahme des Leseguts

Nach der Ernte ist die erste Handlung die Auslese der Trauben. Sie wird auf entsprechenden Tischen durchgeführt, entweder schon im Weinberg vor dem Transport oder sobald die Trauben im Weinkeller angekommen sind. Dadurch können Blätter, grüne (unreife) Trauben, die versehentlich gepflückt wurden, und Traubenteile, die mit Graufäule befallen sind, entfernt werden. Diese Selektion ist besonders für die Rotweinbereitung wichtig, um negative Auswirkungen während der Maischung und Gärung zu verhindern. Die Auslese kann nur bei intaktem, also durch den Transport so wenig wie möglich beschädigtem Traubenmaterial wirksam durchgeführt werden.

Wenn die Weinlese maschinell stattfindet, kann man auf das manuelle Verlesen verzichten. Bei korrekt eingestellten Erntemaschinen werden die getrockneten oder grünen Beeren nicht gepflückt, und verfaulte Beeren fallen schon bei der geringsten Berührung von den Stöcken. Die Blätter werden durch an der Maschine angebrachte Ventilatoren weitgehend entfernt.

Auf dem Boden der Edelstahlwannen, die in vielen Kellereien die Lese aufnehmen, befindet sich eine Endlosschraube, die durch ihre Drehbewegung die Trauben weiterbefördert, ob zur Presse bei weißen oder zum Maischegerät bei roten Sorten.

Das Lesegut erreicht den Weinkeller auf den Ladeflächen von Fahrzeugen, in Bottichen, Wannen oder Kisten. Nach Möglichkeit sollten niedrige Behältnisse bevorzugt werden, die verhindern, dass die Trauben vom Eigengewicht zerdrückt werden und der austretende Saft oxidiert. Dieser Aspekt ist umso wichtiger, je länger der Weg zwischen Weinberg und Keller ist und je höher die Lufttemperaturen sind. Einige Ladeflächen werden gekippt, andere Fahrzeuge fördern über eine am Boden angebrachte Schnecke das Erntegut durch einen dicken Schlauch in den Keller. Die beste Methode bleiben Kisten, in denen die Trauben nahezu unbeschädigt in den Weinkeller transportiert werden. Dennoch kann auch ein selbstentleerender, wenig gefüllter Container mit einer sich langsam drehenden Schnecke von großem Durchmesser zufrieden stellende Ergebnisse bringen. Anschließend folgt das Mahlen beziehungsweise Entrappen, wobei die Beeren von den Traubenstielen getrennt werden. Je nach Art der Trauben, des Pressens und des Vergärens unterscheiden sich diese Arbeitsschritte.

Bei der Massenproduktion in Großbetrieben werden die Trauben in großen Anhängern angeliefert.

Durch den Kippmechanismus der Anhänger wird das Lesegut in den Annahmetrichter entleert.

Hochwertiges Lesegut wird in kleinen Erntekisten in den Keller gebracht und von Hand entleert.

Die unbeschädigten Trauben werden in ein Abbeergerät geschüttet.

Bei Marques de Riscal in der Rioja Alavesa wird die optimale Traubenreife abgewartet.

Das Lesegut wird in kleinen Kisten geerntet und zur Kellerei gefahren.

Der Kellerarbeiter lädt die Traubenkisten auf ein Fließband um.

Am Ende des Bands entleeren sich die Kisten automatisch, die Trauben rutschen auf den Sortiertisch.

Die Arbeiterinnen überprüfen den Gesundheitszustand der Trauben.

Alle unreifen oder kranken Trauben werden von Hand herausgeschnitten.

Die selektionierten Trauben gelangen vom Sortiertisch in ein Abbeergerät.

Die Stiele und Rappen werden auf einem Fließband aus der Kellerei befördert.

Draußen fallen sie in einen Anhänger zum weiteren Abtransport.

Die Oxidation

Bei der Oxidation handelt es sich um die Verbindung von Sauerstoff mit Komponenten von Most oder Wein, wobei farbliche oder aromatische Abweichungen hervorgerufen werden können. Weißweine sind empfindlicher als Rotweine, da deren höherer Phenolgehalt oxidationshemmend wirkt.
Um sich vor der Oxidation zu schützen, trifft man von der Weinernte bis zum Transport entsprechende Vorkehrungen. Dafür gibt es mehrere Lösungen:

- Man vermeidet das Zerquetschen der Trauben und das Austreten des Saftes.
- Die Wartezeit des Leseguts im Weinberg wird so kurz wie möglich gehalten.
- Die Ernte in der größten Tageshitze muss auf jeden Fall vermieden werden.
- Die Trauben werden durch Überschichten mit Schutzgas vor Luftkontakt bewahrt; man verwendet gefrorenes Kohlendioxid (CO_2), das sich beim Auftauen gasförmig ausbreitet.
- Das wichtigste, schon immer in der Önologie benutzte Antioxidationsmittel ist Schwefeldioxid SO_2. Es kann von der Lese an während der gesamten Weinbereitung bis hin zur Flaschenabfüllung eingesetzt werden.

Heutzutage ist man bestrebt, so wenig SO_2 wie möglich zu verwenden, da es sich bei zu hohen Konzentrationen recht unangenehm bemerkbar machen kann. Die europäischen Bestimmungen legen die erlaubten Höchstwerte an Schwefeldioxid im Wein fest.

Viele Kellermeister streuen Schwefel über das Lesegut, um die Oxidation zu vermeiden.

Spezifisches Gewicht und potentieller Alkoholgehalt

Der Saft einer Beere wird auf das Glas des Refraktometers geträufelt.

Der Zuckergehalt der Beeren wird gemessen.

Öchslewaage zur Feststellung des Mostgewichtes

Den Zuckergehalt eines Mosts bestimmt man anhand seines spezifischen Gewichts. Bei weißen Mosten findet dieser Vorgang nach dem Pressen statt. Bei roten Mosten wird etwas Flüssigkeit aus dem Maische- oder Gärtank entnommen. Die Messung wird mit Hilfe einer Mostwaage oder eines Refraktometers durchgeführt. Wasser mit seinem spezifischen Gewicht von 1000 kp/l dient als Richtmaßstab. Je reichhaltiger der Zuckergehalt des Mosts ist, desto höher ist sein spezifisches Gewicht. Tabellen geben das entsprechende Verhältnis zwischen dem spezifischen Gewicht, der Zuckerkonzentration und dem potentiellen Alkoholgehalt an. Man geht davon aus, dass bei einem weißen Most 17 Gramm Zucker nötig sind, um 1 %vol Alkohol zu erhalten, während beim roten Most dafür 18 Gramm Zucker erforderlich sind. Diese geringere Ergiebigkeit der roten Moste ist auf den Anteil der festen Bestandteile zurückzuführen, außerdem ist die erste Messung bei roten Trauben heikler, weil sie nur bei dem Teil des Mosts durchgeführt wird, der zuerst aus den Beeren fließt, wenn sie nur leicht zerdrückt werden. Man weiß aber, dass nicht alle Teile der Beeren eine gleich hohe Zuckerkonzentration aufweisen. Es ist auch wichtig, vor dem Gärungsbeginn zu messen, da sonst ein Teil des Zuckers schon in Alkohol umgewandelt wäre. Außerdem muss man beim Messresultat, abhängig von der Mosttemperatur, noch Korrekturen vornehmen.

Je nach Land misst man unter anderem in Grad, Brix, Baumé, Oechsle, die den jeweiligen Mess- und Konvertierungssystemen entsprechen und auf die in den Länderkapiteln hingewiesen wird.

Die ermittelten Werte von 17 oder 18 Gramm Zucker für 1 %vol Alkoholgehalt gelten jedoch nicht immer. Einige der im Handel erhältlichen Reinzuchthefen erbringen diesen Alkoholgehalt schon bei 16,5 Gramm Zucker. Dieser anscheinend belanglose Faktor ist von großer Bedeutung, besonders wenn man das Lesegut anreichern will oder muss. Je nach Ergiebigkeit der Hefen muss man, um den Alkoholgehalt zu erhöhen, eine unterschiedliche Zuckermenge zufügen.

Ausgehend von der Messung des spezifischen Gewichts wird man entscheiden, ob das Lesegut angereichert werden muss oder nicht. Auch in diesem Punkt wird nicht in allen Weingebieten gleich gehandelt. Trauben müssen bei der Weinlese einen Mindestgehalt an Zucker enthalten, der in den Anbaugebieten mit Appellation durch Verordnungen festgelegt ist. Dadurch wird verhindert, dass der Lesebeginn zu früh stattfindet.

Wenn es am natürlichen Fruchtzuckergehalt mangelt, kann man ihn mit verschiedenen Mitteln und in unterschiedlicher Größenordnung verbessern. In Europa wurden Gebiete eingerichtet, die speziellen Bestimmungen unterliegen. In jedem einzelnen Fall diktiert die Gesetzgebung den erfor-

Im Labor werden während des gesamten Prozesses der Weinbereitung Moste und Jungweine wiederholt analysiert, um das Verhältnis ihrer wichtigsten Bestandteile zu ermitteln und um insbesondere zu überprüfen, ob sich die Gärung einwandfrei vollzieht und vollständig abgeschlossen wird.

derlichen Mindestgehalt an natürlichem Fruchtzucker und die erlaubte Erhöhung. Es gibt drei Methoden der Anreicherung:

- Aufzuckern oder Chaptalisation
- Hinzugeben von konzentriertem Mostpräparat
- Mostkonzentration.

In Europa schließen sich diese Methoden gegenseitig aus. Diese Einschränkung ist auf Kontrollschwierigkeiten zurückzuführen, nicht auf technische oder qualitative Gründe, die bei der gleichzeitigen Anwendung entstehen würden.

Mostpräparate haben einen stärkeren Zuckergehalt als Most. Dabei gibt man statt Zuckerrübensirup oder Rohrzucker Traubenzucker hinzu. Doch dieser Vorgang beeinflusst das Volumen der angereicherten Ernte. Es gibt in Europa Bestimmungen, wonach das ursprüngliche Volumen nicht um mehr als 11 Prozent, 8 Prozent oder 6,5 Prozent, je nach Anbauzone, erhöht werden darf. In einem traditionellen konzentrierten Most erfasst die Konzentration alle Bestandteile. Man kann auch verbessertes Mostkonzentrat zufügen. Es enthält ausschließlich Zucker, alle anderen Bestandteile wurden insbesondere durch Entmineralisierung ausgeschieden. Das Mostkonzentrat ist dichter als gärender Most. Während der Anreicherung ist es wichtig, beide Anteile zu homogenisieren.

Die neueste Anreicherungstechnik ist die Konzentration. Sie besteht darin, einen Teil des im Most befindlichen Wassers auszuscheiden, was man mit unterschiedlichen Methoden erreicht: durch Verdampfen, durch Einfrieren, worauf man die sich bildenden Eiswürfel ausscheidet, oder durch Umkehr-Osmose. Bei dem letztgenannten Verfahren handelt sich um eine tangentiale Filtrierung: Der Most dringt nicht durch die filtrierende Membrane, er zirkuliert an ihr entlang, und nur das Wasser dringt mittels des Effekts eines Druckgefälles hindurch.

Das Gleichgewicht des Weins

Ein wesentlicher Aspekt ist vor der Weinbereitung zu bedenken: Die geschmackliche Harmonie eines Weins gründet sich nicht nur auf seinen Alkoholgrad, sondern auf die Ausgewogenheit unterschiedlichster Elemente. Deshalb muss der Zuckergehalt eines Mosts und damit der potentielle Alkoholgrad des künftigen Weins mit anderen Faktoren abgestimmt werden.

Bei Weißweinen ist die Balance aus Alkoholgehalt und Säure entscheidend. Bei gleichem Säuregehalt kann der Wein lebhaft erscheinen, auch wenn der Alkoholgehalt niedrig ist, auf der anderen Seite aber schal, wenn der Alkoholgehalt hoch ist. Man wird also je nach Säuregrad des Mosts unterschiedliche Schlussfolgerungen für die Anreicherung ziehen. Bei Rotweinen ist die von den Tanninen eingebrachte Adstringenz ein weiteres gewichtiges Element, das der Ausgewogenheit des Weins dient.

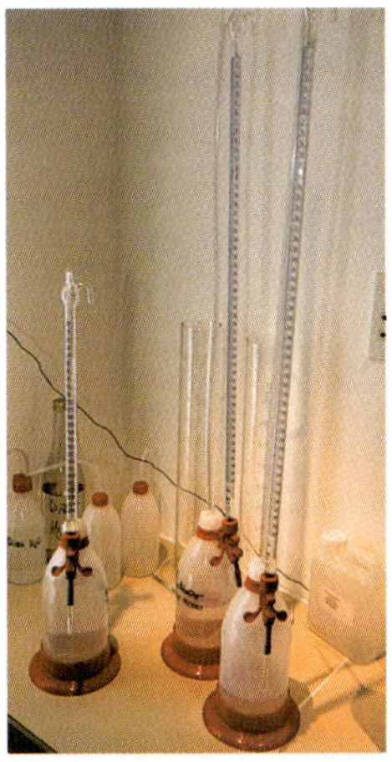

Viele größere Weingüter ermitteln und kontrollieren inzwischen Werte wie Alkohol, Säure, Tannine und Restzucker selbst, die sich während der Vinifikation fortwährend verändern.

Der Begriff der ›Anreicherung‹ umfasst die unterschiedlichsten Praktiken. Diese Vorgehensweise beeinträchtigt die Qualität nicht, vorausgesetzt, dass gewisse Regeln beachtet werden. Anreichern ist eine Korrektur, mit der man nur einen kleinen Mangel an natürlichem Zucker ausgleichen kann. Wenn man zuviel anreichert, zerstört man das Gleichgewicht des Weins. Man sollte immer versuchen, den Ausgangsstoff zu respektieren. Auch das Hinzufügen von konzentriertem Most kann das ursprüngliche Gleichgewicht verändern. Deshalb zieht man in klassierten Appellationsgebieten die Chaptalisation vor.

Auch die Methoden der Mostkonzentration wirken auf das natürliche Gleichgewicht der verschiedenen Komponenten des Weins ein und verändern es. Während das Volumen der flüssigen Bestandteile verringert wird, erhöht sich das der festen Anteile. Doch dabei wird nicht nur Zucker konzentriert, für Säure und unreife Gerbstoffe gilt das Gleiche. Diese selbst in Qualitätsweinregionen inzwischen weit verbreiteten, hoch technisierten Methoden bewirken aber auch eine fortgesetzte Standardisierung der Weine, die eigentlich weder im Interesse gewissenhafter Winzer noch überzeugter Weinfreunde liegen kann.

Monsieur Chaptal und die Chaptalisation

Jean-Antoine Chaptal (1756–1832), Graf von Chanteloup, war ausgebildeter Chemiker und unter Napoleon Innenminister. Schon 1799 hatte er einen viel beachteten Artikel über Wein geschrieben, 1807 verfasste er sein berühmtes Werk ›L'Art de faire le vin‹. Die Chaptalisation trägt zwar seinen Namen, doch hat er sie nicht erfunden. Aber er war es, der diese schon zu Beginn des 19. Jahrhunderts entwickelte Methode populär machte. Es handelt sich um ein Anreicherungsprinzip, bei dem man dem Wein Rohrzucker zusetzt, um Reifemängel der Trauben auszugleichen. Bereits in der Antike gab man Honig zum Wein, und auch im 18. Jahrhundert griff man zum Rohrzucker. Rübenzucker kam erst in der zweiten Hälfte des 19. Jahrhunderts auf.

Jean-Antoine Chaptal – Der »Erfinder« der Anreicherung

Chaptalisiert wird, indem man dem Most Rohr- oder Rübenzucker durch Einrühren hinzufügt. Der Zucker wird dabei nicht direkt in den Tank geschüttet, weil er auf den Boden fallen würde, ohne sich aufzulösen. Einer Teilmenge des Mosts wird in einer Wanne Zucker beigegeben und durch Umrühren vollständig aufgelöst. Danach füllt man diese Mischung in den Ausgangstank zurück.

Früher wurde meist zu Beginn der Gärung in einem Arbeitsgang chaptalisiert, heute geht man dazu über, die Zuckerzugaben aufzuteilen, speziell bei der Rotweinbereitung. Dadurch kann die Gärung und damit die Maischestandzeit verlängert werden, ohne das Risiko eines Essigstichs einzugehen. Bei Rebsorten, deren Farbe schwierig zu extrahieren ist, erweist sich diese Methode als besonders interessant. Manchmal ist es bei Rotweinmaische wegen der festen Bestandteile schwierig, die genaue Mostmenge zu ermitteln. In diesem Fall kann man durch wiederholtes (meist zweimaliges) Chaptalisieren mit Teilmengen eventuelle anfängliche Beurteilungsfehler korrigieren und die Anreicherung genauer dosieren.

Keltern oder Pressen

Bei Weisswein- beziehungsweise Rotweinerzeugung wird zu unterschiedlichen Zeitpunkten gepresst. Weißweintrauben werden in der Regel unmittelbar nach der Lese gepresst. Der Saft ist zuckerreich und klebrig, was sein Abfließen erschwert und den Pressvorgang verzögert. Die Gärung findet sofort anschließend statt. Bei der Bereitung von Rotwein werden die Trauben beziehungsweise Beeren eingemaischt und vergoren, bevor die Kelterung durchgeführt wird.
Man unterscheidet verschiedene Presstechniken. Deren Wahl hängt von der wirtschaftlichen Lage des Betriebs, der zu pressenden Menge, der Art des Weins, den man erzeugen möchte, vom verfügbaren Personal und eventuell noch von den regional geltenden Bestimmungen ab.

Bewährtes System über Jahrhunderte

Pressen aus Holz wurden bereits in der Antike verwendet, was zahlreiche Funde und Darstellungen belegen. Die ältesten Modelle, die es noch in Frankreich, Deutschland, Italien und Spanien zu besichtigen gibt, sind äußerst beeindruckend. Vor dem 19. Jahrhundert besaßen nur der Adel und die Klöster eigene Keltern. Dabei handelte es sich oft um so imposante Hebelpressen wie die des Clos de Vougeot in der Côte d'Or. Die Weinbauern brachten ihre Trauben zum Pressen und mussten eine Gebühr dafür entrichten. Nach der Französischen Revolution setzten sich in den Weinkellern allmählich kleinere Keltern durch.

Bei den alten Keltern wurden die Trauben oder der Trester auf horizontalen Weinmulden ausgebreitet. Hebelpressen besaßen einen schweren, aus einem langen Balken bestehenden Hebel, der an einem Ende mittels einer schweren Bohle die Trauben zerquetschte.
Der Hebel war an der anderen Seite mit einer Schraube oder Spindel verbunden, die ihn – je nachdem, in welche Richtung sie gedreht wurde – anhob oder senkte. Andere Weinpressen waren mit einer zentralen Schraube versehen, die den aus Bohlen zusammengefügten Pressdeckel hinabdrückten. Bei diesen Vorrichtungen wurde der Trester an der Seite nicht gehalten. Man musste also während des Pressvorgangs mehrere Male den Pressdeckel abmontieren und die schon teilweise ausgepressten Trauben wieder aufhäufen, bis der ganze Saft extrahiert war.
Mit der Zeit wurde diese Art von Pressen immer weiter perfektioniert. Das Traubenmaterial wurde durch Körbe oder Gitter festgehalten, die Holzschraube durch eine Eisenschraube ersetzt, das System zum Anziehen verändert, um seine Wirksamkeit zu steigern und den erforderlichen Kraftaufwand zu verringern.
Diese vertikalen Handpressen waren noch in den 1960er Jahren in Betrieb. Man kann sie in Winzerdörfern und in Weinkellern bestaunen, wo sie heute vielfach der Dekoration dienen. In der Champagne, aber auch in anderen traditionsreichen Regionen wird dieses vertikale Prinzip noch heute angewendet, inzwischen natürlich maschinell unterstützt.

Links:
Noch immer sind solche Korbpressen in der Champagne im Einsatz, in denen die Trauben hydraulisch und sanft gekeltert werden.

Rechts:
Bei der historischen Tischpresse – diese stammt aus der Rioja – wurden die Trauben auf dem Tisch ausgebreitet und mit dem Holzdeckel beschwert, bevor durch die beiden Spindeln der schwere Mittelbalken immer tiefer heruntergedrückt wurde.

Die Zyklen des Pressens

Entscheidend für die Art des Pressens ist das gewünschte Endprodukt. Im Allgemeinen erfolgt nach dem Abbeeren und Mahlen – bei Rotwein nach der Maischegärung – der eigentliche Pressvorgang. Bei der Kelterung wird abwechselnd gepresst beziehungsweise umgewälzt. Moderne pneumatische Weinpressen sind exakt steuerbar: Der jeweils ausgeübte Druck, seine Dauer und die Geschwindigkeit der Druckerhöhung können ganz präzise eingestellt und genauestens kontrolliert werden.
Bei der Kelterung von weißen Trauben variieren diese Faktoren je nach Rebsorte, nach deren jeweiligem Reifegrad und nach dem gesundheitlichen Zustand des Leseguts. Es gibt Jahre, da lässt sich der Saft leicht extrahieren, und der Pressvorgang geht relativ zügig vonstatten. In anderen Jahren muss man bedächtiger, dafür aber kraftvoller vorgehen.
Wenn der Druck zu rasch ansteigt, kann der Most nicht schnell genug abfließen, und es bilden sich Taschen mit Flüssigkeit. Wird dagegen zu stark umgewälzt, kann der austretende Most trübe und adstringierend sein. Es empfiehlt sich, die Presse zwischendurch zu öffnen, um den Trockenheitsgrad der Trester zu kontrollieren und die Entscheidung, ob man mit dem Pressen fortfahren oder aufhören soll, von dem Ergebnis abhängig zu machen.
Bei der Rotweinbereitung hat der Winzer die Möglichkeit, während des Pressvorgangs den bereits vergorenen Wein zu verkosten, um den Zeitpunkt des Abbrechens zu bestimmen. In jedem Fall wird sich die Unterbrechung auf die Güte der Extrahierung auswirken.
Der noch ohne Pressen abgelaufene Most oder Wein wird Vorlauf genannt. Er hat weniger Tannine und ist oft von besserer Qualität. Danach wird meist mittels einer sanften Pressung der Großteil des Saftes gewonnen, bevor die restliche Maische den Pressmost oder Presswein ergibt.

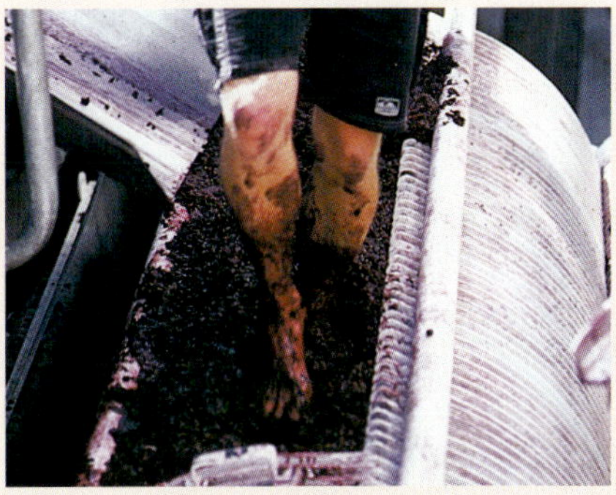

Selbst bei einer modernen Presse lassen sich die Trauben sanft mit den Füßen verteilen, wie es seit eh und je in Weinkellern gemacht wurde.

Der Korb wird bis zum Rand mit Trauben gefüllt. Die hydraulische Korbpresse presst die Trauben aus.

Über ein Fließband wird die Maische aus dem Gärtank bis zur Presse gefördert, in die sie hineinfällt.

Heute wird vorwiegend in Horizontalpressen gekeltert, vorzugsweise in pneumatisch betriebenen.

Wechsel in die Horizontale

Heutzutage kommen allerdings überwiegend Horizontalpressen zum Einsatz. Man füllt Trauben beziehungsweise Maische in einen sich drehenden Siebzylinder, und ein Kolben presst den Most mit Druck durch die Siebwand. Durch Änderung der Drehrichtung wird der entstehende Tresterkuchen automatisch gelockert. Vorausgesetzt, sie werden mit dem erforderlichen Feingefühl bedient, das heißt mit wenig Druck und nicht zu häufigem Umwälzen der Trester, bringen diese Pressen durchaus zufrieden stellende Ergebnisse.

Die Devise heisst Schonung

Die pneumatischen Pressen stellen eine Weiterentwicklung der horizontalen Pressen dar. Während des Kelterns füllt sich ein Gummisack im Innern des Zylinders mit Luft auf und drückt die Maische gegen die Wandungen. Das Umwälzen der Trester wird durch die leichte Drehung des Zylinders erreicht, wenn die Luft aus dem Ballon wieder entweicht. Dieses wesentlich schonendere Verfahren erbringt ausgezeichnete Resultate. Außerdem lassen sich auf diese Weise auch kleine Mengen pressen, während die mechanischen Pressen erst ab einer Mindestfüllmenge arbeiten. Dieser Aspekt ist beispielsweise für die Côte d'Or im Burgund von großer Bedeutung, wo man bei den zahlreichen Appellationen in der Regel nur sehr kleine Mengen verarbeitet.
Neben diesen Pressen gibt es noch automatisierte Systeme, so genannte kontinuierliche Pressen, bei denen die Trauben mit Hilfe einer Schnecke oder eines Förderbands durch einen Zylinder weiterbewegt werden, wo sie immer stärkerem Druck ausgesetzt sind. Förderbandpressen, bei denen die Trauben mittels zweier übereinander liegender gelochter Bänder gepresst werden, behandeln das Traubenmaterial etwas schonender als Schneckenpressen, die wie ein großer Fleischwolf arbeiten. Bei beiden Systemen fließt der Saft durch die Siebwände ab. An einem Ende des Zylinders fängt man den Vorlauf auf und weiter hinten den Pressmost.
Nach Abschluss des Pressvorgangs wird der restliche Most üblicherweise ausgesondert. Diese Systeme erbringen im besten Fall Moste von durchschnittlicher Qualität.

Alkoholische Gärung

Während der Gärung wandelt sich der Fruchtzucker unter der Einwirkung von Hefe in Alkohol um. Bei diesem Vorgang werden Kohlendioxid und Wärme freigesetzt. Je nach Art des angestrebten Weintyps verwandelt sich beim Prozess der Gärung entweder der gesamte Zucker in Alkohol, was einen trockenen Wein ergibt, oder es wird nur ein Teil des Zuckers zu Alkohol, wobei halbtrockene oder süße Weine entstehen.

Weissweine

Die weißen Moste, die man durch Pressen erhalten hat, müssen vor Einsetzen des Gärprozesses einer Vorklärung unterzogen werden. Dabei ist es möglich, den Saft durch die Aussonderung der festen Teilchen zu reinigen. Diese so genannten ›Trubstoffe‹ enthalten Reste von Erde, Teile der Rappen oder Stiele, der Schalen oder anderen unerwünschten organischen Teilen. Das Vorklären ist ein unverzichtbarer Schritt für die aromatische Qualität des Weins. Auch hier gilt es, das Mittelmaß zu finden, um nicht durch das Entfernen notwendiger Stoffe die Gärfähigkeit des Mosts in Mitleidenschaft zu ziehen. Bei zu stark vorgeklärten Mosten wird die Gärung kraftlos und kann sogar zum Stillstand kommen. Je nach Reife und gesundheitlichem Zustand der Trauben fallen die Moste mehr oder weniger trüb aus. Sind die Trauben überreif und schwer von Fäulnis betroffen, wird die Trübung der Moste stärker sein. Alle mechanischen Vorgänge, die die Trauben durchlaufen mussten, von der Weinlese bis zum Auspressen, tragen zur Bildung von Trubstoffen bei. Man sollte also die Trauben so wenig wie nötig und so sanft wie möglich behandeln.

Reinzuchthefen steuern die Gärung. Je nach Weintyp werden verschiedene Stämme verwendet.

Trockenhefepulver und Most werden zunächst im Eimer verrührt, um einen Ansatz zu erhalten.

Die Hefebakterien quellen auf und beginnen den Umwandlungsprozess von Zucker in Alkohol.

Für oder wider Reinzuchthefen

Überall, wo Weinbau betrieben wird, sind auch unterschiedliche Hefearten beheimatet. Sobald die Schale der Beeren verletzt ist, kommen sie in Kontakt mit dem süßen Saft. Manche Winzer und Önologen vertreten die Ansicht, dass die Typizität eines Terroirs unter Berücksichtigung der einheimischen Hefestämme am deutlichsten zum Ausdruck kommen muss. Aber diese natürlichen Hefen sind zuweilen nicht in der Lage, die Gärung gut durchzuführen, weil sie nur in geringem Ausmaß im natürlichen Milieu vorkommen. Dieser Rückgang der Hefepopulationen kann im Zusammenhang mit der Anwendung chemischer Mittel in den Weinbergen stehen.
Weil sie kein Risiko eingehen möchten, ziehen es immer mehr Winzer vor, auf dem Markt angebotene Hefen, deren Eigenschaften genau bekannt sind, hinzuzufügen. Der Hefezusatz kann vor dem Beginn der alkoholischen Gärung durchgeführt werden oder nur als Starthilfe bei einer zu langsamen oder unterbrochenen Gärung. Die Reinzuchthefen werden als industriell hergestelltes Pulver oder als Granulat angeboten. Aufgrund einer Anzahl von unterschiedlichen Kriterien findet eine strenge Selektionierung statt.
Vom technischen Gesichtspunkt aus erwartet man, dass diese Hefen eine deutlich höhere Gärgeschwindigkeit und einen guten Ertrag bei der Umwandlung des Zuckers in Alkohol aufweisen. Bei der Erzeugung von trockenem Wein verlangt man außerdem, dass sie gegenüber Alkohol eine gute Toleranzgrenze besitzen, damit sie die Gärung bis zum Ende durchführen können. Sonst bestünde die Gefahr, dass die Gärung bei 11,5% vol bis 12% vol aufhört, obwohl noch Zucker im Most vorhanden ist.
Die Hefen werden auch im Hinblick auf ihre organoleptischen Eigenschaften selektioniert. Allgemein bevorzugt man neutrale Hefen, die die Weinaromen nicht beeinflussen. Für bestimmte Rebsorten sucht man jedoch Hefestämme aus, die zu einer sortenspezifischen Aromaentwicklung beitragen.
Die Verwendung derselben Reinzuchthefen weltweit ließe eine Standardisierung der Weine befürchten. Daher gehen immer mehr Weinbauregionen dazu über, eigene Hefestämme zu selektionieren. Übrigens vertreten zahlreiche Wissenschaftler die Ansicht, dass das Ausgangsprodukt, also die Traube selbst, wesentlich mehr Einfluss auf die organoleptischen Qualitäten des Weins hat als die Hefen.

Temperaturkontrolle

Hefen reagieren empfindlich auf die Temperatur des Milieus, in dem sie sich befinden. Ist sie zu niedrig, können sich die Hefen nicht ausreichend vermehren, und der Beginn des Gärprozesses wird sich verzögern. Findet die Weinlese bei zu kalter Witterung statt, kann es erforderlich werden, den Most zu erwärmen. Besonders wichtig ist das bei roten Trauben, weil die Temperatur auch den Farbextrakt beeinflusst.
Ist die Temperatur jedoch zu hoch, vermindert sich die Aktivität der Hefen wieder und kann sogar ganz aufhören. Das beeinträchtigt die Weinaromen. Da während der alkoholischen Gärung Wärme freigesetzt wird, ist es unerlässlich, die Temperatur regelmäßig zu beobachten, um im Fall einer zu großen Hitzeentwicklung schnell einschreiten zu können. Tatsächlich ist es viel schwieriger, die Temperatur zu senken, wenn sie erst einmal zu hoch angestiegen ist, als sie auf einem gleichmäßigen Niveau zu halten.
Um die Temperatur zu beeinflussen, gibt es verschiedene Systeme. Einige sind den vorhandenen Tanks angepasst, und es ist nicht notwendig, den Most herauszupumpen: Es kommen dabei zum einen Kühlelemente zum Einsatz; des Weiteren gibt es Gärtanks mit doppelter Wandung, in der die Kühlung vorgenommen wird, oder man kühlt die vorhandenen Gärtanks durch Berieselung mit kaltem Wasser. Bei anderen Verfahren muss der Most aus den Gärtanks abgepumpt werden, um dann durch separate Kühlaggregate zu zirkulieren, bevor er anschließend wieder zurück in den Tank geleitet wird.

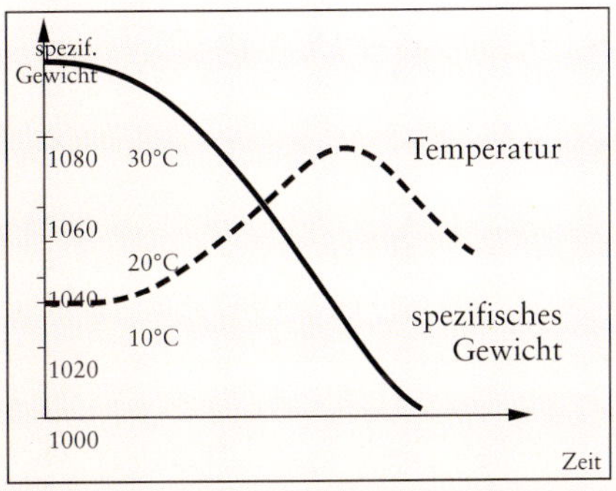

Verlauf einer Gärkurve

Während der Fermentation verringert sich das spezifische Gewicht ständig; die Temperatur steigt, und wenn sie eine bestimmte Stufe erreicht hat, sinkt sie wieder.

Die Vorklärung kann statisch oder dynamisch erfolgen. Im ersten Fall lässt man den Most in einem Tank zwischen 12 und 24 Stunden ruhen, so lange, bis sich die Trubstoffe absetzen. Der klare Teil des Mosts, der eventuell noch einige feine Trubstoffe enthält, wird nun vom groben Bodensatz getrennt. Während dieses Zeitraums gilt es unbedingt zu vermeiden, dass der Gärungsprozess einsetzt, denn das würde ein Aufwallen verursachen und die Ablagerung verhindern. Deshalb wird der Most entweder auf niedrigen Temperaturen gehalten oder geschwefelt. Das Antioxidationsmittel Schwefeldioxid spielt auch insofern eine Rolle, als es die Entwicklung von Bakterien und wilden Hefen hemmt.
Die Vorklärung kann, etwa mit Hilfe einer Zentrifuge, auch dynamisch durchgeführt werden. Hat die Vorklärung stattgefunden, kann der Most im Tank oder in Fässern gären.

Rotweine

Bei der Rotweinbereitung entsteht während der Maischung auch die Farbe des Weins. Die Polyphenole, unter anderem natürlich vorkommende Pigmente sowie die Tannine, die sich vor allem in der Traubenschale befinden, werden nach und nach extrahiert und beginnen den Wein zu färben. Die alkoholische Gärung roter Trauben vollzieht sich zum einen in der Flüssigkeit, dem Most, auf der anderen Seite auch in den festen Bestandteilen, den Schalen, den Kernen und eventuell den Rappen. Damit der Farb- und Tanninauszug zufriedenstellend ausfällt, ist es wichtig, den engen Kontakt zwischen diesen beiden Elementen beizubehalten, sonst steigen die festen Bestandteile unter dem Einfluss der frei werden, Kohlensäure an die Oberfläche und bilden einen Tresterhut. Um diesen wieder in Kontakt mit dem Most zu bringen, kann man gärenden Most vom Tankboden abpumpen und den Hut damit übergießen, was Umpumpen genannt wird. Alternativ lässt sich der Hut mit Hilfe von Rührlöffeln oder Stangen oder maschinell in den Most drücken, was als *pigeage* oder ›Untertauchen des Tresterhuts‹ bezeichnet wird. Um den Farb- und Tanninauszug zu erhöhen, kann man auch die Maischestandzeit verlängern. Allerdings kann sich eine zu lange Dauer der Maischestandzeit, über den Abschluss der alkoholischen Gärung hinaus, als negativ erweisen, weil der Wein durch das Aussetzen der Entwicklung von Kohlensäure nicht mehr gegen den Luftsauerstoff geschützt ist.
Ist die Gärung abgeschlossen, zieht man den Vorlaufwein ab. Die festen Bestandteile werden gepresst und ergeben den Presswein. Er kann entweder sofort assembliert oder getrennt ausgebaut werden, je nach Typ des gewünschten Weins. Der Presswein ist entschieden tanninreicher als der Vorlauf und in der Regel von minderer Qualität.

Temperaturkontrolle ist das Grundprinzip jedes modernen Gärvorgangs. Am sichersten lässt sich die Temperatur regulieren, wenn jeder einzelne Tank über ein getrennt zu steuerndes Kühlsystem verfügt. Bei diesem Edelstahltank geschieht dies durch Eiswasser, das durch das umgebende Band gepumpt wird.

Rotwein im Burgund
Traditionelle Weinbereitung

Die grossen Rotweine des Burgund werden ausschließlich aus Pinot Noir erzeugt. Vor allem im Hinblick auf die Farbausbeute handelt es sich dabei um eine schwierige Rebsorte. Vom Zeitpunkt der Traubenlese an versucht man deshalb, die Oxidation zu vermeiden. Die Ernte findet manuell, üblicherweise in Kisten, statt. Danach werden die Trauben auf dem Verlesetisch, *table de tri*, von unerwünschten Bestandteilen gesäubert. Die nächste Stufe, je nach dem Niveau der Appellation, dem Zustand der Rappen und dem Stil jedes Winzers oder Kellermeisters, ist das teilweise oder vollständige Abbeeren.

Wenn die Reifung schwierig war und die Rappen grün geblieben sind, kann man sie ganz entfernen. Manche Winzer entrappen lieber die ganze Ernte und entscheiden sich für lange Maischestandzeiten. Andere ziehen es vor, einen Teil der Rappen zu belassen, vor allem für die Vinifikation von alterungsfähigen Weinen. Beide Lösungen haben ihre Vor- und Nachteile.

Eine der Grundregeln verlangt, so selten wie möglich Förderpumpen zu benutzen, denn beim Betrieb zermalmen sie auch Rappen und Kerne, was die Ursache für krautartigen Beigeschmack und grüne trocknende Tannine ist. Für den Transport zum Abbeergerät oder um die Trauben in den Gärtank zu bringen, haben sich Förderbänder als gut geeignet erwiesen. Zu diesem Zeitpunkt wird gewöhnlich geschwefelt, darauf folgt ein erstes Umpumpen, das der Homogenisierung dient. Zur gleichen Zeit finden die ersten Zucker- und Säuremessungen statt.

Linke Seite:
Auf die behutsamste und traditionellste Weise werden die Pinot-Trauben durch das Treten mit den Füßen ausgepresst. Wenn die Gärung eingesetzt hat, wird der Tresterhut zerstoßen und in den Most eingetaucht, was als »pigeage« bezeichnet wird.

Dann setzt die alkoholische Gärung ein. Täglich werden *pigeages* und Umpumpvorgänge durchgeführt. Ist die Gärung beendet, kann man die Maischestandzeit noch einige Tage ausdehnen. Aufgrund des nun nicht mehr entstehenden Kohlensäuregases sinkt der Tresterhut allmählich ein. Bei offenen Gärtanks muss man mit Vorsicht vorgehen, denn sobald die alkoholische Gärung beendet ist, besteht die Gefahr, dass die Maische einen Essigstich erhält.

Will man den Tank entleeren, beginnt man mit dem Ablassen des Weins. Anschließend wird der Trester gepresst. Der Vorlauf und der gesamte oder nur ein Teil des Pressweins werden miteinander vermischt. Dann wird der Wein geklärt und in Fässer gefüllt. Je nach Jahrgang setzt die malolaktische Säureumwandlung unterschiedlich schnell ein. Erbringt der Jahrgang zum Beispiel viel Säure, wird das ihren Start erschweren, und manchmal muss man darauf sogar bis zum Frühjahr warten.

Ist die malolaktische Säureumwandlung abgeschlossen, nimmt man den ersten Abstich vor. Dabei wird der klare Wein vom Bodensatz, der sich am Fassboden abgelagert hat, abgezogen. Der Abstich erfolgt an der Luft, damit der mit Kohlensäure gesättigte Wein Gas abgeben kann.

Danach wird der Wein für den Ausbau, der unterschiedlich lang dauern kann, wieder in Fässer gefüllt. Während der Ausbauzeit kann ein Umpumpen an der Luft oder vor Luft geschützt notwendig werden, je nachdem zu welchen Ergebnissen man bei der Verkostung gekommen ist.

Malolaktische Säureumwandlung

Während dieser so genannten ›zweiten Gärung‹ wird die Äpfelsäure (Malat) in Milchsäure umgewandelt. Diese Reaktion findet mit Hilfe der Milchsäurebakterien statt, die entweder im Weinkeller bereits vorhanden sind oder künstlich zugesetzt werden. Sie wird von frei werdender Kohlensäure begleitet, doch verglichen mit der alkoholischen Gärung sind die Mengen gering. Die malolaktische Säureumwandlung trägt zu einer Veränderung der Geschmacksqualität des Weins bei, eine Entwicklung, die man ganz bewusst herbeiführt oder vermeidet. Sie bringt eine Verringerung des Säuregehalts, eine Verfeinerung der Aromen und manchmal einen leichten Anstieg der flüchtigen Säure mit sich. Das verleiht dem Wein eine bessere Haltbarkeit, denn es besteht keine Gefahr mehr, dass sich diese zweite Gärung in den Flaschen vollzieht.

Durch vorhandene oder zugesetzte Milchsäurebakterien verändert sich der Geschmack des Weines.

Die Milchsäurebakterien können außer der Äpfelsäure noch andere Bestandteile vermindern. Wenn sie zum Beispiel die Zuckerstoffe angreifen, besteht die Gefahr eines Milchsäurestichs. Aus diesem Grund muss der Zucker unbedingt schon während der alkoholischen Gärung abgebaut werden. Das SO_2, das nach dem Pressen oder nach dem Füllen der Tanks oder Fässer hinzugefügt wurde, ermöglicht es, die Bakterien zu stoppen, ohne dass die Hefen zu sehr beeinträchtigt werden.

Die malolaktische Säureumwandlung wird generell bei Rotweinen angewendet. Bei Weiß- und Roséweinen hängt ihr Einsatz von der Anbauregion und dem individuellen Weinstil ab. In mediterranen Gebieten, wo es oft an Säure fehlt, vermeidet man sie. Im Gegensatz dazu wird sie in nördlicheren Regionen, wo die Weine mehr Säure enthalten, häufig durchgeführt, vorausgesetzt, dass es sich um trockene Weine handelt. Wenn im Wein Restzucker vorhanden ist, zieht man die chemische Entsäuerung der malolaktischen Säureumwandlung vor. Diese Praxis wird in Ländern, die eine große Süßweintradition besitzen, meist auch bei trockenen Weißweinen angewandt.

Der ideale Weinkeller

Barriques, 225 l Wein fassende kleine Eichenfässer, sind zu einem meist unerlässlichem Medium geworden, um hochwertige Rotweine auszubauen.

»Stellen Sie sich Ihren Traumkeller vor, wenn Ihnen uneingeschränkte finanzielle Möglichkeiten zur Verfügung stehen«, so könnte vielleicht das Thema der Prüfung oder Diplomarbeit eines Önologen oder Weinbau-Ingenieurs lauten. Werden die Winzer zu diesem Thema befragt, so weisen ihre Antworten durchweg dieselben Prioritäten auf: Schwerkraftprinzip, präzise Temperaturkontrolle, leicht zu reinigendes, funktionelles Material sowie ebensolche Räume mit insgesamt ausreichend Platz für alle anfallenden Arbeiten. Die nicht zu vernachlässigende Ästhetik kommt erst danach.

Der ideale Weinkeller schmiegt sich an einen Hügel an. So kann man ebenerdige Zugänge auf mehreren Etagen einrichten. Die oberste Etage ist für die Annahme des Leseguts in den Erntekisten reserviert. Die weißen Trauben werden auf ein Förderband geleert, das sie schonend zur Presse transportiert. Der Most fließt dann in einen Tank in der darunter liegenden Etage ab.

Die roten Trauben werden auf einen leicht erhöhten Verlesetisch *(table de tri)* geschüttet, selektioniert und kommen am Ende des Tisches direkt in das kombinierte Mahl- und Abbeergerät. Den Verlesetisch und das Einmaischgerät kann man verstellen, sodass sich seine Abflussöffnung immer oberhalb des zu füllenden Tanks befindet.

Der weiße Most und die roten Trauben gelangen bei dieser äußerst schonenden Vorgehensweise auf der darunter liegenden Etage an, ohne dass sie gepumpt wurden. Dieser Aspekt ist besonders wichtig, denn solange die Rappen nicht ausgeschieden sind, kann das Pumpen, da es die Rappen zermalmt, einen krautartigen Beigeschmack bewirken.

Wenn die weißen Moste vorgeklärt sind, fließen sie in die Tanks in der nächstliegenden Etage ab. Bei Rotweinen kommt der Wein in die Barriques, während der Trester mit Hilfe eines Förderbands aus dem Tank geholt und zur Presse geschafft wird. Beim Abstich kann man die Weine mit Überdruck ›anschieben‹, was eine sanftere Methode als Pumpen ist.

Vollautomatische Weinkeller?

Der ideale Weinkeller ist nicht vollständig automatisiert, denn die Winzer und die Kellermeister möchten selbst die Kontrolle über die Arbeitsvorgänge behalten.

Der einzige Punkt, bei denen sich nahezu alle einig sind, ist die Kontrolle der Temperatur. Die Tanks sind mit Temperatursonden und doppelten Wänden ausgestattet. In diesen Wänden kann warmes oder kaltes Wasser zirkulieren. Auf einem elektronischen Pult werden die Temperaturen eines jeden Tanks gesondert angezeigt. Der Verantwortliche wählt für jeden davon eine angemessene Minimal- und Maximaltemperatur. Es ist wichtig, dass individuelle Vorgaben für jeden einzelnen gegeben werden können, denn nicht in allen Tanks befindet sich der Most im selben Gärstadium. Nimmt man nur das Beispiel eines

In modernen Kellern kann inzwischen die Gärung in jedem einzelnen Tank getrennt über ein elektronisches System gesteuert und überwacht werden.

Tanks, bei dem die unterste Schwelle bei 20 °C und die Höchstgrenze bei 35 °C liegt. Sobald einer der Werte erreicht ist, steuert der Computer die Kalt- oder Warmwasserzufuhr in den Zwischenwänden.

Bei einigen Tanks ist es möglich, das Umpumpen, bei dem der gärende Most vom Tankboden abgepumpt und über den Tresterhut gegossen wird, zu automatisieren, zum Beispiel alle acht Stunden eine halbe Stunde lang. Meistens behalten sich die Kellermeister vor, über die Häufigkeit und die Dauer des Umpumpens, nachdem sie den Tank kontrolliert haben, selbst zu entscheiden. Das verhindert nicht, dass das Umpumpen automatisch, ohne menschliche Hilfe, stattfindet. Für die *pigeage*, das Untertauchen des Tresterhuts, kann man auch Automaten verwenden, die auf oberhalb der Tanks angebrachten Schienen gleiten und von dort ihre Arbeit verrichten. Aber auch hier möchte sich der Winzer die Entscheidung über Zeitpunkt und Dauer vorbehalten. Diese Anlagen werden also eher als technische Unterstützung denn als wirkliche Automatisierung betrachtet.

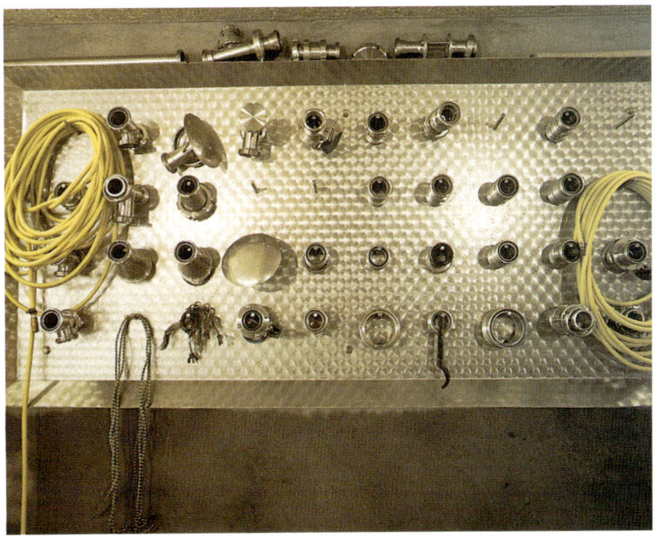

In diesem idealen Gebäude mit seinen drei Stockwerken befindet sich der Barrique-Keller auf dem untersten Niveau, am liebsten unterirdisch, um die Kühle und Konstante der Bodentemperatur zu nutzen. Die darüber liegende Etage ist ebenerdig. Dort befinden sich der Gärkeller und des Weiteren Räumlichkeiten für Flaschenabfüllung und Etikettierung. Das oberste Stockwerk, das sich am hinteren Teil des Gebäudes zum Hügel hin öffnet, also auch hier ebenerdig ist, dient zur Annahme des Leseguts.

In der Realität ist es natürlich selten möglich, diesen Idealvorstellungen auch nur annähernd zu entsprechen; manchmal fehlt nur die Hanglage, doch auch die örtlichen wie geologischen Gegebenheiten in ihrer Gesamtheit können die gewünschten Erfordernisse vermissen lassen.

Ein weiterer grundlegender Gesichtspunkt ist die Hygiene in allen Bereichen des Weinkellers. Hier verwendet man heute bevorzugt leicht zu reinigendes Material und Geräte aus Edelstahl.

Man muss auch an die Sicherheit des Personals, das im Weinkeller arbeitet, denken und Stege anbringen, die es ermöglichen, gefahrlos an die oberen Teile der Tanks zu gelangen. Auch die Fußböden müssen leicht zu reinigen sein, ohne dass die Gefahr besteht, auszurutschen. Die Tanks müssen weit genug auseinander stehen, um die Reinigung zu erleichtern.

Seit einigen Jahren ist man sich des Problems der Abwasserbeseitigung stärker bewusst geworden. Es ist bekannt, dass man für die Herstellung von einem Liter Wein zwischen einem halben und einem Liter Wasser für alle Reinigungstätigkeiten benötigt, sei es für das Material (Weinlesekisten, Schläuche, Tanks, Fässer) oder die Räumlichkeiten. Diese Abwässer, die je nach Vorgang mehr oder weniger konzentrierte chemische Mittel enthalten, können das Leben in Bächen und Flüssen beeinträchtigen. In immer mehr Weinkellern versucht man, die Abwässer aufzubereiten, damit nur sauberes Wasser in die Natur abfließt. Leider sind die technischen Systeme dazu bislang nur für große Kellereien konzipiert.

Der ideale Weinkeller sollte einen also in die Lage versetzen, Trauben wie Wein so schonend wie möglich zu behandeln und bei hervorragenden hygienischen und sicherheitstechnischen Bedingungen auch umweltfreundlich zu arbeiten.

Ein moderner Gärtank, der über ein integriertes Umpumpsystem verfügt.

Edelstahl im Gärkeller erleichtert die Einhaltung eines optimalen Hygienestandards.

Französische Eichenwälder

Die schönsten Eichenwälder Frankreichs werden seit den Zeiten Ludwigs XIV. staatlich verwaltet. Die über 200 Jahre alten Holzstämme werden für die gefragten kleinen Holzfässer benötigt.

Die Nachfrage nach Barriques, den kleinen, in der Regel 225 Liter fassenden Eichenfässern, ist seit den 1990er Jahren sprunghaft angestiegen. In immer mehr Weinbauländern entscheidet sich eine stetig wachsende Zahl von Winzern dafür, darin besondere Weißweine zu vinifizieren oder ihre besten Rotweine auszubauen. Eichenholz aus verschiedenen Ländern wird zu Barriques verarbeitet, doch französische Eiche gilt allgemein als der feinste Rohstoff.

Bis eine Eiche zur Reife gelangt und Nutzholz liefert, dauert es 150 bis 230 Jahre. Eine nachhaltige Produktion in gleichbleibend hoher Qualität ist deshalb nur durch die langfristige Verwaltung der Wälder zu erreichen. In Frankreich trat bereits Mitte des 17. Jahrhunderts eine sinnvolle Ertragsregelung an die Stelle der unkontrollierten Ausbeutung der Wälder, um künftigen Generationen einen qualitativ hochwertigen Nachschub zu garantieren – mit dem Erfolg, dass Frankreich heute vermutlich die schönsten Eichenwälder Europas besitzt. Von seinen 14 Millionen Hektar Waldfläche entfallen 4,5 Millionen auf Stieleichen *(Quercus robur)* und Traubeneichen *(Quercus petraea)*, wovon allerdings nur ein kleiner Teil für die Küferei verwendet werden kann.

Der Weg einer französischen Eiche vom Wald bis in den Weinkeller ist lang. Der Besitzer des Waldes verkauft in der Regel seine ungeschlagenen Bäume an einen Forstwirt, der sich um das Abholzen und um die Verwertung des gesamten Baumes kümmert. Das berindete Stammholz für die Herstellung von Fässern wird meist einem spezialisierten Holzhändler überlassen, dem *merrandier*, der das Stammholz in *merrains*, die länglichen Holzstücke zerteilt, aus denen die Dauben entstehen. Gewöhnlich bezieht der Küfer dieses Fassholz, kann aber auch den Zwischenhändler umgehen und seine Arbeit bereits mit der Vorbereitung des berindeten Stammholzes beginnen.

Um Fassholz herzustellen, braucht man einen fehlerlosen Stamm von mehr als 40 cm Durchmesser, der in Stücke von 1,10 m Länge (der Länge einer Daube) unterteilt werden kann. Wenn also ein Forstwirt und ein Spaziergänger vor einer schönen Eiche stehen bleiben, ist nicht gesagt, dass sie sich vor demselben Baum treffen.

Von den 4,5 Millionen Hektar Eichenwaldfläche Frankreichs sind 1,85 Millionen in öffentlicher Hand (Staatsforst oder Gemeindewald) und werden vom staatlichen Forstamt (ONF) verwaltet beziehungsweise genutzt, der Rest befindet sich in Privatbesitz. Es sind meist die schönsten Wälder, die staatlich verwaltet werden, da es für Privatpersonen nicht einfach ist, die Unkosten der Nutzbarmachung zu tragen, denn die Investitionen sind über einen sehr langen Zeitraum gebunden.

Die Holzqualität hängt nicht zuletzt von der Form der forstwirtschaftlichen Bearbeitung des Waldes ab. Im Hochwaldbetrieb kann sich der Baumbestand durch Aussaat regenerieren, die gewöhnlich auf natürliche Weise stattfindet, wenn die Eicheln zur Erde fallen. Manchmal ist es jedoch erforderlich, diesen Vorgang mit Anpflanzungen zu ergänzen. Im Niederwald sorgen die Schösslinge der Baumstümpfe für die Regeneration. Im Mittelwald existieren beide Regenerationsweisen nebeneinander. Heute werden die meisten der forstwirtschaftlich genutzten Flächen im Hochwaldbetrieb geführt.

Im Oberholz des Hochwalds haben die Bäume fast alle dasselbe Alter. Während des Wachstums

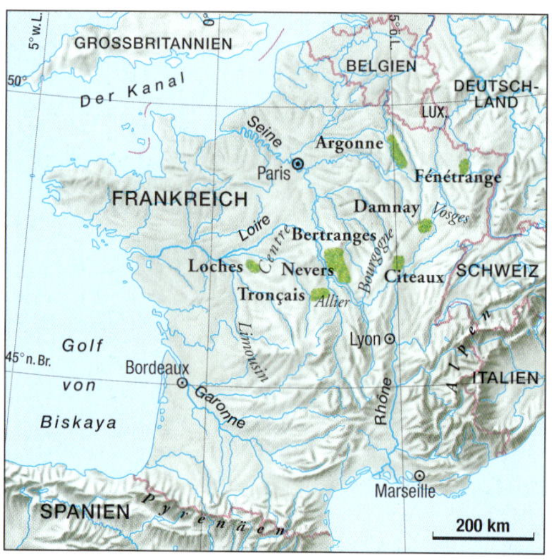

der Bäume im Hochwaldbetrieb finden Verbesserungsarbeiten statt. Während der Eingriffe werden die besten Bäume für das Oberholz ausgewählt und bleiben stehen. Bis eine Pflanzung nach rund zweihundert Jahren ihre volle Reife erreicht hat, stehen von ursprünglich 50 000 Bäumen pro Hektar nur noch ungefähr hundert. Die Auslichtung hat verschiedene Faktoren zu berücksichtigen. Fällt im Anschluss zum Beispiel zu viel Licht durch das Blätterdach, kann das Wachstum unterer Äste angeregt werden, was eine Wertminderung des Holzes zur Folge hat. Ist die Reife erreicht, wird in einem Zeitraum von etwa 15 Jahren die Pflanzung durch progressives Abholzen nutzbar gemacht. Das Blätterdach wird dabei gleichmäßig unterbrochen, was den Sämlingen und nachwachsenden Bäumen günstigere Wachstumsmöglichkeiten bietet.

Das beste Holz stammt von ausgereiften Hochwaldbäumen. Das Holz heranwachsender Eichen des Hochwalds kann Mängel aufweisen und ergibt gewöhnlich kürzere Blöcke. Bei 90 Prozent der französischen Eichen handelt es sich um derartiges Niederholz. Im Hochwald voll ausgereiftes Holz ist immer nur relativ wenig auf dem Markt, und entsprechend hoch ist sein Preis.

Im Niederholz unter den Hochwäldern werden die Eichen in der Regel mit Weißbuchen oder Buchen ergänzt. Bei jeder Durchsicht im Abstand von ungefähr 25 Jahren wird das Unterholz kahlgeschlagen und im Hochwald eine Auswahl getroffen, um reife, absterbende oder im Weg stehende Bäume zu entfernen. Bei diesem Auslichten fällt gewöhnlich auch ein großer Teil schwer zu vermarktendes Brennholz an.

Alljährlich bringt das Forstamt für jedes Waldstück eine detaillierte Liste der zum Verkauf angebotenen Parzellen heraus und markiert im Wald die freigegebenen Bäume. Ein Posten wird immer als Ganzes verkauft. Die Küfer oder ihre Aufkäufer inspizieren den Holzschlag mit gebotener Gründlichkeit und verhandeln mit den Forstwirten. Sie zeigen ihr Interesse als Käufer und schätzen daraufhin jeden Teil der Bäume. Einige Küfer kaufen auch selbst. Der Verkauf findet im September und Oktober bei Versteigerungen mit sinkendem Gebot statt. Man fängt mit einem vom Forstamt vorgeschlagenen Preis an und geht dann tiefer. Der Erste, der das Gebot unterbricht, bekommt den Posten.

Hat sich der Verkauf auf die noch ungeschlagenen Bäume bezogen, so führt der Forstwirt den Holzschlag im darauf folgenden Winter aus. Wenn ein Baum im Fallen einen anderen beschädigt, muss der Forstwirt den Besitzer entschädigen. Um zu vermeiden, dass die Schösslinge, die Wege und die Gräben Schaden nehmen, wird das Holz, sobald es trocken genug ist, abtransportiert. In den Wäldern Ostfrankreichs werden die Bäume meist ›am Wegrand‹ verkauft, das heißt, dass sie bereits gefällt sind.

Je nach Reputation, die das Holz eines Waldes bei Winzern genießt, sind die Versteigerungen mehr oder weniger gut besucht. Der Verkauf im Tronçais zählt zu den wichtigen Terminen. Viele Küfer sind gezwungen, Eichenholz aus diesem Wald vorrätig zu haben, wollen sie ihre Kunden zufrieden stellen. Um den Nachschub zu sichern, treten sie oft direkt als Käufer auf.

Das beste Holz für die Küfer liefern ausgereifte Eichen aus dem Hochwald, die bereits an Ort und Stelle in für die Verarbeitung bemessene Stücke zersägt werden.

Fassholz

Zunächst wurden zur Weinbereitung verschiedene Holzfässer verwendet, darunter auch solche aus Akazien-, Buchen-, Pappel-, Kastanien- oder Kirschholz. Mit der Zeit haben die Kellermeister jedoch festgestellt, dass nur Fässer aus Eichen- und Kastanienholz den Weinen, die darin lagern, geeignete Aromastoffe geben. Aus zwei Gründen gibt man letztendlich dem Eichenfass den Vorzug: sein Beitrag an Aromen ist der bei weitem interessanteste und es besitzt die technischen Eigenschaften, die den Anforderungen der Küfer am meisten entsprechen. Kastanienfässer haben sich dagegen als anfällig für Holzwürmer erwiesen, sodass man dieses Holz kaum noch verwendet.

Von den mehr als 250 Arten, die zur Gattung *Quercus* gehören, sind nur drei in der Küferei von Bedeutung. Dabei handelt es sich um die Traubeneiche *(Quercus petraea,* syn. *Qu. sessiliflora),* die Stieleiche *(Quercus robur,* syn. *Qu. pedunculata)* und die amerikanische Weißeiche *(Quercus alba).* In französischen Eichenwäldern stehen Trauben- und Stieleichen gewöhnlich gemeinsam. Beide Arten lassen sich recht gut anhand der Eicheln unterscheiden, die sich bei der Stieleiche an langen Stielen entwickeln, während sie bei der Traubeneiche direkt am Zweig aufsitzen. In den Wäldern des Limousin wachsen überwiegend Stieleichen. In Abhängigkeit ihrer Wachstumsbedingungen mit wenig konkurrierendem Unterholz und fruchtbarem Boden ist das Holz grob gemasert, das heißt, die Abstände zwischen den Jahresringen sind weiter, denn das Frühjahrswachstum, das im Holz grobporiger erscheint als das Sommerwachstum, ist sehr viel stärker. Im Centre und im Allier, wo hauptsächlich Traubeneichen stehen, behindern die geringere Fruchtbarkeit des Bodens und die Konkurrenz unter den Bäumen das jährliche Wachstum, folglich ist das Holz feiner gemasert und feinporiger.

Untersuchungen der Holzzusammensetzung zeigen, dass Traubeneichen reichhaltiger an aromatischen Essenzen vom Typ Vanillin und Methyl-Octalactone sind. Die Stieleichen dagegen beinhalten vorwiegend phenolische Komponenten wie Ellagitannine oder katechische Tannine.

Je nach Art des Weins, den man vinifiziert – ob weiß oder rot, mit mittlerem oder längerem Alterungspotential etc. –, zieht man einen der beiden Holztypen und/oder eine Herkunft vor. Es gibt keine Regeln und es bleibt jedem Winzer oder Kellermeister überlassen, seine eigenen Erfahrungen mit den Ratschlägen des Küfers zu vereinen. Aus diesem Grund benützen die Winzer meist Fässer unterschiedlicher Küfereien, die noch dazu aus verschiedenen Wäldern stammen sollten. Auch der Grad der *chauffe,* der Erhitzung der Fässer, wirkt sich auf die Aromen aus, die dem Wein während des Ausbaus mitgegeben werden. Die aus dem Limousin stammenden Hölzer werden vorwiegend für Brände verwendet.

Trauben- und Stieleichen sind in unterschiedlicher Dichte in ganz Europa verbreitet. Um ihre Bezugsquellen zu sichern, haben sich diverse Küfer in den osteuropäischen Ländern umgesehen, sind jedoch vielerorts auf Wälder gestoßen, die jahrelang schlecht bewirtschaftet wurden. Die in der Charente ansässige Küferei Seguin-Moreau hat sich mit russischen Partnern zusammengeschlossen, um dort ein Unternehmen aufzubauen. Die

Viele traditionelle Kellereien und Schlossgüter hatten in früheren Zeiten eine eigene Küferei – heute gern museal gezeigt –, doch nur wenige stellen immer noch selbst Fässer her.

Vor der weiteren Verarbeitung werden die Stammstücke im Freien gelagert, um in Wind und Wetter unangenehme Geschmacksstoffe und Tannine zu verlieren.

Amerikanische Weißeiche hat die dichteste Struktur und lässt sich leicht zu Fässern verarbeiten.

Die grobporige Stieleiche kommt in allen französischen Wäldern vor. Ihr Holz ist besonders tanninreich.

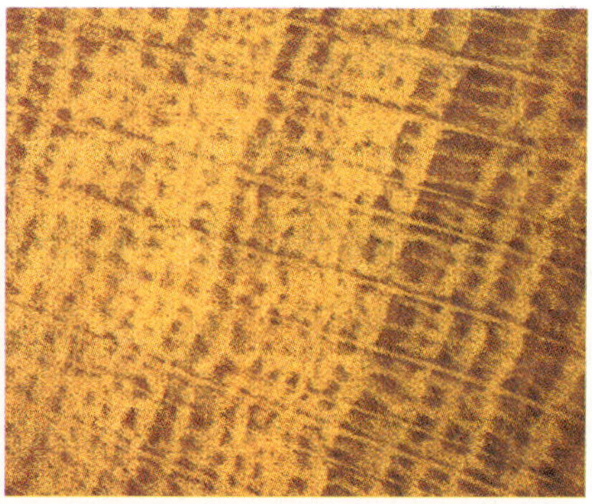

Auch das feinporige Holz der Traubeneiche wird für Fässer verwendet und gibt dem Wein eine Vanillenote.

Eichene Kalkulationen

Für einen Kubikmeter Fassholz braucht man fünf Kubikmeter berindetes Stammholz. Die Bearbeitung wird von den Küfern selbst vorgenommen oder spezialisierten *merrandiers* übertragen. Damit die fertigen Fässer absolut dicht sind, ist es unumgänglich das Holz europäischer Eichen in Faserrichtung zu spalten, wobei extrem viel Abfallholz anfällt. Amerikanische Eiche kann dagegen ohne Rücksicht auf den Faserverlauf gesägt werden, sodass die Ausnutzung des Holzes optimal und der Abfall entsprechend gering ist, was sich preismindernd auswirkt. Diese Besonderheit der amerikanischen Eiche lässt sich unter anderem auf eine schwächere Porosität des Holzes bei größerer Dichte zurückführen.
Man geht allgemein davon aus, dass im Fassbau der wirtschaftliche Ertrag von amerikanischem Eichenholz bei 50 Prozent liegt, während er beim Holz europäischer Eichenarten mit 20 bis 25 Prozent gerade die Hälfte davon erreicht. Dies ist einer der Gründe, warum ein Kubikmeter Dauben aus französischer Eiche derzeit umgerechnet mindestens 4 500 DM kostet, wohingegen man die gleiche Menge amerikanische Eiche schon für durchschnittlich knapp 2 000 DM bekommt. Zum Materialpreis addieren sich Lagerungs-, Fabrikations- und Transportkosten. Aber mit einem Kubikmeter Dauben kann man immerhin etwa zehn Fässer herstellen.

geschmacklichen Ergebnisse sind interessant, aber russische Eichenfässer sind kaum günstiger als die französischen. Berühmt ist Eiche aus der kroatischen Region Slawonien, doch auch dort sind die Bestände an hochwertigem Fassholz gering.
Eichenholz aus Amerika wird seit geraumer Zeit nicht nur auf dem amerikanischen Kontinent, sondern vor allem in Spanien und Portugal, in den letzten Jahren auch in Südafrika und Australien geschätzt. Kellermeister und Önologen aus Frankreich kritisierten, dass es die Weine zu stark beeinflusse. Präzise Forschungsergebnisse machen es mittlerweile möglich, Fässer aus amerikanischer Eiche beim Ausbau gezielter einzusetzen. Ihr attraktiver Preis erleichtert die Entscheidung. Analysen ergaben, dass amerikanisches Eichenholz weniger Tannin enthält als französisches, dafür aber mehr aromatische Komponenten, vor allem Methyl-Octalactone. Offenbar benötigen Fässer aus diesem Eichenholz während der Herstellung eine lange und gut dosierte Erhitzung. Im Bereich der Vinifikation setzt man sie inzwischen für einen kurzen Ausbau von sechs, bestenfalls neun Monaten ein, da ihr Einfluss auf die Weine sonst zu dominant wird.
Für Winzer und Kellermeister bleibt die Wahl der Fässer eine wichtige Entscheidung, denn dadurch kann die endgültige Qualität des Weins erheblich beeinflusst werden. Sie müssen dafür sorgen, dass sich im Charakter des Weins die Aromastoffe, die das jeweilige Holzfass abgibt, harmonisch miteinander verbinden können.

Links:
Zum Glück müssen heute die Stämme nicht mehr mit der Axt gespalten werden, dafür gibt es elektrische Bohrspeitel.

Rechts:
Die aus dem Stamm heraus gespaltenen Fassdauben werden zur weiteren Lagerung im Freien aufgeschichtet, beste Qualität altert dort drei Jahre lang.

Geburt eines Barrique

Hammer, Keil, Ziehmesser, Hobel, Hebel und Zirkel sind die Werkzeuge, die der Küfer zum Fassmachen braucht.

Das Spaltholz wird durch die Bandsäge geschoben, um den Dauben von vornherein eine gleichmäßige Breite und Länge zu geben.

Die konisch zugeschnittenen Dauben beginnt der Küfer mit Hilfe eines Metallrings, der für den Halt sorgt, aneinander zu fügen.

Ist der Kreis des Fasses geschlossen, schlägt der Küfer einen zweiten und dann einen dritten Reifen darüber, um ihn zu sichern.

Noch spreizen sich die Dauben am anderen Ende des Fasses ab und müssen über offenem Feuer durch Hitze biegsam gemacht werden.

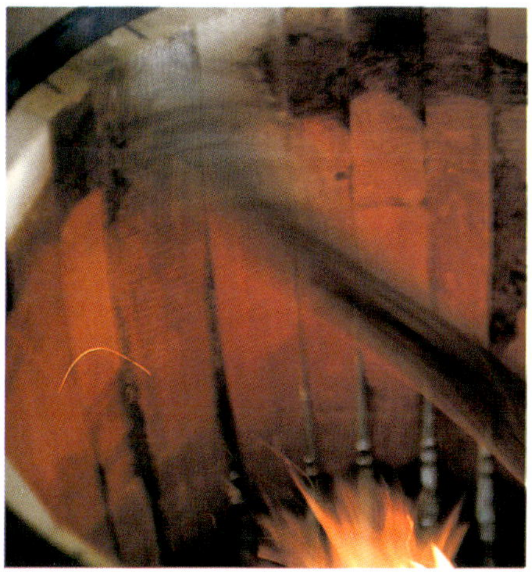

Wie stark das Fass dabei erhitzt wird, nimmt einen entscheidenden Einfluss auf die Aromen, die es später an den Wein abgibt.

Eine Metallschlinge wird um das Fass gelegt, und mit Hebelwirkung zieht der Küfer sie immer stärker an, während er die Dauben von außen anfeuchtet.

Schließlich bilden die Dauben auch am zweiten Ende einen vollkommen geschlossenen Kreis, sodass man ihn mit einem Reifen einfassen kann.

Noch besitzt das Fass keine seitliche Öffnung, und der Küfer bohrt ein Spundloch ins Eichenholz, das er zur vorgeschriebenen Größe ausfräst.

Boden und Deckel müssen zwar noch eingesetzt werden, dennoch erhält das Fass außen bereits seinen letzten Schliff.

Fassausbau

Die Kunst, Trauben in Wein zu verwandeln, kennt keine Patentrezepte, und das gilt auch für den Fassausbau. Zunächst muss jeder Winzer entscheiden, in welchem Maß er Fässer nutzen will. Es kommt vor, dass ein Teil des Weins in Fässern, der andere im Tank ausgebaut und erst unmittelbar vor der Flaschenabfüllung der ganze Wein assembliert wird, um die Cuvée zu homogenisieren. Der Anteil der Fässer, speziell an neuen Barriques, die Herkunft ihres Holzes, der Grad des *toasting* bei ihrer Herstellung – all das sind Faktoren, die im Charakter des Weins, der bestimmt wird von Rebsorte, Klimaverhältnissen und Bodenbeschaffenheit, einzelne Züge hervorheben können. Als Faustregel im Umgang mit Holzfässern gilt: Je mehr Struktur ein Wein besitzt, desto besser verträgt er den Fassausbau. Die Entscheidung, einen zu leichten Wein im Holzfass auszubauen, kann all die Mühe und Sorgfalt, die bis dahin darauf verwandt wurde, in kurzer Zeit zunichte machen. Abgesehen vom Gewinn spezifischer Aromastoffe ist der Fassausbau eine Methode der schonenden Oxidation, die den Wein reifen lässt. Dabei verbinden sich seine verschiedenen Komponenten, und der Wein erscheint harmonischer. Zugleich wird durch diese kontrollierte Entwicklung der Wein haltbarer, alterungsfähiger und resistenter gegen eine zukünftige Oxidation. Die Zugabe der Eichentannine verfeinert die im Rotwein bereits enthaltenen Gerbstoffe, während sie Weißweinen ein raffiniertes Tanningerüst verleihen, das sie zuvor nicht besaßen.

Viele bedeutende Güter haben aus ihrem Fasskeller ein architektonisches Aushängeschild gemacht.

Die Fässer werden mit Wasserdruck von Weinstein und feinen Rückständen befreit.

Bei Weißweinen ist man sich einig, dass der beste Weg zu einer ansprechenden, aber eingebundenen Holznote darin besteht, die alkoholische Gärung gleich im Fass durchzuführen, gefolgt von einem Ausbau auf den Heferückständen, was dem Wein zudem mehr Körper verleiht. In diesem Fall wird der Most nach der Vorklärung in die Fässer gefüllt. Nachdem die alkoholische Gärung beendet ist, wird das Fass aufgefüllt und das Spundloch abgedeckt. Jetzt findet die so genannte *bâtonnage* statt, das Aufrühren des Hefesatzes, der sich am Fassboden gebildet hat. Dadurch wird die ausreichende Sauerstoffversorgung bis zum Boden gewährleistet, um einem möglichen Geruchsfehler beim fertigen Wein vorzubeugen. Wie oft man den Hefesatz aufrührt, hängt vom Wein selbst und vom Weinstil des Winzers ab. Es kann anfangs zweimal wöchentlich geschehen und allmählich reduziert werden auf einmal alle zwei Wochen, wird aber gewöhnlich drei Monate lang durchgeführt. Danach verbleibt der Wein entweder auf dem Hefesatz, oder es wird ein Abstich vorgenommen. Er kann unmittelbar in ein anderes Fass erfolgen, oder der Winzer nutzt die Gelegenheit zur Assemblage und füllt anschließend in Tanks oder Fässer.

Für Rotweine kommt eine alkoholische Gärung in kleinen Fässern nicht in Frage, weil sie auf den Schalen, Kernen und eventuell Rappen stattfindet.

Die Pipette, mit der Fassproben entnommen werden, ist das wichtigste Instrument des Kellermeisters.

Durch Verkostung und chemische Analysen wird die Entwicklung des Weins überprüft.

Zur schonenden Behandlung des Weins gehört auch das sanfte Umpumpen durch Pressluftdruck.

Es wäre schwierig, das alles in ein Barrique zu füllen, noch weitaus schwieriger jedoch, es wieder herauszubekommen. Nach dem Abstechen aus dem Tank und dem Pressen kann der Wein für die malolaktische Säureumwandlung zurück in einen Tank oder aber in Fässer gefüllt werden, wobei Letztere die überzeugenderen Ergebnisse zu erzielen scheinen, denn die Tannine verschmelzen darin offenbar harmonischer.

Fässer, besonders neue, ›saufen‹: Man schätzt, dass der Verlust sich auf drei bis fünf Prozent beläuft. Bei einem Barrique aus Bordeaux mit einem Fassungsvermögen von 225 Litern sind das immerhin bis zu elf Liter. Man kann die Fässer nicht mit einem Hohlraum stehen lassen, weil das die Gefahr eines Essigstichs mit sich bringt. Folglich müssen die Fässer in regelmäßigen Abständen spundvoll gemacht werden, was man in Frankreich *ouillage* nennt. Zu Beginn des Ausbaus füllt man wöchentlich nach, später in immer größeren Intervallen. In der Gironde sieht man häufig Fässer, bei denen der Spund zur Seite gedreht ist, wodurch Lufteintritt und Verdunstung reduziert werden und damit zugleich der Aufwand des Nachfüllens. Dank neuer, sehr dichter Verschlüsse aus Silikon können die Spundlöcher weiterhin nach

Will man dem Wein attraktive und gefragte Eichenaromen mitgeben, aber den kostspieligen Fassausbau sparen, sind Eichenholzlamellen, die in den Weintank gehängt werden, eine vor allem in den Ländern der Neuen Welt praktizierte Methode.

oben zeigen, was die diversen Arbeitsgänge zur Kontrolle des Weins doch erheblich erleichtert.

Die Dauer des Fassausbaus variiert von drei bis zu mehr als 18 Monaten. Sie hängt von der Art des Weins und von der Menge an flüchtiger Säure ab, die sich im Fass bildet. Wird sie zu hoch, verkürzt man den Fassausbau. Gewöhnlich trifft der Verkoster die Entscheidung, da er die allgemeine Ausgewogenheit des Weins einzuschätzen weiß. Ein häufiger Fehler ist der vorzeitige Abbruch des Ausbaus im Holz, denn die am Anfang oft stark hervortretenden Holzaromen verschmelzen erst mit der Zeit.

Fassausbau, ob er nun Rot- oder Weißweine betrifft, erfordert einen höheren Arbeitsaufwand als das gleiche im Tank gehaltene Volumen. Kalkuliert man den Anschaffungspreis der Fässer hinzu, kann man ermessen, warum er so viel kostenintensiver ist als der Ausbau im Tank. Die Winzer entscheiden sich also je nach Art des Weins, den sie keltern, für den Fassausbau, aber sie müssen auch den Endpreis in Betracht ziehen. Nur ein Wein höherer Qualität verdient einen sorgsamen Ausbau im Holz, der ihm zu einer Harmonie und Komplexität verhilft, die er in einem neutralen Behältnis niemals erreichen könnte.

Wahrheit und Illusion

Obwohl durch den Ausbau in Eichenfässern aromatische Komponenten an den Wein abgegeben werden, handelt es sich dabei nicht um eine Aromatisierung im rechtlichen Sinn. Anders liegt der Fall beim Hinzufügen von Holzspänen oder beim Einsetzen von Holzlamellen in Edelstahltanks, die nur ein einziges Ziel verfolgen: dem Wein Aromastoffe zuzusetzen, ähnlich wie man Würzmittel an Speisen gibt. Die positiven Nebenwirkungen des echten Fassausbaus, die von der schonenden Oxidation oder der Entwicklung auf Heferückständen herrühren, sind bei dem künstlichen Zusetzen nicht zu erwarten.

Die umstrittene Zugabe von Holzspänen oder der Einsatz von Holzlamellen in die Tanks ist in Europa offiziell zwar noch verboten, wird

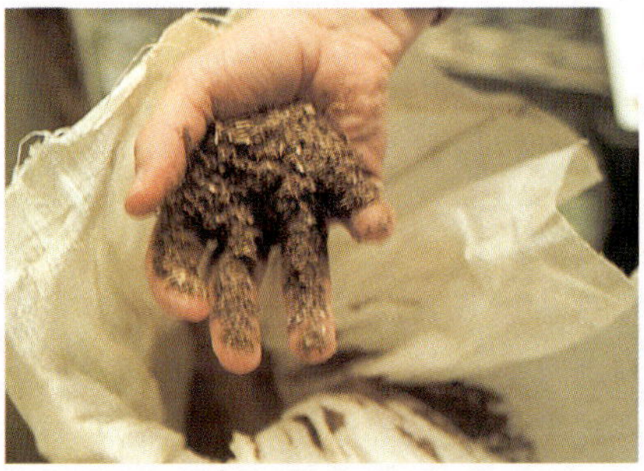

Aromatisch versuchen manche Produzenten Ausbau im Barrique vorzutäuschen, indem sie Eichenspäne in den Wein geben, sozusagen als Aufguss.

aber stillschweigend im Labor bereits genauestens untersucht und erprobt. Auf anderen Kontinenten ist diese Form der Anreicherung dagegen durchaus geläufig, und entsprechend behandelte Weine werden längst auch in Europa abgesetzt. Abgesehen von den hitzigen Debatten über unfairen Wettbewerb, weisen diese kellertechnischen Praktiken noch auf ein anderes Problem hin. Nach geltendem europäischen Recht muss alles, was sich ›Wein‹ nennen will, ausschließlich aus Trauben hergestellt sein, was ein traditionelles Reinheitsgebot betont. Angeblich um ihre Produkte marktgerecht zu machen, greift die moderne Kellerpraxis überwiegend – aber keineswegs nur – in den Ländern der Neuen Welt zu verschiedensten Mitteln und Aromastoffen, wobei sie auch vor genmanipulierten Reinzuchthefen und verschiedenen Enzymen nicht Halt macht. Muss dann aber nicht der Verbraucher das Recht reklamieren, über diese Zusatzstoffe ebenso informiert zu werden wie bei anderen Lebensmitteln auch?

Klärung und Aufbereitung

Eiweißschönung ist so traditionell wie modern – auf jeden Fall äußerst schonend.

Im Verlauf des Ausbaus zeigt der Wein die Tendenz, auf natürliche Weise klarer und blanker zu werden. Diese Selbstklärung ist jedoch selten ausreichend, um die Stabilität des Weins über einen längeren Zeitraum zu gewährleisten. Daher ergreift man zusätzlich physikalische oder chemische Maßnahmen. Diese Eingriffe müssen allerdings sehr behutsam vorgenommen werden, denn sind sie zu rigoros, schwächen sie den Wein und mindern seine Qualität. Es gilt, einen Kompromiss zwischen der Stabilität des Weins und seiner Struktur zu finden. Überdies darf eine Stabilisierung nicht die weitere Entwicklung bei Weinen unterbinden, die dazu bestimmt sind, in der Flasche zu reifen.

Es gibt keine Klärmaßnahme, die jedem Wein gerecht würde. Je nachdem ob weiß, rot oder rosé, trocken oder restsüß, frisch oder gereift getrunken, in großen Mengen erzeugt oder für einen kleinen Käuferkreis produziert, muss aus den unterschiedlichen Behandlungsmöglichkeiten diejenige ausgewählt werden, die den Anforderungen des jeweiligen Weins entspricht.

Einige große Rotweine ist man bestrebt, ohne jegliche Klärung in Flaschen zu füllen. Der Verbraucher sollte dann in geeigneter Form darauf hingewiesen werden, dass sich im Verlauf der Flaschenreife mehr oder weniger Bodensatz bilden wird.

Unter den Klärmaßnahmen gibt es zwei Verfahren, die gewöhnlich gekoppelt werden: Schönung und Filtration. Die Schönung ist eine physikalisch-chemische Behandlung. Der Wein wird dazu mit einem Zusatz versehen, der Stoffe, die ihn trüben oder vermutlich später trüben werden, zum Beispiel Proteine oder Tannine, in Flocken bindet, die sich als Sedimente absetzen und bei einem Abstich ausgesondert werden. Die Wahl des Schönungsmittels hängt vom Wein ab. Für Weißweine bevorzugt man Bentonit (aus Verwitterungsgestein vulkanischen Ursprungs hergestellt) und/oder Speisegelatine. Für Rotweine wird neben Gelatine auch Eiweiß in Pulverform oder geschlagenes Eiklar verwendet. Der Grad der Ausgangstrübung bestimmt dabei die Dosierung. Um ein Überschönen, das die Instabilität der Weinstruktur nur noch verstärken würde, zu vermeiden, testet man den zu erwartenden Klärgrad, indem man eine geringe Menge Wein mit dem Schönungsmittel zehn bis 30 Tage ruhen lässt und danach von den Sedimenten trennt.

Die Eiweißschönung beginnt mit dem Aufschlagen der Eier und dem Trennen des Eigelbs vom Eiweiß.

Nur das Eiweiß wird benutzt und in jedes einzelne Fass Wein eingerührt, eine aufwendige Prozedur.

Das Eiweiß bindet die im Wein schwebenden Partikel und sinkt mit ihnen auf den Fassboden, von wo es abgezogen wird.

Bei einigen Rotweinen ist die Schönung ausreichend, sodass sie anschließend abgefüllt werden können. In den meisten Fällen geht sie jedoch der Filtration voraus, um sie zu erleichtern. Filtration ist ein mechanischer Vorgang, bei dem Wein unter Druck durch poröses Material gepresst wird, das Trubstoffe zurückhält. Zu den meistbenutzten Filtern zählen Anschwemmfilter, Schichtenfilter und Membranfilter.

Beim ersten Verfahren wird in der Regel Kieselgur zusammen mit dem Wein wiederholt durch Siebplatten geleitet (›angeschwemmt‹), wobei sie sich als Filterbett mit immer neuer, aktiver Oberfläche ablagert. Schichtenfilter bedienen sich zwischen Siebplatten gepressten Filtermaterials, dessen Porenweite im Hinblick auf den gewünschten Klärgrad des Weins ausgewählt wird. Filtert man einen Wein mit hoher Ausgangstrübung zu fein, verstopft der Filter zu schnell und der Vorgang muss unterbrochen werden. Man beginnt in einem solchen Fall mit einer Grobfiltration. Vor der Abfüllung kann noch eine sterilisierende Filtration durchgeführt werden, die unerwünschte Hefen und Pilze ausscheidet. Man benutzt dazu Membranen oder spezielle Entkeimungsfilter.

Je feiner man die Filtermedien wählt, desto größer wird die Stabilität des Weins, aber umso mehr entkleidet man ihn seiner guten Eigenschaften. Deshalb bieten manche Winzer Weinkennern ungefilterte Abfüllungen an, bei denen die Struktur des Weins gewahrt bleibt. Es ist das große Verdienst des amerikanischen Weinkritikers Robert Parker, Winzer wie Konsumenten von den Vorzügen des Abfüllens von Rotweinen ohne Schönung und Filtration überzeugt zu haben.

Weinstein

Es kommt speziell bei Weißwein vor, dass kleine harte Kristalle darin schweben oder am Korken anhaften. Was aussieht wie Zucker, ist in Wirklichkeit Weinstein. Die Weinsäure kommt in den Trauben und folglich auch im Wein natürlich vor. Unter Kälteeinfluss bildet sie Kristalle. Um zu verhindern, dass dies in der Flasche geschieht, versucht man den Ausfällvorgang einzuleiten, solange sich der Wein noch im Tank oder in Fässern befindet. Das kann auf natürliche Weise im Winter geschehen, wenn die Temperaturen im Weinkeller ausreichend fallen. Man kann dieses Phänomen auch künstlich hervorrufen, indem man den Wein kühlt.

Bei Weinen im unteren Bereich der Qualitätshierarchie ist auch eine Hitzebehandlung oder Pasteurisierung denkbar, um im Wein befindliche Mikroorganismen zu beseitigen. Dies kann bei offenen wie bei bereits in Flaschen abgefüllten Weinen oder bei der Flaschenabfüllung geschehen.

Die Abfüllung

Je nach Betriebsgröße variiert die erforderliche Ausstattung. Kleine Weingüter benutzen häufig manuelle Abfüllgeräte. Die Flaschen werden eine um die andere gefüllt und danach mit Hilfe ebenfalls von Hand zu bedienender Geräte verkorkt. Andere Erzeuger nehmen die Hilfe von Dienstleistungsbetrieben in Anspruch. Der Vorteil dieser Unternehmen besteht in ihrer technisch meist einwandfreien Ausrüstung, was die Qualität der Flaschenabfüllung garantieren kann. Leider fehlt es ihnen oft an Flexibilität, weil ihre Kapazitäten, die je nach Betriebsgröße zwischen 1000 und 10 000 Flaschen pro Stunde betragen, im Voraus gebucht werden müssen. Außerdem führen die Unternehmen zu ihrer eigenen Absicherung eine oft zu harte Filtrierung durch.

Eine Abfüllanlage besteht aus einer Spülvorrichtung zur Reinigung der leeren Flaschen von innen, einem Abfüllgerät, das die Flaschen bis zur programmierten Stelle füllt, und einer Verkorkungsmaschine. Nach dem Abfüllen können die Flaschen entweder sofort mit Kapseln versehen, etikettiert, in Kartons verpackt, in Lagerhallen gebracht und bei Bedarf von dort verschickt werden. Oder man lagert die Flaschen *tiré-bouché* (›abgefüllt und verkorkt‹) im Weinkeller. Dann werden sie auf Bestellung geholt, gesäubert, mit Etiketten und Kapseln versehen und in Kartons verpackt, die sich auf Paletten stapeln und für den Versand einschweißen lassen.

So modern manche Abfüllanlage heute auch sein mag, nicht nur in Südafrika werden die Flaschen oft noch per Hand in Kartons verpackt.

Flaschen

Anfang des 19. Jahrhunderts waren Flaschen bereits weit verbreitet. Sie wurden aber immer noch mundgeblasen, was sich an ihrer unregelmäßigen Form erkennen lässt.

Die Kunst der Glasherstellung beherrschten wohl schon die Ägypter im 4. Jahrtausend v. Chr., und mit den Phöniziern gelangten nicht nur Glasgefäße, sondern auch das Wissen um deren Herstellung in den gesamten Mittelmeerraum. Die Geschichte, wie sie Plinius der Ältere erzählt, dass phönizische Sodahändler an einem Strand ihre Mahlzeit zubereiten wollten und in Ermangelung von Herdsteinen ihre Sodabrocken nahmen, welche im Feuer mit dem Sand zusammen dann Natronglas ergaben, mag im Reich der Fabeln angesiedelt sein, durch einen ähnlichen Zufall wird sich die Entdeckung eines der vielfältigsten künstlich hergestellten Werkstoffe, die der Mensch benutzt, aber wohl zugetragen haben. Neben der Schmuckfunktion hat Glas von Anfang an auch im täglichen Leben als Aufbewahrungsgefäß eine entscheidende Rolle gespielt, und es waren sicher zuerst nur wertvolle Materialien wie seltene Parfumöle, die die Gläser bargen. Die Möglichkeiten, es in nahezu jede gewünschte Form zu bringen, es zu blasen, zu schneiden, zu biegen und zu schleifen, aber es auch jederzeit wieder einzuschmelzen, also modern ausgedrückt, zu recyceln, sowie in

Zwerge und Riesen

In der Champagne stößt man auf eine erstaunliche Vielfalt von Flaschengrößen. Die kleinsten sind die *quart-avion*, die ihren Namen zu Recht tragen, weil sie vor allem in Flugzeugen angeboten werden; sie beinhalten 18,7 cl. Es folgt die Halbe (37,5 cl), die Flasche (75 cl) und die Magnum (1,5 l). Die großen Flaschenformate tragen alle biblische Namen, und bis heute weiß niemand, wann diese Idee aufkam, geschweige denn, wer dafür verantwortlich war.

- Jeroboam beinhaltet drei Liter, das heißt vier Flaschen. Jeroboam war 931–910 v. Chr. Gründer und erster Herrscher des Königreichs Israel.
- Methusalem enthält sechs Liter, das entspricht acht Flaschen. Dieser vorsintflutliche biblische Patriarch ist dafür bekannt, 969 Jahre gelebt zu haben.
- Salmanasar fasst neun Liter und damit zwölf Flaschen. Allein fünf assyrische Könige trugen diesen Namen, was die Zuordnung erschwert.
- Balthasar enthält 12 Liter, das sind 16 Flaschen. Balthasar war der Regent von Babylon, und auch einer der Heiligen Drei Könige aus dem Morgenland führte diesen Namen.
- Nebukadnezar hat 15 Liter Fassungsvermögen, was 20 Flaschen entspricht. Der Namensvetter regierte annähernd 50 Jahre über Babylon, das er in dieser Zeit zur orientalischen Hauptstadt ausbaute.

nahezu jeder Farbe einzufärben, ließen die Glasmacherkunst in römischer Zeit einen großartigen Aufschwung nehmen. Mit den Römern verbreitete sich die Glasherstellung in ganz Europa. In allen römischen Provinzen hat man Glasöfen gefunden, von denen sicher der eine oder andere noch bis in nachrömische Zeit arbeitete. Auch wenn die Zerbrechlichkeit und die Herstellungskosten Glas lange Zeit nur für die wohlhabenderen Bevölkerungsschichten erschwinglich machten – das einfache Volk benutzte zum Transportieren oder Servieren von Flüssigkeiten nach wie vor Ton-, Leder- oder Holzgefäße –, der Siegeszug des Glases war nicht mehr aufzuhalten.

Im 16. Jahrhundert findet man Ballonflaschen, die zu ihrem Schutz mit Weidengeflecht überzogen waren. Um die Mitte des 17. Jahrhunderts verbreitete sich die Verwendung von Flaschen in ganz Europa. Sie waren ziemlich niedrig, mit einem breiten Boden und einem langen, schlanken Hals. Allmählich näherte sich die Form derjenigen an, die wir heute kennen, vor allem um eine liegende Lagerung zu ermöglichen.

Anfang des 19. Jahrhunderts gab es bereits verschiedene Modelle, die für einzelne Weinregionen typisch waren, so am Rhein die Flöte, in Franken der Bocksbeutel, die Korbflasche des Chianti, aber auch die Bourgogne, die Champenoise, die Bordelaise und andere mehr. Seither sind die Kataloge der Glasfabriken ständig erweitert worden. Heute besitzen einige Appellationen ihr eigenes Modell, aber auch große Erzeuger oder Handelshäuser verwenden individuelle Formen.

Man neigt heute dazu, bei Weinen der obersten Kategorie traditionelle Flaschenformen beizubehalten, und zwar die schwere, teils dickbäuchigere Ausführung, die an die Flaschenformen vom Ende des 19. Jahrhunderts erinnert.

Italienische Abfüller erregten die Aufmerksamkeit des Marktes mit Designerflaschen, die sich in der Zwischenzeit auch international verbreitet haben, aber Spitzenerzeuger nur selten überzeugen.

Bei einfachen Konsumweinen werden Standardformen verwendet, denn hier stehen ökonomische Überlegungen im Vordergrund. Technische Fortschritte ermöglichen es, leichtere und haltbarere Flaschen als die herkömmlichen Modelle herzustellen. Das heute geringere Gewicht kann eine wichtige Einsparung beim Transport und für die Wiederverarbeitung darstellen.

Die Gewohnheiten des Verbrauchers verändern sich, die Glashersteller passen sich an und werden erfinderisch. Da der größte Teil der Weine im Handel abgesetzt wird, muss er schon im Regal die Aufmerksamkeit auf sich ziehen, wo Tausende von Artikeln miteinander konkurrieren. Also setzen manche auf die Formen, andere auf die Farben, sowohl bei den Flaschen als auch auf den Etiketten. Man darf aber nicht vergessen, dass der Wein in den Erzeugerländern zur Tradition und Kultur gehört, was bei aller Innovation und Kreativität auch in der Gestaltung der Flasche seinen Ausdruck finden sollte.

Heute weiß man, dass die Verbraucher weniger, aber besser trinken. Bei manchem Essen, speziell in der Gastronomie, mag eine ganze Flasche von 75 cl zuviel, eine halbe von 37,5 cl dagegen zu wenig sein. Deshalb wurden Flaschen mit 50 cl auf den Markt gebracht, die sich aber nur langsam durchsetzen.

Die Glasflasche ist heute das am weitesten verbreitete Gefäß besonders für Getränke jeder Art. Einige Weine werden aber auch schon in Plastikflaschen oder im Tetrapack vermarktet. Außerdem begegnet man zunehmend der Verpackungsart ›Weinschlauch‹. Dabei handelt es sich um einen meist fünf Liter Wein fassenden Folienbeutel in einem Karton, der sich umso mehr zusammenzieht, je mehr Wein daraus abgefüllt wird. Dadurch bleibt der Wein fast luftdicht abgeschlossen. Diese Verpackungsart wird allmählich den Verkauf von offenem Wein ersetzen, denn durch das ›luftlose Zapfen‹ bleibt der Wein in der angebrochenen Packung bis zu sechs Monate haltbar.

Die Bordeauxflasche

Bordelaise Grande Tradition

Standardring
Der normierte Ring erlaubt die Standardkapseln und garantiert eine perfekte Verkorkung.

Eine großzügige Schulter
Die breite Schulter verleiht den Eindruck von Klasse und Eleganz.

Ein leicht konischer Körper
Die leicht konische Form erinnert an die Bordeauxflaschen von früher.

Tiefe Einbuchtung
Sie gibt der liegenden Flasche Gediegenheit und erhöht beim Servieren das Vergnügen.

Flaschenherstellung

Die Grundsubstanz zur Herstellung von Glasflaschen ist Kieselsäure (Siliciumdioxid, 70 Prozent), die in der Natur in erster Linie als Quarzsand vorkommt. Man könnte Glas aus reinem Sand herstellen, doch dazu sind Temperaturen von mehr als 1800 °C erforderlich, deshalb fügt man Natriumcarbonat (Soda oder Pottasche, ca. 15 Prozent) als Flussmittel hinzu, was es erlaubt, die Schmelztemperatur auf 1500 °C zu senken. Gebrannter Kalk (10 Prozent) verhindert, dass das Glas beim Abkühlen kristallisiert. Die restlichen fünf Prozent bestehen aus Tonerde, Magnesium, Eisenoxid etc. Mit ihrer Hilfe können vor allem Farben oder Viskosität bestimmt werden. Die Menge jeder einzelnen Zutat wird auf elektronischen Präzisionswaagen abgewogen. Zu dieser Mischung kommen noch Glasabfälle hinzu, die aus gesammelten Flaschen und Fabrikationsabfällen stammen.

Diese Mischung wird bei etwa 1550 °C in einem Ofen zur Schmelze gebracht. In diesem Stadium bilden sich in der Glasmasse Gasbläschen, die im Verlauf der Affinage, der verfeinernden Verarbeitung, bei 1250 °C an die Oberfläche steigen und zerplatzen. Die nun homogene Masse fließt in Kanäle, die die Formungsmaschinen speisen. Das Glas läuft durch eine kalibrierte Öffnung, die in regelmäßigen Abständen von einer Punze verschlossen wird. So erhält man eine Aufeinanderfolge von Glastropfen, die mit automatischen Scheren abgeschnitten werden. Ihr Gewicht und folglich auch der Rhythmus der Punze werden im Hinblick auf den gewünschten Artikel und der dafür notwendigen Glasmasse festgelegt. Die Temperatur liegt jetzt zwischen 1100 °C und 1300 °C. Es werden ständige Kontrollen durchgeführt, denn falls die Temperaturen plötzlich aus irgendeinem Grund zu stark fallen, würde das Glas seine Zähigkeit verlieren.

Dann beginnt die Formung (siehe Schema auf der rechten Seite). Der geschmolzene Glastropfen fällt in eine Rohgussform. Der untere Teil wird von einer Ringform gebildet, die dem obersten Teil des Flaschenhalses seine Gestalt geben wird. Eine Punze durchbohrt die Glasmasse durch die Ringform hindurch. Durch dieses Loch wird Pressluft eingeblasen und formt aus der kompakten Masse einen Hohlkörper.

Die Rohform wird in eine Fertigform umgelagert, in die wiederum Pressluft eingeleitet wird, sodass die Flasche ihre endgültige Form annimmt. Bei dieser Herstellungstechnik handelt es sich um die doppelte Blastechnik. Bei der Press-Blastechnik wird die erste Lufteinleitung durch einen Pressvorgang ersetzt. Manche Maschinen können bis zu 700 Flaschen pro Minute herstellen.

Nach der Formung hat das Glas noch eine Temperatur von 650 °C. Die äußeren Wandungen tendieren dazu, rasch abzukühlen, während die Temperatur im Innern des Hohlkörpers viel langsamer sinkt. Ließe man die Flaschen so auskühlen, könnte das Glas Sprünge bekommen und leicht zerbrechen. Deshalb gelangen die Flaschen noch einmal in einen Ofen, den sie auf einem Förderband langsam durchlaufen, um bei anfangs etwa 550 °C ganz allmählich auszukühlen.

Zur Beseitigung mikroskopisch kleiner Fehler auf der Oberfläche werden die Flaschen einem weiteren Arbeitsgang unterzogen. Eine Methode findet im Hitzestadium zwischen der Formung und dem Abkühlen statt. Dabei werden Dämpfe von Metalloxiden auf die Flasche gesprüht, die auf die Glasoberfläche einwirken. Eine andere Technik kommt nach dem Abkühlen zum Einsatz. Die Glasoberfläche erhält dabei einen Schutzfilm aus Polyäthylen. Am Ende des Fabrikationsprozesses finden Kontrollen von Größe, Form, Fassungsvermögen und technischen Eigenschaften statt.

Für den Abtransport stapelt man die Flaschen in mehreren Etagen auf Paletten. Damit keinerlei Verunreinigungen wie Staub oder kleine Insekten eindringen können, wird die Palette mit einer Plastikfolie fest umwickelt.

Ist der eigentliche Rohstoff für die Glasherstellung auch Quarzsand, so hat inzwischen das Recycling von altem Glas für die Flaschenherstellung große Bedeutung gewonnen.

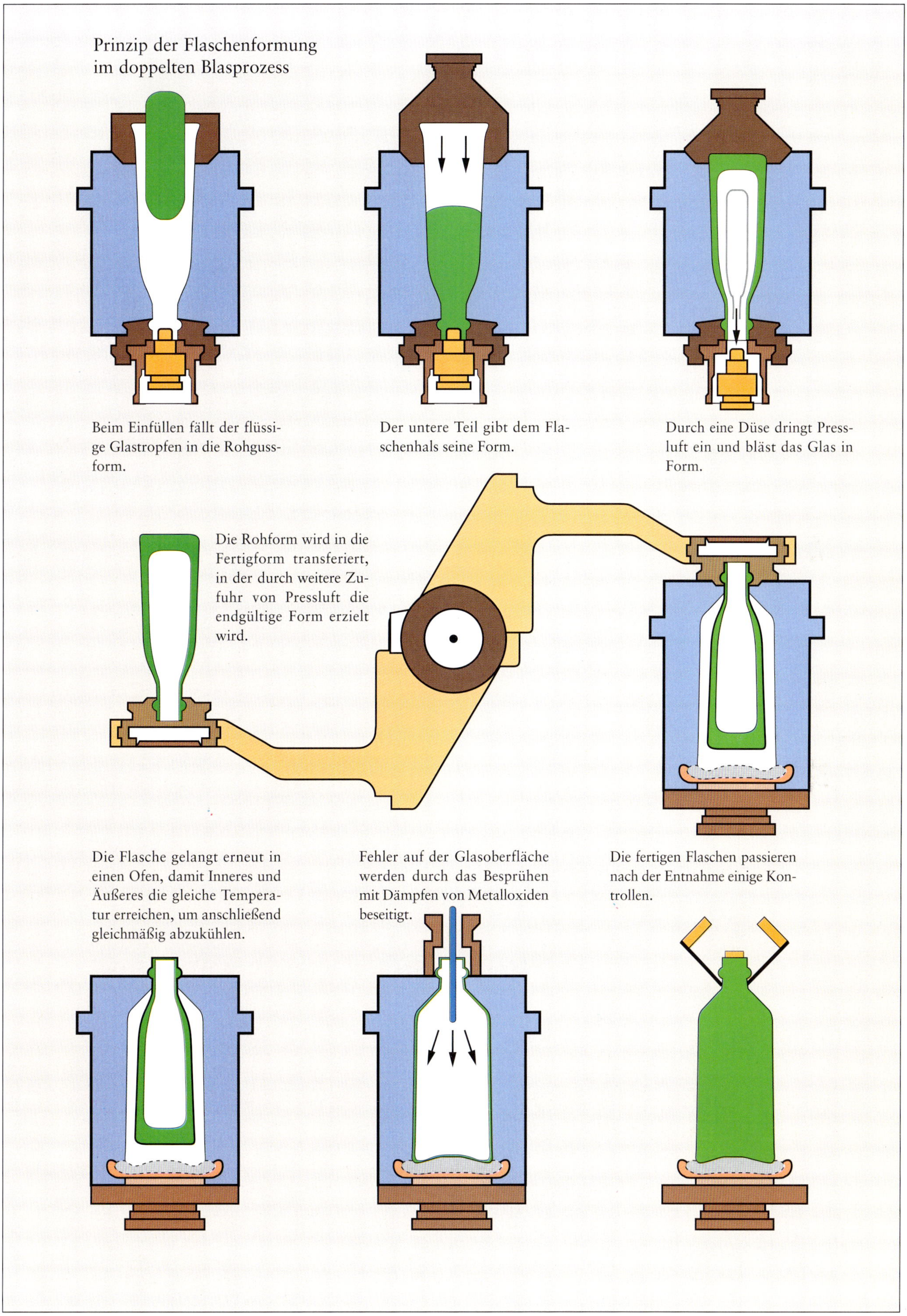

Prinzip der Flaschenformung im doppelten Blasprozess

Beim Einfüllen fällt der flüssige Glastropfen in die Rohgussform.

Der untere Teil gibt dem Flaschenhals seine Form.

Durch eine Düse dringt Pressluft ein und bläst das Glas in Form.

Die Rohform wird in die Fertigform transferiert, in der durch weitere Zufuhr von Pressluft die endgültige Form erzielt wird.

Die Flasche gelangt erneut in einen Ofen, damit Inneres und Äußeres die gleiche Temperatur erreichen, um anschließend gleichmäßig abzukühlen.

Fehler auf der Glasoberfläche werden durch das Besprühen mit Dämpfen von Metalloxiden beseitigt.

Die fertigen Flaschen passieren nach der Entnahme einige Kontrollen.

DIE WEINE DER WELT

André Dominé

Die Weinwelt im Überblick

Die Verteilung der Weinanbauregionen auf unserem Planeten macht auf einen Blick deutlich, dass Rebstöcke gewisse Voraussetzungen benötigen, um zu wachsen. Wichtigster Faktor für Wein ist das Klima und in allererster Linie die Temperaturen. Frappierend ist dabei der Unterschied zwischen nördlicher und südlicher Erdhalbkugel. In Letzterer verläuft die 10-°C-Linie im dortigen Wintermonat Juli in kaum geschwungenem Verlauf etwa zwischen dem 60. und 50. Grad süd-

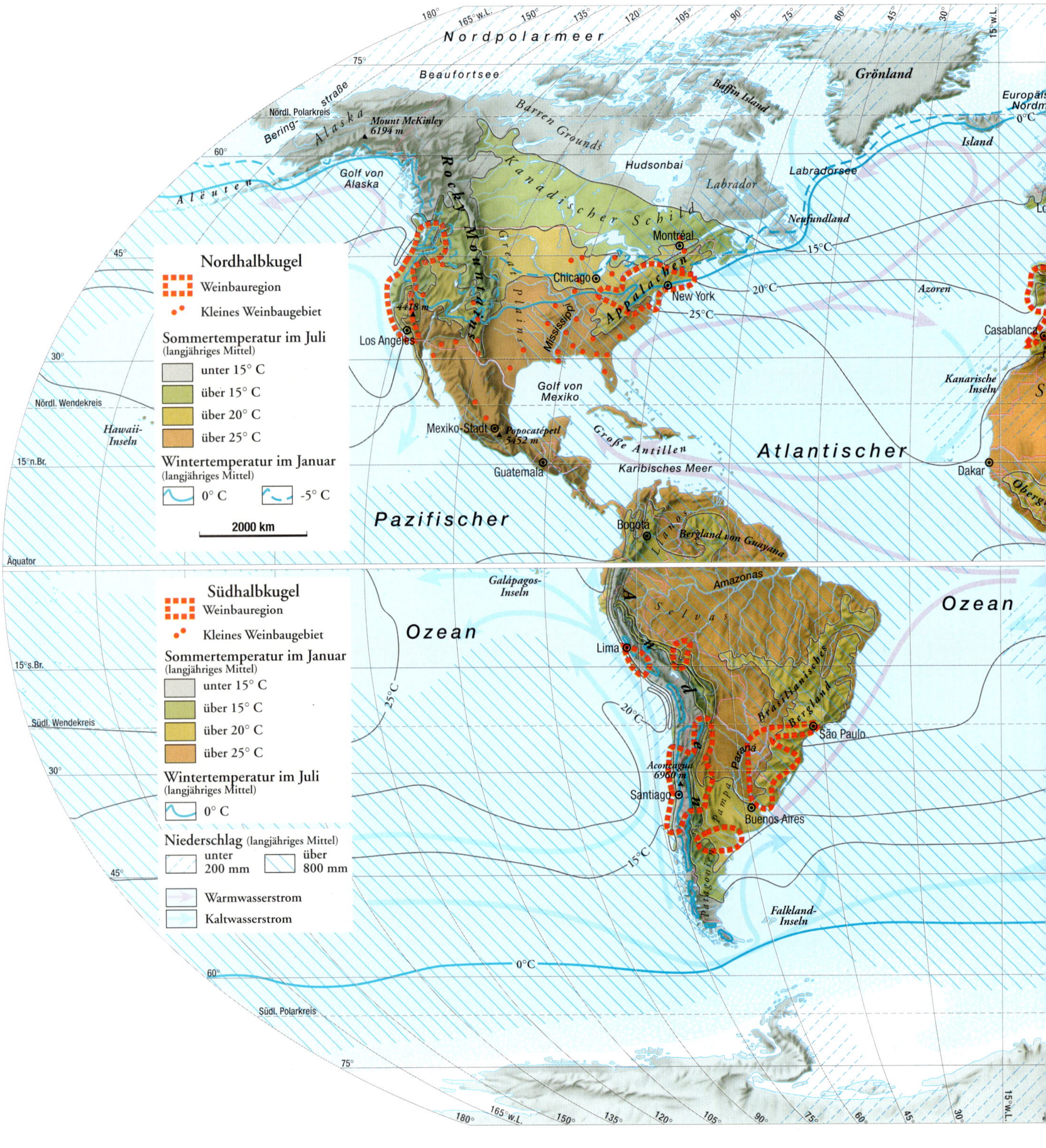

licher Breite und außerhalb bewohnter Kontinente. Auf der Nordhalbkugel dagegen, wo sich die entschieden bedeutendere Landfläche während der Sommerzeit stärker erwärmt – auch die Warmwasserströme wie der Golfstrom tragen dazu bei – zieht sich die 0-°C-Linie durch viele bedeutende Weingebiete. Die Karte verrät aber auch, dass Wein eindeutig gemäßigtere Bedingungen vorzieht. Dort, wo das Thermometer auf über 25 °C in den Sommermonaten Juli bzw. Januar klettert, gefällt es ihm nur ausnahmsweise. Zugleich spielen Niederschläge oder Trockenheit eine bedeutende Rolle. Zonen, wo weniger als 200 mm Regen pro Jahr fällt, kommen für Weinbau kaum in Frage. Andererseits setzen auch zu hohe Niederschläge dem Anbau Grenzen. Überall in der Welt aber haben Winzer Mittel und Methoden gefunden, auf die natürlichen Bedingungen zu reagieren, und waren gerade in den Grenzbereichen besonders erfinderisch.

Nördlicher Polarkreis
-5°C
0°C
Reykjavík
ISLAND
Europäisches
Nordmeer
Norwegische See
Lofoten
Färöer
Inseln
ATLANTISCHER
OZEAN
Shetland-
Inseln
Orkney-
Inseln
Hebriden
Golfstrom
Glasgow
15°C
IRLAND
Dublin
GROSS-
BRITANNIEN
Birmingham
London
Themse
Der Kanal
Nordsee
NORWEGEN
SCHWEDEN
FINNLAN
Luleälv
Umeälv
Bottnischer Meerbusen
Finnische See
Helsin
Oslo
Stockholm
Väner-
see
Gotland
Skagerrak
Kattegat
DÄNEMARK
Kopenhagen
Ostsee
Tallinn
ESTLAN
Riga
LETT
LITAUEN
zu Russland
Wilna
NIEDERLANDE
Amsterdam
Rotterdam
Hamburg
Elbe
Hannover
Berlin
Essen
DEUTSCHLAND
Brüssel
BELGIEN
Köln
Rhein
Frankfurt
a. Main
Luxemburg
Posen
Weichsel
Warschau
POLEN
Oder
Sudeten
Prag
TSCHECHISCHE
REPUBLIK
Krakau
SLOWAKEI
20°C
Seine
Paris
Loire
Stuttgart
München
Donau
Wien
Bratislava
ÖSTERREICH
Budapest
UNGARN
FRANKREICH
Golf
von
Biskaya
Bern
SCHWEIZ
Alpen
Lyon
Zentral-
massiv
Montblanc
4807 m
Turin
Mailand
Ljubljana
SLOWENIEN
Zagreb
KROATIEN
Drau
Theiß
RUMÄ
Garonne
Rhône
Po
Genua
Belgrad
Save
BOSNIEN-
HERZEGOWINA
Sarajevo
JUGOSLAWIEN
Sofia
Skopje
MAZEDONIEN
Tirana
ALBANIEN
Olymp
2917 m
GRIECHENL
Kantabrisches Gebirge
0°C
Pyrenäen
Pico de Aneto
3404 m
20°C
Douro
Ebro
Zaragoza
PORTUGAL
Tejo
Kastilisches Scheidegebirge
Madrid
Tajo
Lissabon
SPANIEN
Guadiana
Sierra Morena
Guadalquivir
Sevilla
Valencia
Barcelona
Sierra Nevada
Málaga
Marseille
Ligurisches Meer
Korsika
Sardinien
Apennin
Adriatisches Meer
Gran Sasso
2914 m
Rom
ITALIEN
Neapel
Tyrrhenisches
Meer
Balearen
Mallorca
25°C
Mittelländisches
Meer
Ionisches
Meer
Ionische Inseln
Palermo
Ätna
3350 m
Sizilien
MALTA
Rabat
Er Rif
Casablanca
MAROKKO
Oran
Algier
Tell Atlas
ALGERIEN
Tunis
TUNESIEN

Europas Weinbau

Wie in der Karte vermerkt, gilt der 52. Grad nördlicher Breite generell als Nordgrenze für den Weinbau. Einige englische Winzer haben mit wahrem Sportsman-Geist dieses Postulat durchlöchert. Denn je weiter der Weinbau nach Norden fortschreitet, auf umso kühlere Durchschnittstemperaturen und auf umso höhere Niederschlagsmengen trifft er. Während die Ersten den Reifeprozess der Trauben beeinträchtigen, gefährdet eine zu hohe Feuchtigkeit den Gesundheitszustand von Reben und Trauben und führt zur Verdünnung des Mostes. Je extremer Temperaturen und Regen werden, umso stärker wird die Photosynthese des Weinstocks behindert und damit die Bildung des Traubenzuckers, weshalb Weinanbau nördlich des 54. Breitengrades völlig ausgeschlossen ist.

Deutlich zeigt sich, welch enger Zusammenhang zwischen Flüssen und Weingebieten insbesondere im nördlichen, mittleren und östlichen Europa besteht. Ob Loire oder Garonne, Rhein oder Rhône, Donau oder Dnjestr, sie alle sind die Lebensadern bedeutender Anbauregionen, in denen sie die Extreme mildern.

In einem großen Teil Westeuropas bewegen sich die Durchschnittstemperaturen im Juli zwischen 15 und 20 °C. In dieser Zone liegt die Mehrheit der klassischen Anbauregionen Europas. In dem gemäßigten Klima mit ausreichenden, teils relativ hohen Niederschlägen herrschen ideale Bedingungen, um einerseits rassige Weißweine mit gutem Säuregerüst zu erzeugen, zum anderen ausgewogene Rotweine mit hohem Alterungspotential.

Selbst wenn man Spanien, den französischen Midi und Italien betrachtet, erkennt man eine erstaunliche Verschachtelung von Temperaturzonen. Dennoch bleiben zwei Elemente, die den mediterranen Süden Europas deutlich vom Norden unterscheiden, nämlich die deutlich höheren Temperaturen und der erheblich intensivere Sonnenschein. Sie führen die geeigneten Rebsorten zur optimalen Reife und zu einem völlig anderen Weintypus, der in Samtigkeit und Fülle schwelgt. Gen Osten stellt sich zur oft präsenten Wärme mit Sommertemperaturen über 20 °C das verblüffende Phänomen des Frostes ein. Damit ergeben sich im Laufe des Jahres Temperaturextreme, von denen das übrige Europa weitgehend verschont ist. Große Tag-und-Nacht-Schwankungen der Temperaturen sind jedoch der Weinqualität eher zuträglich. Höchster Ausdruck dieser Bedingungen ist der Tokaji, wo sich Fülle und Frische zu zeitloser Grandezza vereinen.

Nordamerika und Südamerika

Die USA werden von der 0-°C-Linie fast halbiert. Südlich von ihr – sieht man von der pazifischen Küste ab – herrschen vorwiegend für Weinbau nicht geeignete Temperaturen über 25 °C. Meso- oder Mikroklimata mögen ihm begrenzte Chancen eröffnen, aber zwei andere Extreme erschweren ihn, nämlich Trockenheit oder fast tropische Feuchtigkeit. Im Nordosten sind es Regen und Kälte, die ihn begrenzen, und nur an der Westküste herrschen, dank des mildernden Einflusses des Pazifiks, teils ideale Konditionen, die vor allem herausragende Rotweine ermöglichen.

Auf dem südamerikanischen Kontinent bieten nur Ausnahmezonen die für Qualitätswein erforderlichen Konditionen. Die besten Gebiete liegen in den Anden. Deren Flüsse sorgen auch in trockenen Regionen für Bewässerung, ohne die dort Weinbau ausgeschlossen wäre.

Auf der argentinischen Seite mildert oft die Höhenlage – es gibt Rebflächen bis auf über 2000 Meter – die vorherrschende Hitze und führt zu ausgewogenen Weinen. In Chile sind es dagegen die Einflüsse des Pazifischen Ozeans, die für temperiertes Klima sorgen, eines der idealsten für Weinbau überhaupt in der Welt. Auf der Atlantikseite sind die Bedingungen weniger günstig, als die verzeichneten Weinbauregionen suggerieren, auch wenn Uruguay eine gewisse Ausnahme darstellt. Dort, wo subtropisches Klima herrscht, schließen die Temperaturen oft qualitativ akzeptable Weinproduktion aus. Außerdem verursacht das feuchtwarme Klima einen starken Krankheitsdruck, dem nur Hybriden zu widerstehen vermögen.

Rebflächen und Weinproduktion

Diese kleinbeerige Spätburgundertraube ist für die Weinbereitung bestimmt, aber in vielen Regionen der Welt werden aus klimatischen, kulturellen und wirtschaftlichen Gründen Reben vorwiegend oder ausschließlich für die Erzeugung von Tafeltrauben angebaut.

Der Rebstock schenkt zwei Arten von Früchten. Die einen schmecken ausgezeichnet und kommen als Tafeltrauben oder als Rosinen auf den Tisch, die anderen haben meist eine zu dicke Schale, um als Frucht Genuss zu bieten, und dienen der Weinbereitung. Dahinter steht eine Selektion der Sorten, die sich über Jahrtausende zurückverfolgen lässt. Trauben, die sowohl für die eine wie die andere Verwendung geschätzt werden, sind die Ausnahme. Wie die Statistik, die die bepflanzte Rebfläche aufführt, illustriert, gibt es Länder, die aufgrund ihrer Tafeltrauben- oder Rosinenproduktion über bedeutende Anbauflächen verfügen und damit Weinländer weit überflügeln. Deshalb nimmt die Türkei den vierten Platz ein, denn in Bezug auf Tafeltrauben und Rosinen steht sie an der Spitze. Während noch 1998 in der offiziellen Statistik des *Office International de la Vigne et du Vin (OIV)*, dem internationalen, in Paris ansässigen Weinbüro, der Iran mit 270 000 Hektar Rebfläche den wichtigen sechsten Rang innehatte und China den zehnten bekleidete, hat man anscheinend begonnen, Länder, die ausschließlich oder zum überwiegenden Teil Tafeltrauben und Rosinen produzieren, in den Tabellen nicht mehr aufzuführen. Vermutlich liegt dies auch an fehlenden aktuellen Daten. Es bleibt die Tatsache bestehen, dass eine ganze Anzahl asiatischer und nordafrikanischer Länder ausgedehnte Rebflächen besitzen, die sie aber nicht oder nur zu geringem Teil zur Weinproduktion nutzen.

An der Tabellenführung der Weinproduktion hat sich wenig geändert. Italien und Frankreich machen sich, was die Produktion angeht, den ersten Platz streitig und wechseln sich dort ab – je nach Großzügigkeit des Jahrgangs. Spanien, nach wie vor das Land mit der größten Rebfläche, folgt in der Produktion weiterhin auf Platz drei. Wesentlich interessanter geht es am unteren Ende der Hitliste zu. Portugal, kurzfristig abgerutscht und aus den zehn wichtigsten Erzeugerländern ausgeschieden, konnte seine Produktion konsolidieren. Vom Ende der 1970er Jahre, als es 3,65 Millionen Hektoliter erzeugte, hat es bis heute seine Produktion fast verdreifacht. Chile hat seine Krise, die zwischen 1986 und 1990 zu einem drastischen Einbruch seiner Produktion führte, überwunden und liefert nun steigende Mengen, aber aus umstrukturierten Weinbergen mit international gefragten Sorten. In Argentinien hält der seit über 25 Jahren zu beobachtende Rückgang der Produktion weiterhin an. Was die Zahlen nicht verraten, ist die Zunahme an Qualitätsweinen.

Rebfläche in 1000 Hektar *Quelle: OIV 2000*

Land	Rebfläche	Prozente der Welt-Rebfläche
Spanien	1174	14,9 %
Frankreich	917	11,6 %
Italien	908	11,5 %
Türkei	581	7,4 %
USA (nur Kalifornien)	413	5,2 %
Portugal	261	3,3 %
Rumänien	248	3,1 %
Argentinien	209	2,7 %
Chile	174	2,1 %
Australien	140	1,8 %
10 Länder insgesamt	5025	63,6 %
Die Welt insgesamt	7885	100 %

Weinproduktion in 1000 Hektolitern *Quelle: CIES/OIV 2000*

Land	Weinproduktion 2001	Weinproduktion 1990	Entwicklung 1990/2001
Frankreich	58 240	65 529	- 12,2 %
Italien	51 300	54 866	- 6,5 %
Spanien	31 130	38 658	-19,5 %
USA	23 800	15 852	+ 50,1 %
Argentinien	12 150	14 036	- 13,4 %
Australien	10 770	4 446	+ 142,2 %
Deutschland	9 660	8 514	+ 13,5 %
Südafrika	7 470	8 988	- 16,9 %
Portugal	7 010	11 372	- 38,4 %
Chile	6 000	3 978	+ 50,8 %
10 Länder insgesamt	217 530	226 239	- 3,8 %
Die Welt insgesamt	275 892	282 897	- 2,5 %

Das Extrem Afrika

Weinbau gibt es in nennenswertem Umfang nur an den entgegengesetzten Polen des Kontinents. Im Norden, in den Ländern des Maghreb, finden sich nur auf Berghängen die moderaten Temperaturen, die Weinbau begünstigen. Ganz im Süden, und damit jenseits des Äquators, mäßigt der Benguela-Strom aus der Antarktis die Temperaturen und verursacht Wolken, die ins Landesinnere vordringen und in der Reifephase den Sonnenschein dämpfen. In Südafrika ist es eigentlich nur die Kapregion, die günstige Bedingungen bietet.

Weinverbrauch

Was den Weinverbrauch pro Land betrifft, führt Frankreich mit 34,5 Millionen Hektolitern vor Italien mit 30,8 Millionen, Tendenz rückläufig. Mit großem Abstand folgen die USA mit 21,2 Millionen vor Deutschland mit 19,6 Millionen, Spanien mit 13,8 und Argentinien mit 12,4 Millionen. Die übrigen Weinbauländer konsumieren weniger als 10 Millionen Hektoliter Wein pro Jahr.
Beim Pro-Kopf-Verbrauch führt Luxemburg mit 63,5 Litern vor Frankreich mit 57 Litern, Italien mit 54,7 und Portugal mit 50,2 Litern.

FRANKREICH

André Dominé, Eckhard Supp, Ulrich Sautter, Wolfgang Fassbender

Die französischen Weinregionen

In vielen Gebieten gehören Weinberge zu historischen Gütern wie hier im Beaujolais.

Seine geologische und klimatische Vielseitigkeit macht Frankreich zu einem der abwechslungsreichsten Weinländer der Welt. Jede der vierzehn Anbauregionen des Landes hat über Jahrhunderte seine eigene Weinkultur gepflegt. Unter jeweils anderen natürlichen Bedingungen haben sich unterschiedliche Rebsorten akklimatisiert und verschiedenartige Anbauweisen entwickelt.

Frankreichs nördlichstes Weingebiet, die Champagne, stößt bereits an den Bereich, wo die Durchschnittstemperaturen nicht mehr ausreichen, um Trauben zur Reife zu bringen. Nach Westen auf den Atlantik zu werden die Niederschlagsmengen zu hoch, um Weinbau zu ermöglichen. Der säurebetonte Charakter der Champagner selbst wird von diesem Grenzklima bestimmt.

Im Elsass, das – dank des Rheins – ein besonders günstiges Mikroklima genießt, setzen nach Westen hin die Vogesen dem Weinbau eine unüberwindliche Grenze. Dagegen erlangen die Trauben auf den der Sonne zugewandten Hanglagen Überreife, und die aus der Flussebene aufsteigende Feuchtigkeit fördert Edelfäule, der man die größten Weine des Gebiets verdankt.

Im nördlichen Teil des Burgund, wo die bekannteste Appellation Chablis heißt, müssen die Winzer Frostschutzmaßnahmen ergreifen, damit auf einigen der besten Lagen der Chardonnay nicht erfriert. Die weltweit verbreitete Rebsorte entwickelt auf den typischen Muschelkalkböden einen unvergleichlichen, mineralischen Ausdruck. Hier ebenso wie an der Côte d'Or und in den anderen Appellationen Burgunds regnet es in der Regel so viel, dass die Winzer zu extrem hoher Pflanzdichte übergegangen sind, um das Wachstum der Reben zu zähmen. Dies gilt auch für das Beaujolais. Zwischen dem weiten Tal der Saône und den Monts du Beaujolais mit ihren ausgedehnten Wäldern findet die Sorte Gamay auf Granit, oder Mergelböden ihr absolut ideales Terroir, verpflichtet aber die Winzer, sie in einer völlig anderen Weise zu schneiden, als es die Burgunder Nachbarn bei ihrem Pinot Noir tun.

Die Weingebiete des Jura und Savoyens ganz im Osten, sieht man von der Provence und Korsika ab, werden von ihrer geografischen Situation im Gebirge geprägt. Neben der Ausbildung ganz eigener Rebsorten hat dies auch zum einzigartigen sechsjährigen Ausbaustil unter Hefeflor beim Vin Jaune geführt.

Die Loire zeigt sich an ihrer Mündung dank des Golfstroms zwar als ein klimatisch mildes, doch auch sehr feuchtes Gebiet. So müssen im Muscadet die Trauben oft zeitig eingebracht werden. Den Flusslauf hinauf jedoch nehmen die kontinentalen Einflüsse zu, sodass hier sowohl große trockene und edelsüße Weißweine wie auch exzellente Rotweine gedeihen. Aus langer Tradition setzt man nun vermehrt auf den Cabernet Franc,

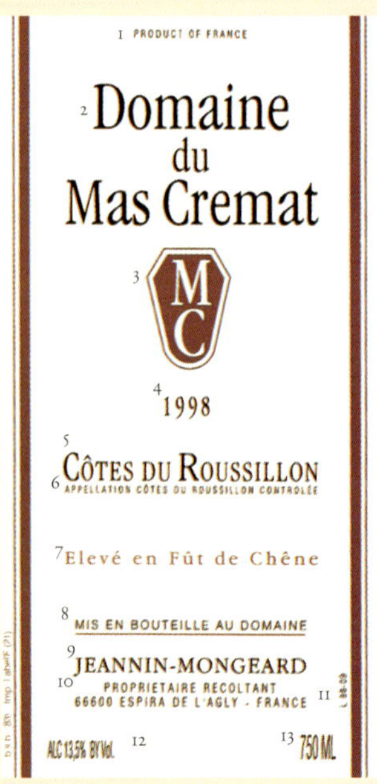

1 Angabe des Ursprungslands
2 Name des Weinguts oder des Weinhandelshauses
3 Wappen oder Logo des Erzeugers
4 Jahrgang
5 Anbaugebiet und Name der Appellation
6 vorgeschriebene Garantieerklärung der kontrollierten Herkunftsbezeichnung
7 Hier: Im Eichenfass ausgebaut (sonst hier oft Name der Cuvée)
8 Auf dem Gut abgefüllt (oder Nummer und Ort des Abfüllers)
9 Name des Winzers oder des Gutes
10 Wörtlich: Erntender Besitzer (oder Name des Handelshauses)
11 Adresse des Betriebs
12 Alkoholgehalt (oft auf 0,5 Prozent gerundet, selten exakte Angabe)
13 Nennvolumen der Flasche

der bei den eher kühlen Temperaturen bessere Resultate ergibt als der Cabernet Sauvignon. Dessen Hochburg ist Bordeaux, insbesondere aber das Médoc, wo zwischen Gironde und Atlantik ein höchst gemäßigtes Klima seiner späten Reife entgegenkommt und gut durchlässige Kiesböden verhindern, dass die häufigen Regenfälle ihn zu sehr verdünnen. Im Südwesten ist es oft wärmer, und zugleich gewinnen die Berge an Einfluss.

Wo das Mittelmeer regiert

Reichen die Einflüsse des Atlantiks auch erstaunlich weit nach Osten, so nehmen vor allem drei Faktoren in den südöstlichen Anbaugebieten Einfluss auf den Weinbau: Wärme, Wind und Trockenheit. Am gemäßigtsten zeigen sie sich an der nördlichen Rhône, wo sie zu einer grandiosen Ausgewogenheit in Weiß- und Rotweinen führen. Die Syrah hat hier und im gesamten Midi ihr Reich und weiter südlich – mit ihrer Hochburg Châteauneuf-du-Pape – Grenache und Mourvèdre. In der Provence – dem Inbegriff mediterranen Lebens – wirkt sich gen Norden die Nähe der Alpen ebenso auf die Weine aus wie die des Mittelmeers im Süden. Entsprechend variieren Sorten und Weinstile. Korsika dagegen ist nicht nur geografisch näher an der italienischen Küste, sondern seine typischen Sorten stammen von dort und sind dem mediterranen Klima bestens angepasst. Um den Golf von Lion zieht sich das Languedoc-Roussillon, eines der größten Anbaugebiete der Welt. Hier werden die meisten Sonnenstunden gezählt, und auch den heftigen Nordwestwind teilt man mit der Provence, was den Trauben beste Gesundheit garantiert. Bei reduzierten Erträgen erreichen die Weine hier optimale Konzentration.

Champagner – Nobelgetränk mit Geschichte

Champagner ist der belebende und erotische Prickler, das anekdotenumwobene Elite-Getränk, der Qualitätsschaumwein schlechthin. Von Ludwig XIV. zu den Zaren, von Churchill zum englischen Königshaus, vom Siegerpodest der Formel Eins zu den Börseneinführungen an der Wall Street – der Schaumwein des nördlichsten Weinbaugebiets der Grande Nation ist immer dabei. Wie kein zweiter Wein hat er es geschafft, seine Herkunftsbezeichnung zum Markenbegriff zu etablieren, mit dem höchstes Prestige – und höchste Preise! – fast untrennbar verbunden scheinen. Auch wenn mit dem spanischen Cava, dem italienischen Franciacorta, mit kalifornischen oder australischen Produkten zunehmend ernst zu nehmende Konkurrenten auftauchten, nimmt das erste Herkunftsgebiet der Welt, das sich ausschließlich auf die Herstellung flaschenvergorener Schaumweine spezialisierte, immer noch die unumstrittene Poleposition in der Welt ein, auch wenn sein Anteil an der Produktionsmenge der Kategorie heute weniger als zehn Prozent beträgt.

Ein großer Champagner besitzt viel Alterungspotential.

Ohne Dom Pérignon wäre der Champagner nicht das, was er heute ist.

Der Name des Weinbaugebiets nordöstlich der französischen Hauptstadt – im Mittelalter zählte auch die heutige Île de France samt Paris dazu – leitet sich vom lateinischen *campus* ab und bezeichnet das Weinbau- und Ackerland entlang des Marne-Tals, dessen Weingebiet, die »Champagne viticole«, bereits 1927 durch ein Dekret des INAO in seiner geografischen Ausdehnung definiert und festgelegt wurde. In der Region um die beiden Zentren Reims und Épernay, schon früh in der Geschichte Kreuzungspunkt wichtiger Handelsstraßen von Nord nach Süd und Ost nach West und deshalb immer von großem Wohlstand gesegnet, ist Weinbau bereits seit dem 5. Jahrhundert nachweisbar, auch wenn die Spezialisierung auf Schaumwein erst wesentlich später erfolgte.

Dom Pérignon und seine Erben

Einen einheitlichen ›Vin de Champagne‹, der aber noch vorwiegend still ausgebaut wurde und nur gelegentlich in der Flasche moussierte, kannte man vom 17. Jahrhundert an, und die leicht roséfarbenen Weine, die vorwiegend aus Pinot Noir gekeltert wurden, genossen bereits eine gewisse Beliebtheit in den Salons der Londoner Gesellschaft. Ab der zweiten Hälfte dieses Jahrhunderts war der Wein der Champagne einschneidenden Veränderungen unterworfen, die aus ihm das flaschenvergorene, perlende Produkt machten, als das er heute bekannt ist.

Der Grundstein dieser Entwicklung wurde vom berühmten Abt des Klosters Hautvillers, Dom Pérignon, gelegt, der zwar nicht, wie häufig behauptet wird, den Champagner in seiner heutigen Form erfunden hat, doch vor allem bezüglich der Sortenwahl – er war der Erste, der hier einen vollwertigen Rotwein kelterte, aber auch der Erste, der aus roten Trauben einen echten Weißen presste –, der Weinbergstechniken und der Zusammenstellung von Cuvées aus verschiedenen Sorten und Lagen Revolutionäres leistete. Durch die von ihm initiierte Verwendung stärkerer Glasflaschen mit Korkverschlüssen, die höheren Druck aushielten, wurde es möglich, moussierende Produkte zu füllen und zu exportieren.

Die Produktion dieses perlenden Champagners betrug noch bis ins 19. Jahrhundert kaum mehr als wenige tausend Flaschen im Jahr. Erst einem Kellermeister der berühmten Witwe Clicquot war es zu verdanken, dass sie durch die Erfindung des Rüttelpults und die exakte Dosierbarkeit der *liqueur de tirage* für die zweite Gärung in industrielle Dimensionen vordringen konnte. Der eigentliche wirtschaftliche Erfolg stellte sich ab Mitte des 19. Jahrhunderts mit einer Gruppe junger Deutscher namens Krug, Bollinger, Röderer und Deutz ein, deren Namen noch heute die Elite der Champagnerindustrie bilden. Sie verdrängten damals schnell den Großteil der einheimischen Firmen aus dem Markt und übernahmen das Regiment in Reims und Umgebung.

Der Erfolg überdauerte Weltkriege und Besitzerwechsel – fast jede vierte Flasche Champagner kommt heute aus einer der Kellereien der Gruppe Louis Vuitton Moët Hennessy (LVMH), der so berühmte Marken wie Veuve Clicquot-Ponsardin, Krug, Pommery, Ruinart, Moët & Chandon und Canard-Duchène gehören – und kulminierte im Verkauf von 300 Millionen Flaschen Champagner im Millenniums-Jahr. Dass diese beispiellose Entwicklung möglich wurde, beruht auf einer einzigartigen Konstellation von Klima, Böden und Rebsorten, aber auch auf weinbaupolitischer Weitsicht und Disziplin, die sich über die Jahrhunderte hinweg zu einer der homogensten Appellationen der Welt formierten.

Sichtbarster Ausdruck dieser Geschlossenheit war das lange gültige Preissystem für die Traubenlieferungen der Winzer an die Kellereien, die früher kaum eigenen Weinbergbesitz hatten. Jahr für Jahr wurden diese Preise in Verhandlungen ermittelt und für die gesamte Region einheitlich festgeschrieben. Diese Kommission wurde nach dem Zusammenbruch der Märkte in den 1920er und Anfang der 1930er Jahre geschaffen. In der Folge entstanden auch die ersten Genossenschaften. Daneben nahm eine Reihe von Winzern die Versektung selbst in die Hand und sorgte bis 1990 für eine relative Marktsicherheit bei den Winzern und Kellereien.

In den feuchten Kellern vergehen Etiketten, aber nicht die Champagner.

Kreide ist beim Champagner doppelt wichtig: Zum einen prägt sie als Boden den Wein, zum anderen liefert sie die endlosen Keller, in denen ideale Temperaturen herrschen und Weine in den Schatzkammern über 100 Jahre überleben können.

Hautvillers lohnt allein wegen der Winzer- und Berufsschilder einen Abstecher.

Säure und Zucker für guten Champagner

Der Großteil der Rebfläche und alle klassifizierten Weinberge der Champagne liegen an den Hängen der Hügel- und Bergketten mit ihren tiefen, kalkhaltigen Böden. Sie sorgen für gute Feuchtigkeitsversorgung und gleichzeitig für optimale Drainage und sind durch ihren hohen pH-Wert auch für hohe Säurewerte in den Trauben verantwortlich. Die Hanglage bietet auch die notwendigen Voraussetzungen für ausreichende Wärmeversorgung, denn bei ihrer für Weinbau sehr nördlichen Lage kann die Champagne den Reben kaum Wärme und Licht im Überfluss garantieren. Darüber hinaus bewirkt das von maritimer Wechselhaftigkeit bestimmte Wetter eine Verlängerung des Vegetationszyklus, die zum erhöhten Säuregehalt auch bei ausgereiften Trauben beiträgt – einer der wichtigsten Faktoren für Spitzenschaumweine, während in der Champagne nie große, strukturierte Weiß- oder Rotweine produziert wurden. Ob aufgrund der Nähe zum Burgund oder aufgrund ihrer Eignung, auch in kühlem Klima auszureifen – in den Weinbergen zwischen Reims und Épernay setzten sich trotz ursprünglich größerer Sortenvielfalt letztlich nur drei Reben durch, von denen zwei auch in Chablis und an der Côte d'Or für die größten Weine sorgen: Chardonnay, Pinot Noir und Pinot Meunier, auch Schwarzriesling genannt.

Während im gesamten Anbaugebiet der Anteil der recht einfachen Basis-Sorte Pinot Meunier mit mehr als 35 Prozent am größten ist, Pinot Noir ein gutes Drittel und Chardonnay sogar nur etwas mehr als ein Viertel der Flächen belegen, kehrt sich das Verhältnis in den Spitzenlagen, aus denen die Grundweine für Prestige-Cuvées gewonnen werden, deutlich um, wo der Chardonnay mit mehr als zwei Fünfteln in Führung liegt. Dass der weitaus größte Teil des Champagners weiß ist, steht übrigens nicht mit der Tatsache im Widerspruch, dass in den Weinbergen die roten Sorten dominieren. Allerdings ist bei ihrer Ernte rasches Abpressen nach genau festgelegten Prozeduren notwendig, um das Auslaugen der Farbstoffe aus den Beerenschalen zu verhindern. Die ist auch der Hauptgrund dafür, dass der Einsatz von Lesemaschinen in der Champagne verboten ist, da Anquetschen der Trauben und beginnende Mazeration dadurch unvermeidlich wäre.

Von einem Problem des europäischen Nachkriegsweinbaus blieb auch die Champagne nicht verschont: der Tendenz zur Erzielung immer größerer Hektarerträge.

Zwischen 1940 und 1980 verdreifachten sich diese in der Region und führten trotz einer Erhöhung der vorgeschriebenen Traubenmenge – von 150 auf 160 Kilogramm für 100 Liter Most – zu immer dünneren Grundweinen, bei denen schließlich bis zu 3,5 % vol des tatsächlichen Alkohols nicht mehr aus Traubenzucker, sondern aus der Chaptalisierung stammten.

Wer Ihren Champagner wirklich abgefüllt hat

Ein Champagner-Etikett trägt außer den technischen Angaben (siehe Abbildung) oft klein gedruckt eine Nummer, der meist zwei Buchstaben vorangestellt sind: Sie verraten, wer den betreffenden Champagner abgefüllt hat.

NM: *Négociant-manipulant* – dieser Händler oder dieses Handelshaus erntet oder kauft Trauben, Most oder Grundweine und verarbeitet sie in seinen Kellern.

RM: *Récoltant-manipulant* – dieser Winzer macht aus seiner eigenen Lese in seinen eigenen Kellern einen Winzer-Champagner.

RC: *Récoltant-coopérateur* – dieser Weinbauer ist Mitglied in einer Genossenschaft, von der er den Wein zurücknimmt, um ihn an die eigene Kundschaft zu verkaufen.

CM: *Coopérative de manipulation* – Winzergenossenschaft, die aus den Trauben ihrer Mitglieder in eigenen Kellern Champagner keltert und reifen lässt.

SR: *Société de récoltants* – Vereinigung von unabhängigen Winzern, die aus der Lese ihrer Mitglieder Champagner entwickelt und abfüllt.

ND: *Négociant distributeur* – Weinhändler oder Handelsgesellschaft, die bereits abgefüllten Champagner kauft und dann selbst etikettiert.

R: *Récoltant* – dieser Weinbauer lässt seine Trauben von einem *négociant-manipulant* in Lohnarbeit vinifizieren und erhält den Champagner von diesem abgefüllt in Flaschen zurück.

MA: *Marque auxiliaire* – wörtlich Hilfsmarke, bezeichnet Handelsmarken, die im Auftrag eines Weiterverkäufers erzeugt und mit seinem Etikett versehen werden.

Angaben auf einem Champagner-Etikett

Champagnerhaus	MOËT et CHANDON
Ort	à Epernay
Gründungsjahr	Fondée en 1745
Herkunftsbezeichnung	Champagne
Cuvée	Cuvée Dom Pérignon
Alkoholangabe	12,5 %
Flascheninhalt	750 ml
Dosierungstyp	Brut
Nr., Art des Abfüllers	
hergestellt von	élaboré par
Firma, Ort, Land	MOËT et CHANDON EPERNAY/FRANCE
eingetragenes Warenzeichen und Muster	Muselet EPARNIX
Jahrgang	Millésimé 1990

Champagnergenuss

Champagner ist immer etwas Besonderes, und man muss ihn auch so behandeln, damit er alle Erwartungen erfüllt. Die erforderliche Sorgfalt beginnt bereits beim Einkauf. Grundsätzlich passt Champagner zu allen Gelegenheiten und Gerichten – es muss nur der richtige sein. Doch kaum ein anderer Wein bietet ein so breites Spektrum. Jeder Champagnerproduzent hat die Möglichkeit, durch Mischung von Rebsorten, Weinen verschiedener Lagen und unterschiedlichen Alters sowie die Dosage seinen Cuvées persönlichen Charakter zu verleihen. So gibt es schlanke und füllige, fruchtige und blumige, frische und reife, süße und sehr trockene, junge und entwickelte Champagner. Und natürlich gute und schlechte, feine und banale, harmonische und derbe, teure und billige. Gerade bei dem beliebtesten Champagnertyp, dem Brut ohne Jahrgang, gibt es die größten Unterschiede. Da hilft nur der Rat eines *sommelier*, eines Fachhändlers, eines fachkundigen Verkäufers, eines seriösen Weinführers – oder die eigene Erfahrung.

Champagner ist ein wunderbarer Aperitif, vorausgesetzt er ist spritzig, frisch und trocken, was auf eine große Gruppe von Brut ohne Jahrgang und auf die jungen Blancs de Blancs zutrifft. Letztere passen auch ausgezeichnet zu Austern und Meeresfrüchten. Zu Kaviar und Hummer sollte es lieber ein etwas kräftigerer Brut sein. Viele Fischgerichte finden in einem Brut oder Blanc de Blancs ideale Begleiter. Doch wenn Geschmack, Konsistenz und Saucen der Speisen kräftiger werden, dann muss auch der Champagner mehr Struktur und Komplexität aufweisen, und es empfehlen sich Jahrgangs- oder Roséweine. Die raren Prestige-Cuvées verlangen nach fein abgestimmten Zubereitungen. Auch zu Käse kann man kräftigere trockene Champagner reichen, während zu – möglichst nur dezent süßen – Desserts eher die Kategorien *sec* und *demi-sec* zu empfehlen sind.

Die vorteilhafteste Temperatur zum Servieren liegt zwischen 6 °C und 9 °C, wobei der Wein auf sanfte Weise abgekühlt werden sollte. Dazu stellt man ihn am besten in einen mit Eiswürfeln und Wasser gefüllten Kühler, in dem die Flasche auch aufbewahrt wird, wenn sie einmal geöffnet ist. Servieren Sie Champagner nicht in flachen Schalen, sondern stattdessen in klaren, schlanken, tulpenförmigen Kristallgläsern mit einem ausreichend hohen Stiel, damit die Körperwärme nicht über die Hand an den Kelch abgegeben wird.

Lagen und Winzerdörfer

Die Einzigartigkeit der Champagne und des Champagners besteht darin, dass ihre Protagonisten in den letzten beiden Jahrhunderten aus einer Herkunftsbezeichnung, einer Machart – der Flaschengärung – und einem markenähnlich konzipierten Produkt, das von der Idee her keine Lagen- und Jahrgangsschwankungen mehr kennt, eine ungemein starke Corporate Identity gezimmert haben, die in der Wahrnehmung des Verbrauchers weinspezifische Attribute wie Herkunft, Sorte, Erzeuger und Jahrgang fast vollständig verdeckt.

Dennoch ist die Champagne zuallererst eine Landschaft, eine geografische Einheit und eine Herkunftsbezeichnung – die einzige bedeutende französische Weinbauregion mit einer einzigen, dafür aber ungemein populären und starken Appellation. Wie in allen französischen Spitzen-Weinbaugebieten sind auch in der Champagne Terroirs und Crus ausgewiesen und klassifiziert. Da aber der weitaus größte Teil des gefüllten Produkts aus Lagen- und Jahrgangsverschnitten besteht, werden diese Klassifizierungsangaben nur in den seltensten Fällen auf den Etiketten angeführt. Relevant sind sie allerdings bei der Preisfestlegung für die Trauben der verschiedenen Zonen und Lagen des Anbaugebiets, deren beste als Grands und Premiers Crus ausgewiesen sind.

Grundlage dieser Lageneinteilung ist die Gliederung der gesamten *Champagne viticole* in fünf Zonen mit natürlichen Bedingungen und unterschiedlichen Rebsorten-Schwerpunkten: die Montagne de Reims, das Tal der Marne, die Côte des Blancs, die Côte de Cézanne und das Département Aube. Die Weinberglagen an der Nord- und Ostflanke der Montagne de Reims verfügen vor allem über sandige und tonhaltige Böden auf Kreidefelsen, Sandstein und Mergel. Mergel sowie sandige Lehme und Ton bilden die Bodenkrume im Marne-Tal, während an der Côte des Blancs Sand und Ton auf Kreidefels vorherrschen. An der Côte de Cézanne liegen Mergel, Ton und Sand auf Kreide, während im Département Aube kiesige Kalksteinverwitterungsböden dominieren.

In Cuis, einem der Dörfer der Côte de Blancs, basieren die Champagner ausschließlich auf dem weißen Chardonnay und zeichnen sich durch markante Frische aus.

Die Häuser der Champagner-Erzeuger sind Zeugnisse seiner glorreichen Geschichte.

Grands und Premiers Crus

Die Weinberglagen von insgesamt 17 Gemeinden der Montagne de Reims (9), der Côte des Blancs (4) und des Marnetals (4) besitzen Grand-Cru-Status, für deren Trauben 100 Prozent des jeweils vereinbarten Referenzpreises bezahlt werden.

Dahinter folgen 38 Orte, deren knapp 5 000 Hektar Weinberge als Premiers Crus gelten, wobei für die Trauben 90 bis 99 Prozent des Referenzpreises bezahlt werden. Nur die wenigsten dieser Lagen sind beim Verbraucher bekannt oder tauchen gar auf den Etiketten auf, wie der Clos des Goisses des Hauses Philipponnat. Eines der berühmtesten Beispiele ist der Clos du Mesnil des Hauses Krug, ein sortenreiner Chardonnay-Champagner aus den hauseigenen Weinbergen in Le Mesnil-sur-Oger, die zu 100 Prozent mit dieser Sorte bestockt sind. Vor allem in den höher gelegenen Parzellen dieser Lage wachsen die Trauben für besonders dichte, aromatisch markante und finessenreiche Cham-

Stillweine der Champagne

Die Dominanz der Schaumweinproduktion in der Champagne lässt leicht vergessen, dass die Region auch Stillweine produziert. Unter der Herkunftsbezeichnung Coteaux Champenois werden Weiße, Rosés und Rotweine gekeltert, die aber oft als Reserve für schwache Jahre bestimmt sind.
Natürlich eignen sich die klimatischen Verhältnisse nicht zur Produktion kräftiger, ausdrucksstarker Weine, aber in guten Jahren gelingt es, interessante, fruchtige Weine mit gutem Säurespiel zu erzeugen. Zu ihnen gehören auch Weine renommierter Champagner-Häuser, wie Bollinger, Moët & Chandon oder Ruinart. Neben einigen guten, allerdings oft recht teuren Weißweinen aus Chardonnay sind vor allem die roten Coteaux Champenois erwähnenswert, die sich – kühl getrunken – hervorragend als Begleiter zu Fischgerichten eignen.
Eine Rarität ist der Rosé des Riceys aus der Gemeinde Les Ricey im Département Aube, ein sortenreiner Pinot Noir, der sich überraschend aromatisch und fruchtig präsentiert. Das Dorf Bouzy in der Montagne de Reims gilt als beste Herkunft für diesen zarten, hellfarbenen Roten, der nur in den sonnigsten Jahren wirklich interessante Qualitäten bietet. Auch in Ambonnay, Aÿ und Cumières wird der aus Pinot Noir gekelterte Coteaux Champenois erzeugt.

pagner. Entdecker ihrer Qualitäten war Eugène-Aimé Salon, der Gründer des gleichnamigen Hauses, das auch heute noch eines der besten Produkte aus den Trauben des Ortes keltert.
Ebenfalls (fast) reine Chardonnay-Champagner werden auch in den anderen Gemeinden der Côte des Blancs erzeugt, in denen renommierte Champagner-Häuser wie Veuve Clicquot-Ponsardin, Moët & Chandon, Mumm, Perrier-Jouët, Heidsieck Monopole, Pommery & Greno, Pol Roger oder Taittinger eigenen Weinbergbesitz haben, die Produkte aber nur selten sortenrein oder unter einer Lagenbezeichnung abfüllen. Weitaus beliebter sind die Cuvées Prestige, die meist ausschließlich aus Trauben von Grand-Cru-Lagen gekeltert werden, in die aber auch Trauben von Gemeinden eingehen, in denen der Pinot Noir das Sortenspektrum mit Anteilen von über 80 Prozent beherrscht. Solche Cuvées de Prestige sind beispielsweise der ›RD‹ von Bollinger, die Cuvée Grand Siècle von Laurent-Perrier, der Cristal von Roederer, der Dom Ruinart, der Dom Pérignon von Moët & Chandon, die Cuvée William Deutz oder der Winston Churchill von Pol Roger. Aus besonders hochwertigen Weinen hergestellt, die oft im Holzfass vergoren oder gelagert werden, viele Monate auf der Flaschenhefe reifen und mit ihrer Struktur und Ausgewogenheit auch große Alterungsfähigkeit besitzen, stellen diese Prestigecuvées den Gipfel der Champagnerproduktion dar – rare und kostbare, allerdings auch teure Kleinode für besondere Festlichkeiten.

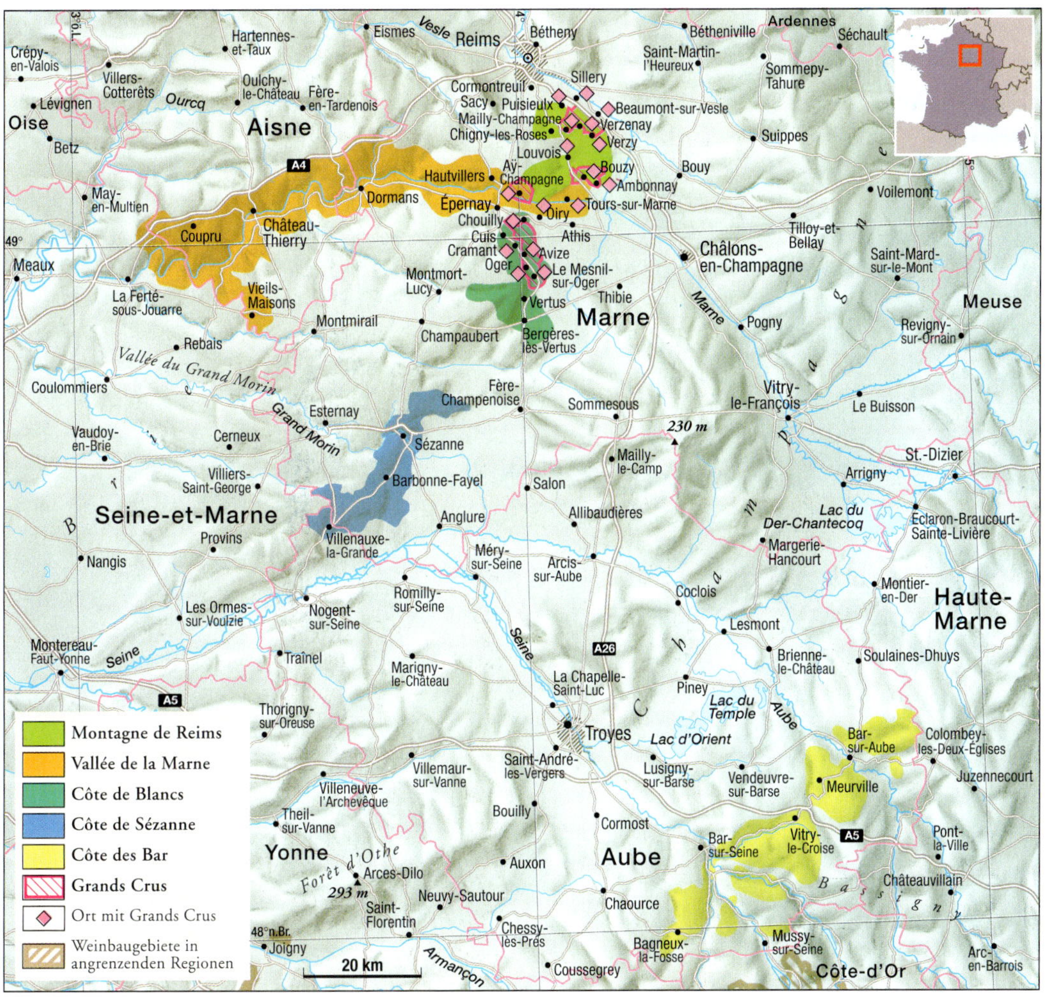

Kreidekeller und Flaschenmillionen

Wie in kaum einem anderen Weinbaugebiet ist in der Champagne der Name des Produkts mit einer bestimmten Machart verbunden – in diesem Falle mit der Flaschengärung, die auch als Champagnermethode oder *méthode champenoise* bezeichnet wird. Mit ihren zahlreichen, streng geregelten Arbeitsschritten ist die Herstellung des Champagners eine der komplexesten der gesamten Weinwelt.

Die Vorschriften, nach denen sich die Weinbauern richten müssen, fangen bereits im Weinberg an. Die maximalen Hektarerträge liegen bei 100 bis 110 Doppelzentnern, wobei dieses Limit in bestimmten Jahren von den Regulierungsbehörden nach oben verschoben werden kann – für viele Kritiker liegt es zu hoch, um gleichmäßig konzentrierte und strukturierte Grundweine zu garantieren. Auch die Mostausbeute beim Pressen ist reglementiert, um zu verhindern, dass bei stärkerem Auspressen unerwünschte Farb- und Geschmacksstoffe aus den Beeren in den Most übergehen.

Für die berühmtesten Champagner werden die Grundweine in Holzfässern ausgebaut. Deshalb unterhalten einige Häuser auch heute noch ihre eigenen Küfereien.

Die Trauben werden mit der Hand gelesen, Vollernter sind verboten, um ein frühzeitiges Anquetschen und Maischen der Trauben zu verhindern und möglichst klaren, tanninarmen Most zu erzielen. Das Erntegut wird auf schnellstem Weg in eines der vielen Kelterhäuser der großen Champagnerfirmen und Genossenschaften gebracht. Die traditionellen, runden und sehr flachen Korbkeltern der Champagne, die immer noch Vorrang vor modernen pneumatischen Pressen haben, fassen 4 000 Kilogramm Trauben. Den ersten und besten Most, der aus den Trauben ausgepresst wird, nennt man *cuvée* – er dient meist zur Herstellung der hochwertigsten Produkte. Die Regeln besagen, dass aus 160 Kilogramm Trauben höchstens 100 Liter Wein gekeltert werden dürfen, aus den 4 000 Kilogramm einer Presse also etwa 2 500 Liter, wobei die *cuvée* vier Fünftel ausmacht. Beim restlichen Most wird weiter in *première taille* und *deuxième taille* unterschieden, die höhere pH- und Tannin-Werte aufweisen und

nur für einfache Markenchampagner oder Handelsmarken verwendet werden.

Méthode Champenoise

Nach dem Pressen wird der Most geklärt, geschwefelt, gelegentlich auch geschönt und anschließend vergoren, wobei fast alle Grundweine auch die biologische Säureumwandlung absolvieren. Die Gärung findet meist in temperaturkontrollierten Edelstahltanks statt. Lediglich für die Renommiermarke Krug bei Alfred Gratien und Bollinger setzt man die früher gebräuchlichen Holzfässer noch systematisch ein. Eine Reihe von Winzern, die nur über eine begrenzte Vielfalt von verschiedenen Lagencharakteren verfügen, gibt den Weinen durch zumindest zeitweisen Holzausbau noch etwas Vielschichtigkeit mit. Dabei geht es vor allem um die Luftzufuhr, die das Bukett und die geschmackliche Harmonie unterstützt, keinesfalls um Vanille- oder Rauchnoten, wie man sie von im Barrique vergorenem Chardonnay kennt.
Nach mehr oder weniger langer Reifezeit folgt einer der wichtigsten Schritte der Champagnerbereitung, die *assemblage*, die wahre Kunst der Kellermeister und das gut gehütete Geheimnis jedes Champagnerhauses oder -winzers. Verschnitten werden nicht nur Grundweine der Sorten Chardonnay, Pinot Noir und Pinot Meunier, sondern vor allem auch Weine unterschiedlicher Lagen und sogar – wenn es sich nicht um einen Jahrgangschampagner, einen ›millésimé‹, handelt – verschiedener Jahrgänge.
Ziel ist es, Jahr für Jahr ein möglichst identisches, dem Markenbild entsprechendes Produkt zu erhalten. Vor allem durch das Beifügen älterer Jahrgänge, der so genannten Reserve-Weine, erhält man ausgewogenere, komplexere Endprodukte.
Der Grundwein, der durch die *assemblage* entstanden ist, wird mit einer Mischung aus Wein, Hefen und Zucker, der so genannten Fülldosage oder *liqueur de tirage*, auf Flaschen gefüllt, die anschließend mit Kronkorken druckdicht verschlossen werden. Der Zucker dient an dieser Stelle noch nicht zur geschmacklichen Abstimmung des Produkts, die erst später erfolgt, sondern einzig und allein als Nahrung für die Hefen, da die Grundweine in den meisten Fällen vollkommen durchgegoren sind. Etwa 1,5 %vol zusätzlicher Alkohol können in der auf der Flasche vollzogenen zweiten Gärung, dem eigentlichen Herzstück der *méthode champenoise*, entstehen, wobei der Innendruck der Flasche durch das gleichzeitig mit dem Alkohol gebildete Kohlendioxidgas vier bis sechs Bar erreicht.
Die zweite Gärung findet idealerweise bei sehr kühlen und stabilen Temperaturen statt – Bedingungen, wie sie vor allem in den stillgelegten, uralten Kreidesteinbrüchen der Champagne zu finden sind, die von einigen Häusern wie Charles Heidsieck genutzt werden. Die gelegentlich sogar für Besucher zugänglichen, mehrere Meter hohen Stollen dieser Gruben mit ihren weißen Wänden, in denen, sorgfältig aufeinander geschichtet, Tausende und Hunderttausende Flaschen ruhen und auf die Vollendung ihrer Hefereife warten, sind ein spektakulärer Anblick.
Die Hefen haben neben der Erzeugung von Alkohol eine wichtige geschmacksbildende Funktion. Nach vollendeter Gärarbeit fangen sie langsam

Oben links:
Bei Ruinart in Reims zeigt ein Modell, wie die Keller ursprünglich angelegt wurden.

Oben rechts:
In nahezu endlosen Kreidekellern erhalten die Champagner ihren besonderen Schliff.

Schon immer gehörte zum Champagner ein luxuriöses Ambiente, auch in seiner Heimat.

an, sich zu zersetzen – die so genannte Autolyse – und bilden eine Reihe geruchlicher und geschmacklicher Substanzen, die den Champagner bereichern und abrunden. Gleichzeitig bewirken sie, dass sich das in der zweiten Gärung entstandene Gas im Laufe der Zeit immer besser und immer feiner im Wein löst, wobei eine besonders lange Lagerzeit zur feinsten und dauerhaftesten Perlage im Glas führt.

»Liqueur« im Wein

Wenn der gewünschte Reifegrad des fast fertigen Schaumweins erreicht ist, wird der Hefesatz, der sich im Lauf der Monate auf dem Boden der Flasche abgelagert hat, vorsichtig in den Flaschenhals bewegt. Früher erledigte man diese Arbeit manuell, indem die Flaschen kopfüber in so genannte Rüttelpulte gesteckt, alle zwei Tage ein klein wenig gedreht und dabei aber auch immer ein Stück steiler in das Pult gesteckt wurden. Heute bedient man sich dabei großer Dreh-Paletten, die dieselbe Arbeit in kürzerer Zeit und ohne den aufwändigen Einsatz von Spezialisten übernehmen. Zwar lassen immer noch einige Häuser zumindest ihre Prestige-Cuvées von Hand rütteln, doch es gibt keine schlüssigen Belege dafür, dass das maschinelle Durchführen dieser Arbeit eine Qualitätsminderung zur Folge hätte.

Einfachere Markenchampagner werden danach recht schnell, je nach Absatzlage, für den Verkauf fertig gemacht, die besseren Cuvées bleiben noch eine gewisse Zeit, manchmal auch mehrere Jahre »sur pointe« – auf der Spitze – stehen, wodurch der Wein weiter reift. Der letzte Schritt bei der Entstehung des Champagners beginnt mit dem Degorgieren, das man früher mit der Hand – »à la volée« – erledigte, heute aber doch meist Maschinen überlässt. Zunächst wird der Flaschenhals mitsamt dem Hefepfropfen, der sich hier gesammelt hat, in einer Salzlösung eingefroren und anschließend die Flasche ruckartig geöffnet. Der Überdruck in der Flasche sorgt dafür, dass die Hefe herausgeschleudert wird.

Um den Weinverlust wieder auszugleichen, wird jetzt die Versanddosage, die *liqueur d'expédition*, zugegeben, die gleichzeitig der geschmacklichen Abstimmung des Produkts dient. Sie besteht meist aus einem Grundwein und Zucker, dessen Menge die gewünschte Süße und damit die Geschmacksstufe (*brut*, *sec*, *doux* etc.) des Weins bestimmt. Nach dem Verkorken, Anbringen von Metallkäppchen und Drahtkorb, Etikettieren und Verpacken ist der Champagner fertig für das Fest zu zweit, die rauschende Ballnacht, die Feier des beruflichen Erfolgs oder das Anstoßen auf Jubilare und Geburtstagskinder.

Champagner-Typen

Extra-brut: Auch *Brut non dosé, Brut Nature, Ultra Brut, Brut Zéro, Brut Intégral*; es ist ein nicht dosierter Champagner, der von Natur aus weniger als 2 g/l Restzucker aufweist.

Brut: Er enthält eine geringe Dosage, deren Obergrenze auf 15 g/l Zucker festgesetzt ist.

Sec: Obwohl er trocken heißt, hat ihm der *liqueur d'expédition* immerhin zu 17–35 g/l Zuckergehalt verholfen.

Demi-sec: Vorwiegend zum Dessert gedacht, bewegt sich der Zuckergehalt halbtrockenen Champagners bei 33–50 g/l.

Doux: Der Zuckergehalt des selten gewordenen Süßen übersteigt die Grenze von 50 g/l.

Brut sans millésimé: Der Trockene ohne Jahrgangsangabe ist das individuelle Aushängeschild jedes Champagnerhauses, denn er stellt 80 Prozent des Gesamtumsatzes. Sehr unterschiedlich.

Blanc de Blancs: Nur aus der weißen Chardonnay-Traube gekeltert, ist er in der Regel frisch und lebendig und ein guter Aperitif.

Blanc de Noir: Nur aus den dunklen Trauben von Pinot Noir und/oder Pinot Meunier gekeltert, besitzt er kräftigere Struktur und Frucht.

Crémant: Champagner mit geringerer Kohlensäure, weniger schäumend, weiniger; der aus Cramant ist der gesuchteste und nicht mit Crémants anderer Weinbauregionen zu verwechseln.

Rosé: Selten aus roten Trauben mit etwas Schalenkontakt, häufiger aus einer Mischung von Rot- und Weißwein komponiert; oft kräftiger und fruchtiger, gut zum Essen geeigneter Wein.

Millésimé: Jahrgangs-Champagner stammen nur aus Jahren mit besonders guten Bedingungen, werden drei, oft sechs Jahre gealtert, besitzen mehr Volumen und Körper (was sie eher zu Essensbegleitern bestimmt) und reifen mehrere Jahre gut in der Flasche weiter.

Cuvée Prestige etc.: Diese gediegenen, oft kostspielig ausgestatteten Luxusabfüllungen bieten das Optimuman an Champagner. Meist handelt es sich dabei um lange gereifte Weine aus besonders großen Jahrgängen, von denen einige legendären Ruf besitzen – und natürlich ebensolche Preise haben.

Ruinart – leicht, nervös, erfrischend

Deutz – lebendig, nervös, zu Meeresfrüchten

De Venoge – fruchtbetont, angenehmer Aperitif

Lanson – Note von Zitrusfrüchten, feine Säure

Pommery – weinig, harmonisch und frisch

Veuve Clicquot Ponsardin – aromatisch, feine Frucht

Laurent Perrier – komplex, fruchtbetont, rassig

Pol Roger – Harmonie, Eleganz, aromatische Vielfalt

Piper Heidsieck – klassisch, ausgewogen

Jacquard – komplexes Bukett und gute Länge

Krug Grande Cuvée – finessenreicher Wein

Louis Roederer – feinfruchtig, ausgewogen und elegant

Moët & Chandon – geradlinig, beständig

Ayala Brut – feines Bukett, gute Perlage

Taittinger – fruchtig, gute Präsenz am Gaumen

Übersicht der Marken – ausgewählte Häuser und Winzer

Besserat de Bellefon
(Groupe Marne & Champagne) **–***
Épernay
10 ha; 2 000 000 Fl. • Weine: Besserat de Bellefon, De Monterat, De Vauzelle
Bereits 1843 gegründet, hat sich das Haus auf fruchtigere, leichte Champagner und Crémant spezialisiert. Die Marke ist in Frankreich bekannter als im Ausland.

Billecart-Salmon ***–*****
Aÿ
11 ha; 1 200 000 Fl. • Weine: Grande Cuvée, Blanc de Blancs, →Nicolas-François Billecart Brut, Elisabeth Salmon, Brut Réserve, Brut Rosé
Das Familienunternehmen ist vor allem Champagnerliebhabern in Frankreich ein Begriff. Spitze sind die Jahrgangschampagner Nicolas-François Billecart.

Bollinger ****–*****
Aÿ
130 ha; 1 600 000 Fl. • Weine: Grande Année Brut, →RD Extra brut, →Cuvée Vieilles Vignes Françaises
Einer der größten Namen der Champagne: Das 1829 von Joseph Jacob Placide Bollinger, einem Württemberger, gegründete Haus baut als eines der wenigen die Weine noch im Holzfass aus, etwas oxidativer und sehr alterungsfähig. Der RD Extra brut gehört zu den besten Champagnern überhaupt.

Deutz (Louis Roederer) **–****
Aÿ
38 ha; 700 000 Fl. • Weine: Brut Classic, Brut Millésimé, Brut Blanc de Blancs, Brut Millésimé demi-sec, →Cuvée William Deutz
Einst Deutz und Geldermann genannt und 1838 von zwei Aachenern gegründet. Nach Trennung der Familienzweige (die Sektkellerei Geldermann und das Château de l'Aulée gingen an J.-R. Lallier) wurde Deutz, zu dem auch die Rhône-Kellerei Delas-Frères gehört, dem Champagnerhaus Roederer einverleibt.

Egly-Ouriet ***–****
Ambonnay
7 ha; 68 000 Fl. • Weine: Brut Tradition, Brut Rosé, Brut Cuvée Spéciale, Brut Blanc de Noirs, →Brut Millésimé, →Coteaux Champenois
Einer der besten Champagnerwinzer, der auch einen hervorragenden roten Coteaux Champenois keltert.

Fleury Père et Fils ***
Courtenon
13 ha; 175 000 Fl. • Weine: Brut Millésimé, →Fleur de l'Europe, →2 000 & une nuits, Rosé Brut
Schon seit 1970 Verfechter naturnaher Produktionsmethoden, stellten Jean-Pierre und Colette Fleury 1989 auf biodynamischen Anbau um und kreierten mit dem rassigen Fleur d'Europe den ersten Bio-Champagner.

Gosset (Groupe Renaud-Cointreau) ****
Aÿ
1 000 000 Fl. • Weine: Brut Excellence, Grand Réserve, →Celebris, Grand Millésimé, Grand Rosé
Gosset-Champagner werden vor allem aus roten Trauben gekeltert, was ihnen gute Struktur und ein feines Bukett verleiht. Besonders im 1990er Celebris vermählen sich Noten von Trockenobst und Aprikose in der Nase und die trotz der Reife noch immer große Frucht am Gaumen zu einem harmonischen Ensemble.

A. Gratien ****
Épernay
150 000 Fl. • Weine: Brut, Cuvée Paradis, →Millésimé
Eines der traditionell arbeitenden, im Ausland nicht sehr bekannten Häuser aus Épernay, das kontinuierlich mit guten Produkten aufwarten kann.

Charles Heidsieck
(Groupe Rémy Cointreau) ***–****
Reims
50 ha; 2 000 000 Fl. • Weine: Brut Réserve, →Brut Millésimé, Blanc des Millénaires
Das Haus mit den wunderschönen Kreidekellern in Reims gehört zu den verlässlichsten im gehobenen Segment. 1785 von Florens-Louis Heidsieck gegründet, spaltete sich das Mutterhaus im 19. Jahrhundert in Heidsieck Monopole und Piper-Heidsieck, wobei aus Letzterem Charles Heidsieck hervorging.

Jacquesson ****–*****
Épernay
28 ha; 350 000 Fl. • Weine: Brut Perfection, →Brut Signature, →Dégorgement tardif, Blanc de Blancs
Der 1798 gegründete Familienbetrieb produzierte im 19. Jahrhundert bis zu einer Million Flaschen jährlich. Er bringt heute bei wesentlich geringerer Produktion gleich zwei absolute Spitzenprodukte hervor, den Brut Signature und den Dégorgement tardif.

Krug (Groupe LVMH) *****
Reims
21 ha; 500 000 Fl. • Weine: Grande Cuvée, →Clos du Mesnil, Collection, →Millésimé, →Brut Rosé
Die Apotheose des Champagners. 1843 von Johann-Joseph Krug aus Mainz gegründet, gehört das Haus heute mehrheitlich zu Louis Vuitton, wird aber von der Familie geführt. Der Blanc de Blancs aus der Grand-Cru-Lage Mesnil und der Millésimé gehören zu den Highlights der Champagne.

Laurent-Perrier ***–****
Tour-sur-Marne
64 ha; 6 000 000 Fl. • Weine: Brut, Ultra Brut, Grand Siècle, →Grand Siècle La Cuvée
Dem alten Familienbetrieb – einer der wenigen Namen, der das Vordringen der von Deutschen gegründeten Kellereien im 19. Jahrhundert überlebte – war erst unter der Führung von Bertrand de Nonancourt in den letzten Jahrzehnten wirklicher Erfolg beschieden.

R. & L. Legras ***–*****
Chouilly
22 ha; 250 000 Fl. • Weine: Brut Blanc de Blancs, →Blanc de Blancs Grand Cru Cuvée Présidence, →Blanc de Blancs Grand Cru Cuvée St-Vincent
Anfänglich Winzer und *récoltants-manipulants*, sind die Legras seit den 1970er Jahren ein reguläres Champagnerhaus, dessen zwei Spitzen-Cuvées in guten Jahren mit den berühmtesten Marken Schritt halten können.

Moët & Chandon (Groupe LVMH) ***–*****
Épernay
680 ha; 25 000 000 Fl. • Weine: Brut, Brut Premier Cru, Brut Impérial, Dry Impérial, →Dom Pérignon
Der Gigant aus Épernay ist eines der Filetstücke der LVMH-Gruppe und heute die mit Abstand meistproduzierte Marke. Der Dom Pérignon gehört zu den besten Produkten überhaupt.

Mumm (Seagram) ***
Reims
205 ha; 8 000 000 Fl. • Weine: Cordon Rouge, Cordon Rouge Millésimé, Cordon Rosé, Mumm de Cramant
Das von zwei Deutschen 1827 gegründete Haus gehört heute zum Seagram-Konzern, aber sein Verbleib ist mit der Fusion zwischen Seagram und Vivendi ungewiss. Der Cordon Rouge ist zusammen mit dem Veuve Clicquot wahrscheinlich einer der bekanntesten Champagner überhaupt.

Philipponnat (Groupe Boizel, Chanoine, Champagne) ***–****
Aÿ
16 ha; 600 000 Fl. • Weine: Brut Royal Réserve, Royal Réserve Rosé, Royal Réserve Millésimé, Cuvée Première Blanc de Blancs, → Clos des Goisses
Gute Reserve-Weine sind die Basis für die Champagner von Philipponnat, dessen Weine sehr harmonisch und reif wirken. Spitzenprodukt ist der Lagenchampagner Clos des Goisses aus 100 Prozent Chardonnay.

Pol Roger ***
Épernay
85 ha; 1 600 000 Fl. • Weine: Brut Réserve, Brut Millésimé, Brut Chardonnay, → Cuvée Sir Winston Churchill
Reife, alterungsfähige Champagner, wie sie vor allem die Angelsachsen mögen, sind die Spezialität des alten Familienhauses Pol Roger, dessen Spitzen-Cuvée der Lieblingswein von Winston Churchill war.

Pommery (Groupe LVMH) ***–****
Reims
490 ha; 5 800 000 Fl. • Weine: Brut Royal, Brut Rosé, Brut Millésimé, Louise Pommery, → Apanage
Die Kellerei der LVMH-Gruppe verfügt mit ihrem großen Weinbergbesitz über optimale eigene Trauben-Ressourcen, aber deren qualitatives Potential scheint nicht immer voll genutzt zu werden.

Eric Rodez ***
Ambonnay
ha: nn; Fl. nn • Weine: Blanc de Blancs Brut, Blanc de Noirs Brut, Cuvée des Crayères Brut, → Cuvée des Grands Vintages Brut, Millésimé Brut, Rosé Brut
Rodez ist einer der besseren *récoltants-manipulants*, deren Weine immer mehr Liebhaber finden.

L. Roederer ****
Reims
200 ha; 2 900 000 Fl. • Weine: Brut Premier, → Cristal Brut, → Brut Millésimé, Blanc de Blancs Millésimé, Brut Rosé Millésimé
Schon am Hofe der russischen Zaren trank man den Cristal von Roederer, einem Haus, das bereits 1760 gegründet wurde und 1833 an Louis Roederer überging. Roederer-Champagner überzeugen durch ihre fast puristische Charakteristik und Struktur, mit nur sehr geringer Dosage.

Ruinart (Groupe LVMH) ***–****
Reims
17 ha; 2 100 000 Fl. • Weine: R de Ruinart Brut, R de Ruinart Rosé, R de Ruinart Millésimé, Brut Millésimé, Brut Millésimé Blanc de Blancs, → Dom Ruinart Blanc de Blancs, Dom Ruinart Rosé
Das älteste noch aktive Champagnerhaus gehört seit Jahren zur Louis-Vuitton-Gruppe.

Salon – Delamotte ****–*****
Le Mesnil-sur-Oger
15 + 5 ha; 90 000 + 350 000 Fl. • Weine: → Salon Brut Millésimé, Delamotte Brut, Delamotte Blanc de Blancs, → Delamotte Blanc de Blancs Millésimé
Salons Jahrgangsweine werden von fast allen Kennern zu den besten Blancs de Blancs gerechnet. Zu Salon gehört auch das benachbarte Haus Delamotte, wo etwas kommerziellere, aber hervorragende Produkte erzeugt werden.

Jacques Selosse ****
Avize
6,3 ha; 48 000 Fl. • Weine: Grand Cru Blanc de Blancs Tradition, → Grand Cru Blanc de Blancs Extra Brut, → Blanc de Blancs Millésimé, Cuvée Exquise, Origine
Der Star unter den *récoltants-manipulants* der Champagne brilliert mit seiner Cuvée Origine, deren Apfel-, Vanille- und Aprikosennoten sich zu einem reichen Bukett vereinen, das am Gaumen von einem großen Körper erwidert wird. Selosse-Champagner sind der perfekte Ausdruck von Terroir und Jahrgang.

Taittinger ***–*****
Reims
270 ha; 4 500 000 Fl. • Weine: Réserve, Taittinger Brut Millésimé, → Comtes de Champagne Blanc de Blancs
Eines der letzten bedeutenden Champagnerhäuser, die noch vollständig in Familienbesitz sind, und mit 4,5 Millionen Flaschen auch eines der größten. Taittinger brilliert vor allem mit seinem Chardonnay-Champagner Comtes de Champagne, den Kenner in guten Jahren sogar höher schätzen als den berühmten Clos du Mesnil von Krug.

Tarlant ***
Œuilly
13 ha; 100 000 Fl. • Weine: u.a. Brut Tradition, Brut Blanc de Blancs, Réserve, Prestige Millésimé, Brut Zéro, → Cuvée Louis Brut, Rosé
Die zwölfte Generation dieser alten Winzerfamilie bearbeitet die Weinberge inzwischen biologisch und erzeugt reintönige, fruchtbetonte Weine. Ausgezeichnet und weinig die im Holz vinifizierte Cuvée Louis.

Veuve Clicquot Ponsardin (Groupe LVMH) **–****
Reims
286 ha; Fl. nn • Weine: Brut Carte Jaune, → La Grande Dame, Vintage Réserve
Die Witwe Clicquot gab es tatsächlich, und einer ihrer Kellermeister, ein Deutscher namens Müller, hat mindestens ebenso viel zur Entwicklung und Vollendung der *méthode champenoise* beigetragen wie der berühmte Dom Pérignon. Die Carte Jaune ist eine der populärsten Marken und die Spitzen-Cuvée Grande Dame einer der komplexesten und feinsten Champagner.

Unten:
Im letzten Jahrhundert zeigten die Champagnerhäuser ihren Erfolg in Backstein und Marmor.

Elsass

Kaum eine andere Weinregion Frankreichs nimmt den Besucher so gefangen wie das Elsass. Zwischen Rheinebene und Vogesen liegen Eguisheim und Riquewihr, Ribeauvillé oder Mittelbergheim – prächtige, blumengeschmückte Renaissancedörfer. Sie zeugen noch heute vom Wohlstand der Winzer im 15. und 16. Jahrhundert, als elsässische Weine in ganz Europa ein Exportschlager waren.

Elsässer Weine fallen aus dem Rahmen des französischen Weingesetzes, nicht zuletzt wegen der langen Zugehörigkeit der Region zu Deutschland – erst seit 1945 gehört sie unumstritten zu Frankreich. Es gibt nur drei Ursprungsbezeichnungen (Appellation d'Origine Contrôlée), die jeweils für die gesamte Region gelten – eine für die Rebsortenweine, eine für die Grands Crus und eine für den Crémant d'Alsace, den Schaumwein. Auch die Rebsortenstruktur unterscheidet sich von jener der übrigen französischen Anbaugebiete: Sie ähnelt vielmehr den Weinregionen jenseits des Rheins, in Deutschland. Doch Elsässer Weine sind von ganz anderer Stilistik als ihre deutschen Pendants, sie entsprechen eher dem Charakter der malerischen, reich verzierten Winzergebäude, sind üppiger und reichhaltiger.

Entlang der 170 Kilometer langen Route du Vin stehen rund 14 450 Hektar Reben. Von Marlenheim im Norden bis Thann im Süden schlängelt sich die Weinstraße, Weinberg an Weinberg aneinander gereiht bis auf eine winzige Exklave bei Wissembourg hoch im elsässischen Norden. Jahr für Jahr werden rund 1,2 Millionen Hektoliter Wein erzeugt, umgerechnet 160 Millionen Flaschen. Nur acht Prozent von diesen stammen von roten Trauben – das Elsass ist eben eine Domäne des Weißweins.

Im Elsass sind Kultur, Gastronomie und Wein miteinander verflochten.

Hier wird Tradition bewahrt, auch beim Wein.

Bodenvielfalt im Schutze der Vogesen

Das Elsass scheint wie für den Weinbau gemacht. Als der Mittelteil eines früheren Bergmassivs vor 50 Millionen Jahren langsam einzusinken begann, blieb im Westen der Gebirgszug der Vogesen erhalten, im Osten der Schwarzwald. In der Mitte fließt heute der Rhein, die Weinberge erstrecken sich jedoch nicht entlang des Flusses, sondern weiter westlich, an den ersten Vogesenhängen. Das Gebirge sorgt für warme, geschützte Klimabedingungen und hält Niederschläge ab. Aufgrund des Grabenbruchs traten eine Fülle verschiedener geologischer Formationen an die elsässische Oberfläche: Sand und Kiesel, Mergel und Löß, Kalk und Ton, Schiefer und Granit, sogar Vulkangestein – die Lage Rangen im südlichen Thann ist für diesen Untergrund berühmt. Je nach Bodenart unterscheidet sich die Charakteristik der Weine. Wer Elsässer Weine verkostet, erkennt bald, dass ein Gewürztraminer von Granitböden anders schmeckt als einer von Muschelkalkböden.

Die Vielfalt der Böden spiegelt sich auch in den Grands Crus wider, den mittlerweile 50 klassifizierten Spitzenlagen, die nach langen Diskussionen seit den 1970er Jahren ausgewählt und abgegrenzt wurden. Für die Weine aus diesen Lagen gelten niedrigere Hektarhöchsterträge als für die Elsässer Rebsortenweine: 80 Hektoliter sind als Basiswert für die Appellation Alsace Contrôlée erlaubt, 55 Hektoliter für die Grands Crus. Die im Vergleich mit anderen französischen Regionen hohen Erträge sind mit ein Grund für das merkwürdig anmutende Nebeneinander von Massen- und Spitzenweinen im Elsass. Glücklicherweise geht der Trend immer mehr zu Letzteren – Elsässer Gewächse haben inzwischen wieder jenes Renommee erreicht, das sie am Übergang vom Mittelalter zur Neuzeit hatten.

Handelshäuser und engagierte Newcomer

Die traditionellen Handelshäuser, die *négociants*, spielen noch heute eine wichtige Rolle im elsässischen Weinbau. Entstanden sind sie vielfach im 17. und 18. Jahrhundert, als politisch unsichere Zeiten den Aufschwung im Weinbau beendeten. Damals kauften die Händler Trauben, Most oder Wein von kleinen Winzern, sicherten ihnen so die Existenz und sorgten selbst für Ausbau und Vermarktung der Weine. An diesem Prinzip hat sich bis heute wenig geändert; einige der großen Handelshäuser erzeugen sogar, neben kommerziellen Standardweinen, unumstrittene Spitzengewächse. Trimbach, Hugel und Beyer sind drei der bekanntesten *négociants*, und ihre Bedeutung für den Elsässer Weinbau ist nach wie vor immens.

Ein weiteres Standbein der Region sind die Genossenschaften. Als erste entstand im Jahre 1895 die Cave Vinicole von Ribeauvillé, und bald schlossen sich überall Winzer zusammen. Heute erzeugt allein die riesige Genossenschaft von Eguisheim unter dem Namen Wolfberger ein Zehntel des gesamten Elsässer Weines von rund 1250 Hektar Rebfläche. Dass solche riesigen Betriebe nicht ausschließlich erstklassige Gewächse

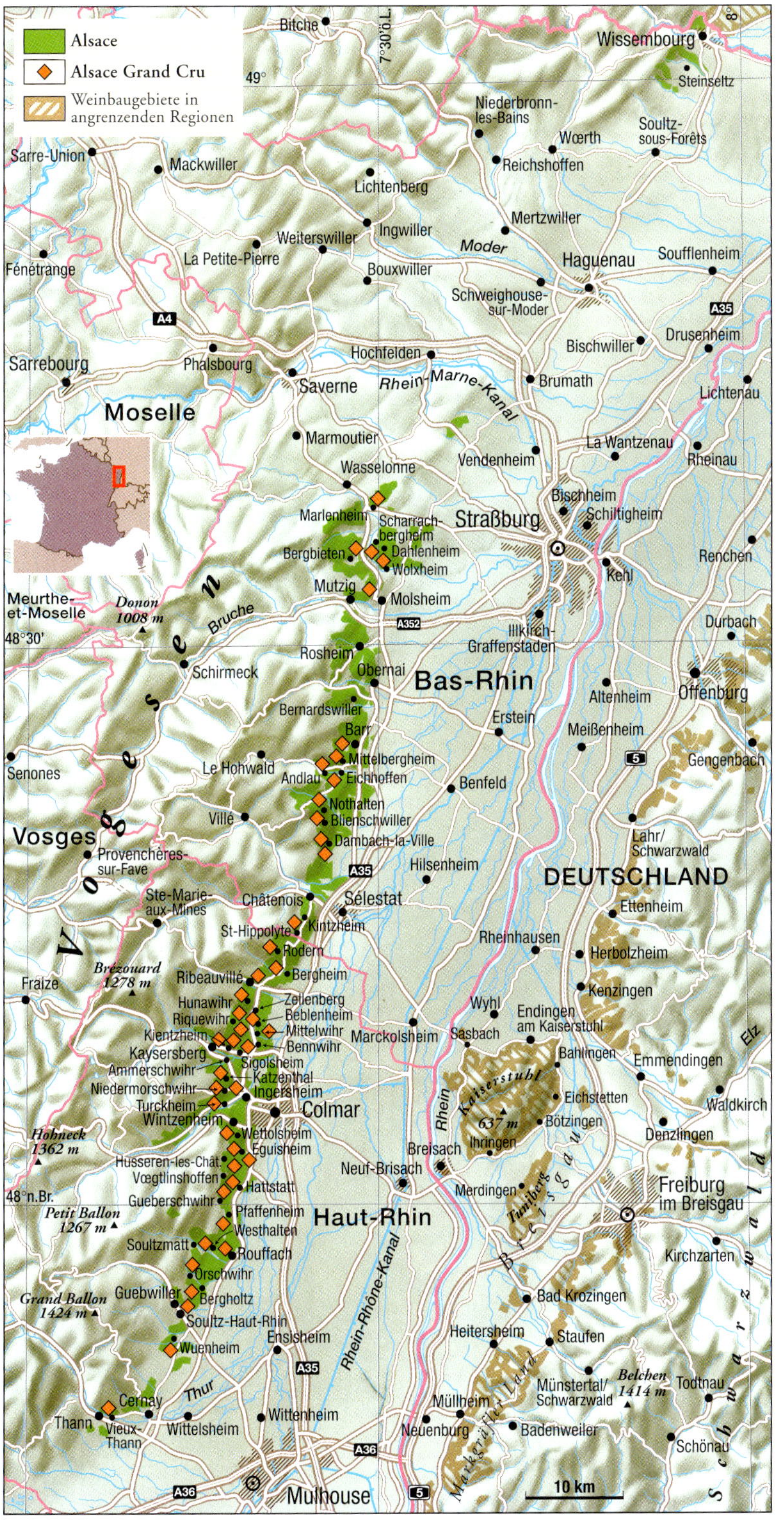

Rechts unten:
Sonne und Nebel machen die edelsüßen Weinspezialitäten erst möglich.

anbieten können, scheint logisch. Verblüffend ist eher, welche Erfolge so mancher Genossenschaftswein bei Prämierungen erzielt. Vor allem die Cave Vinicole von Pfaffenheim hat sich unter die besten Erzeuger der Region vorgearbeitet.

Seit einigen Jahren machen neben Handelshäusern und Genossenschaften auch immer mehr der 1100 selbst vermarktenden Winzer mit ihren Weinen auf sich aufmerksam. Sie reduzieren häufig die Erträge auf ein Maß, das weit unter den gesetzlichen Höchstgrenzen liegt, oder übernehmen Ideen aus anderen Regionen Frankreichs. So hat in den letzten Jahren auch der Rotwein Einzug gehalten. Es wurde hier zwar schon früher Pinot Noir kultiviert, aber fast immer als kirschrotes Mittelding zwischen Rosé und Rotwein ausgebaut und gekühlt serviert. Nun versuchen sich einige Winzer auch an echten Roten, experimentieren mit längerer Maischegärung und Fasslagerung. Auch Barrique-Ausbau, der dem Wein mehr oder weniger deutliche Eichenaromen vermittelt, ist in den letzten Jahren in Mode gekommen. Einige der im kleinen Holzfass gereiften Pinot-Noir-Weine müssen sich vor großen roten Burgundern keineswegs mehr verstecken. Manche Winzer beschäftigen sich auch mit im Barrique vergorenen Weißweinen – da und dort entdeckt der Elsass-Reisende Pinot Gris oder Sylvaner, die einige Monate in 225 Liter fassenden Barriques verbracht haben. In kleinen Mengen wird Pinot Noir auch als weiß gekelterter Blanc de Noirs auf den Markt gebracht.

Renaissance der Schaumweine

Die edelsüßen Spezialitäten, die Vendanges tardives und Sélections de grains nobles, haben in den letzten Jahren einen Aufschwung erfahren. Eine mindestens ebenso erfolgreiche Neuerung im Elsässer Weinbau ist der Crémant d'Alsace, der El-

Rodern, eines der schönsten Weindörfer des Elsass, umgeben vom Schachbrettmuster seiner Crus

sässer Schaumwein. Obwohl er hier bereits Ende des 19. Jahrhunderts vereinzelt produziert wurde, stammt die gesetzliche Anerkennung erst aus dem Jahr 1976. Crémants werden ausschließlich im klassischen Flaschengärverfahren gewonnen, lagern mindestens neun Monate auf der Hefe und bestehen meist aus den Rebsorten Pinot Blanc, Pinot Gris und Sylvaner, manchmal aus Chardonnay – die Sorte ist nur für Schaumwein zugelassen –, selten aus Riesling. Crémant d'Alsace hat sich binnen weniger Jahre zu einem Renner in Frankreich und im Export entwickelt, 14 Prozent aller elsässischen Gewächse schäumen mittlerweile.

Eine andere traditionsreiche Kategorie von Weinen befindet sich dagegen im freien Fall. Der Edelzwicker, im frühen 20. Jahrhundert eine durchaus hochwertige Cuvée edler Rebsorten und somit die Steigerung des längst nicht mehr erlaubten einfachen Zwickers, hat kaum noch Bedeutung. In der Praxis der letzten Jahrzehnte ist dieser Wein zum »Abfalleimer« der elsässischen Winzer mutiert. Nur wenige anspruchsvolle Erzeuger (z. B. Hugel) bieten heute noch Edelzwicker an, manchmal unter dem noch nicht so missbrauchten französischen Begriff Gentil.

Die sieben Reben des Elsass

Beinah alle stillen Elsässer Weine werden sortenrein ausgebaut. Im Allgemeinen spricht man nur von den sieben Reben des Elsass und meint damit Riesling, Gewürztraminer, Muscat, Pinot Gris, Sylvaner, Pinot Blanc und – als einzige rote Sorte – Pinot Noir. Doch es existieren noch weitere Varietäten, deren Namen hin und wieder auf den Etiketten zu lesen sind. Chasselas war früher weit verbreitet, bedeckt heute aber nur noch wenige Hektar – die Rebe ergibt meist neutrale Alltagsweine und steht damit in einer Reihe mit Sylvaner und Pinot Blanc. Diesen drei Rebsorten wird im

Elsass nur selten jene Aufmerksamkeit zuteil, wie sie die Edelsorten Riesling und Gewürztraminer, Muscat und Pinot Gris erfahren. Letzterer wurde früher ausschließlich als Tokay d'Alsace bezeichnet, ist aber mit dem ungarischen Namensvetter nicht verwandt. Mittlerweile darf die Bezeichnung Tokay nur noch in Verbindung mit Pinot Gris verwendet werden.
Hinter dem Muscat verbergen sich gleich zwei verschiedene Sorten: Muscat Blanc à Petits Grains und Muscat-Ottonel werden fast immer miteinander verschnitten. Ähnlich verhält es sich beim Pinot Blanc: Der echte Pinot Blanc und der Auxerrois werden meist assembliert und nur gelegentlich sortenrein abgefüllt. Ausschließlich innerhalb der Gemeindegrenzen von Heiligenstein darf der Klevener de Heiligenstein erzeugt werden, ein weniger blumiger Verwandter des Gewürztraminers. Ansonsten ist Klevner (ohne das zweite e) als Synonym für Pinot Blanc gebräuchlich.

Süss oder nicht süss

Ob ein Elsässer Wein trocken oder süß ist, steht nicht auf dem Etikett. Zwar sind sowohl Sylvaner als auch Pinot Blanc fast immer durchgegoren, und auch die meisten Muscats werden ohne erwähnenswerte Süße auf die Flasche gebracht. Anders verhält es sich jedoch mit den Rebsorten Riesling, Pinot Gris und Gewürztraminer. Einige Winzer (zum Beispiel Trimbach) sind für ihren konsequent trockenen Stil bekannt, doch viele Grand-Cru-Weine haben einen deutlich spürbaren Zuckerrest, der die nicht selten 13 oder 14 Alkoholprozente abpuffert.
Die ganz süßen Weine, die Auslesen und Beerenauslesen, haben eine lange Tradition im Elsass und wurden bereits vor Jahrhunderten erzeugt.

Oben:
Mit Handlese werden Spitzenqualitäten eingebracht.

Unten links:
Edelfaule Pinot-Gris-Traube

Unten rechts:
Reifer Gewürztraminer

Im größeren Stil produzieren die Winzer sie aber erst seit einigen Jahren; 1984 schuf die französische Kontrollbehörde INAO die rechtlichen Voraussetzungen. Für *Vendanges tardives* – Spät- oder Auslesen – sind Mostgewichte von mindestens 95 Grad Oechsle vorgeschrieben. Die *Sélections de grains nobles* – Beerenauslesen – dürfen nur aus Trauben erzeugt werden, die mindestens 110 Grad Oechsle aufweisen. Die qualitätsbewusstesten Winzer überschreiten die geforderten Mostgewichte allerdings oftmals in erheblichem Ausmaß.
Beide Kategorien von Süßweinen dürfen nicht chaptalisiert werden, für alle übrigen elsässischen Weine ist diese Praxis jedoch durchaus legal und üblich. Im Vergleich mit den weltberühmten deutschen Beeren- und Trockenbeerenauslesen weisen die Elsässer Süßweine meist etwas weniger Restzucker, aber dafür mehr Alkohol auf. In dieser Hinsicht ähneln sie mehr den Kollegen aus Sauternes.
Äußerst selten begegnet man im Elsass Strohwein (*Vin de Paille*) sowie Eiswein (*Vin de Glace*): Nur eine Hand voll engagierter Winzer wagt sich an diese süßen Spezialitäten.

Grands Crus und andere Lagengewächse

Ausschliesslich die vier edlen Rebsorten Riesling und Gewürztraminer, Muscat und Pinot Gris durften bislang als Grand Cru bezeichnet werden, doch sollen zukünftig in Einzelfällen Ausnahmen von dieser Regelung gemacht werden können. Nur drei Prozent aller Weine der Region tragen bisher diese Auszeichnung. Über die ab 1975 klassifizierten Spitzenlagen wird bis heute diskutiert. Viele seien zu groß geraten, heißt es. Andere anerkannte Top-Lagen wurden gar nicht erst in die Klassifizierung aufgenommen. So ist der berühmte Kaefferkopf in Ammerschwihr bis heute kein Grand Cru – Grund ist die fehlende Einheitlichkeit der Lage, die aus verschiedenen Bodenarten besteht. Andere Lagen wurden nicht klassifiziert, weil sie sich im Alleinbesitz eines einzigen Winzers befanden.

Im Großen und Ganzen jedoch sind die elsässischen Grands Crus ein hilfreiches Instrument, Spitzengewächse herauszufiltern. In ihrem Gefolge haben sich übrigens weitere Lagenweine etabliert. Unter diesen *lieux-dits* findet sich auch so mancher überdurchschnittlich gute Wein, der deutlich preiswerter ist als ein Grand Cru.

Die 50 Grands Crus des Elsass

Lagen- und Gemeindename	Geologischer Hauptcharakter
Altenberg de Bergbieten	Tonmergel und gipshaltig
Altenberg de Bergheim	Kalkmergel
Altenberg de Wolxheim	Kalkmergel
Brand (Turckheim)	Granit
Bruderthal (Molsheim)	Kalkmergel
Eichberg (Eguisheim)	Kalkmergel
Engelberg (Dahlenheim und Scharrachbergheim)	Kalkmergel
Florimont (Ingersheim und Katzenthal)	Kalkmergel
Frankstein (Dambach-la-Ville)	Granit
Froehn (Zellenberg)	Tonmergel
Furstentum (Kientzheim und Sigolsheim)	Kalk
Geisberg (Ribeauvillé)	Kalkmergel und sandig
Gloeckelberg (Rodern und Saint-Hippolyte)	Granit mit Ton
Goldert (Gueberschwihr)	Kalkmergel
Hatschbourg (Voegtlinshoffen und Hattstatt)	Kalkmergel und Löß
Hengst (Wintzenheim)	Kalkmergel und Sandstein
Kanzlerberg (Bergheim)	Tonmergel und gipshaltig
Kastelberg (Andlau)	Schiefer
Kessler (Guebwiller)	Tonhaltiger Sand
Kirchberg de Barr	Kalkmergel
Kirchberg de Ribeauvillé	Kalkmergel und Sandstein
Kitterlé (Guebwiller)	Vulkanischer Sandstein
Mambourg (Sigolsheim)	Kalkmergel
Mandelberg (Mittelwihr und Beblenheim)	Kalkmergel
Marckrain (Bennwihr und Sigolsheim)	Kalkmergel
Moenchberg (Andlau und Eichhoffen)	Kalkmergel und alluvial
Muenchberg (Nothalten)	Vulkanischer Sandstein und steinig
Ollwiller (Wuenheim)	Tonhaltiger Sand
Osterberg (Ribeauvillé)	Mergel
Pfersigberg (Eguisheim und Wettolsheim)	Kalkhaltiger Sandstein
Pfingstberg (Orschwihr)	Kalkmergel und Sandstein
Praelatenberg (Kintzheim)	Granit und Gneiß
Rangen (Thann und Vieux-Thann)	Vulkanisch
Rosacker (Hunawihr)	Dolomitenkalk
Saering (Guebwiller)	Kalkmergel und Sandstein
Schlossberg (Kientzheim)	Granit
Schoenenbourg (Riquewihr und Zellenberg)	Mergel mit Sand und Gips
Sommerberg (Niedermorschwihr und Katzenthal)	Granit
Sonnenglanz (Beblenheim)	Kalkmergel
Spiegel (Bergholtz und Guebwiller)	Tonmergel und Sandstein
Sporen (Riquewihr)	Tonmergel und steinig
Steinert (Pfaffenheim und Westhalten)	Kalk
Steingrubler (Wettolsheim)	Kalkmergel und Sandstein
Steinklotz (Marlenheim)	Kalk
Vorbourg (Rouffach und Westhalten)	Kalk und Sandstein
Wiebelsberg (Andlau)	Quarz und Sandstein
Wineck-Schlossberg (Katzenthal und Ammerschwihr)	Granit
Winzenberg (Blienschwiller)	Granit
Zinnkoepflé (Soultzmatt und Westhalten)	Kalk und Sandstein
Zotzenberg (Mittelbergheim)	Kalkmergel

Die 50 Grands Crus des Elsass

Domaine Barmès-Buecher ***–****
Wettolsheim
16 ha; 90 000 Fl. • Weine: u.a. Riesling Hengst, Gewürztraminer Steingrubler, Pinot Gris Rosenberg; → Pinot Vieilles vignes, Vendanges tardives, Sélections de grains nobles
François Barmès überzeugt durch einen unverwechselbaren Weinstil: natürliche Vergärung mit wilden Hefen, glasklare Frucht, Ausbau in Stahltanks und späte Abfüllung. Die *Vendanges tardives* weisen stets wesentlich höhere Mostgewichte auf als offiziell gefordert, und der im Barrique gereifte Pinot ist einer der großen Rotweine der Region.

Léon Beyer **–***
Eguisheim
20 ha; ZT; 800 000 Fl. • Weine: u.a. Riesling Comtes d'Eguisheim, Gewürztraminer Comtes d'Eguisheim, Riesling Les Écaillers, Pinot Gris Vendanges tardives, Sélections de grains nobles
Bis heute sind die Weine des 1580 gegründeten Handelshauses Beyer in vielen Spitzenrestaurants der Welt zu finden. Rieslinge und Gewürztraminer werden wie eh und je so trocken wie möglich ausgebaut.

Domaine Paul Blanck ***–*****
Kientzheim
35 ha; 220 000 Fl. • Weine: u.a. → Riesling Schlossberg, → Riesling Furstentum, Pinot Gris Furstentum, Gewürztraminer Furstentum → Vendanges tardives, Sélections de grains nobles, → Pinot »F«, Sylvaner
Die typischen schlanken Flaschen enthalten selten etwas anderes als Spitzenwein. In Stahltanks bauen Frédéric und Philippe Blanck die dichten, nie überladenen Rieslinge und Gewürztraminer aus. Eine Ausnahme macht nur der im Barrique gereifte Rotwein.

Domaine Bott-Geyl ***–****
Beblenheim
13 ha; 100 000 Fl. • Weine: u.a. → Gewürztraminer Sonnenglanz, Riesling Schoenenbourg, → Gewürztraminer Furstentum, Muscat, Pinot Gris
Jean-Christophe Bott ist einer der Shootingstars im elsässischen Weinbau. Den traditionsreichen Familienbetrieb krempelte er in wenigen Jahren völlig um, führte Ertragsreduzierung, schonende Pressung und lange Lagerung auf der Feinhefe ein. Die Ergebnisse können sich sehen lassen: Botts Weine sind konzentriert, ohne rustikal zu wirken.

Albert Boxler ***–****
Niedermorschwihr
10 ha; 55 000 Fl. • Weine: u.a. → Riesling Sommerberg, Riesling Brand, Riesling Vieilles vignes, Gewürztraminer Brand, Pinot Gris, Muscat, → Vendanges tardives
Obwohl das Gut im abgelegenen Niedermorschwihr einen Standortnachteil hat, ist es längst über den Status eines Geheimtipps hinaus. Jean-Marc Boxlers konzentrierte und saftige Rieslinge gehören zu den langlebigsten im Elsass.

Ernest Burn ***–****
Gueberschwihr
10 ha; 60 000 Fl. • Weine: u.a. Gewürztraminer Clos Saint-Imer, Pinot Gris Clos Saint-Imer, → Muscat Clos Saint-Imer, → Cuvées La Chapelle
Ein ungewöhnliches Weingut (Opernmusik beschallt den Keller) und ungewöhnliche Weine: üppig, konzentriert, saftig. Die Spitzen-Cuvées aus der Parzelle Clos Saint-Imer (die zum Grand Cru Goldert gehört) werden zusätzlich als La Chapelle etikettiert.

Marcel Deiss *****
Bergheim
20 ha; 120 000 Fl. • Weine: u.a. → Riesling Altenberg, → Gewürztraminer Altenberg, Riesling Schoenenbourg, → Grand Vin d'Altenberg, → Pinot Burlenberg Vieilles vignes
Jean-Michel Deiss fühlt sich im Weinberg am wohlsten, der Basis seiner Spitzenstellung in der Elsässer Winzerszene. Die Erträge sind minimal, die Konzentration der Weine ist einzigartig. Selbst die einfachsten Sylvaner haben Finesse, und der rare und teure Grand Vin erst recht – eine Cuvée aus Gewürztraminer, Riesling und Pinot Gris.

Pierre Frick ***
Pfaffenheim
12 ha; 80 000 Fl. • Weine: u.a. Sylvaner, Pinot Blanc, Muscat, → Riesling Steinert, → Pinot Gris SGN, → Gewürztraminer SGN
Seit 1970 wurde das Gut biologisch bearbeitet und 1981 auf Biodynamie umgestellt, die Pierre und Chantal Frick mit größtem Engagement vertreten. Ihre nie aufgezuckerten Weine drücken Sorte und Terroir mit kompromissloser Klarheit aus.

Hugel **–****
Riquewihr
26 ha; ZT; 1 300 000 Fl. • Weine: u.a. → Riesling Jubilée, Gewürztraminer Jubilée, Pinot Gris Jubilée, Muscat Tradition → Gentil, → Vendanges tardives, → Sélections de grains nobles, Pinot Jubilée
Obwohl das Handelshaus Hugel (mit 360-jähriger Geschichte) einer der Motoren der Grand-Cru-Klassifizierung war, verwendet man heute keine Lagennamen, da man die Einstufung für zu großzügig hält. Die besten Weine heißen also Jubilée, die zweitbesten Tradition. Gentil nennt sich einer der besten Elsässer Edelzwicker.

Josmeyer, Wintzenheim **–****
21 ha; ZT; 300 000 Fl. • Weine: u.a. Riesling Brand, → Riesling Hengst, Riesling Le Kottabe → Auxerrois »H«
Eine von Jean Meyers Spezialitäten ist der Auxerrois, ein ungewöhnlich konzentrierter Vertreter dieser Rebsorte, deren Stöcke in der Lage Hengst wachsen (daher das »H«). Doch auch die übrigen Weine dieses Handelshauses besitzen gleichmäßige Güte.

André Kientzler ***–****
Ribeauvillé
10 ha; 80 000 Fl. • Weine: → Riesling Geisberg, → Riesling Osterberg, Muscat Kirchberg, Pinot Gris Kirchberg → Chasselas
In dem modernen Weingutgebäude zwischen Ribeauvillé und Bergheim erzeugt der ruhige, engagierte André Kientzler konzentrierte, mineralische Weine. Der nachhaltige Chasselas ist einer der raren gelungenen Weine dieser Rebsorte in der Region.

Marc Kreydenweiss ***–****
Andlau
12 ha; 60 000 Fl. • Weine: u.a. → Riesling Wiebelsberg, Pinot Gris Moenchberg, Gewürztraminer Kritt, → Riesling Kastelberg → Clos du Val d'Eléon, → Klevner Kritt
Marc Kreydenweiss ist ganz auf biodynamischen Weinbau eingeschworen. Die konzentrierten Rieslinge und Raritäten wie der Clos du Val d'Eléon (eine Cuvée aus Riesling und Pinot Gris) oder der reife Klevner Kritt (ein sortenreiner Auxerrois) sind so bemerkenswert wie der moderne Probierraum.

Seppi Landmann ***–****
Soultzmatt
8,5 ha; 65 000 Fl. • Weine: u.a. →Riesling Zinnkoepflé, →Gewürztraminer Zinnkoepflé, Pinot Gris Vallée Noble
Mit seinen *Vendanges tardives* und SGN des Gewürztraminers Zinnkoepflé übertrifft Seppi Landmann seine eigene Beredsamkeit, doch selbst die schlichteren Rieslinge, Pinot Gris und Sylvaner spiegeln die Vitalität des Winzers wider.

Domaine Julien Meyer **–****
Nothalten
8 ha; 60 000 Fl. • Weine: u.a. →Riesling Muenchberg, Gewürztraminer Cuvée des Pucelles, →Sylvaner Zellberg, Pinot, Crémant
Der junge Patrick Meyer macht kaum etwas so wie seine traditionell arbeitenden Kollegen. Er experimentiert mit biologischer Säureumwandlung, Lagerung im Barrique oder sogar dem Verzicht auf Filtrierung.

Meyer-Fonné ***–*****
Katzenthal
10 ha; 75 000 Fl. • Weine: u.a. Gewürztraminer Kaefferkopf, Gewürztraminer Wineck-Schlossberg, Riesling Kaefferkopf, Riesling Wineck-Schlossberg, →Pinot Gris Hinterburg →Muscat tiré sur lie, Crémant
Das Weingut des jungen Félix Meyer ist noch immer ein Geheimtipp. Erstaunlich, denn die zugleich eleganten und dichten Rieslinge, Gewürztraminer und Pinot Gris sind im Verhältnis zur Qualität außerordentlich preiswert.

René Muré **–****
Rouffach
22 ha; ZT; 330 000 Fl. • Weine: u.a. Gewürztraminer Clos Saint-Landelin, Riesling Clos Saint-Landelin, Muscat, →Pinot, Vendanges tardives → Sylvaner »Cuvée Oscar«
Eine Spitzenlage (der Clos Saint-Landelin ist ein Teil des Grand Cru Vorbourg), sorgfältige Arbeit im Weinberg, lange Lagerung auf der Feinhefe. Viel mehr braucht der sympathische René Muré nicht, um elegante, dichte Weine zu erzeugen, darunter einen reifen, sehr beachtlichen Sylvaner.

André Ostertag ***–*****
Epfig
12 ha; 80 000 Fl. • Weine: u.a. →Riesling Muenchberg, Pinot, Pinot Gris Zellberg, Pinot Gris Muenchberg, Vendanges tardives, Sélections de grains nobles
Barrique-Ausbau, biologische Säureumwandlung auch bei Weißweinen, wilde Hefen – Ostertag verstieß massiv gegen die Tradition, als er das Gut 1985 übernahm. Seine Weine sind immer ungewöhnlich. Er hat sie in drei ganz unterschiedliche Kategorien eingeteilt: *Vins de Fruit* (mit Rebsortencharakter), *Vins de Pierre* (mit Lagencharakter) sowie *Vins de Temps* (aus überreifen oder edelfaulen Trauben).

Cave de Pfaffenheim *–****
Pfaffenheim
235 ha; 2 500 000 Fl. • Weine: u.a. Gewürztraminer Zinnkoepflé, Gewürztraminer Steinert, Muscat Goldert, Pinot, Vendanges tardives
Die engagierteste Winzergenossenschaft des Elsass, 1957 gegründet, räumt bei Wettbewerben regelmäßig die Medaillen ab. Mit eleganten und nie überladen wirkenden Weinen, die in einer modernen Kellerei ausgebaut werden.

Domaine Schoffit ***–*****
Colmar
15 ha; 120 000 Fl. • Weine: u.a. →Riesling Clos Saint-Théobald, →Gewürztraminer Clos Saint-Théobald, Muscat, →Chasselas Vieilles vignes

Unten rechts:
Marc Kreydenweiss, biodynamischer Winzer

Bernard Schoffit ist glücklicher Besitzer einer Parzelle im Rangen (Clos Saint-Théobald), dem südlichsten und berühmtesten aller Grands Crus. Von Vulkangestein gewinnt der dynamische Winzer hier ungeheuer elegante, konzentrierte Weine, die lange auf der Feinhefe heranreifen.

Marc Tempé ****
Zellenberg
7,5 ha; 50 000 Fl. • Weine: u.a. →Riesling VT Mambourg, →Gewürztraminer Schoenenburg, Sylvaner Zellenberg, →Riesling Burgreben, Pinot Blanc Priegel
Nach einem Abstecher bei der Weinbehörde hat Marc Tempé anscheinend die richtige Motivation zum Winzerleben gefunden: nachdem er auf Biodynamik umgestellt hat zaubert er Weine von umwerfender Intensität und Kraft.

Trimbach **–****
Ribeauvillé
27 ha; ZT; 1 000 000 Fl. • Weine: u.a. Riesling Frédéric Émile, Gewürztraminer Seigneurs de Ribeaupierre, Pinot Gris, →Riesling Clos Sainte-Hune
Fast immer trocken sind die Weine dieses 1626 gegründeten Handelshauses – begehrt in der Gastronomie. Der Riesling von der 1,2 Hektar großen Monopollage Clos Sainte-Hune ist eine Legende.

Domaine Weinbach ****–*****
Kaysersberg
26 ha; 130 000 Fl. • Weine: u.a. Gewürztraminer Furstentum, Riesling Schlossberg, Gewürztraminer Altenbourg, Riesling Cuvée Theo, →Riesling Sélections de grains nobles, →Riesling Quintessences
Colette Faller und ihre Töchter Catherine und Laurence führen das imposante Gut mit Engagement. Der Clos des Capucins ist seit 1898 im Familienbesitz. Den rechtlich nicht definierten Begriff Quintessence führten die Fallers für besonders herausragende Süßweine ein.

Zind-Humbrecht ****–*****
Turckheim
40 ha; 160 000 Fl. • Weine: u.a. →Riesling Clos Saint-Urbain, →Riesling Pinot Gris Clos Jebsal, Riesling Clos Windsbuhl, Riesling Herrenweg, Muscat
Léonard Humbrecht und sein Sohn Olivier erzeugen in dem riesigen Holzfasskeller ihrer modernen Kellerei außergewöhnliche Weine. Die konzentrierten Rieslinge, Pinot Gris oder Gewürztraminer von der Parzelle Clos Saint-Urban (im Grand Cru Rangen) gehören zu den ganz großen Weinen der Region. Aber auch die einfachen Sorten sind gelungen – dank wohl geringer Hektarerträge und der Vergärung mit wilden Hefen.

Jura

Wenn die Rede von den großen Gewächsen Frankreichs ist, werden die Weine des Jura selten genannt. Mit einer Ausnahme: Der legendäre Vin Jaune wurde bereits im Mittelalter am französischen Hof geschätzt und gilt noch heute als Rarität. Dass die übrigen Weine des Gebietes nur Insidern bekannt sind, kann nicht an ihrer Qualität liegen. Mit lediglich rund 1800 Hektar Rebfläche – vor der Reblauskatastrophe Ende des 19. Jahrhunderts waren es fast 20 000 Hektar – und knapp 100 000 Hektoliter erzeugten Weins gehört der Jura auch nicht gerade zu den großen Anbaugebieten. Zentrum des Weinbaus ist das mittelalterliche Städtchen Arbois, in dem der französische Chemiker Louis Pasteur die Ursachen der alkoholischen Gärung entdeckte.

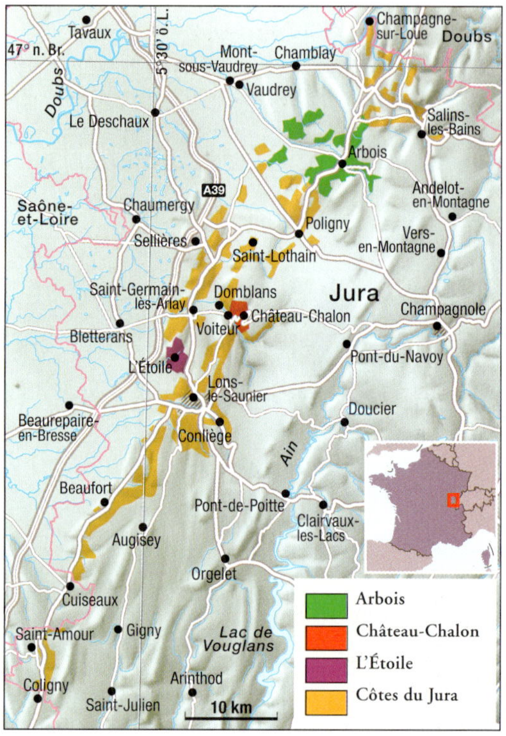

Eine raue Weinbauregion

Der Jura hat ein raues Klima, geprägt vom Kalksteingebirge zwischen dem Burgund und der Schweiz. Zwischen etwa 250 und fast 500 Metern nutzen die Reben jede geschützte Stelle. Viele Winzer sind gezwungen, ein Dutzend oder mehr auseinander liegende Parzellen zu bewirtschaften.

Fassausbau ist im Jura eine ganz eigene Kunst, denn er hebt den unverwechselbaren Charakter der trockenen Weißweine besonders hervor.

Die Lagen sind nach Westen, Südwesten und teilweise nach Süden ausgerichtet, die Böden bestehen überwiegend aus blauem, rotem und schwarzem Mergel, im Norden teilweise auch aus Kalkgeröll oder Schiefer.

Das Klima ist sehr kontrastreich, auf kalte Winter und heiße Sommer folgen meist sonnige Herbste. An diese Verhältnisse sind die autochthonen Rebsorten bestens angepasst. Für die weißen Weine sowie den Vin Jaune spielt der Savagnin eine überragende Rolle. Die Rebe, auch *naturé* genannt, ist nach Ansicht mancher Experten mit dem Traminer verwandt; sie bedeckt 15 Prozent der Anbaufläche und ergibt nur geringe Erträge zwischen 30 und 35 Hektolitern pro Hektar. Die Lese zieht sich oft bis in den November, manchmal bis in den Dezember hinein. Leichte Rotweine gewinnen die Winzer des Jura traditionellerweise aus der Poulsard-Traube. Die auch als Ploussard bezeichnete Sorte war früher nur für süffige, hellrote Tropfen gut, inzwischen gibt es aber auch Poulsards, die mittels mehrtägiger Maischegärung zu echten Rotweinen heranreifen. Aus der Trousseau-Traube wurden dagegen schon immer die farbintensiveren Roten gewonnen. Die aus Burgund importierten Reben Chardonnay (hier auch Melon d'Arbois genannt) und Pinot Noir werden sortenrein oder in Cuvées mit autochthonen Sorten ausgebaut.

Weine mit eigenständigem Stil

Im Schatten der Winzergenossenschaften und des riesigen Handelshauses Henri Maire, das einen Großteil des jurassischen Weinbaus beherrscht, konnten sich in den letzten Jahrzehnten zunehmend unabhängige Winzer profilieren. Die Weißweine des Jura sind heute klarer in der Frucht, die Rotweine haben an Eleganz gewonnen. Dennoch konnten die Gewächse der Region ihren unverwechselbaren Stil behalten: nussige Würze, Honigdüfte oder Noten von getrockneten Früchten prägen vor allem die Savagnin-Weißweine oder die Cuvées aus Chardonnay und Savagnin. Charmante Cassis- und Kirschfrucht sowie dezente animalische Noten sind in den Rotweinen zu entdecken. Der *Crémant du Jura* hat sich rasch zu einem Erfolgsträger der Region entwickelt. Auch der Macvin wurde in den letzten Jahren immer mehr zu einem Geheimtipp. Dieser Vin de Liqueur, eine Mischung aus angegorenem Traubenmost und Tresterbranntwein, leitet seinen Namen vom Begriff Marc (Trester) ab. Während Macvins (wie auch die Vins de Paille, die Strohweine) bei höchstens 10 Grad serviert werden, schenkt man Savagnins oder Vins Jaunes traditionsgemäß bei etwa 14 bis 16°C aus. So entfalten sie ihre geschmackliche Fülle am besten. Die meisten Rotweine sollten ebenfalls nicht wärmer als 16 Grad getrunken werden.

So viel Charakter Château Chalon besitzt, so viel Tiefe entdeckt man in seinen Weinen.

Die Appellationen des Jura

Arbois

Arbois ist nicht nur ein malerisches mittelalterliches Städtchen und der Hauptort des Weinbaugebietes Jura, sondern auch der Name einer Appellation, die 1936 als erste französische Appellation d'Origine Contrôlée anerkannt wurde. Die knapp 850 Hektar Reben verteilen sich auf 12 Gemeinden. Ein einziger Ort darf seinen Namen neben Arbois auf dem Etikett nennen, nämlich Pupillin, das vor allem für seinen guten Poulsard bekannt ist. Die Appellation bietet heute Rot- und Weißweine, Strohweine (*Vins de Paille*), Vins Jaunes und Schaumweine.

Château-Chalon

Die Wiege des Vin Jaune ist die einzige Appellation, die ihm allein gewidmet ist, und schließt insgesamt vier Gemeinden ein. Die Erzeuger, deren Weinberge zusammen knapp 50 Hektar ausmachen, haben sich zu einer Kommission zusammengefunden, die jedes Jahr vor der Weinlese die Trauben auf ihre Reife und Gesundheit prüft und den zulässigen Ertrag bestimmt. In schlechten Jahren – wie etwa 1984 der Fall – wird die Appellation Château-Chalon nicht vergeben.

L'Etoile

Die winzige Appellation mit einer Rebfläche von knapp 80 Hektar ist Weißweinen vorbehalten, beinhaltet jedoch alle Varianten: stille Weißweine, Schaumweine, Vins Jaunes und Vins de Paille. Die Rebfläche ist auf drei Gemeinden verteilt, deren Hänge optimale Ausrichtung besitzen. Die Mergelböden sind von winzigen, sternförmigen Fossilien durchsetzt – sie gaben dem Dorf L'Etoile und der gesamten Appellation ihren Namen.

Côtes du Jura

Zu dieser allgemeinen, das gesamte Weinanbaugebiet umfassenden Appellation gehören 60 Winzergemeinden, die rund 620 Hektar bewirtschaften. Zu den bekanntesten Weinorten zählen Poligny, Voiteur, Arlay, Le Vernois, Gevingey und Rotalier. Als Côtes du Jura sind sowohl rote als auch weiße Weine anerkannt; Rosé, Schaumwein, Vin Jaune oder Vin de Paille dürfen unter dieser Bezeichnung ebenfalls verkauft werden.

Crémant du Jura

1995 wurden die gesetzlichen Grundlagen für den Crémant du Jura gelegt – und in kurzer Zeit entwickelte sich dieser Schaumwein zu einem Renner. Hergestellt wurden schäumende Weine in der Region schon vor zwei Jahrhunderten, aber erst in der letzten Zeit haben die Hersteller begriffen, was den Charme eines jurassischen Crémant ausmacht: Frische. Wie beim Champagner findet die zweite Gärung in der Flasche statt. Zur Erzeugung der Grundweine werden rote und weiße Trauben verwendet. Häufig verschneiden die Winzer Pinot Noir (weiß gekeltert!), Chardonnay, aber auch Trousseau und Savagnin, doch existieren auch sortenreine Schaumweine. Im Gegensatz zum Champagner wirkt jurassischer Crémant meist spritziger, duftet nach grünen Äpfeln oder Birnen und ist nur selten von Hefenoten geprägt. Der Erfolg ist erstaunlich: Mehr als ein Sechstel der gesamten Erzeugung des Jura wird heute als Crémant verkauft. Und das zu günstigem Preis!

Macvin du Jura

Der Vin de Liqueur ist das jurassische Pendant zum Pineau des Charentes (im Cognac-Gebiet) oder zum Floc de Gascogne (in der Armagnac-Region). Die Appellation existiert erst seit 1991, doch wird Macvin bereits seit Jahrhunderten erzeugt. Aus angegorenem roten oder weißen Most und Tresterschnaps hergestellt, bewahrt er eine gehörige Menge Restzucker. Für diese hochgeistige Spezialität ist eine Fassreifezeit von 18 Monaten vorgeschrieben.

VIN JAUNE UND VIN DE PAILLE – DIE SPEZIALITÄTEN DES JURA

Vin Jaune, der gelbe Wein, ist der ungewöhnlichste Weißwein Frankreichs, denn er reift sechs Jahre lang unter einem Hefeflor, bevor er in der traditionellen Flasche in den Verkauf gelangt.

STROHWEINE WURDEN FRÜHER in vielen Weinanbaugebieten der Welt hergestellt. Sie waren in Zeiten ohne moderne Kellertechnik eine der wenigen Methoden, haltbare süße Weine auch in Jahren ohne Edelfäule zu erzeugen. In Frankreich werden – außer im Jura – nur noch im Elsass und an der Rhône in kleinen Mengen Vins de Paille gewonnen. Die süßen Strohweine aus den Appellationen Arbois, Côtes du Jura und L'Étoile sind im Idealfall äußerst langlebige, nach getrockneten Früchten und Honig duftende Elixiere. Erzeugt werden sie meist aus Savagnin und Chardonnay, doch spielen in kleinen Mengen auch rote Sorten eine Rolle, vor allem der farbschwache Poulsard. Die reif geernteten Trauben wurden früher auf Strohmatten zum Trocknen ausgebreitet. Doch diese Methode hat ihre Nachteile, da sie leicht zu Fäulnis führen kann. Also ging man im Jura mehr und mehr dazu über, die Trauben auf Drahtgestelle, Holzgitter oder in durchlöcherte Kisten zu legen und auf diese Weise an möglichst warmen Orten zu trocknen. Sobald die Beeren einen Großteil ihres Wassergehalts verloren haben – was durchaus bis zu drei Monaten dauern kann –, werden sie gekeltert und vergoren. Von 100 Kilogramm Trauben verbleiben oft lediglich 15 bis 20 Liter Wein. Durch die Oxidation während der Trocknung erhalten die Weine eine tiefgoldene bis bernsteinähnliche Farbe. Jura-Strohwein muss einen potentiellen Alkoholgehalt von mindestens 18 Prozent aufweisen, ein Teil davon ist als Restzucker vorhanden. Weil sich durch die Trocknung aber auch die Säure konzentriert, sind gute Vins de Paille von bemerkenswerter Eleganz. Häufig in kleine, 0,375 Liter fassende Flaschen abgefüllt, eignet sich Strohwein als Aperitif und ist auch zum Käse oder zum Dessert immer ein geschmackliches Erlebnis.

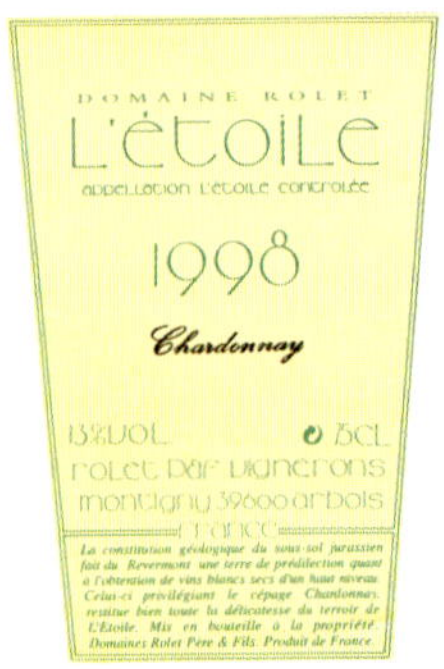

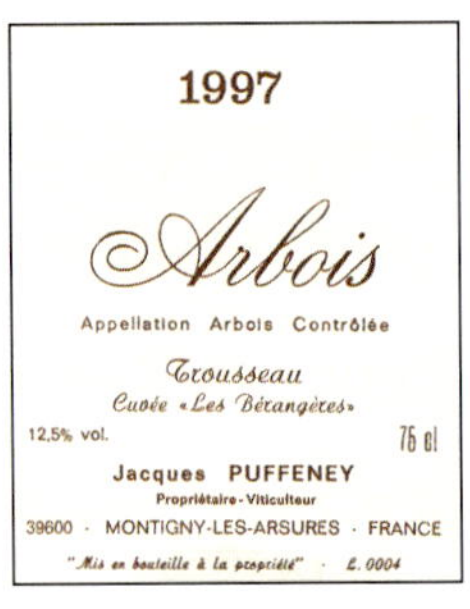

DER GELBE WEIN

Im Gegensatz zum Strohwein weist die andere große Spezialität des Jura, der Vin Jaune, keine schmeckbare Süße auf. Château-Chalon ist der berühmteste dieser gelben Weine, doch werden sie – ausschließlich aus der Savagnin-Traube – auch in den Appellationen Arbois, Côtes du Jura und L'Étoile hergestellt, und zwar nach einer in Frankreich einzigartigen Methode, vergleichbar mit Sherry. Nach der Gärung reift der Jungwein in gebrauchten 228-Liter-Fässern, die nicht ganz gefüllt werden. Was anderswo eine rasche Oxidation bewirken würde, führt hier zur Vermehrung spezieller Hefestämme, die in den Fässern und Kellern der Winzer heimisch sind. Sie legen sich nach der Gärung als schützender Schleier *(voile)* auf die Weinoberfläche und bewahren ihn nicht nur weitgehend vor Sauerstoff, sondern verleihen ihm auch sehr spezielle Duft- und Geschmacksnoten – und natürlich jene dunkelgelbe bis hellgoldene Farbe, die ihn berühmt gemacht hat. Sechs Jahre und drei Monate muss der Wein reifen; während dieser Zeit verdunstet ein beträchtlicher Teil. Das fertige Produkt wird in eine spezielle, etwa 0,62 Liter fassende Flasche gefüllt, genannt *clavelin*. Vin Jaune ist – bedingt durch die geringen Erträge, die aufwändige Herstellung und die Verdunstung während der Reife – eine niemals billige, doch äußerst alterungsfähige Kreszenz mit häufig 13 bis 15 Prozent Alkohol. Trocken, mit ausgeprägten Nuss-, Mandel- oder Röstnoten, präsentiert er in seiner schönsten Ausprägung auch eine pikante Säure, würzigen Geschmack und einen langen Abgang. Mehrere Jahrzehnte kann ein Spitzenwein mühelos überdauern, und einige Vins Jaunes haben schon ein Alter von 100 Jahren und mehr erreicht – in genießbarem Zustand, wohlgemerkt. Doch weshalb sollte man so lange warten? Vin Jaune ist schließlich ein ausgezeichneter Aperitif, passt perfekt zu Krustentieren mit Sahnesauce oder zu vielen Curry-Gerichten. Die traditionelle Küche des Jura verwendet den geschmacksintensiven Wein in vielen Gerichten: Klassiker ist Coq au Vin Jaune, das Hühnchen in gelbem Wein. Verblüffend vollkommen ergänzen sich Vin Jaune und ein gereifter Rohmilch-Comté eines guten Erzeugers – eine der faszinierendsten Käse-Wein-Kombinationen Frankreichs.

Ausgewählte Erzeuger des Jura

Château d'Arlay *–******
Arlay
27 ha; 100 000 Fl. • Weine: u.a. Côtes du Jura Trousseau, Poulsard, Côtes du Jura Blanc, → Vin Jaune, → Vin de Paille, Macvin
Die Grafen von Laguiche haben das malerische Schloss am Ufer der Bresse, das bereits im 12. Jahrhundert Reben kultivierte, zu einem der bekanntesten Weingüter des Jura gemacht. Im Export ist der Betrieb sehr aktiv, und mit seinen konzentrierten, alterungsfähigen Erzeugnissen muss er sich auch nicht verstecken. Einer der besten Weine des Gutes mit dem besuchenswerten Park ist der weiße Côtes du Jura, eine Cuvée aus Chardonnay und Savagnin.

Domaine Berthet-Bondet **–***
Château-Chalon
8 ha; 35 000 Fl. • Weine: u.a. Côtes du Jura Tradition, Côtes du Jura Rouge, Crémant du Jura, Macvin, Vin de Paille, → Château-Chalon
In einem prächtigen Anwesen aus dem 15. Jahrhundert erzeugen Jean Berthet-Bondet und seine Frau Chantal seit 1985 bemerkenswerte Weine. Der Château-Chalon stammt von geringen Erträgen der Savagnin-Traube – knapp 30 Hektoliter pro Hektar. Ein typischer Vertreter der nussigen, betont würzigen Weißweine ist der Tradition aus Savagnin und Chardonnay.

Frédéric Lornet **–****
Montigny-lès-Arsures
15 ha; 50 000 Fl. • Weine: u.a. Arbois Trousseau, Chardonnay, Savagnin, Vin Jaune, Vin de Paille, Macvin
Von den zum großen Teil alten Reben seiner Weinberge gewinnt Frédéric Lornet mineralische und langlebige Weißweine (Savagnin), aber auch bemerkenswerte Rotweine (kraftvoller Trousseau).

Jean Macle *–******
Château-Chalon
12 ha; 40 000 Fl. • Weine: → Château-Chalon, Côtes du Jura Blanc, Côtes du Jura Rosé, Crémant du Jura, Macvin
Bereits die sechste und die siebte Winzergeneration arbeiten in dem 1850 gegründeten Betrieb. Von allein vier Hektar wird der Vin Jaune Château-Chalon gewonnen – ein eleganter, schlanker, würziger Vertreter seiner Gattung.

Pierre Overnoy *–******
Pupillin
4 ha; 15 000 Fl. • Weine: u.a. Vin Jaune, Arbois Savagnin, Chardonnay, → Ploussard
Pierre Overnoy übernahm das Gut 1968 von seinen Eltern. Er und sein Mitstreiter (und designierter Nachfolger) Emmanuel Houillon arbeiten so natürlich wie möglich. Wilde Hefen vergären die Moste, die fertigen Weine werden nicht filtriert.

Domaine de la Pinte **–***
Arbois
30 ha; 90 000 Fl. • Weine: u.a. → Arbois Blanc, Arbois Rouge, Poulsard, Macvin, Vin Jaune, → Vin de Paille, Arbois Les Grandes Gardes
Das Weingut wurde in den 1950er Jahren gegründet, und Roger Martin hat es bis heute zu einem der zuverlässigsten Betriebe in der Region ausgebaut. Allein 15 Hektar sind mit Savagnin bestockt, seit kurzer Zeit arbeitet man biologisch. Der Vin de Paille besitzt bemerkenswerte Eleganz, die Rotwein-Cuvée Les Grandes Gardes ebenfalls.

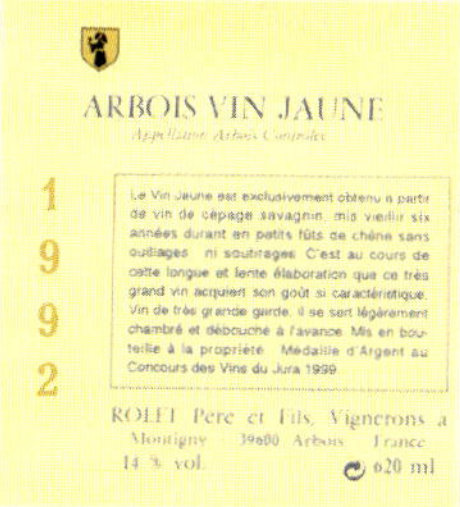

Jacques Puffeney **–***
Montigny-lès-Arsures
7 ha; 30 000 Fl. • Weine: u.a. Arbois Blanc, → Arbois Trousseau, Poulsard, → Savagnin Vieilles Vignes, → Vin Jaune
Ein traditioneller Winzer, der in seinem Holzfasskeller in Montigny nicht viel Aufhebens macht von seinen konzentrierten Weißweinen (Savagnin), den fruchtigen Roten oder dem würzigen Vin Jaune.

Domaine Rolet **–***
Arbois
60 ha; 350 000 Fl. • Weine: u.a. Arbois Chardonnay, → Trousseau, → Poulsard Vieilles Vignes, Arbois Rosé, Crémant du Jura, Vin de Paille, Macvin, → Vin Jaune
Trotz seiner Größe überzeugt der Ende des Zweiten Weltkriegs gegründete Betrieb mit sehr gleichmäßiger Qualität. Neben trockenen Weißweinen, Strohwein und dem Vin Jaune erzeugen die vier Geschwister Rolet auch einen beachtlichen Rotwein aus Trousseau mit mindestens 18 Monaten Fasslagerung oder den kraftvollen, fruchtigen Poulsard aus 20 Jahre alten Reben.

André und Mireille Tissot *–******
Montigny-lès-Arsures
30 ha; 130 000 Fl. • Weine: u.a. Vin Jaune, Arbois Blanc, Chardonnay, Vin de Paille, → Pinot, Crémant du Jura Brut
André und Stéphane Tissot haben das Weingut in den letzten Jahren zu einem Spitzenbetrieb ausgebaut. Eine Spezialität ist der im Holzfass gereifte Pinot, ein überraschend eleganter Rotwein.

Jacques Tissot **–***
Arbois
29 ha; 120 000 Fl. • Weine: u.a. Arbois Tradition, Vin Jaune, Vin de Paille, Trousseau, → Poulsard Vieilles Vignes, Crémant du Jura, Macvin, Poulsard Rosé, Château-Chalon
Arbois kann man kaum besuchen, ohne an Jacques Tissots einladendem Weinkeller vorbeizukommen. Er befindet sich im Zentrum des Städtchens und dient als Lager- und Verkostungsstätte des überdurchschnittlich guten Vin Jaune oder der großen Palette an Rot- und Weißweinen.

Liebenswertes Traditionsbewusstsein im Château Berthet in Chalon

La Bourgogne

Burgund und seine Weine sind ein Mythos in der Weinwelt. Nicht wenige Kenner schwören darauf, ein großer Pinot Noir von der Côte de Nuits könne von keinem anderen Rotwein der Welt an Komplexität, Fülle und Ausdruck übertroffen werden. Auch die großen Chardonnays aus Chablis und von der Côte de Beaune sind trotz der weltweiten Chardonnay-Begeisterung Originale und Ideale geblieben. Doch wo viel Licht, ist auch viel Schatten: Der Besitz ist sehr zerstreut, die Qualität selbst in den gehobenen Preisklassen äußerst uneinheitlich. Aufs Geratewohl zu kaufen birgt noch mehr als in anderen Gebieten das Risiko, enttäuscht zu werden.

Historisches

Die frühesten Nachweise des burgundischen Weinbaus reichen ins 2. Jahrhundert n. Chr. zurück. Möglicherweise haben jedoch die Kelten schon vor der Ankunft der Römer Rebbau betrieben und Wein gekeltert. Die mittelalterliche Weinbaugeschichte Burgunds ist für ganz Europa von großer Bedeutung.

Die klösterliche Weinbautradition begann mit Schenkungen: 587 an die Abtei St. Benignus in Dijon und 630 an das Kloster Bèze bei Gevrey. 910 wurde Cluny im Mâconnais gegründet. Die Abtei entwickelte sich in den folgenden Jahrhunderten nicht nur zum klerikalen Machtzentrum, sondern erwarb auch bedeutenden Grundbesitz in den Weinbaugemeinden der Côte d'Or.

Durch den 1098 in Citeaux nahe Nuits-St-Georges gegründeten Zisterzienserorden wurde die klösterliche Weinbaukultur systematisch gefördert. Der Clos de Vougeot diente den Mönchen zur Erkundung der verschiedenen Aspekte des Weinbaus, die durch die rasche Ausbreitung des Ordens nach ganz Europa ausstrahlte.

Zwei spätmittelalterliche Ereignisse wirken bis in unsere Zeit nach: Ein Erlass Philipps des Kühnen 1395 sollte die Sorte Gamay aus Burgund verdrängen, womit der qualitativen Vorherrschaft des Pinot Noir der Weg geebnet war. 1443 schließlich stiftete der Kanzler Philipps des Guten, Nicolas Rolin, die Hospices de Beaune, deren jährliche Versteigerung noch heute als wichtigster Gradmesser der Weinkonjunktur in Burgund gilt.

Nach der Französischen Revolution strukturierte das napoleonische Erbrecht die bis zum heutigen Tag geltenden Sozial- und Besitzverhältnisse Burgunds. Grundbesitz vererbt sich seither anteilig an alle Kinder eines Elternpaars, sodass auf die einzelnen Besitzer tendenziell immer kleinere Parzellen entfallen. 1851 fuhr erstmals die Eisenbahn von Dijon nach Paris, und so stieg mit dem näher gerückten riesigen Absatzmarkt die Nachfrage nach billigen, meist aus Gamay produzierten Weinen. Allerdings stammt auch der erste Klassifizierungsversuch für hochwertigste Weine aus dersel-

La Tâche, Monopol der Domaine de la Romanée-Conti und ihr kraftvollster Grand Cru

ben Zeit, aus dem Jahr 1861. Nach dem Einfall der Reblaus in den 1870er Jahren waren die Widerstände gegen Pfropfreben in Burgund größer als überall sonst. Im Allgemeinen hatte sich die Krise jedoch Anfang des 20. Jahrhunderts entschärft. Die Schaffung des AOC-Systems und die sich damals langsam durchsetzende Domänenabfüllung bereiteten in den 1930er Jahren den Boden für das heutige Burgund – ein Weinbaugebiet, das wie wenige andere durch seine Geschichte den Kern für seine Zukunft in sich trägt.

Geologie, Topografie und Klima

Burgunds Leitmotiv ist das Terroir. Darunter versteht man die gesamte natürliche Umgebung einer Weinberglage, also das Zusammenspiel von Boden, topografischen und klimatischen Gegebenheiten. In Burgund spielen die Bodentypen dabei eine besondere Rolle. Die berühmten Terroirs sind ausnahmslos von Kalkgestein geprägt. Chablis bietet mit kalk- und kreidereichen Böden dem Chardonnay ideale Bedingungen. Die Kalk-Lehm- und Kalk-Mergel-Böden der Côte d'Or sind dadurch entstanden, dass immer wieder neue Schichten des die Côte d'Or überragenden Hochplateaus aus Jura-Kalkgestein zum Hang und ins Tal hin abbrachen. Aus diesem Grund finden sich dort auf engstem Raum unterschiedliche Terroirs, deren Eigenarten sich im Geschmack der Weine widerspiegeln. An der Côte Chalonnaise und im Mâconnais sind die Kalkvorkommen vereinzelter und mischen sich mit stärker lehmigen und sandigen Böden. Von größter Bedeutung ist für alle Terroirs in Burgund die Wechselwirkung einer guten Entwässerung in den Gesteinsanteilen mit dem Wasserhaltevermögen des lehmigen, tonigen oder mergeligen Substrats.

Die Topografie der Weinberge Burgunds ist weit weniger spektakulär als andernorts. Steilheit und Südexposition stehen nicht so sehr im Vordergrund, die meisten Grands Crus der Côte d'Or beispielsweise sind nach Osten orientiert und weisen nur eine geringe Hangneigung auf. Die Höhenlagen bewegen sich zwischen etwa 200 und 400 Metern, wobei aus den höheren Lagen tendenziell leichtere Weine kommen.

Das Klima ist weder besonders warm noch besonders trocken. Der Winter ist kalt und kann – vor allem in Chablis – bis in den späten Frühling hinein mit Spätfrösten wiederkehren. Der Sommer ist kontinental warm, aber weitaus unbeständiger als in den südlicheren Weinbauzonen. Vor allem zur Blüte und zur Lese bedrohen Niederschläge das Ergebnis. Also kommt der risikobereiten Ertragsdisziplin des Winzers durch kurzen Anschnitt höchste Bedeutung zu. Die Jahrgangsschwankungen sind dementsprechend in Burgund unvermeidlich größer als in klimatisch gemäßigteren Gebieten. Andererseits kann gerade der Pinot Noir im Klima Burgunds eine Mischung aus Feinheit und Wucht, aus Eleganz und Kraft erlangen, die weltweit ohne Vergleich ist.

Das Schloss des Hauses Bouchard Père et Fils mitten im alten Stadtkern von Beaune

Ausblick

Burgund und seine ungeheure Vielfalt räumlich eng benachbarter Weine zu verstehen, gehört zu den großen Faszinationen der Weinkennerschaft. Neben den Weinbaulegenden in Chablis und entlang der Côte d'Or rücken in den letzten Jahren mehr und mehr auch die (vermeintlichen) Nebengebiete ins Blickfeld: Im Mâconnais, an der Côte Chalonnaise und auf den Hautes Côtes entstehen in den Händen enthusiastischer Winzer weit überdurchschnittliche Weine. Allerdings sind sie mittlerweile bereits ebenso rar und auch schon fast ebenso teuer wie ihre großen Nachbarn. Führt man sich vor Augen, dass die gesamte Rebfläche Burgunds etwas über 25 000 Hektar beträgt, wird klar, dass das Gebiet als Ganzes sein Potential zur Erzeugung von Spitzenweinen derzeit bei weitem noch nicht ausschöpft.

Burgunds Weingeografie

Den nördlichen Vorposten Burgunds bilden die Weinbau-Exklaven um Chablis und Auxerre im Département Yonne (5300 ha). Chablis ist durch seinen nervigen, eleganten Chardonnay ein Begriff geworden und verfügt über hochwertige Grand- und Premier-Cru-Lagen. Aus den Côtes d'Auxerre kommen leichte Weiß- und Rotweine, von denen vor allem die duftigen, herben Rotweine aus Irancy einen gewissen Bekanntheitsgrad erlangt haben. Auf gleichem Breitengrad, doch etwa 40 km östlich, liegt mit dem Châtillonais eine kleine Weinbauzone, die bereits zum

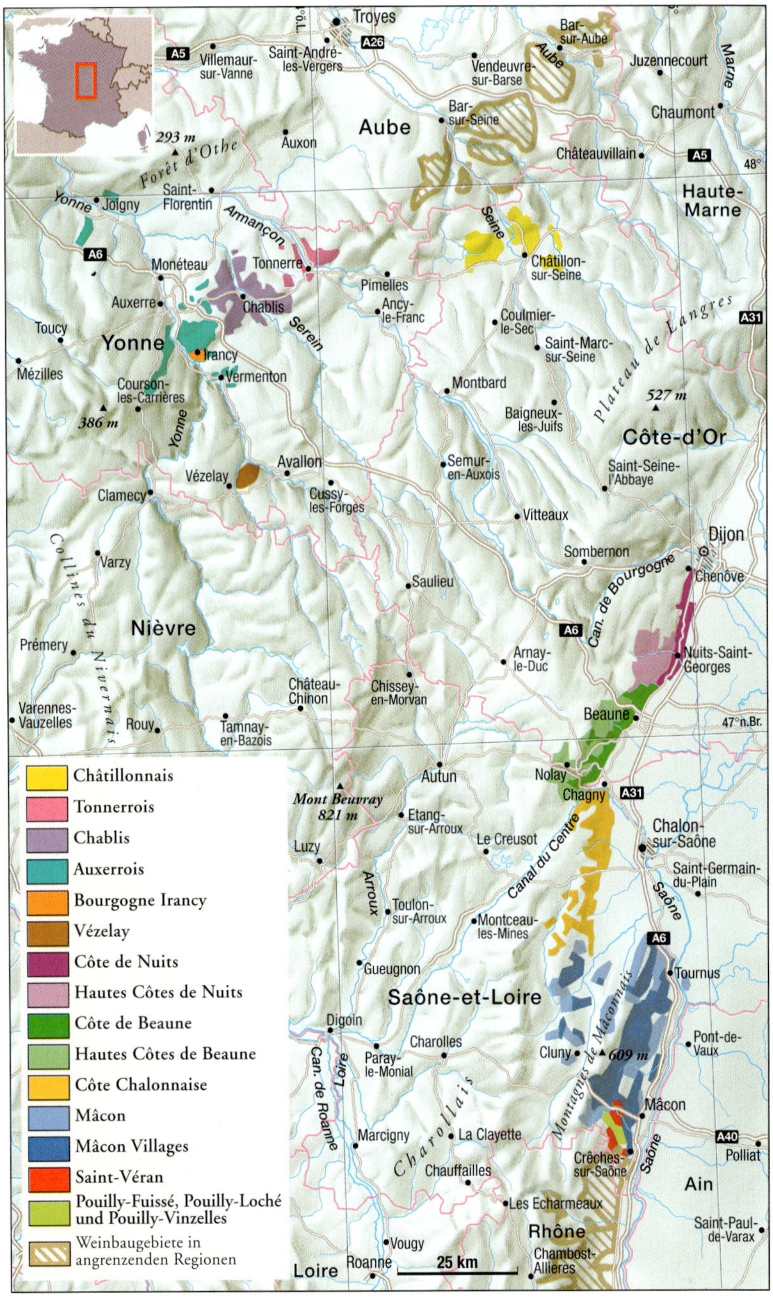

Département Côte d'Or zählt, doch – neben einigen interessanten Crémants – ausschließlich einfachen Wein der AOC Bourgogne hervorbringt. Etwa 100 km südöstlich von Chablis beginnt mit der eigentlichen Côte d'Or (9300 ha) das Kernland Burgunds. Fast alle Grands und Premiers Crus Burgunds befinden sich in diesem etwa 50 km lang gestreckten geschlossenen Weinbaugebiet. Dessen nördlicher Teil, die Côte de Nuits, bringt finessenreiche, komplexe Pinot-Noir-Weine hervor, jedoch so gut wie gar keinen Weißwein. An der Côte de Beaune fällt der Pinot Noir fester, robuster aus. Die großen Weine stammen vom Chardonnay. Es ist vor allem ihre Verbindung von Schmelz, Frucht und Mineralität, die sie einzigartig macht. Im Hinterland der Gemeinden der Côte d'Or erstreckt sich die Zone der Hautes Côtes. Je nach geografischer Lage heißen diese Weine Hautes Côtes de Nuits oder Hautes Côtes de Beaune. Sie sind im Allgemeinen etwas leichter und vor allem härter strukturiert als die Weine der tiefer liegenden Zonen.

Das südliche Ende der Côte de Beaune bildet die Grenze zum Département Saône-et-Loire (10300 ha). Die besten Weine der sich an die Côte de Beaune anschließenden Côte Chalonnaise – und zwar weiße wie rote – bilden äußerst preiswürdige Alternativen zu denjenigen der Côte d'Or. Zwar fehlen hier die Grand Crus, doch recht beachtenswerte Premier-Cru-Weine dokumentieren den Anspruch der Region. Eine Kuriosität ist der ganz im Zeichen des Aligoté stehende Ort Bouzeron. Eine kleine Region westlich der Côte Chalonnaise, das Couchois, liefert vor allem einfache Weine. Einige Kilometer östlich beginnt das Mâconnais, ein Landstrich mit zuweilen etwas rustikalen, in ihren guten Beispielen aber sehr sortentypischen und angenehmen Chardonnays. Überdurchschnittlich charaktervolle und ambitionierte Exemplare stammen aus der Gemeinde Pouilly-Fuissé und ihrer Umgebung. Die Rotweine sind meist leichte Verschnitte aus Pinot Noir und Gamay. Das Mâconnais geht nach Süden hin fließend ins Département Rhône und damit in die Zone des Beaujolais über.

Das System der AOC und die Qualitätspyramide in Burgund

Burgunds Bezeichnungssystem wetteifert mit demjenigen des Bordelais um den Ruf, beispielhaft für das französische Weinverständnis zu sein. Gleich nach der Gründung des INAO (Institut

National des Appellations d'Origine) im Jahr 1935 legte der Gesetzgeber in den Folgejahren alle wichtigen Ursprungsbezeichnungen für Burgund fest, wobei die schon Mitte des 19. Jahrhunderts etablierten Klassifikationen integriert wurden. Von den Statuten der kontrollierten Ursprungsbezeichnung (AOC) werden folgende Faktoren erfasst: die Rebsorte(n), traditionelle rebbauliche Techniken, der Mindest- und Höchstalkoholgehalt des Weines sowie seine typische Stilistik.

Dies ist Burgund: drei benachbarte Parzellen mit deutlich unterschiedlichen natürlichen Bedingungen wie Ausrichtung, Gefälle, Höhenlage. Trotz ein und derselben Rebsorte, die jedoch getrennt vinifiziert wird, ergeben sich drei Weine mit ganz anderem aromatischen Ausdruck.

Die geografische Herkunft

Die Ursprungsbezeichnungen sind nach Güteklassen in der Art eines Zwiebelschalen-Modells aufgebaut: Es gibt nach Wertschätzung gestufte regionale, kommunale und Grand-Cru-Bezeichnungen, und innerhalb der regionalen und kommunalen AOCs wiederum wertende Verfeinerungen. Die einfachste regionale AOC heißt Bourgogne. Anrecht auf diese Bezeichnung haben alle Weiß- und Rotweine, die aus in Burgund gelesenen Trauben bereitet wurden, darüber hinaus auch Gamay-Rotweine aus den zehn Cru-Gemeinden des Beaujolais – gewissermaßen ehrenhalber. Die AOC Bourgogne kann durch Bezeichnungen ergänzt werden, die mit zusätzlichen Auflagen verbunden sind. Beispielsweise ist Bourgogne Aligoté ein Weißwein, der sortenrein aus der Aligoté-Traube bereitet werden muss. ›Bourgogne passe-tout-grains‹ ist ein Wein aus maximal zwei Dritteln Gamay und minimal einem Drittel Pinot Noir, die gemeinsam gekeltert wurden. ›Bourgogne Rosé‹ erklärt sich selbst. Andere Zusätze grenzen die regionale Herkunft ein. Etwa 54 Prozent aller Weine Burgunds führen eine regionale AOC auf dem Etikett. Neben den verschiedenen mit ›Bourgogne‹ beginnenden AOCs gehören auch die Bezeichnungen ›Mâcon‹ und ›Mâcon supérieur‹ in diese Gruppe.

Kommunale (›Villages‹-)AOCs stehen für einen eingeführten Weintyp, der mit einer bestimmten Weinbaugemeinde assoziiert wird. Wird zusätzlich der Name einer Einzellage genannt, muss der betreffende Wein aus dieser stammen. Der Anteil der Village-Weine an Burgunds Weinproduktion beträgt etwa 34 Prozent, derjenige der Premier-Cru-Weine etwa 10 Prozent. Die AOC Grand Cru bleibt den besten 32 Lagen der Côte d'Or sowie sieben Lagen in Chablis vorbehalten. 1861 erstellte Dr. Jules Lavalle eine erste systematische Klassifikation, die von der Landwirtschaftsbehörde in Beaune offiziell gutgeheißen wurde. Die in den 1930er Jahren ins AOC-Statut einbezogenen Grands Crus bilden die damalige Klassifikation weitgehend ab. Für Grands Crus gelten die strengsten Ertragsobergrenzen, und sie übernehmen sozusagen die Verpflichtung, den Ruf Burgunds hochzuhalten. Ihr Anteil an der Gesamtmenge erzeugter Burgunder liegt bei knapp zwei Prozent.

Im Burgund gibt es Hunderte von kleinen Winzerbetrieben, die gern Besucher empfangen und ihre Weine direkt verkaufen.

Die Ertragsobergrenzen

Dieses Qualitätskriterium steht in Burgund an vorderster Stelle. Die Klimabedingungen und die Launigkeit vor allem des Pinot Noir fordern Bescheidenheit, um große Weine machen zu können. Das im AOC-Statut enthaltene Reglement lässt allerdings legere Auslegungen zu, die dem Ruf Burgunds nicht gerade förderlich sind: In der Praxis tauchen immer wieder Premier- und Grand-Cru-Weine im Handel auf, die recht dünn sind.

Die Rebsorten

Im Herbst entfaltet der Pinot Noir seinen Farbenzauber.

Burgund ist ein Gebiet par excellence für rebsortenreinen Wein. Das burgundische Weinverständnis strebt nach höchster Komplexität durch das Ausloten der Vielfalt einer Rebsorte. Idealerweise soll das Terroir Ausdruck in den Weinen finden. Vor allem die beiden qualitativen Leitsorten Burgunds reagieren besonders sensibel auf Einflüsse, die mit Boden und Kleinklima, aber auch mit der menschlichen Kulturleistung zusammenhängen.

Pinot noir

Der Pinot Noir ist eine Herausforderung. Im Anbau ist die Sorte undankbar, zu keltern ist sie schwierig, der Ausbau erfordert viel Fingerspitzengefühl, und leicht zu verstehen sind Pinot-Noir-Weine schon gar nicht. Die Herkunft der Sorte ist unbestimmt. In Burgund lässt sie sich bis ins 4. Jahrhundert nach Christus zurückverfolgen. Die zahlreichen Spielarten belegen, dass sich der Mensch über viele Jahrhunderte intensiv mit dieser Sortenfamilie auseinander gesetzt hat.

Die Reben treiben zeitig im Frühjahr aus, was sie anfällig für Spätfrost macht. Um homogen auszureifen und intensive Aromen zu bilden, benötigt die Sorte eine lange, ausgeglichene Vegetationsperiode, in der Hitze ihr ebenso sehr schadet wie Feuchtigkeit.

Die kleinen, kompakten Trauben sind sehr Botrytis-gefährdet, aber auch Viruserkrankungen sowie echter und falscher Mehltau geben dem Winzer Grund zur Sorge. Zwar hat die Rebzüchtung weniger empfindliche Pinot-Noir-Klone geschaffen, doch sind es oft gerade die besonders sensiblen Spielarten, die höchste Weinqualität bringen. In Burgund sind annähernd 50 hoch selektierte Klone zugelassen. Traditionsbewusste Produzenten setzen überdies ganz oder als Ergänzung zu diesen ›offiziellen‹ Klonen auf die so genannte *sélection massale*: Bei diesem Vorgang werden gezielt Rebstöcke eines Weinbergs vermehrt, die sich in puncto Gesundheit und Traubenreife bewährt haben.

Im Weinberg erfordert der Pinot Noir höchste Sorgfalt. Mit hoher Pflanzdichte versuchen viele Winzer Burgunds, die Wüchsigkeit und Ertragsfreude des einzelnen Rebstocks zu begrenzen. Demselben Ziel dient der kurze Anschnitt der Fruchtrute. Auch der Laubpflege kommt große Bedeutung zu: Es gilt daher, genug gesundes Laub zur Photosynthese zu erhalten, aber gleichzeitig durch gezieltes Entlauben Luft an die Trauben kommen zu lassen.

Alte Reben *(vieilles vignes)* versprechen in besonderem Ausmaß hohe Weinqualität, weil sie einerseits tief und verzweigt wurzeln und andererseits von sich aus weniger ertragreich sind. Der Pinot ist auch bei bestem Lesegut kein leichter Partner während der Weinbereitung. Kaum eine andere Rebsorte macht es dem Kellermeister so schwierig, die erwünschte Farb- und Gerbstoffausbeute zu erhalten. Am unteren Ende der Skala kommt es zu hellfarbigen, strukturarmen Weinen, während zu lange und intensive Maischung, zu niedrige Gärtemperaturen oder die übertriebene Verwendung von Presswein zwar mehr Farbe, zugleich aber auch grüne Gerbstoffe und Bitternoten in den Wein bringen. Kein Wunder, dass beim Pinot Noir die Wogen gegensätzlicher Weinbereitungsphilosophien besonders hoch schlagen. Setzen einige Betriebe auf automatische Rotofermenter, halten die anderen am manuellen Tauchen des Tresterhuts fest. Die einen schwören

Unten links und rechts: Chardonnay ist eine leicht zu ziehende Rebsorte, doch nur auf einem besonderen Terrain, ergibt er herausragende Weine.

zur Gewinnung von Farbe und besonders eleganten Gerbstoffen auf eine Kaltmaischung vor Beginn der alkoholischen Gärung, andere lassen die Maische nach Ende der Gärung bei warmen Temperaturen weiter im Wein auslaugen. Wieder andere kombinieren beide Verfahren. Noch am wenigsten umstritten ist der Holzfassausbau. Die traditionelle Burgunder-Pièce von 228 Liter Fassungsvermögen ist für jeden ernst zu nehmenden Pinot das Gefäß der Wahl. Freilich bleibt auch hier viel Spielraum für Individualität: vom richtigen Holz über den Grad des Toastings bis zum Anteil an neuem Holz. Die aus dem Pinot Noir zu produzierenden Weintypen sind so zahlreich wie die Terroirs und die Menschen, die auf und mit ihnen arbeiten.

Chardonnay

Ob Burgund die Heimat des Chardonnay ist, ist fraglich. Im Mâconnais gibt es ein Dorf gleichen Namens, doch scheint eher das Dorf nach der Sorte benannt zu sein als umgekehrt. Zwar fand der österreichische Weinwissenschaftler Ferdinand Regner eine gewisse genetische Nähe des Chardonnay zur Burgunderfamilie, doch direkte Zugehörigkeit lässt sich nicht nachweisen. Möglicherweise gelangte der Chardonnay erst im 16. Jahrhundert nach Burgund, sicher ist, dass er sich erst Mitte des 19. Jahrhunderts großflächig gegen den Aligoté durchsetzen konnte.

Ganz anders als die rote Hauptsorte Burgunds ist der Chardonnay sehr pflegeleicht. Im Vergleich zum Pinot Noir ist er weniger anfällig gegen Virus- und Pilzerkrankungen, allerdings durch seinen frühen Austrieb von Spätfrost gefährdet. Höhere Erträge toleriert er, ohne qualitativ völlig einzubrechen, er reift homogen aus und liefert konstant hohe Mostgewichte. Sehr wichtig ist die richtige Wahl des Lesezeitpunkts. Bei Überreife neigt der Chardonnay dazu, seine Säure zu verlieren, sodass übermäßig breite, plump wirkende Weine entstehen können.

Für den Önologen ist die Wandlungsfähigkeit des Chardonnay begeisternd. Einfachere Provenienzen lassen sich mit Hilfe moderner, reduktiver Weinbereitung zu frischen, fruchtbetonten Weißweinen ausbauen.

Traditionelle Weintypen – mit oder ohne Holzfassausbau – sind goldfarben, würzig und von ausladender Breite. Spitzenweine werden fast ausnahmslos in der Pièce vergoren und nach dem ersten Abzug durch wochenlang wiederholtes Aufrühren der Feinhefe (die so genannte *bâtonnage*) zu funkelnden, dichten und körperreichen Weinen geschult, die Frucht und Nerv, Holz- und Hefe-Einflüsse zu einer komplexen, aber vielschichtigen Einheit verschmelzen lassen.

Gamay

Seit dem 14. Jahrhundert stehen Gamay und Pinot Noir in Burgund im Wettstreit. Da der Gamay ertragsfreudig ist, seine Beeren größer als die des Pinot, sein Fruchtfleisch sehr saftig und seine Beerenhaut dünn sind, steht er meist für strukturarmen Massenwein. In den Cru-Gemeinden des Beaujolais zeigt er bei niedrigen Erträgen jedoch durchaus das Potential zum Terroir-Typen. Im restlichen Burgund wird er heute nur noch im Mâconnais und an der Côte Chalonnaise für Verschnitte mit Pinot Noir genutzt.

Aligoté

Der Aligoté – wahrscheinlich eine autochthone burgundische Sorte – war in früheren Jahrhunderten wichtiger Bestandteil des Mischsatzes weißer Reben, aus dem weiße Burgunder bereitet wurden. Die ertragreiche Sorte neigt zu herber Säure, entwickelt aber in guten Lagen und reifen Jahrgängen Fülle und eine bemerkenswerte Würze. Einfachere, eher magere Aligoté-Weine werden gerne zur Produktion von Crémant und für den typischen ›Kir‹ (einen Aperitif mit Johannisbeerlikör) herangezogen. Der Ort Bouzeron an der Côte Chalonnaise besitzt die einzige kommunale AOC für Aligoté.

Wo immer im Burgund ein Weinberg mit einer Mauer umgeben ist, darf er sich Clos nennen.

Chablis – der Chardonnay, der aus der Kälte kommt

Chablis' Geschichte in den letzten fünfzig Jahren ist ein Lehrstück über die Zusammenhänge von Weinbautechnik und Weinbau-Öffentlichkeit. Aus etwa 500 Hektar Reben Mitte der 1950er Jahre und 750 Hektar zu Beginn der 1970er Jahre ist die Ertragsfläche von Chablis und seinen Nachbargemeinden seither förmlich explodiert – auf gegenwärtig 4 000 Hektar. An dieser Entwicklung haben die Medien maßgeblichen Anteil. Zu Beginn der 1980er Jahre machten sie Chablis zum Inbegriff des anspruchsvollen, von französischer Lebensart durchdrungenen trockenen Weißweins.

Chablis ist wie kaum ein zweites wichtiges Anbaugebiet der Welt vom Frost bedroht. Bis weit in den Mai hinein müssen die Winzer damit rechnen, dass Spätfröste dem Austrieb schweren Schaden zufügen. Die extremen Jahre 1957 und 1961 brachten die Winzer in eine kritische Situation – dies umso mehr, als selbst die Grands Crus damals nur sehr niedrige Preise erzielen konnten. Inzwischen haben sich zwei Techniken der Frostbekämpfung etabliert: Das nahe liegende Verfahren liegt im Heizen des Weinbergs, wofür man Ölöfen in die Rebzeilen stellt. Das zweite Verfahren nutzt einen paradox anmutenden Effekt. Bei einsetzendem Frost werden die Reben mit Wasser besprüht. Dadurch bildet sich ein Eisfilm auf den Reben, der den jungen Austrieb wie in einem Miniatur-Iglu schützt. Da beide Verfahren ihre spezifischen Vor- und Nachteile haben, gibt ihre Verwendung zu heftigen Diskussionen Anlass, allerdings haben beide bislang offensichtlich hinreichend gut funktioniert, um den Weinbau Chablis' zu erhalten und ihn sogar zu einer neuerlichen Blüte zu führen.

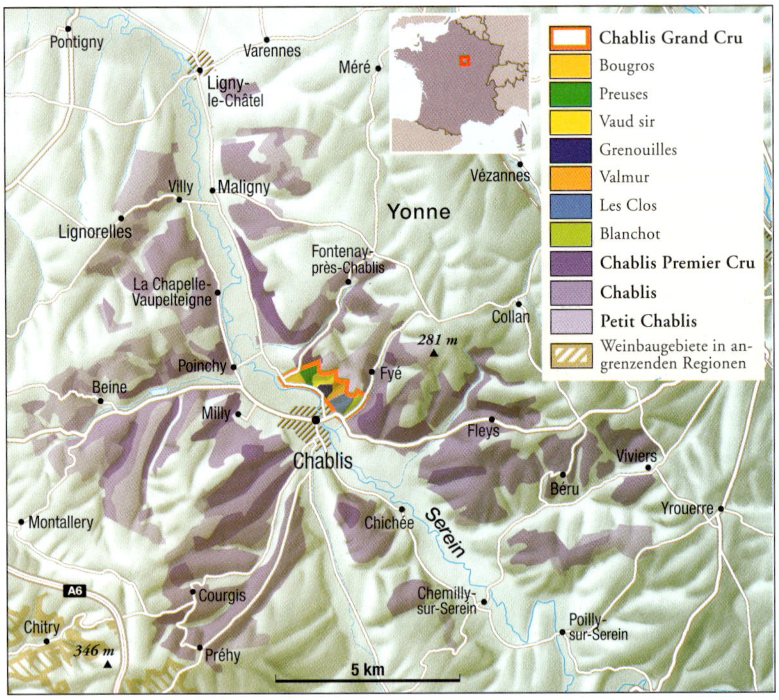

Die Frage des Frostschutzes illustriert, warum Chablis als Medienthema so große Karriere machen konnte: Es ist zum einen die Bedrohtheit dieses Glücks, das weltweit das Interesse der Weinkenner weckt. Zum Zweiten ist es die Tendenz der Winzer, polarisierte Standpunkte einzunehmen, die den Geschichten Würze verleiht.

Die Geologie Chablis' und seiner Nachbargemeinden ist für die Typologie – und die Klassifikation – von größter Bedeutung. Das Gebiet liegt am Rand des Pariser Beckens auf einer Gesteinsformation aus dem oberen Jura. Das andere Ende dieses Beckens tritt in Südengland um den Ort Kimmeridge zutage, weshalb das entspre-

Unten links und rechts: Die Weinbruderschaft Les Piliers Chablisiens beim Zeremoniell des *Ban de Vendanges*, des Auftaktes der Weinlese

chende Bodengemisch aus Kalk, Ton und fossilen Muscheln als *kimmeridge* bezeichnet wird. Alle Grand- und Premier-Cru-Lagen Chablis' liegen auf solchen Böden. Bis vor wenigen Jahren galt die ebenfalls im Gebiet anzutreffende, nächstjüngere Kalkschicht, der »Portland«-Kalk, als minderwertig. Portland-Böden bekamen einzig die AOC ›Petit Chablis‹ zuerkannt. Inzwischen sind die Meinungen auch über dieses Bewertungskriterium geteilt. Zweifellos steht jedoch der für guten Chablis charakteristische Feuersteinton in direktem Zusammenhang mit dem Kimmeridge-Kalk. Ebenso sicher ist, dass gerade in Chablis mit seinem Grenzklima die Qualität einer Lage nicht allein vom Bodentyp, sondern auch von kleinklimatischen Eigenschaften abhängt.

Zuletzt gibt es auch um den Ausbau der Chablis-Weine Dispute. Historische Bedeutung hat die so genannte *feuillette*, ein Holzfass von 132 Liter Fassungsvermögen. Ebenso traditionell waren in vergangenen Jahrzehnten wohl aber auch die Fehltöne, die altes Holz während Gärung und Ausbau hervorruft. Die Einführung von Edelstahltank und kontrollierter Gärtemperatur gehört zu den wichtigsten technischen Innovationen, die den neuen Ruf des Chablis ermöglicht haben. In den 1980er Jahren kamen unter dem Eindruck des weltweiten Trends auch wieder Barriques in Mode. Vergärung im Holz und das Aufrühren der Feinhefe *(bâtonnage)* sind dabei als Vinifikationstechniken weniger umstritten als an der Côte de Beaune. Manche Produzenten vergären im Tank und legen ihre Weine erst nach Ende der malolaktischen Gärung ins mehr oder weniger neue Eichenfass. Während die Befürworter betonen, der Holzfassausbau runde die zuweilen recht kantige Säure des Chablis ab und bereichere das Aromenspektrum, vermissen die Befürworter des Stahltanks an Barrique-Chablis gerade den mineralischen Kern, der den Gebietstyp ausmacht.

Der Weinbau in Chablis hat in den letzten zwanzig Jahren auf vielerlei Art eine neue Qualität bekommen. Technische Hilfen (unter anderem auch die maschinelle Lese) haben die Wirtschaftlichkeit verbessert, das weltweit gestiegene Weinbewusstsein hat die Nachfrage erhöht. Zwar ist es unwahrscheinlich, dass das Auf und Ab der Region ein für alle Mal überwunden ist – zu unwägbar sind alleine die Klimarisiken. Dennoch haben die Winzer Chablis' die Weichen dafür gestellt, dass mögliche Schwankungen in ihren Extremen gedämpft werden können. Eine Region, deren Weinbau schon im 12. Jahrhundert durch die Zisterzienser gefördert worden war, eine Region, die jahrhundertelang den Pariser Karaffenwein lieferte, eine Region schließlich, die schon im 16. Jahrhundert das Interesse englischer Weinkenner auf sich zog und die 1770 den ersten Versteigerungserfolg eines weißen Burgunders bei Christie's in London errang, wird sich auch in Zukunft nicht unterkriegen lassen. Am allerwenigsten werden die einige Zeit in Übersee sehr verbreiteten ›Chablis‹-Kopien das Original vom Markt drängen: Die Winzer Chablis' sind selbst bis zum obersten Gerichtshof der Bermudas gezogen, um sich den Namen für ihre genuinen Weine schützen zu lassen.

Die alten Stadttore von Chablis, einem kleinen stillen Städtchen mit 2500 Einwohnern im Norden des Burgund, das mit seinem Wein Weltruhm erlangte

Ein guter Chablis ist ein Genuss – vom grüngelben Funkeln über den reizvollen Feuersteinduft bis zum Zusammenspiel von Körper und Säure, eine Nervigkeit, die den Gebietstyp ausmacht. Seine mineralische Verdichtung muss einen jungen Chablis geradezu karg erscheinen lassen. Diese Proportionen finden sich – dem Ideal nach – in verschiedenen Güteklassen wieder: Die Weine der Grand-Cru-Stufe zeigen alles am intensivsten, dennoch bewahren sie im Vergleich zu den Chardonnays der Côte de Beaune immer eine kühle Stilistik. Die Premiers Crus können mit Eleganz und Mineralik die typischsten Weine Chablis' sein, aber leider auch durch Neutralität und Magerkeit die enttäuschendsten. Die Premier-Cru-Zonen wurden in den letzten zwanzig Jahren besonders stark ausgeweitet. Junge Reben sind für einige mittelmäßige Resultate verantwortlich, aber bestimmt schaden auch die relativ hohen Hektarerträge. Es gab Jahre, da hatten die Petit-Chablis-Lagen niedrigere Hektarerträge zu verzeichnen als die Premiers Crus. Auch beim einfachen Chablis ist die qualitative Streuung groß. Wo die Idee, den Prototyp Chablis als einfachen, jung genussfertigen Tischwein zu produzieren, noch authentisch umgesetzt wird, ist der Petit Chablis eine sehr schätzenswerte Spezialität.

Ausgewählte Erzeuger in Chablis

Domaine Barat ***
Milly
17 ha; 90 000 Fl. • Weine: u.a. Chablis, Chablis Premier Cru →Côte de Lechet, Les Forneaux, Mont de Milieu
Oft sind Michel Barats Weine in der Jugend verschlossen, dafür besitzen sie viel Struktur und Charakter, den sie nach zwei Jahren Flaschenreife zu enthüllen beginnen.

Domaine Billaud-Simon ****
Chablis
20 ha; 140 000 Fl. • Weine: u.a. Petit Chablis, Chablis, Chablis Tête d'Or; Chablis Premier Cru: Fourchaume, →Mont de Milieu, Montée de Tonnerre; Chablis Grand Cru: Blanchots, →Les Clos, Les Preuses, Vaudésir
Der Ertrag alter Reben aus Mont de Milieu und Blanchot wird in Holz ausgebaut, das Restsortiment unterstreicht die nervigen, kristallinen Seiten des Chablis. Nicht zuletzt bietet selbst der Petit Chablis einen äußerst reellen Gegenwert.

Jean-Marc Brocard *–******
Prehy
90 ha; ZT; 600 000 Fl. • Weine: u.a. Bourgogne blancs: Kimmeridgien, Portlandien; Sauvignon de Saint-Bris, Petit Chablis, Chablis: →Domaine Sainte-Claire Veilles Vignes; Chablis Premier Cru: Beauregard, Côte de Jouan, Montée de Tonnerre; Chablis Grand Cru: Bougros, Les Clos
Nur im Edelstahl ausgebaute Weine, die auf einem eher milden, jedoch festen Kern die mineralischen Qualitäten ihrer Terroirs in den Vordergrund stellen.

La Chablisienne **–****
Chablis
1200 ha; 4 000 000 Fl. • Weine: u.a.: Chablis: →Vieilles Vignes, Chablis Premier Cru: Beauroy, Fourchaume, Les Lys; Chablis Grand Cru: Les Clos, →Grenouilles, Bourgogne rouge Épineuil; Crémant de Bourgogne
Eine der besten Genossenschaften Europas. Die Weine sind sauber, typisch und haben Format – vom frischen Petit Chablis bis zur superben im Holzfass vergorenen Grand-Cru-Cuvée des Château Grenouilles.

René & Vincent Dauvissat **–*******
Chablis
11 ha; 70 000 Fl. • Weine: u.a. Petit Chablis, Chablis, Chablis Premier Cru: →La Forest, Séchet, Vaillons, Chablis Grand Cru: Les Clos, →Les Preuses
Dichte, proportionierte, langlebige Weine, deren Komplexität durch einen stilvoll kleinen Anteil im Barrique vergorener Partien bereichert wird.

Daniel-Étienne Defaix *–******
Milly
25 ha; 180 000 Fl. • Weine: u.a. Chablis; Chablis Premier Cru: Côte de Lechet, →Les Lys, Vaillon; Chablis Grand Cru Blanchot, Bourgogne rouge
Hier wird auf einen anderen Chablis-Stil geschworen, der mehr Körper besitzt und dem mehr Zeit gegönnt wird, sich zu öffnen, weshalb Daniel Defaix alte Rebstöcke besonders hoch achtet.

Jean-Paul Droin ****
Chablis
20 ha; 140 000 Fl. • Weine: u.a. Chablis, Chablis Premier Cru: Fourchaumes, Montmains, Vaillons, →Vosgros, Chablis Grand Cru: Blanchot, Les Clos, →Grenouilles
Die Erfahrung hat Jean-Paul Droin zum meisterlichen Umgang mit dem Barrique geführt. Heute besitzen seine Weine eine stimmige Ausgewogenheit, bewahren ihre mineralischen Qualitäten und gewinnen an Vielfalt.

Gérard Duplessis *–***
Chablis
7 ha; 24 000 Fl. • Weine: u.a. Chablis Premier Cru: Fourchaume, Montmains, Vaillons, Chablis Grand Cru: Les Clos
Ausgezeichnete Lagen, Vinifikation in Edelstahl und Ausbau in gebrauchten Barriques ergeben Weine mit großem Charakter, die aber recht unterschiedlich gelingen.

Jean Durup **–***
Maligny
170 ha; 1 500 000 Fl. • Weine: u.a. Chablis, Chablis Premier Cru: Fourchaume, Montée de Tonnerre, Montmains, Vau de Vey
Mit Erfolg hat Jean Durup, Jurist in Paris, für die Erweiterung der Anbaufläche des Chablis gekämpft und selbst das größte Gut der Appellation aufgebaut. Seine immer verlässlichen Weine werden in Edelstahl ausgebaut und erscheinen u.a. als Domaine de l'Églantière, Château de Maligny und Domaine de Valérie im Handel. 80 Prozent gehen in den Export.

Alain Geoffroy **–****
Beines
42 ha; ZT; 450 000 Fl. • Weine: u.a. Chablis, →Chablis Vieilles Vignes; Chablis Premier Cru: →Beauroy, Fourchaume, Chablis Grand Cru: Les Clos, Vaudésirs
Alain Geoffroy, eine der großen Figuren des Chablisien, hat die Qualität seiner frischen, harmonischen, gut alternden Weine in den letzten Jahren bemerkenswert gesteigert.

Domaine Grossot *–******
Fleys
18 ha; 95 000 Fl. • Weine: u.a. →Chablis; Chablis Premier Cru: Côte de Troems, Fourchaume, →Les Fourneaux, Mont de Milieu, Vaucoupin
Jean-Pierre und Corinne Grossot zählen zu den seriösesten Winzern in Chablis, die durch gute Traubenreife und vernünftige Erträge terroirtypische Weine erzeugen.

Thierry Hamelin **–***
Lignorelles
15 ha; ZT; 100 000 Fl. • Weine: Petit Chablis; Chablis, →Chablis Vieilles Vignes; Chablis Premier Cru: Vau Ligneau, Beauroy
Mit Mut und Einsatz hat Thierry Hamelin in der Hauptzone des Petit Chablis seine funktionstüchtige Kellerei aufgebaut und seinen Weinbergbesitz erweitert. Seine im Tank vinifizierten Weine sind reintönig, nervös und mineralisch.

Michel Laroche **–****
Chablis
100 ha; ZT; 2 000 000 Fl. • Weine: u.a. Chablis, Chablis Premier Cru: Fourchaume, Vaillons, Vau de Vey, Chablis Grand Cru: Blanchots, →Les Clos, →Réserve de l'Obédiencerie
Michel Laroche hat das vor 150 Jahren gegründete winzige Weingut mit Durchblick und Dynamik zu einer großartigen Domäne und einem international agierenden Handelshaus ausgebaut. Saubere Weine im Standardprogramm und ertragsreduzierte Qualitätsspitzen. Die Grands Crus werden zum Teil in Holz ausgebaut.

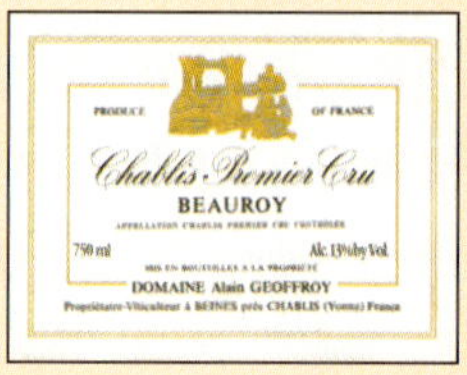

Domaine Long-Depaquit **–****
Chablis
65 ha; 400 000 Fl. • Weine: u.a. → Chablis; Chablis Premier Cru: La Forêt, Les Lys, Montée de Tonnerre, Les Vaillons, Vaucoupin, Chablis Grand Crus: Blanchot, Bougros, Les Clos, → La Moutonne Monopole, Les Preuses, Vaudésir
Gérard Vullien ist die Seele des hochklassigen Gutes im Besitz des Beauner Handelshauses Bichot. Oft brauchen die Weine Zeit, um ihre Klasse zu enthüllen. Dies gilt insbesondere für das Monopol, den Grand Cru La Moutonne, eine mikroklimatisch besonders begünstigte, inoffiziell zusammengefasste Lage in den *climats* Vaudésir und Les Preuses, der kraftvoll ausfällt.

Domaine de la Maladière **–***
Chablis
50 ha; ZT; Fl. nn• Weine: u.a. Chablis, Chablis Premier Cru: Beauroy, Fourchaume, Montmains, → Montée de Tonnerre, Vaillons, Vaugiraut, Vaulorent, Chablis Grand Cru: Blanchots, → Bougros, Les Clos, → Valmur, Vaudésir
William Fèvre, einer der größten Besitzer von Grand-Cru-Lagen und langjähriger Kämpfer gegen die AOC-Erweiterung, zählt zu den Verfechtern des Holzausbaus. Die Premiers Crus vom linken Ufer des Serein und die Grands Crus werden im Barrique vergoren und sind zuverlässige, auch auf dem Auslandsmarkt in nennenswerter Menge vorzufindende Weine. Wichtigste Marken: Ancien Domaine Auffrey und William Fèvre. Nun im Portfolio von Bouchard Père et Fils.

Louis Michel ***
Chablis
20 ha; 130 000 Fl. • Weine: u.a. Chablis, Chablis Premier Cru: Fourchaume, Montmains, → Séchets, Vaillons; Chablis Grand Cru: Les Clos, Grenouilles, → Vaudésir
Einer der wichtigsten Betriebe der Inox-Fraktion. Es entstehen fordernde, verschlossene Weine mit Nerv, die sich über lange Zeit verbessern.

Domaine Gilbert Picq ***–****
Chichée
13 ha; 80 000 Fl. • Weine: Chablis, → Chablis Vieilles Vignes, Chablis Premier Cru: → Vaucoupin, Vosgros
Didier Picq und sein Bruder Pascal haben den Familienbetrieb in wenigen Jahren nach oben geführt. Ihre Weine sind gut strukturiert, aromatisch und zeigen nach einigen Jahren die typischen Aromen von Moos, Pilzen und Honig, die Kenner lieben.

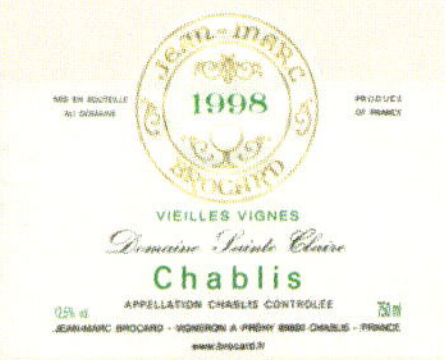

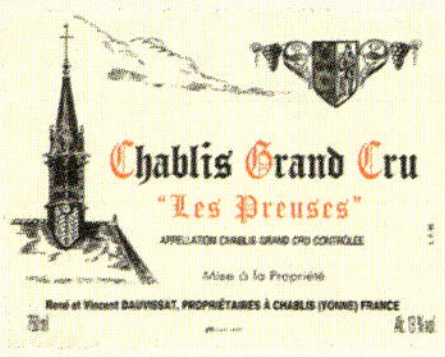

Domaine Raveneau *****
Chablis
7,5 ha; 40 000 Fl. • Weine: Chablis Premier Cru: Butteaux, Chapelot, → Montée de Tonnerre, Vaillons; Chablis Grand Cru: Blanchot, → Les Clos, Valmur
Jean-Marie und Bernard Raveneau setzen vom Weinberg bis zur Flasche alles daran, um jedes *climat* zu seinem optimalen Ausdruck zu führen. Mit niedrigen Erträgen, Naturhefen, Ausbau in älteren *pièces* gelingen ihnen Weine von hinreißendem Charakter und Tiefe, die hervorragend altern.

Domaine Olivier Savary ***
Maligny
17 ha; 100 000 Fl. • Weine: Petit Chablis, Chablis, Chablis Premier Cru Fourchaume
Dem jungen Winzerpaar Olivier und Francine Savary ist es gelungen, mit der Qualität ihrer Weine auf sich aufmerksam zu machen. Ihre Chablis und vor allem der Premier Cru sind gut strukturierte Weißweine, deren Volumen ihnen besonderen Charme, aber auch gutes Alterungspotential verleiht.

Das Auxerrois

Die Gegend von Auxerre war bis weit ins 19. Jahrhundert hinein eine wichtige Weinquelle für Paris. Erst als die Wasserwege von Yonne und Seine Konkurrenz durch die Eisenbahn – und damit die Weine der Yonne Konkurrenz von überall her – bekamen, gingen die ruhmreichen Tage des Auxerrois zu Ende. Heute führt die Gegend auf insgesamt etwa 1300 Hektar ein zurückgezogenes, aber auch leicht zu unterschätzendes Weindasein. Die meisten der leichten, aber durchaus feinen Chardonnays und Pinots stapeln unter dem Etikett der AOCs Bourgogne oder Bourgogne Côtes d'Auxerre tief. Auch Bourgogne Aligoté wird im Auxerrois mit gutem Erfolg produziert. In den besten Lagen konzentrieren sich die Winzer auf zwei Weintypen, deren Identität schärferes Profil besitzt: Der Bourgogne Irancy (125 ha) ist ein farbkräftiger, zart parfümierter Rotwein, der auf Kimmeridge-Kalk wächst. Er kann zu 100 Prozent aus Pinot Noir bestehen oder kleinere Anteile der autochthonen Sorte César enthalten. Reifer César ist reich an Gerbstoff und verleiht dem Irancy eine bemerkenswert reifebeständige Struktur. Laut Regular ist auch die autochthone Sorte Tressot zulässig, doch de facto findet sie kaum noch Verwendung. Die Aufstufung des Irancy zur kommunalen AOC ist beschlossene Sache, die Umsetzung des Beschlusses steht unmittelbar bevor. Der zweite eingeführte Weintyp ist der Sauvignon de Saint-Bris (103 ha), der als leichter, unkomplizierter Sauvignon Blanc schon die Weine des Loire-Tals anklingen lässt. Derzeit ist er als VDQS eingestuft.
Ob der in Baden und im Elsass verbreitete ›Auxerrois‹ – fraglos eine Rebsorte im Umfeld der Burgunderfamilie – aus der Gegend von Auxerre stammt, ist ungeklärt. Gegenwärtig jedenfalls scheint die Sorte in den Weinbergen Auxerres und seiner Nachbarorte keinerlei Bedeutung zu haben.

Domaine Colinot ***
Irancy
9 ha; 60 000 Fl. • Weine: Bourgogne Irancy (Palottes, Les Mazelots, Côte du Moutier, Cuvée Vieilles Vignes)
Ein Schrittmacherbetrieb in Irancy. Manche Cuvées werden durch den Ertrag 70-jähriger César-Reben bereichert.

Domaine Goisot ***–****
Saint-Bris-le-Vineux
24 ha; 150 000 Fl. • Weine: u.a. Sauvignon des Saint-Bris, Bourgogne: Aligoté; Côtes d'Auxerre »Corps de Garde«
Gebietstypische Weißweine von großer Eleganz, einer der besten Aligotés des Burgund und vor allem stilvoll im Holzfass ausgebaute Rotweine, die in mittelalterlichen Kellergewölben reifen.

Könige des Stils: Die Weine der Côte de Nuits

An der Côte de Nuits treffen Bedingungen zusammen wie an nur wenigen anderen Orten der Weinwelt. Da ist zum einen die durch den Abbruch des Jurakalks entstandene Vielfalt hochwertiger Böden. Dazu kommt das – auf ideale Weise – kritische Klima, das es Reben und Winzern nicht zu einfach macht und der Pflanzenphysiologie zugleich ein Optimum an Aromabildung bringt, und dies bei einer Sorte, die für Ursprünglichkeit, höchste Differenziertheit und in jeder Hinsicht für Anspruch steht. Last, but not least arbeiten hier Menschen, denen Weinbau und Kellerwirtschaft in Fleisch und Blut übergegangen zu sein scheinen. Die Weinfarbe der Côte de Nuits ist rot. Nicht dass die wenigen Weißweine, die gekeltert werden, weniger gut wären, doch reut die Winzer jedes Ar, das nicht für den höchsten Ausdruck genutzt wird, den sich diese Region verschaffen kann: den Pinot Noir.

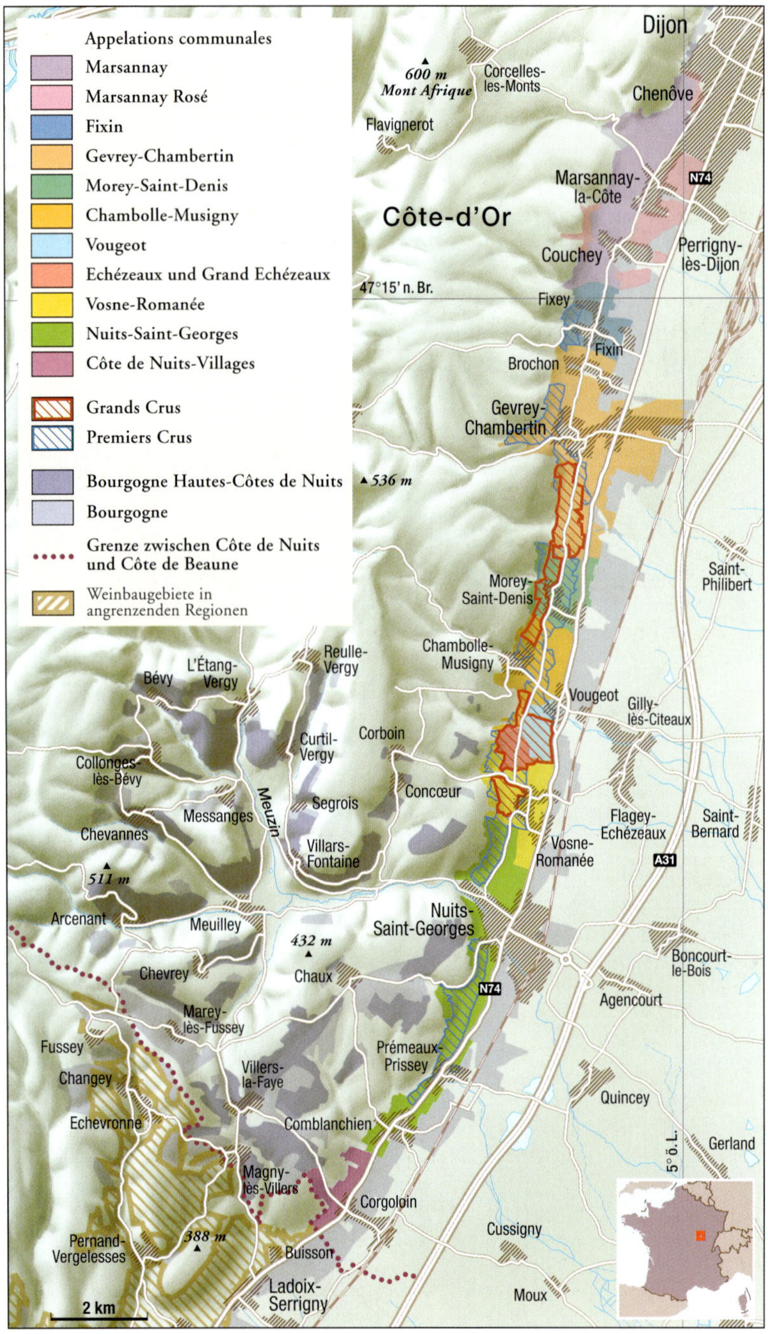

Geografisch spielt sich alles innerhalb der Distanz einer halben Stunde Autofahrt ab. An den äußeren Rändern befinden sich die im direkten Vergleich weniger privilegierten Orte: Marsannay und Fixin im Norden, im Süden das beschauliche Städtchen Nuits, Comblanchien und Corgoloin. Das Herz sind die großen Namen, die den Stolz über jeweils einen Grand Cru in ihre Ortsbezeichnung integriert haben: Gevrey-Chambertin, Morey-St-Denis, Chambolle-Musigny, Flagey-Échezeaux, Vosne-Romanée. Dörfer und Weinberge bilden hier ein besonders harmonisches Ensemble und strahlen die Einheit von Leben und Arbeit aus.

Unterbrochen wird die Reihe der Dörfer und Weinberge durch kleine Seitentäler, so genannte *combes*, in denen sich die Ausrichtung der Weinberge von Osten nach Süden wendet. Unter diesen Lagen befinden sich einige hervorragende Premiers Crus, beispielsweise Lavaux St-Jacques in Gevrey und La Combe d'Orveau in Chambolle. Als Faustregel für die Côte de Nuits gilt, dass Grand Crus nach Osten und halbhoch am Berg liegen, meist mit nur milder Steigung, aber besonders mageren Böden, während die Lagen unterhalb der Grands Crus in den flacheren Teilstücken und auf etwas tieferem Boden Weine der kommunalen AOC hervorbringen. Einige Premiers Crus finden sich höher als die Grands Crus am Berg, andere haben ihren Platz – je nach Bodenbeschaffenheit – auch zwischen den einfachen kommunalen Lagen und den Grands Crus. Jenseits der Route Nationale gibt es Lagen, die als regionale AOC Bourgogne klassiert sind. Kommunale Lagen aus Gemeinden, deren Verbindung mit dem Wein nicht so intensiv wie in den bekannteren Orten ist, sind als ›Côte de Nuits Villages‹ eingestuft. Die besondere Faszination der Côte de Nuits liegt im Variantenreichtum ihrer Weine. Den Terroirtönen der Weine aus einzelnen Dörfern oder sogar einzelnen Crus nachzuspüren ist eine besonders genussreiche Herausforderung. Bedeutsam sind aber auch die stilistischen Unterschiede, die durch Rebbau und Kellertechnik ins Spiel kommen. So unumstritten das Terroirkonzept ist, so sehr nimmt auch die persönliche Aus-

bauphilosophie des Winzers Einfluss auf sein Produkt. Andererseits kann ein Winzer auch die Anlagen, die das Terroir einem Wein mitgibt, durch Kelterung und Ausbau noch stärker hervorheben. Dabei herrscht in Burgund ein fruchtbarer Wettkampf von Konservativismus und Tüftlertum. Innovationen wie die in den 1980er Jahren vom Star-Önologen Guy Accad proklamierte *macération préfermentaire au froid* (die Kaltmaischung der Trauben vor Beginn der alkoholischen Gärung) werden von vielen Winzern mit großem Erfolg an ihren Stil angepasst. Andere Winzer bleiben beharrliche Gegner solcher Neuerungen und machen nicht minder gute Weine. Auch und gerade an der Côte de Nuits führen viele Wege zum Ziel, aber – wie man vor allem aus der Distanz des Konsumenten immer wieder feststellen muss – bei weitem nicht alle. Die wichtigste Voraussetzung für das Entstehen großer Pinot-Noir-Weine ist die mentale und ökonomische Bereitschaft, bedeutende Mehrarbeit für geringere Erträge auf sich zu nehmen.

Sowohl Fixin – links – wie Nuits-St-Georges – rechts – sind Hochburgen fester, lang alternder Rotweine.

Appellationen Côte de Nuits

Kommunale AOCs (Basis-Höchsterträge: 40 l/a für Rotwein, 45 l/a für Weißwein)

Côte de Nuits-Villages: 161 ha in Fixin, Brochon, Remeaux, Comblanchien, Corgoloin, fast nur Rotwein, Weine meist auf einem Niveau, das über Bourgogne rouge, aber unter den AOCs mit genannten Ortsnamen liegt.
Marsannay: 188 ha in Marsannay, Couchey und Chenôvea, etwa 10 % Weißwein, klassische AOC für traubig-fruchtige Roséweine (für die die Weißwein-Ertragsobergrenze gilt).
Fixin: 97 ha in Fixin und Brochon, fast ausschließlich Rotweine, die farbtief und tanninreich sind.
Gevrey-Chambertin: 398 ha in Gevrey und Brochon, 100 % Rotwein, 26 Premier-Cru-Lagen (86 ha), fest strukturierte, vollmundig-aromatische, gut reifende Pinots.
Morey-Saint-Denis: 90 ha; fast nur Rotwein, 20 Premiers Crus (44 ha), feingliedrigere Weine als Gevrey, kernigere als Chambolle.
Chambolle-Musigny: 153 ha; ausschließlich Rotwein, der besonders duftig, geschmeidig und elegant ist, 24 Premiers Crus (61 ha).
Vougeot: 18 ha; davon 3 ha Weißwein, 4 Premiers Crus (11,7 ha), Weine, deren Typ dem Clos de Vougeot ähnelt.
Vosne-Romanée: 149 ha in Vosne und Flagey, ausschließlich Rotwein, 15 Premiers Crus (57,5 ha), ausgeprägt würzige, ausgewogene, elegante Weine.
Nuits-Saint-Georges: 293 ha in Nuits-Saint-Georges und Premeaux, fast nur Rotwein, 41 Premiers Crus (143 ha), kompakte, stoffige Weine.

Grands Crus: (Basis-Höchstertrag, wo nicht anders vermerkt: 35 l/a)

Chambertin: 14,1 ha in Gevrey
Chambertin-Clos de Bèze: 13,9 ha in Gevrey, darf auch ohne Zusatz »Chambertin« heißen.

mit Basis-Höchstertrag von 37 l/a:
Chapelle-Chambertin: 4,8 ha in Gevrey
Charmes-Chambertin/Mazoyères-Chambertin: 29,1 ha in Gevrey
Griotte-Chambertin: 2,7 ha in Gevrey
Latricières-Chambertin: 7,1 ha in Gevrey
Mazis-Chambertin: 8,4 ha in Gevrey
Ruchottes-Chambertin: 3,3 ha in Gevrey
Chambertin-Weine haben Wucht, Feuer und Struktur, sie entwickeln sich zu ausladendem Bukettreichtum.

Clos Saint-Denis: 6,2 ha in Morey
Clos de la Roche: 16 ha in Morey
Clos des Lambrays: 8,2 ha in Morey
Clos de Tart: 7,5 ha in Morey
Weine, die in ihrer Jugend zuweilen karg wirken, doch zu fruchtiger, manchmal geradezu parfümiert wirkender Seidigkeit reifen.

Bonnes-Mares: 15 ha in Chambolle und Morey, würzige, weiche, bukettreiche Weine.
Musigny: 9,9 ha in Chambolle, davon 0,6 ha Weißwein, fein strukturierter, doch tiefer Rotwein.
Clos de Vougeot: 50,6 ha in Vougeot, siehe Seite 193.

Échezeaux: 31,8 ha in Flagey
Grands Échezeaux: 8,6 ha in Flagey, weicher, voller Wein, der eine hocharomatische Frucht entwickelt.

Richebourg: 7,06 ha in Vosne, reichhaltiger Burgunder, strotzend vor Frucht und Fülle.

Romanée-Conti: 1,63 ha in Vosne
La Romanée: 0,76 ha in Vosne
Romanée-Saint-Vivant: 9,27 ha in Vosne
Opulenz und Tiefgang, Komplexität, Kraft und Charme: Idealtypen des Pinot Noir.

La Grande Rue: 1,65 ha in Vosne, wurde 1991 nachträglich aufgestuft, harmonischer, eleganter Wein.

La Tâche: 5,6 ha in Vosne, kann zu den mineralischsten Burgundern gehören, betörend vor Intensität und Würze.

Ein Nationalheiligtum: Die Domaine de la Romanée-Conti

Die Domaine de la Romanée-Conti – kurz von Insidern DRC genannt – genießt einen Kultstatus, der den von Pétrus oder Mouton im Bordelais noch überflügelt. Kein anderes Gut einer der klassischen Weinregionen symbolisiert so sehr ihre Qualitätsverpflichtung wie die DRC die Bourgogne. Keine andere Domäne Burgunds bietet – sofern sie mehr als nur einen Weinberg besitzt – ausschließlich Grands Crus an, denn die Lese ihrer weniger illustren Parzellen füllt die DRC nicht selbst ab.

Historisch begann die DRC mit den Mönchen des Klosters Saint-Vivant, die fünf herausragende Lagen in Vosne und Flagey ihr Eigen nannten. 1584 verkauften die Mönche dieses Gut unter dem Namen Le Cros de Cloux. Erst 1651, nachdem in der Nähe römische Ruinen gefunden worden waren, nannte man den angesehensten Weinberg Burgunds Romanée. 1760 schließlich gelangte die Domäne in den Besitz des Prinzen von Conti. Der Name Romanée-Conti bürgerte sich jedoch erst nach der Französischen Revolution ein, als das enteignete Gut 1794 anlässlich der Versteigerung zum ersten Mal so bezeichnet worden war.

Seine heutige Struktur erfuhr das Gut im Wesentlichen durch Jacques-Marie Duvault-Blochet in den letzten drei Jahrzehnten des 19. Jahrhunderts, indem er Parzellen in den Lagen Richebourg, Échezeaux, Grand Échezeaux und einen Teil von La Tâche hinzukaufte. Er vermachte der Familie de Villaine die Domäne, die sie seit 1911 leitet.

Aubert Villeine ist sich der kulturhistorischen Bedeutung der DRC völlig bewusst.

Der Clos de Vougeot ist die Keimzelle der burgundischen Weinhierarchie. Heute dienen die mittelalterlichen Kellergebäude und das Renaissanceschloss unter der Regie der Weinbruderschaft La Confrèrie des Tastevins als Räumlichkeiten für viele Veranstaltungen.

In den 1930er Jahren konnte sie den fehlenden Teil von La Tâche erwerben. Die erste von drei Parzellen des Montrachet folgte 1963, und 1988 ergab sich die Gelegenheit, die bislang gepachteten Stücke der Romanée-Saint-Vivant zu übernehmen. Edmond Guidon de Villaine eröffnete 1942 dem befreundeten Weinhändler Henri Leroy die Möglichkeit, gleichberechtigter Teilhaber der DRC zu werden, und gewann dadurch tat- und finanzstarke Unterstützung in der Führung des hoch gerühmten Gutes. Mit der Ausnahme der USA und Großbritanniens sicherte sich Leroy zugleich das Alleinvertriebsrecht der Weine, was wiederholt zu Querelen mit den de Villaines führte. Von 1975 an wurde die DRC gemeinsam von Lalou Bize-Leroy und Aubert de Villaine geleitet, bis Lalou Bize 1993 durch Charles Roch, den Sohn ihrer Schwester Pauline, abgelöst wurde und nach dessen Unfalltod durch seinen Bruder Henri.

Der Boden der Monopol-Lage Romanée-Conti besteht aus nur etwa 60 Zentimetern tiefer, von vielen Kalksteinen durchsetzter Erde mit einem Tonanteil von 45 bis 50 Prozent. Einzigartig ist vor allem die Fähigkeit dieses Bodens, je nach Bedarf im richtigen Maß für Entwässerung – aufgrund des Kalks – und Wasserhaltevermögen – dank des Tons – zu sorgen. Das obere Teilstück von Romanée-Conti ist jedoch – wie auch die unteren Parzellen von La Tâche – stark erosionsgefährdet. Der Prinz Conti ließ bereits 1886/87 frischen Lehm von den Weiden im Saône-Tal heranschaffen. Ganze 800 Wagenladungen wurden eigens aufgeschüttet.

Die Bodenpflege ist eines der zentralen Themen der Domäne. Perfektionistischer Rebbau, niedrigste Erträge (im langjährigen Schnitt etwa 25 l/a) und Detailbesessenheit bei der Vinifikation sind für eine Domäne dieses Formats letztlich selbstverständlich. Die Crux bleibt die Bewahrung der unersetzlich wertvollen Naturgegebenheiten. Schon zu Beginn der 1980er begann man deshalb auf Methoden des biologischen Anbaus zurückzugreifen und hat diese kontinuierlich bis zum heutigen Tag weiterentwickelt.

Mit größter Behutsamkeit und Bewusstheit pflegt man das kulturhistorische Erbe. Kennzeichnend für diese – unveränderte – wertkonservative Haltung war bereits die Tatsache, dass erst 1945 die wurzelechten Reben der Lage Romanée-Conti gerodet wurden, weil der Kampf gegen die Reblaus schließlich hoffnungslos geworden war. Mit den veredelten Reisern der ausgerissenen Reben wurde La Tâche neu aufgestockt.

Der Clos de Vougeot – Burgunds katholischer Mikrokosmos

50 Hektar und 60 Ar innerhalb einer kilometerlangen Mauer: Der Clos de Vougeot ist der größte Grand Cru Burgunds und ein Wein von besonderem Symbolwert. Er spiegelt die Geschichte und die Gegenwart Burgunds in all ihren Facetten wider. Die Zisterzienser schufen diesen Cru als die erste ihrer großen Aufbauleistungen im Weinbau. Parzelle für Parzelle, Stiftung um Stiftung fügten sie aneinander, rodeten und pflanzten, stellten schließlich ein Keltergebäude mitten in den Weinberg und errichteten schließlich die Mauer.

Der Clos de Vougeot wurde zum ersten Versuchsweinberg der Menschheit. Die Mönche untersuchten Kleinklima und Wachstumsbedingungen, Spielarten des Pinot und Bodentypen. Wenn man den Ursprung des Konzepts ›Terroir‹ überhaupt irgendwo lokalisieren kann, dann hier. Der Legende nach sollen die Mönche den Boden im wahrsten Sinne des Wortes gekostet haben, um möglichst viel über die Unterschiede zu lernen.

Der Clos de Vougeot ist einzigartig in seiner Verschiedenheit. Alle paar Meter ändert sich der Untergrund. Das Mischungsverhältnis von Lehm und Kalk, die Tiefgründigkeit, die lagenklimatischen Gegebenheiten, all diese Faktoren, die innerhalb der meisten anderen Grand-Cru-Lagen weitgehend homogen sind, sind hier einer großen Vielfalt unterworfen. Man kann nur der Tendenz nach sagen, dass im oberen Teil, vor allem dort, wo seit 1551 das Schloss steht, die Böden besonders mager und reich an Kalkgestein sind. Unten, entlang der Nationalstraße, überwiegen die weniger geschätzten lehmigeren, schwereren Böden, die die Nässe stauen können. Aber auch dort gibt es Adern von Kalkgestein, die eine Generalisierung unmöglich machen.

Dieses Mosaik der Lagen kam den Zisterziensern für ihre Forschungszwecke entgegen. Auch ihrem Wein, der ein Verschnitt aller Parzellen gewesen sein muss, scheint es nicht geschadet zu haben. Die Säkularisierung stellte den Flickenteppich Clos de Vougeot in ein neues Licht. Die zisterziensische Idee des Clos de Vougeot war und ist für das Bürgertum eine Herausforderung, an der es schwer trägt.

Heute teilen sich unterschiedlichen Quellen zufolge zwischen 65 und 82 Eigentümer die Parzellen des Weinbergs. Exakte Aufstellungen über die Eigentumsverhältnisse sind schon der notorischen Erbzwistigkeiten wegen schwer zu erhalten. Es ist klar, dass es angesichts dieses zerstreuten Besitzes kaum noch möglich ist, einen Clos de Vougeot zu bereiten, wie er von den Gründern dieses Weinbergs gedacht war: einen Wein, der seine Komplexität aus dem Verschnitt aller oder wenigstens einiger deutlich unterschiedener *climats* erhält. Die meisten heutigen Kelterungen stammen von einzelnen Parzellen unterschiedlichster Größe. Jährlich kommen etwa 40 verschiedene Weine auf den Markt, auf deren Etikett »Clos de Vougeot« steht. Kein Wunder, dass darunter auch zahlreiche Weine sind, die des Grand-Cru-Rangs unwürdig sind. Der Clos de Vougeot ist heute nicht nur wie eh und je ein Mikrokosmos der natürlichen Wachstumsbedingungen, sondern er bietet auch ein soziales und ökonomisches Abbild Burgunds in all seiner positiven wie negativen Vielfalt.

Ein guter Clos de Vougeot ist dennoch durch und durch ein Grand Cru. Er entfaltet zwar nicht die exotische Würze der benachbarten Grands-Échezeaux, er brilliert auch nicht durch die Feinheit des angrenzenden Musigny, doch er hat eine besondere Statur und Dichte, die dem Sortentyp des Pinot Noir in all seiner Komplexität einen eigenen Ausdruck verleiht.

Die Terroir-Typizität des Clos de Vougeot liegt nicht etwa im betonten Raffinement einer einzelnen hervorragenden Eigenschaft, sondern darin, dass dieser Wein das ganze Bild auf außergewöhnlichem Niveau zeichnet. Das erklärt auch die berechtigte Sonderstellung dieses Weinbergs noch neunhundert Jahre nach seiner Gründung.

Der Clos de Vougeot ist zwar flächenmäßig der größte Grand Cru, aber ihn teilen sich etwa 80 Besitzer, ein Abbild für die Zersplitterung des Weinbergbesitzes im Burgund.

Richebourg ist einer der herausragenden Grands Crus der Gemeinde Vosne-Romanée und schenkt ausgesprochen reiche, kraftvolle, lang alternde Rotweine.

Ausgewählte Erzeuger der Côte de Nuits

Château de La Tour****
Vougeot

5,5 ha; 28 000 Fl. • Weine: Clos de Vougeot

Der größte Besitz innerhalb des berühmten Clos und die einzige dort ansässige Domäne und Kellerei wird seit gut einem Jahrzehnt der Herausforderung mit ihrem maskulinen, konzentrierten, gut alternden Clos gerecht. Ergänzt wird sie durch die Domaine Pierre Labet der Côte de Beaune mit ebenfalls überzeugenden Weinen.

Domaine Alain Burguet****
Gevrey-Chambertin

6 ha; 25 000 Fl. • Weine: Bourgogne Rouge, Gevrey-Chambertin und → Vieilles Vignes, En Champeaux, → En Reniard

Kernige, manchmal in ihrer Jugend etwas raubeinig wirkende Weine, die mit großer Sorgfalt bereitet werden, denn sie halten ohne weiteres mit vielen Premiers Crus mit.

Domaine Charlopin****
Gevrey Chambertin

14 ha; 60 000 Fl. • Weine: u.a. Marsannay; Fixin; Gevrey Chambertin: Clos de la Justice, → Vieilles Vignes; Morey-Saint-Denis; Chambolle-Musigny; Vosne-Romanée; Grand Cru: Bonnes Mares, Charmes-Chambertin, Clos Saint-Denis, Clos de Vougeot, → Échezeaux, Mazis-Chambertin

Philippe Charlopin macht Weine, die ihm entsprechen: kraftvoll und hintergründig, und er ist seit Jahren einer der Protagonisten der neuen Bourgogne. Mit Beharrlichkeit hat er sein Gut um besondere Schätze erweitert, zuletzt um den eleganten und komplexen Échezeaux.

Domaine Bruno Clair****
Marsannay

21 ha; 90 000 Fl. • Weine: u.a. Marsannay: Blanc, Rosé Rouge; Morey-Saint-Denis En la Rue de Vergy → Blanc; Rouge, → Savigny-lès-Beaune Les Dominode; Gevrey Chambertin Premier Cru: Cazetiers, Clos du Fonteny, Clos Saint-Jacques; Grand Cru: Corton-Charlemagne, Chambertin Clos de Bèze

Stattliche, kernige Rotweine, die in ihrer Jugend viel Luft brauchen. Marsannay Blanc – aus Chardonnay und Pinot Gris – und der originelle Marsannay Rosé sind reizvoll.

Clos de Tart****–*****
Morey-Saint-Denis

7,5 ha; 25 000 Fl. • Weine: → Grand Cru Clos de Tart

Der einzige Clos Burgunds, der noch immer in einer Hand, derjenigen der Familie Mommessin ist, hat unter Sylvain Pitiot endlich wieder zu einer seiner Stellung würdigen Konstanz gefunden, die Jahr um Jahr Eleganz und Komplexität demonstriert.

Domaine Confuron-Cotétidot****
Vosne-Romanée

11 ha; 35 000 Fl. • Weine: u.a. Gevrey-Chambertin: Champs-Chenys, Premier Cru: → Lavaux Saint-Jacques, Les Petites Chapelles; Chambolle-Musigny; Vosne-Romanée und Premier Cru → Les Suchots; Nuits-Saint-Georges und Premier Cru; Grand Cru: Clos de Vougeot, Échezeaux

Ein Pionier der Kaltmaischung vor Beginn der Gärung. Sonst eher konservativ bereitete, extraktreiche Weine. Geringer Neuholzanteil beim Ausbau lässt den Wein selbst im Vordergrund stehen.

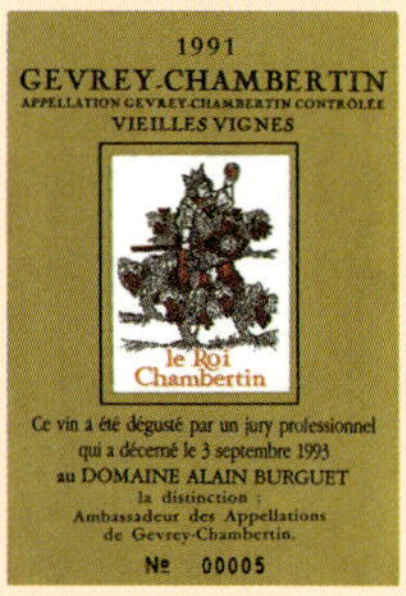

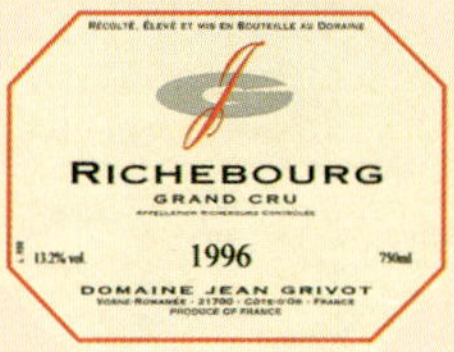

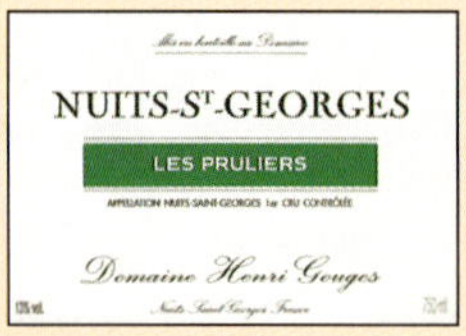

Domaine Dugat-Py*****
Gevrey-Chambertin

7 ha; 20 000 Fl. • Weine: u.a. Gevrey-Chambertin: Les Evocelles, Cœur du Roy Vieilles Vignes; Premier Cru: Corbeau, Fonteny, Perrière, Lavaux Saint-Jacques, → Petite Chapelle; Grand Cru: Chambertin, Charmes-Chambertin, → Mazis-Chambertin

Ein Aufsteiger des vergangenen Jahrzehnts. Jetzt entstehen sehr farbtiefe, stoffige Weine, die nicht nur dicht und fest strukturiert, sondern auch elegant sind.

Domaine Dujac***–****
Morey-Saint-Denis

12,5 ha; 60 000 Fl. • Weine: u.a. Morey-Saint-Denis: Blanc, Rouge, Premier Cru Les Monts Luisants; Chambolle-Musigny Grand Cru: Bonnes Mares, → Clos de la Roche, Clos Saint-Denis, Échezeaux

Die Rotweine führen delikate Frucht, kräftigen Holzeinsatz und milden Gerbstoff zusammen. In kleinen Mengen gibt es einen Weißwein, der in *macération pelliculaire*, also einem Angären an der Maische, bereitet wird.

Domaine René Engel****
Vosne-Romanée

7 ha; 40 000 Fl. • Weine: Vosne-Romanée und Premier Cru Aux Brûlées; Grand Cru: → Clos de Vougeot, Échezeaux, Grands-Échezeaux

Philippe und Frédéric Engel kümmern sich eigenhändig um jedes Detail ihres Gutes und bringen würzige, elegante, reifebeständige Weine hervor.

Maison Joseph Faiveley***–*****
Nuits-Saint-Georges

120 ha; ZT; 900 000 Fl. • Weine: u.a. Mercurey: Premier Cru Clos du Roy; Gevrey-Chambertin Premier Cru Les Cazetiers; Chambolle-Musigny Premier Cru La Combe d'Orveau; Nuits-Saint-Georges Premier Cru: → Les Damodes, Les Porets; Grand Cru: Chambertin Clos de Bèze, Mazis-Chambertin, Latrizières-Chambertin, Musigny, Clos de Vougeot, Échezeaux, Corton Clos de Faiveley

Das Haus Faiveley ist eine exquisite Domäne, die nur geringe Mengen aus Zukäufen bestreitet und selbst über ein bewundernswertes Portefeuille hochwertiger Lagen verfügt. François Faiveley ist Garant eines klassischen Stils mit fest gebauten, reifebedürftigen und aromatischen Rotweinen.

Domaine Henri Gouges****
Nuits-Saint-Georges

14,5 ha; 50 000 Fl. • Weine: u.a. Bourgogne Blanc, Rouge; Nuits-Saint-Georges Blanc Premier Cru Les Perrières; Nuits-Saint-Georges und Premier Cru: Les Chaignots, Les Vaucrains, → Les Saint-Georges

Solide, stoffige, nur dezent holzbeeinflusste Rotweine, die lange Zeit reifen müssen – und eine ungewöhnliche Weißwein-Rarität aus einer Pinot-Noir-Mutation mit weißen Trauben.

Domaine Jean Grivot****
Vosne-Romanée

14,5 ha; 60 000 Fl. • Weine: u.a. Vosne-Romanée und Premier Cru: Les Beaumonts, Les Brûlées, Les Chaumes, Les Suchots, Les Reignots; Nuits-Saint-Georges und Premier Crus Les Boudots, Les Pruliers, Les Roncières; Grand Cru: → Richebourg, Clos de Vougeot, Échezeaux

Vorzüglich extrahierte, gleichermaßen dichte und subtile Rotweine, die ihren Terroirs nach angemessener Flaschenreife höchsten Ausdruck verleihen.

Domaine Anne Gros ****–*****
Vosne-Romanée
6,5 ha; 20 000 Fl. • Weine: u.a. Bourgogne Hautes-Côtes de Nuits blanc, Vosne-Romanée Les Barreaux, Chambolle-Musigny Premier Cru La Combe d'Orveau, Grand Cru: Clos de Vougeot (climat Le Grand Maupertui), Richebourg
Große Weine, die den Sortentyp verdichten, das Terroir präzisieren, die von klarer Ausdruckskraft und immensem Potential sind.

Domaine Lamarche ***–****
Vosne-Romanée
8,5 ha; 45 000 Fl. • Weine: u.a. Vosne-Romanée und Premier Cru: La Croix Rameau, Les Malconsorts, Les Suchots; Grand Cru: Clos de Vougeot, Échezeaux, Grands-Échezeaux, La Grande Rue (Monopole)
Saftige, komplex fruchtige, schon in ihrer Jugend harmonische Weine. Die Lage La Grande Rue wurde 1991 zum Grand Cru aufgestuft.

Domaine des Lambrays ***–****
Morey-Saint-Denis
10,5 ha; 45 000 Fl. • Weine: Puligny-Montrachet; Morey-Saint-Denis und Premier Cru; Grand Cru → Clos des Lambrays (Monopole)
Lange Zeit vernachlässigt, stellen die neuen Besitzer, die Familie Freund, dem ausgezeichneten Gutsdirektor Thierry Brouin endlich die Mittel zur Verfügung, das Potential dieses großen Cru besser auszuschöpfen.

Domaine Leroy *****
Vosne-Romanée
22,5 ha; 25 000 Fl. • Weine: u. a. Vosne-Romanée Les Genevrières und Premier Cru Beaumonts, Aux Brulées; Nuits-St-Georges Premier Cru Boudots, → Volnay Premier Cru Santenots; Grand Cru: Chambertin, Musigny, Clos de La Roche, Richebourg, Clos de Vougeot
Eine Legende! Zu der gehört die Persönlichkeit von Lalou Bize-Leroy ebenso wie der biodynamische Anbau, die mikroskopischen Erträge und die archaischen Techniken bei der Weinbereitung.

Domaine Hubert Lignier ***–****
Morey-Saint-Denis
8 ha; 35 000 Fl. • Weine: u.a. Gevrey-Chambertin und Premier Cru Les Combottes; Morey-Saint-Denis und → Premier Cru; Chambolle-Musigny und Premier Cru Les Baudes; Grand Crus Charmes-Chambertin, Clos de la Roche
Handwerklich bereitete, sehr stilvoll vom Holz unterstützte feinnervige Weine, gute, komplexe, fruchtige Repräsentanten ihrer Terroirs.

Domaine Méo-Camuzet ****–*****
Vosne-Romanée
15 ha; ZT; 65 000 Fl. • Weine: u.a. Hautes-Côtes de Nuits Blanc; Vosne-Romanée und Premier Cru: Aux Brûlées, → Les Chaumes, Au Cros Parantoux; Nuits-Saint-Georges und Premier Crus Aux Boudots, Aux Murgers; Grand Cru; Richebourg, → Clos de Vougeot, Échezeaux, Corton
Weine, die seidigen Gerbstoff in hoher Menge aufweisen und schon relativ jung eine opulente Frucht entfalten. Stilvoll modern, ohne die Herkunft zu verleugnen.

Domaine Denis Mortet *****
Gevrey-Chambertin
10,5 ha; 55 000 Fl. • Weine: u.a. Bourgogne Rouge; → Marsannay Les Longeroies; Gevrey-Chambertin: Combe-du-dessus, → En Motrot, Au Vellé, En Champs Veilles Vignes und Premier Cru: → Les Champeaux, Lavaux Saint-Jacques; Chambolle-Musigny Premier Cru Aux Beaux Bruns; Grand Cru: Chambertin, Clos de Vougeot

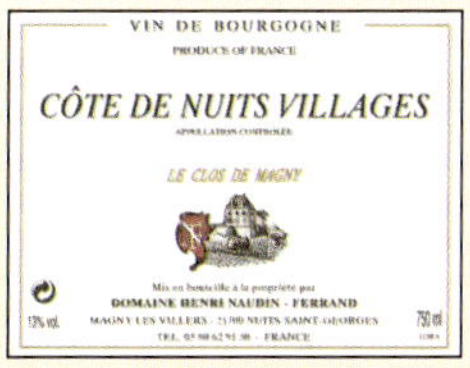

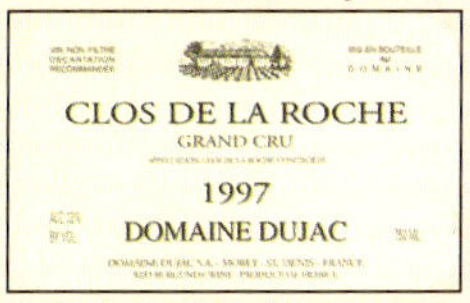

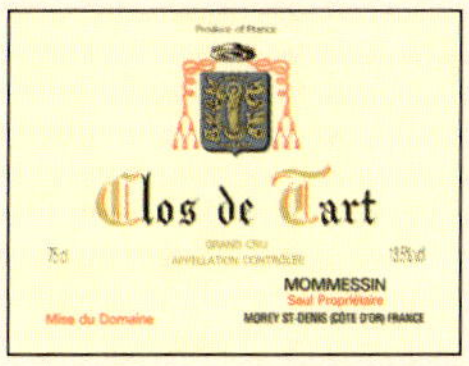

Bei Denis Mortet hat jedes *climat* ein eigenes Profil. Mit nimmermüdem Drang nach Perfektionismus setzt er in Rebbau und Weinbereitung alles daran, das Terroir in fein gewobenen, fleischigen, würzigen, bewundernswert komplexen Pinots hervorzukehren.

Domaine de la Romanée-Conti *****
Vosne-Romanée
25 ha; 95 000 Fl. • Weine: Grand Cru: Échezeaux, Grands Échezeaux, Richebourg, Romanée-Conti (Monopol), Romanée-St-Vivant, La Tâche (Monopol), Montrachet
Weine, die dem perfekten Equilibrium von Frucht und Holz, Struktur und Weichheit sehr nahe kommen und getreue Abbilder ihrer Terroirs sind. Der Kultstatus hat Berechtigung.

Domaine Joseph Roty ****
Gevrey-Chambertin
9,5 ha; 50 000 Fl. • Weine: u.a. Bourgogne; Marsannay; Gevrey-Chambertin und Premier Cru Les Fontenys; Grand Cru: Charmes-Chambertin, → Griottes-Chambertin, → Mazis-Chambertin
Feinfruchtige Rotweine, die auf der Domäne betont langsam vergoren und ausgebaut werden. Manche Cuvées bleiben bis zu 30 Monate im Fass.

Domaine Georges Roumier ****–*****
Chambolle Musigny
12 ha; 35 000 Fl. • Weine: u.a. Chambolle-Musigny und Chambolle-Musigny Premier Cru: → Les Amoureuses, Les Cras; Grand Cru: Ruchottes-Chambertin, Bonnes Mares, → Musigny
Christophe Roumier verleiht dieser berühmten Domäne eine neue Dimension, bei der Eleganz aus einem besonders gelungenen Zusammenspiel von Körper, Frucht und Holz erwächst.

Domaine Armand Rousseau ****
Gevrey-Chambertin
14 ha; 65 000 Fl. • Weine: Gevrey-Chambertin und Premier Crus Les Cazetiers, → Clos Saint-Jacques, Lavaux Saint-Jacques; Grand Cru: Chambertin, Chambertin Clos de Bèze, → Ruchottes Chambertin, Charmes-Chambertin, Mazis-Chambertin, Clos de la Roche
Traditionelle, saubere und kraftvolle Weine aus besten Lagen in Gevrey. Sie sind oft auch in ihrer Jugend schon zugänglich, besitzen aber lang anhaltende Tiefe und Klasse.

Domaine Jean Trapet ***–*****
Gevrey-Chambertin
13 ha; 65 000 Fl. • Weine: u.a. Bourgogne; Marsannay; Gevrey-Chambertin und Premier Crus Clos Prieur, Petite Chapelle; Grand Cru: Chambertin, → Chapelle-Chambertin, → Latricières-Chambertin
Jean-Louis Trapet hat das berühmte Gut aus seinem Niedergang wieder aufs höchste Niveau geführt. Seine Grands Crus sind herausragende, saftige, fruchtbetontelegante und begeisternde Weine; die anderen Appellationen könnten dagegen oft etwas mehr Fleisch vertragen.

Domaine Comte de Vogüé *****
Chambolle-Musigny
12,5 ha; 35 000 Fl. • Weine: Bourgogne blanc (aus der Lage Musigny), Chambolle-Musigny und Premier Cru Les Amoureuses; Grand Cru: Bonnes Mares, → Musigny
In ihrer Jugend sehr gerbstoffbeladene, zu Bukettreichtum, Glut und Spiel reifende Weine ausschließlich aus Lagen von Chambolle-Musigny. Nach einer Schwächeperiode in den 1970er und 1980er Jahren jetzt wieder top.

Côte de Beaune

Wo der Chardonnay Hof hält

Die Rebfläche der Côte de Beaune ist mit gut 3000 Hektar beinahe doppelt so groß wie diejenige der Côte de Nuits. Anders als dort dominiert an der Côte de Beaune der Rotwein nur in den einfacheren Lagen, die größten Weine sind hier Chardonnays. Zwar ist der Corton mit 98 Hektar Pinot Noir der flächenmäßig bedeutendste Grand Cru der Côte de Beaune (und ganz Burgunds), doch der viel weiter im Süden gelegene Montrachet liefert den prestigereichsten Wein. Auch der weiße Corton-Charlemagne und die Premiers Crus und Villages-Weine aus Puligny, Chassagne und Meursault werden von Weinkennern in aller Welt hoch geschätzt. Die Pinot-Noir-Weine stehen bei der

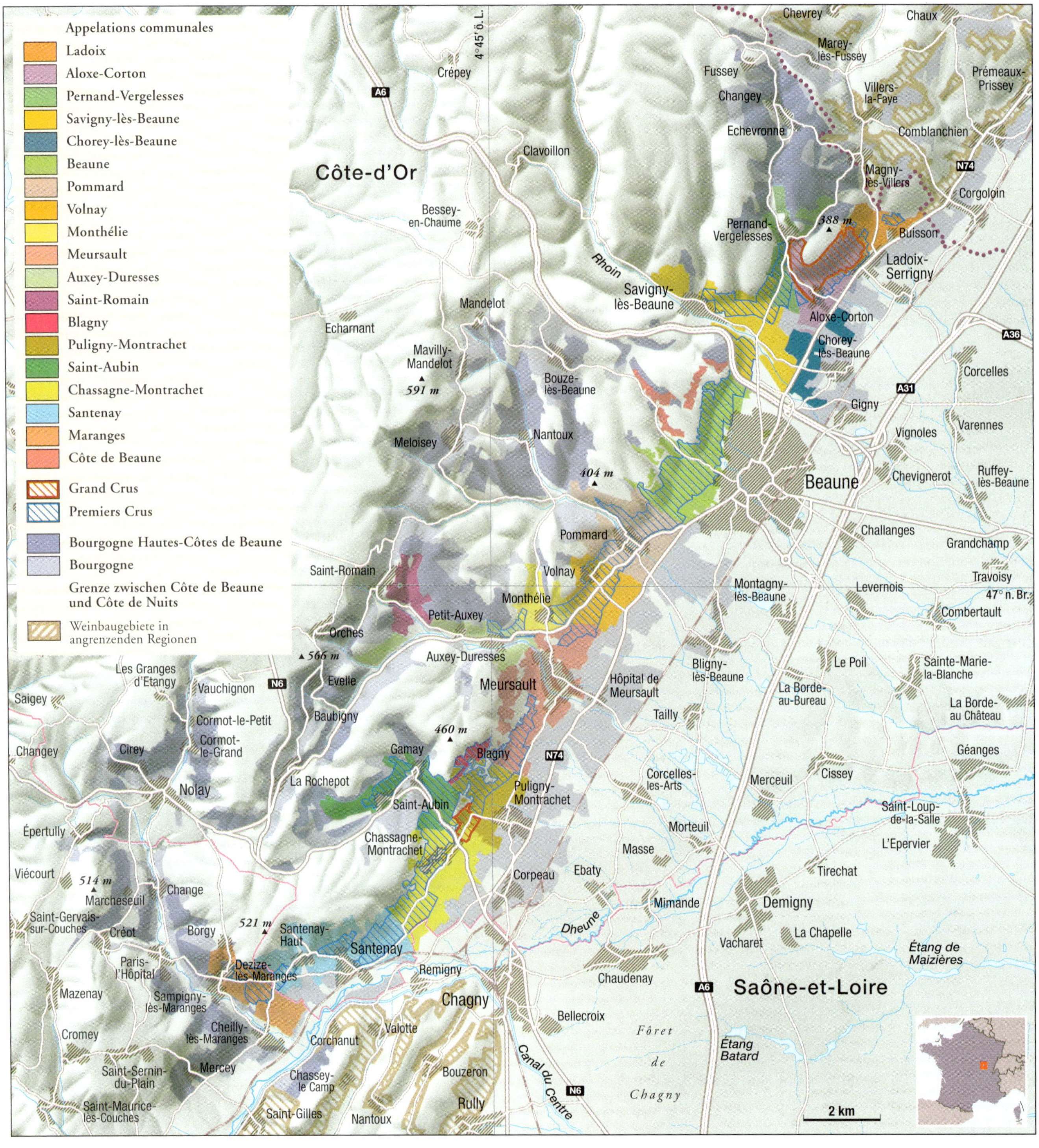

Appellationen

Kommunale AOCs (Basis-Höchsterträge 40 l/a beim Rotwein, 45 l/a beim Weißwein)

Côte de Beaune-Villages: 44 ha in 14 Gemeinden, ausschließlich Rotweine, typische, kräftig strukturierte einfachere Weine.
Ladoix: 89 ha in Ladoix-Serrigny, 85 % Rotwein, 7 Premiers Crus (14 ha), saftige, fruchtbetonte Rotweine; feste, lagerbedürftige Weißweine.
Pernand-Vergelesses: 127 ha in Pernand-Vergelesses, 75 % Rotwein, 5 Premiers Crus (57 ha), kräftige, herbe Rotweine; würzige, leichte Weißweine.
Aloxe-Corton: 127 ha in Aloxe-Corton und Ladoix-Serrigny, fast nur Rotweine, 15 Premiers Crus (37 ha), tieffarbene, kernige, reifebeständige Rotweine.
Savigny-lès-Beaune: 352 ha in Savigny-lès-Beaune, über 90 % Rotwein, 22 Premiers Crus (144 ha), bukettreiche, fruchtig-milde Rotweine und markante, feinnervige Weißweine.
Chorey-lès-Beaune: 134 ha in Chorey-lès-Beaune, 95 % Rotwein, fruchtige, elegante Rotweine.
Beaune: 414 ha in Beaune, über 90 % Rotwein, 41 Premiers Crus (322 ha), kräftig strukturierte Rotweine und Weißweine, die geschmeidig und elegant sind.
Côte de Beaune: Degradations-AOC für ›Beaune‹ + 25 ha in Beaune, 60 % Rotwein, nicht zu verwechseln mit Côte de Beaune-Villages.
Pommard: 313 ha in Pommard, ausschließlich Rotwein, 28 Premiers Crus (125 ha), aromatische, kernig-lagerbedürftige, nicht immer zuverlässige Rotweine.
Volnay: 226 ha in Volnay und Meursault (Premier Cru ›Santenots‹), ausschließlich Rotwein, 35 Premiers Crus (144 ha), duftige, finessenreich-elegante Rotweine, die zu den besten der Côte-de-Beaune gehören.
Monthélie: 120 ha in Monthélie, über 90 % Rotwein, 11 Premiers Crus (31 ha), häufig eine etwas rustikal angehauchte Variante des Volnay.
Saint-Romain: 83 ha in Saint-Romain, 55 % Weißwein, relativ hoch gelegene Rebberge, eher leichte Weine.
Auxey-Duresses: 135 ha in Auxey-Duresses, 75 % Rotwein, 9 Premiers Crus (32 ha), etwas weichere, in der Regel gut proportionierte Rotweine, Weißweine im Stil einfacherer Meursaults.
Meursault: 364 ha in Meursault, fast ausschließlich Weißwein, 17 Premiers Crus (132 ha), fette, geschmeidige Chardonnays, meist kräftig vom Holz unterstützt.
Blagny: kaum genutzte AOC, im Ertrag stehen nur 7 ha in Meursault und Puligny-Montrachet, ausschließlich Rotwein, 6 Premiers Crus, fruchtige, leichte Rotweine.
Puligny-Montrachet: 208 ha in Puligny-Montrachet, fast ausschließlich Weißwein, 16 Premiers Crus (100 ha), mineralische, elegante Weißweine mit Nerv und Stil.
Chassagne-Montrachet: 305 ha in Puligny-Montrachet, 60 % Weißwein, 54 Premiers Crus (159 ha), etwas breitere Weißweine als Puligny-Montrachet, kräftige Rotweine, die zu guter Harmonie reifen können.
Saint-Aubin: 145 ha in Saint-Aubin, 55 % Weißwein, 29 Premiers Crus (98 ha), fruchtige, elegante Weißweine mit Nerv, milde und harmonische Rotweine.
Santenay: 325 ha in Santenay und Remigny, über 90 % Rotwein, 12 Premiers Crus (124 ha), strukturierte, fleischige Rotweine mit gutem Gerbstoffgerüst.
Maranges: 180 ha in Cheilly-lès-Maranges, Dezize-lès-Maranges, Sampigny-lès-Maranges, fast ausschließlich Rotwein, 7 Premiers Crus (100 ha), gerbstoffreiche, ehrliche Weine.

Grand Crus (Basis-Höchsterträge: 35 l/a beim Rotwein, 40 l/a beim Weißwein)

Corton: 100,4 ha in Aloxe-Cortin, Ladoix-Serrigny und Pernand-Vergelesses, fast ausschließlich Rotwein; 2,4 ha Weißwein

Der rote Corton ist ein farbtiefer, muskulöser, Frucht, Gerbstoff und Säure dicht zusammenpackender Wein, der lange Zeit reifen kann.

Corton-Charlemagne: 51 ha in Aloxe-Corton, Ladoix-Serrigny und Pernand-Vergelesses, ausschließlich Weißwein.

Von den höher gelegenen Südwestlagen des Corton kommen fest gebaute, konzentrierte, mineralische Weißweine.

Montrachet: 6,2 ha in Puligny-Montrachet und Chassagne-Montrachet
Chevalier-Montrachet: 7,2 ha in Puligny-Montrachet
Mineralische, aromatisch sehr komplexe Weißweine, die einen festen Kern mit Geschmeidigkeit puffern und zu üppigem Bukettreichtum reifen. Seine große Konzentration und Nachhaltigkeit erhebt den Montrachet über alle anderen Weißweine Burgunds.
Bâtard-Montrachet: 11,4 ha in Puligny-Montrachet und Chassagne-Montrachet
Etwas breiter und wuchtiger als Montrachet, wenngleich von beinahe ebenbürtigem Format.
Bienvenues-Bâtard-Montrachet: 3,69 ha in Puligny-Montrachet
Eine Enklave in Bâtard-Montrachet mit ostsüdöstlicher Neigung, etwas eleganter als Bâtard-Montrachet, aufgeteilt auf 15 Besitzer.
Criots-Bâtard-Montrachet: 1 ha in Chassagne-Montrachet

Einmaligkeit ihrer weißen Pendants vielleicht etwas zu Unrecht in deren Schatten. Der Pinot Noir ist an der Côte de Beaune meist fester strukturiert und tendenziell nicht von der Feinsinnigkeit, die die Weine der Côte de Nuits auszeichnet.

Das Klima der Côte de Beaune ist etwas ausgeglichener als das der Côte de Nuits, doch die Böden sind im Allgemeinen vom selben Kalksteinabbruch geprägt. Im Vergleich zur Côte de Nuits liegen die Rebflächen der Côte de Beaune stärker aufgefächert, die Weinbauzone wächst in die Breite und auch höher die Berge hinauf. Seitentäler, die so genannten *combes*, zerklüften das Rebenband stärker und brechen die vorherrschende Ostexposition der Rebberge immer wieder in Richtung Süden. Die beiden Grands Crus sind keine Nachbarn, sondern sind wie nördliche und südliche Pole der Region angeordnet. Der Corton weist besonders magere Böden auf einem Untergrund auf, der vulkanischen Ursprungs ist. An seiner für Chardonnay reservierten Südwestflanke, zumal in den höheren Lagen, enthält der Boden besonders viel Kalk. Der für diese gut 50 Hektar gebräuchliche Name Charlemagne erinnert an Karl den Großen, der sich den Wein für seinen persönlichen Konsum aus den besten dortigen Parzellen bereiten ließ. Corton rouge wächst auf rötlich gefärbten kreide- und eisenhaltigen Böden. Da fast 100 Hektar in Ertrag stehen, hat es sich eingebürgert, den Namen des *climats* an den Namen ›Corton‹ anzufügen. Die Magie des Montrachet, des ›kahlen Berges‹, liegt im einzigartigen Zusammenspiel des mageren, von hartem Kalkgestein im Untergrund geprägten Bodens mit einem idealen Kleinklima. Die südlichen und südöstlichen Lagen des Montrachet sind so durchflutet von Licht und Wärme, dass der Chardonnay selbst in Jahren zur Hochreife gelangt, in denen er auf anderen Lagen Schwierigkeiten hat, normal reif zu werden.

Die Versteigerung der Hospices de Beaune

Die Hospices de Beaune gehören mit ihrer Architektur des frühen 15. Jahrhunderts zu den wenigen gut erhaltenen Profanbauten aus dieser Zeit.

Bis zum heutigen Tag eine Wohltat: die Versteigerung der Hospices de Beaune. Am 4. August 1443 stifteten Nicolas Rolin, der Schatzkanzler Philipps des Guten, und seine Frau Guigone de Salins das heute als Hôtel-Dieu bekannte Sankt-Antonius-Hospiz in Beaune. Hospize wie dieses waren seit dem 13. Jahrhundert an vielen Orten in Europa als Einrichtungen entstanden, die vor allem zwei soziale Aufgaben erfüllten: Sie leisteten mittellosen Kranken medizinische Hilfe und nahmen sie auf, und sie beherbergten Reisende – beispielsweise junge Menschen auf Studienreisen.

Wie viele andere auch verdiente das Hôtel-Dieu de Beaune seinen Unterhalt (und den seiner Bewohner) durch Wein. Im Laufe der Zeit vermachten reumütige Gläubige in der Sorge um ihr Seelenheil dem Hospiz Weinberge in fast allen Gemeinden der Côte de Beaune.

Von der Côte de Nuits gelangten auch zwei Parzellen Clos de la Roche und etwas Mazis-Chambertin in das Portefeuille der Stiftung. Heute besitzen die Hospices de Beaune (Hôtel-Dieu und Hospice de la Charité) 61 Hektar Reben, aus denen sie 37 verschiedene Weine bereiten. Jede einzelne Cuvée wird nach dem Stifter der betreffenden Parzelle benannt. Bis auf zwei Villages-Lagen handelt es sich ausschließlich um Premiers und Grands Crus – keiner der Wohltäter ließ sich lumpen. Das wollen sich heute auch die Beauner Händler nicht nachsagen lassen, wenn die Jungweine der Hospices jedes Jahr am dritten Sonntag im November – seit 1859 findet die Auktion an diesem Termin statt – versteigert werden. Der dreitägige Festreigen beginnt am Samstagabend im Clos de Vougeot und endet am Montagmittag in Meursault. Höhepunkt ist die festliche Zeremonie im Hôtel-Dieu. Dabei werden die einzelnen Cuvées meist für Preise ersteigert, die deutlich über ihrem Marktwert liegen. Dennoch gelten die Zuschläge als wichtige und genaue Gradmesser für die Konjunktur Burgunds – gerade auch für die internationale Wertschätzung. Zugelassen zur Auktion sind zwar nur Händler aus Beaune, doch diese steigern häufig auch im Auftrag auswärtiger Auftraggeber.

Der Erlös der Auktion – im Jahr 1998 beispielsweise 24,7 Millionen Francs – kommt nach wie vor dem Spital zugute, das 1971 in einen Neubau umgezogen ist. Die Weine der Hospices de Beaune sind prinzipiell von guter bis sehr guter

Unten links und rechts: Am Samstag vor der Versteigerung verkosten die Fachbesucher die Weine im Fasskeller der Hospices.

Qualität. Das Hospice selbst legt mit sorgsamer Arbeit in den Weinbergen die Grundlage für ein gutes Ausgangsprodukt. Über 20 Winzer kümmern sich um die Reben, wobei Ertragsreduzierung durch kurzen Anschnitt und Düngung mit getrocknetem Stallmist zu den Standards gehören. Auch die erste Ausbauphase wird vom Hospice kontrolliert. Die Rotweine sind in der Regel gut extrahiert und erhalten durch Rückverschnitt mit Presswein zusätzlich Struktur, ohne zu viel trocknendes Tannin aufzuweisen. Die Weißweine gären im Holz und sind am Versteigerungstag oft noch restsüß. Der weitere Ausbau, der natürlich eine große Rolle für die endgültige Weinqualität spielt, erfolgt im Keller des Händlers, der die Partie ersteigert hat. Aus diesem Grund ist das Stiftungswappen, das alle Weine aus dem Stiftungsschatz der Hospices de Beaune auf dem Etikett tragen, keine Garantie für einen großen Wein. Entscheidend ist der rechts unten auf dem Etikett zu findende Name des abfüllenden Händlers. Weniger reputierte Handelshäuser versuchen ihr Renommee mit Hospice-de-Beaune-Füllungen aufzupolieren. Auch in Nuits-Saint-Georges gibt es ein Hospice mit Rebbergen, das 12 Hektar Premier-Cru-Lagen besitzt und heute ein Altenheim unterhält. Die Versteigerung der Jungweine findet am Sonntag vor Palmsonntag statt und hat – auch wenn sich die Weine eines durchaus guten Rufs erfreuen – vor allem lokale Bedeutung.

Die Gebote bei der Versteigerung in der Markthalle von Beaune übertreffen bei weitem den Kurswert der Appellationen.

Die Cuvées der Hospices

Zuerst wird die Appellation genannt, dann folgt der Name des Stifters, dann die Anzahl der Fässer, die aber von Jahr zu Jahr variieren kann. 1999 wurden insgesamt 687 Fässer zugeschlagen, davon 614 Rot- und 73 Weißweine. Die Reihenfolge entspricht dem Wert des einzelnen *pièce* à 228 Liter.

Rotweine:
Clos de la Roche: Cyrot-Chaudron, 2 pièces
Clos de la Roche: Georges Kriter, 2 pièces
Mazis-Chambertin: Madeleine Collignon, 22 pièces
Corton: Docteur Peste, 29 pièces
Corton: Charlotte Dumay, 29 pièces
Volnay-Santenots: Gauvain, 15 pièces
Volnay-Santenots: Jéhan de Massol, 25 pièces
Pommard, Raymond Cyrot, 22 pièces
Beaune: Dames hospitalières, 29 pièces
Beaune: Guigone de Salins, 29 pièces
Pommard: Billardet, 29 pièces
Pommard: Suzanne Chaudron, 26 pièces
Beaune: Rousseau Deslandes, 29 pièces
Beaune: Nicolas Rolin, 29 pièces
Beaune: Brunet, 21 pièces
Volnay: Muteau, 20 pièces
Auxey-Duresses: Boillot, 8 pièces
Beaune: Clos des Avaux, 25 pièces
Beaune: Cyrot-Chaudron, 20 pièces
Beaune: Hugues et Louis Bétault, 29 pièces

Weissweine:
Batard-Montrachet: Dames de Flandres, 4 pièces
Corton Charlemagne: Francois de Salins, 6 pièces
Corton Vergennes: Paul Chanson, 4 pièces
Meursault-Genevrières: Philippe le Bon, 6 pièces
Meursault Charmes: Grivault, 7 pièces
Meursault-Genevrières: Baudot, 24 pièces
Meursault Charmes: Bahèzre de Lanlay, 15 pièces
Meursault: Humblot, 10 pièces
Meursault: Goureau, 9 pièces
Meursault: Loppin, 10 pièces
Pouilly-Fuissé: Française Poisard, 20 pièces

Die Côte de Beaune und der ›Öko‹-Wein

Der Zusatz ›Öko‹ hatte besonders beim Wein jahrelang eher esoterischen und selten Vertrauen erweckenden Klang. In den 1990er Jahren hat sich in Burgund und vor allem an der Côte de Beaune ein bemerkenswerter Wandel vollzogen: Nicht mehr allgemeine weltanschauliche Prinzipien stehen bei dieser neuen Ökologiebewegung im Vordergrund, sondern die schlichte Erkenntnis, dass ein Umdenken aus qualitativen Gründen unerlässlich geworden ist. Anne-Claude Leflaive, Mitinhaberin einer der berühmtesten Weißweindomänen Burgunds, wagte Anfang der 1990er Jahre eine alarmierende Prognose: »Wenn wir uns nicht um den Boden kümmern, wird es in zehn Jahren in Burgund keine Böden, keine Weingärten und keinen Wein mehr geben.«

Diese Äußerung mag übertrieben klingen, dennoch ist der Kern der Botschaft ernster, als es im ersten Moment erscheinen mag. Am Gängelband einer chemischen und hochtechnologischen Rundumüberwachung lassen sich inzwischen überall in der Welt trinkbare Weine erzeugen. Burgund hingegen lebt von seiner Authentizität, von seinen kleinen Strukturen, vom Terroir. Aber auch ein Boden mit Terroir-Qualitäten sinkt zu industriell genormtem Substrat herab, wenn er überdüngt wird, wenn unbedachte chemische und physikalische Maßnahmen sein Bodenleben zerstören, wenn er erodiert.

An diesem Punkt setzt die neue Ökologie-Bewegung Burgunds an: Die Zuwendung zum naturnahen Anbau oder gar zur biodynamischen Kultur wird als Mittel gesehen, terroirtypischere Weine zu erzeugen – und Burgund seine Einmaligkeit zu bewahren. Wo sich die Perspektive ergibt, Kontinuität oder sogar Steigerung in der Qualität zu erreichen, können die mit der ökologischen Umstellung verbundenen ökonomischen Risiken kalkuliert und verkraftet werden. Die Domaine Leflaive beispielsweise erprobte mehrere Jahre lang parallel konventionelle und biodynamische Bewirtschaftung in jeder ihrer Parzellen. Inzwischen wurde der konventionelle Anbau aufgegeben.

Der Kanadier Pascal Marchand brachte die Domaine des Épenaux mit tradionellen und ökologischen Methoden in die Spitzengruppe der Pommards.

Keine Frage: Nichts geht über Handlese!

Diese Entwicklung ist vor allem deshalb bemerkenswert, weil sie von der Spitze der Qualitätspyramide ausgeht. Eine der Vorreiterdomänen – diejenige von Lalou Bize-Leroy – wetteifert mit Romanée-Conti um den ersten Platz. Nach der Domaine Leflaive hat sich mit Dominique Lafon, dem jungen Patron der Domaine des Comtes Lafon, ein weiterer Top-Önologe Burgunds den Ökologen angeschlossen. Auch die Domaine des Grands Épenaux des Comte Armand in Pommard konnte die Wertschätzung ihres Namens seit der Umstellung sogar noch steigern.

Basis des Erfolgs der burgundischen ›Öko‹-Winzer ist die Bereitschaft, im Weinberg in jeder Hinsicht ans Limit zu gehen. Die Beschränkung auf niedrigste Erträge ist ein allgemeines, auch bei konventioneller Bewirtschaftung gültiges Leitmotiv hoher Qualitäten.

Ertragsregulierende Maßnahmen verbessern zugleich aber auch die natürliche Abwehr des Rebstocks gegen Pilzerkrankungen. Ökologische Bewirtschaftung erfordert zusätzlich, das Lesegut besonders rigoros zu selektieren. Wesentliche Bedeutung kommt außerdem der Bodenpflege zu. Ein ausgewogenes Bodenleben stärkt die Pflan-

Im Hinterland

Die ›Hautes-Côtes‹ genannten Weinbaugebiete liegen in den Bergen oberhalb der Côte d'Or. Auf etwa 500 Meter Höhe finden Chardonnay und Pinot Noir deutlich schwierigere Reifebedingungen vor als im Tal, wo die Reben in einer Höhe von 250 bis 300 Metern wachsen. Die Höhendifferenz hat einen durchschnittlichen Temperaturunterschied von einem bis anderthalb Grad Celsius zur Folge, daher beginnt auch die Lese eine Woche später als üblich. Die Dörfer der Hautes-Côtes sind vor allem für ihre aromatischen Himbeeren und Johannisbeeren bekannt.

Oberhalb der Côte d'Or liegt ein weiteres reizvolles Weingebiet.

Parallel zu den Tallagen unterscheidet man die Hautes-Côtes de Nuits und die Hautes-Côtes de Beaune. Für beide Gebiete wurden 1961 regionale Unter-AOCs der AOC Bourgogne eingerichtet. Die Reben wachsen in windgeschützten Ostlagen auf kalkhaltigen, eher tiefgründigen Böden. Das qualitative Potential wird leider noch immer unzureichend genutzt. Mittelmäßige Abfüllungen profitieren vor allem auf den Exportmärkten vom Namen ›Hautes-Côtes‹, der eine prestigereiche Analogie zum ›Haut-Médoc‹ suggeriert.

zen, lenkt das Wurzelwachstum und optimiert den Stoffwechsel. Nur wo die Biologie des Erdreichs intakt ist, können Nährstoffe und Mineralien aufgeschlossen und dem Wurzelwerk zugänglich gemacht werden. Erst unter diesen Bedingungen macht das Konzept des ›Terroirs‹ wirklich Sinn.

Für die optimale Versorgung des Bodens mit Nährstoffen hat sich an der Côte de Beaune sogar eine Erzeugergemeinschaft für Kompost gebildet – das ›Groupement d'Etude et de Suivi des Terroirs‹ (GEST). Aus 20 Prozent Pferdemist, 20 Prozent Kuhmist, 40 Prozent gehäckselten Schnitten von Laubbäumen und Traubentrestern wird nach den Vorgaben des Bodenkundlers Claude Bourguignon ein Kompost bereitet, dessen Gärführung nicht minder akribisch überwacht wird als die eines Weines. Das Ziel ist ein humoser, lockerer und wohlriechender Kompost, der nicht zu nährstoffreich ist (die Erträge sollen niedrig bleiben), sondern vor allem das mikroorganische Leben fördert.

Mit Biodynamik garantiert Anne-Claude Leflaive den Terroir-Charakter ihrer superben Weißweine.

Selbst positive Auswirkungen dieses Komposts auf die spätere alkoholische Gärung mit Spontanhefen gelten als wahrscheinlich, da die gesunde Mikroflora des Bodens auch den erwünschten Hefestämmen förderlich ist. Inzwischen haben sich über 80 Domänen dem GEST angeschlossen, darunter Giganten wie das Beauner Handelshaus Louis Jadot.

Ausgewählte Erzeuger der Côte de Beaune

Les Caves des Hautes-Côtes *–***
Beaune
490 ha; 2 000 000 Fl. • Weine: u.a. Bourgogne: Blanc, Aligoté; Bourgogne: Rouge, Passe-Tout-Grains, Hautes-Côtes de Nuits, Hautes-Côtes de Beaune, Gevrey-Chambertin, Beaune, Pommard; Crémant
Technisch gut ausgestattet, produziert die südlich von Beaune angesiedelte Genossenschaftskellerei saubere Weine zu fairen Preisen.

Domaine François Charles **–***
Nantoux
11 ha; 60 000 Fl. • Weine: u.a. Hautes-Côtes de Beaune: Blanc, Rosé; Aligoté, Meursault; Beaune Premier Cru Les Épenots, Pommard, Volnay
Bekannt geworden ist die jetzt von Pascal Charles geleitete Domäne für ihren ausgewogenen, aromatischen Rotwein, der aber einige Jahre Flaschenreife benötigt.

Domaine Fribourg **–***
Villers-la-Faye
19 ha; 35 000 Fl. • Weine: u.a. Bourgogne: Blanc, Aligoté Hautes-Côtes de Nuits Blanc und Rouge
In guten Jahrgängen liefert die Domäne sehr guten Chardonnay, die Rotweine verbinden Stoff und Frucht.

Domaine Lucien Jacob ***
Echveronne
14 ha; 70 000 Fl. • Weine: u.a. Bourgogne Aligoté; Hautes-Côtes de Beaune Rouge, Savigny und Premier Cru, Beaune; Crémant de Bourgogne
Lucien Jacob hat viel für die Hautes-Côtes getan, nicht zuletzt dank der guten Qualität seiner Weine.

Domaine Henri Naudin-Ferrand ***
Magny-lès-Villers
22 ha; 135 000 Fl. • Weine: u.a. Bourgogne: Aligoté Vieilles Vignes, Hautes-Côtes de Beaune Blanc, Rosé; Rouge Côte de Nuits Villages Vieilles Vignes, Crémant
Seit langem ist Henri Naudin eine der Lokomotiven der Hautes-Côtes. Seine beiden Töchter Anne und Claire haben das Niveau noch gesteigert.

Domaine Claude Nouveau **–****
Change
13 ha; 40 000 Fl. • Weine: Bourgogne Aligoté, Santenay; Hautes-Côtes de Beaune Rouge, Maranges und Premier Cru La Fussière, Santenay und Premier Cru Grand Clos Rousseau
Ganz im Süden der Hautes-Côtes de Beaune kehrt Claude Nouveau bei seinen Weißweinen die Frische hervor, während er mit reduzierten Erträgen fleischige, attraktive Rotweine produziert.

Ausgewählte Erzeuger der Côte de Beaune

Domaine Marquis d'Angerville ****
Volnay
13 ha; 55 000 Fl. • Weine: u.a. Pommard; Meursault Premier Cru Santenots: Volnay Premier Cru: →Clos des Ducs, Frémiets
Fein gewobene, doch ungemein konzentrierte Volnays, die für ein langes Leben gemacht sind und spät ihre aromatische Komplexität entfalten.

Domaine du Comte Armand ***–*****
Pommard
10 ha; 45 000 Fl. • Weine: u.a. Meursault, Auxey-Duresses; Volnay; →Pommard Premier Cru Clos des Épeneaux
Bewundernswert tiefe, komplexe Rotweine. Das Lesegut für den Clos des Épeneaux wird nach Rebenalter getrennt gekeltert, um danach aus idealen Grundweinen assemblieren zu können. Naturnaher Anbau.

Domaine d'Auvenay *****
Meursault
4 ha; 7 000 Fl. • Weine: u.a. Auxey-Duresses Blanc, Meursault Les Narvaux, Puligny Montrachet Premier Cru Les Folatières, Grand Cru: Chevalier-Montrachet, Bonnes Mares, Mazis-Chambertin
Lalou Bize-Leroys Privatdomäne bringt Weine hervor, die Muster an Konzentration und Klarheit sind.

Domaine Jean-Marc Boillot ****
Pommard
11 ha; 45 000 Fl. • Weine: u.a. Meursault, Puligny-Montrachet, Grand Cru Bâtard-Montrachet; Pommard Premier Cru: →Jarollières, Rugiens, Volnay und Volnay Premier Cru
Jean-Marc Boillot verfügt über eine großartige Sammlung an Premiers Crus und konzentrierten Weinen.

Domaine Bonneau du Martray *****
Pernand-Vergelesses
11 ha; 55 000 Fl. • Weine: Grand Cru: Corton-Charlemagne, Corton rouge
Das zusammenhängende Gut – welch eine Seltenheit im Burgund – liegt ausschließlich an der berühmten Montagne de Corton, und sein enorm reifebeständiger Corton-Charlemagne ist dessen Gipfel. Der rare rote Corton hat fast aufgeschlossen.

Domaine Chandon de Briailles ****
Savigny-lès-Beaune
13 ha; 50 000 Fl. • Weine: u.a. Pernand-Vergelesses Premier Cru, Savigny-lès-Beaune, Grand Cru: Corton Blanc, Corton Clos du Roi
Unter weiblicher Leitung hat das Familiengut in den 1990er Jahren ausgezeichnete Arbeit geleistet.

Domaine du Château de Pommard ***
Pommard
20 ha; 60 000 Fl. • Weine: Pommard
Mit Passion führt Jean-Louis Laplanche, Frankreichs größter Freud-Spezialist, das historische Gut.

Domaine Coche-Dury ****–*****
Meursault
10,5 ha; 45 000 Fl. • Weine: Bourgogne Aligoté, Meursault und Meursault Premier Cru: Perrières, Rougeots; Volnay Premier Cru
Nur wenige beherrschen in Burgund den Ausbau von Weißweinen so wie Jean-François Coche-Dury, der ihnen in der Regel zwei Jahre Zeit im *pièce* gibt und sie ungefiltert abfüllt. Auch seine Rotweine sind auf hohem Niveau.

Domaine Marc Colin ****
Saint-Aubin
19 ha; 95 000 Fl. • Weine: u.a. Saint-Aubin Premier Cru Les Combes, Chassagne-Montrachet und →Premier Cru Les Caillerets, Grand Cru Montrachet; Saint-Aubin Premier Cru →Santenay Vieille Vigne
Marc Colins Weine, ob weiß oder rot, besitzen eine klare reine Linie und große Finesse.

Domaine Germain Père & Fils ****
Chorey-lès-Beaune
17 ha; 85 000 Fl. • Weine: u.a. Pernand-Vergelesses Blanc, Meursault; Chorey-lès-Beaune; Beaune Premier Cru: Les Cent Vignes, Les Cras, Les Teurons
Dem schönen Schlossgut von Chorey hat Jacques Germain dank seiner Beaune Premiers Crus einen Namen gemacht; teils stämmige, teils filigranere, aromatisch intensive, ausgezeichnet alternde rote Klassiker.

Domaine Guyon ***–****
Savigny-lès-Beaune
47 ha; 220 000 Fl. • Weine: u.a. Meursault Premier Cru Les Charmes Dessus, Chambolle-Musigny, →Aloxe-Corton →Volnay, Grand Cru Corton: Bressandes, Clos du Roi
Das große, weit über die Côte verteilte Gut ist für zuverlässige Weine mit klarer Frucht bekannt.

Domaine François Jobard ****
Meursault
5,5 ha; 25 000 Fl. • Weine: u.a. Meursault und Premier Cru: Les Charmes Dessus, Les Genevrières, Les Poruzots Dessus; Blagny Premier Cru
Kräftige, aromatische, sehr langlebige Weißweine, die umsichtig und behutsam bereitet und nur in Maßen mit Neuholz in Berührung gebracht werden.

Domaine Lafarge ****
Volnay
10 ha; 50 000 Fl. • Weine: u.a. Meursault; Beaune Premier Cru: →Les Grèves, Les Teurons; Pommard Premier Cru Les Pézerolles Volnay vendages sélectionnées und Premier Cru: →Clos du Château des Ducs
Ausgewogene, stilvolle Weine, die zu den besten Volnays und Beaunes zählen. Die Premiers Crus haben ein beachtliches Reifepotential.

Domaine de Comte Lafon *****
Meursault
14 ha; 60 000 Fl. • Weine: u.a. Meursault und Meursault Premier Cru: Les Charmes, Les Perrières, Les Genevrières; Grand Cru Montrachet; Volnay Premier Cru: Champans, Santenots du Milieu
Mit optimal ausgereiftem Lesegut dank naturnahem Anbau und akribischer Arbeit im Keller gelingen Dominique Lafon Jahr für Jahr stilistisch glanzvolle Weißweine und duftige, enorm konzentrierte Pinots. Seit 1999 gibt es ein Schwesterweingut im Mâconnais.

Domaine Leflaive *****
Puligny-Montrachet
22 ha; 110 000 Fl. • Weine: u.a. Puligny-Montrachet und Premier Cru: Les Combettes, Les Folatières, Les Pucelles; Grand Cru: Chevalier-Montrachet, Montrachet
Anne-Claude Leflaive hat durch die Umstellung auf biodynamischen Anbau dafür gesorgt, dass die Weine der weltberühmten Domäne ihr Terroir meisterlich zum Ausdruck bringen. Sie sind bewundernswert proportioniert, integrieren Holz, Frucht und Säure vollkommen und sind zu stilistischen Idealtypen geworden.

Domaine de Montille ****
Volnay
7,5 ha; 30 000 Fl. • Weine: u.a. Puligny-Montrachet Premier Cru Les Caillerets; Pommard Premier Cru: Les Grands Épenots, Pézerolles, Rugiens; Volnay Premier Cru: Les Mitans, → Taillepieds
Bemerkenswerte Pommards und Volnays, die nur schwach chaptalisiert werden. In ihrer Jugend oft zart, entfalten sie mit den Jahren großen Reichtum.

Pierre Morey ****
Meursault
8 ha; 45 000 Fl. • Weine: u.a. Meursault und → Premier Cru Perrières, Grand Cru Bâtard-Montrachet; Pommard und Premier Cru Les Grands Épenots
Opulent fruchtige Weißweine, die mit Detailbesessenheit ausgebaut werden. Biodynamischer Anbau.

Domaine Jacques Prieur ****–*****
Meursault
21 ha; 75 000 Fl. • Weine: u.a. Meursault Premier Cru Les Perrières; Grand Cru: Chevalier-Montrachet, Montrachet; Volnay Premier Cru: Clos des Santenots; Beaune Premier Cru: Grand Cru: Chambertin, Musigny, Clos de Vougeot, Corton Bressandes
Seit sich das Handelshaus Antonin Rodet an dem exquisiten Gut beteiligte, haben Martin Prieur und die Önologin Nadine Gublin wahre Wunder vollbracht.

Domaine Ramonet ***–*****
Chassagne-Montrachet
17 ha; 100 000 Fl. • Weine: u.a. Chassagne-Montrachet Premier Cru Blanc: Les Caillerets, Morgeot, Les Ruchottes; Premier Cru Rouge: Clos St-Jean, Morgeot; Grand Cru: Bâtard-Montrachet, Montrachet
Ausladende Weißweine, die zu großer Komplexität reifen. Fruchtige milde Rotweine.

Domaine Sauzet ****
Puligny-Montrachet
8 ha; ZT; 100 000 Fl. • Weine: u.a. Puligny-Montrachet und Premier Cru: → Les Combettes, Grand Cru: Bâtard-Montrachet, Bienvenues-Bâtard-Montrachet
Sehr saubere, fruchtbetonte, elegante Weine, die bei zurückhaltendem Holzansatz den Terroircharakter klar zum Ausdruck bringen.

Comte Senard ***–****
Beaune
9 ha; ZT; 40 000 Fl. • Weine: u.a. Grand Cru Corton Blanc Clos des Meix, Corton-Charlemagne; Chorey-lès-Beaune, Aloxe-Corton und Premier Cru Les Valozières; Grand Cru Corton: Bressandes, Clos du Roi, Les Paulands
Konservative, sehr fest strukturierte, stoffige Rotweine.

Domaine Tollot-Beaut ****
Chorey-lès-Beaune
22 ha; 100 000 Fl. • Weine: Grand Cru Corton-Charlemagne; Chorey-lès-Beaune, Savigny-lès-Beaune und Premier Cru, Beaune und Premier Cru: Clos du Roi, Grèves, Aloxe-Corton
Die junge Generation der Tollots hat das bekannte Gut auf ein hohes und homogenes Niveau geführt.

Maison Bouchard Père & Fils **–*****
Beaune
130 ha; ZT; 5 000 000 Fl. • Weine: u.a. Meursault Premier Cru: Pommard Premier Cru Rugiens; Beaune Premier Cru: Grèves, Vigne de l'Enfant Jésus; Grand Cru: Montrachet, Chevalier-Montrachet, Corton, La Romanée
Mit Joseph Henriot ist in das berühmte Handelshaus mit seiner bedeutenden Domäne 1995 qualitative Konsequenz eingezogen.

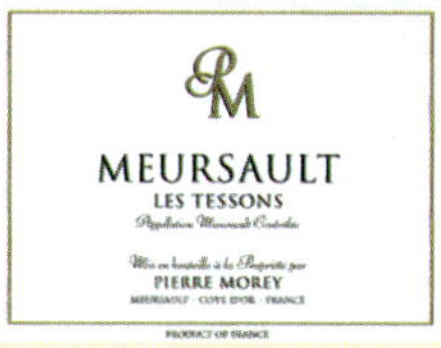

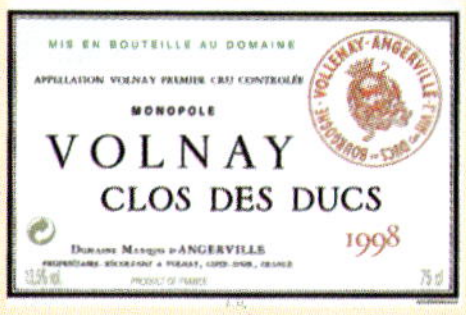

Maison Joseph Drouhin ***–*****
Beaune
61 ha; ZT; Fl. nn • Weine: u.a. Chablis, Beaune Blanc Premier Cru; Grand Cru: Montrachet Marquis de Laguiche, Corton-Charlemagne; Beaune und Premiers Crus; → Volnay Premier Cru Grand Cru: Musigny, Bonnes Mares, Clos de Vougeot, Grands Échezeaux
Höchst eleganter und tiefgründiger Weißweinstil. Hinreißend fruchtige Rotweine.

Maison Camille Giroud ***–****
Beaune
1 ha; ZT; nn Fl. • Weine: u.a. Meursault; Vosne-Romanée, Beaune Les Cras; Volnay, Pommar., Monthélie, Grand Crus: Clos de la Roche, Échezeaux
Bernard und François Giroud walten über ein wundersames Kellerreich, in dem sie gewaltige Pinots über lange Jahre zähmen, ehe sich Kenner daran ergötzen.

Maison Louis Jadot ***–*****
Beaune
49 ha; ZT; 6 000 000 Fl. • Weine: u.a. → Meursault Premier Cru Perrières, Puligny-Montrachet Premier Cru; Grand Cru: Chevalier-Montrachet Les Demoiselles, Corton-Charlemagne; Gevrey-Chambertin; Nuits-Saint-Georges, Beaune, Santenay; Grand Cru: Chapelle-Chambertin, Musigny, Bonnes Mares, Clos de la Roche
Das sehr konstante Handelshaus, das drei Amerikanerinnen gehört, verfügt über ein bewundernswertes Spektrum hochwertigster Lagen. Der typische Jardot Pinot hat Souplesse und Dichte, reift aber dennoch sehr gut.

Maison Louis Latour **–****
Beaune
50 ha; ZT; 6 000 000 Fl. • Weine: u.a. Grand Cru: Bâtard-Montrachet, Chevalier-Montrachet, Corton Blanc, Corton-Charlemagne; Aloxe-Corton und Premier Cru Les Chaillots, Grand Cru: Chambertin; Corton: Bressandes, Chaumes, Clos du Roi, Perrières, Pougets
Der große Ruf dieses Händlers erstreckt sich auf die vollen, reifen, würzigen Weißweine. Allerdings fallen die meisten kleinen und mittleren Provenienzen aus ganz Burgund eher enttäuschend aus, während die hellen Roten in letzter Zeit an Dichte zu gewinnen scheinen.

Maison Olivier Leflaive ***–****
Puligny-Montrachet
12 ha; ZT; 800 000 Fl. • Weine: u.a. Saint-Aubin, Saint-Romain, Santenay, Rully, Puligny-Montrachet Premier Cru Champ Gain, Meursault Premiers Crus Les Charmes; Grand Cru: Criots-Bâtard-Montrachet; Pommard Premier Cru, Volnay Premier Cru Champans
Seit 1994 betreibt Olivier Leflaive sein Handelshaus völlig unabhängig von der berühmten Domäne. Der Akzent liegt auf ähnlich klar definierten Weißweinen, aber die roten Premiers Crus erreichen ebenfalls hohes Niveau.

Maison Chartron et Trébuchet **–****
Puligny-Montrachet
9 ha; ZT; Fl. nn • Weine: u.a. Saint-Romain, Rully, Meursault, Puligny-Montrachet und Premiers Crus: Clos du Cailleret, Folatières; Grand Cru: Chevalier-Montrachet, Bâtard-Chevalier-Montrachet; Volnay, Monthélie, Chassagne-Montrachet
Jean-René Chartron ergänzte seine hochklassige Domäne mit einem Handelshaus, das er mit seinem Freund Louis Trébuchet gründete. In erster Linie ausgerichtet auf Weißwein, wird ein breites und verlässliches Programm angeboten, ergänzt durch einige Rote.

Mehr als nur kleine Brüder: Die Weine der Côte Chalonnaise

Oben links:
In den Winzerdörfern bei Chalon-sur-Saône wachsen Bourgognes mit eigenem Profil.

Chalon war ein wichtiges keltisches Handelszentrum in Gallien. Sein Hafen diente auch als Umschlagplatz für Wein. Bei Grabungen in der Sâone hat man weit über 20 000 römische Amphoren gefunden. Geologisch ist die Côte Chalonnaise keine kontinuierliche Abbruchkante wie die Côte d'Or. Daher ziehen sich die Weinberge hier nicht mehr in einem geschlossenen Band das Gebiet entlang. Es gibt keine Grands Crus, aber fünf kommunale AOCs, von denen vier auch Premier-Cru-Lagen besitzen. Die AOC-Lagen der Gemeinden Bouzeron, Rully und Mercurey im Norden bilden beinahe noch eine einheitliche Fortsetzung der Côte de Beaune. Nach Süden schließen sich Weinberge an, wo immer die Erdgeschichte etwas Kalk hinterlassen hat. Eine kommunale AOC haben auch die isolierter gelegenen Weinberge von Givry in der Mitte und von Montagny im Süden des Gebiets. Da die meisten Reben der Côte Chalonnaise in Höhen zwischen 300 und 350 Metern wachsen, spielt das Kleinklima der Lagen hier eine größere Rolle, und die Lese beginnt in der Regel einige Tage später als an der Côte d'Or. In schwierigen Jahren haben Chardonnay und Pinot Noir Reifeprobleme, während in guten Jahren Weine produziert werden können, die den großen Brüdern aus dem Norden nur preislich nachstehen. Darauf basierte die Wertschätzung der Region im vergangenen Jahrzehnt – nicht zuletzt angesichts der notorischen Knappheit guter Burgunder.

Nischenmarketing

Historisch hat die Côte Chalonnaise jedoch aufgrund der geringeren Jahrgangskonstanz ihrer Weine zwei Nischen besetzt: Zum einen beginnt in der Côte Chalonnaise die Zone des Gamay. Er bedeckt heute etwa ein Achtel der Fläche und wird in der Regel mit weniger hochwertigen Lesepartien Pinot Noir zu Bourgogne Passe-Tout-Grains gekeltert. Zum Zweiten ist die Gegend ein Zentrum der Schaumweinproduktion. Säurereicheres Lesegut von Chardonnay und Pinot Noir ist ideal für die Bereitung von Crémant de Bourgogne.
Gegenwärtig scheint sich an der Côte Chalonnaise eine Polarisierung der Qualitäten abzuzeichnen. Während im niedrigen und mittleren Preissegment der Trend auch zum Vollernter und damit zu einer Uniformierung der Weine geht, sind bessere Güter in derselben Situation wie ihre Kollegen der Côte d'Or: Sie müssen ihre Weine für Stammkunden reservieren und haben trotz steigender Preise keinen Wein für Neukunden. Wer zu einem gewissen Aufwand bereit ist, kann den Anschluss an die Côte d'Or durchaus herstellen. Der fatalistische Hinweis mancher Produzenten auf die Gebietshierarchie Burgunds scheint auch Alibi-Funktion zu haben. Die oft vorgeschobene höhere Oxidationsanfälligkeit des Pinot Noir aus der Côte Chalonnaise beispielsweise hat auch mit geringerer Ertragsdisziplin zu tun und nicht nur mit dem Terroir. Die AOC-Statuten aller kommunalen AOCs mit Ausnahme Mercureys sehen um 5 bis 10 Liter pro Ar höhere Erträge vor.

CHALONNAISE
- Bouzeron
- Rully
- Mercurey
- Givry
- Montagny
- Côte Chalonnaise

MÂCONNAIS
- Mâcon
- Mâcon Villages
- Viré-Clessé
- Saint-Véran
- Pouilly-Fuissé
- Pouilly-Loché und Pouilly-Vinzelles

Weinbaugebiete in angrenzenden Regionen

Die Appellationen der Côte Chalonnaise

Bourgogne Côte Chalonnaise: 428 ha im Verhältnis 3 : 1 rot : weiß.
Bouzeron Aligoté: 61 ha auf besonders mageren Böden, einzige kommunale AOC für Aligoté.
Givry: 219 ha; Rotweine (85 %) werden mit Volnay verglichen, der Chardonnay (15 %) ist berühmt für sein außergewöhnliches Lakritzbukett.
Mercurey: 649 ha; 90 % erdiger Pinot Noir, Ertragsobergrenzen wie an der Côte d'Or (als Basisertrag: 40 l/a für Rotwein, 45 l/a für Weißwein).
Montagny: 258 ha; alle derzeit genutzten Lagen sind Premiers Crus, 100 % Chardonnay, der vor allem in England beliebt ist. (Pierre Poupon beschreibt ihn als Weißwein, »der den Mund kühl und den Kopf klar hält«.)
Rully: 306 ha auf leichten Böden, früh reifende Weine, 2 : 1 weiß : rot.

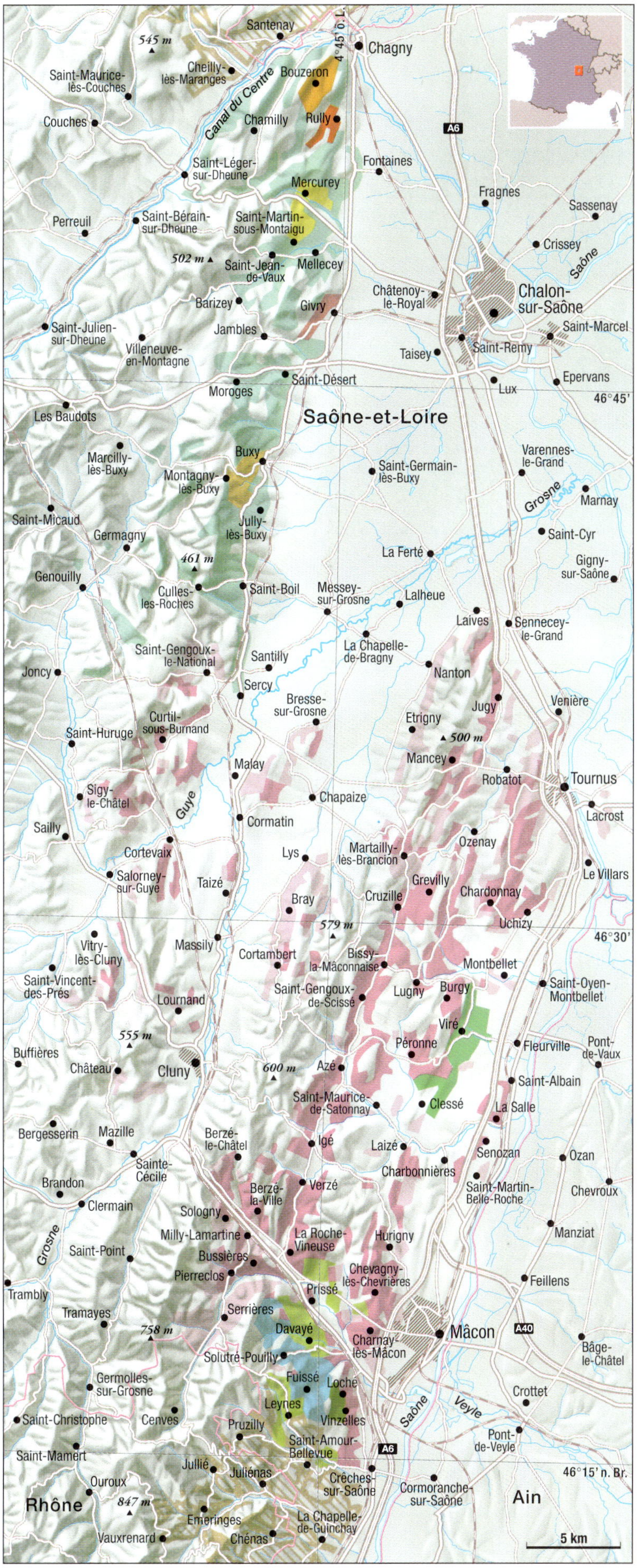

Crémant de Bourgogne

Nadine Masson bietet guten Crémant und feinen Sautenay an.

1975 wurde die AOC Crémant de Bourgogne aus der Taufe gehoben. Lange Zeit jedoch blieb der Schaumwein Burgunds eher ein Stiefkind. Schaumwein, so das Vorurteil, gehört in die Champagne.

Erst mit der Hausse auf dem Champagnermarkt begann ein gewisses Umdenken. In vielen Zonen Burgunds gibt es ideale Bedingungen, um Crémant-Grundweine zu produzieren, vor allem die etwas höheren Säurepegel der Weine aus der Côte Chalonnaise und von den Hautes-Côtes, aber auch der Weine aus dem Norden. Die Côte Chalonnaise ist das historische Zentrum des Crémant. Hier hat man früh erkannt, dass Chardonnay und Pinot konstant genug Klasse besitzen, um den Cuvées Rückhalt zu geben; zusätzlich kann der Aligoté eine feine Würze beisteuern. So hat das Departement Saône-et-Loire unter allen burgundischen Regionen die besten Voraussetzungen zur Crémant-Produktion.

Diese Entwicklung ist auch im Departement Côte d'Or nicht ohne Folgen geblieben. Gerade in den Hautes-Côtes gibt es genügend Weine, die ihren größten Charme als Crémants entfalten. Dazu kommt noch, dass das Châtillonais, jene nördliche Exklave, die administrativ zur Côte d'Or zählt, ein kleines Crémant-Eldorado ist, auch im Departement Yonne gibt es eine sehr aktive Erzeugergemeinschaft, die sich der Crémant-Produktion verschrieben hat.

Anfang der 1990er Jahre stieg die Zahl der jährlich produzierten Crémant-Flaschen auf beinahe 8 Millionen, derzeit ist eine Konsolidierung bei jährlich etwa 5 Millionen Flaschen zu beobachten.

Die gesetzlichen Regelungen zielen darauf ab, die Wertigkeit der AOC von vornherein weit oben anzusetzen, wobei jedoch die Ertragsobergrenzen mit 65 Liter pro Ar zu hoch liegen. Vorgeschrieben ist die selektive Handlese. Aus 150 Kilogramm Trauben dürfen nur 100 Liter Most gewonnen werden. Nach der ersten Gärung beginnt der Grundwein eine Flaschengärung im traditionellen Verfahren mit einer Mindestzeit von neun Monaten auf der Hefe. Gute Crémants bleiben jedoch wesentlich länger mit der Hefe in Kontakt.

Nach dem Degorgieren erfolgt auch beim Crémant die Dosage, die in Burgund traditionellerweise mit niedrigem Zuckergehalt ausfällt.

Mehr als nur arme Vettern: Die Weine des Mâconnais

Die großen Fuder werden im Burgund zwar immer seltener, aber noch immer gibt es Traditionalisten, die auf den behutsamen Ausbau in solchen Gebinden schwören.

Im Mâconnais beginnt Burgund in den südfranzösischen Kulturkreis überzugehen. Auf einer Fläche von 50 mal 15 Kilometern liegen die Weinberge zwischen Weide- und Ackerland verstreut auf Kalksteinhügeln. Klimatisch hat das Mâconnais mehr Sonne und weniger Sorgen um Frost und Hagel als die meisten anderen Regionen Burgunds. Dennoch ist der Weinbau historisch gesehen eher ambitionslos und ländlich orientiert.

Besonders im Norden des Gebiets dominiert Mischlandwirtschaft und genossenschaftliche Organisation – etwa 70 Prozent aller Weine des Mâconnais entstehen in Genossenschaften –, im Süden gibt es mehr hauptberufliche Winzer und private Güter. Die spektakulären Felsformationen, Solutré und Vergisson, bestehen aus demselben Jurakalk, der die Côte d'Or prägt, und sind zu Wahrzeichen des Weinbaus im Mâconnais geworden. Unweit dieser besonders privilegierten Chardonnay-Orte findet man auch Granitböden wie im Beaujolais. Der Übergang dorthin ist in vielerlei Hinsicht fließend: Die Chardonnays aus St-Amour, einer Beaujolais-Cru-Gemeinde, haben beispielsweise Anrecht auf die kommunale Mâconnaiser AOC St-Véran. Roter Mâcon ist andererseits meist Gamay oder Gamay-betont, hat allerdings nur selten größeres Format. Etwa zwei Drittel der Rebfläche des Mâconnais sind mit Chardonnay bestockt. Es gibt keine Premiers und Grands Crus, die Qualitätspyramide ist auf regionale und kommunale AOCs beschränkt. Derzeit gibt eine mögliche Neustrukturierung der Hierarchie zu hitzigen Diskussionen Anlass. Klar ist, dass einige Produzenten aus bestimmten Gemeinden mit großer Konstanz herausragende Chardonnays produzieren, die sich angesichts der derzeitigen Regelung – zumindest ihrer Einstufung nach – unter Wert verkaufen.

Das Problem einer mangelhaften Darstellung seiner Leistungsfähigkeit ist ein Problem des Gebiets als solches. Aufgrund des fehlenden Prestiges wurden in den vergangenen Jahren bis zu drei Viertel der Mâconnaiser Weißweine unter der AOC Bourgogne verkauft. Ein wesentlicher Grund dafür ist, dass gerade die Genossenschaften die Vermarktung ihrer Weine zum größten Teil dem Weinhandel überlassen haben. Der Handel aber hätte gar kein Interesse daran, dass der Konsument diese zuverlässigen Chardonnays mit dem Namen Mâcon verknüpft. Selbst heute noch trägt nur etwa die Hälfte der Weine aus dem Mâconnais die eigene Gebietsbezeichnung. Immerhin beginnen in den letzten Jahren einige Genossenschaften, größere Mengen ihrer Weine selbst zu vermarkten.

Das Mâconnais steht vor einer Phase der Expansion, die weniger quantitativ als qualitativ und mental geschehen wird. Die Weine der AOC Pouilly-Fuissé haben international rasant an Prestige und an Wert gewonnen. Auch St-Véran, die bis vor kurzem einzige weitere kommunale AOC von Bedeutung, hat von der Hausse auf dem Burgundermarkt profitiert. Mit dem Jahrgang 1999 wurde mit ›Viré-Clessé‹ die dritte kommunale AOC installiert.

Auch wenn es bei ihrer Einrichtung Streit über die süßen Weine Jean Thévenets gab (denen schließlich die AOC versagt blieb), so ist dennoch erfreulich, dass der Mut zu qualitativer Aufbauarbeit zunimmt. So kann man hoffen, dass neben den hoch mechanisiert produzierten, ausgewogenen und preiswürdigen Alltags-Chardonnays der regionalen AOCs Mâcon und Mâcon-Villages anspruchsvollere Mâconnaiser Weintypen einen angemessenen Platz am Markt finden.

Rechte Seite:
Der Felsen von Solutré – sein prähistorisches Museum lohnt den Besuch – dominiert das Gebiet der Pouilly-Fuissé.

Appellationen

Mâcon/Pinot-Chardonnay Mâcon: 69 ha; Mâcon wird nur noch als Deklassierungs-AOC eingesetzt, die (ampelographisch fehlerhafte) Bezeichnung ›Pinot-Chardonnay‹ ist so gut wie verschwunden.
Mâcon Supérieur: 880 ha; höheres Alkoholpotential als Mâcon erforderlich, etwa 85 % Rotweine.
Mâcon Villages bzw. Mâcon gefolgt vom Gemeindenamen: 3 048 ha in 43 Orten. Die Bezeichnung ›Villages‹ ist nur für Weißweine zulässig. Ertragsobergrenzen (Basis): 55 l/a bei Rosé- und Rotweinen (Gamay und Pinot), 60 l/a für Chardonnay.
St-Véran: 558 ha; rustikale bis elegante Weißweine, Höchstertrag (Basis) 55 l/a.
Pouilly-Vinzelles (50 ha), Pouilly-Loché (29 ha), Pouilly-Fuissé (746 ha): Chardonnay mit nussig-buttrigen Aromen und schöner Geschmeidigkeit, Höchstertrag 50 l/a.
Viré-Clessé: erstmals mit Verkauf des Jahrgangs 1999.

Ausgewählte Erzeuger der Côte Chalonnaise und des Mâconnais

Stéphane Aladame***
Montagny
6 ha; 25 000 Fl. • Weine: → Bourgogne Aligoté, Montagny Premier Cru: Les Coères, → Les Burnins; Crémant
Der Youngster unter den Winzern der Côte Chalonnaise kellert aromatische, stilvolle Weißweine.

Domaine René Bourgeon*–*****
Givry
10 ha; 50 000 Fl. • Weine: Givry Blanc Clos de la Brûlée; Bourgogne, Givry Villages, Givry La Baraude
René Bourgeon arbeitet nach den Prinzipien des biodynamischen Anbaus und verleiht seinen Rotweinen intensive Frucht und überzeugenden Terroir-Ausdruck.

Domaine Jean-Claude Brelière*–*****
Rully
7,5 ha; 40 000 Fl. • Weine: Rully Blanc La Barre und Premier Cru Les Margotés; Rully Premier Cru: Les Préaux, Les Montpalais, Les Champs Cloux
Als er begann, seine Reben auszulichten, hielt man ihn für verrückt. Inzwischen sprechen Ausgewogenheit und Eleganz seiner Weine für sich selbst.

Domaine Michel Briday**–*****
Rully
12 ha; 35 000 Fl. • Weine: u.a. Rully Blanc und Premier Cru Grésigny; Rully Rouge und Premier Cru, Mercurey Premier Cru
Michel und Stéphane Briday, Vorreiter des Bio-Anbaus, erzeugen nervöse Weißweine und feine Rote.

Domaine Brintet***
Mercurey
13 ha; 55 000 Fl. • Weine: u.a. Mercurey Blanc: Vieilles Vignes, Premier Cru Les Crêts; Mercurey: La Charmée, La Perrière, Premier Cru: Les Crêts, La Levrière,
Die Brintets zählen zu den Aufsteigern der Côte Chalonnaise, denn in wenigen Jahren haben sie einen bemerkenswert dichten Weinstil entwickelt.

Domaine Raymond Dureuil-Janthial***
Rully
6 ha; 24 000 Fl. • Weine: u.a. Rully Blanc, Puligny-Montrachet; Bourgogne, → Rully, Mercurey
Vater Raymond und Sohn Vincent halten die Tradition mit Hingabe hoch. Dabei entstehen nicht entrappte kernige Rote, die bestens altern.

Domaine Jacqueson*–*****
Rully
8 ha; 50 000 Fl. • Weine: u.a. Rully Premier Cru: → La Pucelle, Grésigny; Rully → Les Chaponnières Mercurey Les Vaux und Premier Cru Naugues
Henri und Paul Jacqueson beweisen schon seit vielen Jahren, dass Rully für Rotweine mindestens so geeignet ist wie für weiße; es sind beachtlich strukturierte, nicht entrappt gekelterte würzige Weine.

Domaine Joblot****
Givry
13 ha; 60 000 Fl. • Weine: Givry Blanc und Premier Cru Servoisine; Givry Rouge und Premier Cru: → Servoisine, Cellier aux Moines
Den Brüdern Jean-Marc und Vincent Joblot ist es gelungen, durch ausgezeichnete Weinbergsarbeit, bewusst gewählten Reifegrad und meisterhafte Vinifikationen konzentrierte, fruchtbetonte, passend holzgeprägte Rotweine zu zaubern, die das Terroir von Givry mit Eleganz in Szene setzen.

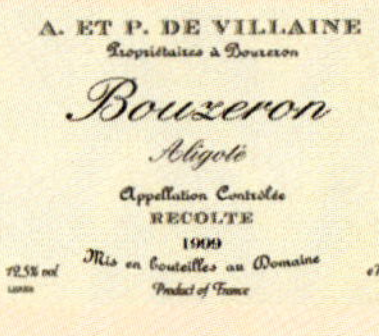

Domaine Émile Juillot***
Mercurey
11,5 ha; 45 000 Fl. • Weine: u.a. Bourgogne Côte Chalonnaise Blanc, Mercurey und Premier Cru La Cailloute; Mercurey Château Mipont, Mercurey Premier Cru: Champs Martins, Les Combins, Les Croichots
Jean-Claude Theulot ist für solide, strukturreiche Rotweine mit behutsamem Ausbau bekannt.

Domaine Michel Juillot***
Mercurey
30 ha; 180 000 Fl. • Weine: u.a. Mercurey Blanc, Grand Cru Corton-Charlemagne; Mercurey und Premier Cru: → Les Champs Martins, Grand Cru Corton-Perrières
Als Apostel der Appellation Mercurey hat Michel Juillot wesentlich zu ihrer Renaissance beigetragen. Seine Roten sind stoffig, fruchtbepackt und holzbetont.

Domaine Lumpp****
Givry
5 ha; 30 000 Fl. • Weine: u.a. Givry Blanc Premier Cru Crausot und Petit Marole; Givry und Premier Cru: → Clos du Cras Long, → Clos Jus, Crausot
Isabelle und François Lumpp machen mit finessenreichen, stilsicheren Weiß- und Rotweinen auf sich aufmerksam.

Domaine du Meix-Foulot***
Mercurey
20 ha; 55 000 Fl. • Weine: Bourgogne Aligoté, Mercurey Blanc und Rouge; Mercurey Premier Cru: Les Biots, → Clos du Château de Montaigu, Les Velys
Niedrige Erträge und konservative Vinifikation führen zu komplexen, im besten Sinn traditionellen Weinen.

Domaine de Villaine****
Bouzeron
20 ha; 100 000 Fl. • Weine: u.a. → Bouzeron, Rully Les Saint-Jacques; Mercurey Les Montots
Gut alternder Aligoté in Cru-Qualität aus berufenen Händen: Aubert de Villaine ist hauptberuflich Mitbesitzer und einer der beiden Verwalter der Domaine de la Romanée-Conti. Seine Weinberge sind biologisch kultiviert.

Maison André Delorme**–*****
Rully
65 ha; ZT; 450 000 Fl. • Weine: u.a. Bouzeron, Rully, Montagny Premier Cru; Rully Premier Cru: Grésigny, Les Cloux, La Fosse, Marissou; Givry Premier Cru Clos du Cellier aux Moines; Crémant de Bourgogne
André Delorme gründete sein Haus 1942 für die Erzeugung von Crémant. Noch immer Spezialist auf diesem Sektor, liegt das Schwergewicht längst auf den stillen Weinen der Domaine de la Renarde, mit denen Jean-François Delorme mehr und mehr Ansehen erwirbt.

Maison Antonin Rodet**–*****
Mercurey
160 ha; ZT; 7 000 000 Fl. • Weine: u.a. Série Cave Privée mit kommunalen AOCs der Côte d'Or, Rully Château de Rully, Givry Château de la Ferté, → Mercurey Château de Chamirey
Das immer zuverlässigere Handelshaus an der Hauptstraße in Mercurey befindet sich im Aufwärtstrend. Auf den Auslandsmärkten treten stärker die Provenienzen von außerhalb der Côte Chalonnaise in Erscheinung.

Cave de Mancey **–***
Tournus
150 ha; 400 000 Fl. • Weine: diverse Mâcon-Villages, → Vieilles Vignes; rote Domänenweine wie → Mâcon Mancey: Domaine Jean Chapuis Domaine André Dupuis
Die kleine Genossenschaft im Norden des Mâconnais geht immer mehr dazu über, das Lesegut ihrer Genossenschafter separat zu keltern und abzufüllen.

Château de Fuissé ***–****
Fuissé
30 ha; 200 000 Fl. • Weine: u.a. Pouilly-Fuissé: Les Clos, Les Combettes, Vieilles Vignes
Bei Jean-Jacques Vincent stehen die würzigen Seiten des Chardonnay im Vordergrund und die Frische. Je nach Jahrgang unterbindet er die biologische Säureumwandlung ganz oder teilweise, um seinen Weißen optimale Ausgewogenheit zu erhalten.

Domaine Barraud ***–****
Vergisson
7 ha; 40 000 Fl. • Weine: Mâcon-Vergisson, Saint-Véran Pouilly-Fuissé: → La Verchère, Vieilles Vignes
Sehr gute, im Barrique vergorene Pouilly-Fuissés; besonders gelungen ist die Cuvée Vieilles Vignes.

Domaine de la Bongran ****–*****
Clessé
15 ha; 80 000 Fl. • Weine: u.a. Viré-Clessé, Mâcon Viré Domaine Gillet, Cuvée Levroutée, Cuvée Botrytis
Jean Thévenet bereitet im speziellen Mikroklima von Clessé teils mit Restsüße spielende Spätlesen und sogar edelsüße Botrytis-Chardonnays. Die neue AOC Viré-Clessé klammert diese grandiosen Weine aus.

Domaine Bonhomme ***–****
Viré
9 ha; 40 000 Fl. • Weine: Mâcon Viré-Clessé: Jeunes Vignes, Cuvée spéciale, → Vieilles Vignes
Nach dem Alter der Reben separat gekelterte und ausgebaute, in der Qualitätsspitze bemerkenswerte Chardonnays. Die Moste der älteren Reben werden zu größeren Anteilen im Barrique vergoren.

Domaine Cordier Père & Fils ***–****
Fuissé
11 ha; 60 000 Fl. • Weine: u.a. Saint-Véran, Pouilly-Fuissé, Métertière, → Vignes blanches, → Vers Cras
Roger und Christophe Cordier sind für opulente Chardonnays, die zuweilen durch einen Hauch Restsüße abgerundet sind, bekannt.

Domaine des Deux Roches ***
Davayé
34 ha; ZT; 450 000 Fl. • Weine: u.a. Saint-Véran: Les Cras, Les Terres Noires, Pouilly-Fuissé; Mâcon, Mâcon Villages, Mâcon Pierreclos
Jean-Luc Terrier und Christophe Collovray haben ihre Energien vereint, um dichte, mineralische Chardonnays, die Holz und Frucht zu guter Komplexität verbinden, zu produzieren. Auch die Rotweine überzeugen.

Domaine Ferret ****
Fuissé
14,5 ha; 40 000 Fl. • Weine: Pouilly-Fuissé: Tête de Cru Les Perrières, Tête de Cru Le Clos, → Hors-Classe »Les Ménétières«, → Hors-Classe Tournant de Pouilly
Dies ist die Hochburg des traditionellen Pouilly-Fuissé, wo honigduftende, dezent holzgeprägte Weine von Trauben alter Reben erzeugt werden.

Domaine Guffens-Heynen *****
Vergisson
3 ha; 17 000 Fl. • Weine: Mâcon Pierreclos und Le Chavigne, Pouilly-Fuissé: Premier Jus, Clos de Petit Croux
Mit archaischem Instrumentarium – die Presse stammt aus dem 17. Jahrhundert – werden perfektionistische Weine gekeltert, die mit Holz, Frucht, Säure und Spätlesearomen spielen.

Domaine Guillot-Broux **–***
Cruzille
16 ha; 90 000 Fl. • Weine: Mâcon Chardonnay Les Combettes, Mâcon Grévilly Les Genièvrières; Mâcon Cruzilly, Mâcon Grévilly rouge
Auf seinen superben, in mühseliger Arbeit urbar gemachten Lagen gewinnt Jean-Gérard Guillot-Broux mit biologischem Anbau reife, goldfarbene Chardonnays mit feiner Haselnussnote und stoffige Rote.

Domaine René Michel et ses Fils ***–****
Clessé
15 ha; 80 000 Fl. • Weine: Viré-Clessé: Cuvée traditionnelle, Vieilles Vignes blanc; Mâcon Rouge
René Michel und seine drei Söhne bringen von Hand gelesene Spätlesen von alten Reben ein, die in den meisten Jahren unchaptalisiert vergoren werden.

Domaine Jacques Saumaize ***–****
Vergisson
6 ha; 35 000 Fl. • Weine: u.a. Saint-Véran: En Crèches, auch Vieilles Vignes, Poncelys; Pouilly-Fuissé: La Roche, → Vieilles Vignes
Ein junger Betrieb, der zeigt, dass Mineralität und Holzeinsatz für die guten Weine der Crus des Mâconnais keinen Widerspruch bilden.

Domaine Saumaize-Michelin ***
Vergisson
8,5 ha; 50 000 Fl. • Weine: u.a. Saint-Véran: En Crèches, → Vieilles Vignes; Pouilly-Fuissé: Vignes Blanches, → Clos de la Roche, → Les Ronchevats; Mâcon Rouge Les Bruyères Tradition
Roger Saumaize zählt zu den besten Winzern von Vergisson. Seine Weißweine besitzen sowohl Nerv und Mineralität als auch gekonnt abgestimmte Würze und Röstnoten des Barrique.

Domaine du Vieux Saint-Sorlin ****
La Roche-Vineuse
7 ha; ZT; 80 000 Fl. • Weine: u.a. → Viré-Clessé, → Saint-Véran, Pouilly-Fuissé: Bourgogne rouge
Olivier Merlin macht reichhaltige Weine, die den Holzeinsatz bestens verkraften können.

Maison Auvigne **–***
Charnay-lès-Mâcon
5 ha; ZT; 270 000 Fl. • Weine: u.a. Mâcon Solutré; Saint-Veran, Pouilly-Fuissé: Les Cahilloux, Vieilles Vignes, Hors Classe
Jean-Pierre Auvigne hat sich in seinem Handelshaus auf Weine aus der direkten Umgebung spezialisiert.

Maison Verget ****
Sologny
ZT; Fl. nn • Weine: u.a. Mâcon Vergisson La Roche, Saint-Véran; Pouilly-Fuissé, Ladoix, Meursault, Corton Charlemagne, Bâtard Montrachet
Das Handelssegment von Guffens-Heynen ist ausschließlich auf Weißweine spezialisiert, für die Trauben angekauft und selbst vinifiziert werden.

Beaujolais

Beaujolais Nouveau ist vielleicht der bekannteste französische Wein überhaupt. Alljährlich am dritten Donnerstag im November feiert man seine Ankunft zwischen Los Angeles und Tokio. Seit den späten 1960er Jahren hat sich der Ruf des im Eilverfahren produzierten Weines in alle Welt verbreitet. Was früher nur eine lokale Sitte war, der Ausschank des neuen Beaujolais in den Kneipen von Lyon, den *bouchons*, ist zum weltweiten Kult geworden.

Das Beaujolais hat von diesem Boom profitiert, keine Frage, aber die Vielfalt seiner Produkte wird von der Popularität des Nouveau (oder Primeur) oft erdrückt. In dem schmalen Landstrich zwischen Lyon und Mâcon entstehen nämlich auch Weine, die mit den weiter nördlich beheimateten berühmten Burgundern mithalten können. Dass diese Spitzen-Beaujolais längst nicht so bekannt sind wie andere französische Gewächse, mag man bedauern. Andererseits hat diese Tatsache Einfluss auf die Preise: Erstklassige Beaujolais sind wesentlich günstiger zu haben als vergleichbare Burgunder.

Historisch gesehen war das Beaujolais nie ein Teil der Region Burgund. Lediglich der Nordteil wurde dem Departement Saône-et-Loire zugeschlagen und gehört somit verwaltungsmäßig zum Burgund. Der Großteil des Beaujolais und seine Hauptstadt Villefranche-sur-Saône sind dagegen Bestandteil des Departements Rhône, dessen Verwaltung in Lyon residiert. Weinrechtlich betrachtet, zählt das gesamte Beaujolais allerdings zur Bourgogne.

Das Beaujolais ist eine Landschaft voll Charme, in der manches Schloss vom Reichtum der Lyoner Seidenhändler zeugt.

Fruchtig-süffige Weine und heitere Jovialität trifft man garantiert auf der Weinstraße an.

Im 14. Jahrhundert hatte die wichtigste Rebsorte des Beaujolais, die Gamay, sogar die besten Lagen der Côte d'Or erobert, was den Zorn Philipps des Kühnen, des Herzogs von Burgund, erweckte. Im Jahre 1395 befahl er, den Gamay auszureißen. Stattdessen wurde weiter nördlich Pinot Noir gepflanzt. Im Beaujolais aber und im Mâconnais hat sich der Gamay erhalten. Seinen feinsten Ausdruck erreicht er auf den kristallinen Böden des nördlichen Beaujolais, den Crus. Neun der zehn Crus – die Ausnahme bildet der zuletzt gekürte Régnié – erhielten auch das Recht, ihren Gamay als Bourgogne zu etikettieren. Überall sonst im Beaujolais darf nur den selten kultivierten Sorten Chardonnay und Pinot Noir die Appellation Bourgogne zuerkannt werden.

Weinbau zwischen Fluss und Bergen

Das Beaujolais erstreckt sich zwischen Lyon und Mâcon auf einer Länge von rund 55 Kilometern und einer Breite von bis zu 15 Kilometern. Erzeugt werden auf insgesamt 23 000 Hektar rund 1,4 Millionen Hektoliter Wein – davon wird fast die Hälfte als Beaujolais Primeur oder Nouveau vermarktet. Neben Weingütern und Handelshäusern spielen auch die Genossenschaften eine traditionell große Rolle: Die 19 Caves erzeugen rund ein Drittel der gesamten Erntemenge. Die Rebflächen bedecken die ersten, aus der Saône-Ebene aufsteigenden Hänge der Monts du Beaujolais, reichen aber nur bis zu einer Höhe von 450 Metern hinauf. Im Süden bestehen die Böden zum

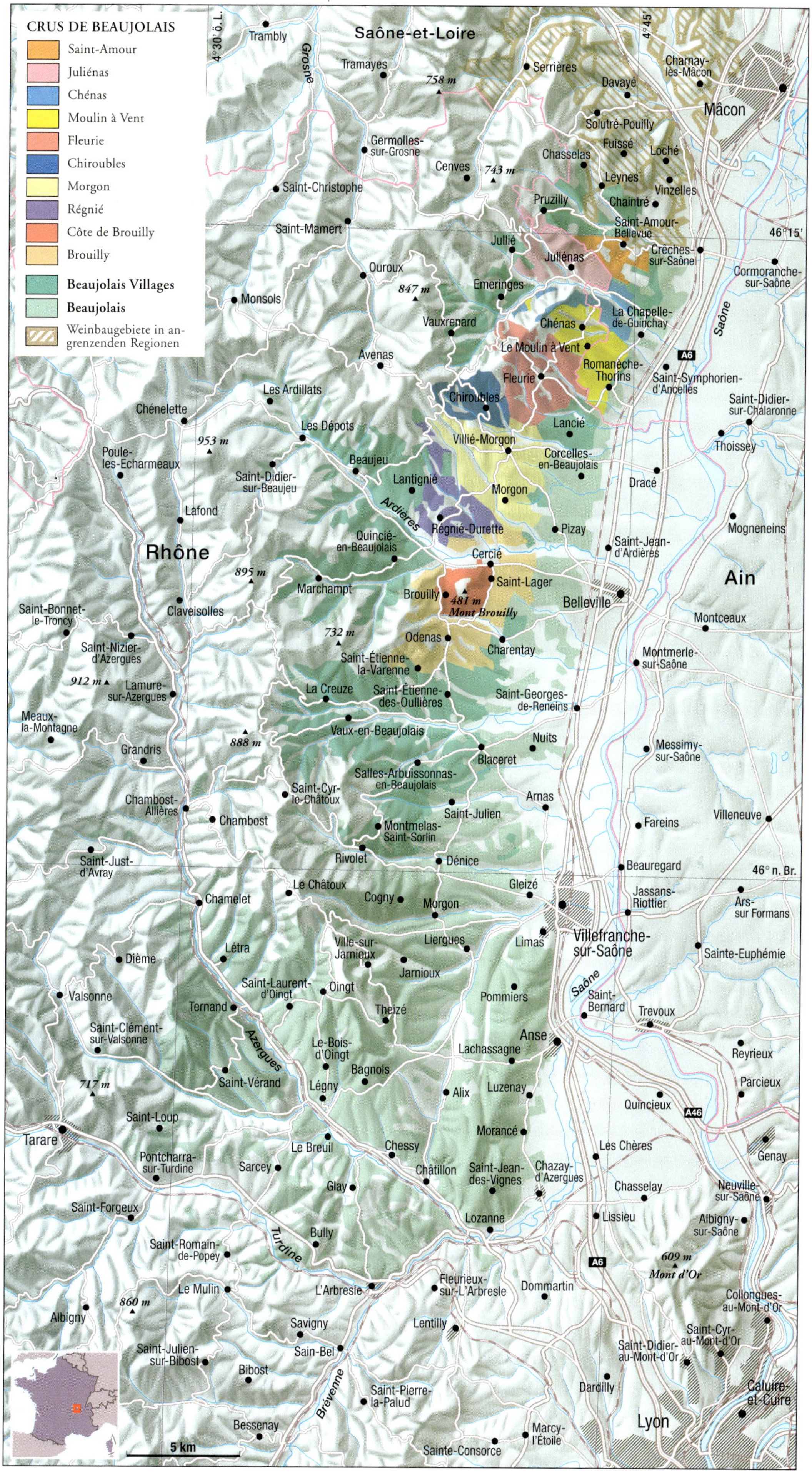
CRUS DE BEAUJOLAIS
Saint-Amour
Juliénas
Chénas
Moulin à Vent
Fleurie
Chiroubles
Morgon
Régnié
Côte de Brouilly
Brouilly
Beaujolais Villages
Beaujolais
Weinbaugebiete in angrenzenden Regionen
Saône-et-Loire
Rhône
Ain
4°30' ö. L.
4°45'
46°15'
46° n. Br.
Trambly
Grosne
Tramayes
758 m
Serrières
Charnay-lès-Mâcon
Davayé
Mâcon
Solutré-Pouilly
Fuissé
Loché
Germolles-sur-Grosne
Cenves
743 m
Chasselas
Leynes
Vinzelles
Saint-Christophe
Pruzilly
Chaintré
Saint-Mamert
Saint-Amour-Bellevue
Jullié
Juliénas
Crêches-sur-Saône
Ouroux
Cormoranche-sur-Saône
847 m
Emeringes
Monsols
La Chapelle-de-Guinchay
Vauxrenard
Chénas
Saône
Le Moulin à Vent
A6
Avenas
Romanèche-Thorins
Fleurie
Saint-Symphorien-d'Ancelles
Les Ardillats
Saint-Didier-sur-Chalaronne
Chénelette
Chiroubles
Les Dépots
Lancié
953 m
Villié-Morgon
Thoissey
Poule-les-Echarmeaux
Beaujeu
Corcelles-en-Beaujolais
Saint-Didier-sur-Beaujeu
Lantignié
Dracé
Morgon
Lafond
Ardières
Régnié-Durette
Pizay
Mogneneins
Quincié-en-Beaujolais
Saint-Jean-d'Ardières
Cercié
895 m
Saint-Lager
Marchampt
Brouilly
481 m
Mont Brouilly
Belleville
Saint-Bonnet-le-Troncy
Claveisolles
Montceaux
732 m
Odenas
Saint-Nizier-d'Azergues
Charentay
Saint-Étienne-la-Varenne
Montmerle-sur-Saône
912 m
Lamure-sur-Azergues
La Creuze
Saint-Étienne-des-Oullières
Saint-Georges-de-Reneins
Meaux-la-Montagne
Vaux-en-Beaujolais
888 m
Nuits
Grandris
Messimy-sur-Saône
Blaceret
Salles-Arbuissonnas-en-Beaujolais
Saint-Cyr-le-Châtoux
Arnas
Chambost-Allières
Chambost
Saint-Julien
Villeneuve
Fareins
Montmelas-Saint-Sorlin
Saint-Just-d'Avray
Rivolet
Dénice
Beauregard
Le Châtoux
Gleizé
Jassans-Riottier
Chamelet
Cogny
Morgon
Ars-sur Formans
Liergues
Villefranche-sur-Saône
Ville-sur-Jarnioux
Limas
Létra
Sainte-Euphémie
Dième
Jarnioux
Saint-Laurent-d'Oingt
Oingt
Valsonne
Pommiers
Saône
Saint-Bernard
Ternand
Theizé
Trevoux
Saint-Clément-sur-Valsonne
Anse
Azergues
Le-Bois-d'Oingt
Lachassagne
Reyrieux
Bagnols
Saint-Vérand
717 m
Légny
Parcieux
Alix
Luzenay
Quincieux
A46
Saint-Loup
Tarare
Morancé
Le Breuil
Chessy
Les Chères
Genay
Pontcharra-sur-Turdine
Sarcey
Châtillon
Saint-Jean-des-Vignes
Chazay-d'Azergues
Chasselay
Glay
Neuville-sur-Saône
Saint-Forgeux
Lissieu
Lozanne
Albigny-sur-Saône
Bully
Turdine
Saint-Romain-de-Popey
609 m
Mont d'Or
A6
Fleurieux-sur-L'Arbresle
Le Mulin
L'Arbresle
Dommartin
Collonges-au-Mont-d'Or
860 m
Albigny
Savigny
Lentilly
Saint-Cyr-au-Mont-d'Or
Saint-Julien-sur-Bibost
Sain-Bel
Saint-Didier-au-Mont-d'Or
Bibost
Brévenne
Saint-Pierre-la-Palud
Dardilly
Caluire-et-Cuire
Bessenay
Marcy-l'Étoile
Lyon
5 km
Sainte-Consorce

großen Teil aus Mergel und kalkhaltigem Untergrund, entstanden im Mesozoikum. Doch zur Saône hin finden sich generell in den östlichsten Lagen Schwemmböden aus den jüngeren Erdzeitaltern. Die besten Weinberge, nördlich von Villefranche, sind kristallinen Charakters, gehen auf das Paläozoikum zurück und weisen Granit und Schiefer auf, wobei Letzterer – wenn er sich zersetzt – Mineralien freigibt, die Einfluss auf die Aromenbildung der Weine haben.

Das Beaujolais wird im Osten von der Saône begrenzt. Auf den ihr zugewandten Hängen erstrecken sich die Weinlagen, darüber und dahinter schließen sich die waldreichen Monts du Beaujolais an, deren höchster Gipfel knapp 1000 Meter erreicht. Im Norden reichen die Hügel des Beaujolais fast bis zum berühmten Felsen von Solutré, im Süden verlaufen sie nahtlos in die Monts du Lyonnais, und im Westen verschmelzen die Hänge mit dem Nachbardepartement Loire.

Eine kulinarische Region

Das Beaujolais kann weder mit spektakulären Naturschönheiten noch mit Kulturdenkmälern von Weltrang auftrumpfen. Aber es ist eine Region mit Herz, in der man es versteht zu genießen, wobei die Lieblingsgerichte Leihgaben aus Burgund oder Lyon sind. Deshalb findet man – bis auf seltene Ausnahmen – keine große, aber eine bodenständige, gute Gastronomie. Terrinen und Würste – vor allem die Andouillette –, Bœuf Bourgignon und Eier in Rotweinsauce sind typische Gerichte, und Wurstwaren spielen im Alltagsleben eine wichtige Rolle. Stärkten sich in Lyon die Arbeiter in den frühen Morgenstunden mit deftiger Kost, so entwickelte sich im Weinland Beaujolais ein *mâchon* der Winzer und Weinbergarbeiter, das es früher und vor allem zur Lese mit der Lyonneser Version aufnehmen konnte. Inzwischen hat es etwas abgespeckt und dient den Winzern, die früh am Morgen in die Weinberge zur Arbeit gehen, als Imbiss. Dann liegen getrocknete Würste und geräucherter Speck im Korb, gutes Bauernbrot, natürlich eine Flasche Beaujolais und nicht zuletzt einige Käse aus den Monts du Beaujolais. Diese auf den Höfen von den Bauern selbst gemachten Käse aus Ziegen- und/oder Kuhmilch sind im Beaujolais selbst und in Lyon geschätzt. Zu all diesen Spezialitäten passt ein Beaujolais, und je würziger das Essen, desto einfacher und jünger darf der Wein sein. Die großen, gereiften Crus des Beaujolais können dagegen auch aufwändige Fleisch- und Wildgerichte begleiten. Sie sollten dann allerdings wärmer serviert werden (bei etwa 16 Grad) als junge Beaujolais, Beaujolais Villages oder gar die Beaujolais Primeurs. Für diese fruchtigen und gerbstoffarmen Weine sind 12 bis 14 Grad ideal, ansonsten verlieren sie das, was einen guten Beaujolais auszeichnet: die Frucht.

Aufgrund der Bodenverhältnisse wurde das Beaujolais in drei unterschiedliche Appellationsstufen eingeteilt.

Immer noch schätzen die Vignerons des Beaujolais ihr ›mâchon‹, das zweite Frühstück im Weinberg.

Père Bréchard, einer der Väter des heutigen Beaujolais

AOC Beaujolais und Beaujolais Supérieur

Die flächenmäßig größte Appellation nimmt die ganze südliche Hälfte des Anbaugebiets ein, schließt aber auch die niedrigeren östlichen Lagen ein, sodass sie in 72 Gemeinden erzeugt wird. Etwa 10 300 Hektar stehen in Ertrag, auf denen der erlaubte Höchstertrag 66 Hektoliter pro Hektar, der potentielle Mindestalkoholgehalt 9,5 Prozent und für den Supérieur 10 Prozent beträgt. Jährlich werden durchschnittlich 670 000 Hektoliter erzeugt. Nur ein Hundertstel der gesamten Produktion wird als Beaujolais Supérieur eingestuft, die aus Chardonnay erzeugten Weißweine machen nur 9 000 Hektoliter aus.

AOC Beaujolais-Villages

Im Zentrum der Region, nordwestlich von Villefranche, um das Städtchen Beaujeu und an der nordwestlichen Grenze des Beaujolais, verteilt sie sich auf 38 Gemeinden, von denen die meisten das Recht haben, den Begriff Villages durch den eigenen Namen zu ersetzen. Auf knapp 6 100 Hektar werden bei einem Höchstertrag von 60 Hektolitern und mindestens 10 Prozent potentiellem Alkohol pro Jahr etwa 350 000 Hektoliter vinifiziert. Auch hier liefert Chardonnay den raren Weißwein, ein Hundertstel der Produktion.

AOC Cru du Beaujolais

Auf einem schmalen Streifen zwischen dem Mont-Brouilly und dem Mâconnais befinden sich die aus Granit und Schiefer bestehenden Hänge, von denen die Trauben für die Topweine reifen. Der Höchstertrag ist auf 58 Hektoliter begrenzt, und sie müssen 10 bis 10,5 Prozent Mindestalkohol aufweisen. Es handelt sich – von Süden nach Norden – um Brouilly (1300 ha), Côte de Brouilly (320 ha), Régnié (590 ha), Morgon (1100 ha), Chiroubles (380 ha), Fleurie (850 ha), Moulin-à-Vent (650 ha), Chénas (280 ha), Juliénas (600 ha) und Saint-Amour (320 ha), insgesamt rund 6 400 Hektar, die im Durchschnitt 360 000 Hektoliter Wein erbringen.

Winzer Marcel Lapierre in Morgon hat seinen eigenen Kopf: Er hält der alten Tischpresse, die die Trauben äußerst sanft presst, die Treue, da ihm bei der Weinbereitung der Schwefel nicht schmeckt. Das Resultat sind eigenständige Beaujolais-Weine auf höchstem Niveau.

Gamay und Ganzbeerenmaischung

Im Beaujolais regiert unumstritten die Rebsorte Gamay noir à jus blanc, die schwarze Gamay mit weißem Saft. Bis auf etwas Chardonnay für den Beaujolais Blanc und noch weniger Pinot Noir, die zusammen gerade ein Prozent ausmachen, sind die Weinberge ausschließlich mit Gamay bestockt. Damit ist das Beaujolais mit Abstand das bedeutendste Gamay-Gebiet Frankreichs – und damit der Welt.

Der Gamay ist eine früh reifende und ertragreiche Sorte. Winzer, die einen hochwertigen Wein erzeugen wollen, müssen das Gamay-Wachstum zügeln. Dies geschieht zum einen durch Erhöhung der Pflanzdichte, die den Konkurrenzdruck der Reben fördert – im Beaujolais stehen 9 000 bis 13 000 Rebstöcke pro Hektar. Zum anderen wird der Ertrag durch rigorosen Rebschnitt reduziert. Traditionell ist die bei den Villages und den Crus

Auf Schiefertafeln wird der Werdegang der Weine exakt vermerkt.

Coteaux du Lyonnais

Ab dem 16. Jahrhundert florierte der Weinbau in den Hügeln, die sich ans Beaujolais anschließen und sich westlich von Lyon bis zum Beginn der nördlichen Rhône-Lagen ziehen. Doch nach der Reblauskrise im späten 19. Jahrhundert blieb die Renaissance des Weinbaus bescheiden. Nur knapp 350 Hektar sind heute in dieser Appellation bestockt, von denen rund 21 000 Hektoliter Wein erzeugt werden. Fast ausschließlich handelt es sich dabei um Rotwein aus der Gamay-Traube, zu geringen Anteilen auch um weiße Gewächse aus Aligoté und Chardonnay. Rotweine müssen 10 % Mindestalkohol erreichen, Weißweine 9,5 %. Nach der Anerkennung der Appellation im Jahr 1984 ist Bewegung in das Gebiet gekommen: Mittlerweile können die besten Weine mit ihren Nachbarn im Beaujolais mithalten. An der Qualitätsspitze steht derzeit die Genossenschaft von Saint-Bel, aber das runde Dutzend unabhängiger Winzer schläft nicht.

Die Genossenschaft von Juliénas residiert im Schloss zu Füßen des Dorfes.

vorgeschriebene Erziehungsmethode Gobelet, bei der die Form der Rebe einem Pokal ähnelt. In der Appellation Beaujolais darf auch der Fruchtrutenschnitt Guyot angewandt werden – hier erzieht man die Rebe an Drahtrahmen, während man sonst jede einzelne an einem Pfahl festbindet. Schnitt und Vinifikation setzen Handlese voraus, die meist Mitte September beginnt und sich über drei Wochen erstreckt.

Das Geheimnis der Frucht

Beaujolais-Trauben müssen unbeschädigt in den Keller gelangen, dafür verwenden die Winzer Kästen, die nicht mehr als 80 Kilo Trauben fassen: Voraussetzung für die im Beaujolais übliche Ganzbeeren- oder Kohlensäuremaischung. Es gibt viele Varianten, doch das Prinzip ist immer gleich: Die Trauben werden unzerkleinert in Tanks oder Holzbehälter geschüttet. Die am Boden liegenden Beeren zerplatzen zum Teil, sodass sich dort Most sammelt, der zu gären beginnt. Dabei entwickelt sich Kohlendioxid, das die Atmosphäre sättigt. Ohne Sauerstoff sind die anderen Beeren zu einer intrazellularen Gärung gezwungen, wobei der Most den Schalen besonders viele Aromen entzieht.
Je nach Art des angestrebten Weincharakters wird der Most nach vier bis etwa zehn Tagen abgezogen, der Rest gepresst und – nachdem Ablaufmost und Pressmost assembliert wurden – zu Ende vergoren. Je kürzer die Maischezeit, umso weniger Tannine nimmt der Wein auf. Beim gesamten Gärprozess spielt die Temperatur eine wichtige Rolle. Die Frucht eines Vin Nouveau stellt sich besser um 20 °C ein, die Struktur eines Cru eher bei 30 °C. Aber wie fast jeder Rotwein durchläuft auch der Beaujolais die biologische Säureumwandlung, was den – bei ihm oft erhöhten – Säuregehalt mindert und den Wein stabilisiert.

Alterung nicht ausgeschlossen

Obwohl die Sommer im Beaujolais oft heiß und trocken sind, ist die Anreicherung des Mostes um maximal zwei Alkoholgrade erlaubt. Zudem zählt der Gamay nicht zu den Sorten, die viel natürlichen Zucker bilden, schon gar nicht, wenn die Erträge zu hoch sind. Wenige Winzer verzichten auf Chaptalisierung. Der besondere Charme des Beaujolais liegt in seinen intensiven und reizvollen Aromen. Sie umfassen ein Spektrum von Blüten wie Veilchen, Rose, Maiglöckchen sowie von Früchten wie Kirsche, Himbeere, roter Johannisbeere oder Heidelbeere. Obwohl sich diese frischen Aromen am reinsten in jungen Weinen ausdrücken, besitzen viele Weine der Region – nicht nur die zehn Crus – ausreichend Struktur, um einige Jahre zu altern. Berühmt für ihr langjähriges Potential sind vor allem Morgon, Chénas und Moulin-à-Vent. Erstaunlicherweise nähern sich gut gereifte Beaujolais Crus häufig in Bukett und Geschmack Burgundern an – obwohl sie aus verschiedenen Traubensorten bereitet sind.

Juliénas wurde zum Inbegriff des Beaujolais-Cru.

Ausgewählte Erzeuger im Beaujolais

Domaine Emile Cheysson **–****
Chiroubles
26 ha; 100 000 Fl. • Weine: Chiroubles, →Chiroubles Cuvée Prestige
Emile Cheysson gründete das Gut 1870. Sieben bis acht Tage Ganzbeerenmaischung sind die Regel, die Weine sind Beaujolais aus dem Bilderbuch.

Domaine Michel Chignard ***–*****
Fleurie
8 ha; 40 000 Fl. • Weine: u.a. Fleurie, Fleurie Cuvée les Moriers
Michel Chignard Fleurie von alten bis uralten Reben zählt zu den anerkanntesten Beaujolais.

Domaine du Clos du Fief ***–****
Juliénas
13 ha; 80 000 Fl. • Weine: Beaujolais Villages, Saint-Amour, Juliénas →Juliénas Cuvée Prestige
Schon die dritte Generation – am Werk ist der engagierte Michel Tête – beweist die Alterungsfähigkeit des Beaujolais. Beispielhaft die Cuvée Prestige aus der Appellation Juliénas.

Coudert Père et Fils ***
Fleurie
10 ha; 45 000 Fl. • Weine: Fleurie Clos de la Roilette
Von 40-jährigen Reben stammt der Fleurie dieses Gutes, das Anfang des 20. Jahrhunderts gegründet wurde. An eine acht- bis zwölftägige temperaturkontrollierte Gärung schließen sechs Monate im Fass an.

Collin-Bourisset **–***
Crèches-sur-Saône
12 ha; ZT; 1 600 000 Fl. • Weine: →u.a. Moulin-à-Vent, Brouilly, Fleurie, Mâcon
Seit 1821 existiert das Unternehmen und gewinnt vom eigenen Zehn-Hektar-Weinberg einen hochinteressanten Moulin-à-Vent, der zu einem Teil in kleinen Holzfässern reift. Außerdem wird der Wein der Hospices de Moulin-à-Vent vinifiziert und exklusiv vermarktet, oft einer der besten der Appellation.

Georges Dubœuf **–****
Romanèche-Thorins
10 ha; ZT; 18 000 000 Fl. • Weine: u.a. Fleurie Clos des Quatre Vents, Brouilly Château de Pierreux, Beaujolais-Villages, Régnié Sélection Georges Dubœuf
Georges Dubœuf ist der König des Beaujolais. Kein Zweiter hat dem Namen Beaujolais seit den 1960ern zu einem derartigen Bekanntheitsgrad verholfen wie der dynamische Weinhändler. Seine besten Cuvées zählen zu den eindrucksvollsten Beaujolais überhaupt.

Château des Jacques ***
Romanèche-Thorins
36 ha; 250 000 Fl. • Weine: →Beaujolais Villages Blanc, Moulin-à-Vent
In diesem hübschen Schlösschen, im Besitz des Burgunder Handelshauses Louis Jadot, wird einer der interessantesten weißen Beaujolais erzeugt, während man den Moulin-à-Vent auf burgundische Weise ausbaut.

Denise und Hubert Lapierre **–****
La Chapelle-de-Guinchay
7,5 ha; 40 000 Fl. • Weine: Chenas, Moulin-à-Vent, Moulin-à-Vent Vieilles Vignes →Chenas Vieilles Vignes, Chenas Fût de Chêne
Von über 80 Jahre alten Reben stammt der Chenas Fût de Chêne, die Spitzen-Cuvée des 1970 gegründeten Gutes, die mit den Jahren immer feiner werden kann.

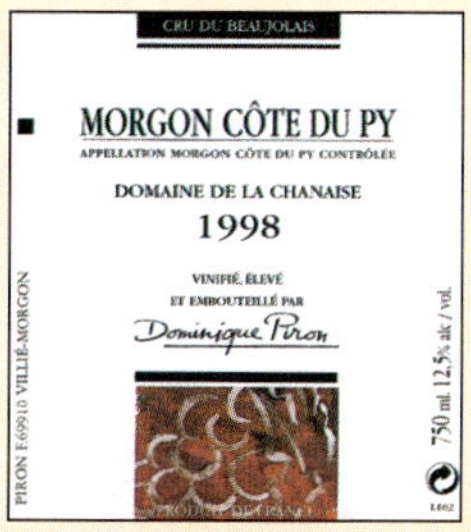

Marcel Lapierre ****
Villié-Morgon
ha: nn; Fl. nn • Weine: Morgon, Beaujolais
Aufsehen erregte Marcel Lapierre, als er begann, die Trauben mit perfekter Reife zu lesen und ohne Schwefel zu vinifizieren. Plötzlich konnte man das ungeahnte Potential des Gamay schmecken.

Laurent Martray ****
Odenas
9 ha; 12 000 Fl. • Weine: Brouilly Cuvée Vieilles Vignes, Brouilly Cuvée Corentin
In dem 1987 gegründeten Weingut erzeugt Laurent Martray nur zwei Cuvées, aus den ältesten Reben keltert er die Cuvée Corentin. Von der Lese bis zur Abfüllung erfolgen alle Arbeitsschritte per Hand.

Château du Moulin-à-Vent **–****
Romanèche-Thorins
31 ha; 160 000 Fl. • Weine: u. a. →Moulin-à-Vent Cuvée Exceptionelle
In dem Schloss aus dem 17. Jahrhundert entstehen bemerkenswert konzentrierte Weine.

Domaine Dominique Piron **–***
Villié-Morgon
17 ha; ZT; 400 000 Fl. • Weine: u.a. Morgon, Moulin-à-Vent, Brouilly, Régnié, Beaujolais-Villages, →Morgon Côte du Py
Bis zu 15 Tage dauert die Ganzbeerengärung für die Spitzenweine. Zusammen mit dem hohen Durchschnittsalter der Reben (40 Jahre) ergibt dies bemerkenswert konzentrierte Beaujolais.

Domaine Jean-Charles Pivot **–****
Quincié-en-Beaujolais
12 ha; 90 000 Fl. • Weine: u.a. Beaujolais-Villages
Von alten Rebstöcken gewinnt das Weingut einen fruchtigen, nachhaltigen Beaujolais-Villages.

Château de Pizay **–***
Pizay-en-Beaujolais
58 ha; 450 000 Fl. • Weine: u.a. Beaujolais Rouge, Morgon, Régnié, Brouilly, →Beaujolais Blanc
Seine Ursprünge liegen im 11. Jahrhundert. Eine Spezialität ist der weiße Beaujolais aus Chardonnay, mit dem vier Hektar bepflanzt sind.

Domaine Ruet ****
Cercié-en-Beaujolais
12 ha; 60 000 Fl. • Weine: u.a. →Régnié, →Brouilly, Beaujolais-Villages, Morgon
Jean-Paul Ruet erzeugt in diesem Gut, seit 1926 im Familienbesitz, Weine mit übersprudelnder Frucht.

Domaine des Terres Dorées ****
Charnay-en-Beaujolais
20 ha; 100 000 Fl. • Weine: u.a. →Beaujolais Cuvée à l'Ancienne, Beaujolais Blanc
Der rote Beaujolais »auf die alte Art« wird von Jean-Paul Brun nicht chaptalisiert.

Château Thivin ***–****
Odenas
26 ha; 140 000 Fl. • Weine: u.a. Beaujolais Villages, Brouilly, →Côte de Brouilly, Cuvée Zaccharie Geoffray
Die Cuvée Zaccharie Geoffray hat Claude Vincent Geoffray nach seinem Urgroßonkel, der das Schloss 1877 erwarb, benannt. Der Spitzenwein reift neun Monate in kleinen Holzfässern.

Schlösser und Reben

Das lange, weite Tal der Loire bildet die ausgedehnteste Weinregion Frankreichs. Es erstreckt sich vom Zentralmassiv und der Auvergne über den reichen, mit unzähligen majestätischen Schlössern bestückten und geschmückten Mittellauf des Flusses, beliebtes Ziel für Frankreich-Reisende, bis hin zur Atlantik-Mündung, die gleichzeitig den südlichen Abschluss der Bretagne bildet. Schon dort, wo der Fluss die Höhen des Zentralmassivs verlässt und seinen langen Weg beginnt, erstrecken sich die ersten Weinberge, die allerdings keine AOC-Bezeichnungen tragen. Entlang des gesamten Laufs der Loire und an den Ufern ihrer Nebenflüsse findet die Rebe der Sonne zugewandte Hänge, die ihr günstige Bedingungen für die Reife bieten. Rund 50 000 Hektar Rebfläche besitzt die Region, die damit immerhin halb so groß wie das Bordelais und sogar eine Spur größer als das Rhône-Tal ist.

Man vermutet, dass bereits in den ersten Jahrzehnten unserer Zeitrechnung entlang des Flusses Weinbau betrieben wurde, aber den sicheren Nachweis gibt es erst für den Oberlauf, genauer gesagt die Auvergne, ab dem 5. Jahrhundert. Bereits im 11. Jahrhundert entdeckten die Holländer die Weine der Loire, die sie über den Fluss und den Atlantik leicht in ihre Heimat verschiffen konnten. Auch in England waren die Weine von Poitou und Anjou zu jener Zeit ungemein populär, doch mit dem Aufschwung von Bordeaux

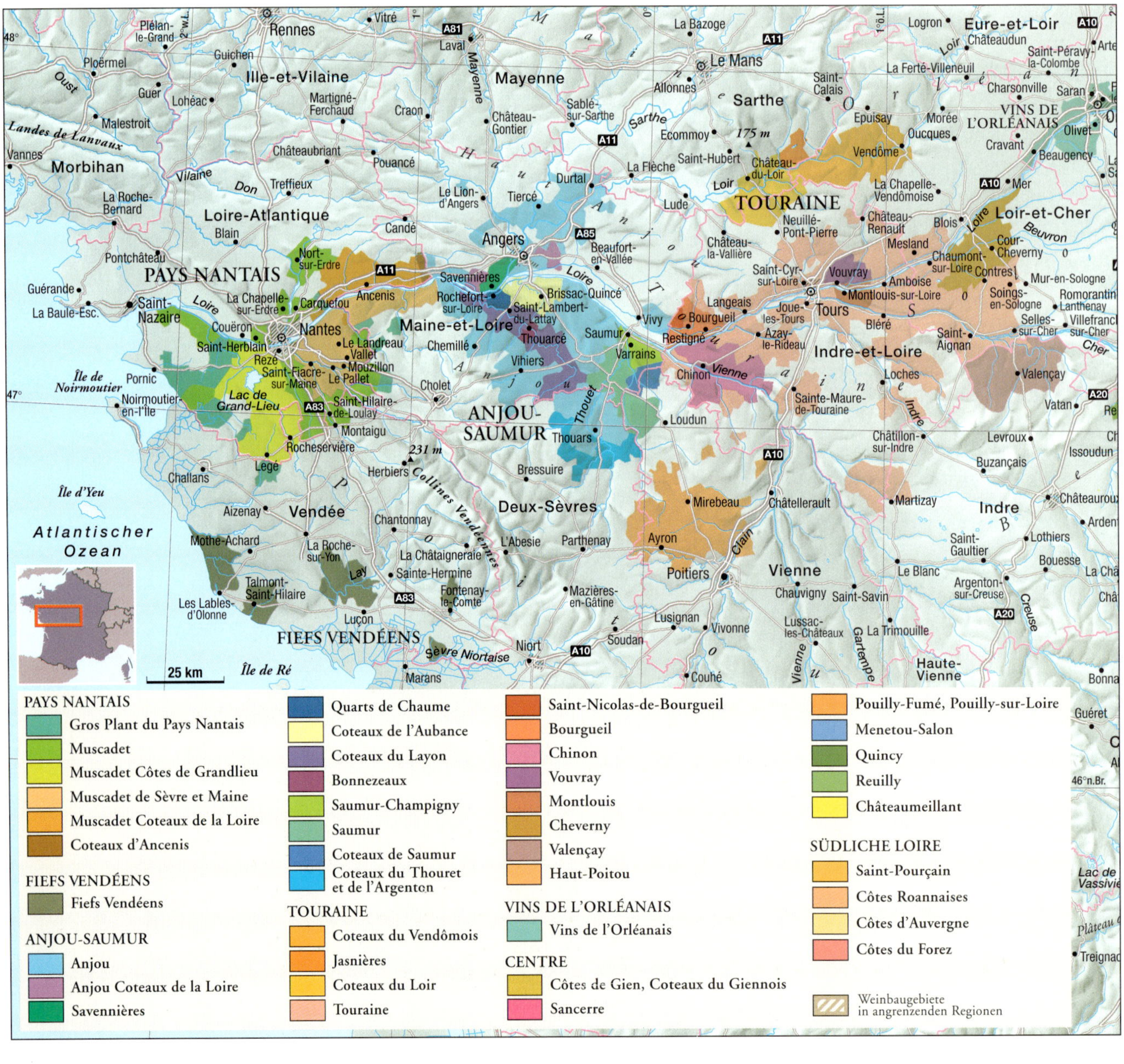

Saumur an der Loire, Kapitale der Schaumweinproduktion und Herkunft überaus eleganter Rotweine

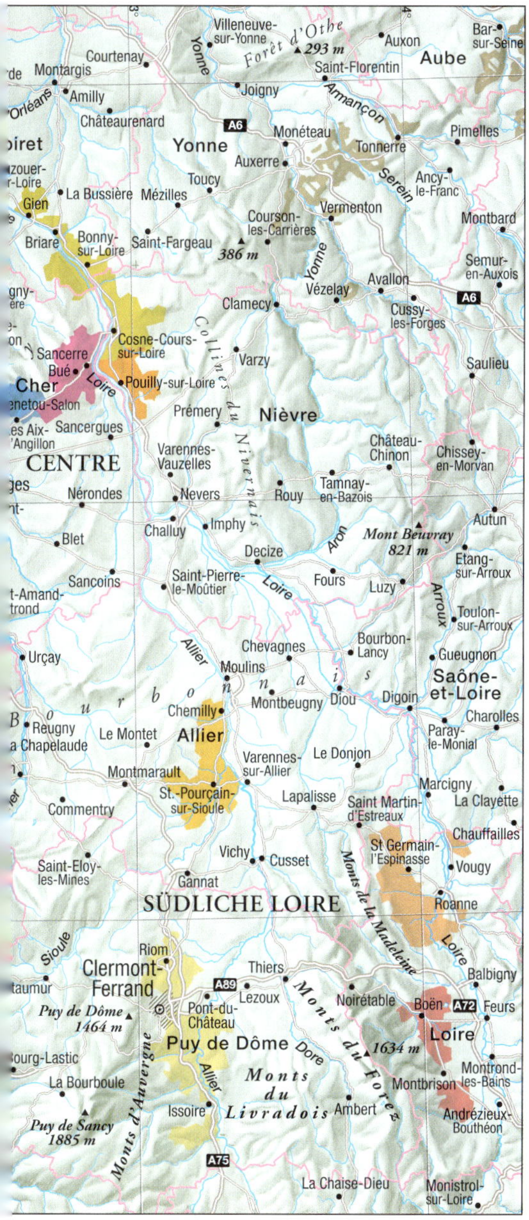

sanken die Marktchancen der Loire auf lange Zeit gegen null. Die Ausdehnung der Region bringt es mit sich, dass die Terroirs und in der Folge auch die Weine äußerst unterschiedlich ausfallen. Zwischen dem kontinentalen Klima des Zentralmassivs oder des Gebiets um Sancerre einerseits und dem atlantisch-milden Land des Muscadet an der Loire-Mündung gibt es fast keine Gemeinsamkeiten – außer dass sie am selben Fluss liegen.

Obwohl die Champagne, das Elsass und natürlich auch die deutschen Weinbaugebiete ein ganzes Stück weiter nördlich liegen, markiert die Loire für das atlantische Frankreich die nördliche Weinbaugrenze. Daher sind auch die klimatischen Bedingungen insgesamt instabiler als in südlicheren Regionen, und Jahrgangsunterschiede fallen markanter aus als an der Rhône oder im Languedoc.

Sieben auf einen Streich

Mit Blick auf den Weinbau kann man die Region Loire in sieben Bereiche unterteilen. Unmittelbar an der Mündung des Flusses, mit Weinbergen bis an den Atlantik, liegt das Land von Muscadet und Gros Plant, das Pays Nantais, dessen Weinberge sich zum großen Teil südlich der Loire ausdehnen. Den zweiten Bereich, den Beginn des ›Gartens Frankreichs‹, wie das Gebiet genannt wird, bilden Anjou und Saumur, die Heimat des weißen Verwandlungskünstlers Chenin Blanc. Daran schließt das Reich des Cabernet Franc an, die Touraine, die sich von Bourgueil und Chinon bis Blois erstreckt. Das Umland der Stadt Orléans bildet ein kleines, isoliertes VDQS-Gebiet, bevor es hinter Gien in die Hochburg des Sauvignon Blanc geht – Sancerre und Pouilly. An der oberen

Die Höhlen von Saumur dienten nicht nur als Behausungen, sondern auch als perfekte Weinkeller.

Loire findet man nur noch VDQS-Gebiete (St-Pourçain, Côte Roannaise, Côtes de Forez und Côtes d'Auvergne), und im Zentrum hat das einst so berühmte Poitou eine kleine Weinproduktion über die Zeiten retten können.

So vielseitig die Weine der Loire auch sind, immer bleiben Frische und Finesse ihr gemeinsamer Nenner. Das verdanken sie der natürlichen Säure, die den Trauben an der nördlichen Klimagrenze des Weinbaus auch bei voller physiologischer Reife fast immer erhalten bleibt. Dabei hat die Loire für jede Gelegenheit den richtigen Wein: Weiße, Rosés und Rotweine werden hier ebenso erzeugt wie Schaum- und Perlweine. Die Palette reicht vom einfachen bis zum eleganten Rosé, vom leichten, fruchtbetonten bis zum vielschichtigen, alterungsfähigen Roten, vom vordergründigen Weißen bis zu süffigen oder opulenten, teilweise unglaublich komplexen Süßweinen, von unkomplizierten Perlweinen bis zu exquisiten Schaumweinen.

Wenn sich an der Loire kein mit Burgund, Champagne oder Bordeaux vergleichbarer Renommierweinbau entwickeln konnte, dann darf man die Schuld dafür getrost bei den Parisern suchen. Kaum ein Bistro, kaum eine Brasserie oder ein Restaurant gibt es in der Hauptstadt, das nicht einen der angenehmen, günstigen Tropfen der Loire, einen Muscadet oder Sauvignon, Cabernet oder Gamay auf seiner Weinkarte führt. Die leichte Absetzbarkeit der Weine hat, wie immer und überall in der Weinwelt, den Qualitätsehrgeiz der Winzer nicht eben gefördert. Dennoch hat das Gebiet heute einzigartige Weine zu bieten, und dafür sind vor allem drei Rebsorten verantwortlich.

Rechte Seite:
Obwohl die Loire über gestandene Crus verfügt, hat sie noch nie in ihrer Geschichte so hervorragende Weine geliefert wie heute.

Drei verkannte Genies

An der Spitze steht der äußerst vielseitige Chenin oder Chenin Blanc, der hier auch Pineau de la Loire genannt wird. Aus ihm wird fast jede erdenkliche Weißweinart gekeltert, vom trockenen Leichten bis zum schweren Süßwein oder sogar aufgespriteten Likörwein. In Frankreich ist Chenin abseits der Loire nicht sehr weit verbreitet, dafür aber kultiviert man ihn umso mehr in Südafrika – hier wird die Sorte Steen genannt –, in Kalifornien und Südamerika. Die aus Chenin gekelterten Süßweine der Loire zeichnen sich durch ungewöhnliche Alterungsfähigkeit aus. Vouvray oder Coteaux du Layon der Jahrgänge 1874 oder 1893 können noch heute begeistern.

Cabernet Franc, im Bordelais gerne spöttisch als der kleine Bruder des Cabernet Sauvignon bezeichnet – liefert an der Loire sortenrein gekelterte, vielschichtige, elegante und haltbare Rotweine. Sie sind zwar etwas leichter als im Bordelais, aber nicht schlechter. Last, but not least nimmt der Sauvignon Blanc eine Sonderstellung ein. Vor allem im Bereich von Sancerre und Pouilly werden aus ihm Weine von enormer Rasse und Finesse gekeltert, die sich wohltuend von den oft sehr vordergründigen Weißweinen des Bordelais auf Sauvignon-Basis abheben.

CLOS
DE LA
SAVENNIÈRES-COULÉE DE SERRANT CONTRÔLÉE
1996

Fischweisswein zwischen Meer und Fluss

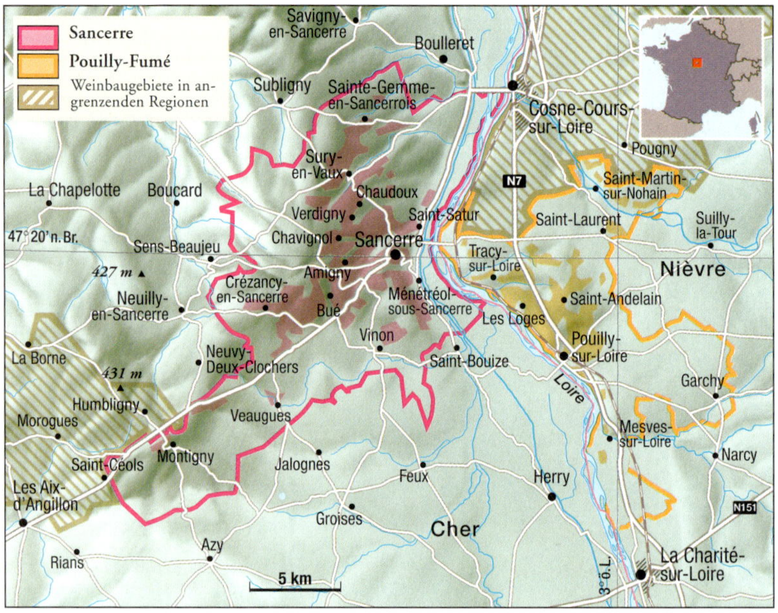

Der Name Muscadet hat nichts mit Muscat oder Muskateller zu tun. Er bezeichnet die alte burgundische Weißweinsorte Melon de Bourgogne, die einst von den Holländern an der Loire eingeführt wurde und im Burgund später fast vollständig verschwand. Sie wird heute zwischen dem Unterlauf des Flusses und der Atlantik-Küste auf etwa 11000 Hektar kultiviert und zu leichten, fruchtigen und spritzigen Weißweinen verarbeitet, die ausgezeichnet zu Meeresfrüchten passen. Das flache, nur sanft gewellte Anbaugebiet des Muscadet wird klimatisch vom Ozean beeinflusst, weshalb die Winter hier mild, die Sommer eher recht feucht sind. Die im Grunde neutrale, nicht allzu ausdrucksvolle Sorte hat einen entscheidenden Vorteil: Sie ist im Vergleich zu vielen anderen relativ frostfest und reift früh. In der Regel kann die Weinlese im Pays Nantais bereits um den 20. September abgeschlossen werden, noch bevor die in diesen Breiten üblichen herbstlichen Regenfälle einsetzen.

Spezialität ›sur lie‹

Um den Weinen ein wenig mehr Komplexität zu verleihen, zieht man die besten nach der Gärung nicht unmittelbar ab, sondern lässt sie bis zum Zeitpunkt des Füllens im Tank oder Fass auf der Hefe reifen. Dies verleiht ihnen ein dezentes Hefearoma, Tiefe und eine gewisse Spritzigkeit, die von der Gärkohlensäure stammt und durch den fehlenden Abstich und Luftkontakt nicht aus dem Wein entweichen kann. Auf diese Art ausgebaute Weine, die in den Anbaugebieten des Muscadet selbst abgefüllt werden müssen, tragen die Bezeichung *sur lie*, auf der Hefe.

Sur-lie-Weine sind allerdings in der Basis-Appellation, deren Weine unter dem einfachen Namen Muscadet gefüllt werden, nicht zugelassen. Der Name darf nur für Weine aus einem der drei höherwertigen Bereiche verwendet werden, die nach 1995 bei der Neugliederung des Muscadet-Gebiets eingerichtet wurden. Es sind Coteaux de la Loire, Sèvre-et-Maine und Côtes de Grandlieu. Muscadet des Coteaux de la Loire wird im östlichen Teil des Pays Nantais in der Umgebung der Stadt Ancénis auf beiden Seiten des Flusses produziert. Muscadet de Sèvre-et-Maine, der aus dem Gebiet südlich und östlich von Nantes aus dem Gebiet der beiden gleichnamigen Flüsse stammt, ist die größte Appellation. Hier herrscht die Rebe praktisch in Monokultur. Die jüngste Herkunftsbezeichnung Muscadet Côtes de Grandlieu wird für Weine verwendet, die um den Lac de Grandlieu herum erzeugt werden, einen großen See, der gleichzeitig ein interessantes Vogelschutzgebiet ist.

Das Pays Nantais besitzt neben den verschiedenen Muscadets noch weitere Herkunftsbezeichnungen. Unter dem Namen Gros Plant du Pays Nantais werden frische und lebendige Weißweine aus der gleichnamigen Sorte gefüllt, die im Südwesten unter dem Namen Folle Blanche vor allem zur Destillation verwendet werden. Zu den wenigen Roten der Region gehören die Coteaux d'Ancénis und die Fiefs Vendéens, wo aus Gamay und Cabernet einfache, im besten Fall süffige und fruchtige Weine entstehen.

Rechte Seite, unten: Das Château de la Preuille erzeugt einen der nachhaltigsten Muscadets.

Nah am Atlantik ist das Wetter selten so ideal während der Lese, obwohl dies den Winzern sehr entgegenkäme.

Ausgewählte Erzeuger des Pays Nantais

Domaine de Beauregard ***
Mouzillon
25 ha; 100 000 Fl. • Weine: Gros Plant sur lie, Muscadet de Sèvre-et-Maine sur lie Fief du Clairay, Muscadet de Sèvre-et-Maine sur lie Domaine de Beauregard, Muscadet de Sèvre-et-Maine sur lie
Die Weine von Henri Grégoire stammen von einigen der besten Terroirs des Muscadet und passen mit ihrem leicht mineralischen Charakter hervorragend zu Austern. Noch dazu besitzen sie ein unschlagbar günstiges Preis-Leistungs-Verhältnis.

Domaine de l'Écu *–******
Le Landreau
21,5 ha; 108 000 Fl. • Weine: Muscadet de Sèvre-et-Maine, Muscadet de Sèvre-et-Maine Guy Bossard, Muscadet de Sèvre-et-Maine finement boisé, Muscadet de Sèvre-et-Maine sur lie Hermine d'Or, Gros Plant du Pays Nantais, Mousseux Ludwig Hahn
Guy Bossard ist Anhänger des biodynamischen Weinbaus, dessen Vorteile er durch sorgfältiges Arbeiten im Keller noch verstärkt. Seine Muscadet-Cuvées gehören zu den besten der Region.

Château de la Preuille ***
Saint-Hilaire-de-Loulay
40 ha; 250 000 Fl. • Weine: Château de la Preuille Muscadet sur lie, Château de Saint Hilaire Muscadet sur lie, Moulin de Saint Hilaire Muscadet sur lie, Château de la Preuille Gros Plant sur lie, Gamay de Loire
Als zwei der wenigen Produzenten des Muscadet-Landes keltern Philippe und Christian Dumortier auch süffige Rotweine. Die besten Weine sind jedoch die Muscadets verschiedener Domänen, die von den beiden bewirtschaftet werden.

Château la Ragotière *–******
Vallet-la-Regrippière
61,5 ha; 420 000 Fl. • Weine: Muscadet de Sèvre-et-Maine Château Ragotière, Muscadet de Sèvre-et-Maine sur lie Petit Château, Muscadet de Sèvre-et-Maine La Morinière sur lie, Muscadet de Sèvre-et-Maine sur lie Château Ragotière, Muscadet de Sèvre-et-Maine sur lie, VdP Chardonnay La Morinière, VdP Chardonnay Couillaud, VdP Chardet, VdP Chardonnay Auguste Couillaud, Muscadet Auguste Couillaud
Die Brüder Couillaud können eine beeindruckende Palette von AC- und Landweinen präsentieren. Die gesamte Produktion besteht aus Weißweinen, wobei die Chardonnay-Landweine sogar noch etwas über den Muscadets stehen.

Domaine Chéreau-Carré *–******
Saint-Fiacre-sur-Maine
60 ha; 250 000 Fl. • Weine: Château du Coing Muscadet Sèvre-et-Maine sur lie, Château du Coing Muscadet Sèvre-et-Maine sur lie Comte de Saint-Hubert, Château du Coing Muscadet Sèvre-et-Maine sur lie Fûts de Chêne Neufs, Grand Fief de la Cormeraie Muscadet Sèvre-et-Maine sur lie, Château de la Gravelle Muscadet Sèvre-et-Maine, VDP Jardin de la France Chardonnay, Domaine de Hégrenières Gros-Plant du Pays Nantais sur lie
Der renommierteste Betrieb des Pays Nantais gehört einer Frau, Véronique Günther-Chéreau, die ihre Initialen auch für den Namen ihrer Firma nutzt. Sie produziert eine außerordentliche Vielfalt an ausgezeichneten Muscadets.

Biodynamik auf dem Klosterfelsen

Der Ex-Banker Nicolas Joly ist der bekannteste Verfechter biodynamischen Weinbaus in Frankreich und führt vor, wie man mit dieser ganzheitlichen Methode Qualität und Ausdruck des Weins steigert.

An der Loire haben sich die Winzer nachdrücklicher als in anderen Regionen Frankreichs zum biologischen, speziell zum biodynamischen Weinbau bekannt. Ihr Wortführer ist Nicolas Joly, Besitzer der gesamten Einzellage Coulée de Serrant, eines Clos in Savennières. Schon im 12. Jahrhundert legten Zisterzienser-Mönche diesen sieben Hektar großen, am Steilhang über der Loire gelegenen Weinberg an. Im Laufe seines achthundertjährigen Bestehens wurde er so berühmt, dass ihn zwei französische Könige und Kaiserin Josephine, die seine Weine vergötterte, besuchten.

Der Coulée de Serrant zählt zu den charaktervollsten trockenen Weißweinen der Welt. Als Nicolas Joly Ende der 1970er Jahre die Verantwortung für die Lage übernahm, richtete er sich zunächst ganz nach den Ratschlägen der örtlichen Landwirtschaftskammer. In die bis dahin konventionell bewirtschafteten Weinberge zog der Fortschritt in Form von chemischen Dünge- und Spritzmitteln ein. Doch schon nach zwei Jahren bemerkte Joly eine dramatische Verschlechterung von Boden sowie Fauna und Flora. Durch Zufall stieß er auf die Schriften Rudolf Steiners über die Biodynamik. Erste Experimente waren ermutigend, und so stellte Joly 1984 sein gesamtes, zwölf Hektar großes Weingut auf biodynamische Bewirtschaftung um.

Die Resultate waren unübersehbar: Nach und nach wurde das biologische Gleichgewicht der Reben wiederhergestellt. Jolys Weine gewannen zunehmend an Ausdruck und Kraft, die ihnen vorher gefehlt hatten. Seine Erkenntnisse legte der seither auch öffentlich engagiert für biodynamischen Weinbau eintretende Winzer 1997 in einer auf den eigenen Erfahrungen basierenden, leicht verständlichen Anleitung vor. Der biodynamische Ansatz geht von einem Austausch zwischen Kosmos und Erde aus, wie er bereits in früheren Jahrhunderten bekannt war, aber erst von Steiner, dem Begründer der Anthroposophie, wieder aufgegriffen und nachvollziehbar gemacht wurde.

Nach Jolys Theorie kann nur ein lebendiger Boden mit all seinen Mikroorganismen Basis gesunden und hochwertigen Weinbaus sein. Er unterscheidet vier elementare Zustände, die er mit Teilen des Rebstocks in Beziehung setzt: Mineral und Wurzel, Flüssigkeit und Blatt, Licht und Blüte sowie Wärme und Frucht. Dazu wirkt im vegetalen Leben eine Polarität zwischen Gravität, die nach unten zieht, und Levität, die nach oben strebt. In der Rebe erkennt ein Winzer, der diese Zeichen zu deuten weiß, eine erstaunlich starke Gravität, die ihre Wurzeln mehrere Meter in die Tiefe zu treiben vermag, sowie den Versuch, sich nach oben zu entwickeln. Mit ihrer kurzen Blüte zögert die Pflanze so lange, bis die Sonne effektiv und warm genug geworden ist, um dann ihre ganze Kraft auf die Frucht auszurichten.

Indem sie das Klima und die Lage studiert, vermag die Biodynamik das Leben der Rebe zu fördern, verstärkt aber auch ihre Eigenheiten. »Ein biodynamisch erzeugter Wein ist nicht notwendigerweise gut, aber er ist immer echt«, sagt Joly. Während beim Einsatz von Kunstdünger und Unkrautvernichtungsmitteln im Weinberg sowie von künstlichen Hefen und Enzymen im Keller das, was den Charakter einer Lage oder einer ganzen Appellation wirklich ausmacht, auf der Strecke bleibt, setzt der biodynamische Ansatz auf einen subtilen Umgang mit allen Parametern, die das Terroir bestimmen. Gegen die schleichende Ver-

Prickelndes Loire-Vergnügen

Die Loire ist eines der wichtigsten französischen Schaumweingebiete. Dass die Produktion sich besonders im Bereich von Saumur, Vouvray und Montlouis entwickelte, liegt an den dortigen Tuffsteinhöhlen, die ideale Bedingungen für die Flaschengärung bieten. Für die Winzer ist die Schaumwein-Erzeugung eine gute Alternative, ihre Trauben auch in Jahren bestmöglich zu verwerten, wenn schlechtes Wetter keine optimale Reife zulässt. Insgesamt werden in der Region heute 14 Millionen Flaschen gefüllt. So stellt im Bereich des Saumur der dortige Mousseux die bedeutendsten Produktionsmengen aller Typologien und in Vouvray immerhin noch 40 Prozent. Seit 1975 existiert auch eine Appellation Crémant de Loire, deren Produktionsbestimmungen denen der Champagne entlehnt sind.

Weinbaugebiete des Zentralmassivs

Am Oberlauf der Loire existieren fünf Anbaugebiete mit VDQS-Status, deren Weine allerdings nur von regionaler Bedeutung sind und im restlichen Frankreich oder auf Auslandsmärkten praktisch nicht existieren. Châteaumeillant, ein Weinbaugebiet 60 Kilometer nördlich von Montluçon, blickt auf uralte Weinbautraditionen zurück. Heute sind nur noch rund 100 Hektar bestockt – neben Pinot Noir und Pinot Gris vorwiegend Gamay, aus dem ein blasser, nervöser Vin Gris gekeltert wird. Darüber hinaus erzeugt man parfümierte, runde Rotweine. Saint-Pourçain liegt südlich von Moulins an der Sioule. Auf 500 Hektar werden Gamay und Pinot Noir kultiviert, aus denen angenehme Rote mit komplexer Frucht entstehen. Die Weißweine der Gegend werden aus Sauvignon Blanc, Chardonnay, Aligoté und der autochthonen Sorte Tressalier gekeltert. Die Côte Roannaise ist ein über zwei Dutzend Gemeinden verstreutes Gebiet auf beiden Seiten der Loire in der Nähe von Roanne, dessen 150 Hektar mit Gamay bepflanzt sind. Die besten, vollfruchtigen und charmanten Rotweine kommen aus Renaison, Saint-André-d'Apchon und Villemontais. Côtes d'Auvergne heißt ein 500 Hektar großes Gebiet am Rande des Zentralmassivs, das sich nördlich und südlich der Stadt Clermont-Ferrand am Allier entlang erstreckt und in fünf Bereiche eingeteilt ist. Aus Gamay werden trockene Rosé-Weine und fruchtige, teils sehr würzige Rote gekeltert. Die besten kommen aus Chanturgue, Chateaugay und Boudès. Die gut 200 Hektar Rebflächen des letzten der fünf Gebiete, die Côtes du Forez, verteilen sich auf die Hänge am Rande des Loire-Tals nordwestlich von Saint-Étienne. Treibende Kraft des Gebiets ist die Genossenschaft Vignerons Foréziens in Trelins.

wässerung des Terroir-Konzepts und der Weine setzt Joly verschiedene, homöopathisch potenzierte Präparate ein, die die Gesundheit der Reben fördern und im Weinberg ein natürliches Gleichgewicht schaffen sollen. Optimiert werden diese Behandlungen durch Berücksichtigung der Konstellationen des Mondes und der wichtigsten Planeten, deren Auswirkungen Maria Thun in langjährigen Versuchen erforscht hat. Die Resultate, die Weine der Coulée de Serrant, der Vouvray der Domaine Huet, der Pouilly Fumé von Dagueneau, die Burgunder der Domaine Leroy im Burgund und die Rieslinge und Gewürztraminer von Marc Kreydenweiss im Elsass, um nur die bekanntesten zu nennen, präsentieren ihre jeweils eigene, von Moden unabhängige Persönlichkeit. Und sie sind so gut und erfolgreich, dass sich erfreulicherweise mehr und mehr Winzer in Frankreich den Argumenten der biodynamischen Schule zu öffnen beginnen.

Zum Château de la Roche-aux-Moines gehört die berühmte Lage Coulée de Serrant, auf der einer der größten Weißweine in biodynamischem Anbau produziert wird.

VDQS

Die Bezeichnung Vin Délimité de Qualité Supérieure, kurz VDQS, ist eine Kategorie, die zwischen Landweinen, Vins du Pays und den geschützten Herkunftsbezeichnungen, Appellation d'Origine Contrôlée, angesiedelt und Qualitätsweinen gleichgestellt ist. Weine dieser Kategorie wurden in der Regel immer nach einer gewissen Zeit zur AOC aufgewertet, weshalb es heute nur noch 23 dieser VDQS-Weine gibt. Da wie bei den AOC-Weinen Ursprung, zugelassene Rebsorten, Höchsterträge und Vinifizierung strikt reglementiert sind, den Weinen aber andererseits das Prestige der Appellation fehlt, haben die Winzer Interesse, in die höhere Kategorie eingestuft zu werden. Für den Verbraucher sind diese Weine sehr interessant, denn sie bleiben bei oft guten Qualitäten immer günstig.

Süsswein-Perlen im Roséland

Wer vom Pays Nantais aus die Loire aufwärts fährt, gelangt in den Bereich von Anjou und Saumur, auf dessen knapp 15 000 Hektar Rebfläche die unterschiedlichsten Weine entstehen. Anjou, der westliche Teil dieses Bereichs um die Stadt Angers, ist mit seinem billigen, halbtrockenen Rosé, der allerdings heute stark an Boden verliert, vor allem dem französischen Publikum ein fester Begriff. Dabei war das Gebiet bis zum Einfall der Reblaus fast ausschließlich mit weißen Sorten bestockt, die danach aber lange Zeit nur 20 Prozent der Rebfläche belegten und erst in den letzten Jahren wieder häufiger ausgepflanzt werden.

Der meist anspruchslose bis schwache Rosé d'Anjou entsteht aus der einheimischen Sorte Grolleau oder Groslot, die noch auf etwa 4 000 Hektar kultiviert wird, aber zunehmend durch Cabernet Franc oder Gamay verdrängt wird. Vor allem Cabernet Franc, der inzwischen fast ein Drittel der Rotweinflächen im Anjou belegt, hat mit seinen mehr säurebetonten Rosés – nur in Ausnahmefällen sind diese noch lieblich – unter der Bezeichnung Cabernet d'Anjou viele Freunde gewonnen.

Immer wieder fasziniert die Weinregion Loire mit alten Gemäuern und romantischer Landschaft.

Aber die Sorte liefert auch einige der besten Roten der Zone und erreicht unter der Bezeichnung Anjou-Villages, einer Appellation, die 1987 den Lagen südöstlich von Angers zugesprochen wurde, bemerkenswerte Kraft und Struktur.

Die eigentliche Spezialität des Anjou sind allerdings die aus Chenin Blanc gekelterten Weißen. Die Reben wachsen vor allem auf den nach Süden ausgerichteten Schieferhängen bei Angers, die früher meist süße, heute aber vorwiegend trocken ausgebaute Savennières hervorbringen. Seine beiden Einzellagen Coulée de Serrant – ein Sieben-Hektar-Monopol – und La Roche-aux-Moines, die eigenständigen Appellations-Status besitzen, sind die hervorragende Basis für wunderbar dichte, komplexe und alterungsfähige Kreszenzen, die zu den besten Weißweinen der Welt zählen. Vor allem aber eignet sich der Chenin für die Produktion süßer Weine, denen im Anjou gleich vier Appellationen gewidmet sind. In derselben Gegend am linken Loire-Ufer, aus der auch der Anjou-Villages kommt, werden unter dem Namen Coteaux de l'Aubance liebliche Qualitäten erzeugt, deren trockenes Pendant als Anjou Blanc gefüllt wird. Das bedeutendste und größte Süßweingebiet aber sind die Coteaux du Layon an den steilen Hängen des gleichnamigen Loire-Nebenflusses, die sich von Rochefort-sur-Loire aus 50 Kilometer nach Süden erstrecken. In den letzten Jahren haben hoch talentierte Winzer hier mit enormem Einsatz vor allem unter den Appellationen Chaume und Villages Weine kreiert, die ohne weiteres mit den berühmteren Kreszenzen der Grands-Crus-Gebiete Bonnezeaux und Quarts de Chaume mithalten können, die ihrerseits in die Coteaux du Layon eingebettet sind.

Ein ganz anderes Bild bietet sich im Saumurois, der östlichen Hälfte des Bereichs. Statt des Schiefers prägt hier weißer, kalkhaltiger Tuffstein den Charakter der Weine. Hier halten sich weiße und rote Trauben etwa die Waage, wobei die Rotweine, vor allem die der Appellation Saumur-Champigny Rouge aus Cabernet Franc, nicht nur die bekanntesten, sondern mit ihren Aromen roter Früchte, mit ihrer Harmonie und Eleganz auch die besten sind. Die Weißen – die trockenen werden als Saumur Blanc oder Saumur-Champigny Blanc vermarktet, die süßen als Coteaux de Saumur – werden vorwiegend aus Chenin Blanc gekeltert und zeigen ein schönes Säurespiel und eine recht gute Alterungsfähigkeit. Allerdings spielen hier weder Weiße noch Rote, sondern Schaumweine, Saumur Mousseux genannt, aus Chenin, Chardonnay und gelegentlich etwas Sauvignon Blanc in wirtschaftlicher Hinsicht die erste Geige.

Die Architektur ist in kaum einer Provinz so verfeinert wie in der Loire: selbst die Keller sind oft sehr kunstvoll gebaut.

Paradiesische Tropfen

Aus dem Anjou-Saumur kommen einige der großartigsten lieblichen und süßen Weißweine der Welt. Obwohl seit dem 15. Jahrhundert gerühmt und von den Holländern im 16. und 17. Jahrhundert weiterentwickelt, gehörten sie in den vergangenen Jahrzehnten eher zu den verkannten Klassikern. Dass sich das inzwischen ändert, liegt zum einen am wiedererwachten Interesse für Süßweine und zum Zweiten am wiedererwachten Qualitätsbewusstsein der Winzer, die jetzt auch bereit sind, Risiken auf sich zu nehmen, die immer mit der Produktion von Süßweinen verbunden sind. Ausgangsmaterial der Süßen von der Loire ist der Chenin Blanc, der trotz seines Zweitnamens Pineau de la Loire mit den Pinot-Sorten des Burgund nicht verwandt ist, sondern von der Loire selbst stammt und bereits im 9. Jahrhundert im Anjou kultiviert wurde. Chenin kann ein breites Spektrum verschiedenartiger Weine liefern, je nach Reifegrad. In schlechteren Jahren bringen es die Trauben oft auf nicht mehr als 170 g Zucker oder etwa 10 Volumenprozent Alkohol. Dann taugt er nur für trockene Weiße und Schaumweine. Ist der Wetterverlauf günstiger und verhilft den Trauben zu einem Zuckergehalt zwischen 190 und 260 Gramm, werden zumindest zum Teil halbtrockene oder süße Weine erzeugt.

Haut-Poitou

Im Mittelalter waren die Weine des Poitou, der Landschaft um die Stadt Poitiers, bekannter als Gewächse aus Bordeaux. Über den Hafen La Rochelle gelangten sie vor allem nach England, bis die Stadt im 13. Jahrhundert an Frankreich fiel und für englische Handelsschiffe nicht mehr anzusteuern war. Heute ist Haut-Poitou, ein 700-Hektar-Gebiet südlich von Saumur, eine VDQS-Bezeichnung, unter der eine ganze Palette von Sortenweinen – Sauvignon Blanc, Gamay, Cabernet und andere – gefüllt wird. Die Renaissance, die das Gebiet in den letzten Jahren erlebte, gründete sich vor allem auf die Qualität seiner Weißweine aus Sauvignon Blanc. Bester und dynamischster Produzent des Gebiets ist die Genossenschaft in Neuville.

In außergewöhnlichen Jahren dagegen, wenn der Zuckergehalt bis zu 500 Gramm erreichen kann, werden aus den Trauben fast ausschließlich Süßweine gekeltert. Ihr potentieller Alkoholgehalt liegt dann bei bis zu 30 Volumenprozent, wie man es häufig in den Appellationen Vouvray, Montlouis, Coteaux de l'Aubance oder den Coteaux de Layon mit ihren Grands Crus Bonnezeaux und Quarts de Chaume findet. Dort sorgt das spezielle Lagenklima an den Hängen der Loire und ihrer Zuflüsse für ideale Bedingungen. Die ungewöhnlich hohe Zuckerkonzentration der Trauben kann auf zweierlei Weise erreicht werden: durch die so genannte *passerillé*, das Rosinieren der Trauben an heißen, trockenen Herbsttagen, oder durch Botrytis-Bildung. Ersteres kommt an der Loire nur in ganz seltenen, herausragenden Jahrgängen, wie 1947 oder 1989, vor, wesentlich häufiger dagegen ist die Botrytis-Bildung. Sie benötigt herbstliche Morgennebel, die im Laufe des Vormittags von der Sonne vertrieben werden und einem klaren Tag Platz machen, dem im günstigsten Fall eine klare, kalte Nacht folgt. Der Botrytis-Pilz durchdringt die Beerenschale und perforiert sie dabei, sodass das Fruchtwasser verdunsten kann und Zucker wie Extraktstoffe in der Beere stark konzentriert werden. Die Lese wird

meist in mehreren Etappen durchgeführt, wobei jeweils nur die reifsten Trauben geerntet werden. Während einige Winzer jede Charge getrennt vinifizieren, ausbauen und füllen, suchen andere größtmögliche Harmonie und Ausgewogenheit, für die sie zu verschiedenen Zeiten eingebrachte Weine verschneiden. In der Regel gärt der Most bei relativ niedrigen Temperaturen, wobei die Umwandlung des Zuckers in Alkohol bis zu zwei Monate dauern kann. Hat der Wein den gewünschten Alkoholgehalt erreicht – bei halbsüßen Weinen 12 bis 13 Volumenprozent, bei edelsüßen 13 bis 14 –, wird der Gärprozess gestoppt. Trotz der enormen Restsüße, die dabei in den Weinen verbleibt, wirken die Moelleux – eine Bezeichnung für liebliche, aber nicht edelfaule Weine – aus Chenin Blanc nie breit und klebrig, da ihnen die ausgeprägte Säure der Sorte ein unvergleichliches Rückgrat gibt. In den ersten zwei Jahren zeigen die Weine ihre intensive, frische Frucht, danach werden sie eher unzugänglich, bis sich nach fünf bis acht Jahren das Reifebukett mit Noten von Aprikosen und Honig entfaltet. Weine guter Jahrgänge können Jahrzehnte altern, wobei sie immer größere Vielschichtigkeit und Harmonie entwickeln. Leider kann man der Versuchung, sie viel zu früh zu öffnen, nur selten widerstehen.

Ausgewählte Erzeuger in Anjou-Saumur und Haut-Poitou

Pierre Aguilas ****
Chaudefonds-sur-Layon
24 ha; 90 Fl. • Weine: u.a. →Coteaux du Layon Les Varennes, Anjou Les Paragères, Cabernet d'Anjou Domaine Gaudard, Coteaux du Layon Domaine Gaudard
Abgesehen von einem Rosé, dem Cabernet d'Anjou der Domaine Gaudard, produziert Pierre Aguilas ausschließlich Weiße der Coteaux du Layon. Trotz des enormen Risikos sucht er immer perfekte Vollreife und starken Botrytis-Befall bei seinen Trauben. Die Qualität der Weine ist der Lohn für die große Mühe.

Château Bellerive ***–****
Rochefort-sur-Loire
12 ha; 30 000 Fl. • Weine: →Quarts de Chaume Clos de Chaume, Quarts de Chaume Quintessence
Die Weinberge von Serge und Michel Malinge liegen im Herzen der Quarts de Chaume und bieten optimale Bedingungen für die Entwicklung der Edelfäule. Die Weine, die weiterhin vom früheren Eigentümer Jacques Lalanne gemacht werden, sind harmonisch und ausgewogen.

Château Pierre Bise ****–*****
Beaulieu-sur-Layon
53 ha; 120 000 Fl. • Weine: →Coteau du Layon Beaulieu, Chaume, Quarts de Chaume, Savennières
Die großen Süßweine von Claude Papin können in guten Jahren auch mit den renommiertesten Edelsüßen Frankreichs konkurrieren – bei allerdings wesentlich interessanteren Preisen. Papin ist ein entschiedener Verfechter der Terroir-Philosophie.

Château d'Épiré ****
Savennières
9 ha; 45 000 Fl. • Weine: →Savennières; Cuvée spéciale, moelleux
Die Weine der Domäne haben in den letzten Jahren ihre legendären Qualitäten wiedergefunden – vor allem die Alterungsfähigkeit, die das Château einst berühmt gemacht hat.

Château de Fesles ****
Thouarcé
33 ha; 120 000 Fl. • Weine: →Anjou, Bonnezeaux
Nach dem Besitzerwechsel hat sich das Château de Fesles unter Leitung von Bernard Germain mit ausgezeichneten Gewächsen im lieblichen und süßen Bereich präsentiert.

Château du Hureau ****
Saumur
19 ha; 110 000 Fl. • Weine: →Saumur-Champigny Grande Cuvée, Lisagathe, Saumur
Auf den ton- und kalkhaltigen Böden der Weinberge Philippe Vatans gedeihen Rote von intensiver Farbe und guter Struktur, aber auch herrlicher Chenin blanc.

Château La Roche-aux-Moines – Coulée de Serrant *****
Savennières
14,5 ha; 55 000 Fl. • Weine: →Savennières: Coulée de Serrant, Becherelle, Roche aux Moines
Der absolute Star von Savennières, Nicolas Joly, gilt als Biodynamik-Papst der Loire. Seine Weine sprechen für sich (siehe Seite 222).

Château de Villeneuve ****
Sousay-Champigny
28 ha; 140 000 Fl. • Weine: u.a. →Saumur Blanc, Saumur-Champigny Rouge
Die Weinpalette der Familie Chevalier ist von erstaunlicher Einfachheit, in einem Gebiet, in dem die Weinlisten oft seitenlang ausfallen können. Beide Weine stehen auf sehr hohem Niveau.

Clos Rougeard ****–*****
Chacé
9 ha; 20 000 Fl. • Weine: →Saumur-Champigny und Les Poyeux, Coteau de Saumur
Die Weine der Foucault-Brüder zählen zu den wenigen wirklichen Spitzen-Roten des Anjou. Daneben gibt es eine kleine Süßweinproduktion, die zum Besten der Loire gehört.

Domaine de Bablut ***
Brissac
75 ha; 320 000 Fl. • Weine: u.a. →Coteaux de l'Aubance: Bablut, Grandpierre, Vin Noble, Anjou Villages Château de Brissac
Christophe Daviau leitet das große Gut mit Bravour. Seine roten Anjou Villages bieten zuverlässige Qualität, aber seine Stärke sind die Weißen, insbesondere die halbtrockenen.

Philippe Delesvaux ***–****
Saint-Aubin-de-Luigne
14,5 ha; 50 000 Fl. • Weine: u.a. →Anjou rouge, Anjou Villages, Coteaux du Layon: Sélection de Grains Nobles, Le 20
Wie wenige Winzer des Anjou beherrscht Philippe Delesvaux sowohl die Kunst der trockenen Weißen und Roten wie auch die des Süßweins. Das beweist vor allem seine exzellente Beerenauslese.

Domaine des Baumard *****
Rochefort-sur-Loire
44 ha; 210 000 Fl. • Weine: →Coteaux du Layon Le Paon, Savennières Clos du Papillon, Trie Spéciale, Quarts de Chaume
Florent Baumard gilt als Spezialist lieblicher Coteaux-du-Layon-Weine, aber auch seine trockenen Savennières-Cuvées überzeugen mit ihrer sauberen Frische.

Domaine du Closel ***–****
Savennières
15 ha; 70 000 Fl. • Weine: u.a. →Savennières: Cuvée Spéciale, Clos du Papillon
Trockene und halbtrockene, spät gelesene Savennières sind die Spezialität dieses Weinguts, dessen Toplage der Clos du Papillon ist.

Domaine Godineau Père & fils ***–****
Faye-d'Anjou
50 ha; 25 000 Fl. • Weine: →Coteaux du Layon Faye, Bonnezeaux: Melleresses, Malabé
Vater und Sohn Godineau kultivieren je zur Hälfte weiße und rote Trauben, wobei sie auch exzellente rote Liquoreux anbieten.

Domaine René-Noël Legrand **–****
Varrains
15 ha; 60 000 Fl. • Weine: →Saumur, Saumur-Champigny: Les Terrages, Les Lizières, Les Rogelins
Der Sohn eines der Gründer der Appellation hat in den letzten Jahren mit steigenden Qualitäten überzeugt.

Domaine Ogereau ****
Saint-Lambert-du-Lattay
24 ha; 70 000 Fl. • Weine: u.a. →Anjou-Villages, Anjou sec Prestige, Coteaux du Layon: Saint-Lambert, Saint-Lambert Prestige
Vincent Ogereau vinifiziert seine Weißen und Roten mit bemerkenswerter Perfektion. Die Weine sind teilweise im Barrique ausgebaut, ohne dadurch an Frucht und Eleganz zu verlieren.

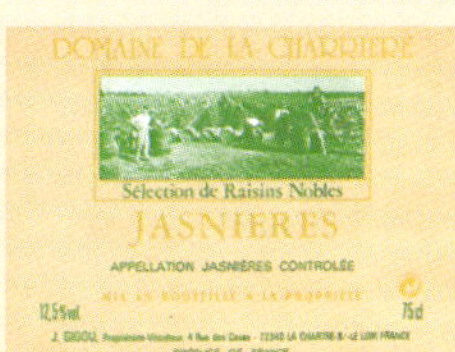

Domaine Jo Pithon ****
Saint-Lambert-du-Lattay
8 ha; 20 000 Fl. • Weine: →Coteaux du Layon Saint-Lambert Clos des Bonnes Blanches
Jo Pithon wandert auf dem schmalen Grat einer Süßweinproduktion der Spitzenklasse. Sein Coteaux du Layon ist ungemein konzentriert.

Domaine Richou ***–****
Moze-sur-Louet
38 ha; 140 000 Fl. • Weine: u.a. →Coteaux de l'Aubance Sélection, Anjou-Villages, Anjou Les Rogeries sec
Obwohl die Coteaux de l'Aubance nicht zu den prestigereichsten Appellationen des Anjou gehören, zeigen die Weine der Richou viel Ausdruck und große Finesse, die sie auf eine Höhe mit renommierteren Namen stellen.

Domaine des Roches Neuves ****
Varrains
20 ha; 120 000 Fl. • Weine: u.a. →Saumur Blanc Insolite, Saumur-Champigny, Terres Chaudes Vieilles Vignes, Marignale
Vollreife Trauben, die Thierry Germain unter viel Risiko erntet, und der Ausbau der besten Cuvées im neuen Holz geben den Rotweinen enorme Frucht, Tiefe und Samtigkeit.

Domaine des Sablonettes ***–****
Rablay-sur-Layon
13 ha; 35 000 Fl. • Weine: u.a. →Anjou, Anjou Villages, Coteaux du Layon: Fleur d'Érables, Sélection de grains nobles, Faye Quintessence
Joël Menard spielt virtuos in allen Bereichen. Seine Rosés, Rotweine und Weißen sind von gleichmäßiger Qualität. Eine Spur darüber stehen nur die edelsüßen Coteaux de Layon.

Domaine de la Sansonnière ****
Thouarcé
8 ha; 30 000 Fl. • Weine: u.a. →Rosé d'Anjou, Anjou Blanc, Coteaux du Layon Les Blanderies, Anjou Blanc Vignes Françaises, Rouge Les Gélinettes
Reintönigkeit und enormes Fruchtvolumen sind die Trümpfe der Weine von Marc Angeli.

Pierre Soulez ***–*****
Savennières
25 ha; 120 000 Fl. • Weine: u.a. →Savennières: Moelleux Château de Chamboureau, Demi-sec Clos du Papillon, Roche-aux-Moines Demi-sec Le Rigourd, Savennières Roche-aux-Moines sec Château de Chamboureau
Einige der besten Süßweine von Savennières und der Einzellage Roche-aux-Moines stammen von Pierre Soulez, der nach der Trennung von seinem Bruder Yves das väterliche Weingut weiterführt.

Langlois-Château ***–****
Saint-Hilaire – Saint Florent
30 ha; ZT; 420 000 Fl. • Weine: u.a. →Saumur Blanc Vieilles Vignes, Saumur Rouge; Crémant de Loire: Millésimé, Quadrille
Die zum Champagnerhaus Bollinger gehörende kleine Handelsfirma gilt als einer der besten Spezialisten für die Schaumweine der Loire, aber auch die stillen Weißen erreichen beachtliches Niveau.

Der Garten Frankreichs

Die Touraine ist das Land der berühmten Loire-Schlösser, der ›Garten Frankreichs‹. Von den insgesamt etwa 10 000 Hektar Rebfläche des Gebiets wird ungefähr die Hälfte unter der regionalen Appellation Touraine gefüllt – weiß und rot halten sich dabei die Waage –, und ein großer Teil der Produktion, vor allem Gamay, geht als Primeur schon kurz nach der Lese in den Verkauf. Charakteristisch für diese Landschaft ist der weißliche Tuffstein, aus dem auch die schönsten Châteaux der Loire gebaut sind. Weinbau wird vor allem am großen Strom selbst, aber auch an seinem Zufluss Cher östlich von Tours betrieben. Die vielfältigen kleinklimatischen Einflüsse der Touraine erlauben das Kultivieren der unterschiedlichsten Sorten. Hier findet man bei den Weißen den üblichen Chenin, aber auch Arbois, Sauvignon Blanc – als meistkultivierte weiße Sorte, Pinot Gris und zunehmend Chardonnay, bei den Roten Cabernet Franc, Cabernet Sauvignon, Malbec, Pinot Noir, Gamay, Pineau d'Aunis, Gamay und Grolleau. Die besten Weine allerdings stammen von Cabernet-Franc-Trauben. Die Sorte, die man hier nach dem gleichnamigen Abt Breton nennt, der sie als erstes in der Touraine anpflanzte, findet in der Region ein ideales Terrain und bringt sortenreine Weine hervor, wie man sie fast nirgendwo sonst in der Welt findet.

Sieht man vom Saumur-Gebiet ab, beginnt seine Domäne etwa bei Bourgueil, flussaufwärts gesehen. Hier prägen die unterschiedlichsten Terroirs seinen individuellen Charakter. Pflanzt man den Franc auf Schwemmlandböden, wird er zum leichten, süffigen Bistrowein. Auf höheren Lagen, wo Ton und Kalk vorherrschen, gewinnt er eine kräftigere Struktur mit recht ausgeprägten Tanninen. Wo er viel Sonne und karge Böden vorfindet, zeigt er wirklich Klasse. Dann verbinden sich in guten Jahren die runden, reifen Tannine mit einer lebendigen Nervosität, die den Weinen auch nach Jahrzehnten noch Vielschichtigkeit und Finesse verleiht.

Die Wein-Renaissance an der Loire erfüllt viele Schlösser mit neuem Leben.

Bourgueil und Chinon

Die Appellationen, unter denen der Cabernet Franc zur Höchstform aufläuft, sind Bourgueil, Chinon und Saint-Nicolas-de-Bourgueil. Letztere, die westlichste, ist mit 800 Hektar die kleinste der drei, auf deren leichteren Böden früh trinkreife, fruchtige, in Frankreich ungemein populäre Rote und Rosés gekeltert werden. Unmittelbar östlich von Saint-Nicolas beginnt das Gebiet des Bourgueil, der renommiertesten Herkunftsbezeichnung der Touraine. Am Nordufer der Loire belegen ihre Weinberge eine Fläche von etwa 1200 Hektar, die bis auf den letzten Quadratmeter mit Cabernet Franc bestockt ist. Sand und Kiesböden auf einem exzellenten Kalksteinuntergrund sorgen hier für die tanninhaltigsten, am festesten strukturierten Rotweine der Loire.

Auf dem anderen Loire-Ufer, entlang ihres Nebenflusses Vienne, liegt das Gebiet von Chinon, mit 1800 Hektar Rebfläche das größte. Hier fallen die Weine recht unterschiedlich aus, je nachdem, auf welchem Boden sie wachsen. Die dichteren, kräftigeren kommen auch hier von den höher gelegenen kalkhaltigen Tuffsteinformationen, wie man sie beispielsweise bei Cravant findet, die leichteren dagegen aus den Weingärten in Flussnähe.

Hätte Bacchus heute die Wahl, sie könnte auf Vouvray fallen.

Weisse in einem Rotweinland

Auch wenn der rote Cabernet die Szene beherrscht, so ist die Touraine doch kein reines Rotweinland. Auch Chenin wird hier kultiviert und liefert links wie rechts der Loire die gesamte Palette von Weinen, zu denen er fähig ist – von trocken über süß bis schäumend. Neben dem kleinen Jasnières, wo die Weine betont trocken ausgebaut werden, fallen vor allem die Appellationen Vouvray und Montlouis ins Gewicht. Vouvray mit seinen etwa 1800 Hektar Rebfläche ist das wichtigste Weißweingebiet der Touraine und die größte Chenin-Appellation überhaupt. Die Sorte wird hier zu etwa 60 Prozent als Stillwein, zu den restlichen 40 Prozent als Schaumwein ausgebaut. Einmalig sind die zahlreichen Tuffsteinkeller des Gebiets, die in früheren Zeiten, als die Kelterhäuser und Keller noch wenig technologische Finessen kannten, die zweite Gärung mit ihrem kühlen Klima überhaupt erst ermöglichten.

Ausgewählte Erzeuger in der Touraine

Domaine Philippe Alliet**–*******
Cravant-les-Coteaux
9 ha; 35 000 Fl. • Weine: →Chinon, Chinon Coteau de Noiré
Absolute Spitzen-Rote auf diesem preislichen Niveau bekommt man wohl nirgends sonst in Frankreich. Dass Chinon nicht nur ein weicher, wenig strukturierter Roter sein kann, beweist Philippe Alliet nicht nur mit seinem Lagenwein Coteau de Noiré, sondern auch mit seinem Basis-Chinon. Ein Modellbetrieb für die gesamte Appellation.

Domaine des Aubusières*–******
Vouvray
20 ha; 80 000 Fl. • Weine: →Vouvray tendre Cuvée Silex, Vouvray demi-sec Les Girardières, Vouvray sec Le Marigny, Vouvray moelleux Le Plan de Jean, Vouvray moelleux Cuvée Alexandre, Vouvray demi-sec Le Bouchet
Ein solider Betrieb, der sowohl im trockenen wie im lieblichen und süßen Bereich ausgezeichnete Produkte liefert. Die Palette der verschiedenen Cuvées und Lagenweine ist für nur 20 Hektar Rebfläche recht groß.

Domaine Bernard Baudry****
Chinon
25,5 ha; 80 000 Fl. • Weine: →Chinon Les Granges, Chinon Croix Boissée, Chinon Les Grézeaux
Ein weiterer Spitzenwinzer des Chinonais, der auch – allerdings in Minimengen – einen außergewöhnlichen weißen Chinon aus Chenin keltert.

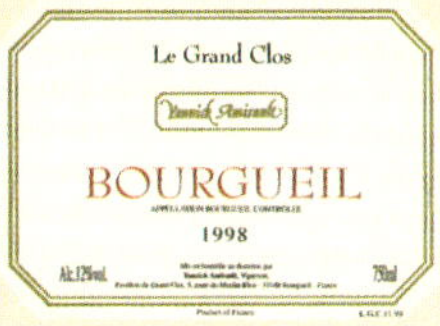

Domaine Couly-Dutheil***
Chinon
90 ha; 600 000 Fl. • Weine: →Chinon Les Chanteaux, Chinon Les Gravières, Saumur-Champigny Les Moulins de Tusquant, Chinon Domaine de la Diligence, Chinon Domaine René Couly
Pierre und Jacques Couly-Dutheil gehören zu den bekannteren Chinon-Produzenten. Ihr Keller, der in den Hang gegraben ist und in dem der Traubentransport nur mittels Schwerkraft vonstatten geht, gehört zu den Vorzeigebetrieben der Region.

Domaine Druet****
Benais
22 ha; 105 000 Fl. • Weine: →Bourgueil Grand Mont, Bourgueil 100 Boisselées
Das Beste, was Bourgueil zuwege bringt, kommt aus den Kellern von Pierre-Jacques Druet in Benais. Der lange Barrique-Ausbau verleiht seinen Weinen eine Komplexität, wie man sie in dieser Gegend lange suchen muss.

Domaine Huet*–*******
Vouvray
35 ha; 150 000 Fl. • Weine: →Vouvray Le Haut-Lieu sec, Vouvray Le Mont moelleux, Vouvray Clos du Bourg moelleux, Vouvray Le Mont sec, Vouvray Clos du Bourg demi sec
Vouvray der Spitzenklasse, sowohl trocken als auch süß. Alle Weine des Betriebs zeichnen sich durch ihre ungemein reintönigen Fruchtaromen aus.

Domaine Charles Joguet****
Sazilly
30 ha; 160 000 Fl. • Weine: →Chinon Terroir, Chinon Jeunes Vignes, Chinon Clos de la Cure, Chinon Les Varennes du Grand Clos, Chinon Clos du Chêne Vert, Chinon Clos de la Dioterie
Charles Joguet kultiviert noch einen Weinberg wurzelechter, alter autochthoner Rebsorten, aus deren Trauben er seine beste Cuvée keltert. Vor allem die Roten der verschiedenen Einzellagen stehen auf hohem Niveau.

Domaine Henri Marionnet*–******
Soings
50 ha; 340 000 Fl. • Weine: →Touraine Gamay Domaine de la Charmoise, Touraine Première Vendange, Touraine Gamay, Touraine M de Marionnet
Auch Gamay kann an der Loire ausgezeichnete Resultate bringen. Daran erinnern angesichts der Übermacht des Cabernet Franc die Weine von Henri Marionnet. Der Weiße aus Sauvignon Blanc ist sauber, grundsolide und aromatisch.

Domaine du Clos Naudin – P. Foreau*–******
Vouvray
12 ha; 60 000 Fl. • Weine: →Vouvray sec, Vouvray pétillant, Vouvray demi sec, Vouvray moelleux, Vouvray moelleux Réserve, Vouvray méthode traditionnelle, Rosé de Touraine méthode traditionnelle
Renommiertester Winzer von Vouvray ist Philippe Foreau, dessen Schaumwein nach der Champagnermethode mit renommierteren Produkten Schritt halten kann, obwohl er nicht aus Pinot Noir und nicht aus Chardonnay, sondern aus Chenin Blanc gekeltert wird.

Domaine Renard-Potaire****
Morçon
7 ha; 23 000 Fl. • Weine: →Jasnières, Jasnières Sous les Bois, Jasnières Mollières, Jasnières Saint-Jacques, Jasnières Vieilles Vignes
Nicolas Renard gilt als eines der größten Talente im Loire-Weinbau und ist für die kleine Appellation Jasnières ein absoluter Glücksfall.

Domaine de la Taille-aux-Loups–******
Montlouis-sur-Loire
13 ha; 50 000 Fl. • Weine: →Touraine rosé, Vouvray, Montlouis pétillant Brut Tradition, Montlouis sec, Montlouis moelleux, Montlouis liquoreux Cuvée Romulus, Montlouis sec Remus, Montlouis liquoreux Cuvée des Loups
Das Vorbild von Jacky Blot sind die großen Sauternes: üppige Süße, denen der Ausbau im neuen Holz viel Kraft und Struktur mitgibt. Für seinen übermäßigen Holzeinsatz wird er gelegentlich kritisiert, aber wenn die Weine gelungen sind, gehören sie zu den besten der Loire.

Domaine Taluau – Foltzenlogel*–******
Saint-Nicolas-de-Bourgueil
22 ha; 120 000 Fl. • Weine: →Saint-Nicolas-de-Bourgueil Jeunes Vignes, Saint-Nicolas-de-Bourgueil Cuvée du Domaine, Saint-Nicolas-de-Bourgueil Vieilles Vignes, Bourgueil Cuvée du Domaine, Saint-Nicolas-de-Bourgueil Le Vau Jaumier
Joël Taluau hat sich auf Cabernet Franc spezialisiert, der auf den tonhaltigen Schottern von Saint-Nicolas besonders gut gerät. Seine Weine sind die Quintessenz des fruchtbetonten, weichen und runden Stils, wie er für die Appellation typisch ist.

Feuerstein und Stachelbeeren

Die obere Loire ist eine Hochburg des Sauvignon, und zwar des wahren und echten sozusagen: des Sauvignon Blanc. Nicht des Sauvignon Gris, nicht des Sauvignon Violet, nicht des Sauvignon Jaune und schon gar nicht des Sauvignonasse alias Sauvignon Vert, einem Verwandten des Tocai friulano, der in Südamerika immer noch unter dem Namen Sauvignon verkauft wird. Da die meisten Mitglieder dieser umfangreichen Rebsortenfamilie kaum oder keinerlei Bedeutung besitzen, wird das »blanc« gerne weggelassen. In den 1970er und 1980er Jahren war Sauvignon in Form des Sancerre – die größte Appellation in diesem Gebiet – fast auf der ganzen Welt einer der beliebtesten Weißweine – vergleichbar mit dem damals ebenso in Mode gekommenen Pinot Grigio. Von dieser Popularität des weißen Sancerre ist zwar nicht viel geblieben, aber die Sorte trat dennoch einen Siegeszug durch die Weinbauländer der Welt an. Einen Siegeszug, der nur von dem des Chardonnay übertroffen wurde, was Weißweine betrifft. Sauvignon Blanc findet man heute nicht nur an der Loire und im Bordelais, sondern in der österreichischen Steiermark genauso wie im italienischen Friaul, in Kalifornien wie in Australien, in Südamerika – mit der gebotenen Vorsicht! – und in Südafrika.

Sauvignon ist eine Sorte mit ungemein intensiven Aromen. In der Jugend und bei zu früh geerntetem Traubenmaterial zeigt sie ihre typischen grasig-vegetalen Noten.

An der oberen Loire, in den Weinbergen um Sancerre und Pouilly-Fumé, um Ménetou-Salon und Reuilly, kann Sauvignon, auch ohne mit anderen Sorten verschnitten zu sein, eine komplexe Intensität und Finesse entfalten, wie man sie andernorts nur selten antrifft.

Immer schwieriger wird es in Frankreich Lesehelfer zu finden, und immer weniger Winzer bewirten ihre Equipe heute noch so herzlich und reichlich wie hier in Sancerre.

So offensichtlich wie der Clos de la Poussie präsentieren sich wenige Spitzenlagen.

Sancerre und Pouilly

Sancerre, ein reizvoller, alter Winzerort, dessen Häuser auf einer Hügelkuppe über der Loire thronen, ist der bekannteste der vier Namen. Die Stadt selbst und 14 ihrer Nachbargemeinden bilden das gleichnamige, etwa 2 000 Hektar große Anbaugebiet. Bis zur Reblauskatastrophe gegen Ende des 19. Jahrhunderts wurden hier vor allem Pinot Noir und Gamay kultiviert, danach gab man dem Weißen den Vorzug, und die leichten, fruchtbetonten Rotweine aus Pinot wurden so stark zurückgedrängt, dass sie heute nur noch ein Drittel der Produktion ausmachen.

Sancerre bietet dem Sauvignon drei unterschiedliche Terroirs, wobei die meisten Weine allerdings aus Trauben verschiedener Lagen verschnitten werden. Ganz im Westen überwiegen tonhaltige Böden und Kalkmergel, von denen die kräftigsten Weine kommen. Um die Stadt selbst findet man den berühmten Flint oder Feuerstein, deren Aroma an frisch angezündete Streichhölzer oder eben an Feuerstein erinnert. Zwischen den beiden Zonen gedeihen auf Schotter und Kalkstein die delikatesten Weine der Appellation. Ausgebaut werden sie meist, wie es dem fruchtig-unmittelbaren Charakter des Sauvignon wohl am besten entspricht, im Stahltank, und das Barrique kommt eher selten zum Einsatz. Nicht so bekannt wie die des populären Nachbarn, aber bei Weinfreunden höher angesehen sind die Sauvignon-Weine vom anderen Loire-Ufer, aus Pouilly-sur-Loire.

Pouilly-Fumé heißt ihre Appellation, die ausschließlich für Weißweine aus Sauvignon Blanc gilt – ein wenig Chasselas, der hier kultiviert wird, wird als Landwein vermarktet –, und dieser Name sorgt nicht selten für Verwechslung mit der Gemeinde Pouilly-Fuissé aus dem Mâconnais im Burgund, wo die Weine allerdings aus Chardonnay gekeltert werden. In Pouilly sind nicht nur die Hügel sanfter als in Sancerre, auch die Weine wirken runder, weicher, etwas weniger aromabetont. Die besten Pouillys allerdings, die gelegentlich im Holzfass ausgebaut werden, gelten als komplexer und langlebiger als das, was der Weintrinker aus Sancerre gewohnt ist.

Auch die westlichen Nachbarn von Sancerre haben sich auf Sauvignon spezialisiert. Menetou-Salon, vor allem aber Quincy und Reuilly liegen im großen Loire-Bogen teilweise so weit vom Fluss entfernt, dass man sie oft gar nicht als Loire-Appellationen registriert, sondern einem nicht näher definierten Zentrum zuschlägt. Etwa auf halbem Wege zwischen Sancerre und Bourges liegt das Gebiet von Menetou-Salon, in dem, wie in Sancerre, Rotweine und Weißweine produziert werden. Hier ist der Sauvignon Blanc nicht selten genauso gut wie in der berühmteren Gemeinde direkt an der Loire, nur wesentlich günstiger.

Etwas rustikaler wirken die Weine in den Zwillings-Appellationen Quincy und Reuilly, die jenseits von Bourges am mittleren Lauf des Cher beheimatet sind. Auf den etwa 100 Hektar von Quincy wird Sauvignon kultiviert. In Reuilly dagegen sind die Rebflächen je zur Hälfte mit roten und weißen Sorten bestockt. Der Gamay, der hier geerntet wird, geht dagegen nicht in Appellations-Weine ein, sondern wird als Vin de Pays verkauft.

Wein für Pariser Gaumen

Nördlich von Sancerre liegen, direkt an der Loire, zwei weitere Weinbaugebiete. Es sind die Coteaux du Giennois, ein VDQS-Gebiet, in dem die typischen Sorten der oberen Loire – Sauvignon Blanc, Pinot Noir und etwas Gamay – kultiviert werden. Auch bei Orléans, einst ein wichtiges Weinzentrum, dessen Produktion aber schon seit Jahrhunderten ausschließlich von Paris geschluckt wird, gibt es heute noch etwa 100 Hektar Rebfläche. Im Gegensatz zu den anderen Teilen dieses Loire-Abschnitts werden hier allerdings Burgundersorten – sehr viel Pinot Meunier, der in Frankreich ansonsten in der Champagne heimisch ist – sowie Cabernet, Chardonnay und Pinot Gris kultiviert.

Die wichtigsten Erzeuger der oberen Loire

Domaine Henri Bourgeois **–***
Sancerre
60 ha; 380 000 Fl. • Weine: u.a. Pouilly-Fumé Sancerre: Grande Réserve, Les Baronnes, Sancerre La Chapelle
Mit modernster Kellereitechnik erzielt das Familiengut reintönige, klar definierte Sancerres und Pouillys.

Domaine Cotat Frères ****
Sancerre
1,6 ha; 10 000 Fl. • Weine: Sancerre: Chavignol La Grande Côte, Cuvée Spéciale, Les Monts Damnés
Weine der Familie Cotat; sie gehören zum Besten, was Sancerre zu bieten hat, und sind schon im Voraus ausverkauft.

Domaine Lucien Crochet **–****
Bué
35 ha; 250 000 Fl. • Weine: Sancerre: Le Chêne, Prestige, La Croix du Roy, Rouge Prestige
Lucien Crochet glänzt sowohl mit seinen finessenreichen Weißen wie auch mit seinen Roten. Die Weine des Handelshauses mit Crochets Namen sind allerdings eher durchschnittlich.

Domaine Didier Dagueneau *****
Saint-Andelan
11 ha; 50 000 Fl. • Weine: Pouilly-Fumé: Silex, En Chailloux, Pur-Sang
Dagueneaus Ruf gründet sich auf die außergewöhnlichen Sauvignon-Cuvées Silex und Pur Sang, die auf der ganzen Welt als Modellweine der Sorte gelten.

Domaine Gitton Père & fils **–***
Ménétréol-sous-Sancerre
36 ha; 280 000 Fl. • Weine: u.a. Sancerre: Les Belles Dames, l'Amiral, Les Herses, Galinot, Côtes de Gien Vigne du Taureau
Den klassischen, grasig-stachelbeerigen Sauvignon sucht man bei Pascal Gitton vergeblich – er bevorzugt Weine aus vollreifen Trauben mit eher üppigen, süßen Fruchtnoten.

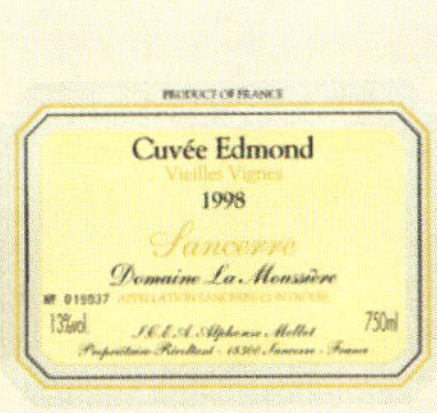

Domaine Masson-Blondelet ***
Pouilly-sur-Loire
18 ha; 100 000 Fl. • Weine: Pouilly-Fumé: Les Angelots, Villa Paulus, Tradition Cullus
Jean-Michel Massons Weine zeigen klare Sauvignon-Frucht und solide Qualitäten.

Domaine Alphonse Mellot ***–*****
Sancerre
50 ha; 300 000 Fl. • Weine: u.a. Sancerre: Domaine La Moussière, Sancerre rouge
Die Weine der Domaine de la Moussière sind Musterbeispiele für reifen, komplexen Sauvignon Blanc. Auch die Roten aus Pinot Noir gehören zu den besten der Appellation.

Château du Nozet – Ladoucette ****
Pouilly-sur-Loire
104 ha; 1 200 000 Fl. • Weine: u.a. Pouilly-Fumé: Baron de L, Sancerre Comte Lafon Grande Cuvée
Ladoucette ist das Symbol für Pouilly und Sancerre schlechthin. Wann immer auf der Welt von Sauvignon die Rede ist, wird man auf den Namen des Eigners von Nozet stoßen.

Domaine Henry Pellé **–****
Morogues
53 ha; 500 000 Fl. • Weine: u.a. Menetou-Salon: Morogues, Clos des Blanchais; Sancerre La Croix au Garde
Dass der Sauvignon Blanc von Menetou einem Sancerre nicht nachstehen muss, zeigt Henry Pellée schon seit Jahren mit dem Clos des Blanchais.

Ein Emporium macht Karriere

Bordeaux ist mehr als nur ein berühmtes Weinbaugebiet. Es ist Symbol für großen Wein schlechthin, Vorbild für die gesamte Weinwelt. Bordeaux ist die größte, erfolgreichste Appellation Frankreichs und der Welt, die auf mehr als 100 000 Hektar Rebfläche – so viel wie ganz Deutschland – über vier Millionen Hektoliter oder 660 Millionen Flaschen Wein jährlich produziert. Die Eliteweine, die den Ruf des Gebiets in den letzten Jahrhunderten geprägt haben, machen zwar nur bescheidene fünf Prozent davon aus, doch ihre Ausstrahlung ist so stark, dass nicht nur der Weinbau der Region davon profitiert. Die gesamte Weinwelt von Italien bis Kalifornien, von Australien bis Österreich, von Chile bis Deutschland orientiert sich an ihrem Stil und ihrer Qualität und lässt sich daran messen. Bereits der römische Dichter Ausonius, der sich im 4. Jahrhundert n. Chr. auf dem Gebiet des heutigen Saint-Émilion niedergelassen hatte, dokumentierte Weinbau an der Dordogne und kelterte seinen eigenen Wein. Ob es in den Ländereien um Burdigala, das heutige Bordeaux, bereits früher Rebkulturen gegeben hat, ist nicht sicher. Da allerdings weder Plinius der Ältere noch Strabo davon berichten, gehen die Historiker davon aus, dass die Rebe hier erst sehr viel später Einzug gehalten hat, nachdem sie in der Provence

und an der Rhône schon heimisch geworden war. Bordeaux diente den Römern ausschließlich als Emporium, als Handels- und Umschlagplatz für den Export ihrer Weine nach England.
Auch die Annahme, dass römische Legionäre die Hauptsorte des Gebiets aus dem heutigen Albanien mitbrachten, erscheint im Licht jüngerer Forschungen fragwürdig. Da man heute weiß, dass Cabernet Sauvignon genetisches Material aus Cabernet Franc und Sauvignon Blanc enthält, ist es wahrscheinlicher, dass er erst sehr viel später als Kreuzung oder spontane Mutation aus diesen beiden Sorten entstand. Hinfällig wird damit auch die Theorie, es handle sich bei ihm um die alte Biturica – nach dem gallischen Stamm der Bituriger –, ein Name, der im Laufe der Zeit zu ›Vidure‹, einer Verballhornung von ›vigne dure‹ für ›hartes Rebholz‹, mutierte und im Graves-Gebiet noch heute geläufig ist.

Die Quellen über die regionale Weinbaugeschichte bleiben auch im frühen Mittelalter spärlich. Belegt ist, dass die Stadt immer wieder von den verschiedensten Volksstämmen – Gascognern, Sarazenen, West- und Ostgoten – erobert und im Jahre 870 von Wikingern sogar total zerstört wurde, der Weinbau in dieser Zeit dennoch nie zum Erliegen kam. Die eigentliche Erfolgsgeschichte der Region begann aber erst 1152, dem Jahr der Heirat Aliénors von Aquitanien mit dem späteren König von England und Herzog der Normandie, Henry II. Plantagenet. Vor allem mit Hilfe großzügiger Zollprivilegien konnte die Gascogne zum bedeutendsten Lieferanten des englischen Hofes und der Londoner Gesellschaft aufsteigen, wobei Bordeaux mit der späteren Einverleibung des Konkurrenzhafens von La Rochelle durch die Franzosen zur unangefochtenen Nummer eins der Weinhandelsplätze wurde.

Vom Château Latour in Pauillac geht der Blick weit über die Gironde.

Der Ruhm Bordeaux' basiert auf dem Alterungspotential seiner Weine.

Die Entwicklung des modernen Bordeaux

Die Weine kamen zu jener Zeit noch nicht aus dem Médoc, dem heutigen Herzstück der Region, das bis zum 17. Jahrhundert ein Sumpfgebiet war und sich allenfalls für Ackerbau eignete, sondern von den Schotterböden der Graves und aus den flussaufwärts gelegenen Gebieten Gaillac und Bergerac. Sie waren nicht im Entferntesten vergleichbar mit den kräftigen, dunklen und alterungsfähigen Roten unserer Zeit, sondern eher hell und dünn, was auch den Beinamen ›Claret‹ (vom lateinischen Begriff ›vinum clarum‹) erklärt, den ihnen die Engländer gaben. Bis zum 14. Jahrhundert wurde fast der gesamte Wein, der in England getrunken wurde, aus der Gascogne geliefert. Dieser Export-Herrlichkeit setzte das Ende des Hundertjährigen Krieges im Jahre 1453, als die Gascogne Frankreich zugeschlagen wurde, einen Schlusspunkt. Zum Glück für Bordeaux war jedoch inzwischen Holland zur Weltmacht geworden und übernahm fast nahtlos die Position der Briten.

Mit ihrer riesigen Flotte kontrollierten die Holländer den größten Teil des Welthandels und importierten Weine aus allen Anbaugebieten, vor allem Portugal und Bordeaux. Anfang des 17. Jahrhunderts legten sie auch die Sümpfe des Médoc mit einem ausgeklügelten Kanalsystem trocken und führten die Schwefelung zur Konservierung der Weine ein. Damit waren die Voraussetzungen für die großen Weine späterer Jahrhunderte geschaffen. Es war der Beginn der Gründungsphase der großen Châteaux wie Haut-Brion, Latour, Lafite und Margaux. Aber die holländische Herrschaft über die Weltmeere sollte nicht allzu lange dauern. Bereits im 18. Jahrhundert waren die Engländer zurück in Bordeaux und gründeten Handelshäuser wie Barton & Guestier, in denen bis in die jüngste Vergangenheit die Geschicke des Weinbaus der Region entschieden wurden. Wenig später wurde diese erfolgsträchtige Idee von einer Reihe deutscher Einwanderer aufgegriffen.

Von den Handelshäusern und ihren reisenden Einkäufern, den Courtiers, gingen Anfang des 19. Jahrhunderts auch erste Versuche zu einer Klassifizierung der einzelnen Châteaux aus. Damit sollte Ruhe in den sehr instabilen Markt gebracht werden, der immer die Tendenz hatte, zwischen Überhitzung und Krise zu schwanken. Das Ergebnis dieser Bemühungen, die sich auf das Gebiet des Médoc und auf Sauternes beschränkten, war die berühmte Klassifizierung des Jahres 1855, mit der Châteaux auf der Pariser Weltausstellung desselben Jahres triumphierten – für Bordeaux hatte das »âge d'or«, das goldene Zeitalter, begonnen.

Auf und Ab im zwanzigsten Jahrhundert

Trotz des enormen Prestiges, das Bordeaux-Weine seit damals genießen und bis heute steigern konnten, war das 20. Jahrhundert eher ein Zeitalter der Krisen. Es begann mit der Reblauskatastrophe, die fast den gesamten Weinbergbestand ruinierte. Nach kurzer Erholungsphase, während der auch die Exporte nach Deutschland, England und Belgien wieder zunahmen und Gesetze zum Schutz der Herkunftsbezeichnungen ausgearbeitet wurden, führten der Erste Weltkrieg und die Wirtschaftskrise zum Zusammenbruch wichtiger Auslandsmärkte wie Russland oder USA.

Erst in den 1950er Jahren begann die Erfolgskurve der Region wieder nach oben zu zeigen. Es war die Zeit der Nachbarregionen des Médoc. 1953 und 1955 wurden die Weine der Graves und von Saint-Émilion klassifiziert – nur Pomerol besitzt bis heute keine offizielle Hierarchie –, und die besten Weine der Region erreichten ein Schwindel erregendes Preisniveau als Folge der stark gestiegenen Nachfrage. Die damit zusammenhängende permanente Weinknappheit suchte der eine oder andere Händler durch Verschnitte mit gebietsfremder Ware zu kompensieren. Die Geschichte flog 1973 auf, der Skandal war groß, und die Preise purzelten wieder in den Keller.

Zur selben Zeit sah sich das Bordeaux-Gebiet durch die wachsende Konkurrenz aus der Neuen Welt bedroht. Gleich mehrfach siegten kalifornische oder australische Gewächse bei hochkarätig

Die Rebsorten von Bordeaux

Bei aller Verschiedenheit des Terroirs in den einzelnen Weinbauzonen von Bordeaux haben die Weine doch eine gemeinsame Basis: eine kleine Anzahl Rebsorten, die je nach Terroir oder aktuellem Weingeschmack in unterschiedlichen Anteilen Verwendung finden. Priorität haben rote Sorten, die immerhin gut 85 Prozent der Rebflächen einnehmen, und ihr Anteil ist in den letzten 15 Jahren noch gestiegen.

Rotweinsorten

Cabernet Sauvignon – eine der besten Rotweinsorten der Welt und Star des Bordeaux-Gebiets, entstand wahrscheinlich aus Cabernet Franc und Sauvignon Blanc. Die besonderen Qualitäten liegen in der Konzentration von Polyphenolen, ohne dass die Frucht dabei von den Tanninen gänzlich verdeckt würde. Cabernet-Weine sind dunkelrot, duften nach Zeder und Cassis und zeigen am Gaumen viel Kraft und Struktur. Bei Unreife oder zu hohen Erträgen verändert sich das Aroma in Richtung grüne Paprikaschoten.

Cabernet Franc/Bouchet/Breton – die Sorte galt lange als kleiner Bruder des Cabernet Sauvignon, heute weiß man, dass die Abstammung umgekehrt ist. Die Weine zeigen schöne Beerenfrucht, sind schlanker als Cabernet Sauvignon und haben dezentere Tannine, dafür aber höhere Säure.

Merlot (Noir) – die früh reifende und recht ertragreiche Sorte eignet sich sowohl zum sortenreinen Ausbau als auch zum Verschnitt mit kräftigeren, tanninbetonteren Weinen. Im Bordeaux-Gebiet bringt sie die besten Resultate unter den Appellationen Saint-Émilion und Pomerol. Ihre Weine sind fruchtig, samtig und reifen schneller als Cabernet.

Petit Verdot – spät reifende und deshalb im Aufbau problematische Sorte, die relativ farbintensive, tanninreiche Weine hervorbringt. Die Sorte geht in geringem Umfang in die Weine des Médoc ein.

Malbec/Cot/Auxerrois/Pressac – eine Rotweinsorte, die im Bordeaux-Gebiet einst weit verbreitet war. Dort wurde sie von Merlot abgelöst, wird aber noch in Cahors kultiviert. Die Weine wirken rustikal, eignen sich aber gut zum Verschnitt mit anderen Sorten.

Weissweinsorten

Sémillon – die zur Edelfäule neigende Sorte ist Grundlage der großen Süßweine des Bordaux-Gebiets. Die besten trockenen Gewächse bringt sie in Pessac-Léognan hervor. Sémillon-Weine können sehr alterungsfähig sein und entwickeln dann Aromen von Honig, kandierten Früchten und Pralinen, behalten aber oft auch eine frische Zitrusnote.

Sauvignon Blanc – ein Mitglied der Sauvignon-Familie, zu der auch seltene rote Varianten gehören. In der Jugend und bei zu früh geerntetem Traubenmaterial zeigt sie ihre typischen, grasig-vegetalen Aromen. Gute Sauvignon-Weine entwickeln Duftnoten nach schwarzen Johannisbeeren oder Stachelbeeren und sind fruchtig mit guter Säure. Bei Voll- oder Überreife werden sie komplexer, entfalten reife Frucht und können sogar hochreifem Riesling ähneln. Nicht zufällig hielten die Franzosen den Riesling im vergangenen Jahrhundert nur für eine Variante des Sauvignon.

besetzten Weinwettbewerben gegen Spitzenprodukte aus Bordeaux, darunter Weine wie der australische Grange Hermitage oder die des kalifornischen Weinguts Clos du Val, das von Bordelaisern geführt wurde. Die internationalen Mitbewerber trumpften dabei mit Weinen auf, die ähnliche Kraft und Dichte besaßen wie die großen Gewächse von der Gironde, aber weit zugänglicher waren.

Dieser neue Weinstil wurde vom amerikanischen Bordeaux-Spezialisten Robert Parker jr., dem Wein-Papst der 1980er und 1990er Jahre, so erfolgreich gefördert und gefordert, dass er sich als Parameter für den internationalen Weinmarkt durchsetzte. Um mit den veränderten Anforderungen Schritt halten zu können, mussten die Weingüter des Médoc, von Graves, Saint-Émilion oder Pomerol vor allem in ihren Kellern aufrüsten. Die Vinifizierung wurde im Hinblick auf die Tanninstruktur ebenso verändert wie die Sortenzusammensetzung, in der Merlot zunehmend Gewicht bekam. Bordeaux wurde zum Tummelplatz für technische Neuerungen wie Konzentratoren – Geräte zur Umkehr-Osmose und Vakuum-Verdampfer sind heute in den Kellern auch der berühmtesten Châteaux im Einsatz, und manche Weingutverwalter griffen sogar zu Methoden, die man lange Zeit den Weinmachern der Neuen Welt angekreidet hatte, wie die Verwendung von Holzchips als Alternative zum teuren Barrique-Ausbau.

Unten links:
Typischer Kieselboden im Médoc

Unten rechts:
Château Mouton-Rothschild, eines der berühmtesten Weingüter der Welt

Ideales Terroir

Zwischen Gironde und Atlantik besitzt das Médoc ein besonders gemäßigtes Klima.

Auch wenn die Holländer einen großen Teil des Gebiets – den später erfolgreichsten – erst einmal trockenlegen mussten, bevor Reben gesetzt werden konnten, besaß Bordeaux optimale natürliche Voraussetzungen für große Weine. Genau auf halbem Weg zwischen Äquator und Nordpol gelegen, genießt es ein besonders ausgewogenes Klima – ideal für Weine mit Kraft und Struktur einerseits, Finesse und Eleganz andererseits. Vor allem die Nähe des Atlantiks mit dem warmen Golfstrom sorgt für milde Bedingungen und verhindert extreme Temperaturschwankungen, wobei die ausgedehnten Wälder an der aquitanischen Küste auch gegen Stürme vom Meer schützen. Frostgefahr – der große Feind des Winzers in Burgund und Champagne – besteht hier kaum, sieht man von Ausnahmejahren wie 1991 ab; dafür kann der Juni recht instabil sein, was Probleme während der Rebblüte verursacht. Lange, trockene, heiße Sommer und ein oft durchmischter Herbst machen die Ernte in schlechten Jahren zu einem Lotteriespiel.

Bei den Bodenverhältnissen müssen innerhalb des riesigen Bordeaux-Gebiets drei Zonen unterschieden werden, die auch im System der vielschichtigen Appellationen eigenständige Einheiten bilden. Bordeaux ist ja kein Anbaugebiet mit einer einzigen, homogenen Appellation, sondern ein höchst kompliziertes, hierarchisch gegliedertes Geflecht von insgesamt 54 Herkunftsbezeichnungen, von denen einige bereits aus den Anfangstagen der AOC-Gesetzgebung stammen, andere aus den letzten Jahrzehnten. 1911, im Rahmen eines ersten Gesetzes zum Schutz von Herkunftsbezeichnungen Frankreichs, wurde festgelegt, dass nur Weine aus dem Departement Gironde als Bordeaux-Weine verkauft werden dürfen – eine Regelung, die dem bis dato gern praktizierten Verschnitt mit anderen, kräftigeren Provenienzen einen Riegel vorschieben sollte, obwohl dies, wie die Krise von 1973 verdeutlichte, dennoch auch weiterhin vorkam.

Die breite Basis der Weine – 40 Prozent der Gesamtproduktion, bei den Weißen sogar 70 Prozent – wird unter den Regional-Appellationen Bordeaux, Bordeaux Supérieur oder Bordeaux Crémant vermarktet. Diese Herkunftsbezeichnung tragen Weine von Flächen, für die keine höherstufigen, enger definierten Herkunftsbezeichnungen vorgesehen sind, und jene, die zwar auf solchen Weinbergen wachsen, aber nicht unter die jeweilige AC fallen.

Zwei Meere und ihre Weinberge

Die übrigen Herkunftsbezeichnungen teilt man meist in drei Zonen. Die erste liegt am linken Ufer von Garonne und Gironde, nördlich und südlich der Stadt Bordeaux, und ist ein Streifen sandigschottriger Böden, die aus den Pyrenäen, aus dem Limousin und dem westlichen Zentralmassiv angeschwemmt wurden. Unterteilt ist diese Zone in das Médoc nördlich Bordeaux, auf dessen kargen, gut entwässerten Sand- und Kiesböden fast ausschließlich rote Trauben wachsen, sowie die eigentlichen Graves im Westen und Süden, in die auch die Süßweingebiete von Sauternes eingebettet sind und deren Flusskieselböden sich für aromatische, feingliedrige Rote ebenso eignen wie für trockene Weiße und edelsüße Spezialitäten.

Zwischen den beiden Flüssen Garonne und Dordogne liegt das so genannte Entre-deux-Mers, das Gebiet »zwischen den Flüssen«, ein Plateau aus dem Tertiär mit schwereren ton- und kieshaltigen Böden, deren Weinspektrum von aromatischen, lebendigen oder auch lieblichen Weißen bis zu teilweise recht vollmundigen Roten reicht, in denen der Merlot dominiert. Am rechten Ufer der Dordogne schließlich findet man eine ganze Palette voneinander recht unabhängiger Gebiete unterschiedlichster Qualität. Die Böden ähneln denen des Entre-deux-Mers. Auf den Kiesböden von Pomerol wachsen andere Weine als auf dem Tonkalk des Fronsadais oder in Saint-Émilion.

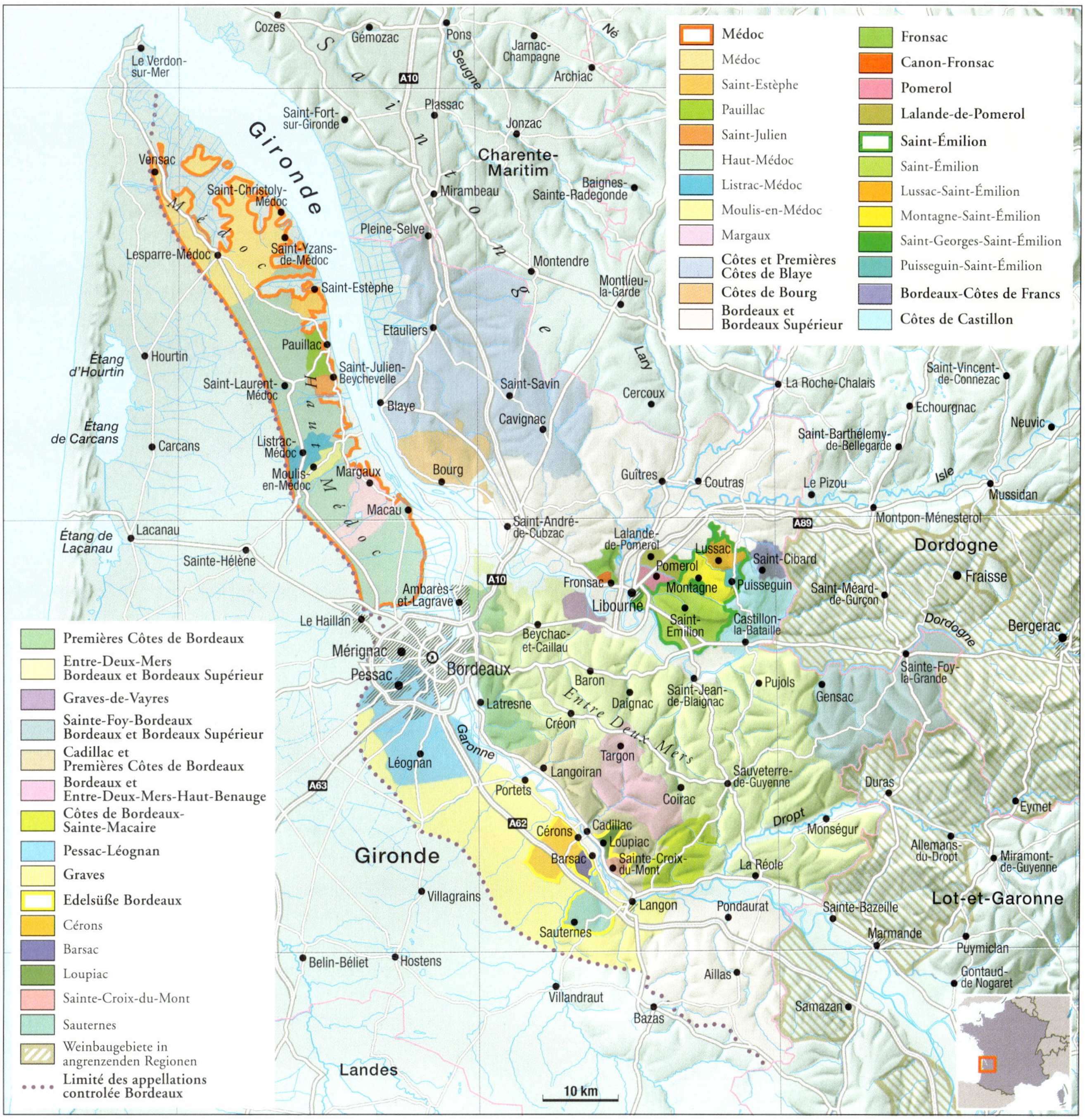

Die genannten drei Zonen sind in sich vielfach unterteilt, wobei sich auch die Gliederungsstruktur von Zone zu Zone erheblich ändert. Das am besten geordnete Bild bietet das Médoc, das nochmals in die beiden Bereiche Haut-Médoc und Médoc selbst unterteilt ist, wobei das südliche, näher bei Bordeaux gelegene Haut-Médoc die prestigereichen Kommunal-Appellationen Margaux, Listrac, Moulis, St-Julien, Pauillac und St-Estèphe umfasst. Innerhalb des Graves-Gebiets wurde hingegen keine derartige Hierarchie eingerichtet. Stattdessen hat man an seinem nördlichen Ende die höherwertige Appellation Pessac-Léognan geschaffen – als Äquivalent der Gemeinde-AC des Médoc – und an seinem südlichen das Gebiet von Sauternes.

Eine ähnliche Struktur herrscht im Entre-deux-Mers. Komplizierter stellt sich dagegen die Rive Droite, das rechte Dordogne-Ufer, dar. Es umfasst eine ganze Reihe von Einzel-Appellationen, die aber in keinem offiziellen hierarchischen Verhältnis zueinander stehen, obwohl sie ganz unterschiedliches Prestige besitzen. Im Nordwesten liegen die Weinberge von Bourg und Blaye, im Südosten Fronsac mit Canon-Fronsac und das Libournais, das wiederum in Pomerol und Saint-Émilion sowie eine Reihe von Satelliten – die Gebiete werden so bezeichnet, weil der Name der prestigereicheren AC Teil ihres eigenen ist, wie beispielsweise Lalande-de-Pomerol oder Puisseguin-Saint-Émilion – eingeteilt ist. Den Abschluss bilden im Osten die Côtes-de-Castillon.

Hierarchische Verhältnisse

Unter dem Weinberg liegt der Barrique-Keller des Château Lafite-Rothschild.

Für das Etikett des Premier Grand Cru Classé Château Mouton-Rothschild wird seit 1945 in jedem Jahr ein anderer renommierter Künstler verpflichtet.

Einer der Meilensteine in der Erfolgsgeschichte der Bordeaux-Weine war die Klassifizierung der verschiedenen Crus, die 1855 zum ersten Mal offiziell vorgenommen wurde. Zwar hatte bereits Thomas Jefferson bei seinem Besuch im Jahre 1787 eine Einstufung der Médoc-Gewächse versucht, bei der bereits die heute noch führenden Namen Latour, Lafite, Margaux und Haut-Brion an der Spitze standen. Aber es sollte noch mehr als ein halbes Jahrhundert dauern, bevor die Weltausstellung von 1855 in Paris Anlass bot, die besten Châteaux auch offiziell als solche zu kennzeichnen. Die Handelskammer von Bordeaux – das Libournais gehörte nicht dazu und kam deshalb in dieser Klassifizierung auch nicht vor – wurde gebeten, eine solche Liste auszuarbeiten, was mit Hilfe der Courtiers der Börse von Bordeaux gelang, die für ihre eigenen Zwecke schon lange mit solchen Bewertungen gearbeitet hatten. Im Unterschied zum Burgund, wo sich vor allem die Klöster seit Jahrhunderten in der Kunst der Bewertung jeder einzelnen Weinberglage versucht hatten, setzten die Courtiers allerdings nicht nur auf den Faktor Terroir, sondern zogen als Bewertungsparameter auch die menschliche Leistung heran – genauer gesagt, das Renommee der Châteaux und die Durchschnittspreise, die deren Weine über einen längeren Zeitraum hinweg auf den Märkten erzielt hatten. Fünf Klassen kannte ihr Schema, vom Premier bis zum Cinquième Grand Cru Classé, vom ersten bis zum fünften Gewächs. So schwierig ein solches Unterfangen scheinen mag, die Courtiers erledigten ihre Arbeit auf so exzellente Art und Weise, dass ihre Wertung bis heute nahezu unverändert in Kraft ist – lediglich Château Mouton-Rothschild wurde 1973 als fünftes Mitglied in die erlauchte Familie der bereits von Jefferson benannten Premiers Crus neu aufgenommen. Insgesamt sind heute 87 Châteaux in dieser Klassifizierung aufgeführt.

Château Haut-Brion als einziger Vertreter der Graves als Premier Cru, dazu weitere 60 Domänen des Médoc, von denen vier als erste Gewächse, 14 als zweite, 14 als dritte, 10 als vierte und 18 als fünfte Gewächse klassifiziert sind, und schließlich 26 Châteaux von Sauternes und Barsac, wobei das Sauternes-Château Yquem als Einziges überhaupt den Ehrentitel Premier Cru Supérieur tragen darf. Unterhalb dieser Crus Classés wurde im Médoc in den dreißiger Jahren eine neue Kategorie von insgesamt 444 Weinen eingeführt, die Crus Bourgeois. 1972 aktualisiert und offiziell sanktioniert, gehören heute 322 Châteaux dieser Gruppe an, die immerhin fast 50 Prozent der Gesamtproduktion des Médoc repräsentieren.

Das Beispiel macht Schule

Natürlich hatte der Erfolg des Médoc, dessen Klassifizierung einer der Auslöser ungeheuren wirtschaftlichen Erfolgs war, auch Neider. Es sollte aber – daran waren die Krisen, die der französische Weinbau in den vergangenen 150 Jahren erlebte, sicher nicht unschuldig – bis 1936 dauern, bevor auch in Saint-Émilion am rechten Dordogne-Ufer ein ähnlicher Vorstoß unternommen wurde. Die Umsetzung erfolgte allerdings erst nach dem Zweiten Weltkrieg, in den Jahren 1954 und 1955. Die Klassifizierung ist hier auch wesentlich einfacher gehalten als im Médoc. Zum einen wird zwischen den Appellationen Saint-Émilion und Saint-Émilion Grand Cru unterschieden, wobei nur Letztere das Recht auf weitere Klassifizierung haben. Insgesamt 75 Châteaux dieser Gruppe sind noch einmal als Grands Crus Classés ausgezeichnet, und elf von ihnen stehen noch eine Stufe höher: Sie dürfen den Titel Premiers Grands Crus Classés führen.

Die eigentliche Spitze der Appellation wird von nur zwei Weingütern – Château Cheval Blanc und Château Ausone – gebildet, die innerhalb der Premiers Grands Crus eine A-Gruppe bilden, während die neun anderen sich mit der Einstufung unter B begnügen müssen. Neben der etwas

Die erlaubten Hektarerträge der einzelnen Appellationen

Eines der wesentlichen Elemente jeglicher Klassifizierung in Frankreich ist neben dem Terroir-Bezug immer auch die Begrenzung der maximalen Hektarerträge, die unter den verschiedenen Herkunftsbezeichnungen zugelassen sind. Entsprechend dem Prestige der jeweiligen Appellation sind diese erlaubten Höchsterträge mehr oder wenig großzügig ausgelegt. Für die Regional-Appellation Bordeaux liegen sie bei 55 beziehungsweise 65 hl/ha, für Bordeaux Supérieur bei 50 hl/ha, jedoch besteht je nach Jahrgang die Möglichkeit, dieses Limit nach oben zu erhöhen; dieses kann dann bei maximal 68 beziehungsweise 78 hl/ha für Bordeaux Rouge und Blanc und bei 66 für Bordeaux Supérieur liegen. Die Basis beziehungsweise die Höchstwerte für die wichtigsten Appellationen sind wie folgt festgesetzt: Médoc 50/66, Haut-Médoc 48/66, Kommunal-Appellationen (Pauillac etc.) 47/66, Graves 50, Pessac-Léognan 45 (rouge) und 48 (blanc) / 66, Sauternes, Barsac 25/28, Entre-deux-Mers 60/75, Premières Côtes de Bordeaux 50/66 (rouge) und 50/55 (blanc), Pomerol 42/60, Fronsac 47/65, Côtes de Bourg 50/60 (rouge) und 60/75 (blanc).

einfacheren Struktur des Systems hat die Klassifizierung von Saint-Émilion einen weiteren, wesentlichen Vorteil. Während die Médoc-Klassifizierung im Prinzip keine Revisionsmöglichkeit kennt – das war auch der Grund dafür, warum Mouton trotz der offensichtlichen Qualität seiner Weine Jahrzehnte brauchte, um als Premier Cru Classé anerkannt zu werden –, ist eine solche Revision in Saint-Émilion alle zehn Jahre sogar vorgeschrieben. Diese periodische Kontrolle stellt für viele Weingüter eine exzellente Motivation dar, die Qualität ihrer Arbeit und ihrer Erzeugnisse wirklich auf einem Niveau zu halten, das der Einstufung entspricht. Diese Motivation fehlt leider im Médoc, urteilt man nur nach der recht kläglichen Vorstellung, die einige klassifizierte Gewächse immer wieder abgeben.

Crus Artisans: Geheimtipps für Kenner

Gerade im Médoc kommt es nicht selten vor, dass Weine, die nur – wenn man es vom System der Hierarchisierung aus betrachtet – unter dem Titel Cru Bourgeois figurieren, sich um einiges besser präsentieren als so manches fünfte oder auch vierte Gewächs, gelegentlich sogar besser als noch höher klassifizierte Châteaux. Um den Erzeugern hier einen größeren Spielraum zu eröffnen, wurde 1989 zusätzlich die Bezeichnung ›Cru Artisan‹ eingeführt. Für den Kenner bietet diese Tatsache die Möglichkeit, absolute Spitzenweine zu interessanten Preisen erstehen zu können, was in der Kategorie der klassifizierten Gewächse kaum noch möglich scheint.

Die trockenen Weine des Médoc und der Graves

Médoc
30,5 Millionen Flaschen, 127 Crus Bourgeois, 113 Crus Artisans, 5 Caves Coopératives
Ein breites Spektrum von Rotweinen, von denen manche im Charakter leichter und damit zugänglicher sind, während andere runder und zu mehr Flaschenreife bestimmt sind; oftmals sorgt der Merlot für eine gewisse Weichheit und gute Harmonie.

Haut-Médoc
25,1 Millionen Flaschen, 5 Crus Classés, 140 Crus Bourgeois, 116 Crus Artisans und andere Crus, 5 Caves Coopératives
Umschließt die berühmten Crus, und seine Weine zeigen oft Kraft und Solidität mit deutlicher hervortretendem Cabernet Sauvignon, meist intensiven Aromen und nach einigen Jahren der Alterung komplexem Bukett und Ausgewogenheit.

Saint-Estèphe
8,3 Millionen Flaschen, 5 Crus Classés, 43 Crus Bourgeois, 25 Crus Artisans und andere, 1 Cave Coopérative
Sie sind für ihre ausgeprägten, doch rassigen Tannine bekannt, die im Zusammenspiel mit der oft präsenteren Säure der Weine eine lange Alterung garantieren. Dann zeigen sie eine charaktervolle, oft erdige Note.

Pauillac
7,6 Millionen Flaschen, 18 Crus Classés, 16 Crus Bourgeois, 7 Crus Artisans und andere, 1 Cave Coopérative

Saint-Julien
5,5 Millionen Flaschen, 11 Crus Classés, 8 Crus Bourgeois, 11 Crus Artisans und andere
Viel Harmonie und Finesse, sowohl im Bukett wie auch am Gaumen, dabei feste Tannine und eine gute Struktur, die oftmals hohes Potential verleihen.

Listrac-Médoc
4,1 Millionen Flaschen, 29 Crus Bourgeois, 12 Crus Artisans und andere, 1 Cave Coopérative
Diese in der Jugend oft noch recht verschlossenen Weine sind solide und tanninreich, doch ihr gewöhnlich relativ hoher Merlot-Anteil verleiht ihnen in der Reife einen vollen und samtigen Charakter.

Moulis-en-Médoc
3,3 Millionen Flaschen, 31 Crus Bourgeois, 13 Crus Artisans und andere
So verschiedenartig wie die Böden, auf denen sie gedeihen, sind auch die Weine von Moulis, wobei das breite Spektrum von weichen bis zu vollen und tanninbetonteren Gewächsen führt, die etwa nach einem Jahrzehnt ihren Höhepunkt erreichen.

Margaux
7,6 Millionen Flaschen, 21 Crus Classés, 25 Crus Bourgeois, 38 Crus Artisans und andere
Eleganz ist der Kernbegriff für Margaux; verbunden mit reizvoller Frucht in der Jugend, halten die feinen Tannine langer Alterung stand, um bei den größten zu hinreißender Verfeinerung zu führen.

Pessac-Léognan
7 Millionen Flaschen, 15 Crus Classés: 6 für Rot- und Weißwein, 7 nur für Rot-, 2 nur für Weißwein; weitere 41 Châteaux
Vier Fünftel Rotweine mit elegantem Charakter, intensiven, teils floralen Aromen sowie oft einer speziellen Rauchnote, fleischig, gut strukturiert und lange haltbar. Ein Fünftel entfällt auf trockene, sehr aromatische Weißweine mit erstaunlicher Lebensdauer, deren Kennzeichen vor allem eine bemerkenswerte Rundheit und Länge ist.

Graves
Etwa 19 Millionen Flaschen, 400 Erzeuger
Die Rotweine besitzen angenehme Aromen nach reifen roten Beeren, gute Fülle und Saftigkeit und erreichen durch Alterung Finesse und Harmonie. Etwa ein Achtel der Produktion machen die intensiv duftenden Weißweine aus. Sie kennzeichnet gute Nervosität und zugleich die typische Rundheit, die durch Flaschenreife noch gewinnt.

Zweigeteiltes Rebenmeer – das Médoc

Das Médoc, ein höchstens 10 Kilometer breiter Küstenstreifen am linken Gironde-Ufer, der sich gut 80 Kilometer weit von Bordeaux aus bis fast an den Atlantik zieht, ist weit bekannter als seine Nachbarn und Konkurrenten und steht mit seinen klassifizierten Gewächsen für einen Großteil des Prestiges der Region. Von etwas über 15000 Hektar Rebfläche werden im Schnitt knapp 700000 Hektoliter Wein jährlich geerntet.

Vor dem 17. Jahrhundert war das Gebiet so sumpfig, dass man große Teile davon nur mit dem Boot erreichen konnte. Mit der Ankunft der Holländer – Experten in der Entwässerung – begann der Bordelaiser Adel, die überwiegend flachen Lagen mit ihren Kiesböden für den Weinbau zu nutzen. Schnell kristallisierte sich dabei eine Zweiteilung in eine nördliche, die eigentliche Appellation Médoc, und eine südliche Hälfte – das Haut-Médoc – heraus, die bis heute Gültigkeit hat. Vor allem das Haut-Médoc, wo seit dem 18. Jahrhundert zahlreiche Schlösser und Herrenhäuser den Reichtum ihrer Besitzer dokumentieren, stellte sich schnell als exzellentes Anbaugebiet für Spitzenweine heraus.

Nur etwa ein Drittel der Gesamtproduktion des Médoc stammt aus seinem Nordteil. Der Weinbergbesitz ist hier unter mehr als 650 Winzern aufgeteilt, von denen nur wenig mehr als 200 als Selbstvermarkter auftreten. Klassifizierte Gewächse gibt es nicht, aber etwa 130 Châteaux, die für mehr als die Hälfte der Produktion aufkommen, gehören der Gruppe der Crus Bourgeois an. Médoc-Weine sind bei aller Vielfalt der Terroirs sicher nicht so fest strukturiert, nicht so komplex und alterungsfähig wie die des Haut-Médoc, aber sie zeigen oft großen Charme und bieten schon in jungen Jahren Trinkgenuss.

Ganz anders die Situation weiter flussaufwärts, im Haut-Médoc, der Heimat der berühmtesten klassifizierten Gewächse und der prestigereichen Kommunal-Appellationen Saint-Estèphe, Pauillac, Saint-Julien, Listrac, Moulis und Margaux. Zwar umfasst dieser Teil des Gesamtgebiets zwei Drittel der Weinbergflächen, aber aufgrund der Sonderstellung der genannten Gemeinden sind nur etwas mehr als 4000 Hektar im eigentlichen Sinne als Haut-Médoc klassifiziert, von denen im Schnitt 190 000 Hektoliter Wein erzeugt werden. Auch die Appellation Haut-Médoc besitzt nur eine kleine Zahl klassifizierter Güter, die lediglich für acht Prozent der gesamten Produktion aufkommen, während die 140 Crus Bourgeois gut 70 Prozent stellen.

Das Reich des Cabernet

Médoc, Haut-Médoc und die Kommunal-Appellationen sind die eigentliche Heimat der berühmtesten Rotweinsorte von Bordeaux, des Cabernet Sauvignon. Die spät reifende Sorte, die sich leicht

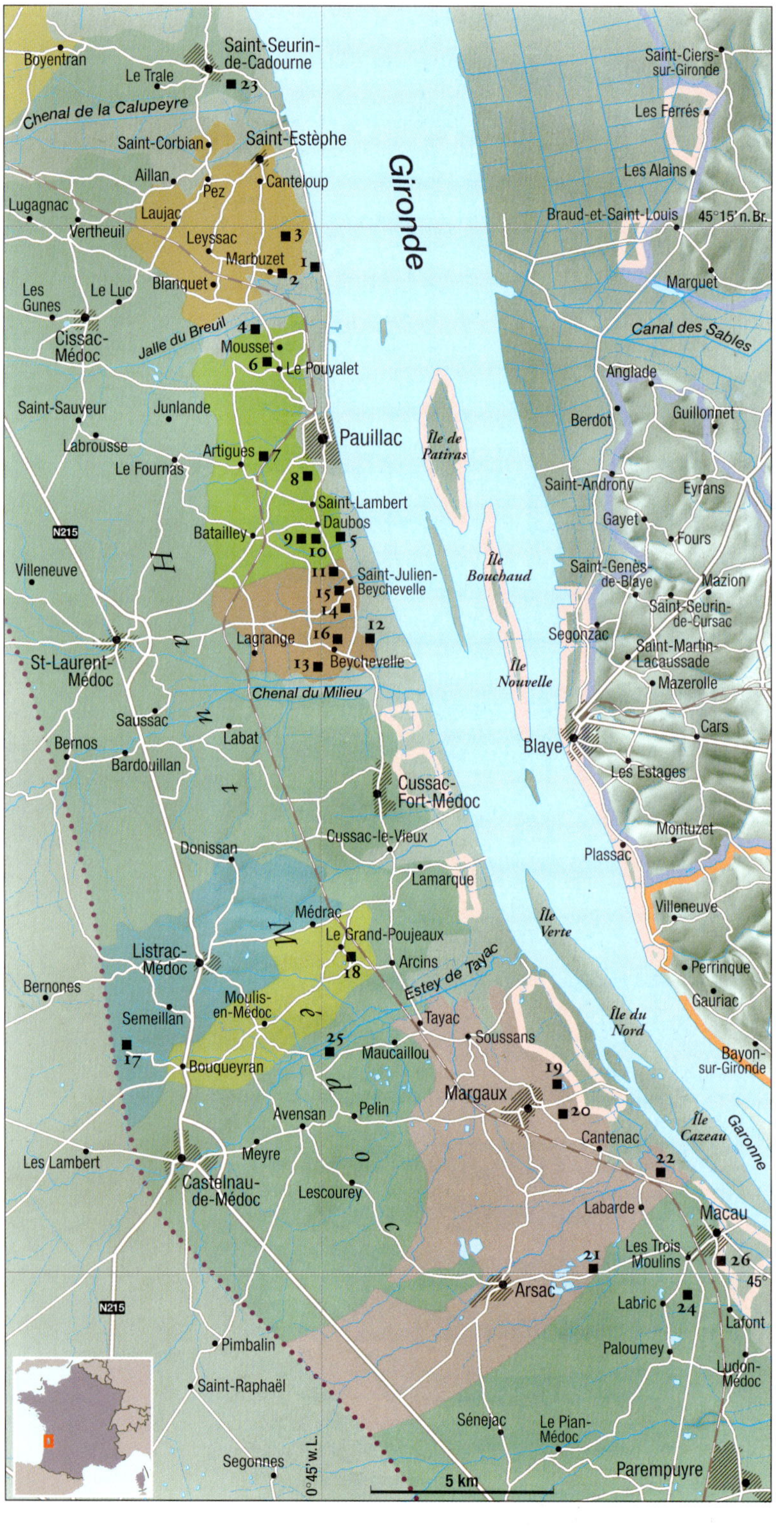

Château Comtesse de Lalande in Pauillac

- Médoc
- Saint-Estèphe
  - ■ 1 Cos d'Estournel
  - ■ 2 Haut-Marbuzet
  - ■ 3 Montrose
- Pauillac
  - ■ 4 Lafite-Rothschild
  - ■ 5 Latour
  - ■ 6 Mouton-Rothschild
  - ■ 7 Grand-Puy-Lacoste
  - ■ 8 Lynch Bages
  - ■ 9 Pichon Longueville-Baron
  - ■ 10 Pichon Longueville Comtesse de Lalande
- Saint-Julien
  - ■ 11 Léoville-Las-Cases
  - ■ 12 Ducru-Beaucaillon
  - ■ 13 Gruaud-Larose
  - ■ 14 Léoville Barton
  - ■ 15 Léoville Poyferré
  - ■ 16 Beychevelle
- Listrac-Médoc
  - ■ 17 Mayne Lalande
- Moulis-en-Médoc
  - ■ 18 Poujeaux
- Margaux
  - ■ 19 Margaux
  - ■ 20 Palmer
  - ■ 21 Monbrison
  - ■ 22 Siran
- Haut-Médoc
  - ■ 23 Sociando-Mallet
  - ■ 24 Cantemerle
  - ■ 25 Citran
  - ■ 26 Maucamps
- Côtes et Premières Côtes de Blaye
- Côtes de Bourg
- Bordeaux et Bordeaux Supérieur
- •••• Limité des appellations controlée Bordeaux

an die verschiedensten klimatischen und geologischen Bedingungen anpasst, liefert auf den Kiesböden an der Gironde, die seinen Wurzeln das Vordringen in große Tiefen erlauben, Weine von unerreichter Größe und Komplexität.

Allerdings braucht der ansonsten recht unempfindliche Cabernet viel Sonne und muss voll ausreifen, da seine Weine sonst den grasigen, unangenehmen Ton grüner Paprikaschoten sowie harte, bittere Tannine zeigen, die auch bei längerer Alterung nicht harmonischer werden. Für eine enorme Tanninladung im Wein sorgen die kleinen Beeren mit ihrer dicken Schale, was den Winzern viel Können beim Ausbalancieren ihrer Cuvées abverlangt. Dafür stehen den Winzern und Weinmachern des Médoc vier weitere Sorten zur Verfügung: Merlot, Cabernet Franc, Malbec und Petit Verdot. Sie kommen in den unterschiedlichsten Mengen und Anteilen zum Einsatz, wobei gerade der rassige, für den Winzer aber schwierige Petit Verdot leider immer weniger kultiviert wird. Natürlich verlangen besonders Weine mit hohem Cabernet-Sauvignon-Anteil lange Reifezeiten, in denen sich Balance und Bukett entwickeln und entfalten können. Geänderte Verbrauchergewohnheiten und der Trend zu schneller frühreifen Weinen führte auch zu einer teilweise neuen Struktur der Médoc-Weine. So wurde der Anteil des Merlot vor allem in Appellationen mit leichteren, einfacheren Weinen erhöht.

Auf den berühmtesten Châteaux des Médoc regiert der Cabernet Sauvignon allerdings weiterhin unumstritten und kann sich zu seiner ganzen Größe entfalten. Vor allem in den 1990er Jahren hat weltweit ein solcher Run auf die großen Namen des Médoc-Weinbaus eingesetzt, dass die Preise – wieder einmal – astronomisches Niveau erreichten. Diese Situation ist für die Châteaux nicht ohne Risiko, auch wenn der Handel davon mehr profitierte als sie selbst.

Bürger, Handwerker und Bauern

Obwohl alle Welt nur von den Crus Classés zu reden scheint, liegt die eigentliche Entwicklung der letzten Jahrzehnte bei den Crus Bourgeois, in geringerem Maße auch bei den Crus Artisans und Paysans. Während die Crus Classés nur 23 Prozent der Gesamtproduktion stellen, repräsentieren die Bourgeois knapp die Hälfte, die Artisans und Paysans ca. 11 Prozent. Die restliche Produktion wird von den Genossenschaften verarbeitet.

Obwohl der Begriff Crus Bourgeois wahrscheinlich wesentlich älter ist, wurde er im Bordeaux-Gebiet zum ersten Mal im 19. Jahrhundert kommerziell genutzt. Dieselben Courtiers, die die Klassifizierung von 1855 erstellt hatten, nahmen auch eine Einteilung aller Weine des Gebiets in verschiedene Klassen vor: Paysans, Artisans, Artisans supérieurs, Premiers Artisans, Bourgeois, Premiers Bourgeois und Bourgeois Supérieurs, wobei die berühmten Crus Classés nichts anderes als die Spitzen der Bourgeois waren, Crus Bourgeois Classés, um genau zu sein. Dass man soziale Kategorien wählte, um Weinqualitäten hierarchisch zu ordnen, hat historische Gründe. Schon im 18. Jahrhundert hatte ein Beobachter notiert, dass bei zwei Parzellen, von denen die eine einer herausragenden Persönlichkeit gehörte, die andere einem Bauern, die Weine des Ersteren immer höhere Preise erzielten.

Die Wirtschaftskrise der 1920er und 1930er Jahre und eine Reihe schlechter Ernten waren Anlass für eine Einstufung von insgesamt 444 (heute 322) Châteaux als Crus Bourgeois, von denen 99 die Bezeichnung Supérieurs trugen und sechs sich Supérieurs Exceptionnels nennen durften. Diese Unterscheidung innerhalb der Kategorie wurde 1962 modifiziert: Aus den Supérieurs wurden Crus Grands Bourgeois, aus den Exceptionnels Crus Grands Bourgeois Exceptionnels, was aber – wie schon die Unterscheidung der 1930er Jahre – keine gesetzliche Anerkennung fand. Erst in den letzten Jahren hat sich die Gemeinde der Crus Bourgeois wieder darauf verständigt, eine offizielle hierarchische Klassifizierung der Mitglieds-Châteaux zu erarbeiten und offiziell anerkennen zu lassen.

Eine Klasse für sich

Das Schloss Pichon Longueville-Baron und sein avantgardistischer Weinkeller

Eine der Stärken des Bordeaux-Gebiets lag und liegt in der Klassifizierung seiner Weingüter und seiner Weine, die Winzerschaft und Handel selbst vornahmen. Im Unterschied zu vielen anderen Weinbaugebieten, wo Neid und falsch verstandene Gleichmacherei solche hierarchischen Einstufungen nicht zulassen, wagte man sich hier an eine Einschätzung der Besten und nutzte dies auch als exzellentes Marketinginstrument für die gesamte Region. Das Bordelais wurde letztlich durch das enorme Prestige der Crus Classés zum berühmtesten Weinbaugebiet der Welt, wovon bis heute alle Betriebe, ob klassifiziert oder nicht, profitieren.

Anlässlich der Pariser Weltausstellung 1855 hatte Napoleon III. die Handelskammer von Bordeaux aufgefordert, eine Auswahl der besten Weingüter vorzunehmen, um das Gebiet in Paris zu repräsentieren. Die Aufgabe wurde an das Syndikat der Weinmakler herangetragen, das seit längerer Zeit mit solchen, allerdings inoffiziellen Klassifizierungen arbeitete. Basis dafür waren die Preise, die mit den entsprechenden Weinen erzielt werden konnten. Diese Wertungen bezogen sich – mit Ausnahme von Château Haut-Brion aus den Graves – nur auf das Médoc und auf die Süßweine von Sauternes und Barsac. Die Weine des rechten Dordogne-Ufers wurden nicht berücksichtigt, da ihre Anbaugebiete der Handelskammer von Libourne unterstanden, deren Renommee sich ohnehin erst später entfalten sollte.

Ihren Ursprung hatten die Klassifizierungsversuche jedoch schon weit früher. Bereits im Jahre 1730 arbeiteten die Makler des Quai des Chartrons von Bordeaux, wo die renommiertesten Handelshäuser ihren Sitz hatten, mit entsprechenden Listen. Diese spielten für den Verbraucher zu diesem Zeitpunkt allerdings kaum eine Rolle, da die Weine im Fass exportiert, auf dem Hauptmarkt London verschnitten wurden und anonym beim Endverbraucher ankamen. Erst Ende des 17. Jahrhunderts wagte Arnaud de Pontac, Besitzer von Château Haut-Brion, aus Unzufriedenheit mit den Preisen, die er in diesem System erzielen konnte, den Schritt direkt auf den englischen Markt und begann seine Weine unter dem Namen der Domaine zu verkaufen. So wurde Haut-Brion schnell zum gesuchtesten und teuersten Wein seiner Epoche.

Das Interesse der Bordelaiser Familien richtete sich – animiert von diesem Erfolg – von nun an auf Lagen, deren Weine ähnliches Potential aufwiesen, das man in klingende Münze umsetzen konnte. Dabei fiel ihr Augenmerk auf die flachen Hügelkuppen im Médoc, wo die Besitzungen Margaux, Lafite und Latour besonders vielversprechend schienen. Margaux, das der Familie Lestonnac gehörte, die sich zu jener Zeit durch Einheirat mit den Pontacs verband, wurde in den ersten Jahren des 18. Jahrhunderts zum zweiten Bordeaux-Gut, das in London Furore machte. Lafite und Latour folgten nur wenige Jahre später,

Große Weine verdienen auch beim Verpacken besonderen Respekt.

und damit war die noch heute herrschende Elite des Bordelaiser Weinbaus bereits vor dreihundert Jahren fest etabliert.

Solide Verhältnisse trotzen der Zeit

Im Verlauf des 18. Jahrhunderts entstanden auch die anderen, später klassifizierten Domänen des Médoc. Erste mehr oder weniger zuverlässige Wertungen begannen zu kursieren, darunter auch die von Thomas Jefferson, der die vier genannten Châteaux treffsicher als die absoluten Spitzen-Crus erkannt hatte. Verbindlich wurden diese Versuche allerdings erst durch die offizielle, gesetzlich sanktionierte Klassifizierung von 1855, deren erstaunlichste Qualität wohl war und ist, dass sie bis heute fast unverändert besteht. Obwohl immer wieder verschiedene Domänen zu einem Besitz zusammengelegt, andere geteilt wurden, obwohl die Besitzer und die Weinmacher wechselten und einige Namen gänzlich verschwanden, ist die Liste von 1855 weitgehend auch heute noch gültig.

Unzählige Versuche, die ursprüngliche Klassifizierung zu ändern, gänzlich zu verwerfen oder durch alternative Wertungen zu ersetzen, blieben erfolglos. Dabei sind die Nachteile, die das Bordeaux-Klassifizierungssystem hatte und hat, nicht zu übersehen, selbst wenn man unberücksichtigt lässt, dass die Koexistenz so unterschiedlicher Schemata wie Médoc, Saint-Émilion und Graves beim Verbraucher nur Verwirrung stiften kann. Das größte Handicap der Médoc-Liste liegt eher in genau der Tatsache, die ihren enormen Erfolg überhaupt erst ermöglichte: in ihrer Dauerhaftigkeit und Stabilität. Es musste jahrzehntelang Lobbyarbeit geleistet werden, damit ein Spitzen-Château wie Mouton schließlich doch noch in den erlauchten Kreis der Premiers Crus Classés aufgenommen wurde. Und auf der anderen Seite konnte auch eine lange Krise vieler Margaux-Domänen in den 1970er Jahren deren Mitgliedschaft nicht einen Augenblick lang gefährden. Eine regelmäßige Revision der Bewertungen, so meinen viele Kritiker des Médoc-Systems, würde nicht nur dem Verbraucher eine bessere und aktuellere Orientierung erlauben, sondern die Güter auch motivieren, sich nicht auf ihren Lorbeeren auszuruhen, sondern ihre Qualitätsstandards hochzuhalten.

Auch eine Vereinheitlichung der verschiedenen Klassensysteme und ihre Ausweitung auf noch nicht klassifizierte Appellationen wie Pomerol wäre sicherlich ein Fortschritt in den Augen vieler Verbraucher. Damit würden Premiers Crus der einzelnen Gebiete miteinander vergleichbar – eine Idee, die die Bordelaiser fürchten wie der Teufel das Weihwasser. Ihr Argument, Weine verschiedener Appellationen seien nicht in der Konfrontation zu bewerten, da sie nicht besser oder schlechter, sondern allenfalls verschieden seien, ist allerdings eine Schutzbehauptung, die in ihrer Konsequenz eigentlich die gesamte Klassifizierung, die den Bordelaisern so lieb geworden ist, ad absurdum führt. Immerhin waren sie es ja selbst, die mit ihrem System der hierarchisch gestaffelten Appellationen – Pauillac steht höher als Haut-Médoc, Haut-Médoc steht höher als Bordeaux, auch wenn die Weine aus ein und derselben Gemeinde stammen – genau solche Vergleiche zur Basis ihrer Weingesetzgebung machten.

Die Châteaux halten von jedem Jahrgang Flaschen als Referenz zurück.

Konzentrierte Kraft im Dreierpack

Château Ducru-Beaucailloux, Deuxième Grand Cru Classé in Saint-Julien, steht auf einer Kuppe, die direkt vom Ufer der Gironde sanft ansteigt.

Im Gegensatz zum südlichsten Teil des Médoc, wo im 18. und 19. Jahrhundert aufwendig gestaltete Châteaux und Weingutanlagen entstanden, kann die nördliche Hälfte des Haut-Médoc nicht mit massivem Prunk aufwarten. Dafür glänzt dieser Teil des Gebiets mit einer einzigartigen Konzentration großartiger Weine: 34 der 60 klassifizierten Gewächse des Médoc, 18 alleine im Gebiet von Pauillac, elf in St-Julien und fünf in Saint-Estèphe.

Zu Zeiten, als große Teile des morastigen Médoc auf dem Landweg unzugänglich waren, spielten die Häfen von Saint-Estèphe – der Port de la Chapelle – und Pauillac eine wichtige Rolle als einzige Zugangsmöglichkeiten.

Vor allem in Krisenzeiten bot Pauillac im Überseehandel eine gute Ausweichmöglichkeit für Schiffe, die nicht in Bordeaux anlegen konnten.

Saint-Estèphe, bis ins 18. Jahrhundert noch Saint-Estèphe de Calon genannt – *calon* bedeutet Wald und findet sich heute zum Beispiel im Namen des berühmten Weinguts Calon-Ségur wieder – ist die nördlichste der drei Gemeinden. Hier wurde schon in der Römerzeit Weinbau betrieben, und bereits im 13. Jahrhundert verzeichnete man einen gewaltigen Entwicklungsschub. Prestigereiche Premiers Crus Classés wird man allerdings vergeblich suchen. Sämtliche Crus Classés zusammen stellen nur etwa 20 Prozent der Produktionsmenge – der niedrigste Anteil aller Kommunal-Appellationen des Médoc –, gegenüber etwa 54 Prozent Crus Bourgeois, darunter eine Reihe exzellenter Namen wie Phélan-Ségur, Ormes des Pez, Lilian Ladouys, Tour de Pez oder auch Pez.

Die nur in sehr begrenzter Stückzahl abgefüllten Großflaschen der besten Grands Crus des Médoc sind begehrte Sammelobjekte.

Charakter braucht Reife

Im Vergleich zu seinen südlicheren Nachbarn leidet Saint-Estèphe darunter, dass die besten Lagen der insgesamt 1240 Hektar Rebfläche sich auf drei relativ weit auseinander liegende Gebiete verteilen: den Bereich um Cos d'Estournel im Süden, den um Montrose im Osten und die Flächen um Château Calon-Ségur im Norden. Die Böden bestehen vorwiegend aus Kies und Sand mit Silikatbestandteilen, wobei die Unterböden mit eisenhaltigen Schichten oder Kalkstein für die unterschiedlichen Charaktere der Weine verantwortlich sind.

Die farbintensiven Weine von Saint-Estèphe gelten als sehr terroirbetont. Sie wirken oft etwas schwerer als die von Pauillac oder Saint-Julien, fordern mit kräftigen Tanninen und können in der Jugend recht streng wirken, wozu auch ihre markantere Säure beiträgt. Kompensiert wird dies durch einen gegenüber Pauillac und Saint-Julien höheren Anteil von Merlot.

Obwohl die Weinbergfläche von Pauillac, dem südlichen Nachbarn von Saint-Estèphe, mit 1200 Hektar sogar ein wenig kleiner ist, hat die Appellation doch ein unvergleichlich größeres Prestige, vor allem deshalb, weil ihre Weine Noblesse pur ausstrahlen. Die einzige Gemeinde des Gebiets mit einer Uferpromenade direkt an der Gironde betreibt zwar erst seit den Zeiten Ludwigs XV. systematisch Weinbau, kann aber heute gleich drei der insgesamt nur fünf Premiers Crus Classés – die Klassiker Lafite und Latour sowie den »Newcomer« Mouton – und 15 weitere klassifizierte Gewächse ihr Eigen nennen. In der Gesamtzahl der Crus wird sie nur von Margaux übertroffen.

Cassis, Minze und Zeder

Gut 84 Prozent der Jahresproduktion von Pauillac stammen aus diesen Renommier-Châteaux – nur in Saint-Julien liegt der Anteil noch höher. Der Rest verteilt sich auf die 16 Crus Bourgeois und sieben Artisans. Wie Saint-Estèphe verfügt auch Pauillac über unterschiedliche Bodenformationen, was zum Beispiel dazu führt, dass Weine von Château Lafite eine für Pauillac fast untypische Finesse aufweisen und häufig eher mit Margaux-Gewächsen verglichen werden. Sicherlich liegt in dieser Tatsache eine der Beschränkungen eines Appellations-Systems, das letztlich nach administrativen Gemeindegrenzen ausgerichtet ist, die ja nicht immer echte Terroir-Begrenzungen darstellen – auch ein Grund dafür, warum Château Lafite per Sondergenehmigung Rebflächen auf dem Gebiet des benachbarten Saint-Estèphe bewirtschaften darf.

Insgesamt sind die Böden Pauillacs sehr karg, aber tief, und bestehen zum überwiegenden Teil aus eisenhaltigem Kies. Die besten Gewächse findet man auf zwei flachen Hügelkuppen, ›plateaux‹ genannt, wobei auf dem des Ortsteils Saint-Lambert im Süden, der früher einmal zu Saint-Julien gehörte, Latour und die beiden Pichon-Lalande liegen, auf dem von Le Pouyalet im Norden Mouton und Lafite. Bei der Verteilung der Rebsorten hat Pauillac den höchsten Cabernet-Sauvignon-Anteil aller Bordeaux-Weine, der meist zwischen 60 und 80 Prozent liegt und nur in wenigen Fällen wie bei Pichon Comtesse unter 50 Prozent fällt.

Cabernet Franc und Merlot teilen sich einen eher mageren Teil der Rebfläche, während Petit Verdot ungewöhnlich stark vertreten ist und damit gelegentlich sogar 10 Prozent des Verschnitts ausmachen kann.

Der besondere Sortenmix sorgt für den besonders festen, gut strukturierten und kraftvollen Stil der Weine Pauillacs, deren reiches Bukett die typischen Cabernet-Aromen von Cassis, Minze und Zedernholz zeigt und die große Alterungsfähigkeit auszeichnet. Nicht ganz so kraftvoll, dafür aber mit unübertroffener Harmonie und Balance präsentieren sich die Weine des südlichen Nachbarn Saint-Julien, der mit nur 900 Hektar kleinsten der drei nördlichen Appellationen. Frucht und Saft einerseits, Struktur und Tannine andererseits machen die vielleicht modernsten Weine des Médoc aus.

Ausgewogen in jeder Beziehung

Zwar kann die Gemeinde Saint-Julien-Beychevelle kein erstes Gewächs anbieten, dafür aber immerhin fünf zweite, zwei dritte und vier vierte. Diese elf stellen beachtliche 85 Prozent der Gesamtproduktion – das ist Rekord für das Gebiet des Médoc. Da unter den übrigen Châteaux fast nur gute Bourgeois und Artisans zu finden sind, kann man Weine aus Saint-Julien wirklich fast blind kaufen.

Vergleichbar mit Pauillac finden sich auch hier die besten Weinberglagen auf zwei Kuppen, von denen die der Gemeinde selbst die drei Léovilles und Talbot umfasst, die andere, Beychevelle genannt, Ducru-Beaucaillou, Gruaud-Larose und Beychevelle selbst. Diese Kuppen sind durch kleine Bachläufe und Entwässerungsgräben voneinander getrennt, wobei wie überall im Médoc die besten Weine in unmittelbarer Nachbarschaft dieser Gräben und Kanäle zu Hause sind.

Auf den großen Gütern von Saint-Julien liegt der Cabernet-Sauvignon-Anteil bei etwa 65 bis 70 Prozent, der Anteil Merlot bei 25 bis 30 Prozent mit nur kleinen Anteilen Cabernet Franc.

In den feuchten Kellern Bordeaux' halten sich Weine oft Jahrzehnte.

Im Rundkeller von Lafite-Rothschild liegen alle Fässer in fast gleichem Abstand zur Mitte.

Ausgewählte Erzeuger im Médoc und Haut-Médoc

Château Citran ****–*****
Castelnau-de-Médoc
90 ha; 500 000 Fl. • Weine: →Haut-Médoc Cru Bourgeois
Citran gehört seit kurzem zur Gruppe Taillan (Cos d'Estournel, Gruaud Larose u. a.). Der Cru Bourgeois nimmt es in guten Jahren mit einem Großteil der klassifizierten Gewächse auf. Extraktreich und holzgeprägt, entspricht der Wein dem internationalen Geschmack.

Château La Lagune ***–****
Ludon Médoc
72 ha; 300 000 Fl. • Weine: →Haut-Médoc Troisième Cru Classé
Das eigenwillige dritte Gewächs kann in guten Jahren weit besser sein, als es sein Rang suggeriert. Es wird zu wenig mehr als der Hälfte aus Cabernet Sauvignon mit einem für das Médoc recht hohen Anteil Cabernet Franc gekeltert.

Château Sociando-Mallet ****–*****
Cadourne
58 ha; 300 000 Fl. • Weine: →Haut-Médoc Cru Bourgeois
Der Superstar unter den Crus Bourgeois besticht durch gute Regelmäßigkeit, die Weine durch Fruchttiefe und Extraktsüße. Hätte schon seit langem den Status eines klassifizierten Gewächses verdient.

Château Calon-Ségur **–****
Saint-Estèphe
94 ha; 400 000 Fl. • Weine: →Saint-Estèphe Troisième Cru Classé
Calon-Ségur zeigt sein enormes Terroir-Potential nur in wenigen, außergewöhnlichen Jahren.

Château Cos d'Estournel *****
Saint-Estèphe
65 ha; 300 000 Fl. • Weine: →Saint-Estèphe Deuxième Cru Classé, Les Pagodes de Cos
Das zweite Gewächs der Gruppe Taillan ist der unangefochtene Star von Saint-Estèphe und gilt bei vielen Kritikern mehr als manches erste Gewächs. 60 Prozent Cabernet Sauvignon und 40 Prozent Merlot bilden ein kraftvolles, aber immer auch rundes, harmonisches Ensemble.

Château Montrose ****–*****
Saint-Estèphe
68 ha; 330 000 Fl. • Weine: Saint-Estèphe Château Montrose Deuxième Cru Classé, Saint-Estèphe La Dame de Montrose
Mit 65 Prozent liegt der Cabernet-Sauvignon-Anteil auf Montrose für die Appellation recht hoch, weshalb die Weine noch fester und alterungsfähiger geraten. In guten Jahren, wenn die Trauben voll ausreifen, sind sie höher einzuschätzen als Cos d'Estournel, wobei sich Typ und Qualität den großen Gewächsen von Pauillac annähern.

Château Ormes de Pez ***–****
Saint-Estèphe
33 ha; 200 000 Fl. • Weine: Saint-Estèphe Cru Bourgeois
Das Gut gehört zum Besitz von Jean-Michel Cazes (Lynch-Bages, Cantenac-Brown). Trotz des hohen Cabernet-Anteils wirken die Weine oft recht weich und zeigen in der Nase mehr Charakter als am Gaumen.

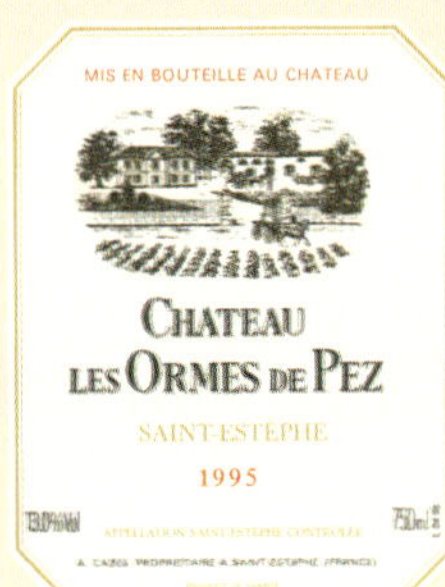

Château Phélan-Ségur ****
Saint-Estèphe
64 ha; 340 000 Fl. • Weine: Saint-Estèphe Cru Bourgeois, Frank Phélan
Phélan-Ségur wurde in den letzten Jahren dank des Einsatzes der Familie Gardinier vollständig renoviert, und die Weine haben ein großartiges Niveau erreicht. Etwa 60 Prozent Cabernet Sauvignon sind für die anregenden, würzig-animalischen Aromen der guten Jahrgänge verantwortlich.

Château Clerc Milon ***–****
Pauillac
30 ha; 185 000 Fl. • Weine: Pauillac Cinquième Cru Classé
Das Château aus dem Reich Moutons arbeitet mit dem ungewöhnlichsten – hohen! – Merlot-Anteil der bekannten Pauillac-Güter. Die Weine zeigen dennoch die typische, feste Struktur der guten Gewächse der Appellation.

Château Coufran ***–****
Pauillac
76 ha; 600 000 Fl. • Weine: Pauillac Cru Bourgeois
Das Château dicht am Ufer der Gironde hat einen schönen Barrique-Keller, in dem über die Jahre hinweg bemerkenswert gleichmäßige Weine gekeltert werden. Auch die Spur vegetaler Noten – Paprikaschoten – in einigen Jahrgängen wirkt gut in das Gesamtbukett integriert.

Château Duhart-Milon-Rothschild ***–****
Pauillac
75 ha; 220 000 Fl. • Weine: Pauillac Quatrième Cru Classé
Da die Weinberge von Duhart in den 1970er Jahren neu ausgepflanzt werden mussten, hat es lange gedauert, das Potential zur Geltung zu bringen. Die ersten Jahrgänge wirkten fast ein wenig Pinot-artig und zu dünn, aber in den letzten Jahren gab es Weine mit guter Konzentration.

Château Grand-Puy Ducasse ****
Pauillac
50 ha; 180 000 Fl. • Weine: Pauillac Cinquième Cru Classé
Die 1990er Jahre waren das Jahrzehnt von Grand-Puy Ducasse, dessen hoher Merlot-Anteil – fast 40 Prozent – für Pauillac ungewöhnlich ist, aber den Weinen internationale Statur gibt.

Château Haut-Marbuzet ****
Pauillac
58 ha; 300 000 Fl. • Weine: Pauillac
Cabernet und Merlot fast im Verhältnis 1:1 findet man in Pauillac eher selten. Umso erstaunlicher ist die Qualität von Haut-Marbuzet, die kontinuierlich Jahr für Jahr erzielt wird.

Château Lafite-Rothschild *****
Pauillac
90 ha; 250 000 Fl. • Weine: Pauillac Premier Cru Classé, Moulin des Carruades
Der Margaux unter den Pauillacs, so wird Latour gerne genannt. Finesse beherrscht hier die Kraft, obwohl die Sortenzusammensetzung mit 70 Prozent Cabernet Sauvignon für die Appellation durchaus typisch ist. In der Nase zeigt Lafite oft unverwechselbare Zedernaromen und am Gaumen in der Jugend eine

Härte, die sein Verständnis nicht eben erleichtert. Die besten Lafite-Jahre sind nicht immer konform mit den besten Bordeaux-Jahren.

Château Latour *****
Pauillac
65 ha; 400 000 Fl. • Weine: Pauillac Premier Cru Classé, Les Forts de Latour
75 Prozent Cabernet Sauvigon machen aus Latour einen Pauillac par excellence – fest, groß, alterungsfähig –, der als gleichmäßigster der Premiers Crus gilt. Der Grund: Die Weinberge liegen dicht an der Wasserfläche der Gironde. Schon Thomas Jefferson bezeichnete diesen Wein Ende des 18. Jahrhunderts als einen der besten von Bordeaux. Der Zweitwein Les Forts de Latour steht qualitativ nicht weit hinter dem Grand Vin zurück.

Château Lynch-Bages ***–****
Pauillac
90 ha; 580 000 Fl. • Weine: Pauillac Cinquième Cru Classé
Auf den weit verstreuten Weinbergparzellen im Süden von Pauillac besitzt Lynch, im 17. Jahrhundert von irischen Auswanderern gegründet, einen hohen Prozentsatz sehr alter Rebstöcke – Grundlage der Weinqualitäten des Gutes.

Château Mouton-Rothschild *****
Pauillac
78 ha; 300 000 Fl. • Weine: Pauillac Premier Cru Classé, Pauillac Le Petit Mouton de Mouton-Rothschild, Bordeaux Blanc Aile d'Argent
Erst 1973 wurde Mouton in den erlauchten Kreis der Premiers Crus aufgenommen. Es verdankt seinen Charakter der besonderen Natur der mehrere Meter tiefen, kargen Schotterschichten mit hohem Eisen- und Silikatgehalt. Der Anteil von Cabernet Sauvignon und Cabernet Franc liegt mit 90 Prozent ungewöhnlich hoch, womit auch eine erhöhte Abhängigkeit gegenüber den klimatischen Jahrgangsschwankungen verbunden ist.

Château Pichon-Longueville
Baron Pichon-Longueville ****–*****
Pauillac
68 ha; 420 000 Fl. • Weine: Pauillac Deuxième Cru Classé
Das renommiertere der beiden Pichons, kurz Pichon Baron genannt, liegt an der Grenze zu Saint-Julien im Süden der Appellation. Jahr für Jahr rivalisiert es mit unterschiedlichem Ausgang mit dem Namensvetter um die Krone des Besseren. Mit 65 Prozent Cabernet Sauvignon – in den 1980er Jahren waren es noch 75 – bringt es jedoch meist die festeren, strukturierteren Weine hervor.

Château Pichon-Longueville
Comtesse de Lalande ****
Pauillac
75 ha; 400 000 Fl. • Weine: Pauillac Deuxième Cru Classé
Die Weine von Pichon Comtesse sind mit einem für Pauillac ungewöhnlich hohen Anteil Merlot – 35 Prozent gegenüber nur 45 für Cabernet Sauvignon, wobei diese Aufteilung in den letzten Jahrzehnten unverändert blieb – weicher und harmonischer, als man es in der Appellation gewöhnt ist.

Château Pontet-Canet ***–****
Pauillac
79 ha; 360 000 Fl. • Weine: Pauillac Cinquième Cru Classé, Pauillac Château Les Hauts de Pontet
Das Gut schließt im Süden an Mouton an und hat seit den 1980er Jahren eine erstaunliche Entwicklung erlebt. Die Weine gelten mit ihrem Tabakbukett als klassischer Ausdruck von Pauillac und können in guten Jahren mit den renommierteren Crus mithalten.

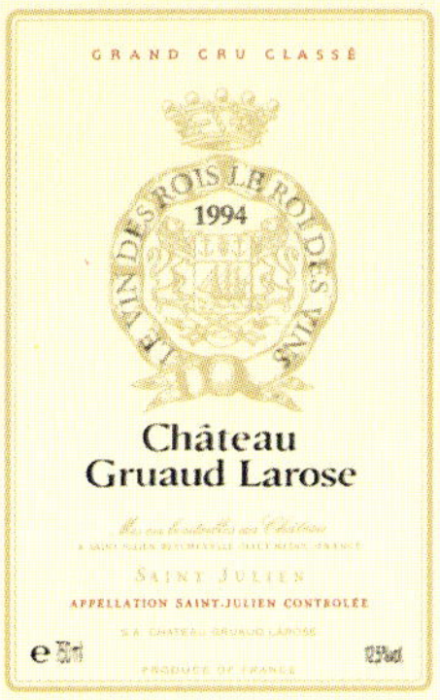

Château Beychevelle ***–*****
Saint-Julien
91 ha; 460 000 Fl.• Weine: Saint-Julien Quatrième Cru Classé, Amiral de Beychevelle
Eines der spektakulärsten Schlösser, erbaut um die Mitte des 18. Jahrhunderts. Wenn andere Weine in den letzten Jahrzehnten immer weicher und runder wurden, dann hat Beychevelle eher an Struktur – und Qualität – gewonnen.

Château Ducru-Beaucaillou ***–*****
Saint-Julien
50 ha; 210 000 Fl. • Weine: Saint-Julien Deuxième Cru Classé
Die Weinberge von Ducru liegen über einen großen Teil der Gemeinde verstreut, wobei die größte Parzelle sich zwischen zwei Besitzungen von Beychevelle zwängt. Die Weine sind elegant und zeigen immer eine klare Tanninstruktur. In kleineren Jahrgängen fehlt allerdings gelegentlich etwas Schmelz und Extraktsüße.

Château Gruaud-Larose ****–*****
Saint-Julien
82 ha; 450 000 Fl. • Weine: Saint-Julien Deuxième Cru Classé, Saint-Julien Sarget de Gruaud-Larose
Die Qualität der Weine von Gruaud-Larose war in den 1980er Jahren legendär und hat sich auch in den 1990ern auf sehr hohem Niveau eingependelt. Der riesige Weinberg (fast) aus einem Guss gehört zu den beeindruckendsten des Médoc.

Château Léoville Barton ****
Saint-Julien
50 ha; 280 000 Fl. • Weine: Pauillac Deuxième Cru Classé
Léoville Barton ist flächenmäßig der kleinste Cru der drei Léovilles und produziert die ausgewogensten, harmonischsten Weine, ohne allerdings die Größe von Las Cases zu erreichen.

Château Léoville Las Cases ****–*****
Saint-Julien
97 ha; Fl. n.n. • Weine: Pauillac Deuxième Cru Classé
Léoville Las Cases hätte es eigentlich verdient, in den Kreis der Premiers Crus aufgenommen zu werden. Dass der Wein als der Latour von Saint-Julien gilt, ist kein Zufall, denn die Weinberge von Léoville grenzen im Norden an die des Premier Cru an. Vor allem die legendären Jahrgänge wie 1982 oder 1985 – und die der zweiten Hälfte der 1990er Jahre – brauchen Jahrzehnte, um ihren ganzen Reichtum zu entfalten.

Château Léoville-Poyferré ***–*****
Saint-Julien
80 ha; 450 000 Fl. • Weine: Pauillac Deuxième Cru Classé
In guten Jahren stehen die Weine auf dem Niveau von Las Cases, aber sie entwickeln sich weit schneller. Die Keller gelten als Muster technischer Perfektion und werden vom berühmten Önologen Michel Rolland überwacht.

Château Talbot ***–****
Saint-Julien
102 ha; 650 000 Fl. • Weine: Saint-Julien Quatrième Cru Classé
Über 100 Hektar in einem Stück – nur zu 15 Prozent mit Merlot bestockt – westlich von Saint-Julien sind ein Weinbergbesitz, wie ihn nur wenige ihr Eigen nennen können. Von vielen wird Talbot als wesentlich besser eingeschätzt, als es sein Rang andeutet.

Finesse pur

Château Palmer hat sich mit hochmoderner Kellertechnik ausgerüstet.

Im Unterschied zu den Graves, wo die Weinberge noch heute bis fast ins Zentrum von Bordeaux vordringen, liegt im Norden ein relativ breiter Streifen zwischen der Stadt und dem Gebiet von Margaux und seinen Nachbargemeinden. Margaux, Listrac und Moulis heißen die drei Gemeinde-Appellationen dieses südlichsten Teils des Haut-Médoc. Die natürlichen Voraussetzungen unterscheiden sich hier nicht wesentlich von denen in Pauillac, Saint-Julien oder Saint-Estèphe. Die typischen sandig-kiesigen Graves-Schotter mit Kalkstein-Unterböden prägen die Bodenstruktur, und klimatisch spielt die Nähe zur Gironde dieselbe stabilisierende Rolle wie in den nördlicheren Gebieten. Auch hier bieten die so genannten *croupes* oder *plateaux* – kleine Kuppen oder Erhebungen, auf denen die Böden besonders gut entwässert und die Schotterschichten besonders tief sind – den Rebstöcken die besten Bedingungen.

Am westlichen Rand dieser Hälfte des Haut-Médoc liegen die beiden Gebiete Moulis-en-Médoc und Listrac-Médoc. Beide haben keine Crus Classés, aber dafür eine große Zahl guter bis sehr guter Bourgeois. In Listrac, dem nördlicheren der beiden Gebiete mit seinen etwa 700 Hektar Weinbergen, unterscheidet man drei besonders geeignete Weinbauzonen – Fonréaud im Süden und Fourcas im Norden der Gemeinde sowie schließlich Listrac selbst –, die bis zu 40 Meter hoch auf einigen der höchsten Erhebungen des gesamten Médoc liegen.

Viel Merlot im Médoc

Die Böden dieser Bereiche sind trotz der Gemeinsamkeiten im Detail doch recht unterschiedlich. Fourcas, dessen Crus die besten der Appellation sind, hat silikatgeprägte Sandböden, auf denen der Cabernet gut reift und den Weinen Kraft gibt, während der Merlot auf den Kalksteinformationen der anderen Zonen besser gerät. Generell sind Cabernet und Merlot hier im Verhältnis von 2:1 oder 1:1 ausgepflanzt, mit leicht steigender Tendenz für den Merlot, was weich-fruchtige Weine ergibt.

Noch kleiner als Listrac ist das südöstlich anschließende Moulis, wo man ein ähnliches Rebsortenspektrum vorfindet: Der Cabernet erreicht 50 bis 70, der Merlot 20 bis 50 Prozent. Die Weinberge liegen zersplittert über das Gemeindegebiet verstreut, wobei einige der hier dominierenden Crus Bourgeois – vor allem Poujeaux und Chasse-Spleen – ein Qualitätsniveau zeigen, das sich hinter dem vieler Crus Classés der Nachbargemeinden nicht zu verstecken braucht.

Weine, die auf sandigeren Böden wachsen, ähneln dabei denen von Margaux, die von Kalksteinböden denen von Pauillac. Das größte Prestige des südlichen Haut-Médoc entfällt unzweifelhaft auf die Appellation Margaux, zu der auch die Gemeinden Arsac, Labarde, Cantenac, Issan und Soussans gehören. Mit 1300 Hektar Weinbaufläche ist dies auch das größte der Médoc-Einzelgebiete, das zudem noch die meisten Crus Classés aufweist. Die Weine von Margaux werden zwar zu 60 bis 75 Prozent aus Cabernet Sauvignon gekeltert, doch sie gelten als finessenreicher und bu-

Unten links:
Château Lascombes in Margaux, ein architektonisches Schmuckstück, das weinmäßig seinen Stil sucht

Unten rechts:
Château Chasse-Spleen behauptet sich unter der jungen Claire Villars als einer der besten Moulis.

kettbetonter als die der anderen Appellationen, als nicht zu schwer und von unübertroffener Eleganz, fast wie Burgunder aus Bordeaux, als die sie auch oft apostrophiert werden. Diese besondere Qualität beruht auf einer Kombination aus dem besonders geschützten Klima der Zone und den extrem kargen Kiesböden auf Kalkstein oder Mergeln. Für das charakteristische Klima sorgen die langen Inseln, die dem Gebiet in der Gironde vorgelagert sind und kalte Nordwinde abhalten, die gelegentlich von der Mündung heraufwehen.

Auch das unvergleichliche Prestige der Appellation konnte diese nicht vor einer tief greifenden Krise in den 1970er Jahren bewahren. Die allgemein feststellbare Tendenz im europäischen Weinbau, mehr Menge statt Qualität zu produzieren, ließ in Kombination mit dem großen Skandal um gepanschte Médoc-Weine und der vorhergehenden Überhitzung der Marktpreise die Märkte zusammenbrechen. Nach teilweise sehr bescheidenen Jahrgängen haben sich die Weine dieser Region ihren Platz heute jedoch wieder zurückerobert.

Ausgewählte Erzeuger in Listrac, Moulis und Margaux

Château Cap Léon Veyrin *–******
Listrac
32 ha; 120 000 Fl. • Weine: Listrac Cru Bourgeois, Les Hauts de Veyrin, Listrac Château Julien Haut-Médoc, Listrac Château Bibian (ex Tigana)
Eines der unbekannteren Güter des Médoc, dessen balancierte Weine zum großen Teil direkt an Endverbraucher verkauft werden.

Château Fourcas-Hosten *–******
Listrac
47 ha; 320 000 Fl. • Weine: Listrac Cru Bourgeois, Listrac Les Cèdres d'Hosten
Das beste der vier Fourcas-Châteaux, das Peter Sichel, Bertrand de Rivoyre und Patrice Pagès gehört. Der Wein zeigt in guten Jahren Aromen von Beeren und Vanille, kann aber auch recht zedrig und leicht streng ausfallen.

Château Mayne Lalande *–******
Listrac
20 ha; 100 000 Fl. • Weine: Listrac Cru Bourgeois, Château Malbec Lartigue, Château Myon de l'Enclos, La Grande Réserve du Château Mayne Lalande
Der sympathische Bernard Lartigue hat diese Domaine seit 1991 von Null aufgebaut. Im wunderschönen, modernen Barrique-Chai entstehen zedrige, feine Weine mit viel Frucht.

Château Chasse-Spleen *–******
Moulis-en-Médoc
80 ha; 500 000 Fl. • Weine: Moulis Cru Bourgeois, Haut-Médoc L'Ermitage de Chasse-Spleen, Bordeaux Blanc
Der bekanntere der beiden Spitzen-Crus von Moulis wird zu drei Vierteln aus Cabernet Sauvignon gekeltert und zeigt in guten Jahren eine Extrakt-Dichte, die in der Appellation ihresgleichen sucht.

Château Poujeaux ****
Moulis-en-Médoc
50 ha; 240 000 Fl. • Weine: Moulis Cru Bourgeois, Château La Salle de Poujeaux
Im Unterschied zu Chasse-Spleen besteht der Grand Vin von Poujeaux nur zur Hälfte aus Cabernet. Über die Jahrgänge hinweg zeigt er beeindruckende Konstanz und Qualitäten.

Château Brane-Cantenac ****
Margaux
85 ha; 144 Fl. • Weine: Margaux Deuxième Cru Classé
Brane-Cantenac hat in den 1990er Jahren seinen Standard wiedergefunden.

Château Dauzac *–******
Margaux
45 ha; 280 000 Fl. • Weine: Margaux Cinquième Cru Classé, La Bastide Dauzac, Haut-Médoc Château Labarde
Noch ein runderneuerter Margaux, dem der hohe Merlot-Anteil Schmelz und Harmonie gibt. Dauzac gehört der Versicherungsgruppe MAIF, wird aber von der Familie Lurton aus dem Entre-deux-Mers geführt.

Château Kirwan ****
Margaux
35 ha; 170 000 Fl. • Weine: Margaux Troisième Cru Classé, Les Charmes de Kirwan
Unter der Leitung des Önologen Michel Rolland hat auch dieser Margaux-Cru seine Krise überwunden, die schon in den 1970er Jahren begann.

Château Margaux *****
Margaux
78 ha; 390 000 Fl. • Weine: Margaux Premier Cru Classé, Margaux Pavillon rouge, Pavillon blanc
Einziges erstes Gewächs der Appellation, an deren Spitze Margaux schon seit Beginn steht. Mit Paul Pontallier leitet seit den 1980er Jahren einer der besten Önologen Frankreichs die Geschicke des Hauses. Die Weine haben seither ihre Eleganz und ihren Charakter wiedergefunden.

Château Palmer ****
Margaux
45 ha; 180 000 Fl. • Weine: Margaux Troisième Cru Classé
Die Weinberge südlich von Château Margaux sind etwa zur Hälfte mit Cabernet Sauvignon bestockt. Palmer hat sich in den letzten Jahrzehnten durch eine gleichmäßige Qualität seiner Weine ausgezeichnet.

Château Rauzan-Ségla *–******
Margaux
50 ha; 200 000 Fl. • Weine: Margaux Deuxième Cru Classé
Die Weinberge von Rauzan sind schon seit Mitte des 17. Jahrhunderts bekannt. Heute gehört das Château zum Imperium des Parfümeurs Chanel.

Château Siran *–******
Margaux
40 ha; 160 000 Fl. • Weine: Margaux Cru Bourgeois
Ein Bourgeois, der unter so vielen Crus Classés seiner Appellation mithalten kann. Siran ist für Margaux ungewöhnlich fest strukturiert, was am relativ hohen Anteil Petit Verdot und auch am Terroir liegt.

Schotterweine

Die ältesten Weinberge des Bordeaux-Gebiets waren in unmittelbarer Nähe des Handelszentrums von Burdigala angelegt worden – die Region gehört heute zum Weinbaugebiet der Graves. Als Graves bezeichnet man zwar auch die berühmten Schwemmlandschotter des linken Garonne- und Gironde-Ufers, aber nur die Weinberge in unmittelbarer Nachbarschaft der Stadt und die Garonne aufwärts tragen diesen Namen heute als Herkunftsbegriff. Die Graves, die sich auf einer Länge von etwa 50 Kilometern von Bordeaux in Richtung Süden ziehen, sind mit ca. 5000 Hektar Rebfläche eine der kleineren Zonen des Bordelais, das insgesamt gut 100 000 Hektar aufweist. Zwei Drittel der Graves sind mit roten, ein Drittel mit weißen Sorten bestockt, und die Region kann sich als Einzige zugute halten, sowohl exzellente Rotweine als auch superbe Weiße und überwältigende Süßweine zu produzieren. Geografisch ist das Gebiet weit einfacher gegliedert als das Médoc im Norden der Stadt. Hier gibt es nur die Groß-Appellation Graves (etwa 3000 Hektar), eingebettet darin die kleine Appellation Cérons und – im äußersten Norden – das noch sehr junge Gebiet von Pessac-Léognan. Im Süden umschließen die Graves das Süßweingebiet Sauternes-Barsac (2000 Hektar).

Während die Appellation Graves heute trockenen Weißen vorbehalten ist, gilt die Bezeichnung Graves Supérieur für liebliche Weine, die nicht aus den Appellationen Sauternes-Barsac oder Cérons stammen, und Pessac-Léognan liefert exzellente Weiße und Rotweine gleichermaßen. Ursache dafür sind nicht so sehr die schottrig-kiesigen Böden, die mit denen des Médoc vergleichbar sind, sondern eher das im Vergleich zum nördlichen Nachbarn deutlich ausgeprägtere landschaftliche Relief, das für eine Reihe unterschiedlicher Kleinklimazonen verantwortlich ist. Die besten Weinberge des Gebiets sind als kleine oder auch größere Lichtungen in die höher gelegenen Waldgebiete eingestreut oder vom ausufernden Stadtkomplex Bordeaux umgeben. Gegen Ende des 19. Jahrhunderts umfassten die Graves noch etwa 10 000 Hektar Rebfläche, aber die zunehmende Verstädterung reduzierte sie auf wenig mehr als 5000. Die Rotweine werden aus den auch im Médoc dominierenden Sorten Cabernet Sauvignon, Cabernet Franc und Merlot gekeltert und ähneln diesen auch weitgehend. Doch die eigentlichen Stars dieses Teils des Bordelais sind Sémillon und Sauvignon Blanc, da aus ihnen sowohl die trockenen Weißen als auch die lieblichen Cérons und die üppig-süßen Sauternes und Barsac gekeltert wer-

Pessac-Léognan
- 1 Haut-Brion
- 2 La Mission Haut-Brion
- 3 Laville Haut-Brion
- 4 Pape Clément
- 5 Domaine de Chevalier
- 6 Haut-Bailly
- 7 Carbonnieux
- 8 Fieuzal
- 9 Smith Haut-Lafitte

Graves

Cérons

Barsac
- 10 Coutet
- 11 Crus Barréjats
- 12 Climens
- 13 Doisy Daëne

Sauternes
- 14 Gilette
- 15 De Malle
- 16 Suduiraut
- 17 Sigalas Rabaud
- 18 Lafaurie-Peyraguey
- 19 Clos Haut-Peyraguey
- 20 D'Yquem
- 21 La Tour Blanche
- 22 Rieussec
- 23 Guiraud
- 24 De Fargues

Bordeaux et Bordeaux Supérieur

Premières Côtes de Bordeaux

Entre-Deux-Mers Bordeaux et Bordeaux Supérieur

Saint-Émilion

Côtes de Castillon

Cadillac et Premières Côtes de Bordeaux

Bordeaux et Entre-Deux-Mers-Haut-Benauge

Côtes de Bordeaux-Sainte-Macaire

Loupiac

Sainte-Croix-du-Mont

Limité des appellations controlée Bordeaux

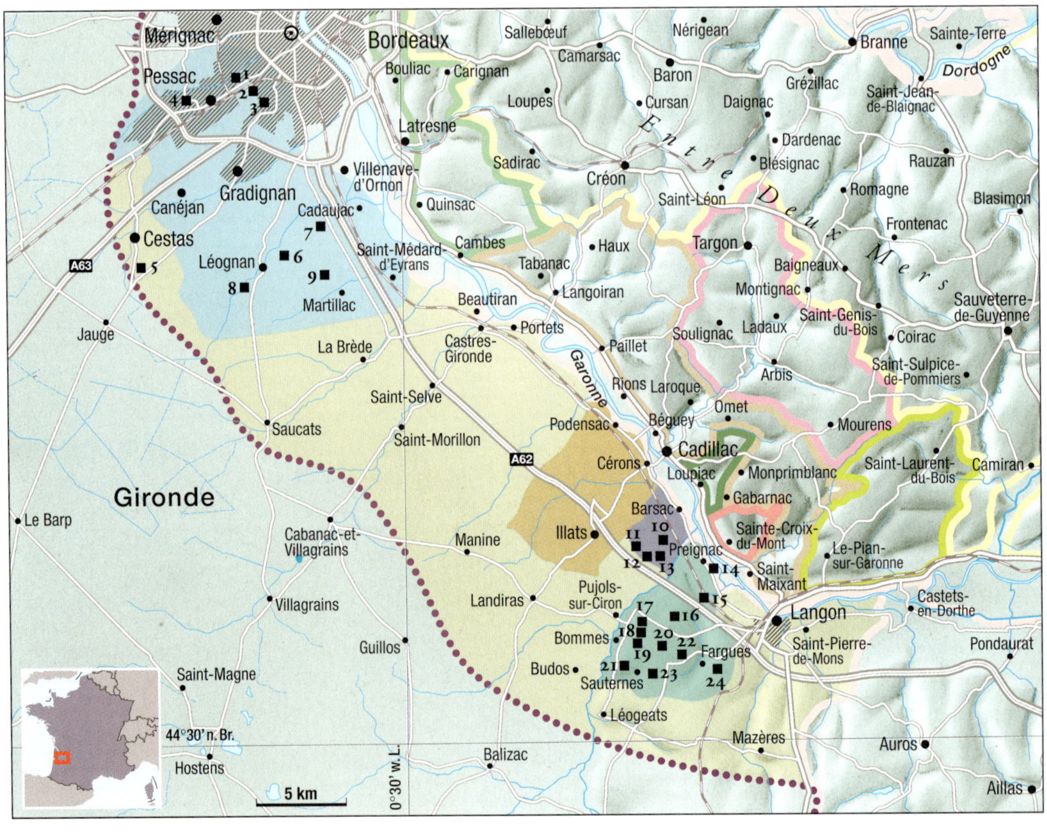

Ausgewählte Erzeuger in den Graves

Château d'Ardennes ***–****
Illats
62 ha; 350 000 Fl. • Weine: Graves rouge, Graves blanc
François Dubrey produziert weiße und rote Graves, die zu den elegantesten des Gebiets gehören und ein sehr gutes Preis-Leistungs-Verhältnis vorweisen können.

Villa Bel Air ***
Saint-Morillon
46 ha; 280 000 Fl. • Weine: Graves rouge, Graves blanc
Jean-Michel Cazes von Château Lynch-Bages hat dieses Gut 1990 gegründet und überzeugt seitdem vor allem mit seinen runden, fruchtigen Roten, die etwa zur Hälfte aus Cabernet und Merlot bestehen.

Château de Chantegrive **–****
Podensac
41 ha; 560 000 Fl. • Weine: Graves rouge, Graves blanc, Graves blanc Caroline Cérons Liquoreux Sélection Françoise
Chantegrive ist vor allem für seine Weißen bekannt. Spitzenprodukt des Betriebs ist der im Barrique vergorene Caroline, in dem der Sémillon den Hauptanteil hält.

Clos Floridène ****
Pujol/Ciron
13 ha; 75 000 Fl. • Weine: Graves Sec Clos
Denis Dubourdieu ist Professor für Önologie an der Universität von Bordeaux und bewirtschaftet neben Château Reynon in den Premières Côtes auch dieses Graves-Gut, dessen moderne Weiße und Rote mit ihrer gleichmäßigen Qualität durchaus auf einem Niveau mit manchem Pessac-Léognan stehen.

Vieux Château Gaubert ***
Portets
14 ha; 120 000 Fl. • Weine: Graves rouge, Graves blanc
Gute Weiße, hauptsächlich aus Sémillon gekeltert und im Barrique vergoren, sind die Asse des Weinguts der Familie Haverlan.

Château Respide Médeville ***–****
Toulenne
12 ha; 70 000 Fl. • Weine: Graves rouge, Graves blanc
Das Gebiet um Langon ist zwar eher für seine Sauternes berühmt, aber auf Respide Médeville zeigt man, dass hier auch gute Rote produziert werden können. Cabernet Sauvignon und Merlot stehen im Verhältnis 60:40. In den Weißen des Gutes wird ein relativ hoher Anteil Muscadelle verarbeitet.

den. Vor allem in den fruchtbetonteren Weißen findet man oft einen hohen Anteil Sauvignon Blanc. In seiner Jugend und bei früher Traubenlese zeigt er gerne grasig-vegetale Aromen, erst bei Voll- oder Überreife wird er komplexer, nimmt reife Fruchtnoten an.
Einige der klassifizierten Gewächse enthalten bis zur Hälfte Sémillon. Sie gilt nicht nur wegen ihrer Neigung zur Botrytis-Bildung, die sie für die Produktion der großen Süßweine von Sauternes und Umgebung prädestiniert, als eine der größten Weißweinsorten der Welt, sondern auch wegen ihrer legendären Alterungsfähigkeit. Die Weinstile der einzelnen Weißwein-Appellationen wie auch der Châteaux unterscheiden sich nicht nur durch ihren Sortenmix, sondern auch durch verschiedene Ausbautechniken. Der Einsatz von neuen Barriques ist nicht unumstritten, weil einzelne Gewächse dabei nur dick und breit wurden, aber ihre Finesse verlieren. Andererseits sind die besseren Barrique-Weißen sicherlich hochwertiger als die vordergründig fruchtigen Sortenvertreter aus dem Stahltank, deren jugendlicher Charme sich oft schnell verliert. Von Bordeaux aus Richtung Süden wird nicht nur der Sémillon-Anteil in den Weinbergen höher, sondern auch der Restzuckergehalt in den Weißweinen. Weit entfernt von den edelsüßen Kraftpaketen von Sauternes, aber doch schon deutlich lieblich oder gar süß sind dabei die Weine einer kleinen Appellation im Süden der Graves, Cérons. In den Gemeinden Podensac, Illats und Cérons werden zwar auch Rotweine erzeugt, bedeutender aber sind die Weißen, wobei die eher halbtrockenen Qualitäten als Bordeaux Supérieurs, die eher süßen Weine als Cérons gefüllt werden.

Unten links:
Im Detail steckt die Klasse: Spuckbecken auf Château La Mission Haut-Brion

Unten rechts:
Château Haut-Brion ist das älteste bekannte Weingut von Bordeaux.

Aufsteigender Stern

Ein Dom für den Wein: der Vinifikationskeller der Domaine de Chevalier

Erst im Jahre 1987 wurde mit Pessac-Léognan die bedeutendste Appellation des Graves-Gebiet eingerichtet, die dessen nördliches Drittel in unmittelbarer Nachbarschaft von Bordeaux belegt. Im Grunde kam diese Selbstständigkeit historisch viel zu spät. Insbesondere in den stadtnahen Gebieten war seit Mitte des 19. Jahrhunderts die Anzahl der Weingüter drastisch zurückgegangen – in Mérignac sank sie von 22 auf nur noch ein einziges, in Pessac von zwölf auf vier, in Talence von 19 auf drei –, und die Rebkulturen drohten gänzlich aus dieser legendären Geburtsstätte des Weinbaus im Bordelais zu verschwinden. Der zahlenmäßige Niedergang wurde allerdings mehr als kompensiert durch die qualitative Entwicklung der Appellation, die mit Haut-Brion und Pape Clément zwei der Bannerträger des Bordelais aufweist und deren übrige, im Jahr 1959 klassifizierte Crus Produkte von selten gesehener Gleichmäßigkeit und Güte sind.

Rot-weisse Alliance

Pessac-Léognan ist darüber hinaus das einzige Spitzenanbaugebiet des Bordelais, das sowohl exzellente Weißweine wie Rote produziert. Das schnell etablierte Prestige und die in der Folge steigenden Erlöse sorgten dafür, dass der Rückgang der Weinbergflächen gestoppt und in Einzelfällen sogar wieder rückgängig gemacht werden konnte. Das rasch wachsende Image beruhte darauf, dass die neue Herkunftsbezeichnung sämtliche Weine umfasste, die jedoch erst 1959 als Graves Crus Classés geadelt worden waren. Dies ist übrigens auch der Grund dafür, warum die klassifizierten Gewächse von Pessac-Léognan weiterhin als Crus der Graves firmierten, also im Grunde damit heute eine doppelte Herkunftsbezeichnung tragen.

Auch die Klassifizierungen des Gebiets gelten natürlich für Rot- und Weißweine gleichermaßen. Zu den Châteaux, die erfolgreich auf beiden

Die ältesten Châteaux des Bordelais

Als Bertrand de Goth, jüngster Sohn einer reichen Adelsfamilie, 1299 zum Erzbischof von Bordeaux ernannt wurde, schenkte ihm sein älterer Bruder ein Weingut in Pessac, heute Teil des Stadtgebiets. Nur sechs Jahre später wurde er zum Papst gewählt, worauf er das Gut Pape Clément nannte und so den Namen des ältesten, heute noch existierenden Weinguts der Region etablierte. Obwohl im Laufe der Geschichte mehrfach in seiner Existenz in Frage gestellt – von der Französischen Revolution bis zur Urbanisierung des 20. Jahrhunderts –, wurde auf Pape Clément seither ununterbrochen Wein gekeltert. Mit wenig mehr als 30 Hektar Rebfläche, die zu 90 Prozent mit roten Sorten – 60 Prozent Cabernet Sauvignon, 40 Merlot – bestockt ist, ist Pape Clément sicher kein Gigant, und auch qualitativ galten bis in die jüngste Zeit einige andere Crus als hochwertiger. Dennoch hat sich die Qualität in den letzten Jahren stabilisiert und in den 1990er

Château La Mission Haut-Brion in Pessac-Léognan ist die Schwester des gegenüberliegenden Haut-Brion.

Jahren ein Niveau erreicht, das nur von wenigen Graves-Roten übertroffen wird.

Schon immer auf diesem Niveau waren dagegen die Weine der zweiten historischen Größe des Gebiets, Château Haut-Brion, das wenige Kilometer weiter stadteinwärts liegt.

Haut-Brion gehört seit seinen Anfängen im 17. Jahrhundert zur kleinen, elitären Spitzengruppe der Bordelaiser Crus und hat die Erwartungen nie enttäuscht. Mit ein Grund, dass es als einziges Graves-Château sowohl 1855 als auch bei der Neufassung 1973 in der Médoc-Klassifizierung als Premier Cru Classé eingestuft wurde. Die eigenwillige Lage der Weinberge, umgeben von den Außenvierteln der Stadt Bordeaux, wirkt in klimatischer Hinsicht positiv. Um ständig Höchstleistungen erbringen zu können, wurden die Keller des Gutes in den letzten Jahren auf den neuesten Stand der Technik gebracht.

Von der besonderen klimatischen Situation und den Böden Haut-Brions profitiert auch sein Nachbar, La Mission Haut-Brion, wo auch der Zweitwein La Tour Haut-Brion und der Weiße Laville Haut-Brion entstehen. Da das Gut seit knapp zwanzig Jahren den Eignern Haut-Brions gehört, werden die Weine heute von derselben Mannschaft mit derselben Perfektion produziert.

Hochzeiten tanzen, gehören Bouscaut, Carbonnieux, Domaine de Chevalier, Malartic-Lagravière, Olivier und La Tour Martillac. Hingegen wurden auf Couhins, Couhins-Lurton und Laville Haut-Brion nur die Weißen, auf Fieuzal, Haut-Bailly, Haut-Brion, La Mission Haut-Brion, Pape Clément, Smith Haut-Lafitte und La Tour Haut-Brion nur die Roten klassifiziert, während die nicht klassifizierten Weine dieser Châteaux als Graves sec auftreten. Auf etwa 1300 Hektar der Gemeinden Cadaujac, Canéjan, Gradignan, Léognan, Martillac, Mérignac, Pessac, Saint-Médard-d'Eyrans, Talence und Villeneuve-d'Ornon werden zu drei Viertel rote und nur zu einem Viertel weiße Sorten kultiviert, wobei bei den Roten der Cabernet Sauvignon hier kaum über einen Anteil von 60 Prozent hinauskommt. In einigen Fällen geht er sogar nur marginal in die Assemblage der Weine ein. Auf Les Carmes de Haut-Brion steuert er beispielsweise nur zehn Prozent des Sortenmixes bei, während Cabernet Franc 40 Prozent und Merlot sogar die Hälfte der Trauben stellen.

Ausgewählte Erzeuger in Pessac-Léognan

Château Carbonnieux **–****
Léognan
87 ha; 540 000 Fl. • Weine: Pessac-Léognan Cru Classé blanc/rouge, La Tour Léognan
Eines der flächenmäßig größten Güter der Graves, dessen Rote und Weiße gleichermaßen klassifiziert sind. Obwohl die Weißen mit ihrem markanten Sauvignon-Anteil als die bekannteren Weine von Carbonnieux gelten müssen, erreichen die Roten in guten Jahren ein höheres Qualitätsniveau.

Domaine de Chevalier ****
Léognan
34 ha; 140 000 Fl. • Weine: Pessac-Léognan Cru Classé rouge/blanc, L'Esprit de Chevalier rouge/blanc
Das einstige Chibaley war schon im 18. Jahrhundert eine feste Größe in Léognan. Die weißen Crus Classés, zu 70 Prozent aus Sauvignon Blanc gekeltert, gehören zu den besten der Appellation.

Château de France **–****
Léognan
34 ha; 165 000 Fl. • Weine: Pessac-Léognan rouge/blanc, Muscadelle Ganga Cata, Château Coquillas blanc & rouge
Château de France ist eine herrlich gelegene Domäne, deren Betriebsgebäude ein Stück Bordeaux-Geschichte widerspiegeln. Neben dem weißen und roten Pessac-Léognan wird auch ein hundertprozentiger Muscadelle namens Ganga Cata gekeltert.

Château Haut-Bailly ****
Léognan
28 ha; 120 000 Fl. • Weine: Pessac-Léognan Cru Classé
Gleichmäßige Qualitäten auf sehr hohem Niveau sind das Markenzeichen von Haut-Bailly, dessen ausschließlich Rote traditionell zu den besten Léognans gehören und aus 65 Prozent Cabernet Sauvignon bestehen.

Château Haut-Brion *****
Pessac
46 ha; 270 000 Fl. • Weine: Pessac-Léognan rouge Premier Cru Classé, Pessac-Léognan blanc, Bahans Haut-Brion, Les Plantiers du Haut-Brion
Eines der besten Weingüter des gesamten Bordeaux-Gebiets, dessen Weiße und Rote gleichermaßen exzellent sind (siehe Seite 252).

Château La Louvière ***–****
Léognan
48 ha; 250 000 Fl. • Weine: Pessac-Léognan rouge/blanc, Pessac-Léognan L de Louvière rouge/blanc, Bordeaux rosé L de Louvière, Pessac-Léognan Le Louvetier rouge/blanc

Der Besitz aus dem Imperium der Lurtons produziert gleichmäßig gute Weiße und Rote mit gutem Preis-Leistungs-Verhältnis.

Château Malartic-Lagravière ****–*****
Léognan
15 ha; 110 000 Fl. • Weine: Pessac-Léognan Cru Classé
Bereits 1803 kaufte Pierre de Malartic das Gut, das unter dem Namen Lagravière bekannt war. Die Rotweinjahrgänge 1997 und 1998 haben bewiesen, dass der Besitzerwechsel neuen Schwung in die alten Gemäuer gebracht hat.

Château La Mission Haut-Brion ***–*****
Pessac
68 ha; 390 000 Fl. • Weine: Pessac-Léognan Cru Classé, La Chapelle de la Mission, Pessac-Léognan La Tour Haut-Brion, Pessac-Léognan blanc Laville Haut-Brion
Ewiger Rivale von Haut-Brion, hat La Mission, das von seinem berühmteren Nachbarn nur durch eine Straße getrennt ist, heute dieselben Besitzer und wird vom selben technischen Team betreut.

Château Pape Clément ****–*****
Pessac
32,5 ha; 160 000 Fl. • Weine: Pessac-Léognan Cru Classé
Das älteste Weingut von Bordeaux hat in der zweiten Hälfte der 1990er Jahre mit einer ausgezeichneten Serie von Rotweinen überzeugt. Auch die Weißen, in denen Sémillon und Sauvignon sich die Waage halten, stehen auf hohem Niveau (siehe Seite 252).

Château Olivier ***–****
Léognan
45 ha; 230 000 Fl. • Weine: Pessac-Léognan Cru Classé blanc/rouge
Eine der faszinierendsten Schloss- beziehungsweise Burganlagen inmitten eines wunderschönen Parks. Die Weine – Weiße und Rote sind klassifiziert – galten zwar immer als etwas schwächer als die der anderen Crus Classés von Léognan, aber die 1990er Jahre haben hier eine Reihe schöner Jahrgänge hervorgebracht.

Château Smith Haut-Lafitte ***–****
La Brède
44 ha; 200 000 Fl. • Weine: Pessac-Léognan Cru Classé
Auf Smith Haut-Lafitte begnügt man sich nicht mehr damit, exzellente Weiße und Rote zu produzieren. In jüngster Zeit ist neben dem auch architektonisch interessanten Château ein luxuriöser Hotelkomplex entstanden, in dem Kuren und Behandlungen auf Basis von Wein- oder Traubenprodukten angeboten werden.

Noble Süsse – Château d'Yquem und seine Nachbarn

Wie kein zweites Weinbaugebiet der Welt – eine Ausnahme war in den letzten beiden Jahrzehnten allenfalls der Seewinkel im österreichischen Burgenland – hat sich die Hügellandschaft im Norden der kleinen Stadt Langon an der Garonne auf die Erzeugung von edelsüßen Weißweinen spezialisiert. Anders als beispielsweise an Rhein und Mosel stellen diese nicht nur das – mengenmäßig marginale – i-Tüpfelchen der Produktion dar, sondern ihnen gilt das Hauptaugenmerk, sind sie doch oft sogar das einzige Produkt, das die Châteaux der Gegend anzubieten haben.

Im 18. und 19. Jahrhundert waren die edelsüßen Weine die eigentlichen Stars des gesamten Bordeaux-Gebiets, und darin liegt sicher auch der Grund, warum sie im Unterschied zu allen anderen Appellationen zur gleichen Zeit wie die Médoc-Gewächse klassifiziert wurden. An der Spitze steht ein Premier Cru Supérieur, Château d'Yquem, das damit eine einzigartige Stellung über allen anderen Premiers Crus einnimmt. Dahinter selektierte man neun weitere Sauternes für die Einstufung als Premiers Crus, sieben als Deuxièmes Crus. Hinzu kamen im benachbarten Barsac zwei Premiers und sieben Deuxièmes Crus. Grundlage für die seltene Spezialisierung des Gebiets ist das Wechselspiel aus Frühnebeln und nachmittäglicher, wärmender Sonne, das am Zufluss des kalten Cirons in die wärmere Garonne ideale klimatische Bedingungen für die Entwicklung der *Botrytis cinerea*, eines kleinen Sporenpilzes, bietet. Dieser durchlöchert die Schale der Beeren, was zur Verdunstung von Wasser und in der Folge zur enormen Konzentration von Zucker, Säuren und Extrakten führt. Diese bei roten Trauben gefürchtete Situation – der Pilz zerstört die Farbstoffe in den Schalen – kann bei Weißen goldfarbene, honigartige Weine hervorbringen, die fast unbegrenzt alterungsfähig sind und für die Ewigkeit gemacht scheinen. Vor allem der Sémillon findet auf den kiesigen Böden mit Tonkalk-Untergrund das ideale Terroir, um die notwendige Überreife zu erreichen, ohne die sich der Botrytis-Pilz nicht entwickeln kann.

Die ersten Liebhaber der Gewächse von Sauternes und Umgebung waren die holländischen Weinhändler am Quai des Chartrons von Bordeaux, die diesen Weinen zu einer beispiellosen Karriere verhalfen. Die Krisen des ausgehenden 19. und der ersten Hälfte des 20. Jahrhunderts sorgten allerdings für den Niedergang der süßen Crus, dem erst das Entstehen neuer Schichten von Weinliebhabern, verbunden mit einer Reihe großer Jahrgänge in den 1980er Jahren, ein Ende setzen konnte.

Unvergleichlicher Aufwand

Auch unter den besten klimatischen Voraussetzungen müssen die Erzeuger großer Süßweine in ihren Weinbergen mit einer Rigorosität arbeiten, wie sie für keine andere Weinart notwendig ist. Vor allem die strenge Begrenzung der Erträge – ein, maximal zwei Gläser Wein können aus den Trauben eines Rebstocks gepresst werden – sorgt für die notwendige Reife und Konzentration. Dazu muss auch das Wetter in der Ernteperiode mit-

Die Weinberge des Sauternais liegen nahe der Dörfer Barsac und Sauternes.

Rechte Seite:
Ein Sauternes-Winzer, der an der Tradition festhält.

Ohne den Morgennebel gäbe es die edelfaulen Weine des Château d'Yquem nicht.

spielen, sonst war die ganze Mühe umsonst. Auf Château d'Yquem, das mit 86 Metern auf dem höchsten Punkt der Appellation liegt, führt seit 1968 Graf Alexandre de Lur Saluces vor, wie man legendäre Qualitäten erzielt. Gut fünfzig Weinbergarbeiter beschäftigt das Château jahraus, jahrein auf seinen etwas mehr als 100 Hektar, aus deren Trauben nicht einmal 1000 Flaschen Wein pro Hektar erzeugt werden – ein Ertrag von weniger als acht Hektolitern pro Hektar. Kein Pestizid wird hier verwendet, und gedüngt wird bestenfalls alle drei oder vier Jahre mit Pferdemist. Stattdessen wird gepflügt, im Winter extrem kurz angeschnitten, und im Sommer werden die Blätter der Traubenzone entfernt, um den Beeren ein Maximum an Sonnenlicht zu sichern. Zur Lese treten bis zu 120 Erntehelfer an, die in mehr als dreiwöchiger Arbeit und bis zu zehn oder elf Durchgängen – in Jahren, in denen sich die Botrytis rasch und gleichmäßig entwickelt, können es auch weniger sein – ausschließlich edelfaule Beeren auslesen. Der in drei Etappen gepresste Most wird in neuen Eichenfässern vergoren und darin auch bis zu drei Jahre ausgebaut, wobei alle drei Monate abgestochen und umgefüllt wird. In schlechten Jahren gibt es keinen Yquem, wie zuletzt beim Jahrgang 1992, in guten dafür einen unglaublich intensiven Nektar mit einem Bukett von Honig, Nüssen, Rosinen, Aprikosen und kandierten Orangen sowie einer enormen Kraft, Fülle, Süße und Würze am Gaumen.

Nicht alle Weingüter von Sauternes – und noch weniger in den anderen Süßwein-Appellationen – können oder wollen sich diesen Aufwand leisten oder das Risiko eingehen, gar keinen Wein erzeugen zu können. Deshalb hatten sich in der Vergangenheit viele Betriebe in Botrytis-armen Jahren auch damit begnügt, überreife, aber eben nicht edelfaule Trauben zu ernten. Die Weine daraus – obwohl auf demselben hohen Preisniveau angesiedelt wie die edelfaulen Gewächse – waren manchmal nicht höher einzustufen als hochwertige Auslesen und konnten im internationalen Vergleich, gerade auch mit deutschen oder österreichischen Beeren- und Trockenbeerenauslesen, kaum mithalten. Im letzten Jahrzehnt bedient man sich deshalb zunehmend einer Technik, die aus der Neuen Welt nach Frankreich kam, der Cryoextraction. Die Trauben werden über Nacht in Kältekammern gebracht, wo sie je nach Zuckerkonzentration gefrieren. Beim Keltern fließt nur der Saft der reifen, nicht gefrorenen Beeren ab – eine winzige Menge dickflüssigen, ungemein extraktreichen Mostes. Natürlich sind solche Weine nicht wirklich edelsüß – sie entsprechen eher einer Typologie des Eisweins, wie sie von Kanadiern oder Kaliforniern gekeltert wird. Es fehlen ihnen vor allem die typischen geschmacksbildenden Elemente, die nur der Botrytis-Pilz den Weinen verleiht – die exotischen Aromanoten beispielsweise oder der extreme Glyzeringehalt –, die oft allerdings erst nach langer Alterung voll zum Tragen kommen. Derart unter Einsatz modernster Technologie gemachte Süßweine mögen in der Jugend mit ihrer fruchtbetonten Art durchaus angenehm zu trinken sein, doch die legendäre Größe gereifter, wirklich edelsüßer Gewächse erreichen sie fast nie.

In diesen Holzkörben werden die Trauben gelesen.

Rechte Seite, oben: Edelfaule Trauben für den Sauternes

Man liest die Trauben in mehreren Durchgängen, wobei immer nur die von Botrytis befallenen herausgeschnitten werden. Den anderen Trauben gewährt man weitere Zeit zur Überreife.

Ausgewählte Erzeuger in Sauternes

Château Clos Haut-Peyraguey ****
Bommes
17 ha; 37 000 Fl. • Weine: Sauternes Premier Cru Classé, Sauternes Château Haut-Bommes
In der unmittelbaren Nachbarschaft von Yquem liegen die Rebflächen von Jacques Pauly, dessen Weine in den 1990er Jahren bemerkenswerte Konzentration zeigen, aber lange brauchen, bis sich ihr Charme entfaltet.

Château Coutet ****–*****
Barsac
38,5 ha; 60 000 Fl. • Weine: Barsac Premier Cru Classé
Eines der Güter von Barsac, die ihre Weine unter der prestigereicheren Nachbar-Appellation vermarkten. Bei recht hohen Erträgen im Vergleich zu den renommiertesten Namen des Gebiets sind die Weine doch von großer aromatischer Finesse und Langlebigkeit.

Château De Fargues ****–*****
Fargues-de-Langon
15 ha; 12 000 Fl. • Weine: Sauternes
Die Weine, die Alexandre de Lur-Saluces auf seinem kleinen Privatgut produziert, stehen qualitativ kaum hinter denen von Yquem zurück, und auch die Erträge liegen kaum höher.

Château Gilette ****–*****
Preignac
4,5 ha; 7 000 Fl. • Weine: Sauternes
Das kleine Gut produziert üppige Weine mit markantem, fruchtig-exotischem Bukett, die über die Jahre hinweg von bemerkenswert gleichmäßiger Qualität sind.

Château Guiraud ***–****
Sauternes
100 ha; 100 000 Fl. • Weine: Sauternes Premier Cru Classé, Bordeaux blanc sec
Mit 100 Hektar ist Guiraud eines der ganz großen Güter des Sauternes-Gebiets. Trotz exzellenter Weine in guten Jahren unterliegen die Qualitäten gewissen Schwankungen.

Château Lafaurie-Peyraguey ***–*****
Bommes
40 ha; 75 000 Fl. • Weine: Sauternes Premier Cru Classé
Das Château unterhalb von Yquem geht auf das 17. Jahrhundert zurück. Auf den etwas zersplitterten Parzellen wird fast ausschließlich Sémillon kultiviert.

Château Rieussec **–*****
Fargues-de-Langon
75 ha; 90 000 Fl. • Weine: Sauternes Premier Cru Classé, Sauternes Clos Labère, Bordeaux blanc R de Rieussec
Rieussec ist einer der bekanntesten Namen von Sauternes, was sicher auch am gelungenen Marketing für den trockenen Weißen »R de Rieussec« liegt. Das Gut gehört zum Imperium der Domaines Baron de Rothschild (Lafite).

Château Sigalas Rabaud ***–****
Bommes
14 ha; 30 000 Fl. • Weine: Sauternes Premier Cru Classé
Den Weinbergen von Sigalas Rabaud eilt der Ruf voraus, fast ebenso ideale Bedingungen für die Entwicklung der Botrytis zu bieten wie die von Yquem. Das Gut aus dem 17. Jahrhundert gehört heute zum Weinhaus Cordier und gilt als eines der besten des Gebiets.

Château Suduiraut ****
Preignac
88 ha; Fl. n. n. • Weine: Sauternes Premier Cru Classé
Die Weine von Suduiraut glänzen mehr durch Finesse als durch Körper und Kraft, was auch an ihrem feinen Säurespiel liegt. Das Bukett zeigt oft Noten von exotischen Früchten und Feigen.

Château La Tour Blanche **–****
Bommes
40 ha; 74 000 Fl. • Weine: Sauternes Premier Grand Cru Classé, Sauternes Les Charmilles de Tour Blanche, Bordeaux blanc sec Isis, Bordeaux blanc Osiris, Bordeaux rouge Cru du Cinquet
Die Weine von La Tour Blanche gehören spätestens seit Ende der 1980er Jahre zur Spitze des Anbaugebiets.

Château d'Yquem *****
Yquem
103 ha; 95 000 Fl. • Weine: Sauternes Premier Cru Supérieur Classé
Seit 1785 gehörte Yquem der Familie Lur-Saluces, die heute nur noch Minderheitsaktionär ist. Comte Alexandre garantiert durch seine persönliche Leitung des Gutes aber weiterhin die legendäre Qualität der Weine (siehe Seite 256).

Süss, süsser ...

Château d'Yquem nimmt aufgrund der Weinqualität seit über 150 Jahren eine Sonderstellung ein.

Zwar steht Sauternes als Symbol für das gesamte Prestige der Süßweine des Bordelais im Allgemeinen und der Graves im Besonderen, doch es ist nicht die einzige Appellation, unter der liebliche oder süße Weine produziert werden. Neben Barsac, einem im Norden an Sauternes anschlieließendes Gebiet, dessen Gewächse sowohl unter der eigenen Herkunftsbezeichnung als auch unter der des berühmteren Nachbarn gefüllt werden dürfen, wie dies Château Coutet macht – das Gegenteil ist allerdings nicht der Fall –, gibt es am linken Garonne-Ufer noch Cérons, am rechten Loupiac, Cadillac und Sainte-Croix-du-Mont. Barsac, das unter der englischen Herrschaft die Hauptgemeinde des Gebiets und sein wichtigster Hafen war – von hier aus wurden auch Sauternes verschifft –, produzierte zu jener Zeit die renommiertesten Weine der südlichen Graves. Heute steht der Name im Schatten des Nachbarn, und das, obwohl die AC-Bestimmungen nahezu identisch sind und immerhin zehn Barsac-Châteaux in der Sauternes-Klassifizierung von 1855 Platz fanden, darunter die ersten Gewächse Climens und Coutet. Die Crus Classés stellen heute immerhin 30 Prozent der Produktionsmengen, und ihre Weine gelten vielen Beobachtern als gleichwertig, auch wenn sie vielleicht gelegentlich etwas leichter wirken mögen als die besten Sauternes.

Nördlich von Barsac liegt das Gebiet von Cérons, wo zwei verschiedene Süßweintypen gekeltert werden: zum einen eine Art halbsüßer Auslesen, die meist als Graves Supérieurs in den Handel kommen, zum anderen süße und edelsüße Qualitäten, die unter dem Namen Cérons selbst gefüllt werden. Der Name dieser Appellation ist allerdings auch ausgesprochenen Weinspezialisten kaum bekannt, und so muss es nicht verwundern, dass nur etwa 20 Prozent der Weine des Gebiets ihn tragen und Cérons als Süßwein-Appellation gegenüber Sauternes und Barsac zunehmend in Vergessenheit gerät. Hier werden auch trockene Weiße und Rotweine erzeugt, die unter der Appellation Graves firmieren, während die – allerdings mengenmäßig unbedeutenden – trockenen Weißen aus Sauternes und Barsac unter diesen Herkunftsbezeichnungen selbst vermarktet werden.

Wenn im Spätherbst Sonne die Trauben verwöhnt, reift ein großer Jahrgang heran.

Rechts der Garonne

Auf der Höhe von Sauternes und Barsac hat sich auch am rechten Garonne-Ufer eine Reihe von Gemeinden auf die Erzeugung von süßen Qualitäten spezialisiert. Zum Teil profitieren sie von ähnlichen klimatischen Bedingungen wie ihre Gegenüber, aber die Landschaft unterscheidet sich doch deutlich von der in Sauternes und Umgebung. Das Relief ist bewegter, und jüngere Schwemmlandböden wechseln ab mit Kalkstein-Plateaus maritimen Ursprungs, an deren Hängen die Weinberglagen schon recht steil sein können. Die bekannteste der hiesigen Appellationen ist wahrscheinlich Loupiac, auf dessen 400 Hektar Rebfläche mit meist südlicher Ausrichtung gute Bedingungen für Überreife und Edelfäule bestehen. Auch der hohe Sémillon-Anteil in den Weinbergen, der teilweise 70 bis 80 Prozent erreicht, prädestiniert das Gebiet zwar für gute Süßweine, doch findet man solche hier eher selten. Stattdessen ähnelt der Stil der Weine eher fruchtbetonten Auslesen und unterscheidet sich in Konzentration und Struktur deutlich von Barsac oder Sauternes. Auch Cadillac, die Appellation einer Reihe von Gemeinden im Umkreis der gleichnamigen, im 13. Jahrhundert von den Engländern gegründeten Stadt – in Erinnerung an den Gründer der Autostadt Detroit, Antoine de la Mothe, wurde auch die amerikanische Automarke nach ihr benannt –, bringt eher leichte, im besten Fall aromatische und fruchtbetonte Weine hervor, die allerdings selten wirklich ausdrucksvoll sind. Als Teil der Premières Côtes de Bordeaux – eine Herkunftsbezeichnung, die nur bei trockenen Gewächsen verwendet wird, während der Name Cadillac ausnahmsweise den Süßen vorbehalten ist – hätte das Gebiet im Grunde gar keine eigene Appellation verdient, aber der Gesetzgeber entschied 1973 anders. Die von ihrem Potential her besten Süßweine des rechten Garonne-Ufers stammen wahrscheinlich aus der 600 Hektar großen Appellation Sainte-Croix-du-Mont, dem südlichsten der drei Süßweingebiete auf dieser Seite des Flusses, das direkt gegenüber Sauternes und Barsac sowie dem Zufluss des Cirons liegt.

Zwar unterscheiden sich die teilweise recht steilen Weinberglagen im Relief deutlich von denen in Sauternes, aber die Weine spiegeln einen deutlich höheren Botrytis-Befall der Trauben wider, als dies in Loupiac oder Cadillac der Fall ist. In Alkoholgehalt und Süße liegen sie auf ähnlichem Niveau wie ihre berühmten Pendants, auch wenn es ihnen vergleichsweise an Struktur und Alterungsfähigkeit fehlt. Trockene Weiße und Rote des Gebiets werden auch hier in der Regel als Bordeaux oder Bordeaux Supérieur gefüllt.

Ausgewählte Erzeuger in Barsac und Loupiac

Château Broustet **–***
Barsac
15 ha; 30 000 Fl. • Weine: Barsac Cru Classé
In den Weinbergen von Broutet belegt der Sémillon weniger als zwei Drittel der Fläche, was für Sauternes-Barsac eher ungewöhnlich ist. Leider wird hier, wie allzu oft im Gebiet, relativ regelmäßig chaptalisiert.

Château Caillou ***
Barsac
18 ha; 30 000 Fl. • Weine: Barsac Cru Classé
Als Nachbar des großen Climens unterscheidet sich Caillou deutlich in der Stilistik der Weine, die weniger üppig ausfallen und eher wie fruchtbetonte Auslesen wirken.

Château Cantegril ***
Barsac
29 ha; 60 000 Fl. • Weine: Barsac, Graves rouge
Denis Dubourdieu, auch Besitzer des Clos Floridène und von Château Reynon, ist nicht nur önologischer Berater von Doisy Daëne, dem Gut seines Vaters, sondern produziert auch einen eigenen, recht eleganten Barsac.

Château Climens *****
Barsac
29 ha; 54 000 Fl. • Weine: Barsac Premier Cru Classé, Cyprès de Climens
Climens ist das Yquem von Barsac. Manchmal wird der Premier Cru aus der an sich weniger renommierten Appellation sogar höher eingestuft als der des illustren Sauternes-Château. Die Weine aus den höheren Lagen entwickeln im Alter ein ungemein reiches, exotischfruchtiges Bukett.

Château Doisy Daëne ***–****
Barsac
15 ha; 40 000 Fl. • Weine: Sauternes Cru Classé
Die Weine dieses Gutes wurden früher sortenrein aus Sémillon gekeltert, aber heute gehört ein Fünftel Sauvignon Blanc zur Cuvée. Vinifiziert werden sie von Denis Dubourdieu, der auch auf seinen eigenen Weingütern großes Können demonstriert.

Château Gravas **–***
Barsac
11 ha; 36 000 Fl. • Weine: Barsac
Der etwas höhere Säuregehalt verleiht den Weinen von Gravas schöne Eleganz.

Château Loubens ***–****
Sainte-Croix-du-Mont
23 ha; 80 000 Fl. • Weine: Sainte-Croix-du-Mont
Die Süßweine von Loubens können in guten Jahren so manchen Barsac oder gar Sauternes leicht in die Tasche stecken.

Château De Myrat ***–****
Barsac
22 ha; 40 000 Fl. • Weine: Barsac Cru Classé
Nach einer schwierigen Periode hat Myrat erst in der zweiten Hälfte der 1990er Jahre wieder an vergangene Qualitäten anknüpfen können.

Château Nairac ***–****
Barsac
17 ha; 50 000 Fl. • Weine: Barsac Cru Classé
Markante Botrytis-Noten und viel neues Holz bilden das aufregende Gemisch in den Weinen von Nairac, die erst nach längerer Reifezeit zu üppiger, reicher Harmonie finden.

Domaine du Noble ****
Loupiac
15 ha; 55 000 Fl. • Weine: Loupiac
Fruchtaromen und aromatische Eleganz sind die Markenzeichen guter Loupiac-Weine, denen die Üppigkeit und süße Fülle der großen Sauternes fehlt. In ihrem Stil erreichen die Weine der Domaine ein exzellentes Niveau und müssen mit ihrem Preis als echte Schnäppchen gelten.

Château de Rolland ***
Barsac
27 ha; 50 000 Fl. • Weine: Barsac
Obwohl nicht klassifiziert, gehört Rolland zu den empfehlenswerten Anbietern von Barsac und kann sich eines guten Preis-Leistungs-Verhältnisses rühmen.

Rive droite

›Rive droite‹, das rechte Ufer, sollten sich eigentlich Parisreisende einprägen, denn der Begriff bezeichnet im Gegensatz zur Mode-und-Bohème-Seite der Seine, der *rive gauche*, das Paris von Louvre, Oper, Champs-Elysées, Montmartre oder auch der Bastille. *Rive droite* im Bordelais, das ist das gesamte Gebiet nördlich der Dordogne, einem der beiden großen Flüsse, die sich nur ein kleines Stück flussabwärts von Bordeaux zur weiten Gironde vereinigen.

So wie das Gebiet der Graves am linken Garonne-Ufer in die beiden Zonen des Médoc und der eigentlichen Graves unterteilt ist, so gliedert sich auch das rechte Ufer in zwei Zonen mit eigenständigem Charakter: zum einen das Libournais mit dem Fronsadais an der Garonne im Südosten, zum anderen das Gebiet von Bourg und Blaye im Nordwesten, das zum Teil schon an der Gironde, Margaux direkt gegenüber liegt. Insgesamt gehört zu diesem Teil des Bordelais etwa ein Viertel der Gesamtrebfläche der Weinbauregion, wobei dem Libournais mit 13 000 Hektar der Löwenanteil zufällt.

Weinbau wurde hier mit Sicherheit schon zu Zeiten der Römer betrieben. Der Dichter Ausonius, nach dem heute eines der berühmtesten Châteaux Frankreichs benannt ist, betonte schon im 4. Jahrhundert, sein Wein werde sogar in der Ewigen Stadt getrunken. Einige Jahrhunderte später hielt sich Karl der Große in Fronsac auf, und im Mittelalter wurden Pomerol und Saint-Émilion als Stationen auf dem Pilgerpfad nach Santiago de Compostela berühmt. Nach dem Hundertjährigen Krieg zwischen England und Frankreich entwickelte sich auch auf dieser Seite der Gironde der Weinhandel, und die Dordogne diente als Transportweg, auf dem die Rotweine von Bergerac nach England ausgeführt wurden.

Der Aufschwung des Weinbaus im 17. und 18. Jahrhundert war hier jedoch im Vergleich zum Médoc weit weniger markant. Auch die Klassifizierungen von 1855 enthielten das Libournais nicht, und es sollte bis Mitte des 20. Jahrhunderts dauern, bis Saint-Émilion eine eigene Klassifizierung erhielt – Pomerol, die zweite Renommier-Appellation des Gebiets, hat allerdings bis heute keine.

Die Weinberge der Côte de Bourg liegen am rechten Ufer der Gironde.

Ein ungleiches Paar – Merlot und Cabernet Franc

Die Verschiedenartigkeit der Weine von Saint-Émilion und Pomerol und die der einzelnen Châteaux innerhalb der beiden Appellationen untereinander ist vorrangig auf die unterschiedlichen Terroirs – Pétrus beispielsweise hat sehr kalkhaltige Böden – und Kleinklimazonen zurückzuführen. Dazu kommen die unterschiedlichen Rebsorten-Kompositionen, wobei hier – im Unterschied zum Médoc – der Cabernet Sauvignon, der wärmste Lagen verlangt, um voll ausreifen zu können, nur zum kleinen Teil in den jeweiligen Verschnitt eingeht.

Das problematische Reifeverhalten der Sorte hat dazu geführt, dass sich im Gebiet von Saint-Émilion Merlot mit 50 bis 70 Prozent, in Ausnahmefällen wie Troplong Mondot auch 80 Prozent, sowie Cabernet Franc mit 20 bis 50 Prozent durchgesetzt haben, während der Merlot-Anteil bei den besseren Gewächsen von Pomerol eher noch höher liegt. Die Kunst der Assemblage, des Verschnitts, beginnt deshalb auch nicht erst im Fasskeller, dem *cuvier*, sondern schon im Weinberg, indem der Winzer die geeignetsten Sorten ausplanzt. Während Cabernet Franc ausgezeichnete Resultate auf Kies und Sand erbringt, profitiert Merlot eher von lehmhaltigen Böden.

Die unterschiedliche Reaktion auf das jeweilige Terroir erklärt zumindest teilweise die beachtlichen Unterschiede in der Sortenzusammensetzung auch innerhalb der einzelnen Appellationen. So findet man in Saint-Émilion Châteaux, die Cabernet Franc und Merlot je zur Hälfte kultivieren, wie Ausone und Canon La Gaffelière, aber auch solche, in denen der Cabernet Franc mit bis zu 60 Prozent eindeutig dominiert, wie auf Cheval blanc. Im Gebiet von Pomerol kann der Merlot-Anteil mehr als 90 Prozent erreichen, wie beispielsweise auf Trotanoy und Pétrus – Beobachter vermuten sogar, dass Letzterer in bestimmten Jahren ausschließlich aus Merlot besteht –, oder mit 65 oder 70 Prozent nur unwesentlich über dem von Saint-Émilion liegen, wie auf La Conseillante, L'Évangile oder Nenin.

Alter Merlot-Stock

Um die dem Jahrgang entsprechende perfekte Komposition aus beiden Sorten zu finden, werden die Trauben der einzelnen Parzellen im Keller zunächst getrennt vinifiziert und ausgebaut. Dies gibt dem Kellermeister die Möglichkeit, auf die Launen der Natur zu reagieren. Er kann – unabhängig von den Verhältnissen im Weinberg – in schwierigen Jahren den Anteil des früh reifen Merlots im fertigen Wein, nach sehr heißen Herbsttagen dagegen eher den des später reifenden Cabernet erhöhen.

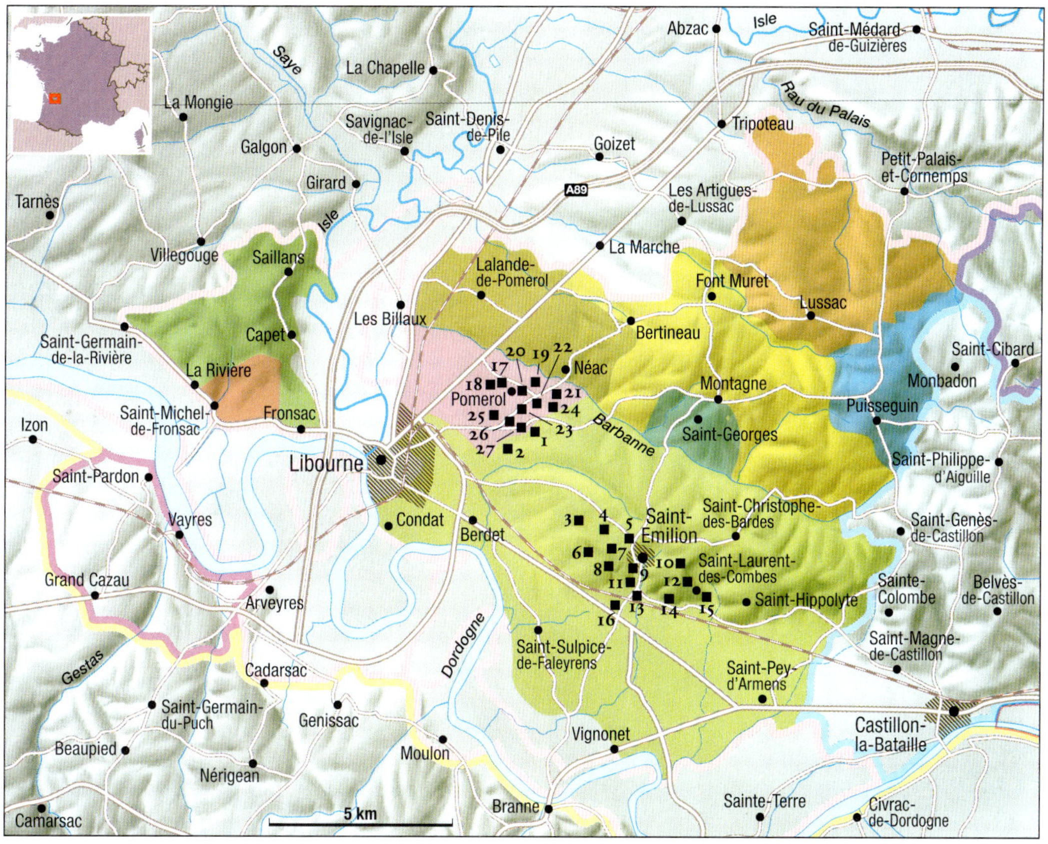

Das Rotweinland von Libourne

Während im nördlicheren Bourgais sowohl Weiß- als auch Rotweine erzeugt werden, ist das Libournais fast ausschließlich Rotweinland. Im Gegensatz zu Médoc und Graves, dem Herrschaftsgebiet des Cabernet Sauvignon, teilen sich hier vor allem Cabernet Franc, alias Bouchet, sowie Merlot die Rebflächen. In ihrer jeweiligen Zusammensetzung beim Verschnitt – gemeinsam mit den Einflüssen unterschiedlicher Terroirs – prägen sie die einzelnen Appellationen, die sich wie ein Halbkreis um Libourne ziehen. In unmittelbarer Nachbarschaft der Stadt selbst, und zwar in ihren nordöstlichen Vororten, liegen die Rebflächen des Pomerol – ein Gebiet mit nicht einmal 800 Hektar Weinbergen, die sich allerdings rund 180 Châteaux teilen müssen.

Im Südosten Libournes, aber bereits in einem gewissen Abstand vom Zentrum der Stadt, liegt Saint-Émilion, wo bereits in der Römerzeit Weinbau betrieben wurde. Mit fast 5500 Hektar sind die beiden Appellationen des Ortes, Saint-Émilion und Saint-Émilion Grand Cru, die flächenmäßig größten der Gegend und aufgrund ihres Klassifizierungssystems auch die renommiertesten. Der nächste, oft nur wenige Schritte von diesem Prestigezentrum entfernte Weinbauring wird durch die so genannten Satelliten der genannten Appellationen gebildet: Im Falle Pomerols ist das Lalande-de-Pomerol, bei Saint-Émilion sind es Montagne, Lussac, Saint-Georges und Puisseguin, deren Namen in der Herkunftsbezeichnung jeweils um den Zusatz Saint-Émilion ergänzt werden. Den östlichen beziehungsweise südöstlichen Abschluss des Libournais bilden zwei eher unbekannte Anbaugebiete, Côtes de Castillon und Côtes de Francs. Sie bilden die Grenze des Departements Gironde zur Dordogne und umfassen zusammen etwas mehr als 3000 Hektar Weinbergfläche.

Castillon-la-Bataille, der Hauptort der Côtes de Castillon, hat eminente historische Bedeutung für das Bordelais, wenn nicht für ganz Frankreich. Am Zusammenfluss von Lidoire und Dordogne fand 1453 die entscheidende Schlacht statt, die den Hundertjährigen Krieg für die Franzosen entschied und der englischen Präsenz in der Gascogne ein Ende setzte.

Beide Herkunftsbezeichnungen gehören zu den jüngsten des Bordelais: Francs wurde 1967, Castillon erst 1989 in den Rang einer eigenständigen Appellation erhoben. Als Einzige des Libournais überhaupt erzeugen die Côtes de Francs auch eine kleinere Menge – weniger als ein Prozent der Gesamtproduktion – Weiß- oder Süßweine aus den üblichen Sorten des Bordelais.

Die eigentliche Stärke beider Gebiete liegt aber in ihren Rotweinen, die deutlich komplexer und strukturierter ausfallen als die Produkte der Regional-Appellation Bordeaux, gleichzeitig aber ein günstigeres Preis-Leistungs-Verhältnis aufweisen als die übrigen, wesentlich renommierteren Kommunen des Libournais.

Die Kapitale des Merlot

Saint-Émilion mit seinen stattlichen alten Häusern ist zum Kulturdenkmal der Menschheit ernannt worden. Es erhebt sich auf einem Kalkhügel, dessen Kellerstollen so legendär sind wie die Weine, die darin reifen.

Jede Weinpilgerfahrt im Bordelais hat ein unverzichtbares Ziel: das wunderschöne Städtchen Saint-Émilion, das sich knapp 40 Kilometer östlich von Bordeaux an die Hänge des Dordogne-Ufers schmiegt. Zwischen den alten Natursteinhäusern winden sich enge Gassen hinauf auf das Plateau, auf dem die imposante Kirche des Ortes das gesamte umgebende Weinland überragt. Auch wenn der Name Saint-Émilion andernorts als Synonym für die weiße Rebsorte Ugni blanc verwendet wird, so ist die Stadt an der Dordogne doch – wie fast das gesamte Libournais – reines Rotweingebiet, und eines der besten der Region noch dazu.

Kaum mehr als zehn mal fünf Kilometer umschließt das Gebiet, doch da knapp 5500 Hektar Weinbergfläche praktisch vollständig mit Rebzeilen bedeckt ist, gehört es zu den intensivsten Monokulturen des gesamten Bordelais. Etwa 1000 Weinbaubetriebe, von denen allerdings über 400 nur Trauben produzierende Miniaturgüter sind, bewirtschaften diese Fläche. Man unterscheidet vier bis fünf Zonen – manche Forscher sprechen von bis zu siebzehn verschiedenen Terroirs –, von denen jede ihre eigenen Bodenformationen aufweist und eigenständige Weintypen hervorbringt. Das bedeutendste Terroir der Appellation ist sicherlich das so genannte Plateau mit seinen Kalksteinformationen, auf denen flachere Schichten Tonkalk oder sandiger Ton liegen. Die Côtes, die Hänge dieses Plateaus, bilden die zweite Zone. Ihre Böden entstanden durch Erosion der ersten und unterscheiden sich weniger durch ihre Zusammensetzung als durch Hangneigung und Ausrichtung. Als dritte Zone werden die Graves – Kies und grobe Schotterböden – im Nordwesten an der Grenze zu Pomerol definiert, und die Sables, die Sandplateaus im Westen und Osten der Stadt, bilden die vierte wichtige Zone. Den letzten Bereich prägen Schwemmlandschotter in der Dordogne-Ebene, wie man sie direkt unterhalb der Stadt findet.

Historische Stätten mit jungem Prestige

Weinbau wird in diesem Teil des Bordelais bereits seit dem 3. Jahrhundert betrieben und hat so vielleicht die längste Tradition der gesamten Weinbauregion. Den Anfang machten römische Legionäre, die die Hochebene von Saint-Émilion und seinem Nachbarn Pomerol rodeten. Unweit des heutigen Städtchens kultivierte der Dichter Ausonius seine eigenen Reben und überlieferte als Erster den Weinbau der Gegend schriftlich.

Im 8. Jahrhundert ließ sich der bretonische Einsiedler Émilion, dem die Stadt später ihren Namen verdankte, in der Nähe der alten Villa in einer Höhle nieder. Seine spirituelle Ausstrahlung zog zahlreiche Gläubige an, die in den Jahrhunderten nach seinem Tod die Grotte zu einer monolithischen Felsenkirche erweiterten, die noch heute durch ihre Ausmaße und ihre Atmosphäre beeindruckt. Das Kalkgestein aus den unzähligen Höhlen, die in jener Zeit entstanden und mit ihrem idealen Klima jahrhundertelang als Weinkeller dienten, verwendeten die Einwohner des Dorfes zum Bau ihrer Häuser, deren blassgelbweißliche Farbe dem Ort heute einen Großteil seiner Faszination verleiht.

Ende des 12. Jahrhunderts erhielt das Dorf von Englands König Johann ohne Land, dem Sohn Heinrichs II. und Bruder von Richard Löwenherz, Stadtrechte und durfte seinen eigenen Rat wählen, die noch heute existierende Jurade. Auch wenn diese inzwischen nicht mehr als Stadtrat fungiert, sondern eher als eine Art Weinbruderschaft, ist sie doch weit mehr als ein Teil der Folklore: Sie diente und dient als wichtiges Überwachungsorgan des Weinbaus von Saint-Émilion und versah früher Fässer, deren Inhalt sie für qualitativ hochwertig hielt, mit einem Brandzeichen, dem »marque du vinetier«. Weine, die dieses Gütesiegel nicht trugen, mussten vernichtet werden. Die spätere Geschichte der Stadt war mehr von Kriegen als vom Weinbau bestimmt. Während des Hundertjährigen Krieges wie auch in der Französischen Revolution war sie wiederholt Gegenstand heftiger militärischer Auseinandersetzungen, vielleicht mit ein Grund, dass Saint-Émilion lange brauchte, bis es mit dem Prestige der Graves und des Médoc gleichziehen konnte.

Komplexe Klassifizierung

Obwohl bereits 1884 ein Weinsyndikat gegründet wurde und das Gebiet 1936 zur Appellation d'Origine erklärt wurde, dauerte es bis in die 1950er Jahre, bevor auch hier eine Klassifizierung der besten Crus vorgenommen wurde. 1951 führte die Jurade eine erneute Qualitätskontrolle der Weine ein, die 1954 – fast hundert Jahre später als im Médoc – zu einem eigenen Bewertungssystem führte, dessen Listen anders als beim berühmten Vorbild alle zehn Jahre überprüft werden sollten. Das neue System sah insgesamt fünf Stufen vor, für die zwei eigenständige Appellationen geschaffen wurden: die AC Saint-Émilion und die AC Saint-Émilion Grand Cru, wobei erstaunlicherweise die letztere, prestigereichere heute mit einer Produktion von etwa 130 000 Hektolitern gut ein Drittel mehr Wein erzeugt als die Basis-Appellation. Die Grands Crus selbst wurden in vier Klassen unterteilt: Grands Crus ohne Zusatzbezeichnung, Grands Crus Classés und schließlich die kleine Gruppe der Premiers Grands Crus Classés, die ihrerseits wiederum in A und B geteilt war. Während in der ersten Liga dieser Premiers Grands Crus nur zwei Châteaux Aufnahme fanden – Ausone und Cheval-Blanc – gehören der Gruppe B heute insgesamt elf Namen an: L'Angélus, Beau-Séjour-Bécot, Beauséjour, Belair, Canon, Figeac, Clos Fourtet, La Gaffelière, Magdelaine, Pavie und Trottevieille.

Deren Weine unterscheiden sich nicht nur aufgrund der unterschiedlichen Böden, auf denen die Reben wachsen, sondern auch durch stark variierende Anteile der drei Hauptrebsorten im jeweiligen Verschnitt, wobei der Sortenmix nicht immer direkt aus der geografischen Lage zu erklären ist. So findet man unter den Spitzengütern sowohl auf dem Plateau wie auch an den Côtes solche, die ein ausgewogenes Merlot-Cabernet-Verhältnis aufweisen, aber auch solche, die mehr oder weniger deutlich vom Merlot geprägt sind. Ausgerechnet an der Grenze zu Pomerol dagegen, wo der Merlot noch höhere Anteile erreicht als in

Château Canon-La-Gaffelière, ein knapp 20 Hektar großes Gut zu Füßen Saint-Émilions, hat unter Stephan von Neipperg einen steilen Aufstieg genommen und liefert nun Jahr um Jahr einen der besten Weine der berühmten Appellation.

Saint-Émilion, steigt paradoxerweise der Cabernet-Anteil, wie beispielsweise auf Cheval-Blanc, wo Cabernet Franc 60 Prozent ausmacht. Einen ungewöhnlich hohen Cabernet-Sauvignon-Anteil wiederum, von 20 oder gar 35 Prozent, findet man sowohl an der Côte bei Pavie wie an der Grenze zu Pomerol auf Figeac.

Satelliten im Orbit

Sosehr sich die Charaktere der einzelnen Crus von Saint-Émilion untereinander unterscheiden, so sehr haben sie im Vergleich zu den Weinen ihrer Satelliten eines gemeinsam: mehr Struktur, mehr Charakter, mehr Dichte und größere Langlebigkeit. Als Satelliten von Saint-Émilion bezeichnet man die vier Appellationen, die das Gebiet im Norden und Nordosten umschließen, Montagne, Saint-Georges, Lussac und Puisseguin: Sie dürfen den Namen Saint-Émilion als Zusatz zu ihrem eigenen führen.

Landschaftlich ähneln alle vier Gebiete Saint-Émilion, aber im Hinblick auf das Terroir – teilweise sind die Böden kühler und feuchter, und mit steigender Entfernung von der Dordogne nimmt der moderierende Temperatureinfluss ab – und auf die verwendeten Rebsorten bestehen doch deutliche Unterschiede.
Nicht selten dominiert hier der Merlot fast als Alleinherrscher und erreicht Anteile am Sortenmix von bis zu 90 Prozent. Auch wenn die Weine dieser Appellationen nicht mit denen ihres berühmten Namensgebers rivalisieren können, so sind sie doch mit ihrem ausgesprochen interessanten Preis-Leistungs-Verhältnis eine mehr als überlegenswerte Alternative zu den oft schlichtweg überteuerten Grands Crus von Saint-Émilion. Ein Teil der Produktion wird darüber hinaus nicht einmal unter der Satelliten-Bezeichnung, sondern als Bordeaux oder Bordeaux Supérieur verkauft und dürfte damit in noch attraktiveren preislichen Bereichen liegen.

Ausgewählte Erzeuger in Saint-Émilion

Château l'Angélus *****
Saint-Émilion
26 ha; 110 000 Fl. • Weine: Saint-Émilion Premier Grand Cru Classé B, Saint-Émilion Carillon de l'Angélus
Obwohl das Gut von Hubert de Boüard erst mit der letzten Neufassung der Klassifizierung von Saint-Émilion überhaupt zu den Premiers Grands Crus aufschloss, könnte es von der gleichmäßigen Qualität seiner Weine her gesehen fast einen Platz in der Gruppe A beanspruchen. Die ideale Lage am Rande des Plateaus, der ausgewogene Sortenmix aus Cabernet und Merlot sowie die Vinifizierung sorgen für einen der modernsten großen Bordeaux-Roten.

Château Ausone *****
Saint-Émilion
7 ha; 24 000 Fl. • Weine: Saint-Émilion Premier Grand Cru Classé A
Im Schnitt 50 Jahre alt sind die Reben von Ausone, dem Gut, das an der Stelle der Villa des römischen Dichters Ausonius errichtet und nach diesem benannt wurde. Auf den ton- und kalkhaltigen Böden geben die Stöcke nicht mehr als 30 bis 34 Hektoliter Ertrag. Zwei Jahre Ausbau in neuen Barriques verleihen den Weinen ihren endgültigen Schliff.

Château Belair ***–****
Saint-Émilion
12 ha; 60 000 Fl. • Weine: Saint-Émilion Premier Grand Cru Classé
Seit Beginn der 1990er Jahre schöpft Belair das Potential voll aus, das seine Lage bietet. Die Weine sind komplex, dicht und reich und könnten eines Tages zu den Premiers Crus aufschließen.

Château Beau-Séjour-Bécot ****
Saint-Émilion
16,5 ha; 90 000 Fl. • Weine: Saint-Émilion Premier Grand Cru Classé B
Dass benachbarte Domänen im Bordelais denselben Namen tragen, ist nicht selten. Oft fügt dann, wie bei Beau-Séjour, einer der Eigner seinen Namen an den des Gutes. Die Familie Bécot füllt einen stark von Merlot dominierten Wein, der mit der Alterung ungemein fein und komplex wird.

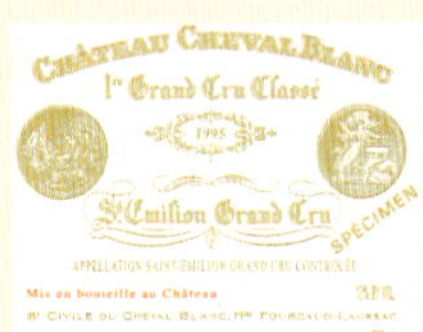

Château Beauséjour ****
Saint-Émilion
7 ha; 35 000 Fl. • Weine: Saint-Émilion Premier Grand Cru Classé B
Wie sein Namensvetter und Nachbar ist Beauséjour ein Verschnitt mit mehrheitlich Merlot. Die Jahrgänge der späten 1980er Jahre gehörten zu den besten der Appellation.

Château Cadet-Bon ***–****
Saint-Émilion
4,5 ha; 20 000 Fl. • Weine: Saint-Émilion Grand Cru Classé
Bernard Gans besitzt gleich zwei Grands Crus von Saint-Émilion, Cadet-Bon und Curé-Bon.

Château Canon ***–*****
Saint-Émilion
18 ha; 80 000 Fl. • Weine: Saint-Émilion Premier Grand Cru Classé B
Ende der 1980er Jahre produzierte Canon eine Serie herrlicher, komplexer Weine. Die 1990er waren dagegen von Problemen im Keller geprägt, die ihre Spuren in den Weinen hinterließen. Nach dem kompletten Neubau des Chai darf man wieder die hohe Qualität der Vergangenheit erwarten.

Château Canon La Gaffelière ****–*****
Saint-Émilion
19,5 ha; 95 000 Fl. • Weine: Saint-Émilion Grand Cru Classé, Saint-Émilion Grand Cru La Mondotte
Stephan von Neipperg, der an der *rive droite* gleich eine ganze Serie von Weingütern leitet, ist Spross einer

alten Adelsfamilie aus dem Württembergischen, wo sein Bruder das Gut im Familienschloss zu Schwaigern führt. Canon La Gaffelière hat mittlerweile wieder seine alte Größe erreicht und dürfte ein sicherer Anwärter für einen Platz unter den Premiers sein. Von einer Vier-Hektar-Parzelle, die zu 100 Prozent mit Merlot bestockt wurde, kommen die Minimengen des superben Mondotte, der inzwischen zu Preisen auf dem Niveau von Cheval-Blanc gehandelt wird.

Château Cap de Mourlin ***–****
Saint-Émilion
14 ha; 72 000 Fl. • Weine: Saint-Émilion Grand Cru Classé
Jacques Capdemourlin keltert einen klassischen Wein, der in der Jugend durch etwas rauere Tannine auffällt, als dies in Saint-Émilion üblich ist.

Château Cheval-Blanc *****
Saint-Émilion
37 ha; 150 000 Fl. • Weine: St.-Émilion Premier Grand Cru Classé A
Fast schon mit einem Fuß im Pomerol-Gebiet, nicht weit von Château Pétrus entfernt, kultiviert Cheval-Blanc erstaunlicherweise nicht überwiegend Merlot, sondern zu fast 60 Prozent Cabernet Franc. Die Weine gehören zu den Legenden des Bordelais und zeichnen sich durch unglaubliche Gleichmäßigkeit der Qualität auch in kleineren Jahrgängen aus.

Clos de l'Oratoire ****–*****
Saint-Émilion
10 ha; 60 000 Fl. • Weine: Saint-Émilion Grand Cru Classé
Ein weiteres der Güter von Stephan von Neipperg. Die Weine geraten in manchen Jahren sogar besser als die von Canon La Gaffelière. Sie zeigen feine Fruchtaromen und sogar zedrige Noten und werden am Gaumen in der Jugend von einer klassischen, festen Tanninstruktur geprägt.

Château Dassault ***–****
Saint-Émilion
24 ha; 80 000 Fl. • Weine: Saint-Émilion Grand Cru Classé, Saint-Émilion D de Dassault
Einst als Château Couperie gegründet, ging der Besitz 1955 an den Industriellen Marcel Dassault, der es umbenannte. Die Weine sind rund und deutlich vom neuen Holz geprägt.

Château Faugères ****
Saint-Émilion
55 ha; 280 000 Fl. • Weine: Saint-Émilion Grand Cru, Côtes de Castillon Cap de Faugères
Seit dem Ende der 1980er Jahre wurde auf Faugères viel investiert und modernisiert. Die Qualität der Weine hat sich auf sehr gleichmäßigem, hohem Niveau eingependelt.

Château Figeac ***–****
Saint-Émilion
30 ha; 150 000 Fl. • Weine: Saint-Émilion Premier Grand Cru Classé B
Als einziges der großen Châteaux von Saint-Émilion kultiviert Figeac auf einem Drittel seiner Flächen Cabernet Sauvignon. Grund dafür ist die besondere Beschaffenheit der Böden in der Nähe von Cheval-Blanc, die denen der *rive gauche* ähnelt. Die Reifeprobleme der Sorte in kleineren Jahren sorgen jedoch für unregelmäßige Qualitäten und Weine mit zu wenig Finesse.

Clos Fourtet ****
Saint-Émilion
20 ha; 100 000 Fl. • Weine: St.-Émilion Premier Cru Classé, Domaine des Martialis

Der Clos direkt vor den Stadtmauern von Saint-Émilion produziert seit Anfang der 1990er Jahre herrliche Weine mit viel Frucht und Schmelz, was dem hohen Merlot-Anteil zuzuschreiben ist.

Château La Gaffelière ***–****
Saint-Émilion
22 ha; 110 000 Fl. • Weine: Saint-Émilion Premier Grand Cru Classé B, Clos La Gaffelière
Am Fuße der Côte werden schon seit der Römerzeit Reben kultiviert. Die superbe Lage unterhalb von Saint-Émilion wird seit Mitte der 1990er Jahre wieder ausgeschöpft und bringt Weine mit viel Frucht- und Holzaromen sowie reifen, harmonischen Tanninen hervor.

Château Pavie ***–*****
Saint-Émilion
37 ha; 78 000 Fl. • Weine: Saint-Émilion Premier Grand Cru Classé B
Pavie galt als der Inbegriff der Regelmäßigkeit selbst, wobei die Qualität allerdings in den 1990er Jahren nicht das Niveau der legendären Achtziger erreichte. Wie bei Figeac wird ein relativ hoher Anteil Cabernet Sauvignon verarbeitet.

Château Pavie-Macquin ****
Saint-Émilion
15 ha; 60 000 Fl. • Weine: Saint-Émilion Grand Cru Classé
Obwohl nur als Grand Cru eingestuft, hat Pavie-Macquin seinen berühmteren Namensvetter in den 1990er Jahren qualitativ oft hinter sich gelassen. Kennzeichen der Weine sind dichte, feste Tannine, die gute Alterungsfähigkeit versprechen.

Château Soutard ***–****
Saint-Émilion
22 ha; 120 000 Fl. • Weine: Saint-Émilion Grand Cru Classé
Das imposante Château ist eines der ältesten der Gemeinde. Trotz der hervorragenden Rebfläche aus einem Guss werden die Trauben jeder Parzelle getrennt vinifiziert, um Sorten- und Reifeunterschiede berücksichtigen zu können. Soutard ist einer der Klassiker von Saint-Émilion.

Château Tertre Roteboeuf ****–*****
Saint-Émilion
5,6 ha; 17 000 Fl. • Weine: Saint-Émilion Grand Cru
Die Weine von François Mitjavile gehören seit mehr als einem Jahrzehnt zu den dichtesten, üppigsten und ausdrucksstärksten der Appellation und hätten es verdient, bei der nächsten Revision des Klassements als Premiers Crus eingestuft zu werden.

Château Troplong Mondot ****–*****
Saint-Émilion
30 ha; 150 000 Fl. • Weine: Saint-Émilion Grand Cru Classé
Troplong Mondot liegt auf dem höchsten Punkt von Saint-Émilion. Die Weine zeigen viel Würze, Lakritz und Frucht, am Gaumen gute Tannine und eine feste Struktur, brauchen jedoch auch viel Zeit, um sich ganz zu entfalten.

Château Valandraud ****–*****
Saint-Émilion
2,5 ha; 11 700 Fl. • Weine: Saint-Émilion Grand Cru
In wenigen Jahren hat es Jean-Luc Thunevin geschafft, seinen Wein zu einem der gefragtesten und teuersten der Appellation zu machen. Ob auch die Qualität so himmelhoch über der anderer, erschwinglicherer Crus steht, sei dahingestellt.

Petrus höchstpersönlich

Pomerol ist schlichtweg flach. Wo andere Weinbaugebiete mit landschaftlichen Reizen auftrumpfen, bietet die kaum 800 Hektar große Appellation unmittelbar nördlich der alten Hafenstadt Libourne nur flaches Land, soweit das Auge reicht. Einziger Blickfang des Gebiets ist der hohe, viel fotografierte Kirchturm. Ein wirkliches Dorf gibt es nicht, allenfalls kleinere Weiler und jede Menge verstreuter Weingüter – mehr als 150 an der Zahl, von denen selbst einige der berühmtesten weniger als zehn Hektar bewirtschaften.

800 Hektar Rebfläche sind nicht viel, zumal wenn man die niedrigsten Hektarerträge aller Bordeaux-Roten aufweisen kann. Aber was für eine Liste von Namen: Pétrus, Trotanoy, Clinet, Gazin, La Conseillante ...! Mit ihrem Prestige können wirklich nur wenige Weinbaugebiete der Welt mithalten. Dabei stand Pomerol eigentlich während all der Jahrhunderte, in denen Médoc und Graves oder auch das benachbarte Saint-Émilion ihr Renommee aufbauten, immer im Abseits. Trotz früher Anfänge gab es keine geschichtliche Kontinuität des Weinbaus. Erst zu Beginn des 20. Jahrhunderts begannen Belgier und Holländer, sich für die Weine aus den Vorgärten Libournes zu interessieren, doch es dauerte bis in die frühen 1950er Jahre, bis Pétrus und seine Nachbarn wirklich zu so etwas wie Berühmtheiten wurden – und das bei einem Gewächs, das man heute gerne als teuersten Einzelwein der Welt apostrophiert! Seiner späten Entdeckung verdankt Pomerol, dass auch alle Versuche einer Klassifizierung spurlos an dem Gebiet vorbeigingen. Viel mehr als solchen Klassifizierungsversuchen verdankt Pomerol sein Prestige herausragenden Persönlichkeiten.

Zu ihnen gehört unzweifelhaft Jean-Pierre Moueix, der nicht nur einer Reihe von Bordelaiser Châteaux zu Ruhm verholfen hat, sondern der mit Dominus auch in Kalifornien ein prestigeträchtiges Projekt zum Erfolg führte. Großen Einfluss auf die Weinbauentwicklung nicht nur in Pomerol, sondern im gesamten Bordelais und sogar im Midi und im fernen Spanien hatte auch der Önologe Michel Rolland vom Pomerol-Château Le Bon Pasteur.

Vieux Château Certan liefert hervorragenden Pomerol.

Château Pétrus, ist das Zuhause eines der begehrtesten Rotweine der Welt.

Ein Terroir prägt seinen Wein

Wenn Merlot schon in Saint-Émilion eine bedeutende Rolle spielt, dann trumpft er in Pomerol eher noch mehr auf. Château Pétrus beispielsweise, die Ikone von Pomerol, kultiviert gerade auf einem halben seiner insgesamt 11,4 Hektar Cabernet Franc, der noch dazu fast nie in der endgültigen Cuvée Verwendung findet. Der Rest besteht seit einigen Jahrzehnten – noch Anfang der 1950er Jahre wurden hier 30 Prozent Cabernet Franc kultiviert – ausnahmslos aus Merlot-Stöcken. Die Weinberge von Pétrus liegen im nordöstlichen Teil der Appellation – Cheval-Blanc im Gebiet von Saint-Émilion ist nicht weit – auf deren höchster Erhebung. Die Besonderheit von Pétrus ist sein Terroir: Die Böden des Plateaus bestehen vorwiegend aus Lehm mit eisenhaltigen Schichten im Untergrund. Der Lehm beschert den Weinen ihre üppige, runde Fülle, die immer über die markanten Tannine dominiert, während das Eisen angeblich für die Trüffelaromen bei fortgeschrittener Alterung der Weine verantwortlich ist. Spitzen-Pomerols sind äußerst moderne Rotweine. In der Jugend bereits ansprechbar, sind sie doch mindestens ebenso alterungsfähig wie guter Médoc. Die besten sind dunkel, samtig, voluminös und fleischig und zeigen in ihrer Jugend schwarze Beerenfrucht und Würze, während sie im Alter die reizvollen Trüffelaromen entfalten.

Die Heide hinter Pomerol

Um die Kuppe von Pétrus herum gruppieren sich mehr oder weniger renommierte Châteaux, deren Böden neben Lehm auch viel Kies und Sand enthalten. Ihren Weinen fehlt weniger die Struktur als vielmehr die üppige Fülle, die Pétrus und seine unmittelbaren Nachbarn so außergewöhnlich macht. Noch deutlicher ist dieses Phänomen bei den Weinen des nördlichen Nachbarn von Pomerol, dem Gebiet von Lalande-de-Pomerol. Obwohl der Sortenmix hier mit dem von Pomerol vergleichbar ist, obwohl die erlaubten Höchsterträge dieselben sind, zeigen die Weine, wie die der Satelliten von Saint-Émilion, weniger Dichte und Ausdruckskraft als die des renommierteren Vetterns. Ausnahmen gibt es natürlich auch hier: hervorragende Betriebe, deren Weine sich in guten Jahren nicht hinter Pomerol zu verstecken brauchen und die ein exzellentes Preis-Leistungs-Verhältnis vorweisen können.

Ausgewählte Erzeuger in Pomerol

Château Clinet ****–*****
Libourne-Pomerol
9 ha; 45 000 Fl. • Weine: Pomerol
Clinet liegt nicht weit von Château Pétrus entfernt im besten Teil von Pomerol. Die Weine gelten aufgrund ihres etwas höheren Cabernet-Sauvignon-Anteils als länger verschlossen, aber auch als alterungsfähiger als viele der Nachbarn.

Château La Conseillante ****–*****
Libourne-Pomerol
12 ha; 55 000 Fl. • Weine: Pomerol
Obwohl La Conseillante direkt neben dem Saint-Émilion-Star Cheval-Blanc liegt, unterscheiden sich die Weine allein schon durch ihren höheren Merlot-Anteil deutlich. Dichte Farbe, Frucht in der Nase und am Gaumen, dichte Extrakte, aber auch bemerkenswerte Finesse sind die Qualitätsmerkmale.

Château La Croix de Gay ***–****
Libourne-Pomerol
12 ha; 72 000 Fl. • Weine: Pomerol
Fast unmittelbarer Nachbar von Pétrus, doch in der Entwicklung der Weine sehr viel rascher. Vor allem die kleineren Jahrgänge gelingen hier meist sehr gut.

Château l'Église-Clinet ****–*****
Libourne-Pomerol
6 ha; 12 000 Fl. • Weine: Pomerol, La Petite Église
Eine kleine Produktion zu Spitzenpreisen, aber auch mit Spitzenqualitäten: Seine Fülle und Komplexität zeigen sich schon in früher Jugend.

Château l'Évangile ****–*****
Libourne-Pomerol
14 ha; 60 000 Fl. • Weine: Pomerol
Veilchenduft und große Struktur kennzeichnen die Weine dieses Château, Nachbar von Conseillante und genau zwischen Pétrus und Cheval-Blanc gelegen. Die 1990er Jahre waren eine exzellente Serie.

Château Gazin ****
Libourne-Pomerol
24 ha; 100 000 Fl. • Weine: Pomerol
In der nordöstlichen Ecke des Pomerol-Gebiets erreicht der Merlot-Anteil 90 Prozent. In den 1990er Jahren gelang hier praktisch ständig eine Steigerung der Qualität.

Château La Fleur Pétrus ***–****
Libourne-Pomerol
10,5 ha; 42 000 Fl. • Weine: Pomerol
Der Name verrät die Lage des Château aus dem Imperium von Jean-Pierre Mouéix: zwischen Lafleur und Pétrus. Die Weine sind feiner, aber auch deutlich weniger strukturiert als die der beiden Nachbarn.

Château Latour à Pomerol ***–****
Libourne-Pomerol
8 ha; 46 000 Fl. • Weine: Pomerol
Ein weiteres Château von Jean-Pierre Moueix. Die Weine mit hohem Merlot-Anteil geraten meist dicht und kräftig.

Château Pétrus ****–*****
Libourne-Pomerol
11,4 ha; 30 000 Fl. • Weine: Pomerol
Die Apotheose von Pomerol und des Reiches von Jean-Pierre Moueix. Pétrus, der fast nur aus Merlot gekeltert wird, galt lange als der teuerste Einzelwein der Welt. Trotz des hohen Merlot-Anteils zeigen die Weine enorm viel Struktur und Alterungspotential.

Château Le Pin ***–****
Libourne-Pomerol
2 ha; 8 000 Fl. • Weine: Pomerol
Le Pin galt eine Zeit lang als absoluter Geheimtipp und Kultwein, aber die Qualitäten sind ungleichmäßig und halten mit dem Ruf selten Schritt. Hier beruht das Prestige auch allein auf der Knappheit des Produkts.

Château Trotanoy ***–****
Libourne-Pomerol
7,2 ha; 26 000 Fl. • Weine: Pomerol
Der zweite große Name aus dem Portefeuille der Moueix-Dynastie zeigt viel Frucht und Struktur, aber etwas ungleichmäßige Qualitäten über die Jahre. Die sublime Größe des 1989ers wurde nicht mehr erreicht.

Vieux Château Certan ***–*****
Libourne-Pomerol
13,5 ha; 55 000 Fl. • Weine: Pomerol
Die Weine dieses Pétrus-Nachbarn sind kräftig und fest, zeigen würzige Aromen, haben aber in den 1990er Jahren nicht mehr die Größe der Weine der Achtziger erreicht.

Zwischen den Meeren

Rechts der Dordogne und links der Garonne sitzt das geballte Prestige des Bordelais. Hier entstehen die Grands Crus, hier findet man die berühmtesten Château-Weine der Welt. Was nicht heißt, dass zwischen den beiden Flüssen kein Weinbau betrieben würde. Ganz im Gegenteil! Auch das so genannte Entre-deux-Mers, das Gebiet zwischen den beiden Meeren, wie die Garonne und Dordogne umschrieben werden, ist eine hochproduktive Weinlandschaft. Ihre intensiv bewirtschafteten Rebkulturen werden immer wieder unterbrochen durch malerische Dörfer, wunderschöne Châteaux und Bauten von großer historischer Bedeutung. Bekannt ist das Gebiet allerdings kaum, allenfalls die Franzosen selbst schätzen den Entre-deux-Mers als herzhaften, frischen Weißwein, den man gut zu Meeresfrüchten aller Art trinken kann. Der Grund dafür ist, dass der Großteil der Produktion dieses keilförmigen Gebiets, das sich von Bordeaux ausgehend immer mehr verbreitert, nicht unter einer seiner eigenen Herkunftsbezeichnungen vermarktet wird, sondern unter der anonymen Appellation Bordeaux oder Bordeaux Supérieur. Immerhin werden unter diesen beiden Namen rund 40 Prozent aller Roten des Bordelais und sogar 70 Prozent der Weißen gefüllt. Viele dieser Weine werden auch nicht vom Winzer selbst, sondern in Genossenschaften verarbeitet und kommen meist in Form millionenfach gefüllter Marken der großen Handelshäuser auf den Markt. Das mangelnde Prestige der eigentlichen Anbaugebiete des Entre-deux-Mers – insgesamt sind es sechs mit Rebflächen von weniger als 100 bis über 2500 Hektar – leidet aber auch unter der Tatsache, dass sich ein Großteil ihrer Weine qualitativ nur wenig von den generischen weißen und roten Bordeaux unterscheidet und sogar mancher der populären Markenweine technisch besser und sauberer gemacht scheint.

Sechs Appellationen suchen eine Identität

Das größte dieser Gebiete ist das der Appellation, die den Namen des gesamten Bereichs trägt: Entre-deux-Mers. Obwohl in dem Gebiet, das den größten Teil des Landes zwischen den Flüssen belegt, auch Merlot und die beiden Cabernets kultiviert werden, gilt die Herkunftsbezeichnung nur für Weiße, die überwiegend aus Sémillon, Sauvignon Blanc und Muscadelle gekeltert werden, wobei aber auch der seltene Merlot Blanc, Colombard, Mauzac und Ugni blanc Verwendung finden. Trotz des generell nicht allzu hohen Qualitätsniveaus, das hier herrscht, ist es überaus erstaunlich, was einige der Güter aus Grézillac, Sadirac, Moulon oder Créon an roten und weißen Qualitäten füllen, vor allem wenn man die Preise ihrer Weine berücksichtigt, die um die Hälfte oder zwei Drittel niedriger liegen können als die in den bekannteren Appellationen von Médoc und Libournais.

Die Weinberge von Fronsac, östlich der Stadt Libourne, lieferten noch im 19. Jahrhundert Weine, die höher geschätzt wurden als die Pomerols.

Das zweitgrößte AC-Gebiet der Zone heißt Premières Côtes de Bordeaux, ist über 60 Kilometer lang und maximal fünf Kilometer tief und zieht sich wie ein Grenzwall des Entre-deux-Mers vom Zusammenfluss der Garonne mit der Dordogne aus Richtung Südosten.

Im Mittelalter war dies eines der renommiertesten Weinbaugebiete des Bordelais überhaupt, und die Weine besaßen einen fast ebenso guten Ruf wie die der Graves auf dem gegenüberliegenden Garonne-Ufer. In die Premières Côtes, an deren nördlichem Teil vorwiegend Rote, im Süden restsüße Weiße produziert werden, sind auch die drei Süßweingebiete Loupiac, Cadillac und Sainte-Croix eingebettet. Am Südostrand der Premières Côtes grenzen zwei kleinere Bereiche an, die als Côtes de Bordeaux Saint-Macaire – direkt an der Garonne liegend – und als Premières Côtes Haut-Bénoge bezeichnet werden. Saint-Macaire ist eine

Bezeichnung ohne jegliche Marktbedeutung, die nur von süßen Weißen geführt werden kann, die aber außer ihrer Restsüße kaum organoleptische Besonderheiten zeigen. Der größte Teil der Produktion dieses Gebiets wird daher auch als Bordeaux oder Bordeaux Supérieur verkauft, um überhaupt Absatzchancen zu haben.
Ähnliches gilt für Haut-Bénoge, und man fragt sich, weshalb der Gesetzgeber hier überhaupt zwei gesonderte Appellationen eingerichtet hat. Würden die Weißen der Gegend als Entre-deux-Mers, die Roten als Premières Côtes de Bordeaux verkauft, wäre sowohl Erzeugern als auch Konsumenten mehr geholfen. Bekanntheitsrekorde brechen sicherlich auch die beiden kleineren Appellationen an den beiden Enden des Entre-deux-Mers nicht. Es sind zum einen die Graves de Vayre im äußersten Nordwesten, direkt gegenüber Libourne, von deren etwa 500 Hektar Sand- und Schotterböden leichte Rote kommen, die überwiegend aus Merlot entstehen. Obwohl diese Herkunftsbezeichnung ausdrücklich für Rotweine gilt, wird ebenfalls der größte Teil des Weins als Bordeaux AC verkauft. Etwas selbstbewusster gibt sich Sainte-Foy-Bordeaux im äußersten Osten des Bordelais, an der Grenze zum Departement Lot-et-Garonne und nur zwanzig Kilometer von Bergerac entfernt, wo Rotweine und süße Weiße unter der eigenen Appellation gefüllt werden. Summa summarum muss man allerdings feststellen, dass diese kleinen Anbaugebiete kaum eine Existenzberechtigung besitzen.

Ausgewählte Erzeuger im Entre-deux-Mers & andere Bordeaux-Appellationen

Château Bonnet **–****
Branne-Grézillac
270 ha; 1 500 000 Fl. • Weine: Bordeaux: u.a. Réserve, rosé; Entre-deux-Mers: Château Guibon rouge/blanc, Château Grossombre rouge/rosé
Die Familie Lurton besitzt in fast allen Teilen des Bordelais zahlreiche Crus mit einer Gesamtproduktion von 4,5 Millionen Flaschen. Das Herz des Imperiums im Entre-deux-Mers ist nicht nur eine Sehenswürdigkeit von weinhistorischer Bedeutung, sondern bringt mit seiner im Barrique ausgebauten Réserve auch einen Wein hervor, der in Blindverkostungen schon des Öfteren Gewächse renommierterer Appellationen hinter sich gelassen hat und ein unübertrefflich gutes Preis-Leistungs-Verhältnis aufweist. Den Lurtons gehören auch Couhins-Lurton und Cruzeau in Pessac-Léognan.

Château de Chelivette ***–****
Sainte-Eulalie
10 ha; 16 000 Fl. • Weine: Premières Côtes de Bordeaux, Bordeaux Supérieur Le Cabinet de Chelivette
Saftige Weine mit deutlichen Spuren vom Barrique-Ausbau. Chelivette hat in den letzten Jahren qualitativ zugelegt.

Domaine de Courteillac **–***
Ruch
17 ha; 65 000 Fl. • Weine: Bordeaux Domaine de Courteillac, Bordeaux Supérieur Domaine de Courteillac, Bordeaux Antholien
Interessante Weiße und ein guter Roter sind die Produkte dieses Gutes, das jüngst den Besitzer gewechselt hat.

Château Haut Bertinerie ***–****
Cubnezais
44 ha; 220 000 Fl. • Weine: Côtes de Blaye: Château Manon la Lagune, Château Haut Bertinerie
In Lyraform gezogene Weinberge, die eine verbesserte Traubenreife ergeben, und Ausbau in neuen Barriques sind die Basis der ausgezeichneten Weiß- und Rotweine des Gutes.

Château Puygueyraud ****
Saint-Cibard
30 ha; 200 000 Fl. • Weine: Bordeaux Côtes de Francs
Seit 1983 bewirtschaften die Thienponts dieses Gut, mit dem sie der Appellation Côtes de Francs zu neuem Glanz verhalfen. Die Qualität ist ausgezeichnet und selbst in kleineren Jahrgängen zuverlässig.

Château De Reignac **
Saint-Loubès
65 ha; 400 000 Fl. • Weine: Bordeaux: Supérieur, Prestige
Das Château ist ein Newcomer, der illustriert, dass mit ausreichender Ambition auch in weniger renommierten Lagen sehr überzeugende Rotweine entstehen können.

Château Reynon ****
Beguey
29 ha; 300 000 Fl. • Weine: Cadillac, Premières Côtes de Bordeaux, Bordeaux Sec Vieilles Vignes, Clos Floridène, Château Cantegril
Reynon ist der beste Besitz des Önologie-Professors Denis Dubourdieu, der hier weißen Bordeaux, roten Premières Côtes und einen der raren, interessanten Cadillacs keltert. Daneben gehören ihm auch Clos Floridène und Château Cantegril auf der gegenüberliegenden Garonne-Seite.

Château Thieuley **–*****
Créon
70 ha; 500 000 Fl. • Weine: Bordeaux rouge, Bordeaux Clairet, Premières Côtes de Bordeaux Clos Sainte-Anne, Cadillac liquoreux Clos Sainte-Anne, → Bordeaux Supérieur Francis Courselle, Bordeaux Supérieur Réserve Francis Courselle
Eine solche Bandbreite von Produkten findet man im Bordelais wahrscheinlich nur noch selten. Spitzenprodukt ist der Bordeaux Supérieur Cuvée Francis Courselle, der eine gelungene Synthese aus Frucht und Holzeinsatz präsentiert.

Château Trocard **–***
Les-Artigues-de-Lussac
90 ha; 650 000 Fl. • Weine: Bordeaux Supérieur Monrepos, Bordeaux Rosé, Saint-Émilion Grand Cru Château Franc La Rose, Bordeaux Supérieur Château Les Charmettes, Lussac Saint-Émilion Château Croix de Rambeau, Lalande-de-Pomerol Château La Croix des Moines, Pomerol Clos de la Vieille Église, Lalande-de-Pomerol Château Tour de Marchesseau
Gute Merlot-Weine, die unter der Appellation Bordeaux Supérieur zu erstaunlich niedrigen Preisen vermarktet werden.

Im Schatten des mächtigen Bordeaux

Den Südwesten Frankreichs in weinrechtlicher Hinsicht genau zu definieren, ist eine Angelegenheit, die Fingerspitzengefühl verlangt. Geografisch gesehen, gehört schließlich auch Bordeaux zum Südwesten. Dort allerdings möchte man mit den »armen Nachbarn« nicht viel zu tun haben und pocht auf seinen Status als eigenständige Weinregion. Das tun auch die Winzer aus Bergerac oder Cahors, die ihre Herkunftsbezeichnungen nicht allzu gern mit dem Südwesten identifiziert sehen wollen. Aber um solche Empfindlichkeiten muss man sich nicht unbedingt kümmern, denn glücklicherweise kann man sich an der Geografie ganz gut orientieren.

Historischer Umschlagplatz

Weinrechtlich gesehen, ist ›le Sud-Ouest‹ eine Weinregion wie Loire, Bordeaux oder Rhône. Historisch gesehen verbirgt sich hinter dieser Bezeichnung viel mehr: sie umfasst all das, was von Bordeaux aus flussaufwärts liegt, bis hin zum Pyrenäenrand und dem fernen Massif Central. Früher nannte man das Land, dessen Weine auf Garonne oder Dordogne ans Meer transportiert werden mussten, um von hier aus ihre Zielhäfen in England oder auch Holland zu erreichen, das ›Haut-Pays‹, ein Ausdruck, der heute nur noch für das nördliche Hinterland von Agen und Toulouse verwendet wird, wo Gaillac und Cahors beheimatet sind.

Rechte Seite:
Das Gebiet der Dordogne ist mit seinen Flüssen, Dörfern und Weinbergen eine der romantischsten Landschaften Frankreichs.

Unten:
Bergerac konnte als Weinhandelsplatz nie mit Bordeaux konkurrieren.

Der Weinbau des Haut-Pays war eigentlich viel früher entwickelt als der der Gironde, erlitt aber heftige Rückschläge, als zuerst der Hafen La Rochelle für den Export ins nördliche Europa verschlossen wurde, dann das Bordelais begann, seinen eigenen Weinbau aufzubauen – begünstigt durch mannigfache Steuer- und Zollerleichterungen durch die englische Krone.
Schon von Römerzeiten an hatte Bordeaux die Funktion des Hauptumschlagplatzes für die Weine der Region übernommen. Nur erwies sich der Hafen im Laufe der Zeit für das gesamte Hinterland eher als Hindernis denn als Tor zur Welt. Die Bürger der Stadt schafften es nämlich immer wieder, zuerst ihre eigenen Weine zur Gänze zu verschiffen, bevor die anderer Regionen zum Zug kamen. Bis das im Frühjahr endlich der Fall war, hatte sich mancher Tropfen des Haut-Pays schon in Essig verwandelt.

Auf und Ab in der Geschichte

Dennoch schafften es die Winzer aus Bergerac oder Cahors, aus der Gascogne und aus Gaillac immer wieder, sich einen Markt für ihre Produkte aufzubauen. Im Mittelalter hatten die Klöster den Weinbau der Gegend entscheidend gefördert, im 17. Jahrhundert begannen die Holländer, sich für deren Crus zu interessieren. Sie verlangten vor allem nach dünnen Brennweinen oder möglichst konzentrierten Süßen. Im Bergeracois stellte man sich darauf ein und schuf damit die Basis für den Monbazillac, der im 18. Jahrhundert ein großes Renommee besaß.
Zwar sind die Handelsrestriktionen, die Bordeaux wie Schutzwälle um sich auftürmte, bereits seit Jahrhunderten gefallen, aber die Region an der Gironde hatte im Laufe der Zeit eine solche Übermacht auf den Märkten der Welt gewonnen, dass alle anderen Weinbaugebiete des Hinterlands fast zwangsläufig zu kurz kommen mussten. In den 1940er Jahren versuchte eine Hand voll Pioniere, neue Flächen zu bestocken und sich ein bescheidenes Image aufzubauen, wie beispielsweise die Vignerons du Buzet. Aber erst seit ein oder zwei Jahrzehnten gelingt es der Region, vor allem einzelnen Winzern der Bordeaux-nahen Gebiete, qualitätsmäßig nicht nur den Anschluss zu finden, sondern mit überragenden Gewächsen die Aufmerksamkeit der Weinfreunde in aller Welt auf sich zu ziehen. Für diese ist der Südwesten Frankreichs inzwischen zu einer Fundgrube von preiswerten Weinen auf hohem Niveau geworden.

Aus Eins mach Fünf

Klima und Sorten im Südwesten zeigen Gemeinsamkeiten mit dem Bordelais. Wie an der Gironde herrscht auch in großen Teilen des Haut-Pays atlantisches Klima, das erst im Zentralmassiv von kontinentalen Einflüssen überlagert wird. Und wie im Bordelais ist auch die Rebsortenpalette von den Cabernets, von Merlot, von Sémillon und Sauvignon Blanc geprägt, zu denen sich allerdings in vielen Anbaugebieten interessante, erst in der jüngeren Zeit systematisch entwickelte, einheimische Sorten gesellen.

Im Allgemeinen unterscheidet man fünf Teilregionen des Südwestens, die wiederum eine Reihe von Anbaugebieten und Appellationen umfassen. Bordeaux am nächsten gelegen ist das Gebiet der so genannten Bordure Aquitaine, das Randgebiet Aquitaniens, das sich von knapp hinter Langon bis Agen am Nord- und Südufer der Garonne entlangzieht. Marmande ist das Zentrum eines Gebiets, das direkt an die Graves und das Bazadais anschließt. Hier werden vor allem fruchtige Weiße und würzige Rote erzeugt. Nördlich davon liegen die Côtes du Duras, die im Westen an das Entre-deux-Mers angrenzen und früher auf liebliche Weißweine spezialisiert waren. Heute wird hier überwiegend trockener Sauvignon Blanc und Rotwein aus den Bordelaiser Sorten gekeltert. Das Buzet schließlich, das das linke Ufer der Garonne zwischen Agen und Marmande belegt, bringt vorwiegend kräftige Rotweine aus Cabernet und Merlot hervor.

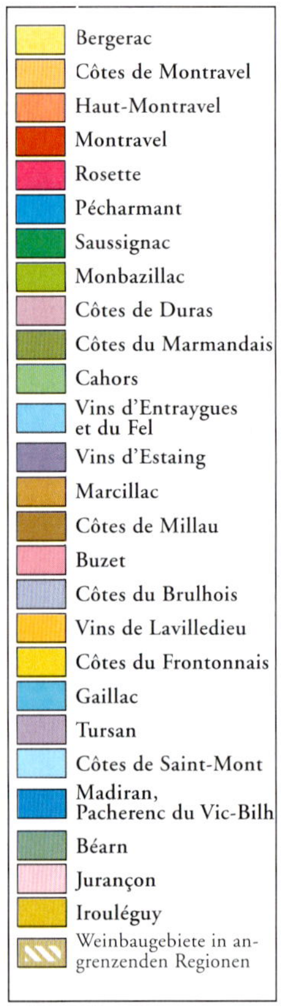

Nur wenige Kilometer weiter von Bordeaux entfernt und im Norden an die Bordure Aquitaine anschließend, liegt das so genannte Bergeracois, zu dem auch Herkunftsbezeichnungen wie Monbazillac oder Pécharmant gehören. Neben der eigentlichen Appellation Bergerac mit ihren dem Bordelais sehr ähnlichen Weinen, die direkt jenseits des östlichsten Anbaugebiets der Gironde, Sainte-Foy, beginnt, und ihrem Pendant, den Côtes-de-Bergerac, wo man zusätzlich süße Weißweine produziert, gehören noch sieben weitere Gebiete zu diesem Teil des Südwestens: Pécharmant mit hervorragenden Roten, Montravel und Haut-Montravel mit ihren aromatischen Weißen sowie die Süßwein-Spezialisten Monbazillac, Rosette, Saussignac und Côtes de Montravel.

Von der Gascogne zum Massif Central

Den gesamten südlichen Teil der Region zwischen Landes und Gascogne beherrschen die Weine der Pyrenäen, zu denen mit Madiran, einem der neuen Stars am französischen Wein-Firmament, Jurançon und Irouléguy die qualitativ hochwer-

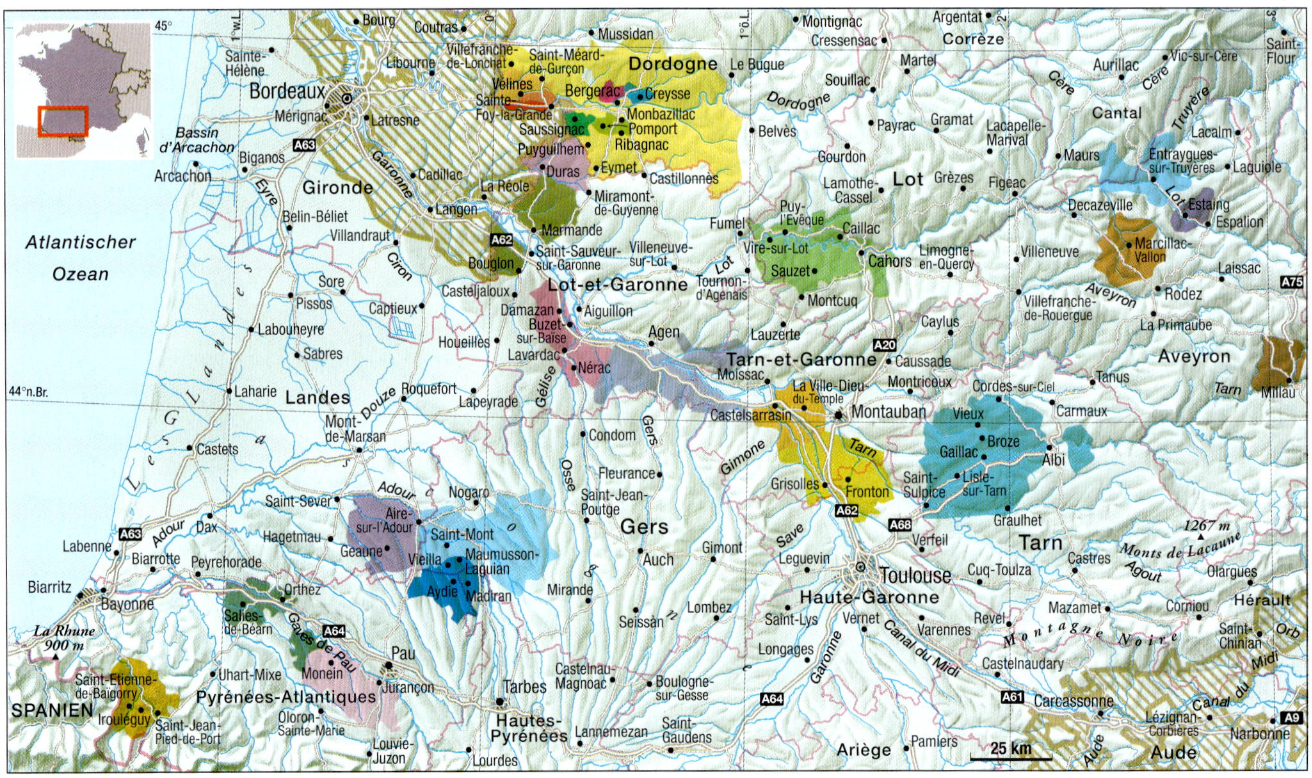

tigsten AC-Gebiete des Südwestens zählen. Irouléguy, der Wein vom Fuß der Pyrenäen südwestlich der Stadt Pau, und der etwas nördlicher beheimatete Jurançon sind die roten und weißen Vettern des Béarn und des Baskenlands.

Weiter nördlich und östlich liegen die Gebiete von Madiran und Côtes-de-Saint-Mont, in denen kräftige Rote aus dem einheimischen Tannat produziert werden. Tursan und Pacherenc du Vic-Bilh schließlich sind Weinen aus weißen Trauben gewidmet, wobei Letzterer eher für süße Versionen bekannt ist.

Nördlich und nordwestlich der Industrie- und Universitätsstadt Toulouse befindet sich das eigentliche Haut-Pays – das Gebiet der Appellationen Cahors, Gaillac und ihrer Nachbarn. Cahors ist dabei auf Rotweine aus vorwiegend Malbec spezialisiert, während man in Gaillac, an der Grenze zwischen atlantisch und mediterran beeinflusstem Weinbau, eine breite Palette verschiedenster Weintypen anbietet.

Eine kleine Gruppe von VDQS-Anbaugebieten findet man sogar im fernen Zentralmassiv. Sie bilden die östliche Grenze des Südwestens zum Languedoc und zur Rhône hin. Der bekannteste Wein des Aveyron, der von den Mönchen der nahe Rodez gelegenen Abtei von Conques im 10. Jahrhundert zum ersten Mal gekeltert wurde, ist der Marcillac, eine Herkunftsbezeichnung, die erst 1990 eingerichtet wurde. Auf gut 135 Hektar wächst hier in einer klimatisch besonders geschützten Senke der urige Fer Servadou, hier Mansoi genannt, der einen einzigartigen, nach Himbeeren und anderen Früchten duftenden Rotwein mit würzigen Tanninen liefert, der meist recht jung getrunken wird.

Über dem Tal des Lot, nördlich von hier, drängen sich die Reben der beiden Appellationen Entraygues und Le Fel auf schmalen, insgesamt nur etwa 20 Hektar großen Terrassen. Der weiße, auf lehmigen Kieserden und Granit wachsende Entraygues wird aus Chenin Blanc, der rote Le Fel, der auf Schiefer wächst, aus Fer Servadou und den Cabernets gekeltert.

Noch etwas weiter aufwärts im Tal des Lot behauptet sich seit 1965 der Estaing als winziges VDQS-Gebiet mit nicht einmal 15 Hektar Rebfläche auf Schiefer- und Tonkalkböden. Chenin und etwas Mauzac sorgen hier für den Weißwein, Gamay, Fer und die Cabernets für fruchtige Rosés und Rotweine.

Noch etwas weiter im Osten, in der Gegend der Stadt Millau, verteilen sich etwa 55 Hektar der Appellation Côtes de Millau entlang dem Tarn. Auch hier ergeben Chenin und Mauzac frische, einfache Weißweine, während die jung zu trinkenden Rosés und Rotweine aus Gamay, Syrah und Cabernet Sauvignon gemacht werden.

Petit und Gros Manseng heißen die beiden Rebsorten, aus denen man südlich von Pau den Jurançon keltert. Die Stöcke werden bis über zwei Meter Höhe gezogen und von den Winzern akkurat gestutzt.

Der Jurançon, mit dem dem gerade geborenen späteren König Henri IV. symbolisch die Lippen benetzt wurden, ist ein ausgewogener Süßwein mit feiner Säure, aber es existiert auch eine reizvolle trockene Version.

Historische Weine und der Wandel der Zeiten

Mit mehr als 13 000 Hektar Rebfläche in insgesamt 93 Gemeinden im Umkreis der gleichnamigen Stadt ist Bergerac die größte und vielleicht auch bekannteste Herkunftsbezeichnung im unmittelbaren Umfeld des Bordelais. Obwohl hier Weiß- wie auch Rot- und Süßweine produziert werden, wird der Name häufig mit Rotwein in Verbindung gebracht – ein echtes Paradoxon, wenn man bedenkt, dass die Stadt selbst von einem Ring ausgesprochener Süßwein-Appellationen umgeben ist.

Weinbau wird seit der Römerzeit betrieben, und im Mittelalter lag hier eines der bevorzugten Betätigungsfelder der Klöster. Die farbintensiven und alkoholreichen Weine dienten lange zur Verbesserung von Clarets aus Bordeaux. Nach dem Hundertjährigen Krieg begannen Holländer jedoch, eine Entwicklung hin zu Süßweinen zu initiieren, die in ihrer Heimat stark gefragt waren. Die Roten, die heute als Bergerac AC gefüllt werden, ähneln zum Verwechseln dem generischen Bordeaux AC. Unter dem Namen Côtes de Bergerac werden dagegen etwas tanninbetontere, alkoholreichere Weine gekeltert, dazu noch liebliche Weiße, die so genannten *moelleux*.

Die besten Roten stammen aus einer Appellation, die in das Gebiet von Bergerac an dessen nordöstlicher Ecke eingebettet ist, dem Pécharmant. Der Grand Cru der Dordogne-Weine erstreckt sich auf etwa 300 Hektar in Hanglage mit Ausrichtung nach Süden, deren kiesige, ton- und kalkhaltige Böden viel Eisen enthalten, was den

Weinen die feste Struktur gibt. Die Spitzenweine dieses Gebiets werden, wie auch die besten Côtes de Bergerac, im Barrique ausgebaut und brauchen eine gewisse Flaschenreife, bevor ihre markanten Tannine weich und ihr Bukett komplex und elegant geworden sind.

Süssweine mit Frucht und Eleganz

Ganz anders als der östliche Teil des Bergeracois, in dem Rotweine das Bild beherrschen, gelten die drei Appellationen von Montravel nur für Weine aus weißen Trauben. Unter der einfachen Herkunftsbezeichnung Montravel, die die südliche Hälfte dieses Gebiets belegt, werden fruchtige, frische Weine vorwiegend aus Sauvignon-Trauben gekeltert. Côtes-de-Montravel dagegen, die nördliche Hälfte, produziert liebliche Weine, in denen der Sémillon eine bedeutendere Rolle spielt. Der kleinste, östlichste Teil des Montravel, wo der Sémillon auf kalkreichen Böden höhere Konzentrationen erreicht, die Weine aber durch die immer präsente Säure bemerkenswert ausgewogen wirken, darf die dritte, eigenständige Appellations-Bezeichnung führen, Haut-Montravel.

Eine Spezialität der Region sollte nicht unerwähnt bleiben: die Süßweine, die schon zu Zeiten der Holländer berühmt waren. Während das kleine Gebiet des Rosette im Nordwesten der Stadt Bergerac fast in Vergessenheit geraten war, genießen der Monbazillac und der Saussignac eine gewisse Bekanntheit. Nach langer Krise ist der Monbazillac seit einiger Zeit dabei, wieder an das einstige Renommee anzuschließen. Der Sémillon spielt hier die erste Geige, und die Weinberge profitieren von den besonderen klimatischen Bedingungen am Zusammenfluss zweier Flüsse – der Gardonette und der Dordogne. Edelfäule entwickelt sich hier jedoch seltener als im Sauternes-Gebiet, und die Weine fallen etwas leichter, dafür aber vielleicht eleganter aus.

Links:
Das regelmäßige Auffüllen der Fässer – französisch *ouillage* – verhindert die Oxidation der Weine.

Rechts:
Nur gewissenhafte Behandlung der Reben beugt einem Krankheitsbefall vor.

Rechte Seite:
Auf der Domaine Cauhapé lässt sich die Familie Ramonteu ihren ausgezeichneten Jurançon schmecken.

Am Rande Aquitaniens

Näher noch als das Bergeracois liegen die westlichsten Teile der so genannten Bordure Acquitaine am Bordelais – genau genommen sind die Côtes du Marmandais ja nichts anderes als eine Fortsetzung der Graves im Süden und des Entre-deux-Mers im Norden. Auf rund 1800 Hektar wachsen hier überwiegend ausgewogene und würzige Rotweine sowie Rosés, wobei die Sortenpalette neben den üblichen Bordeaux-Trauben auch Fer, Gamay, Syrah, Malbec und den einheimischen Abouriou aufweist. Nur ein kleinerer Teil der Flächen ist mit Weißweinsorten bestockt, die denen der Graves entsprechen.

Das Buzet dagegen, eine 1973 eingerichtete Appellation, liegt ein wenig weiter die Garonne aufwärts am linken Flussufer und geht im Süden ins Produktionsgebiet des Edelbrands Armagnac über. Seine lehmigen, teilweise auch kiesigen Böden bringen vorwiegend Rotwein hervor. Gekeltert wird dieser aus den Sorten des Bordelais, wobei Merlot eine dominante Rolle spielt. Die größten Anstrengungen kamen hier in den letzten Jahren von der Genossenschaft der Vignerons du Buzet, die eine breite Palette verschiedener Cuvées vinifiziert und in Barriques ausbaut.

Das letzte Anbaugebiet der Zone ist zwischen die Côtes du Marmandais im Süden und Bergerac im Norden eingebettet. Wie das Marmandais grenzt es im Westen an die Gironde, und auch hier werden die Sorten des Bordelais kultiviert. Früher dominierte der Sémillon, aus dem vorwiegend liebliche Weine gekeltert wurden. Heute hat sich der aromatischere Sauvignon für die Produktion von trockenen Weißen durchgesetzt. Die Rotweine aus den beiden Cabernets, aus Merlot und etwas Malbec – hier Cot genannt – werden oft sortenrein ausgebaut, und ihr Spektrum reicht von leichten, unkomplizierten Tropfen bis zu kräftigen, tanninbetonten und im Barrique ausgebauten Gewächsen.

Im Schatten der Pyrenäen

Die Weinberge der Domaine Brana bei Saint-Jean-Pied-de-Ports: eine der spektakulärsten Lagen des Irouléguy

Das Land zwischen Garonne und Pyrenäen ist einem breiteren Publikum wohl eher durch Armagnac und die kulinarischen Köstlichkeiten bekannt geworden. Aber auch bei den Weinen hat die Gegend einiges zu bieten. Von Agen im Nordosten bis weit hinter Pau im Südwesten zieht sich ein Band von Appellationen, die zum Besten im Südwesten gehören.

Primus inter pares ist das Anbaugebiet des Madiran. Schon die Römer hatten hier mit dem Weinbau begonnen. Vom 12. Jahrhundert an, als die Gascogne zur englischen Krone gehörte, erlebte dieser einen rapiden Aufschwung, und die Weine wurden über den Adour und den Hafen Bayonne nach Nordeuropa verschifft.

Im 19. Jahrhundert besaß das Gebiet eine Rebfläche von immerhin 1400 Hektar. Bis 1950 war dann der Bestand auf 50 Hektar geschmolzen, obwohl Madiran nur zwei Jahre vorher die Anerkennung als Appellation erhalten hatte. Zum gleichen Zeitpunkt aber setzte ein Umdenken ein, neue Domänen wurden gegründet, deren Weine gute Qualität zeigten. Gleichzeitig drohte jedoch der Madiran seine Seele zu verlieren. Das staatliche Weinbauamt INAO begrenzte nämlich den vorgeschriebenen Anteil der einheimischen, tanninreichen Rebsorte Tannat auf nur 40 bis 60 Prozent und empfahl die Zugabe der gefälligeren Cabernets oder des Fer Servadou zu den Weinen.

Das brachte das Fass bei den Winzern zum Überlaufen. Alain Brumont, ein junger Winzersohn, der das heruntergekommene Château Montus übernommen hatte, führte die Revolution an und bestockte die exzellenten, kiesigen Böden des Gutes zu vier Fünfteln mit dem in Ungnade gefallenen Tannat. Mit stark limitierten Erträgen, dreiwöchiger Maischegärung, langem Ausbau in neuen Barriques und häufigem Abstechen der Weine während der Lagerung gelang es ihm, den Tannat zu zähmen. Als er 1985 die Sorte zum ersten Mal sortenrein ausbaute, war ein neuer Stern am Weinhimmel aufgegangen. Die Prestige-Cuvée von Montus schlug in Blindverkostungen auch die renommiertesten Bordeaux und öffnete den Markt für Madiran-Weine.

Keramik statt Holzfass

Seither sind zahlreiche Winzer seinem Beispiel gefolgt. Nicht alle aber gaben sich mit den traditionellen Methoden beim Ausbau der schwierigen Sorte zufrieden. So Patrick Ducourneau, der Er-

Charles Hours in seinem Clos Uroulat und Henri Ramonteu – zwei Musketiere des Jurançon

finder der so genannten *micro-oxygénation*. Dabei wird den Weinen schon vor der biologischen Säureumwandlung durch eine Keramiksonde im Tank mikroskopisch fein verteilter Sauerstoff zugeführt, was zu einem Teil den Ausbau im Holzfass ersetzen soll. Wie auch immer man diese Methode sieht – Kritiker gibt es genug, die behaupten, dass der Ausbau im Holzfass viel harmonischer abläuft –, immerhin hat sie bereits in Tausend, wenn nicht mehr Weingütern Frankreichs Einzug gehalten.

Von der Dynamik, die das Gebiet des Madiran ergriffen hatte, musste zwangsläufig auch das Dornröschen des Madirannais profitieren: der Pacherenc du Vic-Bilh. Er wird aus einer Reihe weißer Rebsorten gekeltert, zu denen Manseng, Courbu, Sauvignon und Sémillon genauso gehören wie der einheimische Arrufiac. Die trockenen Weißen sind ungewöhnlich aromatisch, aber die Trauben für die besten Produkte – goldgelbe, dichte Süßweine, die sich auch vor Jurançon und Sauternes nicht zu verstecken brauchen – werden erst zwischen Oktober und Silvester geerntet.

Ein ›Nachbar‹ des Madiran ist der rote oder weiße Côtes de Saint-Mont aus regionalen Sorten. Vor allem die runden und würzigen Roten, die generell etwas weniger hart strukturiert wirken als Madiran, zeigen interessante Qualitäten. Dabei wird fast die gesamte Produktion von einer einzigen hoch qualitativen Genossenschaft vermarktet. Weit weniger Bekanntheit genießt ein Wein, der unweit von hier entsteht, der Tursan, den es ebenfalls in weißen und roten Versionen gibt.

In der hügeligen Region südlich von Mont-de-Marsan wird seit der Reblauskatastrophe vor allem der widerstandsfähige Baroque kultiviert, eine Weißweinsorte, die rustikale, herbe und alkoholreiche Weine hervorbringt. Mit Manseng und Sauvignon gewinnen diese heute wesentlich mehr Frische und Komplexität als früher und erfreuen sich steigender Beliebtheit.

Béarn macht nicht nur Saucen

Zwar ist das bekannteste Produkt der Hügel zwischen Gascogne und dem Pyrenäen-Massiv eine Sauce, die berühmte Béarnaise, doch hier werden auch exzellente Weine gemacht. Das Béarn selbst hat seinen Namen einer Appellation verliehen, auf deren 160 Hektar Rebfläche – 90 Prozent davon liegen auf den geschützten Hängen der Gemeinde Bellocq – sowohl kräftige Rosés und Rotweine aus Tannat entstehen, die unter dem Namen Béarn vermarktet werden, wie auch leichtere Vertreter aus Cabernet Franc, die unter der Doppelbezeichnung Béarn-Bellocq gefüllt werden. Der einzig wirklich bedeutende Wein des Béarn ist allerdings der Jurançon.

Mit dem neuen klotzigen Wohnturm des Château Bouscassé hat Alain Brumont ein Symbol für die Erneuerung des Madiran errichtet, dessen tanninreicher Rotwein dank einer Gruppe engagierter Winzer und Kellermeister erneut hohes Ansehen genießt.

In der Hügellandschaft des Béarn wachsen die Reben in Höhen von 300 bis 400 Metern auf ausschließlich nach Süden gerichteten Lagen. Auch wenn es im Frühling hier kalt und regnerisch sein kann, genießt die Gegend doch lange, sonnige Herbste. Dann bläst ein warmer Südwind über die Pyrenäen, der es den Winzern erlaubt, mit der Lese bis Ende November, manchmal sogar bis in den Dezember zu warten. Erst zu diesem Zeitpunkt zeigt die Paradesorte Petit Manseng ihre wahre Grandezza. Die kleinen, luftig hängenden Trauben werden dunkler, ihre Schalen beginnen zu schrumpfen, die Beeren werden zu Trockenbeeren. Unter dem Einfluß der heißen Tages- und kühlen Nachttemperaturen stellt sich die so genannte *passerillé* ein, eine Art ins Extrem getriebener Überreife.

Aus dem Most dieser Trauben lassen sich großartige Süßweine erzeugen, die genau das Quantum an feiner, lebendiger Säure haben, das ihnen Rasse und Ausgewogenheit verleiht. Allerdings garantieren nur niedrigste Erträge solche Qualitäten – Erträge, von denen die Winzer vor allem in wirtschaftlich schlechteren Zeiten kaum leben konnten. Deshalb pflanzten sie lieber den dickeren Bruder des Manseng, den Gros Manseng, und in geringerem Umfang auch Courbu. Da beide aber in schlechteren Jahren kaum zur Vollreife gelangen, verfiel man darauf, auch einen trockenen Jurançon zu keltern, und erhielt dafür 1975 sogar die Appellation Jurançon sec.

Das wirklich letzte französische Weinbaugebiet in Richtung Berge und Spanien liegt jenseits von Pau, dicht unter den Gipfeln des Baskenlands. Es ist die Heimat des Irouléguy, ein nur wenig mehr als 200 Hektar großes Anbaugebiet an den Hängen des Cize-Tals und des Arradoy, in dem elegante Rotweine, duftige Rosés und durchaus ausdrucksvolle Weiße gekeltert werden.

Ausgewählte Erzeuger der Pyrenäen

Château Bélingard **–****
Sigoulès
89 ha; 550 000 Fl. • Weine: Bergerac Sec, Bergerac Sec Cuvée Blanche de Bosredon, Bergerac Rouge, Côtes de Bergerac Cuvée Blanche de Bosredon, Monbazillac, Monbazillac Cuvée Blanche de Bosredon, Côtes de Bergerac rouge Sélection parcellaire Cuvée Prestige
Die Roten von Bélingard sind eher einfacherer Natur. Die Premium-Linie wird unter dem Namen Blanche de Bosredon vermarktet. Bester Wein ist der Monbazillac dieses Namens.

Château de Beaulieu ***
Saint-Sauveur-de-Meilhan
29 ha; 100 000 Fl. • Weine: Côtes du Marmandais, Côtes du Marmandais L'Oratoire
Frucht und markante Noten vom Holzausbau sind die Qualitätsmerkmale der Weine dieses Château vom Rand des Bordelais.

Château La Borderie ***–****
Sigoulès
7 ha, 350 000 Fl. • Weine: Monbazillac rouge/sec/rosé/moelleux, Monbazillac Château La Borderie Prestige, Monbazillac Château Treil de Nailhac
Armand und Claude Vidal kultivieren auch rote Sorten. Bekannt wurden sie aber mit ihren verschiedenen Süßwein-Cuvées.

Cave coopérative Vignerons du Buzet **–***
Damazan
1700 ha; 15 000 000 Fl. • Weine: Buzet rouge/blanc Baron d'Ardeuil, Buzet Lys blanc/rosé/rouge, Buzet rouge Grand Cru Jean-Marie Hebrard, Buzet rouge Grande Réserve, Buzet rouge/rosé Château de Gueyze, Buzet Vin gris
Die Genossenschaft gehörte schon vor Jahrzehnten zu den Pionieren des Anbaugebiets. Auch heute noch sind ihre Weine hier ohne wirkliche Konkurrenz.

Cave Cocumont **–***
Cocumont
1100 ha; 1 000 000 Fl. • Weine: Côtes du Marmandais Tradition, Côtes du Marmandais La Bastide, Côtes du Marmandais Tersac, Côtes du Marmandais Tap de Perbos, Bordeaux
Die Genossenschaft glänzt mit ihren Rotweinen, wobei die Spitzen-Cuvées deutlich vom Holzausbau geprägt werden. Die Qualität der verschiedenen Cuvées hat sich in den letzten Jahren auf hohem Niveau stabilisiert.

Château Tour des Gendres ***–****
Ribagnac
43 ha; 280 000 Fl. • Weine: Bergerac, Bergerac rosé, Bergerac Cuvée des Conti, Bergerac Moulin des Dames, Bergerac blanc Moulin des Dames Anthologia sec, Bergerac rosé La Gloire de mon Père, Côtes de Bergerac La Gloire de mon Père
In der einst so bedeutenden Appellation halten wenige die Qualität ihrer Weine so in Ehren wie die De Conti in Ribagnac. La Gloire de mon Père und Le Moulin des Dames können auch mit besseren Gewächsen des Bordelais konkurrieren.

Château de Bachen ***–****
Duhort-Bachen
20 ha; 60 000 Fl. • Weine: Tursan Baron de Bachen, Tursan Château de Bachen
Michel Guérard aus Eugénie-les-Bains, einer der wenigen französischen Köche, die ihre drei Michelin-Sterne

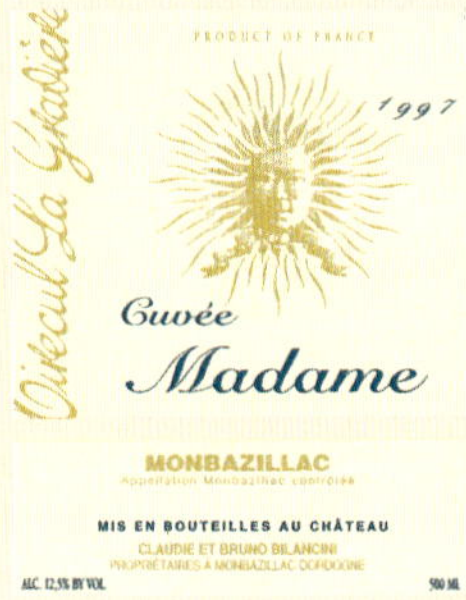

eigentlich immer verdient haben, hat mit dem Château de Bachen einen der besten Weißweine der Gegend geschaffen. In den Verschnitt gehen neben dem üblichen Baroque auch Sauvignon und Gros Manseng ein. Die Premium-Cuvée Baron wird im Barrique vergoren.

Domaine Berthoumieu – Didier Barré **
Viella
26 ha; 160 000 Fl. • Weine: Madiran Cuvée Tradition, Madiran Cuvée de Charles Batz, Pacherenc du Vic-Bilh, Pacherenc du Vic-Bilh Symphonie d'automne
Didier Barré führt das Gut seit 1983. Neben dem sehr guten klassischen Madiran, in dem der Cabernet noch einen etwas höheren Anteil belegt – »hier wird der Cabernet benutzt wie der Merlot im Bordelais«, meint er –, füllt er die ausgezeichnete Cuvée Charles de Batz und zwei etwas rustikalere Pacherenc-Versionen.

Alain Brumont ***–*****
Riscle
182 ha; 2 000 000 Fl. • Weine: Madiran Meinjarre, Madiran Château Montus, Madiran Château Montus Cuvée Prestige, Madiran Château Bouscassé, Madiran Château Bouscassée Vielles Vignes, VdP Gascogne rouge, Pacherenc du Vic-Bilh Sec Château Montus, Pacherenc du Vic-Bilh Doux Vendemiaire, Pacherenc du Vic-Bilh Doux Brumaire, Pacherenc du Vic-Bilh Doux Frimaire
Der Pionier des Madiran hat sich auf Montus ein Juwel von Kelterhaus und Lagerkeller gebaut, in dem nach den allerneusten Methoden gearbeitet wird. Der Madiran wird im offenen Tank durch Unterstoßen des Tresterhuts vergoren und anschließend in den beeindruckenden Gewölben des Château im Barrique gelagert. Die Verwaltung und der Empfang der Besucher sind noch auf Bouscassé. Was die Qualität der Weine betrifft, halten sich Montus und Bouscassé durchaus die Waage.

Domaine Étienne Brana ***–****
Saint-Jean-Pied-de-Port
22 ha; 150 000 Fl. • Weine: Irouléguy Rouge/Blanc, Harri Gorri, Ilori, Harri Gorri Rosé, Eaux-de-vie de fruits
Der verstorbene Étienne Brana war einer der Pioniere des Irouléguy. Heute wird das Gut von Sohn Jean geführt, der die fruchtbetonte Linie der Weine beibehalten hat.

Domaine Bru-Baché **–****
Monein
8 ha; 30 000 Fl. • Weine: Jurançon Sec Traditionnel, Jurançon Traditionnel, Jurançon Casterrasses, Jurançon L'Éminence, Jurançon La Quintessence
Die Weine von Claude Loustalot haben gegen Ende der 1990er Jahre ein sehr gutes Niveau erreicht. Vor allem die lieblichen und süßen Varianten des Jurançon sind überzeugend, obwohl überwiegend Petit Manseng kultiviert wird.

Denis Capmartin – Château Barréjat ***–****
Riscle
ha nn; Fl. nn • Weine: Madiran, Château Barréjat Vieux Ceps, Pacherenc du Vic-Bilh
Mit seiner Cuvée von alten Reben, dem Château Barréjat Vieux Ceps, hat Denis Capmartin ein Rassepferd im Stall. Schon in frühester Jugend zeigt der Wein eine schöne Nase mit Spuren von Bitterschokolade und viel Frucht mit reifen Tanninen im Mund.

Domaine Cauhapé – Henri Ramonteu ****–*****
Monein
31 ha; 180 000 Fl. • Weine: Jurançon Sec Sève d'automne, Jurançon Symphonie de Novembre, Jurançon Noblesse du Temps
Das berühmteste Jurançon-Weingut hat den Barrique-Ausbau in seiner Appellation perfektioniert wie kein Zweiter. Mit ihrem Säurespiel wirken die Weine nicht übermäßig süß und immer lebendig.

Patrick Ducourneau **–****
Riscle
18 ha; 130 000 Fl. • Weine: Madiran Domaine Mouréou, Madiran Chapelle Lenclos, Pacherenc du Vic-Bilh Chapelle Lenclos, Pacherenc du Vic-Bilh moelleux Domaine Lenclos
Der Erfinder der *micro-oxygénation* füllt die Weine zweier Domänen, Chapelle Lenclos und Mouréou. Während die etwas leichteren Mouréou-Weine zu 60 Prozent aus Cabernet gekeltert werden, ist Lenclos ein sortenreiner Tannat.

Domaine Etxegaraya ***–****
Saint-Étienne-de-Bagorry
7,5 ha; 35 000 Fl. • Weine: Irouléguy rouge/rosé, Irouléguy Cuvée Lehengoa
Joseph und Marianne Hillau kultivieren auf ihren Weinbergen zur Hälfte Tannat, der Rest ist mit Cabernet bestockt. Vor allem in ihrer Spitzen-Cuvée Lehengoa präsentieren sie einen exzellenten Kompromiss zwischen Frucht und Tannin bei gleichzeitig samtener, anregender Textur.

Domaine Ilarria ***–****
Irouléguy
8 ha; 35 000 Fl. • Weine: Irouléguy rouge, Irouléguy rosé, Irouléguy Cuvée Bixintxo
Pejo Espil keltert sehr feste, strukturierte Rote, die in allen Cuvées sehr gleichmäßige Qualität zeigen. In den Weinbergen halten sich Cabernet Franc und Tannat in etwa die Waage, Cabernet Sauvignon kommt auf ein Fünftel der Fläche.

Cave d'Irouléguy **–***
Saint-Étienne-de-Bagorry
130 ha; 700 000 Fl. • Weine: Irouléguy Mendia, Irouléguy rosé Irouléguy, Irouléguy Argi d'Ansa, Irouléguy Les Terrasses de l'Arradoy, Irouléguy blanc Xuri d'Ansa, Irouléguy Txantxangorri, Irouléguy Gorri d'Ansa, Irouléguy Domaine Mendisokoa
Die Genossenschaft von Saint-Étienne ist eine der dynamischsten des Südwestens und hat viel zum Prestige der Appellation beigetragen. Rote, Weiße und Rosés sind sauber vinifiziert und harmonisch.

Château Laffitte-Teston ***–****
Riscle
37 ha; 180 000 Fl. • Weine: Madiran Tradition, Madiran Vieilles Vignes, Pacherenc du Vic Bilh, Pacherenc du Vic-Bilh sec Ericka
Jean-Marc Laffitte ist einer der talentiertesten Madiran-Winzer. In seinem modernen, schön gestalteten Keller produziert er eine ausgezeichnete, im Barrique ausgebaute Selektion von alten Reben sowie einen Pacherenc namens Ericka mit viel Würze, Zitrusaromen und einer schönen Säure, der ebenfalls aus dem kleinen Holz stammt.

Domaine Laffont **–*****
Riscle
ha nn; Fl. nn • Weine: Madiran fûts de chêne, Pacherenc du Vic-Bilh
Dickes Brombeerrot, ein Bukett mit Schokolade, Beeren und Cassisblättern und dichte, süße Extrakte im Mund sind die Merkmale des im Barrique gereiften Madiran der Domaine Laffont in guten Jahren. Einer der besten Weine des Südwestens. Der Pacherenc ist recht einfach und eine Spur zu rustikal.

Vignobles Laplace – Château d'Aydie ***–****
Garlin
40 ha; 530 000 Fl. • Weine: Madiran, Odé d'Aydie, Fleury Laplace
Jean-Luc, François, Bernard und Marie Laplace führen das Gut, das die Weinberge des Château Aydie bewirtschaftet, gemeinsam. Während der Gärung wird nicht mit Umpumpen, sondern per *délestage* gearbeitet: der Wein wird regelmäßig komplett abgestochen und wieder auf die Trester gefüllt. Auch die *micro-oxygénation* kommt hier zum Einsatz.

Domaine Larredya ***–*****
Jurançon
8 ha; 30 000 Fl. • Weine: Jurançon, Jurançon Cuvée François, Jurançon Sélection des Terrasses
Reintönige Frucht, Körper und bei den Spitzen-Cuvées eine enorme Alterungsfähigkeit – das sind die Merkmale der Weine von Jean-Marc Grussaute, die in der Appellation wenig Konkurrenz haben.

Domaine Monblanc – Daniel Saint-Orens ***–****
Riscle
ha nn; Fl. nn • Weine: Madiran, Pacherenc du Vic-Bilh
Mit seinem 1997er hatte sich Daniel Saint-Orens einen Spitzenplatz im Madiran erobert, aber auch die anderen Jahrgänge zeigen dichte, saubere Qualitäten. Der süße Pacherenc entspricht mit seinen exotischen Aromen dem Stil internationaler Süßweine.

Producteurs Plaimont **–****
Saint-Mont
2 500 ha; 18 000 000 Fl. • Weine: Côtes de Saint Mont blanc, Côtes de Saint Mont rouge, Madiran, Primeur blanc, Pacherenc du Vic-Bilh, Côtes de Gascogne, Colombelle, Château de Sabazan, Château de Saint-Go, Monastère de Saint-Mont, LEH-Linie Vignobles de Gascogne, außerdem Vignerons du Sud-Ouest
André Dubosq, Chef der Genossenschaft von Saint-Mont, hat die gleichnamige Appellation in den 1970er Jahren aus dem Nichts geschaffen. Die Qualität seiner Weine hat ein Niveau erreicht, dass sie sich mit den besten des benachbarten und weit prestigereicheren Madiran vergleichen können. Spitze sind die beiden Madiran Plénitude und Château Laroche-Viella sowie die Saint-Mont-Cuvées Fâite und Monastère und Château de Sabazan.

Clos Uroulat ****
Monein
7,5 ha; 35 000 Fl. • Weine: Jurançon Sec Marie, Jurançon
Die Weine von Charles Hours sind sowohl im trockenen als auch im süßen Bereich perfekt im Holz vinifiziert und ausgebaut.

Château De Viella – A. & C. Bortolussi ***–****
Viella
ha nn; Fl. nn • Weine: Madiran
Moderne, harmonische und dichte Madirans kommen aus den Kellern des Château von Viella im Zentrum der Appellation.

Zwischen Atlantik und Mittelmeer

Oben:
Auf Château Lagrezette bei Cahors betreibt Cartier-Chef Alain Dominique Perrin Weinbau.

Rechte Seite:
Robert Plageoles galoppiert mit unkonventionellen Gaillac-Weinen voran.

Das heutige Haut-Pays, weit reduzierter als in früheren Zeiten, besteht aus insgesamt fünf Herkunftsgebieten, die östlich von Agen und nördlich beziehungsweise nordöstlich von Toulouse zwischen der Garonne, dem Tarn und dem Zentralmassiv liegen. Das wahrscheinlich älteste, größte und gleichzeitig östlichste dieser Gebiete ist Gaillac, das bis an die Mauern des mächtigen Albi reicht. Man nimmt an, dass Gaillac bereits eines der ersten Weinbauzentren Galliens war. Später wurden die Weine über Tarn und Garonne an den Atlantik gebracht, von wo sie während des gesamten Mittelalters nach England verschifft wurden. Bis ins frühe 19. Jahrhundert hielt sich die Praxis, hellere Clarets aus Bordeaux mit den intensiven Roten aus Gaillac zu verschneiden.
Von der alten Glorie ist nicht allzu viel übrig geblieben. Zwar bieten die knapp 1600 Hektar Rebfläche der Appellation ideale Bedingungen für die zahlreichen Rebsorten, die hier kultiviert werden. Aber wirklich überzeugende Qualitäten hat man in den letzten Jahrzehnten nur von wenigen, vereinzelten Winzern gesehen. Die meisten von ihnen bieten eine breite Palette von Weinen, wobei oft zum sortenreinen Ausbau gegriffen wird, auch wenn die Produktionsvorschriften der Appellation einen Verschnitt vorsehen. Bei den weißen Sorten werden die Stars des Bordelais ebenso kultiviert wie die einheimischen Mauzac, Ondenc

und Len de l'El. Bei den Roten werden die Cabernets und Merlot allenfalls toleriert, während der Fer, hier Braucol genannt, dominiert und Gamay sowie Syrah zunehmend Liebhaber finden. An der Mündung des Tarn in die Garonne wurde schon 1947 das VDQS-Gebiet Lavilledieu eingerichtet, dessen gut 140 Hektar Rebfläche auf mageren, kiesigen Schwemmlandböden stehen. Cabernet Franc, Gamay und Syrah belegen hier je ein Viertel der Flächen und werden von Negrette und Tannat ergänzt. Lavilledieu-Weine sind fruchtbetont und werden am besten jung und leicht gekühlt getrunken. Ein paar Dutzend Kilometer die Garonne abwärts liegen die Côtes du Frontonnais, auf deren immerhin 2 000 Hektar neben den roten Sorten des Bordelais die einheimische Negrette kultiviert wird, deren delikate, aromatische Rosés und Rotweine mit ihrem ungewöhnlichen, an Veilchen, Lakritz und Cassis erinnernden Aroma faszinieren. Eine kleine Zahl von Winzern keltert hier zunehmend komplexe, würzige und gut lagerfähige Cuvées. Ähnlich stellt sich die Situation in den Côtes du Brulhois dar, einem kleinen Gebiet westlich von Agen, das in den 1930er Jahren in eine Art Dornröschenschlaf fiel und erst 1965 von einer Genossenschaft wiedererweckt wurde. Heute sind 200 Hektar mit Tannat, Cabernet, Merlot, Cot und Fer Servadou bestockt.

Der schwarze Wein von Cahors

Den nördlichen Abschluss des Haut-Pays und die interessanteste Appellation findet man im Tal des Lot. In früheren Jahrhunderten zählte der tiefdunkle Rotwein aus der Gegend von Cahors zu den berühmtesten und gefragtesten Gewächsen Frankreichs. Auch hier erfuhr der Weinbau nach dem Anschluss der Gascogne an England enormen Aufschwung. Auf dem Lot, der bei Aiguillon in die Garonne mündet, konnten die Fässer bis nach Bordeaux transportiert werden, von wo aus sie nach England verschifft wurden. Trotz mannigfacher Manöver der Winzer des Bordelais konnte der Erfolg des ›black wine‹ nicht gestoppt werden. Um 1720 erlebte Cahors sein goldenes Zeitalter, und die Rebfläche wuchs bis auf beachtliche 40 000 Hektar. Wie in allen anderen Weinbauregionen Frankreichs vernichtete Ende des 19. Jahrhunderts die Reblaus sämtliche Weinberge. Zum Verhängnis wurde den Winzern aber noch mehr der anschließende Missgriff in der Frage resistenter Propfunterlagen. Die gewählte erwies sich als zu produktiv und zu früh für den Cot, alias Malbec oder Auxerrois, der spät reift und stark zum Verrieseln neigt.

In der Epoche des Massenweins, die nach dem Ersten Weltkrieg einen Höhepunkt erreichte, überlebten die Winzer nur dadurch, dass sie ertragsstarke Hybridsorten auspflanzten. Der große, schwarze Wein von Cahors geriet darüber – fast – in Vergessenheit. Erst nach 1947 entstand unter einigen Erzeugern der Wunsch, den charaktervollen Cot wieder zu kultivieren. Zehn Jahre später begann die Renaissance des Cahors. Heute gibt es ihn wieder, den schwarzen Wein mit seinen intensiven Beerenaromen, Lakritz und Gewürzen, mit seiner kraftvollen Struktur, den edlen Tanninen, die das Rüstzeug für eine lange Alterung sind.

Ausgewählte Erzeuger des Haut-Pays

Château Bellevue La Forêt ***
Fronton
115 ha; 850 000 Fl. • Weine: Château Bellevue la Forêt Côtes du Frontonnais, Côtes du Frontonnais Ce Vin, Côtes du Frontonnais Prestige, Côtes du Frontonnais Allégresse, Côtes du Frontonnais Cuvée d'Or
Weiche, geradlinige Weine mit harmonischer Frucht sind die Stärke dieser großen Domaine aus Fronton.

Château du Cèdre ****
Vire-sur-Lot
25 ha; 150 000 Fl. • Weine: Cahors Le Cèdre, Cahors Le Prestige
Der Stern der Appellation Cahors ist in den 1990er Jahren aufgegangen. Die Roten sind tiefdunkel und dicht strukturiert am Gaumen. Auf zwei Hektar Rebfläche wird unter anderem auch Viognier kultiviert.

Clos La Coutale ***
Vire-sur-Lot
50 ha; 300 000 Fl. • Weine: Cahors
Philippe Bernède macht Weine in der besten Tradition von Cahors, die zudem ein exzellentes Preis-Leistungs-Verhältnis vorweisen können. In der Jugend schon zugänglich, besitzen sie auch eine gute Alterungsfähigkeit.

Clos de Gamot **–***
Prayssac
10 ha; 50 000 Fl. • Weine: Cahors, Cahors Vignes Centenaires
Ungewöhnlich strukturiert für Cahors, benötigt die Cuvée von den hundertjährigen Reben eine gewisse Reifezeit, bevor sie sich aufschließt.

Château Gautoul ****
Puy-l'Évêque
80 ha; 120 000 Fl. • Weine: Cahors
Wie Michel Guérard im Tursan, hat der Pariser Starkoch Alain Senderens hier im Cahors ein Weingut übernommen und an die Spitze der Appellation geführt. Die Weine sind dicht und fest und vertragen ohne weiteres fünf oder zehn Jahre Lagerung, bevor sie ihren Höhepunkt erreichen.

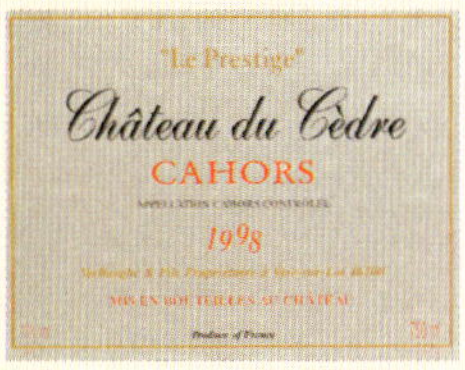

Château Lamartine **–***
Saturac
28 ha; 150 000 Fl. • Weine: Cahors, Cahors Expressions, Cahors Cuvée Particulière
Alain Gayrauds Weine sind sowohl im weichen, fruchtbetonten als auch im tanninbetonten Stil so perfekt wie ihr Preis-Leistungs-Verhältnis.

Château Lagrezette **–***
Caillac
60 ha; 400 000 Fl. • Weine: Cahors, Cahors Dame d'Honneur, Cahors Moulin Lagrezette Printemps
Cartier-Chef Perrin war einer der ersten Pariser VIPs, die sich im Weinbau versuchten. Seit einigen Jahren wird er vom berühmten Bordelaiser Önologen Michel Rolland beraten.

Robert Plageoles ***–****
Cahuzac-sur-Vère
18 ha; 72 000 Fl. • Weine: Gaillac Ondenc, Gaillac Muscadelle, Gaillac Vin d'Autan, Mauzac vert, Mauzac roux, Mauzac nature
In der sehr heruntergekommenen Appellation Gaillac hält Robert Plageoles als einer der wenigen nicht nur die zahlreichen einheimischen Rebsorten wie Duras, Braucol, Mauzac Blanc oder Ondenc in Ehren, sondern auch die Qualität seiner Weine hoch.

Château Le Roc ***
Fronton
18 ha; 72 000 Fl. • Weine: Côtes du Frontonnais, Côtes du Frontonnais Réserve, Côtes du Frontonnais Don Quichotte
Seit Mitte der 1990er Jahre ist die Cuvée Don Quichotte der beste Wein von Le Roc.

Clos Triguedina **–****
Puy-l'Évêque
59 ha; 340 000 Fl. • Weine: Cahors, Cahors Prince Probus
Einer der bekanntesten Namen von Cahors. Die Cuvée Probus erreicht in guten Jahren ein Qualitätsniveau wie kaum ein zweiter Wein der Appellation.

Rhône-Tal und Savoyen

Weine zweier Welten

Rasteau ist nicht nur für volle Rote, sondern auch für seinen verstärkten Vin Doux bekannt.

Kaum eine andere Region Frankreichs kann auf eine so lange Weinbautradition verweisen wie das Rhône-Tal. Dass sich die Gegend besonders für den Weinbau eignet, wussten schon die Phokäer, die um 600 v. Chr. die Stadt Marseille gründeten und die ersten Rebstöcke pflanzten. Unter der Herrschaft der Römer, die von den Galliern die Kunst des Veredelns gelernt haben sollen, breitete sich der Weinbau dann ins mittlere und nördliche Flusstal aus, wobei gallische Stämme bereits im Jahr 71 unserer Zeitrechnung im Gebiet von Côte-Rôtie und Hermitage Reben kultivierten. Gebremst wurde die Karriere der Côte-du-Rhône-Weine durch das mächtige Herzogtum Burgund. Man wollte die wichtigsten Märkte, Paris und London, mit eigenen Weinen beliefern und belegte die Rhône-Kreszenzen deshalb mit hohen Passage-Zöllen oder verbot ihren Transport auf dem einzigen Verkehrsweg jener Zeit, der Saône, wie dies vom 14. bis zum 16. Jahrhundert der Fall war. Erst im 17. Jahrhundert, als die Bedingungen für Überlandtransporte besser wurden, und mehr noch mit dem Bau der ersten Eisenbahnlinien im 19. Jahrhundert wurden Rhône-Weine in Paris populär. Die Zeit nach dem Zweiten Weltkrieg brachte einen dramatischen Image-Verlust: Die billigen Quellen für farb- und alkoholreiche Verschnittweine in den ehemaligen französischen Kolonien Nordafrikas waren versiegt, Anlass für so manches Bordeaux-Château, sich – verbotenerweise natürlich! – mit Rhône-Weinen zu versuchen. Der leichte Absatz auf dem Fassweinmarkt motivierte die Winzer des Tales nicht gerade dazu, eigene Qualitäten zu entwickeln. Was unter der Bezeichnung Côtes-du-Rhône zu den Konsumenten gelangte, waren im besten Fall einfache, süffige Rotweine der untersten Preisschiene. Erst in den 1980er Jahren besann sich die Winzerschaft des Gebiets wieder auf das enorme Potential, das man aufgrund eines einzigartigen Terroirs und noch besserer Rebsorten zur Verfügung hatte.

Nördliches und südliches Klima

Neben Rhein, Donau, Loire, Douro, Garonne und Mosel ist die Rhône einer der bedeutendsten Weinflüsse der Welt. Bereits in ihrem schweizerischen, oberen Teil, dem Wallis, fasziniert ein

Weinbaupanorama mit herrlichen Produkten. Im Hauptteil des französischen Abschnitts zieht das breite Flusstal von Lyon aus fast 200 Kilometer weit schnurgerade nach Süden, auf der einen Seite vom Alpenvorland und den schneebedeckten Alpengipfeln, auf der anderen vom Zentralmassiv flankiert. Fast auf der gesamten Strecke wird das Tal von steilen Weinbergen und großen Rebfeldern begleitet, die zwischen Vienne im Norden und Avignon im Süden eines der facettenreichsten Weinbaugebiete des Landes bilden. Knapp 50 000 Hektar Rebfläche sind über sechs Departements und 163 Gemeinden verteilt, und die Region kann die meistproduzierte Rotwein-Appellation (Côtes-du-Rhône rouge) Frankreichs verbuchen. Zur Rhône im weiteren Sinn gehört aber auch eine ganze Reihe von Randgebieten wie das Diois, die Côtes du Ventoux, die Coteaux du Tricastin, die Costières du Gard und das Gebiet des Muscat de Lunel, wobei die beiden letztgenannten schon den Übergang zum Languedoc-Roussillon bilden. Die Vielfalt der Weine ist vor allem einer besonderen geografischen Konstellation zu verdanken. Im nördlichen Teil des Rhône-Tals, wo vor allem auf den Terrassen steiler Granithänge Reben kultiviert werden, herrscht ein deutlich kühleres, kontinentaler geprägtes Klima als im südlichen Teil mit seinen weiten Schwemmland- und Sandebenen, wo es im Sommer sehr heiß werden kann und auch im Winter angenehm mild bleibt. Diese klimatischen Unterschiede sind auch die Ursache dafür, dass von den nördlichen Lagen vorwiegend sortenreine Weine erzeugt werden, wie dies in den meisten nördlichen Anbaugebieten Europas der Fall ist, während im Süden Cuvées dominieren.
Das größte Kapital der Region sind ihre weißen und roten Rebsorten, die – obwohl lange Zeit vor allem in Frankreich selbst wenig beachtet – zu den besten der Welt gehören und auch außerhalb ihrer Ursprungsregion schon seit langem herrliche Weine hervorbringen. Das Renommierstück darunter ist die blaue Syrah, die sich in den letzten Jahren zu einer regelrechten Modesorte entwickelt hat. Dass die dunklen Trauben mit ihren kleinen Beeren von besonderer Güte sind, dürften schon die Römer gewusst haben. Die dunklen und in gleichem Maße fruchtigen wie tanninbetonten Weine können bei optimalen Reifebedingungen komplex und extrem alterungsfähig werden, und sie entsprechen vor allem dem Bild fester, gleichzeitig aber auch harmonischer Weine, wie sie beim modernen Verbraucher beliebt sind. Sortenreine Syrah-Weine werden unter den Appellationen Côte-Rôtie, Hermitage, Saint-Joseph oder Crozes-Hermitage an der nördlichen Rhône erzeugt, aber auch in den Weinbergen des Südens wurde die Sorte in den letzten Jahren immer häufiger ausgepflanzt.

Syrah ist die Starsorte der roten Rhône-Weine, Marsanne, Roussanne und Viognier ergeben die weißen Spezialitäten.

Seguret, eines der schönsten Dörfer Frankreichs und Heimat einer der besten Rhône-Weine

Rhône-Sorten in der Neuen Welt

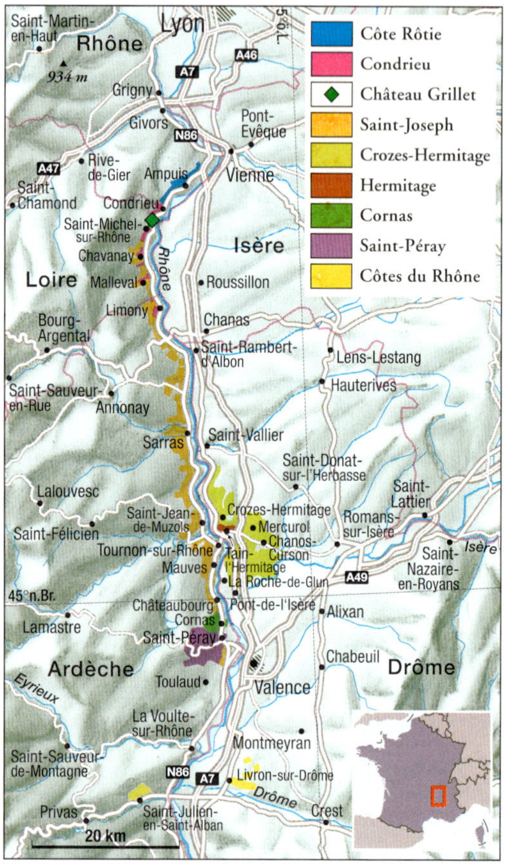

Noch bevor sich die Franzosen auf die wirklichen Qualitäten der Sorte besannen, machten Australier sie unter dem Namen Shiraz zu ihrer Paradesorte, mit der sie in den 1970er und 1980er Jahren ihre größten und wichtigsten Erfolge auf den internationalen Märkten feierten. Der australische Kultwein schlechthin, der Grange von Penfolds, wurde früher sortenrein aus Syrah gekeltert und enthält auch heute noch nur geringe Anteile Cabernet Sauvignon. Wie sehr die Australier dabei um den Ursprung ihres Favoriten wussten, belegt die Tatsache, dass sie die kräftigen Roten aus der Rhône-Sorte lange als ›Hermitage‹ verkauften. Der Erfolg der Australier inspirierte nicht nur die Rhône-Winzer, sondern auch in Kalifornien und Südafrika wurden in den letzten beiden Jahrzehnten zahlreiche Weinberge mit Syrah bestockt, und in Frankreich selbst eroberte sie zahlreiche Weinberge des Languedoc.

Einen australischen und kalifornischen Akzent musste auch die zweite, wichtige Rotweinsorte annehmen, die ertragreiche Grenache, die im Unterschied zur Syrah nicht aus dem Tal selbst stammt, sondern sich von der spanischen Provinz Aragon aus entlang der Mittelmeerküste bis an die südliche Rhône ausbreitete. Wer sie vorschnell als charakterlosen Massenträger abtut, vergisst, dass einige der schönsten Roten aus Châteauneuf-du-Pape und aus den Villages-Appellationen zum großen Teil oder vollständig aus den Trauben alter, im Ertrag niedrig gehaltener Grenache-Reben gekeltert werden. Wie voll, dicht und würzig diese Weine sein können, hat in jüngerer Zeit das spanische Weinbaugebiet Priorat bewiesen.

Auch Mourvèdre, eine spät reifende Sorte, die viel Wärme braucht und dann recht tanninreiche Weine hervorbringt, ist in den letzten Jahren an der südlichen Rhône wie auch in den heißeren Gebieten der Neuen Welt immer beliebter geworden. Zusammen mit den genannten Sorten sowie dem fruchtig-weichen Cinsault oder dem farb- und alkoholreichen Carignan bildet sie die Basis fast aller Rotweine der südlichen Rhône. Bei den Weißweinen dagegen kommen die interessantesten Sorten eindeutig aus dem Norden, wo sich vor allem der sortenrein gekelterte Viognier unter der Herkunftsbezeichnung Condrieu durch dichte, intensiv nach Honig, Aprikose und Pfirsich duftende Weine auszeichnet.

In den letzten Jahren sind auch die Weißen Marsanne und Roussanne in der Neuen Welt populär geworden und haben dort unter den Winzern und

Links:
In den Lagen des Hermitage erreicht die Syrah ihren wohl tiefgründigsten Ausdruck.

Rechts:
Bei Chapoutier in Tain-l'Hermitage wird die *pigeage* nach wie vor auf traditionelle Weise ausgeübt.

Weinmachern eine regelrechte Fan-Gemeinde gewonnen, deren Mitglieder sich selbst gerne als ›Rhône-Ranger‹ bezeichnen. An der Rhône selbst sind diese beiden Sorten für die großen Weißen der Hermitage verantwortlich, bilden aber zusammen mit Clairette, Grenache Blanc, Counoise, Bourboulenc und anderen auch die Basis für die weißen Villages-Weine und Crus am südlichen Flusslauf.

Villages, Crus und »Régionaux«

Eine der Stärken des Rhône-Weinbaus ist gleichzeitig eine seiner Schwächen: das ausgeklügelte System von Appellationen. An der Basis dieser Qualitätspyramide findet man die vorwiegend roten Weine der Regional-Appellation Côtes-du-Rhône, die meist am Unterlauf des Flusses produziert werden. Eine Stufe darüber stehen Weine mit der Herkunftsbezeichnung Côtes-du-Rhône-Villages. Produkte von insgesamt 95 Gemeinden der Departements Drôme, Gard und Vaucluse gehören zu dieser Gruppe, wobei 16 Gemeinden der AOC-Bezeichnung ihren eigenen Gemeindenamen hinzufügen dürfen. An der Spitze stehen die so genannten Crus, lokal begrenzte Appellationen wie Gigondas oder Côte-Rôtie, auf deren Etiketten kein Verweis auf die Zugehörigkeit zur Rhône-Familie mehr zu finden ist.

Im Reich von Syrah und Viognier

Vienne, die im Jahre 121 gegründete Römergarnison, in der die malerische Ruine des alten Amphitheaters einen herrlichen Blick über das Rhône-Tal bietet, ist der nördliche Startpunkt der Côte-du-Rhône-Appellationen. Im meist recht engen Flusstal klettern die Reben an steilen Granithängen empor. Hier herrscht weitgehend kontinentales Klima mit warmen Sommern, in denen die Sonneneinstrahlung durch terrassenförmige Weinberganlagen optimal genutzt, gleichzeitig die Hitze durch permanenten Wind gemildert wird, und für den Breitengrad ungewöhnlich kalten Wintern. Der Nordteil der Rhône, in dem überwiegend sortenreine Weine gekeltert werden, bildet die südliche Grenze derjenigen Weinbaugebiete Frankreichs, in denen chaptalisiert wird. Hitze und Kühle zusammen sorgen für die reiche aromatische Ausprägung und die elegante Struktur der Weine.

Die Produktion dieses Teils der Gesamt-Appellation wird fast ausschließlich unter den Namen der lokalen Appellationen der prestigereichen Crus gefüllt, von denen die Gegend gleich acht – der Süden nur fünf – aufweisen kann. Etiketten der Regional-Appellation Côtes-du-Rhône sind hier praktisch nicht zu finden. Zu einem der bekanntesten Crus gehören auch die nördlichsten Qualitätsweine der Rhône, sieht man von einer kleinen Tafelweinproduktion in der unmittelbaren Nachbarschaft der Stadt Vienne ab: Es ist die Côte-Rôtie, Heimat wunderbarer Syrah-Weine, in denen offiziell noch 20 Prozent des weißen Viognier zugelassen sind, was aber nur noch wenige Winzer praktizieren.

Marcel Guigal hat gut lachen, sein Keller in Ampuis liegt voll flüssiger Schätze.

Obwohl hier mit Sicherheit schon in der Römerzeit, vielleicht sogar schon einige Jahrhunderte früher Weinbau betrieben wurde, stammt der Name dieser Appellation, der so viel wie »verbrannter Hang« bedeutet, erst aus dem 19. Jahrhundert. Bis in die 1950er Jahre wurden die Weine kaum geschätzt, und die Anbaufläche betrug auch in vergangenen Jahrhunderten selten mehr als die aktuellen 200 Hektar. Eine Besonderheit des Anbaugebiets ist die pyramidenartige Pfahlerziehung, die auf den schmalen Terrassen an bis zu 100 Prozent steilen Hängen die einzig sinnvolle Kulturform darzustellen scheint.

Die Crus des Nordens

An die Côte-Rôtie schließt unmittelbar im Süden das kleine Weißweingebiet Condrieu an, in dem der Viognier zur Höchstform aufläuft. »Coin du rieux«, Bachwinkel, bedeutet der Name der Verwaltungs- und Handelsstadt mit der markanten Rhône-Brücke. Kalkhaltige Felsböden mit Schiefer und Glimmer in den oberen Schichten bieten die Grundlage für finessenreiche, vielschichtige Viognier-Weine, wobei die ständige Ventilation der Steillagen der fäulnisanfälligen Sorte ebenfalls zugute kommt. Obwohl einige Condrieu-Weine aus guten Jahrgängen durchaus alterungsfähig sind, sollte man die Weine doch am besten jung trinken, wenn Würze und Frucht in der Nase noch von üppiger Saftigkeit am Gaumen begleitet sind. Saint-Joseph, mit fast 900 Hektar die flächenmäßig größte Appellation des Nordens, deren Gebiet sich fast 50 Kilometer am Fluss entlang erstreckt, ist auch die erste, in der sowohl Weiß- als auch Rotweine gekeltert werden, wobei an die Stelle des Viognier Marsanne und Roussanne treten. Man findet zunehmend dichte und fruchtige Rotweine – die Weißen sind weniger interessant – zu durchaus konkurrenzfähigen Preisen. In der Umgebung der Stadt Tain l'Hermitage verlagern sich die Weinberge ans linke Ufer. Hier befinden sich der nur 134 Hektar große Hermitage-Hügel, die berühmte Appellation, die auch manchem Übersee-Syrah ihren Namen gegeben hat, und die weniger renommierte Crozes-Hermitage mit mehr

Mit Les Ruchets aus seinen eigenen steilen Weinbergen in Cornas hat der Önologe Jean-Luc Colombo das Paradestück eines modernen nördlichen Rhône-Weins kreiert, der gerade auch in schwächeren Jahrgängen überzeugt.

als 1200 Hektar Rebfläche, die beide sowohl sortenreine Syrah-Rote als auch Weißweine im Verschnitt aus Marsanne und Roussanne hervorbringen. Während von den Granitböden der Hermitage mit ihrer südlichen Ausrichtung feste, dichte und alterungsfähige Gewächse kommen, fallen die Crozes-Weine von meist flacheren Schotter- oder Lößlagen wesentlich leichter.

Den Abschluss der nördlichen Rhône-Gebiete bilden die Appellationen Cornas und Saint-Péray, beide direkt gegenüber Valence am rechten Rhône-Ufer gelegen. Saint-Péray war früher fast ausschließlich durch einfache Schaumweine bekannt, hat sich aber in den letzten Jahren mit der Produktion guter weißer Stillweine einen Namen gemacht, wobei die Rebfläche von nur wenig mehr als 60 Hektar allerdings kaum geeignet ist, irgendetwas von reeller Marktbedeutung hervorzubringen.

Unwesentlich größer ist die Fläche des Cornas, auf der früher Weiße, heute aber ausschließlich Rote aus Syrah entstehen. Die Weine sind etwas leichter als die der Côte-Rôtie, können aber viel Charakter zeigen.

Ausgewählte Erzeuger der nördlichen Rhône

Gilles Barge ***–****
Ampuis
7 ha; 40 000 Fl. • Weine: Côte-Rôtie, Saint-Joseph, Condrieu
In dem Weingut direkt unterhalb der berühmten Côte Brune wird im Stahltank vergoren, aber nicht entrappt, um den Weinen festere Struktur mitzugeben.

Belle, Père & Fils ****
Larnage
19 ha; 110 000 Fl. • Weine: u.a. Crozes-Hermitage Blanc, Cuvée Louis Belle, Hermitage Blanc-Rouge
Erst 1990 hat die Familie Belle ein Kelterhaus gebaut und mit dem Selbstvermarkten begonnen, jedoch mit ihren dichten Weinen schnell großen Erfolg gehabt.

Bernard Burgaud ****
Ampuis
4 ha; 15 000 Fl. • Weine: Côte-Rôtie
Tiefe Farbe und konzentrierte, reintönige Syrah-Frucht sind das Kennzeichen der Weine von Bernard Burgaud.

M. Chapoutier ***–*****
Tain l'Hermitage
160 ha; 3 000 000 Fl. • Weine: u.a. Condrieu, → Hermitage Blanc De Lorée, → Côte-Rôtie La Mordorée, Hermitage: Le Pavillon, → Monier de la Sizeranne, Crozes-Hermitage Les Varonniers, Saint-Joseph Deschants, Châteauneuf-du-Pape La Bernardine
Michel Chapoutier gilt als eine der umtriebigsten Persönlichkeiten der Region. Er keltert einige der besten Hermitages und Côte-Rôtie, aber auch Appellationen von der südlichen Rhône und sogar in Australien.

Jean-Louis Chave *****
Mauves
15 ha; 48 000 Fl. • Weine: Hermitage: → Blanc, → E. Catelain, → Vin de Paille

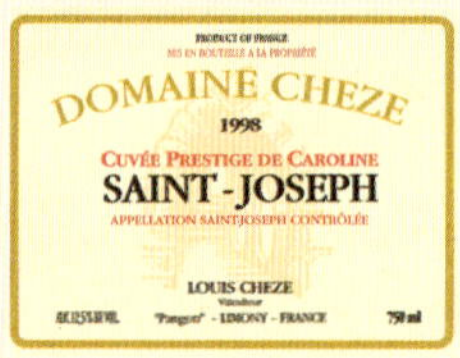

Der Altmeister des Hermitage ist einer der größten Weinbergbesitzer des prestigereichen Crus. Vor allem der weiße Hermitage gelingt in fast jedem Jahr hervorragend und vereint ein elegantes Honig-Vanille-Blumen-Bukett mit einer reichen, frischen Struktur im Mund.

A. Clape ****
Cornas
6 ha; 25 000 Fl. • Weine: → Cornas, Saint-Péray, Côtes-du-Rhône
Mit Hilfe seines Sohnes Pierre Marie führt Auguste Clape sein Sechs-Hektar-Weingut in Cornas, dessen Rebbestand teilweise weit über 60 Jahre alt ist.

Laurent & Dominique Courbis ***–****
Châteaubourg
20 ha; 77 000 Fl. • Weine: u.a. Cornas: → La Sabarotte, → Champelrose, Saint-Joseph
Laurent Courbis gilt als bester Winzer der Gemeinde. Vor allem seine Cornas-Cuvées zeigen dichte Farbe, eine feine, vielschichtige Nase sowie viel Kraft, Saft und Tannine am Gaumen.

Pierre Gaillard ***–****
Malleval
16 ha; 100 000 Fl. • Weine: Condrieu, Saint-Joseph blanc, → Côte-Rôtie: Rose Pourpre, → Côte Brune et Blonde, Saint-Joseph Les Pierres, Saint-Joseph Clos de Cuminaille
Pierre Gaillard war lange Jahre *chef de culture* in den Weinbergen von Guigal und hat sein Handwerk hier perfekt gelernt. Er praktiziert vor der Gärung eine Kaltmazeration und gärt anschließend bei 32 °C mit häufigem Unterstoßen des Tresterhuts.

Yves Gangloff ****
Condrieu
3 ha; 15 000 Fl. • Weine: → Côte-Rôtie La Barbarine, Condrieu
Yves Gangloff bearbeitet zwei Hektar Côte-Rôtie und einen Hektar Condrieu mit seltener Qualitätsbesessenheit.

Jean-Michel Gérin ***–*****
Ampuis
8 ha; 40 000 Fl. • Weine: u.a. Condrieu, → Côte-Rôtie: Les Grandes Places, → Champin le Seigneur
Grandes Places heißt das Schmuckstück der Familie Gérin, die seit fünf Generationen in Ampuis Weine produziert.

Jean-Louis Grippat ****
Tournon-sur-Rhône
9 ha; 35 000 Fl. • Weine: Hermitage blanc, Saint-Joseph: Blanc, → Vignes de l'Hospice
Traditionelles Arbeiten ist für Grippat und seine Tochter Voraussetzung für ihre hochwertigen Weine. Ihr uraltes Kellerwerkzeug würde jedem Weinbaumuseum Ehre machen.

E. Guigal ***–*****
Ampuis
30 ha; 4 000 000 Fl. • Weine: u.a. Condrieu, Hermitage: Blanc, Rouge, Côte-Rôtie: Château d'Ampuis, → La Landonne, → Côte Brune La Turque, → Côte Blonde La Mouline, Châteauneuf-du-Pape
Der Magier, beste Vinifizierer und *négociant* der nördlichen Rhône hat seinen Betrieb inzwischen auch zu einem der modernsten Frankreichs ausgebaut.

Paul Jaboulet Aîné **–****
Tain l'Hermitage
91 ha; 3 800 000 Fl. • Weine: u.a. Hermitage: → Blanc Chevalier de Sterimberg, La Chapelle, Le pied de la Côte, Crozes-Hermitage, Côte-Rôtie Les Jumelles, Cornas, Saint-Joseph Le Grand Pompée, Châteauneuf-du-Pape, Gigondas, Vacqueyras, Côtes-du-Rhône, Tavel l'Espiègle, Muscat de Beaumes de Venise
Ein wenig Staub scheint auf der altehrwürdigen Kellerei zu liegen, auch wenn ihr Hermitage La Chapelle immer noch zu den Kultweinen Frankreichs gehört.

Domaine Rochepertuis – Jean Lionnet ***
Cornas
15 ha; 35 000 Fl. • Weine: St. Péray, Cornas
Lionnet produziert hervorragenden Cornas – die Top-Selektion ist Rochepertuis – und einen Weißen, der zu 50 Prozent im neuen Holz gärt.

André Perret ***–*****
Chavannay
9 ha; 40 000 Fl. • Weine: Condrieu, → Condrieu Côteau Chéry, Saint-Joseph, → Saint-Joseph Les Grisières
Obwohl der Lagen-Condrieu als Perrets Paradewein gilt, ist der Saint-Joseph von bemerkenswerter Frucht und Struktur.

Domaine du Chêne – Marc Rouvière ***–*****
Chavannay
14 ha; 70 000 Fl. • Weine: u.a. VdP Collines Rhodaniennes: Viognier, Syrah, Condrieu, → Saint-Joseph
Mitten in den Weinbergen hat sich Marc Rouvière einen modernen, perfekt ausgestatteten Keller angelegt, in dem seine hervorragenden Weine entstehen.

Georges Vernay ***–****
Condrieu
12 ha; 40 000 Fl. • Weine: u.a. → Condrieu: Côteau de Vernon, Les Chaillés de l'Enfer; Côte-Rôtie

Einer der Klassiker von Condrieu mit verschiedenen Cuvées und Lagenweinen von sehr gleichmäßiger Qualität.

Alain Voge *–****
Cornas
14 ha; 45 000 Fl. • Weine: Cornas, Saint-Péray
Seit dem Alter von 17 Jahren hat sich Voge Parzelle um Parzelle seinen Weinbergbestand zusammengekauft. Bekannt geworden ist er für seine Cuvée Vieilles Vignes.

Domaine Jean-Luc Colombo ****–*****
Cornas
8 ha; 48 000 Fl. • Weine: u.a. Cornas: Terres Brukées, → Les Ruchets, La Louvée
Colombo ist für die Rhône, was Rolland fürs Bordelais ist: der inspirierendste Önologe. Zugleich ist er ein ausgezeichneter Winzer und erfolgreicher Händler.

Domaine Laurent Combier ***–****
Clos des Grives
14 ha; 50 000 Fl. • Weine: Crozes-Hermitage: Blanc, Rouge, → Clos des Grives
Der Clos ist ein Meisterwerk an Dichte und Harmonie, nicht zuletzt aufgrund des langjährigen Bio-Anbaus.

Domaine Yves Cuilleron ***–*****
Chavanay
26 ha; 100 000 Fl. • Weine: u.a. Condrieu → La Petite Côte; Saint Joseph → Coteaux Saint-Pierre und Rouge
So begeisternd die überreifen Viogniers sein mögen, die roten Saint-Josephs zeigen zunehmend Potential.

Domaine Alain Graillot ****
Pont-de-l'Isère
20 ha; 100 000 Fl. • Weine: Crozes-Hermitage: Blanc; Rouge und La Guiraude
Ein Meister der Syrah, die bei Graillot eine einmalig klare Frucht besitzt.

Domaine François Villard ****–*****
Saint-Michel-sur-Rhône
7 ha; 31 000 Fl. • Weine: → Condrieu, Saint-Joseph Blanc; Côte Rotie, → Saint-Joseph Le Reflet
In wenigen Jahren hat sich der junge Ex-Koch als ein Motor der nördlichen Rhône herauskristallisiert. Mit Cuilleron und Gaillard hat er ein kleines, interessantes Handelshaus gegründet: Les Vins de Vienne.

Louis Chèze ***–****
Limony
20 ha; 80 000 Fl. • Weine: u. a. → Condrieu; Saint-Joseph: Blanc; Rouge, → Cuvée des Anges
Der zurückhaltende Louis Chèze erzeugt reizvolle Condrieus und immer bessere rote Saint-Josephs.

Jean-Paul & Jean-Luc Jamet ***–****
Ampuis
7 ha; 20 000 Fl. • Weine: → Côte-Rôtie, Côte-Rôtie Côte Brune
Ausschließlich Syrah bauen Jean-Paul und Jean-Luc Jamet am Rand der Hochebene hinter Ampuis an und keltern daraus hervorragenden Côte-Rôtie. Die Weine lagern 20 Monate in kleinen Eichenholzfässern.

D. & R. Vernay ***–****
Saint-Cyr-sur-Rhône
4,5 ha; 12 000 Fl. • Weine: → Côte-Rôtie
Erst seit zehn Jahren sind Daniel und Roland Vernay Selbstvermarkter, aber ihre Roten haben sich in dieser Zeit einen Stammplatz an der Spitze der Côte-Rôtie erobert. Die Weine, in die fast keine weißen Trauben mehr eingehen, werden in Doppel-Pièces ausgebaut.

Das Tor zum Süden

Wenn die Ahnen Brunel wüssten, welche Klasse ihr Château La Gardine heute erreicht hat!

Auf der Fahrt Richtung Süden wird es zwischen Valence und Montélimar nicht nur deutlich heißer, sondern auch Landschaft und Städte zeigen sich bereits mediterraner. Das Tricastin, das Tor zur Provence, ist ein ausgesprochenes Trüffel-, Obstbau- und Lavendel-Gebiet, und statt der steilen Terrassenlagen des Nordens werden die Reben hier auf großen Feldern in allenfalls leicht hügeligem Gelände kultiviert. Der Großteil der Flächen dieser südlichen Hälfte des Rhône-Tals, die gut 95 Prozent der Gesamtproduktion aufbringt, ist nur für die Regional-Appellation Côtes-du-Rhône zugelassen. Trotz des insgesamt heißen, trockenen Klimas mit optimalen Reifebedingungen für die Trauben birgt das Wetter auch Risiken – zum Beispiel in Form des oft und unberechenbar heftig wehenden Mistrals.

Süßes von der Rhône

Eine Spezialität und Rarität der südlichen Rhône sind die beiden aufgespriteten Süßweine oder *vins doux naturels* Muscat Beaumes-de-Venise und Rasteau, die nur hier und im benachbarten Languedoc produziert werden. Der Name »natürliche Süßweine« ist irreführend, da die Restsüße nicht durch einen natürlichen Gärstopp, sondern durch künstliches Abstoppen der Umwandlung von Zucker in Alkohol des gärenden Weins entsteht. Auch wenn die beiden Süßweine der berühmten Villages-Gemeinden Beaumes-de-Venise und Rasteau den süßen Geschmack und die Keltertechnik gemeinsam haben, unterscheiden sie sich doch in einem wesentlichen Punkt: Der Muscat de Beaumes-de-Venise wird aus Muscat blanc à petits grains produziert, einer Sorte, die im 14. Jahrhundert von den Päpsten in Südfrankreich eingeführt wurde, und zeigt die typischen Muskat-Aromen. Der Rasteau dagegen wird hauptsächlich aus den klassischen Rotweinsorten der Appellation gewonnen und ähnelt eher einem sehr dicken, roten oder braunen Portwein.

Traditionell werden 13 verschiedene rote und weiße Rebsorten kultiviert, die in mehr oder weniger großen Anteilen in die meisten Weine eingehen, wobei gelegentlich sogar Weißwein-Trauben in Rotweinen Verwendung finden. Natürlich sind die Rebflächen vorwiegend mit roten Sorten bestockt, bei denen Grenache, Mourvèdre und Syrah mindestens 70 Prozent der Trauben stellen müssen. Die Weißen dagegen müssen zu mindestens 80 Prozent aus Grenache Blanc, Clairette, Marsanne, Roussanne, Bourboulenc und Viognier gekeltert sein. Im Unterschied zum Bordeaux-Gebiet, wo man den Verschnitt der verschiedenen Rebsorten meist erst nach erfolgter Gärung fertig stellt, gären hier im südlichen Rhône-Tal die Weine gemeinsam, wann immer der Ernteverlauf es zulässt. Bei den Roten der Regional-Appellation hat sich in den letzten Jahren auch vermehrt die *macération carbonique* durchgesetzt. Eines der Charakteristika des Gebiets ist die starke Position der Winzergenossenschaften, sieht man von Prestige-Appellationen wie Châteauneuf-du-Pape einmal ab, während ein *négoce* vom Renommee der großen Häuser an der nördlichen Rhône sich hier nicht entwickeln konnte.

Die vollständige Hierarchie

Neben der riesigen Regional-Appellation besitzt der Süden auch fünf Crus und darüber hinaus mehr als 6000 Hektar Rebfläche, die unter der Bezeichnung Côtes-du-Rhône-Villages klassifiziert sind. Anders als im Norden gibt es hier keine ausschließlich weißen Crus – eine kleinere Weißweinproduktion haben lediglich Châteauneuf-du-Pape, Lirac und Vacqueyras. Bedeutender ist die Position der Rosés, die unter den Herkunftsbezeichnungen Gigondas, Lirac, Vacqueyras und Tavel – Letztere exklusiv für Roséweine – gefüllt werden. Gigondas, am Fuß des Kletterparadieses der Dentelles du Montmirail gelegen, ist nach Châteauneuf-du-Pape die renommierteste der Appellationen des Südens. Aufgrund der unterschiedlichen Terroirs innerhalb der gut 1200 Hektar der Gemeinde – die höheren, wärmeren Lagen sind sand- und kalkhaltig, die tieferen von Lehm und Rundkieseln geprägt – fallen auch die Weine recht unterschiedlich aus. Die besten Gewächse sind farbintensiv, fruchtbetont, alkoholreich und kräftig, ohne allzu tanninbetont zu wirken. Eine ähnliche Zweiteilung findet man im benachbarten, fast gleich großen Vacqueyras, dessen Böden sowohl Lehm und Kalk als auch Kiesschotter auf-

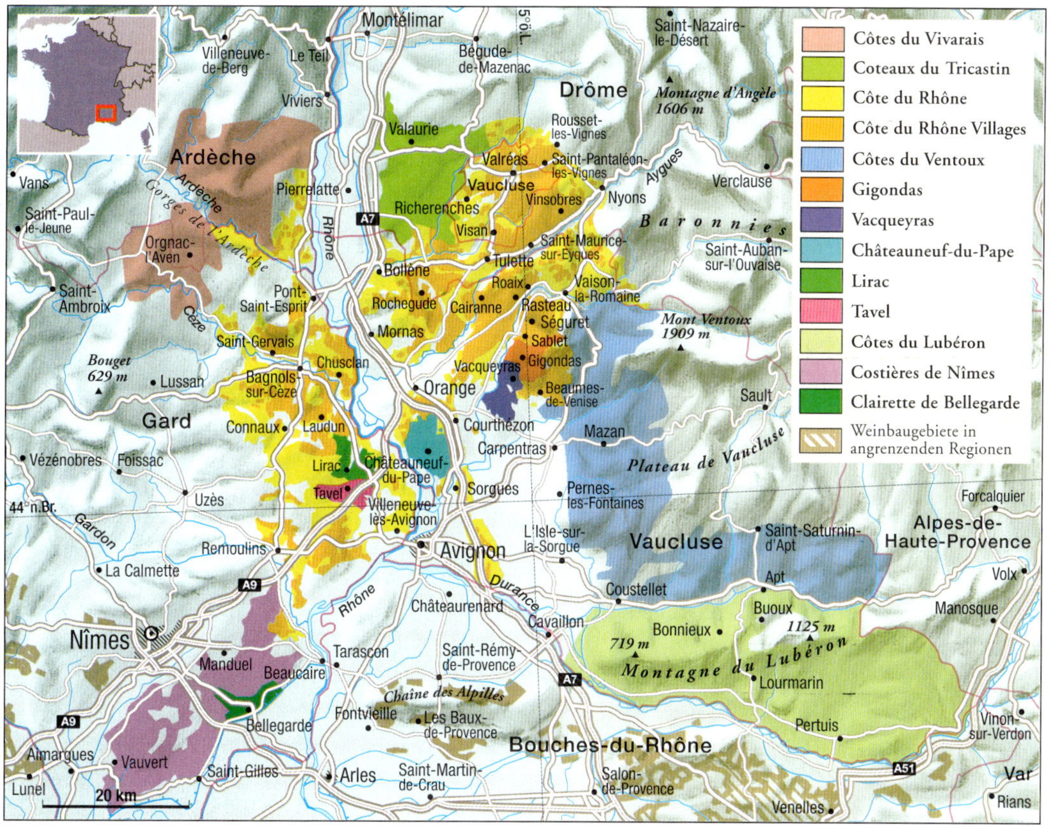

weisen. Die Weine sind hier eine Spur weniger mächtig, zeigen eher Finesse als Kraft und unterscheiden sich deshalb wie die von Gigondas auch deutlich von den Gewächsen des nahen Châteauneuf-du-Pape. Die beiden verbleibenden Crus liegen auf dem rechten Rhône-Ufer. Hier haben sich die hügeligen Kalksteinformationen bis dicht an den Fluss geschoben und bieten mit ihrer guten Drainage den Reben optimale Bedingungen. Die geschichtlichen Wurzeln des Weinbaus liegen hier mindestens ebenso lange zurück wie am Ostufer der Rhône, aber Lirac und Tavel erlebten erst nach dem Zweiten Weltkrieg einen vorsichtigen Aufschwung. Lirac war 1863 eines der ersten Gebiete Frankreichs, in denen die Reblaus in Erscheinung trat, da ein hiesiger Château-Besitzer Setzlinge aus Amerika und mit ihnen den zerstörerischen Schädling importiert hatte. Obwohl sie nach dem Weingesetz nicht zu den eigentlichen Rhône-Appellationen gehören, zählt man eine ganze Reihe peripherer Anbaugebiete zur Region dazu. Das nördlichste dieser Gebiete ist das Diois, wo der Crémant de Die – einst Clairette de Die genannt und aus der gleichnamigen Sorte erzeugt – sowie ein aus Muscat gekelterter, nur einmal vergorener Schaumwein unter der Bezeichnung *méthode ancestrale* produziert werden. Unweit von deren Produktionsgebiet liegen die Coteaux du Tricastin, deren Weinbau in den letzten Jahrzehnten eine rasante Entwicklung erlebte. Hier werden vor allem Rotweine aus den üblichen Sorten der südlichen Rhône gekeltert, die angenehm fruchtig und weich wirken, aber nur selten viel Charakter zeigen. An der Südflanke des Mont Ventoux liegt das Anbaugebiet Côtes du Ventoux, das seit 1973 eine eigenständige Appellation besitzt und mit insgesamt 51 Gemeinden eines der ausgedehntesten der Rhône ist. Produziert werden hier Weißweine, Rosés und Rotweine, wobei die prozentuale Sortenzusammensetzung leicht von der der benachbarten Villages an der Westflanke des Ventoux abweicht.

Die Appellations-Hierarchie des Rhône-Tals

r = Rotwein, rs = Rosé, w = Weißwein

A – Côtes-du-Rhône (r, rs, w)

B – Côtes-du-Rhône-Villages (r, rs, w) ohne Nennung des Gemeindenamens (Weine aus insgesamt 95 Gemeinden der Departements Drôme, Gard und Vaucluse)

C – Côtes-du-Rhône-Villages mit Gemeindenamen (16 Gemeinden der Departements Drôme, Gard und Vaucluse. Es sind: Chusclan (r, rs), Laudun (r, rs, w) und St-Gervais (r, rs, w) im Gard, Rochegude (r, rs, w), St-Maurice (r, rs, w), St-Pantaléon-les-Vignes (r, rs, w), Rousset-les-Vignes (r, rs, w) und Vinsobres (r, rs, w) in der Drôme, Beaumes-de-Venise (r, rs, w), Cairanne (r, rs, w), Rasteau (r, rs, w), Roaix (r, rs, w), Sablet (r, rs, w), Séguret (r, rs, w), Valréas (r, rs, w) und Visan (r, rs, w) im Vaucluse.

D – 13 Crus (Appellations locales) der nördlichen und südlichen Rhône, die keinen Verweis auf die Côtes-du-Rhône mehr im Namen führen. Es sind Côte-Rôtie (r), Condrieu (w), Château Grillet (w), Saint-Joseph (r, w), Crozes Hermitage (r, w), Hermitage (r, w), Cornas (r) und St-Péray (w, Schaumwein) im Norden, Châteauneuf-du-Pape (r, w), Gigondas (r, rs), Vacqueyras (r, rs, w), Lirac (r, rs, w) und Tavel (rs) im Süden.

Dörfer mit Charakter

Cairanne zählt zu den Rhône-Dörfern, die aufgrund ihres Terroirs und des Könnens ihrer Winzer an die Spitze der Appellation vorgestoßen sind.

Die grösste Dynamik im Rhône-Weinbau der letzten Jahre entwickelten die so genannten Villages-Appellationen im südlichen Teil der Region mit ihren knapp 6 200 Hektar Rebfläche. Erstaunliche Qualitäten wurden vor allem in jenen Gemeinden produziert, die das Privileg besitzen, den eigenen Namen neben der Appellations-Bezeichnung auf dem Etikett führen zu dürfen, was auf 16 der insgesamt 95 Gemeinden zutrifft, die allerdings mehr als die Hälfte der genannten Fläche auf sich vereinen.

Mehr noch als im Falle der Crus herrscht bei den Villages-Dörfern ein krasses Übergewicht des linken Rhône-Ufers, wo die Hügel nur sanft und allmählich zu den Voralpen aufsteigen und insgesamt 13 der kleinen Anbaugebiete liegen, während in den Hügeln und auf den Hochplateaus rechts der Rhône nur drei Villages-Appellationen eingerichtet wurden.

Liegen die erlaubten Hektarerträge für die Regional-Appellation bei 52 und die der einfachen Villages bei 45 Hektoliter pro Hektar, so dürfen die Villages mit Gemeindebezeichnung nur 42 ernten. Die Sortenzusammensetzung der Roten muss mindestens 50 Prozent Grenache und mindestens 20 Prozent Syrah oder Mourvèdre enthalten, bei den Weißen ist ein Mindestanteil von 80 Prozent der wichtigsten Sorten wie Clairette, Viognier, Bourboulenc, Marsanne, Roussanne und Grenache Blanc vorgesehen. Anders als in vielen Teilen Europas können in den Rosés auch 20 Prozent weiße Rebsorten verarbeitet werden, und mit Ausnahme von Chusclan können in allen Villages-Gemeinden Weiß-, Rosé- und Rotweine die Villages-Appellation tragen.

Die am wenigsten bekannten Villages liegen am rechten Rhône-Ufer im Umkreis der Stadt Bagnols-sur-Cèze: Es sind Laudun, Chusclan und Saint-Gervais, wobei Laudun alleine fast zwei Drittel der insgesamt knapp 630 Hektar Rebfläche belegt. Von den überwiegend trockenen, sandigen und kiesigen Böden – nur in Saint Gervais findet man Kalkstein mit Löß- und Tonauflagen – kommen feine, elegante Weine, die zum großen Teil von Genossenschaften gekeltert und vermarktet werden.

Zwar gibt es in den genannten Gebieten auch eine kleine Zahl hervorragend arbeitender Selbstvermarkter, aber sie verkaufen ihre Produkte oft unter der einfachen Villages-Appellation oder gar unter der Regional-Bezeichnung ›Côtes-du-Rhône‹.

Das linke Rhône-Ufer

Das geballte Prestige der Villages mit Gemeindebezeichnung ist dagegen am linken Rhône-Ufer versammelt und gehört zu den Departements Drôme und Vaucluse. Die nördlichste Gruppe, zu der Rousset-les-Vignes, Saint-Pantaléon-les-Vignes, Valréas, Vinsobres, Visan und Saint-Maurice zählen, liegt schon weit im Inneren der Voralpenlandschaft und bietet das landschaftlich reizvollste Panorama des ganzen Gebiets.

Die besten Weine kommen sicherlich aus Vinsobres, einer kleinen Gemeinde am Rand der einstigen päpstlichen Enklave um Valréas – gleichzeitig die größte Villages-Gemeinde, aus der vor allem fruchtige Rote mit geringem Tanningehalt kommen –, deren ton- und kalkhaltige Hügellagen zu farbintensiven, dichten Weinen mit einem schönen Gleichgewicht zwischen Frucht und Tanninen beitragen. Die drei ›V‹ – Valréas, Vinsobres und das benachbarte Visan – sind auch die bekanntesten Appellationen der Zone, während Saint-Pantaléon und Rousset kein sehr hohes Image haben.

Im mittleren Bereich des Villages-Gebiets liegen die vier Gemeinden Cairanne, Roaix, Rasteau und Rochegude. Cairanne und Rasteau sind in den letzten Jahren mit sehr guten Weinen in Erscheinung getreten und bringen vielleicht die konsistentesten Villages-Produkte überhaupt hervor. Beide liegen auf den letzten Erhebungen der Voralpenausläufer in Richtung Rhône-Tal vor der Kulisse der Dentelles du Montmirail und des Mont Ventoux. Die besten Roten entstehen genau im Grenzbereich zwischen beiden Gemeinden, dessen Lehmböden sich hervorragend zur Produktion dichter und tanninreicher Rotweine eignen, die auch die Konkurrenz mit den viel prestigereicheren Crus der Gegend nicht zu scheuen brauchen.

In unmittelbarer Nachbarschaft dieser Crus, direkt am Hang der Dentelles du Montmirail, befinden sich die drei letzten Villages-Gemeinden, Séguret und Sablet nördlich von Gigondas sowie Beaumes-de-Venise südlich von Vacqueyras. Vor allem der Hügel von Sablet ist mit seinen teilweise fast reinen Sandböden eine Kuriosität. Teilweise sehen die Weinberge aus, als würden die Reben direkt am Strand kultiviert, und der Hügel selbst ist von Grotten durchlöchert, die in die kompakten Sandmassen gegraben wurden. Die Weine geraten hier viel weicher und feiner als in der Umgebung, was aber von den Winzern teilweise dadurch wieder kompensiert wird, dass sie den Anteil von Mourvèdre erhöhen.

Auch Séguret, das alte, romantische Nachbardorf, das in den Hang hineingebaut wurde und unter Denkmalschutz steht, bringt sehr weiche Weine hervor, die allerdings nicht immer den Ausdruck und den Charakter der Weine von Sablet besitzen. Absoluter Star unter den Villages-Appellationen ist Beaumes-de-Venise, das allerdings für seinen Muscat bekannter ist als für die herrlichen Rotweine, die hier produziert werden.

Sablet trägt seinen Namen nicht von ungefähr, denn Hügel und Weinbergböden bestehen aus Sand.

Vor allem die ortsansässige Genossenschaft, die als der Star der Villages-Kooperativen gilt, erreicht mit ihren Cuvées und Prestige-Füllungen in guten Jahren ein Niveau, das gegenüber den besten Weinen des benachbarten Crus Vacqueyras nicht abfällt und sogar mit gutem Gigondas Schritt hält.

In Gigondas stehen die Winzer ganz und gar hinter dem urwüchsigen Charakter ihres Grand Cru.

Ausgewählte Erzeuger der südlichen Rhône

Vignerons Beaumes-de-Venise *–****
Beaumes-de-Venise
1200 ha; 6 000 000 Fl. • Weine: u.a. Muscat de Beaumes-de-Venise, Muscat de Beaumes-de-Venise Carte Or, Muscat de Beaumes-de-Venise Bois Doré, Vacqueyras, Beaumes-de-Venise rouge, → Beaumes-de-Venise Terroir du Trias, → Beaumes-de-Venise Carte Noire, Beaumes-de-Venise Notre Dame d'Aubune rouge-rosé-blanc, Côtes-du-Rhône, Côtes-du-Rhône Cuvée des Tocques, Côtes-du-Rhône rosé, Côtes du Ventoux, Côtes du Ventoux rosé, Côtes du Ventoux Cuvée Spéciale, Côtes du Ventoux Cuvée des Tocques
Die renommierteste Genossenschaft der südlichsten Rhône glänzt vor allem mit ihren roten Beaumes-de-Venise-Cuvées.

Domaine de Cabasse ***–****
Séguret
20 ha; 80 000 Fl. • Weine: u.a. Côtes-du-Rhône, Côtes-du-Rhône blanc, Sablet rosé Les deux Anges, Sablet rouge Les deux Anges, Séguret rosé Le Rosé de Marie Antoinette, Séguret rouge Cuvée Garnacho, Séguret rouge Cuvée de la Casa Bassa, Gigondas
Der Schweizer Alfred Haeni kaufte das Weingut 1990 und machte es schnell zu einem der besten der Appellation. Er pfropfte reihenweise Syrah auf Cinsault-Stöcke und experimentiert bis heute in Weinberg und Keller. Die beste Cuvée Casa bassa besteht aus 45 Prozent Syrah und 55 Prozent Grenache und wird im Barrique ausgebaut.

Cave Coopérative Cairanne *–****
Cairanne
1200 ha; 3 700 000 Fl. • Weine: Vin de Pays Principauté d'Orange, Côtes-du-Rhône, Côtes-du-Rhône Les Grands Vignes, → Cairanne Cuvée Antique, Cairanne Cuvée des Voconces, Cairanne Temptation, Cairanne blanc Grande Réserve, Cairanne blanc Cuvée Passion
Die Spitzencuvée dieser großen Genossenschaft heißt Antique und steht auf sehr hohem Niveau. Daneben wird eine breite Palette guter bis sehr guter Weine vermarktet.

Didier Charavin – Les Buisserons *–****
Rasteau
54 ha; 80 000 Fl. • Weine: u.a. Côtes-du-Rhône blanc-rosé-rouge, Rasteau rouge, → Rasteau rouge Cuvée Prestige, → Rasteau Cuvée de Parpaioune, Rasteau Vin Doux Naturel Doré, Rasteau Vin Doux Naturel rouge
Einst als Domaine Papillon gegründet – der Name war leider als Markenzeichen schon geschützt –, glänzt der Betrieb heute durch dichte, feste Rasteau-Rote, deren Krönung die neue Cuvée de Parpaioune ist, eine Dialektbezeichnung für den verbotenen Papillon.

Les Goubert **–****
Gigondas
23 ha; 90 000 Fl. • Weine: Gigondas, → Gigondas Cuvée Florence, Sablet, Beaumes-de-Venise, Séguret
Jean-Pierre Cartier bewirtschaftet 40 verschiedene Parzellen in Gigondas, Séguret, Beaumes und Sablet. Sein bester Wein, die Cuvée Florence, wird aus Grenache und Syrah der besten Reben gekeltert und ein Jahr in 50 Prozent neuem Holz ausgebaut.

Clos du Joncuas – F. Chastan ***–*****
Gigondas
30 ha; 125 000 Fl. • Weine: u.a. Gigondas rosé, → Gigondas Clos Joncuas, Gigondas Cuvée Frédéric Chastan, → Vacqueyras La Font de Papier, → Séguret Domaine La Garancière

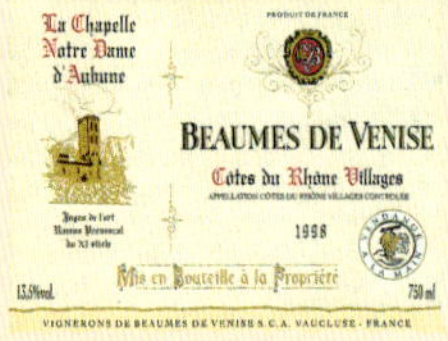

Dany Chastan, die das Bio-Weingut zusammen mit ihrem Vater Fernand führt, beweist mit ihren Weinen, die regelmäßig zu den besten der drei Appellationen gehören, nicht nur, dass Bio-Weingüter exzellente Produkte liefern können, sondern auch, dass sie zu den besten Weinmachern der Côtes-du-Rhône gehört.

Domaine de l'Oratoire Saint Martin – B. Alary ****
Cairanne
23 ha; 120 000 Fl. • Weine: u.a. Côtes-du-Rhône blanc-rosé-rouge, Cairanne blanc Haut-Coustias, → Cairanne Réserve des Seigneurs, → Cuvée Prestige, Cairanne Haut-Coustias
Die Familie Alary betreibt seit 300 Jahren Weinbau in Cairanne, wo es inzwischen zwei Güter desselben Namens gibt. Frédéric & François Alary bieten sehr gleichmäßige Qualitätsprodukte, vor allem, was die verschiedenen roten Cuvées angeht.

La Réméjeanne ***–*****
Sabran
32 ha; 130 000 Fl. • Weine: → Côtes-du-Rhône Les Églantiers, → Côtes-du-Rhône Villages Les Genévriers, Côtes-du-Rhône Les Arbousiers, Côtes-du-Rhône Les Chèvresfeuilles
Abseits der bekannten Appellationen gelegen, keltern Ouahi und Rémy Klein – er stammt aus dem Elsass, sie aus Marokko – hervorragende Cuvées unter der Regional- und der generischen Villages-Appellation. Die Églantiers stehen auf einem Niveau mit den besten Vertretern der prestigereichen Crus.

Dominique Rocher ***–****
Cairanne
15 ha; 75 000 Fl. • Weine: u.a. Côtes-du-Rhône blanc-rosé-rouge, Cairanne, Cairanne Monsieur Paul
Das noch sehr junge Weingut produziert einige der besten und modernsten Weine der Appellation. Die Ernte wird manuell in kleinen Kisten eingebracht und anschließend komplett ausgelesen. Nach Entrappung und kurzer Maischestandzeit wird der Wein im Betontank ausgebaut, und nur die allerbesten Syrah-Partien kommen ins Holzfass.

Château Signac ***–****
Bagnols-sur-Cèze
38 ha; 200 000 Fl. • Weine: u.a. Côtes-du-Rhône Villages, → Côtes-du-Rhône Villages Come d'Enfer, → Côtes-du-Rhône Villages Terra Amata
Alain Dugas, Eigner von La Nerthe in Châteauneuf, erstand die etwas heruntergekommene Domäne vor einigen Jahren und hat sich an den Wiederaufbau gemacht. Die Weine stehen bereits wieder auf dem hohen Niveau, das man von Nerthe gewohnt ist.

Domaine de la Soumade ***–*****
Rasteau
27 ha; 170 000 Fl. • Weine: Rasteau, → Rasteau Cuvée Confiance, Rasteau Prestige, → Rasteau Vin Doux Naturel rouge, Rasteau Vin Doux Naturel Doré
Mit ihren beiden roten Spitzen-Cuvées und dem roten Vin Doux produzieren die Roméros drei Weine, die seit langem zu den besten der südlichen Rhône gehören. Vor allem die Cuvée Confiance mit ihren fruchtsüßen Extrakten und dem gelungenen Holzausbau steht auch in puncto Eleganz hinter den Crus des Nordens nicht zurück.

Château Du Trignon – Charles Roux ***–****
Gigondas
65 ha; 250 000 Fl. • *Weine: Côtes-du-Rhône, → Côtes-du-Rhône Cuvée Bois des Dames, → Gigondas, → Sablet, → Rasteau*
Gigondas, Sablet und Rasteau von so gleichmäßig hoher Qualität kann kaum ein anderer Winzer des Gebiets vorweisen, und auch die Côtes-du-Rhône-Cuvée Bois des Dames steht auf erstaunlichem Niveau. Dass das Gut an der Grenze zu Sablet liegt, merkt man vor allem am Wein dieser Appellation mit seiner dunklen, frischen Farbe, seinen Aromen, die an rote Früchte und Vanille erinnern, und seinen eleganten Tanninen.

Domaine Verquière – B. Chamfort **–****
Sablet
40 ha; 120 000 Fl. • *Weine: Sablet, → Rasteau, → Vacqueyras, Côtes-du-Rhône, Vin de Pays*
Bernard Chamforts Gut – nicht zu verwechseln mit dem Namensvetter – liegt am unteren Ortsrand von Sablet und verfügt über einen gut ausgestatteten Betontank-Keller, in dem sehr gleichmäßige Weine von vier verschiedenen Appellationen entstehen.

Coopérative La Vinsobraise *–****
Vinsobres
1985 ha; 100 000 hl • *Weine: u. a. Côtes-du-Rhône, Côtes-du-Rhône Villages, Vinsobres, → Vinsobres Cuvée Rustica Et. Verte, → Vinsobres Sélection de Terroir Et. Noire, Coteaux du Tricastin, VdP de la Drôme, VdP du Comté de Grignan, VdP Coteaux des Baronnies, VdP*
Mit 100 000 Hektolitern Wein, die aus den Trauben von fast 2000 Hektar Weinbergen produziert werden, gehört die Vinsobraise zu den größten Einheiten der Côtes-du-Rhône, produziert aber dennoch Weine auf hohem Niveau. Die rote Cuvée Rustica und die Sélection de Terroir gehören zu den Top-Produkten der Appellation.

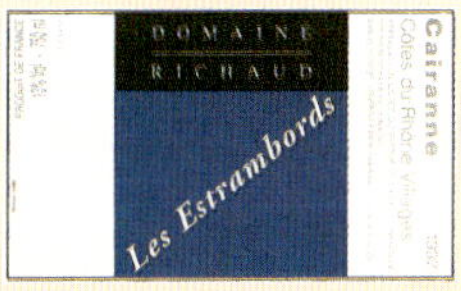

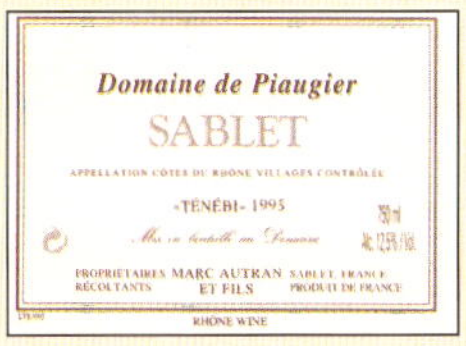

Château d'Aquéria ***
Travel
65 ha; 400 000 Fl. • *Weine: Lirac Blanc; Rosé, Rouge; Tavel*
Bekannt als der beste Erzeuger des kräftigsten Rosé der Rhône, bemüht sich das Gut, auch bei Rotweinen zu brillieren.

Domaine Piaugier ***–****
Sablet
26 ha; 110 000 Fl. • *Weine: u. a. Côtes du Rhône Villages Blanc; Rouge, Sablet Montmartel*
Solide, kraftvoll strukturierte Weine, die ein paar Jahre in der Flasche reifen sollten.

Marcel Richaud ****
Cairanne
40 ha; 120 000 Fl. • *Weine: u. a. Côtes du Rhône Villages: Blanc; Rouge, → L'Esbrescade*
Marcel Richard führt vor, was optimale Reife ist, und erzielt damit Weine von großer Rundheit und Finesse.

Domaine Sainte-Anne ***–****
Saint-gervais
31 ha; 125 000 Fl. • *Weine: u. a. Côtes du Rhône; Côtes du Rhône Villages*
Dieses Gut führte als Erstes vor, zu welchen Höhenflügen rechtsseitige Rhône-Villages fähig sind.

Päpstlicher Wein

Die mit Abstand bekannteste, größte und renommierteste Einzel-Appellation des Rhône-Tals ist Châteauneuf-du-Pape mit über 3 000 Hektar Rebfläche in nur fünf Gemeinden (Châteauneuf, Courthézon, Bédarrides, Orange und Sorgues), wo überwiegend Rotweinsorten kultiviert werden. Am Schauplatz der Entscheidungsschlacht zwischen Römern und Allobrogern im Jahr 121 v. Chr. ließ sich 1157 der Templerorden nieder, der den Ort Castrum novum taufte. Papst Johannes XXII. ließ das Schloss zur päpstlichen Residenz ausbauen und gab dem Weinbau entscheidende Impulse. Seinen heutigen Namen erhielt Châteauneuf allerdings erst im 19. Jahrhundert. Trotz der langen Geschichte ist das Renommee der Appellation eher jüngeren Datums, denn noch bis zum Zweiten Weltkrieg wurde ein Großteil der Weine ins Burgund verkauft.

Châteauneuf ist in jeder Beziehung ein Sonderfall. Der weithin sichtbare Felshügel mit seinen Tonsandböden, an dessen Hängen der Ort malerisch liegt, wird umgeben von einer Ebene, die dick mit rötlichen Rundkieseln bedeckt ist – Überbleibsel der Rhône-Gletscher. Auch Sand- und Lehmböden gibt es, und die Zersplitterung des Weinbergbesitzes der meisten Domänen auf verschiedenen Böden führt dazu, dass ein Großteil der Cuvées aus Weinen der unterschiedlichsten Terroirs verschnitten werden, was für Ausgewogenheit sorgt und gleichzeitig das Reiferisiko im Weinberg minimieren hilft.

Insgesamt sind in der Appellation 13 Rebsorten zugelassen, von denen heute vor allem Grenache, Cinsault, Mourvèdre, Syrah, Muscardin, Counoise, Clairette und Bourboulenc Verwendung finden. Viele der Spitzenwinzer halten Grenache für die komplexeste Sorte, während die in der Jugend harte und zur Reduktion neigende Mourvèdre den Weinen Alterungsfähigkeit gibt. In den letzten Jahren wurde verstärkt Syrah gepflanzt, die aber im heißen, südlichen Klima bei weitem nicht die Finesse und Komplexität zeigt wie an der nördlichen Rhône. Auch die Weinbereitung hat sich in den letzten Jahrzehnten verändert. Während die Roten früher bis zu zwei oder drei Monate auf der Maische blieben und anschließend fünf bis zehn Jahre im Fass reiften, wird heute mit Standzeiten von maximal zwei Wochen und einem höchstens zweijährigen Fassausbau gearbeitet. Auch mit der *macération carbonique* wurden Versuche angestellt, aber das ergibt bei einem Wein, dessen Charakteristika Kraft und Dichte sind, wohl wenig Sinn.

Trotz des Besucherstroms zum einstigen Sommersitz der Päpste ist Châteauneuf-du-Pape in erster Linie ein ruhiger Winzerort geblieben, dessen Wein in letzter Zeit erneut an den einstigen Ruhm angeschlossen hat.

Ungewöhnliche Rote

Die eigenwilligste Art, Rotwein zu keltern, wird wohl auf der berühmten Domaine Beaucastel gepflegt. Auf dem Gut der Brüder Perrin, auf einer von riesigen, roten Kieseln dominierten Parzelle gelegen, wird die Maische einem alten Familienrezept folgend direkt nach dem Verlassen der Traubenmühle mit Wasserdampf auf 80 °C aufgeheizt, um die Tanninextraktion zu fördern. Die Weine gehören in guten Jahrgängen zu den charaktervollsten der Appellation, können aber in schwächeren Jahren auch überextrahiert und überstrukturiert wirken. Der Gerechtigkeit halber muss man aber festhalten, dass sich der Stil der Beaucastel-Weine in den letzten Jahren geändert hat, was vermuten lässt, dass die Maischeerhitzung vielleicht nicht mehr mit derselben Rigorosität durchgeführt wird wie früher. In vielen Betrieben von Châteauneuf wird allerdings trotz verkürzter Maischestandzeiten nach wie vor sehr traditionell gearbeitet. Große Holzfässer oder gar alte Betontanks für die Gärung sind mit Ausnahme weniger Güter wie Mont Redon weitaus öfter anzutreffen als Barriques, sieht man einmal von den Weißen ab, deren beste Vertreter im kleinen Eichenholzfass vergoren werden.

Ausgewählte Erzeuger des Châteauneuf-du-Pape

Château de Beaucastel – P. Perrin ***–****
Courthézon
100 ha; 335 000 Fl. • Weine: → Châteauneuf-du-Pape Rouge: blanc Vieilles Vignes, Côtes-du-Rhône Coudoulet de Beaucastel, La Vieille Ferme
So ungewöhnlich die Vinifizierung des roten Châteauneuf-du-Pape mittels forcierter Maischeerhitzung wirken mag, so unbestreitbar ist dessen Qualität in guten Jahrgängen. Spitzenwein des Gutes ist aber der weiße Châteauneuf. Auch gute generische Côtes-du-Rhône und Weine einer Handelsmarke.

Château La Gardine ***–****
Châteauneuf-du-Pape
105 ha; 460 000 Fl.
Seit den 1990ern befindet sich das große Familiengut im Aufstieg. Die in neueren Barriques ausgebauten Roten haben an Samtigkeit und Tiefgang gewonnen.

Domaine du Grand Veneur ***–****
Orange
40 ha; 180 000 Fl. • Weine: Côtes-du-Rhône rosé-rouge, Côtes-du-Rhône Villages, → Châteauneuf-du-Pape: Rouge Les Origines, → Blanc La Fontaine
Das 1979 erbaute Gut wirkt immer noch sehr modern. Die Weinberge werden ausschließlich mechanisch bearbeitet, die Weine nach vollständigem Entrappen bei bis zu 30 °C und mittels Unterstoßen des Tresterhuts vergoren. Der Ausbau erfolgt zum großen Teil in neuen Barriques.

Domaine de la Janasse ****–*****
Courthézon
50 ha; 120 000 Fl. • Weine: Châteauneuf du Pape blanc, → Blanc Cuvée spéciale, → Chaupin, → Vieilles Vignes, Côtes-du-Rhône: → Le Chastelet, Les Garrigues
Seit der junge Christophe Sabon die Kellerarbeit des Gutes übernommen hat, hat sich die Qualität der Weine auf einem spektakulären Niveau stabilisiert. Sowohl mit den beiden Châteauneuf-Cuvées als auch mit der Selektion des Côtes-du-Rhône kennt er keine Konkurrenz weit und breit.

Clos du Mont-Olivet ***–****
Châteauneuf-du-Pape
40 ha; 150 000 Fl. • Weine: Châteauneuf-du-Pape: → Cuvée du Papet, Blanc, Côtes-du-Rhône blanc
Auf Mont-Olivet, einem sehr traditionellen Weingut mitten im Ort, macht der Patron noch selbst die Arbeit. So traditionell wie das Gut sind die Weine, in denen tertiäre Aromen nach Unterholz, Pilzen und Leder rasch spürbar werden. Spitze ist die Cuvée du Papet.

Mont-Redon ***–****
Châteauneuf-du-Pape
145 ha; 800 000 Fl. • Weine: → Châteauneuf-du-Pape: Blanc, Rouge, Côtes-du-Rhône, Côtes-du-Rhône blanc, Lirac
Mont-Redon ist eines der größten und gleichmäßigsten Weingüter der Appellation. Die Familien Abeille und Fabre haben den alten Beton- und Holzfasskeller in den letzten Jahren durch eine moderne Edelstahlanlage ersetzt. Seit einiger Zeit gehört auch das Lirac-Château Cantegril zum Besitz.

Mordorée **–*****
Lirac
45 ha; 200 000 Fl. • Weine: u.a. → Châteauneuf du Pape, → Lirac Cuvée de la Reine des Bois, Lirac blanc, Tavel, Côtes-du-Rhône weiß-rot-rosé
Obwohl das Gut außerhalb der Appellation liegt, gehört es seit einiger Zeit zu den besten Produzenten von Châteauneuf. Qualitativ nicht weit dahinter liegt allerdings auch die rote Lirac-Cuvée.

Château La Nerthe ****–*****
Châteauneuf-du-Pape
90 ha; 300 000 Fl. • Weine: Châteauneuf-du-Pape: → Cuvée des Cadettes, → Blanc Clos de Beauvenir
Nerthe war der Ort, an dem nach der Reblauskatastrophe zum ersten Mal die 13 Rebsorten ausgepflanzt wurden, die zur Basis des Châteauneuf wurden. Der einstige Pariser Steuerberater Alain Dugas übernahm das Gut 1990, brachte es technisch auf den neuesten Stand und reduzierte systematisch den Grenache-Anteil im Weinberg zugunsten von Syrah und Mourvèdre.

Domaine du Pegaü – P. Féraud & fille ***–*****
Châteauneuf-du-Pape
21 ha; 70 000 Fl. • Weine: Châteauneuf-du-Pape: → Cuvée Laurence, Blanc
Vater Paul und Tocher Laurence bewirtschaften das Gut gemeinsam, das erst seit 1989 selbst vermarktet. Die Weißen werden nach kurzer Standzeit in gebrauchten Barriques, die Roten im Beton vergoren. Hefen werden nur gelegentlich bei Gärende zugesetzt. Geschönt oder filtriert wird überhaupt nicht.

Rayas ****
Châteauneuf-du-Pape
10 ha; 12 000 Fl. • Weine: → Châteauneuf-du-Pape
Einer der Kultweine der Appellation stammt von Rayas, dessen Besitzer auch Château des Tours und Château de Fonsalette in den Villages bewirtschaftet. Die Weine werden mit der Pipette zugeteilt, und es darf diskutiert werden, ob sie ihren hohen Preis wirklich wert sind.

Vieille Julienne ***–*****
Orange
31 ha; Fl. nn• Weine: Châteauneuf du Pape: → Vieilles Vignes, Blanc, Côtes-du-Rhône Vieilles Vignes
Dass die Normalversion und die Spezial-Cuvée des Châteauneuf auf fast gleich hohem Niveau stehen und jedenfalls weit über der Mehrheit der Konkurrenten angesiedelt sind, sieht man nur selten. Hinter der Fassade eines kleinen Bauernhofs versteckt sich dieses Gut, das auch ohne übertriebene Technik absolute Spitzenweine produziert.

Vieux Télégraphe ***–****
Bédarrides
70 ha; 220 000 Fl. • Weine: → Châteauneuf-du-Pape, Châteauneuf-du-Pape blanc, Vieux Mas des Papes
Etwas abseits von Châteauneuf liegt das Gut der Brüder Brunier, denen auch die Domaine La Roquette direkt im Ortskern gehört. Basis der Qualität ihrer Weine ist die Spitzenlage La Crau an einem der höchsten Punkte der Gemeinde. Gearbeitet wird weitgehend traditionell, selbst das Entleeren der Tanks wird noch per Hand mit der Schaufel erledigt.

Die Weine Savoyens

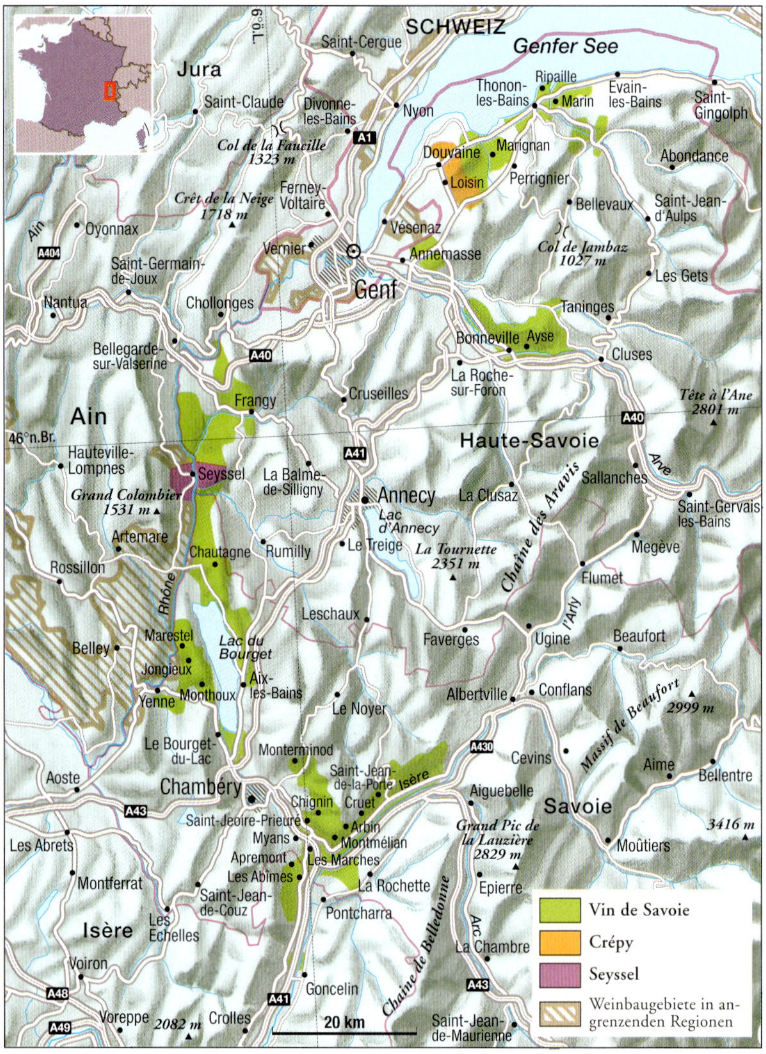

Die Alpenregion im Osten Frankreichs, die aus den Departements Savoie und Haut-Savoie besteht, war früher ein eigenständiges Königreich, das sich bis weit ins heutige Italien hinein erstreckte. Auf diese Zeit geht auch die Zweisprachigkeit des benachbarten Aosta-Tals zurück. Die Eigenständigkeit und Abgeschiedenheit der Gegend hat auch dazu geführt, dass ihre Weine nur selten über die regionalen Grenzen hinausgelangen. Weinbau wird auf etwa 1600 Hektar betrieben, die zu zwei Dritteln mit weißen Sorten bestockt sind und vor allem im Rhône-Tal zwischen Genfer See und dem Lac de Bourget sowie südlich daran anschließend bis Chambéry und dem Isère-Tal liegen, ergänzt durch kleinere Enklaven im Norden und Nordosten. Anders als die meisten französischen Weinbaugebiete, die großflächig und kompakt angelegt sind, fügen sich die Weinberge der engen Täler eher zu einem Bild aus Mosaiksteinchen, obwohl es nur eine größere Herkunftsbezeichnung gibt, Vin de Savoie, unter der eine Reihe von Sortenweinen produziert wird und neben der nur noch einige Mini-Gebiete eingerichtet wurden, wie Crépy oder Seyssel, eine Sonderappellation für die Rebsorte Roussette und die Prickler Mousseux und Pétillant de Savoie.

Die markanteste Besonderheit der Weine sind die einheimischen Rebsorten, die ihre Existenz wahrscheinlich der politischen Sonderstellung des einstigen Königreichs verdanken. Neben der weißen Jacquère, die fast 1000 der insgesamt nur 1600 Hektar belegt, aber allenfalls durch ihre hohen Erträge und ihren neutralen Charakter auffällt, sind die rote Mondeuse und die weiße Roussette die eigentlichen Qualitätsträger, neben denen auch die zunehmend ausgepflanzten Gamay oder Chardonnay einen schweren Stand haben.

Einheimische Rebsorten mit Pfiff

Vor allem die dunklen, saftigen und im Charakter oft leicht pfeffrig wirkenden Weine aus Mondeuse zeigen oft erstaunliche Qualitäten. Möglicherweise ist die Sorte mit dem Refosco Nordostitaliens verwandt oder sogar identisch. Leider wird sie heute nur noch auf etwa 200 Hektar kultiviert, da der pflegeleichtere Gamay sie über große Strecken verdrängt hat. Ihr weißes Pendant ist Roussette, auch Altesse genannt, eine spät reifende Sorte, die eventuell mit dem ungarischen Furmint identisch oder verwandt ist. Roussette-Weine können mit ihrer markanten Säure und ihrer ausgezeichneten Alterungsfähigkeit zu den besten französischen Weißweinen gehören, und diese Sonderstellung wurde vom Gesetzgeber auch mit einer eigenen Appellation innerhalb der Herkunftsbezeichnung Vin de Savoie sanktioniert. Sortenreine Roussette-Weine aus niedrigen Erträgen können auch unter dem Gemeindenamen vermarktet werden; fehlt dieser, bestehen die Weine aus bis zu 50 Prozent Chardonnay.

Der ansonsten eher in der Schweiz und im Alemannischen verbreitete Chasselas dominiert nicht nur in den Weinbergen in der Nähe des Genfer Sees – hier besitzt er mit dem Mini-Gebiet Crépy seine eigene Appellation –, sondern ist auch die Hauptsorte des Anbaugebiets Seyssel nördlich des Lac du Bourget. In beiden Gebieten werden leichte, fruchtige, manchmal auch perlende Weine produziert, wobei die Perl- und Schaumweinversionen meist als Mousseux und Pétillant de Savoie vermarktet werden.

Rechte Seite:
In der Alpenlandschaft gedeihen ungewöhnliche Rebsorten, die dem Vin de Savoie ein ganz eigenes Profil verleihen.

Der Großteil der regionalen Produktion gelangt allerdings als Vin de Savoie auf den Markt, wobei die Weine einer Reihe von Gemeinden deren Namen auf dem Etikett führen dürfen. Die unter dieser Herkunftsbezeichnung zugelassenen roten Sorten, die oft sortenrein verarbeitet werden, sind Gamay, Mondeuse, Pinot Noir, Cabernet Franc, Cabernet Sauvignon und andere, wobei für die Rotweine auch ein Anteil von weißen Trauben verwendet werden kann. Bei den Weißen werden Aligoté, Roussette, der Massenträger Jacquère, Chardonnay, Mondeuse Blanche und andere verarbeitet.

Ein ähnliches Sortenspektrum findet man auch im westlich an Savoyen angrenzenden Bugey, das zwar geografisch und administrativ nicht zu den Departements des einstigen Königreichs gehört, dessen Weine aber mit denen des Nachbarn große Verwandtschaft zeigen, sieht man einmal vom Fehlen des Chasselas ab. Montagnieu, Manicle, Machuraz, Virieu-le-Grand und Cerdon haben hier Villages-Rechte, wobei Cerdon auch eigene Appellationen für Mousseux und Pétillant besitzt.

Ausgewählte Erzeuger und Etiketten

Louis Magnin **–***
Arbin
6 ha; 35 000 Fl. • Weine: Roussette de Savoie, → Arbin Mondeuse Vieilles Vignes, → Chignin-Bergeron
Béatrice und Louis Magnin vermarkten ihre Weine seit 1978 selbst und überzeugen sowohl mit ihrem weißen Chignin-Bergeron aus Roussette-Trauben als auch mit dem roten Arbin von alten Reben.

Domaine de Manicle & Virieu **–***
Murs
10 ha; 65 000 Fl. • Weine: Roussette Virieu, → Manicle rouge, Manicle blanc, Mondeuse
Christian & Christiane Beaulieu gehören zu den ganz wenigen Winzern des Bugey, deren Weine auch im nationalen Kontext bestehen. Besonders ihr roter Manicle ist beachtenswert.

Claude Marandon **
Chambéry
0,5 ha; 6 000 Fl. • Weine: Roussette de Savoie Anne de Chypre
Der Hobbywinzer aus Chambéry bewirtschaftet das wahrscheinlich kleinste Weingut der Welt von Ruf. Seine Roussette Anne de Chypre, Frucht von 4 000 Rebstöcken, die mit möglichst naturnahen Methoden behandelt werden, gehört regelmäßig zu den besten der Appellation.

Domaine du Prieuré Saint-Christophe ***
Fréterive
6,5 ha; Fl. nn • Weine: Mondeuse Cuvée Prestige, Roussette de Savoie
Als einer der Pioniere der Appellation Savoie hat sich Michel Grisard auf die beiden besten einheimischen Sorten, die rote Mondeuse und die weiße Roussette, spezialisiert. Seine Roussette zeigt, dass die Sorte Barrique-Ausbau verträgt, und die Mondeuse ist nicht nur von ungewöhnlicher Dichte und Intensität, sondern auch alterungsfähig.

André & Michel Quénard **–***
Chignin
19 ha; 150 000 Fl. • Weine: Abymes, Chignin, Chignin-Bergeron, Chignin-Gamay, Chignin-Mondeuse
Die Stärke von Vater und Sohn Quénard liegt bei den Roten aus Gamay und Mondeuse, aber auch die Weißen, allen voran die Villages-Appellation Abymes, zeigen immer gleichmäßig gute Qualität.

Raymond Quénard ***
Chignin
6 ha; 50 000 Fl. • Weine: Chignin blanc, Chignin-Bergeron, Chignin rouge, Chignin Gamay, Chignin Mondeuse
Das Ass im Ärmel von Raymond Quénard sind die fast hundert Jahre alten Stöcke seiner Weinberge. Neben der Mondeuse hat er sich vor allem auf Weißweine spezialisiert, die er durch systematische Säureumwandlung besonders weich und rund ausbaut.

Charles Trosset ***
Arbin
3 ha; 25 000 Fl. • Weine: Arbin Mondeuse
Charles Trosset produziert eine der kräftigsten und ausdrucksvollsten Mondeuses der Appellation.

Château de la Violette **
Les Marches
8 ha; 80 000 Fl. • Weine: Abymes, Apremont, Roussette de Savoie, Vin de Savoie rouge
Dass die Weinberge von Daniel Fustinoni zu zwei Dritteln mit Jacquère bestockt sind, erleichtert seine Bemühungen um Qualität sicher nicht unbedingt. Dennoch kann er immer wieder mit guten Weißweinen verschiedener Villages überzeugen.

La Provence – eine Weinprovinz

Die Provence, einer der üppigsten Obst- und Gemüsegärten Frankreichs, bringt auch Spitzenweine hervor.

Die Provence übt eine magische Anziehungskraft aus. Schon allein der Name weckt Sehnsüchte nach Sonne, strahlend blauem Himmel und Felsbuchten mit klarem Meerwasser, nach Parasol-Pinien und dem intensiven Duft von Wildkräutern wie Thymian und Lavendel, nach Muße und unbeschwertem Genuss. Doch nur für Kenner ist die Provence auch bereits ein Eldorado für Wein.

Im 6. Jahrhundert vor unserer Zeitrechnung brachten die Phönizier aus dem heutigen Küstenstrich von Syrien und Libanon sowie die Phokäer, griechische Stämme aus Kleinasien, die ersten Reben in die Provence. Als ab 154 vor Christus die Römer ihre Provincia Romana etablierten, erhielten verdiente und ausgediente Legionäre hier ein kleines Landgut, sozusagen als Auszahlung, das sie bewirtschaften konnten und wo sie nicht zuletzt Wein kultivierten. In Fréjus, von dem aus die römische Kolonisierung vorangetrieben wurde, und in Marseille entstanden bedeutende Töpfereien, in denen man Amphoren fabrizierte, um Wein aus der Provence noch zum entferntesten Legionär des Imperiums verfrachten zu können. Im Mittelalter förderten – wie überall – die Klöster den Weinbau.

Rechte Seite:
Oft lassen sich die intensiven Aromen von Kräutern, Blüten und Früchten im Bukett wiederfinden.

Im 18. Jahrhundert stellten sich die ersten Feriengäste ein, Aristokraten aus nördlicheren Ländern Europas, und im 19. Jahrhundert war es unter den Mächtigen und Reichen geradezu en vogue, im Winter die Côte d'Azur zu besuchen. Der alljährliche Touristenstrom, der für die Provence im Allgemeinen und ihren Weinbau im Besonderen eine bedeutende Wende brachte, setzte im Jahr 1936 ein, als die Volksfrontregierung den bezahlten Urlaub für alle einführte. Nach dem Zweiten Weltkrieg explodierte der Sommertourismus, pflasterte die gesamte Küste mit Unterkünften aller Art zu, um Hunderttausende von sonnenhungrigen Gästen aufnehmen zu können. Auch auf dem Teller spielte sich der Urlaub in provenzalischem Stil mit Mesclun, Tomaten, Ratatouille, gegrilltem Fisch, Lammkoteletts und Aïoli ab. Dazu konnte die Provence auch das passende Getränk servieren: eisgekühlten Rosé.

Nach Reblauskatastrophe, Kriegen und Wirtschaftskrisen hatten die provenzalischen Winzer – wie die meisten ihrer Kollegen anderswo – auf Massenproduktion gesetzt und ihr Land vor allem mit Carignan, Cinsault und Grenache für den ›gros rouge‹ bepflanzt. Der kratzige Rote passte allerdings besser zur Lebenswelt der Industrie-

städte des Nordens als zur mediterranen Sommerlaune. Doch schnell gepresst oder nach kurzer Standzeit auf der Maische abgestochen, konnte man aus den gleichen Trauben den hellfarbenen, tanninarmen Rosé keltern, der sich – gut gekühlt – schnell trinken ließ.

Daran hat sich bis heute nichts geändert. Bis zu vier Fünftel der gesamten Weinproduktion der Provence werden zu Rosé verarbeitet. Was kann den Winzern Besseres passieren, als dass man ihnen ihren Wein bereits ein knappes halbes Jahr nach der Lese abverlangt und bis vor der folgenden weggetrunken hat? Damit füllt sich schnell die Kasse, und die Kellerarbeit hält sich in Grenzen. Also nutzt die Mehrheit der Güter und Genossenschaften diese Chance ausgiebig.

Dabei bleibt die Qualität oft auf der Strecke. Kein Wunder, dass der Rosé das Image eines kleinen, nicht ernst zu nehmenden Weins besitzt. Dabei gibt es inzwischen mehr und mehr Beispiele von ausgezeichneten Rosés, ob sie nun nach der einen Methode zu vornehm blassen Weinen sofort gepresst oder nach der anderen Methode zu etwas kräftigeren himbeerfarbenen Weinen abgezogen werden.

Mit Feuereifer hat Raimond de Villeneuve das Gut Château de Roquefort instand gesetzt.

Unermüdlicher Verteidiger des Bandol – Comte Henri de Saint-Victor und Sohn Eric

Der saisonbedingte Rosé verdeckt jedoch eine andere Tatsache. Die Provence steht in ihrer Entwicklung nicht hinter den anderen südfranzösischen Regionen zurück, denn auch hier erzeugen mehr und mehr Güter Rotweine von durchaus gehobener Qualität. Weißweine werden in geringem Maße produziert und sind oftmals von durchschnittlicher Güte. Die Region besitzt vier kleine, seit langer Zeit berühmte und hochklassige Anbaugebiete, deren Terroir und Weinqualität immer überzeugender und faszinierender zum Ausdruck kommen, nämlich Bandol, Cassis, Bellet und Palette.

Zuzügler und Quereinsteiger

Zwei Faktoren haben auf die provenzalische Weinwirtschaft entscheidenden Einfluss genommen. Zunächst war dies der Zustrom an ›pieds noirs‹, den Algerienfranzosen, nach 1962, die sich schon aus klimatischen Gründen vorwiegend in der Provence und im Midi niederließen und mit enormem Einsatz darangingen, sich eine neue Existenz aufzubauen, und zwar nicht selten mit Wein. Sie verfügten oft über praktische Erfahrungen im Weinbau unter der Hitze Algeriens und waren deshalb aufgeschlossen für entscheidende Neuerungen wie die Temperaturkontrolle.

Ab 1980 etwa weckten Weingüter in der Provence das Interesse von Seiteneinsteigern. Abgesehen von der Faszination, die die Landschaft auf sie ausübte, war ihnen eine Liebe zum Wein gemeinsam, die sich bis dahin in der Regel in der Begeisterung für große Bordeaux und Burgunder manifestiert hatte. Auf der Basis dieser Kennerschaft und mit dem Einsatz oft großer finanzieller Mittel wurden zahlreiche Domänen vollständig renoviert und umstrukturiert, womit die Weichen für die aktuelle Qualitätsexplosion gestellt wurden. Zugleich fand sich unter den Newcomern aus dem übrigen Frankreich, aber auch aus

Genauso großartig wie das Château Simone aussieht, so hervorragend sind auch seine Weine.

Deutschland, England, Schottland, den Niederlanden, Schweden, Dänemark, der Schweiz und den USA eine größere Anhängerschaft des naturnahen Weinbaus, was sich inzwischen ebenfalls deutlich in Qualität und Ausdruck der Weine niederschlägt.

Diesem Auftrieb kommt das außerordentlich breite Sortenspektrum der Provence zugute, das außer den drei erwähnten Varietäten von Syrah über Mourvèdre bis Cabernet und von Vermentino über Sémillon und Sauvignon bis Marsanne reicht. In den meisten Betrieben arbeitet man mit zwei Qualitätsreihen: einfache, sauber vinifizierte und günstige Tropfen für den Alltag und das breitere Publikum, das nicht zuletzt aus Marseille, Aix-en-Provence und Nizza anfährt und direkt einkauft, sowie anspruchsvolle und teurere Cuvées für Weinkenner und die zahlreichen Spitzenrestaurants der Côte d'Azur, die nur zu gerne einheimische Winzer fördern und voranstellen. Nachdem sich Ansässige, Restaurants und Touristen in Genossenschaften und auf Gütern eingedeckt haben, bleibt von den besten Weinen der Provence und Korsikas nur wenig für den Export übrig. Möchte man sich von dem erstaunlichen Niveau der besten Weine – die korsischen zeigen einen hinreißend eigenen Charakter – ein Bild machen, kommt man deshalb nicht umhin, ihnen einen Besuch abzustatten.

Provenzalische *restanques*, flache, von Steinen gestützte Terrassen

Coteaux d'Aix und Les Baux-en-Provence

Auf den Kalkfelsen über dem Étang de Berre stehen die Ruinen einer der ältesten Siedlungen der Provence.

Aix-en-Provence konnte das Flair als Stadt der Künste und Literatur erst in den letzten Jahrzehnten wieder aufpolieren. König René, Graf der Provence, hatte sie im 15. Jahrhundert zur Hochburg der Künste gemacht, ihr manche Privilegien zugeschanzt und ihren Wein bekannt gemacht. Nach der Französischen Revolution folgten jedoch harte Zeiten, in denen Aix von Marseille in den Schatten gestellt wurde und seine Identität rang. Heute brilliert die Universitätsstadt aufs Neue, nicht zuletzt mit ihrem Festival, zu dem auch eine besondere Cuvée abgefüllt wird.

Coteaux d'Aix: Miniregion mit Kleinklima

Aix selbst ist keine Weinstadt, sieht man einmal von dem winzigen Palette ab, von dessen nach Norden ausgerichteten Hängen man einen Teil der Stadt überblickt. Das war im 18. Jahrhundert noch anders, als die damals 23 000 Hektar umfassenden Rebflächen bis an die Stadt stießen. Davon sind heute noch 3 300 Hektar geblieben, die deutlichen Abstand zur Stadt halten und sich größtenteils in südwestlicher, westlicher und nördlicher Richtung erstrecken, während nach Osten hin mit der Montagne Sainte-Victoire die Côtes de Provence beginnen.

Im Norden bildet die Durance die Grenze, die sich zwischen der Montagne de Luberon und der Chaine de Trévarasse ihren Lauf bahnte. Hier besitzt das von weiten Rebflächen bedeckte Tal steinige, lehmig-sandige Böden. Nach Osten hin liegt zwischen Jouques und Rians ein Ausnahmegebiet, das mit dem benachbarten Artigues zum Departement Var zählt, während die anderen 47 Gemeinden der Appellation zu den Bouches-du-Rhône gehören. Auf einer Höhe von über 300 Metern herrscht ein besonderes Kleinklima, wesentlich kälter, als man es von der Provence erwartet. Das verzögert die Traubenreife, was für den Winzer größere Risiken birgt, aber Struktur und Aromatik der Weine zugute kommt. Als Erster zeigte Georges Brunet, früherer Eigner des 3ème Cru

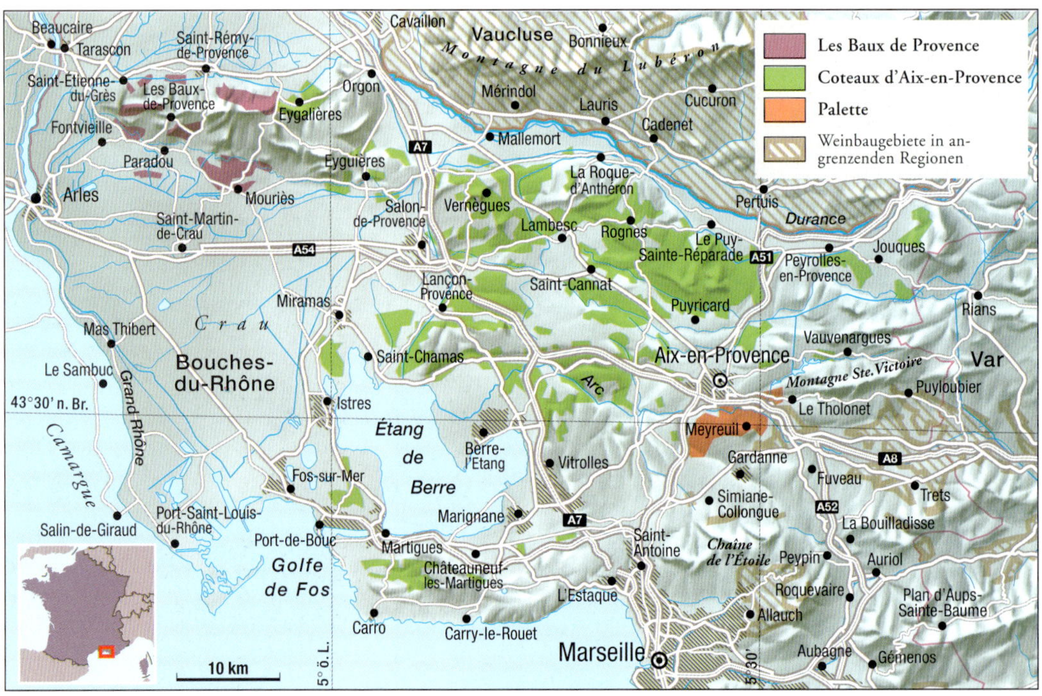

Classés La Lagune, auf Vignelaure, welche Klasse sie erreichen können. Vom Jahrgang 1989 an übernahm Peter Fischer, ein in Kalifornien geschulter Winzer deutscher Abstammung, auf Château Revelette die Führung der Miniregion mit seinem Grand Vin, der aus Syrah und Cabernet assembliert wird und ein Alterungspotential von gut zehn Jahren besitzt, während man den üblichen Roten der Region nur drei bis fünf Jahre Lebensdauer zugesteht.

Eine neue Generation von Rotweinen

Syrah und Cabernet Sauvignon sind generell in den Coteaux d'Aix zur Basis von ernst zu nehmenden Rotweinen geworden. Dabei zeigt die Bordelaiser Supersorte in der Provence – ob in den Coteaux d'Aix oder den Côtes de Provence – ein eigenes, keineswegs atlantisches Profil. Meist erhält der spät reifende Cabernet hier nämlich das richtige Wetter, wodurch die grünen, vegetativen Aromen und Tannine durch würzige, schwarzbeerige Frucht ersetzt werden. Verbunden mit Syrah erhalten Würze und Frucht eindeutig südliche Prägung, ohne aber in den Coteaux d'Aix plump und schwer zu wirken.
Auch andere Zonen der Appellation wie die Gebiete um Saint-Cannat und Lambesc liegen zwischen 200 und 300 Metern über dem Meeresspiegel und bewahren dadurch ein gemäßigt mediterranes Klima mit einer späteren Reifezeit. Die Weine weisen meist eine leicht erhöhte Säure auf, die den Rosés, die auch hier inzwischen über die Hälfte der Produktion ausmachen und oft mehrheitlich aus Grenache Noir bestehen, Frische und

Pfauen sind die Maskottchen des Château Revelette.

Am liebsten möchte man die Weine des Mas de la Dame im Hof des Gutshauses sofort probieren.

Ausgewogenheit verleiht. Auch die selteneren Weißen, für die man auf Clairette, Ugni Blanc, Rolle, Sémillon und Grenache Blanc zurückgreifen kann, besitzen angenehme Frische, an der es in heißeren Lagen meist mangelt. Auf allen Gütern aber bietet man die drei Weinfarben an, nicht selten sogar auf zwei Qualitätsniveaus.
Die Weinflächen, die um den Étang de Berre angelegt wurden, genießen ein besonders mildes Klima mit erhöhter Luftfeuchtigkeit, in dem die Trauben früh reifen und runde, harmonische Weine ergeben. Auf den Kalksteinfelsen bei Lançon, die zum 1000 Hektar umfassenden Gut des Château Calissane gehören, erkennt man noch die Ruinen eines befestigten Dorfes, das Kelt-Ligurier im 4. Jahrhundert v. Chr. anlegten, bevor die Römer das Gebiet unterwarfen. Heute reifen hier neben Olivenbäumen und Mandeln Trauben, die je nach Ertrag, Selektion und Vinifikation Weine mit fruchtig-aromatischem Charme ergeben oder – am besten nach einer Flaschenreife von vier, fünf Jahren – den dichten, komplexen Ausdruck des Terroirs hervorkehren.

Les Baux-en-Provence

Ohne Zweifel sind die Alpilles eine der hinreißendsten Landschaften der Provence. Die zerklüfteten Kalkfelsen kontrastieren mit dem azurblauen Himmel. Pinien und Wildkräuter bestimmen die Flora, auch die Weinreben. In dem kleinen, nur sechs Gemeinden umfassenden Gebiet südlich von Avignon und nordöstlich der Camargue ist es für sie heißer und feuchter und somit frühzeitiger als in den Coteaux d'Aix, zu denen es früher gehörte. Eine jährliche Sonnenstundenzahl, die

Streit um Cabernet

Welches Potential das Gebiet von Les Baux für den Wein birgt, bewies einer der frühesten Quereinsteiger, der Architekt Éloi Durrbach. Er übernahm 1974 den Sommersitz seiner Großmutter auf der Nordseite der Alpilles und verwandelte ihn in das Weingut Domaine de Trévallon, das er zu gleichen Teilen mit Syrah und Cabernet Sauvignon bestockte, seinen zwei Lieblingssorten. Mit naturnahem Anbau und drastischer Ertragsreduzierung kelterte er schon aus jungen Reben einen Rotwein, der international für Aufsehen sorgte und in Les Baux eine heftige Diskussion darüber entfachte, ab wie viel Prozent Cabernet der typische Gebietscharakter kompromittiert würde. Während Trévallon mit handgemachten, in jeder Hinsicht kompromisslosen Weinen mehr für den Ruf von Les Baux tat als alle anderen zusammen, beschloss die Winzervereinigung mehrheitlich, die angestrebte eigene Appellation mit der Auflage zu verbinden, den Cabernet-Anteil in der Assemblage auf 15 Prozent zu begrenzen. Somit stieg die Domaine de Trévallon 1995, als Les Baux-en-Provence zur selbstständigen AOC erhoben wurde, auf dem Etikettenpapier zum Vin de Pays de Bouches-du-Rhône ab, während sie mit ihren – in den letzten Jahren noch besseren – Weinen ein unvergleichliches Zeugnis ihres herausragenden Terroirs ablegt. Der reizvolle und rare Weißwein basiert auf im Fass vergorener Marsanne und Roussanne und überflügelt bei weitem die anderen Weißen von Les Baux, die den Bestimmungen der Coteaux d'Aix gehorchen.

Wie sein Vater Skulpturen kreierte, schuf Éloi Durrbach Kunstwerke aus dem steinigen Boden der Alpilles.

zwischen 2 700 und 2 900 schwankt, garantiert beste Reife. Darüber hinaus sorgt der Mistral mit seinen heftigen Böen dafür, dass sich Rebkrankheiten im Zaum halten. Als Erster nutzte Noël Michelin, welt- und plantagenerprobter Spross der berühmten Reifenfamilie, die natürlichen Gegebenheiten dieser Ausnahmeregion und schuf ab 1968 seine Domaine des Terres Blanches nach ökologischen Prinzipien, eines der ersten Bio-Güter Frankreichs. Sein Beispiel machte Schule. Von den nur vierzehn Gütern, die sich die 300 Hektar der Appellation teilen, bearbeitet die Mehrheit die Rebflächen auf den überwiegend sehr steinigen, tonkalkigen Böden nach naturnahen Methoden, zwei Betriebe wirtschaften biodynamisch und vier weitere anerkannt biologisch.

Nicht weniger wichtig ist die Selbstdisziplin, die sich die Domänen mit dem Erlangen ihrer eigenen Appellation 1995 selbst auferlegten. Mit höherer Pflanzdichte, strikterem Rebschnitt, niedrigeren Erträgen und einem Mindestausbau von zwölf Monaten für Rotweine bekannten sie eindeutig Farbe. So beschränkt sich der Rosé-Anteil auf nur etwa ein Fünftel der Ernte statt der vier Fünftel der Côtes de Provence.

Bewusst entschied man sich beim Rotwein für einen Sortenspiegel, in dem Grenache und Syrah die Hauptrolle spielen – unterstützt von Mourvèdre und Cabernet –, um einen eindeutig provenzalischen Charakter zu präsentieren. Dank der hohen Qualität der Weine, der touristischen Anziehungskraft des spektakulären Dorfes Les Baux und der Alpilles sowie der großen Konzentration luxuriöser Restaurants sind Ruhm und Nachfrage der AOC Les Baux-en-Provence gesichert.

Eine Ausnahme namens Palette

Unangefochten nimmt das seit 1850 von der Familie Rougier geführte Château Simone eine Sonderstellung ein, nicht nur für die Provence, sondern für Frankreich insgesamt. Seine 17 Hektar Weinberge stellen vier Fünftel der Appellation Palette, die aufgrund ihres Renommees schon 1948 zur AOC deklariert wurde. Die gegen Norden ausgerichteten Hänge des Montaiguet an der südöstlichen Stadtgrenze von Aix sorgen für ein kühles Terroir in einer an sich heißen Umgebung. Im 16. Jahrhundert legten hier die Mönche der Grands Carmes d'Aix Rebparzellen an und gruben die Kellergewölbe in den Berg. Sie erbauten auch den Kernteil des Schlösschens, dem spätere Besitzer die pfeilspitzen Türmchen und die Seitenflügel zufügten. Alles das blieb unter den Rougiers in bestem Zustand, sogar das Dutzend altertümlicher Sorten, die außer Grenache, Mourvèdre, Cinsault sowie Clairette, Ugni und Grenache Blanc die Parzellen bevölkern. Viele Rebstöcke sind 50 und mehr Jahre alt und reifen wegen der Nordlage langsam und kontinuierlich. Hier heißt es, die Tradition mit Sorgfalt und Umsicht zu bewahren und fortzusetzen. Der ungewöhnlichste Wein ist der weiße, der im Fass vergoren, bis zum Ende des zweiten Jahres nach der Ernte in Holz ausgebaut wird und Jahrzehnte altern kann, wenn er sich als ein höchst eleganter, von Röst- und Nussnoten geprägter Wein zeigt. Die tanninreichen Roten besitzen nicht weniger Klasse. Beides sind Weine jenseits aller Moden: Zeugnisse einer Weinkultur, die Jahrhunderte zurückreicht und sich heute nur noch höchst selten so unverfälscht vorfindet. Hoffen wir, dass Château Simone sich auch weiterhin unbeirrt treu bleibt.

Keine anderen Crus de Provence altern so vorzüglich wie der weiße und der rote Palette des Château Simone. Nach 40 Jahren im Keller ist der Weißwein ein subtiler Genuss.

Ausgewählte Erzeuger in Coteaux d'Aix und Les Baux-en-Provence

Château Bas **–***
Vernègues
70 ha; 450 000 Fl. • Weine: Coteaux d'Aix: Alvernègues, Pierre du Sud, Cuvée du Temple: Blanc, Rosé, →Rouge
Direkt neben einem römischen Tempel errichtet, erlebt das Schloss dank George von Blanquet, dem früheren Gaggenau-Chef, eine Renaissance. Seit 1995 steigern sich insbesondere die Cuvées du Temple kontinuierlich.

Château de Beaupré **–***
Saint-Cannat
40 ha; 2 00 000 Fl. • Weine: Coteaux d'Aix: u.a. Château de Beaupré Blanc, Rosé, Rouge; Collection du Château Blanc, →Rouge
Neben dem schmucken Schloss legte Baron Émile Double im Jahre 1890 die ersten Weinberge und den Fasskeller an. Heute kümmern sich seine direkten Nachfahren um das Gut. Als Collection werden im Barrique ausgebaute Weine mit gutem Alterungspotential abgefüllt.

Château Calissane **–****
Lançon-de-Provence
100 ha; 6 00 000 Fl. • Weine: Coteaux d'Aix: Cuvée du Château, Cuvée Prestige, Clos Victoire: Blanc, Rosé, Rouge
Direktor Jean Bonnet hat das historische 1000-Hektar-Gut am Étang de Berre einen Topbetrieb verwandelt. Auf drei deutlich abgesetzten Niveaus wird jeweils überzeugende Qualität erzeugt, die im Clos Victoire Rouge gipfelt, einem der besten Roten der Provence.

Château Revelette **–****
Jouques
25 ha; 120 000 Fl. • Weine: Coteaux d'Aix: Blanc, Rosé, Rouge; Grand Vin: →Blanc, Rosé, →Rouge
Sehr aromatische, feinfruchtige Pfauen-Weine – das lebendige Symbol des Gutes – und fordernde, anspruchsvolle und gerade beim Roten lang alternde Spitzenweine gelingen Peter Fischer mit biologischem Anbau und kalifornischem Know-how.

Château Romanin **–****
Saint-Rémy-de-Provence
51 ha; 160 000 Fl. • Weine: Les Baux-en-Provence: Château Romanin: Rosé, →Rouge; La Chapelle de Romanin, Jean le Troubadour
Mit biodynamischem Anbau und winzigen Erträgen bringen Jean-André Charial, Patron des berühmten und nahen Restaurants L'Oustau de Baumanière, und Jean-Pierre Reyraud immer bessere, gut alternde Rotweine auf den Markt.

Château Simone ****–*****
Meyreuil
17 ha; 80 000 Fl. • Weine: Palette: →Blanc, Rosé, →Rouge
Château Simone – siehe Kasten – ist ein lebendiges vinologisches Denkmal. Insbesondere seine Weißen sind Legende und altern 30 Jahre und mehr.

Domaine des Béates **–****
Lambesc
23 ha; 100 000 Fl. • Weine: Coteaux d'Aix: Les Matines: Blanc, Rosé, Rouge; Béates: Rosé, →Rouge; →Terra d'Or
Seit Jahrgang 1996 zeichnet das Haus Chapoutier aus Tain l'Hermitage für das Gut verantwortlich, das biodynamisch arbeitet. Die aromatischen, vollmundigen Weine gipfeln in dem hochkonzentrierten, in neuen Barriques ausgebauten Terra d'Or.

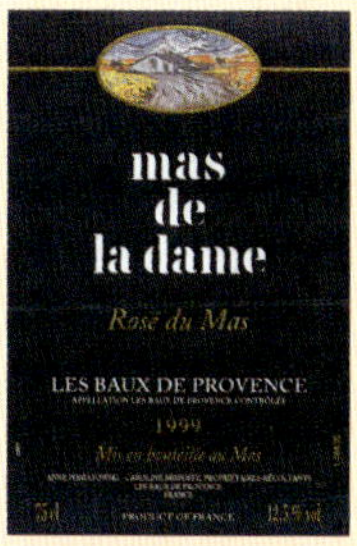

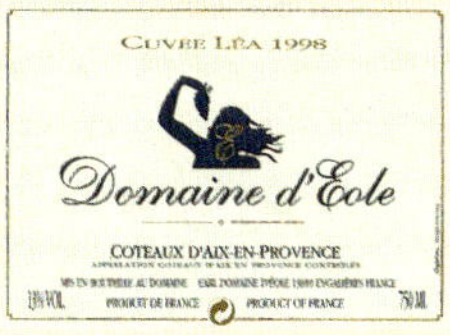

Domaine d'Éole **–***
Eygalières
23 ha; 75 000 Fl. • Weine: Coteaux d'Aix: u.a. Tradition rosé, Caprice rosé; Tradition rouge, →Cuvée Léa
Seit der Gründung des Gutes 1993 lässt Christian Raimont die Weinberge biologisch bewirtschaften. Die rassig-elegante, auf Grenache und Syrah basierende Cuvée Léa zählt zu den interessantesten Weinen der Appellation.

Domaine Hauvette ***–****
Saint-Rémy-de-Provence
6 ha; 23 000 Fl. • Weine: →Coteaux d'Aix Blanc; Les Baux-en-Provence: Rosé , →Rouge
Pferdefreundin Dominique Hauvette bewirtschaftet ihr kleines Gut biologisch und eigenhändig vom Weinberg bis zur Flasche. Sehr konzentrierte und komplexe Rote.

Domaine des Terres Blanches ***–****
Saint-Rémy-de-Provence
35 ha; 140 000 Fl. • Weine: Coteaux d'Aix Blanc; Les Baux-en-Provence: →Rosé, Rouge; →Cuvée Aurélia
Noël Michelin, Spross der Reifen-Familie, kreierte hier 1968 das erste französische Bio-Weingut. Nur in besten Jahrgängen wird die aus Syrah, Grenache und Cabernet bestehende, hervorragende Cuvée Aurélia ausgebaut.

Domaine de Trévallon ****–*****
Saint-Etienne-du-Grès
20 ha; 63 500 Fl. • Weine: Vin de Pays des Bouches-du-Rhône: →Rouge, →Blanc
Auf einem der besten Terroirs von Les Baux erzeugt Éloi Durrbach dessen größte Weine – außerhalb der AOC (siehe Seite 304). Der Weißwein macht nur 3500 Flaschen aus.

Mas de la Dame ***
Les Baux
58 ha; 240 000 Fl. • Weine: u.a. Les Baux-en-Provence: Rosé du Mas; Cuvée de la Stèle, →Coin Caché
Zwei Winzerinnen wirken mit Erfolg und biologischen Methoden daran, das traumhafte Gut unter die Besten zu reihen. Auch der Weißwein ist gelungen.

Mas Sainte-Berthe **–***
Les Baux-de-Provence
38 ha; 150 000 Fl. • Weine: Coteaux d'Aix Blanc; Les Baux-de-Provence: Passe Rose; Tradition, →Cuvée Louis David
Zu Füßen der Burg von Les Baux erstrecken sich die Weinberge des viel besuchten Gutes, das unbeirrt durch den Touristenstrom die Qualität seiner Weine steigert, insbesondere der roten.

Château du Seuil ***
Puyricard
52 ha; 250 000 Fl. • Weine: Coteaux d'Aix Blanc; Le Grand Seuil; Rosé; Rouge→Le Grand Seuil Prestige
Im Norden von Aix-en-Provence hat sich dieses stattliche Gut zunächst mit seinen aromatischen Weißen einen Namen gemacht. Aber auch die Rotweine überzeugen.

Côtes de Provence & Coteaux Varois

Auf Domaine Richeaume zu Füßen der Montagne Sainte-Victoire wurde ein ganzheitliches Konzept Wirklichkeit.

Aix, Toulon und Fréjus sind die drei Punkte, die das Hauptanbaugebiet der provenzalischen Weine grob markieren: ein riesiges Dreieck, in dem über 21 000 Hektar als Appellations d'Origine Contrôlée klassiert sind, nicht zu sprechen von den zusätzlichen Rebflächen, die diverse Vins de Pays liefern. Die frühere Provincia Romana bietet ausgezeichnete Voraussetzungen für Weinbau, der hier seit dem Altertum in großem Stil betrieben wird. Im Sommer kann – vor allem im Landesinneren – das Thermometer auf weit über 30 °C steigen, aber oft sorgt der Mistral für Frische und in den Rebanlagen für Gesundheit, denn gegen sein trockenes Pusten kommen Pilz- und andere Krankheiten schlecht an. Niederschläge sind gering und eher auf Frühjahr und Herbst verteilt. Die Winzer fürchten jedoch Gewitter und Hagel, die ihre Arbeit und die Ernte in Minuten vernichten können. Modifiziert werden die klimatischen Bedingungen durch die große Verschiedenheit der Lagen und ihrer Ausrichtungen, denn mehrere Hügelketten geben der Landschaft ein vielfältiges Gesicht.

Geologisch gesehen dominieren zwei Elemente: ein auf das Paläozoikum zurückgehender kristalliner Gesteinssockel und später gebildete Kalkformationen. Bei der Auffaltung der Alpen wurden Letztere nach Westen geschoben, während der Gesteinssockel im Osten aufgefaltet wurde und noch heute sichtbare Einflüsse von Vulkantätigkeit aufweist. Dort bildet er das bedeutende Massif des Maures, aber auch das des Esterel und des Tanneron. Im Westen prägen die Kalksedimente das Gebiet von Bandol und Cassis ebenso wie die Montagne Sainte-Victoire bei Aix.

Die AOC Côtes de Provence bildet seit 1977 ein großes Dach über den Rebflächen des Departements Var, von dem sich damals nur die Genossenschaftswinzer um Brignoles nichts versprachen. Sie erlangten erst 1993 die AOC Coteaux Varois. Darin sind 28 Gemeinden mit 1800 Hektar Reben zusammengefasst, in denen gut zwei Drittel der Produktion als Rosé vermarktet werden, ein Viertel auf Rot- und der Rest auf Weißwein entfällt. Inzwischen gibt es eine zunehmende Zahl an unabhängigen Gütern, die sich der Qualität verschrieben haben.

In der Schwesterappellation macht man sich verstärkt über Lagen Gedanken, um die fast 19 000 Hektar an Rebflächen in Terroirs zu unterteilen. Es gibt bereits eine vorläufige Gliederung, die der Geografie folgt und mit fünf Zonen arbeitet.

- La Bordure Maritime: der Küstenstrich zwischen Saint-Raphael und Hyères;
- Les Collines du Haut-Pays: die nach Norden ansteigende Hügelregion um Lorgues und Draguignan;
- La Vallée Intérieure: das sich hinter dem Massif des Maures von Vidauban bis Toulon erstreckende Tal;
- Le Bassin de Beausset: das an die Appellationen Cassis und Bandol grenzende Becken von Le Beausset;
- La Sainte-Victoire: die Weinberge zu Füßen der Bergketten Sainte-Victoire im Norden und der Monts Auréliens im Süden.

Als erstem Gebiet ist es der Sainte-Victoire gelungen, offizielle Anerkennung zu erhalten. Der von

Parade in Pastellfarben: Tankprobe der Domaine Saint-André de Figuière bei La-Londe-des-Maures

Côtes de Provence

- La Sainte-Victoire
- Le Bassin du Beausset
- Les Collines du Haut Pays
- La Vallée Interieure
- La Bordure Maritime

Coteaux Varois

Bandol

Cassis

Weinbaugebiete in angrenzenden Regionen

Cézanne verewigte Traumberg steht heute für das – in puncto Zusammenhalt, Image und Weinqualität – am weitesten fortgeschrittene Terroir der Côtes de Provence.

Weinstile und Rebsorten

Der Rosé ist ein wichtiger wirtschaftlicher Faktor für die provenzalischen Erzeuger. Verarbeitet werden vor allem Grenache Noir und Cinsault, wobei die erste Sorte für den fruchtbetonten, die zweite für den floralen, würzigen Stil steht. Wird der Rosé wie ein Weißwein vinifiziert, indem man ihn sofort abpresst, fällt seine Farbe sehr blass aus und die Aromen sind dezent, aber elegant. Beim durch *saignée* – Abbluten – gewonnenen Rosé bleibt der Most auf den Schalen, bis er den vom Kellermeister gewünschten Farbton erreicht hat, bevor er – ohne Pressen – abgezogen wird. Dann weist er oft einen leichten Violettschimmer auf und kehrt die Aromen kleiner roter Früchte hervor. Eine Spezialität ist die Sorte Tibouren, die von Natur aus nur wenig Farbe gibt, aber voluminös und würzig ist.

Die römische Vergangenheit und die Nachbarschaft zu Italien wird auch im Rebsortenspektrum deutlich: Vor allem der Trebbiano ist in der Provence verbreitet, den man hier Ugni blanc nennt und der bestenfalls zu angenehmen Weißen taugt oder der traditionellen, leicht oxidierenden Clairette etwas Säure verleiht. Dagegen erfährt der ligurische Vermentino oder Rolle verstärktes Interesse, das er aufgrund seiner frischen Aromen und der rassigen Struktur verdient. Der Sémillon ist seit langem verbreitet und kann sehr elegante Weine liefern, zumal wenn er im Fass vergoren wird. Neuerdings versuchen sich einige Winzer auch an Sauvignon und Marsanne.

Die interessanteren Weine der Provence sind aber die roten. Für sie steht ein breites Spektrum an Sorten zur Verfügung, in dem heute Syrah und Mourvèdre, aber auch der seit mehr als einem Jahrhundert heimische Cabernet Sauvignon den Ton angeben, bereichert durch Grenache Noir und bisweilen alten Carignan. Obwohl modernes Know-how angewandt wird, bleibt der vorherrschende Charakter der Rotweine auf sympathische Weise der Tradition verbunden und entfaltet sich erst nach einigen Jahren zu einem vielschichtigen Bukett. Ihre Haltbarkeit liegt in der Regel bei etwa fünf Jahren, doch ist das Alterungspotential bei den konzentrierten Spitzen-Cuvées oft doppelt so lang.

Coteaux de Pierrevert

Ganz im Norden der Provence, im Umkreis der Städte Manosque, Forcalquier und Peyruis, hat dieses 260 Hektar Rebflächen umfassende Gebiet 1999 den Sprung zur AOC geschafft. Am Fuße der provenzalischen Alpen herrschen kühlere klimatische Bedingungen, die sich in der Frische der Weine widerspiegeln. Man keltert natürlich Rosé und etwas Weißwein, aber die reizvollsten Tropfen sind auch hier die Roten, zumal wenn sie eine gute Portion Syrah enthalten.

Bandol

Clos Sainte-Magdeleine, ein Traum von Weingut vor dem Cap Canaille, Frankreichs höchster Klippe, liefert einen der bekanntesten Cassis.

Bandol zählt zu den raren Flecken in der Welt, wo alle Bedingungen zusammentreffen, um einen völlig eigenständigen Wein erzeugen zu können. Seine dem Meer zugewandten und gegen den kalten Nordwind geschützten Hänge sind so ideal für den Weinbau, dass sie bereits das Interesse der Phokäer weckten, kaum dass diese ihren Stützpunkt im späteren Marseille errichtet hatten. Bandol gehört zu den allerersten Gebieten auf der europäischen Seite des Mittelmeers, wo vom 6. Jahrhundert v. Chr. an Reben gepflanzt wurden. Was aber das kleine Gebiet zwischen Toulon und Marseille so frühzeitig für den Weinbau prädestinierte, war der natürliche Hafen, der dem Wein im Hinterland den Namen gab.

Der eigentliche Ruhm des Bandol steht und fällt mit einer Rebsorte, dem Mourvèdre. Er stammt ursprünglich aus Katalonien, wo es bei Valencia eine Stadt Murviedro und bei Barcelona eine namens Mataro gibt, wie die extrem spät reifende Sorte international auch oft genannt wird. Im Süden Spaniens ist sie stark verbreitet, ohne jedoch bislang wirklich bemerkenswerte Weine hervorgebracht zu haben. Anders in Südfrankreich. Hier ist der Mourvèdre Bestandteil des Châteauneuf-du-Pape, wo er seit dem 17. Jahrhundert nachgewiesen ist und von wo aus er die Provence erobert haben soll. Bevor die Reblaus die Weinberge vernichtete, war er dort zu einer der führenden Reben avanciert und hatte insbesondere im Bandol einen festen Platz neben Grenache und Cinsault gefunden.

Auf dieser Landzunge ragt ein Weinberg ins Mittelmeer hinein, ist es da ein Wunder, dass der Cassis bisweilen ein feines Jodaroma aufweist?

Eine Eigenschaft des Mourvèdre trug entscheidend zum Aufstieg des Bandol bei, nämlich seine ausgeprägten, aber auf den kalkreichen Hängen sehr feinen Tannine. Sie schenken ihm ein für den Süden außerordentliches Alterungspotential. Das machte ihn im 18. Jahrhundert zu einem gefragten Exportwein, und von Bandol aus wurden in mit einem großen ›B‹ markierten Fässern pro Jahr über 60 000 Hektoliter verschifft, mehr als man heute erzeugt.

Bandol hatte aber schon früh auch überzeugte Winzer, die an ihren Wein und seine Güte glaubten. Ohne solche Menschen entsteht nirgends ein Grand Cru. Der Wiederbeginn nach der Reblauskatastrophe war zäh und schwierig, aber die Winzer erwirkten eine eigene Appellation, die 1941 erteilt wurde. Sie selbst legten sich darin eine strikte Disziplin auf, nämlich ein Minimum von 50 Prozent des schwierigen Mourvèdre und einen Maximalertrag von 40 Hektoliter pro Hektar. Außerdem dürfen für Rotwein frühestens Trauben von zum achten Mal tragenden jungen Rebstöcken verwendet werden. Was dessen Ausbau angeht, schreiben sie 18 Monate Fassreife vor. Mit diesen Kriterien, die bei weitem schärfer sind als die aller später erteilten Appellationen des Südens, schufen sie bewusst das Fundament für die Zukunft des roten Bandol.

Um auf dem Terroir von Bandol optimal zu reifen, verlangt der Mourvèdre besondere Behandlung: Er muss ausgelichtet werden. Lange bevor sich Winzer anderer Regionen bewusst wurden,

dass dies ein Mittel ist, um die Erträge zu meistern und die Qualität zu erhöhen, war diese Arbeit gang und gäbe in den Winzergemeinden von Saint-Cyr-sur-Mer, La Cadière d'Azur, Le Castellet, Le Beausset und ihren nächsten Nachbarn. Trotz der rekordnahen 3000 Sonnenstunden pro Jahr und der geschützten Lagen würde der Mourvèdre sonst nicht zur Reife und zu einem potentiellen Alkoholgehalt von 12,5 Volumenprozent kommen, ohne die er keine Qualität besitzt.

Auch Bandol entgeht nicht dem Rosé-Problem. Ein wesentlicher Teil der Trauben der 1300 Hektar großen Appellation wird zu Rosé verarbeitet. Mag dieser auch eigenen Stil zeigen, kräftiger und länger am Gaumen sein, er ist doch nur ein kleiner Junge im Vergleich zum gestandenen Rouge. Beim südfranzösischen Mourvèdre schätzt man die intensive Frucht, die oft an Brombeeren erinnert. Aber diese Primäraromen, die beim Bandol oft von Pfeffer, Gewürzen und sogar animalischen Noten begleitet werden, geben nur einen belanglosen Vorgeschmack auf den eigentlichen Charakter des Weins, der sich in der Regel erst acht Jahre nach der Lese wirklich offenbart. Dann bilden Leder und Unterholz das Leitmotiv, begleitet von komplexen Noten von reifen und gekochten Beeren, Lakritz, Kräutern und Gewürzen, wobei die Weine immer eine verblüffende Harmonie und Eleganz zeigen.

Links:
Jean-Pierre Gaussen und seine Familie schwören auf den Mourvèdre.

Rechts:
Natur- und Tierfreund Laurent Bunan spürt den Aromen des Bandol nach.

Der Cassis ist einer der rarsten Weißweine der Provence und verbindet sich vorzüglich mit mediterranen Fischgerichten.

Dank Selbstdisziplin und Engagement bietet die Appellation mit ihren gut 50 Gütern und fünf Caves Coopératives ein erstaunlich hohes allgemeines Niveau, aus dem eine ganze Anzahl von Spitzenbetrieben herausragt. Dass man inzwischen noch überzeugendere Weine in Bandol findet, hat – wie anderswo auch – mit intensiver Arbeit in Weinberg und Keller zu tun und den entsprechenden Investitionen. Dazu gehört auch eine ausgefeiltere Selektion der Trauben von besonderen Lagen und von besonders alten Rebstöcken. Seit Ende der 1980er sind mehr und mehr Erzeuger dazu übergegangen, entweder den Anteil des Mourvèdre in ihrer roten Cuvée stark zu erhöhen oder eine zweite Cuvée mit (fast) sortenreinen Mourvèdres auszubauen, für die sie ihr bestes Lesegut vorbehalten. Dadurch wurden Weine von überragender Klasse kreiert. Übrigens beweisen die Winzer von Bandol viel Feingefühl beim Holzausbau, und die meisten arbeiten weiterhin mit großen alten Fudern, um die rassigen natürlichen Tannine ihres Weines nicht zu maskieren. Was Jahrgänge betrifft, ist Bandol ein absoluter Sonderfall. Überall können schwierige Wetterbedingungen herrschen, wenn der Mourvèdre hier im Oktober reift, dann lacht ihm meist die Sonne. Die sehr raren Weißweine bleiben hingegen ein mediterranes Kuriosum, bei dem jeder Erzeuger seiner Laune nachgeht.

Cassis und Bellet

Der kleine Hafen und schmucke Küstenort im Schatten der höchsten Felsklippe Frankreichs, des Cap Canaille, bietet auf seinen 170 Hektar Rebparzellen nicht weniger günstige natürliche Voraussetzungen für den Weinbau als Bandol. Doch im Gegensatz zu diesem verlagerten sich die Winzer mehr und mehr auf Weißwein, der heute drei Viertel der Produktion darstellt. Er basiert auf Ugni blanc, Clairette, Sémillon und Marsanne. Voluminös, charaktervoll und trocken, duften die Weine oft nach weißen Blüten, Pfirsich, Aprikose, auch exotischen Früchten wie Litschi oder Mango sowie Mandeln und zeigen bisweilen eine Note von Jod.

Die Reben gedeihen auf dem Meer zugewandten Terrassen, auf denen seit dem Altertum Wein wächst. Der Wille zur Qualität bescherte den Winzern bereits 1936 die erste AOC der Provence. Das übrige Viertel der Produktion stellen sehr helle, da meist direkt gepresste, aus Grenache, Cinsault und Carignan bestehende Rosés, während Rotweine eine Seltenheit sind.

Bellet, Nizzas eigener Cru, wird auf den Höhen über der Stadt kultiviert und ergibt knapp 100 000 Flaschen pro Jahr, wobei er sich ganz allmählich erweitert und inzwischen 40 Hektar überschreitet. Die elf unabhängigen Güter und eine Genossenschaft keltern die sehr aromatischen Weißen aus Rolle, kleinen Zusätzen anderer südlicher Sorten und etwas Chardonnay. Die Rotweine gewinnen dank des Braquet und der Fuella oder Folle Noire, zwei einheimischen Sorten, die mit Grenache und Cinsault assembliert werden, Charme und Finesse. Die Rosés sind angenehm und lebendig.

Ausgewählte Erzeuger des Bandol

Château de Bellet***
Nice

10 ha; 30 000 Fl. • Weine: Bellet: Blanc, Rosé, Rouge, →Rouge Baron G

Unter Ghislain de Charnacé ist das Château seit Jahren das führende Gut der Mini-Appellation oberhalb von Nizza.

Château de Fontcreuse***
Cassis

23 ha; 110 000 Fl. • Weine: Cassis: Blanc, Rosé

Auf dem Gut werden seit alten Zeiten Reben kultiviert. Der sehr aromatische Weiße basiert auf Ugni Blanc, Clairette und Marsanne, der Rosé vorwiegend auf Grenache.

Château Jean-Pierre Gaussen**–****
La Cadière-d'Azur

20 ha; 120 000 Fl. • Weine: Bandol: Blanc, Rosé, Rouge, Longue Garde

Bei seinem Rotwein legt es Jean-Pierre Gaussen, dessen Weine früher als Domaine de la Noblesse etikettiert wurden, auf geballten Charakter an. Sie zählen zu den beeindruckendsten Bandols.

Château des Launes**–***
La Garde Freinet

15 ha; 52 000 Fl. • Weine: Côtes de Provence: →Blanc, Rosé; Rouge, →Grande Réserve, →Cuvée Prestige

Zu Füßen des Maurenmassivs hat das deutsche Ehepaar Handtmann seit 1981 in naturnahem Anbau die Qualität seiner Weine kontinuierlich gesteigert. Der fruchtbetonte Weiße basiert auf Rolle, die sehr harmonischen Roten auf Grenache, Syrah und Cabernet.

Château de Pibarnon****–*****
La Cadière-d'Azur

48 ha; 220 000 Fl. • Weine: Bandol: →Blanc, Rosé, →Rouge

Seit Comte Henri de Saint-Victor das Gut 1977 entdeckte und erstand, ist Pibarnon – auch dank des Engagements von Sohn Eric – zum Inbegriff des modernen Bandol geworden. Auf den dem Meer zugewandten Terrassen, deren blaue Kalkmergelböden denen Yquems gleichen, gewinnen die fast sortenreinen Mourvèdres von Pibarnon Eleganz, Komplexität, Tiefe und ausgezeichnetes Alterungspotential.

Château Pradeaux****–*****
Saint-Cyr-sur-Mer

18 ha; 42 000 Fl. • Weine: Bandol: Rosé, →Rouge

Pradeaux ist die Bastion des traditionellen Bandol mit hohem Alterungspotential, den Cyril Portalis mit unbeirrtem Engagement verteidigt und erzeugt.

Château Réal Martin***–****
Le Val

30 ha; 110 000 Fl. • Weine: Côtes de Provence: Blanc, Rosé, Rouge; →Optimum

Der Industrielle Jacques Clotilde kaufte das Gut mit dem kühlen, spät reifenden Terroir 1980 und sattelte mit Schwiegersohn Gilles Meimoun auf Winzer um. In den letzten Jahren gewinnen die Rotweine an Dichte und Tiefgründigkeit.

Château Romassan***
Le Castellet

65 ha; 320 000 Fl. • Weine: Bandol Blanc, Rosé, Rouge

Im Besitz der Familie Ott ist Romassan insbesondere auf sehr eigenständigen, weinig-würzigen Rosé spezialisiert, erzeugt aber auch elegante, ausgewogene Rote.

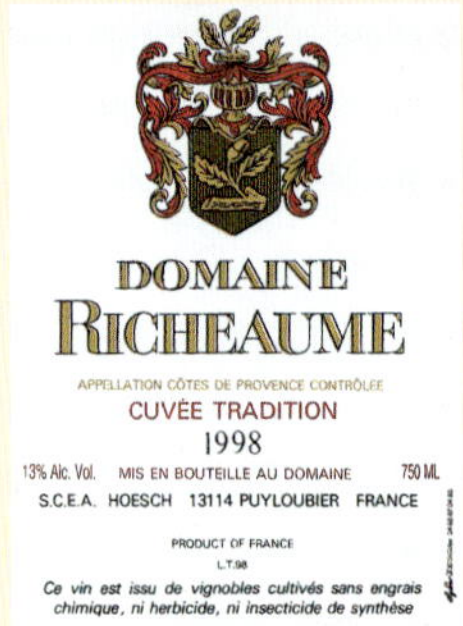

Château de Roquefort***–****
Roquefort-la-Bédoule

24 ha; 135 000 Fl. • Weine: Côtes de Provence: Blanc; Rosé; Rouge Les Mures, →Vieilles Vignes

Seit 1995, als Raimond de Villeneuve das Familiengut übernahm, ist es zu einer der interessantesten Domänen der Provence aufgestiegen. Besonders gut: die Roten und der charaktervolle Rosé Sémiramis.

Château Sainte-Anne**–***
Sainte-Anne-d'Evenos

25 ha; 75 000 Fl. • Weine: Côtes de Provence und Bandol: Blanc, Rosé, Rouge, →Cuvée Mourvèdre

Mit biologischem Anbau gelingen Françoise Dutheil de la Rochère überzeugende Weine, unter denen der sortenreine Mourvèdre das Flaggschiff ist.

Château Sainte-Marguerite***
La-Londe-des-Maures

26 ha; 120 000 Fl. • Weine: Côtes de Provence: L'Esprit und Cuvée Prestige: Blanc, Rosé, Rouge; Cuvée Symphonie: Blanc, Rouge

Dieser Cru Classé hat durch Jean-Pierre Fayard seinen eleganten, fruchtbetonten Stil gewonnen. Besonders gelungen ist der Rosé Saint-Pons aus einer Parzelle mit sehr alten Rebstöcken.

Château de Selle***–****
Taradeau

45 ha; 150 000 Fl. • Weine: Côtes de Provence: →Rosé, Blanc, Rouge, →Longue Garde

Diese Keimzelle der Domaines Ott liefert mit bewundernswerter Konstanz den berühmten fassgereiften Rosé Coeur de Grain und einen kraftvollen Rotwein. Bemerkenswert sind auch die Weißen aus dem Gut Clos de Mireille in La-Londe-des-Maures.

Château Vannières****
La Cadière-d'Azur

32 ha; 160 000 Fl. • Weine: Côtes-de-Provence: Rosé, →Rouge; Bandol: Rosé, Rouge

Auf dem im Becken von Le Beausset gelegenen Gut pflegt der gebürtige Burgunder Eric Boisseaux einen eigenen, weicheren und eleganteren Stil des Bandol, ohne dass die dennoch gut alternden Weine an Typizität einbüßen. Konstant hohe Qualität.

Clos Sainte-Magdeleine***
Cassis

12 ha; 60 000 Fl. • Weine: Cassis: →Blanc, Rosé

Das traumhafte Gut in der Bucht von Cassis mit den Weinterrassen unter dem Cap Canaille gehört seit 1920 der Familie Zafiropulo. Der fruchtbetonte Weiße besteht aus Marsanne, Clairette, Ugni Blanc und einem Hauch Sauvignon, der Rosé wird direkt gepresst.

Domaine de la Courtade***–****
Île de Porquerolles

30 ha; 130 000 Fl. • Weine: Côtes de Provence: Alycastre und La Courtade: Blanc, Rosé, Rouge

Der Elsässer Richard Auther sorgt auf der paradiesischen Insel vor Hyères für komplexe Weine, unter denen der auf Mourvèdre basierende Rote hervorsticht.

Domaine la Ferme Blanche***
Cassis

30 ha; 140 000 Fl. • Weine: Cassis: Blanc, Rosé, Rouge

Obwohl ein Viertel dieses alten Gutes mit roten Sorten bestockt ist, steht natürlich der Weiße im Vordergrund, dem ein wenig Sauvignon eine leicht exotische Note verleiht.

Domaine du Defends **–***
Saint-Maximin
14 ha; 70 000 Fl. • Weine: Coteaux Varois: u.a. →Blanc Le Champ du Sesterce, Rosé, Rouge →Le Clos de la Truffière
Auf kargen Kalkböden erzeugen Jacques und Suzel Lanversin seit den 1970er Jahren vorwiegend Rotweine, wobei ihnen aus Cabernet und Syrah unter Zugabe von *pigeage* dichte, doch dabei elegante Weine gelingen.

Domaine Lafran-Veyrolles ***–****
La Cadière-d'Azur
10 ha; 35 000 Fl. • Weine: Bandol: Blanc, Rosé; Rouge Classique, →Longue Garde
Madame Claude Jouve-Férec und ihr Kellermeister Jean-Marie Castell haben seit der Kreation der auf lange Alterung angelegten, ganz auf Mourvèdre basierenden und nur teilweise entrappten Top-Cuvée 1993 das Niveau des traditionsbewussten Gutes außerordentlich gesteigert.

Domaine des Planes ***
Roquebrune-sur-Agens
27 ha; 110 000 Fl. • Weine: u.a. Côtes de Provence: Blanc, Cuvée Elegance; Rosé, Tibouren; Rouge, →Cuvée Reservée
Ilse und Christophe Rieder – sie kommt vom Neckar und übernimmt die Arbeit im Keller, er kommt aus der Schweiz und arbeitet im Weinberg – erzeugen auf ihrem naturnah bewirtschafteten Gut oberhalb Saint-Raffaels eine ganze Phalanx reizvoller, oft sortenreiner Weine, unter denen Sémillon, Tibouren und Mourvèdre besonders hervorstechen.

Domaine Richeaume ****
Puyloubier
25 ha; 90 000 Fl. • Weine: u.a. Côtes de Provence: Blanc, Rosé, Rouge: Tradition, Columelle, Syrah
Ökologisch und ganzheitlich betreibt Henning Hoesch aus der Dürener Industriellen-Dynastie dieses Traumgut zu Füßen der Montagne Sainte-Victoire. Inzwischen wird er von seinem Sohn Sylvain tatkräftig unterstützt, und die Rotweine der Domaine zählen zu den besten der Region.

Domaine de Rimauresq ***–****
Pignans
35 ha; 200 000 Fl. • Weine: Côtes de Provence: Blanc, Rosé, Rouge
Unter der schottischen Industriellen-Familie Wemyss und dem Önologen Marc Jaquet hat dieser Cru Classé seit 1988 kontinuierlich an Qualität gewonnen, wobei die Roten inzwischen die hohe Qualität der Weißen und Rosés erreichen.

Domaine Sorin ***–****
Saint-Cyr-sur-Mer
12 ha; 80 000 Fl. • Weine: Bandol: Rosé, →Rouge; Côtes de Provence: Blanc, Rosé, Rouge
Im Burgund lernte Luc Sorin das Winzerhandwerk, das er jetzt mit Bravour in der Provence praktiziert. Seine Stärke sind fruchtbeladene, volle Rotweine mit feinen Tanninen.

Domaine St-André de Figuière ***
La Londe-des-Maures
17 ha; 110 000 Fl. • Weine: Côtes de Provence: u.a. Blanc, Rosé, Rouge; Grande Cuvée in drei Farben.
In Chablis sammelte Alain Combard zuerst Weinerfahrung, bevor er in die Maures übersiedelte und zum Bio-Winzer wurde. Nicht nur sein eleganter Weißwein, auch Rosé und Rotwein zeigen an Burgund erinnernde Finesse.

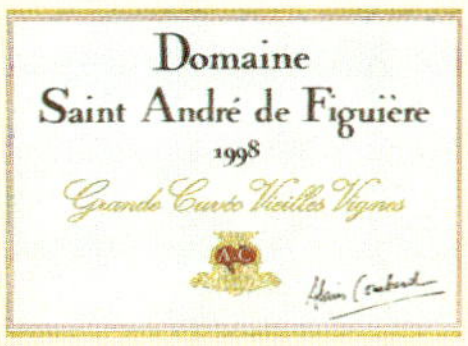

Domaine Tempier ****
Le Castellet
32 ha; 110 000 Fl. • Weine: Bandol rouge: Cuvée spéciale, La Migoua, La Tourtine, Cabassaou
In dieser Keimzelle der Appellation Bandol verfolgen die Söhne von Lucien Peyraud unbeirrt ihren Weg. Mit naturnahem Anbau, einem hohen Prozentsatz Mourvèdre und Selektion nach Terroirs erzeugen sie hochwertige Klassiker.

Domaine de la Tour de Bon ***–****
Le Beausset
12 ha; 40 000 Fl. • Weine: Bandol: →Blanc, Rosé, Rouge, →Saint-Ferréol
Seit Agnes Henry-Hocquard Paris den Rücken kehrte und das von ihrem Vater in den 1970er Jahren gekaufte Gut übernahm, sind die Weine noch aromatischer, konzentrierter und stilvoller geworden.

Domaine de Trians **–***
Néoules
20 ha; 100 000 Fl. • Weine: Coteaux Varois: u.a. Château Trians: →Blanc, Rosé, Rouge
Seit 1990 hat der Bankier Jean-Louis Masurel dem Gut eine neue Ausrichtung gegeben. Von seinen auf über 400 Metern gelegenen Weinbergen kommt ein ausgezeichneter Weißer, aber auch der Rotwein gewinnt an Struktur und Würze.

Les Maîtres Vignerons de Saint-Tropez **–***
Gassin
650 ha; 2 700 000 Fl. • Weine: u.a. Côtes de Provence: Carte Noire, Château de Pampelonne, Domaine Pouverel, Château Farambert: Blanc, Rosé, Rouge
Acht Gutsbesitzer schlossen sich 1964 zusammen, um ihre Weine gemeinsam abzufüllen und zu vermarkten. Die Weine werden aber auf den Gütern vinifiziert. Unter ihrem Direktor Robert Zimmer sind die Meisterwinzer zu einer höchst erfolgreichen Institution mit sehr verlässlichen Weinen geworden. Ihr Spitzen-Cru ist der rote Château de Pampelonne.

Françoise Dutheil de la Rochère verfolgt mit Feingefühl den Werdegang des neuen roten Château Sainte-Anne.

Korsika

Korsika ist eine der ältesten Weinregionen der Welt. Wildreben wuchsen bereits vor 6000 Jahren auf der Île de Beauté, der Insel der Schönheit. Die Phokäer, die an der Ostküste der Insel im Jahre 565 v. Chr. ihre Niederlassung Alalia, das heutige Aléria, gründeten, begannen mit der Kultivierung. Aufgrund ihrer Nähe zum Festland geriet die Insel bereits 238 v. Chr. unter römische Herrschaft.

Der Zusammenbruch des Römischen Reichs brachte den Korsen und ihren attraktiven Küsten unruhige Zeiten, die Weinberge verkamen. Erst als Pisa 1020 die Oberhoheit gewann und diverse Klöster gegründet wurden, erhielt auch der Weinbau neuen Auftrieb. Ende des 13. Jahrhunderts verlor Pisa Korsika an Genua, das 450 Jahre lang über die Korsen regieren sollte. Die handelstüchtigen Genueser sicherten sich ein Monopol auf den korsischen Wein, der sich zum wichtigsten Wirtschaftszweig der Insel entwickelte, und regulierten ihn im 16. Jahrhundert durch Gesetze. Wiederholt unternahmen die Korsen Aufstände gegen die Besetzung durch Genua, was den Stadtstaat veranlasste, die Insel 1768 an Frankreich zu verkaufen.

An der Stellung des Weinbaus änderte sich dadurch nichts, im Gegenteil. Napoleon Bonaparte, der aus Ajaccio stammte, gewährte seinen Insulanern das Recht, ihren Wein ohne Steuerabgaben zu verkaufen. Um 1850 war Korsika mit 20000 Hektar Reben bedeckt, und drei Viertel seiner Bevölkerung lebten vom Weinbau. Keine 50 Jahre später verwüstete die Reblaus die Weinberge. Darüber hinaus erlebte der Weinbau einen weiteren schweren Niedergang nach dem Ersten Weltkrieg, in dem ein großer Teil der männlichen Bevölkerung fiel. Die Landflucht versetzte dem Weinbau schließlich auch noch den letzten Schlag.

- Vin de Corse Côteaux du Cap Corse
- Muscat du Cap Corse
- Patrimonio
- Vin de Corse
- Vin de Corse Calvi
- Ajaccio
- Vin de Corse Sartène
- Vin de Corse Figari
- Vin de Corse Porto Vecchio

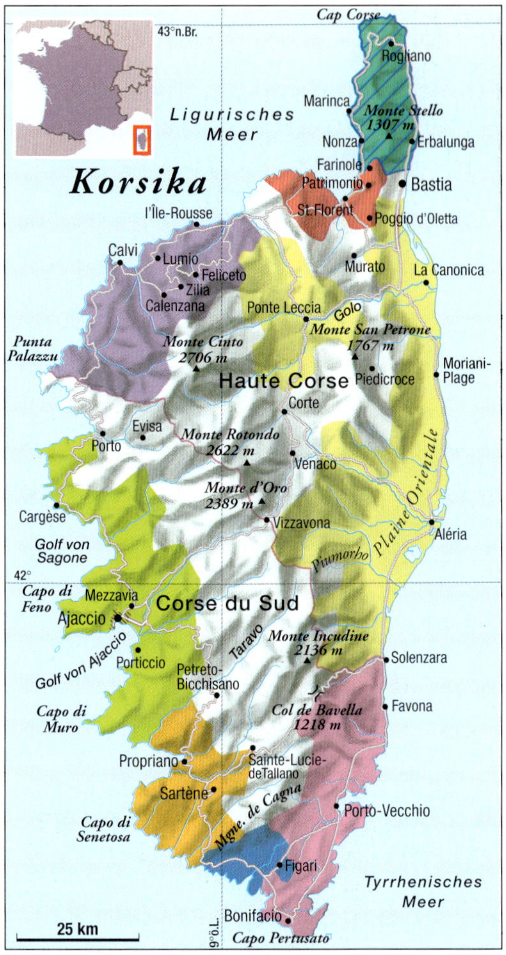

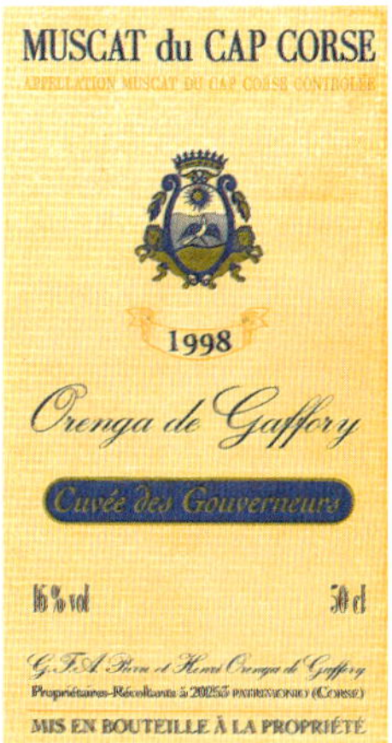

Die neun Weingebiete

Patrimonio

In der ältesten, 1968 erteilten Appellation mit seltenem Tonkalkboden erzeugen kleine Güter individuelle Weine, wobei die Roten auf Nielluccio basieren Weiße aus Vermentino sind fruchtig und nachhaltig.

Ajaccio

Der zweite Cru nach Patrimonio erhielt 1984 seine Appellation, die der einheimischen, gut auf den Granitböden gedeihenden Sciacarello-Rebe Rechnung trägt, die ab 2000 mindestens zu 60 Prozent vertreten sein muss. Im Rosé ist oft viel weißer Vermentino enthalten, was ihm Körper gibt.

Vin de Corse

Diese umfassende Appellation gilt für alle klassierten Lagen der Insel, aber die zugänglichen, leicht zu trinkenden Weine, die sie tragen, kommen größtenteils aus der östlichen Ebene. Für Rot- und Roséwein greift man oft auf Nielluccio und Sciacarello zurück, Weißwein setzt 75 Prozent Vermentino voraus.

Vin de Corse Calvi

Schon Seneca pries diese Weine, die heute nicht mehr bei der Stadt Calvi, sondern in der nordwestlichen Region der Balagne, der Toskana Korsikas, zu Hause sind.

Vin de Corse Coteaux du Cap Corse

Im 19. Jahrhundert mit 2300 Hektar eine bedeutende Weinregion, gibt es heute nur mehr 30 Hektar Weinberge, wo man vor allem guten, runden Vermentino keltert.

Vin de Corse Figari

Am südlichsten Zipfel Korsikas, eine der ältesten Anbauregionen der Insel, gedeihen auf Granit Trauben für kräftige und rustikale Weine.

Vin de Corse Porto-Vecchio

Im Jahre 383 v. Chr. gegründet, liefert das bergige Hinterland des einstigen Portus Syracusanus alterungsfähige Rote, kernige Weiße und angenehme Rosés.

Vin de Corse Sartène

In den Anbaugebieten um die Hauptstadt des Südens besitzen die Roten oft die Aromen roter Beeren und eine robuste Struktur, während die Weißweine fein und aromatisch sind.

Muscat du Cap Corse

Erst 1993 erhielt der schon im 16. Jahrhundert berühmte, auf Muscat blanc à petits grains basierende Vin Doux Naturel die Appellation. Die Weine zeigen oft Zitrusaromen und werden kalt als Aperitif oder zum Dessert getrunken.

Neue Impulse brachten in den 1960ern die Algerienfranzosen. Sie erweiterten die Rebflächen, bis 1976 auf über 27 000 Hektar an die 1,9 Millionen Hektoliter Wein erzeugt wurden. Dann setzte ein Umschwung ein. Eine neue Generation von Winzern trat gemeinsam für die Qualität der Weine und traditionelle Sorten ein. Gleichzeitig wurde von der EU ein Ausreißprogramm lanciert: Korsikas Rebfläche erfuhr einen drastischen Rückgang. Das Gesamtvolumen sank zwischen 1978 und 1998 um 80 Prozent von 1 897 500 auf 384 000 Hektoliter. Im gleichen Zeitraum nahm das Volumen an AOC-Weinen von 67 000 auf 91 000 Hektoliter zu. Inzwischen nähert sich die AOC-Fläche 2 500 von insgesamt 6 400 Hektar. Bewässerung der Weingärten und Chaptalisieren sind bei diesen Weinen verboten. Rotweine stellen 50, Weiße 10 und Rosés 40 Prozent.

Abgesehen von der Côte Orientale, wo sich über 5 300 Hektar Rebflächen konzentrieren, sind die anderen Anbaugebiete nur klein, und jedes besitzt seine Eigenheiten. Geologisch ist die Insel ein Mosaik aus Schiefer, Gneis, sandigem Mergel, Ton, Kalk und Granit. Das umgebende Mittelmeer nimmt tagsüber die Sonnenhitze auf und strahlt sie nachts zurück. Aber der Schirokko, der das ganze Jahr über insbesondere im Gebiet von Patrimonio bläst, temperiert die Sommerhitze.

Etwa zwanzig Rebsorten sind auf der Insel ausgepflanzt, darunter Cinsault, Ugni Blanc, Syrah, Carignan, Grenache, Merlot und Alicante. Das Interesse der AOC-Winzer und der Weinfreunde konzentriert sich aber vor allem auf drei Sorten:

- Der weiße Vermentino, den man auf Korsika auch Malvoisie nennt, ist in der Provence als Rolle bekannt. Oft alkoholstark, zeigen die Weine ein florales Bukett und aromatische Fülle.
- Der rote Nielluccio, identisch mit Sangiovese, ergibt tiefdunkle Weine mit viel Körper.
- Der rote Sciacarello ist die autochthone Hauptsorte des Ajaccio, wo er hellrote Weine ergibt, die nach den Wildkräutern des Maquis duften und leicht pfeffrig schmecken. Meist wird er mit anderen Sorten assembliert, um runder zu werden.

Auf Domaine Leccia, nicht weit von der Bastia, wächst einer der besten Patrimonios.

Ausgewählte Erzeuger aus Korsika

Domaine Antoine Arena ***–****
Patrimonio
11 ha; 40 000 Fl. • Weine: u.a. Patrimonio: Blanc: Vieilles Vignes, Carco, Vendange Tardive; Rosé; Rouge: Vieilles Vignes; →Muscat du Cap Corse; Grotte di Sole: Blanc, Rouge, Muscat
Antoine Arena ist ein Spezialist für weiße Trauben, ob trocken, edelsüß oder als Vin Doux Naturel ausgebaut. Seine Topreihe überzeugt in allen Varianten.

Domaine Comte Peraldi ***
Mezzavia
50 ha; 190 000 Fl. • Weine: Ajaccio: Blanc, Rosé, Rouge; →Clos du Cardinal
Gut gemachte Weine von einem der größten und anerkanntesten Güter. Hervorragend ist der nur aus Sciacarello bestehende, im Barrique ausgebaute Clos.

Domaine Leccia ***–****
Poggio-d'Oleta
22 ha; 90 000 Fl. • Weine: Patrimonio: Blanc, E Croce; →Rosé; Rouge, →Petra Bianca; →Muscat du Cap Corse
Alle Weine Yves Leccias sind auf hohem Niveau, doch sein roter Nielluccio Petra Bianca verbindet Würze, Rundheit und Länge auf beispielhafte Weise.

Domaine Maestracci **–***
Muro
20 ha; 90 000 Fl. • Vin de Corse Calvi: Clos Reginu und E Prove: Blanc, Rosé, Rouge
Zwei Reihen von unterschiedlichem Stil, von denen E Prove reizvoller ist, insbesondere die Roten.

Domaine Orenga de Gaffory *–***
Patrimonio
58 ha; 290 000 Fl. • Weine: u.a. Patrimonio: Blanc, Rosé, Rouge; Muscat du Cap Corse
Auf diesem Gut und auf San Quilio stellt die Familie ein breites Programm an qualitativ unterschiedlichen Weinen her. Die im Barrique ausgebauten werden als ›Cuvée des Gouverneurs‹ bezeichnet.

Domaine de Torraccia *–***
Porto Vecchio
42 ha; 210 000 Fl. • Weine: Vin de Corse Porto-Vecchio: Blanc, Rosé, Rouge, →Oriu
Christian Imbert baute ab 1964 sein Gut im Süden der Insel auf, und seine Oriu aus vier Fünftel Nielluccio und einem Fünftel Sciacarello behauptet seit langem einen Platz unter den besten Roten Korsikas.

Languedoc & Roussillon

Hinter dem Badeort Banyuls erheben sich steil die letzten Ausläufer der Pyrenäen, auf denen Winzer in jahrhundertelanger Arbeit eine einmalige Weinbergarchitektur geschaffen haben.

Revolution im Midi

In den urigen Weindörfern zwischen Rhône und spanischer Grenze weht frischer Wind. Statt vor den berühmten Kreszenzen aus Bordeaux und Burgund weiter Kniefälle zu machen, haben die Winzer des Midi die Arme aufgekrempelt und keltern selbst Supertropfen. Heute reißen sich Kenner rund um den Globus um die Weine der Starwinzer des Languedoc und des Roussillon. Das kommt nicht von ungefähr.

Schließlich nahm Frankreichs Weinkultur vor über 2000 Jahren nicht umsonst ihren Anfang vor den Toren Narbonnes, sieht man einmal von der Provence ab. Karge Hänge, trockenes Klima und die rekordverdächtigen jährlichen Sonnenstunden bieten außergewöhnlich gute natürliche Bedingungen für gesunde, aromatische und konzentrierte Weine.

Der Weinbau im südlichsten Zipfel Frankreichs erlebte seinen ersten Höhepunkt unter den Römern, als die Amphoren mit Wein aus der Provinz Gallia Narbonensis selbst in Rom guten Ruf genossen und bis nach Germanien exportiert wurden. Mit dem Niedergang des Römischen Reiches verlor der Weinbau die überregionale Bedeutung. Zwar wurde er ab dem 9. Jahrhundert von den zahlreich entstehenden Klöstern gefördert, doch diente er im Mittelalter nur dem Eigenkonsum der Region. Erst als sich die Infrastruktur Ende des 17. Jahrhunderts durch den Bau des Hafens von Sète, des Canal du Midi und verschiedener Überlandstraßen wesentlich verbesserte, erlebte der Weinbau einen neuen Aufschwung. Große Nachfrage bestand damals nach Eau-de-Vie, nach Branntwein, der Weine verstärkte und haltbar machte. So ging man dazu über, einen beträchtlichen Teil der Erzeugung zu destillieren. Während einerseits dafür in den Ebenen robuste Massenträger wie Aramon und Carignan gepflanzt wurden, setzten die Winzer der höher gelegenen Dörfer mit ihren steinigen Hängen auf Grenache oder Mourvèdre, um bessere Qualitäten zu erzielen. Aus dieser Zeit stammt das Renommee einzelner Gemeinden und Lagen.

Eine entscheidende Veränderung des Marktes brachte die im 19. Jahrhundert rasant fortschreitende Industrialisierung in den Städten Nordfrankreichs. Mit ihr entstand eine neue Bevölkerungsschicht mit neuen Konsumgewohnheiten.

Wein erhielt im tristen Leben der Arbeiter als Nahrungs- und Genussmittel seinen festen Platz. Bahnlinien sicherten die Versorgung. Das Geschäft war so lukrativ, dass im Midi die Rebflächen alle anderen Kulturen verdrängten. Das Languedoc wurde mit über 460 000 Hektar zum größten Weingebiet der Welt. Damit war das Schicksal der besseren Gewächse entschieden. Statt gesondert angeboten zu werden, dienten stärkere und dunklere Qualitäten nun dazu, dünne Tropfen zu kurieren, und wurden als Medizinweine gehandelt. Ob Reblauskatastrophe, Wirtschaftskollaps, Erster oder Zweiter Weltkrieg – trotz wiederholter Krisen setzten die Winzer des Languedoc immer wieder auf Masse. Erst die drastischen Folgen der Überproduktion brachten späte Einsicht.

Von 1970 an begann die Weinregion eine völlig neue, sehr differenzierte Struktur anzunehmen. In den Ebenen, wo Bewässerung möglich war, verdrängten lukrativer Obst- und Gemüseanbau die früheren Rebflächen. Doch überall dort, wo der Weinbau in seiner langen Geschichte Lagen erobert hatte, die für besondere Qualität und eigenen Charakter gut waren, wurden die Winzer mit einer Appellation d'Origine Contrôlée – der höchsten Rangstufe der französischen Weinbergkategorien – belohnt. Sie wurde jedoch immer nur dann verliehen, nachdem die Winzer durch Pflanzen besserer Rebsorten bewiesen hatten, dass sie es mit der Qualität ernst meinten. So wurden mittlerweile viele aromatische Sorten heimisch wie die roten Syrah, Mourvèdre und Grenache Noir in Schiefer, Granit oder Tonkalk, bei den Weißen Roussanne, Marsanne, Rolle und Viognier, um die Wichtigsten zu nennen. Der Tradition gehorchend, werden sie in der Regel miteinander und mit den angestammten, weniger expressiven Sorten assembliert, um komplexe und ausgewogene Weine zu ergeben.

Landweine mit Charakter

Als Mitte der 1980er Jahre eine neue Krise den Weinsektor traf, initiierten einige Pioniere 1987 eine Vereinigung von Winzern. Sie kreiierten den Vin de Pays d'Oc, einen Landwein mit Regionalcharakter und Qualitätsgarantie. Sie setzten vor allem auf international beliebte Rebsorten und auf die als Vin de Pays eingestuften, fruchtbareren Lagen, auf denen höhere, doch begrenzte Erträge gestattet sind. Mit moderner Kellertechnik – insbesondere Temperaturkontrolle – begannen sie, sortenreine Weine zu erzeugen, Produkte, die den Anforderungen des Marktes und Konsums entsprachen – und es heute noch mehr tun als damals. Zu Beginn zählte das Syndikat 200 Mitglieder mit einer Produktion von 200 000 Hektolitern Landwein. Zur Jahrtausendwende umfasste es über 1 000 Betriebe, die zusammen mehr als 2,6 Millionen Hektoliter vermarkten, von denen 80 Prozent exportiert werden. Tendenz: steigend. Aus der Perspektive der Weinindustrie ist das Languedoc-Roussillon zu einer der attraktivsten

Nur Wein wächst außer Wald und Wildkräutern auf den heißen Schieferböden Faugères – aber was für einer!

Anbauregionen weltweit geworden und lockt Investoren aus dem In- und Ausland ans Mittelmeer.
Zwar entstanden nach und nach die heutigen Appellationen im Roussillon und Languedoc, aber Anfang der 1980er Jahre gab es nur wenige Güter, die überzeugende Tropfen abfüllten. Von Spitzenweinen konnte keine Rede sein. Das eigentliche Handicap der Region saß in den Köpfen der Winzer. Einerseits hatte man aufgrund der Massenweinproduktion einen Minderwertigkeitskomplex, andererseits kannte man im Midi keine Weinkultur. Kaum einem Winzer waren damals große Bordeaux und Bourgognes vertraut, geschweige denn, dass er eine Vorstellung davon gehabt hätte, was ein großer Midi-Wein sein könnte.

Zur mediterranen Lebensart gehört Rotwein unabdingbar dazu. Der *gobelet*, der Trinkbecherschnitt der Reben, geht auf die Römer zurück.

Aufbruch zu grossen Weinen

Dann passierte das Unfassbare. Anfang der 1980er Jahre verwies ein Wein aus dem Languedoc diverse Crus Classés des Médoc auf die Plätze: Mas de Daumas Gassac, überdies ein Vin de Pays, der erstmals mit dem Jahrgang 1978 auf den Markt kam. Aimé Guibert, ein früherer Lederfabrikant aus Millau, zeigte als Allererster das unglaubliche Potential der Region. Allerdings vertraute er vorwiegend dem Bordelaiser Cabernet Sauvignon. Zur Symbolfigur des Aufbruchs und der Qualitätsrevolution wurde jedoch ein junger Wirbelwind, der 1985 die Weinbühne des Midi betrat: Olivier Jullien. Er konnte es gar nicht erwarten, der Welt zu beweisen, dass auch das

Languedoc in der Lage und willens war, große Weine zu erzeugen. Im Alter von 20 Jahren, gerade als er in Montpellier sein Önologie-Studium aufnahm, bot sich ihm die Chance, Weinberge zu pachten. Er griff sofort zu, und als Nächstes baute er eigenhändig seinen Keller. Denn zwei Dinge hatten Olivier und die anderen Pioniere der ersten Stunde gemeinsam: enormen Idealismus und leere Taschen. Mit ehrlichem Respekt vor den kargen Parzellen und den alten Rebstöcken kreierte der junge Winzer auf Mas Jullien Cuvées von ungekannter Dichte, Rasse und Ausdruck. Andere – wie Michel Louison mit dem Château des Estanilles – loteten mit Minimalerträgen das Potential insbesondere der Syrah auf kärgsten Böden aus und setzten auch Barriques für den Ausbau ein. Plötzlich erhob sich ein Sturm von Inspiration, der bis heute nicht nachgelassen hat. Im Gegenteil: Zuerst nur wenige, dann aber von Jahr zu Jahr mehr Winzer erkannten und erkennen die Chance, die ihnen ihre Weinberge, ihr Terroir bieten. Sie haben begriffen, wie sie vorgehen müssen, um große Weine zu machen, nämlich mit genau der gleichen Rigorosität, die Grands Crus und Crus Classés verlangen. Inzwischen senken sie nicht nur die Erträge, erhöhen die Pflanzdichte bei Neuanlagen, sondern selektionieren auch die besten Parzellen, und erste Pioniere gehen dazu über, deren Weine getrennt abzufüllen.

Seither schenken uns Languedoc und Roussillon überragende Weine mit ganz einzigartigem, nämlich mediterranem Charakter. Dennoch muss man sich klar darüber sein, was man sucht, wenn man Weine aus dem Languedoc oder dem Roussillon wählt. Im Allgemeinen arbeiten die Winzer nämlich mit verschiedenen Qualitätsniveaus, entsprechend dem Alter der Weinstöcke, der Grandezza des Terroirs, dem unterschiedlichen Aufwand bei der Vinifizierung und beim Ausbau. Ähnlich wie ein Autokäufer akzeptiert, dass eine Firma Kleinwagen, Mittelklasse-Kutschen und Luxusgefährte herstellt, müssen sich Weinfreunde damit abfinden, dass hier Spitzenwinzer, deren Super-Cuvées international hochgejubelt werden, auch einfachere Tropfen zu erschwinglichen Preisen offerieren. Und das hat schließlich auch sein Gutes!

Rosen dienen als Zeigerpflanzen. Sie werden wie der Rebstock von Mehltau befallen, doch früher als er, sodass den Winzern Zeit bleibt, Gegenmaßnahmen zu ergreifen.

Coteaux du Languedoc

Château Moulin de Ciffre erlebt unter dem Bordelaiser Winzer Jaques Lésinau eine Renaissance.

Im noch immer gigantischen Rebenmeer des Languedoc mit rund 300 000 Hektar Reben liegen die Qualitätsinseln seiner Appellationen. Ihre größte, die Coteaux du Languedoc, vereint 8 400 Hektar auf einem Gebiet, das im Süden von Nîmes beginnt und in Narbonne endet. Über mehr als 130 Kilometer zieht es sich am Mittelmeer entlang und reicht bis zu 50 Kilometer ins Landesinnere, wobei es sehr unterschiedliche Lagen und Böden in 168 Gemeinden umfasst. Gemeinsamer Nenner sind – abgesehen von Geschichte und politischer Struktur, Sonne, Wind und relativer Trockenheit – die roten Rebsorten. Mit dem Carignan ist man schwer ins Gericht gegangen. Im Ganzen immer noch die verbreitetste Sorte, hat man seinen Anteil bei den Coteaux du Languedoc auf 40 Prozent begrenzt, während Pic Saint-Loup qualitativ der Region maximal ein Zehntel in der Assemblage zugesteht. Unter den drei Hauptsorten Grenache, Mourvèdre und Syrah hat sich Letztere in den Vordergrund gespielt. Die früh reifende, farbintensive und aromatisch komplexe Sorte erhält auf den kargen Höhenlagen volleren, wärmeren Charakter, teilweise sogar eine außerordentlich dichte Struktur mit ausgeprägten Aromen der Garrigue, der mediterranen Wildheide.

Der Erfolg der – tatsächlich oft, doch nur inoffiziell – sortenreinen Syrah-Weine strahlt selbst auf die Vins de Pays aus. Bei den besten Erzeugern wächst zugleich die Achtung für Grenache und Mourvèdre. Letzterer ist ausgesprochen heikel im Anbau und bringt nur in geeigneten – noch herauszufilternden – Lagen zufrieden stellende Resultate. Grenache Noir, verschrien wegen seiner Neigung zum Verrieseln und zur Oxidation, gibt den Winzern am meisten zu denken, zumal er in Châteauneuf-du-Pape und im katalonischen Priorato sein Potential beweist.
Der geologischen und geografischen Vielfalt der Coteaux du Languedoc tragen zwei Ansätze einer Hierarchisierung Rechnung. Der ältere (siehe Karte S. 331) definiert zwölf Terroirs, die – unabhängig von ihrer Größe – aufgrund ihrer natürlichen Eigenheiten sowie meist ihres früheren Renommees eine eigene Identität vorweisen. Acht dieser Terroirs liegen ganz oder aufwiegend auf dem Gebiet einer Gemeinde. Unter diesen ist Picpoul-de-Pinet der Außenseiter, ein aus der Sorte Picpoul gekelterter Weißwein, der nahe des Étang de Thau wächst. Saint-Georges d'Orques, vor den Toren Montpelliers, einst berühmter Cru, macht erneut mit konzentrierten, eleganten Rotweinen auf sich aufmerksam. Pic-Saint-Loup hat sich an die Spitze der Terroirs gesetzt, dank des Qualitätsbewusstseins und der Solidarität seiner Erzeuger; das kleinere Montpeyroux folgt auf dem Fuße. Auch La Clape überzeugt in letzter Zeit mit verlässlicheren, teilweise begeisternden Qualitäten. Die reizvolle Ex-Insel bei Narbonne wurde wie auch der Pic und Pinet unter die *zones climatiques* eingereiht, die größere Bereiche umfassen, um mehr Erzeuger in den Genuss einer eventuellen Aufwertung kommen zu lassen.
Ob diese Entscheidung auch der Realität im Glas entsprechen wird, muss erst die Zukunft zeigen. Die anderen Zonen heißen Terres de Sommières, Terrasses du Larzac, Grès de Montpellier und Terrasses de Béziers.

Clairette du Languedoc

Diese 1948 erteilte AOC zeichnete die gleichnamige Rebsorte aus, die seit Jahrhunderten zwischen Pézenas und Clermont-l'Hérault in elf Dörfern kultiviert wurde, um zunächst sherryähnliche maderisierte Weine und dann den Grundstoff für die Vermouth-Industrie zu liefern. Erst in den letzten Jahren hat moderne Kellertechnik einen ganz anderen Aspekt dieser – auf nur 70 Hektar

Michel Louison zeigte als Erster mit seinem Château des Estanilles, welche Dimension Syrah im Languedoc erreichen kann.

klassierten – Sorte hervorgekehrt, nämlich einen frischen, fruchtigen Charakter mit Aromen von Trockenfrüchten, Anis und Mandeln.

Faugères

Faugères ist ein wildes, dünn besiedeltes und waldreiches Gebiet, das 15 Kilometer nördlich von Béziers beginnt. Von den etwa 5 000 Hektar, die 1982 als Appellation klassiert wurden, sind nur 1 800 bestockt. Als einzige AOC des Languedoc verfügt Faugères über homogene Böden, die auf Schiefer basieren. Darauf gedeihen hochwertige Rotweine. Nach dem wegweisenden Beispiel des Château des Estanilles sind mehr und mehr Güter dazu übergegangen, Cuvées mit hohem Syrah-Anteil in Barriques auszubauen, Weine, die wegen ihrer Komplexität, Konzentration und Eleganz gesucht sind. Die feinfruchtigen, manchmal floralen, oft auf Cinsault basierenden Rosés sind beliebt in vielen Restaurants.

Saint-Chinian

Saint-Chinian liegt zwischen dem Minervois und Faugères, mit dem es 1982 zur Appellation erhoben wurde. Das Zentrum der 3 000 Hektar großen Appellation ist das gleichnamige Städtchen, durch das eine besondere geologische Grenze verläuft. Das Anbaugebiet ist in zwei Hälften geteilt. Die südliche Zone besitzt tonkalkige Böden, auf denen körper- und tanninreiche Rote gedeihen. Der Norden erstreckt sich über die Ausläufer der Monts de l'Espinouse und besteht aus Schiefergestein. Nachdem bereits in den 1980ern eine Reihe von Gütern und die Genossenschaften von Berloup und Roquebrun Weine verlässlicher Qualität erzeugt hatten, begann ab Mitte der 1990er eine Gruppe junger Betriebe mit intensiven, komplexen und konzentrierten Rotweinen Aufsehen zu erregen. Davon ließen sich mehrere der älteren Betriebe – in denen zum Teil ein Generationswechsel stattgefunden hatte – inspirieren. Wie in Faugères ist nur der Rosé mitklassiert, Weißweine fallen unter die Appellation Coteaux du Languedoc.

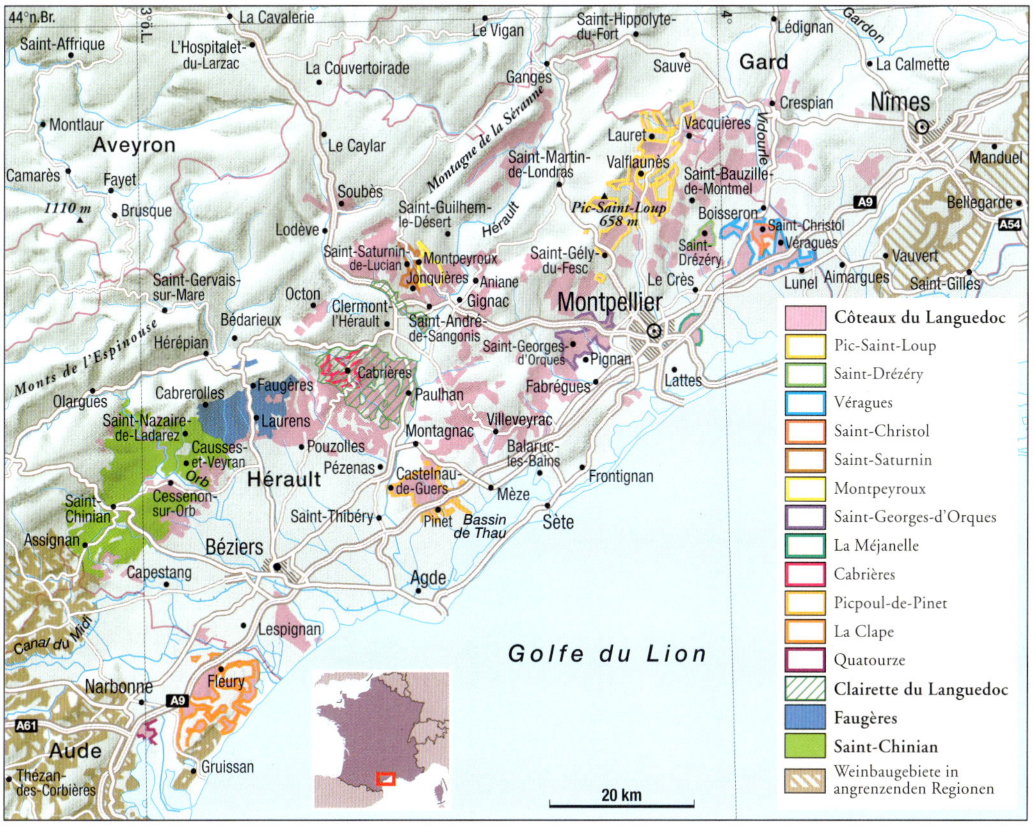

Minervois

Das Minervois fällt von den Vorbergen der Montagne Noire bis zum Canal du Midi und darüber hinaus zum Fluss Aude ab. Im Süden verläuft die Grenze zwischen Narbonne und Carcassonne. Vier Flüsse haben ausgedehnte, wenig fruchtbare Terrassen geschaffen, wo vor allem Kalk, aber auch Kiesel, Sand und teilweise Schiefer den Boden bilden. Das Anbaugebiet, in dem 4 500 Hektar AOC-Weine liefern, verteilt sich auf 45 Gemeinden des Departements Aude und 16 des Hérault. Das Zentrum umfasst die steinigen Terrassen des Argent Double, die Balcons de l'Aude mit ihrem braunen Mergel und der großen Winzergemeinde Laure, aber auch die Hügelregion Petite Causse mit dem berühmten Weinort La Livinière, der mit fünf Nachbargemeinden, darunter Siran, 1998 zum ersten offiziell anerkannten Cru des Minervois wurde. Das karge Terroir der Hochebene verlieh den Rotweinen schon immer einen besonderen vollmundigen Charakter. Auf das reizvolle Dorf Caunes zu bestimmen Schiefer und der berühmte rosarote Marmor den Boden. Dies sind die Côtes Noires, wo das Klima deutliche atlantische Einflüsse und die Weine mehr Frische zeigen. Um Minerve, die historische Hauptstadt der Region, liegen die Montagnes du Causse. Hier ist das Klima trocken, aber rau, die Böden kalkreich, die Weine sehr eigenständig. Nach Osten, wo sich die Weinberge bis auf 35 Kilometer Béziers nähern, sind die Einflüsse des Mittelmeers am markantesten. Oft dringt der bisweilen heftige Meerwind bis zu den Serres, Mourels und Terrasses de la Cesse vor, der heißesten und trockensten Zone, wo die Weine voluminös und kraftvoll geraten.

Die Winzer des Minervois starteten 1990 eine qualitätsorientierte Initiative, die die Erträge auf 45 Hektoliter pro Hektar senkte und den Anteil an Carignan auf maximal 40 Prozent begrenzte. Grenache Noir und Syrah dominieren die Assemblagen. Daneben behauptet sich der traditionelle Cinsault, der Rot- und Rosé-Weinen Finesse verleiht. Die – mit *pigeage* vinifizierten – Cinsault-Weine von alten Rebstöcken sind von der Farbe über den sanften Ansatz bis zum Geschmack filigran, besitzen aber überraschende Länge.

Zwar werden inzwischen auch einige reizvolle, heute oft auf Marsanne und Roussanne basierende Weißweine und etwas Rosé vinifiziert, aber die Stärke des Gebiets liegt in den Rotweinen. Immer mehr Genossenschaften und Winzer bieten gut strukturierte Gewächse, die im Barrique ausgebaut werden, oft sehr würzige Weine mit schöner reifer Frucht und einer überzeugenden Fülle, die sich vorteilhaft entwickeln.

Limoux

Am Oberlauf der Aude – 25 Kilometer südlich von Carcassonne – wurde schon 1544 Schaumwein kredenzt. Damit kamen die Benediktiner der Abtei Saint-Hilaire, die die *prise de mousse* 1531

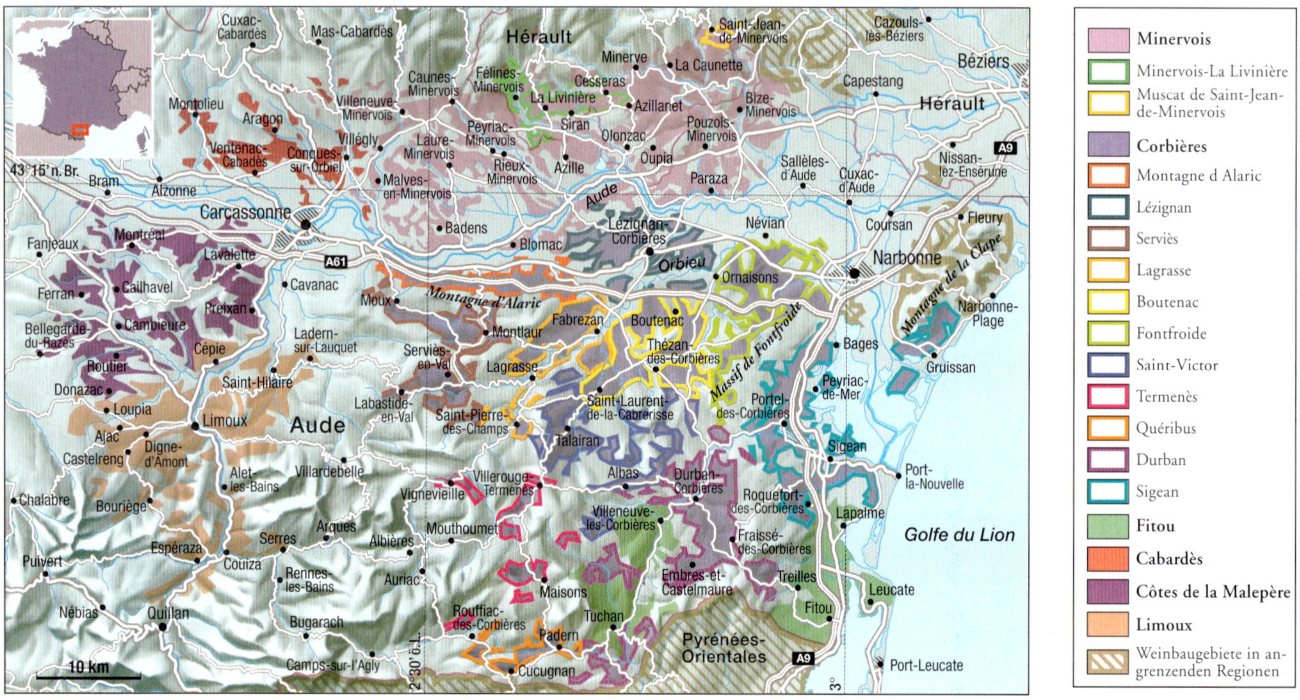

entdeckten, dem Champagner um mindestens 150 Jahre zuvor. Die einheimische Rebsorte Blanquette, anderswo Mauzac genannt, machte es möglich. Sie neigt dazu, nicht durchzugären. Füllt man den Wein in Fässer oder Flaschen, beginnen im Frühling die Hefen wieder zu erwachen und den restlichen Zucker in Alkohol umzuwandeln, wobei Kohlensäure entsteht. Noch immer existiert die *méthode ancestrale*, die diesem traditionellen Verfahren folgt. Aber seit Ende des 19. Jahrhunderts ging man auch in Limoux dazu über, Schaumweine nach dem Champagnerverfahren zu erzeugen. Leider gelang es den Limoux-Winzern nicht, die bereits 1938 die Appellation für ihren Schaumwein erhielten, ihm das gebührende Renommee zu verschaffen. Inzwischen hat sich speziell bei den Rebsorten einiges getan. Chenin und Chardonnay haben 1978 die schlecht geeignete Clairette ersetzt. Seit 1991 gibt es den Crémant de Limoux, der vor allem den Chardonnay herauskehrt. Unter dieser Appellation existieren mehrere ausgezeichnete Schaumweine zu vergleichsweise günstigem Preis.

Aber Limoux steht inzwischen für weit mehr. Gezwungen, in ihren 14 000 Hektar Weinbergen auch andere Produkte zu erzeugen als nur Blanquette, nutzten die Winzer ihr zum Teil atlantisch beeinflusstes Klima, um auch Bordelaiser Rotweinsorten, Sauvignon und andere für Vin de Pays anzupflanzen. Ihren größten Erfolg verbuchten sie aber mit Chardonnay. Die große Genossenschaft Les Caves du Sieur d'Arques führte eine aufwendige Selektion der Parzellen durch, die in der Definition von vier Terroirs gipfelte, die vor allem unterschiedliche klimatische Verhältnisse aufweisen: Autan, Méditerranéen, Océanique und Haute Vallée, wobei sich Letzteres als Grand Cru zeigt, der besonders gut altert. Die ausgesprochen hohe Qualität der Weine erbrachte den Winzern 1993 die – trockenem Weißwein vorbehaltene – Appellation Limoux, für die Mauzac, Chenin und Chardonnay im Barrique vinifiziert und ausgebaut werden.

Mittagsmahl auf dem Clos Centeilles, wo der frühere Buchhändler Daniel Domergues (links) und seine Frau Patricia Boyer zeigen, zu welcher Finesse der Cinsault taugt.

Cabardès

Nordwestlich von Carcassonne und an das Minervois anschließend, deshalb stärker atlantischem Wetter ausgesetzt, haben die Winzer dieser kleinen Region die Chance, mediterrane und Bordelaiser Rebsorten für ihre Rot- und Roséweine zu vereinen. Dabei stehen auf den gut 400 Hektar Rebfläche Grenache und Syrah, Cabernet Sauvignon und Merlot im Vordergrund. Neben gefälligen, fruchtig-würzigen Roten zeigen die besten Cuvées mehr Kraft, Struktur und interessante Tannine.

Ein Zehntel der Produktion besteht aus Rosé.

Malepère

Auf den Hügeln südwestlich von Carcassonne gelegen und an das Limoux-Gebiet anknüpfend, sind die Weinberge von Malepère klimatisch ebenso dem feuchteren und kühleren atlantischen Klima ausgesetzt, trotz der südlichen Lage. Auch hier gedeihen auf 800 Hektar mediterrane und Bordelaiser Sorten nebeneinander, wobei zum Cabernet Sauvignon und Merlot auch der Cabernet Franc kommt sowie Syrah, Grenache und Cinsault. Die besondere Stärke liegt in fruchtbetonten, aromatischen, angenehmen und eleganten Rot- und Rosé-Weinen.

Corbières und Fitou

Eine typische Weinberg-Cabane in den Corbières, die früher als Schutz und Aufbewahrungsort diente.

Die Corbières bilden ein großes Viereck über 3000 Quadratkilometer südlich der Linie Narbonne – Carcassonne im Departement Aude. Gegen Westen steigen seine Hügel zu einer solchen Höhe auf, dass es den Reben zu kalt wird. Im Osten stoßen sie an die Lagunen von Leucate und Bages und ans Mittelmeer. Im Süden endet ihr Bereich auf den steilen Felsen, die von den Katharerburgen Quéribus und Peyrepertuse gekrönt werden. Das große Anbaugebiet mit seinen 15 000 Hektar AOC-Reben zeichnet sich durch eine Fülle unterschiedlicher Böden und Klimata aus. Weinstöcke wachsen auf Schiefer aus dem Primär, Kalk und Sandstein des Sekundärs, Mergelschichten aus dem Tertiär und kiesigen Anschwemmungen, die das Quartär brachte. Natürlich bestimmt das nahe Mittelmeer das Klima, aber je nach Höhe und westlicher Lage macht sich der Atlantik bemerkbar. Ab 1990 begann man, elf Großlagen zu definieren, die diesen unterschiedlichen Charakteren Rechnung tragen, die in der Karte aufgeführten Terroirs Sigean, Durban, Quéribus, Termenès, Saint-Victor, Fontfroide, Lagrasse, Serviès, Montagne d'Alaric, Lézignan und Boutenac. Auch die Winzer der Corbières erneuerten Tausende Hektar Rebfläche mit Grenache, Syrah, Mourvèdre und – in weitaus geringerem Maße – mit weißen Sorten wie Grenache Blanc, Rolle, Marsanne und Roussanne. Vor allem aber gelang es ihnen, den als Massenträger missbrauchten Carignan zu meistern. Sie bewahrten Weinberge mit Stöcken, wo der alte Carignan geringe Erträge, aber optimale Qualität liefert, und entwickelten eine ihm angemessene Vinifikationsmethode.

Am Rande vieler Weinberge bei Limoux wachsen blauviolette Iris wild.

Überall im Languedoc-Roussillon war man ab Mitte der 1960er Jahre dazu übergegangen, Carignan in *macération carbonique* zu vinifizieren. Dabei werden die von Hand gelesenen ganzen Trauben in den mit Kohlensäure gesättigten Tank gefüllt, sodass jede einzelne Beere gezwungen wird, intrazellulär zu gären. Der entstehende Alkohol löst aus den Schalen ein Maximum an Inhaltsstoffen. Bricht man diese Gärung frühzeitig nach sechs bis acht Tagen durch Pressen ab, hat der Wein zwar an Farbe und Aromen gewonnen, verliert aber an Struktur und Tanninen. Der Carignan wird gefälliger, also kommerzieller, aber er erhält auch eine typische, leicht animalische Standardnote.

In den Corbières dagegen verstehen es viele Winzer, durch Verlängerung der Maischezeit und ein ›heißes Finale‹ die Extraktion zu erhöhen, was dem Wein viel Struktur und feine Tannine verleiht. So erhält Carignan gute Lagerfähigkeit, ein würziges, oft an wilde Kräuter erinnerndes Bukett und mit zunehmendem Alter Noten von Wild und Unterholz.

Mit Grenache und Syrah, seltener mit Mourvèdre assemblierter – mehrheitlicher – Carignan prägte einen Weinstil, der den Corbières einen gemeinsamen Nenner gibt. Mit gutem und vergleichsweise homogenem Qualitätsniveau überflügelten die Corbières-Winzer Ende der 1980er die anderen Midi-Appellationen. Das Gefühl, man hätte es geschafft, schien sich zu verbreiten. Zugleich verschwendete man seine Energien mit Verbandsquerelen. Und auf einmal wurden die Corbières überholt. In allen Winkeln des Languedoc tauchten begeisternde Rotweine mit einem bislang nicht gekannten Profil an Frucht und »mouthfeel« auf, nur nicht hier. Doch seit kurzer Zeit ändert sich das Bild mit Cuvées, die neue, ganz ungeahnte Dimensionen eröffnen.

Der Anteil an Rosé- und Weißweinen liegt bei 4 bzw. 2 Prozent. Beim Rosé spielt der Cinsault eine wichtige Rolle, der vielen Weinen ihren blassen Ton und eine eher florale Note gibt. Die trockenen Weißweine verdienen Beachtung. Im Languedoc-Roussillon besannen sich die Corbières-Winzer als Erste auf die interessanten Eigenschaften des Grenache Blanc, insbesondere auf seinen mediterranen Charakter. Statt der Säure nördlicherer Weine vergeblich nachzueifern, setzen sie auf geschmackliches Volumen und Länge.

Fitou

Fitou ist eine Geschichte für sich, obwohl alle Fitous auch als Corbières abgefüllt werden könnten. Um den Winzern des Languedoc und des Roussillon einen Fingerzeig zu geben, verlieh das nationale Weininstitut INAO Fitou bereits 1948 als erstem trockenen Rotwein der Region die AOC. Die Botschaft lautete: »Jenseits von Massen- und Süßwein und mit niedrigen Erträgen winken euch höchste Ehren.« Nur existierte dieser Rote damals praktisch nicht, denn alle Erzeuger produzierten Rivesaltes, den entschieden lukrativeren Süßwein. Als dieser Anfang der 1980er in eine ernste Krise geriet, legte Fitou zu. Heute liefern die knapp 2 600 Hektar gut 13 Millionen Flaschen Wein.

Als Appellation stellt Fitou ein Kuriosum dar. Sie besteht aus zwei – knapp zehn Kilometer voneinander entfernten – Enklaven im Gebiet der Corbières, unter deren AOC seine Winzer Rosé- und Weiß-, bisweilen sogar Rotweine abfüllen. Fitou maritime erstreckt sich auf Ostausläufern der Corbières, auf tonkalkigen, oft kargen und steinigen Böden und grenzt ans Mittelmeer. Dessen Feuchtigkeit sorgt für gute Reife und bietet ideale Bedingungen für den heiklen, aber hochwertigen Mourvèdre. Die Zone gehört zu den Gemeinden Fitou, Caves, Treilles, La Palme und Leucate. Der andere Teil wird Fitou de Hautes-Corbières genannt, denn er liegt im Herzen der Corbières. Die klassierten Parzellen der Dörfer Cascastel, Villeneuve-les-Corbières, Tuchan und Durban sind nur kultivierte Tupfer in der wilden, zerklüfteten Hügellandschaft, in der eine Vielfalt mediterraner Kräuter, Sträucher und Orchideen gedeiht. Auf den überwiegend schiefrigen Böden findet die Syrah-Rebe hervorragende Bedingungen. In beiden Zonen, die zusammen über 2 500 Hektar Reben verfügen, sind die Sommer heiß und Niederschläge höchst selten. Legen heute die Erzeuger – sieben Winzergenossenschaften und etwa 35 Güter – auch viel Wert auf diese neu eingeführten Sorten, verdankte der Fitou seinen Charakter alten Carignan-Reben und Grenache Noir.

Die kraftvollen, mindestens neun Monate, oft aber wesentlich länger in großen Fudern ausgebauten, rustikalen Roten begeisterten schon vor 1982 Engländer, Belgier und Dänen, zu einer Zeit, als das Languedoc-Roussillon sonst noch wenig Qualität zu bieten hatte. Seither hat der Fitou einen vorsichtigen Wandel durchgemacht. Durch die Kohlensäuremaischung wird der Carignan zugänglicher, Syrah oder Mourvèdre in der Assemblage geben feinere Tannine und rassigere Aromen. Neue kleine Fässer verleihen Würznoten und Eleganz. Doch inzwischen ist dem Fitou in allen Regionen des Midi ernste Konkurrenz entstanden, und der einstige gewaltige Vorsprung ist dahingeschmolzen.

Der älteste Schaumwein der Welt fließt beim Karneval von Limoux in Strömen.

In der wilden und trockenen Landschaft der Corbières hat der ungeliebte Carignan ein Refugium gefunden und ergibt dichte, gut alternde Rotweine.

Ausgewählte Erzeuger aus dem Languedoc

Abbaye de Valmagne **–***
Villeveyrac
65 ha; 200 000 Fl. • Weine: Vins de Pays d'Oc; Coteaux du Languedoc: u.a. Blanc, Rosé, Rouge
Die imposante Abtei liefert seit vielen Jahren verlässliche Weine. Jetzt im naturnahen Anbau betrieben, gewinnt vor allem die Cuvée Turenne an Konzentration und Tiefe.

Château de Caraguilhes **–***
St-Laurent de la Cabrerisse
120 ha; 500 000 Fl. • Weine: Corbières: Blanc, Rosé, Rouge, Cuvée Hommes et Terroir, Solus
Seit der Burgunder Weinhändler Laurent Max das bekannte Bio-Gut übernommen hat, praktiziert man eine hochgestochene Geschäftspolitik, deren Aushängeschild der holzbetonte Rotwein Solus ist.

Château des Estanilles ****
Lenthéric
34 ha; 125 000 Fl. • Weine: → Coteaux du Languedoc Blanc; Faugères: Rosé; Rouge: Tradition, Prestiges, Syrah
Michel Louison ist der heutigen jungen Garde als Beispiel vorangegangen und hat als Erster bewiesen, welche Grandezza die Syrah im Midi erreichen kann. Auch sein Weißwein ist ausgezeichnet.

Château Mansenoble ***–****
20 ha; 110 000 Fl. • Weine: Vins de Pays, Corbières Rouge, → Réserve, Cuvée Marie-Annick
In wenigen Jahren hat Guido Jansegers, ein weinbegeisterter Flame, bewiesen, wie man mit Wissen, Nase und Engagement exzellente rote Corbières machen kann.

Château de Lascaux ***
Vacquières
35 ha; 150 000 Fl. • Weine: Coteaux du Languedoc: Blanc, Rosé, Rouge, → Pic Saint Loup
Syrah und Grenache dominieren die Weinberge Jean-Benoît Cavaliers, der seit 1984 das Gut führt und aus Viognier, Marsanne, Roussanne und Rolle einen der interessantesten Weißen des Languedoc erzeugt.

Château Maurel Fonsalade ***
Causses et Veyran
27 ha; 100 000 Fl. • Weine: Saint-Chinian: Rosé, Rouge, Cuvée Frédéric, Vieilles Vignes
Die Maurels legen viel Wert auf optimale Reife der roten Trauben, aus denen sie vollfruchtige, samtige Rotweine vinifizieren.

Château Moulin de Ciffre **–***
Autignac
30 ha; 90 000 Fl. • Weine: Coteaux du Languedoc, Saint-Chinian, Faugères
Jacques und Bernadette Lésineau, Winzer in Pessac-Léognan, führen ihr hübsch restauriertes Gut mit den drei AOCs zu einer stilvollen Renaissance. Die Cuvée Éole zeigt erstklassigen Bordelaiser Fassausbau.

Château de la Negly ***–****
Fleury d'Aude
50 ha; 300 000 Fl. • Weine: Coteaux du Languedoc und La Clape: Blanc, Rosé, Rouge, u.a. → La Falaise, Porte du Ciel, Clos des Truffiers
Neben zwei raren und extrem teuren Spitzencuvées zeigt Jean Paux-Rousset auf günstigerem Niveau, welch intensive Frucht und Rasse das Terroir La Clape bieten kann.

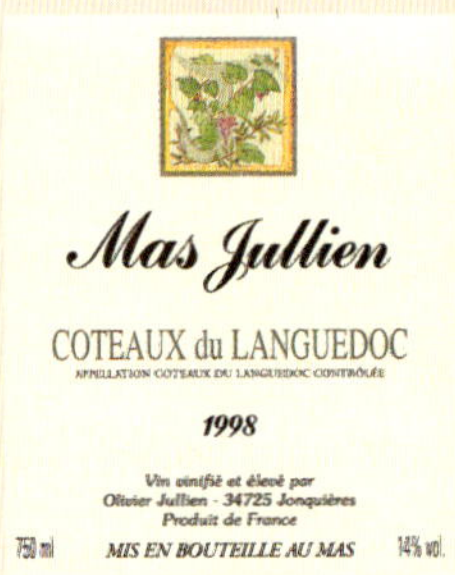

Château Puech Haut ***–*****
Saint-Drézery
50 ha; 150 000 Fl. • Weine: Coteaux du Languedoc Saint-Drézery: Blanc, Rouge, Tête de Cuvée
Ein solcher Aufstieg ist selbst im Midi einmalig. Gérard Bru, zum Winzer bekehrter einheimischer Ex-Industrieller, hat es mit enormen Investitionen und der Hilfe des Star-Önologen Michel Rolland sofort bis in die Spitze geschafft. Nur der Weißwein überzeugt nicht. Ebenfalls superber Rotwein von der Domaine Silènes de Peyrals mit den Drei-Sterne-Zwillingen des Jardin des Sens in Montpellier.

Château Saint-Auriol ***
Lagrasse
45 ha; 300 000 Fl. • Weine: Corbières: → Blanc, Rosé, Rouge
Claude Vialade und Jean-Paul Salvagnac gehören zu den Qualitätsvorreitern in den Corbières. Ihre im Barrique vinifizierten bzw. ausgebauten Weiß- und Rotweine bieten beständig gute Qualität.

Château St-Martin de la Garrigue ***
Montagnac
50 ha; 300 000 Fl. • Weine: u.a. Vins de Pays, Picpoul de Pinet, Coteaux du Languedoc
Umberto und Gregory Guida haben das imposante Schloss mit seinem großen Gut in wenigen Jahren zu einem Begriff gemacht, sowohl aufgrund der frischen und aromatischen Weißweine wie wegen der charaktervollen, gut alternden Roten.

Château Villerambert Julien ***
Caunes-Minervois
70 ha; 350 000 Fl. • Weine; Minervois: Blanc, Rosé, Rouge: L'Opéra, Château
Michel Julien hat seinen Stil gefunden. Er erzeugt aromatische, gut strukturierte, ausgewogene Weine, die einen mittlerweile perfektionierten Barrique-Ausbau erfahren.

Clos Bagatelle **–***
Saint Chinian
55 ha; 185 000 Fl. • Weine: u.a. Vins de Pays; Saint-Chinian Rosé, Rouge: Mathieu, La Gloire de mon Père; Muscat de Saint Jean de Minervois
Seit 1623 lebt Familie Simon auf dem Gut am Rande des Städtchens Saint-Chinian. In den letzten 40 Jahren zählten seine Weine immer zu den solidesten der Region, doch mit der jungen Generation gewinnen sie jetzt an Frucht und Struktur.

Clos Centeilles ****
Siran
13 ha; 65 000 Fl. • Weine: Minervois rouge: Capitelle, Campagne, Clos de Centeilles
Kein anderer Vigneron versteht es, der Sorte Cinsault, dank alter Stöcke und kargem Terroir, einen so raffinierten und eigenständigen Ausdruck zu geben wie Daniel und Patricia Boyer-Domergue.

Clos de l'Escandil **–****
Siran
24 ha; 90 000 Fl; u.a. Vins de Pays; → Minervois La Livinière, Minervois Domaine des Aires Hautes: Blanc, Rosé, Rouge
So großartig die Topweine von Chabbert sind, insbesondere der Clos, so irritierend belanglos sind manche seiner sortenreinen Weine.

Domaine de l'Aigle ***–****
Roquetaillade
20 ha; 100 000 Fl. • Weine: Limoux: Classique, → Les Aigles; Crémant de Limoux; → Tradition Brut; VdP d'Oc: Pinot Noir, Terres Rouges; Vin de Table R, G
Jean-Louis Denoix aus der Champagne sorgt in Limoux für Aufruhr, nicht nur mit erstklassigen AOC-Weinen, sondern mit hochinteressanten Versuchen mit Riesling und Gewürztraminer, die Weinbürokraten ein Dorn im Auge sind.

Domaine de l'Aiguelière ****
Montpeyroux
25 ha; 70 000 Fl. • Weine: u.a. Coteaux du Languedoc: Tradition und Boisé, Côte Dorée, → Côte Rousse
Aimé Commeyras, Erbe einer alten Winzerfamilie, und der Önologe Pierre-Louis Teissedre schlossen sich 1987 zusammen, um seither superbe Weine zu erzeugen.

Domaine Gilbert Alquier ***–****
Faugères
12,5 ha; 40 000 Fl. • Weine: u. a. Faugères: Générique, Réserve: La Maison Jaune, → Les Bastides
Mit Assemblagen aus Grenache, Syrah und Mourvèdre und inzwischen wesentlich feinfühligerem Fassausbau gelingen Jean-Michel Alquier ausgezeichnete Rote. Sein weißer Landwein aus Marsanne und Roussanne ist schlicht köstlich.

Domaine Baillat ***–****
Montlaur
14 ha; 80 000 Fl. • Weine: Corbières: Rosé, Rouge: Domaine, → Clos de la Miro, → Cuvée Émilien Baillat
Christian Baillat hat sowohl österreichisches wie okzitanisches Winzerblut in den Adern. Beharrlich auf der Suche nach Vollkommenheit hat er seine Weine in drei Stufen angelegt, von denen die höchste dem Himmel sehr nahekommt.

Domaine Canet-Valette ***–****
Cessenon
18 ha; 100 000 Fl. • Weine: Saint-Chinian Rouge: Domaine, → Le Vin Maghani
Marc Valette ist einer der Hauptakteure der neuen Garde in Saint-Chinian und kreiert wie seine Copains konzentrierte Rote voll Würze, Frucht, Länge und Potential.

Domaine de l'Hortus ***–****
Valflaunes
34 ha; 185 000 Fl. • Weine: Coteaux du Languedoc: Bergerie: Blanc, Rosé, Rouge; Domaine: Blanc, → Rouge
Beim Erklimmen des Pic St-Loup entdeckte Jean Orliac 1980 sein Gut, das er in einer eigenen Verbindung von Naturbezogenheit und moderner Technik aufbaute und zu einem der besten des Pic machte.

Domaine Léon Barral ***–****
Cabrerolles
23 ha; 95 000 Fl. • Weine: Coteaux du Languedoc Blanc; Faugères
Didier Barral hat das Familiengut mit gewissenhafter Arbeit in Weinberg und Keller in die kleine Spitzengruppe des Faugères hinaufgebracht. Hervorragender im Barrique vinifizierter Weißwein.

Domaine Borie de Maurel ***
27 ha; 150 000 Fl. • Weine: u.a. Minervois Blanc, Rosé, Rouge: Belle de Nuits, Maxime, La Livinière, Sylla
Interessantes, experimentierfreudiges, auf unterschiedlich dominierenden Rebsorten basierendes Angebot an Rotweinen, das von der sortenreinen Syrah Sylla gekrönt wird.

Domaine de Soulie **–***
Assignan
27 ha; 120 000 Fl. • Weine: u.a. Vin de Pays; Saint-Chinian: Rosé, Rouge, → Château Soulie des Joncs
Seit 1610 bewirtschaftet Familie Soulié das Gut, das jetzt unter Aurore und Rémy kontrollierten Bio-Anbau betreibt, wodurch die Weinqualität erheblich gesteigert werden konnte. Ganz besonders ausgefallen ist der Grenache La Folie.

La Grange de Quatre Sous ***–****
Assignan
9 ha; 30 000 Fl. • Weine: Vin de Pays d'Oc rouge: Les Serrottes, → Lo Molin
Hildegard Horat zeichnet für sehr originelle Weine verantwortlich, wobei sie vom Weinberg bis zur Assemblage und dem Etikett kreativ und individualistisch vorgeht. Lo Molin ist die beste Cabernet-Franc-Cuvée des Midi.

Les Chemins de Bassac ***
Puimisson
20 ha; 100 000 Fl. • Weine: Vins de Pays des Côtes de Thongue: Blanc, Rosé, Rouge: Pierre Élie, Cap de l'Homme
Die Ducelliers und ihr Freund Regis Abbal erreichen mit bester Weinbergpflege und kontrolliert niedrigen Erträgen sehr aromatische, elegante, ausdrucksstarke Weine.

Mas des Chimères ***
Octon
13 ha; 43 000 Fl. • Weine: Vin de Pays: Blanc, Rosé, Rouge: u.a. Cuvée Marie et Joseph, L'Éphémère, L'Hérétique; → Coteaux du Languedoc rouge
Seit 1993 wirkt Guilhem Dardé beim Lac du Salagou auf einsamem Posten, um charakterstarke Weine in die Flasche zu bringen.

Mas de Daumas-Gassac ****–*****
Aniane
32 ha; 150 000 Fl. • Weine: Vin de Pays: Blanc, Rouge
Aimé Guibert war der Erste, der mit seinem Rotwein aus dem Jahrgang 1978 das enorme Potential des Languedoc unter Beweis stellte. Seither ist sein Roter immer feiner, geschliffener, tiefgründiger geworden, und der höchst aromatische Weißwein ist eine superbe Kreation.

Mas Jullien ****–*****
Jonquières
17 ha; 60 000 Fl. • Weine: u.a. Les États d'âmes; Coteaux du Languedoc: Les Vignes Oubliés; Les Depierres, Cailloutis
Olivier Jullien ist ein sanfter Revoluzzer und Querulant, der wohl mehr als jeder andere seine Winzerkollegen inspiriert hat und inspiriert. Seine Weine sind jenseits aller Moden Klassiker des neuen und kommenden Languedoc.

Prieuré de St-Jean de Bébian ****
Pézenas
30 ha; 88 000 Fl. • Weine: Coteaux du Languedoc: Blanc; Rouge: Chapelle, Prieuré
Dieses schon legendäre Gut, das zeitgleich mit Daumas-Gassac superbe, sehr mediterrane Rotweine erzeugte, gehört seit 1994 Chantal Lecouty und Jean-Claude Le Brun, die früher die Revue du Vin de France leiteten. Unter ihrer engagierten Leitung wurden Weinberge und Keller instand gesetzt und der Weinstil insgesamt bewusst modernisiert. Weiß- und Rotwein erreichen hohes Niveau.

Côtes du Roussillon und Villages

Das Roussillon muss man gesehen haben. Nur wenige Regionen Europas faszinieren mit einer solchen Vielfalt an Landschaften und solchen Gegensätzen. Von den Sandstränden der Badeorte sind es gerade 50 Kilometer bis zum Gipfel des 2 784 Meter hohen Canigou. Die Auffaltung der Pyrenäen sorgte im Tertiär für das abwechslungsreiche Potpourri aus Schiefer, Granit, Gneis, Ton, Kalk, Kies und Kieseln. Nur das Elsass bietet eine vergleichbare Fülle an dermaßen unterschiedlichen geologischen Strukturen. Zugleich entstand ein eindrucksvolles Panorama aus dem Mittelmeer zugewandten Hängen. Die Weinstöcke klettern auf eine Höhe von 600 Metern, doch ausschließlich dort, wo eindeutig mediterranes Klima vorherrscht. Hier scheint die Sonne noch intensiver, die Jahresdurchschnittstemperatur liegt bei 15 °C, und der Nordwestwind durchbläst das Blätterwerk der Reben im Durchschnitt an jedem dritten Tag, was deren Gesundheit zugute kommt.

Rote Sorten gedeihen unter diesen Umständen am besten. Schon in den 1960ern, als fast ausschließlich der Carignan regierte, führte eine weitsichtige Initiative zur Pflanzung der so genannten ›verbessernden‹ Sorten: dem fruchtbetonten, runden Grenache Noir, der tiefdunklen, würzig-komplexen Syrah, die enorm an Terrain gewinnt, und dem heiklen, doch raffinierten Mourvèdre.

Das Engagement der Weinbauern brachte ihnen bereits 1977 die Anerkennung zur AOC, lange vor Corbières, Minervois oder Coteaux de Languedoc, die erst 1985 folgten. Die AOC Côtes du Roussillon umfasst sämtliche rund 6 500 Hektar Rebflächen, die sich über 125 Gemeinden des Departements der Pyrénées Orientales erstrecken. Im besonders hügeligen Norden des Anbaugebiets, wo Schiefer, Granit und Kalk vorherrschen, wurde der Rotwein als Côtes du Roussillon Villages höher klassiert. Die Dörfer Caramany und Latour-de-France und vor kurzem auch Lesquerde und schließlich Tautavel wurden als eigen-

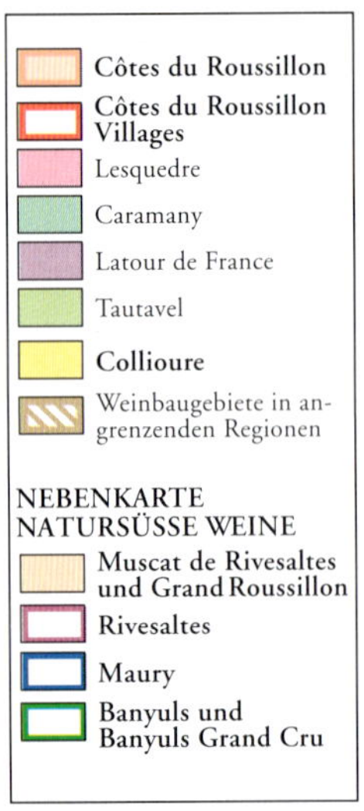

ständige kommunale Appellationen ausgezeichnet. Bislang – seit Mitte der 1990er Jahre – werden nur in Tautavel, zu dem auch die Nachbargemeinde Vingrau zählt, Weine erzeugt, die wirklich beweisen, wie hervorragend ihr Terroir ist. In den anderen drei kommunalen Appellationen regieren Genossenschaften, bei denen nur ein Bruchteil des Volumens der Qualität entspricht, die man eigentlich aufgrund der gegebenen Voraussetzungen erwarten könnte. Die Weiß- und Roséweine werden auch in den Villages als Côtes-du-Roussillon deklariert.

Im südlicheren Teil des Roussillon findet man bei den Bodenverhältnissen keinen gemeinsamen Nenner und oft flachere und ausgedehntere Lagen. Interessant sind die – am Ende der letzten Eiszeit von einem gewaltigen Gletscher – geschaffenen natürlichen Terrassen der Aspres aus großen Flusskieseln oder abgeschliffenen Schiefersteinen. Engagierte Winzer keltern auch hier überzeugende Weine, doch scheint dies weniger oft zu gelingen und verlangt striktere Selektionen bei Parzellen und Trauben. Die üblichen, noch immer von viel Carignan geprägten Roten zeigen ruppige Tannine, die mehrere Jahre brauchen, um sich abzurunden.

Die Produktion von Rotwein steht im Roussillon eindeutig im Vordergrund, aber in letzter Zeit erfuhr auch der Rosé einen nennenswerten Aufschwung. In den beiden vergangenen Jahrzehnten wurde die Kellerausstattung moderner Önologie angepasst, und insbesondere die – vor allem im heißen Süden so notwendige – Temperaturkontrolle ist gang und gäbe geworden.

Wie generell im Midi – außer in den wenigen darauf spezialisierten Gebieten – spielt Weißwein eine untergeordnete Rolle und stellt nur etwa fünf Prozent des Volumens. Während das Gros aus bestenfalls angenehm zu trinkenden, da säurearmen Tropfen besteht, gibt es einige reizvolle Ausnahmen mit sehr eigenständigem Profil. Statt einer nördlichen Frische nachzueifern, die sie nie erreichen können, basieren sie auf reif gelesenen, konzentrierten Trauben, die im Barrique vergoren werden. Das Resultat sind Weine von außerordentlicher Kraft und Länge, die ausgezeichnet mit stark gewürzter südlicher oder exotischer Küche harmonieren.

Ihr Geheimnis – wie das aller großen Weine – besteht nicht zuletzt in der Selektion der Parzellen, im Identifizieren des Terroirs. Diese Arbeit steckt im Roussillon – ebenso wie im Languedoc – noch in den Anfängen. Zwar füllte man bereits 1984 den ersten reinen Schieferwein ab, zwar sind viele Güter und Genossenschaften dazu übergegangen, bestimmte Parzellen gezielt mit bestimmten Rebsorten zu bepflanzen und getrennt zu vinifizieren, aber dies ist ein langwieriges Unterfangen, und erst in letzter Zeit bringen einzelne Winzer den Mut auf, die Weine bestimmter Terroirs auch getrennt abzufüllen und anzubieten.

Collioure und sein Licht begeisterten Henri Matisse und die Maler des Fauvismus. Heute begeistern seine Rotweine die zahlreichen Touristen.

Collioure

Collioure ist das Schmuckstück unter den Küstenorten des Roussillon. Die mittelalterliche Burg und die malerische Wehrkirche sind ungezählte Male verewigt worden, seit Matisse und die Fauvisten sich ab 1905 für das sagenhafte Licht des früheren Fischer- und Hafenstädtchens begeisterten. Hier, am französischen Beginn der Costa Brava, fällt der aus Schiefer bestehende Urkern der Pyrenäen steil ins Mittelmeer ab. Schon die Griechen begannen die Hänge in Terrassen zu verwandeln und Wein zu kultivieren.

Grenache kommt in dieser Zone zur vollen Reife und wurde unter dem Namen des benachbarten Banyuls als natursüßer Wein berühmt (siehe Seite 340). Der traditionelle trockene und starke Rote erhielt erst 1971 – 32 Jahre später – die Anerkennung als Appellation.

Auf kargem Boden, von Sonne und einem gewissen Maß an Feuchtigkeit – durch die Nähe des Meeres – verwöhnt, erreichen die Weine bei einem Höchstertrag von 40 Hektolitern pro Hektar eine besondere Fülle und Struktur.

War der Collioure anfangs ein oft rustikaler, in großen Fudern gelagerter Tropfen, hat er sich inzwischen zu einem der reizvollsten Crus des Midi entwickelt. Noch immer stammen die faszinierendsten Collioures aus Jahrgängen, die den Grenache Noir begünstigten. Aber dank Syrah und/oder Mourvèdre, die seit 1982 zugelassen sind, gibt es tiefdunkle, würzige, geschliffene und doch ausgesprochen südliche Rotweine, die heute oft einen Ausbau im Barrique erfahren. Zusätzlich erzeugen die drei Genossenschaften und die etwa 20 Weingüter auf den 330 Hektar Rebfläche der Appellation einen kräftigen, himbeerfarbenen Rosé, der ausgezeichnet zu gegrilltem Fisch passt.

Die besten Weißweine der Küste werden aus sofort gepresstem Grenache Gris und Grenache Blanc erzeugt und (noch) als Vin de Pays de la Côte Vermeille abgefüllt.

Natursüsse Weine: Banyuls, Maury & Rivesaltes

An der Steilküste zwischen dem schmucken Collioure und der spanischen Costa Brava werden seit dem Mittelalter ungewöhnliche Weinspezialitäten erzeugt.

Der majestätische Canigou und sein Eisenerz zogen schon im Altertum Ligurer, Iberer, Griechen und Römer an. Die Griechen, die um 600 vor Christus an die Küste des Roussillon kamen, führten den Weinbau ein. Die Schieferterrassen der Côte Vermeille, des französischen Ausläufers der Costa Brava, eigneten sich dafür hervorragend und ergaben starke und zuckerreiche Weine. Auch die Römer schätzten diese sehr. Im 1. Jahrhundert unserer Zeitrechnung schwärmte Plinius von den feurigen Tropfen des Roussillon. Eine Blüte erlebte der Weinbau zur Zeit des Königreichs von Mallorca, das Jakob der Eroberer 1276 aus den Balearen, dem Roussillon und Montpellier für seinen jüngsten Sohn, einen friedliebenden, Kunst und Handwerk zugeneigten Menschen, eingerichtet hatte. Neun Jahre später gelang es dem Arzt und berühmten Gelehrten Arnau de Vilanova im südlich von Perpignan gelegenen Gut der Tempelritter, nach arabischen Rezepturen aus Wein Alkohol zu destillieren. Mit diesem – wegen seiner anregenden Wirkung Lebenswasser genannten – Weingeist führte er Experimente durch. So entdeckte er, dass Zugabe von Weingeist die Gärung stoppt, dem Wein einen Teil seines natürlichen Zuckers erhält und verhindert, dass er zu Essig wird. Der Vin Doux Naturel war geboren. Diese Methode, *mutage* – auf Deutsch ›Stummmachen‹ – genannt, bescherte den natursüßen und unverwüstlichen Weinen einen beachtlichen Erfolg während des gesamten Mittelalters.

Auf den steilen Weinbergen der Côte Vermeille entwickeln die Trauben so viel Zucker, dass sie sich für natursüße Weine eignen.

Nachdem er das Roussillon 1659 endgültig Frankreich einverleibt hatte, kredenzte Ludwig XIV. diese Weine in Versailles, und Voltaire schwärmte für den Muscat de Rivesaltes.
Die lange und faszinierende Geschichte nutzte der im Roussillon geborene Astronom und Politiker François Arago, um die Besonderheiten des Vin Doux Naturel – gebräuchliche Abkürzung VDN – schon 1872 gesetzlich anerkennen zu lassen. So erhielten sie bereits 1936 ihre Appellations d'Origine Contrôlées, die Anbauparzellen, Rebsorten, Reifegrade, Erträge, Vinifikation und Mindestalterung festlegten. Die trockensten und heißesten Hänge und Terrassen des Roussillon sind VDNs vorbehalten. Die Trauben müssen ein Minimum von 252 Gramm Zucker pro Liter entwickelt haben, was einem potentiellen Alkoholgrad von 14,4 Prozent entspricht. Einen solch hohen Reifegrad erlangen sie nicht allein durch die Sonne, sondern auch durch begrenzte Erträge von 30 Hektolitern pro Hektar und weniger. Nachdem die Gärung eingesetzt hat, kontrolliert der Winzer oder Kellermeister die Umwandlung des Zuckers in Alkohol. Er wählt den Zeitpunkt, wann er den reinen und geschmacksneutralen Weingeist dem gärenden Most zufügt, und entscheidet auf diese Weise über den Charakter des fertigen Weins. Je früher er den Wein stumm macht, umso höher ist der Restzuckergehalt, je länger er damit wartet, umso trockener wird der Wein. Vorgeschrieben ist, dass der Restzuckerwert zwischen 50 und 125 Gramm pro Liter liegt und der fertige Wein einen Gesamtgrad – Alkohol plus Restzucker – von 21,5 Prozent aufweist. Deshalb variiert die Menge des zugesetzten Weingeists zwischen 5 und 10 Prozent des Volu-

mens, die alkoholische Stärke zwischen 16 und 18,5 Prozent. Das Roussillon stellt 90 Prozent der französischen Vins Doux Naturels.

Unter den vier hauptsächlich für sie zugelassenen Rebsorten Muscat, Maccabéo, Malvoisie und Grenache nimmt Letzterer eine Sonderstellung ein, genauer gesagt, der Grenache Noir und nicht die ebenfalls angebauten Varianten Grenache Blanc und Gris. Er gibt den hochwertigsten Banyuls, Maury und Rivesaltes ihren Charakter. Wird bei einfacheren Qualitäten der Weingeist dem Most zugesetzt, wird er bei den besten Weinen über die gemaischten Trauben gegossen – was man *mutage sur grains* nennt – und mazeriert mit ihnen mehrere Tage, oft auch zwei bis vier Wochen lang. Während dieser Periode löst der erhöhte Alkoholgehalt Farb-, Aroma- und Gerbstoffe aus den Beerenschalen, bevor gepresst wird und dabei ein Teil des Alkohols verloren geht.

Traditionelle Banyuls, Maury und Rivesaltes altern in großen Holzfudern, in denen man sie absichtlich der Oxidation aussetzt.

Um die Entwicklung der Aromen zu beschleunigen, werden die Weine zum Teil in *demi-muids*, 600 Liter großen Stückfässern, oder sogar in Korbflaschen – wie auf dem Mas Amiel – unter freiem Himmel den starken Temperaturschwankungen zwischen Tag und Nacht, Sommer und Winter ausgesetzt. Bukett und Geschmack der traditionellen VDNs erinnern im ersten Altersstadium an gekochte Früchte, frische Feigen, auch an Pfirsich und kandierte Kirschen. Daran schließt sich eine Phase an, in der getrocknetes Obst wie Backpflaumen, Rosinen, Feigen und Aprikosen dominieren. Weitere Alterung kehrt dann – etwa ab dem siebten Jahr – Röstaromen wie Zwieback, gebrannte Nüsse, aber auch Karamell hervor. Dann folgen Kakao, Kaffee und später Tabak, bis sich schließlich, nach 15 bis 20 Jahren, die Noten von Rancio entwickeln. Diese lassen sich auch in sehr alten Cognacs, alten trockenen Sherries und Vins Jaunes aus dem Jura finden und erinnern an das Aroma grüner Walnuss-Schalen.

Seit 1975 wird zusätzlich ein neuer Typ an Süßwein erzeugt: der Vintage, der in Banyuls oft Rimage heißt. Diese frühzeitig abgefüllten, meist schwarzroten Weine sind äußerst saftig und dickflüssig. Ihr intensiver Duft wird von frischen reifen Kirsch- und Beerennoten bestimmt, und die Süße des Traubenzuckers verbirgt die meist sehr ausgeprägten Tannine. Sie altern wie große Rotweine, wobei ihre Süße immer dezenter wird.

Auch aus weißen Sorten oder einer Mischung zwischen ihnen und Grenache Noir lassen sich VDNs gewinnen, die hervorragend altern. Nach zehn und mehr Jahren entwickeln sie oft Aromen von getrockneten Aprikosen, Orangenschale und – mit etwas Muscat – eine Note von Pinienharz. Jung bleiben Maccabéo und Grenache Blanc als Süßwein eher verhalten. In Beliebtheit und Qualität werden sie vom Muscat de Rivesaltes bei weitem überflügelt. Er basiert auf Muscat d'Alexandrie mit seinen großen Beeren und dem Muscat blanc à petits grains, der sehr kleine, reif dunkelgoldene Beeren besitzt. Als Weißwein auf niedriger Temperatur vinifiziert, besitzt er im Roussillon sehr intensive frische Aromen von Zitrone oder Pfirsich und bisweilen Noten von Ginster, Fenchel und Anis. Ein junger Muscat sollte immer einen sehr blassen Ton aufweisen. Im Languedoc werden auch in St-Jean-de-Minervois, Frontignan, Lunel und Mireval Muscat-Weine erzeugt und an der Rhône in Beaumes-de-Venice. Der einzige dunkle VDN außerhalb des Roussillon kommt aus Rasteau.

Traditionell werden Banyuls-Weine in Stückfässern unter freiem Himmel ausgebaut. Die dabei radikal forcierte Oxidation hilft ihre komplexen Aromen zu entfalten.

Banyuls, Maury und Rivesaltes sind – auf 12 bis 15 °C gekühlt – angenehme Aperitifweine, die trotz ihrer intensiven Aromen nachfolgende Weine nicht beeinträchtigen. Sie begleiten vorzüglich Foie gras und Entengerichte, die mit Früchten zubereitet wurden, und passen gut zu Ziegen- und Edelschimmelkäsen. Zum Nachtisch reicht man sie zu Kuchen, und schon legendär ist ihre Verbindung mit Schokoladendesserts, die sie als einzige Weine spielend verkraften, vor allem die jungen Vintages oder trockenen Banyuls. Haben sie reife Aromen entwickelt, trinkt der Kenner sie als Digestif und genießt ihre verblüffende Komplexität.

Ausgewählte Erzeuger im Roussillon

Cave Coopérative de Maury *–****
Maury
1700 ha; 650 000 Fl. • Weine: u.a. Côtes du Roussillon und Villages; Maury: 6 ans d'age, → Veille Réserve, Récolte 94, → 96, 98; → Chabert de Barbaira
Die Winzergenossenschaft von Maury kämpft seit Jahrzehnten beharrlich um die Anerkennung ihrer natursüßen Weine, die auf Schieferböden wachsen. Neben denen aus traditionellem Ausbau gewinnen die Jahrgangsweine jetzt zunehmend an Klasse.

Celliers des Templiers **–*****
Banyuls-sur-Mer
980 ha; 1 100 000 Fl. • Weine: u.a. Collioure: Rosé, Rouge, Banyuls: Rimage, Viviane Le Roy, → Amiral Vilarem, → Président Henri Vidal
Das Aushängeschild des GICBs, des Zusammenschlusses von 5 Kooperativen, kann eine Anzahl der besten Banyuls vorweisen, die nach langjährigem Fassausbau und anschließender Affinage auf der Flasche angeboten werden. Die Qualität der Rotweine ist uneinheitlicher bis auf die Top-Cuvée des Mas Reig.

Château de Jau und Clos de Paulilles **–****
Cases-de-Pène und Port-Vendres
140 ha + 80 ha; 350 000 + 220 000 Fl. • Weine: u.a. Vin de Pays: Le Jaja de Jau; Côtes du Roussillon Blanc; Côtes du Roussillon Villages, → Talon; Collioure: Rosé, Rouge; Banyuls: Rimage, → Rimage Mise Tardive, Cap Béar
Estelle Dauré leitet heute diese beiden Güter ihrer Familie sowie das Mas Christine, das einen ausgezeichneten Rivesaltes erzeugt, mit Verve und femininem Touch, der sich insbesondere bei ihrem Banyuls-Programm zeigt.

Clos des Fées ****
Vingrau
9 ha; 20 000 Fl. • Weine: Côtes du Roussillon Villages: Les Sorcières, → Tradition, Vieilles Vignes, → Le Clos des Fées
Hervé Bizeul, Ex-Sommelier, Verleger, TV-Weinjournalist, hat die Seiten gewechselt und ist Winzer geworden. Mit dem richtigen Riecher hat er superbe Parzellen gefunden, aus ihnen sein Gut konstituiert und 1998 ein grandioses Debüt gegeben.

Domaine Cazes Frères **–*****
Rivesaltes
160 ha; 800 000 Fl. • Weine: u.a. Vin de Pays: Canon de Maréchal, → Credo; Côtes du Roussillon: → Blanc, Rosé, Rouge; Côtes du Roussillon Villages; Rivesaltes: Vintage, Ambré, Tuilé, → Aimé Cazes; Muscat de Rivesaltes
Die Brüder André und Bernard Cazes sind seit Anfang der 1980er Jahre die Lokomotiven des Roussillon, wobei ihr eigenes Gut entsprechend wuchs, aber in jeder Hinsicht überzeugt. Heute – gemeinsam mit ihren Kindern – arbeiten sie biodynamisch. Höchstes Niveau erreichen sie mit ihren natursüßen Weinen.

Domaine des Chênes ***–****
Tautavel
36 ha; 90 000 Fl. • Weine: u.a. Vin de Pays; → Côtes du Roussillon Blanc Les Magdaléniens, Rouge; Côtes du Roussillon Villages: → Les Grandes Mères, Tautavel
Alain Razungles, engagierter Önologe an der Uni in Montpellier, und sein Vater Gilbert verstehen es, sowohl verführerisch fruchtige wie gediegene Barrique-Weine zu erzeugen.

Domaine Ferrer Ribière **–****
Terrats
30 ha; 120 000 Fl. • Weine: u.a. Vin de Pays Blanc, Rouge; Côtes du Roussillon: Blanc, Rosé, Rouge: → Empreinte du temps, Cana; Muscat de Rivesaltes
Denis Ferrer und Bruno Ribière, zwei Freunde, die sich Mitte der 1990er Jahre zusammentaten, inspirieren sich seither zu immer herausragenderen Weinen. Superb sind ihre Weine von uralten Stöcken: der Carignan von über 120, der Grenache Blanc von über 70 Jahre alten.

Domaine Fontanel **–****
Tautavel
35 ha; 175 000 Fl. • Weine: u.a. Côtes du Roussillon: Blanc, Rosé; Côtes du Roussillon Villages: Tradition, → Prieuré; Rivesaltes: → Ambré, Rouge, Muscat
Pierre Fontanel und seine Frau Marie-Claude sind ein bescheidenes und unermüdliches Winzerpaar, deren Weine mit schöner Hartnäckigkeit von Jahr zu Jahr besser werden.

Domaine de Forza Réal ***–****
Millas
40 ha; 150 000 Fl. • Weine: u.a. → Côtes du Roussillon Blanc; Côtes du Roussillon Villages: → Les Hauts de Forca Réal; Rivesaltes: Hors d'Age, Muscat
Auf den ausgezeichneten Schieferlagen des von einer Einsiedelei gekrönten Berges hat sich Weinhändler Jean-Paul Henriques zum Winzer gewandelt und liefert hochwertige Qualitäten.

Domaine Gardiès ****
Vingrau
45 ha; 130 000 Fl. • Weine: u.a. Vin de Pays Blanc; Côtes du Roussillon Villages: Les Millères, → La Torre, → Les Falaises; Rivesaltes, Muscat de Rivesaltes
Seit er das Familiengut, das sich zur einen Hälfte in Vingrau, zur anderen in Espira d'Agly befindet, 1990 übernahm, hat Jean Gardiès wahre Wunder vollbracht. Seine als Assemblages konzipierten und im Barrique gereiften Rotweine gehören mit zu den besten der Region.

Domaine Gauby *****
Calce
35 ha; 80 000 Fl. • Weine: u.a. Vin de Pays Blanc: → Vieilles Vignes, L'Oum, → La Roque; Côtes du Roussillon: Les Calcinaires; Côtes du Roussillon Villages: → Vieilles Vignes; → Muntada
Mit unablässigem Perfektionsdrang setzen Ghislaine und Gérard Gauby neue Maßstäbe: Sie selektionieren ihre Parzellen, geben Reben die bestmögliche Pflege, verwenden nur verlesene Trauben und immer vollkommener abgestimmten Barrique-Ausbau. Ihre Weißweine sind zum Modell des mediterranen Stils geworden, von den roten ganz zu schweigen.

Domaine Joliette ***
Espira d'Agly
40 ha; 125 000 Fl. • Weine: u.a. Vin de Pays; Côtes du Roussillon: Blanc, Rosé, Rouge André Mercier; Côtes du Roussillon Villages Romain Mercier; Rivesaltes: Vintage, Hors d'age, Muscat
Auf dem ersten Hang über der Ebene von Salses erfahren die Weinberge der Merciers optimale Sonneneinstrahlung und Meeresbrisen. Die Weine gewinnen seit einigen Jahren an Frucht und Schliff.

Domaine La Casenove **–****
Trouillas
50 ha; 120 000 Fl. • Weine: u.a. Vin de Pays →Blanc, Rosé, Rouge; Côtes du Roussillon: Blanc, Rouge: La Garrigue, →La Casenove, →Amiral Francois Jaubert; Rivesaltes: Vintage, Muscat
Seit über 400 Jahren befindet sich das Weingut im Besitz der Familie. Seit langem ist es bei den Montès Sitte, dass der älteste Sohn das einstige Tempelrittergut erst nach einer ersten Berufskarriere übernimmt. Étienne, exzellenter Ex-Fotoreporter, ist als Winzer ebenso herausragend: Seine Weine haben vollen Charakter.

Domaine Laporte ***
Perpignan
40 ha; 150 000 Fl. • Weine: Vin de Pays: Blanc, Rosé, Rouge; Côtes du Roussillon: Rouge; →Cuvée Domitia; →Rivesaltes, Muscat de Rivesaltes
Als er 1980 das Familiengut nahe der römischen Via Domitia bei Perpignan übernahm, hat Raymond Laporte schnell durch modern vinifizierte Landweine überzeugt. Die Nachzügler, die roten AOC-Weine und die Rivesaltes, sind jetzt seine besten Weine.

Domaine du Mas Crémat ***–****
Espira d'Agly
30 ha; 90 000 Fl. • Weine: u.a. Vin de Pays: Muscat sec, →Grenache Blanc Vieilles Vignes; Côtes du Roussillon und Fût de chêne; Muscat de Rivesaltes
Spitzenwinzer Jean-Marc Jeannin schuf aufgrund seiner Burgunder Herkunft und Erfahrung einen ganz eigenen Weinstil im Roussillon, der Kraft und Finesse in außergewöhnlicher Weise verband. Nach seinem viel zu frühen Tod führt seine Frau Cathérine Mongeard aus Vosne-Romanée das Gut mit bewundernswertem Mut weiter.

Domaine Piquemal ***
Espira d'Agly
55 ha; 200 000 Fl. • Weine: u.a. Vin de Pays; Côtes du Roussillon Les Terres Grillées: →Blanc, Rouge; →Côtes du Roussillon Villages; Rivesaltes: Ambré, Muscat
Mit viel Arbeit, Durchblick und Vision haben die Picquemals, inzwischen mit der Hilfe von Sohn Franck, ein interessantes und homogenes Weinangebot geschaffen. Reizvoll der Muscat aus dem Barrique.

Domaine de la Rectorie ****
Banyuls-sur-Mer
23 ha; 110 000 Fl. • Weine: u.a. Vin de Pays Blanc: →L'Argile; Collioure: Rosé, Rouge: Le Seris, del Bast, Coume Pascole; Banyuls: Vintage, Elisabeth, →Léon Parcé
Ihr erster Banyuls Vintage 1984 schuf bereits einen neuen Stil. Seither haben die Brüder Marc und Thierry Parcé immer wieder mit verblüffenden Weinkreationen aufgewartet wie L'Argile, dem exquisiten Weißwein aus Grenache Gris. Immer stärker wenden sie sich trockenen Weinen zu.

Domaine Salvat **–***
St. Paul de Fenouillet
70 ha; 180 000 Fl. • Weine: u.a. Vin de Pays; Côtes du Roussillon: →Blanc, →Rosé, Rouge; Rivesaltes; Muscat
Die Salvats besitzen zwei Güter, eins in der Nähe von Perpignan, vor allem für Muscat und VDN, das andere im Hinterland, wo sie auf 400 Meter Höhe frische Weiße und Rosés erzeugen, die sie bekannt machten.

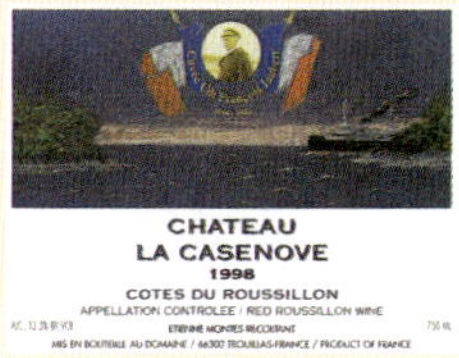

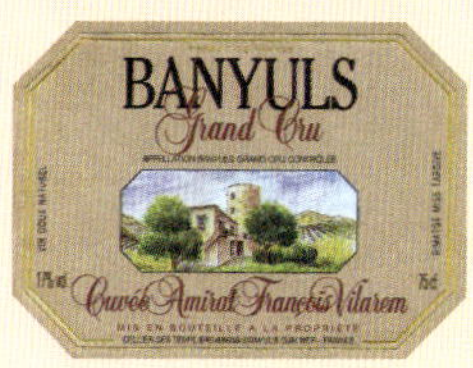

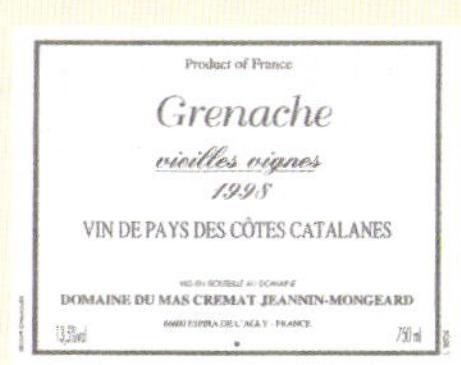

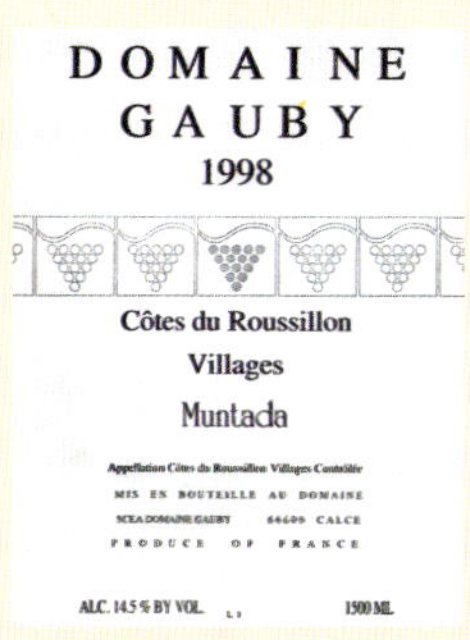

Domaine Sarda Malet ****
Perpignan
48 ha; 200 000 Fl. • Weine: u.a. Côtes du Roussillon: →Blanc, Rosé, Rouge: →Réserve, →Terroir de Mailloles; Rivesaltes, Muscat
Mit verlässlicher Qualität auf gutem Niveau hat Suzy Malet ihrem Gut international einen Namen gemacht. Seit aber Sohn Jérome seine Nase in die Weine steckt, haben sie an Konzentration und Präzision gewonnen und sind zu den besten der Region aufgestiegen.

Domaine des Schistes ***–****
Estagel
50 ha; 125 000 Fl. • Weine: Vin de Pays: Merlot, →Cabernet; Côtes du Roussillon: →Tradition, Les Terrasses; Rivesaltes; →Maury Vintage
Jacques und Nadine Sire führen ihr großes Gut zu Füßen der Südwand der Corbières von Jahr zu Jahr zu immer höheren Qualitäten. Seit 1999 bieten sie auch einen ausgezeichneten jungen Maury an.

Domaine de la Tour Vielle **–****
Collioure
12 ha; 40 000 Fl. • Weine: u.a. →Vin de Pays Blanc Les Canadeills; Collioure: Rosé des Roches, Rouge Puig Oriol; Banyuls: Vintage, Réserva, Francis Cantié
Die Collioures und Banyuls, die Christine Campadieu und Vincent Cantié von ihren traditionell gepflegten Weinbergen in den beiden Gemeinden erzeugen, sind charaktervolle Botschafter der nordkatalanischen Küste.

Domaine Vial Magnères ****
Banyuls-sur-Mer
13 ha; 30 000 Fl. • Weine: u.a. →Vin de Pays Blanc Armenn; Collioure Les Espérades; Banyuls: Blanc Rivage, Ambré; Rouge: Vintage, Brut, →Gaby Vial 1985, →Al Tragou 1976
Bernard und Monique Saperas bewahren mit Passion ihre alten Schieferterrassen, kreieren ausgezeichnet abgestimmte Cuvées und waren Vorreiter des Banyuls Blanc. Ihr alter Rancio ist legendär.

L'Étoile **–*****
Banyuls-sur-Mer
152 ha; 275 000 Fl. • Weine: u.a. Collioure: Rosé, Rouge; Banyuls: →Blanc Doux Paillé; Rouge: Rimage, →Macéré Tuilé, Grande Réserve, →Extra Vieux, →Select Vieux
Die älteste Winzergenossenschaft der Côte Vermeille ist zugleich die Bastion der traditionellen, oxidativ ausgebauten Banyuls, wo sie wahre Wunder bietet. Bei trockenen Weinen schwankt die Qualität.

Mas Amiel **–****
Maury
160 ha; 300 000 Fl. • Weine: u.a. Vin de Pays; Maury: →Vintage, Réserve, 15ans d'age, →20 ans en 2000
Das Mas mit dem legendären Park der Glasdemijohne, in denen die traditionellen Maury-Weine altern, die weltweit ein Begriff geworden sind, hat die Hand gewechselt. Der neue Besitzer dürfte in Zukunft stärker auf Rotweine setzen.

Mas Blanc **–****
Banyuls-sur-Mer
21 ha; 45 000 Fl; Weine: Collioure, Banyuls: Blanc, Rimage, Docteur André Parcé, Saint-Martin, Hors d'Age Solera
Dr. André Parcé hat als international bekannter Feinschmecker keine Gelegenheit ausgelassen, für Banyuls und Collioure zu werben. Nach seinem Tode setzt sein Sohn Jean-Michel Parcé den Stil des Hauses fort, der sich immer wieder in sehr komplexen und dichten Weinen zeigt, aber leider auch in nicht immer verlässlichen Qualitäten.

ITALIEN

Eckhard Supp, Dunja Ulbricht

Italienische Weingeschichte

Italien zählt nicht nur zu den bedeutendsten Weinbaunationen Europas, neben Frankreich, es ist auch eines der ältesten Weinbauländer des Kontinents. Jüngere archäologische Funde weisen nun die Etrusker als die Ersten aus, die im 8. Jahrhundert v. Chr. in Italien systematisch Reben kultivierten, wohingegen sich die Griechen mit dem Ruhm begnügen müssen, von ihrer Kolonie Massilia (Marseilles) aus den Weinbau in Frankreich etabliert zu haben. Ältere Weinbauversuche sind anzunehmen, eindeutig nachweisen lassen sie sich bislang jedoch nicht. Mit dem Römischen Reich verbreitete sich in West- und Mitteleuropa nicht nur ein hoch entwickeltes Wissen um Weinbau und Weinbereitung, es waren auch die Römer, die den Weinhandel zu einem gewinnträchtigen Wirtschaftszweig ausbauten. Pompeji, die Hafenstadt am Vesuv, stieg zur bedeutendsten Weinhandelsmetropole in der antiken Welt auf, doch die Zerstörung der Stadt durch den Vulkanausbruch 79 n. Chr. begünstigte im ganzen Reich die Entstehung regionaler Weinzentren. Die damit verbundene Blütezeit des Weins mag dazu beigetragen haben, dass ein bereits 186 v. Chr. ausgesprochenes Verbot der mit rauschhaften Elementen durchsetzten Bacchanalien, der römischen Variante des griechischen Dionysos-Kultes, wenig gewissenhaft befolgt wurde. Mit dem Aufstieg des Christentums und bis zu dessen Anerkennung als Staatsreligion im 4. Jahrhundert wurde dann der Gebrauch von Wein im Rahmen einer kultischen Handlung zunehmend maßvoller.

Kaum ein anderer italienischer Wein altert so lange und mit solcher Grandezza wie der Barolo aus dem Piemont.

Die 20 Regionen in Zahlen

Region	Weinbergfläche in ha	Produktion in hl ø 1990er
Abruzzen	33 252	4 000 000
Aosta-Tal	635	30 000
Apulien	106 715	9 500 000
Basilikata	10 848	500 000
Emilia Romagna	58 237	6 800 000
Friaul · Julisch-Venetien	18 704	1 100 000
Kalabrien	24 339	800 000
Kampanien	41 129	2 100 000
Latium	47 884	3 300 000
Ligurien	4 837	200 000
Lombardei	26 951	1 500 000
Marken	24 590	1 900 000
Molise	7 650	400 000
Piemont	57 487	3 100 000
Sardinien	43 331	1 000 000
Sizilien	133 518	9 500 000
Toskana	63 633	2 800 000
Trentino/Südtirol	12 810	1 100 000
Umbrien	16 503	900 000
Venetien	75 314	7 800 000

Florenz nahm nicht nur für Kultur und Kunst eine führende Rolle ein, sondern auch für die Weine der Toskana, die vor seinen Toren wuchsen.

Der Niedergang des Weströmischen Reiches 476 erforderte in Italien eine umfassende Neuorientierung, und die Unruhen der Völkerwanderung wirkten sich ungünstig auf alle Aktivitäten aus, die eine Generationen andauernde Sesshaftigkeit voraussetzen. Weinbau und Weinbereitung, besonders der Ausbau eleganter Weine, verloren ihren Status als lukrative Wirtschaftszweige. Als mit dem Erstarken der aufstrebenden Handelsstädte Genua, Florenz oder Venedig und mit dem Wohlstand ihrer Bürger wieder ein Markt für edle Weine geschaffen war, entwickelte sich der Handel mit Weinen aus Bordeaux, aus dem Burgund, vom Rhein und von der Donau zum einträglichen Geschäft. Schon im 13. und 14. Jahrhundert etablierten sich einige der bis heute bekanntesten Namen der Weinwelt, darunter die Antinori, die mit dem Seidenhandel wohlhabend geworden waren, und die Frescobaldi, die den regen Warenaustausch zwischen Bordeaux und der englischen Krone finanzierten und in London für die Päpste Steuern eintrieben.

Während italienische Bankiers und Händler an Weinimporten gut verdienten, fiel der Weinbau des Landes in einen immer tieferen ›Dornröschenschlaf‹ und überlebte nur in Form reiner Subsistenzwirtschaft der zum Teil extrem armen Landbevölkerung. In manchen Regionen Italiens ist die

Rettung der Weinbautradition einzig den Klöstern zu verdanken. Es sollte noch bis ins 19. Jahrhundert dauern, bevor sich im Piemont und in der Toskana ein Neubeginn abzeichnete. Nach französischem Vorbild und unter aktiver Mitwirkung französischer Önologen wurden Weintypen wie Barolo, Brunello und Chianti entwickelt, die eineinhalb Jahrhunderte später zu den populärsten und besten Weinen der Welt zählen. Etwa zur gleichen Zeit entstanden die noch immer berühmten italienischen Weinbauschulen und Kellereien wie Gancia, Cinzano oder Bolla.

Auch in Italien wäre es dem Reblausbefall beinahe gelungen, die aufstrebende Weinkultur zum Erliegen zu bringen, und die beiden Weltkriege des 20. Jahrhunderts trugen das Ihre dazu bei, die Entwicklung zu behindern. In den schwierigen Jahren nach dem Zweiten Weltkrieg konnte sich dann im Weinbau eine Einstellung durchsetzen, die zur Anlage hochproduktiver Weinberge und zur Wahl der ertragreichsten statt der besten Rebsorten führte. Gefördert wurde diese Entwicklung zusätzlich von der französischen Weinindustrie, die nach dem Wegfall der Lieferungen aus der

einstigen Kolonie Algerien einen erhöhten Bedarf an italienischer Tankware zum Verschnitt mit den eigenen Tafelweinen entwickelte.

Aufschwung mit Hindernissen

In Italien kam dieser Tendenz zu immer höheren Erträgen die Tatsache entgegen, dass Wein bis in die Nachkriegsgeneration nicht als Genussmittel, sondern als wichtiger Kalorienlieferant galt. Erst in den 1960er Jahren begann sich das Konsumverhalten zu ändern. Der Pro-Kopf-Verbrauch der Italiener sank von ursprünglich mehr als 110 auf weniger als 60 Liter Wein jährlich.
Parallel dazu vollzog sich im Weinbau ein radikaler Wandel hin zu höherer Qualität, den auch der Skandal nicht behindern konnte, der Mitte der 1980er Jahre das ganze Land erschütterte: Eine Gruppe verantwortungsloser ›Winzer‹ hatte Billigwein mit Methylalkohol ›aufgebessert‹, und innerhalb weniger Wochen starben mehr als 20 Menschen nach dem Schluck aus der Doppelliterflasche.
Der Aufschwung hatte auch diesmal in der Toskana begonnen, wo eine ganz neue Kategorie von Weinen entstand: die Super-Tafelweine aus den bis dahin wenig verbreiteten französischen Rebsorten Cabernet Sauvignon, Merlot, Chardonnay oder Syrah, meist im kleinen Barrique-Fass aus neuem Eichenholz ausgebaut. Neue Winzer- und Kellermeistergenerationen orientierten sich in den 1970er und 1980er Jahren an Frankreich und an der Neuen Welt und versuchten, die Erkenntnisse im eigenen Land anzuwenden.

Kurz darauf, aber nicht minder radikal artikulierte sich im Piemont die Modernisierungsbewegung des Barolo und Barbera, die mit farbintensiveren, fruchtbetonteren Weinen den anspruchsvollen Geschmack des internationalen Publikums befriedigen sollten. Während diese Entwicklung zunächst hauptsächlich die Kellerarbeit betroffen hatte, verlagerte sich das Schwergewicht der Anstrengungen in den 1990er Jahren in die Weinberge. Alte, längst nicht mehr zeitgemäße Rebanlagen wurden gerodet und durch modernere, auf Qualität angelegte Erziehungssysteme ersetzt. Gleichzeitig wurde das Weingesetz zumindest teilweise den neuen Realitäten und den Anforderungen der internationalen Märkte angepasst. Eine neue Kategorie von Weinen, die der Tafelweine mit geografischer Herkunftsbezeichnung *(Indicazione geografica tipica, Igt)* entstand, und eine ganze Reihe einstiger Tafelweine konnte aufgrund der veränderten Produktionsvorschriften als Qualitätswein mit Herkunftsbezeichnung *(Denominazione di Origine Controllata / e Garantita, DOC/ DOCG)* vermarktet werden.

Schließlich machten sich Italiens Winzer daran, das immense, aber noch weitgehend ungenutzte Reservoir an einheimischen Sorten einer genaueren Würdigung zu unterziehen und erste Schritte zur Verbesserung des Bestandes in die Wege zu leiten. Hier liegt auch die große Herausforderung und Chance für eine Zukunft, in der die Mode der ›internationalen‹ Rebsorten wieder abflauen könnte und sich der Verbraucher auf die Besonderheiten der einzelnen Weinländer und die Charakteristika ihrer Weine zurückbesinnt.

Das Piemonteser Dorf Barolo hat dem renommiertesten Rotwein Italiens seinen Namen gegeben: schließlich erfährt die Sorte Nebbiolo auf seinen Hängen einen einmaligen Ausdruck.

Hierarchie all'Italiana

Obwohl Cosimo III. de' Medici bereits 1716 die erste Festlegung des Chianti-Gebiets vornahm, wobei er den Carmignano als erste verbindliche Appellation der Welt einrichtete, hat man sich in Italien erst 1963 zu einer Weingesetzgebung entschließen können, die Weinkategorien und Herkunftsgebiete verbindlich festschreibt. Dieses Gesetz zum Schutz kontrollierter Herkunftsbezeichnungen ist in seinen Grundzügen bis heute gültig. Es teilte die Weinproduktion entsprechend europäischer Norm in zwei Klassen: Tafelweine *(Vini da Tavola)* und Qualitäts- oder DOC-Weine *(Denominazione di Origine Controllata),* die fortan präzisen Bestimmungen bezüglich der Sortenzusammensetzung, der Herkunft der Trauben, aber auch der Weinbereitung und des Ausbaus unterlagen. Mit dem toskanischen Weißwein Vernaccia di San Gimignano wurde drei Jahre nach Verabschiedung des Gesetzes das Produktionsstatut des ersten DOC-Gebiets ausgearbeitet. In den folgenden Jahrzehnten entstanden mehr als dreihundert weitere dieser DOC-Bezeichnungen. Für die italienische Weinwirtschaft waren sie unverzichtbar bei der Eroberung der internationalen Märkte.

Morgennebel in Carmignano, einem eigenständigen toskanischen DOC-Gebiet

Verpasste Chance

Mit der wachsenden Zahl von DOC-Gebieten wuchs jedoch die Kritik an den unzureichenden qualitativen Differenzierungsmöglichkeiten zwischen einzelnen Herkunftsbezeichnungen. Hochwertige Appellationen waren einfachsten Massenweinen gleichgestellt worden, während der Markt längst auch preislich deutliche Unterschiede geschaffen hatte. Anfang der 1980er Jahre erfand man daher eine weitere Stufe an der Spitze der Qualitätspyramide, die so genannten kontrollierten und garantierten Qualitätsweine *(Denominazione di Origine Controllata e Garantita,* DOCG). Für diese Weine galten strengere Produktionsvorschriften, niedrigere Höchsterträge und längere Ausbauzeiten. Unter den derart geadelten Weinen waren einige der besten und prestigereichsten Italiens, wie Barolo, Barbaresco, Brunello, Chianti oder der Nobile di Montalcino. Mit der Aufnahme fragwürdiger Provenienzen, etwa Albana di Romagna, Asti Spumante oder die erwähnte Vernaccia di San Gimignano, war jedoch auch diese Chance vertan, eine wirkliche Qualitätshierarchie nach französischem Muster zu etablieren.

Die bedeutendsten DOCG-Weine Italiens

DOCG-Bezeichnung	Region	Hauptrebsorte(n)
Barbaresco	Piemont	Nebbiolo (reinsortig)
Barolo	Piemont	Nebbiolo (reinsortig)
Brachetto d'Acqui	Piemont	Brachetto (reinsortig)
Brunello di Montalcino	Toskana	Sangiovese (reinsortig)
Carmignano	Toskana	Sangiovese, Cabernet
Chianti	Toskana	Sangiovese
Chianti Classico	Toskana	Sangiovese
Franciacorta	Lombardei	Chardonnay, Pinot Nero
Taurasi	Kampanien	Aglianico (reinsortig)
Torgiano Rosso Riserva	Umbrien	Sangiovese
Vino Nobile di Montepulciano	Toskana	Sangiovese

Hinzu kam, dass die Produktionsvorschriften mit ihrer Kombination aus Laisser-faire und bürokratischer Akribie von vielen Spitzenwinzern bald nicht mehr als sinnvolles Instrument, sondern lediglich als hinderliches Korsett wahrgenommen wurden. Innovative Winzer mussten feststellen, dass ihre Bemühungen um eine Verbesserung der Weine, etwa durch eine geänderte Sortenzusammensetzung oder durch neue Ideen in Kellertechnik und Ausbau, mit den allzu präzisen Vorgaben der jeweiligen Produktionsstatuten nicht vereinbar waren. Wer Chianti Classico rein aus Sangiovese statt aus der obligaten Sortenkombination roter und weißer Trauben keltern wollte, stand ebenso außerhalb des gesetzlichen Rahmens wie jemand, der Barolo oder Brunello in kleineren, neuen Holzfässern ausbauen oder einige der einheimischen Friauler Sorten verarbeiten wollte. Doch Italiens Winzer wussten sich zu helfen. Die neuen Weine wurden einfach als Tafelweine deklariert, wobei man großzügig darüber hinwegsah, dass dann beispielsweise keine Jahrgangsangabe auf den Etiketten erlaubt war, und erzielten dank ihrer überragenden Qualität und einer geschickten Vermarktung Preise, die den Großteil der Qualitätsweine mit geschützter Herkunftsbezeichnung wie billige Massenware aussehen ließen. Der Gesetzgeber, der kein Interesse daran haben konnte, dass seine mühsam konstruierte Qualitätshierarchie, in der Tafelweine ganz unten angesiedelt waren, durch den Erfindungsreichtum der Winzer ausgehebelt wurde, zog in den 1990er Jahren mit der Überarbeitung des Gesetzes nach. Viele DOC- und DOCG-Bestimmungen wurden toleranter gefasst, die unsinnig langen Fasslagerzeiten wurden gekürzt. Und unter dem Namen *Vini da tavola con indicazione geografica*, besser bekannt als *Indicazione geografica tipica* (Igt), konnten viele der Super-Tafelweine mit offizieller Herkunfts- und Jahrgangsangabe angeboten werden, während andere jetzt sogar im Rahmen der DOC-Bestimmungen zugelassen waren. Die neue Hierarchie sieht vier Stufen vor:

• Tafelweine *(Vini da Tavola)* ohne präzise geografische Herkunftsbezeichnung und Jahrgang

• Igt-Weine mit Angaben zu Anbaugebiet, Sorte, besonderen Weinarten und Jahrgang

• DOC-Weine *(Denominazione di Origine Controllata)*

• DOCG-Qualitätsweine *(Denominazione di Origine Controllata e Garantita)* mit verschiedenen Prädikaten: *Riserva* (längere Fassreife); *Superiore* (Alkoholgehalt bzw. Höchstertrag betreffend); *Classico* (Weine aus dem historischen Zentrum des Anbaugebiets); *Vigna/Vigneto*, gefolgt vom Namen der betreffenden Einzellage.

Produktionsmengen und Regionen
der meistgekelterten DOC- und DOCG-Weine

Herkunftsbezeichnung	Region	Prod. (hl)
Chianti DOCG	Toskana	750 000
Asti DOCG	Piemont	680 000
Oltrepò Pavese DOC	Lombardei	550 000
Soave DOC	Venetien	540 000
Montepulciano d'Abruzzo DOC	Abruzzen	440 000
Grave del Friuli DOC	Friaul·Julisch-Venetien	380 000
Valpolicella DOC	Venetien	300 000
Piemonte DOC	Piemont	300 000
Südtiroler / Alto Adige DOC	Trentino-Südtirol	260 000
Trentino DOC	Trentino-Südtirol	250 000
Prosecco di Conegliano-Valdobbiadene DOC	Venetien	240 000
Chianti Classico DOCG	Toskana	230 000
Trebbiano d'Abruzzo DOC	Abruzzen	220 000
Colli Piacentini DOC	Emilia Romagna	210 000

Zeichen mittelalterlichen Machtstrebens – die Geschlechtertürme von San Gimignano

Sorten für die Zukunft

Italiens Weinberge bieten das weltweit vermutlich größte Genreservoir für Kultursorten der Spezies *Vitis vinifera*. Zwar belegen die zwölf meistkultivierten Sorten (siehe Tabelle) mehr als die Hälfte der Weinbergfläche des Landes, doch ansonsten gibt es Dutzende Arten von wirtschaftlicher Relevanz und wahrscheinlich Hunderte von Subspezies, die auf wenigen Hektar Rebfläche im Verborgenen überleben und ihrer Entdeckung für den Qualitätsweinbau harren.

Obwohl die weißen Sorten quantitativ mit den roten konkurrieren können, sind die wirklich großen Weine Italiens mit wenigen Ausnahmen rot. Das Prestige des gesamten italienischen Weinbaus ruht heute auf zwei Sorten: Sangiovese und Nebbiolo (der auf weniger als einem Prozent der italienischen Rebfläche kultiviert wird und nur in ausgesuchten Anbaugebieten wirklich gelingt).

Nebbiolo

Aus Nebbiolo werden mit Barolo und Barbaresco die Spitzenweine des Piemont gekeltert. Daneben bildet er, reinsortig oder verschnitten, die Grundlage weiterer DOC- und DOCG-Weine wie Gattinara, Ghemme oder Roero sowie für die lombardische Appellation Valtellina. Die auch als Spanna, Picutener oder Chiavennasca bezeichnete Sorte ist auf kühlere Gebiete eingestellt. Ihre kleinen Beeren liefern farbintensiven, tanninreichen Wein, vertragen jedoch überhöhte Hektarerträge weit schlechter als andere Sorten. Große Nebbiolo-Weine zeichnen sich dagegen durch dichte, rubinrot schimmernde Farbe aus, duften nach Teeblättern, Gewürzen, Rosen, manchmal auch nach Teer. In der Jugend übertrieben fest und tanninbetont, wirken sie im Alter umso weicher, einschmeichelnder und süßer.

Während sich bislang die moderne Weinerzeugung auf nur ein Dutzend Sorten konzentrierte, steht in den Weinbergen Italiens eine Fülle alter, einheimischer, oft noch unerforschter Sorten, die zunehmend das Interesse von Winzern und Önologen wecken.

Sangiovese und die Franzosen

Sangiovese, die zweite rote Spitzensorte Italiens, stellt die Basis für so berühmte Weine wie Brunello, Chianti und Vino Nobile, die allesamt aus der Toskana stammen. Auch Umbrien besitzt mit dem Torgiano und dem Montefalco große Vertreter der Sorte. Daneben gibt es zwar auch in der Romagna weite Sangiovese-Flächen, aber im Unterschied zu den feinen, vielschichtigen Toskana-Weinen wächst hier überwiegend fruchtig-süffige Alltagsware, sieht man von einigen höheren Hanglagen ab. Die Sorte stammt wahrscheinlich aus der Toskana und soll schon bei den Etruskern bekannt gewesen sein. Die Weine zeichnen sich durch lebendige Säure und feingliedrige Tanninstruktur aus, weshalb sie nie so mächtig und kompakt wirken wie etwa Cabernet. Um die Anfälligkeit der späten Sorte für einen kühleren Wetterverlauf – dann tritt die Säure stärker in den Vordergrund, die Tannine bleiben grün und rauh – zu kompensieren, hat man sie meist mit Reben verschnitten, die für Farbe, Frucht, Süffigkeit und Milde verantwortlich waren. Allerdings wird das Rezept des traditionellen Chianti Classico, das sogar weiße Trauben vorsah, inzwischen kaum noch angewendet, man findet zunehmend reinsortige Sangiovese-Weine oder Verschnitte mit französischen Sorten, wobei der runde, fruchtige Merlot in den letzten Jahren immer beliebter wurde.

Die französischen Sorten Cabernet Sauvignon und Merlot konnten sich jedoch in Italien weit mehr als nur im Verschnitt mit Sangiovese etablieren. Ende des 19. Jahrhunderts vor allem im Norden als Reaktion auf die Reblauskatastrophe gepflanzt – Merlot war hier bis in die Nachkriegsjahre die meistkultivierte Sorte –, machten sie mit der toskanischen Weinrevolution wieder von sich reden. Der Sassicaia als erster großer Cabernet Sauvignon bewies, dass sich die Sorte auch für Italien gut eignet. Nach seinem Modell wurden Tafelweine, die so genannten *Super Tuscans*, kreiert, die Italiens Spitzenweinbau international bekannt machten. Dass ihr Cabernet französischen und kalifornischen Weinen zum Verwech-

seln ähnelt, fiel kritischen italienischen Winzern und Kellermeistern erst recht spät auf.
Dagegen ist Merlot jahrzehntelang nur zu dünner, säurebetonter Massenware verarbeitet worden. Erst Ende der 1980er und Anfang der 1990er Jahre kamen in der Toskana, dann auch im Friaul Weine aus Merlot-Trauben auf den Markt, die das Potential der Spitzensorte wirklich ausreizten: farbintensiv, geprägt von schönen Fruchtaromen und mit weicher Fülle, die noch immer von einer festen Tanninstruktur getragen wurde. Wenn sich die beiden von der kalifornischen Mondavi-Kellerei gegründeten Joint-Venture-Unternehmen in der Toskana um den Merlot als Verschnittpartner für Sangiovese bemühen, dann weist dies auf die noch ruhenden Möglichkeiten dieser frühen Sorte hin, die sich mit ihren fruchtbetonten Weinen vielleicht besser eignet als der ursprünglich favorisierte Cabernet Sauvignon.

Stärke und Zukunft liegen gewiss eher auf einer so einmaligen Sorte wie dem Sangiovese: statt auf internationalen Sorten, die (fast) überall geraten. Sie hat den Charakter der großen Roten der Toskana geprägt und anderswo bisher kaum überzeugende Resultate geliefert.

Barbera und die ungehobenen Schätze

Seit den 1980er Jahren kümmert sich der italienische Weinbau intensiver um die übrigen einheimischen Sorten. Die Piemonteser Barbera war Protagonist einer der erstaunlichsten Karrieren des europäischen Weinbaus. Vom säurebetonten Außenseiter stieg sie zum modernen, dichten und würzigen Spitzenrotwein auf. Auch die großen roten Sorten des Südens, Aglianico, Negroamaro, Primitivo, Nero d'Avola und Uva di Troia, genossen endlich ein wenig der Aufmerksamkeit, die sie verdienten. Einen Sonderfall in dieser Hinsicht stellt das nördliche Friaul dar, wo mit Refosco, Pignolo und Schioppettino drei hervorragende Rotweinsorten überlebt haben, aus denen in den letzten Jahrzehnten großartige Weine gekeltert wurden. Zählt man noch die Corvina – die Basis für den grandiosen Amarone des Veneto – und den sardischen Cannonau hinzu, so zeigt Italien einen reichen Fundus, aus dem es in den kommenden Jahrzehnten schöpfen kann.

Weiss hinter Rot

Ganz anders präsentiert sich das Bild bei den Weißweinsorten. Im mediterranen Italien sind nur wenige Klimazonen wirklich geeignet für die Erzeugung großer Weißweine. Und während bei den Roten der hochwertige Sangiovese auch quantitativ vorn liegt, sind die Spitzenplätze bei den Weißen meist von Rebsorten belegt, aus denen nur in Ausnahmefällen gute Weine gekeltert werden. So können Moscato Bianco – er wird reinsortig zu Asti verarbeitet, aber auch zu den wundervollen Dessertweinen der Insel Pantelleria – und Malvasia interessante Produkte hervorbringen, fristen aber meist ein Dasein als Massenträger, deren überhohe Erträge kaum ausdrucksvolle Weine zulassen. Von den aus Trebbiano gekelterten Weinen zeichnet sich keiner durch Geschmacksreichtum aus, und nicht umsonst wird er in Frankreich unter dem Namen ›Ugni Blanc‹ vor allem zur Destillation verwendet. Ähnliches gilt für die venetische Garganega, obwohl sie gelegentlich wundervolle Süßweine der Appellation Recioto di Soave hervorbringt, und auch die weiße toskanische Vernaccia, die Piemonteser Arneis und Cortese oder der Verdicchio der Marken haben aus Italien kein Weißweinland machen können. Wer schließlich im Zuge der italienischen Weinrevolution auf die französischen Sorten Chardonnay oder Sauvignon Blanc setzte, mußte die Erfahrung machen, dass auch für sie nur wenige Terroirs wirklich geeignet sind, wie Südtirol, der östliche Teil des Friaul und einige hoch gelegene Flächen in Mittel- und Süditalien, abgesehen davon, dass die Begeisterung der internationalen Märkte für diese weltweit auf riesigen Flächen kultivierten Sorten von nicht allzu langer Dauer zu sein droht.

Die zwölf meistkultivierten Sorten

Trebbiano (diverse Arten)	96 000 ha
Sangiovese	86 000 ha
Cataratto (diverse Arten)	74 000 ha
Barbera	47 000 ha
Italia (Tafeltraube)	37 000 ha
Merlot	32 000 ha
Montepulciano	31 000 ha
Malvasia (diverse Arten)	30 000 ha
Negroamaro	30 000 ha
Regina (Tafeltraube, diverse Arten)	19 000 ha
Primitivo	17 000 ha
Calabrese	14 000 ha

Der Nordwesten: Alpen, Apennin und Po

Alberetto della Torre im Piemont vor der schneebedeckten Alpenkette

Zum nordwestlichen Italien sind vier Regionen zusammengefasst, die sich hinsichtlich des Landschaftsprofils und der klimatischen Bedingungen stark unterscheiden: das Aosta-Tal, Piemont, Ligurien und die Lombardei.
Eingebettet in den schützenden westlichen Alpenbogen, der im Süden fast bruchlos in den ligurischen Apennin übergeht und sich nach Osten in die Po-Ebene öffnet, liegt das Piemont. Sein facettenreiches Hügelland mit hervorragend für den Weinbau geeigneten Böden – vor allem die kalkhaltigen Mergel der Langhe bieten optimale Ausgangsbedingungen für Spitzenqualitäten – ist die Heimat einer der weltweit besten Rotweinsorten, des Nebbiolo, und mit dem Asti oder Asti Spumante eines der heute populärsten Schaumweine.

Kontinentales Klima

Obwohl Alba, die berühmteste piemontesische Weinbaugemeinde, auf dem gleichen Breitengrad wie Bordeaux liegt, herrschen in den beiden Regionen völlig unterschiedliche klimatische Bedingungen. Im Gegensatz zum Bordelais, wo ausgesprochen mildes Meeresklima den Weinbau begünstigt, bestimmt im Piemont eher kontinentales Klima den Jahresverlauf. Mit kurzen, trockenen Sommern, langen, oft nebelverhangenen Herbsten und sehr kalten Wintern entspricht die Region klimatisch kaum dem üblichen Italienbild.
Rebkulturen findet man nur dort, wo Flusstäler mildernd wirken oder geschützte Südhänge eine optimale Nutzung der Sonnenwärme erlauben. Von einer solchen Konstellation profitiert etwa das Aosta-Tal, in dessen alpiner Umgebung sogar anspruchsvolle Rotweinsorten gedeihen. Hier ist es im Jahresmittel überraschend warm und trocken, und die steilen Weinbergterrassen nutzen jeden Sonnenstrahl. Ähnliche Bedingungen bietet die Valtellina, das Veltlin, an der schweizerischen Grenze der Lombardei, wo der Nebbiolo einige seiner interessantesten Resultate hervorbringt.

Riviera und Adria

Ganz anders ist die Situation in der übrigen Lombardei, die sich über die weite, nebelreiche Po-Ebene zur Adria hin öffnet und deren klimatischem Einfluss ausgesetzt ist. Wo zudem größere Wasserflächen zur Temperaturregulierung beitragen, wie am Iseo- oder am Gardasee mit ihren mineralreichen Moränenschotterböden, da bietet selbst Norditalien mediterrane Klimabedingungen. Die meisten lombardischen Weine stammen jedoch aus weniger begünstigten Lagen des Oltrepò Pavese auf den nördlichen Ausläufern des ligurischen Apennin in Richtung Po-Ebene.
Wärme und Sonne im Überfluss erhalten die Trauben in der südlichsten der Nordwestregionen, im lang gestreckten Ligurien am Südrand des Apennin. Die zum Meer orientierten Weinberge verfügen über optimale Voraussetzungen für den Qualitätsweinbau, jedoch bei schwierigsten Arbeitsbedingungen werden sie nur selten genutzt.

Junge Winzer, neue Weine

Ein frischer Wind weht durch den Nordwesten. Was sich in den letzten beiden Jahrzehnten vor allem im Barolo-Gebiet vollzogen hat, darf man getrost als Weinbaurevolution bezeichnen. Das hat bei der Weinbergsarbeit begonnen. Inspiriert durch Reisen und Erfahrungen in Frankreich, entschlossen sich in den 1970er und 1980er Jahren viele Jungwinzer, die Hektarerträge vor allem mit Hilfe eines radikalen Ausdünnens der Trauben im Sommer so weit zu reduzieren, dass sie im Herbst vollreifes, extrem konzentriertes Material ernten konnten.
Radikaler noch war der Wandel bei der Kellerarbeit. In vielen Weingütern wurde der alte Holzfassbestand, in dem der Barolo oft viel zu lange zu seinem Schaden lagern musste, durch temperaturkontrollierte Edelstahltanks für die Gärung und kleine Barrique-Fässer für den Ausbau ersetzt. Standen die Traditionalisten den extrem verkürzten Maischegärzeiten und dem Ausbau in neuen

Moderner Weinanbau in Barriques und Edelstahltanks bei Rocche de Manzoni

Barriques auch kritisch gegenüber, so fühlten sie sich durch den neuen Qualitätswettstreit, der nun entbrannte, doch angespornt, führten selbst die eine oder andere vorsichtige, wohl überlegte Neuerung ein und brachten in den 1980er und 1990er Jahren oft wundervolle Weine zustande.

Neue Wege aller Sorten

Dem von den *Barolisti* beschrittenen Weg folgten zögernd auch die Winzer des Barbaresco und der Gebiete außerhalb von Langhe, Roero und Monferrato. Die Ergebnisse der Barolo-Experimente vervollkommneten auch die Verarbeitung anderer Rebsorten: der Barbera, die durch Barrique-Ausbau zum internationalen Spitzenwein aufstieg, des Dolcetto, der mit klarerer Frucht begeisterte, und schließlich auch Grignolino, Freisa und die importierten französischen Rebsorten.

Selbst die Weißweine gerieten in Bewegung, doch die Erfolge der Roten konnten sie nicht erreichen. Gavi und der Arneis des Roero schienen zu Modeweinen aufzusteigen, blieben letztlich aber in ihrem Geschmacksprofil zu neutral, um der Konkurrenz französischer, deutscher oder auch überseeischer Weißweine standzuhalten. Asti konnte eigentlich nur mit seiner leicht fruchtigen Variante Moscato d'Asti die gestiegenen Ansprüche internationaler Märkte bedienen und verlor trotz seiner Aufwertung zum DOCG-Wein an Boden.

Der Brachetto ist eine selten angebaute Piemonteser Sorte, die sehr ungewöhnliche helle, perlende Rotweine ergibt und nach Himbeeren duftet.

Fortschritte in der Lombardei

Während Aosta und Ligurien, die weitgehend für den heimischen Markt arbeiten, sich vorsichtiger der neuen Qualitätsphilosophie öffneten, waren die Erfolge in Teilen der Lombardei fast ebenso beeindruckend wie im Piemont. Besonders das Franciacorta-Gebiet tat sich hervor. Sowohl bei den flaschenvergorenen Schaumweinen, die nicht selten schon auf ein Niveau mit denen der Champagne gestellt werden, wie auch bei den weißen und roten Stillweinen – meist Verschnitte einheimischer mit internationalen Sorten – konnten die Winzer vom Lago d'Iseo mit ihren neuen Qualitäten Erfolge feiern.

Italiens Nordwesten ist damit für die Zukunft gut gerüstet. Einen Schatten wirft allenfalls die bei einigen Appellationen exzessive Preisentwicklung. Das gilt weniger für die wahren Spitzenweine als vielmehr für Trittbrettfahrer, die im Windschatten der Elite die Gunst der Stunde – und die Knappheit mancher Weine – ausnutzen, um auch für minderwertige Ware Spitzenpreise zu verlangen.

Regionale Rebsorten im Nordwesten

Der Nordwesten birgt eine Vielzahl önologischer Schätze in Form einheimischer Sorten, die erst in den letzten Jahrzehnten einem breiteren Publikum bekannt wurden, allen voran der in Piemont und Ligurien populäre Dolcetto. Die frühe, recht unproblematische Sorte liefert säurearme, fruchtbetonte Rotweine, die sich durch ihr Kirsch- und Pfefferaroma auszeichnen und in den ersten beiden Jahren nach der Ernte getrunken werden sollten. Die übrigen Piemonteser Rotweinsorten wie die oft moussierend angebotene Freisa, der leichte, intensiv duftende Grignolino, Pelaverga, Ruchè (Rouchet), Croatina, Bonarda und Vespolina oder der muskatähnliche Brachetto sind bislang auch regional nur von untergeordneter Bedeutung geblieben.

Das Aosta-Tal besitzt mit Petite Arvine, Premetta und Petit Rouge ebenfalls einheimische Rotweinsorten, deren zum Teil interessante Weine jedoch keinerlei überregionale Verbreitung erfahren. Dasselbe gilt für die Lombardei, wo neben einheimischem Groppello auch Reben der Nachbarregionen Trentin, Venetien und Emilia Romagna verarbeitet werden: Schiava, Marzemino, Corvina, Lambrusco.

An außergewöhnlichen regionalen Weißweinsorten besitzt Ligurien mit dem Vermentino, der auch in Sardinien, in der Toskana und in Frankreich kultiviert wird, und dem einheimischen Pigato zwei Trauben, die für angenehm fruchtige Weine gut sind. Die restlichen Weißen sind von eher neutralem Charakter. Das gilt vor allem für die Piemonteser Sorten Cortese (Basis des Gavi), Arneis und Favorita. Die säurebetonte Erbaluce eignet sich zur Schaumweinproduktion wie für zuckerbeladene Süßweine. Das Aosta-Tal bereichert die Liste um Grauburgunder – hier Malvasia genannt – und um die einheimische Spezialität Blanc de Morgex. In der Lombardei fällt mit der Garganega vor allem eine Sorte der Nachbarregion Venetien aus dem Rahmen.

Aosta-Tal
Spezialitäten vom Fuss der Alpen

Amphitheater der Reben bei Donnas im unteren Aosta-Tal

Spätestens mit den römischen Legionären gelangte der Weinbau in das strategisch wichtige Tal. Von ihrer Festung Augusta Prätoria aus, dem heutigen Aosta, kontrollierten sie die Alpenpässe über den Großen und Kleinen Sankt Bernhard und begannen, das Land zu kultivieren. Denn das bis in die Neuzeit wiederholt im Spannungsfeld von Frankreich, Italien und der Schweiz gelegene Aosta-Tal birgt einen einzigartigen Mikrokosmos. Die schmalen, spektakulären Rebterrassen an steilen Felswänden sind mit bis zu 1 300 Meter Höhe die höchsten Weinberge Europas. Sie verleihen einer Vielzahl autochthoner Rebsorten ihren individuellen Lagencharakter, und so entstehen hier die eigenständigsten Weine des Tals.

Die Winzer profitieren seit je von den besonderen klimatischen Bedingungen entlang des Dora Baltea. Hufeisenförmig von den Walliser und Cottischen Alpen umschlossen, die bis auf 4 000 Meter ansteigen, bildet das Tal eine der geschütztesten und trockensten Gegenden Europas. Das Klima wird von extremen Wintern und heißen Sommern geprägt. Starke Schwankungen zwischen Tages- und Nachttemperaturen sichern zudem in der Vegetationsperiode ideale Bedingungen zur Ausbildung kräftiger, fruchtbetonter Aromen. Während in vielen höheren Lagen Trauben für Weißweine mit gutem Säurespiel gedeihen, eignen sich die nach Süden ausgerichteten Terrassen des mittleren Tals – die besten Lagen überhaupt – auch für kräftige, körperreiche Rotweine.

Nach den Römern waren es katholische Mönche, die sich des Weinbaus annahmen. Nicht nur die Anlage der Rebterrassen verdankt das Tal dem Klerus, für den Erhalt dieses mühevollen Bergweinbaus setzte er sich noch im 20. Jahrhundert ein. Manche der Mönche machten sich über die Regionsgrenzen hinaus mit ihren Weinen einen Namen, so Don Augusto Pramontton, der aus rosinierten Pinot-Grigio-Trauben eine legendäre Malvoisie de Nus kelterte. Obwohl sich die Rebfläche in den letzten 100 Jahren von rund 3 000 auf 670 Hektar kontinuierlich verringerte, glaubt man im Tal an eine Wende: Unterstützt von staatlichen Fördermitteln, haben die etwa 4 000 überwiegend im Nebenerwerb tätigen Winzer der Region neuen Ehrgeiz entwickelt.

Vielfalt und Spezialitäten

Inzwischen besitzen rund drei Viertel der regionalen Weinproduktion wieder DOC-Status und werden unter der DOC-Bezeichnung ›Valle d'Aosta / Vallée d'Aoste‹ (die Zweisprachigkeit ist ein Relikt des 19. Jahrhunderts, als das Aosta-Tal zum französischen Königreich Savoyen gehörte) vermarktet, wobei das Reglement 27 Weintypen aus 22 zugelassenen Rebsorten vorsieht. Darunter verdienen vor allem die aus einheimischen Sorten gekelterten Spezialitäten Aufmerksamkeit.

Bei den Weißen bringen die – auch im benachbarten Wallis kultivierte – Petite Arvine und der Blanc de Valdigne die eigenständigsten Weine hervor. Aus Letzterem gewinnt man den bekannten Blanc de Morgex et de La Salle vom oberen Talende. Seine Herkunft von den höchsten Weinbergen Europas hat ihm den Beinamen ›Bianco dei ghiacciai‹, Gletscherwein, eingebracht. Seine Erzeuger, meist Mitglieder der örtlichen Genossenschaft, bearbeiten nur etwa 15 Hektar, deren Reben meist an niedrigen Pergolen (Pergeln) erzogen sind. Der reblausresistente Blanc de Valdigne gehört zu den wenigen europäischen Sorten, die

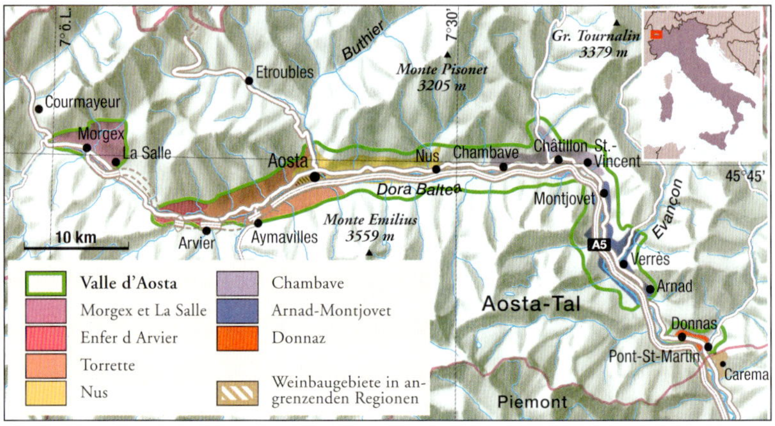

nicht auf amerikanische Unterlagen aufgepfropft, sondern wurzelecht gepflanzt werden. Unter den klimatischen Bedingungen der Steilterrassen entstehen aus den Trauben helle, rassige, oft leicht moussierende Weine mit zitrusartiger Frische und einem Duft nach Bergkräutern.
Unter den übrigen weißen Sorten brilliert Moscato/Muscat von Chambave. Er wird sowohl trocken ausgebaut als auch aus rosinierten Beeren zum Dessertwein (als Passito oder Flétry, wie es im einheimischen Dialekt heißt) vinifiziert. Daneben werden Weißweine aus Müller-Thurgau, Weiß-, Grau- und sogar weiß gekeltertem Spätburgunder sowie inzwischen auch aus Chardonnay produziert. Wird die Rebsorte auf dem Etikett genannt, muss der Wein – gleichgültig ob weiß, rosé oder rot – zu 90 Prozent aus dieser Sorte gekeltert worden sein.

Die Burg Fénis im Aosta-Tal bewachte einen der wichtigsten Handelswege, nahe den bedeutendsten Weinbergen der Region.

Der Kleine Rote

Bei den Rotweine führt der autochthone Petit Rouge, sortenrein oder im Verschnitt. Er verkörpert wie kein Zweiter den rauen, urwüchsigen Charakter der Landschaft. Im Enfer d'Arvier mit seinem klaren Beerenaroma, unterlegt von Pfeffer- und Gewürznoten, stellt er 85 Prozent der Gesamtmenge und wird von den einheimischen Sorten Vien de Nus, Neyret, Gamay und Spätburgunder ergänzt. Auch der aus dem Gebiet von Nus stammende, sechs bis acht Monate im Fass ausgebaute Torrette besteht zu 70 Prozent aus Petit Rouge, ergänzt von Fumin, Neyret und Vien de Nus, aber auch von Dolcetto, Gamay und Spätburgunder.
Am mittleren und unteren Lauf des Dora Baltea reift der anspruchsvolle Nebbiolo. Oberhalb von Pont-St-Martin ergibt er in Höhenlagen von bis zu 600 Metern, mit kleinen Mengen Freisa, Neyret oder Vien de Nus verschnitten, einen frucht- und säurebetonten, leicht rustikalen Wein, den Donnas oder Donnaz, der zwei Jahre in Holz ausgebaut wird. In seiner Struktur leichter als die berühmten Nebbiolo-Weine des Piemont, zeigt ein Donnas aus gutem Jahrgang nach drei bis fünf Jahren Flaschenreife gelegentlich Klasse und Eleganz.
Natürlich haben auch die internationalen Sorten vor der Hochgebirgskulisse des Aosta-Tals nicht Halt gemacht. Auf zahlreichen Terrassen stehen heute Chardonnay oder Cabernet, Merlot und selbst Syrah, aus denen in einigen Fällen interessante, meist aber belanglose Weine gekeltert werden. Wer die seltenen Spezialitäten des Aosta-Tals kennen lernen will, wird auf den Weingütern und in der regionalen Gastronomie fündig.

Grollo dell'amicizia – hölzerner Trinkbecher der Freundschaft mit sechs Schnäbeln, Aosta-Tal

Ausgewählte Erzeuger

Costantino Charrère **–****
Aymavilles
11 ha; ZT; 500 000 Fl. • Weine: u. a. Premetta, Vin de La Sabla, Les Fourches, → Le Crête di Costantino Charrère, Chardonnay Cuvée La Frissonnière les Crêtes, Petite Arvine Champorette, Torrette Les Toules, La Tour: Fumin, Pinot Noir, Syrah
Neben dem 1955 gegründeten Familienweingut betreibt Charrères in Aymavilles das nach modernsten Kriterien ausgestattete Les Crêtes. Mit einer fast kompletten Sortenpalette der DOC Aosta gehört er zu den wenigen wirklich wichtigen Erzeugern des Tales.

Cooperativa Crotta di Vegneron **
Chambave
30 ha; 200 000 Fl. • Weine: u. a. Chambave Moscato, Nus Malvoisie Passito, Nus Rosso, Müller-Thurgau, Pinot Noir, Gamay, Fumin
Die Produktion der 1980 gegründeten Genossenschaft umfasst einige interessante Weintypen des Aosta-Tals, wobei vor allem die Muskateller aus Chambave und der Müller-Thurgau durch konstante Qualität auffallen.

Fondazione Institut Agricole Régional ***
Aosta
7 ha; 50 000 Fl. • Weine: Gamay, Pinot Noir, Petit Rouge, Müller-Thurgau, Pinot Gris, Trésor du Caveau, Sang des Salasses
Die Stiftung ging 1982 aus dem Hospiz des Großen St. Bernhard hervor, das die regionale Landwirtschaftsschule betrieben hatte. Die Roten und Weißen eigener Weinberge des Instituts zählen zu den besten Aostas.

Ezio Voyat **
Chambave
2 ha; 15 000 Fl. • Weine: Rosso Le Muraglie, Passito Le Muraglie, La Gazzella
Spezialität: Moscato, Moscato Passito. Die 4. Generation der Voyats scheint den Anschluss an die Qualität der modernen Aosta-Weine etwas verpasst zu haben.

Piemont

Große Vergangenheit, große Zukunft – Spitzenweingut Elio Altare in La Morra

Das Piemont ist vor allem als Heimat zweier herausragender Rotweine bekannt, des Barolo und des Barbaresco. Ersterer wird gern als Wein der Könige und König der Weine gepriesen, was eine jahrhundertealte Tradition vermuten lässt. Beide Kultweine entstanden jedoch erst in der zweiten Hälfte des 19. Jahrhunderts, und ihr modernes Erscheinungsbild wurde nicht vor dem Ende der 1970er Jahre geprägt. Dennoch ist das Piemont eine Region mit sehr langer Weinbaugeschichte. Der nordwestliche Alpenbogen beeinflusst gemeinsam mit dem Apennin das Klima, das den Weinbau in nahezu allen Teilen der Region begünstigt, vor allem aber in der Hügellandschaft der südlichen Hälfte mit den Provinzen Cuneo, Asti und Alessandria, in den Langhe und im Monferrato.

Griechen oder Etrusker

Ob die Weinbaukultur mit griechischen oder mit etruskischen Einwanderern in die Region kam, ist unklar, doch die lange bewahrte Tradition, die Reben an Bäumen oder hohen Pfählen emporwachsen zu lassen – *etrusco* –, ist zumindest ein Indiz. Die Römer schätzten die Weine des Piemont offenbar weniger, und Plinius d. Ä. nimmt sie in seine Liste der besten italienischen Weine nicht auf (obgleich er in seiner Naturgeschichte eine *»uva spinea [...] quae sola alitur nebulis«* erwähnt, eine kletternde Rebe, die als einzige Nebel vertrage, und damit wohl den heutigen Nebbiolo meint). Nach dem Untergang des Römischen Reiches wurde das Piemont zum Durchzugsgebiet und Spielball konkurrierender Mächte. In dieser Situation wirtschaftlicher Unsicherheit waren es vor allem die Mönche, die sich des Weinbaus annahmen. Erst im 13. Jahrhundert erfuhr der piemontesische Weinbau einen neuen Aufschwung. 1268 wird der ›Nibiol‹, der heutige Nebbiolo, erwähnt, woraus man schließen kann, dass es sich dabei um eine einheimische, den besonderen klimatischen Verhältnissen bestens angepasste Rebsorte handelt. In einer Chronik der Gemeinde La Morra, am nördlichen Rand des heutigen Barolo-Gebiets, wird 1512 in einem Schriftstück erstmals ein ›Nebiolum‹ erwähnt. 1758 erließ die Stadt Alba ein Gesetz, das die Einfuhr und das Verschneiden von Weinen aus fremden Weinbaugebieten untersagte und das Datum des Lesebeginns festlegte. Neben dem damals als süß und leicht moussierend beschriebenen Nebbiolo wurden hauptsächlich Malvasia und Moscato kultiviert, denn seit dem Altertum und noch bis ins 19. Jahrhundert hinein standen süße Weine in der Verbrauchergunst unangefochten an erster Stelle.

Der erste trockene Nebbiolo geht im 19. Jahrhundert auf die Initiative Camillo Cavours, des als Vater der Einheit Italiens geehrten Staatsmannes, zurück. Für sein eigenes Weingut in Grinzane bei Alba wie auch für das der Marchesa Giuletta Faletti von Barolo, einer gebürtigen Französin, engagierte er um 1850 den französischen Önologen Louis Oudart, damit er einen trockenen und haltbaren Rotwein nach Bordelaiser Vorbild entwickele. Oudarts Ergebnis, ein trockener, kräftiger Rotwein mit der Herkunftsbezeichnung Barolo, wurde rasch höchste Anerkennung zuteil, denn der erfolgreiche Politiker Cavour mit seinen Verbindungen zum Haus Savoyen und zum Adel am Königshof in Turin verstand es ausgezeichnet, seinen neuen Wein zu lancieren. Schon 1896 gehörte er zu den besten Weinen Italiens. Kurz zuvor war es Domizio Cavazza auch in Barbaresco gelungen, durch Vergärung des gesamten Mostzuckers einen trockenen Wein zu erzeugen, der als eigenständige Appellation zeitweise sogar größeres Ansehen genießen sollte als der berühmte Barolo. So viel Prestige vermochte offenbar auch die Rebläuse zu beeindrucken, die gegen Ende des 19. Jahrhunderts die meisten Rebgärten im Piemont zerstörten: der Nebbiolo blieb verschont.

Grinzane Cavour – die Geburtsstätte des trockenen Nebbiolo

Kleinwinzer statt grosser Domänen

Mengenmäßig blieb die Sorte trotz ihres Prestiges unbedeutend. Kaum drei Prozent der Piemonteser Weine werden heute daraus gekeltert, was nicht zuletzt an den hohen Ansprüchen liegt, die sie an Klima und Böden stellt. Die Gunst der Winzer galt stattdessen meist dem einheimischen, frühen Dolcetto und der ertragsstarken Barbera, was allerdings vor allem wirtschaftliche Gründe hat.

Anders als zum Beispiel in der Toskana, ist der Weinbergbesitz im Piemont stark parzelliert, und viele Betriebe besaßen lange Zeit nicht die Kapitalkraft, um anspruchsvoll und qualitätsorientiert arbeiten zu können. Im Gegensatz zum übrigen Italien erlangten die Bauern hier schon früh relative Freiheit vom Adel, was ihnen allerdings keine wirtschaftliche Unabhängigkeit garantierte, da sie weiterhin an ein Pachtsystem gebunden blieben. So konnten sie wohl weitgehend nach eigenem Gutdünken auf ihren kleinen Höfen wirtschaften, aber die Abgaben, die sie leisten mussten, hielten sie in Armut. Zwar gehörte zur traditionellen Mischwirtschaft von alters her immer auch Wein, allerdings besaß damals kaum einer der Höfe genügend Mittel oder eine ausreichende Betriebsgröße – noch heute verfügt das größte Weingut der Gegend, Batasiolo der Brüder Dogliani, über nicht mehr als 112 Hektar Rebfläche –, die ein rentables Selbstkeltern erlaubt hätten. Sie waren gezwungen, ihr Produkt an einige wenige Kellereien zu verkaufen, die ihre Position noch bis in die 1980er Jahre ausnutzten, um Trauben, Most oder Jungwein zu Billigpreisen zu beziehen.

Die Dynamik der letzten Jahrzehnte, mit ihren stark gestiegenen Erlösen für Qualitätsweine, vermochte das Gleichgewicht jedoch zugunsten der Winzerbetriebe zu verlagern. Hatten im 19. Jahrhundert nur wenige Großgrundbesitzer und Bürger eigene Domänen gegründet – darunter Barale in Barolo (1870), Oddero in La Morra (1878) oder Pio Cesare in Alba (1881) –, so gab der Aufschwung der letzten Jahrzehnte vielen anderen die Möglichkeit, ihre Flächen zu arrondieren.

Nebel ist ein häufig auftretendes Phänomen in den Hügeln der Langhe, die einige der gefragtesten Weinregionen beherbergen, zumal in der Nähe des Tanaro, der durch die Stadt Alba fließt.

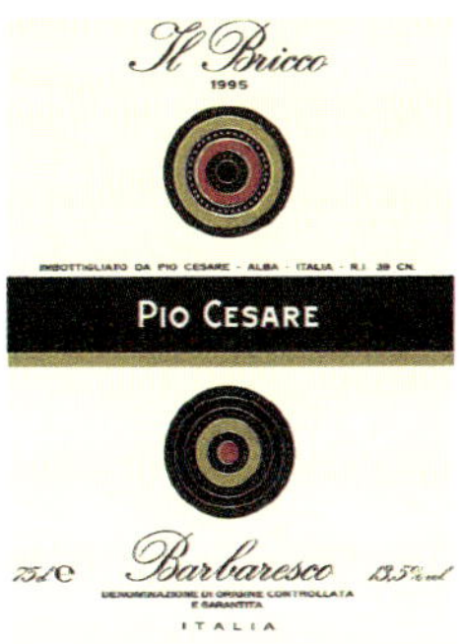

Roter Erfolg dank Barolo

Der Erfolg des Piemont gründet auf dem Barolo. Einst nur einer kleinen Schar treuer Liebhaber bekannt, wurde seine modernere, zugänglicher vinifizierte Version zusammen mit den toskanischen Spitzenweinen weltweit zum Symbol für die Renaissance des italienischen Qualitätsweinbaus. In seinem Gefolge erhielten auch andere Weine ihren neuen Glanz, allen voran die Barberas, deren Reben rund die Hälfte der Weinbergflächen der Region belegen. Aber auch Dolcetto, Nebbiolo d'Alba, Roero und sogar die einst berühmten, dann aber beinahe in Vergessenheit geratenen Nordpiemonteser Gattinara und Ghemme erfreuten sich neuer Qualitäten und neuer Märkte.

Die Weißweine der Region konnten da nicht mithalten – sieht man einmal von Einzelprodukten besonders talentierter Winzer ab. Dies gilt für den Mengen-Schaumwein Asti, aber auch für Gavi oder Arneis, jene verhinderten Modeweine, deren gefeierte Karriere sich auf einen mehr oder minder kurzen und lauen Frühling beschränkte.

Nördliches Piemont
Carema und Gattinara

Um das fruchtbare Tal der Sesia, nordwestlich von Novara, konzentrieren sich die meisten nordpiemontesischen DOCs, wobei Weinberge, Felder und Wiesen miteinander abwechseln und nur die geeignetsten Lagen mit Reben bestockt sind.

Die Nebbiolo-Anbaugebiete Nordpiemonts sind wie Perlen einer Kette entlang dem Sesia-Tal aufgereiht. Boca und Bramaterra bilden die nördlichsten DOC-Bereiche und liegen auf den Ausläufern des Monte-Rosa-Massivs. Bramaterra, Gattinara, Coste della Sesia, Lessona, Ghemme, Sizzano, Fara und Colline Novaresi folgen flussabwärts rechts und links des Sesia. Die kleinen Rebgärten in der schmalen, überwiegend aus Moränen bestehenden Hügelzone, die zur klimabestimmenden Po-Ebene sanft abfällt, zum schützenden Alpenhauptkamm hingegen jäh ansteigt, liegen zwischen 200 und 300 Metern hoch. Ausrichtung, Höhenlage und mikroklimatische Bedingungen ändern sich oft entscheidend von einem Weinberg zum nächsten, und mancherorts bereiten Feuchtigkeit und Nebel erhebliche Probleme. Auch die Bodenzusammensetzung variiert stark und reicht von feinem Kalksteinschotter bis zu vulkanischem Porphyr.

Gattinara und Ghemme

Gattinara, das bekannteste Anbaugebiet der Piemonteser Voralpen, ist das flächenmäßig größte und weitgehend mit Spanna (Nebbiolo) bestockt. Die hier vorherrschenden feinen Schotterböden vulkanischen Ursprungs begünstigen einen gut strukturierten Wein mit floralen und fruchtigen Noten, der am ehesten mit Barolo vergleichbar ist und eine ähnliche Lebensdauer besitzen kann. Die interessanteren Gattinara-Weine sind meist reinsortig aus Nebbiolo gekeltert, auch wenn die seit 1991 gültigen DOCG-Vorschriften die Zugabe von insgesamt zehn Prozent Vespolina und Bonarda erlauben, die den Wein ein wenig sanfter machen sollen. Dem allgemeinen Trend zu kürzeren Fassausbauzeiten folgend, muss Gattinara nur noch ein Jahr, Riserva-Qualitäten zwei Jahre im Holzfass reifen, was ein frühzeitiges Auszehren der Weine vermeiden hilft.

Nur wenige Kilometer weiter auf der östlichen Seite des Sesia-Tals liegt Ghemme, das bereits zur Provinz Novara gehört. Die rund 85 Hektar Rebhänge erhielten 1997 DOCG-Status. Bis 25 Prozent Vespolina und Uva Rara (die lokale Variante der Bonarda) dürfen dem Nebbiolo hinzugefügt werden, und auch hier hat man die überlangen Fassausbauzeiten per Gesetz auf 20 Monate, für Riserva auf 25 Monate reduziert. Nach langer Reifezeit entwickelt der Nebbiolo einen interessanten Duft, der Noten von Tee, Harz, Teer und Lakritze aufweist. Guter Ghemme ist durch samtigen, zartbitteren Geschmack gekennzeichnet.

Spielarten der Spanna

Unweit von Gattinara, am westlich des Sesia gelegenen Höhenzug nördlich der Stadt Cossato, liegen vier DOC-Gebiete mit Spanna-Weinen. Der Bramaterra, der auf etwa 30 Hektar Vulkanböden gedeiht, ist meist weniger körperreich, entwickelt jedoch einen eleganten Duft nach Veilchen und Rosen. Die verlangten 30 Prozent oder mehr Croatina, Bonarda oder Vespolina verleihen ihm einen fruchtigen, säurebetonteren Charakter. Im Dorf Lessona mit seinen nur acht Hektar Rebfläche wird die auf stark kieshaltigen, kalkarmen

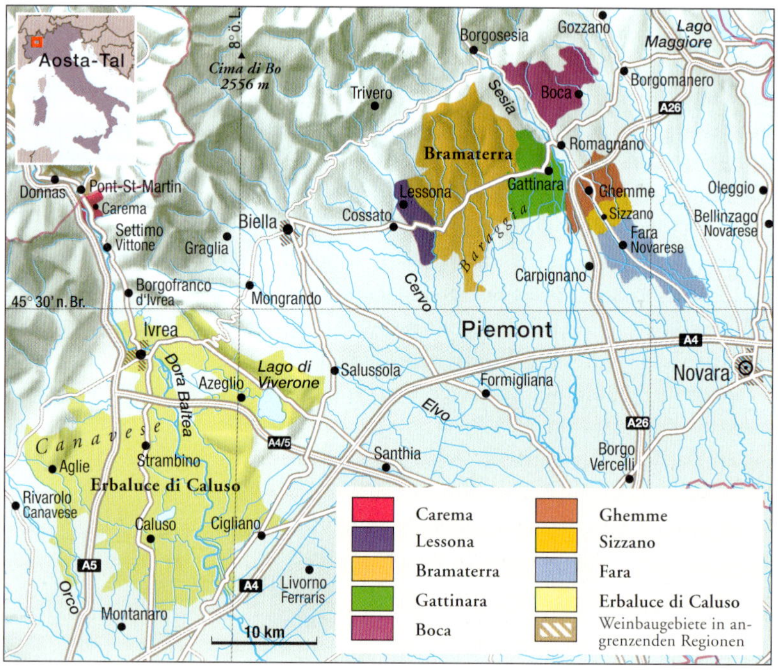

Ausgewählte Erzeuger

Antoniolo *–******
Gattinara
20 ha; 60 000 Fl. • Weine: u.a. Gattinara: →Vigneto Osso San Grato, →Vigneto Castelle, →San Francesco; Coste della Sesia: Nebbiolo Juvenia, Bricco Lorella
Gegründet 1949. Vor allem der Einzellagen-Gattinara Osso San Grato gehört zu den besten des Gebiets.

Cieck***
Agliè – San Grato
4,5 ha; 25 000 Fl. • Weine: u.a. →Erbaluce di Caluso Spumante, Caluso Passito Alladium Vigneto Runc, Canavese Rosso Neretto di San Giorgio
Das Gut von Lodovico Bardesono und Remo Falconieri gehört zu den wenigen renommierten Caluso-Erzeugern, insbesondere die Spumante.

Luigi Ferrando & Figlio *–******
Ivrea
4,5 ha; 30 000 Fl. • Weine: u.a. Erbaluce di Caluso Cariola, Caluso Passito, →Carema Etichetta Nera, Canavese Rosso Montodo, →Cariola Brut
Aus Nebbiolo wie Erbaluce reiche, vielschichtige Weine von kleinen Flächen im Carema- und Caluso-Gebiet.

Nervi ***
Gattinara
30 ha; 80 000 Fl. • Weine: →Gattinara Vigneto Molsino, Coste della Sesia Spanna, Amore
Die Bocciolone bewirtschaften eines der größten Weingüter Gattinaras. Neben ausgezeichnetem Lagen-Gattinara auch ein guter Verschnitt aus Nebbiolo, Cabernet und Merlot unter dem Namen Amore.

Produttori Nebbiolo di Carema *–******
Carema
20 ha; 70 000 Fl. • Weine: Carema, →Carema Carema
Die 1959 gegründete Genossenschaft wird allein durch Eigenmittel der Mitglieder finanziert. Die Produktion konzentriert sich auf roten Carema in zwei Versionen.

Travaglini ****
Gattinara
30 ha; 180 000 Fl. • Weine: Gattinara, Gattinara Riserva Numerata
Travaglini nimmt nach der Schließung des Weinguts Le Colline die Spitzenposition der Appellation ein. Die Riserva Numerata beweist seit Jahren, dass Nebbiolo auch im nördlichen Piemont für große Weine gut ist.

Böden gedeihende Spanna reinsortig gekeltert, jedoch meist mit Vespolina und Bonarda verschnitten. Das ergibt robuste, körperreiche, gelegentlich fast salzig wirkende Weine. Auf den 15 Hektar des Boca gedeihen Weine mit kerniger Tanninstruktur, in deren Bukett Veilchen und Waldbeeren, später Tee, Gewürze und Röstnoten anklingen. Die kürzlich geschaffene DOC Coste della Sesia dient den Erzeugern der vorgenannten Gebiete für Weine außerhalb bisheriger DOC-Grenzen sowie für Verschnitte, in denen Bonarda, Vespolina oder Croatina dominieren.

In der Nachbarprovinz Novara übernimmt die DOC-Bezeichnung Colline Novaresi diese Rolle. Dort liegen die DOC-Gebiete Sizzano mit 40 und Fara mit 22 Hektar Rebfläche, auf denen Nebbiolo nur 30 bis 60 Prozent der Mengen stellt. Dies erklärt den weniger tanninbetonten Charakter der Weine, die sich schneller entwickeln.

Im Gebiet des Erbaluce di Caluso ist man dem Aosta-Tal und den Alpen nah. Schnee im Winter ist hier keine Seltenheit.

Der Veteran vom Monte Rosa

Am Eingang zum Aosta-Tal wechselt Nebbiolo erneut seinen Namen und wird nun Picutener genannt. Die steilen, bis zu 700 Meter hohen Terrassen im Moränenschotter gehen auf die Römer zurück. Schon damals werden die Erträge niedrig gewesen sein, denn der karge, steinige Boden und das raue Klima lassen kaum etwas anderes zu. Daher bringt das nach dem Bergdorf Carema benannte 40 Hektar große DOC-Gebiet originäre Weine hervor, deren Duft nach welken Rosen und Teer mit einem sich nur zögernd öffnenden Geschmack eindrucksvoll das Terroir spiegeln. Der säurebetonte Wein braucht wenigstens fünf Jahre Lagerung, um sein feines Aroma zu entfalten.

Süsses Gold

Im Moränenland des Canavese und im Umland der Industriestadt Ivrea begegnet man der Erbaluce, einer leichten, säurereichen Rebe, die nur in extrem sonnigen Lagen voll ausreift. Dann kann sie Weine von strohgelber Tönung mit dem Duft von Hefe, Brot und Heu sowie einem würzigem Abgang liefern. Natürliche Säure macht Erbaluce zum idealen Grundwein für Spumante, seine eigentliche Stärke liegt jedoch bei den Süßweinen. Die Trauben für diesen Passito müssen aus besten Lagen stammen und werden erst bei fortgeschrittener Reife gelesen. Vor dem Pressen müssen sie monatelang in gut durchlüfteten Räumen trocknen, und der Ausbau erfolgt über Jahre in kleinen Holzfässern. Erst dann entfaltet der edelsüße Erbaluce sein reiches Aroma nach getrockneten Früchten, Orangenschale und Haselnüssen.

Asti und Monferrato

Ein halbes Jahrtausend Mekka des Muskatellers – Moscato d'Asti

Das Monferrato und die berühmteren Langhe waren einst Inselgruppen im Adriatischen Meer, das in der Vorzeit die Po-Ebene bedeckte. Beide gehören zur selben geologischen Formation, ihre Sedimente unterscheiden sich jedoch in einem für den Weinbau wichtigen Punkt: Während südlich von Alba kalkhaltiger Mergel dominiert, sind die Böden der Hügel um die Städte Asti, Alessandria und Acqui stärker mit Sand durchsetzt.

Ein modernes Massenprodukt

Das Alto Monferrato, der südliche Teil der Hügelgruppe mit der Stadt Canelli, ist vom Asti Spumante geprägt. Mit fast 700 000 Hektolitern Jahresproduktion liegt er an Platz zwei der italienischen Qualitätsweine. Der Schaumwein, der 1994 überraschenderweise den DOCG-Status erhielt, wird reinsortig aus Moscato Bianco, einem Ab-

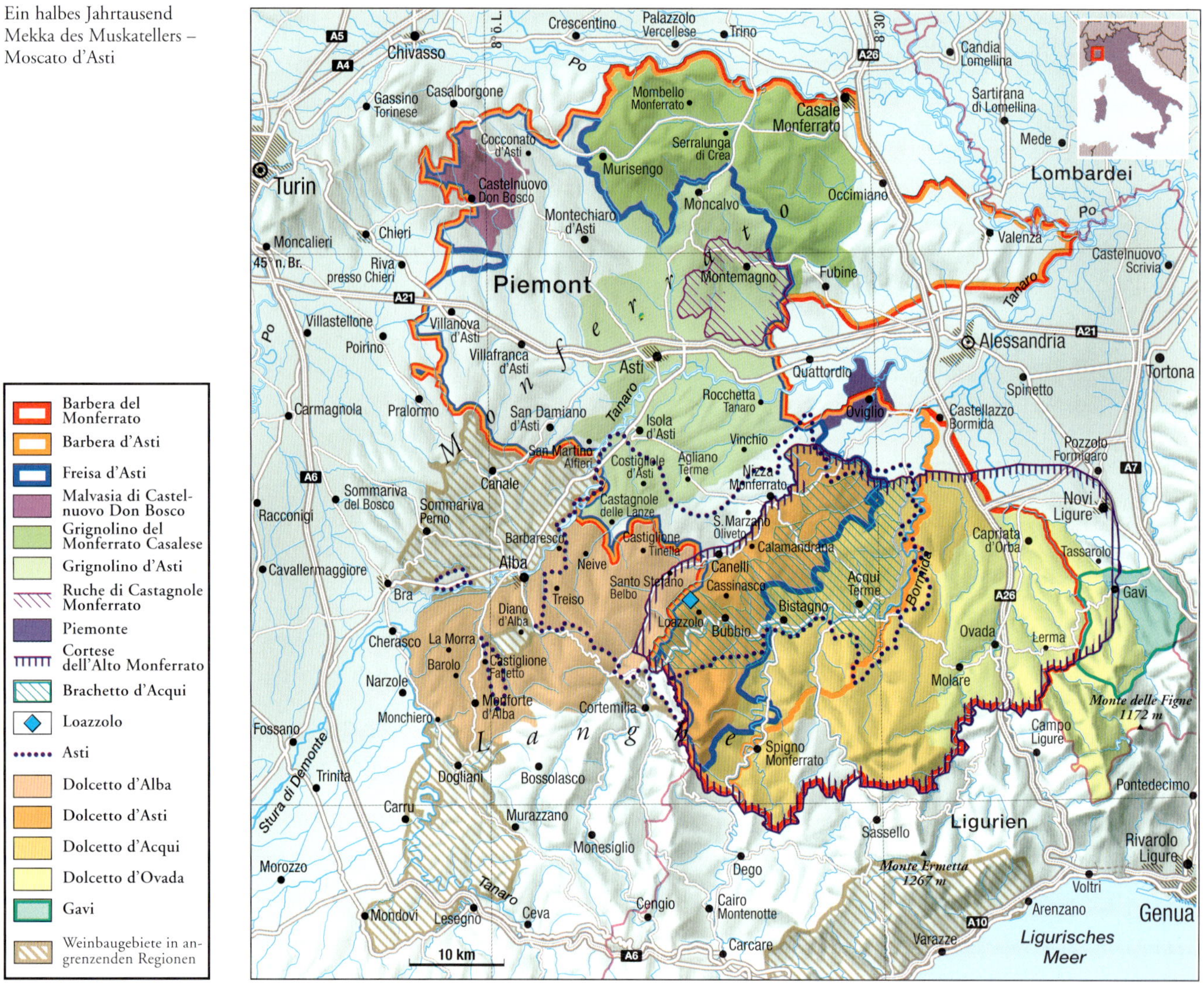

Ausgewählte Erzeuger

Giuseppe Contratto ***–****
Canelli
ha nn; Fl. nn • Weine: Barolo Cerequio Tenuta Secolo, →Asti De Miranda, →Barbera d'Asti, Solus Ad, →Spumante Brut Riserva Giuseppe Contratto, Piemonte Chardonnay La Sabauda
Seit 1994 gehört die Traditionskellerei zur Grappa-Dynastie Bocchino. Die Qualität der Weine wurde unter den neuen Besitzern stabilisiert, und Contratto gehört heute wieder zu den besten Namen in Canelli.

L. Coppo ***–****
Canelli
13 ha; ZT; 270 000 Fl. • Weine: u.a. →Barbera d'Asti Pomorosso, Gavi La Rocca, →Spumante Riserva Coppo Brut Champenois, →Chardonnay Costebianche, Freisa di Valdivilla-Mondaccione
Am Ortsrand von Canelli produziert der Betrieb eine breite Palette von Herkunftsbezeichnungen des Astigiano, allen voran der Barbera Pomorosso.

Forteto della Luja **–***
Loazzolo
8 ha; 40 000 Fl. • Weine: u.a. Moscato Bianco di Canelli, Brachetto d'Acqui, →Barbera
Giancarlo Scagliones Loazzolo aus sehr spät gelesener Moscato Bianco, einer der berühmtesten Dessertweine Italiens, gärt zwei Jahre in kleinen Eichenfässern.

Fratelli Gancia & C. **–***
Canelli
2,5 ha; ZT; 23 000 000 Fl. • Weine: u.a. Barolo Mirafiore, →Asti, →Pinot di Pinot, Gancia dei Gancia Riserva Brut, Vermouth, Americano

Carlo Gancia gründete die Firma 1850 nach seiner Lehrzeit im Champagnergebiet. Gancia ist einer der führenden Asti-Produzenten. Berühmt: Pinot di Pinot.

Piero Gatti ***–****
Santo Stefano Belbo
7,5 ha; 35 000 Fl. • Weine: Piemonte Moscato, Moscato d'Asti, Langhe Freisa La Violetta
Für seinen Moscato d'Asti ist Piero Gatti, einer der bodenständigsten Winzer des Astigiano, berühmt. Scheint es im Interesse einer vorgezogenen Ernte opportun, deklariert er den Wein auch einfach als Piemonte Moscato.

Paolo Saracco ****
Castiglione Tinella
13,5 ha; 110 000 Fl. • Weine: u.a. Moscato d'Asti, Moscato d'Autunno, Langhe: Bianco Graffagno, Chardonnay Bianch del Luv und Prasuë
Einer der besten Namen für Moscato d'Asti, aber auch die verschiedenen Chardonnay-Versionen gehören seit langem zu den interessantesten ihrer Art im Piemont.

La Spinetta – Rivetti *****
Castagnole Lanze
32 ha; 210 000 Fl. • Weine: u.a. Moscato d'Asti: Bricco Quaglia, Biancospina; Barbera d'Alba: Ca' di Pian, Vigneto Gallina; Monferrato Rosso Pin, Barbaresco Vürsù Vigneto: Gallina, Starderi, Valeirano; Piemonte Chardonnay Lidia
Die Geschwister erregten Mitte der 1980er durch ihren Lagen-Moscato Aufmerksamkeit, bei Rotwein durch den Nebbiolo-Barbera-Cabernet-Verschnitt Pin; in den letzten Jahren drei herausragende Lagen-Barbarescos.

kömmling der Muskateller-Familie, gekeltert. Die DOCG-Vorschriften erlauben Hektarhöchsterträge von 75 Hektolitern. Um im internationalen Konkurrenzkampf bestehen zu können, wird im Weinbau einzig auf Quantität gesetzt.
Als die Spumante-Produktion Mitte des 19. Jahrhunderts im Piemont Einzug hielt, arbeitete man im Flaschengär- oder Champagnerverfahren. Inzwischen werden die meisten der etwa 80 Millionen Flaschen, die jährlich den Markt überfluten, im Charmat-Verfahren erzeugt, bei dem die Gärung im Drucktank stattfindet. Dies erspart das Rütteln der Flaschen und ermöglicht das unvergorene Konservieren von fast einem Drittel Traubenzucker – der Spumante bleibt lieblich.

Der Duft von Muskateller

Die Alternative zum Asti Spumante ist der jüngst in Mode gekommene Moscato d'Asti. Auch er wird reinsortig aus Moscato Bianco gekeltert und bei niedriger Temperatur langsam in Drucktanks vergoren, unterscheidet sich vom Spumante gleicher Herkunft aber durch mehr Restsüße bei weniger Kohlensäure und Alkohol. Dass den paar Millionen Flaschen Moscato d'Asti, die jährlich gefüllt werden, meist ein aromatischeres, vielfältigeres Bukett mit Noten von Orangen- und Holunderblüte oder Birne entströmt, liegt vor allem an Herkunft und Qualität der Trauben. Im Gegensatz zu den industriellen Abfüllern können die Winzerbetriebe, die sich auf Moscato spezialisiert haben, meist mit eigenen Trauben guter Lagen arbeiten. Um Santo Stefano Belbo oder Castiglione Tinella, zwischen Canelli und Alba, wurde Muskateller schon vor 500 Jahren kultiviert, und das Mikroklima sorgt für ein ausgeprägtes Bukett.
Das Mekka der Muskateller-Weine liegt im Gebiet der Herkunftsbezeichnung Loazzolo. Dort haben sich wenige Winzer auf einen Passito aus spät gelesenen, teils rosinierten Trauben spezialisiert. Ihr Süßwein mit einer Duftfülle nach Rosen, Veilchen, Melonen und Minze ist so rar wie teuer. Ein weiterer stiller Süßwein aus Moscato Bianco entsteht in der Gemeinde Strevi in der Provinz Alessandria. Der mit zehn Volumenprozent Alkohol eher leichte Dessertwein gefällt durch feinen Duft, ist aber bislang nicht als DOC-Wein anerkannt. Der Brachetto dagegen, ein perlender, lieblicher Süßwein mit dem Duft von Rosen und Erdbeeren, der vor allem im Bereich der Stadt Acqui aus der gleichnamigen roten Traube produziert wird, genießt seit 1996 DOCG-Status und erfreut sich wachsender Beliebtheit. Derzeit wird die hellrote Traube auf 160 Hektar kultiviert, was für jährlich etwa eine Million Flaschen reicht.

Alba und Asti
Der Aufstieg von Barbera und Co.

Der Nebbiolo hat das Prestige des Piemont gehoben, aber getrunken haben die Piemonteser die Weine der Barbera. Etwa die Hälfte aller Rebflächen der Region ist damit bestockt. Jahrzehntelang lieferte sie höchste Hektarerträge – und mit Abstand die schlichtesten Weine. Bekannt ist die Barbera im Monferrato wohl schon seit dem 13. Jahrhundert, ihren Siegeszug durch die Weingärten des Piemont trat sie jedoch erst nach der Reblauskatastrophe an, als sie ihre besondere Tauglichkeit für hohe Erträge auf amerikanischen Unterlagsreben bewies. Fast auf jedem Boden lieferte sie üppige Ernten, wobei qualitative Aspekte kaum eine Rolle für die krisengeschüttelten Winzer spielen konnten.

Mitte der 1980er Jahre stand die Barbera dann im Mittelpunkt des Methanolskandals: Kriminelle Abfüller hatten billigste Barbera-Weine mit Methylalkohol ›veredelt‹, und mehr als 20 Menschen starben. Doch als das Renommee der Rebe kaum noch tiefer sinken konnte, hatte sich eine Gruppe innovativer, qualitätsorientierter Winzer und Händler, allen voran Giacomo Bologna, der zu Unrecht in Verruf geratenen Sorte bereits angenommen. Säureumwandlung und Barrique-Ausbau waren die Zauberformeln, mit denen sich die säuerliche, robuste Traube in würzige, komplexe und lagerungsfähige Weine verwandeln ließ. Der erste dieser neuen Weine war Bolognas eleganter Bricco dell'Uccellone.

Geballte Eleganz: Mit dem Bricco dell'Uccellone führte Giacomo Bologna als Erster vor, welche grandiosen Qualitäten die Barbera birgt.

Im Gebiet um die beiden rivalisierenden Städte gibt es eine Vielzahl von kleinen Familienbetrieben, die Land und Weinberge mit einfachem Gerät bewirtschaften. Viele von ihnen verkaufen Trauben oder Wein an größere Erzeuger oder alteingesessene Handelshäuser.

Neben Nebbiolo

Im Gebiet um Alba, wo die Winzer gerade den Barolo modernisierten, versuchten sie sich nun auch an den Barbera-Reben, mit denen seit Generationen ein Großteil der Flächen bestockt war. Das Terroir der Lagen und die kellertechnischen Erfahrungen der *Barolisti* konnten sich nur positiv auswirken, und Barbera d'Alba wurde die Parade-DOC der neuen, kräftigen Roten im internationalen Stil. Später, aber ebenso erfolgreich verständigten sich die Winzer des Astigiano auf die neue Linie. Vor allem dort, wo noch uralte Barbera-Stöcke konzentrierte Trauben trugen, entstanden seit Anfang der 1990er Jahre herrliche, frucht- und gleichzeitig tanninbetonte Weine, deren beste genügend Struktur besitzen, um jahrelang altern zu können.

Freisa, Grignolino und Ruchè

In den Provinzen Asti und Monferrato hatten mit Freisa und Grignolino zwei autochthone Rebsorten die Reblausplage überlebt, die jedoch wegen ihrer Empfindlichkeit und der geringen Erträge bei den Winzern wenig beliebt waren.

Helle, frische und leichte Grignolino-Weine galten einst als willkommene Abwechslung zu den schweren Rotweinen der Langhe und waren selbst am Hof von Savoyen geschätzt. Auf den trockenen, lockeren Böden des nördlichen Monferrato gedeihen die besten Vertreter der Sorte mit dem typischen Duft von Rosen, Nüssen und weißem Pfeffer, die trotz ihrer Leichtigkeit überraschend viel Tannin und Stoff zeigen kann.

Dagegen war die Freisa nie von Bedeutung. Zwar lässt sich die Sorte im Piemont schon 1799 nachweisen, doch gewannen die leicht moussierenden, kurzlebigen Weine kaum Freunde. Die besten der heute noch 2 000 Hektar Freisa-Lagen finden sich in der Gegend von Asti. Dort und in einem kleinen Gebiet östlich von Turin – hier mit der Herkunftsbezeichnung Freisa di Chieri – hat man mit dem Barrique-Ausbau besonders konzentrierter Weine aus Freisa Piccola begonnen.

Mit 100 Hektar Ruchè beziehungsweise Rouchet haben die Winzer der Gegend von Castagnole Monferrato eine rote Rebsorte unbekannten Ursprungs vor dem Aussterben bewahrt. Ruchè-Weine zeigen einen balsamischen Duft von Rosen und roten Früchten und sind im Geschmack samten bei guter Tanninstruktur, die ihnen einige Jahre Alterungsfähigkeit verleiht.

Ausgewählte Erzeuger: Barbera

Marchesi Alfieri ***–****
San Martino Alfieri
15 ha; 60 000 Fl. • Weine: u.a. Barbera d'Asti: La Tota, →Alfiera; Monferrato: Il Bianco dei Marchesi, Il Rosso dei Marchesi, Piemonte Grignolino Sansoero
Hier entstehen wunderbare dichtfruchtige Barberas und unter der DOC-Bezeichnung Monferrato ein interessanter Spätburgunder alias Pinot Nero.

Cascina La Barbatella ****
Nizza Monferrato
4 ha; 15 000 Fl. • Weine: →Barbera d'Asti La Vigna dell'Angelo, Monferrato Bianco Noë, La Vigna di Sonvico
Niedrige Erträge, sorgfältige Behandlung der Trauben und modernes Vinifizieren sorgen für Spitzenweine wie Vigna di Sonvico aus Cabernet und Barbera.

Bava **–***
Cocconato
20 ha; ZT; 600 000 Fl. • Weine: u.a. →Barbera d'Asti Stradivario und Arbest, Monferrato Bianco Alteserre, Giulio Cocchi Spumante Brut, Gavi Cor de Chasse, Malvasia di Castelnuovo Don Bosco, Moscato d'Asti Bass Tuba
Bester Wein des bekannten Weinhandelshauses ist ein Barbera namens Stradivarius.

Bertelli ****
Costigliole d'Asti
6 ha; 25 000 Fl. • Weine: u.a. Barbera d'Asti: →Montetusa, San Antonio, Cabernet I Fossareti
Barrique-Ausbau für alle Weine; beachtenswert sind die verschiedenen Barberas.

Cascina Bertolotto ***
Spigno Monferrato
10 ha; 25 000 Fl. • Weine: u.a. Dolcetto d'Acqui: La Muiette, La Cresta; Barbera del Monferrato I Cheini, Piemonte Brachetto Il Virginio
Abseits der großen Weinbauzentren des Piemont produzieren die Traversa hervorragenden Dolcetto, aber auch Barbera und Brachetto sind in guten Jahren beachtlich.

Alfiero Boffa, Vigne Uniche ***–****
San Marzano Oliveto
15 ha; ZT; 200 000 Fl. • Weine: u.a. Barbera d'Asti: →Collina della Vedova; Moscato d'Asti, Dolcetto, Spumante
Vier Lagen-Barberas beweisen, dass es zwischen Nizza Monferrato und Costigliole d'Asti bemerkenswerte Terroirs gibt. Exzellenter Barrique-Ausbau beim Vedova.

Braida di Giacomo Bologna ***–*****
Rocchetta Tanaro
17 ha; 200 000 Fl. • Weine: u.a. Barbera d'Asti: →Bricco dell'Uccellone, →Ai Suma, →Bricco della Bigotta; Langhe Bianco Il Fiore di Serra dei Fiori, Pinot Nero del Monferrato Il Bacialè, Barbera La Monella, Moscato d'Asti Vigna senza nome
Lagen-Barberas bleiben an der Spitze im Astigiano. Jüngstes Produkt: ein weicher, runder Pinot Nero.

Cascina Castlet ***
Costigliole d'Asti
10 ha; 65 000 Fl. • Weine: u.a. Barbera d'Asti: →Passum und Policalpo; Moscato Passito Avié
Mit Namen Passum wird ein Barbera aus teilweise rosinierten Beeren abgefüllt, der trocken ausgebaut ist.

K. & R. Hohler ****
Cassinasco
ha nn; Fl. nn • Weine: Barbera d'Asti: Pian Bosco und Pian Bosco Barricato
Das junge Weingut wurde von den Schweizer Besitzern in wenigen Jahren in der Spitzengruppe der Barbera-Produzenten des Astigiano positioniert.

Andrea Oberto ***–*****
La Morra
8 ha; 50 000 Fl. • Weine: u.a. Barolo: →Vigneto Rocche; Barbera d'Alba: Vigneto Boiolo, →Giada; Dolcetto d'Alba: Vantrino Albarella, San Francesco, Langhe Rosso Fabio
Eigentlich liegt das Weingut im Barolo-Gebiet, doch der herausragendste Wein ist ein Barbera d'Alba namens Giada, gefolgt vom Barolo der Lage Rocche, dem Langhe Fabio und den drei Dolcetto-Versionen.

La Tenaglia **–****
Serralunga di Crea
13 ha; 55 000 Fl. • Weine: Chardonnay, Oltre, Grignolino del Monferrato, Barbera del Monferrato, Chiaro di Crea, Barbera d'Asti: Bricco Crea, Emozioni, Giorgio Tenaglia
Abseits vom Zentrum der Barbera-Produktion erzeugt La Tenaglia in guten Jahren beachtliche Barbera-d'Asti-Selektionen sowie den Tafelwein Oltre.

Vinchio e Vaglio Serra **–****
Vinchio
320 ha; 150 000 Fl. • Weine: u.a. Barbera d'Asti: →Vigne Vecchie, →V. V. Bricco Laudana; Barbera del Monferrato Vivace, Cortese del Monferrato Dorato, Grignolino d'Asti, Chardonnay Frizzante
Lange Zeit belieferten die Genossenschaftsmitglieder von Vinchio die berühmtesten Kellereien der Umgebung mit Rohmaterial für deren Spitzenweine. Seit der Barbera d'Asti Vigne Vecchie selbst gefüllt und vermarktet wird, gehört er zu den besten der Gegend.

Stilvolles Ambiente mit Blick auf die nagelneuen Barriques empfängt Besucher auf der Braida di Giacomo Bologna.

Alba, Langhe, Roero

Kleine Genüsse des Lebens: Weinkeller in Roero

Das Hügelland der Langhe bedeckt rund 2 000 Quadratkilometer zwischen den Ebenen von Turin und Cuneo, zwischen dem Monferrato und den Ligurischen Seealpen. Die eigenständige geologische Formation dieser Hügel entstand zusammen mit denen des Monferrato und des Roero im Tertiär, als die heutige Po-Ebene noch vom Adriatischen Meer überflutet war. Die grau-weißen Kalkmergelböden der maritimen Ablagerungen sind reich an Mineralien und Spurenelementen: Eisen, Kalium, Phosphor, Kupfer, Mangan und Magnesium in unterschiedlichen Mengen machen den besonderen Terroir-Charakter der Lagen aus. Aufgrund des außergewöhnlichen Potentials der Langhe-Böden ließ König Umberto I. 1881 in Alba eine speziell dem Weinbau gewidmete Landwirtschaftsschule einrichten.

Am Westufer des Tanaro

Das Roero, die Fortsetzung der Langhe-Hügel am Westufer des Tanaro nordwestlich von Alba, entstand zwar ebenfalls mit den letzten Aufwerfungen des Alpenmassivs, doch seine Hügelketten verlaufen im Gegensatz zu denen der Langhe fast parallel. Kalkmergel findet sich hier nur selten, die Böden gehen auf eiszeitliche Ablagerungen zurück, bei deren Bildung tiefe Täler und steile Hänge entstanden. Auch hier ist die berühmteste Rebe des Piemont heimisch und wird unter der Herkunftsbezeichnung Nebbiolo d'Alba vermarktet, dehnt sich ihr Anbaugebiet doch auf der anderen Tanaro-Seite nach Alba hin aus. Fast zu lange bauten die Winzer hier die Sorte als lieblichen, jung zu trinkenden Wein aus, doch schließlich zog mit Mengenbegrenzung, kontrollierter Gärführung und Barrique-Ausbau die Moderne ein. Weine guter Betriebe stellen eine ernsthafte Alternative zum Barolo dar, nicht ganz so komplex und alterungsfähig wie das Vorbild, dafür aber noch erschwinglich.

Generell werden die Weine der Appellation von Süden nach Norden leichter, unkomplizierter. Die mit viel Sand durchsetzten Böden des nördlichen Anbaugebiets ermöglichen feingliedrige Weine, die schon im 16. und 17. Jahrhundert in Turiner Adelskreisen beliebt waren. 1985 wurde daher eine eigene DOC-Zone für Nebbiolo und Arneis eingerichtet, mit der die geschmackliche Individualität der Weine des Roero Anerkennung fand.

Genügsamer Dolcetto

Um auch weniger gute Lagen für den Weinbau nutzen zu können, haben die Winzer des Piemont

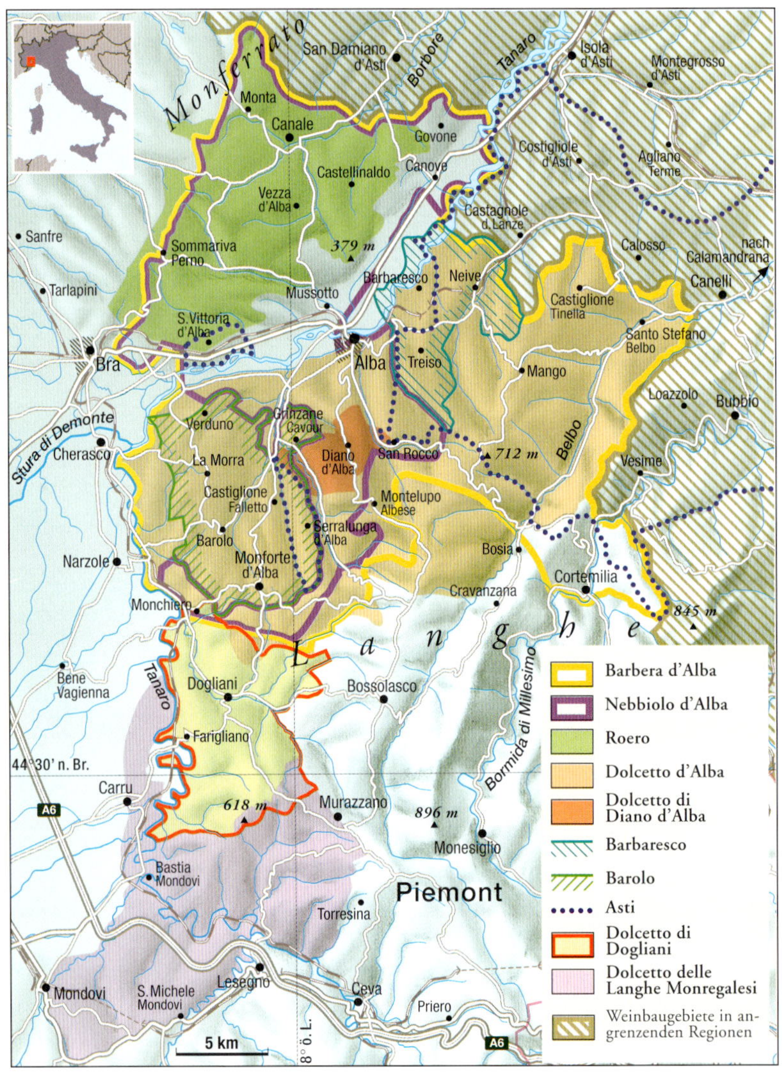

seit je kühlere Hänge mit Dolcetto bepflanzt. Die säurearme Rebsorte reift etwa vier Wochen vor dem empfindlichen Nebbiolo, was nicht nur das herbstliche Regenrisiko geringer hält, sondern auch organisatorische Vorteile bei der Lese hat. Lange Zeit unbeachtet geblieben, haben es die mild-fruchtigen, jung zu trinkenden und relativ leichten Alltagsweine heute auf sieben eigenständige Herkunftsbezeichnungen gebracht, wobei mehr als die Hälfte der Produktion als Dolcetto d'Alba angeboten wird.
Einen der interessantesten Dolcetto-Weine keltern die Winzer des Gebiets um Diano d'Alba, denn hier steht die Sorte nicht wie andernorts auf den minderwertigeren Lagen, sondern wurde auf den besten Südhängen gepflanzt. Dies und strikte Produktionsvorschriften – 56 Hektoliter Höchstertrag pro Hektar und zwölf Volumenprozent Mindestalkoholgehalt – brachten den Winzern von Diano sogar die erste amtliche Anerkennung von Einzellagen *(sorì)* in Italien ein.

Der Dolcetto zählt zu den Charmeuren unter den Rotweinen: Er ist früh zugänglich und besitzt intensive Fruchtaromen, aber die besten Exemplare zeigen sich durchaus vielschichtig.

In Dogliani, vermutlich der Heimat des Dolcetto, existiert eine weitere eigene DOC-Bezeichnung. Nach einer überdurchschnittlichen Qualitätssteigerung hat sich Dolcetto di Dogliani zu einem relativ festen, vielschichtigen Wein mit feiner Frucht und nachhaltigem Geschmack entwickelt.

Duftende Raritäten

Auch im Roero und in den Langhe wird zum Teil viel beachteter Barbera kultiviert, darüber hinaus gilt es regionale Spezialitäten zu entdecken. Eine absolute Rarität wächst in den DOC-Bereichen Verduno und Colline Saluzzesi: der Pelaverga, zwischen dem 13. und 16. Jahrhundert eine der beliebtesten Rebsorten der Provinz Cuneo. Seine hellroten Weine, deren Farbe an Zwiebelschalen erinnert und die den Duft weißen Pfeffers verströmen, werden zuweilen mit Nebbiolo und Barbera verschnitten – was die angebliche aphrodisische Wirkung wohl nicht beeinträchtigt.

Ausgewählte Erzeuger

Claudio Alario ***–****
Diano d'Alba
6 ha; 30 000 Fl. • Weine: →Dolcetto di Diano d'Alba, →Barbera d'Alba Valletta, Nebbiolo d'Alba, Langhe
Hier werden heute die besten Dolcettos von Diano, aber auch ein hervorragender Lagen-Barbera gekeltert.

Ceretto ****
Alba
100 ha; 700 000 Fl. • Weine: u.a. Barbaresco Bricco Asili, Barolo Bricco Rocche, Monsordo Langhe: Chardonnay, Cabernet, Pinot, Dolcetto d'Alba Rossana
Vom Schlossgut La Bernardina aus steuern die Ceretto drei Betriebe, von denen zwei sich auf hervorragende Lagen-Barolos und -Barbarescos kaprizieren.

Matteo Coreggia ****–*****
Canale
17 ha; 70 000 Fl. • Weine: u.a. →Barbera d'Alba Bricco Marun, →Nebbiolo d'Alba La Val dei Preti, Roero, Roero Arneis
Sensationell sind die Barberas und ein Nebbiolo, der fast Barolo-Qualitäten erreicht.

Carlo Deltetto **–****
Canale
10 ha; 80 000 Fl. • Weine: u.a. Barbera d'Alba, Dolcetto d'Alba, Gavi, →Roero Madonna dei Boschi, →Roero Arneis San Michele
Die Kellerei Deltetto produziert einen der besten Arneis und hat sich auch mit rotem Roero und Barbera d'Alba einen guten Ruf erworben.

Tenimenti di Barolo e Fontanafredda *–****
Serralunga d'Alba
70 ha; ZT; 6 000 000 Fl. • Weine: u.a. →Barolo La Delizia und →Lazzarito, Barbaresco, Dolcetto d'Alba, Pinot Nero, Roero, Roero Arneis, Gavi, Spumante Brut Gattinara, Asti
Die Kellerei im Besitz einer Sieneser Bank produziert für Barolo auch eine Serie sehr guter Lagen-Barolos, die vom bisherigen Chef-Önologen Livio Testa im traditionellen Stil gehalten wurden.

Malabaila di Canale **–***
Canale
22 ha; 75 000 Fl. • Weine: u.a. Roero, Nebbiolo d'Alba, Favorita Langhe, Roero Arneis, Passito di Arneis, Barbera d'Alba, Dolcetto Langhe
Das Gut im Schloss besitzt sehr gute Nebbiolo-Lagen und wurde mit seinen Lagen-Roeros bekannt.

Malvirà – Fratelli Damonte ***–****
Canale
20 ha; 70 000 Fl. • Weine: u.a. Roero, →Roero Arneis Trinità, Langhe San Guglielmo Bianco und Rosso
Hier ist man auf Arneis spezialisiert. Von fünf Versionen werden drei im Barrique vergoren oder ausgebaut.

Pio Cesare ***–*****
Alba
30 ha; ZT; 320 000 Fl. • Weine: u.a. Barolo, →Barolo Ornato, →Barbaresco Il Bricco, Nebbiolo d'Alba, Dolcetto d'Alba, →Barbera d'Alba Fides, Moscato d'Asti, Il Nebbio, Gavi, Langhe Chardonnay Piodilei
Der Traditionsbetrieb im Zentrum von Alba gehört nicht zu den Modernisten, keltert aber in Barolo und Barbaresco zwei dichte, wirklich moderne Lagenweine.

Cantina della Porta Rossa **–***
Diano d'Alba
4 ha; ZT; 120 000 Fl. • Weine: u.a. Dolcetto Diano d'Alba: Sorì Piadvenza, Barbera d'Alba, Nebbiolo d'Alba, Barolo
Domenico Berzia kauft den Großteil seiner Trauben zu, was ihn von der Vorarbeit seiner Lieferanten abhängig macht. Dennoch gelingen ihm schöne Dolcettos sowie saubere Barberas und Barolos.

Alfredo Prunotto ***–****
Alba
70 ha; ZT; 700 000 Fl. • Weine: u.a. Barolo: Bussia, Cannubi; Barbaresco: Montestefano, Rabajà; Barbera Pian Romualdo, Nebbiolo Occhetti
Barolo Bussia und Barbaresco Montestefano sind die großen Traditionsweine der Kellerei, die heute zum Imperium der Antinori aus Florenz gehört.

Barolo
Einmaliges Zusammenspiel

In der Gemeinde Barolo steht der Nebbiolo nur auf den südlichen Lagen, auf denen er gut ausreift. Der Kalkmergel sorgt dafür, dass die Weine rund und samtig geraten.

Der wohl renommierteste, wenngleich nicht populärste italienische Qualitätswein verdankt seinen Namen einem Städtchen etwa 15 Kilometer südlich von Alba, in den Hügeln der Langhe gelegen. Selbst in dieser an Schlössern reichen Landschaft ist das imposante Castello mit Trutzburgcharakter, das im Ortskern über den Dächern thront, recht eindrucksvoll. An klaren Tagen kann man von dort oben die Gipfel der Alpen in der Ferne aufragen sehen. Im Herbst dagegen steigt aus dem Tanaro-Tal, das die Langhe vom Roero trennt, der Nebel, nach dem die beste Rebsorte der Gegend benannt ist.

Das Prestige des Barolo ist der Marchesa Giulietta Faletti und ihrem Önologen Louis Oudart zu danken, die den Most der Nebbiolo-Trauben erstmals systematisch durchgären ließen und mit dem trockenen, mächtigen, aber auch eleganten Wein auf der Stelle das Qualitätspotential beweisen konnten, das sich an den Hängen der Höhenzüge um Alba verbarg. Als schwierige, anspruchsvolle Sorte, die im Sommer extrem viel Sonne braucht, hatte der Nebbiolo schon in den vergangenen Jahrhunderten die besten, nach Süden ausgerichteten Lagen der Gemeinden Barolo, Castiglione Falletto, Serralunga oder Monforte d'Alba erobert, die gemeinhin als ideales Terroir für die Sorte galten. Die Besonderheit der Rebsorte und die Lagen, die sie zur Entfaltung brachten, schufen gemeinsam das, was heute als einer der größten italienischen Rotweine gepriesen wird.

Nur wenige Terroirs sind ausgewählt

Überwiegend kalkhaltige Mergel aus dem Tertiär bilden die Unterlage, auf denen die Nebbiolo-Reben zur Bestform heranreifen. Diese Spitzenlagen sind auf die Süd- und Südwesthänge dreier Höhenzüge verteilt, die sich von Alba aus in Richtung Süden erheben. Elf Gemeinden gehören zum Barolo-Gebiet, und sie alle gemeinsam besitzen kaum 1300 Hektar Weinbergfläche – zum Vergleich dazu: das Bordeaux umfasst 100 000 Hektar –, doch nur fünf Gemeinden verfügen über die wahren Spitzenlagen. Während Verduno, Grinzane Cavour, Diano d'Alba, Cherasco, Novello und Roddi nur kleine Barolo-Flächen ihr Eigen nennen können, konzentriert sich das gesamte Prestige der Herkunftsbezeichnung in Barolo selbst, in La Morra, Castiglione Falletto, Serralunga d'Alba und Monforte d'Alba.

Tortoniano und Elveziano

Trotz der gemeinsamen Entstehungsgeschichte weisen die Böden innerhalb des Barolo-Gebiets erhebliche Unterschiede auf. Im Westen, auf den Höhen von La Morra, Barolo und Novello, ist der Kalkmergel kompakter, frischer und fruchtbarer als im übrigen Gebiet und bringt weichere, rundere und elegantere Weine hervor. Bei den Geologen heißt diese Zone Tortonian im Gegensatz zu den östlichen Hügelketten von Castiglione, Serralunga und Monforte, die dem Helvetian (Elveziano) zugerechnet werden und die mehr rötlichen, verwitterten Sandstein oder quarzhaltigen Sand aufweisen, insgesamt ärmer sind, dafür aber intensivere, tanninhaltigere, fester strukturierte und langsamer reifende Weine hervorbringen.

Der Nebbiolo reagiert überaus feinfühlig auf all diese Bodenvariationen wie auch auf die abweichenden klimatischen Bedingungen zwischen den einzelnen Lagen. Nicht umsonst kann man in den unteren Abschnitten selbst der prestigereichsten Barolo-Lagen eher Dolcetto-Reben als Nebbiolo finden, der dort kaum reifen würde. Auch die unterschiedliche chemische Zusammensetzung der Böden beeinflusst den Charakter der Weine.

In den Hügeln der Langhe bei Alba findet man außer dem Barolo die berühmte weiße Trüffel. Im Herbst streift mancher Weinbauer mit seinem Hund durch den Nebel in der Hoffnung auf einen duftenden Fund.

Historische und aktuelle Spitzenlagen von Barolo und Barbaresco

Barolo

La Morra	Cerequio, Brunate, Rocche, Arborina, La Serra
Barolo	Cannubi
Serralunga d'Alba	Arione, Francia, Vigna Rionda, Ornato
Falletto	
Castiglione	Fiasco, Bussia, Monprivato, Rocche, Lazzarito

Barbaresco

Neive	Gallina, Santo Stefano
Barbaresco	Asili, Rabajà, Martinenga, San Lorenzo

So prägt zum Beispiel der hohe Mangan- und Magnesiumgehalt von La Morra das ausdrucksvolle Bukett der dortigen Weine mit ihren deutlichen Lakritztönen. Auf der gegenüberliegenden Hügelkette findet man dagegen einen erhöhten Eisengehalt in der Bodenkrume, was offenbar die jugendliche Härte der Weine aus diesem Bereich noch verstärkt. Während so die Weine von Serralunga und Monforte in guten, warmen Jahren zu den größten Vertretern des Anbaugebiets überhaupt gezählt werden, kann in weniger vorteilhaften Jahren die Säure in Verbindung mit den Tanninen kratzig und unzugänglich wirken.

Verschnitte und Einzellagenweine

Obwohl man wusste, wie sehr die Qualität des Nebbiolo an bevorzugte Lagen gebunden war, kam man fast ein Jahrhundert lang nicht auf den Gedanken, die Weine dieser Lagen auch gesondert abzufüllen. Das hatte mehrere Gründe. Zum einen gab es in ganz Italien keine dem französischen oder deutschen Modell vergleichbare Politik der Lagendefinition. Bis heute existiert selbst für die renommiertesten Weinbaugebiete des Landes kein vollständiges, umfassendes Weinbergkataster, in dem die besten Lagen zweifelsfrei und präzise definiert wären, was den Missbrauch der Namen berühmter Parzellen in der Vergangenheit immer wieder begünstigte. Zum anderen reizten gerade die abwechslungsreichen Weincharaktere der jeweiligen Lagen dazu, aus ihren positiven und negativen Eigenheiten den perfekten Barolo als Verschnitt von Trauben verschiedener Provenienz zu komponieren. Dem kam entgegen, dass der Weinbergbesitz in eine Unzahl winziger Parzellen zersplittert war und im Grunde kein Winzer von einer einzigen Lage ausreichende Mengen erntete, um seine Weine lagenrein abzufüllen.

Hinzu kam, dass dieser Zustand durchaus im Sinn der großen Handelshäuser der Gegend war, die in der Vergangenheit die meisten der Trauben verarbeitet und den Wein vermarktet hatten. Die renommiertesten dieser Firmen wie Prunotto oder Bruno Giacosa haben sich mit der Zeit eine so perfekte Kenntnis der Lagencharakteristika erworben, einen so soliden Stamm von Lieferanten guten Traubenmaterials aufbauen können, dass sie auch heute noch nahezu konkurrenzlos sind.

Highlights für Genießer – Barolo und Trüffeln

Barolo
Geschichte und Gegenwart

Winterliche Weinberge im Barolo-Gebiet, wo es üblich geworden ist, einzelne Lagen getrennt abzufüllen. Durch starken Anschnitt im Winter versuchen Topwinzer bereits im Voraus die Erträge zu reduzieren, um höhere Konzentrationen in den Trauben zu erreichen.

Während der klassische Barolo gewöhnlich aus diversen Mosten des Anbaugebiets verschnitten wird, um ein abgerundetes, möglichst wiederholbares Geschmacksbild zu erzeugen, konnte sich in den 1960er Jahren die Abfüllung einzelner Parzellen durchsetzen. Auch im Barolo- und Barbaresco-Gebiet variiert die Weinqualität zwischen den Lagen oft stark, und so sollten die besten Provenienzen auch eine eigene Würdigung erfahren. Vorreiter dieser Entwicklung waren Alfredo Prunotto und sein Önologe Beppe Colla, Renato Ratti und der Weinkritiker Luigi Veronelli, ein Befürworter der französischen Lagenklassifizierung. Er war es, der Prunetto und Colla bereits in den 1950er Jahren zu überreden versucht hatte, ihre Weine nach Einzellagen getrennt auszubauen. Der ausgezeichnete 1961er Jahrgang wurde dann zur Geburtsstunde der Einzellagenweine in den Langhe. Renato Ratti, der seinen Betrieb in dem ehemaligen Kloster Abbazia dell'Annunziata bei La Morra eingerichtet hatte, folgte dem Beispiel und unternahm ausgiebige Studien, um die geeignetsten Weinbergparzellen des Gebiets ausfindig zu machen. Rattis Studien mündeten in einer Lagenkarte, die bis heute die umfassendste Dokumentation der Barolo-Lagen und ihres Qualitätspotentials geblieben ist.

Mischen oder Aussortieren

Andere Winzer und Weinhändler wie Bruno Giacosa, die Brüder Ceretto, Angelo Gaja, die Kellerei Fontanafredda oder auch die Genossenschaft der Produttori di Barbaresco griffen den Gedanken noch in den 1960er Jahren auf, und in den folgenden Jahrzehnten bemühten sich auf diesem Weg fast alle Erzeuger um mehr Prestige und höhere Preise für ihren Traditionswein. Nachdem die Welle der Lagenweine auf andere italienische Regionen wie die Toskana übergegriffen hatte, wurde die Lagenbezeichnung als offizielles Auszeichnungselement in die DOC(G)-Gesetzgebung aufgenommen, und man schuf sogar die Möglichkeit, einzelnen Lagen ein höheres Prädikat zuzuerkennen. Auch heute noch entsteht ausgezeichneter Barolo aus der Assemblage von Weinen verschiedener Zonen des Anbaugebiets, aber meist werden die besten Einzelprodukte gesondert gefüllt und nur der Rest mit dem generischen DOC-Etikett angeboten. In kleinen Jahrgängen kann auf die Lagenetiketten verzichtet werden, was das Prestige der Lagenfüllungen noch steigerte.

Schattenseiten

In den 1990er Jahren führte diese Entwicklung allerdings zu einer wahren Inflation von Lagenfüllungen. Der große kommerzielle Erfolg verleitete viele Erzeuger dazu, die Trauben auch dann getrennt auszubauen, wenn sie das Potential für höherwertige Weine gar nicht besaßen. Während sich Winzer und Weinfreunde gleichermaßen auf die Lagen – Vigna oder Cru genannt – konzentrierten, arbeiteten die innovativen Häuser bereits an einer erneuten Qualitätssteigerung. Zunächst wurden mit starkem Anschnitt im Winter und radikalem Ausdünnen im Sommer strikte Ertragsbegrenzungen im Weinberg erwirkt, bis die Erntemenge französischen Spitzen-Crus entsprach und deutlich unter dem vom Gesetz zugelassenen Volumen blieb.

Revolution im Keller

Hinzu kam die Umstellung der Kellerarbeit. Wie fast überall im Piemont hatte man auch im Barolo-Gebiet die Moste traditionell drei, vier oder mehr Wochen auf der Maische stehen lassen, um dem Nebbiolo ausreichend Struktur und Inhaltsstoffe mitzugeben und ihn damit auch besonders alterungsfähig zu machen. Einmal eingemaischt, blieb der Wein den Kräften der Natur überlassen, und war er erst durchgegoren, wurde er jahrelang in großen Holzfässern gelagert. Diesem Verfahren konnte der Nebbiolo jedoch nur in besten Jahren mit voll-, fast überreifem Traubengut und entsprechendem Alkohol standhalten. In schwächeren Jahrgängen wurden zwar großzügig Tannine aus Beerenschalen, Kernen und Stielen gelöst, doch die Frucht, um deren Härte erfolgreich ausbalancieren zu können, fehlte den Weinen. Bis mit überlangen Fasslagerzeiten die Tannine reiften, war die Fruchtfülle längst verblasst, die Weine wirkten nur noch ausgezehrt, bitter und durch die Alterungssäure aggressiv.

Wenn man die Tannine anwärmt

Eine junge Winzergeneration, allen voran Elio Altare aus La Morra, orientierte sich an Vorbildern in Bordeaux und im Burgund und reduzierte die Maischestandzeit radikal auf 48 oder 72 Stunden, maximal auf acht bis zehn Tage. Sie hatte gelernt, dass bei dem behutsamen Erwärmen der Maische nicht nur die Farbausbeute, sondern auch die Tanninextraktion der ersten Stunden vollkommen ausreichend ist. Die Tannine vom Beginn der Gärung haben zudem noch den großen Vorteil, eher süß und rund statt bitter und hart zu wirken. Die so revolutionär begonnenen Weine wurden dann in neuen Barrique-Fässern ausgebaut, die ihrerseits angenehme Tannine sowie würzige Geschmacks- und Aromastoffe bereithielten. Gelegentlich wird gemunkelt, dass der geschmackliche Reichtum der Modernisten-Weine auch von nicht in den DOCG-Regeln vorgesehenen Rebsorten herrühre, doch bewiesen hat das bisher noch niemand.

Rechts:
Elio Altare aus La Morra gehört zu den überzeugtesten und überzeugendsten Modernisten; sein Vigna Arborina ist Legende.

Bruno Giacosa ist dagegen Traditionalist, der als Winzer und Weinhändler auf lange Maischestandzeiten setzt und von Barriques nichts wissen will.

Unten:
Elio Altare geht mit neuem Holz behutsam um und verzichtet nicht ganz auf die alten bewährten Fuder.

Das Gesetz und der Erfolg

Die gesetzlichen Vorschriften für Barolo, aber auch für Barbaresco sind inzwischen modernisiert worden. Zwar müssen die Weine immer noch zu 100 Prozent aus Nebbiolo bestehen – selbst die traditionelle Zugabe von Barbera ist nicht mehr erlaubt –, und der Ertrag ist auf 8 000 Kilogramm Trauben pro Hektar limitiert. Qualitätsbewussten Winzern ist auch das noch zu viel. Beim Barolo sind noch zwei Jahre Fassausbau vorgeschrieben, beim Barbaresco eines, und beide Weine müssen ein Jahr in der Flasche reifen, bevor sie in den Handel kommen. Die Traditionalisten haben die Alterungsfähigkeit der modernen Weine angezweifelt, aber nach mittlerweile 15 Jahren konnten die ersten Jahrgänge den Beweis erbringen, dass sich der neue Typ Barolo und Barbaresco gut entwickelt und geschmacklich verfeinert hat.
Der Glaubenskrieg ist ausgefochten, ohne dass es einen Sieger gibt. Neben den ›modernen‹ Spitzenprodukten existieren ebenso viele hervorragende Weine der herkömmlichen Art, denn auch die Traditionalisten haben ihre Qualitätsbestrebungen verstärkt. Nicht zuletzt hat der internationale Erfolg allen Barolo-Winzern Recht gegeben. Waren 1967 nur 645 Hektar des Anbaugebiets mit Nebbiolo-Reben bestockt, so wuchs die Fläche bis 1990 auf 1 307 Hektar. Barolo und in geringerem Maß auch Barbaresco gehören heute zu den teuersten Weinen Europas, wobei die Ausweitung der Anbaufläche auch minderwertigere Qualitäten hervorbrachte. Die Gefahr eines unausgewogenen Preis-Leistungs-Verhältnisses, das im nördlichen Piemont in der jüngeren Geschichte schon einmal zum wirtschaftlichen Desaster geführt hat, darf für die Zukunft nicht unterschätzt werden.

Barbaresco

Wenn Barbaresco bis in die 1960er Jahre im Schatten des Barolo stand, dann war das keine Frage der Qualität, sondern der Käuferschicht: der Barolo wurde gewissermaßen in Adelskreise ›hineingekeltert‹. Dagegen hatte das Barbaresco-Gebiet, das sich über das gleichnamige Dorf und seine Nachbargemeinden Treiso, Neive und San Rocco Seno d'Elvio erstreckt, mit einem schweren Nachteil zu kämpfen: Unter seinen Winzern gab es weder Könige, Adlige noch Regierungsmitglieder, die dem Wein hätten Impulse geben können.

Ein eigenständiges Anbaugebiet

Castello di Neive im historischen Zentrum des Dorfes bildet eine Ausnahme. Seine Besitzer beauftragten mit Louis Oudart jenen Önologen, der schon den trockenen Barolo kreiert hatte, mit der Kellerarbeit. 1862 überzeugten die Weine des Castello eine Londoner Jury, allerdings zählte Neive damals noch nicht zum Anbaugebiet von Barbaresco. Erst 1933 wurden die Lagen mit denen der berühmten Nachbargemeinde zusammengelegt.

Im Zentrum eines Weinanbaugebiets mit Zukunft – Barbaresco

Den Anschluss an die Entwicklung des Barolo vollzog dann im letzten Jahrzehnt des 19. Jahrhunderts der Önologe Domizio Cavazza, Direktor der Weinbauschule in Alba, indem er auch die Nebbiolo-Trauben aus Barbaresco zu trockenen Rotweinen vinifizierte. In seiner Funktion als Direktor der 1894 gegründeten Winzergenossenschaft des Dorfes leistete er beispielhafte Arbeit, und seine Produttori del Barbaresco zählen bis heute zu den besten Erzeugern der Appellation.

Die gegenwärtigen Grenzen des Anbaugebiets, auf dem über 500 Hektar in Ertrag stehen und in dem etwa drei Millionen Flaschen jährlich gefüllt werden, stammen von 1966. Dass die neue Appellation den Namen Barbaresco erhielt, beruhte vor allem auf der Qualität der Trauben seiner besten Lagen wie Asili und Rabajà. Zur selben Zeit erfuhr der Wein wieder vorsichtige Anerkennung, was Giovanni Gaja und dem Weinhändler Bruno Giacosa zu verdanken war. Fast zwei Jahrzehnte später sollte Angelo Gaja dem Barbaresco zum internationalen Durchbruch verhelfen.

In dem heutigen DOCG-Gebiet liegen die besten Weinberge in Höhen zwischen 180 und 320 Metern. Diese im Vergleich etwas geringere Höhenlage sorgt für einige der Unterschiede zwischen Barbaresco-Weinen und dem Barolo. Das wärmere Mikroklima lässt die Trauben schneller reifen, wodurch sie den Höhepunkt ihrer physiologischen Entwicklung bei geringerem Zuckergehalt erreichen als der Barolo. Dem trug der Gesetzgeber mit einem um ein halbes Grad niedrigeren Mindestalkoholgehalt von 12,5 Volumenprozent Rechnung. Andererseits können die Weinbauern in schwierigen Jahren oft die Trauben ganz oder zumindest teilweise einbringen, bevor das Wetter umschlägt, was zu weniger ausgeprägten Jahrgangsunterschieden führt, als man sie beim Barolo in Kauf nehmen muss. Die homogenere Bodenbeschaffenheit des Barbaresco-Gebiets gleicht mit ihren kalkhaltigen Mergelböden dem Tortonian der Gemeinden La Morra und Barolo. Unterschiede zeigen sich in der mineralischen Zusammensetzung. Statt Mangan findet man hier mehr Kupfer und Zink, was zu einem anderen Aromaspektrum führt.

Auch die Barbaresco-Winzer erprobten in den 1960er Jahren die Abfüllung nach Einzellagen, auch hier wurde die Diskussion zwischen Modernisten und Traditionalisten geführt, allerdings weniger heftig. Auch hier wurden die DOC-Vorschriften daraufhin geändert und die vorgeschriebene Fasslagerzeit um ein Jahr verkürzt.

Oben links:
Der alte Holzfasskeller von Angelo Gaja

Oben rechts:
Vinotheken – wie diese in Neive, einem der Hauptorte des Barbaresco-Gebiets – bieten optimale Einkaufsmöglichkeiten für die zahlreichen Besucher, indem sie die Weine der meisten ansässigen Winzer und Handelshäuser anbieten. Sie führen oft sogar Jahrgänge, die bei den Erzeugern selbst längst ausverkauft sind.

Eleganz und Kraft im Wettstreit

Was dem Barbaresco an Struktur und Kraft gelegentlich zu fehlen scheint, vermag er durch die Ausgewogenheit von Alkohol, Tanninen und Säure zu kompensieren sowie durch seine intensiven Aromen, die zu Beginn an Veilchen und frische Beerenfrüchte erinnern. Die Lebensdauer des Barbaresco wird mit zehn bis fünfzehn Jahren deutlich niedriger angesetzt als die des Barolo, wobei er den Höhepunkt seiner Reifeentwicklung schon nach fünf bis zehn Jahren erreichen kann.

Besonders duftig und elegant erweisen sich Weine aus Bereichen mit überdurchschnittlich warmem und feuchtem Mikroklima. Meist sind dies zum Tanaro hin offene Halbarenen wie etwa die Lagen Asili und Rabajà in der Gemeinde Barbaresco, die auch in mittelmäßigen Jahren komplexe, feinfruchtige Weine liefern können. Dagegen haben sich die besten Gewächse aus Neive ihren ausgezeichneten Ruf durch ein hohes Maß an Festigkeit und Struktur erworben. In ihrer jugendlichen Rauheit ähneln sie oft sogar dem Barolo, weshalb die Winzer diese Weine gern als *baroleggianti* bezeichnen. Sie benötigen längere Fassausbauzeiten und eine längere Reifezeit in der Flasche, um ihr Potential zu entfalten. Als beste Lage von Neive gilt Gallina, aber auch ihre Nachbarparzellen erfreuen sich inzwischen großen Prestiges. Weiter südlich, in Treiso, wo die Böden schwerer und die Weine tanninbetonter werden, hat sich – von zumeist in Einzelbesitz befindlichen Kleinstlagen einmal abgesehen – nur Pajorè als bemerkenswert herauskristallisiert.

Während des Siegeszuges des Barolo warf die Kritik dem Barbaresco gern unzureichende Konzentration und seinen Winzern mangelndes Qualitätsbewusstsein vor. Doch in den letzten Jahren hat sich die Lage deutlich verbessert. Eine kleine Gruppe von Winzern hat sich mit Weinen hervorgetan, die manchem Barolo die Stirn bieten können. Die Zukunft hat in Barbaresco gerade erst begonnen.

Angelo Gaja, Barbaresco

Angelo nazionale, der außergewöhnlichste Winzer Italiens

Angelo nazionale, wie man ihn gern nennt, beherrscht den Piemonteser, wenn nicht gar den italienischen Weinbau schlechthin. Er verlieh dem Barbaresco mit seinen Einzellagenweinen Sorì San Lorenzo, Sorì Tildin und Costa Russi, die zu den Teuersten des Landes zählen, besonderen Glanz. Doch ab dem Jahrgang 1996 erscheinen sie unter der DOC Langhe und als eingetragenes Warenzeichen. Seitdem zieht Gaja gegen die Fülle immer belangloserer Einzellagen und für die Stärke des umfassenden Barbaresco zu Felde.

Als Sohn einer der ersten Weinbauernfamilien der Region – sein weit blickender Vater Giovanni hatte schon in den 1950er und 1960er Jahren den größten Weinbergbesitz des Ortes zusammengekauft und ihn von Misch- auf Monokultur umgestellt – war Angelo prädestiniert für die Rolle als Leitfigur des Weinbaus in Barbaresco. Mit viel Gefühl für notwendige Neuerungen und unnachahmlichem Talent im Marketing erwarb er sich und den Weinen seines Heimatorts in kurzer Zeit einen hervorragenden internationalen Ruf.

Auch Angelo Gaja hat neue Ideen aus Frankreich mit nach Hause gebracht: Kontrollierte Gärtemperaturen, frühe biologische Säureumwandlung und neue Barriques gehörten ebenso dazu wie rigorose Ertragsbegrenzung oder das Auspflanzen von Cabernet- und Chardonnay-Reben in guten Barbaresco-Lagen, was zu heftigen Kontroversen mit dem Vater führte. Doch der Erfolg gab ihm Recht – und blieb ihm treu: ob er eine Weinimportfirma aufbaute, das Castello von Barbaresco und beste Barolo-Weinberge aufkaufte, sich am Weingut Chiesa di Santa Restituta in Montalcino engagierte oder in der toskanischen Maremma am Gut Cá Marcanda beteiligte, das im Jahr bis zu 400 000 Flaschen beste Cabernet-Merlot-Weine produzieren will. Ob er dem Barbaresco mit dem Ausstieg seiner Spitzenlagen einen guten Dienst erwies, bleibt noch abzuwarten.

Ausgewählte Erzeuger: Barolo und Barbaresco

Elio Altare – Cascina Nuova *****
La Morra
8 ha; 50 000 Fl. • *Weine: u.a. Barolo: →Vigneto Arborina; Barbera d'Alba, Dolcetto d'Alba, Langhe: →Vigna Larigi, →Vigna Arborina; →Langhe La Villa*
Altares Arborina beweist, dass auch weniger renommierte Lagen Spitzenweine liefern können. Viel Frucht und perfekt reife Tannine sind das Resultat kürzester Maischestandzeit und langen Barrique-Ausbaus.

Azelia – Luigi Scavino ***–*****
Castiglione Falletto
8 ha; 50 000 Fl. • *Weine: Barolo, →Barolo Bricco Fiasco, →Barbera d'Alba Bricco Punta, Dolcetto d'Alba Bricco Oriolo*
Der Dolcetto-Weinberg in Montelupo Albese und die Barolo-Parzelle in Fiasco liefern bei Traubenselektion und Barrique-Ausbau die Spitzenweine von Azelia.

Beni di Batasiolo **–***
La Morra
104 ha; ZT; 2 800 000 Fl. • *Weine: u.a. Barolo: →Corda della Briccolina, Boscareto, Bofani; Chardonnay Moreno, Barbera d'Alba Vigneto Vergne, Barbaresco*
In den 1980er Jahren entstanden hier einige der schönsten Lagen-Barolos. Heute ist die Zukunft des größten Weinbergbesitzes im Barolo-Gebiet ungewiss.

Michele Chiarlo **–*****
Calamandrana
104 ha; ZT; 1 100 000 Fl. • *Weine: u.a. →Barbaresco Rabajà, Barolo: →Cannubi, →Cerequio, →Rocche di Castiglione; Barbera d'Asti Valle del Sole, Dolcetto d'Alba, Gavi Fornaci di Tassarolo, Gavi di Gavi Rovereto, Barilot, Countacc*
Letztlich hat man sich hier auf hochwertige Barolo-, Barbaresco- und Barbera-Füllungen spezialisiert.

Domenico Clerico *****
Monforte d'Alba
15 ha; 65 000 Fl. • *Weine: Barbera d'Alba, Barolo: →Ciabot Mentin Ginestra, →Pajana, Briccotto Bussia; Langhe Arte, Langhe Freisa La Ginestrina*
Zwei der besten modernen Lagen-Barolos des Anbaugebiets sowie mit dem Arte auch einer der faszinierendsten Verschnittweine aus Nebbiolo und Barbera.

Aldo Conterno ****–*****
Monforte d'Alba
24 ha; 160 000 Fl. • *Weine: u.a. Barolo: →Vigna Colonello, Vigna Cicala, →Granbussia, →Bussia, Soprana, Romirasco; Barbera Conca Tre Pile, Langhe: Favot, Bianco Printaniè, Chardonnay*
Conterno vereint das Beste von Traditionalisten und Modernisten, und seine Lagen-Barolos sind Legende.

Giacomo Conterno ***–****
Monforte d'Alba
15 ha; 65 000 Fl. • *Weine: u.a. Barolo: Cascina Francia, →Monfortino; Barbera d'Alba, Dolcetto d'Alba, Langhe Freisa*
Giovanni Conterno gilt als Traditionshüter des Barolo-Gebiets. Sein Paradewein ist der Monfortino.

Paolo Conterno ***–****
Monforte d'Alba
7 ha; 40 000 Fl. • *Weine: Barolo Ginestra, Dolcetto d'Alba Ginestra, Barbera d'Alba Ginestra*
Mit ihrer Balance aus Frucht und Struktur gehören die Weine immer zu den bemerkenswertesten des Gebiets.

Barolos sind für ihre enorme Langlebigkeit berühmt.

Conterno-Fantino ***–*****
Monforte d'Alba
13 ha; 90 000 Fl. • *Weine: Barolo: Vigna del Gris, →Sorì Ginestra; Barbera d'Alba Vignota, →Langhe Rosso Monprà, Langhe Chardonnay Bastia*
Empfehlung: der Lagen-Barolo von Ginestra und der hälftige Nebbiolo-Barbera-Verschnitt Monprà.

Giovanni Corino ****
La Morra
10 ha; 20 000 Fl. • *Weine: Barolo: →Vigneto Rocche, →Vigna Giachini; Barbera d'Alba Vigna Pozzo, →Barbera d'Alba, Dolcetto d'Alba*
Renato und Giuliano fielen mit sehr guten Lagen-Barolos sowie ausgezeichneter Barbera Pozzo auf.

Erbaluna – S. & A. Oberto **–***
La Morra
7,5 ha; 40 000 Fl. • *Weine: Barbera d'Alba, Dolcetto d'Alba, Nebbiolo Langhe, Grignolino Langhe, Barolo Vigna Rocche*
Das renommierteste Bio-Weingut des Piemont besitzt in den Rocche dell'Annunziata besten Weinbergbestand und keltert hier auch einen hochwertigen Barolo.

Gaja *****
Barbaresco
96 ha; 350 000 Fl. • *Weine: u.a. Barbaresco: →Costa Russi, →Sorì San Lorenzo, →Sorì Tildin; Barolo Sperss, →Langhe Darmagi, Barbera Sitorey, Dolcetto Langhe Cremes, Sito Moresco, →Langhe Chardonnay: Gaja & Rey sowie Rossj-Bass*
Die Galeonsfigur des italienischen Weinbaus (s. S. 361).

Bruno Giacosa ****–*****
Neive
15 ha; ZT; 550 000 Fl. • *Weine: u.a. Barbaresco: → Santo Stefano, Gallina, Basarin; Barolo: →Falletto, Villero, →Collina Rionda, →Rocche di Castiglione Falletto; Nebbiolo d'Alba Valmaggiore, Roero Arneis, Spumante Giacosa*
Giacosa findet alljährlich bestes Traubengut für den Barbaresco Santo Stefano und die traditionellen Lagen-Barolos. Der Spumante zählt zu den besten Italiens.

Fratelli Giacosa ***–****
Neive
20 ha; ZT; 500 000 Fl. • *Weine: u.a. Barolo: Bussia, La Mandorla; Barbaresco: →Rio Sordo, Roccalini; Barbera d'Alba: Bussia, Maria Gioana; Dolcetto San Rocco, Chardonnay, Roero Arneis*
Das Handelshaus ist Anfang der 1990er Jahre aus dem Schatten seines berühmten Namensvetters getreten, vor allem mit Barbaresco Rio Sordo und Barolo Bussia.

Elio Grasso ***–****
Monforte d'Alba
13,4 ha; 50 000 Fl. • *Weine: u.a. Barbera Langhe Vigna Martina, Barolo: →Ginestra Casa Matè, → Barolo Gavarini Vigna Chiniera, Dolcetto d'Alba Gavarini Vigna dei Grassi, Langhe Chardonnay*
Grasso schaffte mit den Spitzenjahrgängen vom Ende der 1980er den Sprung in die Piemonteser Elite.

Silvio Grasso ***–****
La Morra
7 ha; 40 000 Fl. • *Weine: Barolo: →Bricco Luciani, →Ciabòt Manzoni, Langhe Nebbiolo, Barbera d'Alba Fontanile*
Vorsichtige Orientierung des Hauses an der Moderne.

Bartolo Mascarello ***–****
Barolo
5 ha; 35 000 Fl. • Weine: Barolo, Dolcetto d'Alba, Barbera d'Alba Vigna San Lorenzo
Bis in die 1980er Jahre ausgezeichnete Weine, dann verlor man etwas den Anschluss. Die Weine folgen der traditionellen Linie. Keine Lagenweine.

Giuseppe Mascarello & Figlio **–****
Monchiero
50 ha; 50 000 Fl. • Weine: u.a. Barolo: →Monprivato, Bricco, →Villero, Codana; Barbaresco Marcarini, Barbera d'Alba, Dolcetto d'Alba: Bricco, Pian Romualdo; Nebbiolo d'Alba San Rocco
Der Monprivato gehört in guten Jahren zur Spitzengruppe traditionalistischer Weine. Die Lagen des Guts sind von unterschiedlicher Qualität.

Vigna Rionda – G. Massolino & Figli ***–****
Serralunga d'Alba
16 ha; 90 000 Fl. • Weine: u.a. Barolo: Vigna Rionda, Parafada, Margheria; Barbera d'Alba, Dolcetto d'Alba Barilot, Piria, Moscato d'Asti, Chardonnay Langhe
Vigna Rionda ist eine der besten Barolo-Lagen, und die Massolino keltern aus der Lese ihren besten Wein.

Moccagatta **–*****
Barbaresco
11 ha; 50 000 Fl. • Weine: u.a. Barbaresco: →Bric Balin, →Cole; →Barbera d'Alba Vigneto Basarin, Dolcetto d'Alba Vigna Buschet, →Langhe Chardonnay Bric Buschet
Der modern eingerichtete Betrieb – Minuto in der dritten Generation – hat sich mit Lagen-Barbarescos und Chardonnay einen sehr guten Namen gemacht.

Monfalletto-Cordero di Montezemolo **–****
La Morra
27 ha; 120 000 Fl. • Weine: Barolo: →Monfalletto, →Enrico VI, Chardonnay Langhe Elioro, Barbera d'Alba, Dolcetto d'Alba, Pinot Nero
Das Traditionsweingut ist durch seinen Barolo Enrico VI berühmt geworden. Die gegenwärtigen Besitzer haben den Weinen einen moderneren Schliff gegeben.

Nada ***–****
Treiso
6,5 ha; 20 000 Fl. • Weine: Barbaresco, Dolcetto d'Alba, Langhe Rosso Seifile
Mit dem Barbaresco und dem Barbera-Nebbiolo-Verschnitt Seifile gehört Nada in guten Jahren zu den Besten des Gebiets, obwohl er in Treiso keine Nebbiolo-Spitzenlage besitzt.

Fratelli Oddero **–*****
La Morra
53 ha; 250 000 Fl. • Weine: u.a. Barbaresco, Barolo: →Mondoca di Bussia, →Rocche di Castiglione, →Vigna Rionda; Langhe: Fureste, Chardonnay; Collaretto, Barbera d'Alba, Dolcetto d'Alba
Die Lagen-Barolos, besonders der Rionda, stellen einen guten Kompromiss zwischen traditioneller und moderner Stilrichtung dar.

Armando Parusso ***–*****
Monforte d'Alba
8 ha; 50 000 Fl. • Weine: Barolo: →Bussia Vigna Munie, →Bussia Vigna Rocche; Dolcetto d'Alba, Barbera d'Alba Ornati, Langhe Bricco Rovella Bianco, →Rosso

Marco und Tiziana Parusso zählen zur Spitzengruppe der Modernisten in den Langhe. Besonders hochwertig: Barolo Bussia Rocche und der rote Bricco Rovella.

E. Pira & Figli ****–*****
Barolo
3,5 ha; 15 000 Fl. • Weine: Barolo, →Barolo Cannubi
Das Gut unter der Leitung von Chiara Boschis, das zum Handelshaus Borgogno in Barolo gehört, ist mit sehr gutem Lagen-Barolo vom Cannubi aufgefallen.

Principiano Ferdinando ***–****
Monforte d'Alba
9 ha; 25 000 Fl. • Weine: u.a. →Barolo Boscareto, Barbera d'Alba Pian Romualdo, Dolcetto d'Alba
Der im Barrique vergorene Lagen-Barolo Boscareto gefällt durch üppige Frucht in Duft und Geschmack. Sehr gut auch der Barrique-Barbera Pian Romualdo.

Albino Rocca ***–*****
Barbaresco
9 ha; 65 000 Fl. • Weine: →Dolcetto d'Alba Vignalunga, Barbera d'Alba Gepin, Barbaresco: →Vigneto Loreto und Brich Ronchi; Langhe Bianco La Rocca
Angelo Rocca trat in den 1990er Jahren aus dem Schatten seines Vetters Bruno heraus. Spitzenklasse der Barbaresco der Lage Loreto.

Bruno Rocca – Rabajà ***–****
Barbaresco
6 ha; 30 000 Fl. • Weine: Barbaresco: →Rabajà, Coparossa; Barbera d'Alba, Langhe Chardonnay Cadet, Dolcetto d'Alba Trifolé
Eines der Spitzenweingüter Barbarescos der 1980er Jahre ist ein wenig müde geworden, liefert aber immer noch sehr gute Weine.

Poderi Rocche dei Manzoni ***–*****
Monforte d'Alba
60 ha; 180 000 Fl. • Weine: u.a. Barolo: →Vigna d'la Roul, →Vigna Big; →Bricco dei Manzoni
Als überzeugter Modernist glänzt Valentino Migliorini mit elegantem Lagen-Barolo, produziert aber auch ausgezeichneten flaschenvergorenen Schaumwein.

Luciano Sandrone ****–*****
Barolo
11 ha; 40 000 Fl. • Weine: →Barolo Cannubi Boschis, Barolo, Dolcetto d'Alba, →Barbera d'Alba, →Nebbiolo d'Alba Valmaggiore
Sandrone wurde durch seinen Lagenwein Cannubi-Boschis weltberühmt. Die schwierigeren Jahrgänge Anfang der 1990er machte er von 1995 an mit seinem Barolo und dem Nebbiolo d'Alba wieder vergessen.

Paolo Scavino *****
Castiglione Falletto
12 ha; 65 000 Fl. • Weine: Barolo: →Bric del Fiasc, →Cannubi, →Rocche dell'Annunziata; Barbera Carati
Enrico Scavinos Barolo vom Fiasco ist Legende; auch mit im Barrique gereifter Barbera setzte er Maßstäbe.

Roberto Voerzio ****–*****
La Morra
10 ha; 45 000 Fl. • Weine: Barolo: La Serra, Cerequio, Brunate; Barbera d'Alba Vignasse, Vignaserra, Dolcetto d'Alba Priavino, Langhe Chardonnay Fossati e Roscaleto
Barolo La Serra und Cerequio, der Vignaserra und die Barbera Vignasse sind Voerzios beste Weine.

Piemonteser Weissweine

Cortese ist die einzige in größerem Umfang zu Weißwein vinifizierte Rebsorte des Piemont (abgesehen vom überwiegend zu Schaumwein verarbeiteten Moscato). Sie wächst nördlich und südöstlich von Alessandria in den Hügeln des Monferrato und in den Bergen um Gavi. Hier liefert sie die Basis für einen der beliebtesten Weißweine Italiens, den Gavi oder Cortese di Gavi.

Der Arneis sollte das weiße Gegenstück der großen Roten werden. Obwohl angenehm und aromatisch, fehlen ihm Rasse und Potential zur Größe.

Cortese von Gavi

Dass Gavi mehr als ein Trattoriawein einfachster Güte sein konnte, hatte in den 1950er Jahren mit Vittorio Soldati ein ambitionierter Amateur bewiesen. Rasch hatte er die kausale Beziehung zwischen der Beschränkung der Hektarerträge und der Qualität des Weins erkannt. Nach ersten viel versprechenden Erfolgen auf dem Landgut La Scolca investierte Soldati noch in ein Minimum an Technik. Im Keller setzte er auf langsame, temperaturkontrollierte Gärung und reduktiven Ausbau. Den Wert seines Weins kennend, nannte Soldati ihn Gavi di Gavi. Die internationale Anerkennung ließ nicht lange auf sich warten, und seit 1998 ist die Qualität gesetzlich festgeschrieben: Cortese di Gavi, wie er jetzt heißen muss, wurde die DOCG zuerkannt.

Darf es etwas mehr sein?

Ein Blick auf die erlaubten Mengen zeigt ein erstaunlich großzügiges Gesetz: 9,5 Tonnen Höchstertrag pro Hektar entsprechen einer Mostausbeute von knapp 70 Hektolitern. Rechnet man die in Italien erlaubte und meist auch in Anspruch genommene Mengenüberschreitung von 20 Prozent hinzu, ist man schnell bei mehr als 80 Hektolitern Wein pro Hektar. Die 10,5 Volumenprozent Mindestalkohol mögen ein Zugeständnis an die klimatischen Bedingungen sein – weil es in den Weinbergen relativ kühl ist, bleibt das Mostgewicht der Trauben geringer –, sie sind aber vor allem ein Zugeständnis an die hohe Weinbergsausbeute, die bei einer Mindeststockdichte von 3 300 pro Hektar eine Ernte von etwa drei Kilogramm Trauben pro Rebe und mehr bedeutet. Spitzensorten tragen meist weniger als ein Kilo.

Qualitätsbewusste Winzer versuchen die kurze Vegetationsperiode durch eine Weinbergsarbeit auszugleichen, die neben einer dichteren Bepflanzung und Blattwerkarbeit während des Sommers vor allem die Reduzierung des Ertrags pro Rebstock verlangt und das Risiko einer sehr späten Lese mit sich bringt. Bei voller Ausschöpfung seines Potentials ist Gavi stroh- bis goldgelb, seinem Duft unterliegen exotische Fruchtnoten ebenso wie Aprikosen oder Äpfel, und der Geschmack wird meist von einem zarten Mandelton begleitet. Manche Winzer bauen ihre besten Trauben mittlerweile getrennt nach Lagen, zum Teil auch im Barrique aus. Gut strukturierten Mosten vermag der Ausbau im Holz eine feine, leicht süßliche Abrundung in Duft und Geschmack zu geben, was den stets säurebetonten Gavi gut ausbalanciert. Der größte Teil dessen, was unter der Ursprungsbezeichnung Gavi oder in den DOC-Bereichen Colli Tortonesi, Monferrato und in der Großlage Piemonte aus Cortese produziert wird, ist jedoch kaum mehr als ein leichter, frischer Alltagswein.

Arneis in Roero und Langhe

Vom Nebbiolo abgesehen, wecken im Hügelland nördlich des Tanaro zwei regionale Weißweinsorten Interesse. Lange nur zum Verschnitt in Rotweinen oder als Tafeltrauben verwendet, drohten sie in Vergessenheit zu geraten, hätten sich nicht einige innovative Weinbauern ihrer angenommen. Heute belegt die Arneis wieder rund 500 Hektar Weinbergfläche, was sie vor allem den Anstrengungen der Handelshäuser Bruno Giacosa und Ceretto zu verdanken hat. Auf den Kegelbergen des Roero und in den Langhe besitzt die Sorte seit 1989 sogar DOC-Status, bringt allerdings sehr unterschiedliche Weine hervor. Beim Ausbau der Weine haben sich zwei Stilrichtungen entwickelt: entweder eine recht eindimensionale Fruchtigkeit mit leichtem Mandelgeschmack und milder Säure oder eine komplexere Linie mit üppigem Duft nach Blüten, Äpfeln, Pfirsichen oder Nüssen.

Selbst die Winzer betrachteten die Arneis mit Skepsis und erhöhten ihren Anteil in den Weinbergen kaum.

Die Pergolaerziehung – wie hier in Carema – hat sich nur in den gebirgsnahen Zonen gehalten, wo Frost die Triebe der Reben bedroht.

Favorita und Chardonnay

Fast vergessen schien auch die im Roero und in den Langhe heimische Favorita, hat sie dort doch nahezu vollständig dem Chardonnay weichen müssen – im gesamten Piemont stehen nicht mehr als 150 Hektar in Ertrag. Sie ist eng verwandt (oder sogar identisch) mit dem Vermentino Liguriens, dessen geschmackliche Eigenschaften sie teilt. Dreizehn Erzeuger kultivieren die Sorte und keltern daraus frische und fruchtige, stets von einer guten Säurestruktur geprägte Weine. Bei der Gärung im Barrique zeigen sie ein eher süßliches Bukett und würzig-vollen Geschmack.

Die Gunst der Verbraucher hat den Zuwachs des Chardonnay beispiellos gefördert. Die populäre Rebe belegte dabei vor allem Lagen, die ehedem mit Dolcetto oder einheimischen weißen Sorten besetzt waren. Inzwischen gehört Chardonnay in den meisten größeren piemontesischen Weinbaubetrieben zum Standardsortiment. DOC-Status besitzen seine Weine in den gebietsübergreifenden Herkunftsbezeichnungen Piemonte und Langhe. Als Prestigewein wird er, dem französischen und kalifornischen Vorbild folgend, meist im kleinen Eichenholzfass vergoren und ausgebaut.

Schließlich müssen die trockenen, oft flaschenvergorenen weißen Schaumweine erwähnt werden, die zwar im Piemont keine eigene Herkunftsbezeichnung besitzen und nur den individuellen Anstrengungen einzelner Winzer oder Kellereien zu verdanken sind, aber nicht selten beachtliches Niveau zeigen. Die Trauben dafür werden oft aus der benachbarten Lombardei zugekauft, aber Vinifizierung und Flaschengärung erfolgen nur in den Piemonteser Kellern.

Ausgewählte Erzeuger: Weisswein

Tenuta San Pietro ***
Tassarolo
15 ha; 100 000 Fl. • Weine: Gavi: →San Pietro, Bricco del Mandorlo, Vigneto La Gorrina
Der Betrieb von Maria Rosa Gazzaniga gehört zu den historischen Gründungsgütern des Gavi-Gebiets. Die Weine sind leicht und harmonisch, meist aber von recht neutralem Charakter.

La Scolca **–***
Gavi
45 ha; 350 000 Fl. • Weine: u.a. Gavi Villa Scolca, Gavi di Gavi, Soldati La Scolca Spumante Brut
Vittorio Soldati begann schon in den 1950er Jahren, Gavi zu füllen, und schuf mit seinem Etichetta Nera 1966 ein Vorbild, das im gesamten Anbaugebiet stimulierend wirkte. Bemerkenswerte Schaumweine.

Villa Sparina ***–****
Gavi
40 ha; 200 000 Fl. • Weine: u.a. Gavi Crémant Pas Dosé, Gavi di Gavi La Villa, Monferrato Müller Thurgau, Barbera del Monferrato Rivalta, Dolcetto d'Acqui Bric Maioli und d'Giusep
Das Weingut der Familie Moccagatta ist schon seit einigen Jahren der führende Betrieb im Gavi-Gebiet, und sie haben ihre Weine in den letzten Jahren noch einmal deutlich verbessern können. Neben dem hervorragenden dicht-fruchtigen Gavi La Villa überzeugt vor allem der Dolcetto d'Giusep.

Im bergigen Hinterland der westlichen Riviera bei Orten wie Triora werden die Sorten Vermentino, Pigato oder Rossese gezogen sowie der Dolcetto, der hier Ormeasco heißt.

DIE ZITRONEN- UND Orangenbäume signalisieren es deutlich: In Ligurien ist das Klima anders als in den Nachbarregionen. Die Lage am Golf von Genua, an den Südhang der westlichen Seealpen geschmiegt, macht den halbmondförmigen Küstenstrich zu einer fast schon subtropischen Enklave im eher kühlen italienischen Norden. Die auf mehr als 2 500 Meter ansteigenden Ligurischen Alpen und der Ligurische Apennin schützen vor kalten Winden. Da zudem das Meer die Sonnenwärme speichert, ist es im Jahresdurchschnitt hier sogar wärmer als in der Toskana.

Die Topografie der Region erschwerte die landwirtschaftliche Nutzung. Um das Nötigste anbauen zu können, musste nicht nur die mediterrane Macchia gerodet, es mussten auch Terrassen in die steilen Hänge gegraben und befestigt werden. Über die Jahrhunderte entstand so eine einmalige Kulturlandschaft, die bis heute überlebt hat.

TRADITIONELLER WEINBAU

Doch sie überlebt mit Einbußen. Dörfer stehen leer, Terrassen verfallen. Hier konnte der Weinbau sein traditionelles Gesicht bewahren, oder besser: er musste es bewahren, denn der ligurische Weinbau ist viel zu unbedeutend, als dass irgendjemand ihn verändert hätte. Weder die Mengeneuphorie der 1960er noch die Technikgläubigkeit der 1970er und 1980er Jahre war hier am Werk. Hektarerträge von 35 Hektolitern zeigen, dass so mancher qualitätsorientierte Weinbauer gerade wieder bei ligurischen Verhältnissen angelangt ist. Wo die Zeit stehen blieb, beginnt die Uhr dennoch abzulaufen. Nirgendwo in Italien konnten so viele autochthone Rebsorten überleben, nach letzten Zählungen mehr als 100 Varietäten, manche nur wenige Hektar deckend. Mit jeder aufgegebenen Lage könnten Sorten für immer verloren sein.

CINQUE TERRE

Der Name der steilen Felsküste an der Riviera del Levante nördlich von La Spezia verbindet sich mit einem aus den lokalen Rebsorten Bosco, Albarola und Vermentino gekelterten Weißwein. Wenn er gelingt, passt er mit seinem leicht salzigen Geschmack hervorragend zu den Fischgerichten der einheimischen Küche.

Sciacchetrà, die Dessertwein-Version aus gleicher Traubenmischung, war einst weit über Liguriens Grenzen hinaus berühmt, wird heute jedoch nur noch in kleinen Mengen gekeltert. Im Duft dieses Süßweins aus teilweise getrockneten Trauben verbinden sich Aromen von Aprikosen, Trockenfrüchten, Honig und Harzen.

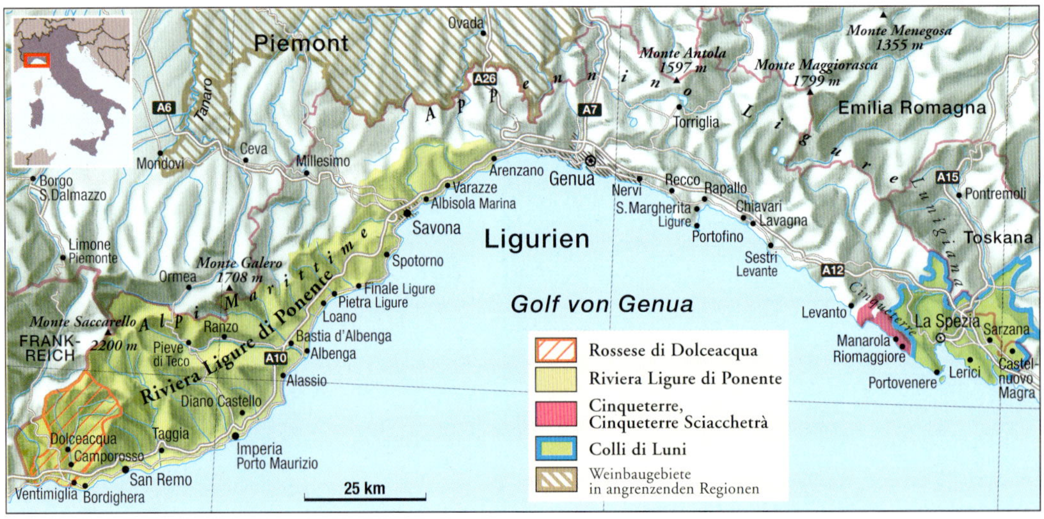

Ausgewählte Erzeuger

Maria Donata Bianchi ***–****
Diano Castello
2,5 ha; 20 000 Fl. • Weine: Riviera Ligure di Ponente: Vermentino, Pigato; →Eretico: Vermentino, Pigato
Emanuele Trevia, einer der Pioniere moderner Kellerarbeit in Ligurien, erzeugt kräftige, strukturierte Weiße.

La Colombiera **
Castelnuovo Magra
6 ha; 45 000 Fl. • Weine: Vermentino Colli di Luni, Rosso Colli di Luni Riserva
Seit Anfang der 1990er Jahre produziert der einstige reine Weißweinbetrieb auch einen roten Mischsatz aus Sangiovese, Cigliegiolo, Canaiolo und Merlot.

Cascina Feipu dei Massaretti ***
Bastia d'Albenga
4,5 ha; 45 000 Fl. • Weine: Riviera di Ponente: Pigato, Rossese; Russu Du Feipu, Due Anelli

Die Weine der empfindlichen Sorte Pigato verdanken ihre hohe Qualität Agostino ›Pippo‹ Parodis sorgfältiger Pflege.

Forlini e Cappellini **
Manarolo
1 ha; 6 000 Fl. • Weine: Bianco Secco Cinque Terre
Der Mischsatz aus Bosco, Albarola und Vermentino sorgte seit 1987 nicht selten für Furore.

Tommaso e Angelo Lupi ***–****
Pieve di Teco
14 ha; 150 000 Fl. • Weine: Riviera Ligure di Ponente: Pigato, Vermentino, Ormeasco; Vignamare
Von den Rebflächen aus den Bergen oberhalb Imperias stammen saubere, reintönige Weine, die unter Mitarbeit von Donati Lanati vinifiziert werden, der als bester Önologe des Piemont gilt und sein Handwerk bei dem Toskaner Giacomo Tachis gelernt hat.

Mediterraner Kräutergarten

Aller Innovationsgeist der wenigen qualitätsorientierten Winzer gilt den weißen Rebsorten Vermentino und Pigato, Letztere eine der rein ligurischen Spezialitäten, die vermutlich bereits in der griechischen Antike hier angesiedelt wurde. Im Val d'Arroscia bei Ranzo und in der Enklave Albenga liegt noch heute das Hauptanbaugebiet der auf rund 200 Hektar kultivierten Rebsorte.

Auf den von der Sonne aufgeheizten Terrassen bekommt der Pigato sein typisches Bukett mit Noten von Wildkräutern und Feldblumen. Die geringen Erträge wie die günstigen klimatischen Bedingungen sorgen auch in Durchschnittsjahren für gut strukturierte Weine mit hohem Alkoholgehalt. Als süßer Passito – eine Art Strohwein – aus rosinierten Trauben verströmt die Rebsorte opulenten Honig- und Aprikosenduft.

So reizvoll verwinkelte Orte wie Triora mit ihren schmalen Gassen sind, für den Weinbau sind die Bedingungen schwierig, und nur wenige Winzer liefern mehr als schlichten Alltagswein.

Der Vermentino, die prominenteste weiße Rebsorte Liguriens, besitzt DOC-Status in der Riviera Ligure di Ponente zwischen Genua und der französischen Grenze und in den Colli di Luni zwischen La Spezia und der Toskana. Die Rebe ist weniger anspruchsvoll als der Pigato, duftet aber wie dieser nach mediterranen Kräutern und lässt in seinem weichen Geschmack neben einer feinen Zitronennote eine angenehme Würze erkennen.

Ligurische Rotweine

Rossese di Dolceaqua aus den Bergen hinter Ventimiglia, Bordighera und San Remo ist ein rubinroter Wein von rustikaler Schlichtheit. Nur wenigen Winzern gelingen aus Rossese-Trauben Weine mit dem Duft getrockneter Rosen und Waldbeeren sowie einem nachhaltigen Geschmack mit feinem Bittermandelakzent. Auch diese Rebsorte ist vom Aussterben bedroht. Im Bereich von Albenga in der Provinz Savona, wo Rossese unter der Herkunftsbezeichnung Riviera Ligure di Ponente gefüllt wird, liefert er einen meist helleren, leichteren Konsumwein, ähnlich dem trockenen Rosé aus der hier heimischen Barbarossa-Traube.

Hinter dem Namen Ormeasco verbirgt sich der Piemonteser Dolcetto, der beim Ausbau im Holzfass durchaus konkurrenzfähig ist. Die besten Weine sind granatrot mit fruchtbetontem Bukett und besitzen feste, samtige Struktur und Textur.

Schließlich muss die berühmteste Rebsorte der Toskana, der Sangiovese, erwähnt werden, der im östlichen Teil Liguriens gelegentlich unter der DOC-Bezeichnung Colli di Luni anzutreffen ist.

Lombardei

Die Lombardei mit ihrer Metropole Mailand ist das industrielle Zentrum Italiens und seine bevölkerungsreichste Region. Das landwirtschaftliche Bild ist von Reis, Mais, Weizen und in fast allen Teilen der Region von Reben geprägt. Vom Veltlin im engen Alpental der Adda über die westlichen Ufer des Gardasees, die Po-Ebene bei Mantua und die Hügel südlich Pavias bis zu den Hängen bei Bergamo und Brescia, überall trifft man auf Rebflächen. Wein wird hier viel produziert, aber wenig gepflegt. Der große Absatzmarkt für Alltags- und Fassweine in der Millionenstadt Mailand stand der Herausbildung eines Leitweins oder auch nur eines einheitlichen Weinstils mit überregionaler Wirkung im Weg. Einheimische Weinbauprodukte waren allenfalls als Grundweine zur Schaumweinproduktion anderer Regionen gefragt, und erst in den letzten Jahrzehnten konnten sich kleinere Gebiete wie Franciacorta ein eigenes Image aufbauen.

Das Klima ist kontinental-alpinen wie mediterranen Einflüssen ausgesetzt. Während die Po-Ebene mit heißen Sommern und oft sehr kalten Wintern, hoher Luftfeuchtigkeit und frischen, fruchtbaren Böden für den Weinbau nur an wenigen Stellen geeignet ist, bieten die Hügel- und Berglandschaften, vor allem im Seengebiet zwischen Bergamo und Verona, mit ihrem fast mediterranen Klima unter der schützenden Alpenkette bessere Lagen.

Moderne Schaumweinkarriere

Renommiertestes Einzelgebiet der Lombardei ist heute zweifellos Franciacorta, wo die besten trockenen Schaumweine Italiens seit einigen Jahren sogar mit DOCG-Status produziert werden. An den Hängen rund um den Lago d'Iseo wuchs in den vergangenen Jahrzehnten eine regelrechte Spumante-Industrie, bestehend aus fast 80 Betrieben, die nach der Champagnermethode arbeiten. Die zum Teil hervorragenden Stillweine des Gebiets führen seit der entsprechenden Gesetzesänderung die eigene DOC-Bezeichnung Terre di Franciacorta. Die Gesamtproduktion ist mit vier Millionen Flaschen – in der Champagne werden 270 Millionen gefüllt – für eine internationale Marktbedeutung allerdings zu gering.

Nördlich von Brescia entsteht der Cellatico, ein leichter Rotwein aus Schiava, Barbera, Marzemino und Incrocio Terzi No. 1, einer Kreuzung aus Cabernet Franc und Barbera, die nur in Italien kultiviert wird. Cellatico wie auch die Appellation Capriano del Colle und Botticino besitzen allenfalls lokale Bedeutung, und dasselbe gilt für die DOC-Weine der Riviera del Garda Bresciano, in deren Gebiet hauptsächlich Groppello kultiviert wird. Eine etwas weitere Verbreitung erfährt der Weißwein Lugana vom Südufer des Gardasees, ein trockener, eher neutraler Wein aus Treb-

Damit sich der Hefepfropf im Flaschenhals absetzen kann, werden die Flaschen kopfüber gelagert und täglich gerüttelt. Auf der Aziende Lorenzo Faccoli geschieht dies von Hand.

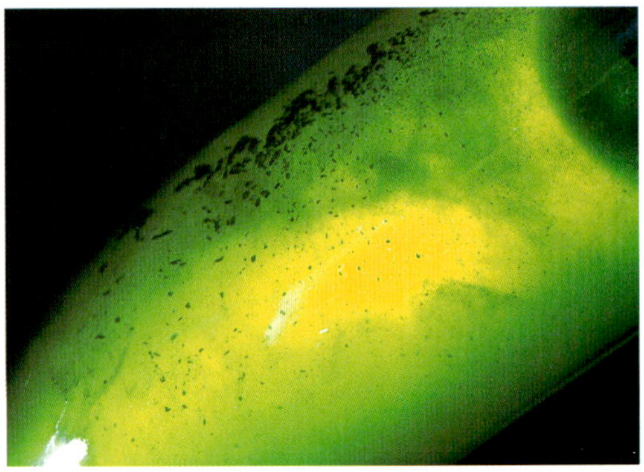

Franciacorta wird nach der Flaschengärmethode hergestellt. Der Spumante bleibt über Jahre auf der Gärhefe liegen. Am Ende der Lagerzeit wird sie durch Degorgierung entfernt.

In die Rebhänge geduckte Gehöfte im Valtellina

biano, den nur wenige Winzer so zu vinifizieren verstehen, dass er dicht und konzentriert wirkt.

Berg-Nebbiolo

Das Veltlin (italienisch Valtellina) war früher in erster Linie Fassweinlieferant für das benachbarte Schweizer Graubünden. Der piemontesische Nebbiolo, hier Chiavennasca genannt, die Hauptsorte im Veltlin, gelangt an den Hängen des engen, steilen Adda-Tals jedoch nicht immer zur Vollreife. Zwar halten die Rätischen und Lepontinischen Alpen einen Großteil der Niederschläge und die kalten Nordwinde ab, aber nur die Terrassen der Südhänge bieten ausreichende Bedingungen für Rebkulturen. Reben dieser Terrassen, die mindestens 12 Volumenprozent Alkohol ausbilden, genießen seit 1998 DOCG-Status und können zusätzlich zur Herkunftsbezeichnung Valtellina Superiore auch die Lagenbezeichnungen Sassella, Grumello, Inferno oder Valgella tragen. Da der Nebbiolo des Veltlin meist herbere, säurereichere

Franciacorta – Italiens Champagne

Der Name der Moränenlandschaft am Südrand des Lago d'Iseo zwischen Bergamo und Brescia geht wohl auf die ›francae curtes‹, die den Benediktinern der Gegend im Mittelalter gewährte Steuerfreiheit, zurück. Bis Mitte des 20. Jahrhunderts wurde hier kaum mehr als bäuerlicher Rotwein zum Eigengebrauch gekeltert.

Begonnen hat der Aufstieg dieses Gebiets zur ›Champagne‹ Italiens 1961, als sich Guido Berlucchi von seinem Önologen zur Schaumweinproduktion überreden ließ. Der Erfolg war so überzeugend, dass in den 1970er Jahren sogar Mailänder Industrielle in die aufstrebende Spumante-Industrie investierten. Nach dem Beispiel Berlucchis, wo heute mehr als vier Millionen Flaschen jährlich produziert werden (die Grundweine stammen aus dem Oltrepò und dem Trentino), spezialisierte man sich auf flaschenvergorene, nach der Champagnermethode produzierte Sekte auf Grundweinen aus Burgundersorten und aus Chardonnay.

1995 wurde Franciacorta als erster und bislang einziger flaschenvergorener DOCG-Sekt Italiens gewürdigt, was – im Gegensatz zu den unrühmlichen weißen DOCG-Beispielen Albana di Romagna, Asti oder Vernaccia di San Gimignano – wirklich gerechtfertigt war. Zugelassen sind nur Weine, die aus Chardonnay, Weiß- und Spätburgunder sowie maximal 15 Prozent Grauburgunder gekeltert wurden und die mindestens 18, bei Jahrgangsprodukten 30 Monate auf der Hefe reiften.

Die besten Franciacorta kommen aus der Geschmacksrichtung Brut. Eine süßende Dosage ist bei den im Vergleich mit der Champagne deutlich höheren Temperaturen im Anbaugebiet eigentlich kaum nötig. Fülle und aromatischer Reichtum erlauben vielfach die Barrique-Vergärung der Grundweine, was den Weinen zusätzlichen geschmacklichen Reichtum verleiht. Neben den weißen Standardprodukten findet man auch interessante Rosé-Sekte und die Franciacorta-Spezialität Satèn, der länger als Normalsekte gereift ist und von Rebflächen stammt, deren amtlich zugelassener Höchstertrag etwa 20 Prozent unter dem der Normalversion liegt.

Weine hervorbringt, haben die Winzer des Tals eine Art Strohwein nach Amarone-Vorbild entwickelt, den Sfursat oder Sforzato, für den die Trauben vor dem Einmaischen und Gären einige Zeit getrocknet werden, um ihren Zuckergehalt zu konzentrieren. Die wenigen wirklich exzellenten Produkte, die unter diesem Namen in den Handel kommen, sind üppig, alkoholschwer, zeigen aber auch sehr reiche, würzige Aromen.

Oltrepò Pavese – Weinfelder, soweit das Auge reicht, die hauptsächlich für die Grundweine der Schaumweinindustrie genutzt werden. Daneben experimentieren hier die besten Betriebe erfolgreich mit einer breiten Sortenpalette.

Jenseits des Po

Das Oltrepò Pavese, eine Hügellandschaft südlich von Pavia, ist mit 17 000 Hektar Rebland das flächen- und mengenmäßig bedeutendste Anbaugebiet der Lombardei, doch die Hälfte der Produktion geht noch immer als Grundwein an die Spumante-Industrie des benachbarten Piemont. Diese Handelsbeziehung förderte schon früh die Entwicklung eines rein mengenorientierten Weinbaus. Die vielfältige Sortenpalette, die von Chardonnay, Sauvignon, Pinot Grigio, Riesling Italico und Riesling Renano bis zu Pinot Nero, Cabernet Sauvignon, Barbera, Bonarda und regionalen Reben reicht, kam der Produktion hochwertiger regionaler Weine kaum zugute. Beachtenswerte Initiativen in den letzten Jahrzehnten galten jedoch nicht nur einer eigenen Schaumweinproduktion, sondern auch einheimischen Rotweinen. Viel versprechende Experimente mit hochwertigen Spätburgunder-Klonen erbrachten interessante, im Barrique gereifte Weine.

Zu den wenigen lokalen Spezialitäten der Lombardei gehört der Buttafuoco, ein zuweilen leicht moussierender Rotwein aus einer Mischung von Croatina, Barbera und Uva Rara, jenen Sorten, aus denen auch der Sangue di Giuda, das Judasblut, gekeltert wird: ein roter Schaumwein mit recht fruchtigem Geschmack.

Ausgewählte Erzeuger in der Lombardei

Barbacarlo ***
Broni
16 ha; 25 000 Fl. • Weine: Oltrepò Pavese: Barbacarlo, Montebuono, Ronchetto
Lino Maga kennt weder Stahltanks noch Barriques und hat sich ganz der Pflege des Weinbergs Barbacarlo verschrieben, eines der ersten des Oltrepò, dessen Weine außerhalb der Lombardei bekannt wurden.

Bellavista ****
Erbusco
117 h; 600 000 Fl. • Weine: u.a. Franciacorta Gran Cuvée: Rosé, Brut, →Pas Opérée, →Satèn, →Riserva Vittorio Moretti, Terre di Franciacorta Bianco: →Uccellanda, →Convento dell'Annunciata, Rosso; Casotte, →Solesine
Der Bauunternehmer Vittorio Moretti hat hier, wo seine Familie seit Jahrhunderten ansässig ist, einen der größten, modernsten und besten Betriebe des Franciacorta-Gebiets aufgebaut. 30 Prozent der Grundweine gären im Barrique. Berühmte Spumante-Füllungen und nun auch hervorragende weiße Stillweine.

Guido Berlucchi **
Cortefranca
70 ha; ZT; 4 500 000 Fl. • Weine: Spumante Cuvée Impériale: Brut, →Max Rosé, Millésimato, Franciacorta Antica Cantina Fratta Millesimato
Der Betrieb bezieht Trauben und Grundweine meist aus dem Oltrepò und dem Trentino. Die Cuvée Imperiale ist der wohl bekannteste Markenschaumwein Italiens.

Ca' dei Frati *–******
Sirmione
22,5 ha; 160 000 Fl. • Weine: Lugana Vigna I Frati, →Lugana Brolettino, Riviera del Garda Bresciano Chiaretto, Tre Filer, →Vigna Pratto
Bekannt wurde das Weingut Piero Dal Ceros vor allem durch den im Barrique ausgebauten Lugana Brolettino. Heute gehört auch der rote Pratto zu den Spitzenweinen der Lombardei.

Ca' del Bosco *****
Erbusco
96 ha; 450 000 Fl. • Weine: Franciacorta: Brut, Millesimato, →Dosage Zero, →Cuvée Anna Maria Clementi; →Terre di Franciacorta Chardonnay, →Igt Sebino Maurizio Zanella, Pinero, Elfo
Maurizio Zanella war in den 1980er Jahren mit Angelo Gaja und Giacomo Bologna einer der Neuerer des italienischen Weinbaus. Seitdem hat er seinen Betrieb ständig perfektioniert und vergrößert. Heute gehören neben seinen Schaumweinen auch seine roten und weißen Stillweine zu den besten des Landes, wie der Chardonnay, der rote Sebino mit dem Namen seines Erzeugers und der neue Elfo. Hervorragender Pinot Pinero.

Gian Paolo e Giovanni Cavalleri **–****
Erbusco
28 ha; 175 000 Fl. • Weine: Franciacorta: Brut, →Collezione Brut, Crémant, Pas dosé, Rosé, Rosé Collezione, Rosso Vigna Tajardino; Terre di Franciacorta: Rampaneto, Seradina →Igt Merlot del Sebino Corniole

Die fünf Schaumweine können es mit französischer Konkurrenz problemlos aufnehmen: perfekte Perlage, feines, leicht hefiges Bukett, cremiger Geschmack.

Contadi Gastaldi ***–****
Adro
ha nn; Fl. nn • Weine: Franciacorta: Satèn, Pinodisé, Rosé, , Brut, Pas dosé; Terre di Franciacorta Bianco
Der Zweitbetrieb Vittorio Morettis (Bellavista) hat sich in den wenigen Jahren seit seiner Gründung eine solide Reputation für gute Spumanti aufgebaut.

Cornaleto **–***
Adro
20 ha; 220 000 Fl. • Weine: u. a. Franciacorta: →Extra Brut Millesimato; Terre di Franciacorta: Bianco Saline, Rosso Poligono, Rosso Baldòc
Der Textilindustrielle Luigi Lancini erwarb sein Weingut, um sich zur Ruhe zu setzen. Die geschützten Lagen des Betriebs bergen ein großes Potential für Still- und Schaumweine.

Frecciarossa **–***
Casteggio
16 ha; 60 000 Fl. • Weine: Oltrepò Pavese: Riesling Renano, Pinot Nero, Rosso Le Praielle, Villa Odero
Margherita Odero gehörte zu den Ersten, die im Oltrepò-Gebiet auf systematische Qualitätsarbeit beim Pinot Nero setzten. Mit Franco Bernabei ist einer der besten Önologen Italiens für den Betrieb tätig.

Enrico Gatti ***–****
Erbusco
9 ha; 60 000 Fl. • Weine: →Franciacorta Brut, Terre di Franciacorta: Bianco, Rosso; →Gatti Rosso, →Gatti Bianco
Anfang der 1970er Jahre erwarb der Immobilienmakler Gatti Land in Erbusco und setzte Reben. Schwiegersohn Enzo Balzarini baute den Betrieb dann zu einem der bekanntesten im Franciacorta-Gebiet aus, dessen Renommee jedoch nicht auf Schaumwein, sondern auf dem Cabernet Gatti Rosso beruht.

Castello di Luzzano – M. & G. Fugazza ***
Rovescala
ha nn; Fl. nn • Weine: Oltrepò Pavese: Pinot Nero, Barbera, Rosso 270, Bonarda; Gutturnio Colli Piacentini Romeo
Die Anstrengungen zur Verbesserung der Weinqualitäten dieses Guts im Grenzgebiet zum Piemont zeigten bereits erste gute Resultate.

Tenuta Mazzolino **–****
Corvino San Quirico
17 ha; 65 000 Fl. • Weine: →Noir, Corvino, Oltrepò Pavese: Barbera, Bonarda, Riesling italico Guarnazzola, Pinot Camarà
Die Tenuta liegt an den Hängen des Oltrepò zur Po-Ebene. Mit dem Piemonteser Önologen Giancarlo Scaglione gelang es, den Spätburgunder zu einem der besten Weine des Anbaugebiets zu machen.

Monte Rossa ****
Cazzago San Martino
39 ha; 200 000 Fl. • Weine: u. a. Franciacorta: →Brut Cabochon, Extra Brut Millesimato, →Brut Satèn, Brut Rosé; Terre di Franciacorta Ravellino
Eines der Traditionshäuser hat seine Weinqualitäten in den letzten Jahren regelmäßig gesteigert und gehört nun zur Elite des Franciacorta-Gebiets.

Nino Negri **–***
Chiuro
38 ha; ZT; 1 200 000 Fl. • Weine: u. a. Valtellina: Superiore, Inferno, Sassella Le Botti d'oro, →Sfursat 5 Stelle; Chiavennasca, Vergiano, Vigneto Ca'Brione, Vigneto I Grigioni
Die bekannteste Kellerei des Veltlin gehört zum Gruppo Italiano Vino. Ihr ›Fünf-Sterne-Sfursat‹ zeigt in guten Jahrgängen ungemein viel Dichte und Tiefe.

Gualberto Ricci Curbastro & Figli **–****
Capriolo
15 ha; 80 000 Fl. • Weine: u. a. Franciacorta: →Extra Brut, Satèn; Terre di Franciacorta: Bianco, Chardonnay, Rosso, →Vigna Bosco Alto, Vigna Santella del Grom; Pinot Nero Sebino, Brolo del Passoni Chardonnay Passito Sebino, Grappa
Riccardo Ricci Curbastro hat den Familienbetrieb in den letzten Jahren in der Spitzengruppe des Franciacorta-Gebiets etabliert. Sowohl die Schaumweine als auch der weiße Stillwein Bosco Alto besitzen beachtliche Statur.

Conti Sertoli Salis-Salis 1637 ***
Tirano
7,5 ha; ZT; 125 000 Fl. • Weine: u. a. Valtellina: Superiore Sassella, Inferno, Grumello, →Sforzato Canua, →Superiore Conte della Meridiana
Das Traditionshaus produziert seit Anfang der 1990er Jahre die modernsten und elegantesten Weine der Valtellina. Bemerkenswert sind auch die Tafelweine Saloncello und Torre della Sirena.

Stefano Spezia ***
Mariana Mantovana (Mantua)
2 ha; 30 000 Fl. • Weine: →Lambrusco Etichetta Rossa, →Ancellotta Barrique, Ancellotta Frizzante, Rosso Spezia Merlot
Spezia beweist in der Lombardei, dass auch Lambrusco ein interessantes Produkt sein kann. Ein flaschenvergorener roter Schaumwein gehört ebenso zu seinen Spezialitäten wie die im Barrique gereifte Ancellotta, ein dunkler, reicher, würziger und komplexer Wein.

G. & G.A. Uberti ***–****
Erbusco
14 ha; 90 000 Fl. • Weine: u. a. Franciacorta: Brut Francesco I, →Extra Brut Comari del Salemi, →Magnificentia; →Terre di Franciacorta: Bianco dei Frati Priori und Maria Medici, Rosso dei Frati Priori
Unprätentiös, aber auf absolute Qualität bedacht. Die besten Produkte sind der weiße Stillwein Bianco dei Frati Priori und der Franciacorta Extra Brut Comari del Salemi.

Der Nordosten
Zwischen Habsburg und Venedig

Verona wird im April mit der Vinitaly-Messe zur Weinhauptstadt Italiens, aber auch das restliche Jahr dreht sich hier viel um Wein, besonders in der Bottega del Vino, dem bekanntesten Weintreff der Stadt am Etsch.

Die Alpen im Norden, der Apennin im Süden, die Po-Ebene im Zentrum und das adriatische Küstenland im Osten prägen das Landschaftsbild dieser Großregion aus Trentino/Südtirol, Friaul-Julisch Venetien, Venetien und Emilia Romagna. Und so unterschiedlich wie die geologischen Formationen sind auch die Böden, die dem Weinbau hier zur Verfügung stehen: Verwitterungsgeröll in tiefen Alpentälern, Moränenschutt mit hohem Kalksteinanteil, die Böden mager und gut durchlässig; fruchtbares Schwemmland im Etsch-Tal; die von Gletschergeröll durchsetzten Böden der Moränenhügel am Südrand der Voralpen sind trocken und mager; in den Meeresablagerungen der Küstenstreifen und der Po-Ebene, die einst fast völlig vom Adriatischen Meer bedeckt war, dominiert kalkhaltiger Mergel mit Sandsteineinschlüssen den Boden. Das Vorland des Apennin ist weniger erodiert als die Voralpen. Hier überwiegen Kalkverwitterungsgestein, Sandstein, Mergel und Ton. In den Tälern sorgen zahlreiche Flüsse mit ihren Ablagerungen für fette, fruchtbare Böden.

Nicht nur die Bodenbeschaffenheit, auch die Klimabedingungen sind im Nordosten Italiens überaus vielschichtig. Obwohl in Trentino/Südtirol kühles, alpin-kontinentales Klima herrscht, sind die Terrassen des Etsch-Tals und seiner Zuflüsse mit jährlich rund 2000 Sonnenstunden und einer Durchschnittstemperatur von 17 °C für den Weinbau günstig. Das Klima des Po-Deltas wird dagegen von mediterranen Einflüssen geprägt. Die temperaturausgleichende Wirkung des Mittelmeers reicht bis zum Gardasee im Westen, an dessen Ufern man eine südländische Vegetation mit Zypressen und Palmen findet. In den höheren Lagen am Rand der Dolomiten sowie der Karnischen und Julischen Alpen macht sich stattdessen ein Hochgebirgsklima mit deutlichen Schwankungen zwischen Tages- und Nachttemperaturen bemerkbar. Doch die bis zu 3000 Meter hohen Gipfel halten auch Frosteinbrüche aus dem Norden ab, was die Vegetationsperiode insbesondere im Frühjahr deutlich verlängert. So können sogar in den höheren Lagen des Friaul, in die der mildernde Einfluss des Meeres kaum reicht, Rebsorten mit relativ langer Wachstums- und Reifezeit kultiviert werden. Das größte klimatische Problem am südlichen Alpenrand stellen die heftigen Gewitter dar, die häufig noch von Hagelschlägen begleitet sind und ganze Ernten zunichte machen können.

Silvio Jermann komponiert seine Weine aus verschiedenen Sorten, entgegen Friauler Gepflogenheiten. Er füllt sie als Tafelwein ab, gibt ihnen seltsame Namen und überzeugt durch ihre Qualität.

Vielfalt in den Weinbergen

Böden und Klima fordern die Vielfalt einheimischer und importierter Rebsorten sowie der hier produzierten Weintypen geradezu heraus. Der internationale Merlot steht neben den lokalen Spezialitäten Marzemino oder Pignolo, der schwergewichtige, alkoholreiche Amarone neben frischen, leichten Weiß- oder delikaten Süßweinen. Doch die natürlichen Bedingungen allein könnten diesen Reichtum nicht erklären, er wurzelt ebenso in der Geschichte der Region. Etrusker, Römer, Karer und Illyrer prägten diese Landschaft wie später Tiroler, Habsburger, Venezianer und Franzosen. Sie alle beeinflussten auch den Weinbau, der sich zum Teil noch heute – so im Friaul und in Südtirol – an alten politischen Grenzen oder am Weinbau der Nachbarländer orientiert.

Auch in der jüngeren Geschichte verlief die Weinbauentwicklung nicht parallel. Während in Südtirol die Entwicklung des Qualitätsweinbaus recht früh einsetzte, wobei sich neben den großen Kellereien vor allem die Genossenschaften hervortaten, brauchte die Nachbarprovinz Trentino, wo der Weinbau noch dazu weitestgehend von kleineren Betrieben getragen wurde, dafür fast zehn Jahre länger – eine Folge ihrer traditionellen Rolle als Grundweinlieferant für die einheimische und ausländische Sektindustrie. Im Friaul konzentrierten die Winzer in den 1980er Jahren ihre Energien vor allem auf fruchtig-leichte, modern erzeugte Weißweine, die eine Lücke im italienischen

Vielfältige Weinlandschaft im Norden Italiens: von Mezzolombardo, Trentino, bis zur Laimburg, Südtirol

Weinangebot schließen konnten, was zuvor nur Südtirol gelungen war. Die Entwicklung der letzten Jahre deutet aber darauf hin, dass die größeren Zukunftschancen bei den Rot- oder kräftig strukturierten Weißweinen liegen könnten, vor allem wenn das Qualitätspotential der besten Weinberglagen und die große Vielfalt einheimischer Sorten besser genutzt werden.

Qualität oder Masse

Venetien, eine der Regionen mit der größten Weinbauproduktion Italiens und traditionelles Zentrum des Weinhandels ins nördliche Ausland, bietet ein widersprüchliches Bild. In den Anbaugebieten im Umkreis der Stadt Verona, etwa Valpolicella, Soave und Bardolino, findet man sowohl önologische Spitzenprodukte als auch anonyme Massenweine, da die Reben hier nicht nur in qualitativ hochwertigen Hanglagen, sondern auch in der fruchtbaren Schwemmlandebene des Adige (Etsch) stehen. Mit Produkten wie dem schweren, roten Amarone oder auch vereinzelten Süßweinen hat sich der Westen der Region jedoch in den letzten beiden Jahrzehnten ein gutes Renommee erwerben können.

Im Osten Venetiens begegnet man einer noch ungebrochenen Massenproduktionsideologie, sieht man von den erfolgreichen Anstrengungen einiger weniger Winzer ab. Bekannt wurde von den hiesigen Weinen nur der – in der Qualität wechselhafte – Prosecco. Solange jedoch die Billigprodukte der Region einen sicheren Markt finden, werden die idealen Voraussetzungen für Qualitätsweinbau hier kaum je genutzt werden. Erst wenn hier die Konkurrenz anderer europäischer oder außereuropäischer Weinbauländer drängender wird, dürfte mit einem Umdenken aufseiten der Winzerschaft zu rechnen sein.

Dies gilt verstärkt für die Emilia Romagna, die jahrzehntelang von der Masse einfachster Lambrusco-Qualitäten in ihrer Entfaltung blockiert wurde, weshalb die Qualitätsanstrengungen einzelner Winzer seltener, aber umso wertvoller sind.

Regionale Rebsorten

Der Nordosten ist der am stärksten von internationalen Rebsorten durchsetzte Teil Italiens. Seit der Reblauskatastrophe Ende des 19. Jahrhunderts wurden hier Merlot (Friaul), Cabernet Sauvignon, Cabernet Franc und Spätburgunder (Südtirol) mit zum Teil sehr guten Resultaten heimisch gemacht. Zum populärsten italienischen Wein stieg der Grauburgunder alias Pinot Grigio auf. Ihm und Chardonnay galten in den letzten Jahren die meisten neu angelegten Rebflächen. An gesamtitalienischen Sorten treten nur Sangiovese, Barbera und Trebbiano (vorwiegend in der Emilia Romagna) in Erscheinung.

Alle übrigen im Nordosten kultivierten Reben sind regionale Sorten. An der Spitze steht die Schiava alias Vernatsch (deutsch: Trollinger) in Trentino/Südtirol, aus der überwiegend Kalterer See produziert wird. Lagrein und Teroldego sowie der trentinische Marzemino sind mengenmäßig nur schwach vertreten, ihre interessanten Rotweine erleben aber gegenwärtig einen Aufschwung.

Große Flächen in Venetien sind der Corvina gewidmet, der Hauptsorte von Valpolicella, Bardolino und Amarone, wobei ihr der Massenträger Rondinella zur Seite steht. Die Po-Ebene ist mit Unterarten der Lambrusco-Familie (Grasparossa, Marani, Maestri, Salamino, Monterico, di Sorbara) bestockt. Weitere erwähnenswerte rote Sorten sind: Raboso (Venetien), Refosco Dal Peduncolo Rosso (Friaul), Pignolo (Friaul), Schioppettino (Friaul), Tazzelenghe (Friaul).

Die meistverbreitete weiße Rebsorte ist mit 13 000 ha Garganega in Venetien, die Basis von Soave und Verschnittwein für Bianco di Custoza und Gambellara. Südtirol, Trentino und Friaul beherbergen Sorten aus dem deutschen Sprachraum: Riesling, Welschriesling, Müller-Thurgau, Veltliner, Kerner, Silvaner oder Gewürztraminer. Sie werden im Trentino ergänzt durch einheimische Nosiola sowie durch Gold- und Rosenmuskateller (Moscato Giallo / Rosa). Die autochthone Sorte Malvasia di Candia gedeiht in der Emilia Romagna, Albana, die erste Weißweinsorte mit DOCG-Status, dort und im Friaul, wo außerdem Tocai Friulano/Italico, Verduzzo, Ribolla Gialla, Picolit und Vitovska kultiviert werden.

Der Nordosten Italiens verfügt über das interessanteste Sortenpotential des Landes, und dessen systematische Verbesserung und Nutzung könnte Bewegung in den Weltmarkt immergleicher Weintypen bringen.

Trentino

Nicht den Römern, sondern bereits den Etruskern verdankt das Trentino den Weinbau. Es heißt sogar, die Römer, die viel zur Verbreitung des Weinbaus innerhalb und außerhalb Italiens beigetragen haben, hätten selbst manche ihrer Weinberg- und Kellertechniken, darunter den Gebrauch von Holzfässern als Gär- und Lagerbehälter, erst bei den etruskischen Kulturen des Nordens gelernt.

Der Weinbau konzentriert sich heute wie in der Nachbarprovinz Südtirol im Wesentlichen auf das Tal der Etsch und ihrer Zuflüsse. Auf rund 11 000 Hektar werden Reben kultiviert – teils im fruchtbaren Schwemmland, teils an kargen Hängen, deren Böden überwiegend aus Moränenschutt bestehen. 70 Prozent der Rebfläche teilen sich fünf DOC-Bereiche, für den Rest der Produktion stehen vier Igt-Bezeichnungen zur Verfügung.

Kunstvoll gestapelte Flaschen des Trento, ein aus Chardonnay und den Pinot-Sorten komponierter Spumante, der auf der Latte reift.

Marzemino und Teroldego

In den Blickpunkt einer breiteren Öffentlichkeit gerieten die Weine der Provinz erst während des Trienter Konzils der Gegenreformation, das im dritten Anlauf nach Trient einberufen, dort 1545 eröffnet und nach wiederholt unterbrochenen Verhandlungen 1563 abgeschlossen wurde. Vielleicht haben sich die Teilnehmer im Anschluss an die Sitzungen mit den angenehmen Seiten des Messopfers befasst, denn schon damals wurden einige der bis heute zum regionalen Weinangebot zählenden Rebsorten kultiviert, so der Marzemino und der Teroldego. Der Marzemino ist eine der weniger bekannten autochthonen Reben des italienischen Nordens. Die spät reifende, pflegeleichte Sorte kann gehaltvolle, aromatische Weine liefern, wird jedoch häufig als Massenträger für

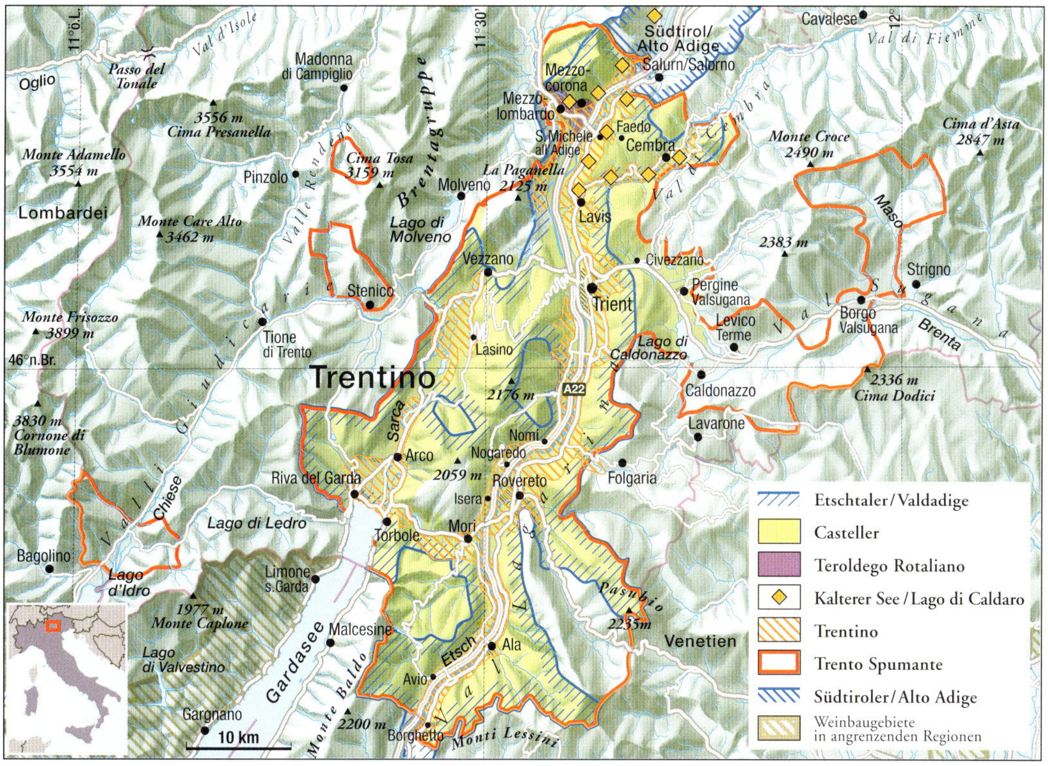

Das Trentino ist eine faszinierende Weinlandschaft, die sich im Wesentlichen im Etschtal erstreckt und von hohen Gebirgsmassiven eingerahmt wird, die es vor Wetterunbillen schützen.

Mezzolombardo vor mächtiger Bergkulisse

einfache, oft leicht perlende Weine genutzt. Ihr Potential entfaltet sich nur auf geeigneten Böden, etwa auf dem schwarzen Basaltgestein der Dörfer Isera und Nomi im Bereich der DOC Trentino. Marzemino von Isera, von Mozart im ›Don Giovanni‹ verewigt, kann den Ortsnamen in der Herkunftsbezeichnung führen und zeichnet sich durch Eleganz und feinen Mandelduft aus.

Ein noch größeres Potential besitzt der Teroldego, die einzige große italienische Sorte, die nicht in Hanglagen, sondern in der Ebene am besten zu geraten scheint, vorausgesetzt, die Böden sind nicht allzu fruchtbar. Die fast ausschließlich im Trentino kultivierte Traube liefert auf dem stark kieshaltigen Schwemmland des Campo Rotaliano bei Mezzocorona und Mezzolombardo dunkle Rotweine von tiefschichtiger Aromatik. Ihr herausragender Charakter hat sie für die eigene Herkunftsbezeichnung Teroldego Rotaliano geradezu prädestiniert. Allerdings erlauben die DOC-Statuten Hektarerträge von bis zu 125 Hektoliter, was mit modernen Qualitätsstandards kaum zu vereinen ist. Die besten Teroldego-Winzer des Campo Rotaliano beschränken sich daher auf Hektarerträge von nicht mehr als 40 bis 50 Hektoliter. Vor allem im Barrique ausgebaute Kreszenzen können eine in der Provinz nur selten anzutreffende geschmackliche Tiefe und Komplexität zeigen. Sie duften nach Lakritz, Pflaumen, Kirschen oder Veilchen und besitzen viel Kraft und sogar eine gewisse Alterungsfähigkeit.

Neben den einheimischen Sorten, zu denen auch die rote Schiava (Südtiroler Vernatsch) in ihren verschiedenen Varianten und die weiße Nosiola zu zählen sind, aus der in der Valle di Laghi, dem Tal der Seen nördlich von Riva del Garda, ein interessanter Vin Santo gekeltert wird, ist das Rebenspektrum vor allem von internationalen Sorten geprägt. Chardonnay und Pinot Grigio haben sich bei den Weißweinen durchgesetzt, bei den Roten bringen Cabernet und Merlot interessante Produkte hervor.

Moderne Weiss- und Rotweine

Auf den Rebflächen, die sich kilometerweit zu beiden Seiten der Brenner-Autobahn erstrecken, dominieren die hohen Pergeln (Pergolen, eine Form der am Spalier gezogenen Rebenerziehung), die die Trauben vor zu starker Sonnenhitze, aber auch vor Fäulnis und Krankheiten schützen. Der Nachteil dieses Schutzes sind die viel zu hohen Erträge, die sich in den DOC-Bestimmungen mit so überaus großzügigen Obergrenzen von bis zu 15 Tonnen pro Hektar niederschlagen und die deutlich quantitative Ausrichtung des Trentiner Weinbaus signalisieren. Einzelne Winzer haben zwar inzwischen beweisen können, dass gerade aus den Hanglagen mit ihren kargen Böden und den großen Schwankungen zwischen Tages- und Nachttemperaturen frische, aromatische Weiß-

Vom Handelsbetrieb zum Qualitätsweingut – Endrizzi in San Michele

Die alte Schautafel in der Kellerei Ferrari in Trient zeigt die verschiedenen Phasen der Spumante-Herstellung vom Weinberg über Fasskeller, Flaschengärung und Hefelager zum Degorgieren und Dosieren, an denen sich im Prinzip bis heute nichts geändert hat.

weine hervorgehen. Der größte Teil der Produktion, besonders aus der bis ins Veneto reichenden Großlage DOC Valdadige, zählt jedoch bestenfalls zur Kategorie ›sauber, doch belanglos‹.
Neben weißen werden in der Provinz auch große Mengen roter Sorten kultiviert. An der Spitze stehen Merlot und Cabernet Franc, seltener Cabernet Sauvignon, die oft sortenrein abgefüllt werden. Einige Produzenten experimentieren mit einer Bordeaux-Mischung, was zu gelungenen, kräftigen Weinen führen kann. Wie bei den Weißweinen trägt der überwiegende Teil der Trentiner Rotweine die DOC-Bezeichnungen Trentino oder Valdadige, wobei vor allem letztere hauptsächlich für leichte, einfache Weintypen eingerichtet wurde. Die grasigen Noten, die Cabernet, Merlot und deren Verschnitte oftmals aufweisen, kommen von den hohen Erträgen, aber auch den begrenzten Reifemöglichkeiten der Trauben unter den Schatten spendenden Pergeln, die für diese Sorten eher ungeeignet sind.

Prickelnd und fruchtig

Im und für das Trentino arbeitet die Weinbauschule von San Michele all'Adige an der Grenze zu Südtirol, die zusammen mit der Weinbauschule Geisenheim im Rheingau oder der kalifornischen Davis-Universität in Sacramento zu den anerkannt besten Forschungsinstituten der Weinwelt zählt. Was die Wissenschaftler hier an Erkenntnissen gewannen, konnten die Winzer des Etsch-Tals oft unmittelbar in ihren Weinbergen und Kellern umsetzen. Eine wirkliche Qualitätsdynamik entstand allerdings erst in den 1990er Jahren, als auch die großen Genossenschaften die Bedeutung hochwertiger Premiumweine in ihrem Sortiment erkannten und einige der vormals mit dem Fassweinexport befassten Kellereien erfolgreiche Anstrengungen unternahmen, die Qualität ihrer Produktion zu steigern.
Der wirtschaftlich rührigste Bereich des Trentiner Weinbaus ist nach wie vor die einheimische Sektindustrie, die jährlich etwa fünf Millionen Flaschen teilweise hochwertiger Schaumweine produziert. Der größte Teil dieser Produktion wird zwar per Tankgärung, in Italien Charmat-Verfahren genannt, hergestellt. Es gibt jedoch auch Kellereien, die ihren Spumante mittels Flaschengärung erzeugen, die von der Kellerei Ferrari, dem Pionier der Trentiner Sektindustrie, schon zu Beginn des 20. Jahrhunderts aus der Champagne eingeführt worden war. Manche dieser Schaumweine, die unter der DOC Trento firmieren, gehören zu den besten Italiens und werden entsprechend weltweit vermarktet. Sogar eine eigenständige Herkunftsbezeichnung besitzen die Trentiner Schaumweine – allerdings keinen DOCG-Status, wie ihn Franciacorta zuerkannt bekam –, die flaschenvergorenen Produkten vorbehalten ist. Ihr Name ›Trento DOC‹ kann jedoch leicht zur Verwechslung mit der Stillwein-Appellation ›Trentino DOC‹ führen und bildet zusammen mit dem Markennamen des bedeutendsten privaten Verbunds von Sektkellereien einen eher unschönen Doppellaut: Trento Talento.

Südtirol

Südtirol, das historisch wie kulturell eng mit dem österreichischen Nordtirol verbunden ist, gehört seit dem Ersten Weltkrieg zu Italien und bildet zusammen mit dem Trentino eine autonome Doppelregion. Den größten Teil der Weinbauflächen von Italiens nördlichster Provinz beherbergt das Tal der Etsch und ihrer Nebenflüsse, vor allem die in Bozen von Norden her zufließende Eisack.

Das Qualitätszentrum Südtirols liegt im Gebiet Überetsch, einer Bergterrasse oberhalb des Etsch-Tals zwischen Bozen/Bolzano im Norden und Auer/Ora im Süden. Hier verläuft außerdem der schönste Teil der Südtiroler Weinstraße. Kleinere Qualitätszentren finden sich darüber hinaus im Gebiet von Terlan, Meran und Sankt Magdalener sowie bei Mazzon am linken Etsch-Ufer.

Der langen Zugehörigkeit zu Tirol und zum deutschen Sprach- und Kulturraum ist neben der Zweisprachigkeit Südtirols auch die Verbundenheit des Weinbaus mit deutschen und österreichischen Modellen zu verdanken. Das beginnt bei einem Teil der insgesamt 18 kultivierten Rebsorten wie Riesling, Silvaner, Müller-Thurgau, Gewürztraminer, Kerner oder Trollinger (alias Vernatsch oder Schiava), setzt sich fort über die Art der Lagenbenennung und reicht bis zu Erntepraktiken wie der Auslese, die in die DOC-Statuten Eingang gefunden haben. Wenn 90 Prozent der Südtiroler Produktion aus (gesetzlichen) Qualitätsweinen bestehen, so heißt dies hier ebenso wenig wie in Deutschland. Dennoch hat sich Südtirol als eine besonders qualitätsbewusste italienische Region erwiesen.

Einladung zur Rast mit Südtiroler Rotwein

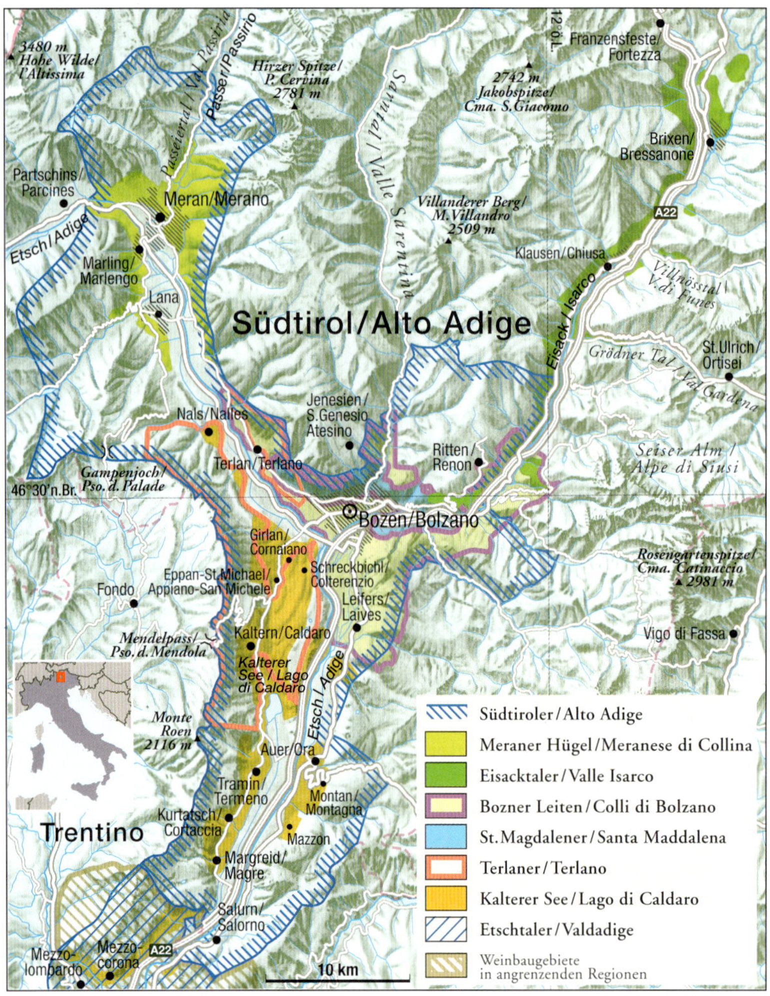

Kellereien und Genossen

Im Unterschied zu anderen Regionen, etwa dem Piemont, ging die Initiative für diese Entwicklung hier nicht von den Winzerbetrieben, sondern von größeren Handelskellereien und Genossenschaften aus. Lageder und Hofstätter, später auch Niedermayer und einige andere auf der einen, Girlan, Schreckbichl, Terlan oder Kurtatsch auf der anderen Seite waren die Protagonisten des Qualitätswettstreits, der von Mitte der 1980er Jahre an das Bild des Südtiroler Weinbaus radikal veränderte. Dabei kam den Genossenschaften, die fast zwei Drittel der gesamten Traubenlese Südtirols verarbeiten, eine besondere Rolle zu, da sie die Bewegung in die Breite und Tiefe trugen. Ihre qualitäts- und nicht mehr nur mengenorientierte Bezahlung der Mitgliedswinzer, ihre Politik des separaten Ausbaus der Weine besonders geeigneter Lagen, auf denen die Erträge drastisch reduziert wurden, sowie nicht zuletzt ihre Experimentierfreudigkeit mit Stahltanks und Barriques im Keller wurden zu Vorbildern für die gesamte Winzerschaft der Provinz und weit über deren Grenzen hinaus.

Vor allem die Abkehr von der Vermarktung übergroßer Mengen billiger und einfacher Vernatsch-Weine (vorwiegend als Kalterersee, Bozner Leiten oder Sankt Magdalener verkauft) wirkte in dieser Hinsicht segensreich. Die Sorte Vernatsch (alias Schiava oder Trollinger) war früher – zulasten des Geschmacks – auf hohe Erträge gezüchtet worden. Erst in den letzten Jahrzehnten bewiesen sorgfältig kultivierte Vernatsch-Gewächse – oft nicht als Kalterersee, sondern unter der Sortenbezeichnung verkauft –, dass in der Rebe erstaunliche Qualitäten schlummern. Bei recht heller Farbe zeigen sie einen Veilchenduft, sind dicht und harmonisch im Mund und können sogar ein paar Jahre in Ruhe reifen.

Sorten in Bewegung

Die unmäßige Auspflanzung des Vernatsch in immer größere und produktivere Rebflächen hatte mit dem Gewürztraminer auch eine der ältesten bekannten Rebsorten Italiens – schon Ende des ersten Jahrtausends ist die Traube mit dem opulenten Aroma bei Tramin im heutigen Südtirol nachgewiesen – fast vollkommen verdrängt. Sie konnte zwar, ebenso wie andere Sorten deutsch-österreichischer Herkunft, bis heute überleben, doch sieht sie sich nun einer übermächtigen Konkurrenz gegenüber. Denn obwohl die Sorten des deutschsprachigen Raums in Südtirol die weiteste Verbreitung genießen, gehen die unbestritten besten Weine der Provinz aus den französischen Rebsorten Chardonnay, Sauvignon Blanc, Cabernet Sauvignon und Spätburgunder oder Pinot Noir hervor. Vor allem mit ihren sauberen, frischen Weißweinen genießen die Winzer der Provinz auch im Ausland eine gute Reputation. Der Trend zu fest strukturierten, dichten Weißweinen hat auch hier viele Betriebe zu Experimenten mit dem Barrique-Ausbau veranlasst, aber auch die großen Holzfuder kommen allmählich wieder in Mode, wenn es darum geht, den Weinen unter Bewahrung ihres Fruchtcharakters die größtmögliche Komplexität mitzugeben.

Die Rotweine leiden dagegen oft noch stärker unter den Folgen der unsinnigen Massenpolitik. Insbesondere die für die Region charakteristischen Pergeln (Pergolen), die auf Höchstleistung getrimmt waren, bringen Weine mit stark grasigen Noten und hoher Säure hervor. In den besten Lagen und in ertragsreduzierten Anlagen sorgen Cabernet Sauvignon und Pinot Noir in guten Jahren dagegen für Resultate, die sich zweifellos mit den besten Gewächsen Italiens – vielleicht sogar Frankreichs – messen können.

Die interessanteste rote Sorte der Provinz ist der einheimische Lagrein, der in den letzten Jahren eine regelrechte Renaissance erlebte. Früher meist zu einem unscheinbaren Rosé, Kretzer genannt, verarbeitet, mauserten sich seine Weine in kürzester Zeit zu farb- und tanninbetonten, alterungsfähigen, kräftigen und würzigen Gewächsen, die zunehmend die Gunst der Weinfreunde auf sich ziehen. Natürlich ist auch hier wieder eine strikte Mengenbegrenzung die beste Voraussetzung für hochwertige Qualität. Lange Zeit glaubte man, nur die Sand- und Kiesböden von Gries, einem Ortsteil Bozens, wo mitten im Häusermeer die renommiertesten Lagrein-Reben gedeihen, brächten gute Weine hervor. Inzwischen haben immer mehr Winzer anderer Orte diese Auffassung als Vorurteil entlarvt, indem sie bewiesen, dass auch andere Lagen in Südtirol hervorragenden Lagrein Dunkel/Scuro liefern können.

Das äußerlich idyllische Gut Georg Baron Widmann in Kurtatsch hat in Weinbergen und Keller eine Revolution vollzogen und vermarktet heute seine hochwertigen Qualitäten selbst.

Paradoxon mit verblüffender Wirkung: Durch Berieselung wird Eis erzeugt, das die Reben vor Frost schützt.

Zwei Neuerer am Weinsee

Noch vor einigen Jahren meinte jemand, der vom Südtiroler Weinsee sprach, gewöhnlich weniger den wirklichen Kalterer See als vielmehr die Unmenge gleichnamigen Weins recht fragwürdiger Qualität, die jahrzehntelang von hier aus die Märkte der Nachbarländer Südtirols überflutete. Wenn dies heute anders ist, so war es mit dem Kellereibesitzer Alois Lageder und mit Luis Raifer, dem Chef der Genossenschaftskellerei Schreckbichl (im italienischen Colterenzio), zunächst das Verdienst zweier Protagonisten des Weinbaus im Überetsch-Gebiet.

Der restaurierte Hof Löwengang in Margreid ist das operative Zentrum der noch bis vor wenigen Jahren an der Bozener Peripherie ansässigen, bereits 1855 gegründeten Kellerei Lageder. Nachdem man vier Generationen lang fast ausschließlich Trauben angekauft und gekeltert hatte, vollzog der gegenwärtige Besitzer der Firma, Alois Lageder, eine radikale Kehrtwendung und widmete seine gesamte Energie dem Ankauf bester Rebflächen und traditionsreicher Weinhöfe. Mit dem Römigberg am Kalterer See und den Ansitzen Löwengang und Hirschprunn in Margreid im Unterland besitzt Lageder heute einige der besten Lagen von Südtirol. Und wie er auf seinen eigenen Flächen moderne, naturnahe Methoden der Weinbergsarbeit einführte, wirkte er auch bei seinen Lieferanten – der größte Teil des Traubenguts wird auch heute noch zugekauft – auf äußerste Qualitätsarbeit hin.

Moderne Kellertechnik, traditionelle Methoden

Nachdem bereits die alte Kellerei in den 1970er und 1980er Jahren perfektioniert worden war, brachte der Kellerneubau hinter dem Ansitz Löwengang noch einmal einen gewaltigen Modernisierungsschub. Mit einer Kapazität von mehr als 30 000 Hektolitern, die auf vier Ebenen mit einer Gesamthöhe von 15 Metern verteilt sind, um den Transport von Trauben und Mosten ausschließlich per Schwerkraft und weitgehend ohne Pumpen bewerkstelligen zu können, gehört die neue Kellerei zum Modernsten, was Südtirol derzeit zu bieten hat. So sind etwa die Gärtanks im Kreis angeordnet, damit alle Moste und Weine die gleiche Wegstrecke in die Fässer zurücklegen.

Natürlich wird auch bei Lageder inzwischen bei vielen Rotweinen nicht mehr umgepumpt, sondern der Tresterhut wie in alten Zeiten in regelmäßigen Abständen unter den Most gedrückt, allerdings nicht von Hand, sondern vollautomatisch, und der Ausbau in kleineren oder größeren Holzfässern, der den Weinen mehr Komplexität und Struktur verleihen soll, ist bei den besseren roten wie weißen Qualitäten Standard. Lageder war mit seinem Chardonnay vom Gut Löwengang einer der Ersten in Südtirol, die diese Sorte im Barrique gären ließen.

Das größte Kapital des dynamischen Unternehmers aber sind die vielen Spitzenweinberge, aus deren Trauben Lageder eine ganze Palette charaktervoller Lagenweine keltert. Zu Haberlehof, Tannhammerhof, Benefizium Porer, Lindenburg und dem Oberingramhof kam in jüngeren Jahren noch die unerreichte Spitzenparzelle am Römigberg hinzu, wo einer der besten Cabernet Sauvignons Italiens entsteht. Das Schmuckstück des Betriebs ist der neu erworbene Weinhof Hirschprunn, der in der Vergangenheit einigen Mussolini-Flüchtlingen als Wohnsitz diente und dann lange Zeit leer stand. Noch werden dessen Weine zusammen mit allen anderen Lageder-Produkten auf Löwengang produziert, aber die Planungen sehen den Ausbau des Weinhofs zu einer autonomen Domäne mit ›Château-Charakter‹ vor.

Die Cornell-Reihe stellt die Spitzenweine der Kellerei Schreckbichl dar: modern vinifizierte und gekonnt ausgebaute Rebsortenweine aus naturnahem Anbau.

Während seine Vorfahren hauptsächlich auf den Weinhandel setzten, hat Alois Lageder gezielt einen eigenen Weinbergbesitz ausgebaut. Hier wird naturnaher Anbau betrieben, darunter stellt Löwengang eine der Toplagen.

Der Kalterer See und seine Weinberge

Die Genossen halten dagegen

Dass auch Kellereigenossenschaften in der Lage sind, den Qualitätsbestrebungen privater Winzer und Kellereien zu folgen oder ihnen sogar als Vorbild zu dienen, bewies in denselben Jahrzehnten, in denen Lageder seine Kellerei zum Vorzeigebetrieb ausbaute, die Genossenschaft Schreckbichl in Girlan, dem alten Cornelianum der Römerzeit. 1960 von nur 28 Weinbauern gegründet, hat sie sich in wenigen Jahrzehnten zur größten Kooperative Südtirols und zu einer der führenden Kräfte des gesamten norditalienischen Weinbaus entwickelt. 350 Mitglieder bewirtschaften heute mehr als 400 Hektar Rebfläche in Girlan, Eppan und Salurn.

Unter der Leitung von Luis Raifer wurde nicht nur die Kellerarbeit nach modernsten Maßstäben organisiert, sondern vor allem der Weinbergsarbeit das nötige Augenmerk geschenkt, was in Italiens Genossenschaften keineswegs eine Selbstverständlichkeit ist. Der weit gehende Verzicht auf chemische Produkte, deren früher unbegrenzter Gebrauch durch eine Politik der Nützlingspflege ersetzt wurde, gehört heute genauso zum Repertoire der Schreckbichler wie das separate Vinifizieren und Füllen von Weinen der besten Lagen. Bereits in den 1980er Jahren entstanden als Resultat der Qualitätsanstrengungen die Weine der Cornell-Linie – allen voran der rote Cornelius, ein Verschnitt aus Cabernet Sauvignon und Merlot, und der im Barrique vergorene Chardonnay – sowie die ausgezeichneten Sortenweine der Praedium-Linie von den Lagen Coreth, Puiten, Prail, Siebeneich, Weißhaus und Mantsch. Bei reduktiv ausgebauten, fruchtbetonten Weinen aus dem Stahltank bewies man dabei ebenso große Virtuosität wie bei den Barrique-Weinen, wobei vor allem die Rotweine eine für die nördliche Klimazone ungewöhnliche Dichte und Komplexität zeigten – Ergebnis der rigiden Ertragsbegrenzung, zu der Raifer seine Winzer motivieren konnte.

Dass Raifer nicht nur von der Kellerarbeit und vom Vermarkten etwas versteht, bewies er mit seinen eigenen Weinbergen der Lage Lafòa, deren Cabernet-Sauvignon- und Sauvignon-Blanc-Trauben inzwischen in einer eigenständigen Linie gefüllt werden. Beide Erzeugnisse gehören zu den Südtiroler Weinen internationalen Formats, die selbst die gewichtige französische Konkurrenz nicht zu scheuen brauchen.

Unten rechts:
Alois Lageder – Winzer mit Weitblick

Unten links:
Luis Raifer – Genossenschaftler mit Visionen

Kurtatsch in Südtirol verfügt über Lagen, die in der Höhe zwischen rund 250 und über 600 Meter variieren.

Ausgewählte Erzeuger im Trentino und in Südtirol

Trentino (T) Südtirol (S)

Endrizzi **–****
San Michele all'Adige (T)
16,5 ha; ZT; 200 000 Fl. • Weine: u.a. Trento Masetto Brut; Trentino: Traminer Aromatico, Müller Thurgau, →Chardonnay und →Cabernet Collezione, Pinot Grigio, →Teroldego Rotaliano, Dulcis in Fundo
Aus der einstigen Handelskellerei wurde unter Leitung von Paolo und Christine Endrici ein qualitätsorientiertes Weingut. Die besten Weine werden mit Künstler-Etiketten vermarktet.

Ferrari – Fratelli Lunelli ****
Trient (T)
62 ha; ZT; 3 000 000 Fl. • Weine: u.a. Trento: Maximum Brut, Rosé, →Riserva del Fondatore
Die Sektkellerei ist nicht nur die größte der Region, sondern bietet auch einige der besten flaschenvergorenen Produkte. Im vergangenen Jahrzehnt kaufte man auch eine Mineralwassermarke zu.

Foradori ****–*****
Mezzolombardo (T)
15 ha; 100 000 Fl. • Weine: u.a. →Granato, →Karanar, →Teroldego Rotaliano Vigneto Morei; Trentino: Pinot Bianco, Chardonnay, Myrto
Elisabetta Foradori hat nicht nur das alte Weingut der Familie zum Top-Betrieb des Trentino gemacht, sondern auch noch begonnen, im Rahmen eines Joint Venture das Potential des sizilianischen Weinbaus zu entwickeln. Vor allem ihre drei Teroldego-Weine, allen voran der Granato, sind Spitze.

Kellereigenossenschaft Gries ***–****
Bozen (S)
200 ha; 450 000 Fl. • Weine: u.a. Südtiroler: →Lagrein Dunkel Riserva Baron Carl Eyrl, Rosato, Merlot; St. Magdalener Tröglerhof
In Gries wachsen einer alten Überzeugung zufolge die besten Lagrein-Trauben Südtirols. Daraus erzeugt die Bozener Genossenschaft exzellente Weine.

Hofstätter ***–*****
Tramin (S)
45 ha; ZT; 800 000 Fl. • Weine: u.a. Südtiroler: →Blauburgunder Villa Barthenau Vigna St. Urbano, Lagrein, Chardonnay, Gewürztraminer; Yngram →Pinot Bianco, →Cabernet; Hofstätter Brut
Das Weinhaus der Familie Foradori ist der große Gegenspieler der Kellerei Lageder. Mit den Blauburgundern der Mazzoner Villa Barthenau hat man Modellweine für ganz Italien geschaffen. Im modernen Kellerneubau mitten im Ortszentrum von Tramin entstehen nach modernsten Methoden Spitzenweine.

Kellereigenossenschaft Girlan (S) **–****
270 ha; 650 000 Fl. • Weine: Südtiroler: u.a. Blauburgunder Trattmannhof, Vernatsch Fass Nr. 9, Weißburgunder Plattenriegl
Die zweite Genossenschaft von Girlan hat schon vor Jahren bewiesen, dass aus Vernatsch nicht nur dünner Kalterersee gekeltert werden kann, sondern auch vielschichtige, alterungsfähige Rotweine. Auf Initiative Hartmuth Spitalers, des langjährigen Leiters, wurden bereits sehr früh Künstleretiketten eingesetzt.

Kellereigenossenschaft Kurtatsch (S) ***–*****
255 ha; 1 800 000 Fl. • Weine: u.a. Südtiroler: Blauburgunder Fritzen Hof, →Südtiroler Cabernet Freienfeld, Chardonnay, →Merlot Brenntal
Unter der Leitung Arnold Terzers hat die Genossenschaft von Kurtatsch eine Spitzenstellung im Südtiroler Weinbau erobert. Zwei Drittel der Produktion werden in Flaschen gefüllt, der Rest geht offen an Kellereien in Venetien und der Toskana.

Alois Lageder / Ansitz Hirschprunn **–*****
Margreid (S)
48 ha; ZT; 950 000 Fl. • Weine: u.a. Südtiroler →Chardonnay und Cabernet Löwengang, →Cabernet COR Römigberg, Pinot Grigio Benefizium Porer, Pinot Bianco Haberlehof, Sauvignon Lehenhof, →Hirschprunn Igt Mitterberg Bianco Contest, Etelle und Dornach, →Rosso Corolle

Alois Lageder ist einer der Top-Protagonisten des Südtiroler Weinbaus, eine Rolle, die er durch den Erwerb des Gutes Hirschprunn und den modernen Kellerneubau in Margreid noch unterstrich (s. S. 395).

La Vis ***–****
Lavis (T)
800 ha; 1 500 000 Fl. • Weine: Trentino Ritratti: Pinot Grigio, Pinot Nero, →Cabernet, → Ritratto, Müller-Thurgau, Spumante Arcade
Die Coop von Sorni, Lavis und Salurn ist als einzige des Trentino in der Lage, mit den qualitätsorientierten Genossenschaften Südtirols mitzuhalten.

Josef Niedermayr **–*****
Girlan (S)
15 ha; ZT; 860 000 Fl. • Weine: Südtiroler: →Sauvignon Naun Barrique, →Lagrein aus Gries Blacedelle und Riserva, Gewürztraminer Doss; Kalterer See Auslese Ascherhof, Terlaner Hof zu Pramol, →Aureus, Euforius
Josef Niedermayrs Kellerei stand lange im Schatten berühmterer Kollegen, konnte aber zuletzt dank der Arbeit des Kellermeisters Lorenz Martini mit Lagrein, Blauburgunder und Cabernet Sauvignon glänzen.

Pojer & Sandri ***–****
Faedo (T)
18 ha; 200 000 Fl. • Weine: Trentino: Müller-Thurgau, Nosiola, Sauvignon, →Rosso und Bianco Fayè, →Essenzia Vendemmia Tardiva, Spumante Cuvée Brut
Die umtriebigen Winzer Fiorentino Sandri & Mario Pojer sind für ihre Weiß- und Rotweine, aber auch für hervorragende Tresterbrände bekannt geworden. Ihr Rosso Fayè gehört zu den besten Trentiner Roten.

San Leonardo ***
Borghetto (T)
16 ha; 80 000 Fl. • Weine: Trentino: Merlot, Cabernet; San Leonardo, Villa Gresti
Beziehungen zum Sassicaia-Gut San Guido brachten Guerrieri Gonzaga dazu, Weine aus den klassischen Bordeaux-Trauben zu produzieren. Sein San Leonardo scheidet seit Jahrzehnten die Geister: Manche sehen darin einen der größten Rotweine des Trentino, andere finden ihn veraltet und wenig ausdrucksvoll.

St. Magdalena **–****
Bozen (S)
130 ha; 800 000 Fl. • Weine: Südtiroler St. Magdalener: →Huck am Bach, Stieler, Sauvignon Mockhof, →Chardonnay Kleinstein, →Lagrein Taberhof und Perlhof, →Cabernet Mumelterhof; Eisacktaler Müller-Thurgau
Mit nur 66 Mitgliedern ist die Sankt Magdalener Genossenschaft mitten im Bozener Stadtzentrum eine der kleineren der Provinz, aber einige ihrer Lagrein-, Cabernet- und Chardonnay-Füllungen zeigen viel Rasse und Klasse.

Schreckbichl/Colterenzio ****–*****
Girlan (S)
410 ha; 750 000 Fl. • Weine: Südtiroler: u.a. →Cabernet Lafòa, →Chardonnay Cornell, →Cabernet / Merlot Cornelius, →Cornelius Bianco, →Lagrein Cornell, →Sauvignon Lafòa, Blauburgunder Cornell Schwarzhaus, Praedium Siebeneich, Weißburgunder
Luis Raifer hat aus der Girlaner Genossenschaft einen der Spitzenbetriebe Norditaliens gemacht (s. S. 395).

Kellereigenossenschaft Terlan (S) **–****
200 ha; 400 000 Fl. • Weine: Südtiroler: Gewürztraminer Lunare, Lagrein Porphyr, Blauburgunder Montigl; Terlaner: Weißburgunder, →Sauvignon Quartz und Magdalener Häuslerhof
Sebastian Stocker, nun pensionierter Kellermeister von Terlan, pflegte die Weinwelt mit 20 und mehr Jahre alten Weißweinen zu überraschen, die den größten Teil ihres Lebens im Tank zugebracht hatten und noch immer ungemein komplex und frisch waren. In den letzten Jahren ist das Profil der Weine etwas verflacht.

Schlosskellerei Turmhof Tiefenbrunner ***–****
Kurtatsch (S)
22 ha; ZT; 500 000 Fl. • Weine: u.a. →Feldmarschall von Fenner; Südtiroler: Gewürztraminer, Lagrein, →Chardonnay und Cabernet Linticlarus
Selten hat ein Müller-Thurgau einen solch internationalen Ruf erlangt wie der Feldmarschall von Fenner. Die Trauben wachsen auf einem Hochplateau in 1000 Metern Höhe und erbringen die aromatischen, fast sauvignonartigen Noten. Die besten Weine des Gutes werden unter der Marke Linticlarus verkauft.

Behutsamer Umgang mit den Trauben

Schritt für Schritt den Hang hinauf

Weinlese wie in alten Zeiten

Friaul-Julisch Venetien

Friaul · Julisch-Venetien, kurz Friaul genannt, verkörpert wie keine zweite italienische Region die kontrastreiche, von unterschiedlichen ethnischen, kulturellen und politischen Einflüssen geprägte Landesgeschichte. Schon in der Altsteinzeit, vor gut 40 000 Jahren, war der Landstrich besiedelt, und der Karst wie das heutige Venetien besaßen in der Bronzezeit weit entwickelte Kulturen. Das Gebiet war seit je eine Durchgangsregion für verschiedene Volksgruppen, von denen einige schon vor mindestens 3000 Jahren Weinbau betrieben.

Bis heute deutlich spürbare Auswirkungen auf Kultur und Weinbau des Friaul aber sollte eine politische Entwicklung im 15. Jahrhundert haben. 1420 hatte Venedig den Westteil der Region mit Udine als Zentrum erobert, während sich Habsburg den östlichen Teil um Görz (Gorizia) sicherte. Die Grenze entlang des Flusses Judrio trennt noch heute die besten Anbaugebiete des Friaul, Colli Orientali und Collio, und auch die Einteilung in einen mehr von roten Sorten geprägten Westen und einen ›weißen‹ Osten spiegelt bis heute die Weinvorlieben der beiden einstigen Großmächte. Während die roten Sorten von den vielen Sonnenscheinstunden und einer Jahresdurchschnittstemperatur von 15 °C profitieren, kommt den weißen Sorten die ständige Luftbewegung zwischen Alpen und Meer entgegen, die an der Nordseite der Hügel hohe Schwankungen zwischen den Tages- und Nachttemperaturen bewirkt, was die Aromabildung begünstigt.

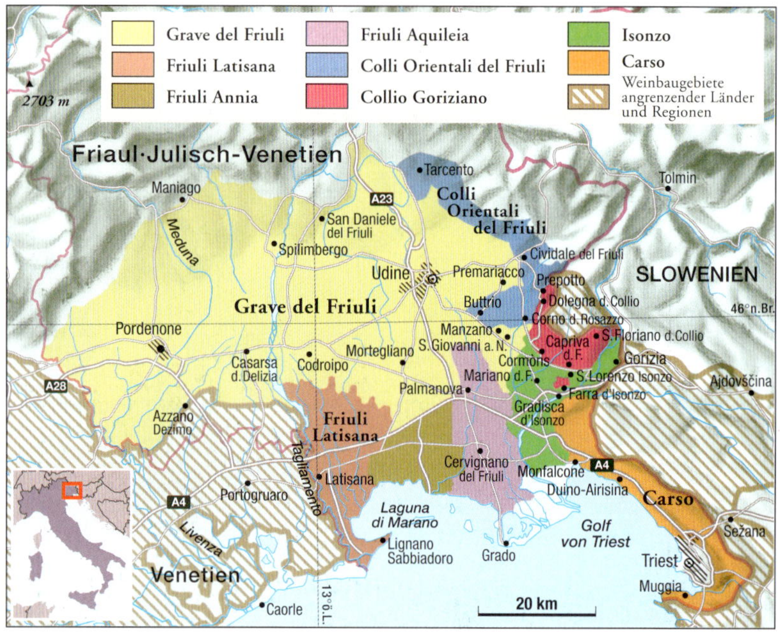

Geologisch ist das Friaul in zwei etwa gleich große Hälften geteilt, deren nördliche – Alpen und Voralpen – für Weinbau ungeeignet ist. In den Ebenen und auf den Hügeln der südlichen Hälfte dagegen dominieren Böden, die dem Weinbau gute Voraussetzungen bieten: Moränenhügel mit trockenen, mineralarmen Böden, Vulkanablagerungen, reich an Mineralien und Spurenelementen, Schwemmland mit trockenen, steinigen Böden und das Küstenland mit Sand, Torf und hohem Kalkgehalt. Auf den Hügeln im Zentrum sorgt der Flysch von Cormòns, eine Mischung aus Mergel- und Sandsteinschichten aus dem Eozän, für charaktervolle, komplexe Weine.

Im Unterschied zum übrigen Italien besitzt das Friaul eine klar gegliederte Weinbaulandschaft. Die acht Anbaugebiete der Region liegen nebeneinander aufgereiht im Alpenbogen, und unter jeder DOC-Bezeichnung ist eine bestimmte Palette an Rebsortenweinen zugelassen. Das größte Gebiet ist Grave del Friuli in der Schwemmlandebene des Tagliamento. An der südlichen Grenze ziehen sich Friuli Latisana, das neu gegründete Friuli Annia und Friuli Aquileia an der Küste entlang. Die Colli Orientali del Friuli und das Collio oder Collio Goriziano mit ihren ausgezeichneten Böden und dem idealen Klima stehen mit ihren Weinen stellvertretend für das große Prestige, das die Region in den letzten beiden Jahrzehnten erworben hat. Im Süden des Collio schließt sich das Isonzo-Gebiet an, das seinerseits an der südöstlichen Flanke an das Carso, die Karsthügel an der Grenze zu Slowenien anstößt.

Die Familie Marco Felluga vereint auf ihrem Prestigegut Russiz Superiore mittelalterliches Erbe mit modernem Weinbau. Außergewöhnlich ist der Keller, der als Tunnel in den Hang gegraben wurde.

Von Rot zu Weiss zu Rot

Obwohl das Friaul heute als Weißweinregion bekannt ist, wurde sein Weinbau noch bis vor wenigen Jahrzehnten von roten Sorten dominiert. 1965 stammten 80 Prozent des Weins von dunklen Trauben, allen voran der nach der Reblauskatastrophe bevorzugt ausgepflanzte Merlot. Erst mit der steigenden Nachfrage nach sauber vinifizierten Weißweinen in den 1970er und 1980er Jahren begannen auch die Friauler Winzer, sich auf Chardonnay, Pinot Grigio, Sauvignon oder den einheimischen Tocai Friulano zu konzentrieren. Mit europäischen Subventionen wurden rund 2000 Hektar Mischkulturen in spezialisierte Weinbergflächen umgewandelt und einheimische Sorten zugunsten internationaler Publikumslieblinge gerodet. In die Keller hielten Stahltanks und Kältemaschinen für die temperaturkontrollierte, reduktive Gärführung Einzug, was die radikale Abwendung vom eher oxidativen Ausbaustil der Vergangenheit bedeutete. Der Erfolg auf nationalen und internationalen Märkten war überwältigend. Die aromabetonten, kräftigen Weißweine entsprachen dem Publikumsgeschmack und erzielten rasch astronomische Verkaufspreise.

In den 1990er Jahren konnten dann die Rotweine des Friaul viel von ihrem Prestige zurückerobern: zunächst Bordeaux-Verschnitte, später sortenreine Merlot-Gewächse (die mit den säuerlich-süffigen Weinen der Nachkriegszeit nur den Sortennamen gemein hatten), schließlich beste Weine aus fast verloren geglaubten einheimischen Sorten.

Diese einheimischen Rebsorten bergen die größte Chance des zukünftigen Weinbaus im Friaul, lassen sich daraus doch ausdrucksstarke, individuelle Weine keltern, die sich von den einheitlichen Produkten anderer Länder abheben. Die Erwartungen an die Roten Refosco dal Peduncolo Rosso, Schioppettino, Pignolo oder Tazzelenghe und die Weißen Tocai Friulano, Ribolla Gialla, Verduzzo oder Picolit sind hoch.

Zwischen Udine und Gorizia

Mit ihren Flysch-Böden besitzen die Colli Orientali, jenes Gebiet, das die Hauptstadt Udine halbmondförmig umfasst und den nordwestlichen Teil desselben Hügelmassivs bildet, zu dem auch das Collio gehört, großes Potential für Rotweine. Vor allem auf den zur Adria geneigten Südhängen der Hügel gedeihen Merlot-, Cabernet-, Schioppettino-, Refosco- und Pignolo-Trauben in hervorragender Qualität. Die Weine, die sortenrein oder als Verschnitt daraus gekeltert und oft im Barrique ausgebaut werden, sind kräftig, aber elegant, vereinen Tanninstruktur mit Frucht und gehören in guten Jahren zu den besten Roten Italiens.

Die sorgfältig gepflegten Weinberge in Capriva del Friuli bei Gorizia zeigen die hoch gesteckten Ambitionen ihrer Winzer, die auf südlichen Ausrichtungen überzeugende Rote, auf Nordlagen hingegen sehr reintönige weiße Collios erzeugen.

An den Nordhängen dieser Hügelketten herrscht ein deutlich kühleres Klima, und daher eignen sie sich für besonders kräftige, interessante Weißweine mit gutem Alkoholgehalt, die sogar vom Barrique-Ausbau profitieren. Eine regionale Spezialität ist der süß ausgebaute Picolit, der in der Qualität häufig noch vom ebenfalls einheimischen, doch nicht immer süß ausgebauten Verduzzo übertroffen wird, zumal wenn er aus dem eigenständigen Bereich Ramandolo an der Nordwestflanke der Colli Orientali stammt.

Vereinzelte große Rotweine, aber auch die besten Weißweine des Friaul kommen aus dem Collio, dem renommiertesten der acht Anbaugebiete, das sich jenseits der Grenze in Slowenien als Brda fortsetzt. Viele Collio-Winzer besitzen Weinberge auf slowenischem Gebiet und dürfen deren Produkte dank einer Ausnahmeregelung der EU mit Collio-Etiketten vermarkten. Spezialitäten des Collio sind Sauvignon Blanc und Chardonnay, ergänzt durch die einheimische Ribolla Gialla. Dank ihres guten Säuregehalts bleiben die Weine dieses Gebiets – sie stellen 85 Prozent der Produktion – auch im Barrique-Ausbau lebendig und frisch und gehören zu den wenigen, international wirklich konkurrenzfähigen Weißweinen, die Italien zu bieten hat.

Die Friauler Ebenen und der Karst

Erst in der Nähe der Berge, wo die Böden durch Gletscher entstanden sind, zeigen die weißen Grave de Friuli Frische und Charakter.

Während Collio und Colli Orientali das Renommee des Friauler Weinbaus hoben, entwickelten sich die übrigen Anbaugebiete unterschiedlich. Grave, Aquileia, Latisana und Annia weisen wenig mehr als sauber vinifizierte, süffige Alltagsweine vor. Das Carso-Gebiet liefert ausdrucksvolle, für den internationalen Geschmack aber ungewohnte Sorten, und von den Isonzo-Winzern schaffte etwa ein Dutzend den Sprung in die regionale, teilweise sogar die nationale Elite.

Das Anbaugebiet Grave del Friuli belegt mit mehr als 6 000 Hektar Weinbergen etwa ein Drittel der friaulischen Flächen, produziert aber zwei Drittel der regionalen Weinmenge. Das Gebiet bedeckt die Ebene vom Livenza, dem Grenzfluss zu Venetien, über den Tagliamento und den Judrio bis an die Hügelketten von Collio und Colli Orientali, ausgenommen nur ein schmaler Küstenstreifen. Der Name leitet sich von den kies- und geröllhaltigen Schwemmlandböden ab. Während der südliche und westliche Teil mit fetteren, lehmhaltigen Böden nur für industriellen Weinbau und einfache Qualitäten geeignet sind, gedeihen auf den kargen, steinigen Böden der Moränenlandschaft im westlichen Tagliamento-Tal und auf den Schotterablagerungen des Flusses bessere, zuweilen durchaus ansprechende Weine.

Entlang der Küste

In unmittelbarer Nähe des Meeres, zwischen der Küstenstadt Grado und der Grenze zu Venetien, liegen die DOC-Zonen Aquileia, Annia und Latisana. Die östlichste, Aquileia, nach der römischen Garnison benannt, deren Ruinen zu besichtigen sind, bringt auf tiefen, fruchtbaren Böden vor allem leichte, jung zu trinkende Weine hervor. Über Friuli Annia, das jüngste DOC-Gebiet, ist wenig zu berichten, verdankt es seine Entstehung doch einer politischen Geste gegenüber einer der größten privaten Weinkellereien Italiens. Im Bereich von Latisana reifen enorme Mengen Trauben auf riesigen Rebfeldern uninteressanten Weinen entgegen. Wo die tiefgründigen, lehmhaltigen Böden reicher an Mineralien sind, entstehen gelegentlich angenehme, süffige Konsumweine.

Besser stellt sich die Situation im Isonzo dar, das südlich des Collio im Einzugsgebiet des gleichnamigen Flusses liegt. Das weitgehend flache Land mit seinen vor allem im Süden schweren, kalkhaltigen Böden wurde lange unterschätzt. Die Winzer des nördlichen Isonzo bewiesen auf Sand- und Kiesböden jedoch, dass ihre Weiß- und Rotweine einen Spitzenplatz im Friaul verdienen.

Auf einem hügeligen, karstigen Hochplateau mit kalkhaltigen Böden liegt der Carso, ein ungewöhnliches Anbaugebiet, dessen Reben der Bora, den kalten Winden aus dem Osten, meist schutzlos ausgeliefert sind. Trotz des rauen Klimas wird hier seit Jahrhunderten Wein erzeugt, wobei einheimische Sorten wie Malvasia und Terrano, eine Variante des Refosco, dominieren. Der Terrano mit seinen harten, in der Jugend untrinkbaren Tanninen ist nur geübten Gaumen zuzumuten. Nur wenige Winzer vermögen daraus einen gefälligen Wein zu keltern. Eine letzte Rarität des Carso darf nicht unerwähnt bleiben: die weiße Vitovska, die jedoch mit ihrem strengen Duft kaum Liebhaber außerhalb der Region finden wird.

Picolit und Verduzzo

Einen der bekanntesten Süßweine Norditaliens liefert das Friaul aus der autochthonen Rebsorte Picolit. Picolit, lange der berühmteste Wein des Landes, wurde im ausgehenden 18. Jahrhundert großflächig angebaut und ab Mitte des 19. Jahrhunderts an den Höfen Österreichs, Frankreichs, Englands, Russlands und der Toskana serviert. Doch der legendäre Ruf des mit Château d'Yquem gleichgesetzten Süßweins vermochte seinen Fortbestand im 20. Jahrhundert nicht zu sichern. Kaum 200 Hektar sind damit bepflanzt, und nur etwa 100 000 Flaschen werden jährlich produziert. Picolit kann einen reichen Duft von Blumen, Honig und Feigen und im Aroma Anklänge an reife Äpfel und Birnen entwickeln. Obwohl die Weine begehrt und deshalb kostspielig sind, ist ihre Qualität meist fragwürdig.

Der zweite Süßwein des Friaul wird besonders im Bereich von Ramandolo zu ausdrucksvollen, dichten Dessertweinen vergoren. An den Ausläufern des Monte Bernadia ziehen sich die Weinbergflächen bis in 370 Meter Höhe, und eine intensive Sonneneinstrahlung tagsüber sowie die drastische Abkühlung nachts sorgen für klare Aromen. Die erwirtschafteten Erträge sind gering, nach dem Rosinieren der Trauben bleiben selten mehr als 30 Hektoliter pro Hektar. Verduzzo genießt nicht das Renommee des Picolit, und so erzielt er auch nicht dessen hohe Preise.

RONCHI DI CIALLA ***–****
PREPOTTO
14 ha; 60 000 Fl. • *Weine: di Cialla COF: Verduzzo, Picolit, →Schioppettino, Refosco; Cialla Bianco*
Die Rapuzzi setzten als Erste auf Schioppettino.

DORIGO ****–*****
BUTTRIO
32 ha; 180 000 Fl. • *Weine: u.a. COF Ronc di Jury: →Chardonnay, Sauvignon, Pinot Nero, →Pignolo; Picolit Vigneto Montsclapade; Refosco; Spumante Pinot Nero Pas dosé*
Seit Mitte der 1980er Jahre moderne Weinbergsarbeit durch hohe Stockdichte und niedrige Reberziehung.

LIVIO FELLUGA ***–****
CORMÒNS
135 ha; 650 000 Fl. • *Weine: COF: Tocai Friulano, Pinot Grigio, Sauvignon, Refosco, Picolit; →Merlot Riserva Rosazzo Sossò, →Terre Alte*
Merlot Sossò ist der ausdrucksvollste Weiße des Friaul.

MARCO FELLUGA / RUSSIZ SUPERIORE ***–****
GRADISCA / CAPRIVA
194 ha; 850 000 Fl. • *Weine: u.a. Collio: Chardonnay, Tocai Friulano, Pinot Bianco, Pinot Grigio, Sauvignon; →Molamatta, →Carantan; Russiz Superiore Collio: Pinot Bianco, →Rosso degli Orzoni*
Neben der Kellerei in Gradisca Güter in Capriva (Russiz Superiore), Buttrio und im Chianti-Classico-Gebiet.

RONCO DEL GNEMIZ ****–*****
SAN GIOVANNI AL NATISONE
10,5 ha; 65 000 Fl. • *Weine: u.a. COF: Ribolla Gialla, Sauvignon, Müller-Thurgau, Pinot Grigio, Tocai Friulano, →Chardonnay, Picolit, Verduzzo; →Rosso del Gnemiz, Schioppettino*
Empfehlung: Chardonnay, Rosso del Gnemiz, Sauvignon, Pinot Grigio, Müller-Thurgau.

JOSKO GRAVNER ***–*****
GORIZIA
17,5 ha; 40 000 Fl. • *Weine: Ribolla Collio, →Breg, Rosso Gravner, →Ruino*
Der weiße Breg und der rote Ruino zählen zu den größten Weinen Italiens. Inzwischen stellte man in Weinberg und Keller auf naturnahes Arbeiten um.

VINNAIOLI JERMANN ****
FARRA D'ISONZO
ha nn; Fl. nn • *Weine: Vinnae, → Vintage Tunina, →Where the dreams have no end ..., Sogno terra promessa ..., Capo Martino, Chardonnay, Riesling Renano, Pinot Bianco, Moscato Rosa Vigna Bellina, Engelwhite, Cabernet, Traminer Aromatico, Pinot Grigio, Sauvignon, Tocai Italico*
Weine mit Kultstatus.

LIVON ***–****
SAN GIOVANNI AL NATISONE
110 ha; 450 000 Fl. • *Weine: u.a. COF Pinot Grigio, Braide Grande, Refosco Riûl; Collio: Chardonnay Tre Clâs, Masarotte, Tocai Friulano Ronc di Zorz, Sauvignon Gravalunga, Pinot Bianco Cavezzo, Plazate, →Tiareblù, Schioppettino Picotis, →Picolit Cumins, Moscato Giallo Planeces, Verduzzo Casali Godia*
Rebflächen in besten Lagen.

MIANI – ENZO PONTONI *****
BUTTRIO
11,5 ha; 12 000 Fl. • *Weine: COF: Tocai Friulano, →Ribolla Gialla, Sauv., Merlot; →Miani Rosso, M. Bianco*

Die alten Reben von Merlot, Tocai und Refosco liefern einige der besten Friauler Weine.

PIERPAOLO PECORARI ***–****
SAN LORENZO ISONTINO
10 ha; 45 000 Fl. • *Weine: Isonzo: u.a. Tocai Friulano, Pinot Grigio, Pinot Bianco Fara, Chardonnay, Sauvignon Colàus; Pratoscuro*
Pecoraris Weinberg im Norden des Isonzo-Gebiets, an der Grenze zum Collio, sorgt für große Weine.

ALESSANDRO PRINCIC ***–****
CORMÒNS
8 ha; 60 000 Fl. • *Weine: Collio: Sauvignon, →Tocai Friulano, →Pinot Bianco, Pinot Grigio, Riesling Renano, Merlot, Cabernet Franc Collio*
Im Stahltank vergorene Weißweine mit viel Dichte und saubere Rotweine aus Merlot und Cabernet Franc.

VILLA RUSSIZ ****
CAPRIVA
30 ha; 130 000 Fl. • *Weine: Collio: Malvasia Istriana, Pinot Bianco, Pinot Grigio, Tocai Friulano, Sauvignon; →Sauvignon de la Tour, Merlot Collio, →Gräfin de la Tour, →Graf de la Tour*
Spitzenweine für den guten Zweck: Villa Russiz beheimatet eine Stiftung für Waisenkinder.

MARIO SCHIOPETTO ***–****
CAPRIVA
22,5 ha; 180 000 Fl. • *Weine: Collio: Tocai Friulano, Pinot Bianco, P. Grigio, →Sauvignon, Malvasia Istriana; Merlot, Cabernet Franc; Rivarossa, Blanc des Rosis, Müller-Thurgau, Riesling Renano, Ribolla Gialla*
Gut angelegte Investitionen in einen modernen Keller und neue Rebflächen in Collio und Colli Orientali.

BORGO DEL TIGLIO / NICOLA MAFERRARI ****–*****
CORMÒNS
8 ha; 40 000 Fl. • *Weine: Collio: u.a.→Tocai Friulano Ronco della Chiesa, Sauvignon, Chardonnay; Collio Bianco, Collio Rosso, →Rosso della Centa, →Studio*
Empfehlung: Merlot Rosso della Centa. In den 1990er Jahren noch bessere Qualität der Weißweine.

VENICA & VENICA ***–****
DOLEGNA DEL COLLIO
24 ha; 180 000 Fl. • *Weine: u.a. Collio: Chardonnay Bernizza, Pinot Bianco, →Sauvignon Cerò, Ribolla Gialla, Tocai Friulano, Pinot Grigio, Merlot Perilla, Cabernet Franc; Bianco di Venica, →Vignis di Venica, Refosco Bottaz, Verduzzo*
Fruchtbetonte wie im Barrique vergorene Weißweine; Spezialität: Sauvignon-Varianten. Ferienzimmer.

VIE DI ROMANS – S. GALLO ****
MARIANO DEL FRIULI
16 ha; 100 000 Fl. • *Weine: u.a. Isonzo: →Chardonnay Ciampagnis Vieris und Vie di Romans, Pinot Grigio Dessimis, Tocai Friulano, →Sauvignon Piere und Vieris, →Flors di Uis, Voos dai Ciamps*
Der Sauvignon Vieris gehört zu den ersten Friauler Spitzenweinen der Sorte.

LE VIGNE DI ZAMÒ ***–*****
MANZANO
45 ha, 250 000 Fl. • *Weine: Linien →Abbazia di Rosazzo, → Vigne dal Leon und Villa Belvedere*
Erzeugerfüllungen von drei Weingütern der Colli Orientali. Der weiße Ronco delle Acacie, Cabernet Sauvignon, Pignolo, Refosco und der rote Verschnitt Ronco dei Roseti gehören zu den Besten im Friaul.

Venetien – der Westen

Venetien gehört mit Sizilien und Apulien zu den produktivsten Weinbaugebieten Italiens. Rund acht Millionen Hektoliter werden aus den etwa 40 kultivierten Rebsorten produziert, und ein Viertel dieser Menge besitzt DOC-Status. Damit liefert die Region fast ein Fünftel des gesamten italienischen Qualitätsweins, doch hinsichtlich Renommee und Qualität ihrer Weine ist sie von einem deutlichen West-Ost-Gefälle geprägt. Während die Provinz Verona im Westen mit Soave, Valpolicella und Bardolino einige der populärsten italienischen Weine hervorbringt – mit dem Amarone sogar einen der großen Rotweine des Landes –, fristen die Weine von Breganze, Colli Berici und Colli Euganei, von Piave oder Lison-Pramaggiore ein nahezu anonymes Dasein. Lediglich der Prosecco konnte sich im Ostteil der Region als starke Herkunftsbezeichnung etablieren, aber seine Qualität ist schwankend.

Alpenvorland und Etsch

Die Weinbaugebiete der Region ziehen sich vom Gardasee an den Voralpen entlang bis zur Adria-Lagune bei Venedig und an die Grenze des Friaul. Die Weinberge in Hanglagen sind nach Süden ausgerichtet und werden von den Alpen wirkungsvoll vor kalten Nordwinden geschützt. An Bodenarten finden sich Moränenschotter am Gardasee, in den Voralpen überwiegend Dolomitenverwitterungsgestein sowie fruchtbare Äcker und Schwemmlandschotter in den Ebenen.

Die dominierende Rebsorte Venetiens ist die ertragreiche weiße Garganega, die Hauptsorte von Soave und Gambellara. Ihr aromatisches Potential kommt erst auf besonders mageren Böden zur Geltung. Dann kann sie duftige Weißweine mit feinem Zitronen- und Mandelaroma hervorbringen. Die roten Sorten führen Corvina Veronese, Corvinone, Rondinella und Molinara. Corvina ist auch die Basis des Recioto, die süße Variante des Valpolicella. Daneben findet man natürlich auch hier wie beinah überall Chardonnay, Cabernet oder Merlot.

Der mengenmäßig bedeutendste und bekannteste Wein Venetiens ist zweifellos der Soave. Er wird aus Garganega mit Anteilen von Chardonnay, Pinot Bianco oder Trebbiano auf rund 6 500 Hektar Rebfläche erzeugt, von denen ein großer Teil im Schwemmlandbereich der Etsch liegt, wo die fruchtbaren Böden eine ertragskontrollierte Produktion erschweren. Nur auf den vulkanischen Böden des Classico-Gebiets um Soave und Monteforte d'Alpone gedeihen die frischen, delikaten Weine mit feinem Mandelton, die den Soave so erfolgreich gemacht haben.

Schwere Veroneser

Valpolicella, das rote Pendant zum weißen Soave, stammt aus den Tälern nördlich von Verona. Wie das des Soave ist das Valpolicella-Gebiet zweigeteilt: In der Classico-Zone um San Pietro in Cariano, Fumane und Negrar reifen in 150 bis 450

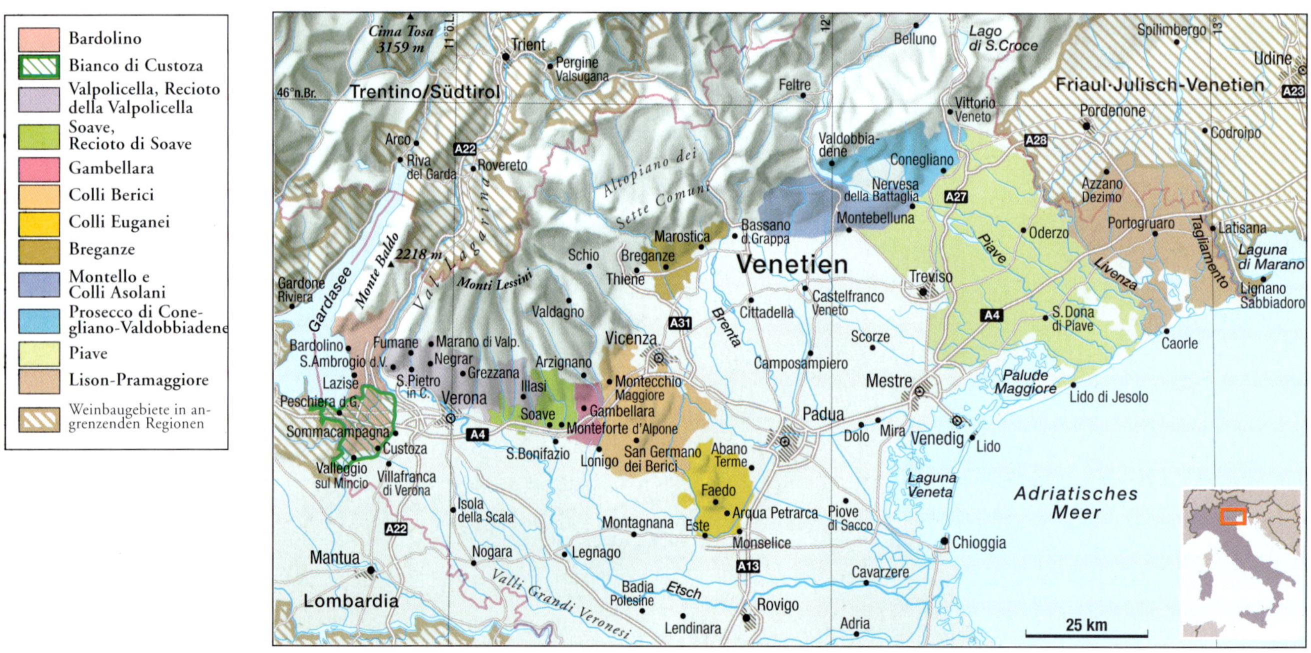

Quintarelli

Winzerdorf Negrar im Valpolicella-Gebiet

Das Gut in den Hügeln oberhalb von Negrar umfasst zwölf Hektar Weinberge, von denen die meisten zur Classico-Zone des Valpolicella gehören. Die kargen Böden bestehen aus basalthaltigem Kalkstein vulkanischen Ursprungs. Gute Durchlüftung der Rebzeilen verhindert Fäulnis und andere Krankheiten, sodass weitgehend auf Spritzmittel verzichtet werden kann. Schon Anfang der 1980er Jahre begann Quintarelli neue Sorten zu testen: Neben Corvina, Rondinella und Molinara – Traditionssorten des Valpolicella – hielten Cabernet Franc und Sauvignon sowie Sangiovese, Nebbiolo, Croatina, Garganega, Saorin und Trebbiano Toscano Einzug. Sie gehen zum Teil in den Valpolicella ein, während aus Cabernet ein Tafelwein namens Alzero entsteht, der ähnlich wie Amarone bereitet wird.
Wesenszug der Quintarelli-Weine ist das perfekte Rosinieren. Bereits bei der Lese von Hand werden unreife oder faulige Beeren aussortiert. Nach der zweiten Kontrolle breitet man die Trauben in flachen Lattenkisten aus. Beim langsamen Trocknen entsteht, je nach Belüftung, Luftfeuchtigkeit und Temperatur, Botrytis, und Quintarelli weiß die Edelfäule *(muffa nobile)* so zu steuern, dass seine Weine nicht vorzeitig oxidiert, sondern perfekt gereift wirken.
Anfang Februar, wenn drei Viertel des Wassers aus den Trauben verdunstet ist, werden sie gemahlen und eingemaischt. Nach ca. 20 Tagen beginnt die alkoholische Gärung auf den natürlichen Hefen. Sie dauert 45 bis 50 Tage. Recioto und Amarone reifen sieben Jahre in Fässern aus slawonischer Eiche, Alzero verbringt 30 Monate in französischen Barriques und die gleiche Zeit in großen Gebinden aus slawonischer Eiche. Verbliebener Restzucker führt in der Fassreife zu weiteren Gärphasen, was den Weinen ihren hohen Alkoholgehalt von 14 bis 15 Volumenprozent und besonders üppige Aromen verleiht. Sind Amarone und Alzero bei der Flaschenfüllung weitgehend trocken, verbleibt dem nur in besten Jahren produzierten Recioto ein hoher Restzuckergehalt. Rare Höhepunkte sind Amarone Riserva und Recioto Riserva: die besten Fässer bester Jahrgänge ergeben je Wein kaum mehr als 2 500 Flaschen.
Auch der normale Valpolicella genießt sorgsame Pflege. Eingemaischt, sieben Tage auf den Schalen vergoren, gepresst und in Tanks gefüllt, wartet er bis April auf den Abstich des Amarone, um auf dessen Schalen gepumpt zu werden. Der Restzucker führt zur zweiten Gärung des Valpolicella, was ihm die Kraft gibt, sechs Jahre in Fässern aus slawonischer Eiche zu überstehen, ohne auszuzehren.

Metern Höhe Trauben, aus denen sehr geschmacksintensive, interessante Weine erzeugt werden, während die 1968 ›eingemeindeten‹ Flächen im Etsch-Tal, die dreimal so groß sind wie das Kerngebiet, jenen Massenwein hervorbringen, der als Valpolicella die Supermarktregale in Europa füllt.
Schon immer wurde ein Teil der Trauben des Valpolicella – vor allem Corvina, Rondinella und Molinara – nach der Ernte auf Holzrosten getrocknet. Im Dezember oder Januar kelterte man dann einen Wein, dessen hohe Zuckerkonzentration ihn nicht mehr vollständig durchgären ließ. Das süße Resultat dieses Verfahrens war der Recioto della Valpolicella. Einige der natürlichen Hefen des Anbaugebiets sind aber durchaus in der Lage, auch den hohen Zuckergehalt rosinierter Trauben in Alkohol umzuwandeln. Als man in den 1950er Jahren diese Fähigkeit systematisch zu nutzen begann, war der Amarone geboren, ein opulenter, kräftiger, alkoholreicher Rotwein. Auch dessen Produktion ist mittlerweile perfektioniert worden, man hat die Weine nach modernen önologischen Methoden verarbeitet und teilweise sogar im Barrique ausgebaut, was ihnen gut bekommt.
Eine dritte Variante des Valpolicella entstand in den 1970er und 1980er Jahren, als die Winzer sich der Technik des Ripasso besannen und den durchgegorenen Valpolicella zu den abgepressten Schalen des vergorenen Recioto oder Amarone gaben, um ihn mit den Resten von Zucker und Hefen erneut gären zu lassen. Diese Weine werden häufig unter der DOC-Bezeichnung Superiore oder als Tafelweine gefüllt.

Sommerstimmung am Gardasee

Zur großen Gruppe neutraler Weißweine Venetiens gehört das Gros der Produktion des Bianco di Custoza. Sein Gebiet erstreckt sich südwestlich von Verona bis zum Gardasee. Neben der Soave-Rebe Garganega prägt die Allerweltssorte Trebbiano Toscano sein Geschmacksbild.
Direkter Nachbar des Custoza ist der rote Bardolino. Obwohl aus den gleichen Trauben wie Valpolicella gekeltert, fallen die Weine heller und leichter aus. Als Bardolino Chiaretto kommt eine Rosé-Version auf den Markt, die oft interessanter ist als der eigentliche Bardolino.

Im Dorf Gargagnago bei Sant'Ambrogio di Valpolicella werden erstaunliche Recioto und Amarone gekeltert.

Venetien – der Osten

Ausserhalb der Provinz Verona trifft man in Venetien nur vereinzelt auf Qualitätsweine. Zwar verfügt auch der Osten der Region über ausgedehnte Weinbergflächen, doch hochwertige Produkte entstehen hier nur selten. Sie sind eher den Anstrengungen isolierter Einzelkämpfer unter den Winzern als der Charakteristik eines ganzen Anbaugebiets zu verdanken. Die Anbauflächen beginnen im Gambellara-Gebiet, dem Pendant zum Soave in der Provinz Vicenza – wo neben einer bekannten Großkellerei, die in allen wichtigen Regionen Interessen und Betriebsstätten unterhält, nur ein einziger Kleinwinzer mit seinen Weinen für gelegentliches Aufsehen sorgt –, und ziehen sich in zwei Streifen von dort nach Osten: der erste, südlichere über Colli Berici und Colli Euganei in Richtung Po-Delta, der zweite von Breganze aus am Alpenrand entlang bis nach Conegliano und weiter östlich bis an die Grenze zum Friaul. Dass Colli Berici und Colli Euganei einer breiteren Öffentlichkeit kaum bekannt sind, ist eigentlich unverständlich, denn die Hügelketten zwischen Alpenvorland und Adria bieten mit ihren Moränen- und Vulkanböden hervorragende Voraussetzungen für wirklich hochwertige Weine. Dies beweist eine kleine Gruppe von Winzern, die seit Jahren schon lebendige Weiß- und dichte, alterungsfähige Rotweine keltern. Chardonnay, Weißburgunder, Sauvignon und Tocai treten dabei ebenso in Erscheinung wie die roten Sorten Cabernet und Merlot. Eine Spezialität der Colli Euganei ist der Muskateller-Wein Fior d'Arancio, der als Passito in seiner Bestform mit dichter, goldgelber Farbe, mit dem Duft nach Honig und

Ob der Stolz des Soave-Winzers auf eine solch pralle Trebbianotraube wirklich angebracht ist?

Prosecco

Der Ursprung der Prosecco-Traube, die einen frischen, neutralen Weißwein liefert, der sich gut zur Versektung eignet, ist strittig. Manche behaupten, sie käme aus dem gleichnamigen Dorf in der Nähe von Udine und ähnele der einheimischen Friauler Sorte Grela, andere meinen, sie stamme aus Dalmatien.

Die schäumende Version dieses Weins geht wohl auf eine Laune der Natur zurück: Da die Gärung der erst spät reifenden Prosecco-Traube in den Wintermonaten zuweilen durch Frost unterbrochen wurde, enthielt der Wein im Frühjahr noch immer einen Teil Kohlensäure und Restsüße. Die Erfolgsgeschichte dieses Weins begann im 19. Jahrhundert, als Antonio Carpené mit drei Partnern eine Gesellschaft zur Produktion von Champagner ins Leben rief. Champagner produzierte sie keinen, dafür aber wurde der Prosecco di Conegliano-Valdobbiadene Ende der 1980er Jahre zum beliebten Modegetränk. Heute entstehen jährlich rund 20 Millionen Flaschen Spumante mittels Zweitgärung im Drucktank. Wenn das Resultat dieser Tankgärung nach einmonatiger Lagerzeit mit einem Flaschendruck von mindestens drei Atmosphären gefüllt wird, erwirbt es das Recht auf die Produktbezeichnung Spumante, Schaumwein. Erreicht es diesen Druck nicht, muss es als Frizzante, Perlwein, etikettiert werden. Preislich liegt Spumante-Prosecco zwar deutlich über dem Frizzante, doch qualitativ ist der Unterschied nicht immer nachvollziehbar. Umstritten sind die meist stärker von Restsüße geprägten Prosecco-Weine aus dem Bereich Cartizze, die häufig teurer, aber nur selten besser sind als der Prosecco des Anbaugebiets.

Prosecco-Flaschen brauchen ein schützendes Drahthäubchen, um ein unbeabsichtigtes Knallen zu vermeiden.

Auch in den Hügeln von Cartizze füllt man guten Prosecco ab.

In Drucktanks aus Edelstahl behält Prosecco seine feinen Blasen.

Ausgewählte Erzeuger

Allegrini ***–*****
Fumane *42 ha; 370 000 Fl. • Weine: u.a. Valpolicella Classico: →Superiore La Grola, →Palazzo della Torre; →Amarone, Amarone Fieramonte, →Recioto Giovanni Allegrini, →La Poja*
Die Erneuerer des Valpolicella-Weinbaus keltern aus den Trauben der Lage La Grola in Sant'Ambrogio und aus ihrer höchsten Parzelle, La Poja, bemerkenswerte Weine, die mit zu den ausdrucksvollsten des Gebiets zählen.

Roberto Anselmi ***–*****
Monteforte d'Alpone
45 ha; 350 000 Fl. • Weine: u.a. Capitel Croce, Soave Classico Capitel Foscarino, Recioto I Capitelli, Cabernet Realda
Mit Barrique-Ausbau, Lagenfüllungen und einem ausgezeichneten Süßwein wirkte Anselmi in den 1980er Jahren in mehr als einer Hinsicht inspirierend für die Winzer des Anbaugebiets.

Cav. G. B. Bertani ***
Negrar
192 ha; 1 900 000 Fl. • Weine: u.a. →Amarone, →Le Lave, Cabernet Villa Novare, →Catullo Rosso, Catullo Bianco, Soave
Unerreichte Spezialität ist der Amarone, der oft deutlich später als bei der Konkurrenz auf den Markt gebracht wird. Die Bertani-Keller sind noch voll von faszinierenden, alten Jahrgängen dieses ungewöhnlichen Rotweins.

Vignalta / Ca' Lustra ***–****
Arquà Petrarca / Faedo
44 ha; 240 000 Fl. • Weine: u.a. Vignalta: →Cabernet Colli Euganei, →Gemola, →Moscato Fior d'Arancio Apianae und Frizzante, Sirio, Ca'Lustra, →Chardonnay Vigna Linda und Vigna Marco, Sauvignon
Auf den besten Lagen des Betriebs vorwiegend französische Rebsorten. Spezialität ist der Gemola. Die Weine von Ca' Lustra stehen auf gleichem Niveau.

Romano Dalforno ****–*****
Illasi
7,5 ha; 10 000 Fl. • Weine: →Valpolicella Superiore, →Amarone della Valpolicella
Beste Valpolicella-Qualität auch außerhalb der Classico-Zone. Die wenigen Flaschen sind immer lange im Voraus verkauft.

Maculan ***–*****
Breganze
21 ha; ZT; 350 000 Fl. • Weine: u.a. Prato di Canzio; Breganze: di Breganze, Rosso Brentino und Marchesante, Cabernet, Cabernet Palazzotto, →Cabernet Fratta und Ferrata, →Chardonnay Ferrata, Sauvignon Ferrata, Torcolato, →Acini Nobili
Zur Hälfte Weingut mit revolutionären, nach französischem Muster dicht gesetzten Reben, zur Hälfte Kellerei, bietet Maculan außergewöhnliche Weine. Spezialität ist der edelsüße Acini Nobili, der seine Botrytis allerdings in einer Klimakammer entwickelt.

Masi / Boscaini **–****
Sant'Ambrogio / Marano
300 ha; ZT; 4 300 000 Fl. • Weine: u.a. Masi: Amarone: →Mazzano, →Campolongo di Torbe, →Vajo Armaron Serego Alighieri; Recioto Classico: →Mezzanella, Casal dei Ronchi Serego Alighieri; Valpolicella Classico, Soave Classico, Bardolino Classico; Igt Veronese: Brolo di Campofiorin, Rosso Osar, →Toar
Neben einfachen Konsumweinen werden Spitzenprodukte der Region angeboten, darunter der Ripasso-Wein Brolo di Campofiorin und der überwiegend aus fast ausgestorbenen Sorten gekelterte Toar.

Ottomarzo Ca' Verde **
Sant'Ambrogio
ha nn; Fl. nn • Weine: u.a. Valpolicella Classico, Amarone
Die Genossenschaft gehört zu den führenden Bio-Weingütern Venetiens, wenn nicht ganz Italiens. Valpolicella und Amarone sind beständig von guter Qualität.

Leonildo Pieropan ****
Soave
23 ha; 230 000 Fl. • Weine: u.a. Soave Classico: Vigneto Calvarino und →Vigneto La Rocca; Recioto Soave Le Colombare, Riesling Italico, →Passito della Rocca
Die Lagenweine von Rocca und Calvarino gehören zu den besten des Gebiets und altern ausgezeichnet. Seit einigen Jahren bietet man hier auch einen sehr überzeugenden Passito an.

Giuseppe Quintarelli ****
Negrar
15,5 ha; 60 000 Fl. • Weine: Amarone, Recioto Classico, Valpolicella Classico Superiore Monte Paletta (Rosso Ca' del Merlo), Alzero Cabernet Franc
Die Legende des Valpolicella-Gebiets (s. S. 389).

Serafini & Vidotto ***–****
Nervesa della Battaglia
12,5 ha; 65 000 Fl. • Weine: Montello e Colli Asolani: Prosecco, Chardonnay, Cabernet, Merlot; Rosso dell' Abbazia, Pinot Nero
Der Rosso dell'Abbazia, ein klassischer Bordeaux-Mix, zeigt, dass auch im Osten Venetiens charaktervolle Weine möglich sind.

Fratelli Speri ***–****
San Pietro in Cariano
50 ha; 200 000 Fl. • Weine: →Valpolicella Classico, →Amarone, Recioto
Ein Gutteil der Ernte wird an die Weinhäuser der Umgebung verkauft, wo sie in die berühmtesten Cuvées des Valpolicella-Gebiets eingehen. Aber auch die Produkte mit Speri-Etikett gehören zur Elite.

Fratelli Tedeschi ***–****
San Pietro in Cariano
12 ha; ZT; 300 000 Fl. • Weine: Valpolicella Classico Superiore Capitel delle Lucchine, Amarone de la Fabriseria, →Capitel Monte Olmi, Recioto Classico Monte Fontana, →Vin de la Fabriseria San Rocco, Capitel San Rocco delle Lucchine, →Soave Classico Monte Tenda, Capitel San Rocco Bianco
Amarone-Selektionen, Recioto und der Ripasso-Wein Capitel Monte Olmi gehören zur Valpolicella-Spitze.

Villa dal Ferro ***
San Germano dei Berici
6,25 ha; 60 000 Fl. • Weine: Colli Berici: Cabernet Le Rive Rosse, Merlot Campo del Lago, Pinot Bianco Bianco del Rocolo, Sauvignon Monte Cavallo, Tocai Costiera Granda; Pinot Nero Rosso del Rocolo, Riesling del Veneto Busa Calcara
Einziger Betrieb der Colli Berici mit charaktervollen Weinen. Mit Donato Lanati wurde einer der besten Önologen Italiens verpflichtet. Radikale Weinberg-neuanlagen bieten eine gute Basis für die Zukunft.

Bei Breganze wachsen auf flachen Hügeln und kiesigen Lagen nicht nur heimische Reben wie der Vespaiolo oder Gropello. Hier reift sogar - von warmen Mikroklimata begünstigt - der Cabernet Sauvignon.

exotischen Früchten und mit einer deutlichen, aber wirkungsvoll eingebundenen Süße zu den beeindruckenden Süßweinen des Veneto zählen kann.

Revolutionäre Rebanlagen

Breganze, das Weinbaugebiet um die kleine Stadt am Alpenrand, verdankt sein ganzes Prestige dem Weinhaus Maculan, das auf seinen Weinbergen bereits in den ausgehenden 1980er Jahren eine mittlere Revolution auslöste. Statt der traditionellen, äußerst produktiven Hochsysteme wurden neu ausgepflanzte Reben in bester französischer Manier in einer Dichte von bis zu 10 000 Stöcken pro Hektar gesetzt und in einem ungewöhnlich niedrigen Guyot-Schnitt erzogen, einer Form des Fruchtrutenschnitts, die den Namen des französischen Wissenschaftlers trägt, der im 19. Jahrhundert für seine Verbreitung sorgte. Auch im Keller der Maculans geschah Ungewöhnliches. In einer eigens dafür konstruierten Klimakammer wurden Trauben nach der Lese bei hoher Luftfeuchtigkeit so lange gelagert, bis sich jener Botrytis-Pilz zeigte, der sich auf natürliche Weise im Weinberg nicht bilden wollte.

Im Anbaugebiet des Montello e Colli Asolani förderten Serafini und Vidotto die Entwicklung des modernen Weinbaus ähnlich revolutionär und

ließen den Prestigebetrieb der 1970er Jahre, das Weingut Venegazzù des Conte Gasparini, inzwischen weit hinter sich.

Jenseits der Colli Asolani beginnt das Anbaugebiet des Prosecco. Die DOC Prosecco di Conegliano-Valdobbiadene berechtigt die Weine, eine der beiden Gemeinden als Herkunftsbezeichnung zu führen, unabhängig davon, wo die Trauben wirklich gewachsen sind, und garantiert bei aller Toleranz einen gewissen Qualitätsstandard. Der Erfolg des oft restsüßen Weins ist im deutschsprachigen Raum wohl auch dem Namen der Rebe zu verdanken, der an ›Sekt‹ und irreführenderweise an *secco,* trocken, erinnert.

Die weite Ebene des Piave und das Grenzgebiet zum Friaul nördlich der Lagune von Venedig beschließen das Weinbaupanorama der Region. Auf den weiten Rebfeldern entstehen einfache, allenfalls sauber vinifizierte Konsumweine ohne eigenständigen geschmacklichen Ausdruck. Hier haben Ornella Molon, Conte Collalto, Rechsteiner und einige weitere Güter gezeigt, dass man bei rigoroser Ertragspolitik und sorgfältiger Vinifizierung selbst auf den fruchtbaren Piave-Böden ansprechende Weine keltern kann. Sie überzeugten mit Cabernet-Merlot-Verschnitten, während der einheimische Raboso mit seiner heftigen Säure ein Produkt von nur lokalem Interesse blieb.

Emilia Romagna

Gemütliche Vinotheken sind Teil der Landeskultur.

Ist die Lombardei mit Mailand der Kopf Italiens, kann man die Emilia Romagna getrost als den Bauch bezeichnen. In der Region, die den Südwesten der Po-Ebene und die Nordhänge des Apennin belegt, kultivieren 150 000 landwirtschaftliche Betriebe überwiegend Weizen und Zuckerrüben. Pro Hektar landwirtschaftlicher Nutzfläche wird hier mehr produziert als im restlichen Italien, was auf fortgeschrittene Mechanisierung und optimale Nutzung von Produkten der Agrochemie zurückzuführen ist.

Topografisch ist die Region in eine weite Ebene und das Bergland des Apennin gegliedert. Das Flachland besteht aus alluvialen Schwemmlandböden, die von den zahlreichen Flüssen auf ihrem Weg zur Adria angespült wurden. Das Klima ist wie überall in der Po-Ebene sehr feucht, was sich häufig in dichtem Nebel manifestiert. Im Sommer wird es heiß und stickig, die Winter sind regenreich und kalt. Das Berg- und Hügelland umfasst die Nordseite des toskanisch-emilianischen Apennins. Hier sind die Böden karger – sie bestehen je nach Lage aus Verwitterungsgestein und rotem Lehm –, und das Klima ist als Folge der Luftzirkulation trockener.

Mit über sechs Millionen Hektolitern liegt die Emilia Romagna als Weinlieferant nach Sizilien, Apulien und Venetien an vierter Stelle. Der meiste Wein wächst in der Ebene auf schweren, fruchtbaren Böden und bringt wie die benachbarten Getreide- und Rübenäcker besonders hohe Erträge. Auf Qualitätsweine entfallen je nach Jahrgang nur 12 bis 15 Prozent der Gesamtproduktion.

Es muss nicht immer prickeln

Man scheint in Parma, Modena, Reggio und Umgebung zu glauben, nur moussierende Weine passten zur einheimischen Küche mit ihren deftigen und fettreichen Spezialitäten aus Schweinefleisch. Denn nicht nur Lambrusco wird mehr oder weniger schäumend gefüllt, auch Barbera und einige weitere Sorten prickeln. Trockene Stillweine sind eher die Spezialität der Romagna, des östlichen Teils der Region, der sich an die Adria schmiegt und dort in die Marken übergeht. Hier wird mit dem Albana di Romagna jener Wein produziert,

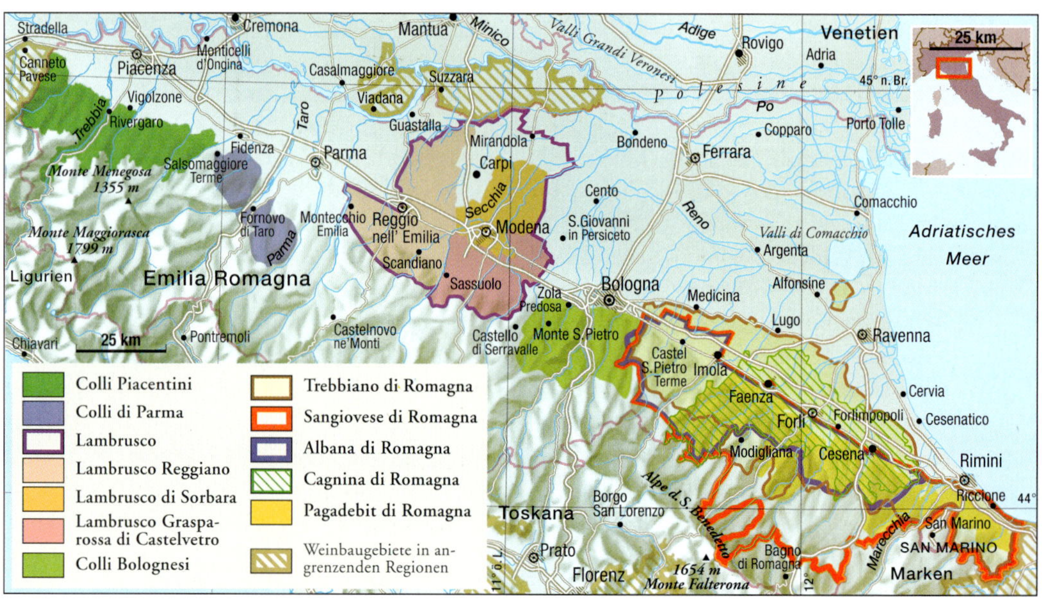

Mythos Balsamico

Aceto Balsamico Tradizionale di Modena und di Reggio Emilia sind das Edelste, was aus Trebbiano-Trauben hergestellt wird. Die Jahresproduktion beläuft sich auf nicht mehr als durchschnittlich 3000 Liter. Mindestens zwölf Jahre muss der aus eingedicktem Trebbiano-Most gewonnene Balsamico in einer Batterie aus verschieden großen Fässern, die meist aus unterschiedlichem Holz bestehen, altern, bevor er angeboten werden darf. Man erhält ihn in 100-Milliliter-Flaschen abgefüllt, und tropfenweise verwendet, verleiht er exquisiten Speisen das i-Tüpfelchen an Geschmack.

der als erster Weißwein Italiens den DOCG-Status erhielt. Wie es dazu kommen konnte, ist bis heute ein Rätsel. Die wuchskräftige Sorte, die viel Feuchtigkeit braucht, ist extrem produktiv, was sich auch in den DOCG-Statuten niedergeschlagen hat, die einen Hektarertrag von 100 Hektolitern zulassen. Interessant ist dieser Wein allenfalls in seiner Passito-Version. Und dass der Schaumwein Albana Spumante eine eigene DOC-Bezeichnung führen darf, scheint absurd. Auch der Pagadebit und der Trebbiano di Romagna können die Tendenz zu überhöhten Erträgen nicht leugnen. Besser steht es um den roten Sangiovese di Romagna, zumindest gelegentlich, auch wenn er die Größe der toskanischen Vertreter nicht erreichen kann. Mehr als sauber vinifizierte, süffige Weine kann man unter der Herkunftsbezeichnung nicht erwarten. Allenfalls einige Verschnittweine aus Sangiovese und Cabernet Sauvignon besitzen genug Volumen und Tiefe, um auf nationaler Ebene zu überzeugen. Auch aus den anderen DOC-Bereichen der Emilia Romagna, den Colli Bolognesi, Colli di Parma und Colli Piacentini, kommen selten interessante Qualitäten. Die Weine sind meist leicht, perlend und mehr oder weniger süß.

Die beinah aussichtslose Lage verdankt der Weinbau hier den Genossenschaften, denen fast alle Weinbauern angehören – die größte verarbeitet Trauben von 27 000 Hektar Weinbaufläche, das ist mehr als ein Viertel der deutschen Rebfläche. Die Genossenschaften aber vertreten die mengenorientierte Marktpolitik, und ihr Einfluss ist groß.

Ausgewählte Erzeuger

Castelluccio ****
Modigliana
19 ha; 40 000 Fl. • Weine: →Ronco della Simia, →Ronco delle Ginestre, →Ronco dei Ciliegi, Le More, Lunaria
Auch nach dem Ausscheiden von Gian Matteo Baldi, dem die Sangiovese-Variationen und -Verschnitte zu verdanken sind, hält das Niveau.

Umberto Cesari **–****
Castel San Pietro Terme
90 ha; ZT; 1 400 000 Fl. • Weine: u. a. Sangiovese Riserva, Liano, Albana Passita, Colle del Re, Trebbiano Vigneto del Parolino
Empfehlung: der Cabernet/Sangiovese Liano.

La Stoppa ****
Rivergaro
24 ha; 220 000 Fl. • Weine: Bianco Ancarano, Sauvignon Colli Piacentini, Chardonnay Spumante Brut, Rosso Ancarano Frizzante; Colli Piacentini: Malvasia, Gutturnio, Barbera; →Macchiona, →Alfeo, →Stoppa, Buca delle Canne
Elena Pantaleone bietet in der Region seltene Qualität. Trotz französischer Vorbilder bewahren die Weine ihre regionale Handschrift.

Vigneto delle Terre Rosse ***–****
Zola Predosa
20 ha; 100 000 Fl. • Weine: →Il Rosso di Enrico Vallania, Cuvée Giovanni Vallania, Riesling Vendemmia Tardiva Cuvée Elisabetta Vallania, Malvasia Adriana Vallania

La Tosa – Pizzamiglio ***–****
Vigolzone
10 ha; 60 000 Fl. • Weine: Colli Piacentini: u. a. Valnure, Sauvignon, Malvasia Sorriso di Cielo, Gutturnio Vignamorello, Cabernet; Luna Selvatica
Das Weingut erzeugt aus den klassischen Sorten des Nure-Tals in den Colli Piacentini einige der besten emilianischen Weine.

Fattoria Zerbina – Germiniani ***–****
Faenza
30 ha; 190 000 Fl. • Weine: Sangiovese di Romagna: Ceregio, Pietramora, Torre di Ceparano; →Albana di Romagna Scacco Matto, →Marzeno di Marzeno
Eine Albana di Romagna, die den DOCG-Status wirklich verdient: der Albana Passito Scacco Matto ist der Spitzenwein des Betriebs.

Lambrusco

Wie Prosecco ist Lambrusco zunächst eine Rebsorte, besser: eine ganze Gruppe von Sorten mit mehr als 40 verschiedenen Spielarten. Traditioneller Lambrusco kann ein hervorragender Wein sein, hat aber nur wenig mit dem Erzeugnis zu tun, was in den letzten Jahrzehnten die Pizzerien der Welt überflutete. Die Genossenschaften haben den bäuerlichen Wein zu einer klebrig-süßen Absonderlichkeit verkommen lassen und scheuten sich auch nicht, ihr Produkt in Aluminiumdosen abzufüllen, um ihm auf dem amerikanischen Markt neben Coca-Cola bessere Absatzmöglichkeiten zu verschaffen. Inzwischen hat man sich wieder auf die Qualitäten des traditionellen Lambrusco besonnen. Kleinere Winzerbetriebe bieten unter den Herkunftsbezeichnungen Lambrusco di Sorbara, Lambrusco di Castelvetro und Lambrusco di Salamino di Santa Croce Weine mit dem fruchtig-bitteren Geschmack an, die relativ trocken ausgebaut werden und dann – und nur dann! – wahrhaft gut mit der einheimischen Küche harmonieren.

MARKEN

SÜDLICHE VERLÄNGERUNG der Romagna mit ihren beliebten Badestränden auf der einen, Beginn der Abruzzen-Landschaft auf der anderen Seite, pendeln die Marken auch in Bezug auf ihre Weine ein wenig zwischen den Welten. Mit fast allen benachbarten Regionen teilen sie Rebsorten, Böden oder klimatische Bedingungen – demzufolge auch die Weintypen –, was mit ein Grund für das in der Vergangenheit schwach ausgeprägte Profil des regionalen Weinbaus war. Zwar sorgte die Nähe der Strände von Rimini und Riccione für einträglichen Weinumsatz, aber gerade das vereitelte die Bemühungen um Qualitätsweinbau: Warum sollte man unnötig Arbeit und Kapital investieren? Jahrzehntelang waren jenseits der Regionalgrenzen kaum mehr als die weißen Verdicchio-Weine bekannt, wobei die Amphoren-Flasche – ein Geniestreich Mailänder Marketing-Spezialisten – am Ruhm wohl größeren Anteil hatte als die Qualität des Inhalts.

Dabei war gerade in den Marken das Gleichgewicht zwischen Weiß- und Rotweinen in quantitativer wie qualitativer Hinsicht traditionell ausgewogener als in Umbrien, wo Orvieto dominiert, oder in der Sangiovese-Hochburg Toskana. In den letzten Jahrzehnten verschob sich das Qualitätsspektrum der Region dann von Weiß- zu Rotweinen, deren Basis die Rebsorten Montepulciano und Sangiovese sind. Der Weinbau der Marken bedeckt große Teile des Hügelland im Hinterland der Adria-Strände und stößt gelegentlich bis an die Küste vor, so bei den Felsmassiven südlich der Hauptstadt Ancona. Der mildernde Einfluss des Meeres, der sich bis in die ersten Hügelketten bemerkbar macht, steht im Kontrast zum Klima der Apennin- oder Abruzzen-Täler, die sich tief ins Landesinnere ziehen. Das kühlere, rauere Klima, das hier vorherrscht, bringt seine eigenen Weincharaktere hervor und scheint vor allem den Weißweinen gut zu bekommen, die mehr Frische und Spritzigkeit aufweisen als die Gewächse von der Küste.

ROTWEIN MIT MEERBLICK

So wundert es nicht, dass auch der bekannteste und beste Rotwein der Marken, der Rosso Conero, fast unmittelbar an der Adria, im Küstengebiet um Ancona wächst. Angeblich sortenrein aus Montepulciano-Trauben, lässt die Finesse einiger seiner Vertreter vermuten, dass gelegentlich ein wenig Sangiovese mit verschnitten wird. Schon seit Jahren zeigt eine kleine Gruppe von Conero-Produzenten, welches Potential in dem Anbaugebiet ruht. Einige ihrer im Barrique gereiften Gewächse halten sogar dem Vergleich mit toskanischen Spitzenweinen stand – hatte man sich doch von den berühmtesten Önologen der Nachbarregion beraten lassen, darunter auch der einstige Antinori-Chefönologe Giacomo Tachis.

In den 1990er Jahren hat sich der Rosso Conero zu einem interessanten und zudem recht preis-

Im Hinterland der Adria, wo man auch Obstbau betreibt, kümmerte man sich lange Zeit wenig um Weinqualität. Jetzt ändert sich das langsam, der Verdicchio aus Castelli di Jesi ist dafür ein gutes Beispiel.

Ausgewählte Erzeuger

Fratelli Bucci, Ostra Vetere ****
Ancona
26 ha; 70 000 Fl. • Weine: u.a. →Verdicchio Classico Villa Bucci, Rosso Tenuta Pongelli
Die Familie Bucci hat in den 1980er Jahren viel für die Aufwertung des Verdicchio getan, und ihre Verdicchio-Selektion Villa Bucci gehört, obwohl im Stahltank ausgebaut, zu den reichsten und vielschichtigsten der gesamten Appellation.

Fazi Battaglia ***
Castelplanio
350 ha; 3 000 000 Fl. • Weine: u.a. Verdicchio dei Castelli di Jesi: Le Moie, San Sisto
Der Betrieb in Castelplanio im Besitz des Pharmazie-Industriellen Angelini (ebenso wie die toskanischen Güter Val di Suga, San Leonino und Trerose) gehört heute wieder zu den konstantesten Erzeugern.

Gioacchino Garofoli **–****
Loreto
25 ha; ZT; 1300000 Fl. • Weine: u.a. Verdiccio Castelli di Jesi: Serra del Conte, Macrina, →Serra Fiorese, →Podium; Rosso Conero: Piancarda, →Agontano; Kòmaros, Grillo, Guelfo Verde, Spumante
Überzeugt sowohl mit seinem Rosso Conero als auch mit Verdicchio-Füllungen.

Moroder ***–****
Ancona
17 ha; 100 000 Fl. • Weine: u.a. Rosso Conero: →Dorico, Rosa di Montacuto, Candiano
Der rote Dorico erhielt als erster der Marken die ›drei Gläser‹ des Weinführers Gambero Rosso. Empfehlenswert auch die Normalversion des Rosso Conero.

Fattoria Terrazze, Numana ***
Ancona
15 ha; 50 000 Fl. • Weine: u.a. Rosso Conero: →Sassi Neri; Chardonnay: Vigna Soldanella, Le Cave; Rosato Vigna Laura, →Spumante Donna Giulia
Empfehlung: Montepulciano-Sekt und sehr guter, im Barrique gereifter Sassi Neri.

Umani Ronchi ***–****
Osimo
146 ha; ZT; 4 500 000 Fl. • Weine: u.a. Verdicchio Castelli di Jesi: →Casal di Serra, Villa Bianchi; →Le Busche; Rosso Conero: Cùmaro, →San Lorenzo; Bianchello del Metauro, Rosso Piceno, Montepulciano d'Abruzzo, Maximo, Pelago, Tajano
Unangefochtene Nummer eins (dank Giacomo Tachis) in den Marken. Neben den Top-Rotweinen Cùmaro und San Lorenzo auch hervorragende Verdicchio-Füllungen. Außerdem ein schöner edelsüßer Wein.

werten Produkt entwickelt. Rosso Piceno, sein Pendant aus dem Südteil der Region, ist zwar offiziell ein Sangiovese-Montepulciano-Verschnitt, erreicht aber nicht die Kraft und Komplexität.

Verdicchio mit neuem Gesicht

Die Weißweine dominiert der Verdicchio aus den beiden DOC-Gebieten Castelli di Jesi und Matelica, die fast 80 Prozent seines Volumens liefern. Früher mangelte es dem rustikalen, kräftigen Weißen oft an Eleganz, Fruchtigkeit und Frische. Seit die Winzer der Marken den Most nicht mehr auf den Beerenschalen stehen lassen, sondern direkt abpressen, seit sie das *governo* – wobei dem fertigen Wein getrocknete Trauben zugefügt werden, um die Gärung erneut in Gang zu setzen – aufgegeben haben, ist aus dem Verdicchio ein angenehm fruchtiger, leichter bis mittelkräftiger Weißwein geworden. Zu den frischen, leichten Vertretern sind jüngst auch im Barrique vergorene, kräftige Weißweine getreten.
Nicht einmal in Italien sind Herkunftsbezeichnungen wie Bianchello del Metauro, Colli Maceratesi, Falerio dei Colli Ascolani, Lacrima di Morro d'Alba oder Vernaccia di Serrapetrona bekannt, und sie werden wohl auch in Zukunft von nur regionalem Interesse bleiben. So liegt das Schicksal des Marken-Weinbaus in den Händen der Winzer einer kleinen Zahl von Herkunftsbezeichnungen. Symptomatisch für die aktuelle Situation ist vielleicht, dass die berühmtesten Winzer der Marken ihrer Heimatregion bereits vor Jahrzehnten den Rücken gekehrt haben: Es ist die Familie Mondavi, die in den 1920er Jahren auswanderte, seit den 1960er Jahren im kalifornischen Napa-Valley Wein macht und heute zu den weltweit bekanntesten Weinerzeugern gehört.

Mittelitalien: Im Bannkreis der Toskana

Die Frage, wo Mittelitalien anfängt oder aufhört, lässt sich nicht geografisch klären. Ob das reiche Bologna noch zum Norden zählt, die Abruzzen schon im Süden liegen oder beide doch dem Zentrum angehören, berührt eher politische, auf jeden Fall soziale Aspekte. Der arme Süden ist all das, was der reiche Norden verachtet, obwohl er in der Vergangenheit nicht selten von ihm profitiert, seine Armut zum Teil mit verursacht hat. Unumstritten mittelitalienisch sind die Marken, Toskana und Umbrien, Latium ist weniger eindeutig, hat dessen Weinbau doch stark meridionale Züge. Seine Zuordnung zur Mitte lässt sich rechtfertigen, da auch das wichtigste Anbaugebiet Umbriens in die Region um Rom hereinragt. Dagegen werden die Abruzzen aus historischen wie sozialen Gründen zum Süden gerechnet, obgleich ihre Topografie, ihr Klima und ihr Weinbau denen der Marken nicht unähnlich sind.

Beste Voraussetzungen

Die natürlichen Bedingungen für Spitzenweine sind in Mittelitalien fast überall ideal. Ob an den östlichen Ausläufern des Apennin zur Adria, an seiner Westflanke oder in den vulkanischen Hügellandschaften auf tyrrhenischer Seite von Siena aus südwärts – Böden und Klimaverhältnisse begünstigen kräftige, aromatische Weine, denn wo Hügel und Berge dominieren, wird es weder zu feucht noch zu heiß. Das Klima der verschiedenen Anbaugebiete wird mehr von der Höhenlage als vom Breitengrad bestimmt, so herrschen etwa in höher gelegenen Gebieten wie Pomino zwischen Florenz und Arezzo weit kühlere Bedingungen als in der weiter nördlich angesiedelten Po-Ebene. Die generelle Tendenz, Reben und Oliven an den Hängen, Getreide und Obst dagegen in den Ebenen zu kultivieren, kommt dem Weinbau zugute, da so die meisten Rebflächen auf kalkhaltigen und vulkanischen Böden angelegt werden konnten, was in Italien als ideal für Wein gilt.

Die Weinberge von Nippozano gehören zur Zone des Rufina, den man schon lange als kraftvollen Rotwein schätzte, bevor er zum Chianti erklärt wurde.

Rebsorten und Weintypen

Gelangen die richtigen Reben in diese Böden, nähert man sich der Spitzenqualität um einen weiteren Schritt. Star unter den heimischen roten Sorten ist der Sangiovese, der die Grundlage von Chianti Classico, Brunello di Montalcino und Nobile di Montepulciano bildet. Von den importierten Sorten entwickeln sich Cabernet Sauvignon, Merlot, vielleicht auch noch Syrah am besten, und zusammen mit Sorten wie Ciliegiolo oder Montepulciano, in denen noch verborgene Qualitäten schlummern, ergibt sich ein großes Potential für Rotweine.

Bei weißen Reben lässt die Auswahl zu wünschen übrig. Von interessanten Sorten wie dem Verdicchio der Marken, der Vernaccia bei San Gimignano und vereinzelten gelungenen Chardonnays oder Sauvignons abgesehen, wird das Spektrum zu stark vom neutralen Trebbiano Toscano beherrscht. Nicht wenige Kritiker behaupten sogar, Mittelitalien eigne sich grundsätzlich nicht für hochwertige Weißweine.

Weisse Vergangenheit

Während die Toskana in den letzten beiden Jahrzehnten mit ihren Weinen Aufsehen erregte, blieben die übrigen mittelitalienischen Regionen trotz idealer Voraussetzung und teilweise recht gutem Rebbestand im Schatten: Latium, Marken und Umbrien waren und sind traditionell auf die Produktion genau jener Weißweine spezialisiert, die auf dem Weltmarkt kaum Abnehmer finden. Ansätze einer Neuorientierung lassen hoffen. In den Marken konnte vor allem der Rosso Conero überzeugen, in Umbrien sorgten Torgiano und der schwere Sagrantino di Montefalco für neue Impulse (außerdem regte das Antinori-Gut Castello della Sala auch Orvieto-Produzenten zu guten weißen Qualitäten an). Nur im Latium – in den Hügeln rund um die Ewige Stadt – wartet man weiterhin auf die göttliche Eingebung.

Der große Erfolg der toskanischen Weine ist vor allem Aus- und Seiteneinsteigern aus dem italienischen Norden und dem Ausland zu verdanken. Ihre Weinkultur war nicht von bäuerlichen Alltagsweinen der Vergangenheit, sondern von internationalen Spitzenprodukten geprägt, und in Ermangelung eigener Erfahrungen bedienten sie sich ausgebildeter Önologen, um Weinbergsarbeit und Kellertechnik einfühlsam zu modernisieren.

Oben links:
Toskana pur – das Gutshaus von Vignamaggio in Greve

Oben rechts:
Traditionell und doch immer im Trend – Cantinetta Antinori in Florenz

Unten:
Der allgegenwärtige Trebbiano

Die Hinwendung nach Süden

Gemeinsam mit den großen Weinhandelshäusern in Florenz, die früh die Zeichen der Zeit erkannt und sich an die Spitze der Bewegung gesetzt hatten, revolutionierten ›die Zuwanderer‹ den Paradewein der Region, den Chianti, und schufen mit den *Super-Tuscans* oder *Vini da Tavola eccellenti* eine neue Weinkategorie, die für ganz Italien zum Modell wurde. Hervorgegangen war sie aus der Unzufriedenheit mit starren DOC-Bestimmungen, deren zu enger Traditionsbegriff wahre Qualitätsarbeit und jegliche Experimente mit Rebsorten und Ausbaumethoden unterband. Der Gesetzgeber beugte sich schließlich der normativen Kraft des Faktischen und legalisierte nachträglich den Verzicht auf weiße Trauben im roten Chianti wie auf überlange Fasslagerzeiten, den Ausbau in kleinen Barriques oder die Zugabe internationaler Sorten. Zugleich wurde die Liste der DOC- und DOCG-Herkunftsnamen erweitert, es wurden Igt-Bezeichnungen eingeführt, mit denen auch die Super-Tafelweine mit kontrollierter Herkunft vermarktet werden konnten, wie es in Frankreich, Spanien oder Deutschland selbstverständlich war. In den letzten Jahren wendet sich der mittelitalienische Weinbau verstärkt den noch unentdeckten, aber qualitativ hochwertigen Anbauzonen zu, darunter etwa die Maremma, das Morellino-Gebiet, die Marken oder Umbrien.

Regionale Rebsorten

Mittelitalien verfügt über vergleichsweise wenige Sorten, mit dem Sangiovese aber über eine der größten Rotweinsorten der Welt. Was man Sangiovese in der Romagna und im Chianti-Gebiet nennt, heißt Brunello in Montalcino und Prugnolo Gentile im Anbaugebiet des Vino Nobile di Montepulciano – wobei nicht gesichert ist, dass es sich tatsächlich um jeweils eigenständige Klone oder Subspezies handelt, wie lange behauptet wurde.
Mengenmäßig und qualitativ nimmt der Montepulciano der Marken und der Abruzzen den zweiten Platz unter den roten Sorten ein, denn seine runden, weichen, fülligen Weine können zwar gefällig und wohlschmeckend sein, erreichen aber niemals die Komplexität und Vielschichtigkeit eines wirklich großen Sangiovese. Im Chianti-Gebiet sind in geringen Mengen Canaiolo Nero, Malvasia Nera und Colorino vertreten, die früher zur farblichen, aromatischen oder geschmacklichen Bereicherung des Sangiovese genutzt wurden, diese Rolle aber mit dem Aufkommen von Cabernet Sauvignon und Merlot offenbar einbüßten. Reinsortig ausgebaut oder im Verschnitt haben Letztere das Weinspektrum der Toskana bereichert, wobei der Cabernet Sauvignon vor allem in Gestalt des Kultweins Sassicaia auch internationale Triumphe feierte.
Dass der bei den weißen Rebsorten dominierende Trebbiano Toscano in Frankreich als Ugni Blanc vorwiegend in der Destillation verwendet wird, ist kaum ein Qualitätsbeweis. Leichte, neutrale Weine sind das Beste, was man aus dieser Sorte keltern kann, die früher als Verschnittwein in den Chianti einging, um dem Sangiovese die Härte und jugendliche Aggressivität zu nehmen. Seit er seine Hauptaufgabe verlor, war der daraus gekelterte Galestro, der Ende der 1980er, Anfang der 1990er Jahre ein Modeprodukt zu werden versprach, der wohl intelligenteste Versuch einer wenn auch kurzfristigen Nutzung der enormen Weinmengen. Auch der Verdicchio der Marken erreicht kaum mehr Qualität als Trebbiano, und was die Vernaccia angeht, die in San Gimignano nicht nur als erster italienischer Wein zu DOC-Ehren kam, sondern später als erster italienischer Weißer DOCG-Status erhielt, so haben ihre Winzer bis heute kein überzeugendes Qualitätskonzept vorgelegt. Anständige Weißweine werden gelegentlich aus Greco, Grechetto, Vermentino und den verschiedenen Malvasia-Arten (Malvasia di Candia, Malvasia del Lazio, Malvasia del Chianti) gekeltert, doch auch in deren Anbaugebieten in Umbrien und im Latium wird Masse der Klasse vorgezogen.

Die Toskana und ihre Weine

Die Toskana ist die Heimat des meistproduzierten italienischen Qualitätsweins: des Chianti. Doch sie hat weit mehr zu bieten als den populären Rotwein aus dem Hügelgebiet zwischen Florenz und Siena, Arezzo und Pisa. Etwa die Hälfte des Ertrags der 70 000 Hektar umfassenden toskanischen Weinbergfläche wird als Qualitätswein vermarktet. Neben Chianti haben Brunello di Montalcino, Vino Nobile di Montepulciano und Vernaccia di San Gimignano, aber auch Einzelweine und Marken wie der berühmte Sassicaia oder der weiße Modewein Galestro den Weinbau der Toskana in der ganzen Welt bekannt gemacht. Schon früh waren einige der toskanischen Anbaugebiete so populär, dass deren Namen vor Fälschern und Nutznießern geschützt werden mussten. Herkunftsbezeichnungen wie ›Carmignano‹ von 1716 gehören so zu den ältesten geschützten Appellationen der Welt.

Die Vielfalt der Weintypen spiegelt die Verschiedenheit der Terroirs. Vom Apenninbogen im Norden und Osten reicht das Spektrum über die Hügel der Zentraltoskana und die Vulkanformationen im Süden bis zu den Küstenlandschaften der Provinzen Livorno und Grosseto. Mehr als zwei Drittel der Toskana sind von Hügeln oder Bergen bedeckt, die dem Weinbau seit Tausenden von Jahren ideale Bedingungen bieten.

Bereits die Etrusker hatten hier Weinwirtschaft und Rebkulturen zu einer Perfektion gebracht, die den Römern als Grundlage und Modell dienen konnte. Im Mittelalter blieben vor allem die florentinischen Adelsfamilien dem Wein verbunden, wenn auch mehr als Händler. Bis heute berühmte Namen wie Antinori und Frescobaldi stehen seit dem 13. und 14. Jahrhundert im Zusammenhang mit toskanischem Wein.

Römische Kunstschätze zeugen noch heute von der frühen Blüte der Stadt Florenz. Aus den Bergen der Umgebung stammen u.a. die roten Carmignano und Pomino.

Siena ist die eigentliche Weinhauptstadt der Toskana, denn in seiner Provinz wachsen nicht nur Vino Nobile und Brunello, sondern auch die Mehrheit des Chianti Classico.

Beginn des Weintourismus

Die großen Adelsfamilien sind nicht nur eng mit der Wein-, sondern auch mit der Kunstgeschichte der Region verbunden, waren sie doch finanzkräftige Mäzene für Leonardo, Michelangelo und ihre Kollegen. Dieses kunsthistorische Erbe, beheimatet in historischen Städten, die in eine der attraktivsten Landschaften Italiens eingebettet sind, machte die Toskana schon früh zum beliebten Reiseziel. Als der Weintourismus Mode wurde, konnte er in der Toskana von einer vollentwickelten touristischen Infrastruktur profitieren, lange bevor man in den übrigen Weinregionen Italiens die Vorteile dieser Idee erkannte.

Trotz – oder vielleicht wegen – ihrer langen Weinbautradition hätte die Toskana, und mit ihr der Weinbau ganz Italiens, dennoch fast den Anschluss an die Entwicklung in anderen Ländern versäumt, denn die nach dem Zweiten Weltkrieg einsetzende Landflucht hatte auch Auswirkungen auf den Weinbau. Erst in den 1970er Jahren besannen sich die großen Handelshäuser in Florenz auf eine vorsichtige Neuorientierung.

Reif für den Weinberg

Es waren überwiegend wohlhabende Städter aus Norditalien oder aus dem Ausland, die in der ländlichen Toskana einen lang gehegten Traum vom ruhigen Leben verwirklichen wollten und sich teils aus Leidenschaft, teils aus der Notwendigkeit, ihre großen Investitionen zu rentabilisieren, dem Weinbau zuwandten. Die meisten von ihnen besaßen keinerlei Erfahrung, weshalb sie sich der Kenntnisse ausgebildeter Önologen bedienen mussten. Qualität war oberstes Gebot, und so führten sie nicht nur wesentliche Elemente der Weinberg- und Kellerwirtschaft aus anderen Ländern ein, wie zum Beispiel französische Rebsorten, temperaturkontrollierte Gärführung und den Ausbau der Weine im Barrique, sie begannen auch recht vorurteilsfrei mit der Kreation einer ganz neuen Generation von Spitzenweinen. Da konnte es natürlich nicht ausbleiben, dass ihre nach internationalen Gesichtspunkten konzipier-

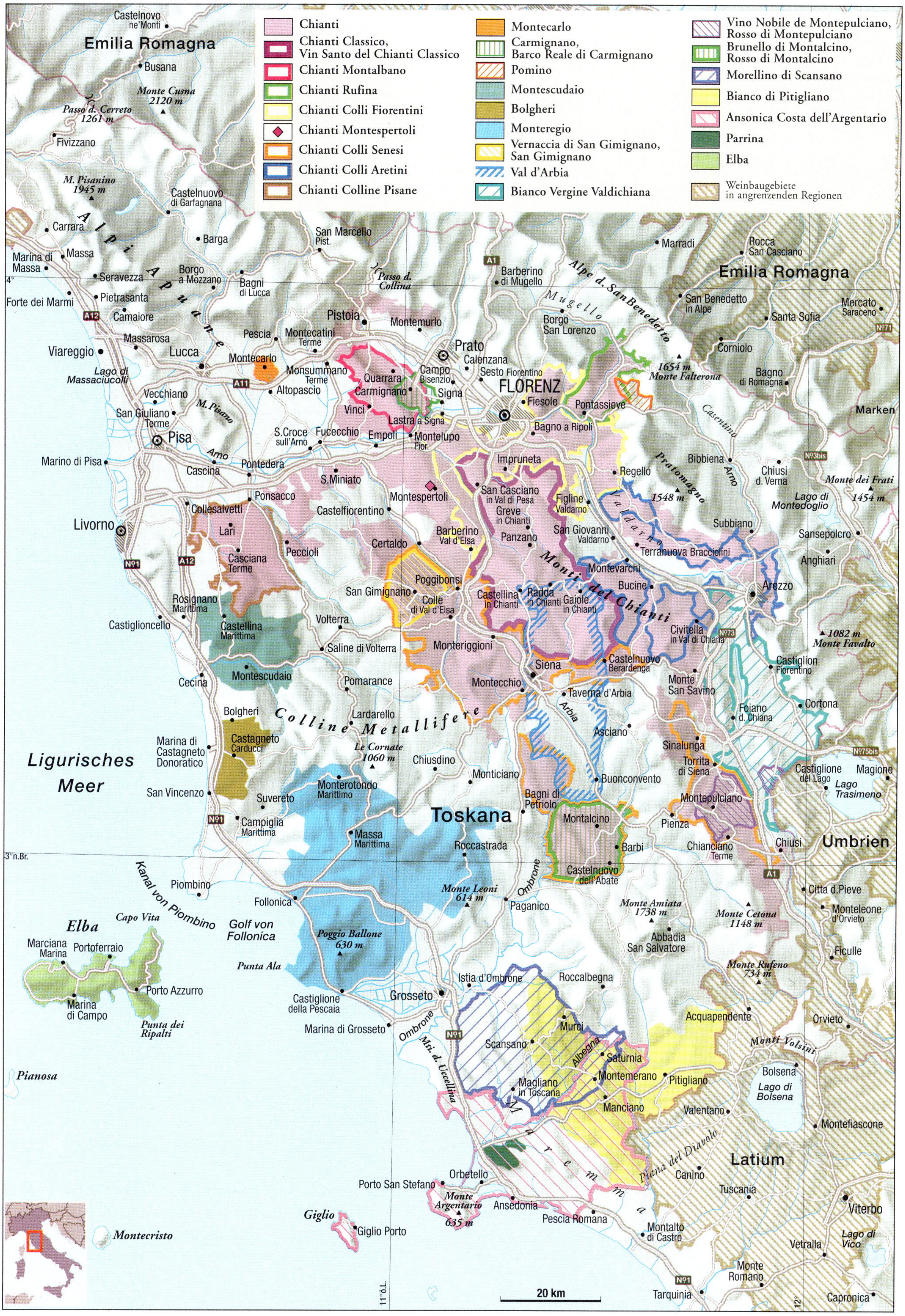
Chianti
Chianti Classico, Vin Santo del Chianti Classico
Chianti Montalbano
Chianti Rufina
Chianti Colli Fiorentini
Chianti Montespertoli
Chianti Colli Senesi
Chianti Colli Aretini
Chianti Colline Pisane
Montecarlo
Carmignano, Barco Reale di Carmignano
Pomino
Montescudaio
Bolgheri
Monteregio
Vernaccia di San Gimignano, San Gimignano
Val d'Arbia
Bianco Vergine Valdichiana
Vino Nobile de Montepulciano, Rosso di Montepulciano
Brunello di Montalcino, Rosso di Montalcino
Morellino di Scansano
Bianco di Pitigliano
Ansonica Costa dell'Argentario
Parrina
Elba
Weinbaugebiete in angrenzenden Regionen
Emilia Romagna
Castelnovo ne'Monti
Busana
Monte Cusna 2120 m
Passo d. Cerreto 1261 m
Fivizzano
M. Pisanino 1945 m
Castelnuovo di Garfagnana
Alpi Apuane
Carrara
Massa
Marina di Massa
Barga
Seravezza
Borgo a Mozzano
Bagni di Lucca
Forte dei Marmi
Pietrasanta
Camaiore
Massarosa
Viareggio
Lucca
Lago di Massaciuccoli
Pescia
Montecatini Terme
Montecarlo
Monsummano Terme
Altopascio
Vecchiano
San Giuliano Terme
M. Pisano
Pisa
Arno
Marino di Pisa
Cascina
Pontedera
S.Croce sull'Arno
Fucecchio
San Marcello Pist.
Pistoia
Passo d. Collina
Montemurlo
Prato
Calenzana
Campo Bisenzio
Sesto Fiorentino
Quarrata
Carmignano
Signa
Vinci
Lastra a Signa
Empoli
Montelupo Fior.
FLORENZ
Fiesole
Pontassieve
Bagno a Ripoli
Impruneta
Barberino di Mugello
Mugello
Borgo San Lorenzo
Alpe d. San Benedetto
Marradi
Rocca San Casciano
Emilia Romagna
San Benedetto in Alpe
Santa Sofia
Mercato Saraceno
Corniolo
1654 m Monte Falterona
Bagno di Romagna
Casentino
Marken
Bibbiena
Pratomagno
Chiusi d. Verna
Monte dei Frati 1454 m
Lago di Montedoglio
Regello
1548 m
S.Miniato
Ponsacco
Montespertoli
San Casciano in Val di Pesa
Greve in Chianti
Figline Valdarno
Valdarno
Livorno
Collesalvetti
Castelfiorentino
Lari
Barberino Val d'Elsa
Panzano
San Giovanni Valdarno
Subbiano
Sansepolcro
Anghiari
Terranuova Bracciolini
Peccioli
Casciana Terme
Certaldo
Monti del Chianti
Montevarchi
Bucine
Arezzo
Poggibonsi
San Gimignano
Colle di Val d'Elsa
Castellina in Chianti
Radda in Chianti
Gaiole in Chianti
Rosignano Marittima
Castiglioncello
Castellina Marittima
Volterra
Civitella in Val di Chiana
1082 m Monte Favalto
Saline di Volterra
Monteriggioni
Castiglion Fiorentino
Cecina
Montescudaio
Pomarance
Montecchio
Siena
Castelnuovo Berardenga
Monte San Savino
Taverna d'Arbia
Arbia
Cortona
Bolgheri
Colline Metallifere
Lardarello
Foiano d. Chiana
Asciano
Marina di Castagneto Donoratico
Castagneto Carducci
Le Cornate 1060 m
Chiusdino
Sinalunga
Torrita di Siena
Castiglione del Lago
Magione
Lago Trasimeno
Ligurisches Meer
Monticiano
Buonconvento
San Vincenzo
Suvereto
Monterotondo Marittimo
Bagni di Petriolo
Montepulciano
Toskana
Montalcino
Pienza
Campiglia Marittima
Massa Marittima
Roccastrada
Barbi
Chianciano Terme
Chiusi
Umbrien
Kanal von Piombino
Piombino
Ombrone
Castelnuovo dell'Abate
Citta d.Pieve
Follonica
Monte Leoni 614 m
Paganico
Monte Amiata 1738 m
Monte Cetona 1148 m
Monteleone d'Orvieto
Elba
Capo Vita
Golf von Follonica
Abbadia San Salvatore
Marciana Marina
Portoferraio
Poggio Ballone 630 m
Ficulle
Punta Ala
Monte Rufeno 734 m
Porto Azzurro
Istia d'Ombrone
Roccalbegna
Marina di Campo
Castiglione della Pescaia
Grosseto
Punta dei Ripalti
Acquapendente
Orvieto
Marina di Grosseto
Murci
Monti Volsini
Scansano
Albegna
Saturnia
Pianosa
Mti. d. Uccellina
Montemerano
Pitigliano
Bolsena
Lago di Bolsena
Magliano in Toscana
Manciano
Valentano
Montefiascone
Maremma
Piana del Diavolo
Latium
Orbetello
Canino
Porto San Stefano
Monte Argentario 635 m
Ansedonia
Tuscania
Viterbo
Giglio
Giglio Porto
Pescia Romana
Montalto di Castro
Montecristo
Vetralla
Lago di Vico
Monte Romano
20 km
Tarquinia
Capronica
11°ö.L.
12°
3°n.Br.
4°
A1
A11
A12
N°1
N°3bis
N°71
N°73
N°75bis

ten Weine in Konflikt gerieten mit dem bürokratisierten DOC-Reglement, das bisweilen so unsinnige Details festgeschrieben hatte wie eine überalterte Sortenzusammensetzung, einen jahrelangen Fassausbau oder völlig überhöhte Hektarhöchsterträge. Die ›Revolution‹ ergriff alle Weinbaugebiete der Region, angefangen vom Kerngebiet des Chianti über die Küstenlagen bei Bolgheri und die Rufina-Hügel am Fuß des Appennin bis nach Montalcino und Montepulciano, wo mit Brunello und Vino Nobile zwei der renommiertesten Rotweine der Region gedeihen. Mit den neuen Weinen wehte nicht nur ein frischer Wind in die traditionsreichen Herkunftsbezeichnungen, die Umbruchstimmung, die er hervorrief, sorgte auch für das Entstehen neuer. Viele Spitzenerzeugnisse, die in den Anfangsjahren dieser Entwicklung als Tafelweine vermarktet werden mussten, weil sie Cabernet Sauvignon enthielten oder nicht die vorgeschriebene Fasslagerzeit absolviert hatten, sind mittlerweile mit neu geschaffenen DOC- oder Igt-Namen nachträglich legalisiert worden.

Für den Sassicaia, Italiens ersten Cabernet Sauvignon von Weltniveau und den vermutlich bekanntesten Einzelwein des Landes, wurde sogar innerhalb der Appellation Bolgheri eine eigenständige Lagenbezeichnung eingerichtet. Im Gebiet des Carmignano entstand der Barco Reale für die einfacheren Qualitäten. Selbst die Produktionsvorschriften des Chianti Classico erfuhren eine Überarbeitung – sortenreine Weine sowie die Zugabe von Cabernet und von Merlot sind seitdem erlaubt –, und der Classico erhielt einen von den anderen Chianti-Appellationen getrennten DOCG-Status.

Eine schwere Aufgabe bleibt dem toskanischen Weinbau allerdings in der Zukunft noch zu bewältigen: die umfassende Neugestaltung der meisten Weinberganlagen. Noch immer ist der Anteil weißer Sorten, für die in den modernisierten DOC-Statuten kein Platz mehr ist, zu hoch. Noch immer findet man zu viele veraltete, qualitativ minderwertige Rebstöcke auch in prestigeträchtigen Weinberglagen, und ein Großteil der Weinberge ist so ausgezehrt oder von Virosen befallen, dass man sich fragen muss, wie es den Winzern gelingen kann, trotz stark dezimierter Rebflächen die erlaubten Hektarhöchsterträge bis zur Obergrenze auszuschöpfen. Die Vermutung, ein Teil der Weine werde stillschweigend von außerhalb der Region zugekauft, gilt daher heute schon fast als bestätigt.

In vielen Gebieten sind allerdings bereits Anstrengungen unternommen worden, den Weinbergbestand zu erneuern. So wurde etwa im Chianti-Classico-Gebiet schon in den 1980er Jahren ein umfassendes Forschungsprogramm initiiert, das heute erste Ergebnisse zeigt. In den letzten Jahren hat sich die Dynamik der Entwicklung auch mehr an die Küste und in den Süden der Toskana verlagert. Gebiete wie Bolgheri, Montescudaio oder das Anbaugebiet des Morellino di Scansano am Rande der Maremma sind seit einiger Zeit Schauplatz massiver Investitionen und Neupflanzungen vonseiten der größten und wichtigsten toskanischen Weinhäuser geworden.

Zypressen – grüne Wahrzeichen der Toskana

Rechte Seite:
Toplagen der Fattoria di Felsina in Castelnuevo Berardenga

Arezzo – ein Mekka für Fans von Antiquitäten und Trödel

Super-Tuscans

Wie kaum ein zweites europäisches Weingesetz widmet sich das italienische der Reglementierung auch unwichtigster Details, sodass es aufkeimende Qualitätsbemühungen in der Toskana und später auch im Piemont zunächst erfolgreich behinderte.

Ein überholter Sortenspiegel wie beim Chianti mit seinem obligatorischen Weißweinanteil oder veraltete Kelter- und Ausbaumethoden wie die überlangen Fasslagerzeiten beim Brunello ließen nach Ansicht von Experten keine wirklichen Spitzenqualitäten zu. Winzer und Weinerzeuger zogen es vor, mit französischen Sorten wie Cabernet, Chardonnay, Syrah und Merlot zu experimentieren, da es ihnen erfolgversprechender schien als mühseliges, langwieriges Selektieren besserer Sangiovese- oder Trebbiano-Stöcke. Sie wollten ihre Weine lieber eine kürzere Zeit dem würzenden Einfluss neuen Holzes aussetzen, anstatt sie jahrelang in großen, alten Holzfässern vermodern zu lassen. Mit den in Frankreich und Kalifornien entwickelten Ideen und Verfahren schien es schnell und unkompliziert möglich zu sein, den Weinen mehr Körper und Konzentration, größere Eleganz, akzentuierte Langlebigkeit und aromatische Komplexität zu verleihen.

Innovative Winzer, die diese neuen Wege in Italien beschreiten wollten, waren gezwungen, ihre hochwertigen Weine zu deklassieren und als einfache Tafelweine zu vermarkten. Die ersten Beispiele dieses neuen Stils gelangten bereits Anfang der 1970er Jahre in den Handel: Es waren Incisas Sassicaia und Antinoris Tignanello. Vor allem der Tignanello, ein Verschnitt aus Sangiovese und Cabernet im Verhältnis 80:20, wurde zum Wegbereiter für so berühmte Namen wie Camartina, Vigorello, Grifi, I Sodi di San Nicolò, Concerto, Siepi, Balifico, Cabreo Il Borgo, Monte Vertine oder Convivio.

Gianni Nunziante, der Besitzer von Vignamaggio in Greve

Andere Gewächse waren sortenrein aus Sangiovese gekeltert worden, wie San Martino, Solatio Basilica, Cappanelle, Cetinaia, Le Pergole Torte, Cepparello, Percarlo und Flaccianello della Pieve, oder sie bestanden überwiegend, wenn nicht sortenrein aus Cabernet wie Campora, Solaia, Sammarco, Cortaccio, Nemo, Saffredi, Guado al Tasso, Maestro Raro, Il Pareto, Ornellaia und Tassinaia. Was der italienische Gesetzgeber keinesfalls zu erlauben bereit war, wurde indessen vom Markt ebenso schnell wie begeistert aufgegriffen, und die vermeintlich einfachsten aller Weine erzielten bereits nach kurzer Zeit Preise, die manchen Produzenten von Qualitätsweinen ins Grübeln brachten. Mitte der 1980er Jahre hatte das Beispiel dann weit über die Toskana hinaus Schule gemacht, und es gab kaum ein Weingut, das nicht wenigstens einen dieser hochkarätigen Tafelweine führte, die von der amerikanischen Kritik enthusiastisch als *Super Tuscans* gefeiert wurden.

Kaum zehn Jahre später war der Spuk fast vorbei. Der Gesetzgeber hatte in vielen Regionen neue DOC-Gebiete eingerichtet, die Produktionsbestimmungen bereits bestehender angeglichen und zusätzlich die Kategorie der Weine mit *Indicazione geografica,* der Tafelweine mit geografischer Herkunftsbezeichnung, Realität werden lassen. Viele der einst ungewöhnlichen Tafelweine werden heute unter DOC- oder Igt-Namen angeboten.

Die Neuerfindung des Chianti

Die neuen, ambitionierten Weingutbesitzer in der Toskana hatten in den 1970er und 1980er Jahren nur ein Ziel: große, komplexe und alterungsfähige Rotweine zu produzieren. Dabei setzten die einen auf französische Rebsorten und eine breite Produktpalette, die anderen perfektionierten heimischen Sangiovese zum sortenreinen Spitzenwein. Zwei Betriebe, deren Geschichte, Strategie und Weinqualität stellvertretend für viele stehen, sind das Castello di Ama, wenige Kilometer südlich von Gaiole in Chianti gelegen, und die Fattoria di Felsina in Castelnuovo Berardenga am äußersten Rand des Chianti-Classico-Gebiets.

Abenteuer Chianti Classico

1977 entschloss sich eine Gruppe römischer Familien, wenig südlich von Gaiole und oberhalb des Weilers Monti in einer der besten Gegenden des Chianti Classico ein verlassenes Weingut zu erwerben, um hier Qualitätsweinbau auf höchstem Niveau zu betreiben. Da sie zwar Geld, aber wenig Weinbaukompetenz investieren konnten, verpflichteten sie Marco Pallanti als Önologen, der sich als einer der talentiertesten Italiens herausstellen sollte. Die Leitung des Betriebs übernahm Silvano Formigli, der nicht nur klare strategische Vorstellungen, sondern auch beste Kontakte zur Fachpresse besaß.

Das Castello di Ama begann mit der Entwicklung verschiedener Lagenvarianten des Chianti Classico, der in drei, später vier Versionen produziert wurde, jede mit eigenem Sortenverschnitt und individueller Sortentypizität. Während der San Lorenzo mit einer Mischung aus Sangiovese und Canaiolo, der Bellavista, in dem ein wenig Malvasia Nera die beiden ergänzt, sowie der spät zugekaufte Bertinga mit der vielleicht klassischsten Chianti-Mischung sich noch weitgehend der traditionellen toskanischen Rebsorten bedienten, wurde beim Vigneto La Casuccia der Sangiovese innovativ mit Canaiolo und Merlot verschnitten.

Merlot macht Karriere

Wie sich zeigen sollte, war Merlot hier auf fruchtbaren Boden gefallen: 1985 wurde der erste Jahrgang eines sortenreinen Tafelweins aus den Merlot-Trauben der Vigna l'Apparita gekeltert, der bereits mit dem 1987er Jahrgang zu einem der besten toskanischen Rotweine aufstieg. In unzähligen Vergleichsverkostungen schlug er fast alles, was an renommierten Merlot-Weinen in der Welt zu finden ist, Petrus, Le Pin und die Kalifornier inbegriffen. Anders als in Frankreich, wo Merlot, von wenigen Ausnahmen abgesehen, gewöhnlich die weichere, fruchtbetontere Komponente der großen Bordeaux-Weine stellt, gerät die Sorte auf Ama und den anderen toskanischen Gütern, die damit experimentierten, ungewöhnlich tanninbetont, zeigt sich komplex und vielschichtig in der Nase wie am Gaumen und baut selbst die massive Aroma- und Geschmackszugabe des beim Ausbau verwendeten neuen Holzes mühelos in die Fruchtnote ein.

Neben Spitzenweinen überzeugt die Bandbreite von guten bis sehr guten Weinen, die Marco Pallanti jährlich dem staunenden Publikum präsentiert. Ob Pinot Grigio von der Vigna Bellaria, die beiden Chardonnays, der Pinot Nero Vigna Il Chiuso, der Sauvignon oder der einfache Colline di Ama aus den klassischen weißen Chianti-Sorten – fast immer gehören Pallantis Weine zu den besten ihrer Art in weitem Umkreis.

Unten links:
In Gaiole im Südwesten des Chianti-Classico-Gebiets liegen einige der berühmtesten und ältesten Güter wie Badia a Coltibuono oder Castello di Brolio.

Unten rechts:
Trotz langer Weintradition ist die Fattoria di Felsina in Castelnuovo Berardenga erst Ende der 1990er in die Spitzengruppe des Chianti Classico vorgestoßen.

Der Barrique-Keller von Castello di Ama

Neue Techniken

Für eine neue Sensation sorgte Pallanti im Katastrophenjahr 1992: Als zum Beispiel das renommierte Weinhaus Antinori keinen einzigen seiner Spitzenweine füllte, sondern nur den Massenwein Santa Cristina auf den Markt brachte, präsentierte Pallanti einen erneuten Spitzenjahrgang des Merlot l'Apparita, der dem legendären 1987er kaum nachstand. Rigide Selektion im Weinberg, extreme Kontrolle jedes einzelnen Schritts der Vinifizierung und kontrollierter, balancierter Ausbau des Weins hatten wahre Wunder gewirkt (unterstützt von modernster Kellertechnik, etwa von den umstrittenen Konzentratoren).

In den letzten Jahren hat Ama sein Angebot perfektioniert. Die Vielzahl der Einzellagen-Chianti wurde reduziert zugunsten der Spitzenqualität des ›Normal‹-Chianti, den man – ohne eine zusätzliche Lagenbezeichnung – zum Château-Wein von Ama machte und der mit intensiver Farbe, würziger Frucht und gut balanciertem Holzausbau regelmäßig manches prestigeträchtigere Riserva-Produkt anderer Güter weit hinter sich lässt.

Terroir-Verbundenheit

Eine noch größere Terroir-Verbundenheit als in Ama, wo man die Lagenvielfalt wieder reduziert hat, zeigt man in der Fattoria di Felsina in Castelnuovo Berardenga am Südrand der Appellation. Sie wurde 1996 von dem Unternehmer Domenico Poggiali erworben und in der Folge von dessen Schwiegersohn Giuseppe Mazzocolin zusammen mit dem befreundeten Önologen Franco Bernabei, der zu den renommiertesten Weinmachern Italiens zählt, systematisch aufgebaut.

Felsina, das auf den letzten flachen Ausläufern der Monti del Chianti zum Ombrone-Tal liegt, besitzt etwa 350 Hektar Land, von denen lediglich ein Siebtel dem Weinbau gewidmet ist. Die geologische Zusammensetzung der Weinbergflächen spiegelt die Grenzlage wider: Man findet hier blaugrauen Mergelboden (Galestro), felsigen Alberese, Lehm- und Schwemmlandboden sowie marine Sedimente. Ihnen allen verdanken die Weine von Felsina ihre außerordentliche Komplexität und Vielschichtigkeit.

Felsina ist vor allem für seinen Chianti Classico berühmt, der schon in der Normalversion, unterstützt von einer klugen Mischung von kleinem und mittelgroßem Holz im Ausbau, ungewöhnlich reich und komplex wirkt. Was die Riserva betrifft, so ist sie eigentlich ein Lagenwein von Rancia, Mazzocolins Lieblingsweinberg. Auf dem Quarzmergelboden mit Streifen sandigen und lehmigen Terrains, dessen älteste Reben 35 Jahre alt sind, wurde der Pflanzenbestand sorgfältig erneuert, wobei Reiser der besten Stöcke auf vorhandene Unterlagen aufgepfropft wurden, um so eine homogene Qualitätssteigerung zu erreichen.

Sangiovese mit Cabernet

In guten Jahren ist der Vigneto Rancia einer der großartigsten Weine des gesamten Anbaugebiets, die eigentlichen Stars der Fattoria aber sind zwei sortenreine Tafelweine: der Fontalloro aus Sangiovese und Maestro Raro aus Cabernet Sauvignon. Beide sind im Barrique ausgebaut und von perfekter Harmonie zwischen Struktur und Eleganz, fruchtiger Dichte und Alterungsfähigkeit.

Auch die Weißweine haben Mazzocolin und Bernabei nicht vergessen. Zwar litt der im Barrique vergorene Chardonnay I Sistri anfangs an einem Mangel an Struktur und Definition, aber mit dem 1991er Jahrgang hat er sich zu einem der schönsten seiner Art in der Toskana entwickelt. Bei so viel Klasse erfreut das gute Preis-Leistungs-Verhältnis, besonders der Basisprodukte.

Seit Anfang der 1990er Jahre besitzt Mazzocolin in Sinalunga, außerhalb des Chianti Classico in der Nähe des Anbaugebiets von Nobile di Montepulciano, das Castello di Farnetella. Bereits zu Beginn der 1980er Jahre sind hier die Sangiovese-Stöcke verdichtet und nach modernen Kriterien erzogen worden, wurden Pinot Nero und Cabernet Sauvignon auf die alten Unterlagen gepfropft und die Weine mit experimentellen Mikrovinifikationen verbessert, bis sie heute mit den Produkten benachbarter DOCG-Regionen konkurrieren können. Die interessantesten Weine der hohen Weinberge sind ein Chianti Colli Senesi, bei dem etwas Merlot Frucht und Struktur verstärkt, sowie ein sehr aromabetonter Sauvignon Blanc.

Italiens populärste Weine: Die Chianti-Familie

Der Name ›Chianti‹ ist seit dem 13. Jahrhundert geläufig, wo er mit den Hügeln um Radda, Gaiole und Castellina verbunden und auf einen Weißwein bezogen war. Erst seit den 1930er Jahren wird das Anbaugebiet des Chianti stetig erweitert und bedeckt mittlerweile einen Großteil der Toskana. Auch der charakteristische Sortenspiegel ist noch relativ jung. Vor dem 19. Jahrhundert wurde Chianti – inzwischen bezeichnete der Name einen Rotwein – vorwiegend aus Canaiolo-Trauben gekeltert, denen nur wenig Sangiovese oder Malvasia zugegeben wurde.

Il Gallo Nero, der Schwarze Hahn, ist das Symbol des Chianti Classico. Das Anbaugebiet dieses Weins wurde zum ersten Mal 1716 vom Großherzog Cosimo III. de' Medici bestimmt.

Die Rezeptur

Bettino Ricasoli, Spross einer alten toskanischen Adelsfamilie, ab 1861 Premierminister des jungen Italien und Besitzer des Weinhandelshauses Ricasoli, gebührt der Ruhm, das lange gültige Chianti-Rezept entwickelt zu haben: 70 Prozent Sangiovese, 15 Prozent Canaiolo Nero, zehn Prozent weiße Sorten wie Trebbiano Toscano und Malvasia del Chianti und fünf Prozent andere Rebsorten. Dem in der Jugend unzugänglichen Sangiovese sollte durch Zugabe weißer Trauben die Härte genommen und rasche Trinkbarkeit verschafft werden, wozu auch das Verfahren des so genannten *governo* diente. Es bestand darin, dass man bei der Lese einen Teil der Trauben zum Trocknen weglegte, die dem Wein nach vollendeter Gärung wieder zugegeben wurden. Die dadurch erneut einsetzende Gärung erhöhte nicht nur den Alkoholgehalt und machte die Weine fülliger und runder, sondern bewirkte, dass Kohlensäure darin gelöst blieb, wodurch sie frischer und leichter schienen. Wirkliche Qualität ergab dieser Sortenverschnitt wohl nicht.

Rufina ist heute die kleinste der sieben Zonen des Chianti. Sie verfügt über ein ausgezeichnetes Potential, das bei weitem noch nicht ausgeschöpft ist.

Das Anbaugebiet

Heute ist Chianti mit rund einer Million Hektolitern pro Jahr der meistproduzierte amtlich anerkannte Qualitätswein Italiens. Hinter dem wohlbekannten Namen verbirgt sich jedoch eine widersprüchliche Realität. Als mittelschwere, aber dennoch recht kräftige Rotweine teilen sich zwar alle Weine mit Namen ›Chianti‹ in der starkwüchsigen Rebsorte Sangiovese eine gemeinsame Basis. Doch da in dem ausgedehnten Herkunftsgebiet die verschiedensten Terroirs und Klimabedingungen auf die Trauben einwirken, sieht sich der Verbraucher einer verwirrenden Vielfalt von Weintypen gegenüber. Aus diesem Grund hat man bislang acht verschiedene Teilgebiete eingerichtet, die auf dem Etikett namentlich genannt werden (wobei die Bezeichnung ›Chianti‹ auch ohne geografischen Zusatz erlaubt ist). Wichtigstes darunter ist das Classico-Gebiet, das seit Mitte der 1980er Jahre ein eigenes DOCG-Statut besitzt und hier gesondert behandelt wird (s. S. 408). Um diesen Kern herum verteilen sich die Anbaugebiete Chianti Rufina, Chianti Colli Fiorentini, Chianti Colli Aretini, Chianti Colli Senesi, Chianti Colline Pisane, Chianti Montalbano und als jüngstes Gebiet Chianti Montespertoli.

Reiche und arme Verwandte

Die interessantesten Weine mit der längsten Qualitätstradition stammen aus dem Gebiet des Chianti Rufina. Ihr Niveau überragt bisweilen sogar viele der Classico-Weine. Das Anbaugebiet erstreckt sich an den Hängen oberhalb des Arno-Städtchens Pontassieve und ist Teil des einstigen Pomino-Gebiets, ein Name, der heute als eigene Herkunftsbezeichnung den höchsten Lagen der Gegend in bis zu 900 Meter Höhe vorbehalten ist. Der größte Teil der Weinberge gehört den Familien Frescobaldi und Giuntini Antinori, die auch die besten Weine erzeugen. Das kühle Klima der hohen Lagen sorgt in Verbindung mit hervorragenden Kalkmergelböden für feingliedrige, viel-

DOC-Bestimmungen
und regionale Besonderheiten der
einzelnen Chianti-Arten

Chianti und Chianti Classico genießen beide DOCG-Status, stellen aber seit Ende der 1990er Jahre separate Herkunftsbezeichnungen dar. Während Chianti Classico, der mit 230 000 Hektolitern jährlich auch allein zu den meistproduzierten Qualitätsweinen Italiens zählt, mindestens 12 %vol Alkohol besitzen muss und sein Höchstertrag auf 7 500 kg Trauben pro Hektar begrenzt ist, braucht ein einfacher Chianti nur 11,5%vol Alkohol aufzuweisen und kann 9 000 kg pro Hektar erbringen. Der Höchstertrag der übrigen Chianti-Arten beträgt 8000 kg pro Hektar, der Mindestalkoholgehalt 11,5–12 %vol.
Als Rebsorten sind für alle Chianti-Arten Sangiovese, Canaiolo Nero, Trebbiano Toscano, Malvasia Nera sowie einige andere Sorten zugelassen, wobei 1984 der Anteil weißer Trauben erheblich reduziert wurde. Seit 1995 ist es auch offiziell gestattet, Sangiovese sortenrein zu verarbeiten. Cabernet oder Merlot dürfen mittlerweile 15 Prozent des Verschnitts ausmachen, und auch der Barrique-Ausbau hat fast überall die unnötig langen Reifezeiten in großen, nicht selten unzureichend gepflegten Fässern abgelöst. Für alle Zonen ist außerdem eine Riserva mit einem leicht erhöhten Mindestalkoholgehalt und einer verlängerten Fassreifezeit vorgesehen.
Beim Chianti ohne Zusatzbezeichnung, dem ›Putto‹, gibt es eine Superiore-Version, für die ein geringerer Ertrag als für die Riserva, allerdings keine Fassreifezeit vorgeschrieben ist. Diese Laune der Gesetzgebung findet in der Praxis jedoch kaum Anwendung.

schichtige Weine, die immer von markantem Säurespiel geprägt sind. Gute Rufina-Weine büßen auch nach 50 Jahren nichts von ihrer Frische und Finesse ein.
Deutlich einfacher in Struktur und aromatischer Ausprägung sind die Weine der Colli Fiorentini, die von den Hügeln zwischen dem Arno-Tal und dem Chianti-Classico-Gebiet kommen. Sicher ist das recht feuchte, kühle Anbaugebiet weniger für hochwertige Gewächse geeignet, aber auch die von Florenz sich ausbreitende Urbanisierung beeinträchtigt den Weinbau der Region.
Ähnliches gilt für die Chianti-Zonen Colli Aretini im Gebiet der Stadt Arezzo sowie Colli Senesi, deren Anbaugebiete den Osten und den mittleren Süden der Toskana unterhalb Sienas umfassen. Die Colli Senesi müssen ihr Anbaugebiet zudem mit berühmteren Weinen wie Brunello di Montalcino oder Nobile di Montepulciano teilen, die das beste Traubengut der Spitzenlagen auf sich ziehen und für den armen Verwandten kaum etwas übrig lassen. Wenige Winzer nutzen daher diese Herkunftsbezeichnung.
Der Montalbano umfasst das kleine Carmignano-Gebiet und steht damit zusätzlich im Schatten des besseren Weins, was er als dessen Zweitwein ohnehin oft genug tut. Die Schaffung des Barco Reale hat die Lage eher verschärft, da nun selbst der Carmignano, trotz Zuerkennung der DOCG, Image-Probleme bekommen hat.

Chianti-Vergangenheit bei Frescobaldi

Wein und Wald sind Nachbarn im Chianti.

Obwohl sein Anbaugebiet zweifellos mehr hergeben würde, präsentiert sich der Chianti Colline Pisane als leichtester der nicht eben zuverlässigen Chianti-Familie.
Abgesehen vom Classico, dessen Prestige und Qualitäten konsolidiert scheinen, und dem eigenständigen Chianti Rufina bietet das Gebiet wenig Überzeugendes. Nicht umsonst hoben die Randgebietswinzer mit der Voranstellung des Namens ›Chianti‹ ihre Zugehörigkeit zum Classico hervor und forderten die Classico-Winzer seit Ende der 1980er Jahre eine eigenständige DOCG, um sich deutlicher von den anderen Chianti-Gebieten absetzen zu können. Eigentlich müsste die Chianti-Familie grundlegend neu definiert werden.

Carmignano
Das Erbe Cosimos

Die Nordhänge des Monte Albano, eines kleinen Bergrückens am Nordufer des Arno westlich von Florenz, bilden das Anbaugebiet des Carmignano, jenes Weins, dessen Herkunftsbezeichnung Cosimo III. de' Medici 1716 mit demselben Dekret unter Androhung von Strafe schützte, das erstmals ein Chianti-Gebiet beschrieb. Carmignano war damit der erste Wein Italiens mit einer gesetzlichen Herkunftsbezeichnung, vielleicht sogar die erste geschützte Appellation der Welt. Jahrhunderte später war Carmignano der erste toskanische Wein, der offiziell mit der französischen Rebsorte Cabernet Sauvignon verschnitten wurde, lange bevor die Winzer anderswo in dieser Richtung experimentierten.
Der Rotwein, der seit einigen Jahren DOCG-Status besitzt, muss mindestens 12,5 %vol Alkohol enthalten und 21 Monate lang im Fass gereift sein; von der Riserva werden sogar etwas mehr als zwei Jahre Fassreife verlangt. Carmignano aus der Hand von Spitzenwinzern ist ein farbintensiver, komplexer Wein, der in guten Jahrgängen recht kräftig ausfällt und dann auch über eine zufrieden stellende Alterungsfähigkeit verfügt. Alle weiteren Versionen – der Rosato und die verschiedenen Vin-Santo-Typen, die sich trocken oder süß, weiß oder auch leicht rötlich präsentieren können – stehen nur auf der DOC-Stufe, wobei für einige Vin-Santo-Arten allerdings vier Jahre Fassreife vorgeschrieben sind.
Neben dem Chianti Montalbano, der aus derselben Gegend stammt und von einigen Carmignano-Winzern als Zweitwein gepflegt wird, besitzt das Gebiet mit dem Barco Reale di Carmignano seit kurzem einen weiteren Qualitätswein mit DOC-Status. Er wird überwiegend aus Sangiovese und Canaiolo verschnitten, braucht einen Mindestalkoholgehalt von nur 11 %vol und muss vor dem Füllen keine obligatorische Fassreife durchlaufen.

Klassischer Chianti an der Spitze

Offenbar waren die Einbußen hier schmerzlicher, denn schon Ende der 1970er Jahre und damit als eine der ersten italienischen Weinregionen steuerte man im Chianti-Classico-Gebiet auf Gegenkurs. Neue, internationale Rebsorten, verfeinerte Ausbautechniken und moderne Vermarktung waren hier schon etabliert, da strebte man in anderen Regionen noch nach dem Übermaß. Die Anstrengungen konnten sich zunächst nur auf die Tafelweine konzentrieren, denn die starren Produktionsvorschriften des italienischen Weingesetzes schützten die Qualitätsweine, die keine waren, unerbittlich. So kam es, dass mancher Tafelwein besser war als das, was die prestigereiche Herkunftsbezeichnung des Gebiets trug. Es dauerte noch einige Jahre, doch schließlich zog man es vor, die Produktionsvorschriften des Chianti Classico nach den Qualitätsmaßstäben der Tafelweine auszurichten. Zudem richtete sich das Interesse der Winzer wieder verstärkt auf den einheimischen Sangiovese.

Die Silhouette von Greve, einem der ältesten Winzerorte mitten im Chianti-Classico-Gebiet

Seit dem Mittelalter hatte man unter ›Chianti‹ die Gemeinden Radda, Gaiole und Castellina verstanden, die politisch wie militärisch in der Lega del Chianti eine Einheit bildeten. Cosimo III. de' Medici erweiterte das Gebiet in einem Edikt von 1716 noch um die Gemeinde Greve. Ab 1932 kamen Teile von San Casciano Val di Pesa und Barberino Val d'Elsa, eine Gruppe von Dörfern in der Nachbarschaft von Florenz, sowie Castelnuovo Berardenga im Süden hinzu. Auch nach der Ausweitung des Begriffs ›Chianti‹ auf die peripheren Anbaugebiete (s. S. 421) blieb die Definition des Kernstücks unverändert. Das Gebiet gehört zu den landschaftlich schönsten der Toskana und genießt nicht nur durch seine Weine – etwa ein Zehntel der gesamten Fläche ist von Weinbergen bedeckt –, sondern auch durch die Nachbarschaft zu den Kunstzentren Florenz und Siena einen ausgezeichneten Ruf.

Weinberge im Wandel

In den 1960er und 1970er Jahren wurden viele der Weinbergflächen neu bestockt, wobei weniger auf Qualität als auf höhere Erträge und rationellere Bearbeitung Wert gelegt wurde. Zu einem hohen Preis, wie sich herausstellte: Noch heute kann man bei Vertikalproben alter Chianti-Jahrgänge feststellen, dass die Produkte aus dieser Zeit deutlich ausdrucksloser sind als die extrem alterungsfähigen Weine der vorhergehenden Jahrzehnte oder die jüngeren Chianti-Weine.

Bestes Terroir

Sangiovese gehört zu den Sorten, die viel Wärme und trockene Böden brauchen, um ihre Trauben zur Vollreife zu bringen, daher findet sie im Classico-Gebiet beste Wachstumsbedingungen. Die vielen Hügellagen erlauben die optimale Ausrichtung der Reben in idealer Höhe zwischen 250 und 550 Metern über dem Meer, und lockerer, blaugrauer Kalkmergel (Galestro) oder verwitterter Sandstein (Alberese) sorgen mit guter Drainage dafür, dass die Weinberge selbst bei starken Regenfällen nicht zu feucht werden. Auch die Bor-

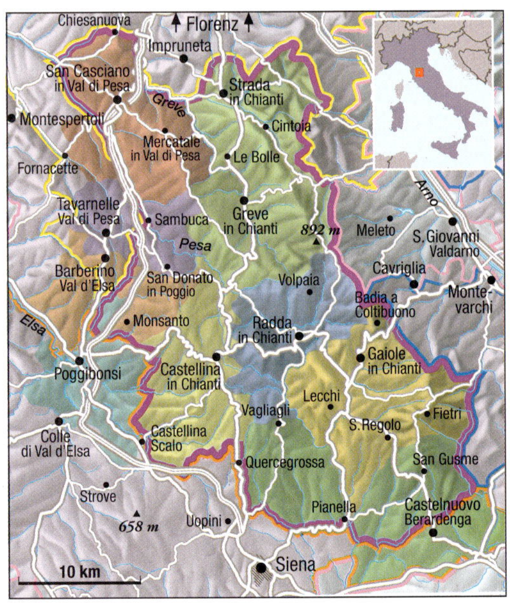

Adel mit Rotwein im Blut

1180 werden Ugo und Antinoro di Rinuccino offiziell als Besitzer des Castello di Combiate genannt, hundert Jahre später lässt sich die inzwischen nach Florenz übersiedelte Familie in die Register der Seidenhandelskorporation eintragen, 1385 wird ein Giovanni di Piero, Abkömmling einer Nebenlinie, als Lehrling in die Weinmacherzunft aufgenommen. Seither ist die Weinbautradition der Antinori ungebrochen. Mit der Gründung des Weinhauses Marchesi Antinori findet die Karriere 1895 einen vorläufigen Höhepunkt, und bereits 1898 wird die Kellerei in San Casciano Val di Pesa erbaut, die bis heute das Zentrum des weit verzweigten Konzerns mit Besitz in allen wichtigen Anbaugebieten der Toskana, Umbriens, des Piemont (seit Anfang der 1990er Jahre durch den Aufkauf der Kellerei Prunotto), Apuliens und sogar in Kalifornien ist. Viel von seinem Prestige verdankt das maßgeblich an der modernen toskanischen Weinbaurevolution beteiligte Traditionshaus seinem ehemaligen Chefönologen Giacomo Tachis, der für so außerordentliche Weine wie Sassicaia, Tignanello (vorwiegend aus Sangiovese), Solaia (vorwiegend aus Cabernet) und viele mehr verantwortlich war. Der Önologe Renzo Cotarella kreierte zudem im umbrischen Castello della Sala einen der besten Chardonnays Italiens. Schon seit dem 14. Jahrhundert betreibt die adlige Bankiersfamilie Frescobaldi Weinbau und Weinhandel. Mit Weingütern im Classicowie im Rufina-Gebiet, dem Quasi-Monopol Pomino, weiten Flächen in Montalcino und neuen Weinbergen in der Maremma gehört die Familie heute nicht nur zu den größten, sondern mit den Chianti-Rufina-Weinen, den Pomino-Varianten, dem Brunello und der Luce della Vita auch zu den besten Erzeugern Italiens. Letzterer ist das Resultat eines Joint Venture mit der kalifornischen Kellerei Mondavi.
Wein schien eine standesgemäße Beschäftigung, und so widmeten sich ihm auch andere Adelshäuser. Den Giuntini Antinori, weitläufigen Verwandten der Marchesi Antinori, gehörte das Rufina-Weingut Selvapiana und im 19. Jahrhundert die Vallombroser-Abtei Badia a Coltibuono, heute im Besitz eines weiteren Zweigs der Nachkommenschaft, der Bankiersfamilie Stucchi Prinetti. Diese hatte sich durch die Heirat Piero Stucchi Prinettis mit Lorenza de' Medici einem der mächtigsten Geschlechter der Toskana verbunden.
Nachfahren des Chianti-Erfinders Baron Ricasoli sind nach wenig erfolgreichem australischem Zwischenspiel heute wieder stolze Besitzer des Castello di Brolio – geleitet zusammen mit einer weiteren traditionsreichen Familie, den Mazzei von Castello di Fonterutoli –, und ihr Name findet sich auch in der Besitzerfamilie des Castello di Cacchiano, Ricasoli Firidolfi.

Piero Antinori dirigiert ein Familiengut mit mehr als 600 Jahren Familientradition.

deaux-Sorten Cabernet Sauvignon und Merlot bringen auf diesem Terroir sehr gute Resultate.
Während in der Vergangenheit die Säure des Sangiovese oft spitz und unreif wirkte und man weiße Trauben mit den roten vergären ließ, um die Tannine zu mildern, erweist sich moderner Chianti Classico, in dem Sangiovese dominiert oder sortenrein verarbeitet ist, als eine harmonische Einheit. Mit seinem in jungen Jahren floralen und leicht würzigen Bukett, das im Alter in Leder- und Tabaknoten umschlägt, mit den filigranen, beinah zimtenen Tanninen, deren Finesse durch das leichte Säurespiel gut gestützt wird, ergänzt er die meisten toskanischen Gerichte, darunter Pasta, Wildgeflügel, Lamm- und Rindfleisch, sofern die Saucen nicht zu stark gebunden sind.
Die besten Weine des Chianti-Classico-Gebiets stammen aus den mittleren Höhenlagen südlich von Greve und nördlich von Radda oder Castellina sowie von den Hängen, die sich von Gaiole aus nach Süden bis nach Castelnuovo hinein in Richtung des Arbia-Tals erstrecken. Als eines der Spitzen-Terroirs gilt die Conca d'Oro von Panzano, einem Ortsteil von Greve, wo sich die Weinberge mit ihren Mergelböden in eine nach Süden offene kesselförmige Mulde schmiegen.

Gallo Nero

Nachdem die Erneuerung des Chianti, wie die aller toskanischen Weine, von Handelshäusern und ›Seiteneinsteigern‹ ausgegangen war, steht in den beiden letzten Jahrzehnten die Weiterentwicklung auch im Zeichen des schwarzen Hahns, italienisch *gallo nero*. Er ist das weltbekannte Symbol des Consorzio Chianti Classico, des Weinbauverbands im Anbaugebiet, dessen Bemühungen der Classico seinen eigenen DOCG-Status verdankt. Zudem initiierte der Verband die Neugestaltung der Weinberge im Herzen der Toskana. Unter dem Titel ›Chianti 2000‹ wurde Ende der 1980er Jahre ein langfristiges Forschungsprojekt zur Ermittlung der besten Rebsorten, Klone und Erziehungssysteme eingerichtet. Zwar sind am Beginn des neuen Jahrtausends noch immer viele Chianti-Weinberge sanierungsbedürftig, aber eine Reihe von Neuanlagen konnte bereits nach den gewonnenen Erkenntnissen durchgeführt werden.

Das Castello di Brolio – seit jeher im Besitz der Familie Ricasoli – gilt als das älteste Weingut der Welt. Dort entwickelte Baron Bettino Ricasoli im 19. Jahrhundert das Rezept des Chianti.

Ausgewählte Erzeuger der nördlichen Toskana

Castello di Ama ***–*****
Gaiole
90 ha; 300 000 Fl. • Weine: u.a. Chianti Classico: →Vigneto San Lorenzo, →Vigneto La Casuccia; Igt Toscana: →Merlot, Chardonnay, Pinot Grigio, Pinot Nero, Vin Santo
Das Vorzeigegut des südlichen Chianti Classico bietet seit 1977 hervorragende Weine (s. S. 408).

Marchesi Antinori ***–*****
Florenz
750 ha; ZT; 15 000 000 Fl. • Weine: u.a. Orvieto Classico Campogrande, Santa Cristina, Chianti Classico: Pèppoli, Badia a Passignano Riserva, →Tenute del Marchese; Vino Nobile di Montepulciano LaBraccesca, Brunello di Montalcino Pian delle Vigne, →Igt Toscana Tignanello und →Solaia, Bolgheri Guado al Tasso, Spumante
Die Firma gehört seit Jahrzehnten zur Qualitätsspitze der Region (s. S. 409).

Basilica Cafaggio ***–****
Greve
36 ha; 200 000 Fl. • Weine: Chianti Classico, →Solatio Basilica, →Cortaccio, →San Martino
Das Gut in der Conca d'Oro von Panzano wurde unter Stefano Farkas zu einem der besten des Chianti-Gebiets.

Capannelle ***–****
Gaiole
6 ha; 25 000 Fl. • Weine: Capanelle: Riserva, →Barrique, Chardonnay; →50:50
Rossetti gilt als Sangiovese-Spezialist. Mit dem 50:50, einem Sangiovese-Merlot-Verschnitt, Letzterer stammt von den Weinbergen der Avignonesi in Montepulciano, und einem Roten aus Syrah, hat er Maßstäbe gesetzt.

Tenuta Capezzana ***–****
Carmignano
95 ha; 460 000 Fl. • Weine: Carmignano: Villa di Capezzana, →Riserva; →Ghiaie della Furba, Barco Reale, Chianti Montalbano, Trebbiano di Toscana, Chardonnay, Tremisse, Vin Santo Riserva, Vin Ruspo
Spitzenprodukt der Contini Bonacossi ist neben den beiden Carmignano-Versionen vor allem der Cabernet-Merlot-Verschnitt Ghiaie della Furba.

Badia a Coltibuono **–****
Gaiole
58 ha; 330 000 Fl. • Weine: Chianti Classico, Chianti Classico Riserva, →Igt Toscana Sangioveto, Chianti Cetamura, Trappoline Bianco, Sella del Boscone, Chardonnay, Vin Santo del Chianti Classico
Der Sangioveto der Stucchi Prinetti und ihr Chianti Classico gehören zu den Vorzeigeweinen der Toskana.

Fattoria di Felsina ***–*****
Castelnuovo Berardenga
52 ha; 250 000 Fl. • Weine: →Chianti Classico Vigneto Rancia; Igt Toscana: →Fontalloro, →Maestro Raro, →I Sistri; Vin Santo
Am Rand des Chianti-Classico-Gebiets entstehen unter Leitung Giuseppe Mazzocolins hervorragende Chianti, Chardonnay und Cabernet (s. S. 408).

Castello di Fonterutoli ***–*****
Castellina
69 ha; 450 000 Fl. • Weine: →Chianti Classico Castello di Fonterutoli, Igt Toscana: →Siepi, →Poggio alla Badiola; Morellino di Scansano Belguardo

Lange war der Sangiovese-Cabernet-Verschnitt Concerto der Mazzei einer der besten *Super Tuscans*, doch die Produktion wurde zugunsten eines Riserva-Chianti eingestellt. Neuer Spitzenwein ist der Merlot-Sangiovese-Wein Siepi. Außerdem vertreibt man die Weine des benachbarten Gutes La Brancaia, die bis vor kurzem in den Kellern von Fonterutoli vinifiziert wurden.

Fontodi ***–*****
Greve
47 ha; 16 000 Fl. • Weine: Chianti Classico, →Chianti Classico Vigna del Sorbo, →Igt Toscana Flaccianello della Pieve, Pinot Bianco Meriggio, →Pinot Nero Casa Via, Syrah Casa Via, Vin Santo, Solstizio
In den 1980er Jahren machte der sortenreine Sangiovese Flaccianello della Pieve von Manetti Karriere, und in den 1990er Jahren experimentierte man mit Syrah und Pinot Nero. Fontodi hat seinen Weinbergbestand fast komplett erneuert.

Marchesi Frescobaldi ***–*****
Florenz
860 ha; ZT; 8 000 000 Fl. • Weine: u. a. Chianti Rufina: →Castello di Nipozzano Riserva, →Montesodi; →Igt Toscana Mormoreto und →Lamaione, Chianti Rémole, Albizzia, →Brunello di Montalcino Riserva Castelgiocondo, →Pomino Bianco Il Benefizio, Pomino Rosso, →Luce della Vita, Lucente, Danzante
Die Frescobaldi produzieren eine der breitest gefächerten Weinpaletten der Toskana (s. S. 409).

Isole e Olena ***–*****
Barberino Val d' Elsa
41 ha; 200 000 Fl. • Weine: Chianti Classico, →Igt Toscana Cepparello, Collezione De Marchi: →Cabernet, →Syrah, Vin Santo
Paolo De Marchi war einer der Ersten, die ihren Weinbergbestand systematisch modernisierten. Resultat der Anstrengungen sind weltweit Aufsehen erregende Sangiovese-, Cabernet- und sogar Syrah-Weine. Beeindruckend der Vin Santo.

Tenuta Lilliano ***–*****
Castellina
50 ha; 280 000 Fl. • Weine: Chianti Classico, Chianti Classico Riserva, →Igt Toscana Annagallis
Unter Anleitung Giulio Gambellis veredelten die Ruspoli Mitte der 1980er Jahre Chianti Classico und den Annagallis, einen Verschnitt aus Sangiovese und Colorino, zu Spitzenweinen.

Fattoria La Massa ****–*****
Greve
27 ha; 90 000 Fl. • Weine: Chianti Classico, →Chianti Classico Giorgio Primo
Seit Mitte der 1990er Jahre gehören Mottas Chianti-Classico-Varianten und besonders der Giorgio Primo zu den größten Weinen Italiens: fruchtig und zedrig in der Nase, extraktreich am Gaumen und überdurchschnittlich alterungsfähig.

Monte Vertine ***–*****
Radda
9 ha; 50 000 Fl. • Weine: →Le Pergole Torte, →Montevertine, Il Sodaccio, M, Bianco di Montevertine, Pian del Ciampolo, Thea di Maggio
Sergio Manetti, dessen Gewächse in den 1980er Jahren zu Kultweinen aufstiegen, hielt am Sangiovese fest, ergänzt allenfalls durch die ebenfalls einheimischen Sorten Canaiolo und Colorino.

Castello di Monsanto ***–****
Barberino Val d'Elsa
50 ha; 270 000 Fl. • Weine: → Chianti Classico Riserva Il Poggio, → Igt Toscana: Nemo, → Tinscvil, Chardonnay, Sangiovese, Vin Santo
Fabrizio Bianchis Poggio war der erste Lagen-Chianti, sein Tinscvil der erste wirklich gute Nachfolger des Tignanello und der Nemo eine gelungene Einführung des Cabernet im Chianti-Gebiet.

Podere Il Palazzino ***–****
Gaiole
12 ha; 40 000 Fl. • Weine: Chianti Classico, → Chianti Classico Grosso Sanese, Rosso del Palazzino
Die Sderci brachten Anfang der 1980er Jahre den Rosso Sanese auf den Markt, noch heute der Spitzenwein des Betriebs.

Castello della Paneretta ***–****
Barberino Val d'Elsa
16 ha; 100 000 Fl. • Weine: Chianti Classico: Riserva, Riserva Torre a Destra; Igt Toscana: Terrine, Quattrocentenario
Stefano Panerai hat seine Weinberge seit den 1970er Jahren systematisch mit eigenen Edelreisern modernisiert, statt Material zu importieren.

Poggerino ***–****
Radda
7 ha; 30 000 Fl. • Weine: Chianti Classico, → Chianti Classico Riserva Bugialla, Igt Toscana Primamateria, Igt Rosato di Toscana Aurora
Mit Hilfe des Önologen Nicolò d'Afflitto entwickelten die Lanza ihren Chianti-Riserva Bugialla zu einem der elegantesten Weine des Gebiets.

Agricola Querciabella ***–****
Greve
25 ha; 80 000 Fl. • Weine: Chianti Classico Riserva, → Bâtard, → Camartina
Das Weingut Giuseppe Castiglionis hat sich mit französischen Sorten hervorgetan. Sein Bâtard aus Weiß- und Grauburgunder sowie Chardonnay gilt als einer der besten weißen Toskaner, und der Camartina ist ein gelungener Verschnitt aus Cabernet und Sangiovese.

Riecine **–*****
Gaiole
4 ha; 18 000 Fl. • Weine: Chianti Classico Riserva, → Igt Toscana La Gioia, Bianco di Riecine
Mit Unterstützung durch den Önologen Sean O'Callaghan entstand der große Sangiovese-Wein La Gioia.

Chianti Ruffino und Tenuta Nozzole **–****
Pontassieve
600 ha; ZT; 16 000 000 Fl. • Weine: u.a. Brunello Riserva Greppone Mazzi, Chianti Classico: → Riserva Ducale Oro, → La Forra; Nero del Tondo, Nobile di Montepulciano, → Il Pareto, Le Bruniche
In den 1950ern war Ruffino mit dem Chianti in der Korbflasche bekannt, besaß mit der Riserva Ducale aber auch einen Spitzenwein. Bestes Weingut ist die Tenuta Nozzole in Greve, wo hervorragender Chianti und mit dem Pareto auch großer Cabernet entstehen.

Agricola San Felice **–****
Castelnuovo Berardenga
220 ha; 1 500 000 Fl. • Weine: u.a. Chianti Classico: Riserva Il Grigio, Poggio Rosso, → Igt Toscana Vigorello, Brunello di Montalcino Campogiovanni
Das Großgut im südlichen Chianti-Classico, das auch im Brunello-Gebiet Weinberge besitzt, gehört zur deutschen Allianz-Gruppe. Die Qualität der Weine ist gut bis sehr gut, wobei der Lagen-Chianti Poggio Rosso beständig zu den besten des Gebiets gehört.

Fattoria San Giusto a Rentennano ***–*****
Gaiole
33 ha; 60 000 Fl. • Weine: Chianti Classico, → Igt Toscana: Percarlo, La Ricolma, Vin Santo del Chianti Classico
Die Martini di Cigala schufen mit dem Önologen Maurizio Castelli u. a. den sortenreinen Sangiovese Percarlo und den hochwertigen Merlot La Ricolma.

Fattoria Selvapiana ***–****
Pontassieve
41 ha; 100 000 Fl. • Weine: Chianti Rufina: Riserva, → Vigneto Bucerchiale; Borro Lastricato, Vin Santo
Francesco Giuntini-Antinori besitzt einige der besten Weinberge des Anbaugebiets und einen Keller, in dem jahrzehntealte Flaschen die Alterungsfähigkeit von gutem Chianti Rufina beweisen.

Fattoria Valtellina ***–****
Gaiole
7 ha; 20 000 Fl. • Weine: → Chianti Classico Riserva Giorgio Regni, → Convivio
1990 übernahm eine deutsche Investorengruppe den Betrieb, seitdem leitet ihn Christoph Schneider.

Vecchie Terre di Montefili ***–*****
Greve
9,5 ha; 45 000 Fl. • Weine: Chianti Classico, Anfiteatro, Bruno di Rocca, Vigna Regis
Roccaldo Acuti produziert unter Anleitung des Önologen Vittorio Fiore Spitzenerzeugnisse, darunter den Chianti Classico, den Sangiovese-Wein Anfiteatro und den Cabernet-Sangiovese-Verschnitt Bruno di Rocca.

Die Familie Folonari, die bereits 1913 das Chianti-Haus Ruffino übernahm, investierte stark in eigene Güter wie Santedame, Nozzole, Zano oder Marzi (s.u.) und zählt zu den besten und weltweit bekanntesten Chianti-Erzeugern.

Nicht ganz so Heiliger Dessertwein

Zum Trocknen aufgehängte Trauben bei Selvapiana in Rufina

Vin Santo, heiliger Wein, heißt der bekannte italienische Süßwein- oder sherryartige Dessertwein, dessen Heimat die Toskana ist, der aber fast überall in Mittelitalien, ja, sogar im nördlichen Trentino produziert wird. Gewöhnlich keltert man Vin Santo aus weißen Trauben, vor allem aus Trebbiano Toscano und Malvasia, die im Chianti-Gebiet noch vor wenigen Jahrzehnten im Überfluss kultiviert wurden. Heute kommen nur noch gelegentlich Sangiovese oder andere rote Sorten zum Einsatz, wobei der entsprechende Wein dann oft den Zusatz *Occhio di Pernice* (Rebhuhnauge) erhält. Die Verarbeitung des Vin Santo erfolgt nach Art des Strohweins, wenngleich man die relativ früh gelesenen Trauben heute nicht mehr zum Trocknen auf Strohmatten ausbreitet, sondern sie in gut durchlüftete Räume hängt oder auf Holzrosten auslegt. Erst wenn die Beeren fast rosiniert sind, kann mit dem Keltern begonnen werden. Der Most ist nun so konzentriert und zuckerhaltig, dass der vergorene Wein 15 bis 16 Volumenprozent Alkohol erreicht und immer noch unvergorenen Restzucker enthalten kann.

Zweite Gärung unterm Dach

Nach der Gärung wird der junge Wein halbhoch in kleine Fässer gefüllt und versiegelt. In der Vergangenheit wurden diese Fässer meist aus einheimischem Kastanienholz hergestellt, doch seit den 1980er Jahren benutzt man auch hier zunehmend französische Eiche. Die Fässer werden in der *Vinsantaia,* womit meist der Dachboden des Weingutes gemeint ist, gelagert, und in der sommerlichen Hitze beginnt der Restzucker Jahr für Jahr unter dem Einfluss der Hefen, die mit der Zeit die Holzdauben besiedeln, neu zu gären. Das Wechselbad zwischen Sommerhitze und Winterkälte sorgt für die reichhaltigen Aromen von Nüssen, Aprikosen, Honig, Gewürzen und Blumen, die einen guten Vin Santo auszeichnen. Nach zwei bis sechs Jahren ist die Reifezeit abgeschlossen, wobei die Dauer der Lagerzeit diverse Weintypen ausmacht, die durch DOC-Bestimmungen definiert sind. Die Palette umfasst trockene Produkte, die einem Fino Sherry ähneln können, sowie halbtrockene und vollsüße Varianten.

Vernaccia di San Gimignano

Die Toskana bringt eine kleine Zahl beachtenswerter Weißweine hervor, darunter einige interessante Chardonnay-Versuche, einige gute Montecarlo Bianco sowie den zeitweise sehr erfolgreichen Markentafelwein Galestro. Der einzige wirklich bekannte Weißwein aber stammt aus einer kleinen Stadt nordöstlich von Siena, die mit ihren charakteristischen Geschlechtertürmen zu einem der beliebtesten Touristenziele der Region geworden ist: San Gimignano. Seit dem 13. Jahrhundert werden hier Vernaccia-Reben kultiviert, und zwar eine weiße Variante aus der großen Gruppe nicht miteinander verwandter (!) weißer und roter Sorten dieses Namens, die vom äußersten Süden Italiens über die Insel Sardinien bis nach Südtirol – Vernatsch ist die deutsche Form des italienischen Vernaccia – anzutreffen ist. Ungeachtet des Namens nimmt man heute an, dass die Vernaccia-Rebe von San Gimignano mit keiner anderen Sorte dieser Gruppe verwandt und eine echte autochthone Spezialität ist.
1966 erhielt Vernaccia di San Gimignano als erster italienischer Qualitätswein DOC-Status, was die damals eher unpopuläre Sorte wahrscheinlich vor der endgültigen Verdrängung durch Trebbiano und Malvasia bewahrte. Zu Recht, wie man in der Folge feststellen konnte, denn die Weine von San Gimignano besaßen bei weitem interessantere organoleptische Charakteristika als der weiße toskanische Standardverschnitt. Doch trotz ihres unbestreitbar eigenständigen Charakters wurden die Weine nie richtig erfolgreich, denn das nationale und internationale Publikum hat sich in der Toskana immer mehr auf die Rotweine konzentriert. Die meist im Stahltank vinifizierten, oft auch recht einfach strukturierten Weißen wurden von den Märkten nur zögerlich angenommen. Auch die Zuerkennung des DOCG-Status in den 1990er Jahren konnte daran nichts grundlegend ändern.
Deutlichere Auswirkungen für den lokalen Weinbau wird dagegen die eigene Herkunftsbezeichnung ›San Gimignano‹ haben, die gleichzeitig für Rotweine, Rosés und den Vin Santo zuerkannt wurde. Vor allem die Roten, die unter diesem Namen firmieren und als oft reinsortige Sangiovese-Weine einem mittelkräftigen Chianti recht nahe kommen, scheinen bei einigen Winzern inzwischen von interessanterer Qualität als die berühmtere Vernaccia.

Heimat des Vernaccia und Ziel aller Toskana-Reisenden: San Gimignano

Jedem den seinen

Nahezu jedes DOC-Gebiet der Toskana, das auf sich hält, definiert seinen eigenen Vin Santo. Mal wird er rein aus Canaiolo Bianco gekeltert (Bianco della Valdinievole), anderswo sind Sangiovese und Malvasia Nera verschnitten (Bianco dell' Empolese, Bianco Pisano di San Torpé, Bolgheri). Candia di Colli Apuani, Carmignano, Colli dell' Etruria Centrale bieten weißen und roten Vin Santo, Colline Lucchesi beschränkt sich auf Rot, Elba, Montecarlo und Monteregio setzen auf Weiß und Rot, Montescudaio ist rot, Pomino, San Gimignano und Val d'Arbia sind weiß. Drei berühmte Anbaugebiete der Toskana schufen für ihren Vin Santo sogar gänzlich eigenständige Herkunftsbezeichnungen. Es sind Chianti, Chianti Classico und Montepulciano, wo jeweils drei, vier oder mehr Arten produziert werden: Secco, Amabile, Occhio di Pernice und Riserva-Qualitäten der genannten Typen. Ein Großteil der toskanischen Vin-Santo-Produktion wird allerdings ohne DOC-Bezeichnung vertrieben.

Wie die Weintypen, so unterscheiden sich die Qualitäten. Kaum ein toskanischer Winzer, der das traditionsreiche Getränk nicht selbst produziert, gleichgültig, ob Trauben, Terroir oder Können dies empfehlen. Da die Weine oft jahrelang in Fässern von zweifelhaftem Zustand lagern und der Verzicht auf das Umziehen des Weins die Bildung von flüchtiger Säure, Muff und Fehlaromen begünstigt, ist die Vin-Santo-Produktion ein anspruchsvolles Verfahren, das nur wenige beherrschen. Guter Vin Santo, wie ihn rund zwei Dutzend Winzer hervorbringen, braucht keinen Vergleich mit den Süß- und Likörweinen anderer Länder zu scheuen, doch für den größten Teil der Produktion scheint die toskanische Sitte, nach dem Essen feste Mandelkekse ins Vin-Santo-Glas zu tauchen, die einzig angemessene Verwendung.

Moscadello Montalcino

Eigentlich ist die Muskateller-Familie nur im äußersten Norden und Süden Italiens wirklich sesshaft geworden. Die vielen Spielarten einer der ältesten Rebsorten der Welt sind ebenso verantwortlich für den Asti wie für die Süßweine von Pantelleria. Im Trentino/Südtirol überzeugen ihre delikaten Aromen, im Loazzolo ihre exotische Fülle. Nur in der kleinen Gemeinde Montalcino, der Heimat des Sangiovese-Klassikers Brunello und des Rosso di Montalcino, hat sich der Muskateller in Form des Moscadello auch in Mittelitalien einbürgern können. Lange blieb er hier eher unbeachtet, bis sich Ende der 1980er Jahre einige der großen renommierten Brunello-Erzeuger seiner annahmen und einen angenehmen, meist recht leichten Süßwein daraus produzierten.

Dem großen kommerziellen Erfolg dieses Weins steht die eher geringe Produktionsmenge von 1500 Hektolitern entgegen, die sich noch dazu auf mehrere unterschiedliche Weintypen verteilt: Es gibt Moscadello als halbsüßen Stillwein, als leichten, süßen Perlwein und als dichte, zucker- und alkoholreiche Variante namens Vendemmia Tardiva, eine Spätlese, die sich stärker am Vin Santo oder an den Süßweinen nördlicherer Weinbauländer orientiert.

Vin Santo, der traditionelle Willkommenstrunk der Toskana, existiert in einer Fülle von Stilen, die von likörartig über lieblich bis trocken reichen. Die besten altern bis zu zehn Jahre, bevor sie abgefüllt werden und sind hinreißend komplex.

Der andere Sangiovese

Wenn ›Chianti‹ heute eine der populärsten Herkunftsbezeichnungen Italiens ist, dann ist Brunello zweifellos eine der prestigeträchtigsten. Sein Anbaugebiet ist zum größten Teil identisch mit dem Territorium der Gemeinde Montalcino, einem kleinen Städtchen, das auf dem nördlichsten Vorsprung der bis zu 600 Meter hohen Barriere zwischen den Tälern des Ombrone und des Arbia thront, kaum 40 Kilometer südlich von Siena. Mit den steilen, verwinkelten Gassen zwischen engen mittelalterlichen Gebäuden ist Montalcino einer der ursprünglichsten Orte der Toskana geblieben und wurde erst in den letzten Jahren zögerlich vom Tourismus entdeckt.

Wie die meisten Rotweine der Toskana wird auch Brunello di Montalcino aus Sangiovese gekeltert, im Unterschied zum Chianti oder zum Vino Nobile bleibt er jedoch sortenrein. Guter Brunello ist ein unverwechselbarer Wein. In der Gesamterscheinung ungeheuer kraftvoll, wird er in der Jugend von festen, manchmal auch unzugänglich rauen Tanninen geprägt und entfaltet nach einer angemessenen Reifezeit im Holzfass und in der Flasche ein wunderbares Bukett, das an Gewürze, Wild, Fell und süßlichen Tabak erinnert.

Montalcino, südlich von Siena, ist mit seinem großen Brunello erst in den 1960ern berühmt geworden; seither hat sich die Rebfläche vervielfacht.

Facettenreiche Terroirs

Das Klima in Montalcino ist gemäßigt mediterran und trocken. Das Massiv des 1738 Meter hohen Monte Amiata im Süden, der die Hügellandschaft überragt, schirmt das Gebiet weiträumig gegen Unwetter ab. Die Höhenlage der Gemeinde führt zu einem starken Gefälle zwischen Tages- und Nachttemperaturen, was der Ausprägung aromatischer Finesse förderlich ist. Besonders die höheren Weinberglagen zeichnen sich in den meisten Jahren durch beste Traubenqualität aus, von denen elegante Weine mit überwältigender Duftfülle gekeltert werden. In schwierigen Jahrgängen hat dünnschaliger Sangiovese hier jedoch Probleme auszureifen und leidet auch unter Fäulnisbefall. Im Südwesten Montalcinos dagegen und in Castelnuovo dell'Abate ist es im Jahresmittel etwas wärmer als im Nordosten, weshalb hier die dichteren, alkoholbetonteren Weine entstehen.

Auch bei den Böden zeigt sich eine große Vielfalt, die den Charakter der Weine beeinflusst. Während am Fuß der Bergkuppe von Montalcino tonhaltiger Kalkstein mit steinig-lehmigen Böden abwechselt, nimmt in den höheren Lagen der Sandanteil zu. Je weiter man sich dem Monte Amiata nähert, desto häufiger sind Tuffsteineinlagerungen vulkanischen Ursprungs anzutreffen.

Die Verschiedenartigkeit der natürlichen Voraussetzungen führte dazu, dass man den Wein früher aus Trauben mehrerer Terroirs mischte, in der Hoffnung, deren vereinte Vorzüge würden die Nachteile kompensieren. Erst in den letzten Jahrzehnten entschlossen sich die Spitzenweingüter zu Einzellagenfüllungen, die sich aber nur in wenigen Ausnahmelagen wirklich bewährt haben.

Brunello einst und jetzt

Ende des 14. Jahrhunderts erscheint in Dokumenten aus Montalcino erstmals die Bezeichnung ›Brunello‹ (der Weinbau selbst geht auch hier auf Etrusker und Römer zurück), doch es bleibt unklar, welche Art von Wein damit gemeint war. Ein Rotwein auf der Basis von Sangiovese-Trauben, damals noch Vermiglio genannt, ist jedenfalls nicht vor dem 18. Jahrhundert verbürgt, und den Brunello in seiner heutigen Form gibt es erst seit Ende des 19. Jahrhunderts. Seine Entwicklung ist Ferruccio Biondi-Santi zu verdanken (s. Kasten).

Bis nach dem Zweiten Weltkrieg wurde der Name ›Brunello‹ allein von der Familie Biondi-Santi für die Weine ihres Guts Il Greppo genutzt. Zwar hatte

sich in den 1930er Jahren eine Genossenschaft gebildet, doch der Name des heute so berühmten Weins verbreitete sich erst Ende der 1950er, Anfang der 1960er Jahre. Noch 1970 besaß Montalcino nur 65 Hektar spezialisierter Rebkulturen. Damals begründete vor allem die Seltenheit das Prestige des Brunello. 1980, etwa zeitgleich mit Barolo und Barbaresco des Piemont, wurde dem Brunello das höchste Gütesiegel des italienischen Weingesetzes, die DOCG, zuerkannt.
Die gesetzlichen Produktionsvorschriften erwiesen sich auch für den Brunello als zu unflexibel. Die Winzer waren gezwungen, ihren Brunello wenigstens vier Jahre – Riserva-Qualitäten ein Jahr länger – im Holzfass zu lagern, und durften ihn nicht vor dem 1. Januar des fünften Jahres verkaufen. Was die konzentrierten Weine früherer Jahre noch problemlos verkraftet hatten, erwies sich bei inzwischen erheblich höheren Erträgen aus früher gelesenen und entrappten Trauben und bei kürzeren Maischestandzeiten als verheerend. Ausgezehrte Weine waren die Folge, denen allenfalls die Zugabe von Jungwein etwas Fruchtigkeit und Frische verlieh. Ab Mitte der 1990er Jahre wurden deshalb die Vorschriften angepasst. Die Gesamtlagerzeit beträgt nur noch zwei Jahre, der Barrique-Ausbau ist erlaubt und eine frühere Vermarktung der Weine zugelassen.

Oben links:
Zweites Standbein vieler Betriebe der Toskana – Oliven

Oben rechts:
Castello Banfi – Weinimperium in Montalcino

Darüber hinaus wurde die Möglichkeit geschaffen, aus Brunello-Trauben den einfacheren DOC-Zweitwein Rosso di Montalcino zu keltern, für den gewöhnlich Material jüngerer Reben, kühlerer Lagen oder nicht ganz optimaler Jahrgänge verwendet wird. Einige Winzer behandeln jedoch auch diesen Rosso mit großer Sorgfalt, und so ist das Interesse daran in den letzten Jahren sehr viel rascher gestiegen als an dem kostspieligen Brunello. Durchschnittlich wird etwa die Hälfte der Produktion unter dem Namen dieses jung zu vermarktenden Rosso gefüllt.
Die weltweite Nachfrage hat zu einer immensen Ausweitung der Brunello-Produktion geführt. Innerhalb von 30 Jahren wuchs das Anbaugebiet von 56 auf 1300 Hektar, und für weitere 700 Hektar wurde die Zulassung erteilt. Aber da noch immer die Nachfrage das Angebot übersteigt, sind die teilweise überhöhten Preise noch nicht korrigiert worden. Dieser verlockende kommerzielle Erfolg verschlechtert aber die Zukunftsaussichten für hochwertigen Brunello zusehends.

Eine Familie und ihr Wein

Die Geschichte des Brunello ist eng mit der Familie Biondi-Santi verbunden. Auf den Weinbergen seines Gutes Il Greppo unternahm Clemente Santi vor rund 150 Jahren erste Versuche, besonders geeignete Sangiovese-Stöcke zu isolieren und zu reproduzieren. Ihm waren die kompakteren Trauben aufgefallen, die an einigen der Reben wuchsen. Ihre bräunlich verfärbten Beeren waren kleiner, besonders dickschalig, und der daraus gekelterte Wein war ausdrucksstärker als der restliche Sangiovese des Gutes. In den folgenden Jahrzehnten perfektionierte man die Selektion, und Clementes Enkel Ferruccio bestockte schließlich einen Großteil der Weinberge mit dem selektierten Material. Im Jahr 1888 wurde der erste Wein namens ›Brunello‹ gefüllt. Um den mit langen Maischestandzeiten auf Stielen und Häuten gekelterten, tannin- und säurebetonten Wein der neuen Stöcke, der ohne moderne Düngetechniken ertragsärmer und damit konzentrierter ausfiel als heute und nur in wirklich guten Jahren gefüllt wurde, harmonisch und zugänglich zu machen, ließ Biondi-Santi ihn jahrelang in großen Fässern aus slawonischer Eiche reifen. Das Resultat war ein extrem alterungsfähiges Gewächs mit feinem, ätherischem Duft getrockneter Rosen und einem samtigen und zugleich lebhaften Geschmack. Die Schatzkammer des Gutes beherbergt noch heute rare Flaschen des 1888er oder des 1891er Jahrgangs sowie zahlreiche der Spitzenjahrgänge aus dem 20. Jahrhundert, die regelmäßig neu verkorkt und geprüft werden – eine Serviceleistung für die leidenschaftlichen Brunello-Sammler auf der ganzen Welt.
Leider ist der Ruhm von Il Greppo in den letzten Jahren deutlich verblasst. Die längst notwendig gewordene Neubestockung der Weinberge hat man versäumt, im Keller arbeitet man mit zu altem Fassbestand, und die Konzentration der alten Jahrgänge ist schon lange nicht mehr erreicht worden. Dennoch ist das Ansehen des Biondi-Santi-Brunello vor allem in Amerika unverändert hoch. Für den qualitätsbewussten Konsumenten aber ist entscheidend, dass die Weine von Il Greppo qualitativ kaum mit einem der aktuellen Spitzenprodukte Montalcinos konkurrieren können.

Nobler Wein in Montepulciano

Das an einem Berg gelegene Montepulciano ist eine der attraktivsten und kulturhistorisch reichsten Städte der Toskana mit einer langen Weintradition.

Die historischen Bauwerke sind in ausgezeichnetem Zustand, manche davon bergen eine Fülle von Kunstschätzen, und das Stadtbild wirkt wie aus dem Bilderbuch: Montepulciano ist eines der beliebtesten Reiseziele in der südlichen Toskana. Das mittelalterliche Städtchen thront hoch über dem für seine weißen Rinder bekannten Chiana-Tal und dem Lago Trasimeno auf dem erloschenen Vulkan Monte Poliziano, dem es seinen Namen verdankt. In der Gegend von Montepulciano nennt man den Sangiovese Prugnolo Gentile, und der Wein, der hier aus einer dem Chianti nicht unähnlichen Sortenmischung gekeltert wird, heißt Vino Nobile di Montepulciano, kurz Nobile.

Das Anbaugebiet des seit 1980 als DOCG firmierenden Weins ist klein und überschaubar. Nur etwa 900 Hektar, meist in Ost- und Südostlagen, sind für die Produktion des Nobile zugelassen. Die Böden bestehen hier zum großen Teil aus gelbem Sand und tonhaltigem Sandstein, wohingegen Kalkformationen, wie sie im Chianti-Classico-Gebiet für die besten Weine verantwortlich sind, aufgrund des vulkanischen Ursprungs der Böden vollständig fehlen. Weinbergflächen sind zwischen 250 und 600 Metern Höhe zu finden, wobei die tieferen und wärmeren Lagen gemeinhin als die besseren gelten. Ähnlich wie in Montalcino ist das Klima erheblich wärmer als in der Zentraltoskana, und die Sommer werden gelegentlich sogar eindeutig zu trocken. Besonders in heißen Jahren sind es daher die zum Lago Trasimeno orientierten Lagen, die die besten Ergebnisse liefern, denn dort vermag selbst dann noch ein Mindestmaß an Feuchtigkeit das Wachstum und die Assimilation der Trauben zu fördern.

Auf der richtigen Seite

Die Geschichte des Weinbaus von Montepulciano reicht bis ins Mittelalter zurück und ist eng mit dem wechselhaften politischen und militärischen Schicksal der Kommune verbunden. In den Kriegen zwischen Siena und Florenz hatte sich Montepulciano, ungeachtet seiner größeren geografischen Nähe zu Siena, mit den Medici aus Florenz verbündet (die das verlorene Bergstädtchen später zum Dank in ein regelrechtes Kunstzentrum verwandelten). Damals florierte auch der Weinbau, wovon in erster Linie die reichen und adligen Familien der Stadt profitierten. Im 16. Jahrhundert rühmten die Päpste Paul III. und Sixtus V. den Nobile als ›perfektesten Wein‹ Italiens.

Es ist ungewiss, ob die Bezeichnung ›Vino Nobile‹ von der illustren Käuferschicht oder von der Auslese bester Trauben herrührt. Noch im 17. Jahrhundert wurde der Nobile als ›König der Weine‹ verehrt, doch dann beginnt sein Ruhm kontinuierlich zu verblassen. Erst im 20. Jahrhundert erlebte er eine gewisse Renaissance, als es sich Adamo Fanetti, Gutsbesitzer in Montepulciano, zur Aufgabe machte, nach dem Vorbild des Brunello einen qualitativ hochwertigen Wein zu keltern, den er ›Vino Nobile‹ taufte. Tancredi Biondi-Santi, einer der Hüter des Brunello, stand ihm dabei nicht nur mit technischen Ratschlägen, sondern auch mit Ideen zur Vermarktung des neuen Produkts zur Seite.

Für seinen neuen Wein orientierte sich Fanetti an dem Sortenspiegel, den Ricasoli für den Chianti Classico vorgelegt hatte. Basistrauben liefert der Sangiovese, denen heute bis zu 20 Prozent Canaiolo Nero, 20 Prozent weitere rote und 10 Prozent weiße Trauben zugegeben werden können. Dennoch sind die beiden DOCG-Weine nur bedingt vergleichbar. Gewöhnlich ist Vino Nobile körperreicher und alkoholhaltiger als Chianti, was in erster Linie auf das günstigere Klima von Montepulciano zurückzuführen ist. Trotz seiner Kraft wirkt der Nobile immer relativ fruchtig, zeigt gelegentlich deutlich blumige Aromen – der Kenner spricht hier von Veilchenduft – und hinterlässt im Mund einen festen, dichten Eindruck, der zwischen Chianti und Brunello einzuordnen ist. Natürlich trinkt man ihn am besten zu einem saftigen Steak vom Chiana-Rind.

Der auf Sangiovese basierende Vino Nobile fand ab dem 18. Jahrhundert Anerkennung, lange vor dem benachbarten Brunello, der ihn heute jedoch überflügelt.

Wer sich auf den Reben ausruht

Seit 1989 kann der Nobile ohne weiße Trauben produziert werden, was seiner Qualität durchaus förderlich ist. Gelegentlich werden Riserva-Qualitäten heute sogar sortenrein aus Sangiovese alias Prugnolo Gentile gekeltert, oder man fügt einen kleinen Teil Cabernet Sauvignon hinzu, der den Weinen mehr Dichte und aromatische Komplexität verleiht. Trotz offenkundiger Fortschritte in den letzten beiden Jahrzehnten hat der Nobile nicht an die qualitative Neuorientierung von Chianti und Brunello anschließen können. Noch viel zu oft werden überhöhte Erträge geerntet, was einen spürbaren Mangel an Konzentration und geschmacklicher Fülle zur Folge hat. Der Höchstertrag ist auf 56 Hektoliter beschränkt – zuzüglich 20 Prozent Toleranzüberschreitung –, aber eine kleine Gruppe von Spitzenerzeugern belegt mit ihren Gewächsen höchst eindrucksvoll, dass diese Grenze für qualitativ hochstehende Produkte zu großzügig angesetzt ist.

Ein zweiter großer Problembereich des Anbaugebiets waren die lange Zeit überaltert und nicht immer hygienisch wirkenden Keller – ein Zustand, der sich allerdings in den letzten Jahren zunehmend verbessert hat. Auch für diesen Wein hatten die DOC-Richtlinien überlange Fasslagerzeiten – wenigstens zwei, für Riserva-Weine sogar drei Jahre – vorgesehen, aber nach dem Beispiel des Brunello wurde diese obligatorische Reifezeit inzwischen auf die Hälfte reduziert. Zusammen mit der anschließenden, ebenfalls vorgeschriebenen Flaschenlagerzeit darf ein Nobile heute zwei Jahre, die Riserva drei Jahre nach dem auf die Ernte folgenden Jahreswechsel verkauft werden.

Die Anhebung des Mindestgehalts an Trockenextrakten, verbunden mit der Absenkung des Säuregehalts der Weine diente einer Verbesserung der Durchschnittsqualitäten. Mit großem Enthusiasmus bemühte sich seit Ende der 1980er Jahre eine Reihe von Winzern um neue Qualitäten. Sorgfältige Rebselektion und eine höhere Pflanzdichte in den Weinbergen sollten zu besserem Lesegut verhelfen, und in den Kellern setzte man vor allem beim Pressen und Pumpen auf ›sanftere‹ Technik sowie auf peinliche Sauberkeit in Gärbottichen und Holzfässern.

Gleichzeitig aber machte sich eine gewisse geschmackliche Internationalisierung der Weine bemerkbar, die einen leichteren Absatz zu höheren Preisen garantieren sollte. Barriques und die international gängigen Edelrebsorten Cabernet Sauvignon, Merlot und Syrah sollen in vielen Betrieben dem Nobile zu mehr Erfolg verhelfen, wobei die Bewahrung des sorten- und regionaltypischen Charakters der Weine nicht immer gewährleistet scheint. Ähnlich dem System des Zweitweins in Montalcino gibt es auch in Montepulciano die Möglichkeit, die einfacheren Weine als Rosso di Montepulciano zu deklarieren, einen leichteren, frischeren, früher zu trinkenden Wein, in den vor allem das Lesegut aus jungen Rebanlagen eingeht. Das Geschmacksbild des Rosso variiert jedoch sehr stark. So kommen als Rosso di Montepulciano deklarierte Weine auf den Markt, die manchem Vino Nobile in Bezug auf Dichte und Kraft nicht nachstehen, allerdings infolge des kürzeren Fasslagers frischer und lebendiger wirken. Gelegentlich bringen sie den typischen Duft und Geschmack des Sangiovese sogar besser und ansprechender zur Geltung als manche der erheblich teureren Nobile-Vertreter.

Seine schönen Plätze und Paläste hat Montepulciano dem einflussreichen Dichter Poliziano zu verdanken, der mit den regierenden Medici befreundet war.

Weinbau an der Küste

Lange Zeit galt die toskanische Küste zwischen Livorno und Grosseto als eine Art weinbaumäßiges Niemandsland. Kaum jemand kultivierte hier Reben, und das, was produziert wurde, verblasste neben dem Renommee der zentraltoskanischen DOC-Gewächse. Dabei sind die klimatischen Bedingungen hier durchaus geeignet für die Produktion guter Rotweine. Allerdings gab es, sieht man von kleineren Inseln ab, kaum Weinbautraditionen, an die man hätte anknüpfen können. Die Nutzflächen des Arno-Deltas und der Küstenebene waren mit anderen landwirtschaftlichen Kulturen ausgelastet, und an den Hängen des Gebirges breiteten sich Wald und das typische mediterrane Küstengestrüpp, die Macchia aus.

Der Schotter bei Bolgheri

In diesem Bereich der Toskana überwiegen stark sandhaltige Lehmböden, wie im Gebiet der Colline Pisano und in der Bergzone von Montescudaio, sodass hier reifende Trauben eher leichte, fruchtige Weine hervorbringen als große, alterungsfähige Rotweine. Nur in der Gegend von Bolgheri, einem kleinen Städtchen der Provinz Livorno, bieten die schottrigen, kalkhaltigen Formationen, Sassicaia genannt, günstigere Bedingungen für Wein. Es war daher kein Zufall, dass hier nach dem Zweiten Weltkrieg der heute berühmteste Wein Italiens, der Sassicaia der Marchesi Incisa della Rocchetta, entstand. Aus Cabernet Sauvignon und einem kleinen Teil Cabernet Franc gekeltert und in französischen Barriques ausgebaut, wurde er in den 1980er Jahren beispielhaft für den italienischen Qualitätsweinbau.

Piermario Meletti Cavallari kreierte den Kultwein Grattamacco aus Cabernet und Sangiovese. Jetzt hat er einen neuen Weinberg mit Merlot bestockt.

Merlot und Sangiovese

Das besondere Potential dieses Anbaugebiets, aus dem bis zu diesem Zeitpunkt nur der schwächliche DOC-Wein Rosé von Bolgheri hervorgegangen war, sprach sich rasch herum, und die Erzeuger des Kultweins Sassicaia – die Marchesi Mario Incisa und Piero Antinori mit ihrem Kellermeister Giacomo Tachis – fanden zahlreiche Nachahmer. Unter ihnen befand sich auch einer der Antinori-Brüder, Lodovico, der in unmittelbarer Nachbarschaft San Guidos mit der Unterstützung André Tchelistcheffs, des berühmten Napa-Önologen, ein Weingut in fast kalifornischem Stil aufbaute und mit seinen Weinen Ornellaia und Masseto auf Cabernet- und Merlot-Basis ebenso rasch das internationale Publikum begeisterte.

Weit ruhiger ging Piermario Meletti Cavallari im mittelalterlichen Städtchen Castagneto Carducci, unweit Bolgheris, die Dinge an. Für den Aussteiger aus Brescia stand der Sangiovese im Mittelpunkt seiner Bemühungen, und sein roter Grattamacco enthält lediglich zur aromatischen und geschmacklichen Abrundung einen Teil Cabernet Sauvignon. Zuletzt reihte sich auch das Weinhaus der Marchesi Antinori, das die Gegend seit dem Ende der Zusammenarbeit mit Incisa etwas vernachlässigt hatte, mit einem Cabernet namens Guado al Tasso in die Reihe der Produzenten exzellenter toskanischer Küstengewächse ein.

In den 1990er Jahren griff die Dynamik auf die sanft abfallenden Hänge hinter dem Küstenstädtchen Cecina über, unter deren roten Böden aus kompakten Sandschichten ein ähnlicher Schottergrund liegt wie beim berühmten Sassicaia. Nicht ganz so von der Natur begünstigt, aber zu durchaus anständigen, fülligen Rotweinen fähig, ist das im Hinterland Cecinas gelegene Anbaugebiet von Montescudaio. Ständig vom Meer wehende Winde sorgen hier, wie überall an der toskanischen Küste, für ein insgesamt mildes Klima, in dem die Jahrgangsunterschiede weit weniger ausgeprägt sind als etwa im Chianti Classico.

Randerscheinungen

Diese warmen Winde bestimmen auch das Klima der Insel Elba und können hier in niederschlagsarmen Jahren sogar zu erheblichen Trockenschäden der Trauben führen. Wie auf dem toskanischen Festland wird hier seit den Etruskern Wein angebaut, doch heutzutage bieten nur wenige Erzeuger gute oder auch nur akzeptable Weine an, wie den süßen, roten Aleatico, die eigentliche Spezialität der Insel.

Im nördlichen Abschnitt der toskanischen Küste, am Fuß der Alpi Apuane wie der Apennin hier etwas irreführend heißt, ist vor allem der von Ligurien herüberreichende Colli di Luni zu erwähnen, dessen weißer Vermentino sehr fruchtig und harmonisch sein kann. Dagegen ist der weiße

Oben links:
Orneillaia verwirklichte in Bolgheri eine kalifornische Konzeption und erregte erstmals Ende der 1980er Jahre mit seinem Merlot Masseto Aufsehen.

Oben rechts:
Siegreich auf den Rennplätzen der Welt – die Pferde von Sassicaia

Candia dei Colli Apuani außerhalb der Region nahezu unbekannt. Dasselbe gilt auch für die Colline Lucchesi aus den Hügeln um die Stadt Lucca, von denen eine weiße und eine rote Version gekeltert wird.

Die vermutlich besten und zumindest bei Weinfreunden bekannten Weißweine der Region stammen aus Montecarlo – nicht zu verwechseln mit der Hauptstadt Monacos –, deren Heimat allerdings schon weiter vom Meer entfernt liegt. Der neutrale Trebbiano wird hier um interessante Sorten bereichert, die den Weinen sogar einen gewissen Terroir-Charakter verleihen, ein Kompliment, das man dem Bianco Pisano di San Torpé nicht machen kann, dessen einziges Verdienst darin zu bestehen scheint, dass er schon zu Zeiten des Römischen Imperiums gekeltert wurde.

Rassepferde und Rasseweine

Mit dem Sassicaia begann die Welle der exzellenten toskanischen Super-Tafelweine, denen Barrique-Ausbau und oft auch französische Rebsorten zu einem Qualitätsniveau verhalfen, das man zuvor in der Region nicht für möglich gehalten hatte. Obwohl sein Name eng mit der jüngeren Entwicklung des italienischen Weinbaus verknüpft ist, reichen die Ursprünge dieses Rotweins aus dem Gebiet von Bolgheri weiter zurück als die so manches prestigereichen italienischen DOC-Weins.

Die Geschichte des Sassicaia begann nach dem Zweiten Weltkrieg, als Marchese Mario Incisa della Rocchetta sich entschloss, mit seiner Familie von Rom auf sein Landgut San Guido in Bolgheri zu übersiedeln. Wie die meisten italienischen Adligen seiner Zeit liebte er alles Französische, und als Züchter international erfolgreicher Rennpferde pflegte er enge Beziehungen zu den Rothschilds, Besitzer einiger der feinsten Châteaux im Bordeaux-Gebiet. Frankophilie und Freundschaft beförderten Cabernet-Setzlinge von der Gironde nach Bolgheri, zu einem unbekannten Ort namens Sassicaia. In den 1960er Jahren begannen sich Piero Antinori, sein Neffe Incisas, sein Chef-Weinmacher Giacomo Tachis und in deren Gefolge der berühmte französische Önologe Emile Peynaud für das Experiment zu interessieren. Auf deren Anregung wurde ein zweiter Weinberg angelegt, und vom 1968er Jahrgang gelangten erstmals 3000 Flaschen in den Handel.

Marchese Incisa della Rocchetta, Schöpfer des Sassicaia

Ungefähr ab 1970, etwa zeitgleich mit Antinoris Sangiovese-Tafelwein Tignanello, nahm der Erfolg seinen Lauf, nicht zuletzt, weil es Giacomo Tachis, der auch für den Tignanello verantwortlich war, gelang, Vinifizierung und Ausbau des Sassicaia so zu vervollkommnen, dass der Wein in Vergleichsverkostungen sogar mit renommiertesten französischen und kalifornischen Vorbildern konkurrieren konnte.

Unter der Leitung von Marios Sohn Nicolò expandierte die Produktion. Die ursprünglich nur 1,6 Hektar Rebfläche wurden auf rund 30 Hektar erweitert, der Jahresertrag auf 100 000 (und vermutlich mehr) Flaschen gesteigert. Damit avancierte Sassicaia zu einem der meistproduzierten italienischen Spitzenweine. Die Rebfläche der Tenuta San Guido ist heute in vier Parzellen gegliedert: Sassicaia, Castiglioncello, Aia Nuova und Quercione. Abgesehen vom 350 Meter hohen Castiglioncello, einer Lage, die sich hervorragend für einen eigenständigen ›Cru‹ eignen würde, liegt keine Weinbergfläche höher als 100 Meter über dem Meer.

Das Beispiel der Incisa della Rocchetta hat inzwischen exzellente Nachahmer gefunden: Seit den 1980er Jahren haben auch Grattamacco, Ornellaia, Guado al Tasso oder Tenuta Terriccio das Weinbaupotential der toskanischen Küste unter Beweis gestellt.

Das neue Eldorado der Toskana

Eines der interessantesten Entwicklungsgebiete der Toskana, vielleicht sogar ganz Italiens, liegt am südlichen Küstenabschnitt der Region und im dazugehörigen Hinterland, das bis an den Fuß des Monte Amiata und in die Nähe des Brunello-Gebiets reicht. Gemeint ist die Maremma, eine Landschaft, die lange Zeit mehr für ihre Naturschutzgebiete und für die Rinderzucht bekannt war als für ihre Weine und deren Name heute als Oberbegriff für alle Weinbaugebiete der südwestlichen Toskana benutzt wird. Auch in der Maremma wird vorwiegend der rote Sangiovese kultiviert, der die Grundlage der wichtigsten Appellation stellt, des Morellino di Scansano, dessen Anbaugebiet den Übergang zwischen der Küstenebene von Grosseto, der eigentlichen, ursprünglichen Maremma, und dem vulkanischen Hügelland bildet. Obwohl in der breiten Öffentlichkeit kaum bekannt, besitzt die Herkunftsbezeichnung ein unbestreitbares Potential, besonders wenn die Weinberge auf Ton-Schiefer-Böden angelegt und mit alten Sangiovese-Reben bestockt sind.

Reizvoller Sortenspiegel

Für den ausgeprägten Charakter der Morellino-Weine ist einerseits das Terroir verantwortlich, andererseits die eigenwillige Sortenzusammenstellung, die in vielen der älteren Weinberge anzutreffen ist. Neben dem dominierenden Sangiovese findet man Grenache – hier Alicante genannt, was seine spanische Herkunft verrät –, Ciliegiolo, Canaiolo und Malvasia Nera, die in einigen der interessantesten Weine der Gegend für aromatische Komplexität und den weichen, vollen Fruchtgeschmack sorgen. Darüber hinaus haben einige der Weingüter inzwischen Cabernet Sauvignon, Merlot oder Chardonnay ausgepflanzt, die jedoch hauptsächlich in den hochwertigen Tafelweinen, den *Super Tuscans*, zum Einsatz kommen.

Das ungenutzte Potential der Maremma, speziell des Morellino-Gebiets, haben renommierte Weingüter und Kellereien aus der nördlichen Toskana und dem Chianti-Gebiet für sich entdeckt. Sie investierten in neue Weinbergflächen, die sie unbe-

Unberührte Landschaft und Rinderzucht machten die Maremma bekannt.

Zukunft in der Maremma

Das Anbaugebiet des Morellino di Scansano am Rand der Maremma hat in den vergangenen Jahren Investoren geradezu magnetisch angezogen. Die Liste derer, die hier neu anzulegende Rebflächen, bereits existierende Weinberge oder gleich bestehende Betriebe erwarben, ist recht umfangreich und verzeichnet viele renommierte Namen des toskanischen Weinbaus. Man findet Großkellereien wie die von Luigi Cecchi in Castellina ebenso wie die Familie Mazzei, denen das berühmte Castello di Fonterutoli gehört, Federico Carletti, den Besitzer des Weinguts Poliziano in Montepulciano, und das Schweizer Ehepaar Widmer, das über sein Weingut Brancaia eng mit Fonterutoli verbunden ist.
Auch die Marchesi Frescobaldi aus Florenz gehören zu den neuen Produzenten in der Maremma. Im Besitz ihrer jüngsten Gründung, der Kellerei Luce della Vita, ein Joint Venture zwischen den Toskanern und dem kalifornischen

Nur wenige Winzer interessierten sich früher für das Gebiet Morellino de Scansano südöstlich von Grosseto, in das nun zahlreiche Investoren drängen.

Weinhaus Robert Mondavi, befinden sich jene neuen Weinbergflächen, welche die Frescobaldis schon vor geraumer Zeit im Hinterland der toskanischen Küstenlandschaft ins Auge gefasst hatten. Die insgesamt 120 Hektar, die zum DOC-Gebiet des Morellino gehören, ergänzen den bereits 740 Hektar umfassenden Weinbergbesitz der Familie Frescobaldi in der Zentraltoskana und im Brunello-Gebiet und sollen mit Sangiovese und Merlot zu 5500 Reben pro Hektar bestockt werden.
Weingüter wie das von Erik Banti, Le Pupille oder Moris Farms, die hier in den letzten Jahrzehnten mehr oder weniger im Verborgenen außergewöhnliche Weine produziert hatten, waren sicherlich nicht unschuldig an diesen für die Toskana ungewöhnlich konzentrierten Aktivitäten. Ein anderes nicht zu unterschätzendes Motiv bei der Entscheidungsfindung war wohl auch die nahezu freie Verfügbarkeit von nur ungenügend genutzten Weinbergflächen.
Mit der Beschaulichkeit und Abgeschiedenheit der Region dürfte es nun bald endgültig vorbei sein: Schon interessieren sich auch immer mehr nicht-toskanische Betriebe wie die Weinkellerei Endrizzi aus dem Trentino für die neuen Möglichkeiten im toskanischen Süden.

lastet von den Fehlern vorhergehender Generationen und nach neuesten Erkenntnissen anlegen ließen. Der Grund für diese Investitionen ist nicht schwer zu finden. Der große Erfolg toskanischer Weine in den letzten 20 Jahren hat die Nachfrage nach Chianti, Brunello und Co. so stark steigen lassen, dass die begrenzten Weinbergflächen dieser Gebiete den Bedarf nicht mehr zu decken vermochten, zumal der Rebbestand oft veraltet war und nur geringe Erträge lieferte. Die südtoskanischen Gebiete boten da die willkommene Gelegenheit, neue Weine unter Herkunftsbezeichnungen der Region – vor allem Igt Toscana – in den Handel bringen zu können und nicht auf die wenig renommierten apulischen oder sizilianischen Appellationen ausweichen zu müssen.
Aber auch die Risiken sind nicht unerheblich. Es müssen weite Flächen neu bestockt werden, was in den ersten Jahren erfahrungsgemäß keine allzu hochwertigen Weine erwarten lässt. Daneben besitzen die Lagen der Maremma nur in Ausnahmefällen ein Qualitätspotential, das sie den zentraltoskanischen Gebieten vergleichbar macht, die meisten Flächen sind deutlich minderwertiger.
Mit dem Problem des uneinheitlichen Weinbergpotentials müssen sich auch die Winzer der anderen Herkunftsbezeichnungen der südlichen Toskana auseinandersetzen. Wie in Süditalien ist hier oftmals schon die Länge der Liste zugelassener Weintypen umgekehrt proportional zur Qualität und zum Renommee der einzelnen Weine. An den Hängen der Berge von Massa Marittima, wo man den DOC-Bereich Monteregio eingerichtet hat, werden wenigstens gelegentlich noch gute Qualitäten aus Sangiovese, Cabernet und Ciliegiolo gekeltert. Vom Parrina, dessen Weiß-, Rot-

Tradition und Moderne gehen Hand in Hand: Auf manchen Höfen werden die Trauben noch in Körben eingebracht und in Demijohns abgefüllt. Dagegen setzen in der Nachbarschaft große Weinimperien gefragte Modesorten und legen zukunftsweisende Keller an.

und Roséweine aus der Ebene von Grosseto kaum jemand kennt, kann man das dagegen schwerlich behaupten, und das Gebiet des Ansonica Costa dell'Argentario ist eines der jungen, hochproduktiven Massenanbaugebiete, die man vielleicht besser gar nicht erst eingerichtet hätte. Der einzige Weißwein der südlichen Toskana, der sich zumindest auf regionaler Ebene einer gewissen Popularität rühmen kann, ist der Bianco di Pitigliano, ein Trebbiano-Verschnitt mit Greco und Malvasia, der auch in Rom gern getrunken wird. Zu behaupten, es gäbe hier mehr als eine Handvoll Betriebe, die korrekte Weine zu keltern imstande seien, wäre allerdings eine Übertreibung. Daran ändert auch die Beobachtung nichts, dass die südliche Toskana in jüngster Zeit zur Spielwiese großer oder berühmter Chianti-Güter und anderer Investoren wurde. Bei kritischer Betrachtung dessen, was die Winzer bisher zu leisten imstande waren, muss man sich fragen, ob der Optimismus, der sich mit den großzügigen Engagements verbindet, wirklich begründet und gerechtfertigt ist.

Ausgewählte Erzeuger in der südlichen Toskana

Altesino **–****
Montalcino
26 ha; 160 000 Fl. • Weine: Brunello di Montalcino: →Montosoli, →Palazzo Altesi, Alte d'Altesi
Seit 1970 betreibt Giulio Consonno eine Pferdezucht und produziert interessante DOC- und Tafelweine. Bester Wein ist der Lagen-Brunello Montosoli.

Avignonesi ***–*****
Montepulciano
84 ha; 500 000 Fl. • Weine: →Nobile di Montepulciano, Rosso di Montepulciano, Vignola, Marzocco, Pinot Nero, →Merlot, →Grifi, →50:50, Aleatico, Vin Santo, → Vin Santo Occhio di Pernice
Die Brüder Falvo kreierten mit ihren Weinen neue Trends für die Region: den Sangiovese-Cabernet-Verschnitt Grifi, einen sortenreinen Merlot, den international konkurrenzfähigen Süßwein Vin Santo Occhio di Pernice und den Chardonnay Marzocco.

Castello Banfi **–****
Montalcino
700 ha; ZT; 5 000 000 Fl. • Weine: u. a. →Brunello di Montalcino Poggio all'Oro, Rosso di Montalcino Centine, →Summus Castello Banfi, Col di Sasso, Collalto, Pinot Nero Belnero, Merlot Mandrielle, Tavernelle, Chardonnay Fontanelle
Unter Leitung von Ezio Rivella, einer der markantesten Persönlichkeiten der italienischen Weinwirtschaft, ist die Weinpalette der Kellerei amerikanischer Besitzer über Jahre hinweg auf gleichbleibend hohem Niveau.

Fattoria dei Barbi e del Casato **–****
Donatella
54 ha; 350 000 Fl. • Weine: →Brunello di Montalcino Vigna del Fiore, Rosso di Montalcino, Vin Santo, →Bruscone dei Barbi, Brusco dei Barbi
Francesca Colombini-Cinellis Gut ist ein echter Bauernhof, auf dem nicht nur Wein gekeltert, sondern auch Schaf- und Schweinezucht betrieben wird, deren Produkte man im angegliederten Restaurant auf der Karte findet. Die Fattoria gehörte zu den ersten, die Biondi-Santis Idee aufgriffen, den lokalen Wein Brunello zu nennen.

Il Greppo – Biondi-Santi *–****
Montalcino
20 ha; 70 000 Fl. • Weine: →Brunello di Montalcino Riserva, Rosso di Montalcino Fasciarossa
Das Gut der Brunello-Erfinder ist seit einiger Zeit in der Krise. Die jüngste Generation hat den Stammbetrieb mit dem Weingut Poggio Salvi inzwischen qualitativ überholt (s. S. 415).

Poderi Boscarelli ***–*****
Montepulciano
13 ha; 60 000 Fl. • Weine: Vino Nobile di Montepulciano, Rosso di Montepulciano
Die Riserva del Nocio von Paola de Ferrari Corradi und Söhnen gilt als einer der besten Nobile und ist in der Konstanz nur vom Cabernet Boscarelli übertroffen.

Az. Agr. Capanna di Cencioni ***–****
Montalcino
15 ha; 70 000 Fl. • Weine: Brunello di Montalcino Riserva, Rosso di Montalcino, →Moscadello di Montalcino Vendemmia Tardiva, Igt Toscana Rosso del Cerro
Patrizio und Francesco Cencioni besitzen gute Weinberglagen im südlichen, wärmeren Teil Montalcinos. Eine ihrer Spezialitäten ist die im Barrique gereifte Moscadello-Spätlese.

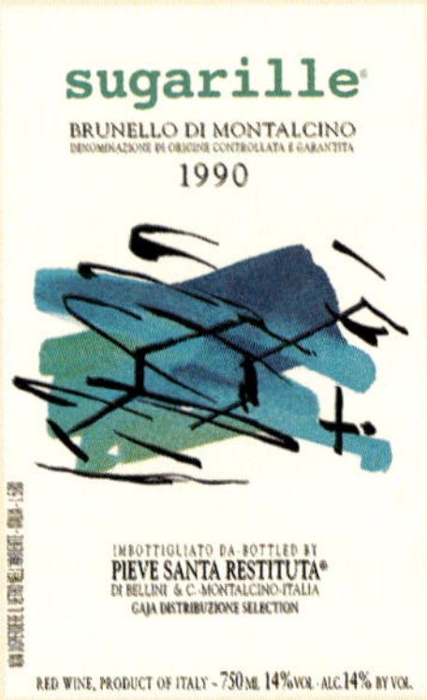

Tenuta Caparzo **–*****
Montalcino
87 ha; 420 000 Fl. • Weine: Brunello di Montalcino, →Brunello di Montalcino La Casa, Rosso di Montalcino La Caduta, Chianti Classico, →Igt Toscana Cà del Pazzo, Igt Sant'Antimo Le Grance
Der im Barrique gereifte Lagen-Brunello La Casa von Sante Turone, der vom Önologen Vittorio Fiore beraten wird, zählt in guten Jahren zu den besten des Anbaugebiets. Hochwertiger Cabernet-Sangiovese-Verschnitt Ca'del Pazzo.

Casanova di Neri ***–****
Montalcino
15 ha; 70 000 Fl. • Weine: →Brunello di Montalcino Cerretalto, →Tenuta Nuova, Rosso di Montalcino
Der Betrieb von Giacomo Neri ist auf Einzellagen spezialisiert. Neri experimentiert mit dem Ausbau in verschiedenen Holzarten und schwört auf neue Barrique-Fässer, die seinen komplexen, fruchtbetonten Weinen eine leichte Vanillenote, weiche Tannine, vor allem aber den kraftvollen, langen Abgang mitgeben.

Ciacci Piccolomini d'Aragona ***–****
Montalcino
35 ha; 90 000 Fl. • Weine: →Brunello di Montalcino Vigna Pianrosso, Rosso di Montalcino Vigna della Fonte, →Igt Toscana Ateo, Igt Sant'Antimo Rosso Fabius
Seit Eintritt des Önologen Roberto Cipressi erlebt das Gut einen qualitativen Aufschwung. Die besten Gewächse werden als Lagenweine gefüllt, wobei der Brunello und der Tafelwein Ateo (mit 15 Prozent Cabernet Sauvignon) etwa auf gleichem Niveau stehen.

Andrea Costanti **–****
Montalcino
10 ha; 40 000 Fl. • Weine: → Brunello di Montalcino, Rosso di Montalcino, Vermiglio
Costantis Weingut zählt zu den historischen Größen in Montalcino. Die süd-südwestliche Ausrichtung der Weinberge und die Galestro-Böden eozänischer Herkunft bieten dem Sangiovese ideale Bedingungen. Costantis Weine sind meist sehr elegant und fruchtbetont. Hervorragend auch das Olivenöl des Hauses.

Croce di Mezzo ***–****
Montalcino
3,5 ha; 15 000 Fl. • Weine: →Brunello di Montalcino, Rosso di Montalcino, Rosso della Croce
Das Gut von Paolo Nannetti und Fiorella Vannoni produziert seit einiger Zeit überdurchschnittliche Weine.

Tenuta Ghizzano ***–****
Peccioli
16 ha; 70 000 Fl. • Weine: Chianti Colline Pisane, →Veneroso, →Nambrot, Vin Santo San Germano
Seit dem 14. Jahrhundert ist die Tenuta im Besitz der Familie Venerosi Pesciolini. Schon der erste Jahrgang des Veneroso, des im Barrique gereiften Sangiovese-Cabernet-Verschnitts, erntete höchstes Lob. Sehr guter sortenreiner Merlot Nambrot.

Grattamacco ***–****
Castagneto Carducci
7,5 ha; 50 000 Fl. • Weine: →Grattamacco Rosso, Grattamacco Bianco
Im Unterschied zu den berühmten Nachbarn in Sassicaia und Ornellaia haben sich Paola und Piermario Meletti Cavallari vor allem dem Sangiovese verschrieben, ergänzt durch einen guten Teil Cabernet.

Lisini ***–*****
Montalcino
10 ha; 50 000 Fl. • Weine: →Brunello di Montalcino Ugolaia, Rosso di Montalcino
Seit langem entstehen die Weine hier unter der Obhut des berühmten Önologen Franco Bernabei und bieten ein fruchtig-florales Bukett und Eleganz.

Tenuta dell' Ornellaia ***–*****
Castagneto Carducci – Bolgheri
60 ha; 200 000 Fl. • Weine: →Ornellaia, →Masseto, Poggio alle Gazze, Le Volte
Eine Gründung Ludovico Antinoris mit Hilfe des kalifornischen Altmeisters André Tchelistcheff. Auf Merlot ausgerichtet, machte sich das Gut mit einem Verschnittwein, dem Ornellaia, und mit einem sortenreinen Merlot namens ›Masseto‹ einen guten Namen. Inzwischen ging es in den Besitz der kalifornischen Mondavi Winery über. Die Zweitlinie Ornellaias besteht aus einem Sauvignon (Poggio alle Gazze) und einem Cabernet-Sangiovese-Verschnitt namens ›Le Volte‹.

Poggio Antico **–****
Montalcino
20 ha; 60 000 Fl. • Weine: Brunello di Montalcino, Rosso di Montalcino, →Altero
Das Gut besitzt hervorragende Weinberglagen, deren großes Potential seit einiger Zeit besser genutzt wird. Hier ist auch eines der besten toskanischen Restaurants untergebracht.

Il Poggiolo – Cosimi ****–*****
Montalcino
ha nn; Fl. nn. • Weine: →Brunello di Montalcino Beato und →Sassello, Rosso di Montalcino
Eines der kleineren, aber interessanten Weingüter, die durch hervorragende Qualitäten aufgefallen sind. Vor allem die Barrique-Version des Brunello, der Beato, gehört zu den besten modernen Weinen des Gebiets.

Poliziano ***–*****
Montepulciano
120 ha; 500 000 Fl. • Weine: Nobile di Montepulciano: →Vigna Asinone und Caggiole; Rosso di Montepulciano, Chianti Colli Senesi, Bianco Valdichiana, →Elegia, Ambra, →Le Stanze, Vin Santo
Mit seinem Cabernet Le Stanze, dem Elegia und dem Riserva-Nobile Asinone gehört Federico Carletti zu den absoluten Spitzen-Produzenten Montepulcianos. Jüngst kam ein sehr guter Morellino hinzu. Die Weine des Guts sind modern, aber nicht zu holzbetont, und auch die einfacheren Qualitäten stehen auf sehr hohem Niveau.

Fattoria Le Pupille ***–****
Magliano in Toscana
16,5 ha; 70 000 Fl. • Weine: →Morellino di Scansano Riserva, →Saffredi, Aleatico Elci
Augusto und Elisabetta Gentili gehörten zu den ersten, die das Potential der Maremma erkannten. Ihr Saffredi gilt als einer der großen *Super-Tuscans* von der Küste.

Salicutti ****
Montalcino
ha nn; Fl. nn • Weine: →Brunello di Montalcino, Rosso di Montalcino
Der Bio-Winzer Francesco Leanza hat mit seinem überragenden 1995er Brunello die gesamte Elite seines Anbaugebiets überrundet.

San Guido – Incisa della Rocchetta ****–*****
Castagneto Carducci – Bolgheri
30 ha; 110 000 Fl. • Weine: →Sassicaia
Hier entsteht der Kultwein Sassicaia (s. S. 419).

Biondi Santi und sein ältester Wein

Santa Restituta ****–*****
Montalcino
15 ha; 45 000 Fl. • Weine: →Brunello di Montalcino Sugarile, Rosso di Montalcino, →Chiesa di Santa Restituta, Vin Santo
Das berühmte Brunello-Weingut ging vor einigen Jahren in den Besitz von Angelo Gaja über. Der Spitzen-Sangiovese Chiesa di Santa Restituta und der Lagen-Brunello Sugarile gehören zu den besten Weinen der südlichen Toskana.

Vasco Sassetti ***–****
ha nn; Fl. nn • Weine: →Brunello di Montalcino, Rosso di Montalcino
Neben einer Fleischerei und der populären Trattoria-Osteria Bassomondo betreibt Sassetti auch eines der aufstrebenden Weingüter des Ortes.

Tenuta di Terriccio ***–****
Castellina Marittima
25 ha; 50 000 Fl. • Weine: Rondinaia, →Lupicaia, →Tassinaia, →Saluccio, Con Vento
Pferdezucht, Getreideanbau und Weinbau mit zunehmendem Erfolg sind die Hauptaktivitäten des einstigen Springreiters Gian Annibale Rossi. Die Weine Lupicaia, Tassinaia, Rondinaia und Saluccio erfüllen alle aufgrund der idealen Anbaubedingungen berechtigten Erwartungen.

Val di Suga ***
Montalcino
37 ha; 180 000 Fl. • Weine: →Brunello di Montalcino Vigna del Lago und →Spuntali, Rosso di Montalcino
Val di Suga, eines der besten Brunello-Güter, wurde Mitte der 1990er Jahre zusammen mit der Tenuta Trerose in Montepulciano und San Leonino im Chianti-Classico-Gebiet von der Pharmazeutik-Gruppe Angelini erworben. Die Qualität der Weine aller drei Güter konnte auf dem erreichten Niveau stabilisiert werden.

Umbrien

Ungeachtet seines Weinbaupotentials steht Umbrien wie alle mittelitalienischen Regionen im Schatten der Toskana. Aus dem grünen Herzen Italiens (so die Tourismuswerbung) ist allein der Orvieto einem breiteren Publikum bekannt. Von den 200 000 Hektolitern Qualitätswein – das ist etwa ein Fünftel der umbrischen Gesamtproduktion – stellt er mehr als zwei Drittel.

Orvieto und Orvieto Classico werden aus neutralen einheimischen Sorten wie Trebbiano Toscano, Verdello, Grechetto und Canaiolo Bianco gekeltert und sind selten mehr als süffige, harmonische Alltagsweine. Nur wenige Lagen des Classico-Gebiets erlauben hochwertige Qualitäten. In der Vergangenheit bevorzugte man den Wein in der Region lieblich oder halbtrocken, heute gibt es auch geschmacksintensivere Erzeugnisse – gelegentlich sind sie sogar im Barrique vergoren –, die selbst mit kräftigen Gerichten harmonieren.

Sangiovese hat Zukunft.

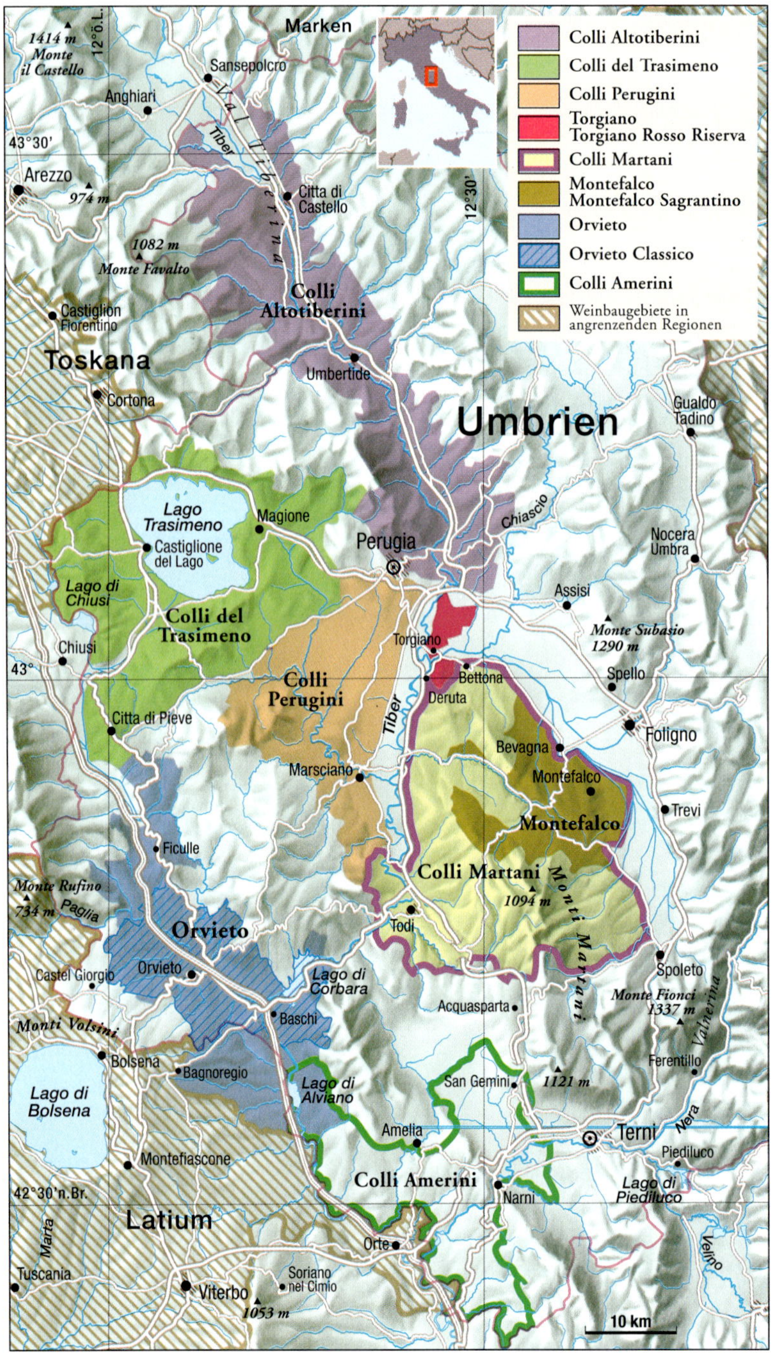

Obwohl die Orvieto-Produktion vorwiegend in der Hand von drei Genossenschaften liegt, traten seit den 1980er Jahren ein paar kleine bis mittelständische Betriebe mit neuen Ideen und auffallend guten Weinen hervor. Einer davon ist der Chardonnay Cervaro von Antinoris Castello della Sala, ein außergewöhnlicher Tafelwein, der alle Möglichkeiten des modernen italienischen Weinbaus virtuos ausschöpft.

Wenn die umbrischen Antinori-Weine auch zunächst vom Renommee des berühmten toskanischen Stammhauses profitierten, so erwarben sie doch bald Respekt und ein eigenständiges Image. Dies gelang umso besser, als im Bereich von Orvieto in den 1990er Jahren eine Reihe weiterer Betriebe Profil zeigte, darunter sogar die größte Genossenschaft der Region, die zum Teil überdurchschnittliche Qualitäten hervorbrachte.

Rot schlägt Weiss: Torgiano

Mit der Dominanz des Orvieto ist Umbrien eher ein Weißweingebiet, doch erste internationale Beachtung errang ein Rotwein: Torgiano, ein Wein auf Sangiovese-Basis, wurde von Giorgio Lungarotti fast im Alleingang geschaffen und zu DOC-Ehren gebracht. In den 1970er Jahren machte Lungarotti die kleine Gemeinde-Appellation unweit der Hauptstadt Perugia weit über Italiens Grenzen hinaus bekannt, und der Rubesco – besonders die Riserva Monticchio – avancierte zum Kultwein der internationalen Weinszene.

Doch der Erfolg des Torgiano war trotz der Aufwertung der Riserva-Qualitäten zum DOCG-Status 1992 eher ephemerer Natur, denn Lungarotti, praktisch alleiniger Produzent der Herkunftsbezeichnung, brachte durch die qualitative Stagnation seiner Produkte in den 1990er Jahren mit dem eigenen Betrieb gleich die gesamte Appellation in unsicheres Fahrwasser. Dennoch gab Lungarotti, der sich auch als Initiator des jährlichen *Banco d'Assaggio dei Vini d'Italia,* eines der bedeutendsten Weinwettbewerbe Italiens hervortat und in Torgiano ein Weinmuseum eröffnete, dem umbrischen Weinbau entscheidende Impulse.

Oben links:
In Orvieto entstehen inzwischen nachhaltigere Weißweine aus den traditionellen Sorten, darunter auch ein Classico aus dem Barrique von der Tenuta Vellette.

Oben rechts:
Wer Umbrien und seine Weinregionen besucht, darf die Wallfahrts- und Kunststadt Assisi nicht versäumen.

Umbriens Norden legt zu

Überall in der Region, vor allem aber im Norden, am Oberlauf des Tiber und in der Umgebung Perugias, entstanden neue Herkunftsbezeichnungen. Besonders die Gemeinde Montefalco mit den trockenen oder süßen Rotweinspezialitäten aus der einheimischen Sorte Sagrantino und aus Sangiovese hat sich hervorgetan. Der sortenreine Sagrantino di Montefalco, der zum DOCG-Wein aufgewertet wurde, kann viel Kraft und Fülle zeigen, begleitet von üppig würzigen Düften. Seine süße Version, der Sagrantino di Montefalco Passito, ist eine echte Spezialität, wie man sie in dieser Form in keiner anderen Region findet. Als Colli del Trasimeno und Colli Perugini werden gute Rot- und Weißweine aus Sangiovese, Merlot, Cabernet Sauvignon, Trebbiano, Grechetto und Chardonnay angeboten. Auch die jüngeren umbrischen Herkunftsbezeichnungen wie Colli Martani und Colli Amerini – die Gebiete im Zentrum und im äußersten Süden der Region bestehen erst seit 1989 beziehungsweise 1990 – sind mit einigen interessanten Erzeugerbetrieben hervorgetreten.

Mit dem wiedererstarkten Orvieto (Classico), dem kräftigen Montefalco, und einem Zugpferd wie dem Torgiano – vorausgesetzt er stabilisiert sich – ist Umbriens Zukunft. trotz der Nähe zur Toskana, gesichert.

Ausgewählte Erzeuger

Castello della Sala – Antinori **–****
Ficulle
140 ha; 300 000 Fl. • Weine: Orvieto Classico, → Cervaro della Sala, → Muffato della Sala, → Pinot Nero Vigneto Consola
Das Florentiner Weinhaus Antinori hat früh außerhalb der Stammregion investiert, so auch hier, wo einer der besten Chardonnays Mittelitaliens produziert wird.

Il Palazzone ***–****
Orvieto
23 ha; 45 000 Fl. • Weine: → Igt Umbria Grechetto L'Ultima Speranza, Orvieto Classico: Terre Vineate, → Campo del Guardiano; → Igt Umbria Rubbio
Giovanni Dubini hat hier einen der wenigen Spitzenbetriebe der Region aufgebaut. Seine Stärken liegen in den Orvieto-Varianten und im roten Rubbio.

Giorgio Lungarotti *–****
Torgiano
280 ha; 2 800 000 Fl. • Weine: u. a. San Giorgio, Torgiano: Torre di Giano Riserva Il Pino, Rubesco Riserva Vigna Monticchio; Chardonnay: Vigna I Palazzi, di Miralduolo; Caernet, Pinot Grigio, Buffaloro, Castel Grifone, Solleone, Metodo Classico Brut, Falò, Brezza, Pergoleto, Rondò, Vin Santo
Trotz einiger neuer und zum Teil unbedeutender Weine bilden die roten Klassiker Rubesco Riserva Monticchio, der nur in wirklich großen Jahrgängen gefüllt wird, und San Giorgio, ein hälftiger Verschnitt aus Cabernet und den toskanischen Sorten Sangiovese und Canaiolo, das Rückgrat des einstigen Vorzeigebetriebs.

Val di Maggio – A. Caprai ***–****
Montefalco
47 ha; 500 000 Fl. • Weine: u. a. → Sagrantino di Montefalco, Rosso di Montefalco
Die Caprai konnten in den 1990er Jahren auch international überzeugen. Ihr Sagrantino zählt zu den großen Weinen Mittelitaliens.

Vallesanta – L. A. Barberani ***
Baschi
40 ha; 300 000 Fl. • Weine: Orvieto Classico: Secco Castagnolo, Amabile Pulicchio, Muffa Nobile; Calcaia, Pomaio, Foresco, Polvento, Grechetto, Pinot
Barberani produziert mit dem Önologen Maurizio Castelli eine beachtliche Palette verschiedenartiger Produkte. Einfühlsame Weinbergs- und moderne Kellerarbeit führt zu sortentypischen, reintönigen Weinen auf gutem Niveau.

Tenuta Vellette ***
Orvieto
100 ha; 350 000 Fl. • Weine: u. a. Orvieto Classico: Velico, Amabile; Calanco, Rosso di Spicca, Monaldesco
Den klassischen Orvieto der Bottai zeichnet Ausdruckskraft und Dichte aus. Seit 1989 sind auch ein im Barrique vergorener Orvieto Classico, Velico, und der Sangiovese-Cabernet-Verschnitt Calanco im Programm.

Latium

Kaum jemand weiss, dass die Ewige Stadt bedeutende Rebflächen besitzt. Man kennt die Namen ›Frascati‹ oder ›Colli Albani‹, ohne sie mit Rom in Verbindung zu bringen: Die Popularität der Latium-Weine ist auf dem Tiefstpunkt. Obwohl die Region mit ihren 60 000 Hektar Rebfläche kaum hinter der Toskana zurücksteht und nach Produktionsmengen national die fünfte Position belegt, erwarb keiner der Appellationsnamen – immerhin erhielt fast ein Drittel der Weine DOC-Status – wahres Renommee.

Im Altertum waren die Ländereien im Umfeld der Stadt Speisekammer und Weinkeller zugleich. Aus der einheimischen, inzwischen wohl ausgestorbenen Sorte Aminea wurde der Hauswein der Römer, der gewöhnlich rote Falerner gekeltert. Horaz, Vergil, Martial oder Plinius d. Ä. überlieferten nicht nur seine Beliebtheit, sondern auch seine Vielfalt: Unter dem Herkunftsnamen wurden sogar Weißweine angeboten, und sie alle konnten leicht, schwer, süß oder trocken sein.

Weisse Übermacht

Mehr als 85 Prozent der Weinproduktion des Latium bestehen aus Weißweinen, die überwiegend aus Trebbiano Toscano und Malvasia verschnitten werden. Auf Anbauflächen, die sich im Süden Roms bis hinein in das Stadtgebiet erstrecken, wird mit dem Frascati einer der populärsten Qualitätsweine Italiens erzeugt. Die Hersteller des meist lieblich ausgebauten Weißweins vertrauten so lange blindlings auf Tradition und Publikumsgunst, bis Frascati die Regale europäischer Supermärkte füllte und fortan sein Image als Niedrigpreiswein obskur blieb.

Ein weiterer beliebter Weißwein der Region, der in der Provinz Viterbo im Grenzgebiet zu Umbrien in direkter Nachbarschaft des Orvieto aus Malvasia und Trebbiano produziert wird, ist der Est! Est!! Est!!! di Montefiascone. Sein seltsamer Name wird gern mit einer Anekdote erklärt: Ein deutscher Bischof soll anlässlich einer Romreise seinen Prälaten vorausgeschickt haben, damit er auf der Strecke angemessene Quartiere und beste Weine ausfindig mache. Letztere sollte er mit einem deutlich lesbaren »Est!« an der Ausschanktür kennzeichnen. Die Begeisterung des testenden Prälaten über die Weißweine von Montefiascone soll sich dann angeblich in dem dreifachen »Est! Est!! Est!!!« ausgedrückt haben.

Auch dieser einst hoch gelobte Wein fand Eingang in das Warensortiment der Supermärkte.

Etwa seit Ende der 1980er Jahre kann man die Bestrebungen beobachten, vor allem vonseiten des Weinguts Falesco, wieder wirkliche Qualitätsweine zu keltern. Auf Weinbergen, die zum Ufer des Lago di Bolsena ausgerichtet sind, bietet das milde Klima im Verein mit dem vulkanischen Boden die natürlichen Voraussetzungen für hervorragende Weißweine.

Von den verbleibenden latinischen Anbaugebieten für Qualitätsweine besitzen die DOC-Weine der Colli Albani und Colli Lanuvini, von Marino oder Zagarolo sowie die weißen Varianten der Herkunftsgebiete der Castelli Romani, Cori und Velletri im Süden beziehungsweise von Cerveteri im Norden der Hauptstadt ganz ähnliche Eigenschaften wie der Frascati. Gelegentlich findet man hier auch Winzer, die mit importierten Rebsorten, zum Beispiel Chardonnay oder Sauvignon Blanc, experimentieren, aber nur wenigen ist es bisher gelungen, daraus national oder gar international konkurrenzfähige Produkte zu keltern.

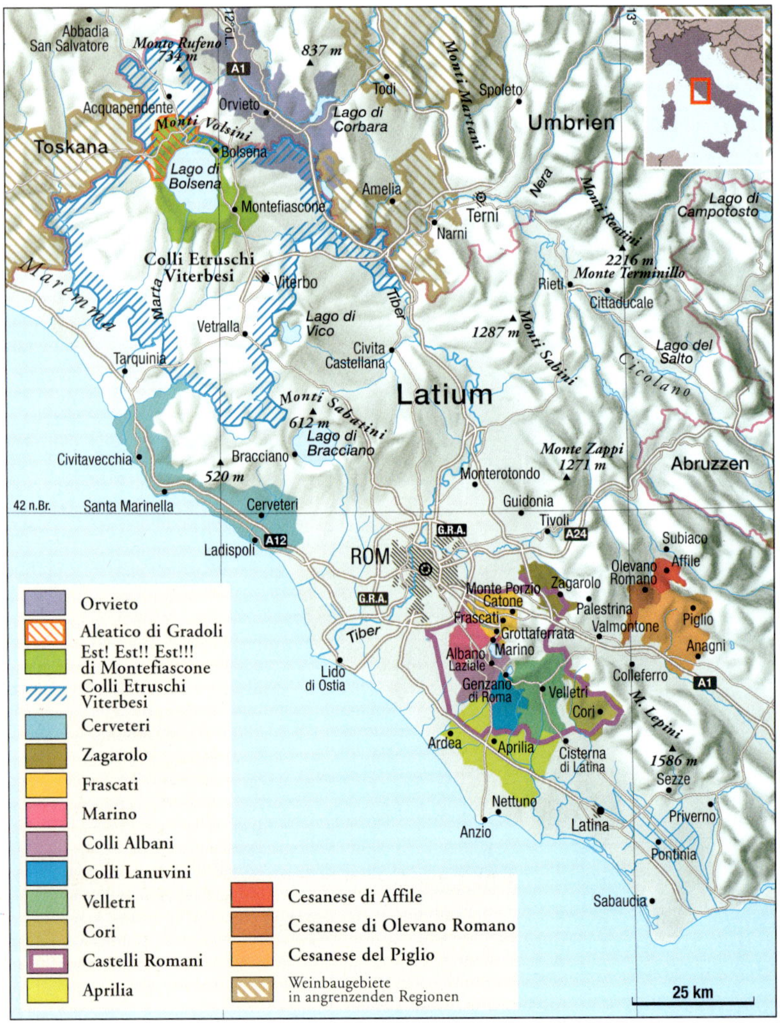

Ausgewählte Erzeuger

Colacicchi ***–****
Anagni
5 ha; 18 000 Fl. • Weine: →Torre Ercolana, Romagnano Bianco, Romagnano Rosso
Die Familie des römischen Weinhändlers Trimani erwarb das alte Weingut in den 1980er Jahren und unternahm große Anstrengungen, um dessen Potential wieder zum Tragen zu bringen. Unter Anleitung von Giacomo Tachis und Attilio Scienza machten sie aus dem Ercolano, einem Cabernet-Merlot-Verschnitt mit ein wenig Cesanese, einen der besten Rotweine Latiums.

Castel de Paolis – A. Croce ***–****
Grottaferrata
10 ha; 55 000 Fl. • Weine: →Frascati: Vigna Adriana, →Selve Vecchie; Muffa Nobile, Moscato Rosa Rosathea, →I Quattro Mori
Wie hochwertig etwas sein kann, was man unter dem Namen ›Frascati‹ füllt, stellt seit Anfang der 1990er Jahre Giulio Santarelli unter Beweis. Sein Lagen-Frascati namens ›Vigna Ariana‹ ist hervorragend. Noch bemerkenswerter sind die Weine aus den neu angelegten Weinbergen mit Merlot, Cabernet, Syrah, Sauvignon und Viognier.

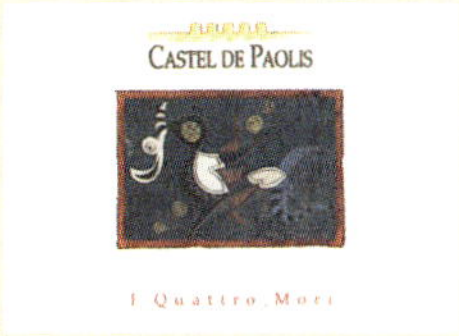

Falesco **–****
Montefiascone
9 ha; ZT; 220 000 Fl. • Weine: →Est! Est!! Est!!! di Montefiascone Poggio dei Gelsi, auch Vendemmia Tardiva, →Montiano
Riccardo Cotarella (sein Bruder ist Chefönologe der Marchesi Antinori) ist nicht nur einer der wenigen Erzeuger von wirklich gutem Est! Est!! Est!!!, sondern auch Berater in zahlreichen Weingütern Italiens, in denen er sein Talent oft genug unter Beweis gestellt hat. Spitzenwein des Gutes ist der rote Montiano.

Colle Picchioni – P. di Mauro ***–****
Marino
9,5 ha; ZT; 110 000 Fl. • Weine: Marino Colle Picchioni Oro, →Colle Picchioni rosso Vigna del Vassallo, Vignole
Paola di Mauro war eine der Ersten, die im Latium auf Qualitätsweinbau setzten. Grundlage ihrer besten Rotweine, etwa des hervorragenden Vigna del Vassallo, bilden bis zu 60 Jahre alte französische Rebstöcke (die sie durch Zufall auf einem neu erworbenen Grundstück entdeckt hatte). Der Colle Picchioni Oro gilt in guten Jahren als einer der besten Weißweine der gesamten Region.

Roter Hoffnungsschimmer

Doch nicht die Konzentration auf alteingesessene Weißweine bietet die aussichtsreichsten Zukunftsperspektiven, es waren in den vergangenen Jahrzehnten vielmehr die Versuche mit importierten roten Sorten wie Cabernet und Merlot, die allgemein überzeugende Resultate hervorgebracht haben. Einige Stöcke dieser französischen Sorten gelangten schon zu Beginn des 20. Jahrhunderts in die Region, und so kann man in manchem Weinberg der Colli Romani heute bis zu 70 Jahre alte Reben finden, die kleine Mengen von außergewöhnlichen Weinen liefern. Merlot, Cabernet und jüngst sogar Syrah sorgen hier für vielschichtige und verhältnismäßig alterungsfähige Weine, die ein Potential der Region für gute Rotweine erkennen lassen, das in krassem Widerspruch zur Dominanz der Weißweine steht.

Dagegen gerät Cesanese, die einheimische rote Standardsorte, nur selten wirklich überzeugend. Im günstigsten Fall empfehlen sich seine Weine als einfache, harmlose, fruchtig-süffige Alltagsware. Schon heute reduzieren die meisten Winzer, wo immer es die Vorschriften der verschiedenen Appellationen erlauben, den Cesanese-Anteil in ihren Weinen und pflanzen stattdessen lieber Sangiovese-Reben aus, um selbst ein wenig von dem großen Renommee der toskanischen Paradesorte zu profitieren.

Im Unterschied zum benachbarten Umbrien hat das Latium am Ende des Jahrtausends nicht zu einer ernsthaften Qualitätsoffensive ausholen können. Sicher bringen inzwischen einige der großen Kellereien anständige Produkte auf den Markt, und es gibt sogar eine kleine Gruppe ambitionierter Weingüter, doch die vielen Genossenschaften in der Region, die den Weinbau immer noch nach Belieben beherrschen, haben bislang kaum einen konkurrenzfähigen Wein hervorgebracht. Ohne entscheidende unternehmerische Initiativen wird deshalb wohl das durchaus vorhandene Weinbaupotential der Region auch in der Zukunft nicht genutzt werden können.

Dieses stattliche Tor zu einem Weinberg kündet noch vom Ruf, den der im Osten und Süden Roms wachsende Wein einst besaß. Heute ist das Latium nur als Massenlieferant bekannt.

Süditalien und die Inseln: Weinbau im Dornröschenschlaf

Je nach Perspektive beginnt Süditalien in Rom oder in Neapel, weinbaumäßig jedoch in den Abruzzen auf der adriatischen, in Kampanien auf der tyrrhenischen Seite des Stiefels. Dazu gehören Molise und Apulien, die Basilikata und Kalabrien sowie die großen Inselregionen Sizilien und Sardinien.

Viele Kulturen und Herrscherhäuser haben Süditalien in der Vergangenheit geprägt: Griechen, Albaner, Araber, Spanier, natürlich Etrusker und Römer, Vatikanstaat, Staufer und Bourbonen. In der Antike erfuhr der Weinbau durch die Griechen entscheidende Impulse, später wurden die Hänge des Vesuv wie des Ätna, die Hügel Apuliens und Kampaniens die größten Weinlieferanten des republikanischen wie des imperialen Rom. Trotz der südlichen Lage, die große Hitze und geringe Niederschläge erwarten lässt, ist es erstaunlich oft wirklich kalt, und die klimatischen Bedingungen sind von extremen Unterschieden geprägt, ebenso wie die Böden. Zwischen den fruchtbaren Küstenstrichen Apuliens mit ihrem mediterranen Seeklima und den kargen Felslandschaften der Basilikata oder des sizilianischen Berglands findet man eine Vielzahl von Terroir-Kombinationen, die den Nährboden bilden für ein facettenreiches Rebsortenspektrum, das vor allem von einheimischen Sorten bestimmt wird. Einige davon, zum Beispiel die roten Aglianico, Nero d'Avola und Cannonau, sind so vielversprechend, dass selbst Winzer der Neuen Welt schon darauf aufmerksam geworden sind.

Von armen und reichen Regionen

Obwohl man in den Abruzzen von dieser Vielfalt kaum etwas antrifft – hier herrschen Montepulciano und Trebbiano fast unumschränkt –, hat die nördlichste Region des Südens eine recht einträgliche Weinwirtschaft aufbauen können, und ihre preiswerten, leicht zu trinkenden Weine sind im In- und Ausland sehr gefragt. Noch dünner ist das Sortenangebot in der Basilikata, wo mit Aglianico eine einzige hervorragende Sorte das Weinpanorama dominiert, die jedoch nicht einmal zu bescheidenem Wohlstand verhilft. Auch Kalabrien, das Armenhaus des Landes, besitzt kaum Rebsorten, mit denen es auf den internationalen Märkten Aufsehen erregen könnte, und sein Weinbau wirkt wie der archaischste des Landes.

Nicht so in Apulien. Auf den weiten Flächen wird Wein in industriellen Dimensionen erzeugt und das meiste davon dann als Tankware ins Ausland verschifft oder mit minderen norditalienischen Kreszenzen verschnitten, wobei bis in die 1970er Jahre das regionale Volumen fast komplett im Wermut endete. Dennoch hat man gerade hier große Anstrengungen unternommen, den Anschluss an die Qualitätsanforderungen Norditaliens zu finden, den Kalabrien oder Molise unwiderruflich versäumt zu haben scheinen.

Auf Sizilien hat sich in den letzten Jahren in dieser Richtung viel entwickelt. Wo lange Zeit kaum mehr als unsäglicher Marsala gekeltert wurde, zeigen seit Beginn der 1990er Jahre hervorragende Weine – von im Barrique gereiftem Chardonnay über gute einheimische Rote bis zu opulenten, exotischen Süßweinen von Pantelleria und den Liparischen Inseln –, dass die Zukunft hier bereits begonnen hat. Während in Apulien zunächst kleine und mittlere Weinbaubetriebe Mut zur Qualität bewiesen, waren es in Sizilien auch Großbetriebe wie die Kellerei des Massenweins Corvo, die schon früh die Möglichkeit und die Notwendigkeit erkannten, sich mit Spitzenweinen einen soliden Ruf zu erwerben.

In Kalabrien scheint die Zeit stehengeblieben zu sein.

Von Taormino aus hat man einen grandiosen Blick auf den Ätna. Am Fuße des Vulkans erstreckt sich ein großes, jedoch trotz Vulkanerde qualitativ unbedeutendes Weingebiet.

Zeichen des Aufbruchs

In die meisten Regionen Süditaliens haben zwar die Weinberg- und Kellertechniken des Nordens inzwischen Einzug gehalten, doch bei den andernorts so beliebten internationalen Rebsorten, allen voran Cabernet und Chardonnay, verhielt man sich abwartend. Nur ein Teil der sizilianischen Spitzenweine stammt von diesen Trauben, das meiste wird aus den einheimischen Sorten des Südens gekeltert.

Das gilt besonders für Kampanien und Sardinien, die dank ihrer lebhaften Tourismusindustrie offenbar kaum Absatzsorgen kennen. Auf Sardinien, in der Basilikata und in Kalabrien scheint dagegen in den letzten Jahrzehnten die Zeit still gestanden und eine önologische Entwicklung nicht stattgefunden zu haben. In Sizilien konnte die lange etablierte Qualitätselite wenigstens durch ein paar Namen bereichert werden.

Das lebendigste Bild bietet der Weinbau in Apulien, wo bislang unbekannte Winzerbetriebe mit erstaunlichen Weinqualitäten auffielen. Apulien, Sizilien, vielleicht auch Kampanien und die Abruzzen zeigen, dass die Voraussetzungen für den Erfolg auf nationalen und internationalen Weinmärkten zweifellos gegeben sind, die Winzer müssen nur die Initiative ergreifen. Wenn dies geschieht, werden sich die Prestigeregionen in Nord- und Mittelitalien umschauen.

Der größte Teil der Rebanlagen der Abruzzen befindet sich wie die Weinlandschaft bei Alba Adriatica im hügeligen Hinterland der Adria. Hier ist das Klima ausgesprochen milde.

Regionale Rebsorten

Der große Reichtum der Weinberge Apuliens, Kampaniens oder Siziliens liegt in den noch weitgehend unentdeckten und weinbaumäßig unerprobten Rebsorten. Wieviel hier schlummert, wird deutlich, wenn man bedenkt, dass eine in Apulien angesiedelte Sorte unter dem Namen Primitivo ein kärgliches Dasein fristet, aber als Zinfandel in Kalifornien zum Superstar wurde.

Auch in Süditalien haben sich die internationalen Sorten wie Chardonnay, Cabernet, Merlot und die nationalen Größen Barbera, Sangiovese und Trebbiano mehr oder weniger stark ausbreiten können. Bei den roten Sorten beherrschen Montepulciano, Aglianico, Negroamaro und Nero d'Avola die Qualitätsweinszene. Gemeinsam ist ihnen die kräftige Farbe, der relativ hohe Alkoholgehalt, den das warme Klima fördert, und eine eher neutrale aromatische Grundtendenz, mit der sie sich auch als brauchbare Verschnittweine empfehlen. Was sie in wirklich guten Lagen an Tanninstruktur und Eleganz entwickeln können, wird gegenwärtig noch zu selten berücksichtigt.

Die roten Sorten werden ergänzt durch Primitivo, Uva di Troia und Piedirosso in Apulien, durch den Gaglioppo in Kalabrien, durch Nerello Mascalese und andere auf Sizilien.

Nicht weniger interessant sieht es bei den weißen Sorten aus, wo neben den bereits erwähnten internationalen Sorten vor allem Moscato und Malvasia genannt werden müssen, die interessante und vielschichtige Süßweine hervorbringen können.

Die wahrscheinlich beste weiße Sorte des Südens ist Fiano, der leider auf viel zu wenigen Flächen in Kampanien kultiviert wird. Der weiter verbreitete Greco, nicht zu verwechseln mit dem umbrischen Grechetto, wächst dagegen marginal auch in Kalabrien, wo man ihn zu Süßwein keltert. Die fruchtigen, leichten Produkte von Falanghina und Biancolella, zwei weiteren kampanischen Weißweinsorten, kennen Heerscharen von Touristen. Weniger bekannt, aber nicht weniger zu Qualitätsweinen befähigt sind die sizilianischen Inzolia und Grecanico Dorato oder der Vermentino auf Sardinien.

Die übrigen autochthonen Weißweinsorten des Südens, wie Bombino, Forastera, Asprinio, Coda di Volpe, Monica, Cataratto oder Grillo, werden meist zu rustikalen, einfachen Weinen verarbeitet, und es bedarf noch großer Anstrengungen in Weinberg und Keller, um ihr wahres Potential zu offenbaren.

Die typischen »Trulli« bei Locorotondo in Apulien

Abruzzen und Molise

Wie aus der Spielzeugschachtel – Häusermosaik in Scanno

Die Abruzzen gehören zu den unbekannteren italienischen Weinbauregionen, obwohl der populäre Rotwein Montepulciano d'Abruzzo von dort stammt. Das Gebiet, das von Latium im Westen, von Umbrien und den Marken im Norden sowie vom kleinen Molise im Süden begrenzt wird und sich von den höchsten Gipfeln des Apennin, der Gran-Sasso-Gruppe mit 2912 Metern Höhe, hinab zur Adria-Küste zieht, ist eine der produktivsten Regionen des Landes.

Ob man die Abruzzen noch zu Mittel- oder schon zu Süditalien rechnet, ist letztlich eine Frage des Standpunkts. Geografisch und ampelografisch gesehen besteht große Verwandtschaft mit der nördlichen Nachbarregion Marken, die nicht nur eine ähnliche Landschaft und vergleichbares Klima besitzt, sondern zum Teil auch mit dem roten Montepulciano der Abruzzen bestockt ist. Unter politischen und sozialen Aspekten muss man die Region dem seit Jahrhunderten in Unterentwicklung verharrenden Süden Italiens zurechnen, weshalb auch der Weinbau wenig Chancen hatte und hat, sich zu einer ernsten Konkurrenz der nord- und mittelitalienischen Gebiete zu entwickeln. Zu Füßen der mächtigen Bergmassive sind die zur Adria orientierten Hügel in Höhen bis zu 600 Metern mit Reben bedeckt. Diese Hügellagen wie auch die Weinberge an der Adria profitieren damit trotz ihrer südlichen Lage von sehr ausgeglichenem, beinah mildem Klima. Das Gleichgewicht zwischen Sonne und Kühle ergibt reiche, aber nicht übermäßig schwere Weine.

Trebbiano und Montepulciano

Das Sortenspektrum ist eines der sparsamsten in Italien: lange umfasste es eine weiße Sorte, Trebbiano, und eine rote, Montepulciano. Erst in den letzten Jahrzehnten haben italienische und internationale Reben wie Ciliegiolo, Passerina, Merlot, Cabernet und sogar Riesling vorsichtig Einzug gehalten. Bei den Weißweinen beherrscht der Trebbiano d'Abruzzo, eine Variante der verbreiteten Sortengruppe, das Bild. Die Weine der gleichnamigen DOC-Bezeichnung sind dabei selten zu mehr als dem Alltagsgebrauch geeignet. Nur wenige Winzer keltern aus alten, ertragsreduzierten Reben ausdrucksvolle Weine, deren individuelle Aromen nicht jedermanns Sache sind. Die weiträumig kultivierten Trauben des roten Montepulciano d'Abruzzo – nicht zu verwechseln mit dem Sangiovese-Wein Nobile di Montepulciano –, aus denen Weine mit geringer Säure und angenehmen Tanninen hervorgehen können, treffen dagegen den Geschmack eines internationalen Publikums. Ob der Montepulciano mit dem Sangiovese der Toskana verwandt ist, bleibt fraglich, unterscheiden sich seine Weine doch stark von den großen toskanischen Roten, deren Dichte sie zuweilen, ihre Eleganz und Langlebigkeit kaum je erreichen. Guter Montepulciano d'Abruzzo kann mit ungewöhnlichen Aromen und einer Tannin-

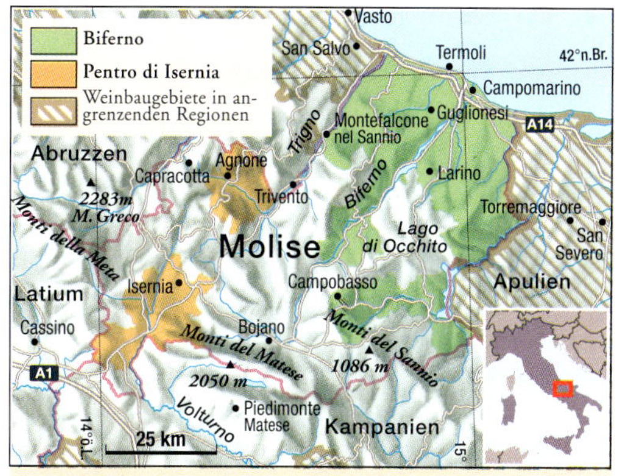

struktur überraschen, die ihn zum idealen Begleiter von Wildgerichten macht. Meist werden die Weine jedoch süffig und rund ausgebaut, sodass ihre Tannine nicht zum Tragen kommen.

Während auf den Hängen der runde, teils auch tanninreiche Montepulciano d'Abruzzo entsteht, liefern flache Lagen nahe der Küste reiche Erträge und einfache Konsumweine.

Alternative Weintypen

Angenehme Fruchtigkeit zeichnet auch den Cerasuolo aus, die Rosé-Variante des Montepulciano. Die oft recht dunklen Weine besitzen nicht selten einen erhöhten Alkoholgehalt, der sie weniger als leichte Sommer-Rosés empfiehlt.

Das eintönige Panorama der Abruzzen-Weine ist jüngst bereichert worden. Im äußersten Norden der Region, um die Stadt Controguerra an der Grenze zu den Marken, wurde ein neues DOC-Gebiet eingerichtet, dessen Sortenspiegel Namen verzeichnet, die hier vor nicht allzu langer Zeit noch unbekannt waren. Wie in der Toskana und anderswo in Italien versuchte man so, eine Flut von Prestige-Tafelweinen einzudämmen, die auf den Märkten bessere Preise erzielten als die DOC-Gewächse derselben Gebiete. Diese Gefahr war in den Abruzzen besonders groß, denn mit dem günstigen Preis-Leistungs-Verhältnis konnte sich der Montepulciano zwar eine interessante Marktposition im Bereich einfacher, harmonischer Provenienzen verschaffen, es gelang aber trotz aller Anstrengungen einzelner Winzer bisher nicht, ihm ein Prestige aufzubauen, das höhere Preisambitionen zugelassen hätte. Ob die auf den Märkten noch kaum präsente DOC-Bezeichnung Controguerra dies vermag, muss die Zukunft zeigen.

Molise

Die zweitkleinste Region Italiens hat im Weinbau zwar recht ansehnliche Produktionsmengen zu bieten, doch finden sich darunter kaum Weine von Qualität. Die beiden erst in den 1980er Jahren anerkannten DOC-Bezeichnungen Biferno und Pentro di Isernia sowie die neuen Igt-Namen haben bestenfalls nationale Bedeutung. Das heißt nicht, die Region besäße kein Potential für qualitativ hochstehende Weine. Das Klima ist in den Hügeln, in denen bis auf 600 Metern Höhe Weinbau betrieben wird, fast kontinental, nur an den zur Küste orientierten Hängen herrschen mediterrane Bedingungen. Die Rebsortenpalette orientiert sich am Vorbild der Abruzzen, wobei zunehmend mit kampanischen Sorten wie Greco, Fiano oder Aglianico experimentiert wird. Noch immer wird der überwiegende Teil des Weins für den Hausgebrauch gekeltert, das wenige, was in den Handel gelangt, vermarkten fast ausschließlich die Genossenschaften. Private Weingüter gibt es hier bislang kaum.

Ausgewählte Erzeuger

Tenuta Cataldi Madonna ***
Ofena (Abruzzen)
19 ha; 90 000 Fl. • Weine: Montepulciano d'Abruzzo und → Cerasuolo Pié delle Vigne, Trebbiano d'Abruzzo, Malandrino, Pecorino, Vigna Cona Rosso
Die etwa 450 Meter hoch gelegenen Weinberge bringen besonders feinfruchtige Weine hervor. Spezialität ist die Rosé-Version des Montepulciano. Die Weißweine sind von einfachem, aber erfrischendem Charakter.

Di Majo Norante **–***
Campomarino (Molise)
57 ha; 200 000 Fl. • Weine: → Biferno Rosso Ramitello, Biblos, Apianae, Biferno Bianco Moli, Aglianico Contado, Ramitello Bianco, Don Luigi, Greco
Einziges national und international bekanntes Weingut des Molise; sortentypische, saubere Weine und erfolgreiche Versuche mit kampanischen Sorten.

Gianni Masciarelli ***–****
San Martino sulla Marrucina (Abruzzen)
ha nn; Fl. nn • Weine: → Montepulciano d'Abruzzo Villa Gemma, Chardonnay Marina Cvetic, Trebbiano d'Abruzzo Marina Cvetic, Villa Gemma Bianco
Einige der besten Weine in weitem Umkreis, so der Lagen-Montepulciano und der im Barrique vergorene Chardonnay. Besonderheit: neu angelegte Weinberge mit bis zu 8 000 Stöcken pro Hektar.

Edoardo Valentini ***–****
Loreto Aprutino (Abruzzen)
63 ha; 50 000 Fl. • Weine: Trebbiano d'Abruzzo, Montepulciano d'Abruzzo
Einer der berühmtesten Winzer Italiens gründet seinen Ruf auf seinen Montepulciano. Der Trebbiano mit wildem, außergewöhnlichem Charakter hat fast Kultstatus. Die wenigen Flaschen, die Valentini füllt, reifen lange, bevor sie auf den Markt kommen.

Apulien

Apulien wird gern als der Weinkeller Italiens bezeichnet. Tatsächlich besitzt es mit mehr als 100 000 Hektar fast ein Achtel der gesamten Rebfläche Italiens und liegt mit neun Millionen Hektolitern pro Jahr gemeinsam mit Sizilien an der Spitze der italienischen Regionen. Betrachtet man den apulischen Weinbau näher, drängt sich jedoch rasch das Bild einer gigantischen Weinfabrik auf statt eines wohl sortierten Weinkellers. Hier liegen die Erträge so hoch wie nirgends sonst in Italien. Auf manchem Weinberg werden bis zu 40 Tonnen Trauben pro Hektar geerntet – das Vierfache dessen, was als Obergrenze für sortentypische und qualitativ ausreichende Weine gilt. Da überrascht es nicht, dass nur zwei Prozent der Weine DOC-Status besitzen und ein Großteil der apulischen Produktion zu Industriealkohol destilliert, zu Traubenmostkonzentrat verarbeitet oder als Fasswein an norditalienische und französische Großkellereien verkauft wird.

Die geringe Menge DOC-Weine der Region verteilt sich auf 25 Herkunftsbezeichnungen, wobei nicht eine wirkliche Marktbedeutung besitzt. Von den meisten dieser Appellationen wird kaum etwas auf Flaschen gefüllt und außerhalb des Produktionsgebiets vermarktet. Die Prämienvergabe europäischer Behörden für Weinbergrodungen hat die Situation noch verschärft, denn statt produktive industrielle Flächen anzugreifen, rotteten Apuliens Weinbauern den alten, qualitativ hochwertigen Rebbestand in schwierig zu bearbeitenden Hanglagen aus. Und obwohl in den 1980er Jahren mehr als 50 000 Winzer ihren Beruf aufgaben, trocknete der Weinsee Apuliens nicht aus. Dabei sind hier die Voraussetzungen für Qualitätsweinbau nahezu ideal, hinsichtlich des Klimas ebenso wie in Bezug auf die interessanten einheimischen Rebsorten. Schon den Römern galt die Region als Lieferant exzellenter landwirtschaftlicher Produkte und Weine. In den Anfängen Roms manifestierte sich der zivilisatorische Einfluss griechischer Kultur hier besonders deutlich, und bis heute haben sich Spuren der griechischen Sprache in regionalen Dialekten erhalten.

Anders als die vom Apennin und seinen kargen, steinigen Böden geprägten Nachbarregionen verfügt Apulien über weite, fruchtbare Küstenebenen und leicht zu bearbeitende Hügelketten im Landesinnern. Dabei lädt die hohe Fruchtbarkeit der meisten Böden im Verein mit dem relativ flachen Landschaftsprofil zu den hochproduktiven industriellen Weinberganlagen geradezu ein.

Einheimische Apulier?

Die besseren Weine stammen auch in Apulien aus kargen Lagen mit durchlässigen Böden, wie jenen des Karstplateaus der Murge, wo der Castel del Monte wächst. Von den autochthonen Rebsorten der Region bringen nur wenige große Weine hervor. Die weitest verbreitete Sorte ist der Negroamaro, der in den DOC-Weinen Alezio, Brindisi, Leverano und Salice Salentino enthalten ist. Die Weine dieser Sorte sind meist sehr dunkel und tanninhaltig – *negro amaro* bedeutet schwarzbitter – und zeigen einen kräftigen, gelegentlich auch rauen, rustikalen Geschmack.

Auf Tausenden Hektar wird Primitivo kultiviert, eine Rebsorte, die einen körperreichen Rotwein ergibt, in Apulien aber selten Bestform erreicht. Bekannter und hochwertiger als hier ist diese Sorte unter dem Namen Zinfandel in Kalifornien, wo man daraus Weine mit großer Fruchtfülle und gelegentlich auch hoher Eleganz und Alterungsfähigkeit keltert. Man nahm irrtümlich an, der Zinfandel sei ein Abkömmling des apulischen Primitivo, aber inzwischen ist nachgewiesen, dass die Sorte in Italien erst auftauchte, als sie im Nordosten der USA und dann auch in Kalifornien bereits fest etabliert war. Wahrscheinlich handelt es sich um eine Rebe der Balkanländer, die von dort nach Amerika gelangte, um schließlich in die Alte Welt reimportiert zu werden.

Uva di Troia heißt die dritte, hochwertige Rebsorte Apuliens, deren Name auf das griechische

Nach der alten, fast afrikanisch anmutenden Stadt Ostuni, nordwestlich von Brindisi, wurde ein Weingebiet benannt, in dem südliche Sorten ungewöhnlich trockene, eher leichte Tropfen ergeben.

Erbe der Region verweist. Sie stellt den Hauptbestandteil der Rotweine des erwähnten Castel del Monte, eines nach der achteckigen Stauferburg Friedrichs II. aus dem 13. Jahrhundert benannten Herkunftsgebiets im nördlichen Apulien. Nicht nur der kräftige, alterungsfähige Rotwein, sondern die gesamte Palette, die unter dem DOC-Namen produziert wird und zu der Sortenweine aus Aglianico, Spätburgunder, Chardonnay, Weißburgunder und Sauvignon gehören, bildet die qualitative Elite dieses Teils der Region.

Die Weine mit den größten Zukunftsaussichten kommen allerdings aus dem äußersten Süden und wurden bislang unter einer der vielen Mini-DOC-Bezeichnungen gefüllt. Dass viele dieser Appellationen wie die des Copertino, Brindisi, Salice Salentino, San Severo oder Alezio sowohl für Rot- wie für Weißweine verwendet werden und gelegentlich noch eine Vielzahl anderer Weintypen umfassen, hat in der Vergangenheit Winzer wie Verbraucher verunsichert.

Einige der renommiertesten Weinhäuser Italiens, darunter die Marchesi Antinori aus Florenz oder die Brüder Pasqua in Verona, haben begonnen, in Apulien zu investieren, und bestätigen damit das Qualitätspotential der Region.

Ausgewählte Erzeuger

Francesco Candido ****
Sandonaci bei Guagnano
137 ha; 900 000 Fl. • Weine: → Duca d'Aragona, → Cappello di Prete, Salice Salentino: Bianco Vigna Vinera, Rosso, Rosato Le Pozzelle; Igt Salento Chardonnay Casina Cucci
Die besten Produkte stammen größtenteils aus Negroamaro, ihre Frucht- und Teeraromen bei kräftigem Körper beweisen das hohe Potential der apulischen Sorte.

Conti Leone de Castris **–****
Salice Salentino
400 ha; 4 000 000 Fl. • Weine: u. a. → Five Roses, Salice Salentino: → Rosso Donna Lisa, Bianco, Rosato und Rosso Maiana, Sauvignon Vigna Case Alte Bianco, Messapia Bianco, Aleatico Negrini
Außer für seinen Rosé ist das Gut für exzellente Rot- und gute Weißweine bekannt.

Felline ****
Manduria
ha nn; Fl. nn • Weine: → Primitivo di Manduria, Salento Rosso Alberello, → Vigna del Feudo
Die Perucci beeindrucken mit Rotweinen, darunter ein sehr guter Primitivo (alias Zinfandel in Kalifornien).

Rosa del Golfo – D. Calò *–******
Alezio
40 ha; 180 000 Fl. • Weine: Igt Salento: → Rosa del Golfo, Quarantale, → Portulano, Bianco Bolina

Zunächst bemerkenswerte Rosés, inzwischen auch gute Weiß- und Rotweine im Angebot.

Cosimo Taurino *–******
Guagnano
120 ha; 800 000 Fl. • Weine: → Brindisi Rosso Patriglione, Salice Salentino Rosso Riserva, → Notarpanaro Rosso, Igt Salento Chardonnay
Erster Spitzenbetrieb Apuliens. Der dem Amarone ähnliche Patriglione ist meist von hoher Dichte und Komplexität.

Agricole Vallone **–****
Lecce
136 ha; 200 000 Fl. • Weine: → Brindisi: Rosso Vigna Flaminio, Rosato Vigna Flaminio; → Graticciaia Rosso, Salice Salentino: Vereto, Rosso
Spezialität ist der nach dem Vorbild des Patriglione produzierte Graticciaia.

Conti Zecca ***
Leverano
320 ha; 1 500 000 Fl. • Weine: Leverano: → Malvasia Vigna del Saraceno, Rosato Vigna del Saraceno, → Rosso Vigna del Saraceno; Salice Salentino: Rosso Cantalupi, Rosato, Bianco; Cantalupi, Igt Salento Donna Marzia Bianco / Rosato / Rosso
Die drei Weinlinien, eine aus Leverano, eine aus Salice Salentino, eine unter der Igt Salento, zeichnen sich seit Jahren durch gleichmäßig hohe Qualität aus.

Kampanien

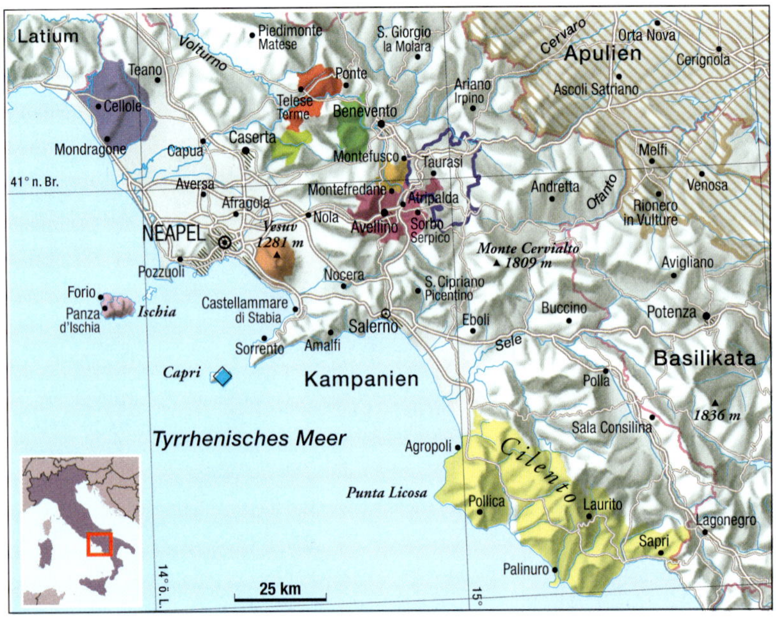

- Falerno del Massico
- Solopaca
- Sant'Agata de' Goti
- Aglianico del Taburno
- Greco di Tufo
- Taurasi
- Fiano di Avellino
- Vesuvio
- Cilento
- Ischia
- Capri
- Weinbaugebiete in angrenzenden Regionen

Kampanien erstreckt sich entlang der tyrrhenischen Küste Südwestitaliens. Die weiten Küstenebenen werden wiederholt von Erhebungen sedimentären oder vulkanischen Ursprungs unterbrochen, deren berühmteste der Vesuv südöstlich von Neapel ist. Mit rund 40 000 Hektar Rebfläche liegt Kampanien nur knapp hinter Sardinien an neunter Stelle des Landes. Von den etwa 2,2 Millionen Hektolitern, die pro Jahr hier gekeltert werden, besitzen nicht einmal drei Prozent DOC-Status.

Dabei schlug im heutigen Kampanien schon vor rund 3000 Jahren eine der Geburtsstunden der italienischen Weinwirtschaft. Hier gründeten griechische Siedler ihr Oinotria (›Weinland‹; der latinisierte Ausdruck ›Enotria‹ sollte später zum Synonym für das Weinbauland Italien schlechthin werden) und haben den etruskischen Einwohnern viel von ihrem Wissen über Wein vermittelt. Die Römer bauten das Gebiet später zum Zentrum des Weinhandels aus. Doch der Vesuvausbruch 79 n. Chr. hatte eine tief greifende Neuorientierung zur Folge. Mit der Zerstörung Pompejis war der bedeutendste Weinhafen der damaligen Welt untergegangen, und Rom sah sich gezwungen, die Weinwirtschaft jetzt in den anderen Provinzen des Imperiums systematisch voranzutreiben.

Charakterweine

Das mediterrane Klima Kampaniens, in dem der Einfluss des nahen Meeres und der Berge allzu sommerliche Temperaturen verhindert, bietet vor allem in den Provinzen Avellino und Benevento ideale Bedingungen für eine Reihe einheimischer weißer und roter Rebsorten. Größte Wertschätzung genießt der Taurasi, dessen Riserva-Version DOCG-Status erhielt. Die besten Vertreter dieses kräftigen Rotweins aus Aglianico und wenigen Prozent anderer roter Sorten zeigen eine beachtliche Alterungsfähigkeit und bestehen mühelos neben den großen Roten Nord- und Mittelitaliens. Bemerkenswert sind auch die bekanntesten Weißen Kampaniens, Greco di Tufo und Fiano di Avellino. Ihre Basisrebsorten kamen wohl schon mit den Griechen ins Land. Zu Höchstform bringt man beide Weine in den Anbaugebieten, deren Namen sie tragen: den Greco mit seinem Duft nach Zitrusfrüchten und Mandeln bei dem Dorf Tufo (wo er meist mit den einheimischen Sorten Falanghina und Biancolella verschnitten wird) und den Fiano im Gebiet von Avellino.

Fruchtige Sommerweine

In der Gegend um Avellino kann guter Fiano, den die Römer als ›Vitis Apianae‹ schätzten, Frische und Kraft aufweisen, gepaart mit dem Duft nach Pfirsichen und Nüssen, und damit eine größere Vielschichtigkeit zeigen als die neutralen Weißen Nord- und Mittelitaliens oder als die fruchtigen, doch eindimensionalen Sommerweine, die an der Küste oder auf den Inseln Ischia und Capri aus Biancolella und Falanghina gekeltert werden.

Eher archäologisch als vinologisch muten die Versuche an, einstmals berühmte Weine der Gegend wieder aufleben zu lassen: Falerner, Lettere,

Aglianico – Süditaliens Spitzensorte

Vor allem auf vulkanischen Böden liefert der rote Aglianico körperreiche, farbintensive und aromabetonte Weine, deren kräftiges Rubin der Jugend sich mit zunehmender Reife in Mahagoni wandelt. Gute Weine zeigen im Bukett Marasca- und Veilchen-Noten, später dann auch zarte Gewürztöne. Der bekannteste aus Aglianico gekelterte Wein ist der kampanische Taurasi aus den Bergen nordöstlich der Stadt Avellino. Seine Riserva-Qualitäten wurden sogar mit DOCG-Status belohnt. Der Aglianico del Vulture von den Hängen des gleichnamigen erloschenen Vulkans in der benachbarten Basilikata steht ihm kaum nach. Jüngst hat das Anbaugebiet des Taburno bewiesen, dass es ausgezeichnete Weine hervorbringen kann. Auch im Verschnitt ist Aglianico eine Bereicherung, so bei Falerno del Massico, Biferno, Castel del Monte, Cilento, Solopaca, Vesuvio oder Sant'Agata de'Goti.

Neapel ist das pulsierende Zentrum eines uralten Hinterlandes, in dem es der aktuelle Weinbau schwer hat, an antiken Ruhm anzuschließen. Auf den Hängen seines Hausbergs, des Vesuvs, wird noch immer der einst so gefragte und heute fast vergessene Lacryma Christi gekeltert. Dieser kann rot, rosé, weiß, aufgespritet und schäumend sein und überzeugt nur im Einzelfall.

Asprinio und Lacryma Christi haben trotz aller Bemühungen vermutlich wenig mit ihren antiken Vorbildern gemein.

Das gilt auch für die Rotweine aus dem Gebiet des Lacryma Christi, die als ›Vesuvio‹ angeboten werden. Interessantere Produkte kamen in den letzten Jahren von einer der schönsten Küsten Europas, der Costa Amalfitana, wo die Weinberge wie in Ligurien steilen Felshängen abgerungen werden müssen, sowie aus den Appellationen Sant'Agata de'Goti und Solopaca zwischen Caserta und Avellino im Norden der Region.

Grundsätzlich leidet auch der Weinbau Kampaniens wie der fast aller süditalienischen Regionen unter der sozialen Misere und dem allzu filigran gestrickten Flickenteppich der Appellationen. Ähnlich wie in Apulien haben jedoch im letzten Jahrzehnt einige wenige Winzerbetriebe ihre Anstrengungen mit Erfolg verstärkt. Insgesamt aber verzeichnet die kampanische Weinindustrie immer noch viel zu wenig Bewegung, und auch die großen Investitionen aus anderen Landesteilen, die sich in Apulien und Sizilien so wohltätig bemerkbar machten, lassen hier auf sich warten.

Ausgewählte Erzeuger

D'Ambra Vini d'Ischia ***–****
Forio
7 ha; ZT; 320 000 Fl. • Weine: u.a. →Biancolella Tenuta Frassitelli und Vigna di Piellero, Igt Ischia: Per'e Palummo Tenuta Montecorvo, Forastera; →Cimentorosso Forastera, Arime
Vor allem fruchtig-frische Weißweine aus Biancolella und Forastera von bestem Ruf. Bemerkenswert auch der im Barrique vergorene Weißwein Arime aus einheimischen Sorten.

Feudi di San Gregorio ***–*****
Sorbo Serpico
70 ha; Fl. n.n.• Weine: →Campanaro, →Taurasi, →Fiano di Avellino Pietracalda, Falanghina, Greco di Tufo Cutizzi, Serpico
Der wohl beste Betrieb Kampaniens steckt noch immer in der Entwicklung, hat aber schon eine ganze Serie exzellenter Weiß- und Rotweine präsentiert.

Mastroberardino **–****
Atripalda
420 ha; 1 200 000 Fl. • Weine: →Taurasi Radici, →Fiano di Avellino Radici und Vignadora, Greco di Tufo Vignadangelo, Lacryma Christi Rosso, Aglianico Avellanio, Delizie d'Irpinia Passito

Der Betrieb verwies erstmals auf das Potential von Fiano und Greco und bietet heute auch roten Lacryma Christi und Taurasi von hervorragender Qualität.

Montevetrano ****
San Cipriano Picentino
ha n.n.; 10 000 Fl. • Weine: →Montevetrano
Der im Barrique gereifte Rote ist seit fünf Jahren Spitze.

Ocone – Agricola del Monte **–***
Ponte
46 ha; 120 000 Fl. • Weine: Aglianico del Taburno: Vigna Pezza la Corte und Diomede, Falanghina del Taburno Vigna del Monaco, Coda di Volpe del Taburno, Piedirosso, Greco del Taburno
Gute bis sehr gute Weine, von denen vor allem die verschiedenen Aglianico-Versionen überzeugen.

Villa Matilde **
Cellole
62 ha; 200 000 Fl. • Weine: u.a. Falerno del Massico: Bianco Vigna Caracci, →Rosso; →Vigna Camarato, Cecubo, Terre Cerase, Falanghina, Piedirosso
Bemerkenswert nicht nur der rote Falerno – der Versuch, den Wein der Römer wiederzubeleben –, sondern die qualitative Geschlossenheit der Palette.

Kalabrien und Basilikata

In den Kellergrotten von Barile, im Herzen seines Anbaugebiets, reift der Aglianco del Vulture nur noch ausnahmsweise heran; auch der größte Rote des Südens befindet sich in einem Modernisierungsprozess.

Zusammen mit der benachbarten Basilikata gilt Kalabrien als das Armenhaus Italiens. Die Region war am stärksten vom Exodus der Arbeitsemigranten in den 1960er und 1970er Jahren betroffen und konnte kaum einen Wirtschaftszweig aufbauen, der ihr Wohlstand sichern würde. Auch die Weinwirtschaft zeigt wenig ökonomisches Potential, obwohl Kalabrien mit 25 000 Hektar eine beachtliche Rebfläche besitzt. Dies liegt nicht zuletzt daran, dass in dieser größtenteils von unzugänglichem Bergland beherrschten Region Süditaliens im Weinbau nur mit geringer wirtschaftlicher Effizienz gearbeitet werden kann. Dabei sind hier, wie anderswo in Süditalien, die Voraussetzungen für hochwertige Weine durchaus gegeben, und bereits in der Antike genossen Kalabriens Gewächse den besten Ruf. Nicht umsonst gehörte die Region zu Oinotria, dem Weinland der griechischen Siedler. Die Hitze des südlichen Klimas wird in weiten Teilen des Landes durch die Höhenlage der Weinberge kompensiert, und auch die einheimischen Rebsorten sind an sich vielversprechend. Kalabrien ist vor allem die Heimat des Gaglioppo, auch Montonico Nero genannt, dessen farbintensive, stofflich überzeugende Weine mit festen Tanninen die Basis der meisten regionalen DOC-Rotweine bilden und sich auch zum Verschnitt eignen. Bekanntester dieser DOC-Weine ist der Cirò von den Hängen des Sila-Massivs, der auf den fabelhaften antiken Wein Krimisa oder Cremissa zurückreichen soll, den man den Siegern von Olympia reichte. Einigen wenigen Erzeugern gelang das Kunststück, aus dem zunächst eher kratzigen, säurebetonten Produkt einen harmonischen Wein zu machen, der gelegentlich sogar im Barrique ausgebaut wird und sich von tiefroter Farbe, würzig und noch bedingt lagerfähig zeigt.

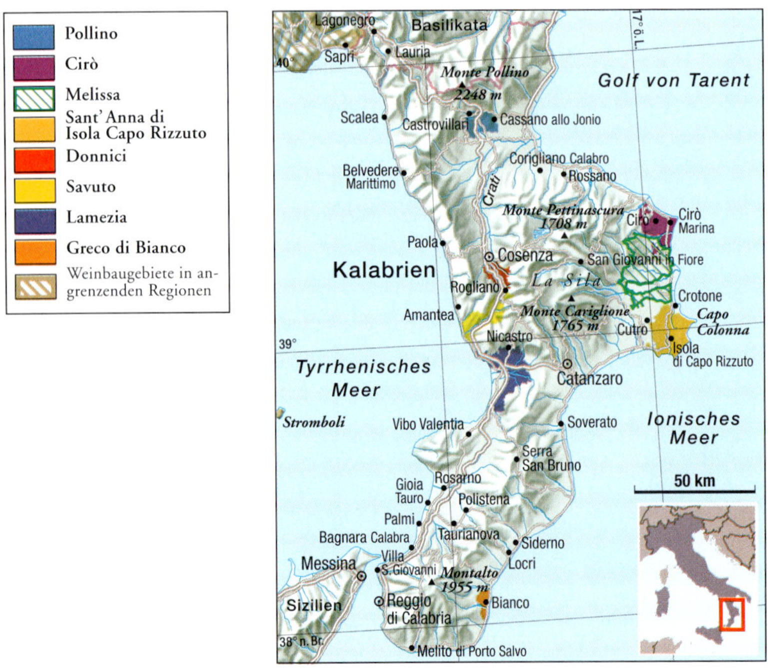

Herkunft unbekannt

An den Südhängen des Pollino-Gebirges wird aus Gaglioppo ebenfalls ein DOC-Wein dieses Namens gekeltert, den jedoch ausschließlich die ortsansässige Genossenschaft vermarktet. Größeres Qualitätspotential besitzt der Savuto von der Cirò entgegengesetzten Seite der Sila. Hier wird der Gaglioppo teilweise mit Sangiovese verschnitten, was bei der Höhenlage der Weinberge feine, ausdrucksvolle Weine gibt. Wirklich interessante Produkte vermarkten auch hier nur wenige Winzer.
Die übrigen DOC-Gebiete Kalabriens, wie Lamezia, Sant'Anna di Isola Capo Rizzuto oder Melissa, können dagegen weder mit ansprechenden Qualitäten noch mit irgendeiner, sei es auch nur regionalen, Bekanntheit ihrer Weine aufwarten und zählen zu den zahlreichen italienischen Herkunftsgebieten, deren Einrichtung die Ambitionen einer politischen Klientel befriedigen sollte. Selbst der beste Dessertwein Kalabriens, der Greco di Bianco, ist nicht marktrelevant. Er stammt aus Bianco an der Stiefelspitze Italiens, wo er aus teilgetrockneten, rosinierten Trauben gekeltert wird. Die dichten, bernsteinfarbenen Weine mit ihren schönen Fruchtaromen und der ausgeprägten Würze werden von einer kleinen Gruppe von Winzern unter diesem Namen gefüllt. Sie machen einmal mehr deutlich, was in Kalabrien möglich wäre, und lassen das Fehlen von wirklichen Spitzenweinen umso stärker bedauern.

Das richtige Anbinden der Fruchtruten im Winter ist entscheidend für die Entwicklung der Trauben.

Zum Anbinden per Hand verwendet man junge, biegsame Weidenruten, meist aber moderne Heftzangen.

Um Windbruch zu vermeiden, werden die Ruten am Drahtrahmen befestigt, der zwischen die Reben gespannt ist.

Statt der kunstvollen Knoten des traditionellen Weinbaus sieht man heute meist maschinelle Heftung.

Ende April sprießen die jungen Triebe aus den Fruchtknospen des einjährigen Holzes.

Für das kräftige Wachstum der Triebe ist das jährliche Beschneiden im Winter unerlässlich.

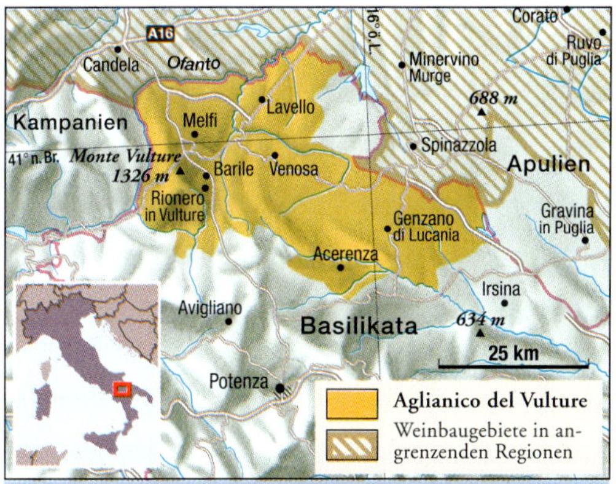

Basilikata – Vulkanische Gewächse

Mit rund 10 000 Hektar besitzt die Basilikata zwar mehr Rebfläche als die Doppelregion Trentino/Südtirol, aber nur etwa zehn Prozent davon bringen Qualitätsweine hervor. Die fast geschlossen bergige Landschaft, die nur im Südosten zum Meer hin flacher wird, besitzt eine einzige Herkunftsbezeichnung, den roten Aglianico del Vulture. Das meiste der regionalen Weinproduktion endet als Tankware in Norditalien und im Ausland. In Italien ohne Beispiel sind die Erdkeller, die in der Gegend von Barile, dem Hauptort der Appellation, in die teilweise mehr als zwölf Meter hohen Lößwände der zerklüfteten Landschaft gegraben wurden und den Winzern schon in der Vergangenheit als Kelterhäuser und Lagerkeller dienten. Ebenso einzigartig für den Weinbau der Region ist die althergebrachte Pfahlerziehung der Reben, bei der die Stöcke pyramidenartig zusammengebunden werden und die nach Expertenmeinung besser für die Reife hochwertigen Traubenmaterials geeignet ist als moderne, effizient zu bearbeitende Drahtrahmensysteme.
An den Hängen des Monte Vulture, eines erloschenen Vulkans im Norden der Region, wächst Aglianico zu einem der populärsten Weine Süditaliens heran. Mit dunkler Farbe, starkem Duft und kräftigem, tanninbetontem, doch immer elegantem Körper zählt guter Aglianico del Vulture zu den besten Weinen Italiens.

Ausgewählte Erzeuger

D'Angelo **–****
Rionero in Vulture (Basilikata)
20 ha; ZT; 300 000 Fl. • Weine: u. a. Aglianico del Vulture: → Riserva Vigna Caselle; Igt Basilicata: → Rosso Canneto, Bianco Vigna dei Pini
Der Canneto wird spät gelesen und reift 15 Monate im kleinen Eichenholzfass. Neben den Aglianico-Versionen produziert D'Angelo mit Vigna dei Pini auch einen interessanten Chardonnay-Pinot-Bianco-Verschnitt.

Librandi ***–****
Cirò Marina (Kalabrien)
65 ha; ZT; 1 600 000 Fl. • Weine: → Gravello, Cirò Rosso Duca San Felice, Critone, Le Passule
Spitzenweine: der rote Gravello, ein im Barrique ausgebauter Cirò und der Süßwein Le Passule.

Odoardi **–***
Cosenza (Kalabrien)
50 ha, Fl. n.n. • Weine: → Savuto Superiore: Vigna Mortilla, → Vigna Vecchia; → Scavigna: Vigna Garrone, Pian della Corte; → Valeo

Nach wie vor sind die DOC-Weine Savuto und Scavigna die einzigen exzellenten Vertreter der jeweiligen Herkunftsbezeichnung.

Paternoster **–***
Barile (Basilikata)
6,5 ha; ZT; 130 000 Fl. • Weine: u.a. Aglianico del Vulture: Don Anselmo Riserva del Fondatore; Barigliott, Clivus, L'Antico, Il Moscato
Aus Aglianico wird eine leicht perlende Version namens ›Barigliott‹ und mit L'Antico sogar ein roter Sekt gekeltert. Bemerkenswert ist das gleichbleibend hohe Qualitätsniveau.

Fattoria San Francesco **–***
Cirò (Kalabrien)
70 ha; 120 000 Fl. • Weine: Cirò Rosso Classico: → Ronco dei Quattro Venti, Superiore Donna Madda, Superiore; Cirò Bianco
Mit dem Quattro Venti präsentierte man eine der ersten Barrique-Varianten des Cirò, noch heute der Vorzeigewein des Betriebs.

Sardinien

Auf Sardinien hat eine der archaischsten Weinkulturen Italiens überlebt, zugleich aber auch eine der reichsten, was das Rebsortenspektrum und die Vielfalt der Weinstile betrifft. Auf mehr als 40 000 Hektar – das ist die achtgrößte Rebfläche aller italienischen Regionen – wird durchschnittlich rund eine Million Hektoliter Wein jährlich produziert, wobei nur wenige Herkunftsbezeichnungen, wie etwa Alghero oder Vermentino di Gallura, mit wirklich interessanten Produktionsmengen aufwarten können. Dagegen erzielt eine Reihe von DOC-Weinen nicht mehr als 100 oder bestenfalls 200 Hektoliter pro Jahr.

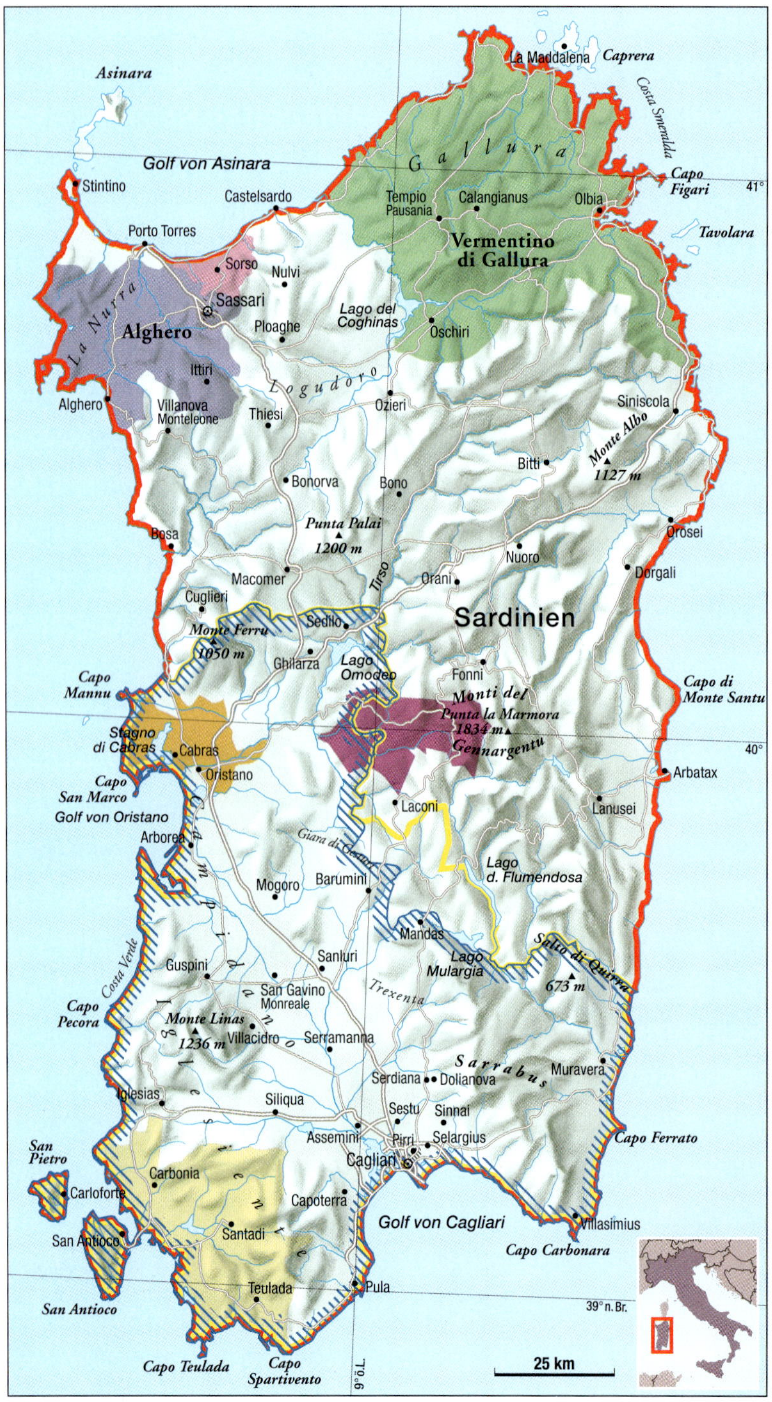

Die Insel war im Laufe der Jahrhunderte den verschiedenartigsten Kultureinflüssen ausgesetzt: Byzantiner, Araber und Katalanen siedelten hier, und der spanische Einfluss ist im Weinbau bis heute unübersehbar. Dieses Erbe manifestiert sich vor allem in den wichtigsten Rotweinsorten der Insel, im Cannonau, der nichts anderes als die urspanische Sorte Garnacha ist, im Carignano alias Cariñena oder Carignan und im Vermentino.

Cannonau im Hintergrund

Besonders der Cannonau besitzt ein von der internationalen Fachwelt noch zu wenig gewürdigtes Qualitätspotential, das bislang nur in Südfrankreich oder in der Neuen Welt – zum Beispiel in Südaustralien – angemessen genutzt wird. Insider aber munkeln schon lange, dass so mancher renommierte Super-Tafelwein der Toskana seine besonderen Qualitäten aus einem mehr oder weniger hohen Cannonau-Anteil beziehe (der übrigens an der toskanischen Küste Alicante genannt wird, was ein weiterer Hinweis auf seine spanische Herkunft ist).

Die Sorte bringt körper- und alkoholreiche, aber nicht übermäßig tanninbetonte Weine hervor, die nicht nur komplexe Aromen zeigen und gut altern können, sondern auch hervorragend zum Verschnitt, zum Beispiel mit Cabernet Sauvignon geeignet sind. Auch der Carignano, der in Spanien und Südfrankreich sehr zu Unrecht als einfacher Massen- oder Verschnittwein ohne eigenständigen Ausdruck gilt, vermag auf Sardinien interessante Gewächse mit nachhaltigem Duft und rundem, vollem Geschmack hervorzubringen. Die besten davon werden unter der DOC-Bezeichnung Carignano del Sulcis vermarktet.

Aus der Provinz Gallura an der Nordspitze der Sonneninsel stammt der beste Vermentino, ein angenehm fruchtiger, frischer Weißwein mit gelegentlich sogar exotischen Aromanuancen, der hervorragend mit der regionalen Fischküche harmoniert. Auch diese Sorte, die außerdem in Ligurien und unter dem Namen ›Rolle‹ in Südfrankreich kultiviert wird, bringt hier außergewöhnlich interessante Resultate, vorausgesetzt, der Winzer arbeitet im Weinberg auf strikte Ertragsbegrenzung hin. Nur so wird er Trauben für geschmacklich intensive Weine ernten können.

Süssweine von der Sonneninsel

Neben diesen vom europäischen Festland eingeführten und inzwischen auch einem breiteren Publikum bekannten Rebsorten besitzt Sardinien noch eine Reihe eigenständiger Arten, deren Erwähnung wahrscheinlich auch auf der Insel bei Nicht-Spezialisten nur Achselzucken hervorrufen würde: Caricagiola, Pascale, Gregu Nieddu, Caddiu, Carenisca, Retagliadu oder Nieddu Mannu und andere mehr. Weniger bekannt ist auch die duftbetonte rote Monica, die unter den DOC-Namen Monica di Cagliari und Monica di Sardegna gefüllt wird, während die Malvasia, die vor allem als Liquoroso, als angereicherter Dessertwein, vinifiziert und unter denselben regionalen Herkunftsnamen vermarktet wird, ebenfalls auf dem italienischen Festland verbreitet ist. Auch unter der Bezeichnung Vernaccia di Oristano werden einerseits kräftige, trockene Weißweine, andererseits sherryähnliche Liquoroso-Weine angeboten. Der Name Vernaccia sagt dabei nichts über eine eventuelle Verwandtschaft mit der toskanischen Vernaccia di San Gimignano oder mit dem Südtiroler Vernatsch aus, da er in Italien für die verschiedenartigsten roten und weißen Reben Verwendung findet.

Gute Weiß-, Rosé- und Rotweine kommen in jüngster Zeit verstärkt aus dem DOC-Gebiet Alghero, dem größten und produktivsten der Insel, dessen Weine zumeist aus einer Vielzahl einheimischer Rebsorten verschnitten werden. Wenn Sardiniens Weine trotz des interessanten und hochwertigen Reben- und Weinspektrums weder auf dem italienischen noch auf den internationalen Märkten wirkliche Bedeutung erlangen konnten, so liegt dies wohl vor allem in der Struktur der insularen Weinwirtschaft begründet, die noch immer überwiegend von den großen Genossenschaften beherrscht wird. Daneben können sich nur zwei oder drei große Kellereibetriebe und einige wenige talentierte Winzer mit überregionalem oder sogar internationalem Renommee behaupten. Nach wie vor wird ein Großteil der regionalen Produktion auf der Insel selbst konsumiert oder geht als Tankware zum Verschnitt mit berühmteren Weinen auf das europäische Festland.

Ein Vernaccia des Weingutes Contini

Die alte Landestracht wird in Ehren gehalten.

Ausgewählte Erzeuger

Antonio Argiolas **–*****
Serdiana
200 ha; 600 000 Fl. • Weine: u. a. → Turriga, → Angialis, Nuragus di Cagliari Sèlegas, Vermentino di Sardegna Costamolino, Monica di Sardegna Perdera, Cannonau di Sardegna Costera, Serralori, Alasi
Was aus Grenache alias Cannonau werden kann, beweist Turriga, ein Wein mit Resten von Carignano und Malvasia Rossa, der 18 Monate in französischer Eiche ausgebaut wird. Exzellent auch der Dessertwein Angialis.

Attilio Contini **–****
Cabras
ha nn; ZT; Fl. n.n . • Weine: u. a. → Vernaccia di Oristano Riserva, → Nieddera Rosso, Pontis, Cannonau di Sardegna, Antico Gregori, Elibaria, Karmis, Vermentino di Sardegna
Der Betrieb kauft sein ganzes Traubengut zu und führte schon in den 1980er Jahren die Qualitätsbewegung auf Sardinien an. Die Palette umfasst einen Großteil der wichtigen Herkunftsbezeichnungen der Insel.

Cantina Sociale Santadi **–****
Santadi
ha n.n.; 700 000 Fl. • Weine: u. a. Terre Brune, Latinia, Villa di Chiesa, Carignano del Sulcis Riserva Rocca Rubia, Cala Silente, Vermentino di Sardegna Villa Solais, Monica di Sardegna Antigua, Nuragus di Cagliari Pedraia, Carignano del Sulcis Tre Torri
Die Genossenschaft keltert seit Jahren einige der besten Weine der Insel, allen voran der rote Terre Brune. Das Verdienst dafür gebührt sicherlich zum großen Teil dem engagierten Önologen Giacomo Tachis.

Tenuta Sella & Mosca **
Alghero
500 ha; ZT; 4 500 000 Fl. • Weine: u. a. → Alghero Marchese di Villamarina, Vermentino di Sardegna La Cala, → Alghero Le Arenarie, → Anghelu Ruju, Cannonau di Sardegna Riserva, → Alghero, Torbato Terre Bianche, Monteluce, Rubicante, Tanca Farrà, Aliante, Spumante Brut di Torbato, Oleandro, Vermentino di Gallura Monteoro
Die hundert Jahre alte Kellerei in Alghero ist eine der dynamischsten der Insel und stellt bei zahlreichen Herkunftsbezeichnungen absolute Spitze dar. Der rote Alghero Villamarina erhielt wiederholt höchste Ehrungen durch italienische Weinführer. Jetzt kommt auch ein guter Verschnitt aus Carignano, Cabernet und Merlot hinzu.

Sizilien

Auch das ist Sizilien: Während die Neuanlage mit Cabernet Sauvignon schönstes Herbstrot zeigt, ist auf den Bergen der Madonie erster Schnee gefallen.

Sizilien ist eine Insel der Widersprüche: Sie teilt sich mit Apulien die Spitzenstellung hinsichtlich italienischer Rebflächen und Erntemengen – auf 150 000 Hektar werden im Schnitt neun bis zehn Millionen Hektoliter Wein erzeugt –, hat aber mehr als die anderen Regionen Süditaliens ihr Potential für die Erzeugung wirklicher Spitzenweine entdeckt. Die natürlichen Voraussetzungen dafür könnten nicht besser sein: Sonne, Wärme und geringe Niederschläge sorgen für optimale Reifebedingungen, die kargen Böden für ausdrucksvolle Weine, wobei die bis zu 900 Meter hoch gelegenen Hänge des Berglands besonders elegante, aromabetonte Weine hervorbringen.

Schon bei den griechischen Siedlern der Antike war Sizilien für seine landwirtschaftlichen Produkte und seine Weine berühmt. Weinreben hatten die Phönizier hier heimisch gemacht, doch die Griechen brachten neben Weinbergtechniken und neuen Rebsorten wie dem Grecanico auch Mythen und Götter aus ihrer Heimat mit. Selbst die von ihrer Insel Lesbos vertriebene Dichterin Sappho soll hier Wein angebaut haben, und den Römern galt sizilianischer Wein später als willkommene Abwechslung zum berühmten Falerner.

Noch Jahrhunderte später unter der Herrschaft der Araber erlitt die Weinkultur der Insel keinen wirklichen Rückschlag, denn die neuen Machthaber duldeten den Weinbau nicht nur – im Widerspruch zu den Alkoholverboten des Korans –, sie führten sogar die Technik des Destillierens und den dazu notwendigen Brennkolben hier ein. Das ganze Mittelalter hindurch brannten vor allem Mönche die geheimnisvollen Lebenswässer, mit denen sie ihren Reichtum aus weiten Ländereien und einer ertragreichen Landwirtschaft noch vergrößerten. Sizilien war damit einer der wenigen Teile Italiens, in denen die Weinbautradition auch in den Jahrhunderten des sozialen und politischen Niedergangs äußerst lebendig blieb.

Krise trotz Marsala

Erst als spanische Vizekönige die Herrschaft in der Region übernahmen, begann der Stern des sizilianischen Weinbaus zu sinken. Statt Wein baute man nun Getreide an, und erst Ende des 18. Jahrhunderts verhalf der Engländer John Woodhouse, der in Marsala eine Alternative zum teuren Sherry entdeckt hatte, der Weinwirtschaft Siziliens wieder zu neuer Hoffnung. Leider blieb die Insel trotz ihrer isolierten Lage nicht von der Reblaus verschont, und auch der Ruhm des edlen Marsala verblasste wieder. Heute ist Trapani im Westen mit einer Jahresproduktion von 4,5 Millionen Hektolitern größte Weinbauprovinz der Insel und beherbergt mit dem DOC-Gebiet des Marsala auch die noch immer bekannteste Herkunftsbezeichnung. Große zusammenhängende Gebiete mit Weinkulturen gibt es daneben an der Süd- und der Nordküste, während im Osten, sieht man vom Gebiet des Ätna ab, überwiegend Tafeltrauben produziert werden.

Einige der interessantesten sizilianischen Weine, die den einstigen Ruf der Insel als Süßweinproduzent rechtfertigen, stammen nicht von der Hauptinsel, sondern von den Liparischen Inseln im Nordosten – dazu zählt auch der Vulkan Stromboli – und von Pantelleria auf halbem Weg zwischen Sizilien und dem tunesischen Festland. Aus den Sorten Malvasia (Lipari) und Zibibbo alias Muscat of Alexandria (Pantelleria) werden hier diverse Dessertweine gekeltert, die sich bei italienischen Weinfreunden großer Beliebtheit erfreuen und sogar im Ausland erste Erfolge feiern.

Die Initialzündung für diese Wiederbelebung alter Traditionen ging von Carlo Hauner aus – er hatte schon in den 1980er Jahren mit seinem Malvasia delle Lipari für Aufsehen gesorgt – und basierte auf einer lokalen Malvasia-Spielart wie auf dem ebenfalls einheimischen Corinto Nero. Sein Beispiel machte kaum Schule, was sicherlich mehr am nur marginalen Weinbergbestand auf Salina und den Nachbarinseln als am fehlenden Willen der wenigen Inselwinzer lag.

Konsistenter und inzwischen in großer Breite auf hohem Niveau zeigt sich der Moscato di Pantelleria, in den auch einige Produzenten der Gegend um Marsala investierten. In der süßen Passito-, aber auch in der angereicherten Liquoroso-Version wird er inzwischen zu den besten Süßweinen des Landes gerechnet.

Investition in Weiss und Rot

Die eigentliche Revolution der 1990er Jahre fand im Weiß- und Rotweinbereich statt. Abgesehen von den wenigen gelungenen Versuchen mit Cabernet- und Chardonnay-Weinen, bedienten sich die Protagonisten des neuen Trends dabei des großen Angebots einheimischer Sorten, von denen einige mit der Zeit bewiesen, dass sie zu viel mehr als jener billigen, anonymen Massenware taugten, zu der sie jahrzehntelang verarbeitet worden waren. Bei den Weißweinen kommt diese Rolle der Inzolia alias Ansonica, vielleicht auch noch dem Grecanico Dorato zu, während Grillo sich mit wenigen Ausnahmen nur für die Marsala-Produktion eignet und Cataratto-Weine meist ausdruckslos und dünn wirken.

Allerdings zeigt gerade der Alcamo, ein Weißwein des mit mehr als 20 000 Hektar größten DOC-Gebiets Siziliens, dass bei entsprechender Ertragsbegrenzung und Pflege auch aus dieser Massensorte angenehme, volle, trockene Weiße erzeugt werden können, die hervorragend zu den Fischgerichten und Antipasti der Region munden.

Bei den Rotweinen bewies der Nero d'Avola alias Calabrese gutes Potential, und die farbintensiven, dichten Gewächse, die seit Mitte der 1980er Jahre daraus gekeltert werden, zeigen mindestens ebenso hohe Qualitäten wie die aus Aglianico auf dem Festland. In den letzten Jahren kamen zudem noch sehr gute, vielversprechende Weine aus Frappato und Nerello Mascalese auf den Markt. Insbesondere der Frappato, der an der Südostecke Siziliens die Basis für den Cerasuolo di Vittoria stellt, entspricht mit seinen kirschartigen Fruchtaromen dem Bild moderner Rotweine, wie sie auf den internationalen Märkten gefragt sind.

Im Unterschied zu Apulien oder Kampanien ging der Trend zu hochwertigen Qualitäten nicht von kleineren Winzerbetrieben aus – man muss wissen, dass von den mehr als 100 000 Weinbaubetrieben der Region nur etwa 120 ihre Produkte selbst abfüllen und vermarkten –, sondern zumeist von großen Kellereien und sogar von der größten Genossenschaft der Region in Menfi, am Südrand der Insel. Verstärkt wurde diese Tendenz durch die jüngsten Investitionen großer Kellereigruppen in Weinberge und Kellereistrukturen, die dem Vertrauen Ausdruck verleihen, das Italiens Weinwirtschaft in sein einstiges Sorgenkind setzt.

Das imposante Gut der Regealeali erwarb die Familie Tasca d'Almerita im Jahre 1834. Heute ist es zu einer der größten und bestgeführten privaten Weindomänen Italiens avanciert.

Marsala – Süßwein mit wechselvoller Geschichte

Sizilianischer Marsala

Seine grössten Erfolge im Weinbau verdankt Sizilien dem Marsala, einem angereicherten Wein, der wie durch Zufall von einem jungen Engländer entdeckt wurde. 1770 hatte es John Woodhouse, einen Kaufmannssohn aus Liverpool, in den Hafen Marshallà, das heutige Marsala, verschlagen, wo er einen einheimischen Wein serviert bekam, der den bei den Briten so beliebten Erzeugnissen aus dem spanischen Jerez oder von der portugiesischen Insel Madeira nicht nachstand. Nach längeren Vorbereitungen und einer dreijährigen Versuchsphase konnte Woodhouse seine erste Lieferung nach England verschiffen.

Der Durchbruch kam im Jahr 1800 in Form einer Staatsorder durch Admiral Nelson, der für seine Flotte eine jährliche Lieferung von 500 Fässern bestellte. Obwohl Trauben zunächst im Überfluss und zu günstigen Preisen zu haben waren, sorgte der große Erfolg des Weins für ernsthafte Nachschubprobleme. Woodhouse lieh daher den Weinbauern das nötige Kapital für die Anlage neuer Rebflächen und erhielt im Gegenzug langfristige Preisgarantien für Trauben und Grundweine.

Natürlich blieb das Beispiel nicht ohne Nachahmer. 1812 eröffnete Benjamin Ingham unweit der Woodhouse-Kellerei in Marsala einen neuen, größeren und technisch besser ausgestatteten Betrieb, und 1833 nahm sich mit Vincenzo Florio schließlich auch ein sizilianischer Unternehmer des einträglichen Geschäfts an. Über einen Strohmann erwarb er Gelände zwischen den Kellereien von Woodhouse und Ingham und gründete hier seinen eigenen Betrieb zur Produktion eines Weins, der in der Gründungsurkunde immer noch als ›nach Madeira-Art‹ umschrieben wurde.

Die lange reifenden Marsala-Trauben im Gebiet von Palermo werden mit Netzen gegen Vögel geschützt.

Das Gut Planeta in Sambuca hat sich vor allem mit sortenreinen französischen Trauben unter die Spitzenbetriebe Siziliens gereiht.

Conte Tasca d'Almerita – Spezialist für sizilianische Sorten

Ein Jahrhundert lang konnte sich Siziliens Weinindustrie in der rasanten Erfolgsgeschichte des Marsala sonnen, dann kam im 20. Jahrhundert der dramatische, wenn auch langsame Niedergang. Die Reblauskatastrophe, neue Konkurrenz in Form von Weinen, die vor allem aus der britischen Kolonie Australien kamen – im heißen Landesinnern waren große Rebflächen für die Produktion von angereicherten Weinen entstanden –, und die übliche Spirale von Überproduktion und Preisverfall sorgten dafür, dass sich die Qualität des Marsala unaufhaltsam nach unten bewegte. Bald kannte man auf europäischen Märkten nur noch die aromatisierten Varianten des einst so noblen Getränks – darunter einen mit Eigelb versetzten Marsala all'uovo –, und die fanden letztlich kaum noch Abnehmer.

Erst die 1980er Jahre sahen wieder vorsichtige, mühevolle Versuche einzelner Winzer wie Marco de Bartoli mit seinem Vecchio Samperi, das Prestige des Marsala alten Stils wiederherzustellen. Viel mehr als ein halbes Dutzend Gefolgsleute hat er allerdings nicht um sich scharen können, zumal sich das Interesse der Weinwelt zunehmend in Richtung der trockenen Weiß- und Rotweine der Insel entwickelte. Heute wird qualitativ hochwertiger Marsala von einer Hand voll Kellereien in diversen Stilrichtungen hergestellt – und über die Marsala-Entgleisungen breitete man den Mantel des Vergessens. Die interessanten Produkte tragen die Typenbezeichnungen *Fine, Superiore, Vergine* oder *Vergine Stravecchio*. Es sind Weine, die bis zu 18 Volumenprozent Alkohol aufweisen und vier bis zehn Jahre im Fass reifen, ehe sie vermarktet werden. Von bernsteingelber oder -brauner Farbe, entwickeln sie meist üppige Honigaromen oder das typische Rancio sherryähnlicher Weine und eignen sich als Aperitif wie als Dessertbegleitung. Die Besten zeigen eine so erstaunliche Aromenvielfalt, dass der weiterhin schlechte Ruf des Marsala unverständlich erscheint.

Ausgewählte Erzeuger

Calatrasi – Terre di Ginestra *–***
San Cipirello
250 ha; ZT; 7 000 000 Fl. • Weine: Terre di Ginestra: Bianco, Rosso; Calatrasi Terrale: Bianco, Rosso; Tenuta Calalbaio Olmobianco, Tenuta Calalbaio Rubilio, Pelavet di Ginestra, D'Istinto: Syrah, Catarratto / Chardonnay, Sangiovese / Merlot, Sangiovese
Von den Produkten des Verbunds aus Weingut (Terre di Ginestra), Kellerei (Calatrasi), Genossenschaft (San Cipiriello) und Joint Venture (mit dem australischen Giganten BRL Hardy) überzeugt vor allem die Linie D'Istinto durch gleichmäßige Qualitäten.

COS ***
Vittoria
14 ha; 25 000 Fl. • Weine: Cerasuolo di Vittoria, Frappato di Vittoria, Vignalunga, Ramingallo, Le Vigne di COS: Rosso, Bianco; Aestas Siciliae
Schwerpunkt liegt auf den Rotweinen der Appellation Cerasuolo di Vittoria. Daneben gibt es guten Chardonnay und Cabernet.

Marco de Bartoli – Vecchio Samperi *–******
Marsala
25 ha; 60 000 Fl. • Weine: Vecchio Samperi Riserva 20 Anni Solera, Moscato Passito di Pantelleria Bukkuram, Marsala Superiore: Oro Vigna La Miccia, Riserva 20 Anni Solera; Joséphine Doré, Zibibbo, Vigna Verde, Grappoli del Grillo, Rosso di Marco
Der Riserva Marsala Vecchio Samperi, ein nicht aufgespriteter Wein, dessen Alkoholgehalt und Dichte aus Überreife und Konzentration sowie bis zu 30-jähriger Fasslagerung stammen, setzte Maßstäbe.

Tenuta di Donnafugata **–****
Marsala
170 ha; 1 500 000 Fl. • Weine: Contessa Entellina, Igt Sicilia, Donnafugata: Bianco, Rosso, Rosato; Vigna di Gabri, → Chiarandà del Merlo, Tancredi, Damaskino, Moscato di Pantelleria, Lighea, Passito di Pantelleria Ben Ryé, Opera Unica, Milleunanotte
Vorwiegend trockene Weine mit Schwerpunkt auf weißen Sorten. Bester Wein des Betriebs: der im Barrique ausgebaute Chardonnay Chiarandà del Merlo.

Casa Vinicola Duca di Salaparuta *–****
Casteldaccia
ha n.n.; ZT; 9 500 000 Fl. • Weine: Corvo: Bianco, Rosso, Glicine, Novello, Spumante Brut; Terre d'Agala, → Colomba Platino, Bianca di Valguarnera, → Duca Enrico, Portale d'Aspra
Der rote Duca Enrico vom damaligen Önologen Franco Giacosa war der erste Wein der Insel, der höchste Bewertungen erhielt.

Vinicola Italiana Florio ***
Marsala
ha nn; ZT; 3 000 000 Fl. • Weine: Marsala Superiore: Secco Ambra, Riserva Targa 1840, Baglio Florio, Vergine Terre Arse; Morsi di Luce
Das Traditionshaus von Marsala, das zum Cinzano-Imperium gehört, zeigt wieder saubere, vielschichtige Marsala-Versionen (Önologe Marco Rabino).

Salvatore Murana **–****
Pantelleria
12 ha; 30 000 Fl. • Weine: Moscato Passito di Pantelleria: Mueggen, Khamma, Martingana; Moscato di Pantelleria Gadir
Neben verschiedenen Versionen des Moscato Passito, mal mehr Süß-, mal mehr Likörwein, produziert man einen sehr guten trockenen Moscato namens Gadir.

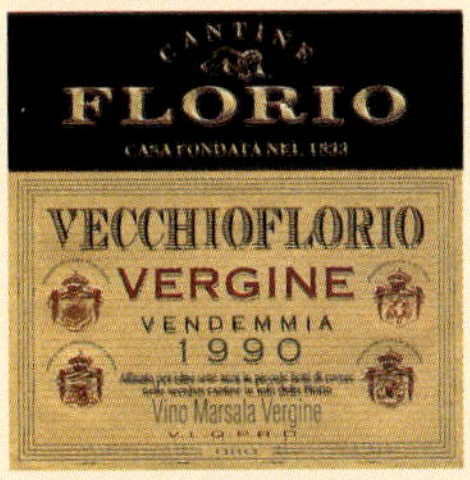

Planeta **–*****
Sambuca di Sicilia
ha n.n.; Fl. n.n. • Weine: La Segreta: Bianco, Rosso; Alastro, Chardonnay, Santa Cecilia, Merlot, Cabernet
Sortenreines aus französischen Sorten, darunter einer der besten Chardonnays Siziliens, sowie ausgewogene Verschnitte einheimischer und französischer Sorten.

Conte Tasca d'Almerita – Regaleali **
Sclafani Bagni
400 ha; 2 300 000 Fl. • Weine: → Cabernet, Chardonnay, Regaleali: Bianco, Rosso, Rosato, → Rosso del Conte, → Nozze d'Oro, Villa Tasca, Conti d'Almerita Crèmant, Almerita Brut
Standard für einheimische sizilianische Sorten. Der Rosso del Conte aus Nero d'Avola ist ebenso ein Klassiker wie der weiße Nozze d'Oro, beide mit außergewöhnlicher Alterungsfähigkeit. Aus neu angelegten Weinbergen auch ein exzellenter Cabernet und ein ebenso guter Chardonnay.

Abbazia Sant'Anastasia **–*****
Castelbuono
ha n.n.; Fl. n.n. • Weine: Santa Anastasia Rosso, Passomaggio, Baccante, Zurrica, → Litra
Der Betrieb in der Provinz Palermo überzeugt mit Weinen aus einheimischen wie aus französischen Sorten (Beratung Giacomo Tachis).

Settesoli *–***
Menfi
7500 ha; 13 000 000 Fl. • Weine: Settesoli: Bianco, Rosato, Rosso, Feudo dei Fiori, Bonera, Soltero Rosso, Chardonnay Sicilia, Nero d'Avola, Nero d'Avola/ Cabernet, Nero d'Avola/Merlot, Porto Palo Bianco
Die größte Genossenschaft und der größte Flaschenvermarkter der Insel keltert neben einfachen, sauberen Alltagsprodukten auch qualitativ interessante Sortenweine und Verschnitte.

Spadafora **–***
Palermo
90 ha; 200 000 Fl. • Weine: Igt Sicilia: DiVino Bianco, Don Pietro Rosso, → Schietto Rosso, → Incanto, Vigna Virzì: Rosso, Bianco; Bianco d'Alcamo
Vorzeigegut mit konstant hohem Niveau; herausragend der rote Schietto und der Süßwein Incanto.

Eine der ersten Adressen für Marsala: Florio

DEUTSCHLAND

Eckhard Supp

Weinkultur in Deutschland

Weinbau als systematische Rebkultur gelangte erst mit den Römern an Mosel und Rhein. Diokletian hatte Trier zunächst als Zwischenlager für den Handel mit römischen Weinen in Richtung britischer Provinzen bestimmt, aber bald wurde klar, dass die Produktion vor Ort ertragreicher als der Transport aus dem Süden sein konnte. Probus, ein Nachfolger Diokletians, initiierte die Rebkultur an den Moselhängen. Schon im 4. Jahrhundert waren die Hänge von Rhein und Mosel, die Hügel der Pfalz, der Bergstraße, sogar Frankens und Württembergs mit Reben bedeckt. Um 800 widmete sich Karl der Große dem Weinbau: Er förderte die Selektion qualitätvoller Rebsorten, ließ die besten Lagen bestimmen und erließ Gesetze zur Absicherung von Winzern und Händlern.

Die Schatzkammer des Klosters Eberbach im Rheingau

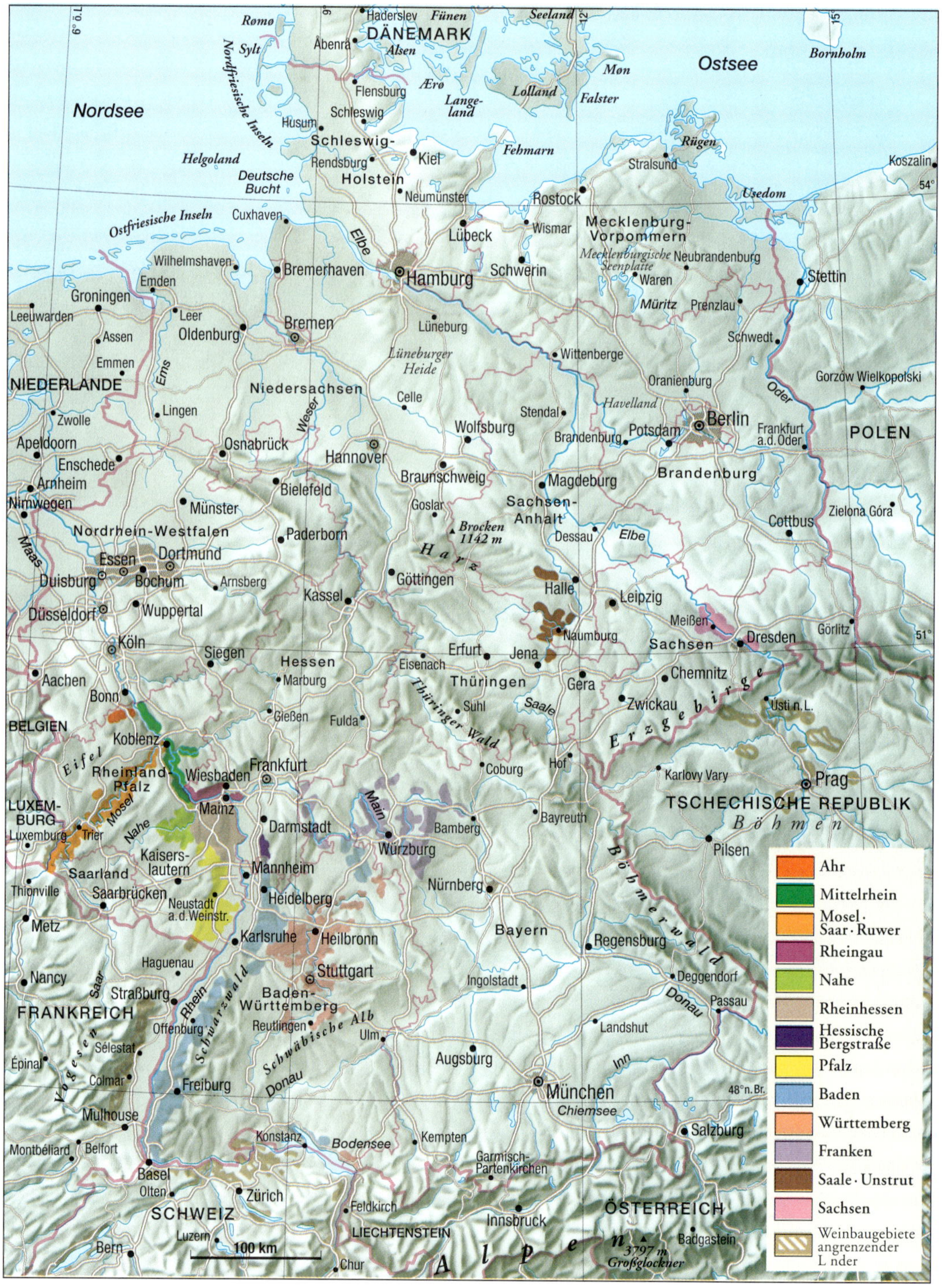

Nach der Jahrtausendwende übernahmen Klöster die Vorreiterrolle im Weinbau. Im 12. Jahrhundert gründeten Zisterzienser aus dem burgundischen Cîteaux das Rheingauer Kloster Eberbach, das zu Europas größtem und bekanntestem Weinbaubetrieb aufstieg. Bald waren deutsche Weine europaweit begehrt. Im 16. Jahrhundert sind als Rebfläche 300 000 Hektar verzeichnet – das Dreifache der heutigen Fläche – und der Pro-Kopf-Verbrauch an Wein betrug mit 120 Litern im Jahr fast das Fünffache der heutigen Menge.

Dem Rekord folgte die Krise. Eine drastische Verschlechterung des Klimas in Mitteleuropa und die Kriege, die den Kontinent erschütterten, zerstörten auch die Grundlagen des Weinbaus. Erst gegen Ende des 17. Jahrhunderts setzte ein ökonomischer Aufschwung ein.

Hatten die burgundischen Mönche zunächst auch den französischen Spätburgunder alias Pinot Noir auf deutschen Weinbergen kultiviert, so eroberte nun eine andere, weiße Sorte die Hänge von Mosel und Rhein – der Riesling. Er entwickelte sich durch sorgfältige Selektion zur Spitzenrebe.

Einen schweren Rückschlag erlitt der deutsche Weinbau in der zweiten Hälfte des 19. Jahrhunderts mit dem Vordringen der Reblaus aus Frankreich, wohin sie aus Amerika eingeschleppt worden war. Die Plage dezimierte die Rebfläche auf ein Drittel. Zwei Weltkriege und die Wirtschaftskrise der Zwischenkriegsjahre verhinderten bis in die 1950er Jahre einen wirklichen Neubeginn.

Zwischen Masse und Klasse

In den 1960er Jahren erlebte der Weinbau der damaligen Bundesrepublik seine vielleicht größte Expansion. Anfang der 1990er Jahre betrug die Rebfläche bereits mehr als 100 000 Hektar. Die Erträge stiegen im gleichen Zeitraum von 50 auf mehr als 100 Hektoliter pro Hektar: die Weinproduktion hatte sich in kaum drei Jahrzehnten mehr als verdoppelt.

Ermöglicht wurde dies durch verbesserte Methoden der Weinbergsarbeit, durch Mechanisierung und systematische Schädlingsbekämpfung, aber auch durch die Züchtung resistenter und ertragreicher Rebsorten. Da der Pro-Kopf-Verbrauch gleichzeitig 25 Liter im Jahr nicht überstieg, setzte die Weinwirtschaft verstärkt auf den Export. Dabei vertraute man vor allem auf Massenprodukte: halb- oder vollsüße Liebfrauenmilch von manchmal recht fragwürdiger Qualität wurde damals auf den wichtigsten Absatzmärkten in England oder Amerika zum Synonym für deutschen Wein schlechthin.

Auch das in seinen Grundlagen von 1971 stammende und in den 1990er Jahren vorsichtig revidierte Weingesetz trug nicht zur Hebung des Auslandsrenommees deutscher Weine bei. Durch den Verzicht auf Lagenklassifizierung und die gesetzliche Gleichstellung kleiner Spitzenlagen mit Großlagen ohne Qualitätspotential verwehrte es dem Konsumenten die notwendige Unterscheidungsmöglichkeit innerhalb des riesigen Weinangebots. Spitzenwinzer haben daher die Einführung von Lagenklassifizierungen nach französischem Muster gefordert. Die Idee ist allerdings umstritten und wird von jenen in Frage gestellt, die zwar keine Weinberge in klassifizierungswürdigen Lagen besitzen, aber durch ihre individuellen Anstrengungen Weine erzeugen, die zu den besten des jeweiligen Anbaugebiets gehören.

Individuelle Anstrengungen waren es auch, die den qualitativen Aufschwung der 1990er Jahre ermöglichten. Fast überall machten sich Winzer daran, Weine zu keltern, die den gestiegenen Anforderungen Rechnung trugen. Moderne Vinifizierungsmethoden und die Konzentration auf die besten Rebsorten ließen das Ansehen trockener wie süßer deutscher Weißweine international steigen. Auch der jüngste Trend ist viel versprechend: die Zunahme roter Sorten im Weinbergbestand sowie eine Vielzahl farbintensiver, komplexer und kräftiger Rotweine aus deutschen Kellern.

Gegenüber von Assmannshausen thront die Burg Rheinstein in den Weinbergen. Sie wurde um das Jahr 900 als Zollburg errichtet.

Bacchantin auf einer Schmucktafel an der Mosel

Rebflächen und Produktionsmengen der Weinbaugebiete
Stand 1998, Quelle: DWI und Enzyklopädie des deutschen Weins (Eno-Verlag)

Anbaugebiet	Rebfläche	Durchschnittliche Jahresproduktion in den 1990er Jahren
Ahr	520 ha	43 690 hl
Baden	15 761 ha	1 195 330 hl
Franken	6 062 ha	503 420 hl
Hessische Bergstraße	456 ha	37 660 hl
Mittelrhein	601 ha	72 830 hl
Mosel · Saar · Ruwer	11 785 ha	1 520 520 hl
Nahe	4 612 ha	362 520 hl
Pfalz	23 506 ha	2 420 710 hl
Rheingau	3 227 ha	246 130 hl
Rheinhessen	26 268 ha	2 552 790 hl
Saale-Unstrut	523 ha	17 920 hl
Sachsen	361 ha	13 430 hl
Württemberg	11 129 ha	1 114 050 hl
Gesamt	104 811 ha	10 101 000 hl

Weingesetz und Weinstile

Vinotheksweine vom Weingut Ratzenberger am Mittelrhein: alte Jahrgänge, die als Referenz eingelagert wurden

Qualitätsstufe	Mindest-mostgewicht	Mindest-alkoholgehalt
Tafelwein	44–50 °Oe	8,5 % vol
Landwein	47–53 °Oe	8,5 % vol
QbA	50–72 °Oe	7,0 % vol
Kabinett	67–82 °Oe	7,0 % vol
Spätlese	76–90 °Oe	7,0 % vol
Auslese	83–100 °Oe	7,0 % vol
Beerenauslese	110–128 °Oe	5,5 % vol
Trockenbeerenauslese	150–154 °Oe	5,5 % vol
Eiswein	110–128 °Oe	5,5 % vol

Deutsche Weine sind per Gesetz in vier Güteklassen gegliedert: Tafelweine und Landweine, Qualitätsweine bestimmter Anbaugebiete (Q.b.A.) ohne Prädikat und Prädikatsweine. Dabei entfällt der größte Anteil der Produktion auf die beiden letztgenannten Klassen. Abweichend vom französischen kennt das deutsche Weingesetz keine Klassifizierung auf geografischer Basis (Lagen), es differenziert Qualitätsweine bestimmter Anbaugebiete nur in Abhängigkeit vom Zuckergehalt des Traubenmosts. Die Prädikate sind: Kabinett, Spätlese, Auslese, Beerenauslese und Trockenbeerenauslese sowie der Eiswein als Sonderfall.

Mit Zucker angereichert werden dürfen nach deutschem Gesetz nur Tafel-, Land- und Qualitätsweine ohne Prädikat. Die Mindestmostgewichte für die jeweilige Qualitätsstufe schwanken je nach Anbaugebiet geringfügig und werden in Oechslegrad angegeben. Neben einem Mindestmostgewicht müssen fertige Weine auch einen Mindestalkoholgehalt aufweisen. Tafel- und Landweine dürfen dagegen einen Gesamtalkoholgehalt von 15 Volumenprozent nicht überschreiten.

Eine der Voraussetzungen für die Ermittlung der Qualitätsstufen des deutschen Weins schuf der Pforzheimer Physiker Ferdinand Oechsle (1774 bis 1852) mit der Erfindung der Senkwaage, auch Aräometer genannt. Dieser mit Quecksilber (oder Blei) beschwerte Glashohlkörper ähnelt mit seiner Skala einem Thermometer. Taucht man die Senkwaage in Wasser (spezifische Dichte 1), entspricht das Gewicht der verdrängten Menge dem Eigengewicht des Senkkörpers. Ändert sich durch die im Wasser des Mostes gelösten Stoffe die Dichte der Flüssigkeit, sinkt der Senkkörper weniger tief ein. So zeigt das Aräometer beim Traubenmost an, um wie viel Gramm ein Liter Most schwerer ist als ein Liter Wasser, wobei die Differenz auf den Zuckergehalt schließen lässt. Most mit einem spezifischen Gewicht von 1,050 hat 50 Oechslegrad (°Oe), was etwa sechs Volumenprozent potentiellem Alkohol entspricht.

Die Öchslewaage zum Bestimmen des Mostgewichts ist eine Senwaage, die das spezifische Gewicht des Mostes und damit seinen Zuckergehalt misst.

Wie der Wein beschaffen ist

Noch in den 1970er Jahren setzten deutsche Winzer wie Konsumenten auf Spätlesen. Billige, restsüße so genannte Prädikatsweine, die oft nur mit Süßreserve auf lieblich getrimmt wurden, hatten den Markt geradezu überschwemmt.

Lage, Großlage, Bereich

Der Begriff ›Lage‹ oder ›Einzellage‹ bezeichnet im deutschen Weingesetz gewöhnlich einen Weinberg von mindestens acht Hektar Größe, dessen Name, geografische Ausdehnung und Begrenzung definiert sind. Das Weingesetz legt fest, dass die Trauben einer Lage Weine mit gleichartiger Geschmacksrichtung ergeben müssen, damit eine Weinbergparzelle in den Genuss des Einzellagenstatus kommt.

Als Lagennamen werden seit der Mitte des 19. Jahrhunderts alte Flurbezeichnungen verwendet, wobei anfangs nur die auf Flaschen gefüllten Spitzenweine der großen Güter – vor allem Spät- und Auslesen – so gekennzeichnet wurden. Erst das Weingesetz von 1971 verhalf den Lagenbezeichnungen zum Durchbruch, indem es die Anzahl der gesetzlich anerkannten Namen drastisch reduzierte und für Qualitätsweine geografische Herkunftsbezeichnungen auf dem Etikett zur Vorschrift machte.

Neben den ›Einzellagen‹ definiert das Weingesetz ›Großlagen‹ (mehrere Einzellagen) und ›Bereiche‹ (mehrere Großlagen). Doch da Großlagen- und Bereichsnamen auf dem Etikett nicht von Einzellagennamen zu unterscheiden sind, ist für den Verbraucher nicht ersichtlich, welche Art von Herkunftsbezeichnung vorliegt. Kritisiert wird auch seit langem, dass nach dem deutschen Weingesetz eine Klassifizierung der Lagen nach Qualitätspotential, wie in Frankreich, nicht vorgesehen ist.

Sie waren nicht zu verwechseln mit den großen edelsüßen Kreszenzen aus überreifen, vom Botrytis-Pilz befallenen Trauben, die seit dem 18. Jahrhundert systematisch gekeltert wurden und bis in die erste Hälfte des 20. Jahrhunderts den Ruf deutschen Weins, besonders das hohe Renommee des Rheingauer oder Moselaner Rieslings in der Welt mitbegründet hatten. Dagegen war die süße Mode der 1960er und 1970er Jahre in gewisser Weise die Konsequenz des Massenweinbaus, dessen Produkte im kühlen deutschen Klima ohne die Dosis Zucker nur dünn und sauer gerieten.

1. Name des Weinguts
2. Jahrgang
3. Rebsorte
4. Prädikatsstufe bei Qualitätsweinen mit Prädikat (Spätlese, Auslese, Beerenauslese, Trockenbeerenauslese, Eiswein)
5. Geschmacksangabe
6. Lagenname (bzw. Großlage, Gemeinde, Bereich)
7. Qualitätswein mit Prädikat (bzw. Q.b.A., Tafel-, Landwein)
8. Anbaugebiet bei Qualitätsweinen (bzw. Tafel- oder Landweinen)
9. Amtliche Prüfnummer bei Qualitätsweinen
10. Abfüller (bei Erzeugerabfüllung Winzer und Adresse)
11. Nr. der Öko-Kontrollstelle
12. Nennvolumen der Flasche
13. Logo einer Winzergruppierung
14. Alkoholgehalt (auf 0,5 % gerundet)

Weniger Süsse ist mehr

Mitte der 1970er Jahre wurden trocken ausgebaute Weine ausländischer Provenienz – allen voran der elsässische Edelzwicker – zunehmend von den Verbrauchern akzeptiert, und qualitätsbewusste deutsche Winzer begannen ihre Weine trocken, bisweilen sogar ›staubtrocken‹ auszubauen: Sie durften praktisch keinerlei Restzucker enthalten und wurden nicht mehr mit Süßreserve ›verbessert‹ – was den säurebetonten Weinen von Mosel, Nahe und Rheingau nicht immer gut bekam. Trocken ausgebaute Weine aus südlicheren Gefilden waren da von Natur aus harmonischer, einfacher zu trinken als die deutschen Produkte.

Nach einem erneuten Umdenken besannen sich die Winzer langsam wieder auf die eigentlichen Kriterien für Weinqualität: Geschmacksfülle und Ausgewogenheit. Inzwischen wird eine schwache Restsüße durchaus toleriert, daneben erfreuen sich die edelsüßen Gewächse steigender Beliebtheit. Man versuchte die Weine im Stil ›internationaler‹ zu gestalten. Burgundersorten gewannen an Bedeutung und sogar Chardonnay-Stöcke hielten Einzug in deutschen Weinbergen; waren sie anfangs nur geduldet, sind sie mittlerweile sogar gesetzlich erlaubt. Man experimentierte mit Barrique-Ausbau und Säureabbau, und die besten Erzeuger des neuen Stils schlossen sich in einem Barrique-Forum zusammen.

Als Folge dieser Entwicklung hat sich der Weinstil deutscher Spitzenwinzer in ein breites Spektrum ausdifferenziert, wobei die individuelle Handschrift den Weincharakter heute oft stärker prägt als Lagenbesonderheiten oder die regionale Typizität. Gleichzeitig sorgte die wachsende Technisierung der Kellerarbeit dafür, dass hauptsächlich einfachere Weine immer uniformer gerieten – Mostpasteurisierung oder die Zugabe von Reinzuchthefen vor der Gärung sind nur zwei der Schlagworte in diesem Zusammenhang.

Deutschlands Weinpalette ist reicher, vor allem aber international konkurrenzfähiger geworden. Den klassischen, fruchtigen Rieslingen der nördlichen Anbaugebiete und ihren edelsüßen Spitzen sind kräftige, trockene, aber dennoch harmonische Weißweine und sogar ausdrucksvolle, reiche und runde Rotweine an die Seite getreten.

Auf dem Etikett

Etiketten deutscher Weine enthalten vorgeschriebene Angaben, die durch freiwillige Bezeichnungen ergänzt werden können. Zur ersten Kategorie gehören die Qualitätsstufe (Tafelwein, Landwein, Qualitätswein bestimmter Anbaugebiete *Q.b.A.* oder Qualitätswein mit Prädikat) und das Anbau- bzw. Herkunftsgebiet der Tafelweine. Außerdem müssen Abfüller bzw. Erzeuger (Winzer) und Ort der Abfüllung, Flaschenvolumen (Nennvolumen) und Alkoholgehalt angeführt werden. Qualitätsweine tragen zusätzlich eine amtliche Prüfnummer und eine ›Losnummer‹, die eine genaue Identifizierung der Füllcharge erlaubt. Bei Prädikatsweinen muss das Prädikat genannt werden.

So wie der Wein die Kreation des Winzers ist, so liegt die Gestaltung der Etiketten oft in den Händen erfahrener Künstler.

Zu den fakultativen Angaben zählen eine präzisere Herkunftsbezeichnung (Bereich, Großlage, Gemeinde oder Einzellage), die Namen von bis zu zwei Rebsorten, der Jahrgang, ein Hinweis, dass der Wein vom Erzeuger selbst abgefüllt wurde, der Name des Weinguts sowie Angaben zum Geschmack (trocken, halbtrocken, lieblich etc.).

Auszeichnungen, Trinkempfehlungen, Details zur Entstehung des Weins oder zum Weingut sind auf dem Hauptetikett nicht erlaubt. Flaschen mit Designeretiketten, die vielleicht nur den Namen des Weins, des Weinguts und den Jahrgang nennen, müssen ein zusätzliches Etikett mit den vorgeschriebenen Angaben tragen. Dieses oft völlig unscheinbare Rückenetikett ist dann das eigentliche Hauptetikett im Sinn des Weingesetzes.

Die wichtigsten Rebsorten

Deutschland ist vor allem Riesling-Land, aber auch ein Land der Rebzüchter. Hier wurden zahlreiche Rebsorten kreiert, die im 20. Jahrhundert auch in anderen Ländern Verbreitung fanden, wie etwa Müller-Thurgau oder Scheurebe. Dabei entstand eine solche Sortenvielfalt, dass heute nur Riesling und Müller-Thurgau wirklich nennenswerte Anteile der Rebflächen belegen. Drei weitere Sorten überschreiten noch die 5-Prozent-Marke, von den übrigen werden manche auf weniger als einem Prozent der Gesamtrebfläche kultiviert.

Riesling und Kreuzungen

Vermutlich ist der Riesling aus der Wildrebe *Vitis vinifera silvestris* hervorgegangen, die in den Wäldern am Oberrhein wuchs. Seit dem 11. Jahrhundert ist die Kultivierung der Traube hierzulande überliefert, richtig durchsetzen konnte sie sich aber erst im 17. und 18. Jahrhundert. Die besten Ergebnisse erzielt man in temperierten bis kühlen Klimazonen, wo die Bedingungen für eine möglichst starke Ausprägung der Aromen ebenso gegeben sind wie für eine ausgewogene Reife von Zucker und Säuren. Zusammen mit Chardonnay gilt Riesling als die charaktervollste weiße Rebsorte. Die spät reifende Sorte liefert den Stoff für jung und frisch zu trinkende Weine, für extrem alterungsfähige Kreszenzen sowie für komplexe, konzentrierte Dessertweine. Ihre Eigenschaft, bei zunehmender Reife die Säure zu behalten, macht sie zur idealen Sorte für Spät- und Auslesen.

Aufgrund seines aromatischen Charakters galt Riesling in Frankreich, wo sein Anbau westlich des Elsass verboten ist, noch bis ins vergangene Jahrhundert als eine Variante des Sauvignon Blanc, und tatsächlich können sich die Weine beider Sorten ähneln, wenn die Trauben voll- oder überreif geerntet werden.

Wie kaum eine andere Sorte nimmt Riesling die Charakteristika der Lage auf und bringt sie in seinen Weinen zum Ausdruck. Rieslingweine von den Schieferformationen der Mosel, den Lehm- und Lößhängen des Rheingaus, vom Rotliegenden in Rheinhessen, aus Baden, dem Elsass oder von den Urgesteinsformationen der österreichischen Wachau können sich deutlich voneinander unterscheiden. Die Stilrichtungen reichen dabei vom mineralischen oder fruchtigen Charakter bis hin zum honigbetonten Prädikatswein. Die Weine sind blassgelb mit grünlichen Reflexen, im höheren Prädikatsbereich auch gelb bis goldgelb. In der Nase sind sie feinfruchtig, sie duften nach Äpfeln, Pfirsichen, Grapefruit und anderen Zitrusfrüchten, im höheren Prädikatsbereich nach Honig und exotischen Früchten. Am Gaumen zeigen qualitätvolle Rieslinge rassige Säure und guten Körper – wird ihr gelegentlich niedriger Alkoholgehalt doch durch hohe Extraktwerte ausgeglichen –, und ihr Geschmack insgesamt ist fast immer intensiv.

In den letzten Jahrzehnten wurde auch in den Ländern der Neuen Welt verstärkt Riesling kultiviert. Kalifornien, Australien, Neuseeland und andere Länder versuchten es den Winzern von Rhein, Mosel und Donau gleichzutun. Der Welt zweitgrößte Rieslinganbaufläche besitzen jedoch die Länder der ehemaligen Sowjetunion. Wenngleich über die dort angebauten Reben kaum etwas bekannt ist, sind die Resultate bis auf wenige Ausnahmen jedoch eher enttäuschend. Meist ist das Klima zu mild, sodass die Trauben ihr Potential nicht ausreifen können: Die Weine geraten außerhalb Mitteleuropas eher neutral und ausdruckslos. Nicht selten müssen so genannte Rieslingweine völlig ohne Riesling auskommen, wie in Australien, wo der berühmte Hunter Riesling oft mit Sémillon-Trauben gekeltert wird.

Auch in Europa herrscht ein wenig Verwirrung, die nicht nur aus der Namenvielfalt des ›echten‹, des Weißen Rieslings stammt, der in Österreich auch Rheinriesling genannt wird. Schuld daran ist vielmehr der so genannte Welschriesling, in Italien Riesling Italico genannt, der allerdings eine vollkommen eigenständige Rebsorte darstellt und mit dem großen Riesling nichts gemein hat.

Mindestens ebenso beliebt wie der Riesling ist in Deutschland die Sorte Müller-Thurgau, eine Kreuzung aus Riesling und Gutedel, die 1882 von Hermann Müller aus Thurgau in Geisenheim

Die 12 meistverbreiteten Rebsorten

Sorte	Bestockte Rebfläche	Anteil an der Gesamtrebfläche
Riesling	22631 ha	21,8 %
Müller-Thurgau	21252 ha	20,4 %
Spätburgunder	8204 ha	7,9 %
Silvaner	7018 ha	6,8 %
Kerner	7011 ha	6,7 %
Portugieser	4718 ha	4,5 %
Bacchus	3316 ha	3,3 %
Scheurebe	3294 ha	3,2 %
Dornfelder	3218 ha	3,1 %
Grauburgunder	2565 ha	2,5 %
Trollinger	2551 ha	2,5 %
Schwarzriesling	2228 ha	2,1 %

gezüchtet wurde. Die früh reifende Sorte braucht fruchtbare Böden und bringt sehr hohe Erträge. Deshalb ist die ernsthafte Ertragsbegrenzung eine Grundvoraussetzung für gute Resultate. Gewöhnlich wirken ihre Weine mit der milden Säure weich und rund. Weine von nicht völlig ausgereiften Trauben weisen einen leicht aromatischen Ton (Muskatton) auf, der sich bei höherer Reife, oftmals schon nach zwei bis drei Jahren, verliert.

Aus der Kreuzung zwischen Trollinger und Riesling ist 1969 der Kerner hervorgegangen. Die Sorte gilt als robust und ertragssicher, daher ist sie heute in allen deutschen Weinbaugebieten anzutreffen. Ihre Weine wirken rieslingartig, ohne aber dessen Qualität erreichen zu können.

Der Silvaner war in den 1950er Jahren die mengenmäßig bedeutendste deutsche Sorte, nicht zuletzt weil er als Erster wirklich Ertragssicherheit versprach. Mit der Zeit wurde er in vielen Gebieten von Riesling, Kerner und Müller-Thurgau verdrängt, doch inzwischen steigt das Interesse an Silvaner-Weinen wieder. Sie sind im Bukett eher verhalten und am Gaumen kräftig bei moderater Säure.

1916 kreuzte Georg Scheu aus Silvaner und Riesling die nach ihm benannte Scheurebe (in Österreich auch als Sämling 88 bekannt). Im unteren Qualitätsbereich sind die Weine der starkwüchsigen, kalkverträglichen Sorte oft neutral, sie kann aber auch schöne süße Auslesen hervorbringen.

Aus Silvaner, Riesling und Müller-Thurgau ist Bacchus hervorgegangen. Die Sorte gibt hohe Erträge bei guten Mostgewichten, und ihre Weine zeigen oft einen leichten Muskatton, manchmal auch Ähnlichkeit mit dem Riesling.

Besonders markante Weißweine – im besten Fall extraktreich, dicht und würzig – bringt der Grauburgunder hervor, auch Ruländer, in Frankreich Pinot Gris und in Italien Pinot Grigio genannt. Mit seiner graurot gefärbten Schale ist er ein direkter Abkömmling des Pinot Noir.

Rote in der zweiten Reihe

Die beliebteste Rotweinsorte ist in Deutschland der Spätburgunder, in Österreich Blauburgunder genannt. Sie stammt aus Frankreich, wo sie als Pinot Noir den Ruf einer der besten Rotweinsorten überhaupt genießt. In Deutschland gedeihen die besten Spätburgunder-Weine an der Ahr, in Baden und im Rheingau.

Über Österreich kam der (Blaue) Portugieser nach Deutschland. Aus der frühreifen und ertragssicheren Sorte werden oft einfache Weine gekeltert, sie kann aber auch dichte und kräftige, fruchtbetonte Weine hervorbringen. Portugieser wird gern für Weißherbst verwendet.

Der Dornfelder ist eine Kreuzung aus den Sorten Helfensteiner und Heroldrebe, die Weine weisen kräftige Säure und würzige Frucht auf. Ursprünglich wurde sie gezüchtet , um andere Sorten mit intensiver Farbe zu verbessern. Dennoch konnte sie sich als eigenständige Sorte behaupten und wird gelegentlich in der Sektproduktion verwendet.

Trollinger, der italienische Schiava oder der Südtiroler Vernatsch, ist die Lieblingssorte der Württemberger, wo sie bekannt und heute auch am weitesten verbreitet ist. Die Weine sind hellrot, fruchtig und zeichnen sich durch ihre markante Säure aus. In anderen Regionen Deutschlands wird der Trollinger wegen seiner extrem späten Reife nicht sehr gerne angepflanzt.

Der Schwarzriesling ist entgegen seinem Namen nicht mit dem Riesling verwandt, sondern gehört zur Familie der Burgunderreben (in Frankreich kennt man ihn als Pinot Meunier). Er ist vor allem in Württemberg beliebt und ähnelt trotz der intensiveren Farbe und des kräftigeren Charakters ein wenig dem Spätburgunder.

Alte Rieslingstöcke liefern, besonders wenn sie in biologischem Anbau gepflegt werden, konzentrierte Weine, die ihrem Terroir Ausdruck geben.

Weissweinbereitung

293.—Wine-Press. (Cotton MS.)

Diese mittelalterliche Grafik illustriert die drei wichtigsten Arbeiten der Weinbereitung: Zunächst wurden die Trauben gelesen, dann mit den Füßen gemaischt und schließlich in der Tischkelter gepresst.

Früher war alles so einfach: Da wurden die Trauben schon im Weinberg in der Bütte gemahlen, die Maische dann ins Kelterhaus gefahren und anschließend in der Korbkelter gepresst, auf dass die Hefen im großen, oft uralten Stückfass, an der Mosel war es das Fuder, mit der Arbeit beginnen konnten. Waren die Trauben gesund, ergab das einen klaren, sauberen Most und einen wundervollen, sorten- und lagentypischen Wein. Leider ging nicht immer alles gut, und so ersann man unzählige Tricks, um dem Traubenmost auf die Sprünge zu helfen. Viele der Techniken kamen aus Übersee, wo die Forschung schon lange die Weinbergs- und Kellerarbeit revolutioniert hatte. Die anfänglichen Erfolge führten mit der Zeit zu einer grenzenlosen High-Tech-Gläubigkeit. Pumpen und Schläuche, Stahltanks zur temperaturkontrollierten Gärung, Zentrifugen, Cross-Flow-Filter, Reinzuchthefen, Bakterien, Enzyme und zuletzt Konzentratoren, die nach dem Verdampfungs- oder dem Osmose-Verfahren arbeiten, eroberten die Keller, während im Weinberg immer bessere Maschinen für den Rebschnitt, die Laubarbeit und schließlich auch für die Lese sorgten.

Segnungen der Technik

Vor allem in Großkellereien hat der Traubensaft einiges zu erdulden: Er wird im Separator gefiltert, vielleicht noch pasteurisiert, damit kein Rest Wildhefe überlebt. Anschließend gärt er mit exotischen Aromahefen aus Australien oder Amerika, um die Primärfrucht zu betonen, auch wenn dieser Fruchtcharakter oft nach wenigen Monaten zusammenfällt. Die Säureumwandlung wird mit Starterkulturen der entsprechenden Bakterien oder Enzyme in Gang gesetzt, und vor der Sterilfüllung kommt noch ein Mikrofilter zum Einsatz. Solche Weine zeigen kaum noch Weinfehler, aber auch immer weniger Individualität. Zuerst verloren sie nur ihre Lagen- oder Jahrgangsmerkmale, dann gelegentlich den Sortencharakter. Saubere, geruchs- und geschmacksneutrale Weine sind das verdiente Resultat dieser Kellerwirtschaft.

Mehr Respekt den Trauben

Als Anfang der 1990er Jahre in der Massenproduktion die Mechanisierung und der Einsatz von chemischen Hilfsmitteln, Enzymen und Aromahefen noch immer vorangetrieben wurde, be-

Edelstahltank-Batterie, WG Brackenheim, Württemberg

Blick in den Keller des Weinguts Haarti in Piesport an der Mosel

Barriques und Fuderfässer im Weingut Koehler-Ruprecht in der Pfalz

Die Weinlese wird auch in Zukunft in Steillagen – hier in Piesport an der Mosel – Handarbeit bleiben.

sann sich die Elite schon auf die eigentlichen Qualitäten ihrer Weine. So schonende Behandlung des Traubenguts wie möglich bei gerade so viel Technisierung wie nötig ist nun die Devise, wie etwa die Ganztraubenpressung (ohne vorheriges Entrappen oder Einmaischen) zeigt. Selbst Maischestandzeiten, die den Weinen mehr Struktur und Alterungsfähigkeit geben, sind wieder ›erlaubt‹ und nicht länger Zeichen einer hoffnungslosen Rückständigkeit.
Um restsüße Weine zu erzeugen, unterbricht man die Gärung (durch Druck oder Kälte und Filtrierung), da so die sortentypischen Aromen erhalten bleiben. Vor allem aber werden nach den Rotweinen nun auch die Weißweine – besonders die Burgundersorten – versuchsweise im Barrique ausgebaut. Derzeit sind die deutschen Winzer in einer begrüßenswerten Experimentierlaune. Das Standardmodell der Weißweinbereitung gehört damit wohl endgültig der Vergangenheit an.

Saure Trauben

Deutschlands Weinbaugebiete gehören zu den nördlichsten der Erde. Die Jahresdurchschnittstemperatur ist hier niedriger als in Italien, Spanien oder großen Teilen Frankreichs, die Sonnenscheindauer geringer. Während im Süden meist säurearme Moste und Weine zusätzlich gesäuert werden müssen, haben deutsche Winzer eher mit einem Säureüberschuss zu kämpfen.
Moderne Kellertechnik kennt hauptsächlich zwei Methoden, der Säure im Most oder Wein Herr zu werden: Entsäuerung durch Zusatz von kohlensaurem Kalk und biologische Säureumwandlung, bei der die aggressivere Äpfelsäure, neben der Weinsäure Hauptbestandteil des Gesamtsäuregehalts, durch Enzyme und Bakterien in Milchsäure und Kohlensäure aufgespalten wird (malolaktische Gärung).
Nun gehört ein gewisses lebendiges Säurespiel zu den besten Eigenschaften deutscher Weißweine: Die richtige Menge und die richtige Art von Säure, vor allem die fruchtige Weinsäure, verleihen ihm Frische und tragen zu seiner Alterungsfähigkeit bei. Die biologische Säureumwandlung hat gegenüber der chemischen Entsäuerung den Vorteil, dass sie nur die Äpfel-, nicht die Weinsäure antastet. Zudem lassen sich die störenden Milch- oder Joghurttöne, die früher nach der Säureumwandlung den Wein beeinträchtigen konnten, heute mit speziellen Enzymen vermeiden.
Während in größeren Kellereien viel mit malolaktischer Gärung gearbeitet wird, um die Weine runder oder ›internationaler‹ zu machen, lehnen Spitzenwinzer inzwischen beide Methoden ab. Da der Säuregehalt als Folge zu früher Ernten (um völlig gesundes Traubengut zu erhalten) so hoch ist, gibt es ihrer Ansicht nach nur ein Rezept für runde, gehaltvolle Weine: mit der Ernte zu warten, bis die Trauben voll ausgereift sind.

Mechanische Konzentratoren

Bestrebungen, den Traubenmost – vor allem seinen Zuckergehalt, aus dem bei der Gärung Alkohol entsteht – zu konzentrieren, hat es immer schon gegeben. In Frankreich praktiziert man die *saignée* (das Ausbluten), wobei den eingemaischten Rotweintrauben etwas Saft entnommen wird, um dadurch den restlichen Most, der anschließend auf den Traubenschalen gärt, farbintensiver und inhaltsreicher zu machen.
In Österreich und in den Mittelmeerländern wird der Wein konzentriert, indem man die Trauben nach der Ernte eine gewisse Zeit trocknen lässt – eine Vorgehensweise, die in Deutschland per Weingesetz untersagt ist. Die so entstehenden ›Strohweine‹ sind oft sehr süß oder wie der italienische Amarone alkoholbetont.
Seit nunmehr zehn Jahren wird vor allem in Frankreich mit mechanischen Konzentratoren experimentiert. Dabei kommen im Wesentlichen zwei Verfahren zum Einsatz: Im Vakuumverdampfer wird dem Most bei 25–30 °C Wasser entzogen; bei der so genannten Umkehr-Osmose wird der Most unter hohem Druck auf eine Membrane gepresst, die je nach Größe ihrer Poren bestimmte Moleküle zurückhält. So lassen sich Wassermoleküle, aber auch unerwünschte Nebenprodukte der Gärung wie flüchtige Säure oder andere Stoffe aus dem Wein herausfiltern.
Der Vorteil dieser Methode liegt auf der Hand. War zum Beispiel der Jahresverlauf bis auf ausgiebige Regenfälle unmittelbar vor der Ernte zufrieden stellend, kann nun dem Most das überschüssige Wasser wieder entzogen werden. Droht der Wein durch Bakterieneinwirkung fehlerhaft zu werden, lässt sich dies nachträglich korrigieren. Doch auch die Nachteile sind nicht zu leugnen: Zum einen wird der Most oder der fertige Wein einer recht gewaltsamen Behandlung unterzogen, die in deutlichem Widerspruch zu den schonenden Kellerverfahren steht, auf die Spitzenwinzer so viel Wert legen. Zum anderen nivelliert die Mostkonzentration Jahrgangs- und Herkunftsunterschiede. Die Weine werden über die Jahre hinweg und in verschiedenen Lagen oder Anbaugebieten immer uniformer.
Das deutsche Weingesetz, das Qualitätsstufen nach dem Oechslegrad des Mostes definiert, könnte so in seiner Substanz ausgehöhlt werden. Statt zu warten, bis die Trauben am Rebstock die notwendige Reife erreichen, ließen sich Auslesen oder Beerenauslesen mit hohen Mostgewichten einfach im Keller produzieren.

Mosel · Saar · Ruwer

Die Mosel

Das Tal der Mosel ist eine der eindrucksvollsten Weinlandschaften der Welt. In zahlreichen Mäandern zieht der Fluss zwischen Hunsrück und Eifel Richtung Nordwesten, dem Rhein entgegen, und seine steilen Hänge sind fast überall dicht mit Reben bepflanzt. Die Mosel bringt die vielleicht charakteristischsten Weine Deutschlands hervor, ihre feinfruchtigen, trockenen, lieblichen oder edelsüßen Rieslinge sind unerreicht. Von lebhaftem Säurespiel unterstützt, entfalten sie ein Feuerwerk fruchtiger oder mineralischer Aromen.

Grund dafür ist die Kombination aus extremer geografischer Lage und idealem Kleinklima der Steilhänge, wo die Sonne jede Traube erreicht. Ihre Wärme wird noch von den Devon- und Tonschieferböden gespeichert, die über weite Strecken den mittleren und unteren Flusslauf begleiten, während an der Obermosel Muschelkalkformationen vorherrschen. Mit der temperierenden Funktion der Wasserfläche ergibt sich ein Klima, das die Wärme zur Traubenreife bietet und mild genug ist, um die aromatischen Charakteristika des Rieslings voll zur Geltung kommen zu lassen.

Ausgewählte Einzellagen
1 Nies'chen
2 Braune Kupp
3 Kupp
4 Bockstein
5 Rausch
6 Würtzberg

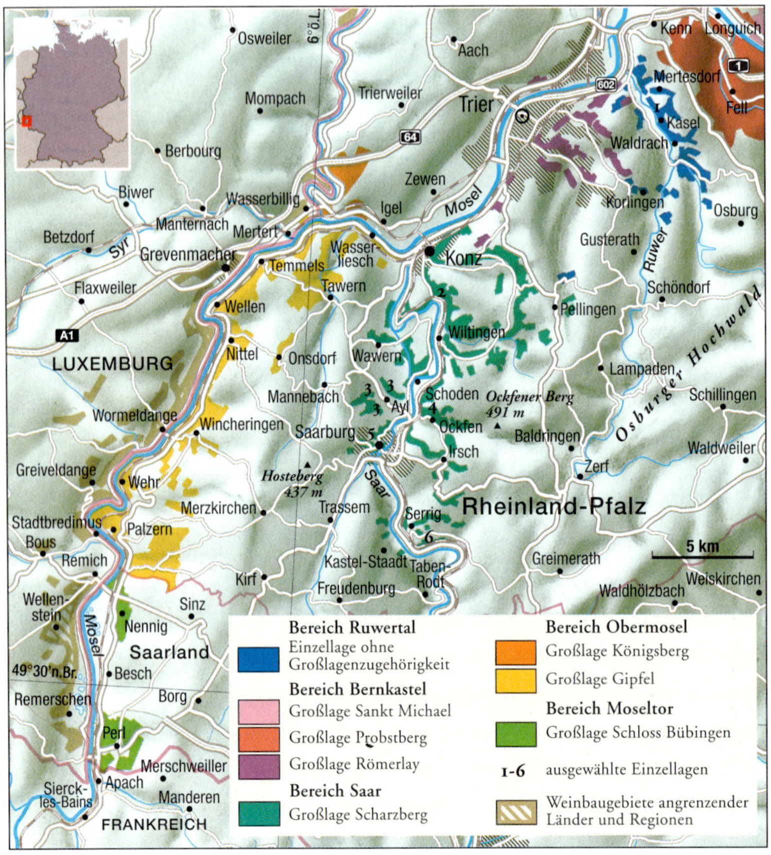

Die Arbeit des Winzers an den teilweise extremen Steilhängen ist überaus mühsam. Oftmals wachsen die Rebstöcke auf schmalen, fast unzugänglichen Terrassen, die jeden Versuch einer Mechanisierung der Arbeit im Keim ersticken. Zwar wurden in den letzten Jahren an der unteren Mosel kleine Einschienenbahnen gebaut, mit denen die Winzer bequem auch in die höchstgelegenen Parzellen gelangen, doch das hat die Arbeitsintensität kaum verringert. Noch immer beträgt sie in diesen Lagen das Fünf- oder gar Zehnfache dessen, was in Flachlagen investiert werden muss. Dennoch sind Moselweine im Durchschnitt die preiswertesten der gesamten Republik – einige Versteigerungsweine renommierter Weingüter nicht mitgerechnet –, und die Hektarerträge sind hier mit bis zu 123 Hektolitern die höchsten.

Diese Situation, die in den 1960er und 1970er Jahren entstand, hat ihre Ursachen in der Mentalität der Moselwinzer wie auch in der Geschichte des Weinbaus der Region. Nachdem die großen kirchlichen Domänen in der Säkularisierung aufgelöst worden waren, konnte sich hier der mächtigste Weinhandel Deutschlands etalieren. Heute beheimatet das Moseltal ein halbes Dutzend der größten Weinkellereien des Landes, die neben den Moselweinen nahezu alles in Flaschen füllen, was in Europa und darüber hinaus aus Trauben produziert werden kann.

Riesling und Elbling

Wer an die Mosel und Rieslinge denkt, vergisst, dass nur jeder zweite Rebstock des Anbaugebiets ein Rieslingstock ist. Der Müller-Thurgau stellt knapp 20 Prozent des Rebenbestands und die alte einheimische Sorte Elbling, früher vor allem als Sektgrundwein beliebt und in den letzten Jahren neu bewertet, immerhin fast zehn Prozent.

Der vielleicht ursprünglich römische Elbling hat sich vor allem an der Obermosel, zwischen Trier und der luxemburgischen Grenze, gegen den allgegenwärtigen Riesling behaupten, wenn auch nicht mit ihm messen können. Die Sorte ergibt heute frische, geradlinige, meist trockene Q.b.A.-Weine, die mit ihren neutraleren Fruchtaromen zur Spezialität der Gegend geworden sind.

Zentrum des Weinbaus an der Oberen Mosel ist Trier. Die Bischöflichen Weingüter, die Stiftung Staatliches Friedrich-Wilhelm-Gymnasium oder die Vereinigten Hospitien bilden mit ihren altehrwürdigen Kellern einen wohltuenden Kontrast zu den großen modernen Sektfabriken.

Die Saar

Der Oberlauf der Saar bildet den natürlichen Rahmen des südlichsten Teils der Weinregion Mosel · Saar · Ruwer, der etwa auf gleicher Höhe mit dem südlichen Rheinhessen oder der nördlichen Pfalz liegt, aber dennoch als ausgesprochen nördliches Weinbaugebiet gilt. Weine von der Saar sind oft stark säurebetont, aber sie können in guten Jahren auch zu den finessenreichsten des Anbaugebiets gehören. Der Grund für den reschen Charakter der Saar-Rieslinge ist in der Gestaltung der Weinberge zu suchen, die mit ihrer weit geringeren Hangneigung und ihrer nur selten nach Süden orientierten Ausrichtung sehr viel weniger Wärme und Licht der Sonne aufzufangen in der Lage sind als die viel weiter nördlich gelegenen Hänge der mittleren Mosel.

Im Unterschied zum großen Moseltal mit seinen Monokulturen sind die Rebflächen hier auch weit spärlicher gesät. Berühmt sind die Weine vom Wiltinger Scharzhofberg – nicht zu verwechseln mit der Großlage Scharzberg, mit der das deutsche Weingesetz den Verbraucher zu verwirren sucht –, dessen strikte Südausrichtung und Schiefer-Verwitterungsböden aus dem Devon-Zeitalter zusammen mit extremen Temperaturschwankungen und den uralten, zum Großteil noch wurzelechten Rebstöcken für Weine sorgen, die speziell im höheren Auslesebereich unübertroffene Bukettfülle und Komplexität besitzen.

Auch der Saarburger Rausch, wo sich roter Lehm in den Schiefer mischt, liefert Trauben, die selbst höchste Zuckerkonzentrationen mit ihren feinziselierten Fruchtnoten mehr als kompensieren. Serriger Würtzberg, Ockfener Bockstein und Wiltinger Braune Kupp besitzen wie auch die Ayler Kupp eigentlich ein sehr hohes Qualitätspotential, das aber wie etwa bei der Ayler Kupp durch das Aufblähen der Einzellage im Weingesetz von 1971 verwässert wurde und auch heute von nur wenigen Winzern wirklich genutzt wird.

Die Ruwer

Der obere Lauf der Ruwer liegt nur wenige Kilometer von dem der Saar entfernt, aber die Weine beider Gebiete unterscheiden sich recht deutlich. Das kleinste Teilgebiet von Mosel · Saar · Ruwer liefert Gewächse, die in kühleren Jahren extrem säurebetont sein können, was den Weinfreund vor allem in den Jahren des übertrieben trockenen Ausbaus gelegentlich auf eine ziemlich harte Gaumenprobe stellte. Dabei zeigen sie jedoch in guten wie in schlechten Jahren immer ausgeprägten Fruchtcharakter, der vor allem im höherwertigen Prädikatsbereich voll zur Geltung kommt. Die besten Weine stammen vom Grünhäuser Abtsberg sowie von Karthäuserhofberg, Lorenzhofer Felslay und Kaseler Nies'chen und wachsen auf Grau- und Rotschieferböden. Obwohl die Ruwer nur wenige Weingüter besitzt, haben die wenigen, die hier Spitzenweine erzeugen – Maximin Grünhaus, Karthäuserhof und Karlsmühle – Weltruf.

Links:
In Ockfen an der Saar, nahe bei Saarburg, eignen sich lehmhaltige Schieferverwitterungsböden für gut konzentrierte, feinfruchtige Weine.

Rechts:
Dieses Weinberghäuschen an der Saar erinnert an die Zeiten, als die Winzer ihre Weinberge nur zu Fuß erreichen konnten und bei schlechtem Wetter oder für die Nacht dort Schutz suchen mussten.

Weingut mit großer Tradition – Maximin Grünhaus an der Ruwer

Süssweine

Deutschlands international gesuchteste Spezialitäten sind seine Süßweine, an erster Stelle der sagenumwobene Eiswein. Süße Auslesen, Beeren- oder Trockenbeerenauslesen gelingen weltweit selten so gut wie in Deutschland: im österreichischen Burgenland etwa, im Sauternes-Gebiet bei Bordeaux oder auch im ungarischen Tokaj.

Die Mosel, die flussnahen Rebhänge an Rhein oder Main eignen sich wegen ihres raschen Wechsels von feuchter Kühle und sonniger Wärme in den Herbstwochen besonders für die Produktion von Beeren- und Trockenbeerenauslesen, wohingegen Eisweine in den meisten niedrigen und deshalb kälteren Lagen gelesen werden können.

Voraussetzung für höherwertige Prädikatsweine ist, dass die Trauben so lange am Stock hängenbleiben, bis sie eine Zuckermenge akkumuliert haben, die während der Gärung nicht mehr vollständig in Alkohol umgewandelt werden kann. Während Beeren- und Trockenbeerenauslesen die Resultate von *Botrytis cinerea* sind, jenes Pilzes, der auf den Beeren die sogenannte Edelfäule bildet, ist der Eiswein ein Kind der Nacht und der Kälte.

Die zerstörerische Kraft des Botrytis-Pilzes kann sich unter optimalen klimatischen Bedingungen in ihr Gegenteil verkehren. Mit seinen Sporen perforiert er die mit fortschreitender Reife dünner gewordenen Beerenschalen seiner Opfer und bewirkt so ein Verdunsten des Wassers im Fruchtfleisch. Das Ergebnis ist eine noch höhere Konzentration von Zucker und Säure beziehungsweise Aroma- und Geschmacksstoffen in den ohnehin schon extraktreichen Beeren.

Um die edelfaulen oder gar rosinenartig eingetrockneten Trauben – oft handelt es sich nur um einzelne optimale Beeren an einer Traube – auszulesen, gehen sorgfältig arbeitende Winzer im Herbst oft mehrmals durch den Weinberg. Zwar erlaubt es der Wetterverlauf im deutschen Herbst selten, wie auf dem berühmten Sauternes-Château Yquem die Trockenbeeren in bis zu zehn Lesedurchgängen zu ernten, aber zwei, drei oder vier Passagen können es durchaus werden.

Eiswein: ein nächtliches Abenteuer

Natürlich lassen sich nicht jedes Jahr Weine aus überreifen oder edelfaulen Trauben erzielen, auch wenn heute die moderne Technik mit ihren mechanischen Konzentratoren diese alte Winzerregel grundsätzlich außer Kraft gesetzt hat. Jahrgangsunterschiede, das liegt auf der Hand, sind aber bei der zweiten Art Süßweine, den Eisweinen, noch viel bedeutsamer. Für Eiswein ist es kein Kriterium, dass die Trauben vom Botrytis-Pilz befallen sind. Die Beeren müssen bei der Lese und auch

Eisweinlese heißt Nachtarbeit

Frostiger Morgen bei -16 °C

Beeren im Eispanzer

Folien schützen die Trauben am Rebstock

Noch gefroren kommen die Trauben in den Keller

Auslesen der Trauben von Hand vor dem Pressen

Die Weltrekorde des Egon Müller

Da haben die meisten der Moselwinzer ernste Schwierigkeiten, halbwegs befriedigende Erlöse für ihre Weine zu erzielen und suchen ihr Heil deshalb in möglichst großen Produktionsmengen – und der Winzer vom Wiltinger Scharzhof an der Saar versteigert seine Kreszenzen für zwei-, drei- oder gar viertausend Mark die halbe Flasche.
Dass einer der bekannteren Weinkritiker seine trockene Produktlinie einmal als »Katastrophe« betitelte, ficht Müller Junior, der das Gut schon seit geraumer Zeit leitet, kaum an. Er produziert eben keine trockenen Weine mehr. Dafür keltert er aber umso erstaunlichere Süßweine, und diese Flaschen werden gehandelt wie Preziosen. Das gilt vor allem für die goldbekapselten Beeren- und Trockenbeerenauslesen sowie für die seltenen Eisweine, die in Ausdrucksreichtum und Alterungsfähigkeit kaum ihresgleichen finden.
Von der Gesamtproduktion des Gutes am Fuß des Scharzhofbergs – einer der grandiosesten Rieslinglagen der Welt – werden lediglich fünf Prozent auf den jährlichen Versteigerungen des Großen Rings in Trier feilgeboten. Aber bei Preisen von 450 Mark für den kleinsten Kabinettwein und 4700 Mark für eine Trockenbeerenauslese – das ist der Weltrekord bei Jungweinen, bei Altweinen hat Müller vor kurzem 13 000 Mark für eine 1959er Trockenbeerenauslese erzielt – sichern schon diese wenigen Flaschen leicht einen großen Teil des Umsatzes am Scharzhof.
Durch Versteigerungserlöse und Weinqualitäten ist der Name Müller international bekannt. Natürlich weiß auch Müller, dass solche Preise ein Markt- und Modephänomen sind, das sich aus dem Renommee der Lage und der Klasse der Weine allein nicht mehr erklären lässt. »Die Versteigerungspreise hängen von vielen Faktoren ab, die wir oft kaum beeinflussen können. Derzeit sind sie beispielsweise so hoch, weil viele Amerikaner, die sich in den Zeiten des schwachen Dollars merklich zurückgehalten hatten, wieder mitbieten.«

während des Kelterns gefroren sein. Nur dann bleibt das Fruchtwasser in Form von Eiskristallen beim Pressen in der Kelter, während tropfenweise der konzentrierte Saft abläuft.
Sieben, acht, besser noch zehn oder zwölf Grad unter Null sollten es schon sein, damit die Trauben durch und durch gefrieren. Der Winzer, der einen Teil seiner Trauben in der Hoffnung auf eine Eisweinernte hängen ließ, ist bei Winteranfang ständig auf der Hut. Sobald das Thermometer in der Nacht unter die magische Grenze fällt, ruft er sein Leseteam zusammen, das noch vor der Morgendämmerung beim Schein von Lampen die Ernte einbringen muss.
Im Unterschied zu den edelfaulen Trauben, in denen der Säuregehalt mit zunehmender Reife gesunken ist, besitzen Eisweintrauben, wenn sie gesund waren, eine recht hohe Säure, die durch das Auskristallisieren des Wassers genauso konzentriert wird wie der Zucker und die Aroma- und Geschmacksstoffe. Vor allem in den nördlicheren Gebieten, wie an der Mosel, der Saar oder auch am Mittelrhein, zeigen Eisweine deshalb oft eine ausgeprägte fruchtige Säure, während in den meisten anderen Gebieten etwas üppigere, vollere Kreszenzen gekeltert werden. Hohe Extraktwerte, hohe Säure und noch höhere Süße sowie Honig-, Rosen-, Quitten- und exotische Fruchtaromen charakterisieren wirklich gute Eisweine zusätzlich zu den sortentypischen Noten.

Der Eiswein vom Maximin Grünhäuser Abtsberg der C. von Schubert'schen Schlosskellerei in Mertesdorf an der Ruwer gehört zu den legendärsten Süßweinen Deutschlands.

Ohne Risiko keine Schätze

Zur Produktion von edelsüßen oder Eisweinen eignet sich eine ganze Reihe von Rebsorten, darunter auch solche wie die Scheurebe oder der Rieslaner, die als einfache, trockene Qualitätsweine kaum der Rede wert sind, im höheren Prädikatsbereich aber ungeahnte geschmackliche Eigenschaften entfalten. Die Rebsorte schlechthin für die Produktion von Süßweinen ist der Riesling, eine der wenigen, die auch bei fortschreitender Reife einen Gutteil ihrer Säure bewahren, welche dem fertigen Wein Biss und Struktur zu verleihen vermag.
Größtes Risiko – Stare lieben süße Trauben, und kräftiger Regen ruiniert eine Parzelle, die für Eiswein vorgesehen war, ebenso schnell wie gründlich – und aufwendigste Kellerarbeit bei geringsten Produktionsmengen erhöhen die Kosten für diese Art Wein erheblich. So ist es kein Wunder, dass Beeren- und Trockenbeerenauslesen genau wie Eisweine zu den teuersten Weinen überhaupt gehören. Liebhaber dieser edelsten Kreszenzen sind leichten Herzens bereit, große Summen für eine halbe Flasche zu zahlen, um sie nach langen Reifejahren tropfenweise zu genießen.

Großer Ring und Bernkasteler Ring

Der Große Ring der Prädikatsweinversteigerer von Mosel, Saar und Ruwer wurde Anfang des 20. Jahrhunderts vom Bürgermeister der Stadt Trier gegründet, wo die jährlichen Versteigerungen noch heute abgehalten werden. Im Großen Ring sind allein die Mitgliedsbetriebe des Regionalverbands Mosel · Saar · Ruwer und des Verbands der Deutschen Prädikatsweingüter zusammengeschlossen. Eine Reihe von Spitzenbetrieben der Mosel, die nicht dem VDP angehören, haben sich im Bernkasteler Ring zu einer ähnlichen Gruppierung formiert. Die mit Abstand höchsten Versteigerungserlöse werden jedoch noch immer auf den jährlichen Auktionen des Großen Rings erzielt.

Mittelmosel und Terrassenmosel

Mittelmosel

Die Mittelmosel, der mit der jüngsten Änderung in der Bereichseinteilung auch noch die Trierer Lagen zugeschlagen wurden, ist der bekannteste und bei Ausflüglern beliebteste Teil der Mosel. Das hat seinen Grund, denn das schmale, mäandrierende Flusstal mit seinen engen Kehren bei Trittenheim, Piesport, Zeltingen oder Traben-Trarbach bietet mit seinen kilometerlangen, geschlossenen Weinbergflächen immer wieder eindrucksvolle Panoramen, die das Bild der Mosel in der ganzen Welt geprägt haben.

Die vorherrschenden Grau- und Rotschieferböden verleihen zusammen mit der idealen süd- bis südwestlichen Ausrichtung der Hänge den Rieslingen außerordentliche Fülle und inneres Gleichgewicht. Die Weine geraten hier gehaltvoller als an der oberen Mosel und können bisweilen sogar recht kräftig ausfallen. Dabei lassen sich zwischen den jeweiligen Spitzenlagen der Mittelmosel durchaus Unterschiede im Weincharakter feststellen. Die Rieslinge von der Trittenheimer Apotheke sind gehaltvoll bei viel Finesse. Noch kräftiger fallen die des Piesporter Goldtröpfchens aus, wobei man allerdings berücksichtigen muss, dass diese Lage durch das Weingesetz zu stark aufgebläht und um weniger wertvolle Parzellen erweitert wurde. Die Brauneberger Juffer-Sonnenuhr, eine der renommiertesten Lagen überhaupt, sorgt mit ihren überwiegend sehr trockenen Böden für exzellente Weine auch in feuchten und kühlen Jahrgängen.

Nahezu ebenso gut wie die Weine der Juffer-Sonnenuhr sind die des Kestener Paulinshofbergers, auch wenn das Potential dieser Lage von kaum einem Winzer wirklich genutzt wird. Die teuerste Weinlage Deutschlands – sicher auch eine der teuersten der Welt – ist der Bernkasteler Doctor, der Weine von großer Eleganz hervorbringt. Die Gemeinden Wehlen und Zeltingen teilen sich in die berühmte Sonnenuhr, wobei Wehlen eindeutig den hochwertigeren Teil besitzt. Nicht zufällig ist in der Gemeinde auch eine ungewöhnlich große Zahl Spitzenwinzer ansässig. Wieder anders fallen die Weine von den etwas weiter flussabwärts aufsteigenden Lagen des Ürziger Würzgartens mit seinen roten Sandsteinböden und des Erdener Prälaten aus, die Kraft und Würze mit der Eleganz des Rieslings vereinen.

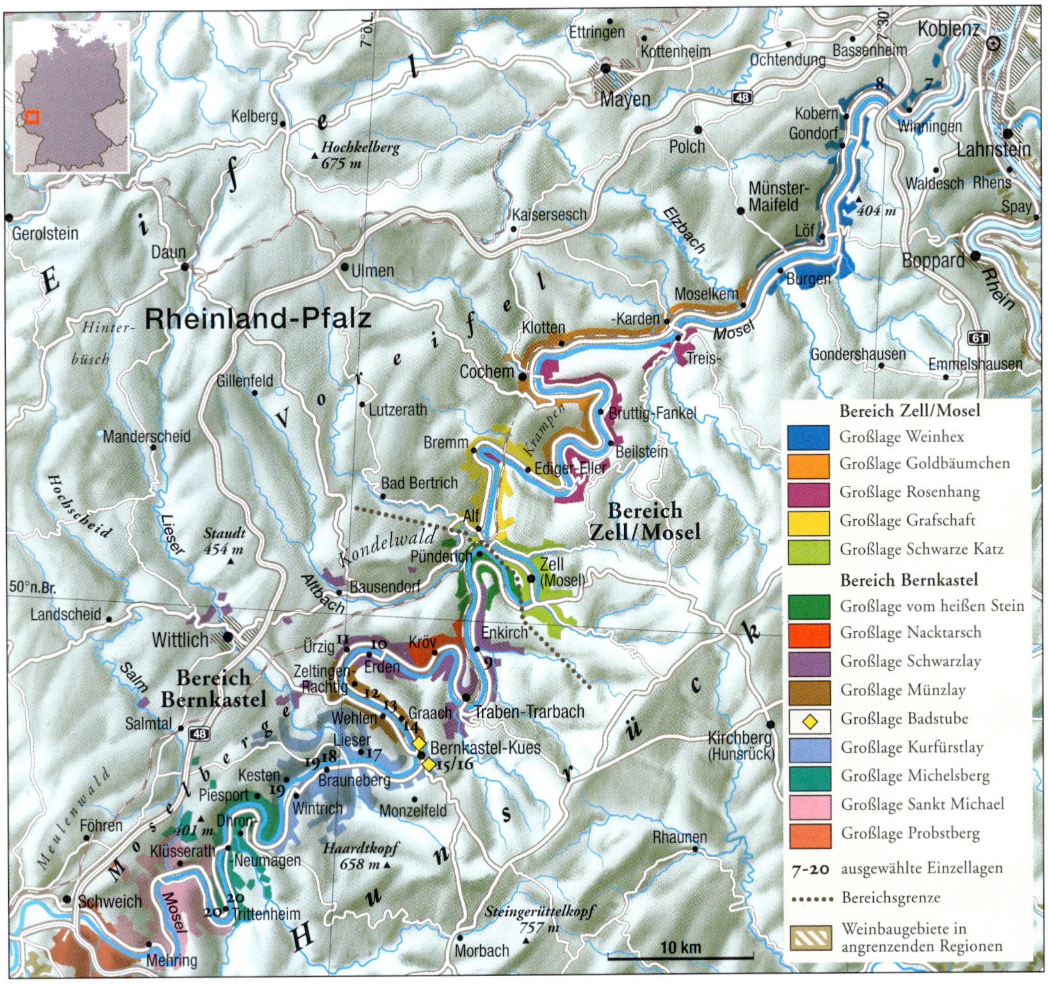

Ausgewählte Einzellagen

7 Im Röttgen
8 Uhlen
9 Batterieberg
10 Treppchen
11 Würzgarten
12 Sonnenuhr
13 Sonnenuhr
14 Dompropst
15 Graben
16 Doctor
17 Niederberg-Helden
18 Juffer-Sonnenuhr
19 Paulinshofberger
20 Apotheke

Allein der Blick auf die Steillagen bei Kröv vermittelt ihr außergewöhnliches Potential, das durch die Großlage Kröver Nacktarsch verwässert wurde.

Terrassenmosel

Bevor die Mosel ihrer Mündung in den Rhein zustrebt, wird sie noch einmal richtig spektakulär. Während der Flusslauf hier geradliniger ausgerichtet ist als zwischen Cochem, Zell, Bernkastel und Piesport, werden die Uferhänge der Mosel noch steiler, zerklüfteter und unzugänglicher und erhöhen den landschaftlichen Reiz. Der Bremmer Calmont, im Grenzbereich zwischen unterer und Mittelmosel gelegen, ist die steilste Weinberglage in ganz Deutschland, wenn ihm auch Uhlen und Röttgen in Winningen und Kobern in dieser Hinsicht nur wenig nachstehen.

Die Spitzenlage Winninger Uhlen liefert einige der mineralischsten und rassigsten Rieslinge der Mosel.

Rechte Seite:
In Weinbergen mit einem – dem Ürziger Würzgarten vergleichbaren – Gefälle haben die Winzer Schwerstarbeit zu verrichten. Um Material und Lese befördern zu können, werden oft Seilzüge installiert.

Seinen Namen verdankt dieses letzte Stück des Flusslaufs den graubraunen, schmalen, im Winter geradezu abweisend wirkenden Steinterrassen, mit denen die Landschaft von nun an überzogen zu sein scheint. Unzählige davon drängen sich auf engstem Raum, nutzen jeden Fußbreit Boden, lassen dabei kaum Platz für die Rebstöcke und erschweren die Arbeit des Winzers erheblich.

Obwohl nördlicher als die Lagen von Brauneberg, Kasel, Trier oder Saarburg, bringt die Terrassenmosel runde, weniger säurebetonte Weine hervor. Dazu verhelfen nicht nur die perfekte Ausrichtung der Terrassen nach Süden und der mildernde Einfluss der hier schon recht breiten Wasserfläche der Mosel, sondern auch die steinigen, kargen Böden, die den Reben alles abverlangen.

Um mit den bekannten und beliebten Weinorten an Mittel- und Obermosel Schritt halten zu können, haben sich die besten Winzer und Gastronomen der Gegend zu der Vereinigung ›Terrassenmosel‹ zusammengeschlossen, die während des Sommers mit kulinarischen und kulturellen Veranstaltungen Besucher anlockt.

Zurück zu Spitzenqualitäten

Die untere oder Terrassenmosel bildet mit ihren Weinbergen – überhaupt den steilsten an der Mosel – den krönenden Abschluss dieses außergewöhnlichen Weinbaugebiets. Ungeachtet ihres großartigen Potentials stand die Mosel noch in den 1970er und 1980er Jahren eher für schlichte, meist zuckrige Weine, die besonders im norddeutschen Raum und in den angelsächsischen Ländern beliebt waren. Bis heute wird das Bild von den süßen Qualitäten geprägt, doch kommen inzwischen rund 50 Prozent der Weine trocken, weitere 30 Prozent halbtrocken in den Handel. Der Markt hat sich gewandelt.

Hinzu kommt, dass in den letzten zehn Jahren Spitzenwinzer zwischen Saarburg und Winningen überzeugende Wiedergutmachungsarbeit bei allen Freunden des hochwertigen Rieslings geleistet haben. Sie begannen, aus den besten Lagen von Wiltingen, Piesport, Bernkastel oder Ürzig Weine zu keltern, die dem Ruf der großartigen Rebsorte und ihres Anbaugebiets wieder Ehre machten. Ihr Geheimnis war weniger die Konzentration auf trockene Qualitäten, sondern eine Weinbergsarbeit, die aus ›Wingerten‹ mit bis zu 100 Jahre alten, wurzelechten Reben nur noch 40 oder 50 anstelle der sonst üblichen 100 oder gar 130 Hektoliter pro Hektar erntete. Diese Bewegung, die vor allem an der Mittelmosel ihre Protagonisten fand, findet inzwischen überall im Anbaugebiet Nachahmer. Bei aller Verschiedenheit ihrer Weine setzen sie gleichermaßen auf Spitzenqualität.

Ausgewählte Erzeuger an Mosel · Saar · Ruwer

Fritz Haag ****–*****
Brauneberg
6,5 ha; 70 000 Fl. • Weine: Riesling Brauneberger Juffer, →Brauneberger Juffer-Sonnenuhr
Wilhelm Haag ist einer der höchstprämierten Winzer Deutschlands. Mit seinen Rieslingen vom Brauneberger Juffer und dessen Herzstück, der Juffer-Sonnenuhr, hat er Weltruf erlangt. Die Verarbeitung der Trauben erfolgt in modernst eingerichteten Kellern, in denen vorwiegend Edelstahl zum Einsatz kommt. Spuren von Pfirsich, Rosen, manchmal Cassis in den Aromen und fast immer ein perfektes Gleichgewicht von Säure und Restsüße verleihen Haags Weinen Eleganz.

Reinhold Haart ****–*****
Piesport
5 ha; 40 000 Fl. • Weine: Riesling, Weißburgunder von Piesporter Kreuzwingert, Domherr und →Goldtröpfchen sowie vom Wintricher Ohlingsberg
Schonende Verarbeitung bester Trauben unter Einsatz modernster Technologie ist Theo Haarts Erfolgsrezept. Seine trockenen Weine werden in der Jugend meist von markanter Säure beherrscht, während die edelsüßen Qualitäten durch üppige Fruchtsüße auffallen.

Heymann-Löwenstein ****
Winningen
5 ha; 30 000 Fl. • Weine: Riesling, Müller-Thurgau, Weißburgunder von Winninger →Röttgen und →Uhlen
Reinhard Löwenstein, Spross einer alten Winzerfamilie, betreibt sein Weingut erst seit 1992, hat sich aber schon einen guten Ruf erworben. Aus den Trauben der extrem steilen Schieferterrassen Uhlen und Röttgen keltert er zumeist trockene Weine, die mit ihrer Kraft und Würze in deutlichem Kontrast zum vorherrschenden Bild vom filigran-fruchtigen Moselriesling stehen.

Carl A. Immich ****
Batterieberg, Enkirch
4 ha; 25 000 Fl. • Weine: Riesling vom Enkircher Steffensberg und →Batterieberg
Um die Monopollage Batterieberg bewirtschaftet Gert Basten noch vier Hektar von dem, was einst Deutschlands drittgrößtes Privatweingut war. In den ältesten, noch intakten Weinkellern des Landes, die aus dem Jahr 1200 stammen, werden saubere, fruchtige Rieslinge gekeltert.

Karlsmühle ***–****
Mertesdorf
12,5 ha; 60 000 Fl. • Weine: Riesling und Weißburgunder von Lorenzhöfer →Felslay und →Mäuerchen, sowie Kaseler →Nies'chen und Felsnagel
Peter Geiben gilt als einer der Aufsteiger der 1990er Jahre. Seine Weine aus den Monopollagen Felslay und Mäuerchen zeigen Finesse und kräftiges Säurespiel.

Karthäuserhof ****
Trier-Eitelsbach
19 ha; 150 000 Fl. • Weine: Riesling und Weißburgunder vom →Eitelsbacher Karthäuserhofberg
Eines der traditionsreichsten Güter der Mosel wird heute von Christoph Tyrell geleitet. Die Ruwer-Weine Tyrells zeichnen sich durch große Dichte und Kraft aus und besitzen überdurchschnittliche Alterungsfähigkeit.

R. & B. Knebel ****–*****
Winningen
4 ha; 30 000 Fl. • Weine: Riesling, Weißburgunder, Kerner von Winninger Lagen, →Hamm, →Röttgen, →Uhlen

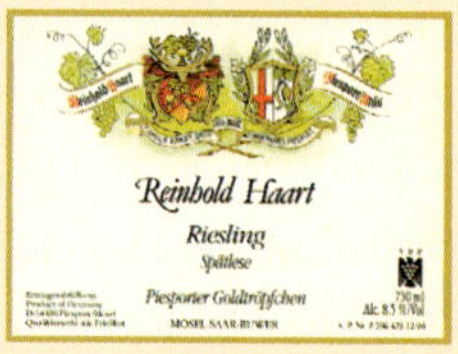

Reinhard und Beate Knebel haben sich dem trockenen Moselriesling verschrieben, der ihnen in seltener Perfektion gelingt. Ihre Weine von Hamm und Röttgen sind charaktervoll und filigran zugleich und zeigen ein ausdrucksvolles Bukett, Eigenschaften, die sie auch in den höchsten Prädikatsstufen behalten.

Schloss Lieser ****
Lieser
7 ha; 25 000 Fl. • Weine: Riesling von Lieser Niederberg-Helden
Thomas Haag beweist seit seiner Übernahme der Leitung von Schloss Lieser, dass die lange vernachlässigte Lage Niederberg-Helden zu den besten der Mittelmosel gehört. Ein ausgeprägter Zitruscharakter definiert die elegant-fruchtigen Weine.

Dr. Loosen ****–*****
Bernkastel
11 ha; 70 000 Fl. • Weine: Riesling, Müller-Turgau von Lagen in Erden, Ürzig, Graach, Wehlen und Bernkastel: →Treppchen, →Prälat, →Sonnenuhr, →Himmelreich
Bukett, Dichte, Extraktgehalt und der recht hohe Alkoholgehalt von Loosens Weinen unterscheiden sich deutlich vom vorherrschenden fruchtigen Mosel-Stil. Die Rebanlagen, aus denen Loosen die Trauben für seine Weine erntet, sind bis zu 100 Jahre alt und meist noch wurzelecht. Die besten stammen aus den Lagen Erdener Prälat und Wehlener Sonnenuhr, wobei Loosen sich im Unterschied zu vielen Kollegen nicht nur über die edelsüßen Qualitäten, sondern vor allem mit seinen trockenen Weinen profiliert hat.

Maximin Grünhaus ****
Mertesdorf
34 ha; 220 000 Fl. • Weine: Riesling von den Lagen Bruderberg, →Abstberg, →Herrenberg
Nach klösterlicher Hierarchie wurden einst die drei Spitzenlagen von Maximin Grünhaus benannt – Abtsberg, Herrenberg und Bruderberg in absteigender Reihenfolge –, und C. F. von Schubert beweist noch heute, dass diese Einteilung richtig war. Die Weine sind überwiegend trocken ausgebaut, aber auch hochwertige edelsüße und Eisweine sind im Programm.

Egon Müller *****
Scharzhof und Le Gallais, Wiltingen
12,5 ha; 100 000 Fl. • Weine: Riesling von →Scharzhofberg, v.a. edelsüße Qualitäten und →Wiltinger Braune Kupp (Monopol Le Gallais)
Egon Müllers edelsüße Gewächse erzielen bei fast jeder Versteigerung Rekorderlöse. Von den Trauben des berühmten Scharzhofbergs werden fast ausschließlich höhere Prädikatsweine erzeugt. Auch auf Le Gallais, das ebenfalls von Müller bewirtschaftet wird und dessen Weine auf dem Scharzhof gekeltert werden, konzentriert man sich auf edelsüße Qualitäten. Gefüllt wird nur, was den eigenen Ansprüchen gerecht wird.

Dr. Pauly-Bergweiler ***–****
Bernkastel
15 ha; 150 000 Fl. • Weine: Riesling, Spätburgunder, Müller-Thurgau von zahlreichen Spitzenlagen in Bernkastel, Ürzig, Brauneberg, Graach, Erden, Zeltingen
Mit der Alten Badstube am Doctorberg besitzt Peter Pauly beste Bernkasteler Weinbergflächen, um deren Anerkennung als Lage er jahrzehntelang kämpfen musste. Die Weine entstehen in einem hypermodernen Keller, werden im Stahltank vergoren und nur zum Teil im Holzfass ausgebaut.

Joh. Jos. Prüm ***–****
Wehlen
14,5 ha; 120 000 Fl. • Weine: Riesling von Wehlener und Zeltinger →Sonnenuhr, Graacher Himmelreich, Bernkasteler Badstube
Manfred Prüm ist einer der renommiertesten, aber auch umstrittensten Moselwinzer. Kritiker monieren die häufigen Fehltöne bei Jungweinen, Liebhaber der Rieslinge loben deren extreme Alterungsfähigkeit.

S. A. Prüm ****
Wehlen
8 ha; 80 000 Fl. • Weine: Riesling von Lagen in Bernkastel, Wehlen (→Sonnenuhr) und Graach
Nach Jahren wirtschaftlicher Schwierigkeiten konnte Raimund Prüm dank helfender Investoren seit Mitte der 1990er Jahre wieder mit besten Rieslingen überzeugen. Sie stammen von der Wehlener Sonnenuhr und liegen im halbtrockenen bis lieblichen Spät- und Auslesebereich.

Willi Schaefer *****
Graach
2,5 ha; 25 000 Fl. • Weine: Riesling von Graacher Himmelreich und →Dompropst, Wehlener →Sonnenuhr
Vor allem Schäfers Rieslinge vom Graacher Dompropst – von der trockenen Spätlese bis zur exotischen Beerenauslese – gehören in den meisten Jahren zu den besten Gewächsen des Anbaugebiets: Aprikosen, feine Zitrusfrüchte, manchmal Rauch in der Nase und immer ein riesiges Paket aus fruchtiger Säure und dichten Extrakten am Gaumen prägen sie.

Selbach-Oster ***–****
Zeltingen
9,5 ha; 70 000 Fl. • Weine: Riesling aus zahlreichen Lagen in Zeltingen (→Sonnenuhr), Graach (→Dompropst), Wehlen (→Sonnenuhr) und Bernkastel
Neben ihrer bekannten Exportkellerei führen die Selbachs auch ihr eigenes Weingut mit einer Reihe von Spitzenlagen zwischen Bernkastel und Zeltingen. Schonende Behandlung des Traubenmaterials und behutsames Beschränken auf die allernotwendigsten Interventionen im Keller sorgen für Weine, die in vielen Fällen perfekter Ausdruck ihres Terroirs sind.

Witwe Dr. H. Thanisch – Erben Thanisch ****–*****
Bernkastel-Kues
6,5 ha; 60 000 Fl. • Weine: Riesling von Bernkasteler (→Doctor), Graacher (→Dompropst) und Brauneberger (→Juffer-Sonnenuhr) Lagen
Aus dem Erbe des Doktor Thanisch ging Mitte der 1980er Jahre unter anderem das Weingut von Sofia Spier hervor, das sich seither durch Spitzengewächse aus berühmten Lagen wie Doctorberg oder Juffer-Sonnenuhr einen sehr guten Namen gemacht hat. Hier hält man nicht viel von trockenen Mosel-Rieslingen und setzt voll auf den fruchtigen, beschwingten Stil mit leichter oder betonterer Restsüße, der eine gute Balance zur Fruchtsäure der Weine bildet.

Witwe Dr. H. Thanisch – Erben Müller-Burggraef ***–****
Bernkastel-Kues
7,5 ha; 55 000 Fl. • Weine: Riesling von zahlreichen Lagen in Bernkastel (→Doctor), Brauneberg (→Juffer-Sonnenuhr), Graach, Lieser (→Niederberg-Helden) und Wehlen (→Sonnenuhr)
Die zweite Hälfte des Thanisch-Erbes gehört der Familie Müller-Burggraef, steht aber deutlich weniger im Rampenlicht als das Spier'sche Gut. Doch auch hier ist die Qualität der Weine aus den berühmtesten Lagen der Mittelmosel beachtlich.

Geheimrat J. Wegeler Erben ****–*****
Bernkastel-Kues
30 ha; 250 000 Fl. • Weine: Riesling und Müller-Thurgau von Bernkasteler →Doctor, Kaseler →Nies'chen, Wehlener →Sonnenuhr, Gutsweine
Aus den Edelstahltanks der großen Gewölbekeller in Kues kommen saubere Rieslinge, von denen bereits der einfache Gutsriesling durch seine fruchtige, harmonische Art überzeugt. Die Spät- und Auslesen des Betriebs von den berühmten Bernkasteler und Wehlener Lagen, vor allem aber die vom Kaseler Nies'chen sind Spitzenklasse.

Dr. F. Weins-Prüm ****–*****
Wehlen
4 ha; 40 000 Fl. • Weine: Riesling von Wehlener →Sonnenuhr, Graacher Himmelreich, Dompropst und Erdener →Prälaat
Hubert Selbach, einst Bankangestellter, bevor er das elterliche Gut übernahm, hat seinen Teil der Wehlener Prüm-Dynastie fast in Verborgenheit zu absoluter Spitzenklasse geführt. Er arbeitet sehr traditionell und konzentriert sich darauf, dass seine Weine die ganze aromatische Dichte und Geschmacksfülle zeigen, die ihre Trauben aus den exzellenten Lagen des Betriebs mitbringen.

Forstmeister Geltz – Zilliken ****–*****
Saarburg
10 ha; 60 000 Fl. • Weine: Riesling von Saarburger Antoniusbrunnen, →Rausch, Bergschlösschen und Ockfener →Bockstein
Die Keller von Hans-Joachim Zilliken bergen eines der spektakulärsten Wein-Ambiente der Mosel. Wasserführende Adern im umliegenden Gestein sorgen für extrem hohe Feuchtigkeit im Keller und garantieren dem Wein perfekte Reifebedingungen. Zillikens Weine sind selbst in höheren Auslese-Qualitäten Musterbeispiele von Eleganz und Leichtigkeit.

Renommiert und diskutiert – Weingut J.J. Prüm in Wehlen an der Mosel

Ahr

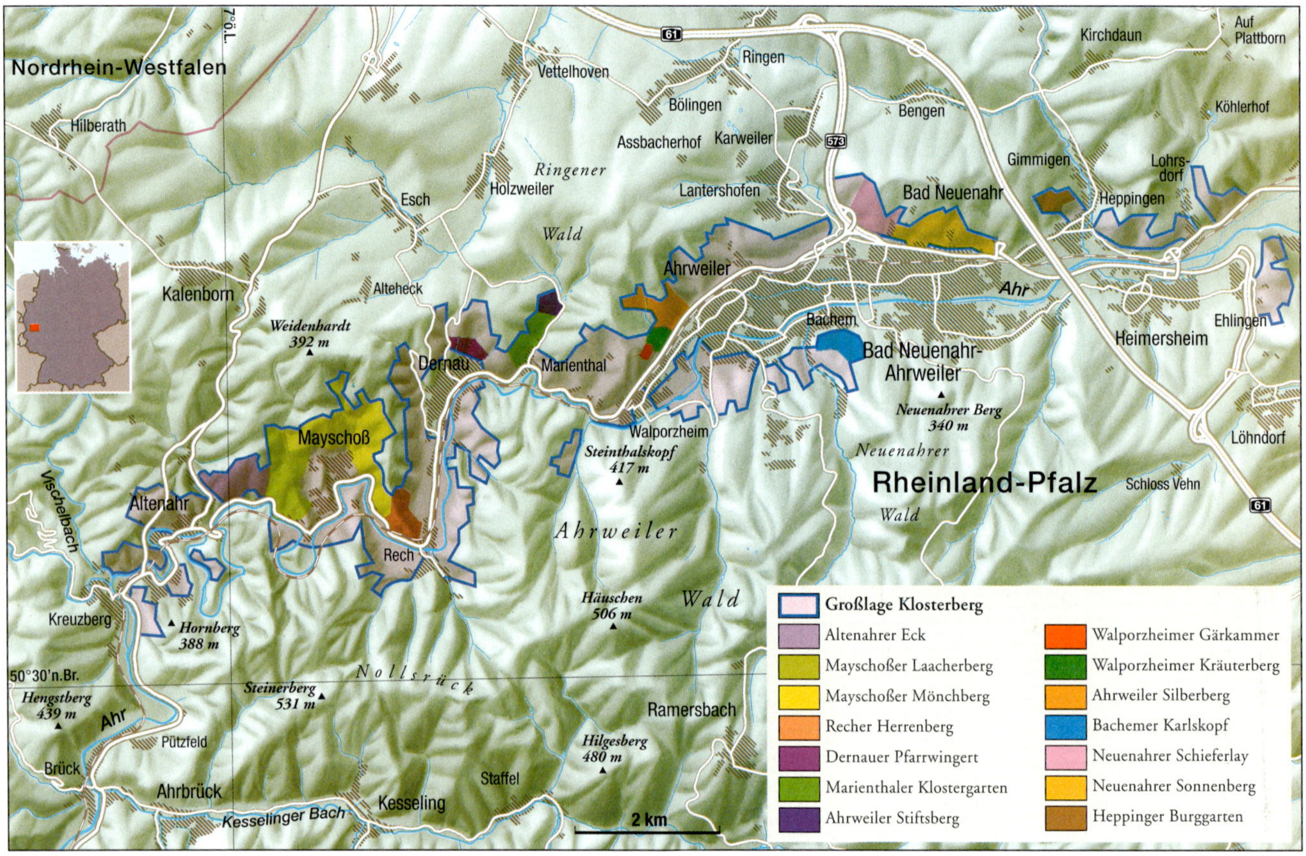

Die Rotweininsel

Rotweininsel in Deutschlands Norden – diesen Namen trägt das Ahrtal zu Recht, das sich zwischen Koblenz und Bonn links des Rheins in die Vulkanlandschaft der Eifel gräbt. Bewaldete Hänge, schmucke Dörfer und kleine Städte wie das historische Ahrweiler oder das romantische Mayschoss bilden die Kulisse zu einem der kleinsten Weinbaugebiete Deutschlands: es ist nur rund 30 Kilometer lang und besitzt insgesamt wenig mehr als 500 Hektar Rebfläche.

Bereits seit dem 8. Jahrhundert wird auf den Schiefer- und Basaltböden der mittleren und den Schotterböden der unteren Ahr Weinbau betrieben. Wie am Rhein hatten auch hier französische Mönche die roten Reben aus ihrer Heimat angepflanzt, doch im Gegensatz zu fast allen anderen deutschen Weinregionen konnte sich Pinot Noir alias Spätburgunder hier des Vordringens der Rieslingrebe erwehren.

Noch heute ist der weitaus größte Teil der Rebfläche mit Rotwein bestockt, und allein der Spätburgunder belegt mehr als die Hälfte der Weinberge zwischen Sinzig und Altenahr. Der Portugieser, der hier allerdings kaum erwähnenswerte Produkte hervorbringt, und der in den letzten Jahren stärker ins Blickfeld gerückte Frühburgunder vervollständigen das Bild vom Rotweinmonopol an der Ahr, während Riesling sich mit nicht einmal zehn Prozent der Rebflächen zufrieden geben muss und die Massenträger anderer Anbaugebiete, etwa Müller-Thurgau, Bacchus oder Kerner, hier eigentlich nur geduldet sind.

Nördlichste Rotweine der Welt

Aufgrund ihrer nördlichen Lage gehört die Ahr zu den anspruchsvollsten und klimatisch diffizilsten Weinbaugebieten der Erde. Umso mehr fragt man sich, warum ausgerechnet hier die sonnenhungrigen roten Rebsorten so gut gedeihen können. Die Antwort darauf ist in der idealen Lage der steilen Hänge mit ihren Schieferböden zu finden. Die Südausrichtung der Weinberge fängt so viel Sonne wie möglich auf, und der Schiefer speichert alle Wärme, um die empfindlichen Rebstöcke darin einzuhüllen. Gleichzeitig sorgen das enge Tal und die bewaldeten Kuppen für einen vorteilhaften Wärmestau über den Rebflächen und schützen außerdem wirksam vor kalten Winden.

Sosehr sich die Ahr von der übrigen deutschen Weinbaulandschaft auch unterscheidet, in einem Punkt passte sie sich noch bis in die jüngste Vergangenheit der allgemeinen Weinbauphilosophie an. Auch hier hat man jahrzehntelang nur dünne und blasse, oft entweder süßlich fade oder massiv saure Weine gekeltert, die mit ihren Rekordernten von gelegentlich über 100 Hektolitern pro Hektar Weinbergfläche von sich reden machten, über deren Weinqualität man aber besser schwieg.

Dabei hat das Gebiet zweifellos ein großes Potential für wundervolle Weine. Sie geraten zwar nicht so alkoholreich und füllig wie in südlicheren Gefilden, können aber mit ihrem Aromareichtum und ihrem fruchtigen Charakter durchaus auch gehobene Ansprüche zufrieden stellen. Das gilt vor allem für die samtigen, trocken ausgebauten Spätburgunder, denen selbst eine Reifezeit im anspruchsvollen Barrique zuweilen außerordentlich gut bekommt.

Grundbedingung für solche Weine sind natürlich mit Bedacht ausgewählte Lagen – die des mittleren Ahrtals zwischen Bad Neuenahr und Altenahr sind die besten –, ein günstiger Klima- und Jahrgangsverlauf, sorgfältige Arbeit in Weinberg und Keller und eine wirklich rigorose Mengenbegrenzung, von der die meisten Winzer allerdings noch immer nur sehr schwer zu überzeugen sind. Eine kleine Gruppe experimentierfreudiger Erzeuger hat jedoch in den letzten zehn Jahren mehr als einmal bewiesen, was wirklich in den roten Burgunderweinen der Ahr steckt. Bedauerlich, aber verständlich, dass ihre Weine Jahr für Jahr schon nach kürzester Zeit restlos ausverkauft sind.

Qualitätsweinbau an der Ahr

Werner Näkel hatte als einer der Ersten erkannt, dass es so nicht weitergehen konnte. Dem Winzer aus Dernau waren schon zu Beginn der 1980er Jahre die mageren süßen Weinchen aus Portugieser oder Spätburgunder nicht mehr genug, mit denen sich die meisten seiner Kollegen in der Region zufrieden gaben. Die Rotweine der 1970er Jahre, an denen er gelernt hatte, schienen ihm allesamt zu technisch, zu einfach gebaut, zu rasch auf Füllreife getrimmt und viel zu wenig haltbar, um überhaupt von Alterungsfähigkeit zu sprechen. Vor allem aber – sie schmeckten ihm nicht!

Dabei gab es unzählige Beispiele, wie guter Rotwein aussehen und schmecken sollte – immerhin

Der sensible Spätburgunder in idealer Lage bei Ahrweiler

Der Kurort Bad Neuenahr-Ahrweiler ist zugleich das Zentrum des berühmtesten deutschen Rotweingebiets.

importierten die Deutschen schon damals große Mengen ausländischer Spitzenweine. Einfach war die Suche nach dem goldenen Weg dennoch nicht. Bereits 1983 experimentierte Näkel mit dem Ausbau in Barriques, doch der Mangel an Erfahrung und der entsprechenden Fachliteratur führte zu einer Reihe von Rückschlägen, da die Weine noch gar nicht die erforderliche Struktur besaßen, um den geschmacklichen Einfluss des neuen Holzes verkraften zu können.

Zum Glück blieb Näkel mit seinen Bemühungen nicht allein. Bereits Mitte der 1980er Jahre folgten ein paar seiner Kollegen seinem Beispiel, und zu Beginn der 1990er Jahre hatte das Qualitätsstreben schon ein gutes Dutzend Weinbaubetriebe an der Ahr erfasst.

Die Revolution fand dabei zunächst im Weinberg statt: Das Auspflanzen zahlreicher, verschiedenartiger Klone und Anpassen der Erziehungsform an die neuen Ansprüche, das Freimachen der Traubenzone, um gesundes Lesematerial und in der Folge eine kräftigere Farbe und sauberere Weine zu erhalten, das Ausdünnen bis auf maximal zehn oder zwölf Trauben pro Stock, die Ertragsbegrenzung auf 50, oft sogar nur 40 oder 30 Hektoliter pro Hektar und eine rigide Selektion der besten Trauben mit bis zu drei oder vier Lesedurchgängen im Herbst gehörten bald zum Instrumentarium all derer, denen es wirklich ernst war.

Begriffe wie ›naturnah‹ oder ›biologisch‹ hört Näkel dabei gar nicht gern, obwohl er weitgehend nach denselben Prinzipien arbeitet wie die ökologisch orientierten Winzer. Für ihn kommt es in erster Linie darauf an, den Weinberg so zu bearbeiten, dass er möglichst gute Trauben bei möglichst geringer Umweltbelastung liefert. Natürlich, so schränkt er gleich anschließend ein, stellt eine monokulturelle Landwirtschaft eigentlich immer eine enorme Belastung für die Natur dar.

Auch im Keller wurde die Arbeitsweise nun radikal umgestellt: Statt wie bisher im Grunde eigentlich nichts anderes als rote Weißweine zu keltern, setzte man jetzt auf Maischegärung – teilweise sogar Ganztraubengärung –, baute die Weine in neuen oder gebrauchten Barrique-Fässern aus und ging grundsätzlich mit der modernen Kellertechnik etwas sparsamer um. »Ein grober Filter reicht beim Rotwein allemal, damit keine Brocken mehr im Wein schwimmen«, erklären heute die Neuerer ihren Verzicht auf manche High-Tech-Errungenschaft, die anderswo inzwischen zur Grundausstattung gehört.

Dass ihre neuen Rezepte tatsächlich erfolgreich waren, bewiesen die Unermüdlichen erstmals mit dem 1988er und dem 1990er Jahrgang, bei denen auch der Witterungsverlauf mitspielte. Mittlerweile hat sich der neue Stil weitgehend durchgesetzt. Neben dem Weingut Meyer-Näkel konnten sich auch Deutzerhof, Kreuzberg, Adeneuer, Nelles, Stodden, Sonnenberg und noch einige andere eine solide Reputation zimmern. Auch in Deutschlands Norden gibt es wieder Rotwein!

Weinprobe bei Meyer-Näkel in Dernau

Werner Näkel vom Weingut Meyer-Näkel

Wolfgang Hehle vom Deutzerhof in Mayschoß

Immer für Spitzenränge gut – Weingut Deutzerhof in Mayschoß

Ausgewählte Erzeuger

J. J. Adeneuer***
Bad Neuenahr-Ahrweiler
9 ha; 70 000 Fl. • Weine: Spät- und Frühburgunder, Portugieser, Dornfelder, von Walporzheimer →Gärkammer (Monopol) und anderen Lagen
Seit 1714 ist die Miniaturlage Gärkammer nun schon im Besitz des Familienguts, das seit 1984 von Marc und Frank Adeneuer behutsam an die regionale Spitze herangeführt wurde. Dank reduzierter Erträge in integriertem Weinbau sind die Gewächse dieses hundertprozentigen Rotweinguts bukettbetont und konzentriert.

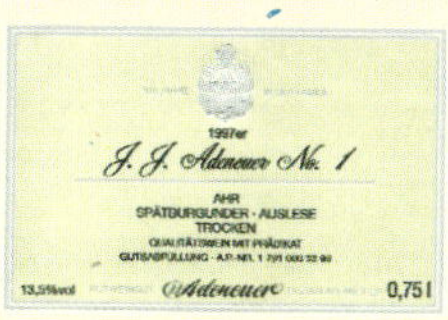

Deutzerhof – Cossmann-Hehle****
Mayschoss
7 ha; 50 000 Fl. • Weine: Spät- und Frühburgunder, Dornfelder, Portugieser, Riesling und Chardonnay von Altenahrer und Heimersheimer Lagen, →Caspar C, →Grand Duc Select, Catharina C
Der einstige Steuerberater Hehle widmete sich nach der Einheirat ins Cossmann'sche Gut ganz dessen Weinen und brachte neuen Schwung und innovative Ideen mit. Seine Spätburgunder aus dem Barrique gehören inzwischen regelmäßig zu den besten der Ahr. Spitzenqualität sind auch die Trockenbeerenauslesen und Eisweine vom Riesling.

H. J. Kreuzberg*–******
Dernau
8 ha; 45 000 Fl. • Weine: →Spät- und Frühburgunder, Portugieser, Dornfelder, Riesling von Dernau (→Pfarrwingert) und Bad Neuenahr (→Schieferlay, →Sonnenberg), →Spätburgunder Devon
Die Brüder Kreuzberg haben ihr Gut durch ausgeklügelte Arbeitsteilung und Experimentierfreudigkeit im Keller zu einem der renommiertesten der Ahr gemacht. Alle Rotweine werden im Holzfass ausgebaut, die besseren im kleinen Barrique. Vor allem der Spätburgunder Devon und die Auslesen von Pfarrwingert und Schieferlay überzeugen durch ihren Duft nach reifen Früchten und ihre elegante Struktur.

Meyer-Näkel**–*******
Dernau
9 ha; 60 000 Fl. • Weine: Spät- und Frühburgunder, Dornfelder, Riesling von Dernau und Bad Neuenahr, →›S‹, →›G‹, Blauschiefer, →Illusion
Eine breite Palette absoluter Spitzenweine, deren beste lange im Barrique ausgebaut werden. Werner Näkel setzt auf naturnahen Anbau und rigide Selektion im Weinberg. Im Keller, wo mit Spontanhefen in offener Maischegärung gearbeitet wird, geht es Näkel darum, die Qualität aus dem Weinberg möglichst unverfälscht in die Flasche zu bekommen. Zu den interessantesten Spezialitäten gehören der weißgekelterte Spätburgunder Illusion und die Burgunder-Selektion ›S‹.

Nelles****
Heimersheim
5 ha; 50 000 Fl. • Weine: Spät- und Frühburgunder, Portugieser, Domina, Riesling, Grauburgunder von Lagen in Heimersheim und Bad Neuenahr, Triumvirat-Linie: →Albus, →Clarus, →Ruber, →B, →Futura
Auf den Etiketten prangt überdeutlich das Jahr der ersten urkundlichen Erwähnung des Gutes, 1479, das die lange Familientradition verdeutlicht. Die besten Weine werden heute im Barrique ausgebaut, wobei in Weinberg und Keller auf möglichst wenige, schonende Eingriffe Wert gelegt wird. Die Spitzenweine von Nelles firmieren unter der Oberbezeichnung ›Triumvirat‹.

Sonnenberg – Görres & Linden***
Bad Neuenahr-Ahrweiler
5 ha; 50 000 Fl. • Weine: Spät- und Frühburgunder, Portugieser, Domina, Dornfelder, Riesling, Kerner aus Lagen in Bad Neuenahr →Schieferlay, →Sonnenberg und Ahrweiler, Tradition, Selection FH
Norbert Görres und Manfred Linden begannen erst 1980, sich mit Weinbau zu befassen, erwarben sich aber bald einen guten Ruf über die Ahr hinaus. Ihre Weine sind eher der leichten, trinkfreudigen Linie verpflichtet, und Barriques werden auch beim Rotweinausbau nicht verwendet.

Mittelrhein

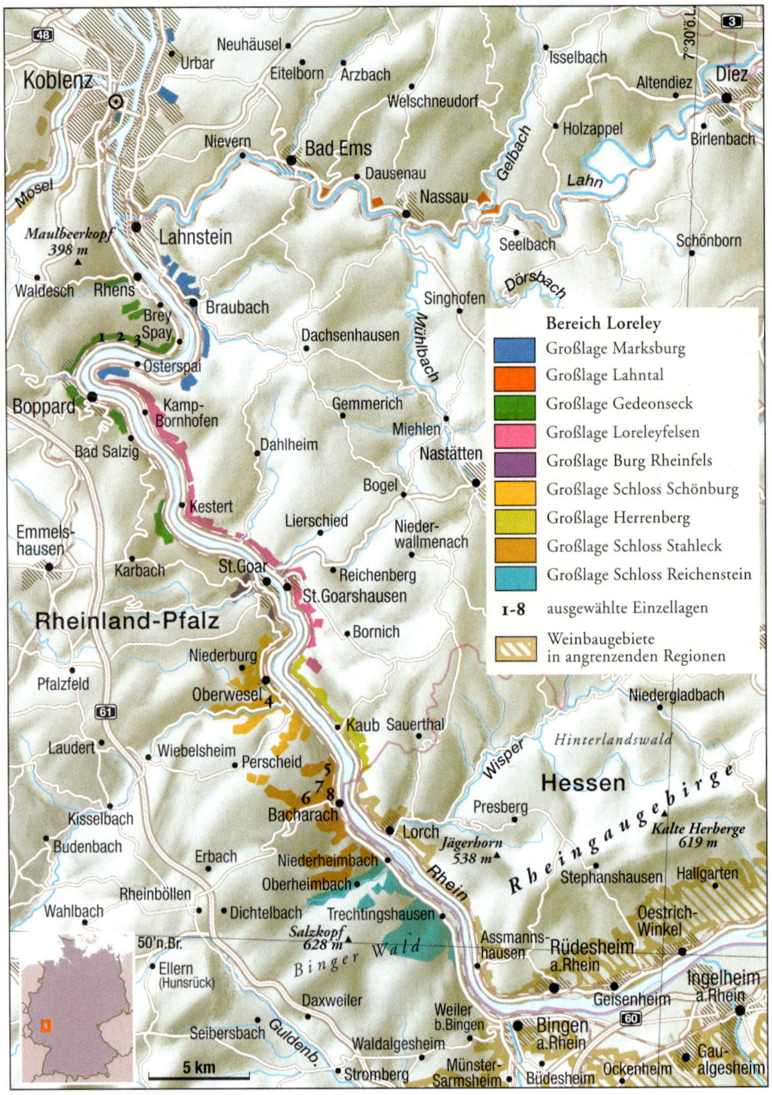

Ausgewählte Einzellagen
1 Mandelstein
2 Feuerley
3 Ohlenberg
4 Bernstein
5 Hahn
6 St. Jost
7 Wolfshöhle
8 Posten

Auch am Fuss des Siebengebirges waren die Römer für die ersten Weinberge verantwortlich. Später – sehr viel später – erweiterten die Franken die Anpflanzungen. Manche ihrer Stadtgründungen sind seit damals mit dem Weinbau verbunden, so Königswingert, das heutige Königswinter, wo bei der viel besuchten Ruine Drachenfels noch immer Reben gedeihen. Die Lagen bei Ober- und Niederdollendorf wurden einst von Zisterziensern des Klosters Heisterbach – heute eine Ruine – kultiviert. Die hier erzeugten Weine stammen von zwei Dutzend Hektar, die flurbereinigt wurden und unter die Großlage Petersberg fallen. Auf 50 Kilometern bis Koblenz rheinaufwärts ist Weinbau nur an den Südhängen des rechten Flussufers erfolgreich. Die bekanntesten Winzerorte hier sind Hammerstein und Leutesdorf. Auch bei Ehrenbreitstein gegenüber dem Deutschen Eck und am Unterlauf der Lahn, vor allem bei Weinähr und Oberndorf, wird Weinbau betrieben.

Südlich von Koblenz und Lahnstein entfaltet der Rhein nicht nur seine ganze romantische Schönheit, von den zum Teil extremen Steillagen werden auch bessere Weinqualitäten eingebracht als weiter nördlich. Doch viele der alten, in die Schieferhänge gehauenen Terrassen sind nur schwer erreichbar und ihre Bearbeitung ist so kostenintensiv, dass sie mittlerweile aufgegeben wurden.

Der mit sechs Kilometern Länge größte Weinberg des Mittelrheins ist der Bopparder Hamm, der sich am linken Ufer erstreckt und sich ganz nach Süden wendet. Vom Rheinknick bis St. Goarshausen befinden sich die Steillagen am rechten Ufer, die dem Riesling günstigere Reifebedingungen schenken, während er sich auf der anderen Seite nur gegenüber von Kestert und bei Burg Rheinfels behauptet. Erst dann bieten das linksrheinische Ufer und dessen Seitentäler geschützte, sonnige Lagen. Die Enge des Rheintals mit seinen dichten Wäldern und der Wasserspiegel des Flusses schaffen die klimatischen Voraussetzungen des Weinbaus am Mittelrhein, aber es bedarf zusätzlich noch extremer Südlagen, um hier Spitzenweine produzieren zu können.

Weiter am rechten Ufer des romantischen ›Burgenrheins‹, Richtung Südosten, treffen die Lagen von Mittelrhein und Rheingau aneinander: Wo bei Lorchhausen die ersten Reben des Rheingaus gedeihen, grüßt gegenüber Bacharach, die wohl meistbesuchte Ortschaft des Anbaugebiets Mittelrhein, das sich auf der linken Seite bis nach Bingerbrück erstreckt.

Die Kehrseite

Die Touristen sind am Übergang der Weinregionen Mittelrhein und Rheingau meist weniger interessiert als an den Burgen, Schlössern, romantischen Städtchen und an der geheimnisvollen Loreley, die aus dieser Landschaft ein weltbekanntes

Reiseziel gemacht haben. Der Tourismus brachte zwar den Mittelrheinwinzern Vorteile, bot er ihnen doch gesicherten Absatz ohne allzu große Anstrengungen. Der Wein wäre dabei jedoch fast auf der Strecke geblieben: Wozu sollte man sich um qualitativ hochwertige Produkte bemühen, wenn ohnehin getrunken wird, was kommt? So bedienten die Winzer zwischen Neuwied im Norden und Bingen im Süden lange nur die eigenen Schankwirtschaften oder verstanden sich als Rohstofflieferanten für die florierende Sektindustrie. Doch das ist Vergangenheit: Inzwischen kauft die Sektindustrie ihre Grundweine billiger in Italien oder Spanien, und die Verbraucher lassen sich mit den dürftigen Tropfen der 1970er oder 1980er Jahre nicht mehr abspeisen.

Rund ein Dutzend Winzer hat die Zeichen der Zeit verstanden. An steilen Südlagen, die sich in den Rheinbögen und in den Seitentälern von Boppard (Bopparder Hamm, Mandelstein und Feuerlay), Oberwesel (Bernstein), Bacharach (Posten und Wolfshöhle) oder Steeg (St. Jost) sowie im rechtsrheinischen Kaub (Backofen und Roßstein) anbieten, haben sie mühsam ihre Rebstöcke gepflanzt und keltern aus ihren Rieslingen, die gut drei Viertel der Fläche bedecken, kernige Weine, oft mineralisch oder leicht erdig wirkend und nicht selten mit einem lebendigen Säurespiel ausgestattet, Musterrieslinge eben, die meist halbtrocken oder sogar lieblich ausgebaut werden.

Wenn auch in vergangenen Jahrhunderten der Mittelrhein als Weinbaugebiet sehr viel bedeutender war als heute – von den um 1900 noch insgesamt 2000 Hektar Reben stehen heute nur noch 600 Hektar in Ertrag –, sind die Weine wieder auf dem besten Weg, berühmt zu werden.

Burg Rheinfels hoch über St. Goar steht Pate für die Großlage linksrheinischer Rebberge zwischen Urbar und Hirzenach.

Linke Seite:
Das Pflügen von Steillagen – hier oberhalb von Bacharach – erfordert Geschick und Kraft.

Ausgewählte Erzeuger

Fritz Bastian ****
Bacharach
5,5 ha; 30 000 Fl. • Weine: Riesling, Spätburgunder, Portugieser, Scheurebe von Bacharacher Lagen (→Heyles'en Werth (Monopol), Wolfshöhle, →Posten)
Die Bastians betreiben nicht nur die Weinstube ›Zum grünen Baum‹, sie besitzen mit Heyles'en Werth auch die einzige reine Insellage Deutschlands. Beste Weine stammen vom Posten: säurebetonte, oft etwas restsüße Spät- und Auslesen mit Honig- und Blütenduft.

Toni Jost, Hahnenhof ***–****
Bacharach
10 ha; 70 000 Fl. • Weine: Riesling, Spätburgunder von Bacharach (→Hahn) und aus dem Rheingau (Wallufer Walkenberg)
Peter Jost bewirtschaftet auch Weinberge im Rheingau, deren Trauben in Bacharach vinifiziert werden. Seine Weine sind im Spät- und Auslesebereich üppig und saftig; Spitze auch die edelsüßen Varianten.

Martina & Dr. Randolf Kauer ***–****
Bacharach
2 ha; 12 000 Fl. • Weine: Riesling von Bacharach (→Kloster Fürstental, Wolfshöhle) und Urbar (→Beulsberg)
Feine trockene und halbtrockene Rieslinge aus biologischem Weinbau.

Heinrich Müller ***–****
Spay
6 ha; 55 000 Fl. • Weine: Riesling, Grauburgunder, Kerner, Spätburgunder von Boppard (Hamm, →Feuerlay, →Mandelstein)
Einer der ältesten Weinbaubetriebe Boppards.

August Perll ***–****
Bacharach
7 ha; 90 000 Fl. • Weine: Riesling, Spätburgunder von Bopparder Lagen (→Feuerlay, →Mandelstein, Fässerlay, Ohlenberg)
Die besten Rieslinge vom Bopparder Hamm stammen aus den Lagen Mandelstein und Feuerlay.

Walter Perll ***–****
Bacharach
5,5 ha; 55 000 Fl. • Weine: Riesling, Müller-Thurgau, Spätburgunder vom Bopparder Hamm (Mandelstein, →Fässerlay, Feuerlay, →Ohlenberg)
Die besten Weine stammen von Fässerlay, wo gelegentlich sogar Beerenauslesen vom Spätburgunder gelingen, und Ohlenberg. Am Feuerlay gibt selbst Müller-Thurgau zuweilen große edelsüße Gewächse her.

Ratzenberger ****
Steeg
8 ha; 55 000 Fl. • Weine: Riesling, Spätburgunder, Müller-Thurgau von Bacharach (Wolfshöhle, →Posten, Kloster Fürstental) und Steeg (→ St. Jost)
Ganztraubenpressung, sehr kühles Gären und Ausbau im großen Holzfass bringen saubere, reiche Rieslinge.

Florian Weingart ***–****
Spay
6 ha; 85 000 Fl. • Weine: Riesling, Müller Thurgau, Grauburgunder von Spayer und Bopparder Lagen (→Feuerlay, Ohlenberg, Engelstein, Mandelstein)
Eine der drei letzten Spayer Vollerwerbs-Winzerfamilien erntet einen Teil der Trauben für ihre glasklaren Rieslinge auf den Einzellagen des Bopparder Hamm.

Rheingau

Hält den Riesling-Rekord – der Rheingau

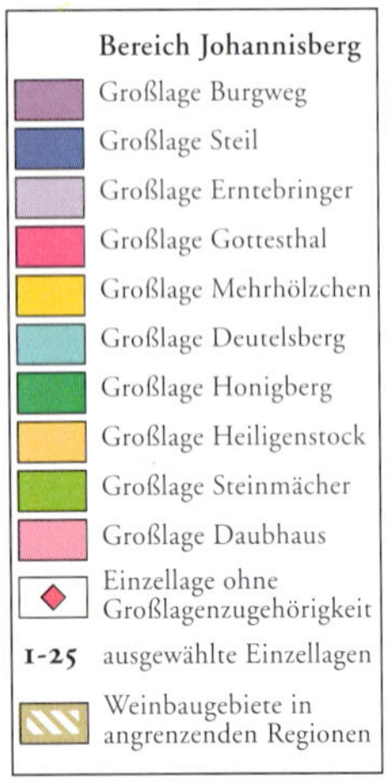

Der Rheingau ist neben der Mosel das im In- und Ausland bekannteste der deutschen Weinbaugebiete. Schon früh hatten die Römer hier am Rhein ihre Weinberge angelegt, und auch Karl der Große soll die Eignung der Rüdesheimer Steillagen für den Weinbau an dem alljährlich immer so rasch wegschmelzenden Schnee erkannt haben.

Mit knapp 30 Kilometer Länge und einer Rebfläche von wenig mehr als 3 200 Hektar gehört der Rheingau zu den kleineren deutschen Weinregionen (wenn auch vielleicht weniger hinsichtlich der Ausdehnung, denn die letzte offiziell zum Rheingau gehörende Lage ist der Lohrberg bei Frankfurt). Der weitaus größte Teil der Weinbergflächen ist mit Riesling bestockt – es sind 80 Prozent, und damit hält der Rheingau den Rekord –, den Rest teilen sich hauptsächlich Spätburgunder und Müller-Thurgau. Derzeit liegen die Ernteerträge im Rheingau bei einem Hektardurchschnitt von weniger als 90 Hektolitern, was sich deutlich von den 100, 120 oder gar 130 Hektolitern anderer deutscher Weinregionen abhebt.

Die Lage der Rebflächen am rechten Ufer des Rheins, der zwischen Wiesbaden und Rüdesheim zur einzigen bemerkenswerten Ost-West-Fahrt zwischen Basel und der Nordsee ansetzt, bietet bei klarer Südausrichtung der Rebzeilen ideale Reifebedingungen für die sensiblen Rieslingtrauben: Auf der einen Seite werden sie von den ersten Taunushöhen gegen kalte Nordwinde geschützt, auf der anderen profitieren sie von der bis zu einem Kilometer breiten Wasserfläche des Stroms.

Eigener Charakter, erste Lagen

Betrachtet man die Bodenbeschaffenheit, so unterscheidet sich das Rheingau deutlich von der zweiten großen Riesling-Landschaft in Deutschland, der Mosel, mit ihren diversen Schiefer- und Muschelkalkformationen. Hier am Rhein findet man überwiegend tiefgründige, oft kalkhaltige Böden, Sand, Löß und Kiesschotter, gelegentlich auch Sandstein, wobei sich die steilen Rüdesheimer Lagen deutlich vom flacheren Mittelteil des Gebiets zwischen Eltville und Johannisberg, dieses wieder von den sanft zum Main hin geneigten Hängen bei Hochheim und Wicker abhebt.

Unnötig zu erwähnen, dass die Böden auch den Charakter der Weine prägen, die hier nicht die Fruchtigkeit und Unbeschwertheit der Moselrieslinge aufweisen, dafür aber oft mehr Rasse und Charakter zeigen, ohne schon den Weg der noch kraftvolleren Elsässer oder Österreicher Rieslinge einzuschlagen. Dieser individuelle Weincharakter wird seit einigen Jahren von den besten Weinbaubetrieben – sie sind in der Vereinigung der Charta-Winzer organisiert – wieder bewusst gepflegt,

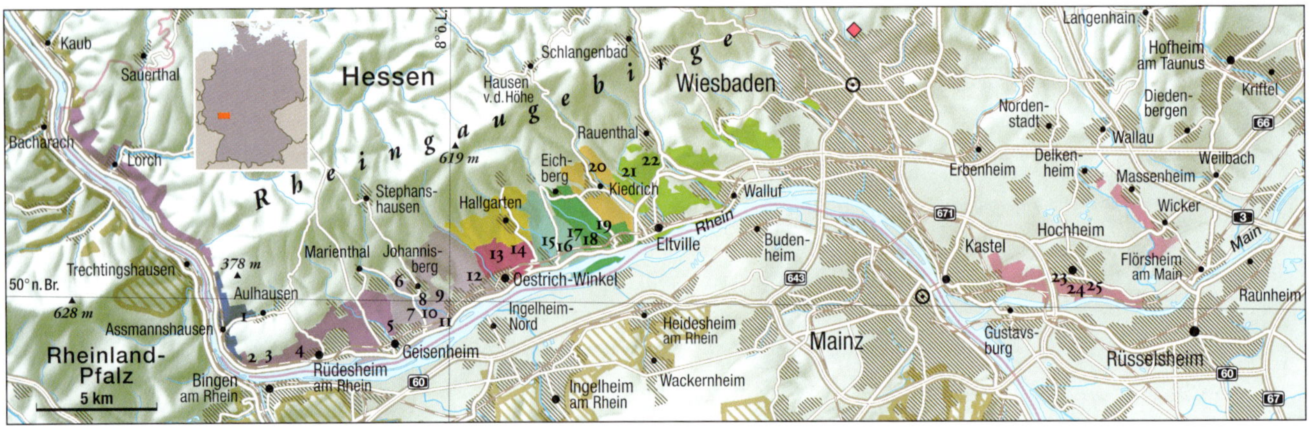

Was ist der VDP?

Der Verband Deutscher Prädikats- und Qualitätsweingüter e. V. mit Sitz in Bad Kreuznach an der Nahe reicht zurück bis zum Beginn des 20. Jahrhunderts. Ursprünglich als ›Verband Deutscher Naturweinversteigerer‹ aus Regionalverbänden in Rheingau und Baden, von der Mosel und der Nahe gegründet, musste sich die Vereinigung nach Inkrafttreten des Weingesetzes von 1971 umbenennen, da Attribute wie ›Natur‹ im Zusammenhang mit der Weinvermarktung nicht mehr zulässig waren. Verbandsmitglieder konnten ursprünglich nur solche Weingüter werden, die ihre Weine regelmäßig über Versteigerungen absetzten, ein Aspekt im Verbandsleben, der mit der Zeit sekundär geworden ist. Heute stehen andere Zielsetzungen im Vordergrund: die Durchsetzung der qualitativen Ansprüche der Satzung mittels regelmäßiger Verkostungen und Betriebskontrollen sowie gemeinsame Marketing-Anstrengungen der angeschlossenen Betriebe und die Darstellung der Verbandsarbeit nach außen.
Dem VDP gehören heute 176 Mitglieder an, die insgesamt 3 700 Hektar bewirtschaften, das sind 3,5 Prozent der deutschen Weinbaufläche. Kleine und mittlere Güter überwiegen, und nur zwölf Betriebe besitzen oder bearbeiten eine Fläche von mehr als 50 Hektar. Die Mitglieder verpflichten sich, auf Großlagenbezeichnungen zu verzichten, die Weine höherer Prädikate erst nach einigen Monaten Reifezeit zu vermarkten und von Auslesequalität an alle Trauben per Hand zu lesen. Außerdem hat sich der Verband die Pflege der hochwertigen Steillagen zur Aufgabe gemacht und arbeitet mit dem Naturland-Verband zusammen, dessen Logo auf den Flaschen der ökologisch arbeitenden VDP-Mitglieder erscheint.
Die vom VDP hartnäckig verfolgte Idee einer Klassifizierung der besten deutschen Weinberglagen – initiiert, um das schlechte Ertragsniveau auf den Auslandsmärkten wieder zu heben und dem Verbraucher eine bessere Qualitätsbestimmung zu erlauben, als sie das Weingesetz vorsieht – ist allerdings umstritten. Im Verband selbst kursieren unterschiedliche Vorstellungen über die praktische Umsetzung einer solchen Klassifizierung, außerhalb wirft man dem VDP vor, nur tradierte Privilegien der alteingesessenen und Adelsweingüter schützen zu wollen, deren Weinbergbesitz zahlreiche der Renommierlagen umfasst.

Oben und Rechts: Die Weinbergsmauern des Rheingauer Klosters Eberbach tragen die Handschrift der burgundischen Mönche, die sie anlegten.

Ausgewählte Einzellagen
1 Höllenberg
2 Berg Schlossberg
3 Berg Roseneck
4 Berg Rottland
5 Rothenberg
6 Hölle
7 Kläuserweg
8 Schloss Johannisberg
9 Hasensprung
10 Klaus
11 Jesuitengarten
12 St. Nikolaus
13 Lenchen
14 Doosberg
15 Engelmannsberg
16 Nussbrunnen
17 Wisselbrunnen
18 Marcobrunn
19 Hohenrain
20 Gräfenberg
21 Baiken
22 Rothenberg
23 Domdechaney
24 Kirchenstück
25 Hölle

nachdem auch hier die Welle der süßen und dünnen Weine die 1960er und 1970er Jahre lange genug bestimmt hatte. Die Charta-Winzer waren auch intensiv an der Lagendiskussion der 1990er Jahre beteiligt und haben Versuche unternommen, ihre eigene ›Erste-Lage‹-Klassifizierung auch auf den Etiketten anzubringen, was bislang allerdings am deutschen Weingesetz scheitern musste.

Kloster Eberbach

Qualität und Renommee haben im Rheingau eine lange Tradition. Schon im 12. Jahrhundert zogen Zisterzienser aus dem Burgund hierher und gründeten das noch heute berühmteste Kloster der Gegend, Eberbach. Vor allem ihrer Arbeit war es zu verdanken, dass der Rheingauer Weinbau in den folgenden Jahrhunderten einen ungeahnten Aufschwung nahm. Eberbach wurde zum bedeutendsten Weingut und Weinhandelsbetrieb in ganz Europa. Die berühmte Schatzkammer, die alten Keltern und das Laiendormitorium, das heute für bedeutende Verkostungen und Versteigerungen genutzt wird, sind so etwas wie der ideelle Mittelpunkt der Rheingauer Weinwelt geworden.

Symbol und Herzstück des klösterlichen Weinbaus wurde ein Weinberg, der nach dem Muster der französischen *clos* durch eine Mauer von den übrigen Weinbergen getrennt ist, der Steinberg. Schon 1232 hatte man das Auspflanzen der Reben hier abgeschlossen, die Mauer wurde allerdings erst 1766 fertiggestellt. Heute genießen der Steinberg wie auch die Hänge von Schloss Johannisberg in weinrechtlicher Hinsicht einen Sonderstatus. Offiziell ist er als Ortsteil definiert, kann also auf den Etiketten auch ohne die sonst obligatorische Angabe des Gemeindenamens genannt werden.
Als eher kühle Lage produziert der Steinberg bestimmt keine allzu üppigen Weine und in schlechten Jahren leiden sie sogar unter gelegentlich harten und grünen Säuren. In großen Jahrgängen aber, besonders wenn höherwertige Auslesen oder gar Eisweine geerntet werden können, entfalten die Weine des Steinbergs ihre ganze Ausdruckskraft, ihr volles aromatisches Potential und ihre reichhaltige Würze.
Kloster Eberbach, das in der napoleonischen Zeit säkularisiert wurde, ist heute Teil der hessischen Staatsdomänen, die vom benachbarten Eltville

Hotel Krone im malerischen Assmannshausen, wo der Rheingau beginnt und sein bester Rotwein wächst

aus verwaltet werden, wo auch die Weinbereitung stattfindet. Außerdem gehören noch die Rotweindomäne Assmannshausen, wo heute unbestritten die besten Spätburgunder des Rheingaus gekeltert werden, sowie die Domäne Bensheim an der Bergstraße und ein Betriebshof in Hochheim am Main zu diesem kleinen, aber feinen deutschen Weinimperium im Besitz des Landes Hessen.

Johannisberg und andere Weinschlösser

Nicht den Zisterziensern, sondern den Benediktinern ist mit Schloss Johannisberg die zweite bedeutende Berühmtheit des Rheingaus zu verdanken. Dem ursprünglichen Klostergebäude, einer Gründung vom Beginn des 12. Jahrhunderts, war nur eine mäßige Lebensdauer beschieden. 1716 war es bereits verfallen und wurde von der Fürstabtei Fulda aufgekauft, niedergelegt und durch das derzeitige Schloss ersetzt, das als Fixpunkt und international bekanntestes Baudenkmal des Rheingaus weithin sichtbar über den Rebzeilen der gleichnamigen Einzellage thront.

Schloss Johannisberg war nicht nur eine der ersten Weinbaudomänen der Region, hier legte man auch zu Beginn des 18. Jahrhunderts den ersten sortenreinen Rieslingweinberg in dem zuvor ›rot‹ oder von Mischkulturen dominierten Weinbaupanorama entlang des Rheins an. Nur knapp ein Jahrhundert später wurden die Besitzungen unter der Herrschaft Napoleons säkularisiert und gingen nach dem Wiener Kongress von 1815 in den Besitz der Familie Metternich über, deren Nachfahren noch heute hier residieren – die ehemals zugehörigen Ländereien sind inzwischen im Besitz des Oetker-Konzerns.

Neben der gewissermaßen berufsmäßigen Weinbaukompetenz der Mönche bildete das mehr private Interesse der alten Adelsgeschlechter das eigentliche Rückgrat des historischen Rheingauer Weinbaus. Die Herren von Schönborn, von Vollrads, von Knyphausen, die Prinzen von Hessen oder die Prinzen von Preußen auf Schloss Reinhartshausen sorgten in der Vergangenheit mindestens ebenso tatkräftig wie die Mönche für das Renommee des Anbaugebiets.

Diese herausragende Stellung des Rheingaus im Rahmen des deutschen Weinbaus spiegelte sich lange auch in der fortschrittlichen Entwicklung von Weinbergs- und Kellertechnologien wider. Hier wurden die ersten Weinfilter eingesetzt, hier ›erfand‹ man die Spätlese, die Auslese edelfauler Trauben wurde hier perfektioniert, und hier hatte und hat eine der berühmtesten Weinbauschulen der Welt ihren Sitz, die Forschungsanstalt in Geisenheim.

Ungeachtet der ruhmreichen Vergangenheit und der internationalen Berühmtheit der Rheingauer Weine, die zu Beginn des 20. Jahrhunderts zu den teuersten Europas gehörten – noch vor Bordeaux, Champagne und Burgund –, waren auch hier die Jahrzehnte nach dem Zweiten Weltkrieg von ei-

Links:
Auf Schloss Johannisberg wurden im Herbst 1775 aus Versehen die Trauben verspätet eingebracht. Laut Legende war dies die Geburt der Spätlese.

Rechts:
Der Wohnturm von Schloss Vollrads in Oestrich-Winkel, das nun unter neuer Leitung erneut Rheingauer Spitzenqualitäten liefert

Wein von Staats wegen: Staatsweingüter

Alle deutschen Bundesländer, in denen Weinbau betrieben wird, besitzen auch staatliche Weingüter oder Versuchsweingüter. Einer breiten Öffentlichkeit sind die Staatsweingüter des Landes Hessen im Rheingau und an der Bergstraße wahrscheinlich bestens bekannt.
Mit dem historischen Kloster Eberbach, den Kellereien im nahen Eltville und den Ablegern in Assmannshausen und Bensheim verfügen die hessischen Staatsweinbetriebe über ein außerordentliches Weinbau- und Vermarktungspotential sowie über einige exzellente Lagen, wie zum Beispiel den historischen Steinberg, einen der ältesten urkundlich nachgewiesenen Weinberge des Rheingaus. Der entscheidende Aufschwung in der Qualitätsausrichtung der Staatsweingüter kam mit der Umstellung von der kameralistischen zur betriebswirtschaftlichen Orientierung des Unternehmens.
Wie bis in die 1980er Jahre in Hessen, so ließ auch im Staatlichen Hofkeller in Würzburg, Eigentum des Freistaats Bayern, die Qualität der Weine lange zu wünschen übrig, machte aber entsprechend in den letzten Jahren große Fortschritte. Unglücklicher war da schon das sächsische Schloss Wackerbarth, das in der Folge wirtschaftlicher Schwierigkeiten zerschlagen wurde. Auch die staatlichen Weinbaudomänen des Landes Rheinland-Pfalz, Oppenheim in Rheinhessen, Niederhausen an der Nahe, Marienthal an der Ahr und Trier an der Mosel genießen nur noch einen kärglichen Rest ihrer einstigen Reputation.
Baden-Württemberg besitzt dagegen gleich eine ganze Auswahl an staatlichen Weingütern, von denen einige wirklich hervorragende Weinqualitäten anbieten können. Vor allem Weinsberg (es ist angegliedert an die Lehr- und Versuchsanstalt) und Freiburg (mit dem Weingut Blankenhornsberg) besitzen einen ausgezeichneten Ruf, Karlsruhe und Meersburg sind gegenwärtig eher Insidern bekannt.

ner tiefen Qualitäts- und Identitätskrise geprägt. Selbst die berühmten Klöster und Schlossweingüter hatten Mühe, dem qualitativen Aufschwung der Winzer anderer Weinbaugebiete zu folgen: die Flaggschiffe des Rheingaus dümpelten.
In dieser Zeit waren es vor allem die bürgerlichen Güter – kleinere Winzerbetriebe oder auch einige qualitätsbewusste Weinhändler –, die das Prestige des Rheingaus sorgsam hüteten. Die Situation hat sich jedoch in den letzten Jahren wieder entschieden gebessert, und Reinhartshausen, Vollrads, Schönborn oder Knyphausen sind dabei, wieder zur Elite des Anbaugebiets, vielleicht sogar wieder an die Spitze Deutschlands aufzuschließen.

Winzeradel und Bürgertum

Wenn Rheingauer Weine noch in den 1920er Jahren auf dem Weltmarkt Preise erzielen konnten, die selbst Bordeaux-Winzer und Champagnerhäuser vor Neid erblassen ließen, so ist dies heute nur eine schöne Erinnerung. In der zweiten Hälfte des 20. Jahrhunderts war die Geschichte des Rheingaus wie die fast aller deutschen Weinbaugebiete von einer Philosophie rationell betriebenen Mengenweinbaus und weniger von Qualitätsgedanken bestimmt. Dünne, mit Süßreserve süffig gemachte Weine beherrschten damals das Bild, und selbst die Adelsgüter, die einen Ruf zu verlieren hatten, machten keine Ausnahme.
Inzwischen hat man zumindest bei den Qualitätsweinen wieder an bessere Jahrgänge der Vergangenheit anknüpfen können, auch wenn das noch nicht generell anerkannt wird. Offenbar sind bei einer Region mit dieser historischen Weinbaureputation die Erwartungen besonders hoch. Unsicherheit besteht nach wie vor über den typischen Rheingauer Riesling-Stil. Nachdem als Antwort auf die süßen Jahre nun auch die Welle der übertrieben trockenen und säurebetonten Weine an den Verbrauchern vorübergerollt ist, drängen gegenwärtig verstärkt halbtrockene Weine auf den Markt. Dies mag eine logische Konsequenz sein, doch wenn die Restsüße abermals Fülle und Dichte ersetzen soll, ist es heute genauso schwierig wie in der Vergangenheit, das richtige Maß zu finden. Da ist es für die Winzer beinah einfacher, die steigende Nachfrage nach edelsüßen Gewächsen mit herrlichen Beeren- und Trockenbeerenauslesen oder sogar Eisweinen zu befriedigen.
Bewegung in der Region geht heute allerdings weniger von den alteingesessenen Adelsgütern aus als vielmehr von den Familienweingütern. Namen wie Gunter Künstler, Bernhard Breuer, Robert Weil, Diefenhardt, Querbach, Eser, Johannishof, Lang und Ress überzeugen bereits seit längerer Zeit mit herrlichen Gewächsen, was man von den Johannisberg, Knyphausen, Oetinger, Schönborn, Langwerth oder Löwenstein nur bedingt sagen kann. Die Bürgerlichen waren es auch, die eine Diskussion um die Lagenklassifizierung entschieden vorantrieben, obwohl das, was sie in den letzten Jahren als ihre ›Ersten Gewächse‹ vorstellten, durchaus die eine oder andere Enttäuschung barg.

Heinrich Heines frommer Wunsch war alles andere als bescheiden, denn Schloss Johannisberg befand sich zu seiner Zeit auf der Höhe seines Ruhmes.

Ausgewählte Erzeuger im Rheingau

Georg Breuer*–*******
Rüdesheim
23 ha; 130 000 Fl. • Weine: Riesling, Grauburgunder, Spätburgunder von Rüdesheim (→Schlossberg, →Rottland, Roseneck, Bischofsberg) und Rauenthal (Nonnenberg), Montosa, →Winzersekt
Bernhard Breuer hat nicht nur den regionalen VDP und die Charta-Vereinigung entscheidend geprägt, er war einer der Ersten, die Künstleretiketten einsetzten und mit dem Barrique-Ausbau des Spätburgunders experimentierten. Er überzeugt immer wieder durch die konstante Qualität seiner Spitzenrieslinge aus den berühmtesten Rüdesheimer Lagen.

Diefenhardt–******
Marienthal
20 ha; 120 000 Fl. • Weine: Riesling
Schnörkelloser, moderner Weinbau wird hier betrieben, und ebenso schnörkellos und geradlinig sind die Weine, die man besonders gut in der Vinothek oder im gutseigenen Ausschanklokal verkosten kann.

August Eser*–******
Oestrich-Winkel
10 ha; 100 000 Fl. • Weine: Riesling, Spätburgunder von einer großen Zahl sehr guter Lagen in Oestrich, Rauenthal, Erbach, Hattenheim, Hallgarten, Winkel und Rüdesheim
Trotz der starken Parzellierung des Weinbergbesitzes und der entsprechend großen Etikettenvielfalt schafft es Joachim Eser bei allen seinen Weinen, sehr hohe Qualitätsansprüche zu befriedigen. Am besten sind die Rieslinge der Hattenheimer und Oestricher Lagen.

Prinz von Hessen–******
Geisenheim
48 ha; 350 000 Fl. • Weine: Riesling, Spätburgunder in Johannisberg (→Klaus), Winkel und Kiedrich, Gutsweine
Das Gut des Landgrafen von Hessen gehört zu den größten im Rheingau und hat in den letzten Jahren durch stark verbesserte Qualitäten auf sich aufmerksam gemacht. Johannisberger Hölle und Klaus liefern die Trauben für die besten Rieslinge des Gutes.

Hupfeld–******
Königin Victoriaberg und Oestrich-Winkel
11,5 ha; 70 000 Fl. • Weine: Riesling, Spätburgunder von Lagen in Hochheim (→Victoriaberg), Winkel, Oestrich und Johannisberg
Wie der Name andeutet, ist das Hupfeld'sche Weingut zweigeteilt: Ein Teil hat sein Zentrum in Oestrich, der andere befindet sich mit dem renommierten Victoriaberg in Hochheim am Main. Hier soll sich die englische Königin 1845 beim Picknick in den Hochheimer Wein verliebt haben. Die Hochheimer Rieslinge sind heute die besten Produkte des Hauses.

Weinbau-Domäne Schloss Johannisberg–******
Geisenheim
35 ha; 260 000 Fl. • Weine: →Riesling Schloss Johannisberg (Monopol)
Schloss Johannisberg ist die Rheingauer Weinbau-Institution schlechthin. Die Benediktiner halfen hier vom 12. Jahrhundert an – als Gegenpol zum Zisterzienser-Kloster Eberbach –, den Rheingauer Weinbau zu begründen. Über Napoleon und Fürst Metternich ging das Schloss schließlich in den Besitz der Oetker-Gruppe über, die in den letzten Jahren einige Anstrengungen unternahm, um dem leicht ramponierten Ruf der Weine wieder zu altem Glanz zu verhelfen.

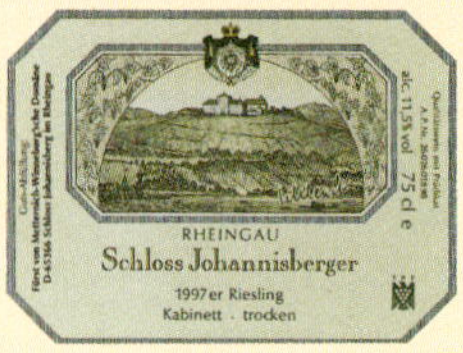

Johannishof*–******
Geisenheim
20 ha; 140 000 Fl. • Weine: Riesling von zahlreichen Lagen in Johannisberg, Winkel, Geisenheim und Rüdesheim
Johannes Eser ist auf dem elterlichen Gut seit 1985 für die Kellerarbeit verantwortlich. Aus den Trauben der vielen Lagen keltert er fruchtige, frische Weine, die auf einem gleichmäßig hohen Niveau stehen. Auch der einfache Gutsriesling Esers ist von hervorragender Qualität und kann so manchen berühmteren Lagen-Riesling der Konkurrenz in den Schatten stellen.

Freiherr zu Knyphausen*–******
Erbach
22 ha; 100 000 Fl. • Weine: Riesling, Spätburgunder von Lagen in Erbach (→Marcobrunn) und Hattenheim (→Wisselbrunnen)
Die Familie zu Knyphausen besitzt mit Marcobrunn und Wisselbrunnen Parzellen in Spitzenlagen, deren Weine besonders sorgfältig ausgebaut werden. Die Weine des Gutes sind immer von einer kräftigen Säure geprägt und reifen meist länger als die der Kollegen, bevor sie in den Verkauf gelangen.

Franz Künstler**–*******
Hochheim
24 ha; 240 000 Fl. • Weine: Riesling, Spätburgunder von Hochheimer Lagen (→Hölle, →Domdechaney, Kirchenstück, Reichestal, Stielweg, Herrnberg)
Gunter Künstler gilt als einer der besten deutschen Winzer überhaupt. Seine Rieslinge von Hölle, Domdechaney oder Reichestal – gleich, ob mit Spätlese-, Auslese- oder edelsüßem Prädikat – gehören zu den besten Deutschlands. Aber auch die Spätburgunder aus dem Künstlerkeller sind in guten Jahren beachtlich und lassen den in diesen Breitengraden unvermeidlichen Mangel an Fülle und Kraft durch ihre große Eleganz vergessen. Künstler bewirtschaftet auch das Hochheimer Weingut Geheimrat Aschrott'sche Erben.

Hans Lang*–******
Hattenheim
15 ha; 120 000 Fl. • Weine: Riesling, Silvaner, Weißburgunder, Spätburgunder von Lagen in Hattenheim (→Wisselbrunnen, Schönhell), Hallgarten (→Jungfer), Erbach (→Marcobrunn) und Kiedrich, Riesling & Spätburgunder Johann Maximilian
Johannes Lang baute seine Linie hochwertiger Lagenweine konsequent auf. Nicht ohne Erfolg unternahm er in den letzten Jahren auch Versuche mit dem Barrique-Ausbau der Roten.

Freiherrlich Langwerth von Simmern'sches Rentamt–******
Eltville
33 ha; 180 000 Fl. • Weine: Riesling, Chardonnay, Weißburgunder, Spätburgunder von Lagen in Rauenthal, Erbach, Hattenheim, Eltville und Kiedrich
Das historische Gut wird seit einigen Jahren von Freiherr Georg Reinhard geleitet. Alle Weine des Gutes werden im gepflegten, alten Holzfassbestand vergoren und ausgebaut. Die jüngst in Angriff genommene Straffung des Sortiments bekommt den Weinen offenbar recht gut.

Dr. Heinrich Nägler–******
Rüdesheim
8 ha; 30 000 Fl. • Weine: Riesling, Spätburgunder, Ehrenfelser von Rüdesheimer Lagen (→Schlossberg, →Rottland, Rosenberg, Bischofsberg, Drachenstein)

Der Autodidakt Heinrich Nägler arbeitet noch weitgehend nach traditionellen Methoden. Dies könnte sich nach dem Einstieg von Sohn Tilbert ändern.

Wilfried Querbach ***–****
Oestrich-Winkel
9,5 ha; 70 000 Fl. • Weine: Riesling, Spätburgunder von Oestrich (Lenchen, →Doosberg, Klosterberg), Hallgarten (Schönhell), Mittelheim (Edelmann) und Winkel (Hasensprung, Dachsberg)
Das Weingut der Querbachs ist durch und durch von Traditionsbewusstsein geprägt. Dennoch bedient man sich auch hier modernster Methoden in Weinberg und Keller und schreckt selbst vor dem Einsatz des Vollernters nicht zurück – zu Recht, wie die blitzsauberen, geradlinigen und ausdrucksvollen Rieslinge beweisen. Die besten kommen vom Oestricher Doosberg.

Schloss Reinhartshausen ***–*****
Erbach
87 ha; 550 000 Fl. • Weine: Riesling, Weißburgunder, Chardonnay, Spätburgunder von Erbach (→Marcobrunn, Schlossberg, Siegelsberg), Hattenheim (Wisselbrunnen, Nussbrunnen) und Erbach (→Rheinhell)
Das Weingut der Familie Leibbrand musste samt dem dazugehörigen Hotel verkauft werden, und noch scheint die Zukunft nicht völlig gesichert. In den letzten beiden Jahrzehnten war der Aufstieg des Gutes in die Spitzengruppe des Rheingauer Weinbaus unaufhaltsam gewesen. Konsequenter und früher als in den übrigen deutschen Weinbaugebieten experimentierte man hier mit Chardonnay und mit dem Barrique-Ausbau. Zum echten Spitzenwein wurde in den letzten Jahren der Verschnitt aus Weißburgunder und Chardonnay, aber auch die Riesling-Auslesen von Schlossberg und Siegelsberg brauchen keine Konkurrenz zu fürchten.

Balthasar Ress **–****
Hattenheim
32 ha; 200 000 Fl. • Weine: Riesling, Spätburgunder und weitere Sorten von Hattenheim (Nussbrunnen, Engelmannsberg), Rüdesheim (Schlossberg, Rottland) und Schloss Reichhartshausen, Ress-Wein, Gutsriesling Von Unserem
Stefan Ress hat sich als Winzer und Organisator vieler kultureller Veranstaltungen gleichermaßen profiliert. Aus dem einstigen Weinhandelshaus ist ein Spitzenweingut geworden – die Kellereilinie macht nur noch den kleineren Teil der Aktivitäten aus. Produziert werden die Weine seit einigen Jahren nicht mehr im historischen Gutshaus, sondern in den Gebäuden der einstigen Winzergenossenschaft von Hattenheim.

Schloss Schönborn **–****
Hattenheim
46 ha; 300 000 Fl. • Weine: Riesling, Spätburgunder, Weißburgunder von Hattenheim, Erbach (→Marcobrunn), Hochheim (→Domdechaney) und Rüdesheim (→Schlossberg)
Über alle Höhen und Tiefen der letzten Jahrzehnte hat sich das Weingut der Grafen von Schönborn seinen Ruf bewahrt. Unter der Leitung von Günter Thies geht es seit einigen Jahren wieder aufwärts, was sich vor allem an den Weinen der berühmten Lage Erbacher Marcobrunn feststellen lässt.

Staatsweingüter Kloster Eberbach **–****
Eltville und Assmannshausen
152 ha; 1 000 000 Fl. • Weine: Riesling, Weißburgunder, Spät- und Frühburgunder von Assmannshausen

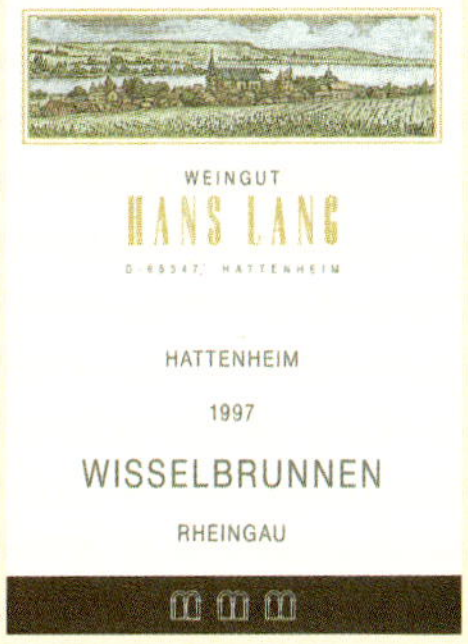

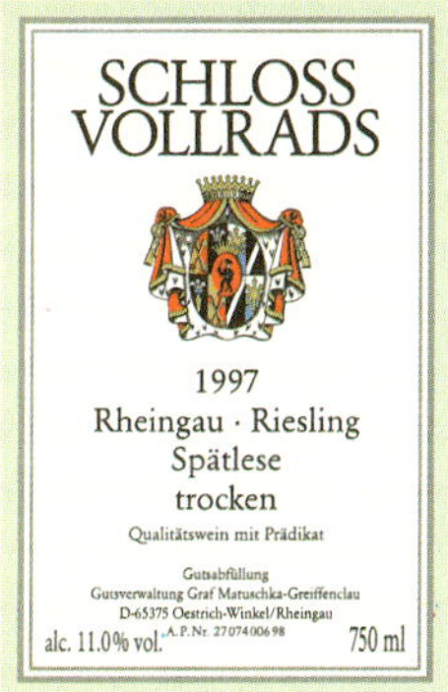

(→Höllenberg), Hattenheim (Engelmannsberg), Erbach (→Marcobrunn, Siegelsberg), Rauenthal (→Baiken), Rüdesheim (→Schlossberg, Roseneck, Rottland, Bischofsberg, Klosterlay), Kiedrich (Gräfenberg), Rauenthal (→Baiken), Hochheim (→Hölle, Kirchenstück, Domdechaney) und von der Monopol-Lage Steinberg, →Champion-Wein
Die Rheingauer Betriebe des Landes Hessen gehören zu den renommiertesten deutschen Staatsweingütern. In Assmannshausen hat man sich mit sehr gutem Erfolg auf den traditionellen Ausbau von Rotweinen spezialisiert, während in der großen Eltviller Kellerei die Rieslinge vinifiziert werden. Mit Kloster Eberbach und dem historischen Clos Steinberg besitzen die Staatsweingüter zwei absolute Schmuckstücke der Rheingauer Weinbaugeschichte. Unter Leitung von Rowald Hepp setzte man in Eltville Ende der 1980er Jahre verstärkt auf Qualität, eine Linie, die Karl-Heinz Zerbe, Hepps Nachfolger, weiter verfolgt.

Schloss Vollrads ***–****
Oestrich-Winkel
48 ha; 500 000 Fl. • Weine: Riesling von Einzellage Schloss Vollrads und Lagen in Hattenheim
Nach dem Freitod von Erwein Graf Matuschka von Greiffenclau, dem überschuldeten Eigner von Schloss Vollrads, geriet das renommierte Gut eine Weile in unruhiges Fahrwasser, dürfte jedoch unter der Leitung von Rowald Hepp bald seine alte Größe wiederfinden. Obwohl von Kritikern lange Zeit geschmäht, hatte die Qualität der Vollrads'schen Weine in Wahrheit bereits ab Mitte der 1990er Jahre wieder ihre alte Spitzenqualität erreicht.

Geheimrat J. Wegeler Erben ****–*****
Oestrich-Winkel
56 ha; 500 000 Fl. • Weine: Riesling, Müller-Thurgau, Gewürztraminer, Grauburgunder von Lagen in Oestrich (→Lenchen), Winkel (→Jesuitengarten), Rüdesheim (Rottland, →Schlossberg) und Geisenheim (→Rothenberg), Geheimrat J
Der Oestricher Betrieb ist nicht nur die Zentrale der drei Wegeler-Güter in Rheingau, Pfalz und Mosel, sondern auch die Heimat des berühmtesten Markenweins Geheimrat J, von dem es eine Riesling- und eine Sekt-Version gibt. Unter der Leitung von Norbert Holderieth wurde vor allem das Rheingauer Gut in den letzten Jahren zu einem absoluten Musterbetrieb. Besonders die Rieslinge vom Geisenheimer Rothenberg und Rüdesheimer Berg Schlossberg sowie die edelsüßen vom Oestricher Lenchen sind oft unübertroffen.

Robert Weil ***–*****
Kiedrich
50 ha; 350 000 Fl. • Weine: Riesling vom Kiedricher →Gräfenberg, Gutsweine
Zwar hat sich Wilhelm Weil nicht, wie Egon Müller an der Saar, völlig auf Süßweine spezialisiert, aber hier liegt trotzdem die absolute Stärke. Nicht umsonst konkurrieren die Versteigerungsweine des Betriebs, der seit langem dem japanischen Multi Suntory gehört, regelmäßig mit denen vom Scharzhofberg um die höchsten Auktionserlöse. Durch eine sorgfältige Weinbergsarbeit – die überreifen Trauben werden beispielsweise großflächig mit Plastikplanen abgedeckt – schafft es Weil Jahr für Jahr, Trockenbeerenauslesen und sogar Eisweine zu ernten, die spektakuläre Mostgewichte und Extraktwerte erreichen. In der Stilistik etwas kräftiger als die filigraneren Moselweine, sind Weils Prädikatsweine jedoch mindestens ebenso langlebig und komplex in Aroma und Geschmack.

Nahe

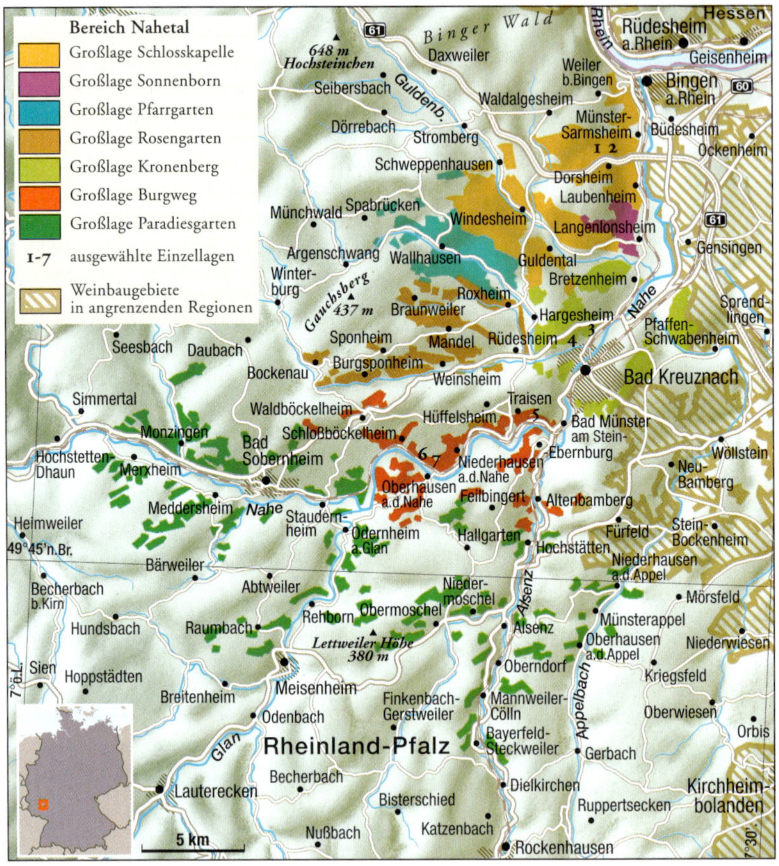

Widersprüchlicher als die Mosel präsentiert sich das Weinbaugebiet der Nahe dem Betrachter. Noch bis zum Beginn des 20. Jahrhunderts waren die Weine aus Bad Kreuznach, Schlossböckelheim, Niederhausen oder Dorsheim – die Weinbauregion der Nahe, wie sie sich heute darstellt, wurde erst mit dem Weingesetz von 1971 geschaffen – mindestens ebenso berühmt und begehrt wie die des benachbarten Rheingaus. Nach dem Zweiten Weltkrieg konzentrierte sich dann auch diese Region fast vollständig auf Massenproduktion, verdoppelte ihre Anbauflächen, indem selbst weniger geeignete Flach- und Tallagen bestockt wurden, und suchte ihr Heil in der Produktion von Verschnittweinen für die berühmt-berüchtigte Liebfrauenmilch und die anderen, oft noch fragwürdigeren Exportschlager des deutschen Nachkriegsweinbaus.

Ähnlich wie im benachbarten Rheinhessen dominierte die ›Massenhysterie‹ schnell das gesamte Weinbaupanorama des Gebiets, das nicht zufällig an seiner südlichen Grenze so nahtlos in die Rebfelder des rheinhessischen Hinterlands übergeht, dass die Grenze für den unbefangenen Beobachter kaum sichtbar ist. Resultat dieser Entwicklung ist die in Deutschland fast einzigartige Tatsache, dass an der Nahe zwar einzelne Güter eine hohe Reputation besitzen, sogar zu den besten des Landes zählen können, die Nahe als Gesamtregion jedoch im Gegensatz zu Mosel, Pfalz, Rheingau oder Franken einem breiteren Publikum fast unbekannt ist oder zumindest profillos erscheint.

Traisen, direkt südwestlich von Bad Kreuznach, verfügt über wenig mehr als 30 Hektar Weinberge, zählt aber zu den besten Weingemeinden der Nahe.

Exportweine und Krise

Ausgewählte Einzellagen

1 Pittermännchen
2 Goldloch
3 Brückes
4 Krötenpfuhl
5 Bastei
6 Hermannsberg
7 Hermannshöhle

Um den Wünschen der Verbraucher entgegenzukommen, kelterte man hier lange Zeit nur geringe Mengen trockener oder halbtrockener Weine, obwohl gerade in diesem Bereich eine der Stärken des Anbaugebiets liegen könnte. Das milde Klima und die vielen unterschiedlichen Bodenformationen bieten vor allem dem Riesling, der mehr als ein Viertel der Weinbergfläche von gut 4 500 Hektar belegt, einen idealen Nährboden, auf dem er seinen ganzen Facettenreichtum ausspielen kann. Die übrigen Sorten, wie zum Beispiel der Müller-Thurgau, der flächenmäßig dem Riesling mit nur geringem Abstand folgt, oder auch Silvaner, Kerner, Scheurebe und Grauburgunder, haben sich dagegen bislang kein eigenständiges Profil erarbeiten können und gehen meist in der Anonymität der Massenmarken unter.
Solange die Tankwagen mit Liebfrauenmilch und ähnlichen ›Kostbarkeiten‹ noch in regelmäßigem Abstand in alle Welt rollten, konnte dieser Mangel an Image und Eigenständigkeit dem Weinbau der Region nicht viel schaden. So war zumindest die gängige Auffassung, doch das seelenruhige Baden im süßlichen Erfolg sollte sich nicht aus-

Ausgewählte Erzeuger

Crusius *–******
Traisen
12,5 ha; 90 000 Fl. • Weine: Riesling, Weißburgunder, Müller-Thurgau, Spätburgunder, u. a. von Lagen in Traisen, Schlossböckelheim, Niederhausen, Norheim
Unterhalb des Rotenfels von Traisen leitet Peter Crusius sein Weingut seit 1981. Obwohl er die Vinifizierung in den 1990er Jahren weitgehend auf Edelstahltanks umstellte, reifen die besseren Riesling-Qualitäten immer noch im Holzfass. Vor allem die edelsüßen Qualitäten gehören zu den Spitzenweinen der Nahe.

Schlossgut Diel *–*******
Burg Layen
15 ha; 90 000 Fl. • Weine: Riesling, Grau- und Weißburgunder, Spätburgunder von Dorsheimer Lagen (Goldloch, →Pittermännchen, Burgberg), Gutswein Diel de Diel, →Victor
Ungeachtet der Kontroversen, die Armin Diel, Winzer und Weinkritiker in einem, provoziert, gelten seine Rieslinge, vor allem die von der Schieferlage Pittermännchen, als Musterbeispiele für Naheweine.

Hermann Dönnhoff **–*******
Oberhausen
12,5 ha; 80 000 Fl. • Weine: Riesling, Weiß- und Grauburgunder von Oberhausen (→Brücke, Felsenberg, Leistenberg), Niederhausen (Hermannshöhle), Schlossböckelheim (Felsenberg), und Norheim, Gutsriesling
Die Charakteristika der einzelnen Terroirs herauszuarbeiten – die Familie besitzt seit Generationen Parzellen in den besten Lagen –, versteht Helmut Dönnhoff mit seltener Perfektion. Dönnhoffs Kellerarbeit beschränkt sich auf möglichst wenige, möglichst schonende Interventionen. Die Weine werden im Holzfass vergoren, Schönungen gibt es nicht, und Süßreserve wird nur für die einfachsten Qualitäten verwendet. Nur die edelsüßen Weine – Dönnhoff gilt auf dem Gebiet als absoluter Spezialist – werden in kleinen Edelstahlgebinden vergoren.

Emrich-Schönleber ****
Monzingen
12,5 ha; 110 000 Fl. • Weine: Riesling, Grau- und Weißburgunder, Kerner, Rivaner von Lagen in Monzingen
Monzingen profitiert durch seine geschützte Lage von einem milderen, trockeneren Klima als die restliche Nahe, und Werner Schönleber nutzt diese natürlichen Gegebenheiten, um Spitzenrieslinge zu erzeugen. Die besten sind von der Lage mit dem merkwürdigsten Namen: Monzinger Frühlingsplätzchen.

Hahnmühle ***
Mannweiler-Cölln
8 ha; 50 000 Fl. • Weine: Riesling, Traminer, Silvaner, Weißburgunder, Spätburgunder von Lagen in Oberndorf, Alsenz, Cölln, Gutsweine, →Silvaner Secco
Riesling und Traminer sind wohl die ungewöhnlichste Kombination des Weinguts von Martina und Peter Linxweiler, noch dazu wenn sie im Gemischten Satz und ökologisch kultiviert und gelesen werden. Außergewöhnlich ist auch die meist sehr markante Säure.

Kruger-Rumpf *–******
Münster-Sarmsheim
16 ha; 105 000 Fl. • Weine: Riesling, Silvaner, Burgundersorten u. a., von Lagen in Münster-Sarmsheim (→Dautenpflänzer, Pittersberg, Rheinberg, Kapellenberg)
Stefan und Cornelia Rumpf betreiben nicht nur eins der besten Nahe-Weingüter, sondern auch noch eine berühmte Weinstube. Rumpfs Weine, die immer geradlinig, nie barock oder verspielt wirken, überzeugen vor allem in den höheren Prädikaten, wenn die etwas rustikale, typische Säure von Alkohol, Restsüße oder Extrakten gemildert wird.

Prinz zu Salm-Dalberg ***
Wallhausen
11,5 ha; 70 000 Fl. • Weine: Riesling, Grauburgunder, Spätburgunder u. a., von Lagen in Wallhausen und Roxheim, Gutsriesling, Prinz Salm Qualitätsweine
Michael Prinz zu Salm-Salm ist nicht nur einer der renommierteren Winzer der Nahe, sondern auch Bundesvorsitzender des VDP und Politiker. Das Weinsortiment von Schloss Wallhausen, auf dem biologischer Anbau praktiziert wird, ist von guter Qualität und übersichtlich gestaltet, Lagenangaben werden nur auf den Etiketten der besten Weine des Betriebs gemacht.

Bürgermeister Willi Schweinhardt Nachfahren **–****
Langenlonsheim
35 ha; 300 000 Fl. • Weine: Riesling, Weiß- und Grauburgunder, Chardonnay, Spätburgunder, Portugieser u. a., von Langenlonsheimer Lagen, →Scala
Einer der größten und zugleich besten Betriebe der Region (eine seltene Kombination). Neben seinen Weißweinen – vergoren wird im Stahl- oder Kunststofftank –, unter denen auch ein Chardonnay zu finden ist, experimentiert Schweinhardt als einer der ganz wenigen deutschen Erzeuger auch mit Cabernet Sauvignon.

Gutenberg am Gräfenbach liegt gemeinsam mit anderen Winzerdörfern in einem Seitental der Nahe, das nach Nordwesten verläuft.

zahlen. Denn spätestens mit der Preiskonkurrenz durch die Überseeländer, die sich rechtzeitig auf den wandelnden Verbrauchergeschmack eingestellt hatten, mussten diese Marken auf den Weltmärkten Einbußen hinnehmen. Die Folge waren wirtschaftliche Schwierigkeiten, unter denen man an der Nahe noch mehr als anderswo zu leiden scheint. Die größte Winzergenossenschaft des Gebiets musste so erst kürzlich ihre Eigenständigkeit aufgeben und unter das schützende Dach der Moselland-Genossenschaft einkehren, und auch die staatliche Weinbaudomäne in Niederhausen-Schlossböckelheim überlebte die Krise nicht.

Zu Füßen des Roten Fels bei Traisen, einem Prophyrmassiv, erstreckt sich die Bastei. Die beste Lage der Gemeinde, die erstaunlich komplexe, mineralbetonte Rieslinge liefert.

Dennoch Spitzenweine

Umso mehr muss man die Anstrengungen und den Mut einer kleinen Gruppe von Spitzenwinzern innerhalb des regionalen VDP-Verbandes bewundern, die in ihrer Produktion heute wieder auf absolute Qualität setzt und auch in der Diskussion um eine Lagenklassifizierung die Vorreiterrolle übernahm. Es ist auch ihnen per Weingesetz nicht gestattet, Bezeichnungen wie ›Erste Lage‹ oder ›Grand Cru‹ auf ihre Etiketten zu setzen, doch sie führten im Rahmen einer freiwilligen Selbstkontrolle ihrer Mitglieder die Bestimmung ein, dass nur intern klassifizierte und für gut befundene Lagennamen auf den Etiketten erscheinen dürfen, während der gesamte Rest der Produktion als einfacher Gutswein angeboten werden muss. Auf eine Nennung der in die Kritik geratenen Großlagennamen verzichten sie bei ihren Weinen gleich gänzlich.

Das Potential für Spitzenweine bietet die Nahe dabei allemal, wobei sich die Weincharakteristika in den drei bedeutendsten Subregionen, der oberen Nahe, der Gegend um Bad Kreuznach und schließlich der unteren Nahe, deutlich voneinander unterscheiden.

Steile Felswände, die nur wenig Platz für die Weinreben lassen, prägen das Bild am Nahelauf oberhalb von Bad Kreuznach. Die Porphyrformationen und der Fluss bilden hier gleich zwei wertvolle Wärmespeicher, die den Trauben die not-

wendigen Reifebedingungen sichern und den Weinen ihren typisch filigranen Fruchtcharakter verleihen. Weinbauzentren mit den anerkannt besten Weinbergflächen sind Schlossböckelheim, Niederhausen und Traisen. Und Lagennamen wie Traisener Bastei, Niederhausener Herrmannshöhle und Hermannsberg, die Oberhäuser Brücke oder auch der Schlossböckelheimer Felsenberg sind wohl klingende Referenzen.

Ganz anders sind die natürlichen Gegebenheiten in und um Bad Kreuznach: Hier beherrschen tiefgründige schwere Böden die Lagen, die Weine zeigen einen dichteren, kräftigeren Stil, der in seinem Gesamtausdruck deutlich südlicher wirkt. Kreuznacher Brückes, Krötenpfuhl und Kahlenberg sind die besten Lagen, aber leider scheinen die meisten der einst so berühmten Weingüter der Stadt in den letzten Jahren den Anschluss an den qualitativen Aufschwung in der Region schlichtweg verschlafen zu haben.

Interessant wird es erst wieder an der unteren Nahe und in ihren Seitentälern. Der Fluss, der hier in nördlicher Richtung geradewegs dem Rhein zufließt, wird an seinem östlichen Ufer schon von den weiten Rebfeldern Rheinhessens begleitet, während sich die Hanglagen des Nahegebiets an seinem westlichen Ufer ein wenig hinter Hügeln, Dörfern und Kirchtürmen verstecken.

Vor allem die Seitentäler mit ihren sonnenbeschienenen Südlagen bieten dem Riesling hier optimale Voraussetzungen, wie dies die Dorsheimer Lagen Pittermännchen und Goldloch oder auch die Münsterer Pittersberg und Dautenpflänzer mit Brillanz vorführen. Auch hier herrscht aber im Weinstil von Dorf zu Dorf, Lage zu Lage und vor allem Winzer zu Winzer noch eine enorme Variationsbreite, wobei die Rieslinge mal in Richtung Mosel, mal in Richtung des benachbarten Mittelrheins tendieren können. Die unter den Spitzenwinzern der Region viel diskutierte Frage, ob die Weine der unteren Nahe ihre ideale Ausprägung eher im trockenen oder doch mehr im rest- beziehungsweise edelsüßen Bereich finden, wird wohl erst die Zukunft beantworten können.

Im Schlossgut Diehl in Burg Layen, dessen Riesling-Auslesen vom Dorsheimer Goldloch zu den besten Naheweinen zählen, wurden die Gärtanks künstlerisch verschönert.

Michael Prinz zu Salm-Salm, Bundesvorsitzender des VDP

Helmut Dönnhoff, Spitzenwinzer in Oberhausen an der Nahe

Rheinhessen

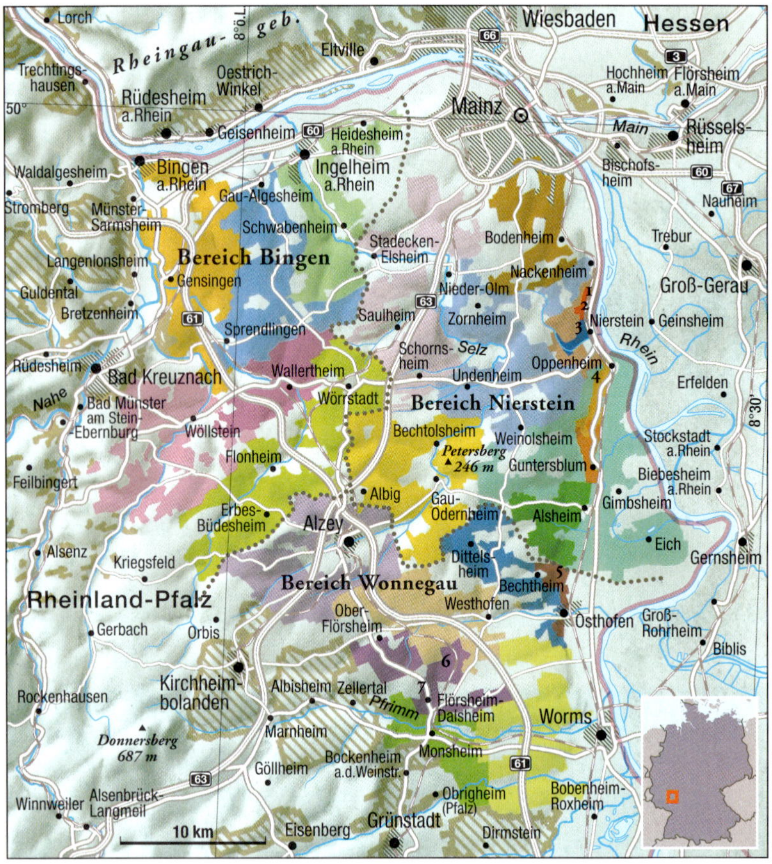

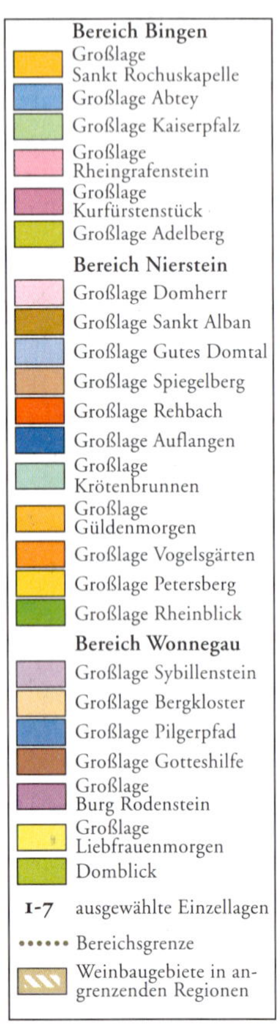

Bei einer Weinbergfläche von insgesamt mehr als 26 000 Hektar, die sich in 24 Groß- und stolze 432 Einzellagen gliedert, reichen im Vergleich zu Mosel, Württemberg oder Pfalz sogar eher bescheidene Hektarerträge von nur wenig mehr als 100 Hektolitern pro Hektar, um Rheinhessen zur unbestritten größten Weinbauregion in Deutschland zu machen. Reben und Wein scheinen hier allgegenwärtig, und es gibt in der ganzen Region überhaupt nur drei Gemeinden, die keine eigenen Rebflächen besitzen.

Rheinhessen ist wie keine zweite Weinbauregion mit der Liebfrauenmilch verbunden, schließlich liegt der Weinberg, von dem sich der Name dieser besonderen Massenmarke ableitet, auf rheinhessischem Territorium: das Wormser Liebfrauenstift-Kirchenstück, ein echter *clos* innerhalb der Mauern der Stiftskirche. Außerdem stammen in den letzten Jahrzehnten immer wieder große Mengen für diesen einzigen nach deutschem Weingesetz zugelassenen Sorten- und Gebietsverschnitt mit Qualitätsweinstatus von hier.

Im Ausland geradezu ein Synonym für deutschen Wein schlechthin geworden, hat die Liebfrauenmilch zweifellos das ihre zum Niedergang des Renommees deutscher Weine beigetragen. Entsprechend war es von nahezu symbolischem Wert für einen grundsätzlichen Neubeginn des deutschen Weinbaus, wenn das lange Zeit vernachlässigte Kirchenstück seit einigen Jahren mit der tatkräftigen Hilfe eines bekannten Niersteiner Weinguts wieder instand gesetzt wird.

Ebenfalls in Rheinhessen fand die unglückliche Großlagenphilosophie des deutschen Weingesetzes ihren bekanntesten Ausdruck: Oppenheimer Krötenbrunnen und das benachbarte Niersteiner Gute Domtal können heute schlichtweg als Musterbeispiele einer verfehlten Zielrichtung angesehen werden, die letztlich nichts anderes bewirkte, als fast zwei Jahrzehnte lang einem gesunden Qualitätsanspruch die Basis zu entziehen.

Jenseits von Liebfrauenmilch

Glücklicherweise hat Rheinhessen sehr viel mehr zu bieten als Liebfrauenmilch, Krötenbrunnen und Gutes Domtal. Vor allem an der so genannten Rheinfront, dem linksrheinischen Steilabfall des rheinhessischen Plateaus zwischen Nackenheim im Norden und Alsheim im Süden, werden heute wieder hervorragende Weine gekeltert. Auf dem Rotliegenden in Nierstein, einer Schieferformation, dem Resultat einer geologischen Verwerfung, die sich quer zum Rheingrabenbruch zieht, wachsen Rieslinge, die es jederzeit mit den besten Gewächsen aus Rheingau, Mosel und Pfalz aufnehmen können. Sie verbinden die Finesse der Weine aus nördlichen Gebieten mit der Kraft und Würze jener aus südlichen.

Die besten Lagen der Region, wie der Rothenberg in Nackenheim, Pettenthal, Brudersberg, Hipping, Ölberg und Orbel in Nierstein, haben sich deshalb in den letzten Jahren wieder als feste Größen etablieren können. Auch Oppenheim besitzt mit dem Sackträger eine zuverlässige Spitzenlage, aber hier bestehen die Böden nicht mehr aus Rotschieferformationen, sondern aus Löß und kalkhaltigen Mergeln.

Nur wenige wissen, dass Rheinhessen ein wahres Sortenparadies ist. Aus der Alzeyer Rebenzuchtanstalt sind die meisten Nachkriegszüchtungen hervorgegangen, und Sorten wie Scheurebe oder Dornfelder, der während der jüngsten Rotweinbewegung Aufmerksamkeit erregte, stammen aus ihren Versuchspflanzungen. Das bunte Nebeneinander von klassischen Rebsorten und vielfältigen Zuchtresultaten hat dazu geführt, dass keine einzelne Sorte das rheinhessische Rebenpanorama dominieren konnte. Müller-Thurgau belegt zwar etwa 20 Prozent der Flächen, Silvaner noch rund 15 Prozent, aber alle anderen Sorten wie Riesling, Kerner, Scheurebe, Bacchus, Portugieser, Faberrebe, Morio-Muskat, Spätburgunder, Huxelrebe, Ortega oder Siegerrebe bleiben mehr oder weniger deutlich unter der 10-Prozent-Hürde. Schließlich darf nicht vergessen werden, dass auch der umweltschonende oder ökologische Weinbau in Rheinhessen bereits in den 1970er Jahren seine ersten Schritte auf deutschem Boden machte und hier seither viele Nachahmer gefunden hat.

Ausgewählte Einzellagen (Karte gegenüber)

1 Pettenthal
2 Hipping
3 Ölberg
4 Sackträger
5 Geyersberg
6 Hubacker
7 Bürgel

Nierstein verfügt über ausgezeichnete Lagen am Rhein wie Brudersberg, Hipping, Pettenthal oder Ölberg und eine Hand voll Spitzenwinzer.

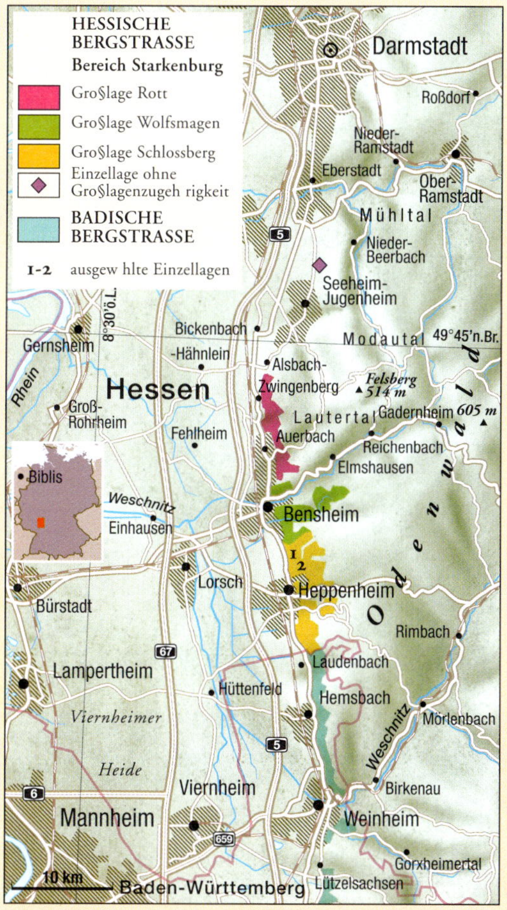

Ausgewählte Einzellagen

1 Centgericht
2 Steinkopf

Hessische Bergstraße

Als autonomes Weinbaugebiet war der Landstrich am West- und Nordhang des Odenwalds mit seinen rund 450 Hektar lange umstritten. Nach dem letzten Weltkrieg sollte er dem Rheingau zugeschlagen werden, doch dagegen wussten sich die dortigen Winzer offenbar erfolgreich zu wehren. Die Zugehörigkeit zum südlichen Teil der Bergstraße, der schon zu Baden-Württemberg gehört, wurde per Weingesetz von 1971 aufgelöst. Seither ist die Bergstraße unsinnigerweise in eine Hessische und eine Badische geteilt, wobei nur der nördlichere, hessische Teil weinbaugesetzliche Eigenständigkeit besitzt. Als eigentliche Bergstraße bezeichnet man die Hanglagen am Odenwaldrand zwischen Darmstadt im Norden und Weinheim im Süden, deren Böden und Klima bestens für Weinbau geeignet sind.

Die starke Zerklüftung des Terrains bringt schwierig zu bearbeitende und daher kostenintensive Steillagen mit sich, die ein wirtschaftliches Arbeiten erschweren. Daher liefern fast 90 Prozent der Winzer ihre Trauben an die größte regionale Genossenschaft in Heppenheim – eine wohl einmalige Monopolsituation in Deutschland. Nimmt man hinzu, dass allein die Domäne Bensheim der Hessischen Staatsweingüter rund zehn Prozent der gesamten Rebfläche bearbeitet und der Großteil des Weins in Südhessen bleibt, wird klar, warum Bergsträßer Weine außerhalb der Region fast unbekannt sind.

Die Stärken der Bergstraße liegen bei den Rieslingen, die denen des Rheingaus nahe kommen, und bei den Burgundersorten. Trotz der Beschränkung auf zwei Sortengruppen und Weinarten sorgen die verschiedenartigen Lagen und Böden für zahlreiche Weintypen und -nuancen. Die Rieslinge, die meist in den höheren Lagen wachsen, sind weniger säurebetont als in nördlicheren Gebieten und zeigen meist einen mineralischeren Charakter, der noch von Granit- zu Sandsteinböden variiert. In niederen Parzellen mit teils recht tiefen Lößböden reifen Burgundersorten, die sich vor allem durch weniger Alkohol von den badischen Vettern unterscheiden.

Das weitgehende Fehlen selbst vermarktender Winzer und die Dominanz der Genossenschaft waren der Qualitätsentwicklung der Bergstraße nicht eben förderlich. Allein die Staatsweingüter und ein oder zwei Privatwinzer haben über die Jahre hinweg überzeugen können.

Staatsweingut Bergstrasse*–******
Bensheim
38 ha; 250 000 Fl. • Weine: Riesling, Grau- und Weißburgunder, Spätburgunder, Gewürztraminer von Lagen in Heppenheim (→ Centgericht, Steinkopf), Schönberg, Bensheim (Kalkgasse, Streichling)

Simon-Bürkle***
Zwingenberg
19 ha; 75 000 Fl. • Weine: Riesling, Weiß- und Grauburgunder, Silvaner, Spätburgunder, Lemberger und Cabernet Sauvignon von der nördlichen Bergstraße

Das Herzstück von Nackenheim bis Dienheim

Kein anderes deutsches Anbaugebiet kennt so große Kontraste und Qualitätsunterschiede zwischen den einzelnen Bereichen wie Rheinhessen. Die Region hat sich in der Vergangenheit fast ausschließlich durch Massenweinbau und noch dazu durch zum Teil fragwürdige Neuzüchtungen hervorgetan, deren Zielvorstellungen weniger in der Qualität des Weins als vielmehr in einer Art klinisch sauberen, industriellen Massenproduktion zu liegen schienen. Nicht umsonst wird die unsägliche Liebfrauenmilch so hartnäckig mit dem Namen dieser Region verbunden.
Dennoch hat auch in Rheinhessen in den letzten Jahren eine ganze Reihe von Spitzenwinzern mit hochwertigen Qualitäten auf sich aufmerksam gemacht. Das fängt auf den hervorragenden Tonschieferböden der so genannten Rheinfront an, die zu den besten Lagen der Region zählen. An den Steilhängen des Rheinbruchs zwischen Nackenheim und Dienheim beweisen so unterschiedliche Weingüter wie Gunderloch, Heyl zu Herrnsheim oder Sankt Antony seit Jahren, dass sie zur absoluten Elite des deutschen Weinbaus gehören, und auch Häuser wie Schneider, Seebrich oder Kühling-Gillot können mit der gleichbleibend hohen Qualität ihrer Weine überzeugen. Leider lässt das schlechte Image des Namens Rheinhessen bislang noch keine adäquate Vermarktung und angemessenen Marktpreise zu.
Auch abseits der Rheinfront gibt es noch außergewöhnliche Lagen, so etwa im Bereich zwischen Bechtheim, Westhofen (vor allem mit der Lage Aulerde) und Flörsheim-Dalheim an der Grenze zur Pfalz, wo sich mit Keller, Groebe, Schales und Wittmann eine weitere Gruppe von Spitzenwinzern niedergelassen hat. Im rheinhessischen Hinterland sind die Qualitätsspitzen zwar recht dünn gesät, aber auch hier kann man mit entsprechender Anstrengung gute bis sehr gute Weine keltern, wie übrigens auch im Norden, in den einst berühmten Bingener und Ingelheimer Lagen. Hier herrscht allerdings noch immer die Mentalität des schnellen, einfach verdienten Geldes aus dem Geschäft mit der Tankware vor, eine Grundeinstellung, die jeden mühsamen Image-Gewinn Rheinhessens auch in Zukunft infrage stellt.

Ausgewählte Erzeuger in Rheinhessen

Brüder Dr. Becker *–******
Ludwigshöhe
11 ha; 70 000 Fl. • Weine: Riesling, Silvaner, Scheurebe, Burgundersorten u.a., von Lagen in Dienheim und Ludwigshöhe
Helmut Pfeffer war bereits in den 1970er Jahren einer der ersten deutschen Winzer, die biologischen Weinbau betrieben und gleichzeitig bewiesen, dass dies keinen Verzicht auf hohe Weinqualitäten bedeuten musste. Tochter Lotte setzt sein Werk mit derselben Energie fort. In letzter Zeit geht die Tendenz bei den Weinen wieder mehr zu halbtrockenen Qualitäten.

K. F. Groebe ***
Biebesheim
7,5 ha; 50 000 Fl. • Weine: Riesling, Silvaner, Grauburgunder, Spätburgunder u.a., von Lagen in Westhofen (→Aulerde)
Obwohl die Aulerde in Westhofen nicht an der berühmten Rheinfront liegt, kann sie mit ihrem kalkhaltigen Boden als absolute Spitzenlage gelten. Friedrich Groebe keltert aus ihren Trauben seine besten Rieslinge. Grau- und Spätburgunder von konsistent guter Qualität werden als Tafelwein vermarktet.

Gunderloch ****
Nackenheim
12,5 ha; 70 000 Fl. • Weine: Riesling, Silvaner u.a., von →Nackenheimer Rothenberg sowie →Pettenthal und →Hipping in Nierstein, →Jean Baptiste
Agnes und Fritz Hasselbach haben ihr Weingut seit Mitte der 1980er Jahre Schritt für Schritt an die Spitze

des rheinhessischen Weinbaus gebracht. Basis dieses Erfolgs waren große Flächen auf den Spitzenlagen Rothenberg, Pettenthal und Hipping. Vor allem der Rothenberg mit seinen Tonschieferböden bringt regelmäßig exzellente Rieslinge mit großem Fruchtbukett und festem, gut strukturiertem Körper hervor. Reisen in andere Weinbauländer brachten die Hasselbachs dazu, Weinbergsarbeit und Kellertechnik auf den modernsten Stand zu bringen. In Erinnerung an Zuckmayers Stück ›Der fröhliche Weinberg‹, das eine Hommage an den Weingutgründer Carl Gunderloch ist, heißt heute ein Wein ›Jean Baptiste‹.

Louis Guntrum ***
Nierstein
30 ha; 1 800 000 Fl. • Weine: Riesling, Müller-Thurgau, Silvaner, Scheurebe u.a., von zahlreichen Lagen in Nierstein und Oppenheim, Guntrum Classic, Villa Guntrum, Louis Philipp
Als Großkellerei genoss die alteingesessene Niersteiner Firma keinen sonderlich guten Ruf bezüglich der Qualität ihrer Weine. Dies hat sich jedoch mit der Konzentration auf die Gewächse der eigenen Weinberge – eine Reihe von Lagen befinden sich im Alleinbesitz – geändert. Vor allem die Oppenheimer Weine, darunter Gewürztraminer und Silvaner, zeigen gutes bis sehr gutes Niveau.

Freiherr Heyl zu Herrnsheim *–******
Nierstein
39 ha; 200 000 Fl. • Weine: Riesling, Silvaner, Müller-Thurgau, Burgundersorten von Niersteiner Lagen

(→*Brudersberg,* →*Pettental,* →*Oelberg, Hipping, Orbel),* →*Liebfrauenstift Kirchenstück,* →*Arcadia*
Das Heyl'sche Weingut wurde von Peter von Weymarn nicht nur zu einem der Spitzenweingüter Rheinhessens, sondern auch zu einem der führenden ökologisch arbeitenden Betriebe Deutschlands gemacht. Die besten Weine, die noch Lagenbezeichnungen tragen dürfen, werden vollständig im großen Holzfass vergoren und ausgebaut. Nach dem Verkauf des Gutes an die Familie Ahr führt Markus Ahr den Betrieb mit Gutsleiter Michael Burgdorf im Geist Weymarns weiter.

KELLER ****
FLÖRSHEIM-DALSHEIM
13 ha; 120 000 Fl. • Weine: Riesling, Burgundersorten, Huxelrebe von Lagen in Dalsheim (→Hubacker), Niederflörsheim und Monsheim
Wenn das Gut von Klaus und Hedwig Keller zu den meistprämierten Deutschlands gehört, müsste dies in der Optik einer Lagenklassifikation eigentlich als Paradoxon gelten. Doch es beweist nur, dass es im Weinbau auch auf das Qualitätsbewusstsein des Winzers ankommt. Zu den Spitzenweinen des Gutes zählen die Rieslinge vom Hubacker. Bemerkenswert sind aber auch die Burgundersorten.

KRUG'SCHER HOF ***
GAU-ODERNHEIM
55 ha; 250 000 Fl. • Weine: Chardonnay, Weißburgunder, Spätburgunder, Riesling, Menger-Krug Sekt
Eigentlich ist der Hauptsitz der Menger-Krug das Weingut Motzenbäcker in Deidesheim in der Pfalz, aber der Großteil der Weinberglagen und die Produktion der renommierten Sekte der Familie findet hier im Rheinhessischen statt. Schon seit Mitte der 1980er Jahre wird Chardonnay kultiviert, der in die Sekte eingeht und auch als sortenreiner Stillwein gekeltert wird – bemerkenswert sind auch seine gelegentlich edelsüßen Resultate.

KÜHLING-GILLOT ****
BODENHEIM
8,5 ha; 90 000 Fl. • Weine: Riesling, Grauburgunder, Scheurebe, Portugieser, Spätburgunder und andere, von Lagen in Oppenheim und Bodenheim, Sekt
Wein- und Sektgut nennt sich das Gut von Gabi und Roland Gillot, das bereits seit dem 18. Jahrhundert besteht. Die Gillot'schen Weine, vor allem die edelsüßen Gewächse und die im Barrique gereiften Burgunder, zählen zur Spitze in Rheinhessen, und die Straußwirtschaft sorgt unter der Regie von Gabi Gillot für das leibliche Wohl der Gäste.

MICHEL-PFANNEBECKER ***
FLOMBORN
9,5 ha; 55 000 Fl. • Weine: Silvaner, Riesling, Burgundersorten, Müller-Thurgau von Westhofener und Flomborner Lagen
Dass die Westhofener Lagen hervorragende Weine liefern, beweist das Weingut aus Flomborn, wo aus Trauben der Westhofener Steingrube die besten Rieslinge gekeltert werden. Auch die weißen Burgundersorten und der Chardonnay sind überdurchschnittlich gut.

RAPPENHOF – DR. MUTH **–***
ALSHEIM
52 ha, 300 000 Fl. • Weine: Riesling, Burgundersorten, Chardonnay, Kerner und andere, von Alsheimer, Dienheimer, Guntersblumer, Oppenheimer und Niersteiner Lagen
Das Weingut des einstigen Präsidenten des Deutschen Weinbauverbands, Reinhard Muth, ist schon vor einigen Jahren auf Sohn Klaus übergegangen. Mit seinem im Barrique vergorenen Chardonnay war Muth einer der Pioniere der Sorte in Deutschland.

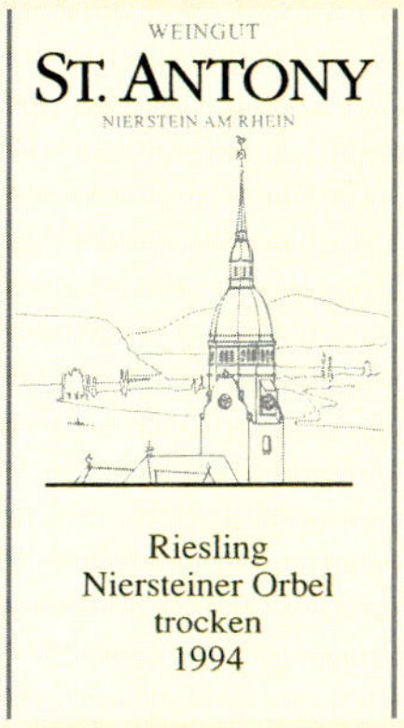

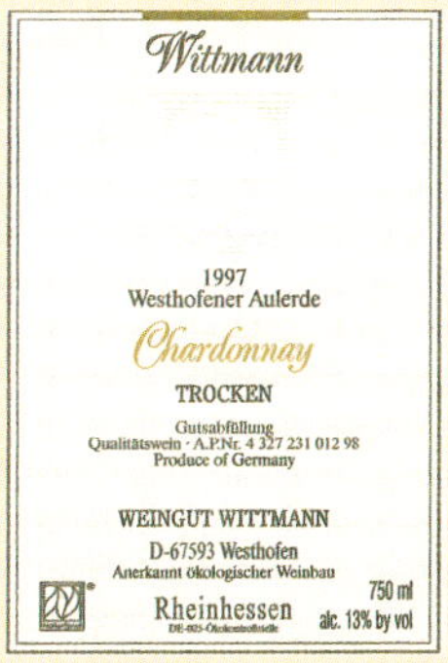

SANKT ANTONY ***–*****
NIERSTEIN
22 ha; 160 000 Fl. • Weine: Riesling, Silvaner u.a., von Niersteiner Lagen (→Oelberg, →Hipping, →Pettental, →Orbel, Rosenberg, Heiligenbaum, Paterberg), Vom Rotliegenden
Weine von großer Extraktfülle, gleichzeitig aber filigraner Eleganz keltert Alexander Michalsky auf dem Gut, das einst in der Nähe ihrer rheinhessischen Kalksteinbrüche von der Gutehoffnungshütte gegründet worden war und inzwischen zum MAN-Konzern gehört. Mit einer ganzen Palette von Rieslingen aus den Lagen des so genannten Rotliegenden ist Michalskys Betrieb einer der drei besten Rheinhessens und gehört auch bundesweit zur absoluten Elite.

SCHALES ****
FLÖRSHEIM-DALHEIM
40 ha; 400 000 Fl. • Weine: Riesling, Müller-Thurgau, Weißburgunder, Spätburgunder und andere, von Dalsheimer Lagen, →Trullo, Schales Selection
Die Schales-Brüder gehören nicht nur zu den größten, sondern auch zu den besten Winzern Rheinhessens. Auf die Lagenbezeichnungen verzichten sie bei ihren Weinen bereits seit mehr als zehn Jahren. Ihr Trullo ist ein Verschnitt aus Weißburgunder, Kerner und Riesling. Überzeugend auch die edelsüßen und Eisweine.

GEORG ALBRECHT SCHNEIDER ***–****
NIERSTEIN
17,5 ha; 90 000 Fl. • Weine: Riesling, Müller-Thurgau, Kerner, Silvaner u.a., von Niersteiner Lagen (→Orbel, →Hipping, →Oelberg, →Pettenthal u.a.)
Der Umzug des Niersteiner Traditionsweinguts in größere Räume und die Umstellung auf Edelstahl im Keller gingen einher mit einem deutlichen Aufschwung. Georg Schneiders Rieslinge der Niersteiner Spitzenlagen und sein Grauburgunder vom Paterberg sind von weit überdurchschnittlicher Qualität.

HEINRICH SEEBRICH ***
NIERSTEIN
10 ha; 80 000 Fl. • Weine: Riesling, Müller-Thurgau, Kerner, Silvaner, Dornfelder, Spätburgunder u.a., von Niersteiner Lagen (→Oelberg, →Hipping)
Heinrich Seebrich arbeitet in Weinberg und Keller nach den gleichen schonenden Methoden und legt Wert auf die frühe Füllung seiner Prädikatsweine, die anschließend allerdings noch auf der Flasche reifen, bevor sie in den Verkauf gebracht werden.

VILLA SACHSEN ***
BINGEN
22 ha; 130 000 Fl. • Weine: Riesling, Müller-Thurgau, Kerner, Silvaner u. a., von Bingener Lagen (→Scharlachberg)
Villa Sachsen steckte tief in der Krise, bevor Prinz Salm, Hausherr auf Schloss Wallhausen an der Nahe, mit seinem Team die Leitung des Gutes übernahm und Miteigentümer wurde. Heute überzeugt der Betrieb wieder mit den Rieslingen vom einst renommierten Bingener Scharlachberg.

WITTMANN ***–****
WESTHOFEN
16 ha; 130 000 Fl. • Weine: Riesling, Müller-Thurgau, Silvaner, Huxelrebe, Spätburgunder u.a. von Bechtheimer und Westhofener (→Aulerde) Lagen
Obwohl schon seit einiger Zeit in der Spitzengruppe des rheinhessischen – und ökologischen – Weinbaus platziert, wurde das Weingut erst kürzlich in den VDP aufgenommen. Die Weine, vor allem die Rieslinge von Westhofener Lagen, belegen, dass das Anbaugebiet auch jenseits der Rheinfront ein großes Qualitätspotential besitzt.

Bio-Weingut Heyl zu Herrnsheim

Dass sich die deutsche Biowein-Bewegung zuerst in Rheinhessen entwickelte, könnte durchaus mit dem mäßigen Standard rheinhessischer Weine in den 1970er Jahren zusammenhängen. Wer sich im Liebfrauenmilch-Einerlei überhaupt noch von der Masse abheben wollte, war gezwungen, auf sich aufmerksam zu machen, und sei es nur durch neue Bezeichnungen auf dem Etikett. Vielleicht war auch die Tatsache daran schuld, dass es der rheinhessische Weinbau mit Technik und Chemie allzu weit getrieben hatte, und die jüngeren – vom rebellischen Gedankengut der Umweltbewegten im Rhein-Main-Gebiet infizierten – Winzer glaubten, auf den groben Klotz der konventionellen Arbeit im Weinberg einen ebenso groben Keil setzen zu müssen. Jedenfalls waren die Anfänge der Bio-Bewegung im Weinbau weniger von der Sorge um die Qualität des Produkts als viel stärker von allgemeinen politisch-ideologischen Beweggründen getragen.

Dabei beweist das Weingut Freiherr Heyl zu Herrnsheim in Nierstein seit vielen Jahren, dass es auch andere, viel persönlichere Motive für die Hinwendung zum naturnahen Weinbau gibt, die zudem noch mit der Idee einer qualitativ hochstehenden Produktion vereinbar sind. Die Beweggründe Peter von Weymarns, der das Gut zu jener Zeit führte, waren recht persönlicher Natur. Der Naturwissenschaftler hatte damit begonnen, seine persönliche Ernährung zu überdenken und radikal umzustellen, und konnte nicht umhin, seine gesundheitsbewusste Einstellung schließlich auch auf Produkt und Arbeitsweise seines Betriebs zu übertragen.

Heyl ist aber nicht nur deshalb ein für deutsche Verhältnisse untypisches Bio-Weingut, sondern auch aufgrund seiner relativen Größe und seines festen Platzes im Konzert der besten Betriebe Deutschlands. Von Anfang an hatte der Qualitätsgedanke eine dominierende Rolle gespielt. Der Wein sollte nach ökologischen Gesichtspunkten produziert werden, um noch besser, um ein wirklich authentisches Spitzenprodukt zu werden.

Den Zusammenhang erläutert Markus Ahr, derzeitiger Chef auf Heyl, an einem zentralen Element seiner Qualitätsphilosophie, die von Weymarns Philosophie fortführt: »Ein Spitzenwein zeichnet sich dadurch aus, dass er jahrgangs- und lagentypische Charaktermerkmale besitzt, die ihn von den anderen unterscheiden. Während konventioneller Weinbau die Mikroflora und -fauna im Weinberg erst zerstört und anschließend dem toten Most Zuchthefen und Enzyme zusetzen muss, die den Weinen einen stereotypen Charakter verleihen, bietet mir eine schonende Weinbergsarbeit die Chance, viel enger am Terroir zu arbeiten.« Dann fügt er hinzu: »Der ökologische Weinbau vitalisiert den Rebstock – ganz im Gegensatz zum konventionellen Arbeiten, das die Pflanzen durch Überfütterung mit künstlichem Dünger lähmt. Aber nur vitale Stöcke sind in der Lage, charaktervolle Weine hervorzubringen.« Ahr ist dabei meilenweit vom Dogmatismus der reinen Ökolehre entfernt.

Seine Version des naturnahen Weinbaus beruht vor allem auf drei Prinzipien. Es wird nicht mit synthetischen Mitteln, sondern nur mittels Kompost und Einsaat gedüngt. Statt Herbizide einzusetzen, wird der Boden rein mechanisch bearbeitet. »Pflügen und Mulchen sind zwar arbeitsaufwendig, aber die Qualität des Weins belohnt am Ende die Mühe«, betont Ahr. Drittes Prinzip: Es kommen keine Pestizide und Fungizide zum Einsatz – lediglich die Bordelaiser Brühe, eine Kupfervitriollösung, ist unter den strengen Statuten der Europäischen Union noch erlaubt.

Links:
Der Innenhof des Gutes, das auf das 16. Jahrhundert zurückgeht

Rechts:
Mit dieser Mähmaschine wird die zwischen den Reihen angesäte Gründüngung geschnitten, die sich im Bioanbau in vielen Regionen bewährt hat.

Natürlich ist sich der junge Weingutsbesitzer auch der negativen Seiten des Ökoweinbaus bewusst und muss dessen Kritikern in mancher Hinsicht Recht geben. Im biologischen Weinbau müsse man zu häufig in den Weinberg fahren und verdichte dabei mit den Schleppern den Boden. Außerdem reichere sich das Kupfer mit der Zeit im Boden an, und eine solide Ökobilanz, die auch die Umweltverschmutzung durch das häufige Fahren miteinbeziehe, liege noch immer nicht vor, heißt es aus deren Reihen.

»Wir würden schon ab und an gerne präzise und schnell mit Stickstoff reagieren können, und die Reglementierungen der Ökoverbände sind uns diesbezüglich oft viel zu rigide«, wird Ahr gegenüber solchen Argumenten nachdenklich und fragt sich, wie der naturnahe Weinbau reagieren wird, wenn die Europäische Union in Zukunft auch den Einsatz von Kupfer im Weinbau verbietet, wie es derzeit geplant ist.

Für Ahr hat die Bio-Diskussion der letzten Jahre auch ein wenig von den eigentlich relevanten önologischen Problemen abgelenkt, was es einer ganzen Reihe fragwürdiger Praktiken und Techniken wie den Konzentratoren oder dem Arbeiten mit Enzymen und Aromastoffen erlaubt hat, sich unbemerkt durch die Hintertüre in die Weinwelt einzuschleichen. Dennoch wird man auf Heyl zu Herrnsheim am umweltbewussten Arbeiten festhalten. »Unser Gut hat aufgrund der Qualität seiner Weine einen so guten Namen, dass ich es mir unter rein ökonomischen Gesichtspunkten auch hätte leisten können, mit dem Bio-Weinbau aufzuhören. Doch dann müsste ich wohl in der Konsequenz auch einen Teil meiner Qualitätsansprüche mit aufgeben!«

Zwar hat die Familie Ahr inzwischen das berühmte rheinhessische Gut übernommen, doch führen Markus Winfried Ahr und der Gutsleiter Michael Burgdorf biologische Bewirtschaftung und Qualitätspolitik unverändert fort.

Ökologischer Weinbau

Wie die biologische Landwirtschaft im Allgemeinen verzichtet auch der ökologische Weinbau auf die Verwendung von chemisch-synthetischen Düngemitteln, Unkrautvernichtern, Insektiziden, Fungiziden und Akariziden. Doch beim Weinbau geht es um einen weit umfassenderen Ansatz: um die Erhaltung von Böden und reinem Grundwasser, um Artenschutz- und Landschaftspflege, um die Ver- und Entsorgung des gesamten Betriebs auf ökologische Weise.

Die Basis ist das Bodenleben im Weinberg. Um es zu aktivieren, zu fördern und zu ernähren, setzen Winzer organisches Material ein. Dem Kompost kommt hier die Hauptrolle zu. Er wird aus Trester, Mist, Häckselgut, Stroh und Gemüseabfällen erzeugt. Oft müssen die Weingüter dabei Rohmaterial von außen hinzuziehen, da bislang nur die wenigsten Betriebe einen geschlossenen Hofkreislauf aufzubauen vermögen. Es gibt aber auch Beispiele, wo Domänen eigens eine artgerechte Tierhaltung einrichteten, um selbst über wertvollen Mist zu verfügen.

Besondere Bedeutung kommt im ökologischen Weinbau der Begrünung zu, die an die Stelle der Fruchtfolge in der biologischen Landwirtschaft tritt. Die dadurch erreichte dichte Durchwurzelung des Bodens wirkt sich dauerhaft positiv auf den Reichtum an Mikroorganismen aus. Die verwandten vielseitigen Mischungen von Leguminosen, Kleesorten, Getreiden, Gräsern und Kräutern, die zwei- bis dreimal gemäht und gemulcht werden, dienen als ausgezeichnete Düngung und sorgen für Humusbildung. Die Blüten bringen Insekten zurück in die Weinberge, die als Nützlinge die Populationen von Roter Spinne und Traubenwickler gering halten. Begrünung verhindert die Erosion der Weinberge und wirkt außerdem als Ausgleichsfaktor für ihren Wasserhaushalt. Sie muss allerdings genau auf die Bedingungen der jeweiligen Lage abgestimmt sein. Nicht überall eignet sich eine vollständige Dauerbegrünung.

Generell liegt der Unterschied zu konventionellen Winzerbetrieben in einem grundsätzlich anderen Ansatz. Dies betrifft nicht nur die Bodenpflege, sondern ebenso den Umgang mit den Reben und ihren Schutz gegen Krankheiten. Europäischer Weinbau ist mit der allgegenwärtigen Präsenz von Echtem Mehltau *(Oidium)* und Falschem Mehltau *(Peronospera)* konfrontiert. Während sich herkömmliche Betriebe von vornherein auf chemische Mittel verlassen, geht es dem Ökowinzer darum, Infektionsrisiken zu mindern. Dabei werden folgende Punkte geprüft und berücksichtigt. Es beginnt mit der Wahl

- des geeigneten Standorts,
- der passenden Rebsorte,
- des richtigen Zeilen- und Reihenabstands und
- der besten Erziehungsform

und setzt sich fort mit

- der begrenzten Anzahl von Trieben, die beim Anschnitt im Winter gelassen werden,
- dem Ausbrechen im Frühjahr, womit man die Anzahl der Triebe pro Stock auf eine optimale Anzahl reduziert,
- der sorgfältigen Laubarbeit, die während der Vegetationsperiode für eine gute Belüftung sorgt,
- eventuellem Ausdünnen der Trauben.

Alle diese Maßnahmen finden im konventionellen Weinbau gewöhnlich nicht statt, eine Ausnahme bilden meist nur jene Güter, die auf Spitzenqualität ausgerichtet sind und bereits teilweise ökologisch arbeiten. Für den Ökowinzer ist es eine Notwendigkeit, sich von heiklen Standorten oder besonders anfälligen Rebsorten zu trennen. Um die Reben wirkungsvoll zu stärken, können Pflanzenbrühen, pflanzliche Präparate und auch Gesteinsmehle etc. zum Einsatz kommen.

Der Bio-Winzer muss also im Vergleich zu seinem konventionellen Kollegen wesentlich sorgfältiger und überlegter arbeiten. Das führt dazu, dass ökologische Weingüter ganz natürlicherweise auf einem niedrigeren Ertragsniveau liegen, auf das sich sonst nur qualitativ hochwertige konventionelle Betriebe einlassen. Die Erfolge zeigen sich in geringeren Ertrags- und Qualitätssschwankungen, häufig auch in höheren Mostgewichten selbst in ungünstigen Jahrgängen.

Was die Weinqualität betrifft, so sind sich die Winzer darüber einig, dass sie im Weinberg gemacht wird, weshalb ökologischer Weinbau als zukunftsweisend gilt. AD

Sekt

Auch wenn der renommierteste Schaumwein aus der französischen Champagne, die in den letzten Jahren erfolgreichsten Produkte aus Italien (Prosecco) und Spanien (Cava) stammen, Weltmeister im Sekttrinken und -produzieren sind die Deutschen. Während sie beim Weinkonsum mit weniger als 20 Litern pro Kopf und Jahr kaum auffallen, sind sie mit fast fünf Litern Schaumwein pro Kopf ungeschlagene Spitzenreiter.

Die Vorliebe für perlenden Wein ist in Deutschland älter als die eigene Sektproduktion. Schon zu Beginn des 19. Jahrhunderts zog es einige unternehmungslustige junge Deutsche in die Champagne: Krug, Bollinger, Geldermann, Mumm und Deutz. Sie gründeten in der Fremde Champagnerhäuser, deren Produkte noch heute zu den besten und bekanntesten Marken gehören.

Von ›Sekt‹ war damals noch selten die Rede, diese Bezeichnung kam erst um 1825 in Berlin auf. Die Urheberschaft daran wird meist dem Schauspieler Ludwig Devrient zugeschrieben, wobei der deutsche Begriff sich vom französischen ›sec‹ wie trocken oder von ›sack‹ – in Anspielung an eine in England beliebte Sherry-Qualität – herleitet.

Die bedeutendsten deutschen Sektkellereien, die mit wenigen Ausnahmen an Rhein und Mosel beheimatet sind, entstanden in der zweiten Hälfte des 19. Jahrhunderts, und auch hierzulande gehören die schon damals ins Leben gerufenen Häuser Kessler, Henkell, Söhnlein, Deinhard, Kupferberg, Kloss & Foerster, Schloss Vaux oder Faber mit 30, 40 oder 100 Millionen Flaschen und mehr im Jahr noch in unseren Tagen zu den umsatzstärksten (zum Vergleich: die Jahresproduktion der Champagne beträgt etwa 250 Millionen Flaschen).

Solche Mengen sind im klassischen Flaschengärverfahren nicht herzustellen, deutsche Sekte entstehen daher meist im Tank- oder Charmat-Verfahren, bei dem die zweite Gärung in großen Druckbehältern eingeleitet wird, aus denen das fertige Produkt unter Aufrechterhaltung des entstandenen Drucks abfiltriert und gefüllt wird.

Manche Önologen mögen das Tankverfahren der Flaschengärung vorziehen, da es den Vorteil hat, Flasche für Flasche gleichbleibende Qualität zu

Wieviel Zucker enthält welche Form von Sekt?

naturherb (*brut nature*)	unter 3 g je Liter
extra brut (*extra herb*)	bis 6 g je Liter
brut (*herb*)	bis 15 g je Liter
extra dry (*extra trocken*)	12 bis 20 g je Liter
trocken (*dry, sec*)	17 bis 35 g je Liter
halbtrocken (*medium dry, demi sec*)	33 bis 50 g je Liter
mild (*süß, doux*)	mehr als 50 g je Liter

Die Cuvée wird aus verschiedenen Grundweinen abgefüllt und dann mit Zucker und Hefe versetzt.

Für die Flaschengärung wird sie mit einem Kronenkorken verschlossen und zum Lagern auf Latten gelegt.

In Winzerbetrieben und kleineren Sekthäusern wird das Rütteln nach wie vor per Hand ausgeführt.

Durch das Rütteln setzen sich die Heferückstände im Flaschenhals ab und werden degorgiert.

Ein »Expeditionslikör« ersetzt die fehlende Weinmenge, dann wird endgültig verkorkt.

Zum Schluss erhalten die meisten Sektflaschen noch die typische, stulpenförmige, dekorative Kapsel.

Sekt aus der aufwendigen traditionellen Flaschengärung zeigt sich als komplexer Schaumwein mit kleinen Blasen und feiner, ansprechender Mousse.

gewährleisten. Doch der Hefekontakt ist im kleinen Füllvolumen einer Flasche intensiver als im Tank, wo sich die Hefe am Boden ablagert. Außerdem ist die zweite Gärung beim Flaschenverfahren länger, als es das Gesetz beim Tankprozess vorsieht. Der lange Hefekontakt aber ist entscheidend für die Qualität des fertigen Schaumweins.

Flaschengärung und Winzersekte

Nicht umsonst greifen auch die großen Sektkellereien für ihre Spitzenprodukte, die entweder aus Riesling oder den klassischen Champagnersorten hergestellt werden, zur aufwendigen Flaschengärung mit ihren langen Reifezeiten. In diesem Segment werden dann natürlich keine sechsstelligen Produktionsmengen mehr erreicht – die Spitzen-Cuvées der deutschen Sektkellereien können so in Qualität, Menge und Preis durchaus das Niveau des Champagner-Mittelbaus erreichen.
Während im Premiumbereich einige Marken ganz auf deutsche Grundweine setzen, kann dies natürlich nicht für die große Masse des deutschen Sekts gelten. Wollte man die riesigen Mengen aus einheimischen Weinen keltern, würde nicht nur das Endprodukt wesentlich teurer, sondern man stieße auch sehr schnell an die Kapazitätsgrenzen deutscher Weinberge. Daher sind 90 Prozent der Grundweine in den riesigen Tanks der Sektkellereien an Rhein und Mosel ausländischer Herkunft, sie kommen aus Italien und Spanien oder anderen Teilen der Europäischen Union.
Neben den klassischen Sektmarken hat sich im letzten Jahrzehnt mit dem so genannten Winzersekt eine recht interessante neue Produktkategorie etabliert. Er unterscheidet sich von herkömmlichen Markenprodukten dadurch, dass er rechtmäßig als Erzeugerabfüllung gelten kann, obwohl die eigentliche Versektung, also die zweite Gärung mit dem Rütteln und Degorgieren, bei Lohnversektern stattfindet, deren bekanntester seinen Sitz im rheinhessischen Sprendlingen hat.
Immer mehr Winzer haben inzwischen damit begonnen, die Versektung ihrer Weine selbst in die Hand zu nehmen, um sich der Qualität des Endprodukts sicher sein zu können. Als Grundwein kommen dabei nur die edelsten Rebsorten infrage: im Norden der fruchtige, charakteristische Riesling, im Süden eher die Burgundersorten, die nach der Versektung mit ihrem weinigen, hefigen Charakter schon fast an Champagner erinnern.
Während der Sektmarkt allgemein seit geraumer Zeit zu stagnieren scheint, erfreuen sich die Winzersekte wachsender Beliebtheit: zunächst beim Winzer, weil sie ihm die willkommene Gelegenheit eines interessanten Nebenverdienstes bieten, aber auch beim Verbraucher, weil der darin eine begrüßenswerte Alternative und Abwechslung zu den bekannten Markensekten findet.

Henkell, Söhnlein, Deinhard

Eigentlich hätte alles ganz anders kommen sollen. Als Adam Henkell 1832 in Mainz seine Weinhandlung gründete, hatte er in erster Linie das Exportgeschäft im Sinn, weil sich damals noch wirklich Geld damit verdienen ließ. Mit Sekt beschäftigte sich die Firma erst rund 25 Jahre später, immer noch von Mainz aus, wo die Familie eine ›Champagnerfabrik‹ errichtet hatte – damals verboten noch keinerlei gesetzliche Bestimmungen den Gebrauch dieses Namens.
Zwei Generationen nach der Gründung war die Wandlung des Weinhandelshauses in eine Sektkellerei vollzogen, die Produktion auf das Biebricher Henkellsfeld verlegt, und im Jahr 1898 war der Name Henkell Trocken als Warenzeichen registriert und geschützt worden. Von dem heutigen Wiesbadener Vorort wird inzwischen ein Sektimperium verwaltet, das in vielen Produktsegmenten zum Marktführer aufgestiegen ist. Der klassizistische Bau, dessen einst strenger Gründerstil mit der Zeit durch barockisierende Schmuckelemente aufgelockert wurde, steht in Kontrast zur nüch-

Porträts deutscher Sektkellereien

Geldermann Privatsektkellerei *–******
Breisach
7 000 000 Fl. • Weine: Geldermann, Odeon, Cuvée Privée, Carte Blanche, Carte Rouge, Carte Noire
Nach der Trennung vom Champagnerhaus Deutz hat René Lallier seine Sektkellerei zu einer der führenden Deutschlands ausgebaut. Seine Sekte sind von gleichbleibend guter Qualität und vor allem in der Gastronomie beliebt.

Sektkellereien Henkell & Söhnlein *–******
Wiesbaden
234 000 000 Fl. • Weine: Henkell Trocken, Fürst von Metternich, Adam Henkell, Söhnlein Rheingold, Söhnlein Brillant, Carstens SC, Rüttgers Club, Deinhard, Lutter & Wegner
Die mit Abstand bekannteste deutsche Sektkellerei hat vor einigen Jahren die renommierte Koblenzer Sektkellerei Deinhard übernommen und ist seitdem in jeder Hinsicht Marktführer. Zum Sortiment gehören auch Premiumprodukte wie der Rieslingsekt Fürst von Metternich und Adam Henkell.

Sektkellerei C. A. Kupferberg & Cie **–***
Mainz
16 000 000 Fl. • Weine: Kupferberg Gold
Die traditionsreiche Mainzer Sektkellerei mit ihren alten, sehenswerten Kellern gehört heute zum Imperium der Racke GmbH.

Günter Reh *–**
Trier
200 000 000 Fl. • Weine: Schloss Wachenheim, Faber, Feist, Schloss Böchingen, Rondel
Die Reh AG ist eine der größten Kellereigruppen Europas. Ursprünglich vor allem mit ihrem Faber-Sekt bekannt, expandierte die Gruppe im letzten Jahrzehnt auch im höherwertigen Sekt- und Weinsegment, insbesondere mit Schloss Wachenheim und dem Weingut Reichsgraf von Kesselstatt.

Rotkäppchen-Sektkellerei **–***
Freyburg
30 000 000 Fl. • Weine: Rotkäppchen Sekt, Riesling, Weißburgunder von Saale-Unstrut
Die Rotkäppchen-Kellerei ist einer der ganz großen ostdeutschen Gewinner der Wiedervereinigung. Bereits Ende des 19. Jahrhunderts gegründet, war die Firma in DDR-Zeiten staatseigener Betrieb. Neben den klassischen Sekten bietet man Stillweine und aromatisierte, süße Schaumweine an.

Rüdesheimer Sektkellereien Kloss & Foerster und Olig & Co. **–***
Rüdesheim
2 400 000 Fl. • Weine: Rieslingsekte, EG-Cuvée, Rot- und Rosé-Sekt
Die Gründerfamilien der Rotkäppchen-Kellerei in Freyburg fanden nach der Enteignung in Rüdesheim ein neues Domizil und mit der Kellerei Ohlig einen geeigneten Partner. Obwohl die beiden Marken ihre Eigenständigkeit bewahrten, sind die Produkte identisch.

Seagram Deutschland **–***
Hochheim
Fl. n.n. • Weine: Mumm, Matheus Müller
Trotz des Verkaufs der Champagner-Marke Mumm blieb der kanadische Getränke-Multi Seagram im Besitz des deutschen Namensvetters sowie der populären Marke ›MM‹, die schon seit 1850 bekannt und patentrechtlich geschützt ist.

Sektkellerei Schloss Vaux ***
Trier
2 ha; 300 000 Fl. • Weine: Rieslingsekte aus Rheingauer Spitzenlagen
Die ursprünglich in Berlin gegründete Firma hat sich auf die Produktion von Rheingauer Rieslingsekten spezialisiert. Versektet werden ausschließlich Qualitätsweine, wobei gelegentlich auch die entsprechenden Stillweine gefüllt werden.

ternen Arbeitsatmosphäre der vier grünen kubischen Kelterhallen, die sich hinter dem Hauptgebäude anschließen und in denen fast zwei Drittel der Wein- und Sektmengen des aktuellen Konzerns Henkell & Söhnlein verarbeitet werden.
Grundstock des Erfolgs von Henkell, später auch Söhnlein, war die Bereitschaft, ein Markenprodukt in großen Mengen herzustellen und mit enormem Werbeaufwand zu vermarkten. Bis heute werden mehr als fünf Prozent des Firmenumsatzes für Marketing-Aktivitäten ausgegeben. Nicht umsonst gilt Henkell Trocken noch immer als bekannteste Sektmarke Deutschlands.
Die Familie Henkell hat sich allerdings schon vor einiger Zeit aus dem Kellereibetrieb zurückgezogen. Parallel zur Karriere der Henkells hatte Johann Jacob Söhnlein im benachbarten Schierstein eine ›Rheingauer Schaumweinfabrik‹ gegründet. Kontakte zur Familie der Metternichs, den damaligen Besitzern auf Schloss Johannisberg, sicherten dem Betrieb die besten Grundweine Deutschlands und das Markenrecht für einen der renom-

Linke Seite:
Kupferberg wurde 1850 von Christian Adalbert Kupferberg gegründet, der die noch heute führende Marke Kupferberg Gold kreierte. Die Empfangshalle des Stammhauses in Mainz wurde zur Jugendstilzeit ausgebaut.

miertesten Markennamen des Sektors. Nachdem Söhnlein schon 1958 von der Industriellen-Familie Oetker aufgekauft worden war, fusionierte diese den Betrieb 1987 mit Henkell, ihrem schärfsten Konkurrenten im Bereich der Markensekte. Investitionen in Ungarn und Polen folgten, und ein Jahrzehnt nach der Fusion stieß mit dem Koblenzer Unternehmen Deinhard ein weiterer Großbetrieb zum inzwischen bedeutendsten deutschen Sektimperium, das heute mehr als 100 Millionen Flaschen Sekt, zusammen mit Spirituosen, Weinen und anderen Getränken sogar fast 240 Millionen Flaschen im Jahr absetzt.
Spitzenreiter unter den zahlreichen Marken des Konzerns ist Söhnlein Brillant mit gut 36 Millionen Flaschen, gefolgt von Henkell Trocken und Rüttgers Club. Daneben pflegt man Prestige-Cuvées wie den sortenreinen Chardonnay-Sekt Adam Henkell, der auch im internationalen Vergleich besteht, oder den ebenfalls sortenreinen Riesling-Sekt Fürst Metternich, der ausnahmslos aus Rheingauer Grundweinen besteht.

Pfalz

Nördlich und südlich von Bad Dürkheim erstreckt sich die eigentliche Mittelhaardt, Mandelbäume bezeugen hier die Milde des Klimas, in dem ein ausgezeichneter feinfruchtiger Riesling heranwächst.

Die etwa 80 Kilometer lange Pfalz ist mit rund 23 500 Hektar Deutschlands zweitgrößtes Weinbaugebiet, und ihre landschaftlichen Reize machen sie zu einem beliebten Reiseziel. Auch weinhistorisch hat die Region einiges zu bieten, denn zahlreiche, in jüngerer Vergangenheit entdeckte und restaurierte Kelteranlagen – jahrhundertelang waren sie unter Rebstöcken verborgen – beweisen, dass an den Hängen des Pfälzer Waldes schon die Römer Reben kultivierten.

Der südlichste Teil der Region ist nach Baden die sonnenreichste und wärmste deutsche Weinbauregion. In ganz besonders vor kalten Winden geschützten Lagen, wie etwa in dem Talkessel von Birkweiler bei Landau, nimmt die Vegetation gelegentlich schon fast südländische Züge an. Auch die vielfältigen Bodenformationen kommen der Ausdruckskraft der Weine entgegen. Buntsandstein, Lehm, Mergel, Keuper, Muschelkalk, Porphyr, Granit und Schiefer – kaum eine Bodenart, auf der Reben gedeihen, fehlt in der Pfalz.

Weinbaugesetzlich wird die Pfalz in zwei Bereiche gegliedert, doch eigentlich muss man drei unterscheiden: Das nördlichste Drittel, die Deutsche Weinstraße, reicht von der rheinhessischen Grenze bei Worms bis nach Grünstadt, das zweite, die Mittelhaardt, bis südlich von Neustadt und das letzte schließlich, die Südliche Weinstraße, bis zur elsässischen Grenze bei Wissembourg.

Feinste Lagen in der Mittelhaardt

Im Norden kann der Pfälzer Weinbau seine Verwandtschaft mit dem des benachbarten Rheinhessen kaum leugnen. Das wird schon an den weiten Rebflächen deutlich, die an den sanft abfallenden Hängen beiderseits der Autobahn von Mannheim nach Kaiserslautern sichtbar werden. Soweit das Auge reicht, dehnen sich Reben aus, die oft maschinell bewirtschaftet und von deren Trauben selten anspruchsvolle Weine gekeltert werden.

Das hochwertigste Weingebiet, das auch die beste touristische Reputation besitzt, ist die Region zwischen Herxheim und Neustadt, die so genannte Mittelhaardt. Ihre Lagen und ihre Buntsandstein-Verwitterungsböden sind die anerkannt besten der Pfalz. Weinorte wie Kallstadt, Wachenheim, Forst, Deidesheim oder Ruppertsberg sind jedem Weinfreund ein Begriff und Lagennamen wie Ungeheuer oder Reiterpfad stehen auch international für das Prestige der Pfälzer Weine, allen voran der Rieslinge.

Obwohl die Pfalz im Unterschied zu den nördlicheren Weinbaugebieten nicht als reines Riesling-Land gilt, ist die Sorte auch hier am stärksten vertreten und belegt etwas mehr als ein Fünftel der Rebfläche. Müller-Thurgau folgt in geringem Abstand, während Kerner, Portugieser, Silvaner oder Scheurebe kaum Bedeutung besitzen.

Die Spitzenlagen der Mittelhaardt könnten auch in einer deutschen Lagenklassifizierung zur Spitzengruppe gehören, gleichauf mit denen von Mosel oder Rheingau, was übrigens schon in den Katastralregistern des 19. Jahrhunderts, in denen die einzelnen Weinberge im Hinblick auf ihr Potential bewertet wurden, der Fall war. Rieslinge von diesen Spitzenlagen sind meist fester strukturiert, alkoholreicher und werden trockener ausgebaut als ihre Pendants aus dem Norden.

Der Aufstieg der Südpfalz

Die dritte Teilregion der Pfalz, die Südliche Weinstraße, wird leider auch heute noch von einer Art Weinbau dominiert, deren Hauptziel in der Produktion möglichst großer Traubenmassen für die Tankanlagen der Winzergenossenschaften zu bestehen scheint. Der Mengenrausch, der die Winzer schon vor mehr als drei Jahrzehnten erfasste, führte etwa dazu, dass allein zwischen 1979 und 1982 rund 1000 Hektar Rebfläche neu bestockt wurden – natürlich mit hochproduktiven Sorten

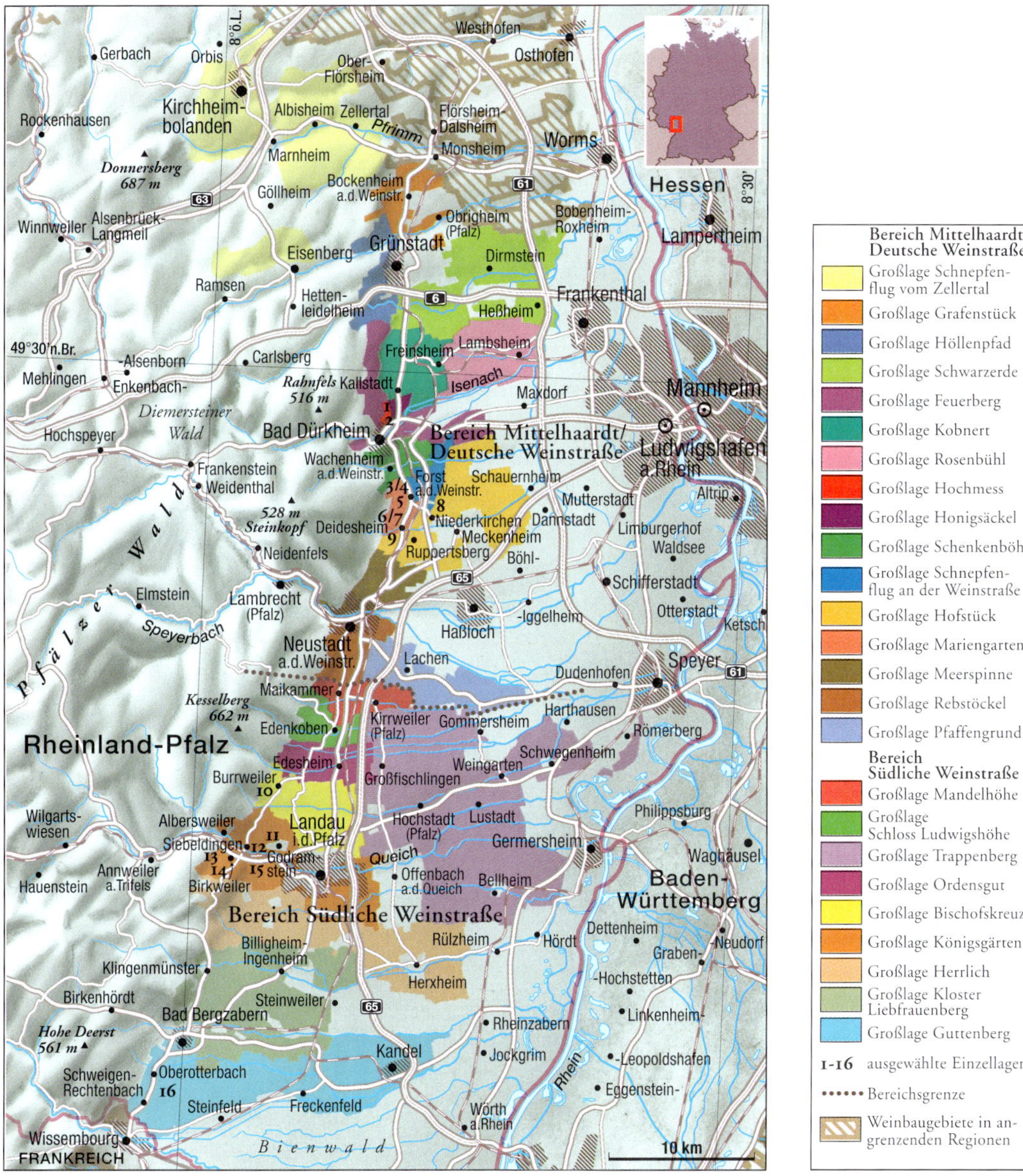

Ausgewählte Einzellagen

1 Spielberg
2 Michelsberg
3 Jesuitengarten
4 Kirchenstück
5 Ungeheuer
6 Kalkofen
7 Grainhübel
8 Klostergarten
9 Reiterpfad
10 Schäwer
11 Münzberg
12 Im Sonnenschein
13 Kastanienbusch
14 Mandelberg
15 Rosenberg
16 Sonnenberg

und Anlagen in der Ebene, wo von Qualitätsweinbau kaum die Rede sein konnte. Folgerichtig war die Südpfalz noch bis vor kurzem hauptsächlich im Fassweinverkauf tätig. 1971, als Gebietsverschnitte noch erlaubt waren, wurden mit den Pfälzer Weinen die sauersten Moselaner trinkbar gemacht, später flossen große Mengen als Liebfrauenmilch in den Handel. Bis heute wird rund die Hälfte der Pfälzer Weine außerhalb der Region gefüllt.

Doch auch in der Südpfalz gibt es ganz hervorragende Weinlagen, so der Godramsteiner Münzberg, der Siebeldinger Im Sonnenschein oder auch Kastanienbusch und Mandelberg in Birkweiler. Die eher fetten, tiefgründigen Böden mit ihrem hohen Kalkanteil eignen sich besonders für die Burgundersorten, denen sie ein ausgezeichnetes Umfeld bieten. Mit der zunehmenden Popularität dieser Burgunder und ihrer Qualität als idealen Speisebegleitern – im Gegensatz zum heutzutage oft viel zu früh gefüllten und getrunkenen Riesling, der diese Rolle nur schwerlich übernehmen kann –, liegt die Südpfalz daher gut im Trend. Während die renommierten Großgüter der Mittelhaardt noch einen Ausweg aus ihrer selbst geschaffenen Qualitätskrise suchten, traten vor allem in der Südpfalz zwischen Mitte und Ende der 1980er Jahre einige dynamische Jungwinzer in die Öffentlichkeit, die bald zu den innovativsten in ganz Deutschland zählten. Zusammen mit Kollegen aus anderen Teilen der Region modernisierten sie zunächst die Kellerarbeit, führten Stahltanks und Barriques für Gärung und Vinifizierung ihrer Weine ein, setzten auf radikale Ertragsbegrenzung und versuchten sich sogar im Ausbau auch international präsentabler Rotweine. Vor allem wiesen sie einen Weg, der das enorme Qualitätspotential der Pfälzer Weinberge wieder nutzen und ausschöpfen würde. Sie knüpften damit an die Tradition der bürgerlichen Großgüter der Mittelhaardt an, die aus der Säkularisierung unter Napoleon hervorgegangen waren.

Dieser heitere Bildstock kennzeichnet das Forster Kirchenstück, eine der besten Riesling-Lagen der Pfalz in der Mittelhaardt, unweit von Deidesheim.

Rotwein im Riesling-Land

Die Pfalz ist eine der schönsten Weinregionen Deutschlands und zeichnet sich durch ihre Gastlichkeit aus. Auf der von Reben umgebenen Burg Battenberg, südwestlich von Grünstadt, kann man bei gutem Wetter einen Schoppen im Garten genießen.

Das seit mehr als 250 Jahren bestehende Weingut Müller-Catoir in Haardt bei Neustadt ist für seine herausragenden Weißweine berühmt, sein Spätburgunder erfährt die gleiche Sorgfalt.

Dass Deutschlands Weinberge noch vor zwei oder drei Jahrhunderten mehrheitlich mit roten Sorten bestockt waren, mag man in dem Riesling-Silvaner-Müller-Thurgau-Land heute kaum noch für möglich halten. Und doch ist es eine Tatsache, dass selbst an der Mosel und im Rheingau der Riesling seinen Siegeszug erst in der Neuzeit antrat. Zuvor hatten rote Burgunderreben das Sortenpanorama bestimmt, was vielleicht auch auf den jahrhundertelangen Einfluss burgundischer Mönche wie beispielsweise der Zisterzienser zurückzuführen war.

Seit den 1970er Jahren ging allerdings der Weißweinverbrauch in deutschen Haushalten stetig zurück, und entsprechend waren Rotweine in der letzten Dekade des 20. Jahrhunderts so stark gefragt, dass das Angebot deutscher Erzeugnisse mit der unvorhergesehenen Entwicklung nicht Schritt halten konnte. Die klassischen Rotweinlandschaften wie Württemberg oder die Ahr, nicht zu reden von den wenigen rot bestockten Weinbergen im westlichen Rheingau, waren in dieser Situation völlig überfordert: In Württemberg konsumieren die Einheimischen noch immer fast die gesamte Produktion selbst – auch wenn sie es nicht täten, die Rotweinarten der Region gehen am neuen, durch kraftvolle südliche Weine geprägten Rotweingeschmack mehrheitlich vorbei –; die roten Rebflächen von Ahr und Rheingau hingegen sind schlichtweg zu klein.

Glücklicherweise waren andere Regionen in der Lage einzuspringen. Dazu zählte auch Franken: während seine Verdienste früher eindeutig im Bereich der trockenen Weißweine lagen, eroberte es diese Marktlücke mit den roten Burgundern aus den Bürgstädter Lagen und mit der Neuzüchtung Domina, einer Kreuzung aus Portugieser und Spätburgunder, die sich durch Farbintensität und eine kräftige Fruchtsäure auszeichnet.

Die Rotweineignung des südlichen Baden liegt schon aufgrund seiner klimatischen Daten auf der Hand – Sonnenscheindauer und Wärme erreichen Spitzenwerte –, und tatsächlich werden hier seit einigen Jahren auch einige der besten im Barrique gereiften Spätburgunder ganz Deutschlands produziert. Winzer wie Fritz Keller, Karl-Heinz Johner, Joachim Heger und die Brüder Bercher, aber auch die Genossenschaften von Wasenweiler oder Königschaffhausen haben inzwischen sogar im Ausland mit ihren Weinen Erfolge feiern können.

Dornfelder voran

Der Pfalz kommt im Rotweinpanorama jedoch eine ganz besondere Rolle zu. Klimatisch ist die Region fast ebenso begünstigt wie das benachbarte Baden, und aus diesem Grund haben hier in den letzten Jahren viele Winzer ihre Rotweinflächen erweitert. Dabei wird nicht nur der klassische Spätburgunder ausgepflanzt, sondern man experimentiert risikofreudig gleich mit einer ganzen Sortenpalette.

Beste Ergebnisse hat dabei der Sankt Laurent gezeigt, ein möglicher Abkömmling des Spätburgunders, der einst von Frankreich aus über Deutschland nach Österreich gelangte, um schließlich von dort nach Deutschland zurückzukehren. Wenn die überzeugenden Resultate von Knipser oder auch Meßmer Nachahmer inspirieren, dann darf man von dieser Sorte hier noch einiges erwarten. Dies gilt in gleichem Maß für den Dornfelder, eine Kreuzung aus Helfensteiner und Heroldrebe aus der Weinbauschule Weinsberg, die heute schon Platz drei der am weitesten verbreiteten roten Sorten Deutschlands einnimmt.

Aus derselben Rebzucht stammen auch die neuen, auf Cabernet basierenden Kreuzungen, die jüngst vorgestellt wurden. Sie tragen so exotische Namen wie Cabernet Cubin oder Cabernet Mitos, und beides sind Kreuzungen mit Lemberger beziehungsweise Cabernet Dorio sowie Cabernet Dorsa, bei denen auch Dornfelder beteiligt war. Angesichts der in qualitativer Hinsicht doch recht kläglichen Erfolge der bisherigen deutschen Züchtungen muss man sich aber fragen, ob der gute alte Cabernet Sauvignon, von Winzern wie Knipser und Philippi in der Pfalz oder Männler und Keller in Baden durchaus erfolgreich ausgepflanzt, hier nicht die besseren Dienste geleistet hätte.

Fünf Freunde

Früher war die Welt in der Pfalz noch in Ordnung. Da gab es in der Mittelhaardt eine Handvoll Lagennamen, die der Weinfreund sich merken musste, und die Weingüter dominierten die drei B's: Bassermann-Jordan, Reichsrat von Buhl und Bürklin-Wolf; die beiden ersten in Deidesheim, das letzte in Wachenheim angesiedelt. Sonst störte fast niemand ihre exzellenten Kreise.

Hervorgegangen waren die drei Güter aus der Säkularisierung der napoleonischen Zeit. Schon zu Beginn des 19. Jahrhunderts begann Andreas Jordan in Deidesheim, das Gut seiner Eltern auszubauen und auch den einstigen Kirchenbesitz systematisch zu vergrößern. Er pflanzte Riesling und kelterte ihn sortenrein, was für die Epoche noch ungewöhnlich war. Nach Jordans Tod wurde der Betrieb unter seinen drei Kindern geteilt, was den Grundstock für die späteren Güter Reichsrat von Buhl und Dr. Deinhard legte. Zur gleichen Zeit begann im benachbarten Wachenheim das Gut Bürkling-Wolf mit seinen Weinen auf sich aufmerksam zu machen, und es entstand in den beiden Pfalzdörfern ein Qualitätsmonopol, das bald weit über die Region hinaus bekannt wurde.

Die Krise des Pfälzer Weinbaus ging auch an den drei B's nicht spurlos vorüber, die ihr qualitatives Niveau vergangener Zeiten nicht halten konnten. Da war es Mitte der 1980er Jahre eine Gruppe jüngerer, damals wenig bekannter Winzer, die das Ruder herumzureißen versuchte. Sie entschlossen sich, ihre Anstrengungen zu koordinieren. Erst nur zu viert, fanden sie bald die Formel, die sie berühmt machen sollte: Fünf Freunde. Ihre Namen: Becker, Keßler, Rebholz, Siegrist und Wehrheim. Zusammenarbeit, nicht Konkurrenz, Erfahrungsaustausch und offene, interne Kritik waren die Leitbilder, die sie alle vor Augen hatten.

Zunächst verkosteten die Fünf nur ihre Weine gemeinsam, doch bereits 1991 wagten sie den nächsten Schritt: Sie konzipierten den ersten gemeinsamen Prospekt, kündigten die erste gemeinsame Jahrgangspräsentation an. Es entging ihnen nicht, dass ihre gebündelte Aktivität sehr viel mehr Aufmerksamkeit der Öffentlichkeit auf sich zu ziehen vermochte. Ihr gemeinsames Marketing hatte viel mehr Vor- als Nachteile, denn auf den Märkten machten sie sich ohnehin keine Konkurrenz. Alle verkauften überwiegend an Privatkunden direkt ab Hof und gaben nur geringe Mengen an Gastronomie oder Fachhandel ab.

Am meisten aber brachte ihnen die interne Diskussion. Zur eigenen Weiterbildung organisierten die fünf gemeinsame Reisen nach Burgund, in die Toskana, nach Ribera del Duero und nach Bordeaux, wo sie als Winzer und Weinmacher von der großen Offenheit ihrer Gastgeber profitierten.

Der »Löwe« vom Weingut Reichsrat von Buhl in Deidesheim

Um den Lernprozess zu vertiefen und auch nach außen hin transparent zu machen, wurde die jährliche Weinpräsentation um ein Fachsymposium erweitert. Da wird über den Barrique-Ausbau von Rot- und Weißweinen debattiert, der Einfluss der Lagen analysiert, das Modephänomen Chardonnay unter die Lupe genommen und die Bedeutung von Boden und Klima untersucht.

Bei allen Gemeinsamkeiten versuchen die Fünf nie, sich über den Rahmen der lockeren Zusammenarbeit hinaus zu binden. Die Eigenständigkeit der Weinstile, die selbstständige Vermarktung der Produkte werden ganz bewusst gefördert. Vielleicht sind sie sogar das eigentliche Geheimnis ihres Zusammenhalts.

Die Geschichte der fünf Freunde aus der Südpfalz hat in mehrfacher Hinsicht Symbolcharakter für den modernen Weinbau der Region. Sie signalisiert das neue Klima, das mit der jüngsten Winzergeneration in den Betrieben Einzug gehalten hat. Sie belegt den Willen zur Qualität, der sich auch bei einstigen Lieferanten billigster Fassware durchsetzt, und sie zeigt das gestiegene Selbstbewusstsein der Weinbauern an der Südlichen Weinstraße, die bis vor nicht allzu langer Zeit nur als Außenseiter der Pfalz galten.

Der Fortschritt ist auch hier nicht aufzuhalten. Bester Beweis dafür ist der Ruck, der in den letzten Jahren die drei B's bewegte. Sie und andere an Mittelhaardt und Deutscher Weinstraße waren wie aus langem Schlaf erwacht, und plötzlich fanden ihre Weine wieder zu altbekannter Größe. Die Zukunft der Pfalz hat gerade erst begonnen.

Die Pfälzer Winzervereinigung ›Fünf Freunde‹ schloss sich 1991 zusammen. Die Winzer hatten erkannt, dass durch Offenheit und Erfahrungsaustausch die eigenen Produkte erheblich verbessert werden können.

Ausgewählte Erzeuger in der Pfalz

Dr. von Bassermann-Jordan ****
Deidesheim
42 ha; 350 000 Fl. • Weine: Riesling aus Forster (→Kirchenstück, Jesuitengarten), Ruppertsberger (→Reiterpfad, Nussbien) und Deidesheimer (Hohenmorgen, →Kalkofen) Lagen
Nachdem Ulrich Mell für den Posten des Kellermeisters gewonnen werden konnte, ging es mit den Weinen des Traditionsbetriebs wieder aufwärts. Das Lagenpotential des Gutes ist eines der besten der Pfalz, und nicht umsonst gehörte Bassermann-Jordan jahrzehntelang zum Spitzentrio, den ›drei großen B's‹.

Friedrich Becker ***–****
Schweigen
15,5 ha; 100 000 Fl. • Weine: Spätburgunder, Riesling, Chardonnay, Weiß- und Grauburgunder u. a., vom Schweigener →Sonnenberg
Wie die anderen Mitglieder von ›5 Winzer – 5 Freunde‹ gehören auch Friedrich Becker und Kellermeister Stefan Dorst zu den innovativen Erzeugern der Südpfalz. Ihre Vorliebe gilt den Pinot-Sorten – das Burgund ist Vorbild und Ansporn. Sorgfältiges Arbeiten und naturnahe Bewirtschaftung der Weinberge sind Programm.

Bergdolt–St. Lamprecht ***–*****
Duttweiler
18,5 ha; 140 000 Fl. • Weine: Riesling, Weißburgunder, Spätburgunder, Dornfelder u. a., von Kirrweiler (Mandelberg) und Duttweiler (Mandelberg, Kalkberg, Kreuzberg) Lagen
Die Weinberge des Klosterguts liegen zwar nicht an den renommierten Forster oder Deidesheimer Hängen, bringen aber Jahr für Jahr Spitzenprodukte hervor. Die Weine – vor allem Weißburgunder und Chardonnay, mit und ohne Ausbau im Holzfass – sind kräftig und nachhaltig und entsprechen dem modernen, internationalen Weingeschmack.

Josef Biffar ****
Deidesheim
13 ha; 80 000 Fl. • Weine: Riesling, Weißburgunder, Dornfelder u. a., von Lagen in Ruppertsberg (→Reiterpfad, Nussbien), Deidesheim (→Grainhübel, →Kalkofen, Kieselberg) und Wachenheim (Gerümpel, Goldbächel)
Unter der Leitung von Ulrich Mell wurde das Weingut Biffar zu einem der erfolgreichsten der 1980er und 1990er Jahre und überzeugte vor allem mit duftenden, frischen Rieslingen. Ob der neue Kellermeister Dirk Roth an die Leistungen seines Vorgängers anknüpfen kann, muss sich noch zeigen.

Reichsrat von Buhl ****
Deidesheim
100 ha; 450 000 Fl. • Weine: Riesling, Weißburgunder, Spätburgunder von Forster (→Jesuitengarten, →Kirchenstück), Deidesheimer (Leinhöhle, Kieselberg) und Ruppertsberger (Reiterpfad) Lagen, →Buhl Classic, Rieslingsekt
Vor allem im Auslese- und im edelsüßen Bereich hat die Weinqualität des zweitgrößten der Pfälzer ›drei B's‹ in letzter Zeit nach längerer Krise wieder deutlich angezogen. Die Beerenauslesen vom Jesuitengarten gehören zu den besten der Region.

Dr. Bürklin-Wolf ***–*****
Wachenheim
120 ha; 670 000 Fl. • Weine: Riesling, Weißburgunder und andere, von Forster (→Kirchenstück, →Jesuitengarten, Pechstein, →Ungeheuer), Deidesheimer (Hohenmorgen, Langenmorgen, →Kalkofen), Ruppertsberger (→Geisboehl) und Wachenheimer (Gerümpel, Rechbächel, Goldbächel) Lagen, Villa Eckel
Das größte Weingut der Pfalz ist auch eines der traditionsreichsten. Bettina Bürklin-Guradze und ihr Mann Christian von Guradze haben die Sortenpalette auf das Wesentliche reduziert. Ihre Weine gehören seit Mitte der 1990er Jahre wieder zur regionalen Spitze – im Jahrgang 96 waren sie sogar überragend. Rieslinge von Forster Kirchenstück und Ruppertsberger Geisboehl werden intern als erste Gewächse klassifiziert. Vor allem Letztere rechtfertigen diesen Status.

A. Christmann ***–*****
Gimmeldingen
13,5 ha; 110 000 Fl. • Weine: Riesling, Grau- und Weißburgunder, Spätburgunder, Portugieser, St. Laurent u. a., von Gimmeldinger (Meerspinne, →Mandelgarten), Königsbacher (→Idig, Ölberg), Deidesheimer (Hohenmorgen) und Ruppertsberger (→Reiterpfad, Linsenbusch, Nussbien) Lagen, →Selektion ›S‹
Die Gewächse sind fruchtbetont und elegant, breite und schwerfällige Weine lehnt Steffen Christmann ab. Obwohl mengenmäßig stark im Rotwein- und im Burgunderbereich vertreten, stellt der Riesling von Idig, Hohenmorgen, Mandelgarten und Reiterpfad immer noch die Spitzenprodukte des Betriebs.

Eymann ***
Gönnheim
17 ha; 150 000 Fl. • Weine: Riesling, Silvaner, Weiß-, Grau- und Spätburgunder, Chardonnay, Gewürztraminer, Muskateller, Müller-Thurgau; St. Laurent, Portugieser, Dornfelder, Regent, Sekt von Gönnheimer Lagen
Seit 1983 bewirtschaftet Rainer Eymann das Familiengut ökologisch und betreibt mit Begrünung, natürlicher Düngung und Schutzpräparaten sowie reduzierten Erträgen (65 hl/ha) einen Anbau, der die Traubenqualität steigerte. Inzwischen gibt es im Angebot sehr überzeugende Weine, insbesondere in der Toreye-Selektion wie die Auslesen von Riesling, Muskateller und den als Weißwein vinifizierten Spätburgunder. Gute handgerüttelte Sekte.

Fitz-Ritter ****
Bad Dürkheim
21 ha; 150 000 Fl. • Weine: Riesling, Grau- und Weißburgunder, Chardonnay, Gewürztraminer, Spätburgunder, Dornfelder u. a., von Dürkheimer und Ungsteiner Lagen, Barrique-Weine, Ritterhof-Sekte
Das Fachwerkhaus mit herrlichem Park gehört zu den schönsten Weingütern Deutschlands. Konrad Fitz und Kellermeister Rolf Hanewald keltern hier reintönige Rieslinge, die vor allem im edelsüßen Bereich überzeugen, und einen zarten Gewürztraminer. Die Rotweine werden auch im Barrique ausgebaut. Angeschlossen ist die 1837 gegründete Sektkellerei Ritterhof.

Winfried Frey u. Söhne ***–****
Essingen
10 ha; 60 000 Fl. • Weine: Riesling, Burgundersorten, Dornfelder, Portugieser, St. Laurent, von Essinger Lagen
Im biologischen Anbau bewirtschaftet Winfried Frey mit seinen Söhnen Essinger Weinberge, die zum großen Teil auf die Erzeugung edelsüßer Qualitäten ausgerichtet sind. Das breite Spektrum edelsüßer und Eisweine zeugt wie auch die Rebsortenvielfalt des Betriebs von der Lust des Winzers, möglichst viele Produkte in Kleinstmengen anbieten zu können.

Knipser ***–*****
Laumersheim
20 ha; 130 000 Fl. • Weine: Riesling u. a., von Dirmsteiner, Großkarlbacher und Laumersheimer Lagen
Die Weinbergflächen gehören keineswegs zu den Spitzenlagen, umso erstaunlicher ist, was die Brüder Knipser aus ihren Trauben keltern: dichte und nachhaltige St. Laurent und Dornfelder, für Deutschland ungewöhnlich reifen und kräftigen Cabernet Sauvignon, edelsüße Spitzen von Scheurebe und allen voran dichte, intensive Chardonnays, Weiß- und Grauburgunder, ja, sogar einen Riesling aus dem Barrique.

Koehler-Ruprecht ****–*****
Kallstadt
9,5 ha; 60 000 Fl. • Weine: Riesling, Weiß- und Grauburgunder, Chardonnay, Spätburgunder u. a., von Kallstadter Lagen (→Saumagen, Steinacker, Kronenberg), →Philippi, Riesling ›R‹, Pinot Noir ›RR‹, Barrique-Weine, Cuvée Elysium
Bernd Philippi gilt als einer der besten Winzer und Weinmacher Deutschlands. Er beherrscht die Rieslinge (Spitzenqualität vom Kallstadter Saumagen) ebenso virtuos wie die Burgundersorten. Die besten Weine tragen das Selektionszeichen ›R‹ auf dem Etikett, eine edelsüße Cuvée kommt unter dem bezeichnenden Namen Elysium auf den Markt. Philippis Arbeitsweise ist zwar traditionell – selektive Lese von Hand, Gärung mit Spontanhefen –, aber die Weine zeigen unverwechselbar moderne Prägung.

Herbert Messmer ***–****
Burrweiler
20 ha; 190 000 Fl. • Weine: Riesling, Weiß- und Grauburgunder, Chardonnay, St. Laurent, Spätburgunder u. a., von Burrweiler (→Schäwer) und Gleisweiler Lagen
Eine große Sortenpalette und Weine, die nicht nur in den Selektionslinien, sondern auch schon bei den Standardweinen ausgezeichnete Qualität zeigen, sind die Markenzeichen des Gutes. Die edelsüßen Weine sind Spitzenprodukte – sogar aus Spätburgunder werden Beerenauslesen gewonnen – und die Weißweine ungewöhnlich fruchtig und delikat.

Georg Mosbacher ****
Forst
12 ha; 90 000 Fl. • Weine: Riesling u. a., von Forst (Ungeheuer, Pechstein, Freundstück, Stift) und Deidesheim (Herrgottsacker)
In der Sortenpalette fällt der hohe Rieslinganteil auf, der nur von wenigen Spitzengütern übertroffen wird. Der Forster Ungeheuer gehörte in den 1990er Jahren fast immer zu den Besten der Gegend und verdeutlicht das große Potential der Buntsandstein-Verwitterungsböden für diese Sorte.

Müller-Catoir *****
Neustadt-Haardt
20 ha; 140 000 Fl. • Weine: Riesling, Rieslaner, Weiß- und Grauburgunder, Scheurebe, Muskateller, Spätburgunder aus Haardt (→Bürgergarten und Mandelring) und →Mußbacher Eselshaut sowie →Gimmeldinger Schlössel (TBA)
In den vergangenen 250 Jahren hat sich der von Heinrich Catoir und Kellermeister Hans-Günther Schwarz geleitete Betrieb als eines der besten Weingüter Deutschlands profiliert. Auch hier legt man viel Gewicht auf den Riesling, der von Kabinett bis Eiswein durchdekliniert wird und dennoch stets die für Müller-Catois so charakteristische Finesse aufweist. Andere Höhepunkte sind die Rieslaner-Weine, die erst von Spätlese aufwärts abgefüllt werden und in der überragenden TBA vom Gimmeldinger Schlössel gipfeln.

Münzberg – Lothar Kessler & Söhne ****
Godramstein
11 ha; 90 000 Fl. • Weine: Weißburgunder, Riesling, Spätburgunder, Dornfelder u. a., vom →Godramsteiner Münzberg
Die trockenen Weißburgunder Spät- und Auslesen der Familie Keßler sind der schlagende Beweis dafür, dass diese Sorte mancherorts interessanter sein kann als der allgegenwärtige Chardonnay. Dem Barrique-Ausbau der Burgundersorten gilt die ganze Aufmerksamkeit, und hier liegt auch die Stärke des Gutes, das Mitglied der Vereinigung ›5 Winzer – 5 Freunde‹ ist.

Ökonomierat Rebholz ****
Siebeldingen
10 ha; 90 000 Fl. • Weine: Riesling, Weiß- und Grauburgunder, Chardonnay, Spätburgunder u. a., von Siebeldingen (→Im Sonnenschein, Rosenberg), Birkweiler (Kastanienberg) und Godramstein (→Münzberg), Hansjörg Rebholz ›R‹
Von den Spitzenlagen der Südpfalz bezieht Rebholz die Trauben für Weine, die vor allem in den Selektionslinien eine hier ungewohnte Dichte und Vielschichtigkeit besitzen. Auffällig die Rieslinge der Schotterlage Im Sonnenschein und der Muskateller mit dem rieslingähnlichen Säurespiel. Motto des Hauses ist der Name einer Trockenbeerenauslese: Zeit und Geduld.

Thomas Siegrist ***–****
Leinsweiler
12,5 ha; 80 000 Fl. • Weine: Riesling, Müller-Thurgau, Weiß- und Grauburgunder, Chardonnay, Silvaner, Spätburgunder, Dornfelder u. a., von Leinsweilerer, Ilbesheimer und Wollmersheimer Lagen, Barrique-Weine, Cuvée Johann Adam Hauck
Thomas Siegrist etablierte sich als einer der besten Rotweinerzeuger der Südpfalz. Auch der Barrique-Ausbau gehört inzwischen zu seinen Spezialitäten, wobei die anfänglich hervorstechenden Holznoten inzwischen in den Hintergrund getreten sind und einer filigraneren Frucht Platz gemacht haben.

Stiftsweingut Frank Meyer **–***
Klingenmünster
8 ha; 70 000 Fl. • Weine: Silvaner, Riesling, Weißer und Grauer Burgunder u. a. weiße Sorten, Sekt, Portugieser, Spätburgunder, rote Neuzüchtungen wie Cabernet Cubin
Meyer arbeitet in den von Sandkies- bis kalkhaltigen Lehmböden geprägten Weinbergen naturnah und erntet von Hand. Seine zwei Dutzend Weine werden von trocken ausgebauten Riesling- und Burgunder-Spätlesen dominiert; beachtlich die im Barrique gereiften Rotweine aus Portugieser (!) und Spätburgunder.

Dr. Wehrheim ***–****
Birkweiler
10 ha; 80 000 Fl. • Weine: Riesling, Weißburgunder, Chardonnay, Spätburgunder u. a., von Birkweiler Lagen (Kastanienbusch, Mandelberg, Rosenberg)
Bei den Burgundersorten und beim Chardonnay ist Wehrheim in der Pfalz nahezu unerreicht. Das liegt nicht nur an den guten Lagen mit ihren Sandsteinverwitterungs- oder kalkhaltigen Lehmböden, sondern auch an der Professionalität in Weinberg und Keller: Einer vernünftigen Ertragsbegrenzung folgen schonende Arbeitsschritte und minimale Filtrierung.

Baden

Die Burg Ortenberg überblickt den Schlossberg, der zu den hervorragendsten Lagen Badens zählt und ausgezeichnete Traminer und Rieslinge bieten kann.

Baden ist mit 15 700 Hektar zwar nur das drittgrößte Weinbaugebiet Deutschlands, dafür aber das bei weitem ausgedehnteste. Annähernd 500 Kilometer erstrecken sich in fast perfekter Nord-Süd-Richtung entlang des Oberrheins vom Rhein-Neckar-Gebiet um Mannheim und Heidelberg bis Basel. Der größte Teil der badischen Weinbergflächen liegt im Rheingraben und seinen Seitentälern, mit Ausnahme kleinerer Inseln am Bodensee und im fränkischen Taubertal.

Die europäischen Weinbaugesetze, die alle Weinbaugebiete des Kontinents in Weinbauklassen einteilen, ordnen Baden im Unterschied zu den übrigen Flächen Deutschlands der Zone B zu, der zum Beispiel auch das Burgund oder die nördliche Rhône angehören. Das kommt nicht von ungefähr, denn das Oberrheintal gilt gewöhnlich als die wärmste Region der Republik. Während es aufgrund der lang gezogenen Nord-Süd-Ausdehnung in den verschiedenen Teilen Badens zu recht unterschiedlichen Klimaverhältnissen kommen kann, genießt das gesamte Rheintal den Schutz des Schwarzwaldmassivs vor rauhen Ostwinden, während auf der französischen Rheinseite die Vogesen den Regen erfolgreich abfangen. Der Breisgau bei Freiburg kann sich der meisten Sonnenscheinstunden und damit der höchsten Durchschnittstemperaturen aller deutschen Weingebiete rühmen, und der Ihringer Winklerberg am Kaiserstuhl gilt als die zuverlässig wärmste Weinberglage zwischen dem Niederrhein und dem Bodensee, zwischen Trier und Dresden.

Hinsichtlich der Bodenbeschaffenheit unterscheiden sich die jeweiligen Anbaugebiete doch recht erheblich voneinander. Kalk-, Ton- und Mergelböden wechseln einander ab, Löß und Vulkangestein dominieren am Kaiserstuhl, Muschelkalk und Keuper im Nordosten, und die Hügel des Bodensees werden von Moränenschotter gebildet.

Erfolge mit Burgundersorten

Bei diesen klimatischen und geologischen Unterschieden zeigen die jeweiligen Weinstile der einzelnen badischen Teilregionen mitunter deutlich ausgeprägte individuelle Charakteristiken. Die Weine der Badischen Bergstraße, des Kraichgaus und des Taubertals können diesbezüglich auch Gemeinsamkeiten mit den Produkten der angrenzenden Gebiete Franken, Hessische Bergstraße und Pfalz aufweisen.

An der Badischen Bergstraße und im Kraichgau gelingen die weißen Burgundersorten am besten, da sie hier genügend Sonne erhalten, andererseits aber das noch milde Klima auch für die nötige Frucht und Finesse sorgt. Trotz des großen Qua-

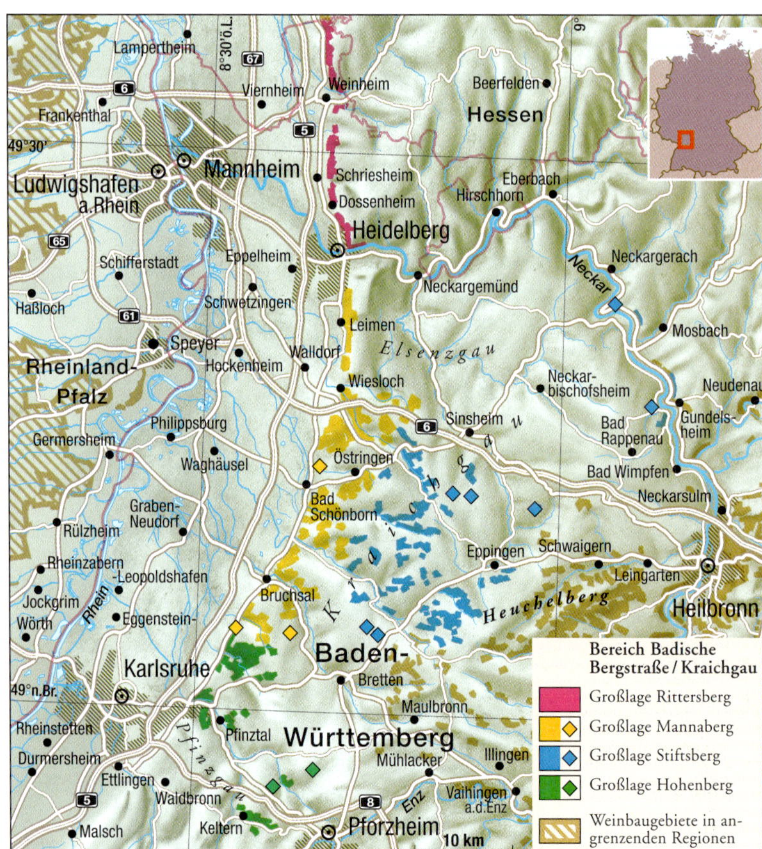

litätspotentials und der Anstrengungen einzelner Winzer konnten sich diese Gebiete noch nicht wirklich profilieren, was vielleicht auch an Vorurteilen und alten Denkgewohnheiten aufseiten der Weinkritiker wie der Verbraucher liegen könnte. Im Bereich Tauberfranken, wo die Weinbauern mit Frost rechnen müssen und deshalb nur Hanglagen bestockt wurden, ähneln die Weine nicht nur wegen des Bocksbeutels, in den die besseren gefüllt werden, dem angrenzenden Franken. Man gibt dem Müller-Thurgau den Vorzug, der zwei Drittel der Rebfläche bedeckt.

Ganz anders präsentiert sich die Ortenau, deren Weinberge in landschaftlich reizvollen Seitentälern des Rheins den Schwarzwald durchziehen. Hier dominiert der Riesling, auch Klingelberger genannt nach dem ersten Ortenauer Weinberg bei Durbach, auf dem er Ende des 18. Jahrhunderts erstmals sortenrein gepflanzt wurde. Aber gerade der kleine Weinort Durbach zeigt, dass sich die Weinberge der Ortenau ebenso für Rotweine aus Spätburgunder eignen können.

Der Spätburgunder ist auch die beste und inzwischen verbreitetste Sorte des warmen, sonnenbeschienenen Breisgau mit seinen kalkhaltigen Böden. Am benachbarten Kaiserstuhl und am Tuniberg wird die Sortenpalette dann schon wieder umfangreicher. Der Grauburgunder, der hier in seiner trockenen, im Barrique vergorenen Form erfunden wurde, nachdem mit dem süßlich-dicklichen Ruländer kein Staat mehr zu machen war, gerät in dieser Gegend so gut, dass er selbst mit französischen Kreszenzen mithalten kann. Das Gleiche gilt für Spätburgunder und Müller-Thurgau; Letzterer wird oft als Rivaner etikettiert und erreicht eine Reife, die diesem Mengenträger sogar ein interessantes Geschmacksbild mitgibt.

Weniger überzeugend stellt sich die Situation im Markgräflerland dar, dessen Winzer überwiegend Gutedel ausgepflanzt haben. Nun besitzt auch diese eher neutrale Sorte ihren Reiz und kann, betrachtet man die Produktion in der Schweiz oder im benachbarten Elsass, wo der Gutedel Chasselas heißt, sogar interessante Qualitäten erreichen. Dieses Potential auch auf die Flasche zu bringen scheint derzeit jedoch für die meisten Markgräfler Winzer noch so etwas wie die Quadratur des Kreises darzustellen. Die touristische Attraktivität der Gegend und in der Folge ein viel zu problemloser Weinabsatz haben die echte Motivation zum Spitzenweinbau bisher wohl eher blockiert.

Besinnung auf Qualität

Vor allem die Ernteerträge, die heute fast ein Drittel unter den Erträgen der 1980er Jahre liegen, zeigen, dass man streckenweise in Baden mit dem Bemühen um Qualität wirklich Ernst gemacht hat.

Wein vom Bodensee

Die Rebflächen am Bodensee sind auf zwei Bundesländer und drei Weinbaugebiete verteilt: Bayern, Württemberg und Baden, wobei Letzteres mit etwa 400 Hektar den weitaus größten Anteil besitzt.

Die südliche Lage und die große Wasserfläche des Sees, die wie ein riesiger Spiegel wirkt und die Sonneneinstrahlung durch Reflexion vermehrt, sind eigentlich Garanten für besonders milde klimatische Bedingungen, doch da sich die Weinbergflächen in vergleichsweise großer Höhe befinden – sie reichen bis 500 Meter hinauf –, sind die Weine hier in der Regel eher fruchtbetont, vor allem aber fallen sie nicht so konzentriert und kräftig aus wie am Oberrhein. Hohe Niederschlagsmengen und aufsteigende Nebel sind erschwerende Faktoren.

Der schon seit mehr als 200 Jahren am Nordufer des Sees kultivierte Spätburgunder wird zum überwiegenden Teil zu Weißherbst verarbeitet. Auch das angesehene Staatsweingut Meersburg, die mit 60 Hektar größte Domäne am Bodensee, deren Rebflächen zur Hälfte mit Spätburgunder bestockt sind, erzeugt hauptsächlich diesen blassen Roséwein. Ihr Weißherbst gilt als einer der besten ganz Deutschlands. Neben dem Spätburgunder keltert man hier vor allem Müller-Thurgau. Im Besitz des Staatsweinguts befinden sich auch Rebflächen am Hohentwieler Olgaberg bei Singen, dem mit 560 Metern höchsten Weinberg Deutschlands.

Durbach ist die ungekrönte Kapitale der Ortenau: Auf seinen geschützten und gutausgerichteten Lagen wie Schloßberg, Schloß Staufenberg oder Steinberg erreicht der Riesling in guten Jahren eine ganz eigene Fülle.

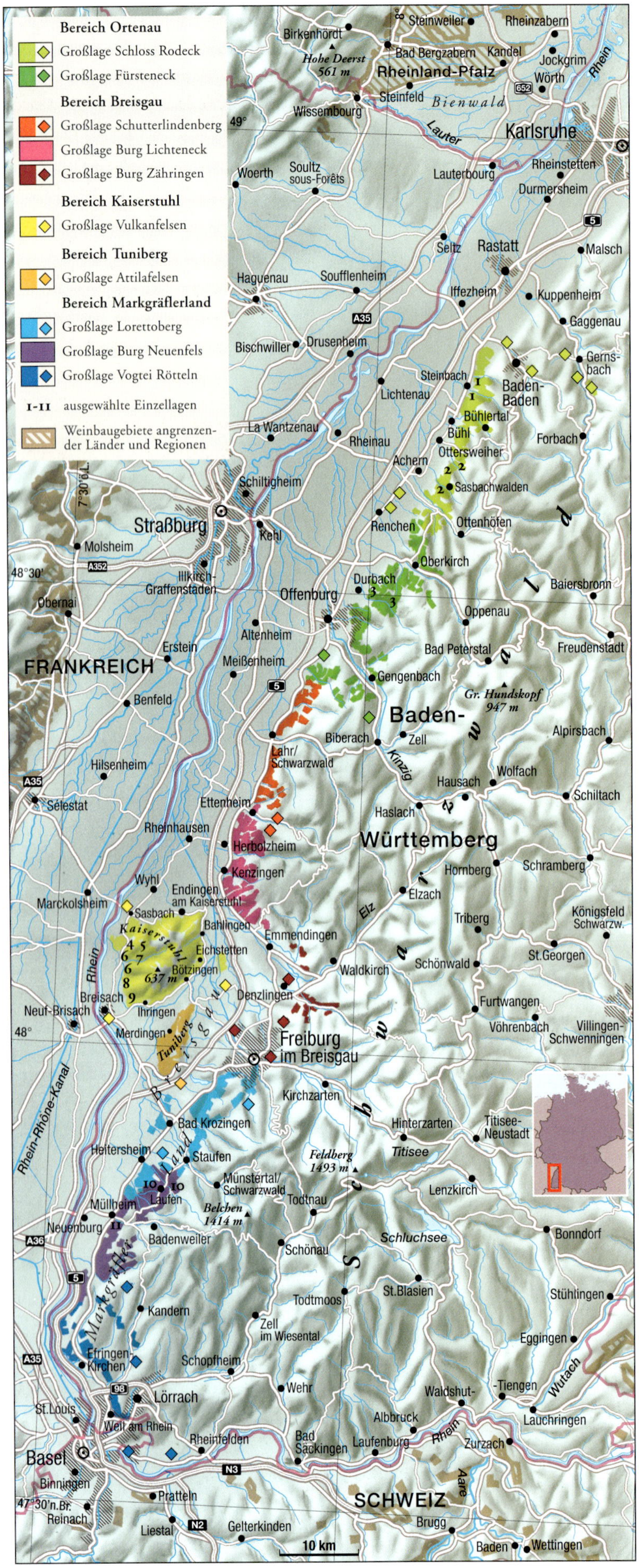

Damals hatte auch Baden, wie die übrigen Weinbauregionen Deutschlands, das Ideal eines großflächig angelegten, rationalisierten Weinbaus vor Augen, dessen Sorge erst in zweiter Linie der Produktion ausdrucksvoller, qualitativ hochstehender Weine galt. Bestes Beispiel dieser Politik war das gigantische Planspiel der Flurbereinigung am Kaiserstuhl.

Großflächig ist die weingesetzliche Aufgliederung Badens in der Tat: Diese ausgedehnte Region ist in nicht mehr als neun Bereiche mit nur 16 Groß- und 314 Einzellagen unterteilt – eine offenbar funktionalere Strukturierung als etwa in dem vergleichsweise kleinen Weingebiet Mosel mit seinen

Spätburgunder-Weißherbst

Weißherbst ist eine eingeführte Bezeichung für deutsche und Schweizer Roséweine. Der Wein basiert auf einer einzigen Rebsorte, die auf dem Etikett ausgewiesen werden muss. Meistens handelt es sich dabei um Spätburgunder, der wie Weißwein vinifiziert wird. Das bedeutet, die Trauben werden sofort nach Anlieferung bei der Kellerei gepresst, wodurch der Most nur wenige Farbstoffe aus den Schalen aufnehmen kann und der Weißherbst seinen typischen blassrosa Farbton erhält. Wie Weißwein wird er mit niedriger Temperatur vergoren. Sein Charme liegt in der Frische der fruchtigen und floralen Aromen, weshalb er stets jung und kühl getrunken werden sollte. Berühmt sind die Weißherbste vom Kaiserstuhl und vom Bodensee. Von meist minderer Qualität ist Badisch-Rotgold, ein so genannter Rotling, der aus gemeinsam gemaischten weißen oder roten Trauben erzeugt wird. Dieser als Qualitätswein eingestufte Rosé wird in Baden oft aus Ruländer alias Grauburgunder und Spätburgunder hergestellt. Württemberger Rotling darf als Schillerwein etikettiert werden.

19 Groß- und 500 Einzellagen. Zudem werden in Baden 85 Prozent der Rebfläche von Genossenschaftsmitgliedern bewirtschaftet, ein Verhältnis, das in Deutschland nur noch die kleine Hessische Bergstraße und Franken überbieten.

Das hat die Badener nicht daran hindern können, mit vereinten Kräften den Qualitätsweinbau voranzutreiben. Nicht unbedingt miteinander, denn die Gräben zwischen Selbstvermarktern und Genossenschaften sind hier so tief wie anderswo, doch nebeneinander haben die wichtigsten badischen Betriebe eine kleine Weinrevolution organisiert, die auf dem Gebiet der Weinstilistik und Weinqalität Entscheidendes geleistet hat.

Mehr als die Hälfte des badischen Weins wird heute trocken ausgebaut, ein weiteres Drittel halbtrocken. Auch das ist ein lobenswerter Ausdruck des Wandels. Am deutlichsten tritt er beim Grauburgunder alias Ruländer hervor, der mit moderner Gärführung, gelegentlich sogar mit Barrique-Ausbau seine oft hochfarbige, süßliche Erscheinungsform verloren hat und zu einem modernen, fruchtigen, aber – im Unterschied zum italienischen Pendant Pinot Grigio – durchaus gehaltvollen Wein geworden ist. Auch Spät- und Weißburgunder profitieren von der Konzentration aufs Wesentliche und sogar vom Barrique-Ausbau. Diese Version der Burgundersorten ist sicher das Interessanteste, was Baden heute zu bieten hat.

Die Flurbereinigung

Seit den 1950er Jahren wurden im deutschen Weinbau systematische Anstrengungen zur Flurbereinigung unternommen. Ausgangspunkt war die Beobachtung, dass die historisch gewachsene Zersplitterung der Weinbauflächen vielerorts einen wirtschaftlich nicht zu vertretenden Arbeitsaufwand erforderte und jegliche Form eines rationellen Weinbaus zunehmend behinderte. Durch die Umlegung des Landbesitzes wurden nicht nur größere und einfacher zu bewirtschaftende Flächen eingerichtet, es konnten auch geeignete Wege für die Maschinen gezogen und Drainagen angelegt werden. Zudem wurde die Neubestockung mit ertragreicheren Klonen vorgenommen – alles deutlich produktionssteigernde Maßnahmen.

Abgesehen davon, dass diese Maßnahmen selten qualitätssteigernd waren – es vermutlich auch gar nicht sein sollten –, kam es zu unerwünschten Begleiterscheinungen. Am Kaiserstuhl beispielsweise wurde die gesamte Landschaft der Lößterrassen des Vulkanhügels umfassend neu modelliert, sodass sie heute, aus dem Tal betrachtet, wie eine Ansammlung riesiger Abraumhalden aussieht: eine begrünte Tagebaulandschaft mit Rebstockplantagen. Dabei stand die maschinengerechte Ausrichtung der Großterrassen so sehr im Vordergrund, dass man die Flächen zum Teil in einer Neigung zum Hang hin anlegte – mit dem zweifelhaften Erfolg, dass nun die Kaltluft nicht mehr abfließen kann und sich in diesen von Menschenhand geschaffenen Weinbergskuhlen regelrecht staut, sodass hier nun Frostschäden in Regionen auftreten können, die bislang für ihr mildes Klima berühmt waren.

Nicht überall hat die Flurbereinigung Nachteile gebracht, die Mosel oder auch die rheinhessische Rheinfront zeigen gelungenere Beispiele dieses Modells: Hier konnte das Landschaftsbild bewahrt werden, und die Qualitätseinbrüche ließen sich weitgehend in Grenzen halten.

Ausgewählte Einzellagen (Karte gegenüber)

1 Stich den Buben
2 Alde Gott
3 Plauelrain
4 Steinbuck
5 Enselberg
6 Henkenberg
7 Eichberg
8 Schlossberg
9 Winklerberg
10 Altenberg
11 Reggenhag

Der Kaiserstuhl bietet die sträflichsten Beispiele einer falsch konzipierten Flurbereinigung, bei der man aus rein wirtschaftlichen Gesichtspunkten die Weinberge künstlich umgestaltete und ihre ursprünglichen natürlichen Qualitäten nicht beachtete.

Ausgewählte Erzeuger in Baden

Abril ***–****
Bischoffingen
6,5 ha; 40 000 Fl. • Weine: Grau- und Weißburgunder, Müller-Thurgau, Silvaner, Riesling, Spätburgunder u. a., von Bischoffingen und Schelingen, Weiße Linie, Barrique-Weine
Die Bischoffinger Lagen scheinen vor allem für die roten und weißen Burgundersorten bestens geeignet. Daraus keltert jedenfalls Hans-Friedrich Abril die Weine, die den guten Ruf seines kleinen Weinguts begründet haben. Die Weißen sind vom Barrique-Ausbau sehr farbintensiv und werden in Aroma und Geschmack von der hohen Traubenreife bei der Ernte geprägt.

Affentaler WG **–***
Bühl-Eisental
248 ha; 3 500 000 Fl. • Weine: Riesling, Spätburgunder, Müller-Thurgau u. a., von zahlreichen Lagen um Bühl, Huber Althof, Orblie Secco, Barrique-Weine, Selektionsweine
Die Affentaler Genossenschaft ist eine der vielen qualitätsbewusst arbeitenden Kooperativen Badens. Einst hatten Nonnen im Ave(›Affen‹-)tal vorwiegend für den kirchlichen Bedarf Weinbau betrieben. Heute vermarkten die Affentaler ihre Weine u. a. in der badischen Spitzengastronomie.

Bercher ***–*****
Burkheim
24 ha; 140 000 Fl. • Weine: Riesling, Weiß- und Grauburgunder, Müller-Thurgau, Spätburgunder u. a., aus Burkheim (→Feuerberg) und Sasbach
Rainer und Eckhardt Bercher haben ihr Weingut im vergangenen Jahrzehnt zu einem der absoluten Spitzenbetriebe Badens gemacht. Der Schwerpunkt ihrer Arbeit liegt auf den Burgundersorten, die auf den Vulkanverwitterungsböden des Feuerbergs besonders gut geraten. Dies beweisen vor allem die im Barrique gereiften Selektionsweine und die trockenen Spätburgunder-Auslesen.

WG Ehrenstetten ***
Ehrenstetten
130 ha; 1 100 000 Fl. • Weine: Gutedel, Müller-Thurgau, Burgundersorten u. a., von Ehrenstettener Lagen, Chasslie
Die von Franz Herbster und Kellermeister Norbert Faller geleitete Winzergenossenschaft im Markgräfler Land ist in den letzten Jahren nicht nur mit dem ›Chasslie‹, einem *sur lie* gefüllten Gutedel aufgefallen, sondern macht auch gute Spätburgunder vom Ölberg in einer modernen Designerflasche.

Freiherr von Gleichenstein ***–****
Oberrotweil
25 ha; 200 000 Fl. • Weine: Spätburgunder, Weiß- und Grauburgunder, Müller-Thurgau u. a., von Oberrotweil (→Henkenberg), Amoltern und Achkarren (→Schlossberg)
Barrique-Gegner Hans-Joachim von Gleichenstein drängt es im Unterschied zu vielen seiner Kollegen selten an die große Öffentlichkeit. Im Stillen aber füllt er vor allem vom Oberrotweiler Henkenberg herrlich dichte Grauburgunder, denen der Ausbau im neuen Holzfass nicht im Mindesten abgeht.

Dr. Heger ***–*****
Ihringen
15 ha; 90 000 Fl. • Weine: Riesling, Grau- und Weißburgunder, Silvaner, Chardonnay, Spätburgunder u. a., von Ihringen (→Winklerberg), Achkarren (→Schlossberg), Merdingen (Bühl) und Freiburg (Schlossberg), →Spätburgunder Mimus
Joachim Heger fand beim Eintritt in den elterlichen Betrieb einen ausgesucht guten Weinbergbestand vor. Vor allem der Ihringer Winklerberg, Deutschlands wärmste Lage, beschert ihm regelmäßig hervorragendes Traubengut. Hier gedeihen sowohl Riesling, Silvaner und Muskateller als auch die Burgundersorten einträchtig nebeneinander. Die etwas übertrieben holzbetonte Härte der Experimentierphase ist inzwischen auch aus den Spätburgundern verschwunden. Grau- und Weißburgunder besitzen viel Kraft, zeigen aber auch schöne Frucht.

Albert Heitlinger ***–*****
Östringen-Tiefenbach
42 ha; 220 000 Fl. • Weine: Riesling, Grau- und Weißburgunder, Müller-Thurgau, Spätburgunder u. a. Barrique-Weine, Dialog, Grand Etage
Wenn Erhard Heitlinger etwas länger als andere Winzer dafür brauchte, um seine Weine auch für die kritische Öffentlichkeit ins rechte Licht zu rücken, so hing das weniger mit deren Qualität als vielmehr mit der Lage seines Weinguts in einem Teil Badens zusammen, dem man grundsätzlich nicht mehr als einfache Weine zutraute. Inzwischen hat der umtriebige Winzer vor allem mit seinen Grauburgundern und sonstigen Barrique-Weinen zur Genüge bewiesen, dass er zur Elite Badens gehört.

Reichsgraf und Marquis zu Hoensbroech ****
Angelbachtal-Michelfeld
22 ha; 120 000 Fl. • Weine: Weiß- und Grauburgunder, Riesling, Silvaner, Spätburgunder u. a., von Michelfelder und Eichelberger Lagen
Erst 1968 gründete Rüdiger zu Hoensbroech seinen Betrieb und machte in den folgenden Jahrzehnten mit seinen Weinen bald auf sich aufmerksam. Immerhin gehörte er schon zu den Gründungsmitgliedern des VDP in Baden. Chardonnay und Weißburgunder vom Michelfelder Himmelberg stellen die besten Qualitäten in seinem Sortiment.

Bernhard Huber ***–****
Malterdingen
13 ha; 80 000 Fl. • Weine: Spätburgunder, Chardonnay, Weiß- und Grauburgunder, Müller-Thurgau, Riesling von Malterdinger und Hecklinger Lagen
Bernhard Huber war einer der ersten deutschen Winzer, die auch international mit ihrem im Barrique vergorenen Chardonnay überzeugen konnten. Darüber hinaus gilt er als Spätburgunder-Spezialist. Überdurchschnittlich gut scheinen auf den Malterdinger Lagen allerdings der Weiß- und der Grauburgunder zu geraten.

Karl H. Johner ****–*****
Bischoffingen
13,5 ha; 85 000 Fl. • Weine: Spätburgunder, Grau- und Weißburgunder, Chardonnay, Müller-Thurgau, ›SJ‹
Nach Studium und langen Jahren Wein-Entwicklungshilfe in England begann Johner erst Ende der 1980er Jahre mit dem Aufbau seines eigenen Weinguts am heimatlichen Kaiserstuhl. In weniger als fünf Jahren war der Neuwinzer dann bereits zu einer Art Superstar des deutschen Weinbaus aufgestiegen. Um die Absurditäten des deutschen Weingesetzes und die Lagendiskussionen schert er sich wenig – er füllt seine Weine schlicht als Tafelweine ab, und sie erzielen dennoch

Spitzenpreise. Spätburgunder, Chardonnay, Grauburgunder und sogar der sonst eher schlichte Müller-Thurgau, bei Johner als Rivaner verkauft, besitzen eine Geschmacksfülle, die sie weit über den Durchschnitt erhebt.

Franz Keller – Schwarzer Adler ****–*****
Oberbergen
33 ha; 200 000 Fl. • Weine: Grau- und Weißburgunder, Müller-Thurgau, Spätburgunder, von Oberrotweiler (Kirchberg, Eichberg) und Oberbergener (Baßgeige, Pulverbuck) Lagen, Kellers Keller, Barrique-Weine, Klassik, Selektionslinien ›A‹ und ›S‹
Der Oberbergener ›Schwarze Adler‹ ist als Top-Restaurant sehr viel bekannter als das angeschlossene Weingut. Qualitativ sind die Weine, die unter der Regie von Fritz Keller gefüllt werden, den gastronomischen Leistungen aber mehr als adäquat. Das gilt nicht nur für die klassischen Lagenweine von Bassgeige und Pulverbuck, sondern noch viel mehr für die Barrique-Selektionen mit den schlichten Namen ›A‹ und ›S‹. Weiß-, Grau- und Spätburgunder, aber auch der Chardonnay, haben bei Keller in den letzten Jahren ein Niveau erreicht, das auch vor der Konkurrenz aus dem Ausland standhält.

WG Königschaffhausen ***–****
Königschaffhausen
360 ha; 1 300 000 Fl. • Weine: Spätburgunder, Müller-Thurgau, Weiß- und Grauburgunder u. a., von Königschaffhauser Lagen, Regnum, ›SL‹
Die Genossenschaft von Königschaffhausen war eine der ersten badischen Kooperativen, die ihre Produkte ganz bewusst im Markt der Spitzenweine positionierten, und sie war darin von Anfang an auch eine der erfolgreichsten. Vor allem die im Barrique gereiften Spätburgunder vom Steingrüble – Regnum oder ›SL‹ genannt – fanden große Anerkennung.

Andreas Laible ****
Durbach
4 ha; 35 000 Fl. • Weine: Riesling, Traminer, Scheurebe, Spätburgunder u. a., vom →Durbacher Plauelrain
Der talentierte und ehrgeizige Andreas Laible betreibt sein kleines Weingut am Ortseingang von Durbach mit einem Einsatz, der seinesgleichen sucht. Beste Weinbergparzellen und moderate Erträge sind das Geheimnis der dichten, fruchtig-würzigen Rieslinge, Scheureben und Weißburgunder.

Lämmlin-Schindler ***
Schliengen-Mauchen
19 ha; 170 000 Fl. • Weine: Spätburgunder, Weiß- und Grauburgunder, Gutedel, Chardonnay u. a., von Mauchener Lagen
Wenn ein Bio-Winzer, und noch dazu einer mit Weinbergen in einem abgelegenen Schwarzwaldtal des Markgräflerlandes, Spitzenweine produzieren kann, dann mag das manchen Weinfreund überraschen. Doch dazu besteht kein Grund: Tatsache ist, dass Gerhard Schindler wirklich hervorragende Weiß- und Rotweine aus den Burgundersorten und aus Chardonnay keltert.

Heinrich Männle ****
Durbach
5,5 ha; 40 000 Fl. • Weine: Spätburgunder, Weiß- und Grauburgunder, Scheurebe, Riesling, Traminer u. a., vom Durbacher Kochberg
Heinrich Männles Weinberge sind vorwiegend mit roten Sorten bestockt, was in Durbach allein schon

außergewöhnlich ist. Noch außergewöhnlicher ist die Qualität dieser teilweise im Barrique ausgebauten Rotweine. Seit jüngstem experimentiert Männle auch mit Cabernet Sauvignon und könnte den Beweis erbringen, dass auch diese Sorte in Deutschland gute Resultate liefern kann.

WG Oberbergen **–***
Oberbergen
280 ha; 2 800 000 Fl. • Weine: Müller-Thurgau, Spätburgunder, Grauburgunder, Silvaner u. a., von Oberbergener Lagen (Baßgeige, Pulverbuck), Frühlingsbote, Konrad
Eine gediegene Politik in Weinberg und Keller ist die Grundlage der ausgezeichneten Erzeugnisse dieser Winzergenossenschaft. Die Mehrzahl der Produkte stammt von der großen Einzellage Oberbergener Bassgeige, wobei Grau- und Spätburgunder meist noch ein Stück besser geraten als der Rest des durchaus ansehnlichen Weinsortiments.

Salwey ***–****
Oberrotweil
20 ha; 150 000 Fl. • Weine: Spätburgunder, Grau- und Weißburgunder, Riesling, Silvaner u. a., von Lagen in Oberrotweil und Glottertal (Eichberg)
Wolf-Dieter Salwey kann auf eine lange Winzerkarriere zurückblicken. Er übernahm den elterlichen Betrieb schon 1964 und festigte im Lauf der Jahre seinen Ruf als einer der besten Winzer und Weinmacher. Seine Grauburgunder gehören zur badischen Spitzenklasse.

Seeger ****
Leimen
8 ha; 40 000 Fl. • Weine: Riesling, Weiß- und Grauburgunder, Spätburgunder u. a. vom Heidelberger und Leimener Herrenberg, Barrique-Weine
Thomas Seeger begann schon Mitte der 1980er Jahre, seine roten und weißen Burgundersorten im Barrique auszubauen. Der Harley-Davidson-Fan gehört seitdem zu den unkonventionellsten, aber auch zu den anerkannt besten Winzern Badens. Neben den sortenreinen Gewächsen glänzt er mit einer ungewöhnlichen Cuvée Anna aus Spätburgunder, Schwarzriesling, Lemberger und Portugieser.

Max Markgraf von Baden
Schloss Staufenberg **–****
Durbach
27 ha; 100 000 Fl. • Weine: Riesling, Müller-Thurgau, Spätburgunder u. a., von Durbacher (→Klingelberg) Lagen
Von den beiden Gütern des Markgrafen – Staufenberg und Salem – ist dieses mit Abstand das bessere, obwohl die Weine in Salem vinifiziert werden. Nach der Spitzenlage des Gutes, dem Klingelberg, hat der Riesling seinen spezifisch Ortenauer Namen bekommen. Chardonnay und Gewürztraminer sind Spitzenqualität.

WG Wasenweiler am Kaiserstuhl **–****
Wasenweiler
80 ha; 600 000 Fl. • Weine: Spätburgunder, Müller-Thurgau, Silvaner, Weiß- und Grauburgunder u. a., von Wasenweiler Lagen, Die Neun
Eine deutsche Genossenschaft, der es gelingt, mit ihren Rotweinen in Italien Aufsehen zu erregen, ist bestimmt nichts Alltägliches. Johann Haberl, Chef in Wasenweiler, hat dies mit seinem 1990er Jahrgang mit Bravour geschafft. Die besten Weine stammen von der Lage Kreuzhalde. Unter der Bezeichnung ›Die Neun‹ werden Bio-Weine angeboten.

Württemberg

In ihrem Selbstverständnis und im Bild der anderen sind die Württemberger fast ausschließlich Rotweintrinker, Trollingerschlotzer, wie man in der Region so schön lautmalerisch sagt. Doch dieses Bild zeigt nur einen Teil der Realität. Es stimmt zwar, dass die Weinbaufläche Württembergs – mit rund 11 000 Hektar liegt die Region an fünfter Stelle in Deutschland – überwiegend mit roten Sorten bestockt ist, aber im Spiegel der Einzelsorten nimmt der Riesling den ersten Platz ein. Wenn er auch seinen Vorsprung vor dem Trollinger nur knapp behauptet, wegzuleugnen ist er nicht, mag dies auch dem Selbstverständnis der Trollingerschlotzer einen Dämpfer versetzen. Im Übrigen bedeutet die Menge der ausgepflanzten Rebstöcke roter Sorten nicht unbedingt, dass man in Württemberg auch wirklich Rotweine trinken würde. In den meisten Fällen werden nämlich aus den Trollingern, Lembergern und Schwarzrieslingen immer noch recht farblose, dünne Weine gekeltert, die in der Vergangenheit zu Recht kaum je über die Grenzen der Region hinaus Beachtung fanden.

Wein wird in Württemberg vor allem im Neckartal und an den angrenzenden Hügeln erzeugt, aber die Ausläufer des offiziellen Weinbaugebiets reichen im Nordosten bis ins Taubertal und im Süden bis nach Tübingen und Reutlingen, mit einer kleinen Insel am Bodensee zwischen Friedrichshafen und Lindau. Das kühle, kontinentale

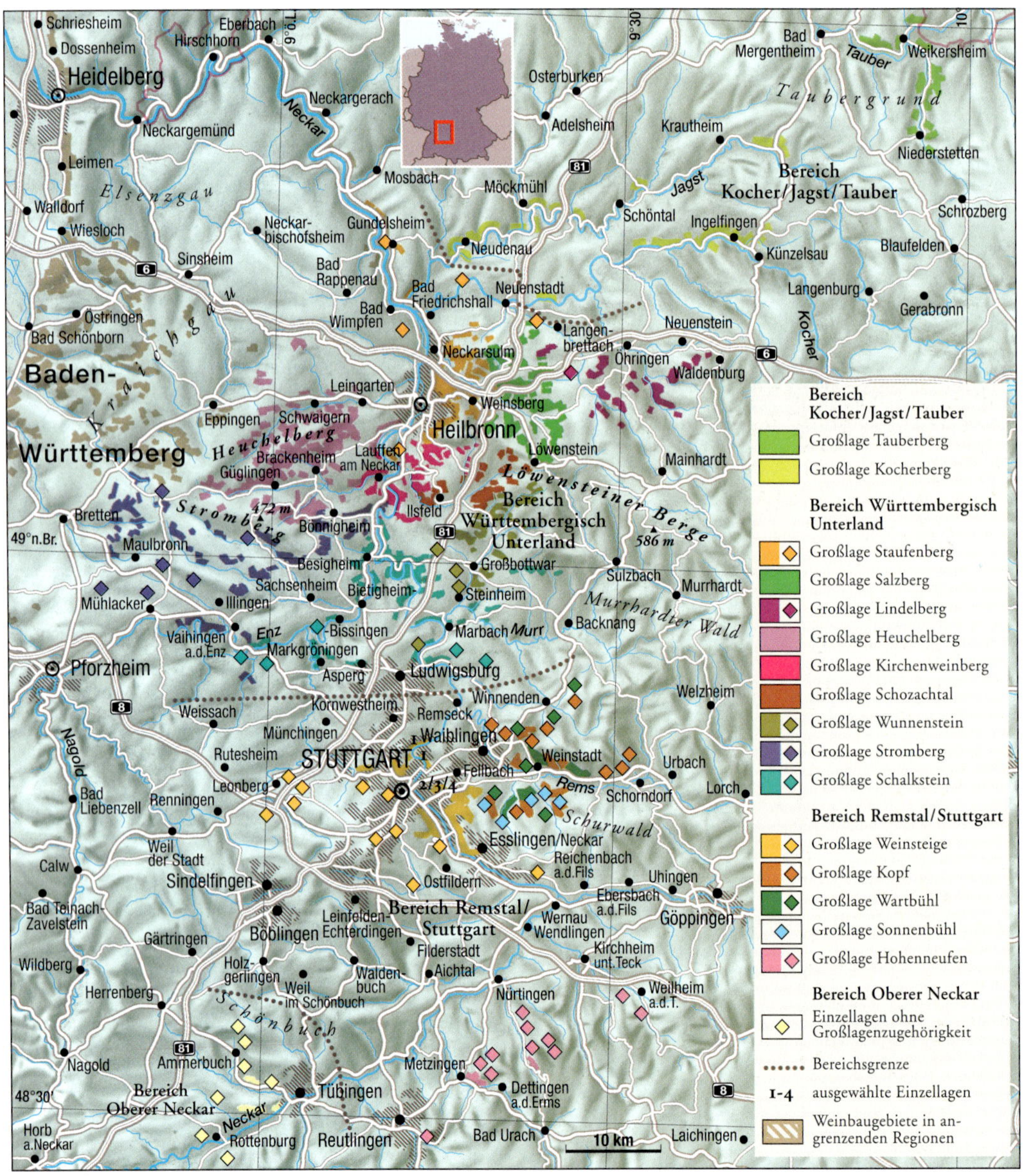

Ausgewählte Einzellagen
1 Zuckerle
2 Herzogenberg
3 Gips
4 Mönchberg

Rechte Seite:
Stuttgart ist eine der bedeutendsten Weingemeinden Württembergs, wobei sich die besten Lagen über südlich ausgerichtete Hänge nahe des Neckars erstrecken. In den Uhlbacher Weinbergen vergisst man, dass man sich in der emsigen Schwabenmetropole befindet.

Klima, in dem nur die Wasserfläche des Neckars mäßigend wirkt, kann den Weinbau zu einer recht beschwerlichen Aufgabe machen, wenn auch vielleicht weniger beim Riesling – der vor allem in den südlichen Bereichen im Umkreis von Stuttgart dominiert –, dem diese Bedingungen eher entgegenkommen. Auf den nördlicher gelegenen Weinbergen findet man überwiegend Lemberger, der in Österreich Blaufränkisch genannt wird, so wie auch der Trollinger in seiner Heimat Südtirol eigentlich als Vernatsch bekannt ist.

Vom Viertele zum grossen Roten

Lange Zeit schienen die zwar gefälligen und süffigen, selten aber wirklich interessanten Rotweine Württembergs Schicksal zu sein. Und die Kellertechnik der Genossenschaften, die mit ihren fast schon industriellen Arbeitsmethoden in erster Linie auf die Herstellung einfacher, schnell trinkfertiger Produkte ausgerichtet war, bei denen es auf Ausdruck und Finesse nicht ankam, machte die Lage nicht eben besser. Mit Vorliebe bediente man sich hier der Maischeerhitzung zur beschleunigten Farbextraktion – dabei wird die Maische kurzfristig auf 85 °C erwärmt – statt der klassischen Maischegärung, Die Folge davon war, dass die meisten der so genannten Rotweine, die aus diesen Kellereien hervorgingen, sowohl Struktur als auch Charakter schmerzlich vermissen ließen. Erst seit rund zehn Jahren werden in einigen württembergischen Betrieben erneut kräftige, wirklich rote und geschmacklich intensive Weine gekeltert, denen der immer bereitwilliger praktizierte Barrique-Ausbau sogar einen gewissen internationalen Charakter verleiht.

Diese Winzer und Kellermeister sind die Botschafter des Barrique-Ausbaus in Württemberg: Der jeweils erste Buchstabe ihres Namens fügt sich zu HADES zusammen. Gemeinsam optimierten sie den Umgang mit dem kleinen Eichenfass und profilierten sich international.

Einige der Spitzenwinzer Württembergs schlossen sich zwecks Erfahrungsaustausch beim Barrique-Ausbau in der Vereinigung ›Hades‹ zusammen. Der Name reiht die Anfangsbuchstaben der Namen der fünf Mitglieder aneinander: Hohenlohe-Öhringen, Adelmann, Drautz-Able, Ellwanger sowie das Staatsweingut Weinsheim. Mit ›Hades‹ gelang es ihnen, auch die kritischsten Geister der Weinöffentlichkeit vom Potential ihrer Weinberglagen zu überzeugen.

Für die Zukunft darf man aus Württemberg einiges erwarten. Im Riesling wie auch im Lemberger, dessen Karriere in Österreich als Blaufränkisch Mut macht und der sich in Württemberg auch zum Verschnitt mit anderen Sorten eignet, steckt ein noch ungenutztes, aber viel versprechendes Qualitätsreservoir. Erste Resultate sind bereits erkennbar, aber es bedarf wohl noch langer, intensiver Bemühungen, bis aus dem süffigen Viertele ein richtiger, ausgewachsener Wein von europäischer Statur geworden sein wird.

Ausgewählte Erzeuger in Württemberg

Graf Adelmann *–******
Kleinbottwar
18 ha; 160 000 Fl. • Weine: Riesling, Trollinger, Lemberger, Samtrot, Früh- und Spätburgunder u.a., von Kleinbottwarer Lagen im Alleinbesitz, Die Mauern von Schaubeck, Cuvée Vignette 1, Brüssele'r Spitze
Bei einem der Vorreiter des Barrique-Ausbaus von Rotweinen in Deutschland ist es fast selbstverständlich, dass die besten Qualitäten – jeweils unter dem Namen Brüssele'r Spitze vermarktet – im roten Bereich zu suchen sind. Aber auch die Spitzenrieslinge des Gutes sind beachtlich, genau wie die rote Cuvée Vignette I aus Lemberger, Samtrot und Spätburgunder.

Gerhard Aldinger *–******
Fellbach
18 ha; 170 000 Fl. • Weine: Trollinger, Spätburgunder, Riesling u.a. vom →Untertürkheimer Gips (Alleinbesitz) und von Lagen in Fellbach, Hanweiler, Uhlbach und Rotenberg, Cuvée C, GA Weißwein, GA Rotwein
Gert Aldinger führt das Weingut der Familie bereits in der 15. Generation. Wertvollstes Kapital des Familienweinguts ist der Untertürkheimer Gips im Alleinbesitz, eine gute Riesling- und Spätburgunderlage. Aldinger arbeitet im Keller weitgehend traditionell, stattet seine Weine aber mit Kegelflaschen und Designer-Etiketten ungewöhnlich modern aus.

Ernst Dautel ****
Bönnigheim
8,5 ha; 70 000 Fl. • Weine: Riesling, Chardonnay, Trollinger, Lemberger, Schwarzriesling u.a., von Lagen in Bönnigheim, Besigheim und Meimsheim, Kreation weiß und rot, Selektion ›S‹, Essenz
Als Mitglied des Deutschen Barrique-Forums widmet Ernst Dautel natürlich seinen im Holz ausgebauten Weiß- und Rotweinen ganz besondere Aufmerksamkeit. Das gilt nicht nur für die experimentell ausgepflanzten Cabernet Sauvignon und Merlot, sondern auch für die ur-württembergischen Sorten Trollinger und Lemberger. Mit einer sinnvollen Ertragsbegrenzung schafft er es, seinen Weinen große Dichte und Struktur mitzugeben.

Drautz-Able **–****
Heilbronn
14,5 ha; 150 000 Fl. • Weine: zahlreiche Sorten aus Leben in Neckarsulm, Heilbronn, Lauffen und Erlenbach, →Jodokus, Barrique-Weine, Composition L, Häusles-Wein
Richard Drautz steht für das ›d‹ im Namen der Vereinigung ›Hades‹, die sich mit ihren Versuchen im Barrique-Ausbau hervorgetan hat. Zwar wirken Drautz' Weine gelegentlich ein wenig zu stark holzbetont, aber in guten Jahren sind sie ausgezeichnet ausbalanciert. Die besten Rotweine (Dornfelder und Lemberger) tragen mit ›Jodokus‹ den Namen eines Drautz'schen Vorfahren.

WG Grantschen **–***
Grantschen
140 ha; 1 600 000 Fl. • Weine: Riesling, Trollinger, Lemberger, Schwarzriesling u.a., von Grantschener Lagen, ›SM‹, Grandor, Schwarze Serie
Anders als im Badischen, wo eine Reihe von Genossenschaften hervorragende Weine keltert, stellt die Grantschener WG eine recht einsame Qualitätsspitze im Württembergischen dar. Vor allem die Lemberger-Auslese Grandor und der ›SM‹, ein Verschnitt aus Dornfelder und Lemberger, stehen in guten Jahren auf sehr hohem Niveau.

Karl Haidle ****
Kernen-Stetten
16 ha; 200 000 Fl. • Weine: Riesling, Kerner, Trollinger, Spätburgunder u.a., von Lagen in Stetten und Schnait, Selektion, ›S‹
Karl Haidles Weingut wurde 1992 von Grund auf modernisiert, und der zurückhaltende Winzer gehört seitdem zu den besten im Großraum Stuttgart. Er vergärt seine Weine immer noch gern im Holz und arbeitet auch mit Barriques. Seine besten Einzellagenweine sind der Riesling Pulvermächer und der Spätburgunder von der Burghalde. Einige der Spitzenweine werden ohne Lagenbezeichnung gefüllt, darunter Dornfelder, Lemberger, Dornfelder-Lemberger ›S‹ und Weißburgunder ›S‹.

Schlossgut Hohenbeilstein ***
Beilstein
12,9 ha; 120 000 Fl. • Weine: Riesling, Trollinger, Samtrot, Lemberger, Spätburgunder u.a. vom Beilsteiner Schlosswingert
Das Schloss Hohenbeilstein ist erst 100 Jahre alt und beherbergt hinter der schönen Fassade ein modern arbeitendes Weingut. Im Weinberg wird nach biologischen Methoden gewirtschaftet, wobei nur der Spätburgunder die Lagenbezeichnung ›Schlosswingert‹ tragen darf. Die Weine sind von gleichbleibend guter bis sehr guter Qualität.

Graf von Neipperg **–****
Schwaigern
31,5 ha; 240 000 Fl. • Weine: Riesling, Lemberger, Schwarzriesling, Spätburgunder, Samtrot, Trollinger u.a., aus Neipperger (Schlossberg), Schwaigener (Ruthe) und Klingenberger (Schlossberg) Lagen
Das Schloss der Familie, die neben ihrem Stammsitz in Neipperg auch noch eine Reihe renommierter Bordeaux-Weingüter besitzt, beherbergt die Gär- und Lagerkeller, in denen weitgehend nach traditionellen Methoden gearbeitet wird. Die Lemberger und Rieslinge gehören zur Spitzenkategorie des württembergischen Weinbaus.

Staatsweingut Weinsberg *–******
Weinsberg
40 ha; 250 000 Fl. • Weine: Riesling, Lemberger, Trollinger, Spätburgunder, Samtrot u.a., von Gundelsheimer, Abstatter und Weinsberger Lagen, ›GV‹
In der Weinwelt genießen die Weinsberger nicht erst seit der jüngsten Vorstellung einer Anzahl neuer Cabernet-Kreuzungen einen guten Ruf. Immerhin ist man seit Jahren Mitglied der Hades-Gruppe und betreibt auf Burg Wildeck schon seit Jahren recht erfolgreich biologischen Weinbau. Interessant ist der Verschnitt aus Kerner, Silvaner und Burgundersorten mit dem Namen ›GV‹, aber auch die sortenreinen Gewächse sind überaus empfehlenswert.

Albert Wöhrwag *–******
Stuttgart-Untertürkheim
18,5 ha; 160 000 Fl. • Weine: Riesling, Trollinger, Lemberger, Spätburgunder u.a., vom Untertürkheimer Herzogenberg, →Phillip
Unter Weinfreunden ist der Betrieb von Hans-Peter Wöhrwag nicht erst seit seinem grandiosen Riesling-Eiswein des Jahrgangs 1994 ein Begriff. In unmittelbarer Nachbarschaft der Autos mit dem Stern erzeugt er mit schöner Regelmäßigkeit hervorragende Rieslinge, Trollinger und Spätburgunder. Sehr gut ist auch der Lemberger-Spätburgunder-Dornfelder-Verschnitt mit dem Namen Phillip.

Franken

Franken ist eine der solidesten und zugleich populärsten Weinbauregionen Deutschlands. Die Rebhänge an Main und Steigerwald, deren entfernteste Ausläufer im Westen das Rhein-Main-Gebiet, im Osten das Bistum Bamberg erreichen, ziehen schon seit langem Weingenießer aus allen Himmelsrichtungen an, die die bodenständige, klare und geradlinige Art der Frankenweine zu schätzen wissen.

Zentrum des Gebiets ist die alte Bischofsstadt Würzburg mit der Festung Marienberg und den Renaissance- und Rokokobauten im Stadtkern: architektonischen Kleinoden, die im Krieg zerstört, aber mit bewundernswerter Liebe zum Detail wieder aufgebaut wurden. Beherrscht wird die Stadt von der berühmten Lage Am Stein, die aus der Ferne betrachtet wie eine Mauer über den Dächern zu stehen scheint. Mit gut zwei Kilometern Länge und 92 Hektar Fläche ist sie die größte geschlossene deutsche Steillage überhaupt, wobei sich ihr bester Teil, die so genannte Stein/Harfe, im Alleinbesitz des Bürgerspitals befindet.

Am Stein herrschen klimatische Bedingungen, wie man sie so weit nördlich nicht vermuten würde. Selbst seltene Eidechsenarten, die sonst erst viel weiter im Süden anzutreffen sind, haben sich hier angesiedelt und genießen die starke Sonneneinstrahlung, die von den hellen Böden reflektiert und dadurch verstärkt wird.

Ansonsten dominiert in Franken kontinentales Klima mit kalten, vom Main und seinen kleineren Zuflüssen kaum gemilderten Wintern und warmen, recht trockenen Sommern, die für optimale Reifebedingungen der Trauben sorgen. An Bodenformationen ist der fränkische Weinbau eher arm, vergleicht man die Verhältnisse hier mit der geologischen Vielfalt der Pfalz oder Badens. Die Böden des Mainvierecks, des westlichsten Teils der Region, werden von verwittertem Urgestein und Buntsandstein geprägt, die des Maindreiecks weiter östlich dagegen von Lehm, Löß und Muschelkalk. Im Steigerwald beherrscht Keuper das Bild.

Zurück zur Bodenständigkeit

Bereits im 8. Jahrhundert begannen fränkische Mönche hier mit dem Weinbau, und im Mittelalter dehnte sich die Rebfläche der Region auf fast 100 000 Hektar: so viel beträgt heute die Gesamtrebfläche Deutschlands. Franken war damals das größte Anbaugebiet des Kaiserreichs, seine Weinbaufläche übertraf die der Mosel oder der rechts- und linksrheinischen Gebiete bei weitem.

Heute sieht die Situation deutlich anders aus: Mit wenig mehr als 6 000 Hektar Rebfläche liegt der fränkische Weinbau nur noch an sechster Stelle der deutschen Anbaugebiete. Nicht einmal zehn Prozent der mehr als 7000 Winzer, die sich auf dieser Fläche betätigen, vermarkten ihre Weine eigenständig. Die überwiegende Mehrheit liefert ihre Traubenlese an die diversen Genossenschaften, die dann ihrerseits die Moste oder Weine zum großen Teil an die gewichtige Gebietswinzergenossenschaft in Kitzingen weiterreichen, wo sie abgefüllt und in den Handel gebracht werden.

Franken war in der Vergangenheit vor allem als Silvaner-Land bekannt. Die säurearme, im Cha-

Ausgewählte Einzellagen
1 Stein
2 Stein/Harfe
3 Innere Leiste
4 Teufelskeller
5 Pfülben
6 Sonnenstuhl
7 Ratsherr
8 Lump
9 Schwanleite
10 Küchenmeister
11 Julius-Echter-Berg
12 Kalb

FRANKEN
Bereich Mainviereck
Großlage Reuschberg
Großlage Heiligenthal
Bereich Maindreieck
Großlage Burg
Großlage Rosstal
Großlage Ravensburg
Großlage Kirchberg
Großlage Engelsberg
Großlage Marienberg
Großlage Honigberg
Großlage Ewig Leben
Großlage Hofrat
Großlage Teufelstor
Großlage Ölspiel
Großlage Markgraf Babenberg
Bereich Steigerwald
Großlage Kapellenberg
Großlage Zabelstein
Großlage Steige
Großlage Schild
Großlage Schlossberg
Großlage Herrenberg
Großlage Burgweg
Großlage Frankenberger Schlossstück
Großlage Ipsheimer Burgberg
Einzellagen ohne Großlagenzugehörigkeit
BADEN
Bereich Tauberfranken
Bereichsgrenze
1–12 ausgewählte Einzellagen

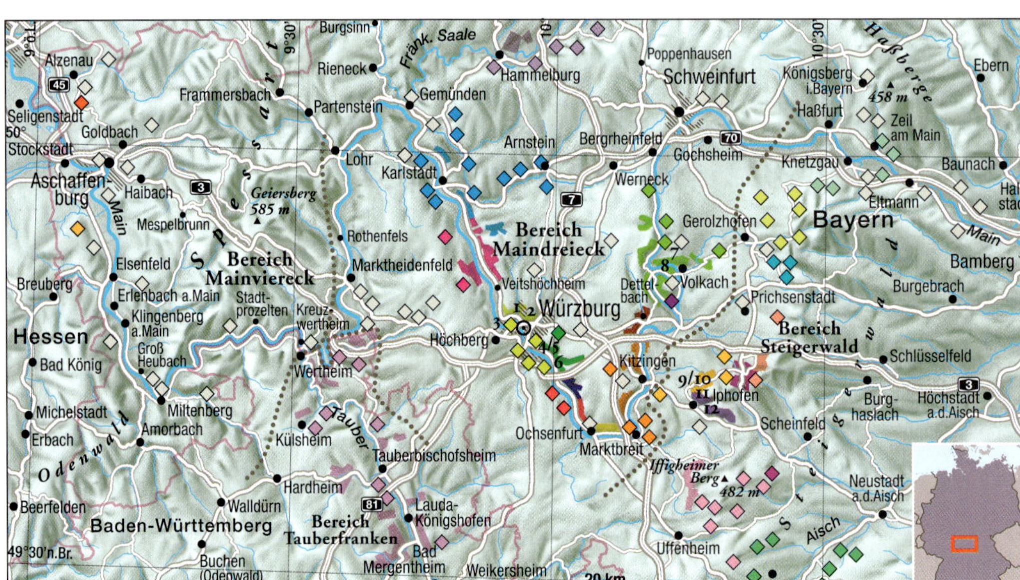

Escherndorf ist ein reizvolles Winzerdorf, nur durch ein schönes Stück Mainschleife von Volkach getrennt. Es ist durch seinen Lump bekannt, die beste, doch zu großzügig erweiterte Lage.

rakter verhaltene Sorte geriet auf den Muschelkalkböden des Maindreiecks hervorragend und entwickelte hier einen starken, fast ein wenig erdig wirkenden Charakter. Inzwischen hat sich das Bild jedoch gewandelt. Vielen Winzern erschien die Sorte im Anbau plötzlich zu problematisch, und der Verbraucher gab aus Unkenntnis nach. Heute muss sich der alteingesessene Silvaner mit einem Fünftel seiner ursprünglichen Flächen zufrieden geben, den Rest hat er Müller-Thurgau überlassen müssen, der zeitweise sogar die 50-Prozent-Grenze erreichen konnte. Zum Glück entwickelt sich der Trend in den letzten Jahren gegenläufig, und immer mehr Verbraucher entdecken die Vorzüge des bodenständigen, grundehrlichen Silvaners gegenüber dem Massenträger Müller-Thurgau wieder neu.

Mit anderen Sorten ist die Region dagegen eher spärlich gesegnet. Allein die weiße, dichtbeerige Sorte Bacchus mit dem schwachen Muskatton erreicht mit etwa einem Zehntel noch einen nennenswerten Anteil an der Gesamtrebfläche, wobei Riesling und Rieslaner vor allem im edelsüßen Bereich ausgezeichnete Resultate hervorbringen können. Dabei stellen restsüße Weine in Franken im Unterschied zu fast allen anderen Weinbaugebieten eine absolute Ausnahme dar. Der Großteil der Produktion wird trocken ausgebaut, und die Franken verwenden für ihre Weine sogar eine besondere Geschmacksbezeichnung: ›Fränkisch trocken‹ sind sie, wenn sie weniger als vier Gramm Restzucker aufweisen.

Frankens Weinberge sind zwar zu gut 95 Prozent mit weißen Reben bestockt, doch in den letzten Jahren hat eine kleine Gruppe von Winzern bewiesen, dass die Region auch ein gutes Potential für Rotweine hat. Die Früh- und Spätburgunder aus Bürgstadt waren schon länger für ihre Qualitäten bekannt, aber seit geraumer Zeit werden auch in der Gegend von Randersacker und Nordheim überzeugende Rotweine aus den Sorten Domina oder Schwarzriesling gekeltert.

Teufelskeller und Küchenmeister

Obwohl das Gebiet in nur drei Bereiche unterteilt wird – lässt man den bayerischen Bodensee, der weinbaumäßig von nur geringer Bedeutung ist, einmal unberücksichtigt –, kann man doch recht gut mehrere Weinbauzentren unterscheiden, die durch jeweils eigenständige Weintypologien charakterisiert sind. Im geografischen Zentrum der Region liegt auch einer der unbestrittenen Schwerpunkte des fränkischen Weinbaus, der sich von Würzburg über Randersacker bis nach Sommerhausen erstreckt.

Mit dem Würzburger Stein, Innerer Leiste und Abtsleite, mit den Randersackerer Lagen Pfülben, Teufelskeller und Sonnenstuhl besitzt dieses Gebiet auch einen Großteil der wirklich renommierten fränkischen Weinberge. Ausdrucksvolle Rieslinge und würzige Silvaner sind die Spezialitäten der Gegend, aber auch der Müller-Thurgau bringt gelegentlich eindrucksvolle Spätlesen hervor, ganz zu schweigen von den bereits erwähnten Randersackerer Versuchen im Rotweinbereich, die für die Zukunft durchaus optimistisch stimmen.

Der historische Fasskeller des Bürgerspitals in Würzburg

Links:
Frankenwein und Fisch – geschmackliche Harmonie

Rechts:
Im Würzburger Hofkeller tragen die Kellermeister während der Weinproben immer noch die traditionellen Lederschürzen.

Hat man das Knie des Maindreiecks flussaufwärts hinter sich gelassen, gelangt man nach Sulzfeld und Kitzingen, wo die große Gebietswinzergenossenschaft der Region ansässig ist und abgesehen von einigen furchtlosen Winzern kaum jemand Qualitätsweinbau betreibt. Deutlich hoffnungsvoller sieht es wenige Kilometer östlich von Kitzingen aus, wo bei Iphofen mit dem Steigerwald eine völlig anders geartete Weinbaulandschaft wartet. Hier ist kein mildernder Einfluss des Flusslaufs mehr zu spüren, und wäre nicht die nach Osten und Norden schützende Bergkette, würde man in diesem an sich schon sehr rauen Klima wohl auch kaum an Weinbau denken. Iphofen mit seinem weltberühmten Julius-Echter-Berg und dem Kalb, das nahe Rödelsee mit dem Küchenmeister – ob der Lagenname einst als Hinweis auf die Weinqualität zu verstehen war, ist spekulativ – und der Schwanleite, und schließlich das weiter nordöstlich gelegene Castell mit seinem Schlossberg sind die wichtigen Weinbaugemeinden am Steigerwald. Dessen hohe Weinbergflächen bringen ausgezeichnete Rieslinge und Silvaner hervor, aber auch die fränkische Züchtung Rieslaner, Kerner, Scheurebe und die Burgundersorten gelingen recht gut und sorgen gelegentlich, wie auch die seltene Huxelrebe, für ganz hervorragende Beeren- und Trockenbeerenauslesen.

Wohlfühlen beim Wein im Juliusspital in Würzburg

Die rote Seele

Folgt man dem Mainlauf von Kitzingen aus weiter in nördlicher Richtung, gelangt man an drei gewaltige Fluss-Schleifen, an deren Ufern ebenfalls einige der populärsten Lagen Frankens zu finden sind. Escherndorfer Lump und Volkacher Ratsherr, vielleicht auch noch das Nordheimer Vögelein und der Dettelbacher Berg Rondell sind die Spitzenlagen dieses Terroirs. Leider muss man feststellen, dass der Bekanntheitsgrad der Lagen und die Attraktivität der malerischen Dörfer und Städte der Weinqualität nicht immer förderlich waren. Auch hier gilt: Wo der Verkauf zu einfach wird, ist Sorgfalt in Weinberg und Keller offenbar der Mühe nicht mehr wert.

Das letzte größere Weinbauzentrum der Region liegt an der südlichen Flanke des so genannten Mainvierecks zwischen Bürgstadt im Westen und Kreuzwertheim sowie Marktheidenfeld im Osten, wobei einige Güter hier auch Weinbergbesitz im benachbarten badischen Taubertal haben. Hier liegt die rote Seele des Frankenlands verborgen. Bürgstadt war mit dem Centgrafenberg und seinen Buntsandsteinböden schon immer bekannt für diese Spezialität. Aber auch in Erlenbach bei Marktheidenfeld kann sich der rote Burgunder durchaus sehen lassen, während dann am benachbarten Homburger Kallmuth, einer der bemerkenswertesten Muschelkalk-Steillagen Frankens, die sogar unter Denkmalschutz steht, wieder die klassischen Rieslinge und Silvaner dominieren.

Silvaner und Domina

Kaum ein zweites Weinbaugebiet in Deutschland zeigt sich hinsichtlich der Rebsorten so zerrissen wie Franken, und nirgendwo sonst ist die Sortenpolitik in ähnlicher Weise von Tradition und Fortschritt gleichermaßen geprägt. Dass die Weinbergflächen Frankens einst vom Silvaner beherrscht wurden, der nicht nur hier, sondern in allen deutschen Weinregionen bis vor knapp drei Jahrzehnten mengenmäßig sogar noch vor dem Riesling lag, mag heute kaum noch glaubhaft erscheinen. Damals waren Franken und Silvaner geradezu austauschbare Synonyme für die bodenständigen, würzigen und gehaltvollen Weine, die zwischen Würzburg und Iphofen, Volkach und Wertheim gekeltert wurden.

Doch mit der Verbreitung solcher Neuzüchtungen wie Müller-Thurgau, Scheurebe oder Rieslaner, die dem Winzer höhere Mostgewichte oder problemlosere Ernten oder gar beides gleichzeitig sicherten, verlor der im Weinberg nicht ganz unproblematische und auch nicht übermäßig ertragreiche Silvaner zunehmend an Popularität. Mit knapp einem Fünftel der fränkischen Rebfläche belegt er noch etwa die Hälfte dessen, was gegenwärtig auf Müller-Thurgau entfällt.

Trotzdem gibt es sie noch, die echten Weißweine aus Franken. Die besten Trauben dafür wachsen auf dem Escherndorfer Lump, dem Randersackerer Pfülben, dem Iphofener Julius-Echter-Berg, dem Homberger Kallmuth und dem Würzburger Stein, und sie schmecken unbeschadet aller Modernisierung in Weinberg und Keller noch immer so gut wie anno dazumal: würzig, nussig, erdig und rauchig, kräftig am Gaumen und bei Vollreife der Trauben sogar ein wenig nach Honig.

Ganz anders die Domina, die Modesorte unter den Neuzüchtungen. Als die Kitzinger Gebietswinzer den Namen der Sorte einmal allzu wörtlich nahmen und ihr Etikett mit einer wahren Domina verzierten – Accessoires und Attribute inbegriffen –, da löste das bei den Puritanern der Weinwelt heftigste Entrüstung, ja, sogar beinah einen Aufstand aus. Die Weine der Domina hätten dabei allen Respekt verdient, denn sie haben mehr noch als der Spätburgunder das Rotweinpotential Frankens unter Beweis gestellt.

Die kräftige, farbintensive Sorte, eine Kreuzung aus Portugieser und Spätburgunder, zeigt Marmeladen- und Beerenaromen, eignet sich hervorragend zum Barrique-Ausbau und kann mit ihren in der Jugend recht herben und rustikalen Tanninen sogar einige Zeit lang reifen. Selbst Beeren- und Trockenbeerenauslesen lassen sich aus der Domina keltern, aber das hat für den Weinbau in Franken wohl nur akademische Bedeutung.

Von Würzburg aus Main aufwärts haben die Hauptgüter des Anbaugebietes beträchtlichen Anteil an den besten Lagen von Randersacker, wie z. B. Pfülben, Teufelskeller, Marsberg und Sonnenstuhl.

Bocksbeutel

Schon im 18. Jahrhundert war man im deutschen Weinbau besorgt ob der wachsenden Flut von Fälschungen, die den Weinhandel auf breiter Front zu unterwandern begannen. Besonders der berühmte Würzburger Stein stachelte die Phantasie der Panscher an, und ein Weingesetz, das die Imitate verboten hätte, gab es damals noch nicht. Einziges probates Mittel, um dem echten Steinwein einen gewissen Schutz zu garantieren, schien den Würzburgern da eine besondere Flasche, die dem Verbraucher unmissverständlich signalisieren konnte, dass er das Original in Händen hielt und nicht im Begriff war, auf eine Fälschung hereinzufallen. 1718 wurde im Würzburger Bürgerspital, dem damals größten Weingut der Region, der Bocksbeutel geboren: eine gedrungene, von vorn ausladende, aber von der Seite flache Flasche, die seither das Kennzeichen für Frankenwein schlechthin geworden ist. Die Form ist heute gesetzlich geschützt und darf in Deutschland nur noch für Weine der badischen Ortenau verwendet werden. Ausländische Produkte dürfen dagegen nur dann in bocksbeutelähnlichen Flaschen vermarktet werden, wenn diese spezielle Form in der entsprechenden Region eine nachweisbare Tradition besitzt, wie zum Beispiel in Teilen Portugals.

Ausgewählte Erzeuger in Franken

Waldemar Braun ***–*****
Nordheim
6 ha; 55 000 Fl. • Weine: Müller-Thurgau, Silvaner, Bacchus, Riesling, Chardonnay u. a., von Nordheimer (Vögelein, Kreuzberg) und Sommeracher (Katzenkopf) Lagen, Barrique-Weine
Ausschließlich im Stahltank und in neuen Barriques vergärt Braun seine Weine und baut sie aus. Seine Roten gehören zu den besten in Franken, Scheurebe und Silvaner sind in guten Jahren beachtlich. Gelegentlich glänzt Braun auch mit so exotischen Weinen wie einer Domina Weißherbst Beerenauslese von 1994.

Bürgerspital zum Heiligen Geist **–****
Würzburg
140 ha; 900 000 Fl. • Weine: Riesling, Silvaner, Weiß- und Grauburgunder u. a., von Würzburger (→Stein, →Stein/Harfe, Abtsleite, Pfaffenberg), Randersackerer (→Teufelskeller, →Pfülben, Marsberg), Michelauer und Gössenheimer Lagen
Das kleinste der berühmten ›drei Spitäler‹ besitzt nicht nur das größte Stück der berühmten Lage Würzburger Stein, sondern auch dessen Herz, die so genannte Stein/Harfe. Von dort stammen die besten Rieslinge des Gutes. Ansonsten umfasst die Sortenpalette das ganze Spektrum des fränkischen Weinbaus mit einem allenfalls etwas überproportionalen Anteil weißer Sorten.

Fürstlich Castell'sches Domänenamt ***
Castell
70 ha; 600 000 Fl. • Weine: Silvaner, Müller-Thurgau, Rieslaner, Riesling u. a., von Casteller Lagen (→Schlossberg u. a.), Sommer-Linie
Das Traditionsweingut an den Hängen des Steigerwalds arbeitet im Weinberg nach den Naturland-Richtlinien. Riesling, Rieslaner, die Rotwein-Cuvée und die edelsüßen Weine sind gut bis sehr gut, aber zuweilen scheint das Potential nicht voll ausgeschöpft.

Rudolf Fürst ****
Bürgstadt
12 ha; 100 000 Fl. • Weine: Spät- und Frühburgunder, Riesling, Weißburgunder u. a., vom Bürgstadter →Centgrafenberg und Großheubacher Bischofsberg, →Parzival
Paul Fürst ist nicht nur der einzige Bürgstadter Winzer von Ruf, sondern galt lange Zeit auch als einer der wenigen deutschen Rotwein-Spezialisten: Fürsts Rotweine von den Buntsandstein-Verwitterungsböden des Centgrafenbergs sind Spitzenklasse. Sein ganzer Stolz gilt dem Frühburgunder, aber auch die Rieslinge oder der gelegentliche edelsüße Rieslaner sind hervorragend.

Glaser – Himmelstoss ***
Nordheim
10 ha; 100 000 Fl. • Weine: Müller-Thurgau, Silvaner, Bacchus, Kerner, Scheurebe, Spätburgunder u. a., von Nordheimer, Sommeracher, Obervolkacher, Dettelbacher und Neusseser Lagen
Das Weingut besteht aus zwei Betriebsteilen, wobei die Weinbereitung in den 1979 entstandenen Nordheimer Gebäuden stattfindet. Moderne Kellermethoden – seit kurzem greift der einstige Barrique-Gegner auch zum kleinen Holzfass – und moderate Erträge sorgen für geradlinige, saubere Weiße und schöne Süßweine.

Martin Göbel ***
Randersacker
6 ha; 55 000 Fl. • Weine: Silvaner, Müller-Thurgau, Riesling, Domina, Spätburgunder u. a., von Randersackerer Lagen (→Teufelskeller, →Pfülben, Sonnenstuhl, Marsberg, Lämmerberg)
Auf seinen knapp sechs Hektar Weinbergfläche kultiviert Hubert Göbel 14 unterschiedliche Rebsorten. Was der engagierte Winzer daraus macht, ist selbst im verwöhnten Randersacker sehenswert, vor allem bei Rieslaner, Silvaner, Domina und den edelsüßen Gewächsen.

Juliusspital ***–****
Würzburg
163 ha; 1 000 000 Fl. • Weine: Silvaner, Müller-Thurgau, Riesling u. a., von zahlreichen der besten Lagen Frankens (→Würzburger Stein, Iphöfer Julius-Echter-Berg, Randersackerer Pfülben, Escherndorfer Lump, Rödelseer Küchenmeister u. a.)
Das größte der ›drei Spitäler‹ in Würzburg ist in den historischen Gebäuden des Juliusspitals untergebracht, das einen 250 Meter langen, spektakulären Holzfass-Keller und die älteste noch operative Apotheke Deutschlands sein eigen nennt. Mit den Weinen gehört es seit langem zur fränkischen Spitzengruppe. Riesling und Silvaner aus Iphofen und Würzburg sind die konsistent besten Weine im Sortiment.

Fürst Löwenstein ***–****
Kreuzwertheim
30 ha; 200 000 Fl. • Weine: Silvaner, Müller-Thurgau, Riesling, Spätburgunder u.a., von fränkischen (→Homburger Kallmuth, →Bürgstadter Centgrafenberg u.a.) und badischen (Taubertal) Lagen, Fürst von Löwenstein in Hallgarten/Rheingau
Mit dem Homburger Kallmuth gehört dem Familien-Weingut eine der besten Muschelkalklagen Frankens. Seit kurzem bewirtschaftet man auch die einst an Schloss Vollrads verpachteten Rheingauer Lagen wieder selbst.

Johann Ruck ****–*****
Iphofen
11 ha; 120 000 Fl. • Weine: Silvaner, Müller-Thurgau, Riesling u.a., von Iphöfer (→Julius-Echter-Berg, Kalb, Kronsberg, Burgweg) und Rödelseer (Schwanleite, →Küchenmeister) Lagen, →Dolce Vita, Johann Rosé
Hinter der traditionsreichen Fassade am historischen Marktplatz hat Ruck ein modernes Kelter- und Lagerhaus gebaut. Die Weine gehören zur fränkischen Spitze, wobei vor allem die Huxelreben- und Rivaner-Auslesen ungewohnte Größe und Finesse zeigen. Empfehlenswert auch Kerner, Silvaner, Riesling und Grauer Burgunder.

Egon Schäffer ****
Escherndorf
3 ha; 30 000 Fl. • Weine: Silvaner, Müller-Thurgau, Riesling u.a., von Escherndorfer (Fürstenberg, Lump) und Untereisenheimer (Sonnenberg) Lagen
Die wenigen Weine Egon Schäffers gehen überwiegend an Privatkunden – abgesehen von einigen Partien, die nach Japan exportiert werden. Vor allem die Silvaner sind von weit überdurchschnittlicher Qualität.

Richard Schmitt ***–****
Randersacker
11 ha; 90 000 Fl. • Weine: Silvaner, Müller-Thurgau, Riesling u.a., von Randersacker Lagen (→Pfülben, →Teufelskeller, Sonnenstuhl)
Bernhard Schmitt schafft es, aus den Trauben seiner Spitzenlagen mit schonenden Eingriffen ein Maximum herauszuholen. Rieslingen, Silvanern und Rieslanern, aber auch dem selteneren Traminer und sogar dem Müller-Thurgau bekommt seine Arbeitsweise sehr gut. Sie zeigen regelmäßig Würze und Dichte.

Robert Schmitt **–****
Randersacker
7 ha; 50 000 Fl. • Weine: Müller-Thurgau, Silvaner, Kerner, Riesling u.a., von Randersackerer (→Pfülben, Sonnenstuhl) und Würzburger (Abtsleite) Lagen, Tafelweine
Bruno Schmitt ist Pächter im Weingut Robert Schmitt und keltert ganz im Sinn des Betriebsgründers vorwiegend trockene Weine. Vor allem die trockenen Spät- und Auslesen von Riesling und Silvaner gehören zu den besten der Gegend.

Schmitt's Kinder ****
Randersacker
13 ha; 100 000 Fl. • Weine: Silvaner, Müller-Thurgau, Bacchus, Riesling u.a., von Randersackerer Lagen (→Pfülben, Sonnenstuhl, Marsberg)
Karl Martin Schmitt arbeitet seit 1984 in einem Aussiedlerhof vor den Toren von Randersacker. Nur per Schwerkraft werden die Trauben hier von einer Etappe der Vinifizierung zur nächsten transportiert, was den Weinen offenbar gut bekommt. Schmitt schafft es, sogar den Müller-Thurgau alias Rivaner zu Höchstleistungen zu bringen, und die Domina liefert in guten Jahren Spitzenrotweine der Region.

Zur Schwane – Josef Pfaff ***
Volkach
11 ha; 250 000 Fl. • Weine: Silvaner, Riesling, Müller-Thurgau u.a., von Volkacher (→Ratsherr), Obereisenheimer, Escherndorfer (→Lump), Iphöfer und Wipfelder Lagen, →Schwanen
Moderne Vinifizierung und modernes Marketing gehören hier trotz des traditionsreichen Rahmens unzertrennlich zusammen. Die Stärken des Betriebs sind weiche Silvaner, feingliedrige Rieslinge und runde, harmonische Spätburgunder. Dem Weingut von Eva Pfaff-Düker angeschlossen ist ein Hotel gleichen Namens.

Schloss Sommerhausen ***
Sommerhausen
20 ha; 200 000 Fl. • Weine: komplette Sortenpalette aus Iphöfer, Randersackerer, Eibelstadter und Sommerhauser Lagen
Die Familie Steinmann ist in der Vergangenheit mehr durch ihre Rebschule als durch das dazugehörige Weingut bekannt geworden. Der moderne Betrieb verarbeitet eine beeindruckende Anzahl verschiedener Sorten, darunter so exotische wie den Blauen Silvaner, und füllt schöne Süßweine von der Scheurebe.

Staatlicher Hofkeller ***–****
Würzburg
150 ha; 800 000 Fl. • Weine: Riesling, Silvaner, Müller-Thurgau, Rieslaner, Spätburgunder u.a., von zahlreichen fränkischen Spitzenlagen (Würzburger Stein, Randersackerer Pfülben, Hörsteiner Abtsberg u.a.), →Tiepolo
Obwohl die Würzburger Residenz nie der Krankenpflege gewidmet war, wird der Staatliche Hofkeller, der hier beheimatet ist, zu den ›drei Spitälern‹ gezählt. Unter der Leitung von Rowald Hepp erlebte das Gut in den 1990er Jahren einen rapiden Aufschwung zurück an die Spitze des fränkischen Weinbaus. Die schönsten Resultate stammen von den Würzburger und Randersackerer Lagen. Wirklich spektakuläre Gewächse kelterte Hepp, bevor er 1999 das Rheingauer Schloss Vollrads übernahm, im Rotweinbereich.

Josef Störrlein ***–****
Randersacker
7,5 ha; 75 000 Fl. • Weine: Müller-Thurgau, Silvaner, Riesling und rote Sorten von Randersackerer Lagen (Sonnenstuhl, Marsberg)
Armin Störrlein keltert zu 80 Prozent trockene Weine und keine edelsüßen Auslesen, damit die besten Trauben seinem Basis-Sortiment zugute kommen. Besser noch als seine guten Rieslinge sind die Roten aus Domina und dem sonst wenig beachteten Schwarzriesling.

Hans Wirsching ***–****
Iphofen
63 ha; 500 000 Fl. • Weine: Silvaner, Riesling, Müller-Thurgau, Scheurebe u.a., von Iphöfer (→Julius-Echter-Berg, Kronsberg, Kalb) und Rödelseer (→Küchenmeister) Lagen, Sommerweine, Barrique-Weine
Das Weingut gehört zu den größten und besten in Deutschland. Der Weinbergbesitz in den besten Lagen des Steigerwalds sorgt für vorwiegend fränkisch-trockene Weine, die behutsam ausgebaut werden, lange ihre Frische behalten und gut alterungsfähig sind.

Zehnthof – Theo Luckert ***–****
Sulzfeld
13 ha; 100 000 Fl. • Weine: Silvaner, Müller-Thurgau, Weißburgunder, Riesling u.a., von Sulzfelder Lagen, Barrique-Weine
Das einzige Sulzfelder Gut, das ein solides Renommee vorweisen kann. Dichte am Gaumen und Reintönigkeit zeichnen die Luckert'schen Weine aus.

Drei Spitäler

Eigentlich handelt es sich ja nur um zwei Spitäler, das Juliusspital und das Bürgerspital, aber der Volksmund muss wohl eine besondere Vorliebe für die Zahl drei haben, denn kurz entschlossen hat er den Staatlichen Hofkeller in der Würzburger Residenz zu den zwei echten Hospizien geschlagen und spricht in alter Gewohnheit von den ›drei Spitälern‹.

Die älteste dieser drei Institutionen, die im Würzburger Alltag durchaus nicht nur mit Weinbau assoziiert werden, obwohl sie zu seinen berühmtesten Gütern zählen, ist das Bürgerspital. Bereits 1319 als bürgerliche Stiftung für die Altenpflege gegründet, gelangte es schon wenige Jahre später in den Besitz der ersten Weinbergflächen, betreibt also heute bereits seit fast 700 Jahren Weinbau. Der weltliche Gegenpol zum bischöflichen Juliusspital, dessen Bestimmungszweck sich bis heute nicht geändert hat, bewirtschaftet rund 160 Hektar Weinberge und ist damit das viertgrößte Weingut Deutschlands. Sein sehenswerter Holzfasskeller ist darüber hinaus der größte noch voll funktionsfähige seiner Art.

Die Reputation des Bürgerspitals gründet sich vor allem auf die Würzburger Stein/Harfe, ein *clos* im Zentrum des berühmten Stein, die im Alleinbesitz der Stiftung ist und als eine der anerkannt besten Lagen ganz Frankens gilt. Natürlich sind auch die Rieslinge aus den übrigen Stiftsparzellen im Stein und den Randersackerer Lagen von hervorragender Qualität, und selbst am Würzberger Pfaffenberg, der eigentlich nicht zu den absoluten Spitzenlagen gerechnet wird, keltert man bemerkenswerte Weißweine aus den Burgundersorten.

Verkostungen in der Anatomie

Während die Stärke des Bürgerspitals eher bei den süßen Auslesequalitäten liegt und die trockenen beziehungsweise halbtrockenen Qualitäts- und Kabinettweine etwas hinter der Konkurrenz zurückstehen, brilliert das benachbarte Juliusspital gerade mit diesen Qualitätsstufen. Voll in das namengebende Krankenhaus integriert, das unter Julius Echter von Mespelbrunn – nach ihm wurde auch die berühmte Iphöfer Lage genannt – im Jahre 1579 fertiggestellt wurde, genießt es darüber hinaus den unbestreitbaren Luxus der historischen Kulisse dieses einzigartigen Kleinods unter den Würzburger Baudenkmälern. Allein der Fürstenbau mit seinem 250 Meter langen Holzfasskeller und die wunderschöne Rokoko-Apotheke, die älteste noch betriebene Deutschlands, oder auch der alte Anatomiesaal, der heute werbewirksam für Weinverkostungen und sonstige Veranstaltungen herhalten muss, machen den Besuch zum unvergesslichen Erlebnis.

Mit seinen Spitzenlagen Stein, Pfülben, Julius-Echter-Berg, Küchenmeister und Lump hat das Juliusspital in den letzten Jahrzehnten die sicherlich gleichmäßigste und qualitativ hochwertigste Weinproduktion der drei Spitäler vorzuweisen. Das Gut als reinen Silvaner-Spezialisten zu betrachten, wäre in der Sache zwar korrekt, würde aber seinen hervorragenden Rieslingen nicht gerecht, wobei selbst der seltene Traminer oder der Müller-Thurgau hier gelegentlich zu sehr feinen Produkten ausreifen.

Die drei angesehenen Würzburger Weininstitutionen: Die älteste ist das 1319 gegründete Bürgerspital.

Das Juliusspital wurde 1576 gegründet und behauptete sich als zweitgrößtes Weingut Deutschlands.

Der Staatliche Hofkeller, Teil der Würzburger Residenz, kann an Fläche und Qualität mithalten.

Ergänzt wird das Duo der heilsamen Weingüter durch den Staatlichen Hofkeller, der in der Würzburger Residenz untergebracht ist. Unnötig zu erwähnen, dass auch dieses mit 150 Hektar Weinbergfläche größte fränkische Weingut seine Parzellen in sämtlichen ausgewiesenen Spitzenlagen der Region besitzt und dass es nichts Ungewöhnliches ist, wenn in der Erntezeit die Trauben aus bis zu 100 Kilometern Entfernung herangebracht werden, um hier unter dem mächtigen Bau im Zentrum der Stadt vinifiziert und ausgebaut zu werden.
Nachdem die Weine des Hofkellers allzu lange vernachlässigt worden waren, sollte sich diese an sich unhaltbare Situation Mitte der 1990er Jahre grundlegend ändern. Mit Rowald Hepp, der zuvor die Leitung der Rheingauer Staatsweingüter innehatte, wurde ein Neuanfang gewagt, der bereits nach kürzester Zeit zu greifbaren Resultaten führte. Eine modernisierte Gärführung in Verbindung mit einer Runderneuerung des Fassbestands schuf die Voraussetzungen dafür, dass die Trauben der Spitzenlagen des Gutes nun wieder auf eine Weise vinifiziert werden, die ihr Qualitätspotential wirklich zum Ausdruck bringt.

Würzburg, die Weinmetropole mit Sinn für gutes Leben und erstaunlichen Kulturzeugnissen. Die Innenstadt wird im Norden vom berühmten Stein, dem steil aufragenden Weinhang, umrahmt.

Die größten deutschen Weingüter und Kellereien

Die größten Betriebe der deutschen Weinwirtschaft sind selbstverständlich nicht unter den Weingütern, sondern unter Wein- und Sektkellereien und Genossenschaften zu finden. In kaum einem anderen Wirtschaftszweig ist es jedoch so schwierig, verlässliche Zahlen über Produktionsmengen zu bekommen. Oft ist man auf Schätzungen angewiesen. Bei den Genossenschaften nehmen zweifellos der Badische Winzerkeller in Breisach (ca. 30 Millionen Flaschen) und die Württembergische Weingärtner-Zentralgenossenschaft in Möglingen (ca. 27 Millionen Flaschen) die Spitzenposition ein, dicht gefolgt von der Moselland-Kellerei und der Gebietswinzergenossenschaft Franken.
Im Vergleich mit den Produktionsmengen der großen Privatkellereien, die überwiegend in der Umgebung der Mosel angesiedelt sind, handelt es sich dabei jedoch um recht bescheidene Mengen. Allein der Ausstoß der Reh-Gruppe, zu der die Kellerei Schloss Wachenheim-Faber und das Weingut Reichsgraf von Kesselstadt gehören, wird auf etwa 200 bis 300 Millionen Flaschen geschätzt. In gleicher Größenordnung liegt das Volumen der Sektkellerei Henkell-Söhnlein in Wiesbaden (inklusive der Deinhard-Sekte und der Nicht-Wein-Produkte 234 Millionen Flaschen). Die Kellerei Peter Mertes in Bernkastel-Kues wird meist auf 100 bis 200 Millionen Flaschen angesetzt, Peter Herres in Trier etwa auf 70 Millionen, und eine ganze Gruppe weiterer Betriebe (Zimmermann-Graeff, Langguth

Unter dem Fürstenbau des Juliusspitals liegt ein enormer und beeindruckender barocker Fasskeller.

Erben, Pieroth, Rheinberg-Edeka, Kupferberg-Racke, A. Oster und Rotkäppchen) dürfte im Bereich zwischen 40 und 60 Millionen Flaschen jährlich liegen.
Bei den Weingütern muss man Rebfläche und Füllmengen berücksichtigen, will man die größten ermitteln. Vorn liegen die Hessischen Staatsweingüter mit ihren Domänen im Rheingau und an der Bergstraße, die knapp 190 Hektar Rebfläche bewirtschaften und 1 250 000 Flaschen im Jahr produzieren. Gleich dahinter folgen fränkische Betriebe: die ›drei Spitäler‹ Juliusspital (163 ha; 1 000 000 Flaschen), danach der Staatliche Hofkeller (150 ha; 800 000 Flaschen) und zuletzt das Bürgerspital (140 ha; 900 000 Flaschen) in Würzburg.
Die größten Familiengüter sind dagegen in der Pfalz beheimatet: Es sind Heinrich Vollmer in Ellerstadt (126 ha; 1 500 000 Flaschen) und Dr. Bürklin-Wolf in Wachenheim (120 ha; 670 000 Flaschen). Nur noch drei weitere Güter (lässt man den sehr heterogenen Besitz des Landes Baden-Württemberg einmal unberücksichtigt) kommen in Deutschland auf mehr als 100 Hektar bewirtschafteter Weinbergfläche, nachdem das Schicksal des sächsischen Schloss Wackerbarth mit seinen 121 Hektar besiegelt scheint: Es sind die Güter des Markgrafen von Baden, Salem und Schloss Staufenberg (113 ha sowie 900 000 Flaschen), die Bischöflichen Weingüter in Trier (103 ha; 850 000 Flaschen) und zuletzt das Weingut Reichsrat von Buhl in Deidesheim (100 ha; 450 000 Flaschen).
Insgesamt 13 bedeutende Weingüter bewirtschaften zwischen 50 und 100 Hektar: Schloss Reinhartshausen (Rheingau; 87 ha; 550 000 Flaschen), die drei Wegeler-Güter (Rheingau / Mosel / Pfalz; 86,5 ha; 750 000 Flaschen), die beiden Höfe der Familie Menger-Krug (Pfalz / Rheinhessen; 75 ha; 500 000 Flaschen), das Fürstlich Castell'sche Domänenamt (Franken; 70 ha; 600 000 Flaschen), Paul Anheuser (Nahe; 65 ha; 500 000 Flaschen), Hans Wirsching (Franken; 69 ha; 500 000 Flaschen), das Staatsweingut Meersburg (Baden; 62 ha; 450 000 Flaschen; den Staatsweingütern in Baden-Württemberg gehören insgesamt jedoch mehr als 100 ha), Reichsgraf von Kesselstatt (Mosel; 61 ha; 400 000 Flaschen), das Landesweingut Kloster Pforta (Saale-Unstrut; 60 ha; 300 000 Flaschen), Fritz Allendorf (Rheingau; 53 ha; 700 000 Flaschen) und der Rappenhof-Muth (Rheinhessen; 52 ha; 300 000 Flaschen).

Saale-Unstrut & Sachsen

Weinbau im Osten

Noch im Mittelalter wurde fast auf dem gesamten Gebiet der östlichen Bundesländer Weinbau betrieben. Bis an die Ostseeküste zogen sich damals die Rebflächen, die das Vielfache der heutigen Ausdehnung erreichten. Der unaufhaltsame Niedergang setzte im Dreißigjährigen Krieg ein, dem unzählige Weinberge zum Opfer fielen. Was die Söldner nicht vernichtet hatten, erledigte die Reblaus dann gegen Ende des 19. Jahrhunderts. So ist der Weinbau Ost heute auf kleine Landstriche in den Ländern Sachsen und Sachsen-Anhalt, genauer: in den Tälern der Elbe, der Saale und der Unstrut beschränkt. Natürlich wurde hier auch zu DDR-Zeiten Weinbau betrieben, doch mehr als im Westen der Republik hatte er sich fast ausschließlich an den zu erntenden Mengen zu orientieren, die Qualität der Produkte war dem planwirtschaftlichen Aspekt untergeordnet.

Während die im Westen einsetzende Qualitätsbewegung der 1980er und 1990er Jahre diese Ausrichtung nachhaltig zu korrigieren begann, setzte ein vergleichbarer Prozess nach der Wiedervereinigung im Osten nur sehr zögernd ein. Die wirtschaftlichen Schwierigkeiten, mit denen die meisten Betriebe zu kämpfen hatten, und das Fehlen einer Struktur kleinerer und mittlerer Weinbaubetriebe ließen wirkliche Spitzenproduktion kaum zu. Hinzu kamen die schwierigen klimatischen Bedingungen, unter denen der Weinbau in den neuen Weinregionen Saale-Unstrut und Sachsen organisiert werden musste. Beide Gebiete sind die nördlichsten Deutschlands und liegen hart an der äußersten Weinbaugrenze, jenseits derer eine regelmäßige Traubenreife nicht mehr zu erwarten ist. Das Klima ist wie in Franken und Württemberg kontinental geprägt, aber den milden Sommern stehen hier noch kältere Winter gegenüber.

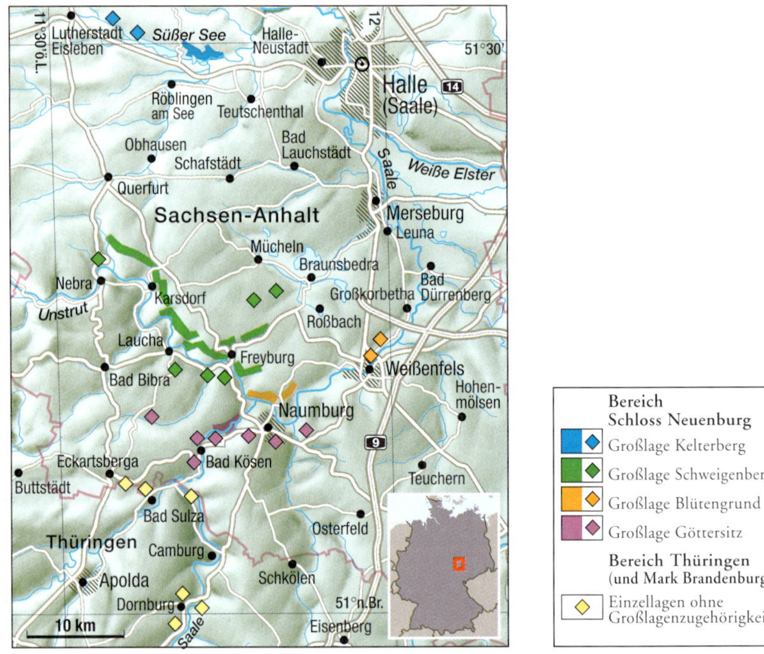

Freyburg an der Unstrut ist das Zentrum des Weinbaus im Gebiet Saale-Unstrut: Es regnet wenig, die Sonne sorgt für gute Reife und die Erträge sind von Natur aus niedrig.

Saale-Unstrut

Im Gebiet von Saale und Unstrut wurde schon seit der vorletzten Jahrtausendwende Weinbau betrieben. Bereits für das Jahr 1066 sind die Rebkulturen der Zisterzienser in Kloster Pforta, dem heutigen Landesweingut, nachweisbar. Auf den über den Ufern von Saale, Unstrut, Ilm und dem Süßen See aufsteigenden Hängen reifen überwiegend weiße Trauben. Bedeutendster Faktor des günstigen Klimas ist die geringe Niederschlagsmenge von 500 mm jährlich, die dem Harz zu verdanken ist, der den Regen abhält.

Auf den gerade 20 Einzellagen des Gebiets wächst vor allem ein wenig ausdrucksvoller Müller-Thurgau, der immer noch knapp ein Viertel der Flächen belegt, dessen Bestand aber seit 1991 erheblich reduziert wurde. Silvaner und Weißburgunder sind mit jeweils einem Zehntel der Rebfläche die nächstwichtigen Sorten vor Kerner, Riesling und Traminer. Von den 95 Hektar, die mit roten Sorten bestockt sind, stellt der Portugieser 40 Hektar. Experimente mit Zweigelt, Lemberger und der Züchtung Regent dauern gegenwärtig noch an. Die gesamte Rebfläche umfasst 520 Hektar, von denen allein 350 Hektar zur Winzervereinigung Freyburg zählen, in der sich rund 500 Nebenerwerbswinzer und sechs Agrargenossenschaften zusammengeschlossen haben. Von den 18 Weingütern werden zehn im Haupterwerb betrieben. Das Landesweingut Kloster Pforta, das 60 Hektar Weinbergfläche bewirtschaftet, die Winzervereinigung Freyburg und das Weingut Lützkendorf in Bad Kösen sind die einzigen Betriebe, die eine gewisse überregionale Bedeutung besitzen.

Uwe Lützendorf und sein Vater Udo zeigen mit ihren Weinen das gute Potential der ostdeutschen Weingebiete, zumal mit dem Pfortenser Köppelberg, einem Weingarten, den die Mönche des Klosters Pforta schon im Jahre 1154 anlegten.

Sachsen

Auch das kleinste Anbaugebiet Deutschlands im Elbtal zwischen Dresden und Meißen – hier wurde schon im 19. Jahrhundert die erste deutsche Weinbauschule gegründet – wird von Müller-Thurgau beherrscht. Aber durch die Erweiterung der Anbauflächen von etwa 200 Hektar zu DDR-Zeiten auf über 350 Hektar, unterstützt von einem Wiedervereinigungsbonus der Europä-

Das Märchen vom Rotkäppchen

Kindern fällt es noch nicht auf, aber deren Eltern haben es schon lange vermutet, und intensive Feldforschungen brachten es nun an den Tag: Generationen von Märchen erzählenden Großeltern, Eltern und Geschwistern haben unwissentlich dazu beigetragen, einen Irrtum zu verbreiten. Was eine vertrauensselige Enkelin der kranken Großmutter auf Geheiß der treu sorgenden Mutter in die Waldeinsamkeit bringt, war nicht einfach irgendein Wein, es war Sekt! Und der Name der Sektmarke sollte so untrennbar mit dem Mädchen verbunden werden, dass Germanisten noch immer glauben, der Schaumwein sei nach der Märchenfigur benannt.

Natürlich ist auch diese Geschichte ein Märchen. Märchenhaft, aber wahr ist dagegen die bis heute einzige wirkliche Erfolgsstory des Aufbaus Ost in der Weinindustrie: der Rotkäppchen-Sekt. Die Kellerei in Freyburg an der Unstrut, die schon 1856 von den Familien Kloss und Foerster gegründet worden war, hatte den seit 1894 verwendeten Namen, der sich ursprünglich auf die roten Flaschenkapseln bezog, eigentlich an eine 1919 gegründete Rüdesheimer Sektkellerei abgegeben. Nach der Wende wurde er dann nach Freyburg zurückverkauft. Das war der Startschuss für eine erstaunliche Karriere.

Rotkäppchenhaus – Schauplatz einer Sektkarriere

Trotz eines Sektmarkts in der Krise füllte die Kellerei, die vor der Wiedervereinigung kaum über 15 Millionen Flaschen hinausgekommen war, binnen kürzester Zeit 25, dann 30 Millionen Flaschen im Jahr, und Rotkäppchen wurde einer der meistgetrunkenen deutschen Schaumweine. Natürlich kommen die Grundweine für solche Produktmengen heute nicht mehr aus den ostdeutschen Anbaugebieten, sondern werden wie bei fast allen deutschen Sektkellereien aus verschiedenen Ländern Europas zugekauft. Moderne Kellertechnologie und ein beispielhaftes Bilderbuch-Management haben diesen Erfolg möglich gemacht, der vielleicht auch andere Winzer und Kellermeister an Elbe, Saale und Unstrut dazu motivieren könnte, dem Weinbau Ost eine Zukunft zu schaffen.

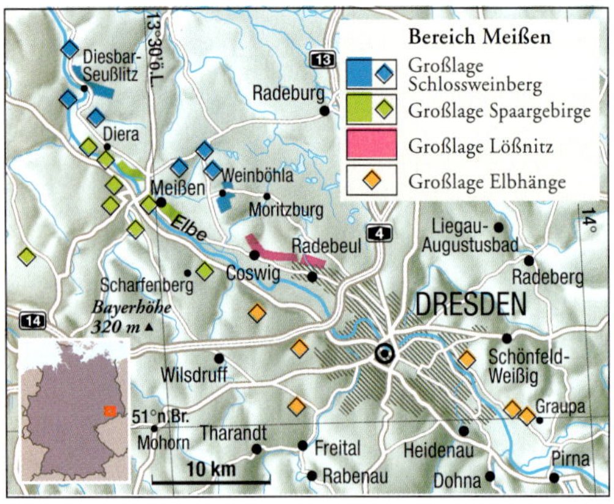

ischen Union, haben Riesling und vor allem Weißburgunder an Bedeutung gewinnen können.

Auch an der Elbe blickt der Weinbau auf eine lange Geschichte zurück, wie eine Urkunde aus dem Jahr 1161 belegt. Berühmt sind die Weinberge von Pillnitz und Wachwitz, auf denen die sächsischen Könige ihren eigenen Wein anbauen ließen. Die Rebstöcke wurden an besonders steile Hänge gesetzt, um den häufig auftretenden Frühjahrsfrösten weniger ausgeliefert zu sein. Doch in manchen Jahren reduzieren extrem niedrige Temperaturen die Erträge dennoch erheblich. Aber auch die geringen Niederschlagsmengen, die im Durchschnitt nicht mehr als 500 mm im Jahr ausmachen, wirken sich ertragsbegrenzend aus. Wo die Ernten ohnehin nicht mehr als 30 bis 50 Hektoliter pro Hektar ausmachen, scheinen die Umweltbedingungen von ganz allein dafür Sorge zu tragen, dass die besten Weine ungeachtet ihrer nördlichen Herkunft über eine ordentliche Konzentration verfügen.

Dieses Hausschild in Roßbach bei Naumburg illustriert, wie stolz man im Osten auf den Weinbau ist.

Rechte Seite:
Eines der schönsten Opernhäuser der Welt – die Semperoper in Dresden

Der weitaus größte Teil der meist nur wenige Hektar umfassenden Weingärten wird heute von 2500 Nebenerwerbswinzern bewirtschaftet, die sich in der Winzergenossenschaft Meißen organisiert haben. So wird in dieser Genossenschaft die Lese von ungefähr der Hälfte der Gesamtrebfläche verarbeitet.

Der Staat Sachsen betrieb das einst 100 Hektar umfassende Gut Schloss Wackerbarth bei Radebeul ursprünglich mit gutem Erfolg, und dessen Sekt war berühmt. Da jedoch die meisten der Rebflächen nur gepachtet waren und inzwischen größtenteils an die Eigentümer zurückgegeben werden mussten, ist die Zukunft des Gutes, dem so die wirtschaftliche Grundlage entzogen wird, heute fraglich. Dagegen erlebt das Schloss Proschwitz unter Georg Prinz zur Lippe eine Renaissance, und Winzer wie Vincenz Richter, Walter Schuh, Jan Ulrich oder der biologisch arbeitende Klaus Zimmerling bieten bereits gute Qualitäten.

Das Weingebiet Sachsen ist ebenso wie Saale-Unstrut ein beliebtes Ausflugsziel. Beide Regionen kennen im Moment keine Absatzprobleme und verkaufen den überwiegenden Teil ihrer Erzeugung zu hohen Preisen an die Tagestouristen. Der Rest sorgt auf den Weinkarten der ostdeutschen Gastronomie für die regionale Note.

Ausgewählte Erzeuger in Saale-Unstrut & Sachsen

Günter Born ***
Höhnstedt
8,5 ha; 30 000 Fl. • Weine: Müller-Thurgau, Weißburgunder, Riesling, Kerner, Silvaner u. a., von Höhnstedter Lagen
Als eines der ersten neu gegründeten Weingüter der neuen Bundesländer hat sich die Familie Born einen guten Ruf für ihre trockenen, geradlinigen Weißweine aufgebaut.

Landesweingut Kloster Pforta **
Bad Kösen
60 ha; 300 000 Fl. • Weine: Müller-Thurgau, Weißburgunder, Silvaner, Riesling u. a., von Lagen in Bad Kösen, Schulpforte und Goseck
Einst vom preußischen Staat gegründet, ging Kloster Pforta nach der Wiedervereinigung in den Besitz des Landes Sachsen-Anhalt über. Heute werden hier überwiegend trockene, leichte Weine gekeltert, von denen jedoch der größte Teil nur im Edelstahltank ausgebaut wird.

Lehmann ***
Seusslitz
2 ha; 20 000 Fl. • Weine: Müller-Thurgau, Riesling, Weißburgunder, Traminer, Spätburgunder u. a., vom Seußlitzer Heinrichsberg
Joachim Lehmann bemühte sich schon zu DDR-Zeiten, hochwertiges Traubengut zu produzieren. Seine Weine, die er seit der Wende selbst keltert und vermarktet, sind frisch und reintönig. Der größte Teil der Produktion wird über die gutseigene Probierstube mit angeschlossenem Buschenschank abgesetzt.

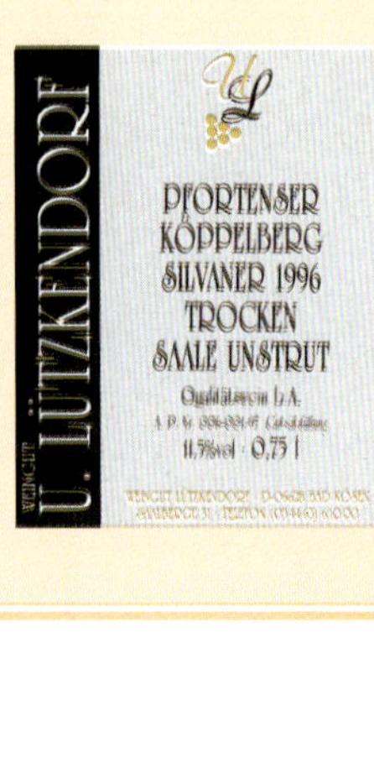

Lützkendorf ***
Bad Kösen
11 ha; 55 000 Fl. • Weine: Silvaner, Riesling, Weißburgunder, Portugieser, Spätburgunder u. a., von Karsdorfer und Freyburger Lagen
Uwe Lützkendorf ist inzwischen zu einem der bekanntesten und besten Winzer in den ostdeutschen Anbaugebieten avanciert. Zusammen mit dem Vater, einst Kellermeister einer volkseigenen Kellerei, machte er das Gut in den 1990er Jahren zu einem der größten im Anbaugebiet Saale-Unstrut.

Schloss Proschwitz – Prinz zur Lippe ***
Meissen
31,5 ha; 95 000 Fl. • Weine: Müller-Thurgau, Grauburgunder, Riesling, Scheurebe, Spätburgunder u. a.
Als erstes VDP-Mitglied in den neuen Bundesländern genießt das Schlossgut von Georg Prinz zur Lippe inzwischen ein verdientermaßen hohes Ansehen. Der couragierte Eigner schaffte es als einer der Ersten, den einstigen Familienbesitz wiederzuerlangen. Die Weine sind reintönig, bukettbetont und fast durchgehend trocken.

MITTELEUROPÄISCHE

Ulrich Sautter, Eckhard Supp, Patrick Fievez, Anthony Rose

LÄNDER

Schweiz

Die Schweiz ist weltweit bekannt für Banken, Uhren und Käse. Von Schweizer Weinen hört man im Ausland hingegen selten. Bestenfalls bekommt man einige eher mittelmäßige Exemplare anlässlich kurioser folkloristischer Werbeveranstaltungen eingeschenkt, bei denen Fondue, Kuhglocken und Alphörner als Inbegriff des Schweizer Lebensgefühls aufgeboten werden.

Dabei gedeihen auf den 15 000 Hektar Rebfläche der Schweiz Trauben in hinreichender Menge, und die daraus hergestellten Weine können für sich selbst stehen. Nicht wenige erreichen heute internationales Format, doch entsprechende Anerkennung wird ihnen kaum zuteil. Noch immer wissen sogar die unmittelbaren Nachbarn der Schweiz oftmals mehr über neuseeländische oder chilenische Weine als über einige der ältesten Weinbauregionen im Herzen Europas.

Dieser Weinberg mit seiner Winzerhütte in Beringen, nicht weit von Rheinfelden am Rhein im nordwestlichsten Zipfel der Schweiz, zählt mit seinen Weinbergen zum weit zersplitterten Gebiet der Ostschweiz, das von Basel bis Liechtenstein reicht.

Verzweigte Weingeschichte

Die Schweiz ist ein föderaler Staat, der Menschen und Regionen mit verschiedenartigen kulturellen Hintergründen zu einer Einheit zusammenfasst. Es gibt vier Landessprachen: Deutsch, Französisch, Italienisch und Rätoromanisch. Auch die Weinbaugeschichte der Schweiz spiegelt diese Vielfalt der kulturellen Einflüsse und historischen Entwicklungen. Wahrscheinlich gelangte die Weinkultur auf mehreren Wegen auf das Territorium der heutigen Schweiz:

- von Massilia (Marseille), dem antiken griechischen Einfallstor der mitteleuropäischen Wein-

baugeschichte, das Rhône-Tal aufwärts bis an den Genfer See und ins Unterwallis;
• von der Rhône durch das Doubs-Tal zur burgundischen Pforte und von dort einerseits auf die Schweizer Seite des Juragebirges, andererseits zum Hochrhein und an den Bodensee;
• aus der Lombardei ins Tessin und von dort über den San Bernardino ins Graubündner Rhein-Tal,
• aus dem Aosta-Tal über den Großen Sankt Bernhard ins Wallis.

Die römische Epoche, auf die der Beginn des Schweizer Weinbaus allgemein zurückgeführt wird, ist in diesem Bereich schwach dokumentiert. Zahlreichere Spuren hinterließen im 6. Jahrhundert die burgundischen Mönche. Sie gründeten nicht nur das Kloster St. Maurice (nahe Aigle), sondern gaben auch dem Genfer See eine erste rudimentäre Weingesetzgebung. In den darauf folgenden Jahrhunderten verbreitete sich mit den Klöstern auch der Weinbau. Anfang des 7. Jahrhunderts ist er am Mont Vully belegt. Mitte des 8. Jahrhunderts lassen sich Weinberge im Churer Rhein-Tal und am Bodensee nachweisen. Im Hochmittelalter schließlich war kein Landesteil ohne Reben. Sie wuchsen sogar noch im Berner Oberland. Trotz dieser Mengenproduktion konnte bis ins 16. Jahrhundert hinein der Binnenkonsum nur durch zusätzliche Einfuhren aus dem Elsass und aus Südbaden befriedigt werden.

Das 19. Jahrhundert brachte Ereignisse, die sich zu Anfang des 20. Jahrhunderts zu einer Krise summierten. 1835 traten Baden, Württemberg und Bayern der deutschen Zollunion bei. Damit verloren die Ostschweizer Grenzkantone einen zwischenzeitlich bedeutend gewordenen Absatzmarkt. 1882 kam die Öffnung des Gotthard-Tunnels hinzu, der billige Importe aus Italien ermöglichte. Zwischen 1874 und 1907 befiel die Reblaus alle großen Schweizer Weinbaugebiete. 1886 begann sich der Falsche Mehltau auszubreiten, ab 1898 folgte auch der Echte Mehltau nach. Die größte Ausdehnung der Rebfläche von 34 380 Hektar im Jahr 1884 fiel bis 1932 auf beinah ein Drittel, nämlich 12 457 Hektar, zurück. Erst in den 1970er Jahren kurbelte die steigende Inlandsnachfrage die Konjunktur wieder an. Die Schweiz weist derzeit mit 48 Litern pro Person einen recht hohen jährlichen Weinkonsum auf. Die Rebfläche beträgt heute beinah exakt 15 000 Hektar, mit weiterhin leicht steigender Tendenz.

Geologie, Topografie und Klima

Die Alpen und ihre Ausläufer prägen die Bedingungen des Weinbaus fast überall in der Schweiz. In großer Nähe zu den Alpen finden sich Terroirs, die entstanden sind, als sich das Gebirge auffaltete. In den voralpinen Tälern und entlang der Seen wachsen die meisten Reben auf Gletschermoränen. Aber auch die klimatischen Bedingungen hängen von der unmittelbaren Nachbarschaft des Gebirges ab. Das Voralpenland variiert Höhenlage und Steilheit der Exposition, die Gebirgszüge selbst spenden immer wieder Regenschatten und dienen häufig auch als Windkanal.

Schweizer Weinwirtschaft in Zahlen

Ertragsflächen (Stand 1999)

Ostschweiz	2 590 ha	71 % rot	29 % weiß
Tessin und Misox	990 ha	94 % rot	6 % weiß
Romandie	11 461 ha	45 % rot	55 % weiß
Gesamtfläche	15 042 ha	52 % rot	48 % weiß

Die wichtigsten Weinbaukantone		Die wichtigsten Sorten (Stand 1998)	
Wales	5255 ha	Chasselas	5 399 ha
Waadt	3879 ha	Pinot Noir	4 583 ha
Genf	1355 ha	Gamay	1994 ha
Tessin	961 ha	Merlot	825 ha
Zürich	645 ha	Müller-Thurgau	693 ha
Neuchâtel	605 ha	Chardonnay	219 ha
Schaffhausen	500 ha	Sylvaner	209 ha
Aargau	395 ha	Pinot Gris	145 ha
Graubünden	384 ha		
Thurgau	274 ha		

Epesses am Genfer See mit seinen beeindruckenden Weinbergen

Das Maison Carrée in Auvernier am Neuenburger See pflegt alte Arbeitsgeräte und einen ebenso traditionellen Weinstil.

Die topografischen und klimatischen Einzigartigkeiten der verschiedenen Landesteile spielen dabei jede für sich ihre ganz speziellen Stärken aus. Die Sonne scheint auf der Alpensüdseite im Jahresdurchschnitt weit über 2 000 Stunden lang. Dennoch sind sowohl im trockenen Wallis mit 400 Millimeter Jahresniederschlag als auch im Tessin, das mit 1800 Millimeter als ausgesprochen niederschlagsreich gilt, hervorragende Rotweine zu finden. Auf der Alpennordseite bringt Graubünden mit 1700 Sonnenstunden vergleichbare Wucht ins Glas. Dort bläst der südliche Föhnwind, der so anschaulich ›Traubenkocher‹ genannt wird, durch das Rheintal. Wieder andere Regionen – wie etwa Neuenburg am Fuß des Jura – profitieren von ausgeprägten Tag-Nacht-Temperaturdifferenzen. Steillagen in der Nähe von Gewässern gehören überdies auch im Schweizer Weinbau zu den qualitativen Leitmotiven.

Fragwürdige Klassifizierungen

Die Schweiz besitzt kein Weingesetz. Die Lebensmittelverordnung von 1909 regelt die Grundlagen im Sinn des gesundheitlichen Verbraucherschutzes. Weinbaupolitik ist vorrangig die Sache der 26 Kantone. Der 1992 verabschiedete Bundesbeschluss über den Rebbau ist ein Versuch, einheitliche Rahmenbedingungen zu definieren. Die Situation hat sich dadurch jedoch nicht grundlegend verändert: Zum einen rücken die großzügig festgelegten Ertragsobergrenzen (beispielsweise 96 Liter pro Ar für die höchste Rotweinqualität) das in diesem Papier formulierte Bekenntnis zur politischen Förderung des Qualitätsweins in ein fragwürdiges Licht, zum anderen blieb die Ausgestaltung der durch den Beschluss umrissenen kontrollierten Ursprungsbezeichnungen letztlich doch wieder den Kantonen überlassen. In den 1990er Jahren beschlossen dann mehrere Kantone AOC-Statute. Die angestrebte qualitative Verlässlichkeit litt dabei jedoch häufig unter politischen Zugeständnissen, und so zogen es Ende der 1990er Jahre einige hochrangige Winzer in Kantonen mit AOC-Statut vor, ihre Produkte aus Protest als Tafelwein zu etikettieren.

Aufgrund der unveränderbaren topografischen Bedingungen und klimatischen Risiken muss der Schweizer Weinbau mit hohen Betriebskosten leben. Deshalb werden Schweizer Weine ihren Platz

international nur im Top-Segment finden können. Insofern steht das Weinland Schweiz vor der Aufgabe, zu rechtfertigen, dass die Mehrheit seiner großen Weinberglagen mit Chasselas (Gutedel) bestockt ist – einer Traube, die im Ausland eher als Tafeltraube angesehen wird. Dieser Nachweis würde durch eine weniger halbherzige offizielle Qualitätspolitik erleichtert. In der Tat erlangt der Chasselas in den besten Lagen der Romandie eine hochkarätige, am Terroir orientierte Ausdruckskraft. Darüber hinaus produziert die Schweiz jedoch auch bemerkenswerte Rotweine. Der Tessiner Merlot hat sich bereits zu einem Typ von internationalem Zuschnitt entwickelt.

Nicht zuletzt ist die Schweiz aber auch ein Eldorado des Pinot Noir. Von den Weinmärkten fast völlig unbemerkt, reifen in einigen Regionen Pinot-Noir-Weine heran, die dem burgundischen Vorbild bedeutend näher zu kommen scheinen als viele andere auf der Welt.

Das Schloss Aigle steht mitten in den Weinbergen des Chablais am Genfer See, wo die Rebsorte Chasselas regiert. Aber vor allem der Pinot Noir erzielt hier interessante Resultate.

Die Ostschweiz

Die Ostschweiz ist mit 2 500 Hektar ein kleines und zersplittertes Weinbaugebiet. Die größte geschlossene Reblage der Ostschweiz, der Hallauer Berg im Kanton Schaffhausen, umfasst nur gerade etwa 150 Hektar. Grundmotiv der weingeografischen Zusammenfassung ›Ostschweiz‹ ist die Abgrenzung von der eher frankophonen ›Westschweiz‹. So zählen auch die Weinberge der Zentralschweiz und der nordwestlichen Landesteile zum ›Osten‹. Einigung finden alle Ostschweizer Regionen durch die Vorherrschaft zweier Rebsorten. Rotweine, die insgesamt dominieren, werden beinah ausschließlich aus Pinot Noir (Blauburgunder) bereitet. Bei den weißen Sorten führt der Müller-Thurgau. Weißweine höheren Anspruchs werden jedoch aus Pinot Blanc und Pinot Gris, in den besten Lagen auch aus Chardonnay und Sauvignon Blanc gekeltert. Auch zwei autochthone weiße Sorten sind interessant: in Graubünden der ölige und zugleich kernige Completer, am Zürichsee der feinnervige Räuschling.

Die Kleinheit der Strukturen in der Ostschweiz fördert das Vorurteil, ihre Weine seien provinziell. In den 1970er Jahren haben einige Produzenten dieser Annahme durch ausdruckslose Landweine Vorschub geleistet. Heute pflegen aber zahlreiche Familienbetriebe eine Vielfalt lokaler und regionaler Weinstile auf hohem Niveau. Die derzeit aktive Winzergeneration ist sehr gut ausgebildet, verfügt über einen weiten weinbaulichen Horizont und kann auch in vielen kleineren Betrieben auf hochwertige (und kostspielige) Kellertechnik zurückgreifen. Vor allem Pinot-Noir-Weine, die aus stark ertragsreduziertem Traubengut gewonnen, maischevergoren und im Holzfass ausgebaut wurden, sind dabei, das Ansehen der Ostschweiz auch international zu korrigieren.

Haben sich hier auch die Alten zu Arbeit und Picknick in Weinberg und Obstgarten getroffen, täuscht das Bild. Es ist die junge, bestens ausgebildete Winzergeneration, die mit modernem Know-how die Traditionen hochhält.

Im Föhnkanal des Graubündner Rhein-Tals fällt der Blauburgunder wuchtig und gut strukturiert aus. Durch ihre Ausdrucksstärke sind diese Weine wie geschaffen für den Barrique-Ausbau. Der südliche Fallwind begünstigt auch die Reste von Weinbau am Walensee und in den Innerschweizer Kantonen. In den beiden Appenzeller Halbkantonen wachsen Reben bis in 650 Meter Höhe hinauf. Das nördliche, zum Kanton Sankt Gallen gehörende Rheintal bildet klimatisch und stilistisch den Übergang zum Bodensee-Weinbau.

Da das Schweizer Ufer des Bodensees nach Norden hin liegt, finden sich dort die besten Weine auf Moränenhügeln im Hinterland des Sees, entlang des Thur- und Seebachtals, sowie bei Stein am Rhein, wo der Rhein wieder aus dem See herausfließt. Den hiesigen Pinots ist eine fruchtbetonte, kernige Tiefe eigen. Die Blauburgunder aus dem regenarmen Klettgau sind in der Regel weicher, fleischiger. Ähnliches gilt auch für das zwischen Schaffhausen und Winterthur liegende, als ›Zürcher Weinland‹ bekannte Gebiet, dessen saftige Blauburgunder fast ausnahmslos in der Metropole getrunken werden. Entlang des Hochrheins und seiner Zuflüsse finden sich die tiefstgelegenen Reblagen der Ostschweiz: 355 Meter ü. M. bei Eglisau, 340 Meter bei Döttingen im Aargau, 312 Meter bei Aesch im Tal der Birs im Kanton Basel-Land.

Im Kanton Aargau wird der Gebietsstil des Pinot vor allem von der Kellertechnik geprägt. Der beinah unisono praktizierte Verschnitt von maischevergorenen und maischeerwärmten Partien lässt ausgewogene, zugängliche Weine entstehen. Im Limmat-Tal und am Zürichsee findet man kernigere, fest strukturierte Blauburgunder. Von hier, aus dem Ort Stäfa, stammt einer der in der Ostschweiz und in Süddeutschland stark verbreiteten Blauburgunder-Klone, der Klon Mariafeld.

1998 hat Schaffhausen als bislang einziger Ostschweizer Kanton ein AOC-Statut verabschiedet. Die meisten anderen Kantone verhalten sich derzeit abwartend. Wie in Deutschland sind überdies in der Ostschweiz seit jeher die Qualitätsbezeichnungen ›Spätlese‹ und ›Auslese‹ gebräuchlich. Anders als dort liegt ihre Verwendung jedoch einzig im Ermessen des jeweiligen Produzenten.

Ausgewählte Erzeuger

Schlossgut Bachtobel****
Weinfelden (TG)
5,5 ha; 30 000 Fl. • Weine: Riesling x Sylvaner, Pinot Gris, Weißriesling, Sauvignon Blanc; Pinot, Claret, → Blauburgunder Auslese No. 2
Perfektionistischer Schrittmacherbetrieb mit dreierlei stilvollen Typen von Pinot Noir. Hans Ulrich Kesselring produziert jetzt auch weiße Spezialitäten und die Bordeaux-Cuvée Claret.

Rebgut Bächi***
Truttikon (ZH)
7 ha; 50 000 Fl. • Weine: u. a. Riesling x Sylvaner, Pinot Blanc, Gewürztraminer; Pinot Lagenweine, → Truttiker Pinot Spätlese Barrique
Familie Zahners Pinot-Noir-Weine sind immens gerbstoffbeladen, kräftig geholzt – und reifen zu burgunderhafter Wärme.

Bad Osterfingen***
Osterfingen (SH)
2 ha; ZT; 20 000 Fl. • Weine: Pinot Blanc; Pinot, → Pinot Badreben (Barrique)
Familie Meyer erzeugt von kiesigen, mageren Böden sehr stilvolle, gastronomische Weine. Das Weingut ist zugleich Restaurant.

Weingut Baumann*–******
Oberhallau (SH)
7,3 ha; 50 000 Fl. • Weine: Müller-Thurgau, Chardonnay; Pinot, → Blauburgunder Trockenbeere
Dieser Familienbetrieb baut im besten Sinn gebietstypische Klettgauer Weine aus. Daneben gibt es eine hochwertige Barrique-Linie.

Martha und Daniel Gantenbein*–******
Fläsch (GR)
5 ha; 25 000 Fl. • Weine: Chardonnay, Riesling, Pinot Blanc, → edelsüße Weine; Pinot
Allrounder sondergleichen sind die Gantenbeins. Mit ihrem Chardonnay belegen sie seit langem die Schweizer Spitze, der im Barrique ausgebaute Pinot bildet eine eigenständige Interpretation der Sorte, die von Kritikern immer wieder diskutiert wird. Und mit Hilfe des Föhns, den man hier ›Traubenkocher‹ nennt, gelingen ihnen immer wieder hervorragende edelsüße Weine.

Hofkellerei des Fürsten von Liechtenstein–*****
Vaduz
2 ha; 10 000 Fl. • Weine: Chardonnay; Pinot
Empfehlenswerte Raritäten aus dem umfriedeten fürstlichen Weinberg im historischen Residenzstädtchen Vaduz. Das zweite Weinstandbein des Hauses befindet sich im niederösterreichischen Weinviertel, von wo aus auch interessante Degustationsreisen in die ehemaligen Lichtenstein'schen Güter in Tschechien organisiert werden. Die Weine der österreichischen Besitzungen – speziell Merlot ist erwähnenswert – werden teils über Vaduz vermarktet.

Toni Kilchsperger****
Flaach (ZH)
3,8 ha; 30 000 Fl. • Weine: Riesling x Sylvaner, Räuschling, Chardonnay, Gewürztraminer, → Worrenberger Räuschling; Pinot
Sehr gute, glockenklare Weißweine. Im Vordergrund steht ganz bewusst die Komplexität der Frucht. Fein abgestimmte Barrique-Note beim → Worrenberger Chardonnay.

Kurt Nussbaumer***
Aesch (BL)
9 ha; 70 000 Fl. • Weine: u. a. Chasselas, Riesling x Sylvaner, Pinot Gris, → Räuschling; Garanoir, Pinot
Innovativer Betrieb, der die meisten Moste durch Umkehrosmose (vorübergehender Wasser- und Alkoholentzug) konzentriert. Kurt Nussbaumer vinifiziert als Lohnkelterung auch die Trauben des einzigen Weinbergs des Kanton Jura.

Urs Pircher***
Eglisau (ZH)
5,3 ha; 25 000 Fl. • Weine: u. a. Riesling x Sylvaner, Pinot Gris, → Räuschling, Gewürztraminer; Pinot, Eglisauer Stadtberg Blauburgunder Barrique
Spektakuläre Steillagen am Hochrhein und ebenso außergewöhnliche Weine: Feinheit und Kraft in großer Harmonie.

Weinbau Scadena****
Malans (GR)
4,5 ha; 20 000 Fl. • Weine: Kerner, Completer, Aligoté; Pinot, → Blauburgunder Spätlese Barrique
Peter Wegelins im Barrique ausgebaute Pinots ragen mit ihrer Fülle und Intensität selbst unter den besten Weinen Graubündens hervor.

Hermann Schwarzenbach***
Meilen (ZH)
6,5 ha; 40 000 Fl. • Weine: u. a. Sauvignon, Chardonnay, Semillon, Pinot Gris, Completer, Freisamer, → Meilener Riesling x Sylvaner Spätlese, Meilener Seehalden Räuschling; Pinot, Lemberger
Wenn es einen Winzer gibt, der beweisen kann, dass der Müller-Thurgau eine hochwertige Sorte ist, dann ist es Hermann Schwarzenbach. Höchst beachtlich sind die vielfältigen Sortenversuche.

Gian Battista von Tscharner*–******
Reichenau (GR)
6 ha; 30 000 Fl. • Weine: u. a. Pinot Gris, Maienfelder Brisig, Sauvignon, → Jeninser Completer, Gewürztraminer, Traminer; Pinot, ›Z'blau Wunder us Jenins‹, Jeninser Blauburgunder Mariafeld, Churer Blauburgunder Barrique, Cuvée Anna
Markant gerbstoffgeprägte, lagerbedürftige Blauburgunder, ausdrucksstarke Weißweine.

Zum Ochsen*–******
Malans (GR)
4,7 ha; ZT; 50 000 Fl. • Weine: u. a. → Chardonnay Malanser Selvenen, Pinot Gris und Blanc, Sauvignon, Completer; Cabernet, Pinot Malanser Spiger, ›Pi-Ca-Do‹
Thomas Donatsch begann 1974 nach einem längeren Praktikum auf der Domaine de la Romanée-Conti mit dem Barrique-Ausbau. Heute beherrscht er dieses Metier wie kaum ein anderer.

Zum Sternen*–******
Würenlingen (AG)
7 ha; 60 000 Fl. • Weine: u. a. Pinot Gris, Sauvignon, Gewürztraminer; Pinot, Malbec, Garanoir, Regent, → Blauburgunder Barrique
Familie Meier ist für ihre beeindruckend fein gewobenen Blauburgunder berühmt – und für fetten, australisch anmutenden Sauvignon.

Die drei Seen

Auvernier zählt zu den wichtigsten Weingemeinden am Neuenburger See, wo eine Anzahl meist kleinerer Güter vorzugsweise spritzigen Neuchâtel Blanc erzeugt.

Die meisten Domänen um Neuchâtel bieten nicht nur Chasselas an, sondern vier, fünf weitere Rebsorten, darunter meist Chardonnay, Pinot Gris und Pinot Noir. Da kann man nach einer Probe schon ins Träumen kommen.

Der Lac de Neuchâtel, der Bielersee und der Lac de Môrat (Murtensee) bilden ein pittoreskes landschaftliches Ensemble. Die drei Seen schlagen eine Brücke zwischen alemannischen Einflüssen und dem Lebensgefühl der Romandie – auch im Weinbau. Pinot Noir und Chasselas teilen sich als Statthalter der Ost- und Westschweizer Weinbaugebiete etwa hälftig die Rebflächen. Die Weine aus dieser Region besitzen unter Eingeweihten einen ausgezeichneten Ruf.

Neuchâtel

Der neuenburgische Weinbau bildet mit seinen 605 Hektar das Hauptstück des Drei-Seen-Gebiets. Er beginnt an der Kantonsgrenze bei Vaumarcus und führt stets oberhalb des nordwestlichen Seeufers über das Béroche-Gebiet in die Kernzone nach Bevaix, Cortaillod, Auvernier. Auch Neuchâtel selbst und seine Vororte verfügen über stattliche Weinberge, und über Cressier und das als Entre-deux-Lacs bekannt gewordene Gebiet erstreckt sich der Weinbau des Kantons weiter bis nach Le Landeron, das bereits am Bielersee liegt. Neuchâtels Weine gehören zu den stilistischen Höhepunkten der Schweizer Weinkarte. Der Chasselas dominiert die Weißweinproduktion, der Neuchâtel Blanc ist ein leichter, durch seine Gärungskohlensäure überaus erfrischender Wein. Ein mehr oder minder betonter Einfluss des Lagers auf der Feinhefe kann ein sehr raffinessenreiches Spiel von Frucht und Terroir hervorbringen. Pinot Noir ist die einzige Rotweinsorte im Kanton. Sogar die ertragsgezähmten Klone sind vorgeschrieben, wie der meistverbreitete Pinot Noir de Cortaillod, der einen filigranen und dennoch strukturreichen Burgunder liefert, dem Klima und Kalkböden am Südfuß des Jura Charakter verleihen. Gerade die im Barrique ausgebauten Pinots erinnern in ihrer Komplexität an Weine der Côtes de Nuits. Daneben gilt der lachsrosafarbene, hier kreierte Œil-de-Perdrix als Spezialität, ein fruchtbetonter, eleganter, ohne Botrytis bereiteter Rosé. Bei der Perdrix Blanche handelt es sich um einen weißgekelterten Pinot Noir. Darüber hinaus werden in kleinen Mengen Chardonnay und Pinot Gris angebaut. Neuchâtels Ertragsdisziplin ist in der Schweiz sprichwörtlich. Der Pinot trägt im langjährigen Durchschnitt kantonsweit knapp unter 50 Liter pro Ar. Für den Chasselas wurde bereits 1990 eine Obergrenze von einem Kilo pro Quadratmeter festgesetzt. Seit 1993 existiert in Neuchâtel schließlich eine AOC-Regelung.

Bieler See / Bern

Die bernischen Weinbaudörfer am Bieler See liegen eng und idyllisch in ihre Weinberge zurückgezogen. Der Chasselas fällt hier gewöhnlich weniger spritzig und etwas behäbiger aus. Der Pinot Noir ist heller und leichter, doch machen einige Berner Erzeuger mit stoffigeren Weinen das Potential deutlich. La Neuveville, Twann, Schernelz, Schafis, Ligerz sind die wichtigsten Weinbaugemeinden. Am Südwestufer des Bieler Sees hat auch Erlach am Fuß des Bergs Jolimont Reben. Die gesamte Rebfläche am Bieler See beträgt 244 Hektar. Seit 1996 gibt es ein AOC-Statut. Der Kanton Bern verfügt außerdem bei Spiez und Oberhofen am Thuner See über Weinbaurudimente (14 ha).

Murtensee / Fribourg

Der Mont Vully ist ein Moränenhügel, dessen Hang steil zum Murtensee hin abfällt. Das Kleinklima in den Querterrassen oberhalb der Orte Môtier, Praz und Sugiez ist überaus günstig und liefert einige spektakuläre Weine. Der Chasselas fällt meist geschmeidig aus, der Pinot Noir dagegen kernig-dicht. Spezialitäten wie Traminer, Pinot Gris und der hier als Freiburger angebaute Freisamer (Sylvaner x Ruländer) sind in der Regel gehaltvoll und aromatisch. Da der gesamte Cru einschließlich des Waadtländer Teils nur 120 Hektar groß ist, bleibt er ein Geheimtipp.
Der Kanton Fribourg hat seit 1997 ein AOC-System und verfügt zudem im Broye-Gebiet am Südufer des Lac de Neuchâtel über 12 Hektar Reben.

Ausgewählte Erzeuger der drei Seen

Neuchâtel

Château d'Auvernier *–******
Auvernier
35 ha; ZT; 400 000 Fl. • Weine: Chasselas (Neuchâtel Blanc, auch non filtré), Pinot Gris, Chardonnay; Œil-de-Perdrix; Pinot Noir
Historisches Gut mit standesgemäßen Weinen; empfehlenswerte Basisqualität →Château d'Auvernier Blanc, beispielhafter →Œil-de-Perdrix.

Caves Chatenay-Bouvier **–***
Boudry
20 ha; ZT; 500 000 Fl. • Weine: u.a. diverse Chasselas, →Cordon Bleu, Pinot Gris, Chardonnay; Perdrix Blanche, Œil-de-Perdrix; Pinot
Beim Chasselas sehr verlässliche Gemeindekelterungen unter Chatenay; geschliffene Sortenspezialitäten vom →Château de Vaumarcus.

Alain Gerber *–******
Hauterive
7 ha; 50 000 Fl. • Weine: Chasselas (Neuchâtel Blanc, auch non filtré), Pinot Gris, Chardonnay; Perdrix Blanche, Œil-de-Perdrix; Pinot
Besonders gut: stoffiger Pinot →Cru de Hauterive und filigran-verdichteter →Chardonnay von alten Reben.

Vins Keller **–***
Vaumarcus
13 ha; ZT; 100 000 Fl. • Weine: u.a. Chasselas ›Cru des Terrasses‹ (Neuchâtel Blanc), Pinot Noir, Œil-de-Perdrix, Perdrix Blanche, Pinot Gris, Riesling x Sylvaner, Chardonnay, Garanoir, Gamaret
Ein gut eingeführtes traditionelles Sortiment und innovative Weine, z. B. edelsüße →Lune de Mielle (Pinot Gris) und →Claire de Lune (Riesling x Sylvaner).

Olivier Lavanchy ****
Neuchâtel-La Coudre
6 ha; 45 000 Fl. • Weine: Chasselas (Neuchâtel Blanc, Cru de Champreveyres), Pinot Gris, Chardonnay; Perdrix Blanche, Œil-de-Perdrix; Pinot
Sehr saubere elegante Weißweine und stilvoll im Barrique ausgebauter →Pinot.

Encavage de la Maison Carré **–***
Auvernier
9,5 ha; 60 000 Fl. • Weine: Chasselas (Auvernier), Pinot Gris, Chardonnay; Perdrix Blanche, Œil-de-Perdrix; Pinot (Auvernier)
Mit urtümlichem Handwerkszeug gearbeitete, manchmal derbe, manchmal geniale Weine; der →Pinot Noir strotzt vor Kraft und Eichenwürze.

A. Porret & Fils *–*******
B. Cortaillod
7 ha; 60 000 Fl. • Weine: Chasselas (Cortaillod, auch non filtré), Pinot Gris, Chardonnay; Œil-de-Perdrix; Pinot
Ein Betrieb mit langer Tradition, eigenem Pinot-Klon und sehr gut reifendem Prestigeprodukt →Pinot Noir Cortaillod; in guten Jahren gibt es eine *non egrappé* gekelterte Version.

Cave du Prieuré **–***
Cormondrèche
45 ha; 400 000 Fl. • Weine: Chasselas; Perdrix Blanche; Œil-de-Perdrix; Pinot; →Domaine Chambleau
Zuverlässige Genossenschaft mit Lagen in Auvernier, Colombier und Cormondrèche.

Cave de la Ville de Neuchâtel ***
12 ha; 100 000 Fl. • Weine: Chasselas (Neuchâtel Blanc, ›Cru de Champreveyres), Pinot Gris, Chardonnay; Perdrix Blanche, Œil-de-Perdrix; Pinot
Sehr zuverlässige Produktion, die fruchtigen, runden Pinot-Noir-Weine sind sehr gut.

Bern

Erich Andrey ***
Ligerz
11 ha; 70 000 Fl. • Weine: u.a. Chasselas, Sylvaner, Pinot Gris, Chardonnay; Œil-de-Perdrix, Pinot
Geschmeidige, beliebte, zuweilen mit Restsüße abgerundete Lagen-Chasselas, filigran, mineral sind Schafiser →Les Planches und →Marnin.

Johanniterkeller Martin Hubacher **–***
Twann
5 ha; 60 000 Fl. • Weine: u.a. Chasselas, Pinot Gris, Chardonnay, Sauvignon; Gamaret, Sankt Laurent, Pinot
Moderne Weine; sauberer Twanner Chasselas, sortentypischer, dezent holzbeeinflusster →Chardonnay.

Rebgut der Stadt Bern **–***
La Neuveville
21 ha; 180 000 Fl. • Weine: Chasselas, Pinot Gris, Pinot
Traditionalistische Weine, die selten außergewöhnlich, aber immer grundsolide sind.

Heinz Teutsch ****
Schafis
3 ha; ZT; 70 000 Fl. • Weine: Chasselas, Pinot Gris, Chardonnay, Blanc de Noirs; Œil-de-Perdrix; Pinot
Einer der zuverlässigsten Betriebe der Schweiz; schon das Basisprodukt →Gutedel Schlössliwy hat außergewöhnliches Format.

Fribourg

Albert Derron ***
Môtier
5 ha; ZT; 100 000 Fl. • Weine: u.a. Chasselas (Vully Bataille de Morat), Freiburger, Pinot Gris; Œil-de-Perdrix; Gamay, Pinot (Vully)
Der Freiburger, die Neuzüchtung Freisamer, aus Sylvaner und Ruländer, ist herausragend.

Château de Praz ***
Praz
12 ha; 75 000 Fl. • Weine: Chasselas, →Pinot Gris, Pinot Blanc, Freiburger, →Traminer, Riesling x Sylvaner Œil-de-Perdrix, Pinot
Kraftvolle, lagerfähige, mineralische Weine.

Jura

Centre Ajoie ***
Alle
5 ha; 25 000 Fl. • Weine: Riesling x Sylvaner, Pinot Gris; Garanoir, Pinot
1978 wurde der frankophone Jura durch Volksentscheid aus dem Kanton Bern ausgegliedert; 1986 und 1992 legte eine Kooperative zwei Rebflächen an; deren rarer Wein wird in der Schweiz als Symbol eines konfliktfähigen demokratischen Föderalismus in hohen Ehren gehalten.

Die Kantone Waadt und Genf

Waadt

Einige der schönsten Rebflächen der Schweiz liegen am Genfer See, im Kanton Waadt. Die insgesamt 3 879 Hektar Weinbergfläche des Kantons gliedern sich in die drei Gebiete La Côte, Lavaux und Chablais. An Reben dominiert der Chasselas. Rote Sorten machen nur ein Fünftel aus, wobei der typische Waadtländer Rotwein der AOC Salvagnin ein Gamay-Pinot-Noir-Verschnitt ist. Seit 1995 definiert ein AOC-System die Gebiets- und Gemeindebezeichnungen, wobei es wenig sinnvoll ist, dass sich nicht nur die beiden historischen Crus des Lavaux-Gebiets, Dézaley und Calamin, Grand Cru nennen dürfen, sondern alle Weine mit der Bezeichnung ›Château‹, ›Clos‹, ›Abbaye‹ oder ›Domaine‹.

Auf den Moränenböden von La Côte haben risikobereite Erzeuger die Reputation der ehemaligen Durchschnittsweine deutlich heben können.

Die Steillagen des Lavaux, allen voran die beiden großen Lagen Dézaley und Calamin oberhalb des Genfer Sees, sind spektakulär. Der Dézaley, ein zisterziensisches Erbe, erbringt auf Granitboden fette, körperreiche Chasselas-Weine. Sein Problem ist nur, dass seine Geschmeidigkeit durch zu wenig Säure aufdringlich werden kann. Der besonders rare Wein des Nachbar-Cru Calamin ist gewöhnlich klassischer proportioniert. Auch die Weine der umliegenden Gemeinden lohnen einen Vergleich. Als sich die Alpen auffalteten, traten im Lavaux-Gebiet durch die tektonischen Verschiebungen auf engem Raum verschiedenste geologische Schichten zutage. Die Vielfalt der so entstandenen Terroirs ist faszinierend. In Kleinstmengen werden im Lavaux auch äußerst vollfruchtige Rotweine produziert, meist Cuvées aus überwiegend Pinot Noir. In Cully gibt es noch eine interessante autochthone rote Sorte, den Plant Robert.

Der Name Chablais ist kein misslungenes Plagiat, sondern geht zurück auf *caput laci,* Kopf des Sees. Zentrum des für seine finessenreichen Chasselas-Weine bekannten Gebiets ist Aigle mit seinem Schloss und Weinbaumuseum. Bereits hier am Eingang des Rhône-Tals zeigt der Nordföhn des Wallis seine Wirkung. Typisch für die Region sind geröllreiches Schwemmland und Lagen auf Bergsturzschutt. Zudem enthalten die Böden reichlich Kalk (Yvorne), Magnesium (Aigle) oder Gips (Ollon und Bex). Mit ihrem Körperreichtum liegen die Weine des Chablais zwischen jenen von La Côte und Lavaux. Neben Chasselas gibt es auch eine kleine Menge Rotwein und etwas Pinot Gris.

Winzer Dubois aus Cully hat gut lachen: Reben finden am Genfer See hochinteressante Terrains, und um die Nachfrage braucht sich niemand zu sorgen.

Von der mittelalterlichen Burg von Vufflens le Château, westlich von Lausanne, blickt man über einige der besten Weinlagen hinweg auf den Genfer See.

Genf

Der Kanton Genf ist mit 1355 Hektar drittgrößter Weinbaukanton der Schweiz. Nur ein kleiner Teil der Genfer Rebflächen liegt am See. Das Gros der Produktion stammt aus dem Mandement zwischen dem rechten Rhône-Ufer und der Landesgrenze. Dort liegt Satigny, die mit 488 Hektar Rebfläche größte Weinbaugemeinde der Schweiz. Die Böden sind kalk-, ton- und kiesreich. Der Genfer Weinbau ist stark mechanisiert, selbst Vollernter kommen zum Einsatz. Auch die geringen Klimarisiken unterscheiden den Weinbau in Genf deutlich vom dem in den übrigen Landesteilen. Noch wird der Sortenspiegel vom Chasselas dominiert, doch fast ein Drittel der Flächen entfällt bereits auf Gamay. Aus beiden Sorten wurden bis Anfang der 1980er Jahre meist einfache Literweine gekeltert. Die Genossenschaft ›Vin Union‹, die damals vier Fünftel der Genfer Weine produzierte, hat dann in den letzten 20 Jahren den Anschluss an die Entwicklung verpasst, und ihr Betrieb wurde 1999 vom Öko-Winzer Jean-Daniel Schlaepfer aufgekauft, um ihn für immer zu schließen. Heute gibt es innovative, selbst vermarktende Winzer, die interessante Weine erzeugen. Allerdings ist das 1988 beschlossene AOC-Statut mit überzogenen Höchsterträgen und einer erlaubten Zuckerung von vier Kilogramm pro Hektoliter dem Ruf der Region recht abträglich.

Ausgewählte Erzeuger der Kantone Waadt und Genf

La Côte

Henri Cruchon ****
Echichens
10 ha; ZT; 250 000 Fl. • Weine: u. a. Chasselas, Pinot Blanc, Altesse, Viognier, Roquentin, →Sauvignon Barrique; Gamay, Pinot, Cabernet, Cabernet Franc, Merlot, Gamaret, Garanoir, Syrah
Henri Cruchon ist mit seinen hochwertigen und innovativen Sortenexperimenten zu einem Wegweiser für La Côte geworden.

Domaine de Marcelin **–***
Morges
7 ha; 40 000 Fl. • Weine: u. a. Chasselas, Pinot Gris, Chardonnay; Gamay, Pinot, Gamaret, Garanoir
Das Weingut der Landwirtschaftsschule praktiziert einen erfreulich innovativen Kurs.

Uvavins **–****
Tolochenaz
450 ha; 2 000 000 Fl. • Weine: verschiedenste Produktlinien; Sorten u. a. Chasselas, Charmont, Aligoté, Sauvignon, Pinot Gris, Doral, Kerner; Pinot, Diolionor, Gamaret, Garanoir, Cabernet, Merlot
Eine sehr gute Genossenschaft, die in Zusammenarbeit mit dem gleichnamigen Starkoch als →Collection ›Le vin vivant‹ de Bernard Ravet herausragende Weine abfüllt.

Lavaux

Louis Bovard **–****
Cully
17 ha; ZT; 250 000 Fl. • Weine: u. a. Dézaley La Medinette, Epesses Terre à Boire, →Calamin Cuvée Speciale Collection Louis-Philippe Bovard, St. Saphorin, Sauvignon; →Dézaley Rouge, St. Saphorin Rouge Cuvée Louis
Das traditionsreiche Haus schätzt auch Innovationen wie jüngst die bemerkenswerte →Chasselas-Chenin-Assemblage aus St. Saphorin.

Jean & Michel Dizerens ***
Lutry
15 ha; ZT; 200 000 Fl. • Weine: u. a. Lutry, Villette, Epesses, St. Saphorin, Calamin, Dézaley, außerdem: Sylvaner, Chardonnay; Pinot, Gamay, Diolinoir
Jean & Michel Dizerens sind innovative Produzenten, die gute Chasselas-Weine keltern und interessante Versuche unternehmen, im Lavaux auch andere Sorten zu kultivieren.

Vincent & Blaise Duboux ***–****
Epesses
2,5 ha; 15 000 Fl. • Weine: u. a. Calamin, Trois Terres; Dézaley Rouge Le Traillant
Einer der profiliertesten Familienbetriebe im Lavaux. Kleine, perfektionistische Produktion.

Luc Massy ***
Epesses
10 ha; ZT; 150 000 Fl. • Weine: u. a. Epesses Clos du Boux, Dézaley Chemin de Fer, Dézaley Marsens, St. Saphorin Sous le Roces, Sauvignon Blanc de Epesses
Moderne, sehr saubere und geschmeidige Weine aus den Kernlagen des Lavaux-Gebiets.

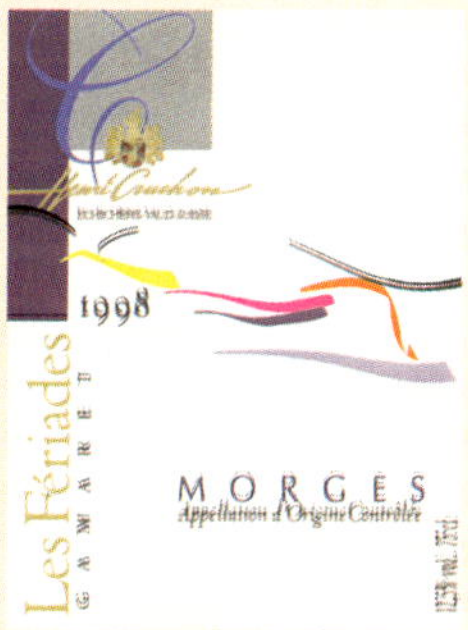

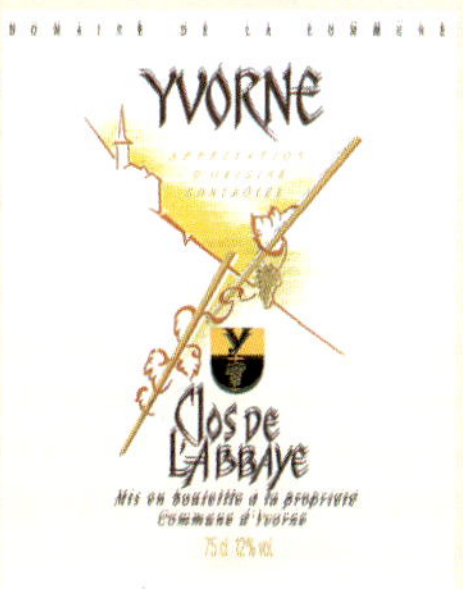

Ville de Lausanne **
35 ha; 350 000 Fl. • Weine: Mont-sur-Rolle Abbaye de Mont, Chardonnay, Allaman Château Rochefort, St. Saphorin Domaine du Burignon, →Dézaley Clos des Abbayes und Clos des Moines
Gut gemachte traditionelle Weine mit dezenter Säure. Weiche, saftige Rotwein-Assemblagen in Kleinstmengen aus Pinot, Gamay, Gamaret, Diolinoir, Syrah, Merlot und Cabernet Sauvignon.

Chablais

Henri Badoux **–***
Aigle
50 ha; ZT; 750 000 Fl. • Weine: u. a. Petit Vignoble Yvorne, Aigle Les Murailles, Ollon Domaine Grange Volet, St. Saphorin; Pinot, Gamay
Das Unternehmen wurde 1908 gegründet und war der eigentliche Pionier des Anbaus der Sorte Pinot in Aigle. Longseller des Hauses – bei einer insgesamt beachtlichen Produktion auf hoher Qualität – ist der →Aigle Les Murrailles aus Terrassenanlagen mit bis zu acht Metern Höhe.

Hugues Baud ***
Aigle
4,5 ha; 30 000 Fl. • Weine: u. a. Chasselas, Chardonnay, Petite Arvine, Pinot Blanc; Mondeuse, Pinot, Gamay, Cabernet, Cabernet Franc, Merlot, Syrah
Hugues Baud zeigt ein breit gefächertes Sortiment mit Raritäten wie den →Mondeuse St-Triphon, jetzt auch eine weiße Cuvée aus Chardonnay, Pinot Blanc und Petite Arvine.

Cave de la Commune de Yvorne ****
6 ha; 45 000 Fl. • Weine: Chasselas; Pinot
Bestechend klare, Kraft und Finesse vereinende Weine, herausragend der Chasselas →Trechene, von einer ein Hektar großen Einzellage mit sehr beschränktem Ertrag und der sehr fruchtbetonte Clos de l'Abbayé.

Genf

Domaine des Balisiers ***
Peney
25 ha; 160 000 Fl. • Weine: u. a. Chardonnay, Sauvignon, Pinot Blanc und Gris, Chasselas, Aligoté; Cabernet Comte de Peney, Gamay Dame Noir, Gamaret
Jean Daniel Schlaepfer und sein Kompagnon Gérard Pillon sind wichtige Motoren in der Genfer Weinwirtschaft. Die Reben werden im Lyra-System gezogen; zugunsten edlerer Sorten wird der Lokalmatador Chasselas immer mehr zurückgedrängt. Die Rotweinbereitung erfolgt mit langer Maischestandzeit und teilweisem Barriqueausbau. Seit 1980 Bioweinbau, heute 66 Prozent Rotweinanteil.

Domaine le Grand Clos ****
Satigny
7 ha; 35 000 Fl. • Weine: u. a. Chasselas, Chardonnay, Pinot Blanc und Gris, Sauvignon, Petite Arvine, Muscat, Gewürztraminer, Viognier, Petit Manseng; Pinot, Gamay, Syrah; Cabernet, Cabernet Franc, Merlot
Der unkonventionelle Jean Michel Novelle ist Genfs Starwinzer und erregt jedes Jahr mit anderen spektakulären Cuvées Aufmerksamkeit.

Wallis

Das Wallis ist mit 5 255 Hektar Rebfläche der größte Schweizer Weinbaukanton. Gut 50 Kilometer lang zieht sich das Tal von 460 bis auf 630 Meter Höhe hinauf. Einige der Weinberge liegen sogar noch erheblich höher. Es gibt sanfte Anhöhen, auf denen sich die Reben weithin ausbreiten, und es gibt wie am Genfer See spektakuläre Terrassen mit meterhohen Weinbergmauern. Die intensive Sonneneinstrahlung und die Auswirkung des Föhns schaffen trotz Höhenlage einzigartige Reifebedingungen. Da das Wallis eine sehr trockene Gegend ist, müssen die Winzer vielerorts ihre Reben bewässern.

Geografisch lässt sich die Region in drei Zonen unterscheiden: Ein kleineres Rebgebiet befindet sich im Unterwallis zwischen Genfer See und dem Rhône-Knie bei Martigny. Das Kernland des Walliser Weinbaus erstreckt sich auf dem nach Süden orientierten rechten Rhône-Ufer von Martigny bis Leuk. Dieses fast geschlossene Weinbaugebiet weist sehr unterschiedliche Bodentypen auf. In Martigny und Fully sind die Böden kalkarm. In Leytron und Chamoson wachsen Reben auf Schuttkegeln. Schieferlagen gibt es in der Umgebung von Sions. Bis Salgesch und Leuk finden sich lehmarme, kalkreiche Böden. Das meist deutschsprachige Oberwallis ist für den Weinberg von Visperterminen berühmt, der bis auf 1 100 Meter Höhe steigt. Der oxidativ, soleraartig ausgebaute ›Gletscherwein‹ stammt allerdings nicht von hier, sondern aus dem Val d'Anniviers bei Sierre.

In Visperterminen im Oberwallis wird der europäische Festland-Höhenrekord gehalten. Dort reichen Weinterrassen auf 1100 Meter hinauf, doch Südlage und Föhn sorgen für ausreichende Reife.

Weinberge in Sion – extrem steil und steinig

Im Wallis diente der Weinbau viele Jahrhunderte ausschließlich der Selbstversorgung. Erst mit dem Ende des Zweiten Weltkriegs begann eine überregionale Kommerzialisierung. Der Boom führte zu Fehlspekulationen und Übererträgen. Viele Rebflächen wurden am ›falschen‹ Rhône-Ufer angelegt, wo keine südausgerichteten Hanglagen möglich sind. In den 1970er und 1980er Jahren lief die Walliser Weinwirtschaft Gefahr, sich in der Massenproduktion zu verlieren.

Heute werden im Wallis 50 verschiedene Rebsorten kultiviert. Etwa 22 000 Eigentümer teilen sich den Besitz der Rebflächen. Dennoch ist es dem Wallis im vergangenen Jahrzehnt gelungen, seine Identität zu festigen und weiter zu profilieren. Dazu hat auch die 1993 erlassene AOC-Regelung beigetragen, mit der zugleich einige Grand-Cru-Bezeichnungen etabliert wurden. Noch wichtiger waren jedoch die Impulse, die von den kleinen und mittelständischen Weinbaubetrieben ausgingen und die inzwischen von Genossenschaften und Handelshäusern aufgegriffen wurden. Beim Fendant, dem traditionellerweise recht breiten Chasselas-Weißwein des Wallis, ist die biologische Säureumwandlung inzwischen kein unumstößliches Dogma mehr. Immer häufiger macht der Fendant wieder seinem Namen Ehre, indem er auf die feste Konsistenz des Fruchtfleisches der betreffenden Chasselas-Klone verweist, ein Indiz für Aromentiefe und Struktur. Der aus Pinot Noir und Gamay, neuerdings auch aus bis zu 20 Prozent anderer Sorten assemblierte Standardrotwein Dôle war einst ein schwaches Imitat des Bourgogne Passetoutgrain. Er ist ein saftiger, leicht verständlicher Rotwein geblieben, auch wenn er an Profil gewinnen konnte – und alternativen Rotweinen neben sich Platz gelassen hat wie dem sortenreinen Ausbau des Pinot Noir. Unter den Spezialitäten findet man den barocken Johannisberg, hier ein Sylvaner und kein Riesling. Die Malvoisie (Pinot Gris) gibt es in halbtrockenen bis fruchtsüßen – *mi-flétri* oder *flétri* – Varianten. Zudem entstehen äußerst erfolgreiche Weine entlang des Rhône-Paradigmas, denn Marsanne (Ermitage) und Syrah bewähren sich auch an den Ufern dieses nördlichsten Flussabschnitts.

In den letzten Jahren haben die Walliser Winzer ihren großen historischen Reichtum an vielfältigen autochthonen Sorten wiederentdeckt. Humagne Rouge und Cornalin sind markante, facettenreiche Rotweinsorten, Petite Arvine und Amigne salzige, aromatische und auch ungewöhnlich eigenständige Weißweinsorten.

Ausgewählte Erzeuger

Gérald Besse ***–****
Martigny-Combes
14,5 ha; 100 000 Fl. • Weine: u.a. →Fendant, Malvoisie Flétri, Petite Arvine, Ermitage, Johannisberg, Pinot Noir, →Gamay, Dôle, Syrah
Protagonist des neuen, eleganten Fendant. Auch Gamay (drei verschiedene Kelterungen aus drei Gemeinden) und Syrah sind beachtenswert.

Charles Bonvin ***
Sion
30 ha; ZT; 500 000 Fl. • Weine: u.a. Fendant, Petite Arvine, Amigne, Muscat, Ermitage, Pinot Blanc; Dôle, Syrah Domaine Blûlefer, Humagne Rouge
Korrekte, charakteristische, zugängliche Weine wie der sehr typische →Dôle Clos du Château.

Oskar Chanton ***–****
Visp
9 ha; 60 000 Fl. • Weine: u.a. Gwäss, Lafnetscha, Himbertscha, Réze, Heida, Petite Arvine, Amigne, Humagne Blanche, Malvoisie; Hibou / Eyholzer Roter, Humagne Rouge, Cornalin
Der Pionier der autochthonen Sorten baut annähernd 20 Varietäten sortenrein aus.

Marie-Thérèse Chappaz ****
Fully
7 ha; 40 000 Fl. • Weine: u.a. Chasselas, Hermitage, Petite Arvine, Malvoisie; Rosé; Gamay, Dôle, Pinot, Cabernet, Cabernet Franc, Humagne Rouge
Spezialistin für edelsüße Kostbarkeiten, aber auch ihre anderen Weine beweisen Stil und Format.

Desfayes-Crettenand ***–****
Leytron
5 ha; 35 000 Fl. • Weine: u.a. Humagne Blanche, Riesling, Muscat, Petite Arvine; Œil-de-Perdrix; Pinot, Humagne Rouge, Syrah, Cornalin, Cabernet Franc
Im Stahltank ausgebaute, typische Weine aus autochthonen Sorten und beachtliche Rieslinge.

Bon Père Germanier ***–****
Vètroz
11 ha; 300 000 Fl. • Weine: u.a. Fendant Les Terrasses, →Amigne, →Mitis, Petite Arvine; Syrah, →Grand Cru Balavaud: Pinot und Dôle
Zuverlässiger, mittelgroßer Betrieb. Die aus den Grand-Cru-Lagen →Balavaud stammenden Weine sind ebenso empfehlenswert wie die vorbildliche edelsüße Amigne →Mitis und die rare Barrique-Syrah Cayas.

Robert Gilliard SA **
Sion
40 ha; ZT; 1 000 000 Fl. • Weine: u.a. Fendant Les Murettes, Ermitage, Amigne, Muscat; Humagne Rouge, Syrah, Cornalin, Diolinoir, Dôle, Antares
Fendant ›Les Murettes‹ ist außerhalb der Schweiz der bekannteste Fendant. Anständige Qualitäten.

Imesch Vins **–****
Sierre
12 ha; ZT; 360 000 Fl. • Weine: u.a. Soleil de Sierre: Fendant, Johannisberg, Œil-de-Perdrix, Dôle, Pinot; Nobles Cépages: Chardonnay, Marsanne, →Petite Arvine, Marsanne, Pinot, Humagne Rouge, →Cornalin, Syrah
Über 100 Jahre altes Handelshaus, jetzt von Yvon Roduit mit Engagement geführt, bezieht von 120 Vertragswinzern nur Trauben, die nach den Prinzipien des integrierten Weinbaus kultiviert wurden.

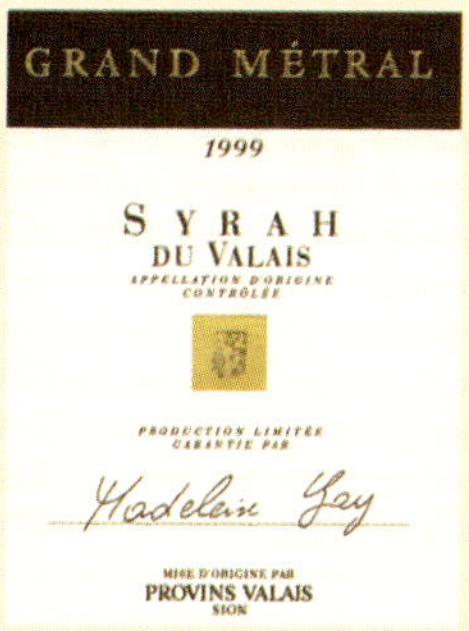

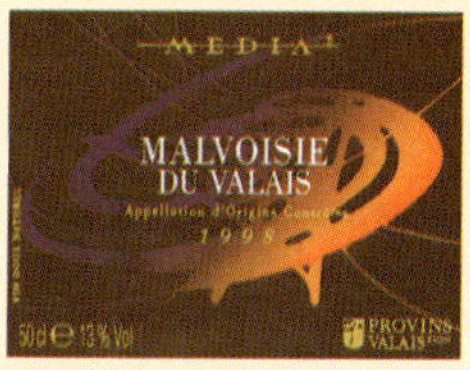

Simon Maye et Fils ***–****
St. Pierre-de-Clages
8 ha; 60 000 Fl. • Weine: u.a. Fendant Trémazières, Chasselas Cuvée Fauconnier, Petite Arvine, Pinot, Syrah
Simon Maye produziert in eher kleinem Rahmen, aber immer wieder sehr hochwertige Weine mit hohem Anteil von Spezialitäten wie →Syrah de Chamoson Vieilles Vignes.

Denis Mercier ****–*****
Sierre
5,5 ha; 35 000 Fl. • Weine: Fendant de Pradec, Johannisberg de Sierre, Pinot Blanc de Goubing, Petite Arvine de Pradec, Ermitage de Pradec, Dôle Blanche de Sierre, Pinot de Sierre, Cornalin de Sierre, →Syrah de Pradec
Mercier ist einer der konstantesten, überaus perfektionistischen Betriebe der Region. Die →Syrah besitzt Kultstatus und der →Cornalin ist ein Muster an Dichte und Feinheit.

Domaine du Mont d'Or ***
Pont-de-la-Morge
20 ha; 200 000 Fl. • Weine: u.a. Riesling, Johannisberg, Fendant, →Petite Arvine ›Sous l'Escalier‹, Malvoisie; Ermitage; Dôle, Syrah, Cornalin
Diese Kellerei erzeugt eigenständige, mitunter gewöhnungsbedürftige Rieslinge von tonhaltigen Kalkschieferböden mit niedriger Säure aufgrund malolaktischer Säureumwandlung.

Provins Valais **–****
Sion
1260 ha; 11 000 000 Fl. • Weine: u.a. Reihe Capsule dorée; Reihe Specialités; Reihe Sélection du Grand Métral: Petite Arvine, Amigne, Marsanne, Pinot Blanc; Syrah, Païen; Reihe Cuvée du Maître de Chais: Fendant St-Léonard, Johannisberg Chamoson, Sauvignon, Humagne Blanche, Petite Arvine Fully, Grains de Malice; Pinot Ardon, Cabernet, Syrah, Cornalin, Humagne Rouge
Diese Genossenschaft mit 5 250 Mitgliedern verarbeitet etwa ein Viertel der gesamten Walliser Ernte, wovon zwei Drittel – das meiste davon in korrekter Qualität – selbst abgefüllt werden. Die Premiumserien →Sélection du Grand Métral und →Cuvée du Maître de Chais (Barrique-Weine) gehören sogar zu den Spitzenerzeugnissen des Gebiets.

Rouvinez Vins ***–****
Sierre
35 ha; ZT; 1 200 000 Fl. • Weine: u.a. Fendant de Sierre, Dôle de Sierre, Muscat, Johannisberg, Ermitage, Malvoisie, Noble Contrée, Les Grains Nobles, →La Trémaille, Château Lichten Blanc und Rouge; Gamay, Pinot, →Le Tourmentin
Dieser Betrieb hat die Rolle eines Schrittmachers mit wegweisenden Cuvée-Weinen übernommen. Ende der 1990er Jahre übernahm die Familie das bedeutende Handelshaus Cave Orsat.

Maurice Zufferey ****
Muraz
7 ha; 60 000 Fl. • Weine: u.a. Fendant, Chardonnay, Petite Arvine; Pinot Noir, Humagne Rouge, Cornalin
Aus der Produktion dieses Betriebs ragen vor allem dichte, elegante Weine, besonders die Sortenspezialitäten wie →Petite Arvine Les Grand Rayes und der →Cornalin heraus. Sauvignon Blanc und Syrah sind neu gesetzt.

Tessin

Hoch über dem Luganer See stehen die Weinstöcke auf steilen Hängen. Hier setzt man mit Vorliebe auf den Merlot del Ticino, der sich dank einer Reihe ausgezeichneter Winzer einen guten Ruf erworben hat.

Der Kanton Tessin gilt der Schweiz – und vor allem ihren deutschsprachigen Landesteilen – als Sonnenveranda. Dabei vermischen sich Wahrheit und Touristenlegende zu einem langlebigen Klischee. Tatsächlich ist das Tessin heute eines der interessantesten Weinbaugebiete der Schweiz. Mit dem Merlot del Ticino zeigt die Schweiz einen Wein, der auch international im Trend liegt.

Als Echter und Falscher Mehltau zwischen 1850 und 1860 den zuvor gängigen Mischsatz aus roten Europäertrauben wie Freisa und Barbera vernichteten, wichen die Ticinesi auf resistente Americana-Sorten aus. Weine aus Hybriden waren zwar deutlich weniger schmackhaft, doch sie sicherten das ökonomische Überleben. Unter diesem Aspekt sind auch die Sortenversuche zu sehen, die nach 1900 von einer kantonalen Forschungsstelle in Angriff genommen wurden. Seit 1907 förderte man den Anbau von Merlot. Nach dem Ende des Zweiten Weltkriegs hatte er sich eingebürgert, obwohl er lange Zeit zu nichts anderem als zur Produktion anspruchsloser, hellfarbener Tischweine genutzt wurde. Die zögernden Ansätze größerer Weinhändler, ihre Sortimente um Prestigeweine zu erweitern, blieben weitgehend ohne Resonanz. Erst als eine Gruppe von Einwanderern aus der Ostschweiz begann, sich im Tessin ganz und gar dem Vorbild Bordeaux' zu verschreiben, setzte eine bis zum heutigen Tag anhaltende qualitative Bewegung ein.

Geografisch gliedert sich das Tessin zunächst in die Gebiete nördlich und südlich des Monte Ceneri. Im Sopraceneri dominieren in der Magadin-Ebene und in der Umgebung des Lago di Locarno auf sandigen Schwemmlandböden leichte, fruchtige Weine. In den Seitentälern und entlang des Ticino sind die Böden granitreicher und humusärmer, und entsprechend stoffiger und fester fällt dort der Merlot aus. Zum Sopraceneri zählt überdies auch das politisch zum Kanton Graubünden gehörende Misox – ein Bergtal in der Nähe Bellinzonas. Im Sottoceneri bringt das zerklüftete Malcantone kernige, reifebeständige Weine hervor, während das Mendrisiotto mit Moränenböden aus Kalk und Lehm für besonders füllige, glutreiche Weine steht. In der Gegend von Lugano findet man beerige, weiche Merlots. Außer Merlot werden überall im Tessin noch in kleinem Umfang Nostrani produziert – rustikale Rotweine aus einem Mischsatz vorwiegend piemontesischer Sorten. Die noch hier und dort an Pergolen gezogene Uva Americana ergibt vor allem eine aromatische Grappa. Der Anteil weißer Sorten an der kantonalen Gesamtrebfläche von 961 Hektar beträgt derzeit nur sechs Prozent.

Seit 1997 existiert im Tessin ein DOC-System. Die Höchsterträge wurden dabei mit einem Kilogramm Trauben pro Quadratmeter (ca. 75 Liter pro Ar) so großzügig bemessen, dass man auch Liter-Merlots mit DOC finden kann. Überdies dürfen derzeit noch 15 Prozent andere Weine (sogar ausländische) in einen DOC-Wein verschnitten werden. Diese Regelung wird zwar im Jahr 2001 unter dem Druck der Annäherung an das EU-Weinrecht fallen. Dennoch hat das Tessiner DOC-Statut bisher bereits einen beträchtlichen Vertrauensverlust ausgelöst. Einige Weinbauern (Kaufmann, Klausener, Stucki, Zündel) ziehen es aus diesem Grund vor, ihre Weine als *Vino da Tavola della svizzera italiana* zu vermarkten.

Um das malerische Städtchen Riva San Vitale wachsen wie überall im Tessin fast ausschließlich rote Sorten; Weißwein ist in der italienischen Schweiz ein Stiefkind und bedeckt nur knapp ein Sechzehntel der Anbaufläche.

Ausgewählte Erzeuger

Agriloro SA**–****
Arzo (Mendrisiotto)
7,5 ha; 40 000 Fl. • Weine: Chardonnay, Pinot Gris, Pinot Blanc; Sottobosco, Merlot Riserva
Die Weißweine der Domäne sind überfrachtet mit Holztönen, dagegen überzeugen die samtigen Rotweine, vor allem die →Merlot Riserva.

Tenuta Bally***–****
Breganzona (Luganese)
7 ha; 35 000 Fl. • Weine: Bianco; Cresperino, Riserva Crespera, Topazio
Hier sind vor allem die kernigen Rotwein-Cuvées interessant, deren im Barrique ausgebaute Premiumserien in den letzten Jahren immer besser geworden sind.

Chiodi SA***
Ascona (Locarnese)
3 ha; ZT; 20 000 Fl. • Weine: Merlot: Preludio (Bianco); Ria (Rosato); Tre Terre, →Rompidée
Rompidée hat sich mit seiner charaktervollen Barrique-Prägung in den letzten Jahren einen guten Ruf erworben.

Gialdi SA***
Mendrisio (Mendrisiotto)
ZT 35 ha; Fl. n.n. • Weine: Riserva Giornico, Sassi Grossi
Ein neuerer Handelsbetrieb mit großen Ambitionen. Der vorzüglich strukturierte, zum Teil aus luftgetrockneten Trauben vinifizierte Barrique-Merlot →Sassi Grossi löst sie ein.

Daniel Huber****
Monteggio (Malcantone)
5,3 ha; ZT; 30 000 Fl. • Weine: →Montagna Magica Ronco di Persico, Fusto 4
Pionierhafter, qualitativ sehr konstanter Familienbetrieb, aufgebaut vom gelernten Forstingenieur Daniel Huber in den 80er Jahren. Mit dem 1985er Ronco di Perrico schaffte er den Durchbruch an die Schweizer Spitze. Seither ständige Verfeinerung der Weine. Der Montagna Magica aus fünf Sorten gehört zuverlässig zu den feinsinnigsten, komplexesten und dichtesten Tessiner Weinen.

Adriano Kaufmann***–****
Beride (Malcantone)
3,8 ha; 18 000 Fl. • Weine: Sauvignon, Vino da Meditazione Sémillon; Pio della Rocca, Pio del Sabato, Rubino
Adriano Kaufmann keltert kraftvolle Rotweine auf Merlot- und/oder Cabernet-Basis. Daneben hat er sich auf eine hochwertige, die Frucht teilweise durch *Cryoextraction* (›Gefrierkonzentration‹) betonende Weißweinproduktion verlegt.

Eric Klausener***–****
Purasca (Malcantone)
3 ha; 15 000 Fl. • Weine: Merlot: Trevano, →Gran Reserva di Trevano, Château de la Musique
Durch eine extreme Maischung werden hier wohl die extraktreichsten Merlots im Tessin hergestellt. Über manche Jahrgänge der Gran Reserva di Trevano wird noch lange kein abschließendes Urteil zu sprechen sein.

Sergio Monti****
Cademario (Malcantone)
2,5 ha; ZT; 20 000 Fl. • Weine: Bianco; Rovere, →Malcantone Rosso dei Ronchi
Sergio Monti führt ein überaus experimentelles Weingut in luftiger Höhe über dem Lago di Lugano, und er keltert außerordentlich samtige, tieffruchtige Barrique-Weine.

Mauro Ortelli***–****
Corteglia (Mendrisiotto)
3,5 ha; 20 000 Fl. • Weine: Bianco: Corteglia, Novi dal Drunpa; I Trii Pin, Novi dal Drunpa
Ortellis hochwertige Weine beschreiten einen ganz eigenständigen Tessiner Weg. Sein stoffiger, im Stahltank ausgebauter I Trii Pin stellt dabei die oftmals recht unkritische Verwendung von Barriques gekonnt infrage.

Werner Stucki****
Rivera (Monte Ceneri)
3,5 ha; 15 000 Fl. • Weine: Bianco: Temenos; Conte di Luna, →Tracce di Sassi
Werner Stucki hat sich seiner kleinen, handgefertigten Produktion verschrieben. Seine herausragenden Rotweine – speziell aus der Sorte Merlot – zeichnen sich durch einen Gerbstoff aus, der Weichheit und Struktur zusammenführt, und beeindrucken zugleich durch die perfekten Proportionen von Frucht und Holz. Internationales Engagement bewies der innovative Winzer mit der Reorganisation von La Brancaia im Chianti Charrico.

Tamborini**
Lamone (Luganese)
50 ha; 350 000 Fl. • Weine: Merlot: Collivo Rosso, Collivo Riserva, Riserva San Zeno, Vigneto Comano, →Castello di Morcote
Alteingesessener Handelsbetrieb in der Nähe von Lugano. In den letzten Jahren recht schwankende Qualitäten. Viele der Rotweine wirken dünn und überextrahiert.

Valsangiacomo**
Chiasso (Mendrisiotto)
22 ha; ZT; 700 000 Fl. • Weine: u.a. Bianco: Il Mattirolo, Il Symposion, Ronco Grande; Il Forno di Pedrinate, Merlot: L'Ariete, Piccolo, Riserva di Bacco, Cuvée Speciale, Roncobelleo di Morbio Inferiore, Don Giovanni, Rubro, Dioniso
Dem inzwischen doch etwas angestaubten Angebot der Valsangiacomo-Weine steht derzeit eine Neustrukturierung bevor.

Vinattieri***–****
Ligornetto (Mendrisiotto)
38 ha; Fl. n.n.;• Weine: Merlot: Castello Luigi, Vinattieri, Ligornetto
Luigi Zanini produziert moderne, zugängliche Merlots mit Wucht und Kraft. Es fehlt nicht viel, und man könnte sie durchaus für Weine aus Chile oder Kalifornien halten.

Christian Zündel***
Beride (Malcantone)
4 ha; 15 000 Fl. • Weine: Bianco: Velabona; Orizzonte, Terraferma
Christian Zündel erzeugt holzgeprägte, fest strukturierte und sehr elegante Rotweine, die mittlerweile zu den gesuchtesten der Schweiz gehören.

Österreich

Österreich ist in gewisser Hinsicht ein Neuling im europäischen Spitzenweinbau, obwohl das Land zu den ältesten Weinkulturen Mitteleuropas zählt. Ob bereits die Kelten an den Gestaden der Donau Reben für die Weinerzeugung kultivierten, ist umstritten, sicher ist aber, dass sie bereits den Wert der Trauben kannten. Systematischen Weinbau dagegen führten erst die Römer in ihrer Provinz Pannonia superior ein.

Wie in Deutschland, dessen Weingesetz das österreichische in vielen Aspekten ähnelt, wurde der Startschuss im 3. Jahrhundert von Kaiser Probus gegeben, der auch die Garnisonen der Provinzen des Reiches autorisierte, Rebkulturen anzulegen, um ihre jeweiligen Legionen besser mit dem begehrten Stimmungsmacher versorgen zu können. Ein paar Jahrhunderte später legte dann Karl der Große mit seiner Selektion der besten Rebsorten, die er ›fränkische‹ nannte – im Unterschied zu den ›hunnischen‹ –, die weiteren Entwicklungslinien fest und sorgte dafür, dass der Weinbau mit dem Recht der Winzer, das eigene Produkt ausschenken zu dürfen, eine wirtschaftlich sichere Grundlage erhielt.

Die ersten schriftlichen Zeugnisse des Weinbaus in Österreich stammen aus der Wachauer Gemeinde Mautern, wo im 5. Jahrhundert der heilige Severin karitativ wirkte. Krems, die bekannte Weinbaustadt, wird 995 erstmals erwähnt, und im 11., 12. und 13. Jahrhundert errichteten fast alle bedeutenden Klöster des österreichischen und bayerischen Voralpenraums hier landwirtschaftliche Betriebshöfe, die dem österreichischen Weinbau seine erste Blüte bescherten.

Bis ins späte 18. Jahrhundert tat sich dann allerdings nichts Entscheidendes mehr. Erst Kaiser Josef II., der 1784 mit seiner berühmten Zirkularverordnung das Ausschankrecht der Heurigenlokale bestätigte, sorgte für neue Energie. Er setzte große Anstrengungen in Richtung eines ernst zu nehmenden Qualitätsweinbaus frei, die Mitte des 19. Jahrhunderts in der Gründung der Weinbauschule von Klosterneuburg – eine der ersten der Welt – gipfelten.
Auch die Reblaus konnte diesen Elan nicht brechen, der in den ersten Jahrzehnten des 20. Jahrhunderts zur Züchtung zahlreicher Sorten wie Zweigelt, Blauburger, Goldburger oder Jubiläumsrebe und in den 1930er Jahren zur Entwicklung der Hochkultur durch Professor Lenz Moser führte: Dabei erlaubt die hohe Stockerziehung mit einer ebenfalls hohen Laubwand die rationellere Weinbergsbearbeitung und garantiert überwiegend gesundes Traubenmaterial.
Auf den Zweiten Weltkrieg folgte eine rapide Expansion der Rebflächen und die erste Einteilung des Landes in Weinbaugebiete, die bis 1985 Bestand haben sollte. Wie die anderen europäischen Weinbaunationen stand aber auch Österreich in jener Zeit unter dem unheilvollen Stern der uferlosen Massenproduktion. Die tiefe Krise, in die eine kleine Gruppe von Panschern den österreichischen Weinbau 1985 stürzte, als sie mit Glykol versetzte Spätlesen auf den Markt brachte, sorgte für ein böses Erwachen. Österreichs Weinwirtschaft reagierte in dieser Situation vorbildlich mit einem neuen Weingesetz, dem strengsten der europäischen Weinwelt. Mit dem festen Willen, allen zu zeigen, welche Qualitäten im eigenen Land noch schlummerten, machten sich die besten Winzer in Wachau, Burgenland und Steiermark daran, Weine zu keltern, die schon bald Aufmerksamkeit erregten.
Zumindest seit dieser Zeit gelten österreichische Weine auf dem Gebiet der trockenen Weißweine und der Süßweine als absolute Spitzenprodukte. Österreichische Winzer werden seitdem für ihre Rieslinge, Veltliner, Beerenauslesen oder Ausbrüche auch international mit Auszeichnungen und Ehrungen überhäuft. Dieser Schwerpunkt erklärt sich vor allem durch die klimatischen Bedingungen der Alpenrepublik, die den edlen Weißweinsorten zugute kommen, da sie daraus ihre Finesse, aber auch die Altersfähigkeit beziehen. Dass Riesling in der Wachau Spitzenweine zeigt, ist bekannt, doch auch der oft als Massenträger unterschätzte Grüne Veltliner kann auf guten Lagen und bei kontrollierten Erträgen über sich hinauswachsen. Wirklich erstaunlich ist jedoch, was in Burgenland oder Steiermark aus Sorten wie Bouvier, Muskateller oder Welschriesling produziert wird, die hier je nach Jahrgang und Lage üppige Exotik oder filigrane Frucht hervorzaubern.
Durch sorgfältige Arbeit in den Weinbergen, die Einführung des Barriques in die Kellerarbeit und rigide Ertragsbegrenzung konnten vor allem die burgenländischen Winzer in den letzten Jahren Rotweine von fast mediterranem Niveau erzielen. Frucht und Eleganz der Weine, verbunden mit perfekter Vinifizierung könnten auch international für Aufmerksamkeit sorgen. Österreichs Weinbau hat gewissermaßen zwei rote Asse im Ärmel: den einheimischen Blaufränkisch und den über Deutschland aus Frankreich eingeführten St. Laurent, aus denen in den 1920er und 1930er Jahren der Zweigelt gezüchtet wurde. Einzeln oder im Verschnitt besitzen diese Sorten ein solches Potential, dass sie weder Cabernet Sauvignon noch Spätburgunder – bei aller Eignung für einige wärmere Weinberglagen des Landes – eine reelle Entfaltungschance gelassen haben. Angesichts des in Zukunft immer gleichförmiger werdenden Weltweinbau-Panoramas könnten sie sich zu Trumpfkarten entwickeln.

Im Südosten der Steiermark, nahe der slowenischen und ungarischen Grenze, liegt Kapfenstein.

Österreichs Weinregionen

Österreichs Anbaugebiete, die sich, sieht man einmal von den wenigen Hektar Weinbergfläche im Vorarlberg ab, in Form eines Halbmonds um die östliche Landeshälfte und die Hauptstadt Wien legen, bilden den Übergang von den nördlichen, kühleren zu den südlichen und warmen Klimazonen Europas, die sich in den beiden Hauptanbaugebieten Niederösterreich und Burgenland – vor allem durch das Aufeinandertreffen des kontinentalen Waldviertler und des heißen pannonischen Klimas – manifestieren. Die großen Wasserflächen der Donau und des Neusiedler Sees fungieren darüber hinaus wie ein Puffer zwischen den Extremen der jeweiligen Klimata. Sie wirken bei kühlem Wetter als Wärmespender, bei sommerlicher Hitze mildern sie dagegen die Temperatur. Unter diesen Bedingungen gelingen vor allem Sorten, die aus der Wärme Kraft schöpfen und denen die nächtliche Kühle im Spätsommer und Herbst das notwendige aromatische Potential mitgeben kann.

Die kühlsten Weinbaugebiete des Landes sind diejenigen, die am weitesten vom Einfluss des großen pannonischen Raums und der ungarischen Tiefebene entfernt sind. Das gilt vor allem für Wachau, Krems- und Kamptal sowie für das nordwestliche Weinviertel in Niederösterreich und die südlichen und westlichen Teile der Steiermark. Nicht zufällig entstehen hier auch die feinsten und fruchtigsten Weißweine, der Grüne Veltliner dominiert vor allem in Niederösterreich, und der Riesling – obwohl nur auf einer prozentual unbedeutenden Rebfläche kultiviert – bringt hier einige seiner besten Gewächse weltweit hervor. In der Steiermark fallen die Weißweine noch ein wenig filigraner, allerdings oft auch schlanker aus, und hier bringt neben den internationalen Sorten Chardonnay und Sauvignon Blanc erstaunlicherweise auch der oftmals eher blass und neutral erscheinende Welschriesling feinfruchtige Weine mit gutem Charakter hervor.

Brücke zwischen Nord und Süd

Anders ist die Situation in den östlichen Teilen Niederösterreichs und im Burgenland, insbesondere im Umkreis des Neusiedler Sees. Hier herrschen bei den weißen Sorten diejenigen vor, die viel Wärme vertragen und die sich für die Produktion üppiger, oft edelsüßer Weißweine eignen. Auch die Rotweinsorten wie Blaufränkisch, Zweigelt, St. Laurent, Pinot Noir, sogar Cabernet Sauvignon, die mehr Wärme und Sonne brauchen, um zur Reife zu gelangen, haben hier ein ideales Terroir gefunden, wobei mit Ausnahme vielleicht des Blaufränkischen in den letzten Jahren vor allem Verschnitte aus zwei oder drei dieser Sorten von sich reden machten.

Eine gesunde Mischung zwischen den beiden kühleren Gegenden und dem heißen Pannonien bilden Wien und die sich im Süden anschließende Thermenregion. In Wien werden zwar traditionell vor allem Weißweinsorten kultiviert, aber einige der jüngeren Winzer haben in den letzten Jahren auch mit herrlichen Rotweinen überzeugt. Bei der Thermenregion ist die Zweiteilung von Rot- zu Weißweinen sogar geografisch eindeutig festzumachen mit der Grenzlinie zwischen den Hängen des Wienerwalds und der Ebene Richtung Neusiedler See, wo die Bedingungen denen der östlichsten Anbaugebiete schon sehr weitgehend ähneln. Schließlich muss auch Vorarlberg, das westlichste Bundesland, erwähnt werden, wo kleinere Mengen feiner Weißweine gekeltert werden, die allerdings keinerlei wirkliche kommerzielle Bedeutung erlangen konnten.

- Weinviertel
- Kamptal
- Kremstal
- Wachau
- Traisental
- Donauland
- Wien
- Thermenregion
- Carnuntum
- Neusiedler See
- Neusiedler See Hügelland
- Mittelburgenland
- Südburgenland
- Südoststeiermark
- Weststeiermark
- Südsteiermark
- Weinbaugebiete angrenzender Länder

Links:
Wo die Wachau am schönsten ist – Dürnstein im Donautal

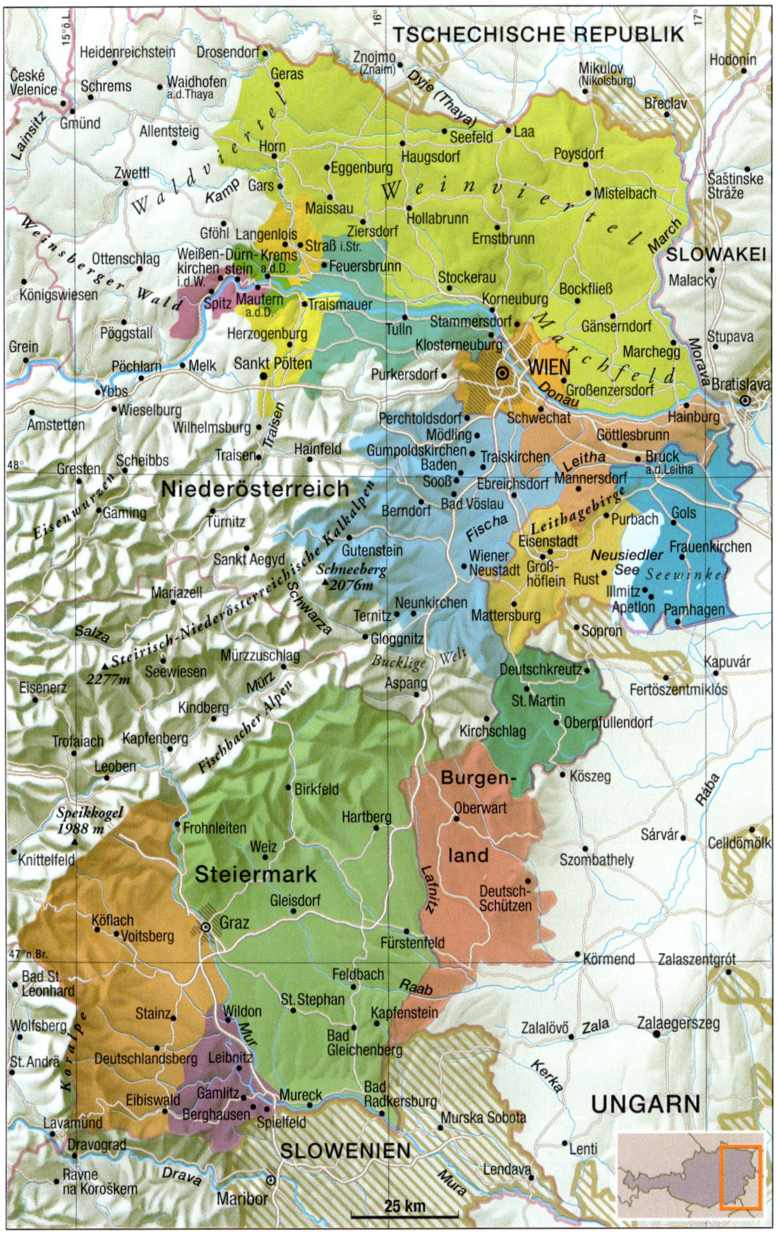

Rebflächen und Produktionsmengen		
Bundesland Anbaugebiet	Rebfläche (ha)	Jahresproduktion 1990er Jahre (hl) im Durchschnitt
Niederösterreich	30 688	1 450 000
Wachau	1 350	
Kremstal	2 214	
Kamptal	3 858	
Donauland	2 755	
Traisental	713	
Carnuntum	1 012	
Weinviertel	16 263	
Thermenregion	2 519	
Burgenland	16 030	775 000
Neusiedler See	8 332	
Neusiedlersee-Hügelland	5 349	
Mittelburgenland	1 912	
Südburgenland	437	
Steiermark	3 668	145 000
Südsteiermark	1 902	
Weststeiermark	531	
Südoststeiermark	1 230	
Wien	620	22 000
außerhalb der Anbaugebiete	21	n n
Summe	51 027	2 400 000

Zahlen von 1998 / 1995, Quelle: ÖWM

Im renommierten Winzerdorf Spielfeld in der Südsteiermark genießt man im Sommer mediterranes Klima, doch im Winter sorgt die Höhenlage nicht selten für Schnee.

Donaulandschaften

In Österreich hat sich ökologische Landwirtschaft weiter durchgesetzt als in jedem anderen Land. Ein begrünter Weinberg wie dieser in der Wachau ist kein seltener Anblick mehr.

Die bekanntesten Weinlandschaften von Österreich liegen an den Ufern der Donau, weniger als hundert Kilometer flussaufwärts der Metropole Wien. Krems, die alte Weinstadt, ist Zentrum einer Ansammlung von Weinbaugebieten, die in ihrem heutigen Zuschnitt größtenteils erst in den letzten zwei Jahrzehnten festgelegt wurden. Die Wachau ist ohne Zweifel das renommierteste dieser Gebiete. Schon in der Mitte des ersten Jahrtausends unserer Zeitrechnung wurde hier Weinbau betrieben. Die sanften Windungen der Donau zwischen Melk und Mautern, an deren Nordufern sich Weinbauterrassen die Hänge hinaufziehen, können mit den schönsten Weinlandschaften Europas konkurrieren und schlagen nicht zuletzt deshalb Jahr für Jahr Hunderttausende Besucher in ihren Bann.

Die klimatische Sonderstellung des Donautals geht aus seiner besonderen Lage an der Schnittstelle zwischen dem pannonischen und dem noch atlantisch geprägten Waldviertler Klima hervor und sorgt für den ständigen Austausch von warmen und kühlen Luftmassen, was den Trauben die Wärme zum Reifen und die nächtliche Kühle zur Ausbildung ihrer Aromen gibt.

Hinsichtlich ihrer Bodenbeschaffenheit sind die Weinberge der Wachau – berühmt sind Loibenberg, der Dürnsteiner Kellerberg, Achleiten und Klaus oder auch der Spitzer Singerriedel – geprägt von Urgesteinsformationen aus eisenhaltigem Gneis, Granit oder Schiefer, wobei in den niedrigeren Lagen auch Löß, Sand und Schwemmlandschotter die Oberhand gewinnen können.

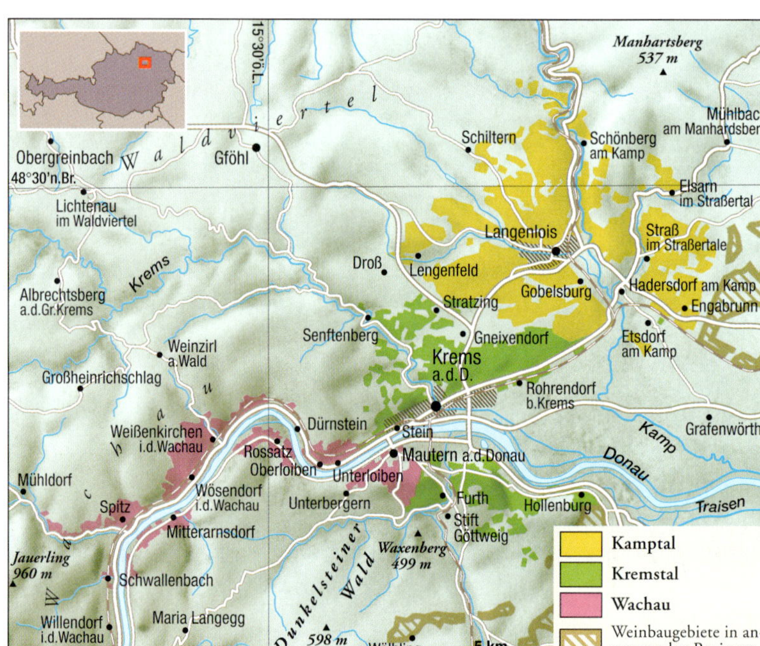

Sonderfall Wachau

Die Wachau ist in österreichischer wie in europäischer Perspektive einer der absoluten Sonderfälle des Weinbaupanoramas. Und dies nicht nur, weil ihre Weinberge überwältigende Rieslinge und Grüne Veltliner hervorbringen, sondern weil es den Winzern der Region in den 1980er Jahren gelang, sich in einer starken Vereinigung zu organisieren, der ›Vinea Wachau Nobilis Districtus‹.
Diese Organisation konnte mit großem politischen Geschick eine selbst von dem strengen, meist eher vereinheitlichenden Weingesetz des Landes akzeptierte neue Bezeichnungsregelung durchsetzen, die herkömmliche Qualitätsweinprädikate weit hinter sich lässt, was Namengebung und Produktionsbestimmungen betrifft. Wachauer Qualitätsweine werden nicht in die Prädikatsstufen Kabinett, Spätlese und Auslese eingeteilt, sondern als Steinfeder, Federspiel und Smaragd etikettiert.

- Steinfeder-Weine sind die leichtesten in dieser Klassifizierung, sie bringen es auf ein Mostgewicht von 15 bis 17° KMW (Klosterneuburger Mostwaage; entspricht knapp 82° Oechsle) und maximal 10,8 Volumenprozent Alkohol.
- Federspiel kommt einer Prädikatsstufe zwischen Kabinett und Spätlese gleich. Die Weine müssen dabei ein Mostgewicht von mindestens 17° KMW sowie einen Alkoholgehalt von nicht mehr als 11,9 Volumenprozent haben und weisen maximal 4 g Restzucker pro Liter auf.
- Smaragd-Weine, die höchste Stufe, liegen zwischen Spät- und Auslese und müssen mindestens 18,2° KMW Mostgewicht vorweisen, dürfen dabei aber höchstens 8 g Restzucker pro Liter Wein zeigen.

In der Wachau zeigen die Tore zu Winzerhöfen und das Weingesetz eine eigene Handschrift.

Wachau

Die Wachau ist das österreichische Herrschaftsgebiet des Rieslings, dessen Ursprünge so mancher Österreicher gern hier lokalisiert. Daneben existiert aber aufgrund der verschiedenen Böden eine vielfältige Rebenpalette, die hier ihr jeweils bestes Umfeld findet. Neben dem Riesling ist vor allem der Grüne Veltliner zu nennen, der anderswo nur selten eine ähnliche Aroma- und Geschmacksfülle entwickelt. Aber auch Sauvignon Blanc oder Chardonnay, den die auf ihre Einmaligkeit bedachten Wachauer vergeblich in Feinburgunder umzunennen versuchten, finden hier ein optimales Terroir zur Ausprägung all ihrer Feinheiten.
Wie sehr sie auf ihre Individualität bedacht sind, bewiesen die Wachauer der Welt schon Mitte der 1980er Jahre, als sie sich zu der inzwischen hoch angesehenen Vereinigung ›Vinea Wachau‹ zusammenschlossen. Unter diesem Label definierten und benannten sie ihre ganz eigenen Qualitätsstufen und erkämpften sich das Recht, sie sogar offiziell als Namen führen zu dürfen. Seitdem sucht man Kabinettweine, Spät- oder Auslesen in der Wachau vergebens, hier trinkt man stattdessen Steinfeder, Federspiel und Smaragd.

Auf dem Weg in den Weinberg-Alltag in Loiben

Kremstal und Kamptal

Deutlich weniger bekannt als die Wachau, dabei aber von nicht geringerem Qualitätspotential, sind zwei weitere Weinbaugebiete im Umkreis der Stadt Krems, Kremstal und Kamptal. Bei den westlichen Lagen des Kremstals ist das nicht einmal verwunderlich, denn die Weinberge am Pfaffenberg und am Steiner Hund gehören geologisch und klimatisch gesehen eigentlich noch zur Wachau, der sie nur aus politischen Gründen ausgegliedert wurden.
Nur wenige hundert Meter weiter, wo die Donau aus dem engen Tal der Wachau in die breite Ebene eintritt, herrschen schon spürbar stärkere pannonische Klimabedingungen, und auch was die Böden betrifft, sind die Unterschiede zur Wachau nicht mehr zu übersehen. Mächtige Lößterrassen ziehen sich von der Stadt aus Richtung Nordosten und bilden ein hervorragendes Terroir für den Grünen Veltliner, der hier manchmal noch dichter, selten aber feiner gerät als in der Wachau. Auch auf den Lehm- und Konglomeratböden der übrigen Teile von Kremstal und Kamptal wachsen hervorragende Grüne Veltliner, Chardonnays und sogar rote Sorten.
Eine der wenigen Urgesteinsformen des Kamptals ist der Heiligenstein, ein Monolith, der über den Gemeinden Zöbing und Langenlois thront. Seine Rieslinge sind denen der Wachauer Spitzenlagen absolut ebenbürtig, vor allem wenn sie aus Trauben alter Rebbestände gekeltert werden.

Ausgewählte Erzeuger in Wachau, Kremstal und Kamptal

Leo Alzinger*–******
Dürnstein-Unterloiben
4,5 ha; 36 000 Fl. • Weine: Grüner Veltliner, Riesling, Chardonnay von Frauenweingarten, Mühlpoint, → Loibenberg, → Steinertal, Hollerin, Höhereck
Leo Alzingers Maxime heißt schonende Behandlung des Traubenguts und der Moste. Die Trauben werden nur entrappt, ohne Pumpen weiterbewegt, mit Spontanhefen vergoren und dann im Holzfass oder Stahltank ausgebaut. Das Resultat sind immer geradlinige und komplexe Weine, die in jeder Hinsicht überzeugen.

Wilhelm Bründlmayer / Schloss Gobelsburg*–*******
Langenlois / Gobelsburg
60 ha / 32 ha; 250 000 Fl. / 350 000 Fl. • Weine: Grüner Veltliner, → Riesling, → Chardonnay, Zweigelt, Blauer Burgunder, St. Laurent, Merlot u. a. von → Heiligenstein, → Spiegel, Loiserberg, → Berg Vogelsang, Dechant, Gaisberg, Hussen, → Lamm
Willi Bründlmayer war Ende der 1980er Jahre einer der Ersten, die mit ihren Weinen im Ausland Erfolge feierten. Vor allem sein Chardonnay sorgte für Aufsehen und gewann manche Vergleichsverkostung mit berühmteren Gewächsen. Die eigentlichen Spitzen der Produktion aber sind die Rieslinge vom Heiligenstein. Seit 1996 hat Bründlmayer auch die Bewirtschaftung des Weinguts von Schloss Gobelsburg übernommen und dessen Weine wieder zu dem gemacht, was sie dem Potential der Lagen zufolge sein mussten: Kamptaler Spitzen.

Peter Dolle–******
Strass
20,5 ha; 200 000 Fl. • Weine: Grüner Veltliner, Riesling, Weißburgunder, St. Laurent u. a. von → Gaisberg, Brunngasse, Hasel, Sandgrube
Während andere Winzer Niederösterreichs sich an Chardonnay versuchten, setzte Peter Dolle vor allem auf Weißburgunder. Die Spitze der aktuellen Produktion wird jedoch von seinem Veltliner und Riesling gehalten.

Ludwig Ehn*–******
Langenlois
11 ha; 50 000 Fl. • Weine: Grüner Veltliner, Riesling, Chardonnay, Sauvignon, Blauer Burgunder u. a. von → Seeberg, → Panzaun, → Heiligenstein, → Titan
Moderne, fruchtig-runde Weine, bei denen die teilweise deutliche Restsüße harmonisch wirkt, sind das Markenzeichen von Ludwig und Michaela Ehns Weingut im Zentrum von Langenlois, dessen Spitzenwein ein im Barrique ausgebauter Grüner Veltliner namens Titan ist.

Freie Weingärtner Wachau–******
Dürnstein
650 ha; 3 200 000 Fl. • Weine: Grüner Veltliner, Riesling, Neuburger, Müller-Thurgau, Weißburgunder von Loibenberg, → Kellerberg, → Achleiten, Vorderseiber, → Singerriedel, Tausendeimerberg
Diese Genossenschaft, die hinsichtlich der Qualität leicht mit den besten der Wachau konkurrieren kann, in der Preisentwicklung diesen Ehrgeiz aber nicht kennt, leistet Erstaunliches. Gepresst wird in fünf Kelterhäusern, das Zentrum des Betriebs befindet sich in Dürnstein in der Nähe des beeindruckenden Barockschlösschens der Weingärtner, deren Trumpf neben der hochkarätigen Führungsmannschaft vor allem der große Anteil an der Riesling-Spitzenlage Kellerberg ist.

Geyerhof, Familie Maier–******
Furth / Gottweig
12 ha; 40 000 Fl. • Weine: Grüner Veltliner, Weißburgunder, Riesling, Zweigelt u. a. von Richtern, Hoher Rain, Gaisberg, Rosensteig, → Sprinzenberg, → Steinleithn
Hervorragende Rotweine. Die Stärken des Betriebs sind jedoch die Veltliner der verschiedenen Lagen. Der Betrieb wird seit Anfang der 1990er Jahre ökologisch bewirtschaftet.

Ludwig Hiedler*–******
Langenlois
15 ha; 90 000 Fl. • Weine: Grüner Veltliner, Weißburgunder, Riesling, Chardonnay u. a. von → Thal, → Spiegel, → Heiligenstein, Loiserberg, Kittmannsberg, → Liubisa
Hiedler hat seine Kellerwirtschaft konsequent auf modernste Techniken und Methoden umgestellt. Liubisa, einer seiner besten Weine, ist aus Spätburgunder und Sangiovese verschnitten und stellt eine der extravagantesten Cuvées Österreichs dar.

Franz Hirtzberger*–*******
Spitz
11 ha; 120 000 Fl. • Weine: Grüner Veltliner, Riesling, Weißburgunder, Chardonnay u. a. von → Singerriedel, Hochrain, Rotes Tor, Steinporz, Donaugarten, → Grüner Veltliner Honivogl
Der Obmann der Vereinigung ›Vinea Wachau‹ besitzt nicht nur große Stücke einer der absoluten Spitzenlagen der Wachau, des Singerriedel in Spitz mit seinen bis zu 70° steilen Hängen, sondern ist auch im Keller ein absoluter Perfektionist. Saft, Eleganz und Struktur zeichnen seine Rieslinge aus, wobei der Honivogl und der Chardonnay qualitativ kaum zurückstehen.

Josef Högl*–*******
Spitz
4,5 ha; 30 000 Fl. • Weine: Riesling, Grüner Veltliner, Sauvignon u. a. von → Bruck, → Schön, Birn, Riesling Terrassengärten, Grüner Veltliner Gärten Loiben
Bevor Högl den väterlichen Betrieb übernahm, arbeitete er mehrere Jahre bei Franz Xaver Pichler und Franz Prager. Seine Weine, vor allem Veltliner der Riesde Schön und Riesling vom Bruck, gehören seit Anfang der 1990er Jahre zu den Spitzen des Wachauer Weinbaus und machen in Dichte und Komplexität denen seiner Lehrmeister erfolgreich Konkurrenz.

Josef Jamek*–****
Weissenkirchen
19 ha; Fl. n.n.• Weine: Riesling, Grüner Veltliner, Chardonnay, Spätburgunder u. a. von → Klaus, → Achleiten, Zweikreuzgarten, Pichl, Stein am Rain, Marienfeld
Jamek hatte in den 1990er Jahren ein wenig den Anschluss verloren und seine Weine wirkten müde und unmodern. Sein Nachfolger im Keller lässt hoffen.

Emmerich Knoll*–*******
Dürnstein-Unterloiben
9,5 ha; 65 000 Fl. • Weine: Grüner Veltliner, Riesling, Chardonnay u. a. von → Loibenberg, Kreutles, → Schütt, Kellerberg, Pfaffenberg
Gute Lagen wie Schütt, Kellerberg und Pfaffenberg bilden den Grundstock zur exzellenten Weinpalette Emmerich Knolls. Im Weinberg arbeitet er nach möglichst naturnahen Methoden, im Keller zieht er Spontangärung dem Gebrauch von Reinzuchthefen vor, und seine Weine müssen sechs bis neun Monate lagern, bevor sie in den Verkauf gelangen.

Karl Lagler **–****
Spitz
13 ha; 50 000 Fl. • Weine: Grüner Veltliner, →Riesling u. a. von →Steinborz, Hartberg, Burgberg, Donaugarten, →Tausendeimerberg, Vorderseiber
Karl Lagler ist einer der renommiertesten Winzer von Spitz. Seine Rieslinge von Steinborz und Tausendeimerberg sind fest und würzig, gelegentlich regelrecht üppig. Über seinem vor einigen Jahren neuerrichteten Kelterhaus mitten in den Weinbergen betreibt die Winzerfamilie ein gemütliches Hotel.

Fred Loimer ***–****
Langenlois
16 ha; 60 000 Fl. • Weine: Grüner Veltliner, Chardonnay, Weiß- und Grauburgunder, Riesling u. a. von →Spiegel, Käferberg, Seeberg, Steinmassel, Ladner, Sachsenberg
Loimers Grüner Veltliner vom Spiegel aus alten Rebstöcken ist einer der konstant besten Weine dieser Sorte in ganz Österreich und besticht mit dichter Frucht, komplexem Bukett, Kraft, Saft und gelegentlich auch harmonisch eingebundener Restsüße.

Gerald Malat ***–****
Furth / Göttweig
30 ha; 200 000 Fl. • Weine: Grüner Veltliner, Chardonnay, Riesling; Blauer Burgunder, Cabernet u. a. von Höhlgraben, Steinbühel, Hochrain, Pinot Blanc sur lie, →Das Beste vom Veltliner, →Das Beste vom Riesling
Im Gegensatz zu vielen seiner Kollegen setzt Malat bei seinen Spitzenweinen weniger auf Lagenselektionen als auf Cuvées unter dem Label ›Das Beste von …‹ In seinem modern eingerichteten Keller produziert er außerdem einen überzeugenden Chardonnay. Malat war einer der Ersten, die Cabernet Sauvignon in Österreich auspflanzten.

Mantlerhof **–*****
Brunn im Felde
16 ha, 70 000 Fl. • Weine: Grüner Veltliner, →Roter Veltliner, Riesling, Chardonnay u. a. von Weitgasse, →Spiegel, Tiefenthal, Wieland, →Reisenthal
Sepp Mantler ist als Spezialist für eine seltene Rebsorte bekannt, den Roten Veltliner, aus dem er in guten Jahren intensive, dichte und oft auch restsüße Weine keltert. Auch seine Rieslinge und Veltliner haben in den letzten Jahren an Ausdruck und Gleichmäßigkeit gewonnen.

Sepp Moser ***–****
Rohrendorf
43 ha; 300 000 Fl. • Weine: Grüner Veltliner, Chardonnay, Riesling, Zweigelt, Cabernet u. a. von →Gebling, Wolfsgraben, →Schnabel, Hedwighof, Siebenhand, Hollabern, →Sauvignon Blanc Atriumweingärten
Moser, Mitglied der berühmten Rohrendorfer Wein-Dynastie, hat sein Weingut erst spät gegründet, sich aber bald als Spitzenproduzent etabliert. Er füllt nicht nur hervorragende Weine des Kremstals ab, sondern besitzt mit dem Hedwigshof im burgenländischen Seewinkel auch ausgezeichnete Rotweinlagen.

Nikolaihof, Familie Saahs ***–****
Mautern
16 ha; 140 000 Fl. • Weine: in Krems-Stein: Riesling, Grüner Veltliner, Weißburgunder, Neuburger u. a. von →Steiner Hund, →Im Weingebirge, →Vom Stein, Baumgarten, Burggarten, Süßenberg
Seit 985 wird in dem einstigen Betriebshof der Erzdiözese Passau Weinbau betrieben. Klaus und Christiane Saahs, die gegenwärtigen Besitzer, haben sich früh dem ökologischen Weinbau verschrieben und im Lauf der Jahre bewiesen, dass Spitzenqualität und biologische Anbau- und Verarbeitungsmethoden durchaus vereinbar sind. Ihre Rieslinge und Veltliner aus Kremstaler und Wachauer Lagen besitzen große Alterungsfähigkeit.

Franz Xaver Pichler ****–*****
Dürnstein-Oberloiben
7,5 ha; 80 000 Fl. • Weine: Grüner Veltliner, Riesling, Sauvignon u. a. von Loibenberg, Steinertal, →Kellerberg, →M
Der weithin bekannte Star des Wachauer Weinbaus ist vom Veltliner fast mehr überzeugt als vom Riesling. Franz Xaver Pichler produziert Monumente: dicht, würzig, kräftig (manchem Kritiker auch zu viel davon). Das Geheimnis seiner Weine liegt in den exzellenten Weinbergparzellen, in den traditionellen Methoden der Weinbereitung – hier wird noch mit Spontanhefe im Holzfass vergoren – und in rigider Selektion und Ertragsbegrenzung. Als ›M‹ werden in guten Jahren die jeweils besten Fässer gefüllt, ganz gleich ob Riesling oder Veltliner.

Rudi Pichler ***–****
Weissenkirchen
5,5 ha; 30 000 Fl. • Weine: Grüner Veltliner, Riesling, Weißburgunder u. a. von →Achleiten, Kollmütz, →Hochrain, Höll, Kirchweg
Rudi Pichler hat sich in den letzten Jahren in der Spitzengruppe der Wachauer Winzer etabliert. Seine modernen, extraktreichen Weine werden im Stahltank vergoren und anschließend im Holzfass ausgebaut.

Franz Prager **–****
Weissenkirchen
13 ha; 85 000 Fl. • Weine: Riesling, Grüner Veltliner, Chardonnay u. a. von →Achleiten, →Steinriegl, →Klaus, Hinter der Burg, Hollerin, Kaiserberg, Kollmitzberg
Der Betrieb wird seit mehr als zehn Jahren von Pragers Schwiegersohn Toni Bodenstein geführt. Der Anhänger einer Lagenklassifizierung und Autor einer Wachauer Lagenkarte keltert in guten Jahren Spitzenweine, wobei die Qualitäten zuweilen etwas uneinheitlich wirken.

Sonnhof, Familie Jurtschitsch **–****
Langenlois
47 ha; 300 000 Fl. • Weine: Grüner Veltliner, Riesling, Chardonnay u. a. von →Loiserberg, →Steinhaus, Fahnberg, Spiegel, Ladner, Heiligenstein
Drei Brüder teilen sich die Arbeit im Langenloiser Paradeweingut, das sich vor allem mit seinen Grünen Veltlinern einen hervorragenden Namen gemacht hat.

Undhof, Erich Salomon **–****
Krems-Stein
20 ha; 100 000 Fl. • Weine: Grüner Veltliner, Riesling u. a. von Undhof-Wieden, Kögl, Wachtberg, Pfaffenberg, Hund
Das Traditionsweingut im Kloster hat Ende der 1980er Jahre eine Krise erlebt, aber mit der Runderneuerung des Fassbestandes und der Modernisierung des Weinmachens wieder Anschluss an die Elite des Kremstals gefunden. Mit Kögl und Pfaffenberg besitzt man gleich zwei der besten Riesling-Lagen, während direkt hinter dem Kloster sehr guter Veltliner wächst.

Weinviertel

Der romantische Innenhof des Weinguts Pfaffl in Stetten, nur einen Katzensprung nordöstlich von Wien, wo man sich insbesondere auf Grüne Veltliner und Rotweine bestens versteht.

Das Weinviertel, grösstes und produktivstes Weinbaugebiet des Landes, erstreckt sich über den gesamten nordöstlichen Teil Niederösterreichs. Hier wird rund ein Drittel der österreichischen Gesamtrebfläche bewirtschaftet, und einzelne Weinbaugemeinden wie etwa Retz bringen es allein auf ähnliche Produktionsmengen wie die gesamte Wachau. Dennoch genoss das Gebiet jahrzehntelang einen fragwürdigen Ruf hinsichtlich der Qualität seiner Weine. Die Ursache dafür lag keineswegs im fehlenden Potential, sondern daran, dass man sich hier – bedingt vielleicht auch durch die einstige Randlage am Eisernen Vorhang – zu lange darauf beschränkt hatte, die großen Wein- und Sektkellereien des Landes mit Grundweinen zu beliefern.

Auch das Weinviertel liegt im Grenzbereich der pannonischen Klimazone und genießt daher die besten Voraussetzungen für den Weinbau. Hier findet man dicke Lößschichten, die für den Grünen Veltliner geeignet sind, aber die Bodenkarten

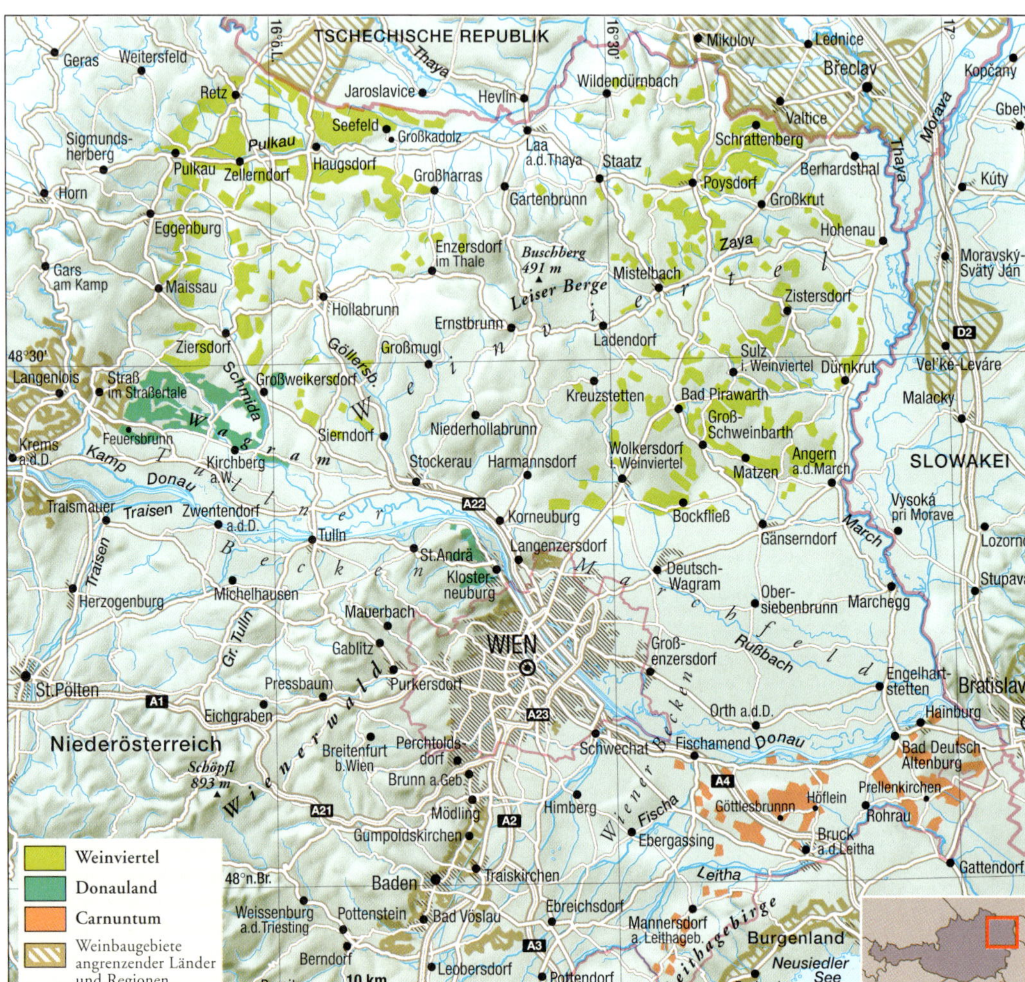

verzeichnen außerdem Kalk- und Silikatböden, Lehm, Sand und sogar Urgesteinsformationen wie in der Wachau, was zur Folge hat, dass auch die Burgundersorten, der Traminer und sogar Riesling in bestimmten Lagen heimisch sind.

Die beiden Weinbauzentren dieses Gebiets sind Retz im Westen und Falkenstein im Nordosten, beides früher eigenständige Regionen. Wenn auch im Weinviertel grundsätzlich der Weißwein dominiert, gibt es doch an der Grenze zu Tschechien im Norden auch ein oder zwei ausgesprochene ›Rotweininseln‹, die in jüngster Zeit mit interessanten Qualitäten hervortraten.

An seiner Südseite grenzt das westliche Weinviertel an das Donauland. In seiner jetzigen Ausdehnung ist es eins der jüngsten Weinbaugebiete Österreichs und erst durch die Abspaltung von Carnuntum im Osten und des eher unbedeutenden Traisentals im Südwesten entstanden. Von den Lößterrassen des Kamptals reicht es bis zu den Ausläufern des Wienerwalds vor den Toren der Hauptstadt. Der größte Teil seiner Weinberge erstreckt sich links der Donau an den Hängen des Wagram, lediglich bei Klosterneuburg und an den nördlichen Hängen des Kahlenbergs findet man Reben auch auf der anderen Donauseite. Hier werden überwiegend einfache, fruchtige, kraftvolle Weine aus Grünem Veltliner und Müller-Thurgau gekeltert, daneben gibt es ein wenig Riesling, Roten und Frühroten Veltliner, Portugieser und Zweigelt.

Bis vor rund zehn Jahren war Carnuntum mit dem Donauland zusammengefasst. Im Umfeld der alten römischen Garnison, die lange vor Wien politisches und kulturelles Zentrum Österreichs, besser gesagt der damaligen römischen Provinz Pannonia superior war, sind nur rund 1 000 Hektar mit Reben bestockt. Die Weinberge auf den Ausläufern der Thermenberge eignen sich besonders gut für die Produktion kräftiger Weiß- und Rotweine.

Die Mischung aus dicken Lößschichten, aus den Schotterablagerungen der Donau und gelegentlichen Flecken von Braunerdeböden bildet vor allem für Rotweine ein ideales Terroir. Auch die Jungwinzer vom Carnuntum haben dies erkannt, und seit ein paar Jahren sorgen sie mit hervorragenden Produkten für Aufsehen. Die Markengemeinschaft ›Rubin Carnuntum‹ verschafft ihnen Publizität, und sogar einen weißen Primeurwein, den Primus Carnuntum, hat man vor einigen Jahren erfolgreich aus der Taufe gehoben.

Ausgewählte Erzeuger

Walter Glatzer ***–****
Göttlesbrunn
9 ha; 80 000 Fl. • Weine: Grüner Veltliner, Welschriesling, Zweigelt, Blaufränkisch u.a. von Kräften, Heideacker, Schüttenberg, Aubühel, Zwiering
In den letzten Jahren auf mehrheitlich rote Sorten umgestellter Betrieb. Hervorragend: der Blaufränkisch, der Zweigelt Dornenvogel und die Cuvée Gotinsprun.

Schloss Weingut Graf Hardegg **–****
Seefeld-Kadolz
43 ha; 200 000 Fl. • Weine: Grüner Veltliner, Riesling, Weißburgunder, Merlot, Zweigelt u.a. von Dreikreuzer, Lange Riede, Neuriß, Steinbügel, Sonnbergen, Zeiselberg, → Maximilian, → Merlot / Cabernet Max
Peter Veyder-Malberg ist der qualitative Aufschwung wie auch eine Reihe der jüngeren Experimente zu verdanken, unter anderem mit der Rhône-Sorte Viognier.

Gerhard Markowitsch ***–****
Göttlesbrunn
10,5 ha; 70 000 Fl. • Weine: Grüner Veltliner, Chardonnay, Riesling, Zweigelt, Blaufränkisch, Cabernet von → Rosenberg, Rubin Carnuntum, Redmont
Gerhard Markowitsch setzt neue Maßstäbe für das Gebiet.

Roland Minkowitsch ***–****
Mannersdorf
7,5 ha; 30 000 Fl. • Weine: Riesling, Welschriesling, Grüner Veltliner, Gewürztraminer u.a. von → Zwiefelhab, Kapellenfeld, Jähelissen, Kohler
Traditionelle Weinbereitung in Holzfässern und sogar einer alten Baumpresse. Reintönige und gleichzeitig komplexe Weine.

Bernhard Ott **–****
Feuersbrunn
10 ha; 60 000 Fl. • Weine: Grüner Veltliner, Riesling u.a. von → Rosenberg, Stiegl, Storz, → Brenner
Überzeugende Veltliner, Sauvignon Blanc und sogar Riesling.

R. & A. Pfaffl ***–****
Stetten/Schlossgut Bockfliess
19 ha/ha n.n.; 150 000 Fl./60 000 Fl. • Weine: Grüner Veltliner, Riesling, Weißburgunder, Chardonnay, St. Laurent, Zweigelt u.a. von Seiser am Eck, Sandlern, Zeiseneck, → Hundsleiten, Rossern, Haidviertel, Sandtal, Neuberg, Hochfeld, → Cabernet Excellent, Chardonnay Exklusiv
Vor allem die Grünen Veltliner des Betriebs gelingen außergewöhnlich gut.

Familie Pitnauer ***–****
Göttlesbrunn
9,5 ha; 50 000 Fl. • Weine: Grüner Veltliner; St. Laurent, Zweigelt, Cabernet u.a. von Kräften, Bärenreiser, Hagelsberg, Schüttenberg, Franz Josef, → Pegasos, Bienenfresser
Die jüngste Kreation, der Pegasos aus 80 Prozent Syrah, ist in Österreich eine absolute Rarität.

Anton Wöber ***–****
Ziersdorf
6,5 ha; 30 000 Fl. • Weine: Grüner Veltliner, → Roter Veltliner, Riesling u.a. von Katzensprung, → End des Berges, In der Schablau, Hirtenthal, Matinée
Wöber hat das Gut erst 1993 übernommen, sich aber mit den sehr guten Rieslingen, Welschrieslingen, Roten und Grünen Veltlinern einen soliden Ruf erworben.

Der Heurige

Ausg'steckt ist im Weingut Wieninger

Wer Wien besucht, der wird nicht darum herumkommen: Die Heurigenlokale sind eine der beliebtesten Touristenattraktionen der österreichischen Hauptstadt. Dutzende Busse bringen jeden Abend Scharen von Besuchern aus aller Welt nach Grinzing, damit sie dort bei Kerzenschein die Erfüllung ihrer Idealvorstellung von Stimmung und Gemütlichkeit finden. Genau genommen heißt das Wiener Heurigenlokal ja Buschenschank. Der eigentliche Heurige ist der Jungwein des jeweiligen Jahres, der nach Martini, das ist der 11. November, bis zum Ende des Jahres ausgeschenkt werden darf.

Was Buschenschanken sind und was sie dürfen, wurde schon 795 im Edikt *Capitulare de villis* von Karl dem Großen definiert und später durch die berühmte Zirkularverordnung Josefs II. im Jahr 1784 wieder aufgefrischt. Ein echtes Heurigenlokal darf nur Weine aus eigener Produktion, das heißt aus den Trauben der eigenen Weinberge, verkaufen, und das auch nur an 300 Tagen im Jahr und nur in den Weinbauvororten der Stadt, keinesfalls im Zentrum. Dabei wird die Saison durch einen grünen ›Buschen‹ signalisiert, der vor dem Lokal ›ausgesteckt‹ ist. Zusätzlich zu dem Eigenbauwein, dessen Rebflächen nicht mehr als zehn Kilometer außerhalb des Stadtgebiets liegen dürfen, kann allenfalls Saft, Wasser und ein einziges Erfrischungsgetränk ausgeschenkt werden, auf keinen Fall aber Kaffee oder Bier.

Auch die Speisekarte der echten Buschenschanke ist gesetzlich reglementiert: Erlaubt sind Wurst, Käse, Schinken, geräuchertes Fleisch oder Speck, Brot, Gemüse und Obst. Doch schon hier breitet sich unaufhaltbar das Chaos aus. Die meisten Lokale in Wiens Weinbaugürtel legen nämlich ihren touristischen Besuchern komplette Menükarten vor, auf denen neben vielfältigen warmen Gerichten gelegentlich sogar Flaschenweine aus fremder Produktion zu finden sind.

Trotz allem gibt es sie noch, die echten Heurigen! Oft reicht es schon, ein wenig abseits der ausgetretenen Pfade zu suchen, in Nußdorf oder Heiligenstadt beispielsweise, noch besser in Stammersdorf, Jedlersdorf oder Strebersdorf auf der anderen Seite der Donau. Hier herrscht nicht nur echte Wiener Geselligkeit, sondern hier wird auch noch wirklich guter Wein ausgeschenkt.

Stadt des Kaffees

Wer dagegen in der Wiener Innenstadt nach Wein sucht, sollte sich besser gleich auf schwere Zeiten einstellen. Denn dort ist das Kaffeehaus die eigentliche Seele des Wiener Lebens. Im Unterschied zum Pariser Café, wo es immer ein wenig mondän zugeht, oder in der italienischen Bar, wo der Espresso meist in Sekundenschnelle heruntergekippt wird, herrscht im Wiener Kaffeehaus ein ganz eigener Rhythmus. Es ist das getreueste Spiegelbild der Stadt und ihrer Bewohner, Ruhepol und Treffpunkt gleichermaßen.

Das Studium der Wiener Kaffeesorten hat etwas von einer Geheimwissenschaft, und nur der wahre Kenner wird ›kleine Schwarze‹, ›große Braune‹, ›Melange‹, ›Einspänner‹, ›Mokka g'spritzt‹, ›Fiaker‹ oder ›Türkischen‹ je auseinander halten können. So ein richtiger Kaffee sollte natürlich von einer verlockenden ›Mehlspeise‹ – auf Hochdeutsch Torte oder Kuchen – begleitet sein, aber nicht wenige Kaffeehäuser servieren auch warme Gerichte. Die meisten Kaffeehäuser der Stadt verbindet der Kontrast von Plüschgemütlichkeit und pulsierendem Stadtleben, das oft erst in den frühen Morgenstunden zur Ruhe kommt.

Ganz anders präsentieren sich da die Heurigen: Die meisten davon öffnen erst in den Nachmittagsstunden, und dann sind die hölzernen Tische noch fest in der Hand der älteren Herrschaften. Je später aber der Abend, desto gemischter wird das Publikum, bis endlich zur Sperrstunde Jung und Alt in nicht selten feuchtfröhlicher Runde vereint sind. Fast könnte man dann glauben, dass Wein tatsächlich verjüngt!

Ausgewählte Wirtschaften

Hinweis: Da die Heurigenlokale nur zu bestimmten Zeiten geöffnet sind, die sich von Jahr zu Jahr ändern, empfiehlt sich immer vorherige Reservierung.

Leopold Breyer
Amtsstrasse 15, Wien-Jedlersdorf
Tel.: 01–292 41 48
Auf den ersten Blick eine der üblichen Buschenschanken für Touristen, aber bei Breyer sitzen die Wiener selbst. Die Weine sind von überdurchschnittlicher Qualität, und Breyer gehört anerkanntermaßen zu den besten Winzern der Stadt.

Franz Christ
Amtsstrasse 12–14, Wien-Jedlersdorf
Tel.: 01–295 51 52
Traditionelles Lokal mit gepflegter, einfacher Ausstattung und ausgezeichneten Weinen, die im Stahltank, im Barrique oder im großen Holzfass ausgebaut werden. Weißburgunder und Chardonnay gelingen meist sehr gut.

Hans Peter Göbel
Hagenbrunner Strasse 151
Wien-Stammersdorf
Tel.: 01–294 84 20
Der aufstrebende Jungwinzer mit dem modernen Designer-Heurigen direkt an den Weinbergen ist auf Rotweine spezialisiert und bringt sogar guten Cabernet Sauvignon zustande – in Wien eine wirkliche Rarität.

Hengl-Haselbrunner
Iglaseegasse 10, Wien-Grinzing
Tel.: 01–320 33 30
Abseits der Touristenmeile im Zentrum Grinzings betreibt die Familie Hengl einen der wenigen Heurigen rechts der Donau, in dem vorwiegend Wiener aus- und eingehen, darunter viel Lokalprominenz. Die Weine und das Essen sind ausgezeichnet.

Am Reisenberg
Oberer Reisenbergweg 15, Wien-Grinzing
Tel.: 01–320 93 93
Ein Geheimtipp, zu dem man aus Grinzing heraus die letzten 500 Meter steil bergauf zu Fuß gehen muss. Die herrliche Aussicht, das gemütliche Ambiente und gute Weine entschädigen für die Mühe.

Sankt Peter
Rupertusplatz 5, Wien-Dornbach
Tel.: 01–486 46 75
Die Weine werden heute nicht mehr im Stift selbst gekeltert, sondern von einem Vertragskeller, aber die Stimmung im Dornbacher Pfarrer, wie der Heurige im Volksmund heißt, ist die von anno dazumal: rustikal, einheimisches Publikum und saubere, saftige Weine.

Schilling
Langenzersdorfer Strasse 52 / 54
Wien-Strebersdorf
Tel.: 01–292 41 89
Wiener Augustin heißt die Hausmarke von Herbert Schilling, dessen Weingut eines der angesehensten der Stadt ist. Seine rote Cuvée Camilla zeigt ein schönes Bukett und viel Frucht. Speisen und Service in seinem Lokal sind vom selben Niveau wie die Weine.

Wieninger
Stammersdorfer Strasse 78
Wien-Stammersdorf
Tel.: 01–292 41 06
Beste Weine und ausgezeichnete Speisen sind das Markenzeichen dieses Heurigen, dessen Juniorchef, Fritz Wieninger, als absoluter Star des Wiener Weinbaus gilt. Schon das Essen allein lohnt die Anfahrt nach Stammersdorf.

Impressionen alteingesessener Heurigen-Lokale

Beim Wieninger, dem Wiener Topwinzer in Stammersdorf, sollte man sich einen Chardonnay oder Blauburgunder zur ausgezeichneten Küche gönnen.

Peter Bernreiter in der Amtsstraße gilt als Burgunder-Spezialist. Vor allem sein exzellenter Grauburgunder ist in Wien zur Legende geworden.

Wien und die Thermenregion

Selbst in der Nähe des Schlosses Schönbrunn wachsen Weinstöcke, auch wenn sich der größte Teil der rund 700 Hektar Wein, die im Stadtgebiet bestellt werden, im Norden Wiens befindet.

Möglicherweise pflanzten schon die Kelten in vorrömischer Zeit Weinreben an den Hängen des Wienerwalds, systematische Rebkulturen legten dagegen erst die Legionäre des römischen Imperiums hier an. Auch der weltberühmte Stephansdom, das Wahrzeichen der Stadt Wien, verdankt seine Entstehung in gewisser Weise dem Wein, konnte doch das Geschlecht der Babenberger erst mit dem Bau des Gotteshauses beginnen, als es im 12. Jahrhundert einen Teil seines Wachauer Weinbergbesitzes gegen die Pfarrrechte in Wien getauscht hatte.

Wiens Weinbau ist in zwei etwa gleich bedeutende Gebiete unterteilt: die Hänge des Kahlenbergs mit ihren Muschelkalkböden im Nordwesten sowie der Bisamberg mit seinem schottrigen Löß und der Braunerde im Nordosten. Auch klimatisch unterscheiden sich die beiden Bereiche erheblich, obwohl ganz Wien im Grenzbereich zwischen halbozeanischem und pannonischem Klima liegt. Während am kühleren Kahlenberg die leichteren, fruchtigeren Weine gekeltert werden, weisen die Gewächse des Bisambergs sehr viel mehr Struktur und Komplexität auf.

Früher wurde sogar im Stadtzentrum Wein angebaut, und noch 1547 gab es Rebstöcke ganz in der Nähe der Hofburg. Bis in die 1950er Jahre war der Weinbau der Stadt stark rückläufig und erlebte erst in der zweiten Hälfte des 20. Jahrhunderts einen neuen Aufschwung. Heute stehen im Weinbaugebiet Wien etwa 700 Hektar im Ertrag, die von 400 Winzern bearbeitet werden. Obwohl der Gemischte Satz, der traditionelle Heurigenwein, heute nur auf rund 15 Prozent der Rebflächen zu finden ist – auch in diesem Anbaugebiet haben sich inzwischen sortenreine Veltliner, Weißburgunder, Rieslinge oder Chardonnays durchgesetzt –, werden noch immer 85 Prozent der Weine aus weißen Sorten gekeltert. Den weitaus größten Teil davon schenkt man auch heutzutage in den Heurigenlokalen der Stadt direkt aus, denn Wien kann mit seiner Produktion nicht einmal den eigenen Verbrauch decken.

Dabei lassen sich bei den einzelnen Betrieben oft große Qualitätsunterschiede feststellen. Denn wo die Kundschaft mehr oder weniger unkritisch ist, sei es aus Traditionsverbundenheit oder einfach aus Bequemlichkeit, da verspürt auch der Winzer keinen wirklichen Ansporn mehr, was sich in der Qualität der ausgeschenkten Weine deutlich bemerkbar macht. Andererseits gibt es eine zunehmende Anzahl von Weingütern, die in den letzten 15 Jahren ganz erhebliche Anstrengungen unternommen haben, um den Anschluss an die österreichische Weinbauelite herzustellen.

Thermenregion

In der Vergangenheit stammten die bekanntesten Weine aus der Umgebung Wiens von der südlichen Fortsetzung der Hänge des Kahlenbergs. Unter der Bezeichnung ›Gumpoldskirchen‹ – damals

Ausgewählte Erzeuger

Karl Alphart ***–*****
Traiskirchen
14 ha; 45 000 Fl. • Weine: Riesling, Rotgipfler, Neuburger, Chardonnay, Zweigelt, Spätburgunder von Zistl, Rodauner, Hausberg, Mandl-Höh
Karge, trockene Lagen an den Hängen des Wienerwalds und eine rigide Ertragsbegrenzung auf einen Betriebsschnitt von nicht mehr als 40 Hektolitern pro Hektar sind das Geheimnis der Qualität der Alphartschen Weine, unter denen vor allem exzellente Rotgipfler Trockenbeerenauslesen auffallen. Aber auch die trockenen und halbtrockenen Zierfandler-Rotgipfler, Rieslinge oder der Chardonnay liegen deutlich über dem Durchschnittsniveau des Gebiets.

Manfred Biegler ***–****
Gumpoldskirchen
7 ha; 40 000 Fl. • Weine: in Gumpoldskirchen: Riesling, Zierfandler, Rotgipfler u.a. ohne Lagenbezeichnungen
Der Betrieb von Manfred Biegler gehört schon seit langem zu den besten der Thermen, aber seit Sohn Othmar im Keller waltet, hat sich das Niveau der Weine nochmals gesteigert. Rotgipfler mit und ohne Barrique sind die absolute Spezialität der beiden Biegler, denen aber auch Chardonnay und Riesling gelingen und deren Weine moderne Saftigkeit mit klassischer Struktur vereinen.

E. & C. Fischer **–****
Sooss
16 ha; 80 000 Fl. • Weine: Grüner Veltliner; Zweigelt, Portugieser, Cabernet, Spätburgunder, u.a. von Paitzbreite, In den Robbingen, →Fasangarten, →Gradenthal, Aderhags, Steinhäufel, →Pinot Noir Barrique, Cabernet Barrique
Engelbert und Christian Fischer bewirtschaften ein Weingut in einem der so genannten Urhäuser von Sooß. Moderne, kühl vergorene Weißweine gibt es hier auch, aber die besten Produkte werden aus Zweigelt, Pinot Noir und Portugieser gekeltert und im Barrique ausgebaut, wobei die Lagen Fasangarten und Gradenthal das größte Potential besitzen.

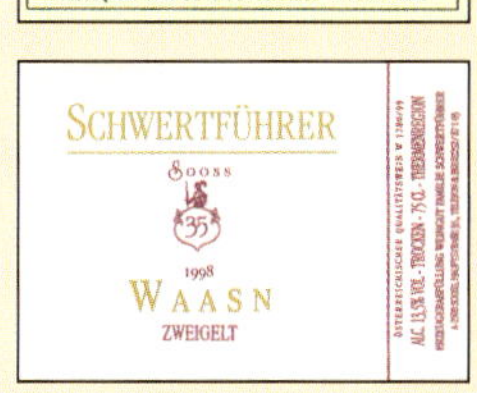

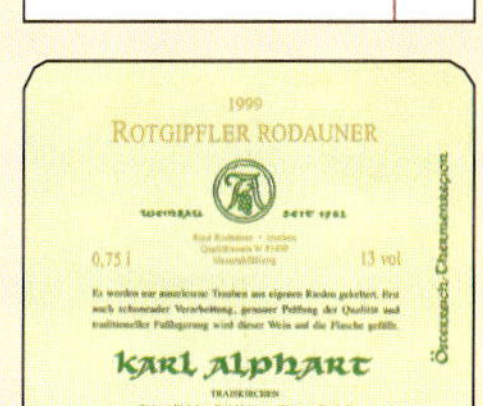

Johanneshof, J. & V. Reinisch **–****
Tattendorf
22 ha; 120 000 Fl. • Weine: Chardonnay; →Cabernet, →Blauburgunder, →St. Laurent u.a. von Dornfeld, Mitterfeld, Holzspur
Vor den Toren Tattendorfs hat sich die Familie Reinisch ein fast schon kalifornisch anmutendes Weingut in die Landschaft gesetzt. Hier produzieren sie exzellenten Cabernet Sauvignon, St. Laurent, Chardonnay und Pinot Noir. Der moderne Betrieb verfügt nicht nur über einen einladenden Verkaufsraum, sondern er beherbergt außerdem ein sehr zu empfehlendes Heurigen-Lokal, das über einem Biotop-Teich gebaut wurde und mittlerweile ein beliebtes Ausflugsziel der Wiener geworden ist.

Familie Schwertführer **–*****
ha; n.n.; 70 000 Fl. • Weine: Chardonnay; Zweigelt, Pinot, Cabernet, Portugieser, u.a., →Spada
Spada, Schwert, nennen die Schwertführers ihre besten Weine aus Zweigelt, Pinot Noir, St. Laurent und Cabernet Sauvignon. Obwohl Chardonnay und Weißburgunder gut gelingen, dominieren die roten Sorten qualitativ wie quantitativ: in der Geschlossenheit in weitem Umkreis einmalig.

Fritz Wieninger ***–*****
Wien-Stammersdorf
13 ha; 60 000 Fl. • Weine: Grüner Veltliner, →Chardonnay, Riesling, →Blauer Burgunder u.a. von Jungenberg, Rothen, Gabrissen, Herrenholz, Wiesthalen, Breiten, Wiener Trilogie, Select, →Grand Select
Wieninger ist nicht nur der Star des Wiener Weinbaus, er gehört auch zu den absoluten Spitzenwinzern Österreichs. Mit Chardonnay und Spätburgunder hat er zwei Produktlinien geschaffen – vor allem, was die Barrique-Weine Select und Grand Select betrifft –, die in weitem Umkreis ihresgleichen suchen. Aber auch Grüner Veltliner und Riesling geraten hier in den meisten Jahren saftig und fruchtig. Eine sehr gute Cabernet-Merlot-Cuvée und die Wiener Trilogie aus Zweigelt, Blauburger, Cabernet und Merlot komplettieren das herausragende Angebot.

Rechts:
Jedes Familienmitglied wird bei der Weinlese gebraucht.

Unten:
Liebend gerne verlassen die Wiener die Stadt gen Süden, um sich in den Dörfern der Thermenregion, von denen Gumpoldskirchen das bekannteste ist, an Wein und Speisen gütlich zu tun und in den Weinbergen zu wandern.

durften Weinbaugebiete noch nach Ortschaften benannt werden, wie dies auch bei Rust und Retz der Fall war – wurden Weine gekeltert, die überall in Österreich berühmt und beliebt waren. Der Erfolg des Gebiets ist hauptsächlich auf sein Renommee als viel besuchtes Ausflugs- und Urlaubsziel der Wiener zurückzuführen. Schon Beethoven komponierte mit Vorliebe in Gumpoldskirchen, und die Thermalbäder zwischen den heutigen Orten Mödling und Bad Vöslau wurden bereits von den Römern geschätzt. Unter dem neuen Namen versank das Anbaugebiet nach 1985 zunächst allerdings geraume Zeit in der Anonymität.

So ist es zu erklären, dass heute viele Spitzenwinzer der Region weit bekannter sind als ihr Weinbaugebiet, das mit mehr als 2500 Hektar Rebfläche nicht einmal zu den kleinsten des Landes gehört. Rund 60 Prozent der Lagen sind mit weißen Rebsorten bestockt, worunter sich mit Zierfandler und Rotgipfler auch zwei einzigartige Spezialitäten der Thermenregion befinden. Beide können als Cuvée gemeinsam abgefüllt werden und kommen dann unter dem Namen Spätrot-Rotgipfler in den Handel.
Hinsichtlich des Klimas zählt das Thermengebiet zum Pannonikum. Was die Böden betrifft, ist es

zweigeteilt. Im Nordwesten überwiegen schwere Lehm- und Kalkböden, während der Süden, die Ebene des Steinfelds, von Schwemmlandschotter geprägt wird. Natürlich tragen diese unterschiedlichen Böden auch jeweils verschiedene Sorten: an den Hängen des Wienerwalds sind es vor allem weiße, im Steinfeld dagegen rote. Die besten Weine der Thermenregion sind kräftig, ausdrucksvoll und sogar recht langlebig, was für Weiße wie für Rote gleichermaßen gilt. Auch hier haben sich in den letzten Jahren zahlreiche Winzer ernsthaft darum bemüht, ihre Weine national und international konkurrenzfähig zu machen.

Glasherstellung bei Riedel

Aus der Geschichte des Weinglases

Die gezielte Suche nach dem Glas, das ganz im Dienste des Weins und seiner Aromatik steht, ist erst jüngeren Datums. Die großen Meister der früheren Glaskunst waren die Venezianer, die allerdings bereits im 13. Jahrhundert ihre Glasbläser auf die nahe Insel Murano verwiesen – aus Angst vor Brandkatastrophen. Über Jahrhunderte galten die aufwendigen, von den venezianischen Kaufleuten in ganz Europa und im Vorderen Orient vorwiegend an die Fürstenhöfe verkauften Glaskunstwerke als das Nonplusultra der Trinkgefäße. So kunstfertig sie auch waren, für den Weingenuss sind sie denkbar ungeeignet und haben – außer der Dünnheit des Glases – nicht mehr Vorzüge aufzuweisen als die einfachen Bechergläser, aus denen man in allen Mittelmeerländern zu Hause oder in einfachen Restaurants immer noch Wein serviert bekommt. Das hauptsächliche Manko dieser Gläser besteht darin, dass sie nach oben in die Breite gehen und statt das Bukett zu konzentrieren, es schnell verduften lassen.

Mehr Gefühl für den eigentlichen Sinn eines Weinglases zeigten die böhmischen Glasbläser, obwohl auch sie oft einem Hang zur übermäßigen Dekoration erlagen, der sich vor allem im so kunstvollen wie störenden Schliff ausdrückte.

Generell zeigten sich frühere Glasformen in Bezug auf die Öffnung höchst großzügig, was den Kamin anging aber meist sehr kleinlich. Das absur-

Die Tiroler Glashütte der Familie Riedel in Kufstein

Seit 4 000 Jahren hat sich an der Zusammensetzung von Glas nichts geändert.

Natürliche Grundstoffe – Quarz, Kalk und Alkalien – werden bei 1000°C geschmolzen.

In der berühmten Manufaktur arbeiten Glasmacher noch heute nach traditionellen Methoden.

deste Beispiel dafür ist die Sekt- oder Champagnerschale, eine Minibadewanne mit Stiel, bei der man – um das Glas in der Balance zu halten – zudem gezwungen war, den Kelch zu umfassen, was den kühlen Prickler besonders schnell erwärmte. Zwei klassische Formen behaupten sich bis heute, das Ballonglas und die Tulpe. Das einfache französische Ballonglas, das in französischen Supermärkten oft kaum mehr kostet als dekorierte Pappbecher, erfüllt seinen Zweck leidlich, vorausgesetzt es wird nicht zu voll geschenkt. Es stellt eine der Grundformen dar und hat in den verschiedensten Ländern und Weingebieten zu Variationen geführt. Im Elsass auf hohem grünen Stiel und Fuß avancierte es zum üblichen Weißweinglas, am Rhein mit seinem dicken geriffelten Fuß aus Grünglas zum Römer, um nur zwei der berühmtesten Beispiele zu nennen. Fehlt diesen Gläsern zum vollen Genuss der Aromen auch ein Kamin und sind sie oben zu weit, so liegt ihr Nachteil in erster Linie im üblichen Gebrauch, der sie mehr als eine Maßeinheit für Wein benutzt statt als Genussglas. Die Tulpe mit ihrem hohen Kamin eignet sich – zumal für Weißwein – generell besser, bietet aber zu wenig Oberfläche zu einer optimalen Entfaltung der Aromen.

Bei den traditionellen Gläsern muss man den andalusischen Sherry- und Manzanillatrinkern ein Lob aussprechen, denn ihre Copita ist der Urtyp des Verkostungsglases mit vergleichsweise hohem Kamin, der die Aromen zentriert und damit vollen Genuss garantiert.

Der Glasbläser beginnt an einem noch unförmigen Klumpen, dem ›Glastropfen‹ zu arbeiten.

Die ›Glasmacherpfeife‹ wurde in ähnlicher Form schon vor 2 000 Jahren in Rom verwendet.

Noch erinnert der ›Glastropfen‹ wenig an das fertige Weinglas.

In speziellen Formen für jeden Glastyp nimmt das Kunstwerk Gestalt an.

Burgenland

Mit knapp 16030 Hektar Rebfläche und einer Jahresproduktion von rund 775 000 Hektolitern ist das Burgenland Österreichs zweitgrößtes Weinbauland nach Niederösterreich. Am Rand der ungarischen Tiefebene gelegen, profitiert es vom heißen, pannonischen Klima und eignet sich deshalb besser als jede andere Region des Landes zur Herstellung von Weißweinen aus voll- und überreifen Trauben sowie für dichte, frucht- und tanninbetonte Rotweine.

Der größte Teil der Weinberge liegt im engeren oder weiteren Umkreis des Neusiedler Sees, einer Wasserfläche, die entscheidenden Einfluss nimmt auf die klimatischen Bedingungen des Gebiets. Während das Gelände im Nordosten größtenteils eben ist – wie im Bordeaux-Gebiet können aber schon leichte Geländeneigungen für die Weinqualität von Bedeutung sein –, findet man an der Westseite des Sees sanft geschwungene Hügellandschaften und steile Hanglagen am Leitha-Gebirge. Im Mittel- und Südburgenland trifft man dagegen überwiegend auf flachere Hügellagen. Weinbaumäßig ist das Land in vier ungleiche Bereiche aufgeteilt, die einerseits recht unglücklich gewählt, andererseits mit unklaren Bezeichnungen versehen wurden, wie zum Beispiel mit dem unbeholfenen Doppelnamen ›Neusiedlersee-Hügelland‹. Viele Winzer würden es deshalb begrüßen, wenn das gesamte Burgenland zu einem einzigen Weinbaugebiet deklariert würde.

Verlässlich besiedeln die Störche Jahr für Jahr ihre Nester auf den Dächern von Rust.

Der weithin sichtbare ›Türkenturm‹ von Breitenbrunn

Im Nordosten liegt das Anbaugebiet Neusiedlersee, das vor allem für seine Süßweine bekannt geworden ist. Neben den Süßweinen werden hier kräftige Weißweine gekeltert, darunter auch einige der besten Chardonnay-Produktionen des Landes. Die Rotweine gelingen hier meist besser als Verschnitt, entweder zwischen verschiedenen einheimischen Sorten, aber auch zwischen einheimischen und internationalen Sorten. Beachtenswert sind vor allem die Weine der Vermarktungsgemeinschaft ›Pannobile‹, einer kleinen Gruppe von Spitzenwinzern, die allesamt Weine im Barrique ausbauen.

An den nordwestlichen und westlichen Ufern des Sees liegt jenes Gebiet mit dem langen Namen Neusiedlersee-Hügelland. Hier ist die Lagenvielfalt weit größer, da zwischen dem Seeufer und den angrenzenden Hügeln einerseits und den Hängen des Leitha-Gebirges andererseits nicht nur klimatische Unterschiede bestehen, sondern auch die Bodenzusammensetzung stark variiert. Neben exzellentem Blaufränkisch und Zweigelt gedeihen hier auch ausgezeichnete Weißweine, wobei nicht nur Chardonnay, sondern selbst Sauvignon Blanc überzeugende Resultate erbringt. Auch wenn das Zentrum des Gebiets, die Seestadt Rust, in erster Linie für seinen süßen Ausbruch bekannt ist, liegen die eigentlichen Stärken des Neusiedlersee-Hügellands zweifellos im Bereich

der trocken ausgebauten Weiß- und Rotweine, die viel Kraft und zugleich Finesse mitbringen.

In südlicher Richtung wird das Gelände dann zunehmend hügeliger, dagegen büßt das Sortenspektrum an Vielfalt ein. Vor allem im Mittelburgenland, das sich am Südufer des Neusiedler Sees anschließt, beherrscht die Sorte Blaufränkisch fast monopolartig die Anbauflächen. Beim Ausbau im klassischen Holzfass wie auch im Barrique kann sie herrliche Resultate hervorbringen. Etwas weniger dominant, aber immer noch für die besten Weine verantwortlich, ist dieselbe Sorte im Südburgenland, dicht an der Grenze zur Steiermark gelegen. Im vielleicht besten unbekannten Weinbaugebiet Europas werden daraus wundervoll fruchtige, würzige Rotweine gekeltert, deren einziger wirklicher Nachteil die geringen Mengen sind, die davon auf den Markt gelangen.

Kaderschmiede wissbegieriger Weinjünger

In der Weinstadt Rust – auch sehenswert wegen ihrer denkmalgeschützten Altstadt – befindet sich mit der Weinakademie Österreich ein Zentrum des Weinwissens besonderer Art. Von Einsteigerkursen über Weinerlebnisse, von kulinarischen Wochenenden bis zur Vorbereitung auf den weltweit begehrten Titel ›Master of Wine‹ wird ein breites Spektrum an Fortbildung auf vielen Niveaus geboten.

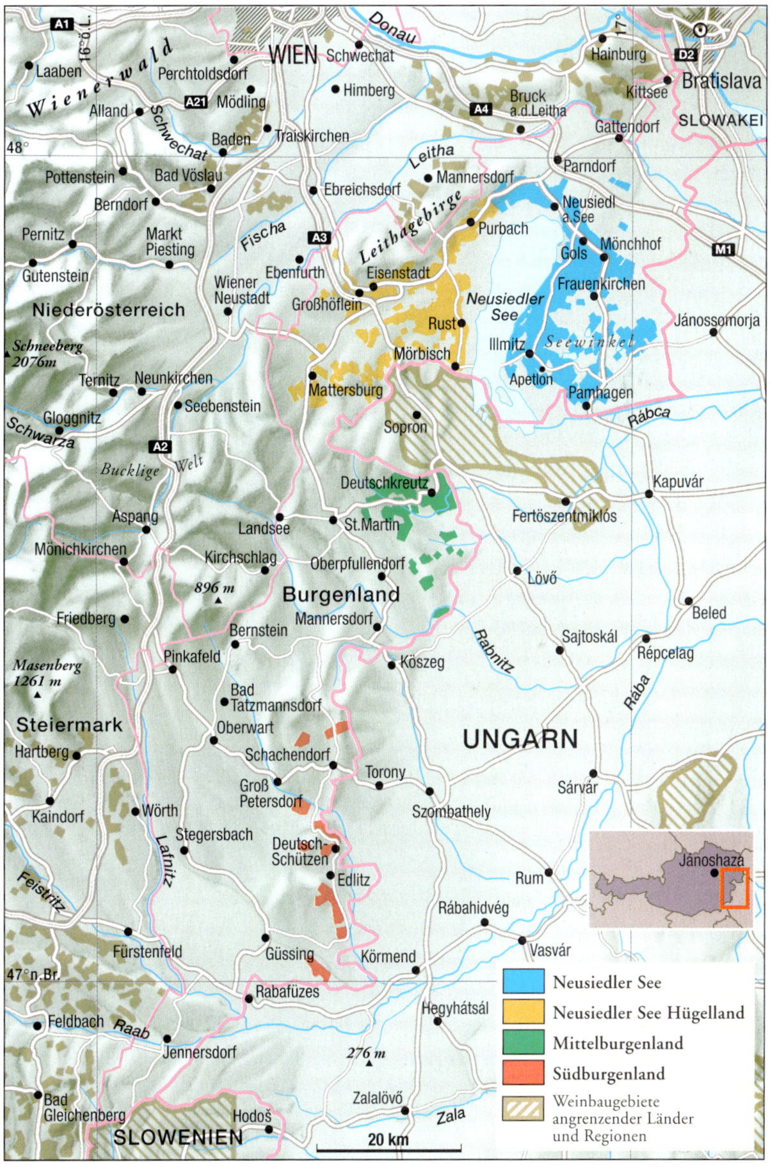

Oben:
In Raiding und anderen Dörfern des Südburgenlands, wo der Winter Schnee über die Weinberge legt, entstehen inzwischen begeisternde Rotweine.

Seewinkler Süssweine und Ruster Ausbruch

Beliebtes Ziel von Radfahrern sind die Kellergassen.

Wer einmal den Seewinkel bereist hat, Österreichs letztes Stück Weinbergland jenseits des Neusiedler Sees und kurz vor der ungarischen Grenze gelegen, wird vielleicht über Hausinschriften vom Stil »Hier gibt es den Wein der Weltmeister« geschmunzelt haben. Doch es lässt sich nicht leugnen, dass die Weinberge im nördlichen Burgenland ganz hervorragend für die Produktion von Süßweinen geeignet sind und einige der Winzer der Gegend in den letzten Jahren mit internationalen Auszeichnungen überhäuft wurden.

Damit jene edelsüßen, vom Botrytis-Pilz geprägten Weine entstehen können, braucht es ausreichend Wärme und Feuchtigkeit im Wechselspiel. Wärme gibt es im pannonischen Klimaraum natürlich vor allem im Sommer eher im Überfluss, und in Ermangelung größerer Regenfälle sorgt für die Feuchtigkeit vor allem die riesige Wasserfläche des Neusiedler Sees, von der im Herbst die Nebel aufsteigen.

Mit diesen idealen Voraussetzungen gelingt den Seewinklern alljährlich, was in anderen Hochburgen des Süßweins, etwa Deutschland oder dem Sauternes-Gebiet, nur hin und wieder oder nur unter Einsatz massiver Technologie möglich ist. Aus bekannten oder auch weniger bekannten Rebsorten wie Welschriesling, Bouvier, Neuburger und Scheurebe, Weißburgunder oder Muskat-Ottonel keltern sie ihre Beeren- und Trockenbeerenauslesen, die meist ein hohes Maß an Süße mit reichem Frucht- und Extraktgehalt und erfrischender Säure harmonisch vereinen.

Mögen die Rebzeilen in Weiden am See auch lang sein, dies tut der Qualität der Weine des Seewinkels keinen Abbruch.

In den letzten Jahren haben sich hier speziell zwei Weinstile herausgebildet, deren Vinifizierungsmethoden sich zum Teil deutlich voneinander unterscheiden. Die eine betont Finesse und Frucht ihrer Weine, die andere sorgt mittels höherer Alkoholwerte und massivem Ausbau in neuem Holz eher für Kraft, Dichte und eine eher internationale Struktur. Liebhaber und Erfolge über Österreichs Grenzen hinaus haben sie beide gefunden, und so wird der Seewinkel wohl auch in Zukunft noch so manches Mal für Aufsehen sorgen.

Die härteste Konkurrenz für Illmitzer, Apetloner und ihre Nachbarn kommt jedoch nicht aus dem Ausland, sie findet sich in unmittelbarer Nachbarschaft: Kaum sechs Kilometer entfernt, am Westufer des Neusiedler Sees, liegt die altehrwürdige Gemeinde Rust, die in den letzten Jahren ebenfalls mit spektakulären Süßweinen auf sich aufmerksam gemacht hat. In der Vergangenheit galt die Herkunftsbezeichnung Rust für restsüße Weine aus Österreichs Osten schlechthin, doch mit dieser Unsitte, die Fälschungen und Panschereien Vorschub leistete, vermochte das Weingesetz von 1985 gründlich aufzuräumen.

Bis heute ist der Name der Stadt allerdings eng mit einer besonderen Keltermethode verbunden, dem Ausbruch, einer Art der Weinbereitung, die ursprünglich aus Ungarn kam, wo sie bei der Produktion des Tokajers Anwendung findet. Sie besteht darin, edelfaule, sorgfältig verlesene Beeren mit Most von Spät- oder Auslesequalität auszulangen und gären zu lassen. Mit der Frucht des

Mostes und dem von Edelfäule geprägten Charakter der übergossenen Beeren entsteht ein außergewöhnlicher Süßwein, der nach österreichischem Weingesetz ein Mostgewicht aufweisen muss, das zwischen dem von Beeren- und Trockenbeerenauslese liegt.
In den letzten Jahren hat der Ausbruch eine ungeahnte Renaissance erlebt. Eine Gruppe von Winzern, die sich im ›Cercle Ruster Ausbruch‹ zusammenschloss, hat viel für die Wiederbelebung des alten Weinnamens getan. Allerdings wurde die Weinbereitung zum Teil recht drastisch modernisiert. Vielerorts übergießt man die Beeren heute nicht mehr mit Most, sondern lässt einfach edelfaule Trauben von Beerenauslesequalität vergären, nicht selten sogar im Barrique-Fass. Liebhaber des echten Ruster Ausbruchs fühlen zwei Seelen in ihrer Brust: Der überragenden Qualität der Weine können sie nur Respekt zollen, doch zugleich bedauern sie die Verfälschung des eigentlichen Ausbruch-Gedankens.

Rotwein im Burgenland

Als sich Österreich in der zweiten Hälfte der 1980er Jahre langsam vom Schock des Glykolskandals erholte, kamen die ersten Anzeichen eines besseren Neubeginns ausgerechnet aus dem Burgenland, wo die Panschereien den stärksten Image-Verlust herbeigeführt hatten. Doch es waren nicht die Weiß- oder Süßweine, die jetzt ins Rampenlicht traten, sondern Rotweine, und eine der angesehensten Fachzeitschriften des Weinsektors stiftete sogar einen speziellen Rotweinpreis, um die wenigen Winzer anzuspornen, die schon damals deren Potential erkannt hatten.
Im Zentrum der Aufmerksamkeit standen damals vor allem Weine aus Blaufränkischtrauben vom westlichen und südlichen Ufer des Neusiedler Sees. Mit strenger Traubenselektion, rigoroser Ertragsbegrenzung und dem experimentellen Ausbau der Weine in neuen Barrique-Fässern war es einigen Winzer gelungen, aus dieser einst eher belächelten Sorte wahrhaft interessante Weine zu keltern, die schnell auch die Anerkennung der Verbraucher fanden.
Im Ausland sorgten die Burgenländer zunächst mit neu eingeführten internationalen Sorten wie dem Cabernet Sauvignon oder sogar dem Pinot Noir für Aufmerksamkeit. Als sie einige Jahre später noch den Zweigelt und den St. Laurent merklich verbessern konnten, indem sie ihnen zu Farbe, Bukett, Struktur und Alterungsfähigkeit verhalfen, war der Durchbruch erreicht.
Nach einem Jahrzehnt des Lernens haben sich Österreichs Rotweinproduzenten heute eine solide Reputation geschaffen. Dabei liegt ihre Stärke vor allem darin, dass sie auf authentische, eigene Rebsorten zurückgreifen, etwa den ur-österreichischen Blaufränkischen oder die Klosterneuburger Züchtung Zweigelt, nicht zu vergessen den St. Laurent, der zwar noch in anderen Teilen Mitteleuropas vorkommt, dort aber kaum von Bedeutung ist.
Ursprünglich hatten sich die Bemühungen auf den Blaufränkischen konzentriert. Die spät reifende Sorte mit ihren farbintensiven Weinen und dem typischen tief fruchtigen Duft hatte den Vorteil, dass sie in einigen Gebieten, etwa im Mittelburgenland, die Rebflächen beherrschte. Wer hier Qualitätswein produzieren wollte, kam um diese Sorte gar nicht herum. Anders beim Zweigelt, der Züchtung aus St. Laurent und Blaufränkisch, die seit den 1930er Jahren hauptsächlich wegen ihrer einfachen Art gepflanzt worden war und in der Fläche heute sogar noch vor dem Blaufränkisch rangiert. Erst mit der Zeit verstanden es die Winzer des Burgenlands, den Charakter und die verborgenen Qualitäten der dichtfruchtigen Weine herauszuarbeiten und vor allem ihre perfekte Eignung zum Verschnitt zu nutzen.
Sortenrein, weit mehr aber im Verschnitt – gelegentlich auch mit Pinot oder Cabernet – haben diese Rebsorten auch hohe Alterungsfähigkeit bewiesen. Die ersten Rotweine haben inzwischen ein Alter erreicht, in dem man dies getrost behaupten darf, und was die Produkte der 1990er Jahre betrifft, so hat die Erfahrung dafür gesorgt, dass sie noch perfekter gerieten.
Hinsichtlich der Mengen wird das Burgenland nie mit den Großen der europäischen Weinwelt konkurrieren können. Qualitativ aber haben sich die fruchtigen, von eleganten Tanninen strukturierten österreichischen Rotweine ihren Platz als hochwertige Nischenprodukte erkämpft.

Der Botrytis-Pilz, der den Beeren Wasser entzieht, sorgt am Seewinkel und in Rust gleichermaßen für Konzentration und Süße und beschert Österreich seine wohl großartigsten edelsüßen Tropfen.

Rust, die alte Freistadt am Neusiedler See, birgt in ihren Mauern eine Fülle von Weingütern und Gaststätten, in denen man den berühmten Ausbruch probieren kann.

Steiermark

Im Herbst füllt Nebel die Täler der Südsteiermark. Auf den hohen Hängen, wo der ›Bergwein‹ gelesen wird, herrscht klarer Himmel. Die Höhe lässt fast nur die Erzeugung von Weißwein und dem roséfarbenen Schilcher zu.

Nur wenig mehr als fünf Prozent der österreichischen Weinbaufläche entfallen auf die Steiermark im Süden des Landes. Von den ursprünglich 35 000 Hektar Rebfläche, die im 16. Jahrhundert hier kultiviert wurden, steht gerade noch ein Zehntel unter Reben. Dennoch gehören die Weine der ›österreichischen Toskana‹, wie vor allem die Südsteiermark gern genannt wird, zumindest seit Mitte der 1980er Jahre zu den beliebtesten des Landes. Das liegt zum einen daran, dass die steirischen Winzer kaum in den Glykolskandal verwickelt waren, zum anderen in ihrem frühzeitigen Gespür für die Verbraucherwünsche. Ihre Weine sind in der Regel trocken, leicht und fruchtig und kommen damit dem geänderten Geschmack in den 1990er Jahren entgegen.

Klimatisch gesehen liegt die Steiermark schon im Bereich mediterraner Einflüsse, aber die Höhenlage der Weinberge am Südrand der Alpen sorgt für milde Temperaturen. Nicht zufällig sind daher die Rebflächen zu einem Viertel mit Welschriesling, zu einem Sechstel mit Weißburgunder und Chardonnay und zu einem weiteren Fünftel mit dem Rest der weißen Sortenpalette wie Müller-Thurgau, Sauvignon Blanc, Traminer, Muskateller oder Grauburgunder bestockt. Nur Zweigelt und der Blaue Wildbacher können sich gemeinsam auf etwa einem Viertel der Rebfläche behaupten, aber aus Letzterem wird hier kaum Rotwein, sondern fast ausschließlich Schilcher, der charakteristische steirische Rosé, gekeltert.

Das renommierteste und von der Weinbaufläche her größte steirische Anbaugebiet ist die Südsteiermark an der Grenze zu Slowenien, wo sich die Rebkulturen noch aus k.u.k.-Zeiten fast nahtlos im Gebiet Maribors fortsetzen. Ein großer Teil der Weine hat das Recht, den spezifisch österreichischen Titel Bergwein zu tragen, da er teilweise von Weinbergen mit Steillagen von mehr als 26 Prozent Hangneigung stammt.

Hier werden fast ausschließlich Weißweine gekeltert, und besonders der Welschriesling, andernorts nur als Massenträger angesehen, gerät zuweilen überaus facettenreich, fruchtig und rassig.

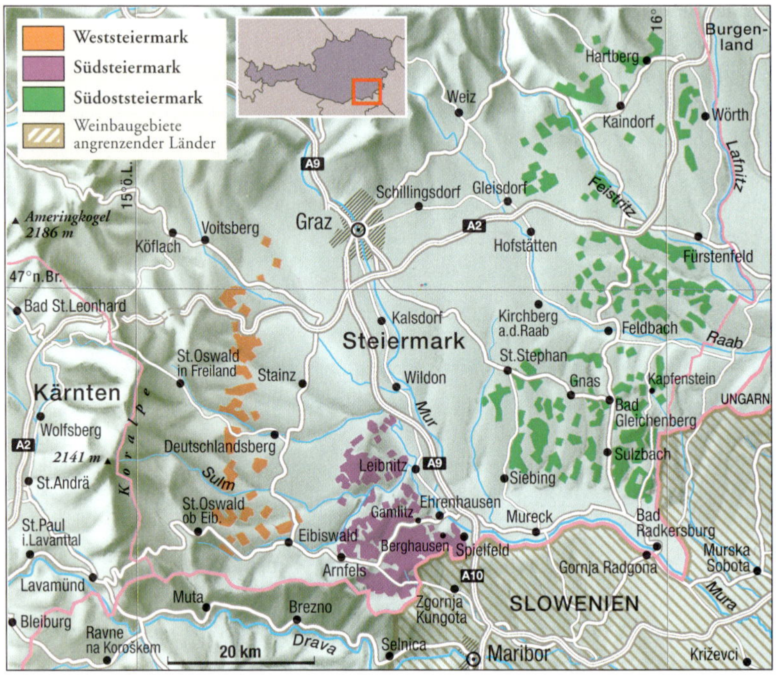

Willkommen in Schilcherland

Während die Weinberge der Süd- und der Südoststeiermark vor allem mit weißen Sorten bestockt sind, herrscht in der Weststeiermark eine rote Rebe, der Blaue Wildbacher. Ihre Ursprünge reichen wahrscheinlich bis ins 4. Jahrhundert zurück, doch außerhalb des südöstlichen Teils des austro-hungarischen Reiches fand sie fast keine Verbreitung. In der Steiermark wird aus dem Wildbacher meist der Roséwein Schilcher gekeltert. Er stellt eine echte regionale Spezialität dar, zeigt aber oft eine so hohe, resche Säure, dass der Wein dem ungewohnten Gaumen fast untrinkbar erscheint. Obwohl dieser Rosé zum größten Teil im Anbaugebiet selbst konsumiert wird und eigentlich keinerlei Absatzprobleme kennt, hat sich in den letzten Jahren eine Anzahl von Winzern darum bemüht, auch dem Schilcher ein gefälligeres, runderes Gesicht zu geben. Gelegentlich wird der Blaue Wildbacher heute sogar mit längeren Maischestandzeiten wirklich als ein betont fruchtiger, jung zu trinkender Rotwein ausgebaut.

Daneben hat sich vor allem in den letzten beiden Jahrzehnten der Sauvignon Blanc einen Namen gemacht. Im Stahltank oder Barrique ausgebaut, gelten steirische Sauvignons heute als härteste Konkurrenten für Weine der Neuen Welt, die oft nicht annähernd so viel Fruchtigkeit und Struktur aufbringen.

Neben dem Sauvignon pflegen die Winzer hier eine weitere internationale Sorte, die aber schon so lange in dieser Region ansässig ist, dass sie fast als steirische Spezialität gelten kann. Unter dem Namen Morillon wird in der Steiermark schon seit mehr als hundert Jahren Chardonnay kultiviert, der sich hier von seiner fruchtigsten, seiner anregendsten Seite zeigt und das genaue Gegenteil jener massiven, breiten, oft buttrig wirkenden Chardonnays darstellt, wie sie heutzutage gewöhnlich aus Übersee importiert werden.

Rund 1 000 Hektar Weinbergfläche besitzt das zweite Anbaugebiet der Region, die Südoststeiermark, die sich östlich der Mur bis an die Grenze zum Burgenland zieht. Hier dominieren die weißen Sorten mit gut 90 Prozent der Flächen sogar deutlicher als in der Südsteiermark, wobei dem Welschriesling mit Traminer, Sauvignon Blanc, Weißburgunder und Müller-Thurgau eine ganze Palette leichter und fruchtbetonter Sorten folgt. Zwar gilt der Traminer als ausgesprochene Spezialität dieser Gegend, und zahlreiche Winzer haben in der Vergangenheit wiederholt versucht, ihn auf internationalem Parkett bekannt zu machen, aber die Konkurrenz aus dem Elsass, aus Deutschland und Südtirol ist wohl zu übermächtig, die eigenen Erntemengen sind zu gering, um damit wirklich Erfolg haben zu können.

Obwohl die Südoststeiermark auf ihrem kleinen Territorium gleich vier ausgewiesene Weinstraßen besitzt, lassen sich wahre Qualitätsbetriebe hier noch immer an zwei Händen abzählen. Während die Südsteiermark in den 1990er Jahren verstärkt auch auf internationalen Märkten in Erscheinung trat und sich mit ihren Weinen eine respektable Position ausbauen konnte, haben die Kollegen aus dem östlichen Landesteil dieser Entwicklung bisher nicht folgen können.

Dagegen wirkt der letzte, kleinste Teil der Steiermark, die nur gut 500 Hektar umfassende Weststeiermark, sehr viel aufgeschlossener. Von mindestens ebenso großem landschaftlichen Reiz wie die südsteirische Weinstraße, genießt diese Gegend eine beinah einzigartige Sonderstellung. Im Gegensatz zum Rest der Region dominiert hier mit dem Blauen Wildbacher eine rote Rebsorte, die rund 70 Prozent der Rebflächen belegt. Absatzsorgen kennt man im Weststeirischen kaum, denn die geringe Weinproduktion, die von den steilen Hängen um Deutschlandsberg, Stainz oder St. Stefan kommt, wird zum überwiegenden Teil von Wochenendurlaubern in den Heurigenlokalen der Weingüter selbst konsumiert.

In der Steiermark bewirtschaften Winzerfamilien überwiegend kleine Betriebe und bringen die Lese per Hand ein, darunter sehr fein strukturierten Chardonnay, der hier schon seit über hundert Jahren wächst.

Ausgewählte Erzeuger in Burgenland und Steiermark

Paul Braunstein **–****
Purbach
12 ha; 50 000 Fl. • Weine: in Purbach: Welschriesling, Weißburgunder, Blaufränkisch, Zweigelt 15 u.a. von →Burgstall, Rosenberg, Eisner, Heide, Glabarinza, Kirchtal, Oxhöft Weiß, →Oxhoft Rot
Vater Paul und Tochter Birgit Braunstein bilden das derzeit erfolgreichste Gespann in Purbach. Ihr Weingut hat sich mit blitzsauberen Weinen hervorgetan. Besonders zu empfehlen ist der rote Oxhoft aus Cabernet und Blaufränkisch mit viel Eleganz und Komplexität. Außerdem betreibt die Familie einen beachtenswerten Gasthof.

Feiler-Artinger ***–*****
Rust
23 ha; 100 000 Fl. • Weine: Welschriesling, Weißburgunder, →Pinot Cuvée; Blaufränkisch, Zweigelt, Cabernet u.a. von Greiner, Vogelsang, Mitterkräften, Gemärk, Umriss, →Ausbruch, →Solitaire
Hans Feiler hat in Rust, auf der anderen Seeseite gegenüber vom gerühmten Seewinkel, eine ganze Palette von überragenden Süßwein-Monumenten geschaffen. Seine Pinot-Cuvée, die überwiegend im traditionellen Holzfass vergoren und ausgebaut wird, hat im Land selbst kaum ernst zu nehmende Konkurrenten. Außerdem produziert das Gut, in dem Sohn Kurt mehr und mehr Verantwortung übernimmt, noch eine interessante Auswahl an sortenreinen Ausbruch-Varianten. Auch der rote Solitaire aus Blaufränkisch, Zweigelt und Cabernet Sauvignon ist wirklich zu empfehlen.

Josef Gager ***–*****
Deutschkreutz
5 ha; 60 000 Fl. • Weine: Zweigelt, Blaufränkisch, Cabernet, Merlot von Mitterberg, Kart, Fabian, →Cuvée Quattro, →Cablot
Mit seinem Cablot, einem Verschnitt aus Cabernet und Merlot, sowie mit dem Quattro, verschnitten aus den vier Sorten Cabernet, Zweigelt, Blaufränkisch und St. Laurent, ist Gager hier im Blaufränkisch-dominierten Mittelburgenland eine wahrhaft interessante Ausnahmeerscheinung.

Familie Gesellmann ***–****
Deutschkreutz
18 ha; 100 000 Fl. • Weine: u.a. Chardonnay; Blaufränkisch, Cabernet, u.a. von Steinriegel, Hochacker, Mitterberg, Siglos, Fabian, Creitzer, →Opus Eximium, →Bela Rex
Die ganze Palette von Rot- und Weißweinen, die im Mittelburgenland möglich sind, keltern Engelbert Gesellmann und Sohn Albert, der den Spitzenweinen wie Blaufränkisch Creitzer und den Cuvées Bela Rex und Opus Eximium spürbar mehr Frucht und Harmonie verleiht.

Gernot Heinrich ***–*****
Gols
8 ha; 70 000 Fl. • Weine: Pannobile Weiß, Muskateller, Chardonnay; →Gabarinza, Pannobile Rot, →Zweigelt
Gernot Heinrich war einer der erfolgreichsten Jungwinzer des letzten Jahrzehnts. Sein roter Verschnitt Gabarinza aus Zweigelt, Blaufränkisch und St. Laurent ist dank vernünftig reduziertem Ertrag und sorgfältigem Ausbau ein Musterbeispiel eines hochwertigen Rotweins aus einheimischen Sorten. Zweiter Spitzenwein des Betriebs ist erstaunlicherweise der trockene weiße Pannobile.

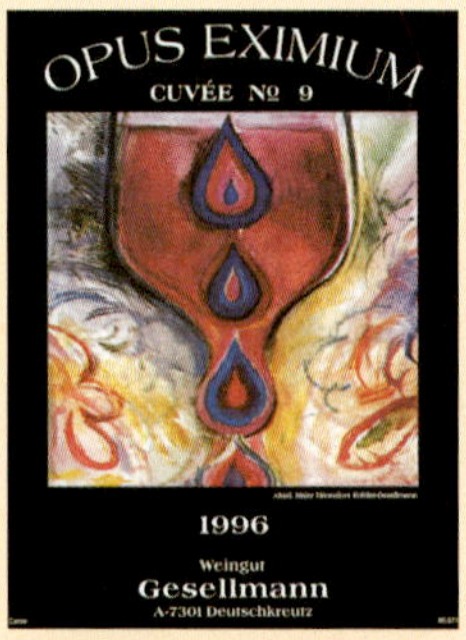

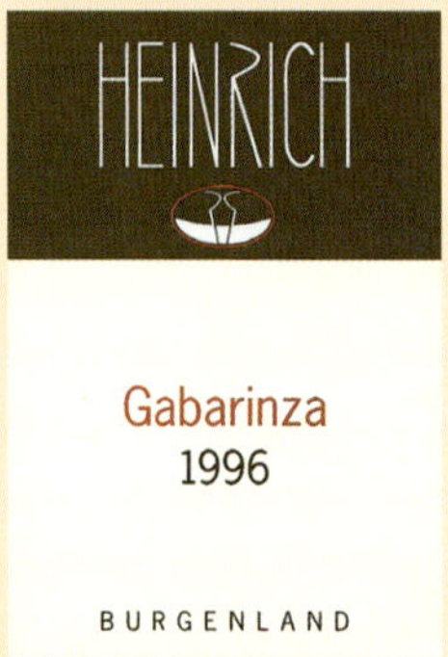

Hans Igler ***–*****
Deutschkreutz
10 ha; 75 000 Fl. • Weine: →Blaufränkisch, Cabernet u.a. von Hochberg, Kart, Goldberg, →Vulcano
Schon vor dem Tod des Vaters, dem der Ruhm gebührte, einer der Pioniere des österreichischen Rotweinanbaus gewesen zu sein, hatte Waltraud Reisner-Igler die Verantwortung für die Weine übernommen, die sie Ende der 1990er Jahre zu neuer Perfektion brachte: in den Flaschen mit Dichte und Komplexität, auf den Flaschen mit dekorativen Künstler-Etiketten.

Alois Kracher ****–*****
Illmitz
7,5 ha; 50 000 Fl. • Weine: Welschriesling, Chardonnay u.a. →Nouvelle Vague, →Zwischen den Seen, Beeren- und Trockenbeerenauslesen
Der gegenwärtig international wohl renommierteste österreichische Winzer kommt aus dem Seewinkel. Seine edelsüßen Gewächse gehören zu den meistgesuchten Raritäten in ganz Europa. Als Weinstil hat er die kräftige, üppige, oft im Barrique ausgebaute Linie gewählt – womöglich, weil sie seiner Persönlichkeit am meisten entspricht –, wie sie vor allem in seinen Nouvelle-Vague-Gewächsen durchschlägt. Seit kurzem beweist Kracher mit zwei außergewöhnlichen Cuvées, dass er nicht nur Weiß-, sondern auch Rotweine von Niveau zu keltern versteht.

Krutzler ***–*****
Deutsch-Schützen
6,2 ha; 50 000 Fl. • Weine: Blaufränkisch, Zweigelt, Cabernet Sauvignon u.a. von Ratschen, Bründlgfangen, Weinberg, →Perwolff, →Alter Weingarten
In ihrem fast unbekannten Weinbaugebiet erzeugen die Krutzlers kontinuierlich zwei Spitzenrotweine auf der Basis von Blaufränkisch, die immer wieder zu den 20 besten Gewächsen des Landes gehören. Ihre Trumpfkarte sind alte Blaufränkisch-Stöcke auf hervorragenden Lagen und der absolute Wille zu Spitzenqualitäten.

Lackner-Tinnacher ***–****
Gamlitz
12,5 ha; Fl. n.n.; • Weine: Welschriesling, Weiß- und Grauburgunder, Chardonnay, Sauvignon u.a. von →Steinbach, Eckberg
Feinfruchtige und nervige Weine sind die Spezialität von Wilma und Fritz Tinnacher, wie ihr Sauvignon Blanc, die weißen Burgundersorten und auch der Gelbe Muskateller zeigen. Auch der Welschriesling gerät oft erstaunlich aromatisch und vielschichtig.

Helmut Lang ***–*****
Illmitz
12 ha; 40 000 Fl. • Weine: Chardonnay, Welschriesling, Weißburgunder, Sämling 88, Sauvignon; Zweigelt, Blaufränkisch, Blauer Burgunder von Römerstein, Sandriegel, →Ausbruch, →Beeren- und Trockenbeerenauslesen
Die Kombination aus Frucht und filigraner Eleganz gibt insbesondere Helmut Langs zahlreichen edelsüßen Sortenweinen, eine für den Neusiedler See mit seinen eher üppig-exotischen Gewächsen ganz eigenständige Dimension.

Josef Leberl ***–*****
Grosshöflein
14 ha; 70 000 Fl. • Weine: Sauvignon; Blaufränkisch, Cabernet, u.a. von Tatschler, Reisbühel, Haussatz, Fölligberg, →Peccatum Cuvée

Wenn Josef Leberl nicht so zurückhaltend und bodenständig wäre, gehörte er zweifellos zu den burgenländischen Super-Stars. Seine ausgezeichneten Weine, allen voran Cabernet, Zweigelt und die Cuvée Peccatum, vereinen feinfruchtigen Charakter mit einer gelungenen Ausbaumischung sowohl im großen Holzfass wie auch im Barrique.

Hans und Anita Nittnaus ***–****
Gols
13 ha; 70 000 Fl. • Weine: Welschriesling; Cabernet, Blaufränkisch, St. Laurent, u. a. von →Altenberg, Ungerberg, Spiegel, Edelgrund, Hochlust, Pannobile Weiß, →Pannobile Rot, →Comondor, Ausbruch
John Nittnaus ist einer der Pioniere der Pannobile-Vereinigung und darüber hinaus einer der experimentierfreudigsten der Gruppe. Anfang der 1990er Jahre litten seine Weine oftmals an einem Überschuss harter Tannine aus Beere und Holzfass, aber seit Mitte des Jahrzehnts hat die Frucht wieder den gerechten Anteil an seinen Weinen zurückerobert.

Erich und Walter Polz / Rebenhof Aubell ***–****
Spielfeld / Ottenberg
70 ha / 8,5 ha; 120 000 Fl. / 25 000 Fl. • Weine: Welschriesling, Chardonnay, Sauvignon, Weißburgunder u. a. von →Hochgraßnitzberg, →Obegg, Nussberg, Herrenberg
Die Polzens betreiben ihr dicht an der Grenze zu Slowenien gelegenes Weingut mit der versammelten Kraft einer Großfamilie. Schon Ende der 1980er Jahre haben sie sich einen guten Namen mit Chardonnay und Sauvignon gemacht, und Mitte der 1990er Jahre pachteten sie die Weinberge des Rebenhofs von Dr. Aubell noch dazu.

Familie Kollwentz, Römerhof ***–*****
Grosshöflein
24 ha; 70 000 Fl. • Weine: Welschriesling, Chardonnay, Sauvignon; Blaufränkisch, Cabernet, Zweigelt u. a. von Tatschler, Haussatz, Point, Steinmühle, →Cuvée Eichkopf, →Steinzeiler, →Trockenbeerenauslesen
Anton Kollwentz – seit einigen Jahren nun schon von Sohn Andi verantwortungsvoll unterstützt – ist einer der Pioniere des burgenländischen Rotweins, hat sich aber auch mit seinen Weißweinen besonders hervorgetan. Zum exzellenten sortenreinen Blaufränkisch und zu der Spitzen-Cuvée Steinzeiler kam ab dem 1997er Jahrgang eine hervorragende Cuvée aus Blaufränkisch und Zweigelt.

Familie Sattler, Sattlerhof **–****
Gamlitz
12 ha; 80 000 Fl. • Weine: Sauvignon, Chardonnay, Weißburgunder, Welschriesling u. a. von Sernauberg, →Pfarrweingarten, Kranachberg, Steirische Klassik
Einige der besten Weine der Steiermark und noch dazu eines der besten Restaurants der Gegend in der Hand einer Familie, das ist sicher ein seltener Glücksfall. Als Obmann der Vereinigung Steirische Klassik pflegt Wilhelm Sattler die fruchtige, gerade Linie, die das Programm dieser Marke bildet.

Familie Faulhammer, Schützenhof ***–****
Deutsch-Schützen
8 ha; 35 000 Fl. • Weine: in Deutsch-Schützen: Welschriesling; Blaufränkisch, Zweigelt u. a. von Ratschen, Weinberg, Katzenjäger, Szápari, Paigl, Bergwiesen →Senior, →Kastellan, Allegria
Das Weingut der Familie Körper-Faulhammer kultiviert den für das Südburgenland vergleichsweise niedrigen Satz von 30 Prozent Blaufränkisch, aber die daraus gekelterten Weine wie der sortenreine Senior und der Kastellan überzeugen. Auch die Weißweine des

Gutes sind von beachtlichem Niveau, und wenn es die Umstände erlauben, füllt man einen interessanten Schilfwein ab, die burgenländische Version des Strohweins.

E. & M. Tement ****
Berghausen
14 ha; 90 000 Fl. • Weine: Welschriesling, Morillon, Sauvignon, Weißburgunder u. a. von →Zieregg, →Graßnitzberg, Wielitsch, Steirische Klassik
Manfred Tement ist ein Perfektionist und ein Tüftler noch dazu, wen wundert es da, wenn sein Keller – er ist nur einen Steinwurf weit von der slowenischen Grenze entfernt – zu den bestausgestatteten in weitem Umkreis gehört. Mit seinen Weinen – vor allem den im Barrique ausgebauten der Lage Zieregg – hat er sich früh einen Namen gemacht und behauptet seit einem Jahrzehnt die Spitze in der Steiermark. Zusammen mit dem Wachauer Franz Xaver Pichler und Tibor Szémes aus dem Mittelburgenland erzeugt er auch einen sehr eindrucksvollen Rotwein.

Triebaumer ***–*****
Rust
12,5 ha; 65 000 Fl. • Weine: in Rust: Chardonnay, Weißburgunder; Blaufränkisch, Cabernet, Merlot, u. a. von Satz, Vogelsang, Greiner, Pandkräftn, Mitterkräftn, →Oberer Wald, Gmärk, →Mariental, Hartmisch, →Ausbruch
Ernst Triebaumers Blaufränkisch-Weine von den Korallenkalkböden und Mergeln des Marientals galten schon Ende der 1980er Jahre nachgerade als Rotwein-Legende. Sie gehörten zu den Ersten, die radikal im neuen Eichenholz ausgebaut wurden, und haben seither an Komplexität und Ausgewogenheit sogar noch dazugewinnen können. Triebaumer gehört auch bei der Ruster Spezialität, dem Ausbruch, zu den Besten und zeigt regelmäßig fruchtige, vielschichtige trockene Weißweine.

Velich ***–*****
Apetlon
3 ha; 30 000 Fl. • Weine: Welschriesling, Chardonnay, Neuburger u. a. von Rohrung, Hedwigshof, →Tiglat, Darscho, →Vitezfeld, →Beeren- und Trockenbeerenauslesen
Heinz und Roland Velich schafften Mitte der 1990er Jahre mit einem regelrechten Senkrechtstart den Durchbruch in die Elitegruppe des österreichischen Weinbaus. Zunächst überzeugten die beiden ihr staunendes Publikum mit blitzsauberen Beeren- und Trockenbeerenauslesen des Seewinkels. Ihr unbestrittenes Meisterstück aber lieferten sie mit den im Barrique vergorenen Chardonnay- und Grauburgunder-Versionen. Ihr Tiglat gehört zweifellos zu den ganz großen europäischen Chardonnays und vereint die mineralische Art der Burgunder perfekt mit der üppigen Frucht von gutem New-World-Chardonnay.

Winkler-Hermaden **–****
Kapfenstein
14,5 ha; 80 000 Fl. • Weine: Welschriesling, Weißburgunder, Chardonnay, Sauvignon; Zweigelt u. a. von Kirchleiten, Winzenkogel, An der Kapelle, Schlosskogel, Rosenleiten, Steirische Klassik, →Olivin, Caphenstein
Als einer der wenigen Winzer der Südoststeiermark hat Georg Winkler-Hermaden in seiner Burg Kapfenstein überregionales Aufsehen erregt. Besonders ausdrucksstark geraten sind seine Burgundersorten und der Traminer – eine Spezialität des Betriebs –, und der im Barrique gereifte Zweigelt namens Olivin lässt keinen Zweifel daran, dass die Region in guten Jahren durchaus auch interessante Rotweine liefern kann.

Luxemburg

Am linken Moselufer wird seit den Zeiten der Römer Wein angebaut. Wormeldange ist eine der bedeutendsten Winzergemeinden des Herzogtums.

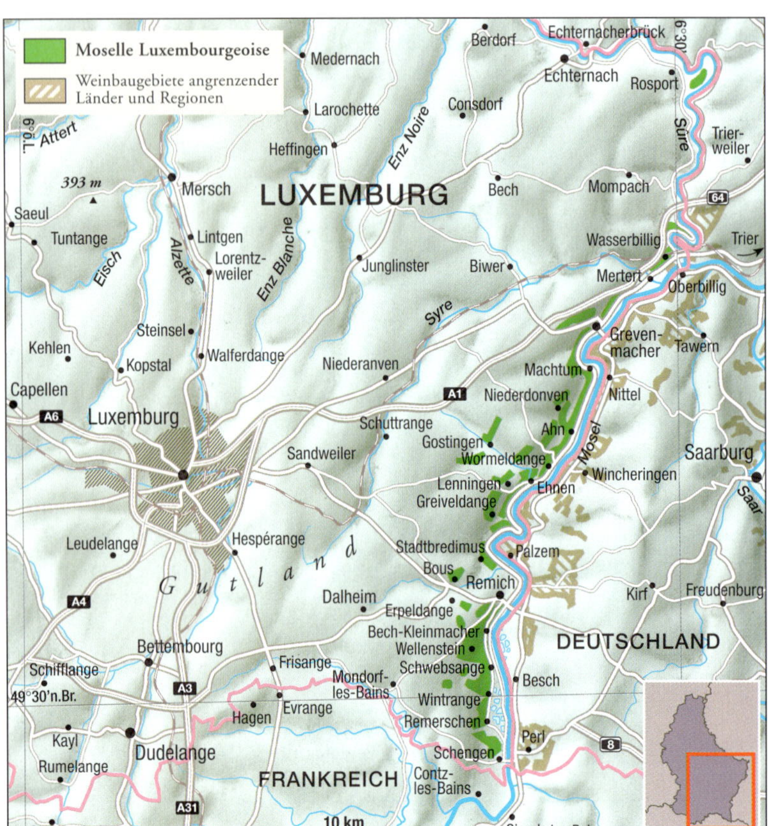

Von Wasserbillig im Norden bis nach Schengen im Süden zieht sich das Weinbaugebiet Luxemburgs entlang der Mosel über 1400 Hektar, die fast ausschließlich trockene, aromatische Weißweine ergeben. Im Vergleich zu seinen direkten französischen und deutschen Nachbarn fällt das winzige Anbaugebiet kaum ins Gewicht. Allein im Elsass steht eine Fläche in Ertrag, die fast zehnmal so groß ist. Aber in Luxemburg blickt man auf eine lange Weingeschichte zurück: Ausgrabungen am Ufer der Mosel förderten Grabbeigaben aus dem 5. Jahrhundert v. Chr. zutage, die mit Trauben und Weinblättern dekoriert waren.

Die Luxemburger Mosel besteht überwiegend aus zum Teil steilen, in einigen Fällen sogar spektakulären Hanglagen, die meist nach Südosten oder Süden ausgerichtet sind. Bei einer Schiffsfahrt auf dem Fluss wirken die steilen Hänge besonders beeindruckend, und man erfasst den Aufwand, den die Winzer treiben müssen, um ihre Parzellen zu bearbeiten. Die ohnehin bestehenden Schwierigkeiten bei der Weinbergsarbeit werden in diesem nördlichen Klima noch durch häufige Regenfälle verstärkt. Im Jahresdurchschnitt fallen 725 Millimeter Niederschlag. In dem von seiner Größe her bescheidenen Weingebiet, das sich über 42 Kilometer Länge und 300 bis 400 Meter Breite erstreckt, macht es kaum Sinn, örtliche Besonder-

Weinhierarchie in Luxemburg

Das Weinbauinstitut von Remich wurde 1925 gegründet und steht für den Willen der Luxemburger Regierung, die Weinerzeugung in verstärktem Maß auf Qualität auszurichten. Sie kreierte 1935 die *Marque Nationale du Vin Luxembourgeois* mit dem erklärten Ziel, dem Verbraucher gegenüber die Herkunft und einen geregelten Qualitätsstandard garantieren zu können.
Einen weiteren Schritt in Richtung eines deutlicher qualitätsorientierten Weinbaus vollzog der Gesetzgeber schließlich im Jahr 1959, indem er mit den Bezeichnungen *Vin Classé, Premier Cru* und *Grand Premier Cru* zusätzliche Kategorien einführte. 1971 wurde die *Marque Nationale* an die europäische Gesetzgebung angepasst, und seit 1980 wird die *Marque Nationale – Appellation Contrôlée* als Garantie vergeben. Sie und die zusätzliche Anerkennung einer höheren Qualität wird nach der Verkostung der Weine verliehen, bei der die Experten nach dem 20-Punkte-System bewerten:

weniger als 12	*Vin de Table*
12–13,9	*Vin de Qualité (VdQ)*
14–15,9	*VdQ – Vin Classé*
16–17,9	*VdQ – Premier Cru*
18–20	*VdQ – Grand Premier Cru*

Alle Weine mit dem Prädikat *Vin de Qualité* müssen in Luxemburg abgefüllt sein und einen vorgeschriebenen Aufkleber oder ein Rückenetikett mit Garantiebezeichnung und Kontrollnummer tragen.
Zu bemerken ist, dass die Weine allein nach Qualitätskriterien klassiert werden, dass also bei ihrer Bewertung ihre Herkunft keinerlei Bedeutung hat.
Die Hitliste der Luxemburger Sorten:

1	Rivaner	37,1%	rückläufig
2	Elbling	13,6%	rückläufig
3	Riesling	13,0%	steigend
4	Auxerrois	12,0%	steigend
5	Pinot Gris	10,2%	steigend
6	Pinot Blanc	9,5%	stagnierend
7	Pinot Noir	3,0%	
8	Gewürztraminer	1,0%	

heiten hervorzuheben. Dennoch gibt es, was die Bodenbeschaffenheit betrifft, einen deutlichen Unterschied zwischen dem Kanton von Grevenmacher im Norden und dem von Remich im Süden. Im Norden ist der Boden von Muschelkalk geprägt und das Tal ist enger. Die dortigen Weine sind geschliffener und gewinnen nach einigen Jahren der Alterung an Rasse. In dem südlicher gelegenen Gebiet, ab der Gemeinde Stadtbredimus, besteht der Boden hauptsächlich aus Keuper mit Tonmergel, und das nun breitere Tal schenkt vollere, harmonischere, aber auch weniger charaktervolle und rassige Weine.
In Luxemburg regiert der Rivaner, eine am Ende des 19. Jahrhunderts entwickelte Kreuzung zwischen Riesling und Gutedel. Dabei handelt es sich um keinen anderen als den Müller-Thurgau, der in den nordeuropäischen Anbaugebieten wohl bekannt ist. Noch Anfang der 1980er Jahre dominierte er fast die Hälfte aller Weinberge, aber inzwischen ist sein Bestand auf etwa 35 Prozent gesunken. Der ausgesprochen ertragsstarke Rivaner liefert dezent-fruchtige und angenehme, aber eher schlichte Weine. Auch der Elbling, den man hier seit den Zeiten der Römer anbaut, ist wegen seines in manchen Jahrgängen außerordentlich hohen Säuregehalts unter Druck geraten. Selbst bei günstigen Klimaverhältnissen ergibt er nur einen leichten, frischen, dank der Kohlensäure spritzigen Wein, der als Durstlöscher empfohlen wird, ansonsten aber in die Sektverarbeitung gelangt. Er ist sehr ertragsstark, aber anfällig für Echten Mehltau und Fäule.
Die Luxemburger Winzer wenden sich mit zunehmender Entschiedenheit Rebsorten zu, die hochwertiger sind und ihr besonderes Terroir besser zum Ausdruck bringen. Der Riesling, der auf den Moselhängen besonders spät reift und zu trockenen, leichten Weinen vergoren wird, steht auch hier für Eleganz und Mineralität und entwickelt ein reizvolles, intensives Bukett. Unter den Edelsorten behauptet er den ersten Platz, aber der Auxerrois folgt ihm auf den Fersen. Das mag verwundern, denn diese auch im Elsass verbreitete Sorte besitzt nicht die beste Reputation. Lange hat man sie zu den Burgundern gerechnet, denn es gilt als gesichert, dass auch ihre Herkunft dort zu suchen ist. War sie anderswo vor allem wegen ihrer geringen und unsicheren Erträge verpönt, gewinnt sie an der Luxemburger Mosel mit Rundheit, Struktur und oftmals von Zitrusfrüchten bestimmten Aromen eigenen Ausdruck und kann durchaus als Spezialität gelten. In der Gunst der Winzer überflügelt der Auxerrois den Pinot Blanc eindeutig, der meist etwas nervöser, aber weniger fruchtig gelingt.
Neben dem Riesling werden im Großherzogtum die überzeugendsten Erfolge inzwischen mit Pinot Gris erzielt. Seine Vorzüge liegen in seiner niedrigen Säure, seinen intensiven Aromen und einer Großzügigkeit, die ihm in sonnigen Jahrgängen eine gewisse Opulenz verleiht, und er erreicht mit Volumen, Samtigkeit, Komplexität und Harmonie ein bemerkenswert hohes Niveau. Pinot Noir, Gewürztraminer und Chardonnay sind die raren Außenseiter im Luxemburger Weinbau.

Gleich hinter den im Tal gelegenen, beschaulichen Weindörfern Luxemburgs beginnen die Weinberge, die oft extrem steil ansteigen.

Genossen und Einzelwinzer

In Ahn haben die Winzer die flacheren, nach Süden und Südosten ausgerichteten Hänge genutzt und in breite Terrassen unterteilt.

Rechte Seite:
Im nördlicheren Teil des Anbaugebiets bestimmt Muschelkalk Boden und Weine. Letztere gefallen durch schlanken Körper und viel Rasse.

Wie so viele andere Weinregionen erlebte die Luxemburger Mosel Anfang des 20. Jahrhunderts eine schwere Krise, die in den Jahren nach dem Ersten Weltkrieg zur Gründung von Winzergenossenschaften führte. In den damals errichteten Kellereien von Grevenmacher, Wormeldange, Greiveldange, Stadtbredimus, Wellenstein und Remerschen konnte man die Probleme von Weinbau, Weinbereitung und Verkauf leichter in den Griff bekommen. Ein weiterer Schritt wurde 1966 vollzogen, als sich alle Genossenschaften zu ›Les Domaines de Vinsmoselle‹ zusammenschlossen. Ihren rund 800 Mitgliedern gehören zwei Drittel der luxemburgischen Rebfläche, wobei die Mehrheit der Weinbauern ihre Parzellen nur im Nebenerwerb bewirtschaftet, denn die meisten besitzen weniger als einen Hektar Rebfläche. Heute stammen 62 Prozent der Gesamterzeugung aus den Kellereien der Vinsmoselle. Seit einem Jahrzehnt ist ihre Fläche allerdings rückläufig, denn für die Weinbauern erweist sich die Selbstvermarktung von Trauben als lukrativer.

Die mittlerweile 53 unabhängigen Güter, wo man die Trauben der eigenen Weinberge größtenteils selbst vinifiziert und zum Teil an den Handel weiterverkauft, gewinnen zunehmend an Bedeutung. Alle erzeugen vorwiegend trockene, durchgegorene Weine, oft aber auch Crémant. In den letzten Jahren gibt es immer mehr Beispiele für Barrique-Ausbau, der 1982 von der Domaine Aly Duhr eingeführt wurde, oder auch für Eiswein. Spät- oder Beerenlesen werden bislang praktisch nicht eingebracht.

Dritte bedeutende Kraft im Bunde des Luxemburger Weinbaus ist der Weinhandel. Seine 35 Häuser füllen 17 Prozent der Gesamtproduktion von rund 160 000 Hektolitern ab. Ihm ist die Einführung des Crémant zu verdanken, dessen Herstellung in den 1920er Jahren aufkam. Die Handelshäuser beziehen ihre Trauben überwiegend von Gütern und Vertragswinzern.

Crémant de Luxembourg

Schaumweinherstellung hat in Luxemburg eine gewisse Tradition. Ebenso wie im benachbarten Deutschland werden auch in Luxemburg Trauben im Ausland zugekauft, unter anderem in Norditalien. Neben diesen Markensekten, die im Charmat-Verfahren, aber auch in Flaschengärung erzeugt werden, hat sich der eigentliche Crémant de Luxembourg durchgesetzt, der seit 1991 als einzige Appellation außerhalb Frankreichs anerkannt ist. Auch auf diesem Sektor sind die Vinsmoselle mit drei Viertel der Crémant-Produktion

Erträge und Aufzuckerung

Seit 1993 wurden in Luxemburg die Höchsterträge gesenkt: Für Rivaner und Elbling sind noch 140 Hektoliter pro Hektar erlaubt, für die anderen, edleren Rebsorten 120 Hektoliter. Viele Weinbauern des Großherzogtums bedauern heute, dass sie einst dem deutschen Modell folgten und Quantität über Qualität stellten. Heute gilt allgemein die französische Anbauphilosophie, wie sie sich im System der *Appellation d'Origine Contrôlée* ausdrückt, auf dem linken Mosel-Ufer als Beispiel.

Was die Aufzuckerung oder Chaptalisation betrifft, begrenzte die Europäische Union deren Höhe in Luxemburg auf 3,5 Grad und schrieb damit den generellen Maximalwert fest. Aber eine neue Verordnung senkte dieses Niveau bei Weinen von mindestens 9,5 %vol Alkohol auf 2,5 Grad und untersagt, 12,5 %vol Alkohol zu überschreiten. Ziel ist, die Winzer zu ermutigen, die Qualität ihrer Trauben zu erhöhen, um dadurch Weine mit einem höheren Alkoholgrad produzieren zu können. Im Großherzogtum ist man sich bewusst, dass Weine mit einem relativ niedrigen Alkoholgrad nicht objektiv mit ausländischen Gewächsen verglichen werden können, die bei gleichem – auf Rebsorten basierendem – Typus gewöhnlich einen höheren Alkoholgehalt aufweisen.

Ausgewählte Erzeuger

Mathias Bastian ****
Remich
11,7 ha; 85 000 Fl. • Weine: u.a.→ Riesling, Pinot Gris, → Auxerrois, Gewürztraminer, Chardonnay; Pinot
Das Familiengut verfügt über gut platzierte Lagen auf den Hängen von Remich und Wellenstein. Man arbeitet mit Handlese in mehreren Durchgängen und baut die Weine in Edelstahl aus, bei Chardonnay und Pinot Noir aber im Barrique.

Domaine Clos des Rochers ***
Grevenmacher
9,5 ha; 50 000 Fl. • Weine: → Pinot Gris, Riesling, Auxerrois, Pinot Blanc
Familie Clasen, zugleich Besitzer des bekannten Sekthauses Bernard-Massard, kreierte dieses Gut. Es zählte zu den ersten, auf denen niedrige Erträge und Traubenselektionen bei der Lese und im Keller moderne Technik eingeführt wurden.

Domaine Mme Aly Duhr ****
Ahn
9 ha; 70 000 Fl. • Weine: → Riesling, Pinot Gris, Pinot Blanc, Auxerrois, Gewürztraminer, Pinot Noir; Crémant
Seit über 300 Jahren sind die Duhrs Winzer an der Mosel und bewirtschaften steile Hänge im Umkreis von Ahn. Eines der besten Güter Luxemburgs, das mit sehr hoher Pflanzdichte von 7 500 Stöcken, striktem Rebschnitt und Selektion des Leseguts arbeitet.

Domaine Mathes ****
Wormeldange
9 ha; Fl. n.n.; • Weine: → Riesling, Auxerrois, Pinot Blanc, Pinot Gris, → Crémant
Familie Mathes hat 60 Prozent ihrer Weinberge mit Riesling bestockt. Dank niedriger Erträge gewannen sie zahlreiche Auszeichnungen für den Crémant und ihre Grand-Premier-Cru-Weine.

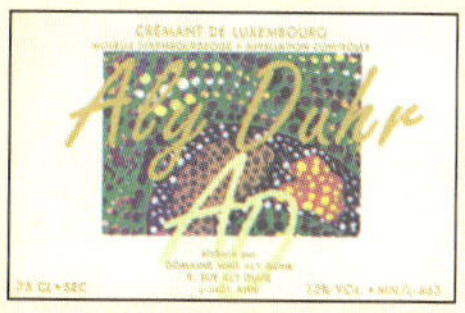

Domaine Sunnen-Hoffmann ***
Remerschen
5 ha; 40 000 Fl. • Weine: → Riesling, Auxerrois, Pinot Blanc, Pinot Gris, Gewürztraminer; Pinot Noir
Diese 1872 gegründete Domaine besitzt Parzellen in den besten Lagen von Remerschen, Schengen und Wormeldange. Nach pneumatischer Pressung wird in Edelstahl vinifiziert, und einige Weine erhalten einen Ausbau in alten Fudern von 1000 Litern.

Domaine Thill Frères ***–****
Schengen
12 ha; 70 000 Fl. • Weine: → Château de Schengen Pinot Gris, → Pinot Blanc, Auxerrois, → Riesling, Gewürztraminer
Das Haus Bernard-Massard ist seit 1986 auch für die Leitung eines der größten Weinbetriebe des Landes verantwortlich. Reiche Böden, aber strikte Qualitätskriterien im Weinberg und bei der Lese ergeben volle und alterungsfähige Weine.

Les Domaines de Vinsmoselle *–****
Stadtbredimus
860 ha; Fl. n.n.; • Weine: alle Rebsorten, Art et Vin: → Schengen Markusberg Pinot Blanc, → Wormeldange Koeppchen Riesling, → Crémant Poll-Fabaire
Die 1966 aus sechs Winzergenossenschaften gebildete Gruppe zählt an die 800 Mitglieder und keltert knapp 100 000 Hektoliter jährlich, womit sie mit weitem Abstand der bedeutendste Erzeuger von stillen Weinen und Crémant des Großherzogtums ist. Von simplen Rivanern und Elblingen bis zu rassigen Grand-Premier-Cru-Weinen bietet Vinsmoselle eine erstaunliche Palette an unterschiedlichen Sorten.

führend. Die Produktionsbestimmungen legen fest, dass der Wein ausschließlich aus Trauben der eigenen Weinregion kommen darf, wozu im Allgemeinen Elbling, Pinot Blanc, Auxerrois, Riesling, Pinot Noir und auch in zunehmendem Maß Chardonnay dienen. Außerdem muss der Wein vor dem Degorgieren neun Monate auf den Hefen verbringen.

Ob Crémant oder stille Weine, die Luxemburger sind selbst ihre besten Kunden. Obwohl man eine gepflegte Gastronomie sehr schätzt und gern austüftelt, welcher Wein am besten zu welchem Gericht passt – wobei Riesling die eine, Flussfische die andere Beliebtheitsskala anführen –, weiß man ein Gläschen Wein zu jeder Tageszeit zu schätzen. Im Café wird Wein meist in Gläsern mit grünem Fuß ausgeschenkt, ähnlich denen im Elsass oder am Rhein, und man trinkt ihn gewöhnlich sehr kalt mit etwa 8 °C. Wie im Elsass verzichtet man auch in Luxemburg bei keiner Mahlzeit auf ein Glas Wein, denn was den Lebensstil angeht, mag man es an diesem Teil der Mosel gern französisch.

England und Wales

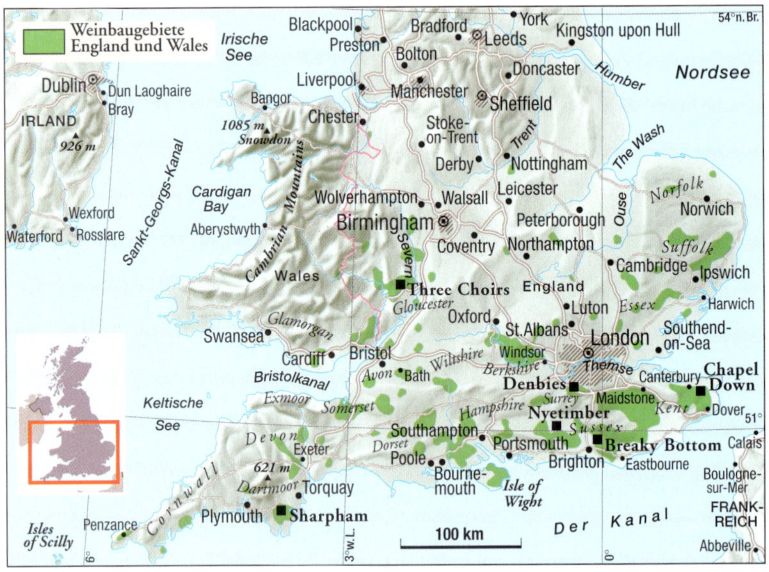

Es mutet zunächst seltsam an, dass der Pro-Kopf-Verbrauch von Wein in England ebenso hoch wie die Kennerschaft tief ist, während gleichzeitig die Weinerzeugung kaum der Rede wert ist. Dabei liegt genau hier der Grund für ein Paradoxon, das keines ist: Gerade weil England nicht zu den wichtigen Weinbauländern zählt, schätzt es als Verbraucher Weine aus allen Ländern der Welt. Dennoch sind die Engländer auch von den eigenen Weinen sehr angetan, und trotz der Nachteile eines unwirtlichen Klimas und der für Weinbau nördlichen Lage haben sie für gute *Vitis vinifera*-Reben hartnäckig das Bestmögliche unter widrigen Umständen versucht. Wenn es ein Motto gibt, das besonders für den englischen Weinbau gilt, so ist das sicherlich der Wahlspruch von William Edward Hickson: »If at first you don't succeed, try, try again« (wenn du zunächst keinen Erfolg hast, versuch es wieder und wieder).
Die Entdeckung der Pollen von Vinifera-Reben in Essex und Suffolk hat die Annahme untermauert, dass Wein schon lange, bevor Julius Caesar kam, sah und siegte, nach England gelangt ist. Funde von Amphoren in den Ruinen einstiger römischer Städte belegen jedoch sehr eindrücklich, wie beträchtlich der Weinkonsum nach der römischen Eroberung Englands anstieg. Es steht nicht fest, ob Wein während der Herrschaft des Römischen Reiches in England weithin kultiviert wurde, aber die Entdeckung eines acht Hektar großen römischen Weinbergs in Northamptonshire 1995 beweist, dass zumindest eine gewisse Menge an Wein erzeugt wurde. Bede Venerabilis verzeichnet 731 in seiner Kirchengeschichte, dass »Reben in mehreren Ortschaften kultiviert werden«, und im 9. Jahrhundert tauchen Weingärten auch in dem Gesetzbuch Alfred des Großen auf.

Die St. Georgs-Winery verfügt über gepflegte, dicht bestockte Rebanlagen in East Sussex und ist für ihren frisch-fruchtigen Müller-Thurgau bekannt.

Zur Zeit des Domesday Book sind 38 Weingärten verzeichnet, von denen sich jedoch nur ein Dutzend im Besitz von Klöstern befanden. Die Anzahl der Weingärten nahm kontinuierlich zu, bis schließlich 300 gezählt wurden. Doch zwei Faktoren behinderten in der Folge die Weinbauentwicklung. Die Heirat Heinrichs II. mit Eleonore von Aquitanien bewirkte, dass die Handelsbeziehungen zwischen England und Frankreich auch im Bereich des Weinhandels stark anstiegen. Als zweiter Faktor kam hinzu, dass die Pest Englands prosperierenden Weinbau zum Erliegen brachte. Zur Zeit der Auflösung der Klöster im Jahr 1536 war der kommerzielle Weinbau in England praktisch nicht mehr existent.
Dennoch versiegte der englische Weinbau nach dem Ausgang des Mittelalters nicht völlig. Im privaten Bereich konnte er, wenn auch in sehr geringem Ausmaß, überleben, mehr als Hobby einiger gut situierter Landbesitzer. Die Samen für die moderne Weinwirtschaft wurden 1946 von dem Chemieforscher Ray Barrington Brock in seinem weitläufigen Garten in Oxted in Surrey gesät. Den ersten rein kommerziellen Weingarten der Neuzeit gründete Sir Guy Salisbury-Jones in Hambledon in Hampshire. Diesem Pionier folgte eine kleine Gruppe von Enthusiasten, von denen keiner viel Erfahrung besaß, weder im Weinbau noch in der

Weinlese auf dem Weingut Hambledon in Hampshire

Weinbereitung. Die meisten Weine dieser frühen Ära basierten auf deutschen Kreuzungen und Hybriden, die man auspflanzte, weil man ihnen zutraute, in Englands kühlem maritimem Klima auszureifen, und somit war der frühe Stil englischen Weins eher mit deutschen Weinen vergleichbar. Eine Art Aufschwung erlebte der englische Weinbau in den frühen 1970er Jahren, und 1985 betrug die bestockte Rebfläche bereits 430 Hektar. Als Beweis dafür, dass englischer Wein erwachsen geworden war, ließ die Königin am 10. Juni 1992 Präsident Mitterrand bei einem Staatsbankett einen Chiddingstone Pinot Noir 1988 einschenken. Zur Jahrtausendwende hatte England annähernd 1000 Hektar Reben in Ertrag und erzeugte im Jahr mehr als zwei Millionen Flaschen.

Nach und nach entwickelte sich der englische Weinstil zu eher trockenen Weinen ohne oder mit Eichenfass-Ausbau. Und die Palette erweitert sich zunehmend: Daneben werden auch süße Weißweine mit Botrytis, Schaumweine nach Champagner-Methode sowie vermehrt auch in Eiche gealterte Rotweine produziert.

Während die meisten Weingärten von bescheidener Größe sind und auf Touristen und Direktverkauf zählen, gibt es eine Anzahl von Traubenfarmern, die direkt an *wineries* verkaufen, und einige kommerzielle Weingärten wie Denbies und Dorking in Surrey mit rund 100 bestockten Hektar, Chapel Down und Three Choirs. Die annähernd 500 Weingärten Englands und Wales' sind in den relativ milden südlichen Regionen des Landes konzentriert, besonders in den Home Counties von East und West Sussex. Der nördlichste Weingarten entstand in Durham, Kent, nahe dem 55. Breitengrad.

Obwohl England mit weniger als 1000 Sonnenstunden nach der Winkler-Skala zu kalt für Weinerzeugung ist, wird die Härte des nördlichen Klimas durch den warmen Einfluss des Golfstroms gemildert. In Bezug auf Englands geografische Situation ist es in diesem Fall besonders wichtig,

Denbies, das größte Weingut Englands, liegt südwestlich von London in Surrey. Es ist technisch auf dem neusten Stand. Die Lese wird hier mit der Maschine eingebracht.

früh reifende, krankheitsresistente Sorten auf nach Süden ausgerichtete Flächen zu setzen und gegen Frühjahrs- wie Herbstfröste und Wind zu schützen. Vorteilhaft sind Lagen, die einen relativ geringen Niederschlag und Höhen von nicht mehr als 100 Metern aufweisen. Selbst wenn alle Komponenten optimal zusammentreffen, findet die englische Lese üblicherweise nicht vor Ende Oktober oder Anfang November statt.

Obwohl es noch etwas zu früh ist, um von spezifischen regionalen Charakteristiken in England zu sprechen, erkennt die ›United Kingdom Vineyard Association‹ sechs bestimmte Weinregionen an. Weald und Downland umfassen die Weingärten von East und West Sussex und Kent. Sie sind relativ mild und vor allem von Lehm- und Kalkböden geprägt. Wessex deckt die Counties mit stärker temperiertem Klima an der Südküste ab, also Dorset, Hampshire, Wiltshire und die Isle of Wight. Southwest und Wales, die den westlichsten Zipfel Englands und Wales' bilden, werden oft von Westwinden dominiert, die über den Atlantik heranwehen und feuchte Witterung mitbringen. Thames und Chiltern fassen die Home Counties von Berkshire, Buckinghamshire, London West und Oxfordshire zusammen und sind die wärmsten Regionen. East Anglia repräsentiert die flachen, windigen Counties an der Ostküste und Mercia die Midlands und den Norden.

Englischer Wein, nicht mit *British wine* aus importiertem Traubenkonzentrat zu verwechseln, wird aus frischen, in England angebauten Trauben erzeugt. Die meisten der englischen Rebsorten sind früh reifend, die meistverbreitete früh reifende Sorte ist Müller-Thurgau, der einen angenehmen, floralen Wein im Bereich *off-dry* oder *medium-dry* ergibt. Ihm folgt der Reichensteiner, dann die Hybride Seyval Blanc, die gut zum englischen Klima passt und sowohl zu einem Sauvignon ähnlichen – ohne Eiche – oder zu einem im Stil eher trockenem Burgunder gleichenden Weißwein – mit Eiche – verarbeitet wird. Diese Sorte ist jedoch insofern umstritten, als sie die Anerkennung der englischen Weinwirtschaft durch die Europäische Union erschwert, denn deren Qualitätsweinsystem schließt Hybriden aus. Aromatische Weißweine werden auch aus Huxelrebe, Schönburger und Bacchus gekeltert, darüber hinaus ist die Madeleine Angevine eine recht beliebte weiße Sorte, die gelegentlich durchaus charaktervoll sein kann.

Insgesamt werden in England und Wales 44 Rebsorten gezogen, von denen die meisten Hybriden oder Kreuzungen deutschen Ursprungs sind, ob-

Die Hidden-Spring-Winery liegt nicht weit von Hastings im Hinterland der Südküste; neben dem modischen Roten ist ihr Seyval Blanc interessant.

wohl es auch einige Premiumsorten wie Chardonnay, Pinot Noir und selbst Cabernet Sauvignon gibt. Chardonnay und Pinot Noir werden hauptsächlich für Schaumwein benutzt, wobei wenigstens zwei Güter, Nyetimber und Ridgeview, ausschließlich für *sparkling wine* errichtet wurden. In Sharpham, Devon, werden Cabernet und Merlot in Plastiktunneln gezogen, verschnitten und in französischer Eiche ausgebaut. Das Ergebnis ist ein leichter, kaltklimamäßiger roter Tischwein im Stil des Loire-Tals oder Neuseelands.

Bill Darey von Denbies ist zufrieden mit der Reife der Pinot-Trauben.

Ausgewählte Erzeuger

Breaky Bottom ***
Rodmell, East Sussex
2,25 ha; Fl. nn; • Weine: Müller-Thurgau, →Seyval Blanc, Cuvée Réservée Brut, →Millennium Cuvée Maman Mercier Vintage 1996
Dank der Hingabe seines Besitzers Peter Hall ist dieser kleine Weingarten in East Sussex unter Weinkennern zur gesuchtesten Adresse ganz Englands geworden. Hall wird wegen der Qualität seiner Weine gefeiert, die auf geringen Erträgen des zurzeit eher unmodernen Müller-Thurgau und der Hybride Seyval Blanc basieren.

Chapel Down **
Tenterden, Kent
ha; n.n.; ZT; Fl. n.n.; • Weine: u.a. Downland Dry und Oak, Ortega, →Bacchus Reserve, Schönburger, Flint Dry, Epoch V; Epoch Brut
Englands größte kommerzielle Kellerei erzeugt ein umfangreiches Angebot interessanter Weine, darunter Epoch fizz, einen beachtlichen Rotwein und einen aromatischen, trockenen Weißwein aus der duftigen Bacchustraube, der Erinnerungen an Loire-Weine wachrufen kann. Die unter der Leitung von David Cowderoy gemachten Weine werden an zahlreiche Kunden ausgeliefert, einschließlich British Airways und das House of Commons.

Denbies **
Dorking, Surrey
101 ha; Fl. n.n.; • Weine: 20 verschiedene Rebsorten, einschließlich Dornfelder und Pinot Noir; Marken: →Surrey Gold, →Special Late Harvest
Mit über 100 Hektar an Rebflächen ist dieses Unternehmen mit seinem Besuchszentrum und der Kellerei im Napa-Stil in den Hügeln nahe Dorkings Englands größtes Weingut. Es produziert eine Anzahl verschiedener Weintypen, darunter weiße und rote Tischweine, Schaumwein und einen Special Late Harvest Dessertwein, der wohl das Beste ist, was der Betrieb derzeit zu bieten hat.

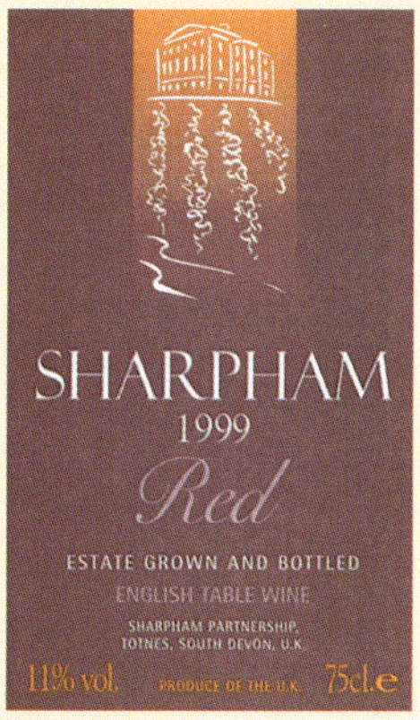

Nyetimber ***
West Chiltington, West Sussex
17 ha; Fl. n.n.; • Weine: →Nyetimber Blanc de Blancs Brut, →Nyetimber Première Cuvée Chardonnay
Das mittelalterliche Gut wurde von Stuart and Sandy Moss aus Chicago erworben und renoviert. Im sanft geschwungenen südlichen Hügelland nahe der Südküste situiert, war es das erste Gut, das die Champagnertrauben Pinot Noir und Chardonnay in relativ großem Umfang anpflanzte und einen ernst zu nehmenden *English sparkling wine* im Champagne-Stil produzierte, der inzwischen oft bei offiziellen Staatsanlässen serviert wird.

Sharpham **
Dart Valley, Devon
7 ha; Fl. n.n.; • Weine: Madeleine Angevine New Vintage, Estate Selection und Barrel Fermented, Dart Valley Reserve, Sharpham Red, Beenleigh Red (Cabernet-Merlot-Verschnitt)
Im malerischen Gelände des Sharpham Manors, das in einer Hufeisenkrümmung des River Darts liegt, wurde der Weingarten vom Philantropen Maurice Ash konzipiert. Hauptsächlich mit Madeleine Angevine bestockt, liefert er qualitätsvolle trockene Weißweine, einschließlich eines im Fass vergorenen Weins, sowie Englands besten Rotwein, eine Cuvée im Bordeaux-Stil aus Cabernet und Merlot, die unter Plastik gezogen werden.

Three Choirs **
Newent, Gloucestershire
30 ha; ZT; Fl. n.n.; • Weine: u.a. Phoenix, Premium Selection; Classic Cuvée
Englands zweitgrößter Weinerzeuger, der kürzlich 1 Million Pfund in eine neue *winery* investierte, macht eine Reihe von kommerziellen Weinen aus Müller-Thurgau, Seyval Blanc, Reichensteiner, Schönburger, Bacchus, Huxelrebe und Phoenix, auch einen Weißwein aus dem Barrique für British Airways und einen English Nouveau. Angegliedert ein gutes Restaurant.

SPANIEN

David Schwarzwälder

Weinland Spanien

Die Finca San Cristobal in der Nähe von Jerez de la Frontera

Die Ursprünge des spanischen Weinbaus lassen sich wohl bis ins 2. Jahrtausend v. Chr. zurückverfolgen. Die phönizische Besiedelung, die etwa um 1900 v. Chr. einsetzt, hinterlässt erste Spuren. Mit der griechischen Kolonisierung ab dem 8. Jahrhundert v. Chr. beginnen konkrete Hinweise auf die systematische Anlage von ausgedehnten Weinbergen. Die Griechen gründeten in der Nähe der Bucht von Rosas in der heutigen Provinz Girona die Stadt Ampurias, womit das heutige nordkatalanische Qualitätsweingebiet Empordá-Costa Brava als der eigentliche Ausgangspunkt für die Verbreitung der *Vitis vinifera* in Spanien gilt.
Reste bedeutender Kelteranlagen finden sich in Katalonien ebenso wie in Navarra, La Rioja und Valdepeñas. Die Maische wurde in Felswannen vergoren und floss über ebenfalls in den Boden eingelassene Rinnen in Tongefäße. Diese Methode wird in ähnlicher Form noch heute vor allem in La Rioja angewandt, wo die einfachen Winzer ihren Cosechero-Wein traditionell in offenen gemauerten oder in den Fels geschlagenen Becken vergären.
Einige Jahrhunderte später gelang es den Römern, den Weinbau zu industrialisieren und die in verschiedenen Provinzen gekelterten Weine im ganzen Mittelmeerraum zu verbreiten. Nach dem Ende des Römischen Reichs und der Herrschaft der Westgoten duldeten die arabischen Eroberer den Weinbau ihrer christlichen Untertanen, aber erweiterten ihn nicht. Die Araber destillierten Weingeist zu medizinischen Zwecken, und wenn man die am Hof von Córdoba entstandene Dichtung aufmerksam liest, kommt die beschwingende Wirkung des Weines immer wieder zur Sprache, was den Rückschluss zulässt, dass man es mit der islamischen Enthaltsamkeit während der arabischen Herrschaft nicht so genau nahm.
In der Zeit der kriegerischen Auseinandersetzungen zwischen Christen und Arabern bis zur endgültigen Niederlage der Mauren 1492 und der christlichen Reconquista der Iberischen Halbinsel war der Weinbau oft die einzige Bewirtschaftungsform, die die Verwüstungen und Brandschatzungen leidlich überstand, denn die wegen des trockenen Klimas weit auseinander gezogenen Stöcke waren nur schwer zu vernichten.

Auftakt in Jerez

Als erste Weingebiete von Bedeutung entwickelten Jerez und Málaga im 16. Jahrhundert einen wichtigen Markt über die Grenzen des Landes hinaus. Angelockt durch Steuerprivilegien, siedelten sich die ersten ausländischen Kaufleute in der heutigen Manzanilla-Hauptstadt Sanlúcar de Barrameda an. Der *sack* oder *saca*, was auf Spanisch Exportware bedeutet, war damals das bevorzugte Getränk am englischen Hof. Ende des 18. Jahrhunderts kam es zu einem erneuten Aufschwung. Die Entstehung so berühmter Häuser wie Osborne und Garvey fällt in diese Zeit.

In Spanien wird gern aus dem Porrón getrunken. Man zielt den Wein in einem Strahl in den Mund, ohne das Gefäß zu berühren, bevor man es an den Nächsten weiterreicht.

Bodegas und Genossenschaften

In Kastilien waren indes Weingebiete wie um Medina del Campo auf dem Gipfel ihres Ruhmes angelangt. Die Stadt zählte zeitweise fast 500 Bodegas. Mitte des 19. Jahrhunderts begann man in der Rioja die Grundsteine des modernen spanischen Weinbaus zu legen. 1850 brachte Luciano de Murrieta den ersten ›modernen Rioja‹ mit Barrique-Ausbau hervor und legte damit das Fundament für eine beeindruckende Erfolgsgeschichte. 1872 gründete José Raventos die Schaumweinkellerei Codorníu. Nach 1930 entstanden schließlich die ersten D.O.-Gebiete: 1935 Jerez, 1937 Málaga und 1945 Montilla-Moriles. Die Rioja erhielt zwar schon in den 1920er Jahren ein erstes provisorisches Regelwerk, *Denominación de Origen* im heutigen Sinne wurde sie jedoch erst zusammen mit Tarragona im Jahre 1947.

Die Folgen des Bürgerkriegs, der 1939 mit dem Sieg der Franco-Truppen endete, lähmten die spanische Weinwirtschaft. Durch Genossenschaftsneugründungen versuchte man diese Entwicklung in den Griff zu bekommen sowie die riesigen Traubenmengen wirtschaftlicher zu verarbeiten. Somit entstand neben den alteingesessenen großbürgerlichen Bodegas das zweite der beiden Kellereimodelle, die noch heute den Großteil des spanischen Weinmarktes beherrschen.

Um die spanische Weinszene zu verstehen, muss man wissen, dass es unter den Winzern bis heute nur eine kleine, die eigenen Produkte selbst vermarktende, Mittelschicht gibt. Berühmte Gebiete wie die D.O.Ca. Rioja oder Jerez werden von großen Kellereien beherrscht, den klassischen Bodegas, die über wenig eigene Rebfläche verfügen und sich innerhalb des Gebietes bei vertragsgebundenen Winzern mit Trauben oder auch mit jungem Wein versorgen. Traditionell sahen die Bodegas ihre Aufgabe neben der Vinifizierung vor allem im Holzausbau und in der Flaschenreifung der Weine. Sie erfüllten damit die Wünsche der spanischen Weintrinker, die reife und möglichst jedes Jahr gleich bleibende Qualitäten schätzten.

Die großen Bodegas verfügten aufgrund der Anzahl von Holzgebinden über vielfältige Verschnitt-Möglichkeiten, die es den Kellermeistern erlaubten, eine größtmögliche Jahrgangshomogenität zu gewährleisten. Zudem pflegte man eine begrenzte Menge älteren Weines beizugeben. In vielen der nordspanischen Weinhäuser wurde mehr Wert auf die Reife als auf den Jahrgang gelegt, sodass folgerichtig auf den Etiketten ein Wein als »im fünften Jahr« ausgeschrieben wurde, der Jahrgang indes nur auf dem Rückenetikett zu finden war. Die Genossenschaften bauten dagegen nur in sehr geringem Maße ihre Weine im Fass aus und beschränkten sich darauf, die Markenerzeuger zu beliefern sowie unkomplizierte Jungweine zu vermarkten.

Heute verschwimmen die einst so starren Strukturen. Fast alle Bodegas haben sich zu modernen Kellereien entwickelt, die inzwischen sehr wohl auf Jahrgangscharakter hinarbeiten. Nur die Abhängigkeit von fremdem Lesegut ist weitgehend geblieben. Für die Genossenschaften gilt Ähnliches. Viele bauen inzwischen exzellente Tropfen im Fass aus. Eine greifbare Veränderung ist auch bei den selbst abfüllenden Winzern zu bemerken. Viele haben sich in den letzten Jahren von der Abhängigkeit von den Großen losgesagt und vollziehen den Schritt in die Selbstständigkeit. Auf sie ist ein wesentlicher Teil der spanischen Qualitätsrevolution der letzten zehn Jahre zurückzuführen, da hier etliche Weinspezialitäten auf gehobenem Qualitätsniveau entstanden sind, die wegweisend für die gesamte spanische Weinwirtschaft und damit natürlich insbesondere für die großen Traditionshäuser sind.

Neueren Ursprungs ist auch die Entwicklung des Châteaux-Konzeptes, wie es die Spanier nennen. Nach französischem Vorbild hat sich in verhältnismäßig kurzer Zeit eine beachtliche Anzahl von Erzeugern etabliert, die sich mehr oder weniger streng an die Vorgabe halten, Weine nur aus eigenem Lesegut zu bereiten. Terroir- und Lagenweine sind zwar, wenn man die spanische Weingeschichte betrachtet, für das Land untypisch. Doch genau hier liegt die Zukunft, denn kaum ein Land des europäischen Kontinents weist eine für den Weinbau derartige Fülle von guten Lagen und Böden auf wie Spanien.

In einem Knick des Ebro, nicht weit von Logroño, steht das alte Gehöft Contino mit seinem beeindruckenden Keller, das einen ausgezeichneten, auf dem Gut abgefüllten Rioja erzeugt.

Der gebremste Koloss

Wenn man vom Weinland Spanien spricht, sind zwei Superlative unübersehbar: Es besitzt mit 1,06 Millionen Hektar die größte Rebfläche der Welt (vor 15 Jahren waren es noch 1,5 Millionen), und es ist gleichzeitig das gebirgigste unter den wichtigen Weinbauländern. In Europa sind nur die Schweiz und Österreich von mehr Gebirgen durchzogen, was sich natürlich auf die Anbaubedingungen merklich auswirkt. Deshalb gehört Spanien mit jährlich 35 Millionen Hektolitern Wein nicht zu den Massenproduzenten, denn auf einem Hektar wird hier durchschnittlich bedeutend weniger Wein als in den anderen westeuropäischen Weinländern erzeugt. Worauf ist dies zurückzuführen?

Entgegen der nahe liegenden Annahme, nichts sei einfacher als unter spanischer Sonne Wein zu produzieren, hat sich in der Realität vielmehr sehr oft gezeigt, dass das Gegenteil zutrifft. Zum einen macht die Trockenheit in vielen Gebieten eine intensive Bepflanzung unmöglich, zum anderen droht in den vielen Höhenlagen des Landes, also im gesamten Zentralspanien, der Frost den treibenden Reben im Frühjahr zuzusetzen. Die spanischen Reben erfrieren und verdursten gleichermaßen. Es ist also kein Wunder, dass in einem Land mit einer derartig großen Fläche der Ertrag im Verhältnis dazu relativ niedrig ist.

Da im Weinbau jedoch auch heute noch die Regel gilt, dass eine Rebe, die kämpfen muss, gute Qualität erbringt, war es nur eine Frage der Zeit, bis die spanischen Winzer ihre Möglichkeiten auszuschöpfen begannen und auf Qualitätskurs gingen. So standen in der spanischen Weinwirtschaft die 1980er und 1990er Jahre ganz im Zeichen der Modernisierung und Umstrukturierung. Besonderes Augenmerk wurde auf die Steigerung der Qualität im gesamten Weinbaugebiet sowie auf die Förderung vieler kleiner Weingebiete gerichtet, die zur Erzeugung von Qualitätsweinen innerhalb der strengen Regeln der *Denominaciones de Origen* ermutigt wurden. Von 1987 bis Ende 1997 entstanden auf diese Weise über 20 neue D.O.-Gebiete. Zahlreiche in Vergessenheit geratene traditionelle Traubensorten wurden vor dem völligen Verschwinden bewahrt, und neue Kellertechniken trugen dazu bei, daraus ungeahnte Qualitäten zu gewinnen. Das Weinpanorama Spaniens hat sich gewaltig verändert, und heute wird in über 55 D.O.-Gebieten eine durchaus beeindruckende Vielfalt verschiedenster Weinsorten und Typen gekeltert.

Im alten Becherschnitt erzogene Rebstöcke bleiben oft niedrig, was sie gegen Wind schützt, aber die Lese mühselig macht.

Freixenet in San Sadurní de Noya im Penedès hat sich zum größten Schaumweinproduzenten der Welt entwickelt.

Keineswegs nur mediterran

Die Einteilung Spaniens in D.O.-Gebiete ist so einfach wie unvollständig, denn nach und nach entstehen am Rande dieser Appellationen Tafelweine hoher Qualität. Um sich einen Überblick zu verschaffen, mag es hilfreich sein, einen Blick auf die verschiedenen Klimazonen des Landes zu werfen. Die Differenziertheit und Vielfalt der spanischen Weine ist das Ergebnis des Zusammenspiels der drei Hauptklimazonen, die das Land bestimmen: atlantisches Klima, kontinentales Klima sowie die mediterranen Einflüsse. Hinzu kommt eine Vielzahl von Überlappungen und Kleinklimata, hervorgerufen durch die äußerst abwechslungsreiche Orografie der Iberischen Halbinsel.

Das Kantabrische Gebirge im Norden bildet eine natürliche Barriere, die das Inland vor den feuchten atlantischen Luftströmen schützt. Die weite Ebene der Mancha, südlich der Hauptstadt Madrid, die in der Regel die Hälfte der spanischen Gesamtproduktion hervorbringt, wird in ähnlicher Weise durch die Bergkette der Sierra Morena von den mediterranen Einflüssen, die Andalusien weitgehend beherrschen, abgegrenzt. Zwischen diesen beiden Höhenzügen, vornehmlich in Kastilien-La Mancha, Kastilien-León und Aragonien, herrscht das harte Kontinentalklima. Westlich von Gibraltar regieren hingegen wieder atlantische Einflüsse, die das Gebiet um Jerez in eine Zwitterzone verwandeln und so die einmaligen Bedingungen für die Reife der Sherrys und Manzanillas schaffen.

Im Osten ist der mediterran beinflusste Klimastreifen recht schmal, da sich hier Gebirgsketten bis nahe an die Küstenlinie schieben. Trotzdem finden sich in dieser Barriere Lücken wie das Ebro-Tal, das warme Luftströme bis in das Innere des Landes leitet. So entsteht die besondere Klimasituation der Rioja, in deren Gebiet sich atlantische, mediterrane und in sehr viel geringerem Maße kontinentale Einflüsse überlagern. Auch Navarra weist eine ähnlich komplexe Situation auf. Es finden sich auch immer wieder kleine Herde isolierter Kleinklimazonen, wie beispielsweise Toro in Kastilien, mit extrem geringen Niederschlägen. Die sehr komplexe Klimasituation erlaubt keine klare Trennung von Weinstilen, sind diese doch wesentlich durch die vorhandenen Rebsorten geprägt. Deshalb kann man den Klimazonen nur mit Vorbehalt typische Weine zuordnen.

Die eher atlantisch beeinflusste Rioja erzeugt feine Weine, die mit der Vorstellung von feurigen, glutvollen Rotweinen wenig zu tun haben. Sie besitzen in guten Jahren ein außergewöhnliches Alterungspotential. Ähnliches gilt für Navarra und den Somontano. Im Nordwesten des Landes finden sich ungemein fruchtige, moderne Weißweine, aber auch einfache, fruchtige Rotweine, wie im Übergangsgebiet Bierzo in Nordwestkastilien. Auf der Hochebene nördlich von Madrid wachsen Qualitäten völlig unterschiedlicher Art. Sie zeichnen sich durch einen mächtigen Körper und oft etwas mehr Alkohol aus. Zweifellos hervorragend sind die Weine des Duero-Tales. Katalonien steht für Cava, aber auch für mediterrane,

Galicia
Castilla y León
Pais Vasco
La Rioja
Navarra
Aragón
Cataluña
Extremadura
Madrid
Castilla-La Mancha
Valencia
Murcia
Andalucia
Baleares
Canarias
La Palma
El Hierro
Tacoronte-Acentejo
Valle de Güímar
Valle de Orotava
Ycoden-Daute-Isora
Abona
Lanzarote
Weinbaugebiete angrenzender Länder

weiche Rotweine, reife Chardonnays und die opulenten Prioratos, die zu den begehrtesten roten Gewächsen des Landes gehören.
Weiter südöstlich kann man auf den Pfaden spanischer Weingeschichte wandeln. Zu probieren gibt es Süßweine aller Art aus Moscatel-, Monastrell- (Synonym für Mourvèdre) und Malvasiá-Trauben, die teilweise noch so vinifiziert werden wie vor 300 Jahren, als man sie neben den entsprechenden Gewächsen aus Andalusien in allen Königshäusern Europas trank. Im Hochland von Valencia und Murcia wächst viel Rotwein, der traditionell für den Verschnitt oder als Deckware im Fass gehandelt wird. Die großen Bestände alter Reben haben in den letzten Jahren den Boden für immer mehr hochklassige Rotweine bereitet. Jumilla hat hier immer mehr eine Vorreiterrolle übernommen.

Südlich des Kastilischen Scheidegebirges breitet sich La Mancha aus, mit anerkannt guten Sektgrundweinen, die hauptsächlich in den Export gehen, leichten, sauber gemachten Weißweinen und teils erdigen, teils sanften, eingängigen Tintos. Die anhaltende Vorherrschaft weißer Trauben, die gut 75 Prozent ausmachen, ist immer noch erdrückend. Die D.O. Valdepeñas fügt sich wie eine Enklave in den südlichen Teil der D.O. La Mancha. Hier entstehen volle und weiche Rotweine, die im besten spanischen Stil durch Holzausbau voll ausgereift vermarktet werden.
Andalusien wartet mit einer völlig eigenständigen Weinwelt auf. Die einmaligen Finos, Manzanillas und Olorosos, die nur hier durch eine Laune der Natur entstehen, sind in der Provinz Cádiz beheimatet. Meeresluft, Hefeflor, das Zusetzen von

Weinalkohol und die Reifung durch vertikales Umfüllen von einer Fassreihe in die andere ergeben Weine, die nicht nur als Aperitif getrunken werden wollen! Nicht vergessen darf man die ehrwürdigen Süßweine aus Málaga, die ungerechtfertigterweise heutzutage das Brandmal billiger Massenware tragen. Aber auch hier gibt es neue Bestrebungen, die Qualität zu heben.

In einem Schwebezustand zwischen Moderne und rustikalem Weinverständnis befindet sich Extremadura im Südwesten. Mit wenigen Ausnahmen handelt es sich um einfache Weine, die aber weich und reif schmecken, so wie man es von spanischen Weinen erwartet. Die Anzahl der angebauten Rebsorten ist so breit gefächert wie die unterschiedlichen Bodenverhältnisse. Extremadura ist gleichermaßen Stiefkind und Hoffnung des spanischen Weinbaus. Übertragbar ist diese Situation auch auf die Inseln. Die Balearen, vor allem Mallorca, bieten Klima und Böden, um originelle Weine zu keltern, da hier der Sortensatz kaum bekannt ist. Leider wussten die dortigen Winzer dies bislang nicht so recht auszuschöpfen oder aber erkannten die darin liegenden Möglichkeiten nicht. Die klassischen holzausgebauten Tintos wirken obsolet, viele der Jungweine dagegen spielerisch und spritzig. Einige der auf den Kanaren erzeugten Süßweine sind von hervorragender Qualität. Insgesamt lässt sich die Situation durchaus positiv beurteilen: Es muss noch konsequenter an den Weinen gefeilt und auf dem Gebiet der Sorten geforscht werden. Barrique-Weine sind rar, schnell konsumierbare junge Gewächse an der Tagesordnung. Aber das Potential ist ausgezeichnet.

Cádiz – die Hauptstadt der andalusischen Provinz, aus der der Sherry stammt – leidet sozusagen noch heute unter dem Beutezug Francis Drakes. Dieser entwendete im Jahr 1587 2900 Fässer Sack, so nannte man die für den Export bestimmte Sherryqualität, aus dem Hafen, verlud sie auf gekaperte Schiffe und schipperte sie nach England, wo sie höchst willkommen waren.

Spanische Rebsorten

Die Palette der spanischen Traubensorten stellt auch für Spezialisten ein nur schwer zu durchdringendes Dickicht dar, welches sich erst lichtet, wenn man sich auf das Wesentliche beschränkt. Aus der praktisch unüberschaubaren Menge von Rebsorten, die in Spanien wachsen – es mögen an die 600 Sorten sein –, können etwa 15 Hauptsorten als rein spanische Trauben bezeichnet werden, die etwa 75 Prozent der gesamten Rebfläche ausmachen. Einige dieser Trauben nennen sich von Gebiet zu Gebiet nicht nur anders, sie ergeben aufgrund der sehr unterschiedlichen Klima- und Bodenverhältnisse die vielfältigsten Weine.

An erster Stelle stehen zwei rote Trauben, die als spanische Rebsorten par excellence bezeichnet werden: der Tempranillo mit seinen Synonymen Tinta del País im Ribera del Duero, Cencibel in La Mancha und Valdepeñas und Ull de Llebre in Katalonien sowie die Garnacha.

Dem schwarzblauroten Tempranillo, der herrliche Fruchtnoten von Kirsche, Himbeer und Brombeer entwickelt und sich dank einer sehr ausgewogenen Tanninstruktur hervorragend für den Ausbau in Eiche eignet, verdanken die spanischen Winzer einen Großteil ihrer wertvollen Weine. Diese wohl edelste Sorte Spaniens ist die rote Hauptsorte in den Weingebieten La Rioja, Ribera del Duero, in Valdepeñas sowie im Penedés und spielt in einigen kleineren D.Os eine maßgebliche Rolle.

Die Garnacha Tinta ist die meistangebaute rote Sorte Spaniens. Sie ist fast überall vertreten. Eine herausragende Rolle spielt sie jedoch in La Rioja, Navarra, Campo de Borja, Carineña, Calatayud (Aragón), Madrid und in den D.Os der Provinz Tarragona in Katalonien. Aufgrund ihrer Neigung zur Oxidation wurde sie bis vor kurzem von Expertenseite eher stiefmütterlich behandelt. Eine solide Reputation hatte sie lediglich als Traube für die Rosado-Herstellung. Nachdem sie jedoch mit den großartigen Weinen aus der D.O. Priorato über Nacht zu Weltruhm gelangte, hat sie großes Interesse geweckt. Die Garnacha Tinta vereint schöne Fruchtnoten von Erdbeer und Himbeer mit kräftigen Würztönen, die ihr einen ganz eigenen Charakter verleihen. So manchem Liebhaber französischer Weine ist diese ursprünglich spanische Traube als Grenache bekannt, die etwa in Châteauneuf-du-Pape bemerkenswerte Ergebnisse erzielt.

Weitere autochthone rote Sorten von Bedeutung sind Cariñena, Graciano, Tinta de Toro, Mencía, Monastrell und Bobal. Die drei Letztgenannten erbringen fraglos gute Weine, neigen ähnlich wie die Garnacha zu einer schnelleren Oxidation und reifen deshalb nicht gut im Eichenfass. Diesem Manko begegnen Weinmacher, indem sie stabilere Sorten beigeben. Doch das Potential dieser Sorten ist kaum ausgelotet, und vermutlich lassen sich auch alterungsfähige Weine aus ihnen gewinnen.

Spaniens Rebspektrum umfasst mehrere hundert Sorten.

Tatsächlich gibt es schon Beispiele für guten Monastrell mit Eichenausbau. Voraussetzung sind alte Rebanlagen, die geringe Mengen an Lesegut mit kräftigem Tanningerüst hervorbringen, und von denen gibt es in Spanien immer noch genug.
Cabernet Sauvignon, Merlot und Syrah, die drei wichtigsten französischen Rotweintrauben, haben sich in zahlreichen Zonen optimal akklimatisiert und zeigen schon seit vielen Jahren als sortenreine Kreszenzen ebenso wie im Verschnitt vorzeigbare Ergebnisse. Der Cabernet entwickelt in Spanien eine weichere Art. In den mediterranen Gefilden reift diese wegen ihrer betonten Tannine nicht ganz unkomplizierte Sorte fast immer voll aus, doch entwickelt sie bei hohen Erträgen eine Rundlichkeit ohne viel Charakter. Dort wo der Cabernet nicht in Mengen angebaut wird, lassen sich aus dieser Sorte ausgezeichnete Ergebnisse erzielen. Die besten spanischen Cabernets sind saftig, voll und außerordentlich dicht.
Besonderes Augenmerk sollte man auf die Syrah richten. Es hat lange gedauert, bis die spanischen Weinmacher erkannt haben, dass diese aus dem Nahen Osten stammende Sorte in einigen Gebieten phantastische Ergebnisse bringt, so im Priorato, im höher gelegenen Teil des Penedés, im Hochland der Levante (Jumilla) und auch in Castilla-La Mancha. Noch stehen erst geringe Flächen in Ertrag, doch dürfte sie in Zukunft eine wichtige Rolle unter Spaniens Roten spielen.

Weisse Raritäten und Massenträger

Die weißen Sorten werden angeführt von zwei Trauben, dem galizischen Albariño und dem aus dem kastilischen Rueda stammenden Verdejo, die beide erst in der jüngeren spanischen Weingeschichte zu verdientem Ruhm gelangten. Ihre Verbreitung ist beschränkt, doch ihr Potential und ihr unverwechselbarer Charakter rücken sie an die Spitze der spanischen Weißweine. Aus Verdejo entstehen ausdrucksvolle Weine mit guter Säure, hohem Glyzeringehalt und zurückhaltenden Zitrusaromen. Die Stärke dieser Weine liegt nicht in ihrer Fruchtigkeit, sondern in ihren mineralischen Noten, gepaart mit leichten Anklängen von Anis und einem sehr typischen, zartwürzigen Bitterton im Abgang. Diese recht ungewöhnliche Geruchs- und Geschmackskomposition schenkt Verdejo einen ganz eigenen Charakter unter den weißen Trauben Europas. In der kastilischen D.O. Rueda ist er die Hauptsorte.
Der Albariño dagegen lebt aus seinen beeindruckenden Fruchtnoten von Aprikose, Kiwi und Maracuja. Zu Hause im äußersten Nordwesten der Halbinsel stellt er die Hauptsorte in der galizischen D.O. Rías Baixas.

Tempranillo oder Tinto del País ist die edelste spanische Rotweinsorte und prägt die besten Rioja ebenso wie die besten Ribera del Duero.

Albariño heißt die Starsorte Galiciens, dank der der Rías Baixas zum weißen Kultwein aufstieg, bei dem Frische und Kraft optimal verschmelzen.

Uva Palomino ist eine eigentlich banale Sorte, die ihre Qualität erst unter dem Hefeflor des Sherry offenbart, wo sie dann einen unvergleichlichen Charakter entwickelt.

Die häufigsten weißen Rebsorten sind dagegen die Airén – sie ist im heute größten zusammenhängenden Weinanbaugebiet der Welt, La Mancha, beheimatet, außerdem ist sie die meistangebaute Weißweintraube der Welt – und die Viura, auch unter dem Namen Macabeo bekannt. Es ist kein Geheimnis, dass die Qualität der Airén in keinem Verhältnis zu ihrer Verbreitung steht. Mit moderner Technik lassen sich aber durchaus anständige, saubere, wenn auch neutrale Jungweine daraus keltern.
Die Viura weist dagegen mehr Klasse auf. Sie bildet unter anderem die Basis für Cavas oder für attraktive Weißweine und ist in La Rioja ebenso zu Hause wie in Navarra, der neuen D.O. Ribera del Guadiana im Südwesten des Landes oder in Costers del Segre in Lérida. Man kann sie als das weiße Gegenstück zur Garnacha Tinta betrachten, was ihre Verbreitung angeht. Die aus ihr gewonnenen Weine sind zugänglich, von floralem, frisch-fruchtigem Charakter und mit einer angenehmen Säure ausgestattet.

Süsse und würzige Spezialitäten

Eine ganz besondere Erwähnung verdienen die Rebsorten, die für die Bereitung von Weinen aus Jerez, Córdoba, Málaga und Huelva dienen. Palomina ist die Traube, die auf den weißen Albariza-Böden um Jerez de la Frontera in der Provinz Cádiz wächst. Aus ihr entstehen die feinen Jerez- und Manzanilla-Weine. Weine aus dem Montilla-Moriles-Gebiet werden hauptsächlich auf der Basis des berühmten Pedro Ximénez erzeugt, während die D.O. Málaga ihre erstaunlichen Weine teilweise mit in der Sonne getrockneten Moscatel-Trauben bereitet. In Spanien sind zwei Moscatel-Arten zu Hause. Bei dem großbeerigen Muskateller, welcher die berühmten Süßweine der Levante und Málagas hervorbringt, handelt es sich um den weltweit verbreiteten und beliebten Muscal of Alexandria. Dank der reichlichen Sonne fallen seine Weine ungewöhnlich voll und aromatisch aus. Der kleinbeerige Muskateller, der in Navarra vorzufinden ist, gibt sich dagegen delikater und weist etwas mehr Säure auf, was sich in der feinen, eleganten Art der navarresischen Moscatel-Weine ausdrückt.
Erschöpft ist damit das Angebot spanischer Sorten noch lange nicht. Wenig verbreitete Spezialitäten sind auf den Inseln zu finden, aber auch im feuchten Galicien oder in der heißen Levante. Sie finden ihre Anwendung fast immer in Cuvées oder im Verschnitt, drücken den Weinen jedoch durchaus ihren Stempel auf. Auch von diesen und einigen anderen Sorten wird im Folgenden neben den bekannten Trauben noch die Rede sein.

Vorreiter Katalonien

Katalonien war in der wechselvollen spanischen Weingeschichte mehrmals der Ausgangspunkt für grundlegende Entwicklungen. Archäologische Funde legen es nahe, dass in der heutigen D.O. Empordá-Costa Brava von den Griechen der erste Wein Spaniens gekeltert wurde. Die Weine aus der heutigen D.O. Alella tranken schon die römischen Kaiser und machten ihn innerhalb ihres Weltreiches berühmt. Vor mehr als 100 Jahren begann im Penedés durch die Einführung des aus der Champagne übernommenen Flaschengärverfahrens für die Cava-Herstellung der moderne Weinbau in Spanien. Schließlich legten die katalanischen Weinpioniere in den 1970er Jahren den Grundstein für wissenschaftliches und zeitgemäßes Weinmachen und prägten einen technischen Standard, der heute überall als selbstverständlich vorausgesetzt wird. Umso verwunderlicher mutet es an, dass nach dem technischen Neuanfang der Sprung an die Qualitätsspitze überraschend lange auf sich warten ließ. Eine große Zahl von Erzeugern bewegte sich auf einem soliden Niveau, herausragende Gewächse waren jedoch selten. Inzwischen werden in Katalonien einige sehr ansprechende Weine erzeugt.

Obwohl die verschiedenen Gebiete Kataloniens durchaus eine Reihe von historisch wie auch klimatisch bedingten Gemeinsamkeiten aufweisen, verlief die Entwicklung der neuen D.Os in sehr unterschiedlichen Bahnen. Kataloniens Weinpanorama kann als Spiegel für den Rest des Landes gelten und wird von Weinspezialisten aus aller Welt als Szenebarometer für ganz Spanien genommen. Dies liegt insbesondere daran, dass das große Gebiet Katalonien zu den dynamischsten Wein erzeugenden Regionen der Welt gehört. Eines der letzten Zeichen dieser Dynamik war die Einführung einer – von vielen Weinregionen, auch außerhalb Spaniens erträumten – Dachappellation, die die neun einzelnen D.O.-Weinbaugebiete übergreifend zusammenfasst, der VCPRD Cataluña. Diese Dachappellation garantiert Qualitätswein aus einem klar definierten Anbaugebiet. Während sie den Interessen international operie-

Zu Füßen der Montserrat-Berge, in denen das bedeutendste Heiligtum Kataloniens steht, erstrecken sich die Rebflächen des Penedés, berühmt nicht nur für den höchst erfolgreichen Schaumwein Cava, sondern auch für hochklassige trockene Weine.

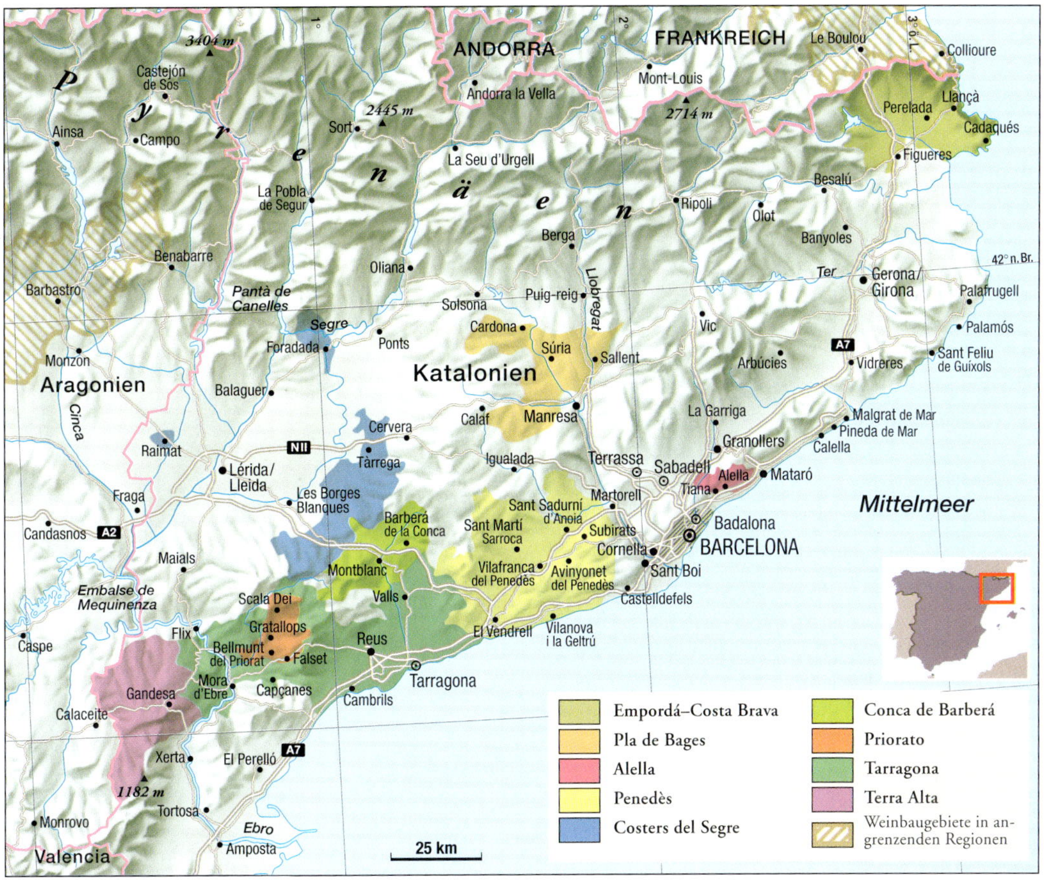
ANDORRA
FRANKREICH
Le Boulou
Collioure
Castejón de Sos
3404 m
2445 m
Andorra la Vella
Mont-Louis
2714 m
Ainsa
Campo
Sort
La Seu d'Urgell
Perelada
Llançà
Cadaqués
Figueres
La Pobla de Segur
Besalú
Ripoll
Olot
Benabarre
Berga
Banyoles
Oliana
Ter
Gerona/ Girona
42° n. Br.
Barbastro
Pantà de Canelles
Solsona
Puig-reig
Llobregat
Palafrugell
Segre
Cardona
Vic
Palamós
Foradada
Ponts
Súria
Sallent
A7
Monzon
Arbúcies
Vidreres
Sant Feliu de Guíxols
Aragonien
Katalonien
Balaguer
Cinca
La Garriga
Calaf
Manresa
Malgrat de Mar
Pineda de Mar
Cervera
Raimat
NII
Granollers
Calella
Tàrrega
Igualada
Terrassa
Sabadell
Lérida/ Lleida
Alella
Mataró
Tiana
Fraga
Les Borges Blanques
Martorell
Mittelmeer
Sant Sadurní d'Anoia
Barberà de la Conca
Sant Martí Sarroca
Badalona
Candasnos
A2
Subirats
Cornella
BARCELONA
Maials
Montblanc
Vilafranca del Penedès
Avinyonet del Penedès
Sant Boi
Embalse de Mequinenza
Scala Dei
Valls
Castelldefels
Gratallops
Flix
El Vendrell
Vilanova i la Geltrú
Caspe
Bellmunt del Priorat
Falset
Reus
Mora d'Ebre
Tarragona
Gandesa
Capçanes
Cambrils
Calaceite
Xerta
El Perelló
A7
1182 m
Tortosa
Ebro
Monrovo
Amposta
Valencia
25 km
Empordá–Costa Brava
Pla de Bages
Alella
Penedès
Costers del Segre
Conca de Barberá
Priorato
Tarragona
Terra Alta
Weinbaugebiete in angrenzenden Regionen

Der gediegene Barriques-Keller der Bodegas Mont Marcal ist ein Beispiel dafür, dass man im Penedés durchaus auch auf trockene Rot- und Weißweine setzt.

render Großerzeuger dient, kämpfen engagierte Winzer wie im Priorato für die Anerkennung und den Schutz ihres Terroirs.

Avantgardistische Sortenwahl

Kataloniens Weingebiete bieten einen verblüffenden Sortenspiegel, denn neben einheimischen Sorten, insbesondere den zur Cava-Herstellung (siehe folgende Doppelseiten) erforderlichen, einigen anderen autochthonen Varietäten und dem hier Ull de Llebre genannten Tempranillo bewiesen die Katalanen ihr zukunftsgerichtetes Denken, indem sie frühzeitig die hochwertigen französischen Trauben zuließen. Hier entstanden die ersten großen sortenreinen Cabernets Spaniens und die ersten gelungenen Cuvées aus einheimischen und Bordelaiser Trauben. Inzwischen sind die ersten Rebanlagen zwanzig und zum Teil mehr Jahre alt und ermöglichen profunde und gut strukturierte Weine.

Die Kellermeister Kataloniens haben ein Kunststück vollbracht. Auf der einen Seite gelang es ihnen mit der zeitigen Zuwendung zu den inzwischen internationalen Sorten, bei den Modetrends mitzuhalten und beispielsweise hervorragende Barrique-Chardonnays zu erzeugen. Andererseits sind sie sich des erstaunlichen Reichtums an einheimischen Sorten bewusst, der es ihnen erlaubt, Weine sehr eigenen Stils zu vinifizieren. Hier besteht noch ein enormes Potential, das die önologischen Großmeister wie Miguel Torres, José Luis Pérez (Mas Martinet) oder die Gebrüder Albet y Noya gerade erst auszuschöpfen beginnen. Über 30 ehemals vom Aussterben bedrohte Rebsorten werden momentan in den Versuchsparzellen großer katalanischer Kellereien wieder gezogen und per Klonselektion aufgearbeitet. Ein großer Teil der Gewinne aus der Weinproduktion wird in die Forschung auf önologischem Gebiet investiert, die in dieser Region besonders vehement vorangetrieben wird.

Traditionelle Rüttelpulte, an denen Handarbeit verrichtet wird, unterhalten die Cava-Bodegas nur noch für ihre Prestige-Marken.

Ökologische Tendenzen

Aufsehen erregte in den letzten Jahren die Entwicklung der ökologisch erzeugten Weine in Katalonien. Mit fast 40 anerkannten Winzern besitzt die Region doppelt so viele Bio-Winzer wie der gesamte Rest des Landes. Angesichts der idealen

Bedingungen für umweltschonenden Anbau, das trocken-warme Klima und die armen Böden machen es leicht, auf chemische Behandlung der Pflanzen und Trauben zu verzichten, wird die Gesetzgebung hier besonders strikt eingehalten, was die Kunden, die sich noch hauptsächlich im Ausland befinden, zu schätzen wissen.
Der Großteil der Güter liegt im Penedés, einige aber auch in Tarragona. Dass man die Qualitäten dieser Winzer ernst nehmen muss, machen Topweinmacher wie die Gebrüder Albet y Noya oder Antoní Capel (Masía Freixe) deutlich, deren Weine in einem Atemzug mit den ganz großen katalanischen Kreszenzen genannt werden. Bewusst niedrige Erträge aus sorgfältigst gepflegten Weinbergen machen es möglich.

Unentdeckte Tradition

Wie in den meisten Regionen, die sich nach und nach mit modernen Weinen einen Namen gemacht haben, sind jedoch auch die alten Weinstile beileibe nicht ausgestorben. In den kleinen D.Os spielen die so genannten Vinos Rancios als Zeugen der önologischen Vergangenheit eine gewisse Rolle. Dabei handelt es sich um trockene Weine aus Garnacha Blanca oder Tinta, die überreif gelesen und in großen Fudern ohne Beigabe von Weinalkohol viele Jahre gelagert werden. Durchaus üblich ist die Lagerung unter freiem Himmel, und bisweilen sieht man auch, dass Gefäße aus Glas verwendet werden. Der süße Vino Generoso ist eine weitere Variante, an der noch einige Produzenten festhalten. Bei ihm wird die begonnene Gärung durch Zugabe von Weingeist gestoppt, sodass eine beträchtliche Restsüße erhalten bleibt. Im Gegensatz zur südlichen Levante liefert hier vorwiegend die Garnacha den Most und seltener die Moscatel-Traube. Eine alte Winzertradition sind auch die süßen Mistelas, bei denen es sich um unvergorenen Süßmost handelt, bei dem jegliche Gärung durch Zusatz von Weinalkohol unterbunden wird. Das Verkosten dieser archaischen Weintypen gleicht einem Ausflug in die Vergangenheit, doch nach einem guten Essen zeigt es sich, dass diese Art von Dessertweinen nach wie vor ihre Berechtigung hat.
Außer im Penedés und der Costers del Segre stellen die Sorten Garnacha Blanca und Tinta einen bedeutenden Anteil der Rebfläche in den katalanischen Appellationen, was von zukunftsorientierten Winzern lange Zeit beklagt wurde. Nach dem Weinwunder im Priorato, dessen neue Weine sich zumindest teilweise auf Moste alter Garnacha-Pflanzungen stützen, hat man jedoch erkannt, dass die rote Garnacha, in kleinen Mengen geerntet, vollfruchtige und ungemein satte Weine hervorbringen kann. Das Problem der kleinen D.Os ist natürlich, die alten, starren Strukturen aufzulösen und die Winzer zu ermutigen, Innovatives in ihren Keltermethoden zuzulassen. Katalonien ist nicht gleich Priorato, aber auch die weniger bekannten Weingebiete der Region stecken noch voller Möglichkeiten.

Barcelona mit seinen zahlreichen Restaurants ist einer der wichtigsten Abnehmer der Weine der eigenen Provinz, ob weiß, rosé oder rot. Doch nichts mundet Katalanen mehr als Cava.

Harmonischer Schaumwein: Cava

Wenn man heute auch weiß, dass der erste katalanische Schaumwein schon 1862 von Antoni Gili abgefüllt wurde, ist Josep Raventós für die Geschichte des Cava von größerer Bedeutung. Raventós studierte in der Champagne das klassische Herstellungsverfahren des berühmtesten Schaumweins der Welt und begann seine Erkenntnisse auf dem jahrhundertealten Gut Can Codorníu in San Sadurní d'Anoia, 50 Kilometer südlich von Barcelona, mit einheimischen Rebsorten zu realisieren. Als er 1872 seinen ersten Schaumwein offiziell in Barcelona präsentierte, brach für das Penedés eine neue Ära an und für Katalonien die önologische Neuzeit. Schon seit dem Aufkommen der ersten Flaschen wird der Cava im Penedés aus den gleichen Rebsorten gekeltert, dem katalanischen Sortentriumvirat, das aus Xarel-lo, Macabeo und Parellada besteht. Der Xarel-lo gibt Charakter, Aroma und Körper, Macabeo Weichheit, Frische und Frucht. Die Parellada rühmte man als Vermittlerin zwischen beiden, sie gleiche die Gegensätze und den Alkoholgehalt aus und schenke dem Cava Feingliedrigkeit und Eleganz. Mit Ausnahme seltener höchster Lagen aber mindert die ausgesprochen saft- und ertragreiche, außerdem für Fäulnis anfällige Traube die Qualität der Cuvée, während andererseits der immer mehr Verbreitung findende Chardonnay die Qualität eindeutig verbessert.

Die Empfangshalle bei Rondel wurde, wie viele Gebäude des Cava, von Architekten des Modernismo, der katalanischen Version des Jugendstil, geschaffen.

Eine der kleinsten und besten Cavakellereien: "Torreblanca"

Método tradicional

Jeder Schaumwein mit der Qualitätsbezeichnung Cava muss nach der traditionellen Methode der Flaschengärung hergestellt werden, die im Prinzip mit der französischen Méthode champenoise identisch ist. Die Unterschiede von Cava zu Champagner liegen nicht in der Technik, sondern in der Auswahl der Trauben, der Beschaffenheit der Böden und den klimatischen Bedingungen.

Die Lese beginnt schon Ende August mit dem Chardonnay und endet rund sieben Wochen später mit der Parellada. Die Trauben werden entrappt und sorgsam gepresst. In der Regel wird der Most sofort einer Klärung unterzogen. Die einzelnen Sorten lässt man getrennt vergären. Nach sorgfältigem Verkosten entscheiden sich die Kellermeister für die endgültigen Cuvées, wie man die Vermengung der verschiedenen Grundweine nennt. Vor der Abfüllung in die Flasche erfolgt als nächster Schritt die Zugabe von ausgewählten Hefen und Zucker oder Mostkonzentrat, wodurch die zweite Gärung in der Flasche hervorgerufen wird. Die Hefe wandelt sich um in Alkohol und Zucker; sie trägt wesentlich zum Geschmack des Cavas bei. Mit guten Hefen kann man aus mittelmäßigen Grundweinen durchaus einen guten Cava machen, aber niemals umgekehrt!

Nach der Flaschengärung und mindestens neunmonatiger Lagerung auf der Hefe wird die inzwischen abgestorbene Hefe in einem dreiwöchigen Rüttelvorgang, in dessen Verlauf die Flaschen immer steiler auf den Kopf gestellt werden, in den Flaschenhals gerüttelt. Dies geschieht vorwiegend mit dem *girasol* oder Gyropalette. Dann wird degorgiert, indem der Hals mit den Heferesten gefroren, die Flasche geöffnet und der gefrorene Satz entfernt wird. Im Anschluss füllt man die nun fehlende Menge mit einer Dosage auf, die das Geheimnis jeden Cava-Hauses ausmacht. Normalerweise handelt es sich um älteren Wein und Zucker. Diese Dosage entscheidet über den Typ sowie den Zuckergehalt des Cavas und seine anschließende Bezeichnung.

Ausgewählte Cava-Häuser

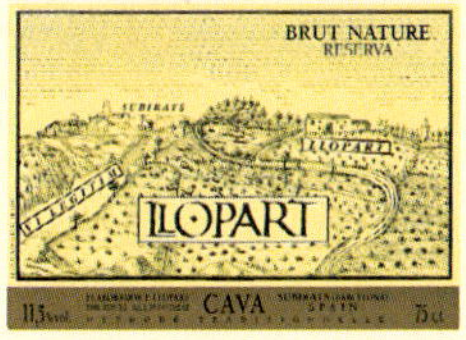

Agustí Torelló ****
San Sadurní d' Anoia
25 ha; ZT; 180 000 Fl. • Weine: Agustí Torelló Mata, Brut Natural, →Kripta, Quercus
Traditionshaus mit schlanken, sehr fruchtigen Cavas. Zur Legende ist das Haus mit seinem Spitzengewächs →Kripta geworden, dessen amphorenähnliche Flasche schon allein für Aufsehen sorgte. Es handelt sich um einen sehr reifen Cava mit floralem Aroma und ausgeprägten Noten von Gebäck und Trockenfrüchten.

Alsina & Sardá ***–****
Vilafranca del Penedés
53 ha; 50 000 Fl. • Weine: Alsina & Sardá Extra Brut, Alsina & Sardá Brut Reserva
Der Betrieb liegt mitten im Zentrum des Penedés. Die Spezialität der Familie sind weiche, harmonische Cavas mit durchweg mittlerem Hefelager. Der Spitzen-Cava Brut Nature Sello mit bis 36 Monaten Reifezeit zeigt Geschmeidigkeit und Fülle.

Cavas del Castillo de Perelada
Perelada
100 ha; ZT; 1 250 000 Fl. • Weine: Castillo Perelada Brut Nature, Castillo Perelada Rosado Brut, →Castillo Perelada Gran Claustro Extra Brut
Die Prestige-Marke Gran Claustro, von der 60 000 Fl. jedes Jahr vermarktet werden, entsteht immer noch im Stammhaus in der Provinz Girona und ist ein schönes Beispiel für einen weichen, aber im Finale feinherben Cava der klassischen Linie.

Cavas Llopart ***–****
San Sadurní d'Anoia
60 ha; 220 000 Fl. • Weine: Llopart Reserva Brut Natural, Integral Brut, →Leopardi Brut
Der schon 1887 gegründete Familienbetrieb pflegt seine Cavas lange auf der Hefe reifen zu lassen. Die Weine geben sich komplex und voll. Die Rebgärten, Hanglagen mit hohem Kalkanteil, des Gutes gehören zu den besten im Penedés. Die Arbeit wird nach ökologischen Grundsätzen durchgeführt.

Cavas Mont Ferrant ***–****
Blanes
ZT; 300 000 Fl. • Weine: Blanes Nature Extra Brut, Mont Ferrant Brut, Mont Ferrant Gran Reserva Brut
Mont Ferrant ist eines der wenigen wichtigen Häuser, welches nicht im Penedés liegt. Das Lesegut wird jedoch aus Spitzenlagen im Hoch- und Mittelpenedés gekauft. Die Weine haben stets einen schönen Fruchtausdruck. Die Spitzencuvée →Reserva Brut zeigt sich voll, mit viel Struktur und Konsistenz.

Cavas Naverán ***
San Martín Sadevesa
100 ha; 350 000 Fl. • Weine: Naverán Extra Brut, Naverán Brut, →Naverán Chardonnay
Schöne Traditionskellerei, die zwar mit ihrem Cava bekannt geworden ist, aber mehr Stillwein produziert. Die Cavas sind eher vollmundig als elegant, können aber von den Aromen als typisch bezeichnet werden. Besonderes Augenmerk verdient der reine Chardonnay-Cava →Dama de Naverán, der eine gekonnte Mischung aus Hefe- und Fruchtaromen aufweist.

Codorníu ***–*****
San Sadurní d' Anoia
2 700 ha; Weine: 1551 Extra Brut, Mediterania Extra Brut, Gran Codorníu Brut, Non Plus Ultra Extra Brut, →Ana de Codorníu Brut, →Cuvee Raventós Brut
Der Klassiker aus dem Penedés und Pionier der Cava-Herstellung nach der Champagner-Methode. Die Kellerei investierte in den letzten hundert Jahren wie kaum eine andere in weintechnische Forschung, führte Chardonnay ein, experimentieren mit Pinot Noir. Zur Gruppe gehört u.a. Raimat, die ebenfalls Cavas auf hohem Niveau produziert, Masia Bach, Rondel und in der Rioja Bodegas Bilbainas. Codorníu ist Marktführer in Spanien und produziert auch bei den Basisprodukten mehr als korrekte Qualität. Die Spitzen-Cavas zählen zu den besten des Landes. →Cuvée Raventós mit hohem Chardonnay-Anteil, der fein-herbe →Ana de Codorníu und →Jaume de Codorníu.

C. Ferret ***–****
Guardiola de Font-Rubí
10 ha; ZT; 280 000 Fl. • Weine: Ferret Novissim Brut, Ferret Brut Reserva, Ferret Rosado Extra Brut, Ezequiel Ferret Extra Brut
Ferret gehört zu den kleinen, aber feinen Adressen im Penedés. Die Cavas enthalten einen großen Anteil von Parellada, die im Hochpenedés nahe der Bodega gelesen wird. Sie geben sich fein und elegant. Besondere Erwähnung verdient der hocharomatische Rosado-Cava, der zu den Stars in seiner Klasse zählt.

Freixenet **–****
San Sadurní d'Anoia
420 ha; ZT; Weine: Carta Nevada, Cordon Negro Brut, Freixenet Brut Extra, Freixenet Reserva Real Brut, →Freixenet Vintage Brut Natural, Brut Barroco
Längst ist die Marke Freixenet zum Inbegriff für Cava auf der ganzen Welt geworden. Die Gruppe besitzt u.a. die Kellereien René Barbier, Castellblanch und Segura Viudas, die mit ihrer →Reserva Heredad zu den ersten Produzenten gehörte, die Champagnerqualität hervorbrachten, aber auch das Champagner-Haus Henri Abelé. Der größte Schaumweinproduzent der Welt stellt auch unter der Eigenmarke, die 1915 nach dem Gut La Freixeneda entstand, beachtliche Qualität wie den üppigen, eher konservativen Brut Barroco her. Empfehlenswert sind die →Reserva Real mit ihrer frischen, angenehm hefigen Art und der schlanke Freixenet Vintage. Technisch gesehen ist die Kellerei momentan wohl die fortschrittlichste der Denominación Cava.

Gramona ****–*****
San Sadurní d`Anoia
29 ha; 160 000 Fl. • Weine: Tres Lustros Brut Natural, Gramona Tira Extra Brut, →Celler Batlle Brut, Gramona Imperial Brut
Renommierter Betrieb, der noch sehr handwerklich arbeitet. Berühmt für seine sehr ausgewogenen Cuvées. Der junge Jaume Gramona, Professor für Önologie an der Universität von Tarragona, ist einer der Reifekünstler des Cavas. Vor allem sein →Tres Lustros sowie der legendäre →Celler Batlle (sieben Jahre Hefelager!) sind ein Beispiel an Komplexität und Feinheit.

Rovellats ***–****
Sant Martí Sarroca
210 ha; 350 000 Fl. • Weine: Rovellats Brut Nature, Rovellats Brut Nature Chardonnay, Rovellats Grand Cru Masia S. XV Extra Brut, →Rovellats Brut Imperial
Nicht nur bekannt wegen seiner sternförmig angelegten Kellertunnel. Das Traumanwesen bringt schlanke, spritzige und elegante Cavas hervor, die ob ihres klaren Charakters und ihrer Sauberkeit nie enttäuschen. Ein sehr lebendiger, aber komplexer Cava des Hauses ist der →Brut Nature. Rovellats gehört zu den Chardonnay-Veteranen im Penedés.

Katalanische Weinregionen I

Empordá-Costa Brava

In Ampurdán oder Empordá auf Katalanisch, wo heute 2 500 Hektar Weinberge bewirtschaftet werden, stand einst die Wiege des spanischen Weinbaus. Vom Mittelalter an erzeugte man hier, wie im benachbarten französischen Banyuls, natursüße Weine aus Garnatxa, der Garnacha, oder charaktervolle und alkoholstarke Rancios. In jüngerer Zeit verpasste man zunächst den Anschluss an die moderne Entwicklung und vertröstete sich mit der Produktion von Rosés, die bei den Touristen Anklang fanden. Erst in den letzten Jahren werden zunehmend rote französische Sorten gepflanzt, modern vinifiziert und teilweise mit den einheimischen Garnacha und Cariñena zu runden, harmonischen Rotweinen assembliert. Beispiele für die vorhandenen Möglichkeiten setzt das Castillo Peralada.

Parallada – eine der herkömmlichen Cava-Trauben

Pla de Bages

Die wenigen Winzer und Kellereien des 500 Hektar großen Gebiets im Umkreis von Manresa, nordwestlich von Barcelona, strebten bewusst nach Unabhängigkeit, die sie 1995 durch die D.O. erlangten. Zuvor hatten sie ihre Trauben an die Cava-Industrie geliefert. Seither wurden bedeutende Neupflanzungen insbesondere von Cabernet, Merlot und Tempranillo unternommen, die die traditionellen Garnacha und Sumoll bereichern. Die Lagen in dem vom Mittelmeer beeinflussten Mittelgebirge eignen sich insbesondere für gut ausgewogene Rotweine.

Eine Vielzahl von Weinbauern in und um San Sadurní d'Anoia lesen ihren Wein selbst und liefern die Trauben bei einer der großen Cava-Kellereien ab.

Alella

Alellas Weinberge, die bereits 1956 klassiert wurden, drohten schon vom Expansionsdrang des nahen Barcelona verschluckt zu werden. Zum Glück erfolgte 1989 eine Erweiterung der an der Costa Brava gelegenen D.O. ins Hinterland, auf vier bis zu 250 Meter hoch gelegene Plateaus, die Vallés, sodass heute 525 Hektar Weinberge bestehen. Zugleich revolutionierten die wenigen Erzeuger ihren Stil und verlegten sich darauf, aus dem traditionellen Pansá Blanca, wie hier der Xarel-lo heißt, und neu gepflanztem Chardonnay modern vinifizierte, leichte und frische Weißweine zu erzeugen. Die angenehmen Rotweine, meist aus Tempranillo, Cabernet und Merlot, sind in der Minderzahl. Bekannteste Marke der Region ist Marques de Alella von Parxet.

Penedés

Das Penedés gilt als Wiege des modernen spanischen Weinbaus. Dabei hatte man das Gebiet nach der Reblausplage zum Lieferanten von Massenwein umfunktioniert, um die steigende Nachfrage billiger Fassware für das Ausland befriedigen zu können. Obwohl das Penedés in früheren Jahrhunderten für seine robusten Rotweine bekannt gewesen war, etablierte sich mit der zunehmend wachsenden Cava-Industrie die Übermacht der weißen Sorten im Gebiet endgültig. Heute sind die 27 000 Hektar Rebfläche des Gebietes zu zwei Dritteln mit weißen Trauben bestockt, die meist der Cava-Herstellung dienen. Wurden früher Sektgrundweine für den gesamten europäischen Markt produziert, so verwendet inzwischen die prosperierende Cava-Industrie die eigene Traubenproduktion fast vollständig.

Das mediterrane Klima erlaubt in den meisten Jahren eine beneidenswerte Reife der Trauben, und entsprechend weich und saftig sind die Tintos und aromatisch die Weißen. Insgesamt sind 15 Sorten zugelassen. Neben den traditionellen Cava-Trauben Xarel-lo, Parallada und Macabeo und einheimischen roten Sorten wie Ull de Llebre (Tempranillo), Garnacha, Monastrell, Cariñena und Samsó werden die Bordelaiser Sorten, aber

auch Pinot Noir, Sauvignon Blanc, ja sogar Riesling angebaut. Für fast jede Rebsorte bietet das Penedés geeignete Bedingungen, da sich die Weinberge vom Mittelmeer bis auf eine Höhe von 800 Metern erstrecken.
Die D.O. teilt sich in drei inoffizielle, aber topografisch gesehen logische Unterzonen ein: Das untere Penedés, das sich etwa von Sitges bis El Vendrell an der Küste entlangzieht, das zentrale, von einem maritimen Gebirgszug gegen das Meer abgeschirmte Penedés sowie das Hochpenedés, welches östlich wiederum von einer Gebirgskette, der Sierra Litoral begrenzt wird.
Der Durchbruch für die Stillweine kam erst in den 1960er und 1970er Jahren. Einige unternehmungsfreudige Weinmacher, allen voran Miguel A. Torres, hatten damit begonnen, ausländische Sorten, aber auch spanische Qualitätstrauben wie Tempranillo (Ull de Llebre) zu pflanzen. Moderne Keller mit Stahltanks und neuen Barriques schossen in wenigen Jahren aus dem Boden. Temperaturgesteuerte Gärung war in der Cava-Herstellung zum Standard geworden. Die Stillweine profitierten von dieser Erfahrung. Dass jahrelang nur gutes Mittelmaß die Bodegas verließ, fiel den wenigsten Önologen auf. Man war nur an perfekter Technik interessiert, vergaß aber über so viel Makellosigkeit die Seele des Weines und den Charakter des Gebiets. Doch ohne sorgfältige Ertragsreduzierung und gezielte Konzentration auf bestimmte Pagos (Lagen) geraten die Weine zwar reif und rund, aber sie drohen zu glatt und nichts sagend zu werden, was nicht zuletzt viele Cabernets, die am häufigsten angebaute fremde rote Sorte, unterstreichen. Inzwischen gibt eine wachsende Zahl kleinerer Erzeuger dem Penedés ein neues Gesicht. Sie haben erkannt, dass Menge nicht gleich Qualität ist und dass das Terroir, sprich Pagos, ihren Weinen Identität verleiht.

Zu den angesehensten Weinerzeugern Spaniens gehört Miguel Torres, dessen Stammhaus mit diesem alten Fasskeller in Vilafranca del Penedés steht.

Während Neuanlagen im Penedés und anderswo in Spanien inzwischen nach dem neuesten Stand der Rebkultur gepflanzt werden, stehen in allen älteren Weinbergen die Rebstöcke in der traditionellen Gobelet (Trinkbecher)-Form.

Costers del Segre

Die einzige Appellation der Provinz Lérida (Lleida) verdankt ihren Namen dem Fluss Segre. Die vier Unterzonen der 1988 ratifizierten D.O. Costers del Segre haben drei Dinge gemeinsam: extreme Temperaturschwankungen, hohe Sonneneinstrahlung und geringe Niederschlagsmengen. Die D.O. mit knapp 4000 Hektar Rebfläche entstand auf Initiative der Cava-Gruppe Codorníu, die hier eine der beeindruckendsten Kellereianlagen Europas, das Gut Raimat, aufbaute. Als man das Projekt 1914 startete, schüttelten die meisten Weinfachleute den Kopf. Der Boden um das Gut war hochgradig salzhaltig und nahezu wüstenartig, es mussten Hunderte von Hektar mit gesundem Grund aufgeschüttet werden, und nur ein für die damalige Zeit hypermodernes Bewässerungssystem über den Ebro machte Rebanbau überhaupt möglich.
Der größte Teil der Rebfläche befindet sich im östlichen Bereich der D.O., im Vall de Riu Corb und Les Garrigues. Fast alle neuen Betriebe, wie Car Vinícolas Reunidas oder Celler de Cantonella, sind hier entstanden und folgten so dem Spitzenerzeuger Castell del Remei. Die Rotweine, die aus Garnacha, Ull de Llebre, Cabernet, Monastrell, Trepat, Samsó, Pinot Noir oder auch Syrah gekeltert werden, besitzen aufgrund der harten klimatischen Rahmenbedingungen meist viel Persönlichkeit. Die Topweine zeigen zudem ein bemerkenswertes Alterspotential. An der südöstlichen Grenze finden sich alte Rebflächen, die mit Garnacha Tinta bestockt sind. Die dortigen kalkhaltigen Böden bieten aber auch Spitzensorten wie Tempranillo optimale Bedingungen. Bei den weißen Trauben herrschen die Cava-Sorten vor, ergänzt durch Chardonnay und Sauvignon Blanc, denn auch hier darf der katalanische Schaumwein erzeugt werden.

Conca de Barberá

Die Cava-Häuser interessieren sich sehr auch für dieses 6000 Hektar umfassende Weingebiet, das zwischen dem Penedés und Costers del Segre liegt, zumal es mit seiner Lage auf 500 Metern Höhe und den vorwiegend kalkhaltigen Böden Weine voll Frucht und Frische hervorbringt. Die dominierenden Rebsorten Macabeo und Parellada gelangen folglich zu einem großen Teil in die Cava-Cuvées. Viele Neupflanzungen prägen das erst 1989 zur D.O. aufgestiegene Gebiet, darunter viel Chardonnay, aber auch Cabernet, Merlot und Pinot Noir finden hier viel versprechende Konditionen. Nur ein kleiner Teil der Weine wird unter der D.O. abgefüllt, die insbesondere für frische junge Weißweine bekannt ist.

Katalanische Weinregionen II

Priorato

Das Priorato erlebte in den letzten Jahren einen schwunghaften Aufstieg, und seine Rotweine zählen heute zu den teuersten und gesuchtesten Spaniens. Die Wiederentdeckung dieses Gebiets, das zu Zeiten der Römer mehr Einwohner zählte als heute und vom Mittelalter an zu den berühmtesten Anbaugebieten gehörte, hat in Spanien das Interesse an vergessenen Terroirs geweckt.

Den Anfang machte René Barbier, dessen Vorfahren den gleichnamigen Cava kreierten. Er lernte Ende der 1970er Jahre das Priorato kennen und lieben und begann dort 1979 einen alten Weinberg zu sanieren, der sich wie ein römisches Amphitheater zum Flusstal des Siurana öffnet: Clos Mogador. Freunde und Bekannte folgten seinem Beispiel, wie Carlos Pastrana (Clos de L'Obac) und José Luis Pérez (Clos Martinet), der an der Berufsschule im nahen Falset lehrte.

Die Besonderheit des Priorato beruht auf seiner Lage. Es handelt sich um ein geologisch in sich geschlossenes Weingebiet, umgeben von einem schroffen Bergkranz, der nur nach Südosten zum Meer etwas niedriger verläuft. Innerhalb dieser natürlichen Barrieren erstreckt sich eine faszinierende Landschaft aus engen Tälern und steilen Hügeln zwischen 250 und 600 Metern über dem Meer, an deren meist nur manuell zu bestellenden Hängen in Steillagen und auf Terrassen die Rebgärten angelegt sind. Die Böden werden von Schieferschutt bestimmt, Licorella genannt, der nur geringe Erträge erlaubt, denn die Rebe muss auf der Suche nach Wasser in große Tiefen vordringen. Von alters her wurde hier Garnacha angepflanzt und nach der Reblausplage zunehmend Cariñena. Die Ertragsmengen überschreiten selten 2 000 kg pro Hektar. Dafür sind die Moste umso extraktreicher und bringen Weine von ungeheurer Tiefe und Dichte hervor, begleitet von warmer, üppiger Frucht, typisch mineralischen Noten und einem nie aufdringlichen Alkoholgehalt von 14 bis 15 Prozent. Garnacha ist unangefochten die Starrebe des Priorato, auch wenn Cabernet und Syrah (man sagt ihr hier eine große Zukunft voraus) auf dem einmaligen Terroir ebenfalls herausragenden Charakter zeigen.

Diese Qualität erkannten René Barbier und seine Freunde, zu denen auch Alvaro Palacio (Ermitá, Finca Dofí) und Daphne Glorian (Clos Erasmus) stießen. Zunächst gründeten die Immigranten, wie man die neuen Zusiedler nannte, eine primitive Kleingenossenschaft und brachten 1991 ihren ersten Wein, den 1989er, auf den Markt, wobei es sich um eine gemeinsame Cuvée handelte, die jeder unter seinem Etikett abfüllte und die außerhalb des spanischen Alterungssystems angeboten wurde. Schon sie sorgte für Aufsehen, und bereits zwei Jahre später hatten vier der fünf Immigranten eine eigene Kellerei.

Der Durchbruch zum Preisgipfel spanischer Weine ist Alvaro Palacios zu verdanken. Der junge Riojaner hatte einen grandiosen, von einer Einsiedelei gekrönten Weinberg mit 1940 gepflanzten

An der verblüffenden Klasse der Priorato-Weine hat der typische, zerblätternde Schieferboden hohen Anteil, der dem voluminösen Grenache die Finesse garantiert.

Grenachestöcken übernehmen können. Als er seinen L'Ermitá 1993 abfüllte, hielt er ihn selbst für besser als den einzigen wirklich teuren spanischen Rotwein, Vega Sicilia. Mutig und selbstbewusst brachte er L'Ermitá deshalb zu einem noch höheren Preis auf den Markt. Und hatte Erfolg.
Einen nicht weniger revolutionären Schritt unternahm José Luis Perez, als er mit dem katalanischen Sänger Luis Llach die Weinbauern des Dorfes Porrera unter der Bedingung zur Zusammenarbeit bewegte, dass sie das Sechsfache des damals üblichen Traubenpreises verlangten. Denn nur dadurch, so sah er voraus, konnten die alten Weinterrassen erhalten werden, die heute den großartigen Cims de Porrera liefern. Heute gehören die Weine der fünf Pioniere zu den begehrtesten Spaniens. Inzwischen zählt der 1975 gegründete Consejo Regulador (Kontrollrat zur Durchführung der D.O.-Bestimmung) schon fast 30 Betriebe, die unter eigenem Label abfüllen, und andere Winzer versuchen Anteile der zurzeit eingetragenen rund 1 000 Hektar großen Rebfläche zu erwerben. Weitere 1 000 Hektar verlassenes Rebland versprechen lukrative Erweiterung. Doch hoher Arbeitsaufwand und mangelnde Arbeitskraft setzen dem Expansionsdrang Grenzen. Die bisherigen Topweine basieren auf einem so großen Arbeitseinsatz, dass es industrielle Winzer abschrecken muss. Nur 1 bis 1,2 Millionen Liter pro Jahr beträgt die Produktion zurzeit. Trauben sind also rar im Priorato, und sie sind so teuer geworden, dass der Landflucht ein Ende gesetzt wurde, Einheimische sogar zurückzukehren beginnen. Der einzige Wein der neuen Generation in bedeutender Auflage, Les Terrasses von Alvaro Palacios, kam nur dank eines Vertrages mit der Genossenschaft von Bellmunt zustande.

Tarragona

Schon lange bevor die meisten heute bekannten Rotweinregionen Spaniens erwachten, galten die Rotweine aus Tarragona als weich, kräftig und glutvoll, gerieten aber in den 1960ern in den Ruf, alkohollastig und plump zu sein. Inzwischen interessieren sich engagierte Weinmacher wieder für die traditionsreiche Appellation.
Die D.O. Tarragona unterteilt sich in drei Zonen, deren höchstgelegene, das Teilgebiet Falset, unmittelbar an das Priorato grenzt und ähnliche Klima- und Bodenbedingungen aufweist. Nach kräftigen Investitionen in den Genossenschaften sind in den letzten Jahren Weine entstanden, die nicht nur wegen Struktur und Farbe begeistern. Schon 1999 konnte die Kooperative in Falset einige sehr komplexe rote Gewächse vorweisen.
Die Rotweine aus Tarragona bieten momentan das beste Preis-Leistungs-Verhältnis bei Rotweinen in Spanien. Vorherrschend ist die Garnacha, begleitet von Cariñena und Ull de Llebre für Rotweine, Macabeo, Xarel-lo, Garnacha Blanca und Parellada für die Weißen sowie die neuen Sorten Chardonnay, Merlot und Cabernet. Nicht zu vergessen sind die vollaromatischen, süßen Likörweine, die in Tarragona nicht aus der Moscatel, sondern aus weißen oder roten Garnacha-Trauben vinifiziert werden. Insgesamt bedeckt die Rebfläche knapp 11 000 Hektar.

Dem jungen Alvaro Palacio, einem gebürtigen Riojaner, gelang es mit seinem L'Ermita als Erstem, einen Priorato an die Spitze der spanischen Weinhierarchie zu katapultieren.

Terra Alta

Auf dem rund 8 200 Hektar großen, relativ unbekannten D.O.-Gebiet Terra Alta, südwestlich von Tarragona, stehen vor allem Macabeo, Garnacha Blanca, Garnacha Tinta und Cariñena. Die Höhenunterschiede des zum größten Teil bergigen Gebiets sind beträchtlich, die großen Temperaturunterschiede lassen an ein nahezu kontinentales Klima denken. Hier wirkt der Einfluss des Ebro insbesondere in kalten Nächten ausgleichend. Ursprünglich galten die Rotweine als ebenso rau wie das Klima. Dank moderner Technik und der vermehrten Pflanzung von Tempranillo und Syrah sind diese jedoch profunder und weicher geworden. Boden und Klima sind wie geschaffen dazu, strukturreiche, üppige Rotweine zu machen, wie sie momentan auf der ganzen Welt gesucht werden. Seit Spitzenerzeuger wie Bárbara Forés-Ferrer gezeigt haben, welch satte Rotweine oder auch schlanke, aber extraktreiche Weißweine man aus den alten Rebflächen herausholen kann, gilt die Terra Alta unter Spaniens Top-Önologen als eine der großen Hoffnungen.

Ausgewählte Erzeuger in Katalonien

Albet y Noya *–******
Subirats (D.O. Penedés)
50 ha; ZT; 600 000 Fl. • Weine: u. a. Albet y Noya Macabeo Col.lecció, Tinto Tempranillo D'Anyada, Cabernet Sauvignon Col.lecció, →Reserva Martí, Syrah Col.lecció.
Die Gebrüder Albet y Noya sind die spanischen Vorreiter ökologischen Weinbaus. Die Toplinie sind die sortenreinen →Col.lecció-Weine und →Reserva Martí, ihr einziger Reserva-Wein. Gute Cavas, bemerkenswerte mit Anyada gekennzeichnete Jungweine und unter der Marke Mas Igneus überzeugender Priorato.

Alvaro Palacios **–*******
Gratallops (D.O. Priorato)
25 ha; ZT; 150 000 Fl. • Weine: Les Terrasses, →Finca Dofí, →L'Ermita
Alvaro Palacio wurde mit dem roten Spitzenwein →L'Ermita aus der gleichnamigen Lage weltberühmt. Auch der Zweitwein Finca Dofí, ebenfalls aus einer Einzellage, zeigt Extraklasse und große Geschliffenheit. Der Weinmacher gilt als einer der besten Barrique-Spezialisten des Landes, schließlich verdiente er sich mit Fasshandel das Startkapital für seine Kellerei.

Can Ráfols dels Caus *–******
Avinyonet del Penedés (D.O. Penedés)
44 ha; 300 000 Fl. • Weine: Petit Caus Blanco, Gran Caus Rosado, →Gran Caus Tinto Reserva, →Caus Lubis
Auf dem Traumanwesen erzeugt Carles Esteve seine berühmten Gran-Caus-Weine sowie einen hervorragenden Merlot, den Caus Lubis. Die mit 18 verschiedenen Rebsorten bestockten Weinberge sind in schroffem Gelände einer Vielzahl von Kleinklimata ausgesetzt, welche die Voraussetzung für die Selektionen sind, die in seine Spitzenweine eingehen. Auch die Zweitlinie Petit Caus zeigt beachtliche Qualität.

Castell del Remei ***
Castell del Remei (D.O. Costers del Segre)
70 ha; 500 000 Fl. • Weine: Castell del Remei Blanco Chardonnay, Tinto Crianza Merlot, Tinto Reserva Cabernet Sauvignon, →Tinto 1780 Añada, Oda
Das Weingut ist eines der Aushängeschilder für fruchtbetonte, moderne Weine in der D.O. Immer sichere Qualität bietet der Merlot, wobei die rote →Crianza 1780 mit einer Coupage aus drei Sorten deutlich dichter ausfällt und den zukünftigen Stil der Bodega markiert. Der Besitzer, Tomás Cusiné, hat ein neues Weingut aufgebaut, wo er unter der Marke Cérvoles Spitzenweine keltern will.

Cavas del Castillo de Perelada ***
Perelada (D.O. Empordá-Costa Brava)
120 ha; ZT; 7 000 000 Fl. • Weine: Castillo Perelada Chardonnay, Castillo Perelada Reserva, →Castillo Perelada Gran Claustro
Früher eher bekannt für einfache Weine und gute Cavas, produziert die Kellerei immer mehr Stillweine mit Klasse. Empfehlenswert ist der →Gran Claustro aus fünf Rebsorten und die einfachere Reserva Perelada. Ein befestigter Gutshof, zum Spitzentechnologie-Weingut verwandelt, liefert zukünftig Einzellagenweine aus den Rebgärten Malaveina und Garbet.

Celler Bárbara Forés-Ferrer Escoda ***
Gandesa (D.O. Terra Alta)
17 ha; 50 000 Fl. • Weine: →Coma d'en Pou Tinto
Kleines Weingut mit großer Zukunft und der saftigsten Crianza des Gebietes. Das 1989 gegründete Gut verfügt über alte Garnacha-Reben und wird vom Priorato-Pionier Josep Luis Pérez beraten.

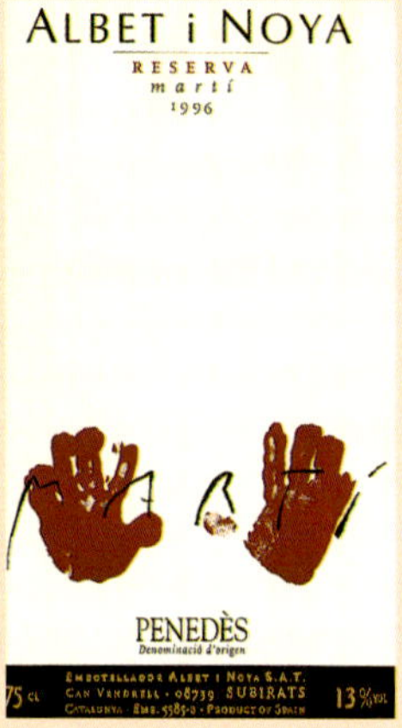

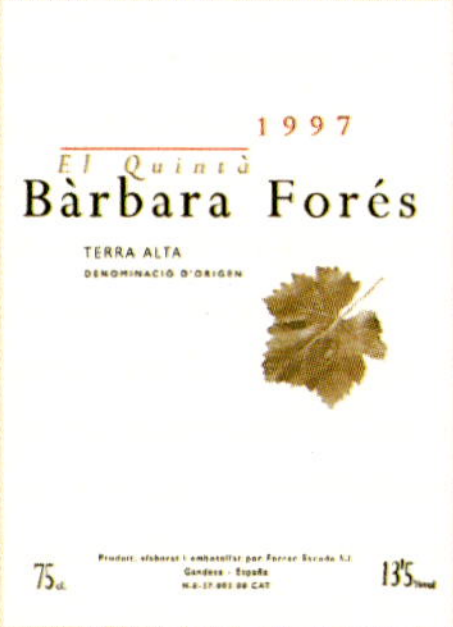

Celler de Capcanes **–****
Capcanes (D.O. Tarragona)
230 ha; 500 000 Fl. • Weine: Mas Donis Tinto, Lasendal Tinto Crianza, Vall del Calas Tinto Crianza, Costers del Gravet Tinto Crianza, →Cabrida Tinto Crianza
Die Kooperative war eine der ersten, die eine profunde Qualitätsrevolution in Tarragona durchgeführt hat. Heute füllt sie einen Großteil der Produktion selbst ab und produziert u.a. auch koschere Weine. Die Weine haben durchweg Profil und zeigen einen warmen, charmanten Charakter. Der Topwein →Cabrida aus einem alten Garnacha-Weingarten reiht sich in die Spitzenweine Kataloniens ein.

Cellers Vilella de la Cartoixa **–****
La Vilella Alta (D.O. Priorato)
2 ha; ZT; 12 000 Fl. • Weine: Fra Fulco, Fra Fulco Seleccio
Toni Alcover hat mit der kleinen, 1994 gegründeten Kellerei schnell zur Spitzengruppe des Priorato aufgeschlossen. Er bezieht Trauben von alten Rebstöcken aus der direkten Umgebung des Dorfes, darunter hervorragenden Cariñena.

Clos Erasmus ****
Gratallops (D.O. Priorato)
10 ha; 6000 Fl. • Weine: Clos Erasmus
Nachdem Daphne Glorian, eine junge Schweiz-Amerikanerin, die ersten Jahre ihren superben Roten in René Barbiers Keller vinifizierte und ausbaute, hat sie jetzt Alvaro Palacios alte Kellerei übernommen.

Clos Mogador ****
Gratallops (D.O. Priorato)
20 ha; 20 000 Fl. • Weine: Clos Mogador Tinto Reserva
René Barbier hat mit seinem Clos Mogador eines der ganz großen Gewächse Spaniens geschaffen. Er presst mit einer Olivenölpresse, nur die Hälfte des Saftpotentiales der Trauben wird ausgeschöpft. Der Wein ist muskulös mit viel reifem Tannin, dabei aber sehr distinguiert. Der Mischsatz, vor allem der Anteil an Syrah, wird dem jeweiligen Jahrgang angepasst.

Jean León *–******
Torrelavid (D.O. Penedés)
53 ha; 270 000 Fl. • Weine: Jean León Petit Chardonnay, Jean León Chardonnay Fermentado en Barrica, →Jean León Cabernet Sauvignon Reserva
Das Traditionshaus besitzt die besten Rebgärten französischer Sorten im Gebiet. Berühmt sind die äußerst reifen Cabernet Sauvignon-Reservas. Auch die Chardonnays sind eine Klasse für sich. Sie brauchen in der Regel jedoch drei Jahre, bis sie ihr volles Aroma ausspielen. Das Haus gehört seit dem Tode des Gründers Jean León zur Torres-Gruppe.

Josep Anguera Beyme ***
Darmós (D.O. Tarragona)
30 ha; 75 000 Fl. • Weine: Joan D'Angeura Tinto, Joan D'Anguera Vi Dolc, Joan D'Anguera Finca L'Argata
Altes Familienweingut, das sich seit Mitte der 1980er erfolgreich auf Flaschenweine umgestellt hat. Der rote Jungwein ist von ungewöhnlich fester Struktur mit viel weicher Frucht. Der Lagenwein →Finca L'Arcata zeigt aufgrund des gekonnten Verschnitts aus vier roten Sorten viel Spiel und eine ansprechende Länge.

Die Balearen

Der längst verblichene Ruhm der Mallorca-Weine geht auf einen lange im Fass gelagerten, süßen Malvasía zurück, der im 19. Jahrhundert ebenso begehrt war wie die Weine aus Madeira. Nach der Reblausattacke dominierten grobe Tafelweine die Produktion der balearischen Hauptinsel, bis in den 1960er Jahren wieder mehr Qualitätsbewusstsein aufkam. Von den rund 2 000 Hektar Rebfläche auf der Insel teilen sich die D.O. Binissalem und die erst kürzlich dazugekommene Appellation Pla i Llevant rund 650 Hektar. Rund um die auf der Hochebene im Zentrum der Insel gelegene Gemeinde Binissalem bestimmt vor allem eine rote Sorte das önologische Geschehen, die einheimische Manto Negro. Im Gegensatz zu den meisten anderen roten Rebsorten, die im Mittelmeerraum heimisch sind, ergibt diese großbeerige Traube erstaunlich stabile Weine, die sich gut für den Ausbau im Barrique eignen. Aus diesem Grunde müssen die Rotweine, die den Namen der D.O. tragen wollen, auch zur Hälfte aus dieser Traube gekeltert werden. Leider entstehen immer noch vorwiegend traditionelle, etwas breit wirkende Tintos, die den Möglichkeiten der Sorte, insbesondere ihrer Eleganz, nur wenig gerecht werden. Am Horizont zeichnet sich indes ein zeitgemäßerer Stil

ab, der mehr auf Konzentration baut. Verschnitte mit Cabernet Sauvignon, Tempranillo und Callet weisen den Weg in die Zukunft. Die Weißweinproduktion, die weniger als ein Fünftel ausmacht, basiert auf der Sorte Moll sowie Macabeo, Parellada und etwas Chardonnay. Jung getrunken gefallen sie durch Würze und Frische. Pla i Llevant im Osten kann einen insgesamt breiteren Sortenfächer aufweisen, doch der wirkliche Unterschied liegt im großen Anteil von Callet-Pflanzungen. Die Weine der roten Callet fallen durch ihr typisches erdiges Aroma, vermengt mit reifen Früchten, etwas aus der Reihe, man kann ihr also einen gewissen Charakter nicht absprechen. Wichtig für die Qualität ist jedoch, den Ertrag dieser kräftig tragenden Sorte niedrig zu halten. Im Westen Mallorcas nahe Andrax feilt seit einigen Jahren eine Bodega, die mit schwedischem Kapital gegründet wurde, an anspruchsvollen Weinen. Man hat im Wesentlichen französische Sorten gepflanzt, die mit einheimischen verschnitten werden. Auf den Nachbarinseln ist der Rebbestand kaum der Rede wert.

Mas Martinet Viticultors ****
Falset (D.O. Priorato)
10 ha; ZT; 70 000 Fl. • Weine: Martinet Bru, →Mas Martinet
Der geistige Vater der neuen Priorato-Winzers José Luis Pérez, erzeugt tiefe und saftige Prioratos mit vollendet ausgewogener Reife, die recht jung getrunken werden können. Inzwischen lenkt Tochter Sarah den Stil der Weine. Mit dem Liedermacher Luis Llach hat Don José ein eigenständiges Bodegaprojekt geschaffen und den grandiosen Cims de Porrera aus der Taufe gehoben.

Mas Estela **–****
Selva de Mar (D.O. Empordá-Costa Brava)
8 ha; 42 000 Fl. • Weine: Vinya Selva de Mar Tinto: Crianza, Reserva, Garnatxa, Moscatel
Didier Soto und Nuria Dalmau bearbeiten ihr kleines Gut an der Costa Brava biologisch. Die Roten sind gut strukturiert, aber holzbetont. Noch sind die eigentlichen Spezialitäten und Stars die natursüßen Garnatxa und Moscatel mit ihrer enormen Intensität und höchst eigenem Charakter.

Miguel Torres **–*****
Vilafranca del Penedés (D.O. Penedés)
1300 ha; ZT; 25 000 000 Fl. • Weine: Viña Sol, De Casta, Sangre de Toro, Mas Brrás, Gran Coronas Reserva, →Milmanda, Fransola Etiqueta Verde, Gran Coronas Mas la Plana, Grans Muralles
Das Weinniveau Kataloniens (und Chiles) wäre ohne Miguel Torres nicht das, was es heute ist. Die enorme Weinpalette des Hauses überzeugt ausnahmslos. Herausragende Einzellagenweine wie →Chardonnay Milmanda, →Fránsola Etiqueta Verde und →Gran Coronas Mas La Plana. Hochinteressant ist der neue Rote →Grans Muralles aus fast verschwundenen Rebsorten.

Parxet ***
Tiana (D.O. Alella)
60 ha; ZT; 1 000 000 Fl. • Weine: Marqués de Alella , Chardonnay, Marqués de Alella Classico, Parxet Cava Brut, →Marqués de Alella Fermentado en Barrica
Stillweine und Cavas haben in diesem Haus am Stadtrand von Barcelona Rasse und Klasse. Die verschiedenen Weißweine, die unter dem Label Marqués de Alella laufen, zeigen je nach Typ, feine Frucht und Säure (Chardonnay) oder viel Harmonie mit etwas Restsüße (Classico).

Raimat **–****
Raimat (D.O. Costers del Segre)
1 700 ha; 7 000 000 Fl. • Weine: Raimat Chardonnay, Raimat Cava Gran Brut, Raimat Abadía, Raimat El Molí, →Raimat Mas Castell, Raimat Vallcorba
Das Gut wurde 1914 von Codorníu erworben und unter ungeheuren Anstrengungen in eines der beeindruckendsten Weingüter Spaniens verwandelt. Die Forschungsarbeit, die der Cava-Hersteller dort leisten musste, hat den gesamten Weinbau des Landes entscheidend vorangebracht. Die würzige Reserva Abadía und der normale Cabernet bieten immer gute Qualität, ausgezeichnete Cabernet Spezialcuvées →El Molî, →Vallcorba und →Mas Castell.

Vinícola del Priorat **–***
Gratallops (D.O. Priorato)
450 ha; 200 000 Fl. • Weine: L'Arc Blanco, →L'Arc Tinto, Onix, Morlanda
Die Kooperative nimmt Lesegut aus fünf Dörfern an und vergärt damit so gut wie die Hälfte der Trauben des Prioratos. Abgefüllt unter den eigenen Marken wird dabei nur ein Bruchteil. Mit der Marke L'Arc hat man einen weißen und einen roten Priorato von hoher Qualität und einem unschlagbaren Preis-Leistungs-Verhältnis geschaffen. Aufmerksamkeit verlangt auch die Onix Reserva 1163 und der Rancio.

Viticultors Mas D'en Gil ***
Bellmunt del Priorat (D.O. Priorato)
30 ha; 30 000 Fl. • Weine: Coma Blanca, Coma Vella, →Clos Fontá
Die Weinfamilie Rovira übernahm das einstige Mas Barril im unteren Priorat mit 125 Hektar Land, restaurierte es und brachte es auf den neuesten Stand der Technik. Im Jahre 2000 stellte man die ersten Weine vor. Der Spitzenwein Clos Fontá zählt zu den seriösen Prioratos mit satter Frucht und feiner Würze, auch überzeugend der stoffige weiße Coma Blanca.

Die Geschichte des Rioja

Zahlreiche in den Stein gehauene Gärbecken aus der Römerzeit, die man in der Rioja gefunden hat und heute noch besichtigen kann, lassen darauf schließen, dass das Gebiet schon in der Antike ein Weinbauzentrum war. Später waren es die Klöster, die den Weinbau förderten und auch über die Qualität wachten. Eine Schenkungsurkunde, in der der König von Navarra Ländereien und Weingärten dem Kloster von San Millán de la Cogolla überschrieb, belegt, dass Weinbau bereits im frühen Mittelalter betrieben wurde. Die Pilger, die zu Hunderttausenden nach Santiago de Compostela im fernen Galicien zogen, um das Grab des Apostels Jakobus zu besuchen, wurden in den klösterlichen Pilgerherbergen mit dem Rebensaft bewirtet und trugen den Ruhm des Weines aus der Rioja in die damalige Welt hinaus.

Weinbau hatte also für die Region schon immer eine erhebliche Bedeutung, und 1560 schlossen sich die Winzer zu einem Verband zusammen und einigten sich auf ein einheitliches Brandzeichen für ihre Fässer, um den Ursprung des Weins zu garantieren. Der Wein aus der Rioja besaß damals bereits ein gewisses Renommee und sein Name wurde nicht selten missbraucht, auch wenn das Gebiet bis ins 19. Jahrhundert hinein über keine tauglichen Transportwege zur fernen Küste und zu den großen Städten verfügte. Die ersten Weinfirmen, wie wir sie heute kennen, mit ihren riesigen Kellerhallen mit Tausenden von Barrique-Fässern, entstanden erst in der zweiten Hälfte des 20. Jahrhunderts.

Aufschwung mit Barricas

Der eigentliche Aufstieg der Weinregion konnte erst mit der Einführung des Fassausbaus beginnen, der den Wein haltbar machte. Im kleinen Ei-

Im Mittelalter, als Hunderttausende von Jakobspilgern die Rioja auf dem Weg nach Santiago de Compostela durchquerten, erlebten Städte und Weinbau der Region ihren ersten großen Aufschwung. Viele ihrer Bauten gehen auf diese Zeit zurück, auch die in Calahorra in der Rioja Baja.

chenfass ausgebaute Weine waren in der Rioja bis 1862 unbekannt, obwohl schon 1786 Manuel Esteban Quintano nach einer Reise ins Bordelais einige Versuche mit Eichenfässern unternommen hatte. Seine Weine überstanden die Feuerprobe einer Ozeanüberquerung in die lateinamerikanischen Kolonien mit Bravour, einen höheren Preis für diese neue Art von Wein durfte er aber dafür nicht kassieren. So geriet die önologische Pioniertat des Señor Quintano wieder in Vergessenheit.
Im Londoner Exil lernte der Oberst Luciano de Murrieta die Vorzüge der Bordeaux-Weine kennen. Bevor er nach Spanien zurückkehrte, um eine Bodega in der Rioja zu übernehmen, reiste er nach Bordeaux, um dort die Weinbereitung zu studieren. Dann ließ er sich Fässer aus Bilbao kommen, die er zum ersten Mal 1850 füllte. Er verschiffte einen Teil der 72 Liter fassenden Gebinde nach Kuba und schlug sie zu einem guten Preis los. Sein Erfolg ermutigte ihn, mit dem Fassausbau fortzufahren. Auch Camilo Hurtado de Amézaga, der Marqués de Riscal, begann um 1850 auf die Zukunft der Rioja als Weinregion zu setzen. Auch er hatte Jahre seines Exils in Bordeaux verbracht, wo er sich für die Weine des Médoc begeisterte. So ließ er 1860 bei Elciego eine Bodega nach Bordelaiser Vorbild errichten. Noch im gleichen Jahr ließ der Marqués auf einem Viertel seines 200 Hektar großen Gutes Weinstöcke aus dem Bordeaux anpflanzen.
Die Nachfrage nach Weinen aus der Rioja kam aus Bordeaux selbst, das zunächst aufgrund einer schweren Mehltau-Epidemie sowie der Reblausplage große Ernteausfälle zu verzeichnen hatte. Wegen der mangelhaften Qualität der traditionellen Riojas, die oft auf dem Transport Schaden nahmen, beschloss die Regierung der Provinz Alava auf Anraten des Marqués, einen französischen Spezialisten namens Jean Pineau zu engagieren, der einer ausgesuchten Gruppe von Gutsbesitzern das französische Maischungssystem in großen Holzgebinden und den anschließenden Ausbau im kleinen Eichenfass nahe brachte – zunächst mit einigem Erfolg, denn schon bald konnte Monsieur Pineau seinen Auftraggebern berichten, »que el ano proximo casi todos los proprietarios hagan el vino al estilo de Burdeos«, dass im folgenden Jahr fast alle der Besitzer Weine im Bordeaux-Stil haben würden.
Nach den guten ersten Ergebnissen sprangen jedoch die meisten Winzer wieder ab, da ihnen der Ausbau im kleinen Eichenfass mühsam und zu kostspielig erschien. Pineau trat daraufhin in die Dienste von Riscal, und in den Kellertunneln von dessen Bodega begann man, rote Riojas ins Barrique zu legen. Erst nach und nach, beeindruckt von den Erfolgen dieser Weine auf internationalen Weinausstellungen, übernahmen wieder einige Bodegueros diese Techniken. In der Folge entstanden in kurzer Zeit viele Weingüter nach französischem Vorbild. Zahlreiche Franzosen ließen sich in der Rioja nieder, und damit begann die Geschichte eines Weines, der heute Weltruf genießt.

Ein Jahrhundert Weingeschichte im Traditionsbetrieb Tondonia in Haro

Die Weinschlacht von Haro

Im Hochmittelalter trug es sich zu, dass die beiden damals kastilischen Reichsstädte Mirande de Ebro und Haro im blutigen Streit um ein Grenzgelände lagen. Erst König Ferdinand dem Heiligen gelang es, den Disput 1290 zu schlichten. Um beide Parteien an den königlichen Schiedspruch zu erinnern, sollten von nun an in jedem Jahr zu Sankt-Peter-und-Paul im Juni und am ersten Sonntag des Monats September auf dem sechs Kilometer entfernten Berg San Felice, welcher der Grund für solch blutigen Streit war, eine gemeinsame Messe gehalten werden. Seinen Namen hatte dieser Berg nach dem Schutzheiligen San Felice de Bilibro, der in diesem Felsen als Eremit gelebt hatte.

An einem Sankt-Peter-und-Paul-Tag zu Beginn des 19. Jahrhunderts erhitzten sich die Gemüter wieder ein wenig zu stark, aber statt sich mit Säbeln wie im Mittelalter zu bekämpfen, begannen sich die gegnerischen Bewohner mit Wein zu bespritzen. Die Weinschlacht von Haro, die Batalla del Vino, war geboren.

Heute treffen sich die Cuadrillas – Gruppen von Freunden, die jedes Jahr an der Schlacht teilnehmen – schon morgens um sieben, um mit bunt und prächtig geschmückten Traktoren den Berg hinaufzufahren und zunächst der traditionellen Messe beizuwohnen. Hat der Pfarrer das letzte Wort gesprochen, beginnt die – in weiße Oberkleidung gehüllte – Menge sich aus Weinschläuchen oder anderen Gefäßen mit Rotwein zu bespritzen. Natürlich wird wegen der färbenden Wirkung Presswein verwendet. Ist der letzte Tropfen vergossen, setzt man sich an die Vespertische, welche auf dem Bergrücken aufgestellt wurden – jede Cuadrilla hat einen angestammten Platz – , und genießt die landestypischen Würste, Schnecken und Lammgerichte. Tradition ist, dass jeder Fremde, der an der Schlacht teilnimmt, von den Cuadrillas zu Tisch gebeten wird.

Anschließend begeben sich die Weinkämpfer im Zug durch Haro, drehen eine Runde um die Plaza und ziehen zum Stierkampfplatz, auf dem junge Rinder freigelassen werden, die dem einen oder anderen übermütigen ›Rotweinhemd‹ wohl auch noch manch blaue Flecken verpassen. Der späte Nachmittag ist für die notwendige Säuberung und eine wohlverdiente Siesta reserviert.

Rechte Seite, unten: Duschen einmal anders

›Feuerwehrleute‹ im feuchtfröhlichen Einsatz

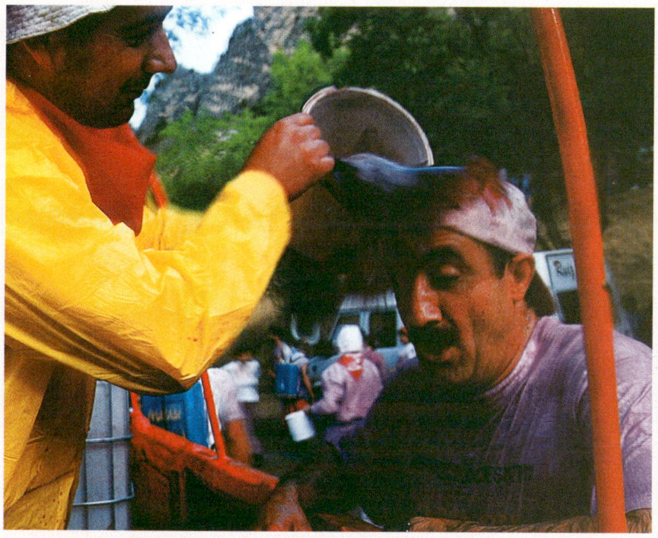

Nichts scheint den Riojanern in der Weinkapitale der Rioja Alta einen solchen Spaß zu bereiten, wie einmal im Jahr in Wein zu baden. Wer es besonders ernst nimmt, lässt sich eine Weintaufe nicht entgehen. Wegen seiner stark färbenden Wirkung wird ausschließlich Presswein verwendet.

Das Anbaugebiet der Rioja

Der Ebro ist sozusagen das Rückgrat der Rioja und bestätigt einmal mehr, dass große Weinregionen anscheinend große Flüsse benötigen.

Die Rioja ist Spaniens berühmtestes Weingebiet. Hier wurden bereits von der zweiten Hälfte des 19. Jahrhunderts an hochwertige Rotweine erzeugt. Bis auf wenige Ausnahmen einzelner Bodegas in anderen Anbaugebieten stellte die Rioja bis in die 1980er Jahre alle bemerkenswerten spanischen Rotweine; erst in den 1990er Jahren hat sie ernst zu nehmende Konkurrenz aus anderen Regionen erhalten. Diese wirkt sich aber eher positiv aus, denn sie führt in den alteingesessenen Bodegas zu Anstrengungen, denen eine neue Generation von Weinen entspringt, die es ohne weiteres mit den Konkurrenten aus Ribera del Duero, Priorato oder anderswo aufnehmen können. Nicht von ungefähr wurde der Rioja als bislang einzigem Anbaugebiet 1991 die *Denominación de Origen Calificada* verliehen, die allerhöchste Appellationsstufe Spaniens.

Das Anbaugebiet am oberen Lauf des Ebro besitzt verschiedene natürliche Bedingungen, die es für die Erzeugung von herausragenden Weinen prädestiniert. Sein Klima ist vor allem – bedingt durch die Nähe des Golfs von Biskaya – von atlantischen Einflüssen, aber auch durch von Osten vordringende mediterrane Wetterströmungen geprägt. Dieses sensible meteorologische Gleichgewicht mit gemäßigten Temperaturen, ausreichenden Niederschlägen und gelegentlich empfindlichen Frösten schafft die Voraussetzungen für Weine mit elegantem Charakter. Die Qualität der Rioja-Weine hängt aber aufgrund der nicht immer günstigen klimatischen Verhältnisse sehr stark vom Jahrgang ab.

Das Weingebiet der D.O.Ca. Rioja beschränkt sich nicht auf die politischen Grenzen der autonomen Region und teilt sich in drei Unterzonen ein, die jeweils unterschiedliche Weintypen hervorbringen. Die Rioja Alta im Westen ist berühmt für feine, elegante Weine mit nur mäßigem Alkoholgehalt. Der baskische Teil, die Rioja Alavesa, ist bekannt für seine besonders fruchtigen Gewächse. In der Rioja Baja, die sich östlich von Logrono bis nach Navarra hinein erstreckt, wachsen auf den Schwemmböden des Ebro tiefdunkle Trauben mit höherem Alkoholpotential.

Es gibt keine eindeutige Lagenklassifizierung in der Rioja, doch die hochwertigsten Gewächse stammen aus der Rioja Alta und der Rioja Alavesa. In dieser hat sich im Wesentlichen die Struktur kleiner Winzer erhalten: Rund 2 500 Familien bewirtschaften fast die Hälfte der rund 11 000 Hektar nördlich des Ebro. Die Rioja Alavesa besitzt außerdem mit 94 Prozent den höchsten Tempranillo-Anteil unter den dort gepflanzten roten Sorten. Den sorgfältig gepflegten, größtenteils relativ kleinen Parzellen geht der Ruf voraus, bestes Lesegut hervorzubringen. Dabei sind die Weinberge, die an den abfallenden Hängen der Kantabrischen Gebirgskette liegen, fast alle nach Süden ausgerichtet, und die kalkhaltigen Ablagerungen des Gebirges sorgen für ideale Bodenverhältnisse. Als besonders wertvoll gelten diejenigen Weinberge, die sich in halber Distanz zwischen dem tiefen, nebel- und frostgefährdeten Flussufer und den Bergen befinden, denn hier trocknet der Wind die Trauben bei Regen und kühlt sie im Hochsommer.

Diese Alten aus San Sebastian kümmern sich mit Bravour um die Pflege eines kleinen Weingartens, in dem ihr spritziger Txakolí mit Blick auf den Golf der Biskaya gedeiht.

Die Rioja Alta auf der gegenüberliegenden Seite des Ebro ist das Gebiet der großen, alten Bodegas. Hier ist der Kalkanteil des Bodens geringer, die Parzellierung großzügiger. In dem leicht hügeligen Gelände befinden sich legendäre Weinberge, die schon seit vielen hundert Jahren Spitzenqualitäten erbringen. Die Rioja Alta stellt mit über 20 000 Hektar, die ebenfalls überwiegend mit Tempranillo bestockt sind, den größten Teil der Rioja.

Die Rioja Baja südlich von Logroño dehnt sich über eine wesentlich größere Fläche bis nach Alfaro im Osten aus, aber in Bezug auf die Weinfläche kommt sie mit gut 17 000 Hektar nur auf den zweiten Rang. Acht Gemeinden Navarras sind ebenfalls klassiert. Die höheren Temperaturen bescheren eine frühere Ernte und bedingen einen hohen Anteil an Garnacha-Trauben, da sie die Hitze am besten vertragen. Die Genossenschaften spielen hier eine wesentliche Rolle.

Viele der klassischen Bodegas der Rioja verfügen über keine oder sehr wenige eigene Rebgärten. Sie kaufen in allen drei Unterzonen Lesegut und passen ihre Cuvées den jeweiligen Bedingungen der Jahrgänge an. So können eventuelle klimatische Unzulänglichkeiten wie Fröste oder Hagel in einem Teilgebiet durch unbeschädigtes Traubengut aus den anderen Zonen ausgeglichen werden. Diesen klassischen Bodegas, die traditionsgemäß feine Weine von leuchtender rubinroter Farbe mit langem Barrique-Lager ausbauen, stehen heute die so genannten Château-Weingüter der neuen Generation gegenüber. Sie keltern ihre Weine nur aus eigenem Lesegut, belassen die roten Moste länger in Kontakt mit den Schalen, um eine dunklere Farbe und mehr Extraktion zu erreichen, und verkürzen den Ausbau im Holz, benutzen aber neue Barriques. Diese Tendenz zu fruchtigeren und eingängigeren Weinen scheint sich in der Rioja immer mehr durchzusetzen.

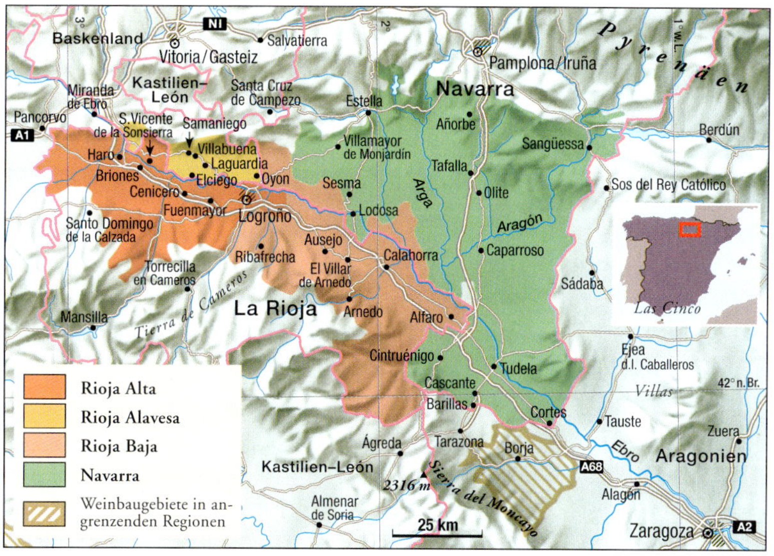

Die Rioja steht nicht nur für in Holz gereifte Weine. So genannte rote Cosechero-Weine, die nach der im Beaujolais üblichen Kohlensäuremaischung gekeltert werden, haben Tradition, und fast jedes Weingut keltert sowohl Weißweine wie auch Rosados.

Die wichtigste Traube der Rioja ist zweifellos der fruchtige Tempranillo, der feine Tannine und ein erstaunliches Alterungspotential besitzt. Er gilt als die rote Edelsorte Spaniens überhaupt. Ergänzt wird er durch die Garnacha, die Farbe und Körper bringt, sowie den eigenwilligen, säurereichen Graciano und den gröberen, doch tannin- und farbintensiveren Mazuelo, der anderswo Cariñena heißt. Weiße Trauben machen nur ein Elftel der Rebfläche von rund 50 000 Hektar aus, wobei hier die Viura die Hauptrolle spielt. Malvasía und Garnacha Blanca werden nur in kleinen Mengen für Verschnitte benutzt. Trotz einiger interessanter weißer Gewächse ist und bleibt die Rioja ein Rotweinland.

Txakolí

Es braucht seine Zeit, bis man den Chacolí, baskisch Txakolí, zu schätzen weiß, sagen die Basken. Dies gilt vor allem für die rauen und säuerlichen Weine, die man noch in manchen Caseríos, den baskischen Bauernhöfen, Besuchern kredenzt. Mag sein, dass sich der Name wirklich vom arabischen *chacalet*, das Dünnes oder Leichtes bedeutet, ableitet. In früheren Jahrhunderten war die Rebfläche wesentlich bedeutender, und Wilhelm von Humboldt beschrieb 1801 die Weine, damals Chacolín genannt, als Mischung aus Champagner und Moselwein. Noch heute werden die aus den einheimischen Sorten Hondarribi Zuri (weiß) und Hondarribi Beltza (rot) und bisweilen der körperreicheren Folle Blanche vergorenen Weine mit ihrer natürlichen Kohlensäure abgefüllt, was ihnen eine besondere Spritzigkeit verleiht und sie vor Ort zu idealen Begleitern von Meeresfrüchten macht.

Traditionelles Einschenken des Txakolí

Seit 1990 werden 85 Hektar Chacolí-Reben westlich von San Sebastian um das Dorf Guetaria von einer Herkunftsbezeichnung geschützt. Auch ist die D.O. Chacolí de Vizcaya mit 120 Hektar Reben in der Nähe von Bilbao dazugekommen, und man steht kurz davor, Txakolí de Álava zu schützen. Heute gibt es in beiden D.Os einige bemerkenswerte Weine, die jedoch mit 11,5 Prozent meist geringfügig kräftiger sind als die herkömmlichen. Sie werden heute in kleinen Stahltanks und nicht mehr in den alten Gärbütten vinifiziert. Ein guter Txakolí sollte leicht hefig, denn er wird nach der Gärung auf der Hefe stehen gelassen, auch nach Blüten, Pfirsich und Limone schmecken und eine lebendige Säure besitzen. Insgesamt gibt es knapp 70, meist winzige Erzeuger. Zwei hervorragende Weingüter sind Txomín Etxániz in Guetaria und Itsasmendi in Muskitz.

Wie man in der Rioja Wein bereitet

In der Altstadt von Logroño, der Hauptstadt der Rioja, reiht sich eine Weinschenke an die andere. Jede ist auf andere Tapas spezialisiert, und jede ist besonders stolz auf ihren in großen Bechern ausgeschenkten Wein, in der Regel ein Vino Joven. Diese violett leuchtend, ausgesprochen fruchtbetonten, meist nach Kirschen duftenden und schmeckenden Jungweine sind eine traditionelle Spezialität des Gebiets und stehen insbesondere bei den Basken hoch in Kurs. Noch vor wenigen Jahren machte Vino Joven mehr als 50 Prozent des Rioja-Weins aus. Erst der Weinboom am Ende der 1990er trieb die Traubenpreise so in die Höhe, dass die aufwendigeren und teurer zu verkaufenden Weine mit mehr Reife die Oberhand gewannen.

In der Rioja werden gute Weine in Fässern ausgebaut. Bodegas verfügen über Tausende von »Barricas«, die nach jedem Wein gründlich gereinigt werden müssen.

Links und Mitte:
Das Öffnen alter Flaschen mit einer glühenden Zange.

Rechts:
Der Kellermeister von Marqués de Riscal würdigt den grandiosen 1936er.

Diese süffigen Jungweine repräsentieren den ursprünglichen Weinstil des Gebiets, der von den Cosecheros genannten Winzern selbst erzeugt wird. Sie verfügen über einfache offene, in den Boden eingelassene Becken, Lagar genannt, die meist an die 20 000 Liter fassen, oder inzwischen über Gärtanks. Die Trauben – fast ausschließlich Tempranillo – werden in ungemahlenem Zustand hineingeschüttet. Die beginnende Gärung setzt Kohlensäuregas frei, das die Atmosphäre im Lagar saturiert, sodass die Gärung in den ganzen Beeren ohne Kontakt mit der Luft abläuft. In großen Bodegas wird diese Art von Vinifizierung im geschlossenen Stahltank unter Zusatz von Kohlensäure durchgeführt. Das Resultat sind fruchtig-frische Rote mit leicht pfeffriger Note und sanften Tanninen, dem Beaujolais Primeur aufs Engste verwandt und nur zum zügigen Genuss bestimmt. In letzter Zeit sind Mischverfahren in Mode gekommen, bei denen man eine Kohlensäuregärung beginnt, den Wein jedoch früher abpresst und ›normal‹ zu Ende gären lässt, um ihm anschließend einen kurzen Ausbau im kleinen Eichenfass zu gönnen.

Der Ruf der Riojas gründet sich aber auf aufwendigere und in Holz ausgebaute Weine. Dabei werden die roten Trauben entrappt und gemahlen, bevor man sie in die Maischetanks pumpt. Während der Gärung wird dafür gesorgt, dass der oben schwimmende Maischekuchen nicht tro-

Das Qualitätsstufensystem Spaniens

Die Qualitätsstufen in der *Denominación de Origen Calificada (D.O.Ca.)* Rioja beziehen sich auf die Reifezeit der Weine im Barrique beziehungsweise auf der Flasche. Auskunft über die Qualitätsstufe eines Weines gibt das Rückenetikett auf der Weinflasche. Die D.O.Ca. Rioja sieht folgende Kategorien vor:

- Vino Joven, der junge Rioja, trägt lediglich die Bezeichnung *Garantía de Origen*. Dieser Wein, ob weiß, rosado oder rot, kommt schon wenige Monate nach der Lese auf den Markt. Er kann aber durchaus auch einen kurzen Holzausbau erfahren haben.
- Crianza-Weine müssen mindestens zwei Jahre in der Bodega reifen, davon ein Jahr im Fass, wobei für Weiß- und Rosado-Weine sechs Monate genügen.
- Reserva-Weine dürfen die Bodegas erst nach drei Jahren verlassen, von denen sie ein Jahr im Barrique verbringen müssen. Weiße Reservas benötigen sechs Monate im Fass und sechs auf der Flasche. Rosado Reservas werden praktisch nicht mehr angeboten.
- Gran-Reserva-Weine reifen mindestens 24 Monate im Eichenfass und weitere 36 auf der Flasche. Einige traditionelle Bodegas bauen noch weiße Gran Reservas aus, die zu den großen Weißweinen der Welt gehören. Mindestens sechs Monate Eiche und 42 Monate Flasche sind vorgeschrieben.

Diese Qualitätsstufen stehen nur für eine gesetzlich festgelegte Mindestreifezeit. Sehr viele Traditionsbetriebe in der Rioja dehnen die Reifezeit weit über die festgelegten Richtlinien aus, was zu einem sehr individuellen Angebot an großen Weinen im Gebiet führt.

Dieses Ausbau- und Qualitätssystem für Tafelweine, das den Verbrauchern trinkreife Tropfen bietet, verbreitete sich von der Rioja aus im ganzen Land. Aber nicht überall gelten die gleichen Ausbauzeiten. Auffallend ist, dass Gebiete mit kühlerem Klima wie Rioja, Navarra und Ribera del Duero zwölf Monate Barrique-Ausbau nachweisen müssen, wenn der Rotwein Crianza-Güte haben soll, während in wärmeren Gebieten sechs genügen.

Eine neue Entwicklung in Spanien sind Rotweine mit großem Alterungspotential, die der Verbraucher selbst reifen lassen muss.

cken wird, denn es sind die Schalen und das Fruchtfleisch, die Tannine, Farbe und Frucht an den Most abgeben. Deshalb wird dieser regelmäßig unten abgezogen und nach oben gepumpt, um den Maische- oder Tresterkuchen zu überschwallen. Wie lange der Most auf der Maische gärt, hängt von den Kellermeistern ab. Früher beschränkte man die Maischestandzeit selbst bei den besten Qualitäten auf maximal 15 Tage, heute kann sich diese Zeit im Extremfall verdoppeln. Dann wird abgestochen, die Maische einmal gepresst und die Weine für die malolaktische Gärung, für die Umwandlung der aggressiven Äpfelin milde Milchsäure, entweder in Stahltanks oder in große Holzgebinde gefüllt.

Heute beginnt auch in der Rioja die Qualitätskontrolle oft bereits im Weinberg, sodass schon frühzeitig Selektionen durchgeführt werden. Nach mehreren Abstichen wird der Wein in Barrique-Fässer gefüllt, die in einem der großen über- oder unterirdischen Fasskeller lagern.

Die Jungweine werden nach wenigen Monaten umgefüllt, wenn sich die noch reichlich vorhandenen Trübsäfte abzusetzen beginnen. Dieser flüssige Satz, der bei den ersten Umfüllungen drei Prozent des Fassinhaltes beträgt, wird später gefiltert und in vielen Fällen den Angestellten zur Verfügung gestellt. Danach füllt man in der Regel nur noch alle sechs Monate um. In einigen Bodegas geschieht dies noch per Hand, ein Vorgang, der je nach Fasslager mehrere Mannschaften das ganze Jahr über beschäftigt, denn einige Zehntausende an Barricas sind bei den großen Bodegas keine Seltenheit.

Je nach Qualität verbringen die Rotweine eine bestimmte Zeit in Eiche, wobei die vom Consejo Reguladar vorgeschriebenen Ausbauzeiten oft überschritten werden. Der Holzausbau stabilisiert die Weine und gibt ihnen zusätzliches Alterungspotential mit auf den Weg. Um die Reife abzuschließen, verbringen alle Qualitäten, nachdem sie gefiltert und abgefüllt wurden, eine gewisse Zeit im Flaschenlager, um sich zu harmonisieren, bevor sie in den Verkauf kommen.

Klassische Riojas sind im Grunde feine Weine, die durch lange Holzlagerung eine klare, rubinrote Farbe aufweisen und nicht durch übermächtigen Körper glänzen. Die Riojas der neuen Generation stellen sich hingegen völlig anders dar. Mit längeren Maischestandzeiten gibt man den Weinen mehr Farbe und Tannine, der Holzausbau wird meist auf das gesetzliche Minimum verkürzt und findet in neuen Fässern statt, die mehr Holz- oder Toastgeschmack verleihen. In den letzten Jahren ist eine Reihe von so genannten Superreservas auf den Markt gekommen, die auf diese Weise entstanden sind. Den Mosten für diese Spitzenweine liegt immer eine besonders strikte Traubenselektion zugrunde, die nicht nur mächtige und konzentrierte Gewächse ergibt, sondern auch die Frucht enorm betont. Diese meist tiefdunklen, stämmigen Riojas entsprechen offensichtlicher viel stärker dem internationalen Zeitgeschmack als die filigranen, von feiner Säure und langem Fassausbau geprägten Klassiker.

Der fruchtige Vino Joven schmeckt auch aus einfachen Gläsern.

Ausgewählte Erzeuger der Rioja

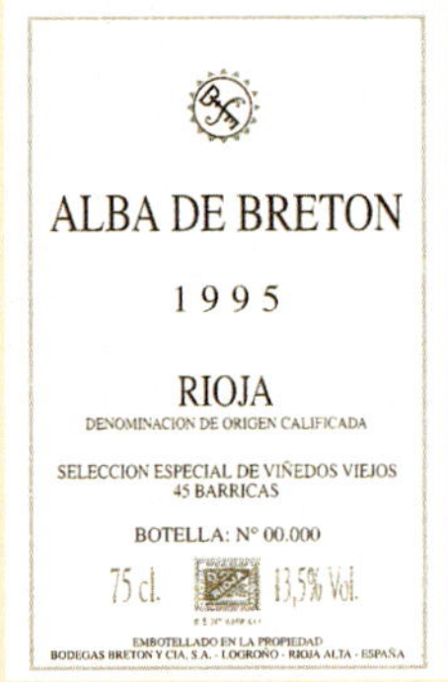

Bodegas Bilbainas***
Haro
260 ha; ZT; 1800 000 Fl. • Weine: Viña Paceta, Viña Pomal Reserva, Viña Zaco Reserva, →Viña Pomal Gran Reserva, La Vicalanda Reserva
Ein Klassiker, der von einem der berühmtesten Önologen Spaniens, José Hidalgo, auf einen moderneren Kurs gebracht wird. Ergebnis der neuen Richtung ist der Spitzenwein La Vicalanda aus 100% Tempranillo. Auch die Viña-Pomal-Weine haben an Dichte gewonnen. Die Bodega besitzt außerdem das Recht, Schaumweine unter der Denominación Cava zu produzieren.

Bodegas Bretón****
Logroño
106 ha; ZT; 1100 000 Fl. • Weine: Loriñon Blanco Fermentado en Barrica, Loriñon Crianza, Loriñon Reserva, Loriñon Gran Reserva, →Dominio de Conte Reserva
Der 1983 gegründete Betrieb, der als Neo-Klassiker gilt, baut traditionelle Verschnitte in amerikanischer Eiche aus. Die Weine besitzen jedoch mehr Dichte und frischere Frucht als die althergebrachten Riojas.

Bodegas Faustino***
Oyón
520 ha; ZT; 7000 000 Fl. • Weine: Faustino V Rosado, Faustino V Reserva, →Faustino I Gran Reserva
Faustino ist eine Ausnahme unter den großen Bodegas der Rioja, da ein Großteil ihrer Produktion aus eigenen Weinbergen stammt. Dies trägt sicherlich dazu bei, dass der Gran Reserva Faustino I von Jahr zu Jahr gleichmäßige Ausnahmequalität bietet. Der Familienbetrieb besitzt noch Bodegas Campillo, ein so genanntes Château-Gut, welches Tempranillo-Spitzenweine nur aus eigenem Rebbestand keltert.

Bodegas Fernández Remiréz de Ganuza****
Samaniego
60 ha; 80 000 Fl. • Weine: Remirez de Ganuza Reserva
Remírez de Ganuza gilt als qualitätsbesessener Weinunternehmer in der Rioja. Kaum jemand selektioniert sein Lesegut so streng, wie der frühere Rebstückspekulant. Er geht sogar so weit, die Traubenstrünke horizontal in der Mitte durchzuschneiden und den unteren Teil für die Jungwein-Herstellung und den oberen Teil, die so genannten Schultern, für die Reserva-Herstellung zu verwenden. Seine Weine gehören zu den aufregendsten Neuentdeckungen der 1990er Jahre.

Bodegas Luis Cañas*–******
Villabuena
25 ha; ZT; 1100 000 Fl. • Weine: Luis Cañas Crianza, Luis Cañas Reserva, Luis Cañas Gran Reserva, →Amaren Reserva
Juan Luis Cañas produziert in seiner neuen Bodega am Dorfrand von Villabuena feinfruchtige Riojas, die ganz in der Tradition der duftigen Weine aus der Rioja Alavesa stehen. Mit seiner Spezialreserva Amaren hat er den Sprung unter die besten Rotweine des Landes geschafft.

Marqués de Caceres*–******
Union Viti-Vinicola, Cenicero
ZT; 8400 000 Fl.• Weine: u.a. Blanco seco, Antea, Satinela; Rosado; Crianza, →Reserva, →Gran Reserva, →Gaudium
Nachdem Enrique Forner im französischen Exil die Médoc-Châteaux Camensac und Larose-Trintaudon wieder zum Leben erweckt hatte, kehrte er Ende der 1960er nach Spanien zurück. Seit 1970, zunächst mit dem Önologen Emile Peynaud und heute mit Michel Rolland als Berater, kreierte er einen modernen und dennoch klassischen Rioja-Typ, der, nicht zuletzt dank des Engagements seiner Tochter Christine, weltweit zu einem Begriff geworden ist. Die Trauben kommen von technisch begleiteten Vertragswinzern.

Bodegas y Viñedos del Marqués de Vargas****
Logroño
60 ha; 220 000 Fl. • Weine: Marqués de Vargas: Reserva, →Reserva Privada
Erst seit 1989 wird auf dem Gut Wein hergestellt. Mit modernster Technik werden hier edle, konzentrierte Rioja-Reservas mit festem Holzgerüst bereitet. Der Topwein Reserva Privada enthält etwas Cabernet im Mischsatz. Das Weingut gehört zu den wenigen Produzenten, die teilweise mit russischer Eiche arbeiten.

Bodegas Muga*–******
Haro
70 ha; ZT; 1 250 000 Fl. • Weine: Muga Blanco, Muga Crianza, Muga Reserva, Muga Gran Reserva, →Torre Muga Reserva
Eines der wenigen traditionellen Häuser, das den Übergang von alt zu modern in seinen Weinen nahtlos und ohne Charakterverlust geschafft hat. Im Betrieb arbeitet man nur mit Holzgebinden, die Weine sind holzgeprägt, fein, mit eleganter Säure und können altern.

Bodegas Riojanas–******
Cenicero
200 ha; ZT; 2 500 000 Fl. • Weine: Monte Real Blanco Crianza; Monte Real Reserva, Viña Albina Reserva, →Monte Real Gran Reserva, Viña Albina Gran Reserva
Wer perfekte traditionelle Riojas trinken will, sollte sich an diesen Familienbetrieb halten. Viña Albina und Monte Real sind von feiner Frucht und rubinroter Farbe. Alle Weine entstehen auf der Basis klassischer Verschnitte mit 80% Tempranillo-Anteil.

Bodegas Roda****
Haro
50 ha; ZT; 140 000 Fl. • Weine: Roda II Reserva, →Roda I Reserva, Cirsion
Die 1989 gegründete Bodega baut nach französischem Vorbild einen Erstwein (Roda I) und einen Zweitwein (Roda II) aus. Für diese Reservas muss das Lesegut aus mindestens 30-jährigen Reben kommen. Seit dem Jahre 2000 existiert eine Spezialselektion Cirsion, die aus uralten Rebgärten stammt.

Cosecheros Alaveses*–*******
Laguardia
70 ha; ZT; 800 000 Fl. • Weine: Viñas de Gain Crianza, Viña El Pisón Reserva, →Pagos Viejos Reserva, Grandes Añadas Reserva
Die Kellerei produziert hervorragende Crianzas, Reservas, Einzellagenweine und die Ausnahmeselektion Grandes Añadas. Die Weine bestechen durch Kraft, viel Frucht und große Intensität. Juan Carlos de Lacalle ist äußerst kreativ und hat wesentlich an der Erneuerung der Rioja-Weine mitgewirkt.

Finca Allende****
Briones
22 ha; ZT; 180 000 Fl. • Weine: Finca Allende Crianza, →Aurus
Der renommierte Weinmacher Miguel Angel de Gregorio machte sich 1995 mit diesem Projekt selbstständig und produziert mit dem Selektionswein Aurus einen der rarsten und teuersten Weine der Rioja. Zugäng-

licher im Preis, aber auch von exzellenter Qualität ist der Allende, der geradezu vor Frucht strotzt.

Finca Valpiedra ****
Fuenmayor
80 ha; 125 000 Fl. • Weine: Finca Valpiedra Reserva
Die Perle der Martínez-Bujanda-Gruppe direkt über einer Ebro-Schlaufe gelegen und von erstklassigen Terrassen-Rebgärten umgeben. Bisher wurde pro Jahr nur ein Wein, die Finca Valpiedra Reserva, ausgebaut. Der Wein zeigt stets eine perfekte Reife und beeindruckt durch seine Differenziertheit und weiche Eleganz.

Granja Nuestra Señora de Remelluri ****
Labastida
90 ha; 500 000 Fl. • Weine: Remelluri Blanco; Reserva
Das alte Klostergut zu Füßen der Sierra Cantabria erwarb Jaime Rodriguez 1968 und verwandelte es zu einem der ersten Châteaux der Rioja. Inzwischen führt Sohn Telmo, der in Bordeaux Önologie studierte, Regie und hat den Weinen in letzter Zeit bislang unerreichte Rasse und Tiefe verliehen.

La Rioja Alta ****
Haro
300 ha; ZT; 2 000 000 Fl. • Weine: Viña Alberdi Crianza, Viña Ardanza Crianza, →Gran Reserva 904, Gran Reserva 890
Zeitloser Rioja-Stil, 51 000 Barrique-Fässer und zwei Gran-Reserva-Marken, 904 und 809, die Rioja-Kenner auf der ganzen Welt schätzen. Die Weine der 1890 gegründeten Bodega sind fein und komplex. Die Gran Reservas besitzen Raucharomen und Länge. Die Ausbauzeiten in amerikanischer Eiche sind extrem ausgedehnt, die Weine wirken intakt und makellos sauber.

Señorío de San Vicente ***–****
San Vicente de la Sonsierra
18 ha; 70 000 Fl. • Weine: Reserva
Der Stolz der Gebrüder Eguren, die schon mit Bodegas Sierra Cantabria gezeigt haben, dass sie Qualität machen können. Der Einzellagenwein zeigt sich weniger

In Spanien sind Esel noch heute unentbehrliches Transportmittel.

körperbetont, aber wunderbar fruchtig, saftig und sehr harmonisch mit eigener Persönlichkeit.

Viña Tondonia, R. López de Heredia **–****
Haro
170 ha; ZT; 1 200 000 Fl. • Weine: →Viña Tondonia Blanco Reserva; Viña Cubillo Crianza, Viña Bosconia Crianza, Viña Tondonia Reserva, Viña Tondonia Gran Reserva
Ein Monument, welches die alten Rioja-Traditionen aufrechterhält: große Holzfuder, lange Kellerstollen, alte Barriques. Wer die leichten, aber stabilen klassischen roten Riojas mag, ist hier an der richtigen Adresse. Einmalig sind die Weißweine, die ob ihrer zu einer unverwechselbaren Komplexität verschmolzenen Fass-, Frucht-, Honig- und Blumenaromen zu den besten alten Weißweinen der Welt gehören.

Viñedos del Contino ****
Laserna
Zurzeit 62 ha, in Zukunft 160 ha; 350 000 Fl. • Weine: Contino Tinto Crianza, Reserva, Gran Reserva, Graciano
Das von den Besitzern der berühmten CUNE-Bodega lancierte Weingut in einer Ebro-Schleife überzeugt mit hervorragenden Qualitäten. Durch Übernahme des Nachbarn wird es seine Produktion in Zukunft deutlich steigern.

Vinos de los Herederos del Marqués de Riscal ****–*****
Elciego
210 ha; ZT; 4 000 000 Fl. • Weine: Marqués de Riscal Reserva, Marqués de Riscal Gran Reserva, →Barón de Chirel Reserva
Die Bodega baut ausschließlich Reserva- und Gran-Reserva-Qualitäten aus. Schon die normale Reserva des Hauses gehörte in den letzten Jahren zu den besten der Rioja. Die Superreserva Barón de Chirel mit einem hohen Anteil an Cabernet – Riscal hat als einziger Erzeuger immer offiziell diese französische Sorte benutzen dürfen – hat in Spanien Qualitätsmaßstäbe gesetzt.

Navarra

Die Weinberge der Navarra erstrecken sich zwischen dem Ebro und den Pyrenäen über sanfte Hügel. Zuerst weckten die fruchtigen Rosés Aufmerksamkeit, längst aber zeigt sich, dass dies eines der vielversprechendsten iberischen Rotweingebiete ist.

Welche Bedeutung der Wein für die Römer in Navarra gehabt haben muss, bezeugt die Kellerei, die man in der Nähe des Dörfchen Funes ausgegraben hat. Man schätzt die Kapazität der Anlage auf etwa 75 000 Liter. Im frühen Mittelalter konzentrierte sich die Weinbereitung auf die Klöster, die nach und nach entlang des Pilgerweges nach Santiago de Compostela entstanden. Wein und Brot wurden zudem in den Hospitälern an die hungrigen und kranken Pilger verteilt. Die wirtschaftliche Bedeutung dieses Agrarzweiges erlangte ihren Höhepunkt, als der Herrschaftsbereich der Könige von Navarra von Bordeaux bis in die Rioja reichte und drei bedeutende Weinzentren einschloss. Damals kamen zum ersten Mal französische Rebsorten in die Region.

Bis in die 1980er Jahre war Navarra vor allem für Rosados bekannt.

Rosé repräsentierte den Weinbau dieser Region, im Guten wie im Schlechten, wie kein anderer Wein. Schon im 17. Jahrhundert wurde hier Rosé gekeltert, aber der echte Rosado aus ›weißgeherbsteten‹ Trauben ist wesentlich später entstanden. Die Dominanz der Rosados ist auf die massiven Garnacha-Pflanzungen nach der Reblauskatastrophe im ersten Viertel des 20. Jahrhunderts zurückzuführen. Daneben erzeugten die besten Bodegas Weine im klassischen Rioja-Stil – schließlich ist ein Teil Navarras als D.O.Ca. Rioja klassiert.

Um dem Image des angenehmen, aber simplen und günstigen Rosés zu entkommen, gestand die autonome Regierung Rioja ihrem Qualitätsweingebiet eine der liberalsten D.O.-Reglementierungen Spaniens zu, welche einen enormen Sortenfächer zuließ und den Weinbau praktisch überall da erlaubt, wo er klimatisch möglich ist.

Überzeugt von den Möglichkeiten, auch große Weiß- und Rotweine machen zu können, begannen einige Pioniere wie Juan Magaña und die Familie Guelbenzu französische und spanische Qualitätssorten anzubauen. Einige wenige Bodegas wie die navarresische Weindynastie Chivite, deren jüngster Spross, Fernando Chivite, zu den Visionären unter den spanischen Önologen gehört, sowie die Weinforschungsanstalt E.V.E.N.A. unter Leitung des Önologen Javier Ochoa hatten die notwendige Vorarbeit dafür geleistet. So entstand in den letzten 20 Jahren ein Weinpanorama, welches an Individualität seinesgleichen sucht.

Die Vielfältigkeit der Weine des Qualitätsweingebietes Navarra ist zum Teil auf die unterschiedlichen klimatischen Bedingungen der fünf Unterzonen zurückzuführen. In vier von fünf Teilgebieten bauen Winzer Weißweine, Rosados, junge

und fassgereifte Rotweine sortenrein und im Verschnitt aus. Das Einzige, was sie in der Regel gemeinsam haben, ist ein hoher Qualitätsstandard und eine von Individualismus geprägte Auffassung vom Weinmachen. Die Ausnahme macht die Baja Montaña, die bislang so gut wie keine nennenswerten Flaschenweinerzeuger zählt. Dafür liefert sie viel Garnacha-Lesegut beziehungsweise Moste an Toperzeuger in den anderen Zonen.
Der Trend geht eindeutig zu konzentrierten und fruchtbetonten Rotweinen. Sehr gelungen sind viele der Cuvées aus heimischen und französischen Sorten, aber auch sortenreine Tempranillos, Cabernet Sauvignons oder Merlots, die wohl zukunftsträchtigste Sorte, die auf hohem Niveau vinifiziert wird. Die meisten roten Navarra-Weine tendieren zu einer zunehmend kräftigeren Statur und haben den eher feinen, an klassische Riojas angelehnten Stil fast vollständig zurückgelassen. Einige der neueren Bodegas haben sehr tanninbetonte Rotweine entwickelt.
Tierra Estella nennt sich das nordwestlichste Anbaugebiet Navarras, an dessen Nordrand die klimatischen Bedingungen für den Weinbau sehr schwierig sind. Hier entstehen Weine mit fast mitteleuropäischem Charakter dank der atlantischen Wettereinflüsse, unter anderem hervorragende Chardonnays. Für Valdizarbe im zentralen Norden gelten ähnliche Bedingungen. Hier wachsen Weine mit feiner Frucht.
Baja Montaña ist die östlichste Unterzone mit etwa 15 Prozent der Rebfläche. Hier entstehen hauptsächlich Rosados. Ribera Alta stellt das Zentrum des navarresischen Weinbaus dar, mit saftigen, extraktreichen Weinen, die eher von mediterranem Klima geprägt sind. Ribera Baja ist die südlichste Unterzone mit 30 Prozent der Rebfläche. Kräftige, ausdrucksvolle Weine mit intensiver Farbe wachsen auf extrem trockenen, sandig-kalkhaltigen Böden. Insbesondere in diesem Teilgebiet haben die Winzer die Möglichkeiten alter Garnacha-Rebgärten wiederentdeckt, und im Weinangebot der Bodegas erscheinen sortenreine Garnacha-Rotweine. Sein Augenmerk sollte man vor allem auf die Crianzas dieser spanischsten aller Rebsorten richten.

Ausgewählte Erzeuger in Navarra

Bodegas Guelbenzu ****
Cascante (D.O. Navarra)
42 ha; 230 000 Fl. • Weine: u. a. Guelbenzu Tinto, Guelbenzu Evo, →Lautus
Ricardo Guelbenzu und sein Önologe Joseba Altuna bereiten ausgewogene Tintos, die aufgrund ihrer Mischsätze internationalen Touch haben, aber ganz und gar spanisch wirken. Das Barrique-Lager wird kurz gehalten, während der Vinifizierung wird mehr mit großen Holzfudern als mit Stahl gearbeitet.

Bodegas Julián Chivite ***–*****
Cintruénigo (D.O. Navarra)
360 ha; ZT; 3 000 000 Fl. • Weine: u.a. Civite Colección 125 Blanco Dulce, →Chivite 125 Colección Chardonnay Fermentado en Barrica; Gran Feudo Reserva, Gran Feudo Viñas Viejas, Chivite Colección 125 Tinto Reserva, Chivite 125 Colección Gran Reserva
Neben stabilen Rosados und klassischen Tintos erzeugt die Familie auf dem Gut Arínzano bei Estella eine Reihe von Spitzenweinen. Sie werden unter der Marke Chivite Colección 125 vermarktet und verbinden nördliche Eleganz mit südlicher Reife. Der Chardonnay, er gilt in guten Jahren als bester des Landes, und die rote Reserva sind ebenso fein wie profund.

Bodegas Magaña ***–****
Barrillas (D.O. Navarra)
125 ha; 325 000 Fl. • Weine: Viña Magaña Reserva, Dignus Crianza, →Barón de Magaña, Viña Magaña Merlot Reserva
Der Starwein des Hauses ist sicherlich der viel gerühmte Merlot. In den letzten Jahren hat indes der preisgünstige Dignus, aus vier Sorten assembliert, echte Klasse gezeigt. Juan Magaña, einer der Pioniere für französische Sorten in Spanien, vermarktet mit Barón de Magaña einen modernen Tinto, der nach dem Fassausbau ohne Flaschenlager in den Verkauf geht.

Bodegas Nekeas ***–****
Añorbe (D.O. Navarra)
225 ha; ZT; 1 200 000 Fl. • Weine: u. a. →Nekeas Chardonnay Fermentado en Barrica; Nekeas Merlot, El Chaparral, Nekeas Reserva
Die Bodega ist als supermoderne Genossenschaft 1993 gegründet worden. Im kühlen Norden von Navarra entstehen wunderbar fruchtige Chardonnays und konzentrierte Rotweine. Die Önologin Concha Vecino rüstet ihre Tintos für ein langes Leben und stattet sie mit einem kräftigen Tanningerüst aus.

Bodegas Ochoa ***–****
Olite (D.O. Navarra)
103 ha; 900 000 Fl. • Weine: u.a. Ochoa Moscatel; Ochoa Rosado de Lágrima, Ochoa Tempranillo Crianza, →Ochoa Reserva, Ochoa Gran Reserva
Javier Ochoa hat mit Chivite die ersten langlebigen Reservas und Gran Reservas im Gebiet produziert. Diese Topweine sind straff, mit kräftigem Tannin, das Zeit braucht. Saftig und eingängig sind seine sortenreinen Tintos, die nur dezentes Holz aufweisen.

Castillo de Monjardín ***–****
Villamayor de Monjardín (D.O. Navarra)
160 ha; 450 000 Fl. • Weine: u. a. Castillo de Monjardín: →Chardonnay, Reserva Chardonnay; Crianza, Reserva
Victor del Villar besitzt einige der höchstgelegenen Weinberge Navarras. Er gilt als Chardonnay-Liebhaber und bereitet drei verschiedene Weine aus dieser Traube, darunter die einzige Reserva Navarras. Versuchsweise hat er sich auch an einen Eiswein herangewagt. Die Rotweine sind fleischig mit frischer Frucht.

Die Weingebiete Aragoniens

Calatayud

Gute Rosados und ehrliche Tintos sind das Markenzeichen der D.O. Calatayud. Der Name dieses noch wenig bekannten Weingebiets, das 1990 seinen D.O.-Status erhielt, leitet sich aus dem Arabischen ab und bedeutet Burg (Kalat) des Ayud, die man in der gleichnamigen Stadt noch besichtigen kann. Auf schroffem, semiaridem Gelände wachsen hier die roten Trauben Garnacha, Tempranillo, Mazuela und Monastrell. Die weißen Sorten haben außer der Viura kaum Bedeutung. Die D.O. produziert etwa 17 bis 19 Millionen Kilogramm Trauben. Die Böden sind steinig und locker, der Ertrag auf den 7 300 Hektar der D.O. fällt denkbar gering aus. Das Klima ist etwas kühler und die Niederschläge sind etwas höher als in den Nachbarregionen, was zu etwas leichteren und säurebetonteren Weinen führt. Neben sehr frischen Rosados werden hauptsächlich junge Rotweine auf Garnacha-Basis, aber auch Crianzas gekeltert.

Campo de Borja

Südlich von Navarra, am jenseitigen Ufer des Ebro, liegt die 1980 anerkannte D.O. von Campo de Borja. Über 600 Jahre wachten die Mönche des Monasterio de Veruela westlich von Borja über den Weinbau, und noch heute findet das Weinfest in der restaurierten Klosteranlage statt. Die Weinberge befinden sich in hügeligem Gelände zwischen der über 2 000 Meter hohen Sierra del Moncayo und den Ufern des Ebro auf 350 bis 700 Metern Höhe. Das Klima ist mit kalten Wintern und kurzen, heißen Sommern extrem kontinental, und fast jedes Jahr müssen Ernteeinbußen durch Frostschäden hingenommen werden. Eine normale Ernte bringt auf den 6 300 Hektar Rebflächen der D.O. nur etwa 20 Millionen Kilogramm Trauben, andererseits hat das raue Klima seine Vorteile, denn die Reben müssen in den interessantesten Lagen im hügeligen Gelände der Ausläufer des Gebirges um ihr Überleben kämpfen, was konzentrierte Weine mit viel Struktur in Aussicht stellt. Zugelassen sind die roten Sorten Garnacha, Tempranillo, Mazuela und Cabernet Sauvignon sowie die weißen Viura (Macabeo) und Moscatel, wobei der Anteil von Weißwein kaum elf Prozent der Gesamtproduktion ausmacht. Über 74 Prozent entfallen auf die Garnacha, deren alte Pflanzungen in Verbindung mit anderen Sorten voluminöse, aber auch haltbare Weine hervorbringen.

Aragoniens karge Böden liefern den Reben gute Bedingungen.

Der internationale Standard – moderne Stahltanks und Barriques

Cariñena

Die extrem alkoholreichen Weine früherer Zeiten sind in der ältesten und mit 20 000 Hektar Anbaufläche größten D.O. Aragóns fast verschwunden. Ein großer Teil der Reben wächst auf einem welligen, steinigen Plateau, das rundherum durch

Ausgewählte Erzeuger in Aragonien

Bodegas Borsao***
Borja (D.O. Campo de Borja)
1 450 ha; 1 600 000 Fl. • Weine: u. a. Borsao Tinto, Borsao Crianza, Gran Campellas, Señor de Atares
Mit dem Borsao und der Crianza hat die Kellerei weiche, saftige Rotweine geschaffen, sie hat sich zudem ein kleines Edelweingut in der Nähe zugelegt, aus dem die Marke Blecua hervorgegangen ist, ein Crianza-Typ mit viel Tempranillo und einem Ausbau in französischer Eiche, einer der besten Weine des Gebietes.

Bodegas Val de Pablo–*****
Terrer (D.O. Calatayud)
ZT; 450 000 Fl. • Weine: u. a. Señorío de San Vicén: Rosado, Tempranillo, Don Diago Tinto
Der Betrieb hat sich erst 1999 in die D.O. einschreiben lassen. Die Qualität bei den Tintos überzeugt, denn der Weinmacher versorgt sich bei den Genossenschaften mit Tempranillo-Trauben guter Qualität. Die kommende Crianza schert so angenehm aus dem Garnacha geprägten Weinprofil der Gegend aus.

Grandes Vinos y Viñedos***
Cariñena (D.O. Cariñena)
5 000 ha; 9 000 000 Fl. • Weine: Valdemadera Tinto, Monasterio de las Viñas Tinto, Corona de Aragón: →Crianza, Reserva

Trotz der Größe hat die Kellerei einige feine und saftige Rotweine hervorgebracht. Das 1997 gegründete Unternehmen gehört aber schon jetzt zu den interessantesten Erzeugern in Cariñena.

Viñas del Vero*****–********
Barbastro (D.O. Somontano)
580 ha; 6 000 000 Fl. • Weine: Viñas del Vero: Clarión, Tempranillo, Val de Vos Crianza, Merlot, →Gran Vos
Großen Erfolg hat die Serie der sortenreinen Weine, die mit sehr klarer Frucht und guter Struktur ausgestattet sind. Die Arbeitsgänge der schonenden Weinbereitung in der terrassenförmig angelegten Kellerei laufen abgestuft von oben nach unten ab.

Viñedos y Crianzas del Alto Aragón*****–********
Salas Bajas (D.O. Somontano)
240 ha; ZT; 2 200 000 Fl. • Weine: u. a. Enate: Chardonnay 234, Macabeo-Chardonnay; Tempranillo-Cabernet Sauvignon Crianza, →Tinto Reserva Especial
Die Kellerei besitzt einen ungewöhnlich klaren, wenn auch international angehauchten Weinstil. Die Gewächse sind akkurat, schmecken immer sehr deutlich nach den Rebsorten, aus denen sie bereitet sind und besitzen inzwischen recht viel Kraft, zumindest die Rotweine. Mit ihrer Enate Reserva Especial hat die Bodega einen der besten Tintos Spaniens geschaffen.

Hügelketten vor den kalten Winden der Pyrenäen geschützt wird. So herrscht ein trockenes Klima mit heißen Sommern, das den Trauben hohes Alkoholpotential, aber auch robuste, doch süße Tannine mitgibt. Der Name der Region mag glauben machen, dass hier die rote Traube Cariñena, in anderen Regionen auch Mazuelo genannt, die Hauptsorte stellt. Sie ist zwar vorhanden, aber die Garnacha und sogar der Tempranillo werden bevorzugt. Cariñena bietet eine Fülle von Crianza- und Reserva-Qualitäten an, die ein fast unschlagbares Preis-Leistungs-Verhältnis bieten. Sie zeichnen sich durch eine weiche Art und große Reife aus. Nach und nach haben viele Erzeuger damit begonnen, Cabernet Sauvignon zu pflanzen, der hier meist eine bessere Reife entwickelt als in den anderen Weingebieten Nordspaniens. Nach wie vor spielt die weiße Macabeo eine große Rolle, die fast ein Fünftel der Gesamtfläche bedeckt und zum großen Teil als Fassware verkauft wird, denn innerhalb des D.O.-Gebietes befindet sich ein renommierter Cava-Hersteller.

Somontano

Als Exot muss die kleine qualitätsvolle Region Somontano gelten. Die Weine der D.O. Somontano haben mit den Gewächsen der anderen Qualitätsweingebiete Aragoniens nur wenig gemein. Dies hängt einerseits mit dem Klima zusammen, denn eigentümlicherweise ist das im Norden der

Somontano ist einer der Senkrechtstarter unter den spanischen Weinregionen, wobei sortenreine Weine im Vordergrund stehen. Sehr überzeugend der Moristel der Bodega Pirineos in Barbastro.

Provinz Huesca gelegene Somontano trotz seiner Nähe zu den Bergen die klimatisch ausgewogenste D.O. der autonomen Region, andererseits spielt auch die Qualität seiner Rebgärten und vor allem das Engagement seiner Erzeuger eine entscheidende Rolle.
In den flachen Tälern um Barbasto, der Hauptstadt des Gebiets, sind die Böden durchsetzt mit Mineralien längst erloschener Vulkane und bieten deshalb hervorragende Bedingungen für den Weinbau. Bis Anfang der 1980er Jahre mit Massenträgern bepflanzt, läutete die Genossenschaft Sobrarbe (heute Bodegas Pirineos) die schrittweise Neubestockung nach neuesten weinbautechnischen Erkenntnissen mit qualitativ hochwertigen spanischen und ausländischen Rebsorten ein. Heute umfasst der autorisierte Rebsortenspiegel der 1985 gegründeten D.O. zwölf Varietäten, wobei die roten Gewächse 75 Prozent stellen. Nur acht Betriebe füllen Weine auf Flaschen, 93 Prozent davon entfallen auf die großen drei: Enate, Viñas del Vero und Bodegas Pirineos, die Seele des Weinwunders Somontano.
Die Ergebnisse dieses Konzeptes – konsequente Selektion im Rebberg, separater Lagenausbau und Investition in Spitzentechnologie – haben vor allem im Ausland Furore gemacht. Die Weine, die von den eingeschriebenen 2 100 Hektar kommen, sind elegant, von großer Feinheit und vibrierender Frucht und werden immer wieder als die New-World-Weine Südeuropas bezeichnet.

Kastilien und León

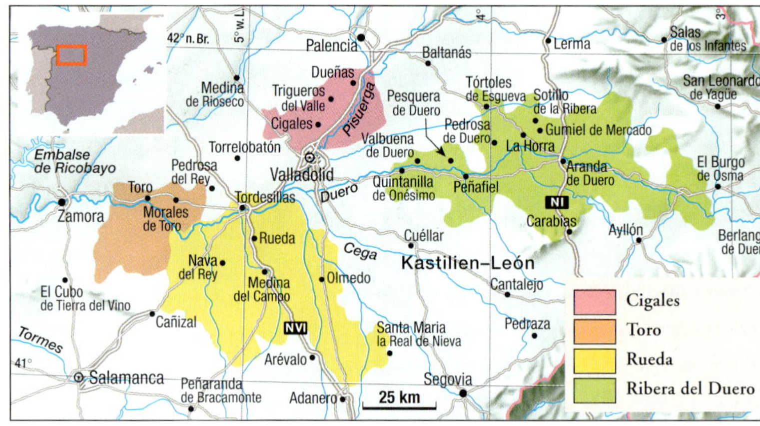

Kastilien und León ist mit seinen neun Provinzen die größte regionale Einheit mit eigenem Parlament in der Europäischen Union. Es ist vor allem Agrarland, weist aber für spanische Verhältnisse mit 64 000 Hektar Reben eine relativ kleine Rebfläche auf, von der bislang weniger als die Hälfte durch ein D.O.-Statut geschützt ist. Heute sind fünf *Denominaciónes de Origen* vergeben, aber die Anerkennung der sechsten D.O. nur für Rotweine und Rosados im Herzen Kastiliens, die Tierra de Medina, steht bevor.

Die Tradition des kastilischen Weinbaus reicht weit zurück, im 16. und 17. Jahrhundert erlebte er hier seine erste Blüte. Als treibende Kraft wirkte der Hof in Madrid. Der enorme Bedarf der schnell wachsenden neuen Hauptstadt musste gedeckt werden. Hinzu kam die große Nachfrage aus den Provinzen in Übersee, die eine Vergrößerung der Anbaufläche im gesamten Land zur Folge hatte. Wie groß die Gesamtfläche Kastiliens und Leóns Ende des 19. Jahrhunderts vor dem Einsetzen der Reblauskatastrophe wirklich war, ist nur schwer abzuschätzen. Doch einen Anhaltspunkt bietet das kleine Weißweingebiet Rueda, dessen ehemals 90 000 Hektar heute auf weniger als ein Zehntel geschrumpft sind. Trotz massiver Neupflanzungen nach den durch Reblausbefall verursachten Schäden hat die Rebfläche nie mehr die Größenordnung des 19. Jahrhunderts erreicht. In den 1950er Jahren mussten zudem viele Weinstöcke dem Getreide weichen, denn der nationale Getreideplan des Franco-Regimes verwandelte große Teile Kastiliens in Kornfelder.

Kastilien besitzt unter Kennern spanischer Weine einen exzellenten Ruf, der sich nicht nur auf die Ribera del Duero beschränkt. Die Weine gelten allgemein als charaktervoll, fruchtintensiv und kräftig. Fraglos haben die Boden- und Klimabedingungen einen wesentlichen Anteil am Profil der Weine. Kastilien und León stehen für karge Böden, extreme Temperaturen und in geringerem Maße für periodisch wiederkehrende Trockenheit. Sieht man vom Bierzo in León ab, bringen die Weinstöcke wenig Ertrag, der oft noch durch die Unbilden des Wetters dezimiert wird.

Karge Hochebenen und große Temperaturunterschiede charakterisieren die Weingebiete Kastilien-Leóns. Sie garantieren den Weinen Ausgewogenheit und Ausdruck. Aus Pesquera in der Ribera del Duero kommen einige der berühmtesten Weine der Region.

Fünf Qualitätsweingebiete

Noch in den 1960er Jahren galten die Weingebiete Kastiliens als rückständig. Der Stern der Rioja stand in seinem Zenit. Heute konzentriert sich ein beträchtlicher Teil der großen Weine Spaniens auf diese autonome Region. Neben der Ribera del Duero sind weitere vier Zonen als Qualitätsweingebiete ausgewiesen. El Bierzo, ganz im Nordwesten gelegen, bringt die leichtesten Gewächse hervor, und Cigales, unweit von Valladolid, versorgt die Rosé-Liebhaber mit kräftigen Weinen. Toro bietet neben den katalanischen Prioratos die wohl gehaltvollsten Rotweine in ganz Spanien. Kein Wunder, denn Zamora steht in der Reihe der niederschlagsärmsten Provinzen des Landes an dritter Stelle. Rueda verlangt eine besondere Erwähnung, denn der

Wandel von oxidativ ausgebauten Weißweinen hin zu den fruchtigen, feinnervigen Tropfen von heute ist spektakulär. Rueda könnte Spanien in naher Zukunft die ersten schlanken Weißweine mit Alterungspotential bescheren, denn die Möglichkeiten der Rebsorte Verdejo sind noch lange nicht ausgeschöpft.

Doch man begegnet in Kastilien und León nicht nur ansprechenden Tropfen aus Qualitätsweingebieten. Kräftige und weiche Rotweine wachsen bei Cebreros in der Provinz Àvila, deren Klasse

Alte Gemäuer, Funde aus römischer Zeit und ausgediente Fässer illustrieren eine jahrhundertealte Tradition, doch hat in den Kellern längst die Moderne Einzug gehalten.

inzwischen bekannte Weinmacher aus der Rioja und Galicien angelockt hat, die hier eine neue Rotweinpersönlichkeit entdeckt zu haben glauben. Zu den Tafelweinklassikern gehören auch die Roten aus Valdevimbre-Los Oteros zwischen Benavente und León.

Überhaupt hat die Produktion von Premiumtafelweinen rund um das Duero-Becken zugenommen. Bodegas wie Abadía Retuerta, Mauro, Alta Pavina haben den tristen Ruf der Tafelweine gründlich rehabilitiert. Ein Großteil der renommierten Tafelweinerzeuger des Landes konzentriert sich heute auf Kastilien.

Um das Bild abzurunden, sei auf die Weine unmittelbar an der portugiesischen Grenze hingewiesen. Die Schluchten des Duero, wo der größte Fluss Kastiliens zur Grenze wird, teilen sich die Provinzen Salamanca und Zamora. Hier keltert man Rosados und mittelkräftige Rotweine, die möglicherweise nach Tierra de Medina durch eine siebte D.O. in der Region unter dem Namen Los Arribes reguliert werden.

Kellertechnisch ist Kastilien fraglos auf dem neuesten Stand. Doch die Entwicklung geht eher in Richtung einer kontrollierten Natürlichkeit. Man filtert nicht mehr so gründlich, und die Behandlung der Rebgärten wird auf das Notwendigste reduziert, was in einer Gegend, die so rau ist, dass ihr Klima selbst dem Ungeziefer arg zu schaffen macht, keine Kunst ist.

Toro, Spaniens neues Wein-Eldorado

Spätestens nachdem das Anbaugebiet um das Städtchen Toro, wo schon im 13. Jahrhundert Mönche Wein anbauten, 1987 als D.O. anerkannt wurde, begannen seine Weine Aufmerksamkeit zu erregen. Dass aber elf Jahre später einige der renommiertesten Önologen Spaniens in fieberhafter Eile Weingüter in der D.O. Toro gründen würden, damit hatte niemand gerechnet. Momentan stehen knapp 3 000 Hektar unter Reben. Schon in den nächsten Jahren wird sich ihre Zahl nahezu verdoppeln. Die nur in diesem Gebiet heimische rote Traube Tinta de Toro, eine Verwandte der Tinta del País, liefert fast 70 Prozent der Erntemenge. Daneben spielen Garnacha Tinta und die weißen Trauben Malvasía und Verdejo eine gewisse Rolle. Die Tinta de Toro ergibt tiefdunkle Rotweine mit hohen Extrakt- und Tanninwerten und ist verantwortlich dafür, dass Toro nach der Ribera del Duero und dem Priorato als neues Weinwunder gehandelt wird. Die Jungweine enthalten meist einen hohen Anteil an Garnacha-Trauben, bei den fassgereiften Qualitäten überwiegt dagegen die Tinta de Toro. Die meisten der zwölf bislang eingetragenen Erzeuger – die Zahl der selbst vermarktenden Winzer dürfte sich in Kürze verdoppeln – bauen die Hauptsorte sortenrein aus. Das Statut der Appellation schreibt bei einer Crianza sechs Monate Eichenlager vor. Die weiße Malvasía liefert weiche Kreszenzen, die frisch getrunken werden sollten.

Von allen D.O. der Region ist das Gebiet das wärmste und das trockenste. Bei 3 000 Sonnenstunden im Jahr erreichen die Trauben eine beneidenswerte Reife. Um eine hohe Alkoholgraduation zu vermeiden, wird hier schon Anfang September gelesen. Die Tinta de Toro entfaltet bei 13,5 % vol Alkohol ihren würzig-fruchtigen Charakter am besten. Was Spitzenbetriebe wie Vega Sicilia, Mauro oder Pesquera an der Tinta de Toro begeistert, sind die opulente Frucht und die weichen Tannine, die diese Rotweine geschmeidig und dennoch tief machen und ihnen beachtliches Lagerpotential schenken. Nach Meinung erfahrener Weinmacher ist die Tinta de Toro die einzige echte Alternative zum Tempranillo. Ein Platz im spanischen Weinolymp ist ihr damit sicher.

Ribera del Duero

La Horra ist eine der berühmtesten Lagen der Ribera del Duero.

Die Weinbauregion zieht sich über eine Länge von über 110 Kilometern auf beiden Seiten des Duero-Ufers durch Teile von vier Provinzen. Knapp 85 Prozent des Gesamtbereichs entfällt auf die Provinz Burgos, obwohl sich eine bedeutende Anzahl an Bodegas in der Provinz Valladolid befinden. Als die *Denominación de Origen* 1982 gegründet wurde, existierten neben den Genossenschaften nur eine Hand voll Erzeuger. Heute sind es weit über 100 Bodegas, bei steigender Tendenz. Kaum ein Qualitätsweingebiet hat einen ähnlichen Aufstieg hinter sich wie die Ribera del Duero, die weltweit ein Begriff für Qualität geworden ist.

Das Erfolgsgeheimnis sind die Rotweine, die sich durch dunkle Farbe, wunderbare Frucht, reiche Substanz und bemerkenswerte Alterungsfähigkeit auszeichnen. Neben der Hauptsorte Tinta del País sind die roten Sorten Garnacha, Cabernet Sauvignon, Merlot, Malbec und die weiße Sorte Albillo zugelassen.

Die D.O. Ribera del Duero steht vor allem für hochwertige, im Fass ausgebaute Rotweine, die zumindest zu drei Vierteln aus der Tinta del País, wie der Tempranillo hier genannt wird, bestehen müssen. Viele Spitzenbetriebe erzeugen jedoch sortenreine Weine aus der kastilischen Edeltraube. Dass es dennoch eine enorme Vielfalt an Stilen und Qualitäten gibt, liegt hauptsächlich an der Weinbereitung sowie der Güte des Lesegutes, das sehr verschieden ausfällt. Die besten Rebgärten konzentrieren sich auf die Provinz Burgos um die Dörfer Roa, La Horra, Gumiel und Sotilla, die auch das Herz der Ribera genannt werden. Trotzdem muss man sich vor einer geografischen Klassifizierung hüten, da Lesegut aus jeder Lage in der gesamten D.O. zirkulieren darf. Den Stil prägt auch der Einsatz von Fässern aus verschiedenem Eichenholz, da neben dem klassischen amerikanischen Holz auch viel französische Barriques verwandt werden.

Das Gebiet weist eine für Kastilien ungewöhnliche Vielfalt an Terroirs auf, die vor allem die Weine kleinerer Erzeuger charakterlich beeinflussen. Ribera ist also nicht gleich Ribera. Die 12 750 Hektar Weinberge, von denen 73 Prozent mit der roten Hauptsorte bestockt sind, liegen nicht nur direkt am Duero-Ufer, sondern auch im umliegenden Hochland. Spitzenlagen befinden sich vor allem an den nach Süden ausgerichteten, sehr kalkhaltigen Hängen, die vom Hochland zum Fluss hin abfallen. Das Gebiet zieht sich an manchen Stellen bis zu 35 Kilometer tief in das Land hinein. Das extreme Hochlandklima – viele Rebgärten liegen auf über 800 Meter Höhe – ist mit

Cigales

Cigales, die kleinste der vier zentralkastilischen D.O., liegt an einem Zufluß des Duero, dem Rio Pisuerga und misst in der Länge 45, in der Breite nicht mehr als 15 km. Die Rebfläche beträgt momentan 2 750 ha, die fast ausschließlich im Norden der Provinz Valladolid liegen. Nur eine Gemeinde der Nachbarprovinz Palencia gehört zur D.O. Klimatisch ist Cigales zwischen dem wärmeren Toro und der ewas kühleren Ribera del Duero anzusiedeln, deren westlichster Zipfel nur 25 km entfernt liegt. Das Gelände ist vorwiegend flach, nur hin und wieder von kleinen Tafelbergen unterbrochen. Historisch gesehen gehört das Dorf, welches der D.O. den Namen gab, zu den legendären Weinorten Spaniens. Schon im frühen Mittelalter galten seine Claretes, sehr gehaltvolle Rosados, als die besten Spaniens. Nach wie vor werden hier saftige Rosados gekeltert, obwohl inzwischen der Trend zu kräftigen,

In der Dämmerung eines Herbsttages heben sich die sattgrünen Weingärten deutlich von der verbrannten Landschaft Kastilien-Leóns ab.

jedoch eingänglichen Tintos geht. Zugelassen sind die weißen Sorten Albillo, Verdejo und Viura, die nicht mehr als 10% der Gesamtfläche ausmachen. Hauptsorten sind die Tinta del País mit 56% und Garnacha Tinta mit 35%. Noch vor fünf Jahren machte die Rotweinproduktion nur knapp ein Zehntel der Ernte aus, heute ist sie auf ein Drittel gestiegen. Vor allem die kleinen, supermodernen und noch unbekannten Erzeuger, die in den letzten Jahren mit der Weinproduktion begonnen haben – das Gebiet zählt mittlerweile 18 Abfüllbetriebe – konzentrieren sich auf Tinta-del-País-Garnacha-Verschnitte, die sich ausgezeichnet im kleinen Eichenfass reifen lassen, jedoch an die profunde Art des Nachbarn bis jetzt noch nicht heranreichen. Das Potential für hochklassige Tintos ist dennoch da, es fehlt nur an mehr Weinmachern, die in der Lage wären, in Cigales einen klaren Tinto-Stil zu kreieren.

Die ausdrucksvollen Rosados, die auf dem Rückenetikett die Bezeichnung Cigales Nuevo tragen und immer noch den Hauptteil der Gesamtproduktion der D.O. ausmachen, werden aus mindestens 60% Tinta del País gekeltert und vom Kontrollrat der D.O. schon im November freigegeben. Sie weisen eine feine Frische und ein opulentes Bukett auf.

Spätfrösten verbunden, die die Ernten in vielen Jahren beträchtlich schmälern, was die Knappheit und die daraus resultierende Begehrtheit der Rotweine erklärt.

Viele Weintrinker werden sich fragen, wie sich die Riberas von den Riojas unterscheiden, wenn doch die Tinta del País mit dem Tempranillo identisch ist. In der Ribera erfahren Weine nur in Ausnahmefällen einen so langen Ausbau wie traditionelle Riojas. Stattdessen werden sie nach dem Ausbau im kleinen Eichenfass oft schnell auf den Markt gebracht. Oft besitzen die Ribera-Weine dann im Vergleich eine etwas profundere Farbe, süßere Tannine und in der Frucht einen dunkleren, mehr zur Pflaume tendierenden Charakter, während Riojas oft verstärkt Aromen roter Beeren aufweisen. Inzwischen zeigt sich auch bei vielen Riojas der neuen Generation – ähnlich wie bei vielen Riberas – im Duft eine deutliche Zimtnote, die auf den Ausbau in neuen Fässern aus amerikanischer Eiche zurückzuführen ist.

Rueda

Mit der Gründung der reinen Weißwein-D.O. Rueda begann der Siegeszug einer Traube, die bis dahin praktisch unbekannt war. Die Verdejo-Traube ist in dem mit rund 6 000 Hektar Reben bestockten Gebiet heimisch, welches sich nördlich des Duero über die Provinz Valladolid sowie kleine Teile Ávilas und Segovias erstreckt. Sie macht fast die Hälfte der vorhandenen Rebgärten aus. Neben dieser Hauptsorte sind Viura, Sauvignon Blanc und Palomina zugelassen, wobei Letztere nicht neu gepflanzt werden darf. Die nach dem kleinen Dorf Rueda benannte D.O. besitzt kellertechnisch gesehen eine der besten Infrastrukturen des Landes, und die 30 Abfüllbetriebe verfügen über modernste Kellerausrüstung.

Weißweinvinifikation mit temperaturkontrollierter Gärung ist Standard, Kühlung des Lesegutes vor der Pressung, Selektionstische und Kaltmazeration keine Seltenheit mehr. Viele der alten Felsenkeller mit kilometerlangen Tunneln werden zu wahren Schmuckkästchen ausgebaut und teilweise für die Lagerung des Sektes Rueda Espumoso benutzt, der mit mindestens neun Monaten Hefelager zu 75 Prozent aus Verdejo gekeltert werden muss. Die Stars des Gebietes sind jedoch der Rueda Superior mit ebenfalls mindestens 75 Prozent Verdejo und die intensiven sortenreinen Sauvignons-Blancs-Weinen, die auf der kargen Hochebene einen ganz eigenen, strukturbetonten Stil entwickelt haben.

Die Stärke des Verdejo ist sein eher florales denn ausgeprägt fruchtiges Bukett, unterlegt mit einem zarten Bitterton und viel Würze im Mund, die zuweilen an einen Hauch von Gewürzkräutern erinnert. Eine der herausragenden Eigenschaften der Sorte ist ihr hoher Extraktwert. Man bemerkt dies an den kräftigen Schlieren im Glas. Doch keine Angst, dies ist kein Zeichen für zu hohen Alkohol, sondern verspricht Dichte und Qualität. Der dritte Weintyp im Bunde ist der einfache Rueda mit 40 Prozent Verdejo. Die jeweilige Qualität ist auf dem Rückenetikett vermerkt. Immer mehr Erzeuger bauen auch Verdejos in neuen Barriques aus.

Bierzo

Die D.O. Bierzo verfügt zweifellos über das ausgeglichenste Klima aller D.O.-Gebiete Kastilien und Leóns, grenzt es doch an Galicien. Der atlantische Regen und die Sonne Kastiliens machen die Täler des Bierzo zu einer der fruchtbarsten Landschaften Spaniens. Die meisten Rebberge konzentrieren sich auf flache Hanglagen in den Tälern, die kaum über 500 Meter hoch liegen. Die schützenden Bergketten sorgen dafür, dass es nur selten zu Spätfrösten kommt.

Als Hauptrebsorten gelten die weißen Sorten Doña Blanca und Godello sowie als wichtigste die einheimische rote Mencía. Alle Rotweine der D.O. Bierzo müssen zumindest zu 75 Prozent aus dieser Traube gekeltert werden. Sie besitzt ein delikates Aroma von roten Früchten und bringt fruchtige und feinnervige Rotweine mit kräftiger Säure und typisch mineralischem Charakter hervor. Wenn sie von alten Rebstöcken stammt, dominieren Noten von dunklen Beeren. Üblicherweise werden Mencía-Weine als Vino Joven angeboten, doch die besten Erzeuger beweisen, dass man ihnen Konzentration und durch den Fassausbau Komplexität verleihen kann.

Das Weingut mit Schankstube Prada a Tope in Cacabelos erzeugt eigenständige Rot- und Weißweine der D.O. Bierzo.

Vega Sicilia, Pesquera und Pingus

Die drei folgenden großen Weingüter haben den Ruf der Ribera begründet, bestätigt und ständig erneuert: Vega Sicilia, Bodega Alejandro Fernández-Tinto Pesquera und Dominio de Pingus zählen nicht nur zu den besten Spaniens, sondern können sich mit der Weltspitze messen.

Vega Sicilia

Auf dem Landgut im westlichen Teil der heutigen D.O. Ribera del Duero wurden schon 1864 die ersten Rebstöcke gesetzt, doch erst unter der Familie Herrero, die dem Gut auch den heutigen Namen gab, entstand zwischen 1915 und 1917 ein Qualitätsrotwein, der als Vorgänger der heutigen Gewächse angesehen werden kann. Das meiste Interesse im Hause Vega Sicilia gilt, abgesehen von der Pflege der Weinberge, dem extrem aufwendigen und differenzierten Ausbau der Weine, dem Schlüssel zum einzigartig barocken Stil des Unico, wie die Hauptcuvée des Gutes heißt. In guten Jahrgängen behauptet sich der Unico als einer der vielschichtigsten Rotweine der Welt, wobei er mit seinen unnachahmlich tiefen Aromen von unter südlicher Sonne getrockneter Frucht einen ganz eigenen Charakter hervorkehrt. Dann duftet er nach Trockenfrüchten wie Feigen und Pflaumen, nach Waldbeeren, Tabak, Kaffee und Gewürzen. Im Mund entwickelt sich eine ganz eigene samtige Fülle, die von verschmolzenen Tanninen untermalt wird.

In den 180 Hektar Weinbergen des Guts dominiert die Tinta de País, die in einigen der ältesten Parzellen mit Stöcken von Cabernet Sauvignon gemischt ist. Die handgelesenen Trauben kommen zuerst in kleinen Kästen zur Kellerei, wo sie vollständig entrappt und über ein Förderband in die Gärtanks transportiert werden. Schon im Voraus wird die Lese der besten Parzellen für den Unico bestimmt und in Holzbottichen vergoren, während man für den Zweitwein Valbuena Edelstahltanks einsetzt. Nach der malolaktischen Gärung, die ebenfalls in großen Holztanks stattfindet, lässt man den Unico zunächst ein halbes Jahr in alten Fässern ruhen. Dann werden alle Weine probiert und geprüft und ihre weitere Bestimmung entschieden. Der Zweitwein Valbuena, der nach fünf Jahren Ausbau auf den Markt kommt, wird nun für 11 bis 14 Monate in schon einmal belegte Barriques aus französischer Eiche gefüllt, um anschließend mindestens eineinhalb Jahre auf der Flasche nachzureifen.

Der Ausbau im Holzfass folgt auf Vega Sicilia sehr eigenen Regeln, wobei Größe und Alter der Gebinde wechseln und die Dauer fünf Jahre überschreiten kann.

Der spätere Unico tritt nun seinen weiteren komplexen Werdegang an, der ihn in sorgfältig gewählten Schritten zur Perfektion führen soll. Sie vollziehen sich mittlerweile zunächst für bis zu zwei Jahre in neuen französischen Barriques, bevor der Wein in immer älteren Gebinden, vorwiegend aus amerikanischer Eiche, über fünf Jahre oder mehr seine Reife vollendet, bevor der Tag der Abfüllung kommt.
Die übliche Assemblage des Unico spiegelt die Verteilung der Rebsorten in den Weinbergen des Guts wider. Tinta del País stellt dabei mindestens vier Fünftel, gefolgt von Cabernet Sauvignon, Malbec, Merlot und einer Prise von weißem Albillo, dem i-Tüpfelchen. Ungefiltert kommt der Unico in die Flasche, worauf ihm eine Affinage von mindestens drei Jahren zusteht. Frühestens nach elf Jahren beschließt die Besitzer-Familie Alvarez ihn in die Welt der zahlungskräftigen Weinsammler und Gourmets zu entlassen. In herausragenden Jahrgängen wie 1970 oder 1981 stellt der Tinto Fino in der Cuvée oft nur zwei Drittel, während der Anteil an Cabernet Sauvignon auf ein Fünftel angehoben wird, ergänzt durch Merlot und Malbec. Dann erscheint der Unico als Reserva Especial erst nach etlichen Jahren zusätzlicher Reife im Handel.

Die Weinparzellen von Vega Sicilia erstrecken sich im Duero-Tal zwischen dem linken Ufer des Flusses und der angrenzenden Hügelkette im westlichsten Zipfel des Ribera-Gebiets.

Lange bevor die Ribera del Duero sich als Weingebiet einen Ruf erworben hatte, war Vega Sicilia bereits eine Legende. Es ist für die Weinwelt beruhigend zu wissen, dass dieses Gut und seine einzigartigen Weine mit einer derart langen Tradition auch weiterhin, nicht zuletzt dank einer feinfühligen Einbringung von Neuerungen, mit höchster Achtsamkeit gepflegt werden. Wie bewusst aber dieses Erbe gepflegt wird, beweist Alión, das zweite Gut, das die Familie Alvarez 1992, nur einige Kilometer näher an Peñafiel, erstand. Dort stehen auf 50 Hektar ausschließlich Reben der Tinta del País. Die mit größter Sorgfalt

Links:
Die alten Weinkeller in Pesquera durchlöchern den Dorfhügel. Nur die Luftschächte verraten, dass hier große Rote schlummern.

Rechts:
Nur in Ausnahmejahrgängen füllt Alejandro Fernández den Janus ab, den er bewusst nach konservativster Methode vinifiziert.

ausgelesenen Trauben erfahren eine Maischegärung von selten mehr als drei Wochen, bevor der Wein in neuen französischen Barriques höchstens 16 Monate lang ausgebaut wird. Das Ergebnis ist ein äußerst geschliffener, fruchtig-würziger Wein, der es ohne weiteres mit allen anderen modernen spanischen Rotweinen aufnehmen kann.

Pesquera

Wenn Vega Sicilia der Großvater der Ribera ist, dann ist Alejandro Fernández der Vater. Er schuf nicht nur den modernen Ribera-Stil, sondern gab den Anstoß für eine neue Art von Wein in Spanien, der unter südlicher Sonne entstehende Traubenreife mit kraftvoller Fruchtkonzentration und großer Finesse verbindet. Heute entstehen nach dieser Prämisse nicht nur in der Ribera del Duero die großen Weine, sondern überall im Lande, insbesondere in der Rioja.

Als junger Mann verdiente Alejandro Fernández sein Geld mit der Reparatur und Konstruktion von Landmaschinen aller Art, bewirtschaftete aber gleichzeitig einige Weinberge in seiner Heimatgemeinde Pesquera del Duero, die er von seinem Vater geerbt hatte. Zu jener Zeit verkaufte man noch die Trauben oder Jungweine in jene Gebiete, deren Weine unter Mangel an Farbe oder Körper litten, wie zum Beispiel die Mancha. Bezahlt wurde nach Farbwert. Don Alejandro,

Der Tinto Pesquera besteht ausschließlich aus der Tinta del País, wie man hier den Tempranillo nennt.

aufgebracht durch die Missachtung, die seinen guten Weinen vonseiten der Kooperativen zuteil wurde, gründete 1972 seine Bodega. Ohne zu entrappen, vergor er seine Lese und presste sie in der alten Kelter, die heute immer noch vor dem Weingut zu begutachten ist. Anfangs füllte er seine Roten in Sprudelflaschen mit Schnappverschluss und begann sie in der Region abzusetzen. Nach und nach sprach sich die Qualität seiner Weine in Kastilien herum. Der Durchbruch gelang dank eines amerikanischen Importeurs. Durch ihn erhielt Weinpapst Robert Parker eine Probe des Pesquera 1992 und nannte ihn »the Petrus of Spain«. Pesqueras und Alejandro Fernández' Weltruhm war gesichert.

Bei Pesquera-Weinen handelt es sich immer um sortenreine Tinta del País, die mit gewissenhaft beschränkten Erträgen eingebracht werden. Nach der alkoholischen Gärung folgt in der Regel eine Maischestandzeit, die zwei Wochen selten überschreitet. Für den Ausbau und die zweite, die malolaktische Gärung, werden Barriques aus amerikanischer Eiche gewählt und damit ganz bewusst die Tradition der Region aufrechterhalten. Nie sind sie zu holzlastig und sie altern ausgezeichnet. Die verschiedenen Pesquera-Qualitäten unterscheiden sich in Bezug auf das Alter der Rebstöcke, die Traubenauswahl, das Alter der verwendeten Barriques sowie in der Dauer des Holzausbaus. Lediglich die Spezialreserve Janus, die nur in sehr guten Jahren bereitet wird, entsteht nach der traditionellen Methode, bei der das Lesegut mit den Stängeln eingemaischt wird, sozusagen als Reminisenz an die Weine, die Pesquera berühmt gemacht haben.

Pingus

Pingus, der zurzeit begehrteste und teuerste Rotwein Spaniens, hat der Ribera einen sehr aktuellen Glanz beschert. Inspiriert durch Valandraud in Saint-Émilion spürte der junge Däne Peter Sisseck, der in Bordeaux das Handwerk des Weinmachens erlernt hatte und seit 1990 das Gut Hacienda el Monasterio leitet, in der Gemeinde La Horra vier Parzellen von insgesamt 3,8 Hektar mit alten Tinta-del-País-Stöcken auf, die er 1995 pachten, inzwischen aber erwerben konnte. Mit aller Sorgfalt und naturnah behandelt er seine in dem vermutlich besten Terroir der Ribera gelegenen Weingärten und reduziert die Erträge drastisch. Dann wartet er geduldig die optimale Reife der Trauben ab, bevor sie per Hand gelesen und in kleinen Kästen im Kühlwagen 40 Kilometer weit zu seinem Keller im entfernten Quintanilla de Onésimo gebracht werden. Dort beeren zehn Frauen die Trauben von Hand ab, bevor sie in kleinen Gärbehältern aus Edelstahl mit den Füßen leicht angequetscht werden. Meist ist es dann bereits Anfang Oktober und die Nächte sind kühl. Zehn Tage ziehen die Trauben im eigenen Most, bevor die Gärung einsetzt, die in der Regel weitere acht Tage dauert. Anschließend lässt Peter Sisseck den Wein nur wenige Tage auf der Maische stehen, bevor er absticht und ihn in neue französische Barriques füllt. Darin vollzieht sich im Frühjahr, wenn es wieder wärmer wird, die malolaktische Gärung von allein. Dann wird jedes einzelne Fass verkostet, und jeder Wein, dessen außergewöhnlich strenger Geruch auf starke Reduktion hinweist, erhält wiederum ein neues Barrique, was man Ausbau in 200 Prozent neuer Eiche nennt.

Nach fast zwei Jahren im Barrique wird der Pingus abgefüllt. Seit der erste Jahrgang 1995 von Robert Parker 98 von 100 Punkten erhielt und damit in den kleinen Kreis der weltbesten Weine vorstieß, reißen sich Weinliebhaber auf der ganzen Welt um eine der 7 000 Flaschen jährlich. Der im wahrsten Sinne handgemachte Wein besticht im Duft durch unglaubliche Intensität mit Aromen von Feige, Rauch und Teer, am Gaumen durch enormes Volumen, dort entwickelt er ähnliche Aromen, auch Bitterschokolade und Gewürze und eine sagenhafte Länge – ein dramatischer Wein mit rassigem Rückgrat. Inzwischen hat Peter Sisseck weitere Weinberge übernommen, die den holzbetonteren, weniger komplexen Zweitwein Flor de Pingus liefern.

Der junge Däne Peter Sisseck, von Verwandten und Freunden Pingus genannt, kreierte mit alten Rebstöcken und feinster Kellerarbeit den teuersten Kultwein Spaniens, den Pingus.

Ausgewählte Erzeuger in Kastilien und Léon

Bodegas Alejandro Fernández *****
Pesquera de Duero (D.O. Ribera del Duero)
220 ha; 850 000 Fl. • Weine: Tinto Pesquera: Crianza, Reserva, Gran Reserva, Janus Reserva und Gran Reserva
Alejandro Fernández und seinen Pesquera-Weinen verdankt die Ribera ihren heutigen Aufschwung. Er betreibt außerdem noch das ausgezeichnete Gut Condado de Haza bei Roa de Duero.

Bodegas Arzuaga Navarra ***
Quintanilla de Onésimo (D.O. Ribera del Duero)
140 ha; ZT; 450 000 Fl. • Weine: Tinto Arzuaga Crianza, Tinto Arzuaga Reserva, →Tinto Arzuaga Gran Reserva
Die Bodega gehört zur jüngeren Generation am Duero. Die Gewächse zeichnen sich durch Eleganz und Harmonie aus. Je besser die Qualität (Reserva und Gran Reserva), desto höher der Anteil an Cabernet und französischer Eiche.

Bodegas de Crianza Castilla la Vieja ***–****
Rueda (D.O. Rueda)
100 ha; ZT; 2 000 000 Fl. • Weine: Palacio de Bornos: Rueda Superior, Fermentado en Barrica, →Sauvignon Blanc
Antonio Sanz und sein Sohn Ricardo gehören zu den angesehendsten Weinmachern Kastiliens. Neben dem sehr fruchtigen Sauvignon und dem glasklaren Rueda Superior experimentiert das Weingut mit holzausgebauten Ruedas und Weißweinen mit Restsüße. Die Rotweine besitzen keine D.O.

Bodegas Fariña **–***
Toro (D.O. Toro)
100 ha; 1 000 000 Fl. • Weine: u.a. Gran Colegiata: Reserva, Gran Reserva, →4 Meses en Barrica
Manuel Fariña ist der Vater der neuen Toro-Weine. Bei den gehobenen Qualitäten wird grundsätzlich kein Presswein benutzt. Die Gran Colegiatas werden so gut wie sortenrein vinifiziert. Die Weine geben sich entsprechend weich und vollmundig. Eine Neuheit ist der Jungwein mit vier Monaten Barrique, der zu den besten seiner Art in Kastilien gehört.

Bodegas Hermanos del Villar ***–****
Rueda (D.O. Rueda)
90 ha; 300 000 Fl. • Weine: Oro de Castilla: Sauvignon Blanc, Fermentado en Barrica, →Rueda Superior
Seriöse Bodega-Neugründung aus dem Jahre 1994. Das Gut verfügt jedoch über alte Stollenkeller. Die Weine sind außerordentlich fruchtbetont und weich, was ihnen sehr viel Charme gibt. Pablo del Villar gehört zu den großen Hoffnungsträgern des Gebiets.

Bodegas Ismael Arroyo ****–*****
Sotillo de la Ribera (D.O. Ribera del Duero)
12 ha; 360 000 Fl. • Weine: Valsotillo: Crianza, Reserva, →Gran Reserva
Der traditionelle, dabei frucht- und farbbetonte Stil der Geschwister Arroyo hat die Bodega in den Olymp der spanischen Weine gehoben. Die sortenrein gekelterten Weine werden nur in amerikanischer Eiche ausgebaut und weisen ein großes Alterungspotential auf.

Bodegas Lezcano ***
Trigueros del Valle (D.O. Cigales)
14 ha; 120 000 Fl. • Weine: Docetañidos, Lezcano Crianza, Lezcano Reserva
Der junge Félix Lezcano gründete sein kleines Weingut erst 1991. Seine noch jungen Reben stehen jedoch in

bester Lage. Neben einem feinnervigen Rosado entstehen komplexe, bis zu einem gewissen Grade holzlastige Tintos, die von Jahr zu Jahr feiner werden.

Bodegas Mauro ****
Tudela de Duero (ohne D.O.)
Pedrosa del Rey (D.O. Toro)
55 ha; 225 000 Fl. • Weine: Mauro, →Mauro Reserva Especial, Terreus
Die Bodega war unter den ersten, die einen anspruchsvollen Rotwein ohne D. O. in Kastilien produzierten. Seit 1997 ist ein Wein aus Toro dazugekommen, von dem in Zukunft etwa 80 000 Fl. unter der Marke Viña San Román bereitet werden. Alle Marken, angefangen von Terreus über Mauro bis San Román, zeigen strahlende Frucht und edle Struktur.

Bodegas Pérez Pascuas ****
Pedrosa de Duero (D.O. Ribera del Duero)
85 ha; 350 000 Fl. • Weine: u.a. Viña Pedrosa: Reserva, Gran Reserva, Pérez Pascuas Gran Selección
Die sehr komplex wirkenden, feinen und säurebetonten Tintos der Marke Viña Pedrosa sind für ein langes Leben ausgelegt, können aber in der Jugend recht verschlossen wirken. Die Bodega verfügt über sehr alte Lagen auf 800 m Höhe. Die Selección Pérez Pascuas gehört zu den wertvollsten Weinen der D.O.

Bodegas Pérez Caramés **–***
Villafranca del Bierzo (D.O. Bierzo)
32 ha; 250 000 Fl. • Weine: u.a. Casar de Santa Ines: Blanco; Pinot, Cabernet, Merlot, Reserva; Consules de Roma
Die interessantesten Weine des 1986 gegründeten Betriebes sind Qualitäten, die aus Cabernet und Pinot gekeltert werden und keine D. O.-Bezeichnung tragen. Es entstehen aber auch gute Rotweine aus der Bierzo-Hauptsorte Mencía. Die Weine geben sich eher fein als fett, zeigen jedoch Tiefe. Biologischer Anbau.

Bodegas Peñalba López ***–****
Aranda de Duero (D.O. Ribera del Duero)
200 ha; 800 000 Fl. • Weine: Torremilanos: Crianza, Reserva; Torre Albéniz Reserva
In den letzten Jahren hat sich die Bodega von Pablo Peñalba und Pilar Albéniz zu den besten Betrieben der D.O. gemausert. Die Torremilanos-Weine werden sortenrein aus Tempranillo bereitet, die Reserva Torre Albéniz weist etwas Cabernet auf. Die Gewächse zeigen sich kräftig und lang mit gutem Lagerpotenzial. Die bodegaeigene Küferei hat den gesamten Fassbestand auf französisches Holz umgestellt.

Bodegas Reyes ***–****
Peñafiel (D.O. Ribera del Duero)
60 ha; ZT; 170 000 Fl. • Weine: Teófilo Reyes: Crianza, Reserva
Durch ihre sehr vielschichtige, profunde und reife Art, haben sich die Teófilo-Reyes-Weine einen internationalen Namen gemacht. Don Teófilo gilt als der große alte Mann der Ribera, der die Lagen des Gebiets wie kein anderer kennt. Die Weine, von denen fast die gesamte Produktion auf Crianzas entfällt, werden ausschließlich in amerikanischer Eiche ausgebaut.

Bodegas Rodero ***–****
Pedrosa de Duero (D.O. Ribera del Duero)
65 ha; 200 000 Fl. • Weine: Carmelo Rodero: Crianza, Reserva, →Gran Reserva
Camelo Rodero lieferte seine Trauben jahrelang an Vega Sicilia, bis er sich selbstständig machte. Seine Tintos sind immer von kräftiger Konsistenz, unterlegt

mit fettem Tannin. Er besitzt eine der besten Cabernet-Lagen der Ribera, deren Trauben in geringem Prozentsatz in die Reservas und Gran Reservas eingehen.

Bodegas Vega Sauco***
Morales de Toro (D.O. Toro)
12 ha; 190 000 Fl. • Weine: Vega Sauco Tinto, Vega Sauco Crianza, Vega Sauco Reserva
Die Stärke der Weine von Wenceslao Gil liegt in ihrer außergewöhnlichen Farbe und Geschmacksintensität. Obwohl der Önologe seinen Weinen ein langes Lager in amerikanischer Eiche verschreibt, ist das Holz dank der Konzentration der Vega Saucos wenig dominant.

Bodegas y Viñedos Vega Sicilia*****
Valbueno de Duero (D.O. Ribera del Duero)
180 ha; 220 000 Fl. • Weine: Unico Tinto: Gran Reserva, Reserva Especial, Valbuena Tinto Reserva
Seit 1982 im Besitz der Familie Alvarez, die dieses historische Gut und seine Weine auf höchstem Niveau hält. Ihr gehört auch die nahe Bodegas Alíon, wo aus 50 ha Tempranillo ein überzeugender moderner Ribera gekeltert wird.

Dominio de Pingus**–*******
Quintanilla de Onésimo (Ribera del Duero)
5 ha; 10 ha in Pacht; 37 000 Fl. • Weine: Pingus, Flor de Pingus
Dem Dänen Peter Sisseck gelang es, den begehrtesten modernen Kultwein der Ribera zu kreieren. Geschickt nutzte er den Erfolg, um seinem Gut eine größere zukünftige Basis zu geben.

Dos Victorias*–******
San Román de Hornija (D.O. Toro),
Nava del Rey (D.O. Rueda)
8 ha; ZT; 25 000 Fl. • Weine: Jose Pariente Rueda Superior, Elías Mora
Auf die zwei Jahrgänge ihres weißen Rueda José Pariente ließen die zwei Victorias, gelernte Önologinnen, 1999 den ersten rote Tafelwein aus der Gegend von Toro folgen, wo die Kastilierinnen eine Bodega bauen. Ihr Rotwein Elías Mora von 2000 trug erstmals die Appellation Toro. Beide Weine stammen aus alten Rebanlagen und glänzen durch Frucht und Struktur.

Explotaciones Valduero*–******
Gumiel del Mercado (D.O. Ribera del Duero)
200 ha; 1 200 000 Fl. • Weine: Valduero: Crianza, Reserva, →Gran Reserva, Reserva Primium
Der Familienbetrieb setzt auf langes Holzlager und bringt immer sehr ausgereifte Weine auf den Markt, die ausgewogen, fein und dennoch konzentriert wirken. Die Rotweine sind in der Regel sortenrein aus Tempranillo gekeltert und gehören zu den zuverlässigsten und preisgünstigsten Gewächsen am Duero.

Hacienda Monasterio****
Pesquera de Duero (D.O. Ribera del Duero)
70 ha; 320 000 Fl. • Weine: Hacienda Monasterio: Crianza, Reserva
Ein saftiger, international anmutender Ribera-Typ, der mit intensiver Frucht und viel weichem Tannin aufwartet. Das supermoderne Weingut samt seiner Rebberge, dass fast nur mit französischer Eiche arbeitet, wurde unter der Aufsicht des Dänen Peter Sisseck konzipiert. Auf Traubenselektion und schonendste Weinbereitung legt man besonders Wert. Gefiltert wird nicht.

Pago de Carraovejas****
Peñafiel (D.O. Ribera del Duero)
60 ha; 320 000 Fl. • Weine: Pago de Carraovejas: Crianza, Reserva
Hocharomatische Weine von tiefdunkler Farbe sind die Spezialität der Bodega. Unter der Leitung des Chef-önologen Tomás Postigo wurden Ende der 1980er Jahre die ersten Weinberge angelegt, darunter ein perfekt ausgerichtetes Cabernet-Rebstück. Alle Weine der Bodega enthalten 25% der französischen Traube.

Vinos Blancos de Castilla*–******
Rueda (D.O. Rueda)
150 ha; ZT; 1 500 000 Fl. • Weine: Marqués de Riscal: Reserva Limousin, Sauvignon, →Rueda Superior
Der unbestrittene Pionier der modernen Weißweinbereitung in Rueda keltert mit modernster Technik seinen Klassiker Marqués de Riscal Rueda Superior aus Verdejo und einem kleinen Anteil Viura. Der Wein zeigt immer sehr saubere Frucht- und Blütenaromen und ist eine perfekte Mischung aus Struktur und Eleganz. Ähnliches gilt für den Sauvignon Blanc.

Vinos Sanz***
Rueda (D.O. Rueda)
100 ha; 350 000 Fl. • Weine: Sanz Rueda Superior, Sanz Sauvignon, →Finca La Colina
Das Weingut verfügt über den größten und ältesten Sauvignon-Blanc-Rebberg in der D.O. Rueda. So ist es nicht verwunderlich, dass der Önologe Juan Carlos Ayala regelmäßig einen der besten Sauvignon-Blancs-Weine des Landes keltert.

Téofilo Reyes' eingehende Kenntnis der Ribera drückt sich im komplexen Stil seiner Weine aus.

Galicien

Galicien, eine Region mit wilder und üppiger Natur, liegt im äußersten Nordwesten der Iberischen Halbinsel. Keltische Spuren finden sich in der dem Portugiesischen verwandten Sprache, dem Gallego, aber auch in einem gewissen Hang zur Mystik. Vorchristliches und Christliches mischen sich wie in keiner anderen Region Spaniens. Vielleicht liegt hier auch der Grund für eine immer wieder anzutreffende Rückständigkeit. Der Übergang von fast mittelalterlichen Verhältnissen in der Agrarstruktur zur avantgardistischen Technik der modernen Kellereien in der Albariño-Heimat Rías Baixas ist beispielsweise so schnell gegangen, dass man von einem Zwischenstadium kaum reden kann. Etwa eine Million Hektoliter Wein produziert Galicien jährlich, und es ist noch nicht allzu lange her, dass man nicht wusste, wo man ihn absetzen sollte. Die Böden sind größtenteils sehr fruchtbar, der üppige Regen und das gemäßigte Klima in den Flusstälern, in denen die meisten Reben wachsen, tun das ihre. Galicien ist einerseits von Menge und Mittelmaß geplagt, andererseits entstehen Weine von so überraschender Orginalität und Güte, dass man als experimentierfreudiger Weinliebhaber immer wieder aufs Neue überrascht wird.

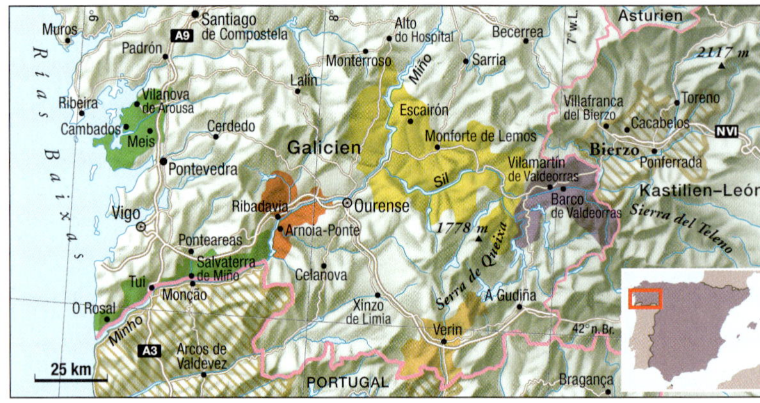

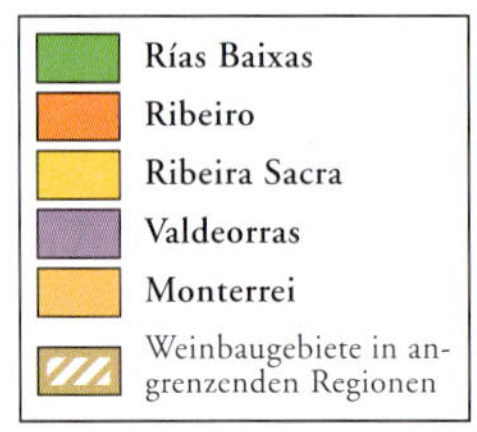

Rechte Seite:
Kleine Bauernbetriebe, die auch Viehzucht und Gemüseanbau betreiben, teilen sich die für den Weinanbau geeigneten Flächen in der Ribeira Sacra.

Auch im Hinterland bleibt Galicien grün und feucht. In Ribeira Sacra bestellen viele Bauern nur kleine Terrassen, die sich an nach Süden ausgerichteten Hängen entlangziehen.

Ribeira Sacra

Die Ribeira Sacra ist vom önologischen Standpunkt aus bestimmt eine der interessanteren neuen D.O. der letzten Jahre, stellt sie doch im nordwestspanischen Galicien, das als ausgesprochene Weißweinhochburg gilt, das bislang einzige Herkunftsgebiet dar, in dem der Rotwein 75 Prozent der Gesamtproduktion überschreitet. Die hier einheimische Edelsorte heißt Mencía und stammt wahrscheinlich vom Cabernet Franc ab. Die Traube eignet sich nur beschränkt für den Fassausbau und wird deshalb als Jungwein vermarktet. Folglich bietet das Gebiet auch keine Crianza-Qualitäten.

Der ganz besondere Reiz dieser Weine liegt in ihrer schlanken Art und delikaten Fruchtigkeit, die je nach Jahrgang betont nach Lakritze, Pflaume, Brombeer oder auch eingelegter Frucht

Auch Valdeorras ist eine Weinregion, in der in vielen Dörfern und Weilern die Zeit stehen geblieben zu sein scheint.

schmecken kann, wobei die Mencía-Weine aus Ribeira Sacra durchaus Struktur bieten. Die klimatischen Bedingungen sind ausgesprochen günstig, denn bei moderaten Niederschlägen und einer nahezu mediterranen Sonneneinstrahlung, der Temperaturdurchschnitt liegt bei 13,5 °C, reifen die Trauben immer voll aus. In Spanien erregte dieser Typ schnell Aufsehen, da sich sein Profil in frappierender Weise von den runden, vollreifen Rotweincharakteren, die das Land sonst hervorbringt, unterscheidet und die Preise für einen im Tank ausgebauten Roten fast skandalös hoch sind.

Dies hat mehrere Gründe: Die 1600 Hektar Weinberge der Ribeira Sacra – seinen Namen ›das heilige Ufer‹ erhielt das Gebiet nach den zahlreichen Klostergründungen, die hier im 12. und 13. Jahrhundert erfolgten – befinden sich zu 90 Prozent in steilen bis steilsten Hanglagen. Diesen extrem schwierig zu bearbeitenden Flächen haben die Weinbauern im Laufe der Jahrtausende mit größter Mühe ein fast schon surreal anmutendes Muster an winzigen Terrassen abgerungen, auf denen eine mechanische Bearbeitung unmöglich ist. Früher spannte man Seile, an denen sich die Erntehelfer festhalten konnten, insbesondere wenn es mit den vollen Körben nach unten an den Fluss ging, wo die Boote zum Abtransport der Ernte warteten. Die Hänge sind so steil, dass an einen Aufstieg mit der Traubenlast oft gar nicht zu denken war.

Neue Wege am heiligen Ufer

Die Böden bestehen aus Schiefer- und Granitverwitterungsmaterial, das den Weinen einen sehr eigenen mineralischen Ton mitgibt. Da die schluchtartige Geografie der Flusstäler des Sil und Miños und ihrer Zuflüsse keine Möglichkeiten für eine Erweiterung der Rebfläche bietet, müssen hier andere Wege beschritten werden. Für die junge Generation von Winzern besteht die einzige Möglichkeit, ihre Betriebe wirtschaftlich auszurichten, in der Eliminierung minderwertiger Sorten und deren Austausch durch Qualitätstrauben. Die Edelsorte Mencía macht bislang nur 49 Prozent der Rebfläche aus, weitere 30 Prozent sind mit schwächeren Sorten wie der Garnacha Tintorera und anderen besetzt. Für das Kilogramm Mencía werden Höchstpreise bezahlt, da nach dem zukünftigen, ab 2004 gültigen Qualitätsmodell des Consejo Regulador der D.O. vorgesehen ist, dass diese Traube zu mindestens 85 Prozent im Ribeira Sacra enthalten sein muss. Zu diesem Zeitpunkt soll die umfangreiche Restrukturierung der Rebfläche abgeschlossen sein. Auch die hier angesiedelten Weißweine sind in die Maßnahmen eingebunden. Die beiden hier angebauten weißen Trauben Godello und Albariño bringen insbesondere auf den Schieferböden hervorragende Ergebnisse. Ihr Anteil soll von unscheinbaren sechs Prozent auf mindestens 15 Prozent anwachsen.

Monterrei

In der Nachbarprovinz Ourense befindet sich die kleine D.O. Monterrei, deren Rebspiegel ein umgekehrtes Verhältnis bietet. Hier überwiegt Weißwein mit den Sorten Doña Blanca, Godello und Treixadura vor den roten Mencía und Bastardo. Doch auch hier muss sich der Kontrollrat mit Trauben plagen, die unter dem nördlichen Klima keine optimale Qualität bringen, wie die weiße Sherry-Traube Palomino Fino oder die Garnacha Tintorera. Eine weiterer Nachteil ist, dass von der einzigen für das Gebiet wirklich typischen Sorte, der Blanca de Monterrei oder auch Monstruosa, nur noch 40 Hektar bestehen. Doch inzwischen gibt es wieder Pflanzmaterial, und auch hier hat eine Restrukturierung der Weinberge begonnen, um vor allem den Anteil der strohfarbenen Godello mit ihren eleganten Apfel- und Limonettenaromen zu erhöhen.

Bei den Weißweinen der vier eingetragenen Bodegas finden sich gute Qualitäten. Von den im Umkreis des Támega-Tals vorhandenen 3 000 Hektar Weinbergen wurden nur die besten für das Qualitätsweingebiet ausgewiesen. Hier tun sich hauptsächlich die Weißweine mit hohem Godello- und Treixadura-Anteil hervor, da sie Frucht, Körper und eine schöne Säure aufweisen.

Bei der Verkostung der vorhandenen D.O.-Weine wird jedoch schnell klar, dass viele der Weine trotz Sauberkeit und Harmonie nach einer klareren Definition verlangen, die zweifellos mit den Jahren kommen wird.

Der technische Standard bei den Abfüllbetrieben ist gut, da in jüngster Zeit ausreichende Investitionen getätigt wurden. Die auf Draht gezogenen Neupflanzungen, die eine bessere sanitäre Pflege der Frucht erlauben, werden die allgemeine Qualität der weißen Monterrei-Weine schnell heben. Ob die Rotweine in der Zukunft allerdings überregionale Bedeutung erreichen werden, ist mehr als ungewiss. Die im Gegensatz zur Ribeira Sacra recht fetten Böden und das milde Klima sind nicht unbedingt für ausdrucksstarke Rotweine geschaffen. Nur eine extreme Ertragsbeschränkung, um die Vorzüge der Mencía zu potenzieren, könnte hier Abhilfe schaffen.

Valdeorras

Ebenfalls in Ourense liegt die D.O. Valdeorras mit rund 1 500 Hektar Rebfläche. In der spanischen Fachpresse macht sie regelmäßig Schlagzeilen, weil sie Heimat der erst kürzlich wiederentdeckten weißen Godello-Traube ist, die zwar mit der Aroma-Opulenz eines guten Albariño nicht mithalten kann, aber recht extraktreiche, von frischer Limone, Mandeln und sehr speziellen erdigkräuterigen Aromen geprägte mittelkräftige Weißweine ergibt. Die Godellos werden dank ihrer ausgeprägten Persönlichkeit langsam zu einer gesuchten Spezialität. Sie sind der Stolz der D.O. und die Brücke zur Vergangenheit, die in der etwas rückständigen, ländlichen galicischen Umgebung verloren zu gehen drohte. Früher war sie die weiße Hauptsorte an den Ufern des Sil gewesen. Betrachtet man jedoch den jetzigen Rebsortenspiegel, stellt man fest, dass ausgerechnet die sonst so sonnendurstige Garnacha eine wichtige Rolle spielt. Der größte Anteil der aus ihr gewonnenen Jungweine geht jedoch den anonymen Weg in die Tafelweinproduktion. Stattdessen können die Bodegas in Valdeorras auf die schon erwähnte rote Mencía zurückgreifen. Darauf gründet sich eine ernst zu nehmende Produktion von äußerst leckeren, saftigen roten, aber auch nicht mehr ganz billigen Jungweinen, die mittels moderner Edelstahltechnik in vielen der kleinen Kellereien des Gebietes gekeltert werden. Größere Absatzschwierigkeiten kennt man bei den recht begrenzten Mengen nicht, zumal ein sehr großer Teil dieser Weine in Galicien selbst konsumiert wird.

Links:
In Valdeorras kann man oft wirklich von Weingärten sprechen, in denen die Reben in Handarbeit gezogen werden.

Rechts:
Das Gebiet am Rio Sil genießt ein besonders mildes, für Wein sehr geeignetes Klima, sodass jede gut ausgerichtete Terrasse für Weinbau genutzt wird. Inzwischen gibt es auch ausgedehnte, leichter zu bearbeitende neue Weinberge.

Rías Baixas

Weinbau und Fischfang sind die wirtschaftlichen Standbeine der Rías Baixas.

Noch vor zwanzig Jahren waren die Weißweine aus der D.O. Rías Baixas völlig unbekannt, und die Rebfläche betrug weniger als ein Drittel der heutigen rund 2 500 Hektar. Was heute als Weißweinwunder Spaniens gefeiert wird, bestand damals aus einer Gruppe völlig veralteter Genossenschaftskellereien, die das wenig gepflegte Lesegut tausender Teilerwerbswinzer aufnahmen und meist plumpe, ins grasige und oxidative gehende Weißweine kelterten, die als Fassware in die Großabfüllereien der Städte gelangten. Den einzigen halbwegs sortenreinen Albariño lagerten die Bauern für den Eigenbedarf, und der war ab April meist nicht mehr genießbar. Mit dem Ende der Franco-Ära wagten einige Unternehmungslustige in die Weinverarbeitung zu investieren und zeigten, dass sich aus der verkannten Albariño-Traube Weißweine bereiten ließen, die den noblen Sorten aus dem Norden in nichts nachstanden. Zunächst wollte man eine reine Albariño-Denominación schaffen. Da jedoch am südwestlichen Zipfel der Provinz Pontevedra traditionell Verschnitte vinifiziert wurden, entschloß man sich, der Tradition zumindest in dieser Hinsicht Rechnung zu tragen und alle alteingesessenen Rebsorten mit in das Reglement aufzunehmen. Man änderte die provisorische Bezeichnung von Albariño in Rías Baixas, was auf Galicisch die unteren (südlichen) Buchten bedeutet.

Die D.O. teilt sich in vier Unterzonen mit unterschiedlichen Boden- und Klimaverhältnissen. Wie in anderen Gebieten auch können Erzeuger in der gesamten D.O. Lesegut kaufen, was zur Folge hat, dass nur wenige Adegas – galicisch für Bodegas – mit bodentypischen Gewächsen aufwarten können. Mit der kürzlichen Entstehung zahlreicher kleiner Weingüter wird der Terroircharakter in Zukunft sicherlich an Bedeutung gewinnen. Sortenreine Albariños sind im ganzen Gebiet üblich. Das Zentrum dieser Rebe ist die Unterzone El Salnés mit dem gemütlichen Städtchen Cambados, das jedes Jahr ein Fest zu Ehren dieser Traube feiert. Der Albariño ist eine sehr aromatische Sorte, die neben eleganter Frucht guten Extrakt und feine Säure aufweist. Trägt ein Wein nur die Bezeichnung Rías Baixas, enthält er mindestens 70 Prozent Albariño und je nach Unterzone die Sorten Caíño, Loureira, Torrontés oder Treixadura. Die Rotweinproduktion in diesem Gebiet ist unwesentlich.

Ribeiro

Bei der D.O. Ribeiro handelt es sich um das einzige Gebiet Galiciens, welches schon immer einen gewissen Bekanntheitsgrad besaß. Der Grund ist in den ungezählten galicischen Tavernen zu suchen, die in allen größeren Städten des Landes diesen Wein als billigen Zechwein zu ihren Spezialitäten servierten. Angesichts des einst trüben, säuerlichen Weinchens muss man es Winzern, Genossenschaften und nicht zuletzt dem zuständigen Kontrollrat hoch anrechnen, dass die Ribeiro-Weine sich in den letzten Jahren in verblüffender Weise verbessert haben. Die heutige Qualität beruht im Wesentlichen auf dem Potential der traditionellen weißen Sorten Treixadura, Loureira und Torrontés, die traditionell einzeln an Stöcken nach oben gezogen werden. Sie haben sich gegen den nichts sagenden Massenträger Palomino durchgesetzt, der als ein typisches Relikt der Nachreblausphase aus rein wirtschaftlichen Gründen gepflanzt wurde, um die erlittenen Verluste schnell ausgleichen zu können. Die Weißweine aus den alten Sorten geben sich fruchtig, leicht und angenehm spritzig. Die Ribeiros stehen immer für Jugend und Frische. Ein Ausbau im Fass ist nicht üblich. Sie weisen eine gute, aber nicht aggressive Säure auf. In der Nase dominieren Frucht und orginelle vegetabile Noten wie frisch gemähtes Gras oder Kräuter. Das Gebiet produziert auch Rotweine, hauptsächlich aus Caíño Tinta und Brancellano, die einfacherer Natur sind. Die Spezialität des Gebiets am Rio Miño bleibt junger Weißwein.

Vilarino: Das malerische Dorf schmiegt sich in die sanften Weinberge des Ribeiro.

Albariño und Meeresfrüchte

Etwas weiter südlich nahe der Provinzhauptstadt Pontevedra befindet sich die kleinste Unterzone, Soutomaior, mit etwa 400 Winzern, die fast nur reine Albariño-Weingärten bewirtschaften. Weiter südlich, direkt an der portugiesischen Grenze, liegen die Teilgebiete O Rosal und Condado de Tea. Das rauheste Klima mit späten Frösten weist das Condado auf. Ansonsten ist das Klima sehr mild mit Niederschlagswerten, die eher an Nordeuropa erinnern als an die Iberische Halbinsel.

Galicien ist ein Schlaraffenland für Feinschmecker, und die Gallegos sind in Spanien bekannt für ihre Vorliebe viel und gut zu essen, insbesondere Meeresfrüchte, die in ihren Buchten in einmaliger Vielfalt vorkommen. Dazu passen die Rías-Baixas-Weine ausgezeichnet. Die wunderbare Frucht, die oft exotische Noten annimmt, sowie die schlanke, aber kräftige Struktur machen aus diesen Weinen ideale Essensbegleiter. So gut wie alle Betriebe bauen ihre Weine in modernen Stahltanks aus. Die Weine kommen zum Teil schon vor Weihnachten in den Verkauf und geben sich spritzig mit frischer Frucht. Ein guter Rías Baixas ist immer hocharomatisch. In den letzten Jahren läßt man die besten Weine jedoch länger – meist acht Monate – im Tank, um komplexere Fruchtaromen und mehr Harmonie zu erreichen. Trotzdem sollten alle galicischen Weißweine spätestens im zweiten Jahr nach der Ernte getrunken werden.

Ausgewählte Erzeuger in Galicien

Adegas Moure***
Escairón (D.O. Ribeira Sacra)
7 ha; ZT; 150 000 Fl. • Weine: Abadía da Cova: Albariño, Mencía
Die beiden Weinmacher und Besitzer der kleinen Bodega haben in äußerst mühevoller Arbeit alte Terrassen wieder instand gesetzt, die sich an den Steilhängen der Miño-Schlucht befinden. Berühmt ist ihr extrem fruchtiger roter Jungwein aus Mencía, zu dem sich inzwischen ein Crianza-Typ gesellt hat, der sich erstaunlich frisch und filigran gibt. Der Albariño, eigentlich untypisch für die Gegend, weist in guten Jahren einen spürbar mineralischen und eigenen Terroircharakter auf.

Agro de Bazán****
Villanueva de Arosa (D.O. Rías Baixas)
13 ha; 100 000 Fl. • Weine: Granbazan: Ambar, Verde
Das 1980 gegründete Gut zählt mit seinen gut strukturierten und haltbaren Albariños zur Spitze der Region. Seit kurzem betreibt man ein weiteres Gut in Utiel-Requena, das Mas de Bázan.

Bodegas del Palacio de Fefiñanes****
Cambados (D.O. Rías Baixas)
ZT; 50 000 Fl. • Weine: Albariño de Fefiñanes, 1583 Albariño de Fefiñanes
Die im mittelalterlichen Schloß untergebrachte Kellerei hat ihre Qualität in den letzten Jahren enorm gesteigert.
Obwohl der im Barrique ausgebaute, kraftvolle und lange 1583 gelungen ist, steht er hinter dem brillianten, intensiven und komplexen Weißen ohne Holz zurück.

Bodegas Terras Gauda*–*****
As Eiras-O Rosal (D.O. Rías Baixas)
70 ha; 750 000 Fl. • Weine: Abadía San Campio, Terras Gauda Etiqueta Negra, →Terras Gauda
Terras Gauda ist von der Größe her die wichtigste Bodega-Gründung in der jüngeren Geschichte der D.O. Rías Baixas. In einem Gebiet, welches von sehr kleinen Latifundien geprägt ist, ließen die Investoren 60 ha bewaldetes Hügelland roden, um dort Reben anzulegen und damit den größten zusammenhängenden Weinberg der D.O. zu schaffen. In vielen Jahren ist der Terras Gauda einer der fünf aromatischten trockenen Weißweine Spaniens.

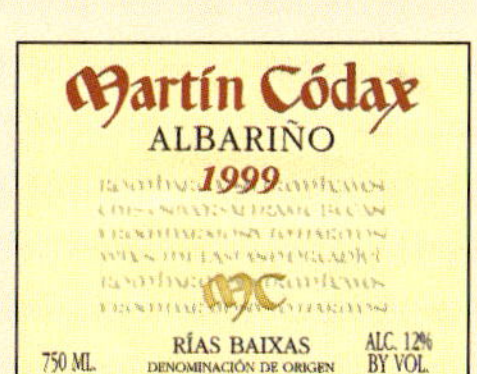

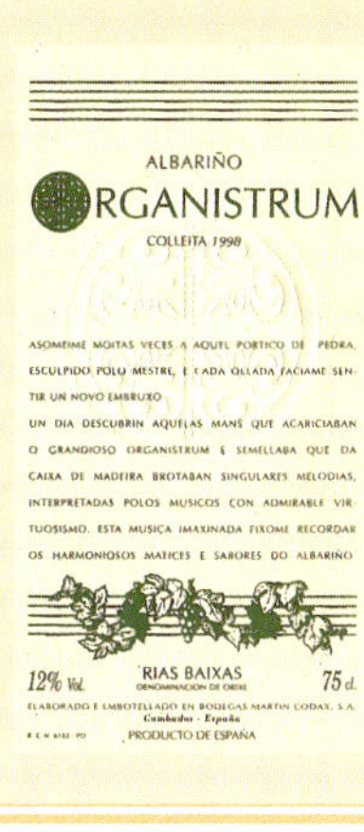

Emilio Rojo***
Arnoia-Ponte (D.O. Ribeiro)
3 ha; 11 000 Fl. • Weine: Emilo Rojo
Emilio Rojo hat der Lado zum Comeback verholfen. Sein einziger Wein, der weiße Emilio Rojo, zeichnet sich durch Nerv und schöne florale Noten aus.

Godeval***
Barco de Valdeorras (D.O. Valdeorras)
17 ha; ZT; 200 000 Fl. • Weine: Viña Godeval, Viña Godeval Fermentado en Barrica
Horacio Fernández ist einer der Väter des Revival-Programms, dem die Rettung der Valdeorras-Weißweintraube Godello zu verdanken ist. Das Weingut verfügt über technisch perfekt bearbeitete Weinberge, die teilweise auf schwer zugängliche Hanglagen verteilt sind, und produziert einen sehr blumigen, klaren Godello.

Granja Fillaboa****
Salavaterra do Miño, (D.O. Rías Baixas)
25 ha; 180 000 Fl. • Weine: Fillaboa Fermentado en Barrica, →Fillaboa
Das Weingut stellt zwei Weine her: den jungen Fillaboa, der durch seine frische, elegante Art hervorsticht, sowie einen im Barrique vergorenen, beispielhaften Albariño, der nur in geringen Mengen erzeugt wird.

Martín Códax*–*****
Vilariño-Cambados (D.O. Rías Baixas)
150 ha; ZT, 1 250 000 Fl. • Weine: Martín Códax, Burgáns, Gallaecia, Organistrum
Der populärste Albariño Galiciens steht für Qualität. Die Weinfirma geht auf eine Kooperative zurück und verfügt über Spitzenlagen. Neben dem saftigen Jungwein Martín Códax gibt es Gallaecia, eine Spätlese, und einen im Barrique vergorenen Albariño, Organistrum sowie einen Wein mit Süßreserve.

Pazo de Señorans**–******
Meis (D.O. Rías Baixas)
10 ha; ZT; 180 000 Fl. • Weine: Pazo de Señorans, Pazo de Señorans Selección de Añada
Auf dem Anwesen der Besitzerin María Soledad Bueno und der Önologin Ana Quintela wird nach Lagen geerntet und teilweise in kleinen Tanks separat oft der beststrukturierte Albariño der D.O. vergoren. In hervorragenden Jahren lassen sie eine Selektion aus den besten Lagen eineinhalb Jahre im Stahltank reifen.

Kastilien-La Mancha

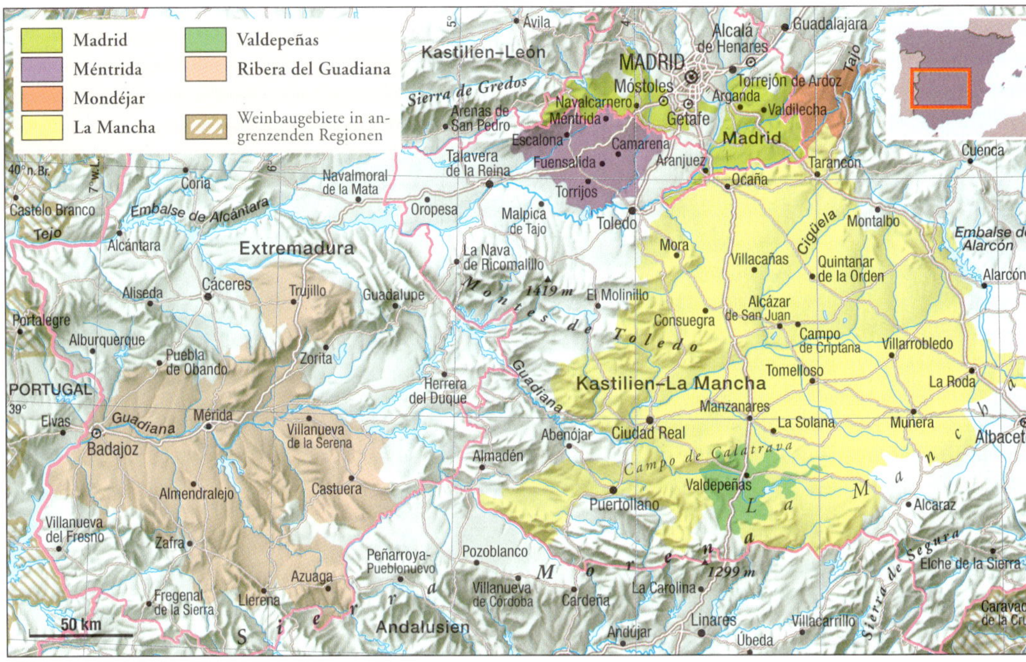

Das Zentralgebiet, wie Kastilien-La Mancha (oder Neukastilien), die größte zusammenhängende Weinbauregion der Welt, von Weineinkäufern auch genannt wird, war einer der großen Diskussionspunkte der Europakommissare beim Eintritt Spaniens 1986 in die damalige Europäische Gemeinschaft. Schließlich kam man überein, einen gewissen Teil der Rebfläche gegen Entschädigungsprämien stillzulegen. Noch heute, nachdem fast ein Drittel der Reben entfernt worden sind, fährt die Region mit ihren fünf D.O.-Gebieten La Mancha, Méntrida, Mondéjar, Valdepeñas und Almansa und einer beeindruckenden Tafelweinfläche die Hälfte der spanischen Gesamternte ein, was je nach Jahr einer Menge von 15 bis 20 Millionen Hektolitern entspricht.

Die eigentliche Problematik der Mancha, wie die gesamte Region lakonisch bezeichnet wird (nicht zu verwechseln mit der nur einen Teil abdeckenden D.O. La Mancha), liegt in der Dominanz einer einzigen Traube, der weißen Airén, der damit meistangebauten Rebsorte der Welt. Sie war aufgrund ihrer Resistenz gegen die extremen Witterungsverhältnisse als Rettung nach der Verwüstung durch die Reblaus massiv gesetzt worden, erbringt aber nur Weißweine durchschnittlicher Qualität. Viele der sorgfältig arbeitenden Kellereien vermarkten einen Teil ihres Volumens als Sektgrundweine. Dennoch gibt es in den D.O.-Gebieten La Mancha sowie Valdepeñas und auch vereinzelt in den anderen Appellationen zahlreiche gute bis sehr gute Erzeuger. Eine Hand

Links:
In diesen mannshohen Amphoren, ›tinajas‹ genannt, wird zum Teil heute noch in La Mancha der Wein vergoren.

Rechts:
La Mancha, das größte Weingebiet Spaniens, erstreckt sich über das weite, trockene Hochland der Meseta.

voll ambitionierter Weinmacher hat sich der Herausforderung gestellt, teils mit einheimischen, teils mit französischen Sorten abseits der als Qualitätsweingebiet eingestuften Flächen Spitzenweine mit eigenem Charakter zu kreieren.

Von wenigen Ausnahmen abgesehen, handelt es sich bei den bemerkenswerten Weinen der Region nicht um Weißweine, sondern um Weine aus roten Trauben, die nur ein Fünftel der über 450 000 Hektar Rebfläche bedecken. In der D.O. La Mancha, die das Herz von Neukastilien ausmacht, führt der Cencibel oder Tempranillo bei den roten Sorten. Die roten Barrique-Weine zeigen sich meist weich, sprichwörtlich von der Sonne verwöhnt, duftig und oftmals mit einem leicht erdigen Ton. Darüber hinaus werden auch moderne, fruchtbetonte Weine mit kräftiger Holznote ausgebaut, inzwischen auch häufiger unter der Verwendung von Cabernet Sauvignon. In Mondéjar und Méntrida sind die guten Rotweine noch recht dünn gesät. Méntrida beispielsweise wird zu 80 Prozent von der roten Garnacha beherrscht, die nur in alten Pflanzungen und bei niedrig gehaltenem Ertrag wirklich profunde und haltbare Rotweine erbringt. Almansa produziert vorwiegend Deckweine aus einer Traube der Garnacha-Familie mit dem Namen Garnacha Tintorera, die zu den ganz wenigen Sorten auf der Welt gehört, die rotes Fruchtfleisch besitzen. Mondéjar ist ebenfalls bekannt für Rotweine mit tiefer Farbe. Den Hauptanteil der 4 000 Hektar Reben bedeckt jedoch die weiße Sorte Malvar.

Die Windmühlen sind das Wahrzeichen der Mancha. In Consuegra stehen sie neben der verfallenen Festung und überragen die sich endlos erstreckenden Felder und Rebflächen.

D.O. Ribera del Guadiana

Mehr aus verwaltungstechnischen Gründen als aus gemeinsamen charakterlichen Eigenschaften hat man 1997 in der Makro-D.O. mit knapp 7 000 ha einen kleinen Anteil der Rebfläche der Extremadura im Südwesten des Landes unter einen Hut gepackt. Die Weine sind denkbar verschieden, denn sie stammen aus sechs unterschiedlichen Teilgebieten und werden auf der Basis von über 20 Sorten bereitet, einige davon portugiesischer Herkunft. Handfeste Qualität bei Rotweinen ist im Teilgebiet Tierra de Barros um die Stadt Almendralejo zu finden. Hier befinden sich auch einige der ältesten Kellereien. Die Stile der zum Teil sehr kräftigen Roten sind kaum vergleichbar. Sehr rustikal und rundlich wirkende Tropfen stehen makellos fruchtigen und weichen Weinen gegenüber. Die guten Gewächse werden in der Regel aus der Tempranillo im Zusammenspiel mit Garnacha oder auch Cabernet gewonnen. Bei den guten Bodegas ist Barrique-Ausbau selbstverständlich. Die anderen Teilgebiete bieten einige angenehme Überraschungen, vor allem in den höher gelegenen Gegenden der Provinz Cáceres. In den Cañamero-Bergen nahe des Klosters Guadalupe haben sich einige Winzer mit sauberen und fruchtig-saftigen Rotweinen profiliert, die mit den traditionellen, breiten Rotweinen, wie man sie häufig in den südlicheren Teilen antrifft, nichts gemein haben.

Riesiger Barrique-Keller mit edlen Rotweinen in Almendralejo

Ausgewählte Erzeuger in Kastilien-La Mancha

Bodegas Ayuso **–***
Villarrobledo (D.O. Mancha)
ZT; 5 500 000 Fl. • Weine:
u. a. Armiño,
Viña Q, Estola Reserva
Trotz seiner Größe ist dies eine überaus verlässliche Kellerei, die sich seit über fünfzig Jahren in den Händen derselben Familie befindet. Bekannt geworden ist sie durch ihren roten samtigen und angenehmen Estola. Der Pionier im Barrique-Ausbau in La Mancha verfügt heute über einen Barrique-Park von 12 000 Stück.

Bodegas Centro Españolas ***
Tomelloso (D.O. Mancha)
220 ha; ZT; 2 000 000 Fl. • Weine:
u. a. Verdial; Allozo Crianza,
Allozo Reserva
Eine der spektakulärsten Bodegagründungen der letzten Generation in La Mancha. Über drei Viertel der Produktion entfällt auf Rotweine, für die fast der gesamte Bestand an Reben gepflanzt werden musste. Bei den Rotweinen der Allozo-Linie stehen immer mehr Frucht und strukturelle Harmonie im Vordergrund als das Holz. Die Jungweine fallen generell sehr duftig und klar aus.

Bodegas Mariscal **
Mondéjar (D.O. Mondéjar)
100 ha; Fl. n n • Weine:
Vega Tajuña: Blanco, Rosado;
Tinto; Señorio de Mariscal Crianza
Zwar war Mariscal die erste Kellerei, die in Modéjar Weine in Eiche ausbaute, wie noch heute den überzeugenden Crianza, aber die Stärke besteht in den sauberen, fruchtigen Jungweinen, wofür beim Tinto Kohlensäuremazeration eingesetzt wird.

Bodegas Piqueras **–****
Almansa (D.O.Almansa)
ZT; 600 000 Fl. • Weine:
u. a. Marius: Crianza, Reserva;
Castillo de Almansa: Blanco; Rosadao;
Crianza, Reserva, Gran Reserva
Die 1915 gegründete Familienfirma ist seit vielen Jahren der einzige ernst zu nehmende Erzeuger der Region nördlich von Yecla. Die besten Roten enthalten oft an die drei Viertel Cencibel und ein Viertel Monastrell. Sie überzeugen durch Frucht und Ausgewogenheit.

Bodegas Torres Filoso **–***
Villarrobledo (D.O. Mancha)
40 ha; 100 000 Fl. • Weine:
Arboles de Castillejo,
orres Filoso, →Juan José
Der ehemalige Großerzeuger hat in wenigen Jahren seine Produktion von über einer Million Flaschen auf ein Zehntel reduziert. Die Weine besitzen viel Persönlichkeit und brauchen – für Mancha-Tintos ungewöhnlich – viel Zeit, da sie einen recht kräftigen Barrique-Touch aufweisen und mit feiner Säure unterlegt sind, wirken dann aber fein und anhaltend mit klarer Frucht.

Dehesa del Carrizal ****
Retuerta del Bullaque (ohne D.O.)
15 ha; 130 000 Fl. • Weine:
Dehesa del Carrizal
Nach einer Lehrzeit bei Carlos Falcó beschloss Ignacio de Miguel in der Nachbarprovinz Ciudad Real, dem Herzen der Mancha, ebenfalls einen anspruchsvollen Tafelwein zu kreieren. Der fassgereifte Cabernet zeigt sich wunderbar reif, dennoch frisch und wunderbar ausgewogen.

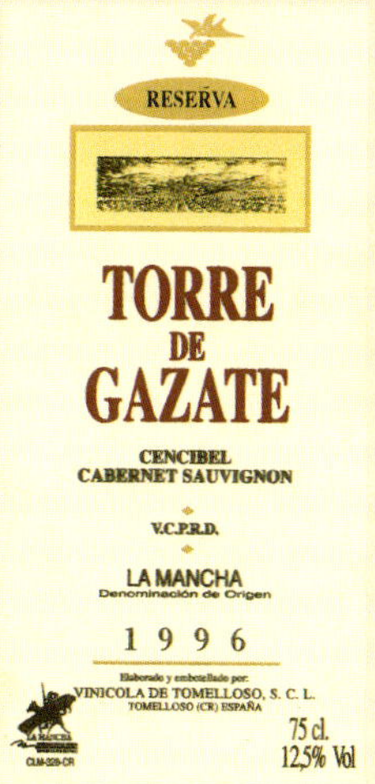

Links:
Der Wein der Mancha hat Geschichte. Er gedeiht im Schatten alter Burgen.

Marqúes de Griñon ****
Malpica de Tajo (ohne D.O.)
42 ha; 330 000 Fl. • Weine:
Marqués de Griñon:
Cabernet Sauvignon, Eméritus,
→Petit Verdot, Syrah
Seine Weine sind ein Muss unter den spanischen Gewächsen. Der Marqués de Griñon, mit bürgerlichem Namen Carlos Falcó, riskierte es, in den 1970er Jahren nach modernsten weinbaulichen Methoden französische Rebsorten auf seinem Familiensitz im trockenheißen Klima der Provinz Toledo anzupflanzen. Die sortenreinen Weine sind elegant, fein und sehr komplex. Seine rote Spitzencuvée Eméritus zeigt viel Volumen und Tiefe.

Manuel Manzaneque *–******
El Bonillo (ohne D.O.)
37 ha; 300 000 Fl. • Weine:
Manuel Manzaneque: Chardonnay;
Crianza, Reserva, →Syrah; Finca
Elez Crinaza
Der Theaterproduzent Manuel Manzaneque hat im rauen Bergland der Provinz Albacete ein kleines Weinparadies geschaffen. Auf fast 1000 m Höhe bereitet sein französischer Kellermeister sehr fruchtbetonte, aber wohl strukturierte und körperreiche Weine, die völlig aus dem in der Mancha üblichen Konzept fallen. Man legt Wert auf strenge Selektion im Weinberg und arbeitet nur mit französischer Eiche.

Vínculo *–******
Campo de Criptana, (D.O. Mancha)
ZT; 200 000 Fl. • Weine:
Vínculo
Alejandro Fernández, Vater des berühmten Tinto Pesquera, kaufte Ende der 1990er Jahre eine alte Bodega im Windmühlenstädtchen Campo de Criptana. Über Kontakte in La Mancha aus der Zeit der Anfänge von Pesquera konnte er sich mit erstklassigem Lesegut versorgen und so eine reine Cencibel- bzw. Tempranillo-Crianza ausbauen, die 2001 auf den Markt kommt. Der Wein zeigt sich voll und saftig-weich.

Viñedos y Bodegas El Barro ***
Camarena (D.O. Méntrida)
100 ha; 60 000 Fl. • Weine:
Grand Vulture
Einer der wenigen interessanten Erzeuger in der vom Fasswein dominierten D.O. Méntrida südlich der Stadt Toledo. Mit der Marke Grand Vulture hat man einen Meilenstein gesetzt, dem andere Bodegas folgen werden. Der Wein ist weich, das reife, süße Tannin gibt ihm Klasse. El Barro verfügt mit über die besten Rebstücke in der D.O.

Vinícola de Tomelloso ***
Tomelloso (D.O. Mancha)
1800 ha; 1 000 000 Fl. • Weine:
Añil; Torre de Gazate: Rosado;
Crianza, →Reserva
Alles, was dieser Betrieb macht, hat Qualität, angefangen von der Sektgrundweinbereitung bis zu den Flaschenweinen. Die Tintos, insbesondere die Reservas der Marke Torre de Gazate, manchmal sortenrein aus Cabernet, manchmal im Verschnitt mit Cencibel vinifiziert, zeigen anständige Struktur und Tiefe, dank der strikten Auslese des Leseguts.

Valdepeñas

Im Sommer wird es in Valdepeñas ausgesprochen heiß. Nur wer rechtzeitig die Fenster verdunkelt, hat Aussicht auf ein wenig Abkühlung.

Das Gebiet Valdepeñas mit seiner *Denominación de Origen* umfasst 486,8 Quadratkilometer und fügt sich wie eine Enklave in den südlichen Teil der D.O. La Mancha ein. Die Stadt, die dem Gebiet ihren Namen gegeben hat, liegt im Zentrum eines weiten, sehr flachen Tales. Auf beiden Seiten erheben sich kleine Hügelketten, die etwas Abwechslung in die Landschaft bringen und die ersten Vorboten der Ausläufer der Sierra Morena ankündigen. Val de peñas bedeutet im Kastilischen ›Tal der Steine‹.

Die glorreichen Zeiten der Stadt und ihrer Weine gehen auf die Mitte des 19. Jahrhunderts zurück. Der Weinmarkt in Madrid hatte zu diesem Zeitpunkt derart an Bedeutung gewonnen, dass man beide Städte mit einer Bahnlinie verband. Der so genannte Weinzug transportierte täglich 2 500 Weinschläuche in die Hauptstadt. Hinzu kam das Exportgeschäft, das über den Hafen von Valencia abgewickelt wurde. Zu jener Zeit wurde ein leichter Rotwein hergestellt, unter den 20 Prozent Weißwein gemischt wurde. Dieser frische und leichte Rote, auch Clarete genannt, erlangte Weltruhm und war in Südamerika ebenso begehrt wie auf den Philippinen. Er existiert immer noch. Heute werden allerdings weiße und rote Moste vermischt und nicht fertige Weine. Obwohl die Reblaus mit 30-jähriger Verspätung Valdepeñas heimsuchte – das Extremklima der Mancha hatte den Einfall hinausgezögert –, waren die Folgen für die Weingärten ähnlich verheerend wie im übrigen Europa. Die Stadt selbst verfügte jedoch über so enorme Reserven in ihren Kellern, dass der Handel weitergeführt werden konnte.

Typisch für die Weinbereitung und Weinlagerung waren die Tinajas, Tonkrüge, die von alters her mit Strohmatten oder Holzdeckeln abgedeckt wurden. Obwohl die Tinajas in den meisten Bodegas noch in Betrieb sind, dienen sie jedoch meistens nur noch der Lagerung und nicht mehr der eigentlichen Weinbereitung. Die riesigen Tinajas der letzten Generation sind nicht mehr aus Ton, sondern aus Zement und übernehmen die Aufgabe der normalen Betontanks, wie man sie überall in Europa findet. In klassischen Tinajas vergoren wird im Zeitalter moderner Gärtanks nur noch bei einigen kleineren Winzern, die noch den früheren oxidativen, aber manchmal durchaus ausdrucksvollen Valdepeñas-Typ keltern. Heute werden diese Weine immer seltener. Vor allem die großen Bodegas des Gebietes haben schon vor 20 Jahren damit begonnen, ihre Weinproduktion auf den neuesten Stand zu bringen.

Mitte der 1970er Jahre wurden die Weichen für eine qualitätsorientierte Flaschenweinproduktion

Madrid

Geografisch muss man die kleine D.O. Madrid im Grunde zur Mancha zählen. Sie erstreckt sich im Halbkreis südlich um die Haupstadt und geht in die weite Ebene des Zentralgebiets über. Früher reichte die Rebfläche bis weit in die Stadt hinein. Madrids Prachtstraße, der Paseo de la Castellana war sogar mit Rebstöcken bepflanzt. Der Teilbereich um Arganda umfasst die Hälfte der 6 000 Hektar an Rebflächen und produziert milde, leicht nussig anmutende Weißweine aus der Malvar-Traube und weitaus den größten Teil der Tinto-Fino-(Tempranillo-)Rotweine der Appellation. Sie bilden das eigentliche Potential des Gebiets, denn die besten Tinto Finos besitzen dunkle Farbe, viel Frucht und strammes Tannin. Leider gibt es bislang nur wenig Beispiele für diese Art Rotwein. In den anderen Teilgebieten um Navalcarnero und San Martín de Valdeiglesias, die weitere 5 500 Hektar unter sich aufteilen, werden neben meist uninteressanten, neutralen weißen Fassweinen Rosados und Tintos aus der Garnacha bereitet. Eine Ausnahme sind die Weine aus der weißen Albillo-Traube. Sie zeigen mit moderner Technik vergoren viel Frucht und feine Säure und erleben in den letzten Jahren eine unauffällige Wiedergeburt, nachdem sie früher als oxidative, breite Weine völlig verkannt waren. Inzwischen ist das Madrider Weinpublikum auf den Geschmack gekommen, und man findet in mancher Weinkneipe einen Albillo aus San Martín.

Auch in Madrid werden die besten Rotweine aus Tempranillo in Barricas ausgebaut.

Links:
In der Nähe der Stadt Valdepeñas weisen Windmühlen darauf hin, dass hier ein gesundes Klima für Weinbau herrscht.

Rechts:
Valdepeñas gab nicht nur dem Weingebiet den Namen, sondern beherbergt auch die überwiegende Mehrheit der namhaften Bodegas.

gestellt. Moderne Kellerausstattungen mit kühlbaren Gärtanks aus Edelstahl, Stabilisationsgebinden, modernen Filtern und anderem Gerät sind heute an der Tagesordnung. Fast alle Abfüller verfügen inzwischen auch über eine bedeutende Anzahl von Barrique-Fässern meist aus amerikanischer Eiche, um die Crianza-Rotweine des Gebietes auszubauen. Auch eine gewisse Menge an Jungweinen verlässt die Keller, die man zum Beispiel immer noch in Madrid in vielen Tapa-Kneipen in kleinen Gläsern offen ausschenkt. Die eigentlichen und gesuchten Valdepeñas-Weine sind die Crianzas, Reservas und Gran Reservas.

Sie haben für das Comeback des Gebiets gesorgt, denn trotz einer nicht unbedeutenden Weißweinproduktion aus Airén und Macabeo steht Valdepeñas heute wieder für Rotweine. Unter der erbarmungslosen Sonne der südlichen Mancha reift die Cencibel-Traube sehr gut aus und glättet sich vorteilhaft in den Eichenfässern. Die Jahrgänge erreichen dank des Klimas eine ziemlich gleichbleibende Qualität und ergeben harmonische Rote, die perfekt zum Essen passen. Oftmals als Barrique-Wein für Einsteiger abgestempelt, zeigen die eher leichten Weine viel Harmonie und gehören zu den spanischen Exportschlagern.

Ausgewählte Erzeuger

Bodegas Los Llanos ***
Valdepeñas (D.O. Valdepeñas)
350 ha; ZT; 15 000 000 Fl. • Weine: Armonioso Blanco; Loma de la Gloria, Señorío de los Llanos: Crianza, Reserva, Gran Reserva, Pata Negra Gran Reserva
Eine Großbodega, die mit einem Barrique-Stock von fast 30 000 Fässern eine enorme, aber qualitativ gute Menge von holzausgebauten Rotweinen produziert. Bekannt sind die Señorío de los Llanos Reservas und Gran Reservas, die oft eine milde, ja fast süßliche Frucht aufweisen, welche meist vorbildlich in das Holz eingebunden ist. Gutes Preis-Leistungs-Verhältnis.

Bodegas Real ***
Valdepeñas (D.O. Valdepeñas)
350 ha; 1 000 000 Fl. • Weine: u.a. Viñaluz Blanco; Bonal Tinto, Vega Ibor Varietal, Palacio de Ibor Crianza
Besitzer Sergio Barroso hält an den klassischen roten Valdepeñas-Weinen ohne Holzausbau fest, die er modern – ohne Oxidation – vinifiziert. Die Crianzas hingegen sind mit spürbarem Holz unterlegt.

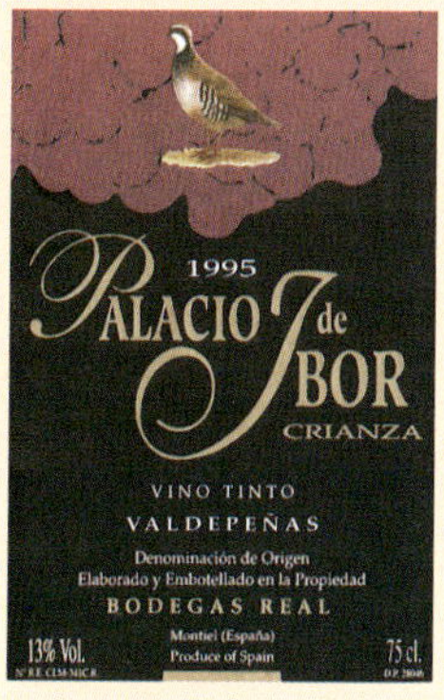

Bodegas Orusco **–***
Valdilecha (D.O. Madrid)
12 ha; ZT; 150 000 Fl. • Weine: Viña Main: Rosado; Tinto, Crianza
Das junge Familienweingut verfügt über alte Lagen. Die rote sortenreine Tempranillo-Crianza Viña Main mutet sehr klassisch, eher fein als protzig, eher rund als straff an und ist angenehm zu trinken.

Bodegas Ricardo Benito ***
Navalcarnero (D.O. Madrid)
80 ha; ZT; 850 000 Fl. • Weine: u.a. Tapón de Oro: Maceración Carbonica, Crianza; Señorío de Medina Sindonia
Der Weinstil der alten Kellerei ist unverhofft modern, vor allem bei den Rotweinen. Sie hat sich bei den Jungweinen auf Beaujolais-ähnliche Kohlensäuremazeration spezialisiert. Sie besitzen Frische, aber auch Kraft. Auch die Crianza Tapón de Oro bietet viel für wenig Geld.

Casa de la Viña ***
La Solana (D.O. Valdepeñas)
300 ha; 1 000 000 Fl. • Weine: u.a. Casa de la Viña: Rosado; Crianza, Señorío del Val
Das Vorzeigeweingut der Region entwickelte schon früh einen weichen, aber strukturierten Stil, der als Vorbild für die heutigen Valdepeñas-Weine gilt. Es gehört dem Stillweingiganten Bodegas y Bebidas, der hier mit genügend Geld die Qualität pflegt.

Miguel Calatayud ***
Valdepeñas (D.O. Valdepeñas)
50 ha; 2 500 000 Fl. • Weine: u.a. Vegaval Plata: Blanco; Tinto Crianza, Vegaval Tinto Reserva
Die Weine dieser Bodega haben alles, was ein Valdepeñas haben muss: Weichheit, Reife, dezentes Holz, Trinkfertigkeit und runde Frucht. Die beste Qualität bietet die Vegaval Plata-Reserva, die es als sortenreinen Cabernet oder Cencibel gibt.

Weinregionen der Levante

Valencia

Valencia, das Weingebiet der drittgrößten Stadt Spaniens, muss leider immer noch zu den Sorgenkindern des spanischen Weinbaus gezählt werden. Der weitaus größte Teil der Rebfläche von über 17 000 Hektar entfällt auf Weißwein, in einer Zeit, in der die Welt nach Rotwein verlangt. Was Qualität angeht, stützt man sich auf klassische Likörweine aus der Moscatel-Traube, während das Gros der Produktion als Massenware veräußert wird. Hauptsorten sind die weiße Merseguera mit 7 500 Hektar und Moscatel mit 2 200 Hektar. Die meistangepflanzte rote Sorte ist der Monastrell mit 1200 Hektar. Die Merseguera-Weine haben, sauber vinifiziert, eine ansprechende, an Limone und Apfel erinnernde Frucht. Sie sollten schnell getrunken werden. Ähnliches gilt für die roten Qualitäten, die meist aus verschiedenartigen Verschnitten von Bobal, Monastrell, Tempranillo und Garnacha bereitet werden. Einige Crianzas, bei denen meist der Bobal den Grundton angibt, bieten ein etwas höheres Niveau. Um den Mangel an Rotwein in Valencia auszugleichen, dürfen einige der Grenzgemeinden in der Nachbarregion Utiel-Requena ihren Rotwein unter der D.O. Valencia vermarkten.

Utiel-Requena

Genau westlich der Unterzone Moscatel de Valencia schließt sich das Rotweinreservoir der Autonomen Region Valencia an. Beherrscht werden die 40 000 Hektar Reben der D.O. Utiel-

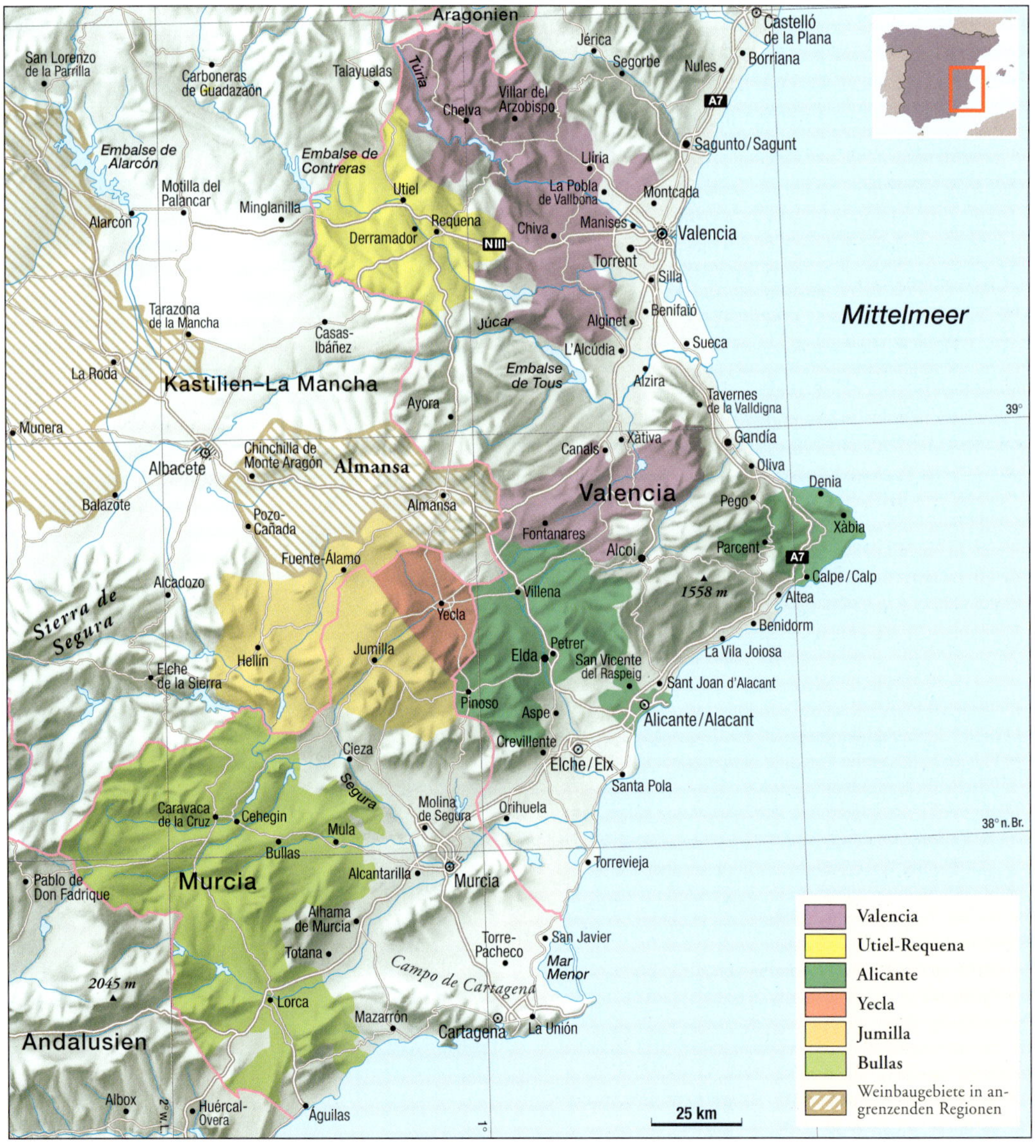

Utiel-Requena ist eine der aufstrebenden Regionen der Provinz Valencia.

Requena von einer Sorte, der Bobal, die allein 32 000 Hektar bedeckt. Das Gebiet ist nach den beiden nur etwa 15 Kilometer weit auseinander liegenden Städten Utiel und Requena benannt, die auf einer Art hügeliger Hochebene das Zentrum der D.O. bilden.

Allein die Hälfte der Reben sind um Requena gepflanzt. Neben der Bobal und weiteren roten Sorten existieren kleine Mengen Macabeo. Leider war der Bobal dazu verdammt, als Deckwein oder Basis für Rosados und junge Rotweine zu dienen, und die Möglichkeiten der Sorte wurden nie ernsthaft ergründet. Dazu trägt nach wie vor ein wesentlicher Faktor bei: Im Hochland von Valencia kann es zu frühen Herbstfrösten kommen, sodass die Winzer, die in der Regel mehr auf Menge als auf Qualität arbeiten, aus Furcht vor den Unbilden der Natur sehr früh lesen. Da diese früh gelesenen Trauben weniger stützende Tannine aufweisen, darf es nicht verwundern, dass Bobal-Weine keinen längeren Fassaufenthalt durchstehen.

Heute lassen einige Pioniere das Lesegut länger hängen und verschneiden die Traube mit Tempranillo oder Cabernet Sauvignon, was zu exzellenten Ergebnissen führt, denn die Bobal entwickelt feine Aromen von schwarzen Beeren wie etwa Holunder. Utiel-Requena birgt nach Meinung vieler spanischer Experten für die Zukunft ein großes Potential zur Herstellung guter Crianza-Qualitäten.

In der Vergangenheit lieferte die D.O. große Mengen an Deckweinen oder simpler roter Fassware, die über den nahe gelegenen Hafen von Valencia, wo praktisch der gesamte Fassweinexport Spaniens abgewickelt wurde, ihre Kunden erreichten. Zudem war Utiel-Requena die Heimat der Doble-Pasta-Deckweine. Dafür zieht man von eingemaischten roten Trauben nach wenigen Stunden den Most für Rosado ab, schüttet dann die übrig gebliebene Maische mit der aus anderen Tanks als so genannte doppelte Maische zum Gären zusammen. Der daraus gewonnene Presswein ist entsprechend konzentriert und weist höchste Farbwerte auf. Dies erklärt, warum Utiel-Requena früher nur für Rosados bekannt war.

Alicante

Die meisten Touristen, die die Costa Blanca besuchen, nehmen die Existenz der D.O. Alicante überhaupt nicht wahr. Auffallend sind allenfalls die Weinberge in der Unterzone La Marina, ungefähr 75 Kilometer nördlich der gleichnamigen, auch Alacant genannten Hauptstadt der Region. Hier wachsen vor allem Moscatel-Trauben auf einer breiten Landzunge zwischen Denia und Calpe, die weit ins Meer hinausreicht. Wegen der sehr warmen Temperaturen ist der Anbau von Qualitätsrotweintrauben hier so gut wie nie versucht worden. Der weitaus größere Teil der Rebfläche befindet sich im Landesinneren auf 500 bis 650 Metern Höhe. Dort sind die Rebberge im Januar und Februar bisweilen dem Frost ausgesetzt, denn auch das mediterrane Landesinnere hat häufig genug mit Kälteeinbrüchen zu kämpfen. Das Herz des alicantinischen Weinbaus konzentriert sich um die Städte Villena und Pinoso. In diesem südwestlichen Teilgebiet, ebenfalls schlicht Alicante genannt, das vier Fünftel der 14 000 Hektar großen D.O. stellt, dominiert der rote Monastrell, wie auch in den benachbarten Weingebieten Jumilla und Yecla. Der Unterschied zu den extrem kargen Nachbargebieten besteht in tieferen und fruchtbareren Böden, die den Weinbau erleichtern würden, wenn nur die Niederschläge regelmäßiger fielen. Monastrell wird vor allem zu Rosado oder frischen Jungweinen verarbeitet. Die wenigen Toperzeuger der Region haben aber auch damit begonnen, Weine aus Tempranillo, Pinot Noir, Cabernet Sauvignon oder Merlot zu keltern. Einige dieser Qualitäten haben sich aufgrund ihrer Reife und Würze inzwischen in die erste Reihe der spanischen Tintos geschoben.

Traditionell bekannt ist Alicante für seine Moscatel-Weine, die heute immer noch eine gewisse Rolle spielen. Zum einen existiert nach wie vor der Mistela de Moscatel beziehungsweise Vino Licor Moscatel, bei dem es sich im eigentlichen Sinne nicht um einen Wein handelt, da der süße Most nicht vergoren, sondern mit Weinalkohol auf die gewünschte Stärke angehoben wird, meist in einem Mischungsverhältniss von etwa 85 Prozent Most und 15 Prozent Alkohol. Dafür entlaubt man die Reben vor der Ernte, um eine optimale Sonneneinstrahlung zu erreichen und erntet den Moscatel Romano, wie der Alexandria-Muskateller hier genannt wird, hochreif. Aufgrund des zugesetzten Alkohols konserviert sich dieser Moscatel-Typ hervorragend.

Die aktualisierte Moscatel-Version wird kaltmazeriert und bis auf einen Restzuckergehalt von 80 bis 100 g pro Liter vergoren und erst dann mit Weingeist stummgemacht. Sie ist wesentlich weiniger und differenzierter in der Struktur, zumal die Starerzeuger inzwischen auch in Eiche vergären. Außerdem werden – wie in Valencia – einfache trockene oder halbtrockene Moscatel-Weine aus früh gelesenen Trauben vergoren, die ein bis maximal fünf Gramm Restzucker aufweisen. Diese leichten Weine stellen gut gekühlt einen ebenso frischen wie einfachen Genuss dar.

Ein anderes Kapitel ist der Fondillón, eine echte Reliquie aus der alicantinischen Weingeschichte. Zum Glück aller Freunde des Echten und Unverfälschten gewinnt dieses Weinmonument wieder mehr Zuspruch. Vergleichbar mit den wunderbaren Pedro-Ximénez-Weinen aus Montilla-Moriles, handelt es sich beim Fondillón um einen natursüßen Wein, der aus spät gelesenen Monastrell-Trauben – teilweise auch aus Garnacha – erzeugt wird und 16 bis 18 Prozent Alkohol aufweist. Bei der mindestens acht Jahre dauernden Fassreife entwickelt er eine enorme Komplexität, die ihn zum perfekten Dessertwein macht.

Ausgewählte Erzeuger der Levante

Bodegas Castaño ***
Yecla (D.O. Yecla)
320 ha; 850 000 Fl. • Weine: u. a. Castillo de Barón, Castaño: Cabernet, Monastrell, Merlot, Tempranillo; Pozuelo: Crianza, Reserva, →Hécula, Castaño Collección Crianza; Método Tradicional
Ohne die Familie Castaño wäre die D.O. Yecla völlig in Vergessenheit geraten und hätte sich weiterhin dem Fassweingeschäft gewidmet. Die Castaños haben sich als beeindruckend vielseitige Weinmacher erwiesen und zeigen ein gutes Händchen für das Kreieren von Cuvées. Eine wichtige Rolle spielt natürlich der Monastrell, der in fast alle Weine eingeht und mit dem immer bessere Erfolge beim Fassausbau erzielt werden. Vom Stil sind die Kreszenzen sehr aromabetont und nie schwer oder plump. Reizvoller roter Sekt.

Finca Luzón ***
Jumilla (D.O. Jumilla)
400 ha; ZT; 800 000 Fl. • Weine: Finca Luzón, Castillo de Luzón
Die neue Bodega ist im Sommer 2000 fertig gestellt worden und stellt die modernste Kellerei unter den Betrieben der neuen Welle in Jumilla dar. Die ursprüngliche Anlage stammt aus den 1970er Jahren. Der Neubau, mit einem kleinen, luxuriösen Hotel ausgestattet, liegt mitten in den Weinbergen. Castillo de Luzón ist nach einer Großparzelle benannt und zeigt eine wunderbar warme Frucht.

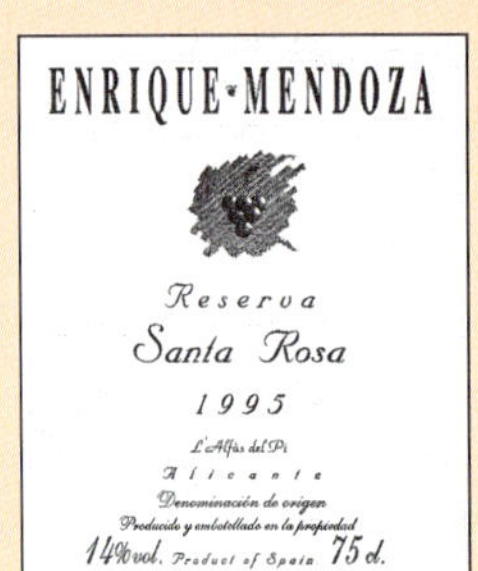

Gran Reserva de Fondillon

Julia Roch e Hijos ****
Jumilla (D.O. Jumilla)
190 ha; 270 000 Fl. • Weine: Casa Castillo Monastrell, Casa Castillo Crianza, →Pie Franco
Die Bodega verfügt über alte Monastrell-Anlagen, welche die solide Basis für die hier hergestellten Weine bilden. Die Familie Vicente keltert jedoch auch einen reinen Tempranillo nach der Beaujolais-Methode. Erstaunlich ist, dass die Spitzenlagen ohne jede Bewässerung im heißen Jumilla auskommen. Das Ergebnis ist beste Qualität bei kleinstem Ertrag. Die Weine sind fruchtig und von schönem Saft. Mit seinem neuen Wein Pie Franco hat sich Sohn und Weinmacher José María an die Spitze der Weinerzeuger der Levante gesetzt. Ein neuer Cabernet-Selektionswein soll in Kürze folgen.

Viñedos Agapito Rico *–******
Jumilla (D.O. Jumilla)
100 ha; 700 000 Fl. • Weine: Carchelo: Crianza, Reserva, →Merlot Crianza, Syrah
Die 1990 von Agapito Rico gegründete Bodega hat sich ob ihres modernen Stils schnell einen Namen gemacht. Der Weinmacher wagte es als Erster, in der D.O. französische Rebsorten im großen Stil anzupflanzen. Seine Weine sind elegant und durchweg gut strukturiert.

Murcia und seine Appellationen

Murcia ist eine der heißesten Gegenden Europas mit sehr trockenen, streckenweise wüstenähnlichen Landschaften. 2 900 Stunden im Jahr brennt die Sonne vom Himmel, Regen fällt in der Regel nur im Frühjahr und im Herbst. Die Landschaften werden von Ocker- oder Brauntönen bestimmt. Wenn man kein Dorf in Sichtweite hat, fühlt man sich wie in einem klassischen Western von John Ford. Übrigens macht die Gegend von Murcia der katalanischen Küste die Ehre streitig, als erste Wein auf der Halbinsel hergestellt zu haben. Archäologische Funde scheinen zu beweisen, dass in Murcia schon am Ende der Jungsteinzeit Most zu Wein vergoren wurde. Cartagena, die Hafenstadt der Provinz, war für die Karthager, die Nachfahren der Phönizier, der wichtigste Stützpunkt auf der Iberischen Halbinsel.

Die Weingebiete der Autonomen Region Murcia könnte man als das Hinterland der Levante bezeichnen. Die drei D.O. Bullas, Yecla und Jumilla sind bislang weder in Europa noch im Lande selbst sehr bekannt. Viel Geld wurde dort in der zweiten Hälfte des 19. Jahrhunderts verdient, als sich der französische Markt nach kräftigen Weinen mit viel Farbe umsah, um die Lücken, welche die Reblaus in die französischen Rebbestände gefressen hatte, decken zu können. Dies veranlasste die Weinbauern die rote Monastrell-Traube zu pflanzen, die genau diese Voraussetzungen erfüllte. So beherrscht diese Traube die Weinberge des levantinischen Inlands, daher nennt man diese Region auch das Imperium des Monastrell. Insgesamt dürfte es in Spanien etwa 100 000 Hektar dieser vermutlich einheimischen Traube geben. Sie wird aber auch außerhalb angebaut, vor allem in Südfrankreich, wo sie Mourvèdre heißt. Die Sorte genießt unter Liebhabern großes Ansehen und gilt als eine der vergessenen Qualitäts-Sorten mit ihren kleinen, dickschaligen Beeren, dem hohen Tanningehalt und dem in der Jugend ziemlich urwüchsigen Geschmack.

Auch in Spanien war es bis vor kurzem gang und gäbe, dass die Weine aus der Levante den farbschwächeren Gewächsen aus Zentralspanien zu mehr Farbe verhalfen und nebenbei noch den Alkoholgehalt hoben. Noch heute verkaufen die Kooperativen, deren Produktion bei weitem nicht vollständig als D.O.-Wein vermarktet wird, einen Teil der Bestände an die großen Tafelweinabfüller Spaniens und der EU.

Westlich der Stadt Murcia in der D.O. Bullas beherrscht die Sorte Monastrell die Pflanzungen und liefert überwiegend fruchtbetonte, jung zu trinkende Rotweine.

Die 1935 gegründete Genossenschaft Bodega San Isidro in Jumilla, die 8000 Hektar umfasst, baut einen Teil ihrer Monastrell-Weine in älteren Fässern aus.

Bullas

Mit dem Monastrell und dem Klima hören die Gemeinsamkeiten der drei D.O.-Gebiete auf. Sie befinden sich in unterschiedlichen Entwicklungsstadien. Noch in ihren Anfängen steckt die 1994 geschaffene D.O. Bullas, die sich vom Landesinneren der Region Murcia bis an die Küste heranschiebt und in der etwa 2 500 Hektar Reben in Ertrag stehen. Zugelassene Rebsorten sind der rote Monastrell sowie Tempranillo und die weißen Trauben Airén und Macabeo. Kaum mehr als eine Hand voll Erzeuger sind eingetragen, von denen aber nur die Hälfte D.O.-Wein abfüllt. Typisch für das Gebiet, das insgesamt etwa

30 000 Hektoliter produziert, von denen aber nur ein Zehntel als Qualitätswein vermarktet wird, sind fruchtige, aus der roten Monastrell gekelterte Rotweine. So interessant sich das Bukett des typischen Monastrell auch in den Jungweinen präsentieren mag, sie eignen sich leider oft nicht für den Ausbau in Eiche, da die Weine zu einer raschen Oxidation neigen. Nur bei bester Traubenqualität ist der Ausbau reiner Monastrell-Weine in Eiche möglich. Die Monopolstellung dieser Hauptsorte wird nun vor allem im wichtigsten Teilgebiet des Gebietes um Bullas und Caravaca de la Cruz eingeschränkt, indem vermehrt Tempranillo gepflanzt wird. Trotzdem wagte eine Genossenschaft, eine Crianza des Jahrgangs 95 aus reinem Monastrell in amerikanischer Eiche auszubauen. Das Beispiel machte Schule, denn andere Erzeuger beginnen, das Potential der vielen vorhandenen alten Monastrell-Pflanzungen auszuloten. Nach wie vor macht die Traube einen Anteil von 94 Prozent der Reben aus.

Jumilla

Mit fast 40 000 Hektar Reben, die sich in geringerem Maße über die neukastilische Provinz Albacete und Teile von Murcia erstrecken, ist Jumilla nicht mehr nur mengenmässig eine der bedeutenden Appellationen des Landes. Obwohl auch hier die unterschätzte Monastrell die Hauptrolle spielt, haben sich einige virtuose Weinmacher in die Gruppe der spanischen Topproduzenten geschoben. Ähnlich wie im altkastilischen

So malerisch die Burgen Murcia und seine Weingebiete bewachen, die natürlichen Bedingungen für den Weinbau sind aufgrund von Dürre und Hitze hart.

Toro, schätzt man die Möglichkeiten des Gebiets hoch ein. Schon Ende der 1980er Jahre hat sich eine berühmte französische Weinproduzentengruppe hier niedergelassen, um den trockenen Kalkböden Spitzenweine zu entlocken. Tatsächlich hat man erstaunliche Ergebnisse mit Monastrell erzielt, indem man den Erntezeitpunkt vorverlegte und so elegantere, leichtere, in der Frucht feiner definierte Rotweine bekam. Denn um Reife braucht man sich bei dem intensiven Sonnenschein keine Sorgen zu machen.

Wie in kaum einer anderen D.O. entfaltet die rote Syrah, die vor allem im Rhône-Tal zu Ruhm gekommen war, auf der leicht welligen, von allen Seiten von schroffen, kahlen Bergketten eingeschlossenen Hochfläche ihren herrlichen fruchtig-würzigen Charakter. Sie wird von der kleinen, aber experimentierfreudigen Avantgarde der ortsansässigen Bodegueros mit bemerkenswertem Erfolg genutzt.

Auch Cabernet und Merlot erbringen kleine, aber qualitativ hoch stehende Erträge. Einige der ausdrucksvollsten Crianza-Rotweine der südlichen Landeshälfte werden in Jumilla auf der Basis von Verschnitten des Monastrell mit den genannten fremden Sorten erzeugt und zeigen, welches Potential dieses Gebiet besitzt.

Erwähnenswert sind zudem die natursüßen Weine, die traditionell aus Monastrell gewonnen werden und nach oxidativem Ausbau komplexe Aromen wie Kakao, Kaffee und fast orientalisch anmutende Gewürze in ihrem intensiven Bukett vereinen.

Yecla

Yecla ist das einzige Weingebiet Spaniens, welches aus einer einzigen Gemeinde besteht. Insgesamt befinden sich um die Stadt etwa 20 000 Hektar Reben, die teilweise mit alten spanischen Sorten bepflanzt sind. Es finden sich auch uralte, von der Reblaus unbeschadete Weinberge. Das sehr trockene Klima, die extrem kargen Böden und die Berge, die das Gebiet von der Küste und dem Norden trennen, verhinderten den Vormarsch des Schädlings. Bis heute steht fast die Hälfte aller Anpflanzungen auf wurzelechten Rebstöcken, die den Charakter der Rebsorten besser als Pfropfreben hervorbringen.

Als die D.O. Yecla gegründet wurde, entschied man sich dafür, nur 3 500 Hektar als Qualitätsweinfläche einzuschreiben, wohl um den Fassweinhandel zu konkurrenzfähigen Preisen aufrechterhalten zu können. Bei großen Teilen der Rebfläche schloss man folgerichtig auch Deckweinsorten wie Garnacha Tintorera oder Forcallat aus. Die Hauptsorte ist mit über 60 Prozent wie in den anderen levantinischen Inlandgebieten der Monastrell. In bescheidenem Maße hat man Cabernet Sauvignon, Merlot und Tempranillo gepflanzt, an weißen Trauben finden sich Macabeo und Airén.

Um Rotweine herzustellen, die man auch jung trinken kann, wird der Monastrell oft in Kohlensäuremaischung vinifiziert, wofür er sich bestens eignet. Diese Methode basiert in der Region auf der traditionellen Kellertechnik, bei der die Trauben ungequetscht und unentrappt vergoren wurden. Der wichtigste Erzeuger am Ort – Flaschenweine füllen nur drei Betriebe ab – erzielt jedoch mit Lesegut aus alten, tanninreichen Monastrell-Trauben sehr gute Crianza-Rotweine. Um die Komplexität zu steigern, werden auch Coupagen aus Cabernet Sauvignon, Tempranillo und Monastrell bereitet, die sich stabil und dank des Monastrell-Anteiles opulent und und geruchsintensiv geben.

Die Männer der Familie Castaño können stolz sein: Ihre Weine sind zum Aushängeschild der D.O. Yecla geworden.

Die Entwicklung des neuen Weinbergs der Bodegas Castaño, der auf einem besonders steinigen Hang angelegt wurde, wird gewissenhaft verfolgt.

Wein in Andalusien

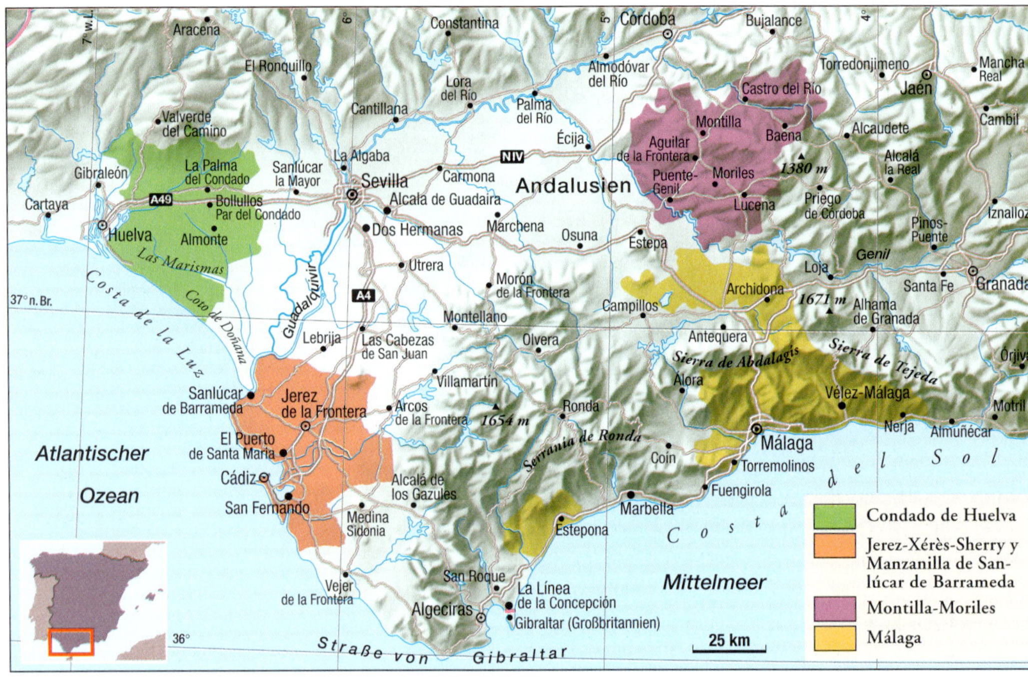

Die Bodega del Toro bei Barbadillo in San Llucar de Barrameda

Andalusien ist eine Weinwelt für sich. Selbst in Spanien kennt man sie im Grunde nur oberflächlich. Es ist paradox, dass über die traditionellen Weine aus Jerez, Málaga, Huelva und Córdoba so wenig bekannt ist. Dabei kann man mit Fug und Recht behaupten, dass sie weltweit ihresgleichen suchen und damit den einzigen authentischen Beitrag Spaniens zur internationalen Weingeschichte darstellen. Geografisch konzentriert sich der Weinbau in Spaniens südlichster autonomer Region auf deren Westen und Mitte. Hier gründeten vor etwa 3 000 Jahren die Phönizier Cádiz und pflanzten die ersten Reben. Professionell betrieben wurde das Weingeschäft vermutlich erst unter den Griechen, die den Rebschnitt einführten. Jede der vier Appellationen blickt auf ihre eigene ruhmvolle Geschichte zurück. Erst in den Krisenjahren des 20. Jahrhunderts entstanden Absatzprobleme für die Klassiker, die allerdings bis zum heutigen Tag anhalten.

Entgegen der Vorstellung, die man vom warmen Südspanien hat, fällt in den Weingebieten an der Küste im Winter und im Frühjahr recht viel Regen. In den nahe ans Meer vorgeschobenen Grazalema-Bergen der Provinz Cádiz findet sich sogar die niederschlagsreichste Gegend Spaniens. Die Anzahl der Sonnenstunden im Gebiet von Jerez und Sanlúcar de Barrameda gehört mit 3 000 im Jahr allerdings zu den höchsten der Welt.

Zwar sind die klassischen Weintypen der vier D.O.-Gebiete nicht identisch, doch gehören sie in dieselbe Kategorie. Es handelt sich durchweg um kräftige Weine, die entweder auf natürliche Weise oder durch Aufspritung einen hohen Alkoholgehalt erlangen und deshalb oft als Apertif- oder Digestif-Weine eingestuft werden. Dabei sind jedoch einige dieser Weine, wie etwa die Finos oder Manzanillas, angenehme Essensbegleiter und passen ausgezeichnet zu andalusischen Spezialitäten wie luftgetrocknetem Schinken, gebratenen und frittierten Meeresfrüchten oder Tapas.

Starke Weine aus dem Süden

Ohne Sonnenschutz macht sich niemand auf den Weg zur Arbeit in den Weinberg.

Spätestens seit dem Hochmittelalter wurden Weine in Andalusien systematisch mit Alkohol versetzt, mit dem Unterschied, dass man Weinbrand statt reinen Weingeist benutzte. Die Industrialisierung der Destillation stand noch bevor und die fortgeschrittenen Kenntnisse der Araber auf dem Gebiet – sie benutzten Alkohol zu klinischen Zwecken – waren, wie so vieles andere auch, teilweise verloren gegangen. Die Aufspritung hatte den Grund, die Weine haltbarer zu machen. So konnten sie lange in Fässern oxidativ altern und um die halbe Welt transportiert werden, ohne sich dabei in Essig zu verwandeln. Die meisten der klassischen Weintypen aus Jerez, Huelva und Córdoba ebenso wie die berühmten Süßweine Málagas, die in ihrer Vielfalt und Subtilität unvergleichliche Geruchs- und Geschmackserlebnisse vermitteln können, werden so bereitet.

In den beiden letzten Jahrzehnten des 20. Jahrhunderts ging man auch in Andalusien, und vor allem in Huelva, zum Teil dazu über, Tafelweine zu erzeugen, da der Markt für verstärkte Weine immer mehr zusammenschrumpfte. So erhielt das westlichste der andalusischen Qualitätsweingebiete als erstes die Genehmigung, einen weißen ungespriteten Wein in die D.O. aufzunehmen. Die großen Genossenschaften schwenkten schnell auf den neuen Trend ein und begannen, leichte, frische Weißweine zu keltern, deren Trauben schon sehr früh gelesen werden, um den Alkoholgehalt niedrig zu halten. Fast die Hälfte der Produktion des Gebiets entfällt heute auf diesen Typ. Auch in den anderen D.O.-Gebieten werden inzwischen unverstärkte Weine produziert, obwohl die Menge im Vergleich zu Huelva gering ist und die Weine nicht als D.O.-Qualitäten ausgezeichnet werden dürfen.

Der Aufschwung, den der spanische Wein in den letzten Jahren genommen hat, veranlasste mehr als einen Weinmacher aus dem Zentrum des Landes, sich in Andalusien umzuschauen, mit dem Ziel, neue Lagen für die Produktion von Rotweinen auszuspähen. Der deutsche Prinz von Hohenlohe hegt und pflegt schon seit geraumer Zeit Rebgärten, die er bei Ronda im Hochland von Málaga hat anlegen lassen. Seiner Bodega entspringt alljährlich der Beweis, dass es durchaus möglich ist, anspruchsvolle rote Kreszenzen andalusischer Herkunft zu produzieren.

Die Weingebiete Andalusiens

D.O. Montilla-Moriles

In den 10 000 Hektar Weinbergen dieses im Süden der Provinz Córdoba gelegenen Gebietes dominiert die Sorte Pedro Ximénez, die der Hitze gut gewachsen ist. Aus ihren Trauben erzeugt man im Solera-Verfahren zu einem großen Teil aromatische, körperreiche, nussige Finos, aber auch Amontillados, Olorosos und Palo Cortados werden ausgebaut. Dabei entwickeln die Trauben am Stock so viel potentiellen Alkoholgehalt, dass die Weine nicht verstärkt werden müssen. Für die schweren, süßen und sehr komplexen Dessertweine lässt man die Trauben in der Sonne trocknen, bevor sie gepresst und durch die Zugabe von Weingeist stummgemacht werden.

D.O. Málaga

Die D.O. Málaga war schon im 13. Jahrhundert berühmt für ihre Süßweine und lief den Weinen aus Jerez zu bestimmten Zeiten den Rang ab. Durch das weltweite Imageproblem der Süßweine in der zweiten Hälfte des 20. Jahrhunderts verloren die Málagas an Bedeutung, was sich auch drastisch auf die Rebfläche auswirkte. Heute sind noch ganze 950 Hektar Reben als D.O.-Fläche ausgewiesen und die Anzahl der Betriebe ist auf ein Dutzend gesunken. Die Hauptsorte ist Pero Ximén, wie der Pedro Ximénez im Gebiet genannt wird, begleitet von der Moscatel. Klassische Málagas werden sortenrein vinifiziert, obwohl gelegentlich auch Verschnitte produziert werden.

D.O. Jerez-Xérès-Sherry y Manzanilla de Sanlúcar de Barameda

Zwischen den Städten Jerez de la Frontera, Puerto de Santa Maria und Sanlúcar de Barrameda erstrecken sich die gut 10 000 Hektar Rebflächen dieses berühmten Gebiets, das schon der maurische Geograf Ibn Adbd al-Mun'im vor 1000 Jahren in höchsten Tönen lobte. Die weiße Sorte Palomino Fino, die zunächst nur neutrale Weine ergibt, macht 96 Prozent aus. Der Rest verteilt sich auf Pedro Ximénez und Moscatel für die süßen Qualitäten. Der Ausbau findet im Solera-Verfahren statt. Als Spezialität werden seit kurzem alte Jahrgangsherrys angeboten. Einige Bodegas erzeugen auch frische Weißweine aus Palomino.

D.O. Condado de Huelva

Westlich von Sevilla und vom Weingebiet von Jerez durch das gewaltige Guadalquivir-Delta getrennt, liegt das Gebiet der D.O. Condado de Huelve. Hier herrscht die Sorte Zalema vor, die sich ebenfalls im Solera-Verfahren zu hervorragenden alten Condados, die Olorosos gleichen, ausbauen lässt. Die meisten Betriebe haben sich heute zum großen Teil auf die Abfüllung von trockenen frischen Weißweinen umgestellt, obwohl sie noch kaum über die eigenen Grenzen hinaus bekannt geworden sind. Bewirtschaftet werden heute nach starken Einbußen 7 500 Hektar.

Málaga und Montilla-Moriles

Leider finden die wunderbaren Süßweine aus Málaga und die mit dem Sherry verwandten Tropfen aus Montilla-Moriles im Zentrum der Provinz Córdoba nicht die Beachtung, die sie verdienen. Einst gehörten sie neben den Weinen aus Marsala auf Sizilien und Madeira zu den begehrtesten Dessertweinen der Welt, und um 1850 war die Provinz mit 100 000 Hektar das zweitgrößte Weingebiet Spaniens. Der mit der modernen, kalorienärmeren Lebensführung einhergehende Einbruch im Markt der Süßweine, die planlose Verramschung als Billigprodukt in Supermärkten und eine ständig abnehmende Rebfläche bedingt durch eine Bauspekulation, die der Massentourismus mit sich brachte, haben die Produktion auf unter drei Millionen Liter gedrückt. Drei Viertel davon entfallen auf Süßweine, von denen immer noch große Mengen als Faßware verkauft werden. Dabei gehören die Topqualitäten der kleinen D.O. zum Erstaunlichsten, was Europa an önologischen Schätzen zu bieten hat!

Hergestellt werden zwei Arten von Málaga. Einmal der natürliche Süßwein, Dulce Natural oder einfach Málaga genannt, der mindestens 300 Gramm Restzucker aufweisen muss und mindestens 13 Prozent Alkohol ohne jegliche Aufspritung enthält. Er entsteht vorwiegend aus Pero Ximén, wie man den Pedro Ximénez hier nennt, kann aber auch eine kleine Dosierung Moscatel enthalten. Pedro Ximénez wächst in der Zona Norte und macht nur etwas mehr als die Hälfte der in die D.O. eingetragenen 1000 Hektar aus.

Der zweite Typus ist der Likörwein aus der Moscatel, der in seiner Machart dem Licor de Valencia gleicht. Das neue Statut der D.O. schützt inzwischen einen neuen Moscatel-Typ, der keine Reife braucht und dem weder Zucker, Most noch Alkohol zugesetzt werden. Dieser Moscatel Natural stellt eine fruchtige, sehr gelungene Aktualisierung des klassischen Moscatel dar.

Die Qualität basiert auf dem Bestand an alten Rebstöcken, die bei Mindesterträgen in der Zona Norte exzellente Pedro-Ximénez-Trauben und im Teilgebiet Axarquía auf Schieferabraumböden Moskatel-Trauben hervorbringen, die dickflüssige Moste von großem Aroma und extremer Konzentration ergeben. Nachdem ihnen Weinalkohol zugefügt wird, um die vorgeschriebenen 15 Prozent Mindestalkoholgehalt zu erreichen, werden sie in Eichenfässern einer oxidativen Reifung ausgesetzt, welche den Weinen je nach Alter einen bernsteingelben bis schwärzlichen Ton verleiht. Dabei besteht der klassische Málaga nicht nur aus üblichem Most. Das Verhältniss von eingedicktem Süßmost (*arrope*) und Wein aus in der Sonne getrockneten Trauben (vino tierno) ist ein Geheimnis, das jeder Erzeuger streng wahrt.

Seitdem das Interesse an hochwertigen Dessertweinen wieder erwacht ist, haben vier der neun Abfüllbetriebe verstärkt auf alte Málaga-Bestände zurückgegriffen und warten verstärkt mit Tras-Añejo-Qualitäten auf. Diese Qualitätsstufe steht für über fünf Jahre gereifte Weine, wobei die meisten wesentlich älter sind. Bei den Bodegas handelt es sich um López Hermanos, bekannt für den Málaga Virgen, Gomara, López García und Suárez Villalba mit der Marke Guita Penas.

Die Vielfalt der Bezeichnungen auf den Etiketten hat man im Wesentlichen deutschen Händlern zu verdanken, die lange Zeit das Málaga-Geschäft dominierten, sogar eigene Bodegas besaßen und exakt den gewünschten Weintyp vorschrieben, also u. a. trocken (*seco*), süß (*dulce*), hell (*pálido*), dunkel (*oscuro*), alt (*añejo*), cream (halbtrocken) und *lágrima*. Lágrima steht für Most, der ohne Pressung abläuft; die höchste Qualität wäre demnach ein Lágrima Tras Añejo!

Misst man Erfolg in Absatzzahlen, befindet sich das nördliche Nachbargebiet Montilla-Moriles in einer glücklicheren Situation als Málaga. Es wurde schon 1945 D.O. und kann auf eine ebenso ruhmreiche Geschichte zurückblicken wie Jerez oder Málaga. Wahrscheinlich befinden sich die

Gabriel Gomez Nevado, ausgezeichneter Fino-Erzeuger in Villaviciosa de Cordoba, ist ein Meister im Umgang mit der Venencia, mit der er eine Fassprobe ins Glas füllt.

Links:
Auf dem Jungwein hat sich ein Hefeflor gebildet.

Rechts:
Prüfen der Füllhöhe des Fasses mit einem Holzstab

Wurzeln der andalusischen Likörweintradition sogar hier und nicht in Jerez, während man die Weine heute oft als billige Sherrys abtut. Noch in den 1920er Jahren waren sich die Kenner darüber einig, dass die Weine aus Montilla und Moriles zu den fünf besten der Welt gehörten.

Die auf den verbliebenen 10 500 Hektar Rebfläche meistangebaute Sorte ist Pedro Ximénez. Sie ist wesentlich hitzebeständiger als Palomino und erbringt in dem extrem trockenen Klima des Hochlands leicht 15 Prozent Alkohol. Wie in Jerez bildet sich auch hier auf den Finos ein Hefeflor, mit dem Unterschied, dass die meisten Finos nicht aufgespritet werden müssen. Ansonsten ist das Reifesystem der Criaderas und Soleras mit dem der Weine aus Jerez, El Puerto und Sanlúcar identisch. Heute werden zu fast 70 Prozent Finos ausgebaut. Tradition haben auch die aus der zweiten Pressung hergestellten Olorosos. Die Montilla-Moriles-Finos neigen eher zu Noten von Gewürzkräutern wie Thymian und Oregano und wirken bei festerem, öligerem Körper weniger trocken, aber etwas rustikaler.

Ein eigenes Profil gewinnt das Gebiet zunehmend durch die PX-Süßweine (PX steht für Pedro Ximénez), für die das Lesegut auf leicht geneigten Netzen oder geflochtenen Matten in der Sonne getrocknet wird. Der Arbeitsaufwand des Ausbreitens, Drehens, Wendens und anschließenden Selektionierens der Frucht per Hand ist beträchtlich, die Preise für diese denkbar konzentrierten und aromatischen Weine sind äußerst günstig. Einige der Betriebe verfügen noch über Eichenfässer mit oxidativ gereiften PX aus den 1920er bis 1930er Jahren von hoher Qualität. Einige Erzeuger haben, ähnlich wie in Condado de Huelva, inzwischen damit begonnen auch trockene, extrem leichte, unkomplizierte Tafelweine zu keltern.

Ausgewählte Erzeuger

López Hermanos ***–****
Málaga (D.O. Málaga)
250 ha; ZT; 2 200 000 Fl. • Weine: u. a. Oloroso Trajinero, Pale Cream Cartojal, →Málaga Virgen, PX Don Juan
Die Familie Burgos López ist mit ihrer Bodega das Aushängeschild, was Qualität und Menge in der D.O. betrifft. Fast 90% der Gesamtproduktion der D.O. entstammt der Bodega im Industriegebiet von Málaga. Seit einiger Zeit bietet sie eine Linie von sehr alten Málaga-Weinen an wie den Pedro Ximénez Don Juan.

Larios ***
Málaga (D.O. Málaga)
ZT; 225 000 Fl. • Weine: Oloroso Benefique, Málaga Larios
Die zu Pracsa gehörende Bodega keltert traditionelle und sehr saubere Qualitäten. Der Larios Málaga ist ein Klassiker. Zudem bietet die Bodega einen trockenen, reifen und eleganten Oloroso Benefique an. Die Firma ist dabei, ihren Keller auf den neuesten technischen Stand zu bringen. Einen großer Teil der Produktion wird nach wie vor als Fassware verkauft.

Toro Albalá ****
Aguilar de la Frontera (D.O. Montilla-Moriles)
35 ha; ZT; 500 000 Fl. • Weine: u. a. Fino Electrico, Amontillado Convento, Dulce Don PX, →Don PX Gran Reserva
Familienbodega des Önologen Antonio Sánchez. Mit seinen Markenprodukten wie Fino Eléctrico hat er frischen Wind in die vor sich hin dämmernde D.O. gebracht. Spektakulären Erfolg hat er in jüngster Zeit mit seinen Jahrgangs-PX und den einmaligen Partien uralter PX- und Amontillado-Weine.

Alvear, Montilla ****
(D.O. Montilla-Moriles)
300 ha; ZT; 8 000 000 Fl. • Weine: u. a. Fino C.B., Amontillado Carlos VII, Oloroso Pelayo, →Pedro Ximénez 1927, →Pedro Ximénez 1830, →Solera Fundación
Eine der ältesten Bodegas Spaniens – immer noch in Besitz der Familie Alvear – und Vorreiter uralter PX-Qualitäten zu angemessenen Preisen. Alvear gehört zu den Pionieren der Jungwein-Herstellung im Gebiet.

Sherry und Manzanilla

Xeris war der arabische Name für die Stadt Jerez. Da die Engländer ihn nicht aussprechen konnten, sagten sie einfach Sherry. Heute stehen die Namen Jerez, Xérèz oder Sherry als Synonyme für die Weine aus der Gegend der westandalusischen Stadt Jerez de la Frontera, wobei es im Grunde nur um das so genannte Goldene Dreieck zwischen den drei Hauptgemeinden Jerez, El Puerto de Santa María und Sanlúcar de Barrameda geht. Zur Doppel-D.O. Jerez y Manzanilla de Sanlúcar de Barrameda gehören jedoch auch Böden südlich von El Puerto und nördlich von Sanlúcar.

Die besten Traubenqualitäten liefern die Albarizas, blendend weiße Kreideböden innerhalb des Dreiecks, das auch als Jerez Superior bezeichnet wird. Sie können bis zu 33 Prozent ihres Gewichtes an Wasser aufnehmen und bilden in den heißen Monaten eine risslose Kruste, die hohe Verdunstungsverluste vermeidet. Über 80 Prozent der 10 400 Hektar Weinberge der D.O. besitzen diese privilegierten Böden.

Jerez ist das unangefochtene Reich der Palomino-Traube, die hier besonders gut gedeiht. Neben ihr bestehen gerade 200 Hektar Moscatel sowie 100 Hektar Pedro Ximénez, die vor allem zur Süßung dienen. Das Geheimnis der Jerez-Weine liegt jedoch weniger in den Lagen und auch nicht in den Rebsorten, sondern in dem einmaligen Klima, den ehrwürdigen, ungemein intelligent entworfenen Bodegas und vor allem in den alten Fässern, in denen er vorbereitet wird. Der erste Schritt zum späteren Sherry besteht darin, aus den Palomino-Trauben einen trockenen Weißwein zu vergären. Bereits an der Kelter entscheidet dann der Kellermeister, welcher Sherry-Typ aus dem angelieferten Lesegut entstehen soll. Für Finos und Manzanilla werden nur Trauben aus den besten Lagen, dem Jerez Superior, verwendet. Nachdem der fertige Wein in alte Fässer aus amerikanischer Eiche gefüllt wurde, klassifiziert man ihn ein zweites Mal und markiert nach der Verkostung die Botas, wie man die 500 Liter großen Holzgebinde nennt, mit folgenden Zeichen:

Die blendend weißen Albariza-Böden von Jerez

Im Glas klar zu erkennen: Der Hefeflor hat eine Schutzschicht gebildet.

Beste Amontillados und Olorosos altern über Jahrzehnte in Fässern.

Fino, Amontillado, Oloroso – diese drei wichtigsten Sherrytypen unterscheiden sich nicht nur sehr deutlich in der Farbe, sondern ebenso unverkennbar in Geruch und Geschmack.

Der Kellermeister von Barbadillo beim Begutachten eines alten Weins in Sanlúcar de Barrameda.

Markierung der Botas

- Ein Strich: Die feinsten und elegantesten Weine mit einem für die Ausreifung zu Finos, Manzanillas und Amontillados geeigneten Aroma.
- Ein Strich und Punkt: Weine mit mehr Körper für die Ausreifung von Olorosos.
- Zwei Striche: Wein, der für andere Typen als Fino bestimmt ist und je nach seiner Entwicklung nachklassifiziert werden muss.
- Drei Striche: Weine minderer Qualität, die für die Destillation bestimmt sind.

Sind die Fässer erst einmal markiert, wird der Wein je nach angestrebtem Sherry-Typ in unterschiedlichem Maße mit Weinalkohol verstärkt: 15 bis 15,5 Prozent für spätere Finos und Manzanillas sowie etwa 17,5 Prozent für Olorosos. Die Fässer mit dem jungen Wein kommen dann in den Jahrgangskeller, wo sie je nach Typ unterschiedlich lange ruhen, bis sie in das berühmte Solera-System eingespeist werden.

Wer kennt ihn nicht?

Bei 15 Prozent Alkohol entsteht auf der Weinoberfläche im Fass eine Hefeblume, die man Flor nennt. Da diese Hefeschicht nicht nur Alkohol, sondern auch Sauerstoff braucht, füllt man die Fässer nicht ganz voll. Der Flor, ein schmutzigweißes, an Schaum erinnerndes Gebilde, schützt den Wein vor Luftkontakt und gibt ihm über die Jahre sein spezielles Aroma. Diese Flordecke entsteht nur im speziellen Klima Südwestandalusiens, wobei die Feuchtigkeit der Meeresluft eine entscheidende Rolle spielt.

Das Durchschnittsalter der über 1,1 Millionen in Gebrauch befindlichen Fässer in der D.O. Jerez beträgt rund 40 Jahre. In diesen Gebinden ist der Pilz heimisch und benötigt keine Stimulanz von Menschenhand. Um jedoch die Nährstoffversorgung des Flors zu garantieren, muss immer wieder frischer Wein zugeführt werden, und darin liegt unter anderem der Sinn des Solera-Systems. Unter dem Flor reifen nur Finos und Manzanillas. Dabei handelt es sich jeweils um den gleichen Typ von hellem, frischem, hefebetontem Wein. Doch

Zu Füßen des Alcazar von Jerez de la Frontera und in Nachbarschaft der Kathedrale reihen sich die Kellerhallen von González Byass, der größten Sherry-Bodega der Stadt, aneinander.

Finos, die in den Bodegas von Jerez de la Frontera und Puerto de Santa Maria reifen, sind einen Hauch getönter und kräftiger, weil im Osten der D.O. Jerez y Manzanilla de Sanlúcar de Barrameda der Flor etwas ungünstigere klimatische Bedingungen vorfindet und sich daher keine geschlossene Decke über den Weinen bilden kann; ein Nebeneffekt ist allerdings, dass sich dabei ein feines Mandelaroma entwickeln kann.

Manzanillas dagegen stammen nur aus Sanlúcar de Barrameda, dem westlichen Bereich der D.O., an der Mündung des Guadalquivir, wo eine deutlich erhöhte Luftfeuchtigkeit für eine ständige, die Weine optimaler schützende Hefedecke sorgt. Entsprechend sind die Manzanillas heller, leichter, herber, wobei sie oft eine eigenartige charakteristische Jodnote besitzen.

Diejenigen Weine, die sich im Laufe ihrer Reifezeit zu Olorosos entwickeln sollen, werden im Februar nach der Ernte, wenn sich gerade ein Ansatz des so wichtigen Hefeflors entwickelt, um zwei Alkoholgrade mehr verstärkt als die Finos, sodass der Pilz abstirbt. Die anschließende Reifung verläuft rein oxidativ ohne den Flor.

Sherry-Typen

Almacenista-Sherry:
Raritäten von kleinen, privaten Erzeugern
Amontillado:
Gealterte und oxydativ ausgebaute Finos mit einer schönen Bernsteinfarbe; trockene Spitzenqualitäten sind kraftvoll, vielschichtig mit Nussaromen
Cream Sherry:
Oloroso; ein Sherry, dem Süßwein aus Pedro Ximénez oder Moscatel zugefügt wurde; sehr voll und rund
Fino:
Sehr trockener, heller Sherry, unter Flor gereift, am besten in den sechs Monaten nach der Abfüllung zu genießen; besitzt Hefe- und Mandelaromen; gut gekühlt als Aperitif, zu Tapas oder Fischgerichten; angebrochen nicht lange haltbar
Manzanilla:
Der besonders leichte und helle Fino aus Sanlúcar de Barrameda, der eine feine Jodnote besitzt
Manzanilla Pasada:
Selten, hervorragende Amontillado-Version aus Sanlúcar; sehr vielschichtig und elegant
Oloroso:
Lange oxydativ, ohne Flor ausgebaute körperreiche, komplexe Weine mit Aromen von getrockneten Früchten und Nüssen
Palo Cortado:
Sehr seltener, trockener, äußerst feiner und komplexer Sherry, der ebenfalls ohne Flor alterte: zwischen Amontillado und Oloroso angesiedelt, sein Aroma tendiert eher zum Amontillado, Geschmack und Duft erinnert an einen Oloroso
Pedro Ximénez:
Selten als sortenreiner, extrem süßer Dessertwein, sonst mit Oloroso assembliert

Das Solera-System

Links und rechts:
Mit Hilfe einer Metallkanne füllt der ›capataz‹ die Fässer einer Solera. Nachdem aus der untersten Reihe Wein zur Abfüllung abgezogen wurde, lässt er die Kanne aus der nächstjüngeren Fassreihe voll laufen, um damit die fehlende Menge zu ersetzen. So fährt er fort, bis er zur jüngsten ›criadera‹ vorgestoßen ist, zu der er Jungwein zufügt.

Spätestens seit dem 13. oder 14. Jahrhundert verstärkte man die Weine von Jerez und gab ihnen dadurch eine unerschütterliche Haltbarkeit. Das Solera-System stammt jedoch erst aus der zweiten Hälfte des 19. Jahrhunderts, als die englischen Importeure von den Weinkellereien in Jerez homogene Weine mit gleich bleibendem Geschmack forderten. Bis dahin hatte man den Jerez nach dem Jahrgangssystem – Añada genannt – gealtert. Heute gehörten alte Jahrgangs-Sherrys zu den größten Raritäten.
Man muss sich das Solera-System im Prinzip als lange Reihen übereinander gestapelter 500-Liter-Fässer vorstellen. Der Kellermeister zieht vom untersten, als Solera bezeichnetem Fass (suelo heißt auf spanisch Boden) eine gewisse Menge Sherry zum Abfüllen ab, und zwar nie mehr als höchstens ein Drittel. Dann füllt er aus dem Fass in der nächsthöheren Reihe, der ersten Criadera, die gleiche Menge wieder nach. Dies setzt er bis zur obersten Fassreihe fort, wo die fehlende Menge durch Wein aus dem Jahrgangskeller ersetzt wird. Auf diese Weise prägen die älteren die jüngeren nachgefüllten Weine, und die Solera, die ihren eigenen typischen Charakter besitzt, verleiht ihn im Laufe dieses stufenweisen Alterungsprozess an alle, in sie eingefüllten Weine. Dadurch werden über die Jahre sämtliche Jahrgangsunterschiede verschmolzen und der – immer mit dem Namen der Solera bezeichnete Wein – weist eine Konstanz auf, die den Sherry-Freund begeistert.
Die Anzahl der Criaderas ist unterschiedlich und bei den höherprozentigen, im übertragenen Sinn gesetzteren, Olorosos und Amontillados weniger bedeutend als bei Finos oder Manzanillas, zu deren Eigenschaften, selbst nach langjähriger Reifung, immer noch eine gewisse Frische und eine feine, leicht pfeffrige Hefenote gehört, die sich leider schnell nach der Abfüllung verliert.
Aus praktischen Gründen werden die Criaderas, die verschiedenen Reihen einer Solera, nicht mehr übereinander geschichtet, sondern sie lagern getrennt, oft sogar in unterschiedlichen Bodegas. Man pumpt die nach einer Abfüllung fehlenden Volumen einfach aus der nächstjüngeren Criadera auf. Die vielen unterschiedlichen Weinstile der Bodegas beinhalten auch den Ausbau von länger reifenden Finos, wofür man einfach eine weitere Solera-Reihe angekoppelt. Stirbt der Flor eines Finos nach Jahren der Alterung ab, erhält man einen Amontillado, der nun zusätzlich verstärkt und in einer gesonderten Solera gereift wird. Viele Sherrys durchlaufen vor der Abfüllung zwischen sechs und sieben Stufen, eine komplexe Solera bringt es dagegen auf 12 bis 14.

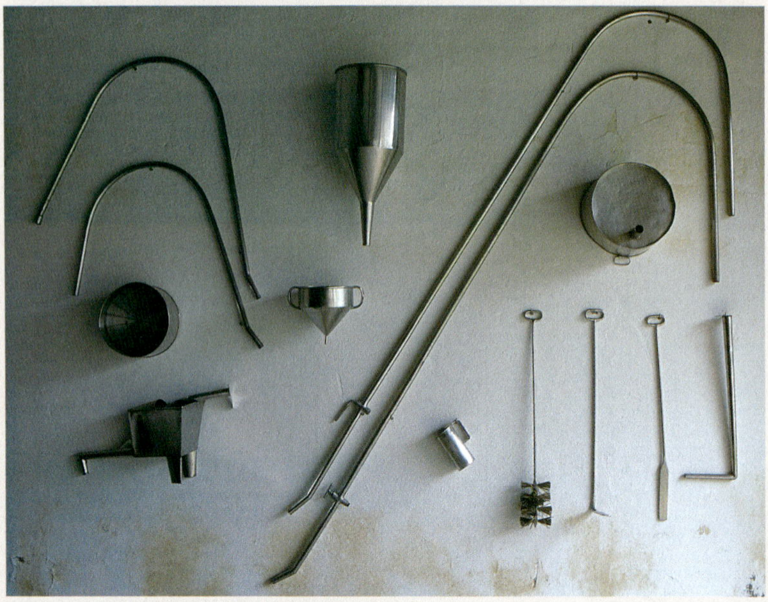

Werkzeuge wie Trichter, Siebe, Steigrohre, Bürsten und Spatel sind in Bodegas ständig benutzte Utensilien.

Ausgewählte Sherry-Erzeuger

A.R. Valdespino **
Jerez de la Frontera**
300 ha; ZT; 3 500 000 Fl. • Weine: u.a. Fino Inocente, →Amontillado Tio Diego, →Oloroso Solera 1842, →P.X. Solera Superior
Valdespino ist der älteste reine Familienbetrieb der Stadt Jerez. Die Sherry-Weine der Firma gehören zu den charaktervollsten Weinen der D.O. Hier findet man noch Weine, die keiner Mode unterliegen.

Antonio Barbadillo **–*****
Sanlúcar de Barrameda**
712 ha; ZT; 10 000 000 Fl. • Weine: Manzanilla Eva, →Oloroso seco Cuco, →Manzanilla Solear, →Amontillado Principe, Oloroso Dulce San Rafael
Die größte Bodega von Sanlúcar besitzt über 60 000 Botas und legendäre Qualitäten wie den Amontillado El Principe oder den Oloroso seco Cuco. Am bekanntesten ist der Manzanilla Solear.

Croft *–****
Jerez de La Frontera**
300 ha; ZT; 6 750 000 Fl. • Weine: Fino Delicado, Amontillado Croft Classic, Dulce Croft Original, →Palo Cortado Croft
Das spanische Unternehmen ist durch Fusion mit einer Portfirma erst 1970 entstanden. Trotzdem ausreichender Stock von alten Soleras mit insgesamt etwa 50 000 Botas. Berühmt und extravagant im Stil ist der Fino Delicado, solide und fein der Palo Cortado.

Garvey **
Jerez de la Frontera**
50 ha; ZT; 2 500 000 Fl. • Weine: Fino San Patricio, Oloroso Ochavico, →Amontillado Oñana, Oloroso Puerta Real, →Palo Cortado Jauna, →P.X. Gran Orden
Garvey gehörte zu den ersten Iren, die sich im Gebiet niederließen (1756). Fast drei Viertel der Produktion entfallen auf Finos wie den edlen San Patricio. Aber auch die außergewöhnlichen Amontillados Oñana und Palo Cortado Jauna oder der PX Gran Orden bewegen sich auf höchstem Niveau.

González Byass *–*****
Jerez de la Frontera**
800 ha; 14 500 000 Fl. • Weine: Fino Tío Pepe, Manzanilla El Rocio, Solera 1847 →Amontillado del Duque, Oloroso Matusalem, Dulce Noé.
Die größte Bodega von Jerez (1835 gegründet) mit 100 000 Botas. Der Fino Tío Pepe geht auf einen Onkel des Gründers Manuel María González Ángel zurück und ist der meistverkaufte Fino der Welt und einer der makellosesten und zuverlässigsten Sherrys überhaupt. Begehrte Raritäten sind Oloroso Matusalem und PX Noé sowie der Oloroso Vintage.

Herederos de Argüeso *–****
Sanlúcar de Barrameda**
180 ha; ZT; 2 000 000 Fl. • Weine: Manzanilla: Las Medallas, →San León
Die Kellerei (1822 gegründet) hat sich auf hochwertige Manzanillas spezialisiert. Man schätzt, dass einige der Soleras des Unternehmens um die 250 Jahre alt sind. Manzanilla San León gehört zu den besten Gewächsen der D.O.

Hijos de Rainera Perez Marin **
Sanlúcar de Barrameda**
180 ha; ZT; 3 800 000 Fl. • Weine: Manzanilla La Guita

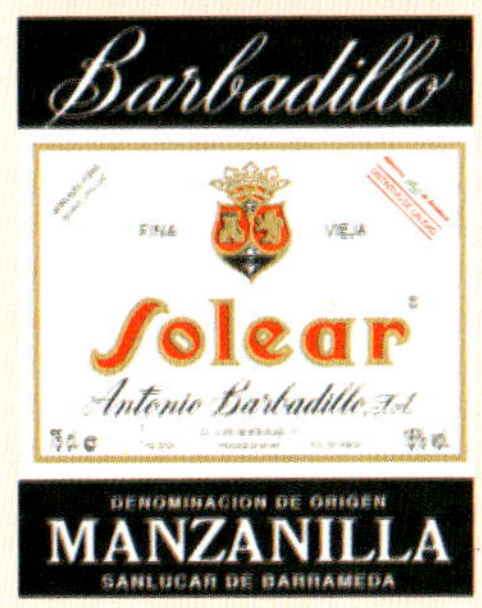

Dieser 1865 gegründete Betrieb erzeugt ausschließlich einen einzigen Wein, aber der ist weltweit der bekannteste Manzanilla und einer der besten.

Osborne *–*****
Puerto de Santa María**
220 ha; 8 000 000 Fl. • Weine: u.a. Fino Quinta, Amontillado La Honda, Oloroso Bailén, Solera India, →Amontillado Coquinero Dry, Palo Cortado P Triangulo P; PX 1827
Thomas Osborne errichtete seine erste Bodega 1772 in Jerez. Bis 1890 wurden alle Weine im Ausland unter dem Namen Duff Gordon verkauft. Markenzeichen ist der Stier, der – nun ohne Schriftzug – immer noch auf 97 Anhöhen in Spanien steht. Bekanntester Wein ist der Fino Quinta und der Coquinero. Besonderes Augenmerk verdient die Serie der Rare Sherrys.

Emilio Lustau und Emilio Lustau Almacenista **–*****
Jerez de la Frontera**
200 ha; ZT; 2 750 000 Fl. • Weine: u.a. Puerto Fino, Oloroso Don Nuño →Manzanilla Papirusa, Amontillado Escuadrilla, P.X. San Emilio
Die Bodega – im Besitz von Luis Caballero – exportiert fast die gesamte Produktion. Das Haus wurde 1886 gegründet und ist auch als Almacenista tätig. Lustau kauft bei kleinen Erzeugern wie Manuel Cuevas oder Viuda de Antonio Borrego kleine Mengen an Sherrys und vermarktet sie als Raritäten. Berühmt sind aber auch die eigenen Qualitäten.

Pedro Domecq *–*****
Jerez de la Frontera**
800 ha; ZT; 9 000 000 Fl. • Weine: Fino La Ina, Amontillado Rio Viejo, Dule Venerable, →Amontillado 51-1ª, Oloroso Sibarita, Palo Cortado Capuchino
Traditionsreiches Haus, welches eine der schönsten Bodegas, die Mezquita, besitzt. Ihm gehören Kellereien in der Rioja und Südamerika. Domecq produziert mit La Ina einen der populärsten, elegantesten und spritzigsten Finos des Gebietes. Zudem werden echte Perlen, die aus uralten Soleras stammen, abgefüllt.

Sanchez Romate **
Jerez de la Frontera**
100 ha; ZT; 1 250 000 Fl. • Weine: Fino Marismeño, Manzanilla Viva la Pepa, Amontillado Don José, Dulce Iberia, →Amontillado N. P. U.
Bodega-Klassiker im Herzen der Stadt aus dem Jahr 1871, besitzt Weinberge in den Spitzenlagen San Julián und Espartina. Sehr gute Qualität bieten der Amontillado N.P.U. und der Fino Macharnudo.

Sandeman **–**
Jerez de la Frontera**
360 ha; ZT; Fl. n.n. • Weine: u.a. Don Fino; Oloroso: Armada, →Royal Corregidor; Dulce: Royal Ambrosante
Stark auf Export ausgerichtetes, innovatives Weinunternehmen mit hochwertigen alten Spezialitäten.

Vinicola Hidalgo *–****
Sanlúcar de Barrameda**
200 ha; ZT; Fl. n.n. • Weine: u.a. Manzanilla La Gitana, Amontillado Viejo, Oloroso Napoleon und Viejo
Die sehr handwerkliche und traditionelle, seit 1792 bestehende Bodega im Familienbesitz erzeugt einen der beliebtesten Manzanillas und hütet einige hervorragende alte Weine.

Kanarische Inseln

Der Weinbau auf den Kanarischen Inseln besitzt viele Eigenheiten. Die Erträge sind noch niedriger als auf dem Festland, die Pflanzungssysteme sind zum Großteil ungewöhnlich und der klassische Barrique-Ausbau hat hier keine Tradition. Das den Weinbau auf den Inseln Verbindende ist der vulkanischen Ursprung der Inseln, und diese Vulkane sind weiter aktiv. Der letzte Ausbruch fand 1971 auf La Palma statt. Bizarre Landschaften wie die der mit Vulkanasche bedeckten Insel Lanzarote machen einen Teil der touristischen Attraktion des Archipels aus, stellen aber weinbautechnische Anforderungen ersten Ranges. Heute verfügen die Inseln über acht D.O.-Gebiete. Entstanden sind sie aufgrund der schon optisch klar differenzierbaren Bodenbeschaffenheiten. Die ›glücklichen Inseln‹ sind rund 7 500 Quadratkilometer groß, von denen aber nur knapp 9 000 Hektar unter Reben stehen. Ende der 1990er Jahre konnte erstmals die rückläufige Entwicklung der Weinfläche gestoppt werden.

Die Weintradition der sieben Inseln begann erst Ende des 15. Jahrhunderts nach der Eroberung des Archipels durch die Spanier. Die neuen Herren brachten die meisten Rebsorten auf die Kanaren, aber auch die portugiesischen Seefahrer trugen ihren Teil dazu bei. Dem von England diktierten Geschmack der damaligen Zeit entsprachen die süßen und schweren Weine aus der Malvasier- und Moscatel-Traube. Sie waren auf dem alten Kontinent, selbst an den europäischen Fürstenhöfen, überaus begehrt und wurden auf Schiffen als Canary Sack in die ganze Welt exportiert, was ihren Ausbauprozess erheblich beschleunigte. In William Shakespeares berühmtem Stück ›Heinrich IV.‹ trägt Falstaff den Spitznamen Sir John Canaries, da sein Konsum an kanarischem Wein erheblich ist.

Ab Mitte des 18. Jahrhunderts verlor die Inselgruppe zugunsten von Oporto, Madeira sowie Jerez und Málaga an Bedeutung, und ein Jahrhundert später erlitten die Weinberge eine gravierende Mehltauattacke, nach der der Wein praktisch in Vergessenheit geriet. Mit dem Tourismus begann in den 1980er Jahren eine erneute und wachsende Nachfrage zu entstehen. Als Gegenmaßnahme gegen die umfangreichen Billigwein-Importe vom spanischen Festland wurden zwischen 1992 und 1996 die D.O.-Gebiete geschaffen. Diese produzieren Weine auf einem recht hohen Preisniveau, für die sich dank ihres Charakters und des besonderen Flairs als Inselwein ein sicherer lokaler Absatzmarkt gebildet hat.

Rechts:
Teneriffa besitzt drei Viertel aller Weinflächen der Kanaren. In seinem Nordwesten ziehen sich die Weinterrassen bis auf 1400 Meter die Berghänge hinauf.

Gomera muss sich mit seinen etwa 350 Hektar Wein mit einer Landwein-Klassierung zufrieden geben. Auf den recht fruchtbaren Böden dominiert die Forastera Blanca, die alkoholreiche, kraftvolle Weißweine ergibt.

Auf den Inseln gibt es 33 geschützte Rebsorten, davon 19 weiße und 14 rote. Im Allgemeinen weisen die weißen weitaus mehr Charakter als die roten Sorten auf, während Rosados gänzlich unpopulär sind. Die traditionellen Süß- und Likörweine bieten die sicherste Qualität. Einerseits bestehen auf den Inseln sehr alte Moscatel- und Malvasíapflanzungen, andererseits verfügen die alten Bodegas und Kooperativen über einschlägige Erfahrung in der Bereitung solcher Spezialitäten. Ein traditioneller Likörwein wird mit Alkohol angesetzt und einer langjährigen oxidativen Reifung im Holzfass ausgesetzt. Spektakulär ist die moderne Version dieser Weine, Vino Natural Dulce genannt, ein natürlicher Süßwein mit mindestens 40 Gramm Restzucker, der aus hochreifen Trauben gekeltert wird.

Die besten Süßweine sind auf La Palma und Lanzarote zu finden. Sie zeigen ein subtiles Gleichge-

wicht zwischen klarer Frucht und Süße und besitzen delikate Salz- und Mineraltöne, welche auf Insellage und Vulkanböden zurückzuführen sind. Übrigens verschonte die Reblaus das Archipel, sodass alle Stöcke auf Orginalunterlagen stehen. Ansonsten produzieren die Inseln hauptsächlich junge frische Weiß- und Rotweine ohne Fassreife. Dominiert wird der Rebspiegel von der weißen und roten Listán-Traube, die wegen ihrer hohen Erträge und dem gutem Alkoholpotential in großen Mengen gepflanzt worden sind. Der weiße Listán Floral zeigt sich mit Aromen von exotischer Frucht und sanftem Schmelz. Doch leider geraten viele Weine dieser Sorte schlaff und müde. Listán Negro bringt sehr gute Resultate in Verbindung mit einer anderen populären Tinto-Traube, der Negramoll, welche die notwendige Säure für einen erfolgreichen Fassausbau gäbe. Bei den vielen frischen weißen Qualitäten überzeugen vor allem die Weine aus so exotisch klingenden Sorten wie Gual oder Sabro. Neben guter Frucht stehen oft Aromen wie Rauch, Toast oder auch dezente trocken-bittere Noten für den speziellen vulkanischen Terroir-Charakter.

Die Weinbaugebiete auf den Kanarischen Inseln

Lanzarote: Der Boden Lanzarotes ist mit einer dicken Schicht aus Vulkansand bedeckt. Dieser Sand, ›picón‹ genannt, besteht aus kleinsten Bimssteinchen und hat die Eigenschaft, die geringen Niederschläge und den Bodentau aufzusaugen und an die darunter liegende fruchtbare Erdschicht abzugeben und somit als Wasserspeicher zu fungieren. Die Reben wachsen einzeln in weiten Löchern und sind gegen den Wind durch Mauern abgeschirmt. Der Ertrag liegt oft nur bei 500 Kilo pro Hektar. Diese archaische und äußerst arbeitsintensive Anbauweise ist einmalig in Europa. Sie ergibt wunderbare süße Moscatel- und Malvasía-Weine. El Grifo, die älteste Bodega der Insel, ist berühmt für ihre Malvasía-Qualitäten.

La Palma: Wegen ihres tropischen Wachstums auch ›die Schöne‹ genannt, ist La Palma teils mit reinem Vulkansand, teils mit Schotter bedeckt, der an einigen Stellen zwei Meter hoch liegt. Gepflanzt wird in Gräben oder Löchern, aber auch an Niedrigspalieren aus Ästen. Die bescheidenen Erträge sind nicht ganz so gering wie auf Lanzarote. Dank des langen Vegetationszyklus ergibt Malvasía hier sehr komplexe Weine. Im Norden werden noch Weine nach althergebrachten Methoden gekeltert und in kanarischer Kiefer gereift. Der harzige Charakter der Tea-Weine ist Geschmacksache, aber Teil des önologischen Lokalkolorits.

El Hierro: Hier wachsen vorwiegend Weißweine, die zu 60 Prozent aus der Verjadiego-Traube entstehen. Ob trocken oder süß wirken sie immer weich und samtig, begleitet von floralen Aromen. Die Weine werden in der Regel lose verkauft und als Jungweine in den Kneipen offen ausgeschenkt.

Tacoronte-Acentejo: Traditionsreichstes und größtes Weingebiet der Kanaren auf Teneriffa. Der erste Teil seines Namens leitet sich von dem Ort Tacoronte ab.

Im heißen Klima der Kanaren entwickeln die Trauben hohe Zuckerwerte. Sie eignen sich gut für Süßweine, die einst ein begehrtes Exportgut waren.

In unzähligen Kleinklimata wächst ein weit gefächerter Rebspiegel bis auf 1000 Meter Höhe. Die Rebstöcke wachsen dicht am Boden und orientieren sich immer zum Meer. Die Ruten werden auf handgearbeiteten Spalieren gestützt. Hier liegt der Schwerpunkt auf jungen Rotweinen, die zunehmend per Kohlensäuremaischung bereitet werden.

Abona: Die im Süden von Teneriffa gelegene D.O. weist die höchsten Weinberge Europas auf. In der Gemeinde Vilaflor gehen sie bis auf 1800 Meter hinauf. Aufgrund der Höhe sind die Reben sehr gesund und bieten sich zum ökologischen Ausbau von Weinen an. Die hier erzeugten Jungweine gehören zu den strukturreichsten des Archipels.

Valle de Güimar: Das Tal fällt auf der Ostseite von Teneriffa sanft zum Meer ab. Hier stehen auf rund 600 Hektar hauptsächlich weiße Trauben. Die Weine fallen durch exotische Frucht und gute Säure auf. Neben der Listán Blanco wachsen Moscatel, Vijariego und Gual.

Valle de La Orotava: Das Gebiet produziert auf sanften Hängen unterhalb des Teide-Berges auf Teneriffa unkomplizierte, feinfruchtige Weiß- und Rotweine auf der Basis der Listán Blanco und Negro. Die Fläche von 500 Hektar teilt sich eine große Anzahl von Winzern. Die Kleinkooperative Bodega Valleoro erzeugt holzausgebaute Listán-Negro-Weine auf hohem Qualitätsniveau.

Ycoden-Daute-Isora: Das nach den drei Königreichen der Urbevölkerung benannte Gebiet liegt im Nordwesten von Teneriffa, wo überwiegend weiße Reben bis auf 1400 Meter Höhe stehen und am Spalier gezogen werden. Durch die Kleinklimata ist der Reifegrad der Trauben sehr unterschiedlich. Es wird von Juni bis Oktober gelesen.

PORTUGAL

Joachim Krieger

Portugal
Land der Entdecker

Die direkten Nachfahren der großen portugiesischen Seefahrer und Entdecker beginnen heute den Wert ihrer Quintas aus der großen Blütezeit Portugals zu entdecken. Damit schließt sich ein Kreis, der mit dem Reichtum des Weins die erste Nation Europas schuf und damit eine Weltmacht begründete. Mit einer oft kaum vorstellbaren, von europäischen Entwicklungsprogrammen angetriebenen Dynamik schöpfen die geschichtsbewussten und traditionsliebenden Portugiesen die Potentiale ihrer Weinberge, ihrer Rebsorten und ihrer herkömmlichen Techniken aus.

Im ausklingenden Jahrtausend gab es eine Explosion an neuen Weinen, an neuen Quintas, die auf den Markt gekommen sind und die alle Vorstellungen übertreffen, die man sich bei der unblutigen ›Nelkenrevolution‹ vom 25. April 1974 mit der Auflösung der Diktatur und der damit einhergehenden Öffnung gegenüber der europäischen Staatengemeinschaft gemacht hatte.

Es wurden keine neuen Güter aus dem Boden gestampft, es hat vielmehr eine Renaissance der eigenen Weinvergangenheit stattgefunden, eine durchaus tragfähige Basis für ein modernes Erfolgsmärchen.

Diejenigen, die den damals einzigartigen Mut und Unternehmergeist entfaltet haben, auch wenn sie in der Vergangenheit häufig gezwungen waren, altmodische und inflationär billige Markenweine herzustellen, scheinen sich heute auf ihre Fähigkeiten zu besinnen und sind auch bereit, dafür den Beweis anzutreten. Der Weinliebhaber kann ihre Quintas besuchen und mit den Weinen ein Stück Weingeschichte wieder aufleben lassen.

Der portugiesische Stolz auf die eigene Nation, die eigenen Weine hilft dabei, das Alte, das Große, das Traditionelle zu beleben. Dieser Stolz zeigt seine melancholische Seite besonders im portugiesischen Wesenszug der *saudade*, dem Schmerz über den verblichenen Glanz, über verloren gegangene Macht und Pracht eines großen Weltreichs, dessen Niedergang die Portugiesen als unbedeutende Randeuropäer zurückließ. Dieser schwermütige Wesenszug findet seinen klanglichen Ausdruck in den Fados, jenen melancholischen, emotionsbetonten, inbrünstig und wehklagend vorgetragenen Liedern, die die Zuhörer zu Tränen und Schluchzen nötigen und den eigenen Schmerz und das eigene Leid fühlen lassen.

Die stattliche Quinta da Sanguinhal in der Extremadura ist eines der Beispiele für den Aufbruch der Güter in die Neuzeit.

Die Casa de Sezim bei Guimarães liefert einen der feinsten Vinho Verdes. Die Einrichtung des Hauses spiegelt die reiche Vergangenheit wider, auf die die Familie zurückblicken kann.

Das Glück der Rückständigkeit

Zweifellos ist es eines der glücklichen Momente der Geschichte, dass die Öffnung, der Aufbruch Portugals zu einer Zeit erfolgte, in der Tradition auch in anderen Lädern wieder gefragt war und der Technikkult nicht mehr Selbstzweck war. Bis in die 1970er Jahre beherrschten, bis auf eine Hand voll kaum bekannter Quintas, nur die großen und mittleren Kellereien den gehobenen wie den Qualitätsweinmarkt, wobei die Genossenschaften nur das Billigsegment bedienten.

Der Portwein war noch vollkommen in der Hand der großen und mittleren Handelshäuser in Vila Nova de Gaia und erzählt eine exklusive Monopolgeschichte, in der Winzer nur Weinlieferanten sein durften, nicht Vermarkter und Exporteure. Das Bild des portugiesischen Weins war darüber hinaus von dem erfolgreichsten und innovativsten Markenwein der Welt geprägt, dem halbtrockenen perlenden Mateus Rosé, der im Lancers Rosé einen großen, in Amerika noch erfolgreicheren, inländischen Konkurrenten hatte.

Daneben waren große Vinho-Verde-Marken entstanden, Kopien der deutschen Liebfrauenmilch, wie manche spotten. In Wirklichkeit war das Prickeln der natürlichen und traditionellen Verdes, ihre Frische, das Vorbild für die in den 1940er Jahren geborenen Lancers und Mateus gewesen. Der Verde als eigentliches Original hat dann nur nachgezogen.

Vinho Verde, bis zu jener Zeit zu 90 Prozent Rotwein, wurde mit ständiger Neupflanzung von weißen Sorten in den 1960er und 1970er Jahren, von dem Heißhunger der Markenartikler angetrieben, zum weißen prickligen Modegetränk umgestaltet.

Viele Marken gibt es noch immer und sie sind auch noch Millionenseller, aber der Wandel ist überall sichtbar. In den internationalen Veröffentlichungen über Wein werden immer wieder Profil, Chancen und Potential der ernsthaften Weine nicht nur angedeutet sondern auch beschrieben, obwohl die Dynamik der ganzen Entwicklung noch kaum überschaubar ist. Hervorzuheben ist in erster Linie der einzigartige Reichtum der Rebsorten, 500 an der Zahl, und die Vielfalt der Weine, vom leichtesten bis zu den schwersten und raffiniertesten aufgespriteten Dessert- und Aperitifweinen der Welt.

Mikrokosmos der Weinwelt

Portugal ist ein Mikrokosmos der Weinwelt, der fast alles vereint, was man sich vorstellen kann. Die Vielfalt der über Jahrtausende gepflegten Weinbautradition reicht vielleicht nicht ganz zurück bis zu den iberischen Ureinwohnern, sicher ist jedoch, dass die Phönizier im ersten Jahrtausend vor Christus die Anfänge der Weinkultivierung auf der Iberischen Halbinsel begründeten und die Griechen und schließlich die Römer den Weinbau weiter förderten und pflegten.

Das 19. Jahrhundert war eine Zeit der bürgerlichen Blüte der Weinkultur und auch der großen Flaschenweine. Wie kaum ein anderes Land brachte es schon zu dieser Zeit Weinautoren hervor, die mit differenzierten Analysen die Entwicklung der einzelnen Weinregionen beschrieben und durch ihr in den alten Büchern niedergelegtes Wissen über Weinorte und -lagen Grundsteine für eine große Kellereikultur legten, die die portugiesische Weinherstellung beispiellos national beherrschte.

Portugal ist ein Land der Gegensätze: Rinderkarren und Sportwagen benutzen dieselben Straßen, und auch im Weinbau stehen sich uraltes Handwerk und modernste Önologie gegenüber.

Der portugiesische Wein gewinnt zunehmend an aktuellem Flair, sowohl in der Ausstattung wie im Inhalt. Der leichte und lebendige Vinho Verde war Vorreiter dieser Entwicklung.

Im Standardwerk ›Memoria sobre os Processos de vinificação‹ von 1867 werden bis ins letzte Dorf die Details recherchiert und beschrieben, immer wieder klar unterschieden zwischen den *vinhos de embarque* und dem *vinho do consumo*, dem besseren, für den Export geeigneten Wein (schlechten Wein hätte man nie exportieren können) und dem einfachen Wein. Es werden Statistiken geführt, wie viel Wein in einzelnen Bezirken selbst konsumiert wird und wie viel würdig war für den Export.

Es war etwas anders als in Spanien oder Italien, wo Kellereien stärker regionales Profil besaßen und so mondäne Exporthäuser wie in Portugal (die frühe Macht der Portweinhäuser spielte hier eine Vorbildrolle) oft gar nicht existierten.

Heute wird in den über 40 Weingebieten, von denen 32 neu sind und doch manche schon im 19. Jahrhundert profilierter waren, ein faszinierendes Weinspektrum geboten. Es gibt durchaus Rotweine, die gegen die Weine aus Bordeaux, dem Burgund, von der Rhône, aber auch gegen den Barolo antreten können. Weine aus Bairrada zeigen bei profilierter Frucht üppigste Reife und unnachahmliche Säure- und Tanninlänge; Douro-Weine sind konzentriert von großer Finesse sowie Eleganz. Der Wein aus dem Dão vereint diese Eigenschaften zu einem großen, eigenständigen Stil, der ihn zum ehemals berühmtesten portugiesischen Rotwein gemacht hat. Reife und Üppigkeit sind im Port und im Douro in unübertrefflicher Raffinesse versammelt.

Aufbruch in die Moderne

Nur vor dem Hintergrund des Auswahldenkens, des nationalen Verantwortungsgefühls sind die heute führenden portugiesischen Weinhäuser zu verstehen. Gekoppelt mit zum Teil eigenen nationalen Vertriebsorganisationen, bietet man ein Vollprogramm an Wein. Man ist bestrebt, ein Angebot möglichst aus allen gefragten Regionen offerieren zu können und in der Qualität alle feinen Abstufungen von dem prestigeträchtigsten, oft hochindividuell und teilweise ultratraditionell bereiteten Spitzenwein, der nach zum Teil historisch überlieferten Techniken hergestellt wurde, bis herunter zum einfachen erschwinglichen Markenwein, sei er klassisch oder sei er modern, anbieten zu können. Dabei ist man peinlich darauf bedacht, den Ruf der Marke, des Hauses zu pflegen, hält immer Abstand von den Billigweinen, wie sie weniger bekannte Kellereien oder Genossenschaften produzieren.

Die Idee der Flaschenweinkultur, der gehobenen Markenweinkultur, lebt in Portugal fast anachronistisch-altmodisch weiter, und dennoch hypermodern angepackt und fortgesetzt wie vielleicht nirgendwo sonst. Es gibt auch klare, deutliche

Früher mauerte man im Dourotal runde Behälter außerhalb der Kellergebäude, in denen der Wein bis zum Abtransport gelagert werden konnte.

Abgrenzungen gegenüber dem immer noch existierenden offenen Wein aus dem Fass, den man in Portugal noch in *tascas* (Schenken) und Lokalen bis hin zu Restaurants finden kann.

Nur so ist zu erklären, dass das führende Unternehmen SOGRAPE es als nationale Ehrensache ansieht, nur einheimische Rebsorten, deren Potential ja inzwischen hinreichend bekannt ist, zu fördern und anzupflanzen, dass man Musterweingüter vom Vinho Verde über den Douro, die Bairrada, den Dão (das Superprojekt Carvalhais ist wohl wegweisend für einen Wiederaufstieg dieser Region) bis in den hochaktuellen Alentejo betreibt.

Mit der Rettung des traditionsreichsten portugiesischen Portweinhauses Ferreira vor ausländischem Kapital hat man zudem den teuersten und berühmtesten Rotwein Barca Velha wieder in die heimischen Reihen geholt. Er ist neben dem nur noch die Hälfte des Umsatzes machenden Mateus der musterhafte Vollsortimenter von Weinen der Ober- bis zur sauberen trinkbaren Mittelklasse. Dasselbe Verfahren, nur noch traditioneller, betreibt im Süden Fonseca im Azeitão mit seinem Lancers und einer Vielzahl interessanter, zum Teil großartiger Weine.

Dem Aufschwung der Quinta-Weine wird von den Großen der Branche entschlossen und leidenschaftlich begegnet. Entscheidend ausgelöst wurde er durch den EG-Beitritt 1986 und weitergeführt, nachdem Ende der 1990er Jahre die Weinberge, die nun langsam schon ins Alter kommen, vielfach mit Unterstützung neu gepflanzt sind. Man reagiert auf den Markt, der bessere und individuellere Weine verlangt. Entdecken die Entdecker-Nachfolger ihre ruhmreiche Weinvergangenheit, indem sie Weine auf die Flasche bringen, die vorher den Handelshäusern für ihren Ruf und Erfolg dienten, so entdecken die Handelshäuser plötzlich selber wertvolle neue Weinbergflächen, legen sie an, kaufen Weingüter oder nehmen Weingüter fest unter Vertrag.

Es zeichnet sich ein wahrer Goldrausch ab, ein Wettbewerb um erfolgreiche Weine, der wegen der zahlreichen hervorragenden Regionen- und Lagen-Reservoirs, von einzelnen Rückschlägen abgesehen, in Portugal bereits zu überzogenen Preisvorstellungen führt. Zu stürmisch springt manches Gut mit seinen von relativ jungen, daher noch nicht richtig für große Weine geeigneten Reben auf ein unangemessenes Preisniveau, vertraut auf Snobs statt auf Weintrinker.

Anders als die Neue Welt verfügt man über das im modernen Marketing wichtige Faktum der Alleinstellung und damit der Konkurrenzlosigkeit, durch eigenständige Sorten und Techniken, die woanders längst vergessen sind, und vor allem durch minimale Erträge, die weltweit sogar die geringsten sind (unter 20 hl/ha). Diese vermeintliche Rückständigkeit ist in Wahrheit ein riesiges Potential für hohe Qualität. Portugal besitzt über 300 000 Hektar Rebfläche und nimmt damit in der Welt die vierte Stelle ein, doch eine Durchschnittsernte erbringt knapp 7 000 000 Hektoliter, nur in Rekordjahren werden 10 000 000 Hektoliter erreicht, womit Portugal in den meisten Jahren von Ländern übertroffen wird, die nur rund ein Viertel seiner Rebfläche haben. Man besitzt mit dem Portwein und den starken Handelshäusern Strukturen, sich international durchzusetzen und die Weine hoffähig zu machen. Auch die Weingüter sind teilweise so groß (von 50 bis zu mehreren 100 Hektar), dass sie die Chance besitzen, neben neuen, unbekannten auch alte, traditionsreiche portugiesische Sorten und Weine international bekannt zu machen.

Wenn Europas Wirtschaft heute auf allen Gebieten der technologischen Entwicklung des Weltmarkts befürchtet, mit Amerika nicht mithalten zu können, dann ist Portugal ein Lehrbeispiel dafür, langsam die Stärke alter Traditionen und Kulturen auch für das Marketing zu entdecken. So wie Spanien bereits die Ribera del Duero und jetzt das Priorato entdeckt hat, ist Portugal ganz am Rande im Westen Europas dank jahrhundertelanger Abgeschlossenheit und Rückständigkeit innerhalb Europas eine Fundgrube wie aus fernen Zeiten, ein Speicher für die Vielfalt der europäischen Weinkultur, aufgehoben bis zu einem Zeitpunkt, wo man den Reiz der Originalität weithin zu erkennen beginnt, gesättigt von internationalen Einheitsweinen und -rebsorten.

Die besten Resultate erzielt man beim Vintage Port, wenn die Trauben mit den Füßen zerstampft werden. Da dies eine sehr anstrengende Methode ist, entwarf Peter Smyngton ein mechanisches System, das er 1998 zum ersten Mal in Betrieb nahm.

Der Garrafão-Kult

Fünf-Liter-Flaschen, mit Bast oder Plastik umbunden, gibt es zwar in manch südlichem Land, aber nirgendwo sind sie ein so landesweit verbreiteter Kult wie in Portugal, wo man sie für Wein, aber auch für Mineral- oder Tafelwasser verwendet. Portugiesen nehmen sie überall mit hin, ursprünglich vor allem auf das Feld. In der jetzigen Freizeitgesellschaft jedoch beherrschen sie jeden Strand, jeden Rastplatz und auch die freie Natur, denn Portugiesen nehmen gern ihre Mahlzeiten im Freien ein, wo immer sie auch sind: ein Stück *presunto* (roher Schinken) in der Hand, ein Stück *pão* (Brot) daneben und der unvermeidliche *vinho*, das Volksgetränk, das in dieser Sprache zärtlich wie in keiner anderen ausgesprochen wird. Nur die Jugend lässt den Wein in den Garrafãos zunehmend im Stich.

Der erste Platz unter den Wein trinkenden Ländern mit einem Pro-Kopf-Konsum von über 130 Litern im Jahr ist längst verloren. Mit 55 Litern ist man hinter Frankreich und Italien abgerutscht, liegt aber weit vor dem Nachbarn und Erzrivalen Spanien mit 38 Litern. Unerfasste Mengen aus der noch in vielen Regionen verbreiteten Eigenproduktion verschleiern die wahre Position. Der Garrafão, der seinen Siegeszug in den früheren Kolonien auch heute noch nicht aufgegeben hat, ist das ungeliebte Objekt manch seriöser Kellerei, das man schamhaft hinter den gehobenen und erstklassigen Flaschenweinen versteckt, aber nicht abschaffen kann, weil es eine Beleidigung des Volkes und seiner eifrigsten Vertreter, der kleinen und größeren Händler wäre, die auf seinen Verkauf nie verzichten würden, und wäre der Gewinn noch so gering.

Die 5-Liter-Flasche: Grundausbildung für Weintrinker

Völlig übersehen wird im Spannungsfeld zwischen Wert- und Geringschätzung dieser Flaschenform der heimlich kultschaffende Beitrag für den portugiesischen Weingeschmack, für die erstaunlich stabile Traditionsfront, die harte, schwer zugängliche, urwüchsige Weine verteidigt und vordergründig gefällige geringschätzt. Es ist sozusagen die Volksausbildung, insbesondere durch Dão-Garrafão, die dem einfachsten Arbeiter genauso wie den Intellektuellen der Revolution immer offenstand und angenommen wurde.

Dass die Portugiesen in der Gesamtheit ihrer Weine und Regionen derzeit weltweit Stilführer sind – zum Meinungsführer fehlt es noch am Bekanntheitsgrad dieser Tatsache –, kann nur eine Ursache haben: Die ehemaligen Studenten und Soldaten der Revolution, also heutige Meinungsführerschichten im Bereich der so gesuchten Spitzenweine und gehobenen Qualitäten, haben ihre Zunge früher an guten Garrafãos oder Alentejo-Litern geschult, zu Hause oder in der Kneipe. Wer das einmal gewöhnt war, hat eine Abneigung gegen gefällige, allzu geglättete und geschliffene Weine, er zieht das Echte, Kompromisslose vor, wie es in Portugal heute nicht nur in gesellschaftlichen Nischen der Fall ist.

So kann die Fünf-Liter-Flasche mit etwas Glück sehr gute Qualität enthalten, vielleicht nicht ganz fein, aber selten dünn und sich unter Umständen nach Jahren zu einem prachtvollen Wein entwickeln.

Die Weinregionen

Im renommierten Douro-Tal macht sich allmählich ein tief greifender Wandel bemerkbar: An die Stelle traditioneller, der Landschaft optimal angepasster Kulturformen wie dem Terrassenbau treten Strukturen, die vor allem maschinengerecht sind. Sie versprechen eine höhere Rentabilität.

Auf den ersten Blick erscheint es paradox. Portugal hat als erstes Land der Welt ein Anbaugebiet geografisch exakt abgegrenzt und die Weinberge klassifiziert: Douro 1756 und 1907 bis 1911. Etwa zeitgleich mit Frankreich führte man in Europa ein Herkunftsschutzsystem für sechs weitere Qualitätsweinbaugebiete ein. Gleichzeitig hat Portugal in Europa vielleicht die größte Tradition für anonyme Weine, bei denen nicht mehr bekannt ist als die Herkunft aus Portugal.

Dieses Versteckspiel war beim lange Zeit erfolgreichsten Markenwein der Welt, dem Mateus Rosé, ebenso der Fall wie bei den berühmten Garrafeira-Weinen oder dem legendären Kultwein Barca Velha, dessen Herkunft als Douro-Wein erst in jüngster Zeit auf dem Etikett vermerkt ist. Die Revolution von 1974, die Öffnung nach Europa, der sich abzeichnende EG-Beitritt, hatte alles in Bewegung gebracht. Endlich durften auch die Regionen mit ihren Namen auf den Markt. Vorbereitete Gesetzentwürfe lagen einst bis zu neunzig Jahre in den Schubladen einer in erster Linie Monopole begünstigenden und daher wenig an Neuerungen interessierten Salazar-Bürokratie.

Die Struktur der portugiesischen Weinwirtschaft erlebt seit der Bannbrechung seitens der Bairrada, die 1979 demarkiert wurde, eine stürmische Entwicklung, die bereits daran deutlich wird, dass teilweise ein schnelles Zurückschreiten und Umdefinieren der erst kürzlich definierten Region erfolgt. Eine Konsolidierung zeichnet sich jedoch ab. Musterfall war der Alentejo, in dem nach und nach einzelne Regionen erst IPR-Qualitätswein (›Indicação de Proveniência Regulamentada‹), später DOC (›Denominação de Origem Controlada‹) wurden, und wo man jetzt die acht Ex-Regionen zu Subregionen umgewandelt hat und die bislang nur als *vinho regional* bekannte und erlaubte, aber zugkräftige Bezeichnung Alentejo zur DOC ernannt hat. Das Gleiche hat man mit der DOC Ribatejo im Mai 2000 gemacht. Bei vielen auf dem Markt noch vorhandenen Weinen sieht man noch die alten Bezeichnungen wie zum Beispiel DOC Borba. Aus den vormals sechs IPR-Regionen wurde mit einem Schlag eine neue DOC-Region, in der die einige Jahre als Region agierenden Gebiete nun nur noch als Subregion fakultativ erscheinen können.

Wie die Statistik zeigt, sind die klassischen DOC-Regionen Porto (1756) und Vinho Verde (1908) auch wegen ihrer Größe immer noch führend in der Qualitätsweinproduktion. Der dritte große Klassiker, der Dão (1907), ist inzwischen hinter den hochdynamischen Alentejo zurückgefallen und dürfte auch von der großen, als Tischweinregion erst 1982 abgegrenzten Region Douro bald

Vinho Regional

Der *vinho regional* (Landwein), in anderen Ländern oft nur als Bezeichnung für sehr einfache Weine verwendet, spielt in Portugal eine bedeutende Rolle.

Zum einen sind gerade manche Spitzenweingüter auf einem Terroir entstanden, wo der Weinbau niemals im Mittelpunkt stand oder irgendwann so weit verschwand, dass sich nie so etwas wie eine Region herausbildete. Zum anderen ist der *vinho regional* aber in gewisser Weise auch Ersatz für die Gewohnheit portugiesischer Kellereien, viele ihrer zum Teil sogar besten Marken ohne Herkunftsbezeichnung auf den Markt zu bringen und die Hausgarantie in den Mittelpunkt zu stellen, die dem Verbraucher wie der Kellerei durchaus nützlich war, aber eine ausgesprochene Entwicklung und Profilierung der Regionen immer behindert hat. Noch heute gibt es Gegenden, wo man vorzügliche Weine kaufen kann, die Region selbst aber kaum von ihrem Potential weiß.

Der *vinho regional* knüpft an die Tradition der Herkunftsfreiheit an. Die Marke wird über die engere Region gestellt. Fällt ein Jahrgang in einer bestimmten Region nicht so gut aus, kann auf eine Nachbarregion ausgewichen werden. Der *vinho regional* ist auch wichtig für die Bezeichnung von Rebsortenweinen oder Cuvées, die nicht in das Schema der Qualitätsweinregionen passen. Nur in einigen Regionen, von einzelnen Genossenschaften und Weingütern wird die Bezeichnung für den Zweit- oder Drittwein gezielt genutzt, also als Abstufung gegenüber den besten DOC-Weinen. Aber auch das Gegenteil ist möglich: Der *vinho regional* als Spitzenwein, die DOC für den einfacheren Wein. Eine goldene Regel gibt es also weniger als in jedem anderen Land. Außer der Achtung oder gar Hochachtung vor den *vinhos regionais!*

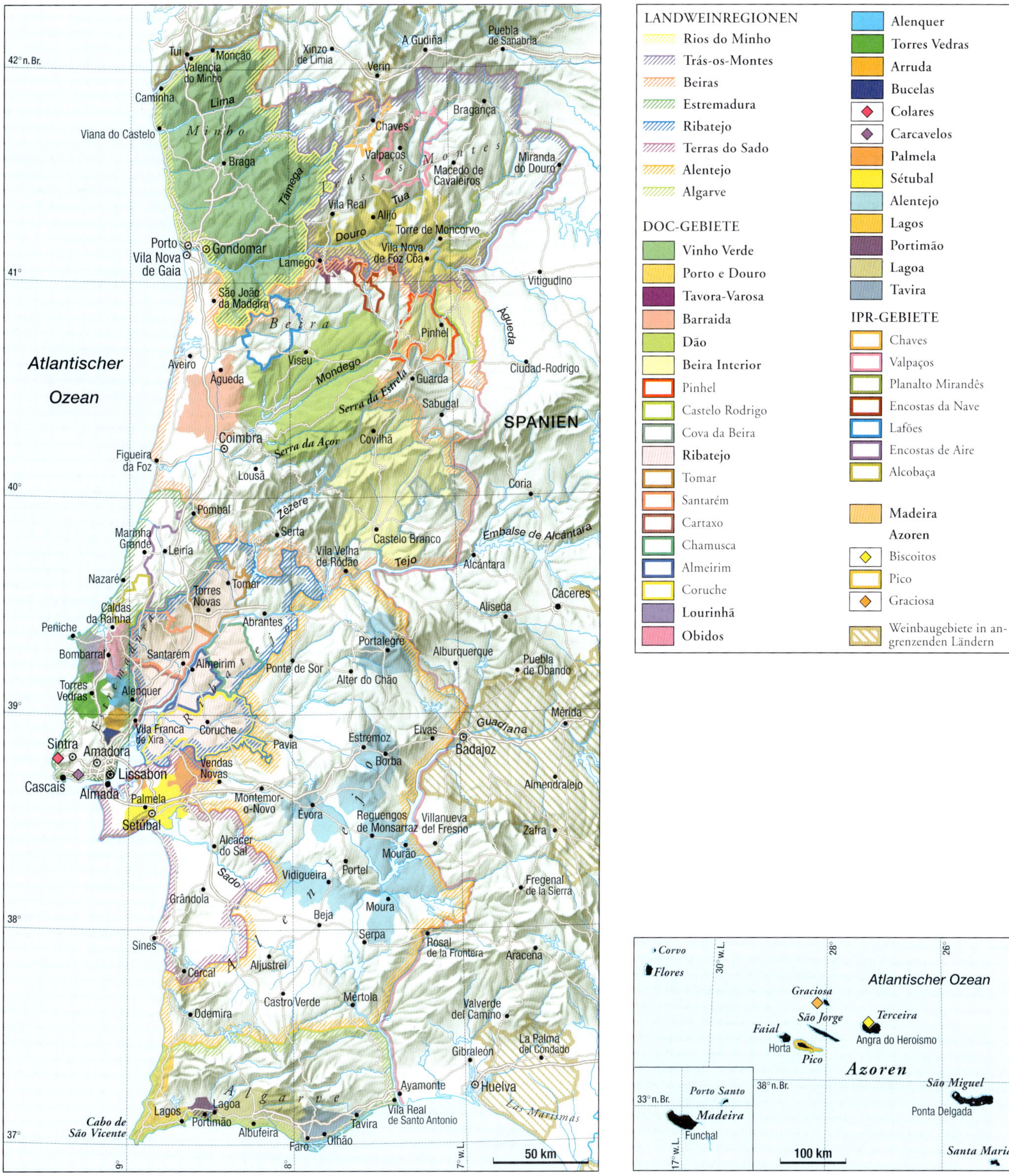

überholt werden, trotz eigenem, aber nicht so großem Aufbruch im Dão. Allzu lange hielt das Monopol des Ports an dieser Herkunft fest und verhinderte außer Legenden wie Barca Velha die Entwicklung einer der zweifellos besten Rotweinregionen der Welt. Auch einige der Regionalweinbezeichnungen sind jetzt schon bedeutender als der Dão, der im Export immer noch die dritte Stelle hinter Port und Verde hält.

Von den anderen ›Klassikern‹ erlebt Bucelas (1911) derzeit eine fulminante Wiederauferstehung, kämpfen Carcavelos (1907) und der für viele lange als bester und interessantester Rotwein Portugals geltende Colares (1907) um das Überleben der letzten Weinberge in einer Landschaft, wo Bauplätze mehr wert sind.

Einige Regionen haben noch keinen Qualitätswein auf den Markt gebracht, weil die entsprechenden Betriebe noch nicht in der Lage sind, die gesetzlichen Bestimmungen zu erfüllen, besonders hinsichtlich der Rebsorten, die in vielen uralten Anlagen kaum genau erfassbar sind.

Portugiesische Weinstile

Neue Fässer sind in Portugal ein heißes Eisen, da man seit Generationen daran gewöhnt war, alte Gebinde einzusetzen. Es gibt jedoch schon wegweisende Beispiele für ihren gelungenen Einsatz.

Über die portugiesischen Weinstile, insbesondere über die Weißweinstile, lässt sich viel sagen, aber im Prinzip sprechen die Weine für sich. Der Vinho Verde ist zwar ein hochorigineller Wein, besonders durch seine regionale Herkunft, durch die unnachahmlich frische, knackig betonte Säure und seine Leichtigkeit, aber er wird auch zunehmend international vinifiziert. Bei den anderen Weißweinen Portugals, die in vielen Regionen außerordentliches Potential besitzen und in ihrer Fruchtigkeit, Säure und Finesse mit den Weinen der kühleren europäischen Regionen, etwa dem Burgund, der Loire und Deutschland, mithalten können, ist es nicht anders. Kalte Vergärung, schonende Traubenverarbeitung und Edelstahltanks bringen oft die vor wenigen Jahren noch unvorstellbar sauberen und zugleich terroir- und rebsortenbedingt feinen und ausdrucksstarken Weine hervor. Mit dem Einsatz von neuen Barriques, mit dem Aufrühren der Hefe sowie mit allen modernen wie traditionellen Verfahren der Weißweinbereitung wird bereits geschickt operiert, das neue Holz jedoch zu oft nur als kurzzeitiges und zusätzliches Verfahren statt als edles Ausbauinstrument benutzt. Traditionelle Weine aus alten Holzfässern werden zunehmend seltener, brachten sie doch auch zu wenig gute Resultate. Portugal sucht zur Zeit für seine Weißweine die besten Sorten und die besten Stile, eine klare Ordnung und Hierarchie ist nur in wenigen Betrieben erkennbar. Erzeuger mit internationalen Erfahrungen scheinen im Moment noch im Vorteil zu sein. Hier lassen sich zahlreiche Beispiele nennen: an der Spitze Esporão, vom Australier Baverstock mitbetreut; die J.-P.-Weine, früher vom Australier Peter Bright entwickelt, der jetzt Weine auf eigene Rechnung ausbaut; J. M. Fonseca mit dem kaliforniengeschulten Chef; aber auch die Weine von Nuno Cancella Abreu, der sowohl in Bucelas auf der Quinta da Romeira als auch auf der Quinta do Cardo in den Beiras zaubert. Auch im Dão sind hervorragende Anzeichen zu sehen, aber ein großer Stil braucht noch Zeit. Dirk Niepoort versucht es mit einem weißen Douro, der mehrere Jahre in alten kleinen Holzfässern reift, ein opulenter, gewaltiger Wein, der vereinzelt schon begeistert.

Wirkliche Originalität jedoch bietet neben den großen Dessertweinspezialitäten Port, Madeira und Muskateller von Setúbal der Rotwein. Hier überschwemmt ein schier unerschöpfliches Potential der guten Regionen, Lagen und Rebsorten den Markt, spaltet Journalisten und Konsumenten in Anhänger des *estilo moderno* oder des *estilo classico*, teilweise auch *estilo tradicional* genannt. In keinem Land wohl wird in Zeitschriften, Büchern, bei Tisch, beim Weintrinken und Probieren so häufig, so heftig und so systematisch darüber debattiert. Ohne den Weinstil anzusprechen, kann ein Journalist in Portugal im Grunde keinen Wein beschreiben. Auf der einen Seite ste-

Das portugiesische Etikett

1. Jahrgangswein
2. Jahrgang
3. Qualitätsbezeichnung der Cuvée
4. Angabe des Weintyps, hier Rotwein
5. Gutsbezeichnung (oder Name des Handelshauses)
6. Abfüller
7. Ortsangabe
8. Nennvolumen
9. Alkoholgehalt
10. Herkunftsland

Zwei Festungen der Tradition

Fragt man sich, wo der Trend herkommt, gibt es zwei Eckpfeiler, zwei Festungen der Tradition, die in ihrer Ausstrahlung wirken. Zum einen ist es der Portwein, genauer gesagt der Vintage Port. Die andere Bastion ist Rui Alves, der Bairrada-Önologe und Praktiker mit jahrzehntelanger Erfahrung in großen Bairrada- und Dão-Weinen, der unbeeindruckt von allen Trends stur immer seine Überzeugung an die Winzer weitergibt: »Reife Trauben lesen mit reifen Stengeln, diese dann im *lagar* vergären, natürliche Stabilisation ohne jede Hilfsmittel.« Auf die Füße verzichtet er zwar meistens, seine Winzer machen es nach ihrer Tradition mit *macacos* (Holzstößeln), aber so ist er eben der zweite Beweisfaktor für die Überlegenheit der *lagares* beziehungsweise sind es die von ihm betreuten überragenden Bairrada-Winzer. Eine gemeinsame Traditionsbank bilden der Vintage und Rui Alves übrigens auch hinsichtlich der Verwendung von neuem Holz. Beim Port ist es ebenso unerwünscht wie bei Alves. Wenn man so will, ist es Traubenfundamentalismus. Es ist der feste Glaube an den Reichtum der Traubenaromen und Traubentannine in ihrer Purheit. Die großen Vintages und Alves-Weine sind auch Wahrzeichen und Denkmäler vor dem in Portugal leider zunehmenden Einsatz von allzu aufdringlichem, scharfem, überflüssigem, zu ungelenk eingesetztem neuen Holz. Tradition im Einsatz von neuem Holz besitzt Portugal übrigens äußerst wenig. Und geht man die führenden portugiesischen Önologen durch, stößt man überall – auch bei den Kompromissbereiteren, Moderneren – auf eine stille und offene *lagar*-Liebe. Nur João Portugal Ramos, der international bekanntes-te Star-Önologe Portugals, der mit ungeheurem Geschick früh trinkbare Rotweine produziert, beherrscht den Ausbau von Weinen mit Barrique und ohne technische Stabilisation in erstaunlich kurzer Zeit (teilweise nur sechs bis acht Monate) geradezu meisterhaft.

Portugal ist ein Land mit unterschiedlichsten Weinstilen – vom einfachen Alltagswein über exquisite körperreiche Produkte bis zum König Vintage.

Auf *lagares* angesprochen, bekundet der ›Meister des glatten und perfekten Stils‹ offen: »Meine größten Weine habe ich immer in *lagares* gemacht, mache sie noch immer in *lagares* und – wenn ich könnte – würde ich alle Weine nur so machen.« Gegner dieser Überzeugung zu finden ist in Portugal äußerst schwierig. Die Beweisführungspflicht ist hier umgekehrt. Nicht für veraltete, traditionelle Technik bedarf es der Entschuldigung, der Argumentation. Sie begründet sich an so vielen Orten, an so vielen Spitzenweinen selbst; der beste Alentejo, der beste Dão, die besten Bairradas, die besten Palmelas, die besten Ribatejos, etliche der besten Douros und so weiter sind hierfür die deutlichsten und überzeugendsten Beispiele. Den Einsatz moderner Vinifikationsverfahren muss man in Portugal begründen, wenn man mitreden will. Önologen wie José Maria Soares Franco, der bei Ferreira das Barca-Velha-Erbe um eine Reihe weiterer feiner exzellenter Rotweine ergänzt hat, beherrscht die moderne Fortführung der Tradition wie die besten Bordeaux-Châteaux meisterlich. Doch er würde niemals die Fairness, die Hochachtung gegenüber der *lagar*-Tradition und ihren Wert vergessen.
Für Portugiesen bleiben meist die Werte, die Traditionen vermitteln, das Maß aller Dinge, so auch beim Wein, aber genauso wird der Geschmack entscheidend, besonders die Vorliebe für einschmeichelnde Dichte und zugleich die Rundheit der Tannine und der Frucht.

hen die Weine mit primären Fruchtaromen, mit oder ohne Holzaroma (José Neiva ist ein Meister dieses Faches), auf der anderen Seite die kompromisslos nach alter Art ausgebauten Weine.
Den Mittelpunkt bildet dabei der *lagar*, das offene Becken aus Granit, Schiefer, Beton oder gar Marmor, in dem singende, tanzende, spielende oder militärisch stampfende Menschen oft mit einer archaischen Lust die Härte und Süße der jahrtausendealten Arbeit des Traubentretens vollbringen und dabei die einzige Methode anwenden, bei der nicht ein Kern, nicht ein Stengel verletzt wird und dadurch die in zahllosen Weinen schmeckbaren grünen und aggressiven Bitter- und Gerbstoffe vermieden werden. Aber auch der Verzicht auf Filtration, der Verzicht auf jede Schönung ist neben dem *pisar a pé* ein Thema von oben bis unten, nicht nur bei einigen exklusiven Topweinen.
Die Bewahrung der Tradition scheint bei Portugiesen gefragt zu sein, aber noch entscheidender, man schmeckt es meistens, sind die einschmeichelnde Dichte und zugleich Rundheit der Tannine und der Frucht. Rotwein ist in Portugal trotz gleichzeitiger Trends zu fruchtbetonten, jung zu trinkenden Weinen, wie es sie lange Zeit kaum gab, immer noch eine Bastion der Tradition wie kein anderes Land.

Es gibt im Moment eine auf den Rückenetiketten ablesbare Traditionswelle, geradezu ein Ausrangieren der Technik: *Feito em lagares, pisar a pé* liest man dann, oder *estabilizaçao natural, está sujeito a criar depósito com o envelhecimento*« (natürliche Stabilisierung, ist bestimmt, mit der Reife ein Depot zu bilden), oder auch *não foi tratado pelo frio* (nicht kältestabilisiert).

Der Vinho Verde ist einer der erfolgreichsten Weinstile Portugals, der selbst im Ausland Imitatoren fand. Dies gilt ganz besonders für den auf der Sorte Alvarinho basierenden Vinho Verde.

Vinho Verde

Auch im Norden Portugals setzen sich moderne Methoden im Weinbau durch. Die Reben in der Neuanlage bei Cruzeta wachsen in niedrigen Spalieren.

Rechte Seite:
Die Quinta da Cerejeiras ist mit prächtigen blauen Kacheln, den berühmten Azulejos, verziert.

Das Vinho-Verde-Gebiet im äußersten Nordwesten Portugals, zwischen Porto und der spanischen Grenze und flächenidentisch mit dem Minho, der nach der Landschaft benannten Landwein-Bezeichnung, ist das größte DOC-Gebiet Portugals und eines der größten der Welt. Offiziell registriert sind zwar nur 58 000 Hektar, aber Schätzungen der Vinho-Verde-Kommission rechnen mit eher 70 000 Hektar. Daraus entstehen pro Jahr 600 000 bis über 2 000 000 Hektoliter Wein (inzwischen mehr weiß als rot), von denen rund 10 000 000 Liter jährlich in den Export gehen und diesen prickelnden, so einzigartigen, erfrischenden, säuerlichen und leichten Wein auch im Ausland bekannt und beliebt machen.

Im Minho, dem Herzland Portugals, der ehemaligen Grafschaft Portocale, hat Alfonso Henrique von Guimarraes einst die erste Nation ausgerufen. Der Minho besitzt nur 9 Prozent der Landesfläche, aber 20 Prozent der Bevölkerung. Daraus ist eine beispiellose, intensive Kleinbetriebslandschaft entstanden, in der der Wein Ausdruck der Vegetationskraft dieses mit 1500 bis 2 000 mm regenreichsten und daher grünsten Gebietes Portugals ist. Die Reben klettern an Straßenrändern die Bäume bis zu zehn Meter hoch, auch das nicht zufällig, sondern zur Nutzung. Auf Wiesen und Weiden, wo Kühe grasen, wachsen sie gezielt an Bäumen, an Stangen oder an Drahtsystemen mit Granitpfählen und an Holzleisten entlanggeführt. Die schon von den Römern bekannte Pergola ist allgegenwärtig, spendet Schatten auf kleinen Wegen, Pfaden und Alleen, auf denen in der Höhe Trauben gedeihen.

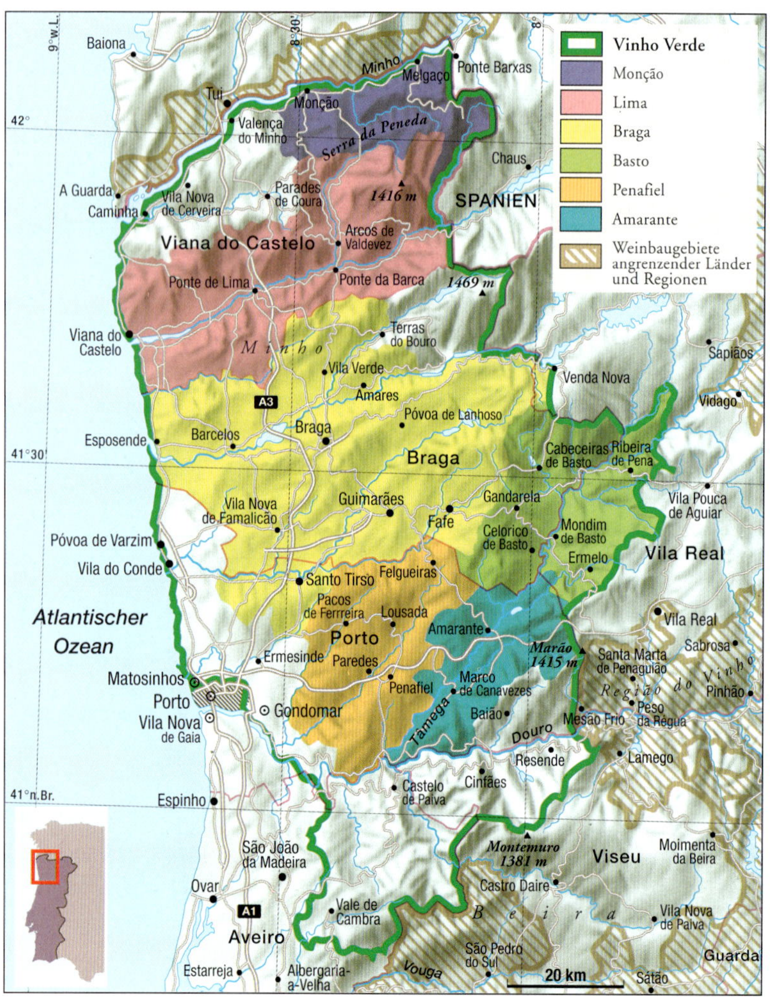

Trotz der überwiegend kargen sandigen Granitböden (nur vereinzelte Schieferenklaven bieten bessere Bedingungen) mit oft nur wenigen Dezimetern Bodenkrume ist der Minho ein einziger grüner Garten, daher wohl auch der Name des Weines. Dieses Wunder im atlantischen Norden Portugals haben die Minhoten auf engstem Raum als ganz eigene intensive Kultur geschaffen, deren Basis eine oft archaische Selbstversorgung ist, die erst in den letzten Jahrzehnten durch das Aufkommen zahlloser meist ebenfalls kleiner Schuh- und Textilfabriken etwas abgenommen hat. Einst gab es hier schon eine große Weintradition: der Wein von Monção gilt als erster nachgewiesener Exportwein im Mittelalter, viele reiche Quintas überall im Minho sind Belege des damaligen Profits. Vor allem das strenge Gesetz Salazars, der 1930 das Anlegen von Weinbergen verbot und nur noch als Randbegrenzung zuließ, unterbrach diese Tradition. Gleichzeitig förderte dies die Improvisationskunst der Bewohner, aber auch die Aufteilung und Zerstückelung der Grundstücke.

Weinberge zu zählen oder gar zu vermessen, wo Reben überall wachsen, ist eine müßige Aufgabe in einer Region, wo 100 000 Landwirte registriert sind und 90 000 davon sich als Winzer fühlen, auch wenn die Reben nur die Randbegrenzung von zwei, drei kleinen Grundstücken ausmachen und gerade mal ein Fässchen Wein

füllen. Es ist eine eigenartige Mischung aus Intensität und Extensität, intensivster Bodennutzung, aber extensivsten Rebwachstums. Es gibt alte Reben mit baumdicken Stämmen und armdicken Cordons, die sich mit Hilfe von Drähten und Stützpfeilern über 200 und mehr Quadratmeter erstrecken können und 10, 20 Kilogramm reife kleine Trauben erbringen können. Daraus entsteht der typische Verde, der wie kein anderer Wein Portugals und auch der Welt oft Schwierigkeiten hat, den Mindestalkohol von 8,5 Volumenprozent zu erreichen. Und doch ist diese Schwäche gleichzeitig eine Stärke. Der saure rote Verde ist mit seinem herben Geschmack und seiner Leichtigkeit im Grunde der einzige echte Rotwein für den Sommer, schmeckt sogar kühl, wird aber leider fast nur im Inland getrunken, weil niemand ihn als Rotwein versteht. In einer dieser typischen kleinen Kneipen, wo der saure schwarzlilarote Vinho Verde weißschäumend aus großen weißen Porzellanschalen gegen den Durst getrunken wird, hängt denn auch liebevoll eingerahmt ein altes Stück Pergament. Darauf steht ein Zitat des berühmten Chemie-Professors und Weinexperten António Augusto de Aguiar aus dem Jahre 1876, das den Vinho Verde und seine Wirkung perfekt beschreibt: »Vinho Verde ist der kurioseste aller Weine. Er ist kurios, originell, jung, erfrischend, diätetisch. Er macht nicht betrunken. Nur deshalb mag ich ihn. Er weiß die Intelligenz zu schätzen.«

Das Urteil mag für den roten Vinho Verde gegolten haben, der damals, wie auch noch vor wenigen Jahrzehnten, die Landschaft zu 90 Prozent beherrschte. Im Wesentlichen trifft es aber auch den Kern des weißen Verde, der seit dem Aufheben des Weinbergpflanzungsverbotes eine beispiellose Karriere als leichter sprudelnder Modewein gemacht hat. Er war das Vorbild für Mateus Rosé, denn Verde sprudelt im Frühjahr und Sommer auf natürliche Weise, von der zweiten Gärung, die er bei zunehmenden Temperaturen spontan erlebt. Dies wurde von großen Markenweinkellereien perfektioniert und in Mengen auf die Flasche gebracht, heute meist mit dem Zusatz von Kohlensäure und etwas Restsüße. Casal Garcia von der Quinta da Aveleda, Gatão von Borges, Gazela von SOGRAPE sind heute Weltmarken und verkaufen mehrere Millionen Flaschen. 25 andere Kellereien kämpfen ebenfalls um Marktanteile in dem süffigen Leichtweinsegment, sorgen dafür, dass auch der letzte Kleinwinzer entweder über Traubenabgabe oder via Genossenschaft seinen *vinho* vermarktet bekommt, und zwar in der Bocksbeutel-, der Bordeaux- oder Schlegelflasche oder anderen Sonderformen. Der kellertechnische Standard gerade der größten Marken ist recht hoch, der Geschmack im Allgemeinen akzeptabel und erfrischend, wenn man ein unkompliziertes Sommergetränk und nicht anspruchsvollen Wein sucht. Selbst im Billigbereich gibt es süffige saubere Weine, aber auch grob dünnliche und aufdringlich schaumige Versionen.

Wenngleich auch einige der großen Kellereien sich neben ihren Massenmarken seit Jahren mit Erfolg um exzellente trockene Verdes bemühen und Häuser wie SOGRAPE, Quinta da Aveleda und Solouro sogar die rare und teure Spezialität Alvarinho abfüllen, ist die eigentliche Revolution auch im Vinho Verde noch früher als anderswo in Portugal das Aufkommen der *produtores-engarrafadores*, der Weingüter, die ihren Wein selbst abfüllen und vermarkten. Bevorzugt hergestellt wird ein klassisch trockener Wein, der weniger und zunehmend nur natürliche Kohlensäure enthält, allerdings geschieht dies nicht einheitlich, es gibt auch Erzeuger mit lieblich-süßen und kohlensäu-

Weinreben als natürliche Begrenzung von Grundstücken sind typisch für das Vinho-Verde-Gebiet.

Linke Seite:
Die Reben werden im Vinho-Verde-Gebiet in hohen Pergolen erzogen. Die Lese wird so zu einem Balanceakt auf der Leiter.

Frühjahrsschnitt im Vinho-Verde

rescharfen Weinen. Höchstens fünf dieser Quintas gab es Ende der 1970er Jahre, vor einigen Jahren waren es schon beinah 200, deren historische Wurzeln sich oft bis ins Mittelalter zurückverfolgen lassen. Sie bieten als *casas antigas* noble Zimmer an und sind damit attraktive Stationen auf einer Reise durch diese in jeder Hinsicht kulturträchtige Region.

Motor einer erst Anfang der 1980er Jahre verstärkt einsetzenden Bewegung zum Weingut und zu höherer Qualität wie auch besseren Vermarktung wurde die 1985 gegründete APEVV, die Assoziation der *produtores-engarrafadores*, die gleichzeitig Keimzelle der heutigen nationalen Selbstvermarktungsorganisation FENAVI ist. In ihr sind viele der besten und besseren Quintas vereint. 150 Güter gibt es inzwischen insgesamt. Ständig kommen neue hinzu, aber es geben auch viele wieder auf, da der Vertrieb in dem von großen Distributeuren beherrschten Portugal für kleine unbekannte Weingüter ein Problem ist und die Selbstvermarktung im Zuge eines beginnenden Weintourismus noch sehr in den Anfängen steckt. Zu viel Vermarktungsoptimismus nach der Anpflanzung und gewiss auch die schwankende Qualität hat manchen Winzer wieder zur Traubenproduktion zurückkehren lassen.

Den wahren Vinho Verde, einen einzigartig herben, stahligen Wein, der wie trockene Saar- oder Mosel-Rieslinge konträr zum Massengeschmack liegt (der es eher mild und trocken zugleich mag), findet man jedoch bei den Quintas, und man kann es nicht genug betonen, dass diejenigen, die Säure nicht mögen, den Mund davon lassen sollten. Auch die besten gut gemachten reifen Verdes mit Alkoholwerten nahe der Oberschwelle von 11,5 Volumenprozent schmecken im Abgang mehr oder weniger dezent sauer. Das ist für den Liebhaber von Krustentieren, der seinen Durst löschen möchte, nicht negativ, sondern positiv. Verde ist kein Wein zum Probieren und Sinnieren. Es ist ein Wein, der erst beim Trinken Appetit macht.

Beeindruckend für portugiesische Weinfreunde sind nicht nur der Vinho Verde, sondern auch der architektonische Reichtum vieler Güter, wie z.B. der Quinta de Cotto in Mesão Frio.

Dies gilt im Grunde für alle Subregionen, für den feinduftigen Luoreiro, der vor allem in der Lima-Region als Erster Furore machte durch die Feinheit seines Ausdrucks, bis zu dem jüngst in seiner Finesse entdeckten Azal aus der Basto- oder Amarante-Region. Höherer Alkohol ist für den Verde-Liebhaber nicht unbedingt ein Vorteil, Weichheit eher eine Stilschwäche, die das so geradlinige Säurerückgrat deformiert.

Zwei Ausnahmen jedoch gibt es, und deshalb müssten diese Regionen eigentlich eigenständig sein und gar nicht Verde genannt werden, wie manche meinen. Es ist die Gegend um Baião, unten am Douro, die schon viel wärmer ist und deren Weine zwischen hochreifem Douro-Weißwein und Verde anzusiedeln sind. Und es ist der Alvarinho, der König der portugiesischen Weißweine, der dies schon war, bevor der Albariño auf der anderen Seite des Minho in Spanien Mode wurde

Trás-os-Montes

Der Regionalweinbegriff für die DOC Douro ist gleichzeitig auch der Name für die karge, wilde, verlassene Landschaft oberhalb des Douro, des entlegenen Landes hin zur spanischen Grenze, wo es noch heute kaum einen Grenzübergang gibt.

Enthalten sind in ihr die IPR Valpaços, aus der in der Vergangenheit schon manch berühmter Garrafeira-Wein seinen roten Stoff bezogen hat und wo die Genossenschaft als größter Weinproduzent manche recht ordentliche Abfüllung auf den Markt bringt. Die IPR Chaves, das berühmt ist für seinen Schinken, ist kühler, produziert etwas schlankere Weiß- und Rotweine, man spürt die Verde-Nähe schon. Doch es mangelt noch an Erzeugern.

Die riesigen Restflächen des Trás-os-Montes bieten verstreuten Weinbau, mit u.a. aber einem Zentrum in der Gegend von Macedo de Cavaleiros, das in der Lage ist, hochwertige klassische Rotweine zu machen.

Das Weingut Valle Pradinhos (mit einer größeren, bereits alten Cabernet-Sauvignon-Fläche) hat sich hier in früherer Zeit mehrfach mit einem der besten portugiesischen Rotweine hervorgetan.

Mit der Erschließung der Region durch die neue Autobahn Porto–Bragança ist möglicherweise bald auch die vinologische Entdeckung der Region möglich. Die geologischen Voraussetzungen, feinster Verwitterungsschiefer an vielen Orten, bieten jedenfalls hervorragende Bedingungen für eine moderne Weiterentwicklung des Weinbaus. Es könnte daher bald sein, dass neben manch gutem Bauernwein, den man in Kneipen findet, plötzlich auch interessante Flaschenweine aus dieser Region auftauchen, wobei hier neben Rotweinen in den raueren Höhenregionen auch Weißweine mit attraktiver Säure möglich sind.

und zu seiner glanzvollen Karriere unter der DOC Rías Baixas antrat. Auch in Portugal boomt der Wein aus der dickschaligen und aromatischen Sorte, die im Alkohol laut Statuten da anfängt, wo der Verde aufhört. Er beginnt bei 11,5 Volumenprozent und darf dann bis 13 ansteigen. Wie ein Verde schmeckt der Alvarinho zwar nicht, die Spezialität aus der Subregion Monção mit seinen gegensätzlichen Charakteren aus den Subzonen Monção und Melgaço. Aber die Herbheit, die Frische, wie beim Verde durch die Kombination von kargen Granitböden (in Monção mit typischen Uferkieseln gemischt), hohem Niederschlagsvolumen (hier etwa 1400 Millimetern) bei hohen Sommertemperaturen, aber schon kalten aromafördernden Septembernächten, ist beim Alvarinho mit eleganter Reife und Aromatik, mit Pfirsich, Litschi, Birnen und Zitrustönen gekoppelt. Ist der Alvarinho oder der halbtrockene Verde der Wein zum Hummer mit leicht süßlicher Sauce, ist der klassische Verde Seco der ideale Wein zum Hummer. 700 Hektar umfasst der Alvarinho in Monção, inzwischen breitet sich die Rebsorte als Minderanteil sogar außerhalb der Subregion, seiner Heimat, und in andere Regionen aus. Zwanzig Produzenten einschließlich der marktbeherrschenden Genossenschaften von Monção gibt es. Schade, wie bei übrigens allen Verdes, ist dabei, dass Empfehlungen von Weingütern schwerfallen, die Qualität der Jahrgänge witterungsbedingt so schwankend ist, dass ein Urteil, ein Lob eines Weingutes ohne systematisches Verfolgen aller Jahrgänge kaum möglich ist! Getrunken ist getrunken, verkauft ist verkauft, heißt es beim Verde regelmäßig, dennoch können Alvarinhos durchaus erst im Alter von fünf bis zehn Jahren richtig aufblühen und auch andere Verdes sehr feine Reifetöne entwickeln. Eine zuverlässige Auswahl, Probe, Gutsbewertung ist so nur in wenigen Fällen zu leisten. Die Jahrgangsschwankungen haben die dominanten Kellereien, die nur zwei Prozent der Weingüter repräsentieren, aber immerhin über 70 Prozent der Weine vermarkten, besser im Griff. Sie verzichten auf die Jahrgangsangabe bei den Marken, egalisieren die Qualität oder lassen den Jahrgang wie beispielsweise bei der Quinta da Aveleda, ganz der klassischen Markenpflege verhaftet, bei ihren besseren Rebsortenweinen einfach ausfallen, wenn er nicht gelungen ist. Doch bis der Verbraucher und der Händler lernt, dass ein guter Verde erst dann wirklich alle seine Qualitäten zu zeigen in der Lage ist, wenn er auch nicht mehr ganz jung noch frisch ist, kann gewiss noch ein langer Weg vor diesem so historischen Wein liegen, der als Individuum und nicht als Marke gerade erst entdeckt wird.

Ausgewählte Erzeuger des Vinho Verde

Quinta da S. Claudio ***
Curvos, Esposende
6,5 ha; 15 000 Fl. • Weine: Branco
Eine der wenigen Traditions-Quintas Portugals, die schon 1960 mit der Selbstabfüllung begann.

Casa de Sezim *–***
Nespeira, Guimarães
20 ha; 100 000 Fl. • Weine: u. a. Colheita Seleccionada Branco, Casa de Sezim Branco
Einer der feinsten Verdes der Region.

Casa do Valle ***
Cabeceiras do Basto
30 ha; 150 000 Fl. • Weine: u. a. Branco, Azal, Casa do Valle Tinto
Die historische Quinta von Oberst Sousa Botelho macht einen der brillantesten Verdes der Region.

Quinta da Aveleda *–***
Penafiel
120 ha; ZT; 12 000 000 Fl. • Weine: Verde Branco: Casal Garcia, Quinta (seco), Trajadura, Loureiro da Aveleda, Grinalda, Alvarinho, Bairrada: Quinta da Aguieira Bical & Maria Gomes, Chardonnay
Exzellente Kellerwirtschaft bürgt für zuverlässige Massenmarken (Casal Garcia, ein halbtrockener Verde).

Provam, Cabo-Barbeita ***
Monção
300 000 Fl. • Weine: Alvarinho/Trajadura Varanda do Conde, Alvarinho Portal do Fidalgo, Alvarinho Vinha Antiga

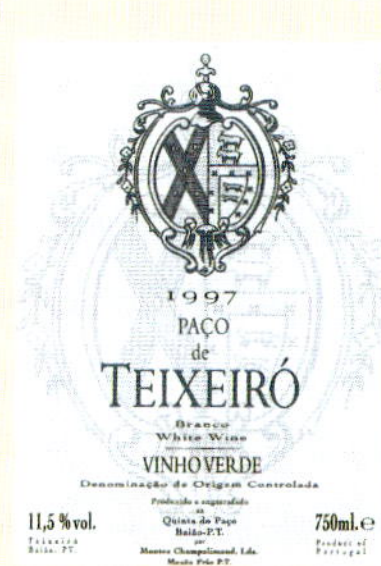

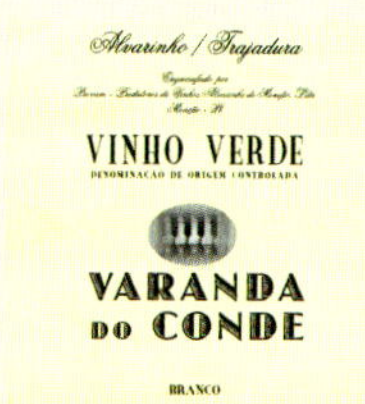

Die Produtores de Vinho Alvarinho de Moncão sind eine 1992 gegründete Gesellschaft, die in einer modernen Adega mit großem Know-how und Studieninteresse vinifiziert; alle Weine sind brillant.

Soalheiro (Antonio Esteves Ferreira) *–******
Melgaço
10 ha; 50 000 Fl. • Weine: Alvarinho, Soalheiro Espumante Brut Alvarinho
João Antonio Cerdeira war unter den Kleinwinzern bereits 1974 der Pionier in der Alvarinho-Anpflanzung und startete 1982 mit der Flaschenvermarktung. Auch sein jüngster Sekt ist ein kleines Meisterstück.

Quinta de Covela **–***
S. Tomé de Covelas, Baião
18 ha; 60 000 Fl. • Weine: Covela Branco, Covela Tinto, Quinta de Covela, Campo Novo, Avesso, Colheita Seleccionada Tinto und Branco
Die ambitionierte Quinta von Nuno Cunha Araújo ist ein Versuchsfeld mit sehr verschiedenen Terroirs und Rebsorten, u. a. Cabernet Franc, Cabernet Sauvignon, Merlot Touriga Nacional, Chardonnay, Sauvignon.

Palacio de Brejoeira **–***
Pinheiros, Monção
17 ha; Fl. n.n.; • Weine: Alvarinho, Aguardente Vínica, Aguardente Bagaceira
Dona Maria Herminia d'Oliveira Pães hat das für lange Zeit singuläre erste große moderne Alvarinho-Gut entworfen, oft gezeigt, zu welcher Aromafülle, verbunden mit Pikanz, der Alvarinho fähig ist.

Portwein & Douro

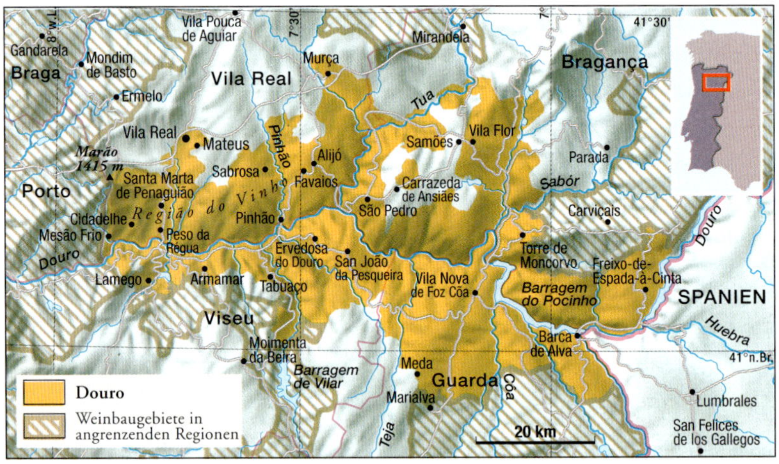

Der Portwein oder einfach Port, *o vinho do Porto*, ist ein Wein, der nicht nach seiner Herkunftsregion benannt ist, sondern nach dem Hafen, von dem er verschifft wird. Der Douro, das Anbaugebiet, beginnt 100 Kilometer flussaufwärts im Landesinnern und erstreckt sich etwa von Régua, dem ersten nennenswerten Städtchen, 100 Kilometer weiter ins Landesinnere bis zur spanischen Grenze.

Es ist die imposanteste, intensivste, wildeste Weinlandschaft der Welt, eine entlegene Gegend, wo der Esel und das Maultier immer noch die beste Hilfe leisten können und Trauben immer noch über ein, zwei Kilometer auf dem Rücken zu irgendeinem befahrbaren Weg getragen werden müssen. Noch heute wird so die Pionierleistung der ersten Weinbauern des Douro und der ersten Händler vorstellbar.

Betrachtet man jedoch die Zeugnisse aus vorgeschichtlicher Zeit, erhaltene Traubenkerne aus der Bronzezeit und verkohlte Weinreben in Grabstätten, erahnt man die durch zahlreiche *lagares* und Keller belegte intensive Ausdehnung des Weinbaus schon zu dieser Zeit. Während der römischen Besatzung muss im Douro schon Wein angebaut worden sein für den Export. Für den nackten Eigenkonsum lohnten die arbeitsintensiven Einsätze in dem rauen, wilden, steilen, schwer zu erschließenden Gelände aus Schiefer und Granit gewiss nicht immer.

Die Quinta do Noval hat einen ungewöhnlich hohen Anteil an Steinterrassen.

Da Wein von jeher der große Landesschatz Portugals war, trug der Douro-Wein hauptsächlich dazu bei, dass Porto seinen auf der Welt einzigartigen Namen erhielt. Das Hafengespann Porto mit der gegenüberliegenden Stadt Vila Nova de Gaia, wo das Gros der Portweine noch heute in den Kellern am Nordhang reift, war immer schon durch die Dynamik ihres Handelns und der hier arbeitenden Menschen die tonangebende wirtschaftliche Schlagader der Region.

Wenn heute gesagt wird, dass Portugal die einzige Nation Europas ist, deren Namensstamm mit dem Namen eines berühmten Weines identisch ist, muss man ihn auf diesen Ursprung zurückführen. Alfonso Henrique, Graf von Portucale, hatte sich erstmals 1139 König von Portugal genannt und damit eine der ersten europäischen Nationen im modernen Sinn begründet. Auch dies wäre ohne die Wirtschaftskraft und die Bedeutung seiner Grafschaft mit ihrem überragenden Hafen und Handelsplatz nicht denkbar gewesen. Dies alles fand in einer Zeit statt, als durch die Zisterzienser, die allein im 12. Jahrhundert in Portugal mehr als hundert Klöster gründeten, die gesamte wirtschaftliche Dynamik der kirchlichen Orden in ihrer ersten großen Blüte stand und die Weinkultur an der Spitze aller profitablen und mit Gewinn exportierbaren Landeskulturen getreten war. Seit 1096 herrschte die Burgunder-Dynastie in Portucale, von 1139 bis 1385 stellten sie die Könige, ein Geschlecht, das die nobelsten Weine seiner Zeit kannte.

Am deutlichsten zeigt sich das Wissen des Burgunder-Geschlechts über Portugals Landesschätze bei König Dinis (1279–1325), dem es unter anderem auch gelang, in Portugal eine Nationalsprache durchzusetzen, das bis heute fast unveränderte Portugiesisch, entstanden aus dem ehemaligen lateinischen Dialekt von Port.

Dinis hatte den Beinamen ›rei lavrador‹ (König der Bauern). Er förderte Landesausbau und Landwirtschaft so stark, dass mit den Erlösen aus landwirtschaftlichen Produkten wie Wein und Olivenöl eine beispiellose Handelsflotte aufgebaut werden konnte, nach heutigen Begriffen ein professionelles Management. Mit der Gründung der Universität von Lissabon 1290, die er wenig später in das näher bei Porto gelegene und im Glauben festere Coimbra verlegte, sowie der Gründung des Christusordens 1318, indem er quasi die Templer-Ressourcen einkaufte, legte er die Grundlagen für den Aufstieg Portugals zur Weltmacht, zur großen Entdeckernation. Handel, Export und Import waren Portugals große Leistung, mit der es seinen Einfluss, seinen Reichtum sicherte. Nur mit dieser Vorgeschichte wird klar, warum der Portwein der am weitesten verbreitete Exportwein der Welt geworden ist und Export noch heute das Kennzeichen von Porto in jeder Beziehung ist.

Heute floriert das Portweingeschäft wie nie zuvor, blüht insbesondere das Douro-Gebiet auf wie in einem Goldrausch, sind aus 24 000 Hektar Anbaufläche noch vor 20 Jahren bei 36 000 Weinbauern 41 000 Hektar bei fast 40 000 Winzern geworden. Grundlage für diese Renaissance, die im Gegensatz zu der Entwicklung der meisten europäischen Regionen steht, ist jedoch nicht nur der erfolgreiche Absatz, sondern auch die planmäßige disziplinierte Politik des ›Instituto do Vinho do Porto‹, die jährlich die Interessen des mächtigen Exportverbands und der ebenso mächtigen Winzerorganisation ›Casa do Douro‹ aufeinander abstimmt, indem es die Portweinproduktion genau festlegt, die auf jeder einzelnen Weinbergparzelle geerntet werden darf, immer abhängig vom letztjährigen Absatz.

Der Mustercharakter der Region basiert auf der Infrastruktur der ersten und wahrscheinlich am genausten erfassten und klassifizierten Region der Welt. Die Entstehung der ›Companhia Goral da Agricultura das Vinhas do Alto Douro› (Allgemeine Gesellschaft des Weinanbaus am oberen Douro) im Jahre 1756, vorangetrieben vom absolutistischen, später Marquis de Pombal genannten Premierminister, kann noch heute in ihrer Konsequenz als Beispiel dafür angesehen werden, wie man Ruf, Markt und Export einer Region schützt. Das Unternehmen, ›Demarkierung der Gebirge‹ genannt, wurde wohl von einem Dominikanermönch namens Dr. Frei João de Mansilha vorangetrieben. In der ersten Satzung stand bereits, dass der »Anbau des Weines durch den Ruf dieses Weines unterstützt werde, auf dass der Handel davon profitiere, die Landwirtschaft belohnt werde, und dies alles dergestalt klug abgewägt, dass der Verbrauch nicht durch Teuerung unmöglich und der Anbau nicht durch Herabsetzung der Preise aufgegeben werde.«

Einst wurden die Rebterrassen über dem Douro per Hand angelegt und die Stützmauern trocken gemauert. Heute planieren Bulldozer die Hänge für Neupflanzungen, und selbst den besten Erzeugern sind Terrassenmauern oft zu aufwendig und kostspielig.

Links:
Die Arbeit in den steilen Hängen wird noch immer weitgehend von Hand ausgeführt.

Rechts:
Die Weinlese ist für die Träger ein hartes Geschäft. Um Spitzenqualität einzubringen, müssen die kleinen, modernen Traubenkisten oft lange Strecken auf den Schultern getragen werden.

Karriere einer Region

Seit der zu weit gefassten Demarkierung von 1907, die 1921 korrigiert und strenger gefasst wurde, hat man zwar eine intensive Markenschutzpolitik für den ›Porto‹ betrieben, aber die Preise reichten nicht aus. Im Jahre 1933 wurden die bis heute gültigen und entscheidenden Organisationen gebildet, das ›Casa do Douro‹, der Winzerverband, das ›Grémio dos Exportadores do Vinho do Porto‹ (Verband der Portweinexporteure) und das ›Instituto do Vinho do Porto‹ (Portweininstitut), eine offizielle Institution, die für die übergeordneten Interessen der Portweinwirtschaft zu sorgen hatte. Unter anderem wurde auch die ›Câmara dos Provadores‹ eingerichtet für die Prüfung der Portweine im Glas. Die bedeutendste und weltweit einzigartige Leistung war jedoch seitens des ›Casa do Douro‹ ein neuer Weinbaukataster von allen Winzern und Rebparzellen, die bis heute fortgeschrieben wird und eine Fülle von Daten sammelt. Die bedeutendste Leistung innerhalb dieses Katasters ist jedoch die Klassifizierung jeder kleinsten Parzelle in sechs Klassen von A bis F, die der Agrar-Ingenieur A. Moreira da Fonseca 1947/48 konzipiert hatte. Jeder Weinberg wurde nach einem Punktesystem bewertet, das mit Minus- und Pluspunkten alle entscheidenden Qualitätsfaktoren einbezieht und bis heute für die jährliche Verteilung des *beneficio* (des Rechts für eine gewisse Menge Portweinproduktion) von Bedeutung ist und auch die Preisgestaltung beim Kauf von Portwein entscheidend mitbestimmt.

Nimmt man das *Lei do Terço* hinzu, die Bestimmung, dass man jährlich nur ein Drittel seines La-

40 000 Winzer wollen heute am Portweinboom partizipieren.

Anders als in der Toskana, wo schon einige Jahrzehnte früher die erste Gebietsabgrenzung stattgefunden hatte, wurde die Douro-Region gleich umfassend katastriert und in verschiedene Preisklassen eingeteilt. Mit einem Schlag wurde jeder Import von Wein in die Region verboten, der Preisverfall der Weine durch Vermischung gestoppt. Die typische Niedergangsgeschichte zahlloser Weinregionen, die nach einer Erfolgsphase durch unendliche Vermehrung ihrer Weine, sei es durch Flächenerweiterung, sei es durch Verschnitte oder Panschen, aus Profitgier in den Bankrott steuerten, wurde umgekehrt. In zwanzig Jahren wurde durch das autoritäre Regime Pombals nicht nur der moderne Gebietsschutz einer Weinregion, die wegen ihrer ungünstigen Anbaubedingungen und Abgelegenheit preislich nie hätte konkurrieren können, in Kraft gesetzt, sondern auch die Preise verdreifachten sich. Neue Portweinhäuser wurden gegründet, die Region gedieh wieder, diesmal mit geregelter Menge.

Die Nachfrage war so stark, dass es schrittweise kleine Erweiterungen gab, aber ohne negative Folgen. Erst nach zunehmenden Liberalisierungen wurde der Markt wieder instabiler und krisenhafter. Der endgültige Schritt zur Stabilisierung des Marktes und Sicherung der Region, die so viel zur portugiesischen Wirtschaftskraft und Geschichte beigetragen hat, erfolgte dann während der Zeit der Diktatur Salazars.

Bei Regma beginnt das Eldorado des Portweins.

gers Portwein verkaufen darf, die Portweinhäuser also in jedem Jahr gezwungen sind, Wein nachzukaufen, wenn sie verkaufen wollen, kann man sich vorstellen, wie reguliert der Markt ist, wie sehr dieses kostenintensive Geschäft, diese so arme und so reiche Region durch ein kompliziertes Regelungssystem geschützt ist. Gebrochen wurde im Jahre 1986 durch den EG-Beitritt in erster Linie nur eines: das Monopol der Portweinhäuser in Vila Nova de Gaia, dass nur von dort aus der Porto in die Welt ziehen darf. Der Douro, die bislang zwar geschützte, aber gleichzeitig eingeengte Region wurde frei.

Die Entwicklung des Douro und seiner Lagen zeigt eine Abkehr von der Ausschließlichkeit des gespriteten süßen Portweins. Inzwischen wurde der Douro 1982 auch offiziell als Region für Rot- und Weißweine (DOC) demarkiert.

Aus den Weinbergen des unteren Corgo kommen sensationelle Rotweine, die inzwischen mehr und mehr Nachahmer gefunden haben. Dagegen weist das Douro Superior Temperaturen von oft über 45 °C und Niederschläge nur bis 300 mm auf, sodass hier inzwischen Testprojekte zur Wurzelbewässerung laufen. Barca Velha und einige der anderen neuen Spitzenrotweine von Ferreira und Ramos Pinto schöpfen aus diesem Reservoir der reifsten Trauben und Tannine, die vorstellbar sind, arbeiten allerdings meist mit einer Cuvée aus Trauben, die aus Höhenlagen von 500 bis 600 Metern Säure und Frische mitbringen. Im Herzen des Douro liegt das Ober-Corgo-Gebiet, nicht ganz so trocken und heiß wie der Douro Superior, das verantwortlich ist für das Gros der besseren Ports. Hier findet man auch die größte Ansammlung nobler Portwein-Quintas.

Auf den Quintas im Douro-Tal arbeiten zahlreiche Familien seit Generationen.

Unübersehbar ist zur Zeit der Trend zum Rotwein und im begrenzten Maße auch zum Weißwein, der dank Kältetechnologie nun endlich sein Potential zeigen kann, seine interessanten hitzebeständigen Sorten. Noch macht der Douro-Rotwein nur knapp fünf Prozent des nationalen Marktes, aus aber die Wachstumsraten sind hoch. Die Portweinhäuser kaufen Weinberge, um ihre Qualitäten zu sichern, weil die langjährigen Ablieferungen seitens der Quintas täglich versiegen können. Hauptgrund dafür ist die Selbstständigkeit und Rotweinbegeisterung vieler Besitzer. Selbst die größte Portweingruppe, die Symington-Gruppe, will mit Bordeaux-Wissen ins Spitzenrotweinsegment einsteigen. Seit sich Portwein im heutigen Stil etabliert hatte, war Rotwein nur das Außenseiter-Thema einiger weniger Firmen. Wer weiß, wie relativ zufällig der eine oder andere große Douro-Rotwein bereits entstanden ist, kann nur ahnen, was im Douro möglich ist. Erst wenn der Wettbewerb der Quintas und Rebsorten entschieden und die Experimente auf dem Markt sich durchgesetzt haben, wird man über die besten Lagen, die besten Potentiale mehr wissen.

Portugal
das Land der 500 Rebsorten

Portugal wird immer wieder als das Land mit der größten Rebsortenvielfalt der Welt beschrieben: es sollen rund 500 sein. Es ist in der Tat erstaunlich, denn es sind ja keine durch moderne Kreuzungszüchtung entstandenen Sorten, sondern Reben, die, wenn sie nicht aus anderen Ländern eingeführt wurden, aus einer Selektion vor Ort, durch Anpassung an das jeweilige Terroir entstanden sind; viele lassen sich vermutlich bis weit ins Mittelalter zurückverfolgen, bis in die Blütezeit der Klöster und ihrer Weinkultur.

Die geradezu unvorstellbare klimatische, geologische und topographische Vielfalt, die Portugal bietet, hat so nur logisch auch eine große Rebsortenvielfalt hervorgebracht. Die weitgehende Nichtbeachtung der Sortenreinheit, die Tradition der Blendweine der großen Kellereien hat dann zusätzlich dazu geführt, dass bis Anfang der 1980er Jahre, als im Hinblick auf den EG-Beitritt fieberhaft geforscht und kartiert wurde, Rebsortenforschung und Weine aus einzelnen Rebsorten eher zufällig waren und sich auf wenige Einzelinitiativen beschränkten wie die des Hauses Ramos Pinto im Douro-Gebiet. Urplötzlich standen dann die Entscheidungen an, was empfohlene, was autorisierte Sorte sein sollte, um die Bedingungen für die jeweiligen Qualitätsweinregionen festzulegen. Rebsortenreine Anpflanzungen sind, von einzelnen Regionen abgesehen, die sehr stark auf einer Sorte basieren, wie Baga in der Bairrada oder Periquita in Palmela, selten. Sie begannen erst in den 1980er Jahren in größerem Ausmaße und setzten sich in den 1990er Jahren fort.

Seit diese Neuanlagen langsam ausreichend Trauben bringen, ist in den letzten Jahren des Jahrtausends eine geradezu rasante Mode der *Vinhos Varietais* oder *Vinhos Estremes*, wie man die Rebsortenweine nennt, entstanden. In einer Mischung aus Entdeckerinteresse auf Winzer- wie Verbraucherseite und Geschäftstüchtigkeit auf Winzerseite, die ebenso Spezialitäten und Raritäten zu höheren Preisen verkaufen können, hat sich das Angebot dieser für Portugal extrem neuen Weintypen so vermehrt, dass kaum noch ein Überblick möglich ist. Dass die noble Traube des äußersten Nordens, der Alvarinho, plötzlich auch im Süden auftaucht, die generell als edelste Traubensorte Portugals (und vielleicht der Welt) geltende Touriga Nacional schlagartig fast überall anzubauen versucht wurde, wo das Image verbessert werden soll, ist eher fragwürdig. Aber die Tatsache, dass nun viele Weine aller Sorten auf den Markt

›Pisar a pé‹ - (mit den Füßen treten) ist die schonendste Methode des Traubenpressens. Sie verlangt stundenlanges rhythmisches, anstrengendes Treten; erst in den späten Abendstunden kreist die Schnapsflasche, und es geht lustig zu.

kommen, ist gewiss demokratischer und verbraucherfreundlicher als Entscheidungen in wissenschaftlichen Versuchen, was, wo und wie am besten wächst. Das Bild der empfohlenen Sorten ist schon jetzt im Wandel, mit jedem neuen anregenden Wein.

Die Gefahr, dass gerade durch die zwangsweise immer kurzsichtige Einschränkung der Sorten auf wenige die Vielfalt bald deutlich geringer wird, ist zweifellos gegeben.

Aber bei dem Partikulargeist, dem typisch portugiesischen *Bairrismo*, ist der eigensinnige Erhalt bestimmter lokaler Spezialitäten dennoch äußerst wahrscheinlich.

Für den Verbraucher ist es wichtig, zu wissen, dass die meisten Rebsortenweine aus jungen Anlagen kommen. Sie können also nie die Konzentration alter Rebsorten ausdrücken. Mit spektakulärer Frucht und Finesse wissen manche Weine zwar aufzuwarten. Denkwürdige, spannende, eigenständige, neue Weinerlebnisse bieten die *Varietais*, aber bei zu hohen Preisen fragt man sich, ob der in manchen Fällen preiswertere Wein aus gemischten alten Rebbeständen nicht doch mehr fürs Geld bietet. Andererseits ist das Gros der führenden Häuser, wie zum Beispiel das größte portugiesische Unternehmen SOGRAPE, nicht nur überzeugt, dass man nicht nur auf einheimische oder internationale Rebsorten setzen soll, sondern auch, dass die Sortenmischung die besseren kompletteren Weine erbringt. Offen räumen viele Erzeuger ein, dass die *Vinhos Estremes* erst einmal ein Versuch sind, um vielleicht wieder ganz oder fast ganz zu Cuvée-Weinen zurückzukehren. Und für die, die auch Cuvées von Sorten ablehnen, weil sie nicht die traditionelle Komplexität der portugiesischen Weine, insbesondere ja auch der besten Ports erbringt, gibt es auch die Beibehaltung des alten traditionellen gemischten Satzes mit zehn oder zwanzig Sorten.

Die traditionellen ›Hotten‹ in Portugal sind geflochtene hohe Körbe, die mehr als einen Zentner Trauben fassen.

Weiße Rebsorten

- *Alvarinho:* Die dickschalige Sorte ergibt nur rund 50% Saft und verbindet Körper mit viel Frische. Grundlage für Vinho Verde in der Subregion von Monção; oft zu glatt und technisch aus zu jungen Reben ausgebaut und ist im Moment noch auf Stilsuche.
- *Arinto:* Die berühmte schon von Shakespeare gelobte Sorte von Bucelas ist weit verbreitet in Portugal; einzigartig pikante und feine Säure, nicht mit dem Riesling verwandt, aber im Geschmack erstaunlich ähnlich und von der Tradition her ebenfalls für edelsüße Weine berühmt.
- *Azal:* Bislang unterschätzte Sorte im Vinho Verde, die in der Basto- und Amarante-Subregion köstlich frische, säurebetonte, pikante und feinduftige Weine erbringen kann.
- *Encruzado:* Beste Sorte im Dão, gering im Ertrag, komplex im Aroma, kann im Barrique ausgebaut gutem Burgunder nahe kommen.
- *Esgana Cão Sercial von Madeira:* Auf Madeira die vielleicht feinste und stilvollste aller Sorten, in Portugal mit beeindruckend feiner Säure, darin Konkurrent des Arinto.
- *Loureiro:* Die erste Rebsortenentwicklung im Verde nach dem Alvarinho, außergewöhnlich fein und duftig mit Muskatanklängen, schlanker, filigraner Typ.

Rote Rebsorten

- *Aragonez (Tinta Roriz):* Entspricht der spanischen Tempranillo, im Alentejo die überragende Sorte mit tief schwarzroter Farbe, voller, wilder und doch feiner, dunkler Frucht und intensiven Tanninen; im Douro, Dão u. a. ebenfalls eine der Spitzensorten, wenn der Ertrag nicht zu hoch ist.
- *Baga:* Kleine, dickschalige Traube, wegen ihrer späten Reife und hohen Säure immer der Gefahr der Unreife oder der Fäule durch Regen ausgesetzt. In der Bairrada zu 90 % vertreten und hauptverantwortlich für großartige Weine mit reicher eleganter Frucht (Cassis) und Tanninstruktur sowie für charakteristische Tischweine.
- *Bastardo:* Im französischen Jura als Trousseau bekannt; sehr zuckerreich und säurearm, mit solider Festigkeit, aber wenig Finesse.
- *Castelão Nacional (Camarate):* Wegen hoher Ernten beliebte Sorte in Estremadura, Ribatejo, auch Bairrada; erste Rebsortenweine zeigen jedoch komplexe Frucht, Rasse und elegante feste Tannine, vielleicht unterschätzt.
- *Castelão Francês (Periquita):* Wohl die Hauptsorte in Portugal, vor allem im Süden und Westen; sehr charakteristische Beerenfrucht; zusammen mit festen Tanninen können auf Terroirs mit geringem Ertrag große, lagerfähige Rotweine entstehen.
- *Tinta barroca:* Eine der fünf Haupt-Portsorten, bringt dunkle süße Trauben und guten Ertrag, in Nordlagen fehlt der Biss.

Portugals außerordentlicher Reichtum an einheimischen Rebsorten ist ein Schatz für die Zukunft.

- *Tinto Cão:* Eine der Topsorten im Douro, jetzt auch im Dão entdeckt; geringe Erträge, kräuterige Würze und nervige Säure, könnte vielfach zu einer Spitzensorte aufsteigen.
- *Touriga Francês:* Die mit 26,5 % am meisten angepflanzte ertragsstabile, spätreifende Sorte im Douro-Gebiet; typische feine Frucht mit viel Brombeere, rotschwarzen Kirschen und einer kräuterigen Note; sehr attraktive feine Rotweine inzwischen auch im Süden, zum Beispiel in Alenquer.
- *Touriga Nacional:* Man kennt bereits seit dem 13. Jahrhundert die Loblieder auf diese dickschalige, kleinbeerige und ertragsarme Sorte, die im Dão als Tourigo bis zur Reblauskatastrophe im letzten Jahrhundert mehr als 90 % ausgemacht haben soll, im Douro als Touriga Fina immer gelobt wurde. Tiefschwarzrote undurchsichtige Weine mit komplexen Aromen ohne jede Vordergründigkeit, die von Fruchtnoten bis zu blumigen Akzenten und kräuterigen Tönen variieren; ein Komplexitäts-, Reife- und Tanninwunder, dabei immer erstaunlich ausbalanciert, und das praktisch in allen Touriga-Nacional-Weinen, die jetzt auf den Markt kommen; wird zur Zeit in Spanien entdeckt und könnte bald eine der absoluten Spitzenweinsorten der Welt werden; zweifellos eines der Geheimnisse der Größe von Vintage Port überhaupt.
- *Trincadeira (Douro: Tinta Amarela):* Eine der führenden portugiesischen Reben; im Alentejo Hauptsorte, bringt kräuterigen, würzigen Wein mit pflaumig-schokoladiger Fülle, im Ribatejo oft mit übertrieben kitschiger Frucht; kann lagenspezifisch durchaus edle Weine ergeben.
- *Vinhao (Douro: Sousao):* Gilt als charakteristische Sorte für den schwarzrotvioletten Vinho Verde, hat aber auch im Douro schon einige spektakuläre Lagerweine erbracht.

Kultobjekt Vintage Port

Gegenüber von Porto, in Vila Nova de Gaia, laufen die Fäden des Spinnennetzes der Portweinproduktion zusammen. Hier unterhalten fast alle Porthäuser ihre ›Lodges‹ genannten Kellereien.

Vintage Port, unter Kennern und Sammlern in aller Welt gleich nach dem Bordeaux das interessanteste Spekulationsobjekt, war schon ein Kultwein, lange bevor die edlen Modeweine aus Italien, Spanien oder der Neuen Welt die Aufmerksamkeit der Weingenießer auf sich zogen. Port, in der Vergangenheit eines der Standardgetränke in vornehmen englischen Clubs, avancierte zum beliebtesten trinkbaren Prestigeobjekt einer neuen Generation amerikanischer Weinliebhaber, die besonders kraftvolle Weine bevorzugen, umso mehr, wenn ihr Konsum einen gewissen elitären Beigeschmack besitzt. Port ist der einzige Wein von Weltruf, dessen Stil die Briten nicht nur indirekt durch ihre Nachfrage geprägt haben, sondern an dem sie über ihre bis heute zentrale Rolle im Handel sogar ganz direkt beteiligt sind, als wäre Porto eine britische Kolonie, die den (Handels-)Kontakt zum Mutterland – in diesem Fall London – nie verloren hätte.

Mag es auch so mancher Genießer, der dem Geschmackserlebnis zu erliegen drohte, bezweifelt haben – Vintage Port ist kein Likör. Er ist Wein allein schon deshalb, weil nur Trauben, sofern sie auf besonderem Terroir gewachsen sind, einen solchen Reichtum an aromatischer Substanz, eine so unvergleichliche Konzentration an dichter Fruchtsüße, balanciert durch eine dezente Säure und unnachgiebig volle, feste Tannine hervorbringen können. Wer erfahren hat, wie Schieferböden die Eleganz vieler großer Weiß- und Rotweine dieser Welt positiv beeinflussen können, der wird im Portwein die gleiche unnachahmliche Delikatesse und Subtilität entdecken, die dieses in Portugal so häufige und im Douro-Tal zur Exklusivität erhobene Gestein den Trauben schenkt (seit 1756 darf Port nur auf Schieferböden erzeugt werden). Niemand käme auf die Idee, Port auf Granitböden zu produzieren, die zwar, wie man in anderen Regionen beweist, großartige herbe Rotweine erbringen, aber niemals Raffinesse in der

Die Stunde vor Mittag

Elf Uhr am Vormittag beginnt in Vila Nova de Gaia die Zeit des Probierens, des täglichen Entscheidens. Mit größtmöglicher Konzentration werden Kaufentscheidungen über Proben aus dem Douro getroffen oder *blends* der Weine im Keller entworfen und probiert. Solche *blends* sind notwendig, um die stilistische Kontinuität einer Marke zu gewährleisten, aber auch um dezente Verbesserungen anzubringen oder etwas Neues zu versuchen.

Portwein zu machen, gilt als die anspruchsvollste Aufgabe, die sich in einem Weinkeller finden lässt. Alle klassischen Veredlungsgetränke aus Wein, wie Champagner, Cognac oder Sherry, erhalten durch die Arbeit der Kellermeister ihren Charakter und sind ebenso differenzierte wie diffizile Kreationen von Experten. Aber Port in all seiner Vielfalt, seiner Intensität, seiner Delikatesse erfordert mehr als nur einen guten Kellermeister, das harmonische Zusammenspiel von Süße, Tanninen, Alkohol und unzähligen Fruchttönen im jungen Port verlangt das Genie. Unter den vielen verschiedenen Subregionen und Lagen ständig die richtige Entscheidung zu treffen, was in welche Ecke des Kellers gehört, zu den Tawnys zur weiteren Fasslagerung oder erst noch in den Tank, um den jungen Fruchtcharakter zu stützen, die subtile Annäherung an die gewünschte Farbnuance, die Balance zu finden zwischen runden, gereiften und jungen, aggressiven Tanninen, zwischen stiller Altersreife und energiegeladener Jugendlichkeit ist wahrlich keine leichte Aufgabe. In manchen Häusern wird diese Gabe seit Generationen vom Vater auf den Sohn weitergereicht. Der wohl größte aller Portweinmacher war der fast zur Legende gewordene Fernando Nicolai de Almeida, der bei Ferreira nicht nur einen ganz eigenen Tawny-Stil prägte, sondern mit der Barca Velha auch den berühmtesten Rotwein Portugals kreierte und damit schon früh eine Entwicklung eingeleitet hat, die heute in immer mehr Portweinhäusern Einzug hält.

Im Zeitalter der Technik, der studierten Önologen mit nüchternen, kopflastigen Weinkonzepten, in einer Zeit, in der Marketing-Strategen und Winzer-Manager Trauben und Weine einzelner Regionen als den Stoff auffassen, aus dem unternehmerische Erfolge geschneidert werden, erstaunt in Gaia die Würdigung der Geschmacksstile, die ernsthafte Auseinandersetzung zwischen Moderne und Tradition. Trotz aller Routine wird in vielen Häusern noch wirklich probiert, ist die Analyse noch immer entscheidend. Es ist interessant zu beobachten, wie der alte Probierer, der auch den Keller betreut, modernen Technikern und Ingenieuren, Marketing-Fachleuten, Besitzern und Geschäftsführern seinen Standpunkt klarzumachen versteht, während es andernorts längst umgekehrt ist. Langjährige praktische Erfahrungen treffen auf technisches, chemisches und betriebswirtschaftliches Wissen und profitieren voneinander, Weinleute und Kaufleute kreieren etwas gemeinsam. Neumodische, unreflektierte Önologen-Theorie, wie sie heutzutage in vielen Regionen herrscht, verändernd eingreift und Winzer beinflusst, hat bislang in Gaia noch nicht das letzte Wort.

In der Konfrontation von önologischer Theorie und komplexer intuitiver, über Jahrhunderte vermehrter Erfahrung werden die Weine selbst zum überzeugendsten Argument. Wie sollte man solche Weine mit all ihrem Eigensinn, ihrer Vielfalt schematisch auf der Grundlage dürrer, angelernter Fakten gestalten können. Die letzten großen Probierer, von denen es nur noch wenige gibt, sind den Önologen unendlich überlegen, die Önologen aber lernen beim Portwein das Probieren – und begreifen, dass Technik nicht alles sein kann.

Der Fluss Douro, der Weingeschichte schrieb, ist die Lebensader von Porto.

Süße der Frucht. Portweine aus anderen Ländern, etwa aus Südafrika, Australien oder Kalifornien, können zwar beachtlich sein, doch spätestens bei der Finesse und Komplexität des Ausdrucks, die einen großen Vintage Port auszeichnen, müssen die Nachahmungen kapitulieren. Echter Vintage Port bietet eine einzigartige Garantie für Spitzenqualität fernab von jeglichen nivellierten Massenprodukten.

Grundlage dieser Garantie war die Nennung der ersten demarkierten Region der Welt, die Unterteilung in Qualitätsstufen bot einen weiteren Hinweis (solange Portwein das Monopol der Portweinhäuser war und Weingüter nicht selbst exportieren durften, gab es fast nur Vintage aus A-Lagen, bestenfalls aus B-Lagen). Entscheidend für das ungewöhnlich hohe Niveau des Garantieeffekts war jedoch die enge Konkurrenz in den Gassen von Vila Nova de Gaia, in denen Portwein bis 1986 exklusiv vertrieben wurde. Zudem konnte sich der Verbraucher auch auf den Verband der Exporteure verlassen, das ›Instituto do Vinho do Porto‹ (IVP), das bei seiner Probenkontrolle einen wirklich schwachen Vintage nie anerkannt hätte. Die standesbewussten Hüter dieses einzigartigen Weins hätten Einbußen für das Renommee des zuverlässigsten Wirtschaftsträgers des Nordens, des *Vinho do Porto,* niemals zugestanden, zumindest nicht in der Spitzenklasse. Bei allen anderen Kategorien hat es sicher immer eine gewisse Kompromissbereitschaft gegeben.

Dieses tradierte System ist durch die Zulassung der ›Douro-Leute‹, der Weingüter und Genossenschaften in der Region, in Bewegung geraten. Nicht ganz so reich an Erfahrung und kellertechnischem Wissen, dafür aber an dem Vertrauen, auch C-Lagen überzeugende Weine abringen zu können, bringen einige von ihnen genau das zustande. Wenn die Zuverlässigkeit der Qualitätsgarantie dadurch auch gelitten hat, ist sie durch das auf gewohnter Erfahrung, gewohnten Standards basierende Prüfergremium des IVP immer noch höher als bei anderen Weinkategorien. Letztendlich entscheidet jedoch die strenge Auswahl der Jahrgänge über die Qualität. Viele Häuser produzieren Vintage nur in wirklich großen Jahren, in nicht ganz so guten Jahren wird der Wein als Single Quinta Vintage vermarktet, der immer noch Vintage-Standards erfüllt, aber ohne den Glorienschein der berühmten Marke auskommen muss.

Ausgewählte Erzeuger: Portwein & Douro

Das Angebot der Portweinhäuser umfasst: Ruby, Tawny, 10 years, 20 years, Vintage, Vintage Character, LBV (Late Bottled Vintage). Colheita, 30 und 40 years sind rare Spezialitäten. Außerdem werden von Single Quintas Vintages SQV gefüllt. Um Wiederholungen zu vermeiden, wird im Folgenden nur auf trockene, meist rote Weine hingewiesen. Falls nicht anders vermerkt, befinden sich die Firmen in Vila Nova de Gaia.

J. W. Burmester & CA*–*******
Die Amorims, die größten Korkproduzenten der Welt, sind die neuen Besitzer und haben sich der Pflege des hochwertigen Bestands alter Colheitas und Tawnys verschrieben. Die traditionellen Vintages und LBVs zeigen auch in schlechteren Jahren große Struktur.

Ferreira *–*******
Weine: Douro Tinto: u.a. Barca Velha, Reserva Especial, Callabriga, Quinta da Leda und Touriga Nacional, Vinha Grande
Das 1751 gegründete Haus, in Portugal Marktführer und Synonym für guten Port, wurde von SOGRAPE übernommen. Exzellente ältere Tawnys. Überragende Bedeutung im Rotweinbereich mit Barca Velha, dem legendären und teuersten Rotwein des Landes, und inzwischen anderen Douro-Weinen von großer Eleganz.

Niepoort S.A.*–*******
Weine: Redoma Branco, Tinto, Passadouro Tinto
Das Familienhaus holländischer Abstammung leitet Dirk Niepoort. Neben der wohl feinsten Colheita-Serie und hohem Standardniveau zählt Niepoort auch bei den Vintages zu den besten. Der rote Douro ist einer der kraftvollsten der Region, der traditionell gemachte Weißwein ein echtes Unikum.

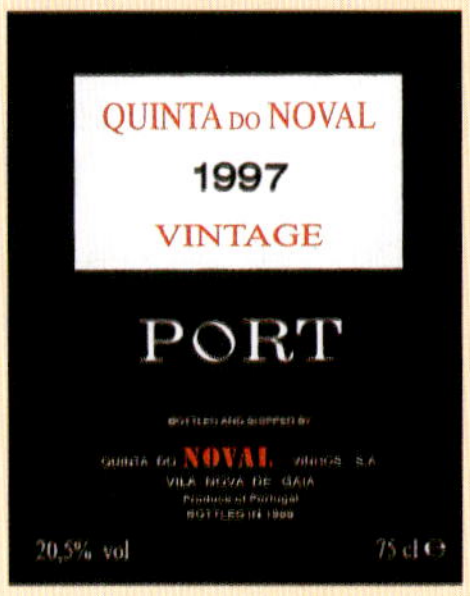

Quinta da Gaivosa *–******
Santa Marta de Penaguião
Weine: u.a. Branco, Tinto, Quinta das Caldas, Quinta do Vale da Raposa, Grande Escolha, Rebsortenweine
Mit Gaivosa 1992 platzierte sich Domingos Alves e Sousa als Toperzeuger des Douro. Hervorragendes Angebot an klassischen und viel versprechenden roten Douros von fünf Weingütern.

Quinta de Covelos **–****
Peso du Régua
Tinto und Reserva, Calheiroz Cruz Grande Escolha
Bis 1994 verkaufte José Carlos Calheiros Cruz Fasswein an große Porthäuser. Mit dem Önologen Anselmo Mendes begann er dann Douro-Weine zu erzeugen. Sein Topwein gedeiht in 450 Metern Höhe.

Quinta de la Rosa **–****
Pinhão
Weine: Tinto, Reserva, Vale da Clara Tinto
Diese direkt am Douro gelegene Quinta ist einer der Pioniere der Portvermarktung. Vintages haben auch in schwächeren Jahren ein sehr hohes Niveau. Den körperreichen Rotweinen fehlt es oft an Rasse.

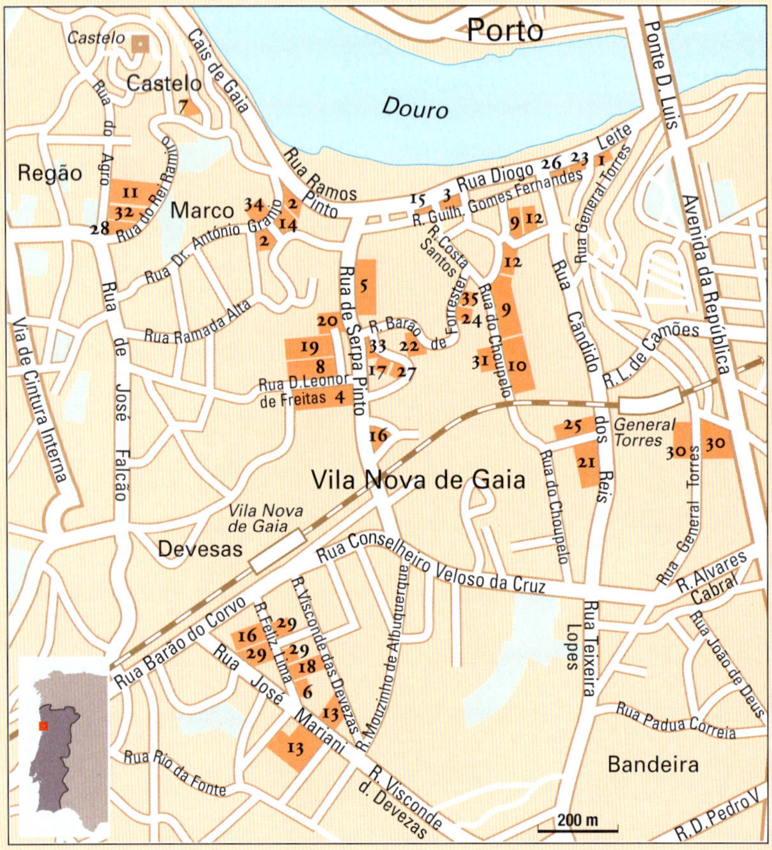

1 A.A. Cálem & Filho Lda
2 A.A. Ferreira S.A.
3 Adriano Ramos Pinto-Vinhos S.A.
4 Barros, Almeida & Cª-Vinhos S.A.
5 C.N. Kopke & Cª-VINHOS S.A.
6 C. da Silva (Vinhos) S.A.
7 Churchill Graham Lda
8 Cockburn Smithes & Cª S.A.
9 Croft & Cª Lda
10 Delaforce Sons & Cª-Vinhos S.A.
11 Fonseca Guimaraens-Vinhos S.A.
12 Forrester & Cª S.A.
13 Gran Cruz Porto-Soc. Comercial de Vinhos Lda
14 Hunt Constantino-Vinhos S.A.
15 J. Carvalho Macedo Lda
16 J.H. Andresen, Sucrs. Lda
17 J.W. Burmester & Cª Lda
18 Manoel D. Poças Júnior-Vinhos S.A.
19 Martinez Gassiot & Co. Ltd
20 NiepoOrt (Vinhos) S.A.
21 Osborne (Vinhos de Portugal) & Cª Lda
22 Quarles Harris & Cª Lda
23 Quinta do Noval-Vinhos S.A.
24 Romariz-Vinhos S.A.
25 Rozés Lda
26 Sandeman & Cª S.A.
27 Silva & Cosens Lda
28 Smith Woodhouse & Cª Lda
29 Sociedade Agrícola e Comercial dos Vinhos Messias S.A.
30 Sociedade dos Vinhos Borges S.A.
31 Taylor, Fladgate & Yeatman-Vinhos S.A.
32 W. & J. Graham & Co.
33 Warre & Cª S.A.
34 Wiese & Krohn, Sucrs. Lda
35 Associação das Empresas de Vinho do Porto

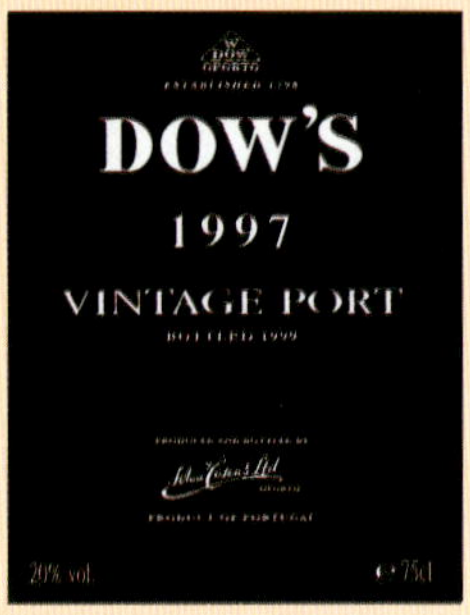

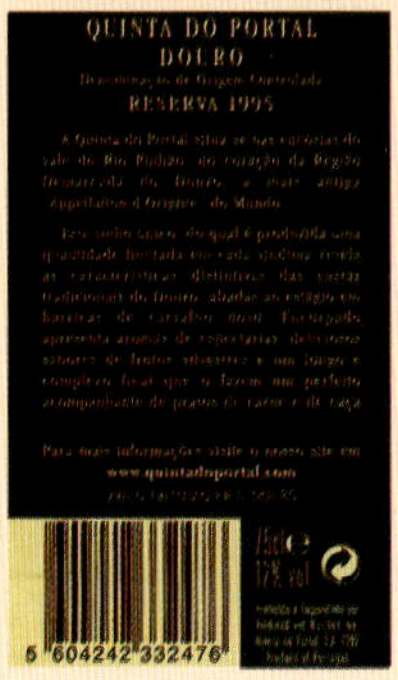

Quinta do Cotto ***–*****
Cidadelhe
Weine: Douro: Branco, Tinto, Grande Escola Tinto; Vinho Verde: Paço Teixeiró
Als Erster hat Miguel Champalimaud bereits in den 1970er Jahren am Konzept von Spitzenrotweinen gearbeitet. Von vielen alten Rebstöcken in gemischtem Satz profitierend, ist sein einfacher Douro oft großartig, während Grande Escola nur aus Spitzenjahren ein einzigartiger Wein mit wildem, doch feinem Ausdruck ist.

Quinta do Fójo ****
Sabrosa
Weine: Fójo Tinto, Vinha da Fójo
Lange Lieferant der vornehmsten Vintage-Marken, erschütterte Margarida Serôdio die portugiesische Weinwelt 1996 mit ihren ersten Rotweinen. Der extrem teure Fójo ist ein komplex-elegantes Frucht- und Tanninpaket, der Zweitwein zarter, aber nicht schwächer.

Quinta do Noval ***–*****
Pinhão
Das Haus überzeugt mit hochklassigen Vintages und vollfruchtigen alten Colheitas. Der Nacional Vintage aus wurzelechten Reben ist geradezu legendär.

Quinta Vale D. Maria ***–****
Porto
Weine: Tinto, Vintage
Die Quinta am Rio Torto besitzt über 50 Jahre alten Rebbestand und mehr als 28 Sorten. Christiano van Zeller, ehemaliger Besitzer von Noval, entwickelt aus dem Familiengut seiner Frau exzellent strukturierten Rotwein und einen hoch konzentrierten Vintage 1997.

Ramos Pinto ***–****
Weine: Duas Quintas Tinto, Reserva
In den 1970er und 1980er Jahren Pionier bei der Erforschung von Anbauformen und Rebsorten, gehört

das weiterhin von João Nicola de Almeida geleitete Haus heute zum Champagnerhaus Louis Roederer. Die Rotweine zählen zu den besten im Douro, wo man im Duoro Superior neue Flächen erschloss.

Real Companhia Velha **–****
Weine: u.a. Douro Branco: Quinta do Sidrô Chardonnay; Douro Tinto: Porca de Murca Reserva, Evel Grande Escolha, Quinta dos Arciprestes
Der bedeutendste Weinbergbesitzer im Douro blickt auf eine große Vergangenheit zurück. Der Direktor des Familienunternehmens, Pedro Silva Reis, führt das Haus nun zu den Ursprüngen im Douro zurück. Seit 1997 bekommen die Weine mit elegantem Barrique-Ausbau mehr Schliff und Niveau, und auch die Portweine sind in qualitativem Aufwind.

Symington Group: Dow's **–***** **/ W. & J. Graham & Co.** **–***** **/ Warre & C^A S.A.** **–*****
Quinta do Vesuvio ****
Die vierte Generation der Familie führt das aus sieben Häusern bestehende Unternehmen (30 Prozent Marktanteil), das überwiegend im höheren Qualitätsbereich tätig ist. Quarles Harris, Gould Campbell und Smith Woodhouse gehören ebenfalls dazu. Ausgeglichene, elegante, doch feste und klassische Vintages, wobei Graham am üppigsten, Dow am stilvollsten, Warre am elegantesten ist. Die Symingtons besitzen auch die Quintas do Bomfin, da Cavadinha und dos Malvedos.

Taylor, Fladgate & Yeatman Vinhos S.A. ***–***** **/ Fonseca** ***–*****
Taylor, 1692 gegründet, war 1744 das erste Portweinhaus mit eigenen Weinbergen und ist bis heute eins der innovativsten, man denke nur an trockenen weißen Port, SQV, LBV oder den First Estate, einen höherwertigen Ruby. Mit dem Schwesterhaus Fonseca ist es Synonym für Spitzenvintages. Quinta de Vargellas ist Taylor berühmtester SQV.

Die Portwein-Kategorien

• *Ruby:* Die süßen, fruchtigen und vollmundigen Weine sind rotschwarz (›rubinfarben‹), meist ohne Holz ausgebaut und zwei bis drei Jahre alt. Oft trifft man bei kleineren Häusern die bessere Wahl als bei den großen Markenproduzenten.
• *Tawny:* Der etwa dreijährige, helle (›lohfarbene‹) Wein ist heute der französische Standard-Aperitif. Er ist weich, harmonisch und unkompliziert. Spürbare Holzreife vom Fassausbau mit feinen Nuss- und Karamelltönen zeigen meist erst etwas ältere *Fine Tawnys*.
• *Neuer Portwein-Typus:* Die noch namenlose Kategorie kennzeichnet höherwertige Portweine besserer Lagen mit vier bis sechs Jahren Reife. Sie sind zwischen fruchtigem Ruby-Vintage-Typ und Tawny angesiedelt.
• *Vintage Character:* Es sind tanninreiche, konzentriert fruchtige schwarzrote Portweine, die nur der letzte Schliff, die letzte Konzentration vom Vintage trennt.
• *LBV/Late Bottled Vintage:* Eine preiswertere Art von *Vintage-Port*, die nicht dekantiert zu werden braucht, da der Wein bereits vier bis sechs Jahre im Fass und/oder im Tank zubrachte. Wie der *Vintage Character* ist er fast schwarzrot, körperreich und fruchtig, sein Jahrgangsausdruck ist jedoch individuell wie beim echten Vintage, und oft besitzt er spezifische Finesse.
• *Portwein mit Altersangabe:* Die Altersangabe verweist auf das Durchschnittsalter der verschnittenen Weine. Ein rötlicher Ton in der Tawny-Farbe spricht für einen Anteil jüngerer Weine, kann aber attraktive Frucht bringen. Die gestiegene Nachfrage nach wirklich alten Tawnys hat die Preise in den letzten Jahren in die Höhe schnellen lassen.
• *Colheita Port:* Es ist ein rein im Holzfass gereifter Jahrgangsport, der seine Aromadichte und selbst Fruchttöne bewahrt und konzentriert hat. Im Zusammenhang mit der Debatte, ob Colheita dem Vintage Port vorzuziehen sei oder umgekehrt, sollte man wissen, dass die großen Vintages des letzten Jahrhunderts vielfach im Grunde Colheita-Typen waren, die oft erst nach zehn und mehr Jahren auf Flasche gefüllt wurden. Heute erhält der Colheita eine Fassreife von mindestens acht Jahren, kommt aber oft auch erst (oder wieder) nach 50 und mehr Jahren auf den Markt.
• *Vintage Port:* Er wird nach nur zwei Jahren auf Flaschen gefüllt. Es handelt sich um einen reduktiv ausgebauten Wein, der seine ganze jugendliche Frucht auf seinem langen Flaschenleben bewahrt, das bei guten Exemplaren viele Jahrzehnte dauern kann, während etwas schwächere Vintages ihren Höhepunkt nach ein bis zwei Jahrzehnten erreichen. Vintages werden traditionell von den berühmtesten Portweinhäusern nur in wirklich großen Jahrgängen deklariert, bestenfalls dreimal in zehn Jahren. Daneben wird seit dem letzten Jahrzehnt Single Quinta Vintage Port abgefüllt, der von einer einzelnen Quinta aus so genannten Off-Jahren stammt, wo Qualität und Menge eine Vintage-Deklaration nicht lohnte, aber der Wein einzelner Quintas dennoch in Vintage-Manier ausgebaut und abgefüllt wurde. Viele neue Weingüter füllen fast jährlich einen Vintage ab, in der Überzeugung, zumindest in kleinen Mengen regelmäßig Vintage-Qualität produzieren zu können. Dies ist auch nicht falsch, denn den großen Häusern geht es letztlich um Anspruchsdenken, Imagepflege und Exklusivität.
• *White Port:* Als süße Variante ist er meist sehr einfach und im Vergleich zu rotem Port etwas vordergründig, wenn auch vereinzelt ältere Versionen mit langer Fassreife überzeugen können. Bekannter sind trockene (dry, seco) oder extratrockene (extra dry, extraseco) Typen, die teilweise recht neutral sind, von denen einige aber auch einen intensiveren, nussigen, fein gereiften Stil aufweisen.

Bairrada

Man wird in der Weinwelt kaum eine zweite Region finden, die einen ähnlich unverwechselbaren ureigenen, fulminanten Stil entwickelt hat, der Kritiker mit vergleichbarer Unversöhnlichkeit in Anhänger und Gegner zu spalten vermag. Bairrada-Rotwein wird zu 90 bis 100 Prozent aus der Baga-Traube erzeugt, einer Sorte, die dazu neigt, viel zu tragen und sehr spät zu reifen, weshalb Probleme mit dem im Oktober langsam aufkommenden Regen oft unvermeidlich sind. Man wirft dem Wein dieser Sorte vor, er sei zu sauer, zu tanninlastig und manchmal auch zu wenig farbtief, das heißt, sein Rotschwarz sei nicht dunkel genug. All dies trifft zu. Bairrada-Wein ist nicht in allen Jahren gut, und deshalb er ist unbeliebt bei jenen, die sich in ihrer Marketing- oder Trinkstrategie auf einen möglichst gleichbleibend zuverlässigen Geschmack verlassen wollen, die nicht bereit sind, sich auf das Spezielle einzulassen. Der Wechsel vom harschen, aber dennoch oft erstaunlich herzhaft süffigen Wein zum hochkonzentrierten festen Klassiker mit jahrzehntelangem Alterungspotential (besonders die Weine aus den vielen alten Reben mit geringem Ertrag zeichnen sich hier aus), ist gewissermaßen ein Spagat des Geschmacks. Und wer sich die Mühe macht, auch die kleinen Weine vor dem Hintergrund der einheimischen Küche zu beurteilen, etwa in Verbindung mit dem eine Woche lang in Bairrada gebeizten und dann langsam geschmorten Ziegenfleisch *Chanfana,* der wird feststellen, dass kaum ein anderer Wein so gut dazu passt.

Schwächen und Stärken der Bairrada-Weine erinnern an den von Liebhabern meistgeschätzten Wein Italiens, den Barolo. Der trägt jedoch in schlechten Jahren nicht seinen eigenen Namen, sondern wird abgestuft zum Nebbiolo d'Alba.

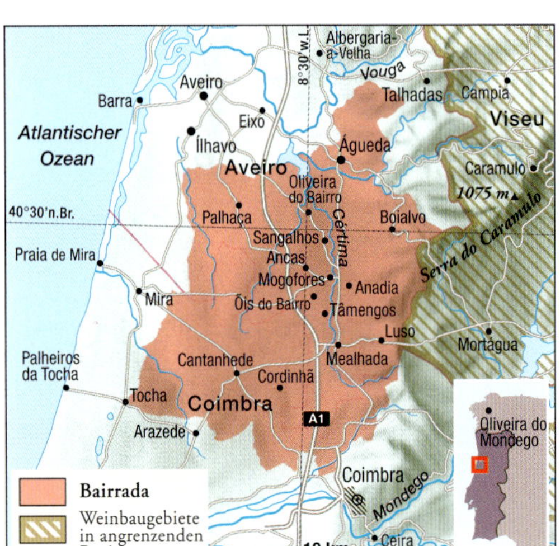

Coimbra, der einstige Sitz der portugiesischen Könige, ist eher als älteste portugiesische Universitätsstadt bekannt als für seinen Wein. Die Qualität der nahen Rotweingebiete Bairrada und Dão machen Coimbra dennoch zu einem beliebten Ort für Weinkenner.

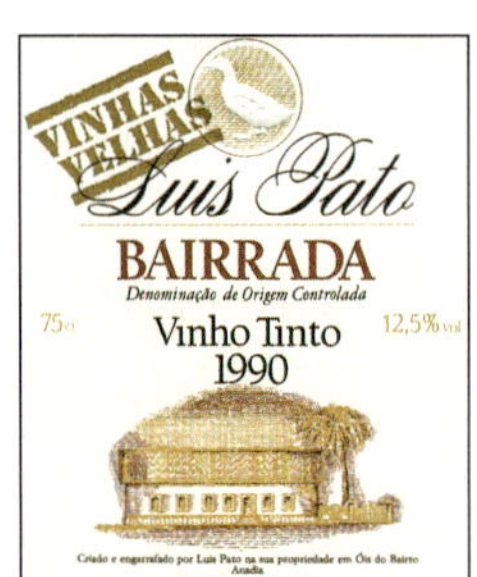

Ähnlich reagieren in der Bairrada nur die besten Erzeuger, wenn sie bloß in guten oder großen Jahren abfüllen und teilweise nur Reservas und Garrafeiras auf den Markt bringen. Doch es ist nicht grundsätzlich so. ›Kleine‹ Bairradas bekommt man meist von einer der sechs Genossenschaften, die teilweise recht tüchtige und vereinzelt sogar hervorragende Weine machen, oder man wendet sich an eine der rund dreißig Kellereien innerhalb der Region (beziehungsweise an eine der zwanzig Kellereien außerhalb – die das meiste bei Genossenschaften einkaufen).

Die ›großen‹ Bairradas erinnern in ihrem Purismus, in ihrer Reinheit abermals an die besten traditionellen Barolos, nur sind sie vielleicht noch kompromissloser. Rui Alves, in der Bairrada aufgewachsen und seit 35 Jahren Önologe aus Praxis und Erfahrung, leitet hier ein kleines Weinlabor, ohne Chemiker zu sein, und vertritt den anachronistischen Fundamentalismus der Region: die Trauben nicht zu entrappen oder höchstens einen Teil, alles in gut kühl bleibenden *lagares zu* vergären, die traditionell 2000 Liter fassen, nichts zu schönen, zu filtrieren, zu stabilisieren, den Wein in großen Holzfässern von mehreren Tausend Litern (wie im Barolo) reifen zu lassen und über mehrere Jahre durch Abstiche natürlich zu klären. Auf vielen Weingütern wird so noch heute Wein gemacht. Einige von ihnen, an der Spitze jene, die von Rui Alves beraten werden, folgen dieser Linie so konsequent, ihre Weine sind so ausgewählt (die späte Lese von Trauben mit reifen Rappen ist hier Alves' Hauptcredo), dass Nase und Geschmack einer zehn, zwanzig oder dreißig Jahre alten Garrafeira oder Reserva jeden Liebhaber großer eigenständiger Weine fast vor Ehrfurcht verstummen lassen. Es ist wie beim Barolo, nur süffiger, eleganter, manchmal auch Bordeaux-nah und doch purer, wilder, eben wieder mehr wie Barolo.

Säure, Tannin und Frucht, jene drei Elemente, die große Weine auszeichnen, sind immer vorhanden. Der Zucker, der manchmal fehlt, kommt im Verlauf der späten Reife von selbst hinzu. Dieser markante, authentische Stil hat seine Ursache wahrscheinlich in der Geschichte. Bairrada ist uraltes Kulturland, und Weinbau wird schon in der Vorgeschichte vermutet. Die Region liegt nah am Meer, hier fällt genug Regen (1000 mm), und die besten Weinberge mit Lehm-, Mergel- und Kalksteinunterlagen aus dem mittleren und oberen Jurazeitalter liegen an den Hauptverkehrswegen. Intensiven Handel, nach außen wie innen, hat es hier immer gegeben, und erfolgreiche Exportgeschäfte lassen sich nur mit edlem, stabilem Wein tätigen. Natürliche Säure, zur Reife addiert, befähigte den Bairrada ursprünglich sogar zum idealen Verschnittpartner für Douro-Wein.

Im Mittelalter wirkten die mächtigen Klöster von Lorvão und Vacariça in der Region kulturfördernd, übertroffen noch von der Kirche in Coimbra, die diese drittgrößte Stadt Portugals jahrhundertelang zum klerikalen Zentrum des Landes erhob. Die Konzentration geistlichen Wissens zog 1307 mit der Niederlassung der 1288 in Lissabon gegründeten Universität weltliches nach sich (ein kleiner Teil davon wird vielleicht auch Weinwissen gewesen sein). Im 14. und 15. Jahrhundert, zur Blütezeit von Seefahrt und Handel, sollen rund 28 Prozent der Gesamtfläche der Region mit Reben bestockt gewesen sein. Heute sind nur noch zehn Prozent, gerade 13 000 Hektar (70 Prozent davon entfallen auf rote Sorten) übriggeblieben. In den alten, für Maschinen unzugänglichen Weinbergen ist der Anbau für immer mehr der rund 4500 Winzer nicht länger rentabel.

Ausgewählte Erzeuger

Casa do Canto (Alexandra Trindade) **–****
Ancas, Anadia
10 ha • Weine: Tinto und Tinto Garrafeira
Das Gut aus dem 17. Jahrhundert war 1856 die größte Adega der gesamten Region. Außerordentlich strenge, klassische, sehr pure Rotweine von besten *Barrinhos*-Böden (mineralreichen Lehmböden) und alten Reben.

Caves Alianca *–****
Sangalhos, Anadia
305 ha; ZT; 10 000 000 Fl. • Weine: Bairrada: Galeria Bical, Tinto Reserva, Tinto Garrafeira; Dão: Reserva Tinto, Tinto Particular; Douro: Foral Reserva Tinto, Foral Grande Escolha Tinto; Alentejo: Alabastro Tinto, Quinta da Terrugem; Vinho Verde: Casal Mendes; Alenquer: Quinta da Cortezia Touriga Nacional, Quinta da Cortezia Tinta Roriz
Die größte Kellerei der Bairrada ist der dritte große Name im Land neben SOGRAPE und J. Fonseca. Ihr Angebot reicht von einfachen Markenprodukten bis zu einigen der besten Weine. Neben dem ausgezeichneten Hausönologen Francisco Antunes wurde jüngst der weltberühmte Michel Rolland als Berater engagiert.

Caves São João, Avelães de Caminho **–****
Anadia
25 ha; ZT; 1 300 000 Fl. • Weine: u. a. Bairrada: Frei João Tinto, Frei João Reserva Tinto, Reserva Tinto V.R. Poco do Lobo: Tinto, Arinto, Cabernet-Sauvignon; Daõ: Porta dos Cavaleiros Branco, Tinto, Reserva Tinto, Espumante Branco Bruto, Espumante Tinto Bruto
Luíz Costa und die Caves São João, die er mit seinem Bruder Alberto führt, sind in der Bairrada eine Institution. Die Weine sind unter den Kellerei-Marken die zuverlässigsten im traditionellen Stil.

Cosa de Saima ***–*****
Sangalhos, Anadia
20 ha; 80000 Fl. • Weine: Colheita Tinto, Tinto Reserva, Tinto Garrafeira, Branco
Seit den großen Garrafeiras 1985, 1987 und dem zukunftsreichen 1990er Star der Region. Selbst einfacher Colheita, in schwächeren Jahren der einzige Wein des Gutes, bietet klassischen roten Bairrada für wenig Geld.

Luis Pato,
Óis de Bairro, Anadia
70 ha; 300 000 Fl. • Weine: João Pato Cabernet Sauvignon, Vinhas Velhas Branco, Tinto, Vinha Formal Branco, Quinta do Moinho Tinto, Vinha Pan Tinto, Vinha Barrosa Tinto, Vinha Barrio Tinto, Baga pé Franco, Espumante Rosé Bruto, Baga Bruto u. a.
Der Chemiker Luis Pato, größter und international bekanntester Winzer der Region, verkauft seine Weine aus Protest gegen politische Querelen als Regionalwein Beiras. Die Weine sind im Stil an Bordeaux angelehnt.

Quinta da Rigodeira ***–****
Fogueira, Anadia
15 ha; 65 000 Fl. • Weine: Branco; Tinto, →Quinta da Dona tinto, Espumante Branco Bruto
Von den ›modernen‹ Bairrada-Winzern erzeugt Ataide Demedo mit die klassischsten, feinsten Weine. Der Grund: bestes Terroir und sorgfältige Bereitung.

Quinta das Bágeiras
21 ha; 90 000 Fl. • Weine: Tinto, Reserva, Garrafeira, Espumante Super Reserva Bruto Branco, Rosé Bruto, Tinto Bruto, Velha Reserva Bruto
Der wein- und sektbegeisterte junge Mário Sérgio Nuno macht einige der besten klassischen Schaumweine der Region. Seinem prämierten Rotwein fehlt es trotz klassischer Alves-Bereitung und großer Frucht etwas an Wärme und Stil.

Quinta de Baixo ****
Cordinhã, Cantanhede
10 ha; 25 000 Fl. • Weine: Reserva Tinto, Garrafeira tinto
Traditioneller *lagar*-Betrieb mit vielen alten Reben auf hervorragenden Lehm-Kalksteinböden. Der 1991er Garrafeira war der erste Paukenschlag eines großen Weins, der seitdem Konstanz und Klasse beweist.

Sidonio de Sousa ****–*****
Largo da Vila, Sangalhos
10 h; • Weine: Reserva und Tinto Garrafeira
Seit dem 1985er Garrafeira genießen die Weine Kultstatus. Die besten zeichnen hohe Tanninkonzentration, doch edle schwarzrote Frucht und Eleganz aus.

Dão

Alte Dão-Weine sind vielfach noch heute ein Genuss. Ohne neues, sogar fast gänzlich ohne Holz zeigen sie bis auf jenen abrundenden Hauch von Eleganz alles, was wahrhaft große Weine auszeichnet, die vermeintlich großen und die preislich großen dagegen stets vermissen lassen: Substanz, Charakter, versteckte Frucht, Säure, Tannine mit Spannkraft und Feinheit sowie eine Alterungsfähigkeit von mehr als zehn bis zwanzig Jahren und eine deutlich darüber hinaus gehende Haltbarkeit.

Das Geheimnis dieser Qualität ist nichts anderes als Dão, eine Region, in der fünfzig und mehr Jahre alte Weinberge noch immer dominieren. Sie liegen weit verstreut, verborgen in bergiger Landschaft zwischen dichten Eukalyptus- und Pinienwäldern, teilweise auf Graniterrassen, die bei Neuanlagen oft zerschlagen oder gesprengt werden müssen. Die Erträge übersteigen hier selten 20 Hektoliter. Von den 100 000 Winzern im Dão erzeugen neun Zehntel weniger als 5 000 Liter Wein jährlich, und ihre Produktion stellt 55 Prozent des Gesamtvolumens der Region. Ein Viertel der 20 000 Hektar Gesamtrebfläche ist als Randbegrenzung zu anderen Kulturen angelegt. Von den restlichen drei Vierteln sind 19 026 Parzellen kleiner als 0,25 Hektar, 27 785 sind sogar kleiner als 0,1 Hektar.

Die Trauben neigen in der Sommerhitze zu einer außerordentlichen Dickschaligkeit und erreichen damit eine hohe Konzentration von Farbstoffen und Tanninen. Eine hohe jährliche Niederschlagsmenge von mehr als 1 000 mm, teilweise sogar bis 1 200 mm schafft zudem irgendwo in den Granit- und Schieferböden ausreichende Feuchtigkeitsreserven, die den alten Reben zugute kommen. Ein weiterer Vorteil der Region sind die Lagen in bis 800 Meter Höhe, wo die Reben ausgeprägten Temperaturschwankungen ausgesetzt sind, die dazu dienen, Säure, Aromen, Substanz und Rasse auf bestmögliche Weise zu konservieren. So entsteht auf ganz natürlichem Weg, was andernorts oft nur durch ausgefeilte Techniken und in neuen Barriques herausgearbeitet werden kann. Dass in einem Barrique nichts Neues hinzugefügt, sondern natürlich Vorhandenes nur verstärkt wird, gehört zu den Erfahrungen, die Dão-Winzer erst noch machen müssen – mit Ausnahme der Herren Costa und Alves, die im Umgang mit neuem Holz immer eine gesunde Skepsis bewiesen.

Ein großer Nachteil des Dão ist zugleich einer seiner entscheidenden Vorteile und sichert ihm seine zuverlässige Anhängerschar. Er bewegt sich in einer Preisklasse, in der solche kompromisslosen, soliden und sogar feinen Weine gewöhnlich nicht mehr anzutreffen sind. Dabei kann er im Rahmen einer Blindverkostung von Weinen unter 10 oder 15 Mark leicht schlechter abschneiden als in einer internationalen Blindverkostung von Weinen unter 30, 40 oder 50 Mark, je nachdem wieviele wahre Weinkenner jeweils darin vertreten sind. Dies hat leider dazu geführt, dass viele Dão-Weine gefälliger, runder, stabilisierter gemacht sind, damit man ihre Qualität nicht so ange-

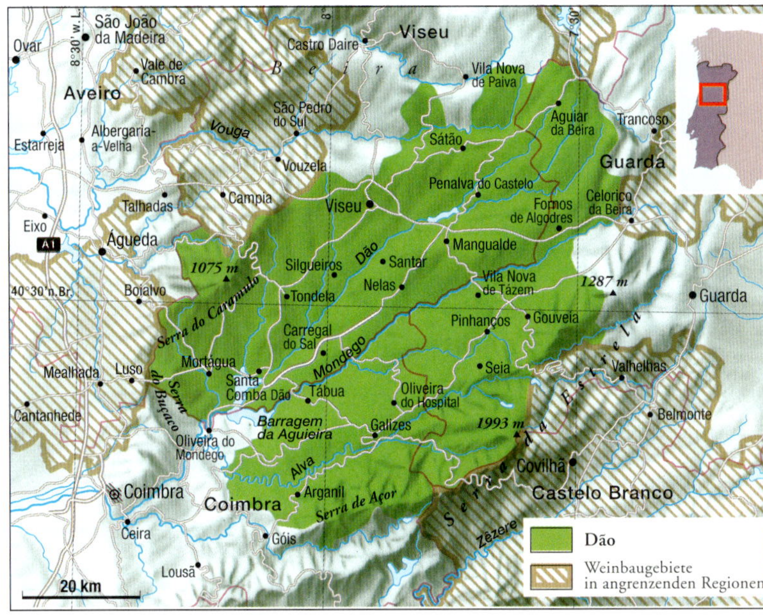

Neben der Vielzahl von Kleinstwinzern zählt das Hügelland des Dão einige bedeutende Güter, die auf dem bröckelnden Granitboden modern gezogene Pflanzungen angelegt haben.

strengt suchen muss und sie besser in die Klasse unter zehn Mark hineinpasst. Zur Ehrenrettung sei betont, dass viele Kellereien recht Zuverlässiges bieten und die meisten Dãos ihr Geld wert sind. Das derzeit vielleicht seriöseste, klassischste Angebot ist der Maia Encosta von Borges von den großen Marken (etwa eine Million Flaschen).

Ein guter Dão bildet somit den Geschmack der unteren gesellschaftlichen Schichten wie der oberen, der Porta dos Cavaleiros ist Bürge dafür. Es ist der große Spitzenwein zahlreicher kleiner, einfacher *tascas* und Lokale, wo man oft ausgezeichnete portugiesische Hausmannskost mit einem anständigen, fast zu großen Wein genießen kann und wo der Wirt von seinem Wein schwärmt, weil er ihn sich an den wenigen Feiertagen, die er im Jahr hat, selbst leistet. Es ist aber auch der Alltagswein beim Mittagessen in der Betriebsküche oder im Restaurant der weinerfahrenen Führungsmannschaft vieler berühmter Portweinhäuser. Er ist überall präsent, wo man echten, seriösen Rotwein zu einem mehr als annehmbaren Preis trinken möchte. Da ist es umso bedauerlicher, dass es nicht genug davon geben kann.

Er besitzt genau jene Stärken, die den Dão insgesamt bei vielen Kellereien ausgezeichnet hat, ihn zum größten, anerkanntesten und ersten demarkierten Rotwein des Landes gemacht haben. Speziell Luiz Costa hat diese Stärken immer gepflegt; nie engstirnig auf seine Heimat – die Bairrada – schauend, hat er die überagende Klasse des Dão-Terroir überlegt und überlegen zu nutzen gewusst. Aller Aufbruch im Dão, sei es seitens der Güter oder seitens der Genossenschaften, sollte dieses langjährige, einzig beständige Vorbild immer vor Augen haben. Eine Steigerung, eine Verfeinerung seines Porta dos Cavaleiros durch einen noch sorgfältigeren Ausbau müsste das Ziel sein. Jegliche Abweichung hin zu aggressivem neuem Holz, hin zu Rebsortenweinen oder hin zu jungen Reben können dem Dão mehr Klasse entziehen, als der Porta schon hat. Sein Reserva mit dem Korketikett dürfte jedenfalls noch lange Zeit seinen Platz unter den Spitzen-Dãos behaupten. Ihn an Eleganz und Tiefe zu übertreffen ist eine Herausforderung, der sich einige inzwischen erfolgreich gestellt haben. Der Granit des Dão bröckelt, und eine Region beginnt zu leben.

An überreichliche Regenfälle, die das Gras sogar zwischen den Zeilen sprießen lassen, ist man im Dão gewöhnt. Erstaunlicherweise bleiben die Erträge dennoch minimal, führen aber zu Weinen von bemerkenswerter Intensität.

Nächste Seite:
›Dão-Garrafão‹ – der Alltagswein der Bevölkerung – ist ein elementarer Bestandteil der portugiesischen Lebensart.

Luiz Costa und Ruis Alves

Es mag verwundern, Luiz Costa, der treibenden Kraft der Caves São João, der Bairrada und zugleich der gesamten portugiesischen Weinwirtschaft, seine verdiente Würdigung ausgerechnet im Dão-Kapitel zukommen zu lassen. Mitverantwortlich für die Renaissance der Bairrada, ist Luiz Costa auch der Initiator und Mitbegründer der Bairrada-Weinbruderschaft, der bereits nach zwei Jahren so verdienstvollen Akademie für Bairrada-Wein. Er inspiriert die ganze Weinwelt, entwirft ein Etikett aus Kork und lässt darauf drucken, er eröffnet der regelmäßigen Magnumflasche den portugiesischen Markt, er setzt sich für eine Nummerierung der Flaschen ebenso ein wie für eine regelmäßige Jahrgangsangabe auch auf seinen einfachen Weinmarken, nicht nur auf Reservas und Garrafeiras – die Liste der großen und bemerkenswerten Leistungen Luiz Costas ist lang. In einer Zeit, wo man wieder positiv vom Dão spricht, ist es angebracht, den Mann zu würdigen, der dem Dão bis heute ein standhafter Fürsprecher war, selbst in Zeiten, als mit Ausnahme einzelner guter Weine eins lange fehlte: Zuverlässigkeit, Kontinuität und der Beweis, dass Dão immer und speziell in unteren Preisklassen ein großartiger, ein grenzenlos unterschätzter Wein ist.

Mit seiner Dão-Marke Porta dos cavaleiros, die gleich von Anfang an mit Jahrgang ausgestattet war, hat Luiz Costa in den 1960er Jahren eine Marke kreiert und gepflegt, in der die traditionell größte Stärke der portugiesischen Weinwirtschaft bis heute perfekt zum Ausdruck kommt. Es ist das Aufspüren und Einkaufen von guten Weinen, speziell auch bei den guten Genossenschaften, die Pflege dieser Weine im eigenen Keller und die Präsentation am Markt zum bestmöglichen Zeitpunkt, wenn der Wein optimal zur Geltung kommt.

Sicher ist Costas Dão vom Anbau bis zum Ausbau nicht so fein zu einem großen Stil herausgebildet, wie es viele der Bordeaux sind, die Costa als Vorbilder sieht. Ganz in der Tradition der großen Portweinhäuser stehend, beweist er, dass sich mit der entschlossenen Einkaufspolitik, die sich am Rohmaterial Wein und an dessen Herkunft aus guten Lagen orientiert, ein Standard, eine Marke kreieren lässt, die in Reinheit wie in Charakter großen Weinen durchaus nahekommt.

Weine, die seit den 1970er Jahren der Bairrada-Fundamentalist Ruis Alves betreut, verraten einen Ausbaustil, der sonst nur Spitzengewächsen eigen ist. Sie verknüpfen die klassisch große Qualität des Dão als eines Weins, der schon als Bauernwein Größe zeigen kann, mit größtem Luxus, mit der eloquenten Entscheidung mancher Kultweinproduzenten. Sie sind komplett ungezuckert, ungeschönt, unfiltriert, unstabilisiert. Sie werden flaschen- und trinkreif nur durch den wiederholten Abstich von Fass zu Fass, in diesem Fall meist von Tank zu Tank. Dass dies immer gelingt, dafür ist sein einfacher Dão Porta dos Cavaleiros (die Reserva ist es ohnehin) das noch bessere Beispiel als seine João-Marke aus der Bairrada.

Die unentdeckten Beiras

Die Beiras als Bezeichnung ›Vinho Regional‹ erstreckt sich über einen großen Teil Mittelportugals und wird deshalb noch einmal unterteilt in die Subregionen Beira Litoral, wozu in der Hauptsache die Bairrada und darüber hinaus gehende Flächen gehören, und Beira Alta, die Regionalweinbezeichnung für Dão. Daneben gehören zu den Beiras im Norden aber auch die IPR Lafoes mit einem säuerlich frischen weißen wie roten, dem Vinho Verde ähnelnden Wein. Im Landesinnern grenzt an den Douro die DOC-Region Tavora-Varosa an, die bis vor kurzem noch aus den beiden getrennten IPR-Regionen Varosa und Encostas da Nave bestand.
Traditionell ist die Region als Grundweinquelle für gehobene Sekte und Weißweine ein Geheimtipp der Kellereien in ganz Portugal. In dem reizvollen Tarouca mit dem berühmten Kloster ist nicht zufällig die Sociedade agricola e Comercial do Varosa angesiedelt, bekannt auch als Caves Murganheira, eine der ältesten und größten portugiesischen Sektkellereien nach traditioneller Methode, die sich jetzt auch im Rotwein-, Weißwein- und im Roséwein-Bereich engagiert, wenngleich bislang mit unterschiedlichem Erfolg.
Das Rotweinpotential der Region, von dem als DOC 1998 schon 4400 Hektoliter angemeldet wurden, ist dagegen exzellent, wie einzelne Flaschen immer wieder gezeigt haben. Schieferböden wie im Douro, aber ein Höhenklima, das zu mehr Säure und weniger Alkohol führt, bürgen für Finesse.
Ganz im Westen Portugals, mit schon deutlich kontinentalem Klima, hat sich aus den IPRs Castelo Rodrigo, Pinhel und Cova da Beira die neue DOC Beira Interior gebildet. Wie im Rest der Region sind auch hier die Weißweine interessant, während das Rotweinpotential noch nicht konsequent genug ausgeschöpft ist oder im Verborgenen schlummert.
Die Quinta do Cardo in Figueira do Castelo Rodrigo ist zweifellos im Moment der aktivste Betrieb. Die überaus fruchtbetonten Rotweine, etliche als Rebsortenweine, sind leider auf Jugendlichkeit ausgebaut und schöpfen ihre Ressourcen nicht aus. Die Weißweine gehören in ihrer Eleganz und Finesse schon jetzt zum Besten, was Portugal bieten kann, und demonstrieren die Leistungsfähigkeit der Region.
Das harte, raue Höhenklima (600 m) mit heißen Sommern und hohen Tag-Nacht-Amplituden bei 500 mm Niederschlag im Jahr erlaubt den Verzicht auf Pestizide und damit die Qualifikation als ökologischer Wein.
Betrachtet man Größe und Ruhm der ehemaligen Zisterzienser- und Benediktiner-Klöster überall in den Weinzentren der Beiras und probiert in den Weinbergen die für Portugal herausragenden Trauben, eröffnen sich in der Zukunft große Perspektiven für interessante Weine. Für Massenweine ist die Region viel zu karg, zu trocken, zu steinig.

Ausgewählte Erzeuger des Dão

Casa de Santar ***–****
Nelas
120 ha; 600 000 Fl. • Weine: Tinto, Branco, Reserva Tinto, Castas de Santar Branco, Tinto, Touriga Nacional, Encruzado, Alfrocheiro Preto, Tinta Roriz
Casa de Santor ist das älteste und größte Weingut im Dão. Der Aufstieg zur Spitze begann aber erst ab 1991 mit großen Investitionen in die eigene Produktion. Unter der Führung von Pedro de Vasconcelos de Sousa, der in Montpellier Önologie studierte, zeigen die Weine in den letzten Jahren zunehmend das ganze Potential der hervorragenden Lagen, in denen sich Granit teilweise mit Schiefer vermischt.

Maria de Fátima Teixeira Ribeiro Silva ***
9 ha; 60 000 Fl. • Weine: Tinto Reserva, Branco Reserva, Tinto Garaffeira
Auf nach Süden ausgerichteten Granitböden baut Maria de Fátima Teixeira Ribeiro Silva eine klassische Sortenmischung an. Nach der Gärung im traditionellen *lagar* wird der Wein über zwei Jahre in Edelstahl und gebrauchtem französischen Holz ausgebaut. Geschmeidiger, relativ weicher und doch langer Dão-Typ.

Quinta da Fonte de Ouro ***–****
Mortágua
10 ha; 70 000 Fl. • Weine: Tinto, Touriga Nacional V.R.: Quinta da Giesta Tinto, Branco
1991 beschloss Nuno Cancela de Abreu, Weinmacher auf der Quinta da Romeira in Bucelas, in seiner Heimat in Mortágua mit Kollegen zusammen ein neues Dão-Quinta-Konzept aufzubauen. Mit Weinbergen in Nelas und Mortágua (50 Prozent mit der Spitzensorte Touriga Nacional, ansonsten weitere klassische Dão-Sorten) strebt man mit sorgfältigem Ausbau einen Premium-Dão an, der nur in guten Jahren vermarktet wird. In anderen Jahren erscheint der früher trinkbare Vinho Regional.

Quinta da Pellada/Quinta de Sães ***–*****
Pinhancos, Seia
40 ha; 100 000 Fl. • Weine: Quinta de Sães: Branco, Tinto, Tinta Roriz, Quinta da Pellada: Branco, Tinto,

Tinta Roriz, Jaen, Jean/Touriga Nacional, Tinta Roriz e Touriga Nacional, Touriga Nacional/Alfrocheiro, Touriga Nacional
Auch wenn bislang keine der neuen Dão-Quintas aus der stürmischen Experimentierphase herausgekommen zu sein scheint, so hat doch Alvaro de Castro in den letzten Jahren eindrücklich zu zeigen vermocht, welche enorme Dichte und Komplexität, welche geschmeidige, betörende Opulenz ein großer Dão offenbaren kann.

SOGRAPE *–****
Avintes
360 ha; ZT; 35 Millionen Fl. • Weine: Mateus Rosé, Branco, Vinho Verde Branco: Quinta de Azevedo, Morgadio da Torre, Gazela; Bairrada: Reserva Tinto, Branco; Dão: Grao Vasco Tinto, Branco, Sogrape Reserva Tinto, Quinta das Carvalhais →Tinto Reserva, →Touriga Nacional, Tinta Roriz, Alfrocheiro Preto, Duque de Viseu →Branco, →Tinto, Encruzado; Douro: Reserva Tinto, Branco Alentejo: Vinha do Monte Tinto, Herdade do Peso
Der erste große Markenweinspezialist der Welt macht heute die Hälfte seines Umsatzes mit einem diversifizierten, zum Teil hochklassigen Programm. Gazela und Grão Vasco sind zu Millionensellern aufgebaut worden. Das Erstaunlichste an dem Unternehmen ist, dass es kaum einen Wein gibt, der sein Geld nicht wert wäre, etliche, so der Douro Reserva Tinto oder der Duque de Viseu Branco und Tinto, sind besonders in guten Jahren exzellente Weine zu einem annehmbaren Preis. Die Quinta-da-Carvalhais-Weine, besonders der Reserva (Cuveé) und der Touriga Nacional aus dem für den Dão wegweisenden Musterweingut und Vinifikationszentrum reichen in manchen Jahren dicht an die portugiesische Spitzenklasse, vielleicht muss man nur auf die letzte Filtration verzichten.

Quinta dos Roques ***–****
Quinta das Maias
Weine: Quinta dos Roques: Branco, Tinto, Reserva, Branco Encruzado, Alfrocheiro Preto, Tinta Roriz, Tinto Cão, Touriga Nacional; Quinta das Maias: Branco, Tinto, Malvasia Fina, Jaen

Estremadura

Estremadura, früher einfach Oeste, der Westen genannt, umfasst heute als Regionalweinbezeichnung den etwa 30 Kilometer breiten Küstenbereich von Lissabon bis nördlich der Stadt Leiria. Atlantisch beeinflusstes Klima sorgt hier für Frische. In der Vergangenheit war Oeste als Lieferant billiger, leichter, überwiegend weißer Weine bekannt. Hybriden, minderwertige Rebsorten und Massenträger waren weit verbreitet. Profil zeigten nur einzelne Nischen und Erzeuger wie etwa der rote Wein von Obidos, eine der acht DOC-Regionen der heutigen Estremadura.

Durch den Zusammenschluss des alten, nicht genau demarkierten Oeste mit seinem DOC-Regionen Carcavelos, Colares und Bucelas präsentiert sich die Region heute als die komplexeste Schöpfung in den neuen Regionalweineinteilungen. Zunehmend brillanter wird der Klassiker Bucelas, dessen Arinto mit seiner unglaublich bestechenden Säure den vielleicht elegantesten und raffiniertesten Weißwein Portugals erbringt. Weine aus der leider fast ausgestorbenen Colares-Region mit ihren so sandigen Böden, dass dort die Reblaus nie eine Chance hatte, konnten großartig sein und fast so entwicklungsfähig wie der legendäre Colares-Rotwein aus der Ramisco-Rebe, ein Wein von reinem Dünensand mit kräftigen Tanninen und deutlich erkennbarer Salznote.

Bis vor kurzem gab es in Portugal noch keine Syrah, aber die neue Generation der Weinerzeuger zeigt sich weltoffen.

So stetig, wie das Wasser aus dem Brunnen in Colares rinnt, fließt der Rotwein aus der Ramisco-Traube schon lange nicht mehr. Der Anbau der wurzelechten Sorte im Dünensand ist so mühselig, dass er fast gänzlich aufgegeben wurde.

Carcavelos ist ein interessanter nussiger Dessert- und Aperitif-Wein, nicht so süß wie Port oder der Muskateller von Setúbal. Zusammen mit Madeira bilden sie das portugiesische Quartett der vier berühmten Appellationen und Spezialitäten auf dem Gebiet der verstärkten Weine. Die Ausbreitung von Villen und Hotels im Umfeld von Lissabon hat den Carcavelos leider fast vernichtet.

Das größte Potential hat neben Bucelas die Region Alenquer mit mehr als 160 historischen, oft schlossartigen Quintas mit zum Teil mittelalterlichen Wurzeln. In einigen sind moderne Weingüter eingerichtet, die mit einheimischen, aber auch internationalen Sorten fruchtige Rotweine produzieren, die mit wachsendem Alter der Rebstöcke bei großer Eigenständigkeit mit den besten Weinen Portugals konkurrieren werden. Auch Chardonnay und Arinto bringen feine Fruchtaromen, wie man sie aus südlichen Regionen kaum kennt. In Arruda und Torres Vedras gibt es ebenfalls Ansätze für bessere Rot- und auch Weißweine.

Die Formierung der jungen Appellationen und ihrer Produzenten ist gegenwärtig noch nicht abgeschlossen, verläuft jedoch nicht so dynamisch wie anderswo. Die Spaltung der Weinbaukommissionen behindert Austausch und Befruchtung in dieser von Mangel an Betrieben gekennzeichneten Großregion mit rund 60 000 Hektar Rebfläche.

Portugals Obstgarten

Ribatejo heißt das Land am Tejo zwischen der atlantisch beeinflussten Estremadura und dem trockeneren, heißeren, kargen nördlichen Alentejo. Auch im Ribatejo gibt es zahlreiche große Latifundien mit mehreren Hundert, manche sogar mit Tausenden von Hektar, wovon ein kleinerer Teil mit Reben bepflanzt ist. Für den Wein erwies sich die Fruchtbarkeit des mit 700 mm Jahresniederschlag nicht zu trockenen Landstrichs, in dem von allen Gemüsesorten über Obst bis Reis fast alles gedeiht, jedoch eher als Nachteil, da man in den Schwemmlandebenen des Tejo lange Zeit viel zu viel weißen Massenwein kultivierte. Heute ziehen sich die Weinberge auf die ärmeren, aber besseren Böden des Hinterlands zurück.

Gegenwärtig findet eine umfassende Neugliederung statt. Ähnlich wie im Alentejo hat man sechs IPR-Regionen eingerichtet und sie im März 2000 zu Subregionen umgewandelt. Die Gesamtregion ist nun DOC Ribatejo, während der gleiche Raum auch einen Vinho Regional Ribatejana erbringen kann, der größere Bedeutung als die alten IPR hat.

Ausländische Rebsorten können hier frei verwendet werden. Der bekannteste und beste Pinot Noir und Syrah kommen nicht zufällig aus dem Ribatejo, der als Weinregion bislang keinen Ruf besaß außer dem des *vinho carrascão*. Er wird in der Fünf-Liter-Flasche abgefüllt oder direkt im Fass besonders in Lissabon in einfachen *tascas* verkauft und kann zu den typischen Speisen wie gebratenen Sardinen, Leber oder Innereien mit viel Zwiebeln und Knoblauch recht gut schmecken.
Dass diese traditionellen Weine gelegentlich als berühmte, aber anonyme Garrafeira von mancher Weinkellerei Furore auch unter Weinliebhabern gemacht haben, wissen nur wenige. Aber dass die Ribatejo-Rotweine, die inzwischen von sieben Genossenschaften und mehr als zwanzig, zum Teil riesigen Quintas auf dem Markt sind, nach eher schwachem Beginn Anfang der 1990er Jahre inzwischen von einigen Gütern zu beachtlichem Niveau geführt wurden, ist mittlerweile in Portugal weithin bekannt.
Almeirim und Cartaxo, früher als IPR, heute als Subregion, füllen mit Abstand den größten Teil an Flaschenwein ab, der insgesamt rapide steigt. Tomar, Santarém und Chamusca finden wein- und entwicklungsmäßig den Anschluss nicht. Coruche, ganz im Südosten, an den Alentejo anstoßend, umfasst zwar nur 3 500 Hektar, zeigt aber auf seinen leichten, sandigen Böden im Moment das größte Potential für feinere Rotweine. Marmor, Schiefer und andere steinige Vorteile der Alentejo-Lagen kann der Ribatejo nicht hervorzaubern, sodass er in erster Linie hinsichtlich des Preis-Leistungs-Verhältnisses interessant bleiben wird.

›Oeste‹, der Westen, nannte man früher das Weinland im Küstenbereich von Lissabon.

Ausgewählte Erzeuger in der Estremadura

Quinta da Abrigada ***
Alenquer
Weine: u.a. Tinto, Branco, Vinha Nobre Tinto, V.R. Raizertinto
Die Quinta am Fuß der Serra de Monganto gehört heute dem Keramikfabrikanten João Machado, der schon seit Jahrzehnten einen soliden klassischen Rotwein produziert. Der Vinho Nobre, nur in großen Jahren möglich, ist das Spitzenprodukt mit der Länge und Festigkeit eines großen Rotweins.

Quinta da Ponte Pedrinha ***–****
Lagarinhos, Tazém
50 ha; 50 000 Fl. • Weine: Tinto, Touriga Nacional
Das 250-Hektar-Gut mit 30 Hektar jungen und 20 Hektar alten Weinbergen mit Erweiterungsabsicht auf 100 Hektar ist ein absoluter Neuling, der mit Hilfe von João Portugal Ramos vom Start weg überzeugenden eleganten schwarzfruchtigen Wein auf den Markt brachte. Ein Großteil des Weins wird in *garrafãos* verkauft und im Fass. Eine starke Entwicklung in einem modernen, eher an Bordeaux als an traditionellem Dão orientierten Stil zeichnet sich ab.

Quinta da Romeira (Alcantara Agricola) **–***
Bucelas
77 ha; ZT; Fl. n.n.; • Weine: Arinto, Morgado de Santa Catherina, Calhandriz, Prova Regia Branco, Tinto, Perfumes da Romeira: Arinto, Chardonnay, Gewürztraminer, Rabo de Ovelha, Riesling, Sauvignon, Sercial, Espumante, Tradição; Beiras, Douro, Palmela jeweils Tinto
Ausgangspunkt der energischen Wiederbelebung des über Jahrhunderte berühmtesten Weißweins Portugals. Die einzigartige delikate Frucht der in den *caieiras* (besonderem Kalkgestein) wachsenden Arintos von Bucelas ist im Edelstahl überzeugend, harmoniert inzwischen aber auch mit dem Barrique. Neben einer interessanten Weißweinserie von Rebsortenweinen kümmert sich der angesehene Önologe Nuno Cancella Abreu auch um diverse Rotweine aus anderen Regionen.

Quinta de Pancas
Alenquer
80 ha; 500 000 Fl. • Weine: Cabernet Sauvignon, C-S Spec. Selection, Touriga Nacional Spec. Selection, Quinta de Parrotes, Quinta D. Carlos Arinto, Chardonnay
Die Guimarães-Familie war die erste, die mit Pancas schon Anfang der 1990er Jahre das große Potential von Alenquer aufzeigte. Pancas ist die ehrgeizigste unter drei Geschwister-Quintas. Der Anspruch, beim Rotwein in die Spitzengruppe aufzusteigen, hat jedoch zuletzt den Einsatz von neuem Holz zu aggressiv werden lassen. Die Weißweine scheinen zur Zeit die Klasse des Terroirs fast schöner als die Roten zu zeigen.

Companhia das Vinhas de São Domingos **–***
Quinta da Boavista
Merceanan
130 ha; Fl. n.n.; • Weine: Espiga Branco, Tinto, Setencostas Branco, Tinto, Palha-Canas Branco, Tinto, Touriz, varietais Casa Santos Lima, Camarate Touriga Nacional, Touriga Franca, Tinta Minda, Tinta Roriz, Preto Martinho, Chardonnay
Der gelernte Bäcker José Luis Oliveira da Silva hat das historische Gut mit Leidenschaft und der Hilfe des Önologen José Neiva zu einem der Musterbetriebe der Region gemacht. Die verschiedenen Hügellagen nutzt er zu dem vielleicht beispielhaftesten Rebsortenspektrum Portugals. Nicht klassisch, sondern auf starke Frucht ausgebaut, ist es ein Genuss, die Rebsorten in ihrer Typizität zu erkennen. Dennoch sind die Weine nicht so stark auf Primärfrucht ausgerichtet wie andernorts, oft verfügen sie über ausreichende Solidität.

Terras do Sado
Der Reichtum von Setúbal und Palmela

Die beiden DOC-Regionen Palmela und Setúbal sowie einige weitere Flächen sind als Peninsula de Setúbal zusammengefasst, benannt nach der gleichnamigen Halbinsel, die unmittelbar an die Hauptstadt Lissabon angrenzt. Für die Regionalweinbezeichnung hat man den klangvolleren Namen ›Terras do Sado‹ gefunden, der für trockene weiße, für einige halbtrockene und sogar für edelsüße Spezialitäten bis hin zu einigen der besten Rotweine Portugals vielfach benutzt wird. Dies gilt als Musterbeispiel für den Herkunftsschutz eines großen historischen Namens, der seit 1907 (also als zweite Region nach dem Porto) bereits als Qualitätsweinbaugebiet definiert und entsprechend geschützt wurde. Der Name ›Setúbal‹ darf auf dem Etikett nur für den Muskateller von Setúbal benutzt werden, der sein feines Aroma auf leichten, steinigen Kalkböden in der Serra da Arrabida mit deutlichem Meereseinfluss gewinnt. Er zählt zwar unbestritten zu den großen Klassikern in der Welt des Weins, ist aber wegen seiner relativ geringen Menge (die inzwischen jedoch wieder auf mehr als eine Million Liter angestiegen ist) und einer erst ganz allmählich wieder einsetzenden Vorliebe für süße Dessertweine heute noch viel zu wenig bekannt. Hinzu kommt, dass das traditionsreiche zweitgrößte Weinhandels- und Erzeugerhaus Portugals, José Maria da Fonseca, durch das breite Spektrum seiner Weine im weißen wie roten Bereich bei Präsentationen gerade durch seine außergewöhnlichen Erfolge die Aufmerksamkeit – sicherlich ungewollt – immer ein wenig vom Muskateller ablenkt.

Dennoch ist es das Verdienst Fonsecas, den schon im 17. Jahrhundert berühmten Muskateller Mitte des letzten Jahrhunderts im Bereitungs- und Ausbauverfahren weiter perfektioniert und bald eine steigende Zahl von Stammkunden in drei Kontinenten geworben sowie das damit verbundene Renommee geschaffen zu haben. Der Firmengründer, der diesen Stil entwickelte, war nicht nur ein erfahrener Praktiker, man weiß von ihm, dass er die ganze zeitgenössische Weinliteratur kannte und sich mit vielen Experten seiner Zeit ausge-

Wo die Erfolgsstory des Familienimperiums Fonseca geschrieben wurde

Rechte Seite:
Fröhliches Weinfest in Palmela, direkt westlich von Lissabon auf der Setúbal Halbinsel: Hier keltert man aus der Sorte Periquita langlebige und gehaltvolle Rotweine.

Ein Stück portugiesischer Weingeschichte

Die Größe des Hauses Fonseca, die Dominanz der mehr als 1000 Hektar Weinbergbesitz, die Tradition und Innovationskraft sowie zahlreiche Kontakte zu fast allen großen Weinproduzenten haben J. M. Fonseca lange Zeit eine Art Monopol zumindest der anspruchsvolleren Flaschenweinproduktion eingebracht. Der in der kalifornischen Weinuniversität Davis geschulte Önologe und Vizepräsident der Firma Domingos Suares Franco führt zusammen mit seinem Bruder António die Familientradition konsequent fort.

Anfang der 1980er Jahre konzentrierte sich durch das Ausscheiden von António d'Avillez aus der Führung von J. M. Fonseca und durch seine kreativen Wein-Ideen in der von ihm übernommenen João-Pires-Kellerei Konkurrenz und damit noch mehr Dynamik auf die für die portugiesische Weinwirtschaft so prägende Setúbal-Halbinsel. Mitte der 1980er Jahre war der seinerzeit feinstfruchtige halbtrockene Wein João Pires ein sensationeller Erfolg. Mit Hilfe des australischen Önologen Peter Bright zeigte d'Avillez der Welt die Delikatesse der heimischen Muskateller-Traube im frischen Weißweinbereich. Von geschickt vinifizierten Billigmarken auf hohem Niveau über Spitzenweine ausländischer Rebsorten, von einem Late-Harvest-Sauternes-Typ bis zu Klassikern einheimischer Sorten wurden von der inzwischen auf J. P. umgetauften Firma Weine produziert, die anders als Fonseca auf faszinierende Weise demonstrieren, wie geeignet die Halbinsel mit ihren meist kargen Böden und dem maritim beeinflussten Klima für die verschiedensten Weinrichtungen ist.

Inzwischen suchen weitere Weingüter und Genossenschaften, die bislang meist an Fonseca und andere verkauften, selbst eine Nische am Markt für gehobene Weine. Die ersten Erfolge sind recht vielversprechend. Beim Moscatel de Setúbal erreicht allerdings noch keiner die Klasse von Fonseca. Interessant sind vor allem aber die Rotweine von Palmela aus der Periquita-Traube, die José Maria Fonseca vor rund 160 Jahren in die Region gebracht hatte und die heute zu 95 Prozent dominiert. Aber auch frische, saubere und teilweise mit Muskateller fein abgestimmte Weißweine nehmen zu. Der Bezirk Palmela umfasst mit nahezu 13 000 Hektar ungefähr 70 Prozent aller in den Terras do Sado wachsenden Weine, während Setúbal selbst nicht mehr als 1130 Hektar besitzt.

Die sandigen bis lehmigen Böden der Palmela bringen das charakteristische Fruchtspektrum der Castelao-Frances-Traube (Periquita) hervor, als Gegensatz zu dem so eigenwillig sanften und doch festen und hohes Lagerpotential bergenden Tannin der Sorte.

tauscht hat. So beschreibt ihn 1867 auch João Ignacio Ferreira Lapa in einem der großen Standardwerke zum portugiesischen Wein.
Der mit Weinbrand leichter als Portwein nur auf 17,5 Volumenprozent verstärkte Dessertwein besitzt mit einer Restsüße von bis zu 200 Gramm beim zwanzigjährigen Moscatel de Setúbal (einer Cuvée, worin der jüngste enthaltene Wein zwanzig Jahre alt ist) fast doppelt soviel Süße wie der Port. Die hochedlen, noch älteren Jahrgangsweine sind in Zucker- wie Geschmacksdichte noch stärker konzentriert. Neben dem Gärstopp bei einem Restzuckergehalt von 90 Gramm ist die Verdunstung eins der Geheimnisse der Konzentration der Muskateller-Weine. Sie werden im Alter immer dicker und süßer. Nicht völlig gefüllte Holzfässer, relativ warme Lager (die alten Weine, von denen noch einige Fässer existieren, wurden im letzten Jahrhundert wie Madeira nach Indien geschifft, um hohen Temperaturen ausgesetzt zu sein), eine ausgeklügelte Oxidation und Verdunstung erzeugen aus den frisch-fruchtigen, fast zitrusartigen Muskatellertrauben dichte, unvergessliche Weine voller Exotik und Trockenfruchtaromen.

Ausgewählte Erzeuger

Soc. Agr. de Pegos Claros ***
Palmela
80 ha; 100 000 Fl. • Weine: →Palmela Tinto, →Palmela Reserva Tinto
Das 1920 gegründete Landgut besitzt heute 50 Hektar alte und 30 Hektar neue Weinberge ausschließlich mit der Periquita-Traube. In der Vergangenheit hat man sie zum Teil entrappt und in *lagares* mit den Füßen getreten, was auch heute die schonendste Behandlungsweise ist. Beständige, klassische, feste Periquita-Rotweine entstehen hier unter der Anleitung von João Portugal Ramos.

Soc. Vinicola da Palmela (SIVIPA) **–***
Palmela
400 ha; ZT; 1,2 Mio. Fl. • Weine: V.R: Branco, Tinto, Veritas Palmela Tinto, Moscatel de Setúbal, Moscatel Roxo
Eine 1964 gegründete Gesellschaft, die in den letzten Jahren zunehmend bessere Weine zu teilweise erstaunlichen Preisen produziert, vom charaktervollen Veritas bis zur Muskateller-Range, die traditionell gemacht werden.

José Maria da Fonseca *–*****
Azeitão
Weine: Lancers Rosé, V.R. Albis Branco, Pasmados Branco, Tinto, Periquita Tinto, Tinto Classico; Quinta de Camarate Branco Seco, Branco Doce, Tinto; Primum Branco, Rose,Tinto; Garrafeira CO, RA, TE; Alentejo: Jose de Sousa Tinto, D'Avillez Tinto, Tinto Garrafeira; Dão: Terras Altas Branco, Tinto, Tinto Garaffeira, Moscatel de Setúbal: Alambre Jahrgang, Alambre 20 years, Superior 1962 u.a., Trílogia
Der erste Flaschenabfüller Portugals, vom Port abgesehen. Das traditionsreiche Familienunternehmen, das den Weinbau im Setúbal, im Alentejo und sogar im

Von der Periquita-Traube stammte der erste Markenrotwein Periquita um 1850.

Dão entscheidend mitgeprägt hat. Neben den einzigartigen alten Muskatellern beeindruckt das Haus durch exzellente Weine in allen Preisklassen mit immer wieder reizvollen Neuentwürfen oder Entwicklung von Traditionsweinen; auffallend dabei ist die Pionierrolle im Anpflanzen ungewohnter Rebsorten auf der Setúbal-Halbinsel: früher waren es mehr internationale, heute sind es nationale, sogar der Alvarinho.

J. P. Vinhos *–****
Pinhal Novo
450 ha; ZT; 12 Mio. Fl. • Weine: u.a. J. P. Branco, Tinto, Loridos Espumante Bruto, Moscatel de Setúbal, Chardonnay Cova da Ursa, →Quinta da Bacalhoa Cabernet Sauvignon, →Má Partilha Merlot, Catarina Branco; Alentejo: →Tinto da Anfora
Man könnte J. P. Vinhos eine Weinfabrik nennen, in der geschickt gemachte Massenweine entstehen, höherwertige Weinmarken von eigenen Gütern und einige hochindividuelle handwerkliche Weinentwürfe, die zu den besten portugiesischen Weinen gehören. Man findet hier im Angebot ganz bewusst undogmatische Weine für jedermann, auch für die Elite. J. P. Vinhos ist das Zwei-Jahrzehnte-Werk von Antonio d'Avillez, der es kürzlich verkauft hat. Aber die guten Önologen sind geblieben.

Coop. Agricola de Santo Isidro de Pegões **–***
Pegões Velhos
900 ha; 4 Mio. Fl. • Weine: Fontanario de Pegões Branco, →Tinto, Fontanario de Pegões Garrafeira, Vale da Judia →Branco, Tinto
Eine mustergültige, von João Portugal Ramos betreute Genossenschaft. Fruchtige Rotweine mit feinem Barrique sind ebenso empfehlenswert wie reizvoller, trockener Muskateller (Vale da Judia).

Alentejo

Der Alentejo wird im Ausland oft als Kalifornien Portugals bezeichnet. Das erklären die bis zu 600 Hektar großen Weingüter, allen voran die Herdade de Esporão, die weiten Ebenen oder nur leicht hügeligen Flächen, die in krassem Gegensatz stehen zu der sonst eher klein strukturierten portugiesischen Land- und Weinwirtschaft. Sehr tüchtige, teilweise sogar erstklassige Genossenschaften bereiten das Gros der Weine. Mehr als vierzig Weingütern und gut funktionierenden Gebietsorganisationen ist es gelungen, dem Alentejo-Wein ein Image von Modernität zu verschaffen von Großzügigkeit, das zu suggerieren scheint, mit dem Genuss des richtigen Weins stelle sich der Erfolg von selbst ein. Schaut man jedoch genauer hin, lassen sich auch hier Geschichte und Tradition nicht verleugnen. Weinbaupraktiken römi-

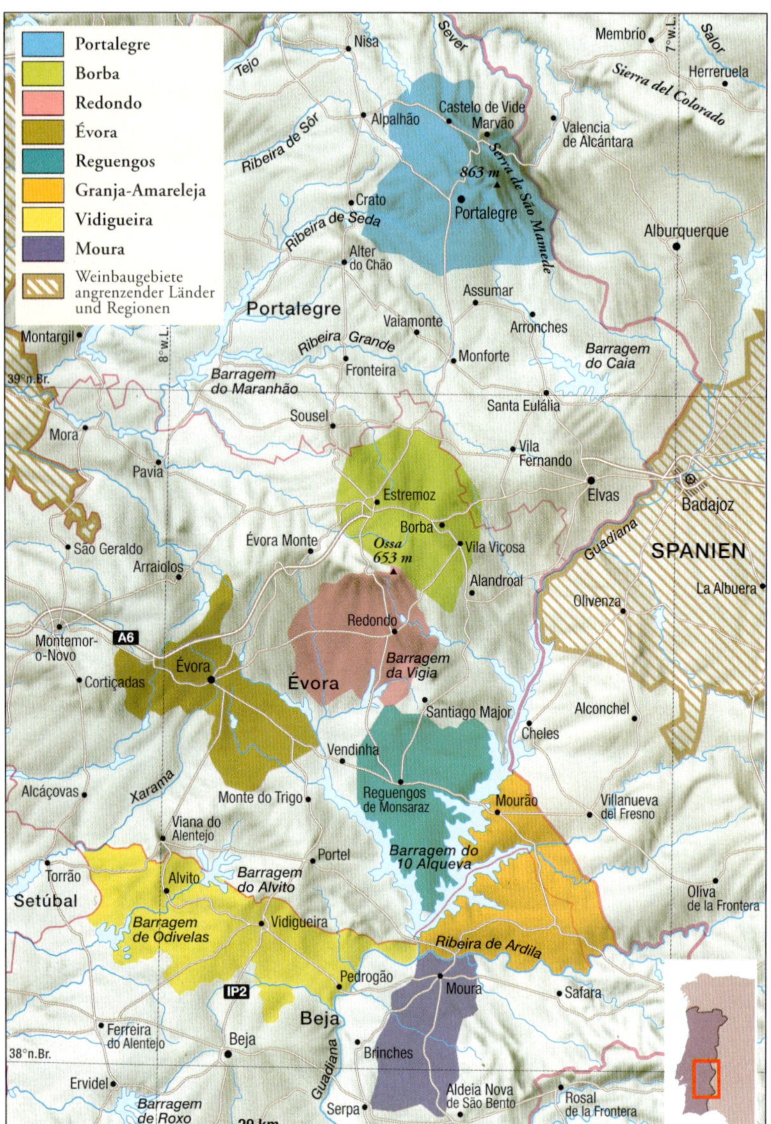

scher Zeit findet man in der ansonsten so modernen Region noch in Gebrauch: da werden in manchen *lagares* die Trauben noch mit Füßen getreten oder stehen in einigen Weingütern noch die großen Tonkrüge bereit, um den Wein darin auszubauen. So ist das Prinzip der Verdunstungskälte bei Tonamphoren die älteste Methode der Gärkühlung in heißen Regionen. Und heißer als im Alentejo, wo im Sommer bis zu 40 °C oft die Regel sind, wird es in Portugal höchstens im Douro-Tal, der zweiten großen Region portugiesischer Modeweine. Die Hitze – ihretwegen wird oft schon ab Mitte August gelesen – hat zu großen kellertechnischen Investitionen gezwungen, die einigen Betrieben heute elegante, feine und strukturierte Weißweine ermöglichen, und das in einer allgemein als Rotweindomäne geschätzten, teilweise sogar gefeierten Region. Rund 19 000 Hektar Rebfläche besitzt der Alentejo heute wieder, das ist etwa so viel wie im letzten Jahrhundert, bevor das Gebiet besonders unter Salazar zur fast reinen Kornkammer eingerichtet worden war, ergänzt um den größten und qualitativ hochwertigsten Korkeichenbestand der Welt und um zahllose Olivenbäume, deren Öl von einigen Weingütern und Genossenschaften als sortenreine Spezialität vermarktet wird. Von den 100 000 bis 300 000 Hektolitern Rotwein, die in einem durchschnittlichen Jahr erzeugt werden (nur Frostjahre können die Produktion drastisch vermindern) entfällt etwa die Hälfte auf Vinho Regional Alentejana und DOC Alentejo. Die Weißweinmenge erreicht im Schnitt zwei Drittel davon. Alentejo-Rotwein ist heute in Portugal und ganz besonders in Lissabon groß in Mode und wird neben dem Douro

auch im Ausland am stärksten wahrgenommen. Das liegt sowohl an seinem Geschmack als auch an seiner Geschichte.
Zunächst ist der Geschmack entscheidend, und dieser hat mehrere Ursachen. Zwei davon sind die gleichen, die die Korkeiche hier so gesund und qualitativ hochwertig gedeihen lassen. Ein Faktor ist das Klima, die Trockenheit, die zur Lesezeit im Gegensatz zu vielen anderen portugiesischen Regionen hier fast Regenfreiheit garantiert. Faulige Trauben oder durch Nässe geschädigte Korken sind eine absolute Rarität. Gesunde, dickschalige, blauschwarze Trauben aber garantieren einen fruchtvollen, von warmen, reifen Aromen getragenen Wein.
Die Böden, der zweite Faktor, der sich für Kork und Wein gleichermaßen positiv auswirkt, sind meist eher karg, nicht zur Massenproduktion geeignet. Sie bestehen oft aus Schiefer, Granit und Quarziten mit Anteilen anderer Gesteinsarten, darunter sogar feinstem Marmor, der besonders im Raum von Estremoz und Borba in großen Blöcken abgebaut wird. Disziplin und Tradition, gefördert durch die gut funktionierende Weinbaukommission und technische Beratung, lassen Reben zudem nur auf kargen Böden zu. Auch die Rebsorten-Ausbaudisziplin ist im Alentejo höher als anderswo, was auch eine Folge der großflächigen Strukturen sein kann. Unter den roten Rebsorten ragt der Aragonez in Eleganz und Struktur eindeutig heraus, der im Douro als Tinta Roriz und in Spanien als Tinto Fino oder Tempranillo bekannt ist. Er gedeiht hier zu vollendeter Reife.

Der Alentejo ist seit Jahrhunderten die Getreidekammer Portugals. Dies bezeugen die alten Windmühlen.

Linke Seite:
Mit zahlreichen neu entstandenen Gütern ist Alentejo eine zeitgemäße Weinregion.

Ausgewählte Erzeuger im Alentejo

Coop. Agr. Reguengos de Monsaraz
Reguengos de Monsaraz
3 400 ha; ZT; 10 Mio. Fl. • Weine: u.a. Reserva Tinto, Garrafeira dos Socios, Aragonez, Trincadeira, Monsaraz Tinto
Die größte Genossenschaft des Alentejo mit 576 Mitgliedern, von João Portugal Ramos beraten, schafft den Sprung vom einfachen Alentejo-Durchschnittswein bis zum klassischen Spitzenwein, der Garrafeira dos Sociaos, oder den gut strukturierten, mit neuer Eiche ausgebauten hochklassigen Rebsortenweinen.

Herdade do Esporão **–***
Reguengos de Monsaraz
560 ha; 1,8 Mio. Fl. • Weine: Alandra Tinto, Branco; Vinha da Defesa Tinto, →Branco; Esporão →Reserva, Tinto, Branco, Garrafeira Tinto; →Aragonês, Trincadeira, Touriga Nacional, Cabernet Sauvignon, →Arinto, →Roupeiro
Das größte flaschenabfüllende Gut im Alentejo umfasst 2 000 Hektar. Der Australier David Baverstock ist önologischer Leiter. Besonders im einfachen und mittleren Preisniveau ist die Qualität dank der guten oft rötlichen Schieferböden sehr hoch. Bei den Weißweinen ist man hinsichtlich Eleganz und Vielfalt führend im Alentejo, Rotweine sind solide, aber zu geschliffen. Im Angebot auch hochwertige Sortenolivenöle.

Herdade do Mouchão ***–****
Sousel
23 ha; • Weine: Mouchão Tinto, Dom Rafael
Die Rotweine wachsen außerhalb der markierten Region, sind nur Regionalweine, aber gesuchte Klassiker. In *lagares* bereitet, drei Jahre in Eichen- und Kastanienfässern gereift, ohne Schönung und Filtration abgefüllt, komplex, manchmal voll feiner Cassisfrucht.

Quinta do Carmo ***
Estremoz
95 ha; • Weine: Quinta do Carmo Branco,Tinto, Dom Martinho Tinto V.R.
Die Rothschilds erwarben 50 Prozent eines ›Traum-Château‹ für ein Joint Venture mit dem alten Besitzer Julio Bastos. Die Marmor-*lagares* liegen brach, moderne Vinifizierung à la Bordeaux-Mittelklasse hat die ehemals von Ramos produzierte Größe der roten Carmo-Weine zu gefälligem, gehobenem Mittelmaß reduziert.

João Portugal Ramos **–****
Estremoz
ha; n.n.; ZT; 500 000 Fl. • Weine: Marquês de Borba Branco, Tinto, Tinto Reserva, Antão Vaz, Tinta Caida, Trincadeira, Aragonês, Vila Santa, Roupeiro
Portugals bekanntester Önologe zeigt in seinem Betrieb aus eigenen Weinbergen und ausgesuchten Trauben von Vertragswinzern das Potential einiger Rebsorten hervorragend auf. Als ›Schnellausbau‹-Weine brillant gemacht, denn schon nach sechs bis acht Monaten gefüllt, haben die Weine vergleichsweise gute Struktur.

Tapada de Coelheiros ***–****
Igrejinha, Arraiolos
20 ha; • Weine: Tapada de Coelheiros Branco, →Tinto, →Tinto Garrafeira
Mit Hilfe von António Saramago, dem zweiten Önologen von J. M. Fonseca, hat das weinpassionierte Paar Joaquim und Leonilde Silveira in den 1980er Jahren ein Mustergut aufgebaut, dessen Rotweine zunehmend zu den strukturiertesten und geschliffensten im Alentejo zählen. Ungewöhnlich der *blend* von Cabernet Sauvignon, Trincadeira und Aragonês, sorgfältig selektioniert, in französischer Eiche ausgebaut.

Die Trincadeira wird ähnlich hoch geschätzt, ist aber nicht notwendig besser als Alfrocheiro, Periquita, die ebenfalls empfohlen ist. Einige der besten Weine erbringt die südfranzösische Massensorte Alicante Bouschet, was vielleicht der überzeugendste Beweis für die besondere Gunst und Qualität bestimmter Boden- und Klimafaktoren ist. Faszinierend ist am Alentejo in jedem Fall die Verbindung von höchster Gefälligkeit und Charakter. Selbst die einfacheren Weine besitzen neben der charmanten reifen Frucht eine gewisse Tanninstruktur und bodenbedingte Feinheit, die sich so deutlich von der marmeladigen Frucht der feuchteren küstennäheren Regionen unterscheidet. Trotz früher Lese und fehlender härterer Säuren und Tannine, die Dão und Bairrada so auszeichnen können, trotz der Weichheit und eines an große Rhône-Weine erinnernden Charakters, sind die Weine meist gut balanciert, weshalb die besten Weine auch eine große Festigkeit und Langlebigkeit auszeichnet. Schade nur, dass Letztere durch zu starkes Hervorheben des Charmes der jugendlichen Frucht, durch zu schnellen und reduktiven Ausbau selten ganz genutzt wird. Im Hinblick auf Komplexität sind aber nicht nur der langsamere Ausbau der Weine, sondern ebenso die alten Stöcke mit engem Rebbesatz von Bedeutung. Die Subregionen Portalegre und Granja-Amareleja produzieren deshalb mit ihren Genossenschaften aus vielen Kleinbauern einige ganz hervorragende klassische Weine in schon kontinentalerem Klima.

Heute haben Alt und Jung gut Lachen im Alentejo. Die harten Zeiten unter Diktator Salazar und die der Nelkenrevolution folgende blinde Massenproduktion sind fast vergessen. Die Zukunft der Region sieht mit qualitätsorientierter Wein- und Korkproduktion rosig aus.

Rechte Seite:
Ab dem 25. Lebensjahr der Eiche wird alle neun Jahre geschält.

›Quercus suber‹ – die Korkeiche – spielt eine Hauptrolle in der portugiesischen Wirtschaft.

Ein anderer Grund für die Moderolle des Alentejo, die ihn zum teuersten und gefragtesten portugiesischen Wein auf der Fassweinebene macht, mag historisch bedingt sein. Nach dem Ende der Diktatur regierte im Alentejo – wie noch heute in vielen Städten – die kommunistische Partei. Junge Leute, Studenten, begeisterten sich für den Alentejo-Wein, lernten ihn schätzen und lieben. Da die Genossenschaften bereits in den 1970er Jahren einen recht hohen Standard vertraten, war der Alentejo lange Zeit der Wein mit der besten roten ›Symbolfarbe‹ und unter den Weinen zu erschwinglichem Preis fast immer der Beste und Zuverlässigste. In Studenten- und Intellektuellen-Kneipen war er Mode geworden und konnte seine Stellung sogar gegenüber dem aufkommenden Bier verteidigen. Die Atmosphäre der noch arabisch geprägten Städte mitten in der Herzregion der kapitalistischen, inzwischen zum großen Teil wieder aufgeblühten Latifundien, das gute Essen mit traditionellen Gerichten – all das mag eine Rolle gespielt haben.

Auf allen Seiten hat sich somit eine Art großer Koalition der Alentejo-Anhängerschaft herausgebildet, die sicher auch weltweit Bestand haben könnte, wenn es nur mehr von diesen Weinen gäbe. Doch Regionen mit einem so breit gefächerten Spektrum vom überzeugenden Standardwein bis hin zu seriösen Spitzenweinen sind selten.

Die Korkenherstellung

Der traditionelle Flaschenkorken wird aus der Rinde der Korkeiche *(Quercus suber)* geschnitten, eines Baums, der überwiegend in Mittelmeerländern vorkommt. Er wächst sehr langsam und liefert erst nach etwa 45 Jahren eine Korkschicht, die für die Herstellung von Flaschenkorken geeignet ist. Die Ernte, bei der man auch vom Abheben, vom Abschälen oder Enthüllen spricht, besteht darin, die Rinde so vorsichtig wie möglich vom Baum zu lösen. Die Korkplatte sollte weitgehend unbeschädigt sein, um die Weiterverarbeitung zu erleichtern. Ebenso wenig darf der Baum ernsthafte Verletzungen davontragen, da sonst die Korkbildung des nächsten Wachstumszyklus gestört würde.

Die erste Schälung einer Korkeiche lässt sich etwa in ihrem 25. Jahr vollziehen, danach wird in einem neunjährigen Rhythmus abgehoben. Die ersten Ernten werden für den Bau verwendet, speziell zur Schalldämmung. Die Rindenmatten bleiben meist mehrere Monate im Wald, damit die Tannine oxidieren und die Gewebeschicht, die direkten Kontakt zum Stamm hatte, trocknet. Je nach Bedarf werden die Platten in die Fabrik gebracht, wo man sie zunächst ein bis zwei Stunden in kochendes Wasser taucht, um Mikroorganismen und Insekten abzutöten, Tannine herauszulösen und Dicke sowie Elastizität des Materials zu erhöhen, was die folgenden Arbeiten erleichtert.

Nach einer Ruhephase von ein bis zwei Wochen kann eine zweite Kochung erfolgen. Danach werden die Platten nach Qualität und Dicke sortiert, in Streifen geschnitten und die Korken in Stammrichtung ausgestanzt. Diese Tätigkeit kann mechanisch ausgeführt werden, aber das Resultat ist weniger gut als mit den handbedienten oder halbautomatischen Maschinen. Denn nur der Mensch wählt die beste Stelle zum Ausstanzen aus.

Beim Schälen darf der Baum nicht beschädigt werden.

Der Abfall wird zu Granulat verarbeitet, aus dem zum Beispiel Presskorken hergestellt werden.

Danach unterliegen die Flaschenkorken der mechanischen Fertigung: Die Enden werden nach gewünschter Größe zugeschnitten, der Körper wird geschliffen. Der dabei anfallende Korkstaub wird gesammelt und dient der Herstellung von Presskorken.

Als nächster Schritt findet eine erste automatische Auslese statt. Die Maschinen sortieren die Flaschenkorken nach der Anzahl der auf der Oberfläche sichtbaren Rindenporen. Die Flaschenkorken werden nun desinfiziert und gewaschen. Immer weniger Korkenhersteller verwenden dafür Chlor, das im Wein einen unangenehmen Geschmack hervorrufen kann. Es wird durch Peroxid ersetzt. Die verwendete Dosis und die Zeitdauer der Einwirkung hängt unter anderem

Unten links:
Nach der Trocknung im Wald werden die Rindenmatten in die Fabrik transportiert.

Unten rechts:
Mit viel Erfahrung wird die beste Stelle zum Ausstanzen der Korken gewählt.

Die Außenseite eines Rindenrückens

Die Korkenstruktur der Rindeninnenseite

Gestanzt wird mit teils handbedienten Maschinen

Korken aus Portugal

Unter den Korkenherstellern nimmt Portugal den ersten Rang ein. Mit 670 000 Hektar Korkeichenwäldern besitzt es 31 Prozent der Anbauflächen weltweit, vor Spanien (24 %), Algerien (19 %) und Marokko (17 %). Mit 190 000 Tonnen jährlich produziert Portugal 51 Prozent der weltweit benutzten Korken. Zusätzlich zu seiner eigenen Produktion importiert es Kork im Rohzustand zur Weiterverarbeitung. Weit hinter Portugal folgt Spanien mit 26 Prozent der Weltproduktion auf dem zweiten Rang, vor Italien mit 7 Prozent und Marokko mit 6 Prozent. In geringen Mengen werden auch in nördlichen Ländern Korken produziert, doch den besten Ruf in der Verarbeitung von Kork hat nach wie vor Portugal. Man schätzt, dass der exportierte Kork, speziell die Flaschenkorken, einen Umsatz von 1,1 Milliarden Mark erbringt.

von der vom Kunden gewünschten Entfärbung ab. Manche Länder bevorzugen Naturtöne, andere dagegen sehr helle Flaschenkorken. Ein ein- oder zweimaliges Trocknen ermöglicht es, einen Feuchtigkeitsgehalt von 6 bis 9 Prozent zu erreichen. Die Flaschenkorken werden noch einmal sortiert. Die Maschinen überprüfen dabei den Körper des Korkens, jedoch nicht seine Enden. Anschließend werden die Flaschenkorken durch Brennen oder mit Tinte markiert. Dabei kann es sich um ein personalisiertes Markieren mit dem Namen des Erzeugers, seines Weinguts und/oder der Appellation und eventuell noch des Jahrgangs handeln oder um eine allgemeinere Angabe – ganz nach Vorgabe des Kunden.

Je hochwertiger der Wein, umso präziser ist die Markierung des Korkens, die der Weinfreund erwarten darf, denn anhand der Bezeichnung des Korkens, der meist das Etikett überlebt, sollte es möglich sein, den Wein genau zu identifizieren. Als letzter Schritt erfolgt die Behandlung der Korkoberfläche mit Silikon oder mit Paraffin. Dadurch kann der Verbraucher den Flaschenkorken ohne zu große Mühe entfernen.

Korktonbildung

Wie der Wein, so ist auch der Korken ein natürliches, lebendiges Produkt. Folglich muss man eine gewisse Fehlerquote einkalkulieren und kann sich – bei aller Anstrengung der Korkenhersteller – mit einer korkigen Flasche Wein konfrontiert sehen. Der Wein riecht dann sehr intensiv nach Korken, was sich bei andauerndem Luftkontakt meist noch verstärkt. Die Ursachen dafür sind vielfältig, aber falsche Lagerung der Korken und ungenügende Desinfektion sind die beiden häufigsten.

Es kann auch vorkommen, dass der Wein – ohne einen eindeutigen ›Korkgeschmack‹ aufzuweisen – nicht sein gewohntes Niveau erreicht oder einen Fehlton zeigt, der an Putzlappen, Schimmel oder Ähnliches erinnert. In einem solchen Fall ist es nicht einfach, den Verantwortlichen zu finden, weil die Erklärung beim Flaschenkorken, bei der Einstellung der Verkorkungsmaschine, bei problematischen hygienischen Verhältnissen im Weinkeller, bei den Lagerungsbedingungen der Flaschenkorken und bei vielen anderen Ursachen liegen kann. Oft gibt einer dem anderen die Schuld. Die Folge ist gewöhnlich, dass der sicher nicht zu Unrecht enttäuschte Verbraucher dem Wein die Schuld gibt. Darum entscheiden sich manche Erzeuger für Flaschenverschlüsse ohne Kork. Angesichts dieser Bedrohung haben die europäischen Flaschenkorkenhersteller eine internationale Charta der Korkenherstellung formuliert. Immer mehr unter ihnen entschließen sich dazu, sich einer Qualitätskontrolle zu unterziehen, die die Qualitätsprüfung der Flaschenkorkenherstellung und nicht nur die ihres Vertriebs garantiert.

Deutschen Topwinzern auf den Korken geschaut: Durchgehend gute bis sehr gute Qualität, aber mit der Länge hält man sich absichtlich etwas zurück.

Naturweinkorken
Qualität: Niedrig
24 x 28 mm

Presskorken
Gefärbt und zwei Scheiben
Qualität: Mittel
23 x 44 mm

Presskorken
Gefärbt und zwei Scheiben
Qualität: Niedrig
23 x 40 mm

Naturweinkorken
Qualität: Mittel
24 x 28 mm

Naturweinkorken
Qualität: Untere
24 x 45 mm

Presskorken
22,5 x 38 mm

Kunststoffkorken

Sektkorken
Qualität: Sehr gut
30 x 48 mm

Sektkorken
Qualität: Mittel
30,5 x 48 mm

Naturweinkorken
Qualität: Mittel
24 x 45 mm

Naturweinkorken
Qualität: Sehr gut
24 x 54 mm

Korken
von Château
d'Yquem 1945

Flaschenverschlüsse

Die ersten Flaschen, die im 17. Jahrhundert benutzt wurden, waren mit einem hanfumwickelten, in Talg getränkten Holzzapfen verschlossen. Die ersten Flaschenkorken wurden in der Champagne von Dom Pérignon eingeführt. Seit dieser Zeit ist Kork die bevorzugte Verschlussweise für Qualitätsweine geblieben, und es sind in der Folge zahlreiche Arten von Flaschenkorken entstanden.

Flaschenkorken aus natürlichem Kork gibt es in vielen Kategorien, je nach Anzahl der Rindenporen, und in verschiedenen Längen. Je länger sie sind und je hochwertiger ihre Qualität ist, desto teurer sind sie selbstverständlich auch. Bei kolmatierten Flaschenkorken handelt es sich um natürliche Verschlüsse, bei denen die Öffnungen mit Korkenstaub verstopft und verklebt werden. Dazu gibt man die Korken zusammen mit Leim und Korkenstaub in große Trommeln. So lässt sich zwar das Aussehen, nicht aber die eigentliche Qualität des Korkens verbessern. Für Presskorken werden kleine Korkpartikel zusammenklebt. Es sind die preisgünstigsten Flaschenkorken, weshalb man sie überwiegend für einfache Produkte verwendet. Da es einigen Herstellern widerstrebte, mit diesen Korken zu arbeiten, kommt der Wein doch mit dem zusammengeklebten Granulat und so mit dem Klebstoff in Kontakt, haben die Korkenfabrikanten Presskorken entwickelt, deren Enden mit je einer Scheibe aus natürlichem Kork beklebt werden.

Bei Schaumweinen bestehen die Verschlüsse aus geleimtem und gepresstem Kork. An einem der beiden Enden des Korkens werden ein oder zwei dünne Scheiben natürlichen Korks aufgeklebt. Für Spirituosen wie Cognac verwendet man natürliche Flaschenkorken, die mit einem Plastikkopf versehen sind.

Die Produktpalette der Flaschenverschlüsse ist in den letzten Jahren deutlich erweitert worden. So hat etwa ein Korkenhersteller einen Flaschenkorken entwickelt, dessen feinste Korkpartikel, die weniger als einen Millimeter groß sind, in den Zwischenräumen mittels eines synthetischen ›Bindegewebes‹ auf der Basis von Polyurethan zusammengehalten werden. Dieses Produkt ähnelt äußerlich den herkömmlichen Korken, besitzt aber angeblich nicht deren Nachteile.

Der Schraubverschluss erfährt derzeit eine erstaunliche Aufwertung bei den Schweizer Weißweinen, da er die Weine tatsächlich vollkommen vor Oxidation schützt, was insbesondere bei der Sorte Chasselas von Nutzen ist. Dieses System bietet zudem den Vorteil, angebrochene Flaschen leicht und effektiv wieder verschließen zu können. Dennoch zögern viele Winzer noch, sich auf diese Verschlussform einzulassen, da angeblich der Verbraucher die traditionellen Korken vorzieht. Außerdem liegen noch keine Erkenntnisse darüber vor, wie sich Weine in Flaschen mit Schraubverschluss entwickeln, da man bisher nur fruchtbetonte, schnell zu trinkende Weine damit verschließt.

Bei der neuesten Erfindung, die sich von Kalifornien, Australien und großen britischen Weinfirmen aus in Europa verbreitet, handelt es sich um künstliche Korken, deren Dekor entweder Naturkork imitiert oder sich dem Etikett anpasst. Mit dieser Art von Verschluss gehört die Gefahr des ›Korkgeschmacks‹ der Vergangenheit an. Beim Ver- oder Entkorken der Flasche können die synthetischen Korken genauso gehandhabt werden wie natürliche. Sie geben nicht vor, Naturkork zu ersetzen, sondern stellen sich als eine Alternative auf einer Preisstufe vor, auf der man sonst nur minderwertige Flaschenkorken erhält.

Oft lassen sich alte Weine nur mit Hilfe der Korken identifizieren.

Madeira

Der portugiesische Kapitän im Dienst Heinrichs des Seefahrers João Gonçalves Zarco landete 1420 auf der sagen- wie wolkenumwobenen Insel 600 Kilometer vor der marokkanischen Küste. Nachdem er das dicht bewaldete, unbewohnte Gebirge im Atlantik, das von 4 000 Meter unter der Wasseroberfläche aufsteigt und bis 1861 Meter darüber aufragt, gerodet hatte, baute er Zuckerrohr und Malvasia an, die süße, von Kreta mitgebrachte Rebsorte, den späteren Malmsey. Nach der Entdeckung Amerikas gewann Madeira als Proviantstation auf dem günstigsten Seeweg über den Atlantik Bedeutung. Englische Schiffe durften sich nur hier versorgen. Bald fand man heraus, dass sich Madeira-Wein im Tropenklima erstaunlich verbesserte. Britische Kaufleute, die das Weingeschäft in die Hand nahmen, schickten daher ab 1750 die Fässer nach Ostindien und zurück, allerdings nicht, ohne den Wein vorher mit Brandy zu verstärken. Die letzten acht der einst siebzig Weinfirmen helfen dem Tropeneffekt heute mit den Segnungen der Technik nach. In *estufas,* durch Heizung erwärmten Tanks, halten sie die Weine drei, besser fünf Monate bei einer Temperatur von 45 °C. Daneben gibt es zwei elegantere Methoden – sie sind zwar selten geworden, aber sie werden noch praktiziert. Bei der Luxusversion der *estufa* wird der Wein in Pipes, die typischen 600-Liter-Fässer, gefüllt und in einem Raum, der über Dampfrohre beheizbar ist, entwickelt. Bei der zweiten Methode lagern die Pipes im *canteiro,* auf dem Dachboden, der Lodges in Funchal und erfahren dort Temperaturextreme und -schwankungen. Den besten Weinen gewährt man zwei, drei oder mehr Jahrzehnte Fassausbau. Nur sie werden mit Jahrgangsangabe und oft nur in kleinen Flaschenpartien abgefüllt.

Hinter dem Fischerort Câmara de Lobos ziehen sich die Weinterrassen die steilen Hänge hinauf. Hier an der Südküste liegt das ausgedehnteste Weingebiet der Insel.

Von den 2 100 Hektar Weingärten der Insel, die pro Jahr an die zehn Millionen Liter ergeben, sind lediglich ein Zehntel mit den vier edlen Sorten Sercial, Verdelho, Boal und Malmsey bestockt. Nur sie ergeben große Weine. Der Ausbau mutet archaisch an: Die Reben Madeiras werden meist als niedrige Pergolen auf Terrassen gezogen, sodass die 4 000 Weinbauern den kostbaren Boden zusätzlich nutzen können. Gepflückt wird gebückt oder auf Knien. Oft muss die Lese bis zur Straße 200 bis 300 Meter hinaufgetragen werden. In einfachen Endlospressen werden die Trauben dann zermalmt. Eine sorgfältige Weinbereitung ist nicht wichtig – es kommt allein auf den langen Ausbau an.

Leider dominiert heute die Negra-Mole-Rebe, mit der jeder Winzer, jede Firma nach Belieben verfährt und billigen Madeira jeglicher Geschmacksrichtung herstellt, der 40 Prozent der Gesamtproduktion ausmacht. Dabei gehören jene aus den vier Edelreben gealterten Madeiras zu den einmaligsten Spezialitäten der Welt. Sie besitzen eine unglaubliche Eigenschaft: Sie können ewig altern und scheinen sich ständig zu verbessern, wie etliche noch verfügbare Jahrgänge vom Beginn des 20. und aus dem 19. Jahrhundert bezeugen.

Hervorragende Madeiras

- *Boal* oder *Bual:* Halbsüßer Madeira wird von dieser immer selteneren Rebe mit den kleinen, erstaunlich behaarten Blättern gewonnen. Man pflanzt sie an der Südseite der Insel, denn sie benötigt mehr Wärme, produziert aber auch mehr Zucker. Der Wein entwickelt vergleichsweise früh interessante Aromen von getrockneten Aprikosen, Rosinen, Nuss, Karamell und Rancio, der typischen Note von Maderisierung.
- *Malmsey:* Die weniger häufig als Verdelho anzutreffende Malvasia verlangt noch mehr Wärme als der Boal, entwickelt aber auch noch höheren Zuckergehalt, sodass Malmsey der süßeste Wein unter den Madeiras wird. Die hohe Säure der Sorte wirkt jedoch ausgleichend. Als schwerer Likörwein ist er in angelsächsischen Ländern sehr beliebt. Er besitzt große Fülle und Länge und zeigt im Alter feine Noten von Kakao und Schokolade.
- *Sercial:* Er zieht die Nordseite und kühlere Lagen vor und liefert den trockensten, sehr seltenen Madeira, der nach etwa zehn Jahren sein überaus komplexes und elegantes Bukett ausgebildet hat, das mit weiteren Jahrzehnten an Subtilität und Finesse gewinnt.
- *Terrantez:* Von dieser legendären, seit der Reblausplage fast ausgerotteten Rebsorte gibt es sehr rare alte Weine von unglaublicher Finesse und Langlebigkeit. Große Berühmtheit erlangte der Terrantez 1795 von Barbeito.
- *Verdelho:* Dieser verbreiteten früh reifenden Sorte behagt es auch auf der Nordseite. Sie ergibt einen halbtrockenen Madeira mit dezenter Süße und feiner Säure, der nach langem Altern eigenwillige Jod- und Röstnoten entwickelt.

Links:
Zwei Fliegen mit einer Klappe: Unter den in Pergolen gezogenen Weinstöcken kann Gemüse angebaut werden. Für die Bauern, die meist nur geringe Flächen bewirtschaften, ist dies eine Lebensnotwendigkeit.

Rechts:
Die Trauben werden oft in geflochtenen ›Hotten‹ über Hunderte von Metern zur nächsten Straße hinaufgetragen.

Unten:
Madeiras scheinen ewig altern zu können und gerade die uralten Jahrgänge gehören zu den großen Weinraritäten der Welt.

Madeira ist nicht gleich Madeira

Selbst die Insel im Atlantik war vor der Reblaus nicht sicher. Die unersättlichen Schädlinge leisteten auch hier ganze Arbeit und vernichteten den Bestand an hochwertigen Rebsorten. Beim Nachpflanzen wählten viele der Inselbauern aus wirtschaftlichen Gründen die preiswertesten Lösungen, und das waren entweder Hybriden oder die Negra Mole. Deshalb gibt es heute nur noch wenige Bestände an hochwertigen Sorten und folglich an hochwertigen Weinen. Daher ist der meiste Madeira zum Kochen bestimmt und wird unter Einsatz des *estufa*-Verfahrens in Tanks hergestellt. *Finest* ist die unterste Stufe trinkbaren, drei Jahre alten Madeiras. *Reserve* bezeichnet fünf Jahre, teils im Fass gealterte Weine. *Special Reserve* oder *10 years old* basiert meist auf den Edelsorten und wurde mindestens zehn Jahre in Fässern ausgebaut, bei 15 Jahren Ausbau steht *15 years old* oder seltener *Extra Reserve* auf dem Etikett. *Vintages* oder *Jahrgangsweine* sind die Qualitätsspitzen, altern mindestens zwanzig Jahre in Pipes und werden noch zwei weitere Jahre in der Flasche affiniert.

OSTEUROPA

Patrick Fiévez

Osteuropa

Nach dem Zerfall des in sich geschlossenen kommunistischen Ostblocks haben die Weinländer Osteuropas begonnen, sich neu zu orientieren. Das größte Problem, und gleichzeitig Herausforderung, für viele von ihnen war und ist ein völliges Umdenken. Solange der Weinbau und die zu erzielenden Preise von staatlicher Seite geregelt wurden, stand vor allem die Ertragsmenge im Vordergrund, die Qualität der Produkte war eher nebensächlich. Heute müssen die Weine ins westliche Ausland exportiert werden, da die Exportmärkte im Osten nicht mehr im selben Maße wie vor dem politischen Umbruch zur Verfügung stehen. Für die Winzer und Betreiber der Genossenschaftskellereien heißt dies, sich auf eine völlig neue Situation einzustellen. Die Konkurrenz im westlichen Ausland ist groß, die Weine aus Osteuropa müssen sich mit Produkten aus aller Welt messen und bei den Konsumenten bestehen. Plötzlich steht die Qualität der Weine im Vordergrund, und die Quantität soll strikt reduziert werden. Doch der Umwandlungsprozess ist noch lange nicht abgeschlossen.

Bis 1990 herrschten in der Weinwirtschaft Europas klare Verhältnisse. Auf der einen Seite gab es die zwölf Staaten der damaligen EG, von denen sieben Wein produzierten (knapp 50 Prozent der Anbauflächen weltweit mit rund vier Millionen Hektar Ertrag), auf der anderen Seite befanden sich die zehn Staaten des COMECON mit den fünf Weinländern Bulgarien, Rumänien, Ungarn, Tschechoslowakei und der UdSSR (etwa 20 Prozent der weltweiten Anbaufläche mit zwei Millionen Hektar Ertrag). Doch diese Wirtschaftsgemeinschaft existiert nicht mehr. Hinzu kommt, dass viele alte Strukturen weder im Denken oder der Mentalität der Menschen, noch im Alltag überwunden sind. Viele Weinberge sind trotz Privatisierung zahlreicher Güter und Genossenschaften in Ungarn und Bulgarien weiterhin in Staats-

besitz. Und selbst am Beispiel eines Anfang der 1990er Jahre verabredeten Joint Ventures zwischen ungarischen und internationalen Gesellschaften wollte die ungarische Regierung im Besitz der Weinberge bleiben. Doch in einigen Ländern entsteht eine neue Generation von Winzern, die erkannt hat, wie wichtig ein Umdenken ist. Sie lassen sich von Kollegen anderer Länder bezüglich Weinbergpflege, Weinlese und Kellertechnik beraten, und ihre ersten Versuche tragen bereits Früchte. In Slowenien und Ungarn zeigen schon seit Jahren exzellente Beispiele, dass man den Vergleich mit den Weinen der internationalen Konkurrenz nicht zu scheuen braucht, und auch Kroatien ist auf dem besten Weg, einige wirklich gute Weine zu produzieren.

Um für den westlichen Verbraucher attraktiv zu werden, heißt das auch, die Zeugnisse der Vergangenheit, also einfache Abfüllungen wie etwa die Schwarze Mädchentraube, durch Qualitätsprodukte zu ersetzen. Die Ambitionen sind groß und das Potential vorhanden, sowohl was Böden als auch das Klima anbelangt. Die Basis in Form einheimischer und internationaler Rebsorten ist ebenfalls geschaffen. Winzer aus den westlichen Weinländern, die das erkannt haben, versuchen mit großem Engagement, die geänderte Ausgangsposition im Osten zu nutzen. Vor allem in Ungarn, aber auch in den übrigen Ländern vinifizieren erstklassige Erzeuger aus der Toskana, wichtige Bordeaux-Produzenten, deutsche Kellereien und Händler gemeinsam mit den Winzern vor Ort Weine nach internationalem Standard. In vielen Fällen zunächst mit weltweit bekannten Rebsorten wie Cabernet Sauvignon. Auf diversen Messen konnte man sich bereits von bemerkenswerten Produkten überzeugen, und Journalisten berichten nach Reisen von großen Investitionen und Anstrengungen seitens der lokalen Winzerpersönlichkeiten.

Eine Reihe von Betrieben vertraut mittlerweile auch auf die Güte regionaler Reben wie Furmint, Rebola, Plavac Mali und Tocai und ist bestrebt, mit solchen Weinen das Spezialitätensegment im westlichen Ausland zu erobern. Sofern diese Weine nach modernen Erkenntnissen ausgebaut werden, sind sie mit Sicherheit auf dem besten Weg, sich in der Weinwelt durchzusetzen und einen gebührenden Platz einzunehmen.

Links:
Neben den mittlerweile sehr verbreiteten internationalen Sorten sind auch einheimische Rotweine durchaus empfehlenswert.

Rechts:
Bei den Weißweinen bringen gerade unbekannte regionale Sorten immer wieder Überraschungen.

Linke Seite:
Ungarns Weinbaugebiete haben nicht nur eine ruhmreiche Vergangenheit, sondern auch viel Potential für die Zukunft.

Ungarn

Beim Winzerfest im Weingebiet Badacsony, das nach seinem kastenförmigen Berg benannt wurde, schenkt man den Vorjahreswein aus.

Von allen Staaten Osteuropas kann Ungarn wohl als einziger einen wahrhaft weltberühmten Wein von ausgezeichneter Qualität vorweisen. Der Tokaji Aszú, vom französischen König Ludwig XIV. als »Wein der Könige, König der Weine« bezeichnet, lässt schon seit Jahrhunderten Sammler seltener Weine ins Schwelgen geraten.

Vulkanische Böden

Einst erstreckte sich auf dem Gebiet des heutigen Ungarn das Pannonische Meer, umschlossen von den Ausläufern der Alpen, den Karpaten und den Dinarischen Alpen. Viele kleine und seit langem erloschene Vulkane prägen die einzigartige Landschaft und schufen die für den Anbau von Weinreben prädestinierten Böden. Das Anbaugebiet Tokaj im Norden des Landes befindet sich etwa auf gleicher Höhe mit Colmar, während die südlichste Weinregion Ungarns, Villány-Siklós, auf den Breitengraden von Cognac liegt.

Wohl schon die Römer brachten den Wein und das Wissen um den Weinbau mit in das Gebiet an der Donau, das damals zu ihrer Provinz Pannonien gehörte. Als die Magyaren im 9. Jahrhundert das Land eroberten, fanden sie gut gedeihende Weinberge vor. Der Mongolensturm 1241 hatte auch die Weinberge derart in Mitleidenschaft gezogen, dass sich König Béla IV. genötigt sah, das Wiederanpflanzen von Weinstöcken ausdrücklich zu fördern, denn das Klima Ungarns bietet ideale Voraussetzungen für den Weinbau und für eine breite Palette an Weinsorten. Sie bilden die Basis für trockene und sehr aromatische Weißweine bis hin zum berühmten Süßwein des Tokaj, dem Aszú. Daneben existieren zahlreiche, kräftige Rotweine aus einheimischen und internationalen Rebsorten.

Nach 1989 stand die ungarische Weinwirtschaft vor riesigen Problemen, da der Staat sämtliche Subventionen eingestellt hatte. Die Anbaufläche schrumpfte von 250 000 Hektar in den 1960er Jahren auf heute 110 000 Hektar. Bei den stillgelegten oder gerodeten Flächen handelte es sich aber vornehmlich um Weinberge ohne Appellation. Bis zum Zerfall der Sowjetunion exportierten die ungarischen Winzer 50 Prozent ihrer Produktion vor allem in die UdSSR. Der Export in westeuropäische Länder gestaltete sich aufgrund der großen Konkurrenz aber auch danach schwierig. Am Ende des 20. Jahrhunderts gingen nur 25 Prozent der Produktion ins Ausland.

Rechte Seite:
Zum Winzerumzug im Dorf Szigliget im Balaton werden Trauben der beliebten Sorte Szürkebarát, einer Version des Pinot Gris, zur traditionellen ›Weinglocke‹ arrangiert.

Ungarisches Weinrecht

Im Juli 1990 wurden die alten Weingesetze von 1970 durch ein strengeres Weinrecht ersetzt, das sich an den Bestimmungen der damaligen Europäischen Gemeinschaft orientierte. Die Klassifizierung umfasst fünf neue Qualitätsstufen: Tafelweine *(Asztali Bor)*, regionale Weine oder *Vin de pays (Tajjelegü Asztali)*, Qualitätsweine *(Minösegi Bor)*, Qualitätsweine mit Prädikat *(Különleges Minösegi)*, Weine aus überreifen oder edelfaulen Trauben *(Aszú)* sowie die Jahrgangsweine (mindestens 5 Jahre alt).

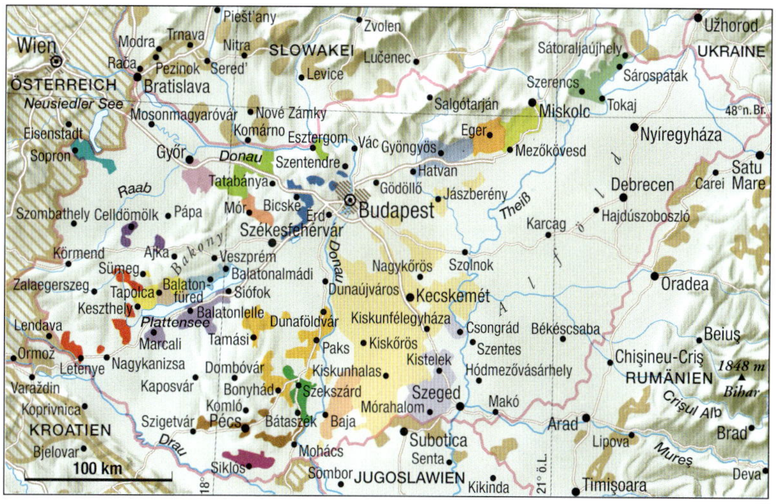

- Tokajhegyalja
- Bükkalja
- Eger
- Mátraalja
- Ászár-Neszmély
- Pannonhalma-Sokoróalja
- Sopron
- Mór
- Etyek-Buda
- Somló
- Balatonmelléke
- Balatonfelvidék
- Badacsony
- Balatonfüred-Csopak
- Dél-Balaton
- Tolna
- Kunság
- Csongrád
- Hajós-Baja
- Szekszárd
- Mecsekalja
- Villány
- Weinbaugebiete angrenzender Länder

Weinbaugebiete und Rebsorten

In Ungarn unterscheidet man drei große Weinanbaugebiete, in denen kontinentales Klima mit heißen und trockenen Sommern und sehr kalten Wintern herrscht: Von Budapest bis in den Süden zwischen den beiden großen Flüssen Ungarns, der Donau und der Theiß, breitet sich die große ungarische Ebene, die Puszta mit ihren Sandböden aus. In diesem Anbaugebiet, das ›Alföld‹ oder ebenfalls ›Puszta‹ genannt wird, produzieren die Winzer etwa die Hälfte des landesweiten Ertrags, hauptsächlich leichte Rotweine und halbtrockene oder süße Weißweine. Die Weine aus Transdanubien, rund um den Plattensee (Balaton), sind in erster Linie ebenfalls halbtrockene oder süße Weißweine. In Nord- und Nordostungarn befinden sich die beiden Regionen Eger und Tokaj (Tokajhegyalja). Die Böden in Eger sind geprägt von schwarzem Lehm vulkanischen Ursprungs. Hier gedeihen vornehmlich rote Sorten, doch auch einige Weißweine sind nennenswert. Tokaj ist mit einiger Wahrscheinlichkeit die älteste Weinregion des Landes. Auf vulkanischem Boden und lößhaltigem Untergrund entstehen die weltberühmten trockenen und süßen Weißweine.

Innerhalb der großen Anbaugebiete unterscheidet man insgesamt 22 kleinere und abgegrenzte Regionen mit unterschiedlichem Rebsortenbestand. Neben den gängigen Rebsorten Cabernet Sauvignon, Cabernet Franc, Merlot, Pinot Noir, Sauvignon Blanc, Chardonnay, Riesling, Muskat Ottonel und anderen finden sich hier auch einheimische Sorten. Für Weißwein sind dies: Ezerjó, Furmint, Mezesfehér, Hárslevelü, Cirfandli, Leányka und Szürkebarát; und für Rotwein: Kadarka und Kékfrankos.

Neben dem Tokaji, dem berühmtesten unter den ungarischen Weinen, werden auch leichte, trockene und fruchtige Weißweine ausgebaut, nahezu ausschließlich in Kooperativen wie die Weine aus dem Alföld mit oft sehr markanter Säure. Die aus der Chardonnay-Traube hergestellten Weine sind oft sehr gut strukturiert und mild. In der Region

Jede einzelne Traube wird sorgfältig abgeschnitten.

Die Trauben werden für den Transport in größere Bütten umgefüllt.

Im Keller werden die Trauben vor dem Pressen entrappt.

Die Beeren werden in den Presskorb eingestampft.

Auch heute noch werden die traditionellen Traubenpressen aus Holz benutzt.

Der frische Most fließt von der Presse ab.

Zum Abschluss der Weinlese feiert man ein großes Fest, auf dem ausgelassen getanzt wird.

Etyek-Buda, westlich und südwestlich der Hauptstadt Budapest, finden sich die international verbreiteten Rebsorten Chardonnay, Pinot Noir, Pinot Blanc und Sauvignon Blanc. Furmint, die große Traube des Tokaji Aszú, wird auch in der Region Somló nordwestlich des Plattensees, ebenfalls auf vulkanischen Böden, kultiviert. Im nördlichen Transdanubien, also nördlich des Plattensees, sind die großen weißen Trauben Mitteleuropas, wie Riesling, Pinot Gris (Szürkebarát, das heißt ›Grauer Mönch‹, benannt nach den Zisterziensern, die diese Sorte hierher brachten), Traminer, Muskat und Müller-Thurgau verbreitet. Sie ergeben einen fruchtigen Weißwein mit Pfirsich- und Aprikosenaromen. Im Süden des Sees, also besonders der Region Dél-Balaton sind zusätzlich zu diesen Sorten (die mit etwas Restzucker manchmal auch leicht süß ausfallen) Cabernet Sauvignon und Pinot Noir (Nagyburgundi) anzutreffen. Die berühmte und einst begehrte Rebsorte Kadarka ist immer noch im südlichen Transdanubien heimisch, in der Region Szekszárd auf dem rechten Donau-Ufer, wenn auch in geringer Menge. Im Norden ist die Kadarka-Traube hingegen kaum noch existent, nur auf einem bekannten Weinberg an der Straße von Budapest ins Tokaj, wo sie einst sehr verbreitet war. Auch in der Region Eger, benannt nach einer der schönsten und meistbesuchtesten Städte Ungarns am Fuß des Bükk-Gebirges, sind die Böden vulkanischen Ursprungs. Hier produziert man den berühmten ungarischen Rotwein, das ›Stierblut‹, den Egri Bikaver, heute ein Verschnitt aus Cabernet, Merlot, Kékoporto (Blauem Portugieser) und Kékfrankos (Blaufränkisch oder Lemberger).

Alföld (Puszta)

Das größte zusammenhängende Anbaugebiet Ungarns südlich von Budapest ist zugleich eines der jüngsten. Hier wurden vor allem nach der Reblauskatastrophe Reben angepflanzt, da Rebläuse auf sandigem Boden nur bedingt lebensfähig sind. Die Landschaft ist geprägt von heißen Sommermonaten und kalten Wintern. Im Frühjahr kommt es häufig zu Spätfrösten, die stets eine Gefahr für die jungen Triebe darstellen. Im Sommer erhitzt sich der sandige Untergrund hingegen so stark, dass zuweilen Temperaturen bis zu 60° C auf den Böden gemessen werden.

In den einzelnen anderen Regionen werden in erster Linie Olaszrizling (Welschriesling) und einige heimische Trauben gezogen. Darüber hinaus findet man internationale Rebsorten wie Cabernet Sauvignon, Merlot und Pinot Noir. Die Winzer keltern leichte Rotweine und säurearme Weißweine. Aus der Region Hajós-Baja kommen die besten Rotweine des Anbaugebiets. Zu den wichtigsten großen Erzeugern gehört Hungarovin, eine Kellerei aus Budapest.

Die Weinregionen um den Balaton

Geschützte Lagen und steile Hänge aus sandigem Basaltboden – unterstützt vom Klimaregulator Balaton (Plattensee) – bilden perfekte Voraussetzungen für die Kultivierung von Weinreben. Dies hatten schon die Römer erkannt und ließen besonders in diesem Gebiet der damaligen Provinz Pannonien Weinberge anlegen.

Das große Anbaugebiet Transdanubien wird vom Balaton in zwei Teile gegliedert, die mehrere Regionen umfassen, und reicht von Sopron im Nordwesten bis nach Villány, die Region um Siklós im Süden. Die ausgedehnte Wasserfläche dieses großen Sees sorgt für eine Harmonisierung der Temperaturen und einen ausgeglichenen Wasserhaushalt der Böden. Im Sommer mildert er die Hitze, und im Winter ist er ein natürlicher Wärmespeicher. Der nördliche Teil Transdanubiens erstreckt sich von den Grenzen Österreichs und der Slowakei bis zum See. Besonders diese Seite ist für den Weinbau bereits seit Jahrhunderten von Bedeutung. Ein Großteil der Weinberge befindet sich an Hängen mit Böden aus vulkanischem Lehm. Hier entstehen hauptsächlich Weißweine. Meistangebaute Rebe ist Olaszrizling, der einen frischen, würzigen Wein hervorbringt. In Sopron, der nordwestlichsten Region, gedeihen dagegen ausschließlich Rotweine. In Somló, einem kleinen Anbaugebiet im Nordwesten des Sees, wachsen die Reben an den Hängen eines erloschenen Vulkankegels, des Berges Somló, auf rund 600 Hektar. Einst wurden die Weißweine aus dieser Gegend ebenso hoch gehandelt wie der

berühmte Tokaji, und dies hatte einen ganz handfesten Grund: Die Winzer belieferten den habsburgischen Hof jahrhundertelang mit diesem Wein. Er war für die Hochzeitsnächte der Herrscher bestimmt, die darauf vertrauten, dass er die Zeugung der männlichen Nachkommen positiv beeinflusst. Aber man wird den ›Zaubertrank‹ wohl auch zu anderen Gelegenheiten genossen haben.

Im Süden des Sees – die Region reicht bis zur kroatischen Grenze – wurden erst vor einigen Jahren Reben gepflanzt. Auf Sand und lößhaltigem Untergrund gedeihen sowohl Rot- als auch Weißweine. Wichtige Anbaugebiete sind hier neben Villány auch Szekszárd und Mecsekalja. Während in den Villány-Bergen vor allem rote Trauben gebaut werden, konzentrieren sich die Winzer um Siklós auf die Weißweinerzeugung. Zu den aufstrebendsten Winzern dieses Gebietes zählen Attila Gere und Kúria Malatinszky aus Villány. Die berühmteste Rebe in Szekszárd ist die Kadarka, die aufgrund der langen Vegetationsphase in dieser Gegend zur vollen Reife gelangen kann, bevor man sie erntet. Zu den besten lokalen Erzeugern gehören Ferenc und Csaba Vesztergombi. In der wärmsten Region Ungarns in den Mecsek-Bergen (Mecsekalja) werden trotz anhaltender Trockenheit kraftvolle, würzige Weine produziert.

Ausgewählter Erzeuger

Balatonboglári RT***
Balatonboglár
1300 ha; 24 000 000 Fl. • Weine: Riesling, Chardonnay, Muscat, Rotweine
Das einstige Staatsunternehmen, das 1952 gegründet wurde, ist heute eines der größten des ganzen Landes und befindet sich im Besitz der deutschen Sektkellerei Henkell & Söhnlein. Die meisten der hier vinifizierten Weine stammen aus der Nähe des Plattensees.

Rund um Europas größten Steppensee, den Balaton, erstrecken sich ausgedehnte Weinberge.

Eger

Die alte Stadt Eger (Erlau) ist einer der wichtigsten Weinhandelsorte Ungarns und sicherlich eine der schönsten Städte des Landes. Der berühmteste Wein des gleichnamigen Anbaugebiets, das nordöstlich von Budapest liegt, ist der Rotwein Egri Bikavér, das Erlauer Stierblut. Er avancierte zum Markenwein der Region und machte sie auch im Ausland berühmt. Die einstmals in dieser Cuvée vorherrschende Sorte Kadarka wurde mittlerweile durch Kékfrankos ersetzt. Weitere Verschnittpartner des Stierbluts sind Cabernet Sauvignon, Kékoporto und Merlot. Der Name entstand in Anlehnung an eine Sage, nach der im 16. Jahrhundert die Festung von Eger gegenüber türkischen Angreifern verteidigt werden musste. Als die Magyaren nach fünf Wochen Belagerung am Ende ihrer Kräfte waren, ordnete der Burghauptmann an, die Männer mit Wein zu versorgen. Nachdem sie davon getrunken hatten, kehrte ihr Kampfgeist wieder, ihre Bärte waren benetzt vom Wein und glänzten rot. Bei diesem Anblick ergriffen die zahlenmäßig überlegenen Türken die Flucht, in der Annahme, ihre Gegner hätten das Blut von Stieren getrunken. Das ›Stierblut‹ ist ein in jungen Jahren schwarz-roter Wein. Er ist kräftig, und direkt nach der Abfüllung sind die Gerbstoffe sehr dominant, ein legendärer Tropfen, der an eine Zeit erinnert, als man es den Weinen noch zugestand, im Keller zur vollen Reife zu gelangen. Heute verlangt es den westeuropäischen Gaumen eher nach schnell trinkbaren Weinen mit sanften Tanninen. Beim Kauf einer Flasche Egri Bikavér sollte man darauf achten, dass sie mit einer Banderole mit staatlicher Prüfnummer versehen ist. Diese garantiert, dass der Wein auch tatsächlich aus Eger stammt, und schützt die Weinerzeuger gegen Fälschungen.

Eger blickt auf eine uralte Weintradition zurück, und in seinen faszinierenden Kellern lagern noch alte Weinschätze.

Rechte Seite:
Kleine Weingartenparzellen prägen das Bild um die alte Weinstadt Eger.

Erlauer Stierblut hat dank Cabernet und Merlot ein modernes Profil gewonnen.

Das Klima rund um die Stadt Eger ist trocken und im Sommer sehr warm, die Vegetationsphase beginnt allerdings recht spät, da der Winter sehr lange dauert. Neben dem bekannten ›Stierblut‹ werden aus den weißen Sorten Olaszrizling oder Leányka interessante Weißweine gekeltert, wobei Letztere zu den besseren Vertretern zählt. Sie ist ausschließlich in der Gegend um Eger zu finden und reift in der Regel sehr früh. Die Trauben haben einen hohen Zuckergehalt, und die Weine besitzen ein intensives Honigaroma.

Ebenso berühmt wie die Weine sind auch die riesigen Weinkeller. Ihr weit verzweigtes Kellersystem unter der Burg und großen Teilen der Stadt zieht jedes Jahr viele Besucher in seinen Bann. Die Keller dienten den Winzern einst als Lager für ihre Weine und wurden in Kriegszeiten häufig als Zufluchtsstätte genutzt.

Die Weinwirtschaft in Eger befindet sich nach wie vor im Aufbruch. Man setzt verstärkt auf Qualität und beginnt, die Keller zu modernisieren. Bei einem Besuch der Genossenschaft Egervin drängt sich der Vergleich mit den Kellern in den Erzeugergemeinschaften Südfrankreichs vor 25 bis 30 Jahren auf: große Holzfässer, alte Betontanks. Die im Juni 1993 privatisierte Kellerei soll durch Einsatz moderner technologischer Ausstattung auf den heute erforderlichen Stand gebracht werden.

Ausgewählte Erzeuger

GIA***
Eger
Im Gemeinschaftsunternehmen des Ungarn Tibor Gál (G), des toskanischen Marchese Incisa (I) und des deutschen Weinhändlers Burkard Bovensiepen mit seiner Firma Alpina (A) produzierte man 1993 den ersten Jahrgang. Seitdem haben einige der besten Weine Ungarns diesen Keller verlassen, darunter Chardonnay, Cabernet Sauvignon und Kékfrankos.

Hungarovin**
Budapest
Die riesige Kellerei vinifiziert Weine aus ganz Ungarn, doch ihre Produkte aus Eger sind in jedem Fall erwähnenswert. Das Unternehmen befindet sich seit Anfang der 1990er Jahre im Besitz der deutschen Kellerei Henkell & Söhnlein und konzentriert sich seit dieser Zeit nicht mehr ausschließlich auf Quantität, sondern verstärkt auf Qualität.

Tokaji

Erneut faszinieren edelsüße Eszencias und Aszús Weinfreunde. Aber mit moderner Weintechnik gelingen inzwischen auch sehr überzeugende trockene Furmints und Hárslevelüs.

Der berühmte Wein trägt den Namen der Stadt im Norden des Landes, und gibt ihn damit auch an die Weinregion weiter: Tokajihegyalja. Der Weinname hat aber nichts gemeinsam mit dem des Tokay d'Alsace (Elsässer Synonym für ›Pinot Gris‹) oder des im Norden Italiens verbreiteten Tocai Friulano. Seit dem 16. Jahrhundert ist der Tokaji, dieser Genitiv bedeutet soviel wie ›aus (der Stadt) Tokaj‹, ein renommierter Wein, der allerdings nach dem Zusammenbruch des Kaiserreichs Österreich-Ungarn im Jahr 1918 und besonders nach der Machtübernahme der Kommunisten ab 1949 in Westeuropa kaum noch anzutreffen war. Die Weinberge liegen nur wenige Kilometer von den Grenzen zur Slowakei und Ukraine entfernt und erstrecken sich über 5 000 Hektar auf meist nach Süden ausgerichteten Hängen. Die beiden Flüsse Bodrog und Tisza (Theiß) beherrschen die Ebene und schaffen spezifische Klimaverhältnisse, in denen die einheimischen Rebsorten (Furmint und Hárslevelü) im Herbst ihren Zuckergehalt konzentrieren, entweder durch Botrytis-Bildung (Edelfäule) oder durch Eintrocknen der Traube am Stock. Hier finden sich die gleichen Bedingungen wie im Sauternes-Gebiet. Doch die klimatischen Gegebenheiten allein erklären noch nicht die außergewöhnlichen Eigenschaften des bekanntesten Tokaj-Weines, der aus den *Aszú* (überreif) genannten Trauben produziert wird. Die Rebsorten, der vulkanische Boden, die klassische Vinifikation sowie die exzellenten Lagerbedingungen in den Tuffsteinhöhlen mit einer reichhaltigen Mikroflora und dicken Schichten von Edelschimmel an den Kellerwänden, all diese Faktoren lassen den Tokaji erst zu dem werden, was er ist. Der Ertrag hängt natürlich vom Rebschnitt und der Stockzahl pro Hektar ab. In der Regel sind es Weinberge mit bis zu 10 000 Stöcken, die die erforderliche Qualität erzielen. Aber auch Wein-

Die Region um Tokaji ist dank internationaler Joint-Ventures im Aufbruch.

berge aus kommunistischer Zeit mit kaum mehr als 2000 Reben pro Hektar liefern ausgezeichnete Resultate. Heute erleben die Weinberge im Nordosten des Landes dank ausländischer Investoren aus Frankreich, Spanien und England eine wahre Renaissance, in den letzten Jahrzehnten hatte die Qualität durch unpassende Ausbaumethoden stark gelitten. Neben den süßen Qualitätsweinen werden im Tokaj-Gebiet auch trockene Weißweine hergestellt, darunter der bekannte Tokaji Szamorodni Száraz.

Älter als die Sauternes-Weine

Wein wurde in dieser Region bereits vor der Invasion der Magyaren, die den heutigen Einwohnern des Landes ihren Namen gaben, gekeltert. Im Mittelalter siedelten sich Weinbauern aus Italien, aber auch aus Wallonien im Süden des heutigen Belgien, um Tokaj an. Der Durchbruch der Tokaj-Weine setzte aber erst Ende des 15. Jahrhunderts ein, als man die ersten Aszú, Süßweine, ausbaute, rund zweihundert Jahre vor den Sauternes-Weinen und ein Jahrhundert vor den ersten großen Weinen aus dem Rheintal. Ab dem 16. Jahrhundert wurden große Mengen des legendären Magyarenweins exportiert. Auf dem Konzil von Trient (1562) überreichte der ungarische Erzbischof Draskovich Papst Pius IV. den berühmten Tokaji Aszú als Geschenk. Damit begann der Aufstieg dieses Weins. Es darf also kaum überraschen, dass der Tokaji Aszú die Großen der Welt durch seinen ungewöhnlichen Geschmack und Charakter zunächst überraschte und dann begeisterte. Er stieg schnell zum Wein der Könige und Zaren auf. Über mehrere Jahrhunderte hinweg war er fester Bestandteil der Festtafeln der europäischen Höfe. »Vinum regum, rex vinorum« (Wein der Könige, König der Weine) rief Ludwig XIV. aus, der den Tokaji Aszú über alle Maßen schätzte. Nicht zu vergessen Schriftsteller wie Voltaire, Rabelais und Goethe, die in diesem ungarischen Wein Inspiration suchten. Sie wussten seine kreative Kraft zu schätzen. Im Lauf der folgenden Jahrhunderte priesen zahlreiche Oberhäupter Europas den Aszú und verhalfen ihm zu seiner Reputation. Auch in der ungarischen Nationalhymne wird er gepriesen.

Wie unzählige andere Weinberge, so wurden auch die ungarischen Rebzeilen Ende des 19. Jahrhunderts von der Reblaus befallen und zum Großteil zerstört. Während ihres Wiederaufbaus erlebte Ungarn große politische Umwälzungen: von der Ausrufung der Republik am Ende des Ersten Weltkriegs über die Agrarreform 1945 bis um Ende der kommunistischen Ära.

Jahrzehnte, die leider nicht dem Wohl und der qualitativen Verbesserung der Weine dienten. Seit der Wende 1989 hat sich die Situation allerdings zum Positiven hin verändert, dank der ausländischen Investitionen und der lange überfälligen Modernisierung der Kellereien. Der große Tokaji Aszú erwachte nach einer sehr bewegten Zeit ebenso aus seinem Dornröschenschlaf wie der sehr aromatische und trockene Weißwein aus der Furmint-Traube.

Wein der Könige, Könige der Weine – aber auch Degustationserlebnis für Demokraten

Neuanfang dank internationaler Investitionen

Nach Überwindung der Reblauskatastrophe, durch die ein Großteil der Weinberge vernichtet wurde, und der Neubestockung der Rebzeilen, war der Wein durch eine Politik der Isolation über Jahrzehnte im Westen kaum erhältlich. Die gesamten Weinberge wurden in kommunistischer Zeit nationalisiert und von den landwirtschaftlichen Kombinaten verwaltet, die ab 1949 gegründet wurden. Die Qualität sank beständig: Systematische Pasteurisierung, Oxidation oder gar der Zusatz von Alkohol zum Stoppen des Gärprozesses brachten die Qualität auf ihren Tiefpunkt. Der Massenwein mit dem oxidierten Geschmack wurde hauptsächlich an die Sowjet-

Der Tokaji Aszú reift in Kellern, von denen einige im 18. Jahrhundert angelegt wurden. Im Weinmuseum von Tokaji lagern die mit dem kostbaren Nektar gefüllten Fässer unter dicken Schichten von Edelschimmel, die die Urtümlichkeit des Ortes noch verstärken.

union, dem größten Absatzmarkt nach dem Zweiten Weltkrieg, geliefert (vor allem im Tausch gegen Erdgas). Ab 1991 nutzten westeuropäische Investoren aus Frankreich, Spanien und England die Entscheidung der ungarischen Regierung, 5 000 Hektar des Anbaugebiets zu veräußern. Es entstand eine große Zahl gemischter Betriebsformen etwa unter Beteiligung französischer Versicherungsgesellschaften. Die Leitung von Château Pajzos, das ebenso wie auch viele Châteaux im Bordelais inzwischen internationalen Versicherungskonzernen gehören, wurde den beiden Önologen Arcaute und Rolland aus Bordeaux übergeben. Auch das Haus des berühmtesten aller spanischen Weine, Vega Sicilia (Weingut Oremus), sowie Cana (Genossenschaft aus der Gegend von Nantes), GMF (Weingut Etzele) und viele andere produzieren heute im Tokaj. All diese Betriebe sind bestrebt, die ursprüngliche Qualität des Traditionsprodukts wieder zum Leben zu erwecken.

Vinifikation des Aszú

Der Tokaji Aszú wird nach einem absolut einmaligen Verfahren hergestellt. Die überreifen, vom Schimmelpilz *Botrytis cinerea* befallenen Trauben von Furmint, Hárslevelü und Muscat de Lunel werden von Oktober bis November nach strenger Auswahl sukzessive gelesen, Traube für Traube, in kleinen Bütten *(puttonyos)* zu 25 Kilogramm. Nach dem vorsichtigen Mahlen der Trauben entsteht der Aszú-Teig (das Wort bedeutet ›getrocknet‹), eine Art Traubenpaste. Im Anschluss gibt man die gewünschte Anzahl von *puttonyos* (zwischen drei und sechs) zu 136 Litern frischem weißem Traubenmost hinzu, das ist der Inhalt einer lokalen Fassgröße, dem *gönc*. Im Unterschied zu früher achten die ambitionierten Tokaj-Winzer heute darauf, dass bereits dieser Grundwein von sehr guter Qualität ist und einen gewissen Restzuckergehalt aufweist. Früher war der zugemischte Wein ausschließlich trocken und die Qualität nicht immer überzeugend. Die Anzahl der *puttonyos* ist für die spätere Einteilung der Weine in Süßegrade ausschlaggebend: Je mehr *puttonyos* dazugegeben werden, desto süßer wird der Wein. Die Etiketten der Flaschen weisen auf den Süßegrad hin: Drei *puttonyos* entsprechen einer Restsüße von 60 bis 90 Gramm pro Liter; vier *puttonyos* 90 bis 120 Gramm pro Liter; fünf *puttonyos* 120 bis 150 Gramm pro Liter und sechs *puttonyos* einem Minimum von 150 Gramm pro Liter. Nach der Maischung und der Pressung wird der Wein über mehrere Jahre (fünf bis sieben) in kleinen Holzfässern ausgebaut und später in die typischen weißen Flaschen mit 50 cl Inhalt abgefüllt. Die Verkostung eines großen Tokaji-Jahrgangs bleibt ein unvergessliches Erlebnis. Je weiter man den *puttonyos* folgt, desto konzentrierter, reicher, intensi-

Ausgewählte Erzeuger

Die älteste AOC der Welt?
Bereits im Jahr 1700, lange vor der geografischen Festlegung für edle portugiesische Weine des Douro-Tals, existierte vom Tokaji eine Liste der besten Lagen, in der (auf Lateinisch) die klassifizierten Weine aufgeführt waren (1., 2., 3. Klasse). Die Kategorien wurden nach Merkmalen vergeben, die auch heute noch einem Wein mit dem AOC-Gütesiegel alle Ehre bereiten würden. In Frankreich wurde dieses erst 1935 eingeführt.

Gróf Degenfeld***
Tarcel
70 ha; Weine: Furmint, Hárslevelü, Sárga Muskotály
Die ehemalige Önologin der Royal-Tokaj Wine Company, Sarolta Bárdos, hat in diesem 1996 neu erbauten Weingut bereits ihren ersten Spitzenjahrgang vinifiziert. Die Familie des Grafen Degenfeld war im Tokaj-Gebiet einstmals im Besitz zweier Schlösser.

István Szepsy***
Mád
István Szepsy gehört zu den großen Reformern des Tokaj. Er setzt auf eine strikte Ertragsbeschränkung und schonende Weiterverarbeitung im Keller, was seine Weine zu den absoluten Spitzengewächsen des Gebietes macht. Mit Unterstützung eines amerikanischen Geldgebers konnte er auch die Kellerei Királyudvar ins Leben rufen.

Bodrog Várhegy**
Bodrog-Kereszúr
15 ha; ZT; 250 000 Fl. • Weine: Furmint, Hárslevelü, Muscat Lunel
Das Unternehmen kauft Trauben bei unterschiedlichen Vertragswinzern ein und stellt daraus durchaus probierenswerte trockene als auch süße Szamorodni und hervorragende Aszú her, die auch ins westliche Ausland exportiert werden.

Der spanische Kulturbetrieb Vega Sicilia hat sich mit Oremus in Ungarn ganz und gar etabliert.

Französisches Kapital hat aus Disznokö einen internationalen Vorzeigebetrieb gemacht.

Auch in der Tokajihegyalja verwenden Kellermeister die gebräuchliche ungarische Pipette, die ein beachtliches Fassungsvermögen besitzt.

Das Tokaji-Gebiet befindet sich im Umbruch: Jetzt setzt man auch bei edelsüßen Spezialitäten behutsam auf Neuerungen im Keller.

ver und komplexer wird der Wein. Dem hohen Zuckergehalt steht im Abgang die milde Säure entgegen und sorgt für Ausgewogenheit und perfekte Harmonie. Die Weine entfalten Aromen von Rosinen, Honig, Pflaumen und Aprikosen in einer verblüffenden Bandbreite. Solche Süßweinraritäten schmecken hervorragend zu warmen Aprikosentörtchen, Nusskuchen, Ente mit Pflaumen oder Orangen sowie mit Roquefort und grünen Walnusshälften gefüllten Endivienblättern.

In sehr guten Jahren gibt es noch eine süßere Variante des Aszú, die unter dem Namen ›Eszencia‹ auf den Markt kommt. Um ihn herzustellen, wird eine besondere Hefeart benötigt. Er kann eine Restsüße von bis zu 650 Gramm pro Liter besitzen und reift zehn Jahre im Fass, bevor er abgefüllt wird. Die Steigerung des Eszencia ist schließlich ein viskoser Tokaji mit wenig Alkohol, der aus dem Vorlaufmost des Aszú gekeltert wird. Auch hier benötigt die Gärung aufgrund des hohen Zuckergehalts (bis zu 60 Prozent) mehrere Jahre, um einzusetzen.

Im Tokaj wird auch der Szamorodni (›wie gewachsen‹) produziert, eine einfachere Variante des Tokaji aus den in der Region üblichen Rebsorten. Die Trauben sind nur zum Teil mit Botrytis befallen und werden nicht selektiert. Je nach Qualität des Leseguts und Anteil an Aszú-Trauben weist dieser Wein einen unterschiedlich hohen Gehalt an Restsüße auf. Neben der süßen Variante des Szamorodni gibt es auch halbtrocken und trocken ausgebaute Weine. Die Trauben, die nicht von Edelfäule befallen sind, ergeben einen wohlschmeckenden Weißwein mit ausgeprägter heller Frucht und feinem Aroma. Zur Unterscheidung beider Ausbauarten erhält der Szamorodni die Bezeichnung *szaras*, wenn er trocken ist, *edes* nennt man die süße Version.

Tschechische & Slowakische Republik

Die westliche Weinregion Sloweniens, die Primorska, grenzt bei Triest ans Mittelmeer: Während sonst Weißweine überwiegen, reifen hier auch zunehmend ausdrucksvolle Rote.

Anfang der 1990er Jahre wurde die ehemalige Tschechoslowakei in die Tschechische und die Slowakische Republik aufgeteilt. Danach waren insgesamt 47 000 Hektar Rebfläche bestockt, von denen 36 000 Hektar in Ertrag standen, heute ist die Fläche kleiner. Die meisten Weinberge befinden sich in der Slowakei, und zwar im Süden und Südwesten des Landes, während man in Tschechien nur im Südosten, in Mähren und rund um die Stadt Melnik, in Böhmen, Reben kultiviert. Die Anbaugebiete grenzen bis auf die böhmischen Rebflächen direkt an Österreich und Ungarn und reichen auf slowakischem Boden bis in das Gebiet des ungarischen Tokaji hinein.

Die Weinberge der Slowakei verteilen sich auf ungefähr 25 000 Hektar, liegen an sanften Hängen, maximal 250 Meter über dem Meer und reichen bis in die Ebene des Donaubeckens hinein. Sie werden durch größere Erhebungen vor kalten Winden aus dem Norden geschützt. Es herrscht kontinentales Klima mit heißen Sommer- und kühlen Wintermonaten sowie mäßigen Niederschlägen. Der Rebsortenspiegel ist ähnlich wie in Österreich. Die bedeutendsten weißen Sorten sind spritziger Riesling, Weißburgunder und Welschriesling (Rizling Vlassky), frischer Müller-Thurgau, pfeffriger Grüner Veltliner (Veltlin Zelene), ansprechender Silvaner und würziger Irsay Oliver, eine an Muskateller erinnernde heimische Traube. Zu den besten Roten gehören der vollmundige und fruchtige Blaufränkisch (Frankovka) sowie St. Laurent (Vavrinecke oder Svatovavrinecke), wobei ihr Anteil nicht mehr als 35 Prozent beträgt. Die besten Weine der Slowakei kommen aus dem Gebiet rund um die Hauptstadt Bratislava und dem äußersten Osten des Landes, dem slowakischen Teil des Tokaj. Die Weingüter von Milan Pavelka und der Familie Matysák aus Pezinok, 20 Kilometer von Bratislava entfernt, gehören derzeit zu den renommiertesten Betrieben des Landes. Seit 1995 bewirtschaftet Pavelka das größte Gut des Ortes unter eigener Regie. Familie Matysák setzt darauf, dass verstärkt Touristen und Weininteressierte aus Bratislava aufs Land kommen werden. Dem Weingut wurde ein Restaurant angegliedert, und die besten hauseigenen Weine werden ab Hof verkauft. In Kosice, im slowakischen Tokaj, bewirtschaftet man im Weingut Ostrozovic sieben Hektar Rebfläche. Auch hier konzentriert man sich auf die Erzeugung großer Aszú-Weine, aber auch die trockenen Varianten überzeugen.

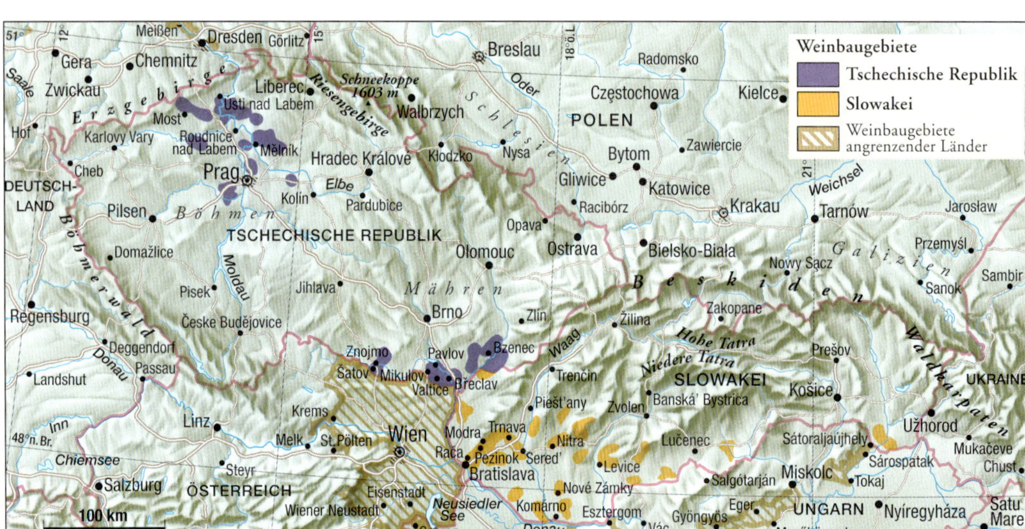

Slowenien

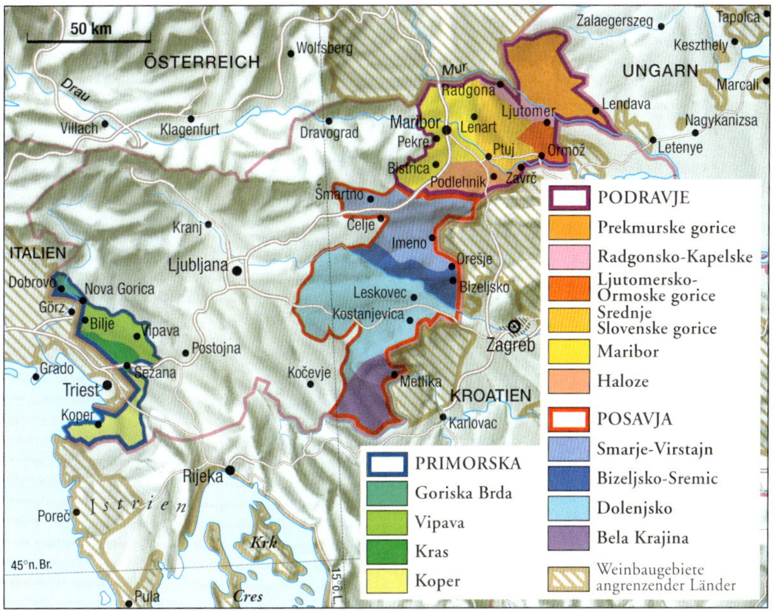

Als eines der ersten Länder der ehemaligen Volksrepublik Jugoslawien erlangte Slowenien 1991 die Unabhängigkeit. Die Weinbaugebiete gliedern sich in drei Regionen: Primorska, Podravje und Posavje, wobei die ersten beiden den größten Anteil an der gesamten Rebfläche haben (jeweils rund 40 Prozent). Während der Zeit des Kaiserreichs Österreich-Ungarn waren die Weine aus dem heutigen Slowenien äußerst begehrt. Damals waren rund 50 000 Hektar mit Reben bestockt, heute sind es etwa 22 000.

Primorska liegt an der Ostgrenze zu Italien, und die dortige Weinbauregion Collio war noch bis zum Ersten Weltkrieg Teil des heutigen Slowenien. Die Böden sind geprägt von Kalkstein und roter Erde. Podravje erstreckt sich in unmittelbarer Nähe zur Südsteiermark. Die Weinberge befinden sich häufig an steilen, zuweilen terrassierten Hängen mit kalk- oder tonhaltigem Untergrund. Von hier kommen vor allem aromatische, fruchtige Weißweine.

Zum Rebsortenspektrum der slowenischen Winzer gehören Welschriesling (Laski Rizling), Gewürztraminer, Pinot Blanc, Riesling (Renski Rizling), Sauvignon Blanc und die heimische Rebsorte Sipon (vergleichbar der ungarischen Furmint). Auf einem Hochplateau im Anbaugebiet Primorska haben sich vor allem rote Sorten wie Refosco (Teran), Barbera und Cabernet Sauvignon durchgesetzt.

Auch heute wird ein Großteil des produzierten Weins von Genossenschaftskellereien gekeltert, doch der Anteil an privaten Weingütern steigt stetig. In den Genossenschaften ist die Kellertechnik häufig noch nicht auf dem modernsten Stand, und viele Weine werden nach wie vor gesüßt und sind verhältnismäßig ausdruckslos, es gibt jedoch löbliche Ausnahmen, denn immer mehr engagierte Winzer haben das Potential ihrer Reben erkannt und sind auf dem besten Wege, Weine zu erzeugen, die sich durchaus mit denen ihrer Nachbarn in der italienischen Region Collio und der österreichischen Steiermark messen können. Einige wenige Betriebe genießen mittlerweile internationale Anerkennung.

Ausgewählte Erzeuger in Slowenien

Movia ****
Dobrovo
10 ha; Fl. n.n. • *Weine: Tokaj, Rebula, Grau- und Weißburgunder, Chardonnay, Sauvignon Blanc, Merlot*
Die Familie von Ales Kristancic führt den Betrieb in der achten Generation. Er war der Erste im damaligen Jugoslawien, der sich an Experimente mit im Barrique ausgebauten Rotweinen wagte – und dies mit großem Erfolg, er möchte die Charakteristik der Rebsorte bewahren, ohne die Weine mit Holz zu überladen. Durch Erhöhung der Stockdichte in den Weinbergen und radikale Mengenbeschränkung gelingen ihm konzentrierte, charaktervolle Weine.

Radgonske Gorice ***
Gornja Radgona
300 ha; ZT; 2 500 000 Fl. • *Weine: Welschriesling, Sipon, Riesling, Sauvignon Blanc, Traminer, Müller-Thurgau, Chardonnay, Ranina*
Das Kombinat und die Kellerei haben 150 Jahre Weintradition. Bekannte Produkte sind die Schaumweine, die zahlreiche Auszeichnungen erhalten und auch international Bekanntheitsgrad erworben haben.

Univerza V Mariboru ***
Maribor
18 ha; 20 000 Fl. • *Weine: n.n.*
Das Weingut der Universität von Maribor kann auf eine fast zweihundert Jahre alte Tradition zurückblicken. Es wurde 1820 gegründet.

Vipava ***
Vipava
1700 ha; Fl. n.n. • *Weine: Zelen, Pinela, Rebula, Malvasier, Sauvignon Blanc, Chardonnay, Weißburgunder, Welschriesling, Merlot, Cabernet Sauvignon, Barbera*
Die 1894 gegründete Kellerei gehört zu den innovativsten Genossenschaftsbetrieben des Landes. Sie geht auf die älteste Genossenschaft mit Bauernweinkellereien in Slowenien zurück, die Expositionen in Wien, Prag, Graz und Trier hatte. Ihre gebietstypischen Weine sind auch im Ausland beliebt und haben bereits diverse Auszeichnungen erzielt. Eine Besonderheit sind Weine aus den lokalen Rebsorten Zelen und Pinela.

Bulgarien

Melnik – der ›Syrah‹ unter Bulgariens Rebsorten – hat der Region den Namen verliehen.

Rechte Seite: Modernisierungsbestrebungen werden zum Teil noch von den traditionellen landwirtschaftlichen Strukturen gehemmt.

Weinberge im Land der Rosen

Von allen Ländern des ehemaligen Ostblocks hat Bulgarien am meisten von den neuen politisch-ökonomischen Bedingungen profitiert. Die Rot- und Weißweine des Landes, das im Norden an Rumänien, im Westen an Jugoslawien und Makedonien, im Osten an das Schwarze Meer und im Süden an die Türkei und Griechenland grenzt, fanden in vielen westeuropäischen Ländern (vor allem Großbritannien, Deutschland und Benelux) neue Absatzmärkte. Die sowohl staatlichen wie inzwischen auch privatisierten Kellereien konnten sich so mit neuen Investitionen auf die Zukunft vorbereiten und dank eines ausgezeichneten Preis-Leistungs-Verhältnisses – ein gewichtiges Argument für den Kauf bulgarischer Weine – eine gute Marktposition sichern.

Die Geschichte des bulgarischen Königreichs beginnt um 680. Zwei Jahrhunderte später erlebte das Land ein ›goldenes Zeitalter‹, das zahlreichen Gebieten große Neuerungen bescherte. So entwickelten die Brüder Kyrillos und Methodios das kyrillische Alphabet, das die gesamte slawische Literatur und Kultur maßgeblich beeinflussen sollte. Zahlreiche Bauwerke oder ihre steinernen Relikte zeugen noch heute von einem regen architektonischen Schaffen und dem Wohlstand dieser und nachfolgender Jahrhunderte. Bis zum Ende des Zweiten Weltkriegs, der dem Land die kommunistische Herrschaft brachte, wurde Weinbau in Bulgarien beinahe ausschließlich von kleinen Winzern betrieben, die ihren eigenen Wein kelterten. 1944 beschloss die Regierung, das Kollektivsystem einzuführen, das bis dahin nahezu unbekannt war. In Weinbauschulen wurden neue Fachkräfte ausgebildet, zahlreiche ausländische Rebsorten wie Cabernet Sauvignon, Merlot oder Riesling wurden neben den einheimischen Sorten wie Gamza und Mavrud ausgepflanzt.

Der große Weinexporteur Bulgarien hat heute mit rund 140 000 Hektar eine kleinere Anbaufläche als in der Vergangenheit. In den 1980er Jahren wurden im Rahmen eines von Gorbatschow aufgelegten Programms zur Bekämpfung des Alkoholismus in der Sowjetunion zahlreiche Weinberge stillgelegt – auch in Bulgarien, das große Mengen Wein in die UdSSR exportierte. Seit der Öffnung nach Westeuropa legt man wieder neue Weinberge an, meist in Hanglagen.

Das Klima entspricht dem der Nachbarländer: heiße Sommer und kalte Winter. Die Temperaturen können in den Sommermonaten auf über 40 °C ansteigen und im Winter unter minus 25 °C fallen. Das Schwarze Meer und die zwei großen Flüsse, die Donau im Norden und die Maritsa im Süden, schwächen die extremen Temperaturunterschiede insgesamt etwas ab. Die Niederschlagsmenge schwankt etwa zwischen 470 und 950 Millimetern im Jahr.

Die grossen Weinbaugebiete

Bulgariens Anbaugebiete verteilen sich auf sieben größere Bereiche, von denen fünf klar umrissen sind: Dunavksa Raunina im Nordwesten, Thrakien im Süden, Tsjernomorski Raion im Osten, Jolinaka Na Struma im Südwesten und Podbalkanski Raion in Zentralbulgarien.

Im Norden – im Donautal und in den Ebenen zwischen Donau und Balkan – findet man Reben sowohl in der Tiefebene wie auch in den Bergen (bis 400 Meter Höhe). In den Schwemmland- und Lößebenen wachsen vor allem die Sorten Cabernet Sauvignon, Merlot, Aligoté, Muscat Ottonel, Gamza (eine bulgarische Traube mit charakteristischen Aromen, würzig und vollmundig in den ersten Jahren) sowie die weiße Traube Misket, die auch in Zentralbulgarien im berühmten Tal der Rosen heimisch ist und einen blumigen Wein mit Muskatnoten ergibt.

Die Bodenverhältnisse im Süden des Landes eignen sich ausgezeichnet für die Mavrud-Traube, aus der man einen kräftigen, in jungen Jahren vollmundigen Wein herstellt, der zuweilen an Mourvèdre erinnert.

In den Regionen nahe dem Schwarzen Meer erreichen die ausdrucksstarken Weißweine wahre Finesse: Riesling, Sauvignon, Chardonnay (in Fässern aus junger amerikanischer Eiche ausgebaut) und ein wenig Gewürztraminer sind hier bestimmend. Entlang der Küste herrscht zumeist ein mediterranes Klima.

Südlich der Hauptstadt Sofia gedeiht im warmen Klima des Struma-Tals eine andere einheimische Rebsorte, die Melnik-Traube. Sie hat der Region auch ihren Namen verliehen und ergibt kräftige Weine mit intensivem Bukett und ausgeprägtem Tannin – gewissermaßen der Syrah unter den bulgarischen Weinen.

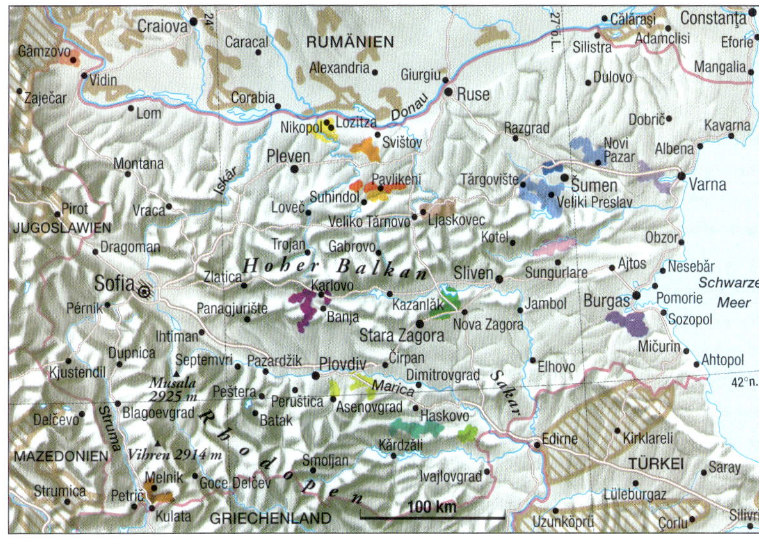

DUNAVKSA RAUNINA
- Novo Selo
- Lozitza
- Svishtov
- Pavlikeni
- Suhindol
- Lyaskovetz

TSJERNOMORSKI RAION
- Preslav
- Khankrum
- Varna
- Jujen Briag

PODBALKANSKI RAION
- Sungurlare
- Rozova Dolina

THRAKIEN
- Oriahovitza
- Asenovgrad
- Stambolovo
- Sakar

JOLINAKA NA STRUMA
- Harsovo

- Weinbaugebiete angrenzender Länder

Die bulgarische Weinklassifizierung

1978 wurden bestimmte Regelungen zur Klassifizierung der Weine eingeführt. Zu den Standardqualitäten zählen *vins de table* und *vins de pays*. Die Weine mit geografischer Herkunftsbezeichnung (VDG) tragen auf dem Etikett den Namen der Appellation, der Unterregion, des Gebiets, der Stadt oder des Dorfes. Die Topqualitäten werden unter der Bezeichnung *Controliran* – derzeit sind 27 Bereiche festgelegt – vermarktet, die den französischen AOC-Weinen entsprechen (bestimmte Erzeugerregion, Rebsorte, vorgeschriebene Qualitätsprüfung). Darüber hinaus gibt es noch eine Kategorie für alkoholverstärkte Weine. Die Qualitätsbezeichnung *Kolektzione* (Reserve) bezeichnet im Holzfass gereifte Weine. In Bulgarien werden vor allem Fässer aus amerikanischem und einheimischem Holz verwendet.

Die Ertragsmengen – oftmals zu hoch – sind ein heikles Thema, doch die bulgarischen Winzer liefern zumindest bei den Exportweinen ausreichende Qualität. Bei den DGO-Weinen beträgt der Ertrag im Durchschnitt 40 bis 50 Hektoliter pro Hektar, bei den *Controliran* zwischen 25 und 40 Hektoliter.

Für die Zukunft gewappnet

Bulgarien bemüht sich unter den osteuropäischen Ländern am meisten um eine qualitative Anpassung der Weine, indem es sich nach dem Geschmack der Absatzmärkte im Ausland richtet. Positiv wirkt sich auch aus, dass die Einnahmen in die Erneuerung der Kellereinrichtungen investiert werden. Rund 70 Prozent der Gewinne sollen in die Anschaffung neuer Gärbehälter, Pressen, Kühlanlagen oder Barriques fließen. Der Önologe Atanas Babaev ist der Meinung, dass »die Qualität der bulgarischen Weine in den letzten Jahren dank dieser Investitionen insgesamt gestiegen ist«. Er nennt noch weitere Gründe, beispielsweise den Wechsel von großen Fässern aus

bulgarischer Eiche auf Barriques, das für alle Weine vorgeschriebene Entrappen und den höheren Reifegrad des Leseguts. Chaptalisieren (Anreicherung mit Zucker) ist nach seinen Angaben kaum notwendig, je nach Leseergebnis aber erlaubt. In einer Versuchsanlage testet man zur Zeit kalifornische Klone von Chardonnay und Sauvignon Blanc, da diese beiden Rebsorten in den nächsten Jahren immer stärker Verbreitung finden werden.
Eigeninitiativen in der Weinwirtschaft werden vom Staat bisher nicht gefördert, und auch die Einstellung der Winzer ändert sich nur langsam. Doch obwohl viele Weinberge noch in Staatsbesitz sind, brachte die Privatisierung einiger Betriebe frischen Wind in die Weinerzeugung. Die 1909 gegründete Kellerei Suhindol, eine der ältesten des Landes, ist Bulgariens Vorzeigekellerei und zeigt in den letzten Jahren eine bemerkenswerte Dynamik. 400 000 US-Dollar wurden bislang in die Modernisierung der Keller investiert, und jedes Jahr kreiert man neue Weine der Spitzenklasse. Einige davon werden in Fässern aus französischer Eiche ausgebaut. Auch in die einstige Staatskellerei Vinprom Russe haben amerikanische Geldgeber investiert.

Die erste bulgarische Privatkellerei

Domäne Boyar **–***
ha n.n.; 65 000 000 Fl. • Weine: Sauvignon, Chardonnay, Riesling, Cabernet, Merlot, Gamza, ›varietals‹, ›reserve‹

Diese Vereinigung (die erste Privatinitiative) ist in ganz Bulgarien als Qualitätsgarant für Weine aus diesem Land bekannt. Seit kurzem konzentriert sich die Domäne Boyar auf die Herstellung erstklassiger Weine, wobei man anstrebt, durch die Verschmelzung der besten Eigenschaften der Alten und Neuen Welt einen neuen Weinstil für dieses Land zu finden, zum Beispiel mit:
• Cabernet Sauvignon Premium Oak, Kellerei Iambol (Weinbereitung in hochmoderner Kellerei, Ausbau in neuen Eichenfässern),
• Merlot Premium Cuvée, Kellerei Shumen (eine der modernsten Kellereien Europas),
• Cabernet Sauvignon Premium Reserve, Kellerei Iambol.
Weine, die für den neuen bulgarischen Weinanbau stehen; darüber hinaus ist folgender Wein besonders hervorzuheben:
• Royal Reserve***, 20 000–30 000 Flaschen pro Jahr; dieser als Special Reserve herausgebrachte Cabernet Sauvignon wird von einer der besten Kellereien des Landes, der von Lovico Suhindol, in Fässern aus amerikanischer Eiche ausgebaut und ruht dort 36 Monate.

Rumänien

6000 Jahre Weinbau – und jetzt ein Neubeginn auf Qualitätskurs

Rechte Seite:
In der Großen Walachei bringen die Winzer Cabernet Sauvignon ein. Mit internationalen Sorten erzielen sie große Erfolge.

Vorherige Seite:
Frauen aus Blatetz in ihrer traditionellen Landestracht

Rumänien, das 1862 aus der Vereinigung von Walachei und Moldau hervorging, gehört zu den großen Weinproduzenten Osteuropas und zu den zehn größten Weinexporteuren der Welt. Weinbau hat nach jüngsten Forschungen im Gebiet des heutigen Rumänien über 6 000 Jahre Tradition. Die Rebflächen umfassen derzeit rund 250 000 Hektar (20 Prozent davon entfallen auf die Produktion von Tafeltrauben). Das Klima ist kontinental, mit Ausnahme der Küstenregionen am Schwarzen Meer, wo mediterranes Klima herrscht.

Die wichtigsten Weinbaugebiete

In den Regionen Moldovia (Moldau), Muntenia (Große Walachei) und Oltenia (Kleine Walachei) werden 79 Prozent der gesamten Anbaufläche bewirtschaftet. Moldovia, wo die Temperatur im Winter auf bis zu minus 30 °C sinken kann, ist für den wohl bekanntesten rumänischen Wein berühmt, den Cotnari, der hier bereits seit sechshundert Jahren erzeugt wird. Der süße, aromatische Weißwein wird aus den traditionellen Rebsorten der Region hergestellt (Grasa, Feteasca Alba, Francusa und Tamîioasa Romaneasca) und hat sich seinen eigenständigen Charakter bewahrt. In Muntenia und Oltenia werden einige Weine aus ebenfalls bekannten Unterregionen ausgebaut, so in Dealu Mare (›großer Hügel‹). Hier finden sich die internationalen Rotweinsorten Cabernet Sauvignon, Merlot und Pinot Noir neben der einheimischen Feteasca Neagra. Weiße Sorten sind Riesling Italico (Welschriesling), Pinot Gris, Sauvignon Blanc, Muskat Ottonel und Feteasca Alba.

Die übrigen Anbauflächen konzentrieren sich auf Siebenbürgen, wo sich die Weinberge bis auf eine Höhe von 400 Meter hinaufziehen. In Tarnave, Alba, Sebes-Apold und Lechinia werden aus den Rebsorten Traminer, Sauvignon Blanc,

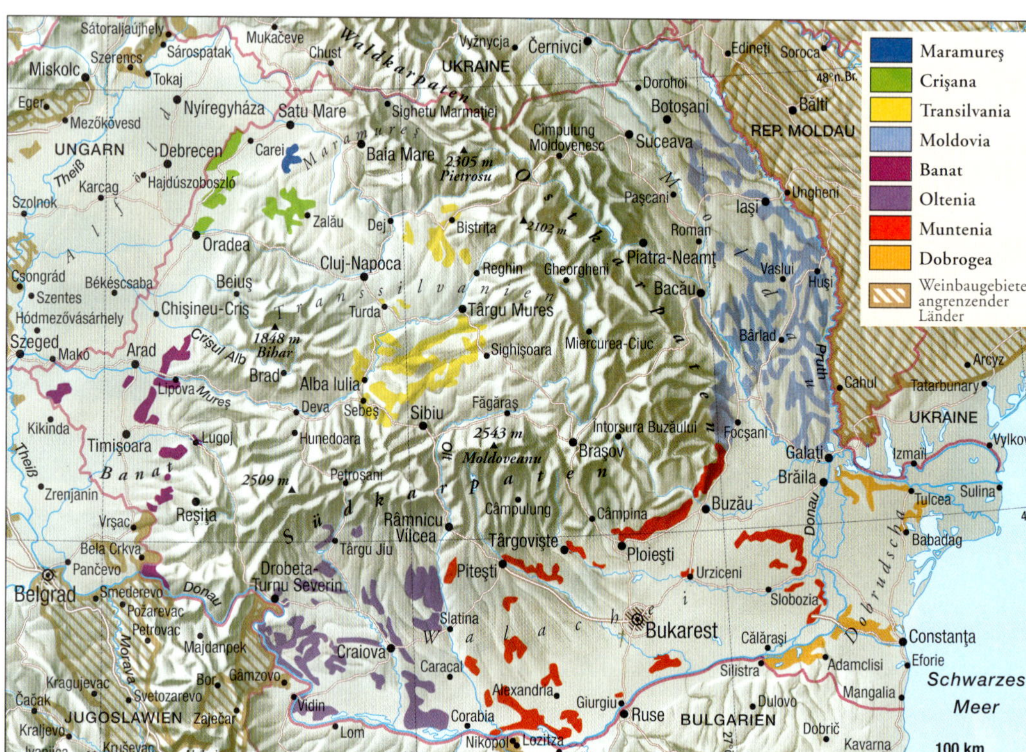

Muskat Ottonel, Pinot Gris, Feteasca Alba und Riesling Italico (Welschriesling) trockene, aber auch süße (liebliche und zum Teil likörartige) Weißweine produziert.
Die rumänische Weinindustrie ist zum Teil immer noch in staatlicher Hand, viele Betriebe stehen aber vor der Privatisierung. Zwischen 1991 und 1996 gingen 76 Prozent der rumänischen Betriebe und Weingüter in Privatbesitz über. Das geschah vor allem in Form von Joint Ventures unter Beteiligung ausländischer Investoren.

Rebsorten und Appellationen

Das Land besitzt eine große Sortenvielfalt aus Importen (zum Beispiel dem in Dealu Mare sehr verbreiteten Pinot Noir) und einheimischen Reben. Der Anteil regionaler Sorten an den Rebflächen ist groß. Feteasca Regala wird auf 17 200 Hektar vor allem in Siebenbürgen und an den Hängen in Moldova kultiviert und ergibt trockene sowie perlende Weißweine. Auch Feteasca Alba (23 000 Hektar) findet sich hauptsächlich in diesen beiden Regionen. In guten Jahren trägt sie maßgeblich zum Erfolg süßer Cotnari-Weine wie dem Grasa de Cotnari bei, der in manchen Jahren auch aus von *Botrytis cinerea*, dem Edelschimmelpilz, befallenen Trauben erzeugt wird. Als rote Sorten sind Babeasca Neagra – in Moldovia auf 7 200 Hektar angepflanzt – sowie Teteasca Neagra verbreitet, auch diese eine sehr alte rumänische Sorte, die seit 1500 bis 2000 Jahren in der Region Muntenia heimisch ist (1 120 Hektar).
Im Jahre 1972 führte Rumänien nach dem Vorbild anderer europäischer Weinländer Appellationen ein. Das Weinrecht bestimmt folgende Klassen: Weine für den alltäglichen Genuss, Weine mit gehobener Qualität (VS), Weine mit gehobener Qualität und Herkunftsbezeichnung (VSO) sowie Weine mit gehobener Qualität, Herkunftsbezeichnung und Qualitätsgrad (VSOC). Zur letzten Kategorie gehören auch die Produkte aus edelfaulen Trauben (CIB), zwei Spätlesen (CMD) und zwei Spezialitäten (ein Likör- und ein Schaumwein). Die nationale Weinbehörde legt die rechtlich verbindlichen Bestimmungen fest.

Wichtige Weinerzeuger

Die rumänischen Weinerzeuger lassen sich in zwei Gruppen einteilen: Es gibt private Erzeuger, die kein Geld für notwendige Investitionen haben und ihre Weine lediglich in Kanistern verkaufen, und es gibt staatliche Kellereien. Ein kleiner Teil der Kellereien konnte bisher mit dem Geld internationaler Investoren privatisiert werden.
Die Kellerei Vinvico ist heute in dänischem Besitz, der Betrieb Vinalcool Prahova wurde mehrheitlich von einem britischen Unternehmen übernommen und firmiert heute unter Prahova Winecellars. Auch Vinarte befindet sich mittlerweile unter ausländischer Führung. Das 1998 gegründete Unternehmen ist in italienischer Hand und investiert große Summen in neue Kellertechnik. All diese Kellereien haben es innerhalb kurzer Zeit geschafft, das Qualitätsniveau der Weine zu steigern, allerdings mit internationalen Sorten. Die heimischen Rebsorten spielen noch keine tragende Rolle, doch ein Anfang ist gemacht, den internationalen Anschluss zu gewinnen.

Kroatien & Jugoslawien

Veliki Tabor – monumentaler Wächter über Reben

Rechte Seite:
Der Weinort Buje im nordwestlichen Istrien

Kroatien ist nicht nur bezüglich der Weinregionen in zwei große landschaftliche Bereiche geteilt: Zum einen die inneren Landesteile wie Slawonien und die Krajina, zum anderen der schmale lange Küstenstreifen an der Adria mit Istrien und Dalmatien. Um 700 v. Chr. begannen Griechen an der Adria Kolonien zu gründen, und es war besonders der schmale Küstensaum, das antike Dalmatia, das dann zur Zeit der Römer eine beispiellose Blüte erlebte, es entstanden nicht nur prächtige Bauwerke, wie der diokletianische Kaiserpalast in Split, sondern auch ausgedehnte Wein- und Ölkulturen. Um 1000 n. Chr. eroberte Venedig das Küstengebiet und konnte, auch unter der türkischen Besetzung des gesamten Balkans, seinen Einfluss dreihundert Jahre lang aufrechterhalten. Nach den Balkankriegen und dem Ende des Ersten Weltkriegs entstand das Königreich Jugoslawien, das nach 1945 zur Volksrepublik wurde. In der kommunistischen Vergangenheit wurde in erster Linie Wert auf die zu erzeugende Quantität gelegt, weniger auf die Qualität der Weine. Nach dem politischen Umbruch und der Unabhängigkeit Kroatiens 1991, konzentrierten sich immer mehr private Winzer sowie Genossenschaften auf die Qualitätssteigerung ihrer Produkte und modernisierten ihre Kelleranlagen.

Das Klima Kroatiens ist vielfältig und hat sowohl kontinentale als auch mediterrane Einflüsse. Die Anbaugebiete verteilen sich auf zwei Regionen, die jeweils in verschiedene Bezirke untergliedert sind: Kontinentalna Hrvatska im Hinterland und Primorska Hrvatska an der Küste. Rund 54 000 Hektar Rebfläche sind mit vorwiegend heimi-

KROATIEN
- Istra
- Hrvatsko Primorje
- Sjeverna Dalmacija
- Dalmatinska Zagora
- Srednja i Južna Dalma
- Zagorje-Međimurje
- Prigorje-Bilogora
- Plešivica
- Pokuplie
- Moslavina
- Slavonija
- Podunavlje

BOSNIEN-HERZEGOWINA
- Hercegovina

JUGOSLAWIEN
- Slibotičko-Horgoška Peščara
- Banat
- Sremski Karlovki/ Fruška Gora
- Belgrade
- Pocerina
- Sumadijsko-Velikomoravski
- Timočki
- Zahodnomoravski
- Nišavsko-Juznomoravski
- Kosovo
- Crna Gora

MAZEDONIEN
- Pčinsko Osogovski
- Povardarski
- Pelagonijsko-Pološki
- Weinbaugebiete angrenzender Länder

schen Sorten bestockt. Die lokale Rebsorte Plavac Mali Crni bildet die Basis für einige der besten Roten des Landes, allerdings auch für einige Massenweine. Zu den Besten gehören die Weine von Mike Grgich, dem 1958 nach Kalifornien ausgewanderten Spitzenwinzer, der zur Ernte und Abfüllung seines Plavac Mali eigens aus den USA anreist. Auch Winzer wie Frano Milos oder die Domäne Zlatan Otok erzeugen mit dieser eigenwilligen Rebsorte hochkarätige Weine.

Darüber hinaus haben sich die Weinbauern Kroatiens auf Blauburgunder, Frankovka (Blaufränkisch), Merlot, Teran (Refosco), Blatina, Vranac und Zweigelt konzentriert. Zu den bekanntesten Weißweinen zählen Grasevina (Welschriesling), Zlahtina, Bogdanusa, Malvasija, Vugava, Posip und international bekannte Sorten wie Chardonnay, Weißburgunder, Riesling und Grauburgunder. Spezialität des Landes ist der Süßwein Prosek, der aus weißen und roten Trauben gekeltert wird. Die besten Grasevina-Weine kommen aus der Gegend um Kutjevo im Nordosten. Sie werden nach auch in Deutschland üblichen Qualitätsstufen von Kabinett bis Trockenbeerenauslese klassifiziert. Zu den wichtigsten Erzeugern gehören Vlado Krauthaker und Ivan Enjingi.

Der Weinbau und die wichtigsten Winzer von Slowenien, das ebenfalls Teil der ehemaligen Volksrepublik Jugoslawien war und auch 1991 die Unabhängigkeit erhielt, wurden schon auf Seite 707 ausführlich beschrieben.

Staatstorso mit (Wein-)Zukunft?

Auf dem übrigen Gebiet des ehemaligen Jugoslawien, also in der heutigen Bundesrepublik Jugoslawien mit den Bundesländern Serbien, Montenegro und (noch) dem Kosovo, sowie in dem seit 1991 unabhängigen Makedonien haben sich schon Griechen und Römer mit dem Thema Weinbau beschäftigt. Die erzeugten Produkte hatten viele Jahrhunderte lang begeisterte Anhänger, doch unter türkischer Herrschaft wurden viele Rebanlagen vernichtet oder fielen später der Reblaus zum Opfer. Heute wird der größte Teil der rund 96 000 Hektar Rebfläche von stattlichen Genossenschaftsbetrieben bewirtschaftet.

Die besten Rotweine stammen aus den Anbaugebieten des Kosovo, der adriatischen Küste Montenegros und Makedonien. In den übrigen Gebieten wachsen hauptsächlich Trauben für einfachere Rot- und Weißweine.

GUS-Staaten

Der Westen als wichtigster Absatzmarkt

Die ehemalige Sowjetunion war einer der größten Weinerzeuger der Welt. 1985 lag die sowjetische Produktion hinter Italien und Frankreich weltweit an dritter Stelle, noch vor Spanien. Auch heute kommen aus den neuen Republiken im Süden des einstmals größten Staates der Erde, rund um das Schwarze und das Kaspische Meer, immer noch große Mengen an Wein. Was jedoch fehlt, ist die internationale Anerkennung.

Vor dem Zusammenbruch der Sowjetunion ging der Großteil der Erträge der heutigen Republiken Moldawien, Ukraine, Georgien und Armenien als Exportware nach Russland, meist im Austausch mit Erdöl oder Erdgas. Ein System, das in manchen Bereichen immer noch praktiziert wird. 1984 sagte der damalige Präsident Michail Gorbatschow dem hohen Alkoholkonsum in der Sowjetunion den Kampf an. Zahlreiche Weinberge wurden stillgelegt oder gerodet, eine Maßnahme, die auch in den befreundeten Ländern wie Bulgarien durchgeführt wurde. Heute beginnt man den Export, vor allem nach Westeuropa, unter anderen Voraussetzungen wieder zu intensivieren.

Weinbau hat in den südlichen Republiken der ehemaligen Sowjetunion eine sehr alte Tradition. Doch erst nach dem Ende des Zweiten Weltkriegs entstand daraus so etwas wie eine Weinindustrie. Zum einen lag dies wohl auch daran, dass Länder wie Moldawien zum Verband der Sowjetunion gehörten, zum anderen auch im Versuch der damaligen Behörden, den Wodkakonsum durch Wein zu ersetzen.

Moldawien – das Land der Zaren

Die Republik Moldawien ist einer der kleinsten Mitgliedsstaaten der Gemeinschaft Unabhängiger Staaten (GUS), hat aber die größte Rebfläche, begünstigt durch das kontinentale Klima. In diesem ausgesprochenen Agrarland sind rund zehn Prozent der gesamten Fläche, über 170 000 Hektar, mit Reben bepflanzt. Die Weinberge befinden sich entlang der Küsten im Süden und rund um die Hauptstadt Chisinau, die auf dem gleichen Breitengrad wie das burgundische Beaune liegt. In dieser Landschaft zwischen Donau, Dnjestr und Schwarzem Meer, einst Bessarabien genannt, ist der Weinbau, wie archäologische Funde zeigen, schon seit etwa 4 000 Jahren heimisch.

Alte Weinkeller im Osten sind die Fundgrube für Globetrotter des Weins.

Bis zum erzwungenen Anschluss an die UdSSR im August 1944 war Moldawien offiziell ein Teil Rumäniens. Seit der Unabhängigkeit 1991 sind die russische Sprache und die kyrillische Schrift nicht mehr vorgeschrieben. Man spricht wieder moldawisch, eine romanische Sprache, die auch in Rumänien verbreitet ist. Innerhalb der Sowjetunion war Moldawien der größte Weinproduzent, und bei den Funktionären in Moskau waren die roten und weißen moldawischen Weine sehr beliebt.

Die Auswirkungen durch den Wegfall des Weinmarkts Sowjetunion sind hier nicht so stark zu spüren wie in anderen Ostblockländern. Die Weine sind nach wie vor sehr begehrt. Seit der politischen Wende haben diverse Weingüter aus dem Ausland in moldawische Unternehmen investiert oder stehen ihnen beratend zur Seite. Doch trotz der Unterstützung aus Westeuropa (unter anderem durch ›Wines of Moldavia‹, eine Exportgesellschaft, die der Holländer Joop van de Kant gründete) und des Wirkens bekannter französischer Önologen (zum Beispiel Jacques Lurton) sind immer noch zahlreiche Probleme zu meistern, bevor auch der europäische Markt für moldawischen Wein erschlossen werden kann.

Einzigartiger Romanesti

Auf der einstigen Domäne der Romanows schuf Stalin nach dem Anschluss Moldawiens an die Union Ende des Zweiten Weltkriegs den ersten ›Sowchos‹ nach sowjetischem Vorbild. Heute erstrecken sich die Weinberge der Domäne auf über 600 Hektar, angepflanzt werden die Rkatsiteli, eine lokale rote Rebsorte, und vor allem die einst von den Franzosen, Schweizern und Deutschen auf Bitte des Zaren eingeführten Sorten. Aber es werden auch internationale Sorten, wie andernorts im Land, so zum Beispiel Aligoté, Traminer, Pinot Noir (hier Pinot Franc genannt), Malbec, Merlot und Cabernet Sauvignon angebaut. Die letzten drei Sorten sind im Romanesti de Moldova vereint, dem bekanntesten Wein Moldawiens – und ohne Zweifel auch dem besten. Der Wein wird sicher noch von sich reden machen, wenn seine Qualität durch moderne Pressen, verbesserte Vinifikation und gute Eichenfässer erst einmal gestiegen ist.

Vor dem Reblausbefall wuchsen auf den moldawischen Bergen fast ausschließlich Hybridsorten. Nach der Umgestaltung der Weinberge ist das heute jedoch nicht mehr der Fall, da man vor allem auf gängige Sorten setzte. Man wollte aber auch einheimische Trauben wie Feteasca (Weißwein) (Traum der Jungfrau), Rkatsiteli und Saperavi (Rotwein) erhalten. In Moldawien werden sehr viele Schaumweine nach traditionellem Verfahren hergestellt, meist aus Riesling, Chardonnay, Aligoté und Pinot Noir. Auch Weine mit Alkoholzusatz werden nach der Solera-Methode erzeugt, die zur Herstellung aufgespriteter Weine, vor allem Sherry, angewandt wird.

Nach wie vor greift das alte sowjetische Weingesetz, doch für einige Weine hat Moldawien inzwischen eine AOC-Klassifizierung eingeführt.

Ukraine

Die einstige ›Kornkammer der Sowjetunion‹ hat eine Rebfläche von etwa 150 000 Hektar – dies ist rund ein Viertel der Gesamtrebfläche der einstigen Sowjetunion. Bereits die griechischen Kolonisten betrieben auf der Halbinsel Krim und an der gesamten Südküste Weinbau. Das Klima der Ukraine ist überwiegend kontinental geprägt, mit heißen Sommermonaten und strengen Wintern mit Minustemperaturen bis zu 30 °C. Die lößhaltigen Böden

Moldavien besitzt ein enormes Potential, das bereits von einigen ausländischen Investoren erkannt wurde. Eine solche Handlese in kleinen Kisten wird jedoch nur für seltenste Spitzenqualitäten praktiziert.

sind sehr fruchtbar. Zu den wichtigsten Rebsorten des Landes gehören Rkatsiteli, Aligoté, Cabernet Sauvignon, Saperavi, Riesling, Gewürztraminer und einheimische Trauben. Neben dem Ausbau von Stillweinen und berühmten Süßweinen hat auch die Schaumweinproduktion der Ukraine eine lange Tradition. Bedeutende Firmen wussten schon immer das Potential der Rebanlagen zu schätzen, und heute werden rund 50 Millionen Flaschen pro Jahr abgefüllt.

Einige Dessertweine der Kellerei Massandra, die auf der Krim gelagert wurden und im Besitz der russischen Zarenfamilie waren, ließen die Weinwelt 1990 bei einer Weinauktion aufhorchen. Die Kellerei wurde Ende des 19. Jahrhunderts gegründet und zählte damals zu den modernsten Betrieben ihrer Zeit. Die Weine waren ausschließlich für die Sommerresidenz des Zaren bestimmt. Nach wie vor kommen exzellente Dessertweine aus diesem Unternehmen.

Heute befindet sich in Jalta auf der Halbinsel auch die berühmteste Lehr- und Versuchsanstalt für Weinbau der gesamten GUS. Sie wurde bereits 1828 gegründet.

Russland

Im Süden des Landes, zwischen dem Schwarzen und dem Kaspischen Meer bis an den Rand des Kaukasus, wird Wein bereits seit mehr als 2 000 Jahren kultiviert. Nach dem Niedergang des Weinbaus während der Zarenzeit kam es vor allem während der Napoleonkriege zu einem Aufschwung der russischen Weinwirtschaft. Aber natürlich hatte auch hier die Antialkoholkampagne Michail Gorbatschows eine beträchtliche Auswirkung auf die Weinproduktion.

Die wichtigsten Anbaugebiete befinden sich in den Tälern und Hängen des Nordkaukasus, ein kleiner Teil auch in steileren Lagen. Sie sind in fünf Regionen untergliedert: Rostow im Mündungsdelta des Don um die Stadt Rostow, Krasnodar am Schwarzen Meer südlich der Stadt Krasnodar, Stawropol, Tschetscheno-Inguschien sowie Dagestan ganz im Osten des Kaukasus am Kaspischen Meer.

Auf den rund 110 000 Hektar Rebfläche ist eine große Vielfalt an Rebsorten zu finden, wobei die weiße Rkatsiteli-Traube zu den verbreitetsten zählt. Das Klima ist kontinental, und im eisigen Winter müssen ungünstig gelegene Rebanlagen vor der Kälte geschützt werden. Fast 90 Prozent des Weins werden nach wie vor von staatlichen Genossenschaften erzeugt.

Galina und Valentin sind stolz auf konkurrenzfähige Produkte.

Rechte Seite:
Die ausgedehnten Rebflächen werden maschinell geerntet.

Unten links:
Schaumweine gehören zu den bekanntesten und beliebtesten Exportprodukten.

Unten rechts:
Massandra auf der Krim ist bekannt für hervorragende Dessertweine.

MITTELMEERLÄNDER

Patrick Fiévez, Sabine Rumrich, Klaus Feiten, Michael Ben-Joseph

Die Mittelmeerländer

Weinberge in den Ländern am Mittelmeer haben oft ein sehr archaisches Aussehen.

In der Antike wurden in fast allen Länder, die an das Mittelmeer grenzten, Reben kultiviert und der erzeugte Wein, abgefüllt in Amphoren, über ein weit verzweigtes Handelsnetz, hauptsächlich über das Meer selbst, in nahezu jede Region der damals bekannten Welt versandt.

Als Ursprungsland des Weinbaus nimmt man die Gebiete des heutigen Georgien oder Armenien zwischen dem Kaspischen und dem Schwarzen Meer an. Von hier aus verbreitete sich der Anbau von Reben weiter westwärts bis nach Ägypten und zur Ägäis. Traubenfunde weisen darauf hin, dass es bereits Ende des 4. Jahrtausends v. Chr. Reben in Ägypten gegeben haben muss. Die dafür verwendeten Pflanzen stammten vermutlich aus dem Gebiet des ehemaligen Kanaan, womit ursprünglich wohl nur der phönizische und palästinische Küstenstreifen am Mittelmeer bezeichnet wurde, der schon seit frühster Zeit unter ägyptischem Einfluss stand. Bereits etwa 1000 v. Chr. gab es in Ägypten nachweislich den ersten Wein, der insbesondere bei Kulthandlungen als Trankopfer verwendet wurde. In Grabmalereien wird die Weinherstellung ausführlich dargestellt. Zentrum des Weinbaus war das Nildelta, erst im 4. Jahrhundert v. Chr. gelangte die Rebe nilaufwärts.

Noch etwa vor dem 2. Jahrtausend v. Chr. ließen sich im Raum der Ägäis die Vorfahren der Griechen nieder, des Volkes, das im Laufe der kommenden Jahrhunderte die europäische Weinwelt revolutionieren sollte. Man vermutet, dass bereits im 2. Jahrtausend v. Chr. auf Kreta Wein konsumiert wurde. Bei Ausgrabungen wurden Traubenreste entdeckt, und Malereien auf Keramiken zeigen, dass Wein auch bei religiösen Zeremonien verwandt wurde. Da die Minoer auf Kreta in engem Kontakt mit den Ägyptern standen, ist es durchaus möglich, dass sie von ihnen auch die Kunst des Weinbaus erlernt haben. Bewiesen ist die Präsenz des Weines aber während der nachfolgenden mykenischen Kultur in der Ägäis. In den mykenischen Palastanlagen fand man Traubenkerne, Vorratsgefäße mit Weinresten und ein Siegel mit eingeprägtem Weinlaub sowie schriftliche Hinweise auf Tontäfelchen, die Worte wie Wein und Weinberg enthalten. Ab dem 8. Jahrhundert vor Christus brachten die Griechen im Zuge ihrer Kolonisation viele Weinreben in den übrigen Mittelmeerraum, zunächst nach Sizilien und Italien, dann nach Südfrankreich und Spanien. Bald gab es auch hier einen ausgedehnten Weinbau und Weinhandel. In Südfrankreich wurden Weinamphoren gefunden, die aus der Hafenstadt Massalia (Marseille) stammten und den lebhaften Handel dieser um 600 v. Chr. auf heutigem französischem Boden gegründeten ersten griechischen Siedlung belegen.

Für die Griechen war Wein eng mit ihrem täglichen Leben und ihrer Kultur verbunden, und so war es selbstverständlich, dass Siedler Reben mit in die Länder nahmen, in denen auch Oliven und Feigen wuchsen. Neuesten Forschungen zufolge nutzten die griechischen Siedler aber nicht nur ihre mitgebrachten Stecklinge zum Anbau von Wein, sondern kreuzten sie vermutlich mit Wildreben, die sie auf italischem Boden und in den anderen kolonisierten Ländern vorfanden. Sie dachten zunächst nicht daran, dass Wein auch in nördlicheren Regionen gedeihen könnte.

Erst die Römer trugen die Kunst des Weinbaus ab dem 1. Jahrhundert v. Chr. schließlich in weitere Teile Europas. Mit der Eroberung von Gallien und Spanien und der Erschließung der Handelswege von Rom aus in diese Länder kam es zu weiteren Anbaugebieten entlang dieser Strecken. In dieser Zeit fanden vielfältige Experimente und Entwicklungen im Weinbau statt, da die Nachfrage sowohl nach Massenware als auch nach Spitzenprodukten enorm war. Nach dem Zusammenbruch des Römischen Reiches stagnierte die Entwicklung des Weinbaus rund um das Mittelmeer, doch Wein war auch weiterhin aus dem täglichen Leben nicht wegzudenken.

Nach der im 7. Jahrhundert einsetzenden islamischen Eroberung des nahezu gesamten südlichen und östlichen Mittelmeerraums bis nach Spanien wurde der Weinkonsum in den eroberten und zum größten Teil noch heute islamischen Ländern verboten. Reben wurden zwar nach wie vor ausgepflanzt, in erster Linie aber zur Erzeugung von Tafeltrauben oder wie im Spanien unter der Herrschaft der Mauren für medizinische Zwecke.

Im christlichen Mittelalter waren es in vielen Ländern vor allem die Klöster, die sich um die Kultivierung der Reben bemühten, auch um den für das Sakrament des Abendmahls benötigten Messwein zu erzeugen. Infolge eines Klimaanstiegs dehnte sich der Weinbau auch nach Norden aus.

Links:
Antikes Vinifikationsset auf Kreta: Auf der Steinplatte zertrat man die Trauben mit den Füßen; der Most rann zum Vergären in das ausgehauene Felsloch, das man mit der Platte abdichten konnte.

Rechts:
Die Klöster machten sich im Mittelalter um den Weinbau verdient.

In den unwegsamen Gebieten der Mittelmeerinseln wird die Lese oft noch mit Hilfe von Eseln und Maultieren eingebracht.

Die Reblauskatastrophe, die sich ab dem Ende des 19. Jahrhunderts ausdehnte, ging an den Mittelmeerländern nicht spurlos vorüber. Auch sie hatten mit den verheerenden Folgen zu kämpfen und konnten sich erst allmählich davon erholen.

Innerhalb einiger tausend Jahre haben sich in der Weinwelt rund ums Mittelmeer die Positionen verschoben: Hatten die Griechen einst die Vormachtstellung in Bezug auf Weinbau und Weinhandel inne, haben ihnen die westeuropäischen Mittelmeerländer heute den Rang abgelaufen. Während griechischer Wein sich seine Stellung im Exportmarkt erst wieder erkämpfen muss, zählen Frankreich und Italien zu den wichtigsten Weinerzeugerländern der Welt.

Griechenland

Das antike Hellas als Grundlage unserer westlichen Kultur und Zivilisation ist auch auf dem Gebiet des Weinbaus richtungweisend gewesen. Darauf weisen Berichte über modern anmutende Techniken im Rebbau und der Weinerzeugung hin. Auch heute noch ist man in den griechischen Anbaugebieten – die Hälfte der insgesamt 150 000 Hektar wird zur Erzeugung von Tafeltrauben genutzt – darauf bedacht, die große Sortenvielfalt zu erhalten. Allerdings sind auch hier internationale Rebsorten auf dem Vormarsch und drohen alte einheimische Sorten zu verdrängen.

Die Geschichte von Hellas ist untrennbar mit der Geschichte des Weinbaus in diesem Land verbunden, dem die Menschheit zahlreiche Errungenschaften verdankt. Für die Griechen war der Wein eine Erfindung und ein Geschenk des Gottes Dionysos, dem zum Teil orgiastische Kulte gewidmet wurden. Dichter, Philosophen und Künstler sangen Loblieder auf den Wein, wie Homer in seinen Epen ›Ilias‹ und ›Odyssee‹ oder Platon in zahlreichen seiner philosophischen Abhandlungen. Während der Herrschaft des Osmanischen Reiches kam der griechische Weinbau vollständig zum Erliegen. Und erst viele Jahrzehnte nach der Unabhängigkeit Griechenlands (1830) widmete man sich erneut dem Thema Wein als Wirtschaftsfaktor. Erst 1937 wurde das Weininstitut in Athen gegründet und noch bis zum Eintritt des Landes in die Europäische Gemeinschaft (1981) besaßen die Griechen kein gültiges Weinrecht. Dies erwies sich als großer Nachteil gegenüber anderen europäischen Weinländern wie Frankreich, Portugal, Spanien oder Italien. Dort erkannte man schon früh die Notwendigkeit, die Qualität der Weine zu sichern (nicht zuletzt durch die strikte Einschränkung der Produktionsmenge) und Bezeichnungen zu schützen. Griechenland kannte zwar bereits vor rund 3 500 Jahren unterschiedliche Arten des Rebschnitts und der Reberziehung in Abhängigkeit von Rebsorte und Boden, in Sachen Weinrecht musste man jedoch noch einiges lernen. Nach dem Beitritt in die EG, der heutigen EU, galt es, rasch ein Weinrecht nach den Vorgaben der europäischen Verordnungen einzuführen.

Griechenlands Weinbaugebiete ziehen sich von schroffen Gebirgen im Norden bis zu den Küstenregionen.

Die Rhoditis ist eine der wichtigsten Weißweinsorten.

Anbau und Klima

Zu Beginn des griechischen Weinanbaus befanden sich die Rebflächen vor allem in den Küstenregionen. Von dort aus eroberten sie nach und nach die Landschaften im Landesinneren, die vor allem im Norden, an der Grenze zu Bulgarien, in schroffe Gebirge übergehen. Teilweise ist Wein noch in Höhen von bis zu 1 000 Metern ü. M. anzutreffen. Auch in diesen Lagen bieten das mediterrane Klima mit heißen Sommern und milden Wintern sowie die Böden aus Kalk- und Vulkangestein ideale Wachstumsbedingungen. Es gibt allerdings zwischen den einzelnen Landesteilen große klimatische Unterschiede. Während es in den Gebirgslagen zuweilen so kühl ist, dass die Trauben nicht voll ausreifen können, ist es in der Ebene und auf den Inseln im Sommer so heiß, dass man mit der Ernte sehr früh beginnen muss. Ein Großteil der Anbaugebiete liegt jedoch in unmittelbarer Nähe des Meeres, wo der stets herrschende Wind ein wenig Abkühlung bringt. Zu einem großen Problem wird in jedem Jahr die lange anhaltende Trockenperiode. Die Bewässerung von Rebzeilen ist nur in neu angepflanzten Anlagen gestattet, sodass viele Reben während der Frühjahrs- und Sommermonate unter extremem Wassermangel zu leiden haben.

Der römische Dichter Vergil schrieb einst über griechische Weine, dass es einfacher wäre, »alle Sandkörner am Meer zu zählen, als alle Rebsorten zu benennen«. Und das gilt im Großen und Ganzen bis heute: In den Weinbergen findet man

Auf Kreta werden kleinere Probleme ganz ohne Hektik gelöst.

rund 300 verschiedene Rebsorten. Sie sind der ganze Stolz der Winzer und sind ein Zeichen für die Ursprünglichkeit ihrer Weine. Den meisten Weinliebhabern sind von dieser Vielfalt aber lediglich der Retsina sowie der Muscat aus Samos ein Begriff, jener große Aperitif und Dessertwein, der von den Griechen ebenso geschätzt wird wie von Reisenden, die das Land besuchen.

Wein ist für die Griechen ein Geschenk Gottes und der Stolz auch des kleinsten Erzeugers.

Rechte Seite:
›Avrio‹ – morgen – ein Wörtchen, das aus dem Alltagsleben Griechenlands nicht wegzudenken ist.

Die wichtigsten Weine

Für den Weinmarkt interessant sind rund zwei Dutzend Rebsorten, und selbst diese sind auf internationaler Ebene bis heute kaum bekannt.

- Zu den wichtigsten Weißweinen zählen Assyrtiko (Santorin, Athos), Vilana (Kreta), Robola (Kefallinia), Rhoditis (Makedonien, Thrakien, Peloponnes) und Retsina-Weine, Muscat und Savatiano (Retsina).
- Die bedeutendsten Rotweine sind Xynomavro (vor allem in Makedonien und Thrakien: Goumenissa, Naoussa), Agiorgitiko (auf dem Peloponnes tragen die Appellationen von Nemea den Beinamen ›Blut des Herakles‹), Mavrodaphne (süße Weine: Patras, Kefallinia, Achaia), Mandelaria (Paros, Kreta, Rhodos) und Limnio (eine sehr alte Rebsorte).

Zudem gibt es zahlreiche internationale Rebsorten, die im griechischen Weinbau von großer Bedeutung sind. Bei den Rotweinen gehören Cabernet Sauvignon, Cabernet Franc (zugelassen in der Appellation Côtes de Meliton) sowie Grenache und Syrah dazu. Unter den Weißweinen ist vor allem der Chardonnay bei den Winzern sehr beliebt. All diese Sorten werden entweder zu rebsortenreinen Weinen ausgebaut oder mit heimischen Trauben verschnitten.

Die Appellationen

Erst 1971 wurden in Griechenland kontrollierte Herkunftsbezeichnungen eingeführt, und seit der Mitgliedschaft in der Europäischen Gemeinschaft (später Europäische Union) existiert das noch heute gültige offizielle Weinrecht, das der europäischen Verordnung zur Definition der ›Qualitätsweine bestimmter Anbaugebiete‹ folgt. Zu dieser Kategorie gehören 19 Qualitätsweine (O.P.A.P.) und acht Qualitätslikörweine (O.P.E.), darunter alle Muscat-Weine (Muscat von Samos, Patras, Rhodos, Lemnos, Kefallinia). Neben diesen sehr aromatischen Weinen sind vor allem die in Makedonien und Thrakien produzierten Appellationsweine bekannt (Naoussa, Côtes de Meliton) sowie die Weine des Peloponnes (Nemea), von der Insel Kreta (Peza) und von den Kykladen (Paros, Santorini). Die Flaschenweine werden mit einem nummerierten Etikett versehen, das ihre Herkunft bezeugt. Einige der griechischen Qualitätsweine tragen die Bezeichnungen ›Réserve‹ und ›Grande Réserve‹. Diese gelten, sobald die Weine über einen bestimmten Zeitraum im Holzfass ausgebaut wurden. Die Réserve muss mindestens zwei (Weißweine) beziehungsweise drei Jahre (Rotweine) reifen. Bei ›Grand Réserve‹ sind für Weißweine mindestens drei Jahre, für Rotweine mindestens vier Jahre vorgeschrieben.

Neben der Bezeichnung Qualitätswein wurden die beiden Kategorien Landwein (›Topikos Oenos‹) und Tafelwein (›Epitrapezeos Oenos‹) eingeführt. Die Bezeichnung ›Cava‹ ist für gelagerte Tafelweine zulässig. Sie müssen mindestens zwei Jahre (Weißweine) beziehungsweise drei Jahre (Rotweine) im Keller des Erzeugers gereift sein. Als ›Vin de Pays‹ versteht man wie in Frankreich Weine mit festgelegter Herkunft und eingeschränktem Ertrag.

An der Spitze des Rotweinsortiments steht Xynomavro.

Retsina und Muscat

Griechenlands bekanntester Wein ist sicher der Retsina, dessen Geschichte sich bis in die Antike zurückverfolgen lässt. Schon damals hatte man erkannt, dass Wein durch Harzung haltbarer bleibt, zugleich aber auch seine Würze schätzen gelernt. Heute macht die Produktion von Retsina zehn Prozent der gesamten griechischen Weinerzeugung aus. Von der Europäischen Union wurde ihm die Kategorie ›Traditionelle Bezeichnung‹ zuerkannt. Retsina wird aus trockenem Weißwein (Tafelwein) der Rebsorten Savatiano und Rhoditis produziert, den man mit dem Harz der Aleppokiefer würzt, das meist von der Halbinsel Attika stammt. Attika, Böotien und Euböa sind die Hauptanbaugebiete dieses ebenso typischen wie beliebten Weins. In Cafés und Restaurants trinkt man ihn gerne als Aperitif oder zu den berühmten Meze, den Vorspeisentellern mit gefüllten Weinblättern, Tarama, Kalamaris und verschiedenen Salaten. In den letzten Jahren hat man versucht, das Image des Weines auch für das Ausland etwas zu verbessern, indem hochwertigere Retsinas auf den Markt gebracht wurden. Die Weine werden reduktiv ausgebaut, sind weniger alkoholisch als früher, und der Zusatz von Harz wird auf 100 Gramm pro Hektoliter begrenzt.

Der Retsina mit seiner herben Würze passt gut zur Landesküche.

Neben dem Retsina ist der Muskateller von der Insel Samos in der Agäis der bekannteste griechische Wein. Die Reben stehen auf terrassierten Steilhängen. Die spezielle Produktionsmethode ist seit der Antike bekannt, heute wird Retsina in unterschiedlichen Varianten angeboten. Es gibt ihn als Likörwein Samos Doux, als Samos Doux Naturel, bei dem die Gärung gestoppt wurde, und als Samos Nectar. Letzterer wird aus Trauben bereitet, die an der Sonne getrocknet wurden, und hat einen Alkoholgehalt von 15 Prozent.

Die Böden der Kykladeninsel Santorin sind Reste eines heute erloschenen Vulkans.

Die grossen Weinbaugebiete Griechenlands

Peloponnes

Der Kanal von Korinth trennt die Insel vom griechischen Festland. Der Peloponnes besitzt seit jeher große Weinberge, auf denen sowohl Trauben für die Weinbereitung als auch Trauben für die Erzeugung von Rosinen (zum Beispiel Sultanina und Korinthiaki) geerntet werden.

Böden und Klima der Insel im Westen Athens sind sehr abwechslungsreich. Das Tiefland liegt auf gleicher Höhe wie der Meeresspiegel und reicht bis an die hohen Gebirge im Landesinneren heran. Auch das Wetter unterscheidet sich in den einzelnen Inselteilen deutlich voneinander: Im Westen herrschen reiche Niederschläge, während der Osten den größten Teil des Jahres von Trockenheit gekennzeichnet ist. Die großen Weinberge dieser Region – mit Ausnahme von Nemea und Mantinia – finden sich entlang der Küste am Golf von Korinth und am Ionischen Meer in Höhen bis zu 450 Metern ü. M.

Der junge Nemea mit dem Beinamen ›Blut des Herakles‹ stammt aus der Rebsorte Agiorgitiko (hl. Georg), die man hier in einer Höhe von 250 bis 800 Metern ü. M. findet. Die Weine haben eine sehr dichte Farbe und lassen sich gut lagern. Die trockene, leichte und fruchtige Rebsorte Moshofilero wird für die weißen Mantinia-Weine verwendet und wächst in bergiger Landschaft bis auf 650 Metern Höhe. Der bekannte Mavrodaphne aus Patras, ein Wein mit viel Restsüße, ist ein kräftiger und öliger Wein mit Alkoholzusatz. Aus den gleichen Lagen in der Nähe von Patras stammt der weiße Muscat, ebenfalls ein Wein mit hoher Restsüße, der das außerordentliche Aroma dieser Rebsorte voll zur Geltung bringt. In der Umgebung der Stadt wird aus der alten und einst weit verbreiteten Rebsorte Rhoditis ein trockener und sehr leichter Weißwein produziert.

Kreta

Historiker sind der Ansicht, dass sich auf dieser Insel im Süden Griechenlands die ersten Weinberge des Mittelmeerraumes befanden. Fünf Monate lastet die drückende Sommerhitze auf der Insel, die über eine Besonderheit verfügt: Auf den kretischen Weinbergen stehen keine Rebstöcke mit amerikanischen Veredelungsunterlagen. Wie Chile und Zypern blieb auch die 350 Kilometer lange und 60 Kilometer breite Insel (bislang) von der Reblaus verschont, sodass es nicht notwendig war, Reben auf reblausresistente Unterlagen zu pfropfen. Als Appellationen sind hier Sitia, ein kräftiger Rotwein der Rebsorte Liatiko, die bis auf 600 Meter Höhe gut gedeiht, und Dafnes zu nennen. Bei Letzterem handelt es sich um einen Likörwein, in dem auch Anteile der Rebsorte Liatiko enthalten sind. Er erzählt zugleich die Geschichte des legendären und mythischen Malvasia, des ›Nektars der Götter‹, der einst in großen Bottichen im Palast von Minos produziert wurde. In den Appellationen Archanes und Peza produziert man rote Verschnittweine aus Kotsifali (mit kräftigem Bukett) und Mandelaria (in jungen Jahren von rubinroter Farbe). Die alte kretische Rebsorte Vilana dient in Peza auch zur Produktion von Weißweinen.

Mittelgriechenland und Euböa

Attika, Böotien und die Ägäis-Insel Euböa bilden aufgrund der einzigen Rebsorte Savatiano ein zusammenhängendes Anbaugebiet. Außerdem liefern die Regionen frischen Most an Gasthäuser und Restaurants in Athen, die daraus ihren eigenen Retsina herstellen. In der Gegend sind zudem leichte Weiß-, Rot- und Roséweine zu finden.

In den Côtes de Meliton, auf einer der drei Halbinseln von Chalkidike, in der Nähe von Porto-Carra, werden einige der besten Rotweine Griechenlands erzeugt.

In Griechenland ist wie in vielen Mittelmeerländern eine althergebrachte, kleinbäuerliche Winzertradition noch lebendig, die mit einfachsten Mitteln arbeitet.

Makedonien und Thrakien

Die Rotweine der beiden Regionen im Nordosten des Landes sind seit langem für ihre ausgezeichnete Qualität bekannt. Sie bringen bedeutende Appellationen wie Naoussa und Côtes de Meliton hervor. Das Klima im Norden Griechenlands unterscheidet sich grundlegend von dem im übrigen Land, und die Sonneneinstrahlung auf die nach Süden liegenden Hänge lässt die große rote Rebsorte der Gegend, den Xynomavro, hervorragend reifen.

Die Weinberge von Naoussa auf einer Höhe von rund 350 Metern ü. M. bieten ein gutes Beispiel für das Qualitätspotential dieser berühmten roten Traube. In jungen Jahren zeigt der Wein eine durchdringende Farbe und erreicht nach einigen Jahren Flaschenlagerung ein ausdrucksstarkes Bukett mit Kräuter-, Gewürz- und Balsamnoten, geschmacklich präsentiert er sich mit zurückhaltenden Gerbstoffen. Zusammen mit dem Negoska findet sich der Xynomavro in den beiden nördlichsten Appellationen des Landes, Goumenissa und Aminteon. Die beiden Rotweine sind jedoch nicht mit dem Körper der Naoussa-Weine ausgestattet.

Auf Sithonia, der mittleren der drei Halbinseln der Chalkidike, über dem malerischen Hafen Porto-Carras, werden in den Weinbergen der Côtes de Meliton die Rebsorten Cabernet Sauvignon und Cabernet Franc als AOC erzeugt. Daneben findet sich hier auch die Limnio-Traube. Die weißen Rebsorten Athiri, Assyrtiko und Rhoditis ergeben leichte und frische Weine.

Epirus

Die Weinberge von Metsovo im Nordwesten Griechenlands nahe der albanischen Grenze liegen in einer Gebirgsregion mit sehr kalten Wintern und sind oft monatelang mit Schnee bedeckt. Nach dem Reblausbefall wurden die Hänge mit Cabernet Sauvignon – in Griechenland noch eine Ausnahme – neu bepflanzt, woraus sehr kräftige Rotweine entstehen. In der gleichen Gegend produziert man aus der nur hier vorkommenden Sorte Debina, sie wächst in den Weinbergen von Zitsa auf rund 600 Metern Höhe, einen leichten und trockenen Weißwein, der perlt und zartsüß ausfällt.

Die Ionischen Inseln

Touristen sind die Inseln im Westen Griechenlands wohl bekannt, allen voran Korfu. Das milde Klima eignet sich hervorragend für den Anbau von Reben, zumal es ausreichend Niederschläge gibt. Die traditionelle Appellation der Inseln trägt den Namen Verdea und ist ein Weißwein, dessen Geschmack an Rancio erinnert. Auf der größten Insel Kefallinia ist der leichte Weißwein aus der berühmten Robola-Traube bemerkenswert, die auf dem trockenen und bergigen Gelände gut gedeiht. Die Rebsorten Mavrodaphne und Muscat liefern auch hier Likörweine und Weine mit hoher Restsüße. Rund um Lefkáda auf Lefkas wachsen auf Terrassen bis auf 800 Metern Höhe Vertzami-Trauben, die einen charaktervollen Rotwein mit dem Beinamen Santa Mavra (›gesunder Schwarzer‹) liefern.

Thessalien

In Thessalien werden große Mengen an Tafeltrauben kultiviert. Wie in vielen Gegenden Griechenlands finden sich aber auch hier unbekannte und einzigartige Rebsorten, deren Weine in der Region sehr geschätzt werden, zum Beispiel die Noir de Messenikola und die weiße Batiki-Traube. An der von Touristen stark frequentierten Küste der zentralgriechischen Region wird aus den Rebsorten Savatiano und Rhoditis der Nea Anchalios produziert sowie eine Reihe guter trockener Weißweine, die man am besten jung trinkt. An den Ausläufern des Olymp befinden sich in einer der bemerkenswertesten Landschaften des Landes die Weinberge von Rapsani. Hier entsteht aus Xynomavro, Krassato und Stavroto ein in jungen Jahren tiefroter Wein.

Inseln der östlichen Ägäis

Samos, Limnos, Lesbos und Chios sind ebenso bekannt wie sagenumwoben. Samos hat eine der bekanntesten Lagen Griechenlands. Das 2 300 Hektar große Anbaugebiet liefert einen der besten Muscat-Weine der Welt. Die Rebberge reichen von den Ebenen bis hinauf auf 300 Meter Höhe und bringen Trauben mit sehr unterschiedlichen Reifegraden hervor. Die Appellation Muscat von Samos darf nur aus Muscat Blanc à Petits Grains hergestellt werden, der 95 Prozent der Anbaufläche bedeckt. Die Weinberge sind häufig terrassenförmig und meist nur zweizeilig angelegt.
Die Vulkaninsel Limnos ist weniger bergig als Samos. Der Sage nach lebte hier Hephaistos, der Gott des Feuers und der Schmiede, der bei den Römern den Namen Vulcanus trug. Die auch auf dem griechischen Festland (Côtes de Meliton) weit verbreitete Rebsorte Limnio wurde bereits von Aristoteles gerühmt und ergibt einen recht angenehmen Rotwein. Wie auf Samos wird auch auf Limnos ein hervorragender Muscat produziert, allerdings aus der Sorte Muscat of Alexandria, der als trockene Variante sowie als Likörwein angeboten wird.

Kykladen

Auf den Inseln Paros und Santorin, dem antiken Thera, zwingt der oftmals starke Wind die Winzer zu einer sehr niedrigen Erziehung der Reben. In Santorin bildet der Stock eine Art Korb, eine ebenso originelle wie einzigartige Weise, die Trauben vor den heftigen Windböen zu schützen. Der Boden dieser wilden Vulkaninsel besteht aus Schiefer und Kalkstein. Die Weinberge trotzen der brennenden Sonne, indem sie die Feuchtigkeit der Nacht speichern. Das für die Insel typische Mikroklima lässt den Ausbau ausgezeichneter Weißweine der griechischen Rebsorte Assyrtiko zu. Der einst stark alkoholhaltige Weißwein aus Santorin, der heute zumeist ›modern‹ ausgebaut wird, weist ein ausgewogenes Verhältnis von Frucht, Alkohol und Säure auf. Auch ein Strohwein namens Liastos wird produziert, dessen Name auf das altgriechische Wort *helios* für Sonne zurückgeht. Auf Paros stellt man aus der Rebsorte Mandelaria einen Mistelle aus mit Alkohol verstärkter Maische her. Diese Rebsorte wird auch von vielen Wermut-Erzeugern auf der ganzen Welt geschätzt.

Dodekanes

Auf Rhodos, im äußersten Südwesten der Inselgruppe, ist man der alten Weinbautradition treu geblieben. Die Geschichte der Herkunftsbezeichnung soll sogar hier ihren Anfang genommen haben: Auf den aus Rhodos exportierten Weinamphoren war stets der Herkunftsort vermerkt.
Die Insel zeigt zwei unterschiedliche Landschaftsformen: Die eine besteht vornehmlich aus Sandböden, hat kaum Erhebungen und ist den heißen Winden aus Nordafrika ausgesetzt; die andere befindet sich auf Höhen bis über 1200 Meter ü. M. und ist die Heimat der weißen Athiri- und der roten Amorgiano-Traube, wie die Mandelaria hier genannt wird. Die Appellation ›Rhodos‹ bezieht sich auf diese Rebsorten und dieses Anbaugebiet. Die Weißweine sind in der Regel frisch und trocken, die Rotweine von milder Herbe und geschmeidig. Auch der berühmte süße Muscat von Rhodos wird hier produziert.

Folgende Seite:
Die wachsende Qualität der heutigen Weine bleibt Genießern natürlich nicht verborgen.

Das andere Gesicht des Weinlands Griechenland: modern-strukturierte, großflächige Rebanlagen mit internationalen Sorten

Ausgewählte Erzeuger in Griechenland

Boutari **–***
Thessaloniki
1,2 Millionen Kisten pro Jahr; Weine: weiße und rote Landweine, Néméa, Paros, Cava, Goumenissa, Naoussa; ›varietal selections‹ französischer und griechischer Rebsorten.
Das Haus des griechischen Weinproduzenten und Händlers Boutari mit der mehr als hundertjährigen Geschichte, die im mazedonischen Náousa begann, bietet klassische und modernere Weine an: interessante sortenreine Weine oder Verschnitte zweier Rebsorten (varietal selections). Bemerkenswert ist auch der Agiorgitiko, die andere große griechische Rotweintraube (aus der Appellation Nemea), der Moshofilero (eine weiße Traube aus der Appellation Mantania auf dem Peloponnes) sowie Verschnitte aus Rhoditis und Xynomavro (die weiße und rote Traube ergeben einen interessanten Weißwein) sowie Merlot und Xynomavro, die auf der Insel Santorin in einem hochmodernen Gärtank bereitet werden.

Domaine Carras ****
Thessaloniki
450 ha; Weine: →Château Carras. Rote und weiße Qualitätsweine des Anbaugebiets Côtes de Meliton (VQPRD); Athiri, Assyrtiko, Rhoditis, Sauvignon, Limnio, Cabernet Sauvignon, Cabernet Franc
Die Domaine Carras wurde vor 36 Jahren von John Carras gegründet und verfügt über 450 Hektar Rebfläche (auf insgesamt 1 800 Hektar Grund), die terrassenförmig am Ufer der Ägäis liegen. Auf dem riesigen Weingut werden neben einigen einheimischen Rebsorten (Limnio, Assyrtiko, Athiri, Rhoditis) auch andere, in Frankreich vor allem an der Rhône verbreitete Sorten verarbeitet, zum Beispiel Syrah und Cinsault. Auf den Terrassen über dem Meer übersteigen die Erträge selten mehr als 40 Hektoliter pro Hektar. Gelesen wird ausschließlich von Hand. Der Wein reift 18 bis 20 Monate in Fässern aus französischer Eiche und wird heute mit den großen drei Bordeaux-Sorten (Cabernet Sauvignon, Cabernet Franc, Merlot) und Limnio verschnitten. Bei den Weißweinen wird der Premiumwein des Gutes, der Melissanthi, aus den Rebsorten Assyrtiko und Athiri hergestellt. Der 1990 eingeführte Wein wird in Barriques aus französischer Eiche ausgebaut. Auch der Rotwein Limnio reift in Barriques aus französischer Eiche (6–12 Monate), enthält allerdings auch einen kleinen Anteil Cabernet Sauvignon. Die Domaine Carras ist der Vorreiter für moderne griechische Qualitätsweine und immer noch eine unumstrittene Referenz.

Domaine Gerovassiliou ****
Thessaloniki
12 ha; Weine: →Rotwein aus den Rebsorten Grenache und Petite Syrah, Assyrtiko, Malagouzia, Chardonnay, Assyrtiko
Dieses hervorragende Weingut gehört dem Agronom und Önologen Evangelos Gerovassiliou. Seine Weinberge, die in unmittelbarer Nähe zum Meer liegen, dürfen die Herkunftsbezeichnung ›Landwein aus Epanomi‹ führen. Er verwendet griechische und französische Rebsorten und hat sich eine moderne Kellerei eingerichtet; bemerkenswerter Rotwein, der zu den besten des Landes gehört.

Domaine Hatzimichalis **–****
Athen
70 ha; Weine: →Cabernet Sauvignon. Exklusive Tafelweine: Weißweine (Rhoditis, Robola, Sauvignon, Chardonnay) und Rotweine (Cabernet Sauvignon, Xinomavro, Limnio)

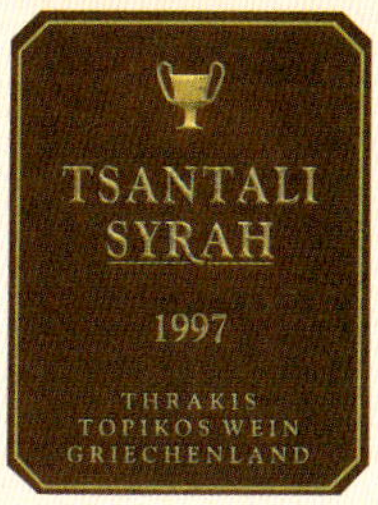

In der Nähe des Parnasses hat Dimitris Hatzimichalis traditionelle griechische und französische Rebsorten angepflanzt. 1982 kam der erste Cabernet Hatzimichalis auf den Markt und war ein voller Erfolg. Der Winzer ist vom griechischen Ursprung dieser Rebsorte, die heute auf der ganzen Welt angebaut wird und in seinem Land einst *kapnias* genannt wurde, überzeugt. Es werden aber auch exzellente Weine aus den großen traditionellen Sorten Griechenlands hergestellt.

Domaine Constantin Lazaridi ***
Adriani
40 ha; Weine: →Château Julia, Rotwein (Merlot) und Weißwein (Chardonnay); Landwein aus Dráma (Weißwein, Rosé und Rotwein); Sauvignon, Sémillon, Assyrtiko, Cabernet
Die mazedonische Domäne mit einer Rebfläche von etwa 100 ha bietet zwei verschiedene Linien von Wein an: Die erste trägt den Namen Amethystos (Rotwein, Weißwein, Rosé) und umfasst Weine aus einheimischen und französischen Rebsorten; die andere Linie heißt Château Julia und bietet sortenreine Weißweine (Chardonnay, Sémilon, Assyrtiko) und Rotweine (Merlot) an.

Domaine Merkouri ***
Peloponnes
50 ha; Weine: Landwein aus Letrinon (Refosco, Mavrodaphné)
An der Westküste des Peloponnes gelegen, bietet diese Domäne einen außergewöhnlichen Rotwein an, der zu 85 Prozent aus der italienischen Rebsorte Refosco bereitet wird. Einjähriger Barrique-Ausbau.

Domaine Spiropoulos *–***
Peloponnes
450 ha; 400 000 Fl. • Weine: u. a. →Orino, Mantinia: Reserve, Fumé; Meliasto; Porfyros; Ode Panos (Sekt)
Das ausgedehnte Gut auf dem östlichen Peloponnes begann 1993 seine Reben nach den Prinzipien des biologischen Anbaus zu kultivieren und pflanzte außer den einheimischen Sorten Moschofilero, Agiorgitiko und Lagorhi, Cabernet, Merlot, Chardonnay und Sauvignon, aus denen moderne, saubere, aromatische Weine erzeugt werden wie der weiße Orino oder der fruchtig-würzige Barrique-Rotwein Porfyros.

Semeli ***
Attika
Weine: →Château Semeli. Néméa, Tafelweine als Weißwein, Rosé und Rotwein (Agiorgitiko, Cabernet Sauvignon, Savatiano)
Anne und Georges Kokotos leiten das kleine attische Familienunternehmen. Das Schmuckstück unter den von ihnen bereiteten Weinen ist der →Château Semeli (10 ha), der aus 90 Prozent Cabernet Sauvignon und 10 Prozent Merlot verschnitten wird. Zweijähriger Ausbau in neuen französischen Eichenfässern.

Tsantalis **–***
Chalkidike
250 ha; Weine: →Rapsani epilegmenos; großes Angebot weißer und roter Qualitätsweine und Landweine; Assyrtiko, Sauvignon, Chardonnay, Athiri, Xinomavro, Syrah, Agiorgitiko, Merlot
Als größter Weinexporteur des Landes vertreibt das Haus Weine aus fast allen griechischen Anbaugebieten. Neben einem Basisangebot hat Tsantalis außerdem eine Premium-Reihe entwickelt, die einen interessanten →*Rapsani epilegmenos reserve* umfasst (zwölf Monate in französischen Fässern), der ausschließlich aus einheimischen Rebsorten bereitet wird.

Zypern und die Weine der Kreuzritter

Im südwestlichen Küstenstreifen wird – wie hier in Pafos – gemischte Landwirtschaft betrieben. Dazu gehört der Anbau von Tafeltrauben und die Erzeugung von Landwein.

Die Weinbautradition dieser Insel gehört zu den ältesten der Welt. Bodenmosaiken in Pafos an der Südwestküste Zyperns weisen darauf hin, dass bereits in der Antike hier Wein angebaut wurde. Zur Zeit der Kreuzritter erlebte der Weinbau eine neue Blütezeit. Nach dem englischen König Richard Löwenherz, der die Insel 1191 in Besitz nahm, setzten sich die Johanniter für die Verbreitung des Weinbaus ein. Zur Organisation ihres Ordens gehörten Kommenden, Güter mit Weinbergen, nach denen der berühmteste Wein benannt ist. Unter türkischer Ägide kam der Weinbau zwischen der Mitte des 16. und dem Ende des 19. Jahrhunderts fast vollständig zum Erliegen und wurde erst mit der Übernahme Zyperns durch England 1878 wieder aufgenommen.

Heute sind auf Zypern rund 30 000 Hektar Anbaufläche mit Weinreben bestockt (etwa 10 Prozent der gesamten landwirtschaftlichen Nutzfläche). Die Weinindustrie der Insel stellt einen bedeutenden Wirtschaftssektor dar: Fast 25 Prozent der Einwohner sind direkt oder indirekt in der Weinindustrie beschäftigt. Der Weinanbau konzentriert sich vor allem auf die Berghänge des Troodos-Gebirges zwischen 250 und 1300 Metern über dem Meeresspiegel. 90 Prozent der Traubenproduktion wandert in die Kellereien, der Rest ist für den Verzehr bestimmt.

Die Rebstöcke der Insel stehen nicht auf amerikanischen Unterlagsreben wie in den meisten Anbaugebieten der Welt, da Zypern von der Reblaus verschont blieb. Bei den hier kultivierten Sorten handelt es sich hauptsächlich (noch) um einheimische Trauben wie Mavro und Ophthalmo (rot), Xynisteri (weiß) sowie Muscat of Alexandria. Seit einigen Jahren halten auch auf der seit der türkischen Invasion 1974 geteilten Insel internationale Rebsorten Einzug. Der Wiederaufbau der zypriotischen Weinberge brachte die Einführung von Cabernet Sauvignon, Syrah, Carignan, Mourvèdre und Grenache mit sich. Letztere sind aber nur auf sieben Prozent der Flächen zu finden. Es ist zu hoffen, dass die Einführung dieser Rebsorten nicht die große Originalität der Inselproduktion an Wein infrage stellt.

Die Böden der Insel bestehen vor allem aus Kalkstein. Das mediterrane Klima mit den langen und sehr trockenen Sommern bringt erst in den milden Wintern die von den Winzern ersehnten Niederschläge. Dann verwandelt sich die ganze Insel in ein grünes Pflanzenmeer. Von der Weinblüte bis zur Traubenreife bleibt der Regen jedoch fast vollständig aus, die Sonne scheint an rund 330 Tagen im Jahr. Die Erntezeit erstreckt sich über mehr als zweieinhalb Monate, denn die Winzer beginnen mit der Lese bereits in der zweiten Augusthälfte und enden in den höheren Lagen regelmäßig Anfang November.

Erste Vorbereitungen für ein neues Weinjahr – Rebschnitt bei Tsada

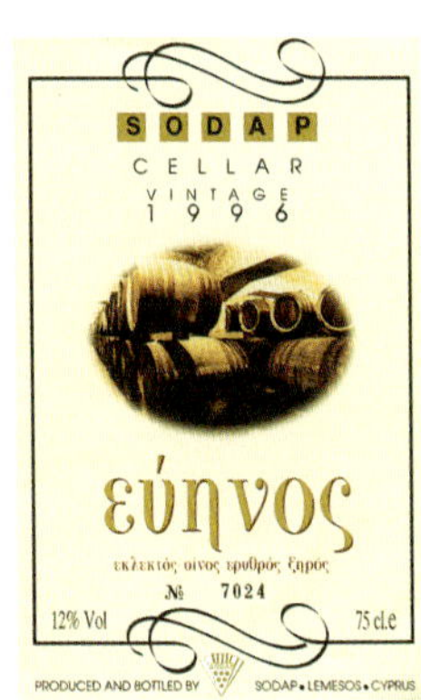

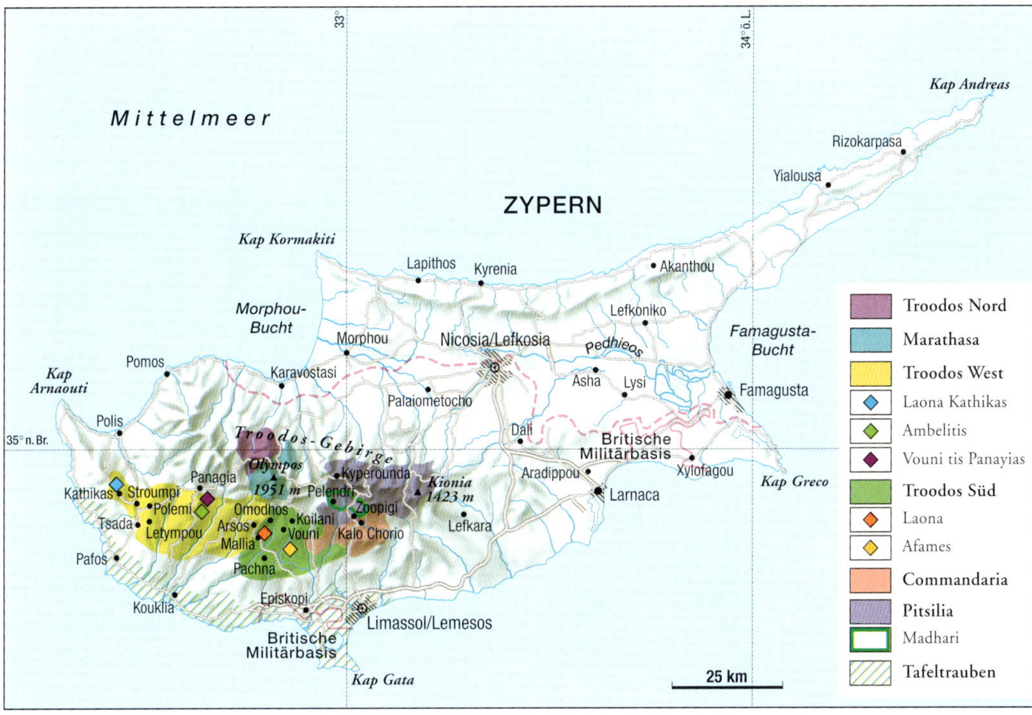

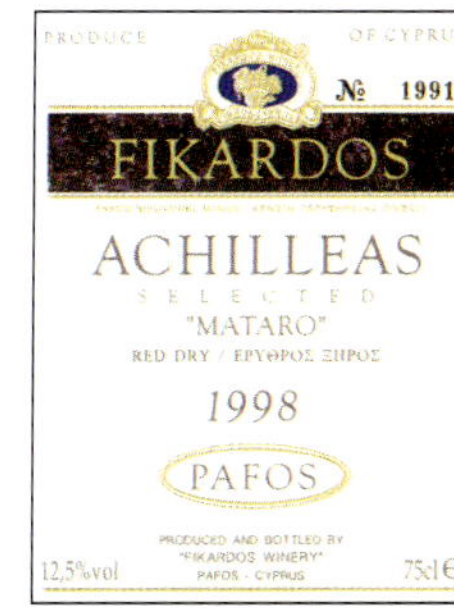

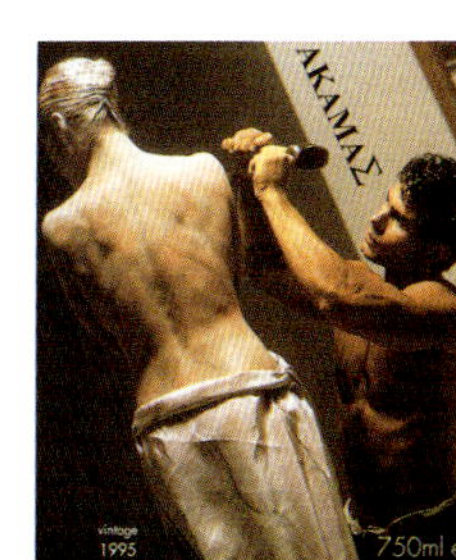

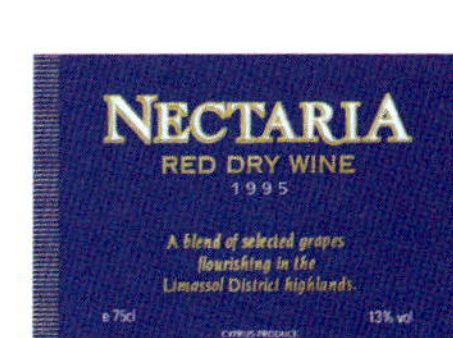

Die wichtigsten Weinkellereien

Die großen Kellereien der Insel haben sich alle in der Region um Limassol (Lemesos) angesiedelt. Sie befindet sich in unmittelbarer Nähe zu den wichtigsten Anbaugebieten und besitzt einen modern ausgestatteten Hafen. In den vier größten Kellereien Etko, Keo, Loel und Sodap werden rund 95 Prozent des gesamten Traubenmaterials der Insel verarbeitet.

Bereits seit 1844 wird bei Etko, der ältesten Kellerei Zyperns, Wein produziert. Von den jährlich rund elf Millionen Litern Wein werden drei Millionen in Flaschen abgefüllt, der Rest wird als Fassware weiterverkauft. Die Kellerei Keo, 1927 gegründet, ist vor allem für ihren Commandaria-Wein bekannt. Hier werden hauptsächlich heimische Rebsorten gekeltert. Bei Loel (gegr. 1943) experimentiert man auf 66 Hektar Rebfläche unter anderem mit internationalen Sorten wie Cabernet Sauvignon oder Riesling. Sodap, die jüngste Kellerei der Insel, wurde 1947 gegründet und hat heute Winzer aus 144 Dörfern unter Vertrag. Als einer der ersten Betriebe führte sie das Verfahren der Drucktankgärung ein, die es ermöglicht, den Gärvorgang exakt zu kontrollieren. In den vergangenen Jahren haben sich einige kleinere Betriebe hervorgetan, die qualitativ hochwertigen Wein in geringen Mengen produzieren. Zu den besten gehört die Fikardos Winery, die seit ihrer Gründung im Jahre 1988 ihr Produktionsvolumen auf 250 000 Flaschen pro Jahr steigern konnte. Das Traubenmaterial kommt Jahr für Jahr aus den selben Weinbergen, und einige Vertragswinzer konzentrieren sich auf ökologische Bewirtschaftung ihrer Rebflächen.

Die Weinlegende Commandaria

Handelt es sich wirklich um den ältesten, noch nach ursprünglichem Verfahren produzierten Wein der Welt? Auf alle Fälle schmeckte er schon Richard Löwenherz, der ihn während seines Aufenthalts auf Zypern erstmals trank und lieben lernte. Es soll sich um den Nachkommen des in der Antike als ›Nama‹ bezeichneten Strohweins handeln, dessen Beeren nach der Lese über Stroh getrocknet wurden. Der türkische Sultan Süleiman II. soll die Insel sogar nur deswegen erobert haben, weil er diesen Wein so liebte.

Heute wird der berühmte Commanderie St. John immer noch in den gleichen Dörfern erzeugt wie zur Zeit der Kreuzritter, und zwar in der Gegend um Limassol im Südwesten der Insel. Die Beeren von Mavro (rot) und Xynisteri (weiß) werden wie einst rund zehn Tage in der Sonne getrocknet. Nach einer sehr langsamen Gärung von zwei bis drei Monaten, ähnlich dem italienischen Vin Santo, lagert der Wein mindestens zwei Jahre in Holzfässern. Gemäß der tausend Jahre alten, *mana* genannten Methode befindet sich in diesen Fässern immer ein kleiner Rest älteren Weins, eine Variante der Solera-Methode, die zur Herstellung aufgespriteter Weine, vor allem Sherry, angewandt wird. Der Commandaria wird als Aperitif oder als Dessertwein serviert, ähnlich dem Sherry. Die 2 000 Hektar Rebfläche verteilen sich auf 14 Gemeinden. Seit dem 2. März 1990 gilt die geschützte Herkunftsbezeichnung *Appellation Contrôlée*, nach der Commandaria nur in bestimmten Gebieten produziert werden darf. Auch der Zeitpunkt von Ernte und Weiterverarbeitung im Keller sind exakt festgelegt.

Türkei

Auch zwischen den bizarren Felsformationen Kappadokiens wächst Wein – hier die Emir-Traube.

Über die Entstehung des Weinbaus in der Türkei im heutigen Verständnis gibt es nur Vermutungen. Doch die Forschung geht mit einiger Sicherheit davon aus, dass Teilregionen der Türkei in engem Zusammenhang mit den Ursprüngen des Anbaus der Kulturrebe *Vitis vinifera* stehen. Fundstücke aus der Zeit der Hethiter belegen, dass man in Anatolien um 4 000 v. Chr. bereits Wein kultiviert haben muss. Darstellungen, die bei Ausgrabungen der im 7. Jahrtausend v. Chr. erbauten Stadt Çatal Hüyük gefunden wurden, lassen sogar vermuten, dass Menschen schon zu dieser Zeit Wein aus Beeren herstellten, vermutlich Beeren des Zürgelbaums *(Celtis australis)*. Die von Griechen und Byzantinern fortgeführte Tradition der Weinherstellung wurde im Seldschuken- und Osmanenreich aufgrund des islamischen Alkoholverbots nicht intensiviert, von ethnischen Minderheiten jedoch weiterhin gepflegt. Die Zeit des modernen türkischen Weinbaus begann 1925. Unter der Herrschaft von Kemal Atatürk entstand in diesem Jahr die erste technisch fortgeschrittene Weinkellerei.

Heute besitzt die Türkei mit rund 650 000 Hektar die fünftgrößte Weinanbaufläche der Welt. Von den im Durchschnitt jährlich produzierten 3,5 Millionen Tonnen Trauben werden allerdings nur 2 bis 2,5 Prozent zu Wein weiterverarbeitet. Rund drei Prozent der restlichen Menge werden für Pekmez verwendet, einen zu Sirup eingedickten Traubenmost, und rund 20 Prozent zur Herstellung von Rosinen – die Türkei ist nach Kalifornien der zweitgrößte Rosinenproduzent der Welt. Rund 75 Prozent der Ernte gelangen als Tafeltrauben auf den Markt und machen die Türkei damit zum größten Erzeugerland in diesem Bereich.

Erste statistische Auswertungen zur türkischen Weinproduktion stammen aus dem Jahr 1928, als nach amtlichen Angaben 2 682 090 Liter Wein erzeugt wurden. Heute werden im Durchschnitt rund 60 Millionen Liter Wein gekeltert, wobei etwa ein Viertel davon in die Erzeugung von Alkohol und Raki, einem Anisschnaps, fließt.

Neben der staatlichen Alkohol- und Tabakmonopolgesellschaft Tekel, die rund 45 Prozent aller Weine herstellt und deren Privatisierung vorgesehen ist, existieren heute in der Türkei zahlreiche private Weinkellereien, von denen jedoch nur ein knappes Dutzend von größerer wirtschaftlicher Bedeutung ist.

Regionen und Rebsorten

Die Türkei ist eines der wenigen landwirtschaftlich autarken Länder der Welt. Besonders auffällig ist der klimatische Unterschied zwischen den landwirtschaftlich begünstigten, regenreichen

Randgebieten und dem trockenen Hinterland. Im Norden wird das Hochland durch den Pontischen Gebirgszug begrenzt, an dessen Nordhängen hohe Niederschläge und milde Temperaturen zur Ausbildung einer üppigen, feuchten Laubwaldzone geführt haben. Im Süden liegen die Bergketten des Taurusgebirges, in dessen Täler milde Seewinde vordringen können. An den zum Mittelmeer geneigten Gebirgsflanken weist die Vegetation subtropischen Charakter auf. In Thrakien, im Marmara-Gebiet und an der Ägäis herrscht mildes, mediterranes Klima.

In der Türkei sind nach Schätzungen heute zwischen 500 und 1000 verschiedene Rebsorten ausgepflanzt, von denen laut Altay Yavuzeser, einem türkischen Önologen, 130 näher beschrieben sind. Kultiviert werden davon rund 60 verschiedene, die zu Wein weiterverarbeitet oder als Tafeltrauben und Rosinen verkauft werden. Für die Weinerzeugung sind wiederum nur rund drei Dutzend von wirtschaftlicher Bedeutung.

Vor allem in Thrakien, im Marmaragebiet und an der Ägäis werden internationale Rebsorten verwendet, deren Anteil an der gesamten Rebfläche jedoch noch sehr gering ist. Nach wie vor spielen die autochthonen Reben als Grundlage für eigenständige Weine eine tragende Rolle in der türkischen Weinwirtschaft.

• Thrakien und Marmaragebiet: In dieser Region werden traditionell vor allem Cinsault, Gamay und die einheimische Rebe Papazkarasi für den Ausbau roter Weine kultiviert, für Weißwein hauptsächlich Sémillon. Thrakien und Marmara stehen mit rund 40 Prozent der türkischen Weinerzeugung an vorderster Stelle, dicht gefolgt von Mittelanatolien und der Ägäis. Von den 70 Produktionsbetrieben stehen sechs unter staatlicher Führung.

• Ägäis: Am ägäischen Meer dominieren Sorten, die als Tafeltrauben und zum Trocknen Verwendung finden. Nur 20 Prozent der Weinproduktion stammt aus dieser Region rund um Izmir. Kultiviert werden die weißen Sorten Sémillon, Colombard und zu einem ganz kleinen Anteil auch Chardonnay sowie die heimischen Varietäten Bornova Misketi, eine Muskatellertraube, und Sultaniye. Unter den roten Sorten findet man die heimische Çalkarasi sowie Cabernet Sauvignon, Carignan, Grenache, Merlot und Alicante Bouschet. Von den 20 Wein produzierenden Firmen befinden sich drei in staatlicher Hand.

Doluca – ein Hügel bei Mürefte am Marmarameer, nach dem sich der traditionsreiche Weinhersteller aus dieser Gegend benannt hat.

• Mittelmeer: In den Regionen am Mittelmeer spielt die Weinwirtschaft eine untergeordnete Rolle. Verbreitet sind Rebsorten wie Dökülgen (weiß) sowie Sergi Karasi und Burdur Dimrit (rot). Großen Marktanteil haben sehr früh reifende Tafeltrauben, die schon ab Mitte Juni angeboten werden.
• Schwarzmeergebiet: Die klimatischen Bedingungen setzen dem Weinbau hier enge Grenzen. Die in den Provinzen Tokat, Çorum und Amasya übliche Narince-Rebe ist ertragreich und bildet die Basis für Weißwein-Cuvées, in geringem Umfang werden auch andere heimische Sorten wie Öküzgözü und Bogazkere gezogen.
• Mittelanatolien: Hier wachsen vor allem einheimische Rebsorten. Unter den weißen Trauben findet sich in der Provinz Ankara die Sorte Hasandede, im Raum Nevsehir-Kayseri-Nigde, in der beeindruckenden Landschaft Kappadokien, wird die Emir-Traube angepflanzt, bei den roten Sorten Papazkarasi und Dimrit.
• Ostanatolien: Aufgrund des kühlen Gebirgsklimas wird hier wenig Wein erzeugt. Allerdings ist das ferne Ostanatolien das Hauptanbaugebiet der bedeutenden heimischen Sorten Öküzgözü und Bogazkere.
• Südostanatolien: Obwohl dieses Gebiet hinsichtlich Rebfläche und Traubenproduktionszahlen an erster Stelle in der Türkei steht, nimmt es in der Weinerzeugung nur den vierten Platz ein. Auch hier werden rote Sorten wie Öküzgözü und Bogazkere verwendet, und zwar in den Provinzen Gaziantep und Kilis, des Weiteren Horozkarasi und Sergi Karasi, als Weißweintrauben Dökülgen, Rumi und Kabarçik.

In Jahrhunderten hat sich wohl nur die Art der Tragekörbe geändert.

Anbieter und Weine

Das wichtigste alkoholische Getränk in der Türkei ist Raki, ein in zwei Destillationsvorgängen hergestellter Weinbrand aus vergorenen Trockenbeeren, dem bei der zweiten Destillation Anis zugesetzt wird. Während der mit Wasser verdünnt genossene Raki für viele Türken ein unverzichtbarer Begleiter der *mezeler*, der Vorspeisen, ist, findet der Wein erst allmählich Verbreitung.
Die Herstellung von Raki ist noch fest in der Hand des Monopolisten Tekel; bei Weinen bieten die Privatunternehmen inzwischen meistens die bessere Qualität. Die älteste private Weinkellerei der Türkei ist Doluca, 1926 in Mürefte am Marmarameer von Nihat Kutman gegründet. Doluca produziert heute rund sieben Millionen Liter Wein im Jahr, von denen etwa 20 Prozent in das europäische Ausland, nach Japan und in die USA exportiert werden. Das 1929 von Cenap And in Ankara gegründete Unternehmen Kavaklidere (›Pappeltal‹) erzeugt zehn Millionen Liter im Jahr, die Exportrate beträgt ebenfalls etwa 20 Prozent. An dritter und vierter Stelle liegen die Kellereien Sevilen in Izmir mit vier Millionen sowie Kutman in Istanbul mit zwei Millionen Litern Wein.
Bei Weingenießern in aller Welt haben die türkischen Rotweine in der Regel einen besseren Ruf als die Weißen, während im Land selbst bevorzugt Weißwein getrunken wird. So wurde Çankaya von Kavaklidere, eine Cuvée aus den Sorten Emir, Narince, Sémillon und Sultaniye, zum meistverkauften Wein in der Türkei. In die Kategorie der weißen Alltagsweine fällt auch Villa Doluca, der aus den Sorten Sultaniye und Sémillon komponiert ist. Trakya von Tekel, ein sortenreiner Sémillon, ist noch günstiger zu haben, dafür ist er aber auch deutlich rustikaler im Geschmack.
Nennenswerte Weine sind die Muskat-Weine von Kavaklidere und Sevilen, Nevsah von Doluca aus der Emir-Traube sowie der fruchtige Kimiz (18 Gramm Naturzucker pro Liter) von Kavaklidere, eine Cuvée aus Narince und Sultaniye, die neben Muskat und Emir als beste heimische Weißweinsorten gelten. Besonders reife Trauben der Sultaniye werden von Kavaklidere in einer lieblichen Variante (Sultaniye mit 34 Gramm Naturzucker pro Liter) sowie in der feinherben Variante Efsane angeboten.
Türkische Weißweine sind im Allgemeinen nicht zur längeren Lagerung bestimmt, doch in den gehobeneren Kategorien finden sich Cuvées aus den besten Trauben Anatoliens, Thrakiens und des Ägäisraums, die einiges Potential aufweisen. Solche Weine mit mehr Komplexität tragen meist die Zusatzbezeichnung *özel* (besonders).
Neuerdings experimentiert Doluca mit der Adaptation französischer Sorten. Auf der Gallipoli-

Die Türkei besitzt eine der größten Weinbauflächen der Welt. Allerdings sind die Trauben überwiegend – wie diejenigen auf dieser Traktorkolonne – zum Essen oder zur Rosinenherstellung bestimmt. Wein stößt jedoch im Tourismus und im Export auf steigendes Interesse.

Halbinsel wurden Chardonnay, Sauvignon Blanc, Cabernet Sauvignon und Merlot ausgepflanzt und unter dem Markennamen Sarafin zu sortenreinen Weinen verarbeitet. Einen Chardonnay von der Çesme-Halbinsel bietet Sevilen an.

Zu den beliebtesten Rotweinen der Türkei gehört Yakut von Kavaklidere, eine voluminöse, trockene, tanninarme Cuvée aus den Sorten Bogazkere, Öküzgözü, Carignan und Alicante Bouschet, die zu den Exportschlagern des Betriebes zählt.

Weitere Alltagsrotweine sind Villa Doluca, Dikmen von Kavaklidere, Kirmizi Sarap von Kutman oder Majestik von Sevilen, ein sortenreiner Carignan. Der auch außerhalb der Türkei bekannte Buzbag von Tekel ist eine Cuvée aus Bogazkere und Öküzgözü. Etwas teurer als diese Weine ist die Cuvée Sehrazat von Sevilen, eine vollmundige Mischung aus Carignan und Merlot.

Einer deutlich gehobeneren Kategorie – auch im Preis – gehören Rotweine an, die sich durch sorgfältige Traubenauswahl und besonderen Aufwand bei der Herstellung auszeichnen. So werden zum Beispiel die Cuvées Özel Kav und Antik Red von Doluca in Eichenfässern gelagert, um dort zur vollen Reife zu gelangen. Weitere Spitzenweine sind Özel Kirmizi, ein ägäischer Wein von Kavaklidere aus den Trauben Alicante Bouschet und Carignan, sowie Selection vom selben Erzeuger. Dieser Wein aus den ostanatolischen Trauben Bogazkere und Öküzgözü ist erst nach etwa sieben bis zehn Jahren Flaschenlagerung auf dem Höhepunkt seiner Entwicklung, auch seines Preises. Ein weiterer Topwein von Kavaklidere ist der nur in geringer Menge hergestellte Kalecik Karasi, ein sortenreiner Wein aus Zentralanatolien.

Rosé-Weine gibt es von verschiedenen Herstellern. So bietet beispielsweise Kavaklidere aus der im Ägäisgebiet kultivierten Çalkarasi-Traube den trockenen Lal sowie den halbtrockenen Rosato (18 Gramm Zucker pro Liter) an.

Darüber hinaus wird in der Türkei recht guter weißer und roter Primeur hergestellt. Beliebt sind auch der Schaumwein Altin Köpük sowie die Perlweine Pembe Köpük (Rosé) und Inci Damlasi von Kavaklidere. Die türkischen Weinkonsumenten bevorzugen süße Weine, die man an der Bezeichnung *sarap* auf dem Etikett erkennen kann. Unter den Süßweinen der gehobenen Kategorie sind vor allem Tatli Sert (rot und weiß) von Kavaklidere oder Harmandali (aus der Muskat-Traube) von Sevilen erwähnenswert, die sich sowohl als Aperitif als auch zum Dessert eignen.

Ausblick

Der Pro-Kopf-Verbrauch liegt in der Türkei derzeit bei weniger als einem Liter Wein. Der Grund für diesen geringen Konsum liegt einerseits in der Tatsache, dass Wein relativ teuer ist, Ende 1999 betrug die für Wein erhobene Steuer 69 Prozent, zum anderen darin, dass dieser Genuss vor allem den westlich orientierten Bevölkerungsschichten vorbehalten bleibt. Dennoch lässt sich beim Weinkonsum allmählich eine steigende Tendenz feststellen, wobei Qualitätszunahme und wachsendes Interesse der Konsumenten Hand in Hand gehen. So haben die großen Unternehmen in den letzten Jahren beträchtliche Summen in moderne Kellertechnik investiert. Im Zuge dessen werden viele der bis dahin gebräuchlichen Betontanks durch Edelstahltanks ersetzt und moderne Ausbaumethoden eingeführt.

Die türkische Weinerzeugung ist in einer Phase des hoffnungsvollen Aufbruchs – auch was die Adaptationsversuche ausländischer Rebsorten betrifft, die vorerst nur geringe Mengen von Wein liefern. Wenn der in langen Jahren entstandene technologische Rückstand weiterhin schnell und konsequent aufgeholt wird, kann man sich auf die Zukunft des türkischen Weins freuen.

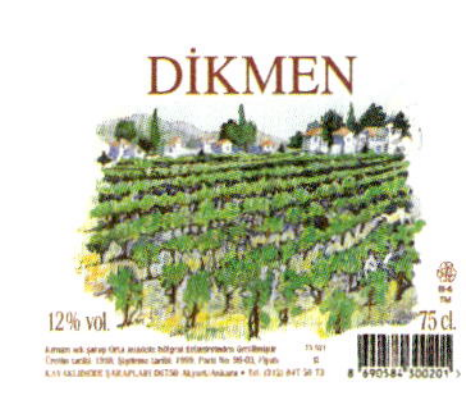

Libanon

Der Libanon gehört zu den ältesten Weinanbaugebieten der Welt. Ausgrabungen in der Stadt Byblos bezeugen, dass es hier bereits vor 5 000 Jahren Weinbau gegeben haben muss. Die ersten Reben zur Weinerzeugung wurden wahrscheinlich von den Handel treibenden Phöniziern ins Land gebracht, deren Herrschaft von 1200 bis etwa 330 v. Chr. dauerte.

Das Zentrum der heutigen Weinwirtschaft befindet sich in der Nähe von Baalbek, der besonders in der römischen Antike blühenden Stadt, in der ein aus dem 2. Jahrhundert n. Chr. stammender Bacchus-Tempel die Bedeutung des Weins und Weinbaus in damaliger Zeit erahnen lässt. Auch im Mittelalter waren die Weine Libanons äußerst beliebt, und das nicht nur im eigenen Land. In allen europäischen Staaten wurden Weine aus Tyros oder Sidon getrunken, die venezianische Kaufleute exportiert hatten – das Gebiet des heutigen Libanon war damals längere Zeit über im Besitz der Venezianer.

Das Bekaa-Tal mit der Stadt Baalbek als Mittelpunkt bildet das heutige Zentrum des libanesischen Weinbaus, während Trauben, die zum Verzehr gedacht sind, auch in der Ebene kultiviert werden. Die Hänge des Bekaa-Tals sind bis zu 1 000 Meter Höhe mit Reben bepflanzt, wofür die klimatischen Voraussetzungen geradezu ideal sind: Die Sonne scheint an rund 300 Tagen im Jahr, und das nahe Mittelmeer wirkt als Temperaturregler. Die Nächte in den höheren Lagen sind sogar ausgesprochen kühl, und es gibt ausreichend Niederschlag, sodass die Trauben voll ausreifen können, bevor sie geerntet werden. Drahtrahmenerziehung findet man noch selten, die meisten Reben wachsen als niedrige Büsche und brauchen wenig Pflege.

■ 1 Château Musar
■ 2 Fakra
■ 3 Ksara
■ 4 Clos St. Thomas
■ 5 Château Kefraya

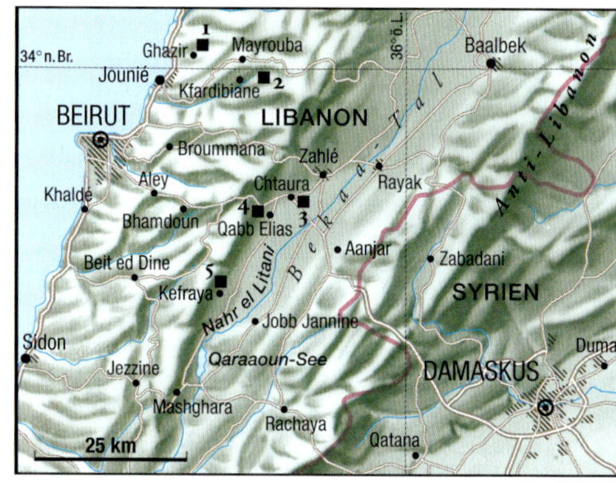

Rechte Seite, unten links: Cabernet Sauvignon ist ohne Frage die beste Traube des Libanons.

Rechte Seite, unten rechts: Der große Pionier des modernen libanesischen Weinbaus: Serge Hochar von Château Musar

Ksara, das älteste und einst von Mönchen gegründete Weingut im Bekaa-Tal, bietet eine breite Weinpalette, von der die Roten das höchste Niveau erreichen.

Bis zum Beginn der 1980er Jahre war die Nachfrage nach Wein auch im eigenen Land ausgesprochen hoch. Mit Beginn des Libanon-Krieges ging der Konsum jedoch schlagartig zurück, und die meisten Weingüter konnten während dieser Zeit einige Ernten nicht einbringen. Ausnahme ist Château Musar, das als einziges Weingut des Landes nur im Jahre 1984 auf die Ernte verzichten musste. Die meisten Reben, die während des Krieges angepflanzt wurden, wurden zur Produktion von Tafeltrauben genutzt oder zur Herstellung des Nationalgetränks Arrak, einem Schnaps mit Anisgeschmack, der auch während des Krieges reißenden Absatz fand.

Die Rebfläche beträgt heute etwa 27 000 Hektar, vom Jahresertrag werden rund 300 000 Hektoliter für die Weinerzeugung verwendet, der Rest kommt als Tafeltrauben auf den Markt.

Die vorherrschenden Rebsorten orientieren sich vornehmlich am Vorbild französischer Weinbaugebiete, denn von 1920 bis 1946 war der Libanon französisches Mandatsgebiet. In dieser Zeit wurden viele der heute noch in Ertrag stehenden Reben gepflanzt. Vorherrschend sind vor allem rote Sorten wie Cinsault, Carignan, Mourvèdre, Grenache und Alicante, dazu kommen Cabernet Sauvignon und Syrah. Cuvées mit Cabernet Sauvignon sind die Spezialität des berühmten Weinguts Château Musar in Ghazir, sie werden seit Mitte der 1950er Jahre in Holzfässern aus französischer Eiche ausgebaut. Die Weine präsentieren sich schwer und wuchtig mit ausgesprochen schöner Frucht und Würze. Vielfach werden sie als eine Mischung aus Bordeaux- und Rhône-Weinen bezeichnet mit einer leicht exotischen Anmutung.

Vergleiche mit großen Gewächsen wie dem australischen Spitzenwein Penfolds Grange zeigen ihren hohen Stellenwert.
Bei den Weißweinsorten sind vor allem Sauvignon Blanc, Ugni Blanc, Sémillon und Chardonnay beliebt. Dazu kommt eine Vielzahl lokaler Reben wie Merweh oder Meroué (beide weiß).

Die wichtigsten libanesischen Weingüter

Château Musar, das 120-Hektar-Weingut nördlich von Beirut, wurde 1930 von Gaston Hochar gegründet und avancierte 1979 nach einer sensationellen Vergleichsverkostung zum Star der heimischen Weinwirtschaft. Heute stehen die Produkte des Sohnes Serge stellvertretend für den libanesischen Wein.
Er keltert vor allem die traditionellen Sorten Cabernet Sauvignon und Cinsault, aber auch weiße Sorten wie Obaideh (Chardonnay) und Merweh nach französischem Vorbild – Serge Hochar wurde in Bordeaux zum Önologen ausgebildet –, wobei auf Klären der Moste und Filtrieren verzichtet wird. Die ersten Versuche des Weinguts mit dem Ausbau in Holzfässern entstanden mit Unterstützung der Bordelaiser Familie Barton Mitte der 1950er Jahre. Der Spitzenbetrieb hat sich im Laufe der letzten Jahre auch mit seinen opulenten, im Eichenfass gereiften Weißen einen Namen gemacht. Rund 95 Prozent aller bei Château Musar erzeugten Gewächse gelangen in den Export. Serge Hochar rät dazu, seine Weine unbedingt einige Jahre im Keller zu lagern, bevor man sie öffnet. Im Idealfall offenbaren sie dem Weinliebhaber erst nach 15 Jahren ihren wahren Trinkgenuss.

Über 1000 Meter steigen die Hänge über dem Bekaa-Tal an. Hier finden vor allem rote Sorten in einem temperierten Klima ideale Bedingungen und liefern ausgewogene, erstaunlich lagerfähige Weine.

Das zweitbeste Weingut des Landes, Château Kefraya, hat in den 1990er Jahren Anschluss an Château Musar gefunden. Seine Weine gelten mittlerweile als fast ebenbürtig. Auf 300 Hektar gedeihen an den Hängen des Barouk, eines Berges im Bekaa-Tal, auf 1000 Metern Höhe Cabernet Sauvignon, Cinsault, Carignan, Syrah, Grenache, Mourvèdre, Clairette, Bourboulenc, Chardonnay und Viognier. Die Trauben gelangen nach der Ernte auf direktem Weg in das in der Nähe gelegene Weingut, und man muss sie nicht wie bei Château Musar erst mit dem Lastwagen über das Gebirge bis in den Norden von Beirut transportieren, um sie in der Kellerei weiterverarbeiten zu können.
Das Traditionsunternehmen Ksara in der Nähe der Stadt Chtauradas, das in heutiger Form seit 1857 besteht, hat Rebflächen auf 320 Hektar in unterschiedlichsten Lagen der Region Bekaa und produziert daraus probierenswerte Weine. Vor allem die Gewächse aus den Sorten Sauvignon Blanc, Chardonnay, Grenache und Cabernet Sauvignon konnten bei diversen internationalen Vergleichsproben hohe Auszeichnungen erzielen. Neben diesen drei großen Gütern des Landes sind auch Clos St. Thomas und Château du Grand Seigneur (Fakra) auf gutem Weg, die internationale Weinwelt zu erobern.

Israel

Bei Ausgrabungen werden immer wieder Hinweise auf die uralte Weingeschichte des Landes gefunden.

Das Israel der biblischen Zeiten wird von Archäologen wie Historikern als »die Wiege der Reben und Weine« betrachtet, als Ursprung einer Weinindustrie, die auch in griechischen und römischen Kreisen viel gerühmt war. Das Wort ›Wein‹ wird in der Bibel 207-mal, ›Rebe oder Weinstock‹ 62-mal, ›Weinberg oder Weingarten‹ 92-mal und ›Weinpresse oder Kelter‹ 15-mal erwähnt, stets wurden religiöse Vorstellungen mit Begriffen des Weinbaus und der -ernte veranschaulicht, und seit je wurde Wein bei den Hebräern für religiöse Rituale verwandt, von der Geburt über die Bar-Mizwa bis zur Eheschließung, zu Ehren des Sabbats, des Passah-Festes, zur Feier von Purim und des Neujahrsfestes, bis hin zur Trauerfeier nach einem Begräbnis, wo der Kelch des Trostes aus zehn Gläsern Wein besteht.

Die erste schriftlich belegte Weinkellerei der Neuzeit wurde 1848 in Jerusalem von Rabbi Shore gegründet, und 1870 richtete man in Miqve Israel die erste jüdische Landwirtschaftsschule im europäischen Stil ein, die dem modernen Weinbau den Weg ebnen sollte. Den entscheidenden Schritt tat jedoch 1882 ›Hanadiv‹ (der Wohltäter) Baron Edmond de Rothschild, Besitzer des berühmten Weinguts Château Lafite in Bordeaux.

Die Geschichte des Weingutes Carmel, dessen jährliche Produktion derzeit 20 Millionen Flaschen übersteigt, ist auch die Geschichte der Verbindung der Familie Rothschild zum Land Israel. Sie setzt 1882 in Rishon-Le-Zion ein, einer der frühen jüdischen Kolonien in Palästina, die Baron Edmond de Rothschild finanziell unterstützte. Man erstellte erste Entwürfe für eine Weinkellerei und begann umgehend mit dem Bau. Im ganzen Land gab es kein einziges Gebäude, das auch nur annähernd ihre Ausmaße besaß. Als dem türkischen Sultan zu Ohren kam, dass Rothschild eine ›Festung‹ baue, um Palästina von den Türken zu befreien, wurden die Arbeiten sofort eingestellt. Bis heute ist nicht vollständig geklärt, was den Sultan letzten Endes von den guten Absichten des Barons überzeugte: eine üppige Bestechungssumme oder das feierliche Versprechen des Barons, Palästina nicht zu erobern.

Innerhalb relativ kurzer Zeit entwickelte sich die israelische Weinindustrie vom Produzenten einfacher, süßer Opferweine (Kiddusch-Weine) zu einem angesehenen Mitbewerber am internationalen Weinmarkt. Anbau und Lese werden heute professionell nach neuesten wissenschaftlichen Erkenntnissen durchgeführt. Tanks aus rostfreiem Edelstahl haben die Betonbehälter ersetzt, und computergesteuerte Gärführung ist eine Selbstverständlichkeit. Immer öfter kommen auch französische und amerikanische Eichenfässer zum Einsatz. Und schließlich ermöglicht automatisierte Abfüllung die schnellere Fertigstellung einer größeren Menge von Flaschen.

Unten links und rechts: Mit Hilfe Baron Rothschilds wurde 1882 eine Musterkellerei errichtet.

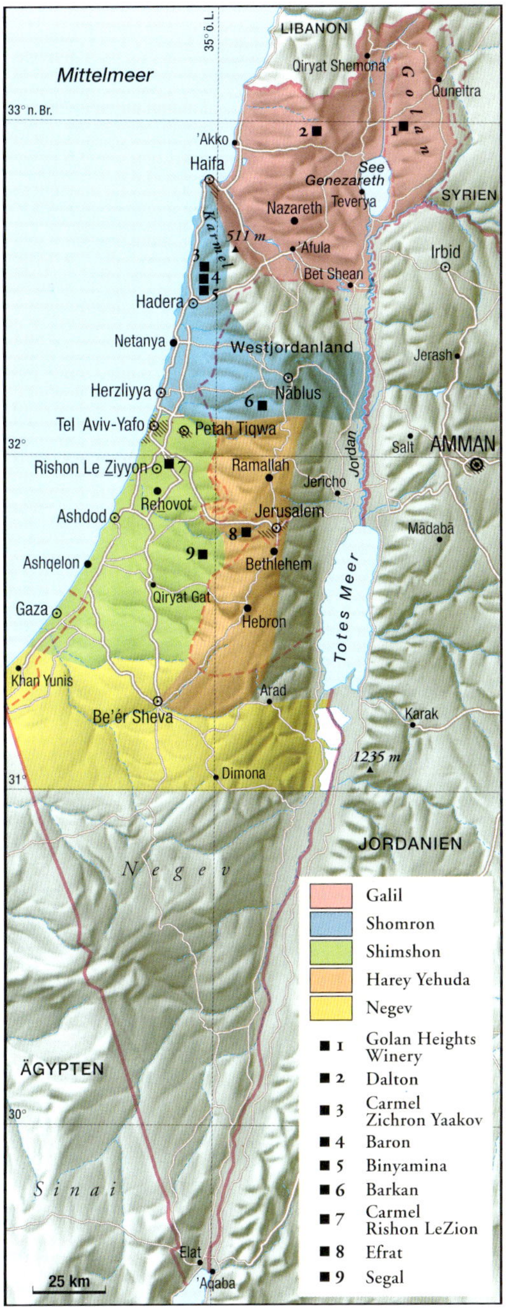

Geschichte und Geografie

Im Altertum lag Israel an der ›historischen Traubenstraße‹, der späteren Weinstraße von Mesopotamien nach Ägypten. Ein langer, schiffbarer Küstenstreifen mit leicht zu erreichenden Häfen verhalf dem Weinhandel hier zur Blüte. Auch das relativ milde Klima dieser Gegend und der offene Zugang vom Inland zum Meer spielten eine entscheidende Rolle.

Die Hebräer beschränkten sich zunächst mit dem Anbau und der Herstellung von Weinen, später begannen sie auch mit dem Weinhandel. Die für den Weinbau geeigneten Flächen erstreckten sich von den Golan-Höhen und den Gebirgszügen Galiläas im Norden bis nach Ber-Schewa und Arad im Süden. Versuchsweise wurden vor einiger Zeit noch weiter südlich Weinberge angelegt, und zwar auf der Hochebene von Mizpe Ramon. Darüber hinaus werden Reben auch in Neot Semadar kultiviert, einem mitten in der Wüste gelegenen Kibbuz, etwa 50 Kilometer nördlich von Eilat.

Israel ist mit relativ mildem Klima gesegnet, das nur zwei Jahreszeiten kennt: einen langen, trockenen Sommer ohne einen Tropfen Regen und einen kurzen, regenreichen Winter mit einer durchschnittlichen Niederschlagsmenge von 500 Millimetern. Der größte Teil des Regens fällt in der nördlichen Landeshälfte. Ramot Naftaly, einer der besten Weinberge für Cabernet Sauvignon, erhält jährlich sogar 900 Millimeter Niederschlag. Die Weinbauern im Süden haben das besondere Klima der trockenen Wüstenregion zu ihrem Vorteil genutzt. Zum einen begünstigen die großen Temperaturunterschiede zwischen Tag und Nacht die Bewahrung des Säuregrads in den Trauben, zum anderen verhindert die Trockenheit die Bildung vieler Krankheiten, die Weinstöcke und

Vom Lieferanten einfacher Opferweine zum ernsthaften Konkurrenten am Weltmarkt

Eine Weinbereitungsanlage aus der Antike, wie sie zu Tausenden überall im heutigen Israel zu besichtigen sind. Sie bezeugen, dass seit 3000 v.Chr. zwischen den Golanhöhen und der Negev-Wüste Wein gekeltert wird.

Trauben in feuchterem Klima befallen können. Alle Weinberge sind mit Bewässerungssystemen auf dem neuesten Stand der Technik ausgerüstet. Israels Weinbergböden unterscheiden sich bezüglich Lage, Topografie und Ursprung: Kalkgestein, das sich in Seen ablagerte, Mergel oder andere Sedimente wie harte Dolomite bieten die Grundlage für die roten bis grauen Böden, die in den Judäischen Bergen um Massua, in Galiläa am Berg Tabor und in der Gebirgskette vom Berg Karmel bis nach Zichron Jaakov zu finden sind. Basaltische Eruptionen und Lavaströme führten zur Bildung einer großen Bandbreite an Basalttonen und Tuffsteinböden, die weite Gebiete im unteren und oberen Galiläa und den größten Teil der Golan-Höhen kennzeichnen. Marine Sedimente und Erosion durch Auswaschungen formten die Lehmböden in der Küstenebene, am Fuße von Erhebungen (Latroun, Gezer Saidun, Givat Ada) sowie in den hügeligen Tälern, die sich im unteren Bereich der Gebirgsketten finden, während äolische Ablagerungen die mit Schwemmsand durchsetzten Lößböden im Negev (um Ramat Arad) bestimmen. Typisch für die Täler in den Judäischen Bergen von Samaria bis nach Galiläa und die Täler vom Berg Karmel bis nach Zichron Jaakov sind einerseits Ton- und Mergelböden, andererseits schwere Lehmböden, die durch Anschwemmungen und Erosion entstanden und mitunter nicht dräniert sind.

Ed Salzberg, Winemaker von Barkan, der zweitgrößten israelischen Kellerei

Israels beliebteste Trauben

»Vor zwei Jahren kostete ich israelischen Wein, und ich war beeindruckt.« Robert Mondavi, schon zu Lebzeiten legendärer Weinmacher, fand beim Golan Heights Wine Seminar aber noch mehr lobende Worte für Israels Weine: »Wie schafft man es nur, einen so außergewöhnlichen Wein in diesem heißen Klima zu produzieren?« Die Vorstellung, dass gute Rebsorten in warmen Ländern nicht gedeihen können, ist ein Vorurteil, Israel mit seinem mediterranen Klima beweist gerade das Gegenteil.

Von den klassischen roten Sorten werden in Israel vor allem Cabernet Sauvignon und Merlot kultiviert, von den weißen Chardonnay und Sauvignon Blanc. Der weiße Emerald Riesling hat nur lokale Bedeutung. Cabernet Sauvignon ist der unumstrittene Favorit unter den roten Sorten, da er am besten altert und reift. Die Merlot-Rebe ist in Israel relativ neu, und Merlot-Weine liegen voll im Trend. Sie werden in großen Mengen produziert und verkauft. Dank ihrer weichen Textur und ihres sanften Geschmacks sind sie äußerst begehrt. Israelischer Chardonnay besitzt das, was die Franzosen als ›couleur locale‹ bezeichnen, einen gebietsbezogenen Charakter mit einem ganz eigenständigen Geschmack, der nicht nur typisch für das jeweilige Anbaugebiet ist, sondern sogar eine Unterscheidung der einzelnen Weinberge zulässt. Im Gegensatz zu anderen Rebsorten weist der Chardonnay keinen einheitlichen Stil auf. Die Unterschiede werden durch den Boden, das Klima, die Herkunft der Reben und durch den Kellermeister geprägt. Die Chardonnay-Traube ist auch Basis des Blanc de Blancs. Die Kellereien Golan Heights und Baron produzieren einige überaus achtbare Schaumweine, die nach der französischen *méthode champenoise,* also nach traditionellem Flaschengärverfahren des Champagner, hergestellt werden.

Der Sauvignon Blanc wird verstärkt kultiviert, da die Israelis zusehends Gefallen an trockenen Weißweinen finden. Die Sorte ist sehr empfindlich in Bezug auf Überreife; der Zeitpunkt der Lese sollte daher exakt geplant werden, um nicht die notwendige Säure einzubüßen und damit auch

Links:,
Professor Roy Spiegel mit der neuen Rebkreuzung Argaman

Rechts:
Ely Ben Zaken gründete eine der erfolgreichsten und besten Boutique-Wineries, die Domaine du Castel.

das besondere Aroma. Schon ein einziger Tag zu viel kann einen guten Sauvignon Blanc in einen wässrigen, unaromatischen und faden Wein verwandeln. Wenn er gelingt, erhält man einen erfrischenden Wein mit klarer Säure und einem Aroma, das an Zitronen, Limonen und grünes Gras erinnert. Er passt ausgezeichnet zu kalten israelischen Gerichten.
Der Emerald Riesling ist der beliebteste Wein Israels. Jedes Restaurant bietet die Sorte an, zu jedem Gericht und zu jeder Tageszeit. Die Rebe ist eine Kreuzung zwischen Muscadelle und Riesling, eine relativ neue Sorte, die Professor Harold Olmo an der University of California at Davis in den 1950er Jahren entwickelt hat. Sein Ziel war eine Traube zur Erzeugung von leichten, säurebetonten Weinen für Zonen mit warmem Binnenlandklima. Israel gehörte neben Südafrika und einigen Teilen der USA zu den wenigen Ländern, die diese Rebe übernahmen. In der Regel fallen die Weine unter die Kategorie mittel-trocken bis mittel-lieblich.
Die neueste Errungenschaft im kommerziellen Weinbau ist die Argaman-Rebe, eine Kreuzung zwischen der Carignan-Traube und der portugiesischen Suzao-Traube, die Professor Roy Spiegel zu verdanken ist. Die Weine zeigen ein dunkles Rot-Violett (hebräisch *argaman*) und ein intensives Beerenaroma. Der Neuzugang hat seine Widerstandskraft gegenüber dem heißen Klima unter Beweis gestellt und wurde inzwischen in den Regionen Tel El-Safi, Zichron Jaakov und Gedera auf 770 000 Quadratmetern Land ausgepflanzt. Ein sortenreiner Argaman-Wein wurde zum ersten Mal von der Kellerei Carmel vermarktet, die damit am Beverage Tasting Institute in Chicago 1997 eine Silbermedaille errang.

Die wichtigsten Weinkellereien

Die Kellereien Israels produzieren jährlich rund 30 Millionen Flaschen Weißwein, Rosé, Rotwein und Schaumwein. Die überaus beachtliche Palette reicht vom schlichtesten Alltagswein, der innerhalb von sechs Monaten nach der Lese konsumiert werden muss, bis zur anspruchsvollsten Cuvée, die Jahre oder sogar Jahrzehnte im Keller reifen kann und dabei an Qualität gewinnt. Die an der Größe ihres Produktionsvolumens gemessenen acht bedeutendsten Weinkellereien sind Carmel, Barkan, Golan Heights, Efrat, Binyamina, Baron, Segal und Dalton.
Im Zuge der Verbesserung des Weinanbaus und der Weinherstellung entstand parallel zu den großen Weinkellereien auch ein kleiner Wirtschaftszweig, die so genannten Boutique-Kellereien. Selbst gemachter Wein ist groß in Mode, ein Hobby, das viele ausüben, aber nur wenige gut beherrschen. Die neuesten Statistiken ermittelten nicht weniger als 52 Boutique-Kellereien, wobei die Inhaber nicht nur die Trauben selbst ernten, sondern auch den Wein herstellen, ihn im eigenen Laden, aber auch im freien Handel verkaufen. Einige befinden sich noch in einem relativ frühen Produktionsstadium, andere bringen mit größerer Erfahrung und verfeinerter Technik bereits gute bis sehr gute, mitunter sogar außergewöhnliche Weine auf den Markt. Die meisten produzieren mehrere Tausend Flaschen im Jahr, die erfahrenen bis zu zwanzigtausend.
Die wichtigsten Boutique-Kellereien sind Kibbuz Tzora, Latroun Monastery, Castel, Soreq, Cesarea, Margalit, Har-Meron, Kfira, Mirage, Lavi, Mishar, Neot Semadar, Diko, Kibbuz Nachschon, Teqoa, Sde-Boker und Ben-Haym.

Ausgewählte Kellereibetriebe

Carmel *–***
2000 ha; 20 000 000 Fl. • Weine: breites Weinspektrum einschließlich Schaumweine im Tankgärungsverfahren
Carmel leistete den bedeutendsten Beitrag zur Entwicklung des Weinbaus und der Weinherstellung in Israel. Mit 1200 aktiven Mitgliedern ist der Betrieb die größte Genossenschaftskellerei des Landes. Die Gebäude sind noch die gleichen wie zu Zeiten der Gründung (1882), doch bergen sie heute moderne computergesteuerte Kellertechnik.
Vom Spitzenwein bis zu populären Weinen findet man hier für jeden Geldbeutel das passende Produkt.

Barkan *–***
350 ha; 300 t ZT; 3 500 000 Fl. • Weine: breites Weinspektrum, kein Schaumwein
Mitte der 1980er Jahre wurde die ursprüngliche Mutterkellerei und -brennerei Stock-West von der großen Weinkrise getroffen, die der israelischen Weinwirtschaft ihre schwerste Zeit bescherte. Die Periode nahm jedoch ein glückliches Ende mit der Gründung der Barkan-Weinkellerei und -brennerei unter einem neuen Besitzer und neuer Leitung. Die Kellerei entstand in Barkan, einem industriellen Zentrum der West Bank, auf einer Fläche von 19 000 Quadratmetern. Mit hoch entwickelter technischer Ausrüstung, die aus verschiedenen Wein produzierenden Ländern importiert wurde, ist Barkan heute die zweitgrößte moderne Kellerei des Landes. Die Weine werden Jahr für Jahr mit Auszeichnungen und Preisen belohnt.

Golan Heights **–***
300 ha; 250 t ZT; 3 000 000 Fl. • Weine: breites Weinspektrum, einschließlich Schaumweine, nach der ›méthode champenoise‹
Die Weinkellerei Golan Heights, eine Partnerschaft von sieben Siedlungen auf den Golan-Höhen und einer im oberen Galiläa, hat eine kurze Geschichte: Die ersten Weinberge dieser Region wurden 1976 angelegt, weitere Pflanzungen folgten 1983. Im Jahr darauf produzierten die Weinbauern des Golan ihren ersten Sauvignon Blanc.

Malta

Der kleine Inselstaat mit seinen 316 Quadratkilometern Fläche und heute 400 000 Einwohnern liegt 100 Kilometer südlich von Sizilien und wurde im Laufe seiner Geschichte bis zur Unabhängigkeit im Jahr 1961 von vielen Kulturen geprägt. Überaus imposant sind noch heute seine Großsteinbauten, die unterirdischen Grabanlagen und oberirdischen Kultbauten aus der jüngeren Stein- sowie Bronzezeit.

Bei Marsovin stammt ein großer Teil der Trauben von anderen Erzeugern der Insel oder wird aus Italien importiert.

Im Spannungsfeld unterschiedlichster Einflüsse

Der Weinbau wurde mit Sicherheit schon zur Zeit der Phönizier eingeführt, die ab etwa 800 v. Chr. die Insel besiedelten. Die römische Besetzung begann um 218 vor Christus und bis ins 9. Jahrhundert n. Chr. wurden Weinbau und Vinifikation stetig weiterentwickelt. Es folgten Jahrhunderte voller Unruhe, in denen der Wein an Bedeutung verlor. Erst die Ritter des Johanniter- beziehungsweise Malteserordens, in deren Besitz sich Malta vom 16. bis ins 18. Jahrhundert befand, begannen erneut mit der Kultivierung von Reben, hauptsächlich zur Erzeugung ihres Messweines. Bis zur Unabhängigkeit stand die Insel schließlich unter britischer Herrschaft. Der Weinbau ist eng mit der Geschichte dieser multikulturellen Insel verbunden, verbreitete sich aber im Laufe der Jahrhunderte stets durch Einflüsse von außen, ohne dass sich die Inselbewohner so sehr mit dem Wein identifizierten, dass sie ihn aus eigenem Antrieb heraus kelterten. Heute umfasst die Rebfläche rund 200 Hektar, die sich auf den Norden und Nordwesten der beiden Hauptinseln Malta und Gozo verteilen. Die Weinberge werden im Frühjahr häufig von sintflutartigen Regenfäl-

Meridiana besitzt den größten Weinberg auf Malta (19 Hektar) und verarbeitet nur Trauben aus eigener Produktion.

len heimgesucht und sind im Sommer sehr hohen Temperaturen ausgesetzt. Nur zwei Güter bewirtschaften größere Lagen – Meridiana hat 19 Hektar im Besitz, Marsovin 8,5 Hektar. Die übrigen Weinbaubetriebe bearbeiten äußerst kleine Rebflächen, genaue Zahlen sind jedoch nicht bekannt. Auch die Vielfalt der kultivierten Rebsorten ist nicht genau belegt. Seit einigen Jahren tauchen immer häufiger internationale Sorten auf, aber die einheimischen Sorten werden von den kleinen Weinbauern weiterhin bevorzugt. Dazu gehören Girgentina und Gennarua (weiße Trauben) sowie Gellewza (rot), daneben wird aus einigen Tafeltrauben Wein erzeugt. Auch wenn die Qualität der Rot- und Weißweine das Tafelweinniveau selten übersteigt, ist Malta bekannt für seinen sehr süßen Muscat-Wein.

Im Durchschnitt werden jährlich etwa 100 000 Hektoliter Wein erzeugt. Einige Winzer verfügen über eigene Kellereien und verkaufen ihren selbst abgefüllten Wein direkt auf Märkten, einen Teil behalten sie für den eigenen Gebrauch. Andere geben ihre Produktion ganz oder zum Teil an Händler ab.

Nicht alle Weine, die in Malta abgefüllt werden, stammen von den Rebflächen der Insel. Um die lokale Nachfrage nach Weinen befriedigen zu können, reicht die Anbaufläche bei weitem nicht aus. Man schätzt, dass rund 80 Prozent aller Weine aus Italien importiert werden. Die beiden größten Erzeuger Maltas, Marsovin und Delicata, füllen jeweils etwa 3 500 000 Flaschen ab.

Marsovin erntet jährlich rund 65 Tonnen Trauben, bei denen es sich ausschließlich um internationale Sorten handelt (Chardonnay, Merlot, Cabernet Sauvignon und andere). Rund 400 Tonnen Trauben werden bei den lokalen Weinbauern zugekauft und rund 4 000 Tonnen aus Italien importiert. Delicata hat sich für eine andere Lösung entschieden. Die Kellerei besitzt keine eigenen Anbauflächen, sondern arbeitet mit lokalen Erzeugern zusammen. 78 Weinbauern, deren Rebfläche zusammen rund 40 Hektar beträgt, liefern ihre Trauben an Delicata. Die übrige Menge wird aus Italien importiert.

Beide Unternehmen versuchen in der Regel, die maltesischen und italienischen Trauben getrennt zu verarbeiten. Die Weine aus maltesischen Trauben können so unter der Bezeichnung ›Wine of Malta‹ in die Europäische Union exportiert werden. Weine, die aus italienischen Trauben bereitet werden, sind auf dem europäischen Binnenmarkt hingegen nur dann zugelassen, wenn sie keine Angaben über Herkunft, Rebsorte, Jahrgang oder Erzeuger aufweisen. Lediglich die Bezeichnung Rotwein oder Weißwein darf auf dem Etikett stehen. In der europäischen Verordnung ist die Herkunft des Weines an den Anbauort der Trauben und nicht an den Ort der Vinifikation gebunden. Schätzungsweise 98 Prozent der auf Malta erzeugten Weine werden auf der Insel selbst getrunken oder von Touristen als Souvenir erstanden. Bei den meisten Kellereien ist daher nur ein kleiner Anteil der Produktion für den Export bestimmt. Malta ist jedoch Anwärterin auf den EU-Beitritt und wird sich wohl früher oder später den europäischen Regelungen unterwerfen müssen. Marsovin und Delicata beabsichtigen, den Anteil der einheimischen Trauben zu erhöhen. Weine daraus könnten vom Konsumenten auch mit Malta identifiziert werden, und zudem würden die Kosten für den Transport aus Italien entfallen. Allerdings ist die Insel sehr klein, und die zunehmende Verstädterung macht Anbauflächen rar und teuer. Die Weinhändler müssen die Bauern davon überzeugen, sich verstärkt dem Weinbau zu widmen. Um zu garantieren, dass nur hochwertiges Traubengut produziert wird, ist finanzielle Unterstützung notwendig.

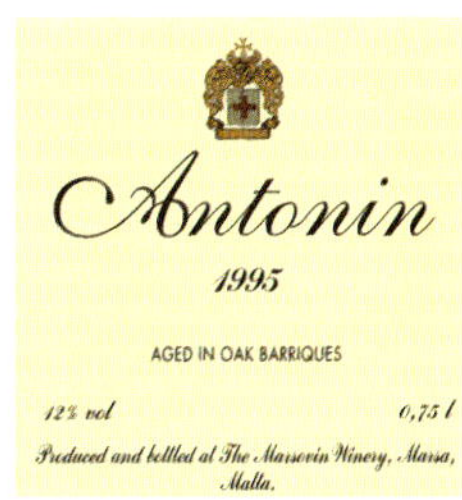

Mögliche Wege in die Wein-Zukunft

Eine Ausnahmeerscheinung im heimischen Weinbau bildet das Anfang der 1990er Jahre entstandene Weingut Meridiana, das mit Produktionsmethoden bewirtschaftet wird, die für maltesische Verhältnisse zwar untypisch, in anderen Weinländern allerdings gang und gäbe sind. Ziel ist es, in den eigenen Weinbergen Trauben für Spitzenweine zu erzeugen, um auf den Zukauf von Trauben oder fertigem Wein verzichten zu können. 1994 und 1995 wurden auf einem ehemaligen britischen Luftwaffenstützpunkt in der Nähe der alten Stadt Mdina insgesamt 19 Hektar mit Reben bepflanzt, womit Meridiana den größten zusammenhängenden Weinberg der Insel hat. Allerdings liegt die Produktion mit 90 000 Flaschen jährlich weit hinter jener der beiden großen Konkurrenten.

Bei der Neuauspflanzung entschied man sich für die traditionellen internationalen Rebsorten Chardonnay, Cabernet Sauvignon, Merlot, Syrah und Petit Verdot, da die heimischen Sorten den Besitzern von Meridiana für Spitzenweine nicht geeignet scheinen. Andere Winzer sind hingegen der Ansicht, dass die autochthonen Trauben Teil der kulturellen Identität des Landes sind und weiter kultiviert werden sollten. Allerdings bedürfen diese Sorten einer arbeits- und kostenintensiven Pflege, um das in dieser Zone für Tafelwein erforderliche Mindestmostgewicht bei den üblichen Erziehungsformen, das heißt ohne Pfähle oder Rahmen, ausbilden zu können. Bleibt abzuwarten, wie sich der maltesische Weinbau aufgrund der aktuellen Situation weiterentwickeln wird.

Tunesien, Algerien und Marokko

In den Ländern des Maghreb reicht die Geschichte des Weinanbaus bis zu den Phöniziern zurück. Heute suchen die einstigen Hochburgen alkoholstarker Verschnittweine eine neue Orientierung.

In den drei nordafrikanischen Staaten Tunesien, Algerien und Marokko geht die Geschichte des Weinbaus bis zu den Phöniziern zurück. Den Römern und Arabern ist die Weiterentwicklung der Weinberge lange vor der Ankunft der französischen Kolonisten Ende des 19. Jahrhunderts zu verdanken. Vor allem Letztere waren an der Weinproduktion vor Ort interessiert, die alkoholstarke Weine mit kräftiger Farbe hervorbrachte. Verschnitten mit den Weinen des südfranzösischen Languedoc bildeten sie die *gros rouges*, die in den nicht weniger berühmten Literflaschen mit den Sternen abgefüllt wurden.

Die Bedeutung der drei Länder unterstreicht die Tatsache, dass in den 1950er Jahren zwei Drittel des internationalen Weinhandelsvolumens auf sie entfielen. Auch wenn nach dem endgültigen Abzug der Franzosen zahlreiche Rebflächen stillgelegt wurden, engagiert sich die maghrebinische Weinindustrie heute wieder für die Produktion von Qualitätsweinen – vor allem mit Hilfe europäischer Investoren.

Als Schmelztiegel verschiedener Kulturen und Zivilisationen profitierten die drei Staaten von der Einführung zahlreicher phönizischer, karthagischer und römischer Rebsorten, denen später solche aus Frankreich, Spanien und Italien folgten. Nach der Ankunft der Araber Ende des 7. Jahrhunderts wurde die Weinproduktion in die Erzeugung von Tafeltrauben umfunktioniert, da der Koran den Genuss alkoholischer Getränke verbietet. Mit dem Einzug der französischen Kolonisten in Algerien (1830) und in Tunesien (1881) erfuhr der Weinbau jedoch eine unerwartete Wendung. Man produzierte nun üppige Weine mit hohem Alkoholgehalt, die das Niveau der farblosen und zudem noch verdünnten Massenweine aus dem Languedoc verbessern sollten. Nach der Erklärung der Unabhängigkeit des französischen Protektorats Tunesien (1956), auf die wenige Jahre später die Unabhängigkeit Algeriens folgte, ging der Export dieser Verschnittweine drastisch zurück.

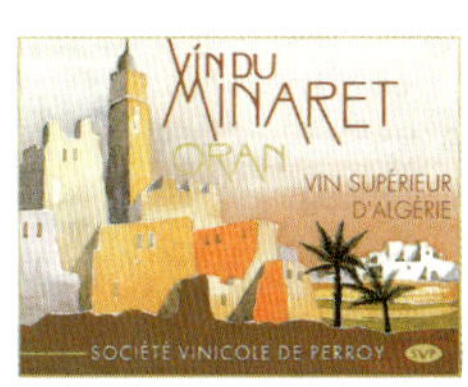

Ein weiterer Grund für die Stagnation im Weinbau war die spätere Regelung der Europäischen Gemeinschaft, nach der Tafelweinen keine Weine zugesetzt werden durften, die nicht aus einem Mitgliedsland stammten. Große Mengen an Rebstöcken wurden daher vernichtet (1962 gab es noch 355 000, heute nur mehr 100 000), und die Zukunft des Weinbaus bleibt in diesen Staaten, in denen der Genuss von Alkohol aus religiösen Gründen verboten ist, ungewiss.

Tunesien

Seit der Antike werden in Tunesien Reben gepflanzt, wohl seit der Gründung der Stadt Karthago an der Küste durch die Phönizier. Nach der Eroberung durch die Türken (1574) kam der Weinbau jedoch zum Erliegen und wurde erst unter französischer Herrschaft im letzten Jahrhundert wieder kommerziell betrieben.

Heute erzeugt man von 17 500 Hektar jährlich rund 300 000 Hektoliter Wein, verteilt auf 25 private und staatliche Kellereien. Die Weinberge konzentrieren sich auf die Gegenden um Cap Bon, Bizerte und Béja-Jendouba. Durch den Anbau traditioneller Rebsorten neben Carignan, Alicante Bouschet, Cinsault oder Pedro Ximénez, durch eine aktive Anbaupolitik mit edlen Sorten (Chardonnay, Cabernet Sauvignon, Merlot, Syrah) und durch Modernisierung der Kellertechnik (pneumatische Pressen und Kühlanlagen) wird sich das Profil der tunesischen Weine in den nächsten Jahren grundlegend ändern.

Das sehr an Tourismus orientierte Tunesien hat auch beim Wein den Blick in die Zukunft gerichtet. So produziert es inzwischen achtmal mehr Wein als Algerien auf halber Fläche. 70 Prozent der tunesischen Weine tragen das französische AOC-Gütesiegel *(Appellation d'Origine Contrôlée)*. Es handelt sich um die sieben Appellationen Mornag, Coteaux de Tébourba, Thihar, Kélibia, Coteaux d'Utique, Muscat de Kélibia und Sidi Salem. Die tunesische Weinbehörde ist darauf bedacht, die Wünsche der Kunden, zu denen zahlreiche europäische Touristen zählen, zu erfüllen und fördert derzeit den Ausbau von Weinen, die sortenrein hergestellt werden. Dabei muss der Anteil der auf dem Etikett genannten Rebsorte mindestens 80 Prozent betragen. Auch die notwendige Bewässerung der neuen, ›edlen‹ Rebsorten wird kontrolliert.

Algerien

Noch vor einigen Jahrzehnten besaß dieses große nordafrikanische Land eine der größten Rebflächen der Welt. 1962 wurde Algerien unabhängig und verhängte einen Exportstopp in Richtung Frankreich, seinem damals mit Abstand größten Absatzmarkt. Bis zur Unabhängigkeit galt in Algerien das französische Weingesetz, und einige Weine waren als VDQS *(Vin Délimité de Qualité Supérieure)* eingestuft. Heute hat das ehemalige französische Departement ein eigenes Weinrecht und ein Nationales Weininstitut, das Produktion und Vermarktung überwacht *(Office National de Commercialisation des Produits Viticoles)*.
Einige der Lagen in der Umgebung von Algier und Oran tragen das nach französischem Vorbild entstandene AOG-Gütesiegel *(Appellation d'Origine Garantie)*, darunter die Coteaux de Zaccar, Médéa, Ain-Bessem-Bouira, Coteaux de Tlemcem, Dahra, Monts de Thessalah und die berühmten Coteaux de Mascara. Als einer der besten Weine Algeriens gilt allerdings ein Wein ohne Klassifizierung namens Cuvée du Président. Sämtliche Weine werden aus Rebsorten produziert, die von französischen Siedlern ins Land gebracht wurden. Man findet die Sorten Cinsault, Alicante, Alicante Bouschet, Grenache, Mourvèdre und Cabernet Sauvignon. Zu den importierten Sorten gesellen sich einheimische wie Farhana (in der Region um Tlemcem) oder Tizourine, beides Weißweine. Die derzeitige politische Lage im Land erschwert die Exportbedingungen, und die Zukunft des Weins in diesem großen Land steht unter schlechten Vorzeichen.

Marokko

Auch das Nachbarland Marokko kann auf eine sehr alte Weinbautradition verweisen, die wohl in die Zeit vor den Phöniziern zurückreicht. Nach diesen brachten vor allem die Römer und später die Araber die an den Küsten des Mittelmeers verbreiteten Sorten ins Land. Durch das Alkoholverbot des Korans verwandelte sich die Weinproduktion jedoch rasch in die Produktion von Tafeltrauben. Kurz vor dem Ersten Weltkrieg kam eine große Zahl französischer Kolonisten ins Land, die auf rund 80 000 Hektar Weinberge anlegten. Auch in Marokko hatte man nach dem Exportstopp nach Frankreich starke Einbußen zu verzeichnen, und viele Rebflächen wurden stillgelegt. Heute bedeckt die für die Weinproduktion bestimmte Fläche ganze 12 000 Hektar. Die marokkanischen Weine, von denen einige das AOG-Gütesiegel tragen, werden oft unter Phantasienamen wie Chante Bled, Chaudsoleil oder Spécial Coquillage vermarktet. Am bekanntesten ist sicher der *Vin Gris*, ein aus roten Trauben gekelterter Weißwein aus Boulaouane, einer Lage zwischen Casablanca und Marrakesch. Die besten Anbaugebiete liegen hauptsächlich in der Region Fès-Meknès und liefern vor allem Rotweine (85 Prozent). Rund 40 Kellereien übernehmen die Vinifikation, drei Viertel davon sind Kooperativen mit staatlicher Beteiligung. Seit einigen Jahren sind jedoch französische Investoren nach Marokko zurückgekehrt. Dazu zählen so bedeutende Gruppen wie Castel, William Pitters und Taillan mit den Domaines Delorme. Allein diese drei neuen Betriebe bewirtschaften rund 3 000 Hektar Rebfläche. Bei den Rebsorten dominieren die klassischen Roten: Carignan und Cinsault neben den großen Sorten Cabernet Sauvignon, Grenache, Syrah oder Merlot. Das Engagement der Weinbauern und die von den neuen Investoren eingesetzten Mittel könnten dem Weinbau in Marokko zu einer neuen Blüte mit interessanten Produkten verhelfen.

Traditionelle Bodenbearbeitung in der Cap-Bon-Region

SÜDAFRIKA

André Dominé

BLAAUWKLIPPEN

Das Weinland am Kap

Im Hafen von Kapstadt treten die südafrikanischen Weine ihre Reise zu den Exportmärkten der Welt an, auf denen sie immer größere Bedeutung erlangen.

Für Europäer und Nordamerikaner, die wenigstens ein paar Tage oder Wochen dem eigenen Winter entgehen wollen, ist Südafrika und vor allem die Kapregion ein attraktives Ziel. Fasziniert von der dramatischen Landschaft, wo schroffe Berge in Küstennähe aufragen, stellen Reisende, die zum ersten Mal herkommen, überrascht fest, dass das Land von Vegetation und Charakter her eher europäisch anmutet und das Klima als mediterran eingestuft werden kann.

Ein langer, meist sonniger Sommer mit hoher Lichtintensität und ein milder, aber feuchter Winter, der von Mai bis September reicht, verheißen günstige Bedingungen für den Weinbau. Wo die Ozeane ihren – oft weiter als hundert Kilometer ins Landesinnere vordringenden – Einfluss geltend machen, stellen sich zudem mit beinah täglicher Regelmäßigkeit dichte Wolkenbänke ein, die die Höchsttemperaturen nach unten korrigieren, zugleich für relativ kühle Nächte und damit für ausreichend lange Reifeperioden sorgen. Bisweilen setzt der so genannte Kapdoktor ein, ein aus Südosten einfallender Sturm, der in den Weinbergen große Schäden anrichten kann. Doch das Klima der besten, in Küstennähe angelegten Anbaugebiete ist durchaus wechselhaft, und die Bedingungen sind nicht immer so ideal, wie es sich die Weinerzeuger wünschen würden. Eine Folge davon ist, dass den Jahrgängen bei südafrikanischen Weinen ebenso viel Bedeutung zukommt, wie dies bei europäischen der Fall ist.

Im Jahr 1652 ging eine Gruppe niederländischer Söldner am Kap der Guten Hoffnung an Land, um im Auftrag der Holländischen Ostindischen Kompanie eine Verpflegungsstation auf der Gewürzroute einzurichten. Da die Voraussetzungen für Weinbau gegeben schienen, forderte der Kommandant Jan van Riebeeck, ehemaliger Schiffsarzt der Kompanie, schon bald aus Europa Rebstecklinge an, galt Wein doch als eine wirksame Vorbeugung gegen Skorbut. Am 2. Februar 1659 konnten die Trauben der ersten drei Rebstöcke, bei denen es sich vermutlich um Muscat de Frontignan (Muscat Blanc à Petits Grains) und Palomino handelte, gepresst werden, während der Hanepoot (Muscat of Alexandria) noch nicht ausgereift war. Das Resultat war offenbar ermutigend genug, um immer weitere Rebstöcke zu pflanzen, zumal neue Siedler die Möglichkeit erhielten, auf zugeteilten Ländereien eigene Farmen zu gründen, da der steigende Bedarf auf den Kompanie-Schiffen anders nicht befriedigt werden konnte.

Ohne ausreichende Erfahrung hergestellt, dürften die Weine der Buren jedoch genügend Spielraum für Verbesserungen aufgewiesen haben. Das sollte sich mit dem neuen Kommandanten Simon van der Stel ändern. Schon kurz nach seiner Ankunft im Jahr 1679 erließ er Verordnungen, die Weinbauern unter Androhung erheblicher Strafen auferlegten, ihre Trauben reif zu lesen und in sauberen Fässern und Kellern zu vergären, aber er empfahl ihnen außerdem, für jeden Morgen Wein sechs Morgen Getreide anzubauen.

Obwohl das Reglement es Angestellten der Kompanie untersagte, Kolonialbesitz zu erwerben und selbst Handel zu treiben, gelang es van der Stel, für seine Person eine Ausnahme zu erwirken. So konnte er sich 1685 südöstlich von Kapstadt ausgedehnte Ländereien aneignen, die er ›Constantia‹ nannte. Seine vorbildlichen Weinberge bestockte er überwiegend mit Muscat de Frontignan, da er entschieden feinere Weine als der Hanepoot ergibt. 1692, ein Jahr nach seiner Ernennung zum ersten Gouverneur der aufstrebenden jungen Kolonie, war es van der Stel bereits gelungen, seinen Wein unter die in Europa angesehensten Erzeugnisse einzureihen.

Wenn Constantia auch in den folgenden Jahren verschiedene Besitzer und Aufteilungen erlebte, stieg der hier produzierte Wein an den Höfen Europas zur begehrten und kostspieligen Spezialität auf. Bis Mitte des 19. Jahrhunderts blieb der Lieblingswein Napoleons (die größte Menge des Vin de Constance wurde ihm in seinen letzten Lebens-

jahren in sein Exil nach St. Helena geliefert) das önologische Aushängeschild Südafrikas.

Einen weiteren entscheidenden Impuls sollte der Weinbau am Kap erhalten, als von 1688 bis 1690 rund zweihundert französische Hugenotten aufgenommen und zumeist im heutigen Franschhoek-Tal angesiedelt wurden, denn einige unter ihnen besaßen Kenntnisse im Weinbau und gründeten renommierte Güter. Ihre Nachfahren spielen bis heute eine bedeutende Rolle in der südafrikanischen Weinwirtschaft.

Im 17. Jahrhundert lieferte die Kolonie vor allem verstärkte Weine im Port- und Sherry-Stil sowie Brandy zu günstigen Preisen an die Briten und profitierte danach von der Kontinentalsperre, die Napoleon 1806 gegen England verhängte, zumal die Briten im selben Jahr das Kap zum zweiten Mal besetzten. Aber dieser Vorteil erwies sich als wenig dauerhaft. Da sie die Qualität ihrer Weine vernachlässigt hatten, erfuhren die Buren eine anhaltende Absatzkrise, als sich Frankreich und England erneut arrangierten. Ende des 19. Jahrhunderts erreichten die Epidemien von Mehltau und Reblaus dann auch die Kapregion und zwangen in der Folge zahlreiche Weinbauern zur Aufgabe. Der Beginn des 20. Jahrhunderts war für Weinbau weltweit eine schwere Zeit, und der Exporthandel kam fast völlig zum Erliegen. Auch die Gründung der Südafrikanischen Union, in der sich 1910 britische Kolonien und Buren-Republiken vereinigten, konnte daran nichts ändern. Die Situation spitzte sich immer weiter zu, denn Jahr für Jahr wurde mehr Wein produziert, als man absetzen konnte. Abhilfe versprach 1918 die ›Kooperatieve Wijnbouwers Vereniging‹, in der sich bald 95 Prozent der Weinfarmer organisiert hatten. Doch erst als die Regierung die KWV 1924 ermächtigte, den Preis des Brennweins zu bestimmen, konnte sie sich durchsetzen. Dennoch hatte diese Maßnahme nicht die erhoffte sanierende Wirkung auf den Markt der verstärkten und trockenen Weine. Daraufhin übertrug die Regierung 1940 der KWV die gesamte Kontrolle des Weinsektors. Fortan bestimmte sie nicht nur über die Preise, sondern auch über zulässige Erträge und Bestockung, Pflanzrechte, Weinbereitung, kostenlose Verwertung von Überschüssen und jeglichen Handel mit Wein und Weinbränden. Erst als 1992 das Quotensystem aufgegeben wurde, erhielt der südafrikanische Weinbau neuen Auftrieb, der die Entwicklung und Neugründung von Gütern und Handelsfirmen sowie eine Neuorientierung der KWV und anderer Genossenschaften bewirkte.

Über Jahre durch die Apartheid-Politik und den darauf erfolgten Boykott anderer Länder weitgehend vom Export abgeschnitten und bei einem eigenen Weinverbrauch von nur neun Litern pro Kopf waren Qualitätsweine wenig gefragt, wohl aber Brandy mit einem durchschnittlichen Verbrauch von 0,5 Liter pro Einwohner. Dies zeigte sich deutlich am geringen Anteil gefragter internationaler Weinsorten unter den bepflanzten Flächen. Zum Beispiel entfielen 1981 auf Cabernet, Merlot und Shiraz (die französische Syrah) nur 3,3 Prozent, auf Chardonnay und Sauvignon gerade 0,4 Prozent der Fläche. Dann aber setzte ein verstärktes Interesse dafür ein. 1990 waren es bereits 5,4 Prozent bei den roten und 5,1 Prozent bei den weißen Sorten, und mit dem Jahr 2000 erreichten die drei roten über 10 Prozent, während die zwei Weißen auf gut 11 Prozent kamen. Die Gesamtfläche für Weinproduktion erreichte dabei rund 100 000 Hektar. Mit der Aufhebung der Apartheid-Politik 1991 stieg die Nachfrage aus dem Ausland sprunghaft an, vor allem nach preiswerten, aber guten Weinen. So nutzen die *winemakers* auch eingebürgerte Sorten, besonders den dominierenden Steen (Chenin Blanc) und den Colombard, um international überzeugende Weine anbieten zu können. Zugleich erfährt der 1925 aus einer Kreuzung von Pinot Noir und Cinsault hervorgegangene Pinotage eine Renaissance als origineller Rotwein und wird viel nachgepflanzt. Heute liefern etwa 4 600 Traubenfarmer ihr Lesegut an 70 Genossenschaftskellereien, 100 Weingüter und rund 150 private Kellereien, die über eigene Weinberge verfügen, füllen selbst ab, und Wein ist zu einem der wichtigsten Exportgüter der Republik Südafrika aufgestiegen.

Oben:
Groot Constantia ist die Keimzelle des südafrikanischen Weinbaus.

Unten:
Feuchtkühle Brisen aus der False Bay vor Kapstadt temperieren das Klima der bekanntesten Weinregionen Constantia, Stellenbosch und Paarl.

Weinbau in Südafrika

Wie in diesem Weinberg bei Stellenbosch bemüht sich die Mehrheit der südafrikanischen Winzer um umweltfreundliche Bearbeitungsmethoden.

Wine of Origin

Das ›Wine and Spirit Board‹ etablierte im Jahr 1973 ein Schema, das dem Beispiel europäischer Appellationen folgend Weine nach ihrer Herkunft klassifiziert. Wird die Garantie *Wine of Origin* vergeben, ist damit gewährleistet, dass mit der Herkunftsangabe auf dem Etikett sämtliche für den betreffenden Wein verwendeten Trauben aus der genannten Appellation stammen. Sind außerdem Rebsorte und Jahrgang auf dem Etikett nachgewiesen, wird überprüft, ob der Wein wie vorgeschrieben zu mindestens 75 Prozent aus der genannten Sorte des genannten Jahrgangs besteht (der Anteil an Trauben anderer Sorten wie an Weinen anderer Jahrgänge darf 25 Prozent nicht überschreiten). Jeder einzelne Wein muss zudem eine beispielhaft gründliche analytische und organoleptische Kontrolle passieren. Es steht den Erzeugern jedoch frei, ihre Weine als *Wine of Origin* anerkennen zu lassen und sie dazu dieser strengen Prüfung auszusetzen, weshalb sich bisher auch nur ein geringer Prozentsatz dazu entschließen konnte. Doch mit steigenden Exportzahlen steigt auch der Wert dieses Gütesiegels, sodass sich immer mehr der einheimischen Erzeuger darum bemühen.

Das südafrikanische Schema der Herkunftsbezeichnungen kennt fünf Unterteilungen:

- *Estate* steht für ein aus einer oder mehreren Farmen gebildetes Gut, das ausschließlich Trauben aus eigener Erzeugung verwenden darf und auf dem eigenem Gelände vinifizieren muss.
- *Ward* bezeichnet ein kleines, genau definiertes Anbaugebiet. Die bekanntesten Wards sind Constantia und Franschhoek.
- *District* meint ein größeres zusammenhängendes Anbaugebiet, etwa Stellenbosch oder Paarl.
- *Region* umfasst eine ausgedehnte Anbauzone, die aus verschiedenen Distrikten oder Teildistrikten besteht, zum Beispiel Breede River Valley oder Boberg, was nur für Dessertweine aus Paarl und Tulbagh verwendet wird.
- *Wineland* ist keine offizielle Bezeichnung, sie berücksichtigt nur die Bedeutung der Weine, unabhängig davon, ob sie als Ward, District oder Region eingestuft sind.

Geographical Unit bezeichnet keine Appellation, sondern seit 1993 das Western Cape als das bislang einzige übergreifende Weingebiet.

Rebsortenspiegel

Weiße Sorten		Rote Sorten	
Chenin Blanc	26,8 %	Cabernet Sauvignon	5,1 %
Sultana	11,1 %	Cinsault	4,1 %
Colombard	10,9 %	Pinotage	3,9 %
Hanepoot	5,3 %	Merlot	2,2 %
Chardonnay	5,2 %	Shiraz	1,3 %
Sauvignon Blanc	4,7 %		
Riesling	3,3 %		

Sorten mit steigender Tendenz: Sauvignon Blanc, Chardonnay; Cabernet Sauvignon, Cinsault, Pinotage, Merlot, Shiraz

Gesunde, saubere Weine

Mit dem Motto ›Südafrikanische Weine sind gesund, sauber und umweltfreundlich‹ wendet sich das Weinland Südafrika an Weinfreunde in aller Welt. Seit dem Jahr 2000 ist die gesamte Weinwirtschaft des Landes auf integrierte Produktion (IP) umgestellt, weshalb man sogar auf ein Logo verzichtete. Dieses System für integrierte Produktion von Wein ist mit einer Veröffentlichung in der ›Government Gazette‹ am 6.11.1998 in Kraft getreten. Es definiert, dass integrierte Produktion »die Anwendung von Methoden, Techniken und Praktiken bedeutet, die

- in Harmonie mit der Umwelt sind;
- die Nicht-Anwendung oder unterste wesentliche Anwendung von Kunstdüngern, landwirtschaftlichen Mitteln und anderen schädlichen Substanzen beim Wachstum solcher Trauben und der Erzeugung solcher Weine beinhalten;
- sicherstellen, dass die betreffenden Weine keinerlei Substanzen über die Grenzwerte hinaus enthalten, die für die menschliche Gesundheit als schädlich angesehen werden.«

Zugleich wurden äußerst detaillierte Angaben veröffentlicht, die sämtliche Arbeiten von der Bodenvorbereitung bis zur Wiederverwertung von Glas und Verpackungsmaterial betreffen. Damit ging das südafrikanische System entschieden weiter als bisherige Ansätze in anderen Ländern, zumal es sämtliche Erzeuger aufforderte, ihren Betrieb für IP registrieren zu lassen.

Hinter diesem revolutionären Schritt stand jahrelange Arbeit, deren Zentrum das bekannte Weininstitut ›Nietvoorbij‹ in Stellenbosch ist. Dort werden die wichtigsten Forschungsarbeiten für Weinbau und Önologie durchgeführt, die seit Jahren stark auf IP ausgerichtet sind. Sowohl das mächtige ›Wine and Spirit Board‹ wie alle anderen inländischen Weinorganisationen und betreffenden Industrieverbände geben dem IP-System ihre Unterstützung, das zudem die Sympathie des OIV, des internationalen Weinbüros in Paris, genießt. Zwar sind die anfänglichen Kriterien noch relativ weit gefasst und erlauben es praktisch allen südafrikanischen Betrieben, erste IP-Weine zu erzeugen, aber der Rahmen ist grundsätzlich abgesteckt, in dem durch Weiterbildung und Selbstkontrolle die Weinproduktion eines ganzen Landes auf ein fortschreitend umweltfreundliches Niveau gehoben werden kann. In Stellenbosch träumt man davon, dass dieses System weltweit Schule macht.

Weinregionen	Rebstöcke	Anteil Gesamtvolumen (%)	Rebfläche (ha)	Anteil Gesamtrebfläche (%)
Orange River	25 312 801	8,47	13 477	13,72
Olifants River	25 078 064	8,39	8 238	8,39
Malmesbury	32 885 348	11,00	12 849	13,08
Klein Karoo	10 781 348	3,61	3 267	3,33
Paarl	54 602 680	18,27	17 212	17,53
Robertson	41 184 175	13,78	11 433	11,64
Stellenbosch	50 146 547	16,78	15 537	15,82
Worcester	58 878 689	19,70	16 190	16,49
Gesamt	298 869 652	100,00	98 203	100,00

Dynamik und Umdenken

In welches der Anbaugebiete Südafrikas man auch kommt, überall heben Gutsherren und *winemakers* hervor, dass sie in einem für Weißwein prädestinierten Gebiet ansässig seinen. Nun ist es zwar korrekt, dass von den 100 000 Hektar Rebflächen rund vier Fünftel mit weißen Sorten bestockt sind. Doch ein großer Teil der Ernte wird noch immer destilliert oder zu Süßweinen verarbeitet. Erst mit dem sprunghaft angestiegenen Export in den letzten Jahren nimmt die Erzeugung von trockenen Weinen zu. Dabei erweisen sich Rotweine als entschieden begehrter, was im Land eine erhebliche Ausweitung der mit Cabernet, Merlot, Shiraz und Pinotage bepflanzten Weinberge zur Folge hat. Die genauere Betrachtung der einzelnen Weinregionen zeigt, dass in Bezug auf hochwertige Qualitäten die roten Sorten mittlerweile deutlich vorn liegen. Der nach wie vor betonte Hang zum Weißwein bei einigen der Afrikaans sprechenden Kellermeister mag daher stammen, dass sie, nicht zuletzt aus sprachlichen Gründen, ihre Ausbildung in Deutschland erfuhren. Inzwischen findet man südafrikanische Winzer und *winemakers* in allen Anbauregionen, wo sie die Gelegenheit nutzen, im europäischen Herbst zum zweiten Mal in einem Jahr Erfahrungen auf dem Gebiet der Vinifikation zu sammeln.

Das moderne Kellergebäude von Rustenberg in Stellenbosch zeigt den Aufbruch Südafrikas. Im Barriqueskeller vergären hochwertige Weiße in neuer Eiche.

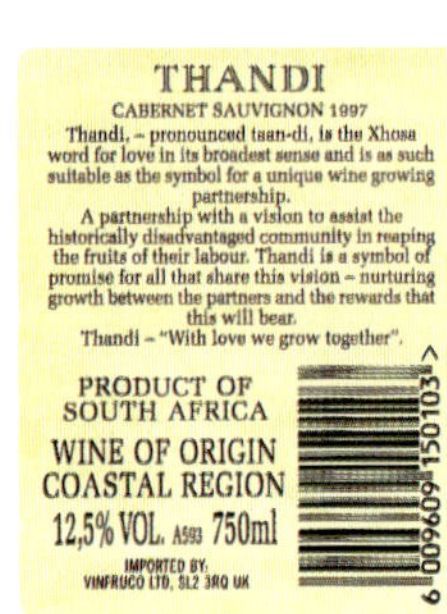

Es ist nicht zu übersehen, dass sich das Weinland Südafrika im Aufbruch befindet. Überall wird mit großer Energie neu gepflanzt. Die angestiegene Nachfrage ist dabei nur einer von vielen Gründen für dieses Phänomen. Die eigentliche Ursache liegt wohl eher in einem schwerer wiegenden Problem. Denn der jahrelang andauernde Boykott, den das Land aufgrund seiner Apartheid-Politik erfuhr, schränkte nicht nur die Weinexporte weitgehend ein. Was sich als entschieden gravierender für die Erzeuger herausstellen sollte, war die Auswirkung auf das Rebmaterial.

Während in allen anderen Weinbauländern in Bezug auf Virus- und Krankheitsresistenz von Klonen große Forschritte erzielt wurden und die Bestockung verbessert werden konnte, mussten die Südafrikaner ihr virusinfiziertes Material über die Jahre weiter vermehren und pflanzen. Bei den befallenen Stöcken rollen sich die Blätter auf, sodass deren Trauben nur selten eine gute und einheitliche Reife erlangen. Die Folge, der man auch heute noch, vor allem aber bei älteren Jahrgängen und insbesondere bei Rotweinen, immer wieder begegnet, sind vegetale Geschmacksnoten und unangenehm grüne und trockene Tannine. Aber seit die Märkte wieder offen sind, hat sich die Situation schon sehr verbessert. Wäre ausreichend gesundes Pflanzmaterial vorhanden, würde dieser Prozess noch weitaus schneller ablaufen, aber die Kapazitäten der vor allem in Wellington angesiedelten Rebschulen sind mittlerweile ausgeschöpft.

Easy drinking wines

Es gibt schon jetzt genügend Weine von gesunden Stöcken, die erahnen lassen, welch außerordentliches Potential das Weinland Südafrika besitzt. Allerdings liegt dessen Nutzung ganz in der Hand der Winzer. Wenn sich die klimatischen Bedingungen allgemein auch als mediterran einstufen lassen, gibt es in Wirklichkeit ein sehr breites Spektrum, das von kühleren Lagen wie Walker Bay bis zu wüstenähnlichen in Klein Karoo reicht.

Obwohl für manche der küstennahen Regionen im Jahresdurchschnitt ausreichende Niederschläge verzeichnet werden, ist die regelmäßige Zufuhr von genügend Wasser in allen Regionen ein Problem. Die meisten Weinberge müssen künstlich bewässert werden, da in den oft sehr heißen und trockenen Monaten von Januar bis März die Reben sonst dahinvegetieren statt reifen würden. So bilden die Wasserteiche der Weingüter vor allem in Stellenbosch und Paarl ein charakteristisches

Die Weingüter bieten Tausenden von Südafrikanern sichere Arbeitsplätze.

Element der Landschaft. In einigen Gütern misst man den Wasserbedarf der Reben bereits kontinuierlich und versorgt sie über elektronisch gesteuerte Pumpen mit Tropfbewässerung. So werden die Stöcke weniger strapaziert und liefern den Erzeugern höhere Erträge. Bis auf einige Außenseiter, die bewusst alles daransetzen, durch reduzierte Erträge hohe Konzentration und markanten Ausdruck zu erzielen, verstehen sich Farmer, Gutsbesitzer und *winemakers* als Industrie, die vorrangig darauf ausgerichtet ist, *easy drinking wines* zu produzieren, leicht trinkbare Weine. Dies gelingt ihr in zunehmendem Maß auf einem guten Niveau zu erstaunlich günstigen Preisen.
Ein solches Denken in industriellen Dimensionen ergibt sich nicht zuletzt aus der Struktur der Betriebe. Ein übliches Gut umfasst 150 Hektar. Als klein werden Domänen bezeichnet, die weniger als 100 Hektar besitzen. Diese Strukturen resultieren aus einer Vergangenheit, in der man zuckerreiche Moste für Port oder Sherry erzeugte oder Trauben für die Brandy-Produktion lieferte und Erträge um 300 Hektoliter pro Hektar keine Seltenheit waren. Damals waren die heißen, bewässerten Regionen die erfolgreichsten Gebiete. Für Qualitätsweine zeigen aber gerade die gemäßigteren Zonen ein erstaunliches Potential. Da man erst in den 1980er Jahren begonnen hat, dies zu entdecken und zu nutzen, ist die Entwicklung bei weitem noch nicht abgeschlossen.

Im Keller auf Vordermann

Während sich die angesprochenen Probleme in den Weinbergen nur über einen längeren Zeitraum lösen lassen, nutzten die südafrikanischen Kellereien alle Möglichkeiten, sich technisch modern und effektiv auszurüsten. Bereits Ende der 1920er Jahre begannen erste Versuche mit temperaturkontrollierter Gärung, sodass sich diese Methode schon in den 1950er Jahren allgemein hatte durchsetzen können. Dadurch gelang es, den hohen Temperaturen der Lesemonate und der damit verbundenen Oxidation des Mostes entgegenzuwirken, was besonders bei den Weißweinen geradezu eine Revolution auslöste.
Weißweine werden in der Regel zwischen 12 und 15 °C vinifiziert. Doch so niedrigen Gärtemperaturen sind die natürlichen, auf den Schalen vorkommenden Hefen nicht gewachsen. Folglich sah man sich gezwungen, geeignete Reinzuchthefen zu entwickeln. Die önologische Forschungsabteilung des Weininstituts ›Nietvoorbij‹ erzielte in diesem Bereich bemerkenswerte Fortschritte. Die Kehrseite der Medaille besteht jedoch in einer zunehmenden Standardisierung aller Weine, denn niedrige Temperaturen und Hefen bestimmen das aromatische Spektrum ganz entscheidend. Da es außerdem im Ermessen des *winemaker* liegt, den Mosten Säure zuzufügen oder zu entziehen – Aufzuckern ist dagegen verboten –, haben sie die önologischen Mittel in der Hand, um saubere, frische, moderne Weine zu erzeugen. Dabei wird allerdings der terroirbedingte Ausdruck der Rebsorten weitgehend unterdrückt.
Führende Winzer haben diese Situation längst erkannt und wirken ihr entgegen. Bemerkenswert sind dabei insbesondere die Rotweinspezialisten, die weiterhin die traditionellen gemauerten Gärbecken verwenden, die den *lagares* des Douro-Tals entsprechen, in denen noch heute die besten Portweine vinifiziert werden.

Georgio Dalla Cia, der friulische Önologe von Meerlust, ist eine Ausnahmeerscheinung.

Legendäre Constantias

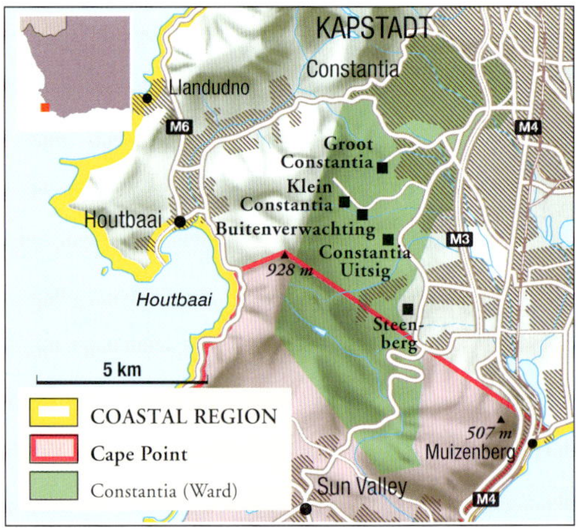

Zu Füssen des berühmten Tafelbergs führt die Straße vorbei, auf der man nach Constantia gelangt. Wie früher alle Honoratioren, die das Kap beehrten, pilgern heute in- und ausländische Touristen auf die gen Süden in den Atlantik hineinragende Halbinsel, um das Gut Groot Constantia zu besuchen. Die Wiege des südafrikanischen Weins, die ein schmuckes Herrenhaus im kap-holländischen Stil, eine Kellerei, die Weine für jeden Geldbeutel bereithält, und das Museum im ehemaligen Kellergebäude zu bieten hat, ist die meistfrequentierte Attraktion Kapstadts. Heute ist der ehemalige Besitz des ersten Gouverneurs zum begehrten Villenvorort geworden, wo sich Immobilienagenten und Weinerzeuger um jeden Quadratmeter streiten. In fünf Weingüter unterteilt, erlebt das renommierteste Anbaugebiet Südafrikas derzeit eine bemerkenswerte Renaissance.

Seine Vorzüge hat es zunächst dem Atlantik zu verdanken. Nach Südosten ist es der False Bay zugewandt, auf die man von seinen Weinparzellen hinabschaut. Doch im Westen, hinter den roten Bergen, erstreckt sich der Atlantik ebenfalls. Von dort ziehen feuchte Brisen über die Weinberge und senken die Temperatur während der Reifeperiode erheblich. Der Durchschnitt liegt im südafrikanischen Sommer bei nur 19 °C. Im Winter regnet es dagegen reichlich. Mehr als 1000 mm Jahresniederschlag machen Bewässerung überflüssig, zumal die roten lehmigen Böden die Feuchtigkeit bestens halten. Je nach Lage dominiert in den fruchtbaren Böden verwitterter Granit oder zersetzter Sandstein des Tafelbergs. Seit einige der tiefer liegenden Flächen eleganten Wohnsiedlungen weichen mussten, klettern neue Rebanlagen die Hänge hinauf, was der Weinqualität zugute kommen dürfte.

Gouverneur Simon van der Stel gelang es, den süßen Wein Constantias bekannt zu machen. Sein Sohn Wilhelm Adriaen, der sowohl als Gouverneur wie als Gutsbesitzer die Nachfolge des Vaters antrat, ging mit der Macht zu selbstherrlich

Hier begann 1685 eine große südafrikanische Weintradition: Gouverneur Simon van der Stel gründete das Gut Constantia.

und eigennützig um, sodass er bei der Ostindischen Kompanie in Ungnade fiel und aus Südafrika verbannt wurde. Constantia wurde in Buitenverwachting, Groot und Klein Constantia aufgeteilt und verkauft. In den folgenden sieben Jahrzehnten wechselten die Güter wiederholt die Besitzer, was sich negativ auf den Wein auswirkte. 1778 erwarb sie schließlich mit Hendrik Cloete, Nachfahre deutscher Einwanderer, ein erfahrener Weinbauer. In Stellenbosch und auf seinen Besitzungen Weltevrede und Zandvliet in Robertson zog er bereits erfolgreich Reben. Als Erstes ließ er die Weinberge instand setzen, dann widmete er sich dem Weinmachen. Er brachte die kleinbeerigen Trauben des Muscat de Frontignan mit Überreife ein, sodass ihr natürlicher Zuckergehalt bei 300 bis 350 Gramm pro Kilogramm und darüber gelegen haben dürfte. So vergor der Wein, bis er rund 13 %vol Alkohol erreichte und immer noch oft 150 Gramm Restzucker pro Liter verblieben. Unter Cloetes Hand erreichten Groot Constantia und sein Muskatwein, der nun neben dem Tokajer zum begehrten Labsal an den Königs- und Kaiserhöfen Europas und zum ersten Kultwein der Neuen Welt aufstieg, den Höhepunkt ihrer Berühmtheit.

Davon profitierten in erster Linie die Holländische Ostindische Kompanie und die Kolonialregierung, denn beiden musste jeweils ein Drittel des Weins zu Minimalpreisen überlassen werden, sodass nur ein Drittel in den freien Handel gelangte. Als die Briten 1795 die Herrschaft übernahmen, erhoffte sich Hendrik Cloete junior, der das Gut inzwischen leitete, die Befreiung von diesen einengenden Auflagen. Er sollte sich täuschen, denn den neuen Herren kamen die alten Abmachungen durchaus gelegen. Trotzdem verstand es Cloete junior, Gut und Wein auf höchstem Niveau zu halten. Cloete juniors Sohn Jacob Pieter konnte sich nach dem Tod seines Vaters im Jahr 1818 kaum mehr als ein Jahrzehnt seines Erbes erfreuen. Dann brachen für den südafrikanischen Weinbau harte Zeiten an. In Europa wurde die Kontinentalsperre aufgehoben, und das Interesse der Briten, die nun wieder Zugang zu ihren geliebten Bordeaux-Weinen hatten, kühlte entschieden ab. Doch es sollte noch schlimmer kommen. Wie ihre europäischen Kollegen erfuhren auch die Winzer am Kap die katastrophalen Folgen der Rebplagen. Zuerst befiel Echter Mehltau die Stöcke und dezimierte die Ernten. Cloete starb 1875 als armer Mann. Zehn Jahre später, als die Reblaus Südafrika erreichte, übernahm die Regierung Groot Constantia als Versuchs- und Lehrgut. Als sie gezwungen war, alle Stöcke dort durch resistente amerikanische Unterlagen zu ersetzen, wurden ausschließlich Sorten für trockene Weine gewählt. Damit hatte ein großes Kapitel der Weingeschichte sein Ende gefunden.

Zu Beginn der 1980er Jahre erwachte Constantia allmählich aus seinem Dornröschenschlaf. Damals wurden nicht nur Klein Constantia, sondern auch Buitenverwachting von Besitzern übernommen, die das große Potential ihrer Lagen zu würdigen wussten. So begann man damit, die Weinberge zu erneuern und zu erweitern, und investierte in neue Kellereinrichtungen. Aber auch die stattlichen alten Häuser wurden sorgfältig renoviert und beispielhafte Siedlungen für die Arbeiter geschaffen. Auf Groot Constantia ließ man sich von den Vorbildern privater Nachbargüter zu eigenem Fortschritt anregen. Heute steht das unabhängige Gut unter der Leitung eines Trusts.

Die neu errichtete Kellerei von Buitenverwachting fügt sich harmonisch in die Landschaft ein.

Unter den weißen Sorten stehen Chardonnay und Sauvignon obenan. Gerade letztere findet in dem temperierten Klima zu einem besonders frischen und ausgewogenen Ausdruck. Während andernorts diese Sorte leicht zu aromatisch und zu parfümiert gerät, bleibt ihre Intensität in Constantia im Bereich der Eleganz. Die meist durchaus akzentuierte Säure wirkt dennoch nicht aggressiv. In den Aromen überwiegen Fruchtnoten, die oft an Zitrusfrüchte und Stachelbeeren denken lassen, aber in wärmeren Jahrgängen stärkere exotische Akzente setzen. *Winemakers* bevorzugen oft einen vegetalen Ausdruck mit sehr grünen, an Gras und Spargel erinnernden Noten. Als besonders kennzeichnend wird ein mineralischer Charakter angesehen. In der Regel praktiziert man eine reduktive Vinifikation bei niedriger Temperatur und unter Vermeidung von Luftkontakt, weshalb die Weine entweder mehrere Monate Flaschenreife oder gute Belüftung brauchen, um ihr Bukett zu entfalten. Beim Chardonnay stößt man neben im Tank vergorenen *unwooded* Versionen auf in Barriques vinifizierte Weine, und auch beim Sémillon, der in letzter Zeit das gesteigerte Interesse der Winzer auf sich zieht, setzt man häufig Holz ein. Daneben gedeihen frische Rieslinge in Constantia sowie etwas Pinot Gris und natürlich auch Steen, der fast allgegenwärtige Chenin Blanc. Die weißen Sorten, für die sich die höheren und nach Süden ausgerichteten Parzellen vorrangig eignen, dominieren mit deutlichem Abstand.

Bemerkenswert ist das Beispiel von Klein Constantia, wo man erneut Muscat de Frontignan anpflanzte und 1986 den ersten neuen Vin de Constance – ganz nach der alten Methode – las und vergären ließ. Er wird nach fünf Jahren Flaschenreife in einer Nachbildung der Flasche aus dem 18. Jahrhundert angeboten. Bernsteingold leuch-

Die fünf Güter von Constantia

Buitenverwachting ***–****
110 ha; 600 000 Fl. • *Weine: Sauvignon, Chardonnay, Riesling, ›Buiten Blanc‹, Méthode Cap Classique; ›Christine‹, Cabernet Sauvignon*
Der Hamburger Lars Maack führt das Mustergut seiner Familie, das außer für die Weine wegen seines Gourmet-Restaurants berühmt ist. Nerviger Sauvignon, der Zeit zum Öffnen braucht. →Cabernet-geprägte Cuvée Christine.

Constantia Uitsig **
40 ha; 240 000 Fl. • *Weine: Chardonnay, Sémillon, Sauvignon; Merlot, Cabernet Sauvignon, ›La Colombe‹*
Anlage mit Country Lodge, zwei Restaurants und dank André Badenhorst immer besseren Weinen. →Eleganter Chardonnay Reserve.

Groot Constantia **–***
100 ha; 560 000 Fl. • *Weine: u.a. Sauvignon, Chardonnay, Riesling, ›Gourneurs Reserve‹, Cabernet Sauvignon, Shiraz; Port*
Die Wiege des südafrikanischen Weinbaus steigert unter *winemaker* Martin Moore konstant ihre Qualität. Herausragend die Bordeaux-Cuvée aus den Cabernets und Merlot.

Klein Constantia ****
74 ha; 540 000 Fl. • *Weine: u.a. Sauvignon, Chardonnay, Riesling, Sémillon; ›Marlbrook‹, Cabernet Sauvignon, Shiraz, ›Vin de Constance‹*
Unter den Joostes und ihrem *winemaker* Ross Gower knüpft das Gut an den früheren legendären Ruhm an, sowohl mit dem nicht verstärkten ›Vin de Constance‹ aus Muscat de Frontignan wie mit den trockenen Weinen.

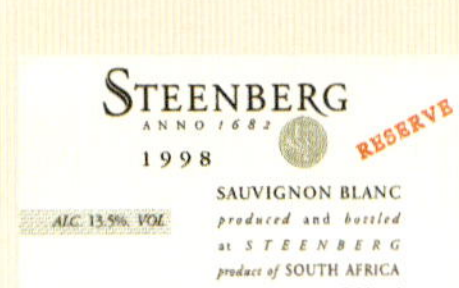

Steenberg **
75 ha; 400 000 Fl. • *Weine: Sauvignon, Chardonnay, Sémillon, ›Lily White‹; Cabernet Sauvignon, Merlot; Zweitlabel Motif*
Komplexes Investmentprojekt auf Constantias ältester Farm mit Golfplatz, Luxushotel, Restaurant und Weingut mit hochtechnisierter Kellerei. →Sauvignon Reserve.

tet der Jahrgang 1993 und überzeugt mit einem intensiven und komplexen Bukett, in dem Orange und Mandarine sich mit Honig- und Lebkuchennoten verbinden. Am Gaumen erscheinen diese Aromen erneut, verbunden mit gerösteter Mandel. Die ölige Textur und die volle Süße werden durch eine rassige Säure ausgeglichen. Inzwischen hat Groot Constantia die Anregung aufgegriffen und ebenfalls Muscat-Stöcke gesetzt.

Da so viel dafür spricht, dass Constantia ein Terroir für Weißweine ist, überrascht die Qualität seiner Rotweine. Offenbar behagen auch Cabernet, Merlot und Shiraz die roten lehmhaltigen Böden, und auf den tiefer gelegenen Flächen können sie hervorragende Resultate ergeben. Obwohl viele Reben noch zu jung sind, um überzeugende Konzentration zu liefern, gibt es schon jetzt einige große Cuvées. Groot Constantia füllt die Gouverneurs Reserve ab, in der sich üblicherweise vier Fünftel Cabernet Sauvignon mit einem Fünftel Cabernet Franc zu einem sehr würzigen tiefroten Wein von mittlerer Struktur mit deutlicher Eukalyptusnote verbinden.

Marlbrook, der von Röstnoten und Leder geprägte, verschmolzene Spitzenrotwein von Klein Constantia, besteht meist aus 55 Prozent Cabernet Sauvignon, 40 Prozent Merlot und 5 Prozent Cabernet Franc. Maximal zwei Jahre lang wird er in französischen Eichenfässern ausgebaut. Klein Constantias Shiraz Reserve löst derzeit lebhafte Diskussionen unter den *winemakers* von Constantia aus. Der tiefdunkle, in der Jugend violette Wein besitzt ein sehr kraftvolles Bukett mit köstlicher Kirschfrucht, die sich mit Aromen von Eukalyptus, Kaffee und Rauch verbindet. Im Geschmack sehr rund, mit reifer Beerenfrucht und einer markanten, dabei jedoch harmonisch integrierten Würze, die vom Ausbau in amerikanischer Eiche herrührt, ist er das Paradebeispiel eines modernen Rotweins, das auch in Südafrika Schule machen wird.

Buitenverwachtings Cuvée Christine zählt dagegen trotz der Reife in neuen französischen Barriques zu den Klassikern. Die deutliche Betonung von Cabernet Sauvignon mit Unterstützung von etwas Merlot und Cabernet Franc führt zu einem dichten, von schwarzen Beeren, Backpflaume, Unterholz, Eukalyptus und Gewürzen bestimmten Wein, der nach mehreren Jahren in der Flasche große Harmonie erlangt.

Die Weine von Buitenverwachting haben entscheidend zum Image Südafrikas als Weinnation beigetragen.

Linke Seite:
Klein Constantia, eines der schönsten Weingüter der Welt, hat sich qualitativ an die Spitze der fünf Constantia-Güter gesetzt.

Die Weinberge Constantias aus der Luft betrachtet: Deutlich sind die Weinparzellen zu erkennen, die seit kurzem auch an den Hängen angelegt werden.

Stellenbosch

Meerlust pflegt, wie viele Güter Südafrikas, die kap-holländische Architektur. Der Gegensatz zur spektakulären Landschaft Stellenboschs verleiht ihr zusätzliche Wirkung.

Stellenbosch, nur 40 Kilometer von Kapstadt entfernt, ist heute die bekannteste Weinregion Südafrikas. Die gleichnamige Stadt mit der berühmten Universität aus dem Jahr 1918 hat viel von ihrem Charme bewahren können. Dazu gehört die von Simon van der Stel, der den Ort als zweite europäische Niederlassung am Kap 1679 gegründet hatte, angeregte Pflanzung der zahlreichen schattenspendenden Eichen. Errichteten die ersten Siedler ihre schmucken, von Gärten umrahmten Häuser in kap-holländischer Bauweise, so entstanden später in unmittelbarer Nachbarschaft dazu die stattlichen Bauten der Engländer in Georgianischem oder Viktorianischem Stil.

Neben der Universität, an der die meisten südafrikanischen Winzer ihre Ausbildung in Weinbau und Önologie erfahren, gibt es die renommierte Agrarfachschule Elsenburg und vor der Stadt das Önologische Institut ›Nietvoorbij‹, mit seinen Versuchsrebgärten und Labors das Zentrum südafrikanischer Weinforschung. Dort finden auch die Kontrollverkostungen für die Anerkennung zum *Wine of Origin* statt.

Ursprünglich galt Stellenbosch als Hochburg für Getreideanbau und Rinderzucht. Das fruchtbare Schwemmland an den Ufern des Eerste River brachte einen Großteil der auf den Schiffen der Ostindischen Kompanie benötigten Lebensmittel hervor. Wenn Wein aufgrund seiner Haltbarkeit auch schon früh auf den Proviantlisten erscheint, war Weinbau für die Kompanie – trotz der erwähnten Verordnungen ihres Gouverneurs – von eher geringer Bedeutung. Ihre Interessen waren nicht auf das Kap, sondern auf die gewaltigen Gewinne in Indien und Indonesien gerichtet. Deshalb unternahm sie nichts, um andere Weine als Constantia zu vermarkten und bekannt zu machen. Gleichwohl entwickelte sich der Anbau von Wein selbst unter den ersten, in der Regel mittellosen Siedlern, denen Land in Stellenbosch zugeteilt wurde. Nachfrage und Anerkennung erfuhren sie jedoch erst unter britischer Regierung. Um den Weinbedarf in England von 1812 bis 1825 zu decken, wurden beträchtliche Mengen dorthin exportiert. Dies blieb jedoch der einzige Zeitraum im 19. Jahrhundert, da Wein den Farmern ein gutes Einkommen garantierte. Erst im 20. Jahrhundert konnten sich Stellenbosch und Paarl als Zentren der Weinwirtschaft profilieren.

Stellenbosch gehört zu den landschaftlich schönsten Weinregionen der Welt. In den letzten Jahren hat das Gebiet einen deutlichen Aufschwung erfahren und bietet die größte Konzentration an interessanten Weinerzeugern. Das Boland mit seinen gut ausgerichteten Hängen und ertragreichen Tälern, vor allem aber mit seinen beeindruckenden Erhebungen, bietet eine Fülle unterschiedlicher Bedingungen, sowohl in Bezug auf das Klima wie auch auf die Böden. Dies spiegelt sich in der Bandbreite der Weine wider, die dort erzeugt werden und die vom Cap Classique – der südafrika-

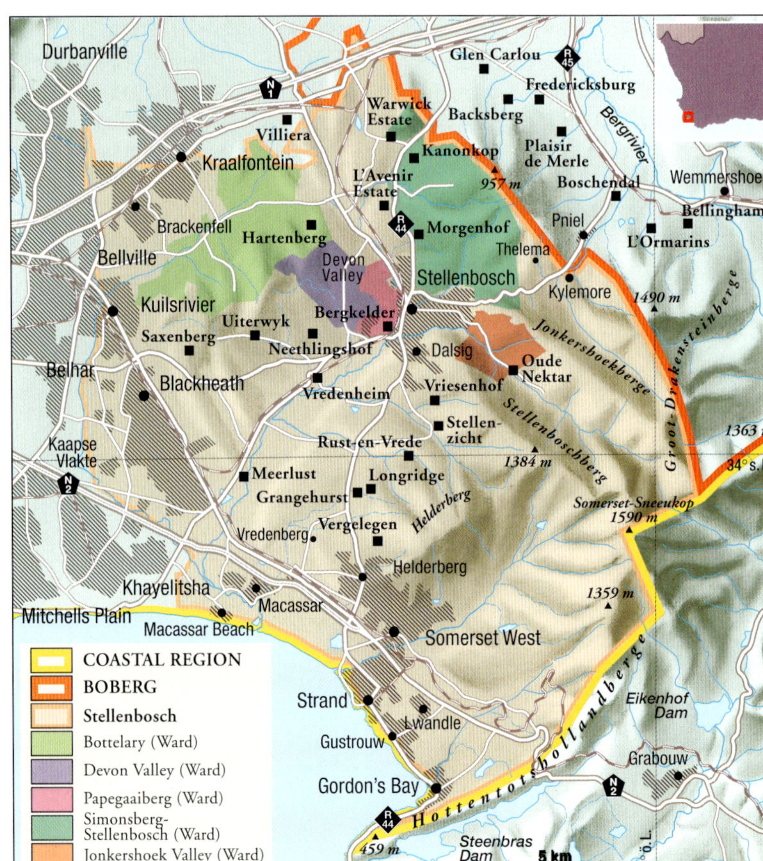

Links:
Früher gab es hier Landwirtschaft und Viehzucht, heute ist Stellenbosch eine Hochburg des Weinbaus.

Rechts:
Ernte auf dem Neethlingshof, einem der ältesten und bedeutendsten Güter Südafrikas. Im Hintergrund ist der imposante Heldersberg zu sehen.

nischen Version des Champagners – über fruchtig pfeffrige Pinotages bis zu edelsüßen Rieslingen und Portweinen reichen.
Für Rotwein gelten die Hanglagen aus verwittertem Granit mit ihren sauren Böden zu Füßen des Simonsbergs nordöstlich der Stadt und des Helderbergs im Süden als die besten Terroirs. Letzteres Gebiet, das an die False Bay grenzt und stark maritime Einflüsse aufweist, vereint eine Anzahl hochwertiger Güter, deren Besitzer entschlossen sind, sich eine eigene Appellation zu erkämpfen. Manche Rebparzellen in den Bergen liegen in einer Höhe von bis zu 600 Metern oder noch darüber und zeichnen sich durch ein gesuchtes temperiertes Klima aus. Nach Westen bestimmt der Sandstein des Table Mountain den Boden und ergibt vor allem überzeugende Weißweine. Insgesamt stellt Stellenbosch etwa ein Achtel der Rebfläche des Landes. Hier findet man häufiger als anderswo *dry farmed vineyards* – Weinberge, die nicht bewässert werden –, und die Winzer erzielen bei geringeren Erträgen gut konzentrierte Weine. Dennoch bilden die Stauseen ein charakteristisches Element der Landschaft.
Neben verschiedenen Cuvées auf der Basis von Cabernet Sauvignon, Merlot und Cabernet Franc werden zunehmend beeindruckende Shiraz-Weine erzeugt. Immer mehr *winemakers* bauen sie in amerikanischer Eiche aus, eine für europäische Zungen zunächst ungewohnte, aber mit der Zeit überzeugende Vermählung mit typischer Zimtnote. Stellenbosch ist außerdem die Heimat der hochkarätigsten Pinotages. In der Weißweinbereitung versteht man sich sowohl auf gute Sauvignons wie auf ausgewogene oder bisweilen üppige, im Barrique vergorene Chardonnays mit Karamellnoten. Stetig steigendes Interesse findet der finessenreiche Sémillon. Doch der von Botrytis geprägte Noble-Late-Harvest-Riesling des Neethlingshofs bleibt einer der reizvollsten Weine.

Pinotage

Pinotage ist zweifellos eine reizvolle rote Sorte, die ausgeprägte Aromen roter Beeren und Kirschen, von Wildkräutern, oft eine dezente Note von Bananenschale besitzt und einen ganz anderen Genuss schenkt als die internationalen Standardsorten. Manchmal erinnert seine Frucht an Kompott und seine Würze an Pinien und Zimt. Bisweilen reizt er wie Nagellack in der Nase. Mag mancher Erzeuger die Aceton-Note auch als typisch anpreisen, sie ist auf zu früh gelesene Trauben und eine zu niedrige Gärtemperatur zurückzuführen.
Pinotage ist eine Züchtung, die erstmals 1925 von Abraham Perold an der Universität von Stellenbosch durchgeführt wurde. Er kreuzte Pinot Noir mit dem weit verbreiteten, mediterranes Klima schätzenden Cinsault. Völlig zu Unrecht war Cinsault damals in Südafrika als ›Hermitage‹ bekannt, was die Namensbildung erklärt. Auf dem Gut Kanonkop pflanzte man ihn zum Beispiel 1941. Seinen größten ›historischen‹ Erfolg erlebte er 1959, als er als Jungwein des Bellevue Estate den ersten Preis erhielt. Es gab nur wenige Winzer, die ihn als große Sorte behandelten und so grandiose Weine kelterten wie den 1973er Jahrgang von Kanonkop, der sich nach einem Vierteljahrhundert als höchst komplexer, an alten Pinot erinnernder und keineswegs überalterter Rotwein erwies. Doch mit falscher Vinifikation und überhöhten Erträgen lieferte der Pinotage unangenehme, ruppige Rotweine und konnte sich nur begrenzt durchsetzen. Als er dann noch 1976 der Kritik britischer Weinautoren ausgesetzt war, fiel er endgültig in Ungnade und seine Anbaufläche nahm stetig ab. Zum Glück aber ließen sich Winzer wie die Kriges auf Kanonkop und ihr damaliger *winemaker* Jan Boland Coetzee nicht von der negativen Propaganda irritieren. Während er später auf seinem eigenen Vriesenhof fortfuhr, überragende Pinotages auszubauen, die er als Paradyskloof abfüllte, gelang es seinem Nachfolger auf Kanonkop, Beyers Truter, die Aufmerksamkeit erneut auf diese eigenwillige Sorte zu lenken.
Mit mehr Verständnis für die natürlichen Voraussetzungen, die er verlangt, hat der Pinotage eine neue Karriere angetreten. Ausgerechnet im Moment seiner geringsten Flächenausdehnung, als er nämlich 1990 nur noch 1,9 Prozent der angepflanzten Stöcke stellte, setzte ein zunehmendes Interesse ein. Seither nimmt seine Fläche stetig zu, um inzwischen auf die 5-Prozent-Marke zuzusteuern.
Versteht man es auch inzwischen, aus jungen Pinotages sehr ansprechende, fruchtbetonte und tiefdunkle Weine zu vinifizieren, stammen die besten Resultate doch von alten, nicht bewässerten *bush wines*, im traditionellen Gobelet-System erzogenen Reben. Dann gesellt sich zu den intensiven Aromen ein fester Körper mit sehr eleganten Tanninen, die durch gekonnten Barriqueausbau verfeinert werden. So steht der Pinotage in Stellenbosch, seiner Hauptanbauzone, keineswegs hinter den großen Bordeaux-*blends* oder Shiraz' zurück, sondern beweist faszinierenden Charakter und bestärkt seinen Ruf als eigenständigste Sorte des Kaps.

Bergkelder und Stellenbosch Farmers Winery

Der ›Distillers Corporation‹ in Stellenbosch, dem bedeutendsten Brandy-Vermarkter, gehört The Bergkelder. Sein Wahrzeichen ist der in den Papegaai-Berg getriebene Keller, in dem auch Privatkunden Flaschen altern lassen können. Aber hinter dem Namen verbirgt sich eine vielschichtige, aus einer Genossenschaft mit großem Vinifikationskeller, eigenen Gütern, Handels- und Vertriebsgesellschaften bestehende Firma. Neben eigenen Weinmarken vertreibt sie die einer Anzahl oft hochangesehener Domänen. Unter den Schaumweinen ist der exzellente flaschenvergorene Pongrácz das Aushängeschild. ›Fleur du Cap‹ heißt die bekannteste Marke, für die man aus Chenin eine hochwertige Noble Late Harvest mit aufgesprühter Edelfäule abfüllt. Für Stellenryck Collection, die überzeugende Prestigereihe, füllt man sortenrein Cabernet, Chardonnay und Sauvignon ab. Zu dem von Anton Rupert 1970 gegründeten Unternehmen gehören außerdem die Güter Le Bonheur, Alto und Uitkyk in Stellenbosch sowie der Drostdy-Hof im Tulbagh Valley, den Rupert vollständig renovierte.
Die Geschichte der Stellenbosch Farmers Winery ist mit einer der schillerndsten Persönlichkeiten südafrikanischer Weingeschichte verbunden, dem 1871 in Kentucky geborenen William Charles Winshaw, genannt Oubaas Winshaw. Nach Jugendjahren als Goldschürfer, Texasranger und Glücksspieler studierte er Medizin und kam als Betreuer eines Maultiertransports nach Südafrika. Nach seinem Dienst als Lazarettarzt im Burenkrieg begann er sich auf Weinbau zu spezialisieren und erstand, nach einem ersten Konkurs, 1924 die Oude Libertas Farm. Im Anschluss daran gründete er die Stellenbosch Farmers Winery (SFW), in der er bis ins hohe Alter aktiv blieb. Durch Fusionen wuchs SFW, die heute 14 Millionen Kisten Wein pro Jahr vermarktet, zu einem der größten Unternehmen der Branche heran. Heute wird es wie Bergkelder von der Rembrandt-Gruppe und der ›Kooperatieve Wijnbouwers Vereniging‹ (KWV; s. S. 790) kontrolliert. Die Spitzenmarke von SFW heißt Zonnebloem und liefert beachtliche Mengen an überdurchschnittlichen Weinen, unter denen die Roten am besten gelingen. Zu SFW gehören auch das Spitzengut Plaisir de Merle und Nederburg, die international bekannteste Domäne Südafrikas.

Ausgewählte Erzeuger in Stellenbosch

L'Avenir Estate ***
Stellenbosch
45 ha; 360 000 Fl. • Weine: u.a. Chardonnay, Sauvignon, Chenin, Pinotage, Cabernet Sauvignon etc.
→Ausgezeichneter Pinotage, Chenin mit leichter Restsüße und origineller Vin de Meurveur Noble Late Harvest aus Colombard.

Beyerskloof ***
Stellenbosch
ZT; 500 000 Fl. • Weine: Cabernet Sauvignon und Pinotage
1991 mit der Auszeichnung ›*Winemakers of the Year*‹ geehrt. Reife, vollfruchtige Rotweine aus Pinotage und Cabernet Sauvignon.

J. P. Bredell ***
Helderberg
230 ha; 36 000 Fl. • Weine: Chardonnay; Port und Vintage, Dessertwein; Pinotage, Shiraz
Das bedeutende Gut liefert seit Jahrzehnten Port an die KWV. Inzwischen füllt Anton Bredell auch selbst ab. →Cape Port Vintage Reserve.

Clos Malverne ***
Stellenbosch, Devon Valley
23 ha; 360 000 Fl. • Weine: u.a. ›Auret‹, Pinotage, Cabernet Sauvignon, Cabernet Sauvignon / Shiraz
Das Flaggschiff der Pritchards ist Auret, ein voluminöser Rotwein aus Pinotage, Cabernet Sauvignon und Merlot, →auf Alterung angelegter Pinotage Reserve.

De Trafford **–***
Stellenbosch
3 ha; ZT; 25 000 Fl. • Weine: Chardonnay; Cabernet Sauvignon, Merlot, Pinot Noir; Dessertwein
Zum immer besseren Cabernet Sauvignon und Merlot hat sich ein verblüffender Vin de Paille aus Chenin hinzugesellt.

EagleVlei ***
Stellenbosch
12 ha; ZT; 36 000 Fl. • Weine: Cabernet Sauvignon und Pinotage
Der Computerexperte Steve Weir und seine Frau Jean entschieden sich 1997 für das Leben auf dem Land und für Rotweine von neu gepflanzten, gesunden Rebstöcken.

Grangehurst ****
Helderberg
ZT; 100 000 Fl. • Weine: Pinotage, Cabernet Sauvignon / Merlot
Jeremy Walker kaufte Trauben aus vier sorgfältig gewählten Lagen und erzeugte mit einfachsten Mitteln grandiose Rotweine. Inzwischen ist er besser ausgerüstet, und die Qualität bleibt auf höchstem Niveau.

Jacobsdal Estate ***
Stellenbosch
100 ha; 120 000 Fl. • Weine: Pinotage
Cornelis Dumas lässt Pinotage in offenen Betontanks mit Naturhefe vergären und baut ihn 18 Monate in französischen Barriques aus. Über Bergkelder.

Kanonkop **–*******
Stellenbosch
140 ha; 360 000 Fl. • Weine: Pinotage, Cabernet Sauvignon, ›Paul Sauer‹, ›Kadette‹
Die Krige-Brüder machen seit 1973 große südafrikanische Rotweine, die in Steinbecken vinifiziert, dann in teils neuen französischen Barriques ausgebaut werden und erst nach zehn Jahren oder mehr ihre Klasse zeigen.

Lievland ***
Stellenbosch, Muldersvlei
60 ha; 180 000 Fl. • Weine: u.a. Riesling, Sauvignon, Chardonnay; Shiraz, ›DVB‹
Lieblicher Riesling und von Botrytis beeinflusste Noble Late Harvest Reserve sind die weißen Spitzenweine Paul Benadés, die von Cabernet Franc geprägte Bordeaux-*blend* ›DVB‹ und Shiraz die roten.

Longridge *–***
Heldersberg
ca. 1 500 000 Fl. • Weine: u.a. Chardonnay, Sauvignon, Cabernet Sauvignon, Merlot, Pinotage, MCC
400 Hektar unter Vertrag. Drei Produktlinien vom einfachen Capeland über Bay View zu Longridge.

Meerlust ***
Stellenbosch
150 ha; 600 000 Fl. • Weine: u.a. Chardonnay; ›Rubicon‹, Merlot, Pinot Noir
Seit 1756 im Besitz der Familie Myburgh. Bordeaux-*blend* Rubicon aus zwei Drittel Cabernet Sauvignon, einem Viertel Merlot und etwas Cabernet Franc.

Middelvlei **–***
Stellenbosch
140 ha; 360 000 Fl. • Weine: Chardonnay, Cabernet Sauvignon, Pinotage, Shiraz, Pinotage / Merlot
Seit 1930 Weinberge am Papegaai-Berg. Jetzt moderner kraftvoller Rotweinstil, vor allem bei Pinotage und Shiraz. Über Bergkelder.

Morgenhof ***
Stellenbosch, Simonsberg
90 ha; 300 000 Fl. • Weine: u. a. Chardonnay, Sauvignon, Chenin, Méthode Cap Classique; Cabernet Sauvignon, Merlot, Pinotage
Anne Cointreau, Spross der berühmten Likördynastie, und Ehemann Alain Huchon verwandelten den historischen Besitz in eine Attraktion. Dank Kellermeister Jan Daneel hohe Weinqualität; →Merlot und die Bordeaux-Cuvée Première Sélection aus Cabernet Sauvignon, Merlot und Cabernet Franc.

Mulderbosch ***
Stellenbosch
20 ha; ZT; 230 000 Fl. • Weine: Chardonnay, Sauvignon, Chenin; ›Faithful Hound‹, ›Kanu‹
Winemaker Mike Dobrovic erzeugt mit seiner engagierten farbigen Crew sehr gute Weißweine.

Muratie **
Stellenbosch, Muldersvlei
42,5 ha; 80 000 Fl. • Weine: u. a. ›Ansela‹, Cabernet Sauvignon, Merlot, Pinot Noir, Shiraz, Port, Dessertwein
300 Jahre altes Gut. Heute (wieder) im Besitz der Familie Melck; →Pinot und die Cuvée Ansela aus Cabernet Sauvignon und Merlot.

Neethlingshof **–****
Stellenbosch
165 ha; 1 000 000 Fl. • Weine: u. a. Sauvignon, Chardonnay; Cabernet Sauvignon und Franc, Merlot, Shiraz, Pinotage
1692 gegründeter Hof, mit denkmalgeschütztem Burenhaus von 1814, vom deutschen Financier Hans-Joachim Schreiber ab 1985 restauriert. Weinmäßig von Schalk van der Westhuizen geführt, breites Angebot auf hohem Niveau; →überragende Noble Late Harvest Weißer Riesling, im Barrique vinifizierter Sémillon, würziger Shiraz.

Neil Ellis Wines ***
Stellenbosch, Jonkershoek
50 ha; ZT; 500 000 Fl. • Weine: Sauvignon, Chardonnay, Riesling; Cabernet Sauvignon, Cabernet / Merlot, Pinotage, Pinot Noir
Der hochangesehene *winemaker* hat auf Hans-Peter Schröders japanisch gestyltem Oude-Nectar-Gut eine überragende, wasserfallgekühlte *winery* errichtet. Ganz besonders gelungen sind Sauvignon, Pinotage und Shiraz.

Rustenberg ***
Stellenbosch
120 ha; 400 000 Fl. • Weine: u. a. Chardonnay, Sauvignon, ›Q.F.1‹; Cabernet Sauvignon, ›Rustenberg‹; Zweitlabel Brampton
Vielseitiges 1000-Hektar-Gut aus drei historischen Gehöften. Spitzenweine: Cabernet Sauvignon Peter Barlow (der das Gut ab 1940 aufbaute), Chardonnay Five Soldiers.

Rust-en-Vrede ****
Helderberg
30 ha; 150 000 Fl. • Weine: ›Rust-en-Vrede Estate Wine‹, Shiraz, Cabernet Sauvignon, Merlot, Tinta Barocca

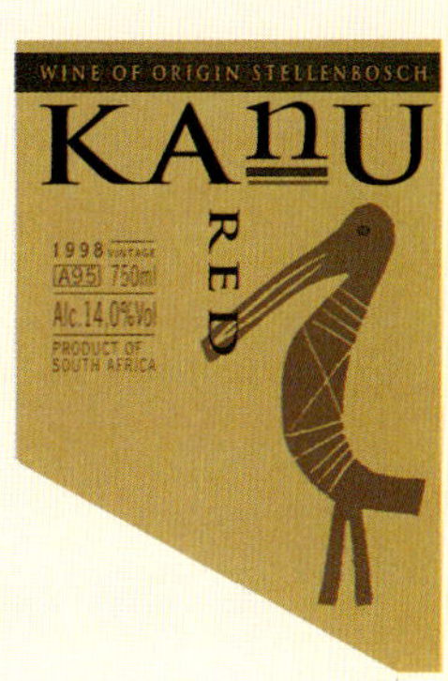

Die wunderschöne alte Farm der Engelbrechts liefert nur im Barrique ausgebaute Rotweine; →Estate Wine aus Cabernet Sauvignon, Shiraz und Merlot, großartiger Shiraz.

Saxenburg ****
Stellenbosch
90 ha; 350 000 Fl. • Weine: u. a. Sauvignon, Chardonnay; Cabernet Sauvignon, Merlot, Shiraz, Pinotage; Méthode Cap Classique
Seit 1991 unter Nico van der Merwe steiler Aufstieg; →die fünf sortenreinen Private-Collection-Weine von bestem Traubengut. Ebenfalls Besitzer des Château Capion im Languedoc.

Simonsig *–***
Stellenbosch
285 ha; 2 000 000 Fl. • Weine: u. a. Méthode Cap Classique, Chardonnay, Sauvignon, Riesling; Cabernet Sauvignon, Pinotage, ›Tiara‹
19 verschiedene Rebsorten. Drei Qualitätsreihen. Erzeugten 1971 mit Kaapse Vonkel den ersten südafrikanischen Schaumwein. →Bordeaux-Cuvée Tiara; fruchtbetonter Pinotage.

Stellenzicht **–****
Helderberg
228 ha; 800 000 Fl. • Weine: u. a. Sauvignon, Chardonnay; Shiraz, Merlot, Cabernet Sauvignon, ›Stellenzicht‹
Schwestergut vom Neethlingshof mit erstklassigen Lagen. Zweier-Gespanne wie Sauvignon / Sémillon, Merlot / Cabernet Franc, Shiraz / Grenache. Cuvée aus Merlot, Cabernet Sauvignon und Franc. →Konzentrierter Shiraz.

Thelema Mountain Vineyards ****
Stellenbosch
40 ha; 350 000 Fl. • Weine: Chardonnay, Sauvignon, Riesling, Chenin, Muscat; Cabernet Sauvignon, Merlot
Hoch auf dem Simonsberg legte Gyles Webb seine Rebflächen an, von denen er einige der gefeiertsten südafrikanischen Weine einbringt. →Cabernet-Sauvignon-Reserve.

Vergelegen ****
Helderberg
103 ha; 780 000 Fl. • Weine: u. a. Chardonnay, Sauvignon, Sémillon, ›Vin de Florence‹; Merlot, ›Mill Race Red‹
Supergut des Anglo-American-Konzerns mit achteckiger Gravitätskellerei, jetzt unter *winemaker* André van Rensburg. →Exzellenter Sauvignon vom Schaapenberg; Merlot.

Vriesenhof ***–****
Talana Hill, Stellenbosch
ca. 20 ha; ZT; 330 000 Fl. • Weine: Chardonnay, Chardonnay / Sauvignon; Pinotage, Cabernet Sauvignon, ›Kallista‹, ›Talana Hill Royale‹
Nach Kanonkop übernahm Jan Coetzee in Eigenregie den Vriesenhof und die nahe Talana Hill Winery, wo er betont individuelle Weine, auch als Paradyskloof, abfüllt; →Pinotage und Kallista aus Cabernet Sauvignon, Merlot und Cabernet Franc.

Warwick Estate ***–****
Stellenbosch
70 ha; 250 000 Fl. • Weine: Chardonnay; Rosé; ›Trilogy‹, Pinotage, Cabernet Franc, Cabernet Sauvignon, Merlot
Norma Ratcliffe und *winemaker* Marcus Milner haben eine Hand für Rotweine, ob sortenrein oder als Bordeaux-Cuvée Trilogy. Für Auktion: Femme Bleue aus neuem Holz.

Paarl

Auch in Paarl, mit knapp 90 000 Einwohnern zweitgrößte Stadt der Kapregion, kann man noch zahlreiche Zeugen der burischen und britischen Wohnarchitektur bewundern und die elf Kilometer lange, von eindrucksvollen Jarakanda-Bäumen gesäumte Hauptstraße entlang flanieren. Der Name der 1717 gegründeten Stadt ist von dem Granitberg abgeleitet, zu dessen Füßen sie errichtet wurde. Wenn nach Regenfällen Sonnenschein auf ihn fällt, glitzert er wie eine Perle. Auf seinem südöstlichsten Hang erhebt sich das Taal Monument mit seinen verschieden hoch aufragenden, blendend weißen Säulen, das dem Afrikaans gewidmet ist, der in Südafrika hauptsächlich gesprochenen Sprache. Der Paarl Rock gewährt einen grandiosen Blick bis zum 60 Kilometer entfernten Kapstadt und dem Atlantik. Von dort oben überschaut man auch das Tal des Berg River, der die Bewässerung der sandigen Talböden ermöglicht, auf denen sich weite Rebflächen erstrecken. Die Paarl-Region erzeugt ein Fünftel des gesamten südafrikanischen Weinvolumens.

Am Berghang oberhalb der Stadt Paarl steht das Taal Monument, das 1875 zu Ehren der Sprache Afrikaans errichtet wurde.

Die ausgedehnten flachen Lagen waren in der Vergangenheit fast ausschließlich Chenin Blanc, Colombard und dem White French genannten Palomino vorbehalten, die den Most für die Sherry-Produktion lieferten. Schließlich liegt Paarl auf dem gleichen Breitengrad in der südlichen Hemisphäre wie Jerez de la Frontera in der nördlichen und besitzt vergleichbar günstige Bedingungen für den Ausbau von Sherry im Solera-System. So dominierten ab etwa 1940 für lange Zeit Sherry und auch Port die Weinerzeugung der Region. Doch inzwischen ist die Nachfrage nach den verstärkten Weinen empfindlich zurückgegangen, nach trockenen Weißweinen dagegen deutlich angestiegen. Chardonnay und Sauvignon gewinnen mehr und mehr an Boden, aber auch Chenin Blanc wird inzwischen zu sehr ansprechenden Weißweinen vinifiziert.

Im Weindistrikt Paarl herrscht ein ausdrücklich mediterranes Klima, das heiße, trockene Sommer im Wechsel mit feuchten Wintern beschert. Die Durchschnittstemperatur in den für das Wachstum der Trauben entscheidenden Monaten Dezember bis März liegt mit 22,5 °C um 2 °C höher als in Stellenbosch.

Veenwooden – Rotwein-refugium eines wein-fanatischen Opernsängers

Maritime Einflüsse sind hier eher unbedeutend. Diese natürlichen Bedingungen spiegeln sich im Charakter der Weine wider, die oft mehr Volumen und Kraft und seltener die Eleganz und feine natürliche Säure gemäßigterer Zonen aufweisen. Da kommt den *winemakers* die südafrikanische Gesetzgebung entgegen, die es ihnen erlaubt, dem Wein Säure hinzuzufügen. Dies geschieht bereits während der Pressung; richtig eingesetzt, lässt sich so eine gute Ausgewogenheit erzielen, ansonsten erreicht man in den Weinen nichts als einen harten Abgang.

Man findet in Paarl heute nicht nur eine breite Palette bemerkenswerter weißer Rebsorten, zu denen außer den bereits genannten auch Cape Riesling und Weißer Riesling, Gewürztraminer und Bukett-Traube, Hanepoot und der hier Muscadel genannte Muscat de Frontignan, Sémillon und Pinot Gris gehören. Die höheren Lagen, wo in der

Die Nederburg-Auktion

Östlich von Paarl liegt Nederburg, das weltweit bekannteste südafrikanische Gut, das außer dem Lesegut der eigenen 100 Hektar Rebflächen Trauben von drei weiteren Gütern mit zusammen 550 Hektar Rebfläche verarbeitet. Eine eigene Rebschule sorgt für beste Klone und Unterlagen.

Der alteingesessene Besitz mit dem traditionsreichen Gutshaus erfuhr einen abermaligen Aufstieg erst unter dem deutschen Brauereidirektor Johann Georg Graue, der 1937 nach Südafrika auswanderte, um dem Naziregime den Rücken zu kehren. Graue pflanzte erstklassige Rebanlagen und vinifizierte als Erster mit Temperaturkontrolle. Nach dem Tod seines Sohns Arnold übernahm der Deutsche Günther Brözel die Weinbereitung und kreierte mit Edelkeur den ersten Botrytis-Wein Südafrikas. Im Jahr 1966 gelangte Nederburg in den Besitz der Stellenbosch Farmers Winery, und 1975 wurde hier die erste Auktion durchgeführt. Dabei kommen jedes Jahr im Frühling 120 bis 150 verschiedene Weine unter den Hammer. Zum einen erzeugt Nederburg selbst Spezialfüllungen für diesen Anlass. Zum anderen selektioniert eine Jury dafür herausragende und seltene Weine anderer Erzeuger.

Auf diesem wohl bedeutendsten und sehr wichtigen gesellschaftlichen Ereignis Südafrikas, zu dem in der Regel 1600 Gästegeladen werden, demonstriert das Land der staunenden internationalen Weinwelt die Spitzen seiner Produktion. Ein Teil des Erlöses wird gemeinnützigen Einrichtungen zugeführt.

Der ›Cathedral Cellar‹ in Paarl ist das Aushängeschild der KWV, des Dachverbands der Weinbauerngenossenschaft. Er dient als Kellerhalle und als Weinreihe. In ihr erzählen die geschnitzten Stirnflächen verschiedener Fuder die Geschichte des südafrikanischen Weinbaus.

Umgebung der Stadt Granit vorherrscht, während nordöstlich von Malmesbury ein bröckliger Plattenschiefer überwiegt, sind hervorragend für Rotweine geeignet. Im Allgemeinen bevorzugt man dafür die Bordeaux-Sorten, wobei Cabernet Sauvignon und Merlot oft sortenrein oder als *blend* mit oder ohne Cabernet Franc abgefüllt werden. Auch hier steigt das Interesse an Pinotage, der traditionsgetreu bislang überwiegend zu Port verarbeitet wurde, oft in Verbindung mit Tinta Barocca. Auch Shiraz findet mehr und mehr Anhänger. Das heiße Klima sorgt für ausreichende Reife und sanfte Tannine, wobei man zunehmend modernste, elektronisch regulierte Bewässerungstechnik einsetzt. Sie wird über Messstationen gesteuert, sodass die Stöcke optimale Feuchtigkeit zum richtigen Zeitpunkt erhalten.

Die Stadt Paarl ist der Sitz der KWV. Der 1918 gegründete Dachverband der Weinbaugenossenschaften, die ›Ko-operatieve Wijnbouwers Vereniging‹, bestimmte über Jahrzehnte das Geschick der gesamten südafrikanischen Weinwirtschaft. Die Kelleranlagen der größten Genossenschaft der Welt erstrecken sich über 19 Hektar. Die Dachorganisation samt den diversen Tochtergesellschaften befindet sich im Besitz der 4 400 Wein anbauenden Mitglieder. Zugleich hält die KWV etwa die Hälfte der Anteile der Rembrandt-Gruppe, die wiederum Haupteigner der Stellenbosch Farmers Winery und der ›Distillers Corporation‹ ist. So gehören die nach außen als Konkurrenten auftretenden wichtigsten Weinerzeuger und -vertreiber Südafrikas im Grunde unter ein einziges Dach. Dies gilt auch für den Export. Dort ist seit einigen Jahren die KWV International gewichtigste Akteurin, die die interessantesten Weinreihen und

hochwertigsten Brandys des Hauptunternehmens vertreibt. Ihre Gründung ist die direkte Konsequenz einer revolutionären Umstrukturierung.

Von 1940 bis 1992 besaß die KWV die uneingeschränkte Macht über die gesamte südafrikanische Weinwirtschaft und vermochte in Krisenzeiten deren Zusammenbruch erfolgreich zu verhindern. Ihre empfindlichste Waffe bestand in einem Quotensystem, das ihr erlaubte, selbst bei Nichtmitgliedern jene Überschussmenge festzusetzen, die man ihr unentgeltlich zur Destillation überlassen musste. Zu dieser Zeit stand die Brandy- und Alkoholproduktion, die noch heute zwei Drittel ihrer Aktivität ausmacht, eindeutig im Zentrum ihres Interesses. Die Aufhebung dieses Gesetzes und die sprunghaft ansteigende Nachfrage aus dem Ausland veränderte nicht nur die Situation der unabhängigen Erzeuger, sie verlangte auch von der KWV eine Neuorientierung.

Neben der attraktiven Fassade des Hauptsitzes La Concorde in der Main Street, die der spanische Bildhauer Florencio Quiran gestaltete und die der KWV als Logo dient, ist der Cathedral Cellar zum Wahrzeichen des Unternehmens geworden. Diese 1930 errichtete Kellerhalle – sie gab der renommiertesten Weinreihe der KWV den Namen – birgt große Eichenfuder, deren geschnitzte Stirnflächen die Geschichte des südafrikanischen Weinbaus erzählen. Die 1997 vollzogene Wandlung des Kolosses kann guten Gewissens als revolutionär bezeichnet werden, denn seither ist die Weinsparte, die ein Drittel der Produktion ausmacht, gesondert strukturiert. Investitionen in Millionenhöhe, modernste Vinifikationstechnologie und ein Barrique-Park, der 14 000 Stück umfasst, sind die nach außen in Erscheinung tretenden Kennzeichen dieser Neuorientierung.

Innerbetrieblich wird die Entschlossenheit zur erfolgreichen Neuorientierung daran deutlich, dass die Führungsspitze dem jungen Chief Cellar Master Kosie Möller völlig freie Hand ließ. Er geht mit dem Riesenbetrieb um wie mit einer Domäne. Für die interessantesten Weine hat er vier Güter ausgewählt, deren einzelne Parzellen er vorab bestimmten Qualitäten zuordnet und deren Bearbeitung er entsprechend durchführen lässt. Was ihm gelingt, ist verblüffend. Die sauber vinifizierte, immer fruchtige und angenehme KWV-Reihe umfasst die in Anbetracht der gebotenen Qualität gigantische Menge von rund 10 Millionen Flaschen. Auch hier erreichen die Rotweine höhere Punkte, so der würzige und beerige Pinotage und der komplexe Cabernet Sauvignon mit dunkler Frucht und guter Länge. Beim Schaustück der KWV, dem historischen Laborie Estate, das getrennt geführt wird, brillieren inzwischen ein sehr mineralischer, feinfruchtiger Chardonnay und der köstliche süße Likörwein Pineau de Laborie aus Pinotage.

Franschhoek

Die ›französische Ecke‹ entwickelt sich dank des Zusammenhalts unter ihren knapp zwei Dutzend Weingütern und der hohen Qualität ihrer Produkte zu einem eigenständigen Anbaugebiet. Als Ward eingestuft, zählt sie offiziell zum Weindistrikt Paarl. Südlich von Paarl und östlich von Stellenbosch gelegen, zeigt das Gebiet jedoch einen ganz eigenen Charakter. Von seiner Quelle in den Franschhoek Mountains hat sich der Berg River seinen Weg durch das schmale, nur 14 Kilometer lange Tal gebahnt. Dieses Tal wird nicht allein nach Süden durch das Gebirge begrenzt, es wird auch im Osten von einer steil aufragenden Felskette verriegelt. Aus diesem Kessel windet sich eine einzige Passstraße heraus, der ehemalige Elefantenpfad. Nach Norden hin rahmt das Drakenstein-Gebirge das Tal ein. Im Vergleich zu Paarl verfügt Franschhoek über ein etwas kühleres, mit der Jahresniederschlagsmenge von 1200 Millimetern vor allem aber über ein wesentlich regenreicheres Klima.

Am Eingang des Tals liegt das nahezu 500 Hektar Rebfläche umfassende, heute der Anglo-American Gruppe gehörende historische Gut Boschendal. Es wurde im Jahre 1685 von Simon van der Stel dem Hugenotten Jean de Long überschrieben. Zwischen 1688 und 1690 holte der Gouverneur dann weitere 200 Hugenotten ins Land, die nach der Aufhebung des Edikts von Nantes aus Frankreich geflohen waren. Allerdings unterband van der Stel, dass sie sich in einem eigenen Dorf zusammenschlossen, und siedelte sie zwischen hol-

Gepflegte Weingüter sind das Markenzeichen von Franschhoek.

Hugenotten siedelten um 1690 in Franschhoeck. Dort errichteten sie Dörfer und schmucke Güter, von denen die meisten bis heute französische Namen tragen.

ländischen und deutschen Bürgern an. Die Landzuteilung erfolgte überwiegend zwischen 1693 und 1695 und spiegelt sich in den Gründungsdaten von Gütern wie La Motte, La Provence und Haute-Provence, Cabrières und Bellinchamp, dem heutigen Bellingham. Die Hugenotten brachten Erfahrungen in Weinbau und Weinbereitung mit. Als Erster pflanzte Jacques de Villiers Trauben in dem grünen Tal und begründete mit seinen Brüdern Pierre und Abraham eine Weindynastie, deren achte Generation heute erneut – und jetzt als einzige Hugenottenfamilie – in Franschhoek Weinbau betreibt. Über die Grenzen des kleinen Tals hinaus gewannen Hugenotten Einfluss auf den Weinanbau der gesamten Kapregion. Da mutet es seltsam an, wenn der französische Staat auf Namensänderungen von Gütern drängt, die seit drei Jahrhunderten Wein erzeugen.

Die Böden sind überaus unterschiedlich und reichen von fruchtbarem, lehmhaltigem Schwemmland nahe dem Fluss bis zu roten, tonhaltigen, steinigen Lagen oder zersetztem Granit auf den oberen Hängen. Die das Tal von drei Seiten einrahmenden Berge stellen Hanglagen in fast jeder Himmelsrichtung zur Verfügung, wenn auch östliche und westliche überwiegen. Modifiziert werden diese Einflüsse durch die unterschiedlichen Höhen, auf denen sich Weinberge befinden, von wenig mehr als 100 Metern in Flussnähe im unteren Teil des Tales bis auf rund 500 Meter auf den obersten bestockbaren Hängen.

Zunächst machten sich die Winzer und *winemakers* von Franschhoek einen Namen mit Sauvignon Blanc, Sémillon, Chardonnay und Cap Classique, dem flaschenvergorenen Schaumwein, bei dem vor allem Boschendal und Pierre Jourdan von Cabrières bekannt wurden. Bei Chardonnay und Sauvignon ergeben sich je nach der Höhe der Lage deutliche Unterschiede im Ausdruck. Die im Tal reifenden Trauben führen zu runden, vollmundigen, teils etwas schweren Weinen. Kommen sie von Höhen über 300 Meter, sind sie entschieden frischer, eleganter und besitzen ansprechende feinfruchtige Aromen. Aber auch mit Rotweinen sind die Domänen des reizvollen Tals recht erfolgreich. Noch überwiegen zwar die Bordeaux-Sorten und *-blends*, aber längst zeigt die Shiraz, dass sie hier oft ausgezeichnet reift, und einer der besten Pinotages der Kapregion stammt von Bellingham.

Außer landschaftlichen Reizen und bemerkenswerten Weinen besitzt der kleine, charmante Ort Franschhoek eine weitere Attraktion: die Gastronomie. Neben seinen Hotels und den oft ausgesprochen komfortablen Gästehäusern bietet er mehr als zwanzig Restaurants, von denen einige zu den besten Südafrikas zählen.

Links:
Boschendal, das älteste und größte Gut des Wards, ist für hohe Weinqualität, schöne Picknicks und ein exzellentes Restaurant bekannt.

Rechts:
Das Potential des Terroirs steht bei Mont Rochelle im Vordergrund.

Unten:
Franschhoek ist ein kleines, wunderschönes Tal, das auf drei Seiten von hohen Bergen umgebenen ist.

Ausgewählte Erzeuger in Paarl & Franschhoek

Backsberg **
Paarl
200 ha; 1 200 000 Fl. • Weine: u. a. Chenin, Chardonnay, Sémillon; Pinotage, Shiraz, Cabernet Sauvignon, ›Klein Babylonstoren‹
Michael Backs Gut liefert u.a. Klein Babylonstoren, eine überzeugende Bordeaux-*blend*. Er kreierte das separate Projekt Freedom Road, das mit eigenen Weinen eine Hausbau-Initiative finanziert. →Brandy.

Bellingham **–***
Franschhoek
120 ha; ZT; 4 000 000 Fl. • Weine: u. a. Chardonnay, Sauvignon; Cabernet Franc und Sauvignon, Pinotage, Merlot, Shiraz
Reihen: ›Premium‹, ›Vintage‹ sowie süffige Cuvées.

Boschendal ***
Franschhoek
500 ha; 3 000 000 Fl. • Weine: u. a. Sauvignon, Chardonnay, Chenin, Méthode Cap Classique; Shiraz, Merlot, ›Lanoy‹, ›Pavillon‹-Reihe
Bekannte Cap Classiques; →Sauvignon, Shiraz und die Cuvée Lanoy aus Merlot, Shiraz und Cabernet.

Cabrière Estate ***
Pierre Jourdan, Franschhoek
23 ha; 300 000 Fl. • Weine: verschiedene Méthode Cap Classique Pierre Jourdan; Chardonnay; Pinot Noir
Am besten probiert man die Cap-Classique- oder die Pinot-Noir-Weine im Restaurant Haute Cabrière.

Count Agusta **
Haute Provence, Franschhoek
25 ha; ZT; 300 000 Fl. • Weine: u. a. Chardonnay, Sauvignon, Chenin; Cabernet Sauvignon
Der Graf übernahm die historische Hugenotten-Farm 1998. Vielversprechend: Chardonnay, Blanc Fumé und Cabernet Sauvignon unter *winemaker* John Goschen.

Fairview **–****
Paarl
300 ha; 1 500 000 Fl. • Weine: u. a. Chardonnay, Chenin, Sémillon, Viognier; Merlot, Pinotage, Shiraz, Mourvèdre
Tiefdunkle, konzentrierte Rote mit reifer Frucht von Shiraz, Pinotage und Zinfandel, aber auch Malbec und Carignan. Guter Sémillon und Chardonnay. →Merlot.

Fredericksburg: R & de R. ****
Franschhoek
200 ha; ca. 250 000 Fl. • Weine: Sauvignon, Chardonnay; Cuvée
Joint Venture zwischen Anthonij Rupert und Benjamin de Rothschild. Jetzt 42 Hektar in Produktion. Cuvée aus 60 Prozent Cabernet und 40 Prozent Merlot.

Glen Carlou ***
Paarl
50 ha; 250 000 Fl. • Weine: Chardonnay, Chenin; ›Grande Classique‹, Pinot Noir, Merlot, ›Les Trois‹, Vintage Port
Projekt des Schweizers David Hess (Napas Hess Collection) und Walter Finlayson. →Cuvée Grande Classique und Top-Chardonnay.

Klein Begin **–***
Nelson Estate, Paarl
50 ha; 250 000 Fl. • Weine: u. a. Chardonnay, Chenin, ›Marguerite‹, Sémillon; Cabernet Sauvignon, Merlot, Shiraz
Als Alan Nelson 1997 seinen farbigen Arbeitern 9 Hektar Weinberge vermachte, wurden sie zu den ersten nicht weißen Winzern Südafrikas und tauften ihre Genossenschaft ›Kleiner Beginn‹. Dank gut gemachter Weine war sie sofort kommerziell erfolgreich. Unterdessen macht auch Nelson selbst Fortschritte, vor allem mit Chardonnay und Cabernet Sauvignon.

Mont Rochelle ***
Franschhoek
26 ha; ZT; 240 000 Fl. • Weine: Chardonnay, Sauvignon; Cabernet Sauvignon, Merlot; Zweitlabel Petit Rochelle
Mit diesem hübschen Gut knüpft Graham de Villiers seit 1993 an die Tradition seiner hugenottischen Ahnen an und erregt mit würzigem Cabernet und Merlot Aufsehen.

La Motte **–***
Franschhoek
104 ha; 200 000 Fl. • Weine: Chardonnay, Sauvignon; ›Millenium‹, Cabernet Sauvignon, Shiraz, Merlot
Das Gut gehört zum Rupert-Imperium. Jacques Borman setzt seine intensiven Frankreicherfahrungen in klassische Rotweine um, allen voran die Cuvée Millenium. Über Bergkelder.

L'Ormarins ***
Franschhoek
200 ha; 700 000 Fl. • Weine: u. a. Chardonnay, Sauvignon, Riesling; ›Optima‹, Shiraz, Cabernet Sauvignon; Port
Historisches, vorbildlich restauriertes Gehöft im Besitz von Anthonij Rupert. Besonders gelungen sind die Cuvée Optima aus Merlot und der sortenrein ausgebaute Cabernet Sauvignon. →Late Bottled Vintage Port.

Plaisir de Merle ***
Paarl
400 ha; 500 000 Fl. • Weine: Chardonnay, Sauvignon; Cabernet Sauvignon, Merlot
Das sehenswerte Schaugut der Stellenbosch Farmers Winery füllt nur seine besten Weine unter eigenem Etikett ab, während der Rest an Nederburg geht. Guter Chardonnay. →Cabernet Sauvignon.

Ruitersvlei *–***
Paarl
280 ha; 300 000 Fl. • Weine: u. a. Chardonnay, Sauvignon, Riesling, Chenin; Merlot, Cabernet Sauvignon, Pinotage
Vom Gut der Faure-Familie kommt ein breites Angebot. An dessen Spitze stehen die kraftvollen Reserveweine von Cabernet und Merlot.

Veenwouden ****
Paarl
14,5 ha; 70 000 Fl. • Weine: ›Veenwouden Classic‹, ›Vivat Bacchus‹, Merlot
Operntenor und Weinfanatiker Deon van der Walt und sein Bruder Marcel erzeugen aus Merlot, den Cabernets und Malbec drei großartige, vollreife Rotweine.

Villiera ***
Paarl
300 ha; 1 200 000 Fl. • Weine: u. a. Méthode Cap Classique, Sauvignon, Chardonnay, Chenin, Riesling; ›Cru Monro‹, Shiraz, Merlot, Pinotage
Jeff Grier vertritt einen zugänglichen, fruchtbetonten Weinstil; →komplexer Bush Wine Sauvignon Blanc und würziger Shiraz mit guter Ausdauer.

Robertson

Seit die Stauseen der Du-Toitskloof-Berge auch während der trockenen Sommermonate für ausreichend Wasser sorgen, hat sich der Charakter des Robertson-Gebiets gewandelt. Wo Siedler erst Anfang des 19. Jahrhunderts begannen, auf kargen, steppenähnlichen Weiden Schaf- und Straußenzucht zu betreiben, leuchtet sattes Grün in den Tälern und dehnen sich auf niedrigeren Hanglagen Weinfelder aus.

Möglich wird der Weinbau hier erst durch die gesicherte Wasserzufuhr – die meisten Güter liegen unmittelbar am Fluss –, aber zwei weitere Phänomene wirken sich entschieden positiv aus. Die sommerliche Hitze wird nachmittags mit schöner Regelmäßigkeit gemildert, wenn vom 80 Kilometer entfernten Ozean Wolken herandrängen, sich über die Bergketten schieben und die Temperaturen zum Sinken bringen. Die vergleichsweise kühlen Nächte bewirken eine Ausdehnung der Reifeperiode und bewahren den Trauben ihre Aromen. Der zweite Faktor räumt dem Gebiet eine Sonderstellung ein. Überall sonst in der Kapregion herrschen saure Böden vor, in Robertson aber sind sie kalkreich. Aus diesem Grund werden hier auch Pferde gezüchtet, denn der Kalk stärkt deren Knochenwuchs. Den Weinen verhilft er zu ganz besonderer Finesse.

Obwohl man auch hier früher überwiegend Chenin und Colombard für Brennweine produzierte, die noch immer den Hauptanteil unter den Sorten ausmachen, versteht man es inzwischen, daraus sehr angenehme, aromatische und ausgewogene Weißweine zu erzeugen. Chardonnay und Sauvignon gewinnen viel Schliff auf dem Kalk, doch hauptsächlich macht man daraus leicht strukturierte *easy drinking wines* ohne viel Charakter.

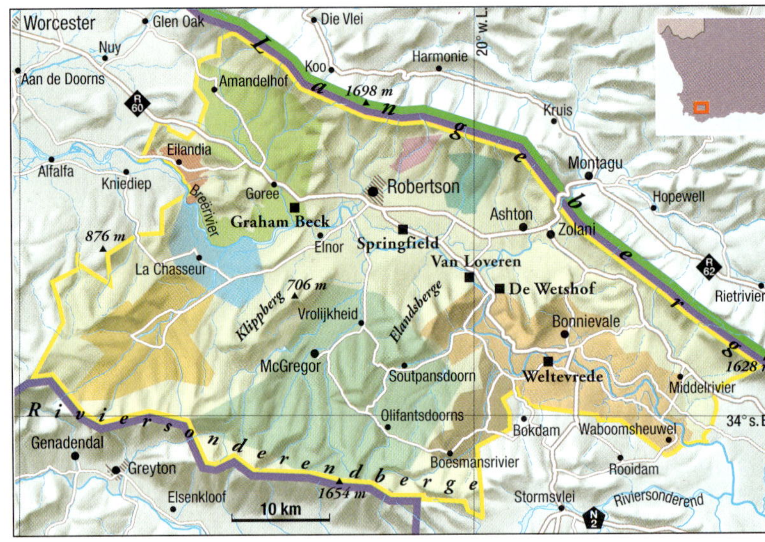

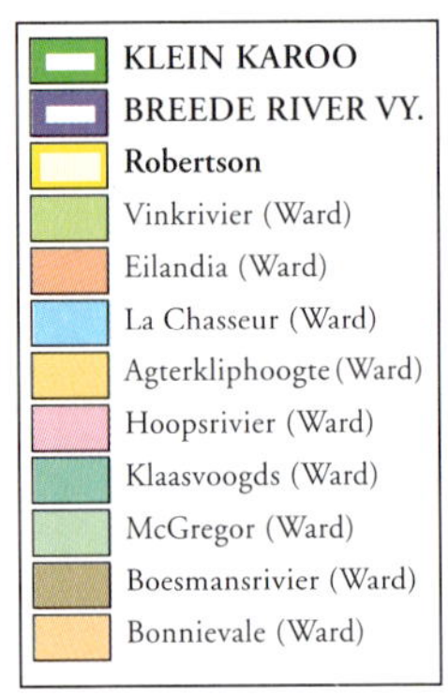

Die Erkenntnis, über ein ganz besonderes Terroir zu verfügen, wirkt offenbar beflügelnd. Gewiss kommt es vor allem den Weißweinen sehr entgegen, aber immer mehr Güter erbringen den Beweis, dass darauf auch Shiraz und Cabernet erstaunliche Klasse erreichen können. Daher steigt der Rotweinanteil, der ursprünglich nur 10 Prozent ausmachte, stetig, und nicht wenige Betriebe streben für die Zukunft 40 oder sogar 50 Prozent an. Eine Spezialität von Robertson sind seine süßen, verführerischen Muscadel-Weine, sowohl in gold- wie kupferfarbener Version.

Kalkhaltiger Boden in Verbindung mit Feuchtigkeit zieht aber auch Schnecken an. In Robertson hat man sich gegen die unzähligen Plagegeister ein höchst ökologisches Mittel einfallen lassen. So schuf Weltevrede zum Beispiel 200 Planstellen für Dachse. Die Borstentiere, die geradezu begeistert von Schnecken sind, werden jeden Morgen zu ihrem Einsatzort gefahren, wo sie sich mit Hochgenuss über die Schädlinge hermachen. Nach getanem Tageswerk sind sie so satt und müde, dass sie freiwillig auf die Wagen hoppeln, die sie in ihr Schlafquartier zurückbefördern.

Rechts:
Während in anderen Weinregionen die Rosen blühen, sind die Winzer von Robertson auf die feuerroten Cañas stolz.

Links:
Junge Springböcke in der kargen Steppe, die das fruchtbare Tal von Robertson umgibt.

Sonstige Weinregionen

Wellington

Es gehört zum Paarl-Distrikt und lieferte vor allem weiße Trauben für die Sherry-Herstellung. Inzwischen wird die Bestockung umfassend verändert und um rote Reben ergänzt. Dabei befinden sich die drei Kooperativen und die wenigen Weingüter in einer privilegierten Situation, denn die Umgebung der Kleinstadt ist die Hochburg der Rebschulen Südafrikas.
Empfehlenswert: Linton Park, Claridge, Wellington Wjnkelder, Bovlei Winery, Wamakersvallei.

Klein Karoo

Der hottentottische Name dieser Weinregion, die sich über mehr als 250 Kilometer nach Osten erstreckt, bedeutet so viel wie Steppe. In dem extrem trockenen und kargen Gebiet können Reben nur dort gedeihen, wo man sie künstlich bewässern kann. Im Westen bei Montagu und Barrydale, wo die Genossenschaften hauptsächlich Brennweine erzeugten, verlegt man sich zunehmend auf trockene Weißweine aus Chenin und Colombard sowie aus neugepflanzten internationalen Sorten. Calitzdorp im Osten ist mit seinem Distrikt die Hochburg der Port-Produktion, und auch Muskatweine haben Tradition. Neben den überzeugenden Weißen wird man in Zukunft auch Rotweine aus Cabernet, Merlot und Pinotage erwarten können.
Empfehlenswert: Die Krans, Boplaas, Grundheim, Calitzdorp Co-operatieve, Mons Ruber.

Worcester

Von Paarl nach Osten führt ein Tunnel durch die Du-Toitskloof-Berge, der das Weingebiet leicht zugänglich macht. In dem sehr weiten Tal erstrecken sich enorme Rebflächen, die trotz des trockenen und heißen Klimas, aber dank der Bewässerung durch den Stausee Brandvlei und den Breede River fast ein Viertel der südafrikanischen Weinernte liefern. Die 16 Genossenschaften erzeugen *easy drinking wines* zu günstigen Preisen, die sie überwiegend als Tankware vermarkten. Aber die ganze Dynamik richtet sich inzwischen auf Eigenabfüllungen.
Empfehlenswert: Botha, Slanghoek, Du Toitskloof, Nuy, Romansrivier, Bergsig, Deetlefs, Goudini, De Wet Co-op.

Durbanville

Nördlich von Kapstadt liegend und ein kühleres Küstenklima genießend, gehört dieser Ward zu den ältesten Weingebieten, wo die wenigen Güter nicht selten 300 Jahre alt sind und heute von den ausufernden Vororten bedrängt werden. Obwohl gut für Weißweine geeignet, gedeihen hier sehr überzeugende Pinotages, Shiraz', Cabernets und Merlots.
Empfehlenswert: Altydgedacht, Bloemendal, Meerendal.

Swartland

Im Nordwesten von Paarl zieht sich der, wegen seiner schwarzen fruchtbaren Erde ›Schwarzland‹ genannte Weindistrikt an der Atlantikküste hinauf. Hier befindet sich die Kornkammer Südafrikas. Weiter im Inland werden in trocken-heißem Klima mit gerade ausreichender Feuchtigkeit Reben im Gobelet-System erzogen und selten bewässert. Die Erträge sind niedrig, die Trauben gesund und konzentriert. Die vier fortschrittlichen Genossenschaften liefern zusammen ein Achtel des nationalen Weinvolumens. Cabernet und Pinotage gelingen hier besonders gut, aber auch Shiraz vermag zu überzeugen. Piketberg ist eine angeschlossene, doch wenig bedeutende Region. Das aufstrebende Gebiet um Darling, näher am Atlantik, liefert unter anderem guten Sauvignon.
Empfehlenswert: Allesverloren, Spice Route, Swartland Wine Cellar.

Tulbagh

Das östlich an Swartland anschließende kleinere Gebiet im Umkreis der nach dem Erdbeben von 1969 liebevoll restaurierten gleichnamigen Kleinstadt ist hauptsächlich für seine Sherrys bekannt, macht sich aber mittlerweile auch einen Namen für aromatische Weißweine, nicht zuletzt für Rieslinge.
Empfehlenswert: Twee Jonge Gezellen, Theuniskraal, Tulbagh Co-op, Drostdy-Hof, Kloofzicht, Paddagang.

Olifants River

Die Region schließt sich weiter nördlich an Swartland an. Vredendal, neben Citrusdal sein wichtigstes Zentrum, liegt rund 450 Kilometer von Kapstadt entfernt. Trotz des sehr trockenen Klimas übernimmt selbst hier der Atlantik eine temperaturmildernde Funktion, dennoch ist Rebanbau nur mit Bewässerung möglich. Die Genossenschaft in Vredendal ist stolz darauf, dass sie mit ihrer 50 000-Tonnen-Ernte manches Weinland überflügelt.
Empfehlenswert: Lutzville, Klawer, Cederberg, Vredendal.

Douglas und Orange River

800 Kilometer nördlich von Kapstadt liefert dieses heißeste aller südafrikanischen Anbaugebiete ein Zehntel der gesamten Weinproduktion. Dies gelingt nur mit immensen Erträgen von 450 Hektolitern pro Hektar auf bewässerten – und im Winter überfluteten – Schwemmböden. Der größte Teil der Erträge dient zum Brennen.
Empfehlenswert: Douglas Winery.

Graham Beck hat in Robertson ein modernes Mustergut geschaffen, das durch seinen exzellenten Schaumwein bekannt wurde.

Elgin & Walker Bay

Overberg heisst die Region, die zwei aufstrebende Wards beherbergt. Elgin ist ein Hochland östlich der False Bay, das von seinen Bedingungen her für den Obstanbau prädestiniert ist. Wie sich an den neu angelegten Weinbergen ablesen lässt, wenden sich inzwischen immer mehr Farmer der Traubenproduktion zu, und erste Ansätze weisen auf Eigenabfüllungen hin. Während sich Elgin in Weinkreisen seine Reputation erst noch erwerben muss, zählt Walker Bay zu den Geheimtipps von Kennern. Es ist das südlichste Anbaugebiet Afrikas und zugleich sein kühlstes, denn es liegt unmittelbar am Atlantik, dessen Wassertemperatur aufgrund kalter antarktischer Strömungen selbst in der Sommersaison kaum je 15 °C übersteigt.

Hinter den Hügeln, die das reizvolle Seebad Hermanus einfassen, stieß der ehemalige Werbemanager Tim Hamilton Russell im Hemel-en-Aarde-Tal (Himmel-und-Erde-Tal) auf ausgezeichnete Bedingungen für den Weinbau. Das Klima wird durch starke feuchte Winde vom Atlantik temperiert. Die tonhaltigen Böden erfordern zwar einen kräftigen Zusatz von Kalk, aber der dominierende Schieferanteil verspricht viel Charakter und Eleganz. Die ersten Stöcke wurden 1976 gesetzt. Drei Jahre später kam mit Peter Finlayson ein versierter Önologe mit großer Burgund-Erfahrung in den Betrieb. Vom ersten Jahrgang an erregte das Gespann Aufsehen, und schon bald wurde es offensichtlich, dass die Zukunft des Tals von Pinot Noir, Chardonnay und Sauvignon nicht zu trennen sein würde. In den 1980er Jahren zogen die Weine von Hamilton Russell international Aufmerksamkeit auf sich. Sie erhielten zahlreiche Auszeichnungen und setzten sich auch preislich an die südafrikanische Spitze. Während Tim Hamilton Russell anfangs mit seinen Weinen Burgund nachzueifern versucht hatte, ist sein Sohn Anthony einen Schritt weiter gegangen. Auf dem Gut mit seinen 65 Hektar Weinbergen wird nun alles getan, um das spezielle Terroir zum Ausdruck zu bringen und einen eigenen Stil zu entwickeln.

Hermanus ist wohl das beliebteste Seebad der Kapregion und zur Weihnachtszeit – während der südafrikanischen Sommerferien – stets ausgebucht. In seinem Hinterland gedeihen Burgundersorten ganz hervorragend.

Peter Finlayson, Dirigent im Joint-Venture-Projekt Bouchard-Finlayson

Eine erste Maßnahme war es, die Weinberge nach ihren natürlichen Gegebenheiten und unterschiedlichen Pfropfunterlagen in Gruppen zu gliedern. Getrennte Einbringung und Vinifizierung führten dann unter dem gegenwärtigen *winemaker* Kevin Grant zu einer internen Klassifizierung der verschiedenen Parzellen. Große Anstrengungen wurden unternommen, um befallene durch virusresistente Stöcke zu ersetzen; gleichzeitig wurde die Pflanzdichte bedeutend erhöht. Seit 1993 konnte der Anteil der Trauben von gesunden Stöcken kontinuierlich gesteigert werden. Im großen Weinjahr 1997 war es endlich soweit: erstmals kelterte Hamilton Russell seinen Pinot Noir ausschließlich aus völlig gesundem Lesematerial, womit ihm der beste Rotwein gelang, der jemals auf dem Gut erzeugt worden war. Doch auch sein Chardonnay erreicht Spitzenklasse.

Nach elf Jahren intensiver Arbeit bei Hamilton Russell verwirklichte Peter Finlayson sich schließlich den Traum vom eigenen Weingut, als er 1990 zusammen mit Paul Bouchard aus der berühmten Burgunder Weindynastie das Nachbargut Klein Hemel-en-Aarde, Teil einer ehemaligen Missionsstation, erwarb. Von Anfang an bestockte er es mit virusfreien Klonen, wobei er bis zu 7 000 Reben pro Hektar setzte.

In dem weitläufigen, sanft geschwungenen Tal, das so wenig afrikanisch wirkt, weisen Bewässerungsteiche darauf hin, dass man dennoch in dieser Region auf Trockenheitsperioden vorbereitet sein muss. Bouchard-Finlayson setzten hier vor allem Pinot Noir und Chardonnay sowie einen kleinen Teil Pinot Blanc und Sauvignon. Dabei selektionierten sie zwei Lagen: Galpin Peak für die rote und Missionvale für die weiße Sorte, die sie

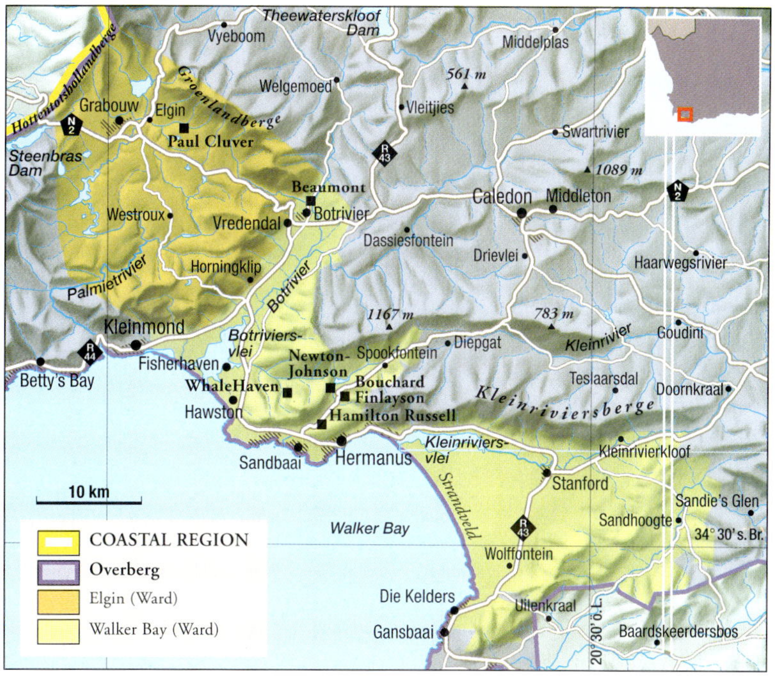

als separate Crus behandeln. Von Beginn an produzierten sie – mit dem erforderlich hohen Aufwand an Technologie und Kellerausstattung – Spitzenweine zu Spitzenpreisen. Auch ihnen gelangen überragende 1997er Jahrgänge, sowohl Chardonnay wie Pinot Noir. Letzterer erwies sich als gleichwertig mit dem von Hamilton Russell, und beide stellen die besten Pinot-Noir-Weine in der südafrikanischen Geschichte dar, dicht gefolgt von dem Pinot Noir von Whale Haven, den die benachbarte Storm Kreusch produziert.

Zur Walker Bay zählt auch Bot River, das ein gutes Stück näher an Kapstadt liegt als Hermanus. Raoul und Jayne Beaumont erwarben dort bereits

Hamilton Russell leistet Pionierarbeit mit Pinot und Chardonnay.

1973 die historische Compagnes Drift Farm. Wie sich herausstellen sollte, gehörten zu diesem ehemaligen Außenposten der Holländischen Ostindischen Kompanie auch etwa 50 Hektar Weinberge, die schon während der Kolonialzeit bewirtschaftet waren. Erst 1993 begannen die Beaumonts eigene Weine zu machen, zunächst aus altem Pinotage in den erhalten gebliebenen offenen Betonbecken. Und bereits mit dem bemerkenswerten Jahrgang von 1994 gelang ihnen der Durchbruch in die gehobene Klasse. Inzwischen ist das Team durch *winemaker* Niels Verburg kompetent verstärkt worden. Neben Pinotage konzentriert man sich mittlerweile auch auf Chenin mit der köstlichen Spätlese Goutte d'Or und dem hochwertigen trockenen Hope Marguerite. Sehr aromatische Sauvignons, gute Chardonnays und in Zukunft Shiraz runden das Angebot ab.

Zu Recht ist man auf die Weingärten im Himmel-und-Erde-Tal stolz.

Ausgewählte Erzeuger

Altydgedacht **
Durbanville
120 ha; 80 000 Fl. • Weine: u.a. Chardonnay, Sauvignon, Gewürztraminer; Barbera, ›Tercentennial‹, Cabernet Sauvignon
Alter, vielseitig bewirtschafteter Hof mit einem Weinkeller von 1705. Gute Bordeaux-Cuvée, Cabernet, Chardonnay und der einzige Barbera Südafrikas.

Beaumont ***–****
Walker Bay, Bot River
50 ha; 100 000 Fl. • Weine: Chenin, ›Hope Marguerite‹, ›Goutte d'Or‹, Chardonnay, Sauvignon; Pinotage, Shiraz; Port
Raoul und Jayne Beaumont verhalfen der Compagnes Drift Farm zur Renaissance. Hinreißende Pinotages, Chenins und Portweine mit Seltenheitswert.

Bon Courage **
Robertson
125 ha; ca. 600 000 Fl. • Weine: u.a. Chardonnay, Sauvignon, Colombard, Gewürztraminer, Muscadel; Cabernet, Shiraz; Méthode Cap Classique
André und Jacques Bruwer haben sich einen Namen mit sauberen, ansprechenden Weißweinen gemacht.

Boplaas *–***
Klein Karoo, Calitzdorp
65 ha; 300 000 Fl. • Weine: u.a. Chardonnay, Sauvignon; Cabernet Sauvignon; Vintage und andere Portweine, Dessertweine
Port-Champion Carel Nel ergänzt seine großartigen Vintage Reserves – darunter ein sortenreiner Touriga Nacional – durch anspruchsvolle Cabernets.

Bouchard-Finlayson ****
Walker Bay
14 ha; ZT; 160 000 Fl. • Weine: Chardonnay, Sauvignon, ›Blanc de Mer‹; Pinot Noir
Überragende Pinot-Noir-Weine und Chardonnays. Deren Spitzen Galpin Peak und Missionvale werden nach Parzellen vinifiziert. Amüsanter Blanc de Mer aus fünf Sorten.

Cederberg Kelders **
Olifants River
15 ha; 40 000 Fl. • Weine: u.a. Sauvignon, Chenin, Bukett-Traube; Cabernet Sauvignon, Pinotage, ›Cederberger‹
Hoch in den Cederberg Mountains gelegenes Familiengut, wo David Nieuwoudt für frischen Wind und fruchtbetonte, zunehmend charaktervolle Weine sorgt.

Claridge *
Wellington, Groenberg
12 ha; 36 000 Fl. • Weine: Chardonnay; ›Red Wellington‹, Pinot
Roger Jorgensen erzeugt ungewöhnliche Weine, darunter den buchstäblich umwerfenden Red Wellington.

De Wetshof **
Robertson
160 ha; 480 000 Fl. • Weine: Chardonnay, Sauvignon, Riesling, Gewürztraminer, Muscat de Frontignan
Danie de Wet, Direktor der KWV, lernte Weinmachen im deutschen Geisenheim. Höhepunkt ist die Riesling-Trockenbeerenauslese Edeloes. Beispielhafte Sozialeinrichtungen!

Douglas Winery *–**
Douglas und Orange River
500 ha; 90 000 Fl. • Weine: u.a. Chenin, Gewürztraminer, Colombard; Pinotage, Ruby Cabernet; Dessertweine
Genossenschaft mit 56 Mitgliedern. Einen kleinen Teil füllt *winemaker* Pou de Roux selbst ab. Neben Red Muscadel ist Pinotage das Glanzlicht.

Graham Beck Winery **
Robertson
180 ha; 1 900 000 Fl. • Weine: u.a. verschiedene Méthode Cap Classique, Chardonnay, Sauvignon; Shiraz, Merlot, Muscadel
Auf der Riesenfarm stehen jetzt 180 Hektar unter Reben. Nach den Erfolgen mit Méthode Cap Classique, vor allem dem exzellenten Brut Blanc de Blancs, konzentriert sich Beck nun auf rote Sorten, speziell Shiraz.

Burgundische Stilsicherheit bei Hamilton Russell

Walker Bay als Weinland ist immer noch ein Geheimtipp.

Hamilton Russell ****
Walker Bay
64 ha; 350 000 Fl. • Weine: Chardonnay, Sauvignon; Pinot Noir
Das Pioniergut setzt mit Pinot Noir und Chardonnay weiterhin Maßstäbe, während sich Ableger Southern Right Cellars auf Pinotage und Chenin konzentriert.

Newton-Johnson ***–****
Walker Bay
4 ha; ZT; 72 000 Fl. • Weine: Chardonnay, Sauvignon, Cabernet Sauvignon / Merlot
Die Familie vinifiziert mit Barko Eksteen anspruchsvollen Chardonnay, Sauvignon und eine Cabernet-Merlot-Cuvée unter eigenem Namen sowie unter der Marke ›Cap Bay‹ ein gelungenes Vin-de-plaisir-Programm.

Paul Cluver Estate *–**
Elgin
55 ha; 120 000 Fl. • Weine: Chardonnay, Sauvignon, Riesling, Gewürztraminer; Cabernet Sauvignon, Pinot Noir
Seit 1997 arbeitet die De-Rust-Farm als selbst vermarktendes Weingut. Zugleich fördert die Familie Cluver ein Selbsthilfeprojekt von 60 farbigen Familien, die eigenen Landbesitz erhielten, auf dem sie zunächst Obstbäume, inzwischen aber auch Reben pflanzten.

Romansrivier Winery *–**
Worcester
630 ha; 200 000 Fl. • Weine: u. a. Chardonnay, Chenin, Colombard; Pinotage, Merlot, Cabernet Sauvignon, ›Vino Rood‹
Eine der dynamischsten Genossenschaften des Kaps, die zu günstigen Preisen gute, vollmundige Rote, schönen Chardonnay und süffige Chenins und Colombards bietet. →De Kijker Pinotage.

Spice Route ***
Swartland
200 ha; ZT; 500 000 Fl. • Weine: u. a. Chenin, Sauvignon; Pinotage, Shiraz, Merlot / Cabernet Sauvignon, Merlot
Ein faszinierendes und wegweisendes Projekt! Erfolgswinzer Charles Back (Fairview) und Gyles Webb (Thelema) taten sich mit Wine-Guide-Gründer John Platter und dem farbigen Weinhändler und -autor Jabulani Ntshangase zusammen und gründeten 1998 die erste private Kellerei im heißen Malmesbury.

Springfield ****
Robertson
160 ha; 500 000 Fl. • Weine: Sauvignon, Chardonnay, Colombard, Colombard / Chardonnay; Cabernet Sauvignon
Rassiger Sauvignon, konzentrierter, runder Cabernet. →Eigenständiger Chardonnay Méthode Ancienne.

Twee Jonge Gezellen **
Tulbagh
274 ha; 400 000 Fl. • Weine: u. a. Méthode Cap Classique, Chardonnay, Sauvignon, ›39‹, ›Light‹, ›Schanderl‹, ›Night Nectar‹; Pinot Noir
Drei Jahrhunderte altes Familiengut mit exzellentem Schaumwein ›Krone Borealis Brut‹, populären weißen Cuvées, jetzt auch Rotweinen. →Edelsüßer Engeltjiepipi.

Van Loveren **
Robertson
200 ha; 1 700 000 Fl. • Weine: u. a. Méthode Cap Classique, Chardonnay, Sauvignon, Pinot Gris, Gewürztraminer; ›River Red‹, Cabernet Sauvignon
Die Retief-Familie erzeugt u.a. köstlichen River Red, einen süffigen Rotwein aus Pinotage, Merlot und Ruby Cabernet. →Pinot Gris und Gewürztraminer.

Weltevrede *–***
Robertson
95 ha; 360 000 Fl. • Weine: u. a. Methode Cap Classique, Chardonnay, Sauvignon, ›Privé du Bois‹, Riesling; Merlot / Cabernet Sauvignon; Dessertweine, ›Oma se Wyn‹, ›Oupa se Wyn‹
Weinbau seit 1912. Bislang überzeugten die Weißweine, vor allem Chardonnay, Gewürztraminer und der sehr gute Cap Classique Philip Jonker. Nun folgen Merlot und Cabernet. →Muscat de Hamburg.

Whale Haven ***–****
Walker Bay
ZT; 50 000 Fl. • Weine: Chardonnay, Sauvignon; Pinot Noir, Cabernet Sauvignon, Merlot, ›Baleine Noir‹
Seit sich Storm Kreusch 1995 selbstständig machte, brilliert sie mit Pinot-Noir-Weinen und Chardonnays von Weinbergen kühler Atlantiklagen.

ASIEN

Anthony Rose

Weinbau in China und Indien

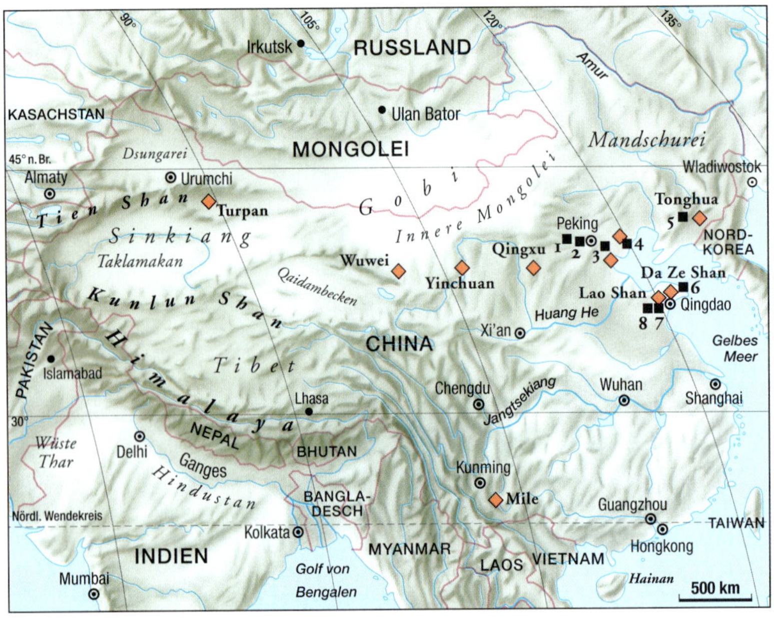

- ◆ Weinbaugebiete
- ■ 1 Great Wall Winery
- ■ 2 Dragon Seal Winery
- ■ 3 Sino-French Joint Venture Winery
- ■ 4 Huaxia Winery
- ■ 5 Tonghua Winery
- ■ 6 Changyu Winery
- ■ 7 Huadong Winery
- ■ 8 Gungdao Winery

Auch in Asien sind diverse Rebarten heimisch, darunter die am weitesten nördlich gedeihende *Vitis amurensis* aus dem Amur-Tal, deren Winterhärte in Züchtungen häufig benutzt wird, um die entsprechenden Eigenschaften anderer Rebspezies zu vebessern. Im Blickpunkt der Weinwelt stehen die Länder des Fernen Ostens jedoch in erster Linie durch ihre Bedeutung als potentieller Absatzmarkt. In den fünf Jahren, die der schweren Wirtschaftskrise von 1998 vorausgingen, war das Interesse an hochwertigen Weinen in Japan, Taiwan und Südkorea, schließlich auch in China, Hongkong und Singapur sprunghaft angestiegen. Hatte man zunächst überwiegend in den Chefetagen von Wirtschaft und Hochfinanz nach prestigeträchtigen Weinen verlangt, weitete sich die Nachfrage bald in anderen Teilen der Bevölkerung mit verblüffender Geschwindigkeit aus. Die Krise von 1998 führte in manchen Ländern zu einem Rückgang des Spitzenweinkonsums, so brach in Thailand der Markt fast völlig zusammen, doch speziell in Japan vermochte sie die steigende Nachfrage nicht zu bremsen. Wissenschaftliche Berichte über die positiven Auswirkungen von regelmäßigem Rotweingenuss lösten sogar noch einen erheblichen Konsumzuwachs aus und führten zu einem breiteren Angebot. Inzwischen nähert sich der Pro-Kopf-Verbrauch in Japan der 1,5-Liter-Marke. In anderen Ländern, besonders in Indien, bleibt Weinkonsum ein Privileg besser gestellter Kreise und ist zudem aus religiösen Gründen oft beschränkt. Dennoch glauben Marktstrategen an ein außerordentlich hohes Potential in Asien und vorrangig in China. Dies bezieht sich sowohl auf Importe als auch auf den Ausbau der innerchinesischen Weinproduktion, wobei sich verschiedene ausländische Getränkekonzerne zunehmend engagieren. Es ist gegenwärtig kaum anzunehmen, dass Asien die Weinwelt durch herausragende Crus bereichern wird, doch dürfte seine Bedeutung als Absatzmarkt weiter ansteigen.

China

Die ersten Trauben zog man im heutigen Xinjiang und in Xi'an (Hauptstadt der Provinz Shaanxi), zur Zeit des Han-Kaisers Liu Che (Wudi). Im Jahr 139 v. Chr. entsandte er General Zhang Qiuan auf eine Expedition nach Zentralasien, von der er erst 13 Jahre später zurückkehrte. In seinem Gepäck sollen sich auch Samen von Vinifera-Reben aus Usbekistan befunden haben.

Mehr Apothekencharakter haben Weine aus Reis, Weizen und Hirse.

Überlieferungen aus dem 7. Jahrhundert zufolge kultivierte man damals Reben namens ›Schlange‹, ›Drachenperle‹ und ›Stutenzitze‹, bei der es sich wohl um eine weiße Tafeltraube handelte. Der Weinbau florierte, und besonders die Sorte Shansu fand große Anerkennung. Wenn nicht auf Tafel-, dann beziehen sich viele der frühen Berichte auf Rosinentrauben. Unter ›Wein‹ zum Trinken verstand man in erster Linie Erzeugnisse aus Getreide wie Reis, Weizen oder Hirse.

Mit dem Regierungsbeamten Zhan Bi Shi beginnt 1892 die moderne Weingeschichte in China. Nachdem er den diplomatischen Dienst in Europa quittiert hatte, gründete er auf der Basis von rund 150 verschiedenen Vinifera-Sorten die Chang-Yu-Kellerei in Yantai. Zu Beginn des 20. Jahrhunderts kommt es zu mehreren ausländischen Kellereigründungen: 1910 etablierten französische Missionare die Shang-Yi-Kellerei, heute Beijing Winery; 1914 richteten Deutsche in Tsingtao (jetzt Quingdao) die Melco-Kellerei ein; die Tung-Hua-Kellerei in Jilini wurde von Japanern geleitet. Sie alle sahen ihre Aufgabe jedoch vorwiegend in der Betreuung ihrer hier lebenden Landsleute.

In China stehen heute 124 000 Hektar unter Ertrag, doch bei den meisten angebauten Varietäten handelt es sich noch immer um Tafeltrauben und Rosinensorten. Am besten für Weinbau geeignet ist die Shandong-Halbinsel nördlich von Shanghai und südlich von Beijing. Sie liegt auf demselben Breitengrad wie Kalifornien, besitzt nach Süden ausgerichtete Hänge und ein maritimes Klima, das fast mediterran sein könnte, gäbe es nicht die Monsunwinde und Stürme vom Südchinesischen Meer. Seit China 1978 seine Tore zum Westen öffnete, hat eine Anzahl von überseeischen Unternehmen hier Joint Ventures eingerichtet. Rémy Martin entwickelte mit der Tianjin Winery den vom Muskat geprägten Verschnitt Dynasty, Pernod-Ricard gründete mit der Beijing Friendship Winery die populäre Marke Dragon Seal. Andere Gemeinschaftsprojekte schließen die 1986 errichtete Huadong Winery ein, die von Allied Domecq geführt wird und als erste internationale Rebsorten in China auspflanzte. In Yantai ermöglichten 1990 italienische Investoren die Marco Polo Winery, die die Marken Summer Palace und Great Wall erzeugt. Eine neue Epoche

Kuriosum aus China: Tsingtao-Weißwein im Bocksbeutel

scheint seit Mitte der 1990er Jahre angebrochen zu sein, als die chinesische Regierung Firmengründungen ausländischer Unternehmen zuzulassen begann, die die Anteilsmehrheit halten und eine entsprechend unabhängige Geschäfts- und Personalpolitik durchführen können. Als erstes Weinunternehmen profitierte William Pitters von diesem frischen Wind, konnte er doch auf diese Weise auch eigene Anpflanzungen entwickeln.

Die meisten Weinberge in China sind jedoch in staatlichem oder in Gemeinschaftsbesitz und werden in individuelle Einheiten von weniger als einem halben Hektar unterteilt. Die Reben sind überwiegend wurzelecht und ernsthafte Reblausprobleme bislang nicht aufgetreten. Qualitativ hochwertige Weine geraten bei der Konzentration auf hohe Erträge, bei unangebracht dichten Blattwänden, heftiger Bewässerung und früher Lese zur Vermeidung von Fäulnis und den vielfältigen Rebkrankheiten jedoch zur Glückssache. Westliche Investitionen und australischer Sachverstand haben inzwischen die seltsamsten Auswüchse chinesischen Weinbaus und Weinmachens durch die Einführung moderner Ausrüstung und Anbautechnik mildern können.

Bislang ziehen Chinesen Bier noch dem Wein vor, aber ein allmählicher Konsumzuwachs und die Rückkehr des mehr an Wein gewöhnten Hongkong ins Reich der Mitte könnten das ändern.

Indien

Nach hinduistischem, buddhistischem und moslemischem Verhaltenskodex wird Weinkonsum, sofern nicht gänzlich untersagt, auf jeden Fall äußerst kritisch gesehen. Dennoch scheint Wein zumindest von der aristokratischen Ksatriya-Kaste getrunken worden zu sein, während andere Bevölkerungsschichten stärkere Alkoholika auf der Basis von Weizen, Gerste, Reis oder Hirse konsumierten. Es gab auf bestimmte Gebiete begrenzte Nischen mit Weinproduktion, basierend auf dem kolonialen Einfluss der Portugiesen in Goa im 16. Jahrhundert und der Briten im 19. Jahrhundert, die Weinberge in Kashmir und Baramati anlegten. Um 1890 fielen jedoch auch diese Rebstöcke, ebenso wie die europäischen zur selben Zeit, den Rebläusen zum Opfer.

Heute sind in Indien 50 000 Hektar bestockt. Auf dem weitaus größten Teil werden Tafeltrauben kultiviert, nur fünf Prozent dienen der Weinerzeugung – und das, obwohl seit der Unabhängigkeit 1947 die Produktion mit Unterstützung der indischen Regierung allmählich zugenommen hat, wobei die Erzeugung vorwiegend Privatpersonen überlassen bleibt. Mehr als zwei Drittel der Gesamtrebfläche befinden sich im westlichen Maharashtra auf dem Deccan-Plateau und in den Sahyadri-Bergen, rund 250 Kilometer landeinwärts von Bombay. Außerdem werden Trauben in Gujarat, Karnataka, Bangalore, Hyderabad, Tamil Nadu und im Punjab angebaut. Generell bestimmt das Monsunklima mit heißen und feuchten Sommern die Anbaubedingungen. Wichtige einheimische Tafeltraubensorten sind Arkawati, Arka Shyam und Anab e Shahi, während Bangalore Purple mit einigen Importsorten zu Süßweinen gekeltert wird. In den 1980er Jahren hat man bei Narayangaon im Sahyadri-Gebirge verstärkt europäische Sorten ausgepflanzt, darunter Ugni Blanc, Chardonnay, Pinot Blanc, Cabernet Sauvignon, Merlot und Syrah. Im Monsunklima haben sich Reberziehungssysteme an Draht- und Bambusgerüsten bewährt, wobei die Reben in größerer Zeilenbreite auf Bäumen gezogen werden. So sind die Trauben vor zu viel Sonne und zu hohem Zuckergehalt geschützt, und eine Krankheiten vorbeugende Durchlüftung ist besser gewährleistet. In wärmeren Regionen, wo die Reben immergrün sind, kann zwei- bis dreimal pro Jahr gelesen werden.

Rechte Seite:
Für Sonnenuntergänge vor malerischer Kulisse ist Indien berühmt, nicht aber für seinen Wein. Dabei liefert das Château Indage ernst zu nehmende Qualitäten.

Wein auf Bali

Trotz des tropischen Klimas lässt sich auch auf Bali Wein erzeugen. Die von Australiern gegründete Kellerei verarbeitet Trauben der amerikanischen Hybride Isabella, da sie für den Blütenansatz keine Kälteperiode benötigt. Das durchgängig warme Klima auf Bali erlaubt fünf Ernten in zwei Jahren. Allerdings entwickeln die blauen Trauben nur wenig Farbstoffe, der Wein bleibt hell. Hat der Most den gewünschten Rosé-Ton angenommen, wird gepresst, unter Kälteeinwirkung vorgeklärt, anschließend vergoren. Während der zweiwöchigen Kältestabilisierung wird nach der zweiten Filtrierung Zucker zugesetzt *(medium dry)*, bevor der Wein steril gefiltert und abgefüllt wird. Nach fünf bis sechs Wochen ist er trinkfertig.

China

Huadong, Qingdao
Shandong-Halbinsel

700 ha; 3 600 000 Fl. • Weine: Chardonnay, Riesling, Sauvignon, Gewürztraminer; Cabernet und Cabernet Franc, Merlot, Pinot

Die Huadong-Kellerei, die 1990 Teil von Allied Domecq wurde, war das erste Weinunternehmen in China, das französische Sorten einbrachte. Fünf Jahre zuvor hatte man 42 000 Rebstöcke aus Frankreich importiert, die auf den Laoshan- und Dazeshan-Hängen der Qingdao-Region ausgepflanzt worden waren und sich gut entwickelt hatten. In dem vorherrschenden maritimen Klima produziert Huadong eine Reihe von sortenreinen Weinen und Assemblagen.

Indien

Château Indage**
Maharashtra

1500 ha (weitere 5000 ha geplant); ZT; 1330 000 Fl. (angestrebt 10 Mio.) • Weine: u.a. Chardonnay, Ugni Blanc; Pinot Noir, Cabernet; Bangalore Purple, Arkavti, Anabeshi, Perlet, →Omar Khayyam SFG; Port

Im Westen für den Schaumwein Omar Khayyam (aus Thompson Seedless, Chardonnay und Pinot Noir) bekannt, bietet die Indage-Gruppe inzwischen ein breites Angebot an trockenen und verstärkten Weinen sowie an Weinbränden. In zwei modernen Kellereien in Narayangaon überwacht der kalifornische *winemaker* John Locke die Produktion. Die Trauben stammen aus 750 Meter Höhe von Hängen der Sahyadri-Berge.

Kasachstan

Älteste Zeugnisse kasachischen Weinbaus datieren ins 7. Jahrhundert, die Entwicklung der modernen Weinwirtschaft setzt in den 1930er Jahren ein. Heute erstrecken sich in der zentralasiatischen Republik 26 000 Hektar Rebflächen in den Regionen Schambyl, Schemken und im Gebiet von Almaty, die einen Gesamtertrag von etwa 650 000 Hektoliter Wein liefern. Das Klima ist kontinental mit milden Sommern, aber extrem kalten Wintern, die es erforderlich machen, die Weinstöcke zu schützen. Von den 43 offiziell zugelassenen Rebsorten entfallen 24 auf die Erzeugung von Tafeltrauben. Zu Wein verarbeitet werden in erster Linie die weißen Sorten Riesling, Rkatsiteli, und Aligoté sowie die roten Saperavi und die beiden Cabernets. Neben trockenen Tafelweinen gibt es Schaum- und Dessertweine.

Tadschikistan

Die wichtigsten Weinregionen des schroffen, schwer zugänglichen Gebirgslands Tadschikistan sind Chodschand im Norden, weiter südlich die Hissar-Berge und das Wachsch-Tal mit Kuliab im Süden. Weinbereitung hat hier eine lange Tradition, die ins 4. Jahrhundert v. Chr. und weiter zurückreicht, aber im 8. Jahrhundert unter islamischem Einfluss zum Erliegen kommt, da für Wein geeignete Sorten durch Tafel- und Rosinentrauben ersetzt werden müssen. Kommerzielle Weinproduktion beginnt in den 1920er Jahren mit der Gründung staatlicher Betriebe. Auf den mehr als 37 000 Hektar Gesamtrebfläche sind zehn Sorten zur Weinherstellung bestimmt, darunter die in Osteuropa wie in Zentralasien weit verbreitete russische Rkatsiteli, Riesling, Muskateller, Saperavi und Cabernet Sauvignon.

Usbekistan und Kirgisistan

Schon im 2. Jahrhundert v. Chr. galt Wein aus dem Ferghana-Tal als Kostbarkeit, doch auch hier kam mit dem Islam die Beschränkung auf Tafel- und Rosinentrauben. Heute befinden sich die wichtigsten Anbauzonen in Buchara, Samarkand und Taschkent, und noch immer stellen Tafeltrauben den Hauptanteil auf den rund 125 000 Hektar Rebfläche. Unter den für die Weinherstellung zugelassenen Sorten sind Riesling, Aleatico, Muskateller, Rkatsiteli, Saperavi und Morrastel die bedeutendsten.

Wie Usbekistan ist Kirgisistan von kontinentalem Klima geprägt. Dort stehen 7 000 Hektar unter Ertrag, wobei 45 Sorten zugelassen sind, darunter 23 für Weinherstellung. Die beiden Hauptgebiete, Tschu-Tal und Osch-Region, liefern vorwiegend Tafel- und Rosinentrauben, aber auch einige schwere, süße Weine.

Japan

Seit Beginn der 1990er Jahre ist der Weinkonsum in Japan stark angestiegen. Im Glauben, dass Rotwein gut für die Gesundheit sei – eine Behauptung, die sich inzwischen als so nicht zutreffend erwies –, haben die gesundheitsbewussten Japaner ihre Vorliebe für dieses Getränk entdeckt. Der weitaus größte Teil des heute in Japan ausgeschenkten Weins ist Importware, wobei der Qualitätswein aus den klassischen europäischen Anbaugebieten, besonders aus Frankreich, stammt, der Alltagswein dagegen aus der Neuen Welt importiert wird. Konsumenten von Qualitätsweinen erwerben bevorzugt ältere Jahrgänge, denn Keller zum Lagern sind hier nicht nur selten, bei der permanenten Erdbebengefahr bieten sie auch keine Sicherheit. Nach dem Einbruch der asiatischen Finanzmärkte Ende der 1990er Jahre stagnierten die Investitionen in Qualitätsweine allerdings.

Reben werden in Japan seit Jahrhunderten kultiviert, wenn auch nur in geringem Maß. Die ersten Weinstöcke sollen 718 mit buddhistischen Mönchen ins Land gekommen sein, die sie in Katsunuma zunächst wegen des medizinischen Werts der Trauben pflanzten. Die erste gesicherte Erwähnung von Wein berichtet von Rotwein, den portugiesische Missionare im 16. Jahrhundert als Gastgeschenk mitbrachten. Man nannte ihn ›tintashu‹, eine Bezeichnung, die das portugiesische *tinto* mit dem japanischen *shu*, Sake, verbindet. Ein Machtwechsel im 17. Jahrhundert hatte mit der Ausweisung der Missionare auch ein Weinverbot zur Folge, sodass Japans frühe Ansätze zu eigener Produktion im Keim erstickten.

Es sollte bis 1875 dauern, ehe ein Kaufmann aus Yamanashi, östlich von Tokio, den nächsten Versuch unternahm, Wein in kommerziellem Maß aus heimischen Trauben – damit sind schon vor Jahrhunderten eingebürgerte Sorten gemeint – zu erzeugen. Der Wein misslang, bewog aber die Behörden, die Einfuhr von Vinifera- und amerikanischen Reben zu genehmigen. Muscat of Alexandria und die Hybride Delaware wurden die populärsten Varietäten. Heute stellt Yamanashi mit Yamagata und Nagano, nördlich von Tokio, 40 Prozent der Traubenproduktion, wobei Kofu, das hügelige Gebiet von Yamanashi, die bekannteste Weinregion ist. In einem Land, das sich in vielen Aspekten des Alltags am Westen orientiert, erstaunt es nicht, wenn heimischer Wein weniger geschätzt wird als Importe aus Übersee. Dennoch wird rund ein Zehntel der gesamten Traubenernte zur Weinerzeugung genutzt. Immerhin stehen in Japan mehr als 30 000 Hektar Rebfläche in Ertrag.

Die traditionelle Erziehungsform lässt viel Luft an die Trauben.

Hartnäckig gegen widrige Umstände

Japans Klima ist für Weinbau keineswegs ideal. Obwohl Honshu, die Hauptinsel des japanischen Archipels, auf demselben Breitengrad liegt wie das Mittelmeer, sind die Bedingungen hier mit kalten sibirischen Winden im Winter und schweren Monsun-Regenfällen vom Japanischen Meer und vom Pazifik im Sommer deutlich extremer. Um die Auswirkungen der reichlichen Niederschläge und der hohen Luftfeuchtigkeit in Grenzen zu halten, werden die Weinstöcke auf überkopfhohen Drahtrahmen erzogen, damit die Trauben unter dem Laub hängen und ein Höchstmaß an Luftzirkulation gewährleistet ist, um Fäulnis zu vermeiden. Diese Methode ist als *tanazukuri* bekannt, aber neue Weingärten werden auch unter Anwendung von europäischen Spalieren wie dem Lyra-System angelegt. Im Zentrum Hokkaidos, der nördlichsten Insel Japans, die extrem kalt ist, benutzt man konventionelle horizontale Drähte.

Mit Delaware und Kyoho als heute verbreitetsten Sorten besteht die Mehrheit der in Japan kultivierten Reben aus Hybriden auf der Basis von US-amerikanischer *Vitis labrusca*, die dem Klima am besten standhalten. Die in Japan bekannteste Rebe ist dagegen die Vinifera-Varietät Koshu, eine

Mercian Katsunuma Winery
Yamanashi
ha n.n.; Fl. n.n. • *Weine: Chardonnay, Cabernet, Merlot,* *→Château Mercian Jyonohira Cabernet*
Die Mercian Katsunuma Winery, zu der mittlerweile auch Markham in Kalifornien und Château Reysson im Bordelais gehören, ist zu einer der führenden Kellereien Japans aufgestiegen. Der berühmte Jyonohira-Weinberg mit seinen 10 Hektar Rebfläche wurde 1984 auf steilen Hängen westlich von Tokio eingerichtet. Er liefert die Trauben für den im Bordeaux-Stil gehaltenen und in neuen französischen Eichenfässern ausgebauten Spitzenrotwein des Betriebs.

rosa getönte Sorte, die als Tafeltraube wie zur Weinerzeugung dient. Die mit Koshu verwandten Reben Neo-Muscat und Ryugan werden überwiegend zu leichten, süßlichen, fast farblosen Weinen vergoren.

In der Tokachi-Kellerei in Ikeda auf der Insel Hokkaido wird ein Rotwein aus dem wilden Yamabudo (wörtlich Bergtraube) gekeltert, der zur Familie der besonders winterharten asiatischen *Vitis amurensis* gehört. Aus einer Kreuzung zwischen Yamabudo und einer Seibel-Hybride entstand die Sorte Kiyomi, die einen weiteren, im Stil leichten Rotwein ergibt, den man mit Spätburgunder verglichen hat. In den letzten Jahren wurden europäische Sorten wie Cabernet Sauvignon und Cabernet Franc im Westen von Yamanashi gepflanzt, Chardonnay und Merlot in Nagano und die früher reifenden Müller-Thurgau und Zweigelt auf Hokkaido.

Die Weinproduktion wird heute von den Industriegiganten Suntory und Sanraku (Mercian) beherrscht, dicht gefolgt von Manns Wine, Sapporo (Polaire) und Kyowa Hakko Kogyo (Ste Neige). Außerdem kommen der Tokachi-Kellerei auf Hokkaido und einer Anzahl kleinerer Familienkellereien wie Marufuji (Rubaiyat), Shirayuri und Toshihiko Tsukamotos Château Lumière Bedeutung zu. Diese Kellereien beziehen ihre Trauben zum größten Teil von einem Heer von Traubenbauern, die Weinbergflächen von durchschnittlich einem viertel und einem halben Hektar bearbeiten. In den 1990er Jahren wurden neue Techniken für die Pflege der Weingärten und neue Kellerausrüstungen gemeinsam mit europäischen Vinifera-Reben eingeführt, um Weine zu erzeugen, die mit importierten Weinstilen mithalten können. Dennoch ist es ohne eine erstarkende einheimische Weinkultur schwer vorherzusagen, ob japanische Weine jemals unter gleichen Bedingungen in Preis und Geschmack konkurrieren können.

Nach Etikettierungsbestimmungen, die genügend Auslegungsspielraum aufwiesen, um selbst importierte Weine als ›Produce of Japan‹ auszeichnen zu können, hat sich die Weinwirtschaft freiwillig auf einen Etiketten-Code geeinigt, der die Herkunft der Weine klarer formuliert. So muss Wein, der unter inländischen Etiketten abgefüllt ist, als *kokunai san* (inländischer Wein) oder als *yunyu san* (importierter Fasswein) ausgezeichnet sein. Im Gebiet von Katsunuma gibt es als Beweis der Qualitätsweinerzeugung sogar ein Siegel mit Herkunftszertifikat für die besten Weine der Region.

Sake

Sake, das japanische Nationalgetränk, ist ein Erzeugnis aus vergorenem Reis und damit strenggenommen kein Wein, sondern eher eine Art Bier. Das breit gefächerte Angebot reicht von jungen, leicht zu trinkenden Varianten bis zum delikaten gereiften Stil. Sake kann süß oder trocken sein,

Picknick im eigenen Weinberg der Marufuji Winery

hohen oder moderaten Alkoholgehalt aufweisen, warm oder gekühlt serviert werden, als Aperitif getrunken oder zum Essen ausgeschenkt werden, je nach Geschmack des Konsumenten. Man reicht ihn in der Porzellankaraffe und nippt ihn aus kleinen Porzellanbechern.

Über ganz Japan verteilt erzeugen 2 000 Brauer Sake, wobei Nada in Hyogo, Fushimi in Kyoto, Itami in Hyogo, Ikeda in Osaka und Hiroshima die traditionsreichsten Gebiete sind. Drei Faktoren sind von entscheidender Bedeutung bei der Sake-Produktion: das verwendete Rohmaterial, die Braumethode und die weitere Verarbeitung nach dem Gärprozess. Grundsätzlich gilt: Je stärker der Reis poliert wurde – gewöhnlich sind es zwischen 50 und 55 Prozent der ursprünglichen Korngröße –, umso feiner ist letztendlich die Qualität des Sake. Außerdem ist ein wesentliches Kriterium, ob es sich um einen reinen Reis-Sake handelt oder ob Alkohol zugefügt wurde. Bei reinem Reis-Sake *(junmaishu)* wird zuerst die Reisstärke in Zucker verwandelt, indem man einen *koji* beziehungsweise eine Reismaische herstellt, die zu Reis, Hefe und Wasser gegeben wird. Dann findet die Gärung statt. Beim zweiten Sake-Typ *(honjozo)* darf eine begrenzte Menge an Braualkohol zugesetzt werden. Diese Variante ist in der Regel deutlich leichter, aber nicht so delikat.

Oben:
Suntory ist Japans führender Produzent und Vermarkter alkoholischer Erzeugnisse.

Rechts:
Traubenernte in der zu Suntory gehörenden Yamanashi Winery, der größten Japans

NORDAMERIKA

André Dominé

Wein in Nordamerika

Buena Vista, eines der ältesten Weingüter Kaliforniens, im Sonoma-Tal

Viele der europäischen Siedler, die in Nordamerika an Land gingen, um ihr Glück in der Neuen Welt zu suchen, stellten bald fest, dass ihnen etwas fehlte, was zuvor in ihrem Leben einen festen Platz gehabt hatte: Wein. Doch da wilde Reben vielerorts bestens gediehen, schien es kein Problem, diesen Mangel zu beheben. In Jamestown, Virginia, kelterte man den ersten Wein aus einheimischen Trauben im Jahr 1607. Aber es sollte weitere 200 Jahre dauern, bis man den ersten leidlich trinkbaren Wein an der Ostküste zu erzeugen vermochte, und erst ab 1960 gelang es, dort *Vitis vinifera,* die europäische Rebe, erfolgreich zu kultivieren. Aus den wilden amerikanischen Rebarten ließ sich kein genießbarer Wein herstellen. Daraufhin unternahm man unzählige Versuche mit aus Europa eingeführten Rebstöcken, doch alle schlugen sie fehl. Dem wenig geeigneten Klima, den Krankheiten und Schädlingen widerstand keiner der Weinberge. Erst als man Anfang des 19. Jahrhunderts eine weiße Hybride aus einer spontanen Kreuzung zwischen einer amerikanischen *Vitis labrusca* und einer europäischen *Vitis vinifera* entdeckte, keimte neue Hoffnung auf. Die Sorte erhielt den Namen Alexander, und der daraus vergorene Wein war tatsächlich trinkbar, wenn auch mit seinen fuchsigen Aromen wenig attraktiv. Jedenfalls verbreitete sich mit dieser und weiteren, bald auch absichtlich gezüchteten Hybriden von nun an der Weinbau in den Oststaaten. Überwiegend pflanzte man die sehr fuchsige, aber auch sehr resistente Hybride Concord, aus der man vorrangig Schaumwein und Traubensaft erzeugte.

Die Kleinstadt Sonoma hat sich zu einem viel besuchten Weinzentrum entwickelt, wo sogar die Tankstelle mit viel Witz ihr Benzin als Jahrgangsqualität anpreist.

Nach dem Zweiten Weltkrieg konzentrierte man sich zunehmend auf französische Hybriden, die angenehmere Weine ergeben, und dank chemischer Pestizide und Insektizide konnte man endlich europäische Premiumreben akklimatisieren.

Die kalifornische Mission

Im Süden und Westen des Gebiets der heutigen Vereinigten Staaten traf der Weinbau auf andere Voraussetzungen. In den spanisch kolonisierten Landstrichen konnte man dank des günstigen Klimas von Anfang an aus Europa eingeführte Reben ziehen. Hernán Cortés hatte schon 1521 in Mexiko die ersten Rebstöcke pflanzen lassen. Etwa hundert Jahre später legten Spanier Weinberge in Neu-Mexiko und Texas an. Ab 1769 entsandte die Krone zur Wahrung spanischer Ansprüche auf Kalifornien Franziskaner dorthin. Für die Padres waren Leben und Mission – so hieß auch die von ihnen verbreitete Rebsorte – ohne Wein undenkbar, und daher hielt mit ihnen der Weinbau in Kalifornien Einzug. Langsam zogen sie auf ihrem Camino Real, dem Königsweg, nach Norden vor und gründeten 21 Missionsstationen, von denen Sonoma 1823 die nördlichste wurde. In San Gabriel auf dem Gebiet von Los Angeles, das damals erst eine unbedeutende Siedlung war, entstanden die ausgedehntesten Rebflächen mit einem Ertrag, der den Eigenbedarf weit überstieg. Ganz in der Nähe errichtete der aus dem Bordeaux-Gebiet stammende Jean-Louis Vignes ab 1833 sein Weingut, das er mit französischen Rebsorten bestockte. In Sonoma ließen sich unterdessen immer mehr aus dem Osten einwandernde Siedler nieder. 1846 setzten sie den für ganz Kalifornien zuständigen mexikanischen Befehlshaber Mariano Vallejo ab und riefen einen eigenen Staat aus, der zwei Jahre später – nach dem Sieg der Vereinigten Staaten über Mexiko – Bundesstaat wurde. Der entmachtete Vallejo blieb und verlagerte seine Aktivitäten auf die Weinerzeugung.

Gold Rush und Weinfieber

Im Jahr 1848 trat ein Ereignis ein, das für den kalifornischen Weinbau generell, besonders aber für die Weinregionen an der Nordküste entscheidend wurde: der Goldfund bei Sacramento. Er lockte Hunderttausende auf der Suche nach dem schnellen Reichtum nach Kalifornien. Darunter befanden sich auch ehemalige Weinbauern aus Europa. Einige von ihnen sahen bald ihre Zukunft eher darin, den Durst der Goldsucher zu stillen, als selbst zu schürfen. So erlebte der Weinbau in Sonoma einen ungeahnten Aufschwung, während im benachbarten Napa Valley noch die Rinder grasten. Doch bald breitete sich das Weinfieber auch dorthin aus sowie auf die direkt südlich von San Franzisko gelegenen Täler von Livermore und Santa Clara. Treibende Kraft dieser Entwicklung war der ungarische Edelmann und Abenteurer Agoston Haraszthy, der im Sonoma-Tal das Gut Buena Vista gründete. Auf einer staatlich geförderten Reise durch europäische Weinländer sammelte er Erkenntnisse über Anbaumethoden, aber auch Stecklinge von 300 Rebsorten. Das junge Amerika begann Wein ernst zu nehmen, und ab 1880 wurden in Berkeley wissenschaftliche Studien durchgeführt, deren Ergebnisse direkt in die Praxis umgesetzt wurden. Ab 1870 entwickelte sich der Weinbau auch im Central Valley, dessen offensichtliche Eignung zur Erzeugung von Massenwein man rasch nutzte. Schließlich ließ die Eröffnung der transkontinentalen Eisenbahnlinie etwa zu dieser Zeit die Nachfrage weiter steigen. Das eigentliche Geschäft mit dem Wein lag in den Händen einer kleinen Gruppe von Abfüllern, die von rund 800 Kellereien Wein als Fassware bezogen. Daraus komponierten sie eine breite Palette unterschiedlicher Geschmacksrichtungen, um den Wünschen der Händler zu entsprechen.

Das Geschäft lief überaus zufriedenstellend, als die Katastrophe hereinbrach: die Reblausplage. Um 1880 begann das gefräßige, ursprünglich ostamerikanische Insekt systematisch die Anpflanzungen an der Westküste zu vernichten. In den folgenden zwei Jahrzehnten fielen ihm fast alle Weinberge zum Opfer. Kaum waren anschließend die Rebflächen mit resistenten Unterlagen erneuert worden, traf den Weinbau der nächste Schlag: Am 17. Januar 1920 wurde die Prohibition ausgerufen, die bis 1933 dauern sollte. Wenn sich Winzer und Weinerzeuger in Napa, Sonoma, im Central Valley und anderswo auch auf trickreiche Weise aus der Affäre zogen, indem sie Messwein oder Trauben zum Selbstvergären produzierten, der eigentliche Weinmarkt und damit die Erzeugung von Qualitätsweinen brach zusammen. Es folgten Depression und Zweiter Weltkrieg. Ende der 1940er Jahre hatten nur 15 Prozent der kalifornischen Kellereien die Krisenjahre überlebt.

Der finnische Kapitän Gustave Niebaum erbaute dieses Schlossgut 1887 mit dem Ziel, die Bordeauxweine zu übertrumpfen. Heute gehört der gesamte Besitz Francis Ford Coppola, dem berühmten Hollywood-Regisseur. Er gab dem Niebaum-Coppola Estate einiges vom früheren Glanz zurück und machte es zum Touristen-Magnet.

Im Stil seines Heimatorts Assmannshausen am Rhein hat der Deutsche Walter Schug seine Winery in Carneros errichtet. Auch seine Weine lassen eine europäische Handschrift erkennen.

Neubeginn mit Hindernissen

Die verbleibenden *wineries* sahen sich vor dem Problem, sich gegen die steigenden europäischen Importe behaupten zu müssen, und so vermarkteten sie die eigenen Weine unter fremden Namen. Am bekanntesten wurde ›Chablis‹, was generell zum Synonym für relativ trockenen Weißwein wurde, gleichgültig aus welcher Rebsorte. In Napa und Sonoma hatten Weingüter wie Beaulieu Vineyards, Inglenook und Charles Krug an einstigen Ruhm und Qualität angeknüpft, aber erst in den 1960er Jahren wurden größere Investitionen möglich. Seit 1970 steigt das Interesse der Amerikaner an Wein stetig, und proportional dazu ist die Erweiterung der Rebflächen sowie die Anzahl der Kellereigründungen zu sehen (inzwischen sind es weit mehr als 800). Doch in den 1990er Jahren gab es abermals einen schweren Rückschlag: die Reblaus kehrte zurück. Bei der Erweiterung der Anbauflächen in den 1980er Jahren hatte man auf eine Pfropfunterlage zurückgegriffen, die sich nun als nicht resistent erwies, und Tausende Hektar Reben fielen einer Mutation des Insekts zum Opfer. Farmer und *wineries* nutzten die – extrem kostspielige – Gelegenheit und erneuerten ihre Pflanzungen nach aktuellsten Erkenntnissen der Qualitätsweinerzeugung. Damit schufen sie die Basis für eine äußerst vielversprechende Zukunft.

American Viticultural Areas

Bewusster vielleicht als in anderen Ländern entwickelt sich der moderne Weinbau in den Vereinigten Staaten von Anfang an parallel mit einem sehr ernst genommenen Interesse an den natürlichen Bedingungen, die dem Rebstock förderlich sind. (In diesem Zusammenhang sei an deutsche Flurbereinigungsmodelle erinnert, die jenen natürlichen Bedingungen keine absolute Priorität einräumten und in den folgenden Jahren genau in dem Bereich so manche Mängel offenbarten.) In den letzten drei Jahrzehnten des 20. Jahrhunderts nahm man in allen Staaten die Anbauzonen gewissenhaft unter die Lupe und definierte ihre geografischen Charakteristiken und Begrenzungen. Dabei entdeckte man natürlich auch die besondere Eignung einzelner Regionen für bestimmte Rebsorten, doch im Gegensatz zu dem europäischen System der Appellationen fanden diese Erkenntnisse keinen Eingang in die grundlegenden Bestimmungen noch wurden Höchsterträge festgesetzt. Schon 1978 waren bestimmte geografische Gebiete klassiert und dadurch die Voraussetzungen für die *American Viticultural Areas,* die AVAs, die amerikanische Version der Appellationen, geschaffen worden. Im Jahr 1983 erklärte sie die zuständige amerikanische Behörde, das ›Bureau of Alcohol, Tobacco and Firearms‹ (BATF), eine Abteilung des Finanzministeriums, für allgemein verbindlich.

Wenn man von der kontrollierten Herkunft einmal absieht, bestehen die einzigen Beschränkungen darin, dass

- bei der Nennung einer Rebsorte diese zu drei Vierteln den betreffenden Wein stellen muss,
- mindestens 85 Prozent der Trauben aus der auf dem Etikett genannten AVA stammen müssen,
- bei der Nennung eines Weinbergs 95 Prozent der Trauben dort kultiviert worden sein müssen (nur in Verbindung mit einer übergeordneten AVA),
- bei der Angabe des Jahrgangs mindestens 95 Prozent der Trauben auch aus dem betreffenden Jahr stammen müssen.

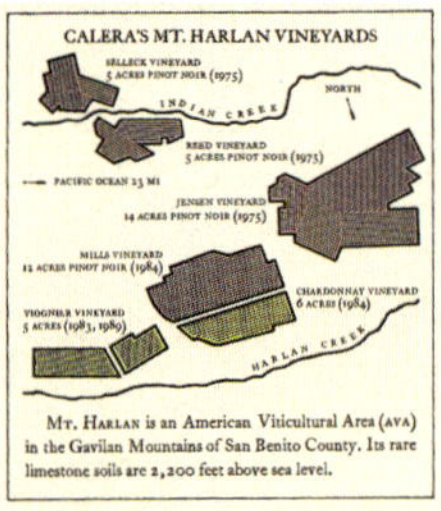

Inzwischen gibt es allein in Kalifornien mehr als 70 anerkannte AVAs, und aus den übrigen Bundesstaaten kommen mehr als 55 weitere hinzu.

AVAs funktionieren nach dem Schachtelprinzip. Die größte Schachtel ist der Bundesstaat, etwa Kalifornien, darin sind die nächstkleineren Regionen wie Central Valley, Central Coast und North Coast untergebracht. Diese sind – nimmt man das Beispiel North Coast – nach politischen Distrikten, den *counties,* wie Napa, Sonoma oder Mendocino, gegliedert. Weinerzeugende *counties* werden automatisch zu *Appellations of Origin.* Sonoma County selbst besitzt eine Anzahl präziserer AVAs wie Sonoma Valley, Russian River Valley und Dry Creek Valley. Auch sie können weiter unterteilt sein, so wie Sonoma Mountain als eigene AVA angegeben werden kann, aber Teil des Sonoma Valley ist. Im Gegensatz zu europäischen Gepflogenheiten erscheint die Bezeichnung ›AVA‹ nicht auf dem Etikett.

Findet man California, North Coast oder ein anderes umfassendes Gebiet auf dem Etikett angegeben, wird der Wein in der Regel eine Mischung, ein *blend,* aus verschiedenen Anbauregionen sein. Je fester umrissen das Gebiet, je präziser die Herkunftsbezeichnung, umso enger ist der Radius, aus dem die Trauben stammen dürfen, und umso stärker spiegelt der Wein den Ausdruck des Terroirs wider, am deutlichsten natürlich, wenn die Reben in einem einzigen Weinberg gezogen wurden.

Appellationen in Kanada

Die *Vintners Quality Alliance,* das kanadische Appellationssystem VQA, wurde 1988 in Ontario und 1990 in British Columbia eingeführt. Es besagt, dass die Weine nur aus in der Provinz erzeugten Trauben stammen dürfen und dort auch abgefüllt werden müssen. Zugleich ist damit ein Verbot für Labrusca-Sorten verbunden, sodass nur Hybriden und Vinifera-Sorten zugelassen sind. Während man ein Mindestmostgewicht festsetzte, verzichtete man auf Ertragsbegrenzungen.

Für die VQAs Ontario und British Columbia ist festgelegt worden:

- Wird die Provinz auf dem Etikett genannt, muss die ebenfalls angegebene Rebsorte zu mindestens 75 Prozent aus der nachgewiesenen Provinz stammen.
- Wird eine geografische Herkunft deklariert, müssen es dagegen 85 Prozent sein.
- Zugelassen sind ausschließlich festgelegte Hybriden und die Vinifera-Sorten.
- Sind zwei Rebsorten auf dem Etikett angegeben, muss die zweitgenannte Sorte mindestens 10 Prozent stellen.
- Wird der Jahrgang vermerkt, haben 95 Prozent des abgefüllten Weins aus der genannten Ernte zu stammen.
- Die Angaben auf den Etiketten müssen in Englisch und Französisch erfolgen.
- Außerdem müssen alle VQA-Weine eine Kontroll-Degustation mit Erfolg durchlaufen, nur so erwerben sie das Recht, das schwarze VQA-Siegel zu tragen. Weine, die dabei mit Noten von 15 bis 20 bewertet wurden, erhalten das goldene Siegel.

Icewine oder *vin de glace* ist einer strikten Kontrolle unterworfen und als geschützte Handelsmarke eingetragen.

Kommerzielle Kellereien dürfen 25 Prozent kanadischen Weins mit maximal 75 Prozent Importwein vermischen und das Ergebnis immer noch als *Produit du Canada / Produce of Canada* vermarkten. Der größte Teil dieser Importware stammte in den letzten Jahren aus Chile und Südafrika.

Nicht für die VQA zugelassene Rebsorten werden entweder weiterhin zu Port- und Sherry-Imitationen ausgebaut oder zu 7%igen Leichtweinen verarbeitet.

Amerikanisches Etikett

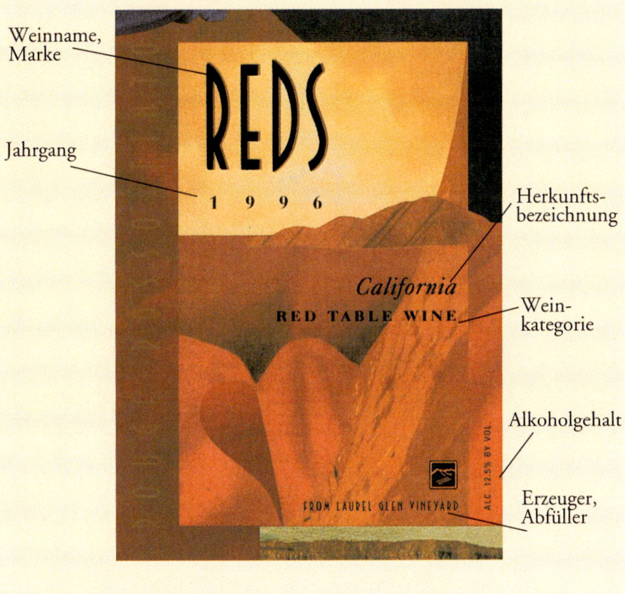

Kanadisches Etikett

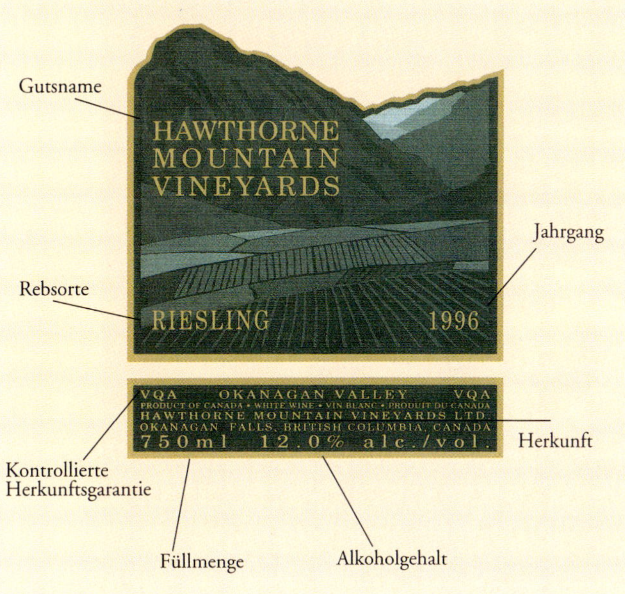

Kanada

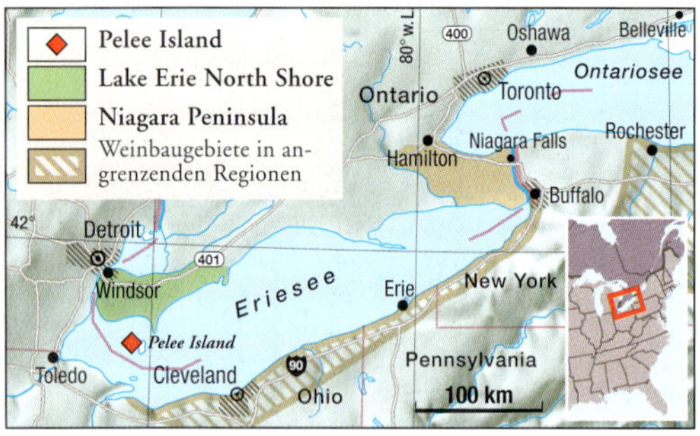

Weinbau in Kanada ist noch relativ jung. Die ersten vorsichtigen Schritte auf diesem Terrain unternahm 1811 Johann Schiller, ein deutscher Offizier, der an mehreren amerikanischen Kriegen teilnahm. Nachdem er die Armee verlassen hatte, zog er sich auf ein Stück Land bei Toronto zurück und versuchte sich recht erfolgreich an domestizierten Wildreben. Nach 35 Jahren verkaufte er sein Weingut an einen französischen Adligen.

Kanada ist nicht das idealste Land, um Reben anzubauen. Seine Winter sind allgemein für ihre Härte berüchtigt. Selbst in den südlichsten, an die Vereinigten Staaten angrenzenden Regionen können die Temperaturen bei einbrechendem Winter leicht auf –15 °C und tiefer fallen. Doch kanadische Winzer verstanden aus der Not eine Tugend zu machen. Jahr um Jahr gefrieren in den beiden bedeutendsten Weingebieten, Ontario und British Columbia, Riesling- und Vidaltrauben und machen dieses raue Land zum größten und zuverlässigsten Erzeuger von Eisweinen in der Welt. Und es ist mit der aus Ugni Blanc und Seibel gekreuzten Vidal Blanc hier ausnahmsweise eine Hybride, die bemerkenswerte Klasse zeigt.

Wenn Eiswein zur landestypischen Spezialität aufsteigen kann, so ist dies ein überdeutlicher Hinweis auf das entscheidende Charakteristikum des Weinlands Kanada: sein kaltes Klima. Obwohl das Hauptanbaugebiet Ontario, wo sechs Siebtel der rund 8200 Hektar Gesamtrebfläche konzentriert sind, auf demselben Breitengrad liegt wie Frankreichs Midi und noch dazu vom mildernden Einfluss der großen Seen profitiert, beschränken Kälteeinbrüche in Frühling und Herbst die Reifeperiode des Weins. In Quebec, wo wie in Neuschottland nur wenige Flächen in Ertrag stehen, werden die Reben zum Schutz gegen den Frost in jedem Herbst mit einem Mantel aus aufgehäufelter Erde versehen und im Frühjahr wieder mühselig ausgegraben. Unter diesen extrem erschwerten Bedingungen stützte sich der Weinbau zunächst auf widerstandsfähige Labrusca-Sorten und später auf Hybriden. Die hellroten Trauben der unverwüstlichen Concord-Rebe dienen bis heute zur Herstellung süßer Sherry- und Port-Imitationen. Für trockene Weißweine wählte man die Niagara-Sorte. Und noch immer sind knapp drei Fünftel aller kanadischen Rebstöcke Hybriden (das heißt Kreuzungen von Sorten unterschiedlicher Rebarten), die alle im Geschmack durch eine fuchsige Note gekennzeichnet sind. Der führenden Concord folgen Elvira und De Chaunac, darauf mit einigem Abstand Niagara sowie Seyval Blanc, Marechal Foch und Baco Noir. Für Eiswein wird bevorzugt Vidal verwendet.

Die Modernisierung des Weinbaus setzte in Kanada erst ein, nachdem Inniskillin (in der Nähe der Niagara-Fälle) 1975 als erste private Kellerei der Nach-Prohibitionszeit vom Staat, der den Handel mit Alkohol monopolmäßig kontrolliert,

In British Columbia ist das Okanagan Valley das vielversprechendste Anbaugebiet.

lizenziert wurde. In der Folge gelang immer mehr Winzern der Nachweis, dass *Vitis vinifera* auch in Kanada gedeihen kann. Zunächst experimentierten sie vor allem mit deutschen Sorten, doch zunehmend gewinnen Chardonnay und rote französische Varietäten an Boden.

Das geänderte Qualitätsbewusstsein führte zu einer neuen Weinbauphilosophie, die sich 1988 in der *Vintners Quality Alliance*, kurz VQA, niederschlug, einem zunächst in Ontario, 1990 dann auch in British Columbia eingeführten Appellationssystem. Es sieht vor, bei Weinen entweder die Provinz oder die geografische Herkunft, das heißt das Weinbaugebiet anzugeben.

Die Provinz Ontario verzeichnet drei geografische Herkunftsbezeichnungen: Pelee Island, Lake Erie North Shore und Niagara Peninsula.

Im Allgemeinen ähnelt dort das Klima dem burgundischen und ist praktisch mit dem der nahen Finger Lakes vergleichbar. Riesling und Chardonnay, der im Stil dem Chablis nahe kommt, erzielen die zuverlässigsten Erfolge, sieht man von den Eisweinen ab. In wärmeren Jahren gelingen runde Gamays und Pinot-Noir-Weine, aber auch angenehme Cabernet-Franc- wie Cabernet-Sauvignon-Weine und in letzter Zeit auch Merlots. Es gibt in Ontario 45 *wineries*, und die bekanntesten sind Cave Spring, Château des Charmes, Henry of Pelham, Hillebrand, Inniskillin, Konzelmann Winery, Pelee Island Winery, Reif Estate, Southbrook Farm, Stoney Ridge und Vineland Estates.

In der Provinz British Columbia sind vier geografische Herkunftsbezeichnungen anerkannt: Vancouver Island, Fraser Valley, Similkameen Valley und Okanagan Valley.

Die bedeutendste Region ist Okanagan Valley, ein Wüstengebiet mit großen Schwankungen zwischen Tages- und Nachttemperaturen, wo wie im nahen Columbia Valley die Reben bewässert werden müssen, der Okanagan-See das Klima jedoch mildert. Hier hat man auf Hybriden verzichtet und bevorzugt deutsche Rebsorten wie Bacchus und Ehrenfelser, aber auch Chardonnay gepflanzt. Pinot und Merlot sind in der Erprobungsphase. Der freie Warenaustausch mit der benachbarten Westküste der Vereinigten Staaten und ein Absatzeinbruch bei deutschen Rebsorten bescherten der Region schwere Jahre, doch die Lage scheint sich stabilisiert zu haben, und die Zahl der *wineries* ist auf 50 gestiegen. Erwähnenswert sind hier vor allem Blue Mountain Vineyard, Calona Wines, Cedar Creek Estate, Gehringer Brothers, Gray Monk, Hainle Vineyards, Mission Hill, Quail's Gate, Sumac Ridge und Summerhill.

Zwei weitere Regionen erfüllen nicht die VQA-Bestimmungen. In Neuschottland sind die 65 in Ertrag stehenden Hektar unter drei Erzeuger aufgeteilt. Neben Hybriden kultiviert man hier alte rote russische Rebsorten. In Quebec, wo neun Zehntel des geringen Ertrags auf Weißwein, vorwiegend Seyval Blanc, entfallen, lebt der Weinbau vom Tourismus. Aber in allen Anbauregionen bieten viele der Winzer auch Gästezimmer an.

Oben rechts:
Wein- und Souvenirshop des Château des Charmes in Ontario: In einem Klima, das dem des Burgunds sehr ähnelt, erzeugt man hier lebendige Chardonnays.

Auf Pelee Island im Erie-See entstand 1866 die erste richtige Kellerei, deren Nachfolger die Pelee Island Vineyards sind.

Vereinigte Staaten von Amerika: New York und der Osten

Die Region Finger Lakes, in der man seit 1820 Wein anbaut, liefert 9 von 10 Flaschen des im Staate New York hergestellten Weins. Zu den knapp 50 Gütern dieses Gebiets südöstlich von Rochester zählt auch die Taylor Wine Company.

Erste Weinbauversuche reichen an der Ostküste bis zum Beginn des 17. Jahrhunderts zurück. Doch die einheimischen Vitis-Arten ergaben keine genießbaren Weine. Erst als man 200 Jahre später die spontane Kreuzung aus einer einheimischen *Vitis labrusca* und einer europäischen *Vitis vinifera* fand, gelang mit bewusst gezüchteten Hybriden, von denen die Concord die bekannteste wurde, der Durchbruch. Da sie den rauen natürlichen Bedingungen standhielten, guten Traubensaft und trinkbare Weine ergaben, bestockte man damit weite Flächen an den Finger Lakes im Staat New York, südöstlich von Rochester. In Großkellereien wurden die Trauben zu Schaum- oder Süßweinen verarbeitet, da in diesen Weingattungen der fuchsige Beigeschmack, der den Hybriden fast immer anhaftet, kaum spürbar ist. Der Widerstandskraft amerikanischer Reben, speziell der *Vitis riparia* und *Vitis rupestris,* verdankt die Weinwelt ihre gegen die Reblaus resistenten Wurzelstöcke. Inzwischen wachsen weltweit die meisten Edelsorten auf amerikanischen Unterlagen.

Erst in den 1960er Jahren war man an der Ostküste in der Lage, die Traubenqualität entscheidend zu verbessern. Zunächst waren Anpflanzungen französischer Hybriden erfolgreich, dann gelang es endlich dank optimaler Unterlagen, Klone und Behandlungen, auch europäische Sorten zu akklimatisieren. Mit dem *Farm Winery Act,* der es auch Kleinerzeugern ermöglichte, eigene *wineries* zu eröffnen, kam es 1976 zu einer Welle von Neugründungen. Heute erzeugen dort mehr als 125 Betriebe Wein. Damit sind die Finger Lakes bis in die Gegenwart New Yorks größter Weinlieferant. Die reizvolle Region mit ihren Hügeln, den von Gletschern gebildeten Seen und Bächen ist zum beliebten Ausflugsgebiet geworden.

Der östlichste der Seen, Cayuga Lake, ist als eigene Appellation anerkannt. Die anderen drei Seen, Seneca, Keuka und Canandaigua, wo sich die gleichnamige *Wine Company* befindet, bilden die AVA Finger Lakes. Die Hybriden bestimmen bis heute das Bild und machen den Staat New York mit rund 14 000 Hektar flächenmäßig zum größten Weinproduzenten der USA nach Kalifornien. Außerdem gibt es keine andere Region mit einer vergleichbaren Sortenfülle. Die *wineries* keltern weiterhin Labrusca-Sorten wie die weißen Catawba, Delaware, Diamond, Dutchess, Elvira, Isabella, Niagara und die roten Concord, Ives und Steuben, aber auch Hybriden wie Aurora, Cayuga, Seyval Blanc, Vignoles oder Baco Noir, Chambourein, Chancellor, Rosette und Villard Noir, um nur einige zu nennen. Doch kaum eine ist von überzeugender Qualität, weshalb die Betriebe hier und an der gesamten Ostküste dazu übergehen, *Vitis vinifera* zu kultivieren, vor allem Chardonnay, Riesling, Gewürztraminer, Sémillon und Sauvignon, sowie Merlot, Cabernet Sauvignon und Franc, Gamay und Pinot Noir.

Neben Finger Lakes gibt es drei weitere AVAs: Long Island, Hudson River und Lake Erie.

Auf Long Island sorgt der Atlantik für ein gemäßigtes Klima mit einer deutlich längeren Wachstumsperiode. Deshalb können hier Bordeaux-Sorten reifen, und die seit 1973 angelegten Weinberge wurden mit europäischen Reben bestockt. Mit knapp 600 Hektar ist North Fork die größere der beiden Insel-Appellationen, das südlichere Hampton umfasst wenig mehr als 50 Hektar.

Im Hudson Valley, nördlich von New York City, kultiviert man Reben seit 300 Jahren. Meerluft steigt das Flusstal herauf und mildert das Klima. Rund 25 meist kleine Kellereien erzeugen Wein aus Hybriden, zunehmend auch aus Cabernet, Chardonnay und anderen europäischen Sorten.

Am Ufer des Eriesees erstrecken sich die größten Rebplantagen des Staates New York, die mehr als 8000 Hektar umfassen, aber vorwiegend der Produktion von Traubensaft dienen.

Bekannte Erzeuger an den Finger Lakes sind: Canandaigua Wine Company, Four Chimneys Farm, Fox Run, Glenora, Heron Hill, Knapp, Treleaven, Wagner und Wiemer; auf Long Island: Bedell Cellars, Bridgehampton, Gristina, Hargrave, Lenz, Palmer, Peconic Bay und Pindar Vineyards; am Hudson River: Benmarl, Brotherhood America's Oldest Winery, Millbrook, Rivendell.

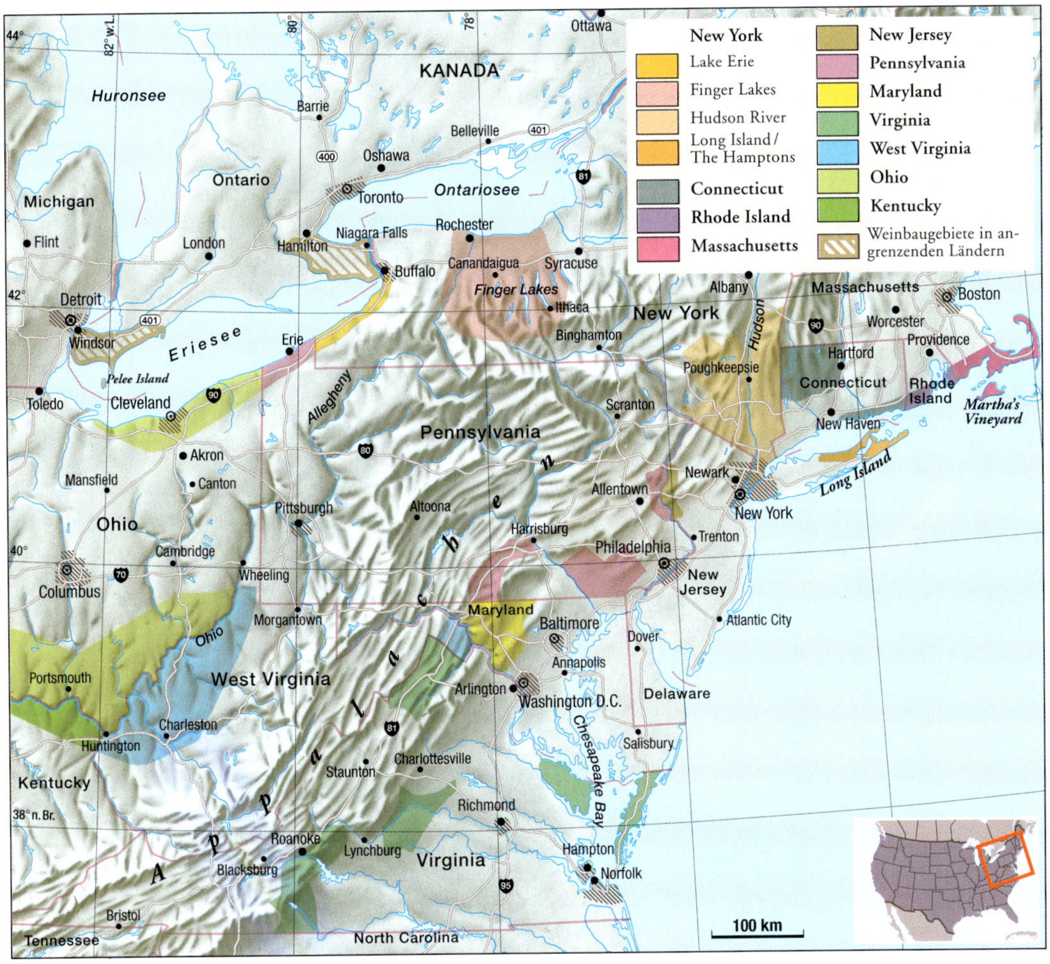

Sonstige Weinstaaten

In den Neu-England-Staaten nordöstlich von New York liegt ein reger Weinbau in Händen von etwa 40 Betrieben, angeführt vom Pionier Haight und von den Gütern Chamard, Chicama und Sakonnet. Die Weinberge New Jerseys konzentrieren sich auf das Tal des Delaware River, wo Renault 1864 als erste *winery* gegründet wurde und wie auch Unionville wieder floriert. Ein Teil der Rebflächen der Staaten Pennsylvania und Ohio liegt am Eriesee, größere Pflanzungen befinden sich aber weiter im Süden. In Ohio, wo man auf die 1000-Hektar-Marke zustrebt und Debonné und Firelands die bekanntesten Güter sind, erstrecken sie sich östlich von Cincinnati. In Pennsylvania sind rund 3800 Hektar bestockt, drei Viertel davon mit Labrusca-Sorten, die süßliche, exotische Weine mit deutlicher Fuchsnote – oder Traubensaft – ergeben. Gute Weine liefern Allegro und Chadsford. Maryland bietet auf 150 Hektar interessante Cabernets und Chardonnays, zumal von Catoctin, Elk Run und Montbray, während sich Boordy auf Hybriden konzentriert. Die Weißweine der Ostküste zeigen sich fruchtbetont und leicht, wobei mancher Chardonnay Röst- und Karamellnoten dem Eichen-Barrique verdankt. Rotweine bieten einen vergleichbaren Stil, doch sie werden häufig von unreifen, vegetabilen Noten beeinträchtigt. Am besten werden die Weine jung getrunken.

Im Mittleren Westen profitiert Michigans Weinbau vom wärmespeichernden Einfluss des Sees. Die auf den 4 900 Hektar vorherrschenden Concord-Stöcke dienen der Saftindustrie, doch auch die 24 *wineries* sind gut im Geschäft. Sie haben sich auf Chardonnay, Riesling, Pinot Grigio, Cabernet Franc und Pinot Noir konzentriert, manche erzeugen auch gute Schaum- und Obstweine. Die bekanntesten Betriebe sind Château Chantal, Château Grand Traverse, Fenn Valley, Good Harbour, L. Mawby, St. Juliean und Tabor Hill. Auch in Missouri setzen die 37 *wineries* auf die reizvolle Mischung von sehenswerter Landschaft und angenehmen Weinen, die fast ausschließlich auf Hybriden basieren. Renommierte Erzeuger sind hier Augusta, Hermannshof, Les Bourgeois, Mount Pleasant, St. James und Stone Hill Winery.

Auch im Süden ist die Weinszene lebendig. In Virginia wachsen heute mehr Vinifera-Stöcke als Hybriden, wobei Chardonnay oder Bordeaux-Sorten bei Château Morisette, Linden, Meredyth, Montdomaine, Prince Michael und Tarara am meisten überzeugen. Auch in Arkansas, North-Carolina und Georgia sind europäische Reben erfolgreich, während man in Tennessee und Florida die besten Resultate mit Hybriden erzielt.

Die Sharon Mills Winery ist in einer historischen Getreidemühle an den Ufern des River Raisin in Michigan untergebracht. Sie gehört zur Henry Ford Stiftung. Ihre Trauben stammen von der Old Mission Peninsula.

Washington

1962 von Universitätsprofessoren und Geschäftsleuten gegründet: die Columbia Winery bei Seattle

Wer nach Seattle, in die lebendige Hauptstadt des Staates Washington, kommt und die üppig begrünte Landschaft am Puget Sound kennenlernt, wird sich kaum vorstellen können, dass Washington nach Kalifornien die bedeutendste Quelle für hochwertige, auf europäischen Reben basierende Weine ist. Gleichwohl werden auf den Inseln des Fjords auf den etwa 20 Hektar Sorten wie Müller-Thurgau, Madeleine Angevine, Siegerrebe und Pinot angebaut, die von vier *wineries* vergoren werden. Das milde und zugleich feuchte Pazifikklima lässt in der Appellation Puget Sound nur nördlichste und hauptsächlich weiße Varietäten zu. Wenn dennoch in Woodinville, wenige Kilometer außerhalb von Seattle, mit Château Sainte-Michelle und Columbia Winery die beiden bedeutendsten Weinkellereien des Bundesstaates, darüber hinaus drei weitere Betriebe sowie seit 1994 auch die exquisiten DeLille Cellars angesiedelt sind, so hat dies rein kommerzielle Gründe. Denn 99 Prozent der Trauben wachsen weit östlich hinter den hier auf nahezu 4400 Meter ansteigenden Cascade Mountains, an denen die regenschweren Wolken des Pazifiks scheitern. Dahinter erstreckt sich das weite, wüstenähnliche Columbia Valley, die größte Appellation Washingtons. Einzig den Wassermengen des Columbia River und seiner Zuflüsse Snake und Yakima River ist es zu verdanken, dass in diesem Gebiet überhaupt Weinbau betrieben werden kann. Es umfasst die beiden weiteren bedeutenden Appellationen, das Yakima Valley und das Walla Walla Valley. Daneben haben sich fünf Unter-Appellationen aufgrund ihrer besonders günstigen Bedingungen einen Namen gemacht: Red Mountain – Benton County für Cabernet; Wahluke Slope, Royal Slope, Cold Creek für Cabernet, Chardonnay und andere Sorten; Lower Snake River für Merlot, Sauvignon Blanc und Sémillon; Canoe Ridge für Merlot, Cabernet und Chardonnay sowie Southwest Washington für Pinot Noir und Chardonnay.

Von Wasserrechten und Winter Killer

Landwirtschaft wird im Columbia-Tal noch nicht lange betrieben. Erst seit 1930 war man auf die Möglichkeiten aufmerksam geworden, die in der Region ruhten, und hatte damit begonnen, sie gezielt durch Bewässerungssysteme zu beleben. Die ersten Rebpflanzungen wurden von den Vorgängern des Château Sainte Michelle schon seit 1951 und von der Columbia Winery seit 1957 im Yakima-Tal angelegt, die erste offizielle Abfüllung kam dann 1967 auf den Markt. In den 1970er Jahren folgten noch weitere Gründungen, sodass man 1981 bereits 19 *wineries* aufweisen konnte. Das nächste Jahrzehnt brachte neuerlichen Zuwachs, der auch in den 1990er Jahren nicht abebbte. Mittlerweile zählt man mehr als 100 *wineries*, und die Ausweitung der Weinbergflächen ist geradezu spektakulär. Mehr als 8000 Hektar stehen gegenwärtig unter Reben, und noch immer gibt es Farmer, die sich vom Weinbau bessere Einkünfte erhoffen. Die weitere Entwicklung der Region wird von ihnen abhängen, denn nur alteingesessene Farmer besitzen Wasserrechte, und neue werden vom Staat Washington nicht erteilt. Ohne künstliche Bewässerung können in dem trockenen Inlandklima jedoch keine Reben gedeihen. Abgesehen von den großen etablierten Weinunternehmen, die in ausgedehnte Güter investierten, liefern insgesamt mehr als 300 Farmen den größten Teil der Trauben. Erfolgreiche *wineries* sind dazu übergegangen, den interessierten Farmern fachliche und finanzielle Unterstützung anzubieten, um dann Partnerschaften mit ihnen einzugehen. Auf diese Weise sichern sie sich für die Zukunft ihr Lesegut und können durch die Teilhaberschaft zugleich Einfluss nehmen auf die Qualität der Trauben. Obwohl es auch eine Anzahl von *boutique wineries* gibt, ist der Weinbau hier von industriellem Zuschnitt und wird maschinell betrieben.

Die mageren Böden sind gut durchlässig. Ihr Untergrund besteht aus Basalt, der sich an der Oberfläche zersetzt und mit abgelagertem Sand, Kies und Lehm vermischt ist. Abgesehen vom östlichsten Teil, wo über die Flussniederung landeinwärts dringende Meereseinflüsse die Temperaturen senken – weshalb Pinot Noir gut gedeiht –, ist das Klima des Columbia Valley von Trockenheit, wenig Wolkenbildung und hoher Lichtintensität bestimmt. In seinen wärmsten Teilen steigen die Temperaturen im Sommer auf 32–40 °C an, doch nachts kühlt es stark ab, sodass die Trauben dennoch eine lange Reifephase durchlaufen, die dem aromatischen Ausdruck zugute kommt. Von Ende September bis Ende Oktober findet die Hauptlese statt. Obwohl diese Bedingungen für den Weinbau durchaus günstig sind, kennen die Farmer einen Feind, der ihnen immer wieder zu schaffen macht: den *winter killer*. Gemeint sind damit sporadisch auftretende Fröste, die bis zu –25 °C und mehr betragen können und denen das Holz der Weinstöcke nicht standhält. Dadurch kommt es in manchen Jahrgängen, wie 1991 und 1996, zu erheblichen Ertragseinbußen. Glücklicherweise besteht in Washington keine Reblausgefahr, weshalb nur wurzelechte Reben gepflanzt werden. So schneiden die Farmer erfrorene Stöcke eben mit Motorsägen über dem Boden ab. Wenn im kommenden Frühjahr der Wein neu austreibt, schneidet man auf zwei Triebe zurück. Im folgenden Jahr liefern sie bereits eine kleine Ernte und im dritten Jahr nach dem Frost ganz normalen Ertrag. Um Frostschäden vorzubeugen, pflanzt man gern in Flussnähe oder auf Südhänge, weil sie im Winter wärmer sind. Manche *wineries* versuchen Frostausfälle auch durch einen Verschnitt mit dem vorangegangenen Jahrgang auszugleichen.

Fast alle Weinflächen Washingtons erstrecken sich entlang des Columbia River, ohne dessen Wasser hier kein Rebstock wachsen könnte. Das Kaskadengebirge schützt gegen Regen.

Merlot, Meritages und feine Weissweine

Verschnitte sind in Washington, wo man besonders gute Erfolge mit Bordeaux-Sorten erzielt, ohnehin überaus beliebt. Das gilt nicht nur für die Vielzahl der Assemblagen, die man bei den Sortenweinen von Cabernet und Merlot im gesetzlich verankerten Rahmen von 25 Prozent durchführt,

Idaho

Das gebirgige Idaho schließt sich im Osten sowohl an Oregon wie auch an Washington an. Seine wichtigsten Weinberge, die seit den 1970er Jahren hier angelegt wurden, befinden sich östlich der Hauptstadt Boise im wärmsten, als Sunny Slope bekannten Gebiet. Dort etablierte sich 1976 die *winery* der Sainte-Chapelle Vineyards, die bis heute der mit Abstand dominierende Erzeuger geblieben ist. Die Höhenlage mit ihren kalten Nächten und rauen Wintern eignet sich insbesondere für Riesling, aus dem liebliche und trockene Weine gemacht werden. Außer Chardonnay spielen Schaumweine eine wichtige Rolle.

es gilt in besonderem Maß für die von vielen *wineries* angebotenen Meritages, die Merlot und Cabernet auf ebenbürtige Weise miteinander vermischen. Merlot erfreut sich großer Beliebtheit und ist, vor Cabernet Sauvignon, die führende rote Rebsorte in Washington. Bedauerlicherweise hat das manchmal schlechtes Lesegut und vegetale, raue, dünne Weine zur Folge. Gute Merlots sind dagegen sehr voll, samtig, reif mit beeriger Frucht und angenehmer Würze. Wirklich überzeugende Cabernets zeigen in Washington eine intensive saftige, nicht selten an schwarze Kirschen und Brombeeren erinnernde Frucht, die bei Überreife dann zu Backpflaume und Kompott tendiert. Während gerade die Neulinge oft sehr ausgewogene und mit Finesse in Barriques ausgebaute Weine präsentieren, neigen die renommierten *winemakers* der ersten Stunde dazu, ihre Rotweine mit zu viel und zu grobem Holz zu versehen.

In den letzten Jahren erfahren auch Syrah und Sangiovese zunehmende Beachtung. Eine Kuriosität bleibt der fruchtbetonte, im Charakter eher leichte Lemberger. Obwohl unter den weißen Rebsorten Chardonnay führend ist, werden die besten Weißweine aus Sémillon und Sauvignon gekeltert, die mit intensiven frischen Aromen von Zitrone, Guave, Melisse, viel Nervosität und eleganter Würze begeistern können. Außerdem kann Riesling, die noch immer zweitwichtigste weiße Rebsorte, hier sehr rassige Resultate ergeben.

Ausgewählte Erzeuger

Apex – Washington Hill Cellars **–***
Sunnyside
ZT; 1,2 Millionen Fl. • Weine: u.a. Chardonnay, Sauvignon, Sémillon/Chardonnay; Lemberger, Merlot, Cabernet; →Apex Merlot
Apex ist das Prestige-Label der Kellerei, die in einer ehemaligen Molkerei günstige und oft gute Weine produziert.

Château Sainte Michelle *–***
Woodinville
mehr als 500 ha; 9 Millionen Fl. • Weine: u.a. Chardonnay, Sauvignon; SFG, Cabernet, Merlot; →Cold Creek Vineyard, →Artist Series
Besucherzentrum bei Seattle, aber Kellerei und Weinberge am Columbia River auf dem Canoe Ridge Estate sowie u.a. Cold Creek und Indian Wells Weinberge. Im Besitz der Stimson Lane Ltd., die mit Columbia Crest größter Weinerzeuger Washingtons ist. Weit gefächertes Programm.

Columbia *–***
Bellevue
ZT; 1,5 Millionen Fl. • Weine: u.a. Gewürztraminer, Riesling, Pinot Gris, Sémillon, Chardonnay; Sangiovese, Merlot, Cabernet, Cabernet Franc, Syrah; →Red Willow Merlot, Otis Cabernet
1979 übernahm der britische Master of Wine David Lake die Regie dieses von zehn Uni-Kollegen 1962 gegründeten Betriebs. In dem breiten Programm führen Otis und Red Willow.

Columbia Crest *–***
Paterson
900 ha; ZT; ca. 10 Millionen Fl. • Weine: Chardonnay, Sauvignon, Sémillon; Cabernet, Merlot, Syrah; →Reserve Linie, Red Reserve
Als Zweitlabel von Ste Michelle gegründet, überflügelt das unabhängig agierende Unternehmen inzwischen die Schwesterfirma. Von Einstiegsweinen bis Estate- und Reserve-Weinen mit steigender Qualität.

Covey Run *–***
Zillah
78 ha; ZT; 840 000 Fl. • Weine: u.a. Riesling, Chardonnay, Sauvignon, Sémillon; Merlot, Cabernet, Lemberger; →Riesling Icewine, →Chardonnay Celilo und Chardonnay Reserve
Früher Quail Run, hat sich die *winery* insbesondere mit angenehmen und günstigen, von Dave Crippen ausgebauten Weißweinen einen Namen gemacht. Steigende Qualität bei Reserve-Weinen.

DeLille Cellars *****
Woodinville
ZT; 40 000 Fl. • Weine: ein Weißwein, drei Rotweine, nur Meritages; →Chaleur Estate weiß und rot, →Harrisson Hill
Von der DeLille-Familie, die ursprünglich aus Karlsbad stammt, 1992 initiierte *boutique winery*, in der *winemaker* Chris Upchurch superbe Bordeaux-*blends* vinifiziert. Zweitwein D2, Topweine Chaleur Estate und Harrisson Hill.

Hedges Cellars *–****
Benton City
18 ha; ZT; 1,1 Millionen Fl. • Weine: Fumé-Chardonnay; Cabernet/Merlot; →Red Mountain Reserve Red, →Three Vineyard Cabernet
Die Hedges pflanzten am Red Mountain, einer der besten Rotweinlagen, Cabernet und Merlot und leisteten sich ein Château. Sie produzieren in großen Mengen angenehme *blends*, aber ihre Stärke sind charaktervolle, kompakte Rotweine mit dezenter Würze.

Kiona **–***
Benton City
13 ha; ZT; 180 000 Fl. • Weine: u.a. Chardonnay, Chenin, Riesling; Cabernet, Merlot, Lemberger; →Red Mountain Reserve Cabernet, →Late Harvest Riesling, →Chenin Icewine
Zwei Paare, die Holms und die Willimans, betreiben seit 1979 gemeinsam Gut und *winery* und verkaufen einen Teil ihrer Trauben an bekannte Güter. Sie waren die Lemberger-Pioniere.

L'Ecole No. 41 ***–****
Lowden
mehr als 50 ha; ZT; 180 000 Fl. • Weine: Chardonnay; Merlot, Cabernet; →Sémillon, →Seven Hills Barrel Select Merlot, →Pepper Bridge Apogée
Marty Clubb, der sich an diversen bedeutenden Weinbergen beteiligte, setzte Maßstäbe für Merlot in Washington, aber seine im Barrique vergorenen Weißweine sind ebenso gut. Apogée ist ein *blend* aus Merlot und Cabernet.

Die urige Probierstube von Woodward Canyon in Lowden im Walla Walla Gebiet

Leonetti Cellar **
Walla Walla
10 ha; ZT; 55 000 Fl. • Weine: Merlot, Cabernet, Sangiovese
In der ersten, 1978 gegründeten *winery* von Walla Walla konzentriert sich Gary Figgins auf Rotweine, die er in neuen Barriques ausbaut, und ist damit berühmt geworden. Für manche Gaumen zu ausgeprägter Holzeinsatz.

Matthew Cellars ***–****
Woodinville
ZT; 36 000 Fl. • Weine: →Red, Yakima Valley
Matthew Loso ist einer der interessantesten jungen Aufsteiger. Der ehemalige Restaurant-Manager hat unbestreitbar eine Hand für Rotwein, auf den er sich spezialisiert hat und den er aus den Cabernets und aus Merlot komponiert.

McCrea Cellars ***–****
Lake Stevens
ZT; 36 000 Fl. • Weine: Chardonnay, Viognier; Syrah, Grenache, →Tierra del Sol
Neben seinen Chardonnays liebt Doug McCrea Rhône-Sorten. Angenehm fruchtig-kräuteriger Tierra del Sol aus Syrah und Grenache, guter Viognier. Ausgezeichnete Syrahs mit eigenständiger Textur und Frucht.

Quilceda Creek *****
Snohomish
ZT; 30 000 Fl. • Weine: →Cabernet Sauvignon
Lange Zeit machte der russische Adlige und ehemalige Flugzeugingenieur – Neffe des legendären *winemaker* André Tchelistcheff – nur einen einzigen Wein, den Cabernet. Den komponieren Alex Golitzen und sein Sohn Paul aus verschiedenen Herkünften und geben einen Hauch von Merlot dazu. Lange in feinster Eiche ausgebaut, ist dies ein Monument. Nun auch ein Zweitwein von gleicher Qualität.

Soos Creek ****
Renton
ZT; ca. 6000 Fl. • Weine: →Cabernet
Viele Erzeuger in Washington haben so wie Dave Larson angefangen und aus zugekauften Trauben in ihrer Garage oder in einem Schuppen Wein gemacht. Hier gibt es nur Cabernet, der vier Jahre in Barriques reift. Sehr voluminös, saftig, samtig, eigen.

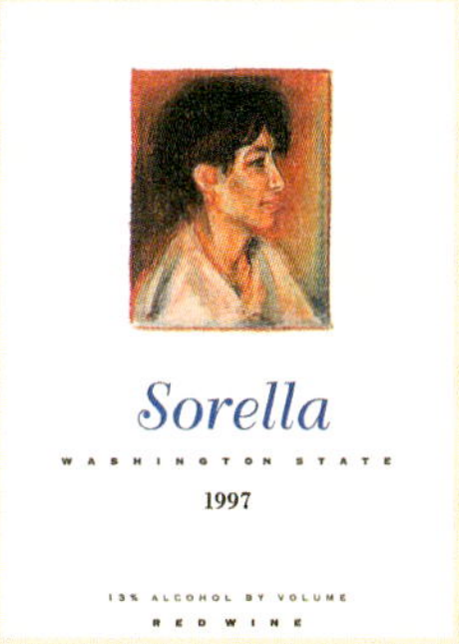

Walla Walla Vintners ***–****
Walla Walla
ZT; 36 000 Fl. • Weine: →Merlot, →Cabernet, Cabernet Franc, Washington State Cuvée
Drei Weinfreunde machen mit viel Hingabe, feinem Gaumen und sorgfältigem Handwerk überzeugende Rotweine. An der Spitze der Cabernet.

Andrew Will ****–*****
Vashon Island
ZT; 48 000 Fl. • Weine: Chenin; →Merlot, →Cabernet; →Sangiovese Sorella
Chris Camarda besorgt sich nur die besten Trauben von bekannten Weinbergen wie Ciel du Cheval, Pepper Bridge, Seven Hills und Klipsun. Ihnen entlockt er eine erstaunliche Textur, zu der die neuen französischen Barriques bestens passen. Verblüffende Sorella.

Wilridge ****
Seattle
ZT; ca. 6000 Fl. • Weine: →Cabernet, →Merlot
Ein Rechtsanwalt macht mitten in Seattle verrückte Weine mit irrer Frucht, wahnsinniger Struktur und viel Leidenschaft.

Woodward Canyon **–****
Lowden
11 ha; ZT; 150 000 Fl. • Weine: Chardonnay; Cabernet, Merlot; →Old Vine Cabernet
Rick Small gründete 1981 die zweite *winery* der Region. Jetzt entwickelt er die Weinberge oberhalb seiner Kellereischuppen auch mit Barbera, Nebbiolo und Syrah. Bekannt für Butterscotch-Chardonnay und kraftvolle Rote, die leider unter der Barrique-Krankheit der Pioniere der ersten Stunde leiden.

Bernard Griffin ***
Richland
ZT; ca. 360 000 Fl.• Weine: Chardonnay und Reserve; →Funé Blanc, →Merlot, Cabernet Sauvignon, Carbernet-Merlot
Sein Handwerk lernte Bernard Griffin in Kalifornien, wo er bei Buena Vista und Hogue Cellars im Keller stand. Aber schon 1983 lockten ihn Washington und Selbständigkeit. Von seinen im Barrique vergorenen Chardonnays besticht die Reserve durch Ausgewogenheit. Bei den Roten war er einer der ersten, die auf Merlot setzten, der ihm besonders gut gelingt.

Oregon

	Willamette Valley
	Umpqua Valley
	Rogue Valley
	Columbia Valley
	Walla Walla Valley
	Weinbaugebiete in angrenzenden Regionen

An der rund 500 Kilometer langen Küste Oregons zieht sich das Küstengebirge entlang und mildert den Einfluss des Pazifiks auf die dahinter liegenden Täler Willamette, Umpqua und Rogue, in denen Weinbau betrieben wird. Im Osten wirkt die auf 3426 Meter ansteigende Cascade Range wie eine Barriere, die die Regenwolken des Pazifiks zurückhält. Die wenigen Weinfarmen jenseits des Gebirges erzielen daher nur mit intensiver Bewässerung Ernten. Die Gebiete am Columbia River, der mehr als 400 Kilometer lang die Grenze zum Staat Washington bildet, sind nördlich des Flusses wesentlich stärker entwickelt, doch jetzt erfährt auch der sich nach Oregon erstreckende Teil des Walla Walla Valley einen Aufschwung.

Oregon liegt auf einer Höhe mit Südfrankreich, besitzt aber in seinem Westen ein eher kühles und feuchtes Klima. Im Gegensatz zu Kalifornien, wo jene Weinregionen die beste Qualität liefern, in denen sommerliche und herbstliche Höchsttemperaturen durch ozeanische Einflüsse gemildert werden, muss man in den Hauptanbaugebieten Oregons gerade die wärmsten und sonnigsten Lagen ausnutzen, da sonst die Trauben nicht genügend reifen. Die Natur stellt somit an die Weinerzeuger Oregons völlig andersartige Anforderungen. Sie konnten nicht aufs Geratewohl pflanzen oder ihre Weinberge nach Bedarf erweitern, sondern mussten ihr Gebiet sehr genau erforschen, um die wenigen wirklich geeigneten Lagen zu erkennen. Eine solche Vorgehensweise verlangt von vornherein Bedacht, Gespür und Durchhaltewillen eines engagierten Winzers.

Weinbau in Oregon zu betreiben ist eine Herausforderung. Deshalb stößt man dort nicht auf kalifornische Nonchalence, heiteren Unternehmungsgeist, schickes Flair und quirligen Geschäftssinn, sondern auf freundliche, offene, doch kantige Individualisten und Winzerphilosophen. Es sind

Leidenschaftliche Verfechter eines traditionellen Pinot-Noir-Stils: die Cristom Vineyards in Salem

nicht die Seiteneinsteiger aus dem Show-Geschäft, nicht die Weingroßunternehmen oder Getränkemultis, die Oregon unter Weinliebhabern bekannt gemacht haben, sondern sein Pinot Noir und die ›International Pinot Noir Convention‹, eine Konferenz, die alljährlich passionierte Anhänger und Erzeuger dieser Rebe aus aller Welt in der Kleinstadt McMinnville zu Austausch und gemeinsamer Verkostung zusammenruft.

Das berühmte Burgunderhaus Drouhin hat in Dundee ein eigenes Gut aufgebaut, das ausschließlich auf Pinot Noir und Chardonnay spezialisiert ist.

Der Aufstieg der Individualisten

Schon in der zweiten Hälfte des 19. Jahrhunderts waren die ersten Pioniere in Oregon der Versuchung erlegen, Wein herzustellen. Nachdem die Prohibition aufgehoben worden war, erlebte die Kellerwirtschaft auch hier einen beachtlichen Aufschwung, doch damals produzierte man überwiegend Obstweine, wie in der seit 1934 bestehenden Honeywood Winery in Salem. Bis heute sorgen Klima und fruchtbare Böden in Oregon für eine reiche Auswahl an Beeren-, Kern- und Steinobstsorten in üppigen Ernten.

Vorreiter des modernen Weinbaus wurde Richard Sommer, der nach dem Studium an der University of California in Davis im Umpqua Valley Riesling und andere Sorten pflanzte und dort 1963 die Hillcrest Winery ins Leben rief. In dem von niedrigen Hügeln und flachen Tälern charakterisierten Anbaugebiet um Roseburg ist das Klima vergleichsweise trocken und warm, sodass auch Cabernet Sauvignon gepflanzt wird, obwohl Sorten vorherrschen, die niedrigere Temperaturen vertragen, wie Riesling, Pinot und Chardonnay. Im Rogue Valley wächst Wein auf höheren Lagen. Näher zum Pazifik im Illinois Valley bestimmen Pinot Noir und Pinot Gris das Bild, während in den wärmeren Unter-Appellationen Applegate Valley und Rogue River die besten Cabernets und Merlots von Oregon gedeihen.

Noch in den 1960er Jahren wurden Weinberge im nördlichen Willamette Valley angelegt, und bis Ende der 1970er Jahre gründete man hier 17 weitere Wineries, von denen die meisten Pinot Noir und Chardonnay den Vorzug gaben, eine Sortenwahl, die aufgrund der klimatischen Übereinstimmungen mit dem Burgund besonders erfolgversprechend schien. Es sollte sich herausstellen, dass diese Zuversicht berechtigt war: der Pinot Noir von 1975 der Eyrie Vineyards wies bei Blindverkostungen so manchen renommierten Burgunder in die Schranken. Daraufhin setzte etwa ab 1980 ein Zustrom an *winemakers* ein, von denen die meisten bereits Kalifornien-Erfahrung hatten. Inzwischen verzeichnet man rund 200 Kellereien, überwiegend im Willamette Valley, die zum größten Teil eigene Weinberge besitzen, aber dennoch von spezialisierten Farmen Trauben zukaufen. Bei den meisten *wineries* handelt es sich um kleinere Betriebe, die noch unter den Begriff der *boutique winery* fallen, auf Qualität ausgerichtet sind und ihren individuellen Charakter herausarbeiten. Entsprechend hoch ist das Preisniveau.

Links:
Die Beaux Frères Winery bei Newberg gehört den Schwägern Michael Etzel und Robert Parker, dem weltbekannten Weinkritiker.

Rechts:
Die roten Böden der Dundee Hills gelten als eines der besten Terroirs für Pinot Noir. Die hier erzeugten Rotweine der Domaine Drouhin bestätigen dies.

Spezialität: Pinot Noir

Der heikle Pinot Noir avancierte zur eigentlichen Spezialität, und inzwischen sind 40 Prozent der etwa 3300 Hektar Rebflächen des Bundesstaats damit bestockt. Nach sonnigen und reifen 1980er Jahrgängen zeigte sich in den 1990er Jahren das Wetter häufiger wechselhaft, niederschlagsreich und für die Winzer ungünstig, die ihre Trauben unreif einbringen mussten. Auch Neupflanzungen, sofern sie ohne ausreichende Kenntnisse vorgenommen wurden, enttäuschten. Das Resultat sind frischere Aromen roter Beeren, aber auch nicht selten mangelnde Fülle und vegetale Noten. Dann muss man sowohl aufzuckern wie entsäuern.

Wenige Rebflächen liegen in Talsohlen, vorwiegend wurde an Hängen gepflanzt, die dem Ozeanwind den Rücken kehren und ohne Bewässerung kultiviert werden. Berühmt ist die tonhaltige rote Erde der Dundee Hills, aber wichtiger als die vielfältigen Böden ist die Exposition. In guten Jahren sind die höheren Lagen bevorzugt, die allgemein als die besten gelten, aber in schlechteren Jahren reifen sie nicht aus. Mittellagen sind die sichersten, während zu tief liegende Rebflächen in guten Jahren zu früh reifen. Der Winzer muss möglichst flexibel auf den sich abzeichnenden Jahrgang reagieren, doch langsamer ist besser. (»Getting things right by doing them slowly«, wie Steve Doerner sagt, *winemaker* von Cristom.)

Qualitätsbewusste Erzeuger setzen mittlerweile bei neuen Pflanzungen 5400 bis 7400 Stöcke auf den Hektar, in Höhenlagen um 4700, das sind rund doppelt so viel wie früher. Durch die höhere Pflanzdichte verlieren die Beeren ein Drittel an Volumen, was höhere Konzentration und bessere Textur im Wein zur Folge hat. Allgemein verarbeitet man Pinot Noir mit Erträgen von 40 und weniger Hektolitern pro Hektar. Fäulnisbefallenes Lesegut, das Fehltöne in Bukett wie Geschmack verursacht, wird noch im Weinberg oder an Tischen aussortiert. Viele *winemakers* verlassen sich auf natürliche Hefen, die langsamer arbeiten, und geben dadurch dem Wein mehr Ausdruck. Dann beträgt die Vinifikationszeit etwa 15 bis 21 Tage, wobei man mit Umpumpen oder Pigeage arbeitet. Der gewöhnlich zwölf bis fünfzehn Monate dauernde Ausbau findet meist in kleinen Eichenfässern statt, von denen jede *winery* jährlich einen bestimmten und in ihrem Ermessen liegenden Prozentsatz erneuert.

In Oregon beginnt die Erntezeit – nach den meist sehr heißen und trockenen Monaten Juli und August – Ende August und erstreckt sich oft bis weit in den Oktober. Überwiegend wird per Hand gelesen. Zweitwichtigste Sorte ist der Chardonnay, der in Oregons Klima oft ausgeprägte Säure und fruchtigsaure Aromen von Zitronen, Stachelbeer und Apfel entwickelt, die je nach Reife und Vinifikation mit buttrigen, nussigen und gerösteten Noten abgerundet werden. Pinot Gris belegt bereits den dritten Platz und gefällt als blasser, erfrischender und fruchtbetonter Weißwein. Riesling findet noch immer seine Anhänger, aber das Interesse an Gewürztraminer hat nachgelassen. Bordeaux-Sorten reifen bestenfalls im Süden. Steht Cabernet auf dem Etikett, muss er 75 Prozent des Weins stellen, bei jedem anderen Sortenwein sind in Oregon dagegen 90 Prozent der genannten Varietät der vorgeschriebene Mindestanteil.

15

Willamette Valley

David Adelsheim, einer der Pioniere im Willamette Valley, füllt seine besten Pinots nach Weinbergen getrennt ab.

Das breite grüne Tal des Willamette River, das sich von Portland aus gut 250 Kilometer nach Süden erstreckt, ist das Hauptanbaugebiet Oregons. Besonders der nördliche Teil und dort speziell die geschützten Hänge im Westen haben Weinbetriebe angezogen. Neben den Red Hills of Dundee, die sich mit ihrer roten Vulkanerde als erstes herausragendes Terroir erwiesen, haben sich mittlerweile auch die Eola Hills nordwestlich und die Salem Hills südlich von Salem sowie das Gebiet des Forest Grove westlich von Portland als bemerkenswerte Lagen herauskristallisiert. Gegenwärtig konzentriert sich das Interesse hauptsächlich auf die Chehalem Mountains. Die reichlichen Niederschläge von etwa 1000 Millimeter pro Jahr fallen überwiegend während der milden Wintermonate. Im Sommer ist es dagegen meist relativ trocken, und die Temperaturwerte, die das Tal zu einer kühlen Region I (s. S. 812) bestimmen, haben eine ausgedehnte Reifephase zur Folge, die den Trauben zu ihren intensiven Aromen verhilft.

»Contains sulfites«

In den USA sind die Erzeuger zu diesem Hinweis auf ihren Flaschen gesetzlich verpflichtet. Er soll Asthmatiker und Allergiker vor dem im Wein enthaltenen Schwefel warnen. In Wahrheit ist der Gehalt an Schwefeldioxid im Wein jedoch so gering, dass nur in seltenen Ausnahmefällen Anlass zur Beunruhigung gegeben ist. Schwefeldioxid – nach der in der Europäischen Union üblichen Bezeichnung E 220 – wird bei der Vinifikation als Konservierungsmittel eingesetzt, weshalb es in Australien Pflicht ist, auf den Flaschen »Preservative (220)« zu vermerken.

Ausgewählte Erzeuger in Oregon

Adelsheim **–****
Newberg
60 ha; ZT; 240 000 Fl. • Weine: Chardonnay, Pinot Blanc, →Pinot Gris, Riesling; Pinot Noir, Merlot; →Elisabeth's Reserve
Erste Pinot-Noir-Pflanzungen 1972. 1993 Partnerschaft mit den Loackers und seither umfangreiche Investitionen. Sehr überzeugende *single vineyards*-Pinots.

Amity **–***
Amity
6,5 ha; ZT; 150 000 Fl. • Weine: Gewürztraminer, Pinot Blanc, Riesling; Pinot, Gamay
Pinot-Noir-Weine von leicht zugänglich bis lang alternd seit 1976. Als Erster brachte er einen Gamay heraus, und sein Gewürztraminer zählt zu den besten.

Archery Summit *****
Dayton
34 ha; 90 000 Fl. • Weine: →Weißweincuvée; Pinot; →Archery Summit Estate Pinot
Gary Andrus hat sich auf Pinot-Noir-Weine von Einzellagen spezialisiert. Erstklassig.

Argyle **–***
Dundee
ZT; 300 000 Fl. • Weine: Schaumweine; Chardonnay, Pinot Gris, Riesling; Pinot Noir
Dieses Joint Venture des Australiers Brian Croser mit Carl Knudsen ist bedeutendster Sparkling-Wine-Produzent Oregons; auch interessante stille Weine.

Beaux Frères *****
Newberg
11 ha; 36 000 Fl. • Weine: →Pinot Noir Beaux Frères, Zweitwein Belles Sœurs
Robert Parker und Michael Etzel bepflanzten ab 1988 ihr Gut nach allen – burgundischen – Regeln der Kunst. Herausragende Weine.

Bethel Heights **–****
Salem
22 ha; 140 000 Fl. • Weine: Chardonnay, Pinot Blanc, Pinot Gris, Gewürztraminer, Pinot Noir; →Wadenswil Block Reserve
Die ehemaligen Traubenfarmer Ted und Terry Casteel vinifizieren seit 1984 Lagenweine mit deutlich herausgearbeiteten Unterschieden.

Brick House ***–****
Newberg
11,5 ha; 16 000 Fl. • Weine: Chardonnay; Gamay, →Pinot
Durch biologischen Anbau erzielt der frühere Journalist Doug Tunnell hochwertige Trauben, aus denen er sehr überzeugende Weine macht.

Chehalem *–******
Newberg
56 ha; 120 000 Fl. • Weine: Chardonnay, →Pinot Gris, Riesling; Pinot Noir; →Ridgecrest
Die beiden Besitzerpaare verwenden Trauben von vier Weinbergen und holten sich Rat aus dem Burgund, der zur feinen Rion Reserve führte. Sonst konzentrierte Pinots und reizvolle Weiße.

Cristom **–***
Salem
15 ha; ZT; 130 000 Fl. • Weine: Chardonnay, Pinot Gris, Viognier; Pinot; →Majorie
Winemaker Steve Doerner (zuvor auf Calera) besteht beim Pinot auf der Vergärung mit Rappen, die den Weinen oft vegetale Noten verleihen. Gute Weißweine.

Domaine Drouhin **–*******
Dundee
35 ha; 160 000 Fl. • Weine: →Chardonnay; →Pinot
Seit 1961 besuchte Robert Drouhin aus Beaune Oregon, wo er 1987 Land erwarb, Weinberge anlegte und eine vierstöckige futuristische Kellerei mit 8,5 Ebenen errichtete. Tochter Véronique erzeugt superbe Pinots.

Erath *–***
Dundee
45 ha; ZT; 600 000 Fl. • Weine: u.a. Chardonnay, Pinot Gris, Pinot Blanc, Riesling; Pinot
Dick Erath zählt zu den Pionieren des Weinbaus in Oregon und gründete Gut und *winery* 1968 in den Red Hills. Das breite Angebot dominiert Pinot.

Evesham Wood ****
Salem
4 ha; 24 000 Fl. • Weine: Chardonnay, Pinot Gris; Pinot; →Chardonnay Tête de Cuvée
Russell und Mary Raney machen auf ihrem Gut seit 1986 ausgezeichnete Weine nur aus eigenen Trauben.

Eyrie *–****
McMinnville
22 ha; 120 000 Fl. • Weine: Chardonnay, Pinot Gris, Muscat Ottonel; Pinot Noir
Als Erster nach der Prohibition pflanzte David Lett, Absolvent der Davis-Uni 1966 in Oregon Vinifera-Stöcke, und zwar Pinot Noir. Lett geht es um die Eleganz des Pinot, und er erzeugt aromatische, eher helle Weine mit dezentem Holz. Er war auch der Erste, der den jetzt so populären Pinot Gris einführte.

Foris *–***
Cave Junction
30 ha; ZT; 400 000 Fl. • Weine: u.a. Chardonnay, Pinot Gris, Pinot Blanc; Pinot, Merlot, Cabernet; →Maple Ranch Pinot
Mit den Berards demonstrieren die Gerbers das Potential des Rogue Valley für Pinot und Merlot.

Rex Hill **–***
Newberg
100 ha; 480 000 Fl. • Weine: Chardonnay, Pinot Gris, Riesling, Gewürztraminer; Pinot; →Pinot Reserve, →Adams Vineyard
Die Weine von Paul Hart und Jan Jacobsen stammen nur aus Weinbergen, die ihnen gehören oder die sie managen. *Winemaker* Lynn Penner-Ash, die ihre reiche Erfahrung u.a. bei Stag's Leap sammelte, gelingen daraus vor allem komplexe und samtige Pinots.

Ponzi **–****
Beaverton
45 ha; ZT; 180 000 Fl. • Weine: Chardonnay, Pinot Gris, Riesling (Vino Gelato), →Arneis; Pinot
Die Ponzis zählen zu den Weinpionieren Oregons und begannen 1970 Reben zu pflanzen. Bekannt wurden sie mit ihren körperreichen, fruchtig-würzigen Pinots und dem Pinot Gris. Die Reserve-Pinots sind sehr gut.

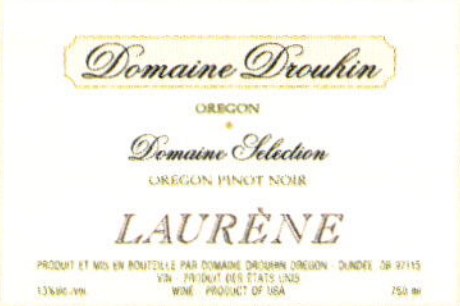

St. Innocent *–******
Salem
ZT; 66 000 Fl. • Weine: Chardonnay, Pinot Gris, SFG; Pinot
Dank *winemaker* Mark Vlossak macht diese von Weinfreunden gegründete *winery* ausgezeichnete Pinots, die nach Weinbergen abgefüllt sind.

Sokol Blosser *–***
Dundee
60 ha; ZT; 360 000 Fl. • Weine: Müller-Thurgau, Riesling, Chardonnay, Pinot Gris, Gewürztraminer, Pinot; →Redland Reserve Pinot
Seit 1971 pflanzten Susan Sokol und Bill Blosser Reben, heute sind sie mit zwei weiteren Weinfarmern assoziiert. Mehrere oft gute Pinots; lustige neunsortige weiße Cuvée.

Tori Mor **–****
McMinnville
13 ha; ZT; 40 000 Fl. • Weine: Chardonnay, Pinot Gris; Pinot; White Rose Pinot
Patty Green komponiert ihre Pinots aus überwiegend angemieteten Weinbergen. Sie versteht sich auf ausgewogene Weine mit Struktur und Finesse.

Ken Wright Cellars ***
Carlton
ZT; 40 000 Fl. • Weine: Chardonnay, →Pinot
Nach den Erfahrungen mit Panther Creek macht Wright interessante Pinots aus verschiedenen Weinbergen.

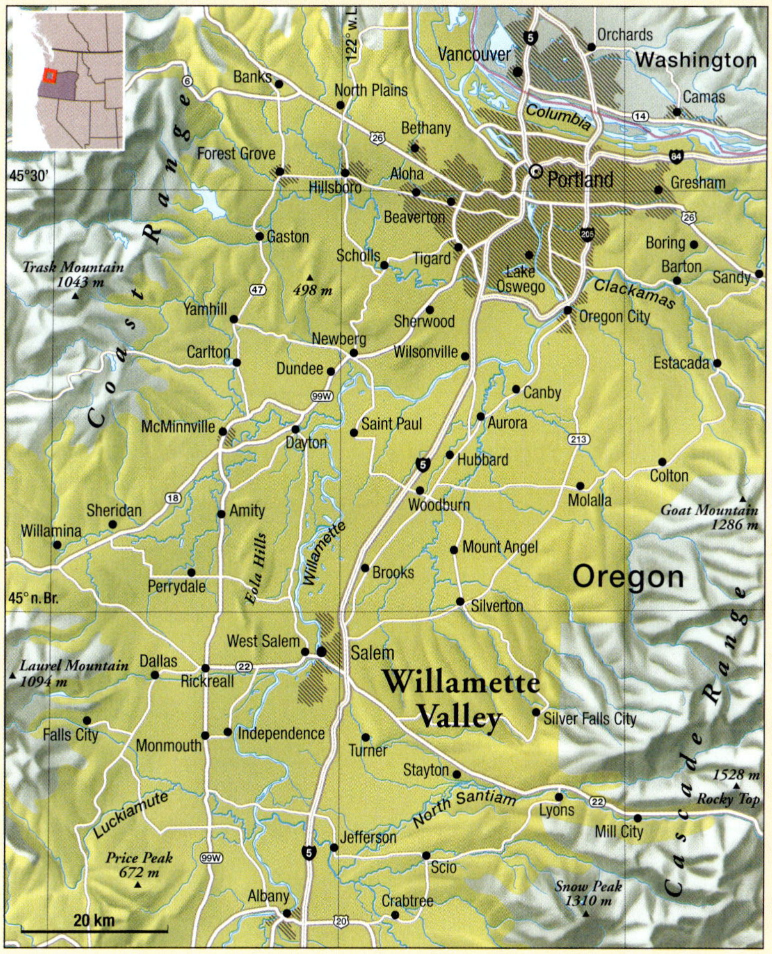

Kalifornien

Lifestyle, Openmindedness, Know-how

Kalifornien verbreitet ein ganz besonderes Flair und hat bis heute nichts von seiner Anziehungskraft verloren. Die grandiose Landschaft, außerordentlich fruchtbare Täler und ein von der Sonne verwöhntes Klima hinterlassen ihre Spuren bei den Bewohnern: sie finden ihren Ausdruck in der natürlichen Heiterkeit, die das Lebensgefühl einer toleranten, multikulturellen und sich allem Neuen gegenüber aufgeschlossen zeigenden Gesellschaft prägt. Bei allem Erfindungsreichtum, allem Geschäftssinn und aller Produktivität hat man den Spaß am Leben nicht vergessen. Es ist wohl kein Zufall, wenn hier nicht nur die Hippie-Bewegung ihre Wurzeln hatte, sondern auch die elektronische Revolution des Silicon Valley.

Diese Aufgeschlossenheit, das Aufeinanderzugehen, die Verschmelzung unterschiedlichster Einflüsse spiegelt sich auf ebenso verblüffende wie appetitanregende Weise in der kalifornischen Küche, die sich ohne Berührungsängste durch Gerichte sämtlicher Hemisphären inspirieren lässt und sie auf geniale Weise zu völlig neuen Kreationen vereint. Nicht von ungefähr gediehen die von den spanischen Padres importierten mediterranen Rebstöcke hier auf Anhieb. Denn Wein gehört einfach zu diesem ungezwungenen, kommunikativen und kreativen Lebensstil dazu. So wie sich der *Californian lifestyle* seit 1970 auf ganz neue Art zu manifestieren begann, so gewann der dortige Weinbau eine völlig neue Dimension. Plötzlich wurde er selbst zum Ausdruck dieser Lebenskunst, und man lernte Wein als etwas Formbares zu begreifen, als etwas kreativ zu Gestaltendes. Seiteneinsteiger, die nicht durch tradierte Weinbauideologien in ihrer Kreativität behindert wurden, reisten kurz entschlossen zu den Quellen des Weinwissens: nach Europa. Sie halfen in Weinbergen und Kellern und sammelten alles an Erfahrungen und Informationen, was auf ihrem Weg

Oben links:
Von San Francisco ist es nur ein Katzensprung bis ins Napa und Sonoma Valley.

Rechte Seite, oben:
Die einfallsreiche Küche des Napa Valley greift kulinarische Anregungen aus aller Welt auf.

Rechte Seite, unten:
Längst ist Wein in Kalifornien fester Bestandteil des Lebens geworden.

lag. Sie leisteten Pionierarbeit auf dem Gebiet einer vinologischen Offenheit, die mittlerweile den gesamten Globus umfasst und eine völlig neue Generation kosmopolitischer Winzer heranwachsen ließ. Zurück in Napa, Sonoma, Benito oder Santa Barbara, setzten sie die gewonnenen Erkenntnisse sofort in die Praxis um, doch angepasst an die eigenen Verhältnisse und Ideen. Dank der typisch kalifornischen Aufgeschlossenheit fanden sie bald heraus, was wirklich der Qualität dient, und korrigierten anfängliche Irrtümer umgehend. Nicht gebunden an überlieferte Gewohnheiten und erstarrte Bestimmungen, steht amerikanischen Winzern und *winemakers* im Grunde nichts im Weg. Diese für die anderen Weinländer der Neuen Welt ebenso zutreffende Situation nehmen europäische Kollegen aus klassischen, stark reglementierten Anbauländern mit Neid wahr, und nicht wenige ließen sich selbst zu einem Abenteuer in einem der neuen Weinländer inspirieren.

Kalifornischer Weinbau

Neun Zehntel der gesamten amerikanischen Weinproduktion werden heute in Kalifornien erzeugt. Als bevölkerungsreichster Staat der USA, wo man Wein ähnlich perfekt in den Lebensstil integriert hat wie sonst vielleicht nur noch in New York, ist Kalifornien zugleich auch Hauptabnehmer der eigenen Gewächse. Im Unterschied zum Ostküstenweinbau sind die Weine hier von Anfang an bewusst aus europäischen Edelreben gekeltert worden, und schon Ende des 19. Jahrhunderts wurden Erzeugnisse aus dem Napa-Tal auf europäischen Wettbewerben mit hohen Auszeichnungen überhäuft.

Sowenig sich das Image Kaliforniens grundsätzlich von dem der berühmten europäischen Regionen unterscheidet – beide beruhen im Grunde auf der Qualität einer überschaubaren Anzahl herausragender Weine –, so wenig weicht das Kaufverhalten amerikanischer von dem europäischer Weintrinker ab. Für sieben von zehn Flaschen geben sie weniger als acht Dollar aus, zwei von zehn kosten bis zu zwölf Dollar, und nur jede zehnte Flasche darf teurer sein. Massenweine halten die marktbeherrschenden Positionen. Man nennt sie *jug wines,* Krugweine. Sie werden nicht nur offen ausgeschenkt, sondern oft auch in Glaskaraffen abgefüllt verkauft. *Blush wines,* worunter man leicht süßliche Weiß- oder Rosé-Weine aus dunklen Trauben wie der White Zinfandel versteht, sind besonders populär. Gibt es auch auf niedrigem Qualitätsniveau Tafelweine, die aus mehreren Rebsorten verschnitten werden, so haben sich generell *varietal wines,* Sortenweine, durchsetzen können, die mindestens 75 Prozent der auf dem Etikett angegebenen Rebsorte enthalten müssen.

Früher waren so gut angelegte Weinberge wie dieser auf dem Kunde Estate in Sonoma eine Seltenheit. Doch in den 1990ern hat der kalifornische Weinbau einen revolutionären Umbruch erlebt.

Bien Nacido im Santa Maria Valley in Südkalifornien ist eine der bekanntesten Traubenfarmen der USA. Dort praktiziert man eine spezielle Spaliererziehung, die das Laubwerk besonders gut belüftet.

Traubenfarmer und Winemaker

Im Gegensatz zu den meisten Weinländern der Alten Welt, in denen Winzer ihre Weinberge bestellen und ihre eigene Lese vinifizieren oder sich zu Genossenschaften zusammenschließen, die selbst Wein erzeugen, kommt in Kalifornien der Großteil der Trauben von spezialisierten Farmen. *Wineries* mit eigenen Rebflächen bilden die Ausnahme. Doch die Dynamik der kalifornischen Weinwelt beruht nicht zuletzt genau darauf, dass im Grunde jeder eine *winery* gründen kann, auch wenn er keinen einzigen eigenen Weinstock besitzt. Man muss nur ein entsprechendes Gebäude finden oder errichten, in dem man vinifizieren kann, und sich um den Ankauf von gutem Traubenmaterial kümmern. So wird der Einstieg leicht gemacht und erfordert kaum Kapital. Viele *winemakers,* die ihr Können erst in größeren Firmen bewiesen haben, wagen daher das Risiko der Selbstständigkeit. Und als Traubenfarmer kann man sein Renommee anheben, wenn ein talentierter *winemaker* aus der Lese überzeugende Weine vinifiziert.

Daraus ergab sich schon in der Vergangenheit nicht selten eine engere Kooperation, bei der die Farmer auch bereit waren, den Sortenwünschen ihrer Wein machenden Kunden Rechnung zu tragen. »Um gute Trauben zu bekommen, muss man in erster Linie gute Beziehungen haben, und die bauen sich nur über Jahre hinweg auf«, konstatiert William Knuttler von der Tria Winery. Und noch immer gelten bei dieser Form von Handel die auf ein bis zwei Jahre ausgestellten Verträge weitaus weniger als ein fester Händedruck.

Mittlerweile nutzen die ›bodenlosen‹ *wineries* ihren wirtschaftlichen Erfolg und investieren in eigene Weinberge, um sich für die Zukunft hochwertiges Lesegut zu sichern. Oft ist es allerdings genau umgekehrt: *winemakers* mit eigenen Rebflächen erzeugen Aufsehen erregende Weine. Dadurch erwecken sie eine Nachfrage, die ihre Produktion bald übersteigt. Um ihr gerecht werden zu können, kaufen sie Trauben zu. Bekannte Erzeuger haben so über die Jahre differenzierte Weinprogramme aufgebaut.

Die Arbeitsteilung zwischen Weinbau und Weinmachen erlaubt den *winemakers* eine Fülle von Experimenten. Einige der kreativsten unter ihnen lassen es längst nicht mehr bei Standardsorten wie Cabernet und Pinot Noir, Chardonnay und Sauvignon bewenden. Sie haben nicht nur ihre Vorliebe für Rhône-Sorten wie Syrah, Mourvèdre, Viognier und Roussanne entdeckt, jetzt sind auch die italienischen Sorten in ihr Blickfeld geraten, und zwar nicht nur Sangiovese, sondern auch Barbera oder gar Teroldego. Grenzen und Entfernungen spielen dabei keine Rolle. Mit Kühllastern werden Trauben über Hunderte von Meilen herbeigeschafft. So gibt es sogar Pinot Noir aus Oregon, der in Santa Barbara vergoren wird.

Grössere Weine in Zukunft

Gegenwärtig sind wirklich herausragende Qualitätsweine so rar und so gefragt, dass die Preise dafür in extreme Höhen klettern. Doch Kalifornien besitzt für die Zukunft ein großes Potential, denn bis auf wenige Ausnahmen in anderen Anbauregionen sind bislang nur in Napa und Sonoma die besten Lagen erkannt und mit Sorgfalt bestockt worden. Zudem räumt erst die aktuelle Reblausplage mit der ehemaligen Pflanzweise auf, bei der bevorzugt ebene und fruchtbare Flächen mit nur wenigen Stöcken pro Hektar besetzt wurden, die man dann mit reichlich Kunstdünger und Bewässerung zu enormen Stämmen zog. *Trunk system*, Baumstammsystem, nannte man diese Form der Reberziehung, bei der man an den einzelnen Ruten Dutzende von Augen stehen ließ. So kam man auf Erträge von bis zu 400 Hektoliter pro Hektar! Seriösere Erzeuger arbeiteten schon damals mit entschieden geringeren Mengen. Doch bis heute meint man in Kalifornien rund 80 bis 100 Hektoliter pro Hektar, wenn man von niedrigen Erträgen spricht, und dort, wo man gefällige Durchschnittsweine erzielt, sind Hektarhöchsterträge von 200 bis 240 Hektolitern keine Seltenheit. Der im Napa Valley ansässige, auf modernen, naturnahen Weinbau spezialisierte *winery*-Berater und Spitzenwinzer David Abreu hält dagegen knapp 60 Hektoliter pro Hektar für ideal. Dabei unterscheiden sich einige der überzeugendsten Weine in ihren Erträgen kaum von europäischen Spitzenweinen und basieren auf weniger als 30 beziehungsweise höchstens 50 Hektolitern pro Hektar.

Der Reblaus sei Dank

Als sich die Renaissance des kalifornischen Weins in den 1970er Jahren in ihrer Dynamik noch steigerte, kam es zu einer Vielzahl von Neupflanzungen. Damals empfahl die University of California in Davis die ertragsstarke AXR 1 als Pfropfunterlage. Nur eigensinnige Winzer beharrten auf dem Saint-Georges-Wurzelstock, der sich in der Praxis als reblausresistent erwiesen hatte. Die Mehrheit wählte AXR 1, sodass schließlich etwa drei Viertel aller Weinberge in Sonoma und Napa damit bestockt waren. Doch dann offenbarte sich plötzlich, dass diese Unterlage gegen eine Mutation der Reblaus anfällig war. Bis heute hat das gierige Insekt nahezu alle entsprechenden Weinstöcke vernichtet und damit jene Pflanzungen ausgemerzt, die in diversen Punkten jüngsten Erkenntnissen widersprachen. Farmer, Winzer und *wineries* nutzten die Chance und richteten die Neupflanzungen bewusst auf beste Traubenqualität an. Dafür wurde die Pflanzdichte entscheidend erhöht, vielerorts stellte man auf naturnahe Kultur um.

Noch eine andere Tendenz zeichnet sich ab. Hatte man früher einfach dort gepflanzt, wo es am günstigsten war und die Folgekosten der Bearbeitung niedrig gehalten werden konnten, also auf Talsohlen und in Ebenen, richtet sich eine neue Generation von Winzern und *wineries* bewusst auf optimal ausgerichteten Hanglagen ein. Nachdem man entdeckte, welche Rebsorte welches Klima bevorzugt, wächst nun auch das Verständnis dafür, auf welchem Boden sie das überzeugendste Resultat ergeben wird. Da schon jetzt viele der kalifornischen Weine begeistern, darf man auf zukünftige Entwicklungen mit Recht gespannt sein.

Ein bitterer Scherz der Geschichte: Ausgerechnet Amerika, das die ganze übrige Welt mit resistenten Propfunterlagen versorgt hatte, wurde selbst Opfer einer Reblauskatastrophe. In den letzten zwei Jahrzehnten des 20. Jahrhunderts fielen drei Viertel der kalifornischen Weinberge dem gefräßigen Insekt zum Opfer.

Der Segen des Pazifiks

Das heiße Klima in Napa und Sonoma wäre bei weitem weniger ideal, wenn nicht der Pazifik temperierende Nebelschwaden ins Inland schicken würde.

Kalifornien ist ein fast 2000 Kilometer langer Landstreifen an der nordamerikanischen Westküste. Nach Texas ist es der flächenmäßig größte Bundesstaat der Vereinigten Staaten. Sein östlicher Teil, der von der Sierra Nevada und der Mojave-Wüste geprägt wird, ist heiß, trocken und unwirtlich. In seiner Mitte erstreckt sich mit dem bis zu 90 Kilometer breiten Central Valley eine der fruchtbarsten und daher am intensivsten für Obst- und Gemüseanbau genutzten Regionen der Welt. Unter einer nur selten bedeckten Sonne gedeiht hier unter hohen Temperaturen dank ausgefeilter Bewässerungstechnik eine Vielzahl landwirtschaftlicher Produkte. Als die Spanier damals Kalifornien entdeckten, nannten sie es nicht von ungefähr *caliente fornella*, heißer Ofen. Von den Tausenden von Hektar, die mit Reben bestockt sind, trägt der größte Teil die Sorte Thompson Seedless, die vorwiegend für Tafeltrauben auf den Markt kommen oder zu Rosinen weiterverarbeitet werden. Die hier erzeugten trockenen Weine gelingen zwar dank moderner Technik mittlerweile durchaus ansprechend, aber die hohen Temperaturen lassen in diesem Bereich des kalifornischen Weinbaus keine hochwertigen Qualitäten zu.

Erst wenn man jenen Küstenabschnitt erreicht hat, an dem sich in nordsüdlicher Richtung Gebirgsketten entlangziehen, wird das Klima gemäßigt. Das Wasser des Pazifischen Ozeans ist vergleichsweise kalt, weshalb sich zur wärmeren Jahreszeit, vor allem aber während der für den Wein so wichtigen Sommer- und Frühherbstphase, tagsüber entlang der Küste ständig Nebelbänke bilden. Im Landesinnern erwärmt sich dagegen im Tagesverlauf die Luft und steigt nach oben, was eine Sogwirkung zur Folge hat. Überall dort, wo die Bergketten keine geschlossene Barriere bilden beziehungsweise eine Höhe von 600 Metern nicht überschreiten, können deshalb Nebel und kühlere Meereswinde ins Landesinnere vordringen. Sie beeinträchtigen den Sonnenschein, was als unmittelbare Folge die Temperaturen senkt und längerfristig zur verzögerten Reife der Trauben führt, die ihrerseits eine der Grundbedingungen zur Ausbildung intensiver und differenzierter Aromen darstellt, sofern dies in Maßen geschieht. Dort nämlich – und das betrifft fast die Hälfte der kalifornischen Küste –, wo der Pazifik seinen Einfluss ungehindert ausüben kann, ist es zu kalt und zu feucht für Weinbau, aber ideal für Red Wood und andere Baumarten. Da die Abwehrkraft, die das Küstengebirge dem Pazifik entgegensetzen kann, variiert, dringen die temperatursenkenden Nebel und Winde auf unterschiedliche Weise an verschiedenen Stellen ungleichmäßig weit ins Inland, wodurch eine Vielzahl diverser Mikroklimata entsteht. Sie waren letztlich entscheidend für die Definition der jeweiligen AVAs.

Klimaregionen

Die Bedeutung des Klimas und insbesondere der Temperaturen für den Weinbau veranlassten Maynard Amerine und Albert Julius Winkler, Önologen an der University of California von Davis, 1944 eine Klassierung zu erarbeiten, der sie die Summe der Durchschnittstemperaturen während der Wachstumsperiode der Rebe zwischen dem 1. April und 31. Oktober zugrunde legten.

Nach ihrem für Kalifornien erstellten System der Wärmesummierung wurden die Anbaugebiete definiert und in fünf Regionen aufgeteilt. Dabei stammen aus den Regionen I und II mit den niedrigsten Wärmesummen – dazu gehören zum Beispiel auch Sonoma und Napa Valley – die besten trockenen Weine. Für Wärme liebende rote Sorten eignet sich insbesondere Region III, dagegen liefern die heißesten Regionen IV und V, zu denen das Central Valley und die heißesten Gebiete des San Joaquin Valley zählen, in der Regel weniger überzeugende Qualitäten. Auf der Grundlage dieses Systems empfahl die Universität auch die Anpflanzung bestimmter Rebsorten, doch stellte sich heraus, dass es dafür zu wenig differenziert ist. Und das blieb nicht der einzige Kritikpunkt. Da das System auf einem speziell kalifornischen Klimagefüge basiert, ist es nur bedingt übertragbar.

Amerine und Winkler kalkulierten folgendermaßen: An allen Tagen innerhalb des vorgegebenen Zeitraums, an denen die Temperatur 50 °F (= 10 °C) überstieg, verzeichneten sie die darüber hinausgehenden Durchschnittswerte und addierten sie.

Region	I	weniger als 2500
Region	II	von 2500 bis 3000
Region	III	von 3001 bis 3500
Region	IV	von 3501 bis 4000
Region	V	mehr als 4000

(Anmerkung: Fahrenheit minus 32 dividiert durch 1,8 ergibt Grad Celsius.)

Bei Mendocino, einem hübschen Fischer- und Künstlerort, der der Region und dem Anbaugebiet den Namen gab, ist die Pazifikküste besonders malerisch.

North Coast

Carneros, nördlich der San Francisco Bay gelegen, besitzt ein sehr gemäßigtes Klima, das sich als ideal für Chardonnay und Pinot Noir erwiesen hat.

Verlässt man San Francisco über die Golden Gate Bridge, um die berühmtesten Weingebiete der Vereinigten Staaten zu besuchen, kommt man unweigerlich nach Carneros, das sich die Counties von Sonoma und Napa administrativ teilen und das sozusagen ihr Vorzimmer darstellt. Hier steigt das Land aus der San Pablo Bay auf, dem nördlichsten Zipfel der San Francisco Bay, und die Weinberge ziehen sich über sanft geschwungene Ausläufer der Macayamas-Berge. Sie sind nicht nur dem Dunst der Bay ausgesetzt, es streifen überdies kühlende Winde aus Nordwesten darüber hinweg. Dass dieses gemäßigte, aber trockene Klima im Verein mit den überwiegend kargen Böden ideal ist für Chardonnay und Pinot Noir, erkannten die Weinbaupioniere erst in den ausgehenden 1960er Jahren. Gut zehn Jahre darauf kam es zum zweiten Schub, beispielsweise Saintsbury. Als es schließlich in den 1980er Jahren immer offensichtlicher wurde, welch hochwertige Weine Carneros zu liefern vermochte, zogen diverse bedeutende *wineries* die Konsequenzen, darunter auch Robert Mondavi. Die *winemakers* von Carneros führten gemeinsam mit den Wissenschaftlern der University of California Versuchsreihen durch, die zunächst den Charakter ihres Pinot, anschließend den des Chardonnay deutlich definierten, was ihren Status als AVA untermauerte. Die außergewöhnlichen Chardonnays und Pinot-Noir-Weine zogen letztlich auch die Cava-Produzenten Freixenet (Gloria Ferrer) und Codorníu, aber auch Taittinger an, der auf der Domaine Carneros ein Champagner-Schloss erbaute.

Codorníu Napa, die Kellerei des spanischen Cava-Giganten, wurde perfekt in die Landschaft von Carneros eingebettet. Inzwischen hat sie sich vorwiegend auf die Erzeugung stiller Weine verlagert.

Das Napa Valley ist ohne Frage die bekannteste Anbauregion Amerikas. Die weitaus meisten der großen Weine der Vereinigten Staaten stammen von dort, und mit inzwischen mehr als 220 *wineries* weist die Region zugleich die proportional größte Konzentration an Erzeugern auf.

Sonoma beherbergt in seinem Distrikt, der sich von der San Pablo Bay bis nach Mendocino erstreckt, mittlerweile zehn verschiedene Appellationen. Noch immer ist Sonoma Valley, wo der Weinbau Kaliforniens seinen Anfang nahm, das bedeutendste Weinbaugebiet und zugleich die Heimat mehrerer herausragender Betriebe.

Wer von Sonoma aus dem sehenswerten Küstenort Mendocino einen Besuch abstatten will – man kann dort im Frühjahr mit etwas Glück vor der Küste Wale beobachten –, wird in der Regel den Highway 128 nehmen, der direkt durch das Anderson Valley entlang des Navarro River führt. Auf dieser Route wird man einen anschaulichen Eindruck von einem der Extreme des Weinbaus in Mendocino gewinnen. Denn in diesem schmalen und von Höhenzügen umschlossenen Tal, wo das Klima von Nebel und Feuchtigkeit des Ozeans bestimmt ist, bilden Chardonnay und Pinot Noir eindeutig nördliche Charakterzüge aus. Aus den Trauben keltern die Champagner-Häuser Roederer und Pommery, letzteres erwarb die lokale Weinfirma Scharffenberger, ihre hochwertigen Schaumweine. Die kleineren *wineries* des Tals erzeugen überwiegend stille Weißweine, darunter bemerkenswerten Gewürztraminer, aber auch fruchtbetonten Zinfandel. Im Landesinnern, rund 60 Kilometer von der Küste im Redwood Valley bei Ukiah, weist das Hauptanbaugebiet mit seinen ausgedehnten ebenen Rebflächen ein weiteres bemerkenswertes Extrem auf, denn hier ist das Klima warm und trocken – nach dem System von Amerine und Winkler (s. S. 812) wird es der Klimaregion III zugeordnet. Vereinzelt findet man in dem Gebiet noch den alten Carignane, aber heute erntet man vor allem Cabernet, Petite Sirah und Zinfandel, außerdem Sauvignon und Chardonnay. Das größte Weinunternehmen der Region ist Fetzer, das inzwischen auch biologischen Anbau betreibt. Potter Valley, nördlich von Ukiah gelegen, wurde für weiße Sorten und Pinot Noir, das südlichere McDowell Valley hauptsächlich für seine Syrah bekannt.

Im östlich angrenzenden Nachbardistrikt Lake County, der sich um den Clear Lake zieht und von warmem Klima bestimmt wird, entwickelten sich die ersten Güter in den 1980er Jahren. Kendall-Jackson gilt als das beste davon. Heute dehnt sich auch hier die Rebfläche weiter aus und liefert vielen Betrieben Cabernet, Zinfandel, Merlot sowie Chardonnay und Sauvignon.

In den Sierra Foothills östlich von Sacramento, am Fuß der Sierra Nevada, wo in der Vergangenheit die Goldgräber ihr Glück suchten – und die wenigsten es fanden –, ist der ehemalige Weinbau seit 1970 vor allem in den Distrikten von Amador und El Dorado wieder aufgeblüht. Je nach Höhenlage, die zwischen 250 und 1000 Metern variiert, kultiviert man in diesem Gebiet verschiedene Sorten, doch der traditionelle Ruf basiert heute wie damals auf Zinfandel aus dem Shenandoah Valley und aus Fiddletown.

Sonoma

In der Kleinstadt Sonoma kann man noch immer die Wiege des nordkalifornischen Weinbaus bewundern, die 1823 errichtete und vor einigen Jahren sorgfältig restaurierte Missionsstation. Obwohl sich der Weinbau von hier aus ab der Mitte des 19. Jahrhunderts in Kalifornien ausgebreitet hatte, geriet Sonoma Valley bald in den Schatten seines Nachbarn Napa. In dem nach Osten von den Macayamas und im Westen von den Sonoma Mountains begrenzten Tal sind aufgrund der bewegten Topografie deutlich weniger Flächen für Weinbau geeignet. Daher entstanden entschieden weniger *wineries*, und bis heute beträgt ihre Zahl nur um die 30 Stück – bei rund 2800 Hektar bestockter Parzellen.

Das reizvolle, teilweise reich bewaldete Tal, in dem weiterhin Viehzucht betrieben wird, macht allgemein einen bescheideneren und ländlicheren Eindruck als der berühmte Nachbar. Nur in wenigen Ausnahmefällen wird man bei den genannten Adressen ähnliche Prunkbauten finden wie im Napa Valley. Man gibt sich hier bescheidener, baut zurückhaltender, und statt mit professioneller Geschäftigkeit begegnet man Besuchern oftmals mit einer sehr herzlichen, ungekünstelten Gastfreundschaft.

Obwohl einige *wineries* sich vor der Prohibition einen Namen gemacht hatten, wie das Pioniergut Buena Vista oder der 1858 seinen ersten Wein anbietende Betrieb des Aschaffenburgers Jakob Gundlach, fehlte es dem Sonoma Valley in den Krisenjahren an herausragenden Winzerpersönlichkeiten, die seinen Ruf hätten festigen können.

Zum Vorreiter der Renaissance in Sonoma wurde der ehemalige Botschafter James D. Zellerbach, ein Liebhaber und Kenner großer Burgunder, der seit 1953 ein Sechstel seines 80 Hektar großen Landguts Hanzell, nördlich der Stadt, mit Chardonnay und Pinot Noir bestockte. Er vinifizierte seinen reichen Chardonnay in kleinen Eichenfässern, in denen er auch den Pinot lange ausbaute, und führte auf diese Weise vor, wie man mit kalifornischen Trauben Burgundercharakter erzeugt.

Erst in den 1970er Jahren kam es zu einer steigenden Anzahl von Neugründungen und zu einer Weinqualität, die zunehmende Aufmerksamkeit unter Weinkennern erregte.

Gallo

Wer sich in das 30 000 Einwohner zählende Modesto im Central Valley verirrt, findet selbst am Yosemite Boulevard keinerlei Hinweis darauf, dass sich hier das Hauptquartier des bedeutendsten Weinunternehmens der Welt befindet, die E. & J. Gallo Winery. An dem imposanten, von gepflegten Parkanlagen umgebenen Administrationsgebäude weist absolut nichts auf Weinerzeugung hin. Dabei fallen hier Entscheidungen für die Jahresproduktion von geschätzten 720 Millionen Flaschen Wein und vermutlich kaum weniger Millionen an weinhaltigen Getränken und Spirituosen. Wirksam abgeschirmt gegen die Blicke von Besuchern und Passanten, stehen ganze Alleen gigantischer Tanks bereit, die von weit her angeschafften Traubenmengen technisch aufs Präziseste zu vinifizieren. Trotz seiner Dimension ist Gallo bis heute ein Familienunternehmen geblieben. 1933, im Jahr nach der Aufhebung der Prohibition, gründeten Ernest und Julio Gallo, die in den Staaten geborenen Söhne italienischer Einwanderer aus dem Piemont, ihre *winery*. Pressen und Gärbottiche, sogar die Trauben waren ›geborgt‹, denn die beiden Autodidakten besaßen praktisch keinerlei Kapital, sodass ihre ersten 700 000 Liter Süßwein auf Kredit entstanden. Doch der Verkauf verlief reibungslos, und bis 1967 blieb dieser Weintyp ihr wichtigstes Produkt. Dann folgten die landesüblichen Tafelweine, die *jug wines*, bevor in den 1980er Jahren die Rebsortenweine ihren Siegeszug antraten. Und ständig verstanden es die Brüder, ihr Imperium zu vergrößern, wobei sie in Weinbau und Kellertechnik stets auf dem neuesten Stand blieben, indem sie selbst kontinuierlich Untersuchungen durchführten oder förderten und die Ergebnisse in ihre Unternehmenspolitik einfließen ließen. Seit 1934 bezogen die Brüder Trauben von der Frei Ranch in Sonoma, die sie 1977 zusammen mit der Laguna Ranch erwarben. Vier Jahre danach kam ihr erster, in Eiche ausgebauter Chardonnay auf den Markt. Ab 1989 kaufte Gallo gezielt weitere sechs Weinfarmen in Sonoma County auf, sodass sie gegenwärtig dort über 1200 Hektar Rebflächen verfügen. Bewusst entschied man sich für Sonoma mit seiner Vielfalt von unterschiedlich geprägten Anbauzonen. Auf der Frei Ranch im Dry Creek Valley errichteten sie eine exquisite Kellerei, wo 2000 Barriques für den Ausbau zur Verfügung stehen. Dort zeichnet Julio Gallos Enkelin Gina für die Vinifikation verantwortlich, der überzeugende Premiumweine gelingen. Während man sie in den USA ausschließlich unter Gutsnamen anbietet, weil der Name der Familie so lange nur mit Billigweinen verknüpft war, erobert Gallo unter eigenem Namen mit seinen Sonoma-Weinen die europäischen Märkte, und seine Reputation steigt. Mengenmäßig vom preisgünstigen Turning Leaf angeführt, folgen mit einigem Abstand Gallo Sonoma sowie die bereits anspruchsvollen Abfüllungen aus einzelnen Weingärten, die Single Vineyards, während die Gallo-Estate-Weine mit 700 bis 2000 Kisten pro Sorte die rare und teure Spitze bilden.

Kisten voller Chardonnay-Trauben und ein stilvolles Transportmittel auf der Frei Ranch

Sonoma County

Linke Seite:
Die Hanzell Winery gab ab 1956 einen Chardonnay-Stil vor, der viele kalifornische *winemakers* inspirierte.

Während die Weinberge in Napa das gesamte Tal, aber nur einige nahe Hanglagen und wenige kleine Bergtäler eroberten, die alle das Recht beanspruchen können, ihre Weine als Napa Valley zu deklarieren, und somit eine überzeugende Einheit darstellen, präsentiert sich die Situation in Sonoma gänzlich anders. Das etwa 25 Kilometer lange Sonoma Valley mit der Unter-Appellation Sonoma Mountain ist nur die bekannteste Anbauregion dieses großen Distrikts, der sich von der San Pablo Bay bis nach Mendocino erstreckt und über eine lange, hinreißend wilde Küste und eindrucksvolle Red Woods verfügt. Sie umfasst inzwischen eine größere – und weiter ausbaufähige – Gesamtrebfläche als Napa, die aber in mehrere klar definierte Appellationen gegliedert ist. Diese unterscheiden sich aufgrund ihrer Lage und ihres Klimas recht deutlich voneinander. Allerdings ziehen es viele Erzeuger – bald werden es 200 *wineries* sein – vor, ihre Weine unter dem Namen der bekannteren AVA Sonoma County zu vermarkten.
Das Russian River Valley erstreckt sich westlich von Santa Rosa. In dem breiten, von tiefen Wäldern gesäumten Tal dominieren Sand- und Kiesböden. Bis auf 32 Kilometer nähert es sich dem Ozean, der nachmittags seine Hochnebel schickt. In der für Gravensteiner Äpfel, Birnen und Ziegenkäse bekannten Region gedeihen Pinot Noir und Chardonnay ausgezeichnet, aber auch Sauvignon und Gewürztraminer sind zufrieden stellend. Ebenso liefern Zinfandel und Syrah besonders aromatische Weine. Mittlerweile stehen mehr als 5000 Hektar unter Reben, womit das ursprünglich von Krim-Russen besiedelte Tal das größte Anbaugebiet des Sonoma County ist.
Nordwestlich von Healdsburg liegt das 25 Kilometer lange und an seiner weitesten Stelle drei Kilometer breite Dry Creek Valley wildromantisch eingebettet in das Küstengebirge. Unten im Tal hält man sich überwiegend an weiße Sorten und mit besonderer Vorliebe an Sauvignon, die steinigen, dabei lehm- und kieshaltigen Hanglagen ergeben hingegen interessante Rotweine. Hier erreicht Zinfandel auf roten Böden eine besondere Güte.
Fast parallel zum Dry Creek Valley, aber weiter östlich und bis an die Grenze von Mendocino verläuft das fruchtbare Alexander Valley. Es ist deutlich wärmer und daher für Cabernet und andere rote Sorten hervorragend geeignet, was dann auch in den letzten zehn Jahren ein regelrechtes Anbaufieber unter Traubenfarmern auslöste. Einen ganz besonderen Ruhm erwarb sich der in Geyserville kultivierte Zinfandel.
In südlicher Richtung und angrenzend an den Norden des Napa Valley bietet auch das kleine Knights Valley Konditionen, die dem Cabernet ausdrücklich behagen. Die erzielte Traubenqualität hat steigende Anpflanzungen ermutigt.

Ausgewählte Erzeuger im Sonoma County

Im Sonoma County gibt es heute eine Fülle von *wineries,* die überzeugende Weine machen. Wir können nur eine kleine und durchaus subjektive Auswahl nennen.

Arrowood ***
Glen Ellen
11 ha; ZT; 360 000 Fl. • Weine: u.a. Chardonnay, Viognier, Pinot Blanc; Cabernet, Merlot, Syrah
Dick Arrowood, früher *winemaker* beim Château St. Jean, liefert einen eigenen Stil von Weinen. Zuerst bei Riesling, dann bei Viognier bevorzugt er späte Lesen, bei den Rotweinen einen aromatischen, eleganten Charakter.

Davis Bynum ***
Healdsburg
11 ha sowie ha von Teilhabern; 280 000 Fl. • Weine: u.a. Chardonnay, Sauvignon; Pinot, Cabernet, Merlot, →Zinfandel, ›Eclipse‹
Nach Anfängen in Berkeley wurde Bynum Pionier im Russian River Valley und vinifizierte dort den ersten Pinot in fruchtbetontem Stil. Gute Reserve-Füllungen.

Château St. Jean **–****
Kenwood
52 ha; ZT; 400 000 Fl. • Weine: u.a. Chardonnay, Sauvignon; Cabernet, Merlot, Pinot, →Meritage ›Cinq Cépages‹; →Chardonnay Robert Young
Als erste voll technologisierte *winery* 1973 in Sonoma gegründet und besonders mit Chardonnay und Dessertweinen Beispiele setzend, beeindruckt sie vor allem mit Rotwein. Wie Château Sourberain ist die *winery* heute Teil der Beringer Estates.

Dehlinger ****
Forestville
24 ha; 110 000 Fl. • Weine: Chardonnay; Pinot, Cabernet, Syrah; →Octagon Pinot
Tom Dehlinger macht ausschließlich Weine aus eigenen Lagen, wobei die – bis zu fünf verschiedenen – gut strukturierten, saftigen Pinots die besten sind. Jetzt auch superbe Syrahs.

Dry Creek ***
Healdsburg
45 ha; ZT; 1,5 Millionen Fl. • Weine: u.a. Sauvignon, Chardonnay, Chenin; Cabernet, Merlot, Zinfandel
Als einer der Pioniere von Sonoma County und Dry Creek Valley setzte Dave Stare früh auf seine Spitzensorte Fumé Blanc. Bemerkenswert ist der Old Vines Zinfandel.

Duxoup Wine Works ***
Healdsburg
ZT; 24 000 Fl. • Weine: Syrah, Zinfandel, Gamay, Charbono
Eine Art Oper ist auch die *winery* der Musikfans Andy und Deborah Cutter, wo wirklich alles per Hand gemacht wird und die Weine, vor allem Syrah und der fast ausgestorbene Charbono, die schönsten Arien sind.

Ferrani – Carano **–****
Healdsburg
200 ha; 2 Millionen Fl. • Weine: u.a. Sauvignon, Chardonnay; Cabernet, Merlot, Zinfandel; →›Siena‹
Der erfolgreiche Gastronom Don Carano entwickelte ab 1980 das Weingut im Dry Creek Valley, zu dem inzwischen 17 verschiedene Lagen im County gehören. Daraus gelingen ausgewogene aromatische Weißweine und interessante *blends.*

Gina und Matt: die 3. Generation der Gallo-Dynastie

Gallo Sonoma *–***
Healdsburg
ca. 1200 ha; Fl. n.n. • Weine: u.a. Chardonnay, Viognier; Cabernet, Merlot, Zinfandel, Sangiovese, Valdiguié, Syrah; →Frei Ranch Cabernet
(Siehe Seite 817)

Gundlach-Bundschu Winery **–***
Sonoma
94 ha; 600 000 Fl. • Weine: 13 Weine, 9 Rebsorten, u.a. Kleinberger, Riesling, →Gewürztraminer, Chardonnay; Gamay, Cabernet, →Cabernet Franc, Merlot, Zinfandel; →Reserve Cabernet
Seit 1858 werden auf der Rhinefarm Trauben gelesen. Die Renaissance leitete Jim Bundschu ab1973 ein. Zuverlässige Qualitäten.

Hanzell ****
Sonoma
24 ha; 36 000 Fl. • Weine: Chardonnay; Pinot
Mit den Weinen seines Gutes zeigte Botschafter James Zellerbach ab 1956, zu welch charaktervollen und eigenständigen Weinen Sonoma taugt. Seit 1973 wird diese Philosophie von Bob Sessions verwirklicht. Mächtige, konzentrierte Chardonnays und Pinots.

Kistler *****
Sebastopol
13 ha; ZT; 150 000 Fl. • Weine: Chardonnay; Cabernet, Pinot
Steve Kistler und Marx Bixler sind die Chardonnay-Champions. Nach Weinbergen getrennt in französischen Barriques vergoren, bieten sie Frucht und Würze, Kraft und Finesse zugleich. Inzwischen erreicht der Pinot ähnliches Niveau, was man vom Cabernet nicht sagen kann.

Laurel Glen *****
Glen Ellen
15 ha; 60 000 Fl. • Weine: →Laurel Glen Cabernet, →Zweitwein Counterpoint
Hoch in den Sonoma Mountains pflanzte Patrick Campbell seine Weinstöcke und erzeugt dort seit 1981 mit Ray Kaufman herausragende Rotweine dank der äußerst aufwendigen Arbeit in Weinberg und Keller. Inzwischen machen die beiden aus zugekauften Trauben eine Reihe von sehr erfolgreichen Weinen, die vom einfachen Spaßwein Reds über Quintana bis zum – jetzt südamerikanischen – Terra Rossa reicht.

Marcassin *****
Calistoga
4,5 ha; ZT; 15 000 Fl. • Weine: Chardonnay, Pinot
Helen Turley, Kaliforniens berühmtester und teuerster weiblicher *winemaker,* macht eigene Weine von ihrem Weinberg an der Sonoma Coast und bisweilen von zugekauften Trauben ganz besonderer Qualität. Teuer und unauffindbar.

Marietta Cellars ***
Geyserville
ZT; 120 000 Fl. • Weine: Cabernet, Zinfandel; →Old Vine Red; →Angeli Cuvée
Bei Chris Bilbro gibt es nichts als Rot. Er füllt nur außerordentlich voluminöse und kraftvolle Weine ab, die es wirklich in sich haben.

Nalle ***
Healdsburg
ZT; 30 000 Fl. • Weine: Zinfandel
Doug Nalle hat einen ganz individuellen und köstlichen Zinfandel-Stil kreiert. Er zeichnet sich insbesondere durch Finesse, komplexe Aromen und durch eine Ausgewogenheit aus, die den Zinfandels in vielen Fällen fehlt.

Peter Michael Winery *****
Calistoga
24 ha; ZT; 240 000 Fl. • Weine: Chardonnay, Sauvignon, Cabernet; →Cabernet Les Pavots
Sir Peter, Erfinder des Video-Clips, hat seiner Weinleidenschaft auf seinem Gut im Knights Valley Ausdruck gegeben, wo er alles tat, um große Weine zu erzeugen. Es gelang. Sechs hochinteressante Chardonnays und die superbe Bordeaux-*blend* Mon Plaisir.

Rafanelli ***–****
Healdsburg
22 ha; 120 000 Fl. • Weine: Cabernet, Zinfandel
Die Rafanellis begannen als Traubenfarmer und verkaufen noch heute Chardonnay und Merlot an Kollegen. Ab 1974 spezialisierten sie sich auf Zinfandel und Cabernet und machen sehr reife, würzige, konzentrierte Rotweine.

Ravenswood **–****
Sonoma
ZT; 1,8 Millionen Fl. • Weine: Chardonnay; Zinfandel, Cabernet, Merlot, Petite Syrah, Cabernet Franc
In einer Garage begann Joel Peterson 1976 Zinfandel zu vinifizieren und wurde mit Weinen von alten Rebstöcken berühmt, die noch heute großartig sind. Inzwischen stark kommerzielle Entwicklung.

Rochioli Winery ****
Healdsburg
53 ha; 120 000 Fl. • Weine: Chardonnay, Sauvignon; Pinot, Zinfandel, →Pinot Cellar Select
Die Rochiolis sind im Russian River Valley seit Jahrzehnten Farmer. Ab 1959 verlegten sie sich auf den Anbau von Premiumsorten und verkauften die Trauben. Seit 1983 machen sie eigene Weine. Ihre Einzellagen-Pinots sind hervorragend.

Stonestreet *–****
Healdsburg
ha n n; ZT; 800 000 Fl. • Weine: u. a. Chardonnay; Pinot, Cabernet, Merlot; →Legacy
Der ehemalige Zellerbach-Weinberg wurde 1989 von Kendall-Jackson aufgekauft und zum Spitzenbetrieb in Jesse Jacksons 50 Millionen Flaschen produzierendem Weinimperium. Nach anfangs brillanten Weinen jetzt breiteres Programm, eine neue *winery* im Alexander Valley und erhebliche Produktionssteigerung.

Williams & Selyem ***–****
Healdsburg
ZT; 90 000 Fl. • Weine: Pinot, Zinfandel
Pinot ist die Spezialität, mit der Williams und Selyem berühmt wurden. Seit 1998 ist die *winery* Eigentum von Traubenfarmer John Dyson. Weiterhin geht man handwerklich vor und benutzt stark geröstete Fässer für rauchige, fruchtbeladene Pinots.

Tria Winery ***
Sonoma
ZT; Fl. n.n. • Weine: u. a. Syrah, Zinfadel, Pinot Noir, Labyrinth
Der deutschstämmige Philip Zorn, einst bei Paraiso Springs, und sein Freund Bill Knuttel, der früher *winemaker* bei Saintsbury war, haben sich 1995 zusammengetan und mit Tria selbständig gemacht. Sie beziehen den größten Teil ihrer Trauben aus dem Dry Creek Valley. Ihre Weine bieten immer gutes Niveau, ob die Syrah oder ihr Meritage Labyrinth. Ausgezeichnet gelingt ihnen oft der Zinfadel.

Bob Sessions, *winemaker* von Hanzell, pflegt den bewährten Stil des einstigen Pionier-Guts.

Meritage

Wer die geregelten Pfade des Sortenweins verlassen wollte, lief bei der amerikanischen Gesetzgebung Gefahr, seine neue Kreation stillschweigend in der Schublade für minderwertige *table wines* verschwinden zu sehen. Um aber den Verdienst, *merit,* zu unterstreichen und das große Erbe, *heritage,* zu betonen, wurde der Begriff *Meritage* geprägt und geschützt. Als sie dies tat, orientierte sich die kalifornische Weinwelt direkt an Bordeaux und seinen Cuvées, weshalb nur Bordeaux-Sorten zugelassen wurden. Wer Meritage auf sein Etikett schreiben wollte, musste sich zudem verpflichten, seine Assemblage mindestens als zweitteuersten Wein und nicht mehr als 300 000 Flaschen davon anzubieten. Ganz abgesehen davon, dass manche Meritages den *variety wines,* die ja ohnehin mit 25 Prozent anderer Rebsorten gemischt werden dürfen, nicht das Wasser reichen können, entschieden sich Spitzenerzeuger oftmals dafür, ihre Super-Cuvées lieber gleich mit einem individuellen Namen zu vermarkten.

Napa Valley

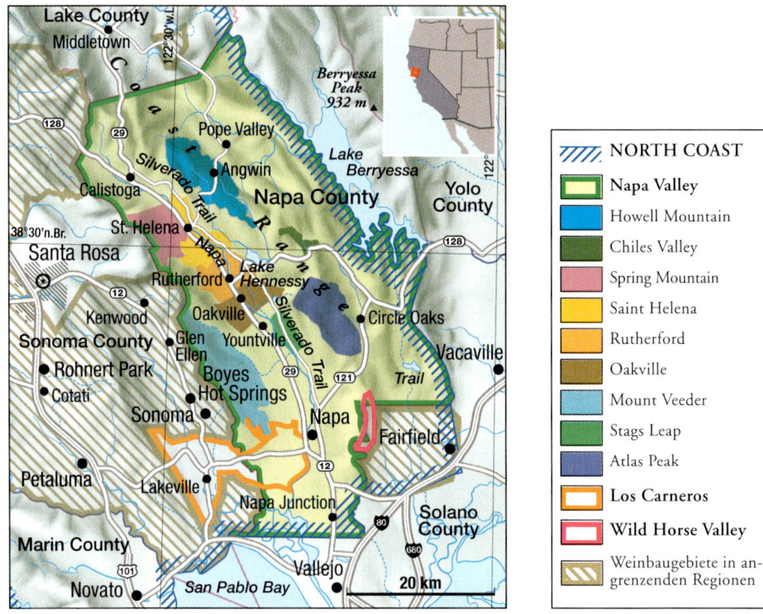

Napa Valley ist nicht nur das Aushängeschild des kalifornischen, sondern des US-amerikanischen Weinbaus. Das war nicht immer so, denn zunächst hatte Sonoma den besseren Start und verwies die Nachbarregion auf Rang zwei. In den Jahren nach 1860 entwickelte sich aber auch hier der Weinbau, was nicht zuletzt dem aus Preußen stammenden Charles Krug zu verdanken ist. Er errichtete eine beispielhafte Kellerei in St. Helena und schulte außerdem eine Gruppe von jungen Männern, die sich später mit Erfolg selbstständig machten. Zu ihnen gehörte nicht nur Karl Wente, den es ins Livermore Valley zog, sondern auch Jacob Beringer, der 1876 mit seinem Bruder Frederick ein eigenes Gut gründete und das berühmte Rhine House in altdeutschem Stil erbaute, heute eine Touristenattraktion. Drei Jahre später richtete Gustav Niebaum die Inglenook Winery ein. Im darauf folgenden Jahrzehnt entstanden rund 140 weitere Kellereien, die alle von dem steigenden Weinabsatz – einer direkten Folge des Goldrauschs – profitierten. Schon damals konnten sich Napa-Valley-Weine mit europäischen Spitzenerzeugnissen erfolgreich messen. Mit Reblauskatastrophe, Prohibition, Wirtschaftskrise und Zweitem Weltkrieg brach dann aber die Erfolgskurve ab und eine lange, schwere Krisenphase setzte ein, die nur wenige Betriebe überlebten. In dieser Zeit schufen Güter wie Beaulieu Vineyards, Charles Krug, Inglenook und Louis M. Martini weiterhin beispielhafte Weine und vermochten die Reputation ihres Gebiets aufrechtzuerhalten. Nach dem Tief von 1960, als nur noch 25 Kellereien arbeiteten, schuf Robert Mondavi – seiner Familie gehörte der Krug-Betrieb – 1966 mit seiner von spanischen Missionsstationen inspirierten *winery* ein augenfälliges Symbol und läutete damit zugleich im gesamten Napa Valley die Neuzeit ein. Heute ist das Napa Valley eine der renommierten und auch teuersten Weinregionen der Welt.

Die drei Zonen des Tals

Es kommt nicht von ungefähr, wenn dieses etwa 40 Kilometer in nordsüdlicher Richtung verlaufende und von zwei Hügelketten eingefasste Tal, das noch dazu vom Napa River durchzogen wird, eine bemerkenswert große Zahl hervorragender Weine ergibt. Die natürlichen Voraussetzungen sind ideal, doch sucht man nach einem gemeinsamen Nenner, sieht man sich enttäuscht. Noch am ehesten lässt sich das Klima heranziehen. Südlich der Stadt Napa geht das Tal in das Gebiet von Los Carneros über, das an die San Pablo Bay stößt. Über die Bucht dringen Nebelbänke herein, die bis Yountville Sonnenschein und Temperaturen so stark mäßigen, dass dieser Teil kühlstes Weinbauklima aufweist. Im mittleren Teil, der von Yountville über Rutherford und St. Helena etwa bis zur Freemark Abbey reicht, machen sich die Nebel erst später am Nachmittag bemerkbar, weshalb sich die Temperaturen hier zur Wärmesumme der Region II addieren. Wo das Tal weiter ansteigt und bis über Calistoga hinausgeht, lassen die Einflüsse der Bay nach und das Klima wird als Region III eingestuft. Darüber hinaus gibt es in diesen drei Klimabereichen des Tals zahlreiche Mikroklimata mit verschiedensten Variationen.

Die ausgesäten Wildblumen bei St. Helena illustrieren, dass man es mit der Ökologie durchaus genau nimmt.

Die südlichste und kühlste Zone ist besonders geeignet für Pinot Noir und für Weißweine. Einige der besten Chardonnays stammen von hier. Selbst wenn sie in Carneros wachsen, ziehen es viele *wineries* weiter oben im Tal vor, sie mit der übergreifenden AVA Napa Valley zu etikettieren. Noch ein Stück weiter das Tal hinauf, in Oakville und Rutherford, findet Cabernet Sauvignon die besten klimatischen Bedingungen, besonders wenn er auf den unteren Hanglagen steht und von der Morgensonne profitieren kann. Aber auch Chardonnays entwickeln hier Tiefe und großen Nachhall. Im oberen Tal mit seiner stärkeren Sonneneinstrahlung erlangen Cabernet, Zinfandel und Petite Sirah eindrucksvolle Reife und Kraft.

Vielfältige Klasse

Schon anhand der unterschiedlichen klimatischen Bedingungen wird deutlich, dass es einen einheitlichen Napa-Stil nicht geben kann. Betrachtet man dazu noch die unglaubliche Vielfalt der Böden, versteht man, dass die natürlichen Gegebenheiten bloß helfen, den Individualismus der Erzeuger zu unterstreichen. In Bezug auf den Boden gibt es nur eine – allerdings wichtige – Eigenschaft, die nahezu überall zutrifft. Er ist sehr gut durchlässig, womit ungesunde Staunässe vermieden wird. Dies lässt sich oft auf eine lockere, kiesige und damit magere Struktur zurückführen. Obwohl die beidseitigen Hügelketten vulkanischen Ursprungs sind, finden sich nur vereinzelt Vulkanerden. Stärkere Prägung hinterließ der Ozean, der sich einst über das gesamte Gebiet erstreckte. Damals entstanden die unglaublich differenzierten Ablagerungen, die für die mindestens 62 bedeutenderen Bodenarten des Napa-Gebiets verantwortlich sind.

Napa, in der Sprache des ehemals dort siedelnden Indianerstamms das Wort für ›Fülle‹, ist gewissermaßen ein zur San Francisco Bay hin offenes Füllhorn. In seinem unteren Teil, wo auch die Hauptstadt angesiedelt ist, erreicht es mehr als sechs Kilometer Breite. Die flache, leicht zu bearbeitende Talsohle ist dicht mit Rebflächen bedeckt und liefert den größten Teil der Napa-Trauben. Die berühmtesten Lagen erstrecken sich jedoch an seinem westlichen Rand auf den leicht ansteigenden, einst vom Fluss gebildeten Terrassen. Nach Norden hinter St. Helena verengt sich das Tal stark und wird an seiner schmalsten Stelle auf nur etwa 1500 Meter zusammengedrängt, um sich anschließend bei Calistoga wieder auf drei bis vier Kilometer auszuweiten.

Die klimatischen Besonderheiten haben in Verbindung mit unterschiedlicher Ausrichtung, Höhenlage und anderen Bodenstrukturen in speziellen Bereichen des Napa-Tals und der angrenzenden Hügel zu mehr oder weniger deutlich hervortretenden Charakterzügen in den erzeugten Weinen geführt und schließlich zu rund 20 eigenen, untergeordneten AVAs. Ihre Begrenzungen fanden keinesfalls immer den Zuspruch der betroffenen *wineries,* was letztlich dazu führte, dass sie mit einer gewissen Freizügigkeit gehandhabt werden.

Im Napa Valley tritt in einigen Lagen oft Frühjahrsfrost auf. Dagegen versucht man sich entweder mit Windturbinen zu schützen, die die Luft in Bewegung halten (linkes Foto), oder man setzt Ölöfen ein (rechtes Foto).

Sorten in Napa

Obwohl Napa in erster Linie für seine großen Cabernet Sauvignons berühmt ist und auch einige der besten Zinfandels erzeugt, war lange Zeit die meistgepflanzte Sorte der Chardonnay, auf den bis heute 3700 Hektar entfallen. Erst vor kurzem konnte Cabernet mit 3800 Hektar die Spitzenposition einnehmen. Standen um 1970 nur 1500 Hektar Reben in Ertrag, sind inzwischen fast sämtliche verfügbaren Flächen bestockt worden und belaufen sich auf rund 14600 Hektar (einschließlich Carneros). Die Plätze drei bis sechs belegen Merlot, Pinot Noir, Sauvignon Blanc und Zinfandel mit Anbauflächen zwischen 1600 und 800 Hektar.

Links:
Larry Turley zaubert mit Zinfandel.

Rechts:
Cathy Corison – Queen of Cabernet

Die wichtigsten Sub-AVAs des Napa Valley sind:

- Rutherford: Die Flussterrassenlage mit kiesigen Lehmböden am westlichen Talrand, als Rutherford Bench berühmt, ergibt ausgewogene, rassige, feinwürzige, dichte Cabernets der Weltklasse.
- Oakville: Mit nur wenig kühlerem Klima und komplexeren Böden, aber Anteil an der Rutherford Bench gedeihen hier vergleichbar hochwertige, finessenreiche Cabernets.
- Stag's Leap District: Benannt nach den markanten Wärme speichernden Felsen, verleihen die roten Böden der Region Cabernet und Merlot besonders weiche Tannine, hinreißende Fülle und betonte Beerenfrucht.
- Mount Veeder: Bis in 800 Meter Höhe ziehen sich auf diesem Berg zwischen Sonoma und Napa Weingärten hinauf. Vulkanerden sorgen hier für niedrige Erträge und fruchtbetonte, wildwürzige, gut strukturierte Cabernets und Chardonnays.
- Spring Mountain: Auf dem Höhenzug der Macayamas, westlich von St. Helena, reifen kraftvolle Zinfandels, Petite Sirahs, Cabernets und Merlots. Auch ansprechender Chardonnay und Riesling.
- Diamond Mountain: Die steilen Tuffsteinhänge dieser Erhebung im Macayama-Massiv südwestlich von Calistoga erhalten viel Sonne und ergeben reife, volle Cabernets mit schwarzer Beerenfrucht und ausgeprägten Tanninen.
- St. Helena: Auf den Tal-Lagen in der Umgebung der reizvollen Weinstadt gewinnt Chardonnay bemerkenswerte Kraft, während der auf der Terrassenlage am westlichen Rand gepflanzte Cabernet dichte, volle, tanninreiche Weine mit reifer Cassis- und Brombeerfrucht ergibt.
- Calistoga: Das warme Klima dieser Region III spiegelt sich in ihren mächtigen, sehr runden Cabernets und Zinfandels ebenso wider wie in dem sehr cremigen Sauvignon Blanc.
- Howell Mountain: Die bergige, bewaldete Region nordöstlich von St. Helena ist eine traditionelle Hochburg für hochkonzentrierte Zinfandels. Doch seit den 1980er Jahren erzielen auch die auf Höhen von über 400 Metern gereiften Cabernets große Erfolge, die allesamt außerordentlich dicht, fruchtig und reichhaltig geraten.

Geschützte Attraktivität

Die berühmtesten *wineries* von Napa Valley befinden sich am Highway 29, zwischen Oakville und St. Helena, sowie am parallel verlaufenden

Auf dem Niebaum-Coppola Estate ziehen sowohl die Weine als auch das Filmmuseum Scharen von Besuchern an.

Das Napa Valley besitzt mehrere Unterappellationen, die im Charakter deutlich verschiedene Weine hervorbringen. Die berühmtesten heißen Rutherford und Stags Leap.

Silverado Trail. Nicht wenige davon machen allein schon mit ihrer exzentrischen Architektur den Anspruch des selbstbewussten Napa-Erzeugers augenfällig. Da sie Besucher in der Regel in entsprechend ausstaffierten *tasting rooms* mit integrierten Andenkenläden empfangen, ist das Tal heute zum besuchtesten Ziel des amerikanischen Weintourismus geworden. Nicht alles, was einem dort eingeschenkt wird, ist in qualitativem Sinn berauschend, denn die meisten *wineries* kaufen Trauben aus anderen Regionen zu, um der Nachfrage gerecht werden und auch Weine anbieten zu können, die sich ein Normalverdiener leisten kann oder will. Nur ein geringer Prozentsatz der jährlichen Viertelmillion Besucher ist bereit, 50 Dollar und mehr für eine Flasche Wein auszugeben.

Schon vor Jahrzehnten wurden Befürchtungen laut, das attraktive Tal im Einzugsbereich von San Francisco könnte zum Wohngebiet erklärt werden. Hellsichtige Landwirtschaftsräte brachten daraufhin bereits 1968 einen Erlass ein, der Napa Valley zur Agricultural Preserve erklären wollte. Obwohl es damals den Farmern im Tal wirtschaftlich schlecht ging, setzte sich die Kommission durch und schützte auf diese Weise zunächst gut 9000 Hektar vor der Bebauung. Inzwischen wurde die Fläche auf 12 000 Hektar erweitert.

So sah sich manch schlecht informierter Spekulant gezwungen, Winzer zu werden, meist nicht zu seinem Nachteil. Mittlerweile unterliegen auch neue Vorhaben in den Hügeln dank der ›Hillside Ordinance‹ von 1991 strikten Auflagen. Auf diese Weise hat sich das Napa Valley seine Zukunft als Weinregion bis auf weiteres sichern können.

Ausgewählte wineries

Im Napa Valley sind heute insgesamt mehr als hundert Weinbetriebe angesiedelt, von denen annähernd jeder zweite überdurchschnittliche Qualität liefert. Daher kann hier nur auf eine sehr begrenzte Auswahl näher eingegangen werden, um damit zumindest das Spektrum der *wineries* aufzuzeigen. Gerade in den letzten Jahren hat es etwa ein Dutzend Neugründungen gegeben, die entweder von Weinberatern und erfahrenen *winemakers* selbst betrieben werden oder für deren Qualität sie entscheidend verantwortlich waren. Bei den erzeugten Mengen handelt es sich um einige Hundert, bestenfalls wenige Tausend Flaschen, um die sich amerikanische Sammler regelrecht streiten. Dies hat einerseits astronomische Preise, andererseits die faktische Unauffindbarkeit zur Folge.

Zu den Senkrechtstartern, die hier nicht näher vorgestellt werden können, zählen unter anderen David Abreu, Bacio Civino Cellars, Bryant, Colgin-Schrader Cellars, Grace Family, La Sirena, Screaming Eagle, Selene und Vineyard 29.

Ausgewählte Erzeuger im Napa Valley

Beringer Vineyards **–****
St. Helena
5 000 ha; Fl. n.n. • Weine: u.a. Beringer Wine Estates: Chardonnay; →Bancroft Ranch Merlot, →Cabernet Sauvignon Private Reserve, Zinfandel; Napa Ridge; Meridian; Château Souverain; Château St. Jean
1876 von deutschen Einwanderern gegründet. Die Private Reserve ist einer der kräftigsten Cabernets des Tals. Zu den Betrieben in ganz Kalifornien kamen 1997 noch die legendären Estrella Vineyards bei Paso Robles hinzu, jetzt unter dem Namen Meridian vermarktet.

Cain Vineyard and Winery **–*****
St. Helena
35 ha; ZT; 300 000 Fl. • Weine: u.a. Napa Valley: u.a. Cain Musqué; →Cain Five, →Cain Cuvée
Jim und Nancy Meadlock gründeten ihr Gut in den Bergen oberhalb St. Helenas 1980, um einen großen Bordeaux-Verschnitt zu produzieren. Der Cain Five gehört zu den elegantesten Napa-Weinen, aber die Weißweine aus Sauvignon halten nicht mit.

Cakebread Cellars **–****
Rutherford
30 ha; ZT; 780 000 Fl. • Weine: u.a. Napa Valley: Chardonnay, Sauvignon; →Cabernet Sauvignon Rutherford Reserve, Merlot, Zinfandel
Sehr aktiv im Export tätige Kellerei mit Weinbergen direkt am St. Helena Highway. Im kühleren Klima des unteren Tals entsteht guter Chardonnay. Der Cabernet Sauvignon Rutherford Reserve gehört zur Spitze.

Caymus Vineyards **–****
Rutherford
30 ha; ZT; 720 000 Fl. • Weine: u.a. Napa Valley: Sauvignon Blanc Barrel fermented, Conundrum White; Œil de Perdrix Pinot Noir; Cabernet Sauvignon Special Selection; Central Coast: Mer Soleil
Caymus gehört zu den Ikonen von Napa und wird von der Zeitschrift ›Wine Spectator‹ seit Jahren gefeiert, aber es gibt auch viele Beobachter, die die Weine als zu plump und extrem überteuert kritisieren.

Château Montelena Winery ***–****
Calistoga
40 ha; 450 000 Fl. • Weine: u.a. Chardonnay, Riesling Potter Valley; Château Montelena, Silverado Cellars; Montelena Estate: Cabernet, Saint Vincent
Berühmt wurde das Gut in den 1970er Jahren durch seinen Chardonnay, der bei einer Vergleichsprobe in Paris die Creme des Burgund hinter sich ließ. Wichtigster Wein ist jedoch der Cabernet Sauvignon, der allerdings gelegentlich durch zu rauhe Tannine auffällt.

Corison ****
Oakville
8 ha; Fl. n.n. • Weine: →Napa Valley Cabernet Sauvignon
Cathy Corison hat die Weine von Chappellet gemacht, bevor sie auf eigene Rechnung arbeitete. Ihre Weine sind stilistisch sehr klar, fein und extrem lagerfähig.

Cuvaison Napa Valley **–****
Calistoga
116 ha; 720 000 Fl. • Weine: u.a. Napa Carneros: →Chardonnay; Pinot Noir Eris; Napa Valley: →Cabernet Sauvignon, Merlot, Zinfandel
Im oberen Napa Valley gelegen, besitzt Cuvaison große Weinbergflächen am entgegengesetzten Ende, in Carneros. Hier wächst hervorragender Chardonnay. John Thatcher, Leiter und *winemaker* des Gutes, gilt als einer der besten des Tals.

Dalla Valle Vineyards ****
Napa
10 ha; 40 000 Fl. • Weine: Dalla Valle Vineyards Cabernet Sauvignon, Sangiovese, Maya, Pietre Rosse
Die Weine von Naoko Dalla Valle können hart in den Tanninen sein, zeigen aber auch tiefe, würzige Frucht.

Dominus Estate ***–****
Yountville
42 ha; 70 000 Fl. • Weine: →Dominus Estate Napa
Joint Venture unter Leitung von Christian Moueix von der berühmten Bordelaiser Weindynastie (Pétrus). Nicht jedes Jahr erfüllen die Weine die Erwartungen, doch in guten Jahren ist Dominus ein dichter, fest strukturierter und sehr eleganter Wein.

Dunn Vineyards ****–*****
Angwin
4 ha; ZT; 60 000 Fl. • Weine: →Howell Mountain Cabernet Sauvignon
Randy Dunn keltert ausschließlich Cabernet Sauvignon, aber sein Wein von den Höhen der Howell Mountains zeigt seit 1996, welche Kraft und Eleganz in Napa-Weinen möglich ist, wenn die Winzer den überkultivierten Talboden verlassen. Kultweine, die ihrem legendären Image endlich entsprechen.

Forman ****
St. Helena
50 ha; 60 000 Fl. • Weine: Napa Valley: Chardonnay; →Cabernet, →Merlot
Mit niedrigen Erträgen erzielt Ric Forman hochwertige Weine mit großem Potential, die er in seinem stollenförmigen Weinkeller ausbaut.

Franciscan Vineyards **–****
Rutherford
440 ha; 4 200 000 Fl. • Weine: u.a. Napa Franciscan Oakville Estate: →Chardonnay Cuvée Sauvage; Cabernet, Meritage, Merlot; Pinot Noir Monterey Pinnacles, Estancia Estates, Mount Veeder Winery, Quintessa
Der US-Multi Canandaigua hat Franciscan jüngst der deutschen Firma Eckes abgekauft. Zum Besitz gehört auch die sehr gute Mount Veeder Winery.

Frog's Leap Winery **–****
Rutherford
30 ha; ZT; 500 000 Fl. • Weine: u.a. Napa Valley: Sauvignon, Late Leap, Leapfrögmilch; Cabernet Sauvignon, →Rutherford, Zinfandel
Nach zahlreichen wirtschaftlichen Krisen hat John Williams jetzt im Gebäude einer der ersten *wineries* dieses Jahrhunderts, der Red Barn an der Conn Creek Road, neue Stabilität gefunden. Der neue Cabernet des Bio-Betriebs verspricht sehr viel für die Zukunft.

Heitz Wine Cellars ***–****
St. Helena
140 ha; 500 000 Fl. • Weine: u.a. Napa Valley: Angelica, →Chardonnay Cellar Selection und Trailside; →Cabernet Martha's Vineyard und Bella Oaks, Grignolino; →Port Ink Grade
Mit seinem Cabernet Martha's Vineyard setzte Joe Heitz schon 1961 Maßstäbe. Unter Leitung von Sohn und Önologe David sowie Tochter Kathleen haben auch der Cabernet Bella Oaks und die Chardonnay Selection Format gewonnen. Bemerkenswerter Portwein.

The Hess Collection Winery ***–*****
Napa
486 ha; Fl. n.n. • Weine: u.a. Hess Collection, →Hess Select Cabernet Sauvignon, Napa Valley Chardonnay

Der Schweizer Geschäftsmann Donald Hess verwandelte die alte Kellerei der Christian Brothers in ein Weinbau- und Kunstmuseum. Spitzenprodukt ist der Cabernet aus eigenen Trauben. Unter dem Etikett Hess Selection werden Weine aus Monterey gefüllt.

Robert Mondavi Winery *–*****
Napa
2530 ha, ZT, 30 000 000 Fl. • Weine: u.a. Robert Mondavi Winery, Woodbridge, La Famiglia di Robert Mondavi, Coastal, Byron, Opus One, Caliterra & Errazùriz (Chile), Vichon (F), Luce (It)
Mondavi wurde zum Synonym für den Erfolg des Napa Valley schlechthin (s. S. 826). Zum Imperium gehören die Kellerei Woodbridge für kommerzielle Qualitäten und Opus One, ein Joint Venture mit den Rothschilds (Mouton). Die meist unfiltrierten Selektionen zeigen konstant beachtliches Niveau. In der Vergangenheit Projekte in Italien, Chile und Frankreich.

Niebaum–Coppola Estate **–****
Vineyards & Winery
Rutherford
121 ha; ZT; 3 600 000 Fl. • Weine: u.a. Niebaum-Coppola, Rubicon, Francis Coppola Family Wines, Gustave Niebaum Collection, Edizione Pennino, Francis Coppola Presents Bianco & Rosso
Francis Ford Coppola erwarb in den 1970er Jahren einen Teil des berühmten Niebaum-Guts und erweiterte seinen Besitz kontinuierlich. Mit Château Inglenook besitzt er eins der spektakulärsten Betriebsgebäude des Tals. Sein Cabernet namens ›Rubicon‹ wurde unter dem Önologen Scott Mc Leod exzellent.

Joseph Phelps Vineyards **–*****
St. Helena
160 ha; ZT; 1200 000 Fl. • Weine: u.a. Insignia, Vin du Mistral
Der Insignia von Phelps war Mitte der 1970er Jahre der erste Napa-Spitzenwein im Bordeaux-Verschnitt ohne Sortenangabe. Seine exzellente Qualität blieb konstant. Die interessantesten Weine der letzten Jahre wurden aus Rhône-Sorten gekeltert.

Pine Ridge Winery *–******
Napa
125 ha; 780 000 Fl. • Weine: u.a. Napa Valley: Carneros Chardonnay Dijon Clones, Chardonnay Knollside Cuvée; →Andrus Reserve, Rutherford Cabernet, →Stag's Leap District Cabernet; Archery Summit, Black Diamond Port, La Petit Vigne
Der Stag's Leap District gilt als eins der besten Terroirs im Napa Valley. Mit Weinbergbesitz in Carneros, Oakville, Howell Mountain, Yountville und Oak Knoll gehören die Andrus' zu den Spitzenerzeugern des Valley.

St. Supery Vineyards & Winery *–******
Rutherford
214 ha; ZT; 1500 000 Fl. • Weine: u.a. Napa Valley: Sauvignon; Cabernet Dollarhide Ranch, →Meritage; →Pope Valley Cabernet, Bonverre, Mount Maroma
Der Betrieb der südfranzösischen Skalli-Gruppe macht exzellenten Cabernet, aber auch der Meritage gehört zu den besten seiner Art. Kein Wunder: hier berät der berühmte Bordelaiser Önologe Michel Rolland.

Saintsbury *–******
Napa
22 ha; ZT; 600 000 Fl. • Weine: u.a. Carneros: Chardonnay; Pinot Noir, →Pinot Noir Brown Ranch
Mit behutsamem Einsatz französischer Eiche und ausgefeilter Vinifikation machen David Graves und Dick Ward grundsoliden Chardonnay und Pinot Noir, die für kalifornische Verhältnisse erstaunlich fruchtbetont sind. Ausgezeichnete Reserve-Weine.

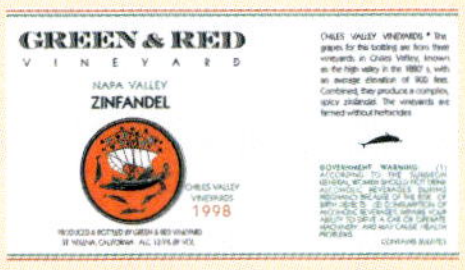

Shafer Vineyards *–*******
Napa
55 ha; 360 000 Fl. • Weine: u.a. →Carneros Red Shoulder Ranch Chardonny; Napa Valley: Chardonnay Barrel Select; Merlot, Sangiovese-Cabernet Firebreak; Napa Stag's Leap District: →Cabernet Hillside Select
John Shafer und Sohn Doug gehören zu den Spitzenwinzern von Napa und besitzen mit Rebflächen in Stag's Leap, Oak Knoll und Carneros beste Terroirs. Hochwertigste Erzeugnisse: Hillside Select Cabernet und der Chardonnay von der Red Shoulder Ranch.

Stag's Leap Wine Cellars *–*******
Napa
78 ha; Fl. n.n. • Weine: u.a. Napa Valley: Chardonnay; Cabernet und →Cask 23, Fay, →SLV; Hawk Crest
Warren Winiarski war Protagonist der steilen Karriere des Stag's Leap District und keltert hier schon seit 1972 einige der besten Weine des Tals. Spitzenweine des Betriebs sind die Cabernets Cask 23 und SLV. Die beiden Chardonnays erreichen diese Güte nicht ganz.

Turley Wine Cellars ****
St. Helena
40 ha; ca. 80 000 Fl. • Weine: u.a Viognier; diverse Vineyard-Zinfandels, →Hayne Vineyard Petite Sirah
Mit enorm konzentrierten Zinfandels und Petites Sirahs machen Larry Turley und sein *winemaker* Ehren Jordan Furore. Hayne hat es in sich.

Viader Vineyards **–*******
Deer Park
11 ha; 48 000 Fl. • Weine: Napa Valley Viader
Delia Viader fühlt sich vor allem dem Bordeaux-Stil verbunden. Ihr einziger Wein, ein roter Verschnitt aus den beiden Cabernets, zeigte schon in den ersten Jahren das gewaltige Potential der Hänge oberhalb des Silverado Trail bei St. Helena. Experimentell wird Syrah angebaut.

Petite Sirah

Lange hielt man die Sorte für Durif, eine minderwertige Rebe der Rhône-Region, oder sah sie als Mutation der echten Syrah an, doch beides erwies sich als falsch. Mit tiefroter Farbe, Volumen und Tanninreichtum wurde sie in den 1970er Jahren zum idealen Verschnittwein, bis man sie in den 1990er Jahren rodete oder umpfropfte. Einige *winemakers* zeigen, dass sich eigenwillige, tintenschwarze, opulent-fruchtige Weine daraus gewinnen lassen. Beste Herkünfte sind alte Weinberge in Napa, speziell Howell Mountain und Spring Mountain (York Creek).

Robert Mondavi

Robert Mondavi (links) überreicht den ersten Karton von Robert Mondavi Wines an John Daniels Jr. von der Inglenook Winery, seinen langjährigen Förderer und Freund. Rechts Mondavis Partner von 1967–68, Fred Holmes.

Als Robert Mondavi mit Sohn Michael 1966 seine eigene *winery* in Oakville gründete, war sie die erste neue Kellerei im Napa Valley seit der Prohibitionszeit. Ihre auffälligen Haupt- und Empfangsgebäude im spanischen Missionsstil wurden zum Wahrzeichen für den Aufschwung des kalifornischen Weins, so wie Robert Mondavi zu seinem weltweit bekanntesten Botschafter aufstieg. Er kam im Juni 1913 in Virginia, Minnesota, auf die Welt, drei Jahre, nachdem seine Eltern ihrer italienischen Heimat den Rücken gekehrt hatten. Vater Cesare handelte mit Früchten und Trauben und ließ sich mit seiner Firma 1923 in Lodi nieder. Rein zum Vergnügen kelterte Cesare zunächst nur den Hauswein der Familie selbst, bevor er sich damit auch geschäftlich befasste. Nachdem Robert sein Studium an der Stanford Universität 1936 beendet hatte, übernahm seine Familie die Sunny St. Helena Winery im Napa Valley.

Wirklich ernst mit dem Weinbau wurde es dann, als Cesare 1943 eine der traditionsreichsten Napa-Kellereien, die 1861 von dem preußischen Emigranten Charles Krug gegründete *winery* gleichen Namens, übernahm. Bereits in den 1950er und 1960er Jahren ernteten die Mondavis viel Anerkennung für ihre Cabernets, während sie parallel dazu unter der Marke CK mit *jug wines* am Markt erfolgreich waren. Bald übernahm Robert die alleinige Verantwortung für das Marketing, sein jüngerer Bruder Peter die für Weinberge und Weinmachen. Die Charles Krug Winery führte als Erste temperaturkontrollierte Gärungen ein und kreierte einen lieblich-fruchtigen Chenin-Wein, der in ganz Kalifornien Furore machte.

Nach dem Tod des Vaters im Jahr 1959 entzweiten sich die Brüder mehr und mehr, sodass sich Robert Mondavi – von dem großen Potential des Napa Valley zutiefst überzeugt – 1966 selbstständig machte. Eine erste Reise nach Europa 1962 hatte ihm die Augen für den Ausbau im Barrique geöffnet, den er daraufhin gezielt erforschte und sowohl für Rot- wie für Weißweine einsetzte. Mit dem durchgegorenen, trockenen und in Eichenfässern gereiften Sauvignon Blanc, den er ›Fumé Blanc‹ taufte, schuf Robert Mondavi einen eigenen Stil, der in Kalifornien Schule machte und der Rebsorte zu Achtung verhalf. Experimentierbereitschaft und die ständige Suche nach verbesserter Technik und höherer Qualität in Weinbergen und Keller sind Kennzeichen der Mondavi Winery (siehe nebenstehenden Kasten) seit ihrer Gründung bis heute. Neben der Lese aus drei eigenen, insgesamt 570 Hektar großen Gütern in Oakville, Stag's Leap District und Carneros werden Trauben von verschiedenen Erzeugern bezogen, die anhand der gelieferten Qualität nach einem – von Robert Mondavi initiierten – Bonussystem entlohnt werden. Zusätzlich zu den rund 25 Millionen Flaschen, die in Napa und Carneros erzeugt werden, produziert Mondavi in der 1979 erworbenen Woodbridge-Kellerei in Lodi etwa 60 Millionen Flaschen populäre Rebsortenweine. Sie basieren auf Lesegut, das aus dem Lodi-Gebiet, aus dem Central Valley und von der North Coast stammt, und werden in einem 40 000 Fässer ent-

Robert Mondavi – der große alte Mann des Weins

haltenden hypermodernen Alterungskeller ausgebaut. Von den Joint Ventures ist das erste, Opus One, das 1979 mit Mouton Rothschild gegenüber der eigenen Kellerei geschaffen wurde, bis heute das berühmteste geblieben; weitere sind Luce, Lucente und Caliterra.
Seit der Gründung des Betriebs nehmen alle Mitglieder der Familie Mondavi an der Entwicklung des Unternehmens aktiven Anteil, das seit 1993 von den Söhnen Michael und Tim geleitet wird. Aufsehen erregte Mondavi zuerst mit Reserve-Weinen seines Cabernet Sauvignon, aber auch Pinot Noir und in den letzten Jahren der Chardonnay erreichen hohes und höchstes Niveau. Zudem werden die Distrikt-Appellationen Oakville, Stag's Leap und Carneros abgefüllt sowie diverse italienische Sorten unter der Marke La Famiglia di Robert Mondavi. Weitere Aktivitäten sind die Byron Vineyards & Winery im Santa Maria Valley und Vichon Mediterranean mit sortenreinen Weinen aus dem Languedoc-Roussillon.

Links:
Moderne Kunst bei Mondavi unterstreicht, dass Wein und Kultur zusammengehören.

Rechts:
Die Mondavi Winery, im Hacienda-Stil errichtet, zieht Weinpilger aus aller Welt an.

Unten:
Wärmemessungen per Satellitenaufnahme geben Auskunft über günstige Lagen für neue Rebpflanzungen.

Natural Winegrowing

Seit den 1970er Jahren ist *natural winegrowing*, natürlicher Weinbau, zum festen Bestandteil der Mondavi-Weinbauphilosophie geworden. Dass er konsequent in die Praxis umgesetzt wird, ist nicht zuletzt Verdienst von Tim Mondavi, der 1974 die University of California in Davis mit einem Diplom in Önologie und Weinbau verließ. Zahlreiche Forschungsprojekte und Experimente wurden darauf ausgerichtet, und etwa zwei Drittel der eigenen Rebflächen werden jetzt naturnah bewirtschaftet. Dabei legt man folgende Prinzipien zugrunde:

- Wo immer möglich, Alternativen zum Einsatz von Chemikalien benutzen.
- Den Einsatz von Herbiziden durch mechanische Kultivierung (z. B. pflügen) ersetzen.
- Insektenbefall, Echtem Mehltau und Traubenfäule durch das Entfernen von Blättern entgegenwirken.
- Schadstoffarme Rohstoffe (z. B. kompostierten Trester) für die Bodenbildung nutzen.

Die Devise heißt ›naturnah‹. Neue Weinberge werden heute nach biologischen Weinbaumethoden angelegt, wie die neuen Flächen in Carneros.

- Gründüngung und zusätzliche organische Materie einsetzen, um den Boden mit Stickstoff anzureichern. Begrünung reduziert die Notwendigkeit, aktiv gegen Lausbefall vorzugehen, und liefert vielfältige – und damit ablenkende – Nahrung für eine Reihe von Schädlingen.

Alle neu angelegten Weinberge wie zum Beispiel die Pflanzungen in Carneros folgen biologischen Weinbaumethoden. Dabei vernachlässigen die Mondavis den Einsatz modernster Technik keineswegs. So wurden mit Hilfe einer Serie von Satellitenaufnahmen die Wärmewerte der verschiedenen Hänge in Carneros ermittelt und entsprechende Parzellen bestimmt, in denen eine einheitliche und optimale Reife der Trauben erzielt werden kann.
Über den Rand der eigenen Weinberge hinaus nimmt Mondavi an weiter gefassten ökologischen Projekten teil, die speziell gegen Erosion und auf die Reduzierung des Wasserverbrauchs ausgerichtet sind. Außerdem fördert man die Verbreitung von Biotopen und Waldflecken auf Weingütern und reduziert dort den Lärm, um nistende Vögel nicht zu stören. Mitchell Klug, verantwortlicher Direktor für Mondavis Rebpflanzungen im Napa Valley, wurde 1991 zum ›Conservationist of the Year‹ gewählt.

Central Coast

Der Pier von Monterey, unweit der berühmten Cannery Row, sieht von der Wasserseite beschaulich aus. Doch der Schein trügt – in den Straßen tummeln sich zahlreiche Touristen. Hier liefern Chardonnay und Riesling beste Ergebnisse.

Diese AVA reicht von San Francisco bis Santa Barbara und umfasst 25 untergeordnete AVAs in sieben Distrikten. Grundsätzlich sind die Temperaturen hier in den Tälern gemäßigt, da der Dunst des Pazifiks sie gegen die Sonne abschirmt, während sich Berglagen darüber erheben und deshalb wärmer sind.

In den Randgebieten von San José werden die traditionsreichen Weinberge immer mehr zum Opfer der sich ausdehnenden Stadt. Im Livermore Valley nördlich von San José, das für Chardonnay und Sémillon bekannt ist, unterhält die Familie Wente ihr 500 Hektar großes Gut mit Golfkurs, während im Santa Clara Valley gute Cabernet- und Chardonnay-Trauben bei Gilroy und am Hecker Pass gedeihen. Direkt oberhalb des Silicon Valley erstrecken sich die spektakulärsten Lagen der Santa Cruz Mountains, darunter die der ausgezeichneten Ridge Winery. Weitere zwei Dutzend kleinere *wineries* befinden sich auf den Höhen, die sich bis zur Küste ziehen, wo es kühler wird. Die Berglagen nutzten Individualisten in San Benito, wo Josh Jensens Calera Winery verblüffende Pinots und Chardonnays einzelner Weinberge des Mount Harlan abfüllt, oder in Chalone, dem Richard Graff und Phil Woodward mit ihrer gleichnamigen *winery* AVA-Status erwarben. Die größte Anbauzone ist Monterey, wobei nur Carmel Valley mit einigen kleinen Kellereien nahe der berühmten Bucht liegt. Ausgedehnte Rebflächen breiten sich im fruchtbaren, aber trockenen Salinas-Tal aus, wo man unter Bewässerung überwiegend Chardonnay und Riesling erzeugt. Der obere, wärmere Teil im Süden erhielt die AVA Arroyo Seco und dient zunehmend der Cabernet-Produktion. Meist werden die Trauben von Farmern geliefert und andernorts vinifiziert.

Der südliche Teil der Central Coast, der mit Paso Robles beginnt, wo man mit Rhône- oder italienischen Sorten experimentiert, zieht mehr Aufmerksamkeit auf sich. Die westlichen Höhenzüge liefern sehr gute Zinfandels von alten Stöcken. Kühler ist es im Edna Valley, südlich von San Luis Obispo, der Distrikthauptstadt und übergreifenden Appellation, weshalb man dort auf Chardonnay und Pinot setzt. Doch in gut ausgerichteten Hanglagen gedeihen auch erstaunliche Grenache-, Syrah- und Viognier-Trauben, wie die Alban Vineyards beweisen. Landeinwärts im Arroyo Grande steigen dann schon wieder die Temperaturen.

Viele hochwertige Erzeuger finden sich im Santa Barbara County. Dank der besonderen Bergformationen dringt hier mehr kühle Meeresluft ins Inland und schafft ein Klima, in dem Pinot Noir und Chardonnay hohe Qualität erreichen. Wurden früher Trauben aus dem Santa Maria und dem Santa Ynez Valley oft in den Norden verkauft, haben sich hier Ende der 1980er Jahre Mondavi, Beringer und Kendall-Jackson bedeutende Flächen gesichert. Berühmt wurden die Täler durch die Traubenfarmen Sanford & Benedikt und Bien Nacido Vineyards, deren Lese begabte unabhängige *winemakers* zu Spitzenweinen verarbeiteten. Manche von ihnen haben sich Rhône-Sorten zugewandt, andere experimentieren mit italienischen Reben.

South Coast

Südlich von Los Angeles liegt im Riverside County das 25 km lange Temecula Valley, das heute als einziges nennenswertes Weingebiet in Südkalifornien überlebt hat. Hier ist das Klima zwar warm, doch als Folge der vom Pazifik eindringenden Nebel meist unbeständig, was gewöhnlich den weißen Sorten eher entgegenkommt. Gute Erfolge erzielen die Weinfirma Callaway und die auf Schaumwein spezialisierte Culbertson Winery sowie darüber hinaus das knappe Dutzend kleinerer Erzeuger mit Chardonnay und zunehmend mit Sauvignon Blanc. Auch Riesling gelingt überzeugend, während Rotweine meist zu leicht geraten. In der dicht besiedelten Region wird ein großer Teil der Weine in den *tasting rooms* direkt ab Gut verkauft.

Temecula war Teil des Rancho-California-Projekts, das in den 1960er Jahren die gemischte Nutzung als Wohn- und Gewerbegebiet im Einzugsbereich von Los Angeles vorantreiben sollte. Mit Erfolg, wie man heute sieht.

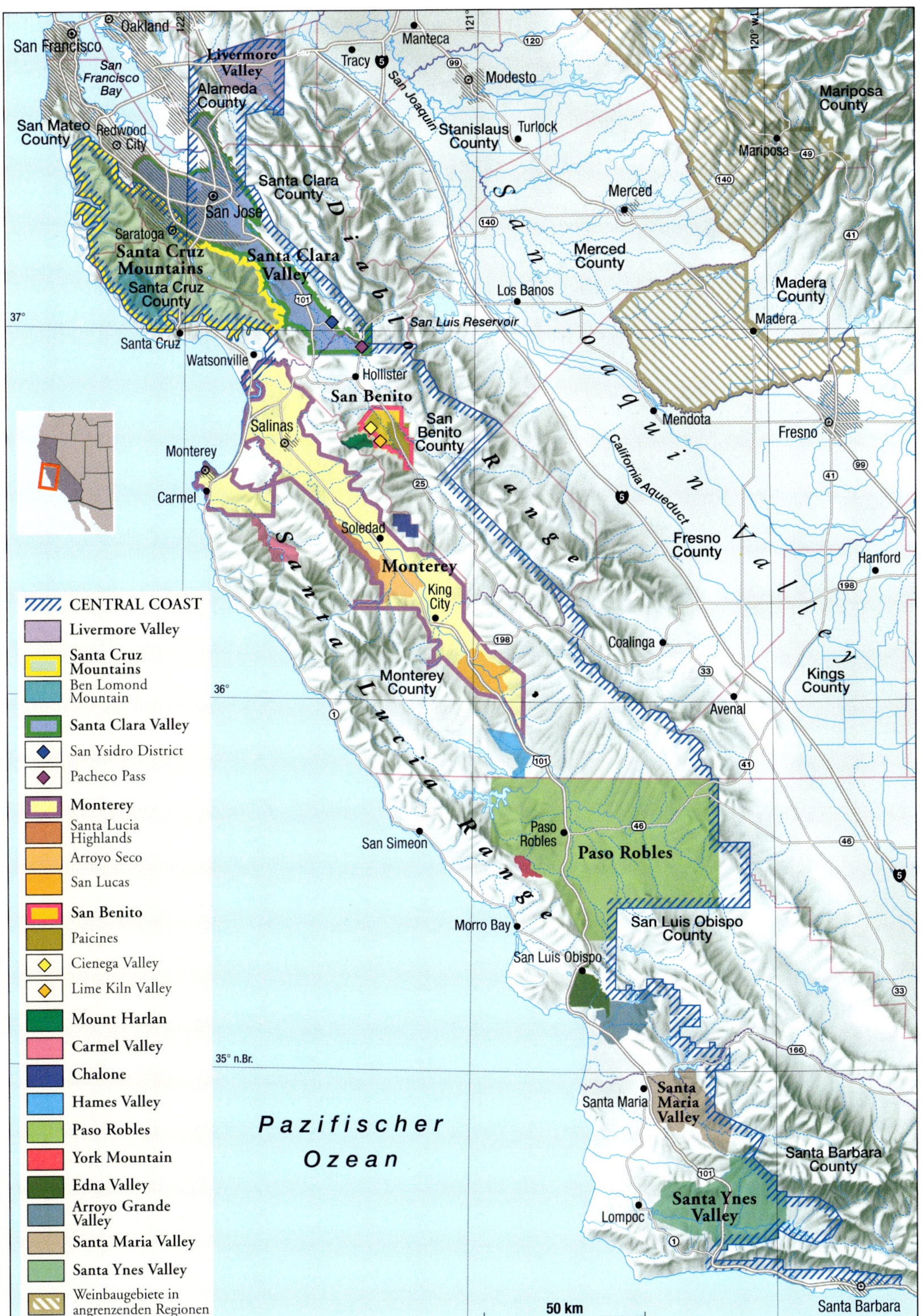

Ausgewählte Erzeuger der Central Coast

Alban Vineyards ***–****
Arroyo Grande
30 ha; 26 000 Fl. • Weine: Arroyo Grande: Viognier; Grenache, Syrah
John Alban sammelte Erfahrungen an der Rhône und ließ sich 1989 in Arroyo Grande nieder. Von seinen Weinbergen in den höchsten Lagen des Gebiets liefert er exzellente Weine aus den besten Rhône-Sorten.

Au Bon Climat ***–*****
Santa Maria
18 ha; ZT; 360 000 Fl. • Weine: u. a. Chardonnay, Pinot Blanc; Pinot Noir; Il Podere dell'Olivos: u. a. Tocai Friulano, Arneis; Teroldego, Barbera, Sangiovese
Jim Clendenen, eine der schillerndsten Figuren der kalifornischen Weinszene, ist ein Meister im Umgang mit dem Barrique und vinifiziert Chardonnays und Pinots von Weltklasse in einem Hangar neben der Bien Nacido Ranch, den er sich mit Bob Lindquist von Qupé teilt. Dort entstehen u. a. amüsante ›Italiener‹ und andere Spaßweine unter Etiketten wie Vita Nova. Die Trauben werden von verschiedensten Weinbergen bezogen, darunter von Alban, Talley, Bien Nacido.

Babcock Vineyards ***–****
Lompoc
20 ha; ZT; 150 000 Fl. • Weine: Babcock, Riverbreak, Eleven Oaks, Fathom, Grand Cuvée, Cuvée Lestat
Das Weingut im Stil einer Hippie-Kommune liegt unmittelbar neben der strategisch wichtigsten Air-Base der USA und produziert ausgezeichneten Chardonnay, Pinot Noir und sogar Gewürztraminer.

Calera Wine Company **–****
Hollister
20 ha; 300 000 Fl. • Weine: Mount Harlan: Chardonnay, Viognier; Pinot Noir; Central Coast: Chardonnay; Pinot
Josh Jensen betreibt eines der abgelegensten Weingüter in San Benito in den Bergen bei Hollister, wo er 1974 kalkhaltige – für Pinot Noir geeignete – Böden entdeckte. So überzeugend die Weine aus eigenen Trauben sind, so durchschnittlich sind die aus zugekauften.

Chalone Vineyard **–****
Soledad
75 ha; 420 000 Fl. • Weine: u. a. →Estate Chardonnay, Pinot Blanc; Estate Pinot Noir; Acacia; Echelon
Zur Chalone-Gruppe, einer Aktiengesellschaft, gehören heute auch die kleine Acacia Winery in Carneros, Edna Valley Vineyard und Canoe Ridge in Westaustralien. Bekannt für gut strukturierte Chardonnays und Pinots, aber schwankendes Niveau. Acacia liefert daraus eher fruchtbetonte Qualitäten.

Claiborne & Churchill Winery ***
San Luis Obispo
1,2 ha; ZT; 60 000 Fl. • Weine: →California Edelzwicker, →Dry Gewürztraminer Alsatian Style, Edna Valley Chardonnay; San Luis Obispo County Cabernet
Selbst einen Edelzwicker findet man in diesem sympathischen Kleinbetrieb am Rand des Edna Valley, der fast seine ganze Produktion ab Gut verkauft.

Durney Vineyards ***–****
Carmel Valley
40 ha; 250 000 Fl. • Weine: Carmel Valley: Chardonnay, Chenin, Johannisberg Riesling Late Harvest; →Cabernet Private Reserve und Chachagua
Eigentlich sollte aus dem Betrieb eine Viehfarm werden, aber nach der zufälligen Entdeckung alter Rebstöcke plante man um. Der beste von nur fünf Betrieben

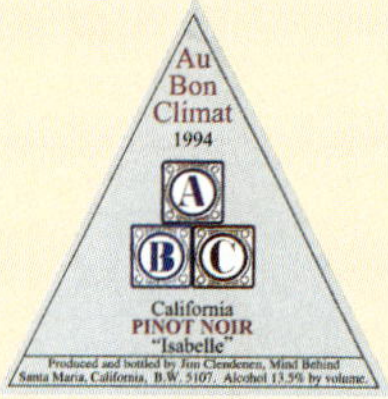

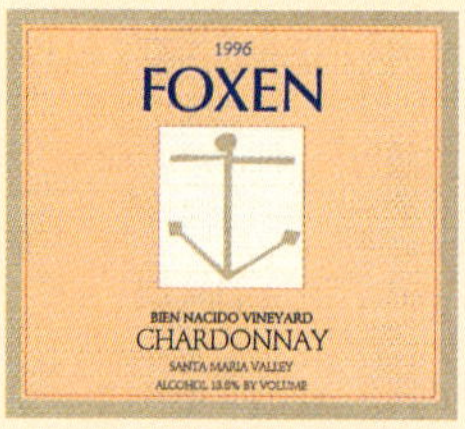

der AVA auf den Bergen über dem malerischen Carmel Valley wird heute von dem Österreicher Schober geleitet. Interessant ist die Riesling-Spätlese.

Eberle Winery ***–****
Paso Robles
20 ha; 300 000 Fl. • Weine: u. a. Paso Robles: →Chardonnay; Counoise Rosé; →Cabernet Sauvignon, Cabernet/Syrah →Côtes du Rôbles, →Syrah Fralich Vineyard, Zinfandel Steinbeck Vineyard
Gary Eberle machte schon vor Jahrzehnten mit seinen legendären Cabernets von Estrella Vineyards das Gebiet von Paso Robles berühmt. Er produziert sehr gleichmäßige, gute Qualitäten.

Edna Valley Vineyard **–***
San Luis Obispo
245 ha; 1 100 000 Fl. • Weine: u. a. →Edna Valley Chardonnay, →Viognier Fralich Vineyard; Cellar Master's Selection: Sauvignon, Sémillon, Muscat Canelli; Edna Valley Brut; Pinot Noir Paragon
Dieses Joint Venture von Chalone und den enormen Paragon Vineyards überrascht mit frischen, fast leichten Weißweinen, angeführt von Chardonnay, der seit 1996 wieder hohes Niveau erreicht.

Firestone Vineyards ***
Los Olivos
240 ha; ZT; 2 400 000 Fl. • Weine: u. a. California: Gewürztraminer, →Santa Ynez Valley: →Chardonnay Barrel Fermented, Johannisberg Riesling Selected Harvest; Cabernet Franc, Firestone Reserve, Prosperity Red; Santa Ynez Valley Merlot, Carey Cellars
Bruce Firestones Betrieb war einer der ersten in diesem Teil Kaliforniens, der Premiumqualitäten lieferte. Von der breiten Palette überzeugt vor allem der Barrique-Chardonnay. Absolut bemerkenswert ist das im Barrique gelagerte Bier, das Firestone braut.

Foxen **–****
Santa Maria
14 ha; ZT; 150 000 Fl. • Weine: u. a. Chardonnay: Santa Maria, Bien Nacido, Tinaquaic; Pinot Noir: Santa Maria, Julia, Bien Nacido, Sanford & Benedict; Mourvèdre, Syrah, Cabernet
Bill Wathen und Richard Doré bieten ein breites und originelles Spektrum an Weinen, darunter einige Spitzenqualitäten aus Chardonnay, Pinot und Cabernet.

Kathryn Kennedy Winery ***–****
Saratoga
2,8 ha; ZT; 36 000 Fl. • Weine: →Estate Cabernet Sauvignon Santa Cruz Mountains
Nach einigen Jahren Unbeständigkeit hat sich das Gut mit dem bekannten Cabernet wieder stabilisiert.

Morgan Winery ***–****
Salinas
20 ha; ZT; 360 000 Fl. • Weine: u. a. Chardonnay: Monterey und Reserve; Sonoma: Sauvignon; Pinot Noir: Monterey, Carneros Reserve; Cabernet, Zinfandel
Dan Lee pflegt einen eigenen barocken Stil und macht superbe Chardonnays und Sauvignons, nun auch von eigenen Weinbergen in den Santa Lucia Highlands.

Andrew Murray Vineyards ***–****
Los Olivos
14 ha; 60 000 Fl. • Weine: Santa Ynez Valley: Roussanne, Viognier; Syrah
Das 80 Hektar große Gut liegt in 500 Meter Höhe bei Los Olivos, wurde 1990 gegründet und mit 14 Hektar Rhône-Sorten bestockt. Nach anfangs uneinheitlichen

Resultaten zeigt der Betrieb immer stärker sein Potential, speziell mit Syrah und der seltenen Roussanne.

Ojai Vineyard ****
Oak View
ZT; 80 000 Fl. • Weine: Chardonnay, Sauvignon, Viognier; Pinot Noir, Syrah, Mourvèdre
Seit 1983 vinifiziert Adam Tolmach, einst Mitbegründer von Au Bon Climat, in seiner abseits bekannter Weinbaugebiete gelegenen Kellerei sehr individuelle, eigenständige Weine von verschiedenen Vertragsweinbergen wie Roll Ranch, Bien Nacido und Stolpman Vineyard. Herausragende Syrahs, samtige Pinots und anspruchsvoller Sauvignon.

Qupé ****
Santa Maria
ha n.n.; ZT; 240 000 Fl. • Weine: u.a. Chardonnay/Viognier, →Marsanne; →Syrah, Los Olivos Cuvée
Bob Lindquist steckt unter einem Blechdach mit Au Bon Climat, wo er sich als einer der führenden Rhône Rangers auf entsprechende Sorten spezialisiert hat. Seine Syrahs zählen zu den besten der USA.

Ridge Vineyards *****
Cupertino
98 ha; 780 000 Fl. • Weine: →Santa Cruz Mountains Chardonnay; Cabernet Sauvignon: →Montebello, Santa Cruz Mountains; California Zinfandel: Lytton Spring, Geyserville; California Mataro Evangelo Vineyard
Hoch über San José wachsen auf den Santa Cruz Mountains die Trauben für den hochwertigen, im Bordeaux-Stil konzipierten Montebello. Seltene Kalksandsteinböden und kühles Klima sorgen für Tanninstruktur und Finesse. Seit den 1970er Jahren machte Paul Draper den Betrieb berühmt, und seither hat die Qualität nicht nachgelassen. Hervorragend die Zinfandels.

Sanford Wines **–****
Buellton
ha n.n.; ZT; 600 000 Fl. • Weine: u.a. Chardonnay, Sauvignon; Pinot Noir: Central Coast, Santa Ynez Valley; Santa Barbara County Sanford & Benedict Vineyards
Das Weingut ist Teil der historischen El-Jabali-Ranch und wurde 1981 von Richard und Thekla Sanford gegründet. Der berühmteste Pinot-Noir-Weinberg Südkaliforniens hat den Besitzer gewechselt, wird aber weiterhin von Sanford bewirtschaftet, der für stilvolle Chardonnays und Pinots bekannt ist.

Talley Vineyards ***
Arroyo Grande
57 ha; 144 000 Fl. • Weine: Chardonnay; Pinot Noir
Don, Rosemary, Brian und Johnine Talley besitzen mit Rosemary's und dem Rincon Vineyard zwei der besten Weinberge von Arroyo Grande, deren ausgezeichnete Trauben von anderen *winemakers* zu einigen der gesuchtesten Weine der USA vinifiziert werden. Sie selbst bevorzugen einen sehr fruchtbetonten Stil.

Lane Tanner Winery ***
Santa Maria
ZT; 27 000 Fl. • Weine: San Luis Obispo County Syrah, Pinot Noir: Santa Maria Valley, Bien Nacido Vineyard, →Julia's Valley
Lane Tanner macht seit 1989 innovative Weine. Das Lagerhaus, in dem ihre Weine entstehen, nutzt sie gemeinsam mit anderen, Fässer und Geräte werden geteilt. Die Trauben stammen aus gepachteten Parzellen.

Ventana Vineyards Winery ***
Monterey
120 ha; 500 000 Fl. • Weine: u.a. Chardonnay, Dry Riesling, Orange Muscat, Dry Rosado; Syrah, Sangiovese; J. Douglas

Doug Meador führt im Monterey County ein nach den strengen Kriterien der University of California in Davis anerkanntes Versuchsweingut, auf dem viele in Kalifornien noch seltene Sorten kultiviert werden. Ungewöhnlich die Stockdichte von 5 000 pro Hektar, aber auch Finesse und Aromareichtum mancher Weine. In den 1990er Jahren mengenmäßig große Schwankungen.

Wente Vineyards **–***
Livermore
720 ha; 6 000 000 Fl. • Weine: u.a. Wente, Family Selection, Murrieta's Well, Ivan Tamas, Concannon Vineyard, Vineyard Reserve, Brut Reserve, Ch. Wetmore Reserve, →Herman Wente Reserve, Blanc de Blancs, Johannisberg Riesling
Die Nachfahren des Deutschen Karl Wente machten in den 1960er Jahren gute Geschäfte mit süßem Chenin Blanc und Gray Riesling, waren aber auch Chardonnay-Pioniere in Kalifornien. Ihr Weinbergbesitz liegt außer in Livermore in Arroyo Seco und Monterey. Technisch brillante Weine von überzeugender Qualität. Spitzenprodukt ist der Chardonnay Hermann Wente.

Wild Horse Winery & Vineyards **–****
Templeton
15 ha; ZT; 1 100 000 Fl. • Weine: u.a. →Central Coast: Chardonnay Unbridled, Arneis, Malvasia Bianca, →Pinot Blanc, →Cienega, Tocai Friulano, Roussanne Late Harvest; Merlot, Pinot Noir, Negrette, Trousseau, Valley Old Vine Field Blend, Cabernet, Mourvèdre, Syrah, Cheval Sauvage, Santa Lucia, Equus
Auf der ehemaligen Pferdefarm produziert Ken Volk fast alles, was er an Rebsorten auftreiben kann. Seine Weine heben sich durch gute Frucht und feste Struktur hervor. Ein Großteil der Exoten-Sorten wird ausschließlich im *tasting room* verkauft.

Zinfandel

Zinfandel, obwohl identisch mit süditalienischem Primitivo, gilt als kalifornischer Star. Seine Karriere, die Höhen und Tiefen kennt, verläuft seit den 1990er Jahren sehr erfolgreich. Seine Paraderolle ist der hochkarätige und oft hochprozentige Rotwein. Je nach Klima zeigt er sich entweder kühl mit frischer Fruchtigkeit und feinen Tanninen in elegantem, ausgewogenem Stil oder hitzig von überschwenglicher Frucht, Würze, Fülle, Kraft und fast niederschmetternder Stärke. Beste Herkünfte sind Dry Creek Valley, speziell Geyerville und Lytton Springs, sowie Howell Mountain und Paso Robles im Napa Valley.

Central Valley

Das kalifornische Längstal gehört zu den intensivst landwirtschaftlich genutzten Flächen der Welt. Hier gedeihen nicht nur unterschiedlichste Obst-, Nuss- und Gemüsesorten, es wird sogar Baumwolle und Reis angebaut. Auch ein Großteil der in den Vereinigten Staaten konsumierten Tafel- und Rosinentrauben stammt aus dem Central Valley. Es reicht von Sacramento im Norden bis Bakersfield im Süden. Der nördliche Bereich mit der AVA Sacramento, wo sich auch in Davis die berühmte University of California befindet, ist für ausgezeichneten Chenin bekannt. Neuerdings pflanzt man dort auch Rhône-Sorten.

Das Hauptanbaugebiet für amerikanischen Wein ist jedoch das San Joaquin Valley. Es erstreckt sich über eine Länge von 350 Kilometern und erreicht in der Breite mehr als 90 Kilometer. Hier stehen insgesamt 48 000 Hektar Rebfläche in Ertrag, die rund 70 Prozent der kalifornischen Weinproduktion liefern. Das Klima ist heiß und trokken – die Anbauflächen sind definiert als Regionen IV und V (s. S. 812) –, doch die ausgedehnten Weinfelder weden intensiv bewässert und mechanisch effektiv bewirtschaftet. Um den Erwartungen eines sich ändernden Verbrauchergeschmacks stets so direkt wie möglich zu entsprechen, wird hier ständig neu gepflanzt oder umgepfropft. Selbst bei preisgünstigen Weinen steigen heute die Qualitätsansprüche, was zu erheblichen Verbesserungen im Umgang mit den Reben führte.

Die Kellereien mit elektronisch gesteuerter Vinifikation sind wahrhaft gigantisch. In Modesto steht mit dem Headquarters von E. & J. Gallo die größte Kellerei der Welt. Mondavi und Sebastiani besitzen Großanlagen in Lodi. Mit modernster Technik gelingt es, *easy drinking wines* zu produzieren. Viele bekannte *wineries* beziehen die Trauben für ihre einfachen Marken aus dem Central Valley. Die einst für ihre Säure geschätzten Colombard und Chenin werden zunehmend von gefragteren Sorten verdrängt. Thompson Seedless, die führende Tafeltrauben- und Rosinensorte, von deren Ernte ein großer Teil früher vergoren wurde, dient kaum noch zur Weinherstellung.

Nördlich von Stockton liegt die AVA Lodi, die sich mit ihrem gemäßigteren Klima und den reichen Böden für Zinfandel, Ruby Cabernet und sogar für Cabernet Sauvignon bewährt. Das Gebiet von Clarksburg, südlich von Sacramento am gleichnamigen Fluss, wird heute für verschiedene Sorten genutzt, während man seine wahre Stärke, den charaktervollen Chenin, zunehmend vernachlässigt. Im zentralen Teil des San Joaquin Valley produziert die Appellation Madera neben gängigen Massenweinen noch die einst üblichen Dessertweine, die an Port oder Muscat erinnern.

Im Central Valley – und insbesondere im südlichen San Joaquin Valley – befinden sich flächenmäßig deutlich über die Hälfte aller Rebpflanzungen Kaliforniens. Sie liefern mehr als zwei Drittel der Weinproduktion des Staates.

Texas

Texas gilt als Wiege des US-amerikanischen Weinbaus, weil dort die erobernden Spanier Anfang des 17. Jahrhunderts erste Reben pflanzten. Von den 25 Kellereien, die es um 1900 hier gab, hatte nach Aufhebung der Prohibition nur eine einzige überleben können, und zwar die 1883 gegründete Val Verde Winery.

In den 1970er Jahren setzte eine neue Blütezeit des texanischen Weinbaus ein. Entscheidende Impulse gingen dabei auch von dem 400 Hektar großen Sainte Genevieve Vineyard im Escondido Valley aus, einem zufrieden stellend verlaufenden Joint Venture zwischen der Universität von Texas und dem bekannten Bordelaiser Handelshaus Cordier.

In den letzten Jahren zieht Texas steigendes Interesse auf sich, denn Höhenlagen bieten für den Weinbau gute und gesunde Bedingungen. So gibt es inzwischen bereits mehr *wineries* als je zuvor. Die sechs bislang anerkannten American Viticultural Areas sind die kühlen Texas High Plains, das nördlich davon gelegene Escondido Valley, das Texas Hill County mit seinen Sub-Appellationen Bell Mountain und Fredericksburg sowie die westliche und jüngste AVA Melissa Valley. Im trockenen, sonnigen, doch nachts kühlen Klima findet eine Vielzahl von europäischen Sorten geeignete Bedingungen. Neben Chardonnay, Sauvignon und Cabernet werden heute auch Merlot, Trebbiano und Zinfandel gepflanzt, während Chenin und Riesling rückläufig sind. Die ersten Weine, die das bemerkenswerte texanische Potential hervorzuheben vermochten, waren jedoch ein Carnelian, eine auf Carignan, Cabernet und Grenache basierende Kreuzung, und ein Colombard der Fall Creek Vineyards aus dem Texas Hill County.

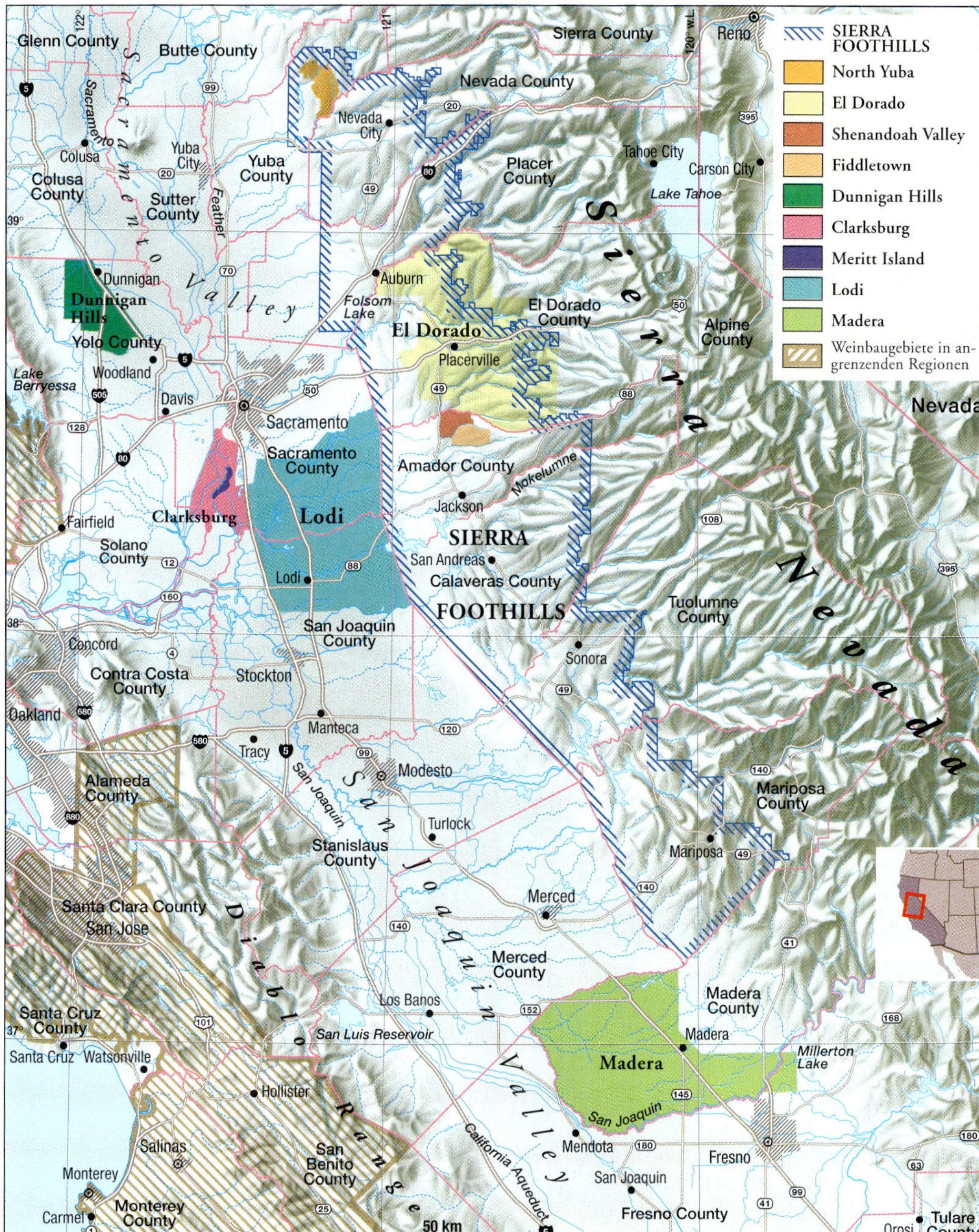

Mexiko

Bereits im Jahr 1522 wurden in Mexiko die ersten Rebstöcke gepflanzt, womit es das älteste Wein erzeugende Land Gesamtamerikas ist. In den 1990er Jahren waren 40 000 Hektar mit Reben bestockt, doch obwohl es sich nach Argentinien, Chile und Brasilien als viertgrößter Weinproduzent erfolgreich behaupten kann, ist nur ein Bruchteil seiner Trauben für Wein bestimmt. Die meisten Weinberge befinden sich auf Sandböden im Norden des Landes im Staat Sonora, und ihr Lesegut ist hauptsächlich für Brandy, Tafeltrauben und Rosinenproduktion bestimmt. Qualitätswein wird vorwiegend in den stark bewässerten Weinbergen von Baja California gewonnen, wo Petite Sirah und auch Cabernet Sauvignon bisweilen ganz ausgezeichnet sein können.

Es gibt auch weiter südlich, auf den Hochebenen von Aguascalientes und Zacatecas, sowie in dem neuen Gebiet von Querétaro Weinberge. Die historische Sorte Mission, die wohl schon mit den ersten spanischen Siedlern ins Land kam, ist weiterhin vorherrschend, obwohl moderne Pflanzungen immer stärker französische Sorten wie Cabernet Sauvignon, Syrah, Merlot und Malbec bevorzugen, gemeinsam mit Sorten, die vorwiegend in Kalifornien angebaut werden, wie Petite Sirah, Zinfandel und Ruby Cabernet. Neben Rebsorten gelangte über die University of California in Davis auch kalifornisches Fachwissen nach Mexiko.

Für Zigarren und Rum wesentlich bekannter, produziert selbst Kuba geringe Mengen an Wein. Dank eines Joint Venture mit einem italienischen Erzeuger wurden in der Region des Pinar del Rio Chardonnay, Pinot Grigio, Tempranillo und Cabernet Sauvignon gesetzt.

SÜDAMERIKA

ANTHONY ROSE

Weinbau in Südamerika

Das Gut Undurraga mit seinen alten Fasskellern wurde neben vielen anderen Weingütern in den 1880ern im chilenischen Maipo-Tal geschaffen.

Die Entwicklung des Weinbaus in Südamerika ist eines der faszinierendsten Kapitel der Weingeschichte. Den Spaniern, ihren großen Entdeckungen und Kolonisierungen ist die frühe Verbreitung von Reben und Weinkultur auf dem südamerikanischen Kontinent zu verdanken. Südamerika, das südlich des Wendekreises des Steinbocks liegt, ist gut für Weinbau geeignet. Insbesondere die Hänge der Anden bieten ein ideales Terrain: reichlich Sonneneinstrahlung, trockene Hitze, kühlende Brisen und gute Bewässerungsmöglichkeiten dank der vielen Flüsse, die den Anden, durch Schneeschmelze und Gletscher gespeist, nach Osten wie auch nach Westen entströmen. Als Ergebnis ist Südamerika heute nach Europa der zweitwichtigste weinerzeugende Kontinent. Argentinien ist größter Produzent, in einigem Abstand gefolgt von Chile und Brasilien, aber auch Uruguay, Peru und Bolivien und selbst Ecuador und Venezuela erzeugen Wein.

Mexiko ist der älteste Weinproduzent auf dem amerikanischen Kontinent. Tatsächlich belegen Dokumente, dass Mexiko das erste Land der Neuen Welt war, in dem Vinifera-Stöcke aus Europa gepflanzt wurden. Für die spanischen Conquistadores des alten Atzteken-Reichs war eine ausreichende Versorgung mit Messwein im 16. Jahrhundert von höchster Wichtigkeit. Schiffe aus Spanien konnten Wein jedoch nur in begrenzten Mengen liefern. Deshalb ließ Hernán Cortéz 1522 zum ersten Mal Pfropfreiser aus Spanien kommen. Er vergab Repartimiento-Lehen (Land und indianische Sklaven) unter der Bedingung, dass für jeweils hundert Indianer tausend der besten Rebstöcke gepflanzt wurden. Wahrscheinlich wurden Criolla-Reiser auf einheimische Stöcke gepfropft. Diese Maßnahme ersparte Mexiko vermutlich die große Katastrophe, die die Weinbauern später in Nordamerika erlitten, die lange ohne Erfolg versuchten, *Vitis vinifera* in der allgegenwärtigen Präsenz der Reblaus zu etablieren.

Auf dieses Beispiel und die ersten Erfahrungen im Weinanbau in Mexiko stützten sich die Conquistadores, als sie sich wenig später dem südamerikanischen Kontinent zuwandten.

Vom Gold des Inka-Reichs zur Goldmedaille für Wein

Der Weinbau verbreitete sich durch die Jesuiten und die Siedler nach der 1533 beendeten Eroberung des Inka-Reichs von Tahuantinsuyu, das Chile, Peru, Bolivien, Ecuador und kleinere Bereiche angrenzender Länder umfasste. Zuerst wurde Wein in Peru und Chile, den bedeutendsten Teilen des ehemaligen Inka-Reichs, angebaut, hier fand man die für Rebkultur so geeigneten Bergterrassen einschließlich Bewässerungskanälen vor. Der früheste Beleg für Weinanbau in Peru aus dem Jahre 1550 basiert auf den Aufzeichnungen von Bartolomé de Terrazas, eines spanischen Siedlers, der ein Repartimiento nahe Cuzco erhalten hatte. Innerhalb der nächsten 20 Jahre blühte der Weinbau auch in Chile auf.

Obwohl die Missionen der Jesuiten ursprünglich für die Verbreitung des Weinanbaus verantwortlich waren, ging die Entwicklung zu kommerzieller Erzeugung vermutlich von weltlichen und

Die Viña Santa Monica im Repel-Tal, südlich von Santiago de Chile, entstand 1976 durch Übernahme teils alter Weinberge und wurde seither zunehmend auf Export ausgerichtet.

nicht von religiösen Gütern aus. Die Rate, mit der der Weinbau expandierte, war beträchtlich, obwohl sich die Indios, die in den Weinbergen arbeiten mussten, immer wieder gegen die Landnahme durch die Europäer, auch durch Zerstörung von Weinbergen auflehnten.

Die erste weite Verbreitung von Wein in Peru, Chile und Argentinien Anfang des 17. Jahrhunderts war hauptsächlich Hernán de Montenegro zu verdanken. In dem Maße, in dem der eigene Weinmarkt in Südamerika wuchs, erhöhte sich auch die Produktivität. Von Chile aus erreichte der Weinboom Argentinien, aber Madrid hatte dort noch größeren Einfluss und konnte die Produktion zunächst in Grenzen halten. Da es für Spanien und Portugal existentiell wichtig war, den eigenen, in Europa produzierten Wein im Austausch gegen Silber und Gold exportieren zu können, wurden sie bald durch die schnelle Zuwachsrate des südamerikanischen Weinbaus alarmiert. In Anlehnung an den Weinbaubann des römischen Kaisers Domitian Ende des 1. Jahr-

hunderts belegte Philipp II. Rebanpflanzungen und Weinerzeugung in Peru und Chile 1595 mit einem Verbot. Dieses hatte jedoch wenig Erfolg, denn die Kultivierung und Produktion von Wein setzten sich kontinuierlich fort. Madrid versuchte 1767 erneut die Ausweitung aufzuhalten, aber sein Einfluss war bereits deutlich geschmälert.

Mit der Entwicklung des Transportwesens und des weltweiten Handels wurden im 19. Jahrhundert die Fundamente für die moderne Weinindustrie Südamerikas geschaffen. Einige engagierte Pioniere begannen, französische Rebstöcke zu importieren, die Struktur der Weinberge zu verändern und die Keller zu modernisieren.

In Chile wuchs das Angebot an Vinifera-Stöcken dank der Gründung einer Rebschule durch den Franzosen Claude Gay Anfang des 19. Jahrhunderts. Als die direkte Schiffsverbindung zwischen Valparaiso und Liverpool eingerichtet wurde, begann Bertrand Don Silvestre Ochagavía Echazareta 1851, klassische Bordeaux-Sorten aus großen französischen Weinbergen zu importieren. Dies regte wiederum eine ganze Reihe von Gentleman-Farmern, die ebenso wie viele Zeitgenossen eine besondere Vorliebe für alles Französische hatten, zur Nachahmung an. Die neuen französischen Rebstöcke leisteten einen immensen Beitrag zur Verbesserung der chilenischen Weine.

Der Ahnherr einer neuen Ära der argentinischen Weinindustrie war der 1844 in Rosario de Santa Fe geborene Don Tiburcio Benegas, der spätere Gouverneur von Mendoza, der 1861 nach dem verheerenden Erdbeben nach Mendoza zog. Er gründete eine Bank und heiratete 1870 Lubina Blanco, deren Vater 1872 die Broschüre ›Vinas y vino en Mendoza‹ veröffentlichte. 1883 kaufte er das Weingut El Trapiche und erweiterte die bereits existierenden 250 Hektar durch Anpflanzungen französischer Reben, die er anfänglich aus Chile, später dann direkt aus Europa importierte. Waren bis 1910 noch viele argentinische Weinberge hauptsächlich mit französischen Rebsorten bepflanzt, so erfuhr der Weinbau in Argentinien einen neuerlichen Impuls durch Leopoldo Suarez, der 600 Sorten aus allen wichtigen Weinregionen Europas importierte.

Oben links:
Einer der großen Chilenen am internationalen Markt: Santa Rita

Oben rechts:
Concha y Toro, gegründet 1883, exportiert heute in mehr als 75 Länder der Welt.

Rechte Seite:
In Chile benutzen Weinbergarbeiter gerne Pferde, um sich in den weiten Rebflächen zu bewegen.

Die Criolla war die erste Rebsorte, die in Südamerika eingeführt wurde. Dieses uralte argentinische Exemplar hat sich inzwischen zu einem ausgewachsenen Baum entwickelt.

Mit Ausbau und dem Abfüllen der Weine auf den Gütern gedieh auch der Exporthandel, und die Qualität der Weine stieg. So konnten chilenische Winzer auf der Pariser Weltausstellung von 1889 einen Grand Prix und sechs Goldmedaillen für ihre Weine erringen.

Weil Chile im Gegensatz zu Nordamerika, wohl auch aufgrund seiner geografischen Lage, von der Reblausplage und deren Konsequenzen verschont blieb, konnte die Struktur, die von den Siedlern über drei Jahrhunderte in konsequenter Arbeit angelegt worden war, bis in die zweite Hälfte des 20. Jahrhunderts relativ intakt aufrechterhalten werden. 1965 standen in Chile 110 000 Hektar unter Wein. In erster Linie waren dies kleine Besitztümer von weniger als einem Hektar und 250 Weingüter von mehr als 40 Hektar sowie 86 Weinbauern, die mehr als 80 Hektar besaßen.

Leider wurde in den späten 1960er Jahren – in der Folge von sinkender Nachfrage und Preisverfall – ein großer Teil dieses Erbes der Hauptanbauländer vernichtet. Die inländische Nachfrage war erheblich zurückgegangen, und so steuerte die Industrie in den Niedergang: die Hälfte der Rebstöcke Chiles musste gerodet werden. Doch seit den späten 1970er und frühen 1980er Jahren wandte sich das Blatt, und mit der Jahrtausendwende haben die beiden wichtigsten Weinerzeuger Südamerikas, Argentinien und Chile, damit begonnen, ihre Selbstsicherheit gegenüber dem weltweiten Weinmarkt zurückzugewinnen und damit ihr Prestige wieder zu festigen.

Argentinien

Argentinien kann sich auf eine Weinkultur berufen, die bis zu den frühen spanischen Eroberern und Siedlern im 16. Jahrhundert zurückreicht, die die Vorberge der Anden bestens für Weinanbau geeignet fanden. Vinifera-Reben sind, so nimmt man an, aus Spanien 1541, aus Peru ein Jahr später und aus Chile 1556 nach Argentinien gelangt. Ein erster Weinberg in Santiago del Estero, der von dem Priester Juan Cidró ein oder zwei Jahre früher gepflanzt worden war, ist 1557 belegt. Wenig später wurde die Stadt Mendoza gegründet. Zu allen Zeiten war die bedeutendste kultivierte Sorte eine Version der Mission-Rebe oder Criolla Chica, die gemeinsam mit Argentiniens anderer ausdauernder Sorte, der Cereza, das Fundament der Weinindustrie bildete.

In Anbetracht des heißen, trockenen Klimas Argentiniens schufen die ersten Siedler die Basis für einen modernen Weinbau, indem sie eine Reihe von Staudämmen und Bewässerungskanälen anlegten. Dem Zustrom europäischer Immigranten in der ersten Hälfte des 18. Jahrhunderts folgte gegen Ende des Jahrhunderts eine zweite Welle von Siedlern vorwiegend aus Italien, Spanien und Frankreich. Da sie sowohl ihre europäischen Reben, als auch ihre Erfahrungen im Weinmachen mitbrachten, schufen diese späteren Siedler das Grundmuster für die große Vielfalt an unterschiedlichen Weinstilen, die man heute in Argentinien findet. Zur gleichen Zeit führte der französische Agronom Miguel Aimé Pouget die ersten Malbec-Reben in Argentinien ein.

In alten Weinbergen sind die Rebstöcke in hohen Spalieren erzogen, die ausgesprochen mühsam zu schneiden sind.

Spektakuläre Landschaft im Cafayate-Tal

Der unter General Juan Domingo Perón erreichte relative Wohlstand, durch den der Konsum von Tischwein gleichsam zu einem Teil der argentinischen Kultur wurde, kam Mitte der 1950er Jahre zu einem abrupten Ende, und während der folgenden 30 Jahre, unter einer Reihe korrupter Militärregierungen, gingen die Erfolge der argentinischen Weinindustrie drastisch zurück. Mit 90 Litern pro Kopf war der Weinkonsum 1970 zwar noch extrem hoch, aber dabei handelte es sich zum überwiegenden Teil um Weine minderer Qualität aus den allgegenwärtigen Criolla- und Cereza-Trauben. Ein dramatischer Rückgang des Inlandskonsums verbunden mit einer Periode der wirtschaftlichen Blüte unter der neuen demokratischen Regierung von Präsident Menem verursachte in den 1990er Jahren große Veränderungen in der argentinischen Weinindustrie. Bedeutende Investitionen in neue Pflanzungen von Premiumsorten und in Kellereien haben mit Beginn des 21. Jahrhunderts auf in- wie ausländischen Märkten zu Erfolgen geführt.

Die zehn Weinregionen Argentiniens konzentrieren sich fast ausschließlich in dem schmalen östlichen Streifen des Landes, der vom 25. Breitengrad im Cafayate-Tal nach Süden bis zum 40. Breitengrad in Patagonien reicht. Dabei handelt es sich um eine einzigartige Landschaft von wüstenähnlichen Hängen zwischen 300 und 1600 Metern Höhe, die traditionell mittels eines ausgeklügelten Systems von Kanälen der von den Anden herabfließenden Flüsse bewässert werden. Der jährliche Niederschlag ist mit 150 bis 300 Millimetern gering, ebenso die Luftfeuchtigkeit, die Luft ist sauber und frei von Verschmutzung. Das Sonnenlicht ist intensiv, und in den meisten Regionen gibt es erhebliche Unterschiede zwischen Tages- und Nachttemperaturen. Obwohl die Sommer größtenteils heiß sind, mildern Höhe und die Nähe der Anden die Temperaturen in den etwas gemäßigteren Regionen wie Cafayate, dem oberen Mendoza (Luján de Cuyo), Valle de Uco (Tupungato) und Río Negro. Bewässerung ist das Lebenselixier argentinischer Weingärten, die überwiegend auf sandigen und lehmigen Böden mit einem Untergrund von Kieseln, Kalkstein und Ton stehen. Traditionell basierte das System auf Flut- und Reihenbewässerung, das über eine Reihe von Kanälen das Wasser in die Weingärten beförderte, um sie zu fluten. Man hat jedoch jetzt erkannt, dass dieses System zu Überproduktion tendiert, weshalb es in modernen Weinanlagen durch Tropfbewässerung ersetzt wurde, die dem Weinbauern mehr Kontrolle über das Rebwachstum gewährt. Während die Flutbewässerung auf den sandigen Böden Argentiniens mit einiger Sicherheit dafür verantwortlich ist, dass die *Phylloxera* – die zerstörerische Reblaus – in Schach gehalten wird, wird befürchtet, dass die Tropfbewässerung in dieser Hinsicht nicht so wirksam sein könnte. Aus diesem Grunde wurden die meisten Weinberge, in denen man dieses System einführte, mit resistenten amerikanischen Wurzelstöcken angelegt.

Mit sommerlicher Hitze, vielen Sonnentagen und reichlich Wasserversorgung tendierten Argentiniens Weinberge zu sehr hohen Erträgen. In den 1970er Jahren wurde dieser Trend durch Konzentration auf ertragsstarke Rebsorten, für die man zudem das Parral-Cuyano-Spaliersystem statt des traditionellen, ertragsschwächeren Esperalda-Systems verwandte, verstärkt. Seit jedoch ein neues Interesse an Qualitätsweinen zu verzeichnen ist, in dessen Folge die alten Arbeitssorten immer häufiger durch edlere Traubenvarietäten ersetzt wurden, gab es einen Umbruch beim Verhalten im Weinanbau. Heute ist rigorose Ertragskontrolle das Hauptanliegen qualitätsbewusster Erzeuger. Sie wird durch höhere Pflanzdichte, Verwendung edler Sorten, sorgfältiges Schneiden, Tropf- statt Flutbewässerung und grundsätzlich durch ein stärkeres Augenmerk auf das Gleichgewicht zwischen Frucht und Blattwerk im Weinberg erreicht.

Einer der faszinierendsten Aspekte des argentinischen Weinbaus ist die Vielfalt der gepflanzten Rebsorten im Vergleich zu anderen Ländern der Neuen Welt. Während die hochproduktiven Criolla und Cereza noch immer den Löwenanteil der Lese ausmachen, vermindert sich ihre Bedeutung jedoch schnell, da die zunehmende Vorliebe der Verbraucher für feine Weine heute Premiumsorten bevorzugt. Argentiniens wichtigste rote Rebsorte, der Malbec, kann in Cahors, seiner südwestfranzösischen Heimat, nur in Sonderfällen wirklich überzeugen. Dies liegt unter anderem daran, dass er in Argentiniens wüstenähnlichem, warmem und trockenem Klima besser gedeiht und dort einen weichen, mundfüllenden, aromatischen Rotwein liefert.

Unglücklicherweise wurden die meisten alten Malbec-Stöcke während des Weißweinbooms der 1970er Jahre gerodet, aber es überlebten immerhin an die 10 000 Hektar Malbec und heute wird auch wieder mehr gepflanzt. Er kommt gleich auf dem zweiten Platz hinter Bonarda, einer norditalienischen Rebe, die man bis vor kurzem nur zum Verschnitt für innerargentinische Produkte als geeignet hielt. Bonarda ist aber eine weiche, köstliche Sorte, die gemeinsam mit Tempranillo und bis zu einem gewissen Grad mit Barbera und Sangiovese das Potential besitzt, gute und günstige Rotweine zu ergeben. Unter den neu eingeführten französischen Premiumvarietäten zeigen Cabernet Sauvignon, Syrah und Merlot gutes Potential, müssen aber noch beweisen, ob sie dem guten Malbec von alten Stöcken gleichwertig sind.

Anbieter einer großen Weinpalette: Michel Torino in Mendoza

Argentiniens charaktervollster Weißwein wird aus der Torrontés-Traube gekeltert, die aus dem spanischen Galizien stammen oder aus eingeführten Muskatsamen entstanden sein soll. Es gibt drei Arten, den Torrontés riojana aus La Rioja, den Torrentés mendocino aus Mendoza und den Torrentés sanjuanino aus San Juan. Er liefert einen einmalig parfümierten, muskatähnlichen, trockenen Weißwein und gelingt besonders gut in der nördlichen Provinz Salta. Daneben gibt es große Mengen an Pedro Ximénez und Alexandria-Muskateller, aber es überrascht keineswegs, dass es der – zum größten Teil auf dem Etikett nicht benannte – Chardonnay ist, der argentinischem Weißwein den besten Auftrieb gibt, um ein internationales Renommee zu erreichen.

Die traditionelle Weinbereitung Argentiniens war auf Mengenproduktion für einen unkritischen Inlandsmarkt ausgerichtet. Mit der überseeischen Nachfrage jedoch passt sich die argentinische Vinifikation an, hochwertige Weine aus Premiumsorten zu erzeugen. Temperaturkontrollierte Gärung in Edelstahl für Weißweine sowie von Chardonnays in Eichenfässern wird für exportorientierte Kellereien zur Norm. Das Ziel bei Rotweinen besteht in der Verbesserung der Extraktion, indem bei optimaler Reife gelesen, in kleineren Tanks vergoren, der tanninreiche Tresterhut bei oft bis zu drei oder vier Wochen reichender Einmaischung sorgsamer behandelt und die Reife in Eichenfässern besser genutzt wird.

Argentiniens Weinregionen

Mendoza

Mendoza, die Region mit der dramatischen Kulisse der schneebedeckten Anden im Hintergrund, ist das Herz und das bei weitem größte und bedeutendste Anbaugebiet der argentinischen Weinwirtschaft. Seine fünf unterschiedlichen Regionen, die zusammen 144 000 Hektar bedecken, liefern zwei Drittel der Weine des Landes; es sind Nord-Mendoza, das Hochgebiet des Río Mendoza, Ost-Mendoza, Valle de Uco und Süd-Mendoza. Das nächstgrößte Gebiet ist San Juan, direkt nördlich von Mendoza, das, abhängig vom Jahrgang, über 25 Prozent des argentinischen Weins erzeugt, gefolgt von La Rioja weiter im Norden. Verglichen mit diesen sind Salta oder das Cafayate-Tal im höchsten Norden und Río Negro in Patagonien vergleichsweise kleine Regionen, doch da sie entschieden andersgeartete Qualitätsweine liefern, gleicht deren Bedeutung die geringe Größe ihrer Rebfläche aus.

Mendoza ist eine attraktive Provinzstadt mit einem etwas verblassten Glanz, deren Häuser wegen des Sankt-Andreas-Grabens, der fast jede Woche ein kleines Erdbeben verursacht, nur in Niedrigbauweise errichtet wurden. Entlang der langen Avenuen stehen Platanen und Pappeln, unter denen sich Mensch und Tier vor der grellen Mittagssonne schützen können. Parallel zu den baumgesäumten Straßen sind die gigantischen Olivenbäume, an denen die großen Arauco-Oliven reifen, der lebendige Beweis für das wachstumsfördernde Zusammenspiel von Sonnenenergie und Bewässerung. Die Olivenbäume mit ihren knorrigen Stämmen wiederum säumen die Weinfelder. 3,5 Prozent der Fläche von Mendoza werden kultiviert. Der Rest ist Wüste.

Nord-Mendoza, vom Río Mendoza bewässert, liegt zwischen 600 und 700 Metern Höhe und umfasst die Unterzonen Lavelle, Las Heras, Guaymallén, San Martin und einen Teil von Maipú. Südwestlich reicht das Hochgebiet des Flusses Mendoza von 700 bis auf 1 100 Meter Höhe und beinhaltet die wichtigen Unterzonen

Die Täler von Tupungato und Uco entwickeln sich mit großer Dynamik. Ihre Höhenlage auf über 900 Metern garantiert aromatische und ausgewogene Weine.

Mendoza ist mit Abstand das wichtigste Anbaugebiet Argentiniens. Zu Füßen der Anden, die der Region das notwendige Wasser liefern, erstrecken sich riesige Weinfelder.

von Luján de Cuyo und den Hauptteil Maipús. Wegen der schneebedeckten Gipfel des Cordon del Plata und des Tupungato zählen diese Weinberge zu den malerischsten der Welt. Dies ist das Land des Malbec mit einigen der besten Lagen alter Malbec-Stöcke in Luján bei Carrodillas, Las Compuertas, Vistalba, Perdriel, Agrelo und bei Cruz de Piedra, Barrancas und Lunlunta sowie in Maipú, das außerdem wegen der Qualität seines Cabernet Sauvignon bekannt ist. Viele der bedeutendsten Kellereien Mendozas befinden sich hier, darunter Catena, Trapiche und Norton.

Das Valle de Uco, nahe des Tupungato, wird ein zunehmend wichtiges Weingebiet wegen seiner Höhe von 900 bis 1250 Metern und seinem entsprechend kühlen Klima. Folglich ist es sehr geeignet für aromatische weiße Sorten, den eleganten Chardonnay und Semillon und in Las Consultas für guten Malbec. Der französische *winemaker* Jacques Lurton hat in diesem aufkommenden Gebiet nahe der Stadt Tunuyan in Vista Flores eine neue *winery* errichtet.

Östlich des Valle de Uco ist Ost-Mendoza eine der größten Massenweinregionen. Es schließt die Unterzonen Junin, Rivadavia, San Martin und Santa Rosa ein. Aus der Letzteren kommen viele der besten Weine von La Agricola. Süd-Mendoza umfasst General Alvear und San Rafael, wo das Familienunternehmen von Valentin Bianchi seine Weinberge hat.

San Juan und La Rioja

Nördlich von Mendoza schließt sich San Juan an, Argentiniens zweitgrößte Weinregion mit 49 000 Hektar, auf denen (1999) 675 Millionen Kilo Trauben gelesen wurden. Das Klima ist heißer als in Mendoza, und die Region ist eher für die großen Mengen an einfachen Weinen aus undefinierten Rebsorten bekannt. Aber sie hat auch ihre Qualitäten, vor allem in den Unterzonen Ullum, Calingasta und Valle del Tullum, und kann – wie Kellereien wie Peñaflor und Santiago Graffigna beweisen – gute, robuste, rote Alltagsweine hervorbringen.

Noch weiter im Norden liegt La Rioja, die älteste und mit 7 000 Hektar viel kleinere Provinz, die attraktiven Torrentés liefert.

Cafayate

Die Weinberge des abgelegenen, für seine Weißweine in Argentinien bestens bekannten Cafayate, liegen auf 1660 Metern. Das Tal von Cafayate, entstanden in dem Delta, das der Río Calchaqui und der Río Santa Maria bildeten, variiert in seiner Breite von Ost nach West um 20 Kilometer. Der Föhneffekt hält die Wolken in den Bergen zurück, lässt aber das Tal sonnig und trocken und schützt es gegen Wolken und Regen. Die sandigen und steinigen Oberböden sind mit Buschwerk und Kakteen bedeckt. Es gibt hier 1500 Hektar Weinanbaufläche. Im Sommer steigt die Temperatur tagsüber auf 38° C, fällt aber auf 14 bis 12° C in der Nacht. Im Winter kann das Thermometer sogar bis auf - 6° C absinken. Bewässerung ist hier, mehr noch als sonst in Argentinien, Grundvoraussetzung für das Rebwachstum.

Obwohl Cafayate nur 1,5 Prozent der Weinproduktion Argentiniens stellt, ist es im Vergleich zu seiner Größe bemerkenswert. Das liegt zum einen am Torrontés, der hier einen feinen, parfümierten Wein ergibt, zum anderen an der schrittweisen Umstellung von Weiß- zu Rotweinen wie Cabernet Sauvignon, Tannat und Malbec. Die Reben werden auf gespannte Drähte und Pergolen

Ganz im Süden Argentiniens begann Humberto Canale 1913 Weine zu erzeugen. Das Museum des Gutes verwahrt Erinnerungsstücke aus den Pioniertagen.

Die strahlenden Gesichter der Erntearbeiter können nicht darüber hinwegtäuschen, dass der größte Teil des Weinbaus den Exportanforderungen noch nicht entspricht.

gezogen, aber neu angelegte Weinberge folgen der Drahtrahmenerziehung. Die beiden großen Kellereien im Tal sind Etchart und Michel Torino. Es gibt aber auch eine Handvoll kleinerer Betriebe, wie Colomé, auf 2 400 Metern vermutlich der am höchsten gelegene Weingarten der Welt, und den experimentellen Weinberg von Michel Rolland und Arnaldo Etchart mit Reben in großer Höhe bei San Pedro de Yacochuya.

Río Negro

Die Weinregion Río Negro wurde nach dem gleichnamigen ›schwarzen‹ Fluss benannt, der die Arterie der südargentinischen Obst- und Weinwirtschaft ist. Die 5500 Hektar Rebflächen liefern nur drei Prozent der gesamten Landesproduktion, während 45 000 Hektar Obstplantagen, die hauptsächlich Äpfel und Birnen produzieren, die Hauptstütze der Landwirtschaft der Region sind. Dank der trockenen Hitze und des Mangels an Regen, der großen Temperaturunterschiede zwischen Tag und Nacht und der bemerkenswerten Topografie ist Río Negro eine von Argentiniens natürlichsten Weinregionen und, was jeden Weinkenner begeistert, mit dem größten Potential. Die Böden aus angeschwemmtem Sand und Kies werden leichter und sandiger, je näher die Weinberge am Fluss liegen, desto schwerer, je weiter man sich von ihm entfernt. Die Region wurde in den 1960er Jahren vom Trend zur Massenproduktion ergriffen, was zu einer weiten Umstellung der Weinflächen aufs Pergola-System führte und die traditionelle, vertikale Cordon-Erziehung verdrängte.

Winzer Vollmer kurz vor dem Gipfel des Mount Cabernet

Um 1900 wurde das Bewässerungssystem des Río Negro erweitert, indem man den Río Neuquén, der bei der Stadt Neuquén in den Río Negro mündet, aufstaute, um so ein fruchtbares, L-förmiges Tal von 120 Kilometer Länge und acht Kilometer Breite zu schaffen. Der Erste, der hier Wein professionell pflanzte, war Humberto Canale. Er holte Rebstöcke aus Bordeaux, um sein schon vorhandenes Obstgeschäft zu erweitern und zu vervollkommnen. Heute ist Humberto Canale die Hauptkellerei des Río Negro mit Merlot, Malbec, Cabernet Sauvignon und Pinot Noir als hauptsächlichen roten Varietäten. Die wichtigsten weißen Sorten sind Semillon, Sauvignon, Torrontés, Chardonnay und Riesling. Canale haben sich einige der in Mendoza angesiedelten Firmen angeschlossen, vor allem Fabre Montmayou mit seiner Infinitus-Reihe und die gigantische Catena-Gruppe, die 300 Hektar Land südlich vom Río Negro besitzt. In der Zwischenzeit pflanzt Weinert weiter südlich, in der patagonischen Provinz Chubut, Pinot Noir, Merlot, Chardonnay, Riesling und Gewürztraminer.

Ausgewählte Weinerzeuger in Argentinien

La Agricola **–***
Mendoza
540 ha; 9 000 000 Fl. • Weine: Chenin, Chardonnay, Sauvignon, Viognier, Torrontés; Bonarda, Sangiovese, Malbec, Merlot, Cabernet, Syrah, Tempranillo, Montepulciano; Marken: Santa Julia, Picajuan Peak, ›Q‹
Die 1963 gegründete La Agricola ist ein Synonym für günstige und gute Weiß- und Rotweine geworden, dank der Erfahrung ihres Kellermeisters Rodolfo Montenegro und der Energie des schnauzbärtigen José Alberto Zuccardi, dessen ›Q‹-Marke die Topreihe darstellt, darunter einen köstlichen Tempranillo.

Humberto Canale **–***
Río Negro
500 ha; Fl. n.n. • Weine: Torrontés, Sauvignon, Chardonnay, Riesling; Malbec, Merlot, Pinot Noir, Marke: Diego Murillo
Guillermo Barzi ist dynamischer Sproß der bekannten Familie, die Vorreiter des Weinanbaus in dieser vorwiegend Äpfel und Birnen produzierenden Region war. Der relativ südliche Breitengrad und die weite tägliche Temperaturschere tragen dazu bei, Weine mit guter Säure und bestechend sauberen Fruchtaromen zu erzielen. Der Veteran Raoul de la Mota berät, während Hans Vinding-Diers und Marcello Miras für die Weinbereitung verantwortlich sind.

Bodegas Esmeralda **–****
Catena
2 000 ha; ZT; 35 000 000 Fl. • Weine: Chardonnay, Sauvignon; Malbec, Bonarda, Cabernet, Merlot, →Catena Alta: Chardonnay, Cabernet und Malbec
Nicolás Catena suchte sich die besten Gebiete in Mendoza, um Chardonnay, Cabernet und Malbec anzupflanzen, wofür er Klone aus Italien, Frankreich und Kalifornien auswählte. Der erste Jahrgang wurde 1991 in den USA auf den Markt gebracht. Heute ist Catena Argentiniens größter Weinproduzent. Er produziert drei Weinreihen: an der Spitze Catena Alta, Etikett Catena in der Mitte, und preisgünstig Alamos Ridge und Argento. Dazu besitzt das Unternehmen noch La Rural and Escorihuela und Weinberge in La Consulta, wo einige der ältesten Malbec-Stöcke stehen. Tikal, die neue Kellerei im Inka-Maya-Stil, wurde für den Jahrgang 1999 fertig und besitzt eine Kapazität von zwei Millionen Litern. Pedro Marchevsky und Susana Balbo machen die Catena-Weine, während Mariano di Paola sich auf die sortenreinen Weine von La Rural und dessen Topreihe Rutini konzentriert.

Etchart **–***
Cafayate
400 ha; ZT; Fl. n.n. • Weine: Torrontés, Sauvignon, Chardonnay, Chenin, Viognier; Cabernet, Malbec, Merlot, Pinot Noir, Syrah, Tannat, Carignan, Cabernet Franc, Arnaldo B, Marke: Rio de Plata
Seit 1996 im Alleinbesitz von Pernod Ricard mit Kellereien in Cafayate und Mendoza; unter dem erfahrenen *winemaker* José Luis Mounier werden würzige Torrontés und elegante Cabernets erzeugt. Die hohen Temperaturschwankungen zwischen Tag und Nacht auf 1700 Metern Höhe verleihen den Weinen einen eleganten Stil. Experimente laufen mit Tannat, Carignan und Viognier.

Bodega Lurton **–***
Tupungato
120 ha; ZT; 2 000 000 Fl. • Weine: Chardonnay, Chenin, Pinot Gris, Sauvignon, Torrontés, Viognier; Bonarda, Cabernet, Malbec, Merlot, Syrah, Gran Lurton
Nachdem sie als beratende Weinmacher in Argentinien wirkten, haben die Brüder Jacques und François Lurton in eine moderne 1 200 000-Liter-Kellerei in Vista Flores in Tunuyan nahe bei Tupungato investiert und zugleich 120 Hektar Reben angepflanzt. Olivier Ruhard heißt ihr *winemaker*, der vorwiegend gute und preiswerte Sortenweine produziert.

Bodega Norton ***
Mendoza
570 ha; ZT; 7 800 000 Fl. • Weine: Chardonnay, Chenin, Semillon, Torrontés; Barbera, Merlot, Sangiovese, Syrah, Malbec, Tannat, Cabernet, Privada
Norton ist eine Bodega im Napa-Stil, die dem Tiroler Gernot Langes-Swarovski gehört und unter *winemaker* Jorge Riccitelli einige der Preis-Leistungs-stärksten Weiß- und Rotweine Argentiniens erzeugt. Malbec ist besonders überzeugend dank der hochwertigen Trauben, die aus gepflegten, mit geteilter Laubwand erzogenen Weinbergen in Lujan de Cuyo kommen, einem der kühlsten Teile Mendozas.

Peñaflor **–***
Mendoza
2 300 ha; ZT; 240 000 000 Fl. • Weine: Chardonnay, Sauvignon, Chenin, Viognier, Semillon; Malbec, Cabernet, Syrah, Merlot, Trapiche mit Oak-Cask- und Medalla-Etiketten , →Iscay
Argentiniens zweitgrößtes Weinunternehmen mit einer Kellerei in Mendoza und zwei in San Juan verkauft den Hauptteil seiner Produktion im Inland unter Marken wie Termidor, Hereford und Tomba. Es gehört Luis Alfredo Pulenta und DLJ. Die Weine werden von Daniel Pi und dem erfahrenen Angel Mendoza gemacht. Die speziell für den britischen Markt zugeschnittene Reihe Bright Brothers vinifiziert der Australier Peter Bright. Dank der Beratung des Australiers Richard Smart gab es Verbesserungen in den Weinbergen, die sich in Maipú, Cruz de Piedra und Lujan de Coyo befinden. Peter Bright half mit, die Geschmacksbilder zu definieren, die auf den westlichen Märkten erwartet werden (Exportvolumen der Marke Trapiche: 15 000 000 Flaschen).

Domaine Vistalba ***
Mendoza/Río Negro
185 ha; 700 000 Fl. • Weine: Chardonnay, Semillon; Cabernet, Merlot, Malbec, Syrah
Dieses Gut wurde von dem Franzosen Hervé Joyaux-Fabre geschaffen, der zuvor bereits die Premiumkellerei Fabre Montmayou mit 75 Hektar Weinbergen in Mendoza und das Gut Infinitus mit 110 Hektar in Río Negro gegründet hatte. Vistalba liefert eleganten Malbec, während von Fabre Montmayou eine Bordeaux-*blend* kommt und Infinitus in Río Negro Weine mit klarer Frucht und Ausgewogenheit erzeugt.

Bodegas y Cavas de Weinert ***–****
Mendoza
40 ha; ZT; 1 600 000 Fl. • Weine: Chardonnay, Sauvignon, Chenin, Malbec, Cabernet, Merlot, →Carrascal, →Cavas de Weinert Gran Vino
Diese traditionelle, 1893 gegründete Bodega mit ihren spektakulären, aus Ziegeln gemauerten Kellern wurde nach der Übernahme im Jahre 1975 von Bernardo Weinert renoviert. Die von dem Schweizer Önologen Hubert Weber gemachten Roten werden in großen, alten Eichenfässern gealtert, wobei sie einen bemerkenswerten Grad an Frucht behalten. Die neue Investition im kühlen Chubut im Süden Patagoniens sieht vielversprechend aus.

Chile

Das 1850 gegründete Gut Viña Santa Amalia in Requinoa, südlich von Santiago, gehört seit 1990 Elsässern. Sie lassen die 250 Hektar Weinberge pflügen und bewirtschaften sie ökologisch. Die Weine gelangen als Château Los Boldos in den Export.

Als Miguel Torres, heute einer der bedeutendsten spanischen Weinerzeuger, Chile Mitte der 1970er Jahre »ein Paradies des Weinbaus« nannte, inspirierten seine Worte eine neue Generation von Weinmachern und Weinerzeugern in einem Land, dessen Weinwirtschaft sich im Niedergang befand. Tatsächlich hat Chiles Weinbau eine lange und oft bedeutende Geschichte. Es ist nicht geklärt, ob die ersten Weinstöcke über Peru, Mexiko oder direkt aus Spanien kamen, aber vermutlich wurde der erste Wein von Don Francisco de Aguirre 1551 in La Serena, heute ein Gebiet, das Pisco erzeugt, gepflanzt und kam 1554 durch Juan Jufré, seinen Schwiegersohn, ins Zentraltal. Während die frühen Siedler nicht nur die Sorte País oder Mission, sondern auch Moscatel, Torontel und Albilho mitbrachten, wurde eine größere Skala an Vinifera-Sorten nicht vor dem frühen 19. Jahrhundert nach Chile eingeführt. Bertrand Don Silvestre Ochagavía Echazareta hatte 1851 begonnen, Reben aus Bordeaux zu importieren. Chiles geografische Isolation, bedingt durch den Pazifischen Ozean, die Atacama-Wüste, das karge Patagonien und die schneebedeckten Anden als natürliche Grenzen, hatte geholfen, die zerstörerische *Phylloxera* fernzuhalten und eine Konituität im Weinbau zu schaffen und zu erhalten, die anderen Ländern nicht gewährt wurde.

Nach dem Überangebot und dem Niedergang in den späten 1960er Jahren wurde 1974 das Verbot von 1938, neue Weinberge anzulegen, aufgehoben. Nach und nach erleichterte eine liberale Gesetzgebung den Fortschritt der Weinindustrie. Von den niedrigen Produktionskosten und Chiles Klima mit seiner langen Wachstumsperiode und den großen Unterschieden zwischen Tag- und Nachttemperaturen angezogen, erwarb der Spanier Miguel Torres 1978 eine Kellerei in Curicó. Diese Investition mit temperaturkontrollierten Edelstahltanks und kleinen französischen Eichenfässern setzte Impulse für eine moderne Weinindustrie. Seitdem sind massive Investitionen in Neupflanzungen mit Premiumsorten geflossen, und man begann Wein nach internationalen Maßstäben zu machen. Neben den Giganten entstanden einige *boutique-wineries* mit so engagierten chilenischen Weinmachern wie Ignacio Recabarren, Maria del Pilar Gonzalez und Alvaro Espinoza, die fest entschlossen waren, den Charakter und die Komplexität der Weine ihres Landes gebührend zum Ausdruck zu bringen. Gleichzeitig führte die Suche nach geeigneten Weinberglagen für einzelne Rebsorten zur Entdeckung neuer Qualitätsgebiete wie dem Casablanca-Tal oder auch kühleren Regionen im fernen Süden.

Rotweine des chilenischen Marktleaders: Concha y Toro

Chiles 55 000 Hektar Weinflächen liegen zwischen dem 27. und 39. südlichen Breitengrad, ein unwesentlich schmaleres Band als das argentinische, mit einem heißen, durch den Einfluss des kalten Humboldt-Stroms im Westen und die kühlen Fallwinde von den Anden an seiner östlichen Grenze abgeschwächten Klima. Während die Aconcagua- und Casablanca-Täler zwei bedeutende Unterregionen nördlich von Santiago sind, kommen die meisten Premiumweine Chiles aus den Unterregionen des ausgedehnten Zentraltals südlich der Hauptstadt. Dieses besteht aus einer Reihe von quer verlaufenden Flusstälern, wie Maipo, Rapel, Curicó und Maule, durch die die von den Hängen der Anden zum Pazifischen Ozean strömenden Flüsse ihren Weg nehmen. Die Südregion mit den Itata- und Bíobío-Tälern hat größtenteils mediterranes Klima mit heißen Sommern, relativ niedriger Luftfeuchtigkeit und auf den Winter beschränkten Regenfällen.

Der Wein wächst auf flachem, fruchtbarem Land, wo Schwemmböden und Tonkalk gemeinsam mit Lehm vorherrschen. Die Weinberge reichen an den westlichen Hängen des Zentraltals hinauf bis auf 600 Meter und bis auf 1 000 Meter an den sonnigen, östlichen Hängen der Anden. Wegen des heißen Klimas, fehlendem Regen im Sommer und der Nähe der Anden werden die Weinberge durch ein System von Kanälen und Rinnen und seit den 1990er Jahren zunehmend durch Tropf-

Chiles Fähigkeit, günstige Weißweine für jeden Tag aus Chardonnay und Sauvignon zu produzieren, machte es für ausländische Importeure interessant. Chardonnay in Chile wird häufig kalt in Edelstahltanks vergoren, um einen geschmacksreichen, aber nicht übermäßig exotischen Wein zu liefern, während Fassgärung Komplexität zufügt, besonders wenn der Chardonnay aus kühleren Gebieten kommt. Niedrigere Temperaturen sind für Sauvignon noch bedeutender, um einen angenehmen Charakter mit kräuterigen Noten zu ergeben. Ein beträchtlicher Teil des chilenischen Sauvignon ist in Wirklichkeit kein Sauvignon Blanc, sondern der weniger ausdrucksvolle Sauvignon Vert oder Tocai Friulano. Zusätzlich zu den beiden populärsten weißen Sorten erzeugt Chile auch kleinere Mengen an attraktivem Gewürztraminer sowie angenehme Rieslinge sowie Semillon- und Chenin-Blanc-Weine.

Investitionen in die moderne Weinindustrie haben nicht nur moderne Kellerausrüstung in die chilenischen Kellereien gebracht, sondern auch eine grundsätzliche Veränderung in der Arbeitsweise, die chilenische Weinmacher zum Teil im Ausland kennenlernten. Die altertümlichen oxidierten Weinstile wurden dank neuer Ausrüstung, besserer Traubenselektion und der Notwendigkeit, die Trauben im bestmöglichen Gesundheitszustand in die Kellerei zu bringen, durch frischere, fruchtigere Weine ersetzt. Es wurden nicht nur die dringend notwendigen Kühl- und Abfüllanlagen installiert, sondern auch die alten Raulí-Holzfässer (aus Scheinbuche) überwiegend entfernt und durch französische oder amerikanische Eichenfässer ersetzt. So ist Chiles Weinwirtschaft bestens für das dritte Jahrtausend gerüstet.

anlagen bewässert. Seit diesem Zeitpunkt wurde das Hauptgewicht auf die Ertragsreduzierung gelegt. Zunehmend wurden Premiumweinberge unter sorgfältiger Berücksichtigung des Terroirs und Klimas mit besseren Klonen und größerer Pflanzdichte sowie Möglichkeiten zur Mechanisierung angelegt, und es wurde auf Qualität gesetzt. Alvaro Espinoza von Carmen versuchte sich auch mit dem biologischen Weinbau.

Die am weitesten verbreitete Rebe in Chile, der País, auch als Mission in Kalifornien und als Criolla in Argentinien bekannt, wird überwiegend in nicht bewässerten Gebieten gepflanzt; ein Vermächtnis der jahrhundertealten, von den spanischen Conquistadores begonnenen Weinwirtschaft. Die bewässerte Zone des Zentraltals beherbergt jedoch eine Anzahl von Premiumsorten, die von denen abstammen, die chilenische Pioniere im 19. Jahrhundert einführten. Sie sind wegen der fehlenden *Phylloxera* wurzelecht.

Die wichtigsten roten Premiumsorten sind Cabernet Sauvignon, Merlot, Cabernet Franc und Malbec. Cabernet Sauvignon hat im Maipo-Tal einen fundierten Ruf, wo er Untertöne von Minze und Kräutern annehmen kann. Merlot liefert einen besonders ansprechenden, weichen, feinen, leicht zu trinkenden Wein in Chile. Carmenère oder Grande Vidure ist auch eine alte Bordeaux-Sorte, der die chilenischen Bedingungen ebenfalls gut bekommen. Pinot Noir wird überwiegend für die Produktion von Schaumweinen verwandt, aber er kann hier einen überraschend guten und günstigen roten Tischwein ergeben.

Der Weinbau Chiles wäre ohne das Wasser aus den Anden nicht möglich. Die Bewässerung erfolgte bislang durch Kanäle, die man entlang der Rebreihen zog. Moderne Anlagen benutzen auch Tröpfchenberieselung.

Mit dem katalanischen Spitzenwinzer Miguel Torres begann der Aufstieg Chiles zum international anerkannten Weinland.

Chiles Weinregionen

Cousino Macul ist für seine alterungsfähigen Rotweine bekannt.

Nördlich von Santiago liegt die Aconcagua-Region mit ihren zum Teil lehmigen Schwemmböden und den beiden Unterregionen Casablanca und Aconcagua selbst. Durch die vom Pazifik bedingten Morgennebel und Brisen gekühlt, wurde das Casablanca-Tal, das in der Küstenebene etwa 30 Kilometer südöstlich von Valparaiso liegt, zu einer der besten Regionen Chiles für frische, elegante Weißweine aus Sauvignon und Chardonnay, aber es erzeugt ebenso geschmacksreiche Rotweine mit Minzenote aus Merlot und Cabernet Sauvignon. Ab 1982 leistete Pablo Morande in Casablanca Pionierarbeit. Die über 1500 Hektar Rebflächen wurden unter anderen von Concha y Toro, Santa Carolina, Viña Casablanca, Franciscan, Villard und Santa Rita bepflanzt. Das höher gelegene Aconcagua-Tal ist zwar mit etwa 160 Hektar viel kleiner, aber mit dem Don Maximiano von Errazuriz wächst hier einer von Chiles besten Premiumweinen.

Wenn es eine Region gibt, die den Begriff klassisch für sich beanspruchen könnte, ist es das Maipo-Tal im Westen und Süden Santiagos. Das in sechs Distrikte unterteilte Gebiet umfasst an die 5 000 Hektar Weinflächen, zu gleichen Teilen auf Rot und Weiß verteilt, von denen einige die Stadt Santiago überblicken. Das Klima von Maipo, das durch den gleichnamigen Fluss zweigeteilt wird, ist warm und trocken mit kaum mehr als 300 Millimetern jährlichem Regenfall. Hier sind die Hauptquartiere vieler der ältesten und größten Kellereien Chiles angesiedelt, unter ihnen Concha y Toro, Santa Carolina, Santa Rita und Valdivieso, und einige seiner traditionsreichsten wie Cousiño Macul und Undurraga. Concha y Toros Don Melchior, Santa Ritas Medalla Real und Cousiño Maculs Antiguas Reservas werden als einige der besten chilenischen Rotweine im Bordeaux-Stil angesehen, während Carmen eine moderne *winery* ist, auf die man achten sollte.

Obwohl San Pedro einer der Weingiganten Chiles ist und über eine hochmoderne Kellerei verfügt, werden die Trauben weiterhin per Hand gelesen und eingebracht.

Weiter südlich liegt das Rapel-Tal mit den beiden wichtigsten Unterregionen Cachapoal, seinem Zentrum Rancagua, und Colchagua, dessen 8 800 Hektar Rebland überwiegend in einer Höhe von 600 bis 1000 Metern auf Schwemmböden angelegt wurde. Das mediterrane Klima ist unwesentlich feuchter und windiger als das von Maipo. Es handelt sich vorrangig um ein Rotweingebiet mit traditionellen Kellereien wie Bisquertt, Porta, Santa Emiliana, Santa Monica, Torreon de Paredes and Château Lafites Los Vascos in Peralillo. Es gibt hier eine Anzahl aufsteigender Stars wie Viña Gracia, Luis Felipe Edwards, Casa Lapostolle und Mont Gras, während Cono Sur für seinen Cabernet Sauvignon und Pinot Noir bekannt ist.

In Curicó, das in die beiden kleineren Regionen Teno und Lontue unterteilt ist, sind annäherend 10 000 Hektar mit Reben bepflanzt. Die Region besitzt ein mediterranes Klima und lehm- und tonhaltige Böden. Die Weinflächen liegen hauptsächlich in der Ebene und in Richtung Küstengebirge. Bedeutende Kellereien sind hier insbesondere Viña Montes, San Pedro und Torres. Am bekanntesten ist die Region für die Qualität ihres Chardonnay, obwohl Valdivieso Rotweine aus Pinot Noir, Cabernet Sauvignon, Cabernet Franc und Merlot mit ausgezeichnetem Preis-Leistungs-Verhältnis erzeugt.

Mit dem Küstengebirge im Westen und den Anden im Osten umfaßt Maule die Subzonen Claro, Loncomilla und Tutuvén und insgesamt etwa 16 000 Hektar Reben. Die Böden sind vulkanisch, das Klima ist mediterran mit vergleichsweise heftigen winterlichen Regenfällen, während die vom Pazifik beeinflussten Weinberge oft kälter als jene nördlich anschließenden sind. Bemerkenswerte Erzeuger sind hier Carta Vieja, Domaine Oriental, Terra Noble und Segu Ollé. In der Regel sind die Rotweine besser als die Weißweine.

Weinlesehelfer während einer Pause im Rebschatten. Die Weingüter Chiles zählen zu den wichtigsten Arbeitgebern des Landes.

Die Südregion wird in Itata und Bíobío unterteilt. Ihr fehlt der Schutz des Küstengebirges, folglich sind die Regenfälle viel stärker, die Durchschnittstemperaturen niedriger und es gibt weniger Sonnenstunden. Der meiste Wein aus diesem unbewässerten Gebiet ist einfacher Wein, der aus der produktiven País- oder Mission-Rebe gewonnen wird, obwohl es auch bedeutende Mengen von Alexandria-Muskateller gibt. Heute entstehen neue Gebiete für Premiumqualitäten, vor allem Mulchen, das für aromatische Varietäten wie Riesling und Gewürztraminer gut geeignet ist.

Pisco

Der chilenische Nationalschnaps Pisco hat seinen Namen von ›Piscu‹, was ›fliegender Vogel‹ bedeutet, in der Sprache der Inkas *Quechua*. Er wird in der Pisco-Region im nördlichen Chile um La Serena und Coquimbo aus Muskat-Wein destilliert und wurde am 16. Mai 1931 das erste alkoholische Getränk, das durch eine eigene Ursprungsbezeichnung geschützt wurde.

Etwa 6 000 Hektar Rebflächen, von denen die wichtigsten in den Tälern von Elqui und Limari liegen, liefern die Trauben für die Produktion von Pisco. Nach der Gärung und der Destillation in kupfernen Brennblasen wird der Schnaps in großen sogenannten Raulí-Fässern zwischen vier Monaten und einem Jahr gealtert. Der Weingeist wird dann zu einer von vier Stärken herabgesetzt, die von 30% (Selección), über 35% (Especial) und 40% (Reservado) bis zu 43% (Gran Pisco) reichen. Der sehr intensive Schnaps wird durch die Aromen von Pflaume, Backpflaume, Bittermandel und Vanille charakterisiert.

Rechts eine typische Piscobar in Chile

Pisco Sour

4 Maßeinheiten Pisco
1 Maßeinheit frischer Zitronen- oder Limonensaft
Eiswürfel
1 TL Eiweiß (wahlweise)
Zucker nach Geschmack

Die Zutaten in einen Cocktail Shaker geben und kräftig schütteln, dann in Gläser gießen. Das Eiweiß, wenn man es denn will, gibt dem Drink eine schäumende Blume.

Dieser Pisco Sour ist sicher einer der ganz großen Sommercocktails!

Ausgewählte Weinerzeuger in Chile

Carmen ***
Maipo
ha n.n.; Fl. n.n. • Weine: Chardonnay, Semillon; Cabernet, Merlot, Petite Sirah, Syrah, Pinot, Carmenère, →Syrah Cabernet Reserve; Marke: Insigne
Dank des Engagements ihres Weinmachers Alvaro Espinoza, Trauben von wenig tragenden Stöcken mit minimaler Intervention im Weinberg zu verwenden, wird eine besondere Reinheit und Eleganz in den Weinen erzielt. Zu Recht der Name, denn Espinoza spielte eine wichtige Rolle beim Revival des Carmenère, der als Grande Vidure daherkommt.

Casa Lapostolle ***–****
Rapel
ha n,n.; Fl. n.n. • Weine: Chardonnay, Sauvignon, Cabernet, Merlot, Carmenère, →Cuvée Alexandre Merlot, Clos Apalta
Dieses Gut im Besitz der Familie Marnier-Lapostolle, die Eigentümer der Likörfabrik Grand Marnier und des Château de Sancerre sind, sowie der chilenischen Familie Rabat erzeugt einige der besten Rotweine Chiles, nicht zuletzt dank der Beratung durch den Libourner Starönologen Michel Rolland.

Concha y Toro **–****
Chile
1 700 ha; Fl. nn • Weine: Sortenweine unter Concha y Toro, plus der Marken Casillero del Diablo, Trio, Explorer, Marques de Casa Concha und →Amelia Chardonnay, →Don Melchor Cabernet
Chiles größtes Weinunternehmen mit ausgedehntem Besitz und Kellereien in Maipo, Rapel und Lontue. Hauptweinmacher sind Ignacio Recabarren für Weiß- und Enrique Tirado für Rotweine. Trio und Amelia sind feine Chardonnays und einer von Chiles besten Roten ist der reich konzentrierte Don Melchor im Bordeaux-Stil. Export nach Großbritannien ca. 3 500 000 Flaschen.

Cono Sur **–***
Chimbarongo
300 ha; ZT; 3 600 000 Fl. • Weine: Chardonnay, Gewürztraminer, Viognier; Pinot, Cabernet, Merlot, Zinfandel; Marken: Tocornal, Isla Negra
Ed Flaherty, der kalifornische *winemaker*, produziert eine Reihe von guten und günstigen Qualitätsweinen, darunter insbesondere einen gelungenen Pinot Noir und einen Cabernet mit köstlicher Frucht. Neu ist ein Pinot Noir aus Trauben des Casablanca-Tals.

Cousiño Macul **–***
Maipo
270 ha; Fl. n.n. • Weine: Chardonnay, Sauvignon, Semillon, Riesling; Cabernet, Merlot, →Antiguas Reservas, →Finis Terrae
Chiles traditionellste Kellerei in wunderschönem Gelände am Rande von Santiago, bekannt für außergewöhnliche Rotweine, die in guten Jahrgängen großes Alterungspotential besitzen, doch aus der Mode kamen. Modernisierung durch kürzere Zeiten im Holz und den Wechsel von alten amerikanischen Eichenfässern zu Barriques.

Discover Wines (Montes) **–***
Curicó
200 ha; ZT; 3 300 000 Fl. • Weine: Chardonnay, Sauvignon, Cabernet, Merlot, Malbec, Syrah, Pinot; Montes: →Alpha, →M, Late Harvest
Vier Partner, darunter Weinmacher Aurelio Montes, starteten 1998 diese Premiumkellerei mit eigenen Weinbergen in Curicó und Colchagua. Reichhaltiger Chardonnay, aromatischer Sauvignon und interessanter Malbec. →Montes Alpha ist der beste Wein, während die Ultra-Premium-Füllung Montes M ausufert.

Errazuriz **–****
Aconcagua
ZT; 6 700 000 Fl. • Weine: Chardonnay, Sauvignon; Merlot, Cabernet, Syrah, →Don Maximiano, →Seña
Das Gut in Panquehue im Schatten des Aconcagua gehört seit 1983 der Chadwick-Familie und ist eine von Chiles besten Domänen. Der kalifornische *winemaker* Ed Flaherty erzeugt feine, elegante Weißweine, für die er Trauben aus dem Casablanca-Tal bezieht, und gut gemachte Rotweine, vor allem reifen, fruchtigen Merlot, schwarzbeerige Syrah und einen üppigen, minzigen Don Maximiano aus Cabernet vom gleichnamigen Weinberg, der zugleich die Quelle für den Ultra-Premium-Wein Seña ist, ein Joint Venture mit Kaliforniens Robert Mondavi.

Santa Carolina **–***
Santiago
2 000 ha; 15 000 000 Fl. (nur Export) • Weine: Chardonnay, Sauvignon; Cabernet, Merlot, Malbec, Trebol
Chiles drittgrößte Weinfirma verfügt über fünf Kellereien. Ihre Marken schließen die ausgezeichnete Viña Casablanca ein, deren Weinberge im Casablanca-Tal, das von Ignacio Recabarren entwickelte Gut Isabel, intensive Weiß- und Rotweine produziert. Die verantwortlichen Önologen des Unternehmens sind Pilar Gonzalez, Laurence Segat und Consuelo Marin.

Santa Rita **–****
Maipo
1 080 ha; 60 000 000 Fl. • Weine: Chardonnay, Sauvignon, Semillón; Cabernet, Merlot, Pinot, Petite Sirah, Syrah; Marken: 120, Special Reserve, Medalla Real, →Casa Real
Nach der bedeutenden Expansion seit der Ankunft des Industriellen Ricardo Claro 1978, gewinnen die Weine dieses chilenischen Giganten unter Cecilia Torres und Andres Ilabaca, die von Canepa zu Santa Rita kamen. Insbesondere die ausgezeichnete preiswerte Reihe Medalla Real range und der Casablanca Merlot überzeugen, während Casa Real einer von Südamerikas besten Roten im Bordeaux-Stil ist.

Torres **–***
Curicó
230 ha; 1 400 000 Fl. • Weine: Chardonnay, Sauvignon, Riesling, Gewürztraminer; Cabernet, Merlot, Malbec; Marke: Santa Digna
Nachdem er Chile als Paradies für den Weinbau deklariert hatte, setzte Spaniens Miguel Torres sein Geld dort ein, wo seine Nase und sein Gaumen fündig geworden waren, und investierte 1979 in Chile. Als Pionier propagierte er fruchtigere Weine, für die er moderne Gärmethoden einsetzte. In den frühen 1990er Jahren wurde er von anderen überholt, doch nun hat er erneut aufgeschlossen, vor allem mit einem kraftvollen Sauvignon, einem saftigen Cabernet und dem voluminösen, Cassis-betonten Rotwein Manso de Velasco.

Valdivieso **–***
Curicó
200 ha; 720 000 Fl. • Weine: Chardonnay, Sauvignon; Merlot, Cabernet, Malbec, Pinot; Barrel Selection, Reserve Reihe; Caballo Loco
Die Weinfirma der Familie Mitjans, geleitet von Jorge Coderch, ist in Chile in erster Linie für ihre Schaumweine bekannt. Seit 1990 hat sich die Ausrichtung

radikal gewandelt, und nun sorgt der Franzose Philippe Drebus für ernst zu nehmende Weinqualität, darunter Caballo Loco im Bordeaux-Stil, für den Sorten, Regionen und Jahrgänge assembliert werden.

Viña MontGras **–***
Colchagua
231 ha; 5 000 000 Fl. • Weine: Sauvignon, Chardonnay; Merlot, Cabernet, Carmenère, Malbec, Zinfandel, Syrah; Topmarke Ninquén, →Quatro
MontGras investierte drei Millionen US-Dollar in die Entwicklung beispielhafter Anpflanzungen in Hanglagen, um durch niedrige Erträge und die Ausnutzung der täglichen Temperaturunterschiede hohe Fruchtkonzentration und Komplexität zu erreichen. Mit Paul Hobbs als Berater und unter *winemaker* Hernan Gras spielt das Gut auch bei Carmenère, einem Lagen-Zinfandel und Syrah Vorreiter. Seine Cuvée Quatro besteht aus Cabernet, Merlot, Carmenère und Malbec.

Viña Morande **–***
Chile
ha n.n.; Fl. n.n. • Weine: Cabernet, Merlot, César, Malbec, Cinsault, Bouchet, Carignan
Pablo Morande war der Erste, der den Anbau im kühlen Casablanca-Tal initiierte. Dieses ist ein weiteres Pionierprojekt von ihm mit einer ungewöhnlichen Spannbreite an roten Rebsorten.

Viña la Rosa **–***
Rapel
650 ha (1 000 ha in 2002); Fl. n.n. • Weine: Chardonnay, Sauvignon; Cabernet, Merlot; Marken: La Palmería, Casa Leona

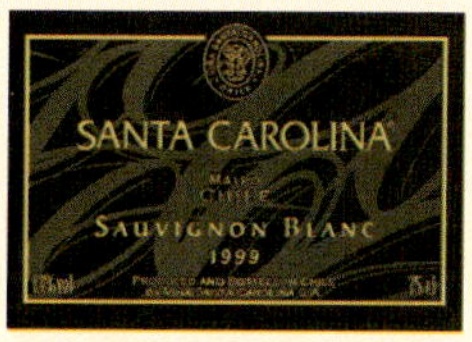

La Palmería in Peumo, das seit 1824 im Besitz der Familie Ossa ist, erzeugt eine gute kommerzielle erfolgreiche Reihe an Sortenweinen unter *winemaker* Jose Ignacio Cancino und Berater Ignacio Recabarren. Ein neuer Keller und kürzliche Neupflanzungen von 120 ha Syrah, Merlot, Carmenère und Cabernet zeugen von der Dynamik des Guts, das weitere 400 ha an Rebflächen entwickeln will. Hauptkunde ist Großbritannien mit 3 600 000 Flaschen.

Viña San Pedro **–***
Curicó
2 500 ha; ZT; 36 000 000 Fl. (Export) • Weine: Chardonnay, Sauvignon, Cabernet, Merlot, Malbec, →Cabo de Hornos
Mit der neuen Vinifikationsfabrik haben der Franzose Jacques Lurton und der australische *winemaker* Brett Jackson dem in Molina ansässigen Giganten geholfen, sich zu einem der geschäftlich erfolgreichsten Unternehmen Chiles zu entwickeln. Der Sauvignon 35 Sur ist ein Schulbeispiel seiner Art.

Viña Undurraga **
Zentraltal
1 000 ha; ZT; 18 000 000 Fl. • Weine: Chardonnay, Sauvignon, Gewürztraminer; Cabernet, Pinot, Merlot, Carmenère und neuerdings Sangiovese und Syrah
Hernán Amenábar ist der *winemaker* in dieser traditionellen Kellerei, in der seit 1995 bei Modernisierungen der Weinberge, der Vinifikation und der Abfüllanlagen 25 Millionen US-Dollar darauf verwandt wurden, den etwas altertümlichen Stil der Weine, die auch bekannt sind für ihre dem Bocksbeutel ähnlichen Flaschen, zu verbessern.

Das Casablanca-Tal im Norden des Landes wurde erst in den 1980er Jahren von dem Önologen Pablo Morandé als Weinregion entdeckt. In dem durch Pazifikwinde temperierten Klima gedeihen einige überzeugende Weine, vor allem interessante Chardonnays und Sauvignons.

Weitere Weinländer in Südamerika

Französische Rebsorten dominieren in Uruguays Weinbergen.

Brasilien

Brasilien ist mit durchschnittlich drei Millionen Hektolitern Wein drittgrößter Weinerzeuger Südamerikas hinter Argentinien und Chile. Wein wurde zuerst von den Portugiesen 1532 ins Land eingeführt und später durch die Jesuiten verbreitet. Anders jedoch als in Chile und Argentinien bildete sich eine größere Weinindustrie nicht vor dem 20. Jahrhundert, und selbst dann gab es keine starke einheimische Weinkultur. Trotz der relativ hohen Produktionsmengen liegt der Pro-Kopf-Verbrauch nur bei etwa zwei Liter.

Im 18. Jahrhundert brachten Siedler von den Azoren eigene Reiser nach Brasilien mit, aber in dessen feuchtheißem Klima taten sie sich schwer. Die Labrusca-Hybride Isabella war die erste Rebe, die Brasiliens Klima zu widerstehen vermochte. Im späten 19. Jahrhundert pflanzten italienische Siedler ihre eigenen Sorten Barbera, Bonarda, Moscato und Trebbiana in der hohen Serra Gaucha im Nordosten des Río Grande.

Die moderne Weinindustrie begann in den 1970er Jahren, als internationale Weinunternehmen wie Moët & Chandon und Martini & Rossi Premiumsorten importierten, insbesondere Chardonnay, Semillon, Gewürztraminer sowie Cabernet Sauvignon und Franc sowie Merlot. Das wichtigste Anbaugebiet liegt in der Provinz Río Grande do Sul ganz im Süden mit Weinbergen, die sich in der hügeligen Region der Serra Gaucha konzentrieren. Die reichhaltigen Niederschläge und das feuchte Klima führen zu Problemen bei der Reife und zur Fäulnis. Neue Weinberge auf den gut drainierten, sandigen Böden der flacheren Region der Frontera, die an Uruguay und Argentinien grenzt, versprechen bessere Möglichkeiten für Qualitätsweine.

Uruguay

Im Gegensatz zu Brasilien liegt der Pro-Kopf-Verbrauch in Uruguay mit 32 Litern ungleich höher, und bei 3,2 Millionen Einwohnern werden 98 Prozent der Weinproduktion im Land selbst konsumiert. Der erste kommerziell betriebene Weinberg wurde in der Nähe von Salto von dem Basken Pascal Harriague gegründet. Wenn auch italienische Siedler um 1900 ihre Sorten ins Land brachten, so dominieren heute französische Varietäten wie Ugni Blanc, Semillon und in kleineren Mengen Chardonnay, Gewürztraminer und Sauvignon Blanc sowie Cabernet Sauvignon und Franc, Syrah und Merlot. Die Weinberge konzentrieren sich in der Nähe der Hauptstadt Montevideo in den Distrikten Canelones, San José und Montevideo, obwohl es auch Anpflanzungen in Colonia am Río de la Plata gegenüber Buenos Aires gibt, und in der heißeren Zone nördlich des Río Negro in Salto, Paysandú und Rivera.

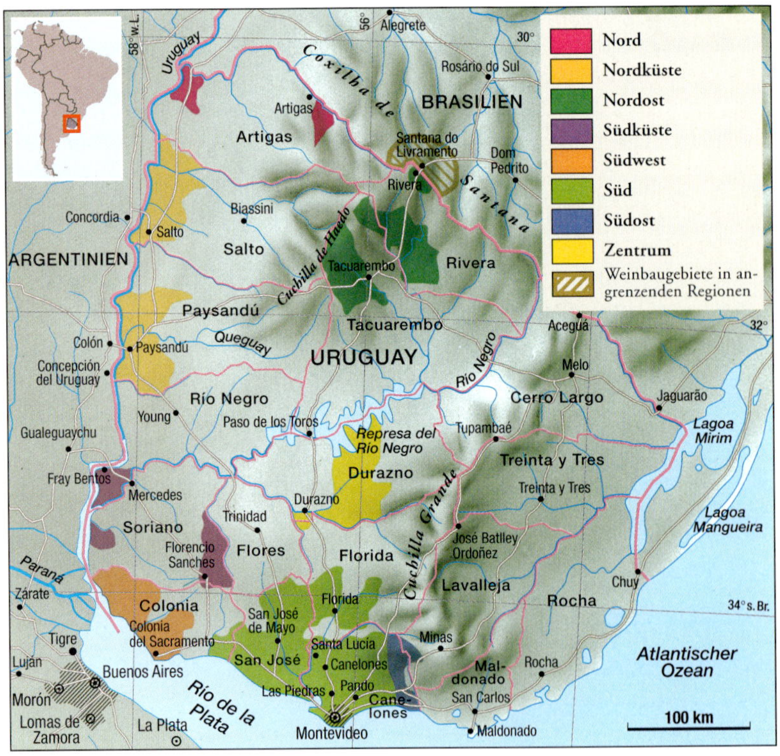

Ausgewählte Erzeuger

Brasilien

Chandon Brazil**
30 ha; ZT; 2 300 000 Fl. • Weine: Schaumweinmarken: Chandon Brut, Chandon Demisec, Chandon Passion, Chandon Excellence, Chandon Cuvée du Millénaire, Chandon Cuvée Brazil 500 years
Als einer der Außenposten von Moët & Chandon angesichts des begrenzten Wachstums in der Champagne ist Chandon Brazil jetzt mit so viel Erfolg auf dem innerbrasilianischen Markt gekrönt worden, dass es die einzige überseeische Niederlassung des Konzerns wurde, die keine Chandon-Weine exportiert. Neben Weinbergen in Garibaldi in der Region Serra Gaucha werden Trauben zugekauft.

CHANDON
BRASIL

Uruguay

Pisano**
30 ha; ZT; 200 000 Fl. • Weine: Chardonnay, Sauvignon, Gewürztraminer; Tannat, Cabernet, Merlot
Das Familiengut wurde 1924 gegründet. Die Weinparzellen befinden sich auf lehmigen und tonkalkigen Böden nahe des Río de la Plata, 25 Kilometer nördlich von Montevideo, wo das Klima warm und maritim ist. Pisano begann 1998 Trauben zuzukaufen, weil die Nachfrage im Export anstieg, aber man zielt darauf ab, in Zukunft zu ausschließlich gutseigenem Lesegut zurückzukehren. Bekannt ist der Betrieb für seine Tannatweine aus der südwestfranzösischen Sorte, der vorherrschenden Varietät in Uruguay.

Tannat, eine Rebe die ursprünglich aus dem südwestfranzösischen Madiran stammt, wird in Uruguay bemerkenswerterweise seit über einem Jahrhundert angebaut und wächst heute auf 2 900 von insgesamt 9 000 Hektar, und damit häufiger als in ganz Frankreich. Um den hohen Arbeitsaufwand in dem feuchten Klima zu reduzieren wurde bisher in zehn Prozent der Weinberge die Drahtrahmenerziehung eingeführt. Tannat-Wein gibt es vom traditionellen tiefgetönten Rosé bis zum moderneren, noch selteneren fassausgebauten Rotwein, der oft mit den Bordeaux-Sorten verschnitten wird. Die Produktion in Gärtanks aus Edelstahl ist in Uruguay vergleichsweise neu.

Peru und andere Länder

Peru war das erste Land Südamerikas, in dem Wein systematisch kultiviert wurde, und schon im 16. Jahrhundert verfügte es über etwa 40 000 Hektar Rebflächen. Aber während Chile und Argentinien der Reblausplage entgingen, wurden Perus Weinberge Ende des 19. Jahrhunderts beträchtlich geschädigt. Erst seit den 1970er Jahren bearbeitet eine moderne Weinindustrie wieder etwa 11 000 Hektar Rebfläche vorwiegend an der Zentralküste um Pisco und im Süden um Ica. Aufgrund der nördlichen Lage sind die Winter jedoch warm, was die Vegetationsruhe der Rebe verhindert und zwei Ernten pro Jahr ermöglicht. Die Sommer sind heiß und Regenfälle gering, die Weinberge müssen daher bewässert werden. Es gibt französische, italienische und spanische Rebsorten, aber die meisten Trauben werden für Pisco verwandt, der auch in Peru Nationalgetränk ist.

Ecuador, Bolivien, Kolumbien und Venezuela erzeugen ebenfalls kleine Mengen an Wein. Boliviens Klima ist sowohl tropisch wie kontinental, und die meisten Weinberge wurden auf über 2 000 Meter Höhe angelegt. Etwa 1000 Hektar Weinberge liegen in der südlichen Zone von Canargo und Tarija. Alexandria-Muskateller macht 75 Prozent von Boliviens Vinifera-Trauben aus.

Das tropische Ecuador kann bis zu drei Ernten pro Jahr erzeugen, obwohl die besten Weine aus den kühleren Bergprovinzen kommen. Auch in Kolumbien ist das Klima tropisch. Hier wachsen rund 1500 Hektar Reben. Die Mehrzahl des Weins wird aus Hybriden in der nördlichen Zone von Santa Marta produziert, aber es gibt experimentelle Pflanzungen mit französischen Premiumsorten, vor allem Cabernet Sauvignon und Chardonnay. Venezuela spielt nur eine geringe Rolle in der südamerikanischen Weinwelt. Dort werden hauptsächlich Hybriden gepflanzt und in kleinem Maße Grillo, Barbera und Malvasia.

In Uruguay wird Wein in traditionelle Korbflaschen abgefüllt.

AUSTRALIEN

NEUSEELAND

Anthony Rose

Von ersten Reben zur Industrie

Das imposante Kellergebäude der Yalumba Winery im Barossa-Tal wurde Ende des 19. Jahrhunderts erbaut. Der bekannteste Wein des Familienunternehmens ist der Schaumwein Angas.

»Soweit ich es erfahren konnte, ist Australien weder in Bezug auf Boden noch Klima gut geeignet, um Wein anzubauen, und diese Meinung scheint durch die erfolglosen Bemühungen vieler Jahre bestätigt«, schrieb der englische Weinhändler T. G. Shaw 1864 in ›Wine, the Vine and the Cellar‹. Seine düstere Einschätzung war verständlich, denn gemessen an europäischen Verhältnissen schienen Klimabedingungen und Bodenbeschaffenheit in Australien für Weinbau wenig geeignet. Es sollte sich jedoch erweisen, dass mit den ersten Reben, die 1788 im Garten des Gouverneurs in Sydney gepflanzt worden waren (auf dem Gelände des heutigen Intercontinental-Hotels in der Macquarie Street), die australische Weinindustrie ihren Anfang genommen hatte.
Doch bis dahin war es noch ein langer Weg, und da es in Australien keine geeigneten Reben gab, mussten noch viele Pioniere von ihren Reisen nach Frankreich oder Spanien Reben mitbringen, wie im 19. Jahrhundert der Schafzüchter Captain John Macarthur mit seinen Söhnen, der Entdecker Gregory Blaxland und James Busby, ein junger Einwanderer aus Edinburg, der heute als ›Vater des australischen Weinbaus‹ gefeiert wird. In Westaustralien pflanzte der Botaniker Thomas Waters 1829 die ersten Weinstöcke.

Bei Penfolds wird der Pionier George Fife Angas auf einem Fass verehrt. Angas brachte ab 1838 verfolgte Lutheraner ins Barossa-Tal, die dort eine bedeutende Rolle im Weinbau übernahmen.

Als um 1850 der Sturm auf die Goldminen von Ballarat, Rutherglen und Bendigo heftiger wurde, weiteten sich die Weingärten in Victoria aus. Für Südaustraliens Weingeschichte war der Zustrom lutherischer Einwanderer aus Schlesien Mitte der 1850er Jahre entscheidend. 1870 berichtete der Schriftsteller Anthony Trollope, dass »in allen australischen Kolonien, mit Ausnahme von Tasmanien, reichlich Wein gemacht wird«. »Reichlich« waren damals 8,7 Millionen Liter; und australische Weine gewannen erste Medaillen. Auf der Wiener Messe 1873 wurde ein ›Hermitage‹ aus Victoria von einer internationalen Jury als bester Wein seiner Kategorie gekürt, worauf die Franzosen demonstrativ die Jury verließen.
In der zweiten Hälfte des 19. Jahrhunderts hatte sich Victoria zum führenden Weinstaat Australiens entwickelt und war daher umso schwerer betroffen, als 1877 bei Geelong erster Reblausbefall entdeckt wurde, der in der Folge erhebliche Schäden verursachen sollte. Südaustralien, das wie Neusüdwales von den Rebläusen verschont blieb, konnte in der ersten Hälfte des 20. Jahrhunderts Victoria von der Spitzenposition verdrängen. Dafür waren die Rebläuse jedoch nicht allein verantwortlich. Hinzu kam, dass politische Veränderungen und neue Landnutzung in Südaustralien Weinbau und -handel begünstigten und die Konsumenten die hier produzierten süßen, angereicherten Weine den trockeneren Erzeugnissen aus Victoria vorzuziehen begannen.
Mit dem von schlesischen Einwanderern bereits zum Weinbauzentrum ausgebauten Barossa Valley als Schwerpunkt produzierte Südaustralien um 1930 drei Viertel des australischen Weins. Die meisten Trauben wurden in den warmen, bewässerten Riverlands angebaut und von den deutschstämmigen Familien in Barossa verarbeitet. Zwischen 1927 und 1939, als der australische Außenhandel von der Imperial Preference innerhalb des britischen Commonwealth profitierte, exportierte Australien große Mengen mit Alkohol verstärkte (Dessert-)Weine nach Großbritannien, aber auch Verschnittware nach Frankreich.

›Grössenwahn‹ und Widerspruch

Mit der Einwanderungswelle der Nachkriegszeit stieg die Nachfrage nach trockenen Tischweinen. Der Einzug von Edelstahltanks in die Weinbereitung bot erstmals die Möglichkeit, die erforderlichen Weine in ausreichender Menge zu produzieren. Etwa zur selben Zeit begannen große Weinbaubetriebe bestehende Pflanzungen an Orten wie Riverina, Loxton, Berri und Renmark auszuweiten und Regionen wie Padthaway und Drumborg neu zu bepflanzen. Gebiete mit einem sich festigenden Renommee für feine Weine wuchsen kontrolliert, etwa Coonawarra, Clare Valley, McLare Vale und das Hunter Valley.

1951, im Anschluss an einen Frankreichbesuch, kreierte Max Schubert für Penfolds (heute Southcorp Wines und der größte der vier dominierenden australischen Weinbaubetriebe) den auf Shiraz, der französischen Syrah, basierenden Grange Hermitage. Was wenige Jahre später der berühmteste aller australischen Weine sein sollte, wurde bei seinem ersten Erscheinen von den Kritikern gnadenlos verrissen, worauf Schubert von seinen Vorgesetzten die Anweisung erhielt, die Produktion umgehend einzustellen. Vertrauen in seinen Wein und Widerspruchsgeist ließen Schubert den Befehl ignorieren, wofür ihm Penfolds und der gesamte australische Weinbau sehr zu Dank verpflichtet sein müssen. Als der 1955er Jahrgang schließlich in der offenen Claret-Klasse der Royal Sydney Show des Jahres 1962 ausgestellt wurde, erhielt er völlig zu Recht Gold und gewann in der Folge insgesamt 51 Goldmedaillen und 12 Trophäen. Seitdem hat sich Penfolds Peinlichkeit in Prestige – und Profit – verwandelt.

In den 1960er Jahren formierten sich überall in Australien *Eating and Drinking Societys* und *Wine Clubs,* wodurch die Nachfrage nach Rotwein sehr viel schneller stieg, als sie befriedigt werden konnte. Als Folge davon kam es zu Anpflanzungen in ungeeigneten Böden, zu überhöhten Erträgen und schließlich zu Qualitätseinbußen. Wo das erforderliche Kapital für die Expansion fehlte, wurden alte Familien-*wineries* von großen, oft multinationalen Betrieben aufgekauft. Doch so plötzlich, wie er begonnen hatte, war der Rotwein-Boom Mitte der 1970er Jahre vorüber, und die Gunst der Konsumenten blieb eine Zeit lang schwankend. In den letzten Jahren hat sich jedoch der Trend zu Premiumrotweinen aus Shiraz und Cabernet Sauvignon bestätigt.

Die Herren der Weine

Ob sie ihn nun machen oder vermarkten, Australiens Wein wäre nicht, was er heute ist, hätte sich nicht eine Reihe engagierter Persönlichkeiten seiner angenommen. Len Evans verließ England 1958 in Richtung Sydney, wo er sich nicht damit begnügte, die Freude an australischen Weinen zu verbreiten, er begann sie auch selbst zu verursachen. Schon in den 1960er Jahren hatte er behauptet, dass Shiraz die am besten zu Australiens Böden und Klima passende Sorte sei, und der

Cyril Henschke machte seinen Shiraz Hill of Grace zu einem der gesuchtesten Rotweine Australiens. Sohn Stephen konnte die hohe Qualität aufrechterhalten.

Erfolg gab ihm Recht. Ein ähnlich kompromissloser Pionier ist James Halliday, gab er doch für Coldstream Hills im Yarra Valley eine lukrative Anwaltspraxis auf. Mit Zeitschriftenartikeln und Büchern lässt er Weinliebhaber in aller Welt an seiner Begeisterung teihaben.

Jede Region Australiens hat ihre eigenen innovativen *winemakers,* die hohe Maßstäbe setzten und durch Qualität und Stil der von ihnen erzeugten Produkte das Ansehen australischen Weins weltweit förderten. Gemeinsam mit Len Evans waren Max Lake und Murray Tyrrell in den späten 1960er Jahren bemüht, das Hunter Valley auf der Weinkarte zu platzieren. In Victorias nordöstlicher Rutherglen-Region verliehen Mick Moris und die Campbells den aromareichen, verstärkten Muscat- und Tokay-Weinen neuen Schliff, während in Westaustralien Jack Mann mit Houghton's White Burgundy einen der bestverkauften Weißweine Australiens kreierte.

Es ist wohl kein Zufall, dass vier der für die südaustralische Weinindustrie bedeutendsten Männer deutsche Namen tragen. Max Schubert (Penfolds) zeigte mit seinem Grange Hermitage, Cyril Henschke mit Hill of Grace das außerordentliche Potential von Shiraz. Mit tadellosem *blending* und perfektem Fassausbau von Rotweinen dominierte Wolf Blass die Wine Shows Mitte der 1970er Jahre und gewann hintereinander drei der begehrten Jimmy-Watson-Trophäen: für Wolf Blass Black Label 1974, 1975 und 1976. Als aufgrund der Rotweinschwemme die großen Weinbaubetriebe 1977 ihren Farmern keine Trauben mehr abkauften und Weinstöcke gerodet werden mussten, unterstützte Peter Lehmann aus Barossa die in ihrer Existenz bedrohten Farmer, indem er selbst ihre Trauben erwarb und zu Wein verarbeitete. Durch dieses rasch entschlossene Eingreifen hat er den späteren Neuaufschwung des Barossa Valley vielleicht erst möglich gemacht.

Rechts:
Peter Lehmann, einer der Pioniere deutscher Abstammung

Links:
Winzer und Buchautor James Halliday

Die Emanzipation australischer Weine

Bevor Rebsortenweine sich durchsetzten und Australiens Winzer einen eigenen Weg wiesen, versuchte man Wein zu vermarkten, indem man berühmte Herkünfte kopierte wie Chablis, Moselle und selbst Lambrusco.

Australier mögen selbstsicher sein, selbstgefällig sind sie nicht. Jene Form von Arroganz, die in einigen traditionsreichen europäischen Weinbaugebieten zur Stagnation führte, ist ihnen fremd. Dafür litten sie lange an einem Übel, das als ›kulturelles Katzbuckeln‹ bezeichnet worden ist und sich in übergroßem Respekt vor allem Europäischen äußerte. So signalisierte anfänglich erst eine europäische Kennzeichnung die Qualität australischer Weine: Man unterschied Champagner-, Burgund-, Hock (Rheinwein)-, Claret (Bordeaux)- und Portwein-Stile. 1968 weissagte Len Evans: »Mit zunehmendem Kenntnisstand von *winemaker* und Konsument wird diese geschichtsbedingte Unehrlichkeit verzichtbar werden, denn auch Namen wie ›Pokolbin Dry Red‹, ›Seaview Riesling‹ oder ›Seven Hills Cabernet‹, die das Gebiet und die dominierende Traubensorte nennen, vermögen Weine von beträchtlicher Wirkung anzukündigen.« Endgültig verschwanden diese Bezeichnungen in den 1980er Jahren, als die australische Weinindustrie europäische Märkte zu erobern begann.

Während in vielen europäischen Weingebieten ›unmoderne‹ Reben gerodet wurden, hat man sie in Australien gepflanzt. So zeugt die Entwicklung der australischen Weinindustrie von selbstbewusstem Willen zum Erfolg, von ausgeprägtem Sinn für Qualität und von sicherem Gespür für den Publikumsgeschmack. Heute zählt man in Australien mehr als tausend *wineries*, von dem Großkonzern Southcorp Wines (dem Zusammenschluss von Penfold's, Lindemans, Wyanns, Coldstream Hills u.a.) über einige wenige Großunternehmen wie BRL-Hardy bis hin zu unzähligen engagierten Ein-Mann-Betrieben.

Mittlerweile haben die australischen Weinregionen ein eigenes Image erworben, und das Angebot an Premiumweinen nimmt rasant zu. Dies spiegelt sich deutlich im Angebot der australischen Weinläden wider.

In den späten 1950er Jahren, als man daranging, die Weinindustrie umfassend zu modernisieren, betrug der jährliche Gesamtertrag an Trauben nicht viel mehr als 100 000 Tonnen, davon entfielen weniger als zehn Prozent auf Premiumtrauben. Mitte der 1980er Jahre wurden 80 Prozent des australischen Weins als *bag in box* oder Fassware verkauft und nur etwa fünf Prozent als Premiumwein in Flaschen abgefüllt. Seither zeichnet sich eine rasante Ausrichtung auf Edelrebsorten ab: an weißen Trauben mit Vorliebe Chardonnay, Sémillon und Riesling, an roten Shiraz und Cabernet Sauvignon. Zur Jahrtausendwende betrug der Gesamtertrag fast eine Million Tonnen Trauben, mehr als 60 Prozent davon stellten die Premiumsorten, und zwar mit steigender Tendenz.

Sonnenenergie und Kühltechnik

Bei ihren Versuchen, europäische Weinstile nachzuvollziehen, kamen australische *winemakers* mit der Zeit zu der Erkenntnis, dass es interessanter sein könnte, Unterschiede hervorzuheben als Gemeinsamkeiten zu erzwingen. Worin bestehen nun diese Unterschiede und was zeichnet den australischen Weinstil aus?

Zunächst haben australische Winzer mit einem Übermaß dessen zu kämpfen, was manche ihrer europäischen Kollegen schmerzlich entbehren: Sonnenschein und Wärme. Diese Klimafaktoren sind mitverantwortlich für jene intensive Fruchtigkeit, den überreichen Geschmack, die mundfüllende Weichheit und die runde Textur, mit der typisch australische Weine sofort zugänglich sind. Sie lagern nicht jahrelang in dunklen, feuchten Kellern, denn für ihr Renommee zählt weniger die Lebenserwartung als die Trinkfähigkeit.

Weil die Erzeuger hier dem Klima größere Bedeutung beimaßen als der Zusammensetzung des Bodens, dem Gefälle und der Ausrichtung des Hügels oder der Höhe, wurde in Australien die Wahl der Lagen nicht vom Konzept des Terroirs beeinflusst. Trauben wurden und werden dort angebaut, wo es für Weinbereitung und Vermarktung vorteilhaft ist. Es ist kein Zufall, dass sich Australiens Weinindustrie um Großstädte wie Sydney, Melbourne, Adelaide und Perth konzentriert.

Als eine Folge davon waren australische Weine traditionell *blends*, die regionale und auch Staatsgrenzen ignorieren. Der australische Kellermeister ist der *master blender*, der jede Eigenschaft, die

Trauben einer Region auszeichnet, genau kennt und damit ganz bewusst Akzente in seiner Weinkomposition setzen kann. Selbst Australiens berühmtester Wein, Penfold's Grange Hermitage (seit 1987 nur noch ›Grange‹), ist ein *blend* von Material aus mindestens drei verschiedenen Rebflächen innerhalb Südaustraliens, die in dem vom *winemaker* gewünschten Verhältnis gemischt werden. Daher kam dem *winemaker* in der australischen Weinszene immer eine besondere Bedeutung zu.

Die Massenproduktion von zuverlässigen, große Käuferschichten zufrieden stellenden Weinen erfordert ein Höchstmaß an Technologie, das sich nicht nur auf die temperaturkontrollierte Gärführung in der Kellerei beschränkt. Es beginnt bereits im Weinbau mit einer ausgeklügelten Reberziehung, die durch ein ausgewogenes Verhältnis von Laub und Trauben hohe Erträge bei gleichbleibend guter Qualität einerseits und den optimalen Einsatz von Lesemaschinen andererseits gewährleistet. Die Erkenntnis, dass Weine in großen Produktionsmengen nicht zwingend von minderer Qualität sein müssen, ist auch der australischen Weinindustrie zu verdanken.

Das australische System der *Wine Shows* hat viel dazu beigetragen, die Qualität der australischen Weine zu stützen und ihren Stil zu vervollkommnen. Alle Weine – von ganz wenigen Ausnahmen abgesehen – stellen sich bei den örtlichen, regionalen oder nationalen Shows der Beurteilung, wo sie, ähnlich wie Kühe oder Schafe, Gold-, Silber-, Bronzemedaillen oder Trophäen erringen können. Diese Prämierungen sind nicht nur vorteilhaft für Marketing und Werbung einzusetzen, sie ermöglichen den Erzeugern auch eine realistische Einschätzung ihrer Produkte.

Regionale Identität auf dem Vormarsch

Die klimatischen Bedingungen in Australien sind erstaunlich vielfältig, sie reichen von trocken-heißen über feuchtwarme bis zu gemäßigt kühlen Zonen, je weiter man sich nach Süden wendet. Als süße, alkoholreiche Weine in der Verbrauchergunst an erster Stelle standen, konzentrierten sich die Weinbauaktivitäten mehr auf Südaustralien und Neusüdwales. Trauben für trockenere, leichtere Tischweine kamen eher aus Victoria. Heute wendet sich das Interesse noch weiter südlich, denn Erzeuger, denen ein Höchstmaß an Frucht und Geschmack nicht mehr genügte, erkannten auf der Suche nach subtileren Eigenschaften für ihre Weine, dass sie in ihrem heißen Kontinent auf kältere Lagen ausweichen mussten, sei es die Berghänge höher hinauf, sei es in Regionen weiter im Süden. Somit steht Victoria wieder mehr im Blickpunkt, Tasmanien wird bedeutender neben weiter südlich gelegenen Teilen von Westaustralien. Aber auch in Südaustralien sind an der Kalksteinküste bei Cuppacup, Robe und Wrattonbully Reben angepflanzt worden. Selbst Neusüdwales richtet Kaltklima-Gebiete wie etwa Orange oder Tumbarumba für Schaumweine ein.

Regionale Unterschiede der Weine gewinnen zunehmend an Bedeutung, da sich immer mehr Erzeuger, die bislang Großunternehmen mit Trauben versorgten, selbstständig machten und begonnen haben, einen Teil der regionalen Identität zurückzugewinnen, die zuvor in den *blends* der großen Firmen verloren ging. Während Karten australischer Weingebiete früher wenig mehr als Staatsgrenzen verzeichneten, hat sich in den letzten Jahrzehnten eine zunehmend dichtere Binnengliederung herausgebildet.

Australien ist zum Vorreiter moderner Önologie und Kellertechnik geworden. Temperaturkontrollierte Gärtanks aus Edelstahl gehören hier zur Standardausrüstung.

Anteil australischer Weine an Weinproduktion, Weinkonsum, Weinexporten und Weinimporten weltweit (in %)				
Jahr	Produktion	Konsum	Exporte	Importe
1961–1965	0,6	0,6	0,3	0,0
1971–1975	1,0	0,9	0,2	0,1
1981–1985	1,2	1,2	0,2	0,2
1988–1990	1,6	1,3	1,2	0,3
1997	2,3	1,6	3,0	0,2

Australische Weinstatistik	1996–1997	1997–1998	1998–1999
Wineries	990	1104	1115
Gebiet unter Wein (in ha)	89 797	98 612	n n
Trauben-Produktion (in Tonnen)	797 992	975 669	1 177 610
Weinproduktion (in Millionen Litern)	567	680	n n
Weinkonsum (in Millionen Litern)	347	364	371
Wein-Exporte (in Millionen Litern) [in Millionen $A]	155 [600]	194 [813]	216 [991]
Wein-Importe	14 [67]	26 [93]	24 [103]

Klima, Boden und Weinbau

Zusammengenommen sind Klima und Boden Konstanten, die Charakter, Stil und Qualität des Weins bestimmen. Als Weinerzeuger muss man sie entweder akzeptieren, umziehen oder den Beruf wechseln. So würde zumindest der französische Standpunkt lauten. In Australien, wo die Siedler Weine ›wie zu Hause‹ trinken wollten, war es eigentlich genau umgekehrt: Mit der Vorstellung eines traditionellen Weins suchte man die ›Zutaten‹ zusammen, wobei deren Herkunft nicht entscheidend war.
Die zehn größten Betriebe (von insgesamt rund 1000) produzieren 80 Prozent des australischen Weins, und so wird der Weinbau weitgehend von Zweckmäßigkeit bestimmt. Das betrifft nicht nur die optimalen Spaliermethoden und kosteneffektive Mechanisierungen, es beginnt bereits mit der Wahl der Lage. Daher befinden sich viele Rebflächen in günstiger Nähe zu den Großstädten, und sofern es sich rechnet, nehmen die Großbetriebe auch intensive Bewässerung in Kauf.

Klima als wichtigster Faktor

In Australien hat die zu meidende Hitze seit je die Landwirtschaft beeinflusst, und so liegt die Bedeutung von Klimafaktoren auf der Hand. Ihren Auswirkungen auf Weinqualität und -stil wird zunehmend Rechnung getragen. Eine wesentliche Rolle spielt die Temperatur während der Wachs-

Herkunftsbezeichnungen in Australien

Im Oktober 1994 hat Australien den gesetzlichen Rahmen zur Etikettierung seiner Weine geschaffen.
Sind auf einem Etikett ein Jahrgang, eine Region und/oder eine Rebsorte ausgewiesen, muss der Wein diese Angaben zu mindestens 85 Prozent erfüllen. Werden mehrere Regionen oder Rebsorten genannt, müssen sie nach abnehmender Bedeutung aufgeführt werden. Ob man diese Form des Etiketts wählt, bleibt freiwillige Entscheidung.
Hinsichtlich der geografischen Herkunft besteht eine Hierarchie von regionalen Bezeichnungen, die jedoch nicht auf klimatische oder geografische Eigenschaften ausgerichtet sind. Die weiteste Kategorie ist South Eastern Australia, die Neusüdwales, Victoria, Tasmanien und jene Bereiche von Queensland und Südaustralien umfasst, in denen Trauben angebaut werden. Sie wurde eigentlich für den Export konstruiert, um den EU-Bestimmungen Genüge zu tun und den überregionalen *blends* eine Herkunft zu verschaffen. Die nächste Gruppe bilden die individuellen Staaten.
Darauf folgen 26 Weinzonen, die mit den Buchstaben des Alphabets markiert sind. Jede Zone ist unterteilt in Regionen, diese wiederum in Sub-Regionen. Eine Sub-Region muss mindestens fünf Weinberge zu je fünf Hektar umfassen, von denen jeder mindestens 500 Tonnen Trauben pro Jahr produziert.
Als die Regionen deklariert wurden, kam es zu spektakulären Grenzstreitigkeiten, wie in Coonawarra und im benachbarten Koppamurra, das wegen Uneinigkeit bezüglich seines Namens in ›Wrattonbully‹ umbenannt werden musste.

1. Maske der Erzeuger
2. Jahrgang und Herkunftsbezeichnung
3. Rebsorte
4. Erzeugerangabe, Ort und Weinbauregion
5. Alkoholgehalt
6. Internationale Herkunftsbezeichnung, Land der Produktion
7. Flascheninhalt

- South Eastern Australia
- A Eastern Plains, Inland und North of Western Australia
- B Greater Perth
- C Central Western Australia
- D South West Australia
- E Western Australia South East Coastal
- F Far North
- G The Peninsulas
- H Mount Lofty Ranges and Adelaide
- I Barossa
- J Lower Murray
- K Fleurieu
- L Limestone Coast
- M North West Victoria
- N Western Victoria
- O Central Victoria
- P Port Philip
- Q North East Victoria
- R Gippsland
- S Western Plains
- T Northern Slopes
- U Hunter Valley
- V Northern Rivers
- W Central Ranges
- X Big Rivers
- Y Southern New South Wales
- Z South Coast
- Burnett Valley
- Granite Belt
- Launceston
- Hobart

tumsperiode im Reifungsprozess. Optimale Bedingungen schließen reichlich Sonnenschein, ein gewisses Maß an Feuchtigkeit, minimale Temperaturschwankungen und das für jede Rebsorte am besten geeignete Temperaturmittel ein.
Grundlage zur Beurteilung der Klimaregionen ist das von Amerine und Winkler eingeführte Klassifizierungssystem (s. S. 812). Danach notieren die bewässerten Flussland-Regionen von Südaustralien über Victoria zu Neusüdwales als heißeste eine Wärmesumme von 2 000 °C und verfügen, abgesehen von Swan Hill und Cowra, über relativ geringe Niederschlagsmengen. Etwas weniger hohe Wärmesummen erreichen der größte Teil von Neusüdwales, Rutherglen im Nordosten von Victoria sowie McLaren Vale, Barossa Valley und Clare Valley in Südaustralien.
Der größte Teil der Qualitätsweine stammt aus warmen Regionen mit kontinentaltypischen Klimata (was vor allem auf moderate Temperaturen während der letzten Reifemonate zurückzuführen ist): der Süden von Westaustralien mit Mount Barker und Margaret River; in Neusüdwales Orange; in Südaustralien Coonawarra (das von der Temperatur Bordeaux ähnelt), Padthaway, Langhorne Creek und Adelaide Hills; in Victoria Yarra Valley (vergleichbar mit Burgund), Geelong, Mornington Peninsula und die Pyrenees Regionen. Am Margaret River, in Adelaide Hills und Yarra Valley sind die Niederschlagsmengen recht hoch.

Im Barossa Valley: internationale Rebsorten inmitten einer unverwechselbaren Landschaft

Das Clare Valley, nördlich von Adelaide, zählt zu den traditionsreichsten Weinregionen Australiens. Früher berühmt für seine Rieslinge, pflanzt man heute eher Cabernet Sauvignon und andere gefragte Sorten als Spaliere mit Tröpfchenberieselung.

Als kalt gelten die Macedon Ranges, Ballarat, Far South West Victoria und Nordtasmanien, während Südtasmanien mit ähnlicher Wärmesumme wie die Champagne eher kühl ist.

Die Bodenbeschaffenheit

Die Variationsbreite australischer Böden verhindert eine Charakterisierung der Regionen nach spezifischen Bodentypen. Überwiegend liegen so genannte Duplex-Böden vor, von denen die meisten einen rotbraunen Unterboden aufweisen, bedeckt von sandhaltigem Lehm. Sie sind gemäßigt fruchtbar, verleihen den Weinen aber kaum eigenständigen Charakter. Es gibt jedoch Ausnahmen. So wurde Coonawarra nicht allein durch die Qualität seiner Weine, sondern auch durch seine braunen Terra-Rossa-Böden auf Kalksteingrund zu Australiens berühmtester Region. Eden Valley ist ein weiteres Gebiet mit einem definierbaren Boden, der sich für elegante Rieslinge und Shiraz als besonders günstig erwiesen hat.

Inzwischen macht man auch in Australien Wein verstärkt im Weinberg statt überwiegend in der Kellerei, und Faktoren wie Pflanzdichte, Reberziehung, Laubmanagement und Bewässerung werden immer bedeutender. Bisher lag die übliche Pflanzdichte mit 1 500 bis 3 000 Stöcken pro Hektar (wegen der Mechanisierung) unter der europäischen Norm von 4 000 bis 8 000 Stöcken. Die Berücksichtigung der Ertragsmenge, verbunden mit dem Versuch, bessere Ausgewogenheit zwischen Frucht und Blattwerk zu erreichen, führt dazu, dass junge Weinberge in kühleren Zonen mit höherer Pflanzdichte und komplexeren Spaliersystemen angelegt werden. Zugleich tendiert man zu verträglichem, beinah biologischem Weinbau, der den Einsatz synthetischer Pestizide beschränkt.

Links:
Die verschwenderische Vegetation bezeugt, dass es am Margaret River häufig regnet.

Rechts:
Im kalten Tasmanien werden Reben an hohen Spalieren gezogen, um die Sonneneinstrahlung optimal zu nutzen.

Rebsorten auf Nachfrage

Zu Beginn des 19. Jahrhunderts brachten die Winzerpioniere europäische Qualitätssorten nach Australien und orientierten sich auch noch vorwiegend an den Weinen aus der Alten Welt. Als Geschmack und Nachfrage sich zu ändern begannen, wandte sich der Weinbau von den Tischweinen ab und den süßeren, verstärkten Weinen zu und konzentrierte sich damit auf jene Traubensorten, die sich am besten für Australiens so genannte Tawny Ruby und Vintage Ports eigneten. In erster Linie waren das die Rhône-Sorten Shiraz (Syrah), Grenache und Mourvèdre (Mataro). Shiraz galt lange als Australiens rote Spitzensorte, bevor sie von modischeren Qualitätssorten wie Cabernet Sauvignon verdrängt werden konnte. Visionäre *winemakers*, darunter Max Schubert und in jüngerer Zeit kleine *wineries* wie Rockford und St. Hallett im Barossa Valley, ließen sich in ihrer Überzeugung jedoch nicht beirren und traten unermüdlich für Shiraz als Australiens beste rote Rebsorte ein. Mit Erfolg, wie sich unterdessen herausgestellt hat.

In Australien werden nicht erst seit kurzem hochwertige Sorten gezogen. Hier ein 100-jähriger Shiraz-Stock.

Shiraz, Cabernet Sauvignon, Merlot

Inzwischen hat Shiraz ihre Spitzenposition wieder zurückerobern können und ist mit annähernd 10 000 Hektar Rebfläche außerdem Australiens meistgepflanzte rote Premiumsorte. Einer ihrer Vorteile ist die Sensibilität, mit der sie auf ihre jeweilige Umgebung zu reagieren vermag, so dass sie auch in ihren besten Weinen immer einzigartig ist. In Barossa ergibt sie konzentrierte, volle, körperreiche Rotweine, während Victoria elegantere Weine von feiner Frucht, verbunden mit Minz- und Ingweraromen hervorbringt, angenehm abgerundet von Würznoten. Hunter Valley konzentriert sich auf traditionelle, alterungswürdige Shiraz-Weine, wohingegen es in Westaustralien Beispiele gibt, die sich stilistisch der Syrah von der nördlichen Rhône annähern.
Noch in den 1950er Jahren war Cabernet Sauvignon in Australien eine eher unbekannte Sorte, die es erst zu entdecken galt. Diese spät reifende, dickschalige Varietät passte sich jedoch leicht an die warmen australischen Klimaverhältnisse an und vermochte daher bis Mitte der 1980er Jahre zur unbestrittenen Modesorte aufzusteigen – auf Kosten von Shiraz. Als besonders geeignet erwies sich Cabernet Sauvignon für den 15 Kilometer langen und zweieinhalb Kilometer breiten Terra-Rossa-Boden von Coonawarra, wo er in einem eher klassischen Stil mit den anderen Bordeaux-Sorten Merlot und Cabernet Franc, aber auch mit Shiraz verschnitten wird.
Merlot etablierte sich in Australien hauptsächlich über ihre Empfehlung als die Modesorte Kaliforniens. Gegenwärtig wird Merlot hauptsächlich als Verschnittwein eingesetzt, meist in Verbindung mit Cabernet Sauvignon, doch eine Zukunft als reiner Sortenwein ist vielleicht nicht mehr fern. Cabernet Franc spielt noch eine untergeordnete Rolle in Bordeaux-Stil-Weinen.

Die Shiraz-Traube liefert ›down under‹ besonders eigenständige Rotweine, die international viel Aufsehen erregen.

Grenache, Mourvèdre, Pinot Noir

In einigen Gebieten Südaustraliens, wo an alten, in der typischen Buschform erzogenen Reben in unbewässerten Weinbergen konzentrierte, charaktervolle Trauben heranreifen, besinnt man sich wieder auf die mediterranen Sorten Grenache und Mourvèdre – nachdem in den 1970er Jahren umfangreiche Bestände davon als Folge des *Vine Pull Scheme* gerodet wurden. Inzwischen hat die stärkere Nachfrage zu einem bescheidenen Anstieg der Pflanzungen geführt, sodass sich ihre Rebfläche auf etwa 2 000 Hektar addiert. Beide Sorten gedeihen besonders erfolgreich im Barossa Valley und McLaren Vale, und sie verbinden sich vorteilhaft mit Shiraz.

Pinot Noir, die Rebe des roten Burgunders, ist in der australischen Weinszene noch vergleichsweise jung. Ihre Erfolge spiegeln allerdings mehr als die jeder anderen Rebsorte die allgemeine Hinwendung zum Kaltklima-Weinbau. Tyrrells experimentierte mit der Sorte im warmen Hunter Valley, aber da ihre Vorliebe für ein kühleres Klima bekannt ist, suchten die *winemakers* gezielt nach geeigneten Gebieten wie Yarra Valley und andere südlichere Regionen von Victoria. So befinden sich die Pinot-Noir-Weine kontinuierlich auf dem Weg der Besserung, wenn sie auch hinsichtlich der Klasse Shiraz oder Cabernet noch nicht erreichen können.

Chardonnay & Co.

Es mag überraschen, aber Australien ist tatsächlich eher ein Weiß- als ein Rotweinland. Das volle Ausmaß seines großen Potentials auf diesem Gebiet konnte mit den Massensorten wie Sultana, Doradillo, Weißer Muskateller, Palomino und Trebbiano bislang nur nicht zur Geltung gebracht werden. Zwischen Massenwein und Premiumklasse gibt es Mengen von Chenin Blanc und Colombard, wohingegen Muscat Gordo Blanco aromatisch genug ist, um der Fassware besondere Akzente zu verleihen. Die vier besten weißen Premiumsorten Chardonnay, Sémillon, Sauvignon Blanc und Riesling machen gegenwärtig kaum mehr als ein Viertel der australischen Weinproduktion aus, aber ihr Wert für Industrie und Verbraucher ist ungleich bedeutsamer.

Mit etwa 10 000 Hektar Rebfläche ist Chardonnay die mit Abstand meistgepflanzte weiße Premiumsorte. Als er in den 1980er Jahren Australien eroberte, verführte er – durch den Rosemount Hunter Valley Chardonnay geprägt – mit hinreißend neuen tropischen Fruchtaromen, begleitet von ansprechenden Eichenfasstönen. Doch viele dieser Ein-Glas-Wunder verblassten schon nach dem zweiten oder dritten Glas. Die Industrie reagierte schnell auf die ersten Ermüdungserscheinungen der Verbrauchergunst, indem sie die Bandbreite der Stile erweiterte und dem Wein zu mehr Eleganz und Struktur verhalf. Dies gelang ihr dank der Versorgung mit Trauben aus kühleren Gebieten, dank verfeinerter Gärtechniken und dank eines weniger schwerfälligen Umgangs mit Eichenholz. Und so ist der Wein heute mehr als jeder andere ein Geschöpf der modernen australischen Weinindustrie, denn er ist perfekt auf die Verbraucherwünsche abgestimmt: er ist trocken, vielseitig und zeigt tropische Fruchtaromen; man kann ihn mit oder ohne Eichentöne bekommen, und er bleibt immer erschwinglich. Mit seiner Anpassungsfähigkeit in Weinberg und Keller speichert der Chardonnay Klimaverhältnisse und ordnet sich *winemaker*-Wünschen nach einem individuellen Stil bereitwillig unter, ob als günstige Massenmarktsorte wie Lindemans überaus erfolgreicher Bin 65 oder als eleganter Spitzenwein wie Leeuwin Estate's Art Series Chardonnay.

Riesling und Sémillon

Doch Chardonnay ist nicht alles, es gibt andere Sorten, die den australischen Weißweinen zusätzliche Dimension verleihen. Riesling zum Beispiel kommt dank seiner Einführung durch schlesische Siedler im 19. Jahrhundert in den Regionen Südaustraliens wie Clare Valley, Eden Valley und na-

Möchte man die Trauben nicht den Vögeln überlassen, helfen nur Netze, die vor der Lese wieder abgenommen werden müssen. Zur Wiederverwendung im nächsten Jahr werden sie – hier am Margaret River – zu großen Ballen aufgerollt.

türlich im Barossa Valley wie in Teilen von Victoria und der Lower Great Southern Region von Westaustralien zu seinem Recht. Er liefert aromatische, zitronige, vollmundige trockene Weine mit Ausdruck und Charakter und ebenso einige von Australiens besten edelfaulen Süßweinen.
Sémillon ist eine weitere Sorte, die in Australien Weine von einzigartigem Charakter hervorbringt, vor allem im Barossa Valley und Teilen von Margaret River. Besondere Berühmtheit erlangte sie im traditionsreichen Gebiet des Hunter Valley, wo sie ohne Eicheneinfluss, aber mit etwas Flaschenreife ein unverwechselbares Aroma von Buttertoast und gerösteten Nüssen entwickelt. Oft vergärt man Sémillon im Barossa Valley oder in Westaustralien im Fass, wo er bisweilen mit Sauvignon Blanc zu einem von Bordeaux inspirierten Graves-Stil verbunden wird. Sauvignon selbst begann – ähnlich wie Pinot Noir – erst an Anerkennung zu gewinnen, nachdem er in kühleren Gebieten wie Adelaide Hills, Coonawarra und Tasmanien gepflanzt worden war.

Besonders Sorten, die länger reifen sollen, hüllt man in Netze, wie hier in Tasmanien.

Sorten als Markenzeichen

Noch vor etwa einer Generation war es ein bemerkenswerter Umstand, wenn ein australischer Wein seine Rebsorte auf dem Etikett verkündete. Die Idee des Etikettierens nach Rebsorten hatte sich zunächst in Kalifornien durchgesetzt und breitete sich rasch von dort aus, bis es schließlich für Weine aus der gesamten Neuen Welt üblich war. In Australien, wo man den Sortennamen als wesentlichen Schlüssel zum Wein betrachtet, ist er in Verbindung mit dem Namen des Erzeugers und der Region zum wichtigen Bestandteil einer Marke geworden, zumal das Terroir hier nicht die gleiche Bedeutung erlangen konnte wie in Europa. Die Ursache liegt in dem besonderen Verhältnis zwischen einer Kolonie und ihrem Mutterland, das noch lange Vorbildcharakter behält. Auf den Weinbau bezogen heißt das nichts anderes, als die Vorstellung eines (Heimat-)Weins über die Würdigung der örtlichen Gegebenheiten zu stellen und so lange Trauben von unterschiedlichsten Standorten zu mischen, bis das Ergebnis der Vorstellung entspricht.

Australische Weinbereitung

Rotationstanks und computergesteuerte temperaturkontrollierte Gärtanks: Bei Haselgrove im McLaren Vale setzt man wie überall in Australien auf modernste Technik.

Billige Ausbauvariante: Eichenspäne statt Fass

Der Erfolg der australischen Weine auf dem Weltmarkt basiert nicht nur auf dem Können der *winemakers*, sondern ebenso auf den enormen Investitionen in die Kellertechnik. Eine gut ausgestattete *winery* verfügt über eine moderne, hygienische Ausrüstung mit Traubenmühlen, Pressen und Tanks aus Edelstahl. Die meisten Kellereien besitzen zudem ein Labor für die Analysen von Schwefel, pH-Wert, Säure, Zucker und Alkohol. Doch schon bevor die Trauben in die Kellerei gelangen, haben effektivere Gesundheitskontrollen im Weinberg und höhere Reifegrade der Trauben dazu beigetragen, die Qualität der Weine zu steigern. Bei seiner Tätigkeit im Weinberg nimmt der *winemaker* an der Seite des Traubenfarmers Einfluss auf Erträge, Tanningehalt und Reifegrad der Trauben zum Erntezeitpunkt, die er auf den angestrebten Weinstil ausrichtet.

Ein Wandel in der Pflanzpolitik begünstigte in den letzten Jahren die Edelsorten: Weiße Massensorten wie Muscat Gordo Blanco (australisches Synonym für Muscat of Alexandria), die den Fassweinen Aroma verleiht, Sultana und Doradillo für einfache Tisch- und Süßweine mussten besonders in den kühleren Weinbaugebieten Australiens Chardonnay, Sauvignon Blanc, Rhine Riesling und Sémillon weichen, die elegantere Weine ermöglichen. Gleiches gilt für rote Trauben, bei denen der Anstieg an Pflanzungen von Shiraz, Cabernet Sauvignon, Merlot und Pinot Noir oft auf Kosten von Grenache und Mourvèdre (in Australien meist Mataro genannt) ging.

Keine Luft für weisse Weine

Ab dem Zeitpunkt der Lese konzentrieren sich die Bemühungen darauf, den Sauerstoff aus der Luft davon abzuhalten, Maische, Most oder Wein zu oxidieren, ein Verfahren, das man als reduktive Önologie im Gegensatz zur oxidativen bezeichnet. Dazu bedient man sich verschiedener ›Kunstgriffe‹. Bereits während der mechanischen Lese beugt die Zugabe von Schwefel der Oxidation vor, wobei man den Einsatz von Chemikalien inzwischen nach Möglichkeit reduziert. So ist es das angestrebte Ziel, den Gesamtschwefeldioxidgehalt auf 50 Millionstel Anteile (ppm) und freies Schwefeldioxid auf 20 ppm zu begrenzen. Weiteres Hilfsmittel bei der Vermeidung von Oxidation ist der Einsatz von Schutzgas, was Überschichten des zu schützenden Materials mit Kohlendioxid oder Stickstoff bedeutet. Außerdem sorgt man für peinlichste Sauberkeit, verbunden mit effektiver Temperaturkontrolle. Die Trauben kühl, bevorzugt zwischen 8 und 16 °C zu halten, lässt sich oft schon erreichen, indem man bei Nacht oder zur kühlsten Tageszeit liest. Zudem hilft die Kühlung im weiteren Verlauf der weinbereitenden Prozesse, Aromen und Geschmack zu konservieren.

Zur Kontrolle des pH-Werts wird gewöhnlich im Verlauf der Gärung Weinsteinsäure zugefügt. Zuckerung des Mosts mit Saccharose (Rohr- oder Rübenzucker) oder das Anreichern mit Traubenmost sind nicht erlaubt (meist auch nicht erforderlich). Die übermäßige Bildung von Schwefelwasserstoff bei der Gärung weist auf Stickstoffmangel im Most hin und kann durch Zugabe von Stickstoff reguliert werden. Gemeinsam mit der reduktiven Behandlung nach der Gärung mittels Schutzgas und Kühlung lassen sich unerwünschte Hefen und Bakterien minimieren.

Grundsätzlich vermeidet man bei der Weißweinbereitung, dass vor der Gärung aus den festen Bestandteilen der Trauben ein Übermaß an Phenolen – jenen chemischen Verbindungen, zu denen neben Farb- und Geschmacksstoffen auch die Tannine zählen – frei wird, und sorgt daher für bessere Qualität des ohne Pressung gewonnenen Vorlaufmostes und Kühlung während der Vorklärung. Der Einsatz von Reinzuchthefen und von Enzymen zur Beschleunigung erwünschter Reaktionen ist dagegen üblich. Die bevorzugten Gärtemperaturen für Weißweine sind mit 12-16 °C relativ niedrig, und die malolaktische Säureumwandlung, die Äpfelsäure in mildere Milchsäure umsetzt, wird bei aromatischen Sorten gewöhnlich vermieden, um den Trauben ihre natürliche Frische zu erhalten.

In der Regel achten australische *winemakers* darauf, Most und Wein möglichst wenig zu bewegen, doch es gibt Ausnahmen: Bei einigen Premiumweißweinen, meist Chardonnays, wenden sie sogenannte *dirty winemaking*-Techniken an, wozu möglichst unverletzte Trauben gepresst werden und anschließend mit Hefekontakt in Fässern gären, wobei man die Hefen noch aufrührt.

Rotwein rotiert

Rotweine vergären gewöhnlich unter Temperaturkontrolle in Edelstahltanks oder wie Pinot Noir in offenen Gärbehältern, wobei Reinzuchthefen und Tannine unter Kontrolle des pH-Werts zugesetzt werden. Um eine gute Farbextraktion zu erreichen, pumpt man die Maische mehrmals um oder setzt rotierende Gärtanks ein. Sobald die gewünschte Farbe erzielt und die erforderlichen Tannine freigesetzt sind, werden die Traubenhäute gepresst. Eine lange Maischestandzeit nach der Gärung ist selten, da sie auch viele Tannine extrahiert, die dann im Fass durch den oxidativen Prozess der Polymerisation gemildert werden müssen. Dabei schließen sich kleine Tanninmoleküle zu größeren Ketten zusammen, bis ihre Größe die Lösungsfähigkeit übersteigt und die Tannine als Bodensatz ausfällen.

Nach der alkoholischen Gärung wird die malolaktische Säureumwandlung gefördert, um den Wein für den Winter zu stabilisieren. Beim Abstich des jungen Weins und Umfüllen in Lagerbehälter gilt es exzessiven Luftkontakt zu vermeiden. Neue Fässer aus französischer Eiche werden für rote (aber auch für weiße) Premiumweine benutzt, insbesondere für Pinot Noir und Cabernet Sauvignon, amerikanische Eiche kommt überwiegend bei Shiraz und Shiraz-Cabernet-Verschnitten zum Einsatz, je nachdem welche Art von Tanninen aus dem Holz dem *winemaker* passender erscheint. Die Billigvariante der Eichenfassnote geht auf Eichenspäne oder -lamellen zurück, die während oder nach der Gärung weniger hochwertiger Weine in die Lagerbehälter eingesetzt werden.

Die Weinklärung beginnt in vielen Kellereien unmittelbar nach der Gärung mit dem Einsatz von Zentrifugen, um die Gefahr des Aromaverlusts zu reduzieren und die Weine für die anschließende Filtrierung mit Kieselerde vorzuklären. *Pad filtration* (Kissenfilter, Watte) fängt vor dem Abfüllen letzte Hefen und Bakterien auf. Weißweine, speziell solche mit Restzucker, durchlaufen zusätzlich eine Membranfiltrierung.

Die Schaumweinerzeugung profitiert von den Verbindungen australischer Firmen mit Champagnerhäusern. So pflegt Moët & Chandons Green Point im Yarra Valley den Kontakt zum Stammhaus in Epernay, während Croser in Adelaide Hills auf die Erfahrung von Bollinger zurückgreift. Kühlere Lagen, die Wahl von Champagner-Rebsorten und geänderte Verfahren haben die Qualität verbessert. Wurden Schaumweine früher überwiegend im Charmat-Verfahren oder durch Anreicherung mit Kohlensäure produziert, finden die Champagnermethoden immer mehr Befürworter.

Die Vorstufe zum Wein ist auf alle Fälle gelungen.

Flying winemakers

Der ›fliegende Weinmacher‹ ist ein Phänomen der Neuen Welt. Der Begriff wird Tony Laithwaite, dem Gründer von Direct Wines in England, zugeschrieben, der 1987 den Australier Martin Shaw anheuerte, um mit einem Team von Fachleuten in französischen Winzergenossenschaften zu arbeiten. Sie sollten dort mit australischer Technik und Sachverstand Weine auf die Bedürfnisse der Kunden zuschneiden. Ihre Aufgabe war es, die Fruchtqualität zu beeinflussen, indem nach Aroma und Reife gelesen und die geeignetsten Qualitätstrauben selektioniert wurden.

Der hohe Ausbildungsstandard der *winemakers* war gewissermaßen eine Notwendigkeit, konnten sie doch nur so den Weinbau unter den erschwerten australischen Bedingungen meistern. Und da die Weinlese in der südlichen Hemisphäre beendet ist, wenn es in der nördlichen interessant wird, bieten sie ihre gesuchten Dienste in Europa an. Diese Möglichkeit einer zweiten Weinlese im selben Jahr verhilft ihnen zu wertvollen Erfahrungen für Zuhause. Als *flying winemakers* den Weinbau im Süden Frankreichs umzukrempeln begannen, führten harte Arbeit, Hygiene und die routinierte Anwendung wissenschaftlicher Erkenntnisse in kurzer Zeit zu Verbesserungen.

Abgesehen von Südfrankreich hat vor allem Osteuropa, speziell Ungarn, vom Einsatz der *flying winemakers* profitiert, aber auch Süditalien, Teile Spaniens und Portugals, Griechenland, Südafrika, Chile und Argentinien greifen auf die Spezialisten zurück.

Einige der erfolgreichsten *flying winemakers* haben inzwischen ihre eigenen *wineries* etabliert wie Jacques Lurton in Argentinien. Andere wie Kym Milne und Peter Bright setzen heute dank der Entwicklung weltweiter Kommunikation *winemaker*-Teams in mehreren Ländern gleichzeitig ein, da sie über Telefon, Fax und E-Mail in ständiger Verbindung mit ihnen stehen können.

Neusüdwales Sonne im Übermass

Die ersten Weinstöcke Australiens wurden in Sydney, der Kapitale von Neusüdwales, gepflanzt, die erste Weinproduktion war im Hunter Valley angesiedelt, wo sie aber ohne die Unterstützung des Goldrauschs von Victoria oder der hart arbeitenden lutherischen Einwanderer Südaustraliens nicht dieselbe Ausdehnung erfuhr. Gleichwohl konnte durch das 1914 eingerichtete Murrumbidgee-Bewässerungs-Projekt eine solide, auf die Massenproduktion von Weißwein ausgerichtete Industrie heranwachsen, mit einer Nische für einige hochwertige, von Edelfäule geprägte süße Weißweine aus Sémillon. In den letzten Jahren gewinnen Cowra, Mudgee und Orange steigende Anerkennung als individuelle Qualitätsregionen.

Obwohl das Klima in Neusüdwales feucht ist, kommt man während der Hitzeperiode nicht ohne Bewässerung aus. Die Lindemans Winery im Hunter Valley hat durch Wassertanks vorgesorgt.

Vielfalt im Hunter Valley

Kaum ein anderes Weinbaugebiet Australiens ist so heiß und feucht, wobei die meisten Niederschläge in den Sommermonaten fallen. Unterschiedliche Böden, schwieriges Klima und auf 1800 Hektar 64 *wineries* mit ebenso vielen wetteifernden Erzeugern – da ist die reiche Palette individuell geprägter, vor allem aus Shiraz und Sémillon hergestellter Weine nicht verwunderlich. Shiraz liefert oft einen warmen, teerigen Rotwein mit hoher Altersfähigkeit. Hunter Sémillon war die Rebsorte, die sich früher hinter ›Hunter River Chablis‹ verbarg. Heute zeigt sie einen unverwechselbaren Charakter, der mit der Reife Aromen von Buttertoast und Limettenmarmelade

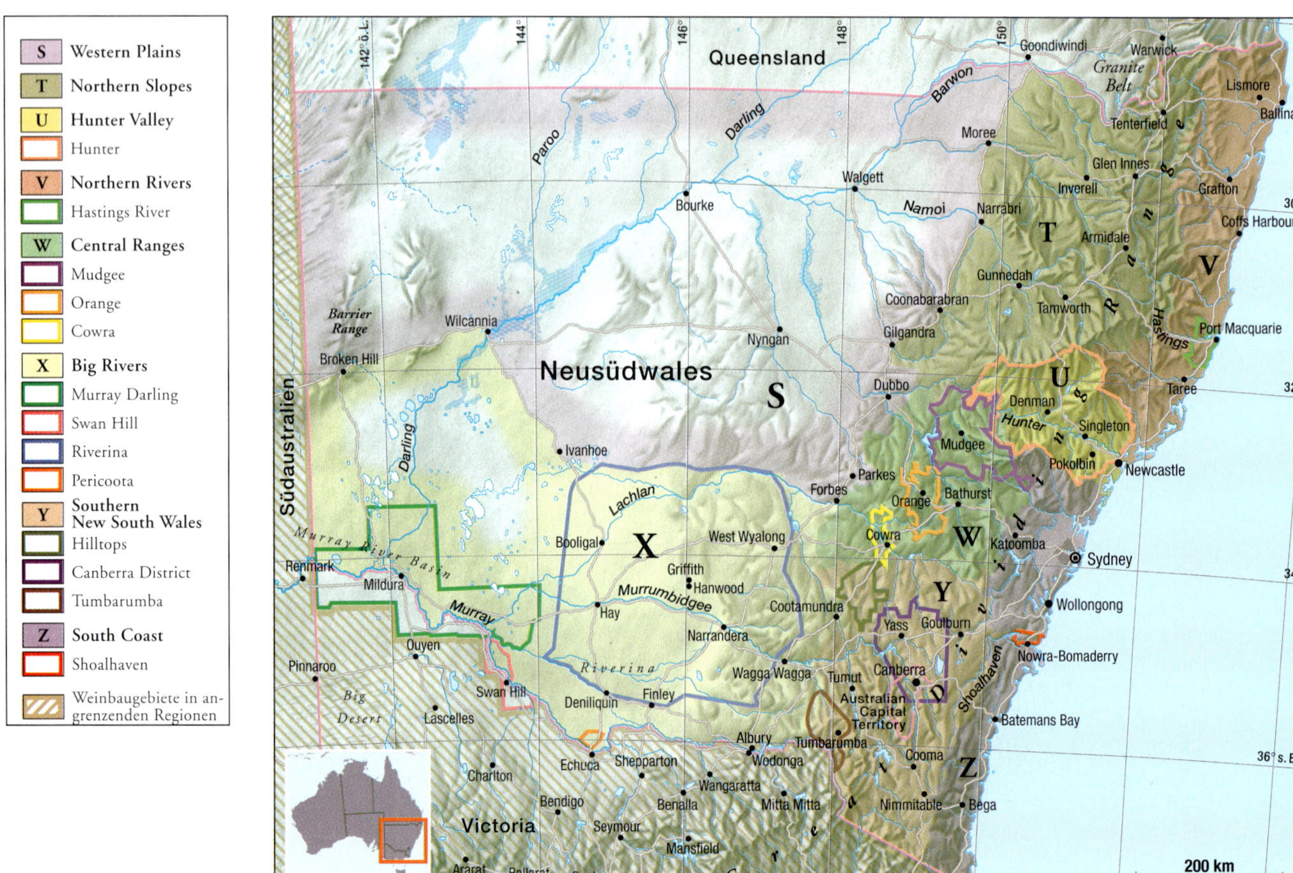

entwickelt. 1971 führte Murray Tyrrell den ersten Chardonnay ein. Tyrrells Pinot Noir war ebenso bahnbrechend, aber weniger erfolgreich. Cabernet Sauvignon kehrte auf Lake's Folly ins Hunter Valley zurück, wo ihn Max Lake 1963 pflanzte. Im Upper Hunter Valley sind nahezu ebenso viele Hektar als Rebfläche ausgewiesen wie im Lower Hunter, aber sie verteilen sich auf weniger Erzeuger. Mehr als die Hälfte der Fläche entfällt auf Chardonnay, mehr als ein Viertel auf Sémillon. Hier ist auch die Heimat von Rosemount, dessen Roxburgh Weinberg einen von Australiens reicheren und komplexeren Chardonnays liefert.

Queenslands Granite Belt

Nördlich von Neusüdwales und westlich der Great Dividing Range sind die markierenden Eigenschaften des Granite Belt sein ziemlich nördlicher Breitengrad von 28°S, seine Höhe von durchschnittlich 810 Metern über dem Meeresspiegel und seine Mondlandschaft mit ihren massiven Granitplatten und Felsbrocken. Die ersten Reben wurden in Queenslands einzigem Qualitätswein erzeugenden Distrikt 1878 gepflanzt. Eine moderne Weinerzeugung etablierte sich jedoch erst nach 1965. Es gibt rund 20 kleine *wineries* im Belt, aber nur etwa 120 Hektar sind bestockt. Queenslands bester Wein wird aus Shiraz, der hiesigen Hauptsorte, gekeltert, die hier starke, würzige Rotweine ergibt. Bekanntestes und erfolgreichstes Gut des Granitgürtels sind die Bald Mountain Vineyards.

Rührige Nachbarn

An den westlichen Hängen der Great Dividing Range erstreckt sich Mudgee, das bis vor kurzem hauptsächlich als Traubenlieferant für die größeren Firmen des Hunter Valley bekannt war. Obwohl etwas kühler – es kann empfindliche Frühjahrsfröste geben – und trockener als das Hunter Valley, eignet es sich mit heißen Sommern und Herbsten gut für den Weinbau. Inzwischen gibt es mehr als 22 kleine unabhängige *wineries,* die vorwiegend das typische Neusüdwales-Quartett erzeugen: Shiraz, Cabernet Sauvignon, Chardonnay und Sémillon. Mudgee war eine der ersten Regionen mit strikt kontrolliertem Herkunftssystem.

Südwestlich schließt sich Orange an, das mit weniger als 400 Hektar Rebfläche kaum die Hälfte des Weingebiets von Mudgee aufweisen kann. Doch in dieser für ihre Äpfel und Birnen berühmten Region geht die Entwicklung zügig voran, nicht zuletzt durch die Förderung des Orange Agricultural College der Universität von Sydney. Man zählt Orange zu den Kaltklima-Gebieten, doch die Temperaturwerte hängen davon ab, wie hoch die Rebpflanzungen die Hänge des Mount Canobolas hinaufklettern. Mittlerweile können etwa ein Dutzend *wineries* auf elegante Weine aus Chardonnay, Sauvignon Blanc, Cabernet Sauvignon und Shiraz verweisen.

Cowra, im Wesentlichen ein trockenes und heißes Viehzuchtgebiet, hat seit Ende der 1970er Jahre Qualitätstrauben für die größeren Weinfirmen des Hunter Valley geliefert. In den 1990er Jahren wuchs es an Bedeutung wie an Umfang und hat nun fast 800 Hektar unter Wein, das meiste davon Chardonnay. Noch immer wird der größte Teil der Lese anderswo verarbeitet, doch die wenigen selbst abfüllenden *wineries* können zukünftige Neugründungen ermutigen.

Die Murrumbidgee Irrigation Area, auch Riverina genannt, ist Neusüdwales' Antwort auf die bewässerten Riverlands Südaustraliens und auf Victorias Sunraysia. Auf den völlig ebenen, um das weit abgelegene Griffith verteilten Rebfeldern helfen trocken-heißes Klima und intensive Bewässerung zwei Drittel der Gesamtproduktion des Staates Neusüdwales zu erzeugen. Kultiviert werden hauptsächlich Höchsterträge liefernde weiße Sorten, unter denen Sémillon die Spitzenposition einnimmt. Die überwiegend auf Shiraz basierenden Rotweine sind in der Regel ordentlich.

Canberra District ist dagegen eher eine Zwergregion. Vor allem nördlich der Stadt, aber auch beim Lake George haben sich insgesamt 15 kleine *wineries* etabliert, viele davon Gründungen von Akademikern und Staatsdienern. Ungeachtet der extremen kontinentalen Hitze gelingen ihnen oftmals interessante Weine.

Eine Außenseiterstellung nimmt Hastings River ein, das mit weniger als 200 Hektar Rebfläche ebenfalls zu den kleinen australischen Regionen zählt. Nah am Pazifischen Ozean, weit nördlich von Sydney, bestimmen hohe Temperaturen und Niederschläge ein Klima, das alles andere als ideale Bedingungen für Wein bietet. Die ersten Weinbauversuche in diesem Gebiet datieren in die erste Hälfte des 19. Jahrhunderts, doch erst seit 1980 erlebt der Weinbau dank des Engagements der Cassegrain-Familie eine Renaissance. Entscheidend dafür war die französische Hybride Chambourcin, eine gegen Falschen Mehltau resistente Rebe, die angenehme, fruchtbetonte, tiefdunkle, aber leicht strukturierte Weine liefert.

Tyrrell gilt als Pionier des Pinot im Hunter Valley.

Victoria
Goldrausch und Wein

Der Aufsehen erregende ›Hexenhut-Turm‹ der Mitchelton Winery lockt viele Besucher ins Goulburn Valley in Central Victoria.

De Bortoli, ein Familienbetrieb mit italienischen Wurzeln, hat sich im Yarra-Tal etabliert.

Victoria, das bis zur Reblauskatastrophe und der Hinwendung zu verstärkten (Dessert-)Weinen vor einem Jahrhundert Australiens bedeutendster Weinerzeuger war, ist mit dem Trend zu Kaltklima-Weinbau wieder in den Blickpunkt gerückt.

Das malerische Yarra Valley, wo 1837 Schweizer Einwanderer erste Reben pflanzten, zählt zu Victorias ältesten historischen Weinregionen. Doch die Zeit steht nicht still: Investitionen von Großunternehmen haben die 1000 Hektar Rebfläche (1990) in rund zehn Jahren verdoppelt. Relativ kühles Klima begünstigte einige der besten Pinot-Noir-Weine Australiens, und guter Chardonnay erhält hier unverwechselbare exotische Akzente.

Mornington Peninsula südlich von Melbourne ist eine kühle Anbauregion mit maritimem Klima. Viele edle *wineries* bieten elegante, komplexe, vom kühlen Klima geprägte Chardonnays und feine Pinot-Noir-Weine an.

Im Gegensatz zu Mornington hat sich das nahe Geelong nie wirklich von der Reblauskatastrophe erholen können, auch wenn heute Bannockburn, Scotchman's Hill und Prince Albert überzeugende Pinot-Noir-Weine im Programm haben.

Weiter im Inland folgen nach der überwiegend flachen Sunbury-Region, in der Ende der 1970er Jahre die historischen Güter Goona Warra und Craiglee wieder aufzuleben begannen, die kühlen Macedon Ranges. Die Höhenlage der Weinberge, der Mount Macedon übersteigt 1000 Meter, und heftiger, kalter Wind machen sie zu einem bedeutenden Anbaugebiet für Pinot Noir und Chardonnay zur Schaumweinherstellung. Die 150 Hektar Rebfläche teilen sich rund zwei Dutzend *wineries*, von denen Hanging Rock und Virgin Hills die bekanntesten sind. Letztere vinifiziert einen aus Cabernet Sauvignon, Merlot und Shiraz komponierten Rotwein ohne Schwefel.

Westlich und nordwestlich liegen die alten Bergwerksstädte Ballarat und Bendigo, wo der Goldrausch im 19. Jahrhundert eine bedeutende Weinindustrie förderte, der aber die Reblauskatastrophe ein Ende setzte. Erst 1969 konnte Bendigo, zwei Jahre darauf Ballarat an die Weinbauvergangenheit anknüpfen. Das kältere Ballarat ist für die Produktion von Schaumweinen geeigneter, Bendigo bietet mit etwas wärmerem, trockenerem Klima bessere Bedingungen für Rotwein.

Nach Nordosten in der Central-Victoria-Zone, zu der auch Bendigo zählt, liegt das Goulburn Valley, dessen traditionsreiches Gut Château Tahbilk gewissermaßen lebendige Weingeschichte Australiens verkörpert. Dagegen demonstriert Mitchelton Modernität, nicht zuletzt mit dem ungewöhnlichen, aus Marsanne erzeugten Weißwein. Neben kraftvollen Rotweinen, insbesondere aus Shiraz und Cabernet Sauvignon, bringt die Region auch ordentliche Rieslinge und Chardonnays hervor.

Grosse Süsse und herbe Rote

In Rutherglen und Glenrowan im Nordosten Victorias – beides Weinregionen, die ihre Existenz dem Goldrausch von 1850 verdanken – hat man sich kaum vom Kaltklima-Weinbau beeindrucken lassen. Etwa 630 der insgesamt rund 700 Hektar Rebfläche von Rutherglen sind der Produktion trockenerer Tischweine gewidmet, doch ihr Renommee bezieht die Region aus 70 Hektar, die mit Muscat à petits grains und Muscadelle bestockt sind. Daraus werden die verstärkten Muscats und Tokays gewonnen, und für diese süßen, fruchtigen Raritäten lässt man die Trauben am Stock schrumpfen, beendet die Gärung vorzeitig durch Zugabe von Weingeist und geduldet sich jahrelang, bis die Weine in kleinen Eichenfässern gealtert sind. Je älter der Wein, umso komplexer die Noten von Rosen und Rosinen beim Muscat und von Toffee, Malz und Tee beim Tokay. Zu den größten Vertretern gehören Bailey's, Chambers und Morris. Darüber hinaus ist die Region für mächtige, oft rustikale Rotweine bekannt.

King Valley, ebenfalls im nordöstlichen Victoria, ist die Heimat von Brown Brothers, einem Familienunternehmen, das gute und preiswerte Tischweine erzeugt, speziell aus Chardonnay, Riesling und Cabernet Sauvignon. Brown Brothers hatte und hat großen Anteil am Aufschwung des Weinbaus im King Valley, da sie Traubenfarmer förderten, berieten und ihre Lese aufkauften. Seit 1991 besitzen sie mit All Saints auch eines der berühmtesten Güter Rutherglens. Im benachbarten hoch gelegenen Ovens Valley mit seinem teils alpinen Charakter, wo die Goldgräberstadt Beechworth einst dem Weinbau lukrative Zeiten bescherte, kehrte eine vorsichtige Renaissance erst seit 1980 ein. Hier hat sich das Gut Giaconda mit außergewöhnlichen Pinot-Noir- und Chardonnay-Weinen einen guten Ruf erworben.

Diese beiden Sorten stützen den Weinbau auch im Gippsland, einer ausgedehnten Zone in der leicht hügeligen östlichen Küstenebene Victorias. Aus dem südlichsten und kühlsten Teil kommen elegante Rot- und Weißweine im Burgunder-Stil, aber auch in trockeneren und wärmeren Teilen im Westen und Osten des Gebiets konzentriert man sich auf Chardonnay und Pinot Noir, bisweilen ergänzt durch Bordeaux-*blends*.

Neue Bestimmung im Westen

Von Ballarat in der Western-Victoria-Zone weiter gen Westen folgt Pyrenees mit seiner sanft gewellten Landschaft, die dem spektakulären europäischen Gebirge gleichen Namens so wenig gleicht. Nach gescheiterten Versuchen mit Brandy und Schaumwein besinnt man sich darauf, dass dies hauptsächlich Rotweinland ist, auch wenn Sauvignon Blanc gute Resultate zeigt und Chardonnay inzwischen die verbreitetste Sorte ist.

Etwas später reifen die Trauben in den Grampians, dem früheren Great Western, das ebenfalls mit dem Goldrausch berühmt wurde. In den von den Bergleuten zurückgelassenen Stollen etablierte sich mit fachlicher französischer Hilfe die Schaumweinproduktion von Seppelt Great Western, der bekanntesten australischen Marke. Sie wird noch heute hier hergestellt, doch inzwischen haben sich die Grampians zur Tischweinregion entwickelt, die vergleichsweise geringe Mengen an Rot- und Weißweinen erzeugt. Bemerkenswert sind Riesling und Shiraz, der sich sowohl elegant als auch sehr pfeffrig und würzig präsentiert.

In Victorias Flussregion im Westen konzentriert sich die Massenproduktion. Der Murray River versorgt die Rebflächen von Murray Darling im Westen bis Swan Hill im Osten. Auf flachen, lehm- und sandhaltigen Böden und bei trockenheißem Klima macht es Agrartechnologie möglich, dass hier mehr als ein Drittel des gesamten australischen Weins produziert wird. Und jenseits der Staatsgrenze tragen weitere 2 000 Hektar in Neusüdwales dazu bei. Sultana und der aromatische Muscat Gordo Blanco sind hier die Massenträger, Chardonnay liefert günstige Weißweine. Dies ist aber auch die Heimat von Lindemans überaus erfolgreichem Bin 65 Chardonnay.

Ausgewählte Erzeuger in Neusüdwales und Victoria

Neusüdwales

Botobolar**
Mudgee, Mudgee
ha n.n.; 78 000 Fl. • Weine: Chardonnay, Marsanne, →Budgee-Budgee Shiraz, Preservative-Free White und Red
1971 als eine der ersten biologischen *wineries* in Australien von Gil Wahlquist gegründet und bis heute eine der wenigen geblieben; jetzt von Kevin Karsyrom übernommen, der mit Weinen ohne Konservierungsmittel biologische Praxis in die Kellerei einbrachte.

Brokenwood***–******
Pokolbin, Lower Hunter Valley
ha n.n.; 720 000 Fl. • Weine: →Cricket Pitch Unwooded Chardonnay, Sauvignon Blanc Sémillon, →Graveyard Chardonnay; Cricket Pitch Cabernet Merlot, Shiraz, →Graveyard Shiraz
Gemeinsam mit dem berühmten Weinautor James Halliday 1970 gegründet, erzeugt Brokenwood heute unter den *winemakers* Ian Riggs und Dan Dineen gut gemachte und gesuchte Sémillons und Shiraz und den gefragten →Graveyard Shiraz.

Lindemans**–******
Karadoc, Coonawarra, Padthaway, Hunter Valley
ha n.n.; ZT; 40 000 000 Fl. • Weine: Coonawarra Rotweine, vor allem Limestone Ridge (Shiraz/Cabernet), Pyrus (Cabernet-Blend), →St.George (Cabernet), sortenreine Weine wie Chardonnay aus Padthaway, aus der historischen Ben Ean Winery im Hunter Valley, die Marke Leo Buring und verschiedene Bin-Nummern aus der gigantischen Karadoc-Anlage
Als Teil der Southcorp-Gruppe erzeugt Lindemans neben den erwähnten Weinen seinen fruchtbetonten, konstanten und preisgünstigen →Bin 65 Chardonnay. Die weltweit meistverkaufte Chardonnay-Marke ist eine Kreation von Chefweinmacher Philip John.

McWilliams**–******
Hanwood, Riverina
830 ha; ZT; 2 000 000 Fl. • Weine: Sortenweine aus Riverina; Chardonnay, Shiraz und Cabernet aus Barwang in Hilltops, NSW, →Limited Release Hunter Valley Chardonnay, →Lovedale Sémillon, →Eden Valley Riesling und diverse verstärkte Weine wie →MCW 11 Liqueur Muscat und →10-Year-Old Hanwood Tawny Port
Unter den *winemakers* Jim Brayne und Phillip Ryan setzt sich McWilliams' Ruf für feinen Hunter Valley Sémillon und verstärkte Weine fort, während das Angebot sonst von ordentlichen Sortenreinen bis zu edleren Tischweinen von Hilltops, Eden Valley und Coonawarra reicht.

Rosemount Estate**–******
Denman, Upper Hunter Valley
2 500 ha; ZT; 36 000 000 Fl. • Weine: breites Angebot von sortenreinen Weinen, darunter die Premiummarken →Orange Chardonnay und →Roxburgh Chardonnay sowie Weine von anderen Regionen, vor allem McLaren Vale Shiraz und Yarra Valley Chardonnay
Als eines von Australiens führenden Exportunternehmen produziert das schnell expandierende Rosemount (zuletzt in Mudgee) große Mengen leicht trinkbarer, kommerzieller Weine, aber auch ansprechenden McLaren Vale Shiraz und feinen Chardonnay als Spitzenprodukte.

Rothbury**–*****
Pokolbin, Lower Hunter Valley
184 ha; ZT; 3 000 000 Fl. • Weine: →Brokenback Shiraz, Cowra Chardonnay, Mudgee Shiraz und Cabernet, Hunter Valley Weißweine und Shiraz, Verdelho, →Rothbury Estate Chardonnay, Sémillon und Shiraz
Gegründet von Len Evans und 1996 von der Mildara-Blass-Gruppe übernommen, erzeugt Rothbury unter den *winemakers* Andrew Thomas und Robert Guadagnini angenehme, kommerzielle Weine aus eigenen Rebanlagen und von Vertragswinzern in Hunter Valley, Mudgee und Cowra.

Tyrrell's**–******
Pokolbin, Lower Hunter Valley
325 ha; ZT; 9 600 000 Fl. • Weine: rote und weiße sortenreine Weine, kommerzielle Marken: Long Flat White und Red, dann Weine von einzelnen Weinbergen wie →Shee-Oak Chardonnay, →Lost Block Sémillon, →Brokenback Shiraz und als beste Vat 47 Chardonnay, →Vat 6 Pinot Noir und Vat 9 Shiraz
Murray Tyrrell ist einer der Großen des Hunter Valley und wohl dafür am bekanntesten, dass er Pinot Noir im ungastlichen Hunter-Klima einführte. Tyrrells bleibt Familienbetrieb mit im Vergleich günstigen Weinen.

Victoria

Bailey's***
Glenrowan, Glenrowan
50 ha (weitere 89 ha geplant); ZT; 360 000 Fl. Weine: Riesling, Chardonnay, Touriga, Shiraz, →1920s Block Shiraz, →Winemaker' Selection Tokay und Muscat
Jetzt im Besitz von Mildara-Blass macht Baileys unter *winemaker* Nick Walker kraftvolle, gut strukturierte Rote, besonders Shiraz, während die wahre Spezialität die verstärkten Weine aus Muscadelle (Tokay) und Muscat sind.

Bannockburn Vineyards***–******
Bannockburn, Geelong
ha n.n.; ZT; 84 000 Fl. • Weine: Riesling, Sauvignon Blanc, Chardonnay, Pinot Noir, Shiraz, Cabernet/Merlot
Als Nummer eins von Geelong hat Bannockburn unter Gary Farr hochwertige Weißweine aus Weinbergen mit niedrigen Erträgen erzeugt. Ein reichhaltiger, komplexer Pinot Noir verdankt seine Klasse auch seinen Erfahrungen auf der Domaine Dujac im Burgund.

Best's****
Great Western, The Grampians
66 ha; ZT; 360 000 Fl. • Weine: Chardonnay, Riesling, Pinot, Dolcetto, Shiraz, →Thomson Family Shiraz, Cabernet und verstärkte Weine
Best ist eine der traditionellsten Kellereien der kühlen Grampians und erzeugt Weine aus Sorten wie Ondenc, Goldener Chasselas und aus dem norditalienischen Dolcetto, obwohl Shiraz ihr bester Wein sein dürfte.

Brown Brothers**
Milawa, King Valley
500 ha; ZT; 7 500 000 Fl. • Weine: ein breites Angebot sortenreiner Weine aus Rebanlagen in Victoria, darunter →Noble Riesling, Limited Release, Family Selection und Family Reserve

Das Familienunternehmen produziert ein reiches Angebot an trockenen, süßen und verstärkten Weinen mit gutem Preis-Leistungs-Verhältnis. Neu sind Weine aus den Sorten Barbera und Tarrango, einer fruchtbetonten Züchtung aus Touriga und Sultana.

CAMPBELLS ***
RUTHERGLEN, RUTHERGLEN
ha n.n.; ZT; 420 000 Fl. • Weine: Riesling, Sémillon, Pedro Ximénez, →Bobbie Burn Chardonnay, →Bobbie Burns Shiraz, Malbec, Cabernet, Muscat und Tokay
Beeindruckend mächtige Tischweine werden bei Campbells erzeugt, vor allem Bobbie Burns Shiraz mit Ingwer- und Eichenwürze. Campbells Trumpf sind die reifen, verstärkten Muscats und Tokays.

CHÂTEAU TAHBILK *–******
TAHBILK, GOULBURN VALLEY
ha n.n.; ZT; 1 100 000 Fl. • Weine: Marsanne, Riesling, Chardonnay, Shiraz, Cabernet
Victorias älteste Familienkellerei, 1860 gegründet, ist auch in Bezug auf ihre Weine eine der traditionellsten Australiens. Noch immer im Besitz der Purbrick-Familie, erzeugt Château Tahbilk eine eigenständige Marsanne und traditionelle Rotweine, darunter kleine Mengen von ikonenartigem Shiraz von einem winzigen Flecken mit Stöcken aus dem 19. Jahrhundert.

COLDSTREAM HILLS *–*******
COLDSTREAM, YARRA VALLEY
47 ha; ZT; 420 000 Fl. • Weine: Sémillon, Sauvignon, Chardonnay, Pinot, Merlot, Cabernet
James Halliday gründete diese *winery* 1985, die aufgrund der Qualität ihrer Chardonnays und Pinot-Noir-Weine, besonders der Reserve, herausragt. Seit der Übernahme von Southcorp 1996 wurde die Produktion erweitert, aber mit Paul Lapsley als *winemaker* und Halliday weiterhin namentlich an der Spitze gab es keinen Qualitätseinbruch.

DALWHINNIE **–*******
MOONAMBEL, PYRENEES
26 ha; 54 000 Fl. • Weine: Dalwhinnie Chardonnay und Pinot, →Dalwhinnie Moonambel Shiraz und Cabernet, Dalwhinnie ›Eagle Series‹ (Reserve Shiraz nur in Spitzenjahren)
In einer der landschaftlich sanftesten Weinregionen, den Pyrenees, macht Dalwhinnie, im Besitz von David und Jenny Jones, einige der größten Chardonnays, Cabernets und Shiraz Australiens; am besten der von kühlem Klima geprägte, pfeffrige →Moonambel Shiraz.

DE BORTOLI **–****
DIXON'S CREEK, YARRA VALLEY UND RIVERINA
ha n.n.; ZT; 3 500 000 Fl. • Weine: sortenreine Weine, Deen de Bortoli und →Noble Sémillon in Riverina, und am oberen Ende des Angebots Sémillon, Chardonnay, Pinot, Shiraz, Cabernet, Cabernet/Merlot.
Die Familienkellerei produziert sortenreine Weine in großen Mengen, aber auch einen guten, süßen Weißen und im Yarra Valley hochwertige Weine, vor allem De Bortoli Yarra Valley Pinot Noir.

MITCHELTON ***
MITCHELLSTOWN, GOULBURN VALLEY
ha n.n.; ZT; 2 400 000 Fl. • Weine: Chardonnay, Cabernet, Marsanne, Mitchelton III White (Marsanne, Grenache, Viognier), →Mitchelton III Red (Shiraz, Grenache, Mourvèdre), Merlot, Riesling, Sauvignon, plus Print Label und Reserve-Reihen
Dank des erfahrenen *winemaker* Don Lewis produziert Mitchelton, die *winery* mit dem markanten Hexenhut-Turm, die 1994 von Petaluma übernommen wurde, verschiedene Typen von guten Tischweinen zu durchaus vernünftigen Preisen.

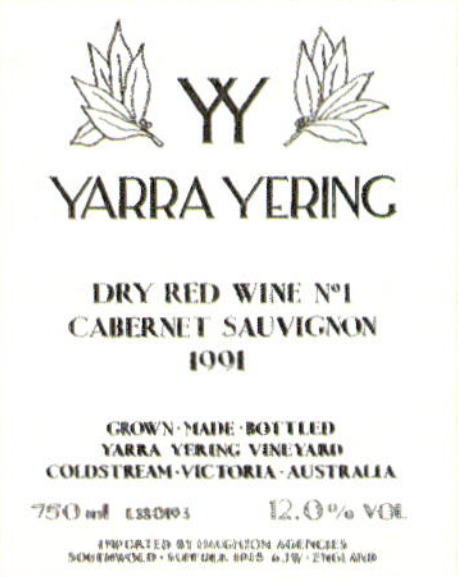

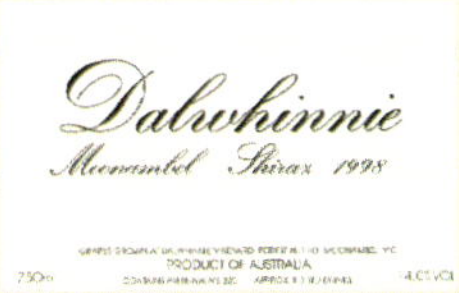

MORRIS ****
RUTHERGLEN, RUTHERGLEN
ha n.n.; ZT; Fl. nn • Weine: Shiraz, Durif, →Mick Morris Old Tawny Port, →Liqueur Tokay, →Old Premium Liqueur Tokay und Muscat, →Mick Morris Muscat
Diese seit 1859 bestehende Kellerei im Nordosten Victorias fährt in treuer Familientradition fort, verstärkte Weine von verblüffender Qualität und mit faszinierendem Charakter zu erzeugen.

MOUNT LANGHI GHIRAN VINEYARDS *–*******
BUANGOR, THE GRAMPIANS
85 ha; ZT; 1 200 000 Fl. • Weine: Riesling, Chardonnay, Pinot Grigio, Shiraz, Cabernet, Merlot, →Billi Bill Creek Shiraz Cabernet, →Mount Langhi Ghiran Shiraz, Zweitetikett: Four Sisters
Trevor Mast macht in kühlem Klima rassige, intensive Shiraz mit einer Dosis Pfeffer und reichlich Würze, folglich zählt sein →Mount Langhi Ghiran Shiraz inzwischen zur Spitzenliga australischer Rotweine.

MOUNT MARY *****
LILYDALE, YARRA VALLEY
ha n.n.; Fl. n.n. • Weine: Chardonnay, Triolet (Sauvignon, Sémillon, Muscadelle); Pinot, Cabernet, Quintet
Der medienscheue John Middleton hat sich einen Ruf für hochwertige, exklusive Rotweine aus Pinot Noir und Cabernet geschaffen, wobei Quintet einzige *blend* ohne Shiraz ist, die in Langtons Klassifizierung australischer Weine unter ›herausragend‹ eingestuft wurde.

SEPPELT **–****
GREAT WESTERN, THE GRAMPIANS
ha n.n.; ZT; 7 500 000 Fl. • Weine: ein breites Angebot von sortenreinen und Schaumweinen aus Rebanlagen Victorias, darunter →Dorrien Cabernet, →Show Reserve Sparkling Shiraz und →Salinger
Seppelt, im Besitz der Southcorp, ist am bekanntesten für seine Schaumweine, die es in seinen historischen unterirdischen Kellern unter der Leitung von Ian McKenzie vinifiziert. Außerdem ausgezeichnete verstärkte Weine von der historischen Seppeltsfield Winery im Barossa Valley, vor allem →Para Liqueur Port und →Show Tawny Port DP 90.

TARRAWARRA *–******
YARRA GLEN, YARRA VALLEY
ha n.n.; 180 000 Fl. • Weine: Chardonnay; Pinot Noir
In dieser kleinen Winery macht Clare Halloran für das Zweitetikett Tunnel Hill leicht zu trinkende Weine, was ihr erlaubt, langlebige, komplexe und gut strukturierte Chardonnays und Pinot-Noir-Weine für das Tarrawarra-Etikett vorzubehalten.

YARRA RIDGE ***
YARRA GLEN, YARRA VALLEY
78 ha (weitere 43 ha geplant); 960 000 Fl. • Weine: Sémillon, Sauvignon, Chardonnay; Merlot, Shiraz, Pinot, →Yarra Ridge Reserve Pinot Noir
Die Weinmacher Nick Walker, Fiona Purnell und Daniel Bettio machen – nach dem Aufkauf durch Mildara Blass – zunehmend überzeugende Weiß- und Rotweine im Burgunder-Stil.

YARRA YERING *****
COLDSTREAM, YARRA VALLEY
20 ha; 65 000 Fl. • Weine: Dry White No. 1 (Sauvignon/Sémillon), Chardonnay, Pinot Noir, Dry Red No. 1, Dry Red No. 2 (Shiraz-Blend), Merlot, →Underhill Shiraz
Dr. Bailey Carrodus ist einer der großen Exzentriker der australischen Weinszene. Die niedrigen Erträge seiner Weinberge lässt er in winzigen hölzernen Bottichen zu sehr aromatischen, komplexen und äußerst gefragten Weinen vergären.

Südaustralien
Massenware und Raritäten

- F Far North
- G The Peninsulas
  - Port Lincoln
- H Mount Lofty Ranges and Adelaide
  - Clare Valley
  - Adelaide Plains
  - Adelaide Hills
- I Barossa
  - Barossa Valley
  - Eden Valley
- J Lower Murray
  - Riverland
- K Fleurieu
  - McLaren Valley
  - Langhorne Creek
- L Limestone Coast
  - Padthaway
  - Wrattonbully
  - Coonawarra
  - Mount Benson
  - Robe
  - Mount Gambier
- Weinbaugebiete in angrenzenden Regionen

Lange Zeit war Südaustralien mit den enormen Mengen, die im bewässerten Murray Valley produziert werden und die fast 30 Prozent der gesamten Traubenerzeugung des Kontinents ausmachen, der Motor der australischen Weinproduktion. Das Barossa Valley dagegen war das Zentrum des australischen Qualitätsweinbaus, eine Position, die es in der ersten Hälfte des 19. Jahrhunderts dank englischer und deutscher Einwanderer aufbauen konnte, die sich dort niederließen und ihre Weinkultur in der neuen Heimat fortsetzen wollten. In der zweiten Hälfte des 19. Jahrhunderts etablierten sich Clare Valley, McLaren Vale und Coonawarra, während Padthaway erst in den 1960er Jahren folgte. Mit dem neuerlichen Aufschwung von Barossa Valley in den späten 1980er Jahren kamen neue Gebiete wie Adelaide Hills hinzu, begleitet von der Erweiterung des Langhorne Creek und der Entwicklung der Limestone-Coast-Zone zu beiden Seiten von Coonawarra und Padthaway.

Mit seinen sanft geschwungenen grünen Hügeln, seinen attraktiven Steingebäuden und den lutherischen Kirchturmspitzen ist Barossa bis heute eine der schönsten Weinregionen Australiens – sofern man gelegentliches Abgleiten ins allzu Heimelige großzügig übersieht. Das Gefüge von *wineries* ist hier eines der vielfältigsten und interessantesten, weil große und kleine Firmen einträchtig miteinander existieren – meistens jedenfalls. Neben den Großbetrieben wie Penfolds, Orlando, Wolf Blass und Seppelt haben kleinere und mittelgroße *wineries,* allen voran Peter Lehmann, durch hohe Qualitätsmaßstäbe, Ausdauer angesichts widriger Umstände und imaginatives Marketing Barossas Ansehen gewahrt und gefördert. Das gilt in besonderem Maß für St. Hallett, Rockford, Charles Melton und Grant Burge.

Im warmen Klima Barossas findet Shiraz, die Basis des Grange und die meistgepflanzte Sorte der Region, ideale Bedingungen und reift zu reichen, kräftigen Weinen mit schokoladigen Akzenten heran. Körperreich können sich hier auch Rieslinge und Sémillons entwickeln, beide an Fläche Cabernet Sauvignon übertreffend. In nicht geringem Maß verdankt Barossa sein neues Renommee den fast historischen knorrigen Shiraz-Stöcken in Buschform und dem Erbe alter Grenache- und Mourvèdre-Reben, die man vor dem Tischwein-Boom für die Erzeugung der bis dato so beliebten verstärkten Weine gepflanzt hatte.

Mit dem modernen Trend zu Weinen aus kühlerem Klima hat sich Riesling von der warmen Talsohle auf die kühleren, gebirgigeren Hänge der East Barossa Ranges verlagert – eine Entwicklung, die hauptsächlich dem vorausschauenden Joseph Gilbert mit Pewsey Vale, vor allem aber in den 1960er Jahren Yalumba und Heggies zu verdanken ist. Südlich von Barossa ist das Hochland des Eden Valley berühmt für seine eleganten Rieslinge und die Topweine von Henschke aus den Weinbergen Hill of Grace und Mount Edelstone.

Eldorado für kleine Wineries

Clare Valley nördlich von Adelaide gehört zu Südaustraliens traditionsreichsten Weinregionen. Im Gegensatz zu Barossa dominieren in diesem landschaftlich sehr reizvollen Gebiet mit alten Natursteingebäuden die kleinen *wineries,* von denen viele, besonders Jim Barry, Tim Adams, Jeffrey Grosset, Petaluma und Tim Knappstein, mit der Qualität ihrer aromatischen, stahligen Rieslinge, die im Alter interessante Röstnoten entwickeln, hohes Ansehen erworben haben. Riesling nimmt hier den ersten Platz ein, obwohl auch Cabernet Sauvignon erfolgreich ist.

Wenige Kilometer außerhalb Adelaides erreicht man in den hohen, bewaldeten Adelaide Hills eine spektakuläre Kaltklima-Region, die in Gegenden wie Piccadilly und Lenswood wegen der eleganten Chardonnay- und Sauvignon-Blanc-

Ganz oben:
Stolz präsentiert der Rosemount Estate seine Auszeichnung als ›Winemaker of the Year‹.

Oben:
In der Nähe von Adelaide begann 1844 die Geschichte des Weinriesen Penfolds. Heute befindet sich der moderne Hauptsitz in Nuriootpa im Barossa Valley.

Im Barossa Valley reifen einige der besten Shiraz-Weine Australiens.

Weine, aber auch dank der Qualität des Pinot Noir in der Wertschätzung steigt. Wenig weiter südlich ist unter anderen Rosemount Estate bestrebt, die Unterregion Kuitpo aufzuwerten.

Bis vor wenigen Jahren gehörte McLaren Vale zu jenen geschichtsträchtigen südaustralischen Weinregionen, die mehr in der Vergangenheit als in der Gegenwart von sich reden machten. Inzwischen beherbergt das leicht gewellte Hügelland im Süden von Adelaide interessante kleine *wineries*. Unter den bemerkenswertesten sind Wirra Wirra, Chapel Hill, d'Arenberg, Geoff Merrill, Clarendon Hills, Tatachilla und Coriole. In überwiegend mediterranem Klima produziert man hier aus Shiraz und Cabernet Sauvignon, den dominierenden roten Sorten, reichhaltige, sanfte Rotweine. Wichtigste weiße Traube ist mit deutlichem Abstand Chardonnay. Bislang weniger bekannt ist Langhorne Creek, wo Cabernet Sauvignon und Shiraz vorherrschen, die einen großen Anteil von Orlandos Rotwein Jacob's Creek liefern.

Riverland fasst eine Reihe von Subregionen mit heißem kontinentalem Klima entlang des Murray River zusammen. Es wurde zunächst von George und William Chaffey urbanisiert, die Renmark am Westufer des Flusses als Standort ihrer bahnbrechenden Bewässerungsprojekte auswählten. Das warme Klima begünstigte nicht nur die bedeutenden Anpflanzungen von Shiraz, sondern auch von Grenache und Mourvèdre, die noch bis vor kurzem für verstärkte Dessertweine und für Fassware verwendet wurden. Auf einigen Flächen gedeiht auch Chardonnay. Der größte Teil der Bestockung fällt jedoch unter die Kategorie ›Diverses‹, in der sich auch fruchtiger Muscat Gordo Blanco, Doradillo und Sultana wiederfinden, die gemeinsam mit anderen Trauben in den allgegenwärtigen australischen Fasswein eingehen.

Rote Erde und Gummibäume

Coonawarra an der Limestone Coast zählt zweifellos zu Australiens faszinierendsten und geheimnisvollsten Weinregionen. Die Gründe hierfür liegen auf der Hand. Zunächst einmal ist Coonawarra die erste Region Australiens, von der mit Recht behauptet werden kann, sie besitze ein eigenes Terroir: Grundlage dafür bildet der berühmte schokoladenbraune Terra-Rossa-Boden, der auf einem Bett von weichem Kalkstein liegt. ›Geheimnisvoll‹ ist das Prädikat, das einem unwillkürlich in den Sinn kommt angesichts des flachen, von Gummibäumen bestandenen Landes. In der Weinwelt wurde Coonawarra schließlich zum Synonym für Spitzenqualitäten von Cabernet Sauvignon und, vielleicht in geringerem Maße, von Shiraz. Wenngleich im Schatten der Rotweine, liefern auch Chardonnay und Riesling auf den braunroten Böden beständig gute Weine.

Die ersten Reben in dieser kleinen, lang gestreckten Region pflanzte John Riddoch 1890, aber erst die Vorliebe für rote Tischweine in den 1960er Jahren ließ das Gebiet sein verborgenes Potential voll entfalten. 60 Kilometer landeinwärts vom Ozean gelegen, ist es eine vergleichsweise kühle Region, in der häufige Bewölkung eine lange Wachstumsperiode zur Folge hat. Obwohl von großen Firmen wie Wynns, Lindemans, Mildara und Penfolds dominiert, konnte sich eine Vielzahl kleinerer *wineries* etablieren, darunter Hollick und Bowen Estate, die Weine von Substanz und Qualität erzeugen.

Padthaway umfasst eine gigantische Ausdehnung von Weinflächen, die beinah ausschließlich von Großunternehmen wie Seppelt, Lindemans, Hardys und Wynns mit Premiumsorten bepflanzt wurden. Chardonnay ist die bemerkenswerteste und verbreitetste Sorte, aber auch Shiraz kann hier außerordentlich gut sein. Entlang der Limestone Coast steigt eine Anzahl neuer Regionen auf, die Premiumtrauben anbauen, wie vor allem Robe, Mount Benson und Wrattonbully.

Ausgewählte Erzeuger in Südaustralien

Tim Adams **
Clare, Clare Valley**
16 ha; ZT; 300 000 Fl. • Weine: →The Aberfeldy Shiraz, →The Fergus Grenache, Riesling, Sémillon, Cabernet
Aus Trauben lokaler Farmer vinifizieren Tim und Pam Adams in ihrer makellosen *winery* am Stadtrand von Clare einige der besten handwerklich produzierten Clare-Valley-Sémillons und -Rieslinge sowie feine Shiraz- und Grenache-Weine von hochwertigen alten Stöcken.

Angove's **–*
Renmark, Riverland**
500 ha; ZT; 11 500 000 Fl. • Weine: sortenreine Weine und Classic-Reserve-Reihe
Traditioneller privater Weinbetrieb im Riverland mit dem Nanya Vineyard, der das zu gleichen Teilen zwischen roten und weißen Premiumsorten aufgeteilte Volumen liefert. Direktor John Angove macht ordentliche, kommerzielle und preiswerte Weine.

Jim Barry **–**
Clare, Clare Valley**
320 ha; 1 800 000 Fl. • Weine: Watervale Riesling, Chardonnay, Cabernet, Merlot, →McCrae Wood Shiraz, →The Armagh
Das Familiengut Jim Barry ist einer der Spitzenerzeuger für Riesling aus dem Clare Valley, aber vermutlich am bekanntesten für seinen teuren, langlebigen Kult-Shiraz The Armagh und den günstigeren, aber gleichermaßen kraftvollen, von Mark Barry erzeugten McRae Wood Shiraz.

Wolf Blass **–*
Nuriootpa, Barossa Valley**
474 ha (weitere 206 ha geplant); ZT; 8 400 000 Fl. Weine: sortenreine Rotweine und blends unter roten, gelben, braunen, grauen und schwarzen Etiketten, Weißweine unter weißen, gelben, grünen und goldenen Etiketten von Rebanlagen in Barossa Valley, Eden Valley, Langhorne Creek, plus McLaren Vale und Padthaway
Nun Teil der enormen Mildara-Blass-Gruppe, fährt diese Kellerei, die ihren Namen einem der großen Weinerzeuger Australiens verdankt, fort, gute und günstige Rot- und Weißweine mit Eichennote zu produzieren. Kürzlich wurden $A 4,4 Millionen für Modernisierungen investiert.

Bowen Estate **
Coonawarra, Coonawarra**
ha n.n.; 132 000 Fl. • Weine: Chardonnay; Shiraz, Cabernet
In Coonawarra mit den ausdehnten Pflanzungen der Großunternehmen fällt Doug Bowens kleines Gut mit handgeschnittenen Reben und sorgfältig gearbeiteten Weinen auf, besonders wegen der Qualität und Finesse seiner in Eiche ausgebauten Rotweine.

Chapel Hill *–****
McLaren Vale, McLaren Vale**
44 ha; ZT; 800 000 Fl. • Weine: Chardonnay mit und ohne Holz, Eden Valley Riesling, Shiraz, Cabernet/ Shiraz wie The Vicar
Der ausgezeichnete *winemaker* und Fasshändler Pam Dunsford zeichnet für die attraktiven Weißen und kraftvollen, konzentrierten, von Eiche geprägten Rotweine Chapel Hills verantwortlich. Trauben erhält er aus Coonawarra, Padthaway und natürlich aus dem McLaren Vale.

Clarendon Hills **
Blewitt Springs, McLaren Vale**
2 ha; ZT; 216 000 Fl. • Weine: Chardonnay; Pinot, Merlot, →Blewitt Springs Grenache, →Clarendon Vineyard Grenache, →Astralis
Winemaker Roman Bratasiuk erzeugt 18 dichte, konzentrierte Weine aus einzelnen Weingärten mit wenig tragenden alten Stöcken, die eine Fangemeinde gefunden haben, insbesondere der sehr gesuchte und kostspielige Astralis aus Shiraz.

D'Arenberg *–****
McLaren Vale, McLaren Vale**
ha n.n.; ZT; 1 200 000 Fl. • Weine: Riesling, Sauvignon, →Twenty Eight Road Mourvèdre, →Dead Arm Shiraz, →Ironstone Pressings
Unter dem markanten roten Streifen über dem weißen Etikett erzeugt d'Arenberg eine reizvolle Kollektion an Weinen mit amüsanten Namen; viele davon produziert *winemaker* Chester Osborne von alten Shiraz- und Grenache-Stöcken. Die Qualität ist beständig gut und Dead Arm Shiraz eine der besten des McLaren Vale.

Grosset Wines ***
Auburn, Clare Valley**
8 ha; ZT; 100 000 Fl. • Weine: →Watervale Riesling, →Polish Hill River Riesling, →Adelaide Hills Sémillon Sauvignon, Chardonnay, Edelriesling; Pinot, Gaia
Präzise ausgerichtet und mit Sorgfalt erreichte Jeffrey Grosset, der seine Kellerei 1981 im Clare Valley gründete, verdienten Ruhm mit einem der langlebigsten und elegantesten Rieslinge Australiens sowie mit der feinen Cabernet-Cuvée Gaia.

Hardys Château Reynella *–****
Reynella, McLaren Vale**
ha n.n.; ZT; Fl. nn (4 000 Tonnen Trauben werden jährlich gepresst) • Weine: →Nottage Hill sowie rote und weiße Marken unter den Namen von Hardy's, Insignia und Siegersdorf
Jetzt Teil der gigantischen BRL-Hardy-Gruppe, ist Hardy unter den *winemakers* Stephen Pannell und Peter Dawson ein zunehmend erfolgreiches Unternehmen geworden, wobei die Betonung auf Trauben aus dem McLaren Vale liegt, das Peter Dawson für eine von Australiens besten Rotweinregionen hält.

Henschke ***
Keyneton, Eden Valley**
ha n.n.; ZT; 480 000 Fl. • Weine: Eden Valley Riesling, Gewürztraminer, Sémillon, plus Riesling und Sémillon von den Adelaide Hills; →Mount Edelstone Shiraz, →Hill of Grace Shiraz, →Cyril Henschke Cabernet und Abbotts Prayer Cabernet Merlot
Stephen und Prue Henschkes Präzisionsarbeit hat diese *winery* im Eden Valley zur besten ihrer Größe in Australien gemacht, und mit Hill of Grace erzeugt sie einen Shiraz aus alten Reben, der es mit Penfolds Grange aufnimmt.

Peter Lehmann **–**
Tanunda, Barossa Valley**
ha n.n.; ZT; 2 400 000 Fl. • Weine: sortenreine Weiß- und Rotweine, Premiumweine unter dem Etikett der Cellar Collection, →Stonewell Shiraz, →Mentor Cabernet
Peter Lehmann hielt die Flamme am Leben, als Barossa in den 1970er Jahren durch den Aufruhr der Rotweinschwemme ging. Heute produziert das Unternehmen preisgünstige, kommerzielle Weine und den kraftvollen Stonewell Shiraz.

Lenswood ****
Lenswood, Adelaide Hills
25 ha; ZT; 102 000 Fl. • Weine: Chardonnay, Sauvignon, Sémillon, Gewürztraminer; Pinot, Cabernet, The Palatine (Cabernet, Merlot, Malbec)
Nachdem er das Clare Valley verlassen und seine *winery* (und ihren Namen) an Petaluma verkauft hatte, schuf Tim Knappstein einen dicht bepflanzten Weinberg und eine Kellerei in den kühlen Adelaide Hills. Dort macht er intensive und elegante Weiße und konzentrierten Pinot Noir. Ziel sind 144 000 Flaschen.

Charles Melton Wines ****
Tanunda, Barossa Valley
30 ha; ZT; 120 000 Fl. • Weine: Cabernet Franc, Shiraz, Grenache, Cabernet, →Rose of Virginia, Nine Popes, Shiraz-Sekt
Graeme ›Charlie‹ Melton ist eine der Berühmtheiten des Barossa Valley. Er hat sich auf Rotweine im Stil der südlichen Rhône spezialisiert, wie vor allem Nine Popes, den er (Charlies Französisch ist so exzentrisch wie er selbst) als Hommage an Châteauneuf-du-Pape aus Shiraz, Grenache und Mourvèdre kreierte.

Nepenthe ***
Lenswood, Adelaide Hills
80 ha; 250 000 Fl. • Weine: Sémillon, Sauvignon, Chardonnay; Pinot, Zinfandel, Cabernet und Merlot
Von der Tweddell-Familie 1984 gegründet, erzeugt Nepenthe unter *winemaker* Peter Leske handgemachte Weiß- und Rotweine von zunehmend guter Qualität.

Orlando **–***
Rowland Flat, Barossa Valley
2 000 ha; ZT; 96 000 000 Fl. • Weine: →Jacobs Creek sowie diverse Marken wie →Gramps, →St. Hilary Chardonnay, →St. Hugo Cabernet, →Jacaranda Ridge Cabernet, →Lawson's Padthaway Shiraz
Die höchst erfolgreiche Marke Jacob's Creek ist der Motor, der diesen traditionellen Riesen des Barossa Valley, der jetzt Pernod-Ricard gehört, vorantreibt.

Penfolds **–*****
Nuriootpa, Barossa Valley
ha n.n.; ZT; 12 000 000 Fl. • Weine: →Grange (Shiraz), →Bin 707 Cabernet, →Kalimna Bin 28 Shiraz, →Yattarana Chardonnay, →Eden Valley Riesling, zahlreiche Markenweine von Shiraz, Cabernet, Chardonnay, Riesling
Die Ausnahme der Regel des *small is beautiful* ist Penfolds beständiges Angebot, das von preisgünstigen *blends* wie Rawson's Retreat und Bin 2 über hochwertige Rotweine mittlerer Preislage wie →Bin 389 Cabernet-Shiraz zum Höhepunkt Grange reicht. Der bescheidene *winemaker* John Duval hat dort angesetzt, wo der legendäre Max Schubert aufhörte. Penfolds ist Teil der gigantischen Southcorp-Gruppe.

Petaluma ***–*****
Bridgewater, Adelaide Hills und Clare Valley
200 ha; ZT; 420 000 Fl. • Weine: →Petaluma Chardonnay, Petaluma Coonawarra, Riesling; Merlot; Zweitmarke: Bridgewater Mill
Brian Croser, einer von Australiens führenden Erzeugern, macht seit 1977 einen der finessenreichsten Chardonnays des Landes, seit 1990 aus Trauben der Adelaide Hills, sowie feinen Riesling im Clare Valley, eine elegante *blend* aus Cabernet und Merlot in Coonawarra und den nach ihm benannten rassigen Schaumwein. Das Croser-Imperium schließt außerdem Knappstein Wines und Mitchelton ein.

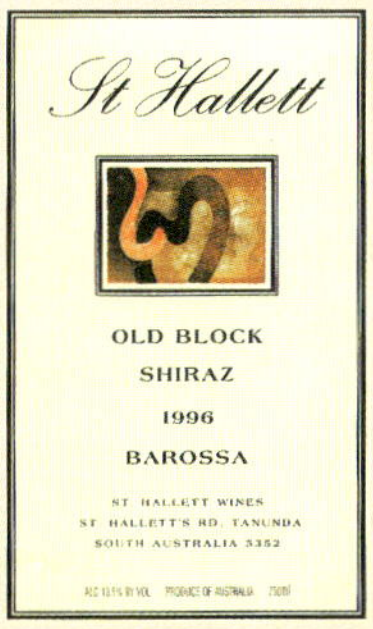

Shaw & Smith ***–****
Stirling, Adelaide Hills
26,5 ha; ZT; 360 000 Fl. • Weine: →Shaw & Smith Sauvignon Blanc, →Shaw & Smith Chardonnay, new Incognito Merlot from 1998
Die Cousins Martin Shaw und Michael Hill-Smith beziehen jetzt über die Hälfte ihrer Trauben aus ihrem 28 ha großen Woodside Weinberg, den sie 1994 pflanzten. Mit weiteren 46 ha bei ihrer neuen *winery* in Balhannah in den Adelaide Hills werden sie hinsichtlich des Leseguts unabhängig werden. Intensiver Sauvignon und guter Chardonnay ohne Eiche sowie →Reserve-Qualität.

St. Hallett ***–****
Tanunda, Barossa Valley
ZT; 600 000 Fl. • Weine: Poachers Blend; →Faith Shiraz, →Blackwell Shiraz, →Old Block Shiraz, Barossa Valley Cabernet Sauvignon Franc Merlot, Tawny
Mit Stuart Blackwell als *winemaker* und dem unermüdlich die Werbetrommel rührenden Globetrotter Bob Maclean wurde St. Hallett eine von Australiens Kult-*wineries*, was zu einem großen Teil dem Konzept des Old Block zu verdanken ist, der aus kleinen Parzellen alter Shirazreben im Barossa Valley stammt.

Tatachilla ***
McLaren Vale, McLaren Vale
ha n.n.; ZT; 410 000 Fl. • Weine: Riesling, Sauvignon, Chardonnay; →Foundation Shiraz, ›Keystone‹ (Grenache / Shiraz), ›Partners‹ (Cabernet / Shiraz), Tawny
Nach dem Verkauf 1993 und der Renovierung erlebt diese traditionelle *winery* ein bemerkenswertes Revival und erzeugt seit 1995 besonders Rotweine mit überragender Frucht und Qualität.

Wirra Wirra ***–****
McLaren Vale, McLaren Vale
197 ha; ZT; 900 000 Fl. • Weine: →Hand-Picked Risling, Sauvignon, Chardonnay; →The Angelus Cabernet, Church Block (Cabernet/Shiraz/Merlot), →RSW Shiraz, verstärkte Weine
Unter dem neuen Direktor Tony Jordan, früher bei Domaine Chandon, sollte diese mittelgroße *winery* fortfahren, die Qualität ihrer Weine, insbesondere der Spitzen-Cabernets und -Shiraz zu steigern.

Wynns **–****
Coonawarra, Coonawarra
ha n.n.; ZT; 4 000 000 Fl. • Weine: vor allem Riesling, Chardonnay; Cabernet und Shiraz, →Michael Hermitage (Shiraz), →John Riddoch Cabernet
Wynns, nun Teil des Southcorp-Reichs, ist der größte Besitzer in Ertrag stehender Rebanlagen in Coonawarra und erzeugt unter *winemaker* Sue Hodder günstige, sortenreine Weine aus Shiraz, Cabernet und Riesling und bemerkenswerte Spitzenrotweine.

Yalumba **–****
Angaston, Barossa Valley
600 ha; ZT; 10 200 000 Fl. • Weine: →Angas Brut, →Oxford Landing, →The Menzies Cabernet, →Octavius Shiraz, sortenreine und Markenweine
Das Unternehmen im Familienbesitz wird von Robert Hill-Smith geführt, dessen bekannteste Marke der Schaumwein Angas ist. Er erzeugt auch auf Shiraz und Cabernet basierende Rotweine, deren Trauben er von alteingesessenen Barossa-Farmern kauft, deshalb die Reihe ›Barossa Growers‹. Auch elegante Weißweine, vor allem →Pewsey Vale und →Heggies Rieslinge vom Hill-Smith Estate.

Westaustralien
Traumland eleganter Weine

Links:
Morgennebel ist ein häufig auftretendes Phänomen im Weingebiet des Margaret River.

Rechts:
Die unmittelbare Nähe des Indischen Ozeans bestimmt das Klima am Margaret River und mäßigt es.

Westaustralien ist zwar der größte Staat des Landes, doch die Weinindustrie konnte hier nicht die gleiche Kapazität erreichen wie in Südaustralien, Neusüdwales oder Victoria. Das mag seine Ursache in der Entfernung westaustralischer Weinregionen von den Verwaltungs- und Handelszentren im Südwesten des Kontinents haben, liegt aber wohl eher darin begründet, dass die Bilanz hier ohne die Höchsterträge einer Riverland-Region auskommen muss. Der Ruf, den sich der Staat erwerben konnte, ist ein sehr viel gediegenerer, gelten westaustralische Weine doch als Inbegriff höchster Qualität, da sie Stile präsentieren, die sich deutlich von vergleichbaren Weinen im Osten unterscheiden: Cabernet Sauvignon liefert in der Region Margaret River einen eher europäisch anmutenden Wein, Shiraz aus der Umgebung des Mount Barker kann durchaus die elegante Würze und Pfeffrigkeit der Syrah von der nördlichen Rhône aufweisen, und auch Riesling entwickelt hier rassige Aromen, wie man sie in anderen Teilen Australiens nicht antreffen kann.

Fernab in der Hitze

Trotz der Abgelegenheit wurden auch in Westaustralien die Fundamente für die Weinindustrie in der ersten Hälfte des 19. Jahrhunderts gelegt, als Thomas Waters und John Septimus Roe Weingärten im flachen, heißen Swan Valley pflanzten, das daraufhin lange Zeit Zentrum der westaustralischen Produktion blieb. In der Folge waren es jugoslawische Einwanderer, die diese Region zum bedeutenden Weinlieferanten ausbauten. 1937 gelangte Swan Valley für Houghton's White Burgundy zu Ruhm. Der legendäre Jack Mann kreierte diesen berühmten Wein, der seine erstaunliche Fülle zum einen der Reife verdankt, die den Trauben das heiße Klima des Swan District beschert, wo die Temperaturen australische Höchstwerte erreichen; darüber hinaus ist es natürlich die Auswahl der Sorten: hauptsächlich Sémillon mit Muscadelle und Chenin Blanc sowie der völlige Verzicht auf Chardonnay. Houghton (inzwischen im Besitz von Thomas Hardy) blieb das bedeutendste westaustralische Weinunternehmen, doch in letzter Zeit gibt es Anzeichen für ein neu erwachtes Interesse an dem heißen Tal.

Wenige Kilometer außerhalb von Perth, in den landschaftlich reizvollen Perth Hills, arbeitet rund ein Dutzend *wineries.* Weiter südlich entlang der Küste folgt die South-West-Coast-Region mit ihren verblüffend homogenen sandigen Kalksteinböden und drei *wineries,* die davon profitieren.

Unten:
Am Margaret River erstrahlt die Natur in den schönsten Farben.

Margaret River

Etwa 200 Kilometer südlich von Perth erreicht man das berühmteste Anbaugebiet Westaustraliens. Margaret River ist eine reizvolle, vom Indischen Ozean klimatisch beeinflusste Region mit mehr als 50 *wineries* und ausgefeilter touristischer Infrastruktur.

Wurden die ersten Betriebe ab 1970 mehr als Hobby gegründet (meist von Ärzten), so ist die Region vor einigen Jahren Objekt von Ankäufen großer Weinunternehmen geworden: Southcorp Wines übernahm Devil's Lair, und BRL Hardy (der Zusammenschluss von Hardys, Leasingham, Reynella, Houghton u. a.) wählte eine Beteiligung an Brookland Valley. Nach einer Phase der Stagnation setzte ab 1996 eine massive Ausdehnung

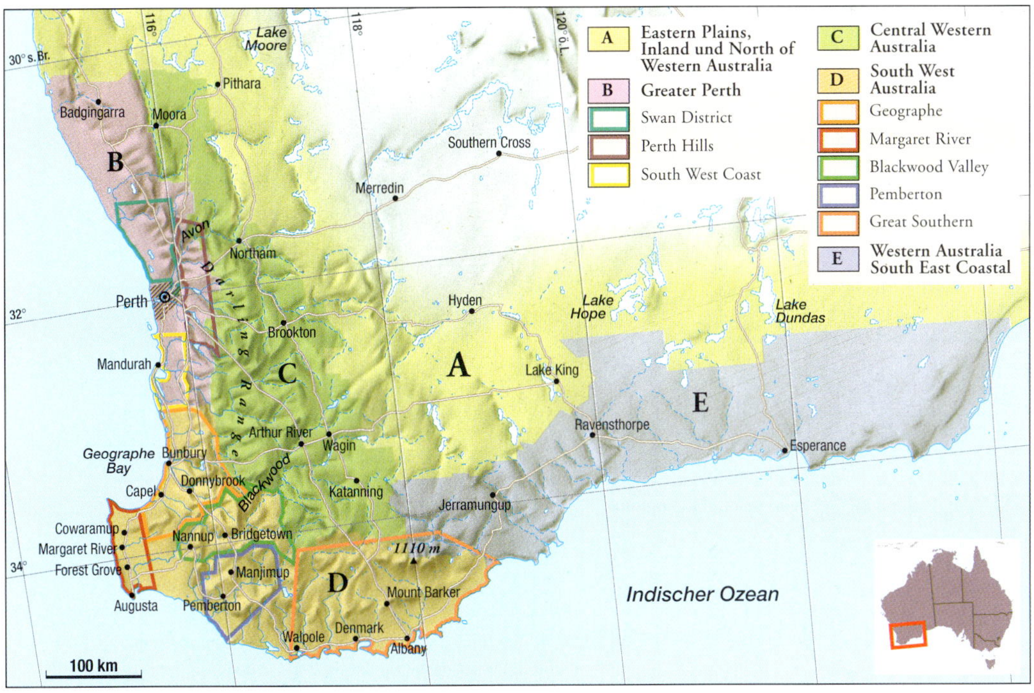

der Rebflächen ein. Inzwischen bedecken sie mehr als 2 500 Hektar, womit sich das Areal innerhalb von nur fünf Jahren verdoppelt hat.

Margaret River hat sich als besonders geeignet erwiesen für Cabernet Sauvignon in bordeaux-artigen Verschnitten mit Merlot, was reife, doch elegante Rotweine mit Aromen von Schwarzen und Roten Johannisbeeren ergibt. Der Bordeaux-Stil gilt auch bei Weißweinen, wo Sauvignon Blanc mit Sémillon zu einigen höchst erfolgreichen Weinen verbunden wird. Auch aus Chardonnay werden zuverlässig ausgezeichnete Weine vinifiziert. Nach fast einhelliger Ansicht stammt Australiens feinster und wohl langlebigster Chardonnay vom Leeuwin Estate.

Wie Margaret River gehört auch die angrenzende, neu eingerichtete Region Geographe zur South-West-Australian-Zone. Sie umfasst das stark maritim geprägte Küstengebiet um den Capel River, das im Inland liegende Gebiet von Donnybrook und die Bunbury Hills. Manjimup und Pemberton gelten als Bordeaux beziehungsweise Burgund der Region mit Chardonnay, Cabernet Sauvignon und Pinot Noir als dominierenden Sorten.

Auch der südliche Teil der weiten Region Great Southern unterliegt den Meereseinflüssen, ist aber überwiegend kühler als Margaret River, während im Inland eher kontinentales Klima herrscht. Ihre Entwicklung ist vergleichsweise jung, begann sie doch erst, nachdem der kalifornische Weinbauexperte Harold Olmo der westaustralischen Regierung 1955 das Potential für hochwertige Weine bescheinigt hatte. Riesling ist hier so erfolgreich wie in den Clare und Eden Valleys in Südaustralien, kann Zitrusnoten aufweisen und altert ausgezeichnet. Guter Chardonnay ist hier ebenso anzutreffen wie elegante Weine aus Cabernet Sauvignon und Shiraz. Auch Pinot Noir scheint in den kühlen Weinbergen um Mount Barker und bei Albany sehr gut aufgehoben zu sein.

Links:
Der Voyager Estate verblüfft mit ungewöhnlicher Architektur und vollen, würzigen Weißweinen.

Rechts:
Vanya Cullen sorgt für hochklassige, stilsichere, individuelle Weine vom Familiengut.

Ausgewählte Erzeuger in Westaustralien

Cape Mentelle ***–*****
Margaret River, Margaret River
90 ha; ZT; 600 000 Fl. • Weine: Sémillon/Sauvignon, Chardonnay, Cabernet/Merlot, Shiraz, Zinfandel
Obwohl inzwischen zum Teil im Besitz von Veuve Clicquot – ebenso wie das neuseeländische Topgut Cloudy Bay –, ist David und Mark Hohnens Cape Mentelle seit seiner Gründung 1970 eine von Westaustraliens qualitativ hochwertigsten *wineries* geworden, wo *winemaker* John Durham die Verantwortung für ausgezeichnete Weißweine und superbe, dichte und reiche Cabernets und Shiraz trägt. Außerdem erzeugt er Australiens besten Zinfandel.

Capel Vale ***
Capel, Geographe
180 ha; ZT; 1 200 000 Fl. • Weine: ein weites Angebot an Sorten, einschließlich Sauvignon, Sémillon, Riesling, Verdelho, Cabernet, Merlot, Shiraz und Tawny
Unter Peter Pratten erweitert Capel Vale in der neugeschaffenen Region Geographe sein sehr kommerzielles Angebot und die Menge der zugänglichen Qualitätsweine in mittlerer Preislage.

Cullens ****
Cowaramup, Margaret River
32 ha; 150 000 Fl. • Weine: Chardonnay, Sauvignon, Sémillon, Cabernet/Merlot, Pinot Noir
Seit der Gründung 1971 war Cullen einer der Pioniere der Region des Margaret River. Heute steht der Betrieb unter der Leitung von Mutter Di und Tochter Vanya Cullen, wobei Vanya für die Weine und deren individuellen vollmundigen und intensiven Stil verantwortlich zeichnet. Ihre *blends* aus Sauvignon Blanc/Sémillon und Cabernet/Merlot zählen inzwischen zu den besten ihrer Art.

Devil's Lair ***–****
Forest Grove, Margaret River
45 ha; ZT; 300 000 Fl. • Weine: Chardonnay, Pinot Noir, Cabernet/Merlot, Zweitetikett Fifth Leg
Von Southcorp 1996 aufgekauft, fährt Devil's Lair fort, sich einen Ruf für hochwertigen Chardonnay zu erwerben, zusätzlich zu den guten Rotweinen im Burgunder- und Bordeaux-Stil, die von *winemaker* Janice McDonald erzeugt werden. A winery to watch.

Evans & Tate ***
Margaret River
ha n.n.; ZT; 1 200 000 Fl. • Weine: sortenreine und Reserve-Weine aus Sémillon, Sauvignon, Chardonnay; Merlot, Shiraz, Cabernet, Gnangara Shiraz Cabernet, Barrique 61 Cabernet Merlot
Nachdem sie die Erzeugung ihrer Qualitätsweine vom Swan Valley zum Margaret River verlagerte, produziert diese *winery* weiterhin, zugängliche Weiß- und Rotweine, wobei sie jedoch das Niveau der Besten aus der Region noch nicht erreicht.

Howard Park ****
Denmark, Great Southern
30 ha; ZT; 400 000 Fl. • Weine: Riesling, Chardonnay, Cabernet/Merlot und Zweitetikett Madfish Bay
John Wade wird als einer der besten *winemakers* Westaustraliens angesehen. Sein Projekt, für das er sich mit Jeff und Amy Burch zusammenschloss, produziert außerdem Weine für eine Anzahl von örtlichen Traubenfarmern. Die Philosophie von Howard Park besteht darin, sich mit den bestmöglichen Trauben aus dem weiten Gebiet Westaustraliens zu versorgen, und dabei hat er mit Chardonnay, Cabernet und Riesling Erfolg.

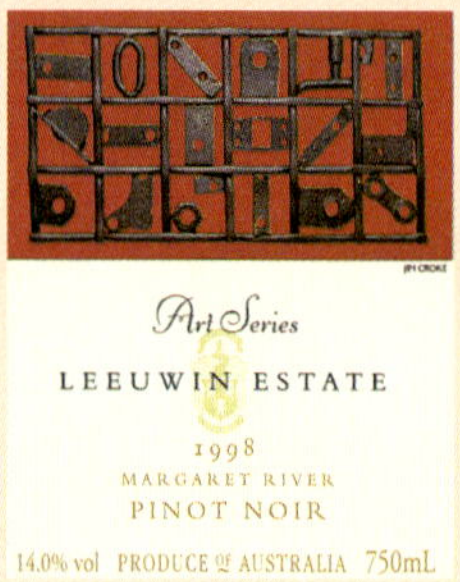

Adresse für Preis-Leistungs-Weine: Capel Vale

Leeuwin Estate ***–*****
Margaret River, Margaret River
91 ha; 480 000 Fl. • Weine: Chardonnay, Riesling, Sauvignon; Pinot, Cabernet, →Art Series Chardonnay (36 000 Fl.)
Von Denis und Tricia Horgan 1974 gegründet, haben die nicht bewässerten Weinberge mit ihren Niedrigerträgen dazu beigetragen, Australiens zweifellos intensivsten und feinsten Chardonnay im Burgunder-Stil zu kreieren. Außerdem gibt es einen überzeugenden Cabernet von diesem Weingut, das gleichzeitig durch seine hochklassigen Open-Air-Konzerte berühmt wurde.

Moss Wood ****–*****
Willyabrup, Margaret River
8,34 ha; 67 000 Fl. • Weine: Sémillon, Chardonnay; Cabernet, Pinot
Winemaker Keith Mugford hat sich einen hervorragenden Ruf für fein gearbeitenen, fassvergorenen Sémillon sowie für ausgezeichneten Cabernet und Pinot Noir mit echter Finesse und guter Struktur erworben. In Ausnahmefällen werden Trauben für spezielle Abfüllungen zugekauft, aber die Weine unter dem Moss Wood Etikett basieren auf der Lese aus den eigenen Weinbergen.

Plantagenet ***–****
Mount Barker, Great Southern
100 ha; ZT; 624 000 Fl. • Weine: Riesling, Chardonnay; Pinot, Cabernet, Shiraz, → Omrak Chardonnay (ohne Eiche)
Tony Smiths *Plantagenet Winery* produziert durchgehend qualitätvolle Weine mit feinem Cabernet und besonders mit einem Shiraz, der in Australien zu jenen zählt, die am deutlichsten den Vorbildern der nördlichen Rhône mit ihrem pfeffrig-würzigen Charakter nahekommen.

Vasse Felix ***–****
Wilyabrup, Margaret River
160 ha; ZT; 1 000 000 Fl. • Weine: Sémillon/Sauvignon, Riesling, Sémillon, Chardonnay; Shiraz, Cabernet
Neuen Auftrieb hat Vasse Felix dank einer neuen Kellerei und neuen Rebflächen erhalten, die den Weinen stetige Verbesserungen brachten. Nach Rückschlägen Anfang der 1990er Jahre scheint nun insbesondere der Cabernet wieder auf der Höhe zu sein.

Tasmanien

St. Matthias Vineyard im Tamar Valley ist für Riesling und Pinot Noir bekannt.

Wie von einer Insel zu erwarten, die ein gutes Stück südlich des Kontinents liegt, ist Tasmanien mit keinem anderen Staat Australiens vergleichbar. Es hat seine eigene markante Topografie, eigenes Klima, eigene Kultur – und seine eigenen charakteristischen Weinstile. Die Uhren scheinen in Tasmanien bedächtiger zu gehen, so jedenfalls empfinden es die Touristen, aber auch die Einheimischen nehmen sich Zeit. Und mehr als die Hälfte der tasmanischen Weinproduktion bleibt auf der Insel.

Schon im 19. Jahrhundert gab es Ansätze einer insularen Weinproduktion, doch eine moderne Entwicklung konnte erst beginnen, als Jean Miguet und Claudio Alcorso Weingärten bei Launceston und Hobart pflanzten. Von ›Industrie‹ zu sprechen wäre angesichts einer so kleinen Region übertrieben, aber obwohl nur rund 500 Hektar in Ertrag stehen, herrscht keinerlei Mangel an Qualität und Individualität unter den 28 *wineries*, die um Hobart im Süden liegen, und den 21 in den Subregionen Pipers River und Tamar Valley im Norden.

Am bekanntesten ist vermutlich Pipers Brook, vom wegweisenden Andrew Pirie gegründet, der tasmanischem Wein immer wieder neue Impulse verleiht. Von dicht bepflanzten, eher europäisch anmutenden Weinbergen stammen Pipers Brooks perfekt vinifizierter Chardonnay und langlebiger Riesling. Und obwohl dies die kühlste Region Australiens ist, sind die Ergebnisse mit Cabernet Sauvignon ebenso überzeugend wie mit Pinot Noir, so als wäre hier ein neues Bordeaux mit einem neuen Burgund und neuem Elsass zu einer Einheit verschmolzen.

Mit seinem kalten Klima ist Nordtasmanien am Pipers River besonders für die Produktion von Schaumweinen geeignet, die hauptsächlich aus den klassischen Champagnertrauben Chardonnay und Pinot Noir erzeugt werden. Die aromatischen Sorten des Elsass – Riesling, Gewürztraminer und Pinot Gris – gedeihen auch hier gut, und in gewissem Maß vermag Pinot Noir selbst als Stillwein zu überzeugen. Das malerische Tamar Valley liefert indessen reichere und vollere Weine.

Pionierarbeit im Süden leistete seit 1958 Claudio Alcorso mit dem Betrieb Moorilla am Derwent River, nicht weit von Hobart. Außer den weiteren *wineries* am Derwent umfasst die Region das ganz im Süden liegende Huon Valley sowie die östliche Zone mit den Freycinet Vineyards nahe der Wine Glass Bay und der Domaine A im Coal River Valley. Pinot Noir ist die im Süden dominierende Sorte, und ein großer Teil der Erträge dient zusammen mit Chardonnay der Produktion hochwertiger Schaumweine. Aus dem verbleibenden Rest entstehen Rotweine von überraschender Aroma- und Geschmacksfülle.

Ausgewählte wineries in Tasmanien

Pipers Brook*–******
Pipers Brook, Northern Tasmania
220 ha; ZT; 960 000 Fl. • Weine: Piper's Brook Pinot Gris, Gewürztraminer, Riesling, Sauvignon Blanc/Chardonnay; Pinot; Reserve- und Einzelweinbergs-Weine, →Summit Chardonnay, →Pellion Pinot, Opimian; zweites Etikett Ninth Island, →PIRIE (Schaumwein)
Andrew Pirie gilt als Australiens Terroir-Spezialist. Nachdem er Piper's Brook in Nordtasmanien für sein spezielles ›Bio-Klima‹ gewählt hatte, gehen seine Weine in der Intensität ihrer einzigartigen Aromen und ihrer Finesse unaufhaltsam von Erfolg zu Erfolg.

Moorilla Estate***
Berriedale, Southern Tasmania
ha n.n.; ZT; 106 000 Fl. • Weine: Riesling, Chardonnay, Gewürztraminer; Pinot, Cabernet, Cabernet/Merlot; Jahrgangs-Brut
Von der Familie Alcorso 1958 gegründet, leistet Moorilla Estate Pionierarbeit und war jahrzehntelang für aromatische, fruchtige, sortenreine Weißweine berühmt. Seit der Übernahme scheint die Zukunft des traditionsreichen Hauses ein wenig ungewiss, aber diese am Dervent River situierte *winery* dürfte sich auch weiterhin den heimischen Markt der Kapitale Hobart bewahren können.

Wein in Neuseeland

Im gebirgigen Otago im Süden der Südinsel dürfte – laut Statistik – wegen des kalten Klimas kein Wein wachsen: Er tut es dennoch auf überzeugende Weise inmitten einer unvergleichlich dramatischen Kulisse.

Neuseeland ist das südlichste Weinland der südlichen Hemisphäre. Kieshaltige Böden und das einzigartige kalt-maritime Klima schaffen ideale Bedingungen für die Burgundersorten Chardonnay und Pinot Noir, aber auch für Sauvignon Blanc des Loire-Tals. In wärmeren Gebieten reifen Merlot und zum Teil Cabernet Sauvignon.

Mit den ersten Reben, die der anglikanische Missionar Samuel Marsden 1819 aus Australien herüberbrachte, begann die Geschichte des neuseeländischen Weinbaus. Sie erzählt vom ersten Reblausbefall 1895, von Absatzeinbußen als Folge von Abstinenzbewegungen und Preisverfall durch die Aufhebung von Importbeschränkungen – eine ganz normale Geschichte. Die heutige Weinindustrie entwickelte sich seit Ende der 1960er Jahre. Noch 1960 entfielen nur 12 Prozent des Weinumsatzes auf Tischweine, die Verbraucher favorisierten verstärkte Weine, und die berühmteste Rebsorte war die amerikanische Hybride Albany Surprise oder Isabella. Mit der Umorientierung der Verbraucher steigt auch hier die Nachfrage nach trockeneren Weinen, was eine mehrmals geänderte Pflanzpolitik und neue Ausbaumethoden nach sich zieht. In den letzten zehn Jahren hat sich die Anzahl der *wineries* auf fast 300 verdreifacht, während die Rebfläche auf mehr als 9 000 Hektar stieg und sich damit verdoppelt hat. Drei Viertel davon verteilen sich auf die drei Hauptregionen Marlborough, Gisborne und Hawke's Bay.

Ein Paradies für Sauvignon

In den 1970er Jahren ließ sich die neuseeländische Weinindustrie von der Müller-Thurgau-Empfehlung des Geisenheim-Professors Helmut Becker inspirieren und setzte auf leichte, fruchtige Weißweine. Erst in den 1980er Jahren besannen sich die Erzeuger darauf, dass Neuseelands Klima zu entschieden Besserem fähig ist.

Daraufhin wurden Rebsorten gepflanzt, die in Frankreichs Grenzklimata Spitzenweine hervorbringen. Und zur Jahrtausendwende erzeugt das Land bereits Sauvignon-Blanc-Weine von Weltruf, die mit den besten des Loire-Tals wetteifern. Darüber hinaus besitzt Neuseeland ein Potential für qualitätvolle Weine aus roten und weißen Burgundersorten und begrenzt auch aus Bordeaux-Sorten. Chardonnay und Sauvignon haben heute Müller-Thurgau als meistgepflanzte weiße Sorte abgelöst, während bei Rotweinen der Pinot Noir den Cabernet Sauvignon entthront hat. Die Entwicklung hochwertiger Schaumweine hat Neuseelands Angebot einen weiteren Höhepunkt hinzugefügt. Die Exporte sind gestiegen, und heute erzielen neuseeländische Weine durchschnittlich den höchsten Flaschenpreis weltweit.

Statistik und Wetter

Die elf neuseeländischen Weinregionen erstrecken sich über 1200 Kilometer, was in der nördlichen Hemisphäre etwa der Entfernung von der Champagne zu den nordafrikanischen Weinbergen ent-

An der Hawke's Bay künden Palmen von der Wärme, die hier die besten Cabernets Neuseelands gedeihen lässt.

spricht. In der von Amerine und Winkler für Kalifornien erstellten und auf Wärmesummierung basierenden Skala (s. S. 812) wird Neuseeland als Region I eingestuft, zusammen mit Bordeaux und Burgund. Dieses kühl-maritime Klima mit mäßig warmen Sommern und milden Wintern ist sein größter Vorteil, doch die Statistik nivelliert ein beträchtliches Nord-Süd-Gefälle: Um Auckland im Norden herrscht fast subtropisches, feuchtes Klima, während das Klima von Otago im Süden kontinental geprägt ist und laut Klassifikation für die Erzeugung von Qualitätswein zu kalt wäre. Statistik ist eben nicht alles.

Bestandteil des neuseeländischen Klimas sind hohe Niederschläge, die sich zwar auf den Westen beider Inseln konzentrieren, dennoch können heftige Stürme und wolkenbruchartige Regenfälle die Lese beeinträchtigen.

Auf schlecht durchlässigen Böden kann zu viel Regen unerwünschtes Blatt- und Triebwachstum hervorrufen, und zu dichtes Blattwerk begünstigt Pilzbefall. Ein erfolgreicher Weinbau muss daher durch gezielte Zähmung des Blattwuchses *(canopy management)* den Trauben Zugang zu Luft und Sonnenlicht verschaffen.

Auf diesem steinigen Schwemmlandboden in Marlborough erlangt Sauvignon Blanc einen ganz eigenen Ausdruck, der weltweit das Interesse für neuseeländische Weine weckte.

Traditionelle Sorten und moderne Technologie

Sauvignon Blanc hat den Weltruf des neuseeländischen Weins begründet, doch die Spitzenposition nimmt heute Chardonnay ein. Diese Sorte wird in allen Regionen angebaut und lässt sich unterschiedlich vinifizieren, von frischen, nicht in Holz ausgebauten, trockenen Weißweinen bis zu volleren, komplexeren Weinen fast im Burgunder-Stil. In den großen Weinregionen wird Chardonnay nur in Marlborough von Rebflächen mit Sauvignon übertroffen, die Weine mit klarer, intensiver Frucht und mit einem Aromenspektrum von grünen Bohnen und Grasnoten bis zu Mango oder Maracuja hervorbringen. Flächen mit Riesling und mit Tokay Pinot Gris nehmen zu, die beide in einem feinen, trockenen, elsässischen Stil ausgebaut werden, Riesling bisweilen auch als süßer Wein mit Edelfäule. Chenin Blanc als Verschnittwein und der intensive Gewürztraminer konnten sich nach ihrem Rückgang Anfang der 1960er Jahre wieder etablieren.

Martinborough, Marlborough, Canterbury und Otago im Süden liefern elegante Rote im Burgunder-Stil aus Pinot Noir. Noch wird der größte Teil der Marlborough-Ernte zu Schaumwein verarbeitet, doch der Trend geht zu Stillweinen. Die spät reifende Cabernet-Sauvignon-Traube neigt auf der Südinsel zu Krautigkeit, gedeiht aber gut auf den Kiesböden von Hawke's Bay und Waiheke Island bei Auckland. Mit Merlot verschnitten ergibt sie bordeaux-ähnliche Weine, die in wärmeren Jahrgängen weich, elegant und komplex sein können. Daneben werden kleine Mengen von Syrah, Pinotage und Cabernet Franc gezogen.

Die Weinbereitung hat von der Technologie der Milchindustrie profitiert. So ist die Kaltgärung in temperaturkontrollierten Edelstahltanks für Sauvignon Blanc die Norm geworden. Auch Chardonnay erfährt diese Behandlung, um seine primäre Frucht zu bewahren. Für komplexere Weinstile greift man auf traditionelle französische Techniken zurück wie Ganztraubenpressung, Gärung in neuen Eichenfässern, Aufrühren des Hefesatzes und graduelle oder vollständige biologische Säureumwandlung.

Sensibler Umgang mit Tanninen, Ausbau in neuen oder wenig gebrauchten französischen Eichenfässern oder Kohlensäuremaischung (Gärung innerhalb der unverletzten Beeren in einer durch Zusatz von Kohlendioxid sauerstofffreien Umgebung) beim Pinot Noir ergaben vielschichtigere Rotweine. Charakteristisch für neuseeländische Weine ist aber ein hoher Säuregehalt, was ihre Verwandtschaft mit den nördlichsten Anbaugebieten der nördlichen Hemisphäre aufzeigt.

Die Nordinsel

Rotweine von der Insel – Goldwater Estate auf Waiheke

Der frühe Ausbau Northlands und Aucklands zu Weinbaugebieten ist überwiegend den dalmatischen Siedlern im späten 19. Jahrhundert zu verdanken, die in den Kauri-Feldern arbeiteten und Gummi ernteten, aber auf Wein nicht verzichten wollten. Auckland ist noch immer Zentrum vieler bekannter *wineries*, doch seine Bedeutung sank mit dem wachsenden Interesse an weiter südlich gelegenen Regionen. Dennoch findet man hier einige herausragende Chardonnays von Kumeu River und von Collards, während Stonyridge und Goldwater auf Waiheke Island ihr Potential für spektakuläre Rotweine im Bordeaux-Stil unter Beweis stellen. Ungeachtet der feuchten Sommer erzeugen auch die weit nördlich liegenden Regionen von Northland und Matakana zuverlässige Rotweine. Einige gut etablierte *wineries* in Waikato und der Bay of Plenty südöstlich von Auckland beziehen dagegen ihre Trauben vorwiegend aus Hawke's Bay weiter südlich.

Die arme und die feine Bay

Für Gisborne an der Ostküste und an der nördlichen Spitze der Poverty Bay fällt der Vergleich mit den renommierteren Regionen Hawke's Bay und Marlborough oft nachteilig aus. Daher waren im letzten Jahrzehnt Flächen und Produktion leicht rückläufig und machen jetzt etwa 1200 Hektar aus, Tendenz steigend. In der eher abgelegenen Region mit ihren wenigen *wineries* verdienen Matawhero und das biologische Gut Millton Beachtung. Gisborne ist Weißweinland mit Chardonnay als dominierender Sorte. Obwohl es seine Erzeuger vielleicht deshalb gern die Chardonnay-Hauptstadt Neuseelands nennen, besitzt es den zweifelhaften Ruf, für die Großbetriebe enorme Mengen zu produzieren, von denen das meiste in den Fassweinmarkt geht. Doch in den Kellereien von Montana und Corbans entstehen auch hochwertige Chardonnays.

In Auckland präsentiert man Wein wie überall in Neuseeland auf völlig unkomplizierte Weise.

Südwestlich von Gisborne an der Ostküste ist Hawke's Bay Neuseelands beste Adresse für Rotweine im Bordeaux-Stil und ebenso, allerdings unter Vorbehalt, für Chardonnays. Die Rebbestände sind im letzten Jahrzehnt um ein Drittel auf 2 100 Hektar angewachsen, wobei Cabernet Sauvignon, Merlot und Cabernet Franc zusammengenommen Chardonnay überholten, die jedoch allein meistgepflanzte Sorte bleibt. Hawke's Bay ist überwiegend sonnig, es kann aber zu heftigen Herbstniederschlägen kommen. Das Hinterland der Küstenstadt Napier besitzt in Küstennähe fruchtbare Schwemmlandböden, ansonsten weniger ertragreiche, gut durchlässige lehmhaltige Kiesböden, die denen in einigen Teilen des Médoc nicht unähnlich sind. Viele der rund 40 *wineries* erzeugen bemerkenswerten Chardonnay und ausgezeichnete Rotweine, so etwa Te Mata, C. J. Pask, Montanas Church Road Winery (früher McDonald Winery), Esk Valley, Te Awa Farm, Stonecroft und Sacred Hill.

Wairarapa und der Pinot Noir

Diese kühle, relativ trockene Region im Osten von Wellington mit dem Distrikt Martinborough (oft auch als Wellington geführt) ist in den letzten Jahren als eine von Neuseelands faszinierendsten neuen Weingegenden hervorgetreten. In der abgelegenen Landschaft hat sich eine Gruppe von kleinen, aber höchst motivierten Winzern einen Namen gemacht. Ob die kieshaltigen Terrassen von Martinborough nun besser für Pinot Noir oder Cabernet Sauvignon geeignet sind, ist unter ihnen ein Streitpunkt, aber es besteht kein Zweifel daran, dass viele der besten neuseeländischen Pinot-Noir-Weine von hier stammen, vor allem jene von Dry River, Ata Rangi, Martinborough Vineyard und Palliser Estate. So ist Pinot Noir hier auch die meistgepflanzte Sorte. Außerdem werden feine Chardonnays und höchst aromatische trockene Weißweine aus Sauvignon Blanc oder – nach elsässischem Muster – aus Riesling und Tokay Pinot Gris gekeltert. Mit 30 kleinen *wineries* und einer Fülle an Restaurants, Cafés, Hotels – und friedvoll grasenden Schafen – ist dies eine der attraktivsten Weinregionen Neuseelands.

Die Südinsel

Von allen neuseeländischen Weinregionen hat sich Marlborough mit der Qualität und den einzigartigen Aromen seines Sauvignon Blanc den besten Ruf erworben. Unter allen Sauvignons der Welt erkennt man ihn an den Aromen von Spargel und grünen Bohnen, gepaart mit Noten von Zitrusfrüchten, Mango und Maracuja. Etwa zwei Drittel des neuseeländischen Sauvignon Blanc stehen in Marlborough auf den steinigen, flachen und wenig fruchtbaren Schwemmlandböden des Wairau Valley. Es ist eine kühle, stark maritim beeinflusste Region, geprägt von sonnigen Tagen und kalten Nächten, was die Säure hoch hält.

Von den 12 000 Hektar Gesamtrebfläche Neuseelands entfällt auf Marlborough als dem bedeutendsten Anbaugebiet ein Drittel. Cloudy Bay und Montana waren die beiden *wineries,* die in den vergangenen 15 Jahren den Sauvignon Blanc perfektionierten und damit auch wegweisend wurden für Hunter's, Jackson Estate, Wairau River, Vavasour, Villa Maria und Seresin Estate. Etwas im Schatten des Sauvignon stehen hochwertige Chardonnays, Rieslinge und Schaumweine, Letztere aus Chardonnay und Pinot Noir gekeltert. Fromm Estate vinifiziert den besten Rotwein aus Pinot Noir, dicht gefolgt von Montana, Corbans, Cloudy Bay und anderen.

Cloudy Bay in Marlborough ist dank seines überragenden Sauvignons zum weltweit bekanntesten Gut Neuseelands aufgestiegen.

Trotz Nässe und Kälte

Nelson, 75 Kilometer westlich von Marlborough, kommt von allen neuseeländischen Weinregionen der regenreichen Westküste am nächsten. In der kleinen, aber expandierenden Region für überwiegend Weißweine sind Chardonnay und Sauvignon Blanc in den 15 *wineries* tonangebend. Die hügelige Landschaft lässt keine ausgedehnten Rebparzellen zu, und so nimmt sich der Weinbau hier eher bescheiden aus: die bestockte Fläche beträgt keine 200 Hektar. Seifried ist die größte, Neudorf die beste von Nelsons *wineries.* Neudorfs herausragender Chardonnay kann komplex sein wie ein Premier Cru aus dem Burgund.

In Canterbury, Neuseelands viertgrößter Weinregion, konzentrieren sich die Rebflächen auf drei Zonen: auf die flachen Ebenen im Umfeld von Christchurch, auf die Hügel um Waipara und auf die Banks Peninsula. Lange als zu kalt für den Weinbau abgelehnt, erhielt die Region eine zweite Chance, nachdem David Jackson von der Lincoln University ihr tatsächliches Potential bewiesen hatte. Als eine extrem kalte und dem Ozean ausgesetzte Region ist sie gut für weiße Sorten geeignet, speziell Chardonnay, Riesling und Sauvignon Blanc. Pinot Noir drückt sich hier vielleicht am besten mit starken Aromen von roten Beeren und viel Eleganz aus. Inzwischen gibt es mehr als 30 kleine *wineries* mit Giesen an der Spitze und guten Weinen auch von Donaldsons Pegasus Bay.

Dramatische Weinberglandschaft

Die wohl beeindruckendsten Weinberge weltweit findet man in Otago. In der natürlichen Seenlandschaft des südlichen Neuseeland treffen Extreme aufeinander: die Höhe, der Breitengrad (45° südliche Breite), die Temperatur, die Abgeschiedenheit. Unnötig zu erwähnen, dass der Tourismus die Region bereits entdeckt und zu einem Zentrum für außergewöhnliche Sportarten ausgebaut hat. Und es ist Neuseelands am schnellsten wachsende Weinregion mit Anpflanzungen von Chardonnay und Pinot Noir, die Ende der 1980er Jahre kaum sieben Hektar ausmachten und jetzt mit denen Canterburys wetteifern. Obwohl alle gängigen Vorstellungen von geeignetem Weinbauklima auf den Kopf gestellt werden, versprechen viele Stunden an Sommersonnenschein bei Temperaturen von bisweilen über 30 °C und die vergleichsweise geringen Niederschläge, dass Traubenwachstum hier nicht nur möglich, sondern für gewisse Weine sogar höchst vorteilhaft ist. Chardonnay liefert hier Weine mit Melonen- und Zitrusfruchtaromem, während Pinot Noir das ganze Potential seines Sortencharakters in *wineries* wie Gibbston Valley, Chard Farm, Felton Road und Rippon Vineyards zu entfalten beginnt.

Den Rippon Vineyards am Wanaka See gehört einer der schönsten Pinot-Noir-Weinberge der Welt. Er erstreckt sich entlang des Seeufers vor der Kulisse der Neuseeländischen Alpen und wird biologisch bewirtschaftet.

Ausgewählte Erzeuger in Neuseeland

Nordinsel

Ata Rangi ****
Martinborough, Martinborough
25 ha; 66 000 Fl. • Weine: Pinot Gris, →Craighall Chardonnay, Sauvignon; →Ata Rangi Pinot Noir, Célèbre, →Summer Rose
Mit niedrigen Erträgen und höchster Achtsamkeit auf Details keltern Clive Paton und Oliver Masters einen höchst aromatischen Pinot Noir sowie Célèbre, eine konzentrierte *blend* im Bordeaux-Stil mit etwas Syrah.

Babich ***
Henderson, Auckland
ha n.n.; ZT; 960 000 Fl. • Weine: Sauvignon, Chardonnay, Pinot Gris, Riesling; Cabernet/Merlot, Syrah, Pinot; Reihen: Winemakers' Reserve, Irongate, The Patriarch
Die Kellerei ist im Besitz von Peter und Joe Babich, den Söhnen des Pioniers Josip Babich, der sie 1916 gründete. *Winemaker* Neill Culley erzeugt konstant gute Weine aus Premiumsorten von Hawke's Bay, Gisborne und Marlborough.

C J Pask ***–****
Hastings, Hawke's Bay
45 ha (weitere 30 ha geplant); 420 000 Fl. • Weine: Chardonnay, Sauvignon, Cabernet/Merlot
Winemaker Kate Radburnd erzeugt Weine mit großem Profil, speziell feine Bordeaux-Stile. Das Traubenmaterial stammt aus Chris Pasks kieshaltigem Weinberg an der Gimblett Road, der als Neuseelands beste Merlot- und Cabernet-Lage gilt.

Dry River *****
Martinborough, Martinborough
9,5 ha; 30 000 Fl. • Weine: Riesling, Pinot Gris, Chardonnay, Gewürztraminer, Sauvignon; Pinot Noir, Syrah
Neil McCallums Dry River ist eines der außergewöhnlichsten Weingüter der Welt, das dank der fast besessenen akribischen Weinberg- und Kellerarbeit weiße und rote Spitzenweine erzeugt. Zweifellos der beste Pinot Noir der südlichen Hemisphäre.

Goldwater Estate ***–****
Putiki Bay, Waiheke Island
14 ha; ZT; 312 000 Fl. • Weine: Chardonnay; Cabernet und Merlot von Waiheke Island, →Waiheke Island Esslin Merlot, Sauvignon und Chardonnay aus Marlborough
Die Goldwaters haben ihren Lebenstraum auf der malerischen Insel in ein florierendes Business verwandelt und die Produktion nach Marlborough expandiert, wo sie 35 Hektar unter Vertrag nahmen, um hochwertige Weißweine zu erzeugen.

Kumeu River ****
Kumeu, Auckland
26 ha; ZT; 250 000 Fl. • Weine: Chardonnay, →Mate's Vineyard Chardonnay, Pinot Gris, MELBA, Pinot
Stark von französischer Vinifikation beeinflusst, produziert Michael Brajkovich geschliffene, burgundermäßige Chardonnays, eine große Leistung in Aucklands Klima. Seine rote *blend* besteht aus Merlot, Malbec und Cabernet Franc.

Martinborough Vineyard ****
Martinborough
ha n.n.; 120 000 Fl. • Weine: Riesling, Gewürztraminer, Pinot Gris, Sauvignon, Chardonnay; Pinot

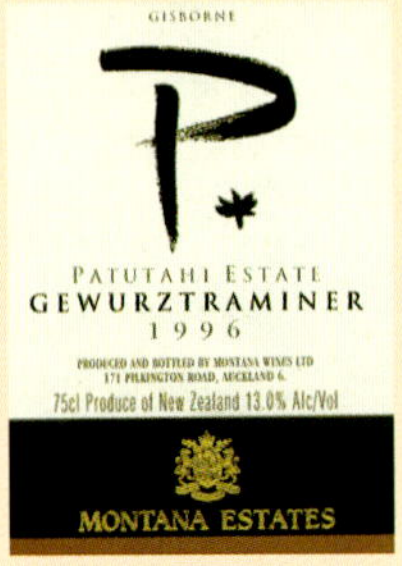

Der in Australien geborene Larry McKenna ist zu einem neuseeländischen Helden geworden, indem er die Weinberge von Martinborough und ihren Pinot Noir zu internationaler Anerkennung steuert – mit der unerschütterlichen Entschlossenheit, der Welt zu zeigen, was man auf ihren Kiesterrassen erreichen kann. Sein Chardonnay ist auch nicht schlecht.

The Millton Vineyard ***
Manutuke, Gisborne
20 ha; 144 000 Fl. • Weine: Chardonnay, Chenin, Riesling, Viognier, Malbec, Merlot/Cabernet von den Weinbergen Te Arai, Riverpoint, Opou, →Naboth's Chardonnay und Pinot
James und Annie Millton, Neuseelands erste kommerzielle, voll anerkannte Bio-Winzer gründeten ihr Gut 1984, das schnell Anerkennung dank der süßen Spätlesen aus Riesling und Chenin fand. Die charaktervollen Weine werden aus eigenen, biodynamisch gezogenen Trauben erzeugt.

Palliser Estate ****
Martinborough, Martinborough
75 ha (109 ha in 2003); ZT; 360 000 Fl. • Weine: Chardonnay, Riesling, Sauvignon, Pinot Gris, Noble Riesling, SFG; Pinot
Die ersten Weine wurden auf Richard Riddifords Gut 1989 erzeugt. Seit 1991 hat *winemaker* Allan Johnson sehr angenehme aromatische Weine erzeugt von Chardonnay bis Pinot Noir und einen Sauvignon, der manchen aus Marlborough in den Schatten stellt.

Te Mata ****
Havelock North, Hawke's Bay
50 ha; 360 000 Fl. • Weine: →Elston Chardonnay, →Castle Hill Sauvignon, Viognier; →Bullnose Syrah, →Coleraine Cabernet Franc/Merlot, →Awatea Cabernet/Merlot
Unter John Buck und *winemaker* Peter Cowley stieg Te Mata zu einem von Neuseelands besten Rotweingütern auf. Außerdem sehr feiner Chardonnay.

Trinity Hill ***–****
Hastings, Hawkes Bay
24 ha; ZT; 420 000 Fl. • Weine: Chardonnay, Sauvignon, Riesling, Pinot Gris; Cabernet/Cabernet Franc, Merlot/Syrah, Pinot
John Hancock erzeugt zwei Reihen, Gimblett Road und Shepherd's Croft. Warren Gibson arbeitet als *winemaker* auf Trinity Hill, wo Hancocks Joint Venture mit Partnern aus London und Auckland erste Früchte in einem ausgezeichneten Chardonnay und sich verbessernden Roten zeigt. Er experimentiert mit Viognier und Tempranillo.

Villa Maria Estate **–****
Mangere, Auckland
142 ha; ZT; 4 200 000 Fl. • Weine: Chardonnay, Sauvignon, Riesling, Pinot Gris; Pinot, Cabernet/Merlot
1961 gegründet und mit dem dynamischen George Fistonich am Ruder und Michelle Richardson als *winemaker*, avancierte Villa Maria Estate zu Neuseelands drittgrößtem und zu einem der konstant besten Weinunternehmen mit exzellentem Marlborough Sauvignon →Wairau Valley und →Clifford Bay, mit Botrytis-Riesling, feinem Reserve-Chardonnay und prämierten Cabernet-Merlot-Verschnitten von Hawke's Bay. Zum Villa Maria Estate gehören außerdem Esk Valley (*winemaker* Gordon Russell, 360 000 Fl.) und Vidal Estate (*winemaker* Rod McDonald, 600 000 Fl.) in Hawke's Bay.

Südinsel

Cloudy Bay ****
Blenheim, Marlborough
100 ha; ZT; 800 000 Fl. • Weine: →Sauvignon, →Chardonnay, Pelorus NV und Vintage Brut, Late Harvest Riesling, Gewürztraminer; Bay Pinot Noir
Chief winemaker und Star-Fotograf Kevin Judd produziert den besten Sauvignon der Neuen Welt. Auch der Chardonnay ist Spitzenqualität, der Pinot Noir von Veuve Clicquot/Cape Mentelle viel versprechend.

Corbans **–****
Blenheim, Marlborough
175 ha; ZT; 2 500 000 Fl. • Weine: Sauvignon, Chardonnay, Riesling; Pinot Noir, Corbans Estate, Select- und Private-Bin-Reihen, Cabernet/Merlot, →Cottage Block
Corbans, die Nummer zwei in Neuseeland, erzeugt ein breites Angebot an Weinen in Marlborough (*winemaker* Sam Weaver), Hawke's Bay (*winemaker* Matt Mitchell) und Gisborne, das von kommerziellen Füllungen bis zu höchster Qualität mit Cottage Block reicht.

Fromm ****
Blenheim, Marlborough
ha n.n.; ZT; 54 000 Fl. • Weine: Chardonnay; Pinot, Merlot
Trotz der kleinen Produktion hat Fromm dank seines höchst konzentrierten, komplexen Pinot Noir aus niedrigsten Erträgen Aufsehen erregt. *Winemaker* Kalberer zeigt, von George Fromm (beides Schweizer) ermutigt, was man in Marlborough mit Pinot machen kann.

Giesen **–****
Burnham, Canterbury
35 ha (Canterbury) und 67 ha (Marlborough); ZT; 650 000 Fl. • Weine: Sauvignon, Chardonnay, Riesling, Late Harvest und Botrytised Riesling, Reserves; Pinot
Zusammen mit *winemaker* Andrew Blake haben die drei Giesen-Brüder intensiv daran gearbeitet, den eleganten Weißweinen aus Canterbury – wie auch dem feinen Pinot Noir – einen guten Ruf zu schaffen, und ihren Besitz nach Marlborough erweitert.

Hunter's ****
Blenheim, Marlborough
25 ha; ZT; 540 000 Fl. • Weine: Chardonnay, Sauvignon, Chardonnay Reserve, Riesling, Gewürztraminer, Breidecker; Pinot, Merlot, Estate Red; →Miru Miru
Mit *winemaker* Gary Duke ist Jane Hunter auf dem Weg, Hunter's zu einem der besten Güter in Marlborough zu machen – mit feinem Sauvignon, einer in Eiche ausgebauten *blend* im Graves-Stil und dem eleganten Miru Miru, einem Sekt in Flaschengärung.

Isabel Estate ****
Renwick, Marlborough
52 ha; 180 000 Fl. • Weine: Sauvignon, Chardonnay, Riesling, Pinot Gris; Pinot Noir
Winemaker Jeff Sinnott scheinen ständig bessere Weine zu gelingen. Die Sauvignons, Chardonnays und Pinot-Noir-Weine spiegeln den fruchtbetonten Marlborough-Stil.

Montana **–****
Blenheim, Marlborough
2100 ha; ZT; 27 000 000 Fl. • Weine: Sauvignon, Chardonnay, Riesling, Gewürztraminer, Sémillon, Müller-Thurgau; Pinot, Merlot, Cabernet, Cabernet Franc
Montana beschloss 1973, Weinberge in Marlborough anzulegen. Heute ist die Region weltweit für ihren Sauvignon berühmt. Nach beträchtlichen Investitionen ist Montana heute Neuseelands größter Weinproduzent. *Chief winemaker* Jeff Clarke erzeugt gute Weine in Marlborough, Hawke's Bay und Gisborne.

Purismus gefragt – Verkostung bei Cloudy Bay

Montana, Neuseelands überragender Weinriese, unterhält diverse Güter. Der ›O.‹ vom Ormond Estate ist ein eleganter Chardonnay.

Neudorf Vineyards ****–*****
Upper Moutere, Nelson
12 ha; ZT; 87 600 Fl. • Weine: →Moutere Chardonnay, Riesling; Pinot; sowie sortenreine Weine unter Nelson wie Brightwater Riesling, Marlborough Sauvignon
Tim und Judy Finn machen einige der feinsten Weine Neuseelands, insbesondere den Moutere Chardonnay, dessen gelegentliche Edelfäule der Kraft und reichen Textur weite Komplexität verleiht.

Pegasus Bay ***–****
Waipara, Canterbury
28 ha; ZT; 150 000-200 000 Fl. • Weine: Chardonnay, Riesling, Sauvignon; Pinot Noir, auch →Prima Donna, Cabernet/Merlot, →Maestro (Cabernet), Zweitmarke Main Divide
Aus der von Ivan Donaldson gegründeten *winery* kommen heute unter der Leitung von Matthew Donaldson und Lynnette Hudson hochwertige Weine.

Rippon Vineyards ****
Wanaka, Otago
12,6 ha; 72 000 Fl. • Weine: Riesling, Chardonnay, Sauvignon, Gewürztraminer, Osteiner, →Emma Rippon (SFG); Pinot Noir, Merlot/Syrah
An den Ufern des Tiefenwassersees Wanaka ist das von Rolfe und Lois Mills gegründete Rippon eines der schönsten Weingüter der Welt. *Winemaker* Russell Lake setzt die Tradition des eleganten Pinot Noir und der äußerst aromatischen Weißweine des Gutes fort.

Seresin Estate ****
Renwick, Marlborough
ha n.n.; 180 000 Fl. • Weine: Pinot Noir, Pinot Gris, Sauvignon, Chardonnay, Riesling, Noble Sauvignon, Noble Riesling, Moana (Sekt)
Filmregisseur Michael Seresin hatte die Vision und die Energie, sein Gut aus dem Nichts zu beginnen und es in eine der Spitzenadressen in Marlborough zu verwandeln. Unter dem erfahrenem Blick von *winemaker* Brian Bicknell werden elegante und konzentrierte Weine erzeugt, darunter in kleinen Mengen Sangiovese und Montepulciano.

ANHANG

NIL SIMILIVS INSANO
QVAM . EBRIVS

Glossar

Abbeeren
Abzupfen der Beeren von den Stielen vor der Gärung, geschieht maschinell

Abgang
Nachgeschmack eines Weines, den man nach dem Schlucken auf der Zunge behält; er sollte möglichst lang anhaltend sein.

Absetzen
Natürlicher und schonender Vorgang, bei dem im Wein oder Most vorhandene, unerwünschte Feststoffe langsam auf den Boden des Behälters sinken, → Filtration

Abstich
Vorgang, bei dem geklärter Wein durch Umpumpen in ein leeres Behältnis von unerwünschtem Bodensatz befreit wird

Acre
In angelsächsischen Ländern übliches Flächenmaß, das in den USA rund 44 → Ar entspricht; somit kommen 2,27 acres auf 1 → Hektar.

Adega (Cooperativa)
Bezeichnung für Winzergenossenschaft (wörtlich Kellerei) in Portugal

Adstringierend
Pelziges Gefühl auf der Zunge, vor allem durch hohen Tanningehalt ausgelöst

Affinage
Zusätzliche Reife in der Flasche, bevor ein Wein in den Verkauf gelangt

Altersgeschmack (Alterston)
Typischer Geschmack eines gealterten Weines, → Firn

Amarone
Trockener italienischer Wein aus dem Most luftgetrockneter Beeren

Amontillado
Bezeichnung für einen gealterten trockenen Fino-Sherry, der auf natürliche Weise gereift ist; auch Name für verschnittene süße Sherrys

Anreichern (Aufbessern)
Zugabe von Zucker zur Erhöhung des Alkoholgehaltes, geschieht vor der Gärung; nicht bei jedem Wein erlaubt, → Chaptalisierung

Appellation d'Origine contrôlée (A.O.C.)
Kontrollierte Hekunftsbezeichnung bei französischen Weinen

Ar
Flächenmaß, das 100 m^2 entspricht; 100 Ar sind 1 → Hektar.

Aroma
Verleiht dem Wein ein typisches Duft- und Geschmacksbild

Assemblage
Verschnitt hochwertiger Weine, im Gegensatz zu → Coupage, → Cuvée

Attaque
Der erste Eindruck, den der Wein im Mund auslöst; wird in Frankreich oft gesondert herausgestellt

Aufspriten
Das Verstärken des Mostes mit Alkohol, um die Gärung zu stoppen und den Alkoholgehalt der Weine zu erhöhen, vor allem bei Portwein, Sherry, Madeira

Ausbau
Alle Arbeiten im Weinkeller von der Gärung bis zur späteren Abfüllung des Weines

Azienda agricola
Italienische Bezeichnung für ein Weingut, das nur ausschließlich eigene Trauben keltert, im Gegensatz zu *azienda vinocola*

Bag-in-Box
Wörtlich *Sack-im-Kasten*; Wein, der als Literware für den Endverbraucher abgefüllt wird, mit einem Hahn zum Abzapfen versehen und inzwischen oft mit einer Sauerstoffpatrone, die die Oxidation des verbleibenden Restes verlangsamt

Balling
In Südafrika gebräuchliches Messsystem zur Ermittlung der Mostkonzentration; entspricht etwa → Brix in den USA

Barrique
International verbreitetes kleines Eichenfass mit einer Füllmenge von 225 Litern, das zum Ausbau von Rotweinen, zur Gärung und Ausbau von Weißweinen dient

Besenwirtschaft
→ Straußwirtschaft in Baden und Württemberg, → Heckerwirtschaft

Biologischer Säureabbau
→ Malolaktische Gärung

Blend
In Frankreich → Cuvée genannt; Bezeichnung für → Assemblage in den englischsprachigen Anbauländern, meist im Zusammenhang mit Bordeaux-Blends aus Cabernet und Merlot

Blindverkostung
Weinprobe mit verdeckten Flaschen

Blush wine
Amerikanische Bezeichnung für meist leicht süßliche Weiß- oder Roséweine aus dunklen Trauben, der populärste ist White Zinfandel

Bocksbeutel
Bauchige Flaschenform, die ausschließlich fränkischen Qualitätsweinen und portugiesischen Weinen vorbehalten ist

Böckser
Fehlton, der bei der Gärung entsteht, erinnert an faule Eier

Bodega cooperativa
Spanische Winzergenossenschaft

Bodega
Spanische Bezeichnung für eine Kellerei

Bodensatz
Ablagerungen von Tannin und Farbstoff in der Flasche, können durch Dekantieren vom Wein getrennt werden, → Depot

Botrytis cinerea
Edelfäule, die Trauben befällt und einen typischen Geruchs- und Geschmackston hervorbringt

Boutique winery
Kleiner Betrieb, der mit großer Sorgfalt erzeugte Weine in kleiner Menge und meist auf hohem Preisniveau anbietet; Gegensatz zu industriemäßig arbeitenden Kellereien

Brix
In den USA gebräuchliches Messsystem zur Ermittlung der Mostkonzentration; entspricht etwa → Balling in Südafrika

Brut
Bezeichnung für trockene Schaumweine mit weniger als 15 Gramm Restzucker pro Liter

Bukett
Gesamtheit der Düfte eines Weines

Bulk
Bezeichnung für Fassware

Buschenschank
Österreichische → Straußwirtschaft, in der → Heuriger ausgeschenkt wird

Bush vines
In einigen Anbaugebieten Australiens und Südafrikas zu findende buschförmige Reben, die nicht an einer Drahtrahmenkonstruktion erzogen werden (→ Erziehungssysteme), sondern einen niedrigen Stamm besitzen, an dem die Triebe kreisförmig angeordnet sind

Cava
Bezeichnung für einen spanischen Schaumwein, der nach traditionellem Flaschengärverfahren hergestellt wird; wörtlich *Keller*

cave
Französisch für *Keller*

chambrieren
Erwärmen des Weins auf die gewünschte Trinktemperatur

chaptalisieren
Zugabe von Zucker zur Erhöhung des Alkoholgehaltes, geschieht vor der Gärung; nicht bei jedem Wein erlaubt, → Anreichern

Charmat-Verfahren
Tankgärverfahren bei der Sektherstellung, bei dem die zweite Gärung in einem Drucktank erfolgt und nicht in der Flasche

Clairet (Claret)
Ursprünglich Bezeichnung für helle Rotweine aus dem Bordeauxgebiet, dann in der englischsprachigen Welt Synonym für Bordeaux-Weine oder Weine im Bordeaux-Stil, jetzt in Frankreich zumindest erneut Bezeichnung für hellrote Bordeaux-Weine

Classico
Exakt definierte geographische Zonen in Italien, aus denen die Trauben eines Weines mit der Zusatzbezeichnung Classico stammen müssen

clos
Eine im Burgund verbreitete Bezeichnung für einen Weinberg, der von einer Mauer oder Hecke umschlossen wird

cold soak
Kältemazeration, vor allem beim Pinot Noir, bei der man die Trauben einige Tage auf kühler Temperatur im Tank liegen lässt, damit sich Farb- und Aromamoleküle im Saft lösen, bevor die Gärung einsetzt

cosecha
Spanisch für *Jahrgang*

cosechero
Spanisch für *Winzer*

coupage
Verschneiden einfacher Weinqualitäten, im Gegensatz zu → Assemblage

Crémant
Französischer Schaumwein, der nach traditionellem Flaschengärverfahren hergestellt wurde, aber nicht aus der Champagne stammt

Crianza
Spanischer Wein, der erst nach dreijähriger Fasslagerung verkauft werden darf; in einigen spanischen Regionen muss er sogar zwölf Monate gereift sein

Cru
Eigentlich Bezeichnung für Gewächs, im weiteren Sinne für ausgezeichnete Lage oder den Wein daraus

cultivar
Botanischer Begriff für kultivierte Rebarten, nur in Südafrika verbreitet

Cuvée
Verschnitt qualitativ hochwertiger Weine, → Assemblage; bei der Schaumweinherstellung Beschreibung für den aus der Kelter fließenden Vorlaufmost

Deckrotwein
Farbintensiver Wein, der einem farbschwachen Wein zugesetzt wird, häufig auf Kosten der Qualität

degorgieren
Entfernen der Hefe aus dem Wein bei der Schaumweinherstellung

Degustation
Weinverkostung

dekantieren
Langsames Umfüllen des Weines aus der Flasche in eine Karaffe, um ihm vor dem Servieren Sauerstoff zuzuführen oder den Wein vom → Depot zu trennen

Denominação de origem controlada (DOC)
Kontrollierte Herkunftsbezeichnung portugiesischer Qualitätsweine

Denominación de Origen (DO)
Kontrollierte Herkunftsbezeichnung spanischer Qualitätsweine

Denominación de Origen calificada (DOCA)
Höchste kontrollierte Herkunftsbezeichnung spanischer Qualitätsweine

Denominazione di origine controllata (DOC)
Kontrollierte Herkunftsbezeichnung italienischer Qualitätsweine

Denominazione di origine controllata e garantita (DOCG)
Höchste kontrollierte Herkunftsbezeichnung italienischer Qualitätsweine

Depot
→ Bodensatz

Domaine
Französisch für Weingut

Domäne
Bezeichnung für deutsche Weingüter, die dem Staat gehören

Dosage
Mischung aus Wein und Zucker oder Most, die Schaumweinen zugesetzt wird. Man unterscheidet *Fülldosage* (wird vor der zweiten Gärung zugesetzt, um diese einzuleiten) und *Versanddosage* (wird nach dem → Degorgieren zum Wein gegeben, um ihm seinen Süßegrad zu verleihen)

dry
Englisch *trocken*, bei Schaumweinen Bezeichnung für einen mit Restzuckergehalt zwischen 17 und 35 g/l

durchgegoren
Bei der Gärung wurde der gesamte Zucker in Alkohol umgewandelt; der Wein hat keine Restsüße

Edelfäule
→ Botrytis cinerea

Eiswein
Deutsche und österreichische Weinspezialität mit hoher Süße und Säure; entsteht durch Trauben, die bei mindestens minus 7 °C gelesen und gepresst werden müssen

entrappen
Entfernen der Traubenstiele von den Beeren

Ertrag
Erntemenge; angegeben in Hektoliter pro Hektar (hl/ha)

Erzeugerabfüllung
Weine, deren Trauben aus dem Rebenbesitz des auf dem Etikett angegebenen Weinguts stammen, gilt auch für Genossenschaftsweine → Kellereiabfüllung

Erziehungssysteme
Nur in wenigen Anbaugebieten der Welt (Australien und Südafrika, → Bush vines) wachsen Reben ohne Drahtrahmenkonstruktion. Die Wahl des passenden Systems richtet sich unter anderem nach Rebsorte, Standort und Wuchskraft. E. erleichtern die Bewirtschaftung des Weinbergs und steigern die Qualität der Trauben: Die Triebe hängen nicht auf den Boden und behindern die Arbeit in den Rebzeilen, das Laub liegt nicht auf der Erde, lässt die Bodenfeuchtigkeit nicht ansteigen und aufgrund dessen Pilzkrankheiten entstehen. Zu den wichtigsten E. gehören Gobelet-System, Doppel-Guyot-System, Lenz-Moser-System, Cordon-System, Tendone-System, Lyra-System, Scott-Henry-System.

Espumante
Portugiesische Bezeichnung für Sekt; im traditionellen Verfahren (metodo classico) hergestellte Sekte heißen ab 12 Monaten Reife auf der Flasche Reserva, ab 24 Monaten Super Reserva, ab 36 Monaten Velha oder Grande Reserva

extra brut
Trockenste Variante des Schaumweins

extra trocken
→ extra dry

EXTRA DRY
Schaumwein mit einem Restzuckergehalt zwischen 12 und 20 g/l

EXTRAKT
Gesamtheit aller im Wein vorhandenen, nicht flüchtigen Stoffe: Säure, Mineralstoffe, Zucker, Phenole, Glyzerin

FASSWARE
En vrac auf Französisch, *bulk* auf Englisch; Bezeichnung für losen Wein, der in Mengen und in der Regel von Großhändlern gekauft wird

FEDERSPIEL
In der Wachau (Österreich) eingeführte Kategorie, die elegante, mittelgewichtige Weine umschreibt, → Steinfeder und → Smaragd

FILTRATION
Technik, mit der Feststoffe mit Hilfe von Filtern rasch vom Wein getrennt werden; bei qualitativ hochwertigem Wein umstritten, da sie zu Farbeinbußen führen und dem Wein wertvolle Inhaltsstoffe entziehen kann; man unterscheidet *Membranfiltration* mittels einer dünnen Folie und *Schichtenfiltration* mit Hilfe von Kieselgur oder eines anderen Pulvers → Absetzen

FINO
heller, leichter und trockener Sherry

FINISH
→ Abgang

FIRN
→ Altersgeschmack

FLASCHENGÄRUNG
Methode der Schaumweinherstellung, bei der die zweite Gärung in der Flasche stattfindet, → Méthode champenoise

FLASCHENREIFE
Zeitpunkt, an dem ein Wein ausgereift und zum Abfüllen auf die Flasche bereit ist; bezeichnet zudem die Alterung eines Weines in der Flasche

FLURBEREINIGUNG
Maßnahme, mit der seit der Mitte des 20 Jh. über die Hälfte der westdeutschen Rebfläche neugestaltet wurde und dadurch besser zu bewirtschaften ist

FRIZZANTE
Italienischer Perlwein

FUCHSIG
Ausgeprägtes, an nasses Fell erinnerndes Aroma, das Weine aus amerikanischen Hybridreben charakterisiert; am stärksten bei der im Staate New York angebauten Concord-Rebe

GÄRUNG
Vorgang bei der Weinherstellung, bei dem Zucker in Alkohol und Kohlensäure umgewandelt und Most zu Wein wird

GARRAFEIRA
Legendärer Begriff (wörtlich *Flaschenkeller*) für portugiesische Weine, die länger gelagert wurden: bei Rotwein mindestens zwei Jahre im Fass und ein Jahr in der Flasche, bei Weißwein ein Jahr im Fass und ein Jahr in der Flasche

GEMISCHTER SATZ
Österreichischer Wein aus diversen Rebsorten, die alle im gleichen Weinberg wachsen und zusammen geerntet und weiterverarbeitet werden; auch Mischsatz genannt

GEWÄCHS
Synonym für Weine, → Cru

GRAND CRU (GROSSES GEWÄCHS)
Im Burgund und im Elsass Klassifizierung für die besten Lagen, allgemein auch als Bezeichnung für herausragenden Wein verwendet

GRAND RESERVA
Spanische Klassifizierung; Grand-Reserva-Rotweine müssen mindestens zwei Jahre im kleinen Holzfass und dann weitere drei im Tank oder in der Flasche reifen, bevor sie verkauft werden. Weiße liegen mindestens sechs Monate im Fass und dann vier Jahre im Tank oder in der Flasche.

HEAT DEGREE DAYS
Von Amerine und Winkler eingeführtes System zur Klassifizierung des Klimas, wichtig in → Kalifornien (siehe entsprechendes Kapitel), aber auch in Australien → Hitzegradscala

HECKERWIRTSCHAFT
→ Straußwirtschaft in Franken, → Besenwirtschaft

HEFE
Mikroorganismen; einige von ihnen haben die Fähigkeit, Traubensaft zum Gären zu bringen → Reinzuchthefen

HEKTAR
Europäisches Flächenmaß von 10 000 m^2, das rund 2,47 acres entspricht

HEKTOLITER
Maßeinheit, die 100 Liter umfasst

HERDADE
Portugiesischer Begriff für ein meist recht großes Landgut oder Weingut, besonders im Ribatejo oder Alentejo

HEURIGER
Österreichischer Wein des aktuellen Jahrgangs, der vom 11. November eines Jahres bis zum Ende des nächsten Jahres ausgeschenkt werden darf, meist in den → Buschenschanken

HITZEGRADSKALA
Von Amerine und Winkler in Kalifornien aufgestellte Skala nach monatlichen Hitzegradtagen während der Wachstumsperiode, bei der die Summe der täglichen Durchschnittstemperatur über 10 °C addiert wird

HOCK
Englische Bezeichnung für Rheinwein oder generell deutschen Wein; Kurzform von *hockamore*, einer englischen Umschreibung aus einem Theaterstück des 17. Jahrhunderts für Weine aus der Stadt Hochheim im Rheingau

HYBRIDREBE
Nachkommenschaft zweier Rebsorten, die nicht derselben Spezies angehören, auch interspezifische Kreuzung genannt; Ziel ist es, die positiven Eigenschaften verschiedener Spezies in einer Sorte zu vereinen.

INTEGRIERTER WEINBAU
Anbaumethode, bei der weitgehend auf Schädlingsbekämpfungmittel verzichtet wird, um Nützlinge und Umwelt zu schonen

JAHRGANG (VINTAGE, MILLÉSIME)
Bezeichnung für das Jahr, in dem die Trauben für einen Wein gewachsen sind; auch allgemein die Eigenschaften eines Jahrgangs bezüglich Wetter und Wachstumszyklus der Trauben

JEROBOAM
Weinflasche mit 4,5 Liter Inhalt, → Magnum

JUG WINE
Krugwein; offen ausgeschenkte einfache Weine in den USA, die oft in Glaskaraffen abgefüllt verkauft werden

KELLEREIABFÜLLUNG
Weine, deren Trauben nicht vom Abfüller stammen und auch nicht von ihm ausgebaut wurden, → Erzeugerabfüllung

KELTERN
Pressen des Traubensaftes vor der Gärung

KIESELERDE
Kristalline Form des Kieseldioxids, das zur Schönung von Wein eingesetzt wird

KLON
Reben, die durch eine genetisch gleiche Mutterpflanze vermehrt wurden

KLOSTERNEUBURGER MOSTWAAGE (KMW)
Maßeinheit, mit der in Österreich das Mostgewicht eines Weines bestimmt wird; 1 °KMW entspricht 10 Gramm natürlichem Zucker auf ein Kilo Most.

KOHLENDIOXID
CO_2; ein natürliches Gas, entsteht als Nebenprodukt bei der alkoholischen Gärung

KOHLENSÄUREMAISCHUNG
→ Macération carbonique

KORKFEHLER
Beeinträchtigung des Weines hervorgerufen durch einen schlechten Korken

LIBRARY WINES
Ältere Jahrgänge, die in kleinen Mengen zum Verkauf angeboten werden

Macération carbonique
Kohlensäuremaischung bei der Herstellung leichter, fruchtiger Rotweine, die jung getrunken werden; unter Zusatz von Kohlendioxid werden unzerkleinerte, unverletzte Beeren in einem Behälter vergoren. Statt Hefe bringt eine kleine Menge Traubenzucker die Trauben zum Gären.

Magnum
Weinflasche mit 1,5 Liter Inhalt

Maische
Brei aus Traubenschalen, Kernen und Stielen, der sich im Gärbehälter absetzt; Rotweine werden auf der Maische vergoren.

Maischeerhitzung
Die Maische wird vor der Gärung auf rund 70 °C erhitzt, um Farbstoffe aus den Schalen zu lösen; wird bei hochwertigem Wein selten angewendet

malolaktische Gärung
Umwandlung von Äpfelsäure in Milchsäure durch Milchsäurebakterien, auch biologischer Säureabbau genannt, mit dem Ziel, den Säuregehalt des Weines zu senken

Marc
Französischer Name für → Trester

Massenselektion (Sélection massale)
Die besten Rebstöcke eines Weinbergs werden selektiert, im Unterschied zur *klonalen Selektion,* bei der ein einziger Setzling genetisch baugleich vervielfältigt wird.

meritage
In den USA üblicher Begriff für eine Cuvée aus mehreren, meist Bordeaux-Sorten

Méthode champenoise
Methode der Schaumweinherstellung, bei der die zweite Gärung in der Flasche stattfindet, → Flaschengärung

Moelleux
Französische Bezeichnung, die liebliche Weine umschreibt

Most
Nicht vergorener Traubensaft

Mostgewicht
Bestimmt den Reifegrad der Beeren, wird in Deutschland und in der Schweiz in Grad → Oechsle, in Österreich in Klosterneuburger Mostwaage (MWK) berechnet; in vielen Ländern richtet sich die Qualitätsstufe eines Weines nach vorgeschriebenen Mindestmostgewichten.

mouthfeel
Wörtlich *Mundgefühl,* vor allem in den USA üblicher Begriff, um den Gesamteindruck des Weines am Gaumen zu beschreiben

mutage
Stoppen der Gärung durch Alkoholzusatz oder Zugabe von Schwefeldioxid

Nase
Allgemeiner Geruchseindruck eines Weines

Nouveau
Bezeichnung für französische Weine, die schon kurze Zeit nach der Ernte in den Verkauf gelangen dürfen, → Novello und → Primeur

Novello
Italienische Weine, die schon kurze Zeit nach der Ernte in den Verkauf gelangen dürfen, → Nouveau und → Primeur

Oechsle
Messeinheit in Deutschland und in der Schweiz für das Mostgewicht eines Weines; benannt nach dem Physiker Ferdinand Oechsle

Oinotria
Als die Griechen den Weinbau ums Mittelmeer verbreiteten, bezeichnete man so Italien, wörtlich ›das Land der Weinstöcke, die an Pfählen gezogen wurden‹; im übertragenen Sinne ein Weinparadies

Oloroso
Körper- und alkoholreicher, trockener Sherry, zweiter Grundtyp nach → Fino; häufig auch für süße Verschnitte von einfachem Sherry verwendet

Önologie
Bezeichnung für Weinwissenschaft

organoleptische Prüfung
Qualitätsprüfung eines Weines nach Aussehen, Geruch und Geschmack

ouvrée
Flächenmaß im Burgund

Oxidation
Chemische Reaktion, bei der Wein mit zu viel Sauerstoff in Berührung gekommen ist; der Wein verliert an Frische und seine Farbe verändert sich; kann in der Flasche aber auch schon im Fass oder beim Most auftreten

Palo Cortado
Seltener, trockener Sherry, liegt geschmacklich zwischen Oloroso und Amontillado

passerillé
Trauben, die zum Trocknen am Weinstock hängen bleiben

passito
Italienische Art der Weinbereitung für Weine aus getrockneten (rosinierten) Trauben

Perlwein
Mit Kohlensäure versetzter Wein

pH-Wert
Maßstab für den Säuregrad eines Weines; je niedriger der ph-Wert ist, desto saurer schmeckt der Wein; 7 gilt als neutraler Wert (z.B. bei Wasser)

Phenole
→ Polyphenole

Phylloxera
→ Reblaus

pigeage
Das Aufbrechen und erneute Eintauchen des Tresterhuts bei der Rotweingärung, traditionell beim Pinot Noir angewandt

Pfropfunterlage
Unterlagsrebe, auf die zum Zweck der Veredlung eine andere Rebenspezies aufgepfropft wird

Polyphenole
Chemischer Baustein im Wein, sitzt in den Farbpigmenten, Tanninen und Geschmacksstoffen, hat positiven Einfluss auf den menschlichen Körper

Premium
Beste und gefragteste Qualität, in englischsprachigen und anderen Anbauländern Bezeichnung für *varieties* (Rebsorten) und die daraus gewonnenen Weine; zu den *premium varieties* zählen z. B. Chardonnay und Sauvignon, Cabernet Sauvignon, Merlot und Shiraz (Syrah)

Primeur
Bezeichnung für Weine, die schon kurze Zeit nach der Ernte in den Verkauf gelangen dürfen, → Nouveau und → Novello

Prüfnummer
Qualitätsweine in Deutschland und Österreich benötigen eine amtliche Prüfung, die auf dem Etikett stehen muss. Sie wird nach einer Qualitätsprüfung des Weins vergeben.

punch down
Amerikanische Bezeichnung für → pigeage

Qualitätswein
Allgemeiner Begriff, auf Englisch *fine wine,* der sich auf Weine mit Herkunftsbezeichnungen und von höherer Qualität bezieht, im Gegensatz zu den einfachen *Vins de Table*

Quinta
Portugiesisches Weingut oder Landgut, vergleichbar mit dem französischen Château-Begriff

Rappen
Bezeichnung für Traubenstiele

Rebenerziehungssysteme
→ Erziehungssysteme

Reblaus
Der gefährlichste Feind der Rebe befällt deren Wurzeln und schädigt sie, so dass die Rebe eingeht. Sie wurde 1860 aus Amerika nach Europa eingeschleppt. Während die Reben in der Neuen Welt gegen die Läuse resistent waren, wurden die europäischen Reben jedoch zum großen Teil befallen, was verheerende Auswirkungen auf den europäischen

Weinbau nach sich zog. Erst das Pfropfen europäischer Reben auf reblausresistente amerikanische Unterlagsreben schaffte Abhilfe.

Rebschnitt
Maßnahme, bei der die Pflanzentriebe stark zurückgeschnitten werden, um das Wachstum der Reben zu fördern und ihre Qualität zu erhöhen

Reduktion
Gegenteil von Oxidation; chemische Reaktion, die unter luftdichten Bedingungen erfolgt; reduktiv ausgebaute Weine sind besonders frisch und aromatisch.

Refraktometer
Optisches Präzisionsinstrument, mit dem das Mostgewicht eines Weines und damit sein Reifegrad bestimmt wird

Reinzuchthefen
Gezüchtete Hefen, die zur Gärung eingesetzt werden, um den Most in Wein umzuwandeln; ihre Reaktionen sind eher voraussehbar als bei traubeneigenen Hefen, die die Gärung nicht immer problemlos verlaufen lassen.

Reserva
Spanische und portugiesische Qualitätsstufe für Weine eines besonderen Jahrgangs, der bestimmte Mindestanforderungen erfüllen muss; bei spanischen Rotweinen Lagerung von 36 Monaten, davon 12 im Eichenholzfass, bei Weißen 24 Monate Lagerung, davon 6 im Fass; in Portugal muss der Alkoholgehalt für diese Weine 0,5 Prozent über der vorgeschriebenen Mindestanforderung liegen.

Restzucker
Bei der Gärung nicht in Alkohol umgewandelter Zucker, ergibt die natürliche Restsüße eines Weins

Riserva
Italienische Qualitätsstufe, mit spanischer Reserva vergleichbar

Rüttelpult
Bei der Schaumweinherstellung nach traditionellem Flaschengärverfahren verwendetes Holzgestell, in dem die Flaschen nach der zweiten Gärung in regelmäßigen Abständen von Hand gedreht (gerüttelt) werden, damit sich der Satz vom Flaschenboden in Richtung Hals bewegt, um schließlich beim → Degorgieren entfernt zu werden

Säure
Verleiht dem Wein Lebendigkeit und Langlebigkeit, der Säuregehalt muss jedoch ausgewogen sein

Schaumwein
Oberbegriff für alle schäumenden Weine

Schönung
Klärung des Weins, dient der Stabilisierung; ein Schönungsmittel wird dem Wein zugesetzt, bindet Trubteile und unerwünschte Partikel und setzt sich mit diesen als Bodensatz ab.

Schwefel
Wird im Weinbau vielfach eingesetzt; vom Schutz der Reben über die Sterilisierung von Holzfässern bis zur Konservierung des Weines

Sekt
Deutscher Qualitätsschaumwein mit Amtlicher → Prüfnummer; in Österreich Bezeichnung für alle einfachen Schaumweine, Qualitätsschaumweine heißen hier Qualitätssekt.

skin contact
macération pélliculaire oder *macération prefermentaire,* Hülsenmaischung, um Geschmacksstoffe aus den Traubenschalen in den Most bzw. Wein zu transferieren; bei Rotwein der übliche Vorgang, bei Weißwein eher ungewöhnlich

Smaragd
In der Wachau (Österreich) eingeführte Kategorie, die reife, kraftvolle Weine bezeichnet, → Steinfeder und → Federspiel

Solera
System zur Herstellung aufgespriteter Weine, vor allem Sherry und Madeira, um jedes Jahr den gleichen Qualitätsstandard der Weine zu erreichen; Basis ist das Prinzip des Verschneidens fassgereifter Weine. Als *Solera* bezeichnet man die unterste einer mehrstöckigen Fassreihe, die darüber liegende heißt *Criadera*, die oberste *Sobretabla.* Für jeden neuen Sherry wird aus der Solera Wein entnommen und in Flaschen gefüllt, dann wird diese Reihe durch den Inhalt der Criaderas aufgefüllt und diese wiederum mit Weinen aus der Sobretabla, die mit jungem Wein ergänzt wird.

Sommelier, Sommelière
Bezeichnung für Weinkellner, Weinkellnerin

Spumante
Italienischer Schaumwein

Stabilisierung
Zustand, der erreicht ist, wenn ein Wein von allen unerwünschten Partikeln, Schwebeteilchen und Trübungen befreit wurde (z. B. durch Schönung), in der Flasche klar erscheint und keine Gase bildet

Steen
Südafrikanischer Name für den Chenin Blanc, der dort die meist verbreitete Rebsorte ist und auch als Grundlage für Brandy und die Sherry-Produktion dient

Steinfeder
In der Wachau (Österreich) eingeführte Kategorie, die leichte, spritzige Weine bezeichnet, → Federspiel und → Smaragd

Strausswirtschaft
Eine gewisse Zeit im Jahr darf ein Winzer auf dem Gelände seines Weinguts in der S. eigene Weine an Gäste ausschenken und dazu kleine Speisen anbieten. → Besenwirtschaft, → Heckerwirtschaft

Tannin
Gerbstoff im Wein mit adstringierender Wirkung, wichtig für die Alterung von Rotweinen; bei jungen Roten besonders ausgeprägt, mildert sich aber im Laufe der Weinreife

Tenuta
Italienische Bezeichnung für ein Weingut

Transvasier-Methode
Methode der Schaumweinherstellung, bei der wie bei der traditionellen Champagner-Methode die zweite Gärung in der Flasche stattfindet; um das darauf folgende kostspielige und langwierige Degorgieren zu vermeiden, werden die Flaschen in einen Druckbehälter entleert, wird der Wein gefiltert und anschließend – mit der erwünschten Dosage und Hilfe einer Gegendruck-Anlage – abgefüllt. Die praktische Methode mit den Hefekugeln dürfte dieses technisch aufwendige Verfahren über kurz oder lang ersetzen.

Trester
Feste Traubenrückstände, die bei Weißweinen nach der Kelterung, bei Rotweinen nach der Gärung, übrigbleiben; kann zu Branntwein destilliert werden

Tresterhut
Während der Rotwein-Gärung an der Oberfläche des Behälters schwimmende Schicht aus Traubenschalen und anderen Feststoffen; er muss untergetaucht und mit dem Most durchmischt werden.

Trinktemperatur
Ideale Temperatur, bei der ein Wein serviert werden sollte

Typizität
Der – insbesondere für ein Terroir – typische Ausdruck eines Weins; sein von der Lage, auf der er wächst, bestimmter Charakter

umpumpen (Französisch Remontage)
Wird bei der Gärung von Rotweinen eingesetzt, um den Tresterhut im Most zu halten, damit möglichst viele Farbstoffe und Aromen aus den Schalen gelöst werden

vegetal
Bezeichnung für Weine mit unreifen, grünen, vegetabilen Noten, die von unzulänglicher Reife stammen

Verrieseln
Abfallen von Beeren nach der Beute

Verschnitt
Mischung von Trauben oder Weinen verschiedener Sorten, um die positiven Eigenschaften der einzelnen Verschnittpartner hervorzuheben; bei Markenweinen übliches Verfahren, um bei jedem Jahrgang eine gleichbleibende Qualität zu gewährleisten, → Assemblage und → Cuvée

verstärken
Anreichern mit Alkohol, um die Gärung zu stoppen und den Alkoholgehalt der Weine zu erhöhen, → aufspriten

Verstärkte Weine
Portwein, Sherry, Madeira, Marsala und andere

Vin de liqueur
Süßer Wein mit hohem Alkoholgehalt, dem vor der Gärung Weingeist zugesetzt wurde; gilt aber auch generell für alkoholverstärkte Weine

Vin de paille
Französisch für *Strohwein*; süßer, alkoholreicher Weißwein, dessen Trauben auf Strohmatten getrocknet wurden

Vin de plaisir
Als ›Wein des Vergnügens‹ bezeichnet man gut gemachte, zugängliche, süffige Weine, die nicht den Anspruch erheben, hochwertige, Tropfen zu sein.

Vinifikation
Weinerzeugung vom Zeitpunkt der Traubenanlieferung im Keller bis zum Abfüllen auf Flaschen

Vin santo (heiliger Wein)
Der klassische Dessertwein der Toskana, aus getrockneten Trauben; oxidativ, trocken oder mit unterschiedlichem Restzuckergehalt ausgebaut

Vintage
Englisch für → Jahrgang

Vitis
Pflanzengattung, zu der auch die Weinrebe zählt; die für den Weinbau wichtigste Art ist die *vitis vinifera,* zu der etwa 8000 Sorten gehören.

Weinstein
Kristalle, die sich auf dem Boden einer Weinflasche absetzen, entstehen durch Abbau von Säure im Wein; kein Reklamationsgrund, da sie die Qualität des Weines nicht schmälern

Weissherbst
Roséwein, der ausschließlich aus einer Rebsorte hergestellt wird, die auf dem Etikett vermerkt ist

winemaker
Weinmacher in der Neuen Welt, meist Kellertechniker mit önologischer Schulung, aber auch Begriff für denjenigen, der in einem Betrieb für den Wein verantwortlich zeichnet

winery
Englisch für *Weinkellerei* oder *Weingut*

Winkler Skala
Eine von Winkler und Amarine aufgestellte Skala nach monatlichen Hitzegradtagen während der Wachstumsperiode, bei der die Summe der täglichen Durchschnittstemperatur über 10 °C addiert wird, → Hitzegradskala

Winzergenossenschaft
Erzeugergemeinschaft, die sich zusammengeschlossen hat, um den Wein der einzelnen Mitgliedsbetriebe gemeinsam zu verarbeiten und zu vermarkten

Zapfen
Schweizerisch für Korken

Die Jahrgänge

Jahrgangseinschätzungen sind immer nur eine Annäherung an die Wahrheit. Zu unterschiedlich ist der Einfluss des Klimas auf die verschiedenen Rebsorten; zu große Rollen spielen Mikroklimata einzelner Gebiete oder Lagen.

Die Güte der Jahrgänge wird mit Sternen dargestellt.

*	*kleiner Jahrgang*
**	*mittlerer bis guter Jahrgang*
***	*sehr guter Jahrgang*
****	*herausragender Jahrgang*

Die Jahrgänge in Deutschland

1999**–***
Nicht der lang erwartete Jahrhundertjahrgang, aber eine reiche Ernte und in einigen Regionen (z. B. Saar, Ahr, Franken) sehr gelungen.

1998**–***
In der Pfalz sehr gute Weine, in anderen Regionen (Baden, Württemberg, Franken) nur Durchschnitt, an Mosel-Saar-Ruwer unterschiedlich.

1997***–****
Ein sonniges Weinjahr mit vielen Spät- und Auslesen, besonders gelungen an der Mosel, der Nahe und in der Pfalz, aber auch bei den Ahr-Rotweinen.

1996***
Durchweg fruchtige, lagerfähige Weine.

1995**–***
viele Spät- und Auslesen, im Rheingau und an Mosel-Saar-Ruwer besonders gelungen.

1994**–***
In manchen Regionen (Rheingau und Mosel) sehr gut, viele Botrytisweine.

1993***–****

1992**–***

1991**

1990****

Ältere sehr gute und herausragende Jahrgänge, deren beste Vertreter (vor allem Riesling) noch in gutem Zustand sein können: 1989, 1988, 1986, 1985, 1983, 1981, 1979, 1976, 1975, 1971, 1964, 1959, 1953, 1949, 1945.

Die Jahrgänge in Frankreich

Bordeaux

1999**–***
Guter Jahrgang (vor allem Merlot) mit Ausreißern nach oben.

1998**–***
Vor allem in Saint-Emilion und Pomerol gelungen – wiederum ein Merlot-Jahrgang.

1997**
Eher frühreife Rotweine.

1996***–****
Vor allem im Médoc exzellent, ebenso bei den Weißweinen.

1995***–****
In Saint-Emilion und Pomerol, aber auch in Pauillac oder Graves besonders gute Rotweine; beachtliche Weißweine.

1994**–***
Vor allem am rechten Ufer (Merlot) gut, die trockenen Weißweine sind sogar sehr gut.

1993*–**
Beinah Totalausfall bei den Süßweinen, die roten Sorten sind oft nur Durchschnitt.

1992*
Leichte Weine ohne großes Alterungspotenzial.

1991**
Nur wenige interessante Weine.

1990****
Großartige, langlebige Rotweine, fabelhafte, konzentrierte Sauternes.

1989****

1988***–****

1987*–**

1986***–****

1985***–****

1984*

1983***–****

1982****

Ältere sehr gute oder herausragende Jahrgänge: 1979, 1978, 1975, 1971, 1970, 1967 (Sauternes) 1966, 1964, 1961 (!), 1959, 1955, 1953, 1952, 1949, 1947, 1945, 1937 (Sauternes) 1929, 1928, 1921 (Sauternes), 1900.

Burgund

1999***
Große Menge, allgemein als sehr gut eingeschätzt, auch im Beaujolais.

1998***
Gleichmäßig gute Weine.

1997**–***
Sehr gute, reife Chardonnays, beachtliche Beaujolais, die übrigen Roten dürften eher frühreif sein.

1996****
In jeder Hinsicht ein großer Jahrgang für rote und weiße Sorten.

1995**–****
Viele sehr gute Weißweine, reife Rotweine.

1994**
Große Mengen, aber selten beeindruckende Güte.

1993**–****
Langreifende, elegante Rotweine und allenfalls gute Weißweine.

1992**–***
Frühreife Rotweine, teilweise sehr gute Chardonnays.

1991*–***
Gut für Pinot Noirs von der Côte de Nuits, sehr gut für Beaujolais, passabel für Weißweine.

1990****
In jeder Hinsicht ein großer Jahrgang.

1989***

1988**–***

1987*–***

1986**

1985***–****

1984*

1983 *–***

1982**

Ältere sehr gute oder herausragende Jahrgänge: 1978, 1971, 1969, 1964, 1962, 1961, 1959, 1955, 1953, 1952, 1949, 1948, 1947, 1945.

Rhône und Languedoc-Roussillon

1999***
Die guten Winzer erzeugten elegante, lagerfähige Weine, vor allem an der südlichen Rhône ist der Jahrgang hervorragend ausgefallen.

1998***
Potenziell großer Jahrgang, vor allem an der südlichen Rhône und im Languedoc-Roussillon, manchmal auch Weine mit übertriebenem Tannin.

1997**
Manchmal unterschätzter Jahrgang mit einigen eleganten, eher frühreifen Rot- und Weißweinen.

1996**–***
An der nördlichen Rhône in der Regel besser als im Süden.

1995****
Ein warmes Weinjahr mit sehr guten, langlebigen Weinen.

1994**–***
Regen während der Lese, aber dennoch überwiegend gelungen.

1993**–***
An der südlichen Rhône recht gelungen, im Languedoc-Roussillon häufig sehr gut. Die nördliche Rhône hatte wenig Erfolg.

1992*–**
Allenfalls an der nördlichen Rhône gab es ordentliche Weine.

1991*–***
Sehr gut vor allem im Norden der Rhône, aber auch im Languedoc-Roussillon, schwächer im Süden der Rhône.

1990***–****
Ein großer Jahrgang an der Rhône, im Languedoc-Roussillon nicht ganz so eindrucksvoll.

Ältere sehr gute oder herausragende Jahrgänge: 1989, 1988, 1985, 1982, 1983, 1981, 1979, 1978, 1970, 1967, 1966, 1961, 1959, 1953, 1949. 1945.

Die Jahrgänge in Italien

Piemont

1999***
Allgemein als sehr gut eingeschätzt, vor allem bei den spät reifenden Sorten (z. B. Nebbiolo).

1998****
Vor allem bei Rotweinen ausgezeichnet.

1997****
Fabelhafte, konzentrierte Rotweine, sehr überzeugend bei Barolos und Barbarescos.

1996*–******
Exzellenter Rotweinjahrgang.

1995*–******
Der erste in einer Reihe bemerkenswerter Rotweinjahrgänge mit großen Barberas und Nebbiolos.

1994*–**
Enttäuschender Jahrgang.

1993–*****

1992*

1991**

1990****

Ältere sehr gute und herausragende Jahrgänge: 1989, 1988, 1985, 1982, 1980, 1979, 1978, 1974, 1971, 1970, 1964, 1961, 1958, 1947.

Toskana

1999*–******
Sehr gute, elegante Rotweine.

1998***
Gute bis sehr gute Rotweine.

1997****
Ausgezeichnete, dichte Rotweine der Spitzenklasse.

1996–*****
Zumeist gelungene, aber kaum große Chiantis und Brunellos.

1995–******
Sehr unterschiedliche Qualitäten durch Regen im Herbst.

1994**
Brunello und Vino Nobile sind besser ausgefallen als Chianti.

1993***

1992*

1991**

1990****

Ältere sehr gute bis herausragende Jahrgänge: 1988, 1986, 1985, 1983, 1982, 1980, 1979, 1978, 1975, 1971, 1970, 1967, 1964, 1961, 1958, 1955, 1945.

Die Jahrgänge in Portugal

1999–*****
Allgemein als gut bis sehr gut eingeschätzt.
1998–*****
Einige gute Rotweine, aber kein herausragender Portweinjahrgang.

1997****
Die Vintage-Portweine präsentieren sich hervorragend.

1996–*****
Unterschiedliche Qualitäten, bei Dão-Rotweinen am besten.

1995****
Sehr gute Rotweine im Douro-Gebiet.

1994***
Ausgezeichneter Portwein- und Madeirajahrgang.

1993*–**

1992***

1991–*****

1990**

Ältere sehr gute oder herausragende Jahrgänge für Portwein: 1985, 1983, 1980, 1977 (!), 1970, 1966, 1963 (!), 1960, 1955, 1950, 1948, 1947, 1945, 1935, 1934, 1931, 1927, 1924, 1922, 1920, 1912, 1908, 1904, 1900.

Die Jahrgänge in Spanien

Rioja

1999–*****
Unterschiedliche Qualitäten, allgemein gut bis sehr gut.

1998–*****
Gute Erträge und meist ebenso gute Qualitäten.

1997**
Sehr unterschiedlich, selten wirklich begeisternd.

1996*–******
Die spät lesenden Winzer erzeugten große Weine.

1995****
Relativ niedrige Erträge, aber exzellente, langlebige Weine.

1994****
Ein heißes Jahr erbrachte vorzügliche Weine.

1993–*****

1992***

1991***

1990***

Ältere sehr gute oder herausragende Jahrgänge: 1989, 1988, 1987, 1985, 1982, 1981, 1978, 1976, 1975, 1973, 1970, 1968, 1964 (!), 1959, 1952.

Ribera del Duero

1999***
Große Menge, sehr gute Qualität.

1998***
Geringe Mengen aufgrund von Hagelschäden, aber viele gute Rotweine.

1997**
Selten begeisternd, aber es gibt einige beachtliche Weine.

1996****
Der dritte Spitzenjahrgang hintereinander: reife, langlebige Weine.

1995****
Große Rotweine aus dem vielleicht besten Jahrgang des Jahrzehnts.

1994****
Viele beachtenswerte Weine, bei vielen Erzeugern ebenso gelungen wie 1995, vermutlich sehr langlebig.

1993**

1992**

1991*–******

1990–*****

Ältere sehr gute oder herausragende Jahrgänge: 1989, 1987, 1986, 1985, 1983, 1982, 1981, 1978, 1974, 1970, 1964.

Die Jahrgänge in Kalifornien

1999–******
Geringer Ertrag und sehr unterschiedliche Qualitäten. Die besten Cabernets und Zinfandels haben herausragende Klasse.

1998–*****
Ungleichmäßiger Jahrgang, viele Chardonnays und Pinot Noirs besitzen Potenzial.

1997–******
Große Mengen, teilweise herausragende Rotweine (Cabernet Sauvignon, Zinfandel).

1996–*****
Elegante Rotweine und beachtliche Weißweine.

1995***
Bemerkenswerte Weißweine und häufig sehr gute Rotweine.

1994****
Großes Rotweinjahr.

1993**

1992***

1991*–******

1990*–******

Ältere sehr gute oder herausragende Jahrgänge: 1987, 1986, 1985, 1984, 1981, 1979, 1978, 1975, 1974, 1971, 1970, 1968, 1966, 1958, 1951, 1946.

Die Jahrgänge in Australien

2000–*****
Große Mengen (vor allem Cabernet Sauvignon und Shiraz), schwierige Wetterbedingungen für Pinot Noir und weiße Sorten.

1999***
Mengenmäßige Rekordernte, sehr gute Qualität (z. B. in Coonawarra).

1998*–******
Exzellente Cabernet Sauvignons und Shiraz, aber nicht minder begeisternde Chardonnays!

1997–******
Zwischen sehr gut (Coonawarra, Barossa) und nur gut (New South Wales) schwankend.

1996***
Vor allem in den heißen Weinbauzonen sehr gut ausgefallen.

1995–*****
Geringe Mengen, aber – mit Ausnahmen – gute Qualität.

1994–******

1993–*****

1992*–***

1991****

1990***

Ältere sehr gute und herausragende Jahrgänge: 1989, 1988, 1987, 1986, 1984, 1983, 1982, 1981, 1979, 1976, 1975, 1971, 1966, 1963, 1962.

Die Jahrgänge in Südafrika

2000***
Trotz des sehr trockenen Wetters gelungene Weiß- und Rotweine

1999*–***
Warmer Jahrgang mit reifen Weinen.

1998*–******
Ausgezeichnete, lang reifende Rotweine.

1997–******
Fabelhafte Rotweine, aber auch weniger gelungene Sorten: Ein Jahrgang für die mutigen Winzer.

1996**
Kühles Jahr mit heterogener Qualität.

1995****
Reife, lagerfähige Rotweine.

1994***

1993***

1992***

1991****

1990–*****

Ältere sehr gute oder herausragende Jahrgänge: 1989, 1988, 1987, 1986, 1984.

Bibliographie

Aberle, Marion
Deutschlands Weinregionen. Ein Führer durch die dreizehn Anbaugebiete. Frankfurt/Main 2000

Allen, Max u. a.
New World of Wine. London 1999

Ambrosi, Hans / Ingo Swoboda
Wein richtig genießen lernen. Einführung in die Weinsensorik. Niedernhausen 1995

Ambrosi, Hans
Weinlexikon. Niedernhausen 1996

Anderson, Burton
Die 100 besten italienischen Rotweine. München 2000

Anderson, Burton
Italiens Weine 1998/99. Über 2000 Weine und Produzenten. Ostfildern 1998

Anderson, Burton
Italiens Weine 2000/2001. Über 2000 Weine und Produzenten. Ostfildern 2000

Ashley, Maureen
Piemont, Aostatal, Ligurien. Hugh Johnsons Weinreisen. Durch Weindörfer und Rebberge. Ostfildern 1997

Ashley, Maureen
Toskana. Hugh Johnsons Weinreisen. Zu Produzenten und Sehenswürdigkeiten. Ostfildern 2000

Beckett, Fiona
Wein, die richtige Wahl. Ostfildern 1998

Bednarz, Klaus
Die Zweitweine der großen Châteaux. Entdeckungen in Bordeaux. München 2000

Behrendt, Axel und Bibiana
Portwein. Der Guide für Kenner und Genießer. München 1996

Bettane, Michael / Thierry Desseauve
Le Classement 2000 des vins et domaines de France. Levallois-Perret 1999

Bichsel, Rolf
Vinoteca. Die Weine aus Bordeaux. Niedernhausen 1999

Bichsel, Rolf
Vinoteca. Die Weine des Languedoc-Roussillon. Niedernhausen 1999

Bichsel, Rolf
Vinoteca. Die Weine von der Loire. Niedernhausen 1999

Bielefeld, Jochen G.
Wein für Einsteiger. Deutschland. München 1996

Bock, Oliver
Weinführer Rhein-Main. Weinkunde, Winzer und Lagen. Frankfurt/Main 1999

Bosch, Paula
Auslese. 100 Weintips von Deutschlands Sommelière Nr. 1. München 1999

Broadbent, Michael
Meine Lieblingsweine. Niedernhausen 1998

Broadbent, Michael
Michael Broadbent's Weinnotizen. Ostfildern 1994

Casamayor, Pierre u. a.
Edle Tropfen. Die 100 teuersten Weine der Welt. Cham 1994

Cernilli, Daniele / Marco Sabellico
Weinlandschaft Italien. Ostfildern 2000

Clarke, Oz
Clarkes kleiner Weinführer 2000. 6000 Weine aus aller Welt. München 1999

Clarke, Oz
Clarke's großer Weinführer. München 1999

Clarke, Oz
Oz Clarke's Pocket Wine Guide 2000. Harcourt, USA 1999

Clarke, Oz / Steven Spurrier
Clarkes edelste Weine der Welt. Erzeuger, Appellationen, Jahrgänge. München 1999

Clarke, Oz
Clarke's kleiner Weinführer 2001. 600 Weine aus aller Welt. München 2000

Clarke, Oz
Clarke's großes Lexikon der Weine. München 2000

Clarke, Oz
Clarke's kleine Weinschule. München 2000

Coates, Clive
Clarke's Weinführer. Burgund. München 1998

Coates, Clive
Cote d'Or: A Celebration of the Greatest Wines of Burgundy. University of California Press, USA 1997

Couvreur, Dominique / A. Gerbelle
Vins et Vignobles en France. Guide de Charme. Paris 1998

Dähnhard, Wolfgang
Atlas der österreichischen Weine. Lagen, Produzenten, Weinstraßen. Ostfildern 1999

Delos, Gilbert
Die Weine des Bordeaux. Bielefeld 2000

Diel, Armin / Joel Payne
Gault Millau WeinGuide Deutschland 2000. München 1999

Dippel, Horst
Das Weinlexikon. Frankfurt/Main 1997

Dohm, Horst
Flaschenpost aus Bordeaux. Die sechzig großen Weine des Bordelais. München 1998

Dohm, Horst
Flaschenpost aus Burgund. Die sechzig großen Weine. München 1993

Dohm, Horst
Flaschenpost aus der Provence. Die sechzig großen Weine. München 1996

Dohm, Horst
Flaschenpost aus der Toskana. Die sechzig großen Weine. München 2000

Dohm, Horst
Flaschenpost aus Piemont. Die sechzig großen Weine. München 1998

Dominé, André
Roussillon. Badenweiler 2000

Dominé, André
Die Kunst des Aperitif. Weingarten 1992

Dovaz, Michel
Bordeaux. Hommage an einen großen Wein. München 1997

Drechsler, Gerd u. a.
Besser Trinken. Südtirol München 1994

Drechsler, Gerd u. a.
Besser Trinken. Toskana. München 1996

Drechsler, Gerd u. a.
Der Südwest Wein Führer, Italien. München 1999

Drechsler, Gerd u. a.
Der Südwest Wein Führer, Spanien. München 2000

Duijker, Hubrecht
Atlas der spanischen Weine. Lagen, Produzenten, Weinstraßen. Ostfildern 1992

Duijker, Hubrecht
Bordeaux. Hugh Johnsons Weinreisen. Zu Weinbergen und Châteaux. Ostfildern 2000

Duijker, Hubrecht
Burgund. Hugh Johnsons Weinreisen. Zu Weingärten und Sehenswürdigkeiten. Ostfildern 2000

Duijker, Hubrecht
Elsass. Hugh Johnsons Weinreisen. Durch Rebberge und Weindörfer. Ostfildern 1996

Duijker, Hubrecht
Loire. Hugh Johnsons Weinreise. Zu Weinbergen und Schlössern. Ostfildern 1997

Duijker, Hubrecht
Provence. Hugh Johnsons Weinreisen. Zu Weingütern und historischen Stätten. Ostfildern 1998

Duijker, Hubrecht
Weineinkaufsführer Bordeaux 2000. 300 Weine, die ihren Preis wert sind. Ostfildern 1999

Edwards, Michael
Champagner. Der Guide für Kenner und Genießer. München 1995

Eggenberger, Walter / Joachim Lennert
Lexikon des Schweizer Weins. Aarau 1996

Egle, Klaus
Die schönsten Weinstraßen Österreichs. Wege, Winzer, Wirtshäuser. Wien 1997

Fassbender, Wolfgang
Vinoteca. Die Weine aus Südafrika. Niedernhausen 2000

Fassbender, Wolfgang
Vinoteca. Mosel-Saar-Ruwer. Niedernhausen 2000

Filiputti, Walter
Die großen Weine der Welt. Venetien und Friaul. München 2000

Gabriel, René
Bordeaux total. Mannheim 1997

Gabriel, René
Bordeaux total. Ostfildern 2000

Gambero Rosso: Vini d'Italia 2000.
Ostfildern 2000

Gluckstern, Willie
The Wine Avenger. Simon & Schuster Books, USA 1998

Hachette Weinführer Frankreich 2000.
Ostfildern 1999

Halliday, James
Australischer Wein. James Halliday stellt vor. Herford 1996

Halliday, James
Classic Wines of Australia. Harper Collins, Australia 1998

Halliday, James / Hugh Johnson
Wie Wein entsteht. Von den Göttern geschenkt, von den Menschen gemacht. Ostfildern 1993

Hebeisen, Hans
Vinoteca. Sherry und Port. Niedernhausen 1999

Heine, Norbert
Deutscher Weinführer. 1999

Hiestand, Sieglinde / Otto Schätzel
Vinoteca. Die Weine aus Rheinhessen. Niedernhausen 1999

Hubert, Wolfgang / Heike Reith
Das große Buch der Bio-Weine. Herford 1995

Hubert, Wolfgang
Der Südwest Wein Führer, Neue Welt. München 2000

Hubert, Wolfgang
Spanische und portugiesische Weine 2001. Die besten Produzenten und ihre aktuellen Weine. München 2000

Johnson, Hugh
The World Atlas of Wine. Simon & Schuster Books, USA 1994

Johnson, Hugh / Stuart Pigott
Atlas der deutschen Weine. Lagen, Produzenten, Weinstraßen. Ostfildern 1995

Johnson, Hugh / Hubrecht Duijker
Atlas der französischen Weine. Lagen, Produzenten, Weinstraßen. Ostfildern 1998

Johnson, Hugh
Der neue Weinatlas. Ostfildern 1998

Johnson, Hugh
Hugh Johnson's Modern Encyclopedia of Wine. Simon & Schuster Books, USA 1998

Johnson, Hugh
Hugh Johnson's Story of Wine. Mitchell Beazley, USA 1998

Johnson, Hugh
Der große Johnson. Ostfildern 1999

Johnson, Hugh
Der kleine Johnson für Weinkenner 2000. Über 12000 Weine, Produzenten, Jahrgänge, Trinkreife. Ostfildern 1999

Johnson, Hugh
Hugh Johnson's Pocket Encyclopedia of Wine 2000. Fireside Books, USA 1999

Johnson, Hugh
Wein genießen mit Hugh Johnson. Ostfildern 1999

Johnson, Hugh
Der kleine Johnson für Weinkenner 2001. Ostfildern 2000

Johnson, Hugh
Die Toskana und ihre Weine. Ostfildern 2000

Joly, Nicolas
Beseelter Wein. Biologisch-dynamischer Weinbau. Ostfildern 1998

Knoll, Rudolf
Der Südwest Wein Führer, Deutschland. München 1999

Knoll, Rudolf
Der Südwest Wein Führer, Frankreich. München 1999

Knoll, Rudolf
Vinoteca. Die Weine aus Baden. Niedernhausen 1999

Knoll, Rudolf
Vinoteca. Die Weine aus dem Rheingau. Niedernhausen 1999

Knoll, Rudolf
Edelsüße Weine. Die berühmten Dessertweine und neue Entdeckungen. München 2000

Knoll, Rudolf / Sieglinde Hiestand
Vinoteca. Einkaufs-Guide Wein. Niedernhausen 1999

Knoll, Rudolf
Weinführer Deutschland 2001–2002. München 2000

Knoll, Rudolf
Weinland Österreich. Weine, Winzer, Regionen. München 2000

Kriesi, Rolf
Vinoteca. Die Weine aus Sizilien und Sardinien. Niedernhausen 1999

Kriesi, Rolf
Vinoteca. Die Weine der Toskana. Niedernhausen 1999

Kriesi, Rolf
Vinoteca. Die Weine des Piemont. Niedernhausen 1999

Kühler, Günter und Peter
Bordeaux-Kompass für Rotweine. Baden-Baden 1999

Kühler, Günter und Peter
Bordeaux-Kompass für Rotweine. Ostfildern 2000

Lange, Cornelius und Fabian
Die Rotweinelite Deutschlands. Ein Weinführer der Brüder Lange. Ostfildern 1999

Lange, Cornelius und Fabian
Keine Angst vor Wein. Der ultimative Crashkurs der Brüder Lange. Ostfildern 2000

Larousse Les Vins
Dictionnaire de la Vigne et du Vin. Paris 1999

Lawther, James
Clarke's Weinführer. Bordeaux. München 1998

Manganelli, Vittorio u. a.
Barolo, Barbaresco. Ostfildern 2000

Maroni, Luca
Weinführer Italien 2000. München 1999

Maroni, Luca
Weinführer Italien 2001. München 2000

Mathäss, Jürgen
Vinoteca. Die Weine aus Chile. Niedernhausen 1999

Mathäss, Jürgen
Vinoteca. Die Weine der Pfalz. Niedernhausen 1999

Mathäss, Jürgen
Vinoteca. Die Weine der Rioja. Niedernhausen 1999

Mauss, François
Bordeaux. Die großen Weine der Welt. München 2000

McWhirter, Kathryn / Charles Metcalfe
Spanien und Portugal. Weiß- und Rotweine. Cham 1994

Meyhöfer, Dirk
Die Architektur des Weines. Baukunst und Weinbau im Bordeaux und im Napa Valley. Stuttgart 1999

Millon, Marc
Clarke's Weinführer. Toskana. München 1998

Mölstad, Mikael / Belinda Stublia
Die Welt des Weins. Der umfassende Führer durch 55 Weinländer. München 1999

Norman, Remington
Côte d'Or. Die großen Weingüter im Herzen Burgunds. Ostfildern 1996

Obermaier, Wolfgang
Der Südwest Wein Führer, Österreich. München 1999

Paczensky, Gert von
Champagner. Weil der Stadt 1996

Parker, Robert M.
Parker Bordeaux. Ostfildern 1998

Parker, Robert M.
Bordeaux: A Comprehensive Guide to the Wines Produced from 1961 to 1997. Simon & Schuster Books, USA 1998

Parker, Robert M.
Parker Rhône. Ostfildern 1997

Parker, Robert M.
Parker's Wein Guide. München 2000

Parker, Robert M.
Wines of the Rhône Valley. Simon & Schuster Books, USA 1997

Peppercorn, David
Bordeaux 2000/2001. 1000 Châteaux und ihre Weine. Ostfildern 2000

Pigott, Stuart
Die führenden Winzer und Spitzenweine Deutschlands. München 1997

Pigott, Stuart
Die großen deutschen Rieslingweine. München 1994

Pigott, Stuart
Franken, Baden, Württemberg. Hugh Johnsons Weinreisen. Zu Winzern und Weingärten. Ostfildern 1997

Pigott, Stuart
Göttertrank und Blendwerk. Von der schwierigen Liebe zum Wein. Ostfildern 1999

Pigott, Stuart
Rhein und Mosel. Hugh Johnsons Weinreisen. Zu Rebbergen und Sehenswürdigkeiten. Ostilfdern 1997

Piroue, Susi
Wein für Einsteiger. Frankreich. München 1998

Platter, John
South African Wine Guide 1996. Antique Collectors Club, USA 1996

Priewe, Jens
Die Weine des Piemont. Der Guide für Kenner und Genießer. München 1996

Priewe, Jens
Die Weine von Südtirol. Der Guide für Kenner und Genießer. München 1999

Priewe, Jens
Wein die kleine Schule. München 2000

Priewe, Jens
Wein. Die neue große Schule. Alles über die Welt des Weins. München 1997

Priewe, Jens
Wein. Die neue Welt. München 1998

Priewe, Jens
Wein. Die praktische Schule. München 2000

Radford, John
Weinland Spanien. Tradition und Aufbruch. Ostfildern 1999

Radford, John / Stephen Brook
Aperitif- und Dessertweine. Ostfildern 2000

Ray, Jonathan
Das kleine Weinmaleins. Ostfildern 2000

Read, Jan
Spaniens Weine 1999/2000. Über 900 Weine aus allen Regionen. Ostfildern 1999

Robinson, Jancis
Das Oxford Weinlexikon. Ostfildern 1995

Robinson, Jancis
Jancis Robinsons Weinkurs. Der ideale Zugang zur faszinierenden Welt des Weins. Ostfildern 1996

Robinson, Jancis
Rebsorten und ihre Weine. Ostfildern 1997

Robinson, Jancis
The Oxford Companion to Wine. Oxford 1999

Rohaly, Gabor
Ungarische Weine. Budapest 2000

Rumrich, Sabine
Vinoteca. Die Weine aus Australien und Neuseeland. Niedernhausen 2000

Rumrich, Sabine / Ingo Swoboda
Vinoteca. Die Weine aus dem Elsass. Niedernhausen 2000

Rumrich, Sabine / Ingo Swoboda
Vinoteca. Die Weine aus Franken. Niedernhausen 2000

Rumrich, Sabine / Ingo Swoboda
Vinoteca. Die Weine aus Österreich. Niedernhausen 2000

Rumrich, Sabine / Ingo Swoboda
Vinoteca. Wein genießen. Niedernhausen 2000

Sanchez, Bartolome
Vinoteca. Cava und die Weine aus Katalonien. Niedernhausen 1999

Sautter, Ulrich
Vinoteca. Die Weine aus dem Veneto. Niedernhausen 2000

Scharfenberg, Horst
Deutschlands Weine 1999/2000. Über 1000 Weine aus allen Regionen. Ostfildern 1999

Scheuermann, Mario
Die großen Weine des Jahrhunderts. Niedernhausen 1999

Schweizer, Ulrich
Vinoteca. Weinwissen. Niedernhausen 1999

Siegl, Viktor / Rudolf Steurer
Wein erkennen und genießen. Das Weinhandbuch für Einsteiger. Wien 2000

Simon, Joanna
Wein entdecken mit Joanna Simon. Ostfildern 1995

Slavin, Sara / Karl Petzke
Champagner und die Kunst ihn zu genießen. Weil der Stadt 1997

Spence, Godfrey
Portwein. Das Handbuch für Genießer. Köln 1999

Steurer, Rudolf
Weinhandbuch. Wien 1995

Stevenson, Tom
Sekt & Champagner. Köln 1999

Stublia, Belinda / Mikael Mölstadt
Die kleine Weinschule. Schritt für Schritt zum Weinkenner. München 2000

Supp, Eckhard
Enzyklopädie der deutschen Weine. Offenbach 1999

Supp, Eckhard
Enzyklopädie der italienischen Weine. Offenbach 1997

Supp, Eckhard
Enzyklopädie der österreichischen Weine. Offenbach 1998

Supp, Eckard
Wein für Einsteiger. Italien. München 1997

Sutcliffe, Serena
Burgund 2000/2001. Produzenten, Lagen, Jahrgänge. Ostfildern 1999

Thomases, Daniel
Toskana. Die großen Weine der Welt. München 1999

Thompson, Bob
Atlas der kalifornischen Weine. Mit Oregon und Washington. Lagen, Produzenten, Weinstraßen. Ostfildern 1994

Turnbull, James
Bordeaux. Meisterwerke der Natur. Die 90 größten Weine des Bordeaux. München 1998

Turnbull, James
Burgund. Meisterwerke der Natur. Die 90 größten Weine des Burgund. München 1999

Turnbull, James
Rhône. Meisterwerke der Natur. Die besten Weine des Rhônetals. München 2000

Vaterlaus, Thomas
Vinoteca. Die Weine aus Kalifornien. Niedernhausen 1999

Vaterlaus, Thomas
Vinoteca. Die Weine des Burgund. Niedernhausen 1999

Veronelli, Luigi
Weine aus Italien. München 1999

Veronelli, Luigi
Veronelli. Weine aus Italien 2000. München 2000

Voss, Roger
Frankreichs Regionalweine 1999/2000. Ostfildern 1999

Walker, Larry
Clarke's Weinführer. Kalifornien. München 998

Walker, Larry / Wink Lorch
Der Wein-Guide. Mit einem detaillierten A–Z des Weins. München 2000

Wilson, James E.
Terroir. Schlüssel zum Wein. Ostfildern 1999

Wine Spectator
Wine Spectator's Ultimate Guide to Buying Wine. Wine Spectator Press, USA 1998

Zwahlen, Eva
Vinoteca. Die Weine aus Südtirol und dem Trentino. Niedernhausen 1999

Sachregister

Ortsregister

Frankreich

Italien

Deutschland

Mitteleuropäische Länder

Spanien

Portugal

Osteuropa

Mittelmeerländer

Südafrika

Asien

Nordamerika

Südamerika

Australien & Neuseeland

Personenregister

Register der Weingüter und Erzeuger

Bildnachweis

Karten
Studio für Landkartentechnik, Detlef Maiwald, Norderstedt

Grafiken
Elisabeth Galas, Köln

Abbildungen
Alle Aufnahmen Armin Faber und Thomas Pothmann, Düsseldorf

Mit Ausnahme von:

© AKG, Berlin: 21 oben, 22 oben, 888, 889 / Foto: Werner Forman: 14 oben / Foto: Erich Lessing: 14 unten
© Ben-Joseph, Michael, Herzelia: 742 oben, 743, 744
© Beer, Günter, Barcelona: 298, 300 unten, 301 unten, 309 oben, 311, 589
© Bildarchiv Preußischer Kulturbesitz, Berlin: 16 links
© Bodegas Castaño: 631
© Bodegas Pirineos: 603
© Bouchard-Finlayson: 774 unten
© Budd, Jim, London: 794, 795
© Carmel: 742 unten
© Celliers des Templiers: 12
© Chateau Ste. Michelle: 799 unten, 800 oben
© CIVS, Chambéry: 297
© Dieth + Schröder Fotografie, St. Johann: 716 unten, 717–719
© Dominé, André, Trilla: 27 unten, 78, 80, 86, 87 oben rechts, unten links, 88 links, 91 oben links, Mitte rechts, 92 oben rechts, unten links, 94 oben, 106, 109 Mitte rechts, unten links, 117 außer Kasten, 184, 186, 187, 189, 192, 198 unten, 199, 205, 212 unten, 238 oben, 251 unten rechts, 283 oben links, unten, 293, 300 oben, 302, 303 oben, 304 unten, 306, 314, 322 unten, 323 oben, 327, 570 oben, 576, 596 unten Mitte, unten links, 606, 607, 610 unten, 614–618, 632, 636, 637 unten, 638, 639, 640 unten, 648, 688, 689 oben, 759 oben, 791 oben, 798, 801-806, 810 unten, 813–816, 819, 820, 821 links, 822 oben, 827 oben rechts, 828
© Doluca: 736, 737
© dpa, Frankfurt a. M.: 24, 25
© Enate: 602 unten
© Fédération Française des Syndicats de Liège: 684
© Forschungsanstalt Geisenheim / Foto: Dr. B. Berkelmann: 99 unten, 101 unten links / Foto: Prof. H. Holst: 97 oben, 98 rechts, 100 oben rechts, unten, 101 oben links, unten rechts, 102–104 / Foto: Lehmann: 100 oben links, unten / Foto: Lorenz: 101 oben rechts / Foto: B. Loskill: 98 links
© Germanisches Nationalmuseum, Nürnberg: 18
© Gallo: 817
© Graham: 664, 665 oben
© Gütkind, C. S., Wolfskehl, K., »Das Buch vom Wein«, 1927, München: Hyperion-Verlag, (S. 32, 34, 35): 19
© Hamilton-Russell: 777 oben links
© Hartmann, Ulli, Bielefeld: 624, 625
© Herrera, Mariano, Barcelona: 592, 593
© Hulton Getty, London: 452 oben
© ICEX, Madrid / Foto: C. Navajas: 85 unten rechts, 577 unten / Foto: I. Muñoz-Seca: 82 oben links, 577 Mitte / Foto: C. Tejero: 83 unten rechts
© Image Company, Thesaloniki / Foto: Heinz Troll: 720–732
© Kavaklidere: 738, 739
© Könemann Verlagsgesellschaft mbH, Köln / Foto: G. Beer: 73, 130 unten, 131 unten, 132, 133, 165, 221, 301 oben, 308, 309 unten, 313, 328, 329, 394, 602 oben, 620–622, 627–630, 702, 703, 748, 780, 781 / Foto: H. Claus: 150, 200, 201, 204, 206, 212 oben, 213, 273–277, 281, 284 rechts, 288, 316, 317 oben, 319, 321 / Food Foto Köln: 716 oben / Foto: R. Halbe: 574–575 / Foto: R. Stempell: 95, 345, 368, 386, 390 Kasten, 427, 437, 634, 635, 690, 691, 693 oben rechts, 694–699, 700 unten / Foto: J. Zimmermann: 783
© Krieger, Joachim, Neuwied: 649 unten, 654, 657, 660, 661 unten, 662 oben, 663, 665 unten, 672–674, 681
© Ksara: 740, 741 unten links
© KWV Cellars: 768
© laif, Köln / Foto: A. Gaasterland: 420 unten / Foto: Zanettini: 435
© Martin-von-Wagner-Museum der Universität Würzburg / Foto: K Öhrlein: 15
© Marufuji Winery: 785
© Mercian Winery: 784 unten
© Michigan Wine Institute / Foto: Steve Sadler: 797
© Robert Mondavi: 826 oben, 827 Mitte, unten
© Napa Valley Wine Commission: 822
© Neethlingshof: 763 oben rechts
© Rose, Anthony, London: 836 oben, 838 unten, 840, 841, 842 oben, 843 oben, 849 unten, 851, 882 oben, 883, 885 unten
© Saint-Gobain, Courbevoie: 140
© Sandemann: 640 oben links
© Scala S.p.A., Florenz: 16 rechts, 17
© Scope, Paris / Foto: Jacques Guillard: 128, 129, 705
© Seguin Moreau, Cognac: 131 oben
© Stermann, Thorsten, Köln: 642, 643
© South American Pictures, Woodbridge / Foto: Tony Morrison: 852, 853
© StockFood, München / Foto: Boch: 82 oben rechts / Foto: J. Lehmann: 8, 9 / Foto: M. Meuth: 142, 143 / Foto: M. Skultety: 782 / Foto: Gandara: 355
© StockFood / CEPHAS: Foto: N. Blythe: 784 oben, 786, 787 / Foto: N. Carding: 706, 714, 715 / Foto: Christodolo: 842 unten / Foto: Ch. Davies: 778, 779 / Foto: A. Jefford: 741 oben, unten rechts/ Foto: K. Judd: 83 oben links / Foto: R. und K. Muschenetz: 825, 843 unten / Foto: Mick Rock: 83 oben rechts, Mitte links, unten links, 84 oben rechts, Mitte, unten links, 85 oben links, Mitte, 243, 344, 365, 418, 421 unten, 441 unten, 565, 566 oben, 567–569, 572 oben, 656, 700 oben, 701, 708–713, 734, 796, 832 / Foto: M. Taylor: 749
© Südtiroler Weinwerbung: 82 unten links
© Supp, Eckhard, Offenbach: 162, 168 unten, 172 unten, 349, 350, 354, 356, 357, 360, 366, 367, 369–371, 380 unten, 395, 396, 398, 399 unten, 417, 425 oben links, 428 oben, 429–431, 433, 436, 443, 539 unten, 549 oben, 590, 591 unten
© Ullstein Bilderdienst, Berlin: 119 unten
© Vignobles D'Alsace, Coll. Civa Colmar / Foto: Zvardon: 170, 171
© Washington Wine Commission: 799 oben, Mitte

Danksagung

Ohne das Verständnis und die Hilfe von Winzern, Weinhandelshäusern und Winzerorganisationen in allen Anbauländern wäre dieses Buch nie zustande gekommen.
Deshalb gilt ihnen allen unser herzlicher Dank.
Ausserdem möchten wir folgenden Personen danken, die mit Rat und Tat an diesem Buch mitgewirkt haben:
Erich Andrey, Lingerz; Javier Ausás, Penafiel; Marie-Pierre Bories, Villeneuve-de-la-Rivière; Jim Budd, London; Jean-René Germanier, Balavaud; Ray und Emiko Kaufman, Sonoma; Heinz Hebeisen, Madrid; Andreas Keller, Zürich; Martin Kössler, Nürnberg; Andreas Maier, Würenlingen; Perta Mayer, Karlsruhe; Andreas März, Lamporecchio; Victor Rodriguez, Madrid; Jean-Daniel Schlaepfer, Peney; Alejandra Schmedes, Haro; Christina Tierno, Roa de Duero; Jean-Claude von Buren, Boudry; Alexandre Wagner, Paris

sowie Anne Marbot, CIVC; Hazel Murphy, Wine of Australia; Katharine O'Callaghan, New Zealand Wine;
Françoise Peretti, Wine of Argentina; Sue Pike, Wines of Chile; Jean-Charles Servant, BIVB;
Riette Steyn, Swasea; Julia Trustram-Eve, English Wine Producers;
Laurent Overmans, unserem Foodstylisten
und Pamela Bober, Mareile Busse, Ina Kalvelage, Stefanie Rödiger und Claudia Voges für unermüdlichen Einsatz.